Graphische Symbole in mittelalterlichen Urkunden

HISTORISCHE HILFSWISSENSCHAFTEN

Herausgegeben von
Peter Rück

Bd. 3

Jan Thorbecke Verlag Sigmaringen
1996

Graphische Symbole in mittelalterlichen Urkunden

Beiträge zur diplomatischen Semiotik

Herausgegeben von
Peter Rück

Jan Thorbecke Verlag Sigmaringen
1996

Die Deutsche Bibliothek – CIP-Einheitsaufnahme

Graphische Symbole in mittelalterlichen Urkunden: Beiträge zur diplomatischen Semiotik / hrsg. von Peter Rück. – Sigmaringen: Thorbecke, 1996
(Historische Hilfswissenschaften; Bd. 3)
ISBN 3-7995-4203-5
NE: Rück, Peter [Hrsg.]; GT

GEDRUCKT MIT UNTERSTÜTZUNG DER DEUTSCHEN FORSCHUNGSGEMEINSCHAFT

Dieses Buch ist aus säurefreiem Papier hergestellt und entspricht den Frankfurter Forderungen zur Verwendung alterungsbeständiger Papiere für die Buchherstellung.

Gesamtherstellung: M. Liehners Hofbuchdruckerei GmbH & Co. Verlagsanstalt, Sigmaringen
Printed in Germany · ISBN 3-7995-4203-5

Inhalt

DAS LEITBILD DER FRÄNKISCHEN KÖNIGSURKUNDE

DAS LEITBILD DER PAPSTURKUNDE

IBERISCHE ZEICHENFÜLLE

NORDWESTEUROPÄISCHE KARGHEIT

OSTEUROPÄISCHE MEDIATIONEN

NOTARSSIGNETE

Vorwort

Nur ein Viertel der in diesem Band vereinigten Beiträge geht auf Vorträge zurück, die am 25. und 26. September 1989 im Rahmen des dritten Marburger Kolloquiums für Historische Hilfswissenschaften gehalten worden waren (H. Atsma/J. Vezin, G. Costamagna, J. Dahlhaus, E. Eisenlohr, H. Glück, C.-M. Haertle, I. Hlaváček, A. Hofmann, M. Parisse, P. Rück, J. E. Sayers, R. Schmidt-Wiegand, P. J. Schuler). Alle anderen sind nachträglich im Hinblick auf den Band bestellt und zum Teil mit sehr erheblicher Verspätung eingereicht worden[1].

Für einige Vorträge lagen die Manuskripte schon bei der Tagung vor – sie entsprechen deshalb dem Forschungs- und Literaturstand von 1989 –, andere sind überarbeitet und erweitert worden, aber auch sie können angesichts der Verzögerung der Publikation nicht immer den neuesten Kenntnisstand widerspiegeln. Verzögert wurde die Publikation weiterhin durch die Ablehnung des ersten Finanzierungsantrags (Februar 1992) durch die deutsche Forschungsgemeinschaft, in deren Gefolge nicht nur das vorgesehene Abbildungsvolumen beträchtlich verringert, sondern die Abbildungen aus den Textteilen entfernt und in Tafelteilen vereinigt wurden, was die Herstellungskosten ebenso vermindert hat wie die Anschaulichkeit.

Besonderer Dank für die Vorbereitung der Publikation, die sprachliche Überarbeitung und die Diskettenfassung zahlreicher Manuskripte, die Montage der Bildtafeln und die langwierigen Korrekturarbeiten gebührt Frau Dr. Erika Eisenlohr M. A. und Frau Dr. Gudrun Bromm M. A. in Marburg. Ein Unternehmen dieses Umfangs übersteigt bei weitem die Leistungskraft eines kleinen Instituts von dem Augenblick an, wo ein Großteil der Texterfassungs- und Layoutarbeiten auf den Herausgeber überwälzt werden. Die prinzipielle Aufgeschlossenheit für die Belange der Datenverarbeitung erweist sich mehr und mehr als Bumerang und Handicap für die eigentliche wissenschaftliche Forschung, ein Zustand, der durch das Gutachterwesen keineswegs verbessert wird.

Die ursprünglich angestrebte europäische Gesamtübersicht ist trotz des Umfangs des Bandes nicht erreicht worden – ein Überblick über Intentionen und Hauptinhalte sowie die Ergänzung einiger Lücken werden in der Einleitung gesucht. Insbesondere sind die Urkundenbestände Frankreichs und Italiens nicht mit der ihrem graphischen Reichtum angemessenen Breite zur Darstellung gelangt. Eine Grundlage für weiterführende und vergleichende Forschung hoffen wir dennoch geschaffen zu haben.

Die hier gesammelten Beiträge setzen die Bemühungen fort, die in den ersten Bänden der Reihe zu den »Fotografischen Sammlungen« und zum »Pergament« begonnen worden waren in der Absicht, die äußeren Merkmale der mittelalterlichen Urkunde einer neuen Sicht zu unterwerfen. Für ähnlich breite Untersuchungen zu den Themen Urkundenschrift[2], Layout und Format[3] fehlt es zur Zeit sowohl an Spezialisten wie an Vorarbeiten, die eine europäische Synthese erlauben würden, jedoch sollen in anderem Rahmen erste Ergebnisse von einschlägigen Einzelforschungen vorgelegt werden.

Der Band ist Heinrich Fichtenau gewidmet, dessen Arbeiten und Anregungen die Historischen Hilfswissenschaften und insbesondere die Paläographie und die Diplomatik, deren gemeinsame Zonen die hier behandelten Fragen berühren, mehr als jedem anderen Gelehrten der Nachkriegszeit verdanken. Das Marburger Institut, das in diesem Jahr seinen hundertsten Geburtstag feiern konnte, möchte damit zugleich das Institut für Österreichische Geschichtsforschung ehren, nach dessen Modell Theodor Sickels Mitarbeiter Paul Fridolin Kehr 1894 ein preußisch-deutsches Pendant zu errichten beabsichtigte; es ist dazu nicht geworden und hat sich anders entwickelt, aber es gäbe es nicht ohne das Wiener Vorbild.

Marburg, im Dezember 1994

Der Herausgeber

1 Die Finanzierung des Kolloquiums, zu dem sich über 80 Teilnehmer aus 13 west- und osteuropäischen Ländern einfanden, war hauptsächlich getragen von der Deutschen Forschungsgemeinschaft und der Philipps-Universität Marburg. Vgl. den Tagungsbericht in: Der Archivar 43, 1990, Sp. 144–147.

2 Die Tagung zu den »Methoden der Schriftbeschreibung« (Sept. 1990) hatte sich nicht spezifisch mit der Urkundenschrift befaßt; die Beiträge werden in thematisch getrennten Heften der Reihe »elementa diplomatica« erscheinen.

3 Die für 1992 geplante Tagung zu Layout und Format ist nicht zustandegekommen.

Im hundertsten Jahr des Marburger Instituts für Historische Hilfswissenschaften

HEINRICH FICHTENAU

gewidmet

Beiträge zur diplomatischen Semiotik

Von Peter Rück

Jedes Schriftwerk transportiert über die inhaltliche hinaus Botschaften mannigfachster Art, ja es ist als spezielles Schriftwerk nur über die Zusatzbotschaften wahrnehmbar. Kein Typus mittelalterlichen Schriftwerks, weder Inschriften noch Bücher, weder Akten noch Briefe, ist stärker geprägt durch die Zusatzbotschaften als die Urkunde, und keiner repräsentiert und appelliert unverhohlener an das gesellschaftliche Bewußtsein und die Mentalität der Zeitgenossen[1], für keinen wäre Morisons Titel »Politics and Script«[2] angemessener als für die Urkunde. Umso erstaunlicher, daß gerade sie unter diesem Gesichtspunkt in der jüngeren semiotischen Forschung weit weniger Beachtung gefunden hat als Inschriften[3] und Buchseiten[4].

Wie wichtig das äußere Erscheinungsbild der Urkunden und vor allem die Erscheinungsform der Beglaubigungszeichen für die ältere Diplomatik waren, sagt Mabillon im Vorwort zu »De re diplomatica« (1681), wo er die zeitliche Begrenzung seines Werkes mit der nova facies rerum begründet, die nach Ludwig dem Heiligen († 1270) einsetzt: *Nam, ut alia praetermittam, monogrammatum usus et subscriptiones ... ab eo desierunt.* Die Folgezeit müsse deshalb Gegenstand eines neuen Werkes sein.

Die Fixierung auf den Textinhalt hat die jüngere Diplomatik blind gemacht für jene Betrachtungsweise des orbis sensualis, welche die Vorläufer im 17. und 18. Jahrhundert bis hin zu Gatterers Semiotica diplomatica[5] ausgezeichnet und zur charakteristischen Reproduktionsform des »graphischen Regests«[6] geführt hatte – mit den bemerkenswerten Ausnahmen des Sickel-Schülers Wilhelm Erben[7] und – auf byzantinistischer Seite – Franz Dölgers[8].

Aufgabe einer diplomatischen Semiotik ist es, die Urkunde als System von – sprachlichen, graphischen und stofflichen – Zeichen (Codes) in einem Kommunikationsprozeß zu begreifen: Morphologie, Semantik, Syntax, Funktion (Pragmatik) und Wandel des Systems und seiner Elemente herauszuarbeiten und von anderen textlichen Systemen abzugrenzen. Für einen Teilbereich – die äußeren Merkmale nämlich, die in Marburg mit seinem »Lichtbildarchiv älterer Originalurkunden« im Vordergrund stehen müssen – habe ich jüngst in der Gedenkschrift für Kaiserin Theophanu den Versuch unternommen, den Aufriß einer diplomatischen Semiotik zu skizzieren: Urkundenschrift, graphische Symbole, Layout und Format erschienen mir als die vier Teilaspekte, über deren Erforschung die

1 Peter Rück, Die Urkunde als Kunstwerk, in: Kaiserin Theophanu. Begegnung des Ostens und Westens um die Wende des ersten Jahrtausends, 2. Köln 1991, S. 311–333.

2 Stanley Morison, Politics and Script. Aspects of authority and freedom in the development of Graeco-Latin script from the sixth century B. C. to the twentieth century. Ed. and compl. by Nicolas Barker. Oxford 1972.

3 Armando Petrucci, La scrittura. Ideologia e rappresentazione. Turin 1986 (Piccola Biblioteca Einaudi 473; Buchausgabe des Beitrages in: Storia dell'arte italiana, III/2. Turin 1980, S. 3–123).

4 Vgl. die Literatur bei Rück (wie Anm. 1), S. 312 Anm. 9; dazu Henri-Jean Martin, Jean Vezin (Hg.), Mise en page et mise en texte du livre manuscrit. Paris 1990; Peter Gumbert, Zur »Typographie« der geschriebenen Seite, in: Pragmatische Schriftlichkeit im Mittelalter. Erscheinungsformen und Entwicklungsstufen. München 1991 (Münstersche Mittelalter-Schriften 65), S. 283–292.

5 Zur Kritik an seinen Auffassungen Rück (wie Anm. 1), S. 311 f.

6 Dazu Rück (wie Anm. 1), S. 323 f.

7 Wilhelm Erben, Die Kaiser- und Königsurkunden des Mittelalters in Deutschland, Frankreich und Italien. München – Berlin 1907, Neudr. Darmstadt 1967: Erben widmet, von seinem Freund Michael Tangl dafür gerügt (Neues Archiv 32 (1907), S. 785), die Hälfte seines Werkes den äußeren Merkmalen und erörtert zu jeder Epoche ausführlich »das Gesamtbild des Diploms« mit den Signa (Merowinger bis Ende der Salier S. 137–165, Staufer S. 207–225, Spätmittelalter S. 248–255). Erbens Werk ist im übrigen von Karl Brandi (»eine Art Urkundengrammatik« in: Deutsche Literaturzeitung 28 (1907), Sp. 2533–2536) und Harald Steinacker (in: HZ 100 (1908), S. 364–374) sehr positiv gewürdigt worden; zum Lebenswerk vgl. den Nachruf H. Steinackers in: MIÖG 49 (1935), S. 105–115. Es ist kein Zufall, wenn wir der Wahrnehmungsfreude Wilhelm Erbens auch die wichtigsten Anstöße zur Erforschung der bemalten Urkunden verdanken, vgl. unten Anm. 42.

8 Die Bemerkung »In der Diplomatik ist, wie in der Kunstgeschichte, Anschauung alles«, mit der er sein Faksimilewerk der Athos-Urkunden einleitet, (Aus den Schatzkammern des heiligen Berges. München 1948, S. 7), ist überspitzt, aber nicht falsch.

Spezifizität des urkundlichen Textbildes zu klären wäre. Im vorliegenden Band geht es nur um den Teilbereich der graphischen Symbole, die drei anderen sind kommenden Arbeiten vorbehalten, während der schreibstoffliche Aspekt – zumindest für das Pergament – in dem 1991 erschienenen Vorgängerband abgehandelt ist[9].

1. Zum Symbolbegriff

In seinem weitgespannten Überblick erläutert H. Jung am Eingang dieses Bandes die unterschiedliche und diffuse Verwendung des Symbolbegriffs in den Geisteswissenschaften. Die diplomatische Terminologie verwendet ihn zur Bezeichnung des Chrismons als symbolische/monogrammatische Invokation und gewisser gestischer und gegenständlicher Symbole[10] bei der Rechtshandlung und Beurkundung[11]. Soweit ich sehe, haben nur Heinrich Fichtenau und Armando Petrucci den Begriff unbefangen auf mittelalterliche Urkunden angewandt und von unseren Signa als »simboli grafici« gesprochen[12]. Wilhelm Erben faßte sie noch unter dem Begriff »Schriftzeichen«[13], das von der Commission Internationale de Diplomatique erarbeitete Vokabular als »éléments figurés« zusammen[14].

Berechtigt ist die Frage, ob es nicht ratsam wäre, die hier behandelten Zeichen aus dem Dunstkreis des Symbolbegriffs[15] zu befreien und sie im Sinne der Semiotik als Indices, Signa, Signete oder Signale zu bezeichnen, nachdem sie in Antike und Mittelalter nie mit dem Wort »Symbol«, sondern allgemeiner als »Signa« (oder »Notae«) bezeichnet werden?[16] Wir könnten dann ihre Heraushebung mit der bei Griechen und Römern üblichen Unterscheidung von Zeichen und Buchstaben als »semeia« und »grammata« bzw. »notae« und »litterae« begründen[17]. »Notarius« ist jemand, der sich auf »notae« versteht, auf Geheim- und Kurzschriften[18]. Die privaten Notare im byzantinischen Ägypten nennen sich nicht »Symbolaiographoi«[19] – das entspricht den justinianischen »tabelliones« –, weil sie mit ihren kryptographischen oder tachygraphischen Handzeichen graphische Symbole unter die Urkunden setzen, sondern weil für die von ihnen geschriebenen Urkunden schon in der klassischen griechischen Antike das Wort »Symbolon« im Sinne von Anerkennungs- und Berechtigungsmarke und vor allem für internationale Verträge[20] und später »Symbolaion« für rechtliche Beweismittel üblich war. Es handelt sich dabei um eine den mittelalterlichen Chirographen verwandte Form von Doppelurkunden, und in der Terminologie schwingt die ursprüngliche

9 Pergament. Geschichte – Struktur – Restaurierung – Herstellung heute, hg. v. P. Rück. Sigmaringen 1991 (Historische Hilfswissenschaften 2). Der Band enthält eine umfassende Pergamentbibliographie.

10 Michael Tangl, Urkunde und Symbol, in: Festschrift Heinrich Brunner zum 70. Geburtstag. Weimar 1910, S. 761–773.

11 Vgl. Rück (wie Anm. 1), S. 324 f.

12 Armando Petrucci, Diplomatica vecchia e diplomatica nuova, in: Studi medievali Ser. III, 4/2 (1963), S. 785–798, zit. S. 796 ff.; Heinrich Fichtenau, Das Urkundenwesen in Österreich vom 8. bis zum frühen 13. Jh. Köln – Graz – Wien 1971 (MIÖG Erg.-Bd. 23), S. 60 ff.; Leo Santifaller, Urkundenforschung. Weimar 1937 (Neudr. Darmstadt 1967), S. 23, faßt sie zur Gruppe der »Schriftzeichen« zusammen; Alessandro Pratesi, Genesi e forme del documento medievale. Rom 1979, S. 61 f. bezeichnet sie als »segni speciali« und betont ihre Bedeutung durch die Abbildungen.

13 Erben, Die Kaiser- und Königsurkunden (wie Anm. 7).

14 Vocabulaire international de la diplomatique, in: Folia Caesaraugustana. Zaragoza 1984, S. 110–168, zit. S. 130 ff. Nrr. 133, 134 (invocation figurée ou symbolique), 135 (chrismon=Labarum), 136 (monogramme, manu propria), 137 (ruche) 138 (paraphe), 139 (seing manuel, auch Nr. 226), 140 (croix autographe = signum crucis), 141 (rota), 142 (comma), 143 (bene valete), 144 (bene valeat), 145 (legimus), 146 (ménologe) 225 (sein=signum), 227 (signature).

15 Encyclopedic Dictionary of Semiotics, hg. v. Thomas A. Sebeok, 2. Berlin–New York–Amsterdam 1986, s. v. »Optic Signs« S. 653–656, »Sign« S. 936–947, »Signal« S. 951–952, »Symbol« S. 1027–1033.

16 Vgl. vor allem Gerhart B. Ladner, Medieval and Modern Understanding of Symbolism: A Comparison, in: Speculum 54 (1979), S. 223–256 mit Abb.

17 Grundlegend Leopold Wenger in: RE II A (1923), s. v. »signum« (Sp. 2361–2448); vgl. dazu im selben Band die Artikel »siglae« (= Kürzel, Sp. 2279–2315) und »signa« (= Signale, Sp. 2325–2347); Ders., Über Stempel und Siegel, in: ZRG Rom. 42 (1921), S. 611–638 (Kurzfassung des Artikels in RE); Ders., Die Quellen des römischen Rechts. Wien 1953 (Österr. Akad. d. Wiss.: Denkschriften 2), S. 113 ff., bes. S. 129–149 (Stempel und Siegel).

18 Für die Spätantike vgl. H. C. Teitler, Notarii and Exceptores. An Inquiry into the Role and Significance of Shorthand Writers in the Imperial and Ecclesiastical Bureaucracy of the Roman Empire. Amsterdam 1985 (Dutch Monographs on Ancient History and Archeology 1).

19 Vgl. die Artikel »Symbolaiographoi«, »Symbolaion« und »Symbolon« in RE IV A (1931), Sp. 1083–1093; Victor Gardthausen, Di emu der ägyptischen Notare, in: Studien zur Paläographie und Papyruskunde, hg. v. C. Wessely, XVII. Leipzig 1917, S. 1–8, und ebenda Ders. (als Autograph nach S. 74, S. 1–12), Die griechischen Handzeichen, bes. S. 3.

20 Hans Julius Wolff, Das Recht der griechischen Paypri Ägyptens in der Zeit der Ptolemäer und des Prinzipats. München 1978 (HdA V/2), S. 75.

griechische Bedeutung von »Symbol« (symballein) als Zusammenfügung von aufeinander abgestimmten Kennzeichen mit.

Unter den Zeichenbegriff fällt alles, was in einem Kommunikationsprozeß als Code dienen kann[21]. Es geht darum, in der immensen Vielfalt von Zeichen den Platz der graphischen Zeichen und unter diesen den der Symbole und insbesondere der graphischen Symbole in mittelalterlichen Urkunden zu bestimmen.

Unter Signet versteht man in der Regel ein Zeichen, das wie ein Firmen-, Drucker- oder Verlagssignet in eindeutiger Zuordnung für eine bestimmte Person oder Institution steht, so das Monogramm. Signete können mit symbolischen Bedeutungen versehen sein, so in den Notarssigneten, die ihre Anbindung an geistliche oder weltliche Mächte zum Ausdruck bringen.

Unter Signal versteht man Zeichen, die – wie Verkehrszeichen[22] – eine Aufforderung zum Handeln implizieren und eine Entscheidung fordern. Alle apotropäischen Zeichen haben Signalcharakter.

Unter Symbol versteht man – im Sinne der »repraesentatio« des Hochmittelalters[23] – ein repräsentatives (vergegenwärtigendes) Zeichen, das über das sichtbare Zeichen hinausweist auf Ungreifbares, eine tiefere Bedeutung transportiert und stets mehrdeutig ist. Alle graphischen Symbole sind Zeichen, aber nur wenige graphische Zeichen – diskrete, als Schemen erkennbare visuelle Formen[24] – sind Symbole im engeren Sinn.

Die Konventionalität der Zeichen bedeutet nicht, daß ihre Verwendung willkürlich ist, denn wenn die Prägnanz eines Zeichens außer von seinem ständigen Gebrauch auch von der Ähnlichkeit mindestens eines graphischen Merkmals mit dem bezeichneten Gegenstand oder Sachverhalt abhängig ist, zu denen es gleichsam die Lesebrücken und die Ergänzungshilfen anbietet[25], so gilt dies auch für die graphischen Symbole in Urkunden. Die urkundlichen graphischen Symbole sind demnach nicht rein willkürliche Konventionen, sondern »sinnfällige«, nach Ecos Ausdruck »motivierte Zeichen«[26] und lassen mehr oder weniger deutlich auf die gemeinten Sachverhalte schließen.

Der Terminus »graphisches Symbol« kommt jedenfalls dem Charakter der gemeinten Zeichen näher als der des »Signets«, wiewohl die Übergänge fließend bleiben. Die Ausdrücke »graphische Zeichen« oder »Schriftzeichen« sind zumindest für den deutschen Sprachgebrauch zu wenig spezifisch, denn auch Buchstaben sind graphische Zeichen und ihre Gestaltung kann symbolisch deutbar sein[27]. Anstatt beim gegenwärtigen Stand der diplomatischen Forschung unentscheidbare Begriffsdebatten zu vertiefen, schlage ich vor, von der Evidenz einer Klasse von Zeichen, deren Sonderstellung im Rahmen der urkundlichen Schriftfläche augenfällig ist, auszugehen, und den Symbolbegriff – sollte er denn zu unbestimmt sein – in der pragmatischen und wenig reflektierten Bedeutung von »durch graphische Verfahren erzeugten, visuell wahrnehmbaren und stellvertretend für einen Sachverhalt stehenden Zeichen« zu verwenden, die der Ausschuß »Bildzeichen« im Deutschen Institut für Normung ihm – unter Ausschluß der im Markenzeichenregister geführten Markenzeichen und Signets – bei der Distinktion von Schriftzeichen und Bildzeichen unter dem Oberbegriff Schreibzeichen seit 1977 in DIN 30600 gegeben hat[28]. Es gibt m. E. keinen Grund dafür, dieses »unbelastete«, in der deutschen und amerikanischen Design-Praxis nun eingebürgerte Wort abzulehnen.

2. Gestalt und Klassifikation graphischer Symbole

Wohl sind Designer (und unter ihnen vornehmlich Schriftentwerfer) wie Rudolf Koch[29], Marcel Jacno[30],

21 Vgl. Umberto Eco, Zeichen. Einführung in einen Begriff und seine Geschichte. Frankfurt 1977 (Ed. Suhrkamp 895).

22 Martin Krampen, Geschichte der Straßenverkehrszeichen. Tübingen 1988 (Probleme der Semiotik 2), erläutert in der Einleitung einige Grundbegriffe, die auch für unsere Fragestellung von Belang sind.

23 Vgl. Hasso Hofmann, Repräsentation. Studien zur Wort- und Begriffsgeschichte von der Antike bis ins 19. Jh. Berlin 1974 (Schriften zur Verfassungsgeschichte 22), S. 65 ff. zum Begriffswandel im Hochmittelalter.

24 Matthias Götz, Das grafische Zeichen. Kommunikation und Irritation, in: Anton Stankowski, Karl Duschek (Hg.), Visuelle Kommunikation. Ein Design-Handbuch. Berlin 1989, S. 53–76, zit. S. 55.

25 Gerhard Braun, Grundlagen der visuellen Kommunikation. München 1987, S. 16 ff.

26 Umberto Eco, Einführung in die Semiotik. 6. Aufl. München 1988 (UTB 105), S. 202.

27 Grundlegend und umfassend Giovanni Pozzi, La parola dipinta. Mailand 1981.

28 Paul Funck, Graphische Symbole. Der Weg über die Vereinheitlichung zur Normung. Berlin–Köln 1983.

29 Besonders auf christliche und mittelalterliche Zeichen (u. a. königliche Monogramme) nimmt Bezug Rudolf Koch, Das Zeichenbuch, 2. Aufl. Frankfurt 1985 (Insel-Bücherei 1021; nach der Ausgabe Leipzig 1936; Rudolf Kochs »Zeichenbuch« erschien zuerst 1923 in Offenbach anonym als Werk der Offenbacher Werkstatt, in der 2. stark erweiterten Aufl. Offenbach 1926 als »Das Zeichenbuch von Rudolf Koch«). Sein Tafelwerk »Christliche Symbole«, Kassel 1934, ist weniger ergiebig.

30 Marcel Jacno, Typo-graphies. Paris 1976; Ders., Anatomie de la lettre. Paris 1978 (Collection caractère – Ecole Estienne).

Adrian Frutiger[31], Otl Aicher[32] und viele andere immer wieder auf graphische Symbole und Zeichen eingetreten und haben dabei gelegentlich unter den historischen Vorbildern etwa das Monogramm mittelalterlicher Urkunden erwähnt, aber es ist mir keine vom Design her kommende befriedigende Monographie zur Geschichte oder Systematik der graphischen Symbole bekannt[33]. Die Fachliteratur zu Piktogrammen, Marken-, Waren- und Firmenzeichen, Logos, Monogrammen, Kalligrammen, Typogrammen ist unüberschaubar; in der Regel bleibt es bei Mustersammlungen für den Praktiker oder Amateur, und ähnliches gilt für die zahlreichen in den letzten Jahren erschienenen Lexika zur Symbolik[34] oder ihre spezifisch christlichen Ableger[35], die unter den symbolischen Zeichen außer dem Kreuz und dem XP gelegentlich auch andere erfassen, die hier zur Sprache kommen[36].

Nach welchen Kriterien soll man graphische Symbole beurteilen? Das begriffliche Instrumentarium, das jüngere Theoretiker der visuellen Kommunikation für die Beschreibung der graphischen Merkmale (bei Bertin: visuelle Variablen) bereitstellen, die für die Eindrucksvermittlung (Wahrnehmbarkeit, Unterscheidbarkeit) konstitutiv sind und durch Kontrastbegriffe definiert werden[37], ist zumindest partiell anwendbar auf unseren Stoff. Brauchbar sind vor allem Form, Größe und Anordnung (Umfeld) der graphischen Symbole im zweidimensionalen Feld der Urkunden. Bezüglich der Form können auch Ergebnisse moderner Wahrnehmungsforschung herangezogen werden, wonach komplexe Formen (Dreieck) aktiver als einfache (Kreis), eckige (Rechteck, Dreieck) mächtiger als runde (Kreis) wirken[38]. Andere Merkmale treffen nur selten zu für die westliche Urkunde des frühen und hohen Mittelalters: so die Farbe, denn im Unterschied zum byzantinischen Urkundenwesen und dessen Echo in Süditalien-Sizilien bleibt die westliche Urkunde farblos[39], mit wenigen und abgesehen von

31 Adrian FRUTIGER, Der Mensch und seine Zeichen. Textbearb. v. Horst HEIDERHOFF, 3 Bde. Echzell 1978–1981 (»Eidos«, Beiträge zur Kultur Bde. 34, 35, 37). Frutigers Werk ist der wichtigste Beitrag zum Thema von seiten eines praktizierenden Typedesigners: Bd. 1 (1978): Zeichen erkennen, Zeichen gestalten; Bd. 2 (1979): Die Zeichen der Sprachfixierung; Bd. 3 (1981): Zeichen, Symbole, Signete, Signale.

32 Otl AICHER, Martin KRAMPEN, Zeichensysteme der visuellen Kommunikation. Handbuch für Designer, Architekten, Planer, Organisatoren. Stuttgart 1977 (semiotische Grundlegung S. 10ff.).

33 Vgl. z. B. Philip B. MEGGS, A History of Graphic Design. London 1983: hier ist lediglich die mittelalterliche Buchillustration berücksichtigt. Dagegen sind mittelalterliche Monogramme einbezogen bei Enric SATUÉ, El diseño gráfico desde los origenes hasta nuestros dias. Madrid 1988, S. 17–29. Wenig ergiebig ist der entsprechende Teil bei Josef MÜLLER-BROCKMANN, Geschichte der visuellen Kommunikation. Teufen 1971 (Neuauflage Natick Mass. – Stuttgart 1986); die theoretisch gründlichste Geschichte des Design – die eigentümlicherweise ganz ohne Illustrationen auskommt- stammt von John A. WALKER, Design History and the History of Design. London 1989 (deutsch: Designgeschichte. München 1992).

34 Dictionnaire des symboles, sous la dir. de Jean CHEVALIER et Alain GHEERBRANT. Paris 1969 (ersch. auch in anderen Sprachen, französ. Taschenbuchausgabe in 4 Bänden. Paris 1973/74); Herder Lexikon Symbole. Freiburg 1979, 9. Aufl. 1988; Lexikon der Symbole, v. Wolfgang BAUER, Irmtraud DÜMOTZ, Sergius GOLOWIN. Wiesbaden 1980, 9. Aufl. 1987 (als Heyne-Sachbuch 01/7285, 4. Aufl. München 1987); Bruno MOSER, Bilder, Zeichen und Gebärden. Die Welt der Symbole. München 1986; Hans BIEDERMANN, Knaurs Lexikon der Symbole. München 1989.

35 Marie Madeleine DAVY, Initiation à la symbolique romane (XIIe siècle). Paris 1964; Christian RIETSCHEL, Sinnzeichen des Glaubens. Kassel 1965 (spez. Kreuzzeichen); Dorothea FORSTNER, Die Welt der christlichen Symbole. 3. Aufl. Innsbruck 1977 (S. 30ff. zu Schriftzeichen u. Monogrammen, S. 60ff. zu geometrischen Figuren); Gérard DE CHAMPEAUX, Sébastien STERCKX, Introduction au monde des symboles. La Pierre-qui-Vire (Zodiaque) 1966, dazu Olivier BEIGBEDER, Lexique des symboles. La-Pierre-qui-Vire (Zodiaque) 1969; Donat DE CHAPEAUROUGE, Einführung in die Geschichte der christlichen Symbole. 2. Aufl. Darmstadt 1987 (u. a. zu Stab, Globus, Quadrat, Dreieck, Kreis); Edouard URECH, Dictionnaire des symboles chrétiens, Neuchâtel 1972 (deutsch: Lexikon christlicher Symbole, Konstanz 1976 (Bibel – Kirche – Gemeinde 9)); Gerd HEINZ-MOHR, Lexikon der Symbole. Bilder und Zeichen der christlichen Kunst. Düsseldorf 1971, Neuaufl. 1981; Heinrich u. Margarethe SCHMIDT, Die vergessene Bildersprache christlicher Kunst. München 1981, 3. Aufl. 1984; Günter SPITZBERG, Lexikon byzantinisch-christlicher Symbole. Die Bilderwelt Griechenlands und Kleinasiens. München 1989.

36 Vgl. z. B.: Das Buch der Zeichen und Symbole, hg. von Inge SCHWARZ-WINKLHOFER und Hans BIEDERMANN, Graz 1972, S. 141–164: Symbole aus der Paläographie (betr. Monogramme, Zahl- und Maßzeichen, tironische Noten, Kürzungen), 2. Aufl. Graz 1980, mit neuen Kapiteln über Geheimschriften (S. 197–224), Zeichen und Symbole auf Münzen (S. 265–293).

37 Jacques BERTIN, Sémiologie graphique. Les diagrammes – les réseaux – les cartes. Paris 1967, 2. Aufl. 1973 (deutsch: Graphische Semiologie. Berlin–New York 1974); Gerhard BRAUN, Grundlagen der visuellen Kommunikation. München 1987, S. 9–16: zur Kontrastierung verwendet Braun für die Form »rund–eckig«, »schmal–breit«, »einfach–kompliziert«, für die Größe »groß–klein«, für die Anordnung »oben–unten«, »rechts–links«, für die Farbe »hell–dunkel«, »rein–getrübt«, »kalt–warm« u. a., für die Helligkeit »hell–dunkel«, für die Textur »grob–fein«, »glatt–gekörnt«, »regelmäßig–unregelmäßig« u. a., für die Richtung »nach links–nach rechts« u. a., für die Räumlichkeit u. a. »flächennah–tiefenfern«, für die Bewegung u. a. »schnell–langsam«. Die letzten beiden Merkmale fehlen im Katalog von Bertin, da er sich nur mit zweidimensionalen Zeichensystemen befaßt.

38 KRAMPEN, Geschichte der Straßenverkehrszeichen (wie Anm. 22), S. 149ff.; umfassender Rudolf ARNHEIM, Kunst und Sehen. Eine Psychologie des schöpferischen Auges. Berlin 1965.

39 Zur «Farblosigkeit» der westlichen Urkunde RÜCK (wie Anm. 1), S. 320.

den Purpururkunden[40] meist spätmittelalterlichen Ausnahmen (fürstliche Prunkurkunden[41], Suppliken und Ablaßbriefe[42], Wappenbriefe[43]) u. a. Ähnliches gilt trotz wechselnder Tinten- und Pergamentbeschaffenheit für die Helligkeit und die Textur – Verdeutlichung der stofflichen Struktur (Oberfläche) durch Schraffuren –, die aber für die Pergament- und Siegelbeschreibung und besonders für die Strukturierung der Schriftfläche, z. B. der Elongata (Gitterschrift) verwendbar ist. Eingeschränkt auf Vertikale, Horizontale, Diagonale und Symmetrie ist der Begriff der Richtung (z. B im Rekognitionszeichen) und übertragen derjenige der Bewegung – etwa für Kreis (Rota), Spiralformen (Chrismon) oder für den rechtsläufigen Duktus – anwendbar. Nur planimetrisch, nicht aber stereometrisch kann die Räumlichkeit für die Verteilung der Volumina im Urkundenbild betrachtet werden. Die prinzipielle Flächigkeit der graphischen Symbole unterscheidet sie von Bildern, weshalb das Verhältnis Text-Bild nicht gleich zu bewerten ist wie das Verhältnis Text-graphisches Symbol.

Sind graphische Symbole klassifizierbar? Sie greifen häufig zurück auf leicht identifizierbare Elementarformen[44] und auch die urkundlichen graphischen Symbole sind in der Regel um Elementarformen wie Rechteck, Dreieck, Kreis, Spirale, Kreuz (Stern) und Stab[45] aufgebaut oder – in spätmittelalterlichen Notariatssigneten – als Ostensorien konstruiert. So wie die Graphetik die Strichlagen des Alphabets in wenigen Gruppen klassifiziert[46], so muß eine morphologische Klassifikation der Elemente von graphischen Symbolen notwendigerweise zu einem begrenzten Katalog von ausführungs- und wahrnehmungsgünstigen Grundmustern führen, die jedoch nicht mit universellen Bedeutungen korrespondieren. Aus einer graphetischen Klassifikation der Zeichen würde keine semantische hervorgehen.

Versuche einer Systematik von Zeichen und Symbolen sind von mehreren Seiten unternommen worden, in jüngster Zeit in der Regel nach Formelementen oder Anwendungsbereichen[47]. Eine hilfswissenschaftlich brauchbare Klassifikation wird sich jedoch nicht nach Kriterien richten dürfen, die erst für die Zeit der geometrischen Signa nach der Jahrtausendwende gelten. Vielmehr muß sie zurückgehen auf die Ursprünge und Bedeutungen der im kursiven Schreiben der Spätantike selbst angelegten Motive.

3. Die Grundelemente: Schlaufe, Stab und Kreuzung

Anders als Gardthausen, der die Verwandtschaft von Monogramm und Ligatur betont[48], sehe ich grundsätzlich zwei Klassen von urkundlichen Signa, einerseits – nach der Terminologie von Bigelow[49] – die skulptalen, nach architektonischen Regeln konstruierten (Monogramm, Hausmarken[50]), die eigentlichen, stempelartigen »caracteres«, aus denen dann im Spätmittelalter wirkliche Stempelabdrücke geworden sind[51], andererseits die duktalen, aus der kursiven Schreibbewegung

40 Carlrichard BRÜHL, Purpururkunden, in: Festschrift für Helmut Beumann zum 65. Geburtstag. Sigmaringen 1977, S. 3–21.

41 Christa WREDE, Leonhard von München, der Meister der Prunkurkunden Kaiser Ludwigs des Bayern. Kallmünz Opf. 1980 (Münchener Hist. Studien, Abt. Geschichtl. Hilfswiss. 17). Das Thema der fürstlichen Prunkurkunden würde eine umfassendere Betrachtung erfordern; seit der Mitte des 13. Jh. verändern sie – etwa in Spanien – das traditionelle Urkundenbild nachhaltig.

42 Wilhelm ERBEN, Bemalte Bittschriften und Ablaßurkunden, in: AUF 8 (1923), S. 160–188; die spätere Literatur ist verarbeitet bei Otto HOMBURGER u. Christoph VON STEIGER, Zwei illuminierte Avignoneser Ablaßbriefe in Bern, in: Zeitschrift f. schweiz. Archäologie und Kunstgeschichte 17 (1957), S. 134–158.

43 Für die umfangreiche Literatur zu den Wappenbriefen vgl. Eckhart HENNING, Gabriele JOCHUMS, Bibliographie zur Heraldik. Köln–Wien 1984 (Bibliographie der Historischen Hilfswissenschaften 1), S. 85 ff.

44 Gilbert OUY, Krystyna OUY-PARCZEWSKA, Les origines des règles de l'art. Une première enquête, in: Annales E. S. C. 27 (1972), S. 1264–1316.

45 Vgl. die Literatur bei RÜCK (wie Anm. 1), S. 326 f.

46 Vgl. William C. WATT, Grade der Systemhaftigkeit. Zur Homogeneität der Alphabetschrift, in: Zeitschrift für Semiotik 5 (1983), S. 371–399, vgl. die Diskussion über »Systemhaftigkeit« ebda. S. 401–431.

47 So Clarence P. HORNUNG, Handbook of Designs and Devices. New York 1946 (reprint o. J.) mit 1836 Grundmustern von Kreis (und seinen Teilen), Linie u. Band, Dreieck, Quadrat, Diamant, Kreuz, Hakenkreuz, Fünf-, Sechs- u. Achteck u. a. m.; nach Formelementen Walter SHEPHERD, Shepherd's Glossary of Graphic Signs and Symbols. New York u. London 1971; nach Anwendungsbereichen, Formen und Farben Henry DREYFUSS, Symbol Sourcebook. An Authoritative Guide to International Graphic Symbols. New York 1972; nach Formverwandtschaften Yasaburo KUWAYAMA, Trademarks & Symbols of the World. vol. 1: The Alphabet in Design, vol. 2: Design Elements, vol. 3: Pictogram & Sign design. Honkomagome 1988–1989.

48 GARDTHAUSEN, Das alte Monogramm. Leipzig 1924, S. 2 ff.

49 Charles BIGELOW, Principles of Type Design for the Personal Workstation, in: Gutenberg Jahrbuch 61 (1986), S. 253–270, bes. S. 258 f.

50 Karl Gustav HOMEYER, Die Haus- und Hofmarken. Berlin 1890 (1. Aufl. 1870; Neudr. Aalen 1967), hier S. 12 ff. über Signa in Urkunden. Dazu auch der Beitrag von R. SCHMIDT-WIEGAND in diesem Band.

51 ERBEN, Die Kaiser- und Königsurkunden (wie Anm. 7), S. 254.

und der Ligatur entstandenen. Die Zeitgenossen haben den Unterschied gespürt und beispielsweise in inschriftlichen Urkunden die duktalen Signa sowenig aus den handschriftlichen Vorlagen übernommen wie die Elongata[52], während skulptale Kreuze die Regel sind[53].

Während sich Archäologie und Kunstgeschichte mit den skulptalen Signa ausgiebig befaßt haben, schenken sie den duktalen wenig Aufmerksamkeit, obwohl selbst die majestätische Capitalis quadrata durch den sytematischen Wechsel von Haar- und Schattenstrichen das duktale Ideal als das für die Ästhetik der Schrift maßgebliche hochhält. Die aus dem skripturalen Duktus hervorgehenden Figuren sind immer die eigentlichen Beweger der Schriftgeschichte und die Träger einer spezifischen Ästhetik gewesen, die in ihrer Unberechenbarkeit mit den Ordnungskategorien der modernen Kunstgeschichte schwer zu fassen ist[54]. Jacques Stiennon, der Kunsthistoriker unter den Paläographen, hatte sich 1960 ausführlich mit dem Motiv des »treillis« (hier: Achterschlangen) befaßt, das Phänomen bis in die merowingische Zeit zurückverfolgt und für das 11./12. Jahrhundert auch seine Verbreitung in Italien, Frankreich und Deutschland und im übrigen Europa mit zahlreichen Abbildungen und Belegen dokumentiert, sich jedoch durch den Ausschluß der Schlaufe als Grundelement der »treillis« und die rein ornamental-ästhetische Interpretation den Weg zum Verständnis des eigentlichen und symbolischen Sinns des Motivs und der Urkundenschrift überhaupt verbaut[55]. Es wäre zu trivial, Stab, Bogen, Schlaufe und Kreuzung – Elementarspuren jedes kursiven Schreibens – mit einer besonderen Bedeutung zu befrachten, wenn diese Motive nicht im Laufe des frühen und hohen Mittelalters in einer Weise akzentuiert und verdichtet worden wären, die sich weder durch die Schreibbewegung noch durch den Schmucksinn erklären läßt.

Formbildend ist bei den duktalen Signa die Vorstellung des ununterbrochenen Strichs (et-Ligatur, diplomatischer Titulus, Schleifen und Schlaufen, Achterschlangen, ›treillis‹, Knoten, Arkaden, Girlanden[56], S-Formen und Wellenlinien[57], Spiralen, Rosetten, Zickzackmuster, Fischkörperschlaufen), bzw. der endlosen Schlaufe (Flechtbandmuster[58], Labyrinth, Mäander, Pentagramm, Schlingenkreuz u. a. m.). Wenn außer der in der ursprünglich ligierten Schreibung angelegten Tendenz sowohl das S von »Signum« wie die drei s von »subscripsi« zu solchen Verschlingungen oder Arkadenbildungen eingeladen haben[59], so sind doch die

52 Wolfgang MÜLLER, Urkundeninschriften des deutschen Mittelalters. Kallmünz Opf. 1975 (Münchener Historische Studien, Abt. Geschichtliche Hilfswissenschaften 13), S. 18; Rudolf M. KLOOS, Einführung in die Epigraphik des Mittelalters und der frühen Neuzeit. Darmstadt 1980, S. 51–53, Literatur S. 31; eine bemerkenswert frühe Ausnahme findet sich allerdings in einer in Capitalis gehauenen Urkundeninschrift des 5. Jh. aus Kairouan, die Entscheidungsworte (sancimus, confirmamus) in Kursive bringt, vgl. Jean MALLON, L'écriture de la chancellerie impériale romaine. Salamanca 1948 (Acta Salmaticensia Filos. y Letras IV/2), S. 13, mit Abb. Taf. 1.

53 Vgl. z. B. die Papsturkunden von 604 und 1372 bei MORISON, Politics and Script (wie Anm. 2), S. 105 u. S. 259; die Pisaner Gründungsurkunde 1064 bei PETRUCCI, La scrittura (wie Anm. 3), Abb. 2 nach S. 70; Ottavio BANTI, Simbolismo religioso e stilizzazione grafica in una iscrizione longobarda del secolo VIII, in: Studi medievali 16/1 (1975), S. 241–258.

54 Peter RÜCK, Ligatur und Isolierung. Bemerkungen zum kursiven Schreiben im Mittelalter, in: Germanistische Linguistik 93/94 (1988), S. 111–128.

55 Jacques STIENNON, L'écriture diplomatique dans le diocèse de Liège du XIe au milieu du XIIIe siècle. Paris 1960, S. 53 ff.; Stiennon hat auch in einem späteren Aufsatz diese Auffassung nicht korrigiert (Le rôle pédagogique du ›treillis‹. Des scribes mosans du XIe siècle à Paul Klee, in: Miscellanea codicologica F. Masai dicata. I, Gent 1979 (Les publications de Scriptorium 8), S. 185–188, mit Taf. 23–27), sondern vielmehr die «treillis» auf motologisch-pädagogische Prinzipien reduziert; auch Walter HEINEMEYER, Studien zur Geschichte der gotischen Urkundenschrift. 2. Aufl. Köln–Wien 1982 (AfD Beih. 4), S. 9 u. S. 61, sieht in den Schaftverschleifungen bloß ornamentale Motive.

56 Reallexikon für Antike und Christentum 11. Stuttgart 1981, S. 1–23 s. v.

57 Zur Bedeutung des Motivs in der Merowingerzeit vgl. Edouard SALIN, La civilisation mérovingienne, 4. Paris 1959, S. 130 ff.: hier S. 119 ff. auch über andere lineare Motive.

58 Die beste Übersicht mit zahlreichen Abb. bei Wilhelm HOLMQVIST, Kunstprobleme der Merowingerzeit. Stockholm 1939; vgl. auch Nils ÅBERG, The Occident and the Orient in the Art of the Seventh Century. I: The British Isles; II: Lombard Italy; III: The Merovingian Empire. Stockholm 1943–1947; Helmut ROTH, Kunst und Handwerk im frühen Mittelalter. Stuttgart 1986, S. 139 ff.; zum Motiv in der Buchmalerei Uta ROTH, Studien zur Ornamentik frühchristlicher Handschriften des insularen Bereichs. Von den Anfängen bis zum Book of Durrow. Mainz 1979 (Sep. aus: Bericht der Römisch-German. Kommission 60, 1979), S. 96 ff.; zahlreiche Belege und Muster bei Wolfgang HÜBENER (Hg.), Die Goldblattkreuze des frühen Mittelalters. Bühl 1975 (Veröff. des Alemannischen Instituts Freiburg i. B. 37), sowie bei Günther HASELOFF, Die germanische Tierornamentik der Völkerwanderungszeit, 3 Bde. Berlin–New York 1981.

59 So nach Meinung von Alain DE BOÜARD, Manuel de diplomatique française et pontificale, 2: L'acte privé. Paris 1949, S. 83 mit Taf. 4 (1042), wonach die »entrelacs« sich aus dem »ss« von »subscripsi« entwickelt haben; das Motiv des »entrelac« ist jedoch sehr viel älter als die Subskriptionsweise mit »ss« oder »sss«, für die CAPPELLI viele Belege seit dem 11. Jh. bietet, und wenn eine Arkade oder Achterschlange aus s-Folgen entstehen kann, dann nicht das von Boüard gemeinte Knotenkreuz.

Schlaufe und der Schweif neben der Elongierung selbst dort die eigentlichen Unterscheidungskriterien der Urkundenschrift (gegenüber der Buchschrift) geworden, wo sie nicht zu den lothringischen »treillis« ausarten. Die apotropäisch bindende, befestigende (firmare), fesselnde, bannende Funktion des Schlingen- und Netzmotivs hat Scheftelowitz schon 1912 herausgestellt[60].

Jenes von Erben bemerkte quadratische »netzartige Schnörkelsystem«, das in einer Urkunde Philipps I. von Frankreich für St. Denis (1068) an die Stelle der »ruche« gesetzt ist, ist nicht »ein Gebilde, das weder zur Beglaubigung noch zur Verschönerung der Königsurkunde irgendwie beitragen konnte«[61], es interpretiert vielmehr durch die Reduktion auf das Schlingennetz mit dem Auge des Zeitgenossen jenes Motiv, das sowohl im älteren Chrismon – bis über seine Zähmung durch Hebarhard hinaus – wie auch im älteren Rekognitionszeichen konstitutiv war, ja ganz allein und ohne Stamm oder Gerüst für beide stehen konnte[62]. Ganz ähnlich hat gleichzeitig der Fälscher eines Diploms Ludwigs d. Fr. für St. Maximin (angeblich 822) die apotropäischen Elemente des Signums interpretiert, indem er ein von einem Borstenschopf überragtes Quadrat mit Schlingennetzen ausfüllte[63]. Daß dieses schon früher dem allgemeinen Verständnis entsprach, zeigen Nachzeichnungen des 10. Jahrhunderts wie etwa jene einer Urkunde Ludwigs d. D. von angeblich 854[64]. Die Beispiele ließen sich leicht vermehren.

Das Endlosmotiv findet die unterschiedlichsten Ausprägungen. Wer ein Rechteck oder Dreieck in einem Zug schreibt, wird die Ecken zu kleinen Schlaufen gestalten (ein sehr verbreitetes Motiv, z. B. im Signum der Könige von Aragon und Kastilien), wer es auf eine Ecke stellt, erhält ein Kreuz, und nur der in einem Zug gezeichnete fünfzackige Stern gilt als richtiger Drudenfuß (vgl. dazu den Exkurs). Statt einer Linie können Bandschlingen und Knoten[65] – deren magische Bedeutung bekannt ist[66] – denselben Eindruck erwekken (häufig zur Darstellung von Kreuzen verwendet); oft sind sie zu endlosen Drei- und Vierpässen entwikkelt.

Meist sind die Schlingen an einem hohen vertikalen Stab oder Gerüst befestigt, die in sehr vielen Fällen das Lebensbaum-Motiv aufnehmen, im älteren Chrismon nicht weniger evident als in den horizontal langgestreckten italienischen und spanischen notariellen Schlußzeichen[67]. Die Längung nach oben gehört zu den verbreitetsten Macht- und Magiemotiven der Welt; es ist gegenwärtig im Richterstab wie im Szepter, in Rute (virga) und Zauberstab, in Türmen, Säulen und Obelisken[68]. Vereint mit dem Netzmotiv erscheint sie mir – entgegen Stiennon[69] – für die hochmittelalterlichen Elongata (Gitterschrift) maßgeblich. Auch die jüngste Forschung hat nicht gesehen, was das Motiv der Streckung und Verlängerung sowohl der »litterae coelestes« – nomen est omen – der kaiserlichen Erlasse[70] wie der »scrittura iniziale« der Gesta-Protokolle, der behördlichen »litterae officiales« und »litterae communes« und

60 Isidor SCHEFTELOWITZ, Das Schlingen- und Netzmotiv im Glauben und Leben der Völker. Gießen 1912 (Religionsgesch. Versuche und Vorarbeiten XII/2).

61 ERBEN, Die Kaiser- und Königsurkunde (wie Anm. 7), S. 164 f.; J. MABILLON, De re diplomatica libri sex. Paris 1681, S. 425 Taf. 40, reproduziert das Stück ohne bes. Hinweis; Johann Christoph GATTERER, Abriß der Diplomatik. Göttingen 1798, Taf. VII Nr. 10, reproduziert das Signum; Maurice PROU, Recueil des actes de Philippe Ier roi de France. Paris 1908, S. 114 ff. Nr. 40, würdigt die Besonderheit weder zur Edition noch in der großen diplomatischen Einleitung auch nur eines Wortes.

62 Chrismon als reine Achterschlange z. B. aus Deutschland schon 830/47 in einer Urkunde Bischof Baturichs von Regensburg (Anton CHROUST, Monumenta palaeographica, I. München 1902, Fasz. 6 Nr. 4–5); aus Italien in API X, Taf. 4 (1087); API XIII, Taf. 34 (1015 als Chrismon einer bischöflichen Urkunde von Arezzo); aus Frankreich bei Alain DE BOÜARD, Manuel (wie Anm. 59), Taf. 4 (1042). Häufig bildet eine eingefangene Achterschlange den Kopf des Chrismons. Die Achterschlange dient dem kaiserlichen Iudex Obertus als Signum in einem Placitum Heinrichs V. von 1115 (Abb. in: Diplomi imperiali e reali delle cancellerie d'Italia. Rom 1892, Taf. 13), einem Notar aus Perugia als Eingangssignet 1128, (vgl. Roberto ABBONDANZA, Il notariato a Perugia. Rom 1973, Taf. 7).

63 Theo KÖLZER, Studien zu den Urkundenfälschungen des Klosters St. Maximin vor Trier (10.–12. Jh.). Sigmaringen 1989 (VuF Sonderbd. 36), S. 307 f., Abb. Taf. 4.

64 Abb. Dipl. Kar. Schweiz Nr. 30.

65 Die Beispiele sind sehr zahlreich vor allem in Italien, Frankreich und Spanien, vgl. API I, Taf. 43–46 (1178–1186), API III, Taf. 33 (1173); dazu das unten Anm. 133 genannte des Notars Rainerius, aus Frankreich BOÜARD, Manuel (wie Anm. 59), Taf. 9 (971) u. 4 (1042).

66 Vgl. Hdw. d. A. V, S. 16–23 s. v.; über Knoten, Knotenkreuze, Knotensäulen Karl-Heinz CLASEN, Die Überwinder des Bösen. Ein Beitrag zur Ikonographie des frühen Mittelalters, in: Neue Beiträge deutscher Forschung, Wilhelm Worringer zum 60. Geburtstag. Königsberg 1943, S. 13–36, mit Abb. 14–32; Ulrike ZISCHKA, Zur sakralen und profanen Anwendung des Knotenmotivs als magisches Mittel. München 1977; zahlreiche Beispiele erörtert Victor H. ELBERN, Heilige, Dämonen und Magie an Reliquiaren des frühen Mittelalters, in: Santi e demoni nell'Alto Medioevo occidentale. Spoleto 1989 (Settimane 36/2), S. 951–980 mit 33 Abb.

67 Beispiele aus Forlì API I, Taf. 33, 47 (1189); API III, Taf. 50 (1160 als Notarszeichen).

68 DACL II/1, Sp. 69 f. u. Sp. 621 ff. s. v. baguette, baton, dazu DACL III/2, Sp. 2277 ff. u. Sp. 3143 ff. s. v. colonne, crosse.

69 STIENNON, L'écriture (wie Anm. 55), S. 54.

ihrer Fortbildungen im byzantinischen und im westlichen Urkundenwesen bedeutet[71]. Mit Manierismus scheint es mir nicht ausreichend erklärt[72], denn wie die Forcierung des Schlaufenmotivs ist die Streckung der Ober- und Unterlängen ein Kennzeichen urkundlicher Schriftlichkeit auch außerhalb der Elongata.

Die frühe Koppelung tachygraphischer Noten (etwa im frühen italienischen Notarssignet, im Chrismon und Rekognitionszeichen) mit den auf diese Weise entstandenen Signa zeigt, wie man diese als Gerüst für weitere geheime Botschaften verwenden wollte, wobei mir die Kreuzung des Gerüstes als der wesentliche Aspekt erscheint[73]. Die Bannkraft des Kreuzungsgestus braucht nicht betont zu werden; auch in Privaturkunden des 9. Jahrhunderts sind gekreuzte Signa die Regel, sei es nach dem Muster des vokalvereinigenden Rhombus aus dem Karlsmonogramm oder als Achterschlangen, aber auch als Sub-Bögen, Arkaden und Diptychen. Die Schutzfunktion der Arkadenform wird schon früh, etwa in den Signa der Zürcher und Schaffhauser Privaturkunden des 9.–12. Jahrhunderts oder in der Unterbringung der Namenslisten (und Akten) in Libri Vitae, aber auch in den älteren Kölner Schreinskarten des 12. Jahrhunderts[74] zum Ausdruck gebracht. Die Schlaufen und Arkaden sind oft von einer oder mehreren Horizontalen eingefangen bzw. gekreuzt[75], die »ss« (subscripsi) nach der Papst- und den Kardinalsunterschriften sind waagrecht gekreuzt[76], die arkadenartigen – ebenfalls aus dem »ss« abgeleiteten nordspanischen Signa des 8.–12. Jahrhunderts sind ebenso von Querlinien gekreuzt wie der fränkische Bienenkorb. In einfacheren Signa sind die durch Kreuzung und Verschlingung entstandenen Felder oft mit zentralen Punkten (Augen), in aufwendigeren mit kleineren Schlaufen, Schnörkeln oder tironischen Noten belegt. Flämmchen- und wellenförmige Schnörkel oder diplomatische Tituli kreuzen auch den Schaft der Chrismen und den Bogen des Bienenkorbes; sie füllen noch den Bogen des erstarrten C-Chrismons.

Schlaufe und Kreuzung sind neben der Elongierung die zentralen Motive der westeuropäischen urkundlichen Schriftlichkeit, erringen diesen Status jedoch trotz seltener ravennatischer Vorläufer im 6. Jahrhundert[77] und der ausgeprägten Veranlagung etwa der Gesta-Auszeichnungsschriften zur Schlingenbildung[78] erst im fränkischen Urkundenwesen des 7. Jahrhunderts[79]. Man kann annehmen, daß sie in der urkundlichen Praxis der römischen Westprovinzen verankert waren[80],

70 Jean Mallon, L'écriture (wie Anm. 52); Jan-Olof Tjäder, La misteriosa »scrittura grande« di alcuni papiri ravennati e il suo posto nella storia della corsiva latina e nella diplomatica romana e byzantina dall'Egitto a Ravenna, in: Studi Romagnoli 3 (1952), S. 173–221; Robert Marichal, L'écriture latine de la chancellerie impériale, in: Aegyptus 32 (1952), S. 336–350.

71 Jochen Götze, Die Litterae Elongatae, in: AfD 11/12 (1965/66), S. 1–70 (Diss. phil. Heidelberg 1964), behandelt die Elongata als symbolische Machtrepräsentation von der spätantiken Kaiserkursive über die merowingischen und karolingischen Königsurkunden bis zu den deutschen Königsurkunden des 13. Jh., geht jedoch weder auf die Papst- noch auf die Privaturkunden ein. Besser dokumentiert, jedoch weniger an der paläographischen Entwicklung der Einzelformen interessiert, ist die Wiener Institutsarbeit von 1965 von Otto Kresten, Diplomatische Auszeichnungsschriften in Spätantike und Frühmittelalter, in: MIÖG 64 (1966), S. 1–50, die neben der ausführlichen Würdigung der spätantiken Grundlagen und Überblicken zu merowingischen und karolingischen Diplomen auch die frühen Papsturkunden mit einbezieht. Das Phänomen verdiente eine sowohl historisch wie paläographisch erweiterte und vertiefte Untersuchung. Vgl. zur Protokollschrift der Papyri Victor Gardthausen, Protokoll. Text und Schrift, in: Zeitschrift des deutschen Vereins für Buchwesen und Schrifttum 2 (1919), S. 97–107.

72 Werner Weisbach, Manierismus in der mittelalterlichen Kunst. Basel 1942.

73 In der Ornamenttheorie von Wolfgang von Wersin, Das elementare Ornament und seine Gesetzlichkeit. Ravensburg 1940, als der dritte, komplexe Typus der »Reihung mit Überkreuzung« bezeichnet.

74 Abb. vgl. bei Chroust, Monumenta (wie Anm. 62), Abt. 2, Fasz. 8, Nr. 9–10 (1130–40) und im Katalog Ornamenta Ecclesiae. Köln 1985, Bd. 2, S. 18 (1186–96).

75 Eingefangene Achterschlangen gehören (auch in Spanien) zu den typischsten Signa der Frühzeit, vgl. ein Beispiel in: Musée des archives départementales. Paris 1878, Taf. 13 (950); quergekreuzte Arkaden etwa in den gen. Stücken des 9.–11. Jh. aus Zürich (SMAH IV, Taf. 13/1–2, 15/2, 23/1) und Schaffhausen (SMAH VI, Taf. 1–3, 5, 39 aus den Jahren 1050–1108).

76 Bruno Katterbach, Wilhelm Peitz, Die Unterschriften der Päpste und Kardinäle in den »Bullae maiores« vom 11. bis 14. Jh., in: Miscellanea Francesco Ehrle, 4. Rom 1924, S. 177–274.

77 ChLA XX, Nr. 707 (Ravenna 540) mit Schlaufenkreuzung als Schlußzeichen, Schlaufenkreuzung auch in ChLA III, Nr. 181 (Ravenna 572, dazu auch Speichenradsignum), und Giorgio Costamagna, in: Mario Amelotti, G. Costamagna, Alle origini del notariato italiano. Parte 2: L'Alto Medioevo, Rom 1975 (Studi storici sul notariato italiano 2), S. 244 ff.

78 ChLA XVII, Nr. 652 (564).

79 Vgl. die große Zahl der Signa im königlichen Präzept von 654 (ChLA XIII, Nr. 558, besser bei Lauer-Samaran Taf. 6). Wahre Musterblätter von Schlaufen- und Kreuzungsmotiven bieten französische Privaturkunden des 7. bis 9. Jh., vgl. ChLA XIV, Nr. 580 (696), ChLA XVII, Nr. 656 (714); auch im Elsaß schon ausgeprägt im 8. Jh., ChLA XIX, Nr. 670–771 (Murbach 731 und Ende 8. Jh.); Alain de Boüard, Manuel de diplomatique française et pontificale, 1: Diplomatique générale. Paris 1929: Album de planches, Taf. 33 (Poitiers 780), im selben Werk 2 (wie Anm. 59), Taf. 14 (Marseille 840); Musée des archives départementales. Paris 1878, Taf. 6 (Urkunde des Bischofs Agius von Orléans 854, vgl. das Umschlagbild dieses Bandes), vgl. Dipl. Kar. Schweiz Nr. 114 (Zeugensigna in der Urkunde Graf Rudolfs von Burgund von 878).

denn anders läßt sich ihr frühes Auftreten außerhalb Italiens kaum erklären, dies um so mehr, als all diese Motive in der Kunst der Völkerwanderungszeit schon vorhanden sind. Das Schlaufenmotiv ist im frühen Urkundenwesen Italiens weit weniger verbreitet als im fränkischen Reich, wohl aber in der langobardischen Kunst[81]; es ist sehr häufig im westfränkischen und nordspanischen Raum, auch in den St. Galler Urkunden des 8./9. Jahrhunderts[82], begegnet jedoch in den Stücken des gleichen Zeitraums aus Siena, Pistoia, Pisa und Lucca[83] auch im 9. Jahrhundert noch auffällig selten und verbreitet sich (oft als Gittermotiv) erst im 10. Jahrhundert allgemeiner[84], ein Phänomen, das Costamagna mit der Festigung fränkischer Herrschaft in Italien in Verbindung bringt[85].

Für vier Jahrhunderte (800–1200) wird die Schlaufe als Titulus diplomaticus – nichts anderes als eine dynamische Vereinigung von Schlaufe und Kreuz – geradezu zum Signal der westeuropäischen Urkundenschrift, ein kalligraphisches Kunststück auch, das nicht jedem gelingt. Seine Verwandtschaft mit dem Chrismon war Sickel nicht entgangen[86]; es gibt Beispiele, wo der Titulus als voll entwickeltes Chrismon inklusive jener Noten gesetzt wird[87], in denen Kopp »Ante omnia Christus« entdecken wollte[88]. Wahrscheinlich ist vielmehr, daß sich der diplomatische Titulus aus dem Henkelkreuz (croix ansée: vermutlich verstanden als ein reduziertes Chi-Rho mit nur einem waagrechten Balken[89]) entwickelt hat, das schon in spätantiken Papyri und in westgotischen Pizarren des 6. Jahrhunderts belegt ist[90], wahrscheinlicher jedenfalls als aus dem gleichzeitig belegten hohen s mit umschlauftem Kopf[91], denn anfänglich ist der merowingische Titulus ein Schluß- und Rahmenzeichen, das im Kontext nicht verwendet ist – der normale Titulus bleibt in den sehr spärlich gekürzten Texten ein gewelltes, vertikales oder horizontales Zeichen ohne Verschlaufung. In der Achterschlaufenform begegnet er zuerst unter den Merowingern als Schlußzeichen von »obtul(it)«, »recognov(it)« oder »sub(scrips(it)« oder in der Intitulatio von »inl(uster)«, oft in Dreizahl und mit den langen, nach links unten weisenden Schweifen, gelegentlich zum Rautengitter gekreuzt von ebenso vielen Schlingenstrichen[92], im übrigen jedoch vor allem in Verbindung mit

80 Josef Engemann, Zur Verbreitung magischer Übelabwehr in der nichtchristlichen und christlichen Spätantike, in: Jahrbuch für Antike und Christentum 18 (1975), S. 22–48 (mit Abb.) beschränkt sich auf das »böse Auge« und das Kreuzzeichen.

81 Zur lombardischen Schlaufenornamentik Helmut Roth, Die Ornamentik der Langobarden in Italien. Eine Untersuchung zur Stilentwicklung anhand der Grabfunde. Bonn 1973, S. 52ff.

82 Zu den westfränkischen Beipielen vgl. die Anm. 79, zu St. Gallen ChLA I u. II, passim, und SMAH II, Taf. 1ff. (Beispiele bis 839).

83 ChLA XXIII–XXVI, XXVIII, XXX–XXXVIII; ausnahmsweise als Schlaufen- und Kreuzbildung Lucca 737 (ChLA XXX, Nr. 911), als Achterschlange ebenda 739 (ChLA XXXI, Nr. 916 = API XII, Taf. 51).

84 Einen guten Einblick vermitteln die aus Mailänder Beständen stammenden Abbildungen bei Luciano Moroni-Stampa, Codex palaeographicus Helvetiae Subalpinae. Lugano 1951–57. Urkunden mit Schlaufenchrismen und -signeten bietet Vincenzo Federici, La scrittura delle cancellerie italiane sec. XII–XVII. Rom 1934 (repr. Turin 1964), Taf. 19 (Mailand 807), Taf. 23 (Lucca 995), Taf. 26 (Genua 1024); Armando Petrucci, Notarii. Mailand 1958, S. 14 (undatierte Schlaufensignete der Tabelliones von Ravenna), Taf. 8 (Pavia 917); Stiennon, L'écriture (wie Anm. 55), S. 70–72 (1067–1198).

85 Costamagna, Alle origini (wie Anm. 77), S. 250.

86 Theodor Sickel, Lehre von den Urkunden der ersten Karolinger. Wien 1867, S. 311f.

87 Vgl. das außergewöhnliche Diplom Ludwigs d. D. für Paderborn vom 22. 5. 859 in KUiA VII/6, ed. Paul Kehr, MGH Dipl. Germ. Karol. Die Urkunden der deutschen Karolinger. Berlin 1934, Nr. 97; was Kehr (Einl. XXV) außer dem Akanthus-Blatt am Fuß des Chrismons dazu veranlassen konnte, es demselben Schreiber Walto zuzuweisen wie zwei Diplome für Speyer (Nr. 92 vom 29. 4. 858, Abb. im Lichtbildarchiv) und St. Gallen (Nr. 103 vom 1. 4. 861, Dipl. Kar. Schweiz Nr. 40), bleibt unerfindlich, denn nicht nur bieten die Vergleichsstücke den Chrismon-Titulus nicht, sondern sind auch sonst paläographisch nicht unter einen Hut zu bringen. Weniger ausgeprägt, aber schon mit dem Notenfuß das von Sickel, Lehre von den Urkunden (wie Anm. hievor), erwähnte Diplom Karls d. Gr. für Hersfeld vom 3. 8. 775 (KUiA III/2: hier neben einem ebenso eigenartigen Spiral-Titulus), während ich im ebenfalls erwähnten Diplom Ludwigs d. Fr. von 27. 10. 826 nach der Teilwiedergabe bei Ulrich Friedrich Kopp, Palaeographia critica, 1. Mannheim 1817, S. 392 mit der 3. Großtafel keine derartige Form zu erkennen vermag.

88 Kopp (wie Anm. hievor), S. 425.

89 DACL III/2, Sp. 3120ff.

90 Karl Brandi, Ein lateinischer Papyrus aus dem Anfang des 6. Jh. und die Entwicklung der Schrift in den älteren Urkunden, in: AUF 5 (1914), S. 269–288 mit Abb.; ob die Kopfschlaufe die tironische Note für Christus darstellt, wie Costamagna, Alle origini (wie Anm. 77), S. 246f. meint, lasse ich offen; für die westgotischen Beispiele vgl. Manuel Gomez Moreno, Documentacion goda en pizarra. Madrid 1966, S. 44ff. (dazu Manuel C. Diaz y Diaz, Los documentos hispano-visigoticos sobre pizarra, in: Studi medievali ser. III, 7/1 (1966), S. 75–107) und Angel Canellas Lopez, Diplomatica hispano-visigoda. Zaragoza 1979, S. 89, 92 u. 95 sowie die Tafeln 2 u. 3 nach S. 244 u. 254 (in diesem Dokument von 696 schließt ein Titulus den Kontext ab – Kürzung von reg(um)).

91 Im selben Papyrus aus dem frühen 6. Jh. bei Brandi (wie Anm. hievor).

92 So in einem Präzept von 625 (ChLA XIII, Nr. 552) nach »obtol«; vgl. auch Canellas Lopez, Diplomatica (wie Anm. 90), S. 86 fig. 1/4: Schlaufensignum am Schluß in einer Pizarra von 649/53; vgl. die hier Taf. 5 (nach S. 274) vorgeschlagene Transkription einer Achterschlange mit »subscripsi« in einem Stück von 704.

Chrismon[93] und Rekognitionszeichen – besonders deutlich in Präzepten Chilperichs II. von 716/17[94]. Seit Karl d. Gr. steht der Schlaufen-Titulus gelegentlich über den elongierten Kopf- und Signumzeilen, am Kontext- und Apprecatio-Schluß und nur ausnahmsweise und nicht zufällig (etwa über Nomina sacra oder autoritativa wie noster) im Kontext[95]. Er erweist sich damit von Anfang an als hegendes Bannzeichen der Abgrenzung; darin liegt auch der Grund für die Anfangs- und Schlußsignete der Notare. Erst unter Ludwig d. D. dringt der diplomatische Titulus häufiger in den Text ein, und am Ende des 9. Jahrhunderts ist er zum üblichen Kürzungszeichen avanciert und wird gelegentlich auch von königsnahen bischöflichen Kanzleien übernommen. Damit war die Urkundenschrift selbst zum Apotropaion geworden[96].

Ohne jede duktale Notwendigkeit schreitet jedoch die Infizierung der Urkundenschrift mit dem Schlingenmotiv voran und befällt zuerst den Unterteil von g[97], den zweiten Stock von e sowie die Ligaturen ct, st und et, am deutlichsten das hochgezogene c. Schon unter Ludwig d. D. finden sich Schlaufen an Oberlängen von f und s, doch die langen Oberruten von b, d, h, k, und l peitschen oder schwingen weiter nach rechts und bleiben von Schlaufen frei. Unter Otto I. wandelt sich das Bild: die extrem nach rechts geknickten Oberlängen ebenso wie die Borstenschöpfe der Rekognitionszeichen und die aus dem Chrismon schießenden Strahlen wandeln das Bannmotiv von einem abwehrenden in ein aggressives; in unverkennbar propagandistischer Absicht evoziert die Kanzlei das Bild eines lanzenstarrenden Heeres[98]. Erst unter dem neuen Kaisertum und mit der zunehmenden Vertikalisierung der Schäfte seit Otto II. ist der Weg frei für die weitere Verschlaufung der Oberlängen, für die Schlängelung und Durchschlängelung der Elongata, der vertikalen Ober- und Unterlängen (auch r) bis zu den Stangen, denen die Schlaufen oft wie Kriegsbanner hinterher flattern, und seit dem ersten Drittel des 12. Jahrhunderts werden manchmal gar die bisher freien Oberschäfte von b, d, h, k und l sowie andere, artifiziell hochgezogene (wie a) – schon vorher gelegentlich mit Sporen bewehrt oder zum Zweizack gespalten – in die Verschlaufung einbezogen[99]. Offenbar hat das Motiv die Aussteller von Privaturkunden so fasziniert, daß sie es vor allem im 12. Jahrhundert weit über Lothringen hinaus bis zu den »treillis« und geschlängelt-durchschlängelten Schäften auf die Spitze trieben. Schon gegen Ende des 12. Jahrhunderts dringt jedoch mit den kursiven Elementen eine neue Schaftschwingung ein, die Oberschaftschlaufen werden weniger, erscheinen jedoch auch noch unter Friedrich II.; mit dem Interregnum kommt das Ende der Schlaufe auch als Titulus[100]. Außerhalb des deutschen Reiches hat das Schlaufenmotiv die Schriftgestaltung weniger geprägt, in Privaturkunden kleinerer Aussteller wird es auch in Deutschland nicht überall angenommen. Eine umfassende Untersuchung steht noch aus, doch läßt sich selbst nach diesem kurzen Überblick manche Urkunde des 10. Jahrhunderts auf den ersten Blick als unecht erkennen[101]. Die Urkundenpaläographie täte gut daran, den sog. ornamentalen Elementen bei der Echtheitskritik nicht weniger Aufmerksamkeit zu schenken als der Grundschrift.

Mit Schlaufe, Stab und Kreuzung (Vernetzung) lassen sich die meisten urkundlichen Signa erklären. Daraus ergeben sich die nordspanischen Subscripsi-Gitter des 8.–12. Jahrhunderts[102] ebenso wie die Netzwerke der »notitiae testium« in ravennatischen Privaturkunden des 10.–12. Jahrhunderts[103] und das im gleichen Zeitraum an das Lebensbaum-Chrismon anschließende, über die Verbalinvokation gelegte Netzwerk in Privaturkunden aus Terracina[104], die gegen Ende des 12. Jahrhunderts so reduziert sind, daß man den ursprünglichen Sinn so wenig erkennt wie in den langobardischen Fürstenurkunden aus Süditalien[105]. Dem

93 Das gilt auch für die westgotischen Chrismen in der Form eines großen L mit eingerolltem Kopf (Note für »sub«, deshalb hier als Sub-Chrismon bezeichnet); der Schaft ist meist von einem oder mehreren Tituli gekreuzt, Abb. bei Antonio C. FLORIANO, Curso general de paleografia y paleografia y diplomatica españolas. 2 Teile (Teil 2: Selección diplomática). Oviedo 1946, I, S. 383.

94 LAUER-SAMARAN, Taf. 37–38.

95 KUiA III/2 (775).

96 Zum Sonderstatus der Urkundenschrift vgl. RÜCK (wie Anm. 1), S. 313 ff. mit weiterer Literatur.

97 Dazu sehr ausführlich STIENNON, L'écriture (wie Anm. 55), S. 103–162, mit den karolingischen Vorläufern.

98 Vgl. z. B. KUiA I/28 (DO I 21 von 939).

99 Vgl. z. B. KUiA IV/28 (1122) und X/1 (1138); für die Privaturkunden HEINEMEYER, Studien (wie Anm. 55), S. 9.

100 Dieselbe Feststellung für die Privaturkunden bei HEINEMEYER, Studien (wie Anm. 55), S. 48.

101 Ein Blick in das von KÖLZER (wie Anm. 63) vorgelegte Abbildungsmaterial aus St. Maximin zeigt, wie verräterisch Schlaufenbildungen sein können.

102 Vgl. die Abb. in: Recueil de Fac-similés à l'usage de l'Ecole des Chartes, I–IV. Paris 1880–1887, Nr. 34 (989, Kopie 12. Jh.); für weitere Abb. vgl. unten Anm. 209.

103 API VII, Taf. 9, 11–15, 18, 39, 41, 43 aus den Jahren 970–1138.

104 API XII, Taf. 68–71, 78, 82–84 aus den Jahren 951–1196.

105 API XV, Taf. 1 ff. (886 ff.); das Motiv ist in Mittel- und Süditalien zumindest in reduzierter Form – Durchstreichung der Oberlängen der Verbalinvokation – vielfach belegt, vgl. Beispiele aus Perugia und Benevent bei Armando PETRUCCI, Notarii. Mailand 1958, Taf. 1 u. 23.

Schlingenmotiv sind auch jene charakteristischen Schlaufen verpflichtet, die italienische Notare und Zeugen aus dem »Ego« vor ihrem Namen[106] oder dem Titel »vir venerabilis presbyter«[107] bzw. »testis« am Schluß der Subscriptio[108] bilden, die sich im späteren 12. Jahrhundert immer mehr zu Monogrammen verdichten.

In der romanischen Zeit zeigt sich wie in der Schrift in allen Signa die Tendenz zur tektonisch-geometrischen Versteifung, die dann in spätmittelalterlichen Notarssigneten – zumindest im deutschsprachigen Raum – organischen Formen (pflanzlichen, tierischen, menschlichen) weichen wird. Es ist bemerkenswert, daß die byzantinische Kaiserurkunde mit der Protokollschrift, den Sonderworten, dem Legimus und dem Menologem über graphische »Signa« verfügt, die ohne Ausnahme aus der Schrift abgeleitet sind; sie kennt keinen geometrischen Bienenkorb, kein Monogramm, keine Rota und kein aufwendiges Chrismon, denn selbst die symbolische Invokation erscheint als schlichtes »kursives« Kreuzchen (seltener Christogramm). Diese skripturalen Ursprünge der Signa sind im Westen nach dem Jahr 1000 vergessen; erst jetzt ist die Rota Leos IX. möglich, eines unter den unzähligen und nun leicht klassifizierbaren geometrischen Signa, die seither entstanden sind.

Wenn sie gleichzeitig seit dem 11. Jahrhundert allmählich in Abgang kommen, zuerst das Rekognitionszeichen, dann das Chrismon und endlich auch das Monogramm, wenn gerade im 11. Jahrhundert Leo IX. mit Rota und Benevalete zwei schwer deutbare, aber geometrisch gezähmte Zeichen einführt, widerspiegelt sich darin derselbe Prozeß der Rationalisierung, der auch die Urkundenschrift ihres »Zaubers« beraubt und der Buchschrift mehr und mehr annähert[109]. Am Ende steht das schlichte Urkundenblatt, das nur noch durch Format und Siegel charakterisiert ist. Costamagna hat in diesem Band gezeigt, wie nicht nur die »geheimnisvolle« Tachygraphie im 12. Jahrhundert verschwindet, sondern wie das von den Notariatstheoretikern des 13. Jahrhunderts geforderte »instrumentum rationale« sie ausdrücklich verbietet (Durandus: Instrumentum non debet scribi per notas aut signa). Die simplen Signete der Notare mit ihren oft sprechenden Bildern und Inskriptionen sind ebenso entmystifiziert wie die Bilder der dreidimensionalen Siegel[110].

Über die Lösung von Einzelfragen hinaus kann hier ein neues Fundament für das Verständnis der Genese graphischer Symbole gelegt werden, Symbole, die ursprünglich weder sprach- noch buchstabenunabhängig waren, aber diesen Status – wie das zu mosaischen Tafeln erstarrte Rekognitionszeichen oder das C-Chrismon – im Lauf der Zeit erreicht haben. Symbolische Zeichen demnach als bewußt mit Magie aufgeladene Relikte gesunkener Schriftkultur, die sich wie die &-Ligatur – keineswegs schneller zu schreiben als et – zum Teil bis heute gehalten haben.

4. Das graphische Symbol im Umfeld des Textes

Im Unterschied zum Siegel oder zu Notariatssigneten sind die Signa nur selten für die Authentizität der Urkunden eines Ausstellers unerläßlich. Fehlende Signa begründen für sich allein in der Regel keine Rechtsmängel, doch sind sie deshalb nicht bedeutungslos. Wohl hat Bresslau in seinem Kapitel über »die rechtliche Beweiskraft der Urkunden« sie völlig vernachlässigt und unter den Beglaubigungsmitteln nur das Siegel ausführlicher besprochen[111], aber wenn das Fehlen von Rota und Benevalete oder von Chrismon und Monogramm die einfachen von den feierlichen Ausfertigungen der päpstlichen oder der staufischen Kanzlei unterscheiden kann[112], erweist sich das Kriterium der Rechtsgültigkeit als unzureichend für die Einschätzung der Wirkung von Privilegien und Diplo-

106 Aus Lucca ChLA XXX, Nr. 905 (727/8) und API XII, Taf. 53 (746), aus Siena ChLA XXIII, Nr. 741 (765), insgesamt aber wenig ausgeprägt im 8. Jh., sehr deutlich jedoch später in Rom (API II, Taf. 15–17, 21, 23–24, und API VI, Taf. 56–76 aus den Jahren 983–1177) und Montecassino, wo die Muster an byzantinische Subskriptionen erinnern (API X, Taf. 1–3 (960–963)), sowie in Nocera (API VII, Taf. 23 u. 26 (1035–1077)); vgl. dazu Cristina Carbonetti, Tabellioni e scriniari a Roma tra il IX e XI secolo, in: Archivio della Società Romana di storia patria 102 (1979), S. 77–156, bes. S. 101 ff. u. die Abbildungen S. 131 ff.

107 ChLA XXX, Nr. 894 (685).

108 ChLA XXXII Nr. 954 (759) u. a.

109 Françoise Gasparri, Ecriture de chartes, écriture de livres, in: Gazette du livre médiéval 2 (1983), S. 4–6. Den Prozeß der Verzauberung (und der Entzauberung seit dem 13. Jh.) der Urkundenschrift hatten schon 1946 unabhängig voneinander Heinrich Fichtenau in seiner Habilitationsschrift (Mensch und Schrift im Mittelalter. Wien 1946, S. 105 ff.) und Fritz Rörig in einem postum veröffentlichten Aufsatz treffend beschrieben (Mittelalter und Schriftlichkeit, in: Die Welt als Geschichte 13 [1953], S. 29–41, bes. S. 34 ff.). Ohne Rückgriff auf magische Motive erklärt dagegen Nicolete Gray, Lettering as Drawing. London 1971, die Entwicklung der Urkundenschrift im frühen und hohen Mittelalter.

110 Vgl. Rück (wie Anm. 1), S. 328.

111 Bresslau 1, S. 635 ff. Zu den »signa manus«, insbesondere den Kreuzen, vgl. Bd. 2, S. 176 ff. und 206 ff.; die Gestaltung der Zeichen hat Bresslau nicht interessiert.

112 Bresslau 1, S. 54, 62 ff., 80 ff.

men. Zweifellos hat die in der fränkischen Gesetzgebung seit dem frühen 7. Jahrhundert für den Anfechtungsfall vorgesehene Schriftvergleichung[113] die Vermehrung der leicht identifizierbaren Signa gefördert; aber die Tatsache, daß sie auch nach dem Erlaß Ottos I. von 967, der die Bedeutung der Schriftvergleichung stark minderte[114], weiterhin und verstärkt blühten, beweist zur Genüge, daß ihre Funktion sich nicht auf Identifikationshilfe beschränken konnte, sondern vielmehr nach ihren Wirkungen beim Publikum abgeschätzt werden müßte.

Mehrere einleitende Beiträge dieses Bandes sollen deshalb zumindest ein theoretisches Gerüst dafür vorbereiten, indem sie die Funktion graphischer Symbole aus unterschiedlichen Perspektiven beurteilen. Gibt es – analog zu einer »Grammatik der Gebärdensprache« im Rechtsbereich[115] – eine spezifisch urkundlich-rechtliche »Grammatik der graphischen Symbolsprache«, gibt es Regeln, die für die Plazierung der graphischen Symbole maßgeblich sind? Autograph oder stellvertretend angebrachte Signa stehen in korroborativer oder invokatorischer Absicht für die mittelbar oder unmittelbar am Geschäft beteiligten spirituellen (Gott, Christus, Dämonen), juristischen (Königtum, Papsttum, Kanzlei, Behörde) oder natürlichen Personen (Urheber, Aussteller, Konsentienten, Rekognoszenten, Schreiber, Zeugen). Ihre Plazierung läßt sich aus der Briefform herleiten. Sie markieren die Anfangs- und die Schlußteile der Urkunden und akzentuieren optisch die Stellen, an denen auch der Text die Autorität des Ausstellers und seiner Assistenten zu erkennen gibt.

Die wichtigste Aufklärung ist, entsprechend der vorrangig rechtlichen Funktion der Urkunde, von der Rechtsgeschichte zu erwarten. Jakob Grimms »sinnliches Element des Rechts« wird von R. Schmidt-Wiegand an zahlreichen Beispielen erläutert und begrifflich differenziert, wobei erneut deutlich wird, wie urkundliche Signa sowohl als nicht austauschbare »signa repraesentativa« (Monogramm) wie als willkürlich gesetzte »signa significativa« interpretiert werden können. Im Vordergrund steht die Vorzeige- und Identifikationsfunktion der Signa, jedoch kommen hier auch andere, u. a. die magische Funktion zur Sprache, die ich oben ausführlicher erörtert habe.

Die Reflexionen des bekannten Designers Armin Hofmann wollen das oben angesprochene Defizit der Design-Literatur nicht ausgleichen[116]; sie stecken den alltäglichen Erfahrungshorizont zwischen verbaler und visueller Information ab, vor dem die heutige Diskussion über graphische Zeichen stattfindet und der auch das neue Interesse an dieser alten Frage der Diplomatik erklärt.

Auch zum Verhältnis Text-graphisches Symbol, das m. E. für die Diplomatik von grundlegender Bedeutung ist, ist mir keine systematische Abhandlung bekannt; obwohl die graphischen Symbole nicht unerläßlich sind für die Wahrnehmung der Urkunde als Urkunde, unterstützen sie sowohl die Identifikation des Ausstellers wie auch die Wahrnehmung der Schriftfläche als Rechtsdokument. Ein akzentlos und gleichmäßig in Buchschrift beschriebenes Pergamentblatt wird trotz einseitiger Beschriftung und Einzelblattstatus nicht den Eindruck von »Originalurkunde« erwekken, ihn höchstens durch das von der normalen Schriftfläche abweichende Querformat andeuten. Unter den Mitteln der Identifikation des Schriftstücks als Urkunde (Urkundenschrift, Textgliederung) spielen die graphischen Symbole neben den Siegeln die Hauptrolle. In einem ersten Versuch gelingt Helmut Glück ein Brückenschlag zwischen linguistisch-semiotischer und diplomatischer Begrifflichkeit, indem er vom Schriftzeichen bis zum Notariatssignet die jeweilige Charakteristik der Zeichenhaftigkeit herausarbeitet.

5. Kreuzzeichen, Handzeichen, Siegel

Das im gesamten europäischen Raum verbreitetste graphische Symbol ist das Kreuzzeichen. Es ist in den meisten Beiträgen dieses Bandes in der einen und anderen Weise angesprochen. Im westlichen Urkundenwesen scheint es als beglaubigendes Handzeichen erst im 3. Jahrhundert neben Subscriptio und Siegel getreten zu sein; seit dem 4. Jahrhundert sind Handzeichen aus dem Formular nachzuweisen, seit dem 5. Jahrhundert überliefert; Lothar Saupe verfolgt ihre Entwicklung bis ins 8. Jahrhundert, wo die Signa – früher oft von einem schreibkundigen Dritten als authentisch

113 Bresslau 1, S. 647ff.

114 Bresslau 1, S. 653f.; weitere Belege zur Schriftvergleichung Rück (wie Anm. 1), S. 313ff.; Gudrun Bromm, Historischer Rückblick über die forensische Schriftvergleichung von der Spätantike bis ins 17. Jahrhundert, in: Kriminalistik und forensische Wissenschaften 83 (1994), S. 87–98.

115 Ruth Schmidt-Wiegand, Gebärdensprache im mittelalterlichen Recht, in: Frühmittelalterliche Studien 16 (1982), S. 363–379, zit. S. 366; Lex. MA IV, Sp. 1154 u. 1411f. s. v. Gebärden, Gesten.

116 Vgl. sein weltweit verbreitetes Handbuch: Methodik der Form- und Bildgestaltung (Manuel de création graphique – Graphic Design Manual). Aufbau – Synthese – Anwendung. Niederteufen 1965, 4. Aufl. 1988.

bestätigt –, in der Regel nicht mehr eigenhändig, sondern vom Schreiber als Beleg für die Handfestung gesetzt sind[117].

Nachdem Franz Dölger schon vor 50 Jahren die graphischen Eigentümlichkeiten der byzantinischen Kaiserurkunde herausgearbeitet hatte[118], bietet der in jugendlichem Alter während der Redaktion des Aufsatzes verstorbene Joseph Sonderkamp hier einen wertvollen Einblick in parallele Entwicklungen im byzantinischen Privaturkundenwesen[119]; vor allem die unlesbaren sog. Rollenprotokollschriften (Stempelschriften) der frühbyzantinischen Epoche scheinen etwas von dem vorwegzunehmen, was im westlichen Urkundenwesen seit der merowingischen Zeit in zu unlesbaren Symbolen erstarrten Schriftzügen erscheint. Beachtenswert ist daneben die Gestaltung der mehrdeutigen, öfter die notarielle Unterfertigung begleitende invokatorische Buchstabenfolge Chi-My-Gamma, meist von den griechischen Zahlzeichen für 99 begleitet (= Summe der Zahlenwerte der griechischen Buchstaben von AMEN), und diejenige der Handzeichen der Parteien und Notare (oft Kreuze und Chrismen, aber auch mannigfaltige andere graphische Gebilde), die, obwohl sie offenbar die Identifikation stützen sollten, doch bei ein und demselben Schreiber sehr unterschiedliche Formen aufweisen können. Die zahlreichen Verbindungen zwischen den östlichen und westlichen Usanzen in den privaturkundlichen Subskriptionspraktiken, bis hin zu der Tendenz der pseudokryptographischen Verschlüsselung, sind damit bloß angedeutet: die Verwandtschaft der byzantinischen Protokollschrift mit der westlichen Elongata und des byzantinischen Legimus[120] mit dem westlichen Rekognitionszeichen liegt auf der Hand[121].

Verbindungen zwischen Symbolgestalt und ursprünglich ligierten bzw. tachygraphisch-kryptographischen Schreibweisen machen G. Costamagna und R. Härtel deutlich. Costamagna geht vom mittelalterlichen Symbolbegriff aus; silbentachygraphische, nur für wenige Eingeweihte lesbare Signa steigern das »mysterium«, das jener Symbolbegriff fordert. Für die Notarssignete, die er an ligurischen Beispielen des 9.–11. Jahrhunderts erläutert und entziffert, dient als Richtform das Kreuz[122]. Im Anschluß an frühere Arbeiten Costamagnas exploriert R. Härtel den friulisch-istrisch-trevisanischen Raum, indem er von den tachygraphischen Relikten ausgehend die vielfältigen, aus dem Wort Signum abgeleiteten Zeichen und ihre Beziehung zum Kreuz erörtert und überdies (wie Sonderkamp für den byzantinischen Raum) mehrere Belege dafür beibringt, wie das Signum eines Schreibers durchaus wechselnde Gestalt annehmen kann, eine Festellung, die die Rolle der Signa als Identifikatoren relativiert.

Wenn das Kreuz in vielfältiger Funktion schon im frühen Urkundenwesen verbreitet ist, so erweisen breitangelegte Untersuchungen doch seine regional und institutionell sehr unterschiedliche Gewichtung. M. Parisse kann dies an dem in seinem Institut in Nancy gesammelten französischem Urkundenmaterial[123] des 11. Jahrhunderts darlegen. Es geht daraus hervor, daß autographe Kreuzzeichen[124] von Subskribenten vornehmlich zwischen 1020 und 1080 und in Westfrankreich zwischen Seine und Loire mit Einschluß des Orléanais und in klösterlichen Empfängerfertigungen zu finden sind, seltener dagegen in den durch Bischofs- bzw. Notarskanzleien gut bedienten nördlichen, östlichen und südlichen Regionen; Parisse

117 Vgl. die Dissertation Lothar SAUPE, Die Unterfertigung der lateinischen Urkunden aus den Nachfolgestaaten des weströmischen Reiches. Vorkommen und Bedeutung, von den Anfängen bis zur Mitte des 8. Jh. Kallmünz Opf. 1983 (Münchener Historische Studien, Abt. Geschichtl. Hilfswissenschaften 20); Waldemar SCHLÖGL, Die Unterfertigung deutscher Könige von der Karolingerzeit bis zum Interregnum durch Kreuz und Unterschrift. Beiträge zur Geschichte und zur Technik der Unterfertigung im Mittelalter. Kallmünz Opf. 1978 (Münchener Historische Studien, Abt. Geschichtl. Hilfswissenschaften 16).

118 Franz DÖLGER, Die Kaiserurkunde der Byzantiner als Ausdruck ihrer politischen Anschauungen, in: HZ 159 (1939), S. 229–250.

119 Seinen Frankfurter Freunden des Max Planck-Instituts für Europäische Rechtsgeschichte, insbesondere Herrn Dr. Ludwig Burgmann, verdanken wir die Erstellung des Typoskripts.

120 Werner OHNSORGE, »Legimus«. Die von Byzanz übernommene Vollzugsform der Metallsiegeldiplome Karls des Großen, in: Festschrift Edmund E. Stengel, Münster–Köln 1952, S. 21–33; Michael D. METZGER, The Legimus Subscription of Charles the Bald and the Question of Byzantine Influence, in: Viator 2 (1971), S. 53–58.

121 Franz DÖLGER, Johannes KARAYANNOPOULOS, Byzantinische Urkundenlehre I: Die Kaiserurkunden. München 1968, S. 33 ff. und Abb. 7 ff.

122 Dazu schon GARDTHAUSEN, Das alte Monogramm (wie Anm. 48), S. 154, mit der älteren Literatur.

123 Michel PARISSE, Rassemblement et traitement des actes originaux du haut Moyen Age français, in: Fotografische Sammlungen mittelalterlicher Urkunden in Europa, hg. v. P. RÜCK. Sigmaringen 1989 (Historische Hilfswissenschaften 1), S. 115–121; einen guten Einblick zu den graphischen Symbolen in Frankreich vermitteln die Tafeln in: Musée des archives départementales. Paris 1878.

124 Ihre Unterscheidung von nicht autographen Zeichen ist oft schwierig. So sind die Signa – darunter auch ein Drudenfuß – auf einer von DE BOÜARD (Manuel, wie Anm. 59, Taf. 8) abgebildeten Urkunde für Cluny aus dem Jahr 936 zweifellos nicht autograph; ihre Strukturähnlichkeit erweist sie allesamt als Produkte des Schreibers Jacobus, der hier offenbar tachygraphische Zeichen simuliert.

erörtert ihren Platz im Gang der Beurkundung, bietet mehrere Belege für die Verwendung des mit einer Umschrift versehenen »signum crucis« anstelle des Siegels und stellt die Frage, inwiefern der aufkommende Siegelbrauch das Verschwinden eigenhändiger Signa zu erklären vermag.

Ähnlich wie in Münzumschriften steht in der Siegelumschrift schon in frühmerowingischer Zeit das einleitende Chrismon (Kreuz) mit der Funktion einer symbolischen Invokation im Zenith, jedoch fehlt es oft in den ältesten Siegeln. Die Sphragistik hat ihm noch weniger Aufmerksamkeit geschenkt als der Paläographie der Umschriften. Ilgen vermutete darin die »Nachahmung der Signumseintragung in den unbesiegelten Urkunden«[125], bei späteren Formen wie Stern und Rosette und anderen Ornamenten aber epigraphische Trennzeichen, während spätere Autoren auf eine Deutung verzichten[126]. T. Diederich greift die Frage auf, korrigiert frühere Ansichten und weist – nach einem Überblick zur Geschichte des Chrismons und der Signum-manus-Formel – die invokatorische Bedeutung des Kreuzzeichens nach in einem Beitrag, der überdies die Wortgeschichte der Termini »signum« und »sigillum« herausarbeitet.

6. Chrismon und Rekognitionszeichen

Daß die von modernen Augen wahrgenommenen Erscheinungsformen der Zeichen nicht die von den Schreibern intendierten waren, ist oben schon gesagt worden. Die Auffassung etwa, wonach das frühmittelalterliche Chrismon die »hieroglyphische« Schreibung einer Verbalinvokation sei, ist nicht neu; sie wird im »Nouveau traité« (Buch III, S. 657 ff.) gegen Mabillon vertreten, und schon 1727 von Johann Georg Eckhardt vorgetragen – er sieht darin eine Zusammenstellung der Siglen I, C und n (In Christi nomine) oder I, D und n (In Dei nomine) und andere Kombinationen[127]; Gatterer[128] hat sich seiner Meinung angeschlossen und auf die spätere Beistellung des tironischen Kürzels für Amen hingewiesen. Kopp brachte dann 1817 die oben genannte Notenkomposition für »Ante omnia Christus« ins Gespräch. Giry, der sich als einer letzten Diplomatiker ausführlich mit den Signa beschäftigte – eine Tradition, die in Frankreich von A. de Boüard fortgesetzt wurde[129] –, hat die gelegentlich von tironischen Noten begleitete monogrammatische Invokation der Frühzeit unter Hinweis auf den Grammatiker Papias (litteram quamlibet circumdatam serpentibus[130]) als mißverstandenes Chi-Rho-Monogramm interpretiert und das seit dem ausgehenden 9. Jahrhundert häufigere C als Initiale Christi[131]. Während die erste Erklärung – kursive Schreibung von Chi-Rho, bei der das Rho zum Krummstab und der Kreuzbalken zur C-förmigen Schlaufe wird, wie man es in spanischen Pizarren des 6. Jahrhunderts findet[132] – plausibel erscheinen konnte, war die zweite und bis heute gängige schon deshalb wenig wahrscheinlich, weil CHRISTUS nicht mit der lateinischen, sondern mit der griechischen Initiale X abgekürzt wird. Dies hindert nicht, daß das C im Hochmittelalter tatsächlich mit dem Namen Christi in Verbindung gebracht wurde, wie es denn neben dem Labarum auch monogrammatische Invokationen gibt, die sich explizit aus allen Buchstaben des Namens zusammensetzen[133]. Die auf ein breites europäisches Vergleichsmaterial gestützte Untersuchung von E. Eisenlohr nimmt die Frage erneut auf und versucht den Nachweis zu erbringen, daß die hochmittelalterliche Form des C-Chrismon auf

125 Theodor ILGEN, Sphragistik. 2. Aufl. Leipzig–Berlin 1912 (Grundriß der Geschichtswissenschaft, hg. v. A. MEISTER, I/4), S. 49.

126 Wilhelm EWALD, Siegelkunde. München–Berlin 1914 (Handbuch der mittelalt. u. neueren Geschichte, hg. v. G. VON BELOW u. F. MEINECKE, IV), S. 224; Erich KITTEL, Siegel. Braunschweig 1970, S. 203.

127 Johann Georg ECKHART, Animadversiones historicae et criticae in Io. Frid. Schannati Dioecesim et Hierarchiam Fuldensem. Würzburg 1727, § 7.

128 Johann Christoph GATTERER, Elementa artis diplomaticae universalis. Göttingen 1765, § 235; DERS., Abriß der Diplomatik (wie Anm. 61), § 65.

129 Der zweite Band seines Handbuchs (Alain DE BOÜARD, Manuel (wie Anm. 59) mit: Album de planches 1949–1952) ist im wesentlichen eine Auseinandersetzung mit den Beglaubigungsformen, die er auch im Tafelteil reich dokumentiert. Cesare PAOLI, Diplomatica. Nuova ediz. aggiorn. da G. C. BASCAPÈ. Florenz 1987, ist erst durch Bascapè zu einem Anhang von Signa gekommen (S. 308 ff.), der jedoch gerade für Italien außer den Notarszeichen (S. 318 ff.) nichts bringt und im wesentlichen aus deutschen und französischen Vorlagen kopiert.

130 Vgl. zu dieser schon Mabillon bekannten Stelle RÜCK (wie Anm. 1), S. 321 f.

131 Arthur GIRY, Manuel de diplomatique. Paris 1894, S. 532.

132 Vgl. oben Anm. 90.

133 Den Hinweis auf ein Beispiel verdanke ich E. Eisenlohr: die zum Kreuz verbundenen Buchstaben I und T bilden das Chrismon-Gerüst, an dessen Balkenenden die kursiven Buchstaben C, r, s und v befestigt sind im Eingangssignet des kaiserlichen Notars Rainerius, der zwischen 1184 und 1206 25 Urkunden spez. für die Abtei Valdiponte damit einleitet (nach einem von Attilio BARTOLI LANGELI in Pavia gehaltenen Vortrag, dessen Publikation mir nicht bekannt wurde), als Schlußsignet jedoch ein apotropäisches Flechtbandquadrat verwendet; ein Beispiel ist abgebildet bei ABBONDANZA, Il notariato (wie Anm. 62), S. 32 f. mit Taf. 9 (1194). Zum spanischen Usus des aus allen Buchstaben des Namens gebildeten Chrismon vgl. unten Anm. 217.

eine ligierte Schreibung der Verbalinvokation »In dei nomine« (o. ä.) zurückgeht und nichts zu tun hat mit dem Buchstaben C des Namens Christi, sondern mit dem Bauch des d.

Im Anschluß an die von E. Eisenlohr kommentierte Geschichte des Rekognitionszeichens füge ich hier einige Bemerkungen ein. Das fränkische Rekognitionszeichen, das unter den Karolingern zum magischen Zeichen par excellence wurde, stammt aus drei Wurzeln des 7. Jahrhunderts, einerseits den bloßen Schlaufenknäueln der Subskriptionen, andererseits jenen den großen Sub-Bogen (von subscripsi) quer nach unten kreuzenden (meist drei) Langschwänzen der Tituli, und endlich den quer nach oben ragenden oder nach oben und unten gespreizten (meist zwei) Langschäften der spiralförmig zu gegenständigen Schnecken eingerollten Bäuche von b und ul aus dem merowingischen Bene Val[134]. Damit waren die Grundfiguren der späteren Rekognitionszeichen gegeben: Bogen, Schlaufen, Schweif und Tentakel in den karolingischen, Doppelschnecke, Tentakel und Schlaufen in den westgotischen Signa.

Das karolingische Signum besteht im wesentlichen aus sieben Elementen, 1. dem großen, bis ins 9. Jahrhundert nach unten und rechts offenen S (bzw. Sub)-Bogen, 2. den Achterschlangen, die ihn in drei Bändern füllen, von denen das oberste bald den Bogen durchschleift, 3. den (meist drei) anfänglich schrägen, bald horizontalen Tentakeln, die die Schlangen nach rechts (meist zum Siegel hin) fortsetzen und als Zeilen für Noten dienen können, 4. einem Besen[135] oder Schweif[136], der von der Bogenmitte ausgehend nach links unten herausragt und unter den frühen Karolingern identisch sein kann mit 5. den spindelförmigen Spiral- oder Schlangenstäben, die später meist hochgezogen die Tentakel kreuzen und nach rechts oben übersteigen, nach Karl dem Großen aber wegfallen, 6. kleinen wellen- und schlaufenförmigen Schnörkeln, die die Hauptlinien kreuzen und umfädeln, und endlich 7. tironischen Noten oder notenähnlichen Zeichen, die zwischen die horizontalen Bänder und Tentakel gelegt sind[137]. Es besteht kein Zweifel daran, daß die ursprünglich duktalen Signa seit der karolingischen Herrschaft mit Magie aufgeladen und zu Symbolen gemacht worden sind.

Es ist aufschlußreich, das allmähliche Erstarren dieser dynamischen, mit Kreis-, Rechteck- und Diagonalmotiven aufs höchste bewegten Figur zur architektonischen Fassade bzw. zum Diptychon zu verfolgen, die wir seit der zweiten Hälfte des 10. Jahrhunderts immer häufiger antreffen. Die Achterschlangen, vermutlich aus den drei s von »subscripsi« entwickelt, sind anfänglich aneinandergereihte Tituli, deren lange Schwänze den Besen nach unten ausmachen; als solcher wirkt er erst, wenn aus dem ursprünglichen Kreuzungsmotiv der drei Tituli durch deren Vermehrung ein Besen oder Schweif gemacht und – wie die spätere Akzentuierung zeigt – das Gebilde als hochgehaltener Abwehrbesen, als schlangenhaariges Gorgonenhaupt oder bewehrte Trutzburg[138] wahrgenommen wurde. Schon unter den frühen Karolingern und dann wieder unter Ludwig d. Fr. wird gelegentlich die oberste Achterschlange zum Zickzack oder zum Borstenschopf auf der Dachlinie verwandelt. Der nach links unten herausragende Schweif wird unter seinen Nachfolgern in den Giebel gezogen, wo nun die hohen Aufstriche der Tituli-Schlangen ihn bilden. Es erfolgt bald eine Spaltung des Giebels, indem das linke Giebelfeld aus einer Reihe von vertikalen S-Wellen (Schlangenhaaren), das rechte von einem Büschel von gewaltig nach rechts hinausschießenden Borsten besetzt wird. Im letzten Drittel des 9. Jahrhunderts vernetzen sich die Borsten mit den vertikalen S-Wellen so, daß ein gerautetes Giebelfeld entsteht, bis die beiden Elemente nach 900 wiederum so getrennt werden, daß der First wie ein Scheitel aus linken Schlangenhaaren und rechten Borsten aussieht; die Scheitel sind so angelegt, daß sie durch die Gabelung die apotropäische Wirkung eines Zwiesels (furca) zum Ausdruck bringen. Unter Ludwig d. D., noch vor Hebarhards Zähmung des Chrismons, wird auch der vorher offene Bogen rechts und unten zur Glocke und straffen Form abgeschlossen (immer noch mit Tentakeln zum Siegel), in Westfranzien gleichzeitig – weniger konsequent – zu einem Kartoffel-Oval[139]. Dort wird auch der Ursprung deutlich, indem unter Karl d. K. das »subscripsit« gelegentlich ganz ausgeschrieben und mit einer »ruche« überdeckt wird, die dann ihrerseits oft unter dem Siegel verschwindet; man bleibt dort den traditionellen Mustern stärker verhaftet, denn während die enge Verbindung zum Siegel das

134 Beide Zeichen zugleich in mehreren Abb. bei Lauer-Samaran, passim; Lot-Lauer I, z. B. Taf. 4 (Urk. Pippins von 768) u. passim, sowie in den einschlägigen Bänden der ChLA.

135 Zur apotropäischen Bedeutung vgl. Hdw. d. A. I, Sp. 1129.

136 Hdw. d. A. VII, Sp. 1427ff.; nicht zufällig hat ein Schreiber Karls d. Gr. ihn zum Pfauenschweif (vgl. dazu im selben Hdw. d. A. VI, Sp. 1568ff. s. v. Pfau) umgestaltet in einer Urkunde von 774, vgl. Abb. bei Lot-Lauer I, Taf. 15.

137 Zahlreiche Abbildungen von Rekognitionszeichen mit Noten bei Michael Tangl, Die tironischen Noten in den Urkunden der Karolinger, in: AUF 1 (1908), S. 87–166.

138 Zu denken wäre auch an die dämonischen Flammenhaare mancher Trutzköpfe, vgl. Anton Mailly, Abgötter an christlichen Kirchen, in: Die christliche Kunst 25 (1928/29), S. 42–52.

139 Vgl. die Abb. bei Lot-Lauer III.

westfränkische Signum zum kümmerlichen Gerüst (oder Halbkreis) um den Locus sigilli macht, und eine weitere Ausgestaltung sich schon deshalb erübrigte, weil sein Kern nicht zum Sehen bestimmt war, verselbständigt sich das Zeichen im ostfränkischen Reich zusehends. Die Tentakel ziehen sich bis 900 in den Bogen zurück und fangen die vorher freischwebenden Achterschlangen in Stockwerke ein, zwischen denen andere Zonen für Noten und Schnörkel freibleiben. Aus dem lebendigen Sub-Bogen ist eine geschlossene Arkade geworden, bloß noch durch eine Nabelschnur mit dem vorausgehenden »et« verbunden. Die Anzahl der Schlaufenreihen variiert nun beträchtlich, oft sind es weniger als drei, und mit Otto I. setzt sich eine Scheitelgestaltung durch, die die S-Wellen im Giebel erst durch asymmetrisch, dann zunehmend symmetrisch nach links gerichtete Borsten ersetzt, furchterregend in ihrer igeligen Struppigkeit. Die Glocke enthält oft nur noch eine Achterschlange, die Rahmenschnörkel entfallen, die Füllungen verlieren ihren skripturalen Duktus und nähern sich geometrischen Ornamenten. Anfänglich ganz mit dem Subskriptionswort verknüpft und aus ihm hervorgehend, verliert das Signum schon in der Mitte des 10. Jahrhunderts die Verbindung mit dem Balken des elongierten »et« (subscripsi) und deplaziert sich sogar auf die rechte Seite des Siegels [140]. In Westfranzien war es um diese Zeit schon nicht mehr üblich, auch unter Otto II. entfällt es meist oder tritt als Kümmerform auf, Otto III., Heinrich II. und Konrad II. verwenden es nicht, Heinrich III. greift es im Januar 1041 wieder auf mit einer Vorliebe für die genannten Fassaden und Diptychen mit verfremdeter Kanzlerinschrift – einem Rest von gelehrter Buchstabenmagie, wie sie für das 11. Jahrhundert charakteristisch ist [141] –, vergißt es jedoch bald wieder und gibt seit November 1041 dem Manu-propria-Signum den Vorzug [142], und unter Heinrich IV. wird es 1086 nochmals verwendet, um dann ganz zu verschwinden.

Das Gesetz der geschlossenen Form und der Symmetrie, das Werner Weisbach als »zunehmende Tektonisierung« in der romanischen Kunst feststellt [143], hat auch die Urkundengestaltung seit dem späten 9. Jahrhundert bestimmt und den Zeichen eines wilden Denkens den Garaus gemacht. Man geht am Kern der Sache vorbei, wenn man in den früheren Formen sinnlose, unverstandene, krause Schnörkel oder ornamentalen Zierat sieht; gerade die westfränkischen Sub-Sigillo-Signa, schon im Bene Val. der Merowinger und frühen Karolinger vorgebildet, auch im ostfränkischen Reich nach Karl d. Gr. lange Zeit, wenn auch weniger ausgeprägt üblich und ganz selten auch von den provenzalischen und burgundischen Königen angewandt [144], lassen den Betrachter durch die Tentakel und Umrahmungen ahnen, daß sich da unter der Imago ein Macht- und Bannwort verbirgt, das umso geheimnisvoller wirkt, wenn es in tironischen Noten verschlüsselt unter den Siegelrändern hervorguckt.

7. Monogramm

Unter allen urkundlichen Signa scheint das Monogramm das klarste, doch ist es für den, der den verborgenen Namen nicht kennt, nicht weniger enigmatisch als andere, und die Zeitgenossen haben es auch so gesehen [145]. Ihm galt nicht nur das gelehrte Interesse schon im 9. Jahrhundert [146], auch in der älteren Diplomatik spielte der Monogrammvergleich eine zentrale Rolle, so bei Papebroch [147]. G. L. Baudis hat ihm schon 1737 seine Doktorarbeit gewidmet [148]. Der Brauch der Monogrammierung reicht vor allem auf Münzen weit in die vorchristliche Zeit zurück. Wenn die griechische Diplomatik und Paläographie seine Entwicklung genauer verfolgt hat als die westlich-lateinische, ist dies allein dem Interesse von Victor Gardthausen zu verdanken, der in seinem etwas konfusen, aber doch nach

140 Die von Erben, Die Kaiser- und Königsurkunden (wie Anm. 7), S. 160 ff. geschilderte Entwicklung ist gut zu verfolgen in den Tafeln 4–7 bei Gatterer, Abriß (wie Anm. 61).

141 Boüard, Manuel (wie Anm. 59), S. 92, mit Beispielen aus Frankreich.

142 Dazu Paul Kehr in der Einl. zu MGH DD V: Die Urkunden Heinrichs III. Berlin 1931, S. XXXVIII ff. Dieser erstaunliche Vorgang hat m. W. bisher keine befriedigende Erklärung gefunden; er ist umso wichtiger, als er vermutlich nicht ohne Einfluß blieb auf die Einführung der Rota und die Monogrammierung des Benevalete durch Papst Leo IX. im Frühjahr 1049, vgl. dazu unten.

143 Werner Weisbach, Ausdrucksgestaltung in mittelalterlicher Kunst. Einsiedeln–Zürich 1948, bes. S. 99 ff.

144 Für die provenzalischen Könige vgl. die Abbildungen bei Lot-Lauer IX, für Burgund die Bemerkungen von Theodor Schieffer, Die Urkunden der burgundischen Rudolfinger. München MGH 1977, S. 75, S. 98 (888: Rahmen sichtbar), S. 174 (973: S-Wellen sub sigillo).

145 Vgl. s. v. Monogramme in: DACL XI, Sp. 2369–2392.

146 Zu den Monogrammentwürfen in Handschriften des 9. Jh. vgl. Rück (wie Anm. 1), S. 321 f.

147 Daniel Papebroch, Propylaeum antiquarium circa veri ac falsi discrimen in vetustis membranis, in: Acta Sanctorum, Aprilis t. II. Antwerpen 1675 (3. Aufl. 1866), S. XIV–XXVIII, mit zahlreichen, meist aus älteren Drucken übernommenen Monogrammabbildungen.

148 Gottfried Leonhard Baudis, Monogrammatum imperatorum et regum Germanicorum a Carolo M. usque ad excessum Conradi III analysin. Leipzig 1737.

wie vor grundlegenden Werk über »Das alte Monogramm« (1924) den damaligen Wissensstand für West und Ost zusammengefaßt und dabei auch die nichtmonogrammatischen Symbole gestreift hat[149]. Im Frühmittelalter verstand man unter Monogramm eine von den Malern zu einem einzigen »character« zusammengezogene »congeries litterarum«[150]. Gardthausen definiert es als »Verschmelzung eines Wortes oder Gedankens«, die sich von der Ligatur vor allem durch sowohl horizontale wie vertikale Anordnung sowie freie Reihenfolge der Buchstaben unterscheidet[151]. Das Monogramm ist zum Leitbild aller anderen Signa geworden; in den fränkischen Anfängen ein ausgeprägtes Gegenbild zu den wilden, aus der kursiven Schrift entwickelten Signa, hat sein statischer »character« im Lauf des Hochmittelalters sowohl das Chrismon und Rekognitionszeichen wie auch die Notarssignete in statische Formen gezwungen.

Keine hilfswissenschaftliche Disziplin hat sich länger und ausführlicher mit symbolischen Zeichen befaßt als die Numismatik. Das Repertoire der Münzsymbole ist noch reicher als das der urkundlichen. »Die Symbolik mittelalterlicher Münzen« wurde von Ferdinand Friedensburg 1913–1922 in einem dreiteiligen Werk von zwei Bänden behandelt und vor allem nach christlichen Bedeutungen befragt[152]. Für die Urkunden ist nur das Kapitel über das Christusmonogramm von Interesse. In jüngster Zeit sind es die nordischen Goldbrakteaten, denen Karl Hauck zahlreiche symbolologische Studien gewidmet hat[153], aber eine Synthese ist nicht mehr versucht worden. In diesem Band verfolgt Clemens Maria Haertle aufgrund eines breiten Vergleichsmaterials den erstaunlichen Gestaltwandel des karolingischen Münzmonogramms, den Kreuz-, den Kreuzrhombus- und den H-Typ von Karl dem Großen bis hin zu den Hybridformen und zur Auflösung des monogrammatischen Verbandes unter dem westfränkischen Odo, der jedoch, wie Olivier Guyotjeannin in seinem Abriß der Monogrammentwicklung in den französischen Königsurkunden des 10.–14. Jahrhunderts zeigt, in den Urkunden der karolingischen Kreuzrhombusform ebenso treu bleibt wie die Kapetinger bis zu Philipp I., unter dessen Regierung der Funktionswandel des Monogramms vom Handzeichen zum »caracter« und depersonalisierten Kanzleizeichen vollendet und der karolingische H-Typ wieder eingeführt wird.

8. Das Leitbild der fränkischen Königsurkunde

Die herausragende – nach wie vor erklärungsbedürftige – Bedeutung der merowingischen Epoche für die Entwicklung graphischer Symbole ist bekannt: mit eruptiver Plötzlichkeit erscheint hier eine »nova facies rerum«, indem Chrismon, Rekognitionszeichen und Monogramm den früheren Zeichenschatz erweitern und ein völlig neues Bild der Urkunde hervorbringen. Die oben geäußerte Meinung, die in der fränkischen Gesetzgebung fest verankerte forensische Schriftvergleichung habe die Blüte der leicht identifizierbaren Signa gefördert, erklärt das Phänomen nur zum Teil. Wenn schreibunkundige Herrscher Monogramm und Siegel zu Erkennungszeichen gemacht haben, ist damit weder der religiös-invokatorische Charakter des Chrismons noch die graphische Gestalt des Rekognitionszeichens erklärt.

Schon früh verfügte die Diplomatik über zahlreiche Reproduktionen fränkischer, deutscher und französischer Königsurkunden; über deren graphische Signa konnte Wilhelm Erben schon 1907 den bis heute besten Überblick bieten[154], doch bleiben auch ohne die Auflösung der oft mit den Signa verbundenen tironischen Noten noch viele offene Fragen. Die Bearbeiter der französischen Bände der Chartae Latinae Antiquiores, H. Atsma und J. Vezin, inventarisieren in diesem Band alle nicht-buchstäblichen Erscheinungsformen (neben Chrismen, Kreuzen, Monogrammen, Rekognitions- bzw. Handzeichen und Bene Val. auch andere Textgliederungzeichen), aufgrund des zeitgenössisch überlieferten – auch des privaturkundlichen – Materials; sie zeigen überdies, inwieweit der »unverwechselbare Charakter« der persönlichen Signa der Handunterscheidung dienen kann und wie etwa die Arbeitsteilung zwischen Schreibern und Rekognoszenten sich eindeutig aus der Gestalt ihrer Signa nachweisen läßt.

Dem glücklichen Umstand der Vorbereitung der Edition der Diplome Ludwigs des Frommen verdanken wir den Beitrag von M. Mersiowski über die

149 GARDTHAUSEN, Das alte Monogramm (wie Anm. 48); vgl. auch seinen Überblick in: RE XVI/1 (1933), S. 133–143 s. v.
150 Hrabanus MAURUS(?), De inventione linguarum, in: MIGNE PL 112, Sp. 1582–1583.
151 GARDTHAUSEN, Das alte Monogramm (wie Anm. 48), S. 2.
152 Ferdinand FRIEDENSBURG, Die Symbolik der Mittelaltermünzen, 3 Teile in 2 Bden. Berlin 1913–1922.
153 Karl HAUCK, Goldbrakteaten aus Sievern. München 1970 (Münstersche Mittelalter-Schriften 1); weitere Beiträge in: Frühmittelalterliche Studien 1 (1967 und ff).
154 ERBEN, Die Kaiser- und Königsurkunden (wie Anm. 7), S. 140 ff., 196 ff., 216 ff., 248 ff.: Monogramme werden nach dem Interregnum nur noch selten verwendet (S. 252 ff.).

graphischen Symbole (Chrismon, Monogramm, Rekognitionszeichen) in dessen Urkunden. Er greift bis in die merowingische Zeit zurück, und – als besonders wertvolle Ergänzung – über die karolingische hinaus, indem er die Wiedergabe der Signa und insbesondere des Monogramms in späteren Abschriften verfolgt.

Zu welchen neuen Formen das fränkische Urkundenbild in der Begegnung mit italienischen Vorstellungen führen konnte, zeigt H. Zielinski am Beispiel der langobardischen Fürstenurkunden von Benevent, Salerno und Capua aus dem 8.–11. Jahrhundert. Es erweist sich hier, daß es durchaus möglich war, aus unterschiedlichen langobardischen, fränkischen und byzantinischen Traditionen einen eigenständigen Urkundentypus zu gestalten, wie er nach einem byzantinischen Intermezzo seit dem Regimewechsel von 900 in dem im Gesamtlayout wohl fränkisch bestimmten, aber mit dem eigenartigen Chrismon (Zierkreuz), der Absetzung des Protokolls in der verlängerten ersten Zeile, dem großen Per-Kürzel am Beginn der Sanctio im Kontext, dem – nach byzantinischem Usus in roter Tinte gezeichneten – Kreuzmonogramm der elongierten Signumzeile, der Schreiberzeile (bei fehlender Rekognitionszeile), der Datumszeile in vergrößerter Minuskel und der mit einem eigentümlich geometrisch-monumentalen A eingeleiteten Actum-Zeile trotzdem mit einer eigenen Identität ausgestatteten feierlichen Privileg vor uns steht. Für mehrere dieser Elemente gibt es südlangobardische oder gar altlangobardische Vorgaben in dem seit 810 original belegten älteren Präzept, das zwar außer dem Siegel und fehlenden Zeugenunterschriften weitgehend der alten Charta entprach, aber doch Motive enthielt, auf deren Weiterentwicklung die langobardischen Schreiber nicht verzichten wollten: so geht das apotropäische Zierkreuz – vom Typus des langobardischen, mit Flechtband belegten Knotenkreuzes[155] – auf das alte einfache Kreuz, das Kreuzmonogramm auf das alte Siegelrevers, das monumentale Actum-A auf das frühere kursive a, die hervorgehobene Datierung eventuell auf das byzantinische Menologem zurück.

Das von der fränkisch-deutschen Kaiser- und Königsurkunde geprägte Bild ist trotz mancher Modifikationen und regionaler Varianten für das gesamte lateinische Abendland vorbildlich geblieben, sogar für die hochmittelalterliche Papsturkunde, bevor sich seit den 60er Jahren des 12. Jahrhunderts auch bei ihnen die Tendenz zur Vereinfachung durchsetzt, die päpstlichen Litterae ohne Rota und Benevalete, die staufischen Diplomata oft ohne Chrismon und Monogramm die Urkundenlandschaft beherrschen. Die kapetingische Kanzlei, die anders als die der Ottonen und Salier das feierliche Modell des karolingischen Diploms aufgegeben hatte, ist im 11. und frühen 12. Jahrhundert deutlich geprägt vom schlichten Bild der mit Subskriptionen versehenen, mit hohem Empfängeranteil hergestellten Privaturkunde[156]. Schon unter Philipp I. entfällt das Rekognitionszeichen, unter Ludwig VII. (1131–1180) die symbolische Invokation (Kreuz), übrig bleibt das Monogramm. Dabei scheint mir die Feststellung nicht ohne Interesse, daß sich die Signa in den südwesteuropäischen Königsurkunden (Sizilien, Spanien, Portugal, bezüglich des Monogramms auch Frankreich) länger behauptet haben als im Nordwesten.

9. Die Papsturkunde: Rota und Benevalete

Das neue, von Leo IX. 1049 initiierte Design hätte die Papsturkunde umso mehr zum allgemeinen Vorbild machen können, als ihr Streubereich die gesamte lateinische Christenheit umfaßte. So wie es sich in der zweiten Hälfte des 12. Jahrhunderts darstellt, bildet das feierliche päpstliche Privileg den Gipfelpunkt der westeuropäischen Urkundengestaltung[157]. In der Wirklichkeit waren jedoch zum Zeitpunkt, als die Papsturkunden in nennenswerter Zahl gestreut wurden – das ist nicht vor 1120 – die regionalen Urkundenbilder sowohl im Süden durch die Notariatsurkunde wie im Norden und Westen durch die Königsurkunden schon soweit vorgeprägt, daß das feierliche Papstprivileg, dessen Blüte schon nach einem halben Jahrhundert ins Welken überging, sich gegenüber den Urkundenmodellen der weltlichen Mächte bezüglich des Layout und der Signa nicht durchsetzen konnte, während die auch mit den einfacheren Privilegien und Briefen propagierten Schrift- und Formulareigentümlichkeiten einen sehr nachhaltigen Einfluß ausübten[158].

Die päpstliche Kanzlei hat deutlicher als andere die Bedeutung der Gestaltungsmerkmale unterstrichen,

155 Vgl. S. 19 mit Abb. 14 im oben Anm. 66 zitierten Aufsatz von Clasen.

156 Georges Tessier, Diplomatique royale française. Paris 1962, S. 208 ff. mit Taf. VI u. VII; zahlreiche Abb. bei Françoise Gasparri, L'écriture des actes de Louis VI, Louis VII et Philippe Auguste. Genf–Paris 1973, Tafelanhang.

157 Vgl. dazu Rück (wie Anm. 1), S. 330 f.

158 Zur Entwicklung Wilhelm Diekamp, Zum päpstlichen Urkundenwesen des XI., XII. und der ersten Hälfte des XIII. Jh., in: MIÖG 3 (1882), S. 565–627; Engelbert Mühlbacher, Kaiserurkunde und Papsturkunde, in: MIÖG Erg.-Bd. 4 (1893), S. 499–518; zum Formulareinfluß Karl Helleiner, Der Einfluß der Papsturkunde auf die Diplome der deutschen Könige im 12. Jh., in: MIÖG 44 (1930), S. 21–56.

indem sie sie in ihren Kanzleiordnungen zu Kriterien der Echtheit erhoben hat[159]. Zu den Besonderheiten der graphischen Symbole in päpstlichen Urkunden bietet Th. Frenz in diesem Band einen präzisen Überblick. Wer mit ihm »das Wesen der päpstlichen Urkunde« als »rein verbal« begreifen, ihren graphischen Symbolen »keine rechtliche Funktion« zuerkennen und »ihre Beglaubigung allein durch das Siegel« gewährleistet sehen will, muß (wie Bresslau) die Wirkung der Urkunde auf die formalrechtliche Beweiskraft reduzieren. Schon die unterschiedliche Plazierung legt die Frage nahe, ob nicht die ursprüngliche Funktion der Bulle als Verschluß-Siegel dieser eine völlig andere Bedeutung verleiht als dem königlichen Siegel der Merowinger, das von Anfang als Beglaubigungsmittel und Imago anstelle bzw. über der eigenhändigen Unterschrift (bene val.) stand.

Während das eigenhändige päpstliche Bene Valete nach der Monogrammierung zum unpersönlichen, institutionellen Monogramm der Papsturkunde geworden ist, bleibt die Rota dem persönlichen Monogramm der Königsurkunde (Vollziehungsstrich) auch darin vergleichbar, daß sie eine eigenhändige Beteiligung des Papstes vorsieht, die sich dann seit Paschalis II. zusätzlich in der eigenhändigen Subscriptio manifestiert. Sie wird für die Roten Leos IX. nachgewiesen von J. Dahlhaus, der zugleich eine neue und überzeugende spirituelle Deutung des Zeichens vorschlägt[160]: als besonderen Ausdruck von Leos Frömmigkeit sieht er den »Doppelkreis als Bild der vom Ozean umgebenen Erdscheibe und das Kreuz im Innenkreis als Zeichen der die Erde erfüllenden Barmherzigkeit des Herrn«.

Gerade dieses Beispiel dürfte jedoch dazu angetan sein, die Mehrdeutigkeit symbolischer Zeichen zu illustrieren, und bei der Vielfalt der Kreis-, Ring-, Rad- und Radkreissymbolismen[161], etwa des schon in frühchristlichen Inschriften weit verbreiteten Christogramms im Doppelkreis[162], sind andere oder gewandelte Bedeutungen nicht auszuschließen. Zu beachten wäre etwa die »rota in medio rotae«, das Rad im Rad, das die Übereinstimmung von altem und neuem Testament sinnfällig machen soll – eine sehr alte Metapher[163]. Für die päpstlichen Signa ist jedoch nicht nur die enge Verbindung zwischen Doppelkreis und Umschrift etwa in den Grabplatten-Sigilla der Turiner Bischöfe Ursicinus (610) und Rusticus (691)[164] zu beachten, sondern vor allem auch die in zahllosen Siegelringen belegte Verbindung von Kreis und Monogramm, bis hin zum Monogramm des Touroner Schreibers Adalbald. Sie ist auch in römischen Konsulardiptychen, etwa dem des Boethius, belegt[165], desgleichen in jenem prachtvollen Grabplatten-Sigillum des Kirchenstifters SENATOR aus dem Kloster S. Maria del Senatore in Pavia (8. Jahrhundert)[166], dessen Monogramm Leos IX. Benevalete in der Struktur so verblüffend ähnlich ist, daß ich nicht zögere, die Paveser Grabplatte als eine mögliche Quelle der Inspiration vorzuschlagen[167] (siehe Abb. 1). Schon unter Leos Vorgänger waren die Paare NE, VA und TE des ausgeschriebenen Beneva-

159 Michael TANGL, Die päpstlichen Kanzleiordnungen von 1200–1500. Innsbruck 1894, S. 303–304 Nr. 102; Peter HERDE, Audientia litterarum contradictarum, 2 Bde. Tübingen 1970 (Bibliothek des Deutschen Historischen Instituts in Rom 32), Bd. 1, S. 185–190 (Kommentar), Bd. 2, S. 5–15 (Edition der Gestaltungsregeln aus dem ausgehenden 13. Jh.); DERS., Beiträge zum päpstlichen Kanzlei- und Urkundenwesen im 13. Jh., Kallmünz Opf. 1961 (Münchener Hist. Studien, Abt. Geschichtl. Hilfswissenschaften 1), S. 72 ff.; Helene BURGER, Beiträge zur Geschichte der äußeren Merkmale der Papsturkunden im späteren Mittelalter, in: AUF 12 (1932), S. 206–243; Thomas FRENZ, Zur äußeren Form der Papsturkunden 1230–1530, in: AfD 22 (1976), S. 347–375.

160 Vgl. außer dem Beitrag in diesem Band Joachim DAHLHAUS, Aufkommen und Bedeutung der »Rota« in den Urkunden des Papstes Leo IX., in: Konstanzer Arbeitskreis für mittelalterliche Geschichte-Sektion Hessen, Protokoll der 156. Sitzung, Marburg 1986, und seine ausführliche Studie mit dem gleichen Titel in: Archivum Historiae Pontificiae 27 (1989), S. 7–84.

161 Vgl. die Literatur bei RÜCK (wie Anm. 1) S. 327 Anm. 98, dazu Lex. MA V, Sp. 1483 f. s. v. Kreis, Kreissymbolik.

162 Zahlreiche Beispiele bei Erich GOSE, Katalog der frühchristlichen Inschriften in Trier. Berlin 1958, Register S. 129.

163 Hans Jörg SPITZ, Die Metaphorik des geistigen Schriftsinns. München 1972 (Münstersche Mittelalter-Studien 12), S. 231–233.

164 Corpus della scultura altomedievale, VI: La diocesi di Torino, bearb. v. Silvana CASARTELLI NOVELLI. Spoleto 1974, S. 165 ff. Nr. 94–95 mit Taf. 75–76.

165 Richard DELBRUECK, Die Consulardiptychen und verwandte Denkmäler. Berlin–Leipzig 1929, S. 18 mit Tafeln 7, 13–16, 21bis, 32 u. 59.

166 Abb. u. a. in: I Longobardi e la Lombardia. Saggi (zum Katalog) Mailand 1978, S. 105 mit Taf. XXIX, sowie Adriano PERONI, Pavia. Musei civici del Castello visconteo. Bologna 1975, S. 27 f.

167 Am genauesten ist die Übereinstimmung mit dem Monogramm des Privilegs für Ambronay vom 30. 4. 1050 (JL 4215), vgl. Joachim DAHLHAUS, Aufkommen und Bedeutung der Rota in den Urkunden des Papstes Leo IX., in: Archivum Historiae Pontificiae 27 (1989), S. 7–84, zit. S. 66 mit Abb. 7: es scheint wie mit der Schablone gezeichnet, Dahlhaus weist die Ausführung S. 22 einem Gelegenheitsschreiber zu. Die meisten anderen Monogramme sind hochrechteckiger und haben waagrechte A-Balken, während hier nicht nur der Balken zum V gewinkelt, sondern dessen linker Schenkel wie im SENATOR-Monogramm in einer Art Anstrich schwungvoll von außen hereingeführt ist. Nur diese Schreibung erlaubt einen konsequenten Links-Rechts-Silben-Takt bei der Lesung der 5 Silben; bei geradem A-Balken muß der rechte N-Zwickel als V gelesen und für den folgenden Buchstaben A in den ersten zurückgesprungen werden.

lete gelegentlich ligiert, und die Möglichkeiten, aus den 5 Silben (10 Buchstaben) ein korrekt im Zweitakt links-rechts lesbares Monogramm zu bilden, waren begrenzt, denn das N – allgemein neben Kreuz, H und M das beliebteste Monogrammgerüst[168] – drängte sich als Zentralform auf, da außer dem initialen B alle Buchstaben leicht in sein Gerüst einzubringen waren, das B konnte nur links oben am Erstschaft haften, NE und TE waren vorgeprägt, L-E ließen sich leicht an Erst- und Zweitschaft legen. Das Problem lag nur bei VA, das in dieser Folge schwer einzubringen war, weshalb denn auch das A unter Urban II. vom unteren Erstschaft gelöst (dort durch ein zweites E ersetzt) und an die Innenseite des oberen Zweitschafts geklebt – somit mit dem zweiten N-Zwickel als VA lesbar wurde (z. B. JL 5428) –, bevor VA seit Paschalis II. unter die Diagonale gehängt (z. B. JL 5866) und dann – wiederum verkehrt – das A allein an den Fuß der Diagonale gezogen wurde[169]. Das SENATOR-Monogramm in Pavia stellt das N ins Zentrum, belegt den Erstschaft oben mit dem bauchigen S und unten mit A, und den Zweitschaft mit T und E, hält sich jedoch nicht an die Lesefolge. Die Verwandtschaft liegt in der Gesamtstruktur; Würfe dieser Art sind zu einmalig, um jedermann einzufallen. Es ist nicht ausgeschlossen, daß Leo IX. oder seine Mitarbeiter es in Pavia entdeckt hatten. Auf dem Weg nach Deutschland hatte der Papst in der Pfingstwoche 1049 (14.–20. Mai) dort eine Synode präsidiert, über die weiter nichts bekannt ist[170]. Sicher bis Mitte April stand die Grußformel in seinen Urkunden ausgeschrieben neben der Rota, dann folgt ein undatiertes – meist zu »Ende April« gesetztes Privileg mit Monogramm für Montecassino (JL 4165), das Dahlhaus zwischen 18. April und 20. Mai 1049 setzt[171], dazu abschriftlich überlieferte Stücke, deren erstes am 7. Mai (JL 4166 für Verona) angeblich das Monogramm schon enthalten haben soll, und ein weiteres zum 20. Mai (JL 4167), die ersten sicher datierten

Abb. 1 *Grabplatte des Kirchenstifters SENATOR aus Pavia, S. Maria del Senatore, in Musei Civici Pavia, 8. Jahrhundert*

168 Gardthausen, Das alte Monogramm (wie Anm. 48), S. 144.

169 Die Formentwicklung ist im einzelnen noch nicht untersucht, vgl. Gardthausen (wie hievor), S. 162f. Beachtenswert ist, wie schon vor 1100 die fetten Balken gelegentlich mit Schlaufen- und Flechtbandmustern belegt sind.

170 Heinz Wolter, Die Synoden im Reichsgebiet und in Reichsitalien von 916 bis 1056. Paderborn 1988, S. 407.

171 Dahlhaus, Aufkommen (wie Anm. 167), S. 17, S. 64 Nr. 1 mit Abb. 3, S. 74ff.

Originale jedoch erst am 10. und 13. Juni (JL 4169 für Cluny, bzw. JL 4170 für Fulda). Man muß auch fragen, wie Leo IX. dazu kam, statt eines Namens einen Segenswunsch (Beglaubigungszeichen und Unterschrift) zu monogrammieren; das Verfahren war nicht unbekannt, aber selten[172]. Daß Heinrichs III. seit November 1041 verwendetes Manu-propria-Monogramm mit den Kommata hier Pate gestanden hat, ist bei der Funktionsähnlichkeit durchaus wahrscheinlich, denn so wie Heinrich III. anfänglich sein Signum zumindest teilweise, so hat Leo IX. anfänglich Rota, Monogramm und Kommata offenbar ganz eigenhändig gezeichnet[173]. Wenn so der persönliche Anteil am Beurkundungsgeschäft bei König und Papst – vermutlich in Folge eines Wandels der Amtsauffassung[174] – neu unterstrichen werden sollten, so ist das Erscheinen ganz neuartiger Signa und ihr Verhältnis zu den älteren Monogrammen, Rekognitionszeichen und Siegeln in Kaiser- und Papsturkunden zwischen 1041 und 1049 damit keineswegs geklärt. Es ist denkbar, daß Leo IX. von Anfang an das doppelte Signum geplant und seine Absicht dann in der sehr kurzen Zeitspanne zwischen der Oster- und der Pfingstsynode 1049 realisiert hat, doch konnte er – wie die sehr unregelmäßige Verwendung und Plazierung der beiden Zeichen in der Folge beweist – niemals die unwiderstehliche Kraft voraussehen, mit der diese beiden Pole im 12. Jahrhundert die Schriftfläche der päpstlichen Privilegien magnetisieren und in die Symmetrie zwingen werden[175]. Die Eigendynamik, die einmal geschaffene Formen entwickeln, gilt genauso für den Bauch des Chrismons, für die Raute des Karlsmonogramms und für den Bogen des Rekognitionszeichens.

Wie Dahlhaus feststellt, hat die Rota als urkundliches Symbol eindeutig korroborative Bedeutung; er führt ihre Gestalt auf Münzbilder zurück und setzt sie in Parallele mit rotaähnlichen Subskriptionen von Richtern in italienischen Placita von 1037 und 1047. Die Annäherung der Inschriften der Rotaquadranten an die der Bulle seit Gregor VII. und ihre schließliche Übereinstimmung seit Paschalis II.[176] stärkt die Vermutung, daß sehr bald eine Umdeutung des ursprünglich spirituellen Hintergrundes erfolgte und zwischen Siegel und Rota eine ähnliche Verbindung gesehen wurde wie in den Roten von León, die sich in Siegel verwandelt haben[177]. Der geviertelte Kreis gehört als »signum manus« schon seit dem 9. Jahrhundert zu den beliebtesten Motiven in spanischen Privaturkunden, am schönsten in einer auf dem untersten Teil des Papyrusprivilegs Silvesters II. für San Cugat del Vallés von 1002 (JL 3927) eingefügten Besitzbestätigung des Grafen Raimund Borrell, die früher zu 1004, in jüngeren Publikationen zu 1013 datiert wird, wo der Schreiber Poncius mehreren Zeugennamen ein Signum vorsetzt, das den langen Balken des S—m mit einem geviertelten Kreis belegt (Abb. 2)[178]. Die von Parisse

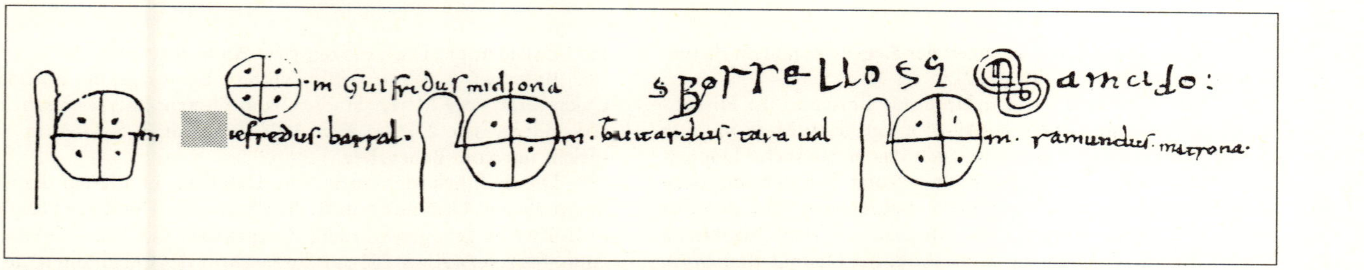

Abb. 2: *Vom Schreiber Poncius gesetzte Signa manus von Zeugen unter einer Urkunde des Grafen Raimund Borrell für San Cugat del Vallés (1013) am Schluß des Papyrusprivilegs Silvesters II. (1002) für dieses Kloster (Ausschnitt: bearbeitetes Scanbild, graues Rechteck für unlesbare Stelle)*

172 Gardthausen, Das alte Monogramm (wie Anm. 48), S. 167.

173 Erben, Die Kaiser- und Königsurkunden (wie Anm. 7), S. 158; Paul Kehr in der Einl. zu: MGH DD V: Die Urkunden Heinrichs III. Berlin 1931, S. XXXVIII ff.; Dahlhaus, Aufkommen (wie Anm. 167), Tabelle S. 72 f.

174 Vgl. Karl Schnith, Recht und Friede. Zum Königsgedanken im Umkreis Heinrichs III., in: Historisches Jahrbuch 81 (1962), S. 22–57.

175 Vgl. Rück (wie Anm. 1), S. 330 f.

176 Darauf hatte schon Heinz Hartmann, Über die Entwicklung der Rota, in: AUF 16 (1939), S. 385–412, bes. S. 406 ff., nachdrücklich hingewiesen.

177 Vgl. den Beitrag von Martin Fuertes in diesem Band.

178 Beispiele bei Filemón Arribas Arranz, Paleografia documental hispanica. Valladolid 1965, Taf. 8 (964) und passim, sowie Agustin Millares Carlo, Tratado de paleografia española, II (Laminas). Madrid 1983, Nr. 116 (864), Nr. 121 (943), Nr. 130 (964), Nr. 131 (1009). Das Papyrusprivileg Silvesters II. ed. Harald Zimmermann, Papsturkunden 896–1046, 2. Wien 1985 (Dph 177), Nr. 405 S. 769 ff., auch José Rius Serva, Cartulario de ›San Cugat‹ des Vallés, vol. II. Barcelona 1946, Nr. 382 S. 30 ff., die angefügte Bestätigung des Grafen Raimund ebd. Nr. 451 S. 97 f. (zu 1013), Abbildungen in: Pontificum Romanorum documenta papyracea. Rom 1929, Tafel XIIb; Paul Kehr, Die ältesten Papsturkunden Spaniens, Berlin 1926 (Abh. der preuß. Akad. der Wiss., phil.-hist. Kl. Nr. 2), Tafel IX.

vorgestellten Beispiele des als Signum umschriebenen Kreuzes, das für ein Siegel steht, weist ebenso in diese Richtung wie das von Johanek mit dem Rotasignet auf der Würzburger Urkunde von 1057 in Verbindung gebrachte und als »Herrschaftszeichen« interpretierte Doppelkreis-Monogramm Bischof Brunos (1034–45) an der Ostapsis des Würzburger Domes[179], das »Signum Hecilonis episcopi« aus Hildesheim (1054/67)[180], das 1085 in identischer Form vom Archidiakon Walter von Noyon-Tournai verwendet ist[181], das unten genannte Signum aus Siegburg von angeblich 1065/75[182] und jene die Siegel flankierenden Doppelkreise, in denen Bischof Otto von Bamberg jene als Signa erläutert in zwei im 13. Jahrhundert gefälschten Urkunden für Prüfening (1138)[183], die unten genannten Siegelplatzhalter für König, Königin und Kanzler von Portugal 1153, oder der mächtige Doppelkreis, in welchen Bischof Rudolf von Halberstadt 1137 mitten über den beiden Siegeln seine Strafandrohung unter die Urkunde der Äbtissin Gerburg von Quedlinburg einschreibt[184], und endlich das Doppelkreis-über-Kreuz-Signum, das Bischof Konrad von Augsburg 1153 in einer Urkunde für Kühbach der Formel »signum propria manu subscribimus« folgen läßt[185]. Im Ausdruck der Banngewalt, die dem Siegelbild im 11. Jahrhundert ausdrücklich zugesprochen wird[186], liegt auch der Sinn der übrigen Signa.

Die Rota erscheint im 11.–16. Jahrhundert auch in deutschen, französischen, spanisch-portugiesischen und süditalienischen Bischofs- und Fürstenurkunden: Zurecht bringt Zaisberger[187] das kreisförmige, umpunktete und mit Zünglein gefüllte Kreissignum einer Urkunde Erzbischof Liutpolds von Mainz für Hersfeld von 1057 nicht mit der Rota in Verbindung, jedoch ist die Abhängigkeit in anderen Fällen evident. Bresslau[188] erwähnte schon deutsche bischöfliche Urkunden von Würzburg (1057)[189] und (irrtümlich) Bamberg (1151)[190], Giry kennt eine Paschalis II. entlehnte Rota in einer Urkunde Bischof Daimberts von Sens (1098–1122)[191], Enzensberger solche des Erzbischofs von Acerenza (1083) sowie der Äbte von S. Lorenzo/Aversa (1080) und Montecassino (1147)[192], Kehr nannte bereits Beispiele von Roten in erzbischöflichen Urkunden von Benevent von 1140 und 1147 (diese auch mit Benevalete), Ravenna (1147, mit Benevalete)[193] und Trani (1162–1210)[194], Th. de Hemptinne verweist in diesem Band auf Ansätze zu Roten in Urkunden der Bischöfe von Thérouanne (1079) und Cambrai (1079, 1081), Martin nannte schon früher rotaähnliche Zeichen in Urkunden Konrads III. und Eberhards II. von Salzburg 1179–1202[195]. Selbst die deutsche Königskanzlei blieb nicht unberührt, denn das Kreissignet erscheint unter Lothar III. kurzfristig in Regensburg

179 Peter JOHANEK, Die Frühzeit der Siegelurkunde im Bistum Würzburg. Würzburg 1969, S. 21.

180 Carl ERDMANN, Signum Hecilonis Episcopi, in: Historisches Jahrbuch 60 (1940), S. 441–451, vgl. dazu DAHLHAUS in diesem Band. Zu erwähnen ist auch das erstaunliche Doppelkreis-Signum, das der Halberstädter Notar Dietrich im ersten Drittel des 13. Jh. auf die Rückseite mehrerer seiner Urkunden setzt; im Umkreis notiert er die Adressaten, in den Quadranten seinen Namen Tidericus notarius, Abb. bei Helmut BEUMANN, Beiträge zum Urkundenwesen der Bischöfe von Halberstadt, in: AUF 16 (1939), S. 1–101, Abb. Taf. IV vor S. 97, Kommentar S. 92 ff.

181 Vgl. Abb. Va im Beitrag von Th. DE HEMPTINNE in diesem Band.

182 Vgl. unten Anm. 270.

183 Hans HIRSCH, Die Urkundenfälschungen des Klosters Prüfening, in: MIÖG 29 (1908), S. 1–63, zit. S. 23; Hans Ulrich ZIEGLER, Das Urkundenwesen der Bischöfe von Bamberg von 1007 bis 1139, I, in: AfD 27 (1981), S. 1–110; II, in ders. Zts. 28 (1982), S. 58–189, zit. II, S. 74 ff., 81 ff., 123 ff.

184 BEUMANN, Beiträge (wie Anm. 180), S. 50.

185 Mit nicht angekündigtem, rückseitig in der Mitte des Blattes eingehängtem Siegel.

186 Mehrere Belege bei Friederike ZAISBERGER, Die Frühzeit der geistlichen Siegelurkunden in Deutschland, in: MIÖG 74 (1966), S. 257–291, zit. S. 290 f.; vgl. JOHANEK, Die Frühzeit (wie Anm. 179), S. 290: »Bischöflicher Bann und bischöfliches Siegel sind in der Frühzeit der Entwicklung der Siegelurkunde eine enge Verbindung eingegangen«.

187 ZAISBERGER, Die Frühzeit (wie Anm. hievor), S. 277.

188 BRESSLAU 2, S. 191; irrtümlich bez. Bambergs, der zitierte Oskar Frh. VON MITIS, Studien zum älteren österreichischen Urkundenwesen. 2 Teile. Wien 1906–1912, zit. I, S. 73 Anm. 3, spricht nur vom Benevalete.

189 Die Echtheit der auch von Dahlhaus in diesem Band besprochenen Urkunde von B. Adalbero von Würzburg (1057) ist in Zweifel gezogen worden; ZAISBERGER, Die Frühzeit (wie Anm. 186), verweist S. 280 auf die Inschrift der Quadranten, die genau der des Gegenpapstes Clemens III. (1080–84) entspreche, jedoch hegt JOHANEK, Die Frühzeit (wie Anm. 179), S. 24 f., keine Zweifel an der Echtheit.

190 Vgl. Anm. 188; nach ZIEGLER, Das Urkundenwesen (wie Anm. 183), II, S. 82 Anm. 50, kommt die Rota erst 1201 in Bamberger Bischofsurkunden vor.

191 GIRY, Manuel (wie Anm. 131), S. 809 Anm. 3.

192 Horst ENZENSBERGER, Beiträge zum Kanzlei- und Urkundenwesen der normannischen Herrscher Unteritaliens und Siziliens. Kallmünz Opf. 1971 (Münchener Hist. Studien, Abt. Geschichtl. Hilfswiss. 9), S. 79.

193 Die Urkunde Erzbischof Moses von Ravenna ist auch in den übrigen Gestaltungsmerkmalen ganz dem Papstprivileg nachgebildet, Abb. in: API I, Taf. 42.

194 Karl Andreas KEHR, Die Urkunden der normannisch-sizilischen Könige. Eine diplomatische Untersuchung. Innsbruck 1902, S. 164.

195 Franz MARTIN, Das Urkundenwesen der Erzbischöfe von Salzburg von 1106–1246, in: MIÖG Erg.-Bd. 9 (1915), S. 559–765, zit. S. 658.

(Nov. 1125)[196] und viel später nochmals unter Wilhelm von Holland (1248)[197].

Am augenfälligsten sind jedoch die sizilischen und iberischen Roten des 12.–16. Jahrhunderts, monumental das rote »signaculum« als Unterschriftsersatz in der normannisch-sizilischen Kanzlei von 1129–1194[198]. In Spanien wird der Bischof von Santiago de Compostela, Diego Gelmirez, die Rota mit der Devise Paschalis II. spätestens 1105/15 als sein Signum einführen[199]; nicht nur seine Nachfolger des 12. Jahrhunderts werden sich des Zeichens bedienen, auch ihre Suffragane von Lugo und Mundoñedo verwenden es – auch ausdrücklich als »sigillum« – regelmäßig, und indirekt über Diego als Kanzleichef des Königs von Kastilien-León, bzw. über seine Nachfolger in diesem Amt, gelangte die »rueda« um das Bild des Löwen seit 1158 in Urkunden des Königs Ferdinand II. (1157–1188) von León, dessen Vorgänger – und in Kastilien auch die Nachfolger – jene eigentümlichen orthogonalen Monumental-Signete (in Kastilien seit 1133 »signa imperatoris«) hatten, für die es im übrigen Europa keine Entsprechungen gibt[200]. Sein Sohn Alfons IX. (1188–1230) hat das Signum übernommen, jedoch gelegentlich den Doppelkreis weggelassen, so daß nur das Wappentier (und Siegelbild) übrigblieb. Auch Kastilien führte unter Alfons VIII. (1158–1214) eine Rueda (um das kastilische Kreuz), die nach der Wiedervereinigung der beiden Königsreiche im Jahr 1230 bis ins frühe 16. Jahrhundert unter Ferdinand und Isabella das übliche, seit Alfons X. (1252–1284) farbenprächtig gestaltete Signum der spanischen Könige geblieben ist[201]; die spanischen Ruedas waren nicht weniger monumental (6–16 cm) als die normannisch-sizilischen. Diese von Eitel schon 1914 vorgetragenen Erkenntnisse werden in diesem Band von J. A. Martín Fuertes für die Könige Ferdinand II. und Alfons IX. von León (1157–1230) ergänzt und vertieft. In Portugal ist das Rota-Monogramm 1159 ausgebildet und bleibt bis Sancho I. († 1245) in Gebrauch, nachdem schon 1153 in einer besiegelten Urkunde die Namen von König, Königin und Kanzler im Eschatokoll in Kreise eingeschrieben waren[202].

Später – und seltener als die königlichen – haben Bischöfe auch das Benevalete-Monogramm, doch soweit ich sehe, mit Ausnahme der erwähnten Stücke aus Benevent und Ravenna aus dem Jahr 1147 nicht beide zugleich, angewandt, mit auffälliger Konzentration um die Mitte des 12. Jahrhunderts. In Deutschland finde ich es nur in Kanzleien, die auch im Formular stark von päpstlichen Vorbildern geprägt sind: Erzbischof Albero von Trier verwendet es als päpstlicher Legat in Urkunden für Gorze (1137)[203] und – zum Teil gefälschten – für Schiffenberg (1139, 1141 u. 1150)[204], Bischof Romanus von Gurk 1145[205], Eberhard von Bamberg 1151 für Reichersberg[206], vor allem aber die Erzbischöfe von Salzburg in zahlreichen Urkunden von 1136–1191[207]. In einer Urkunde für Bischofshofen versucht Erzbischof Eberhards Schreiber Rupert 1161 eine Kombination des Benevalete mit dem Namensmonogramm[208].

196 DL III 2 u. 3, vgl. Erben, Die Kaiser- und Königsurkunde (wie Anm. 7), S. 220; Abb. in: Aus 1200 Jahren. Das Bayerische Hauptstaatsarchiv zeigt seine Schätze. München 1986, S. 57.

197 Dieter Hägermann, Studien zum Urkundenwesen Wilhelms von Holland. Köln–Wien 1977 (AfD Beih. 2), S. 254ff.

198 Kehr, Die Urkunden (wie Anm. 194), S. 164ff.; Enzensberger, Beiträge (wie Anm. 192), S. 77ff.; Carlrichard Brühl, Urkunden und Kanzlei König Rogers II. von Sizilien. Köln–Wien 1978 (Beih. 1 zum Codex diplomaticus Regni Siciliae), S. 69ff., Verz. der Roten Ders. in: Codex diplomaticus Regni Siciliae, II/1: Rogerii regis diplomata latina. Köln–Wien 1987, S. 403; zu den letzten Beispielen der seit 1180 kaum mehr verwendeten Rota im selben Corpus t. V: Herbert Zielinski, Tancredi et Wilhelmi III regum diplomata. Köln–Wien 1982, S. XXIII; Abb. am besten in API XIV, Taf. 1ff. mit den Kommentaren.

199 A. Eitel, Rota und Rueda, in: AUF 5 (1914), S. 299–336 (mit 21 Abb.), zit. S. 304f. mit Abb. 1; für Spanien vgl. Agustin Millares Carlo, Tratado de paleografia española, con la colab. de José Manuel Ruiz Asencio, 2 Bde. Madrid 1983, vgl. I, S. 171f. (Text), II, Taf. 151–158 passim.

200 Vgl. unten zu Spanien.

201 Abb. bei Floriano, Curso general (wie Anm. 93), I, Taf. 17 u. 18, sowie II, Taf. 13–15, 17–18, 23, 28 (1138–1268); Arribas Arranz, Paleografia (wie Anm. 178), Taf. 23, 32, 34, 36, 46 (1135–1234); auch das Labarum-Chrismon wird dann in einen Kreis eingelegt, vgl. Abb. bei Floriano, I, Taf. XV.

202 Zum signo rodado in Portugal vgl. außer dem Beitrag von I. da Rosa Pereira in diesem Band die Studie von Avelino de Jesus da Costa, La chancellerie royale portugaise jusqu'au milieu du XIIIe siècle, in: Revista Portuguesa de Historia 15 (1975) (auch Sep. Coimbra 1975), S. 143–169, bes. S. 164ff., mit 22 Tafeln; einzelne Abbildungen auch in Ders., Album de paleografia e diplomatica portuguesas, vol. I: Estampas, Coimbra 1966 4. Aufl. 1983, Taf. 35–62 passim.

203 Urkunde vom 24. Nov. 1137, Abb. im Lichtbildarchiv nach dem Or. in Metz, Arch. dép. de la Moselle.

204 Die Urkunden für Schiffenberg sind ediert und besprochen bei Arthur Wyss, Hessisches Urkundenbuch I/3, Leipzig 1899, Ed. S. 302ff. Nr. 1330, 1331, 1336, Kommentar S. 436ff. Das erste Schiffenberger Stück trägt eigenhändige Konsensunterschriften.

205 Die Gurker Geschichtsquellen 864–1232, hg. v. A. von Jaksch. Klagenfurt 1896 (Monumenta Historica Ducatus Carinthiae 1), S. 132f. Nr. 138 (vermutlich unter direktem Einfluß des Salzburger Vorbildes, vgl. hier Einleitung S. XVIII).

206 Nach Mitis, Studien (wie Anm. 190), I, S. 73 Anm. 3.

207 Belege bei Wyss (wie Anm. 204), S. 437; Martin, Das Urkundenwesen (wie Anm. 195), S. 657ff., und Fichtenau, Das Urkundenwesen (wie Anm. 12), S. 182f., andere Vorkommnisse in Österreich, S. 217 u. 226 Anm. 23 (Passau, jedoch Empfängerfertigung).

208 Dazu Martin, Das Urkundenwesen (wie hievor), S. 657.

10. Iberische Zeichenfülle

Während die Entwicklung der Signa in Königs- und Papsturkunden seit den Anfängen der Diplomatik zumindest in den Grundzügen bekannt ist, fehlt für die an Signa reichste Epoche zwischen 700 und 1150 jeder europäische Überblick. Die große Varietät der tachygraphischen, monogrammatischen, symbolischen, geometrischen oder rein ornamentalen Signa insbesondere der Aussteller, Zeugen und Schreiber, die mit einer ebenso breiten Palette von Auszeichnungsweisen von Initien, Zeugenreihen, Datierungen usw. einhergeht, ist zu wenig erforscht, um eine allgemeinere Typologie zu erlauben. Sowohl ihre graphische Struktur wie ihre Herkunft und Bedeutung und ihre zeitliche und geographische Verteilung sind bisher nur punktuell erfaßt; einige Beiträge dieses Bandes führen hier weiter, die Synthese für die westliche Urkunde bleibt ein Desiderat.

Fränkische und päpstliche Leitbilder haben sich nirgendwo stärker durchdrungen als im Norden der iberischen Halbinsel; sie bildet ein bis heute wenig bekanntes Eldorado der graphischen Signa[209]. Ein Gesamtüberblick kann hier umso weniger geboten werden, als die spanisch-portugiesische Forschung jeweils stark auf die historischen Landschaften und Königreiche konzentriert ist. Für Aragon bietet der Altmeister der spanischen Diplomatik, A. Canellas Lopez, am Eingang des Kapitels ein Florilegium von Signa, wie sie von Königen, Grafen, Prälaten, Notaren und Privatleuten im 11.–15. Jahrhundert verwendet wurden. Die aragonesischen Königsurkunden verwenden seit dem 11. Jahrhundert als Chrismon eine Kombination von Labarum mit Alpha und Omega und als Signum regis anfänglich das an ein großes S angeschlossene Kreuz der Grafen von Barcelona, dann ein Quadrat mit Eckschlaufen oder einen Kreis, die ein Kreuz einschließen und von Alpha und Omega flankiert sein können, während Pedro I. um 1100 seine Unterschrift arabisiert[210]. Im 13. Jahrhundert wird das Quadrat zur Raute und aus den Eckkreisen werden Kreuze; das veränderte Signum erscheint seit dem 14. Jahrhundert nur noch selten neben der Paraphe. Die Kenntnis der Signa der Region Katalanien-Aragon wird in diesem Band durch weitere Beiträge bereichert. R. Conde und J. Trenchs (†) steuern die Analyse der Signa aus zwei Urkunden der Grafen von Barcelona von 898 und 932 für das nordkatalanische Frauenkloster S. Joan de las Abadesses bei. Wie schwierig es ist, die allgemeinen Regeln geometrischer Ornamentik auf duktale graphische Signa in Urkunden anzuwenden, zeigt der Versuch von J. und M. Mateu Ibars, die Signa des reichen Urkundenbestandes des Klosters S. Cugat del Vallés aus dem 10.–13. Jahrhundert durch die Rückführung auf geometrische und hier speziell maurische Motive zu begreifen.

Ganz anders als in Ostspanien treffen wir im wisigotischen Nordwesten auf eine erstaunliche Exuberanz. Von der ältesten iberischen Überlieferung seit den Schiefertäfelchen (pizarras) des 6. Jahrhunderts bis zu den Labarum-Chrismen des 12. Jahrhunderts ist im Beitrag von E. Eisenlohr die Rede. Er ist hier für die Chrismen in Privaturkunden aus León für die zweite Hälfte des 9. Jahrhunderts ergänzt durch C. Saez Sanchez. I. Ostolaza gibt einen Überblick über die Unterfertigungszeichen der Könige und Bischöfe des 9.–12. Jahrhunderts in Asturien-León, die seit den Anfängen sehr charakteristische Formen aufweisen, für die es nach wie vor keine befriedigende Erklärung gibt. Die Grundform beruht auf der dreistöckigen Gliederung des fränkischen Rekognitionszeichens: auf ein m. E. chrismon-förmiges Vorzeichen – bei Ostolaza als »arranque«=Ansatz bezeichnet – folgt ein E-Gerüst mit sehr langen Balken, denen unterschiedlich gestaltete vertikale, aus dem »ss« für subscripsi abgeleitete Bischofsstab- oder F-Muster aufgelegt sind[211]. Hinzu kommen seit der Mitte des 12. Jahrhunderts wiederum öfter die eigentümlichen »signa manus«, die eine wirkliche Hand nachzeichnen[212], die eine bannende sein soll und auch in León schon im frühen 9. Jahrhundert belegt ist[213]. Von den Roten in León, Kastilien und Portugal war oben schon die Rede.

209 Erläuterungen und Abbildungen bei FLORIANO, Curso general (wie Anm. 93), I, S. 383f., 403ff., 448ff. sowie die Tafeln; Abb. auch bei ARRIBAS ARRANZ, Paleografia (wie Anm. 178); zahlreiche Urkunden des 8.–12. Jh. sind abgebildet bei Zacarias GARCIA VILLADA, Paleografia española. Repr. Barcelona 1974, Tafelbd. Nr. 35–48, sowie bei Claudio SANCHEZ ALBORNOZ, El Reino Astur-Leonés (732–1037). Madrid 1980 (Historia de España, Espasa Calpe, t. VII), passim.

210 Angel CANELLAS LOPEZ, La cancilleria real del reino de Aragon (1035–1134), in: Folia Budapestina. Zaragoza 1983, S. 23–46, zit. S. 37 u. 40, Abb. Taf. nach S. 32; die Folgezeit bis ins 15. Jh. vgl. José TRENCHS, La escribanias Catalano-Aragonesas desde Ramon Berenguer IV a la minoria de Jaime I, ebda. S. 47–87, zum signum regis S. 56f., 70f. u. 80f.; DERS. u. Antonio M. ARAGO, Las cancillerias de la Corona de Aragon y Mallorca desde Jaime I a la muerte de Juan II. Zaragoza 1983 (Folia Parisiensia 1), Tafeln S. 163ff.

211 Vgl. auch die Erklärungen und Abbildungen bei FLORIANO, Curso general (wie Anm. 93), I, S. 403ff.

212 Es gibt schon frühe Vorbilder in Frankreich, vgl. Recueil de Fac-similés (wie Anm. 102), Nr. 153 (971, neben einem zweiten Achterschlaufen-Signum desselben Schreibers).

Leider sind die späteren Formen der königlichen Signa in Urkunden von Kastilien-León, die Mabillon fasziniert hatten, in diesem Band nicht vorgestellt: er hatte sich überrascht gezeigt von der Zeichenfülle und Eigenart und sprach vom »amplissimus regiae subscriptionis modus«[214] einer Urkunde Alfons IX. von Kastilien, die er in Tafel 45 reproduziert[215]. Über die Anfänge dieses »signum imperatoris« unter Alfons VII. von Kastilien (1111/26–1155, seit 1135 Kaiser) hatte Peter Rassow 1928 eine Untersuchung vorgelegt[216]. Als Chrismon wird hier seit dem 11. Jahrhundert ein Labarum mit dem S-Fuß (schon im Beitrag von E. Eisenlohr vorgestellt) so weiter entwickelt, daß unter Alfons VII. an den Oberarmen des X wie beim berühmten »Kreuz von Oviedo« an Ketten die beiden Buchstaben Alpha und Omega hängen, und gelegentlich ein Chrismon aus sämtlichen Buchstaben des Namens Christi entsteht, das wie eine Sanduhr – gekrümmte Beine des X – in einem rechteckigen Kasten ausschaut[217]. Das signum regis ist vorerst das oben geschilderte E-Gerüst – mit dem genannten Vorzeichen, das Rassow als »eine Art A mit einem S-Haken« las. Als »signum imperatoris« nimmt es schon vor der Kaiserkrönung eine ganz neue Gestalt an, indem ein großes Kreuz in ein quadratisches Triptychon eingelegt ist, dessen Flügel die Inschrift »signum imperatoris« enthalten oder in einen amphorenförmigen Körper in einem horizontal geteilten, beidseitig von Rahmenelementen eingefaßten Kasten, welcher, da vor 1152 keine Siegelurkunden bekannt sind, offenbar das wichtigste Beglaubigungszeichen war[218].

In diesen westgotischen Raum gehören auch die von Isaias de Rosa Pereira vorgestellten portugiesischen Beispiele aus dem 10.–12. Jahrhundert, die ältesten mit ihren langgestreckten Textschlußzeichen (»robora« aus dem langgezogenen roboravimus), ein sehr frühes redendes Signum des Schreibers Pelagio Feles, der seinen Namen 1105 mit der Zeichnung einer Katze umgibt, bis zu den eindrucksvollen Signa der Königinnen und Könige, die sich unter Alfonso Henriquez seit 1129 zum Portugal-Monogramm erweitern, um dann im Laufe seiner Herrschaft die unterschiedlichen Gestalten bis zur glanzvollen Portugal-Rota von 1159[219] zu entwickeln, die heute wiederum die 1000-Escudos Banknoten schmückt. Etwas am Rande der Thematik steht der Beitrag von A. H. de Oliveira Marques über das Auftreten arabischer Ziffern in portugiesischen Dokumenten seit 1425.

Bedauerlicherweise sind in diesem Band weder das französische noch das italienische Privaturkundenwesen angemessen vertreten. Aus dem oben Gesagten geht immerhin hervor, daß die Signa, die in Frankreich zwischen dem 7. und 11. Jahrhundert in reicher Blüte stehen, in Italien erst seit dem 10. Jahrhundert mit einer gewissen Bandbreite auftreten. Und weit spärlicher ist die Ausbeute im Norden und Osten Europas.

11. Graphische Symbole in deutschen Privaturkunden

Die deutsche Diplomatik ist in der günstigen Lage, neben zahlreichen Einzeluntersuchungen schon früh über kanzleiübergreifende Studien zum Privaturkundenwesen größerer Landschaften verfügt zu haben: Buchwald hat schon 1882 Nordostdeutschland erschlossen[220], Posse 1887 Mitteldeutschland[221], Mitis seit 1906 Niederösterreich[222], Steinacker 1906[223] wie Redlich 1911[224] das gesamte Gebiet, Oppermann seit 1922 die Rheinlande[225], Fichtenau endlich 1971 Südostdeutschland und Österreich[226]. Für unsere Fragestel-

213 Vgl. die Abb. bei SANCHEZ ALBORNOZ, El Reino Astur-Leonés (wie Anm. 209), S. 609.

214 J. MABILLON, De re diplomatica libri sex. Paris 1681, S. 432.

215 Ein in den Signa vergleichbares Diplom Alfons VIII. von Kastilien von 1149 ist abgebildet in: Musée des archives départementales (wie Anm. 125), Pl. XXV Nr. 40.

216 Peter RASSOW, Die Urkunden Kaiser Alfons VII. von Spanien, in: AUF 10 (1928), S. 327–468 (mit 5 Taf. u. 9 Abb.), zur Entwicklung von Chrismon, Signum regis/imperatoris und Kanzlersignum – 1136 ein Pentagramm – S. 366 ff. (Edition von 57 Urkunden in AUF 11 (1930), S. 66–137).

217 ERBEN, Die Kaiser- und Königsurkunde (wie Anm. 7), S. 218 f.; gute Abb. bei RASSOW (wie hievor), Taf. IV, und FLORIANO, Curso general (wie Anm. 93), I, Taf. XV.

218 Vgl. die Erläuterungen von FLORIANO, Curso general (wie Anm. 93), I, S. 448 ff., II, Abb. Taf. 10 (1133) u. 12 (1137), weitere Abb. bei RASSOW, Die Urkunden (wie Anm. 216) und ARRIBAS ARRANZ (wie Anm. 178), Taf. 24 (1144).

219 Abb. RÜCK (wie Anm. 1), S. 331.

220 Gustav VON BUCHWALD, Bischofs- und Fürstenurkunden des 12. und 13. Jh. Rostock 1882.

221 Otto POSSE, Die Lehre von den Privaturkunden. Leipzig 1887 (Neudr. Berlin 1974).

222 Oskar Frh. VON MITIS, Studien zum älteren österreichischen Urkundenwesen. 2 Teile. Wien 1906–1912.

223 Harald STEINACKER, Die Lehre von den nichtköniglichen (Privat-)Urkunden vornehmlich des deutschen Mittelalters. Leipzig 1906 (Grundr. d. Geschichtswiss. v. A. MEISTER I/1), S. 231–266; DERS., Die antiken Grundlagen der frühmittelalterlichen Privaturkunde. Leipzig–Berlin 1927 (in ders. Reihe Erg.-Bd. 1).

224 Oswald REDLICH, Die Privaturkunden des Mittelalters. München–Berlin 1911, Neudr. Darmstadt 1967.

225 Otto OPPERMANN, Rheinische Urkundenstudien, 1. Teil: Die kölnisch-niederrheinischen Urkunden. Utrecht 1922; 2. Teil: Die trierisch-moselländischen Urkunden. Utrecht–Groningen 1951.

226 Heinrich FICHTENAU, Das Urkundenwesen in Österreich. Wien–Köln–Graz 1971 (MIÖG Erg.-Bd. 23).

lung konnte dabei deshalb wenig herausschauen, weil das deutsche Privaturkundenwesen abgesehen vom Chrismon sehr arm ist an graphischen Symbolen: selbst die Verwendung der symbolischen Invokation ist keineswegs die Regel, wie die allgemeine diplomatische Literatur vermuten lassen könnte, und dann ebenso häufig in der Kreuz- wie in der C-Form, noch seltener – vor allem im Grenzraum zu Frankreich – als Chi-Rho-Christogramm[227]. Wir wissen jedoch kaum, wie die deutsche Privaturkunde im 10. und 11. Jahrhundert ausgesehen haben würde, denn in dieser im südwesteuropäischen Raum signareichsten Periode ist das Privaturkundenwesen in Deutschland praktisch zusammengebrochen[228] bzw. im Alpenraum bei der von Signa und Siegeln gänzlich unberührten Kanzellariatsurkunde geblieben[229] und im süddeutschen Raum zu den nicht weniger kargen Traditionsnotizen übergegangen[230]. Die Vorherrschaft der Siegelurkunde und der Umstand, daß an der Herstellung der meisten Urkunden einzig die Hand des Schreibers beteiligt war, minderte seit dem 12. Jahrhundert sowohl das Gewicht der graphischen Signa wie auch deren bei der Beteiligung mehrerer Personen gegebene Varietät.

Friederike Zaisberger hatte für das 10. und 11. Jahrhundert aufgrund der bei weitem nicht vollständigen, aber doch repräsentativen Bestände des Marburger »Lichtbildarchivs« einen Überblick gegeben[231]; ich ergänze ihn hier nach denselben Beständen – ohne nähere Quellenangaben – sowie nach Hinweisen aus der Literatur vor allem für das 12. Jahrhundert

Eigenhändige Unterschriften und Signa[232] von Ausstellern, Konsentierenden, Zeugen und Schreibern finden sich vorwiegend in Grenzräumen zur französischen und italienischen Romania[233]. Redlich nennt Beispiele aus Toul und Trier seit dem 10. Jahrhundert[234], Bernhard Schmeidler hat aus den Jahren 1008 bis 1278 hundert Fälle von subjektiv formulierten Gruppenunterschriften und neunundzwanzig von Einzelunterschriften genannt[235], von denen jedoch nur die wenigsten wirklich eigenhändig gesetzt waren. Während die Reihenunterschriften überwiegend im Südosten belegt sind, sind die Einzelunterschriften (meist der Aussteller) gleichmäßiger gestreut, aber in Sachsen häufiger als anderswo. Bekannt ist ein eigenhändiges Signum von Bischof Walther von Speyer (1020)[236]. Am häufigsten sind sie seit dem 2. Drittel des 12. Jahrhunderts im bayerischen Raum, so in Freising in Urkunden Bischof Ottos I. (1140 für Schäftlarn), in Regensburg unter Heinrich und Konrad (1142 für Prüfening, bzw. 1193 für Niedermünster), in Salzburg öfter zwischen 1144 und 1218 (so 1146 für Formbach mit der Unterschrift Ottos von Freising und einem zusätzlichen Benevalete-Monogramm)[237], in Bamberg unter Eberhard (1157 für St. Theodor); die ungedruckte Dissertation von Dorner, die das Thema ausführlich behandelt, war mir bisher nicht zugänglich[238]. Die Konzentration der Signa-Verwendung im süddeutsch-bayerischen Raum ist auffällig; von den nördlichen Bistümern scheint – vom Sonderfall einer eigenhändig geschriebenen Urkunde Bischof Egilberts von Minden (1055–1080)[239] abgesehen – nur Hildesheim besondere Signa gekannt zu haben, außer dem erwähnten des Bischof Hezilo unter Bischof Udo (1092) ein lateinisches Kreuz[240] und im 12. Jahrhundert unter den Bischöfen Hermann und Adalog ein monumentales griechisches Kreuz, bzw. für ihren Datar und Schreiber

227 Friederike ZAISBERGER, Die Frühzeit der geistlichen Siegelurkunden in Deutschland, in: MIÖG 74 (1966), S. 257–291, bes. S. 276 ff. bietet Beispiele seit 969 (B. Ulrich v. Augsburg); sie stellt für das 11. Jh. Chrismen (bevorzugt C) in einem Drittel der echten Bischofsurkunden fest. Im 12. Jh. geht jedoch der Gebrauch symbolischer Invokationen sehr stark zurück.
228 Vgl. dazu die Statistiken und Grafiken bei Frank M. BISCHOFF, Die Datenbank des Marburger Lichtbildarchivs älterer Originalurkunden, in: Fotografische Sammlungen (wie Anm. 123), S. 25–70, bes. S. 36 ff.
229 Peter RÜCK, Das öffentliche Kanzellariat in der Westschweiz (8.–14. Jh.), in: Landesherrliche Kanzleien im Spätmittelalter, 1, München 1984 (Münchener Beiträge zur Mediävistik und Renaissance-Forschung 35), S. 201–269.
230 Stephan MOLITOR, Das Traditionsbuch. Zur Forschungsgeschichte einer Quellengattung und zu einem Beispiel aus Südwestdeutschland, in: AfD 36 (1990), S. 61–92.
231 ZAISBERGER (wie Anm. 227).
232 REDLICH, Die Privaturkunden (wie Anm. 224), S. 40 f.
233 Vgl. die französischen Beispiele aus dem 9. – frühen 12. Jh. bei GIRY, Manuel de diplomatique (wie Anm. 131), S. 595 ff., 612 ff.
234 REDLICH, Die Privaturkunden (wie Anm. 224), S. 95 f.; dazu BRESSLAU 2, S. 191.
235 Bernhard SCHMEIDLER, Subjektiv gefaßte Unterschriften in deutschen Privaturkunden des 11. bis 13. Jh., in: AUF 6 (1918), S. 194–233.
236 ZAISBERGER, Die Frühzeit (wie Anm. 227), S. 264 u. 270.
237 MARTIN, Das Urkundenwesen (wie Anm. 195), S. 658 ff.; Ergänzungen bei FICHTENAU, Das Urkundenwesen (wie Anm. 12), S. 180 ff.
238 J. DORNER, Konsensunterschriften auf Privaturkunden des 12. und 13. Jh. im Bereich der Kirchenprovinz Salzburg. Diss. masch. München 1973; über Zeugensubskription auch Barthel HEINEMANN, Beiträge zum Urkundenwesen der Bischöfe von Konstanz im 13. Jh. Berlin–Leipzig 1909, S. 103 ff. Vgl. das paläographisch interessante Beispiel mit eigenhändigen Unterschriften in der Urkunde Bischof Ekkehards von Merseburg von 1233 bei POSSE, Die Lehre (wie Anm. 221), S. 7 f. u. 88 mit Tafel 1–3.
239 ZAISBERGER, Die Frühzeit (wie Anm. 227), S. 272.
240 ZAISBERGER, Die Frühzeit (wie hievor).

Gozelin ein großes Gamma[241]. Das ist um so verwunderlicher, als gerade im norddeutschen Raum die Datum per manus-Formel als Rekognitionsvermerk weit verbreitet ist und man ein entsprechendes »signum manus« erwarten könnte[242].

Eine gewisse Faszination scheint vom Rekognitionszeichen ausgegangen zu sein[243]; der Bienenkorb findet sich in geometrischer Reduktion (mit geometrischen Mustern gefüllte Arkade oder leere Doppelarkade) im alemannischen Raum vom späten 9. Jahrhundert (Rheinau) bis ins frühe 12. Jahrhundert (Schaffhausen, Zürich), am Schluß der Schreiberzeile der Urkunde des Roricus für St. Maximin/Trier von 909, isoliert und ohne Rekognitionszeile in der Urkunde des Engelrich von 963 für Mainz, in mehreren Urkunden Erzbischof Wichfrieds von Köln für die Stifte St. Ursula, St. Cäcilien und St. Severin zwischen 927[244] und 948, vom Siegel verdeckt in einer Urkunde Brunos I. von 962 für St. Cäcilien[245], offen in einer weiteren Erzbischof Geros für Gerresheim 970[246].

Häufiger – insgesamt aber doch sehr selten – ist bei weltlichen und geistlichen Großen die Verwendung von Monogrammen[247]. Man wird in jedem einzelnen Fall prüfen müssen, wieweit die Empfänger daran interessiert und beteiligt waren und wie groß gerade für Fälscher der Anreiz des Aufputzes durch die Signa gewesen ist; nach meinen Beobachtungen ist das Vorhandensein auffälliger Signa in deutschen Privaturkunden des Hochmittelalters ein Verdachtsgrund. Der ganze Reigen der königlichen Signa, Monogramm, Rekognitionszeichen, Signa specialia und Kommata schmücken die unter Abt Frowin (1143–1178) entstandene Stiftungsurkunde des Klosters Engelberg von 1122[248]. Aus dem weltlichen Bereich nenne ich die Monogramme Herzog Heinrichs des Schwarzen von Bayern in einer Urkunde von 1125 für Ranshofen[249] und des Grafen Werner von Baden-Lenzburg in einer anderen für das Stift Zürichberg von 1127[250]. Als früheste geistliche Beispiele nennt Bresslau Urkunden Bischof Arnulfs von Metz (940) und der Bischöfe von Bremen (1059) und Verdun (1082)[251], Redlich solche – als Segenswunsch bzw. »Alfabeto signifer« mitten im Text – bei Bischöfen von Langres 1101 und 1129[252]. In Köln finden sich Monogramme unter Erzbischof Anno II. (1056–1075) in zwei Urkunden für Deutz[253], dann nochmals unter Erzbischof Philipp in Urkunden von 1169 für Rees und St. Ursula, in Trier in Urkunden Eberhards für St. Simeon von 1061 und Johannes von 1109[254], in Mainz unter Adalbert I. – nach 1115 belegten Versuchen mit einer ausgeprägten Sigumzeile – in Urkunden von 1125–1127. Kanzleibrauch war es weder in Köln noch in Trier und Mainz, und das Argument der inspirierenden Königsnähe, das für die Rekognitionszeichen Erzbischof Wichfrieds im 10. Jahrhundert geltend gemacht wurde, scheint mir hier weniger stichhaltig. Immerhin konzentriert sich die Praxis in der staufischen Zeit auf den süddeutschen Raum und das zweite Drittel des 12. Jahrhunderts. Eine gewisse Kontinuität findet man nur in Augsburg unter den Bischöfen Hermann, Walter und Konrad (1127–1154)[255], mit einem nicht original überlieferten Vorläufer unter Embricho (1067) und einem nur im Transsumpt von 1243 überlieferten Nachläufer unter Hartwig (1181); im »Lichtbildarchiv« sind vertreten

241 Otto HEINEMANN, Beiträge zur Diplomatik der älteren Bischöfe von Hildesheim. Diss. Göttingen, Marburg 1895, S. 34. Das griechische Kreuz kommt nicht bloß in Urkunden für das Kreuzstift in Hildesheim, sondern auch in einer Urkunde für Kl. Riechenberg vor.

242 Helmut PLECHL, Die Datum-per-manus-Formel. Zur Frage ihrer Verbreitung und Bedeutung. Diss. masch. Berlin 1947.

243 Über dessen Entwicklung am besten ERBEN, Die Kaiser- und Königsurkunden (wie Anm. 7), S. 160ff.; Abb. aus Königsurkunden bei GATTERER, Abriß (wie Anm. 61), Taf. 4–7; Friedrich LEIST, Urkundenlehre. 2. Aufl. Leipzig 1893, Taf. 4 Nr. 1–14 (642–1068); vgl. den Beitrag von E. EISENLOHR in diesem Band.

244 Die erste ist abgebildet bei Franz-Josef VERSCHAREN, Köln im Zeitalter der Ottonen, in: Kaiserin Theophanu (wie Anm. 1), Bd. 1, S. 80 Abb. 6.

245 Abb. VERSCHAREN (wie hievor), S. 81 Abb. 7.

246 ZAISBERGER, Die Frühzeit (wie Anm. 227), S. 260 u. 279.

247 ZAISBERGER, Die Frühzeit (wie Anm. 227), S. 280f.; Beispiele aus Italien sind abgebildet bei LEIST, Urkundenlehre (wie Anm. 243), Taf. 3 Nr. 30 (Eb. Walter v. Ravenna 1141), Nr. 33 (Jordanis Fürst v. Capua 1078), Nr. 34 (Markgräfin Mathilde 1102).

248 Gefälscht nach Albert BRACKMANN, Zur Geschichte der Hirsauer Reformbewegung im 12. Jh. Berlin 1928, Abb. Taf. 3 (auch SMAH VIII, Taf. 2); vgl. Quellenwerk zur Entstehung der schweiz. Eidgenossenschaft I: Urkunden 1. Aarau 1933, Nr. 109; dagegen Alfred SCHMID, Zur Überlieferung der schwäbischen und elsässischen Privaturkunde im Hochmittelalter, in: Festgabe Hans Nabholz. Aarau 1944, S. 45–77, zit. S. 68.

249 Abb. in: Aus 1200 Jahren (wie Anm. 196), S. 55.

250 REDLICH, Die Privaturkunden (wie Anm. 224), S. 94, erwähnt außer den gräflich flandrischen Monogrammen des Vogtes von Michelbeuern 1140, die des Grafen von Raabs 1175.

251 BRESSLAU 2, S. 191 Anm. 2; dazu REDLICH, Die Privaturkunden (wie hievor), S. 94.

252 REDLICH, Die Privaturkunden (wie hievor), S. 94f.

253 Eine weitere Urkunde Annos für Deutz von 1075, für die Theodor ILGEN, Sphragistik (wie Anm. 125), S. 39, ein Monogramm der Schenkerin Gertrud erwähnt, ist im Lichtbildarchiv nicht dokumentiert.

254 Abb. LEIST, Urkundenlehre (wie Anm. 243), Taf. 3 Nr. 31.

255 Valerie FEIST, Karl HELLEINER, Das Urkundenwesen der Bischöfe von Augsburg von den Anfängen bis zur Mitte des 13. Jh. (897–1248), in: Archivalische Zeitschrift 37 (1928), S. 38–88, bes. S. 79f.

Bischof Hermann (1128 für Wessobrunn, 1129 für Scheyern) und seine Nachfolger Walter (1135 für St. Georg, 1143 für Anhausen, 1150 für Hl. Kreuz) und Konrad (1154 für Steingaden). Daneben finden sich Monogramme der Bischöfe Ulrich und Diebold von Passau mit zum Kreis geordneten Lettern (1112)[256], bzw. monogrammiertem Segenswunsch (1173)[257]; Otto von Bamberg in mehreren Urkunden zwischen 1122–1134[258], Heinrich von Regensburg (1143 für Paring), Otto von Freising (1154 für Frauenchiemsee[259], 1158 für Freising) sowie seine Nachfolger Albert 1163 für St. Peter, Otto II. 1190 für St. Andreas und Dietramszell und – in unterschiedlicher, eleganter Gestalt – 1196 für Moosberg, Hermann von Konstanz 1160 für Denkendorf, Albrecht von Salzburg 1189 für Mittstatt. Monogramme sind wohl öfter, so jenes Bischof Friedrichs von Genf (1030–1073) für Romainmôtier[260], wie die Vitus-Monogramme Corveys vom Empfängerkloster erfunden worden. Es ist bemerkenswert, wie beim selben Träger unterschiedliche Monogrammstrukturen auftreten können[261].

Monogrammatisch-epigraphische Schreibung – vor allem mittels Enklaven[262] – erhöht den magischen Buchstabenzauber[263]. Das ergibt sich auch aus dem Beitrag von Barbara Justenhoven über die Chirographen des Zisterzienserklosters Altenberg aus dem 13. Jahrhundert, der einen Abriß zur Geschichte der Chirographierung gibt. Nachdem epigraphische Schreibung für Trennschriften weit verbreitet war – außer den geläufigen auch Ausstellernamen oder Pontifikatsjahresangabe[264] –, konnten Monogramme auch als Trennzeichen für Chirographen dienen. Alain de Boüard hat früher schon auf ein Stück für Cluny um 1030 hingewiesen[265]. Die ersten Beispiele finde ich in Stücken aus St. Maximin/Trier, einer Präkarie Abt Volkmars mit der Grafenwitwe Berta von 996, deren Trennschrift – verdächtigerweise – gleich aus sieben Monogrammen besteht – links und rechts das Labarum mit Alpha und Omega, in der Mitte Otto (Kaiser), links und rechts von ihm die Vertragspartner Volcmarus und Berta, bzw. die himmlischen und irdischen Patrone Sanctus Maximinus und Heinricus (Vogt)[266] –, sowie in der m. E. nach 1100 entstandenen Schlichtungsurkunde des Abtes Poppo von St. Maximin (1042/47) mit der familia in Wasserbillig[267]. Zu erwähnen ist das Hilwartshäuser Chirograph von 1004, wo im Protokoll die mit einem prächtig verzierten Krückenkreuz eingeleitete Invocatio von einem ebenso prächtigen Sonnen-

256 Mitis, Studien (wie Anm. 222), S. 191.

257 Lothar Gross, Über das Urkundenwesen der Bischöfe von Passau im 12. und 13. Jh., in: MIÖG Erg.-Bd. 8 (1911), S. 505–673, zit. S. 576.

258 Ziegler, Das Urkundenwesen (wie Anm. 183) II, S. 74 ff.; Abb. bei Leist, Urkundenlehre (wie Anm. 243), Taf. 3 Nr. 32.

259 Abb. bei Leist, Urkundenlehre (wie hievor), Taf. 3 Nr. 36.

260 Rück, Das öffentliche Kanzellariat (wie Anm. 229), S. 228 Anm. 124.

261 Beispiele geben Feist, Helleiner (wie Anm. 255) für Augsburg, vgl. Hans Hirsch, Studien über die Privilegien süddeutscher Klöster des 11. und 12. Jh., in: MIÖG Erg.-Bd. 7 (1907), S. 471–612, zit. S. 513.

262 Eine Untersuchung über die in dieser Weise herausgehobenen Stellen fehlt; in einer Urkunde Erzbischof Siegerichs von Köln für St. Gereon (1080) ist beispielsweise das gewaltige unziale M (für die Jahrzahl 1000) so hervorgehoben, daß der mittlere Schaft zum Kreuz gestaltet und das End-o als Kreis auf dessen Stamm gelegt ist.

263 Vgl. die Literatur bei Rück (wie Anm. 1), S. 328 Anm. 103, vor allem Franz Dornseiff, Das Alphabet in Mystik und Magie. 2. Aufl. Leipzig–Berlin 1925 (Stoicheia H. 7), 1. Aufl. 1922, Reprint Leipzig 1979.

264 So in Urkunden der Erzbischöfe Eberhart und Egilbert von Trier, vgl. Zaisberger, Die Frühzeit (wie Anm. 227), S. 276.

265 Boüard, Manuel (wie Anm. 79), Taf. 51; auch Michel Parisse, Remarques sur les chirographes et les chartes-parties antérieurs à 1120 et conservés en France, in: AfD 32 (1986), S. 546–567, zit. S. 554 Abb. 4: die Trennschrift (Friedenswunsch zwischen Aussteller- und Empfängernamen) ist an einem H-Gerüst monogrammatisch aufgehängt.

266 E. Lefort, Une charte partie de 996, in: BECh 100 (1939), S. 410–413.

267 Or. UB Heidelberg Nr. 335, Foto Lichtbildarchiv 9049; nicht angekündigtes, stark beschädigtes Rundsiegel (die fragm. Umschrift auf dem Foto unlesbar) mit sitzender Ganzfigur, am Unterrand des Blattes die oberen Hälften von zwei Monogrammen, vermutlich POPPO ABBAS und HEINRICUS DUX. Nach kopialer Überlieferung ed. H. Beyer, Mittelrheinisches Urkundenbuch, I, Coblenz 1860, S. 385 f. Nr. 332 (ohne Kommentar) und C. Wampach, Urkunden- und Quellenbuch zur Geschichte der altluxemburgischen Territorien, 1, Luxemburg 1935, S. 385 f. Nr. 268, der, ohne das Original gesehen zu haben, das Stück für echt erklärt gegen Otto Oppermann, Rheinische Urkundenstudien, 2. Groningen 1951, S. 14, 58 u. 119 f.; Oppermann nennt mehrere Trierer Fälle von monogrammatischer Chirographierung aus dem ausgehenden 10. und der ersten Hälfte des 11. Jh., deren Echtheit er z. T. anzweifelt. Seine Verdachtsgründe gegen Poppos Stück sind, zumindest bez. des Siegels, unbedingt stichhaltig, denn eine sitzende Ganzfigur ist als Siegelbild vor dem 12. Jh. nicht möglich; bischöfliche runde Thronsiegel erscheinen in Mainz, Köln und Trier kurz nach 1100, äbtische gar erst um 1130 (zuerst in Werden 1126/33, dann Prüm 1155, St. Pantaleon 1159). Geistliche Rundsiegel halten sich z. T. bis nach 1200, werden jedoch im letzten Drittel des 12. Jh. zunehmend durch ovale verdrängt. Die größte Wahrscheinlichkeit für ein äbtisches rundes Thronsiegel besteht in Trier im 2. Drittel des 12. Jh., vgl. die Abbildungen bei Wilhelm Ewald, Rheinische Siegel II: Erzbischöfe von Trier. Bonn 1910, Taf. 5, und IV: Siegel der Stifte, Klöster und geistl. Dignitäre. Köln–Bonn 1975, Taf. 90 ff., dazu die Ausführungen von Rainer Kahsnitz, Imagines et signa. Romanische Siegel aus Köln, in: Ornamenta Ecclesiae 2. Köln 1985, S. 21–60. Erich Wisplinghoff, Untersuchungen zur frühen Geschichte der Abtei St. Maximin bei Trier von den Anfängen bis etwa 1150. Mainz 1970, S. 95 ff., und Kölzer, Studien (wie Anm. 63), S. 275 Anm. 92, 286, 300

kreuz, und im Eschatokoll die Scriptumzeile von einem lateinischen Kreuz unterbrochen sind, die als Trennzeichen dienten[268].

Ein außerordentlich interessantes Beispiel bietet ein zweifelhaftes Chirograph Annos II. von Köln für das Kloster Siegburg aus den Jahren 1065/75, dessen Trennzeichen aus einem mächtigen halben Doppelkreis besteht, bzw. aus einem ganzen Doppelkreis bestand, der ein Kreuz umschloß, welches Theodor Ilgen als dem Siegel des Erzbischofs gleichwertiges Hantgemal (cirografum) des Edlen Dietrich namhaft machen wollte[269]. Sehr beachtenswert ist auch das Signum unter der zweifellos im 12. Jahrhundert gefälschten Vogteiurkunde des Grafen Balderich von Oplathe für St. Martin/Zyfflich von angeblich 1014/17 mit einem mächtigen, zwischen Kommata gesetzten Windrosenkreis, in welchen das für Deutschland ganz ungewöhnliche »Kreuz von Oviedo« mit den an den Balken hängenden Buchstaben Alpha und Omega und vier mit drei Punkten belegten Dreiecken in den Zwikkeln eingelegt ist[270].

Die gleichzeitige Verwendung des Wortes »caracter« für Monogramm (nominis nostri caracter) – in der französischen Königsurkunde seit dem 11. Jahrhundert üblich[271] – und für Siegel (imaginis nostre karacter) – in der staufischen Kanzlei verbreitet –, wie sie im Rheinland für das 12. Jahrhundert belegt ist[272], zeigt, daß die Monogramme als »signa repraesentativa« und rechtsgültige Zeichen der Persönlichkeiten verstanden wurden, für welche sie stehen. Der gekreuzte Schaft der L-Initiale, die Abt Liudolf von Hornbach 1149 in einer Urkunde für Bichweiler als Monogramm benutzt, sakralisiert dessen Träger, und nicht zufällig sind die Ausstellernamen in monogrammatisch-epigraphischer Schreibung unter dem Kontext wiederholt in unbesiegelten Urkunden für St. Alban/Basel (1102)[273] und Eberhards von Bamberg für das Kloster Aura (1165)[274].

Insgesamt ist die deutsche Privaturkunde – im 10. bis 12. Jahrhundert zu 80% eine bischöfliche – bezüglich der graphischen Symbole wie der Gestaltung ein blasses Imitat der fränkisch-deutschen Königsurkunde und – in weit geringerem Maß seit dem 12. Jahrhundert –

Anm. 236, diskutieren die Echtheit des Stückes nicht; ZAISBERGER, Die Frühzeit (wie Anm. 227), S. 276, zweifelt sie an, hält jedoch S. 287 das Siegel des »Erzbischofs« Poppo für »sicher zeitgemäß«. Es stammt von einem sehr guten Buchschreiber, der aber mit wenig Geschick zerfahrene Schlaufen an die Buchstaben hängt, um ihnen ein urkundliches Gepräge zu verleihen, vergleichbar – aber nicht identisch – mit jenen des Schreibers der Fälschung DH III + 372 B (Paris BN lat. 9266 Nr. 9). Die Schrift, durchaus vorgotischen Charakters mit geneigten a-Schäften, r-Unterlängen und wenig akzentuierter Fußbildung, gehört m. E. mit ihren gelegentlichen kurzen ss im Wortinnern und dem deltaförmigen d in die Zeit nach 1100; die möglicherweise nachträgliche Besiegelung ist nicht vor 1140 erfolgt. Die Urkunde gibt manche diplomatische Frage auf, bez. des nicht verwendeten Umbugs, des Zwecks der Chirographierung, der Korrekturen und Kürzungen und des Formulars.

268 Abb. und Ed. bei Hans GOETTING, Das Hilwartshäuser Chirograph von 1004, in: AfD 25 (1979), S. 37–58: die Echtheit des Stücks ist m. E. nicht gesichert.

269 Theodor ILGEN, Zum Hantgemal, in: MIÖG 28 (1907), S. 561–576, Abb. 562: Ilgen nennt zwei Fälle von 1220 und 1221, wo die Grafen von Tecklenburg ihr Siegel ausdrücklich als »cyrographum« bezeichnen, und sucht zu zeigen, daß »cyrographum« auch Handzeichen, Besitzzeichen und Wappen, andererseits Stammgut (Hantgemal) meinen kann. Die Auffassung ist zurückgewiesen von Siegmund KELLER, Cyrographum und Hantgemal, in: Festschrift Heinrich Brunner. Weimar 1910, S. 187–211, bes. S. 195 ff. Die umfangreiche Literatur zur Hantgemalsfrage vgl. bei Elisabeth NOICHL, Codex Falkensteinensis. Die Rechtsaufzeichnungen der Grafen von Falkenstein. München 1978 (Quellen u. Erört. z. bayerischen Geschichte NF 29), S. 7 f. Nr. 3 u. S. 98 f. Nr. 131. Die Echtheit der Siegburger Urkunde wurde verworfen von OPPERMANN, Rheinische Urkundenstudien, 1 (wie Anm. 225), S. 150 (ich teile seine Ansicht); Friedrich Wilhelm OEDIGER, Die Regesten der Erzbischöfe von Köln im Mittelalter, 1. Köln 1954, S. 154 Nr. 501, sieht nur im Siegel eine Fälschung um 1100; Erich WISPLINGHOFF, Urkunden und Quellen zur Geschichte von Stadt und Abtei Siegburg, 1. Siegburg 1964, S. 16 f. Nr. 9, publiziert das Stück als unzweifelhaft echt, vgl. ZAISBERGER, Die Frühzeit (wie Anm. 227), S. 262 (Anm. 30) u. 280.

270 StA Düsseldorf, Kranenburg-Zyfflich Nr. 1; zur Fälschung OPPERMANN, Rheinische Urkundenstudien, 1 (wie Anm. 225), S. 418 ff. (die Schrift gehört ohne Zweifel ins 12. Jh.); zum Signum auch ILGEN, Sphragistik (wie Anm. 125), S. 39, hier auch die Diskussion um die in der vorstehenden Anmerkung genannte Siegburger Urkunde.

271 Vgl. den Beitrag von O. GUYOTJEANNIN in diesem Band.

272 Manfred GROTEN, Untersuchungen zum Urkundenwesen unter den Erzbischöfen Arnold I. und Arnold II. von Köln, in: Jahrbuch des kölnischen Geschichtsvereins 50 (1979), S. 11–38, zit. S. 15 f., 19, 23 ff.; der Begriff »imago« für Siegel ist in den Diplomata häufig, u. a. auch in dn zum Urkundenwesen unter den Erzbiscechtsprivilegs Heinrich V. für Speyer 1111: nostre ymaginis interposicione … corroboratum, vgl. MÜLLER, Urkundeninschriften (wie Anm. 52), S. 23 ff. u. 43 ff.

273 Peter RÜCK, Die Urkunden der Bischöfe von Basel bis 1213. Basel 1966, S. 45 f., Tafelteil Abb. 2; dieselbe epigraphische Aufschrift findet sich dorsual auf den beiden Gründungsberichten für St. Alban (1102/03), vgl. ebda. S. 47 ff. Meine dort S. 88 f. u. 111 geäußerten Vermutungen zum Straßburger Notar Ludwig, der in einer Urkunde für Maursmünster die Subskription mit einem Kreuz abschließt, dessen Balkenenden die Buchstaben D E V S tragen, sind hinfällig nach den Bemerkungen von Gerhard RÖSCH, Studien zu Kanzlei und Urkundenwesen der Bischöfe von Straßburg (1082/84–1162), in: MIÖG 85 (1977), S. 285–315, zit. S. 300 f. Anm. 1 u. S. 302.

274 SCHMID, Zur Überlieferung (wie Anm. 248), S. 58 Anm. 65, verweist auch auf Unzialschreibung des Eschatokolls in einer Urkunde von 1166 aus St. Blasien und des Protokolls in einer solchen des Pfalzgrafen Rudolf von Tübingen von 1191.

auch der Papsturkunde[275]; eigene Formen hat sie nur auf der untersten Ebene in den Traditionsnotizen und in den Kölner Schreinskarten entwickelt. Zu beachten ist dabei die in der Regel auch im 12. Jahrhundert sehr spärliche und vielfach vom Empfänger getragene Urkundenproduktion geistlicher und weltlicher Fürsten östlich des Rheins, die nicht dazu angetan war, charakteristische Formen hervorzubringen[276]. Der stets mit Vorbehalt ausgesprochene und in Gänsefüßchen gesetzte Begriff »Privaturkunde« ist vom Erscheinungsbild her durchaus gerechtfertigt. Bis zum Ende des 12. Jahrhunderts entsteht ein schlichter Standardtyp der Siegelurkunde, der den sog. einfachen Privilegien der kaiserlichen und päpstlichen Kanzlei entspricht und bei dem das graphische Symbol keinerlei Rolle mehr spielt.

Das Wiederaufleben eigenhändiger Zeichen im Spätmittelalter, wie es in diesem Band von Beatrix Schönewald am Beispiel der Handzeichen der Herzöge von Bayern-Landshut im 15. Jahrhundert erläutert wird, steht in keinem direkten Zusammenhang mit jener Zeichenmagie des Früh- und Hochmittelalters; die Präsenz und Zustimmung des Fürsten wird hier – auf dem Weg zur modernen persönlichen Unterschrift – in Handzeichen (Paraphe) und Devise manifest gemacht[277]. Die neue Entwicklung, die außerhalb des Bereichs dieses Bandes steht, sollte damit bloß angedeutet werden.

12. Nordwesteuropäische Kargheit

Die Kargheit der Signa im deutschen Privaturkundenwesen akzentuiert sich nach Norden und Nordwesten. Als dem nordfranzösischen und deutschen verwandt erweist sich das Urkundenwesen in den Niederlanden, das Thérèse de Hemptinne am Beispiel der Grafschaft Flandern auf der Grundlage der breit angelegten Genter Sammlung vorstellen kann[278]. In der – an deutschen Verhältnissen gemessen – sehr beträchtlichen gräflichen Urkundenproduktion sind graphische Symbole, auch Chrismen, selten und im späteren 12. Jahrhundert nicht mehr üblich: der seit 1067 bezeugte gelegentliche Gebrauch von gräflichen Monogrammen wird dem Vorbild des französischen Lehensherrn zugeschrieben, daneben findet sich eine einzige autographe Unterschrift des Grafen (1122). Aber auch die bischöflichen Urkunden von Thérouanne, Arras, Noyon-Tournai und Cambrai sind, von Chrismen – in Cambrai vor allem –, Ansätzen zu einer Rota (Thérouanne 1079, Cambrai 1079 u. 1081), Monogrammen (Cambrai 1046, 1057, 1081, 1091) und gelegentlichen Subskriptionskreuzen von Bischöfen (Arras), Kanzlern (Noyon-Tournai) und Zeugen schon im mittleren 12. Jahrhundert aus der Übung gekommen. Der Beitrag wird ergänzt durch J. M. Murrays Studie zum flandrischen Notariat im Spätmittelalter.

Weiter nach Norden hin verdünnt sich das Spektrum der graphischen Symbole noch mehr. Der Fall Dänemarks ist – das gilt auch für die übrigen skandinavischen wie für die osteuropäischen Länder – insofern nicht repräsentativ, als die urkundliche Überlieferung – nur 32 originale Königsurkunden bis 1250 – zu einem Zeitpunkt einsetzt, da die Signa allgemein im Schwinden sind: Herluf Nielsen kann denn auch nur das Fehlen graphischer Symbole feststellen und sich mit den Kanzleisignaturen befassen.

275 Redlich, Die Privaturkunden (wie Anm. 224), S. 93 ff.; Redlich hat die Blüte der Signa zurecht in den »Übergangsstadien zur Wiederaufnahme der Urkunde« angesiedelt: »Die gewöhnliche Privaturkunde war ja wirklich nichts mehr als ein Stück Pergament, dem erst die Zeugen Leben gaben. Aber Diplome und Papsturkunden, die man immer wieder erwirkte und empfing, lehrten stets aufs neue, daß eine Urkunde doch auch ein feierlich ausgestattetes Zeugnis sein könne, ein Zeugnis, das, wenn es nicht angefochten wurde, durch seine besondere Gestalt und Bekräftigung Glauben zu erwerben und verdienen vermag« (S. 93).

276 Man vergleiche etwa die Produktionsziffern der lothringischen Bischöfe bei Michel Parisse, Les chartes des évêques de Metz au XIIe siècle, in: AfD 22 (1976), S. 272–316 zit. S. 273, mit denen schon von Redlich, Die Privaturkunden (wie Anm. 224), S. 128 ff., für norddeutsche Bischöfe und Fürsten gebotenen. Die Bischöfe von Metz (395 Stücke bis 1213) haben bis um 1200 fünfmal, die von Toul (450 St. bis 1197) sechsmal mehr Urkunden produziert als die von Basel (75). In Deutschland sind die Produktionsziffern bischöflicher Urkunden sehr unterschiedlich: Bamberg 226 bis 1203, vgl. Ziegler, Das Urkundenwesen (wie Anm. 183) I, S. 16, höhere Werte erzielen nur Mainz, ähnliche Würzburg und Salzburg, vgl. die Grafiken bei Ziegler II, S. 167–171. Heinrich der Löwe hat – bei hohem Empfängeranteil – in 50 Jahren bis 1194 ca. 100 Mal geurkundet (Karl Jordan, Die Urkunden Heinrichs des Löwen. Weimar MGH 1949), während die Grafen von Flandern in den 25 Jahren zwischen 1191 und 1216 ca. 300 Mal mit einem Kanzleianteil von mindestens 60% urkundeten (Walter Prevenier, La chancellerie des comtes de Flandres dans le cadre européen à la fin du XIIe siècle, in: BECh 125 (1967), S. 34–93).

277 Der bayerische Usus ist nicht singulär, vgl. zur allgemeinen Entwicklung Alois Veltze, Handschriftliche Beglaubigungsarten bis zum Ausgang des Mittelalters, in: Autogramme zur neueren Geschichte der habsburgischen Länder, hg. v. der Dir. des k. u. k. Kriegsarchivs, Bd. 1. Wien 1906, S. 1–80; Erben, Die Kaiser- und Königsurkunden (wie Anm. 7), S. 258 ff.; Bresslau 1, S. 169; Heinrich Otto Meisner, Aktenkunde. Berlin 1935, S. 81 ff.; Ders., Archivalienkunde vom 16. Jh. bis 1918. Göttingen 1969, S. 239 ff. Andere Beispiele von fürstlicher Unterschrift aus der Mark Brandenburg und Sachsen nennt Posse, Die Lehre von den Privaturkunden (wie Anm. 221), S. 165.

278 Vgl. Thérèse de Hemptinne, Walter Prevenier, Le fonds photographique des chartes concernants les principautés des Pays-Bas avant 1225 et son traitement par ordinateur, in: Fotografische Sammlungen (wie Anm. 123), S. 131–136.

Zum Sonderfall England hatte Karl Brandi schon 1905 wesentliche Beobachtungen gemacht[279]; ähnlich wie im südlangobardischen nach 900 hat auch im englischen Urkundenwesen nach 1066 das kontinentale Modell das frühere, ohne jegliches Beglaubigungszeichen auskommende angelsächsische in Sprache und Schrift verdrängt, dabei aber mehrere von dessen Eigentümlichkeiten bewahrt (Datierung[280] und Unterfertigung) und im Sinne der Nüchternheit gleichzeitig auf die kontinentale Praxis zurückgewirkt (kleine Formate, Hängesiegel schon unter Eduard d. Bekenner, Kürzung des Ausstellernamens). Während in englischen Münzen durchaus Monogramme vorkommen – vgl. die Notiz von D. M. Metcalf in diesem Band –, sind die Urkunden der angelsächsischen Zeit ganz frei davon. Ihre Eintragung in liturgische Bücher soll nach der Ansicht englischer Diplomatiker an die Stelle von Beglaubigungszeichen getreten sein. Jane Sayers kann denn auch für England nur die »absence of graphic symbols« und die Bevorzugung von Chirograph und schlichten, besiegelten Writs feststellen; neben sehr seltenen Chrismen (Labarum oder Kreuz) und Zeugenkreuzen in der angelsächsischen Zeit[281], finden sich nach 1066 ebenso selten solche in Kreuzform, diese auch ausnahmsweise für Signa von Ausstellern und Zeugen.

13. Ost- und Südosteuropa: multikulturelle Durchdringung

Für die nördlich und östlich an das Imperium angrenzenden Länder war die fränkisch-deutsche Königsurkunde das maßgebliche Vorbild der Urkundengestaltung. Das gilt für Dänemark ebenso wie für Polen, Böhmen und Ungarn (ältestes überl. Original 1055). Es scheinen allerdings mit der Ferne von den Zentren des Reiches nicht nur die urkundliche Produktion später, schwächer und auf bescheidenem gestalterischen Niveau eingesetzt zu haben, sondern auch die Signa weniger rezipiert worden zu sein.

Für den böhmisch-mährischen Raum gibt Ivan Hlavacek einen Überblick über alle graphischen Akzentuierungen des urkundlichen Textes. Von den Signa im engeren Sinn ist einzig das Chrismon (C oder Kreuz) gelegentlich belegt; Jan Bistricky stellt zusätzlich einige Beispiele aus dem 12. Jahrhundert vor. Besonderheiten gegenüber dem deutschen Urkundenwesen gibt es nicht. Die ungarische Diplomatik stützt sich bezüglich unserer Themenstellung insofern auf eine besondere Tradition, als ihr erster Vertreter Marton Schwartner bei Gatterer in Göttingen studiert und in seinem Handbuch von 1790 mit dessen Lehre auch die Semiotica diplomatica übernommen, jedoch damit selbst in Ungarn keine Nachfolge gefunden hatte. Laszlo Solymosi zeigt, wie seit der Christianisierung um die Jahrtausendwende die deutsche Königsurkunde zwar das erste Leitbild abgab, wie jedoch schon in den ersten Stücken (kopiale Überlieferung seit 1002, das erste Original 1055) Eigenheiten mitspielen (so die Inklusion des Labarums in ein C-Chrismon unter König Stefan 1002, Königsmonogramm und REX-Inschrift beidseits des Siegels inmitten des Zeugenfelds 1055), dann aber der französisch-lothringische Einfluß überhand nimmt, das Chrismon (in Kreuzform) sehr selten und das Monogramm nie mehr angewandt wird, weder in den vorerst mit dem Königssiegel, dann mit denen der Loca credibilia[282] bekräftigt, die wie das ganze Privaturkundenwesen im deutlichen Kontrast zu den böhmischen und österreichischen Nachbarn vor allem auf die Chirographierung setzen und im 13. Jahrhundert – wie die Königsurkunden – reich ornamentierte, jedoch nie mehrfarbige Initialen bzw. Trennschriften bevorzugen. Ungarn bildet im osteuropäischen Urkundenwesen in mehrfacher Hinsicht eine westliche Exklave.

Zu den komplexen Verhältnissen auf dem Balkan wirft dieser Band im übrigen bloß zwei Schlaglichter. König Stephan von Ungarn hat auch griechische Urkunden ausgestellt, nicht nach dem Modell der byzantinischen Kaiserurkunde, sondern der griechischen Privaturkunde; im griechischen Gründungsprivileg für das Nonnenkloster Wesprimtal erscheint erstmals ein Kreuz-Chrismon. Das byzantinische Vorbild war offenbar auch in der Handelsstadt Dubrovnik nicht maßgeblich; für die lateinischen Urkunden (seit 1038) bis hin zum Notarsinstrument zeigt Ante Marinovic die italienisch-venezianischen Einflüsse: das Kreuz-Chrismon ist hier seltener als in den Erzeugnissen der kyrillischen Kanzlei (seit 1238, gelegentlich auch Chirographen), wo der byzantinische Einfluß deutlicher zu sein scheint – etwa im ausgeschriebenen Wort »Kreuz«; im Spätmittelalter kommen türkisch-

279 In: Göttingische gelehrte Anzeigen 167/2 (1905), S. 954 ff.; dazu auch Redlich, Die Privaturkunden (wie Anm. 224), S. 43–46.

280 M. Treiter, Die Urkundendatierung in angelsächsischer Zeit, nebst Überblick über die Datierung in der anglo-normannischen Periode, in: AUF 7 (1921), S. 53–160.

281 Richard Drögereit, Gab es eine angelsächsische Königskanzlei? in: AUF 13 (1935), S. 335–436 mit Tafeln (betr. 10. Jh.).

282 Ladislaus Mezey, Anfänge der Privaturkunde in Ungarn und der Glaubwürdigen Orte, in: AfD 18 (1972), S. 290–302, weist den lothringischen Ursprung des Instituts nach.

-arabische Modelle hinzu. Das kyrillische Urkundenwesen insbesondere, wie es in den Formen des 14.–18. Jahrhunderts von Maria Dogaru an den Unterschriftsformen – ihre Abhängigkeit vom byzantinischen Menologem ist evident –, Chrismen und Initialen der rumänischen Fürstenurkunden von Moldavien, der Walachei und Transsylvaniens vorgestellt wird, zeigt ein völlig anderes Gesicht als das westliche; es ist nicht bloß das Festhalten an graphischen Symbolen wie dem Chrismon (Kreuz), die man im Westen längst aufgegeben hatte, es ist vor allem die reiche Ornamentik und Farbigkeit, die den Unterschied ausmacht.

14. Die Notarszeichen

Die Urkunde schien vom »Bannzeichen« zur »Banalität« zu werden, sobald ihre rechtliche Beweiskraft in der Praxis gesichert war; vor dem letzten Drittel des 12. Jahrhunderts war sie das nicht, und die vorausgehende Blüte der Signa kennzeichnet die Rechtsunsicherheit ebenso wie den Glauben an andere Mittel der Durchsetzung von Ansprüchen, zu denen – nicht zuletzt dank des Konsenses über die Banngewalt der Signa – die Fälschung gehörte[283]. So wie die großen Fälschungswellen im späteren 12. Jahrhundert verebben, so verblassen auch die graphischen Symbole in den Urkunden. Nur in Randgebieten wie im westgotischen Spanien überlebten sie länger. Die schlangen-, kreuz- und sternförmigen Zeichen in einer Urkunde des Grafen Albrecht von Klettenberg für Walkenried von 1187 sind zu ornamentalen Zeilenfüllern geworden; ähnliche kunstgewerbliche Spielereien wurden gelegentlich mit der Schriftgestalt betrieben, aber die Tendenz ging zur Nüchternheit sowohl in den inneren wie in den äußeren Formen; das wird sich zumindest für die feierlichen Ausfertigungen im Spätmittelalter wiederum ändern, doch sollte davon hier nicht die Rede sein. Mit der allgemeinen Durchsetzung der Siegelurkunde im Norden und der Notarsurkunde im Süden war Westeuropa in zwei Zonen geteilt: Wo das Siegel herrschte, verschwanden die Signa, wo es nicht üblich war, blieben sie die wichtigsten Authentifikationszeichen.

Dabei darf man sich von der neuen Rationalität nicht blenden lassen, denn es zeigt sich in der Gestaltung der neuen Signete eine außerordentliche Kontinuität; die vorgestellten apotropäischen und monogrammatischen Motive der alten Signa beherrschen die frühen Notarssignete völlig. Schlingen-, Kreuz- und Knotenmotive dominieren im 11. und 12. Jahrhundert in Norditalien[284], und auch nach der geometrischen Straffung (Kreuz, Rosette, Rechteck) des 13. Jahrhunderts bleiben die alten Motive bis in die Neuzeit präsent; auch die spätmittelalterliche Ostensorien-Form will nichts anderes als Bannzeichen sein.

Zumal in Deutschland hat sich die Diplomatik zwar schon früh, aber begreiflicherweise immer nur marginal mit Notarssigneten beschäftigt. Johann Wilhelm von Goebel schrieb schon 1723 eine einschlägige, mit 18 Beispielen der Jahre 1345–1521 illustrierte Abhandlung[285]. Im Anschluß an Gatterer hat sich der Breslauer Universitätsarchivar Büsching 1820 mit den schlesischen Notarssigneten des Spätmittelalters befaßt und 100 Beispiele aus den Jahren 1285–1550 abgebildet[286]. Friedrich Leist folgte 1896 mit einer neuen Sammlung von 213 Signeten aus dem 14.–18. Jahrhundert[287]. Seither ist viel neues Material hinzugekommen. Viele Institute und Archive haben gebietsweise Sammlungen angelegt, u. a. das rechtsarchäologische Institut der Universität Zürich unter Karl Siegfried Bader[288], das historische Archiv der Stadt Köln, die von P.-J. Schuler betreute Forschungsstelle in Bochum, aber auch die hilfswissenschaftlichen Institute der Universitäten Pavia[289] und Valencia[290], usw. In jüngster Zeit haben P.-J. Schuler über 800 südwestdeutsche[291] aus dem 13.–16. und H. Lönnecker über 500 hessische Notarszeichen[292] aus dem 14.–18. Jahrhundert veröffentlicht.

283 Kölzer, Studien (wie Anm. 63), S. 233 ff., hat die Problematik vortrefflich zusammengefaßt.

284 Beispiele aus Italien bei Paoli, Diplomatica (wie Anm. 129), S. 318–320.

285 Johann Wilhelm von Goedel, Notariorum veterum signa nonnulla curiosa. Helmstett 1723, in: Daniel Eberhard Baring, Clavis diplomatica. Hannover 1754, S. 197–228.

286 Johann Gustav Theophil Büsching, De signis seu signetis notariorum veterum. Breslau 1820.

287 Friedrich Leist, Die Notariatssignete. Leipzig 1896: das postum erschienene Werk ist von Waldemar Lippert scharf kritisiert worden in: MIÖG 18 (1897), S. 635–640.

288 Karl Bader, Rechtswahrzeichen in Notarssigneten. In: Festschrift Hermann Baltl, Innsbruck 1978 (Forschungen zur Rechts- und Kulturgeschichte 11), S. 15–54.

289 Ezio Barbieri, Le collezioni fotografiche di documenti lombardi anteriori al 1300 presso FONTES, Centro lombardo di ricerche Pavia, in: Fotografische Sammlungen (wie Anm. 123), S. 107–111.

290 Vgl. die Beiträge von V. Garcia Edo und A. Couto de Granja in diesem Band, sowie mehrere Beiträge in: Notariado publico y documento privado de los origines al siglo XIV. Actas del VII Congreso Internacional de Diplomatica Valencia 1986. 2 Bde. Valencia 1989.

291 Peter Johannes Schuler, Südwestdeutsche Notarszeichen. Sigmaringen 1976 (Konstanzer Geschichts- u. Rechtsquellen 22).

292 Harald Lönnecker, Das Notariat in Hessen. Diss. Marburg 1988, Bd. 2, Anhang 2 mit Taf. I-LXXVII.

Mehrere Beiträge dieses Bandes haben sich mit den Frühformen des Notarssignets beschäftigt (Costamagna, Härtel), mehrere spanische mit den iberischen Spätformen. Am Eingang des Abschnitts unternimmt P.-J. Schuler den Versuch einer Geschichte und Typologie des europäischen Notarszeichens. Die meisten lassen sich herleiten aus dem vertikal betonten Kreuz (Italien, Südfrankreich) einerseits, aus dem schon erwähnten horizontal gestreckten sig-+-num (Spanien, Süditalien) anderseits, deren Zentrum mit einer meist geometrisch-ornamentalen Kartouche belegt ist, die auch selbständig ohne die beiden Achsen stehen kann (Frankreich), während in Nordfrankreich und Flandern der Kreuzfuß zum Dreistufenmodell Sockel (mit eingetragenem Namen) – Hals – Kopf (Bildzeichen) erweitert wird, das für das deutsche Notariat maßgeblich wurde. Aus den anfänglichen ornamental-geometrischen Bildzeichen sind, besonders in Deutschland, im Spätmittelalter lebendige Bilder geworden. Schuler klassiert die hauptsächlichen Gehalte: christliche Symbole (Kreuz, Christus, Trinität, Maria, Heiligenattribute), Herrschaftszeichen, redende Signete, Menschen-Pflanzen-Tiere, magische Zeichen und reine Ornamente. Der Beitrag von J. M. Murray, der die flandrische Provenienz der deutschen Praxis belegen könnte, bietet eine Diplomatik der flandrischen Notariatsurkunde im späteren Mittelalter und befaßt sich nur am Rande mit den Signa. Dem deutschen Ostensorien-Typ gehören auch die von Roman Stelmach präsentierten schlesischen wie auch die von Sandor Tonk besprochenen siebenbürgischen Signete an.

Das Gebiet der Schweiz dürfte nach den Forschungen von K. S. Bader, L. Carlen und P.-J. Schuler bezüglich der Notarssignete zu den am besten erschlossenen gehören[293]. M. Piguet und D. Vouilloz haben die Genfer Archivbestände durchforstet und legen hier eine Sammlung der im Bereich des Bistums Genf seit der Mitte des 13. Jahrhunderts bis 1400 verwendeten Signete vor; charakteristisch ist – wie in der französischen Nachbarschaft – die Vorliebe für geometrische Grundformen (vor allem Rechteck, daneben Kreuz, Stern, Dreieck, Rosette, Kreis), während die weiter nördlich gängigen Monstranzformen fehlen.

Die Verwandtschaft der nordspanischen mit der südfranzösischen Zeichenlandschaft wird illustriert durch die Beiträge zu den spätmittelalterlichen Notarssigneten von Barbastro (P. Pueyo Colomina), Teruel (D. Cabanes Pecourt u. R. Ferrer Navarro) und Zaragoza (A. Blasco Martinez). Ausgehend von einem nach- oder vorgestellten Subskriptions- bzw. Rekognitionszeichen, das seit dem 10. Jahrhundert immer häufiger zwischen die Silben des Wortes »sig-+-num« gezogen wird[294] – gelegentlich auch anstelle der Erst- oder Zweitsilbe steht –, schreitet die Entwicklung fort, indem die so entstandene waagrechte Zeile mehr und mehr gestreckt und durch die Auflage eines vertikalen Stabes (Chrismon) zum Kreuzgerüst ausgebildet wird, über dessen Zentrum jenes Signum manus als Kartouche gelegt ist, gewöhnlich in Form einer mehrblättrigen Rosette variablen Inhalts, gelegentlich in der Form eines Sterns, Kreises, Quadrats, Dreiecks, Schildes, Flechtbands u. a. m.

Der Typus setzt sich fort in Südspanien, hier vertreten durch zwei Beiträge zu den Notarssigneten im Königreich Valencia (V. Garcia Edo) bzw. der Stadt Jijona vom 13.–19. Jahrhundert (A. Couto de Granja). Örtliche Charakteristika wie die hochgewinkelten Arme des Signumbalkens in Jijona, die sich mehr und mehr der Dreiecksform annähern, sind überall vorhanden, und an diesen spätmittelalterlichen Entwürfen läßt sich denn auch die schon angesprochene Tendenz zur Reduktion auf geometrische Grundformen, die schon bei weniger stereotypen Signa nach der Jahrtausendwende zu beobachten war, bzw. die Abkehr vom geschriebenen zum gezeichneten Signum, leicht verfolgen.

Während die Numismatik (Haertle) und die Sphragistik (Diederich) als Bereiche, in denen Personenidentifikation und autoritative Beglaubigung von zentraler Bedeutung sind, schon einbezogen wurden, ist die Heraldik hier durch H. Lönnecker vertreten; er sucht nicht bloß nach heraldischen Motiven in Notarssigneten, sondern vergleicht Wappen- und Signetrecht. Das Wappen ist die wohl bekannteste Form des Signets[295].

293 Zum Notariat in der Schweiz vgl. Peter Rück, Die Anfänge des öffentlichen Notariats in der Schweiz, in: AfD 36 (1990), S. 93–123.

294 Die schon von Giry, Manuel (wie Anm. 131), S. 598f. beobachtete Entwicklung seit dem Jahr 1000 läßt sich gut verfolgen anhand der Abb. bei José Trenchs, Rafael Conde, La escribania-cancilleria de los Condes de Urgel (s. IX–1414), in: Folia Monacensia, Zaragoza 1985, S. 7–130, Taf. S. 107ff.

295 Vgl. Michel Pastoureaux, Figures et couleurs. Etudes sur la symbolique et la sensibilité médiévales. Paris 1986, S. 56: »La civilisation médiévale est une civilisation de la marque. Tout lien, tout bâtiment, tout meuble, tout objet, tout outil ou instrument, voir tout animal porte d'une manière ou d'une autre une marque qui dit qui il est, d'où il vient, à qui il appartient, ce qu'il convient d'en faire«. Semiotische Untersuchungen zu Wappen findet man schon bei Rudolf Kleinpaul, Sprache ohne Worte. Leipzig 1888 (repr. Den Haag – Paris 1972), S. 337–353; vgl. Georges Mounin, Introduction à la sémiologie, Paris 1970, S. 103–115: Le Blason; Shasa R. Weitman, National flags: A sociological overview, in: Semiotica 7/8 (1973), S. 328–367; Martin Krampen, Widerspiegelung politischer Realität in graphischen Signets, in: Klaus Oehler (Hg.), Zeichen und Realität. Akten des 3. Semiotischen Kolloquiums der Deutschen Ges. f. Semiotik, Hamburg 1981, Bd. 2, Tübingen 1984 (Probleme der Semiotik 1/II), S. 765–775.

Unter den gemeinen künstlichen Figuren findet man auch Symbole[296], Kreuze, Monogramme u. a.; überaus häufig sind den urkundlichen vergleichbare apotropäische Signa auch unter den Wasserzeichen[297] und in Emblemen[298], in Handwerks- und anderen Marken, in Drucker- und Verlagszeichen[299]. Ein weiteres Ausgreifen auf diese Gebiete schien jedoch nicht gerechtfertigt; der Band sollte sich auf Erscheinungen konzentrieren, die das früh- und hochmittelalterliche Urkundenbild mitprägen.

Exkurs: Zum Drudenfuß (Pentagramm)

Vom apotropäischen Charakter der Urkundenschrift und der Signa war oben schon die Rede. Mit oder ohne Verbindung mit Abwehrzauberformeln taucht seit der Antike und im Mittelalter auch der sog. Drudenfuß (Pentagramm)[300] – eine Sonderform des Knotens – als in einem Zug gezeichneter 5-zackiger Stern auf, so als Handzeichen in byzantinisch-ägyptischen Notarsurkunden[301], auf Kreuzen und Bleitafeln in Jugoslawien (6. Jahrhundert)[302], in Spanien seit dem 7. Jahrhundert auf westgotischen Schiefertäfelchen[303], auf der ältesten Originalurkunde aus Portugal (882)[304], und dann öfter, sogar als Signum des Kanzlers in Kastilien (1136)[305], auf Amuletten und Talismanen, Münzen und Siegeln[306] und sehr häufig in spätmittelalterlichen Notarssigneten. Seltener findet man das Zeichen im Reichsgebiet auf Urkunden aus dem Hochmittelalter; da sie in der diplomatischen Literatur m. W. bisher nicht angesprochen sind, sollen hier einige in den Beständen des »Lichtbildarchivs älterer Originalurkunden« bei einer ersten Durchsicht gefundene Beispiele genannt werden.

Den Anfang macht ein Friedensabkommen des Grafen Amadeus von Genf mit Prior Pontius von St. Viktor/Genf, in dem sich der Graf 1137 für sich und seine Leute vor Zeugen unter Eid auf die Evangelien und mit Treuekuß für den Prior verpflichtet, dem Priorat und seinen Leuten keinen Schaden zuzufügen; das Pentagramm kann hier nur als apotropäisches Zeichen gedeutet werden. »Hinterlistig« unter der Plica versteckt finden wir es in einer Urkunde von 1185, in der Herzog Berthold IV. von Zähringen als Kastvogt des Chorherrenstifts Zürich in dessen Zehntstreit mit dem Pfarrer von Schwenningen (Württemberg) interveniert (hier irrtümlich als sechszackiger Stern gezeichnet), sowie in einer anderen Abt Godefrieds von St. Eucharius/Trier für die Kirche von Villmar von 1191. Im selben Jahr erscheint es als Teil des Signets des kaiserlichen Notars Boninsegna in Norditalien. Auf einer Urkunde Bischof Konrads I. von Würzburg aus dem Jahr 1200 ist der Drudenfuß nach den Namen des bischöflichen Notars Konrad gesetzt; Johanek interpretiert ihn »als eine Art Signet«[307]. Ein sternförmiges Zeichen findet sich am Unterrand eines undatierten und unbesiegelten Transsumpts, in dem Abt Albert von Abdinghof (1215–1240) ein Wachszinserprivileg seines Vorgängers Konrad aus dem Jahr 1148 unter Androhung des Anathems gegen Zuwiderhandelnde bestätigt. Aus dem beginnenden 13. Jahrhundert stammt ein Pentagramm angeblich Heinrichs V. auf einem zum Jahr 1111 gefälschten Diplom für Reinhardsbrunn, das dort die eigentümliche Formel »manu propria scriptum« begleitet, die Naudé als Auflösung des Signum speciale (MPR) mit einer »einfachen eckigen Figur« interpretiert[308]. Auch als Dorsualsignatur findet sich der Drudenfuß etwa auf einem Diplom Heinrichs IV. von 1057 für Bamberg (DH IV 25) und einem Seidenschnurbrief Papst Eugens III.

296 Erich GRITZNER, Symbole und Wappen des alten deutschen Reiches. Leipzig 1902; R. VIEL, Les origines symboliques du blason. Paris 1972; Joan EVANS, Pattern. A Study of Ornament in Western Europe from 1180. 2 Bde. New York 1975, vgl. zur Heraldik I, S. 82 ff. (The Mark of the Individual).

297 C. M. BRIQUET, Les filigranes. 4 Bde., 2. Aufl. Repr. Leipzig 1923, passim.

298 Emblemata. Handbuch zur Sinnbildkunst des 16. und 17. Jh., hg. v. Arthur HENKEL u. Albrecht SCHÖNE, 4 Bde, Stuttgart 1967, Neuausgabe mit Supplement 1976 (mit reicher Bibliographie); Peter DALY (Hg.), The European Emblem. Waterloo/Ontario 1980; John LANDWEHR, German Emblem Books 1531–1888. A Bibliography. Utrecht–Leyden 1972.

299 James MORAN, Heraldic influence on early printer's devices. Leeds 1978.

300 Vgl. die Literatur bei RÜCK (wie Anm. 1), S. 326 Anm. 96.

301 GARDTHAUSEN, Die griechischen Handzeichen (wie Anm. 19), S. 5 f.

302 Vladimir BAZALA, Über das Pentagramm in Kroatien, in: Antaios 1 (1960), S. 344–353.

303 GOMEZ, MORENO, Documentación goda (wie Anm. 90), S. 95–101 mit Nachzeichnung, Abb. S. 149.

304 Vgl. Abb. im Beitrag von E. EISENLOHR in diesem Band. In der linguistischen Studie von Aires Augusto NASCIMENTO, La sémantique de la répétion dans le document le plus ancien du territoire portugais (a. D. 882), in: Euphrosyne N. S. 8 (1977), S. 183–193, sind die äußeren Merkmale nicht berücksichtigt.

305 Vgl. oben Anm. 216.

306 Liselotte HANSMANN, Lenz KRISS-RETTENBECK, Amulett und Talisman. Erscheinungsform und Geschichte. München 1966; Frances M. SCHWARTZ, James H. SCHWARTZ, Ancient Magical Amulets, in: Museum Notes 24 (1979), S. 149–197; Hans Otto MÜNSTERER, Amulettkreuze und Kreuzamulette. Hg. v. M. BRAUNECK, Regensburg 1973.

307 JOHANEK, Die Frühzeit (wie Anm. 179), S. 254.

308 Albert NAUDÉ, Die Fälschung der ältesten Reinhardsbrunner Urkunden. Berlin 1883, S. 25 mit Abb. auf Tafel 2.

(1146–53) für das Kloster Oberzell (JL 9662), ohne daß Zeitpunkt und Bedeutung der Einträge ersichtlich wären.

Die Massierung der Vorkommnisse im ausgehenden 12. Jahrhundert illustriert möglicherweise die Rechtsunsicherheit zu einer Zeit, als sich im privaten Bereich noch keines der Beglaubigungszeichen allgemein durchgesetzt hatte und man der »habundans cautela« dadurch Ausdruck gab, daß man vielfältigste Versuche zur Sicherung der Rechtsgeschäfte über Chirographen, Schreins- und Schöffenkarten, Traditionsbücher, Eintrag in liturgische Bücher, Kanzellariats-, Siegel- und Notarsurkunden unternahm[309], so neben den Fluch- und Bannformeln in den Texten auch über graphische und magische Symbole. Es dürfte jedoch für die Konjunktur auch Gründe geben, die in der Geschichte der Magie selbst, die außerhalb des hilfswissenschaftlichen Aufgabenbereichs bleibt, zu suchen sind[310].

ABKÜRZUNGEN

AfD = Archiv für Diplomatik, 1 ff. Köln – Graz 1955 ff.

API = Archivio paleografico italiano, I ff. Rom 1882 ff.

AUF = Archiv für Urkundenforschung, 1–18. Leipzig 1908–1944.

BECh = Bibliothèque de l'Ecole des Chartes, 1 ff. Paris 1839 ff.

Bresslau = Harry Bresslau, Handbuch der Urkundenlehre für Deutschland und Italien, 1–2. 3. Aufl. (= Repr.) Berlin 1958 (Bd. 1: 1. Aufl. Leizpig 1889, 2. Aufl. 1912, Bd. 2/1: 1. Aufl. Leipzig 1915, 2. Aufl. 1931, Bd. 2/2 hg. v. H. -W. Klewitz: 1. Aufl. 1931, dazu Registerband, bearb. v. H. Schulze, Berlin 1960).

ChLA = Chartae Latinae Antiquiores, I ff. Olten–Lausanne 1954 ff.

DACL = Dictionnaire d'archéologie chrétienne et de liturgie, I–XV. Paris 1907–1953.

Dipl. Kar. Schweiz = Diplomata Karolinorum. Faksimile Ausgabe der in der Schweiz liegenden originalen Karolingerdiplome, I–IV, hg. v. Albert Bruckner. Olten 1969–1972.

HdA = Handbuch der Altertumswissenschaft.

Hdw. d. A. = Handwörterbuch des deutschen Aberglaubens, I–X. Berlin 1924–1942.

HZ = Historische Zeitschrift, 1 ff. Berlin–München 1859 ff.

JL = Regesta Pontificum Romanorum, I (bis 1143), hg. Ph. Jaffé, 2. Aufl. bearb. v. S. Loewenfeld. Leipzig 1885 (Repr. Graz 1956).

KUiA = Kaiserurkunden in Abbildungen, hg. v. Heinrich von Sybel und Theodor von Sickel, Lfg. I–XI. Berlin 1880–1891.

Lauer-Samaran = Philippe Lauer, Charles Samaran, Les diplômes des Mérovingiens. Paris 1908.

Lex. MA = Lexikon des Mittelalters, I ff. München – Zürich 1977 ff.

Lot-Lauer = Ferdinand Lot, Philippe Lauer, Diplomata Karolinorum, I–IX. Toulouse–Paris 1936–1949.

MGH = Monumenta Germaniae Historica.

MGH DD = MGH Die Urkunden der deutschen Kaiser und Könige, I ff. Weimar 1879 ff.

MGH DD Germ. Karol. = MGH Die Urkunden der deutschen Karolinger, I–IV. Weimar 1932–1960.

MGH DD Karol. = MGH Die Urkunden der Karolinger, I ff. Weimar 1906 ff.

MIÖG = Mitteilungen des Instituts für Österreichische Geschichtsforschung, 1 ff. Wien 1880 ff.

RE = Pauly's Realencyclopädie der classischen Altertumswissenschaft, 1893 ff. (Reihe I ff. (A–Q), Reihe IA ff. (R–Z)).

SMAH = Albert Bruckner, Scriptoria Medii Aevi Helvetica, I–XV. Genf 1935–1978.

VuF = Vorträge u. Forschungen, 1 ff. Lindau–Sigmaringen 1955 ff.

ZRG = Zeitschrift (der Savigny Stiftung) für Rechtsgeschichte, 1 ff. Weimar 1861 ff. (Germ. = Germanistische Abt., Kan. = Kanonistische Abt.; Rom. = Romanistische Abt.)

309 Zur »habundans cautela« vgl. Rück, Das öffentliche Kanzellariat (wie Anm. 229), S. 267.

310 Zu den magischen Praktiken des Mittelalters am besten Raoul Manselli, Simbolismo e magia nell'Alto Medioevo, in: Simboli e simbologia nell'Alto Medioevo. Spoleto 1976 (Settimane 23/1), S. 293–329; Ders., Magia e stregoneria nel Medio Evo. Turin 1976, mit reichen Literaturhinweisen.

Zeichen und Symbol

Bestandsaufnahme und interdisziplinäre Perspektiven

Manfred Lurker zum Gedenken

Von Hermann Jung

Bene docet,
qui bene distinguit

Kaum ein Wort im Begriffsschatz der Sprache ist so stark Mißverständissen und Fehldeutungen ausgesetzt wie das des Symbols. Es geht leicht von der Zunge, wenn Denken und Verstehen an einem kritischen Punkt angelangt sind und verfällt rasch zum Klischee. Es wird mit Akribie und Emphase definiert, das Ergebnis erweist sich danach im pragmatischen und forschenden Umgang als wenig hilfreich, ja als hinderlich. Die Naturwissenschaften glauben, ihren Symbolbegriff fixiert zu haben und mißtrauen allen übrigen Versuchen einer Annäherung oder Klärung. Die Geisteswissenschaften legen sich oftmals in empirischer Unbekümmertheit eine für die jeweilige Disziplin oder Forschungsrichtung passende Begriffsdefinition von Symbol zurecht, zögern freilich bei der Anwendung oder ersetzen Symbol durch andere Begriffe wie Metapher, Allegorie, Mythos u. ä.[1]. Vollends desolat ist die Begrifflichkeit in populärwissenschaftlichen Publikationen und in der mittlerweile unüberschaubaren Fülle von Esoterik-Literatur.

Eine Wissenschaft, die ihren Gegenstand nicht zu definieren vermag, erscheint suspekt, bleibt im Unverbindlichen, hat keinen Erkenntniswert und trägt auch nichts zu deren Fortschreibung bei. Fehlt uns also eine klare, umfassende Definition dessen, was Symbol und Symbolik ist? Fehlt uns eine fundierte Systematik und eine funktionsfähige Methodologie? Brauchen wir gar eine Erziehung zum Symbol?

Eindeutige Antworten auf diese Fragen oder gar praktikable Lösungen der Problematik im Umgang mit Symbolen wird der Leser im folgenden nicht finden. Was er erwarten kann, ist eine Annäherung an Zeichen, Symbol und Symbolik durch eine knapp gefaßte Darstellung von Erscheinungsweise und Begrifflichkeit in Geschichte und Gegenwart, von Forschungsrichtungen in den einzelnen Wissenschaftsdisziplinen und durch die thesenartige Formulierung von Aufgaben einer zukünftigen Symbolforschung.

Symbolbegriff in der Diskussion

Wenn Denken »zur Sprache gebracht« wird, bedient sich der Mensch unterschiedlicher Möglichkeiten. Er fixiert Gedachtes und Gesprochenes in einem alphabetischen Zeichensystem, in einer Klangnotation, aber auch in Bildern, in Zeichen und Signalen[2]. Sie dienen der Kommunikation im täglichen Leben oder bei besonderen Situationen, sie sind Gedankenstütze und Bewahrung für die Zukunft. Durch Aussprechen, durch die zeichenhafte Fixierung wird die unendliche Fülle des Denkens eingeschränkt, bestimmte Denkvorgänge zugleich präzisiert und strukturiert[3]. Phänomene des Lebens und der Welt werden ins Bewußtsein gehoben, indem der Mensch sie ausspricht und zu verstehen sucht. Für Hans-Georg Gadamer[4] geschieht dieser Vorgang in Anlehnung an die vorromantische theologisch-iuristische Hermeneutik als Verstehen im engen Sinne des Wortes (subtilitas intelligendi), Auslegung (subtilitas explicandi) und Anwendung (subtilitas applicandi). Gerade die Anwendung macht erst den Sinn der Erscheinungen völlig verständlich.

Für Symbole sind Verstehen, Auslegen und Anwenden konstitutiv. In ihnen vollzieht sich die ästhetische Aneignung der Umwelt, wird Realität erfahren und

1 Auf eine Diskussion über die das Symbol vertretenden Begriffe, auch aus historischer Sicht, muß in diesem Rahmen verzichtet werden. Vgl. dazu Gerhard Kurz, Metapher, Allegorie, Symbol, Göttingen 1982, und die dort angeführte Literatur.

2 Adrian Frutiger, Der Mensch und seine Zeichen. Textbearbeitung Horst Heiderhoff. 3. Bd.: Zeichen, Symbole, Signete, Signale, Echzell 1981, S. 13/14.

3 Vladimir Karbusicky, Grundriß der musikalischen Semantik, Darmstadt 1986, S. 3.

4 Hans-Georg Gadamer, Wahrheit und Methode. Grundzüge einer philosophischen Hermeneutik, Tübingen 1960, S. 311. Vgl. auch Assen Ignatow, Hermeneutik und Symbolforschung, S. 63/64, in: Beiträge zu Symbol, Symbolbegriff und Symbolforschung. Hrsg. von Manfred Lurker (Bibliographie zur Symbolik, Ikonographie und Mythologie. Internationales Referateorgan. Ergänzungsbd. 1), Baden-Baden 1982.

eine Brücke zur Transzendenz geschlagen. Symbole vermitteln komplexe Sinngehalte, mit denen sie weder identisch sein noch etwas gemein haben müssen. Selbst in Zeiten, in denen eine gewisse Blindheit gegenüber Zeichensprachen überhand nimmt, bleibt das Grundbedürfnis des Menschen nach Transzendenz erhalten[5].

Der Anschein einer unklaren Aussage, »vielleicht sogar eine vernebelnde und vertuschende Form des Sprechens«, ist für Otto Betz[6] das eine Mißverständnis im Umgang mit Symbolen; das andere beharrt auf der Meinung, Symbol sei »nur etwas ›Geistiges‹, ein imaginäres Gebilde ohne reales Fundament in der Dingwelt«. Beide Ansichten gehen am Wesen der Symbole vorbei, berühren freilich Gefährdungen: ihre Ambiguität und ihre Mittlerfunktion zwischen Realität und Wunsch-, Phantasien- und Ideenwelt. »Seine besondere Dignität bekommt das Symbol, wenn es nicht nur ›für etwas anderes‹ steht, sondern wenn dieses ›andere‹ im Symbol selbst schon gespürt und wahrgenommen werden kann, wenn es ansatzhaft schon darin präsent ist«[7]. Der Mensch wird angerufen und betroffen durch eine Präsenz, die in Symbolen Gestalt annimmt[8]. Sie sind »unverbrüchlich sprechende Zeichen der Realität«[9].

Zwei weitere Gefährdungen kommen hinzu. Der »Zirkel des Verstehens«, schon im Altertum als philosophisches Problem erkannt, betrifft auch und gerade die Beziehung Zeichen – Bedeutung; »sie festigt die Kulturleistung des Symbols als vertretende Relation, die naturgemäß sofort erklärt werden muß, und diese Erklärung ist nicht anders möglich als mit Hilfe der schon konventionalisierten Symbolsprache«[10]. Martin Heidegger[11] definiert den hermeneutischen Zirkel aus philosophischer Sicht: »Alle Auslegung, die Verständnis beistellen soll, muß schon das Auszulegende verstanden haben«. Auf das Symbol bezogen, setzt dessen Verstehen ein gewisses Verständnis voraus, das im Intuitiven wurzelt und die Genese des Symbolisierens berührt.

Symbole sind schließlich anfällig für Mißbrauch. Im Ideologischen bieten ihre Allgemeingültigkeit und emotionale Tiefe dafür Angriffspunkte, im Politischen ihre Immanenz[12]. Werden beispielsweise Embleme wie Fahnen und Siglen der Nationen zu Hoheitszeichen, Insignien wie Krone und Szepter zu Würdezeichen, so schiebt sich »die Immanenz des Gemeinten ... in die Nähe der Transzendenz«. »Immanente Symbole sind meist in Symbolreihen eingebettet, die in Hierarchien des Sinns architektonisch gestuft sind. Die drängende Kraft der immanenten Symbole tendiert über das immanent Gemeinte hinaus und befrachtet dieses mit einer scheinbaren Unerschöpflichkeit. Genau in dieser Schubkraft zur Transzendenz werden sie politisch mißbrauchbar für die kalkulierende Macht«[13].

Mißverständnisse, Gefährdungen und Mißbrauch haben nicht zuletzt dazu geführt, daß man in ernstzunehmenden Wissenschaftskreisen dem Symbolbegriff und allgemein der Symbolforschung reserviert gegenübersteht[14]. Das Wort ›Symbol‹ scheint dem Ägyptologen Hellmut Brunner[15] »schonungsbedürftig« zu sein; der Germanist Wolfgang Kayser[16] will in seinem Bereich »das nichtssagende Wort Symbole ... meiden«. Die protestantische Theologie tat sich mit dem Symbol ausgesprochen schwer, was sich unter anderem auch in dem wenig ergiebigen »Symbol«-Artikel verschiedener Auflagen des Lexikons *Religion in Geschichte und Gegenwart* niederschlug[17]. Karl Barths *Kirchliche Dogmatik* in 13 Bänden erfaßt das Stichwort erst gar nicht. Der liberale Denker Albert Schweitzer[18] sieht Symbol lediglich in Verbindung mit außerchristlichen

5 KARBUSICKY, Grundriß, Vorwort S. VIII.

6 Otto BETZ, Elementare Symbole. Zur tieferen Wahrnehmung des Lebens, Freiburg 1987, S. 9.

7 BETZ, Elementare Symbole, S. 19.

8 Vgl. Hans A. FISCHER-BARNICOL, Die Präsenz in der symbolischen Erfahrung. Anmerkungen zu ontologischen Problemen der Symbolforschung, S. 107/108, in: SYMBOLON. Jahrbuch für Symbolforschung, Bd. 6. Hrsg. von Julius SCHWABE, Basel–Stuttgart 1968.

9 Joachim GAUS, Wege, Methoden und Probleme der Symbolforschung – ein Diskussionspapier, S. 10, in: SYMBOLON. Jahrbuch für Symbolforschung. Neue Folge, Bd. 8. Hrsg. von Peter GERLITZ, Köln 1986.

10 KARBUSICKY, Grundriß, S. 53.

11 Martin HEIDEGGER, Sein und Zeit, Tübingen 12. Aufl. 1970, S. 37/38. Vgl. auch IGNATOW, Hermeneutik und Symbolforschung, S. 66/67.

12 Albrecht STREBEL, Symboldenken und Symbolverständnis in der neueren evangelischen Theologie, S. 135, in: SYMBOLON. Jahrbuch für Symbolforschung. Neue Folge, Bd. 6. Hrsg. von Ernst Thomas REIMBOLD, Köln 1982.

13 Hans SANER, Der Mensch als symbolfähiges Wesen, S. 15, in: Gaetano BENEDETTI, Udo RAUCHFLEISCH (Hrsg.), Welt der Symbole. Interdisziplinäre Aspekte des Symbolverständnisses, Göttingen 1988.

14 Vgl. dazu auch Manfred LURKER, Zur symbolwissenschaftlichen Terminologie in den anthropologischen Disziplinen, S. 95–108, besonders S. 96/97, in: Beiträge zu Symbol, Symbolbegriff und Symbolforschung. Hrsg. von Manfred LURKER, Baden-Baden 1982.

15 Hellmut BRUNNER, Die Unterweltsbücher in den ägyptischen Königsgräbern, S. 228, in: Leben und Tod in den Religionen. Symbol und Wirklichkeit. Hrsg. von Gunther STEPHENSON, Darmstadt 1980.

16 Wolfgang KAYSER, Das sprachliche Kunstwerk, Bern–München 11. Aufl. 1965, S. 316.

17 STREBEL, Symboldenken und Symbolverständnis, S. 129.

18 Albert SCHWEITZER, Geschichte der Leben-Jesu-Forschung, Tübingen 1951 (2. Aufl. 1913), S. 524.

Kulten. »Die Religionsgeschichte hat das Wort Symbol in unserer Zeit zu großen Ehren gebracht, indem sie auf seine Bedeutung in den Kulten der Wende der Zeitrechnung hinwies. Das Wesen aber jener Religionen ist Dekadenz. Dieser Charakter haftet auch dem Symbol an. Es bezeichnet eine wissentlich erfundene, mit Ästhetik übertünchte Wirklichkeit. Eine Religiosität, die innerlich gesund ist, wird durch ihre Wahrhaftigkeitsinstinkte innerlich gewarnt werden, sich mit diesem Begriff und den ihm anhaftenden Vorstellungen einzulassen. Tut sie es dennoch, so wird sie innerlich daran zugrunde gehen«.

Der Philosoph Paul Ricoeur[19] spricht – um eine Reihe negativer Äußerungen abzuschließen – vom »Skandal des Symbols«: »Undurchsichtigkeit (opacité), kulturbedingte Kontingenz (contingence culturelle), Abhängigkeit von einer problematischen Entzifferung: das sind die drei Defizienzen des Symbols gegenüber dem Ideal der Klarheit, Notwendigkeit und Wissenschaftlichkeit der Reflexion«.

Welche Konsequenz ist aus all diesen Äußerungen zu ziehen? Resignation, gar Kapitulation gegenüber dem Phänomen wäre fehl am Platz. Die Tilgung des Begriffs Symbol und sein Ersetzen durch ein anderes Wort hieße das Problem verlagern, nicht angehen oder lösen. Es steht einem wissenschaftlichen Denken und Forschen gut an, sich um Symbole unablässig zu bemühen, um den Grenzen zwischen Rationalität und Irrationalität näherzukommen und die Kluft zwischen Wissen und Glauben zu verkleinern. Die folgende Standortbestimmung zur Begrifflichkeit und zur Forschungslage in den Wissenschaften soll ein Beitrag dazu sein.

Genese des Symbolisierens

Zur Fülle von Erklärungsversuchen, was ein Symbol ist, weitere hinzuzufügen, scheint zunächst wenig sinnvoll. Von größerer Relevanz ist die Frage an die Forschung, wie und warum Symbole überhaupt entstehen.

Was den Menschen in die Lage versetzt, ein Symbolisierungsvermögen zu entwickeln, bleibt bis heute weitgehend rätselhaft. Die moderne Gehirnforschung[20] geht von einem unterschiedlichen Funktionieren der beiden Hirnhälften aus. Während in der linken Hemisphäre (dominant beim Rechtshänder) Informationen linear verarbeitet werden, geschieht dies in der rechten Hemisphäre bildhaft simultan. Musikpsychologische Untersuchungen weisen ebenfalls auf die dualistische Informationsverarbeitung der beiden Gehirnhälften hin. Das rational analytische Hören geschieht mit der dominanten, das emotionale Hören mit der nicht dominanten Hemisphäre. Ob man aus diesen und anderen psychologischen und ethnologischen Untersuchungen und evolutionistischen Theorien die generellen Schlußfolgerungen ableiten kann, wie es Walter Pöldinger[21] unternimmt, daß die Funktionsweise des nicht dominanten Gehirns in ihrer Bildhaftigkeit vielleicht die ältere darstelle, das frühe Denken ein Denken in Symbolen gewesen sei und mit der zunehmenden Entwicklung der dominanten Hemisphäre die Voraussetzungen für ein abstraktes Denken geschaffen wurden, sei dahingestellt. Pöldinger sieht zudem einen Zusammenhang zwischen einer so gearteten Ontogenese symbolischen Denkens mit einer Phylogenese, wie sie die Entwicklungspsychologie des Kindesalters vertritt. Gestützt werden diese Thesen durch die Tatsache, daß die ersten Zeugnisse menschlichen Gestaltens dem Bild verhaftet sind und der allmähliche Übergang vom Bild zum Zeichen mit einem höheren Grad von Abstraktionsvermögen einhergeht.

Einen anderen, mehr anthropologisch orientierten Ansatz, um der Genese des Symbolisierens auf die Spur zu kommen, formuliert Joachim Gaus[22]. »Die menschliche Macht ist Wissen von natürlichen Tatsachen und von den wissenschaftlichen Gesetzen ihrer Umwandlung. In dieser Weltsicht kann sich jedermann weigern, in einem Baum oder einem Sonnenuntergang mehr zu sehen als den Gegenstand an sich oder die naturgegebene Situation. Wer den Gegenstand oder die Situation so begreifen will, wie sie ist, der befindet sich in einer Lage, die z. B. einem Ethnologen entspricht, der sich einer Gesellschaft gegenüber sieht, die ein Ritual ausführt, zu dessen Verständnis ihm der Schlüssel fehlt. Es ist die Verwirrung und Blindheit gegenüber der Zeichensprache, die mit dem Ritual verbunden ist. Das erinnert uns aber daran, daß die Selbstverständlichkeit des Gegenstandes oder der Situation als Zeichen bereits vermittelte Entschlüsselung ist«.

Freilich: Zuerst war der Gegenstand, die Situation. Beides kann zugleich auch Zeichen sein; und das heißt weiterhin: »Alles, was wir tun, drückt auch aus. Wir

19 Paul Ricoeur, Le conflit des interprétations. Essais d'herméneutique, Paris 1979, S. 313.
20 Vgl. dazu Walter Pöldinger, Zur Ontogenese und Phylogenese des symbolischen Denkens, S. 70–75, in: Benedetti, Rauchfleisch, Welt der Symbole.
21 Pöldinger, Zur Ontogenese und Phylogenese, S. 74/75.
22 Gaus, Wege, Methoden und Probleme, S. 9/10.

können nicht nichts zu verstehen geben. Wir können nicht nichts als ein mögliches Symbol erfahren. Zur anthropologischen Ausstattung des Menschen gehört ein universelles Symbolbewußtsein«[23].

Der Ursprung aller Symbolik liegt nach übereinstimmender Ansicht der meisten Symbolforscher in einem Spannungsfeld zwischen Mensch und Welt. Da uns die Welt nicht durchsichtig ist, suchen wir die Wirklichkeit dadurch zu beherrschen, indem wir sie vertreten lassen[24]. Dazu reicht der reine Intellekt nicht aus, Inspiration, Intuition und Phantasie müssen als Entstehungsfaktoren von Symbolen dazutreten. Als »sichtbares Zeichen« einer »unsichtbaren Wirklichkeit«, als Mittler einer anderen Seinsebene »entzieht sich das Symbol einem nur begrifflichen Denken«. Manfred Lurker[25] lotet dieses Spannungsgefüge noch weiter aus: »Wo es um Erfahrungen, Erkenntnisse geht, die unsere sinnlich wahrnehmbare Welt übersteigen, zeigt sich die Begrenztheit, ja die Ohnmacht sprachlich-begrifflicher Möglichkeiten, während das sinngeladene Bild, das Sinnbild, ganze Gedankenreihen in einer sonst unerreichten Dichte andeuten kann«.

Hans Saner[26] spricht in ähnlichem Zusammenhang von einer »offenen Flanke zur Überschußbedeutung des Symbolischen«, die neben der Sprache »vielleicht auch alle Dinge ⟨haben⟩, mögen sie noch so geschlossen erscheinen. ... Wann suchen wir diese offene Flanke der Sach- und der Zeichenwelt? Wenn uns Gefühle überwältigen; wenn wir mit Ereignissen konfrontiert sind, die uns irgendwo unbegreiflich bleiben; wenn wir der Übermacht der Natur und der Menschen ausgesetzt sind und wenn wir im Denken an die Grenzen des Wissens stoßen, ohne uns damit abfinden zu können«.

Symbole setzen das Denken in Gang, sind nach Gerhard Kurz[27] keine semiotischen, sondern hermeneutische Phänomene. Im Symbol sucht der Mensch sich und die Welt zu verstehen. »Indem die Symbole auf ein anderes weisen, verweisen sie uns auf uns selbst«[28]. Sie setzen zudem Erkenntnis frei, die nicht nach fixierbaren Regeln zu messen ist, sondern dem kreativen Können, dem speziellen Gespür für geistig seelische Vorgänge Raum gibt[29].

Eng verbunden mit der komplexen Genese von Symbolen ist die nicht minder komplizierte Etymologie. Das altgriechische Verb συμβάλλειν trägt die Bedeutungen[30]: zusammenwerfen, aufschütten; zusammenstellen, vergleichen, folgern, schließen, berechnen, vermuten, deuten; zusammentreffen, zusammenstoßen, sich vereinigen; auch: feindlich zusammengeraten; sich vergleichen, vereinbaren, Gastfreundschaft schließen; das Seinige zusammenbringen; im Geist zusammenstellen, sich zusammenreimen, begreifen, verstehen. Davon abgeleitet ist das Substantiv σύμβολον. Aus dieser Bedeutungsvielfalt lassen sich drei Momente generalisieren: zum ersten das Moment des Bindegliedes, des Mittlers zwischen zwei Teilen, Parteien, Seinsebenen; zweitens das Moment der Verabredung, der Kommunikation, wie es sich auch in den Homonymen ›Erkennungsmarke‹ (Hälfte eines Tontäfelchens, eines Ringes oder einer Münze), ›Ausweis‹, ›Vertrag‹ zeigt[31]; zugleich impliziert dieses »Symbol aus etwas« (Tontafel) ein »Symbol von etwas« (Freundschaft)[32]; drittens das Moment des Ominösen, Rätselhaften, eines der Ratio weitgehend entzogenen Zeichens, das einer Erklärung und Deutung bedarf. Diese drei Momente prägen zugleich die Begriffsgeschichte wie moderne Definitionsversuche.

Der Begriff Symbol – ein historischer Überblick

Eine dogmatisch verbindliche, wissenschaftlich exakte und überzeitliche Begriffsbestimmung dessen, was ein Symbol ist, gibt es nicht[33]. Andererseits erscheint es gefährlich und der Sache wenig dienlich, auf eine Festlegung ganz zu verzichten, wie es Julius Schwabe[34]

23 Kurz, Metapher, Allegorie, Symbol, S. 66/67.
24 Gaus, Wege, Methoden und Probleme, S. 11.
25 Lurker, Zur symbolwissenschaftlichen Terminologie, S. 99/100. Vgl. auch Ders., Die Botschaft der Symbole in Mythen, Kulturen und Religionen, München 1990, besonders S. 18–39 (Wesen und Bedeutung der Symbole; Zeugnisse aus vorgeschichtlicher Zeit).
26 Saner, Der Mensch als symbolfähiges Wesen, S. 14.
27 Kurz, Metapher, Allegorie, Symbol, S. 79.
28 Saner, Der Mensch als symbolfähiges Wesen, S. 19.
29 Ignatow, Hermeneutik und Symbolforschung, S. 64.
30 Wilhelm Gemoll, Griechisch-Deutsches Schul- und Handwörterbuch, München–Wien 7. Aufl. 1959, S. 700.
31 Kurz, Metapher, Allegorie, Symbol, S. 68.
32 Franz Vonessen, Der Symbolbegriff im griechischen Denken. Zur philosophischen Grundlegung einer Symbolwissenschaft, S. 13, in: Beiträge zu Symbol, Symbolbegriff und Symbolforschung. Hrsg. von Manfred Lurker, Baden-Baden 1982.
33 Gaus, Wege, Methoden und Probleme, S. 15/16.
34 Julius Schwabe, Geleitwort des Herausgebers, S. 9, in: SYMBOLON. Jahrbuch für Symbolforschung, Bd. 1. Hrsg. von J. Schwabe, Basel–Stuttgart 1960. Augenblicklich existieren im deutschsprachigen Raum zwei interdisziplinär orientierte Symbolgesellschaften: »Gesellschaft für wissenschaftliche Symbolforschung e.V.« mit Sitz in Köln; »Gesellschaft für Symbolforschung« mit Sitz in Zürich (früher Bern). Der »Forschungskreis für Symbolik« mit Sitz in Salzburg hat sich vor einigen Jahren aufgelöst.

noch in den 60er Jahren vorschlug. Das führte unter anderem dazu, daß in symbolwissenschaftlichen Arbeiten jeder Autor zunächst sein Symbolverständnis artikulierte und es zugleich als allgemeingültig apostrophierte. Für Peter Kobbe[35] gilt »das Problem der Differenzierung von historischer und systematischer Begriffsverwendung, das sich für literaturwissenschaftliche Termini – z. B. die Gattungsbegriffe – stellt, ... als unlösbar«. Franz Vonessen[36] sucht einen Zugang zum Symbol zunächst ex negativo: »..., so mag die erste negative Bestimmung des Symbols lauten, es gehöre zu jener Gattung von Gegenständen, die der Definition widerstrebt. ... Jede Definition, als begriffliche Eingrenzung, gehört zu einem System; Symbole hingegen überwinden Systeme, schlagen Brücken über Grenzen hinweg, von denen sie sich selbst nicht einfangen lassen. ... Tatsächlich ist das Symbol nicht begrenzbar; zu seinem Wesen gehört, daß es Begrenzungen aufhebt, daß es die Schranken zwischen zwei vermeintlich fremden Bereichen in unbegreiflicher Weise durchbricht. Wie sollte es gelingen, dasjenige, das die Grenze (den Begriff) transzendiert, auf Begriffe zu bringen!«

Die Geschichte hat freilich eine solche Enthaltsamkeit nicht geübt. Von der Antike bis ins 20. Jahrhundert versucht man sich immer aufs Neue an Erklärungen und Definitionen, die dem modernen Skeptiker zumindest eine Richtung im wissenschaftlichen und praktischen Umgang mit Symbolen angeben können. Im Anschluß an etymologische Bestimmungsmomente setzen die Stoiker Symbol und Allegorie gleich, um in dieser Form verhüllte theologische oder philosophische Wahrheiten zu entschlüsseln – eine für die weitere Entwicklung folgenreiche Auslegungsweise (Allegorese). Symbolen bzw. symbolum in der Bedeutung als Glaubensbekenntnis, als »eine normative Glaubensformel, die von alters her in Liturgie und Glaubensunterweisung als Zeichen der Einweihung in das Heilsgeheimnis und des Zusammenhangs der christlichen Lehre verwendet wird«[37], findet sich schon bei Cyprianus, dem Bischof von Karthago, um die Mitte des dritten Jahrhunderts und auch bei Augustinus (Traktat *de fide et symbolo*). Die mittelalterliche Bibelexegese gebraucht symbolum gleichbedeutend für die »allegoria in verbis« wie für die »allegoria in factis«[38]. Der Streit in der protestantischen Abendmahlslehre zwischen Zwingli und Luther ging im wesentlichen um das rechte Sakraments- bzw. Symbolverständnis als Metapher oder als Realpräsenz Christi. Gemeinsames Anliegen war, den Zusammenhang zwischen Christus und seiner Glaubensgemeinde herzustellen.

Als zentrale Gestalt in einer hier nur angedeuteten Geschichte des Begriffs Symbol darf der Jesuit und Universalgelehrte Athanasius Kircher (1602–1680) gelten. In *Oedipus Aegypticus* (Rom 1652) steht symbolum als Oberbegriff (generica vox) für eine vielfältige Zeichenhaftigkeit, die im Sprachlichen wie im Bildhaften angesiedelt sein kann[39]. Zugleich spricht Kircher erstmals von einer »disciplina symbolica«[40]. Das Symbol verhilft dem Menschen zur Erkenntnis der Dinge mittels Analogien. Dieses relationale Denken, das durch das gesamte Mittelalter bis zum Ende des 18. Jahrhunderts vorherrschte, basiert, wie Joachim Gaus[41] jüngst herausgearbeitet hat, im Bereich der Zeichen auf drei Elementen: dem Bezeichnenden, dem Bezeichneten und der Konjunktur, die die Ähnlichkeit umfaßt, »die das Zeichen mit den bezeichneten Dingen verbindet. Nach dieser Bestimmung ist ein Zeichen wesensmäßig ein Symbol, nicht ein Duplikat dessen, was es darstellt ... Die Fähigkeit, Zeichen zu verstehen, das heißt, alles an einer sinnlichen Gegebenheit oder an einem Ding als irrelevant anzusehen, außer einer bestimmten in ihnen verkörperten Erkenntnisform, das ist ein entscheidender Wesenszug des menschlichen Geistes«.

Der signifikante Wandel vom Ähnlichkeitsdenken und vom relationalen Wirklichkeitsverständnis zum Prinzip des Differenzierens setzt mit Francis Bacon zu Beginn des 17. Jahrhunderts in England ein und wird von René Descartes weitergeführt. Auch im Bereich der Zeichen werden in der Folge Erkenntnisse durch Identitäten und Unterscheidungen gewonnen. Der menschliche Erkenntnisakt ist jetzt allein für die Zeichenbildung zuständig. »Damit trat der Mensch als erkennendes Subjekt aus der Einheit des Kosmos heraus und holte das Umgehen mit den Zeichen in die Kompetenz des zeichendeutenden Geistes zurück«[42].

Die Spannung zwischen dem neuen rationalen Denken, dem daraus abgeleiteten Vorrang arbiträrer, d. h. willkürlich gesetzter Zeichen auf der einen und der Intuition als Charakteristikum der Symbolgenese auf

35 Peter KOBBE, Artikel ›Symbol‹, S. 309, in: Reallexikon der deutschen Literaturgeschichte. 2. Aufl., Bd. 4, Berlin–New York 1984.
36 VONESSEN, Der Symbolbegriff im griechischen Denken, S. 9.
37 Manfred LURKER, Artikel ›Symbolum‹, S. 708, in: Wörterbuch der Symbolik. Hrsg. von Manfred LURKER, Stuttgart 4. Aufl. 1988.
38 KURZ, Metapher, Allegorie, Symbol, S. 68.
39 KOBBE, Artikel ›Symbol‹, S. 308.
40 Manfred LURKER, Artikel ›Symbolforschung‹, S. 700, in: Wörterbuch der Symbolik.
41 GAUS, Wege, Methoden und Probleme, S. 27.
42 GAUS, Wege, Methoden und Probleme, S. 32.

der anderen Seite führt zum klassischen Begriff des Symbols, wie ihn Johann Wolfgang von Goethe vertrat und wie er im Grundsatz bis heute wirksam geblieben ist. Immanuel Kant[43] wendet sich in der *Kritik der Urteilskraft* gegen einen naturwissenschaftlich logischen Zeichenbegriff in Verbindung mit Symbol und bringt die Analogie als Unterscheidungsfaktor wieder ins Gespräch. »Es ist ein von den neueren Logikern zwar angenommener, aber sinnverkehrender, unrechter Gebrauch des Wortes symbolisch, wenn man es der intuitiven Vorstellungsart entgegensetzt, denn die symbolische ist nur eine Art der intuitiven. ... Das Intuitive der Erkenntnis muß dem Diskursiven entgegengesetzt werden. Das erstere ist nun entweder schematisch, durch Demonstration; oder symbolisch, als Vorstellung nach einer bloßen Analogie«.

Goethes Symbolkonzeption scheint angeregt durch die Deutungen im Umkreis und in der Nachfolge Luthers und schlägt sich nicht nur in einigen häufig zitierten Äußerungen, in Briefstellen oder in seinen *Maximen und Reflexionen* nieder, sondern auch in den auf die Naturwissenschaften ausgerichteten Schriften[44]. »Das ist die wahre Symbolik, wo das Besondere das Allgemeine repräsentiert, nicht als Traum und Schatten, sondern als lebendig-augenblickliche Offenbarung des Unerforschlichen«[45]. In der Repräsentation als Vergegenwärtigung im Augenblick und als Stellvertretung für ein Ganzes liegt ein Charakteristikum bei Goethe, in der Anschaulichkeit als empirische Dignität ein zweites: »Die Symbolik verwandelt die Erscheinung in Idee, die Idee in ein Bild, und so, daß die Idee im Bild immer unendlich wirksam und unerreichbar bleibt und, selbst in allen Sprachen ausgesprochen, doch unaussprechlich bliebe«[46].

Dies schließt eine Reflexion beim symbolischen Verstehen nicht aus, wie Gerhard Kurz[47] der Kritik an Goethes Anschauungswert des Symbols entgegenhält. Der Ansatz zu einer Ontologisierung des Begriffs ist freilich in beiden Textzitaten spürbar.

Die Wirkung Goethes auf das Symbolverständnis im 19. und 20. Jahrhundert war außerordentlich. Peter Kobbe[48] spricht gar von »einer historischen Transformation der nach-goethezeitlichen Symbolkonzeption« auf die moderne Literaturwissenschaft. Eine weitere, für das 19. Jahrhundert wichtige Facette bringt der Klassische Philologe und Althistoriker Friedrich Creuzer ein. Ausgehend von einer engen Verknüpfung von Mythos und Symbol ergibt sich eine Diskrepanz zwischen Wesen und Form des Symbols, die für Creuzer allein im Göttersymbol aufgelöst wird als dem idealen Bindeglied zwischen Ideen- und Sinneswelt. Die Mythologie verbirgt demnach hinter ihren äußerlichen Erscheinungsformen einzelner Mythen noch tiefere Bedeutungsebenen, insbesondere auf die Natur Gottes bezogen[49]. Der Hauptkritiker Creuzers, der Philosoph Georg Friedrich Wilhelm Hegel, will dessen symbolische Mythologie als unterste Entwicklungsstufe eines Symboldenkens einordnen. Für Hegel besteht das Wesen eines Symbols in einer inneren »Verknüpfung zwischen Ausdruck und Bedeutung«, z. B. Dreieck als Symbol der göttlichen Trinität. Die Bedeutung bleibt freilich stets hinter der Vollständigkeit des Ausdrucks und einer Adäquatheit zurück[50].

Creuzer und Hegel gaben durch ihre aus vielerlei Quellen gespeiste Symboldefinitionen und deren Anwendungsmöglichkeiten entscheidende Impulse zur Symbolforschung im 20. Jahrhundert, wie sie sich in einigen Wissenschaftspositionen zeigen und hier in einer knapp gefaßten Auswahl vorgestellt werden.

Symbolforschung in den Einzeldisziplinen

Psychologie

Das dem Rationalismus eigene bewußte Erleben im Reich der Zeichen und Symbole wurde im 19. Jahrhundert durch das zunehmende Interesse am Unbewußten ergänzt, ja bisweilen überlagert. Zentrales Feld waren dabei die Körper-Seele-Relationen, wie sie die tiefenpsychologischen Schulen um Sigmund Freud analytisch aufarbeiteten. Freud verstand die menschlichen Traum- und Assoziationsbilder nicht als willkürliche Phantasien, sondern war bemüht, ihrer Zeichenhaftigkeit, ihrem hinter einer Realität verborgenen Sinn nachzuspüren. Er glaubte, ihn in Mythen und Märchen der Menschheit, in israelitischen und christlichen Religionszeugnissen von Visionen und Träumen zu

43 Immanuel Kant, Kritik der Urteilskraft, § 59, 1790. Zitiert nach Gaus, Wege, Methoden und Probleme, S. 32.

44 Kobbe, Artikel ›Symbol‹, S. 318. Vgl. auch Kurz, Metapher, Allegorie, Symbol, S. 69–71 (Goethes Symbolkonzeption).

45 Johann Wolfgang von Goethe, Maximen und Reflexionen, Nr. 752. Zitiert nach: Goethes Werke. Hamburger Ausgabe, Bd. XII, Hamburg 6. Aufl. 1967, S. 471.

46 Goethe, Maximen und Reflexionen, Nr. 749.

47 Kurz, Metapher, Allegorie, Symbol, S. 70/71.

48 Kobbe, Artikel ›Symbol‹, S. 310.

49 Manfred Lurker, Artikel ›Creuzer, Georg Friedrich‹, S. 132/133, in: Wörterbuch der Symbolik. Vgl. auch Gaus, Wege, Methoden und Probleme, S. 33.

50 Vgl. Helmut Schneider, Artikel ›Hegel, Georg Wilhelm Friedrich‹, S. 274/275, in: Wörterbuch der Symbolik.

finden, die als Mittel der Offenbarung bei der Genese von Symbolen eine wesentliche Rolle spielten[51].

Für Freud sind Traumsymbole Ausdruck des »Verdrängten«, insbesondere im Bereich der Sexualität. »Das Symbol verweist auf eine Realität (z. B. auf die Realität des spezifisch sexuellen Wunsches), die zwar vergessen oder beseitigt, aber nicht erfüllt wurde«[52]. Gerade in der Sexualität sieht Freud einen Zusammenhang zwischen den individuellen und den kollektiven Symbolen, die im Denken einer Frühzeit verwurzelt sind. Symbole markieren demnach in dieser Phase psychoanalytischer Schulebildung seelische Krankheiten des Individuums wie des Kollektivs. »Nur was verdrängt ist, bedarf der Symbolisierung – das Symbol ist das Ergebnis eines menschheitsgeschichtlichen Verdrängungsvorgangs«[53].

Das Symbolverständnis Carl Gustav Jungs, eines Schülers und späteren Antipoden Freuds, und seiner bis heute vor allem in der Psychotherapie wirkkräftigen Schule löste sich von der Einseitigkeit eines seelischen Krankheitssymptoms. Symbole sind in die Ganzheit des Lebens eingebunden und stiften Zusammenhänge. Ihre Lebendigkeit, ihr Entstehen und Wirken, aber auch ihr Vergehen orientiert sich allein am Bewußtsein des Menschen[54]. Eine solchermaßen »symbolische Einstellung« ist »Ausfluß einer bestimmten Weltanschauung, welche nämlich dem Geschehen, sei es im Großen oder Kleinen, einen Sinn beimißt und auf diesen Sinn einen gewissen größeren Wert legt, als auf die reine Tatsächlichkeit«[55]. »Lebendige« Symbole unterscheidet Jung von den Zeichen, die eine Analogie oder eine »abgekürzte« Bezeichnung für eine komplexe Sache darstellen und das mehrschichtig Unbekannte in ihr nicht erfassen[56]. Jung exemplifiziert diese Unterscheidung am Kreuz als Zeichen für »göttliche Liebe«. »Symbolisch ... ist diejenige Erklärung des Kreuzes, welche es über alle erdenkbaren Erklärungen hinaus als einen Ausdruck eines bis dahin unbekannten und unverstehbaren mystischen oder transzendenten, d. h. also zunächst psychologischen Tatbestandes, der sich schlechthin am treffendsten durch das Kreuz darstellen läßt, ansieht«[57].

Solche lebendigen Symbole unterteilt Jung in soziale und individuelle. Beide Ausprägungen benötigen die volle Akzeptanz durch die Gruppe oder durch den Einzelnen. Sie sind Ausdruck einer psychischen Tätigkeit und hinterlassen durch ihre Präsenz zugleich einen nachhaltigen Eindruck auf dieses Tun. Die Bilder des kollektiv Unbewußten, wie sie sich in Träumen, in der Mythologie und in den Religionen zeigen, nennt Jung Archetypen, z. B. polare Sexualprinzipien (Anima – Animus) oder Prägungen des Selbst als Bewußtes und Unbewußtes erfassende Größe (yang und yin). So besteht Jungs entscheidender Beitrag zum Symbolverständnis zum einen in der Erkenntnis, daß echte Symbole in rationalen Begriffen nicht auflösbar sind, zum anderen in einem positiven therapeutischen Einsatz als Heilung und Erlösung von seelischen Leiden. Das aus der Lebenswirklichkeit herausgegriffene Symbol dient als empirisch erforschbares Objekt für die Naturwissenschaft und wird danach wieder dem Menschen zugeführt[58]. Diese Rückbindung auch an die ästhetische und religiöse Sphäre hat die Aktualität des psychologisch orientierten Symbolbegriffs bis heute erhalten.

Philosophie

In der *Philosophie der symbolischen Formen* suchte Ernst Cassirer[59], ein Vertreter des Neukantianismus, sich von dem überkommenen Symbolbegriff zu lösen, der auf einer Dualität von Zeichen und Bezeichnetem beruhte. Jeder Sachverhalt, jedes Ereignis in der Welt kann als realexistierendes Zeichen dem Menschen zum Gegenstand werden und dadurch eine Bedeutung erhalten. Das Zeichen wird so durch die menschliche Sinngebung zum Symbol. »Symbole – im eigentlichen Sinn des Wortes – können ... nicht auf bloße Signale zurückgeführt werden. Signale und Symbole gehören zwei verschiedenen Bezugbereichen an: ein Signal ist ein Ereignis ..., während ein Symbol Bedeutung hat

51 Sigmund FREUD, Die Traumdeutung, in: S. F., Studienausgabe, Bd. 2 (Rev. Neuausgabe), Frankfurt 1989. Vgl. auch Hubert SPEIDEL, Freuds Symbolbegriff, S. 690–711, in: Psyche 31 (1977). Alfred SCHÖPF, Sigmund Freud, München 1982.

52 Jürgen HEUMANN, Symbol – Sprache der Religion, Stuttgart 1983, S. 28.

53 Joachim SCHARFENBERG, Symbol, S. 334, in: Hans-J. SCHULZ, Psychologie für Nicht-Psychologen, Stuttgart–Berlin 1974.

54 Vgl. dazu Carl Gustav JUNG (Hrsg.), Der Mensch und seine Symbole, Olten 10. Aufl. 1979.

55 Carl Gustav JUNG, Typologie, in: C. G. J., Gesammelte Werke (Studienausgabe), Bd. 3, Olten 1979, S. 178. Vgl. auch Verena KAST, Die Dynamik der Symbole. Grundlagen der Jungschen Psychotherapie, Olten 2. Aufl. 1990.

56 HEUMANN, Symbol – Sprache der Religion, S. 36/37.

57 C. G. JUNG, Typologie, S. 176/177.

58 Vgl. dazu Magdalene TRILLHAAS, Das Symbol in der Analytischen Psychologie C. G. Jungs, S. 63–72, in: SYMBOLON. Jahrbuch für Symbolforschung. Neue Folge, Bd. 9. Hrsg. von Peter GERLITZ, Köln 1988.

59 Ernst CASSIRER, Philosophie der symbolischen Formen. 3 Teile und Index. Neudruck Darmstadt 7.–9. Aufl. 1982–1990. Vgl. auch DERS., Wesen und Wirkung des Symbolbegriffs (Neudruck von drei Abhandlungen der Jahre 1921–1925), Darmstadt 7. Aufl. 1983.

und immer nur auf den menschlichen Geist Bezug hat«[60]. Der primäre Umsetzungsvorgang von Eindruck in Ausdruck – C. G. Jungs psychologische Konzeption dreht diesen Vogang um! –, von sinnlichen Zeichen in bedeutungstragende Symbole spiegelt sich in den »symbolischen Formen« von Sprache und Mythos, von Wissenschaft und Kunst[61].

Eine solche Begrifflichkeit hat den Vorteil, daß sie jegliche Zeichenhaftigkeit in Natur- und Geisteswissenschaft unter einem Dach vereint und daher von der Semiologie gerne aufgegriffen wurde. Die Anwendbarkeit dieses zu umfassenden und dadurch weitgehend leeren Begriffs bei der konkreten Erforschung von Symbolen erscheint fraglich und hat dort auch wenig Resonanz gefunden. Weshalb der Mensch sich generell der Zeichen bedient, wird bei Cassirer auch nicht angesprochen[62]. Verdienstvoll bleibt freilich seine Erhellung der genetischen Grundlagen von Zeichen und Symbol. Auch die im Anschluß an Ernst Cassirer vorgenommene Unterteilung der Symbole in »diskursive« und »präsentative« durch Susanne K. Langer[63] brachte der Forschung kaum Gewinn, kann sie doch auf die dringlich anstehende Unterscheidung von Zeichen und Symbol auch keine befriedigende Antwort geben. Als diskursive, d. h. an logisches Denken und an Sprache gebundene Symbole bezeichnet Langer all jene Anzeichen, Zeichen und Signale, die Bedeutung tragen, also auch alle mathematischen Formeln und Zeichen sowie Diskussionen mit symbolischer Qualität. »Diese Eigenschaft des verbalen Symbolismus heißt Diskursivität; ihretwegen können überhaupt nur solche Gedanken zur Sprache gebracht werden, die sich dieser besonderen Ordnung fügen; jede Idee, die sich zu dieser Projektion nicht eignet, ist unaussprechbar, mit Hilfe von Worten nicht mitteilbar. ... Die Bedeutung aller anderen symbolischen Elemente, die zusammen ein größeres, artikuliertes Symbol bilden, werden nur durch die Bedeutung des Ganzen verstanden, durch ihre Beziehungen innerhalb der ganzheitlichen Struktur. Daß sie überhaupt als Symbole fungieren, liegt daran, daß sie alle zu einer simultanen, integralen Präsentation gehören«[64].

Susanne K. Langer sieht diesen »präsentativen Symbolismus« als eine Erweiterung »unserer Vorstellung von Rationalität« an, sie »wird doch der Logik im strengsten Sinne niemals untreu«[65]. Jürgen Heumann[66] konnte an den Exempla des buddhistischen Nirvanâ und der christlichen Auferstehung eindrucksvoll zeigen, in welche hermeneutischen Schwierigkeiten ein Symbolforscher gerät, wenn er Entstehungsbedingungen, historische Wirkungen und Bedeutungsvielfalt von Symbolen mit der Langerschen Terminologie erfassen will.

Theologie – Religionswissenschaft

Theologie und Religionswissenschaft sind zentral mit Fragen der Transzendenz befaßt. »Religion drückt sich grundsätzlich symbolisch aus. Das bedeutet, daß jene Dimension des Lebens, die in besonderer Weise als ›religiös‹ erlebt und beschrieben wird, nicht direkt in eigens dafür geschaffenen Begriffen aussagbar ist, sondern stets durch Hinweise, die nicht die Sache selbst sind, aber doch auf geheimnisvolle Weise an ihr teilhaben, ausgedrückt werden müssen«[67]. Dies trifft insbesondere für Symbole wie ›Gott‹ oder ›himmlische Welt‹, aber auch für symbolische Redeweise wie ›Gott, der Vater‹, oder ›Jesus, der Sohn Gottes und Bruder der Menschen‹, zu. Auch die Theologie scheint »bei aller Rationalität doch zugleich symbolisch – und das heißt mythologisch! – zu reden gezwungen« zu sein[68]. Das verbindet sie mit philosophischen und psychologischen Theorien und erleichtert im Bereich der Religionspädagogik den Umgang mit Symbolen für die Bedeutung und Bewältigung eigener Erfahrung[69].

Das gemeinsame Ziel, Erkenntnis der letzten Wirklichkeit zu gewinnen, hat in der Religionswissenschaft zusammen mit der Symbolforschung eine Richtung hervorgebracht, die man als Religionsphänomenologie bzw. verstehende Religionswissenschaft bezeichnet. Ausgehend von Rudolf Ottos[70] epochemachender Studie über *Das Heilige* verknüpft Gerardus v.d. Leeuws[71] das Heilige und das Profane mit einem ontologisch ausgerichteten Symbolbegriff. Jedes Geschehen kann

60 Ernst CASSIRER, Was ist der Mensch? Stuttgart 1960, S. 47.
61 GAUS, Wege, Methoden und Probleme, S. 11.
62 GAUS, Wege, Methoden und Probleme, S. 11.
63 Susanne K. LANGER, Philosophie auf neuen Wegen – Das Symbol im Denken, im Ritus und in der Kunst, Frankfurt 1965.
64 LANGER, Philosophie auf neuen Wegen, S. 88, 103.
65 LANGER, Philosophie auf neuen Wegen, S. 103.
66 HEUMANN, Symbol – Sprache der Religion, S. 120.
67 Dietrich STOLLBERG, Religiöse Ausdrucksformen, S. 63, in: Funkkolleg Religion. Studienbegleitbrief 1. Hrsg. vom DEUTSCHEN INSTITUT FÜR FERNSTUDIEN AN DER UNIVERSITÄT TÜBINGEN, Weinheim–Basel 1983.
68 STOLLBERG, Religiöse Ausdrucksformen, S. 65.
69 HEUMANN, Symbol – Sprache der Religion, S. 7–9. Vgl. auch Peter BIEHL, Georg BAUDLER (Hrsg.), Erfahrung – Symbol – Glaube: Grundfragen des Religionsunterrichts, Frankfurt/M. 1980.
70 Rudolf OTTO, Das Heilige. Über das Irrationale in der Idee des Göttlichen und sein Verhältnis zum Rationalen, München 35. Aufl. 1963.
71 Gerardus V. D. LEEUWS, Phänomenologie der Religion, Tübingen 3. Aufl. 1970.

»ein Stattfinden des Heiligen« sein[72]. In diesem Fall entsteht das Symbol nach v.d. Leeuws durch »Wesensgemeinschaft« des Heiligen mit seinem Stattfinden, mit seiner Gestalt.

Diese von Friedrich Heiler[73] und Gustav Mensching[74] weiter entfaltete Sicht basiert auf einem Symbolverständnis, das den Charakter der »Übereinkunft« zwischen zwei Wirklichkeiten mehr betont als die Dokumentation im Symbol als Gegenstand[75]. Eine solche Übereinkunft ist auch durch das Medium des Wortes, der Sprache gegeben. Die Gegenwart Gottes repräsentiert das machtvolle Wort. Der evangelische Theologe Wilhelm Stählin[76] charakterisiert das ontologische Verständnis folgendermaßen: »Symbole sind nicht willkürliche Einkleidungen oder Veranschaulichungen geistiger Begriffe oder Gedanken, sondern in bestimmten Ereignissen und Erscheinungen der irdischen, sichtbaren, geschichtlichen Welt tritt die Offenbarung Gottes selbst, die Erscheinung seines Wesens anschaubar nahe«.

In zweifacher Hinsicht akzentuiert Mircea Eliade[77] in zahlreichen Schriften die ontologische Theorie und die von Rudolf Otto begonnene Diskussion um das Heilige und das Profane. Zusammenhänge von Kultur und geistigen Urformen, ausgeweitet auf die Weltreligionen und außereuropäischen Kulturen, zielen bei Eliade auf eine Veränderung des Menschen, auf die Schaffung eines neuen Humanismus[78]. Symbole offenbaren »eine Wirklichkeitsweise oder Weltstruktur, die auf der Ebene der unmittelbaren Erfahrung keine Evidenz besitzen«, sie drücken gleichzeitig mehrere Bedeutungen, auch paradoxale Situationen aus. Eliades Begriff der »Hierophanie« kennzeichnet den »paradoxalen« Zusammenfall von heilig und profan. Hier werden zwei Seinsebenen zur Deckung gebracht, die als ein Symbol »die Hierophanisation der Welt ins Unendliche verlängern«[79]. Der Mensch erfährt und begreift einen solchen Symbolismus als gleichbleibende Struktur wie als historischen Wandel. Zugleich aber – und damit erfüllt Eliade als Forscher die dritte der Denkkategorien bei Hans-Georg Gadamer[80] – wird die Anwendung der Symbole in einer eigenschöpferischen Hermeneutik vollzogen, z. B. in seiner schriftstellerischen Tätigkeit als Romanautor[81].

Einige Religionswissenschaftler stehen im Rahmen der noch andauernden Methodendiskussion in kritischer Distanz zur Phänomenologie und zu ontologischen Theorien ihres Faches. So wünscht R. D. Bairds[82] eine klare Unterscheidung von historischen und normativen Fragen. Für J. v. Baal[83] sind religiöse Symbole nur durch ihre gesellschaftliche Anerkennung evident. Andere Vertreter suchen einmal formulierte Positionen des Symbolverständnisses zu modifizieren und weiterzuentwickeln. So geht es Kurt Goldammer[84] um die Kommunikationsfunktion von Symbolen und um ihre Abhängigkeit von der Geschichte, die methodisch durch historische Analysen anzugehen und im Zusammenwirken mit der Symbolforschung zu lösen sind. Otto Friedrich Bollnow[85] möchte den hermeneutischen Ansatz zur Begriffsbestimmung wieder in den Vordergrund rücken und betont im Gegensatz zu Eliades »zeitlos gültigem Reich der Symbole« ihre Tiefendimension in der Geschichte als Hinweis auf das Ewige.

72 Ulrich Berner, Der Symbolbegriff in der Religionswissenschaft, S. 17, in: Beiträge zu Symbol, Symbolbegriff und Symbolforschung. Die folgende Zusammenfassung orientiert sich weitgehend an diesem Aufsatz.

73 Friedrich Heiler, Erscheinungsformen und Wesen der Religionen, Stuttgart 1961.

74 Gustav Mensching, Die Religion. Erscheinungsformen, Strukturtypen und Lebensgesetze, Stuttgart 1959.

75 Gaus, Wege, Methoden und Probleme, S. 18.

76 Wilhelm Stählin, »Symbolon«. Vom gleichnishaften Denken. Hrsg. von Adolf Köberle, Berlin. Zitiert nach Strebel, Symboldenken und Symbolverständnis, S. 133.

77 Z.B. Mircea Eliade, Aufwertung der Angst, S. 65–87, in: Ders., Bilder und Sinnbilder. Über die magisch-religiöse Symbolik. Gesammelte Werke in Einzelausgaben, Frankfurt 1986. Ders., Die Religionen und das Heilige. Elemente der Religionsgeschichte, Frankfurt 1986.

78 Berner, Der Symbolbegriff in der Religionswissenschaft, S. 20.

79 Eliade, Die Religionen und das Heilige. Zitiert nach Berner, Der Symbolbegriff in der Religionswissenschaft, S. 20/21.

80 Vgl. S. 49.

81 U.a. Mircea Eliade, Phantastische Geschichten, Frankfurt 1978. Vgl. dazu auch Ulrich Berner, Erforschung und Anwendung religiöser Symbole im Doppelwerk Mircea Eliades, S. 27–35, in: SYMBOLON. Jahrbuch für Symbolforschung. Neue Folge, Bd. 6. Hrsg. von Ernst Thomas Reimbold, Köln 1982.

82 R. D. Bairds, Category Formation and the History of Religions. The Hague–Paris 1971.

83 J. v. Baal, The Scandal of Religion, S. 485–497, in: Science of Religion. Studies in Methodology. Ed. L. Honko, The Hague–Paris–New York 1978.

84 Kurt Goldammer, Is there a Method of Symbol Research which offers Hermeneutic Access to Depth-Dimensions of Religious Experience?, S. 508/509, in: Science of Religion.

85 Otto Friedrich Bollnow, Religionswissenschaft als hermeneutische Disziplin. Methodenprobleme der Religionswissenschaft, die Welt der Symbole, S. 23–48, in: SYMBOLON. Jahrbuch für Symbolforschung. Neue Folge, Bd. 4. Hrsg. von Ernst Thomas Reimbold, Köln 1978.

Von seiten der evangelischen Theologie und der Philosophie hat der religiöse Symbolbegriff eine weitere Bereicherung erfahren[86]. »Zeichen haben keinen Anteil an der Wirklichkeit und Mächtigkeit dessen, was sie bezeichnen. Symbole – obwohl sie selbst nicht dasselbe sind, was sie symbolisieren – partizipieren an Sinn und Macht dessen, was sie symbolisieren«. Paul Tillich trennt klar zwischen Zeichen, die eine von der Bedeutung unabhängige Gestalt haben, und zwei Gruppen von Symbolen: »diskursive«, die auf Grund von Konventionen entstehen und deren Bedeutung austauschbar ist (z. B. in der Mathematik) sowie »präsentative« Symbole, die sich in Kunst und Dichtung, in der Geschichte, der Gesellschaft und insbesondere in der Religion zeigen[87]. Diese Symbolgruppe charakterisiert Tillich mit den vier Eigenschaften der »Uneigentlichkeit«, »Anschaulichkeit«, »Selbstmächtigkeit«, »Anerkanntheit«[88]. Eine fünfte, die heilende bzw. zerstörende Macht, trat später noch hinzu[89]. Speziell das religiöse Symbol sucht einen Gegenstand auszudrükken, »der wesensmäßig jede Gegenständlichkeit übersteigt – und doch wiederum nicht nur im geistigen Akt des meinenden und deutenden Subjekts vorhanden ist«. Jenen Schwebezustand zwischen Setzung und Aufhebung des Gegenstands im Symbol bezeichnet Tillich als »immanenten Atheismus«: »Es ist die religiöse Funktion des Atheismus, immer wieder daran zu erinnern, daß es im religiösen Akt um das Unbedingt-Transzendente geht und daß die Vertretungen des Unbedingten nicht Gegenstände sind, über deren Dasein oder Nichtdasein Diskussion möglich wäre«[90].

Sind für Tillich Symbole, die zu realen menschlichen Erfahrungen keinen Bezug haben und zeitlos gültig sind, undenkbar, so bezieht Paul Ricoeur[91] diese Erfahrungswelt ebenfalls als entscheidende Größe in seinen am Zusammenwirken verschiedener Disziplinen orientierten Symbolbegriff mit ein. Am Beispiel des Vatersymbols wendet er den durch Freud negativ besetzten Begriff ins Positive. »Der Aggressionstrieb des Sohnes gegen den Vater findet bei Jesus seine Umgestaltung im Tod Jesu für andere«. Der Wiederkehr des Verdrängten bei Freud steht Ricoeurs »Umgestaltung der Wiederkehr des Verdrängten« gegenüber, ein Symbol, das als Ziel Vergangenheit und Zukunft umfaßt[92].

Semiotik

Semiotik und Linguistik, Kommunikations- und Informationstheorien tun sich mit der Bestimmung und klaren Trennung von Zeichen und Symbol außerordentlich schwer und stiften oftmals eine Begriffsdiffusion, die eine Übernahme und Anwendung in anderen Disziplinen unmöglich machen. Hier ist die Symbolforschung aufgefordert, an einer Theoriebildung mitzuwirken und besonders auf einen abgegrenzten Symbolbegriff zu drängen.

Unklar bleibt gelegentlich auch die Unterscheidung von Semiotik und Semantik, der »Zeichenlehre« und der »Bedeutungslehre«. Während die Semiotik die Bedingungen im Prozeßablauf analysiert, unter denen sich Zeichen mitteilen und verstanden werden, geht es in der Semantik um die Beziehungen zwischen Zeichen und Bezeichnetem auf der Bedeutungsebene[93]. Vladimir Karbusicky[94] bietet dazu zwei brauchbare Definitionen an:

Semiotik ist die »Theorie der Verständigung der Menschen mit Hilfe der Zeichen, die insbesondere das Moment der Zeichenmorphologie und der Festigung der Zeichensysteme verfolgt: ihre Klassifizierung, die kategorial bedeutsame Logik ihrer Herausbildung in grundlegenden Relationen (Mittel-, Objekt-, Interpretantrelation), ihre Operationalisierung«.

Semantik ist die »Theorie der psychologisch-anthropologischen, sozialgeschichtlichen, kulturellen wie ästhetischen Bedingtheiten, welche die Prozeßhaftigkeit der Bedeutungsprägung, -umwandlung bzw. auch -löschung verfolgt«.

Auf dieser Grundlage lassen sich auch Zeichen und Symbol auseinanderhalten. Das Zeichen als ein mit den Sinnen wahrgenommenes Phänomen steht für etwas anderes, für einen Inhalt, vermittelt zwischen beiden und bezieht die Fläche in alle Richtungen mit ein[95]. Es ist rational erfaßbar, bedarf keiner Anschaulichkeit. Seine Bedeutung, eine durch das Zeichen bewußtgemachte Vorstellung beruht auf Übereinkunft, die willkürlich und demnach auch zu verändern bzw. austauschbar ist. Solche Zeichen tendieren zur Bildung eines geschlossenen Systems, etwa in der Mathematik und in den Naturwissenschaften allgemein (physikalische und chemische Zeichensysteme). Auch Buchstaben- oder Silbenschrift, die sprachunabhängigen

86 Zitiert nach Strebel, Symboldenken und Symbolverständnis, S. 136.

87 Manfred Lurker, Artikel ›Tillich, Paul‹, S. 732/733, in: Wörterbuch der Symbolik.

88 So bei Strebel, Symboldenken und Symbolverständnis, S. 136.

89 Lurker, Artikel ›Tillich, Paul‹, S. 732.

90 Zitate nach Strebel, Symboldenken und Symbolverständnis, S. 136, 137.

91 Paul Ricoeur, Hermeneutik und Psychoanalyse. Der Konflikt der Interpretationen II, München 1974.

92 Vgl. Heumann, Symbol – Sprache der Religion, S. 45–48.

93 Vgl. Manfred Lurker, Artikel ›Semantik‹, S. 648/649, in: Wörterbuch der Symbolik.

94 Karbusicky, Grundriß, S. 17.

95 Frutiger, Der Mensch und seine Zeichen, S. 14.

Zahlen, schließlich spontane mimische und gestische Äußerungen der lebendigen Kreatur zählen zu den Zeichen. Der Sprachforscher Ferdinand de Saussure[96], dem wir die Dualität des Zeichenbegriffs als Signifikant (Zeichengestalt) und Signifikat (Zeichenbedeutung) verdanken, trennt zwischen dem willkürlichen Zeichen und dem Symbol; »... bei ihm besteht bis zu einem gewissen Grade eine natürliche Beziehung zwischen Bezeichnung und Bezeichnetem. Das Symbol der Gerechtigkeit, die Waage, könnte nicht etwa durch irgendetwas anderes, z. B. einen Wagen, ersetzt werden«[97]. Von dem von de Saussure eingeführten Begriff der »Semiologie« als einer Wissenschaft vom Ursprung und den Gesetzmäßigkeiten der Zeichen ist man im übrigen abgekommen und hat ihn durch »Semiotik« ersetzt.

Nun sind es gerade die sprachlichen Zeichen, die den Übergang vom Zeichen zum Symbol fließend gestalten. Schon in der antiken Sprachtheorie, auch bei Platon, gilt das Wort nicht als arbiträres Zeichen, sondern vermittelt eine wesensmäßige Entsprechung von Gestalt und Gehalt. Für Ernst Cassirer zählt deshalb die Sprache als »geistige Schöpfung« zu den »symbolischen Formen«. »Ja, nur weil der Mensch ein Symbolbewußtsein hat, weil er zwei verschiedene Dinge (Lautgebilde und das Bezeichnende) auf zwei verschiedenen Seinsebenen geistig miteinander verbinden kann, hat er Sprache«[98].

Eine solchermaßen auf Verabredung basierende Setzung eines Zeichens wird auch bei Charles Sanders Peirce[99], dem Begründer der modernen Semiotik, erfaßt. Peirce unterscheidet drei Klassen: indexale, ikonische und arbiträre Zeichen.

Index ist ein Zeichen, daß auf das Objekt, das es bezeichnet, dadurch verweist, daß es wirklich durch dieses Objekt bestimmt wird und gewisse Merkmale mit dem Objekt gemeinsam hat (Spiegelbild). Die indexalischen Zeichen können sich nach zwei Bereichen aufgliedern: einmal steht der Index für ein Bezeichnetes, von dem aus der Gegenstand nach dem Kausalitätsprinzip erschlossen werden muß (Wegweiser verweist auf *Weg*). Dieses Zeichen wird als Vektor bezeichnet, dessen Merkmal Kontiguität ist. Zum anderen steht der Index als Indiz oder Symptom (Regenwolke verweist auf Regen). Außerdem gibt es das Zeichen als pars pro toto, die Synekdoche.

Ikon ist ein Zeichen, das sich auf das Objekt, welches es bezeichnet, lediglich durch seine Eigenschaften, die es besitzt, bezieht, und zwar gleichermaßen, ob dieses Objekt existiert oder nicht. Die Merkmale des Ikon können dem Objekt ähnlich sein oder als ein Zeichen von ihm benutzt werden. Die Ähnlichkeit garantiert eine große Zahl der Ikonizität, die ihre Grenzen sowohl zu den indexalischen Zeichen (bis zur Identität) als auch zu den arbiträren Zeichen (bis zum völligen Fehlen von Ähnlichkeit) besitzt.

Arbiträre Zeichen sind solche, die weder Anteil am Gegenstand noch Ähnlichkeit mit ihm haben, die also einer historisch-sozial bedingten, aber potentiell modifizierbaren oder auflösbaren Konvention entspringen (z. B. Verkehrszeichen, Wappen und Münze). Das Bedeutungsfeld der arbiträren Zeichen ist durch die variablen Elemente des Sprachsystems begrenzt, dem es angehört».

Eine Reihe von charakteristischen Merkmalen des Symbols bei anderen Wissenschaftspositionen liegen bei Peirce im Zwischenbereich von ikonischen und arbiträren Zeichen, andere werden in seiner Systematisierung gar nicht erfaßt wie die Wurzeln im Irrationalen, die Teilhabe an der Wirklichkeit dessen, für das es ein Symbol ist oder die innere, unauflösbare Einheit von Zeichengestalt und Bedeutung[100]. Obwohl gerade für das arbiträre Zeichen in Semiotik und Sprachwissenschaft auch der Begriff Symbol verwendet und dadurch eine notwendige Trennung erschwert wird, kann die semiotische Theorie bei der Erforschung von Symbolen durchaus hilfreich sein.

Zu den Perspektiven einer allgemeinen Semiotik gehört auch der Dialog mit weiteren analysierenden Wissenschaftsmethoden, etwa mit dem Strukturalismus[101]. Hierbei geht es zum einen um Ordnungen und Anordnungen von Sprache und anderen Zeichensystemen des Menschen, die Bedeutung erlangt haben. Zum anderen vermag der Mensch sich diesen »strukturalen« Erscheinungen nur durch bestimmte Methoden zu nähern, sie aber nicht vollgültig zu erklären. Der Anthropologe und Mythenforscher Claude Lévi-Strauss[102] will die strukturale Methode auf alle gesellschaftlichen Bereiche übertragen und speziell hinter der Vielzahl von Mythenversionen gleichbleibende Grundmuster und Kombinationsraster sichtbar machen. In ähnlicher Weise sucht Roland Barthes[103] den strukturalen Elementen der Literatur näherzukom-

96 Vgl. u. a. Ferdinand de Saussure, Grundfragen der allgemeinen Sprachwissenschaft, Berlin 2. Aufl. 1967.

97 Lurker, Zur symbolwissenschaftlichen Terminologie, S. 98.

98 Manfred Lurker, Artikel ›Sprache, Sprachwissenschaft‹, S. 679, in: Wörterbuch der Symbolik.

99 Charles Sanders Peirce, Collected papers. Hrsg. von P. Weiss und Ch. Hartschome, 6 Bde., Cambridge 1931–1935. Zitiert nach Gaus, Wege, Methoden und Probleme, S. 14.

100 Manfred Lurker, Artikel ›Zeichen‹, S. 823, in: Wörterbuch der Symbolik.

101 Vgl. dazu auch Roland Posner, Semiotische Forschung in den Einzelwissenschaften, S. 3–10, in: Zeichenprozesse. Semiotische Forschung in den Einzelwissenschaften. Hrsg. von Roland Posner und Hans-Peter Reinecke, Wiesbaden 1977.

102 Vgl. u. a. Claude Lévi-Strauss, Anthropologie Structurale, Paris 1958 (deutsch: Strukturale Anthropologie, Frankfurt/M. 1969).

103 Vgl. u. a. Roland Barthes, Eléments de sémiologie, Paris 1964. Ders., Critique et Vérité, Paris 1966.

men. Im übrigen widerlegte Lévi-Strauss theoretisch die Ansicht, der Symbolbegriff stehe in Opposition zur wissenschaftlichen Erkenntis und zum logischen Denken[104].

Literaturwissenschaft

Die Literaturwissenschaft übte zu Beginn unseres Jahrhunderts eine verständliche Zurückhaltung in der Verwendung des Symbolbegriffs; er bewegte sich einerseits noch zu sehr in der Nachfolge einer klassisch-romantischen Ästhetik, vor allem der Konzeption Goethes und seines Umkreises. Zum anderen wurde er durch die nicht-zeichenhafte Definition und Verwendung in der Psychoanalyse nachhaltig beeinflußt. Nachdem Hermann Pongs[105] und Wilhelm Emrich[106] einen Übergang »von der geistesgeschichtlichen zur poetologischen Richtung« geschaffen hatten, nimmt die Symbolinterpretation nach Elisabeth Frenzel[107] einen »entscheidenden Platz« in der Forschung ein. Dennoch bleibt der literaturwissenschaftliche Begriff uneinheitlich. Schwerpunktmäßig wird er einmal der Hermeneutik, einmal der Semiotik zugeordnet. Peter Kobbe[108] geht in seinem ausführlichen Artikel im »Reallexikon der deutschen Literaturgeschichte« vom Symbol als einer »parasemiotischen Größe« aus, bei der »das Problem der Differenzierung und historischer und systematischer Begriffsverwendung nicht lösbar« ist. Bei Elisabeth Frenzel wird »die Symbolschaffung« als »ein Akt der künstlerischen Weltbewältigung« für den Autor angesehen. »Er sucht im Bild die Spannung von konkreter und abstrakter Welt zu überwinden, das scheinbar Zufällige ins Gültige zu erheben, die der Wirklichkeit immanente ewige Wahrheit so sichtbar zu machen, wie der Philosoph die Phänomene auf Begriffe reduziert«[109]. Der ambivalente Charakter des literarischen Symbols ergibt sich aus dem Zusammenfallen von Abbild und Sinnbild, von Realitäts- und Sinngebungsebene. Frenzel spricht von einem »Symbolgeflecht«, das in unterschiedlicher Dichte in einzelnen literarischen Gattungen wirksam wird[110]. Symbole repräsentieren Bedeutungen und verweisen zugleich auf sie, nicht nur in Gliederung und Ablauf des Textes, sondern auch im Beziehungsdreieck Autor – Werk – Publikum.

Im pragmatischen und symbolischen Verstehen liegt nach Gerhard Kurz[111] ein Zugang zu literarischen Texten. Scheint mit der Pragmatik nicht alles erfaßt, so drängt sich eine zusätzliche Bedeutung auf. Am Beispiel des Tintenflecks in Goethes Roman »Die Wahlverwandtschaften« demonstriert Kurz, wie der Dichter die Bindung an das pragmatische Kontinuum des ›Flecks‹ zur relativen Eigenständigkeit der ›Befleckung‹ in der Schwebe hält: ein Zeichen der unachtsamen Hast und ein Symbol der Schuld. Symbole in der Literatur haben »die Tendenz, sich auf die erzählte Situation als Ganzes zu beziehen, auf den zugrundeliegenden thematischen Zusammenhang als ganzen«[112]. Für Kurz beginnt das literarische Symbol in dem Augenblick fragwürdig zu werden, wenn durch seine Verwendung Schicksal suggeriert wird, »wo selbständiges Handeln doch möglich wäre«[113].

Kunstwissenschaft

Symbole treten nicht nur in Sprache und durch Sprache in Erscheinung und werden dadurch wirkkräftig. Symbolisieren ist auch ein Grundzug künstlerischen Schaffens. Maler, Bildhauer und Architekten setzen sich mit der sinnlich faßbaren Wirklichkeit der Welt auseinander, sei es in symbolischer Transformation, sei es in symbolischen Formen, die die Künstler aus historisch vermittelten Konventionen übernehmen, gegebenenfalls auch umgestalten können. Wie die Dichtung, so gründet auch die Kunst auf Wechselbeziehungen des sichtbar Realen, das sie abbildet, und der unsichtbaren Wesenheit von Dingen, des Transzendenten, das sie ausdrückt. Die Kunst läßt den Betrachter abbildlich sehen und zugleich sinnbildlich denken, freilich nicht stets und überall, doch in unterschiedlicher Intensität der Zeichenhaftigkeit durch die Jahrhunderte[114]. Bei der Erforschung des Gesichtssinns wurde die für unseren Zusammenhang bedenkenswerte Beobachtung gemacht, »daß die blickmotorische Steuerung nicht nur durch die formalen Eigenschaften des Reizgegenstandes bestimmt wird, sondern vor

104 Kobbe, Artikel ›Symbol‹, S. 309.
105 Zusammenfassend in Hermann Pongs, Symbol als Mitte, Marburg 1978.
106 Wilhelm Emrich, Das Problem der Symbolinterpretation im Hinblick auf Goethes Wanderjahre, S. 331–352, in: Deutsche Vierteljahresschrift für Geistesgeschichte und Literaturwissenschaft 26 (1952).
107 Elisabeth Frenzel, Artikel ›Literaturwissenschaft‹, S. 427, in: Wörterbuch der Symbolik. Vgl. auch Dies., Stoff-, Motiv- und Symbolforschung, Stuttgart 3. Aufl. 1970.
108 Kobbe, Artikel ›Symbol‹, S. 308/309.
109 Frenzel, Stoff-, Motiv- und Symbolforschung, S. 35 (2. Aufl.).
110 Vgl. Elisabeth Frenzel, Artikel ›Literatur‹, S. 423/424, in: Wörterbuch für Symbolik.
111 Kurz, Metapher, Allegorie, Symbol, S. 73–75.
112 Kurz, Metapher, Allegorie, Symbol, S. 82.
113 Kurz, Metapher, Allegorie, Symbol, S. 83.
114 Vgl. Manfred Lurker, Artikel ›Kunst, bildende‹, S. 403–406, in: Wörterbuch der Symbolik.

allem durch die ›Bedeutung‹ der visuellen Zeichen für das Verhalten und durch das Interesse des Betrachters«[115]. Die menschliche Wahrnehmung im Visuellen und das Urteilen beschränkt sich also auf ein individuell Notwendiges.

Andererseits werden nach Otto Betz die symbolischen Grundformen der Kunst zur unabdingbaren Notwendigkeit bei der Lebensbewältigung. »Uns begegnen dort Ordnungsbilder: der Garten, der Kreis, das gefügte Haus, die Burg auf dem Berge, die Krone, der Tempel, das sich öffnende Tor, die Brücke über dem Abgrund, das Labyrinth, das mittezentrierte Mandala, vor allem aber das Kreuz als Schnittpunkt der Dimensionen. Wir haben solche Bilder nötig wie das tägliche Brot. Sie geben Orientierung in den Zeiten der Wirrnis, sie können Perspektiven erschließen, wenn man keinen Weg mehr zu sehen meint«[116].

Die Kunstwissenschaft beschreitet zwei Wege bei der Erforschung von Symbolen: den Umgang mit ihnen im Kunstwerk und die Auffassung des Symbolischen, beides im historischen Kontext[117]. Einige wesentliche Ansätze seit Beginn unseres Jahrhunderts seien kurz skizziert, die insbesondere über das ästhetische Verständnis von Kunst zur Begrifflichkeit und zur Anwendung des Symbolischen gelangt sind.

Die romantische Symboltradition von Creuzer, Hegel und Friedrich Theodor Vischer[118], zwischen Magie und Mystik des Orients, abendländischer Rationalität und christlichem Unendlichkeitsstreben angesiedelt, gewann entscheidenden Einfluß auf Aby Warburg und seinen Kreis (Fritz Saxl, Edgar Wind, Erwin Panofsky u. a.)[119]. Warburg stellte seine kunsthistorischen Betrachtungen in größere kulturwissenschaftliche Zusammenhänge. Er sah im Symbol eine polare Struktur, die unbewußtes Triebverhalten und klares rationales Bewußtsein in sich vereint[120]. Damit schloß sich Warburg der Symboltheorie von C. G. Jung und der anthroposophischen Ästhetik an. Zugleich ist sein Symbolbegriff wie der Ernst Cassirers von der überzeitlichen Struktur symbolischer Formen geprägt; die Funktion des Symbols umgreift das Historische wie das Diskursive.

Für Erwin Panofsky[121] zeigt sich die Ästhetik und Lebensphilosophie des Künstlers im Werk als symbolischer Ausdruck, den der Wissenschaftler im Nachhinein rational zu erfassen sucht. Die Bildbetrachtung erstreckt sich nicht allein auf Stil und Form oder auf ikonographische Motivanalyse, sondern bezieht auch über das Sichtbare hinausgehende Inhalte in ihre Deutung ein. Symbolischen Gehalt findet Panofsky im Wesenssinn (›intrinsic meaning‹) eines Kunstwerks. Werden in der quellenmäßigen Erforschung von Kunst und bei ihrer Deutung jegliche Möglichkeiten ihres individuellen Kulturhintergrundes einschließlich der sozialen und ökonomischen Bedingungen berücksichtigt, spricht Panofsky von Ikonologie. Angestrebtes Ziel ist dabei, vormals unbewußte symbolische Werte im Kunstwerk für den Betrachter und den Wissenschaftler bewußt zu machen[122].

Kunst und Psychologie sowie die Kraft der Mythen wirken für Ernst H. Gombrich[123] im Symbol, das stets mit einer Bedeutungsvielfalt aus seinem jeweiligen Kontext heraus verbunden ist. Im Anschluß an Panofsky macht Werner Hofmann[124] die geistige Einstellung des Betrachters zur Voraussetzung von Symbolen, die eine geistige Totalität darstellen. Der Architektur wohnt nach Hans Sedlmayr[125] seit Anbeginn ein »sensus allegoricus« inne, der sich auf die Symbolik des Kosmos, des Jenseits oder der Gottheiten beziehen kann, aber auch auf anatomische Proportionen des Menschen. Rainer Volp[126] nimmt die von Gerardus v. d. Leeuw aufgegriffene Verbindung von Religionsge-

115 Gaus, Wege, Methoden und Probleme, S. 11.

116 Betz, Elementare Symbole, S. 28.

117 Franz Meyer, Das Symbol in der bildenden Kunst, S. 116, in: Benedetti, Rauchfleisch (Hrsg.), Welt der Symbole.

118 Friedrich Theodor Vischer, Ästhetik oder Wissenschaft des Schönen, 1847–1857. Hrsg. von R. Vischer, Stuttgart 2. Aufl. 1922–23. Neudruck 1975. Ders., Das Symbol, S. 153–193, in: Philosophische Aufsätze. Eduard Zeller gewidmet, Leipzig 1887.

119 Aby Warburg, Gesammelte Schriften I–II, Berlin–Leipzig 1932. Vgl. auch Ernst H. Gombrich, Aby Warburg. An Intellectual Biography. With a Memoir on the History of the Library by F. Saxl, London 1971 (deutsch: Frankfurt 1981).

120 Götz Pochat, Der Symbolbegriff in der Ästhetik und Kunstwissenschaft, Köln 1983, S. 225.

121 Erwin Panofsky, Studies in Iconology. Humanistic Themes in the Art of the Renaissance (1939), New York 1962 (deutsch: Köln 1975). Ders., Meaning in the Visual Arts, New York 1955 (deutsch: Sinn und Deutung in der bildenden Kunst, Köln 1975).

122 Vgl. Lorenz Dittmann, Stil – Symbol – Struktur. Studien zu Kategorien der Kunstgeschichte, München 1967, S. 109–139.

123 Ernst H. Gombrich, Symbolic Images. Studies in the Art of the Renaissance, London 1972.

124 Werner Hofmann, Grundlagen der modernen Kunst. Eine Einführung in ihre symbolischen Formen, Stuttgart 3. Aufl. 1987.

125 Vgl. u. a. Hans Sedlmayr, Die Entstehung der Kathedrale, Zürich 1950. Neudruck Graz 1976.

126 Rainer Volp, Das Kunstwerk als Symbol. Ein theologischer Beitrag zur Interpretation der bildenden Kunst, Gütersloh 1966. Vgl. auch Pochat, Der Symbolbegriff, S. 229.

schichte und Kunst im Bereich der Theologie wieder auf. Sein Symbolverständnis basiert weniger auf ästhetischem Erleben als auf religiöser Erfahrung und deren apriorischem Ausgangspunkt. Für das Verstehen moderner, zeitgenössischer Kunst stellt Peter Fingesten[127] eine neue Kategorie der »Metasymbole« zur Diskussion. Sie »finden ihren Ausdruck in Form und Gestaltlichmachung abstrakter Natur, ohne irgendeine andere Bedeutung zu besitzen als ihre eigene visuelle Existenz. Abstrakte Formdarstellungen wie z. B. die Schöpfungen von Kandinsky, Mondrian und Jackson Pollock existieren ohne Beziehung auf irgendeine Wirklichkeit und im Widerspruch zu konventionellen Symbolen, die Begriffe auslösen, ... ›Metasymbole‹ haben keinerlei begriffliche Begrenzung. Sie sind weit offene Gestalten, die ihrer eigenen Beschaffenheit gemäß Begriffsvorstellungen erzeugen und die verschiedenartigen Ausdeutungen, Gedankenverbindungen oder verschiedenem Hineinlesen unterworfen sind«.

Musikwissenschaft

Akustische Zeichen als Klangphänomene sind, genetisch betrachtet, noch vor den visuellen wie Bilder oder Schriftzeichen anzusetzen. Musik in ihrer Materialität und ihrem geistigen Gehalt verbindet seit Beginn der Menschheitsgeschichte »ästhetisches Bedeuten« im Sinne von Eduard Hanslicks »tönend bewegten Formen«[128] mit »symbolischem Meinen«[129]. »Das Überschreiten des sinnlichen Verstehens, der Zusammenwurf eines ästhetisch-begrifflosen und eines begrifflich-wissenden Verstehens« kennzeichnet nach Hans Heinrich Eggebrecht[130] das musikalische Symbol. Musik in ihrer Totalität wird seit alters her als Symbol angesehen, sie kommt von den Göttern, wird als göttliche Sendung verstanden, die den Menschen zur Kommunikation mit dem Numinosen befähigt. Töne und Klänge, Tonarten, musikalische Formen und Musikinstrumente gelten als Bindeglieder zwischen der Harmonie des Alls und Ordnungsprinzipien in der Welt, im Zusammenleben der Menschen in Staat und Gesellschaft wie in der Lebensauffassung und -gestaltung des Individuums[131]. Von den Ursprüngen bei den alten Kulturvölkern in China und Japan, bei den Hebräern und Ägyptern zieht sich ein solches Symbolverständnis der Musik in unterschiedlicher Dichte über die gesamte abendländische Musikgeschichte bis zu der an Pythagoras anknüpfenden Lehre von der harmonikalen Weltordnung in unserer Zeit bei Hans Kayser und seinem Schülerkreis[132].

Die moderne Musikforschung orientierte sich ähnlich wie die Kunst- und Literaturwissenschaft zunächst am »klassischen« Symbolbegriff der Goethezeit. Hermann Kretzschmar[133] und Arnold Schering[134] befassen sich in den ersten Jahrzehnten unseres Jahrhunderts, angeregt durch die Bachforscher Johann Nikolaus Forkel, Philipp Spitta und Albert Schweitzer, systematisch mit Analyse und Interpretation von Musik. Kretzschmar orientierte sich bei seiner Beschäftigung mit Sinnbildlichkeit und Ausdruck an Wilhelm Diltheys Hermeneutik-Begriff, sein Schüler Schering suchte diese Ansätze zu einer umfassenden Symbolkunde auszubauen. Ihre Aufgabe bestand darin, »das Wissen von den Zusammenhängen zwischen Klangbild und Sinnbedeutung zu begründen und zu befördern«, bezogen auf den Forscher wie auf den bewußt rezipierenden Hörer. Die musikalische Symbolwelt wird »nach dem Grad ihrer Geistigkeit« in vier Komplexe gegliedert: Affekt- und Stimmungssymbolik, Klangsymbolik, Symbolik der Formen und Symbolik der von außen an die Musik herangetragenen ideologischen Faktoren. Symbole als klingende »Bilder« oder als »Spiegel« irgendeines Sinnes, großzügig kategorisiert in einen Gefühls- und einen Vorstellungsbereich, schließen sich über Epochen hinweg zu einem »Symbolgewebe« zusammen, »das zu einer schier unfaßlichen Größe anwachsen kann«[135].

127 Peter FINGESTEN, Die Bedeutung des Symbolbegriffes in der bildenden Kunst, S. 42/43, in: Beiträge zu Symbol, Symbolbegriff und Symbolforschung.
128 Eduard HANSLICK, Vom Musikalisch-Schönen. Ein Beitrag zur Revision der Ästhetik der Tonkunst, Leipzig 1854, S. 32.
129 Carl DAHLHAUS, Hans Heinrich EGGEBRECHT, Was ist Musik?, Wilhelmshaven 1985.
130 EGGEBRECHT, Ästhetisches Bedeuten und symbolisches Meinen, S. 125, in: EGGEBRECHT, DAHLHAUS, Was ist Musik?
131 Hermann JUNG, Artikel ›Musik‹, S. 483, in: Wörterbuch der Symbolik.
132 Hans KAYSER, Die Harmonie der Welt (Aufsätze). Beiträge zur harmonikalen Grundlagenforschung I, hrsg. von Rudolf HAASE, Wien 1968. Rudolf HAASE, Kaysers Harmonik in der Literatur der Jahre 1950 bis 1964 (Orpheus-Schriftenreihe zu Grundfragen der Musik VII), Bonn-Bad Godesberg 1967.
133 Hermann KRETZSCHMAR, Anregungen zur Förderung musikalischer Hermeneutik; DERS., Neue Anregungen zur Förderung musikalischer Hermeneutik. Satzästhetik, in: Gesammelte Aufsätze über Musik II, Leipzig 1911, S. 168–192, 280-293.
134 Arnold SCHERING, Das Symbol in der Musik. Mit einem Nachwort von Wilibald GURLITT, Leipzig 1941.
135 SCHERING, Musikalische Symbolkunde, S. 138, in: Das Symbol in der Musik.

Scherings erste Versuche einer Systematik von Symbolen und seine methodischen Ansätze beförderten zwar die Erhellung der barocken Musiksprache, etwa die musikalisch-rhetorische Figurenlehre[136]; sie war freilich zu weit gefaßt, zu ungenau und geriet durch Scherings eigene, die Grundgedanken überziehenden subjektiven »Deutungen« klassischer Musikwerke, insbesondere bei Beethoven, als wissenschaftliche Methode in Verruf[137].

Erich Schenk und sein Wiener Schülerkreis[138] vermochten nach dem Zweiten Weltkrieg mit der »Tonsymbolik« als Forschungsgegenstand wieder ein akzeptables Gegengewicht zur phänomenologisch-formalistischen Richtung aufzubauen. Für Schenk ist sie die »letzte Frage aller Stilforschung, ob und wie in den verschiedenen Musikgeschichtsepochen für bestimmte Vorstellungen und Gegebenheiten der seelischen und körperlichen Lebensganzheit oder der Natur bestimmte Umschreibungen durch Töne entstanden, denen durch ihre Allgemeinverbindlichkeit und -verständlichkeit Bildkraft und Symbolwert im Sinne des gesprochenen Wortes innewohnt«[139]. Schenk schließt in seinen Symbolbegriff die zeichenhafte Tonmalerei und die barocke Affektdarstellung mit ein und erprobt ihn mit seinen Schülern auch an klassischer und romantischer Musik. Im Zusammenhang mit dem Schaffen Gustav Mahlers sucht Constantin Floros[140] mit Hilfe eines enger gefaßten Symbolbegriffs die These von einer ›absoluten‹, d.h. autonom musikalischen und weitgehend bedeutungsfreien Symphonik im 19. Jahrhundert zu erschüttern. Floros scheidet in seinem Verständnis stereotype Formeln, charakteristische Wendungen, Themenmodelle und musikalische Signale aus und billigt der Nachahmung akustischer Vorgänge nur bedingten Symbolwert zu. Sinngehalt und Bewußtheit bei der Setzung und beim Verstehen sind seine Kriterien für ein Symbol in der Musik.

Die kritische Distanz, mit der Hans Heinrich Eggebrecht einem musikalischen Symbolbegriff gegenübersteht, bezieht sich auf seine Weitläufigkeit und die fehlende Abgrenzung gegenüber verwandten oder ähnlichen Phänomenen[141]. Für ihn sind weder die Elemente deskriptiver Musik, die Wiedergabe von Affekten und Stimmungen noch die musikalisch-rhetorischen Figuren Symbole. Richard Wagners Leitmotive erfüllen dagegen die Bedingungen eines ›echten‹ Symbols: »die Zuschreibung von etwas, das die Töne selber nicht sind (wenngleich sie die Zuschreibung ermöglichen)«[142]. Sie sind als musikalische Zeichen willkürlich gesetzt, »dem unmittelbaren Bedeuten zusätzlich eingestaltet«[143]. Im Blick auf die Musik als Ganzes formuliert Eggebrecht: »Eine Definition, die auf ›die‹ Musik gerichtet ist, kann das symbolische Meinen nicht ausklammern, indem sie, orientiert an dem ästhetisch unmittelbaren musikalischen Bedeuten, das Symboldenken und -verwirklichen als außermusikalisch erklärt und beiseiteschiebt«[144].

Carl Dahlhaus kritisiert an Eggebrechts Symbolbegriff die »überzeitlich gültige« Kategorisierung, in der »vor-klassische und klassische Theoreme« miteinander verquickt werden. »Ob die Vermittlung gelingen kann, ist jedoch zweifelhaft. Das Prinzip, daß die Bedeutung, die ein Symbol darstellt, unabhängig von der Darstellung gegeben ist, und das Gegenprinzip, daß sie anders als durch das Symbol gar nicht vermittelt und erfaßt werden kann, stehen sich kontradiktorisch gegenüber, und der Übergang vom einen zum anderen, den Eggebrecht erprobt, ist ein heikles Unterfangen«[145]. Dahlhaus plädiert zudem dafür, die mystische Sprachtheorie und eine kabbalistische Symbolinterpretation nicht gering zu schätzen oder außer acht zu lassen, gehören sie doch zu den Voraussetzungen der romantischen Musikästhetik. Musik wird zur Sprache des Unsagbaren. »Das Paradox ... ist immer das gleiche: die Idee,

136 Vgl. hierzu die beiden grundlegenden Arbeiten von Hans-Heinrich UNGER, Die Beziehungen zwischen Musik und Rhetorik im 16.–18. Jahrhundert, Würzburg 1941. Neudruck Hildesheim 1979. Arnold SCHMITZ, Die Bildlichkeit der wortgebundenen Musik Johann Sebastian Bachs, Mainz 1950. Neudruck Laaber 1976.

137 Arnold SCHERING, Beethoven in neuer Deutung, Leipzig 1934. DERS., Beethoven und die Dichtung, Berlin 1936.

138 Vgl. hierzu die Beiträge in ›De Ratione in Musica‹. Festschrift Erich Schenk 5. Mai 1972. Hrsg. von Theophil ANTONICEK, Rudolf FLOTZINGER und Othmar WESSELY, Kassel–Basel 1975.

139 Erich SCHENK, Zur Tonsymbolik in Mozarts »Figaro«, S. 100, in: Ausgewählte Aufsätze, Reden und Vorträge, Graz–Wien–Kassel 1968.

140 Constantin FLOROS, Gustav Mahler. I: Die geistige Welt Gustav Mahlers in systematischer Darstellung. II: Mahler und die Symphonik des 19. Jahrhunderts in neuer Deutung, Wiesbaden 1977. III: Die Symphonien, Wiesbaden 1985.

141 Hans Heinrich EGGEBRECHT, Artikel ›Symbol‹, S. 921–923, in: RIEMANN, Musiklexikon, Sachteil, Mainz 1967.

142 EGGEBRECHT, Ästhetisches Bedeuten und symbolisches Meinen, S. 125, in: DAHLHAUS, EGGEBRECHT, Was ist Musik? Vgl. auch DERS., Bachs Kunst der Fuge – Erscheinung und Deutung, München 2. Aufl. 1985.

143 EGGEBRECHT, Artikel ›Symbol‹, S. 922, in: RIEMANN, Musiklexikon.

144 EGGEBRECHT, Ästhetisches Bedeuten und symbolisches Meinen, S. 131.

145 Carl DAHLHAUS, Ästhetisches Bedeuten und symbolisches Meinen (Fortsetzung des Aufsatzes von H. H. EGGEBRECHT), S. 135/136, in: DAHLHAUS, EGGEBRECHT, Was ist Musik?

daß in der Mitteilung das Nicht-Mitteilbare, im Sagen das Unsagbare oder im Ausdruck das Ausdruckslose verborgen sei und durch Intuition wenigstens einen Augenblick lang zutage gefördert werden könne«[146].

Die musikwissenschaftlich ausgerichtete Symbolforschung beschränkte sich bisher in der Hauptsache auf vier Gebiete: auf die Musikinstrumente als Symbolträger, auf die Tonarten-Charaktere, auf bestimmte rhythmische Modelle und auf die Zahlensymbolik[147]. Schwerpunkte bildeten die Musik des 18. Jahrhunderts und die Barockrezeption bis weit ins 20. Jahrhundert hinein. Dabei liegt es in der Natur der Sache, daß das empirisch-heuristische Verstehen und Deuten von Musik mit der Tendenz zum Subjektiven und eine historisch vergleichende Objektivierung des Forschens in einer nie ganz aufgelösten, gleichwohl fruchtbaren Spannung zueinander stehen.

Die Annäherung eines traditionellen Symbolverständnisses an die musikalisch orientierte Semiotik-Forschung gewinnt in jüngster Zeit nach anfänglicher Ablehnung von beiden Seiten an Konturen. Der Semiotiker J. J. Nattiez[148] glaubte anfangs, die Musikforschung durch die Semiotik zu einer exakten Wissenschaft aufwerten zu müssen. Umberto Eco[149] schloß die durch Zeichen vermittelte Bedeutungskomponente in der Musik zunächst aus und beklagte die geringe Beachtung strukturalistischer Forschungen durch die Musikwissenschaft. In seiner »Einführung in die Semiotik« geht er kurz auf musikalische Sachverhalte ein: »In eine musikalische Semiotik kann wieder eine neue Untersuchung der onomatopoetischen Zeichen eingeführt werden sowie eine neue Betrachtung der konnotativen Zeichen in der Musik. Denn wenn einerseits die Musik das Problem eines semiotischen Systems ohne semantische Dichte stellt (die musikalischen Zeichen hätten syntaktische Beziehungen, aber keinen semantischen Inhalt; die Musik wäre ein System mit einer einzigen Gliederung; ...), so existieren andererseits doch musikalische Syntagmata oder vollständige, gegliederte Botschaften mit im Laufe der Zeit kulturell verfestigtem konnotativem Wert (›Hirtenmusik‹, ›kriegerische Musik‹, ›spannungserzeugende Musik‹ usw.) ... Wie für jedes andere semiotische System stellt sich dann im Augenblick seines ästhetischen Gebrauchs das Problem des konnotativen Wertes der verschiedenen Stile«[150].

Der Musikwissenschaftler Vladimir Karbusicky[151] übertrug in seinem *Grundriß einer musikalischen Semantik* die Hierarchie der Zeichenqualitäten von Peirce auf die Musik. Er spricht von einem »archetypischen Wahrnehmungsmechanismus ›Bild + indexikale Verinnerlichung + (eventuell:) symbolische Deutung‹«, den Musik beim Menschen auslöst. *Ikon* ist der einfachste und auch ›funktionellste‹ Gegenstandsbezug; er kann *nicht potenziert* werden. Eine Aneinanderreihung macht aus dem Zeitumfang Stücke. ... *Index* verkörpert unsere, die menschliche Dimension. Das emotionale Leben selbst generiert ihn im Alltag, er kennzeichnet das Zusammenleben mit den Mitmenschen, mit ihm beleben wir die gegenständliche Welt. ... *Symbol* hingegen ist eine Zeichenqualität, in der wir aus unserer Dimension ausbrechen können. Symbol macht nicht aus dem Zeitumfang Stücke, sondern es synthetisiert. In Symbolen werden Bedeutungen *potenziert,* weil ihr Kategorisierungsmerkmal, der Umfang der Vertretung bis ins Unendliche gedacht werden kann«[152].

Karbusicky will für die Musik noch einen vierten Faktor einbeziehen: »das *Material* und seine spielhafte oder energetische *Konstruktion.* Als Ikon und als Index fungiert Musik bei der Darstellung komplexer Begriffe wie »Krieg« oder »Frieden«: durch ein akustisches, Bewegung evozierendes Bild (»Schlachtengetümmel«) oder durch Indizes der Stimmung (»strahlende Ruhe«)[153]. Als Vorteil sieht Karbusicky an, daß musikalische Symbole weniger konventionalisiert seien, »daß sie je nach Kontext anders gestaltet werden können« und erst im konkreten Einsatz, z. B. auch als Zitate »eine gewisse Kraft des ›Bezeichnens‹« erlangen«[154].

146 Dahlhaus, Ästhetisches Bedeuten und symbolisches Meinen, S. 137/138.

147 Vgl. dazu Hermann Jung, Zahlen und Zahlensymbolik in der Musik. Ein Forschungsbericht, S. 179–201, in: Mnemosyne. Festschrift für Manfred Lurker zum 60. Geburtstag, Baden-Baden 1988. Ders., Symbol und Symbolverständnis in der Musik des Barock, S. 67–90, in: SYMBOLON. Jahrbuch für Symbolforschung. Neue Folge, Bd. 7. Hrsg. von Peter Gerlitz, Köln 1985.

148 Vgl. u. a. Jean-Jacque Nattiez, Situation de sémiologie musicale, S. 3–17, in: Musique en jeu 5 (1971). Ders., Reflections on the Development of Semiology in Music (Translated by Katherine Ellis), S. 21–75, in: Music analysis 8 (1989).

149 Umberto Eco, La struttura Assente, Mailand 1968 (deutsch: Einführung in die Semiotik, München 1972).

150 Eco, Einführung in die Semiotik, S. 22. Vgl. auch Karbusicky, Grundriß, S. 36/37, nach dem auch zitiert wird.

151 Karbusicky, Grundriß, S. 270.

152 Karbusicky, Grundriß, S. 274/275.

153 Karbusicky, Grundriß, S. 102.

154 Karbusicky, Grundriß, S. 100.

Karbusicky will mit Hilfe von zwei »Klassifizierungsachsen« Semiotik und traditionelle Symbolforschung zusammenführen[155]:

1. Durch »eine Abstufung nach Anteil der ikonischen und indexikalen Qualität, von einer so angereicherten Symbolisierung ›formaler‹ Elemente (Konstrukte) bis hin zu reinen ›Chiffren‹, die in einem willkürlichen Bezeichnungsakt ›für etwas stehen‹«.
2. Durch den *Umfang der Vertretung*. Dieses Kriterium macht die verwirrende Unterscheidung eines ›bloßen Zeichens‹ überflüssig. Der Umfang der Vertretung kann die Potenzierung von Symbolebenen klassifizierend auffangen: vom einfachsten Ausdruckssymbol eines gestalteten Tons oder einer fallenden Sekunde bis hin zu ganzen Werken oder Stilen als ›Symbol der Epoche‹«.

Die folgenden sechs Punkte eines Definitionsversuches vermitteln ebenfalls zwischen Musikwissenschaft, allgemeiner Symbolforschung und sprachwissenschaftlicher bzw. semiotischer Terminologie[156]:

1. Das musikalische Symbol gehört zur Klasse der Zeichen.
2. Es repräsentiert in Notation und Klang einen außermusikalischen Sachverhalt, zumeist einen abstrakten Begriff, und gewinnt durch die nachträgliche Setzung von Bedeutung eine zusätzliche Dimension.
3. Im Symbol sind Gestalten und Gehalt (Inhalt), sind das Bezeichnende (Signifikant) und das Bezeichnete (Signifikat) weder austauschbar noch voneinander zu trennen. Damit unterscheidet sich das Symbol von einfachen, willkürlich gesetzten Zeichen (Austauschbarkeit) und von sogenannten Ikonen (Ähnlichkeit zwischen Gestalt und Inhalt).
4. Die inhaltliche Komponente des Symbols bedarf einer bestimmten Struktur, seine Konkretheit muß mit seiner Geschichtlichkeit verbunden sein.
5. Das Symbol ist abhängig von Konventionen, die gesellschaftlich und/oder geschichtlich vermittelt werden.
6. Das Symbol kann in seiner Eigenschaft als »semantische Enklave« (Tibor Kneif) innerhalb einer Komposition andere abbildhafte Bereiche der Musik überlagern oder durchdringen wie die musikalisch-rhetorischen Figuren, die Ikone, die »Urentsprechungen« oder die Vermittlungsweisen emotionaler Inhalte, wobei das anteilnehmende Erleben die intellektuelle Deutung zu übertreffen vermag.

Interdisziplinäre Basis

Der Rundblick über einzelne Positionen der Zeichenproblematik in Wissenschaft und Kunst beansprucht keine Vollständigkeit und muß auf manchen Gebieten auch lückenhaft bleiben[157]. Doch erscheinen eine ganze Reihe von Argumentationen und Annäherungen an Phänomene und ihre Begrifflichkeit repräsentativ für einen zukünftigen Umgang mit Zeichenhaftigkeit und Symbolik. Eine gemeinsame interdisziplinäre Basis von beachtlicher Tragfähigkeit ist in folgenden Punkten erkennbar geworden:

1. Im Symbol manifestiert sich eine natürliche Verbindung von Bezeichnung und Bezeichnetem als nicht mehr auflösbare Einheit von Zeichengestalt und Bedeutung.
2. Das Symbol ist Teil einer integralen Präsentation von Wirklichkeit.
3. Das Symbol setzt das Denken in Gang, es erweitert oder vertritt pragmatisch ausgerichtete Kommunikationssysteme wie die Sprache.
4. Das Symbol ist Abbild des Realen im Sehen und Hören und Sinnbild der Transzendenz im Denken.
5. Das Symbol erfüllt die Funktion eines Mittlers zwischen Mensch und Welt, zwischen zwei Seinsebenen, zwischen Rationalität und Irrationalität, Wissen und Glauben, Ideen- und Sinnenwelt.
6. Der hermeneutische Dreischritt Verstehen – Auslegen – Anwenden ist für das Symbol konstitutiv.
7. Das Symbol fungiert als wissenschaftlich erforschbares Objekt wie als Element zur praktischen Lebensbewältigung.
8. Das Symbol hat keine zeitlose Gültigkeit, es unterliegt geschichtlichen Wandlungen.
9. Das Symbol steht nicht im Gegensatz zum logischen Denken oder zur wissenschaftlichen Erkenntnis.
10. Der Zeichenbegriff in der Semiotik erfaßt die Besonderheit des Symbols nur unvollständig.
11. Das Symbol ist weniger konventionalisiert als das Zeichen, es bringt seine Bedeutungsvielfalt und Wandlungsfähigkeit erst im konkreten Einsatz zur Geltung.

155 KARBUSICKY, Grundriß, S. 107.

156 JUNG, Symbol und Symbolverständnis in der Musik des Barock, S. 69/70. Vgl. dazu auch Reinhard SCHNEIDER, Semiotik der Musik. Darstellung und Kritik, München 1980.

157 Etwa die Zeichen- und Symbolverwendung in den Naturwissenschaften oder in Bereichen der Kommunikation. Vgl. dazu FRUTIGER, Der Mensch und seine Zeichen, insbes. S. 135–145. Auch die Beziehungen und Abgrenzungen zu verwandten oder in ähnlicher Weise wie Symbol eingesetzten Termini bleiben Desiderat.

Auch Manfred Lurker ist an einer grundlegenden terminologischen Verständigung unter den einzelnen Wissenschaften gelegen – bei gleichzeitiger, nicht unbegründeter Skepsis gegenüber der Semiotik. Er fordert und formuliert eine »Abgrenzung zwischen dem willkürlich bezeichnenden Zeichen und dem das Symbolisierte (durch Analogie) repräsentierenden, transparent machenden oder an ihm (an seiner Realität) teilhabenden Symbol«. Diese Dreigliederung impliziert keine »starren Kategorien«. »Die Übergänge zwischen Zeichen und Symbol sind fließend, wie schon aus der Begriffsreihe Anzeichen, Vorzeichen, Wahrzeichen, Sinnzeichen, Heilszeichen ersichtlich ist, nicht weniger deutlich bei den vom lateinischen signum gebildeten Begriffen: Signal, Signet, Signatur, Insignium«[158].

Lurker stellt darüber hinaus ein »symbolkundliches Strukturschema« auf, das er in fünf Sparten gliedert[159]:

Symbolgruppen
z. B. kosmische Mächte; Mensch; Zeichen, geometrische Figuren, Ornamente
Symbolträger und Symbolgestalt
z. B. Engel, Symbolgestalt Ödipus, Gott Dionysos; Faust, Turandot
Symbolfeld
z. B. Herrschaft, Sepulkral-, Zentrumssymbolik
Symbolkomplex
z. B. Dantes *Divina Commedia*, Dürers *Ritter, Tod und Teufel*, Gottesdienst der katholischen oder orthodoxen Kirche
Symbolkanon
z. B. chinesisch-ostasiatischer Kulturkreis; Barock als Epoche

Unsere Welt des zu Ende gehenden 20. Jahrhunderts hat in vielen Bereichen offensichtlich einen Mangel an echten Symbolen[160]. Zugleich wird aber ein Bedürfnis evident, sich diese Welt nicht nur »zu seinem Nutzen verfügbar zu machen, sondern auch ihren Gestaltreichtum ästhetisch zu erleben«[161]. Hans Saner malt das Schreckensbild einer Welt ohne Symbole: »ein individuelles Leben ohne Träume, ein gesellschaftliches ohne Utopien, Geist ohne Mythos, ohne Religion, ohne Metaphysik und ohne Kunst. ... Amusie und Asymbolie sind die Krankheiten der Eindeutigkeit, die die Grundtugend des animal rationale ist«[162].

Deshalb ist jede Wissenschaft und insbesondere die Symbolforschung gefordert, Erscheinungsweisen von Zeichen und Symbolen und die fachübergreifenden Theorien ihrer Deutung im Auge zu behalten. Was dem Forscher lebenslang aufgetragen ist, faßt der Dichter[163] in zwei Sätze: »Ein Symbolon ist unter anderem ein Bollwerk gegen die Macht des Diabolos. Und das will etwas heißen«.

158 Lurker, Zur symbolwissenschaftlichen Terminologie, S. 100–103, besonders S. 102/103.
159 Lurker, Zur symbolwissenschaftlichen Terminologie, S. 103–105.
160 Meyer, Das Symbol in der bildenden Kunst, S. 127.
161 Karbusicky, Grundriß, S. 282.
162 Saner, Der Mensch als symbolfähiges Wesen, S. 20.
163 Manfred Hausmann, Symbolon, S. 15/16, in: Almanach auf das Jahr des Herrn 1958, Hamburg 1957. Zitiert nach Betz, Elementare Symbole, S. 14. Das Manuskript des vorliegenden Beitrags wurde bereits im Sommer 1990 abgeschlossen.

Die rechtshistorische Funktion graphischer Zeichen und Symbole in Urkunden

Von Ruth Schmidt-Wiegand

Aufgabe des folgenden Beitrages ist es, die rechtshistorischen Aspekte zusammenzustellen, unter denen graphische Zeichen und Symbole in Urkunden betrachtet werden können. Dabei wird es nicht allein darum gehen, daß Monogramm und Kreuz, Vollziehungsstrich und Beizeichen, Rekognitionszeichen und Notariatssignet Mittel der Beglaubigung sind und Zeichen wie Chrismon und Bene Valete ebenso wie Initiale und Auszeichnungsschrift die Echtheit der Urkunde unterstreichen – Funktionen, die rechtlich gesehen zwar von zentraler Bedeutung sind, in denen sich die Funktionalität dieser Zeichen aber nicht erschöpft. Es gilt hier vielmehr, darüber hinaus die Bedeutung der Zeichen für den Rechtsverkehr überhaupt zu erfassen. Diese Aufgabe wird auf doppelte Weise angegangen, indem zunächst einmal nach dem pragmatischen Charakter der graphischen Zeichen und Symbole gefragt wird, nach ihrer Funktionalität in konkreten Gebrauchssituationen; und indem zum anderen der zeichenhafte oder symbolische Gehalt zum Gegenstand der Untersuchung gemacht wird, der sich aus der Einordnung der graphischen Zeichen in ein rechtshistorisches Zeichensystem ergibt. Bei beiden Untersuchungsschritten wird die Beziehung des Zeichens zum Kontext wie seine Erläuterung durch weitere Schrift- und Bilddokumente eine Rolle spielen.

Als am 12. Februar 1989 im Fernsehen die Einführung Kardinal Joachim Meisners als Erzbischof von Köln übertragen wurde, zeigte man ausführlich, wie von Mitgliedern des Domkapitels die Apostolische Bulle Papst Johannes Paul II. zur Ernennung[1] herumgereicht wurde: Das Dokument ging von Hand zu Hand, so daß alle davon Betroffenen einen Blick darauf werfen konnten. Die konstitutive Bedeutung des Vorgangs wurde auf diese Weise augenfällig. Mochte das Procedere den Laien am Bildschirm auch befremden, – der zuschauende Historiker und Philologe fühlte sich an die Eingangsformeln mancher Urkunden erinnert, die wie diese oder ähnlich lauten: *Wir (ich) N.N. tun kunt allen den die disen brief sehent vnde hoerent lesen*[2]. Durch Ansehen und Verlesen wurde also hier wie dort *coram publico* der Rechtsakt rituell und damit unveränderlich vollzogen, wobei das Ansehen von der Echtheit der Urkunde und damit von der Verbindlichkeit des Rechtsaktes überzeugen sollte. Dieser wurde damit »erinnerbar« und damit gleichsam erneuerungsfähig[3].

In der päpstlichen Urkunde des Jahres 1989 sind Name und Titel des Ausstellers durch Auszeichnungsschrift hervorgehoben. Papsturkunden früherer Jahrhunderte waren darüber hinaus mit Bene Valete[4] und Rota[5] versehen, die rein äußerlich der Markierung bestimmter Teile der Urkunde und damit einem schnelleren Erfassen ihres Inhaltes dienten, die darüber hinaus aber vor allem den Text glaubwürdig machen sollten[6]. In den Kaiser- und Königsurkunden[7] begeg-

1 Amtsblatt des Erzbistums Köln Stück 6, 129. Jg. Köln, den 15. Februar 1989.

2 Corpus der altdeutschen Originalurkunden bis zum Jahre 1300, begründet von Friedrich Wilhelm, fortgeführt von Richard Newald, Helmut de Boor und Diether Haacke, Lahr 1932ff., Bd. 2 Nr. 620, 621, 622, Bd. 4 Nr. 2603, 2604, 2622, 2623, 2624, 2627, 2671 u. ö.

3 Fritz Schubert, Sprachstruktur und Rechtsfunktion. Untersuchung zur deutschsprachigen Urkunde des 13. Jahrhunderts (Göppinger Arbeiten zur Germanistik Nr. 251), Göppingen 1979, S. 36.

4 Harry Bresslau, Handbuch der Urkundenlehre Bd. 1, 4. Aufl. Berlin 1969, S. 78ff.; Ludwig Schmitz-Kallenberg, Die Lehre von den Papsturkunden, in: Meisters Grundriß der Geschichtswissenschaft Bd. 1 (Urkundenlehre), Leipzig–Berlin 1913, S. 56ff.; Albert Brackmann, Papsturkunden (Urkunden und Siegel in Abbildungen Bd. 2), Leipzig–Berlin 1914, s. u. Anm. 70.

5 Schmitz-Kallenberg, (wie Anm. 4), S. 69 u. 91f.

6 Alain de Boüard, Manuel de diplomatique française et pontificale, Tom. 1. Diplomatique générale, Paris 1929.

7 Heinrich von Sybel, Theodor von Sickel, Kaiserurkunden in Abbildungen (760–1515), Berlin 1889–1891; Wilhelm Erben, Urkundenlehre 1. Teil: Kaiser- und Königsurkunden (Handbuch der mittelalterlichen und neueren Geschichte, hg. von Georg von Below und Friedrich Meinecke), München–Berlin 1907, S. 140ff. u. ö.

nen Chrismon[8] und Monogramm[9] in vergleichbaren Funktionen, die durch das Rekognitionszeichen[10] und später das Notariatssignet[11] noch verdichtet worden sind. Es mag von hier aus naheliegen, den Gebrauch dieser Zeichen als rein kanzleimäßig zu erklären und etwa auf Vorbilder wie die der päpstlichen Kanzlei zurückzuführen[12]. Bekannt ist z. B., daß die Rota der feierlichen Papsturkunden, die seit Leo IX. begegnet – ein von zwei konzentrischen Kreisen umgebenes Kreuz mit Namen und Sinnspruch des Papstes – zeitweise auch das Monogramm Kaiser Lothars III. (Kreismonogramm des Jahres 1125) beeinflußt hat[13]. Aber selbst wenn man die zum Teil äußerst kunstvoll gestalteten Zeichen allein auf diesen Zusammenhang zurückführen wollte, so bliebe doch noch immer die Prädisposition zu erklären, die eine Übernahme wie diese begünstigt hat. Dies erscheint möglich, wenn man auf die im Recht liegenden Voraussetzungen blickt.

Graphische Zeichen im mittelalterlichen Rechtsleben

Dabei ist vor allem ein wesentlicher Grundzug des deutschen Rechts im Mittelalter zu berücksichtigen, die Tendenz zur Veranschaulichung abstrakter Begriffe, Sätze und Verhältnisse[14]. Jacob Grimm hat hier vom »sinnlichen Element des Rechts« gesprochen[15] und darunter alles Sinnenhafte und Greifbare verstanden, alles was gesehen, gehört und gefühlt werden konnte, wie die Formen des Rechtslebens, Gebärden, Zeichen und Symbole. In diesen größeren Zusammenhang gehören letztlich auch die graphischen Zeichen in Urkunden, die durch ihre besondere Gestaltung schnell wahrgenommen werden können und damit sehr direkt wesentliche Inhalte zu vermitteln vermögen.

In Rechtshandschriften römisch-rechtlichen Inhalts, meist des 14. Jahrhunderts, finden sich wiederholt Illustrationen, die das Vorzeigen und Ansehen von Urkunden betreffen[16], das meist dem Beweisverfahren vor Gericht dient, – Prozeßszenen also, die den Vorgang der Verschriftlichung des Rechts unter dem Einfluß der Rezeption widerspiegeln[17]. So begegnet der protokollierende Schreiber mit seiner Schriftrolle zu wiederholten Malen wie auf dem Bild einer Handschrift aus der Sammlung Hamilton auf dem der sterbende Erblasser vor Zeugen sein Testament diktiert[18]. Meist wird wie hier der Text der Urkunde durch Strichzeichen oder Punkte, gelegentlich auch Schnörkel, symbolisiert. Nur in wenigen Fällen übernehmen auch deutlich erkennbare Lettern diese Funktion (Abb. 1). Es handelt sich um einen Vermächtnisstreit[19]. Die Parteien stehen vor dem Richter, der als Symbol seines Amtes und der bestehenden Rechtsordnung ein Buch in seiner Linken hält, während er mit erhobenem Zeigefinger der Rechten zu den beiden Parteien spricht. Der Vertreter des Beklagten weist dem Richter eine Urkunde vor, auf

8 ERBEN, (wie Anm. 7), S. 140ff.; Peter CLASSEN, Kaiserreskript und Königsurkunde. Diplomatische Studien zum Problem der Kontinuität zwischen Altertum und Mittelalter, 1977, S. 151.

9 ERBEN, (wie Anm. 7), S. 145ff., 220ff., 252ff.; Bernd SCHNEIDMÜLLER, Karolingische Tradition und frühes französisches Königtum. Untersuchungen zur Herrschaftslegitimation der westfränkisch-französischen Monarchie im 10. Jahrhundert, Wiesbaden 1979, S. 92ff.

10 Renate KLAUSER, Otto MEYER, Clavis Mediaevalis. Kleines Wörterbuch der Mittelalterforschung. Unveränderter Nachdruck, Wiesbaden 1966, S. 211f.; BOÜARD, S. 107ff.

11 KLAUSER, MEYER, S. 175f.; Wilhelm SCHMIDT-THOMÉ, Notariatssignet, in: Handwörterbuch zur deutschen Rechtsgeschichte (HRG), hg. von Adalbert ERLER und Ekkehard KAUFMANN, Bd. 3, Berlin 1984, Sp. 1049–1055; Peter-Johannes SCHULER, Südwestdeutsche Notarszeichen. Mit einer Einleitung über die Geschichte des deutschen Notarszeichens, Sigmaringen 1976; dazu jetzt auch: DERS., Notare Südwestdeutschlands. Ein prosopographisches Verzeichnis für die Zeit von 1300 bis ca. 1520, Text- und Registerband, Stuttgart 1987.

12 Vgl. auch: Papsturkunden 896–1046, bearbeitet von Harald ZIMMERMANN. Erster Band 896–996, 2. revidierte Auflage (Österreichische Akademie der Wissenschaften, Philosophisch-Historische Klasse, Denkschriften 174. Band, Veröffentlichungen der Historischen Kommission Bd. III), Wien 1988.

13 ERBEN, (wie Anm. 7), S. 219f.; SCHMITZ-KALLENBERG, (wie Anm. 4), S. 69 u. 91f. Bernhard SUTTER, Die deutschen Herrschermonogramme nach dem Interregnum, in: Festschrift für J. F. Schütz, Graz–Köln 1954, S. 246–314. Vgl. auch in diesem Bande Joachim DAHLHAUS, Aufkommen und Bedeutung der Rota in der Papsturkunde.

14 Ruth SCHMIDT-WIEGAND, Rechtssprache, in: HRG Bd. 4, Berlin 1991, Sp. 344–360, insb. Sp. 351ff.

15 Jacob GRIMM, Deutsche Rechtsalterthümer, Göttingen 1828, 4. Aufl. bearb. von Andreas HEUSLER und Rudolf HÜBNER, 1899, Nachdruck Berlin 1956, Bd. 1, S. VIII; Ruth SCHMIDT-WIEGAND, Das sinnliche Element des Rechts. Jacob Grimms Sammlung und Beschreibung deutscher Rechtsaltertümer, in: Kasseler Vorträge in Erinnerung an den 200. Geburtstag der Brüder Jacob und Wilhelm Grimm (Brüder Grimm Gedenken, Sonderband 1987, hg. von Ludwig DENECKE), Marburg 1987, S. 3–24.

16 Friedrich EBEL, Andreas FIJAL, Gernot KOCHER, Römisches Rechtsleben im Mittelalter. Miniaturen aus den Handschriften des Corpus iuris civilis, Heidelberg 1988, S. 19, 27, 73, 75, 79, 81, 85, 93, 107, 109, 111, 113, 115, 121, 127, 131, 173, 175, 179, 181.

17 Ebd. S. 18f.

18 Ebd. S. 75; Staatsbibliothek Preußischer Kulturbesitz Berlin, Ms. Hamilton 364, fol. 59v.

19 Ebd. S. 81; Badische Landesbibliothek Karlsruhe Auginese memb. XI. fol. 113r.

Abb. 1 *Badische Landesbibliothek Karlsruhe, Auginese membr. XI, fol. 113r.*

der das Datum (1317) deutlich zu sehen ist. Bei den folgenden Bildern[20] handelt es sich um Fälle, in denen die Kirche sich in der Rolle des Schuldners befindet. Auf dem oberen Bild links stehen vor dem Herrscher zwei Geistliche, die Urkunden in Händen halten, welche sich auf kirchliche Grundstücksgeschäfte beziehen. Der Text wird durch Punkte, die in zwei Reihen untereinander angeordnet sind, symbolisiert. Das untere Bild[21] rechts bezieht sich auf einen Rechtsstreit, bei dem zum Beweis gesiegelte Urkunden vorgewiesen werden. Besonderer Schriftzeichen bedurfte es hier offensichtlich zur Symbolisierung nicht mehr. Vergleichbares gilt für das Bild, das einen Mann zeigt, der seiner Bestellung zum Vormund widerspricht: Er hält eine gefaltete und gesiegelte Urkunde in die Höhe, mit der er einen Exkusationsgrund geltend macht[22]. Hier wie bei den vorigen Bildern wird die Echtheit der Urkunde allein durch das Siegel symbolisiert.

Darstellungen von Urkunden in Zusammenhang mit Gerichtsszenen finden sich auch einige Male in den Bilderhandschriften des Sachsenspiegels, die mit ihrer Stammhandschrift in das Ende des 13. Jahrhunderts zurückreichen[23]. Ein Doppelbild (Abb. 2) aus der Heidelberger Bilderhandschrift zeigt einen Ächter (d. h. einen Mann, der sich in der Reichsacht befindet), der sechs Wochen lang dem Hof des Königs gefolgt ist und der deshalb nicht (wie sonst) mit einem durch den Hals gestoßenen Schwert gezeigt wird[24]. Der König händigt ihm eine Urkunde (einen Königsbrief) aus, um ihn damit aus der Acht zu entlassen. Die Urkunde läßt in Lettern, unter Verwendung der üblichen Abkürzungen, die Eingangsworte *Fridericus dei gratia Romanorum rex et semper augustus* deutlich erkennen. Die folgende Bildzeile bietet die Fortsetzung: Der aus der Acht Entlassene erscheint innerhalb von vierzehn Tagen vor dem Richter, der ihn in die Acht gebracht hat, und überreicht ihm die Königsurkunde; man beachte die Wiedergabe des Siegels und die abgekürzt wiedergegebene Intitulatio. Bekannter als diese Illustration ist die Bilderfolge, welche die Dorfgründungen »aus wilder Wurzel« betrifft[25]. Nach der Heidelberger Bilderhandschrift übergibt der Grundherr links dem Bauermeister die Urkunde über die Verleihung des Erbzinsrechts, auf der man die Worte liest: *Ego dei gratia do.* An dieser Urkunde hängt wiederum ein dreieckiges Siegel. Die folgende Bildzeile enthält ähnlich wie im ersten Fall die Fortsetzung des Vorgangs: Vor dem Dorf, das durch die Kirche symbolisiert wird, findet eine Gerichtsverhandlung statt, bei der der Bauermeister den Vorsitz hat. Vor ihm stehen vier Bauern, die mit Gebärden einen Anspruch erheben, wofür sie sich auf ihr besonderes Dorfrecht berufen, das in der Urkunde des Grundherrn verbrieft ist, die der vorderste Bauer in der Hand hält. – Beide Bildzeilen haben in der Dresdener Bilderhandschrift[26] ihre Parallelen. Doch fehlen den Urkunden hier die Schriftzeichen. Ihr Inhalt erscheint allein durch das Siegel gesichert.

20 Ebd. S. 175; Niedersächsische Staats- und Universitätsbibliothek Göttingen, MS Jurid 27, fol. 113v.
21 Ebd. S. 175.
22 Ebd. S. 73; Staatsbibliothek Preußischer Kulturbesitz Berlin, MS Hamilton 365 fol. 41r.
23 Ruth SCHMIDT-WIEGAND, Die Bilderhandschriften des Sachsenspiegels als Zeugen pragmatischer Schriftlichkeit, in: Frühmittelalterliche Studien 22 (1988), S. 357–387 u. Tafel XXIX–XXXVII.
24 Walter KOSCHORRECK, Die Heidelberger Bilderhandschrift des Sachsenspiegels, Faksimile und Kommentar, Frankfurt a. M. 1970, fol. 17r4.5. und Kommentar S. 100f.
25 Ebd. fol. 26v4.5 und S. 138f.
26 Die Dresdener Bilderhandschrift des Sachsenspiegels, hg. von Karl VON AMIRA, Bd. 1: Facsimile der Handschrift, Neudruck der Ausgabe von 1902, Osnabrück 1968, Tafel 104; Bd. 2: Erläuterungen Teil 1 und 2, Neudruck der Ausgabe von 1925/26, Osnabrück 1969, Bd. 2,2, S. 116ff.

Abb. 2 *Heidelberg, Universitätsbibliothek CPG 389, fol.17r 4.5.*

Die Abbildungen, wie unterschiedlich sie im einzelnen auch sind, spiegeln gemeinsam eine Entwicklung wider, den Prozeß der Verschriftlichung des Rechts. Mit dem Vorzeigen und Ansehen der Urkunden wird auf diesen Bildern, symbolisiert durch Schriftzüge und schriftlose Zeichen, zugleich ein abstrakter Gehalt – ein Vermächtnis, ein Anspruch, ein Vertrag, eine Schuld – dem Benutzer der Handschrift anschaulich gemacht. Anfang und Ende der Urkunde, die Invocatio und Intitulatio einerseits und die Subscriptio anderseits, sind die bevorzugten Teile, die damit mit ins Bild gesetzt werden. Es sind dies genau die Teile der Urkunde, an denen graphische Zeichen oder Symbole wie Chrismon und Monogramm angebracht zu werden pflegten. Die Darstellungen entsprechen also hier durchaus der Realität und ihrer Bewertung durch die Zeitgenossen. Dies gilt auch in bezug auf das Siegel, das auf den Bildern auch ohne Schrift oder schriftlose Zeichen den Inhalt der Urkunde und seine Glaubwürdigkeit und Echtheit symbolisieren kann.

Die rechtliche Funktion graphischer Zeichen in Urkunden

Wenn unsere Beobachtungen stimmen, so ergibt sich die rechtliche Funktion der graphischen Zeichen in Urkunden bereits aus ihrer Zuordnung zu bestimmten Teilen des Textes wie z. B. des Chrismons zur Invocatio, des Monogramms und des Rekognitionszeichens zur Subscriptio. Dabei fällt die Verbindung der Zeichen mit bestimmten Formeln des Textes auf. So konnte die Anrufung des göttlichen Namens zu Beginn der Urkunde entweder rein verbal durch bestimmte Formeln wie *In nomine sanctae et individuae trinitatis* erfolgen, oder zugleich monogrammatisch durch das Chrismon ausgedrückt werden[27], wobei das Zeichen, gemäß seinem religiösen Charakter und seiner formalen Gestaltung (Kreuz, Monogramm Christi oder großes C), auch die Worte der Formel zu ersetzen vermochte. In der Subscriptio[28] aber mit den eigenhändigen und nicht eigenhändigen Unterschriften des Ausstellers, der Zeugen und des beteiligten Kanzleipersonals, begleitete das Monogramm des Ausstellers die Formel *Signum domini regis* bzw. ist in den Text des Eschatokolls eingebettet. Das Rekognitionszeichen gar ist aus dem *subscripsi* der Unterfertigungsformel abgeleitet, die auch *datum per manum* lauten kann[29]. Der enge Zusammenhang zwischen Wort und Zeichen ist hier besonders augenfällig.

Zur Illustration des Sachverhalts sei eine Königsurkunde Konrads I. für das Kloster St. Emmeram aus dem Jahre 914 angeführt[30], die Schenkung des Forstes bei Sulzbach betreffend, mit dem Monogramm des Herrschers, dem Rekognitionszeichen des Schreibers, dem Siegel und einem C-förmigen Chrismon (Abb. 3), das der I-Initiale der Invocationsformel verbunden ist. Die Subscriptio mit der Signumsformel (*Signum domni Chuonradi MF. piissimi regis*) und der Bemerkung des Rekognoscenten, daß er anstelle eines anderen tätig geworden ist (*recognovi*) mit Datum und Actum-Vermerk sowie Monogramm, Rekognitionszeichen und Siegel, ist auf das genaueste ausgeführt. Und die

27 Erben, (wie Anm. 7), S. 306 ff.; Bresslau, (wie Anm. 5), S. 47; Boüard, (wie Anm. 4), S. 260 ff.; vgl. in diesem Bande Erika Eisenlohr, Von ligierten zu symbolischen Invokations- und Subskriptionszeichen in frühmittelalterlichen Urkunden.

28 Oswald Redlich, Allgemeine Einleitung zur Urkundenlehre, in: Erben, (wie Anm. 7), S. 24 ff. – Erben, S. 256 ff., Bresslau, S. 48.

29 Klauser, Meyer, (wie Anm. 10), S. 211.

30 Bayrisches Hauptstaatsarchiv München, Kaiserselekt Nr. 105. Dazu jetzt Reinhard Bauer, Die ältesten Grenzbeschreibungen in Bayern und ihre Aussagen für Namenkunde und Geschichte (Die Flurnamen Bayerns Heft 8), München 1988, S. 150 u. Tafel 10.

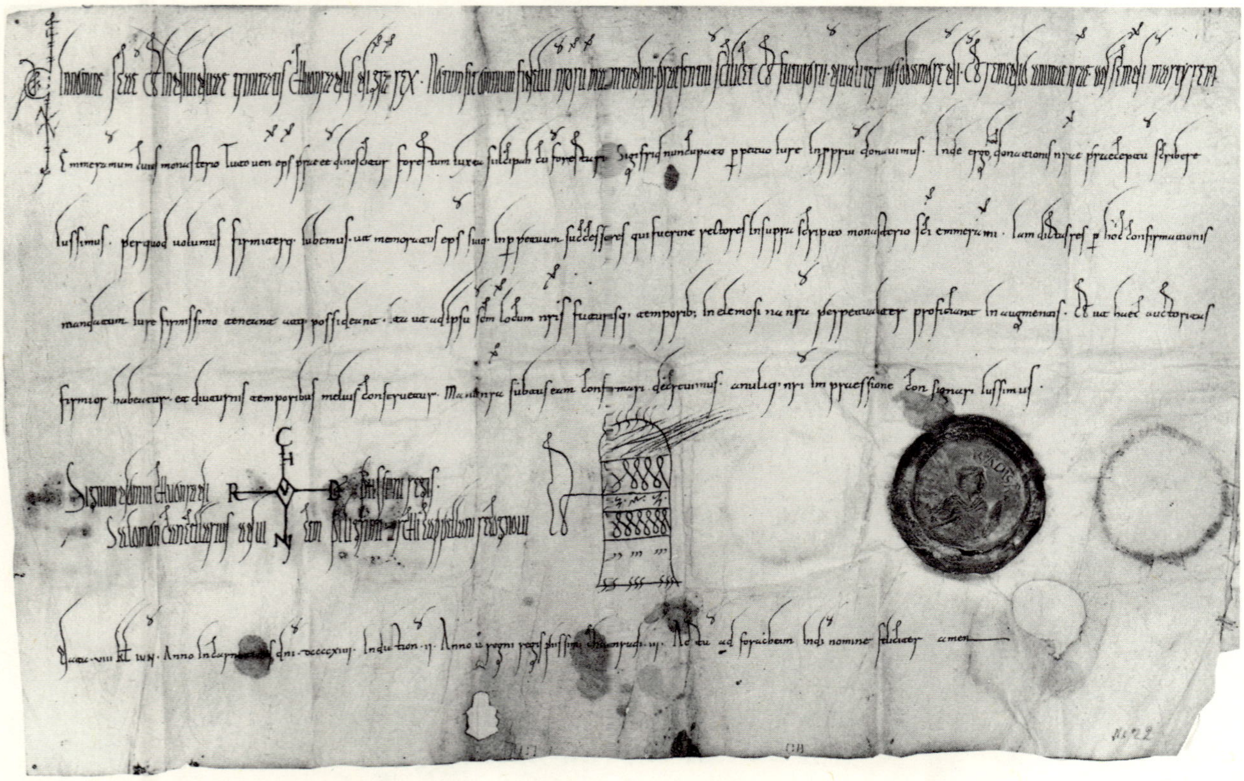

Abb. 3 *Bayerisches Hauptstaatsarchiv München, Kaiserselekt Nr. 105.*

Mehrzahl der Zeichen – fast eine Art von Redundanz oder Überbestimmung – ist für das Gewicht, das die Unterfertigung besitzt, geradezu charakteristisch.

Während die rechtshistorische Funktion der Zeichen in und um die Signums-Zeile eindeutig in der Beglaubigung liegt, ist es bei dem Chrismon fraglich, ob ihm eine rechtshistorisch faßbare Funktion überhaupt zukommt. Hier vermag der Vergleich mit der im Marburger Staatsarchiv liegenden Tauschbestätigungsurkunde Ludwigs des Frommen aus dem Jahre 839, das Gebiet bei Marktheidenfeld im Spessart betreffend[31], vielleicht weiterzuhelfen. Die aus dem 12. Jahrhundert stammende Kopie besitzt eine Subscriptio mit Monogramm Ludwigs des Frommen, der eine Begründung für die Verwendung der Zeichen, besonders des Siegels, vorausgeht: *Et ut hec nostre confirmationis auctoritas perpetum obtinere ualeat firmitatem, de anulo nostro subter eam iussimus sigillare.* Zu Beginn des Textes hat die Urkunde zwar kein Chrismon, aber eine Invocatio, bei der die I-Initiale zu einem Herrscherbild ausgestaltet ist. Der Aussteller, Ludwig der Fromme, ist mit Krone, Lilienzepter und Reichsapfel dargestellt, also mit den Insignien des 12. Jahrhunderts (Abb. 4). Ist auch diese Darstellung nicht karolingisch (also zeitgenössisch), so sind es die Worte des Eingangs gewiß: *In nomine domini dei et salvatoris nostri Iesu christi. Luodouuigus diuina repropiciante clementia imperator augustus*... Indem hier der Anrufung Gottes der Name des Ausstellers mit seinen Titeln unmittelbar folgt, enthält er die Selbstverpflichtung zur Einhaltung der Vereinbarung, die mit der Urkunde eingegangen worden ist. Der Eingang erinnert damit an manche Eide und Gelöbnisformeln, wo mit der Anrufung Gottes eine »bedingte Selbstverfluchung« verbunden ist, die im Falle des Meineids wirksam werden soll. Es sei hier nur an die Straßburger Eide des Jahres 842 erinnert und die Eingangsformel des Herrschereids Karls des Kahlen[32], für die sich n. b. kanzleimäßige Vorbilder haben nachweisen lassen: *Pro Deo amur et pro christian poblo et nostro commun saluament / In godes minna id in thes*

31 Staatsarchiv Marburg K 421, Codex Eberhardi, fol. 106. Dazu BAUER, (wie Anm. 30), S. 81 f.

32 Ruth SCHMIDT-WIEGAND, Eid und Gelöbnis im mittelalterlichen Recht, in: Recht und Schrift im Mittelalter, hg. von Peter CLASSEN (Vorträge und Forschungen Bd. 23), Sigmaringen 1977, S. 15–90, insb. S. 62 ff.

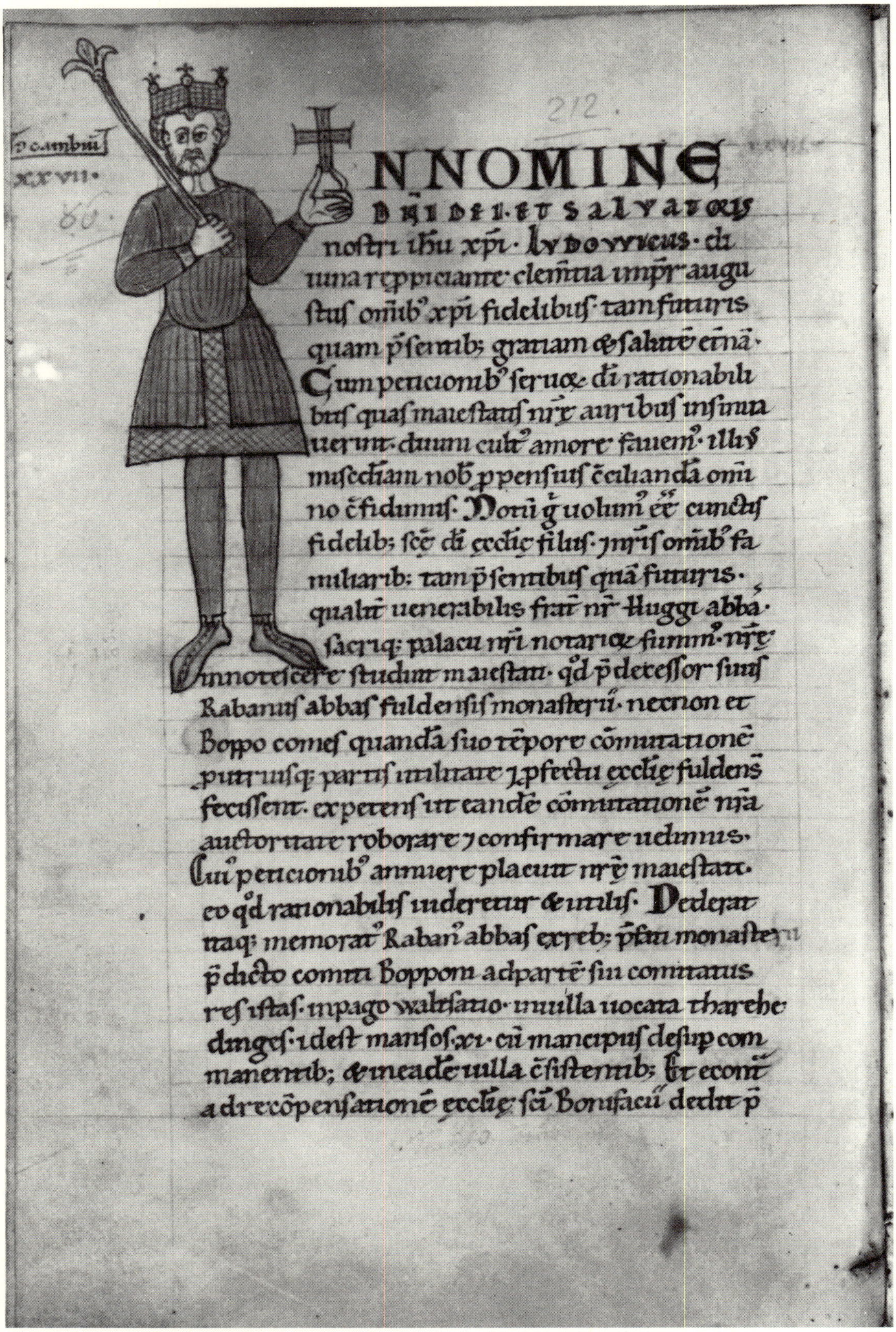

Abb. 4 *Staatsarchiv Marburg, Codex Eberhardi, fol. 106.*

christianes folches ind unser bedhero ge(h)altnissi, d. h. »Bei der Liebe Gottes und zum Heil der Christenheit wie unser beider Heil« (schwöre ich) ... Der Invocatio mit dem Herrscherbild oder dem Chrismon, austauschbaren Zeichen, könnte eine vergleichbare Funktion im Gesamtzusammenhang der Urkunde zukommen.

Die funktionale Bedeutung des Monogramms

Es dürfte deutlich geworden sein, daß von den Zeichen, die hier zu behandeln sind, im Bewußtsein der Zeitgenossen nach dem Siegel das Monogramm die größte Bedeutung hatte. Dies entspricht dem rechtshistorischen Sachverhalt, konnte doch das Monogramm die Unterschrift des Ausstellers ersetzen[33]. In den Herrscherurkunden vom Schreiber oder Kanzlisten aus den Lettern seines Namens, auch seines Titels, zusammengesetzt, konnte es durch den Vollzugsstrich[34], eine selbstgefertigte Raute oder ein Beizeichen bzw. ein zusätzliches Kreuz[35] (wiederum eine Art von Redundanz) höchste Authentizität besitzen. Wenn so die Unterfertigung der Urkunde Friedrich Barbarossas für Heinrich den Löwen aus dem Jahr 1154 als »unfertig« bezeichnet wird[36], weil sie weder Rekognition noch Datum enthält, so ist dies – vordergründig gesehen – völlig richtig. Es kommt aber darin zugleich zum Ausdruck, daß derjenige, der dieses Dokument angefertigt, davon überzeugt war, daß das auch hier wieder sehr sorgfältig ausgestaltete Monogramm als Mittel der Beglaubigung ausreichte.

Die funktionale Bedeutung, die das Monogramm besaß, spiegelt sich nun auch in dem Reichtum der Formen und in der Fülle der Varianten wider, die es davon gibt. Eine Reihe bemerkenswerter Stücke mag dies in etwa verdeutlichen[37]. Sie beginnt mit dem Monogramm Kaiser Justinians (5a), das von dem des Gotenbischofs Ulfilas gefolgt wird (5b). Beide sind

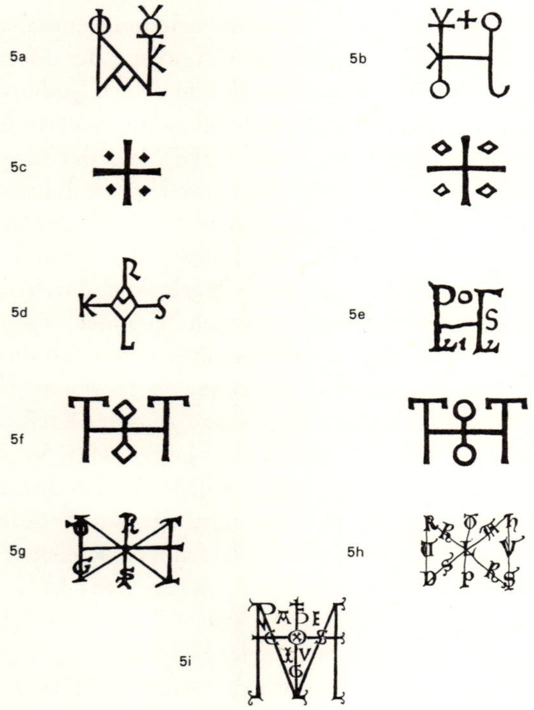

Abb. 5 *Stilformen des Herrschermonogramms*
a Monogramm Justinians
b Monogramm Bischof Ulfilas
c Monogramme Pippins
d Monogramm Karls des Großen
e Monogramm Ludwigs des Frommen
f Monogramme Ottos I.
g Monogramm Heinrichs III.
h Monogramm Rudolfs I.
i Monogramm Friedrichs III.

für die byzantinische Wurzel des Brauches, mit dem Monogramm Urkunden zu unterfertigen, und seine Übernahme in die Germania signifikant. Sie endet mit dem Monogramm Friedrichs III. (5i), das mit den Lettern des Namens die Devise dieses Kaisers (A, E, I, O, U) verbindet[38]. Die verschiedenen Stilformen des

33 Erben, (wie Anm. 7), S. 145ff., 220f., 252ff.

34 Waldemar Schlögl, Die Unterfertigung deutscher Könige von der Karolingerzeit bis zum Interregnum durch Kreuz und Unterschrift. Beiträge zur Geschichte und zur Technik der Unterfertigung im Mittelalter, München 1978.

35 Bauer, (wie Anm. 30), S. 150f.: *Et ut haec auctoritas firmior habeatur et diuturnis temporibus melius conseruetur, manu nostra subtus eam confirmari decreuimus annulique nostri impraessione consignari iussimus.*

36 Württembergisches Landesmuseum Stuttgart, Die Zeit der Staufer. Geschichte – Kunst – Kultur. Katalog der Ausstellung, hg. von Reiner Hausherr, Stuttgart 1977, Bd. 1, Nr. 2 und Bd. 2 Nr. 2.

37 Die Auswahl beruht auf Klauser, Meyer, (wie Anm. 10), ferner Rudolf Koch, Das Zeichenbuch, 2. Aufl. Frankfurt a. M. 1985; Das Buch der Zeichen und Symbole, hg. von I. Schwarz-Winkelhofer und H. Biedermann, Graz 1972.

38 Sutter, (wie Anm. 13), S. 278ff. Zur Deutung der Devise Roderich Schmidt, AEIOV. Das »Vokalspiel« Friedrich III. von Österreich. Ursprung und Sinn einer Herrscherdevise, in: Archiv für Kulturgeschichte Bd. 55 (1973), S. 390ff.; Ders., a e i o u. Die mittelalterlichen Vokalspiele und das Salomon-Zitat des Reinbot von Durne, in: Zeiten und Formen in Sprache und Dichtung. Festschrift für Fritz Tschirch zum 70. Geburtstag, hg. von Karl-Heinz Schirmer und Bernhard Sowinski, Köln–Wien 1972, S. 113–133.

Herrschermonogramms, die man zu unterscheiden pflegt[39], sind in dieser Zusammenstellung enthalten: 1. der Kreuzstil, bei dem die Grundlage des Monogramms aus einem Kreuz besteht, an dessen Enden die Buchstaben des Namens angebracht sind, wie bei dem Rautenkreuz Karls des Großen (5d), mit der möglicherweise vom Aussteller selbst gezeichneten Raute im Innern; 2. der Schaftstil, basierend auf den Grundformen H, TT, M und N, von Ludwig dem Frommen (*Hludovicus* I) (5e), wo der Querbalken durch den bereits erwähnten Vollzugsstrich gebildet werden konnte. Diese Form wurde bekanntlich von den Ottonen beibehalten, obwohl die Namen der Herrscher hier kein H mehr enthielten (5f); 3. der Typus des Kreismonogramms, der z. B. Ende des Jahres 1125 in der Kanzlei Lothars III. gebraucht wurde und bei dem der Einfluß der päpstlichen Rota naheliegt, wurde bereits erwähnt. Hier sei auf ein sehr viel früheres Kreismonogramm Karls des Großen aufmerksam gemacht[40], das sich in der St. Galler Handschrift 731 aus dem Jahre 793, findet und hier dem Text der Lex Salica beigegeben ist (Abb. 6); 4. ist der Netzstil zu erwähnen, bei dem die im wesentlichen gleich großen Buchstaben oder Buchstabenverbindungen durch meist dünne Striche zu einer Art Netzwerk (Spinne) verbunden sind. Das Monogramm Heinrichs III. (5g) nimmt diese Form in gewisser Weise voraus[41], die unter den Habsburgern (5h, 5i) seit Rudolf I. zu immer komplizierteren Formen geführt hat.

Diese Entwicklung ist bekannt. In unserem Zusammenhang interessiert vor allem die Variante, die sich nicht ohne weiteres in dieses Schema einordnen läßt, und die deshalb, rechtshistorisch gesehen, aufschlußreich ist, – das »Monogramm« Pipins (5c), ein Kreuz, das ohne eine weitere Buchstabenkombination und damit ohne einen erkennbaren Bezug auf den Namen des Ausstellers auskommt, – ein »schriftloses Zeichen« also, das zudem durchaus ambivalent ist, indem es sowohl christlich wie auch rein weltlich gedeutet werden kann[42]. Für uns ist aber zunächst ein ganz anderer

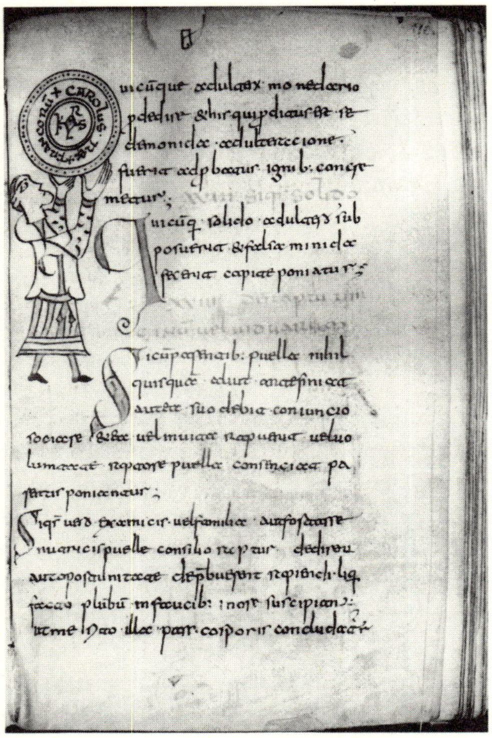

Abb. 6 *St. Gallen, Stiftsbibliothek 731.*

Aspekt von Bedeutung. Das Monogramm Pipins besteht aus einem vom Schreiber gefertigten Kreuz, dem der Herrscher die Punkte in durchaus wechselnden Formen hinzugefügt hat[43]. Hier hat man es mit Grundformen des Beizeichens zu tun, das auch später als ein weiteres Mittel der Sicherung galt. Beizeichen einer Urkunde Heinrichs III.[44] mögen dies verdeutlichen. Solche Beizeichen sind häufig mit der Namensnennung, vor der ein Kreuz steht, und dem Monogramm verbunden, wie bei einer Urkunde Heinrichs IV. aus dem Jahr 1081[45]. Für diese Verwendung des Kreuzes und ihre weite Verbreitung sei auf eine fast gleichzeitige Urkunde aus dem angelsächsischen Bereich aufmerksam gemacht, die aus dem Jahre 1076 stammt (Abb. 7), ein Diplom Æthelbalds von Mercia[46].

39 Sutter, (wie Anm. 13), S. 251f; Vgl. auch v. Sybel, v. Sickel, (wie Anm. 7), z. B. III. Lieferung, Tafel 23 und 24.

40 Buch der Zeichen und Symbole, S. 143.

41 Buch der Zeichen und Symbole S. 147, Nr. 730; vgl. auch Sutter, (wie Anm. 13), S. 250ff. und S. 265, Abb. 1–3.

42 Koch, S. 46; zur Deutung ebd. S. 7 u. S. 19ff.; Buch der Zeichen und Symbole, S. 145.

43 Zum Kreuz als Unterschriftszeichen in diesem Bande Hartmut Atsma und Jean Vezin, Graphische Elemente in den in zeitgenössischer Form überlieferten Dokumenten des Merowingerreiches; Michel Parisse, Croix autographes de souscription dans l'Ouest de la France au XIe siècle. Zur älteren Literatur Carl Gustav Homeyer, Die Haus- und Hofmarken, Berlin 1870, Nachdruck 1964, S. 13–15.

44 Schlögl, (wie Anm. 34), S. 274 und Abb. 5c u. 5d.

45 Ebd. Abb. 7a.

46 Diplom of Æthelbald of Mercia, in: Anglo-Saxon Charters, hg. v. Peter H. Sawyer (Royal Historical Society Guides and Handbooks No. 8), Nr. 82, lists, texts, comments on authenticity. For Crowland Abbey, A.D. 716; ferner der vollständige Text bei Walter de Gray Birch, Cartularium Saxonicum, Nr. 135, S. 199–201. Die Nachweise verdanke ich Frau Dr. Jane E. Sayers (London), vgl. auch deren Beitrag in diesem Bande: The Land of Chirograph Writ and Seal: The Absence of Graphic Symbols in English Documents; Ruth Schmidt-Wiegand, Eigentumsmarken, in: Reallexikon für germanische Altertumskunde, hg. v. Heinrich Beck, Herbert Jankuhn, Kurt Ranke, Reinhard Wenskus, Bd. 6, Berlin–New York 1986, S. 566–573 und Tafel 43a.

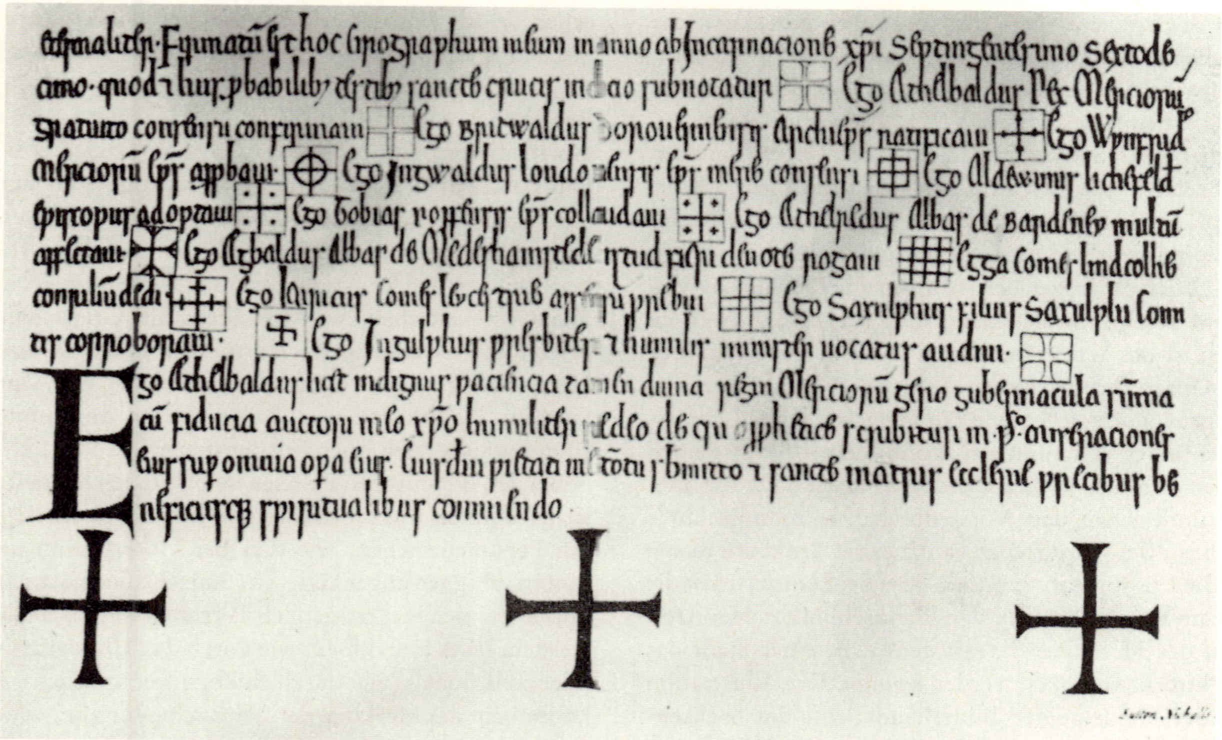

Abb. 7 *Diplom of Æthelbald of Mercia for Crowland Abbey, 716 AD.*

In ihm finden sich neben den drei kreuzförmig gestalteten Handzeichen der Unterfertigung im Text ganz ähnlich gestaltete, meist kreuzförmige Zeichen neben den Namen der Zeugen. Wie man wohl zu Recht vermutet hat, handelt es sich um Hauszeichen. In ihrer quadratischen Grundform und der Verwendung verschiedener Kreuz- und Kreisformen erinnern sie an die Monogramme im Kreuz-, Schaft- und Kreisstil. Dieser Befund führt uns zu der naheliegenden Frage, wie denn die graphischen Zeichen in Urkunden und die ihnen verwandten Erscheinungen überhaupt in ein rechtshistorisches Zeichensystem einzuordnen sind?

Zeichen und Symbole im mittelalterlichen Sprachgebrauch

Geht man vom Sprachgebrauch mittelalterlicher Quellen aus, so sind es in der Volkssprache vor allem zwei Bezeichnungen, die für Zeichen und Symbole des Rechts gebraucht werden: *Wortzeichen* und *Handzeichen*. Mhd. *wortzeichen* hat zwei Bedeutungen, nämlich ›Zeichen, das die Stelle von Worten vertritt‹ und ›Zeichen, das in Worten gegeben wird‹ (also Parolen, Erkennungsworte, Beweis und Beispiel)[47]. Die erste Bedeutung ist dabei die ältere; das ist den Belegen im Altsächsischen[48] und Althochdeutschen[49] zu entnehmen. Sie erlauben auch den Schluß, daß unter *wortzeichen* und seinen Entsprechungen ursprünglich den Runen verwandte Zeichen zu verstehen waren, die so etwas wie Buchstaben und Merkzeichen gewesen sind und beim Losen auf entsprechenden Holzstäbchen angebracht wurden[50]. *Wortzeichen* wurde durch Vermischung mit *war* f. ›Aufmerksamkeit‹ zu *Wahrzeichen* und damit zu einem Begriff, den man in der Verbindung *Rechtswahrzeichen* lange als Oberbegriff für Zeichen und Symbole des Rechtslebens verwendet hat. Auch der Begriff *Handzeichen*[51], im Gegensatz zu

47 Matthias LEXER, Mittelhochdeutsches Handwörterbuch Bd. III, Leipzig 1878, Sp. 980f.; Mittelhochdeutsches Wörterbuch, hg. von Georg Friedrich BENECKE, Wilhelm MÜLLER und Friedrich ZARNCKE, Leipzig 1854–1866, Nachdruck Hildesheim 1963, Bd. III, S. 864.

48 Zu as. *wordtekan* ›Buchstabe‹ und ›Merkzeichen‹ z. B. Heliand V. 4548; Edward Henry SEHRT, Wörterbuch zum Heliand und zur altsächsischen Genesis, Göttingen 1966, S. 719.

49 Rudolf SCHÜTZEICHEL, Althochdeutsches Wörterbuch, Heidelberg ^{4}1989, S. 241: ›Anzeichen, Zeichen, Beweis‹; Edward Henry SEHRT und Taylor STARCK, Notkers Wortschatz, bearb. von Wolfram Karl LEGNER, Halle/Saale 1955, S. 619.

50 In diesem Sinne Friedrich KLUGE, Etymologisches Wörterbuch der deutschen Sprache, Berlin–New York ^{21}1975, S. 833 (Wahrzeichen); zögernd hierzu Jacob und Wilhelm GRIMM, Deutsches Wörterbuch 14. Bd. II. Abt., Berlin und Göttingen 1960–1984, Sp. 1646–1653 (*Wortzeichen*).

51 Ebd. 4. Bd., II. Abt., Leipzig 1887, Sp. 431.

Wortzeichen (mit dem also optische und akustische Zeichen gemeint sein konnten) immer nur für optische, d. h. sichtbare Zeichen verwendet, läßt sich im angelsächsischen Bereich[52] bis in das 9. Jh. zurückverfolgen, ist aber im Deutschen vor allem im 15./16. Jahrhundert, also relativ spät, belegt. Gemeint ist mit diesem Wort die urkundliche Unterschrift oder ein Unterschriftszeichen, gelegentlich auch ein Rekognitionszeichen. Für ein Unterschriftszeichen von Analphabeten, das von einem Rechtsanwalt oder Notar beglaubigt werden muß, ist das Wort noch heute (z. B. in Österreich für das Unterschriftskreuz) gebräuchlich. Beide Bezeichnungen, *Wortzeichen* wie *Handzeichen* sind also Ausdruck einer erstaunlichen Kontinuität, die in beiden Fällen für den Gebrauch der Zeichen und die ihm zugrunde liegenden Vorstellungen recht aufschlußreich ist. Bei *Wortzeichen* ist dabei der denkbare Bezug auf die Loshölzer hervorzuheben; bei *Handzeichen* die belegte Verwendung für den Handschuh, das Handzeichen des Herrschers[53], mit dem z. B. einer Stadt das Marktrecht verliehen werden konnte. Eine Illustration aus der Heidelberger Bilderhandschrift des Sachsenspiegels[54] belegt diese Verwendung des kaiserlichen Handschuhs, der damit ein *Rechtswahrzeichen* ist, in signifikanter Weise. Beide Bezeichnungen aber, *Wortzeichen* wie *Handzeichen*, zeigen, daß die graphischen Zeichen und die dinglichen Symbole des Rechts in der Vorstellung ihrer Benutzer dicht beieinander lagen. Das Zeugnis der Sprache ist ein Indiz dafür, das dazu berechtigt, die graphischen Zeichen in Urkunden in den größeren Zusammenhang rechtlicher Wahrzeichen und Symbole zu rücken.

Personenzeichen

Die rechtshistorischen Zeichen und Symbole, deren Bestimmung und gegenseitige Abgrenzung heute noch keineswegs eindeutig definiert ist, werden seit J. G. Homeyer aufgrund ihrer Funktionalität in Personen-, Sach- und Gebietszeichen[55] unterteilt. Personenzeichen kennzeichnen eine Person als solche oder als zu einer Gemeinschaft gehörig, bzw. auch diese Gemeinschaft selbst. Hierher gehören Wappen, Siegel, Zunftzeichen u. a. m. Die Sachzeichen, die an einer Sache angebracht sind, legen diese Sache in einer bestimmten Beziehung rechtlich fest. Man unterscheidet von hier aus in dieser Gruppe Individualisierungszeichen wie Hauszeichen und Hofmarken, Berechtigungszeichen wie Eigentumsmarken an Waffen und Gerät, Holz und Vieh; ferner Herkunftszeichen, die sich auf den Urheber beziehen wie Münzmeister- und Steinmetzzeichen. Die Gebietszeichen, wie vor allem die Grenzsteine, zeigen oft in einfachster Form den Umkreis eines Herrschaftsgebietes an oder kennzeichnen wie Muntatstein, Marktkreuz und Roland einen bestimmten Immunitätsbereich oder Friedensbezirk.

Bei den graphischen Zeichen in Urkunden handelt es sich, jedenfalls was die Subscriptio betrifft, in der Regel um Personenzeichen, wie dies bei Monogramm und Notariatssignet augenfällig ist. Entscheidend ist, daß durch das Zeichen tatsächlich Personen unterschieden werden, sei es individuell (wie durch das Monogramm) oder funktionell (wie durch Rekognitionszeichen). Es kommt auf das Merkmal der Unterscheidung an, wie es vergleichbar auch mit der Verwendung des Namens bis in die neueste Zeit hinein gegeben ist. Die auf Urkunden an Stelle der Unterschrift als *signum* verwendeten Kreuze hingegen sind von hier aus noch keine Personenzeichen im rechtshistorischen Sinne, weil ihnen das Merkmal der Unterscheidung fehlt. Es sei denn, es werden dem Kreuz wie beim Monogramm Pipins bestimmte Beizeichen wie Punkte zur Individualisierung beigegeben. Aufgrund ihrer Unterscheidungsfähigkeit konnten echte Personenzeichen in der Unterschrift auch anstelle des Namens gebraucht bzw. auch zur Kennzeichnung eines Stabes, eines Ladungs-, Boten- oder Richterstabs, gebraucht werden; sie konnten ein Losstäbchen markieren, als Siegelbild oder Wappen verwendet werden[56]. Dieser funktionale Zusammenhang erklärt denn auch, warum das Siegel an einer Urkunde die Unterschrift zu ersetzen vermochte. Personenzeichen wurden schließlich auch für die Rechnungslegung auf Kerbhölzern gebraucht[57]. Abrechnungshölzer und Loshölzer haben sich im bäuerlichen Bereich bis in die jüngste Zeit gehalten[58]. Die auf

52 Deutsches Rechtswörterbuch. Wörterbuch der älteren deutschen Rechtssprache (DRWB), 5. Bd., Weimar 1953–1960, Sp. 172f.

53 Christian Gottlob HALTAUS, Glossarium Germanicum medii aevi, Leipzig 1758, Nachdruck Hildesheim–New York 1973, Sp. 815.

54 Heidelberger Bilderhandschrift (wie Anm. 24), fol. 23r 5.6.

55 HOMEYER, (wie Anm. 43); Claudius Frhr. VON SCHWERIN, Einführung in die Rechtsarchäologie (Karl VON AMIRA und Claudius Frhr. VON SCHWERIN, Rechtsarchäologie. Gegenstände, Formen und Symbole des germanischen Rechts, Teil I), Berlin–Dahlem 1943, S. 47ff.

56 v. SCHWERIN, (wie Anm. 55), S. 48f.

57 Ruth SCHMIDT-WIEGAND, Kerbholz, HRG Bd. 2, Berlin 1978, Sp. 701–703.

58 Max GMÜR, Schweizerische Bauernmarken und Holzurkunden, (Abhandlungen zum schweizerischen Recht, 77. Heft), Bern 1917; W. A. LIEBESKIND, Die Kerenzer Bauernzeichen, in: Schweizerisches Archiv für Volkskunde 37 (1939/40), S. 255–59.

ihnen angebrachten Zeichen sind Personenzeichen, die auf Hauszeichen (also Sachzeichen) zurückgehen können. Das in unserem Zusammenhang Bemerkenswerte ist, daß diese Personen- und Sachzeichen (sofern es sich um Haus- und Hofmarken, Vieh- und Holzmarken handelt) auf wenige Grundformen wie Quadrat, Dreieck, Kreis, Strich und Punkt zurückgehen[59]. Entfernt erinnert ihre eckige und kantige Form, die hier freilich primär auf das Material Holz zurückzuführen ist, an den Schaftstil der Herrschermonogramme. Für einige Grundformen wie Dreieck, Quadrat und Strich hat sich denn auch eine Kontinuität nachweisen lassen, die von der gegenwärtigen Volkskultur bis in Schichten der Vor- und Frühgeschichte zurückreicht[60]. Dies bedeutet aber, daß aus rechtshistorischer Sicht die graphischen Zeichen in Urkunden, besonders diejenigen, die zur Unterfertigung gehören, mit den Zeichen auf Holzurkunden, die Personenzeichen sind, zusammenzusehen sind, – also mit Zeichen, die in eine schriftlose Zeit und Kulturstufe zurückreichen.

Signa significativa – Signa repraesentativa

Inwiefern sind von hier aus graphische Zeichen in Urkunden auch Träger einer symbolischen Bedeutung, die über ihre Funktion, Anfang und Ende der Urkunde zu markieren und damit ihre Echtheit anzuzeigen, hinausgeht, indem sie zugleich eine nicht wahrnehmbare Eigenschaft oder Beziehung mit ins Bild setzt? Symbol, dem Wort nach das ›Zusammengefügte‹ und dem Sinn nach ursprünglich ein ›Wahr-‹ und ›Erkennungszeichen‹[61], ist nach Goethe »die Sache, ohne die Sache zu sein, und doch die Sache, ein im geistigen Spiegel zusammengezogenes Bild und doch mit dem Gegenstand identisch«[62]. Das Symbol ist also, um es einfacher auszudrücken, ein sichtbares Zeichen einer unsichtbaren Realität[63]. So »symbolisieren« auf mittelalterlichen Tafelbildern die Lilie, die Krone, das Schwert und der Stab abstrakte Werte wie Unschuld, Herrschaft, Recht und Gerechtigkeit, das Amt usw.[64].

In einer überwiegend schriftlosen Gesellschaft waren dies allgemein verständliche Zeichen, was ihre Bedeutung und weite Verbreitung erklärt. Das Wort *symbolum* wie das dazugehörige Bild oder Zeichen konnte sich z. B. seit der Spätantike auf den Vertrag in einer Rechtsurkunde beziehen[65] oder auf ein Losungswort im Kriegswesen, war also – um die schon einmal verwendeten Begriffe wieder aufzunehmen – *Wort-* oder *Handzeichen*. In den anthropologischen Wissenschaften werden bei den Symbolen *signa repraesentativa* ›vergegenwärtigende oder teilhabende Zeichen‹ und *signa significativa* ›willkürlich bezeichnende Zeichen‹ unterschieden[66]. Während diese austauschbar, sind jene wesenhaft mit der Sache verbunden und von daher nicht auszutauschen. Doch ist ihre Bezeichnungsfunktion nichts Primäres, sondern erfolgt eher nebenbei, während die *signa significativa* in erster Linie die Funktion der Unterscheidung und Markierung haben. Um ein Beispiel zu nennen: Bei der Auflassung oder Übertragung eines Grundstücks ist die Gebärde des Stabwurfs, eine rechtsrituelle Handlung, auf die noch zurückzukommen sein wird, ein *signum significativum*, das durch die Überreichung eines Halmes, eines Zweiges, einer Erdscholle oder eines Steines ersetzt werden kann[67], während diese Symbole als *signa repraesentativa* pars pro toto des zu veräußernden Grundstücks selbst sind und von hier aus nicht ohne weiteres ausgetauscht werden können.

Im mittelalterlichen Recht sind Zeichen und Symbole, *signa significativa* und *signa repraesentativa*, nicht immer deutlich zu unterscheiden. Dies liegt an den mannigfachen Berührungspunkten, die es zwischen beiden gibt[68]. So sind Zeichen mit Symbolen ausgestattet und können Symbole auch als Zeichen verwendet werden. Ein Grenzstein mit dem Bild eines Bischofsstabes oder einer Schwurhand z. B. geht über seine ursprüngliche Funktion, die Grenze zu markieren, hinaus, indem er zugleich die Herrschaft oder den beschworenen Sonderfrieden symbolisiert, also den ideellen oder geistigen Grund für die Grenzziehung zum Ausdruck bringt.

59 R. Pittoni, Hausmarken aus dem Gasteiner Tal, Österreich, in: Zs. f. Volkskunde 55 (1952), S. 142–157.

60 Ders., Untersuchungen im Bergbaugebiet Kelchalpe bei Kitzbühel, Tirol: 2. Ber., in: Mitteil. d. prähist. Kommission der Akad. d. Wiss. zu Wien V (1947), S. 36 ff.

61 Wörterbuch der Symbolik, hg. von Manfred Lurker, Stuttgart 1979, S. 551 ff.; Adalbert Erler, Rechtssymbolik, Rechtssymbole, HRG Bd. 4, Berlin 1986, Sp. 381–384; Michael Tangl, Urkunde und Symbol, in: Festschrift Heinrich Brunner, Weimar 1910, S. 761–773.

62 Wolfgang von Goethe, Weimarer Ausgabe 1. Abt. Bd. 49, 1, 1898, S. 142.

63 Lurker, (wie Anm. 61), S. 552.

64 Erler, (wie Anm. 61), Sp. 381. Zu den einzelnen Symbolen vgl. Lexikon der christlichen Ikonographie, hg. von Engelbert Kirschbaum, Bd. 1–8, Rom–Freiburg–Basel–Wien 1968 ff., Bd. 3, 1971, Sp. 100 ff. (Lilie), Bd. 2, 1970, Sp. 659 ff. (Krone), Bd. 4, 1972, Sp. 136 f. (Schwert), Sp. 193–198 (Stab).

65 Lurker, (wie Anm. 61), S. 552.

66 Ebd. Auf die Real-Symbolik, bei der das Symbol nicht als solches erfaßt, sondern mit dem Symbolischen als Einheit erlebt und empfunden wird, braucht hier nicht näher eingegangen zu werden, da es allein bei sog. Naturvölkern eine Rolle spielt.

67 Jacob Grimm, Deutsche Rechtsalterthümer (wie Anm. 15) Bd. 1, S. 276 f.

68 v. Schwerin, (wie Anm. 55), S. 47 f.

Überträgt man nun diesen, an sich weitgefaßten Symbolbegriff auf die graphischen Zeichen in Urkunden, so wird deutlich, daß man es zunächst einmal mit *signa significativa* zu tun hat, die mehr oder weniger willkürlich gesetzt werden können, indem sie bestimmte Teile der Urkunde markieren. Das Monogramm aber und die ihm verwandten Zeichen, vor allem die Notariatssignete[69], sind als Personenzeichen nicht mehr austauschbar, also *signa repraesentativa.* Wenn sie dazu über ihre Unterscheidungsfunktion hinaus einen ideellen geistigen Sinn ausdrücken, sind sie auch Träger einer symbolischen Bedeutung. Aufschlußreich hierfür sind bestimmte Mischformen unter den graphischen Zeichen wie das Bene Valete, das als Monogramm, also als *Wortzeichen,* gestaltet sein kann[70], und das Monogramm, das eine Devise mitenthält, wie etwa das Monogramm Friedrichs III., das damit über den bloßen Namen hinaus einen Bezug auf die geistige Haltung des Namensträgers herstellt[71]. Dieser symbolisierende Zug zeichnet viele Notariatssignete aus, die im deutschen Sprachraum neben dem Namenszeichen oder Namenszug herrschaftliche und religiöse Bildbezüge enthalten können[72]. So stehen neben Familienwappen und Hausmarken[73] Zeichen des Amtes wie zwei gekreuzte Richterstäbe[74] oder Symbole wie Kreuz[75] und Krone[76], die sich auf die den Notar autorisierende Gewalt beziehen. Das gilt auch für die Notariatssignete, welche die Devise Friedrichs III. AEIOU enthalten[77], die dieser Herrscher bekanntlich auch zur Unterfertigung von Urkunden wie als Besitzerzeichen auf Gegenständen benutzt hat. Die Aufnahme dieses »Vokalspiels«[78] in die Notariatssignete – bisher hat man allein drei dieser Art festgestellt – ist, wie man vermutet, auf die Amtseinsetzung durch diesen Herrscher zurückzuführen. Man wird also von Beispielen wie diesen aus sagen können, daß die graphischen Zeichen in Urkunden sowohl *signa significativa* wie *signa repraesentativa* sein können, indem die Funktion des Zeichens im engeren oder rechtstechnischen Sinne durch die des Symbols im weitesten und allgemeinsten Sinn ergänzt zu werden vermag. Es zeichnet sie also ein gewisse Ambivalenz aus.

Rechtssymbolische Handlungen

Diese Ambivalenz der Zeichen und Symbole spielt auch bei der Frage eine Rolle, ob den graphischen Zeichen in Urkunden etwa auch magische Kräfte zugeschrieben worden sind. So leitet man die bienenkorbförmige Gestaltung des Rekognitionszeichens mit seiner Fülle von Schlingen und Schleifen auf das *subscripsi* oder *subscripsit* des Rekognitionsvermerks zurück[79], was indessen nicht ausschließt, daß die vielfältig verschlungene Linienführung eben auch eine magische Bedeutung hatte[80]. Daß die graphischen Zeichen in Urkunden – historisch gesehen – als eine durchaus komplexe Erscheinung nicht auf eine Wurzel allein zurückzuführen sind, sondern zu einer Mehrzahl von Traditionssträngen gehören, dürfte aus dem bisher Ausgeführten deutlich geworden sein. Bei den Persönlichkeitszeichen wie dem Monogramm ergab sich von hier aus eine Kontinuität, die in einer mehr oder weniger schriftlosen Zeit ihren Anfang nahm. In ihr wird man mit einer wie auch immer gearteten Magie der Zeichen durchaus zu rechnen haben. Den Runen, bei denen es sich um Laut- wie Wort- oder Begriffszeichen handelt, schrieb man z. B. nachweisbar eine zauberische oder magische Wirkung zu[81]. Buchstaben- und Alphabetzauber ist aber auch in der Frühzeit der mittelalterlichen Schriftkultur nachzuweisen, wie die spätgermanischen oder frühchristlichen Goldbrakteaten zeigen[82]. Chrismon und Bene Valete enthalten so einen Segenswunsch. Das gilt auch für das Chrismon, das nicht allein mit der Invocatio verbunden ist, sondern in gleicher Form vor der Subscriptio noch einmal

69 S. o. Anm. 11; ferner Peter-Johannes SCHULER, Südwestdeutsche Notarszeichen (Konstanzer Geschichts- und Rechtsquellen Bd. 22), Sigmaringen 1976, s. o. Anm. 11.

70 KLAUSER, MEYER, (wie Anm. 10), S. 29; BRACKMANN, (wie Anm. 4), Tafel III u. S. 5f.; Urkunde Leos IX. vom 15. Juli 1050 für das Domkapitel in Florenz, Rota mit Devise und als Monogramm gestaltetes Bene Valete; Vgl. auch SCHMITZ-KALLENBERG, (wie Anm. 4), S. 69.

71 SUTTER, (wie Anm. 13), S. 278 ff.; SCHMIDT, (wie Anm. 38).

72 Peter-Johannes SCHULER, Herrschaftliche und religiöse Bildinhalte in den deutschen Notariatszeichen des Mittelalters, in: Badische Heimat 61 (1981), S. 415–429. S. o. Anm. 11.

73 Ebd. S. 417, Abb. 7.

74 Ebd. S. 418, Abb. 17.

75 Ebd. S. 420, Abb. 19.

76 Ebd. S. 418, Abb. 16.

77 Ebd. S. 421, Abb. 24 und S. 427, Abb. 47; Vgl. auch DERS., in diesem Bande.

78 S. o. Anm. 38.

79 KLAUSER, MEYER, S. 212. ERBEN, (wie Anm. 7), S. 161.

80 Zur magischen Bedeutung der Schlinge s. Handwörterbuch des deutschen Aberglaubens hg. von Hanns BÄCHTOLD-STÄUBLI unter Mitwirkung von Eduard HOFFMANN-KRAYER, Berlin 1927–1942, Nachdruck Berlin–New York 1987, Bd. VII, Sp. 1215; Isidor SCHEFTELOWITZ, Das Schlingen- und Netzmotiv im Glauben und Brauch der Völker, Gießen 1912.

81 Klaus DÜWEL, Runenkunde, 1983, S. 111 ff.

82 DERS., Buchstabenmagie und Alphabetzauber. Zu den Inschriften der Goldbrakteaten und ihrer Funktion als Amulette, in: Frühmittelalterliche Studien 22 (1988), S. 70–110.

erscheinen kann, – dann freilich ohne daß ihm wie zu Beginn der Urkunde eine verbale Formel beigegeben ist[83]. Der Segen[84] aber schließt magische Vorstellungen durchaus mit ein, wie die Geschichte des Wortes zeigt, das von *segnen* ⟨lat. *signare* ›das Zeichen des Kreuzes schlagen‹⟩ kommt und im Frühmittelalter die Bedeutungen ›Segnung mit dem Kreuzzeichen‹ und ›Zauber‹ auf sich vereinigte. Der Vergleich der I-Initialen mit und ohne Chrismon hat für dieses Zeichen ebenfalls magische Konnotationen denkbar erscheinen lassen. Dabei ist immer im Auge zu behalten, daß magische Vorstellungen wie die von Eid- und Wortzauber das ganze Mittelalter hindurch und darüber hinaus im Recht lebendig gewesen sind.

Dafür sprechen auch die rechtssymbolischen Handlungen, die häufig auf magische Vorstellungen zurückzuführen sind, wie z. B. das Herabwerfen des Strowischs zu Ende der Marktzeit[85]. Wurfhandlungen, die meist eine Trennung symbolisch zum Ausdruck bringen, richten sich wie das Werfen des Strohwischs, gegen die magische Kraft, die von einem Zeichen, wie hier dem des Strohwischs, ausgeht. In diesem Zusammenhang ist noch einmal auf den Vorgang der Auflassung[86] oder Grundstücksübertragung zurückzukommen, die mit Halm, Zweig oder Erdscholle vorgenommen werden konnte, gelegentlich aber auch in Verbindung mit einer rechtsrituellen Handlung, wie dem Werfen eines Stabes oder einer Urkunde[87]. Wie die Urkunde möglicherweise außer dem Namenszug des Veräußerers graphische Zeichen enthielt, die sich auf seine Person oder die zu veräußernde Sache bezogen, so konnte der Stab, eine Holzurkunde, ebenso mit Personen- oder Eigentumsmarken (Hauszeichen) versehen sein. Durch den Wurf aber trennt sich der Veräußerer symbolisch von seinem Besitz und der Magie der Zeichen. Dieser Brauch des Stabwurfs – auch ›Schoßwurf‹ genannt, weil der Stab, die Festuca in den Schoß des Erwerbers geworfen wurde[88] – ist bereits in fränkischer Zeit gut bezeugt und hat sich während des ganzen Mittelalters gehalten[89]. Im Alemannischen führte sie zur »Fertigung mit dem Gerichtsstab«[90], einer Sonderform der Grundstücksübertragung mit dem Stab des Richters, wobei dieser mit dessen Personenzeichen, insbesondere auch seinen Berufszeichen, versehen sein konnte[91]. Nur wenig beachtet ist in diesem Zusammenhang, daß auch in den Bilderhandschriften des Sachsenspiegels mehrmals die Übertragung eines Grundstücks mit der Überreichung eines Stabes verbunden ist. Die Auflassung erfolgte nach diesem Überlieferungszeugen zwar meist mit dem Halm oder Zweig, wird aber auch durch den Stab symbolisiert[92] – eine Tatsache, die für die weite Verbreitung des Symbols wie einer entsprechenden rechtssymbolischen Handlung aufschlußreich ist.

83 v. Sybel, v. Sickel, (wie Anm. 7), I. Lieferung Tafel 1. Vgl. auch Heinrich Brunner, Zur Rechtsgeschichte der römischen und germanischen Urkunde, Berlin 1880, S. 302–307.
84 Kluge, (wie Anm. 50), S. 697.
85 Ruth Schmidt-Wiegand, Studien zur historischen Rechtswortgeographie. Der Strohwisch als Bann- und Verbotszeichen. Bezeichnungen und Funktionen (Münstersche Mittelalter-Schriften Bd. 18), München 1978, S. 29ff. zu Wurfhandlungen allgemein; zum Werfen des Strohwischs, S. 178.
86 Werner Ogris, Auflassung, in: HRG Bd. 1, Berlin 1971, Sp. 251–253.
87 Vgl. auch Karl von Amira, Der Stab in der germanischen Rechtssymbolik (Abh. d. kgl. Bayer. Akad. d. Wiss., Phil-philolog. und hist. Kl. XXV, 1), München 1909; Louis Carlén, Stab und Stabträger in der Schweiz. Zur Rechts- und Staatssymbolik des Stabes, in: Festschrift Nikolaus Grass, Bd. 1, Innsbruck 1974, S. 29–52.
88 Werner Ogris, Festuca, in: HRG Bd. 1, Berlin 1971, Sp. 1111–1114.
89 Vgl. Ruth Schmidt-Wiegand, Stabwurf, ebd. Bd. 4, Berlin 1990, Sp. 1846f.
90 Walter Müller, Fertigung und Gelöbnis mit dem Gerichtsstab nach alemannisch-schweizerischen Rechtsquellen. Zugleich ein Beitrag zur Geschichte der Grundstücksübereignung (Vorträge und Forschungen Sonderband 22), Sigmaringen 1976.
91 Zu den Notae auf der Festuca Franz Beyerle, Der Ursprung der Bürgschaft. Ein Deutungsversuch vom Germanischen Rechte her, in: Zeitschrift für Rechtsgeschichte, Germ. Abt. 47, S. 567–665, insb. S. 635–645.
92 Eike von Repgow, Sachsenspiegel, Die Wolfenbütteler Bilderhandschrift Cod. Guelf, 3.1. Aug. 2°, Faksimile-Textband-Kommentarband, hg. v. Ruth Schmidt-Wiegand, Berlin 1993.

Die graphische Funktion des Symbols

VON ARMIN HOFMANN

Zeichenforscher, Informationstheoretiker, Medienschaffende, weisen seit Jahren darauf hin, daß sich die immer schneller verändernde und komplexer werdende Wirklichkeit mit den Mitteln der Sprache allein nicht mehr erfassen und beschreiben läßt. Die Sprache als unser wichtigstes Kommunikationsmittel ist offenbar in einen Engpaß geraten. Auf der einen Seite ist sie für den geistig arbeitenden, wissenschaftlich tätigen Menschen ein zu unflexibles Instrument geworden. Für den Mann von der Straße wiederum ist die Sprache zu umständlich, zu abstrakt, um sich mit ihren Mitteln im Alltag zurechtzufinden. Die Sprache der Bilder, der Zeichnung, der Diagramme, der Photographie, ist im Begriffe, die geschriebene Botschaft zu bedrängen, mindestens zu ergänzen oder zu vervollständigen. Der Mensch informiert und orientiert sich mehr und mehr durch Systeme, die einer bildbezogenen Organisation angehören.

Medienschaffende setzen für Plakate, Illustrierte, Fachbücher, Comics, TV, Filme usw. zwar jeweils ihre medienspezifischen Mittel und Verfahren ein, sie benutzen aber weitgehend das Bild als hauptsächliches Transportmittel für Inhalte. Man kann sagen, daß neben der Wortgrammatik eine Grammatik des Bildes auftritt. Nur folgt diese neue Grammatik ihrer Komplexheit wegen noch keiner strukturellen Ordnung. Um die neuen Zeichen zu begreifen, ist eine vollkommen neue Betrachtungsweise vonnöten, die nicht mehr viel zu tun hat mit dem üblichen verbalen Denken.

Wenn die Bildform, wie wir sie vor allem von der zeitgenössischen Malerei her kennen, in der hinter uns liegenden Zeit bei der breiten Öffentlichkeit kaum Beachtung gefunden hat, und in den höheren Schulstufen lediglich im Sinne ästhetischer Bildbetrachtung behandelt wurde, dürfte schon bald erkannt werden, daß es gerade eine der Funktionen der Moderne gewesen ist, Elemente einer neuen, visuellen Sprache bloßzulegen. Wenn sich die Maler des Bauhauses vorwiegend mit reinen Formanalysen beschäftigten, wobei die Untersuchung der bildnerischen Komposition im Vordergrund steht, analysiert die neuere Malerei die Bedeutungsebene der Zeichen. René Magritte zum Beispiel versucht das Innere von Gegenständen zu ergründen. Er weist in einer kleinen Untersuchung auf den Unterschied hin zwischen dem realen Gegenstand und seinem Abbild. Er erkennt die gedankliche Energie der Zeichen und beschreibt die komplizierten Verhältnisse zwischen der wortmäßigen Bezeichnung von Dingen und ihrer bildhaften Darstellung. Sein ganzes malerisches Werk befaßt sich in gewissem Sinne mit den Einsichten, wie sie die Zeichentheorie beschäftigen (siehe Abb. 1).

Fragen nach dem Zusammenhang zwischen Form und Inhalt stehen am Beginn jeder theoretischen und praktischen Auseinandersetzung mit dem Zeichen. Es geht darum, ursprünglich nicht sichtbare Tatbestände in eine wahrnehmbare visuelle Form zu bringen. Vor allem wenn verbindliche Zeichen für alltägliche Kommunikationszwecke zu formen sind, besteht die äußerst anspruchsvolle Aufgabe darin, eine einfache, für jedermann rasch verständliche Verbindung zu schaffen zwischen dem Kern einer Sache und seiner Hülle. Da Bildinformationen im Gegensatz zu jenen Zeichen, die gelernt werden müssen, direkt auf das Aufnahmevermögen des Menschen einwirken, scheinen im Bildzeichen Innen und Außen näher beieinander zu liegen als bei den abstrakten Zeichen. Die Aussagekraft, die Bedeutung, die Intelligenz eines Bildzeichens liegen also auf jenem kurzen, dunklen Verbindungsstück, welches das Innere mit dem Außen vereinigt. Dieses Verbindungsstück weist auf einen Denkakt, auf einen Abstraktionsvorgang hin, auf dessen Grundlage Form erst möglich wird. Diese Feststellung gilt nicht nur für alle graphischen und malerischen Zeichen; vor allem die heutigen photographischen Zeichen, von denen man doch annehmen möchte, daß die Umwandlung vom Innen zum Außen von der Apparatur selbst bewältigt werde, unterliegen dem Anspruch, daß Bilder nur mittels verfeinerter, gestalterischer Umsetzung sinnreiche und differenzierte Informationen abgeben können. Noch so raffiniert ausgerüstete Geräte schaffen diese Abstraktionsarbeit von sich aus nicht, ganz unabhängig davon, daß sie auch nicht in der Lage sind, sich mit Fragen des Kontextes zu befassen. Umberto Eco: »Durch das Zeichen löst der Mensch sich los von der rohen Wahrnehmung, von der

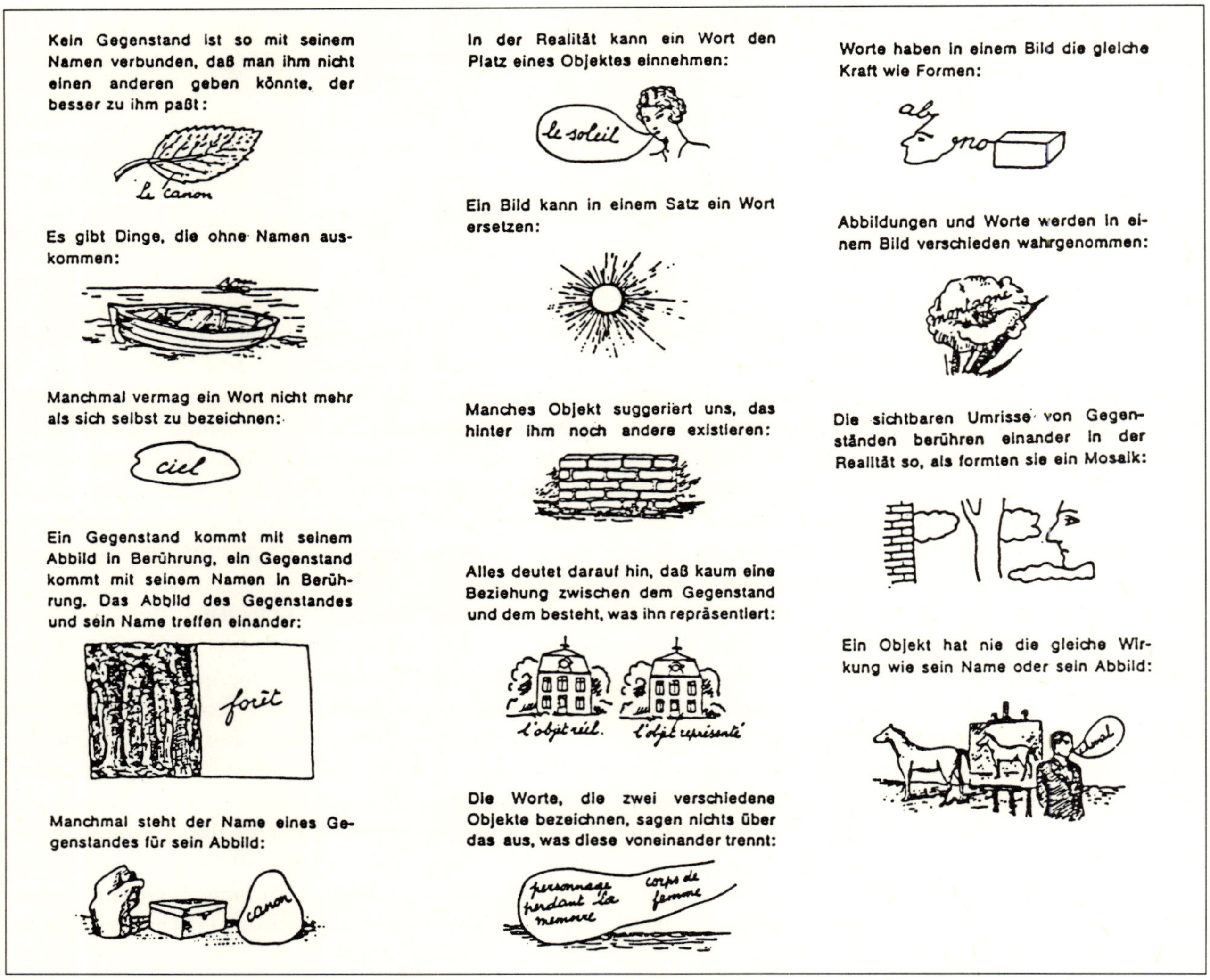

Abb. 1

Erfahrung des Hier und Jetzt, und abstrahiert. Ohne Abstraktion gibt es keinen Begriff, und ohne Abstraktion gibt es erst recht kein Zeichen«.

In bezug auf die Wahrnehmung und das Verständnis der heutigen Bildersprache spielen, ähnlich wie in früheren Kulturen, die einfachen Gegenstände des Lebens eine herausragende Rolle. Wenn man feststellt, daß kein kommunikatives Zeichen von einem unbekannten Gegenstand hergestellt werden kann, muß man auf der andern Seite annehmen, daß es Gegenstände gibt, die im Hinblick auf ihre Zeichenhaftigkeit besonders deutliche Merkmale besitzen. Solche Gegenstände können dann wichtige Auskünfte geben über die Mechanik, die abläuft, bei der Verarbeitung der Dinge auf dem Wege ihrer Umwandlung zum Zeichen. Durch den täglichen Umgang lernen wir das innere Wesen und die damit verbundene Bauweise der Gegenstände kennen und sind mit der Zeit imstande, philosophisch mit ihnen umzugehen und sie als Sprache einzustezen. Man denkt mit ihnen, ohne sie zur Hand nehmen zu müssen.

Die Überbrückung zwischen der äußerlichen Wahrnehmung der Dinge und ihrem Innenleben, die Bewältigung der Auseinandersetzung zwischen zwei einander fremd gegenüberliegenden Positionen, scheint auf jeden Fall bei der Herstellung von Bildern müheloser, direkter zu gelingen als beim Wortzeichen. Wenn, wie Friedrich Nietzsche feststellt, in der wortmäßigen Bezeichnung von Gegenständen lediglich eine unsichere Andeutung liegt, erklärt das Bildzeichen scheinbar genauer, in welcher Weise es gedeutet werden möchte.

Allerdings wird, besonders durch das photographische Bild, der Interpretationsraum so sehr eingeschränkt, daß man sich fragen kann, ob man hier noch von eigentlichen Zeichen sprechen kann. Aber auch das abstrakter gebaute Wort funktioniert in gewisser Weise über das Bild, und die Zeichenwissenschaft geht gar von der Annahme aus, daß wir überhaupt nur mittels Bildern denken können, und daß rein ungegenständliche Vorstellungen nicht möglich seien. Nur sind die Bilder, welche durch das Wort erzeugt werden, innere Bilder, selbst hergestellte Zeichen, die durch persönlich gemachte Erfahrungen und Einsichten geformt werden, im Gegensatz zu den wirklichkeitsnahen, photographischen Zeichen, welche Eindrücke von außen her einfließen lassen. Man muß aber davon ausgehen, daß Zeichen, welcher Art sie immer angehören, nie eindeutige Botschaften vermitteln können. Man kann sogar behaupten, daß je abbildhafter eine Sache in Erscheinung tritt, desto undeutlicher, desto lebloser ihre innere Botschaft ist. Das heißt, daß die photographisch dargestellten Zeichen je nach dem Kontext, in dem sie stehen, je nach dem Umfeld, in dem sie erscheinen, verschieden beurteilt werden müssen und daß ihre Bedeutung, ihre Aussage von verschiedensten, visuell nicht hinterfragbaren Faktoren abhängt. Diese Feststellung gilt sowohl für das Einzelphoto, wie auch für die zusammenhängenden Bildfolgen in Film und Fernsehen. Wenn man also der bildhaften Darstellung eines bestimmten Geschehens nachgehen will, wird man den ganzen Bedeutungsraum, in dem sich die Dinge bewegen, analysieren müssen. Diese Arbeit des Definierens und Hinterfragens führt hinein in den Prozeß einer fast unerschöpflichen Semiose.

Eine Fülle von Einsichten und Erkenntnissen stellt sich zum Beispiel dann ein, wenn man sich einem bildhaften Gegenstand mit einem zweiten ähnlich gebauten Bildobjekt nähert und dieses in unmittelbarer Nachbarschaft plaziert. Dieses zweite Zeichen braucht inhaltlich keinen sichtbaren Zusammenhang mit dem ersten zu haben, um trotzdem mit ihm in unmittelbaren Kontakt zu treten. Die Erkenntnis, daß Bildzeichen in einem gewissen Sinne ebenso alphabetisch funktionieren wie das Schriftzeichen, ist von großer Bedeutung. Dieses Wissen hält uns davon ab, dem Einzelbild, aber auch der Bildfolge, mag sie noch so wirklichkeitsnah präsentiert werden, unmittelbaren Wahrheitscharakter zuzumessen. Die Aussage muß zwischen den Bildern erscheinen und nicht mittels Bildern. Dies ist eine wichtige Einsicht, wenn es darum geht, die Welt der Zeichen zu ergründen. Um zu verdeutlichen, was sich im Zwischenreich zwischen den Bildern abspielt, habe ich Beispiele aus dem Kurs Zeichenuntersuchungen ausgewählt, wo in anschaulicher Form solche Bedeutungsphänomene analysiert und dargestellt werden. Wenn dabei die einfachen, an Gegenstände gebundenen Bildzeichen im Vordergrund stehen und nicht komplexere Sachverhalte, so deshalb, weil die Zusammenhänge zwischen der Form der Zeichen, der Form der Objekte, auf die sich die Zeichen beziehen, und der Form des Denkens, wie es durch die Zeichen ausgelöst wird, hier besonders gut zum Ausdruck kommen. Die Zeichen, die in diesen Studien untersucht werden, sind also im Sinne von Gebrauchs- oder Funktionszeichen zu begreifen, da sie ja nicht zu Kommunikationszwekken geschaffen wurden, sondern sich auf Dinge beziehen, die im Hinblick auf einen vorbestimmten Gebrauch geschaffen wurden. Aber dieser Gebrauch ist, wie ich schon bemerkt habe, verbunden mit der ganzen Atmosphäre, in welche die Gegenstände im Verlaufe ihrer Geschichte geraten sind. Es gilt also sorgfältig zu unterscheiden zwischen der Funktion eines Gegenstandes, seiner Form und seiner Bedeutung, wobei diese Unterscheidungen noch komplizierter werden, wenn sie sich statt auf den realen Gegenstand auf ein Abbild desselben beziehen. Wenn schon der Gegenstand selbst, ohne daß dies bei seiner Herstellung und bei seinem Gebrauch beabsichtigt ist, als zeichenhaftes Wesen in Erscheinung tritt, so wird er durch seine bildhafte Umsetzung vollends zum Zeichen. Er entledigt sich sozusagen seiner eigentlichen Funktion und wird reines Kommunikationsobjekt im Sinne von Sprache. So löst zum Beispiel der Gegenstand »Lippenstift« unmittelbare Vorstellungen, Gefühle, Gedanken aus, die dem weiten Umfeld des Gegenstandes entstammen, welche aber am Gegenstand selbst nicht ablesbar sind. Beim Betrachten des Gegenstandes findet also ungewollt eine Semiotisierung statt, welche aber erst in seiner Bildform eine Art von sprachlicher Kraft erhält. Wichtig ist die Tatsache, daß die Objekte unseres Lebens alle diesem Bedeutungswandel ausgesetzt sind und daß diese Wandlungsfähigkeit ein wichtiges Element darstellt bei der Visualisierung von Sachverhalten und Tatbeständen. Diese Erfahrung führt ferner zur Erkenntnis, daß sich eine lebendige Zeichenhaftigkeit dann einstellt, wenn der Mensch die streng objektbezogene Betrachtung aufgibt und sich eine philosophische Verhaltensweise zu eigen macht. Das Wissen um die philosophische Komponente von Zeichen ist sowohl entscheidend bei der Neuschaffung von freien und angewandten Zeichen, wie auch beim Versuch, Bilder zu analysieren und die Grundlagen der heutigen Kommunikationsformen zu erforschen.

Wenn ich erwähnt habe, daß sorgfältig zu unterscheiden sei zwischen der äußern Gestalt eines Objektes und seiner Funktion, so erhält diese Anregung eine besondere Aktualität im Hinblick auf die neuen, der Mode unterworfenen Gegenstände, Instrumente und Apparate. Einerseits ist festzustellen, daß wir heute immer kürzere und oberflächlichere Beziehungen zu den Objekten des täglichen Lebens unterhalten, auf der andern Seite verändern sich die Objekte in rascher Folge so, daß eine engere Beziehung Mensch/Objekt erschwert, wenn nicht ausgeschlossen wird. Es gibt tatsächlich immer weniger Dinge, die den Menschen von seiner Jugendzeit bis zu seinem Ableben begleiten, ohne daß sie durch andere, vielleicht bequemere, neuer aussehende, billigere, rasch ausgetauscht werden. Die Schnelligkeit, mit der die Dinge des Alltags sich verbrauchen, hat etwas zu tun mit der Unbedenklichkeit, mit der man sich ihrer wieder entledigt und sie aus der Erinnerung verbannt. Die Gegenstände und mit ihnen auch ihre Abbilder büßen nicht nur ihren festen Platz an der Seite des Menschen ein, sie verlieren ihre Bedeutung innerhalb eines ganzen Verständigungssystems – einer Bildersprache, welche bis anhin in bedeutendem Maße über die Gegenstände des täglichen Lebens funktionierte.

In der kleinen exemplarischen Untersuchung haben Studenten versucht, einige der wenigen einfachen Gegenstände aufzuzeigen, welche ihre Funktion, ihre Form, ihre Aktualität durch Jahrzehnte hindurch haben bewahren können und sie vermutlicherweise auch weiter behalten werden. Interessant an dieser Auswahl ist, daß alle diese säulenförmig gebauten Gegenstände mit minimalem architektonischen Aufwand konzipiert sind, daß ihre Funktion an ihrer Form ablesbar ist, daß sie einfach darzustellen sind, daß ihre äußeren Merkmale in gewissem Sinne zeichenhaft-schriftförmig sind, daß in ihnen fast alle wesentlichen Tätigkeitsfelder des Menschen vereinigt sind (siehe Abb. 2).

Der buchstabenartige Bau ist auch Vorbild für alle jene Zeichen, welche sich im Zwischenfeld zwischen Lesen und Betrachten bewegen. Die weitaus größte Anzahl von unsern modernen Zeichen, wie sie in der Industrie, in der Wirtschaft, im Verkehr, im öffentlichen Leben, aber auch in der Protestbewegung eingesetzt werden, orientieren sich einerseits an der Bauweise unserer Buchstaben und an den Formen der Geometrie, andererseits aber an gegenständlichen Motiven. Wir haben es also nicht mit einer reinen, sauberen Bauweise zu tun, sondern mit Wahrnehmungsformen, welche zusammengewürfelte Elemente aus verschiedenen Bereichen vereinigen. Nur schon der Versuch, einzelne Kategorien zu bilden, stößt an Grenzen, weil hier alles mit allem verbunden ist. Stab, Kreis, Dreieck, Kreuz, Stern usw. können ebenso im Sinne rein geometrisch erdachter Figuren, wie auch als gegenständliche Zeichen begriffen werden. Ist das Kreuz ein geometrisches Konstrukt oder christliches Symbol? Wenn ich den horizontalen Balken irrtümlicher Weise zu weit oben ansetze, habe ich nicht nur die Bedeutung verschoben, sondern ich habe die geometrische Architektur verlassen und verwende den Gegenstand als Bedeutungsträger.

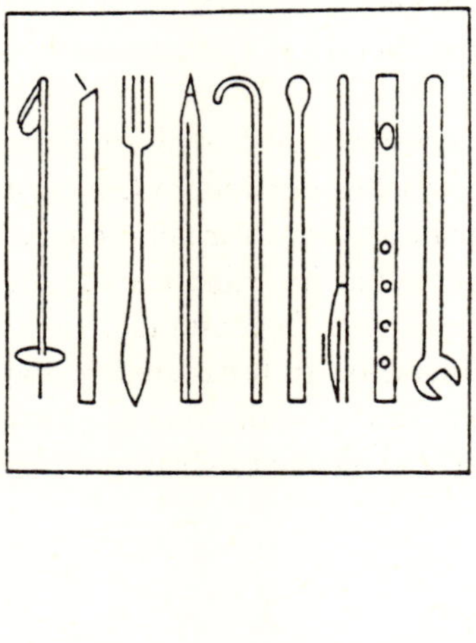
Abb. 2

Ist die Sternform (die, wie wir sehen werden, eine äußerst wichtige Konstruktion in der Welt der Zeichen darstellt), eine Erfindung der Geometrie, ist sie vom strahlenden Himmelskörper abgeleitet, ist sie im Sinne einer malerischen Idee, als Gegenpart zur geschlossenen Kreisform zu werten, wie etwa im Werk Miros? Im Falle des gleichseitigen Dreiecks sind die Probleme besonders kompliziert, da das Dreieck als immer wiederkehrende Basisform in den verschiedensten Bereichen auftritt: Als Symbol Gottes, als Pfeilnachbildung, als Richtungsanzeige, als wissenschaftliches Zeichen, als Verkehrszeichen, als Blattform usw. Größe, Form, Lage, Farbe, Material des Dreiecks bestimmen seine Aussage. Der Kontext, in dem das Element in Erscheinung tritt, ist wichtiger als die Figur.

Wenn, was heute in den meisten Fällen zutrifft, kompliziertere Verhältnisse herrschen, wenn Zeichen aus mehreren Grundelementen zusammengesetzt sind, wird der Entscheid, ob sich gegenständliche Bilder hinter der Geometrie verbergen, noch schwieriger (siehe Abb. 3).

Natürlich verschwindet hier die Gegenständlichkeit hinter der dominierenden Geometrie. Das heißt, Inhalt und Form fließen in einer Weise zusammen, daß man nicht mehr nachzudenken hat. Man registriert durch das Formenspiel, was nicht heißen muß, daß der Inhalt fehlt. Dem Konsumenten der Zeichensprache fällt es also schwer, Unterschiede auszumachen zwischen den verschiedenen Zeichenarten. Gegenständliche, rein geometrische, buchstabenförmige Zeichen treten in allen möglichen Arten und Mischformen auf, z. B. Schweiz. Volksbank, VW, Schweiz. Winterhilfe (siehe Abb. 4).

Wenn man einmal davon absieht, daß, wie Eco in seiner Einführung in die Semiotik schreibt, in Wirklichkeit alle Kulturphänomene als Zeichensysteme aufgefaßt werden können, und nur die sogenannten graphischen Zeichen beobachtet, können allerdings einige Merkmale ausgemacht werden, welche für alle Zeichen,

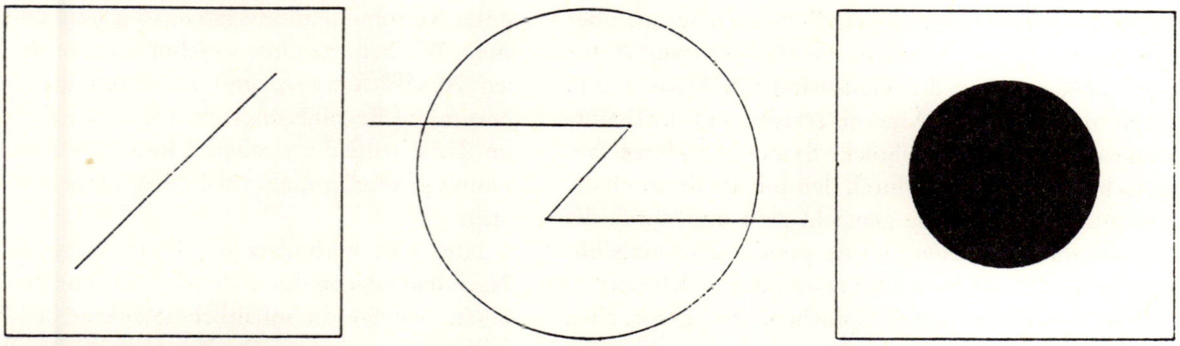

Abb. 3

Die Öffnung für den Münzeinwurf (Deutsche Bank) — *Die Blitzform im Rad (Autokonzert Opel)* — *Die aufgehende rote Sonne (Zeichen für Japan)*

Marken, Signete und Symbole Geltung haben. Typisch für diese graphischen Zeichen ist ja, daß sie sich auf eine relativ einfache Formgebung beschränken, welche auf eine ebenso knapp bemessene Wahrnehmungszeit Rücksicht nimmt. Damit verbunden ist allerdings die wichtige Forderung nach eigenwilligen gestalterischen Einfällen, welche erst eine Unterscheidung von andern, vielleicht formal ähnlich gebauten Zeichen zulassen. Originalität und eigenwillige Formgebung sind aber unter den Voraussetzungen einer höchstmöglichen Reduzierung der Inhalte und der Darstellungsmittel immer schwerer zu erreichen. Vor allem wird es unter den heutigen gesellschaftlichen Gegebenheiten und den damit verbundenen medialen Verhältnissen zusehends schwieriger, einem Ding, einem Produkt ein visuelles Merkmal aufzustempeln. Was also früher kein Problem war, ist jetzt eines und zwar in mehrfacher Hinsicht:

1. Der Formvorrat geht unter dem Einfluß inflatorischer Entwicklung zu Ende. Die Formen lassen sich nicht mehr voneinander unterscheiden.
2. Originalität und Ideenreichtum sind ohnehin limitiert, da sie sich auf engem Raum und mittels beschränkter graphischer Elemente durchsetzen müssen.
3. Das Speicherungsvermögen des menschlichen Gehirns ist beschränkt. Die Augen sehen wohl die Zeichen, aber der Kopf verweigert die Verarbeitung.
4. Die Sachverhalte und Dinge, die bezeichnet werden müssen, werden immer komplexer, nicht mehr zeichenhaft darstellbar.
5. In unserer von Medien beherrschten Welt müssen Zeichen, wenn sie überhaupt wahrgenommen werden sollen, den medialen Gepflogenheiten der Zeit entsprechend in Erscheinung treten. Das heißt, daß sie dauernd wiederholt werden müssen. Die Qualität und die Botschaft des Zeichens sind weniger wichtig als seine Präsenz.

Das sind natürlich keine guten Voraussetzungen für die Entwicklung neuer Informationsformen. Trotz dieser ungünstigen Bedingungen produziert unsere moderne, den Medien gehorchende Gesellschaft massenweise neue Zeichen. Aber nur noch die großen finanzkräftigen Konzerne, staatliche Institutionen, die großen politischen Parteien, können sich die Mittel leisten, die nötig sind, um ihre Symbole in die Köpfe der Leute einzugraphieren.

Von dieser Warte aus betrachtet, kann man verstehen, daß die faszinierenden Möglichkeiten, sich mit der

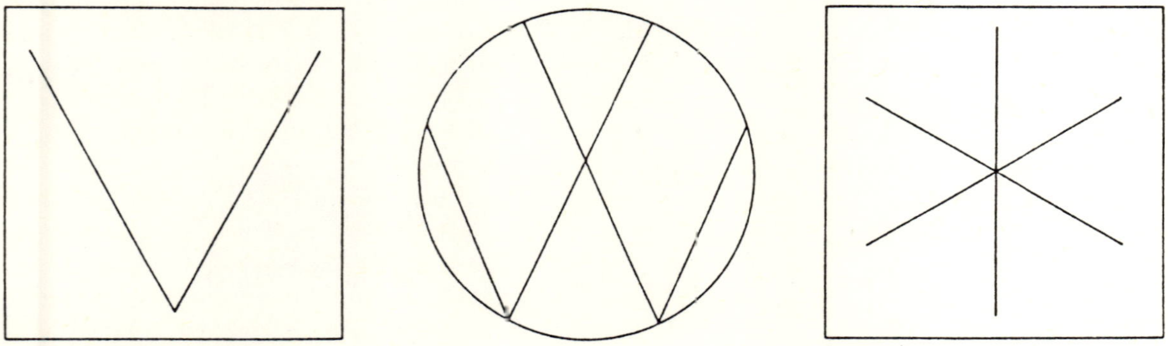

Abb. 4

Schweiz. Volksbank — *VW* — *Schweiz. Winterhilfe*

neuen Zeichensprache verständlich zu machen, über jene Kanäle genutzt werden, die kostenlos zur Verfügung stehen; über die Hauswände in Städten und Dörfern. Dort, wo sie Ärgernis erregen und zur Kenntnis genommen werden. Solche Symbole erklären ihre Botschaft nicht so sehr durch den Inhalt, als durch die Art und Weise, wie sie gemacht sind und durch die Anwesenheit an Orten, wo sie gerade nicht hingehören. Es sind Zeichen des Protestes, der Ablehnung.

Wir haben also zwei Sprachen, die gesprochen werden:

1. Die Sprache der Rebellion, welche Veränderung und Bewegung ausstrahlen möchte.
2. Die Sprache der Konvention, welche Sicherheit und Verewigung ausdrücken soll.

Man mag die demonstrativen Zeichen der Ablehnung bedauern und verurteilen. Sie zeigen aber doch an, daß unser Kommunikationssystem als ganzes im Umbruch steht. Wir bedienen uns zunehmend einer nicht verbalen Ausdrucksweise, und zwar tun dies nicht nur bestimmte Bevölkerungsschichten. Die Tendenz, sich im Zwischenfeld zwischen Bild und Wort zu äußern, nimmt generell zu, aber vor allem unter den Jugendlichen.

Nun gibt besonders die Feststellung Anlaß zum Nachdenken, daß durch die Veränderung der Kommunikationsweise die inhaltliche Struktur des Diskurses selbst sich verändert. Die Vorstellung vom Wesen des Menschen, die Idee von Wahrheit, Glück, Hoffnung, sind im Begriff, sich zu wandeln, denn neue mediale Techniken fördern ihre eigenen, ihnen gemäße Formen des Denkens und Fühlens. Die Zeichensprache von heute verändert unser Dasein von innen her, in dem sie Formen einer neuen Weltsicht hervorbringt.

Das graphische Symbol im Text: linguistische Aspekte

Von Helmut Glück

Der Beitrag ist in fünf Abschnitte gegliedert. Im ersten Abschnitt werden einige Überlegungen zum Konstruktionsmaterial von Texten, nämlich Schriftsystemen, vortragen. Daran schließen sich Ausführungen zu den Beziehungen, die die schreibenden und lesenden Menschen zu bestimmten Schriftsystemen herstellen, indem sie Schriftsysteme zu graphischen Symbolen machen. Im dritten Abschnitt geht es um die Frage, was ein graphisches Symbol im Unterschied zu Schriftzeichen charakterisiert. Anschließend trage ich einige Überlegungen zu Beispielen aus mittelalterlichen Urkunden vor. Im Schlußabschnitt werden einige soziale Funktionen von graphischen Symbolen in Texten erörtert.

1. Textuelle Einheiten

Texte sind große *sprachliche* Einheiten. Aus der Sicht der strukturellen Linguistik stehen sie oberhalb der Satzkategorie und der Kategorie der Satzkonnektoren, die für diese die größten Untersuchungsobjekte sind. Aus der Sicht der linguistischen Pragmatik stehen sie oberhalb der Kategorie der Äußerung bzw. der Sprechhandlung. Seit etwa 20 Jahren bemüht sich die neue Disziplin der Textlinguistik mit wechselndem Erfolg, ihren Gegenstand, den Text, kategorial und systematisch zu erfassen.

Man kann eine Reihe von textuellen Einheiten bestimmen, die zwischen den Einheiten Text und Satz bzw. Äußerung anzusiedeln sind. Das sind (für die geschriebene Sprachform) etwa Kapitel, Paragraphen, Artikel, Abschnitte oder Druckbögen, Seiten und Spalten. Kleinere und kleinste Einheiten von Texten sind, morphologisch gesehen, Blöcke, Absätze und Zeilen, systematisch gesehen Satzfolgen, Sätze, Syntagmen, Wörter, Silben und schließlich einzelne Grapheme bzw. sie repräsentierende Schriftzeichen und Schriftzeichenkombinationen. All diese Einheiten gehören in den Kernbereich der Sprachwissenschaft, in die Graphematik, in die Morphologie und in die Syntax. Texte sind die größten sprachlichen Einheiten und die oberste Ebene der Grammatik, über die sich zu diskutieren lohnt. Sie umfassen alles, was zum Kernbereich der Sprachwissenschaft gehört, und allerlei darüber hinaus.

Sehen wir uns die kleinsten Einheiten geschriebener Texte näher an. Die (unbegrenzte) Menge der Schriftzeichen, die in Texten einer bestimmten Sprache vorkommen können, besteht aus Repräsentanten einer sehr begrenzten Menge von Schriftzeichenklassen. In lateinisch verschrifteten Sprachen sind das normalerweise etwa 30 verschiedene Klassen, nämlich die Buchstaben des für die jeweilige Sprache verwendeten Alphabets. Dazu treten normalerweise feste Buchstabenkombinationen wie dt. ⟨ch⟩, ⟨sch⟩, ⟨ck⟩ usw., über deren Status hier nichts gesagt werden soll. Ebensowenig soll der Ausdruck *Buchstabe* hier diskutiert werden, der aus linguistischer Sicht nicht unproblematisch ist. Zu den Buchstaben und Buchstabenkombinationen treten Klassen nichtalphabetischer Zeichen wie Interpunktionszeichen und Begriffszeichen, etwa die Ziffern, Wortzeichen wie die *et*-Ligatur ⟨&⟩ (Rück 1988: 120), das Prozentzeichen ⟨%⟩, das Zeichen für *Paragraph* ⟨§⟩, Klammern, Auszeichnungen usw. (siehe Abb. 1).

Die Gesamtzahl der nichtalphabetischen Schriftzeichen ist größer als diejenige der Buchstaben. Alphabetische Schriftsysteme sind solche, deren Einheiten primär mit der phonologischen Ebene des Sprachsystems korrespondieren, der Ebene der Phoneme. Phoneme sind die kleinsten bedeutungsunterscheidenden Einheiten von Sprachen. Alphabetschriften bestehen aber nicht nur aus Buchstaben, sondern inkorporieren eine Vielzahl von Wort- und Begriffszeichen. Insofern sind sie Mischsysteme.

In Wortschriften korrespondieren die einzelnen Schriftzeichen mit Einheiten oberhalb der Phonemebene, nämlich Wörtern und Morphemen. Für die Gegenwart ist das Chinesische prototypisch. In der Literatur werden Wort- und Begriffsschriften als Semasiographien, Semographien, Logographien oder Ideographien bezeichnet. Eine differenzierte Diskussion der komplexen Probleme, die solche Klassifikationen aufwerfen, findet sich bei Günther (1988: 22–31). In solchen Systemen ist die Korrespondenz zwischen einzelnen Schriftzeichen und lexikalischen oder gram-

%, &, §, 1, 2, 3, -, ?, ¿, !, +, -, ˜, /, (...), [...], {...}, $, £, #, \, ®, © ...

Abb. 1 *Nichtalphabetische Schriftzeichen in europäischen Lateinschriften*

matischen (morphologischen) Bedeutungseinheiten leitendes Prinzip. Die chinesische Schrift repräsentiert bekanntlich im wesentlichen einsilbige Wörter. Allerdings ist die Entwicklung zu mehrsilbigen Komposita in vollem Gange, d. h. daß mehrere Schriftzeichen benötigt werden, um solche mehrsilbigen Wörter zu schreiben und der herkömmliche Wortbegriff obsolet wird. Es entsteht das Problem der Markierung von Wortgrenzen im Geschriebenen. Es gibt aber auch eine Reihe von chinesischen Schriftzeichen, die grammatische Einheiten wie Morpheme repräsentieren, z. B. das Pluralmorphem {men} (Abb. 2a) oder das Vergangenheitsmorphem {lə} (Abb. 2b).

wǒ ("ich")
我
wǒmen ("wir")
我们
mén ("Tür") 门
rén ("Mensch") 人 [亻]
nǚ ("Frau") 女
nǐ ("du")
你
nǐmen ("ihr")
你们

tā ("er") 他
tā ("sie", f.sgl.) 她
tāmen ("sie" m.pl.) 他们
tāmen ("sie", f.pl.) 她们

mǎile ("kaufen", Vggh.) 买了
shuōle ("sprechen", Vggh.) 说了
zhùle (wohnen", Vggh.) 住了

Abb. 2 *Chinesische Morphemogramme*

In Abbildung 2a wird das Zeichen für *Tür*, das phonetisch dem Pluralmorphem {men} entspricht, mit dem es semantisch nichts gemein hat, dazu verwendet, das Pluralmorphem {men} zu schreiben. Die Zeichen für *Mensch* und *Frau* differenzieren in den Zeichen für das Pron. pers. 3. pl. nach dem natürlichen Geschlecht, ohne daß dies phonetisch realisiert würde. Abbildung 2b bedarf unter den hier interessierenden Gesichtspunkten keines weiteren Kommentars. In solchen Wortschriften können also durchaus auch Korrespondenzen zu phonologischen oder phonetischen Sachverhalten hergestellt werden. Im Chinesischen enthalten viele Schriftzeichen phonetische Indikatoren, die Aussprachehinweise für die Norm des Mandarin bzw. putonghua geben. Ein Beispiel ist die Silbe {men} aus Abbildung 2a: der Zeichenbestandteil [mén] ist hier der phonetische Indikator (näheres dazu in: Glück 1987: 106 f.).

Für alphabetische Schriftsysteme gilt dasselbe analog. In speziellen Kontexten kommen auch Schreibkonventionen vor, die mit der Morphemebene korrespondieren. Ein Beispiel ist die Doppelschreibung in Abkürzungen von Personen- und Amtsnamen (v. Brandt 1958: 95) oder in bibliographischen Angaben (siehe Abb. 3).

IMP - IMPP, Vf. - Vff., Hg. - Hgg., p.18f. - p.18ff. - p.18sqq., ital. AAVV (autori vari) usw.

Abb. 3 *Pluralmarkierung durch Verdoppelung von Buchstaben*

Interpunktionszeichen beziehen sich schließlich auf Syntagmen oder ganze Sätze, Abbreviaturzeichen auf morphologische oder lexikalische Einheiten. Beispiele sind die Abbreviaturen der *nomina sacra* und die Vielzahl der konventionellen Abbreviaturen mittelalterlicher Schreiber, deren Beherrschung ja eine wichtige Voraussetzung für Meisterschaft in der Paläographie darstellt. Die Menge der graphischen Abkürzungen in unseren modernen Zeiten ist ebenfalls beträchtlich; wir haben deshalb dicke Abkürzungslexika. Auch im Alltag haben wir ständig mit ihnen zu tun, etwa wenn wir Immobilienanzeigen in einer Tageszeitung oder einen Fahrplan lesen.

Die Frage, welche graphischen Figuren als Buchstaben oder Schriftzeichen zu definieren sind und welche anderen Figuren als graphische Symbole anderer Ordnung, ist stets auf der Grundlage desjenigen Schriftsystems zu klären, das für die in Frage stehenden Texte verwendet wird. Ein Text, der im lateinischen System verfaßt ist, kann chinesische Schriftzeichen oder Hieroglyphen enthalten – sie sind dann graphische Symbole. Alltägliche moderne Beispiele dafür findet man auf Wirtshausschildern und Speisekarten (siehe Abb. 4).

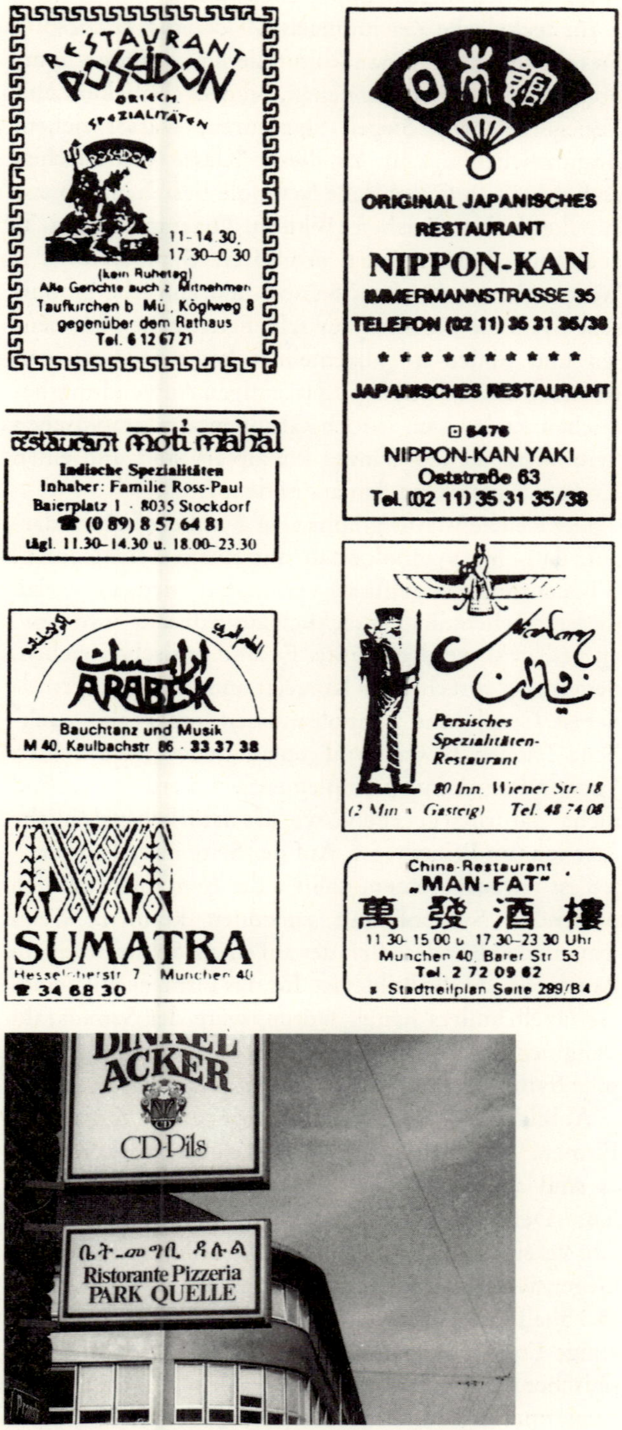

Abb. 4 *Reklame für Restaurants, 1988*

Zusammenfassend kann gesagt werden, daß es weder reine Alphabetschriften noch reine Wortschriften gibt. Es gibt dominante Prinzipien, nach denen diese beiden Typen voneinander unterschieden werden können, aber neben ihnen wirken untergeordnete Prinzipien, die andere Korrelationen etablieren. Man muß also vom gemischten Charakter aller Schriftsysteme ausgehen.

2. Schriftsystem und Sprache

Texte sind stets in einer bestimmten Schriftart und in einem bestimmten Schriftsystem geschrieben, und zwar denjenigen, die für eine bestimmte Sprache konventionell sind. Es gibt keine »natürlichen« Zusammenhänge zwischen Sprachen und Schriften, wohl aber solche anderer Art. Ob ein Text in deutscher Sprache, der im arabischen oder amharischen Schriftsystem aufgeschrieben würde, ein deutscher Text wäre, ist zweifelhaft. Wäre er im hebräischen Alphabet geschrieben, wäre er verdächtig, ein jiddischer Text zu sein. Das Jiddische wird aber bekanntlich als eine eigenständige Sprache betrachtet, die sich vom Deutschen (und auch vom Mittelhochdeutschen) deutlich unterscheidet – nicht zuletzt wegen der Schriftart, in der man es normalerweise schreibt.

Historisch, kulturell und psychologisch hängen Schriftsysteme und Sprachen offenbar eng miteinander zusammen. Dabei scheint die Religionszugehörigkeit der Sprecher und Schreiber der einzelnen Sprachen von ausschlaggebender historischer Bedeutung zu sein. Die Juden in der Diaspora verwendeten bekanntlich die Sprachen ihrer Umgebung als Umgangssprachen – Arabisch in Ägypten und im Magreb, »Judenspanisch« in Spanien, Jiddisch in Deutschland bis ins 19. Jahrhundert, in Polen und in seinen östlichen Nachbargebieten, türkische Sprachen unter den galizischen Karaimen, auf der Krim, in Buchara und anderen Stellen Mittelasiens, das ostkaukasische Tatisch in Dagestan usw. Geschrieben haben sie all diese Sprachen im hebräischen Schriftsystem (vgl. Musaev 1965, Jensen 1969, Birnbaum 1971). Um 1900 gab es in einigen türkischen Städten Tageszeitungen in türkischer Sprache, die in griechischen Lettern gedruckt waren – für turkisierte orthodoxe Griechen. In Bulgarien und Aserbaidschan gab es eine türkischsprachige Literaturproduktion in armenischem Druck für die armenische Diaspora. In Südafrika wurden um die Jahrhundertwende englischsprachige Zeitungen in arabischer Schrift gedruckt – für muslimische Kulis aus Indien (Glück 1987: 116f.). Urdu, die Staatssprache Pakistans, unterscheidet sich vom Hindi vor allem dadurch, daß es im arabischen

System geschrieben wird. Dasselbe Merkmal unterscheidet das Pashto, die Hauptsprache Afghanistans, vom kyrillisch geschriebenen Tadschikisch in der Sowjetunion. Das Serbokroatische ist eine Sprache, die zwar Dialektunterschiede überdacht, aber in ihrer geschriebenen Form weitgehend einheitlich ist. Der Unterschied zwischen Kroatisch und Serbisch bezieht sich auf die Schriftsysteme – im katholischen Kroatien schreibt man auf lateinischer Basis, im orthodoxen Serbien und in Montenegro kyrillisch, im konfessionell stark gemischten Bosnien schrieb man lange Zeit auch arabisch. In Kroatien verwendete man darüber hinaus, oft mit klaren oppositionellen Absichten, bis ins 19. Jahrhundert hinein auch die glagolitische Schrift (vgl. Schelesniker 1972).

Ich breche diese Aufzählung von Beispielen hier ab mit dem Fazit, daß Schriften als solche Symbolwert haben und psychologisch-ideologisch besetzt sein können. Das zeigt sich in Konfliktsituationen oft auf dramatische Weise. Wir haben die scharfen Auseinandersetzungen über das richtige Alphabet für die moldauische Sprache, so es sie denn gibt, miterlebt – sie sind ein aktuelles Beispiel dafür. Selbst innerhalb eines einheitlichen Sprach- und Schriftraums, beispielsweise in dem des heutigen Deutschen, gibt es Diffenzierungen, die erwähnenswert sind. Ich denke dabei nicht an die verschiedenen Bewertungen von unverbundenen Buchschriften und Kursiven im Mittelalter (Rück 1988) oder an die alten Kämpfe um Fraktur und Antiqua im deutschen Sprachgebiet, sondern ich denke daran, daß bestimmte Schrifttypen weltanschaulich oder kommerziell »besetzt« werden können, etwa die Schriftsätze der Anthroposophen oder den (patentierten) Schriftsatz des VW-Konzerns. Rück sprach hier von der »semantischen Ladung der Schriftart« und davon, daß es im Mittelalter entsprechende »Schrifthierarchien« gegeben habe (Rück 1988: 117).

Ich fasse zusammen: Schriften sind Träger kollektiver Identitätsvorstellungen und können Ausdrucksmittel für religiöse, kulturelle und politische Programme, manchmal auch von Marketingstrategien werden. In solchen Fällen sind sie als Ganzes graphische Symbolsysteme eigenen Rechts.

3. Schriftzeichen – Graphisches Symbol

Aber solche Dinge sind nicht gemeint, wenn man von graphischen Symbolen in Texten spricht. Denn wenn man von Texten spricht, unterstellt man den Normalfall, daß sie in der Schriftart verfaßt sind, die für sie konventionell ist, und das ist in Westeuropa die lateinische. Graphische Symbole sind Zeichen, die in unmittelbaren Relationen zu Bedeutungskomplexen stehen, ohne daß ein direkter Bezug zu sprachlichen Zeichen etabliert wäre. Ich zitiere dazu aus dem »Handbuch der Semiotik« von Winfried Nöth (S. 215 f.):

»Als *graphische Symbole* [sind ... definiert] sprachunabhängige Zeichen
1. zur Information der Öffentlichkeit, z. B. als *Piktogramme* auf Messen,
2. für Einrichtungen (*Bildzeichen*) und
3. für technische Zeichnungen (*Zeichnungszeichen*).
Des weiteren kann man kulturelle und religiöse Symbole, Marken, Firmenzeichen, Signets (Drucker- und Verlegerzeichen), Siegel, Signaturen, Wasserzeichen, Brandzeichen u. a. m. zu dieser Klasse von Zeichen rechnen. [...]. Graphische Symbole bestehen zumeist aus ikonischen Zeichen (Bildern, Diagrammen), z. T. auch aus Indices oder arbiträren Symbolen. [...] Warenzeichen, Marken, Signets und ähnliche graphische Symbole bestehen aus sehr heterogenen Elementen und bilden im allgemeinen keine Systeme von rekurrenten Einheiten. [...] In einigen Anwendungsbereichen finden sich jedoch Gruppen von graphischen Symbolen, die als Ganzes konzipiert sind und einen Kode mit mehreren Semata bilden. [...]«.

Der Zeichenstatus graphischer Symbole beruht darauf, daß eine Symbolgestalt mit einem Zeicheninhalt (»Bedeutung«, Signifikat) verbunden wird, ohne daß dieser Zeicheninhalt sprachlich ausgedrückt wird bzw. ausgedrückt werden müßte. Es sind optische Zeichen, denen kein sprachliches Korrelat unmittelbar zugeordnet ist. Graphische Symbole müssen, anders als sprachliche Zeichen, bewußt und geplant in den gewünschten Verwendungskontext implementiert werden. Sie sind nicht »natürlich gegeben«, wie das natürlichsprachliche Zeichen (im Prinzip) ist. Auf der Seite ihrer Rezipienten ist vorauszusetzen, daß sie der Symbolgestalt den passenden Symbolinhalt zuordnen können. Wenn jemand den Bundesadler, der auf einem Schild an einem Amtsgebäude abgebildet ist, für das Firmenschild eines Geflügelhändlers halten würde, wäre der Semioseakt mißglückt. Beispiele für alltägliche moderne graphische Symbole enthalten die Abbildungen 5 bis 7.

Abbildung 5 enthält einige sogenannte *Logos* von Firmen, in denen keine Schriftzeichen vorkommen; es sind abstrakte Figuren (5.1 Krupp, 5.2. Dornier, 5.4. Deutsche Genossenschaftsbank, 5.5. Bosch, 5.6. Vereinte Versicherung) oder Stilisierungen von Gegenständen, die den Firmennamen symbolisieren (5.3 Shell, 5.7. Apple Computers). Abbildung 6 zeigt einige Logos, die auf Schriftzeichen beruhen. Ihr graphischer Symbolwert beruht vor allem auf der Stilisierung und graphischen Gestaltung, dem Design der Buchstabenfigur. In allen Fällen ist es die Initiale des

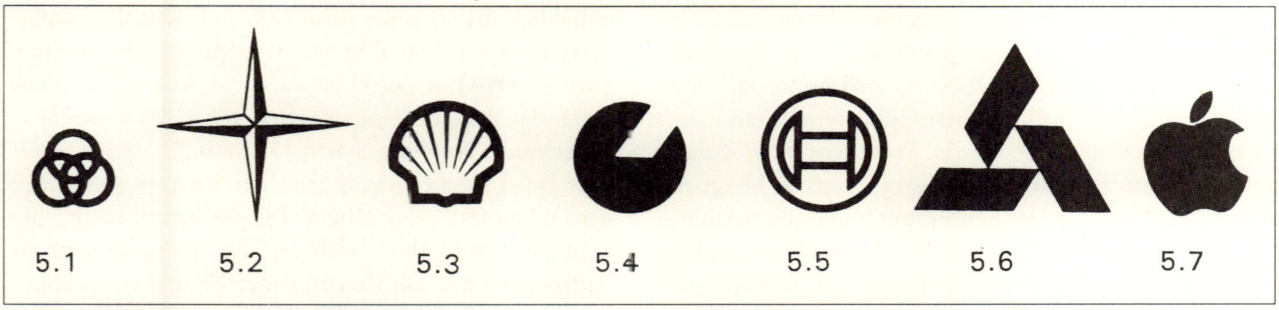

Abb. 5 *»Schriftlose« Firmen-Logos, 1989*

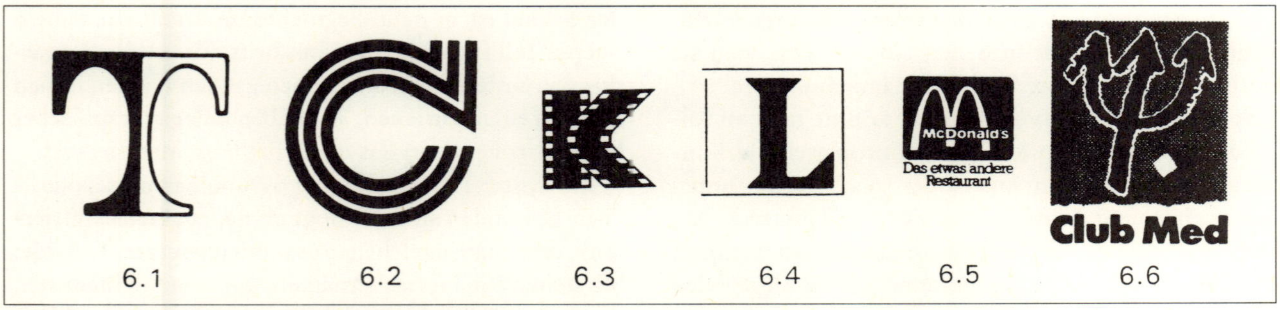

Abb. 6 *»Schrifthaltige« Firmen-Logos, 1989*

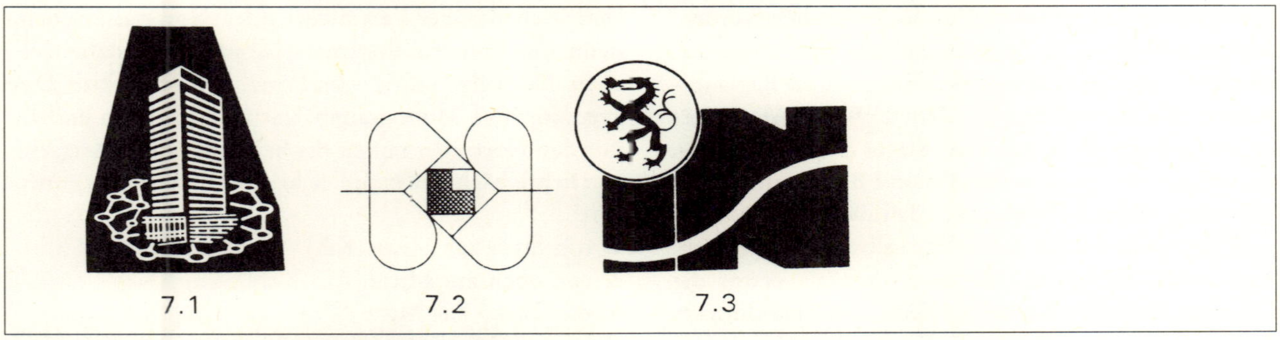

Abb. 7 *Signets von Stadtverwaltungen, 1989*

jeweiligen Firmennamens (6.1. Tengelmann, 6.2. Continentale Versicherung, 6.3. Kirch Filme; das Logo ist aus stilisierten Filmstreifen gestaltet, 6.4. Langenscheidt, 6.5. McDonald's, 6.6. Club Mediterranné; der Dreizack des Poseidon symbolisiert einen Geschäftszweck des Unternehmens und ist gleichzeitig ein kopfstehendes M). Abbildung 7 zeigt Signets von Kommunen, in denen Bilder, stilisierte Schriftzeichen und andere Symbole zu erkennen sind. Abbildung 7.1 steht für die Stadt Offenbach am Main, wo es offenbar vielstöckige Gebäude gibt, 7.2 für Neuß im Rheinland, 7.3 für Ingolstadt an der Donau; hier hat man das Stadtwappen als I-Punkt verwendet und den Fluß durch eine Schleife dargestellt, die sich durch die Buchstaben ⟨IN⟩ schlängelt. All diese Zeichen sind graphische Symbole und keine Schriftzeichen, weil ihnen ein direkter Bezug zu sprachlichen Einheiten fehlt.

4. Graphische Symbole in mittelalterlichen Urkunden

Die auf unserer Tagung eher interessierenden graphischen Symbole sind Notariatszeichen, Monogramme, Siegel usw. Sie gehören ebenfalls zu der Gruppe von Symbolen, die Systeme von rekurrenten Einheiten aufweisen, als Ganzes konzipiert sind und einen Kode mit mehreren Semata bilden, um das Zitat von Winfried Nöth aufzugreifen.

Mittelalterliche Siegel sind rund bis oval, wohl auch spitzoval (in der Form der Mandorla) oder schildförmig (von Brandt 1966: 168). Sie haben normalerweise eine äußere Randlinie, die den Siegelabdruck vom äußeren Rand der Siegelschüssel abgrenzt. Im Zentrum des Abdrucks steht eine bildliche Darstellung. Außer einer bildlichen Darstellung mit Symbolwert enthalten Siegel normalerweise Umschriften oder horizontale

Inschriften über und/oder rechts und links neben dem zentralen Bild. All diese Merkmale kann man als rekurrente Einheiten verstehen; ich nehme an, daß man in der Sphragistik nach solchen Gesichtspunkten klassifiziert (von Brandt 1966: 161). Dazu tritt die Position des Siegels im Verhältnis zum Textganzen. Es hängt an einem Band, das mit der Schreibunterlage fest verbunden ist, oder es ist auf die Schreibunterlage selbst aufgedrückt, und zwar in einem unbeschriebenen Feld unterhalb des Textblocks, in der Regel nach rechts versetzt. Hängesiegel sind gleichfalls in einem unbeschriebenen Feld unterhalb des Textblocks angebracht. Siegel haben offenbar in bezug auf den Text, den sie autorisieren, eine feste Position, nämlich unten.

Spekulierte man psychologisch, könnte man zu folgenden Vermutungen kommen: Europäische Urkundentexte werden von links oben nach rechts unten geschrieben und gelesen, und zwar zeilenweise. Am Ende des Schreib- wie des Lesevorgangs gelangt man an das rechte untere Ende des Dokuments: das Siegel wäre dann der endgültige Schlußpunkt des Textes. Aber es hat noch eine andere Funktion. Bevor der Text gelesen werden kann, muß er entrollt oder erbrochen werden. Das Verschluß- oder Hängesiegel ist dann das erste, was der Leser sieht, das »Erkennungs- und Beglaubigungszeichen« (von Brandt 1966: 159), die Absenderangabe sozusagen. Sie klärt den Status des Textes schon vor der Lektüre, weil sie Macht und Bedeutung seines Absenders mitteilt. Ich denke, daß man das auch für Siegelabdrücke auf der Unterlage selbst so sehen kann, denn nach Entrollen wird der Leser als erstes die graphisch hervorgehobenen Teile des Dokuments wahrnehmen, also Initialien, Kopfzeilen (Invocatio, Intitulatio und Inscriptio samt Salutatio) und eben Siegel, Monogramme und andere graphische Zeichen am unteren Ende des Dokuments. Die Position des graphischen Zeichens im Dokument, in Relation zum eigentlichen Text, ist selbst ein Kode mit rekurrenten Merkmalen.

Notariatszeichen haben offenbar ähnliche Funktionen (vgl. den Beitrag von Schuler in diesem Band). Ahasver von Brandt schreibt, daß der mittelalterliche Notar von ihm ausgefertigte Urkunden mit einem »textlich genau festgelegten Unterschriftssatz sowie durch ein frei gezeichnetes, ihm eigentümliches ›Notariatszeichen‹ (symbolhaftes, oft denkmalartig geformtes Gebilde, [...]) eigenhändig beglaubigt« (S. 107). Im Tafelanhang dieses Werks ist ein Beispiel dafür abgebildet (Tafel 4). Dieses Notariatszeichen von 1324 ist jedoch sicherlich nicht »frei gezeichnet«, sondern es ist ein klar gegliedertes, ungegenständliches ornamentales Objekt mit drei Symmetrieachsen, die sich in Winkeln von 60 Grad im kreisförmigen Zentrum des Zeichens schneiden. Es ist links unterhalb des Textblocks plaziert; rechts neben ihm steht offenbar der »Unterschriftssatz«. Ein Siegel ist auf dem Ausschnitt nicht enthalten. Andere Eigenschaften weist das Notariatszeichen in Abbildung 8 von 1372 auf.

Es ist ein gegenständliches Zeichen; es stellt eine Monstranz dar. Der obere Teil ist neunzackig; die Neunzahl wiederholt sich in den tropfenförmigen Figuren, die um das Zentrum der Figur herum angeordnet sind. Jede dieser Tropfenfiguren enthält einen Buchstaben des Namens des Notars (bernnardi). Auch der Sockel ist in neun Segmente unterteilt. In seinem oberen Teil finden wir die Inschrift »de setts«. Bernardus von Setterich hat also seinen ganzen Namen in sein Zeichen eingeschrieben. Wir haben hier ein graphisches Symbol vor uns, in das ein Schriftzug integriert ist.

Ein dritter Typ graphischer Symbole in mittelalterlichen Urkunden sind Monogramme, aus (teils stilisierten) Buchstabenzeichen zusammengesetzte Gebilde. Sie stehen für Herrschernamen, ggf. samt Titulaturen. Auch das päpstliche Benevalete erscheint seit der Mitte des 11. Jahrhunderts als Monogramm. Monogramme sind »schriftnäher« als Siegel oder Notariatszeichen, denn ihr Konstruktionsmaterial sind Buchstabenzeichen. Deshalb sind sie – im Prinzip – auch lesbar. Das kreuzförmige Monogramm Karls des Großen enthält nur den Herrschernamen. Es hat eine Anordnung, die vier Schreibschritte in drei Schreibrichtungen erkennen läßt:

1. von links zur Mitte (KA)
2. von oben zur Mitte (RO)
3. von unten zur Mitte (LV)
4. von der Mitte nach rechts (S)

Die vertikale Achse des Kreuzes ist zugleich der vertikale Strich der Buchstaben ⟨R⟩ und ⟨L⟩. In die obere Spitze des Rhombus im Zentrum des Monogramms ist ein nach oben geöffneter Winkel eingezeichnet, der den horizontalen Strich des ⟨A⟩ repräsentiert. Alle drei Vokalbuchstaben des Königsnamens sind in diesem Quadrat enthalten; daß ⟨A⟩ und ⟨O⟩ dabei sind, soll erwähnt werden. Nur der Anfangs- und der Endkonsonant sind mit selbständigen Buchstabenkorpora an die Enden der horizontalen Kreuzachse angehängt. Anders ist das Monogramm in der folgenden Urkunde von 1062 (Abb. 9) konstruiert. Hier enthält das Herrschermonogramm auch eine Titulatur: *henricvs quartvs rex dei gratia*. Ein Abfolge von Lese- oder Schreibschritten ist nicht erkennbar. Die nächste Abbildung 10 zeigt eine Urkunde von 1210. Sie enthält überhaupt keine graphischen Zeichen am Schluß des Textes. Hier scheint die Kopfzeile die Funktion der graphischen Hervorhebung des Königsnamens und der Königstitel allein zu erfüllen. Die Initiale des Königs-

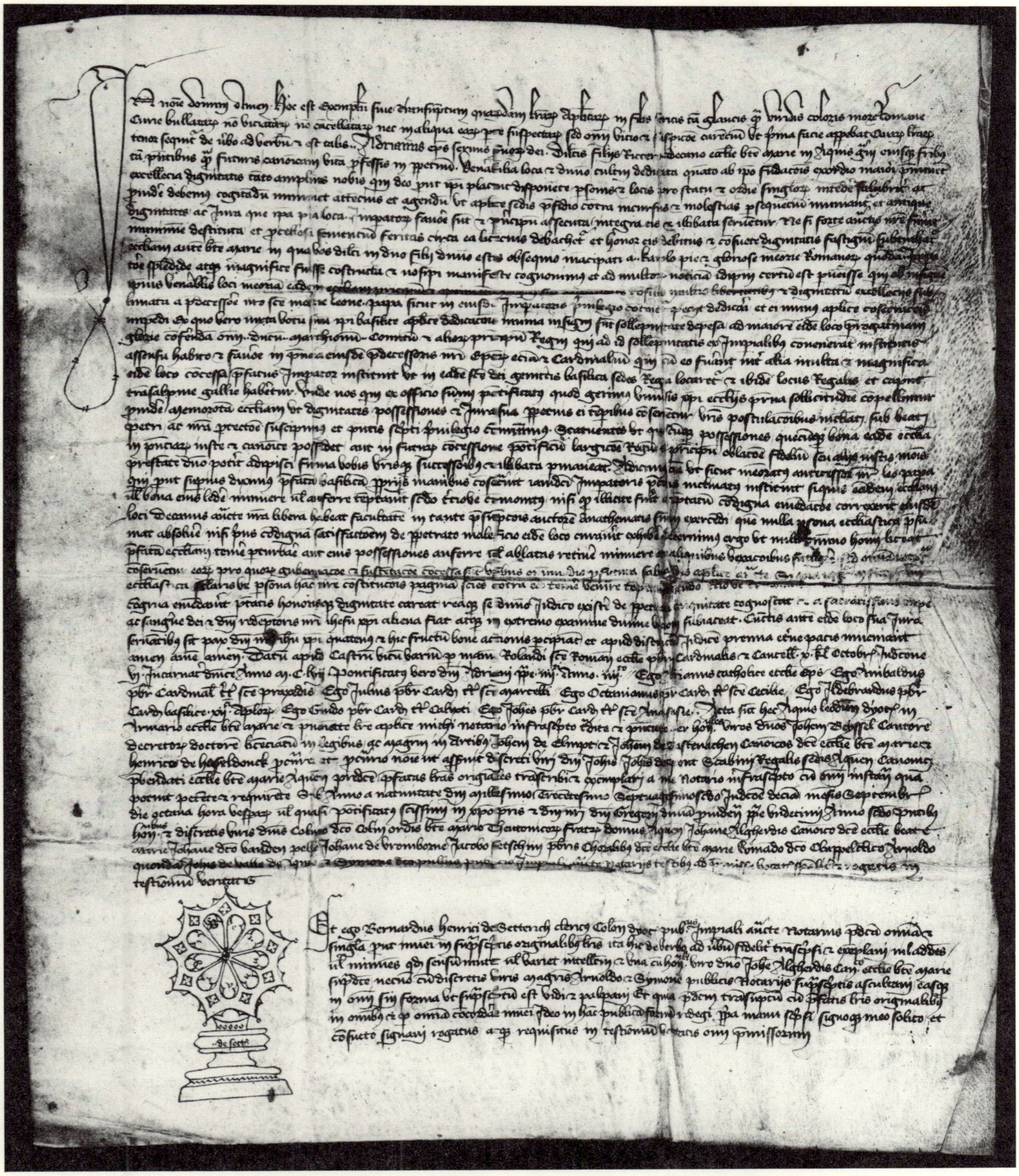

Abb. 8 *Notar Bernhard Henrici von Setterich für das Marienstift, Aachen, 8. 9. 1372. Düsseldorf, HStA, Aachen, Marienstift Nr. 12. Foto: »Lichtbildarchiv älterer Originalurkunden bis 1250« in Marburg (= LBA) Nr. 10725*

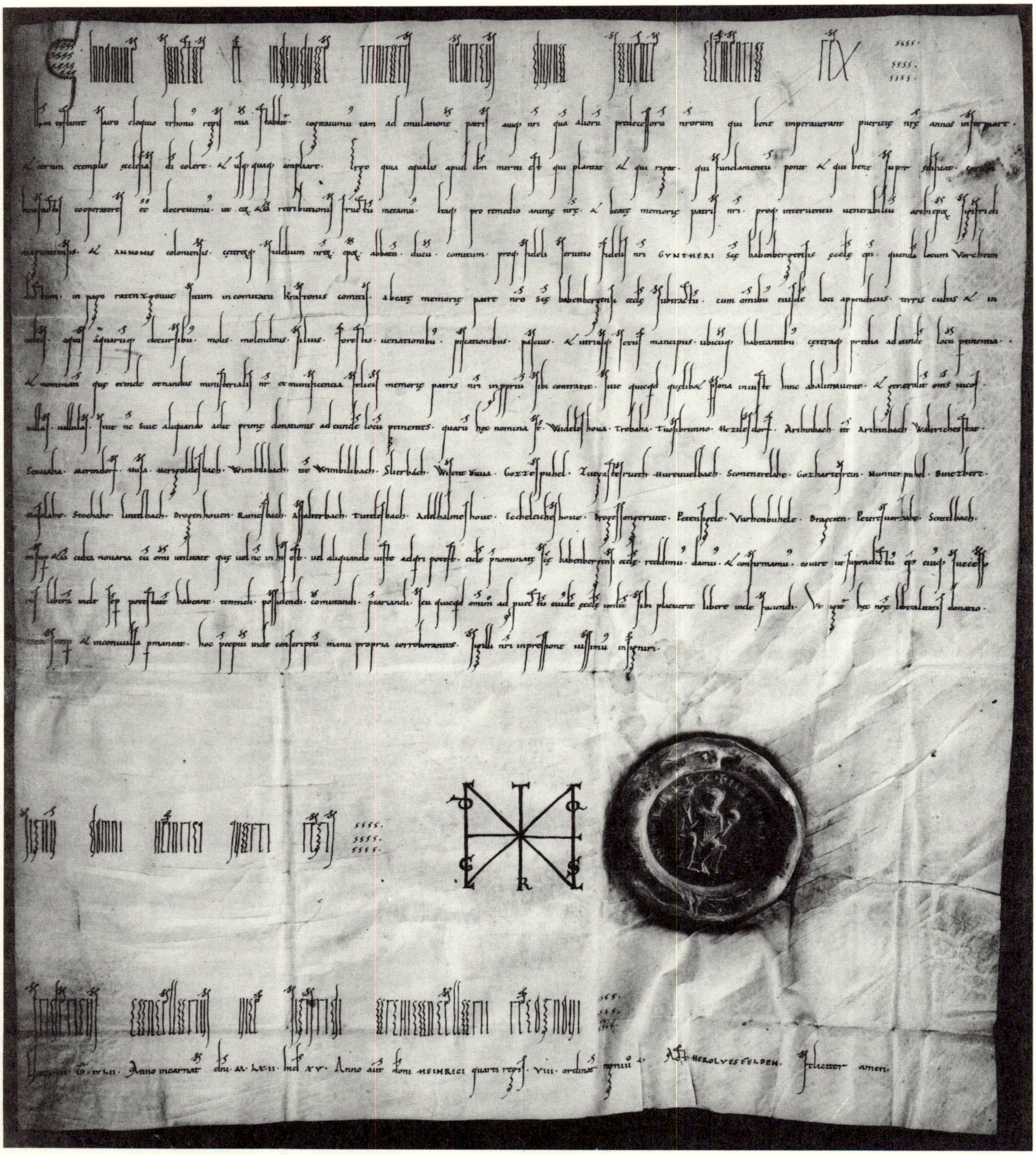

Abb. 9 *Heinrich IV. für Bamberg, 13. 12. 1062. München BHStA, Kaiserselekt 405. Foto: LBA Nr. 10171*

namens hebt diesen unter allen anderen Elementen des Textes klar hervor.

In einer Urkunde des Erzbischofs von Mainz (Abb. 11) wird nur die Invocatio durch Versalien hervorgehoben (*in nomine sancte et individve trinitatis*); die Inscriptio ist graphisch nicht markiert (*henric dei gra moguntensis archiepc*).

In kurialen Urkunden finden wir die siegelförmige Rota, die in geschriebener Sprachform enthält, was im eigentlichen Siegel teilweise bildlich dargestellt ist (Petrus und Paulus). Das Benevalete-Monogramm, dessen Hauptlinien ein Capitalis-N darstellen, tritt dazu. Sind die beiden Zeichen das »Logo« der Kurie?

5. Zur sozialen Funktion graphischer Symbole in Texten

Im Unterschied zu Bildern korrespondieren graphische Symbole mit Bedeutungskomplexen, die über das hinausreichen, was in der Symbolgestalt unmittelbar bildlich dargestellt ist. Auch Schriftzeichen können – unter Verlust ihrer primären (sprachlichen) Zeichenrelation – zu graphischen Symbolen uminterpretiert werden. Beispiele sind die Lebensrune der Ostermarschierer, die in den dänischen Runen den Lautwert [R] hatte (Jensen 1969: 543), oder die im heutigen Ägypten verbreitete Sitte, Hieroglyphen als Logos für Firmen und staatliche Institutionen zu verwenden und auf Banknoten abzudrucken. Ebenso kann Schriftzeichen zusätzlich zu ihrer primären Zeichenrelation graphisch-symbolische Bedeutung beigemessen werden; Beispiele sind – im Griechischen – Alpha und Omega für Anfang und Ende, das Ypsilon als grámma filosófōn, das Delta als Sexsymbol (Glück 1987: 220f.). Schließlich können graphische Symbole zu Schriftzeichen uminterpretiert werden. Ein Beispiel dafür ist die Wahl des Kreuzzeichens für den Buchstaben mit dem Lautwert /a/ im glagolitischen Alphabet, der in der Alphabetreihe auch die erste Stelle innehat. Herbert Schelesniker bemerkte dazu: »Es kann kein Zufall sein, daß ein Großteil der glagolitischen Buchstaben auf den christlichen Symbolen des Kreuzes, des Kreises und des Dreiecks beruht« (1972: 20).

Graphische Symbole sind zwei- oder dreidimensionale Gebilde, die in unmittelbarer Relation zu Bedeutungskomplexen stehen. Sie haben eine feststehende interne Syntax, die unabhängig von sprach- und schriftsystemspezifischen Regeln ist. Einzelne Elemente, auf denen diese interne Syntax beruht, können reihenbildend sein (z. B. die äußeren Begrenzungslinien, die Feldereinteilung oder die Raumaufteilung von Wappen. »Rekurrent« ist dafür kein zutreffender Ausdruck). Die Plazierung von graphischen Symbolen in Texten ist zwar konventionell geregelt, aber unabhängig von der internen Syntax des graphischen Symbols selbst. Es ist – beispielsweise – unerheblich, ob ein Siegel ein Thronsiegel oder ein Reitersiegel ist oder ob es rund oder spitzoval ist, wenn festgestellt wird, daß sein Platz unterhalb des Textes ist.

In Isolation stehen graphische Symbole »für sich«, z. B. als Besitzzeichen, Hoheitszeichen, Handlungssymbole oder Prestigeabzeichen (etwa der »Kuckuck« des heutigen Gerichtsvollziehers, ein Wappen auf einem Grenzschild, ein kleines Krokodil an einer Hemdbrust). Die sogenannten Logos sind moderne Beispiele für graphische Symbole (Abb. 5–7). In Texten treten sie in semantische und pragmatische Beziehungen zu den sprachlichen Sachverhalten, die der Text darstellt. Ein Logo auf einem Briefkopf ist pragmatisch anders zu bewerten als dasselbe Zeichen, wenn es an der Heckscheibe eines Automobils klebt oder auf einen Pulloverärmel aufgenäht ist.

Vielfach sind graphische Symbole in Texten Handlungsträger im Sinne der Sprechhandlungstheorie. Sie vollziehen symbolisch das, was im Text dargestellt wird, als juristischen, exekutiven, religiösen, diplomatischen usw. Vorgang. Der Text allein stellt dann den jeweiligen Vorgang dar und vollzieht ihn sprachlich in Form performativer Ausdrücke wie *hiermit wird bescheinigt, angeordnet, untersagt* usw. Aber erst das Vorhandensein des graphischen Symbols, das nach der geltenden Konvention erforderlich ist, macht den Akt als solchen rechtlich und sozial verbindlich (z. B. das Dienstsiegel auf Seminarscheinen). A. von Brandt hat diesen Punkt für das mittelalterliche Urkundenwesen klar gesehen und dargestellt. Er spricht davon, daß »in einem Kulturzustand einer relativ allgemeinen und relativ intensiven Schriftlichkeit« [...] eine Urkunde nicht mehr ein »(schon vorhandenes) Recht [beweist], sondern sie schafft das Recht« (1966: 103). Rechtsakte werden symbolisch vollzogen und bedürfen in Europa seit dem Hochmittelalter zunehmend der Schriftform. Indem sie schriftlich fixiert und mit den notwendigen performativen Insignien versehen werden, geschehen sie. Ein ausgefüllter Seminarschein, um das Beispiel wieder aufzugreifen, ist erst dann ein gültiger Seminarschein, wenn er den Abdruck des Dienstsiegels des zuständigen Seminars und die Unterschrift einer Person trägt, die Mitglied des Prüfungsamtes ist.

Graphische Symbole werden in Texten üblicherweise nicht sprachlich »ausbuchstabiert«. Niemand wird, wenn er ein gerichtliches Schreiben aus Niedersachsen vorliest, etwa folgendes formulieren: »Rechts unten befindet sich ein kreisrundes Gebilde, in dem ein springendes Pferd abgebildet ist. Es ist in blauer Farbe eingestempelt. Unter dem Pferd befindet sich die Ziffer 7. Ringförmig um das Pferd herum, aber innerhalb der Begrenzungslinie befindet sich der Schriftzug ›Amtsgericht Osnabrück‹«. Er wird allenfalls sagen »Dann kommt das Dienstsiegel«. Ich nehme an, daß das bei den Lesern von Urkunden im Mittelalter nicht anders gewesen ist. Sie haben die soziale Bedeutung von Siegeln gekannt und wußten, ob das Siegel zur Intitulatio und ggf. zum Monogramm paßte. Vermutlich sind Siegel, Monogramme oder Notariatszeichen im eigentlichen Sinn genausowenig »gelesen« worden, wie heutige Logos und moderne graphische Symbole gelesen werden: es sind graphische Symbole, die als Typus konventionell sind.

Graphische Symbole indizieren die soziale Bedeutsamkeit von Texten, beglaubigen oder verrechtlichen ihren sprachlichen Inhalt und verleihen ihnen Handlungscharakter. Eine Analyse und klassifizierende Darstellung der Textsorten, deren »Bedeutung« (Signifikation) vom Vorhandensein graphischer Symbole im Text selbst abhängt, ist mir nicht bekannt. Man darf sie deshalb sowohl für die Textlinguistik wie für die linguistische Pragmatik wie für die Schriftforschung als Desiderat bezeichnen. In diesem Sinne sind meine Ausführungen ein Versuch auf einem Terrain, das für die Lingusitik noch weitgehend Neuland ist.

ZITIERTE LITERATUR

Solomon A. Birnbaum, The Hebrew Scripts. Leiden 1971.

Ahasver von Brandt, Werkzeug des Historikers. Eine Einführung in die historischen Hilfswissenschaften. 4., erweiterte Auflage. Stuttgart–Berlin–Köln–Mainz 1966.

Helmut Glück, Schrift und Schriftlichkeit. Eine sprach- und kulturwissenschaftliche Studie. Stuttgart 1987.

Hartmut Günther, Schriftliche Sprache. Strukturen geschriebener Wörter und ihre Verarbeitung beim Lesen. Tübingen 1988.

Hans Jensen, Die Schrift in Vergangenheit und Gegenwart. Reprint der 3. Auflage. Berlin/Ost 1969.

K. M. Musaev, Alfavity jazykov narodov SSSR. Moskva 1965.

Winfried Nöth, Handbuch der Semiotik. Stuttgart 1985.

Peter Rück, Ligatur und Isolierung: Bemerkungen zum kursiven Schreiben im Mittelalter, in: Jürgen Baurmann, Klaus-B. Günther, Ulrich Knoop (Hgg.), Aspekte der Schrift und Schriftlichkeit. (Germanistische Linguistik, 93–94). Hildesheim–Zürich–New York 1988.

Herbert Schelesniker, Schriftsysteme bei den Slaven. Innsbrucker Beiträge zur Sprachwissenschaft, Vorträge, 4. Innsbruck: Institut für Vergleichende Sprachwissenschaft 1972.

Abb. 10 *Friedrich II. für Kloster Tennenbach, Januar 1210. Karlsruhe, GLA, D 9. Foto: LBA Nr. 12260* ▷

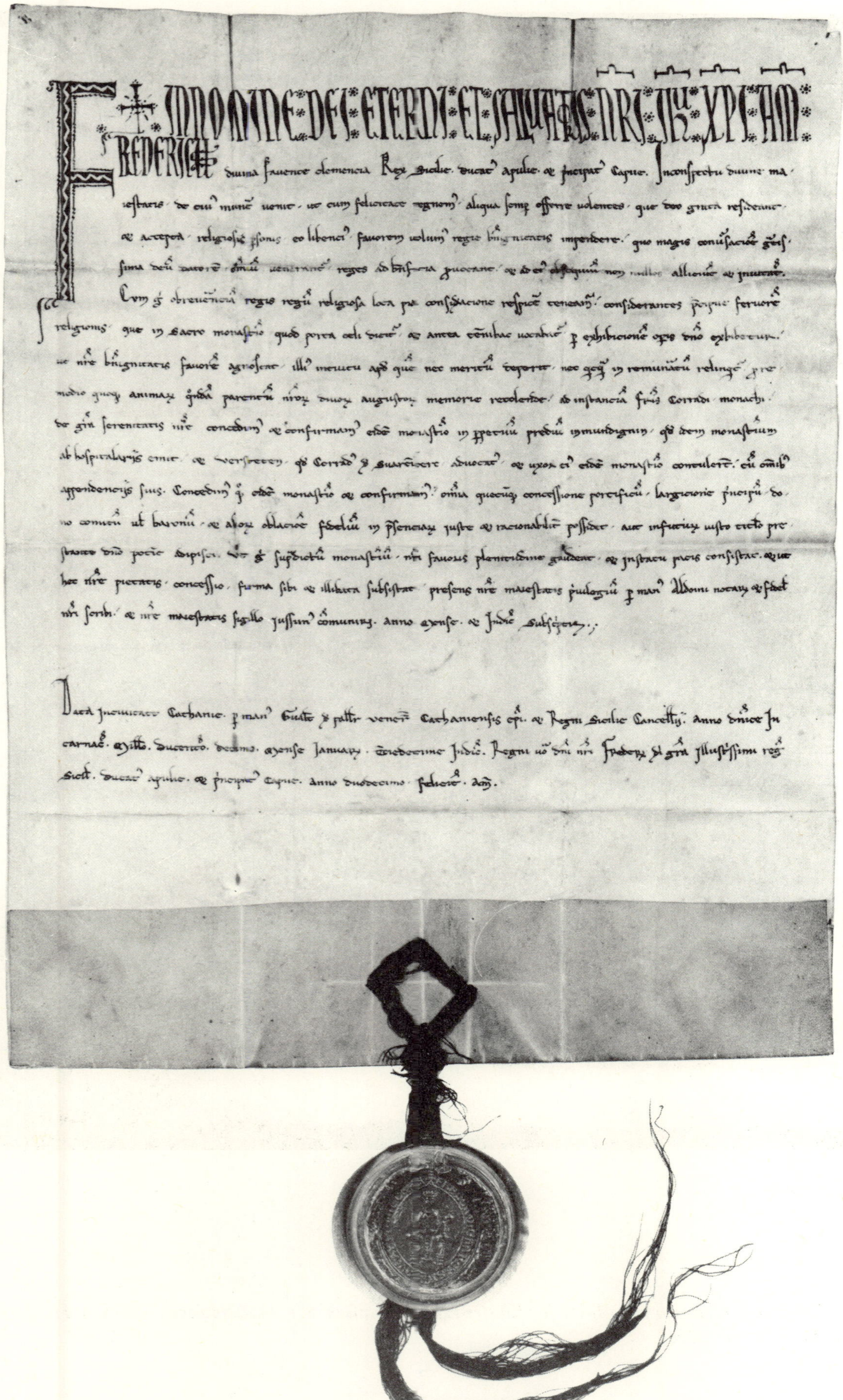

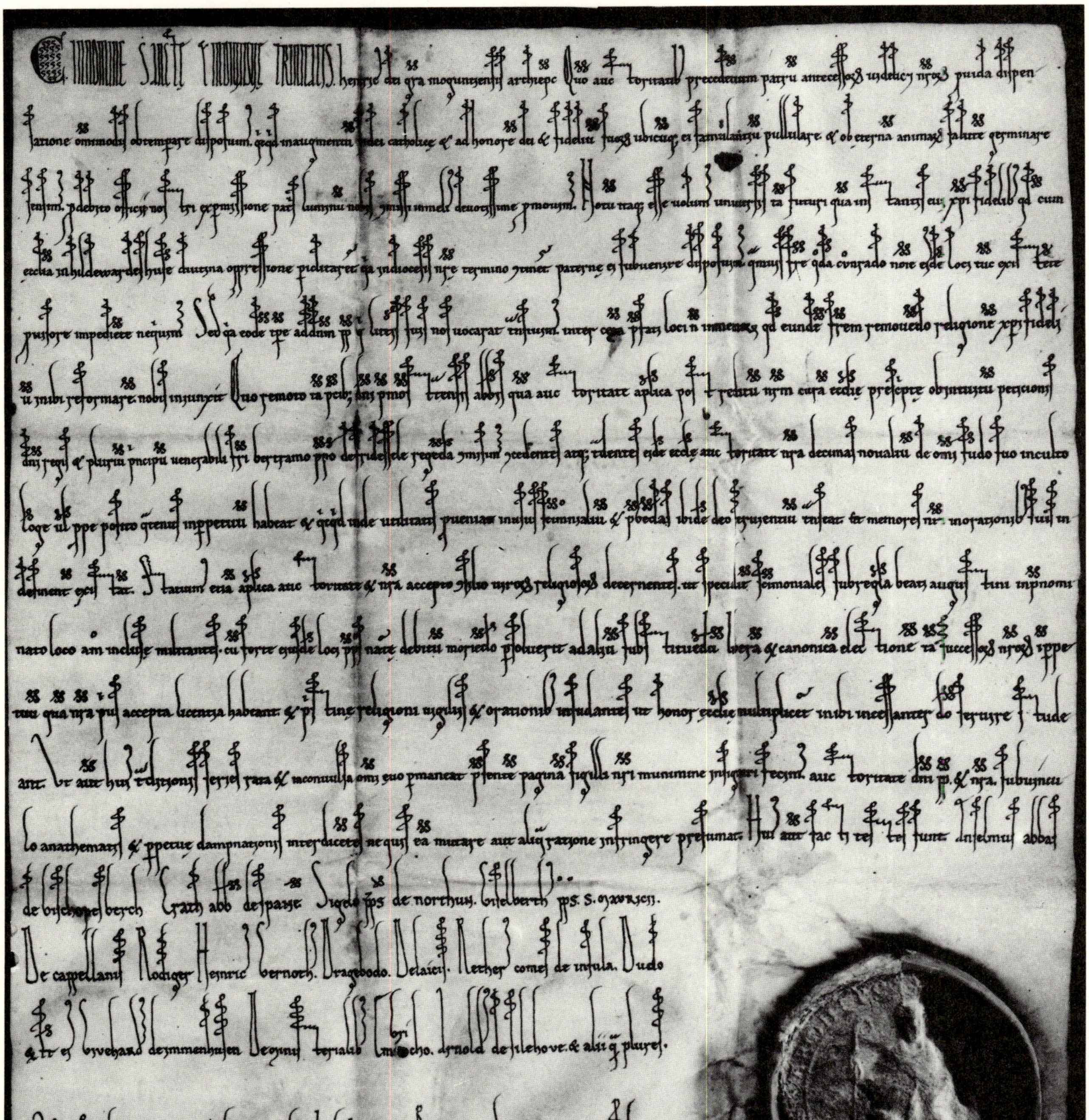

Abb. 11 *Erzbischof Heinrich von Mainz für Kloster Hilwartshausen, 8. 8. 1150. Hannover, HStA, Hilwartshausen Nr. 15. Foto: LBA Nr. 10067*

Unterfertigung mit Handzeichen auf Urkunden der Nachfolgestaaten des Weströmischen Reiches bis zur Mitte des 8. Jahrhunderts

VON LOTHAR SAUPE

1. Räumliche und zeitliche Eingrenzung der Untersuchung

Die kurze Untersuchung soll sich auf Urkunden im diplomatischen Sinne beziehen, und einen allgemeinen Überblick der Unterfertigung mit dem Handzeichen bezüglich der Urkunden eines geographischen Raumes geben, der im wesentlichen durch die Grenzen des Weströmischen Reiches und seiner Nachfolgestaaten bestimmt wird. Als obere zeitliche Grenze bietet sich das Ende des Merowingerreiches bzw. der Beginn der Karolingerherrschaft in West- und Mitteleuropa an, da mit diesem politischen Umschwung auch in vielen Beziehungen ein solcher der diplomatischen Erscheinungsformen einherging. Darüber hinaus kann der Überblick weitestgehend auf die Privaturkundenüberlieferung beschränkt werden; denn Herrscherurkunden dieses Raumes und dieser Zeit kennen fast nur die Unterfertigung mit der eigenhändigen Unterschrift[1], während bei Privaturkunden von einer bestimmten Überlieferungsschicht an ein Nebeneinander der Unterfertigung mit Unterschrift sowie mit einem Handzeichen zu beobachten ist, das mit einer erläuternden Beischrift auf einen bestimmten Unterfertiger bezogen ist[2].

2. Beginn der Urkundenüberlieferung im westlichen Reich

2.1 Siegelbeglaubigung ohne Unterschriften und Handzeichen

Seit dem 1. Jahrhundert nach Christi Geburt sind aus dem westlichen Römischen Reich Urkunden überliefert. Es handelt sich zuerst um Texte auf jeweils mehreren Wachstafeln, die miteinander verschnürt und schließlich durch Siegel verschlossen und gesichert wurden[3]. Diese Urkunden tragen über die Besiegelung mit Beischrift hinaus keine Beglaubigungszeichen in engerem Sinn, vor allem keine Handzeichen.

Auch weitere in Original oder Abschrift überlieferte Urkunden bis in das 3. Jahrhundert nach Christus hinein aus Italien[4], dem heutigen Friesland[5] oder gar Siebenbürgen[6] weisen keine Unterfertigungsformeln im engeren Sinn auf, noch läßt sich aus der gleichzeitigen römischen Rechtsüberlieferung der Gebrauch einer solchen nachweisen[7]. Als Urkundenbeglaubigung war lediglich die Besiegelung anerkannt, damals ausgedrückt durch das Verbum *signare*[8].

1 Vgl. Lothar SAUPE, Die Unterfertigung der lateinischen Urkunden aus den Nachfolgestaaten des Weströmischen Reiches (Münchener Historische Studien, Abteilung Geschichtl. Hilfswissenschaften, hrsg. von Peter ACHT, Band XX), Kallmünz/Opf. 1983, S. 108ff.

2 Zur Urkundenüberlieferung bis einschließlich des Frühmittelalters vgl. Peter CLASSEN, Fortleben und Wandel spätrömischen Urkundenwesens im frühen Mittelalter. Recht und Schrift im Mittelalter (Vorträge und Forschungen hrsg. von P. CLASSEN, XXIII), Sigmaringen 1977 dort v. a. S. 15ff; sowie L. SAUPE, Unterfertigung S. 6ff. und ebenda bei den Kapiteln zu den jeweiligen Überlieferungsgruppen, dort auch Quellenverzeichnis S. 154ff.

3 Eine größere Anzahl ist aus Pompeji überliefert, ediert zuerst von Karl ZANGENMEISTER, Corpus Inscriptionum Latinorum IV, Supplement I, Berlin 1898, zuletzt in Auswahl von Vincenzo ARANGIO-RUIZ, Fontes iuris romani anteiustiniani in usum scholarum, pars tertia negotia, Florenz 2. Aufl. 1969, Nr. 129, 130, sowie aus Herculaneum (veröffentlicht von G. PUGLIESE CARATELLI und V. ARANGIO-RUIZ, La parola del passato, in: Testi e Documenti I (1946), S. 379–385, III (1953), S. 455–463; X (1955), S. 448–477.

4 Z. B. Testamentum porcelli, Patroniai Saturae, ed. C. BUECHELER, Berlin 8. Aufl. 1963, S. 246ff.; Ravennater Kaufurkunde, ed. ARANGIO-RUIZ, FIRA III Nr. 134.

5 FIRA III Nr. 137.

6 CIL III, FIRA III.

7 Vgl. auch den Überblick, SAUPE, Unterfertigung S. 7–12 und S. 14.

8 Vgl. zuletzt hierzu bezogen auf das römische Testament Fabio MARINO, Il falso testamentario nel diritto romano, in: Zeitschrift für Rechtsgeschichte, Romanistische Abteilung (1988), S. 643ff., v. a. S. 642. Später wandelte sich die Bedeutung freilich, wie aus den Unterfertigungsankündigungen z. B. zahlreicher Urkunden des 8. Jh. hervorgeht.

2.2 *Aufkommen der Unterfertigung als Urkundenbeglaubigung*

Im Zeitraum vom 3.–5. Jahrhundert erfolgt allmählich in den Beurkundungsgebräuchen des westmediterranen Raumes ein Umbruch, der unter anderem anstelle der Besiegelung die Beglaubigung durch die Unterfertigung brachte, das heißt Erklärungen oder andere Wortfolgen sowie graphische Zeichen, welche unter der schriftlichen Erklärung des Rechtsinhalts der Urkunde im Kontext auf demselben Beschreibstoff als Eschatokoll angefügt werden und bestimmt sind, eine Beglaubigungsfunktion zu haben [9].

Im Bereich des östlichen Römischen Reiches, vor allem in Ägypten und den Gebieten der griechischen Rechtsgewohnheiten waren längst ähnliche Urkundenformulare in Gebrauch gewesen [10].

Etwa während des 3. Jahrhunderts läßt sich insgesamt ein verstärktes Eindringen hellenistischer Elemente in die römische Rechtsmasse nachweisen [11], vorauseilend vorbereitet von entsprechenden Entwicklungen des römischen Vulgarrechts. Dies gilt auch für die Regelungen zum Urkundenwesen [12]. Aus verschiedenen Vorschriften dieser Überlieferungsschicht im Recht läßt sich bereits vor dem Entstehungszeitpunkt der überlieferten Urkunden andeutungsweise jene Übung der Unterfertigung rekonstruieren, wie sie in den seit dem 4. Jahrhundert bekannten Urkunden tatsächlich das Eschatokoll prägt. Ebenfalls in der Überlieferung der Gesetzgebung wird seit dem Anfang des 5. Jahrhunderts – zuerst beim Testament – die Möglichkeit in Betracht gezogen, daß der Aussteller schreibunkundig ist und ein Dritter zusätzlich zu den Urkundszeugen für ihn unterschreibt [13]. Dies kann als erstes Indiz für das Vorkommen der Unterzeichnung mit graphischem Handzeichen gewertet werden; denn zu Ende des 4. Jahrhunderts sind aus Norditalien und Nordafrika, aus Norditalien noch das folgende Jahrhundert hindurch Urkunden überliefert, die sich einem entsprechenden Schema einfügen: Handzeichen stammten von schreibunkundigen Ausstellern, in Nordafrika auch von Zeugen, müssen aber durch eine Zusatzbeglaubigung eines Dritten in Form einer Unterschrift mit entsprechendem Hinweis zusätzlich beglaubigt werden.

Gleichzeitig mit den entsprechenden Beurkundungsgebräuchen scheint auch der im Osten des Römischen Reiches längst eingebürgerte Papyrus weitgehend die doch recht umständlichen Wachstafeln verdrängt zu haben. Damit war erstmalig eine weniger ungelenke Schreibweise auch von Urkunden verbunden, die Ausbildung individueller Schriften war nun erkennbar, und ebenso etwa beim Handzeichen eines Unterfertigers die Feststellung der Eigenhändigkeit möglich, durch Vergleich in vielen Fällen eventuell die Person des Unterfertigenden noch nachträglich feststellbar. Erst unter diesen Voraussetzungen konnten Unterschrift und Handzeichen als Beglaubigung von Urkunden allgemeine Anerkennung finden [14].

3. Vorkommen und Bedeutung von Handzeichen zur Beglaubigung von Urkunden

Überliefert sind Urkunden mit einer hier interessierenden Beglaubigung erst aus den Nachfolgestaaten des

9 Vgl. zur Definition SAUPE, Unterfertigung S. 1 f. mit weiteren Nachweisen, in Anlehnung an Waldemar SCHLÖGL, Die Unterfertigung deutscher Könige von der Karolingerzeit bis zum Interregnum durch Kreuz und Unterschrift. Beitr. zur Geschichte und zur Technik der Unterfertigung im Mittelalter (Münchener Historische Studien, Abt. Geschichtl. Hilfswissenschaften, hrsg. von Peter ACHT, Band. 16), Kallmünz 1978.

10 Vgl. u. a. Harald STEINACKER, Die antiken Grundlagen der frühmittelalterlichen Privaturkunde (Grundriß der Geschichtswissenschaften hrsg. von Aloys MEISTER, Ergbd. 1), Leipzig 1927, S. 112; allg. Einführungen in die östliche Urkundenpapyrologie: M. DAVID und B. A. VAN GRONINGEN, Papyrological Primer, Leyden 4. Aufl. 1965; Raffael TAUBENSCHLAG, The Law of Greco-Roman Egypt in the Light of the Papyri, Warszawa 1955; kurz, übersichtlich und immer noch grundlegend: Ludwig MITTEIS, Römisches Privatrecht bis auf die Zeit Diokletians, Band I, Leipzig 1908; vgl. zur frührömischen Urkunde und dem Eindringen ostmediterraner Formen u. a. Max KASER, Das Römische Privatrecht. 1. Abschnitt: Das altrömische, das vorklassische und das klassische Recht, in: Handbuch der Altertumswissenschaften 1. Abt. 3. Teil, 3. Band, 1. Abschn., München 1955, S. 202 ff., v. a. 232 ff.

11 Vgl. Günter SCHNEBELT, Reskripte der Soldatenkaiser. Ein Beitrag zur römischen Rechtsgeschichte des dritten nachchristlichen Jahrhunderts. (Freiburger rechts- und staatswissenschaftliche Abhandlungen 39), Freiburg 1974, S. 187. Vgl. Max KASER, Das römische Privatrecht, 2. Abschnitt: Die nachklassische Entwicklung, in: Rechtsgeschichte des Altertums im Rahmen des Handbuchs der Altertumswissenschaft, 3. Teil, 3. Bd., 2. Abschnitt, München 2. Aufl. 1975, S. 277, S. 394, mit weiteren Nachweisen.

12 Vgl. z. B. zur Schenkungsurkunde: Ernst LEVY, West Roman Vulgar Law: The Law of Property, Philadelphia 1951, S. 138 f.

13 Nov. Theodosii (Ed. Paul MEYER, 1905, Neudr. 1954) 16,1; übernommen in C. 6, 23, 21, 1 (Ed. R. SCHCELL, G. KROLL, Berlin 8. Aufl. 1963). Zur Quellenlage diesbezüglich des römischen Rechts insgesamt vgl. bei SAUPE, Unterfertigung S. 14 f. mit weiteren Nachweisen.

14 Vgl. im Ergebnis: Jean-Paul ADAM, Le faux en écritures en droit romain (Thèse, maschinenschriftlich), Paris 1969, S. 101 ff.; weitere Nachweise vgl. SAUPE, Unterfertigung S. 16.

Weströmischen Reiches seit dem 5. Jahrhundert[15]. Fast alle Überlieferungsgruppen weisen Unterschriften und Handzeichen von Ausstellern, Zeugen sowie Schreiberunterschriften im Eschatokoll auf. Nach der Verteilung und Bedeutung der Unterschriften und Beglaubigungszeichen von Ausstellern und Zeugen lassen sich diese Urkunden in verschiedene, zeitlich und räumlich gestaffelte Gruppen aufteilen.

3.1 Handzeichen als zweitrangiger Ersatz von Unterschriften

Als Ergebnis dieser Entwicklung setzt zuerst mit Ende des 5. Jahrhunderts in geringerem Umfange, vor allem seit dem 6. Jahrhundert in auffallender Breite eine Überlieferung noch zum Teil im Original erhaltener Privaturkunden aus Italien[16], Nordafrika[17], dem 6. Jahrhundert aus Frankreich[18] und dem 7. Jahrhundert aus Spanien[19] ein, welche im Eschatokoll nebeneinander Unterschriften und Handzeichen von Unterfertigern aufweisen[20]. Die Sicherheit des Formulars und große Ähnlichkeit im gesamten Verbreitungsgebiet deuten auf eine bereits durch einen längeren Zeitraum gefestigte Praxis hin, die sich bis in die Mitte des 8. Jahrhunderts nicht wesentlich änderte, mit Ausnahme des italienischen Bereiches. Dort führte die Einführung des Codex Iuris Iustiniani im Jahre 554 zu einer deutlichen Neuorientierung. Urkunden dieser Art lassen sich meist leicht an der Schreiber-*completio* am Ende des Eschatokolls erkennen, welche die einfache Schreiberunterschrift ersetzte[21].

An einen Kontext, der vor allem für Testamente (die dem altrömischen Vorbild entsprossen waren), Verkaufsurkunden (meist objektiv gefaßt) und Schenkungsurkunden (meist in Anlehnung an alte Briefformen subjektiv gefaßt) in der Regel festen Mustern folgt, schließt sich bei allen Privaturkunden dieses Zeitraumes nach der Datierung ein umfangreiches Eschatokoll an. Das Idealinventar besteht aus der Ausstellerunterschrift, drei bis fünf, beim Testament ursprünglich sieben Zeugenunterschriften, und der Schreiberunterschrift. Bei allen Unterschriften handelt es sich nicht

15 Die im folgenden behandelten Urkunden aus der Zeit vom späten 5. Jahrhundert bis Mitte des 8. Jahrhunderts sind in gedruckten Editionen sowie Faksimiledrucken zugänglich sowie aus Formularsammlungen rekonstruierbar. Zur Quellenlage der Urkundenüberlieferung aus Spätantike und Frühmittelalter vgl. Peter CLASSEN, Fortleben und Wandel spätrömischen Urkundenwesens im frühen Mittelalter, in: Recht und Schrift im Mittelalter (Vorträge und Forschungen, hrsg. von P. CLASSEN, XXIII), Sigmaringen 1977. Die Fundstellen der einzelnen Urkundengruppen vgl. unten bei den entsprechenden Abschnitten.

16 Ediert von Jan-Olof TJÄDER, Die nichtliterarischen lateinischen Papyri Italiens aus der Zeit 445–700 (Acta instituti romani regni sueciae, series in 4°, XIX) Lund ab 1955, 2 Textbände sowie Tafelband; neu ediert und kommentiert von TJÄDER in: Chartae latinae antiquiores. Facsimile Edition of The Latin Charters prior to the 9th Century, ed. Albert BRUCKNER, Robert MARICHAL, Olten–Lausanne 1954 ff., dort verstreut über die Bde. II–XXVII, vgl. die Konkordanz in Bd. XXV, S. XI. Für viele nicht mehr im Original überlieferte Urkunden ist immer noch heranzuziehen: Caetano MARINI, I papiri diplomatici, Rom 1805. Die beiden Verkaufsurkunden mit Unterschriften in gotischer Sprache, vgl. bei TJÄDER und bezügl. des überlieferten Originals in ChLA sowie bei Piergiuseppe SCARDIGLI, Die lateinisch-gotischen Papyrusurkunden aus Ravenna, Anhang II, in: Die Goten, Sprache und Kultur (Lingua e storia dei Goti), Florenz 1964, übersetzt von Benedikt VOLLMANN, München 1973, S. 296–301.

17 Es handelt sich um Urkunden auf Holztafeln als Beschreibstoff, ediert und kommentiert von: Christian COURTOIS, Louis LESCHI, Charles PERRAT und Charles SAUMAGNE, Tablettes Albertini. Actes privés de l'époque Vandale (fin du Ve siècle). Vol. I: Texte; Vol. II: Planches (Gouvernement géneral de l'Algérie, direction de l'intérieur et des beaux-arts, service des antiquités – missions archéologiques), Paris 1952.

18 Zur schwierigen Überlieferungslage der Privaturkunden aus dem Merowingerreich vgl. Karl-Heinz DEBUS, Studien zu merowingischen Urkunden und Briefen, in: Archiv für Diplomatik 13 (1967), S. 1–109; AfD 14 (1968), S. 1–192. Inzwischen ist ein erheblicher Teil der Urkunden neu ediert in, BRUCKNER, MARICHAL, ChLA Bde. XIII–XIX für manche Urkunden nach wie vor heranzuziehen J. M. PARDESSUS, Diplomata, chartae, epistolae, leges aliaque instrumenta ad res Gallo-Francicas spectantia; tomus primus: instrumenta ab anno 417–627, Paris 1842; tomus secundus: instrumenta ab anno 628 ad annum 751, 1849. Die Weißenburger Urkunden sind neu ediert von Anton DOLL, Karl GLÖCKNER, Traditiones Wizenburgenses. Die Urkunden des Klosters Weißenburg 661–864, Darmstadt 1979.

19 Zum Teil nur zu rekonstruieren aus Formularen in Monumenta Germaniae Historica, Leges in quart V, Formulae Merowingici et Karolini aevi, Band II, 1882–86, S. 542–95. Formulae Visigoticae, ed. Karl ZEUMER. Vgl. die Kommentierung von Karl ZEUMER, Zum westgotischen Urkundenwesen in: Neues Archiv 24 (1899), S. 15–38. Seit der Bearbeitung der Formulare wurden Originalurkunden auf Schiefertafeln als Beschreibstoff aufgefunden, ediert und kommentiert in mehreren Teilbearbeitungen: Manuel C. DIAZ Y DIAZ, Un document privé de l'Espagne wisigotique sur ardoise, in: Studi medievali 3ª serie, I (1960), S. 52–71; DERS., Los Documentos hispano-wisigoticos sobre pizarra, in: Studi medievali 3ª serie, VII (1966), S. 75–107. Manuel GÓMEZ-MORENO, Manuel CASAMAR, Documentación Goda en pizarra. Estudio y transcripción por Manuel Gómez Moreno. Revision, facsimiles y fotografías por M. Casamar (Real Academia de la historia), Madrid 1966. Anscari M. MUNDÓ, Pizarra visigoda de la epoca de Khindasvinto (642–49), in: Festschrift für Bernhard Bischoff, Stuttgart 1971, S. 81–89.

20 Vgl. SAUPE, Unterfertigung, bei den Einleitungen zu den einzelnen Gruppen der Privaturkunden. Nach Überlieferungsterritorien geordnet werden auf S. 17–107 die Formulare der einschlägigen Privaturkunden dargestellt, vgl. auch die schematischen Aufstellungen der vorkommenden Formulare des Eschatokolls am Ende jedes Abschnitts.

21 Ebenfalls ediert bei TJÄDER, bzw. ChLA und MARINI, vgl. oben Anm. 16.

um Namensunterschriften im heutigen Sinne, sondern um kurze Erklärungen. Die Ausstellerunterschrift faßt nach der Nennung des Ausstellernamens kurz den Urkundeninhalt zusammen. Sie dürfte aus Kurzurkundenformen des antiken Chirographs[22] und antiken Briefformen hervorgegangen sein und stellt mit dem vollen Inventar manchmal eine Kurzurkunde für sich dar. Die Zeugen fügen an die Angabe ihres Namens jeweils einen Hinweis auf den Aussteller, der sie gebeten hat, das Rechtsgeschäft und eventuell in Wiederholung einer entsprechenden Quittungsformel in der Ausstellerunterschrift die Bezeugung z. B. einer Kaufpreisübergabe an, nennen häufig jedenfalls das Rechtsgeschäft (Kauf, Schenkung usw.). Die Schreiberunterschrift bekennt sich in unterschiedlichem Formular zur Urkundenabfassung. Fast alle Unterschriften enden mit dem Verbum *subscripsi*, das häufig mit *ss.* oder einem entsprechenden diplomatischen Kürzungszeichen gekürzt wird.

Handzeichen zur Beglaubigung tauchen zuerst anstelle der Ausstellerunterschrift auf. In der Urkundenpraxis Italiens vor der byzantinischen Rückeroberung sowie anschließend der byzantinischen Überseeprovinzen, des Vandalenreiches in Nordafrika und des Westgotenreiches werden sie jedenfalls nur als zweitrangiger Ersatz für die eigenhändige Unterschriftsformel angesehen.

Das geht bereits daraus hervor, daß jedem Beglaubigungshandzeichen eine erläuternde Beischrift durch den Schreiber angefügt wird, welche sich von der jeweils zu erwartenden Unterschriftsformel meist fast nur durch den Beginn *+Signum N.* und die anschließende objektive Formulierung unterscheidet. Von Anfang an kommt auch die Kurzformel *Signum* + N. (eventuell mit einem Zusatz wie: *Litteris nescientis*) vor. Schon in der Unterschriftsankündigung am Ende des Kontexts wird jeweils ausdrücklich auf die Unterzeichnung anstelle der Unterschrift hingewiesen.

Die Tatsache, daß in den genannten Staaten bei vielen Rechtsgeschäften das Handzeichen des Ausstellers mit Beischrift des Schreibers rechtlich nicht als vollwertig anerkannt war, geht vor allem deutlich aus einer öfters zu beobachtenden Zusatzformel im Eschatokoll mancher Urkunden hervor. Dort mußte nämlich neben den eigentlichen Urkundszeugen eine weitere Person das Handzeichen des Ausstellers beglaubigen. Im ostgotischen Italien hieß es noch z. B. N. *huic donationi rogante* (Ausstellerin) *ipsa praesente ad signum eius pro ea subscripsi*[23].

Auf den vandalischen Holztafelurkunden zu Ende des 5. Jahrhunderts sind im Kern ähnliche Formulierungen bei schreibunkundigen Ausstellern die Regel. Bei den westgotischen Urkunden des 7. Jahrhunderts scheinen noch ähnliche Richtlinien bestanden zu haben, wie sich aus einem Urkundenformular ergibt, wo ein *subscriptor* vorgesehen ist[24]. Auf den überlieferten Schiefertafelurkunden hat sich allerdings die später überall verbreitete Praxis eingebürgert, Handzeichen mit der erläuternden Beischrift des Schreibers ohne weitere Beglaubigung gelten zu lassen.

Bei den Schenkungen des byzantinischen Italiens nach 553 ist für diesen Beglaubigungszeugen die Bezeichnung *chirocrista* üblich.

3.2 Handzeichen und Unterschrift als gleichberechtigte Beglaubigung von Urkunden

In den ostgotischen, westgotischen und vandalischen Gebieten scheint ursprünglich die Fähigkeit der Zeugen zu unterschreiben obligatorisch gewesen zu sein, während für einige Rechtsgeschäfte (z. B. Verkäufe) sowie etwa in der westgotischen Praxis überhaupt für die Aussteller das Handzeichen ausreichte.

Auf den freilich wenigen überlieferten Vandalenurkunden wurde im Falle der Schreibunfähigkeit des Zeugen auch dessen Handzeichen durch eine beglaubigende Unterschrift gültig. Schon hier standen nicht in ausreichendem Maße schreibfähige Personen zur Verfügung.

Deutlicher läßt sich der schrittweise Einbruch in die ehemals strengen Regeln im Ostgotenreich greifen. Auf einer nicht von lateinisch- oder griechischsprachigen Beteiligten, sondern einer von einem Goten ausgestellten Verkaufsurkunde mit Ausstellerunterschrift in gotischer Sprache aus Ravenna vom Jahre 551[25] finden sich zuerst zwei Zeugenunterzeichnungen, eingebettet in die später so häufige Formel *Signum* + N. *testis*.

Bei den Urkunden aus dem Merowingerreich sowie Nebengebieten wie z. B. Alemannien oder Bayern, sowie bei den Urkunden aus dem im Gegensatz zu letzteren Gebieten stark vom byzantinischen Urkun-

22 Der Begriff ist nicht im Sinne der heutigen diplomatischen Nomenklatur zu verstehen, sondern entsprechend dem antikrechtlichen, tatsächlichen Gebrauch als »subjektiv gefaßte, handschriftliche Schuldurkunde«.

23 Tjäder, P 12 = ChLA XXV Nr. 791 von 491.

24 Formulae Visigoticae Nr. 7.

25 Tjäder, P 34 = ChLA XX Nr. 704.

denrecht beeinflußten Langobardenreich[26] ergibt sich ein geradezu konträres Bild. Nur noch ca. ein Viertel bis ein Drittel der Aussteller können unterschreiben, und sie sind wie der Großteil der Zeugen durch ihr Handzeichen repräsentiert, welches durch eine kürzere oder längere der allgemein verbreiteten *signum + manus* N.-Formeln erläutert wird. Ein Großteil dieser Urkunden weist aber im Eschatokoll eine Schreiberunterschrift auf, wie z. B. N. ... *scripsi et subscripsi*, oder z. T. im langobardischen Bereich auch eine Completio auf ... *complevi et dedi*. Damit dürfte der Schreiber auch die Beglaubigung der Handzeichen übernommen haben, welche früher oder in anderen Gebieten durch einen *subscriptor* oder *chirocrista* mit einer Zusatzunterschrift ausgeführt wurde. Diese Praxis dürfte einer weiter verbreiteten Schreibunkenntnis bei gleichzeitig reger Beurkundungspraxis im Rechtsverkehr entgegengekommen sein.

3.3 Ausführung der Beglaubigungskreuze durch den Schreiber und Handfestung durch die Beurkundungsbeteiligten

Einen weiteren Rückzug von Aussteller und Zeugen aus der Mitwirkung an der graphischen Anfertigung der Urkunden stellt das Aufkommen der sogenannten Handfestung dar[27].

Bei diesem Verfahren stammt auch das gesamte Eschatokoll der Urkunde vom Schreiber, der sogar die Handzeichen zu den Namen von Aussteller und Zeugen setzt. Für die beteiligten Zeugen war dies in einem langobardischen Königsgesetz seit ca. 750[28] für die Zeugenunterfertigung alternativ geregelt:

... *testes in ipsa cartula subscripserunt aut manus posuerint.*

Erst ab 737[29] sind unter den überlieferten Originalen aus dem Langobardenreich solche nachweisbar, auf welchen alle Handzeichen nicht von den aufgeführten Personen, sondern vom Schreiber stammen. Aber ca. 60% aller weiteren Originale aus der Zeit bis zum Ende des selbständigen Langobardenreiches im Jahre 774 sind dann »gehandfestet«!

Ähnlich dürfte es sich seit dem Beginn des 8. Jahrhunderts mit den Urkunden aus dem Merowingerreich verhalten haben, wie sich auch bei der zum Teil kopialen Überlieferung aus Formularvergleichen ableiten läßt[30]. Bei den im Original überlieferten alemannischen Urkunden aus dem gleichen Zeitraum ist schließlich kein einziges Handzeichen mehr autograph[31]. Bei den nur kopial überlieferten, wenn auch im Formular zum Teil eigenständigen Privaturkunden des benachbarten Bayern schließlich läßt sich wiederum aus dem Formularvergleich sowie überlieferten Rechtsregeln auch herleiten, daß der Großteil »gehandfestet« wurde[32].

In diesem Zusammenhang dürfen die gerade wegen dieser Eigenart bisher nicht berücksichtigten frühmittelalterlichen Urkunden des angelsächsischen England erwähnt werden. Auch sie tragen bei aller Eigenständigkeit des Formulars in lateinischen wie in angelsächsischen Ausfertigungen gleichermaßen ein Eschatokoll, welches etwa dem ihrer kontinentalen Gegenstücke entspricht. Es kann aber davon ausgegangen werden, daß durchweg fast alle Handzeichenkreuze, die Ausstellern und Zeugen zugeordnet sind, von der Hand des Schreibers stammen[33].

3.4 Formen der Handzeichen zur Urkundenbeglaubigung

Fast alle Handzeichen der westeuropäischen Urkundenüberlieferung des Berichtszeitraumes lassen sich auf die Kreuzform zurückführen oder sind von ihr beeinflußt. Zumindest für Italien läßt sich über die Berichtszeit verteilt nachweisen, daß diese Form be-

26 Sie liegen inzwischen zum Teil in der Fotoedition mit Kommentierung der ChLA vor, verstreut über die Bde. XXI–XXXIV. Zusammenhängend im Druck mit paläographischer Kommentierung und unter Einschluß nicht im Original überlieferter Urkunden: Luigi SCHIAPARELLI, Codice diplomatico langobordo I, (Fonti per la storia d'Italia 62), Rom 1929; Bd. II (Fonti per la storia d'Italia 63), Rom 1933; Konkordanz zwischen ChLA und CDL u. a. in ChLA, Bde. XXVI, XXX–XXXIV, mit Hinweisen auf weitere Editionen.

27 Die Handfestung ist in der diplomatischen Literatur wiederholt untersucht worden, vgl. zuerst von Heinrich BRUNNER, Zur Rechtsgeschichte der römischen und germanischen Urkunde, 1. Band, Berlin 1880, S. 39; umfassend für den italienischen Bereich vgl. Giorgio COSTAMAGNA, Alle origine del notariato Italiano. Parte seconda: l'alto medioevo (Studi storici sul notariato Italiano II. Consiglio nazionale del notariato), Rom 1975, S. 150ff.

28 Ratchis 8, III, in MG LL IV, Edictus Langobardorum S. 189 Z. 17.

29 CDL Nr. 62.

30 Vgl. SAUPE, Unterfertigung, S. 40f.

31 Vgl. Albert BRUCKNER, ChLA II, Switzerland, Einführung »The Diplomatic of Early Alamannian Charters«, S. Xf.

32 Vgl. SAUPE, Unterfertigung, S. 52 mit weiteren Nachweisen.

33 Ediert sind die Angelsächsischen Urkunden in lateinischer Sprache in ChLA Bde. III und IV mit Konkordanz zu weiteren Editionen, welche auch den Großteil der auf Altenglisch abgefaßten Urkunden enthalten. Vgl. Albert BRUCKNER, Zur Diplomatik der älteren angelsächsischen Urkunden, in: Archivalische Zeitschrift 61 (1965), S. 11–45, vor allem S. 16; Nicholas BROOKS, Anglo-Saxon Charters: The work of the last twenty years, in: Anglo Saxon England III. Ed. Pater CLAMOES, Cambridge 1974, S. 211–231, insbes. S. 212 und 215 mit weiteren Nachweisen.

wußt und gewollt war. Schon zu Ende der Ostgotenzeit wird in einem Testament die Ausstellerunterzeichnung angekündigt:

... *quia suscribere non potui, signum tamen beatae crucis ... coram testibus impressi* ...[34].

Ähnliche Unterzeichnungsankündigungen finden sich noch auf späteren Urkunden aus dem Langobardenreich:

... *subter signum sanctae crucis feci*[35].

Die Normalformel des *chirocrista* aus dem byzantinischen Gebiet Italiens nach dem Jahre 553 protokolliert ebenfalls:

... *signum fecit sanctae crucis* ...[36].

Aus dieser christlich religiösen Interpretation des Handzeichens wird auch verständlich, daß die Chrismon- bzw. Invokationszeichen, welche sich häufig am Anfang des Protokolls und zu Beginn jeder Unterfertigungsformel – sowohl von eigenhändigen Unterschriften wie auch Handzeichenformeln – von Aussteller, Zeugen und Schreibern im Eschatokoll finden, in zahlreichen im Original überlieferten Urkunden des Berichtszeitraumes in ein- und derselben Urkunde in der Form identisch mit dem Kreuzzeichen eines schreibunkundigen Unterfertigers sind, oder zumindest deren Zeichen den Invokationskreuzen der schreibunkundigen Urkundsbeteiligten auf den ersten Blick zum Verwechseln ähneln.

Freilich gibt es auch bewußte Trennung der Formen für Handzeichen in Handzeichenformeln, die auf »gehandfesteten« Urkunden des Langobardenreiches im 8. Jahrhundert vom Schreiber ausgeführt wurden. Sie sind einheitlich kalligraphisch ausgeführt und bewußt gekünstelter als die schlichteren Kreuze zu Beginn z. B. der ebenfalls im Eschatokoll so eingeleiteten Unterschriften[37].

Deutliche Abweichungen von der Kreuzform finden sich auf den vandalischen Holztafelurkunden vom Ende des 5. Jahrhunderts. Manche Zeichen ähneln einem Kreuz (+ oder x), einige eher einem O, einer 2 oder 9[38]. Die Zeichen sollten vermutlich – was gerade auf Holztafeln als Beschreibstoff auf gewisse Schwierigkeiten stößt – von Person zu Person verschieden und individualisierbar sein. Das geht auch daraus hervor, daß in den Beischriften der zusätzlich diese Unterschriften beglaubigenden Personen nur dort stets vom ... *signum suum* ... statt wie in den übrigen Gebieten vom *signum manus* schlechthin die Rede ist.

Ähnlichen Fällen, in denen eine Handzeichenformel erkennbar individuell ausgeprägt sein sollte, begegnet man freilich auch andernorts, stets aber nur in entsprechenden, noch erkennbaren Abwandlungen oder Varianten der Kreuzform (Abb. 1). Besonders ausgeprägt ist z. B. das Handzeichen des Ausstellers einer Verkaufsurkunde vom Jahre 553 aus Ravenna[39], wo ein stark stilisiertes doppeltes (+ und X) Kreuz oder gar ein P in einen Kreis gesetzt ist (Abb. 2).

Weitere Varianten sind eher gewissen Regionen und dort wieder periodischen Moden zuzuordnen. Freilich färbt auch der Duktus der jeweiligen Urkundenschrift gelegentlich auf die Kreuzformen ab.

Auf den ravennater und römischen Papyri herrscht die einfache oder leicht veränderte Kreuzform vor. Hier wie auch anderswo werden die Kreuze gelegentlich kursiv in einer Schreibbewegung durchgezogen. Dabei werden beide Balken durch einen Haarstrich verbunden, und in manchen Fällen entsteht geradezu ein im Raum schräg schwebendes Gamma[40] (Abb. 3).

Die Enden des Querbalkens sowie die Kreuzspitze können mit Kreisen versehen, die untere Spitze verlängert sein[41] (Abb. 4). Eventuell kündigen sich hier schon Notariatszeichen späterer Urkundenschichten an[42].

Auf den Urkunden des Langobardenreiches kommt neben sämtlichen Varianten des normalen Kreuzes auf + – kursiv, geschwungene Balken usw., eine vermutlich für diesen Raum kennzeichnende Form mit quer aufgesetzten Endstrichen auf den Balken auf[43] (Abb. 5). Stärker stilisiert, eventuell unter Anregungen von Formen des griechischen Kreuzes oder schon Notariatszeichen kommt schließlich auf Pisaner Urkunden eine gestreckte Fortentwicklung dieser Form auf, welche manchmal eher einer janusköpfig angeordneten Doppel-E-Ligatur gleicht[44] (Abb. 6).

34 Gesta Municipalia, Protokoll, Tjäder P 4–5, Testament E.
35 CDL Nr. 7, 14, 18, 34, 35, 45.
36 Tjäder P 16 = ChLA IV Nr. 240, P 20 = ChLA XXI Nr. 717, P 27 = ChLA IX Nr. 406.
37 Z.B. mehrere Urkunden aus dem Bereich von Lucca in ChLA Bde. XXXI, XXXIII und XXXIV, dort z. B. Nr. 998, 999, 1004. Vgl. zu den folgenden Ausführungen auch die Nachzeichnungen im Anhang.
38 Vgl. die Ausführungen von Leschi, in: »Tablettes Albertini«, S. 60 sowie die Tabelle der Formen S. 59.
39 Tjäder P 35 = ChLA III Nr. 181.
40 Z.B. Tjäder P 6 = ChLA XXI Nr. 714, P 36 = ChLA Nr. 715.
41 Z.B. Tjäder P 14–15 = ChLA XXI Nr. 713, P 37 = ChLA Nr. 716.
42 Vgl. hierzu auch die Begleitkreuze der Beglaubigungsunterschrift *LEGIMUS* in, Tjäder P 44 = ChLA XXII Nr. 721, Mitte des 7. Jh.
43 Verbreitet z. B. auf den Urkunden aus dem Gebiet von Pisa in ChLA XXVI.
44 Verbreitet z. B. in ChLA Bde. XXVIII, XXX, XXXI, XXXIII und XXIV.

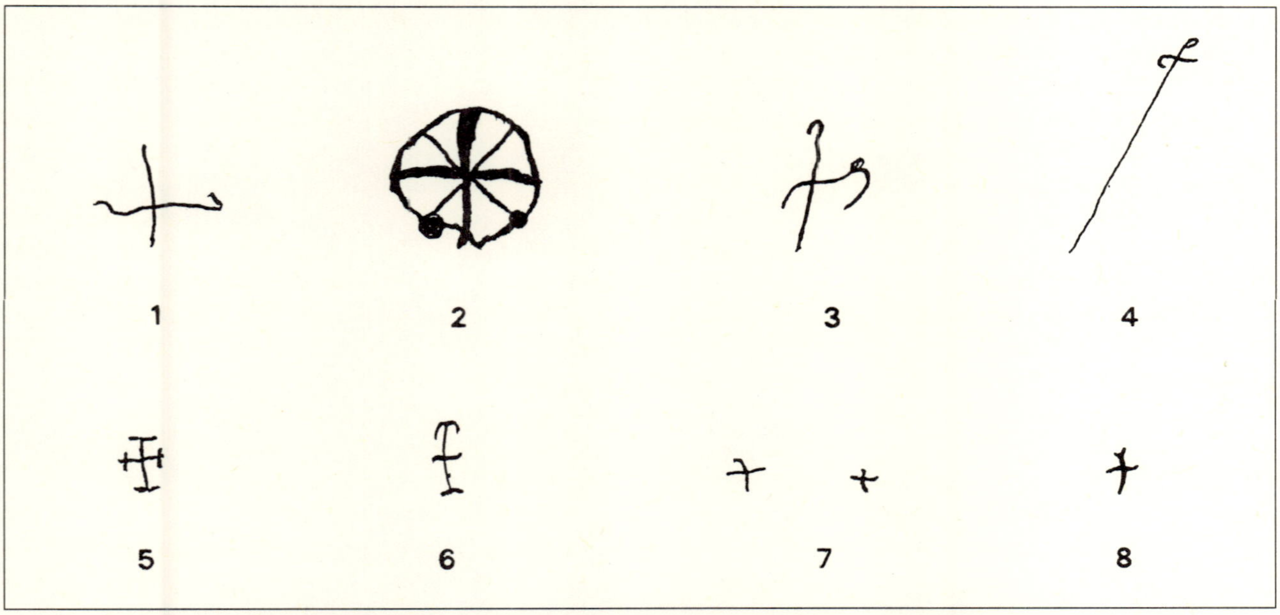

Abb. 1 *Normalform der Handzeichen der Papyri von Ravenna und Rom (ChLA XXI, No. 715 = Tjäder P 36, Ravenna 575–591)*

Abb. 2 *Besonders individuelles Ausstellerhandzeichen aus Ravenna (ChLA III, No. 181 = Tjäder P 35, von 572)*

Abb. 3 *›Kursive‹ Kreuzform der Ravennater Papyri (hier als Beispiel ChLA XXI, No. 714 = Tjäder P 6, von 575)*

Abb. 4 *Begleitkreuze eines beglaubigenden LEGIMUS (ChLA XXII, No. 715 = Tjäder P 142–48, Ravenna Mitte des 7. Jahrhunderts, ¼ natürlicher Größe), evtl. ein Überlieferungsstrang der Notarszeichen*

Abb. 5 *Ältere Variante der langobardischen Regionalform des Handzeichens (ChLA XXVIII, No. 850 = CDL II, Nr. 190, Mailand 765)*

Abb. 6 *Jüngere, langobardische Variante (Annäherung an janusförmig angeordnete Doppel-E Ligatur (ChLA XXXIII, No. 969 = CDL II, Nr. 161, Lucca 762)*

Abb. 7 *Beispiele der meist schlichten Kreuze auf Urkunden des Merowingerreichs (ChLA I, No. 47, St. Gallen 757)*

Abb. 8 *Handzeichenkreuz mit Spatenendung der gleichzeitigen angelsächsischen Buch- und Urkundenschrift (ChLA III, No. 185, ca. 705)*

In den übrigen Gebieten wird stärker an der Kreuzform + gehaftet, eventuell kalligraphisch verschnörkelt, mit Kugelenden der Balken usw.[45] (Abb. 7).

Bei den angelsächsischen Urkunden kommen wiederum gelegentlich kalligraphische Formen vor, die von der angelsächsischen Urkundenschrift mit ihren Spatenendungen vieler Strichführungen vor allem der oberen Enden gekennzeichnet sind[46] (Abb. 8).

Aus keiner der Handzeichenformen der berücksichtigten Urkunden läßt sich somit – zumindestens aus der Betrachtung der Urkunden selbst heraus – ableiten, wie es zu der Verwendung der Kreuzform kam. Sie taucht zu Beginn des Berichtszeitraumes auf, wird z. B. in Italien durchgehend christlich interpretiert, und findet sich noch zu Ende der merowingischen und rein langobardischen Epoche, ehe daraus weiterentwickelte diplomatische Formen des Karolingerreiches die Vorherrschaft übernahmen.

45 Z. B. verbreitet im Merowingerreich in ChLA Bde. XIV, XV, XVII und auch Alemannien, ChLA Bde. I und II.

46 Verbreitet in ChLA Bd. III über Nr. 179, 180, 182–197 und 220–223.

Die byzantinische Privaturkunde

Von Joseph A. M. Sonderkamp †

Bei den byzantinischen Privaturkunden sind zwei große Gruppen zu unterscheiden: die überaus zahlreichen spätantiken bzw. frühbyzantinischen Papyrusurkunden, fast alle aus Ägypten, und andererseits die im Vergleich zu den Verhältnissen des westlichen Mittelalters sehr wenigen mittel- und spätbyzantinischen Privaturkunden auf Pergament bzw. später Papier[1]. Die beiden Gruppen sind in vielen Punkten höchst unterschiedlich und daher nicht ohne weiteres vergleichbar[2]. Sie ähneln einander jedoch darin, daß sich weder in früh- noch in mittel- und spätbyzantinischer Zeit ein derart komplexer Apparat von graphischen Zeichen entwickelt hat, wie er dem westlichen Diplomatiker aus seinem Material geläufig ist[3].

Die Urkundenlehre bezeichnet mit dem Terminus *Protokoll* die stereotypen Eingangs- und Schlußteile von Urkunden. Sie hat damit ein griechisches Wort aufgegriffen, das zunächst etwas völlig anderes bezeichnete. Man nannte so das den Rollen von seiten der Manufakturen vorgeklebte, und somit »erste« Stück Papyrus, das den vielstrapazierten Anfang der Rollen vor Beschädigung möglichst bewahren sollte, ähnlich dem *Vorsatz* bei Büchern in Codex-Form[4]. Der Begriff hat also von Hause aus mit dem Urkundenwesen überhaupt nichts zu tun. Zur heutigen Verwendung des Begriffs in der Diplomatik hat der Kontext der ältesten griechischen Belegstelle des Wortes Anlaß gegeben. Im zweiten Kapitel seiner Novelle 44 vom Jahre 537 legte Justinian fest, daß in Konstantinopel – und nur dort – Notare für die Reinschriften von Urkunden nur solche Papyrusrollen (χάρται)[5] verwenden dürfen, die am Anfang »das sogenannte Protokoll« (τὸ καλούμενον πρωτόκολλον) mit dem Namen des jeweiligen *comes sacrarum largitionum*, dem Datum der Herstellung der Rolle »und dem, was sonst auf diesen vorneweg geschrieben steht«, aufweisen[6]. Das πρωτόκολλον darf von der Urkunde nicht abgeschnitten werden, denn sein Vorhandensein helfe, Fälschungen zu erkennen[7]. Rollen, die zwar ein πρωτόκολλον aufweisen, das aber nicht der genannten Formvorschrift genügt, sind nicht zulässig[8]. So konnte der buchtechnisch-fiskalische Begriff πρωτόκολλον, der mit formelhaften Elementen der Urkunde ursprünglich nichts zu tun hat, vielmehr nur bezeichnete, was den Beschreibstoff »urkundenfähig« machte, zum Terminus der Urkundentechnik werden.

Keine der sehr wenigen im Original erhaltenen frühbyzantinischen Urkunden, die mit Sicherheit aus Konstantinopel stammen, weist ein solches Protokoll im justinianischen Sinne (ich spreche, wenn dies gemeint ist, im weiteren von »Rollenprotokoll«) auf. Zu unserem Glück haben sich aber auch außerhalb Konstantinopels Notare an die in Nov. 44,2 aufgestellte Regel gehalten. So kennen wir einige provinzielle Urkunden, die ein solches Rollenprotokoll aufweisen. Dadurch vermögen wir auch eine ganze Reihe isolierter, von ihren Urkunden abgetrennter und teilweise wiederverwendeter Rollenprotokolle als solche zu erkennen[9].

1 Der gesamte erhaltene Bestand an mittel- und spätbyzantinischen Urkunden umfaßt noch nicht einmal so viele Stücke wie das Archiv manches Notars des westlichen Mittelalters.

2 Die Papyri sind in nahezu jede Richtung sehr gut bearbeitet, die Pergamenturkunden in der Regel zwar ediert, aber gerade hinsichtlich der hier interessierenden technischen Details noch kaum behandelt.

3 Bewußt aus der Betrachtung ausgeklammert wurden die Verwendung der lateinischen Schrift und tachygraphischer Kürzungen in den notariellen Unterfertigungen der Papyrusurkunden. Sie unterscheiden sich zwar graphisch vom Rest der betreffenden Urkunden, sind aber doch nicht Zeichen in dem Sinn, daß sie für etwas stünden, das sie selbst nicht unmittelbar ausdrücken.

4 Vgl. Eric G. Turner, The Terms recto and verso. The Anatomy of the Papyrus Roll (Actes du XVe Congrès International de Papyrologie, Partie 1 = Papyrologica Bruxellensia 16), Bruxelles 1978, Abschnitt 3.5 (S. 20–24).

5 Zur Bedeutung von χάρτης als »Papyrusrolle« vgl. Turner, a. a. O. 32 unten (nach Lewis).

6 Corpus iuris civilis. Vol. 3: Novellae. Rec. Rudolf Schoell, Wilhelm Kroll, Berolini 1895, S. 276, 22–29.

7 Ibid. S. 276, 29–32.

8 Ibid. S. 276, 32–38.

9 Die bis dahin bekannten Rollenprotokolle mit Ausschluß der zweisprachigen, griechisch-arabischen Stücke hat Livia Migliardi Zingale, In margine a Nov. Iust. 44,2: Τὸ καλούμενον πρωτόκολλον, in: Studi in onore di Arnaldo Biscardi, 5, Milano 1984, 151–175, spez. 161 ff., zusammengestellt. Für die dort nicht aufgelösten papyrologischen Abkürzungen vgl. man John F. Oates, Roger S. Bagnall, William H. Willis, Klaas A. Worp, Checklist of Editions of Greek Papyri and Ostraca, 3rd ed. (Bulletin of the American Society of Papyrologists. Suppl. Nr. 4), Montana 1985.

1

2

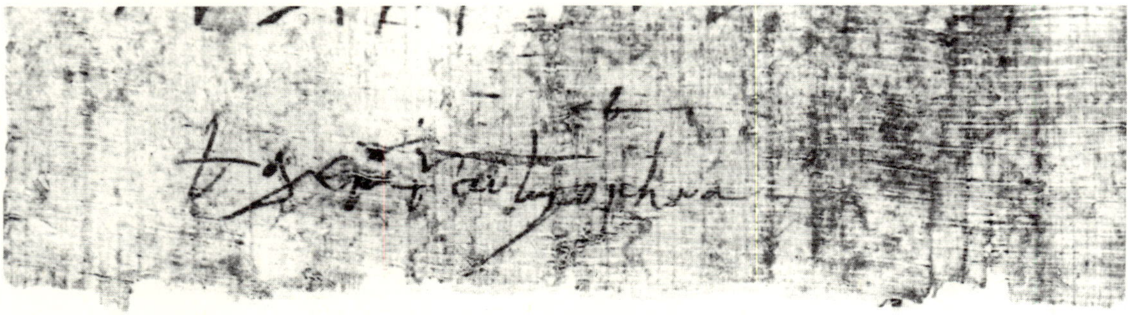

3

Abb. 1 *Herm. 2.3.1: Hermopolites 561; Unterschrift des Notars Viktor, S. 61*

Abb. 2 *Herm. 1.6.1: Hermopolites 551; Unterschrift des Apollos, S. 59*

Abb. 3 *Ars. 10.2.1: Arsinoites 7. Jh., Unterschrift des Kalomenas, S. 41*

Sonst wüßte man vielleicht noch heute mit ihnen nicht mehr anzufangen als im Jahre 1865, als die erste Abbildung eines solchen Stückes erschien[10]. Ihre Rätselhaftigkeit hat die Rollenprotokolle immer wieder zum Gegenstand von Veröffentlichungen werden lassen, in den meisten Fällen jedoch, ohne daß sehr viel dabei herausgekommen wäre.

Dies hat seinen Grund in dem Umstand, der allein es nötig macht, hier über die Rollenprotokolle zu sprechen[11]: Statt der von Justinian verlangten Angaben weisen die allermeisten der bisher bekannten Stücke nur drei bis fünf Zeilen einer charakteristischen, meist sehr großen, deutlichen, aber kaum oder überhaupt nicht lesbaren Schrift auf, die diese Rollenprotokolle zu

10 [J. A. Letronne, W. Brunet de Presle, E. Egger], Papyrus grecs du Louvre et de la Bibliothèque Impériale (Notices et extraits des manuscrits de la Bibliothèque Impériale et autres bibliothèques. Tome 18,2), Planches, Paris 1865, Taf. 25 (ohne Kommentar im Textband).

11 Ausgehend von Gesichtspunkten der Diplomatik hat Amelotti diese (Rollen-)Protokolle behandelt: Mario Amelotti, Giorgio Costamagna, Alle origini del notariato italiano (Studi storici sul notariato italiano. 2), Roma 1975, 38, 40, 53, 95.

Zeichen im Sinne dieses Bandes macht[12]. Der Sonderfall P. Oxy. XVI 1928 aus dem späten fünften oder frühen sechsten Jahrhundert, also aus vorjustinianischer Zeit, der ohne weiteres ganz lesbar ist[13], scheint das Formenrepertoire der späteren »Stempelschrift«, wie man sie in der Literatur gern nennt[14], in statu nascendi zu zeigen. Gleichwohl läßt sich daraus für die Lesung der typischen Beispiele kaum etwas gewinnen.

Dieses zum Zeichen geronnene Rollenprotokoll hat dann sogar das Ende der byzantinischen Herrschaft in Ägypten überlebt. In arabisch-griechischen Rollenprotokollen der frühen Zeit nach der Eroberung des Landes (die einen ganz anderen Inhalt haben als die von Justinian gewünschten Angaben oder auch die griechischen Rollenprotokolle, soweit man sie lesen kann) tauchen am Anfang und am Ende von Zeilen mit lesbarem griechischem bzw. arabischem Text gleichsam als Zeilenfüller die typischen schematisierten, nicht lesbaren und wohl niemals als lesbar intendierten Strichkomplexe auf, wie sie aus den Stücken aus byzantinischer Zeit bekannt sind[15].

Vielfach taucht in Papyrusurkunden die auch aus anderen Zusammenhängen, insbesondere aus Inschriften bekannte Buchstabenkombination XMΓ auf, der nicht selten die Zahl 99 in griechischen Buchstabenzahlen – Koppa Theta – folgt. Anders als das Rollenprotokoll hat sich diese Sigle nicht zum graphischen Zeichen im eigentlichen Sinn entwickelt, denn es handelt sich stets um eine Kombination von als solchen zweifelsfrei erkennbaren Buchstaben, eine akrophone bzw. isopsephische Abkürzung. Da deren Bedeutung jedoch denen, die sie verwandten, teils überhaupt nicht klar gewesen, teils in ganz verschiedener Weise aufgefaßt worden zu sein scheint, hat auch diese Buchstabenkombination in gewisser Weise den Charakter eines Zeichens angenommen[16], der es nahelegt, hier von ihr zu sprechen.

Einig ist sich die Forschung darüber, daß es sich um eine christliche Abkürzung handelt. Ob XMΓ nun als X(ριστὸς) (ὁ ἐκ) M(αρίας) γ(εννηθείς) – oder ähnlich – oder als X(ριστὸς) M(ιχαὴλ) Γ(αβριήλ) bzw. als Zahl 643 zu lesen sei, ist Gegenstand einer langwierigen Debatte gewesen, obwohl Perdrizet bereits 1904 darauf hingewiesen hatte, daß nicht davon ausgegangen werden könne, daß der Abkürzung XMΓ von den Urhebern und Lesern immer nur eine und dieselbe Bedeutung unterlegt worden wäre[17]. Diese vorauszusetzende Mehrdeutigkeit ermöglicht die neuartige Interpretation, die A. Gostoli für Fälle vorgeschlagen hat, in denen die Abkürzung XMΓ in juristischem Kontext vorkommt. Statt der geläufigen Lesungen, die alle nur notdürftig in die Welt der Urkunden passen, schlägt Gostoli vor, die drei Buchstaben als X(ριστὸς) μ(άρτυς) γ(έγονεν – bzw. eine andere passende Form des Verbums) zu lesen[18]. Dieser Vorschlag erinnert von ferne an die Deutung einer, allerdings nur vermeintlichen, Variante der Abkürzung – XMΓϱ – als χ(ειρός) μ(ου) γρ(αφή) durch C. Wessely, ist ihr aber an Plausibilität weit überlegen[19]. Die von Gostoli vorgeschlagene Auflösung empfiehlt sich auch dadurch, daß sie einige Varianten der Abkürzung verständlich werden

12 Dem Leserkreis dieses Bandes dürften die Abbildungen eines noch unpublizierten Stücks (Migliardi Zingale identifiziert es 168, Anm. 54, als Inv.-Nr. 3060) aus der Sammlung der Società italiana per la ricerca dei papiri greci e latini in Egitto bei Amelotti a. a. O., Taf. 5 und des P. Cairo Masp. II 67151 bei André Bataille, Les Papyrus (Traité d'études byzantines. 2), Paris 1955, Taf. 8, vielleicht am leichtesten zugänglich sein.

13 The Oxyrhynchus Papyri. Part 16. Edited with translations and notes by Bernard P. Grenfell, Arthur S. Hunt, Harold I. Bell, London 1924, 208–211 mit Taf. 3.

14 Der Ausdruck »Stempelschrift« wurde von C. Wessely in seinem Aufsatz Byzantinische Stempelschrift auf Papyrus, in: Studien zur Palaeographie und Papyruskunde 2 (1902) XXXIX–XLI (mit Abbildung des Rollenprotokolls Louvre, Musées nationaux Nr. 7346), geprägt. An die Verwendung von Stempeln, wie sie uns heute geläufig sind, ist dabei jedoch keinesfalls zu denken, auch wenn manche Formulierungen der Literatur dies nahelegen (vgl. auch die Bemerkungen von Josef von Karabacek, Zur orientalischen Altertumskunde. 2: Die arabischen Papyrusprotokolle [Sitzungsberichte der Kais. Akademie der Wissenschaften in Wien, Phil.-hist. Kl., Bd. 161, Abh. 1], Wien 1908, 22 bei Anm. 2 und 3). Bei seiner Wortschöpfung dürfte Wessely nicht von »Stempel« im Sinne von »Stempelabdruck«, sondern von Wörtern wie »Stempelpapier«, d. h. »zum offiziellen Gebrauch durch ein amtliches Zeichen gegen Gebühr zugelassenes Papier« ausgegangen sein; um genau dies handelt es sich ja nach seiner Auffassung bei den Rollen mit Protokollen.

15 Die bilinguen Rollenprotokolle sind bei Migliardi Zingale a. a. O. leider nicht berücksichtigt. Zu ihnen existiert eine reichhaltige Literatur, aus der hier nur angeführt sei: Adolf Grohmann, From the World of Arabic Papyri, Cairo 1952, 31–42, Taf. 5a, 6. Weiteres bei Artur Steinwenter, Das Recht der koptischen Urkunden (Rechtsgeschichte des Altertums. Teil 4, Bd. 2 = Handbuch der Altertumswissenschaft. Abt. 2, Teil 4, Bd. 2), München 1955, 11, Anm. 10.

16 Dies wird besonders in solchen Fällen deutlich, wo die Sigle XMΓ im Zusammenhang mit der notariellen Unterfertigung von Urkunden erscheint; vgl. unten.

17 Zu diesen Auflösungen wie der ganzen Geschichte der Frage vgl. ausführlich Jan-Olof Tjäder, Christ, Our Lord, Born from the Virgin Mary (XMΓ and VDN), in: Eranos 69 (1970) 148–190, S. 148–156.

18 Antonieta Gostoli, Una nuova ipotesi interpretativa della sigla christiana XMΓ, in: Studia papyrologica 22 (1983) 9–14.

19 Zu Wesselys Deutung vgl. wiederum Tjäder, S. 156; Wesselys Deutung beruht auf einer Fehllesung, ist also gegenstandslos: vgl. Alain Blanchard, Sur quelques Interprétations de XMΓ, in: Proceedings of the 14th International Congress of Papyrologists, Oxford, 24–31 July 1974 (Greco-Roman Memoirs. No. 61), London 1975, 19–24, Taf. 11, S. 20.

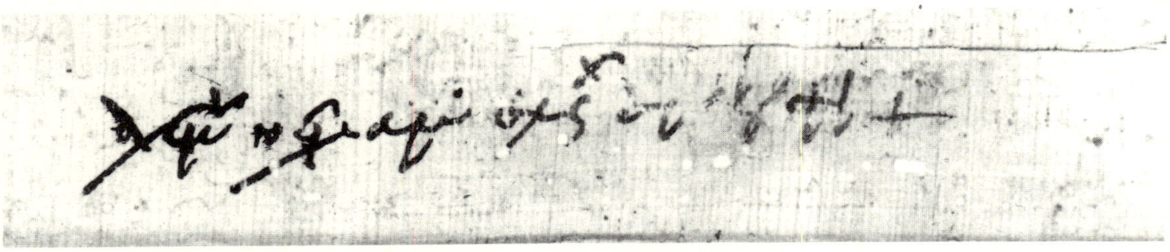

4

5

6

Abb. 4 *Ars. 13.1.1: Arsinoites 8. Jh., Unterschrift des Nelammon, S. 45*

Abb. 5 *Aphr. 5.1.3: Aphrodite 559; Unterschrift des Hermauos, S. 27*

Abb. 6 *Aphr. 15.1.6: Aphrodite 535; Unterschrift des Viktor, S. 30*

läßt, die mit den früher vorgeschlagenen Lesungen nicht zu vereinbaren wären[20].

Den Buchstaben XMΓ, aber auch anderen Formeln, folgt nicht selten die Zahl 99 in griechischen Zahlbuchstaben – Koppa Theta –, über deren Bedeutung seit langem Einigkeit besteht: Es handelt sich um die Summe der Zahlenwerte der Buchstaben des Wortes AMHN[21].

Die Handzeichen in den frühbyzantinischen Urkunden, teils solche der Parteien, meist aber der Urkundenschreiber/Notare, bilden in unserem Kontext die wichtigste Gruppe graphischer Zeichen. Seit dem grundlegenden Aufsatz von V. Gardthausen aus dem Jahre 1917[22] ist ihre Erforschung allerdings nicht systematisch vorangetrieben worden, so daß wir immer noch recht wenig über diese Zeichen wissen[23].

Zweck des Handzeichens ist es, demjenigen, der häufig Unterschriften zu leisten hat, die schnelle zweifelsfreie Identifizierung seines Namenszuges, den das Zeichen begleitet, gelegentlich aber auch vertritt[24], zu erleichtern.

Eine der einfachsten Formen eines solchen Handzeichens ist das Kreuz, nur wenig anspruchsvoller ist das Chrismon.

Kreuz und Chrismon[25] tauchen in byzantinischen Papyrusurkunden sehr häufig auf. Dabei sind verschiedene Verwendungsweisen sorgfältig auseinanderzuhal-

20 Nämlich KMΓ bzw. ΘMΓ, vgl. Georgina Robinson, KMΓ and ΘMΓ for XMΓ, in: Tyche. Beiträge zur Alten Geschichte, Papyrologie und Epigraphik 1 (1986) 175–177; X(ριστός) ist in diesen Fällen durch K(ύριος) bzw. Θ(εός) ersetzt.

21 Vgl. P. Perdrizet, Isopséphie, in: Revue des études grecques 17 (1904) 350–360, S. 357.

22 V. Gardthausen, Die griechischen Handzeichen, in: Studien zur Paläographie und Papyruskunde 17 (1917) 1–12.

23 Die umfassende Dokumentation von Johannes M. Diethart, Klaas A. Worp, Notarsunterschriften im byzantinischen Ägypten, Textbd., Tafelbd. (Mitteilungen aus der Papyrussammlung der Österreichischen Nationalbibliothek [Papyrus Erzherzog Rainer] N.S. Folge 16), Wien 1986 (im weiteren als »Byz. Not.« angeführt) enthält leider kaum Auswertungen unter den hier interessierenden Gesichtspunkten. Herr Dr. Diethart stellte uns freundlicherweise die Vorlagen für die Abbildungen zur Verfügung.

24 Und zwar entweder ganz oder teilweise, vgl. Gardthausen, Handzeichen 4f.

25 Zu den verschiedenen Formen des Chrismon im Oxyrhynchites vgl. Byz. Not., Einleitung § 4, S. 13. Vgl. auch die etwas in Vergessenheit geratenen Bemerkungen von Victor Gardthausen in seinem Artikel »Monogramm«, RE XVI 1, 133–143, Sp. 141, 23ff.

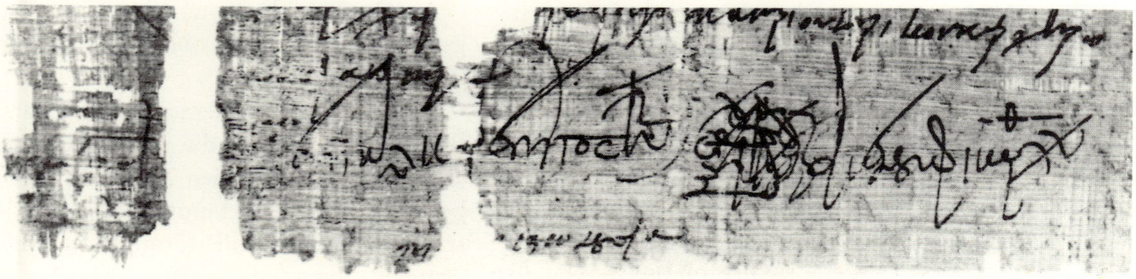

7

8

9

Abb. 7 *Ars. 21.3.1: Arsinoites 663; Unterschrift des Fib, S. 50*

Abb. 8 *Herm. 16.8.1: Hermopolites 6. Jh. Unterschrift des Ptolemaios, S. 71*

Abb. 9 *Herm. 21.1.1: Hermopolites 6.–7. Jh. Unterschrift des Philippos, S. 72*

ten. Beide Symbole können bloßes religiöses Bekenntniszeichen sein, so etwa, wenn das eine oder das andere der namentlichen Unterschrift vorausgeht, was geradezu die Regel ist; diese Verwendung ist in unserem Zusammenhang nicht weiter von Interesse.

Anders ist es, wenn eines oder mehrere dieser Zeichen als Handzeichen gebraucht werden. Die Verwendung von so einfachen, leicht nachzuahmenden Symbolen mag nicht zweckdienlich erscheinen. Aber wenn ein Notar seiner Unterschrift, beispielsweise, stets drei Chrismen nachzusetzen pflegt[26], so kann er Urkunden, die zwar seine Unterschrift zu tragen scheinen, daneben jedoch etwa zwei oder vier Chrismen besitzen, von vornherein als Fälschungen abweisen. Ähnlich ist das Beispiel des Notars Kalomenas aus dem Arsinoites, der ein Kreuz vor, ein Kreuz hinter und ein Kreuz in charakteristischer Weise über seine Unterschrift setzt[27]. Nicht weit über solche Beispiele hinaus geht der Notar Neilammon aus dem Arsinoites, der seiner Unterschrift ein Kreuz, ein Iota und noch einmal ein Kreuz folgen läßt[28]. Wesentlich war nur, daß an einer einmal entwickelten Gewohnheit unbeirrt festgehalten wurde[29].

Neben Kreuzen und Chrismen kommen mehr oder weniger phantasievolle Gebilde als Handzeichen vor. Ein relativ einfaches Handzeichen verwendete z. B. der Notar Hermauos aus Aphrodite[30]. Der Vergleich der beiden Beispiele seiner Unterschrift illustriert ein

26 So z. B. der Notar Victor aus dem Hermopolites (Byz. Not. Taf. 24, Herm. 2.3.1 vom Jahre 561 [s. Abb. 1]) oder, weniger schön, sein Kollege Apollos aus demselben Distrikt (Byz. Not. Taf. 22, Herm. 1.6.1 vom Jahre 551 [s. Abb. 2]).

27 Byz. Not. Taf. 9, Ars. 10.2.1, aus dem 7. Jahrhundert (s. Abb. 3).

28 Byz. Not. Taf. 12, Ars. 13.1.1 aus dem 8. Jahrhundert (s. Abb. 4), das späteste der in Byz. Not. dokumentierten Beispiele; ähnlich Byz. Not. Taf. 19 Herakl. 5.1.1 (aus dem 7. Jahrhundert) und Herakl. 7.1.1 (aus dem 6.–7. Jahrhundert).

29 Zu einem ebenso unscheinbaren wie wirkungsvollen Kunstgriff der byzantinischen Kaiserkanzlei zur Sicherung von Urkunden vgl. Franz Dölger, Johannes Karayannopulos, Byzantinische Urkundenlehre. Abschn. 1: Die Kaiserurkunden (Byzantinisches Handbuch. Teil 3, Bd. 1, Abschn. 1 = Handbuch der Altertumswissenschaft. Abt. 12, T. 3, Bd. 1, Abschn. 1), München 1968, 137 unter k).

30 Byz. Not. 26 f.: abgebildet Aphr. 5.1.3 vom Jahre 559 (Taf. 2 [s. Abb. 5]) und Aphr. 5.1.6 (ohne Jahresangabe, Taf. 4 [s. Abb. 6]).

merkwürdiges Phänomen: die Notare erlaubten sich erstaunliche Freiheiten in der Ausführung ihrer Handzeichen, selbst wenn diese ganz einfach waren. Auf diese Erscheinung hat seinerzeit bereits Gardthausen aufmerksam gemacht[31]; J. M. Diethart weist in seiner Untersuchung der Unterschriften des Notars Iustos aus dem Arsinoites, der ebenfalls ein sehr schlichtes Handzeichen gebraucht, gleichfalls auf sie hin[32]. Grenzen waren der Phantasie bei der Erfindung von Handzeichen nicht gesetzt. So finden sich bisweilen hochkomplexe Strichgebilde. Als Beispiele seien die Zeichen der Notare Phib[33] bzw. Philoxenos[34] aus dem Arsinoites angeführt. Es ist wohl sicher, daß die »Erfinder« derartiger Zeichen nie in der Lage waren, ihre phantastischen Marken auch nur ein einziges Mal exakt zu reproduzieren, wie es doch nötig gewesen wäre. Aus der Domäne urkundentechnischer Rationalität wären wir damit wohl in die Welt eher magisch aufzufassender Symbole hinübergetreten, womit durchaus nicht ohne Weiteres unterstellt werden soll, daß diese Strichgespinste, die auf die Zeitgenossen wohl ebensoviel Eindruck gemacht haben wie uns Heutigen, die ihnen zugedachte Aufgabe nicht erfüllt hätten, sei es auch auf anderem Wege, als ihre Herkunft nahelegte.

Eine einfache Linie der Entwicklung – etwa von einfachen zu komplexeren Formen oder von Kreuzen und Chrismen zu individuellen Paraphen – läßt sich aus dem bei Gardthausen bzw. Diethart/Worp dokumentierten Material nicht herauslesen[35].

Als Element der notariellen Unterfertigung taucht gelegentlich auch die oben besprochene Sigle ΧΜΓ auf[36].

Ein graphisches Element, doch ohne erkennbare Bedeutung ist ferner die nur im Hermopolites, dort aber bei der übergroßen Mehrzahl der Urkunden zu beobachtende Einrahmung der notariellen Unterschrift mit meist wellenförmigen, bisweilen aber auch geraden Linien[37].

Interessanter ist die ebenfalls nur aus dem Hermopolites bekannte Ausgestaltung der Worte δι'ἐμοῦ der Unterfertigungsformel zu einem zeichenhaften Komplex von sehr verschiedenartiger Gestaltung[38].

Einzelne Notare haben Teile ihrer Unterfertigung durch einen Strich über der Zeile ausgezeichnet[39].

Unter den in Byz. Not. dokumentierten Notarsunterschriften finden sich nur zwei Fälle, in denen ein »bene valeas« bzw. Vergleichbares auftaucht. Leider ist keiner der beiden abgebildet; nach den Umschriften scheint es sich jedoch nicht um Zeichen zu handeln[40].

Es bleibt, eine dritte Verwendung des Kreuzes zu besprechen, die die Zeit der Papyrusurkunden lange überlebt hat: die Verwendung des Kreuzes als Ersatz der Unterschrift, wenn Schreibunkundige beteiligt sind. Die Verwendung des Kreuzes in diesen Fällen dürfte aus dem Brauch entstanden sein, dem eigenhändigen Namenszug ein Kreuz voranzustellen; das Kreuz ist also gleichsam eine »Unterschrift« in abgekürzter, rudimentärer Form. Doch kommt ein anderer Ge-

31 Gardthausen, Handzeichen 4f.

32 Diethart, Iustos symbolaiographos, in: Papyrus Erzherzog Rainer. Festschrift zum 100jährigen Bestehen der Papyrussammlung der Österreichischen Nationalbibliothek, Wien 1983, Textbd. S. 435, ad f.

33 Byz. Not. Taf. 15, Ars. 21.3.1 (vom Jahre 663), in der Mitte der Unterschriftszeile, zwischen der »lateinischen« (d. h. in lateinischer Schrift geschriebenen) und der griechischen Unterschrift des Notars (s. Abb. 7). Solche »lateinisch«-griechischen Unterschriften sind eine Spezialität der Notare des Arsinoites, vgl. J. M. Diethart, Iustos 434f.

34 Ibid. 21.4.1 (ohne Jahresangabe, aber aus dem 6. Jahrhundert), wiederum in der Mitte.

35 Das schlichte Zeichen des Kalomenas (s. Anm. 27) ist gerade sehr spät, die beiden Anm. 33 und 34 angeführten phantastischen Signete sind demgegenüber nicht gerade besonders alt, aber doch deutlich älter. Hier müssen spezielle Untersuchungen der Papyrologen abgewartet werden.

36 Byz. Not. dokumentieren folgende Fälle: S. 34 (Aaron, Ars. 1.1.1 [ohne Abbildung]: er setzt vor seinen Namenszug die Sigle ΘΜΓ, dahinter die Zahl 99; S. 44f. (Menas, Ars. 12.4.3 und 12.4.4 [?]); S. 53 (Ioannes, Bab. 9.1.1 [ohne Abbildung]); S. 56 (Komis, Herakl. 10.1.1 [ohne Abbildung] und 10.1.2 [dazu Taf. 19], Menas, Herakl. 12.2.1, Menas, Herakl. 12.4.1 [dazu jeweils Taf. 20]); S. 58 (Pseeios, Herakl. 23.1.1 [ohne Abbildung]) sowie schließlich das Fragment aus dem Arsinoites S. 52 (Ars. 25.14.1).

37 Vgl. Byz. Not. Einleitung § 4, S. 13 und das Kapitel »Hermopolites«, S. 59–76. Als besonders instruktive Beispiele seien genannt: Herm. 1.6.1 (Byz. Not. Taf. 22), Herm. 2.1.1 (ebd. Taf. 22), Herm. 2.6.1 (ebd. Taf. 24), Herm. 5.4.1 (ebd. Taf. 26), Herm. 9.2.1 und 9.2.3 (beide ebd. Taf. 28), Herm. 21.5.1 und Herm. 21.16.1 (beide ebd. Taf. 35).

38 Als Beispiele seien nur Ptolemaios (Byz. Not. S. 71, Herm. 16.8.1, dazu Taf. 32 [s. Abb. 8]) und Philippos (ebd. S. 72, Herm. 21.1.1, dazu Taf. 33 [s. Abb. 9]) angeführt. Zu δι'ἐμοῦ vgl. noch den Aufsatz von Victor Gardthausen, Di emu der ägyptischen Notare, in: Studien zur Paläographie und Papyruskunde 17 (1917) 1–8, spez. S. 4, der aber auf die graphische Gestaltung nicht eingeht.

39 So z. B. der Notar Victor aus Aphrodite (Byz. Not. 29f., Aphr. 15.1.1–8 [dazu die Abbildung von 15.1.6 auf Taf. 4]), der den Strich stets über seinen Namen setzt. Im Gegensatz dazu plaziert der eine der beiden Notare namens Pilatos aus demselben Gau den Strich über seiner Standesbezeichnung νομικός (so Byz. Not. S. 31, Aphr. 16.1.8 und 16.1.9 [beide ohne Abbildung]; in den anderen Fällen, in denen er sich mit diesem Titel schmückt, fehlt der Strich jedoch, was ein weiteres Beispiel für die bereits erwähnten Inkonsequenzen ist), während sein Namensvetter das abschließende ἐγράφη der Formel bevorzugt (ebd. Aphr. 16.2.1 [ohne Abbildung]).

40 Byz. Not. S. 93 (Makarios, Syene 12.1.1: hinter die Unterschriftsformel setzt er: ⳩ bene baleas ⳩) bzw. S. 94 (Phoibammon; Syene 21.1.1: hinter der Unterschriftsformel steht: + Phoibam val(eas) +).

sichtspunkt hinzu: Die dem Mißbrauch des heiligen Zeichens für Gläubige inhärente Gefahr dürfte den τίμιος σταυρός als Beglaubigungsmittel besonders empfohlen haben[41]. Der schreibunkundige Kontrahent oder Zeuge setzte ein, drei (dies sehr häufig) oder auch mehr Kreuze auf die Urkunde, und ein anderer, der gewöhnlich nicht mit dem Notar identisch ist, identifizierte dieses Handzeichen durch eine Bemerkung wie »Zeichen (meist: σημεῖον) des N.N.«, durch den Namen des Betreffenden mit einem Zusatz wie »Ich habe für ihn geschrieben, da er nicht schreiben kann« o. ä. Gern schrieb man auch die Worte »Zeichen des N.N.« in die Winkel der Kreuzarme[42].

Enthalten schon die Papyri nur wenige graphische Elemente, die – selbst bei weitherziger Auslegung des Begriffs – als Zeichen aufgefaßt werden können, so sind die Urkunden der mittleren und späten byzantinischen Zeit[43] in dieser Hinsicht noch ärmer. Es bleibt ein einziges Zeichen, das Kreuz.

Wie in den Papyri ist es teils Bekenntniszeichen vor dem eigenhändigen Namenszug, teils Handzeichen der Analphabeten: Der bzw. die Aussteller pflegten ihren Namen (mit dem Kreuz davor) bzw. eben nur ihr Kreuz[44] oben auf das Blatt, also vor den Urkundenkörper zu setzen[45]. So kommt es, daß über nicht wenigen Urkunden dieser Zeit ein wahrer Wald von Kreuzen steht[46]. Der Text beginnt danach gern (aber durchaus nicht immer) mit der Formel: ἐν ὀνόματι τοῦ πατρὸς καὶ τοῦ υἱοῦ καὶ τοῦ ἁγίου πνεύματος, was Beachtung verdient, da diese Formel in Byzanz bei weitem nicht so ubiquitär war wie im lateinischen Mittelalter. Dölger bemerkt dazu: »Diese Kreuze zusammen mit der feierlichen Anrufung der Trinität in der obligatorischen Eingangsformel: Ἐν ὀνόματι τοῦ πατρός usw., sind nach der erwähnten Novelle 72 Leons VI. die zur Gültigkeit der Urkunde wesentlichsten Bestandteile«[47]. Diese Auffassung der Novelle scheint anfechtbar. Leon VI. erläßt in diesem Gesetz keine positiven »Formvorschriften« für Urkunden, sondern stellt lediglich klar, daß schriftliche Verträge, die zwar das eigenhändige Kreuz der Parteien und die Anrufung der Dreifaltigkeit, aber keine Strafklausel enthalten, durchaus nicht, wie manche Juristen wollten, als »nuda pacta« – mit den entsprechenden prozeßrechtlichen Auswirkungen – anzusehen seien. Der Novelle läßt sich nur entnehmen, daß die byzantinischen Privaturkunden in aller Regel mit Kreuz und trinitarischer Invokation begannen, nicht jedoch, daß es sich dabei um gesetzlich geforderte Merkmale gehandelt hätte, deren Fehlen das Rechtsgeschäft nichtig gemacht hätte[48].

Interessant, wenn auch nicht überraschend, ist, daß solche Handzeichen in Abschriften nicht nur erwähnt oder beschrieben, sondern sogar reproduziert wurden, obwohl das entscheidende Charakteristikum der Eigenhändigkeit damit naturgemäß nicht zu erreichen war[49].

41 Da die Unterschrift der Aussteller gerade erst in frühbyzantinischer Zeit die Bedeutung für Rechtsgültigkeit und Beweiskraft anzunehmen beginnt, die sie im heutigen Urkundenwesen hat, während die früheren Bräuche in Wesen und Form anders geartet waren, so daß im Falle des Analphabetismus ganz andere Lösungen entstanden, läßt sich diese Vermutung nicht einfach durch den Vergleich beispielsweise mit ptolemäischen Urkunden beleuchten.

42 Vgl. Gardthausen, Handzeichen 2.

43 In diplomatischer Hinsicht sind die byzantinischen Privaturkunden noch ganz unzureichend untersucht, was bei ihrer diplomatischen »Armut« zu unserem Glück kein großes Hindernis ist. Die Očerki vizantijskoj diplomatiki von Igor Pavlovič Medvedev, Leningrad 1988, helfen in dieser Beziehung leider kaum weiter. So bleibt die beste, wenn auch unzureichende Zusammenfassung Franz Dölgers Einleitung zum Abschnitt »Die Privaturkunde« in seinem: Aus den Schatzkammern des Heiligen Berges. 115 Urkunden und 50 Urkundensiegel aus 10 Jahrhunderten, München 1948, Textbd. 283–286.

44 Jetzt nicht mehr wie früher σημεῖον sondern – bezeichnenderweise mit einem lateinischen Fremdwort – σίγνον genannt. Der in den Papyrusurkunden anzutreffende Brauch, daß ein Aussteller mehrere (meist drei) Kreuze als Handzeichen verwendet, scheint sich nicht gehalten zu haben.

45 Möglicherweise aber erst nachdem der Text geschrieben war; es ist dies die sog. προταγή (vgl. Dölger, Aus den Schatzkammern ... 284); außerdem unterschrieben sie am Schluß der Urkunde, sofern sie des Schreibens nicht kundig waren, wiederum mit dem Kreuz bzw. σίγνον, vgl. das schöne Beispiel einer Stiftung von Salinenarbeitern bei Nicolas Oikonomidès, Actes de Dionysiou (Archives de l'Athos 4), Paris 1968, Nr. 14 (S. 92–97, Taf. 19) mit zwei ausgeschriebenen und 45 σίγνον-Unterschriften von Ausstellern.

46 Vgl. z. B. die Verkaufsurkunde vom Jahre 897 mit acht σίγνα bei Paul Lemerle, André Guillou, Nicolas Svoronos avec la collab. de Denise Papachryssanthou, Actes de Lavra. Partie 1: Des origines à 1204 (Archives del l'Athos 5), Paris 1970, Nr. 1 (S. 85–91, dazu Taf. 1) oder ebd. die Garantieurkunde der Einwohner von Radochosta (Nr. 14, S. 135–139, Taf. 9) vom Jahre 1008 mit 14 σίγνα und ebd. Nr. 37 (S. 211–215, dazu Taf. 38) die Garantieurkunde der Bewohner von Adrameri vom Jahre 1076/77 mit ursprünglich nicht weniger als 30 σίγνα.

47 Aus den Schatzkammern ... 284, Anm. 3.

48 Text und Übersetzung der Novelle in Les Novelles de Léon VI le Sage. Texte et traduction publiés par Pierre Noailles et Alphonse Dain, Paris 1944, 258 f.

49 Als weiteres Beispiel neben den in Anm. 45 zitierten Urkunden der Jahre 897 bzw. 1076/77 sei noch eine Sammelkopie von ca. 50 Verkaufs- bzw. Schenkungsurkunden für das Kloster Xeropotamou vom Anfang des 14. Jh. zitiert: Jacques Bompaire, Actes de Xéropotamou (Archives de l'Athos 3), Paris 1964, Nr. 16 (S. 109–127; dazu die unvollständige Abbildung auf den Taf. 25 und 26; zu den σίγνα besonders S. 112 unter »Diplomatique«). In diesem Fall hat der Abschreiber überdies eine der ursprünglichen Unterschriften in ihrer Form nachgeahmt (vgl. wiederum S. 112 unter »Diplomatique«).

Scritture tachigrafiche e criptografiche nel simbolismo del segno del tabellionato nelle »chartae« dell'Italia settentrionale (sec. IX–XI)

Di Giorgio Costamagna

Per comprendere il modo di pensare del medioevale, bisogna porsi di fronte all'orizzonte che egli stesso si pone. L'orizzonte di Roberto Grossatesta, di Alberto Magno, di Ruggero Bacone. In questo rientra anche la documentazione con tutta la sua realtà ed il suo simbolismo.

Con la sua realtà. Ma che cosa è per il medioevale la realtà? Qualcosa di fisico o di metafisico? La risposta dei personaggi che abbiamo or ora ricordato è pronta: la realtà è una ed una sola, non vi può essere distinzione tra fisica e metafisica, perché l'una e l'altra sono espressione di Dio. La sua conoscenza è immediata e diretta proprio come la mostrano i sensi che la percepiscono, non è ancora nascosta, come per noi, dietro l'angolo dell'apparenza, confinata, magari, in una formula matematica. Così c'è un solo sapere: »sapientia« e »scientia« sono la stessa cosa ed il tutto è contenuto nelle Sacre Scritture. Non vi sono, pertanto, domini epistemologici distinti, qualche volta ignorantesi e talora contrastanti tra loro.

Ruggero Bacone dice che tutto è chiuso nel pugno di Dio e che solo quando questo si apre si può conoscerne il contenuto. Il compito della »sapientia« – »scientia« è quello di giungere a quel risultato attraverso l'interpretazione delle Sacre Scritture. E Ugo di San Vittore spiega: *universus mundus iste quasi quidam liber scriptus est digito Dei.*

Tutto, pertanto, ogni elemento, ogni forma, colore, ogni essere, è espressione di questa sua »grafia«, il segno del suo volere, e, per ciò stesso, il »simbolo« della sua presenza. Non è certo un »simbolo« come l'intende oggi la psicoanalisi, che sta ad indicare qualcosa di accantonato o di »rimosso« nella coscienza, né la sua interpretazione può far capo alle tesi di Otto Rank emergenti dalle teorie del »trauma della nascita« o a quelle di Imre Hermann o alla teoria »dell'aggruppamento«. Ma neanche è un semplice segno convenzionale assunto per designare un elemento, un concetto, un malanno, qualcosa, cioé, di simile alla metafora sul piano letterario.

Il simbolo è, invece, per il medioevale, l'espressione sensibile e individua di ogni particella della realtà voluta da Dio naturale e spirituale ad un tempo. Non è, quindi un isolato, ma vive come un anello ineliminabile della catena dove ogni particella di realtà, *etiam peccatum*, trova il suo posto nella gerarchia dei valori che conduce la realtà al suo Creatore. E come ogni particella della realtà deve trarre luce e forza dalla consapevolezza del valore del proprio simbolo, così questo deve contribuire a sua volta ad illuminare le altre particelle della realtà, ad indurre, anzi quasi a stimolare, i portatori dei loro simboli a rendersi conto del ruolo che essi devono coprire nella vita. Spetta all'uomo, connaturato nella realtà in cui vive, ma privilegiato dalla Rivelazione, raccogliere il messaggio, interpretarne il valore, sfruttarne lo stimolo al fine di procedere sulla via misteriosa della salvezza. Via misteriosa perché è quella della Fede, che il simbolo può suggerire, adombrare, indicare anche se non spiegare.

Allora ad un primo stadio che potrebbe definirsi di simbolizzazione generale della realtà succede un secondo stadio che potrebbe dirsi di sublimazione del simbolo. Il segno non è più soltanto espressione di un segmento della realtà ma, riassumendo in sé altri segni, accostando ed allacciando rappresentazione a rappresentazione, risalendo da simbolo a simbolo, può giungere con arcano potere ad esprimere un'aspirazione, una preghiera, ad indicare una via da seguire, a raffigurare un'autorità, un'arte, una professione.

Non per nulla nel Medioevo il termine simbolo ha per sinonimo quello di »misterium«. Quando nel 1198 Innocenzo III invia a Riccardo Cuor di Leone il famoso dono dei »quattro anelli«, nello scrivergli specifica che egli non deve tanto badare al dono, ma al »misterium« che essi velano, vale a dire che il cerchio rappresenta l'eternità, il numero quattro la costanza, l'oro la saggezza ecc. ecc. »Misterium« che deve provvedere non solo a ricordare ed indicare come ogni manifestazione del reale naturale o spirituale si inserisca nei disegni misteriosi della Provvidenza, ma ad altre importanti incombenze. E cioè: esprimere chiaramente il contenuto del messaggio ed i caratteri peculiari rappresentati; salvaguardare l'integrità e la veridicità del messaggio stesso permettendo al rappresentato di riconoscersi e di farsi riconoscere.

È qui soprattutto che il medioevale dà prova di avere ancora ben presente il valore etimologico del termine »simbolo«. Questo stava ad indicare una piccola cerimonia, del resto non ignota ai nostri giorni, durante la quale si spezzava un oggetto, un coccio, una pietra in più frammenti, distribuiti poi agli interessati, i quali potevano riconoscersi e farsi riconoscere soltanto se riuscivano a far combaciare perfettamente tra loro i cocci o i frammenti dell'oggetto spezzato. Il termine »simbolo« pertanto evocava già di per sé il segreto, la segretezza.

Tutte queste istanze, cui il simbolo deve rispondere, sono molto rilevanti, anzi determinanti per il valore del documento, dal privilegio pontificio al diploma sovrano, dalle lettere al rescritto imperiale, dall'istrumento notarile all'»apodixia« comunale, dove la credibilità è legata alla posizione sociale e giuridica che il simbolo rappresenta e garantisce, dove l'autenticità della provenienza è essenziale, dove il vero ed il falso cercano anche attraverso la grafia l'uno il rafforzamento e la salvaguardia della veridicità, l'altro il subdolo strumento della contraffazione. E si capisce il perché della »invocatio« divina all'inizio del documento, della »recognitio« del cancelliere, della »rota« e del »benevalete« pontifici, del monogramma del sovrano, del segno di tabellionato del notaio. E si capisce anche perché nello strutturare, per così dire, questi simboli, nel rappresentare con mezzi grafici il loro »misterium«, si faccia spesso ricorso alle tachigrafie dell'epoca, le quali, pochissimo conosciute al di fuori delle grandi cancellerie, potevano essere agevolmente usate con scopo crittografico.

Del resto anche oggi a chi non conosca alcuna scrittura stenografica, un segno di quei sistemi appare come qualche cosa di misterioso, di segreto, di cifrato. Pochissimi nei secoli anteriori al mille sapevano leggere o scrivere, talora possedevano soltanto l'una delle due possibilità.

Come già nei diplomi merovingici, anche nei »signa tabellionatus« gli intenti simbolistici si riscontrano soprattutto nelle formule dell' invocazione e della convalidazione, ma mentre in quelli vengono per le stesse usati segni distinti, nella »charta« notarile dell'epoca indicata i segni confluiscono in un unico simbolo, il »signum tabellionatus« appunto, usato per lo più sia all'inizio dell'atto, sia come parte della sottoscrizione.

Il »signum tabellionatus« reca, infatti, accanto ad una forma simbolica rappresentante la croce, raffigurata direttamente oppure figurativamente con l'incrocio di alcune note tachigrafiche, anche i segni per ricordare gli attributi personali, professionali e l'autorità stessa che può conferire credibilità al documento. Il numero di queste che potrebbero dirsi interpretazioni personali del »signum« è ricchissimo, tuttavia tra di esse è possibile distinguere almeno tre tipi fondamentali ai quali quasi tutte le altre possono essere ricondotte[1].

Il tipo più semplice ed anche meno usato tende a mettere in risalto nel simbolo la persona stessa del notaio rogatario. Allo scopo cerca di sfruttare la caratteristica delle note che rappresentano il nome per costituire l'asse centrale del »signum«, quello verticale della croce. Sullo stesso, poi, s'incrocia quello orizzontale al quale vengono »appesi«, per cosi dire, gli altri segni rappresentanti le rimanenti sillabe del nome stesso. Pare particolarmente rappresentativo al proposito il »signum« di un notaio quale appare in un documento del 917 (figg. 1 e 5). Come è possibile constatare, la nota rappresentante la sillaba »per« costituisce l'asse verticale del segno di croce, mentre in quello orizzontale vengono unite le note per »gun« e per »tus«, completando cosi il nome »Gunpertus«. Al »signum« stesso è soprascritta una nota, derivata dall'incrocio dei segni per »e« e »go« quasi a sottolineare, con l'uso del pronome, cosi evidenziato, la personalità del rogatario. Al proposito è interessante osservare come, al momento della caduta dell'uso della tachigrafia, proprio da una varia e gustosa raffigurazione delle forme letterali del pronome si svilupperà, specie in Liguria, tutta una nuova versione formale del »signum«, come è facile constatare osservando il segno di tabellionato del famoso Giovanni Scriba, il notaio di cui si conservano le imbreviature più antiche che si conoscano. Il secondo tipo invece fa perno sul termine »notarius«, sulla professionalità pertanto e sull'autorità del rogatario. Il segno, in genere, si avvale della caratteristica di alcune note, rappresentanti il termine, di essere nettamente verticali, mentre, all'opposto, altri sono altrettanto nettamente orizzontali. Il loro incrocio costituirà il segno di croce, vale a dire la parte invocativa, mentre le restanti note sillabiche potranno essere variamente disposte a completamento del termine »notarius«. Ad analoghe caratteristiche delle note rappresentanti le sillabe della parola »iudex« corrisponde un »signum« molto simile. Si può, ad illustrazione di questo tipo, valersi del »signum« del notaio Iohannes sottoscrittore di una carta del 911 (fig. 2). Come è facile constatare, la nota per la sillaba »ta« e quella par la sillaba »no« costituiscono il segno di croce, mentre quelle per »ri« e per »us« completano il termine. E' da notarsi, nella circostanza, l'uso della nota sillabica costituita dal punto per la sillaba »ri«, caratteristica della cancelleria merovingica. E' questo un particolare sul quale si dovrà ritornare più avanti.

1 Talora il notaio, usando come base il »signum crucis«, aggiunge soltanto qualche segno o punto tachigrafico cratteristico, raramente tuttavia dà l'impressione di non conoscere la tachigrafia sillabica.

1 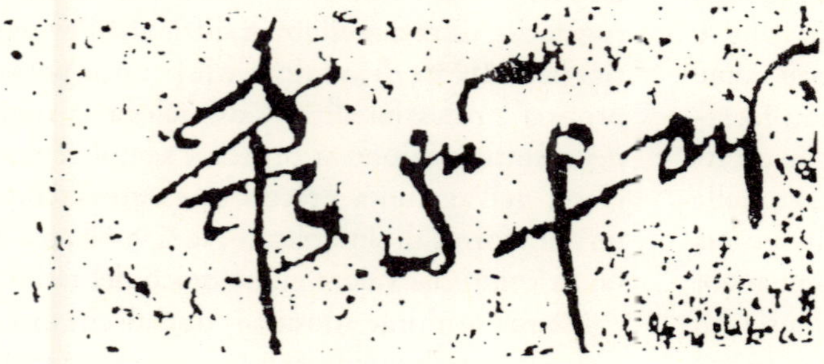

2 

3 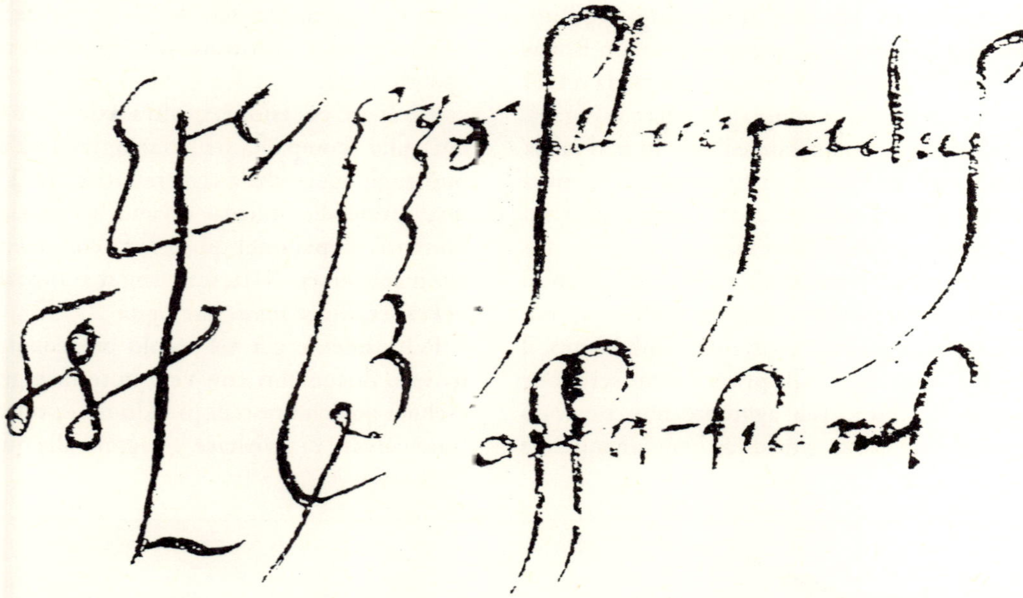

fig. 1 *»Signum tabellionatus« nella sottoscrizione del notaio Gunpertus nel documento rogato a Bergamo nel mese di marzo del 917; in: Le Pergamene degli archivi de Bergamo (740–1000), a cura de M. R. Cortesi, Bergamo 1988, p. 95, t. 53*

fig. 2 *»Signum tabellionatus« nella sottoscrizione del notaio Iohannes nel documento rogato a Milano nel mese di giugno del 911; in: Le Pergamene degli archivi de Bergamo (740–1000), a cura de M. R. Cortesi, Bergamo 1988, p. 83, t. 52*

fig. 3 *»Signum tabellionatus« nella sottoscrizione del notaio Silveradus nel documento rogato a Genova nel mese di febbraio del 1014 (Archivio di Stato di Genova, Archivio Segreto, Monastero di S. Stefano, busta n. 1)*

Un terzo tipo è rappresentato da un completamento del secondo, in quanto alle note rappresentanti la parola »notarius« si aggiungono uno o più segni per simboleggiare l'autorità dalla quale il rogatario deriva la propria credibilità o la funzione esercitata nella redazione della »charta«. La più usata a quest'ultimo scopo è generalmente la nota tironiana per »subscripsit«. Anche per questo tipo pare interessante riprodurre un »signum« caratteristico, quello del notaio Silveradus, che roga a Genova nel 1014 (fig. 3)[2].

Su questi tre tipi si esercita la fantasia dei notai nel personalizzare la forma del proprio simbolo. Né mancano le aggiunte, di volta in volta, di particolari artifizi grafici, tratti, per lo più, dall'imitazione di quelli usati dalle cancellerie sovrane, cui i notai sembrano costantemente ispirarsi, oltre all'uso di particolari sillabe, come già si è avuto occasione di notare. Non è certo da trascurarsi, a questo proposito, il tentativo di arricchire il proprio »signum« con i notissimi nodi formati nella »ruche« del »signum recognitionis« dall'ampliamento

2 Cfr. pure G. Costamagna, Influenze tachigrafiche sulla formazione del segno di tabellionato nell'Italia Settentrionale, in Atti dell'Accademia Ligure di Scienze e Lettere VII, Genova 1950 (ora anche in: Studi di Paleografia e Diplomatica, in: Fonti e Studi del Corpus Membranarum Italicarum, Roma 1972, p. 7).

delle »esse« del termine »scripsi«. Si veda, ad esempio, il già ricordato »signum« del notaio Silveradus.

Anzi, a questo proposito, occorre osservare come siano proprio questi segni, per loro natura non tachigrafici, unitamente ad alcuni segni sillabici molto caratteristici, come la nota per la sillaba »ta« o quella tironiana per »subscripsit«, a resistere più a lungo nei »signa tabellionatus«, anche quando, per ragioni ancor oggi non del tutto chiare, l'uso della tachigrafia sia nei »signa« che in altre manifestazioni scrittorie, comincerà ad essere osteggiato ed, alla fine, si può dire, proibito.

Si consideri la struttura del segno del notaio Bonafosse risalente ad un'epoca abbastanza tarda (1110 aprile) rispetto al periodo di tempo considerato (fig. 4). Nel caso non è difficile notare come il notaio si avvalga, ormai, soltanto di qualche nota tachigrafica ritenuta particolarmente rappresentativa, dal punto di vista simbolico, della propria professionalità.

Esiste, infine, un'altro uso della tachigrafia sillabica da parte dei notai del periodo di tempo indicato, non privo di interesse dal punto di vista del simbolismo, il costume, cioè, di aggiungere alla propria sottoscrizione qualche »nota« sillabica. Tali aggiunte non possono certamente avere rilevanza giuridica, bensì mantenere un certo valore simbolico perché, attraverso di esse, il rogatario, oltre a mettere in difficoltà l'eventuale falsario, può cercare di avvalorare la propria personalità e la propria professionalità. Così talora il rogatario che nella sottoscrizione si professa semplicemente »notarius«, nell'aggiunta precisa di essere anche »iudex«[3]: un'altra forma di simbolismo, se si vuole, ma sempre nei limiti voluti dal valore etimologico del termine stesso.

Mentre le ultime »notitiae« dorsali che lo scrivente ha avuto la possibilità di rintracciare appartengono all'ultimo trentennio del sec. XI[4], »signa« del tipo che si è avuto modo di illustrare sono presenti anche in anni posteriori.

Si è avuto occasione, in altra sede[5], di fornire un'ipotesi sulla scomparsa della tachigrafia sillabica, oggi si può aggiungere che per i trattatisti del Duecento vi è una specie di esplicito divieto ad usarla. Guglielmo Durante, l'opera del quale si fa comunemente risalire alla metà del sec. XIII, scrive infatti: *Instrumentum non debet scribi per notas aut signa*[6].

Praticamente già nel secolo precedente non è dato trovare documenti con vere note tachigrafiche ove si escluda qualche caso di pseudo note; tuttavia è opportuno cercare di rivisitare le ragioni alle quali fa appello

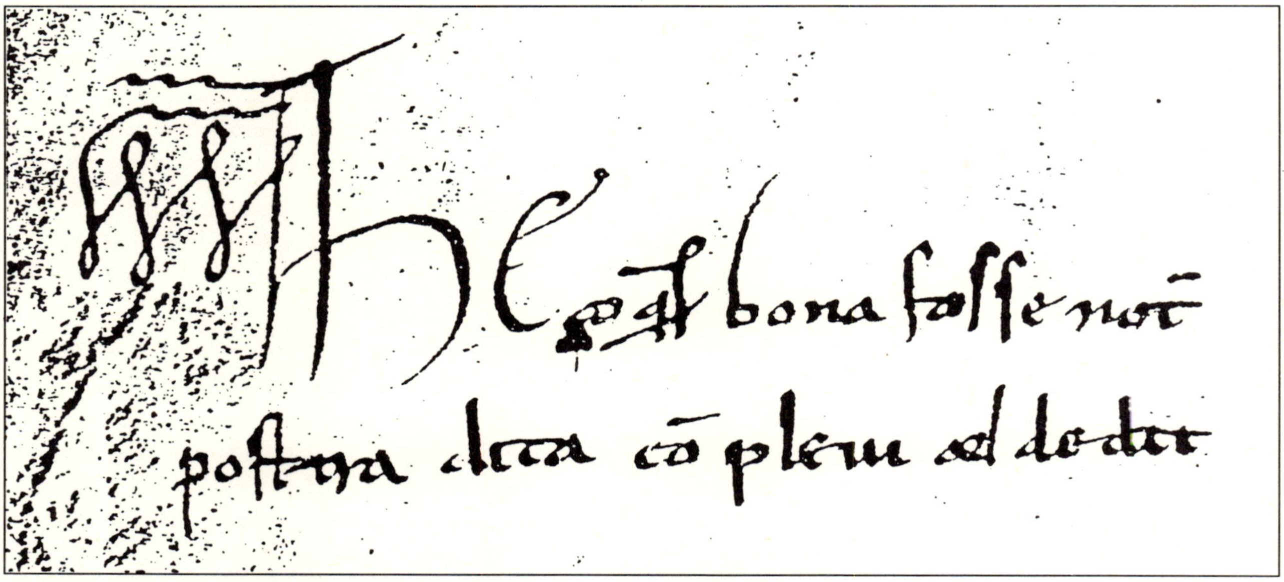

fig. 4 *»Signum tabellionatus« nella sottoscrizione del notaio Bonafosse, 1110*

3 Numerosi casi di questo genere è possibile rintracciare in L. Schiaparelli, Tachigrafia sillabica nelle carte italiane, in: Bullettino dell'Istituto Storico Italiano 31 (1910), p. 27–71 e 33 (1913), p. 1–39.

4 Cfr. G. Costamagna, Una notizia dorsale in note tachigrafiche dell'anno 1075, in: Studi in onore di Riccardo Filangieri, vol. I, Napoli 1957 (ora anche in G. Costamagna, Studi cit., p. 107 e segg. e la bibliografia ivi citata).

5 Cfr. G. Costamagna, La scomparsa della tachigrafia notarile nell'avvento dell'imbreviatura, in: Atti della Società Ligure di Storia Patria, Nuova Serie, III (LXXVII), fasc. I, Genova 1963 (ora anche in G. Costamagna, Studi cit., p. 303, e la bibliografia ivi citata).

6 Guglielmo Durante, Speculum iuris, Lugduni MDLVI, t. II, c. 121.

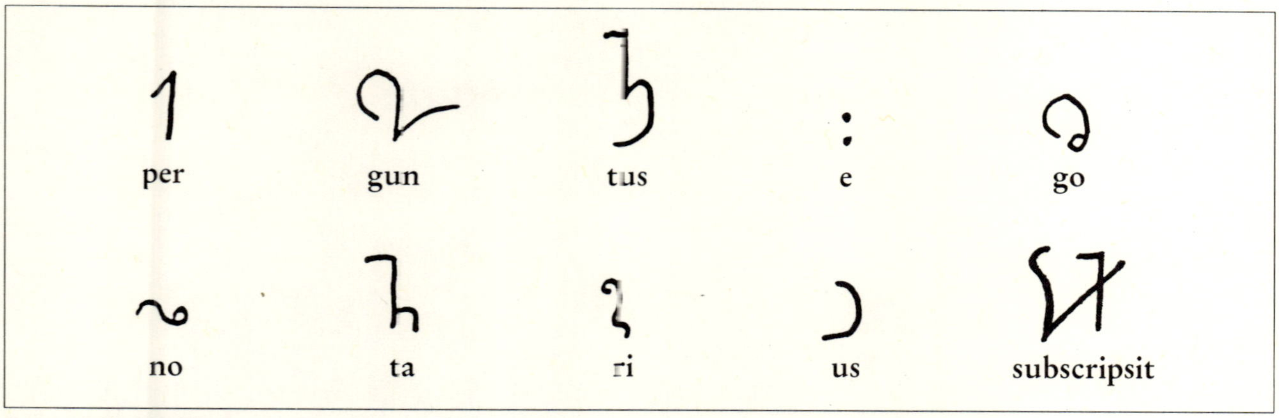

fig. 5 *Note sillabiche*

l'autore: *Dicunt quidam quod sic quasi illud non sit signum tale quale debet .... alii dicunt quod in instrumento non debet fieri aliquis titulus quod cito possit in eo falsum fabricari, et quod infirmari vel vituperari possit precavendum est*[7]. In altre parole l'uso delle tachigrafie, utile in molte circostanze per accelerare i tempi dell'informazione ed elemento ideale per custodire quel tanto di mistero che è ineliminabile dal valore etimologico del termine »simbolo«, viene ora frainteso e contestato. Il »simbolo« stesso quale »signum tabellionatus«, che era un usbergo per colui che, investito di una »auctoritas«, trovava nel »misterium« difesa e credibilità, viene ora declassato a possibile strumento di falso. Il »simbolo« riflesso del volere e della presenza di Dio che ha la possibilità di rappresentare tutto e tutti, *etiam peccata*, è guardato addirittura con sospetto. Sembra quasi di riudire la voce di Rolandino che nel Proemio dell'Aurora, proprio negli stessi anni, proclamava la necessità di preparare un »instrumentum« soprattutto »rationale«[8]. »Rationabile instrumentum«: la razionalità sta ormai prevalendo sul pensiero simbolico, tutto ciò che richiama il mistero viene a poco a poco rinnegato. Al »signum«, che grazie alla tachigrafia coltivava e raffigurava una gerarchia di valori dai quali potevano discendere autorità e credibilità, si sostituirà col tempo il cosiddetto »segno parlante«: il notaio Fortebraccio costituisce il proprio segno disegnando un bel braccio umano con tanto di dito puntato, il notaio Casagrande disegnerà una bella casetta tutta fiorita e così via.

Sempre simboli, si dirà, ma appiattiti, senza più »misterium«, senza più segreto, qualcosa di simile, ormai, al nostro marchio di fabbrica, che non va certo molto al di là di chi l'ha fabbricato.

7 Ivi, c. 123v.

8 Rolandinus, Summa totius artis notariae, Venetiis MDXLVI, ora anche in edizione anastatica a cura del Consiglio Nazionale del Notariato, Roma 1971, f. 1.

Zu Transformation und Bedeutungswandel graphischer Symbole in Unterfertigungen

Von Reinhard Härtel

Vorbemerkungen

In den Unterfertigungen von hochmittelalterlichen Privaturkunden – und um solche im weitesten Sinn des Wortes soll es im folgenden gehen – können sehr verschieden geformte Zeichen erscheinen: Kreuze in unspezifischer oder aber in individuell ausgeprägter Gestalt, gitterähnliche Gebilde (welche als Kreuze gedeutet und »transkribiert« zu werden pflegen) und schließlich sehr verschiedene, anscheinend jeweils mit einer bestimmten Person oder Personengruppe in einer festen Beziehung stehende Figuren. Wie man weiß, können hinter solchen graphischen Symbolen in urkundlichen Unterfertigungen sehr verschiedene Absichten stehen: Sie können invokatorische Bedeutung haben, den Vollzug einer Handlung oder das Einverständnis mit einer solchen ausdrücken, eine bestimmte Person symbolisieren, auf eine bestimmte Qualifikation dieser Person hinweisen oder aber dieselbe Person einer bestimmten Personengruppe zuordnen. Ebenso können sie zur Erschwerung bzw. Verhinderung von Fälschungen benützt werden[1]. Vielfach werden mit ihnen mehrere dieser Absichten zugleich verfolgt. Die Vereinigung mehrerer Bedeutungsinhalte in einem einzigen Zeichen ist sogar als typisch zu betrachten[2]. Erklärende Beischriften, wie insbesondere die häufige Bezeichnung solcher Symbole als *signum manus,* verwirren bisweilen mehr als daß sie klären. Was die Beteiligung der jeweils betroffenen Person am Zustandekommen eines Zeichens angeht, so reichen die Möglichkeiten von der eigenhändigen Ausführung bis zur bloßen Bezeichnung der Stelle, an welcher die jeweils genannte Person ihre Hand zwecks Approbation auf die Urkunde zu legen hatte[3].

Die überreiche Fülle an Privaturkunden und der Stand von deren Verfügbarkeit stellen jeden, der sich mit den in ihnen enthaltenen graphischen Symbolen befaßt, vor die Wahl, sich entweder nur auf eine »Anthologie« von Urkunden aus verschiedensten Gebieten zu stützen oder sich statt dessen im wesentlichen auf eine bestimmte Region zu konzentrieren und sich dort um Vollständigkeit des Materials zu bemühen. Beide Vorgangsweisen haben jeweils ihre Stärken und ihre Schwächen.

Der hier vorliegende Beitrag ist auf der Grundlage einer regional ausgerichteten Materialsammlung entstanden. Er bezieht sich in erster Linie auf Friaul und Istrien[4]. Zusätzlich konnten einige Fonds in Treviso herangezogen worden[5]. Königs- und Papsturkunden sind nicht Gegenstand der Untersuchung.

Dem Problem, wie repräsentativ Ergebnisse aufgrund eines vergleichsweise kleinen Untersuchungsgebietes sein können, soll im folgenden dadurch entsprochen werden, daß jede entwicklungsgeschichtliche Verallgemeinerung vermieden wird. Doch mag es wohl sein, daß die hier vorgestellten Beobachtungen zu gegebener Zeit anderweitig nützlich sein können. Eine regional angelegte Studie kann keine Entwicklungsgeschichte einzelner Symbole bieten. Vielmehr sollen Besonderheiten vorgestellt werden, welche gegebenenfalls als »Schlüssel« zu verschiedenen Problemen dienlich sein können.

Es gibt etliche Arbeiten diplomatischer Natur, welche sich auf den beschriebenen Raum beziehen[6]. Für

1 Vgl. Giorgio Costamagna, L'alto medioevo, in: Mario Amelotti, Giorgio Costamagna, Alle origini del notariato italiano (Studi storici sul notariato italiano 2), Roma 1975, S. 244–247.

2 Vgl. Giorgio Costamagna, Il notaio a Genova tra prestigio e potere (Studi storici sul notariato italiano 1), Roma 1970, S. 139.

3 Vgl. Costamagna, L'alto medioevo, S. 232.

4 Grundlage ist die Fotosammlung des Verfassers. Vgl. Friedrich Hausmann, Die Fotosammlungen in Graz, in: Fotografische Sammlungen mittelalterlicher Urkunden in Europa, hg. v. Peter Rück (Histor. Hilfswissenschaften 1), Sigmaringen 1989, S. 82.

5 Es handelt sich um die Urkundenbestände der Biblioteca capitolare und des Archivio della Curia vescovile zu Treviso.

6 Auf den bibliographischen Nachweis von Erkenntnissen, welche in die Handbücher Eingang gefunden haben, kann im folgenden getrost verzichtet werden.

die hier verfolgte Fragestellung enthält aber nur eine ungedruckte Wiener Institutsarbeit über das Urkundenwesen der Patriarchen von Aquileia einige Hinweise[7]. Neuere Arbeiten über dieses Thema enthalten für die hier verfolgten Zwecke keine Angaben[8]. Ebenso unergiebig sind in dieser Hinsicht auch eine Arbeit zum Notariat in Friaul[9] sowie Arbeiten zum Urkundenwesen in Istrien[10] und schließlich auch für solche zum Urkundenwesen in der westlichen Nachbarschaft[11].

Andererseits scheint der beschriebene Raum für eine solche Untersuchung insofern nicht ungünstige Voraussetzungen zu bieten, als in dieser romanisch-germanischen Kontaktzone besondere Chancen bestehen, daß einzelne mittelalterliche Zeitgenossen Symbole aus einer ihnen ungewohnten Sphäre mißverstanden haben und damit unwillkürlich Aufschlüsse über zeitgenössische Auffassungen geben, die anderswo nicht oder nicht so leicht zu erhalten sind[12].

Der verhältnismäßig hohe Anteil an nur in Abschrift erhaltenen Urkunden wie auch an unechtem Material[13] ist ebenfalls nicht nur als Erschwernis zu betrachten, sondern abermals eher als eine Chance. Abschriften eröffnen zumindest prinzipiell die Möglichkeit, Wandlungen im Erscheinungsbild und damit auch Umdeutungen von Symbolen klarer zu erkennen als anderswo.

Neben der regionalen Einschränkung soll auch eine solche von sachlicher Natur gemacht werden. Es soll nicht so sehr um die (zahllosen) Kreuze an sich gehen, wie sie im Zusammenhang mit einer subjektiv gefaßten Unterfertigung oder einer objektiv gefaßten *signum* (*manus*)-Formel stehen können. Der vorliegende Beitrag gilt vor allem dem *signum manus* bzw. den sonst eine Person symbolisierenden Zeichen. Freilich kann es im Einzelfall Unklarheiten geben, ob ein bestimmtes Kreuz noch lediglich als solches und damit als nicht personenbezogenes *signum significativum* oder, dank charakteristischer Eigenheiten, schon als *signum repraesentativum* für eine bestimmte Person zu werten ist[14]. Von Notarszeichen wird nur insoweit die Rede sein, als dies für die Fragestellung insgesamt im jeweiligen Zusammenhang nötig erscheint. Es gibt beispielsweise Notare, welche je nachdem, ob sie in dieser ihrer Funktion oder aber als »Private« auftreten, verschiedene Zeichen führen. Andere Notare wieder machen einen solchen Unterschied nicht[15]. Ähnliche Grenz- und Übergangsbereiche gibt es zwischen Kreuz und *signum manus*.

Zunächst aber geht es um hochmittelalterliche Symbole, deren Rückführung auf tachygraphische Zeichen möglich bzw. wahrscheinlich ist. Dann soll gezeigt werden, wie sich noch im Hochmittelalter Minuskeln zu *signa manuum* und wie sich letztere zurück in Minuskeln verwandeln konnten. Ferner sollen Beobachtungen zum Verhältnis zwischen individuell ausge-

7 Reiner PUSCHNIG, Das Urkundenwesen der Patriarchen von Aquileia (Hausarbeit am Inst. f. Österr. Geschichtsforschung), Wien 1933.

8 Maria Laura IONA, Nota preliminare sulla diplomatica dei patriarchi di Aquileia, in: Memorie storiche forogiuliesi 42 (1956–57), S. 187–193; DIES., Note di diplomatica patriarcale. Gli scrittori dei documenti solenni da Pellegrino I a Goffredo, in: Il Friuli dagli Ottoni agli Hohenstaufen. Atti del Convegno internazionale di studio. Udine, 4–8 dicembre 1983, Udine 1984, S. 245–302. Von rein kanzleigeschichtlichen Arbeiten ist in diesem Zusammenhang von vornherein abzusehen.

9 Pietro SOMEDA DE MARCO, Notariato friulano, Udine 1958.

10 Pier Silverio LEICHT, Note ai documenti istriani di diritto privato dei secoli IX–XII. Neudr. in: DERS., Scritti vari di storia del diritto italiano II/2, Milano 1948, S. 165–186; Milko Kos, Aus der Geschichte der mittelalterlichen Urkunde Istriens, in: Studien zur älteren Geschichte Osteuropas I. Festschrift für Heinrich Felix Schmid, red. v. Günther STÖKL (Wiener Archiv für Geschichte des Slawentums und Osteuropas 2), Graz–Köln 1956, S. 49–62.

11 Leo SANTIFALLER, Beiträge zur Geschichte des Lateinischen Patriarchats von Konstantinopel (1204–1261) und der venezianischen Urkunde (Historisch-Diplomatische Forschungen 3), Weimar 1938; Beniamino PAGNIN, Il documento privato veneziano I. Il formulario, Padova 1950 (mehr nicht erschienen); DERS., Note di diplomatica episcopale padovana, in: Miscellanea di scritti vari in memoria di Alfonso Gallo, Firenze 1956, S. 563–588; Paolo SELMI, De documentis ac de via rationeque ad ea conficienda adhibitis a Dominatibus Venetam gubernantibus Terram Firmam, antequam in Venetiarum Rem Publicam Terra ipsa affluxit, in: Landesherrliche Kanzleien im Spätmittelalter. Referate zum VI. Internationalen Kongreß für Diplomatik, München 1983, Bd. II (Münchener Beiträge zur Mediävistik und Renaissance-Forschung 35), München 1984, S. 505–515.

12 Die Ansichten der mittelalterlichen Zeitgenossen über die Bedeutung von Symbolen zu erforschen, gilt als schwierige Aufgabe. Vgl. COSTAMAGNA, L'alto medioevo, S. 253: Eine Doktrin hat es zur Zeit nicht gegeben, oder es ist nichts davon auf uns gekommen.

13 Hierbei sind natürlich solche unechte Urkunden, welche eine Vorlage auch in graphischer Hinsicht als Muster verwenden, von besonderem Interesse.

14 Zu dieser Terminologie siehe den Beitrag von Ruth SCHMIDT-WIEGAND in diesem Band.

15 Aus dem beschriebenen Verhältnis ergibt sich ein grundsätzliches Editionsproblem: Ein und dasselbe Zeichen kann je nach der im jeweiligen Zusammenhang aktuellen Funktion dessen, der dieses Zeichen führt, einmal als *signum tabellionis*, dann wieder als bloßes *signum* (*manus*) zu beurteilen und dementsprechend in der Edition auszuweisen sein. Vgl. Gian Giacomo FISSORE, Paolo SAMBIN, Problemi e criteri di edizione, in: Le pergamene degli archivi di Bergamo a. 740–1000, a cura di Mariarosa CORTESI (Fonti per lo studio del territorio bergamasco 8 = Carte medievali bergamasche 1), Bergamo 1988, S. XXX. Siehe dazu auch die Bemerkungen im vorletzten Kapitel dieses Beitrags.

prägten Personen-Symbolen und den jeweiligen Personen selbst angestellt werden, und ebenso soll gefragt werden, ob die Position eines Symbols innerhalb der jeweiligen Unterfertigungszeile mit dessen Bedeutung bzw. mit seinen Entwicklungsmöglichkeiten in Zusammenhang stehen kann. Zum Beschluß folgen einige Überlegungen über mögliche Konsequenzen für die Editionspraxis.

Tachygraphische Epigonen

Die Zerlegung des Zeichens eines *forensis* Johannes in einem Ravennater Papyrus des 6. Jahrhunderts durch Giorgio Costamagna ist zum immer wieder angezogenen und abgebildeten »Klassiker« geworden: Eine auf den ersten Blick wirre Verschlingung von Linien ließ sich in vier Elemente der zeitgenössischen Silbenschnellschrift auflösen, welche dann, entsprechend gereiht, das Wort *no-ta-ri-us* ergeben[16]. Die gängige Auffassung ist die, daß solche Schnörkel sich zu überleben pflegten und schließlich, wenn bereits unverstanden und daher unnötig, abgestoßen worden sind. Es scheint aber, daß Bildungen dieser Art – ganz im Gegensatz zur gewöhnlichen Entwicklung – sich nicht nur bis ins Hochmittelalter erhalten haben, sondern daß darüber hinaus vergleichbare Entwicklungen im Hochmittelalter selbst immer noch stattgefunden haben. Von ersterem ist in diesem Kapitel, von letzterem im nächstfolgenden zu handeln.

In einer Trevisaner Bischofsurkunde von 997 hat der Notar und Richter, welcher die Urkunde schrieb, dem einleitenden *Ego* seiner Unterfertigung ein Gebilde vorangesetzt, welches von den späteren Abschreibern im wesentlichen in Form einer *W*-ähnlichen Figur wiedergegeben wurde, mit Schleifen an den End- und Wendepunkten[17] (Fig. 1). Man wird nicht fehlgehen, in dieser Figur den Rest eines nicht mehr verstandenen ligierten und wohl auch tachygraphischen Wortes oder Textes zu vermuten. Denn zum einen wächst aus der beschriebenen Figur ein Schaft hervor, der von weiteren Strichen, einem gewinkelten und einem geraden, gekreuzt wird und der oben mit einer Verschleifung abschließt[18]. Zum anderen folgt auf eben diese Unterfertigung ein vergleichsweise langer ursprünglich tachygraphischer, in der Abschrift aus zweiter Hand infolge verständnislosen Nachmalens begreiflicherweise schon etwas »verfremdeter« Text.

Besagte Figur scheint nicht etwa trotz, sondern vielleicht gerade wegen ihrer »nur« abschriftlichen Überlieferung eine für das Verständnis der Weiterentwicklung graphischer Symbole förderliche Rolle spielen zu können. Offensichtlich besteht sie nicht anders als die Notarszeichen älteren Typs insgemein aus einem Schaft, an dem etliche Noten »aufgehängt« sind, sowie aus Schleifenbildungen, welche aus nicht mehr verstandenen tachygraphischen Noten hervorgegangen sein müssen[19]. Gegenüber dem Üblichen ist allerdings eine bemerkenswerte Verschiebung eingetreten: Das Schaft-Element hat innerhalb des gesamten Zeichens, wenn man so sagen darf, keine tragende Funktion mehr, sondern deutlich weniger Gewicht als die Achterschleifen, die nun nicht mehr Beiwerk sind wie sonst, sondern bereits den Hauptkörper des ganzen Zeichens ausmachen.

Ähnliches zeigt sich um die Mitte des 12. Jahrhunderts in Treviso auch im Notarszeichen des Notars *Nannus*. Die Achterschleifen sind auf ganz wenige, doch große und eindrucksvolle reduziert, dem abschließenden Schaft fehlt alle bis dahin gewohnte Dominanz[20] (Fig. 2). In mancher Hinsicht noch ähnlicher ist das Zeichen des Notars *Waltilo*, welches 1103 im westlichen Friaul entstanden ist[21] (Fig. 3).

Eine Figur ganz wie in der vorgenannten Urkunde von 997 findet sich, allerdings in gestürzter und damit einem *M* ähnlichen Form, am Beginn der Urkunde über den Vogteiverzicht Herzog Heinrichs III. von Kärnten zugunsten der Kirche von Aquileia. Auch

16 Vgl. Giorgio Costamagna, Influenze tachigrafiche sulla formazione del segno tabellionato nell'Italia settentrionale (sec. IX–XI). Neudr. in: Ders., Studi di paleografia e di diplomatica (Fonti e studi del Corpus membranarum italicarum 9), Roma 1972, S. 12f.; Ders., Genova, S. 140–141.

17 Abschrift von 1306 aus Abschrift von 1157 in Treviso, Archivio della Curia vescovile, Perg. 1. Abbildung in: Il Veneto nel medioevo. Dalla »Venetia« alla Marca Veronese, Bd. 2, a cura di Andrea Castagnetti e Gian Maria Varanini, Verona 1989, S. 67. Druck: Antonio Sartoretto, Antichi documenti della diocesi di Treviso 905–1199, Treviso 1979, S. 149–151 Nr. 1 (mit Fehlern und nicht gekennzeichneten Auslassungen). Vollständiger bei Ferdinando Ughelli, Italia sacra sive de episcopis Italiae ..., Bd. 5, Venetiis ²1720, Sp. 503–506.

18 Der gewinkelte Strich lädt zur Gleichsetzung mit dem tachygraphischen *subscripsi* ein.

19 Zu dieser Struktur vgl. z. B. Costamagna, Genova, S. 139–142.

20 Originale in Treviso, Biblioteca capitolare, Pergamene capitolari 20, 22, 23 (Kopie), 24 und Treviso, Archivio della Curia vescovile, Pergamene 5 und 7. Die beigegebene Fig. 2 wurde der erstgenannten Urkunde entnommen.

21 Original in Venedig, Biblioteca Marciana, Cod. L. XIV 102, p. 275 Nr. 534.

Fig. 1 *Notarielle Unterfertigung in einer Trevisaner Bischofsurkunde von 997 (Abschrift von 1306 aus Abschrift von 1157; siehe Anm. 17)*

Fig. 2 *Notarielle Unterfertigung in einer Urkunde für das Kapitel zu Treviso von 1143 (Original; siehe Anm. 20)*

Fig. 3 *Notarielle Unterfertigung in einer westfriaulischen Privaturkunde von 1103 (Original; siehe Anm. 21)*

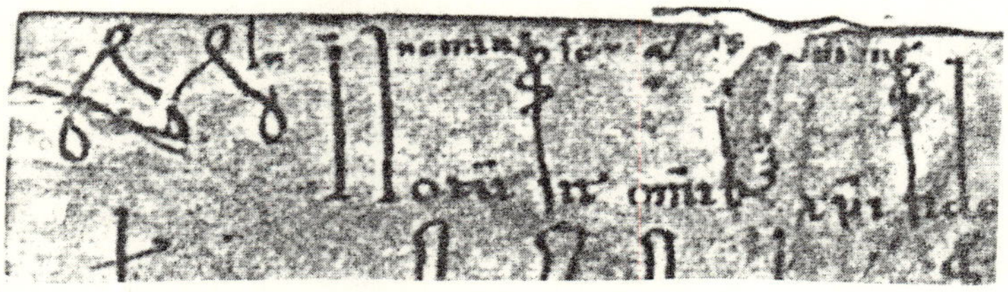

Fig. 4 *Invokatives (?) Zeichen am Beginn einer Urkunde Herzog Heinrichs III. von Kärnten aus der Zeit um 1100 (Original; siehe Anm. 22)*

Fig. 5 *Notarielle Unterfertigung in einer Urkunde für das Kapitel zu Treviso von 1168 (Original; siehe Anm. 27)*

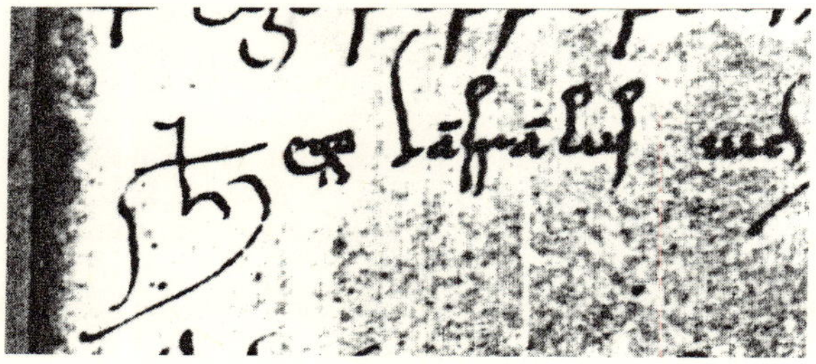

Fig. 6 *Unterfertigung des Richters Lanfrancus in einer zu Padua ausgefertigten Patriarchenurkunde für das Kloster S. Maria in Organo zu Verona von 1035 (Original; siehe Anm. 28)*

diese Urkunde gehört in die Zeit um 1100[22] (Fig. 4). Die Position des Zeichens am Beginn der Urkunde schließt hinlänglich aus, daß ihm korroborative Bedeutung beigemessen worden ist. Auch die Person oder die Funktion des Notars können schwerlich gemeint sein, weil die Urkunde weder einen solchen noch überhaupt irgendeinen Schreiber nennt. Schon dadurch wird wahrscheinlich, daß man diesem Zeichen vornehmlich invokativen Charakter beigemessen haben wird. Dieser Eindruck verstärkt sich angesichts des Umstandes, daß dem Text der Urkunde nachträglich am oberen Blattrand in sehr kleiner Schrift eine Verbalinvokation vorangestellt worden ist. Möglicherweise hat jemand, dem die dem Zeichen zugemessene invokatorische Bedeutung noch bewußt gewesen ist, diese seiner schon unwissenden Mit- und Nachwelt im Klartext verständlich machen wollen. Eine solche Deutung würde sich zu dem auch anderwärts beobachteten eigentümlichen Wechselverhältnis zwischen verbaler und symbolischer Invokation fügen[23].

Trifft diese Deutung zu, dann wäre ein eigentümliches Paradoxon gegeben. Der (wahrscheinlich deutsche) Schreiber der Vogteiverzichtsurkunde hätte aus den ihm anscheinend vom Sehen her bekannten traditionellen Zeichen gerade jenen Teil für seine Invokation ausgewählt, der aus den einstigen notariellen Noten hervorgegangen war und dem somit am allerwenigsten invokatorische Bedeutung innewohnen konnte[24]. Demgegenüber mag die Reduzierung eines Notarszeichens noch des 11. Jahrhunderts auf bloße Schleifenbildungen wesentlich »konsequenter« erscheinen. Das ist im Friaul 1081 zu belegen[25]. Daß es sich nicht um eine Laune des Kopisten handelt, scheint aus gleichzeitigen Parallelen außerhalb des Untersuchungsraums hervorzugehen[26]. Noch viel »genauer« traf es der in Treviso tätig gewesene Notar *Wilielminus* mit dem an den Schluß seiner Urkunden gesetzten Zeichen, indem er 1166 und 1168 zwei Serien von Achterschleifen mit einem eindeutig als solchen vermeinten Kreuz kombinierte[27] (Fig. 5).

Die vorgeführten »Mißverständnisse« und die daraus entstandenen Umdeutungen sind umso erstaunlicher, als in demselben zur Rede stehenden Raum noch im 11. und 12. Jahrhundert Zeichen anzutreffen sind, welche viel ältere tachygraphische Elemente in geradezu erstaunlicher Reinheit enthalten – oder bei denen eine solche Deutung zumindest gut möglich erscheint.

Patriarch Poppo von Aquileia investierte 1035 zu Padua in seiner Eigenschaft als *missus* Kaiser Konrads II. den Abt Benedikt von S. Maria in Organo zu Verona mit gewissen Gütern[28]. Der erste der hierbei assistierenden Richter, ein *Lanfrancus iudex sacri palacii*, hat dabei vor seiner Unterfertigung ein Zeichen angebracht, das sich aus drei Bestandteilen zusammensetzt (Fig. 6). Es ist schier unglaublich, in wie hohem Maß dieses Zeichen mit einem anderen, fast zwei Jahrhunderte älteren, übereinstimmt. Vor langem schon hat G. Costamagna gezeigt, daß die letztere Figur die tachygraphischen Zeichen für *no-ta-[ri]-us* enthält (Fig. 7). Der Entfall der Silbe *ri* ist eine häufige Erscheinung[29]. Die Zeichen der übrigen mitunterfertigenden *iudices* sind demgegenüber voll jener Verschleifungen, wie sie aus mißverstandenen Noten entstanden waren und wie sie in Oberitalien zu jener Zeit auch sonst üblich gewesen sind.

Dieses Zeichen des *Lanfrancus* scheint nicht das einzige zu sein, welches in dem beschriebenen Sinn aufgelöst werden kann. Ganz Ähnliches ist noch in der Mitte des 12. Jahrhunderts wiederzufinden, und zwar bei einem im Friaul – und erstaunlich lange – tätigen Richter und Notar Dietrich. Dieser benützte ein nahe verwandtes Zeichen in allen seinen Urkunden, zunächst 1103 und 1134[30], dann dreimal im Jahr 1146[31].

22 Original in Udine, Archivio capitolare, Perg. I, Nr. 15. Abb. bei Cesare Scalon, Diplomi patriarcali. I documenti dei patriarchi aquileiesi anteriori alla metà del XIII secolo nell'archivio capitolare di Udine (Quaderni e dispense dell'Istituto di storia dell'Università degli studi di Udine 8), Udine 1983, Tafel 2. Druck ebenda S. 25 f. Nr. 3.

23 Vgl. den Beitrag von Erika Eisenlohr in diesem Band.

24 Zur Verschmelzung von Invocatio und notarieller Convalidatio in ein einziges Zeichen vgl. die Beiträge von Giorgio Costamagna und Peter-Johannes Schuler in diesem Band.

25 Notar *Bertaldus*: Abschrift von 1535 in Verona, Biblioteca civica, Ms. 707, fol. 4v–5r. Druck: Pier Silverio Leicht, Studi sulla proprietà fondiaria nel medio evo I. La curtis e il feudo nell'Italia superiore fino al secolo XIII. Verona–Padova 1903, S. 167–169 Nr. 1 (zu 1062). Zum zeitlichen Ansatz auf 1081 vgl. Reinhard Härtel, Die Urkunden des Patriarchen Poppo von Aquileia für das Nonnenkloster S. Maria und für das Kapitel von Aquileia. In: Röm. Hist. Mitt. 26 (1984), S. 134 f.

26 Vgl. Archivio paleografico italiano, begr. v. Ernesto Monaci, Roma 1882 ff., Bd. 10, Tafel 4 (aus Mittelitalien, von 1087) und – nicht ganz so konsequent – Bd. 12, Tafel 38 (aus Genua, von 1085).

27 Originale in Treviso, Biblioteca capitolare, Pergamene capitolari 43 und 46 (die beigegebene Fig. 5 ist Perg. 46 entnommen).

28 Original in Verona, Archivio di Stato, Fondo S. Maria in Organo, Perg. 52 app*. Abb. in: Il notariato veronese attraverso i secoli. Catalogo della mostra in Castelvecchio, Verona 1966, Tafel 2. Druck ebenda S. 84–86, Nr. 4.

29 Vgl. Costamagna, Influenze, S. 43.

30 Originale in Venedig, Archivio di Stato, Mani morte (Sesto) Perg. 12 und 13 (die beigegebene Fig. 8 ist ersterer Urkunde entnommen). Druck: Renato della Torre, L'abbazia de Sesto in Sylvis dalle origini alla fine del '200. Introduzione storica e documenti, o. O. 1979, S. 117–120 Nr. 15 und 16.

31 Originale in Venedig, Archivio di Stato, Provveditori sopra Feudi 421, fol. 4 und 5. Druck: Reinhard Härtel, Die älteren

Fig. 7 *Tachygraphisches Zeichen für no-ta-[ri]-us nach G. Costamagna (siehe Anm. 29)*

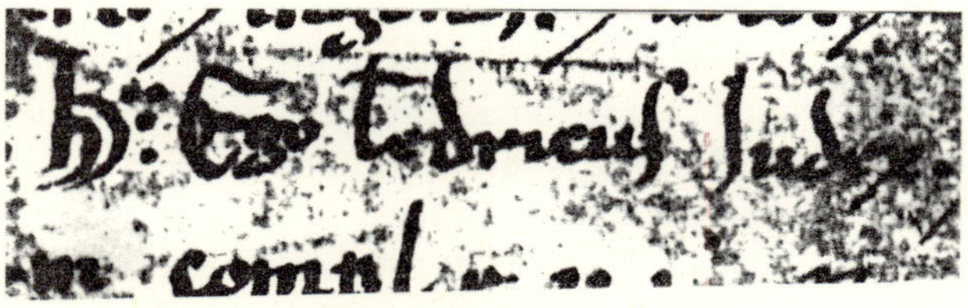

Fig. 8 *Notarielle Unterfertigung in einer Urkunde für das Kloster Sesto al Réghena von 1103 (Original; siehe Anm. 30)*

Der Befund ist überall derselbe: Am Beginn der jeweiligen Urkunde und vor Beginn der Unterfertigung (gegebenenfalls auch mitten in der Zeile) findet sich eine dem Minuskel-*h* ähnliche bzw. dem italienischen *z* entsprechende Figur, doch so, daß die Kralle des *h* verdoppelt ist. Das würde den beiden tachygraphischen Zeichen für *ta* und für *us* gut entsprechen. Dazu treten dann noch vier Punkte rechts bzw. rechts oberhalb des beschriebenen Zeichens, deren Anordnung – gewöhnlich in Rautenform – allerdings variiert und die gelegentlich auch einmal ausfallen können[32] (Fig. 8).

Der springende Punkt liegt in der Frage, ob Dietrich von der möglichen tachygraphischen Herkunft seines Zeichens – wenn es sich so verhielt – noch etwas gewußt haben kann. Es war zumindest bisher unmöglich, Näheres über Vorleben bzw. Bildungsgang dieses Dietrich etwas in Erfahrung zu bringen. Man wird seine Kenntnisse aber nicht unterschätzen dürfen: Dietrich hat die *lex Falcidia* gekannt und korrekt angewandt, in einer Zeit und in einer Umgebung, da dergleichen Kenntnisse eher ungewöhnlich sind.

Und das ist wohl überhaupt das Erstaunlichste an der ganzen Beobachtung: Auf der einen Seite sind die im 10. und 11. Jahrhundert üblichen Achterschleifen eine Folge von stetig abnehmendem Verständnis der überkommenen Ausdrucksformen. Auf der anderen Seite kann man in den vorgestellten, auf ein *h*-förmiges Zeichen aufgebauten Symbolen wirklich noch das tachygraphische *notarius* erkennen, und dessen hier noch vorhandene Elemente erscheinen geradezu im tachygraphischen »Klartext« wiedergegeben. Letzteres würde bedeuten, daß einigen Vertretern der Kunst des Urkundenschreibens die Bedeutung dieser Zeichen noch in der Mitte des 12. Jahrhunderts durchaus bewußt gewesen sein kann – anscheinend gerade jenen, die über gewisse Kenntnisse des Römischen Rechts verfügten.

Von der Schrift zum Symbol

Ein *signum manus* kann durchaus individuell gestaltet erscheinen. Letztlich aber ist seine Form meist auf eine einfache Grundfigur (Viereck, Dreieck, Kreis und vor allem Kreuz) rückführbar. Man hält die Herkunft solcher Zeichen aus Hausmarken und dergleichen für wahrscheinlich[33]. Mehrere solche im Untersuchungsraum verfügbare *signa* lassen den Schluß zu, daß ein »persönliches« *signum manus* auch aus dem Schriftbild eines geschriebenen Wortes abgeleitet worden sein mochte[34], und das noch im Lauf des 12. Jahrhunderts[35]. Solche Vorgänge sind in gewissen Bereichen (wie Chrismon oder ältere Tabellionenzeichen) wohlbekannt. Allerdings war die Silbenschnellschrift des Frühmittelalters von vornherein viel eher in Gefahr, als unverstanden zu Symbolen umgeformt und umgedeu-

Urkunden des Klosters Moggio (bis 1250) (Publikationen d. Hist. Inst. b. Österr. Kulturinst. in Rom 2/6/1), Wien 1985, S. 83–86 Nr. U 9-U 11. U 9 und U 10 stehen nacheinander auf demselben Pergamentblatt, sind aber jeweils für sich unterfertigt. – Zuzurechnen ist wohl auch noch eine Urkunde von 1150: Abschrift aus dem 13. Jh. in Görz, Archivio storico provinciale, Perg. n. 2. Druck: August v. JAKSCH, Die Kärntner Geschichtsquellen 811–1202 (Mon. hist. duc. Carinthiae 3), Klagenfurt 1904, S. 349–351 Nr. 900. Dieses Stück ist aber nur kopial erhalten. Der Kopist hat wohl den von Dietrich ebenfalls regelmäßig verwendeten Drudenfuß wiedergegeben (doch auch diesen ohne die von Dietrich regelmäßig eingefügten Punkte); von dem hier zur Rede stehenden Zeichen findet sich in der Abschrift nichts.

32 Dem Drudenfuß, der die Urkunden Dietrichs für gewöhnlich abschloß, scheint entscheidende Bedeutung nicht zugekommen zu sein. Er fehlt jedenfalls in Dietrichs ältester erhaltener Urkunde von 1103. Folgen zwei Urkunden unmittelbar aufeinander auf einem einzigen Blatt, dann erscheint der Drudenfuß rundum von Text eingeschlossen.

33 Vgl. den Beitrag von Ruth SCHMIDT-WIEGAND in diesem Band.

34 Zur Uminterpretation von Schriftzeichen zu graphischen Symbolen (und umgekehrt) vgl. allgemein den Beitrag von Helmut GLÜCK in diesem Band.

35 Es handelt sich also um einen ganz anderen Vorgang als bei jenen Notarszeichen, welche noch vor und um die Jahrtausendwende aus nicht mehr verstandenen tachygraphischen Zeichen entstanden sind. Zu letzteren vgl. z. B. COSTAMAGNA, Genova, S. 142, daneben auch S. 54.

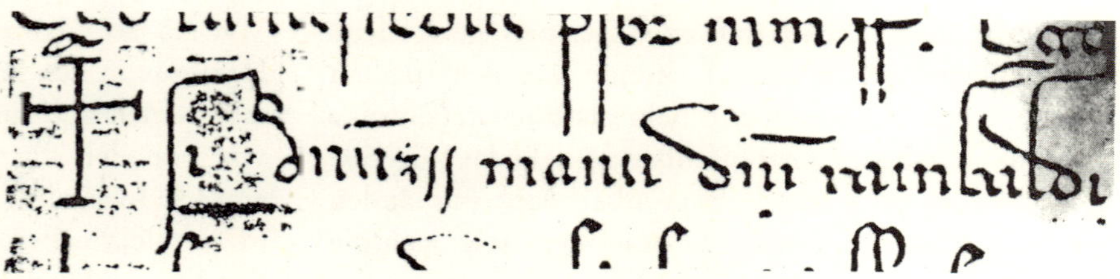

Fig. 9 *Signum manus des Grafen Rambaldus von 997 (Urkunde wie in Fig. 1)*

Fig. 10 *Signum manus des Ladutarius und anderer Zeugen von 997 (Urkunde wie in Fig. 1)*

Fig. 11 *Signum manus des Goppo in einer Patriarchenurkunde von angeblich 1031 (angebliches Original entstanden um 1129, siehe Anm. 39)*

tet zu werden, als das für hochmittelalterliche Minuskeln gilt. Metamorphosen letzterer Art scheinen weit weniger bekannt zu sein. Es geht hier um Parallelen zu der gut bekannten Erscheinung, daß das *Ego* am Beginn einer notariellen Unterfertigung bewußt in monogrammatische Form gebracht wurde. Allerdings blieb hierbei der ursprüngliche Bedeutungsinhalt auch weiterhin erkennbar; es handelt sich bloß um eine besondere Spielart bei der Bildung des *signum notarii*.

Im Gegensatz dazu geht es im folgenden um solche Symbole, welche nicht nur vor dem begleitenden bzw. erläuternden Text anzutreffen sind und deren Entstehung aus Kreuzen, unverstandenen tachygraphischen Noten und Hausmarken undenkbar erscheint, sondern bei denen – und das ist die Hauptsache – der ursprüngliche Bedeutungsinhalt schließlich ganz verlorengehen konnte. So mögen gewisse Symbole viel eher als aus Kreuzen oder tachygraphischen Noten aus dem Schriftbild des Wortes *signum* entstanden sein. Bereits im 8. Jahrhundert wird (zunächst außerhalb des untersuchten Gebietes) jene Entwicklung sichtbar, welche dann im 11. und weiter zu Beginn des 12. Jahrhunderts zu bereits ausgeprägten Formen führt, indem nämlich die ersten Buchstaben des Wortes *signum* (*si* oder *sig*) in Richtung auf ein Zeichen hin verändert werden. Die Entwicklung geht aber im allgemeinen nicht so weit, daß der ursprüngliche Sinn dieses »Zeichens« in Vergessenheit geriete: Die fehlenden Buchstaben (*gnum* oder *num*) bzw. eine entsprechende Abbreviatur werden meistens noch hinzugefügt. Auch findet sich zusätzlich ein Kreuz oder die für mehrere Personen zugleich verwendbare gitterförmige Figur als jenes Zeichen, auf welches durch das Wort *signum* ausdrücklich hingewiesen wird.

Die beschriebene Entwicklung führt entweder zu einem im wesentlichen *B*-ähnlichen Zeichen, allerdings mit einem vorgesetzten, einem *s* ähnlichen Strich[36], oder aber zu einer Art Torbogen, welcher links auf dem Schaft des *s*, rechts auf dem *g* des Wortes *signum* aufsitzt und das *i* überwölbt[37]. Ein Kopist des 12. Jahr-

36 Vgl. Chartae latinae antiquiores, hg. von Albert BRUCKNER und Robert MARICHAL, Tl. 28, Zürich 1988, ab Nr. 846 (8. Jh.); Archivio paleografico italiano, Bd. 7, Tafeln 40 und 41 (beide Stücke aus Ravenna, von 967; Fig. 14 ist letzterer Abbildung entnommen), dazu Bd. 12, Tafeln 39, 40 und 41 (aus Oberitalien, in der Zeit rund um 1100; Fig. 15 ist letzterer Abbildung entnommen).

37 Vgl. Chartae latinae antiquiores, Tl. 28, Nr. 845 (8. Jh.); Archivio paleografico italiano, Bd. 12, Tafeln 18, 25 und 38 (alle Stücke aus Oberitalien, aus der Zeit rund um 1100; Fig. 12 ist Tafel 25 entnommen). Innerhalb des engeren Untersuchungsraums sind folgende Originale anzuführen: Treviso, Biblioteca capitolare, Pergamene capitolari 3 (von 1086); Treviso, Archivio della Curia vescovile, Pergamene 3 (von 1093); Cividale, Museo archeologico nazionale, Pergamene capitolari II, Nr. 1 (von 1101) Vgl. dazu aber auch bereits Venedig, Archivio di Stato, Mani morte (Sesto), Busta unica, Perg. 6 (von 847). Abbildung und Druck: Giustiniana MIGLIARDI-O'RIORDAN, Per lo studio di una *cartula testamenti* del IX secolo, in: Archivio Veneto, 5. Ser., 135 (1990), S. 77–82.

hunderts aber scheint das zum Zeichen gewordene *sig* in einer Bergamasker Urkunde aus dem frühen 10. Jahrhundert schon nicht mehr als Buchstabenfolge erkannt zu haben. Er hat offenbar deshalb das folgende *num* (sofern es in der Vorlage überhaupt vorhanden war) ausgelassen[38]. Hier ganz besonders zeigt sich die Transformation in eine *B*-ähnliche Figur mit aller Deutlichkeit. Allerdings ist auch in diesem Fall der ursprüngliche Sinn noch nicht restlos verlorengegangen. Das ergibt sich sowohl aus dem grammatischen Zusammenhang als auch aus den daneben noch eigens gezeichneten *signa*.

Auf diesem Niveau bleibt die Entwicklung im allgemeinen stehen. Es geht aber auch anders. Die schon herangezogene Trevisaner Bischofsurkunde von 997, erhalten in einer Abschrift aus dem frühen 14. Jahrhundert aufgrund einer älteren Abschrift von 1157, zeigt nun ebenfalls an zwei Stellen eine bemerkenswerte Transformation des Schriftbildes für *signum*, und zwar bei der Nennung des Grafen Rambald (Fig. 9) sowie bei jener des *Ladutarius* und anderer mehr (Fig. 10). Das ausschließlich (!) Rambalds Unterfertigung vorangesetzte Kreuz ist schon deshalb nicht als das angekündigte *signum* zu betrachten; dieses ist vielmehr in der dem Wort *signum* folgenden, in der Abschrift nur mehr schlecht erhaltenen Figur zu erkennen.

Im Zusammenhang mit dieser Trevisaner Urkunde ist die Aufmerksamkeit auf die unechte Dotationsurkunde des Patriarchen Poppo von Aquileia für das Domkapitel zu Aquileia zu lenken. Diese stammt angeblich von 1031, ist aber erst ein Jahrhundert später entstanden, wenn auch sicherlich aufgrund einer echten Urkunde über dasselbe Rechtsgeschäft[39]. Die meisten der weltlichen Zeugen führen in dieser Urkunde ein deutlich individualisiertes *signum manus*, von denen hier dasjenige eines gewissen *Goppo* interessiert (Fig. 11).

Die Verwandtschaft mit den Trevisaner *signum*-Formen ist augenfällig. Es mag sehr wohl so sein, daß das auf den ersten Blick auf einer geometrischen Figur beruhende *signum manus* nichts anderes ist als eine »Weiterentwicklung« aufgrund eines schon vorgefundenen *sig*-Graphems, welches dem eben vorgeführten Trevisaner Beispiel ähnlich gesehen haben mochte. War es so, dann hatte das Symbol der Aquileier Urkunde in den Augen seines Schreibers bzw. Zeichners seinen ursprünglichen Inhalt völlig eingebüßt: es war von der allgemeinen Bezeichnung zum Symbol eines Individuums geworden; das Wort *signum* mußte in Aquileia neben dieses aus dem Wort entstandenen Symbol nochmals explizit hingeschrieben werden.

Drei Umstände erhöhen die Wahrscheinlichkeit des vorgeschlagenen Deutungsversuchs. Zum einen sind die Ösen an den vier Ecken bzw. Enden der »Grundfigur« nicht in gleicher Weise an dieser angebracht. Das verringert die Wahrscheinlichkeit einer sozusagen willkürlichen geometrischen Konstruktion. Zum zweiten lassen sich nicht nur die beiden am rechten Schaft des Zeichens angebrachten Ösen unschwer erklären, nämlich als Weiterentwicklung aus den Ösen des Buchstabens *g*, wie im Trevisaner Beispiel eindeutig zu sehen. Auch am linken Schaft der Figur sind vergleichbare Veränderungen schon in den achtziger Jahren des 11. Jahrhunderts zu belegen[40]. Dies zeigt sich an der ebenfalls schon gewürdigten »Torbogen«-Form hinreichend deutlich (Fig. 12). Zum dritten scheint es, daß auch andere als *signum manus* verwendete Symbole in derselben Urkunde eher auf mißverstandene Buchstabenverbindungen bzw. Ligaturen zurückgehen könnten als auf Hausmarken oder Ähnliches.

Besonders interessant erscheint in diesem Zusammenhang das *signum manus Azonis* in der unechten Dotationsurkunde des Patriarchen Poppo (Fig. 13). In seinem Bau ist es den schon angesprochenen, einem Majuskel-*B* ähnlichen Graphemen für *sig* bzw. *signum*, wie sie über mehrere Jahrhunderte nachweisbar sind, durchaus verwandt[41] (Fig. 14, 15 und 16). Gleiches gilt wohl auch für das in derselben Aquileier Urkunde enthaltene *signum manus Tessine* (Fig. 17) und für das ebendort zu findende *signum manus Seniorelli et Zopoli* (Fig. 18), welche *signa* sich allerdings – wohl gerade infolge der besonderen Ähnlichkeit des Zeichens mit dem Buchstaben *B* – von ihrem »Urbild« schon etwas weiter entfernt haben. Herkunft auch dieser Zeichen aus dem Schriftzug für *sig*(*num*) vorausgesetzt, müßte dieser Umstand dem Schreiber bzw. Zeichner angesichts des beigefügten Textes *signum manus* naturgemäß ebenfalls schon unbekannt gewesen sein. Selbst ein

38 Vgl. hierzu Pergamene Bergamo, Tafel 57, dazu Edition S. 91–93 Nr. 57: Es handelt sich um die beglaubigte Abschrift aus dem 12. Jh. einer Urk. von 913. Betroffen sind die darin enthaltenen *signa* des *Datonus*, des *Andreuertus* sowie dasjenige des *Tadonus*. Besonders letzteres zeigt die Verwandlung in eine *B*-ähnliche Figur sehr deutlich (unten Fig. 16).

39 Original in Udine, Archivio capitolare, Perg. I, Nr. 7. Abb. bei Scalon, Diplomi patriarcali, Tafel 1. Druck ebenda S. 19–21 Nr. 1. Zur diplomatischen Beurteilung vgl. Härtel, Urk. Poppo, S. 142–169.

40 Siehe die Beispiele im Archivio paleografico italiano, Bd. 12, Tafeln 18 und 25. Die beigegebene Fig. 12 ist letzterer entnommen.

41 Fig. 14 und 15 sind entnommen aus: Archivio paleografico italiano, Bd. 7, Tafel 41 und Bd. 12, Tafel 41. Fig. 16 stammt aus Pergamene Bergamo, Tafel 57.

Fig. 12 *Signum manus; Abb. aus Archivio paleografico italiano XII, Taf. 25 (siehe Anm. 40)*

Fig. 13 *Signum manus des Azo von angeblich 1031 (Urkunde wie in Fig. 11)*

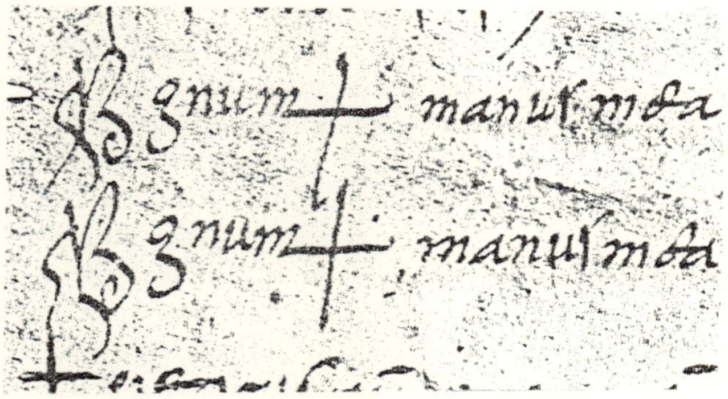

Fig. 14 *Signum manus; Abb. aus Archivio paleografico italiano VII, Taf. 41 (siehe Anm. 41)*

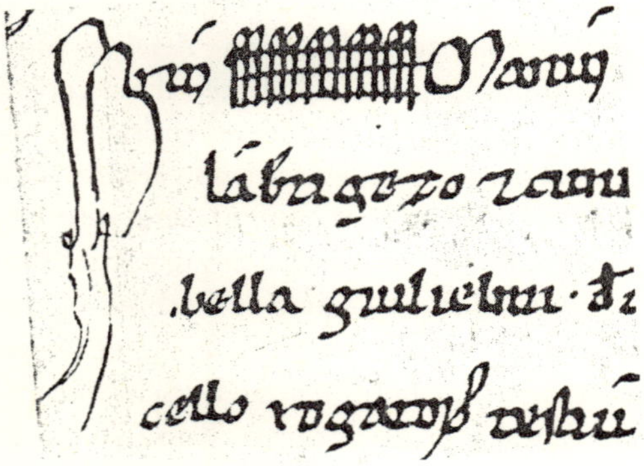

Fig. 15 *Signum manus; Abb. aus Archivio paleografico italiano XII, Taf. 41 (siehe Anm. 41)*

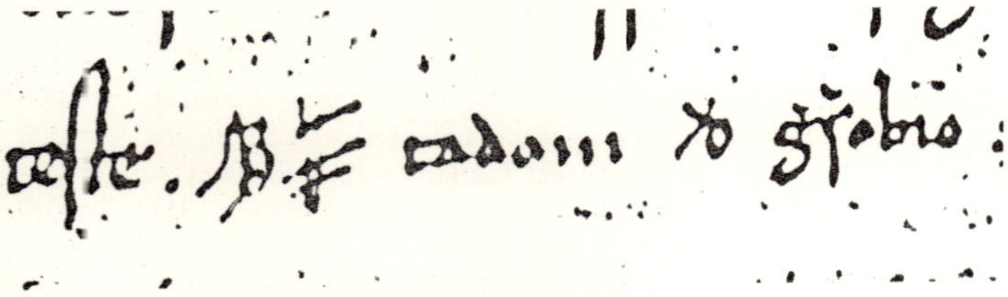

Fig. 16 *Signum manus; Abb. aus Pergamene Bergamo, Taf. 57 (siehe Anm. 38)*

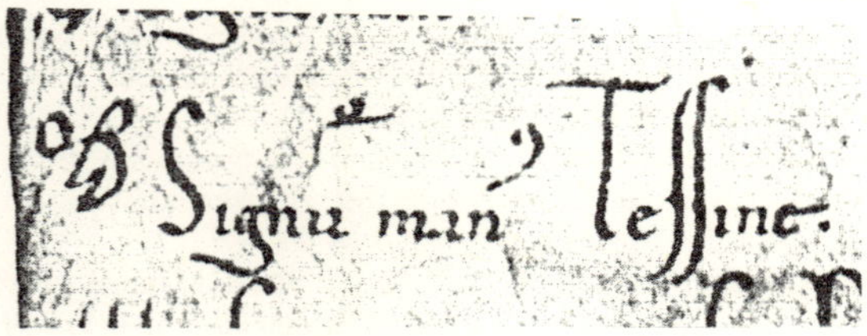

Fig. 17 *Signum manus des Tessina von angeblich 1031 (Urkunde wie in Fig. 11)*

ausdrücklich als *signum manus* angesprochenes Notarszeichen in der Form eines auf einem *B* aufgebauten Monogramms könnte einen solchen Ursprung haben. Von ihm soll weiter unten noch die Rede sein.

Sogar das Radkreuz, welches in derselben Urkunde als das *signum manus Ade* bezeichnet wird, braucht, obwohl ein oft verwendetes Symbol, von der Bedeutung her nicht immer und ausschließlich auf ein Kreuz zurückgeführt zu werden. Es gibt Unterfertigungen aus dem 11. Jahrhundert, in denen auf ein einleitendes Kreuz ein solches Radkreuz und dann *manus* bzw. *manuum* und schließlich der Name der betreffenden Person folgen[42]. Der Umstand kann kaum anders gedeutet werden, als daß das Radkreuz die Stelle des Wortes *signum* vertreten sollte.

Auch aus Istrien ist eine Urkunde (von 1118) überliefert, die etliche anscheinend individuelle *signa manuum* zeigt[43]. Die allerdings späte und jedenfalls hinsichtlich des äußeren Erscheinungsbildes offenbar nicht eben sorgfältige kopiale Überlieferung enthält immerhin ebenfalls das eine und das andere Symbol, welches in gleicher Weise gedeutet werden könnte. Eine *B*-ähnliche Figur könnte allenfalls dem *signum manus Ioannis iudicis testis* (Fig. 19) oder dem *signum manus Andree de Camparesio testis* (Fig. 20) zugrundeliegen. Eher auf mißverstandene Schriftzeichen als auf Besitzzeichen geht wohl auch das *signum manus Martini Gamoleci testis* zurück[44] (Fig. 21). Diese Beurteilung geht davon aus, daß sich Zeichen im Zuge der Abschreibetätigkeit am ehesten dann verändern, wenn sie unverstandene Elemente enthalten, und daß sie dann am ehesten eine feste und verhältnismäßig unveränderliche Gestalt annehmen, wenn sie bereits auf klare und bekannte Grundformen zurückgeführt sind.

Ein Zeichen, das für eine Verbindung von *S* und *g* gehalten werden kann, ist in analoger Weise noch 1191 entstanden[45]. Allerdings hat der Schreiber der Urkunde das Zeichen nicht in dieser Weise aufgefaßt. Er hätte ansonsten kaum *igna* hinzugeschrieben (Fig. 22).

Vom Symbol zur Schrift

Im Bereich der *signa manuum* scheinen aber nicht nur Buchstaben zu Symbolen, sondern umgekehrt auch Symbole zu Buchstaben geworden zu sein.

Die schon angesprochenen häufigen Figuren in Form eines Gitters werden allgemein als Kreuzzeichen bzw. als Serien von Kreuzzeichen interpretiert und in Editionen auch in dieser Weise transkribiert. Selbstverständlich hat diese Gleichsetzung ihre guten Gründe. An der Stelle jener Gitter, also meist nach dem Wort *signum*, stehen vor allem in älteren Urkunden häufig Kreuze[46]. Bischof Ulrich von Treviso setzte im Jahre 1045 vor den Wortlaut seiner Unterfertigung *Ego Odorlicus* [...] *manu mea subscripsi* ein vergleichbares, doch sozusagen kursiv ausgeführtes Gitter hin[47]. Wollte man dieses Zeichen anders denn als »Kreuz« deuten, so handelte es sich weit und breit um die einzige subjektiv gefaßte Unterfertigung eines Geistlichen, die von einem anderen Zeichen als dem Kreuz eingeleitet ist (Fig. 23). Ein solches Gitter vor einer *signum manus*-Formel kommt im folgenden Jahrhundert öfters vor, übrigens gerade in Treviso[48]. In der ebenfalls schon herangezogenen unechten Aquileier Urkunde von angeblich 1031 findet sich das der Unterfertigung vorangehende Gitter ausdrücklich als *signum manus* des Notars *Bertaldus* bezeichnet (Fig. 26). Auch hier liegt die Interpretation als »Kreuz« noch nahe. Jedenfalls wäre in dem besonderen Fall die für dieses Zeichen sonst vorauszusetzende (vorrangige) Deutung als Punkt der Handauflegung zwecks Bekräftigung des Rechtsgeschäftes bzw. der Urkunde ohne rechten Sinn.

Im übrigen scheint es Bindeglieder zwischen dem (einfachen) Kreuzzeichen und dem Gitterwerk, welches in seiner Grundform zumeist aus drei waagrechten und drei senkrechten Strichen besteht[49], tatsächlich zu geben: das in ein Quadrat eingeschriebene Kreuz[50]. Auch das Kruckenkreuz könnte als Bindeglied in Frage kommen[51], schließlich auch eine allenfalls nicht mehr

42 Vgl. die Abb. bei Clara Cutini, Signum notarii: il caso di Perugia, in: Notariado público y documento privado de los orígenes al siglo XIV. Actas del VII Congreso Internacional de Diplomática Valencia, 1986, Bd. 2 (Papers i Documents, 7/II), Valencia 1989, Abb. 2 auf S. 1319.

43 Abschrift aus dem Ende des 15. Jh. in Poreč, Biskupski arhiv, Liber iurium episcopalium I, fol. 21v–22v, Zeichen und Monogramm auf fol. 22r. Druck: Kandler, Codice diplomatico istriano, Trieste o. J., zu 1118, im Neudr., Trieste 1986, Bd. 1, S. 252f. Nr. 126.

44 In der Abschrift ist anscheinend ein *signum manus* ausgefallen. Daher ist die Zuordnung der Zeichen zu den einzelnen Namen nicht ganz sicher.

45 Original in Venedig, Archivio di Stato, Mani morte (Sesto), Perg. 17. Druck: della Torre, L'abbazia, S. 134–135 Nr. 22.

46 Einzelbelege für diese wohlbekannten Tatsachen erübrigen sich.

47 Original in Treviso, Archivio della Curia vescovile, Perg. 2. Druck: Sartoretto, Antichi documenti, S. 154–155 Nr. 3.

48 So in den Urkunden eines Notars *Mainardus*: Original in Treviso, Biblioteca capitolare, Pergamene capitolari 15, 18 und 19, und in Treviso, Archivio della Curia vescovile, Perg. 8.

49 Wir können hinzusetzen: und dessen Zusammensetzungen bzw. Verlängerungen auffallend oft ein Vielfaches von drei senkrechten Strichen enthalten.

50 Dieses wird im Lauf des 13. Jahrhunderts sehr häufig in Notarszeichen und fallweise sogar in reiner Form als Notarszeichen selbst verwendet.

51 Vgl. besonders Archivio paleografico italiano, Bd. 3, Tafeln 4 und 51.

Fig. 18 *Signum manus des Seniorellus und des Zopolus von angeblich 1031 (Urkunde wie in Fig. 11)*

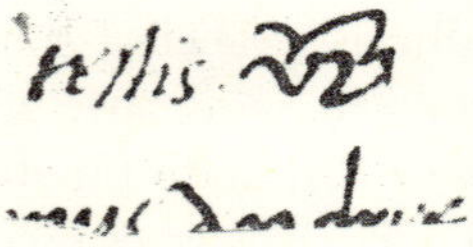

Fig. 19 *Signum manus des Richters Ioannis in einer Urkunde für das Bistum Poreč (Parenzo) von 1118 (Abschrift Ende 15. Jh.; siehe Anm. 43)*

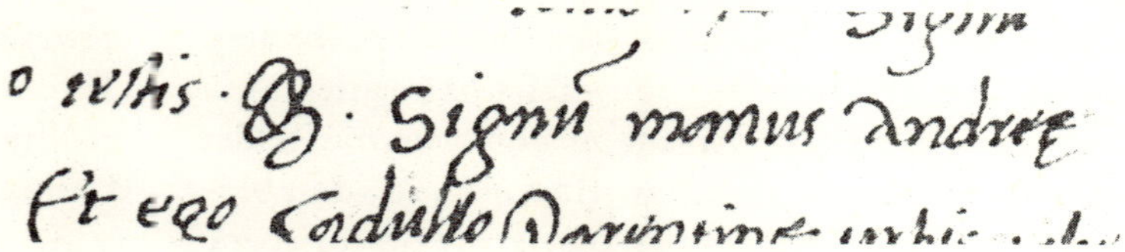

Fig. 20 *Signum manus des Andreas de Camparesio von 1118 (Urkunde wie in Fig. 19)*

Fig. 21 *Signum manus des Martinus Gamolecus von 1118 (Urkunde wie in Fig. 19)*

Fig. 22 *Ankündigung der signa der Zeugen in einer Urkunde für das Kloster Sesto al Réghena von 1191 (Original; siehe Anm. 45)*

Fig. 23 *Unterfertigung des Bischofs Ulrich von Treviso in einer von ihm ausgestellten Urkunde von 1045 (Original; siehe Anm. 47)*

als solche aufgefaßte Vermehrung und Verschränkung von Kreuzen, die dann auch im Zusammenhang mit Einzelpersonen eingesetzt werden konnte.

Demgegenüber gibt es aber auch eindeutige Hinweise dafür, daß solche Gitter sehr wohl von Kreuzen unterschieden werden konnten. Das ist insbesondere dann der Fall, wenn vor einer verbalen Unterfertigungsformel Gitter-Figur und (eindeutiges) Kreuzzeichen gemeinsam auftreten[52]. Übrigens war zumindest im Untersuchungsraum bisher noch kein solches Gitterwerk zu finden, welches in derselben Urkunde ausdrücklich als *crux* oder *signum crucis* angesprochen wäre. Eine solche Bezeichnung blieb anscheinend den »wirklichen« Kreuzen vorbehalten[53].

Verschiedentlich scheint nun dieses »gitterförmige Kreuzzeichen« als Buchstabe *m* interpretiert bzw. uminterpretiert worden zu sein. Wie anders sollte man die Bogenverbindungen zwischen den oberen Enden der in Dreiergruppen zusammengefaßten Striche sonst verstehen können. Diese Erscheinung ist keineswegs

52 Vgl. Archivio paleografico italiano, Bd. 10, Tafel 1.

53 Umgekehrt aber können sowohl Kreuze als auch Gitter als *signum manus* bezeichnet werden.

auf das Untersuchungsgebiet beschränkt[54]. Innerhalb des untersuchten Gebiets tritt die beschriebene Erscheinung zum einen 1087 in Treviso auf[55], zum andern 1103 im westlichen Friaul[56], und hier sowohl bei den Urhebern (Fig. 24) als auch bei den Zeugen. Gelegentlich entfallen hierbei sogar die waagrechten Striche, und es bleibt von dem ganzen Gitter wirklich nur ein *m* über. Die zumindest fallweise Gleichsetzung des Zeichens mit dem Buchstaben *m* wird aber am schlagendsten bewiesen durch eine Urkunde für das Kloster Sesto aus dem Jahre 805[57]. Hier heißt es nicht mehr wie in den bisher angeführten Beispielen *signa* (oder *signum*) *(SM.) manuum* (oder *manibus*), sondern *signum (SM.)anibus*: Der von drei waagrechten Strichen durchschnittene Anlaut *m* von *manibus* bildet zugleich das *signum manibus* selbst (Fig. 25). Ein bloßer Schreibfehler ist ausgeschlossen: die beschriebene Schreibweise findet sich in der Urkunde gleich dreimal hintereinander. Auch wenn es sich nicht um ein Original handelt, gibt die Schreibweise doch zumindest einen eindeutigen Hinweis auf die Auffassung ihres Abschreibers. Der für diese graphische Gestaltung Verantwortliche dürfte sich seine Vorgangsweise sogar sehr genau überlegt haben. Wenn dem aus dem Kreuz entstandenen Gitterwerk noch ein invokatorischer Charakter innegewohnt haben sollte, so war dieser jetzt mit dem Anlaut des lateinischen Wortes für »Hand« auf das innigste verschmolzen, und genau diese durch doppelten Sinn belegte Stelle war offenbar jene, auf welche die genannten Zeugen ihre Hand zur Bekräftigung der Urkunde bzw. des Rechtsgeschäfts legen sollten. Soweit zu sehen, ist diese besonders innige Verbindung von Kreuz (?) und Hand-Zeichen ohne Nachfolge geblieben, so jedenfalls innerhalb des Untersuchungsraums[58].

So haben also anscheinend nicht nur Buchstabenfolgen ohne jeden Bezug auf ein bestimmtes Individuum zu persönlich gebundenen graphischen Symbolen werden können, sondern umgekehrt konnte auch ein Symbol zu einem Buchstaben umgedeutet und dementsprechend verwendet werden. Soweit die Belege aus dem engeren Untersuchungsraum Transformationen wie die beschriebenen erkennen lassen, handelt es sich – in beiden Richtungen – um Tendenzen, die vor allem im Zusammenhang mit Abschriften und Fälschungen sichtbar werden. Damit können die beschriebenen Erscheinungen nicht so sehr etwas für die Gedankenwelt der Notare besagen als für die Auffassungen jener, die in dieser Hinsicht nicht oder weniger geschult gewesen sind. Gerade auf diese Weise aber scheint eine Türe zu den Vorstellungswelten eben jener Schichten geöffnet, deren Denken über graphische Symbole uns Heutigen am schwierigsten zu erforschen scheint.

Signum manus und Signum notarii

Über den Ursprung der Notarszeichen ist viel nachgedacht worden. Als Ausgangspunkte kommen das Kreuz wie auch tachygraphische Noten in Frage, ebenso aber auch das *signum manus*[59]. Welcher Charakter den Notarszeichen von den Zeitgenossen jeweils zugesprochen worden ist, das ist eine andere Frage. Eine Aussage wie die des Kommentators zu Rolandino, die Notarszeichen bedeuteten nichts (*nihil significant*) und seien nur für Vergleichszwecke da, ist eine ausgesprochene Rarität und stammt außerdem schon längst nicht mehr aus der hier behandelten Zeit[60]. Im allgemeinen wird man schon froh sein müssen, wenn man aus verstreuten Indizien die jeweils zeitgenössischen Auffassungen in großen Zügen erschließen kann.

Der hier zur Rede stehende Untersuchungsraum scheint nun zwei klare Hinweise zu dieser Problematik zu bieten, und zwar bereits aus dem 12. Jahrhundert.

54 Genueser Beispiele aus der 1. Hälfte des 11. Jahrhunderts finden sich bei Costamagna, Genova, Tafelbeilage III sowie bei Vincenzo Federici, La scrittura delle cancellerie italiane dal secolo XII al XVII. Fac-simili per le scuole di paleografia degli Archivi di Stato, Roma 1934, Tafel 26. Vgl. Pergamene Bergamo, Tafel 176 (von 997), dazu Druck ebenda S. 287–290 Nr. 176: dort transkribiert als *signum + manibus*. Desgleichen ebenda Tafel 187 (von 1000), dazu Druck ebenda S. 308 f. Nr. 187: Transkription *signum +++ manibus*. Im übrigen vgl. z. B. Archivio paleografico italiano, Bd. 12, Nr. 38, 39, 40 und 41 (aus den Jahren vor und nach 1100).

55 Original in Treviso, Biblioteca capitolare, Pergamene capitolari 4.

56 Original in Venedig, Biblioteca Marciana, Cod. L. XIV 102, p. 275 Nr. 534.

57 Abschrift in Venedig, Archivio di Stato, Mani morte (Sesto), Perg. 3. Druck: della Torre, L'abbazia, S. 89–91 Nr. 3: die *signum manus*-Formeln sind in diesem Druck zum Teil (ohne entsprechende Kennzeichnung) ausgelassen, außerdem kommt die besondere Verknüpfung von Symbol und Wort im Druck nicht adäquat zur Geltung.

58 Allerdings konnte anderwärts das Kreuz durch die Zeichnung einer Hand ersetzt werden, was in gewisser Hinsicht eine Parallele zu dem hier beschriebenen Vorgang darstellt. Vgl. Harry Bresslau, Handbuch der Urkundenlehre für Deutschland und Italien II, Berlin–Leipzig ²1958, S. 209 Anm. 1 (mit weiterer Literatur).

59 Es ist an dieser Stelle gewiß nicht erforderlich, die Lehrmeinungen der maßgeblichen »Schulen« zu referieren und bibliographisch nachzuweisen. Keine von ihnen erklärt übrigens, wie und warum es zu diesen Form- und Bedeutungsveränderungen kommen konnte.

60 Vgl. Costamagna, Genova, S. 138.

Fig. 24 *Signum manuum der beiden Aussteller einer westfriaulischen Privaturkunde von 1103 (Original; siehe Anm. 56)*

Fig. 25 *Signa manuum zweier Zeugen in einer Urkunde des Klosters Sesto al Réghena von 805 (Abschrift; siehe Anm. 57)*

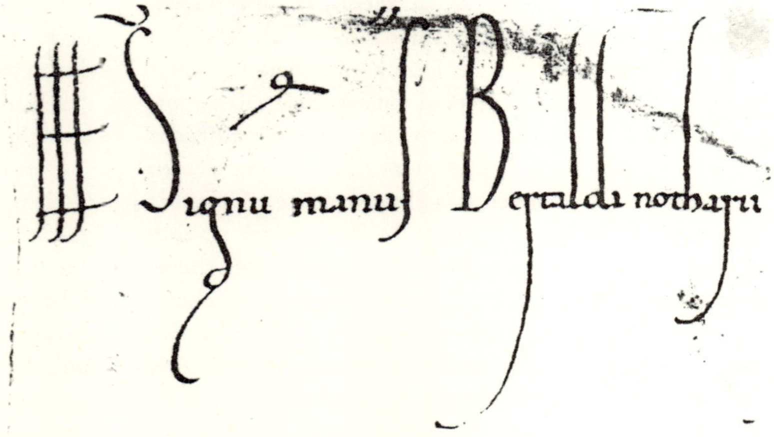

Fig. 26 *Notarielle Unterfertigung von angeblich 1031 (Urkunde wie in Fig. 11)*

Freilich wird man Zweifel hinsichtlich der Kompetenz der Gewährsleute anmelden. Doch sind auch hier die Vorstellungen von »Außenseitern« über die Notarszeichen gewiß nicht weniger interessant als jene der Notare selbst. Es ist nicht unwahrscheinlich, daß wir die betreffenden Hinweise überhaupt nur dem Faktum verdanken, daß ihre Urheber sachlich inkompetent gewesen sind.

In der schon mehrfach herangezogenen, angeblich 1031 ausgestellten, doch erst um 1129 geschriebenen unechten Urkunde des Patriarchen Poppo von Aquileia für das Kapitel zu Aquileia findet sich als Unterfertigung des Notars, der die Urkunde geschrieben haben soll, nach einem vorangestellten gitterförmigen Zeichen der folgende Text: *Signum manus Bertaldi notharii qui hanc cartulam* [...] *conscripsi atque complevi*[61]. Die ebenfalls unechte, doch erst etwas später hergestellte Dotationsurkunde desselben Patriarchen für das Kloster S. Maria zu Aquileia von angeblich 1041 soll derselbe Notar – im Anschluß an ein Monogramm – wie folgt unterfertigt haben: *Signum manus Bertaldi notarii sacri palacii qui* [...] *hanc cartulam scripsi et complevi*[62]. In den erhaltenen Abschriften der ursprünglichen, echten Fassung der letzteren Urkunde steht dagegen bloß (ohne irgendein in den erhaltenen Abschriften überliefertes Symbol): *Ego supra Bertaldus notarius hanc scripsi cartulam et post traditam complevi*[63]. Der Fälscher der Urkunde für das Kapitel hat also um 1129 die von ihm verwendete Unterfertigungsformel offensichtlich selbst formuliert oder

61 Der Vf. ist sich der Problematik des Sigels *SM.* in diesem Zusammenhang bewußt. – Zur Überlieferung der Urkunde siehe oben Anm. 39.

62 Notarielle Abschrift von 1195 in Udine, Biblioteca comunale, Ms. 1231/1. Druck: Härtel, Urk. Poppo, S. 176–179 (rechte Spalte). Schriftprobe mit der angeführten Unterfertigung ebenda Abb. 3 nach S. 160.

63 Älteste Abschriften in Joannis, Archivio Frangipane, Pergamene I, Nr. 4, und in Cividale, Museo archeologico nazionale, Pergamene capitolari I, p. 71 [zu Nr. 23] und p. 67, Nr. 23. Druck: Härtel, Urk. Poppo, S. 176–180 (linke Spalte).

Fig. 27 *Notarielle Unterfertigung in einer Patriarchenurkunde von angeblich 1041 (Abschrift von 1195 aus angeblichem Original; siehe Anm. 62)*

anderswoher in diesen Zusammenhang übertragen. Der Fälscher der Urkunde für das Marienkloster hat die in der Fälschung für das Domkapitel bereits vorliegende Formulierung offenbar anstandslos übernommen. Damit wird klar, daß in der ersten Hälfte des 12. Jahrhunderts das Zeichen eines Notars vor dessen Unterfertigung in einer von ihm verfaßten Urkunde nicht nur äußerlich die vertraute Form eines *signum manus* anzunehmen vermochte, sondern daß dieses auch inhaltlich als solches betrachtet und ausdrücklich als solches bezeichnet werden konnte. Angesichts des Layouts der Urkunde und der graphischen Gestaltung der »Signumzeile« (ihr Text beginnt auch mit *signum*) wird man sicher nicht fehlgehen, einen Einfluß der Königsurkunde anzunehmen.

Das *signum manus* in der Fälschung für das Domkapitel ist sehr genau jenes Gitter, wie es auch sonst überaus häufig als nicht individualisiertes *signum manus* auftritt (Fig. 26). In der Fälschung für das Marienkloster erscheint das angebliche *signum manus* desselben Notars zumindest auf den ersten Blick als ein Monogramm auf der Basis von Majuskel-*B* (Fig. 27). Das scheint angesichts des Namens *Bertaldus* kein besonderes Wunder. Doch diese Erklärung reicht möglicherweise nicht aus. So wie dem Fälscher der Urkunde von angeblich 1031 ein »übliches« *signum manus* als Vorbild vorgeschwebt hat, so mochte das auch bei dem Fälscher der Urkunde für das Marienkloster der Fall gewesen sein. Wir haben bereits festgestellt, daß das Wort *signum* oder Teile davon zu einer *B*-ähnlichen Abbreviatur zusammengezogen werden konnten, welche Figur ihrerseits später zu Mißverständnissen bzw. weiteren Umformungen Anlaß gegeben haben mochte. Der jenen *B*-ähnlichen Figuren vorangesetzte leicht *s*-förmige Strich erscheint auffälligerweise, wenn auch etwas gedrungener, ebenso in dem Monogramm von angeblich 1041. Die Idee zur weiteren Ausgestaltung einer ursprünglich *B*-förmigen Figur zu einem Monogramm mochte nicht zuletzt durch die Ähnlichkeit zwischen der »Signumzeile« in der Vorlage von angeblich 1031 und der Signumzeile königlicher Diplome befördert worden sein.

Der Fälscher der Urkunde für das Marienkloster (welcher die vorgenannte Urkunde für das Kapitel gekannt und verwendet hat) zeichnete jedenfalls statt des Gitters ein Monogramm. Er hat sichtlich nichts dabei gefunden, daß ein Notar sein *signum manus* nicht etwa nur veränderte, sondern es mit einem völlig anderen vertauschte. Es ist zwar einzuräumen, daß die unechte Urkunde für das Marienkloster lediglich in einer notariellen Abschrift von 1195 (und deren Ableitungen) auf uns gekommen ist. Aber daß ein Kopist ein regelmäßiges Rasterbild zu einem völlig anders strukturierten Monogramm »emendiert« hätte, das wäre doch eine ganz und gar unwahrscheinliche Annahme. Die letztere Überlegung setzt natürlich voraus, daß der Fälscher der Urkunde für das Marienkloster jene für das Kapitel im Original hat benützen können oder doch wenigstens in einer Überlieferung, in welcher die Darstellung der *signa* erhalten geblieben ist. Weiter unten wird zu sehen sein, daß diese Voraussetzung durchaus alle Wahrscheinlichkeit für sich hat.

Fest steht jedenfalls, daß ein Notarszeichen bereits im 12. Jahrhundert von einem Nichtfachmann als *signum manus* betrachtet werden konnte. Aus der ersten Hälfte des 13. Jahrhunderts gibt es für diese Anschauung sogar ein unmißverständliches Zeugnis in der Unterfertigung eines professionellen Notars: *Ego magister Vidotus imperialis aule notarius* [...] *scripsi ac signo manus proprie presentem paginam roboravi*[64]. Hinlänglich festzustehen scheint auch, daß zumindest der Schreiber der unechten Urkunde von angeblich 1041 am Wechsel eines solchen Zeichens nichts Arges gefunden haben kann. Damit stellt sich die allgemei-

64 Udine, Archivio capitolare, Cod. 42, fol. 25v–26v (zweifaches Vorkommen!). Drucke: Constitutiones patriae Foriiulii deliberate in generali parlamento [...], hg. v. Vincenzo JOPPI, Udine 1900, S. 95 f. Nr. 2 und 3.

nere Frage: War ein individuell ausgeprägtes *signum manus* tatsächlich ein *signum repraesentativum*, in jenem Sinne nämlich, daß es nicht nur auf eine handelnde Person hinwies, sondern eine bestimmte Person repräsentierte und daher nicht austauschbar war?

Signum manus und Individuum

Es ist eine oft beobachtete Erscheinung, daß im Zusammenhang mit der Unterfertigung von Einzelpersonen gebrauchte Symbole, auch wenn sie einfachste Grundformen (z. B. Kreuz) aufweisen, die Tendenz zur Individualisierung zeigen. Das gilt für die Unterfertigungen von Geistlichen wie von Weltlichen. Hier sollen nun Beobachtungen darüber angestellt werden, wieweit ausgeprägt »persönlich« erscheinende Zeichen wirklich fest mit bestimmten einzelnen Personen verbunden sind.

Die quellenmäßige Grundlage für eine solche Untersuchung ist in dem zur Rede stehenden Gebiet freilich sehr schmal. Individuelle Symbole sind insgesamt eher selten verwendet worden.

Es gibt zwei Urkunden, welche eine gutenteils identische Liste von Unterfertigungen enthalten, von denen jene der Laien jeweils mit einem *signum manus* versehen sind. Es handelt sich noch einmal um die uns jetzt schon vertrauten Dotationsurkunden des Patriarchen Poppo von Aquileia von angeblich 1031 und angeblich 1041. Da der Fälscher der Urkunde von angeblich 1041 jene von 1031 nicht nur bei der Textgestaltung benützt, sondern bei dieser Gelegenheit auch die Zeugenliste seiner echten Vorlage aus der Urkunde von angeblich 1031 ergänzt hat[65], ist ein Vergleich nicht einfach, andererseits aber gerade deshalb aufschlußreich[66]. Unter solchen Voraussetzungen muß auch eine Angleichung der *signa* als möglich in Betracht gezogen werden; die völligen bzw. weitgehenden Übereinstimmungen zwischen etlichen der *signa* in den beiden Urkunden könnten sich auch so und nicht durch konsequente Anwendung immer derselben *signa* durch eine Person erklären[67].

Schon die Kreuzzeichen des Ausstellers der beiden Urkunden, des Patriarchen Poppo, sind hier wie dort jeweils unterschiedlich gebildet. Hierbei bietet die Kapitel-Urkunde die einfachste denkbare Form. Ebenso einfach erscheint die offenbar eigenhändige Unterfertigung Poppos von 1035[68]. In den erhaltenen Abschriften der ursprünglichen, echten Fassung der Urkunde für das Marienkloster ist ein entsprechendes Zeichen nicht überliefert. In der Neuredaktion von angeblich 1041 bzw. in deren notarieller Abschrift von 1195 findet sich dagegen ein Kreuz mit zusätzlichem Hochbalken.

Durchaus unterschiedlich erscheint in den beiden unechten Poppo-Urkunden auch das *signum manus Azonis*. In der Kapitel-Urkunde erscheint es in der schon besprochenen, einem *B* ähnlichen Form (oben Fig. 13). In der Urkunde für das Kloster S. Maria erscheint es in der Form eines abgeflachten *SS* (Fig. 28). Diese Form hat es übrigens mit mehreren anderen *signa* in derselben Urkunde gemein. Das *signum manus Rodaldi* hat in der Urkunde für das Kapitel die Form eines durch Ösen unterbrochenen Schrägrechtsbalkens samt einer diesen überschneidenden *S*-Linie (Fig. 29). In der Urkunde für das Kloster S. Maria hat es die Form zweier durch einen Balken verbundener *S*-ähnlicher Striche (Fig. 30). Dem Vizedom Johannes und seinem Bruder *Bertaldus* wurde in der Urkunde für das Kapitel nur ein einziges, gemeinsames *signum manus* zugeordnet[69]. Es hat etwa die Form eines stark vergrößerten tironischen *et*. In der Urkunde für das Kloster S. Maria erscheint für jeden der beiden das schon anderweitig mehrfach bekannte abgeflachte *SS*.

Von den angeführten Personen ist *Bertaldus*, der Bruder des Vizedoms Johannes, in der echten Vorlage von 1036 gar nicht genannt gewesen. Der Fälscher hat statt des für beide gemeinsamen Zeichens in der Kapitel-Urkunde für Johannes das von diesem vielleicht schon 1036 geführte *SS*-förmige Zeichen aus der echten Vorlage übernommen oder ihm dieses »zugeteilt«. Die offenbar willkürliche Zuordnung desselben Zeichens auch an den Bruder *Bertaldus* kann nur im Zuge der Fälschungsaktion stattgefunden haben. Für *Azo*, der ebenfalls in der echten Vorlage von 1036 aufscheint, ergeben sich zwei Möglichkeiten. Entweder ist ihm sein ebenfalls *SS*-förmiges Zeichen in der Fälschung von angeblich 1041 vom Fälscher willkürlich zugewiesen worden, oder *Azo* hat 1036 ein anderes Zeichen geführt als in der Kapitel-Urkunde.

65 Zur Erweiterung der Zeugenliste anhand der Kapitel-Urkunde vgl. HÄRTEL, Urk. Poppo, S. 121–124.

66 Dazu kommt, daß, wie schon oben gesagt, die Urkunde von angeblich 1041 nur in einer Abschrift aus dem Jahre 1195 überliefert ist.

67 Es erscheint unnötig, diese Zeichen hier insgesamt vorzustellen.

68 Die Urkunde für das Kloster S. Maria in Organo zu Verona ist oben bereits herangezogen worden (siehe Anm. 28).

69 Das ist übrigens nicht der einzige solche Fall in dieser Urkunde.

Mag man bei den Genannten noch einwenden, hinter den *SS*-förmigen *signa* könnten auch mißverstandene »unpersönliche« Zeichen stehen oder beispielsweise der *Azo* von 1041 müsse nicht identisch mit jenem von 1031 sein, so sind solche Einwände im Fall des *Rodaldus* nicht mehr möglich. Ein solcher ist in der echten Vorlage der Fälschung auf 1041 nicht angeführt, in der Urkunde von angeblich 1041 ist er also eine aus der Kapitel-Urkunde entnommene Zutat, so wie Bischof Rothar von Treviso, Bischof Johannes von Pola, der Bruder des Vizedoms Johannes und wie schließlich ein gewisser Adam. Hier ist offenkundig, daß der Fälscher das *signum manus* willkürlich geändert hat. Dasselbe gilt auch hinsichtlich der schon im vorangehenden Kapitel besprochenen verschiedenen Zeichen des Notars *Bertaldus*.

Der damit erlaubte Schluß, daß es im 12. Jahrhundert Zeitgenossen gegeben hat, denen Konsequenz im Gebrauch eines »persönlichen« *signum manus* wenig bedeutet hat (und das auch bei gleichbleibender Funktion der jeweils betroffenen Person im Dokument), dieser Schluß steht und fällt mit der Voraussetzung, daß der Fälscher der Urkunde von angeblich 1041 die Fälschung auf das Jahr 1031 im Original gekannt hat oder jedenfalls in einer Überlieferung, welche die *signa* hinlänglich deutlich erkennen ließ. Die Identität des *signum manus Ade* in der einen wie in der anderen Urkunde, das heißt die Identität des Zeichens für eine unter jenen Personen, welche der Fälscher der Urkunde für das Marienkloster aus der Zeugenliste der Kapitelurkunde erst hat übernehmen müssen, läßt diese Voraussetzung als zweifellos gegeben erscheinen. Die Annahme einer nur zufälligen Übereinstimmung hat alle Wahrscheinlichkeit gegen sich.

Noch ungleich zuverlässiger erscheinen diesbezüglich einige andere Nachrichten. Im ausgehenden 11. Jahrhundert sind etliche friaulische Urkunden von einem Notar *Bertaldus* ausgefertigt worden. Wieweit es sich dabei um verschiedene Personen handelt, muß einer paläographischen Spezialstudie vorbehalten bleiben. Doch soviel scheint sicher: Eine Urkunde von 1091[70] und eine weitere von 1096[71] stammen von derselben Hand. Vor der Unterfertigung des Notars *Bertaldus* steht jeweils ein völlig anderes Zeichen.

Dazu kommen die sehr unterschiedlichen Unterfertigungsweisen, welche Patriarch Pilgrim I. von Aquileia von den dreißiger Jahren bis in die fünfziger Jahre des 12. Jahrhunderts in verschiedenen Urkunden gepflogen hat. Von diesen Urkunden sind zwei angezweifelt worden, wenn auch nur mit großer Zurückhaltung. Wir werden sie, wie noch zu sehen, als echt anzuerkennen haben. Die »Unregelmäßigkeiten« beginnen damit, daß Patriarch Pilgrim I. keineswegs in allen von ihm ausgegangenen Urkunden unterfertigt hat[72]. Auch sonst gehen die unterschiedlichen Unterfertigungsweisen weit über den Wechsel von objektiver (mit *signum manus*) und subjektiver bzw. eigenhändiger Unterfertigung hinaus. Gerade im Falle eines Bischofs erscheint übrigens evident, daß eine Unterfertigung mit *signum manus* den jeweils Genannten keineswegs als Schreibunkundigen ausweisen muß[73].

In seiner Urkunde für das Kloster S. Cipriano zu Murano von 1138 ließ Pilgrim seine Unterfertigung mit einem einfachen Kreuz beginnen, welches allerdings Ansätze zu einer »Personalisierung« zeigt. Darauf folgt die Erläuterung *Hec crux signum domini patriarcę Peregrini, qui hanc cartulam concessionis fieri rogavit*. Diese Erläuterung stellt klar, daß dem Kreuz hier nicht nur invokativer Charakter zugekommen sein wird[74]. Nur ein Jahr später erscheint, und zwar in einer Urkunde Pilgrims für die Propstei S. Stefano zu Aquileia, ein *signum Peregrini patriarchę* (ohne Zusatz von *manus*) (Fig. 31). Dieses letztere *signum* hat die Form zweier ineinandergestellter gleichseitiger Dreiecke, von denen das eine mit der Spitze nach oben, das andere nach unten gerichtet ist[75].

Wieder völlig anders erscheint die Unterfertigung Pilgrims in einer früheren wie in zwei späteren Urkunden: In diesen Fällen hat Pilgrim jeweils eine Rota-ähnliche Figur gebraucht. Es handelt sich jeweils um ein Radkreuz mit einer auf die vier Quadranten verteilten Inschrift. Ein Stück für das krainische Kloster

70 Original in Cividale, Museo archeologico nazionale, Pergamene capitolari I Nr. 33. Druck: Pier Silverio LEICHT, Diritto romano e diritto germanico in alcuni documenti friulani dei secoli XI, XII, XIII, Neudr. in: DERS., Scritti vari di storia del diritto italiano, Bd. 2/2, Milano 1948, S. 41 f. Nr. 2 (mit Druckfehler *Berlaldus*).

71 Original in Udine, Biblioteca comunale, Ms. 696/1. Druck: Iohannes Franciscus Bernardus Maria DE RUBEIS, Monumenta ecclesiae Aquilejensis, Argentinae 1740, Sp. 548–550.

72 Diese Urkunden ohne Unterfertigung brauchen hier nicht im einzelnen nachgewiesen zu werden.

73 Zu dieser Problematik vgl. Vittorio LAZZARINI, Originali antichissimi della cancelleria veneziana (Osservazioni diplomatiche e paleografiche), in: Nuovo Archivio Veneto NS 8 (1904), S. 210 f.

74 Original in Venedig, Archivio di Stato, Mensa patriarcale, Busta 123, Urk. 87. Druck: Flaminio CORNER, Ecclesiae Torcellanae antiquis monumentis nunc etiam primum editis illustratae, Bd. 10/3, Venetiis 1749, S. 220.

75 Die älteste auffindbare Abschrift stammt aus dem 14. Jh.: Udine, Biblioteca comunale, Ms. 1231/1. Druck: DE RUBEIS, Mon. eccl. Aquil., Sp. 567–569.

Fig. 28 *Signum manus des Azo von angeblich 1041 (Urkunde wie in Fig. 27)*

Fig. 29 *Signum manus des Rodaldus von angeblich 1031 (Urkunde wie in Fig. 11)*

Fig. 30 *Signum manus des Rodaldus von angeblich 1041 (Urkunde wie in Fig. 27)*

Fig. 31 *Signum des Patriarchen Pilgrim I. von Aquileia in einer von ihm ausgestellten Urkunde von 1139 (Abschrift 14. Jh.; siehe Anm. 75)*

Stična/Sittich stammt aus dem Jahre 1136[76], ein zweites von 1152 ist für dasselbe Kloster ausgestellt[77]. Diese merkwürdige Übereinstimmung hat zusammen mit anderen formalen Übernahmen aus der Papsturkunde schon vor 50 Jahren zur vorsichtigen Frage nach der Echtheit dieser Stücke geführt[78]. Das Wiederauftreten der »Rota« noch in demselben Jahr 1152 (und mit genau derselben Legende wie in der Sitticher Urkunde aus diesem Jahr) in einer von Pilgrim durch Unterfertigung bestätigten Urkunde des damaligen Bischofs von Triest für das Kloster S. Giorgio Maggiore zu Venedig dürfte weitere Diskussionen über die Echtheit erübrigen[79].

Pilgrim hat sogar die Legenden in der »Rota« gewechselt. 1136 heißt diese *Dextera domini fecit virtutem* (Fig. 32). 1152 heißt es sowohl in der Urkunde für Sittich (Fig. 33) als auch in jener für S. Giorgio Maggiore *Adiuva nos deus noster*. Die zugehörigen Unterfertigungsformeln sind demgegenüber wesentlich gleichförmiger[80]. Pilgrim dürfte die Legende von 1152 der Rota Papst Innocenz' II. entnommen haben, unter Auslassung des Wortes *salutaris*[81]. Ein bedeutendes Privileg dieses Papstes zugunsten eben desselben Patriarchen Pilgrim, auf welchem Privileg dessen Rota samt Legende heute noch zu sehen ist, lag seit 1132 im

76 Abschrift aus dem 18. Jh. in Ljubljana, Arhiv Republike Slovenije, in PUZELS *Idiographia monasterii Siticensis* (hieraus die beigegebene Fig. 32). Faksimile aus anderer abschriftlicher Überlieferung (des 18. Jh.): Jože M. GREBENC, Gospodarska ustanovitev Stične ali njena dotacija leta 1135, Samostan Stična 1973, S. 218–221; Druck: Franz SCHUMI (Hrsg.), Urkunden- und Regestenbuch des Herzogtums Krain I, Laibach 1882/83, S. 88–90 Nr. 79.

77 Original in Česky Krumlóv, Statní archiv, Velkostatek Murau. Druck: SCHUMI, UB Krain I, S. 104–106 Nr. 106.

78 Vgl. PUSCHNIG, Urkundenwesen, S. 116–118 und 132, bes. S. 118.

79 Zeitgenössische Kopie in Venedig, Archivio di Stato, S. Giorgio Maggiore, Proc. 493. Druck: Luigi LANFRANCHI, S. Giorgio Maggiore II, Docc. 982–1159 (Fonti per la storia di Venezia, sez. 2: Archivi ecclesiastici, Diocesi castellana), Venezia 1968, S. 496–498 Nr. 250.

80 In der Urkunde für S. Giorgio Maggiore steht *Ego Peregrinus sancte Aquileiensis ecclesie patriarcha subscripsi et confirmavi*. In der Urkunde von 1136 ist vor *patriarcha* noch das Wort *dictus* eingefügt, in der Sitticher Urkunde von 1152 fehlen *ecclesie* und das *confirmavi*. Darüberhinaus bestehen nur einige unwesentliche orthographische Varianten.

81 Zur Rota Innocenz' II. vgl. Julius v. PFLUGK-HARTTUNG, Die Bullen der Päpste bis zum Ende des zwölften Jahrhunderts, Gotha 1901, S. 312.

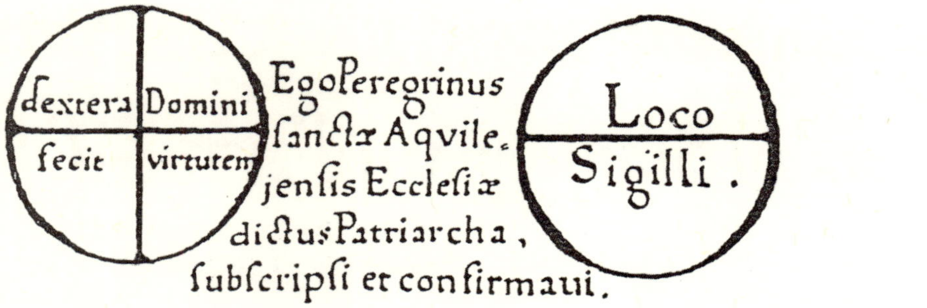

Fig. 32 *Unterfertigung des Patriarchen Pilgrim I. von Aquileia in einer von ihm ausgestellten Urkunde von 1136 (Abschrift 18. Jh.; siehe Anm. 76)*

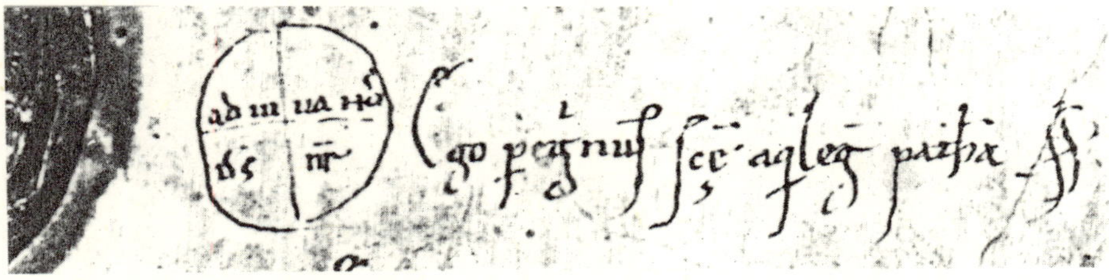

Fig. 33 *Unterfertigung des Patriarchen Pilgrim I. von Aquileia in einer von ihm ausgestellten Urkunde von 1152 (Original; siehe Anm. 77)*

Aquileier Archiv[82]. Es handelt sich offenbar um die »Belohnung« Pilgrims für dessen Haltung im Schisma. Pilgrim hat die Rota-Legende Innocenz' II. aber erst nach dessen Tod übernommen.

In Kreise eingefaßte Kreuze vor Namensunterschriften kommen schon lange vor dem Auftreten der Rota in den päpstlichen Urkunden vor[83]. Auch spätere Beispiele sind daher nicht von vornherein auf das päpstliche Vorbild zurückzuführen. Im vorliegenden Fall wird aber – jedenfalls angesichts der Legende von 1152 – das päpstliche Vorbild zweifellos seine Rolle gespielt haben[84].

Auch solche *signa* also, denen man am ehesten die Repräsentation einer ganz bestimmten Person zutrauen möchte, erscheinen keineswegs fest mit dieser verbunden. Dies ist allerdings eine Feststellung, welche im Wappenwesen der behandelten Zeit durchaus Analogien findet.

Bedeutung und editorische Behandlung graphischer Symbole

Symbole können vieldeutig sein, und für ihre Deutung ist der Kontext oft wichtiger als die Symbole selbst es sind[85]. Was im Großen anerkannt ist, könnte auch im Kleinen gelten, vielleicht also sogar für die Position der Zeichen innerhalb der Unterfertigungszeilen. Es versteht sich von selbst, daß eine regional angelegte Studie mit einer solchen Fragestellung ihre Grenzen überschreiten würde. Mehr als einige wenige und nur vorläufige Anmerkungen zu diesem Thema sind an dieser Stelle nicht möglich.

Für urkundliche Zeichen in einer Unterfertigungszeile kommen normalerweise folgende Positionen in Betracht: zum einen die Position vor einer subjektiv oder objektiv gefaßten Unterfertigungsformel im allgemeinen (wie z. B. in Fig. 1, 6, 23 und 33), zum zweiten die Position vor einer *signum manus*-Formel im besonderen (wie z. B. in Fig. 11, 13 und 26), und drittens die Position zwischen den Wörtern *signum* (oder *signa*) einerseits und *manus* (bzw. *manuum* oder *manibus*) andererseits (wie z. B. in Fig. 10, 14 und 24). Gliedert man nun die in den Unterfertigungen vorkommenden Zeichen in die drei (am äußeren Erscheinungsbild orientierten) Typen Kreuz, Gitter und »individuelles Zeichen« (einschließlich Monogramm), so ergibt sich folgendes Bild der Verteilung: Kreuze und Gitter können an allen angeführten Orten vorkommen. Individuell gestaltete Zeichen jedoch kommen so gut wie ausschließlich am Beginn von Unterfertigungsformeln vor. Ob diese nun subjektiv oder objektiv gefaßt sind,

82 Original in Udine, Archivio capitolare, Perg. I, Nr. 11. Vgl. Paul Fridolin Kehr, Italia pontificia VII/1 (Regesta pontificum Romanorum), Berolini 1923, S. 35 Nr. 79.

83 Vgl. dazu den Beitrag von Joachim Dahlhaus in diesem Band.

84 Es ist auf ein Gegenstück in Ravenna hinzuweisen. Erzbischof Moses, der erst nach dem Tod Innocenz' II. sein Amt angetreten hat, gebrauchte eine Rota mit einer Legende, die jener in den Roten Innocenz' II. wörtlich entspricht: Archivio paleografico italiano, Bd. 13, Tafel 23 (von 1146). Im Jahr darauf hatte er die Legende gewechselt: Archivio paleografico italiano, Bd. 1, Tafel 42.

85 Vgl. dazu den Beitrag von Armin Hofmann in diesem Band.

macht im Prinzip keinen Unterschied. Vor subjektiv gefaßten Unterfertigungsformeln kommen ausgesprochen individuell gestaltete Zeichen aber fast ausschließlich dann vor, wenn es sich um notarielle Unterfertigungen handelt.

Besonders interessant erscheint die »Erläuterung« in der schon wiederholt herangezogenen Trevisaner Bischofsurkunde für das Kloster Mogliano von 997[86]. Hier findet sich unter anderem die folgende Unterfertigung: (*SC.*) *Signum* (*SM.*) *manu* (!) *domini Rambaldi comiti qui eadem signum crucis feci et interfui* (oben Fig. 9). Hier wird offenbar nicht das Kreuz, sondern das dem Wort *signum* folgende, sichtlich aus einem Gitter abgeleitete Zeichen als *signum manus* angesehen. Der Tatbestand kann kaum anders gedeutet werden, als daß dem Kreuz vor allem invokative Bedeutung zukam und die Bekräftigung der Urkunde durch Handauflegung auf dem durch das *signum manus* bezeichneten Platz geschah. Besonders deutlich sagt es eine Trevisaner Urkunde von 1124 vor einer Reihe von Zeugennamen: *signa pro impositione manuum* (*SM.*) *istorum* [...][87].

Aus den vorgeführten Beispielen scheint jedenfalls hervorzugehen, daß allgemein verwendbare Symbole vor einer subjektiv gefaßten Unterfertigung sowie solche am Beginn einer *signum manus*-Formel am ehesten dazu prädestiniert erschienen, sich in »persönliche Symbole« zu verwandeln oder, andersherum betrachtet, daß für individuell gestaltete Symbole am ehesten der Platz am Beginn einer (subjektiv oder objektiv gefaßten) Unterfertigung in Frage kam. Überall dort, wo sich ein individuell gestaltetes Symbol aus der Buchstabengruppe *sig* oder aus dem Wort *signum* heraus entwickelt haben mochte, mußte die Positionierung zu Beginn der Unterfertigung ohnehin von vornherein naheliegen.

Symbole zwischen den Worten *signum* und *manus* (bzw. *signa* und *manuum* usw.) entzogen sich anscheinend am nachhaltigsten einer individuellen Ausgestaltung. Da wurde allenfalls ein Gitter zum *m* von *manibus* uminterpretiert. Soweit die im Untersuchungsraum verfügbaren und nicht eben zahlreichen Beispiele ein Urteil zulassen, artikulierte sich die *Person* vorzugsweise vor (!) dem Wort *signum*, die von ihr vollzogene *Handlung* vorzugsweise danach. Ein »Muß« ist das aber keinesfalls. Ein untersteirischer Urkundenschreiber setzte im Jahre 1202 an den Beginn seiner (einer notariellen Kompletion nachgebildeten) Unterfertigungsformel ein Kreuz und fügte hinzu: *Ego Petrus scriba* [...] *scripsi et signo victoriosissimi crucis eam autenticavi, complevi et insuper dedi*[88]. Das Kreuz wird hier von seinem Urheber ausdrücklich als solches bezeichnet.

Aus den bisher vorgeführten Fällen und insbesondere wohl aus den eben zuletzt gezeigten Beispielen dürfte hinlänglich hervorgehen, daß die korrekte Bezeichnung der urkundlichen Symbole in vielen Fällen ein Problem sein kann: Es gibt keine eindeutige und Mißverständnisse ausschließende Terminologie. Wir verwenden im Grunde heute noch die Terminologie der Urkundenschreiber vor 800 oder 1000 Jahren: *signum crucis, signum manus, signum tabellionis* und so weiter.

Dieser Einteilung liegt nun kein einheitlicher Gesichtspunkt zugrunde, sondern eine Mischung von Kriterien. Beim *signum crucis* ist die äußere Form des Zeichens angesprochen, beim *signum manus* in erster Linie wohl eine mit dem Zeichen in Zusammenhang stehende Handlung, auch wenn diese im Extremfall nur in einer bloßen Zustimmung oder Kenntnisnahme bestanden haben mochte. Beim *signum tabellionis* schließlich steht eine für die Beurkundung wesentliche Person bzw. deren besondere Qualifikation im Vordergrund.

Wie es scheint, haben schon die hochmittelalterlichen Urkundenschreiber mit den unausweichlichen Unschärfen einer solchen Terminologie zu kämpfen gehabt. In einer istrischen Urkunde von 1060 findet sich nach einem Kreuz dessen Erklärung als *signum manus prefati marchionis*, der nicht schreiben konnte und daher besagtes *signum crucis fecit*[89]. Ganz ähnlich heißt es in einer Trevisaner Urkunde von 1124 nach einem Kreuz: *Hec crux signum manus domini Melionius advocati qui hoc signum crucis fecit*[90]. Die *crux* konnte also in beiden Fällen sowohl als Kreuz- wie auch als Handzeichen betrachtet und angesprochen werden. Eher auflösbar erscheint die (grammatisch etwas grausame) Unterfertigung des Grafen Rambald in der schon mehrfach herangezogenen Trevisaner Bischofsurkunde von 997: *Signum manus domini*

86 Siehe die Nachweise oben in Anm. 17.

87 Abschrift in Treviso, Archivio della Curia vescivole, Perg. 4. Im Druck bei SARTORETTO, Antichi documenti, S. 161 f. Nr. 6 (fehlerhaft, mit nicht als solchen gekennzeichneten Auslassungen) findet sich unzutreffend *per impositionem*. – Die das *SM.* bildenden Wellenlinien sind letztlich wahrscheinlich aus dem vertrauten Gitter abgeleitet.

88 Druck dieser Urkunde (aus älterer gedruckter Überlieferung): J(osef) v. ZAHN, Urkundenbuch des Herzogthums Steiermark, Bd. 2, Graz 1879, S. 77 f. Nr. 48.

89 Original in Venedig, Biblioteca nazionale Marciana, Cod. L. XIV 101, S. 302 Nr. CCXXVI bzw. 234. Druck: KANDLER, Cod. dipl. istr., Neudr. Bd. 1, S. 218 Nr. 103.

90 Siehe die Nachweise oben in Anm. 87.

Rambaldi comiti qui eadem signum crucis feci et interfui[91]. Vor dem Wort *Signum* steht ein eindeutiges Kreuz, und nach ihm ein Gebilde, welches man nur für ein *signum manus* halten kann.

Die vielfältigen Überschneidungen konnten aber nicht nur für die mittelalterlichen Zeitgenossen zu einer *crux* werden, sie sind auch für uns Heutige keineswegs immer durchschaubar: Das Handzeichen kann Kreuzform haben und bereits im Mittelalter mit diesem ausdrücklich gleichgesetzt worden sein. Das Notarszeichen wiederum konnte in gewissen Fällen als Handzeichen angesprochen werden.

Besehen wir unter diesem Aspekt nochmals die (angeblichen) Unterfertigungen des Notars *Bertaldus* in den unechten Urkunden des Patriarchen Poppo von Aquileia: Sein *signum* in der Kapitel-Urkunde von angeblich 1031 (oben Fig. 26) ist angesichts seiner Form als Kreuz bzw. als *signum crucis* zu bezeichnen. Gemäß dem Wortlaut der Unterfertigungsformel handelt es sich allerdings um ein *signum manus*, angesichts seiner tatsächlichen Funktion aber um ein *signum notarii*. Je nach dem für maßgeblich gehaltenen Kriterium könnte ein Editor dieses Zeichen mit (*SC.*), mit (*SM.*) oder mit (*SN.*) ausweisen. Im Falle der *Bertaldus*-Unterfertigung in der Poppo-Urkunde für das Nonnenkloster S. Maria (oben Fig. 27) stünden stattdessen (*M.*), (*SM.*) und (*SN.*) zur Auswahl. Freilich wird sich ein Editor heute am ehesten für die letztere Möglichkeit entscheiden, indem Notarszeichen grundsätzlich als (*SN.*) oder als (*ST.*) verzeichnet zu werden pflegen.

Etwas weniger kompliziert, aber im Prinzip gleich schwierig liegt das terminologische Problem dann, wenn das ausdrücklich als solches bezeichnete *signum manus* einmal die Form von Kreuz oder Gitterwerk, dann wieder eine individuelle Gestalt aufweist. In letzterem Falle müßte es in der Edition zweifellos als *signum manus* betrachtet und daher mit (*SM.*) angezeigt werden. Im ersteren Fall käme aber auch – trotz gleicher Funktion und gleicher ausdrücklicher Bezeichnung die Betrachtung als *signum crucis* und damit der Hinweis (*SC.*) in Frage. Letzteres (bzw. die Symbolisierung durch ein »richtiges« Kreuz) ist sogar die Regel. Das heißt, es würde heute am ehesten aufgrund der äußeren Form des Zeichens entschieden werden – und damit aufgrund eines anderen Kriteriums als jenes, das für die Notarszeichen normalerweise maßgeblich sein wird. Für die gitterförmigen Figuren, welche heute üblicherweise als Kreuze betrachtet und behandelt werden, scheint übrigens in den hochmittelalterlichen Urkunden die Bezeichnung *signum manus* die regelmäßige zu sein – bisher war jedenfalls ihre Bezeichnung als *signum crucis* im Untersuchungsraum noch nicht zu belegen.

Angesichts der fließenden Übergänge und wiederholt auch geradezu Gegensätze zwischen Formen, Bezeichnungen und Funktionen urkundlicher Zeichen erschiene eine systematische Durchleuchtung der einschlägigen Terminologie als verdienstvolle Aufgabe.

Zusammenfassung

Die angestellten Beobachtungen und Ergebnisse können wie folgt zusammengefaßt werden:

- Buchstaben am Beginn von Unterfertigungsformeln konnten sich zu Zeichen verformen, solange, bis sie zu eben jenem Zeichen wurden, auf welches die Unterfertigungsformel hinwies. Es sieht so aus, als sei bei diesem Vorgang die Formveränderung das Primäre und die Bedeutungsveränderung das Sekundäre gewesen.
- Umgekehrt konnte ein graphisches Symbol auch zu einem Buchstaben uminterpretiert werden und solcherart in einem geschriebenen Wort aufgehen. Die Frage nach der Priorität von Form- oder Bedeutungsveränderung muß an dieser Stelle offengelassen werden.
- Es gibt geradezu explizite Aussagen dahin, daß Zeitgenossen des 12. Jahrhunderts das von einem Notar vor seine Unterfertigung gesetzte Zeichen als *signum manus* betrachtet haben. Daß diese Aussagen von wenig kompetenter Seite kommen, entwertet sie nicht.
- Individuell gestaltete Personenzeichen waren alles andere als unveränderlich. Es ist daher sehr die Frage, wieweit sie wirklich allgemein als persönliche Zeichen zu werten sind.
- Sogar bloße Schnörkel, und zwar solche, die ihrerseits aus tachygraphischen Noten entstanden waren, konnten nicht nur (wie in solchen Fällen gewöhnlich) mit der Zeit als unnötig abgestoßen, sondern auch zu sozusagen vollwertigen Symbolen weiterentwickelt werden.
- Daneben gibt es aber frappierende Beispiele, welche für eine geradezu unglaubliche Beständigkeit mancher frühmittelalterlicher Zeichen und Zeichenbestandteile über ein halbes Jahrtausend hinweg sprechen.

An den festgestellten Grenz- und Übergangsbereichen

91 Siehe die Nachweise oben in Anm. 17.

zwischen den verschiedenen Formen und Bezeichnungen graphischer Symbole in hochmittelalterlichen Unterfertigungen ist deutlich geworden, daß die gängige – und etwa ein Jahrtausend alte – Terminologie verschiedene Kriterien mischt und daher auch die übliche Editionstechnik einige Inkonsequenzen aufweist. Eine Lösung der angesprochenen Probleme ist aufgrund des regional beschränkten Materials hier freilich ausgeschlossen. Vielleicht aber ergibt sich daraus die Anregung, die traditionelle Terminologie in diesem Bereich einmal konsequent zu durchleuchten. Eine Terminologie, welche die vielfachen Kriterien-Überschneidungen vermeidet oder als solche erkennbar ausweist, wäre sicher hilfreich. Vielleicht kann dann auch noch besser sichtbar gemacht werden, in welchem Maße die Welt der graphischen Symbole in den Unterfertigungen hochmittelalterlicher Urkunden im Fluß gewesen ist.

Croix autographes de souscription dans l'Ouest de la France au XIe siècle

Par Michel Parisse

L'ARTEM (Atelier de recherche sur les textes médiévaux et leur traitement assisté) de l'université de Nancy II et du CNRS dispose à présent d'une collection presque complète de reproductions photographiques des actes originaux, des origines à 1120, conservés dans les Archives et Bibliothèques de France. La manipulation fréquente de ces dossiers permet d'acquérir une grande familiarité avec la présentation extérieure de ces documents du haut Moyen Age français et d'engager des enquêtes ponctuelles. C'est ainsi qu'il en fut conduit une concernant les chirographes et chartes-parties[1], c'est dans une intention voisine qu'une recherche a été menée pour étudier l'évolution des souscriptions. L'idée en a été suggérée par l'observation des parchemins du Midi de la France où les notaires des Xe et XIe siècles ont fait apposer des souscriptions autographes par les acteurs et les témoins des actes. Cette intervention personnelle d'individus autres que le rédacteur principal donne une présentation originale aux pièces qui rapportent leurs transactions. Peu à peu certains notaires ont cru bon de porter de leur propre main les souscriptions des témoins, mais sans s'interdire néanmoins de faire inscrire des signes autographes par les intéressés, et notamment des croix. Plus tard encore la présentation des parchemins est devenue plus rigoureuse et le scribe a intégré la liste des témoins à l'acte lui-même, faisant disparaître du même coup les souscriptions autographes à l'exception de la sienne propre[2]. Nul autre que lui dès lors n'intervenait plus dans la préparation de l'acte diplomatique. L'examen des croix autographes nous amène donc à projeter notre regard sur certains actes seulement et pour une certaine période.

1. Constitution du dossier d'enquête

Il convenait tout d'abord de définir l'objet de la recherche, ce que j'entends par croix autographe de souscription. Il existe en effet à toute époque différentes manières de faire apparaître des croix parmi les souscriptions. Dans le cas présent il s'agissait d'éliminer autant que faire se pouvait celles que le scribe avait tracées lui-même, en retenant en revanche celles dont on pouvait dire qu'elles avaient été tracées par le souscripteur en personne. Se trouvaient ainsi exclues de l'étude, au moins théoriquement, les croix très régulières, trop régulières pour avoir été dessinées par des mains différentes, les croix placées systématiquement par le scribe devant certains alignements en colonnes ou devant chaque témoignage à l'horizontale, avec ou sans signum, de même que les croix attachées à l'abréviation du mot signum et présentées sous la forme d'un S majuscule prolongé d'une barre horizontale croisée[3]. Conviennent en priorité à notre enquête ces croix maladroitement tracées, qui trahissent l'inexpérience d'hommes et de femmes à qui la plume était momentanément confiée, les croix accompagnées ou non d'un nom et placées un peu au hasard en bas de l'acte.

A l'occasion d'une telle recherche, j'ai d'abord pu constater qu'en dehors des actes de notaires du Midi de la France, il y avait peu d'exemples de l'écriture d'une souscription complète par l'intéressé, son intervention se bornant d'habitude au seul tracé de la croix, que le scribe accompagnait du nom du signataire, placé avant ou après la croix, ou encore de part et d'autre d'elle. A toute règle il y a des exceptions et nos archives ont livré toute une série de souscriptions de chanoines d'Orléans

* Les références des actes renvoient aux Archives départementales ou à leurs portefeuilles constitués par Artem, sauf exception (AN = Paris, Archives Nationales; BN = Paris, Bibliothèque Nationale), et le mot Artem annonce le numéro du dossier dans les archives de l'Artem (Atelier de recherche sur les textes médiévaux et leur traitement assisté, U. A. 1006 du CNRS et de l'Université de Nancy II), tel qu'il est publié dans: Diplomatica. Inventaire des actes originaux du haut Moyen Age conservés en France, CNRS, Nancy 1987.

1 Michel Parisse, Remarques sur les chirographes et les chartes-parties antérieurs à 1120 et conservés en France, in: *Archiv für Diplomatik* 32 (1986), p. 546–567.

2 Les souscriptions sont étudiées dans les manuels de diplomatique, comme par exemple dans celui d'A. Giry, Manuel de diplomatique, Paris 1894, p. 599.

3 Le sort de toutes ces croix n'est pas le même. Au XIe siècle, des croix bien dessinées par un scribe à la place d'un grand personnage ont la même fonction que des croix autographes. L'accumulation postérieure de croix de petit format devant chaque nom d'une colonne de témoins, ou l'inscription de signa abrégés complétés d'une croix ne présentent pas le même intérêt.

Fig. 1 *Souscriptions autographes de chanoines d'Orléans. Ermenteus, l'évêque d'Orléans pour un prieuré Saint-Jean, mai 945/6 (voir note 4)*

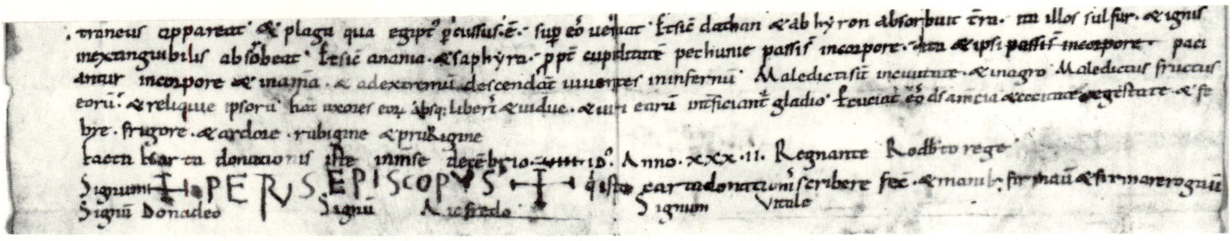

Fig. 2 *Souscription autographe de Pierre évêque de Gérone, décembre 1027 (voir note 5)*

dans un acte de 945[4], et les souscriptions autographes complètes de trois prélats, Pierre évêque de Gérone (1027)[5], Guifred évêque de Narbonne (1032)[6] et Gérard évêque d'Angoulême (1109)[7].

Pour retrouver ces souscriptions autographes, mon enquête a commencé par un sondage des fonds où se trouvent mêlés des actes de provenance diverse, à savoir ceux des manuscrits de la Bibliothèque nationale à Paris, où sont représentées toutes les régions de France. Ces fonds contiennent près de 650 pièces originales antérieures à 1121. J'ai parcouru les manuscrits latins et les nouvelles acquisitions latines, bien connues des médiévistes familiers de la BN[8]. Très vite il est apparu que régulièrement les documents à croix répondant à la définition donnée ci-dessus provenaient de chartriers normands et ligériens, soit, pour parler largement, d'une région allant du nord de la Seine au sud de la Loire, formant un large arc de cercle de Rouen à Nantes en passant par Chartres, excluant toutefois la Bretagne pour laquelle les documents anciens manquent presque totalement[9].

4 Acte de mai 945/6 de l'évêque d'Orléans Ermenteus pour un prieuré Saint-Jean (Loiret portefeuille n. 54; Artem 2796).

5 Acte de l'évêque Pierre pour l'abbaye de Montolieu en décembre 1027 (BN lat. 5485 n. 4; Artem 1893). On lit *Signum* (croix potencée) PETRUS EPISCOPUS (croix potencée) *qui ista carta donationis scribere fecit et manu firmavit et firmare rogavit*. Seul le nom de l'évêque est porté d'une autre main que celle du scribe.

6 Acte d'Ermensende pour l'abbé Bernard de Saint-Paul de Narbonne, donné le 25 février 1032 (BN lat. 5211D n. 4; Artem 1897). Le nom de l'évêque n'est pas mentionné dans l'acte et apparaît seulement en souscription: *Gaufredus sancte prime sedis narbonensis ecclesie episcopus SS* (croix potencée cantonnée de quatre points).

7 Actes de Gérard d'Angoulême (Indre-et-Loire H 264; Artem 1433, et Haute-Loire 1 H 184 n. 2; Artem 3677).

8 D'autres collections ont livré également des échantillons, collections de Lorraine, de Bourgogne, Mélanges Colbert, fonds du Cogner, etc.

9 Signalons une croix d'un évêque de Quimper en 1118 (BN coll. Touraine 31 n. 58).

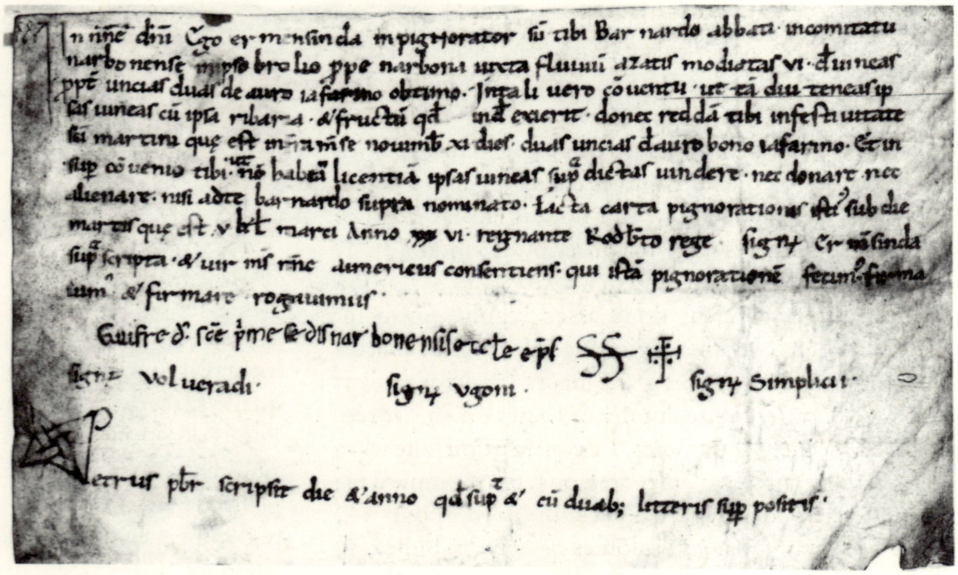

Fig. 3 *Souscription autographe de Guifred évêque de Narbonne, 25 février 1032 (voir note 6)*

Fig. 4 *Souscription autographe de Gérard évêque d'Angoulême, 1109 (voir note 7)*

La deuxième partie de l'enquête a ensuite consisté à se reporter aux dossiers de ces régions favorisées, où la collecte se révéla effectivement fructueuse, et à poursuivre par une contre-épreuve dans les autres régions, où la récolte fut infime sinon nulle. La première constatation fut ainsi que les chartriers les plus riches en croix provenaient de Saint-Wandrille, Jumièges, Saint-Ouen de Rouen et Fécamp pour les fonds de Seine Maritime (en gros le duché de Normandie) d'une part, de Saint-Julien-les-Tours et de Marmoutier (en gros le comté d'Anjou et ses environs) d'autre part. Les sondages du côté d'Amiens, Orléans, Poitiers, Bordeaux, Marseille, furent quasi infructueux[10]. Des exemples ont pu m'échapper, des exceptions existent sûrement (on en trouve à Paris et en Languedoc), mais dans l'ensemble on peut dire que la zone concernée est relativement bien délimitée.

La seconde constatation fut que la période où l'on rencontrait ces croix se définissait d'elle-même. En effet le nombre des actes conservés est encore faible pour le Xe siècle, les actes privés ne faisant guère leur apparition dans ces régions avant le milieu du Xe siècle. Par ailleurs l'enquête de l'Artem ne dépasse pas 1120 et ne nous permet par conséquent pas de déterminer la date ultime de présentation des croix autographes. Néanmoins, il semble qu'on puisse admettre qu'une période de plus grande densité des croix autographes se dessine entre 1000 et 1080, bien qu'on voie nettement les premières marques dès 950 et qu'on ait des exemples encore nombreux après 1100. La disparition de ces croix est sans doute à mettre en relations avec l'essor du scellement, on y reviendra.

Une troisième constatation s'imposa lentement. En majorité les actes à croix autographes appartenaient à la catégorie de ce qu'on appelle les rédactions par le destinataire. Durant cette période en effet, quatre lieux d'élaboration des actes peuvent être distingués: la chancellerie royale, celle du souverain pontife, celles de quelques rares évêques, celles des abbayes. La chancellerie pontificale ne délivra des bulles en nombre crois-

10 Le fonds des Archives départementales du Loiret à Orléans a fourni des exemples de croix, dont quelques-unes sont sûrement autographes. A Marseille, le fonds des Bouches du Rhône, qui comprend plus de 400 pièces, ne comporte pas de croix autographe.

sant qu'à partir de 1050, elle avait ses règles propres et ne concerne pas notre sujet. La chancellerie royale ne retint guère la croix autographe, certes des diplômes en présentaient des exemples comme on le verra, mais il faut alors savoir où ils ont été rédigés. Les chancelleries épiscopales sont bien organisées dans l'est de la France, mais non pas dans le nord et à l'ouest, où les évêques concernés sont cités dans les souscriptions plutôt qu'ils n'interviennent comme auteurs d'acte. Les scriptoria monastiques assuraient donc assez régulièrement au XIe siècle dans certaines régions la rédaction de chartes et de notices. Les comtes et seigneurs locaux n'avaient pas d'autres moyens de donner des actes qu'en s'adressant aux moines et aux clercs. La constatation faite ici se vérifie a contrario en d'autres régions; par exemple dans les chartriers du département du Nord, pour 142 pièces, on dénombre 18 diplômes royaux, 10 bulles, 84 chartes d'évêques et seulement 12 actes privés divers. L'absence de croix dans cette région, où les auteurs d'actes sont des princes puissants, confirmerait que ces croix sont d'autant plus nombreuses que l'on a affaire à des scriptoria locaux et à des actes donnés par des personnes dépourvues d'une grande autorité.

2. La mise en place des croix autographes

La présentation des croix, qui est extrêmement variée, peut se résumer à quelques observations. Leur mise en place s'effectue suivant des scénarios très divers:
- une croix seule accompagnée du nom du souscripteur,
- un ensemble de croix accompagnées de noms[11],
- des croix sans noms[12],
- un mélange de croix autographes ou non[13],
- des croix autographes précédant le signum[14],
- des croix autographes ajoutées en interligne au-dessus des noms[15].

Dans la région définie plus haut, il n'y a pas de croix en bas de tous les actes. Leur proportion est variable, et tourne autour de 20 % du total des pièces examinées, proportion qui varie en particulier avec le fonds d'archives qui les fournit[16].

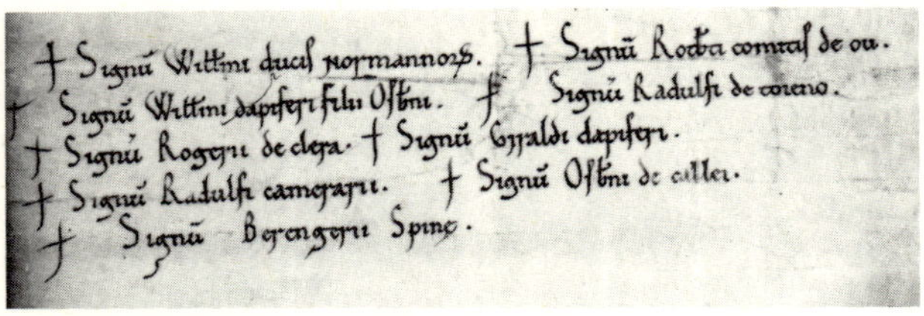

Fig. 5 *Croix non autographes sous un acte d'env. 1066/83 (voir note 16)*

Deux questions principales ont été posées aux documents: d'une part qui dessine une croix, d'autre part quelle place a la croix dans le discours diplomatique? Pour l'une comme pour l'autre question il était impossible de conduire l'enquête de façon exhaustive sous peine de perdre de vue les lignes directrices, les cas particuliers étant nombreux. L'intérêt s'est porté prioritairement vers la tentative de comprendre la démarche du scribe et des témoins, et de reconstituer le comportement des uns et des autres.

a. Croix et formules de corroboration

La distinction entre la rédaction de l'acte et l'intervention des souscripteurs, sensible d'une part dans le temps, d'autre part dans la forme matérielle (autre écriture, autre encre), est une chose bien connue. C'est sans doute au XIe siècle qu'on voit le mieux comment un acte a pu être élaboré en deux temps. Il est en effet coutumier, chez les diplomatistes et éditeurs d'actes, de souligner que dans tel document l'eschatocole a été rédigé par un autre scribe que le texte. Ainsi distingue-t-on fréquemment entre l'Actum et le Datum. Les scribes des monastères, qui élaboraient soigneusement les formules, réfléchissaient à leur texte, le rédigeaient dans le calme de leur atelier, puis le portaient à la connaissance de celui qui devait sceller ou souscrire, le présentaient aux acteurs et aux témoins, en donnaient lecture, et faisaient alors apposer les souscriptions. Certains actes sont restés inachevés; on peut imaginer que la démarche qui vient d'être décrite n'a dans ce cas pas été menée à son terme; ce qu'il en reste peut alors être considéré comme un »projet« qu'une autorité a refusé d'entériner et qui est demeuré dans les archives.

11 C'est le cas le plus fréquent. On ne peut citer tous les exemples rencontrés.

12 Croix sans noms: Maine-et-Loire portefeuille n. 246.

13 Un exemple est fourni par un acte du Maine-et-Loire portefeuille n. 252 et un de Seine Maritime datable vers 1040 (9 H 30; Artem 2694).

14 Acte de 1099 (Pas de Calais (série H fonds Auchy; Artem 4407), et acte d'environ 1030, en Seine Maritime (14 H 327; Artem 2692).

15 AN K 21 n. 4; Artem 2139. Acte d'environ 1066–1083 en Seine Maritime (14 H 327; Artem 2715).

16 Sur les 152 pièces fournies par les Archives départementales de Loir-et-Cher, 20 ont des croix. Dans le seul fonds de Saint-Florent de Saumur (Maine-et-Loire), sur 164 documents, 38 présentent des croix.

Le scribe, à la fin de la rédaction de l'acte, pouvait porter à l'avance les S des signa à venir, se réservant d'inscrire plus tard le nom des présents[17]. Sans doute devait-il prendre note au préalable des noms à porter, de façon à les ordonner ensuite suivant l'ordre hiérarchique. Mais au XIe siècle, l'action était souvent spontanée, les souscripteurs agissaient de façon désordonnée. A ce stade les interventions pouvaient être fort diverses; certaines chartes présentent une aimable confusion des croix dessinées et le scribe devait encore porter auprès de chacune d'elle le nom de son auteur L'important pour lui était en effet de bien faire apparaître à qui appartenait une croix donnée. Ces croix pouvaient être placées en des endroits bien différents, à gauche de préférence, avant la mention des noms, et aussi au milieu, voire à droite, mais de façon assez générale plutôt en bas de l'acte, la présence au centre de l'acte étant peu fréquente.

Les croix étaient normalement annoncées comme signes de validation, mais elles pouvaient être aussi portées sans avoir été annoncées au préalable. La formule la plus classique pour l'annonce d'une souscription comprend l'expression *propria manu* qui atteste, en théorie du moins, que la souscription allait être autographe. En réalité, on sait que l'intéressé a pu se contenter de toucher le parchemin sans écrire ou dessiner quoi que ce soit lui-même: *presentibus istis subscriptis ac sibi invicem pellem porrigentibus*, trouvet-on en bas d'un acte de Foulques comte d'Anjou[18]. Voici quelques exemples:

- 1026, Saint-Wandrille: *Ego Rotbertus nutu Dei archiepiscopus ... manu et ore hanc donationem confirmo*[19].
- 1045, Marmoutier: Le comte Eudes (de Blois) ajoute: *Cuius ego donationis cyrographum, ut firmum ratumque permaneat in perpetuum, manus propriae caractere corroboravi, coniugisque meae ... ac fidelium meorum manibus corroborandum tradidi*[20]. Des croix accompagnent les signa du comte Eudes, de sa femme Ermengarde, de leurs fils Thibaud et Etienne, mais aucun fidèle n'a porté de croix.
- 1116, La Saulve Majeure: *Ego Guillelmus palatinus comes et dux Aquitanie propria manu signo*[21].

On peut énumérer tout au long de cette période des exemples de l'annonce d'une souscription et plus particulièrement d'une croix. La croix est un signe, le plus sacré des symboles, tout comme l'invocation au début de l'acte. Voici plusieurs exemples de sa mention:

- En 967, Hugues Capet, duc des Francs, souscrit un acte de Saint-Julien les Tours: *Signum sancte* (croix) *crucis domni Hugonis Francorum ducis*[22].
- 979, Saint-Julien les Tours: *Ut autem ipsa cessio, donatio vel redditio firmior habeatur, certiusque a nobis facta credatur, manu propria sub signo sanctae crucis eam subterfirmavi manibusque seniorum aliorumque fidelium meorum corroborari rogavi*[23].
- 1026, Saint-Ouen de Rouen: *comes Ricardus ... manu sua per signum crucis cum excommunicatione hanc cartam firmavit*[24].
- Archives du Loiret, fonds de Micy: *trinam inferius unifice crucis impressimus figuram* (trois croix figurent au milieu de l'acte).
- Maine-et-Loire portefeuille 86: *Quot ut firmum imperpetuum maneret, scriptum istud venerandae crucis signo sigillique mei impressione munivimus.*
- Maine-et-Loire portefeuille 121, Marmoutier: *Guazfridus Andegavensis comes sub crucis caractere sua auctoritate firmavit*

Que ces exemples ne laissent pas croire qu'il y a toujours annonce de souscription par croix. Sans les avoir comptées, je sais qu'elles sont relativement peu nombreuses et que bien des croix sont tracées sans avoir été annoncées. A travers ces croix, c'est tout le problème des témoignages et des souscriptions, et celui des différentes techniques des scribes des chartes qui se posent.

b. Qui dessine les croix?

Les personnages d'autorité, en priorité, souscrivent les chartes, celles qu'ils ont parfois données eux mêmes et qui s'orneront plus tard de leur sceau, ou bien celles auxquelles on les invite à donner leur caution. A cette occasion ils interviennent d'abord en traçant une croix, celle qui a été annoncée comme on l'a dit plus haut. Ils le font plus encore dans les actes où ils sont »invités« que

17 Un acte de Maine-et-Loire (portefeuille n. 125) fournit un exemple d'une telle préparation; un certain nombre de S pour signum sont restés inemployés.

18 Acte de Foulques comte d'Anjou pour Cunault (Maine-et-Loire G 842, fol. 282; Artem 3270) daté du 15 mai 1076.

19 Acte de 1026; Artem 1892.

20 Indre et Loire H 269 n. 4; Artem 1436. Un acte de 1048 pour Saint-Ouen de Rouen et la Ferté contient à peu près la même formule (Seine Maritime 14 H 829; Artem 2699).

21 Acte du duc d'Aquitaine pour la Saulve Majeure en 1116 (Gironde H 244 n. 1; Artem 3748).

22 Artem 1527.

23 Saint-Julien les Tours, acte donné en 979 par Guandalbertus (Indre-et-Loire H 461 n. 25; Artem 1534).

24 Acte de 1026 pour Saint-Ouen de Rouen (Seine-Maritime 14 H 917; Artem 2680).

sur ceux à l'origine desquels ils sont. Voici une présentation groupée de ceux qui ont marqué d'une croix leur présence parmi les exemples qu'on a pu relever:

- les rois: Henri Ier et Philippe Ier intervenant en faveur de Saint-Maur des Fossés[25], pour Saint-Germain des Prés[26] et pour l'église de Rouen[27].
- des ducs: Hugues (Capet) duc des Francs pour Saint-Julien les Tours[28], Guillaume duc de Normandie pour Saint-Wandrille[29], et Robert pour le Mont-Saint-Michel[30] et pour Jumièges[31], Guillaume duc d'Aquitaine pour Saint-André de Bordeaux[32] et la Saulve Majeure[33].
- des comtes: comte de Blois pour Notre-Dame de Paris[34], comte d'Anjou, comte du Maine, comte de Meulan.
- des évêques: de Narbonne pour Saint-Paul de Narbonne[35], de Beauvais pour Saint-Lucien[36], de Sées pour Saint-Aubin d'Angers[37], du Mans pour Marmoutier[38].
- d'autres laïcs. Cette dernière catégorie est naturellement représentée et l'on y rencontre par conséquent aussi bien des chevaliers, des laïcs avec leur famille, des religieux. Un acte de 1035 comprend par exemple la famille du comte Galéran de Meulan[39].

Ce sont là, on s'en doute, quelques exemples, car on ne peut citer tous les individus qui ont dessiné une croix. Ils suffisent pour se rendre compte que l'éventail est large, depuis les souverains, princes et prélats qui entérinent une action jusqu'aux plus petits donateurs et aux témoins anonymes. Les grands sont présents en plus grand nombre quand l'acte les concerne directement, et dans ce cas leur famille les assiste (exemples du duc de Normandie et du comte de Meulan). Voyons quelques actes où les croix sont nombreuses:

- 1023, Richard II, duc de Normandie, pour Saint-Wandrille[40]: treize croix accompagnent les témoignages: le duc (appelé prince en souscription), une comtesse, cinq ou six prélats, des témoins.
- 1026, acte pour Saint-Wandrille: huit croix de formes et de tailles diverses pour deux évêques, deux ducs (*Signum Richardi secundi ducis, signum Richardi tertii ducis*), le roi Henri et trois autres personnes. La croix et le signum du roi sont rejetés en bas sur le côté, les croix ducales sont les plus grosses[41].
- 1035. le comte Eudes fait construire un pont sur la Loire à Tours. Les témoins sont rangés en trois colonnes, entre elles il y a une croix, un sceau plaqué et le monogramme du roi Henri[42].
- 1035, le comte de Meulan pour Jumièges. Trois croix sont placées en bas au milieu du texte[43].
- 1043, Guillaume, fils de Richard II duc de Normandie, pour Jumièges: seize croix accompagnent les souscriptions[44]. Ici la souscription de l'archevêque Mauger, frère de Guillaume, paraît bien être autographe.
- 1047, acte complexe sous le nom de Hugues comte du Maine pour l'abbaye de Saint-Julien les Tours. Trois croix figurent en bas: celle du comte Hugues et deux pour deux personnes qui ne sont pas mentionnées ailleurs: Gautier fils de Geoffroy de Mayenne et

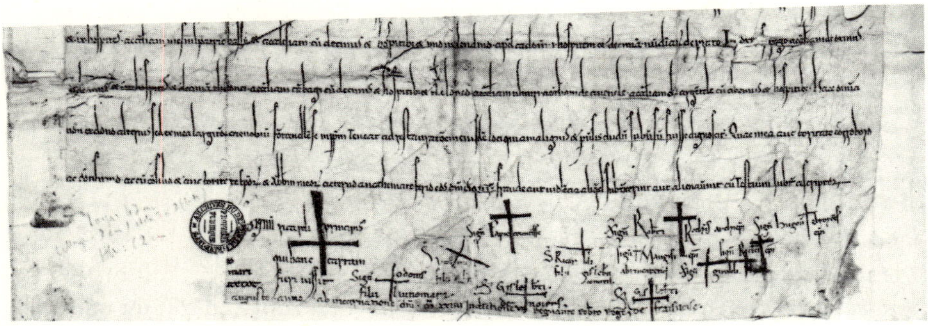

Fig. 6 *Croix autographes et non sous un acte de Richard II, duc de Normandie, 1023 (voir note 44)*

25 Acte de Henri le 12 juillet 1058, AN K 19 n. 5/2; Artem 2083.
26 Acte de Philippe le 6 janvier 1082, AN K 20 n. 6.
27 Acte de Philippe en 1092, Seine Maritime G 1846
28 Indre-et-Loire H 461 n. 18; Artem 1527.
29 BN lat. 16738 n. 7.
30 BN nouv. acq. lat. 1674 fol. 4.
31 Seine Maritime 9 H 30; Artem 2694.
32 Gironde G 335; Artem 3746.
33 Gironde H 244 n. 1; Artem 3748.
34 AN K 20 n. 6/22; Artem 2114.
35 BN lat. 5211D n. 4; Artem 1897.
36 BN nouv. acq. lat. 2378 n. 1; Artem 2620.
37 Acte d'environ mars 1062, BN lat. 17060 n. 69; Artem 1919.
38 Acte de 1073, BN nouv. acq. lat. 2588 n. 1.
39 Seine Maritime 9 H 29; Artem 2691.
40 Seine Maritime 16 H carton 2; Artem 2670.
41 BN nouv. acq. lat. 2501 n. 3; Artem 1892.
42 Tours Arch. municipales AA1; Artem 1575.
43 Seine Maritime 9 H 29; Artem 2691.
44 Seine Maritime 9 H 30; Artem 2694.

sa femme Adeline (*S. Galterii filii Gaufredi de Meduana et S. Adeline uxoris eiusdem Gauterii*). Le dit Geoffroy était un vassal du comte, mais aussi le seigneur d'un des donateurs, ce qui justifiait son intervention[45].

- 1058, Henri Ier roi pour Saint-Maur des Fossés. A gauche une longue colonne de témoins, à droite les signa de la famille royale avec des croix (le roi Henri, la reine Anne, Philippe et Robert fils du roi)[46].
- 1062, Yves, évêque de Sées, pour Saint-Aubin d'Angers: cinq croix. Le signum avec croix de l'évêque et la clause de malédiction ont été écrits après l'acte et d'une autre écriture[47].
- 1066–1088, des actes pour Jumièges et Saint-Wandrille comportent de nombreuses croix, souvent très grossières, qui concernent en majorité les évêques, les comtes, les membres de la famille anglo-normande[48].

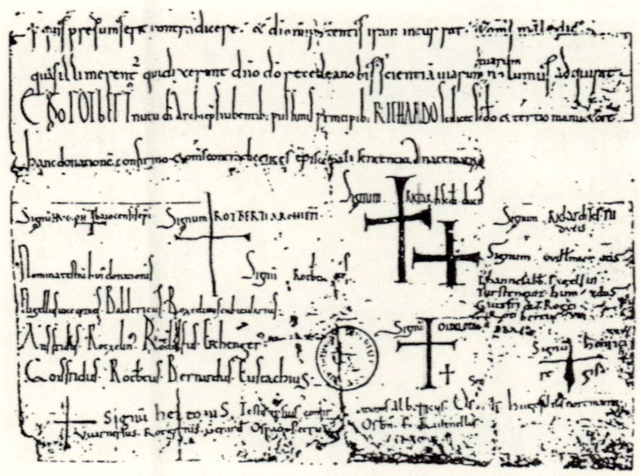

Fig. 7 *Croix autographes et non sous un acte pour Saint-Wandrille, 1026 (voir note 45)*

- 1088, Robert Courteheuse, duc de Normandie, pour le Mont Saint-Michel[49]: douze croix en bas, alignées pour la plupart, dont onze sont cantonnées de points, avec le signum en suscription. La croix autographe la plus grossière est accompagnée de *signum comitis normannorum* alors même que le texte utilise le titre ducal pour le désigner.
- 1100, Etienne comte de Blois pour Notre-Dame de Paris: quatre croix seulement accompagnent une série de treize témoins sans croix; ces quatre croix sont celles du comte Etienne, de son épouse Adélaïde, de leurs fils Etienne et Guillaume. Ces trois derniers n'étant pas mentionnés dans l'acte apparaissent donc activement par leurs signa à croix. L'acte portait en outre un sceau[50].
- 1093 et XIe s., croix très grossières pour Bourgueil[51].
- 1107, Villeloin: Acte très composite, relatant une série d'accords successifs, écrit en trois fois et comprenant chaque fois des témoins, avec en bas une série de croix[52].
- 1108, Marbode évêque de Rennes: huit croix d'évêques, de clercs et de laïcs: Renaud évêque d'Angers, Marbode de Rennes, Baudri archevêque de Dol, Judicael évêque d'Alet, Alain comte et Ermengarde comtesse, Roger et Poisson archidiacres[53].
- 1112, Louis VI roi de France pour Puiseaux: l'acte donné dans la chapelle de l'évêque est signé de seize archevêques et évêques (Sens, Orléans, Paris, Troyes, Chartres, Auxerre, Meaux, Reims, Soissons, Laon, Senlis, Noyon) et abbés (Saint-Denis, Corbie), chacun ayant mis une croix au-dessus de son nom[54].
- 1116, Guillaume »comte palatin de Poitou et duc d'Aquitaine« pour la Saulve Majeure déclare signer *propria manu* et laisse une croix aux bras tremblés. Si l'on excepte cette croix, l'acte a la présentation usuelle du XIIe siècle avec une liste de témoins à la fin de l'acte, la date et, pour finir, la mention de chancellerie[55].

Dans la Touraine, la pratique des croix se maintient jusqu'au début du XIIe siècle, mais elles ne sont plus très nombreuses. On peut retenir un exemple avec l'acte d'affranchissement de Hugues, fils de Robert, en faveur d'une colliberte nommée Haildis. L'acte date de 1108 à 1125. Après une première liste de témoins viennent les signa, accompagnés de croix, des membres de la famille qui possédait la colliberte. S'ajoutent à eux les signa et les croix de la famille de Pierre de Montoire et de Payen de Fréteval. Le scribe a sans doute lui même dessiné les croix, il a cru bon d'écrire au-dessus de chacune le mot *crus*[56].

45 Indre-et-Loire H 485 n. 1; Artem 1555. Dans cet acte figure la mention de l'année »où le comte épousa Berthe«.
46 AN K 19 n. 5.
47 BN lat. 17060 n. 69; Artem 1919.
48 Seine Maritime 9 H 812 et 9 H 1739; BN lat. 16738 n. 7.
49 BN nouv. acq. lat. 1674 fol. 4; Artem 2636.
50 AN K 20 n. 61/22; Artem 2114.
51 Indre et Loire H 24 n. 19 et 22.
52 BN nouv. acq. lat. 2301 n. 1. Le nom des souscripteurs y est parfois porté à la verticale.
53 Maine-et-Loire 90; Artem 3325.
54 AN K 21 n. 4.
55 Gironde H 244 n. 1.
56 Loir et Cher 16 H 83 n. 14.

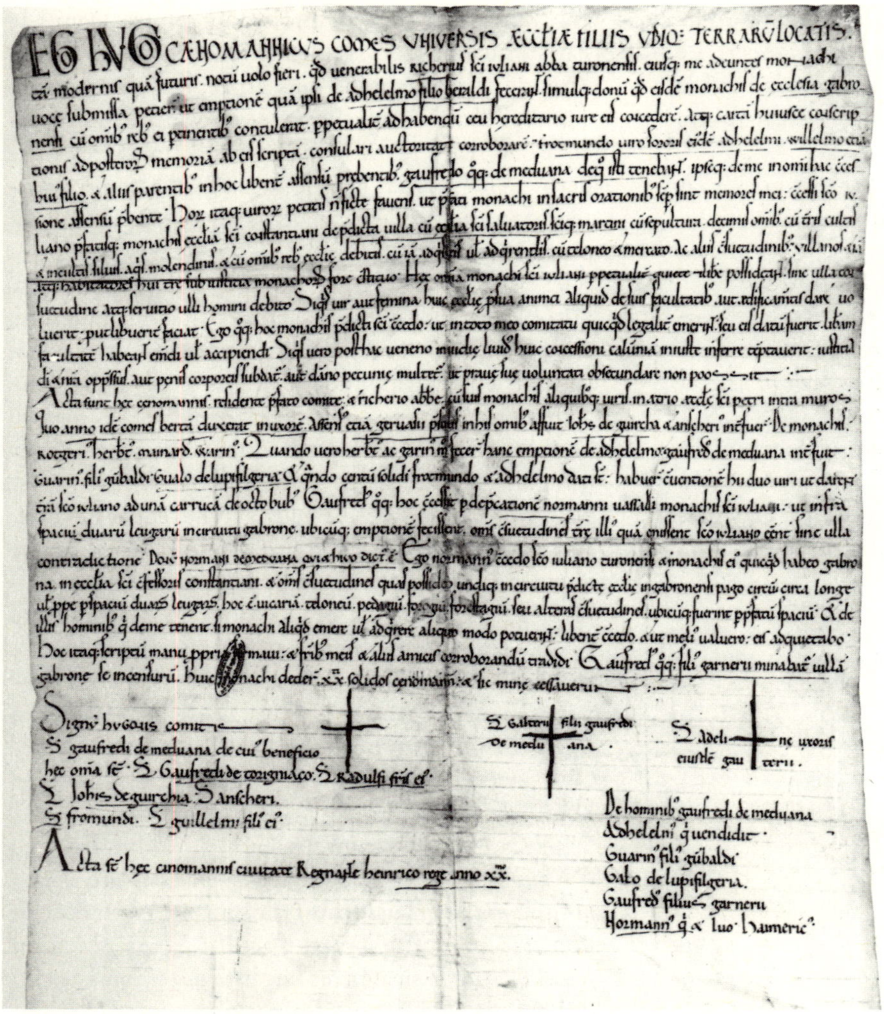

Fig. 8 *Croix autographes sous un acte du comte Hugues du Maine, 1047 (voir note 49)*

3. Valeur symbolique de la croix

Une croix est parfois dessinée au début d'un acte; elle joue un rôle analogue au chrismon et à l'invocation. Elle attire l'attention de la divinité sur l'action qui suit, comme le signe de croix au début de la prière. La croix est alors invocation, appel. Quand elle est placée à la fin de l'acte, elle entre dans le chapitre des clauses pénales. C'est la croix du serment que le souscripteur prête et dont la trace demeure sous la forme des deux traits croisés qu'il dessine lui-même. On le voit nettement dans les formules où elle s'accompagne de la menace d'excommunication. Le signe de croix, le dessin de la croix offrent une garantie à l'action. L'acteur ne trace pas une croix, mais la croix, la sainte croix, celle qui est à la fois sa garantie et son contrôle. Sur les parchemins, la croix était une manifestation sacramentelle. Ce n'est que plus tard, à l'époque des »signatures«, qu'elle est devenue, tout en gardant son caractère »merveilleux«, une marque d'ignorance et d'incapacité d'écrire: »Si ne savez pas écrire votre nom, mettez une croix«.

La croix est le signe divin par excellence; elle se trace en l'air, sur le corps, ou elle se dessine. Il est aisé même pour un non-initié de tracer deux traits qui se croisent, c'est un geste spontané pour marquer quelque chose. Pourtant les croix autographes montrent que les souscripteurs n'étaient pas toujours très à l'aise pour manier la plume, même pour ce simple exercice. Cette croix autographe invite à réfléchir sur ce qu'était la participation à l'acte des acteurs, des scribes, des témoins. Dans la plus grande partie des cas, la charte est la chose du notaire, qui choisit le parchemin, détermine sa taille, le règle, compose un texte, en soigne plus ou moins l'écriture, et enfin lui assure toute sa validité. Pour ce faire, il met sa propre souscription, *in fine*, auparavant il a mis le signum de la plus haute autorité présente, l'a fait sceller le cas échéant. Le parchemin terminé est soigneusement plié et rangé dans un coffre.

Les chartes à croix autographes offrent les meilleurs exemples des actes pour lesquels une participation collective est attestée, ce qui donne aux documents une valeur supérieure. Certes une charte suppose la ren-

Fig. 9 *Croix de témoins très grossières sous un acte du XIe siècle (voir note 55)*

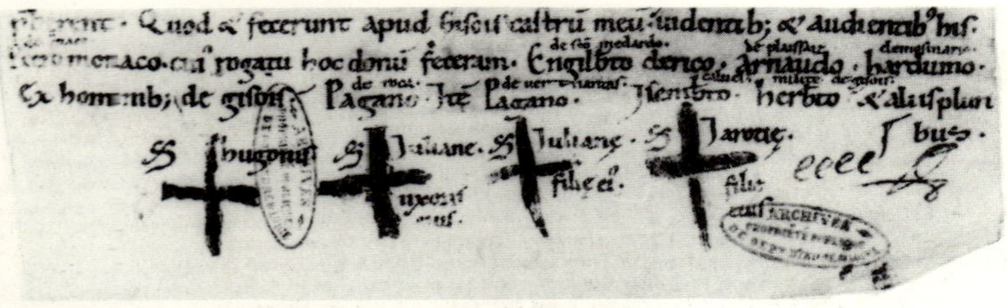

Fig. 10 *Croix de témoins très grossières sous un acte de 1093 (voir note 55)*

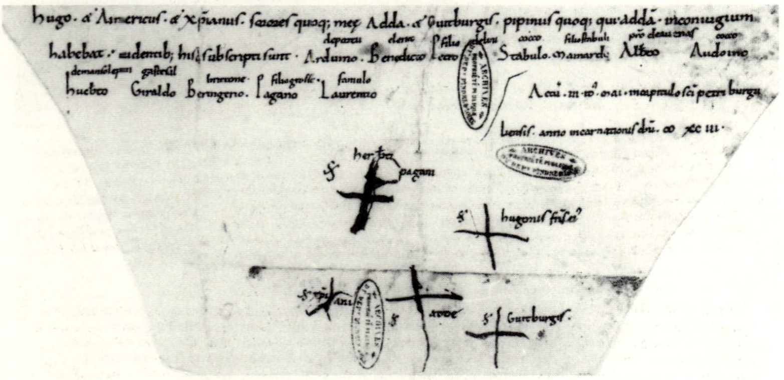

contre de plusieurs personnes, l'autorité qui donne l'acte et le fait sceller, les demandeurs ou les interlocuteurs, les témoins, le scribe qui pérennise l'action. Souvent le récit est là pour faire revivre les circonstances. La visite d'un plaignant est rapportée sous une forme très stéréotypée, mais elle dévoile un contact, une demande, une réclamation. Il convient de rappeler à toutes les mémoires quand l'action s'est déroulée, et l'on cite quelques cas où un jeune témoin a reçu un coup destiné à lui faire se souvenir de ce qu'il a vu. La datation offre parfois l'occasion de lier un fait à un événement majeur: tel acte du comte du Maine a été donné l'année même où il a pris Berthe pour épouse, nous dit-on.

Les souscriptions complètent les témoignages. Les acteurs directement impliqués dans l'action »signent« l'acte, leur signum est porté sur le parchemin. De simples témoins sont mentionnés comme présents, et énumérés avec leur seul nom, car les précisions d'origine et les surnoms ne sont pas donnés avant la fin du XIe siècle. Dans certaines régions et à certaines époques, le contact physique avec le parchemin est souhaité; les fidèles ont touché la peau, nous est-il dit dans un cas. Cela devait se produire en fait souvent sans que cela soit toujours mentionné et la *propria manus* qui devait intervenir n'était pas une main qui écrit, mais une main qui touchait ou qui prêtait serment.

Ego subscripsi, est-il écrit fréquemment et ainsi de suite défilent les acteurs et les témoins d'actes des Xe et XIe siècles. Combien auraient été en mesure de porter intégralement leur nom? Même ceux qui savaient écrire n'étaient pas invités à prendre la plume. Seuls quelques exemples tranchent sur cette règle quasi générale. L'acte est écrit par un spécialiste, un homme dont l'écriture est à ce point figée ou régulière qu'elle s'apparente déjà à ce que sera l'imprimé. Non seulement le scribe est capable d'écrire un livre en entier sans changer sa pratique, mais il sait le cas échéant donner au parchemin un aspect éclatant, solennel, par le décor de hastes et de hampes, des abréviations ornées. Sur des chartes ainsi préparées ne se trouvent pas de souscriptions autographes. Ceux qui savent écrire sont en fait incapables de bien écrire, comme sait seul le faire le spécialiste[57]. On le constate aisément à la vue des quelques souscriptions entièrement autographes qui nous sont conservées. L'apposition d'une simple croix permet en revanche ce que ne permet pas l'écriture complète d'un nom. D'abord toute personne qui a quelque habitude de tenir une plume est en mesure de dessiner une croix, qui soit belle à voir, contrôlée dans sa taille, son assise, son tracé; mais ceux qui n'ont aucune pratique peuvent également réussir à tracer la croix. Certes bien des exemples existent de dessins fort sommaires, de croix qui sont plutôt des taches d'encre, de croix mises de travers, mais on rencontre aussi des croix soignées, pattées, potencées, cantonnées de points, de sorte qu'on hésite parfois à y voir la main d'un autre que le scribe. L'intervention autographe est

57 On en peut qu'être frappé de la qualité des souscriptions des chanoines d'Orléans en 945/6 par rapport à d'autres interventions plus tardives.

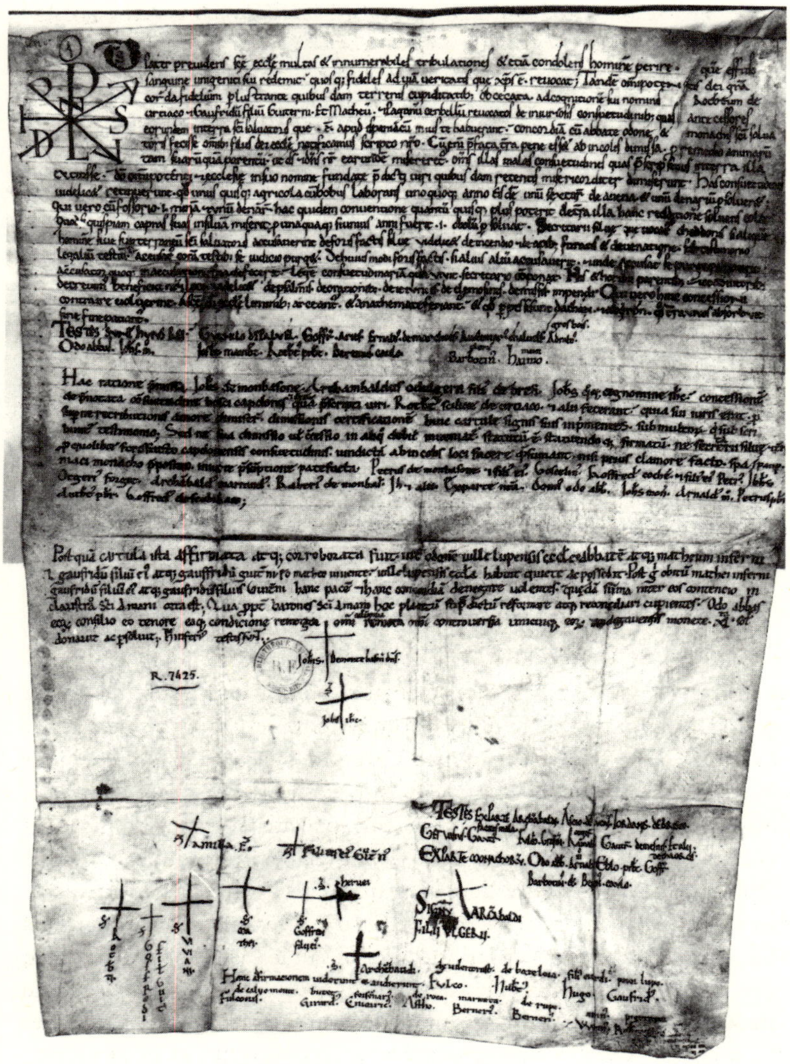

Fig. 11 *Croix de témoins sous un acte de 1107 (voir note 56)*

ici plus que le Vollziehungsstrich des empereurs qui complètent leur monogramme d'un trait de plume. Elle est moins que l'intervention du pape Léon IX qui écrit complétement la devise de sa rota[58]. Elle a le mérite d'exister. Elle donne au document une épaisseur humaine que perd la belle charte ornée des scribes maîtres d'écriture.

4. Le remplacement de la croix par le sceau

Vers 1042, un acte du vicomte de Blois Hervé, pour Marmoutier, est confirmé par le comte de Blois Thibaud: le signum de ce dernier se présente sous la forme d'une croix autour de laquelle on a écrit *signum comitis*[59]. Dès 1067, un autre acte de Marmoutier, souscrit par le comte d'Anjou et le roi Philippe Ier, présente quelques particularités. Le monogramme sommaire du roi ne nous retiendra pas. Mais entre le signum royal et la dernière ligne de l'acte, figurent trois signa sous une forme originale. Chaque fois la croix bien dessinée est entourée du nom du signataire pour prendre la forme d'un sceau. Cet acte fut confirmé par l'autorité du roi qui se trouvait alors au siège de Chaumont, assisté de nombreux grands du royaume: (dans l'ordre de l'acte) Baudouin fils du comte de Flandre Baudouin, Geoffroy comte, sa femme Julite et son frère Foulques, Barthélémy archevêque de Tours[60]. Les trois dessins sigillaires sont, de gauche à droite, ceux du comte Geoffroy

58 Joachim DAHLHAUS, Aufkommen und Verbreitung der Rota in den Urkunden des Papstes Leo IX., in: *Archivum Historiae Pontificiae* 27 (1989), p. 7–84; voir également sa contribution dans ce volume.

59 Loir-et-Cher 16 H 88/9.

60 Artem 1572.

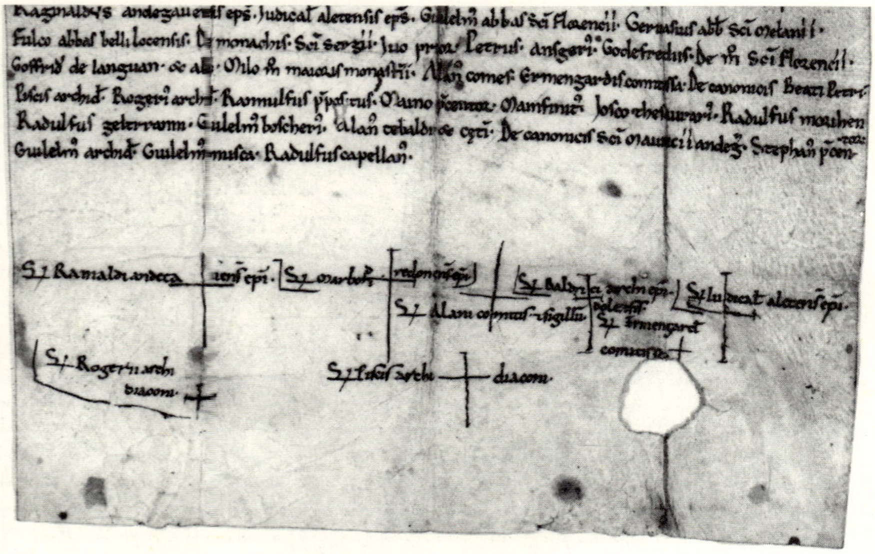

Fig. 12 *Huit croix d'évêques, de clercs et de laïcs sous un acte de l'évêque Marbod de Rennes, 1108 (voir note 57)*

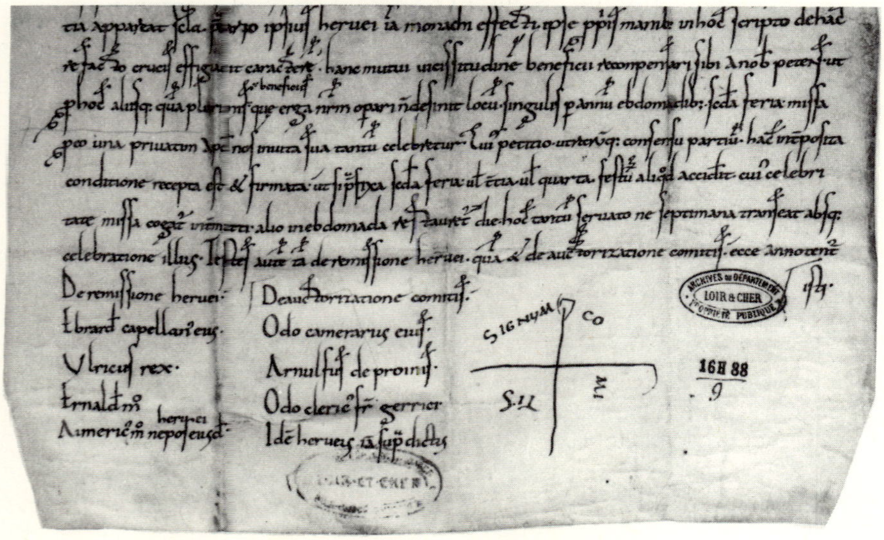

Fig. 13 *Signum du comte Thibaud de Blois, vers 1042 (voir note 63)*

(*signum Gaufredi comitis Andegavensis*), du roi (*signum Philippi regis*), de Baudouin (*signum Balduini comitis Flandriae*). Ces dessins très particuliers indiquent sans doute que l'on avait déjà coutume de plaquer des sceaux, que les intéressés en possédaient, ou que momentanément ils ne les avaient pas à leur disposition. Quelques autres exemples se rencontrent:

– 1047–1064, dans une notice relatant une donation faite à Marmoutier par l'évêque d'Angers Eusèbe, figurent une série de souscriptions au milieu de l'acte, qui se poursuit vers le bas[61]. Deux colonnes servent à mentionner à gauche 5 témoins, à droite 4. Entre les deux, le *signum Gauffridi comitis* est placé comme la légende d'un sceau autour d'une croix annoncée de la manière suivante: *Superiorem illam episcopi donationem Gauffredi Andecavorum comitis erat suo firmare actoramento et fecit in hac etiam cartula manu propria sacratissime crucis effigiato vexillo.* Le dessin soigneusement fait de la croix interdit de penser que le comte est intervenu en personne, mais la fiction est là.
– 1117, Foulques comte d'Anjou fait une donation à Saint-Serge d'Angers assisté de son épouse Eremburge et de son fils Geoffroy[62]: *Quod ut firmum in perpetuum maneret scriptum istud venerandae crucis signo sigillique nostri impressione munivimus.* Tout en bas de l'acte, on a de droite à gauche, une croix surmontée de *signum Fulconis comitis*, la trace d'un sceau plaqué, deux croix surmontées de *signum Eremburgis comitisse* et *signum Goffridi filii eorum*,

61 Maine-et-Loire 45 H 1 n. 1; Artem 3592.

62 Maine-et-Loire; Artem 3322.

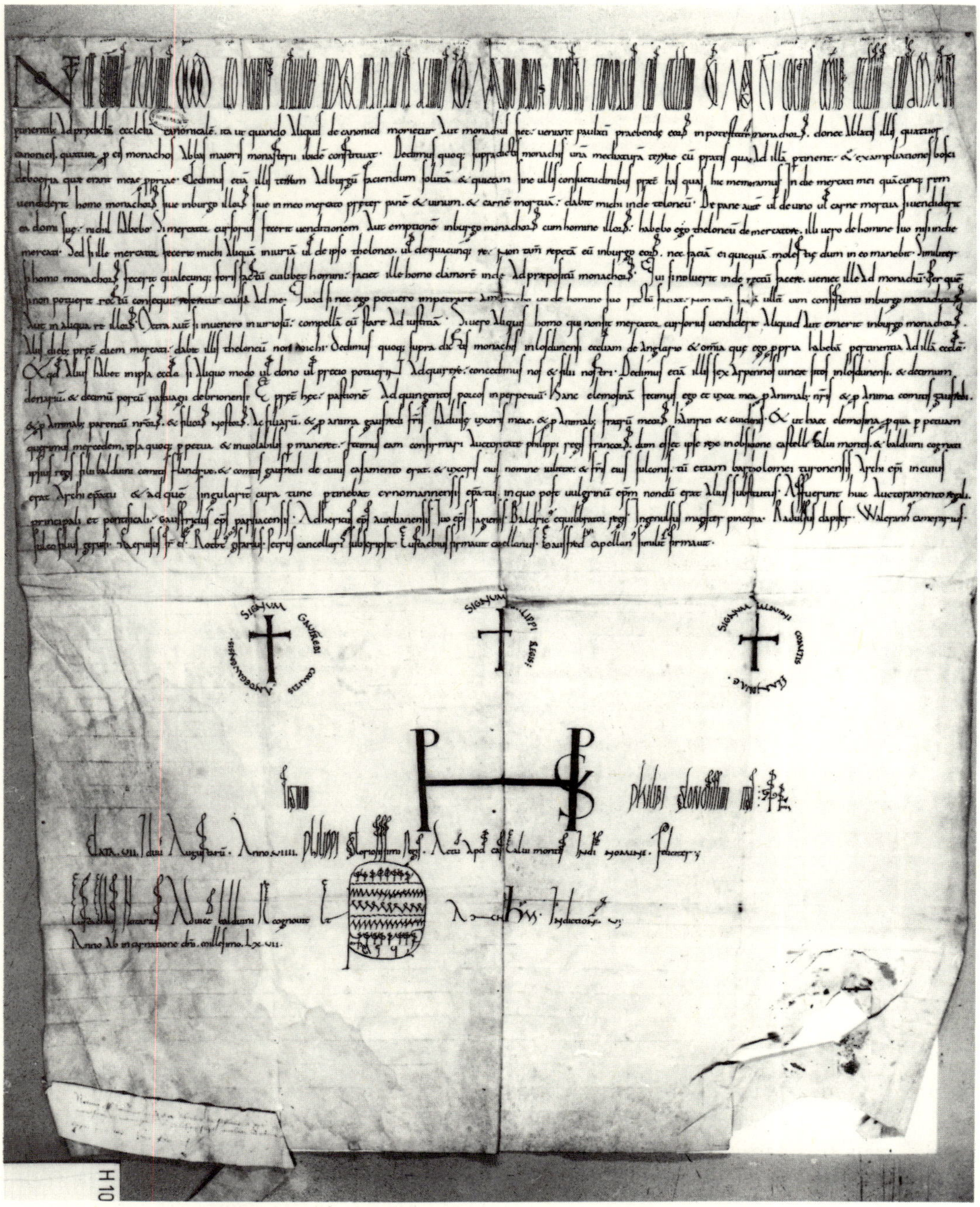

Fig. 14: *Signes en forme de sceaux 1067: le comte Geoffroy d'Anjou, le roi Philippe, le comte Baudouin de Flandres (acte suspect, voir note 60)*

puis est ajoutée une quatrième croix autour de laquelle est enroulée la légende *Signum Adelardi de castro gunterio*. Ce dernier dessin simule un sceau, celui d'Adélard de Château-Gontier qui ne figure à aucun moment dans l'acte, ni comme acteur, ni comme témoin.

– 1120, un acte du légat pontifical et archevêque de Bordeaux Amat pour l'abbaye de Saintes est confirmé et souscrit par son successeur Arnaud avec une croix enveloppée de la légende: *Signum venerabilis donni Arnaudi archiepiscopi Burdegalensis*[63].

On est ainsi conduit à observer deux faits:

– les exemples rencontrés de sceaux dessinés liés à une croix appartiennent à la région de la Loire et à sa proximité,
– ils manifestent le rôle de la croix comme preuve d'identité et le rôle analogue que joue le sceau.

63 AN K 20 n. 7/2; Artem 2166.

Conclusion

Ces observations conduisent naturellement à se demander dans quelle mesure il y a un lien entre la disparition des croix autographes et le développement de l'emploi des sceaux. On sait que les sceaux épiscopaux apparurent au XIe siècle, longtemps après les sceaux royaux et impériaux. Les sceaux ducaux et comtaux furent parfois de peu antérieurs à 1100. Dans presque toutes les régions, avec l'essor des actes donnés par les évêques, les ducs, les comtes et leurs agents les plus haut placés, on voit se multiplier les sceaux. La légende comporte ou bien simplement le nom de l'individu propriétaire du sceau au nominatif, ou bien l'expression *Sigillum* d'untel avec un nom au génitif. Dans les deux cas on retrouve la formule qui figurait à la fin des actes, avec le signum ou la simple mention de témoin. L'apposition du sceau, grâce à une matrice jalousement gardée ou confiée à un homme fidèle, prend une signification aussi forte que l'inscription d'une croix. Mais le sceau élève son propriétaire, le rapproche des plus hautes autorités qui en possédent un. Ceux qui ont pris un sceau sont aussi ceux qu'on trouve en tête de la liste de souscriptions autographes. Le roi, quelques évêques, ajoutent à ces symboles en outre un monogramme.

On continua à tracer des croix bien après que les sceaux se furent répandus, et il n'y eut pas véritablement de remplacement des unes par les autres. Bien d'autres phénomènes entrent en ligne de compte pour expliquer l'évolution de l'eschatocole, des souscriptions et des témoignages, essor de l'acte écrit, nouvelle répartition des pouvoirs. En outre le phénomène qui est observé ici ne concerne qu'une zone géographique étroite alors que la question des sceaux intéresse tous les pays. On peut alors revenir sur l'observation initiale de la définition de la région concernée par les croix autographes, le centre ouest du royaume de France. On a esquissé plus haut une constatation qui vaut explication. L'absence de croix n'est pas seulement sensible dans les régions qui ont des chancelleries épiscopales organisées, ni sans doute non plus seulement dans celles où des notaires assurent la rédaction des actes. Ces croix apparaissent bien de façon dominante sur les actes dont les monastères assurent la rédaction. Ce sont donc les moines qui les souhaitent et leur attachent une grande importance symbolique. Il n'en reste pas moins que l'étude des croix permet d'imaginer le partage de la France du XIe siècle en trois zones diplomatiques, celle des évêques, celles des notaires et celle des moines.

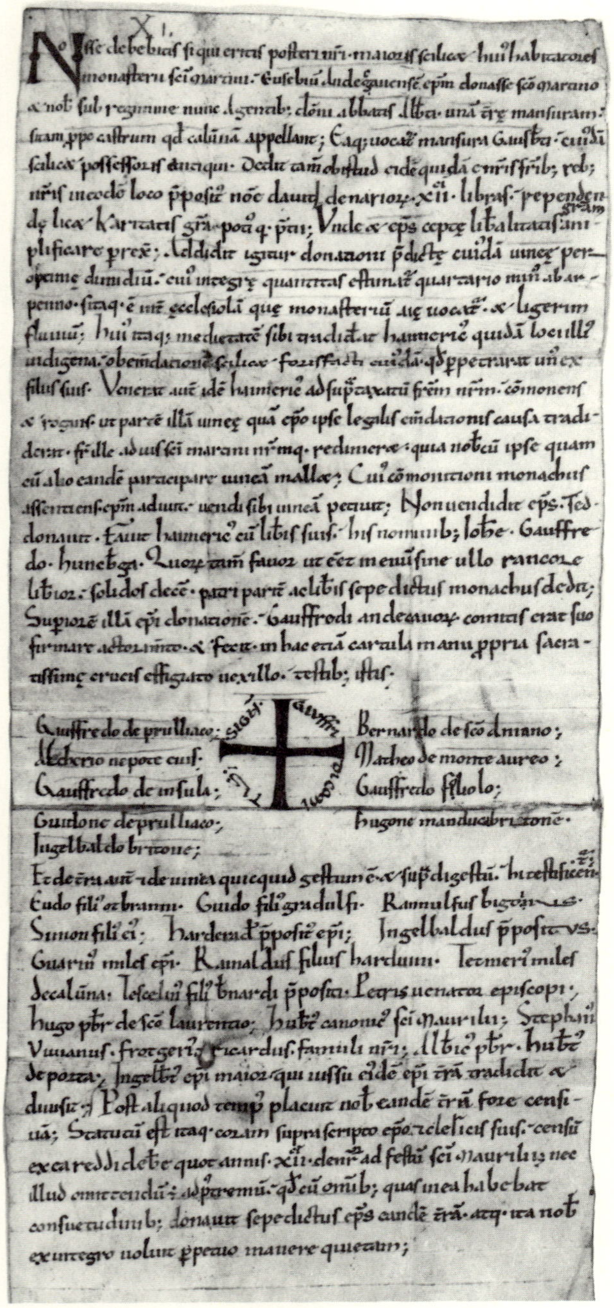

Fig. 15 *Signe en forme de sceau 1047/64: Signum Gauffridi comitis (voir note 61)*

Zur Bedeutung des Kreuzes am Anfang von Siegelumschriften

Von Toni Diederich

1. Das Kreuz am Anfang von Siegelumschriften – ein abendländisches Phänomen

Unzählige Siegel des christlichen Abendlandes weisen zu Beginn der Umschrift ein Kreuz auf. Diese Feststellung gilt vor allem für die Siegel des Mittelalters, in gewissem Umfange aber auch noch für die der frühen Neuzeit. Vereinzelt, und zwar in Siegeln von Pfarreien oder anderen Siegelführern, denen das Kreuz als christliches Symbol wichtig war, hat man an dieser alten Tradition bis ins 20. Jahrhundert festgehalten[1]. Selbst in jüngster Zeit wurden die Umschriften der in Messing ausgeführten Siegelstempel für das Erzbischöfliche Generalvikariat Köln und für den amtierenden Kölner Erzbischof, Joachim Kardinal Meisner, mit einem Kreuz eingeleitet (vgl. Abb. 2 und 3). Da schon die Umschrift des ältesten erhaltenen Siegels eines Kölner Erzbischofs – es befindet sich an einer Urkunde Erzbischof Brunos I. vom 25. Dezember 962 (vgl. Abb. 4) – mit einem Kreuz beginnt[2], konstatieren wir hier eine Praxis, die eine Zeitspanne von mehr als einem Jahrtausend umfaßt. Der langen Zeiterstreckung entspricht die weite räumliche Verbreitung dieses Phänomens. Es ist nämlich in allen europäischen Ländern, von Skandinavien und England bis nach Rußland, Rumänien und Spanien anzutreffen. Auf die Anführung von Belegen, die ohnehin als eine willkürliche Auswahl erscheinen müßten, kann hier verzichtet werden.

Um einem falschen Eindruck vorzubeugen, muß aber gesagt werden, daß es auch während der Blütezeit des Siegelwesens im Spätmittelalter nicht wenige Siegel ohne Kreuz in der Umschrift gab. Oft wurde aus kompositorischen Gründen, wenn das Siegelbild etwa oben in den Raum der Umschrift hineinragte, das dort üblicherweise angeordnete Kreuz weggelassen. In anderen Fällen findet sich an seiner Stelle ein Sternchen oder eine Rosette.

Wichtiger ist in unserem Zusammenhang aber die Tatsache, daß das Kreuz in den Siegeln von Nichtchristen, z. B. in den Siegeln von Juden[3] und Muslimen[4], fehlt. Ansonsten wird man generell behaupten können, daß das Kreuz am Anfang von Umschriften in Siegeln des gesamten christlichen Abendlandes begegnet. Was liegt näher, als diesem Symbol im beschriebenen Kontext eine besondere Bedeutung zu unterstellen?

In meinem 1984 erschienenen Buch über rheinische Städtesiegel habe ich mich kurz mit dem Kreuz am Anfang von Siegelumschriften beschäftigt[5]. Von den Rezensenten des Buches hat nur einer die diesbezüglichen Bemerkungen erwähnt[6]. Der Verfasser ist daher der Bitte der Herausgeber gern gefolgt, die angesprochene Thematik im vorliegenden Bande etwas ausführlicher darzustellen.

1 So z. B. noch bei dem sog. Historischen Petrussiegel der Stadt Köln (vgl. Abb. 1), das nach der gültigen Hauptsatzung besonderen Anlässen vorbehalten ist; zur Bewertung dieses Siegels vgl. Toni Diederich, Der Mensch und sein Siegel im Lichte der Kulturgeschichte, in: Mitt. d. Westdt. Gesellsch. f. Familienkunde 33 (1988), S. 270.

2 Abbildung bei Wilhelm Ewald, Rheinische Siegel I (Publikationen der Gesellschaft für Rhein. Geschichtskunde 27), Bonn 1906, Taf. 1 Nr. 2 nach Abguß; Toni Diederich (wie Anm. 1), S. 265 Abb. 6 (Foto von Originalabdruck). An der Echtheit des Siegels, die Ewald (wie oben, S. 11) noch mit einem Fragezeichen versehen hatte, gibt es heute keine Zweifel mehr; vgl. Hans Goetting, Die beiden ältesten Halberstädter Bischofsurkunden von 965 und ihre Siegel, in: Grundwissenschaften und Geschichte. Festschrift für Peter Acht, München 1976, S. 68 Anm. 30.

3 Beispiele bei Daniel M. Friedenberg, Medieval Jewish Seals from Europe, Detroit 1987.

4 Faustino Menéndez Pidal – Elena Gómez Pérez, Matrices de sellos españoles (siglos XII al XVI), Madrid 1987, S. 116 Nr. 229 und 230. Die dort S. 112–115, Nr. 217–228, abgebildeten Judensiegel zeigen ebenfalls kein Kreuz in der Umschrift. Bei einem Arabersiegel und neun Judensiegeln beginnt die Umschrift mit einem Sternchen.

5 Toni Diederich, Rheinische Städtesiegel, Neuss 1984, S. 87–89.

6 Rolf Nagel, in: Düsseldorfer Jahrbuch 60 (1986), S. 225.

Abb. 1 *Historisches Petrussiegel der Stadt Köln, 20. Jahrhundert, Abdruck vom Original-Stempel, Dm. 57 mm; Foto: Rolf Zimmermann, Köln. In einem Bericht des Prof. Heinrich Hußmann, Kölner Werkschulen, vom 17. 1. 1936 wird »der spätere Nachschnitt des Petrus-Siegels« als im Gebrauch bezeichnet zum Absiegeln für Siegellack »als Petschaft« und für Prägung als »Prägestempel«. Die beigefügten Abdrücke stammen von denselben Typaren, die bis heute (gemäß gültiger Hauptsatzung der Stadt Köln) zur Siegelung in besonderen Fällen benutzt werden. Das vor 1936 entstandene Petrussiegel hat also – ein seltener Fall – kontinuierlich während und nach der NS-Zeit als gültiges Siegel für herausragende Anlässe gedient.*

Abb. 2 *Siegel des Erzb. Generalvikariates Köln, Abdruck vom Originalstempel, 42 x 28 mm; Foto: Rolf Zimmermann, Rhein. Bildarchiv Köln (Neg.-Nr. L 10616/25). Der Siegelstempel wurde nach Modifizierung des Wappens des Erzbistums Köln 1986 von Rudolf Niedballa (Kürten-Dürscheid) zusammen mit einem kleineren Siegelstempel in Messing hergestellt.*

Abb. 3 *Großes Siegel des Kölner Erzbischofs Joachim Kardinal Meisner, Abdruck vom Originalstempel, Dm. 36 mm; Foto: Rolf Zimmermann, Rhein. Bildarchiv Köln (Neg.-Nr. L 10616/31). Der Siegelstempel wurde 1989 von Rudolf Niedballa (Kürten-Dürscheid) zusammen mit einem kleineren Siegelstempel in Messing hergestellt.*

2. Die bisherige Literatur

Michel Pastoureau hat die Siegelforschung einmal als »domaine pluridisciplinaire par excellence« bezeichnet[7]. Dies ergibt sich aus den vielen Facetten, die das Siegelwesen gerade während seiner Blütezeit im abendländischen Mittelalter bietet. Infolgedessen sind Siegel für eine Reihe von Hilfs- und Zweigwissenschaften der Geschichte, aber auch für etliche andere Wissenschaften und Wissenschaftszweige, von großem Interesse; den Quellenwert der Siegel für die wichtigsten von ihnen hat Pastoureau in einem Überblick angedeutet[8]. Angesichts dieser Tatsache muß es eigentlich erstaunen, daß weder die Siegelforschung im engeren Sinne noch andere dazu berufene Disziplinen, wie die Symbolforschung, sich mit der Bedeutung des Kreuzes am Anfang von Siegelumschriften näher befaßt haben. Ein kursorischer Überblick soll dies verdeutlichen.

Die ältere Siegelforschung, die zunächst noch ganz im Dienste der Urkundenforschung und Urkundenkritik stand, widmete sich vor allem der rechtlichen Seite des Siegels, wobei die urkundenrelevanten Aspekte z. T. minuziös behandelt wurden. Jean Mabillon hat dem Kreuz am Anfang von Siegelumschriften keine besondere Aufmerksamkeit geschenkt, immerhin aber bezüglich einer Bulle Papst Stephans VII. (929–931) eigens bemerkt, sowohl auf der Vorderseite als auch auf der Rückseite sei der Inschrift ein Kreuz vorangestellt[9]. Dagegen ist bei Philipp Wilhelm Gercken das Kreuz in Siegellegenden mit keiner Silbe erwähnt; bei der Wiedergabe der Umschriften hat er es regelmäßig nicht mit abgedruckt[10].

Im 19. Jahrhundert, als das Sammeln von Siegelstempeln, Siegelabdrücken und Siegelabgüssen sehr beliebt war, herrschte auch bei den Autoren vieler einschlägiger Publikationen, von denen die »Sphragistischen Aphorismen« des Fürsten zu Hohenlohe-Waldenburg[11] wegen ihrer Wirksamkeit besonders erwähnt seien, ein antiquarisches Interesse vor. Die Siegel wurden in solchen Veröffentlichungen eher deskriptiv behandelt als historisch gewürdigt. Die Frage nach Herkunft und Sinn des Kreuzes in den Umschriften hat man damals im allgemeinen nicht gestellt. Um so bemerkenswerter ist die Tatsache, daß einer, nämlich Eduard Melly, in seinen »Beiträgen zur Siegelkunde des Mittelalters«, kurz auf das Kreuz eingeht; es heißt dort: »Die Umschrift selbst beginnt bei unsern Städtesiegeln des XIII. und XIV. Jahrhunderts zu oberst mit einem Kreuze. Wo im Mittelalter die Umschrift[12] eines Dokumentes nötig war, wurde meist dem Namen ein Kreuz vorgesetzt, auch wenn der Unterfertiger seinen Namen eigenhändig schreiben konnte. Die Siegel, eine Art feierlicher Fertigung, die Bekräftigung der Urkunde (*robur sigilli*, *sigilli munimen*, *sigilli robrari* heißt die Formel), fingen also auch mit dem Zeichen des Kreuzes an, welches nach der frommen, schon von den Kirchenvätern gebotenen Meinung vor Beginn eines jeden Geschäftes, auch geringfügiger Verrichtungen geschlagen werden sollte. *A Deo principium* heißt im eigentlichen mittelalterlichen Sinne *a Cruce principium*. Einzelne Siegel schließen auch mit dem Kreuze ...«[13]. Der Hinweis auf das Kreuz bei Unterschriften ist, wie noch zu zeigen sein wird, nur teilweise berechtigt. Die zweite, durchaus zutreffende Beobachtung Mellys hat in den späteren Handbüchern der Siegelkunde keinen Niederschlag gefunden. Die meisten begnügen sich mit knappen Feststellungen, wie folgende Liste zeigt: Douët d'Arcq (1863)[14], Seyler (1894)[15], Roman (1912)[16], Ewald (1914)[17], Berchem

7 Michel PASTOUREAU, Les sceaux (Typologie des sources du moyen âge occidental 36), Turnhout 1981, S. 7.

8 Ebenda, S. 62–76.

9 Johannes MABILLON, De re diplomatica libri VI, Paris 1681, S. 129.

10 Philipp Wilhelm GERCKEN, Anmerkungen über die Siegel zum Nutzen der Diplomatik, Augsburg 1781.

11 Friedrich Karl FÜRST ZU HOHENLOHE-WALDENBURG, Sphragistische Aphorismen. 300 mittelalterliche Siegel systematisch classificirt und erläutert, Heilbronn 1882.

12 Die Formulierung »Umschrift eines Dokumentes« ist nicht verständlich. Es wird sich (wie später bei »robrari« für »roborari«) um einen Druckfehler handeln; gemeint ist offenbar »Unterschrift eines Dokumentes«.

13 Eduard MELLY, Beiträge zur Siegelkunde des Mittelalters, Wien 1846 (Nachdruck Graz 1972), S. 168.

14 Louis DOUËT D'ARCQ, Inventaires et documents publiés par ordre de l'Empereur sous la direction de M. le Comte de Laborde. Collection de sceaux, Bd. 1, Paris 1863 (Nachdruck München 1980), S. XCIII–CIX, behandelt ausführlich die Umschriften, ohne auf das Kreuz einzugehen.

15 Gustav A. SEYLER, Geschichte der Siegel (Illustrierte Bibliothek der Kunst- und Kulturgeschichte), Leipzig (1894), S. 353: »Die Umschrift beginnt in der Regel mit dem Zeichen des Kreuzes: es kommen jedoch vielfach auch andere Zeichen vor, oder es fehlen solche gänzlich«.

16 Joseph ROMAN, Manuel de sigillographie française, Paris 1912, S. 218: »La légende est ... presque toujours précédée d'une croisette qui, à partir du XIVe siècle, se transforme parfois en une fleur de lys, une rose ou un fleuron«.

17 Wilhelm EWALD, Siegelkunde (Handbuch der mittelalterlichen und neueren Geschichte, hg. v. G. v. BELOW – F. MEINECKE, IV), München u. Berlin 1914 (Nachdruck 1969 u. 1975), S. 224: »Die Umschrift beginnt in der Regel in der Mitte des oberen Teiles des Siegels und wird meist mit einem Kreuz, oft auch durch einen Stern, eine Rosette oder eine Arabeske eingeleitet«.

(1923)[18], Coulon (1934)[19], Bresslau (1958)[20], Gumowski (1966)[21], Kittel (1970)[22], Menéndez Pidal (1988)[23].

Im Gegensatz zu den genannten Autoren hat sich Theodor Ilgen bemüht, Herkunft und Sinn des Kreuzes am Anfang von Siegelumschriften zu erklären[24]. Er verwies auf die im Zusammenhang mit der Beglaubigung von Urkunden vorkommenden Signa und Monogramme von Ausstellern und Zeugen aus dem 9. bis 12. Jahrhundert. Diesen Zeichen glaubte er auch die Signa chirographierter Urkunden bis in die Mitte des 13. Jahrhunderts zuordnen zu können. Ilgen kam dann zu weitreichenden Schlußfolgerungen, die für unser Thema von Interesse sind und hier wörtlich zitiert werden sollen: »Es scheint mir aber ganz zweifellos, daß das Kreuz, das bei der Siegelumschrift an deren Kopf gestellt wird, aus dieser Bezeichnungsart hervorgegangen ist. Bei Karl dem Großen begegnet es uns schon gelegentlich am Anfang der Siegelumschrift, jedoch erst seit der Ottonenzeit wird es zu einer regelmäßigen Beigabe derselben. Und gerade die ältesten Bildsiegel bekommen in der Umschrift häufiger den Titel: Signa. Woher anders soll diese Benennung herrühren, als daß eben die Siegel in die Verwendungsart ihrer Vorläufer eingerückt sind? Die Siegel bilden tatsächlich auch den Ersatz für die Signa der siegellosen Zeit. Und sie haben auch die identischen oder gleichwertigen Chirographa, die Hantgemale, abgelöst, deshalb werden sie im Beginn des 13. Jhs. bisweilen auch mit diesem Ausdruck bezeichnet«[25].

Es fällt auf, daß hier verschiedene Phänomene vermischt sind. Sie werden lediglich durch das Kreuz und die Bezeichnung *signum* zusammengehalten. Dabei hat Ilgen allerdings zu wenig das erste Auftreten der einzelnen Phänomene beachtet und auch die Frage der Terminologie nicht hinreichend untersucht, so daß er m. E. zu unrichtigen Schlußfolgerungen kam. Bei dem lateinischen Wort *signum* wäre zu beachten, daß es in römischer Zeit eine ganze Reihe von Bedeutungen hatte und Cicero es schon im Sinne von »Siegel« benutzt. Die Diminutivform *sigillum* hat, wie insbesondere Ciceros Verrinen und Academica sowie Belege bei Horaz und Curtius zeigen, bereits in Zeiten der goldenen und silbernen Latinität die Bedeutung »kleine Figur«, »Bildchen«, »Statuette« und, was hier am meisten interessiert, »Siegel«. Das Stammwort *signum* bezeichnete, wie sich aus einer ganzen Reihe von Belegen bei Cicero ergibt, u. a. ebenfalls »Siegel«; da *signum* insgesamt aber ein sehr viel weiteres Bedeutungsfeld hatte (und damit weniger präzise war), kann es nicht verwundern, daß der Terminus *sigillum* für das Siegel bevorzugt wurde und sich schließlich durchsetzte. Daß die ältesten »Bildsiegel« (was immer Ilgen darunter verstehen mag) in der Umschrift als Signa bezeichnet werden, trifft nicht zu. Die ältesten Siegel der nachrömischen Zeit, deren Reihe mit dem Siegel Childerichs I. († 481) beginnt, verwenden weder *signum* noch *sigillum* in der Umschrift, sondern beschränken sich auf die Nennung des Namens und der Würde, wobei sehr bald auch schon das Kreuz am Anfang der Umschrift auftaucht[26]. Die Siegel der Karolinger halten an diesem Aufbau fest, doch gibt es bei ihnen eine Reihe von Siegeln, die nach dem einleitenden Kreuz ein Gebet bzw. einen Segenswunsch aufweisen,

18 Egon Frh. von Berchem, Siegel (Bibliothek für Kunst- und Antiquitätensammler XI), Berlin 1923, S. 176: »Seit den Merowingern beginnt die Umschrift mit einem Kreuz und zieht sich gewöhnlich von oben über die linke Seite nach rechts ... Statt eines Kreuzes findet man auch Rosen, Sterne und anderes«.

19 Auguste Coulon, Eléments de sigillographie ecclésiastique française, in: Victor Carrière, Introduction aux études d'histoire ecclésiastique locale, tome II, Paris 1934, S. 189: »Le début de la légende est marqué par une petite croix à branches égales, la croix grecque, que remplacera souvent, au XVe siècle, une étoile, un fleuron ou quelque autre ornement. Elle peut être supprimée lorsque le sujet représenté empiète sur cet espace, comme il arrive surtout au XIIe siècle«.

20 Harry Bresslau, Handbuch der Urkundenlehre für Deutschland und Italien, Band 2,1, 3. Aufl., Berlin 1958, S. 614: »Kreuze zu Beginn der Schrift sind schon seit der merovingischen Zeit gewöhnlich«.

21 Marian Gumowski, Handbuch der polnischen Siegelkunde, Graz 1966, S. 17: »Jede Inschrift beginnt mit einem Kreuz und dem Buchstaben S oder mit dem Wort Sigillum«.

22 Erich Kittel, Siegel (Bibliothek für Kunst- und Antiquitätenfreunde XI), Braunschweig 1970, S. 203: »Die Umschrift beginnt in der Regel oben in der Mitte mit einem Kreuz«.

23 Faustino Menéndez-Pidal de Navascués, Apuntes de Sigilografía Española, Guadalajara 1988, S. 44: »Las leyendas de los sellos se inician generalmente con la señal de la cruz, que es sustituída por una estrella en los de moros y judíos y en alcunos cristianos«.

24 Theodor Ilgen, Sphragistik (Grundriß der Geschichtswissenschaft I, 4, hg. v. A. Meister), Leipzig–Berlin 1912, S. 39 f.

25 Ebenda, S. 40.

26 Die Umschrift in Childerichs Siegel lautet: CHILDERICI REGIS. Wilhelm Ewald (wie Anm. 17), S. 137 Anm. 1, hat in dem fehlenden Kreuz und der Genitivform des Namens einen Grund gesehen, die Echtheit des 1653 gefundenen Siegelrings anzuzweifeln. Die Fundumstände sprechen aber eher für die Echtheit. Das Fehlen des Kreuzes in der Umschrift hat durchaus nichts Auffälliges, da erst Childerichs Sohn, Chlodwig I., sich – wohl zu Weihnachten 498 – taufen ließ. Sein Übertritt zum Katholizismus war bekanntlich von großer politischer und kirchengeschichtlicher Bedeutung. Von Chlodwig I. ist kein Siegel bekannt. Die Siegellegenden späterer Frankenkönige – es sind Theuderich III., Chlodwig III., Childebert III. und Chilperich II. – haben einheitlich folgenden Aufbau: Kreuz, Name im Nominativ und Titel (REX FRANCORVM); vgl. W. Ewald, ebenda, sowie Erich Kittel (wie Anm. 22), S. 109 Abb. 70.

so etwa bei Karl dem Großen: + XPE PROTEGE CAROLVM REGE(M) FRANC(O)R(VM). Die Ottonen kehrten zu dem älteren Aufbau der Siegellegende zurück, wobei z. T. vor der Nennung der Würde noch die Devotionsformel DEI GRATIA eingeschaltet ist. Von SIGNVM oder SIGILLVM bis dahin keine Spur! Dasselbe gilt auch für die (besonders früh mit Originalabdrücken einsetzenden) Reihen der Siegel der Erzbischöfe von Köln und Trier[27]. Der Terminus *signum* erscheint hier überhaupt nicht und kommt auch sonst – ab 941 (?) – nur vereinzelt vor[28].

Die Behauptung Ilgens, die Siegel hätten der Sache nach (»tatsächlich«) einen Ersatz für die Signa der siegellosen Zeit gebildet, widerspricht dem historischen Befund, da wir für das ganze Mittelalter keine siegellose Zeit erkennen können. Daß die Signa »Vorläufer« der Siegel gewesen sein sollen, ist nicht einzusehen. In Wirklichkeit werden Signa und Siegel über Jahrhunderte hinweg parallel, und zwar in jeweils eigener Funktion, benutzt. Harry Bresslau hat sich mit dem Kreuz als Handzeichen ausführlich beschäftigt[29]. Nach der römischen Gesetzgebung des 5. Jahrhunderts mußte die Vertragsurkunde entweder eigenhändig geschrieben sein oder wenigstens die Unterschrift des Ausstellers tragen. Demgemäß weisen die ober- und mittelitalienischen *cartae* regelmäßig die *Ego* N. *subscripsi*-Formel oder das Handzeichen auf[30]. Das deutsche Mittelalter hat, wie Harry Bresslau resümiert, den Brauch aus römischer Zeit übernommen, »ohne seine ursprüngliche Bedeutung festzuhalten, ja vielleicht ohne sie nur zu kennen«, so daß es ihm begreiflich erschien, wenn »man sich früh davon loszusagen begann«[31]. Bresslau ist nicht entgangen, daß das Kreuz n Siegellegenden seit der Merowingerzeit vorkommt[32]. Es lag ihm aber fern, das aus römischer Zeit herrührende Handzeichen, das er doch so intensiv untersucht hatte, mit ihm in Verbindung zu bringen. Tatsächlich muß hier zeitlich, örtlich und sachlich differenziert werden, um dann aus der Zusammenschau der Phänomene zu verläßlichen Aussagen zu kommen.

Im Vergleich zu Ilgen gibt sich Giacomo C. Bascapé ausgesprochen zurückhaltend. Er erwähnt nicht nur (wie die meisten anderen Verfasser siegelkundlicher Handbücher) die Existenz des Kreuzes am Anfang von Siegelumschriften, sondern weist auch auf parallele Erscheinungen bei der Einleitung von Urkunden und bei den Unterschriften hin. Daß diese drei Phänomene innerlich zusammenhängen könnten, wird von ihm nicht behauptet[33]. Es spricht aber einiges dafür, das Kreuz am Anfang von Urkunden und Siegelumschriften gleichermaßen als Anrufung Gottes zu interpretieren. Dabei ergeben sich im übrigen auch Querverbindungen zu den Unterschriften der Aussteller und Notare in Urkunden und zu anderen Erscheinungen. Diese Zusammenhänge sollen im folgenden genauer dargelegt werden.

3. Das Kreuz am Anfang von Siegelumschriften – eine symbolische Anrufung Gottes

Daß viele mittelalterliche Urkunden mit einer Anrufung Gottes beginnen, ist eine bekannte Tatsache. Den Verfertigern von Urkunden standen hierbei zwei Möglichkeiten zu Gebote: die symbolische und die verbale Invokation. In vielen Fällen treten beide zusammen auf, wobei dann regelmäßig die symbolische Anrufung Gottes vor der verbalen steht. Fragt man nach dem Sinn einer solchen Praxis bei der Beurkundung von Rechtsgeschäften, die doch überwiegend profaner Natur waren, so wird man auf eine christliche Grundanschauung verwiesen, die beim hl. Paulus formuliert ist. Mit ihr haben wir uns etwas näher zu beschäftigen, weil so erst das Auftauchen des Kreuzes am Anfang von Siegelumschriften und die damit verbundene Intention verständlich werden.

27 Wilhelm Ewald, Rheinische Siegel I und II (Publikationen der Gesellschaft für Rheinische Geschichtskunde 27), Bonn 1906 und 1910.

28 Vgl. die Inschriften der abgebildeten Siegel bei Erich Kittel (wie Anm. 22), S. 441–462, insbes. S. 445 zum ersten SIGNVM-Beleg von 941 (?).

29 Harry Bresslau (wie Anm. 20), S. 176ff.

30 Ebenda, S. 176 u. S. 208f.

31 Ebenda, S. 210.

32 Vgl. oben Anm. 20. Dieselbe Feststellung findet sich schon bei G. Demay, Inventaire des sceaux de la Normandie ... avec une introduction sur la paléographie des sceaux, Paris 1881, S. VIII, wo es im übrigen ohne nähere Ausführungen über den Sinn des Kreuzes heißt: »La croix grecque + indique l'endroit aù l'inscription commence.«

33 Giacomo C. Bascapé, Sigillografia. Il sigillo nella diplomatica, nel diritto, nella storia, nell'arte, Vol. I: Sigillografia generale. I sigilli publici e quelli privati, Milano 1969, S. 94: »Come i documenti medievali incominciavano con l'invocazione a Dio, e le sottoscrizioni erano precedute da croci, così tutte le leggende sigillari hanno inizio con una crocetta a braccia uguali (croce ⟨greca⟩). Dal secolo XV in poi si sostituisce talvolta alla croce una rosetta o una stella, dapprima nei sigilli di laici, poi anche in quelli di ecclesiastici ...«.

Im 3. Kolosserbrief des hl. Paulus heißt es u. a.: »Alles, was ihr tut in Wort oder in Werk, das tut alles im Namen des Herrn Jesu Christi, und dankt Gott, dem Vater, durch ihn«[34]. Aus diesem Wortlaut leitete der hl. Johannes Chrysostomus, von 398 bis 404 Patriarch von Konstantinopel, am Ende des 4. Jahrhunderts die Aufforderung ab, die Christen möchten an den Anfang ihrer Handlungen, insbesondere auch an den Anfang ihrer Briefe, den Namen des Herrn setzen[35]. Dieses Gebot wurde offenbar nachhaltig befolgt; so entwickelte sich ein regelrechter Brauch über viele Jahrhunderte hinweg. Er wird verständlich, wenn man sich den Sinn des Gebotes, das in sich einleuchtend ist und keiner weiteren Begründung bedarf, vergegenwärtigt. Der Brauch hat ja seine bis in unsere Zeit reichenden Ausläufer. Sie werden sichtbar etwa in der Schriftgutführung der Pfarrämter, wo nicht selten Protokollbücher von Kirchenvorständen und selbst Kassenbücher des 20. Jahrhunderts mit einer Anrufung Gottes beginnen.

Für die symbolische Invocatio standen bereits vor Johannes Chrysostomus verschiedene Christus-Zeichen (Chrismen) zur Verfügung[36], die, eingemeißelt in Monumenten, Grabsteinen usw., vereinzelt schon vor 269 n.Chr. vorkommen. Früh belegt sind vor allem die übereinanderliegenden griechischen Buchstaben I und X (Anfangsbuchstaben von Iesos und Christos) sowie X und P (Anfangsbuchstaben von Christos). Es handelt sich hierbei zunächst um Abkürzungen, die gerade bei Inschriften ihren Sinn hatten, dann aber ebenso wie das schon früh belegte Kreuz[37] sich ab der konstantinischen Zeit zu Christus-Symbolen entwickelten. Das gleicharmige, sog. griechische Kreuz kommt auf Münzen erstmals in konstantinischer Zeit vor. Wie Henri Leclercq einleuchtend dargelegt hat, sind die Chrismen auf Münzen von besonderem Gewicht, besitzen sie doch gleichsam offiziellen Charakter[38]. Die als Symbole benutzten Chrismen erscheinen – man denke nur an die Sarkophage – seit dem 4. Jahrhundert in größerer Zahl, so daß auch vor diesem Hintergrund das Gebot des hl. Johannes Chrysostomus verständlich wird.

Besonders hingewiesen sei auf die weitere Verwendung von Christus-Symbolen auf Münzen. Betrachten wir das frühe Mittelalter, so begegnet uns das übereinanderliegende Chi-Rho schon bei Chlodwigs Sohn Childebert I. (511–558)[39]. Dasselbe (sog. konstantinische) Monogramm findet sich auch auf einer Goldmünze des oströmischen Kaisers Maurikios (582–602). Die Umschrift des Reverses wird zudem, was hier besonders interessiert, von dem griechischen Kreuz eingeleitet[40]. Daran hat man bei vielen Münzprägungen der folgenden Zeit festgehalten[41]. Wir können den riesigen Komplex der Münzen hier nicht weiterverfolgen, betonen aber, daß das Kreuz am Anfang von Münzumschriften bald nach Chlodwig auftritt und dann immer wieder begegnet – eine auffallende Parallele zu den Siegelumschriften, die, wie wir oben gesehen haben[42], ebenfalls nach Chlodwig erstmals mit einem Kreuz eingeleitet werden.

34 Col. 3,17: »Omne, quodcumque facitis in verbo aut in opere, omnia in nomine Domini Jesu Christi, gratias agentes Deo et Patri per ipsum«.

35 Johannes Chrysostomus, In Epist. ad Coloss. Homilia IX, Nr. 3 (Migne, PG 62, S. 364): »*Omne, quodcumque facitis,* inquit, *in verbo … ipsum.* Nam si sic faciamus, nihil erit scelestum, nihil immundum, ubi Christus invocatur. Si comedas, si bibas, si uxorem ducas, si peregre proficiscaris, in nomine Dei fac omnia; hoc est, eum vocans adjutorem: in omnibus eum prius orans, res aggredere. Vis aliquid loqui? hoc praepone. Et ideo nos quoque in epistolis nomen Domini praeponimus. Ubi fuerit nomen Domini, omnia sunt fausta et felicia. Nam si Consulum nomina efficiunt ut firmatae et validae sint tabellae, multo magis nomen Christi … Fac omnia in nomine Domini, et omnia tibi recte succedent. Ubicumque positum fuerit Dei nomen, omnia sunt fausta et felicia«. Auch nach den Zeugnissen vieler Kirchenväter vor und nach Johannes Chrysostomus besaß das Kreuzzeichen für das Leben der Christen eine große Bedeutung; vgl. Henri Leclercq im Artikel »Croix (Signe de la)«, in: Dictionnaire d'Archéologie Chrétienne et de Liturgie, Tom. 3, Paris 1914, Sp. 3139–3144.

36 Vgl. die wegen des umfangreichen Belegmaterials immer noch wichtigen Artikel »Chrisme« und »Croix et Crucifix« von Henri Leclercq, ebenda, Sp. 1481–1534 bzw. Sp. 3045–3139.

37 Das Kreuz kommt nach Henri Leclercq (ebenda, Sp. 3048 ff.) ab 134 n. Chr. als Christus-Symbol bei Altar-Inschriften, Gemmen, Palatin-Graffiti, Epitaphien usw. vor.

38 Henri Leclercq (wie Anm. 35/36), Sp. 1495, bezüglich des Symbols: »… il est clair que, celui-ci (sc. le symbole) une fois adopté, le chef de l'atelier ne pouvait le déformer et le traiter en fantaisie; c'est de ce côté que le type prend une valeur officielle, que ne peut revendiquer à aucun degré le chrisme gravé sur un sarcophage ou un bas-relief par le premier sculpteur venu, travaillant en vue de sa clientèle et dont le travail n'a point de contrôle«.

39 Ebenda, Sp. 1515 (mit Abbildung).

40 Ebenda, Sp. 1515 (mit Abbildung); weitere Beispiele bei merowingischen Münzen ebenda, Sp. 3094–3097.

41 Zur Verwendung des Kreuzes in Münzen der spätrömischen Zeit vgl. auch Henri Leclercq (wie Anm. 35/36), Sp. 3062 f. Bei Trierer Prägungen seit der 1. Hälfte des 7. Jahrhunderts kommt das Kreuz am Anfang der Umschriften häufig vor; vgl. Raymond Weiller, Die Münzen von Trier, 1. Teil, 1. Abschnitt: Beschreibung der Münzen: 6. Jahrhundert-1307 (Publikationen der Gesellschaft für Rheinische Geschichtskunde 30), Düsseldorf 1988, S. 260-549.

42 Vgl. oben Anm. 26.

Eine weitere Parallele stellt eine aus der Zeit um 600 stammende Ampulle im Schatz von Monza dar. Die runde Vorderseite zeigt eine bildliche Darstellung – oben übrigens Christus zwischen den gekreuzigten Schächern, zu Füßen Christi kniend die Muttergottes und Johannes, beiderseits des nimbierten Hauptes Christi Stern und Halbmond –, die von einer konzentrischen griechischen Umschrift eingerahmt wird. Diese Umschrift beginnt mit einem gleicharmigen (griechischen) Kreuz[43].

In Urkunden tauchen symbolische Anrufungen Gottes schon sehr früh auf. Johannes Chrysostomus hatte sein oben beschriebenes Gebot, den Namen Gottes an den Anfang von Schreiben zu setzen, mit dem Hinweis auf die bisher bei den Römern verbreitete Ansicht begründet, wonach die Urkunden (»tabellae«) durch die Namen der Konsuln ihre Gültigkeit erhielten; dies werde, so meinte er, um so mehr durch den Namen Christi bewirkt[44]. Es ist kein Zufall, daß gerade zur Zeit des Chrysostomus, und zwar im Jahre 395, eine kaiserliche Verordnung die Anrufung des Namens Gottes »zur offiziellen Bekräftigungsformel aller Verträge« erhob; »und da das der christlichen Anschauung vollkommen entsprach, so wurde der Brauch bald allgemein, alle Urkunden mit Anrufung des Namens Gottes einzuleiten[45]. Wie Erika Eisenlohr in dem vorliegenden Band herausstellt, begann das Protokoll der Synode von Agde im Jahre 506 erstmals mit einer Invokation. Danach pflegte man die kirchlichen Versammlungen mit einer Invokation zu eröffnen. In den Urkunden der schreibgewandten Notare der Merowingerzeit finden sich Chrismen an ganz verschiedenen Stellen: am Anfang, bei der Unterschrift des Königs, bei der Rekognition, vor dem Datum und in der Corroboratio. Feste Regeln gab es offenbar nicht; einerseits kommen mehrere Chrismen in einer Urkunde vor, andererseits fehlen sie ganz. Die Form des Chrismons ähnelt anfangs einem *X* (dem griechischen Chi), kann aber auch als lateinisches Kreuz verstanden werden. Häufig sind diese noch sehr individuell gestalteten Zeichen mit tironischen Noten verschnörkelt, deren Auflösung keinen Zweifel daran läßt, daß es sich um Invokationen handelt: »Ante omnia Christus«, »Christus«, »Christus ante«, »In nomine Christi«, »In nomine Domini«[46]. Erika Eisenlohr tritt in diesem Bande mit guten Gründen dafür ein, der Formel »In Dei nomine« eine besondere Bedeutung zuzuerkennen. Diese Verbalinvokation wurde von den kenntnisreichen Schreibern der merowingischen und frühkarolingischen Zeit unter Verwendung von Kontraktionen und Suspensionen in einer später nicht mehr verständlichen Ligatur geschrieben. So konnte der Notar und Kanzler Hebarhard unter Ludwig dem Deutschen dazu kommen, ein ganz neues Chrismon in Form des Buchstabens *C* einzuführen, das dann auf vielerlei Weise verziert wurde und offenbar ebenfalls für Christus stehen sollte. Die Papsturkunden der älteren Zeit – bis zu Alexander I. (1061–1073) – beginnen mit dem Chi-Rho oder dem griechischen bzw. lateinischen Kreuz[47]. Der Sinn des Chrismons kann nach allem, insbesondere auch angesichts der verbalen Invokationen, nicht zweifelhaft sein, lauten diese doch: »In nomine Patris et Filii et Spiritus Sancti«, eine Formel, die Ende des 4. Jahrhunderts schon im Griechischen auftaucht[48] und bei Benediktionen benutzt wird, »In nomine Domini Dei et Salvatoris nostri Jhesu Christi«, »In nomine Domini Jesu Christi Dei aeterni« und seit 833 regelmäßig »In nomine sancte et individue Trinitatis«[49].

Das Pergament bot dem Verfasser und dem Schreiber der Urkunde reichlichen Platz für die Verbalinvokation. Dasselbe gilt für die symbolische oder ligierte Invokation, das Chrismon, das in seiner Höhenerstrekkung oft über mehrere Zeilen reicht. Der äußerst knapp bemessene Raum auf Münzen und Siegeln zwang jedoch zur Reduktion. So verwundert es nicht, daß man hier an dem griechischen Kreuz, also an dem Christus-Zeichen, das schon auf den spätrömischen Münzen benutzt wurde, festhielt.

Von den beschriebenen Chrismen in den Diplomen der Merowinger und Karolinger ist das von Harry Bresslau so eingehend behandelte Handzeichen in Form eines Kreuzes zu unterscheiden. Dieses Kreuz hat eine andere Wurzel, die auf die römische Gesetzgebung zurückgeht. Der Signierende sollte das Kreuz in spätrömischer Zeit eigenhändig zeichnen, doch hat man »auch in Italien schon im frühen Mittelalter daran

43 Abbildung bei Henri LECLERCQ (wie Anm. 35/36), Sp. 3072.

44 Vgl. oben Anm. 35.

45 Friedrich LEIST, Urkundenlehre, Leipzig 1893, S. 136; kaiserliches Edikt von 395 Okt. 11: Cod. Theod. II,9,3 [= Brev. II,9,1]: »... ea, quae in(vo)cato dei omnipotentis nomine eo auctore solidaverit...« (Theodosiani libri XVI cum constitutionibus Sirmondianis, ed. adsumpto apparatu P. Kruegeri – Th. MOMMSEN, Vol. I,2, 4. Aufl. d. unveränd. Nachr., Dublin–Zürich 1971, S. 90 f.).

46 Henri LECLERCQ, »Chrisme« (wie Anm. 35/36), Sp. 1517–1519 (mit Abbildungen); vgl. Friedrich LEIST (wie Anm. 45), Tafel I (Chrismen) im Anhang.

47 Ludwig SCHMITZ-KALLENBERG, Die Lehre von den Papsturkunden (Grundriß der Geschichtswissenschaft, hg. v. A. MEISTER), 2. Aufl. Leipzig–Berlin 1913, S. 67.

48 Ignaz HÖSL, in: LThK 5, Freiburg 1933, Sp. 445.

49 Ebenda, Sp. 445 f.

Abb. 4 *Siegel des Kölner Erzbischofs Bruno I., Originalabdruck auf Urkunde von 962 Dez. 25 (Histor. Archiv der Stadt Köln, HUA 3a), Dm. 51 mm; Foto: Rolf Zimmermann, Köln.*

Abb. 5 *Siegel des Grafen Conrad II. von Oettingen, 1229: Reproduktion nach G. A.* SEYLER (wie Anm. 15), S. 354, Fig. 372.

nicht festgehalten. Ausdrückliche Angaben über die Eigenhändigkeit oder Nichteigenhändigkeit der Signa sind hier freilich selten; aber die Originale und die zahlreich vorliegenden Abbildungen lassen keinen Zweifel daran, daß in der weitaus überwiegenden Mehrzahl der Fälle die Kreuze von den Urkundenschreibern selbst hergestellt sind. Vollends in Deutschland läßt sich im allgemeinen mit aller Bestimmtheit sagen, daß die Formel *Signum + illius* nur eine Fiktion bedeutet und daß die Zeugen das signum, auch wenn es, wie bisweilen auch hier geschieht, als *signum manus* bezeichnet wird, nicht selbst gemacht haben«[50]. Das Kreuz in den Formeln *Signum + illius*, *Signum manus + illius* oder *Ego ille subscripsi* + läßt sich kaum als Invokation erklären[51]. Es gibt im übrigen genug Belege dafür, daß das Kreuz von denjenigen benutzt wurde, die des Schreibens ganz unkundig waren oder wegen des schlechten Gesundheitszustandes nicht die ganze Unterschriftszeile schreiben konnten[52]. Während sich die Invokation am Anfang der Urkunden hielt, nahm das Handzeichen eine andere Entwicklung, denn schon vor Anfang des 9. Jahrhunderts verzichteten einzelne Urkundenschreiber sowohl auf das Wort *Signum* als auch auf das Kreuz. Stattdessen beschränkte man sich darauf, »die Zeugen einfach aufzuzählen und dieser Aufzählung eine Eingangsformel (*testes*; *haec nomina testium*; *coram his testibus*; *isti sunt testes*; *huius rei testes sunt* u. dergl.) voraufzuschicken. Im Laufe des

50 Harry BRESSLAU (wie Anm. 20), S. 208f.

51 Es ist hier eindeutig Handzeichen mit anderer Funktion und ohne direkten Bezug zur Invocatio. Die Handzeichenformel lautete etwa: »Signum + N. suprascripti donatoris, omnia suprascripta agnoscentis, et consentiens, cui et relecta est«; Zitat bei Lothar SAUPE, Die Unterfertigung der lateinischen Urkunden aus den Nachfolgestaaten des Weströmischen Reiches. Vorkommen und Bedeutung, von den Anfängen bis zur Mitte des 8. Jahrhunderts (Münchner Historische Studien, Abt. Geschichtliche Hilfswissenschaften, hg. v. P. ACHT, Bd. 20), Kallmünz 1983, S. 66. Wie der jüngste Beitrag von Lothar SAUPE im vorliegenden Bande deutlich macht, belegen Formeln wie »signum tamen beatae crucis« oder »signum sanctae crucis« in Unterzeichnungsankündigungen, daß man sich in den ostgotisch, langobardisch und byzantinisch geprägten Teilen Italiens des religiösen Gehaltes des Kreuzzeichens bewußt war. Insofern ergeben sich hier auch Bezüge zu den symbolischen Invokationen.

52 Vgl. A. GIRY, Manuel de diplomatique, Paris 1894, S. 592f., wo diverse Beispiele angeführt sind, von denen ich die folgenden zwei wiedergebe: »Chartulam Jovino, notario meo, scribendam dictavi, cuique, quia ignoro litteras, signum crucis feci« (Ravenna, 491); »Ad cujus confirmationem pro ignorantia litterarum + signum sanctae crucis expressi et testes idoneos, ut subscriberent, rogavi« (Urkunde Withraeds, des Königs von Kent, 700 oder 715).

9. und 10. Jahrhunderts, an einzelnen Orten früher, an anderen später, wird diese Vereinfachung allgemein; die Signumformel verschwindet mehr und mehr aus den deutschen Privaturkunden; die einfache Aufzählung der Zeugennamen tritt an ihre Stelle«[53]. Insgesamt spricht der historische Befund also gegen die weiter oben zitierte Ansicht Ilgens. An die Möglichkeit, daß das Kreuz am Anfang von Siegelumschriften als symbolische Invokation zu verstehen ist, hat Ilgen nicht gedacht. Wir können diese unsere Interpretation aufgrund der dargelegten Zusammenhänge und der hier beigebrachten Beweisstücke aber als vollauf gesichert ansehen.

Der Beweis für die Richtigkeit dieser Deutung läßt sich noch auf ganz anderem Wege führen, nämlich aus dem Siegelmaterial selbst. Stücke, die zu diesem Zweck herangezogen werden können, sind nicht eben zahlreich. So wird verständlich, warum die bisherige Siegelforschung weder die Einzelstücke besonders gewürdigt noch den Zusammenhang mit dem Kreuz am Anfang von Siegelumschriften gesehen hat. Die hier anzuführenden drei Siegel weisen kein solches Kreuz auf, was eigentlich hätte auffallen müssen.

An erster Stelle zu nennen ist ein für das Jahr 1229 belegtes Siegel des Grafen Conrad II. von Oettingen (Abb. 5), das schon Gustav A. Seyler publiziert hat[54]. Es leitet die Umschrift oben in der Mitte mit einem ☧ ein, das, wie wir früher gesehen haben, schon in den ersten Jahrhunderten des Christentums vorkommt und als »konstantinisches« Chrismon bezeichnet wird. Dieses besitzt dieselbe Funktion wie das Kreuz, spricht für uns aber insofern eine deutlichere Sprache, als das ☧ mit dem Signum oder Handzeichen der Urkunden nicht mehr in Zusammenhang gebracht werden kann. So muß man dem ☧ nach den früheren Belegen zwangsläufig den Sinn einer Invokation unterstellen.

Keinerlei Zweifel sind bei dem Sekret- oder Rücksiegel Heinrichs III. von Glogau aus dem Jahre 1303 möglich. Dieses von Marian Gumowski[55] vorgestellte Stück beschränkt sich in seiner Legende auf das Kreuz und die verbale Invokation; den restlichen kleinen Freiraum füllt ein Sternchen. Die Umschrift lautet: + IN NOMINE D(OMI)NI FIAT *. Beim Sekretsiegel und Rücksiegel konnte man, wie viele Beispiele zeigen, auf die sonst notwendige Nennung des Siegelführers verzichten. Die Umschriften der Sekretsiegel wurden gern dazu benutzt, um etwas von dem Sinn und der Funktion dieses Spezialsiegels deutlich zu machen; nur

Abb. 6 *Ältestes Siegel der Stadt Siegburg, entstanden um 1280, Originalabdruck an Urkunde von 1285 Febr. 14 (Histor. Archiv der Stadt Köln, HUA 1/472), Dm. 84 mm; Foto: Rolf Zimmermann, Köln.*

Abb. 7 *Zweites großes Siegel der Stadt Siegburg, Dm. 82 mm; Reproduktion nach Wilhelm* Ewald, Rheinische Siegel III, Bonn 1931, Taf. 67 Nr. 4.

53 Harry Bresslau (wie Anm. 20), S. 210 f.

54 Gustav A. Seyler (wie Anm. 15), S. 354, Fig. 372.

55 Marian Gumowski (wie Anm. 21), S. 17, Taf. XXV Nr. 278 u. S. 155 Nr. 278.

einige schöne Beispiele seien genannt: + SECRETVM CELA, + SWIGHEN IS DAZ BESTE[56] oder – ein köstliches Wortspiel – (+) TECTA LEGE LECTA TEGE[57]. Heinrich III. von Glogau hat nun – ob ihm die alte Tradition bewußt war oder nicht, sei dahingestellt – genau dem entsprochen, was der hl. Paulus und der hl. Johannes Chrysostomus gefordert hatten. Man kann annehmen, daß Heinrich bei jedem Besiegelungsvorgang im Sinne des Pauluswortes zu handeln gedachte: Die Ver- oder Untersiegelung sollte im Namen des Herrn geschehen.

Das jüngste hier anzuführende Siegel stammt aus den ersten Jahrzehnten des 15. Jahrhunderts. Es handelt sich um das zweite große Siegel der Stadt Siegburg (Abb. 7), das nur im Kontext mit dem ältesten Siegburger Stadtsiegel (Abb. 6) zu verstehen ist. Ich habe den Zusammenhang zuletzt näher dargelegt[58] und einsichtig zu machen versucht, daß der Meister des zweiten Siegburger Stadtsiegels das Kreuz zur Bezeichnung der beiden herausragenden Sakralbauten am Ort benutzte, d. h. der Abteikirche auf dem Michaelsberg und der mit einem der »eindrucksvollsten Turmbauten des Kölner Raumes« versehenen Pfarrkirche St. Servatius in der Stadt. Da das Mauerrund oben in der Mitte ein Doppelturmtor, also einen Profanbau, zeigt, konnte der Siegelstecher des zweiten Siegels das Spitzdach dieses Tores nicht mit einem Kreuz versehen. Hätte er die Umschrift mit einem Kreuz eingeleitet (wie es im ersten Siegel der Fall ist), so wäre dieses genau über dem Spitzdach zu stehen gekommen; dann hätte leicht der Eindruck entstehen können, als handele es sich hier um einen Sakralbau. Um dieses Mißverständnis zu vermeiden, hat der Künstler auf das Kreuz als symbolische Invokation verzichtet und an seiner Stelle die verbale Anrufung Gottes benutzt. So lautet die Umschrift: In · nomine · domini [· amen] · sigillum · ciuitatis · Sibergensis·. Eine solche verbale Invokation erscheint meines Wissens in keinem anderen Stadtsiegel; im vorliegenden Falle stellt sie eine durch die Ikonographie bedingte »Ersatzlösung« dar, stützt im übrigen aber unsere ausführlicher dargelegte Deutung des Kreuzes am Anfang von Siegelumschriften.

Das Siegburger Beispiel beweist zusammen mit dem zuvor genannten Stück, daß man auch im Spätmittelalter noch um die alte Bedeutung des Kreuzes am Anfang von Siegelumschriften wußte. Voraussetzung für die Formulierung von Umschriften wie in den Siegeln Heinrichs III. von Glogau und der Stadt Siegburg war eine für das Mittelalter insgesamt typische religiöse Grundeinstellung, die sich zuvor auch in den Segenswünschen geäußert hatte, die wir in den Umschriften der Karolingerherrscher und verschiedener Städte finden. Ähnliche Beispiele gibt es auch bei geistlichen Personen und Institutionen. So formuliert Johannes, Kanoniker zu Osnabrück, in seinem 1226 belegten Siegel: Ego Iohannes gracia Dei sum, quod sum[59]. Hier handelt es sich zwar nicht um eine Invokation, die zugrunde liegende Gesinnung aber ist dieselbe.

Es ist kein Zufall, wenn solche Formulierungen in der Renaissance, die bekanntlich ein ganz anderes Menschenbild entwickelte, nicht mehr auftauchen und in der Folge auch die Kenntnis von dem Sinn des Kreuzes am Anfang von Siegelumschriften weitestgehend verlorenging. Es steht zu vermuten, daß man das Kreuz dort, wo es in Siegelschöpfungen der Neuzeit auftaucht, in erster Linie aus Gewohnheit weiterverwandte, vielleicht auch, weil es so schön den Anfang der Umschrift bezeichnete und diese so übersichtlich gliederte. Daß sich das Kreuz in Siegelumschriften überhaupt so lange halten konnte, wird dem hohen Symbolgehalt zu verdanken sein, den das Kreuz für den Christen nun einmal besitzt. Die Kenntnis von der speziellen historischen und symbolischen Bedeutung, die dem Kreuz an so exponierter Stelle im Siegel zukommt, war in der Neuzeit jedenfalls in einem solchen Maße geschwunden, daß selbst Erzbischöfe und Bischöfe in Siegelumschriften darauf verzichteten. Aber auch die Siegelforschung hat lange genug gebraucht, um die alten Zusammenhänge zu erkennen.

56 Erich Kittel (wie Anm. 22), S. 147–152 mit Abb. 95.

57 Hermann Maué, TECTA LEGE LECTA TEGE. Ein mittelalterlicher Siegelstempel mit antiker Gemme, in: Boreas. Münstersche Beiträge zur Archäologie 5 (1982) S. 172–180 u. Taf. 15, Abb. 4–6. Zum Sekretsiegel vgl. auch Erich Kittel, Siegelstudien. I Briefverschlußsiegel, Rücksiegel, Sekrete, in: Archiv für Diplomatik 5/6 (1959/60), S. 430–440.

58 Toni Diederich, Das zweite große Siegel der Stadt Siegburg, in: St. Servatius und der Michaelsberg, Siegburg 1987, S. 245–254.

59 Egon Frh. von Berchem (wie Anm. 18), S. 187.

Von ligierten zu symbolischen Invokations- und Subskriptionszeichen in frühmittelalterlichen Urkunden[1]

Von Erika Eisenlohr

I.1 Thema und Ziel der Untersuchung

Die Beschäftigung mit den Formen des Invokationszeichens oder des Chrismon in frühmittelalterlichen Urkunden geht eigentlich auf einen Zufall zurück. Auslöser war eine Anfrage von Herrn Professor Dr. Helmut Beumann 1984 um den Nachweis der Echtheit einer ottonischen Urkunde, wobei die Invokationszeichen neben anderen Kriterien für die Identifizierung des Schreibers eine Rolle spielten. Beim Durchblättern der großen Tafelwerke aus dem Ende des 19. und Anfang des 20. Jahrhunderts[2], der laufenden Serie der Chartae Latinae Antiquiores und den Schätzen des »Lichtbildarchivs älterer Originalurkunden bis 1250« drängten sich Fragen nach der Herkunft der Zeichen auf, nach möglichen gemeinsamen Wurzeln, aus denen die so unterschiedlichen, kargen oder üppigen Formen im Laufe von Jahrhunderten gewachsen sein könnten.

1 Die dreiteilige Arbeit (Tl. I: Text, Tl. II: Photos 1–52, Tl. III: Tabellen 1–7) wurde im Dezember 1991 vom Fachbereich Geschichtswissenschaften der Philipps-Universität Marburg als Dissertation angenommen. Zuerst und vor allem möchte ich Herrn Professor Dr. Peter Rück danken, der die Untersuchung über die Jahre begleitete und mich ermunterte, in meinen Bemühungen fortzufahren, auch dann, als die Ergebnisse von der gängigen Lehrmeinung abrückten und sich eine neue Interpretation zu formen begann. Der für die Veröffentlichung durchgesehene Text wurde an den Stellen geändert, wo auf die hier nicht abgedruckten umfangreichen Tabellen mit Angaben zu jeder erfaßten Urkunde, auf das Codebuch für die Merkmalscodierungen mit begleitenden Kommentaren und auf einzelne Codierreihen hingewiesen wurde. Alle 52 Abbildungen werden übernommen. Das Literaturverzeichnis wurde um einige Titel und Neuerscheinungen ergänzt. Die Sammeltätigkeit und jahrzehntelange Arbeit, die zu den Schätzen des ›Lichtbildarchivs älterer Originalurkunden bis 1250‹ geführt haben, sind mir bei der ausgiebigen Benutzung der Photomappen erst richtig zum Bewußtsein gekommen. Ich habe die Initiative von Edmund E. Stengel und die Arbeitsleistung ehemaliger Betreuer und Mitarbeiter, in ›meiner‹ Zeit die von Herrn Professor Dr. W. Heinemeyer, Herrn Dr. Heinrich Meyer zu Ermgassen und Herrn Photographenmeister Joseph Gils, mit Respekt anerkennen gelernt. Herrn Gils möchte ich besonders für die Anfertigung der Photos danken, ohne die die Entwicklung des Invokationszeichens nicht zu belegen und nachzuvollziehen wäre. Meinen Kollegen Gudrun Bromm und Frank Bischoff danke ich für hilfreiche Hinweise und Diskussionen über die Jahre. Danken möchte ich auch der Prof. Dr. Schmidtmann-Stiftung, die mir die Mittel für einen zweimonatigen Aufenthalt in den Archiven von Lissabon und León gewährte und damit die Einbeziehung der iberischen Originalüberlieferung ermöglichte.

2 Vgl. das Verzeichnis der benutzten Tafelwerke, mit denen Paul Kehr 1894 als Gründer des Instituts für Historische Hilfswissenschaften und Archivwissenschaft und seine Nachfolger die Bibliothek so reich ausstatteten.

Sie begegnen in der linken oberen Ecke als Eingangszeichen in frühmittelalterlichen Urkunden – sofern sie als Originale erhalten sind – fast vor jedem schriftlich festgehaltenen Rechtsgeschäft, ohne Rücksicht darauf, ob es sich um königliche Präzepte, Privilegien, Rechtsurteile, Vergabungen an geistliche Institutionen, Käufe, Verkäufe oder andere Geschäfte zwischen Privatpersonen handelt. Desgleichen treten sie nicht nur im fränkischen Reich auf, sondern auch in Nordafrika, dem byzantinischen Reich, in Italien, auf den Britischen Inseln und der iberischen Halbinsel, überall, wohin sich das Christentum ausbreitete. Die schier unüberschaubare Fülle der Formen, von verlängerten Strichen mit Schnörkeln über spinnennetzartige Kreisformen zu gerundeten *C*-Buchstaben mit flatternden Bändern und gefüllten Hohlräumen, faszinierte mich. Herr Professor Rück schlug vor, die Fährtensuche ihrer Entwicklung zum Thema einer Dissertation zu machen. Der Inhalt ist mit diesen wenigen Angaben bereits umrissen.

Obwohl es vor allem um die Invokationszeichen, um Anrufungsformen des Namens Gottes geht, werden die Subskriptionszeichen mitberücksichtigt, denn in der ältesten Überlieferung aus dem 7. bis 9. Jahrhundert setzt der Schreiber ein Invokationszeichen nicht nur an den Anfang eines Schriftstückes, sondern schreibt ein zweites vor seinen eigenen Namen, bevor er seine Tätigkeit mit Rekognitionsverb und -zeichen abschließt. Seine Unterfertigung ist die einzige Textzeile, die auf beiden Seiten von graphischen Zeichen gerahmt wird. Die beiden nach ihrer Funktion verschiedenen Zeichen müssen also den gleichen schriftgeschichtlichen Bedingungen und parallelen Entwicklungen unterworfen gewesen sein. Invokationszeichen halten sich in königlichen Urkunden bis ins 13. Jahrhundert, aber ihre Form festigt sich zum *C*-Chrismon bereits unter den Ottonen im 10. Jahrhundert. Der Untersuchungszeitraum endet mit der Regierungszeit Heinrichs III. im Herbst 1056; Subskriptionszeichen werden regelmäßig in seiner Kanzlei zuletzt verwendet und von seinen Nachfolgern nur vereinzelt eingesetzt.

Die Arbeit ist als paläographisch-diplomatischer Beitrag zur Geschichte der zeichenhaften Invokation konzipiert. Sie besteht in dem Versuch, das Zeichen als gesprochene Formel aus der zeitgenössischen Schrift heraus zu begründen und zu entwickeln. Das Ziel ist, die Deutung des Chrismon als monogrammatische oder symbolische Anrufung in Frage zu stellen und die Diskussion um die Interpretation des Zeichens neu zu entfachen und zu beleben.

I.2 Graphische Entwicklung der Invokations- und Subskriptionszeichen im Überblick

Wenngleich die meisten Schreiber und Notare dem Text mittelalterlicher Dokumente eine zeichenhafte Anrufung Gottes vorsetzen, so scheinen sie sich doch den übernommenen und weiterzureichenden äußeren Formen dieser Zeichen weniger verpflichtet gefühlt zu haben. Man muß also fragen, welcher Zusammenhang bestanden haben könnte zwischen einer Grundidee, die sich über Jahrhunderte bis ins hohe Mittelalter halten konnte, und ihrer graphischen Umsetzung, die zu einer schier unübersehbaren Formenvielfalt ausuferte und sich bis zur Unkenntlichkeit veränderte; welcher formprägende Gedanke am Anfang stand, um ihn selbst in der Fülle von Zeichen den Zeitgenossen *in nuce* kenntlich zu halten, und gleichzeitig vielen Schreibern im ganzen westlichen Europa die Möglichkeit zu geben, das Zeichen beliebig zu verändern oder auszuschmükken, so lange nur gewisse Grundelemente gewahrt blieben. Wilhelm Erben nannte das Chrismon das beharrlichste unter allen Schriftzeichen, das überdies mit der Entwicklung der Schrift im engsten Zusammenhang geblieben und von den einzelnen Schreibern einigermaßen individuell gestaltet worden wäre, während sich für die anderen Schriftzeichen wenigstens zeitweise gewisse, von dem Belieben des Einzelnen ziemlich unabhängige Formen gebildet hätten. Es hätte nahe gelegen, für einen ständig an der Spitze aller Schriftstücke wiederkehrenden Gedanken ein bestimmtes Symbol einzuführen, etwa die Figur des Kreuzes oder ein den Namen Christi versinnbildlichendes Zeichen[3]. In Tafel 1 ist eine Auswahl gebräuchlicher Invokationszeichen nach zeitlichem Vorkommen zusammengestellt[4].

In der linken Spalte sind die Zeichen aufgeführt, die auf dem Kreuz und Christogramm aufbauen und seit alters als feste, unveränderliche Zeichen gebraucht und verstanden wurden und in ihrer zeitlos beständigen Form auch von uns als solche erkannt und begriffen werden. Die mittleren Spalten 2 bis 4 stellen die Zeichen zusammen, deren Form sich im Laufe der Zeit

3 Wilhelm Erben, Die Kaiser- und Königsurkunden des Mittelalters in Deutschland, Frankreich und Italien, München–Berlin 1907, § 17. Das Chrismon, S. 140ff.

4 Die Nachzeichnungen und Montage auf Tafeln 1, 3 und 4 verdanke ich meiner Kollegin Gudrun Bromm.

veränderte und die wir heute nicht deuten können und deshalb als symbolisch bezeichnen. Sie könnten – so mein Vorschlag – während einer noch lebendigen Tradition der römischen Kursivschriften aus Buchstabenbindungen entstanden sein. Sie könnten mit der Zeit und unter dem Einfluß der karolingischen Schriftreform erstarrt sein, nämlich als man begann, die Buchstaben aus ihren Bindungen zu lösen und einzeln linear nebeneinander zu setzen, währenddessen die Kenntnis ursprünglicher Ligaturen in Vergessenheit geriet. Trotz aller Vielfalt sind ihnen gewisse Grundzüge gemeinsam. So hat sich der Vertikalstrich der beweglichen oder veränderlichen Invokationszeichen bis ins 9. Jahrhundert durchgezogen, bis ins 11. Jahrhundert unterbrochen erhalten. Erst dann wird er durch Kappen oben und später unten verkürzt und abgeschlagen. Im 12. Jahrhundert haben die Strichenden nur noch die Funktion von gebogenen Zierstrichen. Als weiteres konstantes Element sehe ich die vorwiegend runde Ausbuchtung oder Wölbung links des Stabes, die als Spirale oder eine gegen den Schaft gesetzte Bogenform gedeutet werden kann. Der linke runde Halbbogen wird in dem bekannten Chrismon Hebarhards zum zentralen Blickfang[5]. Das Zeichen wird unter seinen Nachfolgern nach bestem Vermögen imitiert, weitergegeben und bestimmt noch im 12. Jahrhundert die *C*-Form. Das dritte Charakteristikum ist der sogenannte diplomatische Titulus, der zuerst in direkter Verbindung zum Stab, ab dem 10. Jahrhundert selbständig und schließlich als Füllmuster, besonders in Königsurkunden, über den gesamten Zeitraum vorkommt. Die drei Elemente Stab, linker Halbbogen und Abkürzungszeichen prägen in gleicher Weise die iberischen Invokationszeichen (Taf. 1, Sp. 2, Nos. 1–5)[6], auch wenn für das Gerüst statt des Stabes eine langgestreckte *L*-Form mit einem häufig eingerollten Kopfbogen und eine vom Schaftfuß zuerst spitzwinklig, dann rechtwinklig abgespreizte Wellenlinie kennzeichnend sind. In der Weiterentwicklung schließt sich die Kopfschlinge zum griechischen Buchstaben Rho (*P*), der Titulus entwickelt sich durch die Betonung der diagonalen Strichelemente zum griechischen Chi (*X*), und die Titulusform, die im 10. Jahrhundert den Endpunkt der vom Fuß ausgehenden Wellenlinie bildet, wird im folgenden Jahrhundert zum runden *S* an den Schaft herangezogen: Das Christogramm ist gebaut.

Obwohl sich augenscheinlich die iberische Überlieferung im beginnenden Hochmittelalter von der fränkischen trennt, muß man für die Anfänge nach einem Erbe fragen, das sich über einen geographisch so weiten Raum verbreiten konnte. Ein gemeinsames Erbteil ist die Schrift. Beim Nachzeichnen von Invokationszeichen aus fränkischen und iberischen Urkunden und unter der sich wiederholenden Strichfolge eines langen Vertikalstriches und eines runden Bogenteils auf der linken Seite des Vertikalstriches drängte sich der Gedanke auf, ob die Ausbuchtung der Rest des Bauchbogens für ein *d* für *deus* bzw. *dei* sein könnte. Das ursprünglich als Ligatur geschriebene Zeichen wäre dann während des Verlesens der Urkunde in die Formel *In nomine dei* umgesetzt worden und hätte sich erst mit der Zeit zum Symbol verfestigt.

Eine parallele Entwicklung von fließenden Schriftformen zu erstarrenden Zeichen läßt sich an den Subskriptionsformen und -zeichen veranschaulichen (Taf. 1, Sp. 5). Dem kursiven *vidi*-Eintrag eines Zeugen in der ravennatischen Urkunde folgt ein individuelles Subskriptionszeichen. Das flüchtig hingeworfene, horizontal betonte Strichgitter scheint übernommen und bis ins 10. Jahrhundert als Muster für eigenhändige Zeugenschaft und Unterfertigung des verantwortlichen Mundators beibehalten worden zu sein. Dagegen entwickeln sich die rekognoszierenden Verben *recognovi et subscripsi* auseinander. Das Präfix von *subscripsi* formt sich in schwungvollem Bogen mit dem lang-*s*-Schaft über die *b*-Oberlänge zum Rahmen des entstehenden Subskriptionszeichens. Die nach rechts laufenden Horizontallinien, in deren Zwischenräume die tironischen Noten plaziert werden, bleiben für die Dreiteilung des ›Bienenkorbes‹ verantwortlich, bis sich die durchlässigen Korbwände schließen und die Linien außerhalb des Subskriptionszeichens abfallen. Während der gleichen Zeit verwandelt sich die verbindende Konjunktion *et* zwischen den beiden Unterfertigungsverben zur Ligatur *&*, wächst bis zur Höhe des ›Bienenkorbes‹, verselbständigt sich und verschwindet, bevor im 11. Jahrhundert das Präfix des Subskriptionsverbs selbst als erstarrtes und sinnentleertes Zeichen überflüssig wird und wegfällt. Auch dieses *subscripsi* war ursprünglich eine kursive Ligatur, deren Buchstabenreste später verkümmerten und von Schmuckformen überwuchert wurden.

5 Vgl. Taf. 1, Sp. 4, Nos. 1–8.

6 Vgl. Luis Romera Iruela, Refacciones documentales a fines del s. XI: El caso de Sahagún, in: Actas del VIII Coloquio de Comité Internacional de Paleografia Latina, Madrid 1990 (= Estudos y Ensayos VI), S. 189 ff., Taf. 1–4, Chrismonformen, Abkürzungen und Ligaturen.

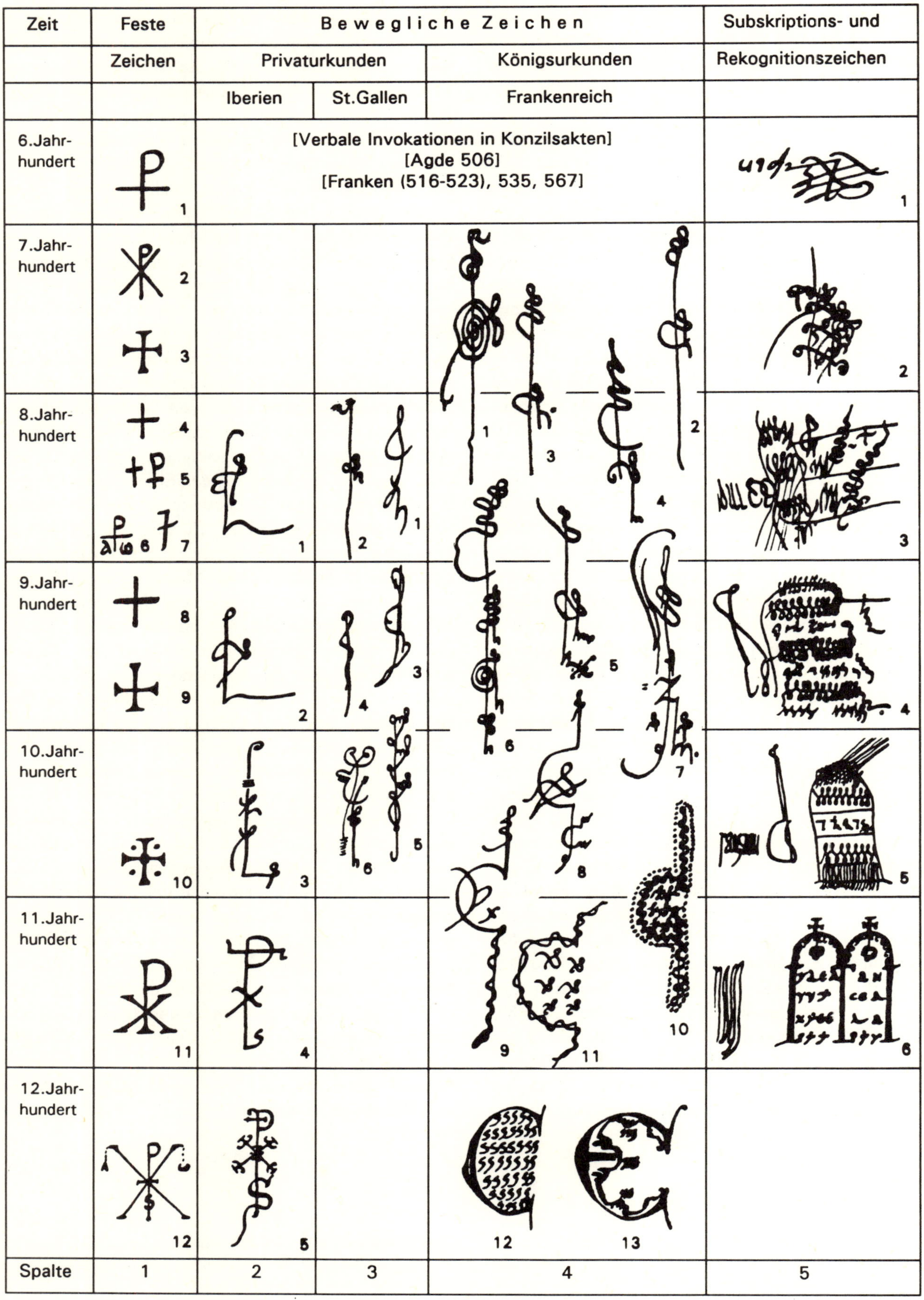
Zeit
Feste Zeichen
Beweglich e Zeichen
Privaturkunden
Iberien
St.Gallen
Königsurkunden
Frankenreich
Subskriptions- und Rekognitionszeichen
6.Jahrhundert
[Verbale Invokationen in Konzilsakten]
[Agde 506]
[Franken (516-523), 535, 567]
7.Jahrhundert
8.Jahrhundert
9.Jahrhundert
10.Jahrhundert
11.Jahrhundert
12.Jahrhundert
Spalte
1
2
3
4
5

◁ Tafel 1 *Feste und bewegliche Invokations- und Subskriptionszeichen von der ausgehenden Antike bis ins 12. Jahrhundert*

Spalte 1 *Kreuzzeichen und Christogramme in urkundlicher Überlieferung*

No. 1: Henkelkreuz (GARDTHAUSEN, Das alte Monogramm, Taf. 3, No. 184)
No. 2: Chi Rho (GARDTHAUSEN, Das alte Monogramm, Taf. 3, No. 186)
No. 3: König Hlothere von Kent, Reculver, 679 Mai (ChLA 3, No. 182)
No. 4: St. Gallen, 744 August 30 (ChLA 1, No. 40)
No. 5: König Offa von Mercia, Clofeshoh (793–796), (ChLA 3, No. 180)
No. 6: König Offa von Mercia, Hartleford, 779 (ChLA 3, No. 184)
No. 7: König Swaefred von Essex, o. Ort, 704 Juni 13 (ChLA 3, No. 188)
No. 8: Rankweil, 819 April 30, St. Gallen (Stiftsarchiv SG II–162)
No. 9: Papst Johannes XIII., 971 Jan. (KEHR, Die ältesten Papsturk., Taf. 3)
No. 10: Kl. Romainmôtier, 996 März 4 (LBA 12522)
No. 11: Erzbischof Poppo von Trier, 1041 (LBA 7771)
No. 12: König Alfons III. von León, 1145 (León, ACL No. 17)

Spalte 2 *Invokationszeichen in iberischen Königs- und Privaturkunden*

No. 1: König Silo von León, 775 (MILLARES 2, No. 108)
No. 2: König Alfons III. von León, 875 Juli 10 (MILLARES 2, No. 110)
No. 3: S. Simão da Junqueira, 1052 (Lissabon, ANTT Junqueira, No. 17)
No. 4: Cété, 1077 November 10 (Lissabon, ANTT Cété No. 6)
No. 5: König Ferdinand II. von León, 1159 (León, ACL No. 21)

Spalte 3 *Invokationszeichen in St. Galler Privaturkunden*

No. 1: *Paumcartun*, 772/775 Mai 2 (ChLA 1, No. 76)
No. 2: Singen, 787/790 Februar 15 (ChLA 2, No. 115)
No. 3: Stetten, 763 Oktober 11 (ChLA 1, No. 59)
No. 4: St. Gallen, 757 März 24 (ChLA 1, No. 48)
No. 5: Schörzingen, 791 November 15 (ChLA 2, No. 125)
No. 6: Herten, 807 Mai 17 (St. Gallen, Stiftsarchiv SG I–185)

Spalte 4 *Invokationszeichen in fränkischen Königsurkunden*

No. 1: König Chlodowech II., 654 Juni 22 (ChLA 13, No. 558)
No. 2: König Chlodowech III., 691 Nov. 1 (ChLA 14, No. 575)
No. 3: König Karl d. Große, 775 März 14 (LOT-LAUER, Fasz. 1, No. 19)
No. 4: Kaiser Ludwig d. Fr., 839 Jan. 23 (LOT-LAUER, Fasz. 2, No. 19)
No. 5: Kaiser Ludwig d. Fromme, 823 August 21 (LBA 1888)
No. 6: König Karl d. Gr., 779 April 30 (LOT-LAUER, Fasz. 1, No. 28)
No. 7: König Karl d. Kahle, 875 März 27 (LOT-LAUER, Fasz. 5, No. 13)
No. 8: König Ludwig d. Deutsche., 863 Juni 16 (LBA 1291)
No. 9: Kaiser Otto I., 962 Juni 9, (LBA 8559, Nachzeichn. aus dem 11. Jh.)
No. 10: Kaiser Heinrich III., 1051 März 15 (LBA 3340)
No. 11: König Heinrich II., 1012 Januar 21 (KUiA, Lfg. 4, No. 7)
No. 12: König Konrad III., 1143 Juli 10 (LBA 3810)
No. 13: Kaiser Friedrich I., 1168 Juli 10 (KUiA, Lfg. X, No. 12)

Spalte 5 *Subskriptionszeichen in Privat- und Königsurkunden*

No. 1: Ravenna, 572 Juni 3 (ChLA 3, No. 181)
No. 2: König Chlothachar II., 625 Juni 14–Juli 1 (ChLA 13, No. 552)
No. 3: König Karl der Große, 775 Januar 5 (LBA 2841)
No. 4: König Ludwig d. Dt., 853 Januar 18 (LBA 1296)
No. 5: König Arnulf [889 Juli] ? (KUiA, Lfg. VII, No. 24)
No. 6: Kaiser Heinrich III., 1053 August 5 (KUiA, Lfg. II, No. 13)

I.3 Vorgehen und Zusammenstellung des Materials

Die Materialsammlung fußt auf drei Fundamenten: zu vorderst aus eigener Archivarbeit. Mein Bestreben mußte darauf gerichtet sein, möglichst viele Urkunden der frühesten Zeit einzusehen, um Ansätze von ›ursprünglichen‹ Zeichenformen aufzuspüren. Die Arbeit begann mit dem wichtigsten frühmittelalterlichen Urkundenbestand nördlich der Alpen, den Privaturkunden aus dem Stiftsarchiv St. Gallen[7]. Ich zeichnete die Invokationszeichen der Originalurkunden so genau als möglich freihändig nach. Es kam mir dabei weniger auf die Größe einer Schlinge oder die Länge einer Haste als auf die Strichführung des Schreibers, auf das Ein- und Absetzen seines Strichzuges und die Bindung und Richtung seiner Striche zueinander an. In seiner Schreibbewegung selbst mußten versteckte oder verdeckte Hinweise für die Erklärung des Zeichens zu finden sein. Mit dem Vertrauterwerden der Augen mit den Strichkombinationen und der wachsenden Erfahrung entstand für die Invokationszeichen, die nur einmal im Archiv eingesehen werden konnten, ein umfangreiches ›Bilderbuch‹ als wichtigstes Arbeitsinstrument. Auf gleiche Weise konnte ich in den Archiven von Lissabon, León und Santiago de Compostela arbeiten[8]. Die einzelnen Invokationszeichen wurden möglichst genau nach dem Duktus des Schreibers nachgezeichnet und die ca. 700 St. Galler Zeichen um eine umfangreiche nordspanische Sammlung erweitert. Das unmittelbare Nebeneinander von Hunderten verschiedener Zeichen auf engem Raum ermöglichte eine Zusammenschau und beliebiges Blättern zwischen Zeiten und Regionen.

Die zweite Gruppe bildeten die über Jahrzehnte gesammelten Bestände des ›Lichtbildarchivs älterer Originalurkunden bis 1250‹[9]. Mit ca. 15000 Urkunden in originalgroßen Photos ermöglichen sie eine Übersicht, wie sie nur wenigen zur Verfügung steht. Für die früheste Zeit bis 800 stehen nur einzelne, ab dem 9. Jahrhundert zahlreiche Herrscherurkunden zur Verfügung[10], während Privaturkunden überlieferungsbedingt nur wenige gesammelt werden konnten[11].

Der dritte Pfeiler fußt auf Abbildungen, die in den großen Tafelwerken im Institut für Historische Hilfswissenschaften zugänglich sind, die ›Kaiserurkunden in Abbildungen‹, das ›Archivio Paleografico Italiano‹ mit gemischten Schriftzeugnissen, die ›Diplômes originaux des Mérovingiens‹ von Lauer-Samaran, die ›Diplomata Karolinorum‹ von Lot-Lauer für die westfränkischen und die ›Diplomata Karolinorum‹ von Bruckner für die in der Schweiz liegenden Herrscherurkunden, dann vor allem die Reihe der ›Chartae Latinae Antiquiores‹ mit Faksimiles der merowingischen und angelsächsischen Urkunden und Privaturkunden aus St. Gallen und aus italienischen Archiven[12]. Auch aus den Abbildungsbänden wurden die Invokationszeichen zum großen Teil nachgezeichnet und in einem zweiten Arbeitsgang die entsprechenden Nummern der maßgeblichen Editionen ergänzt, das Datum verglichen und Angaben beigefügt, die zur Zeit der Bearbeitung wichtig schienen. Eine zahlenmäßige

7 Dem Direktor des Stiftsarchivs, Herrn Dr. Werner Vogler, und Herrn Lic. L. Hollenstein danke ich herzlich für die bereitwillige Hilfe bei zahlreichen Besuchen. Photos von St. Galler Urkunden gibt es im Marburger ›Lichtbildarchiv älterer Originalurkunden‹ nicht, eine photographische Aufnahme des Bestandes wurde bisher nicht bewilligt. Die ältesten Originale bis 800 liegen faksimiliert in ChLA 1–2 vor.

8 Vgl. unten: D. Zu Archiven und Quellen.

9 Das Marburger ›Lichtbildarchiv älterer Originalurkunden bis 1250‹ wurde 1929 von Edmund E. Stengel (1879–1968) gegründet und ist dem Institut für Historische Hilfswissenschaften und Archivwissenschaft eingegliedert. Über Arbeit, Sammelzeitraum und heutige Bestände informieren W. Heinemeyer, 50 Jahre Forschungsinstitut Lichtbildarchiv älterer Originalurkunden Marburg, in: AD 25 (1979), S. 328–333; die Broschüre: Lichtbildarchiv älterer Originalurkunden bis 1250. Geschichte – Bestände – Benutzung (Stand 1985), hg. v. P. Rück, bearb. v. Th. Franke, Marburg 1985, sowie die Beiträge von Peter Rück, Zur Erschließung fotografischer Sammlungen mittelalterlicher Urkunden in Europa, Heinrich Meyer zu Ermgassen, Das »Lichtbildarchiv älterer Originalurkunden« in Marburg. Aufgaben, Arbeitsweisen und Stellung in der Geschichte des Urkundenfaksimile. Ergebnisse einer Ausstellung, und Frank M. Bischoff, Die Datenbank des Marburger »Lichtbildarchivs älterer Originalurkunden bis 1250«. Systembeschreibung und Versuch einer vorläufigen statistischen Auswertung, alle in: Fotografische Sammlungen mittelalterlicher Urkunden in Europa, hg. v. Peter Rück, Sigmaringen 1989 (= Historische Hilfswissenschaften 1).

10 Irmgard Fees, Abbildungsverzeichnis der original überlieferten fränkischen und deutschen Königs- und Kaiserurkunden von den Merowingern bis zu Heinrich VI. (558–1197), hg. v. P. Rück, Marburg 1994 (= Elementa diplomatica 1).

11 Frank M. Bischoff, Die Datenbank des Marburger »Lichtbildarchivs älterer Originalurkunden bis 1250«, S. 25–70.

12 Dazu das nach Erscheinungsjahren angeordnete Verzeichnis der benutzten Tafelwerke und Editionen. Zum Einfluß der photographischen Techniken auf die diplomatische Forschung Peter Rück, Im Zeitalter der Fotografie, in: Mabillons Spur. Zweiundzwanzig Miszellen aus dem Fachgebiet Historische Hilfswissenschaften der Philipps-Universität Marburg zum 80. Geburtstag von Walter Heinemeyer, hg. v. Peter Rück, Marburg an der Lahn 1992, S. 39–52.

Übersicht über die erfaßten und gewerteten Urkunden gibt Tabelle 1[13]. Es ist die jeweils älteste und jüngste Originalüberlieferung angegeben, d. h. die äußersten Grenzen eines Zeitraums.

Tabelle 1 *Übersicht über die für Invokations- und Subskriptionszeichen erfaßten und gewerteten Urkunden*

(KU = Königsurkunden, PU = Privaturkunden, PPU = Papsturkunden, KO = Konzilsakten)

Urkunden aus	Art	Zeitspanne	Erfaßt	Gewertet
der Zeit der Merowinger	KU/PU	[584–629]–717	50	50
Zeit der Karolinger				
Pippin	PU/KU	751–768	15	
Karlmann	KU	768–769	11	
Karl d. Gr.	KU	768–813	53	
Ludw. d. Fr.	KU	814–840	62	
Lothar I.	KU	840–855	15	
Lothar II.	KU	862–869	6	
Ludw. d. Dt.	KU	826–876	105	
Karlmann	KU	876–878	3	
Ludwig d. J. (III.)	KU	876–882	15	
Karl d. D. (III.)	KU	876–888	52	
Arnolf	KU	887–899	89	
Zwentibold	KU	895–900	9	
Ludwig d. Kd. (IV.)	KU	900–911	38	
Privaturk.	PU	769–797	5	
Andere			17	
Gesamt		751–911	495	476
Zeit der Ottonen				
Konrad I.	KU	911–918	15	
Heinrich I.	KU	919–936	22	
Otto I.	KU	936–973	144	
Otto II.	KU	961–983	105	
Otto III.	KU	983–1002	133	
Heinrich II.	KU	1002–1024	244	
Gesamt		911–1024	663	663
Zeit der Salier				
Konrad II.	KU	1024–1039	64	
Heinrich III.	KU	1039–1056	135	
Andere	KU		29	
Gesamt		1024–1056	228	199
St. Gallen	PU/KU	720/30–981	787	658
León	PU/KU	775–1255	414	
Santiago	PU	878–1154	33	
Gesamt	PU/KU	775–1255	447	308
Lissabon	PU/KU	882–1126	632	605
Siena	PU	736–800	47	
Pisa	PU	720–799	15	
Mailand	PU	721–799	17	
Lucca	PU	723–796	263	
Gesamt	PU	720–800	342	335
Papsturkunden	PPU	892–1098	85	85
Westgot. Dokum.	PU/KO	541–[710]	235	235
Insgesamt	PU/KU/PPU	541–1255	3964	3614

Es war nicht beabsichtigt, die Überlieferung vollständig zu erfassen, sondern eine genügend breite Materialsammlung zusammenzutragen, die Aussagen über die graphische Entwicklung der Invokations- und Subskriptionszeichen erlauben würde. Aus der obigen Tabelle geht auch hervor, daß wichtige Bereiche wie die Urkunden westfränkischer oder italienischer Könige nicht einbezogen und die epigraphischen Schriftzeugnisse nicht genügend berücksichtigt wurden. Die kopiale Überlieferung blieb meist unbeachtet. Sie könnte nicht nur darüber Aufschluß geben, wann ein Zeichen in eine Abschrift übertragen wurde und wann es wegfiel, sondern auch, mit welchen Worten es aufgelöst wurde und ob die Formel der Zeit entsprach oder aus Urkunden späterer Zeit übernommen wurde[14]. Es wurde kein Katalog derjenigen Invokationszeichen entwickelt, die zu bestimmten Zeiten in Gebrauch waren und als Hilfsmittel für die diplomatische Kritik verwendet werden könnten. Das Eingehen auf Einzelformen hätte das Ziel, den Fluß der Entwicklung zu verfolgen, verwischt.

Zu Beginn der Arbeit war die Masse der Invokationszeichen unüberschaubar und der Reichtum der Formen überwältigend. Mal verteilen sich die Verzierungen gleichmäßig, mal liegt die Betonung der Figur in der Mitte, mal scheinen die Schnörkel am Kopf den

13 Die zu jeder Urkunde erfaßten Angaben von Archiv, Abbildungen, Edition, Überlieferungsform, Datum, Ausstellort, Aussteller und Empfänger und deren Status bilden die Grunddaten der sieben Tabellen unterteilt in Tab. 1: Urkunden aus der Merowingerzeit, Tab. 2a: Karolingische Königs- und Privaturkunden, Tab. 2b und c: Ottonische und Salische Königs- und Kaiserurkunden, Tab. 3: Urkunden aus St. Gallen, Tab. 4a und b: Urkunden aus León und Santiago de Compostela und aus portugiesischen Archiven, Tab. 5: Privaturkunden aus italienischen Archiven bis 800, Tab. 6: Päpstliche Privilegien, Tab. 7 Westgotische Schriftzeugnisse. Die Differenzen zwischen erfaßten und gewerteten Urkunden in der obigen Tabelle ergeben sich durch unzugängliche Urkunden im Archiv, fehlende Angaben zur Identifizierung oder übersehene Codierungen.

14 Es ist geplant, die Materialgrundlage in einem zweiten Schritt auszuweiten, um Zeitmoden oder gegenseitige Beeinflussungen – zum Beispiel durch Wechsel von Kanzleipersonal – nachweisen zu können oder Kreuzverbindungen über die Tätigkeit einzelner Schreiber an verschiedenen Orten aufzuzeigen.

Eindruck zu bestimmen. Es gibt kaum ein Invokationszeichen, das mit einem anderen identisch wäre. Auch der gleiche Schreiber kombiniert die Striche beim nächsten Beispiel ein wenig anders, verlängert hier einen Diagonalstrich, verkürzt dort einen Schaft, verengt einen Bogen oder vergrößert eine Schlaufe. Die Idee war eine Codierung der Zeichen nach gemeinsamen Merkmalen, die bei der Masse der Urkunden eine spätere Zusammenfassung und Gruppierung nach verschiedenen Merkmalen mit Hilfe des Personal Computers erleichtern sollten. Die Schwierigkeit bestand im Erkennen von Gemeinsamkeiten unter verschiedenen Ausprägungen und im Zuordnen dieser verwandten Merkmale zu ein- bis mehrstelligen Zifferncodes. Ich hatte gedacht, daß sich die optischen Veränderungen anhand von Zahlenkolonnen ablesen lassen würden, aber ich hatte unterschätzt, wie verschieden die Zeichen unter sich sind und sich bei jeder neuen Urkunde die immer wiederkehrende Frage stellte: welches sind die wesentlichen Elemente dieser Strichfigur? Optische Varianten bedeuten Abweichungen von einer imaginären Norm. Übergangsformen können sich auf mehrere Merkmale beziehen und verursachen Unsicherheiten und Ermessensfragen, die mit der Vergabe von ein- bis zweistelligen Zahlen für die Auswertung in eine bestimmte Richtung gedrängt werden. Im Gegensatz zum Buchstaben, der trotz beträchtlicher Variationsbreite eine gewisse Strichanordnung bewahren muß, um als solcher erkannt zu werden, war das Erkennen der zeichenhaften Strichfigur verloren gegangen und sollte wieder gefunden werden. Nach mehreren, fehlgeschlagenen Versuchen wurde der Dekor[15], wo immer er sich befand, als Grundelement nach Haupt- und Nebenformen wörtlich beschrieben und in Zahlen umgesetzt. Anhand der St. Galler Nachzeichnungen wurden Merkmale der Invokations- und Subskriptionszeichen ausgesondert, ihre Bedeutsamkeit oder Nichtigkeit in der Folge geprüft, verworfen, abgeändert und schließlich zu einem Codebuch vereinigt. Das Skelett des wachsenden Codierbuchs sollte sowohl den bereits vorliegenden Formenreichtum erschließen als genügend Freiraum für Zahlen bieten, um später zu erwartende, unbekannte Urkundenzeichen aus anderen Archiven und Tafelwerken zu erfassen. Tafel 2 veranschaulicht Beispiele von Merkmalen, nach denen die Gesamtform oder der Erscheinungstyp des Invokationszeichens codiert wurde[16].

Die Angaben zu jeder einzelnen Urkunde wurden teils in Klartext, so Archivort, Abbildungsnachweis, Nummer der maßgeblichen Edition, Überlieferungsform und Datierung, Ausstellungsort, Aussteller und Empfänger, Schreiber und Kanzler, teils in ein- bis zweistellig codierter Form, wie z. B. die Beschreibung des Invokationszeichens nach Typ, Zeilenhöhe, Dekorationsgewicht, Lage und Anzahl des Hauptdekors und Lage und Anzahl des Nebendekors zusammengetragen[17] und auf sieben Datensätze nach Art der Urkunden (Königs- oder Privaturkunden) oder nach geographischen Regionen (St. Gallen, Iberische Halbinsel, Norditalien) verteilt[18]. Die Codierarbeit zog sich über mehrere Jahre, so daß der Gesamtbestand an Formen nie gleichzeitig präsent war, aber durch die Nachzeichnungen mit den entsprechenden Codierziffern vergegenwärtigt werden konnte. Die Datensätze wurden im Verlauf nach verschiedenen Gesichtspunkten sortiert und ausgewertet. Sie waren als Übersicht für Auszählungen von Häufigkeiten hilfreich, wie z. B. für die Anzahl der Urkunden von einem Aussteller oder Schreiber, aus einer Region oder für einen Empfänger, für das Vorkommen einer Invokationsformel, den Gebrauch einer bestimmten Verbform über einen gewissen Zeitabschnitt oder die Titulaturen der Schreiber. Für die Interpretation der Zeichen selbst aber war die Zahlencodierung trotz der Untergliederung in acht Felder einerseits zu grobschlächtig – das trainierte Auge definiert feiner und ist verläßlicher –, und andererseits zu aufwendig und unhandlich infolge der langen Zahlenketten. Es war sicherer, zur einzelnen

15 Dabei habe ich bei Diskussionen um das ›Musterbuch‹ und das Codierschema dankbar einen Vorschlag von Herrn Professor Rück aufgegriffen und eine Unterscheidung nach Haupt- und Nebendekor, Gewicht und Lage versucht.

16 Die acht Zeichengruppen aus dem Codebuch sind hier zusammengestellt, um einige Merkmale hervorzuheben und gleichzeitig die Schwierigkeit, sie mit Zahlencodes zu fassen, vorzuführen. Die mit Macintosh MacDraw gezeichneten Figuren geben ihre originalen Vorlagen annäherungsweise wieder.

17 Danach folgte der einleitende Formularteil wie Verbalinvokation (aufgeschlüsselt nach Santifaller, vgl. unten Legende zu Tafel 5), Adresse, Intitulatio oder Arenga. Der Kontext wurde nicht berücksichtigt, aber die Unterfertigung königlicher Aussteller mit Zeilenanordnung, Signum, Monogramm und Titel, sowie die Subskriptionen der Schreiber mit/ohne Invokation, *ego*, Devotio, Schreiber- und/oder Kanzlertitel, Unterfertigungsverb und -zeichen, Vorhanden- oder Nichtvorhandensein von Siegeln und ihre Plazierung wurden wieder codiert, bei den St. Galler und iberischen Urkunden auch die Ankündigungsformel der Zeugen, ihre Anzahl, Stand (nur unterschieden zwischen Geistlichen und Weltlichen), Unterzeichnungsform und letztlich das Format der Urkunde, die Art des Geschäftes und Bemerkungen. Im Kern sind alle Tabellen gleich aufgebaut, nach Urkundenart und Region unterscheiden sie sich in einigen der insgesamt 65 Einzelfelder.

18 Vgl. oben Tabelle 1 mit Zahlenangeben zu den einzelnen Bereichen.

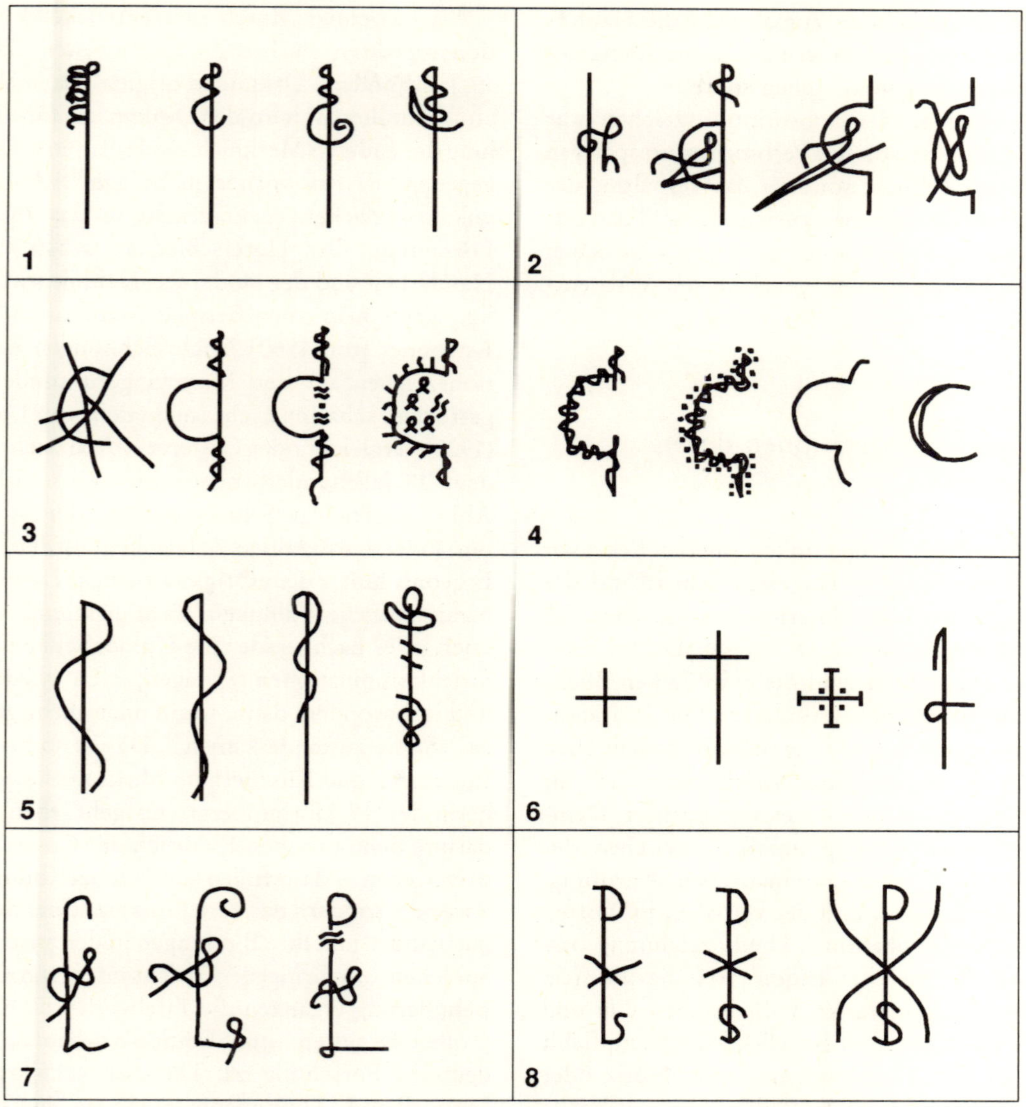

Tafel 2 *Schematische Formentwicklung von Invokationszeichen und ausgewählte Beispiele für die zweistellige Codierung: Chrismontyp*

1 Stab mit Hauptdekor am Kopf
11 Buchstabenreste, Schlingen
12 Kopfschlinge mit C-Auslauf
13 eingerollte Kopfschlinge
14 Sichelform

3 Stab im Übergang zur *C*-Form
31 Spinnennetz
32 Linksbogen an durchgehendem Stab
33 Durchbrochener Stab, Übergang zum *C*
34 *C* mit Stabausläufern nach oben u. unten

5 *Littera serpentibus circumdata*
51 Kopfschlinge mit rechts-links Windung
52 Kopfschlinge mit links-rechts Windung
53 Kopf mit Zweier-Form (Rho-Bogen?)
54 Verballhornte Schlingenform

7 Iberische Stabzeichen in *L*-Form
71 *L*-Form mit Titulus und Fußstrich
72 *L* mit eingerolltem Kopf und Schlingenfuß
73 *L* mit Rho-Kopf, Umbildung des Titulus

2 Stab mit Hauptdekor in der Mitte und Titulusform
21 Titulus mit Buchstabe *n (omine)*?
22 Hebarhard-Chrismon
23 In die Breite verzogene Hebarhard-Imitation
24 In die Höhe verzogene Hebarhard-Imitation

4 Ausgestaltung der *C*-Form (ohne Innenfüllung)
41 *C*-Form umwunden, verkürzte Stabausläufer
42 *C*-Form umwunden, umpunktet, Stabreste
43 *C*-Form mit gekrümmten Stabresten
44 Buchstabe C mit doppeltem Rücken

6 Kreuzzeichen
61 Griechisches Kreuz
62 Lateinischen Kreuz
63 Griech. Kreuz mit Serifen und Eckpunkten
64 ›Italienische‹ Kreuzform

8 Christogramm
81 Heranziehen von Titulus und Schlinge zum Schaft
82 Übergang zum Christogramm mit *S*-Buchstaben
83 Christogramm mit geschwungenem *X*

Abbildung zurückzukehren, zumal nicht die Häufigkeit verwandter Formen, sondern die Entwicklung der Grundform im Mittelpunkt stehen sollte.

Für die Codierung der Subskriptionszeichen war nicht die Entwicklung von der Verbform zum späteren ›Bienenkorb‹ maßgeblich, sondern das Verhältnis der beiden Unterfertigungsverben zueinander und das graphische Lösen der Verbindung, wie es sich zwischen dem geschriebenen und dem gezeichneten Verb entwickelte.

I.4 Bisherige Interpretationen der Invokationszeichen

Die Eingangszeichen in der linken oberen Ecke vor dem vergrößerten oder verlängerten Schriftband der obersten Zeile und die Unterfertigungszeichen im Anschluß an den Textblock im unteren Drittel eines Papyrus oder Pergaments sind die graphischen Blickfänger in mittelalterlichen Urkunden. Die in fränkischen Königsurkunden dominierende, in italienischen Privaturkunden unscheinbare Strichfigur wird als Symbol für die Anrufung Gottes interpretiert. Demnach unterscheiden die Diplomatiker zwischen der symbolischen oder monogrammatischen Anrufung, auch Chrismon genannt, und der verbalen, in Worten ausgeschriebenen Invokation[19]. Die Bezeichnung *crismon*[20] verwendet bereits Isidor von Sevilla (ca. 560–636) für die verschränkten Buchstaben *Chi* und *Rho* (das *P* wird in das *X* eingestellt), jedoch empfiehlt er das Zeichen zur Hervorhebung einer Notiz oder eines Absatzes, eine christliche Verbindung erwähnt er nicht.

Als es gelingt, durch neu entwickelte Reproduktionsverfahren während der zweiten Hälfte des 19. Jahrhunderts Urkunden originalgetreu abzubilden, zu faksimilieren, wird der Diplomatik für die Beurteilung der äußeren Merkmale ein Hilfsmittel an die Hand gegeben, das es vorher nicht gab[21]. Auch das Invokationszeichen rückt erneut in das Interesse der Forschung. Der Unterschied zwischen der älteren Handarbeit und der modernen Technik wird augenfällig, wenn man zum Beispiel Mabillons (1681) oder Letronnes [um 1860] Nachzeichnungen der Invokationszeichen aus den Merowingerurkunden mit den gestochen scharfen Lichtdrucktafeln von Lot-Samaran (1908) vergleicht oder Gatterers Nachzeichnungen aus dem 18. Jahrhundert neben die ›Kaiserurkunden in Abbildungen‹ legt. Selbst wenn sich der Nachzeichner um äußerst sorgfältige Arbeit bemüht hat, bleibt das Ergebnis hinter dem Original zurück. Damit soll seine handwerkliche Fähigkeit nicht geschmälert werden, doch ist es nachgerade eine Unmöglichkeit, komplexe Strichkombinationen vorlagengetreu wiederzugeben, und insbesondere dann, wenn nicht mehr gegenwärtig ist, wie sie zustande kamen[22]. Das ist so bei Kopisten, Imitatoren und Fälschern im Mittelalter wie bei Zeichnern des 19. Jahrhunderts. Es geht eben nicht nur darum, den optischen Eindruck der Gesamtfigur wiederzugeben – da erfüllen die Nachzeichnungen ihren Zweck –, sondern das Verhältnis einzelner Strichstücke zueinander und ihre Bindungen in der Strichfolge zum Sprechen zu bringen. Gleichsam als nachgereichte Bebilderung ergänzen die Tafelwerke die begonnenen großen Regesten- und Editionsvorhaben, wobei die deutsche Forschung mit Theodor Sickel zuerst einen Sammelband ›Monumenta graphica‹ aus österreichischen Archiven und Bibliotheken vorlegt. Die Archive

19 A. GIRY, Manuel de diplomatique, Paris 1894, Kap. IV – Le protocole initial, S. 531–536, zit. S. 531: »Tantôt elle consiste en une formule expresse: c'est l'*invocation verbale*; et tantôt elle est représentée par un symbole, le plus souvent par le monogramme du nom du Christ formé des lettres *X* et *P* entrelacées, le *Chrismon* ☧, parfois par une croix ou d'autres signes: c'est l'*invocation monogrammatique*«.

20 THESAURUS LINGUAE LATINAE, Leipzig 1906–1912, Bd. 3, Sp. 1027: chresimon: Isidor, Origines 1. 21. 22. Die Textstelle gehört zum Abschnitt: *De notis sententiarum,* wo insgesamt 26 Noten erklärt werden (LINDSAY, Isidori Hispalensis Episcopi, Etymologiarum, Liber I. 21. 22), in der spanischen Übersetzung hg. v. DIAZ Y DIAZ, OROZ RETA, MARCOS CASQUERO, Etymologias. Edición Bilingüe, S. 310–311, wird die freie Gestaltung betont: »El crisimón es empleado por cada autor com entera libertad para llamar la atención sobre algo«, zu der der Herausgeber jedoch anmerkt: »La figura de esta nota es el anagrama de Cristo«. Die gleiche Textstelle ist bei STEFFENS, Lateinische Paläographie, Taf. 33, aus einer Handschrift des 8. Jhs. aus Bobbio abgebildet: *Crismon* (ohne *h*): *haec sola ex volontate uniuscuiusque ad aliquid notandum ponitur …;* Benselers Griechisch-Deutsches Schulwörterbuch, hg. v. Adolf KAEGI, 13. erw. und vielfach verb. Aufl., Berlin–Leipzig 1911, S. 993: *To xräsimon* – das Nützliche, Brauchbare, *xrästos* – gut, rechtschaffen, ehrenwert, wacker; Hans Reinhard SEELIGER, Die Verwendung des Christogramms durch Konstantin im Jahre 312, in: ZKG 100 (1989), Vierte Folge 38, S. 149–168, hier S. 154 f.

21 Auf die Auswirkungen des technologischen Fortschritts für die diplomatische Forschung hat Peter RÜCK in seiner Einleitung »Fotografische Sammlungen mittelalterlicher Urkunden in Europa« zum Band »Fotografische Sammlungen mittelalterlicher Urkunden in Europa«, nachdrücklich hingewiesen und die Folgen skizziert. Um einen Eindruck über die Folge von Reproduktionen nationaler Schätze zu vermitteln, richtet sich das Verzeichnis der Tafelwerke nach Erscheinungsjahren.

22 Zur gleichen Beobachtung gelangt TANGL, Forschungen zu Karolinger Diplomen, S. 167, in bezug auf die Tironischen Noten mit der Bemerkung, daß die Nachzeichnung unmöglich ist, wenn man den Sinn der Schriftzeichen nicht kennt.

und Bibliotheken in Paris, Lissabon, London folgen mit faksimilierten Ausgaben ihrer Schätze. Die französische Forschung konzentriert sich vor allem auf die aus St. Denis erhaltenen und in Paris aufbewahrten Präzepte und Privaturkunden aus der Zeit der Merowinger und wird führend in der Entzifferung der tironischen Noten in Invokations- wie Subskriptionszeichen. Für den deutschsprachigen Raum geben Heinrich von Sybel und Theodor Sickel die monumentalen ›Kaiserurkunden in Abbildungen‹ heraus, die zu den kostbaren und unentbehrlichen Standardwerken zählen für jeden, der sich mit mittelalterlichen Quellen beschäftigt. Die elf Lieferungen mit 295 großformatigen Tafeln auf festem Büttenpapier erscheinen von 1880–1891 und bleiben bis heute in der Qualität unübertroffen. Aufgrund des ihnen vorliegenden Anschauungsmaterials gelangten die Diplomatiker zu Interpretationen, die bis heute bestimmend geblieben sind. Theodor Sickel beschreibt 1867 das merowingisch-karolingische Chrismon als »eine langgestreckte, perpendikulare Linie mit allerlei Verzierungen vorzüglich am Kopfe, die sich nicht mehr mit bestimmten Buchstaben vergleichen, also auch nicht auf bestimmte Worte einer Formel zurückführen läßt«[23]. Er sieht das Zeichen in Verbindung mit Buchstaben und Worten, während es Giry 1894 eher als Monogramm versteht[24]. Wilhelm Erben denkt 1907 an eine Kreuzform: »die ursprüngliche und am weitesten verbreitete Gestalt des Chrismon war das Kreuz. In den merowingischen Diplomen zeigt es sich in dieser Form am häufigsten vor der königlichen Unterschrift. Im übrigen wurde es schon damals meist in einer Weise verziert, welche den Sinn des Zeichens nahezu verdeckt: ein langgezogener, leicht geschwungener Vertikalstrich endet oben in einem, den Hauptschaft mehrfach durchschneidenden Schnörkel, während über seine Mitte ein beiderseits verschnörkelter Querbalken gelegt ist«[25]. Man hat aus den Zeichen ein entstelltes Monogramm Christi gelesen[26] und mit dem konstantinischen Labarum verglichen oder die buchstabenähnlichen Formen *IC*[27], Ch oder *C*[28] mit der Abkürzung des Namens *J(esus) C(hristus)* oder *Ch(ristus)* in Verbindung gebracht. Im Vorwort zum Tafelwerk der Merowingerurkunden von Lauer-Samaran bezeichnet Maurice Prou das Chrismon als tachygraphische Invokation, wahrscheinlich eine Anrufung des Namens Christi[29]. In der Rezension des gleichen Tafelwerkes greift Emil von Ottenthal 1909 in die Debatte ein und sieht den Ursprung des Chrismon nicht wie Erben im Kreuz, sondern eher wie Paoli und Prou in der Verschränkung der Buchstaben *I C* – »für das auch der parallele Gebrauch des Labarums spreche« – oder in der Entstellung einer tachygraphischen Invokation[30]. Nach Jahrzehnten neigt Georges Tessier 1962 wieder der Inter-

23 Theodor Sickel, Acta regum et imperatorum Karolinorum digesta et enarrata, Tl. 1: Lehre von den Urkunden der ersten Karolinger (751–840), Wien 1867, S. 295.
24 Giry, Manuel de diplomatique, S. 532: »... mais, dans les actes des époques mérovingienne et carolingienne jusqu'au cours du XIe siècle, le monogramme c'est généralement déformé et alteré, au point qu'il est presque impossible d'en distinguer les éléments dans les traits enchevêtrés et les paragraphes dont il est formé.«
25 Erben, Die Kaiser- und Königsurkunden, S. 143.
26 Jusselin, L'invocation monogrammatique, S. 318, übernimmt diese Interpretation in seinen Titel.
27 Cesare Paoli, Programma scolastico de paleografia latina e diplomatica, III, Florenz 1898, in der Übersetzung v. K. Lohmeyer 1900, S. 145; Erben, Die Kaiser- und Königsurkunden, S. 143ff., zitiert »L'hypothèse de Paoli ... qui y reconnait l'enlacement des lettres IC, initiales de Jesus Christus, est plus vraisemblable, ou encore celle qui tiendrait ce signe pour la déformation d'un monogramme de notes tironiennes exprimant une formule d'invocation« und fährt fort: [das Chrismon als] das Monogramm Konstantins oder eine »die Anfangsbuchstaben von Jesus Christus darstellende Sigle, und zwar ein sehr verlängertes I, dessen Schaft in der Mitte von einer Art von C mit vielen Verzierungen und Schnörkeln umwunden ist, oder auch ein in gleicher Weise umschnörkeltes großes *C* allein«.
28 Giry, Manuel de diplomatique, S. 532: »Dans les paraphes compliqués qui constituent l'invocation monogrammatique, on discerne assez souvent, depuis la fin du IXe siècle, un grand *C*; c'est l'initiale du nom du Christ qui tend à se substituer au *X*, et ne tarde pas, dans les actes des souverains de l'Allemagne, à devenir le motif principal du monogramme, puis à le remplacer complètement«. Paoli, Lohmeyer, S. 145, sah eine Verschränkung von *JC*, den Anfangsbuchstaben von Jesus Christus, besonders wegen der zu merowingischer Zeit den Unterschriften vorgesetzten und auch anderen Aufzeichnungen vorhergehenden Kreuze, die unmerklich in die Chrismonform übergehen; Jusselin, Notes tironiennes, S. 486ff.; Jusselin, L'invocation monogrammatique, S. 318.
29 Maurice Prou im Vorwort zu Philippe Lauer, Charles Samaran, Les Diplômes originaux des Mérovingiens, S. II–III: »Au commencement de la première ligne de tout diplôme se trouve un signe qu'on est convenu d'appeler chrismon, et qui est assurément une invocation tachigraphique et probablement une invocation au Christ. L'origine ne saurait en être cherchée dans les chrismon proprement dit ou monogramme du Christ, lequel consiste en un *X* traversée d'un *P*. On ne voit pas comment ce monogramme se serait transformé en un trait vertical bouclé à la partie supérieure et coupé en son milieu d'une sorte de *C*.« Er neigt der Hypothese von Paoli zu.
30 Emil von Ottenthal, Rezension von Philippe Lauer, Charles Samaran, Les Diplômes originaux des Mérovingiens, in: MIÖG 32 (1909), S. 190.

pretation als Kreuz zu[31]. Gemeinsam ist den Erklärungen die Deutung als Zeichen, monogrammatisch oder tachygraphisch, oder als verziertes Kreuz, dem Worte in tironischen Noten beigegeben sein können. Diese Interpretation findet in den Editionen ihren Niederschlag, in denen die Zeichen unterschiedlich mit dem Buchstaben C[32], mit dem Christogramm[33] oder einem Kreuz[34], in iberischen Editionen mit einem ausgeschriebenen *Christus*[35] aufgelöst werden. Auch das Erkennen und Auflösen der tironischen Noten haben der Interpretation insofern nicht weiter geholfen, als Zeichen und tironische Noten nicht die gleichen Worte bedeuten und das Zeichen ergänzen, aber nicht erklärten[36]. Die in der Notenkenntnis der Merowingerdiplome führenden französischen Diplomatiker Julien Havet (1885), Emile Châtelain (1900) und Maurice Jusselin (1905, 1907), sowie die deutschen Diplomatiker Sickel (1867), Tangl (1908) und Mentz (1912, 1918, 1923, 1930, 1939, 1942) haben, gestützt auf die ›Palaeographica critica‹ von Ulrich Friedrich Kopp aus den Jahren 1817–1829, Transkriptionen für die Noten zwischen den Linien und in den Segmenten des Subskriptionszeichens und links und rechts des Invokationszeichens vorgeschlagen, doch haben die verschiedenen Lesungen bisher keine einheitliche Auflösung oder einhellige Zustimmung gefunden[37]. Jusselin löste die Noten um das Invokationszeichen des Aigobercthus im Gerichtsspruch Königs Childeberts III. von 697 mit *ante omnia Christus*[38] auf. Diese Lesung hat seither die Lehrmeinung bestimmt. Die eine Anrufung kennzeichnenden Worte, nämlich *In nomine*, kommen jedoch nicht vor und die Worte *ante omnia Christus* sind als Invokation nicht belegt, so daß es sich eher um einen ergänzenden Zusatz handeln könnte.

Die Forschung des 18. Jahrhunderts[39] erkennt in den Invokationszeichen Verbalformeln, die auf Buchstabensiglen verkürzt nach Art eines Monogramms auf verschiedene Weise zusammengestellt werden können. Jean Mabillon, der sich in ›De re diplomatica libri sex‹ 1681 weniger mit der Interpretation des Zeichens als der Vielfalt seiner Formen beschäftigt und unter Bezug auf Papias[40] formuliert: *Proprie regum vel principum praecepta signum certum non habent in exordiis, sed, quod scriptoribus collibuerit, vel crucem vel chrismon*

31 Georges Tessier, Diplomatique royale française, Paris 1962, S. 21: »La solution la plus sage est sans doute de considérer celle figure comme la déformation d'une croix cursivement tracée. Ici ou là des notes tironiennes accompagnent le chrismon et expriment une pensée pieuse.« Wichtig ist sein Hinweis (Ebdt., Anm. 1) auf Peter Classen, (Kaiserreskript und Königsurkunde, in: AD 2 (1956), S. 39): »Jusqu'à l'année 1956, il nous a paru impossible de songer à y entrevoir les éléments du chrismon constantien consistant en un *X* traversé par un *P*. L'interprétation nous paraît moins invraisemblable depuis que P. Classsen a appelé l'attention sur une autre form visible sur un papyrus de 505 originaire d'Egypte où le *X* est en forme de croix latine.« Dabei handelt sich um den Papyrus, den Karl Brandi, Ein lateinischer Papyrus aus dem Anfang des 6. Jahrhunderts und die Entwicklung der Schrift in den älteren Urkunden, in: AUF 5 (1914), S. 269–288, vorgestellt hat. Das Zeichen in Form eines Henkelkreuzes steht im Brief des Praefectus Praetorio Fl. Constantinus vor dem Schlußgruß, d. h. vor der eigenhändigen Unterschrift.

32 Vgl. die Editionen der MGH, Diplomata.

33 Musée des Archives Departementales, Paris 1878, Taf. 5, No. 6, Taf. VII, No. 9.

34 Vgl. die ChLA-Bände mit italienischen Urkunden.

35 Vgl. Emilio Saez, Colección Documental del Archivo de la Catedral de León (775–1230), León 1987, Bd. 1; Maria José Azevedo Santos, Da Visigótica à Carolina. A Escrita em Portugal de 882 à 1172. Aspectos técnicos e culturais, Coimbra 1988.

36 Tironische Noten kann ich bis auf die Zeichen für *Christus* und *Amen*, die ich nach Ulrich Friedrich Kopp, Lexikon Tironianum. Nachdruck aus Kopps Palaeographia critica von 1817, mit Nachwort und einem Alphabetum Tironianum v. Bernhard Bischoff, Osnabrück 1965, nachzuvollziehen versucht habe, nicht lesen.

37 Hartmut Atsma, Jean Vezin merken in ChLA 13, S. IX, an, daß Denis Muzerelle die Noten untersucht habe und eine Arbeit vorlegen werde, derweilen stellen sie die Lesungsvorschläge von Havet, Jusselin und Mentz nebeneinander. Die Forschung konzentrierte sich vor allem auf die Noten in den Subskriptionszeichen, die Aufschlüsse über Kanzleibräuche und Beurkundungsvorgänge geben: Sickel, Acta, S. 326–339; Tangl, Die Tironischen Noten in den Urkunden der Karolinger, in: AUF 1 (1908), S. 87–166, Abb. 31; Tangl, Forschungen zu Karolinger Diplomen, in: AUF 2 (1909), S. 167–326; Bresslau, Der Ambasciatorenvermerk in den Urkunden der Karolinger, in: AUF 1 (1908), S. 167–184. Die Ergebnisse des Arbeitskreises Tironische Noten, Wolfenbüttel 1987, liegen vor in: Tironische Noten, hg. v. Peter Ganz, Wiesbaden 1990 (= Wolfenbütteler Mittelalter Studien I); Zur Kurzschrift allgemein: Harald Hagendahl, Die Bedeutung der Stenographie für die spätlateinisch-christliche Literatur, in: JbAC 14 (1971), S. 24–38 mit Schilderung der Arbeitsweisen von Augustinus, Ambrosius und ihren Stenographen.

38 Jusselin, Notes Tironiennes, S. 486: »En effet, l'invocation monogrammatique n'est pas la transformation du monogramme Constantinien mais l'adaptation à la forme générale que affectait ce monogramme de la note tironienne exprimant le mot *Christus*.« Die Wortfolge *Ante omnia Christus* sieht er nur in dem Invokationszeichen des Aigobercthus (K 3, No. 12; 697 III 14 [ChLA 14, No. 581]) und stützt sich für die Interpretation auf die Tafeln in Schmitz, Commentarii, und Kopp, Palaeographia critica, fortfahrend mit: »plusieurs notaires ont figuré seulement la note *ante*. Dans leur pensée l'invocation représentait donc le nom du Christ, et il faudrait transcrire [CHRISTUS] *ante*.«

39 Auf die Arbeiten von Gatterer, Baring und Adelung machte mich Herr Professor Rück aufmerksam.

40 Zu Papias und der älteren Diplomatik am besten Peter Rück, Die Urkunde als Kunstwerk, in: Kaiserin Theophanu. Begegnung des Ostens und Westens um die Wende des ersten Jahrtausends. Gedenkschrift des Kölner Schnütgen-Museums zum 1000. Todesjahr der Kaiserin, hg. v. Anton von Euw und Peter Schreiner, Köln 1991, Bd. 2, Abschnitt Funktion und Gestalt der graphischen Symbole, S. 320 ff.

vel litteram quamlibet circumdatam serpentibus vel quodlibet aliud quod valuerint[41] erfährt von den nachfolgenden Diplomatikern herbe Kritik wegen der geringschätzigen Bewertung der Aussage des Zeichens. 1754 schlägt Daniel Eberhard Baring zuerst den Buchstaben *C* als Abkürzung für *capitulum* vor[42], widerruft diese Deutung jedoch später. Johann Christoph Gatterer zeigt 1765 auf, wie sich die Buchstabensiglen *I J C* während der merowingischen und karolingischen Herrschaft ändern, unter den späteren Karolingern das *C* immer mehr die Oberhand gewinnt und unter Otto III. und Heinrich II. schließlich als einzige Sigle übrigbleibt[43]. Für diese Interpretation des Invokationszeichens beruft er sich auf Johann Georg von Eckhardt, der diese These seines Wissens zuerst 1727 vorgetragen habe, nämlich, daß es seit Anbeginn drei besonders wichtige Siglen gegeben hätte: *I C n*, die *In Christi nomine* oder *In Dei nomine* bedeuteten[44] und die dann von den Autoren des ›Nouveau Traité de Diplomatique‹ übernommen worden wären[45]. Der ›Nouveau Traité de Diplomatique‹, dessen sechster Teil 1768 in der Übersetzung von Johann Christoph Adelung vorliegt, handelt am ausführlichsten »Von den Anrufungen in den Urkunden«. Er resümiert resignierend: »Bald ist eine solche [Anrufung] eine klare, bald eine dunkle; bald ist selbige gerade zu angegeben, bald von weiten her. Manche wird völlig ausgeschrieben ... Eine andere wird nur durch Namenszüge, Ziffern, Hieroglyphen, Abkürzungen und Zeichen bezeichnet«[46]. Wie die Reduzierung der Formeln auf Siglen zeigt, gehen die Autoren dabei von der Voraussetzung aus, daß jedes Wort – ob Nomen Sacrum, Präposition oder Nomen – suspensiv gekürzt und auf ein einziges Buchstabenzeichen reduziert werden kann[47]. Diese Annahme läßt sich nach dem heutigen Kenntnisstand nicht mehr halten.

Die Interpretation der Invokationszeichen als Siglen für vollständige Formeln ist offenbar wenig rezipiert worden oder in Vergessenheit geraten. Sie hat sich jedenfalls nicht durchgesetzt. Die Forschung des 19. Jahrhunderts greift für ihre Interpretation nicht auf abgekürzt geschriebene Formeln zurück, sondern auf die selbständigen Buchstabenformen *J* und *C* für die Namen Christi. Damit geht auch weitgehend die Vorstellung von einer Anrufungsformel verloren und statt dessen rückt die monogrammatische Invokation in den Vordergrund. Sickel stellt allerdings die Frage, ob das Chrismon ausschließlich als Zeichen zu verstehen sei oder beim Verlesen der Urkunde in Worte aufgelöst wurde, die einer wörtlichen Anrufung entsprächen[48]. Fichtenau mutmaßt 1986, ob das Chrismon im Laufe der Zeit und durch häufigen Gebrauch zu einer rein bildlichen Formel geworden sein könnte[49]. Nach der heute (1983) gültigen Definition ist »das Chrismon ein in Urkunden vorkommendes religiöses Zeichen, das die symbolische Anrufung Christi bedeutet und von

41 Mabillon, De re diplomatica libri sex, Paris 1681, S. 619.

42 Daniel Eberhard Baring, Observatio de significatione litterae C, quae in ipsa diplomatum antiquorum fronte posita cernitur, in: Clavis Diplomatica, Hannover 1754, S. 187f.: *Quocirca in eam opinionem veni, C. hoc indicare voculam caput, et denotare in diplomatibus eo loco ubi posita reperitur chartae caput, sive initium esse: litteras vero I et H cum C. connexae et collectae boni ominis feliciorisque auspicii causa adiectas esse, et Jesum Christum designare, utpote in quem Alpha et Omega optime congruit, cuiuis adparet.* Dazu Weber, La Lettre grecque K, S. 57ff.

43 Johann Christoph Gatterer, Elementa artis diplomaticae universalis, Göttingen 1765, S. 145f.: »Chrismi figura pro temporis diuersitate, immo eodem etiam tempore varia fuit ... 1) sub *Merouingicis Regibus* & sub *Carolidis* literam maiusculam *I* seu *J* referret, cui *C* maiusculum, vel simplex, vel duplex, cochleatim, hoc est, anfractibus spiralibus exaratum, vel aliter etiam vestitum, itemque *n*, interdum vero aliae quoque literae, vt *X*, *D*, *S*, *P* &c. innexae vel insertae sunt. Eiusmodi ergo Chrismon siglas, ad modum monogrammatum coniunctas, has praecipue *J. C. n.* exhibet. Euenit autem, ut 2) sub *Carolidis posterioribus* in siglis modo dictis litera *C* maiuscula dominari inciperet; donec haec litera *C*, ductibus vel vestitis, vel nudis exarata, 3) sub *Ottone III.* & *Henrico II*, hoc est, in confinio saeculorum X. & XI. reliquias siglas prorsus excluderet, ac sola restaret«; in deutscher Sprache wiederholt in: Johann Christoph Gatterer, Abriß der Diplomatik, Göttingen 1798, S. 66ff.

44 Auch hier begegnet die Vorstellung, daß *Christus* und *Deus* trotz unterschiedlicher Anfangsbuchstaben im gleichen Sinn gebraucht werden.

45 Gatterer, Elementa artis diplomaticae, S. 148: »Chrismon scilicet ab initio tribus his potissimum siglis *J. C. n.* hoc est, *In Christi* s(ive) *Dei nomine*; item pluribus aliis, vt: *J. n. J. X*; *J. n. C. D. n.*; *J. n. C. S.*; *J. n. P. F. S.*; *I. n. D. S. n.*; *J. n. D. J. C. A(lpha).* O(mega); *J. n. S. J. T.*, cet. hoc est, *In nomine Iesu Christi; In nomine Christi Dei nostri; In nomine Christi Saluatoris; In nomine Patris, Filii, & Spiritus Sancti; In nomine Dei Saluatoris nostri Christi; In nomine Domini Iesu Christi Alpha & Omega, In nomine Sanctae & Indiuiduae Trinitatis*, cet. plerumque denotatum fuisse: cuius autem figura temporis progressu ita esset immutata, vt sola tantum sigla *C* inde relinqueretur. Vt hanc sententiam pro vera habeamus, primo Chrismi figuris, quas diplomata habent, deinde formulis religiosis, quae in quibusdam diplomatibus Chrismi loco vsurpatae sunt, commouemur.«

46 Johannes Christoph Adelung, Neues Lehrgebäude der Diplomatik, welches in Frankreich von einigen Benedictinern von der Congregation des heiligen Mauri aufgeführt worden. Sechster Theil, aus dem Französischen übersetzt, Erfurt 1768, S. 394.

47 Nirgends wurde ein genauer Hinweis darauf gefunden, welche Strichformen im Invokationszeichen welchen Siglen gleichgesetzt wurden oder aus welchen Strichteilen die einzelnen Buchstaben herausgelesen wurden.

48 Sickel, Acta I, S. 211.

49 Heinrich Fichtenau, Forschungen über Urkundenformeln. Ein Bericht, in: MIÖG 94 (1986), S. 287–288.

den Zeiten der Merowinger bis zum 13. Jahrhundert als Kreuz, Christogramm (Labarum) oder ein von den einzelnen Schreibern individuell verziertes ›Ch.‹ erscheint. Seine Stellung hat bis zur Mitte des 9. Jahrhunderts stark geschwankt. Bei den Merowingern und unter den ersten Karolingern findet es sich am Anfang der Urkunden, vor der Corroboratio, der Unterschrift, der Signum- und Rekognitionszeile sowie der Datierung, häufig gleichzeitig an mehreren dieser Stellen. Tironische Noten, die vom 7. bis 10. Jahrhundert bisweilen in den Chrismen vorhanden sind, und die mit *ante omnia Christus* oder *Christus* oder *Amen* aufzulösen sind, bestätigen die durch mittelalterliche Briefsteller erfolgte Erklärung des Zeichens als monogrammatische Darstellung des Namens Christi. Seit Hebarhard, Notar und Kanzler Ludwigs des Deutschen, verwendet die fränkische Reichskanzlei das von ihm neu geschaffene, aus der Grundform des Buchstabens *C* gebildete Chrismon, das fortan fast regelmäßig neben der verbalen Invokation gebraucht wird. Neben diesem ›Hebarhardischen Chrismon‹, das frühzeitig auch in lothringischen und italienischen Diplomen nachgeahmt wurde, leben in angelsächsischen, französischen, italienischen und spanischen Königsurkunden Kreuz und Labarum weiter fort. Der Gebrauch des Chrismon in den Urkunden der deutschen Könige und Kaiser erlischt in der Zeit des Interregnums, unter König Wilhelm von Holland begegnet man ihm nur noch vereinzelt, später gar nicht mehr. Chrismen waren nicht nur auf Diplome beschränkt, sondern fanden auch in die Papsturkunden (bis Alexander II.) und die Privaturkunden Eingang« [50].

Wir benutzen die Bezeichnung Symbol dann, wenn der Begriff nicht aus dem Zeichen selbst zu lesen ist, sondern einen Inhalt umschreibt, den wir mit dem Zeichen verbinden. Susanne Langer definiert präziser: »Symbole sind nicht Stellvertretung ihrer Gegenstände, sondern Vehikel für die Vorstellung von Gegenständen ... Wenn wir über Dinge sprechen, so besitzen wir Vorstellungen von ihnen, nicht aber die Dinge selber, und die Vorstellungen, nicht die Dinge, sind das, was Symbole direkt ›meinen‹« [51]. Nach Donat de Chapeaurouge hängt das Neutrum *to symbolon* in der Bedeutung von Vertrag oder Kennzeichen mit dem griechischen Verb *symballein* zusammen, das als ›zusammenfügen‹ übersetzt werden kann und damit ausdrückt, das es aus zwei Hälften besteht, die zusammenpassen müssen. In der christlichen Welt hat es früh den Namen *symbolon* für das Glaubensbekenntnis gegeben: »Symbol ist nämlich griechisch und heißt sowohl Kennzeichen wie Zusammentragen. Dies bedeutet es, weil mehrere zu einer Sache beitragen.« [52] Isidor nennt *symbolon* das Erkennungszeichen der Apostel untereinander, unter dem sich auch die 318 Bischöfe zum Konzil von Nicaea unter Kaiser Konstantin versammelt hätten [53]. Hrabanus Maurus versteht unter *symbolon* das Zeichen, durch welches Gott begriffen wird, und da viele Gläubige die Schriften nicht kennten, würden sie es im Herzen behalten und sich so zu erkennen geben [54]. Voraussetzung ist dabei, daß das Verständnis für das Symbol, die Kenntnis des Symbolinhalts jeder einzelne und alle in sich tragen.

50 A. Gawlik, in: LexMA 2, München 1983, s.v.: Chrismon, Sp. 1905.
51 Susanne K. Langer, Philosophie auf neuem Wege. Das Symbol im Denken, im Ritus und in der Kunst, o. O. 1965, S. 69.
52 Donat de Chapeaurouge, Einführung in die Geschichte der christlichen Symbole, 2. verb. Aufl. Darmstadt 1987, S. 1 ff., zit. S. 2 mit Anm. 6: *Symbolum enim Graece et indicium et collatio, hoc est plures in unum conferunt.*
53 Isidor de Sevilla, Orig. 6.19.57: *de libris .... symbolum per linguam Graecam signum vel cognitio interpretatur. Discessuri enim Apostoli ad evangelizandum in gentibus hoc sibi praedicationis signum vel indicium posuerunt* Orig.6.16.4–6: *de canonibus: Symbolon: sub hoc etiam sancti Patres in Concilio Nicaeno de omni orbe terrarum convenientes iuxta fidem evangelicam et apostolicam, secundum post Apostolos symbolum tradiderunt.* 5 ... 6. *Harum prior Nicaena synodus trecentorum decem et octo episcoporum Constantino Augusto imperante peracta est.*
54 Hrabanus Maurus, De laudibus s. crucis, zit. nach J. P. Migne, PL 107, Sp. 368–369, Liber II, Caput LVI, *de symbolo: Symbolon enim, Graecae symbolon, et indicium dici potest et collatio, hoc est, quod plures in unum conferunt. Id enim fecerunt apostoli, in his sermonibus, in unum conferendo unusquisque quod sensit ... Est autem Symbolum signum, per quod agnoscitur Deus ... ut quoniam plures credentium litteras nesciunt, vel qui sciunt, praeoccupatione saeculi, Scripturas legere non possunt, haec corde retinentes, habeant suficientem sibi scientiam salutarem ...*

I.5 Ableitung der Invokationszeichen aus der Schrift

Nach griechischem und lateinischem Sprachgebrauch werden die Gottesnamen als *nomina sacra* in mittelalterlichen Schriftzeugnissen, in Urkunden wie in Handschriften, selten ausgeschrieben, sondern durch die Buchstaben *Ihs*, *Xpc* oder *Xps* kontrahiert[55]. Isidor von Sevilla schreibt wegen des Ursprungs des Namens aus dem Griechischen ein *X* (Chi) vor[56]. Um die Mitte des 9. Jahrhunderts mahnt Christian von Stablo: *nomina dei comprensive debent scribi, quia nomen dei non potest litteris explicari*[57]. Die jüngsten Untersuchungen von Pierre Chaplais zeigen, daß die heiligen Namen Jesu Christi nicht nur im frühen Mittelalter, sondern durch das gesamte Mittelalter hindurch bis etwa 1500 meistens mit *Xps* und entsprechenden Kasusendungen gekürzt werden, obwohl *Christus*, seltener *Cristus*, auch ausgeschrieben in Inschriften des 4. bis 6. Jahrhunderts aus dem westlichen Europa vorkommt[58]. Eine suspensive Abkürzung auf *C* oder *Ch* wäre demnach ungewöhnlich. Sie widerspricht auch der Deutung des Zeichens als einer Gruppe von mehreren Buchstabensiglen, wie sie die Diplomatiker des 18. Jahrhunderts interpretierten. Sollte die Abkürzung als Monogramm beabsichtigt gewesen sein, wäre es ein Namensmonogramm, das zwar die Buchstaben *I C* oder *X P* enthielte, aber nicht in eine derjenigen Anrufungsformeln aufgelöst werden könnte, die aus der gleichzeitigen kopialen Überlieferung bekannt sind. Zum anderen ist ein Charakteristikum des Monogramms, daß die benutzten Buchstaben erkennbar bleiben müssen und in richtiger Reihenfolge gelesen die Auflösung ergeben. Das Beiwerk auf beiden Seiten des Stabes sowie der peitschenförmige Schaftstrich selbst wären nur mühsam zu erklären. Die von einigen Diplomatikern vorgeschlagene Interpretation als Kreuzzeichen krankt vor allem daran, daß der kreuzende Querbalken als solcher kaum zu erkennen ist, daß das Längen- und Breitenverhältnis der gekreuzten Stäbe nicht auf das gewöhnliche Kreuz zutrifft und daß verschlungener Zierat die Kreuzform verhüllt statt sie zu betonen.

Das Nachzeichnen der Invokationszeichen in möglichst genauer Strichfolge des jeweiligen Schreibers erbrachte weit über 2000 unterschiedliche Zeichen. Jedes Zeichen hatte seine individuelle Betonung von Details. Der Blickfang konnte von der Mitte an die Extremitäten wandern oder gleichmäßig verteilt sein. Ein Dekor konnte rechts oder links des Mittelpunktes auftreten, deutlich ausgeformt oder nur in Umrissen erkennbar sein. Selten waren Formen identisch, auch wenn sie vom gleichen Schreiber gezeichnet worden waren. Es konnte also nicht das Festhalten an einer beständigen Form oder die Genauigkeit einzelner Formelemente der entscheidende Faktor sein. Sämtliche Zeichen aus den St. Galler Stücken und den Merowingerurkunden habe ich auf Karteikarten kopiert, um

55 Traubes Interpretation der Nomina Sacra in direktem Zusammenhang mit dem unaussprechbaren Tetragramm der hellenistischen Juden läßt sich nach Bernhard Bischoff, Paläographie des römischen Altertums und des abendländischen Mittelalters, Berlin 1979 (= Grundlagen der Germanistik 24), S. 194, heute, nach den Untersuchungen von A. H. R. E. Paap, Nomina sacra in the Greek Papyri of the first five centuries A. D. The sources and some deductions, Papyrologica Lugduno-Batava 8, Leiden 1959, nicht mehr halten, »doch scheint eine allererste Anregung durch das Tetragramm in judenchristlichen Kreisen, etwa Alexandrias, möglich«, S. 194 f. Dazu auch G. H. R. Horsley, E. R. Waterhouse, The Greek *Nomen Sacrum XR*, S. 215 ff. Zuletzt Ulla Hälvä-Nyberg, Die Kontraktionen auf den lateinischen Inschriften Roms und Afrikas bis zum 8. Jh. nach Christus, Helsinki 1988, S. 14–23, hier S. 15, wonach die Kurzformen für *deus*, *iesus*, *christus*, *dominus* spätestens Anfang des 4., wenn nicht schon während des 3. Jahrhunderts für die Bibelübersetzungen aus dem Griechischen ins Lateinische übernommen wurden. Die verkürzte Aussage von Julian Brown, in: E. A. Lowe and Codices Latini Antiquiores, S. 194: »Nor [A. E. Lowe] did he make a heroic mistake to match ... Traube's about the development of abbreviations by contraction« ist irreführend. Zuletzt: Nicoletta Giové Marchioli, Alle origini delle abbreviature latine. Una prima ricognizione (I secolo A.C. – IV secolo d. C.), Messina 1993 (Ricerca Papirologica 2).

56 Isidor de Sevilla, Orig. 1.27.27: *de orthographia: Xps, quia Graecum est, per X scribendum. Ita et Xrisma.* Zum Einfluß Isidors vgl. Bernhard Bischoff, Die europäische Verbreitung der Werke Isidors von Sevilla, wieder abgedruckt in: Mittelalterliche Studien I, Stuttgart 1966, S. 171 ff.

57 Ludwig Traube, Nomina sacra. Versuch einer Geschichte der christlichen Kürzung, München 1907, zit. S. 6; Bischoff, Paläographie, S. 195 Anm. 15, bezeichnet diese Äußerung Christians von Stablo als ›gelehrtes Wissen‹; C. H. Turner, The Nomina Sacra in early Christian Mss., in: Miscellanea Francesco Ehrle, Rom 1924, Bd. 4, S. 63–64: »The four primary names *DC*, *KC*, *IC XC* [mit Deckstrich] are indeed universal ... The only words which in Latin are everywhere and always abbreviated are the four primary words.«

58 Pierre Chaplais, The spelling of Christ's name in medieval Anglo-Latin: ›Christus‹ or ›Cristus‹? in: Journal of the Society of Archivists 8 (1987), S. 261 ff., geht insbesondere der philologischen Frage nach, auf welche Weise das griechische, aspirierte *X* als aspiriertes lateinisches *Chr* oder griechisches Kappa = *Cr.* in die lateinische Sprache übernommen wurde. Er erwähnt nur eine einzige Veroneser Handschrift aus dem 8. Jahrhundert mit kontrahiertem *CHRO* und *CRO* und das Vorkommen von *Chr* in fränkischen Personennamen des 8. Jahrhunderts, S. 269 f., 272. Man achtete besonders im christlichen Schrifttum auf die Unterscheidung zwischen Gottesbegriffen und Personennamen wie *Christus* und *Christianus* oder *d(omi)n(u)s* und *dominus* als dem göttlichen oder weltlichen Herrn.

sie nach einzelnen Motiven, auffallenden Formen oder unterschiedlichen Elementen, Größe, Lage und Gewicht des Dekors wie in einem Kartenspiel immer aufs neue zu gruppieren. Der Durchbruch gelang mit der Einsicht, daß nicht die fertige Form des Zeichens selbst, sondern die Strichfolge, aus der das Zeichen entstand, maßgeblich gewesen sein könnte. Die einzelnen Strichstücke und ihr Verhältnis zueinander könnten Elemente oder Relikte von Buchstaben, Silben oder Wörtern sein. Das Zeichen selbst wäre dann kein Symbol im Sinne eines Kennzeichens, sondern die graphische Kurzfassung eines gesprochenen Ausdrucks. Mit dieser Annahme verlagerte sich das Augenmerk auf diejenigen Einzelformen, die Buchstaben ähnelten oder aus Buchstaben entstanden sein könnten. In allen bisherigen Deutungen war man davon ausgegangen, das Zeichen als optische Einheit zu sehen und aus den so verschiedenen Zeichenformen einzelne erkennbare Elemente herauszulösen und zu interpretieren. Mein Ansatz ging jetzt nicht mehr von einer optischen Einheit aus, sondern von ihrem kleinsten Element, dem Strich. Statt das bildhafte Zeichen in Einzelteile aufzulösen, wurde nach Strichelementen gesucht, um sie zu einem Bildzeichen zusammenzufügen. Das Ergebnis der Arbeit wird im Titel bereits vorgestellt.

Die Anrufung einer Gottheit zum Schutz einer Handlung ist seit vorchristlicher Zeit bekannt. Die römischen Kaiser Arcadius und Honorius sprechen 395 davon, daß alle Verträge unter namentlicher Anrufung des allmächtigen Gottes bekräftigt werden sollten. Wenige Jahre später bezeichnet Johannes Chrysostomus die Datierung der Wachstäfelchen nach Konsuln als Voraussetzung für ihre Gültigkeit und fügt an, um wieviel mehr der Name des Herrn – so wie es unter Christen geschehe – diese Funktion erfülle. 533 führt eine Konstitution Justinians einen neuen ›großen‹ Kaisertitel ein, der erstmalig eine verbale Invokation enthält[59]. Den Ursprung der christlichen Invokation bringt man mit dem Pauluswort in Zusammenhang: *omne quodcumque facitis in verbo aut in opere omnia in nomine Domini Iesu Christi gratias agentes Deo et Patri per ipsum*[60]. Die umfassendste Studie über das Vorkommen von verbalen Invokationen in frühmittelalterlichen Schriftzeugnissen verdanken wir Leo Santifaller[61]. Er untersuchte die Geschichte der Anrufungsformeln im Orient, bei den Juden, Griechen und Römern und im Islam, in Indien, in China und bei den Mongolen, und das Auftreten der verschiedenen Formeln im christlichen Kulturkreis. Er stellt fest, daß »Alle [diese] christlichen Invokationsformeln [sind], so wie ihre Vorbilder, die alttestamentlich-jüdischen Formeln, ›Im Namen‹-Invokationen« sind und faßt zusammen, daß die Verwendung von verbalen Invokationen bis zum Beginn des 6. Jahrhunderts im christlichen Kulturkreis bisher nicht nachgewiesen werden konnte, aber die monogrammatische Invokation seit dem Ende des 5. Jahrhunderts mindestens in den byzantinischen Cheirographa der graeco-ägyptischen Papyri üblich war. Santifaller fand die ersten Verbal-Invokationen in der kopialen Überlieferung von Konzilsakten aus dem 6. Jahrhundert, zuerst im Protokoll der Synode von Agde 506, die unter dem Vorsitz des Erzbischofs Caesarius von Arles zusammentrat. Santifaller gruppierte die Anrufungen nach den ihnen zugrunde liegenden Formeln und verfolgte ihre Entstehung und Verbreitung in originalen und kopialen Quellen bis ins 13. Jahrhundert. Die nicht-verbalen Anrufungsformen berücksichtigte er nicht. Mit seinem Ergebnis, daß im christlichen Umfeld nur *In nomine*-Formeln gebraucht würden, gab er mir einen wichtigen Fingerzeig für die Interpretation der zeichenhaften Invokationen.

Auf den von Jan-Olof Tjäder herausgegebenen ravennatischen Papyri von 445–700 lassen sich keine Eingangszeichen nachweisen, da die linke obere Ecke in allen Fällen beschädigt und eine verbale Invokation nicht überliefert ist[62]. Die Urkundentexte auf den nordafrikanischen Holztäfelchen aus dem ausgehenden 5. Jahrhundert, den sogenannten Tablettes Albertini, enthalten, soweit erkennbar, keine Eingangszeichen[63]. Zwischen ihnen und den 43 Schieferfragmenten, die westlich von Avila und Salamanca in Spanien gefunden wurden, können jedoch Verbindungen nachgewiesen werden. Einige dieser sogenannten ›pizarras‹

59 FICHTENAU, Forschungen über Urkundenformeln, S. 290 ff.

60 BIBLIA SACRA iuxta vulgatam versionem, Editio altera emendata, Stuttgart 1975, II, S. 1823, Paulus apostolus ad Colossenses 3, 17.

61 Leo SANTIFALLER, Über die Verbal-Invokation in den älteren Papsturkunden, in: RHMitt. 3 (1958/60), S. 19–113, hier S. 39 ff., zit. S. 36, S. 40 ff.; vgl. unten Kap. IV.3.

62 Jan-Olof TJÄDER, Die nichtliterarischen lateinischen Papyri Italiens aus der Zeit 445–700, Lund–Stockholm 1954–1982, Bd. 2, S. 158–159 mit Anm. 56.

63 Christian COURTOIS, Louis LESCHI, Charles PERRAT, Charles SAUMAGNE (Hgg.), Tablettes Albertini. Actes privés de l'époque vandale (fin du Ve siècle), Paris 1952, Text- und Tafeln. Auf den zur Verfügung stehenden Kopien der Abbildungen ließen sich keine Eingangszeichen ausmachen. Die transkribierten Texte beginnen mit der Datierung ohne Invokation; HÄLVÄ-NYBERG, Die Kontraktionen auf den lateinischen Inschriften, S. 8 dazu Roger S. BAGNALL – Klaas A. WORP, Christian invocations in the papyri, in: Chronique d'egypte 56 (1981) S. 112–123 und Supplement S. 362 ff. zum Auftreten der ersten ausgeschriebenen Invokationen in Ägypten ab 591.

stammen aus den Zeiten der westgotischen Könige Reccared (586–601) und Ervig (680–687), ein spätes Täfelchen aus Asturien aus dem 8. Jahrhundert[64]. Mehrere dieser ältesten Urkundentäfelchen beginnen nicht nur mit einem Henkelkreuz, dem die griechischen Buchstaben Alpha und Omega beigegeben sein können, sondern enthalten auch die Formel *In dei nomine* in kursiven Schriftzeichen[65].

II. Invokationszeichen mit festen und beweglichen Formen

Im folgenden Abschnitt wird nach festen und beweglichen oder veränderlichen Formen der Invokationszeichen unterschieden. Die Formen und Vorkommen der festen Zeichen werden nur gestreift. Im Mittelpunkt stehen die veränderlichen Zeichen, ihre Interpretation und ihre Fortentwicklung.

II.1 Invokationszeichen mit festen Formen

Das feste, beständige Zeichen wird dadurch charakterisiert, daß es an seiner äußeren Gestalt festhält, daß es einen bestimmten und unverwechselbaren Inhalt ausdrückt und daß es dort, wo es vorkommt, in seiner Form und seiner Verkörperung als solches erkannt wird. Seine Grundstruktur darf weder unter Zierat verborgen noch durch verfremdende Umstellungen einzelner Elemente angetastet werden.

Das Henkelkreuz

Unter dem Henkelkreuz oder der *crux ansata* (Taf. 1, Sp. 1, No. 1), wahrscheinlich einem heiligen Symbol der Sonne[66], hatte der alte Orient den Urquell allen Lebens verehrt. Auf Münzen kam das Henkelkreuz schon vor Christi Geburt vor. Teilweise wurden die gebräuchlichen Sinndeutungen übernommen und vom frühen Christentum weiterentwickelt. Als letzter Buchstabe des semitischen Alphabets (*tau*) diente das Kreuz dort auch als Beglaubigungszeichen und Unterschrift. So konnte der besonders als Kirchenschriftsteller bekannte Tertullian in Karthago (ca. 160 bis nach 220 AD)[67] das griechische *tau* als ›unser Kreuz‹ – *species nostrae crucis* – bezeichnen[68]. Eine Ableitung des Zeichens aus der Schrift bietet Hans Reinhard Seeliger, indem er das Henkelkreuz oder Staurogramm unter bezug auf die Studien von A. H. R. Paap (1959) und K. Aland (1967) mit der Abkürzung für das griechische *stauros* (= Kreuz) in Zusammenhang bringt und die Abbreviatur Tau-Rho aus der Wortmitte mit der Namenssuspension Chi-Rho vergleicht. Die verkürzte Schreibung Tau-Rho ist um 200 zum ersten Mal belegt und taucht in einer Vielzahl von Papyri vom 3. bis zum 6. Jahrhundert auf, auch in einem um 200 geschriebenen Johannesevangelium sowie im Codex Sinaiticus aus dem 4. Jahrhundert. Einige Anzeichen sprechen dafür, daß sich die Buchstabenkombination zu Beginn des 4. Jahrhunderts aus der Abbreviatur löst und im privaten Bereich als christliches Symbol eines Staurogramms verselbständigt. Ob es dem Christogramm zeitlich ›vorausging‹, ist noch nicht geklärt, auch nicht die Frage, ob es als Kreuzessymbol oder als Christussymbol verstanden wurde[69]. Ein Henkelkreuz oder Staurogramm leitet den Text auf dem Schieferfragment aus Avila [um 586–601] ein (Abb. 1)[70].

Das Kreuz

Das Kreuz als Symbol und Ornament ist in der vor- und außerchristlichen Welt weit verbreitet. Chapeaurouge weist aber auch darauf hin, daß sich im römi-

64 Angel Canellas Lopez, Diplomática Hispano-Visigoda, Zaragoza 1979, mit einer Zusammenstellung von 231 Nummern vom 5. bis 8. Jh. und 5 Abb.

65 Manuel Gomez-Moreno (Hg.), Manuel Casamar (Fotografias), Documentación goda en pizarra. Estudio y Transcripción. Revision, Facsimiles y Fotografias, Madrid 1966, S. 17 ff., 29; zu den Lesungen auch: Manuel Dias y Diaz, Los documentos hispano-visigoticos sobre pizarra, in: Studi Medievali 7 (1966), S. 75–107; Canellas Lopez, Diplomática Hispano-Visigoda, S. 154, No. 60. Zur Geschichte der Westgoten Dietrich Claude, Adel, Kirche und Königtum, Sigmaringen 1971 (= VuF Sonderbd. 8); Herwig Wolfram, Geschichte der Goten. Von den Anfängen bis zur Mitte des sechsten Jahrhunderts. Entwurf einer historischen Ethnographie, München 1979, 3., neubearb. Aufl. erschienen unter dem Titel: Die Goten, München 1990

66 LThK 6, Sp. 605–617; H. Leclercq, Croix et Crucifix, in: DACL 3/2, Paris 1914, Sp. 3045–3131; Viktor von Gardthausen, Das alte Monogramm, Leipzig 1924, S. 78 ff.

67 Tertullianus, in: Der kleine Pauly, Lexikon der Antike 5, München 1979, Sp. 613 f.

68 Zitiert nach Gardthausen, Das alte Monogramm, S. 79: Tertullian adv. Marcionem 3,22: *Ipsa enim littera Graecorum Tau, nostra enim species crucis. Species:* Erscheinung, Bild, Gestalt. Franz J. Dölger, Das Kreuzzeichen nach Tertullian, in: JbAC 1 (1958), S. 5 ff.

69 Hans Reinhard Seeliger, Die Verwendung des Christogramms durch Konstantin im Jahre 312, in: ZKG 100 (1989), Vierte Folge 38, S. 149–168, hier S. 152 ff. mit Abb. 1 und Taf. 1a, S. 157; außer der Abkürzung in christlichem Sinne wird das Zeichen im Griechischen für *tropos* (= Richtung, Art, Weise), im Lateinischen als Kurzform für *pedes* (= Füße, Fuß als Maßeinheit) verwendet; A. H. R. E. Paap, Nomina sacra in the Greek Papyri of the first five centuries A. D. The sources and some deductions, Leiden 1959 (= Papyrologica Lugduno-Batava 8); Kurt Aland, Bemerkungen zum Alter und zur Entstehung des Christogramms anhand von Beobachtungen bei P66 und P77,

schen *castrum* die Nord-Süd-Achse oder Cardo mit der Ost-West-Achse oder Decumanus rechtwinklig schneiden, wobei Decumanus als die Hauptlinie gilt und Cardo die Weltachse meint. Bereits Paulus bringt das hierbei entstehende Kreuz mit der Welt in Verbindung. Auf seine Gedanken greifen im 4. Jahrhundert Basilius der Große (um 330–379) und Hieronymus (347/48–419/20) zurück und führen sie weiter aus[71]. Mit dem Kreuz als christlichem Zeichen hat sich vor allem Franz Dölger beschäftigt und seine vielseitigen Verwendungen und Bedeutungen herausgearbeitet[72]. Das stehende Kreuz setzt sich aus einem Vertikal- und einem Horizontalbalken zusammen. Zwei gekreuzte Balken mit gleichlangen Armen werden als griechisches Kreuz bezeichnet, wie es beispielsweise 744 in der St. Galler Privaturkunde begegnet (Taf. 1, Sp. 1, Nos. 4, 8). Beim liegenden Kreuz bilden die gleichlangen Arme ein X. Ein Kreuz mit längeren Vertikal- und kürzeren Horizontalarmen wird lateinisches Kreuz genannt. In einer angelsächsischen Urkunde des 8. Jahrhunderts wird ein solches Zeichen neben ein Henkelkreuz gestellt (Taf. 1, Sp. 1, No. 5). In italienischen Privaturkunden aus der zweiten Hälfte des 8. Jahrhunderts begegnen Invokationszeichen, denen zur Verdeutlichung einer kursiven Kreuzform kennzeichnende Punkte beigegeben werden (Abb. 35, 37). Die sorgsam gezeichneten Kreuzformen des hohen Mittelalters werden in den Winkeln manchmal mit Punkten oder mit Punktketten um die Kreuzarme und durch verschieden gestaltete Armenden verziert, ohne daß die charakteristische Kreuzform je beeinträchtigt würde. Sie tauchen als Eingangszeichen vor allem in Urkunden geistlicher Aussteller in Abgrenzung gegen königliche Privilegien mit *C*-Chrismon auf[73].

Kreuzformen im Eschatokoll können unterschiedliche Formen und Bedeutungen annehmen. Nach einem Gesetz Theodosians und Valentinians vom Jahre 439 wird einerseits zwischen dem *signum* – einem mit Tinte geschriebenen Handzeichen und dem *signaculum* (= Wachssiegel, Unterschriftszeichen), andererseits zwischen der juristischen Person und dem Schreiber deutlich unterschieden. Das *signum* der iuristischen Person ist ausreichend, um einem Geschäftsakt Rechtskraft zu verleihen. Für die Unterschrift ist nicht der persönliche Name maßgeblich, sondern das Aktionsverb *subscripsi*. Das Setzen eines Kreuzes drückt die Devotion aus, aber ist rechtlich nicht vonnöten[74]. In fränkischen Herrscherurkunden entwickelt sich das *signum* zum Namens-, später Namens- und Titelmonogramm als Identifikationszeichen des ausstellenden Königs oder Kaisers. In der ältesten St. Galler Überlieferung wird die Zeugenreihe mit *coram testibus quorum signacula* ... angekündigt, die später übergeht in *coram testibus quorum nomina sunt haec*. Häufig leitet ein Kreuzzeichen die eigenhändige Subskription mit *ego* ein. Steht das Kreuzzeichen vor *signum*, so folgt der Name des Zeugen in frühester Zeit im Genetiv oder Dativ/Ablativ. Unregelmäßig gekreuzte Balken werden im allgemeinen als Handmal derjenigen gewertet, die schreibunkundig sind – *litteras nesciunt* –, aber mit ungelenker Hand Kreuzformen bewerkstelligen[75]. In italienischen Privaturkunden bis 800 wird meist ein Kreuzzeichen zwischen *signum* und *manus* vom Zeugen selbst oder dem Schreiber mit oder ohne Beteiligung des Zeugen eingefügt und gilt als Unterzeichnung[76]. Eine Eigenart der insularen Urkunden ist die Unterfertigung der angelsächsischen Könige mit der Kreuzform und den zusätzlichen Worten

zuerst aus: Neue Neutestamentliche Papyri, in: New Testament Studies 10 (1963), S. 75–79 und 11 (1964), S. 1–3, mit Ergänzungen zusammengefügt, wieder in: Kurt ALAND, Studien zur Überlieferung des Neuen Testaments und seines Textes, Berlin 1967 (= Arbeiten zur neutestamentlichen Textforschung 2), S. 173–179.

70 Ferner PAL. SOC. I, Taf. 123b: griech. Papyrusfragment AD 542; ChLA 3, Nos. 180, 184, ChLA 4 No. 246 dem byzantinischen Kaiserbrief auf Papyrus aus St. Denis AD 505; BOND, Facsimile BM 5 (AD 793/796), 30 (AD 847), 39 (AD 869).

71 Donat DE CHAPEAUROUGE, Einführung in die Geschichte der christlichen Symbole, 2. verb. Aufl. Darmstadt 1987, S. 18ff. BIBLIA SACRA iuxta vulgatam versionem, II, S. 1808, Paulus apostolus ad Galatas: ... *nisi in cruce Domini nostri Iesu Christi per quem mihi mundus crucifixus est et ego mundo* ... Hieronymus zit. S. 18 Anm. 59: *Ipsa species crucis, quid est nisi forma quadrata mundi?*

72 Seine Ergebnisse wurden in neun Abschnitten über mehrere Jahrgänge im Jahrbuch für Antike und Christentum (= JbAC) veröffentlicht. Um den Zugang zu dieser umfassenden Arbeit zu erleichtern, wird im Literaturverzeichnis jeweils die erste Kapitelüberschrift des Abschnitts angegeben. Zum Kreuz in frühen Codices Bernhard BISCHOFF, Kreuz und Buch im Frühmittelalter und in den ersten Jahrhunderten der spanischen Reconquista, in: Bibliotheca docet. Festgabe für Carl Wehmer, Amsterdam 1963, S. 19–34, wieder abgedr. und um neue Belege vermehrt in: Bernhard BISCHOFF, Mittelalterliche Studien. Ausgewählte Aufsätze zur Schriftkunde und Literaturgeschichte 2, Stuttgart 1967, S. 284–303, mit 1 Tafel., hier S. 291, wo er ebenfalls auf die apotropäische Kraft hinweist.

73 Vgl. Taf. 1, Sp. 1, Nos. 8–10, dazu den Beitrag von Toni DIEDERICH in diesem Band.

74 Giorgio COSTAMAGNA, Influenze tachigrafiche sulla formazione del segno del tabellionato nell'Italia Settentrionale (secoli IX–XI), in: Atti dell'Accademia Ligure di Scienze e Lettere 7, 1950, wieder abgedr. in: DERS., Studi di Paleografia e di Diplomatica, Rom 1972 (= Fonti e Studi 9), S. 7–45 mit Abb., hier S. 20ff.

75 In Ländern mit einem hohen Anteil von Analphabeten wird der wöchentliche Lohnempfang noch heute durch verschiedene Handzeichen, hauptsächlich durch zwei gekreuzte Striche, die am einfachsten zu malen sind, bestätigt.

signum beatae crucis. Das Kreuzzeichen selbst steht vor dem Wort *signum*[77]. Hier decken sich das *signum* des Ausstellers, der kein eigenes Monogramm entwickelt, mit dem Zeichen der Devotion.

Von dem devotionalen Kreuz zu unterscheiden sind die Kreuzformen, die sich aus der Kürzung der Endsilbe *sign-um* durch einen verlängerten *n*-Schaft mit vertikalem *um*-Kürzungsstrich ergeben. In den älteren St. Galler Urkunden sind die Kreuze nach ihrer jeweiligen Bedeutung mitunter schwer zu unterscheiden (Abb. 44–52). In den frühen iberischen Urkunden fehlt das *signum* als objektive Form der Bezeugung. Das Unterfertigungsverb des Austellers heißt *ro-boraui* und wird gestreckt geschrieben, damit der oder die Aussteller den verlängerten Horizontalstrich mit einem Vertikalstrich senkrecht kreuzen und damit das Geschäft vollziehen können. Die Anzahl der so entstandenen Kreuze entspricht der Anzahl der Aussteller.

Das Christogramm

Die Verschränkung der Buchstaben *Chi* und *Rho* ist im griechischen Schriftwesen als Abkürzung von Wörtern, die mit diesen beiden Buchstaben beginnen, aber verschiedene Bedeutung haben konnten, sehr gebräuchlich und wird vor allem innerhalb des Kontextes, gelegentlich auch mit Kasusendungen, für *chronos* (= Zeit, Dauer, insbesondere Lebenszeit) benutzt. Seit Anfang des 4. Jahrhunderts werden die Buchstaben auch als Monogramm Christi interpretiert, das seine Popularität der konstantinischen Vision und seinem Sieg gegen Kaiser Maxentius an der Milvischen Brücke am 28. Oktober 312 verdankt[78]. Das Zeichen bzw. die Abbreviatur ist vorkonstantinisch insofern, als die Endsilben weggelassen werden und diese Abkürzungsform für *Christus* vorher nicht begegnet. Das nomen sacrum wird im Nominativ konsonantisch auf *XPS* gekürzt. Konstantins Neuerung besteht darin, daß er den Namen nicht als nomen sacrum kontrahiert, sondern monogrammatisch kürzt, wie es insbesondere bei Eigennamen üblich war[79]. Die Kennzeichnung der Schilde war weit verbreitet. Neben den Standarten (*vexillae*) wurden zusätzliche Kennzeichen (*Digmata*) insbesondere dann angebracht, wenn Römer gegen Römer kämpften und Truppenteile nur durch die Schilde unterschieden werden konnten. Auch wenn an der Bedeutung von Schildzeichen heute noch vieles umstritten ist, so legt man ihnen doch die zweifache Absicht von ›apotropäisch-bannend und magisch-zwingend‹ zugrunde[80]. Konstantin setzt auf den zweiten Aspekt in sehr massiver Weise. Aus Vergleichen mit parallelen magischen Praktiken ist die Beschriftung eines Schildes mit dem Gottesnamen bekannt und dient dem Zweck, ihn zu zwingen, dort zu erscheinen, wo sein Name beschworen wird. Das Christogramm erscheint zunächst nur im persönlichen Umfeld des Kaisers, um das geheime Einverständnis des Herrschers mit der Gottheit zu bekunden. Es wandert dann von den Schilden und Kaiserhelm zum »Labarum, wie die kaiserliche Standarte aus nicht geklärten Gründen seit Konstantin hieß«. Ab 315 erscheint das Chi-Rho-Zeichen auf Münzen des Herrschers, 319 auf einem Meilenstein in Numidien/Algerien, um 322/323 auf einer Kupfermünze aus Trier, im Waren- und Postverkehr und taucht 323 zum ersten Mal sicher datierbar auf einer vor den Mauern Roms gelegenen Grabinschrift auf. In den allermeisten Fällen ist es als Zeichen zur Inschrift hinzugefügt und wird nicht als Abkürzung im Text selbst verwendet, so daß gefolgert werden darf, daß es auch von den Christen in magischer Absicht benutzt wurde[81]. Im angelsächsischen Eschatokoll

76 Zur Terminologie von Unterfertigung oder Unterzeichnung Waldemar SCHLÖGL, Die Unterfertigung Deutscher Könige von der Karolingerzeit bis zum Interregnum durch Kreuz und Unterschrift. Beiträge zur Geschichte und Technik der Unterfertigung im Mittelalter, Kallmünz Opf. 1978 (= Münchener Historische Studien, Abt. Geschichtl. Hilfswissenschaften, hg. v. Peter ACHT, Bd. 16), S. 2ff.

77 Vgl. die in ChLA 3 abgebildeten angelsächsischen Urkunden: Nos. 179 (AD 759); 180 (AD 793–796); 182 (AD 679); 183 (AD 736); 184 (AD 779); 187 (AD 685–694); 190 (AD 732).

78 GARDTHAUSEN, Das alte Monogramm, S. 80–83; LThK 2, Freiburg 1957, Sp. 1177; Hans Reinhard SEELIGER, Die Verwendung des Christogramms durch Konstantin im Jahre 312, in: ZKG 100 (1989), Vierte Folge 38, S. 149–168, hier S. 149ff.: über das Ereignis gibt es vier zeitgenössische Berichte, in der Rede eines namentlich nicht bekannten, nichtchristlichen Panegyrikers, in einer politischen Kampfschrift des christlichen Laktanz, in der Kirchengeschichte des Eusebius von Caesarea und in der wahrscheinlich ebenfalls von Eusebius verfaßten Biographie Konstantins d. Gr., wo sie 25 Jahre nach dem Geschehen schon zur Legende verwachsen ist. Laktanz beschreibt das Gotteszeichen (zit. S. 152): *transversa X littera, summo capite circumflexo*, das damit nicht eigentlich dem Christogramm, sondern dem oben beschriebenen Staurogramm entspricht.

79 SEELIGER, Die Verwendung des Christogramms, S. 155f.: Das hat Laktanz wohl nicht verstanden oder nicht gewußt. Es bleibt die Frage, ob seine Beschreibung als Hinweis darauf zu verstehen ist, daß im konstantinischen Umfeld beide Zeichen – das Stauro- und das Christogramm – verwendet wurden.

80 SEELIGER, Die Verwendung des Christogramms, S. 160ff., zit. S. 161.

81 SEELIGER, Die Verwendung des Christogramms, S. 163ff., S. 164: »An den Gräbern diente es zur Übelabwehr und war eine zusätzliche Garantie der Grabesruhe; für die magische Deutung spricht insbesondere seine immer wieder vorkommende Wiederholung, sofern Repetition eines der wichtigsten Mittel der Magie ist«, zit. S. 167. Vgl. ChLA 3, No. 181: Ravenna AD 572–VI–3, wo mehrere Zeugen nach ihrer Unterschrift drei Kreuze setzen, oder ChLA 4 No. 242 AD 613–641 mit drei Henkelkreuzen oder Staurogrammen (?).

kommen Wendungen wie *cum vexillo ... propriis manibus scripserunt, vexillum s. crucis impressi ..., vexillo s. crucis munio ..., sub vexillo s. crucis ..., cum vexillo s. crucis xpi ...* bis ins 9. Jahrhundert vor[82]. Dort ist auch abzulesen, daß das Kreuz mit dem Kreuzestod (?) Christi – *sanctae crucis xpi* – gegen Ende des 8. Jahrhunderts in Verbindung gebracht wird[83]

Auf Isidors von Sevilla Erklärung des Chi mit eingestelltem Rho – *XP* – als Vorsatzzeichen greift knapp 200 Jahre später der Fuldaer Mönch, Abt und spätere Erzbischof von Mainz, Hrabanus Maurus (ca. 780–856), zurück und erweitert das um 600 noch ›unchristliche‹ Zeichen zu der *figura in quo Christi nomen comprehensus est*[84]. Dabei ist an dieser Stelle zu betonen, daß beide Autoren von einem Zeichen sprechen, das nach seiner Form und nach seiner Bedeutung fest definiert ist[85]. Es ist mir bisher nicht gelungen, das Verhältnis dieser festen Zeichen zu den veränderlichen *In Nomine*-Ligaturen zu klären, d. h. den Übergang vom statischen Schutzzeichen zur aktiven, persönlichen Anrufung aufzudecken. Wir sprechen heute bei den verschränkten Buchstaben *XP* vom Monogramm Christi oder Christogramm[86] und übertragen die Isidor'sche Bezeichnung Chrismon nicht nur auf die festen Kreuzformen und Christogramme, sondern auch auf die veränderlichen und vielgestaltigen Zeichen, die den Texten von Urkunden und anderen Schriftzeugnissen als Eingangszeichen vorausgehen.

Das Christus-Monogramm scheint als Invokationszeichen in Urkunden – soweit bis jetzt beobachtet wurde – nicht vor der zweiten Hälfte des 10. oder Anfang des 11. Jahrhunderts verwendet worden zu sein. Erst dann taucht es in päpstlichen Privilegien auf[87] und wird in Privaturkunden vorzugsweise von geistlichen Ausstellern, beispielsweise von Erzbischof Poppo von Trier 1041, vorgesetzt[88]. Man nimmt heute an, daß das Christusmonogramm und das Kreuz ursprünglich getrennte Zeichen waren, die erst später, wahrscheinlich nicht vor dem 6. Jahrhundert, von den Christen verschmolzen wurden (Taf. 1, Sp. 1, Nos. 1–3)[89]. Die Vereinigung der beiden Zeichen, angezeigt durch den charakterischen Horizontalstrich, der den vertikalen Schaft rechtwinklig kreuzt, begegnet erst im Hochmittelalter, zum Beispiel im Christogramm der Königsurkunde aus León 1145[90]. Das feste Gerüst des Christogramms wird auch in der Folgezeit nicht angetastet, selbst wenn es festlich ausgeschmückt wird wie in der Privaturkunde aus Soria 1202 (Abb. 29). Der horizontale Kreuzstrich bildet das Zentrum der Figur und den Schnittpunkt der geschwungenen und verlängerten *Chi-(X)*-Diagonalen. Der Kopf des *Rho* (*P*) steht rechts des vertikalen Kreuzstabes, um den sich in der unteren Hälfte das *Sigma* (*S*) windet. An den welligen Seitenrahmen sind zusätzlich *Alpha* und *Omega* gegen die Macht des Bösen angebracht[91]. Das *P*, durch den begrenzenden Fußstrich deutlich als solches gekenn-

82 Edward A. Bond (Bearb.), Facsimiles of Ancient Charters in the British Museum II, London 1876, No. 16; Johannis M. Kemble, Codex Diplomaticus Aevi Saxonici I–6, London 1839–1848, Repr. Vaduz 1964, No. 6 (Fälschung, AD 618), No. 128 (AD 764–775), No. 159 (AD 777), No. 189 (AD 805), No. 199 (AD 812), No. 201 (AD 814), No. 222 (Fälschung(?) AD 827), No. 224 (AD 830); zur Übersicht der Überlieferung und Konkordanzen zwischen Editionen und Tafelwerken Peter H. Sawyer, Anglo-Sacon Charters. An annotated list and bibliography, London 1968 (Royal Historical Society Guides and Handbooks 8).

83 Kemble, Codex Diplomaticus I, No. 157 (AD 789); No. 189 (AD 805), eine Urkunde Aethelheards, der seine Schenkung nicht nur *cum uexillo crucis xpi* firmiert, sondern auch mit dem Christogramm einleiten läßt.

84 Hrabanus Maurus, De laudibus s. crucis, in: Migne, PL 107, S. 237, Figura XXII: *Una quidem ista est figura, quae appellantur notae sententiarum, specialique vocabulo haec a Graecis vocantur chrisimon, ex voluntate uniuscujusque ad aliquid notandum inventa. Sed majore dignitate a Christianis ad exprimendum nomen Christi assumitur, quasi duae litterae primae nomine ejus uno monogrammate simul sint comprehensae, id est X et P*; vgl. die Faksimile-Ausgabe Hrabanus Maurus, Liber de laudibus Sanctae Crucis.

85 Gardthausen, Das alte Monogramm, zit. S. 1–2: »Wenn der Schreiber durch Verbindung gewisser konventioneller Zeichen ein Wort oder einen Gedanken ausdrückt, so enthüllt und verkörpert er einen Gedanken und wird von allen verstanden, die schreiben können.«

86 Auch die Herrschermonogramme in Urkunden sehe ich in diesem Zusammenhang als feste, nur geringfügig veränderbare, unverzierte Buchstabenzeichen.

87 Paul Fridolin Kehr, Die ältesten Papsturkunden Spaniens. Abh. der Preuss. Akad. d. Wissenschaften, Phil.-Hist. Klasse 1926/2, Berlin 1926, Taf. VII: Gregor V., 998 Mai, JL 3918, wo Kreuz und Chi Rho vor *Bene Valete* unverbunden nebeneinander gestellt sind; Julius von Pflugk-Harttung, Specimina Selecta chartarum pontificum Romanorum I–III, Stuttgart 1885–1887, Taf. 8: Papst Johannes XV, 955 Mai 26, vor der Datierung, Taf. 9: Silvester II., 999 November 23, vor *Bene Valete*, beide ohne Kreuzstrich.

88 Vgl. Taf. 1, Sp. 1, No. 11.

89 Gardthausen, Das alte Monogramm, S. 76; Donat de Chapeaurouge, Einführung in die Geschichte der christlichen Symbole, S. 18 f. weist darauf hin, daß zwar das leere Kreuz in der Kunst schon im 4. Jahrhundert erscheint, aber zu der Zeit noch keine Darstellungen der Kreuzigung Christi existierten.

90 Taf. 1, Sp. 1, No. 12; Sp. 2, No. 5.

91 Josef Engemann, Zur Verbreitung magischer Übelabwehr in der nichtchristl. u. christl. Spätantike, S. 37, wo gegen die Macht des Bösen Auges auch der Gottesname *IAW* (Iota Alpha Omega) aufgeboten wird; N. Brox, Magie u. Aberglaube an den Anfängen des Christentums, in: Trierer Theol. Zts. 83 (1974), S. 157–180. Zum Vorkommen der Zeichen Chi-Rho, Alpha u. Omega seit etwa AD 400 in Nord-Westspanien vgl. Helmut Schlunk, Die frühchristl. Denkmäler aus dem Nord-Westen der iberischen Halbinsel, in: Legio VII Gemina, León 1970, S. 493 ff. Schlunk benutzt die Alpha-Buchstabenformen gleichzeitig als Datierungshilfe für Inschriften.

zeichnet und fest mit der rechten oberen Rahmenecke verbunden, leitet als Anfangsbuchstabe zum Beginn des Urkundentextes *Presentibus et futuris* über.

Feste Zeichen in angelsächsischen Königsurkunden

Einzig die angelsächsische Überlieferung[92] zeigt eine Tradition von festen Zeichen als Eingangszeichen frühmittelalterlicher Urkundentexte. Bruckner stützt sich im Kommentar zu den Facsimilia der englischen Urkunden auf Levison, der zeigen konnte, daß die Angelsachsen ihre Urkunden durch die von Rom entsandten Missionare erhielten, da sie sich im Formular und in der Struktur an kuriale Vorbilder anlehnen[93]. Mit wenigen Ausnahmen beginnen die ältesten Urkunden aus dem 7. und 8. Jahrhundert[94] mit einem gezeichneten Kreuz, dem eine Verbalinvokation folgt. Die Zeichen werden von englischen Diplomatikern als bildliche Invokation bezeichnet[95], wobei nicht sicher ist, ob sie als Vorsatz- oder Invokationszeichen beabsichtigt waren. Aus dem frühen 11. Jahrhundert hat sich ein Traktat des Byrhtferth von Ramsey (um 960–1012) erhalten, der auf die Isidor'sche Erklärung zurückgreift und das Chrismon in seiner ursprünglichen Bedeutung als Blickfang für wichtige Textstellen oder als Ornament empfiehlt[96]. Nach Keynes finden die Chi-Rho-Zeichen wegen ihrer ansprechenden Form zusammen mit der Verbalinvokation und im Einklang mit der Aufforderung, »alles im Namen des Herrn zu tun«, bei den Schreibern königlicher Diplome die größte Verbreitung[97]. Es werden drei Formen der bildlichen Anrufung unterschieden: das einfache Kreuz, das Kreuz kombiniert mit Alpha und Omega, wie es zuerst in der Urkunde Königs Offa von 779 (Taf. 1, Sp. 1, No. 6) und in ähnlicher Form noch einmal 847 in einer Urkunde König Edelwulfs von Wessex begegnet[98], und das Chrismon oder Christogramm[99]. In Königsurkunden vor dem 10. Jahrhundert kommt das Christogramm nur in zwei unangefochtenen Originalen des 8. Jahrhunderts und in fünf Originalen des 9. Jahrhunderts vor, es scheint sich aber plötzlich ab 956, während der Regierungszeit König Eadwigs (955–957), auszubreiten. Die Rho (*P*)-Schäfte können dabei einen Schweif entwickeln, ab 960–962 treten Formen mit geschwungenen Chi (*X*)-Bogen auf. Mit dem beginnenden 11. Jahrhundert wandert das Chi von der Mittelhöhe auf die Grundlinie und steht mit dem Rho-Schaft auf gleicher Ebene. Einzelne Chrismonformen des 9. und besonders des 11. Jahrhunderts, in denen dem Rho-Schaft ein *A* beigestellt oder in den Rho-Bogen eingestellt ist, deuten auf Verbindungen zur zeitgenössischen Münzprägung[100]. Chi-Rho-Formen mit einem *S* am Schaftfuß des Rho[101], wie sie in iberischen Urkunden häufig begegnen, sind bis ins

92 ChLA 3–4; Facsimiles of Ancient Charters in the British Museum I–IV, bearb. v. Edward A. Bond, London 1873–1878.

93 Bruckner, ChLA 4, S. XIVf.; Wilhelm Levison, England and the Continent in the Eighth Century. The Ford Lectures delivered in the University of Oxford in the Hilary Term, 1943, Oxford 1946, Repr. from Sheets of the First Edition 1949, 1956, S. 15ff., 135ff., 174ff.; Pierre Chaplais, Who introduced Charters into England? The case for St. Augustine, in: Journal of the Society of Archivists III No. 10 (1969), S. 526–542, wieder abgedruckt in: Prisca Munimenta. Studies in Archival and Administrative History presented to Dr. A. E. J. Hollaender, hg. v. F. Ranger, London 1973, S. 88–107.

94 Kemble ediert im ersten Band des Codex Diplomaticus 240 Nummern für die Zeit von 604–838. Bei der Besprechung des Formulars, S. IXff., geht er auf die vorgesetzten Kreuzzeichen nicht ein. Er zählt die häufigsten Verbalformeln auf und weist darauf hin, daß sie kein Kriterium für die Echtheit einer Urkunde bieten, aber ihr Fehlen auf eine Fälschung oder lückenhafte Überlieferung schließen lasse. Die älteste Originalurkunde ist von König Hlothere von Kent 679 überliefert: Kemble I, No. 16; Facsimiles of Ancient Charters I, Taf. 1; ChLA 3. No. 182.

95 Simon Keynes, Studies on Anglo-Saxon Diplomas, Fellowship Thesis, Cambridge, Trinity College, 1976. Teil 1 dieser zweibändigen Arbeit ist weitgehend unveröffentlicht. Der hier relevante Appendix A, S. 261–272, und Tafel II mit einer Zusammenstellung der vorkommenden Invokationszeichen wurden mir vom Autor zugeschickt, wofür ich Simon Keynes herzlich danke. Teil 2 der Arbeit erschien in revidierter Fassung unter dem Titel: Diplomas of King Aethelred ›the Unready‹, 978–1016, Cambridge 1980.

96 LexMA 2, Sp. 1168f. s. v. Byrhtferth; S. J. Crawford (Hg.), Byrhtferth's Manual (A. D. 1011), London 1929 (= Early English Text Society. Original series 127).

97 Keynes, Studies on Anglo-Saxon Diplomas, Appendix, S. 261. Er bezieht sich dabei auf den Paulus-Brief an die Kolosser 3,17.

98 ChLA 3, No. 184. Danach taucht eine Alpha-Omega-Figur wieder auf in der 2. Hälfte des 10. Jahrhunderts in zwei Urkunden, deren Echtheit umstritten ist, und in zwei echten Urkunden König Aethelreds von 993/994 als selbständige Form (die beiden auseinanderstrebenden Schäfte des Alpha stehen auf den äußeren Schäften des Omega) ohne das Kreuz. Alpha und Omega kommen auf einigen Münzen während der 1. Hälfte des 9. Jh. vor. Insgesamt bleibt es eine Sonderform.

99 Nach dem Sprachgebrauch decken sich die Bezeichnungen Chrismon und Christogramm. Zum Chrismon bemerkt Keynes, Studies on Anglo-Saxon Diplomas, S. 265f., unter Bezug auf Jusselin und Giry, daß es häufig in merowingisch-karolingischen Urkunden in Verbindung mit tironischen Noten benutzt und bis zur Unkenntlichkeit verzerrt wurde.

100 Auf der von Keynes zusammengestellten Tafel mit 48 Chrismen aus originaler und kopialer Überlieferung und gleichzeitigen Münzbildern wird die optische Beziehung deutlich und behandelt in: Simon Keynes, An interpretation of the Pacx, Pax and Paxs pennies, in: Anglo-Saxon England 7 (1978), S. 164–173.

101 Zur suspensiven Namenkürzung auf die Anfangsbuchstaben *XP* und zur kontrahierten Kürzung *XPS* in der inschriftlichen Überlieferung vgl. Hälvä-Nyberg, Die Kontraktionen auf den lateinischen Inschriften, Helsinki 1988, S. 14ff., 159f.

11. Jahrhundert nicht sicher nachweisbar[102]. Für eine Beurteilung des Sonderweges der angelsächsischen Überlieferung muß man sicherlich die Schrift einbeziehen und nach dem Einfluß fragen, den die angelsächsische Uncialis und die Majukel-Minuskel-Mischschriften mit gesetzten Buchstaben – im Unterschied zu den gleichzeitigen kontinentalen Merowingerkursiven – auf die Gestaltung einer Urkunde ausübten[103]. Im königlichen Dokument vom Mai 679 steht ein gezeichnetes Kreuz mit Dreiecksarmen vor der Verbalinvokation *IN N. DNO*[104]. Eine ligierte, kursiv geschriebene Anrufungsformel wäre der epigraphischen Schrift nicht gemäß gewesen und hätte sich aus den gezeichneten Majuskelformen schwerlich entwickeln können. In diesem Sinne wäre die Aussage des Byrhtferth als Eingangszeichen zutreffend.

II.2 Invokationszeichen mit beweglichen Formen

Im Unterschied zur ersten Gruppe von Zeichen, die in ihrer Form und Bedeutung fest geblieben sind und noch von uns nach 2000 Jahren ohne Mühe erkannt und inhaltlich begriffen werden, sind die zu einer zweiten Gruppe zusammengefaßten Zeichen schnellebig und ändern ihre Form mit den Jahrhunderten. Indem sie zeitgleich mit, aber unabhängig von den unveränderlichen Zeichen vorkommen, müssen sie einer ständig weiterschreitenden Entwicklung unterworfen gewesen sein. Der graphische Gegensatz zu beständigen Zeichen sind bewegliche Buchstaben. Sie bestehen aus Strichelementen, die in variierender Form, aber auch in wechselnder Folge geschrieben werden können. In flinken kursiven Schriften kann ein Strich lang sein und mehrere Buchstaben in einem einzigen Zug verbinden. Er kann das Erscheinungsbild benachbarter Buchstaben je nach Bindemöglichkeiten ändern und auf die Größe der Schriftzeichen Einfluß nehmen[105]. Auf griechischen Steininschriften findet sich seit dem 6. Jahrhundert vor Christus bis ins 4. Jahrhundert nach Christus vor dem Textbeginn nicht selten eine Weiheformel – in Form einer meist in größeren Buchstaben geschriebenen, langgezogenen Überschrift oder ein hervorgehobenes Anfangswort –, die eine Anrufung der Götter als Mitwisser und Beschützer des Inhaltes der Urkunde oder einen Segenswunsch für das gnädige Walten der Vorsehung enthält. In griechischen Urkunden auf Papyrus gibt es keine solche Invokation[106]. Vollständig erhaltene römische Originale fehlen, so daß sich nicht feststellen läßt, ob die Franken hier einen römischen Brauch fortsetzen, doch hält es Classen für nicht unwahrscheinlich[107].

102 Die Urkunde König Edgars von 968 mit der vertikalen *XPS*-Figur ist wahrscheinlich eine Fälschung aus dem 11. Jahrhundert, die zweite Urkunde mit *XPS*, eine König Burgred von Mercia zugeschriebene Urkunde von 862, abschriftlich überliefert. KEYNES, Studies on Anglo-Saxon Diplomas, Appendix S. 268, hält das *S* am Fuß des Rho für den dritten Buchstaben des Namens *XP(istu)s*, wie die kontrahierte Abkürzung in Handschriften, aber er zitiert auch die abweichende Deutung von C. R. HART, The Early Charters of Northern England and the North Midlands, Leicester 1975, S. 182: »Presumably the *S* intertwining the downstroke of the *P* stands for *salvator*.«

103 Nach Michelle BROWN, A Guide to Western Historical Scripts from Antiquity to 1600, The British Library, London 1990, S. 48 f., hatte sich während des 7.–9. Jahrhunderts eine hierarchische Ordnung der insularen Majuskelschriften ausgebildet, vgl. Taf. 16–22, bes. Taf. 22 Urk. des Bischofs von Worcester, A.D. 1058, mit Christogramm und regelmäßigen Kreuzzeichen vor *Ego* und Zeugenname im Nominativ; dazu David DUMVILLE, English Square minuscule script: the background and earliest phases, in: Anglo-Saxon England 16 (1987), S. 147–179, der das Aufkommen und den Rückgang einer breiten Minuskelschrift im 10. Jh. untersucht; BRUCKNER, ChLA 4, S. XIV ff.

104 Taf. 1, Sp. 1, No. 3. Interessanterweise wird hier die Präposition *In* ausgeschrieben, *nomine* als *N* mit Punkt gekürzt und der Ausdruck *Domini NOstri* als Einheit verstanden und deshalb auf drei Buchstaben verkürzt; Abb. in ChLA 3: die ältesten Urkunden aus den Jahren 679 und 685–694, 736 (Nos. 182, 187, 183) sind in Uncialis geschrieben; 759 folgt eine Urkunde in angelsächsischer Majuskel und 793–796 in angelsächsischer Mischmajuskel (No. 179, 180); die ersten Urkunden in angelsächsischer Minuskel stammen aus den Jahren 732 und 779 (Nos. 190, 184).

105 Kürzlich hörten wir von Mitarbeitern der Linotype-Hell AG in Eschborn, daß gegenwärtig etwa 2300 Schriften im Handel sind. Die Variationen sind nahezu unbegrenzt, trotzdem müssen gewisse Grundelemente beibehalten werden, um jeden Buchstaben eindeutig zu definieren und erkennbar zu halten.

106 SANTIFALLER, Über die Verbal-Invokation, S. 27, S. 62 ff.

107 CLASSEN, Kaiserreskript und Königsurkunde, S. 150 f., zit. S. 151: »Das Chrismon geht auf die alte Form des Christogramms aus dem auf einen Balken gestellten *X* und *P* zurück, [*P* mit Querstrich, nicht verschränktem *XP*] wie sich aus den Chrismen, die den Unterschriften einer römischen Beamtenurkunde beigefügt sind, ersehen läßt. Auf den Merowingerurkunden ist diese ursprüngliche Form freilich kaum noch erkennbar«, ergänzend dazu Anm. 2 mit Verweis auf PROU und v. OTTENTHAL, die wie die ältere französische Diplomatik den Ursprung aus dem Monogramm *I(esus) C(hristus)* annehmen: »Dagegen zeigen die Chrismen auf der Urkunde des Comes Thebaidos Flavius Theofanes von 505 eindeutig die Form (*P* mit Querstrich); die verschnörkelte merowingische Form läßt sich leicht auf sie zurückführen. Dieser Auffassung schließt sich jetzt auch Tessier S. 21 an. Langobardische Urkunden haben z. T. Chrismen in Kreuzform (vgl. Erben a. a. O.), dagegen kann man das Monogramm *I C* nirgends sicher nachweisen.« Vgl. die Tafel in Karl BRANDI, Ein lateinischer Papyrus aus dem Anfang des 6. Jahrhunderts, S. 269–288 oder ChLA 4 No. 246. Nach SEELIGER, Die Verwendung des Christogramms, S. 153 f., müßten die Zeichen hier nicht als verkürzte Namensmonogramme von *IC* oder *XP*, sondern eher als Staurogramme interpretiert werden.

Invokationszeichen in merowingisch-fränkischen Urkunden

Ohne Ausnahme haben alle merowingischen Urkunden auf Papyrus oder Pergament, sofern die linke obere Ecke erhalten ist, zu Beginn des Textes ein mehrzeiliges überlanges Schriftzeichen. Man darf wohl annehmen, daß es von den Zeitgenossen als solches erkannt und gelesen wurde. Zum Verhältnis von Laut und Buchstaben äußert sich der Kirchenvater Augustinus (354–430) und erklärt jeden Buchstaben als ein Bild und jedes Wort als einen Laut, das, wenn es geschrieben ist, nicht das Wort, sondern das Zeichen von dem Wort darstellt[108]. Auch Theodor Sickel betont 1867 vor allem den Lautwert der Zeichen, der schneller Darstellung bedarf und deshalb für jeden Buchstaben mannigfache Gestaltung zuläßt und mehrere Buchstaben zu einem Zug verbindet[109]. Betrachtet man das eher räumliche Zeilenband einer spätantiken Kursivschrift, so läßt sich ein Ineinandergreifen von gleichstarken Strichen verschiedener Länge und in wechselnder Stellung zueinander ausmachen. Die unregelmäßigen Kombinationen vermitteln den Eindruck, das Lesen ›mit den Ohren‹ habe sich in der Tat an Strichgruppen ausgerichtet, die ohne Behelf von Silben- oder Worttrennung das lautlose Bild in hörbare Laute umzusetzen vermochten[110]. Man liest die jeweils zu einer Folge verbundenen Buchstaben und erfährt im Klang ihren Inhalt, oder umgekehrt, man spricht Laute und setzt sie in graphische Strichkombinationen um. Heute gehen wir von einer linearen, ›mit den Augen‹ lesenden Technik aus und begreifen lautlos durch das Sehen, nicht durch das Hören.

Hinsichtlich der graphischen Gestalt von Schriftzeichen hebt Elias Avery Lowe 1910 hervor, daß wir es insbesondere dem im 18. Jahrhundert lebenden Veroneser Archäologen und Paläographen Scipione Maffei verdanken, die Bedeutung der antiken Kursivschriften und ihren Einfluß auf die sich formenden Minuskelschulen regionaler Prägungen erkannt und herausgearbeitet zu haben[111]. Aufgrund der Forschungen Jean Mallons zur Schreibtechnik der römischen Schriften (1948, 1952) und Jan-Olof Tjäders zu Problemen der älteren und der jüngeren römischen Kursive in den ravennatischen Urkunden (1953, 1955, 1982, 1985)[112] gilt heute als gesichert, daß sich die frühmittelalterlichen Minuskelschriften aus den römischen Kursiven entwickelten, und zwar aus einer älteren römischen Kursive oder Majuskel-Kursive, die während des 2. und 3. Jahrhunderts zu einer Art ›Kanzleischrift‹ erstarrte, und einer sich weiterentwickelnden ›privaten‹ oder ›gemeinen‹ Schrift, der sogenannten jüngeren römischen Kursive oder Minuskelkursive[113]. Ihre Herkunft ist im einzelnen noch nicht geklärt, aber bis A.D. 300 hat sie die ältere römische Kursive weitgehend ersetzt und wird auch für die ravennatischen Urkunden

108 David GANZ, The Preconditions for Caroline Minuscule, in: Viator 18 (1987), S. 23–43, zitiert nach AUGUSTINUS, De dialectica, hg. v. B. Dattel JACKSON, Dordrecht 1975, S. 88: »every word is a sound, for when it is written it is not a word but the sign of a word. When we read, the letters we see suggest to the mind the sounds of the utterance. For written letters indicate to the eyes something other than themselves and indicate to the mind utterances beyond themselves. For we misuse the term letter when we call what we see written down a letter, for it is completely silent and appears as no part of an utterance; whereas a letter as such is the smallest part of an articulate utterance.« Vgl. auch Alfonso MAIERÚ, »Signum« dans la culture médiévale, in: Miscellanea Mediaevalia 13/1: Sprache und Erkenntnis im Mittelalter, Sigmaringen 1981, S. 51 ff., der aufgrund der *De doctrina Christiana* des Augustinus die frühchristliche und mittelalterliche Auffassung zusammenfaßt.

109 SICKEL, Acta 1, S. 291. Man ›liest‹ mit den Ohren wie in zahlreichen Miniaturen dadurch dargestellt wird, daß der Schreiber die Laute, die ihm eine Taube ins Ohr flüstert, in sichtbare Zeichen auf die Rolle oder den Codex überträgt.

110 Belegstellen zum antiken Lesen ›mit den Ohren‹ hat Josef BALOGH, *Voces Paginarum*. Beiträge zur Geschichte des lauten Lesens und Schreibens, in: Philologus 82 (1927), S. 84–109, 202–240 gesammelt; zu mittelalterlichem Lesen und Schreiben M. T. CLANCHY, From Memory to Written Record. England 1066–1307, London 1979, S. 2 ff. und GANZ, The Preconditions for Caroline Minuscule, S. 32 ff. Dem Leseverhalten gelten die Untersuchungen von Paul SAENGER, Silent Reading: Its Impact on Later Medieval Script and Society, in: Viator 13 (1982), S. 367–414; DERS., Manières de lire médiévales, in: Historie de l'édition française 1, Paris 1983, S. 130–141; DERS., Word Separation and its Implications for Manuscript Production, in: Rationalisierung der Buchherstellung in Mittelalter und Frühneuzeit. Ergebnisse eines buchgeschichtlichen Seminars der Herzog August Bibliothek Wolfenbüttel 12.–14. November 1990, hg. v. Peter RÜCK und Martin BOGHARDT, Marburg 1994, (Elementa diplomatica 2), S. 41–50. Eine Monographie zu den Lesegewohnheiten von Paul SAENGER ist im Druck; M. B. PARKES, Pause and Effect. An Introduction to the History of Punctuation in the West, Aldershot 1992.

111 Elias Avery LOWE, Studia Palaeographica. A Contribution to the History of early Latin Minuscule and to the dating of Visigothic mancuscripts, in: Palaeographical Papers 1907–1965, Bd. 1, S. 2; BISCHOFF, Paläographie, S. 15.

112 Jean MALLON, L'écriture de la chancellerie romaine, in: Acta Salmaticensia, Salamanca 1948; DERS., Paléographie romaine, Madrid 1952 (= Scripturae monumenta et studia 3), S. 120 ff.; Jan-Olof TJÄDER, Die Forschungen Jean Mallons zur römischen Paläographie, in: MIÖG 61 (1953), S. 391 f.

113 Vgl. dazu die Schrifttafeln in Emanuele CASAMASSIMA und Elena STARAZ, Varianti e cambio grafico nella scrittura dei papiri latini. Note paleografiche, in: SeC 1 (1977), S. 9–110.

des 6. und 7. Jahrhunderts verwendet[114]. Mit den Übergangsformen von Buchstaben in spätrömischen Dokumenten zur merowingischen Auszeichnungsschrift beschäftigt sich Jochen Götze in seiner Dissertation ›Die Litterae Elongatae‹. Fast gleichzeitig vermittelt Otto Kresten in seiner Dissertation über ›Diplomatische Auszeichnungsschriften in Spätantike und Frühmittelalter‹ einen Überblick über den Forschungsstand (1965/66) und bringt Fragen zu verschiedenen Aspekten der Schriftform und des Schriftgebrauchs ein[115]. Die entscheidende Veränderung im Übergang von den römischen kursiven zu den karolingischen gesetzten Schriften liegt im Auflösen des Buchstabenverbandes und in der Isolierung der einzelnen Buchstaben[116]. Solange Buchstabenelemente stärker räumlich gruppiert und weniger zeilengebunden ausgerichtet wurden und die von der Stellung abhängige Bindefähigkeit nach rechts oder links die Erkennbarkeit eines Buchstabens bestimmte, konnten Strichkombinationen und Ligaturen entstehen, in denen einzelne Buchstabenteile, ihre Position und ihr Längenverhältnis zu benachbarten Buchstaben variierten. Die Schreiber konnten sich erlauben, eine immer wiederkehrende wörtliche Formel wie die Anrufung Gottes in vereinfachender oder verkürzender Form zu schreiben oder nur anzudeuten, da jeder des Lesens und Schreibens kundige Zeitgenosse in der Lage gewesen sein dürfte, Wortansätze in die entsprechende Formel auflösen. Die Schwierigkeit für die nachfolgenden Generationen bestand darin, die Aussage ligierter Buchstabenbilder[117] zu erkennen und in buchstäbliche Sprache zu übertragen; sie wuchs in dem Maße, in dem die Voraussetzungen zum eigenen Schreiben dieser graphischen Formen durch das Einführen einer linearen Buchstaben-für-Buchstaben-Schreibtechnik außer Gebrauch kam und in Vergessenheit geriet.

Die graphische Entwicklung der Formel In dei nomine

Im Verlauf der Arbeit zeigte sich, daß es nicht ausreichte, einzelne Zeichenformen zu erfassen, sondern daß vor allem ihre Stellung zu anderen Formen in der Figur und ihre Lage und ihr Gewicht im Gesamtbild zu berücksichtigen waren. Es stellte sich heraus, daß bestimmte Zeichenkombinationen wie unregelmäßig nebeneinander gesetzte Schäfte, regelmäßige Windungen, flatternde Wimpel, offene oder gegenständige *C*-Formen, Spiralen, Halbbogen mit Schnörkeln, umwundene Stabstücke, Zweier- und *Z*-Formen einzeln oder in Gruppen am Stab, *h*-Formen, Wellenlinien und Schlaufen am Fuß immer wiederkehrten. Einige der gebräuchlichen Formen sind in der folgenden Tafel 3 zusammengestellt.

Die wiederkehrenden Elemente müssen für den damaligen Vorleser Anhaltspunkte geboten haben, die ihm eine Umsetzung in Worte ermöglichten. Die heutigen Schwierigkeiten liegen im Erkennen der genauen Strichfolge, im Ausmachen der Ansätze und Abschlüsse der einzelnen Buchstaben, die nicht nur über die Jahrhunderte verblaßt oder nachgedunkelt sind und mit der Desintegration des Beschreibstoffs gelitten haben, sondern wohl vom Schreiber, dem ihre Auflösungen geläufig waren, in vielen Fällen nicht mit peinlicher Sorgfalt ausgeführt wurden. Unsere modernen Schreibschriften sind hier keine Hilfe, zwar werden sie kursiv geschrieben wie die antiken Kursiven, aber wir binden die vereinheitlichten Buchstaben linear von der Grundlinie aus, den frühmittelalterlichen Scriptoren waren wechselnde Buchstabenformen- und bindungen in einem Zeilenraum möglich.

Nach den Untersuchungen von Santifaller gehören alle verbalen Invokationen im christlichen Kulturkreis, die er für die Frühzeit hauptsächlich aus der kopialen Überlieferung zusammenstellen mußte, zum Typus der *In nomine*-Formeln[118]. Wenn aber die kopiale Überlieferung mit großer Regelmäßigkeit ausgeschriebene Invokationen aufweist, müßte die originale Überlieferung wenigstens Spuren einer *In nomine*-Anrufung enthalten. Als wörtliche Invocatio oder Apprecatio kommt die Formel *In Dei nomine* vor den Namen von Ausstellern, Schreibern oder Zeugen in originalen und kopialen Urkunden weitaus am häufigsten vor. Wie wurden die drei Worte der Formel in der frühesten Zeit geschrieben, daß sie zu Zeichen werden konnten?

114 Unter Jan-Olof TJÄDERS zahlreichen Arbeiten hier besonders die jüngsten: Some Ancient Letter-Forms in the Later Roman Cursive and Early Mediaeval Script and the Script of the *notarii*, in: SeC 6 (1982), S. 6ff., und Later Roman (Common) Script. A tentative definition in anticipation of a forthcoming monograph, in: Calames et Cahiers, Brüssel 1985, S. 187–197. Die Monographie selbst ist nach schriftlicher Auskunft von Herrn Prof. Dr. Tjäder im Oktober 1991 leider noch in Vorbereitung; BISCHOFF, Paläographie, S. 80–85 mit Taf. 4.

115 Jochen GÖTZE, Die Litterae Elongatae. Ein Beitrag zur Formengeschichte und Herkunft der mittelalterlichen Urkundenschrift, in: AD (1965/66), S. 1–70; Otto KRESTEN, Diplomatische Auszeichnungsschriften in Spätantike und Frühmittelalter, in: MIÖG 74 (1966), S. 1–50.

116 Vgl. Peter RÜCK, Ligatur und Isolierung: Bemerkungen zum kursiven Schreiben im Mittelalter, in: Aspekte von Schrift und Schriftlichkeit, Hildesheim – Zürich et al. 1988 (= Germanistische Linguistik 93–94), S. 111–138.

117 SICKEL, Acta I, S. 333, sagt mit bezug auf tironische Noten, daß sie als Bilder angesehen wurden, die man nur anwenden konnte, wenn man die Gesetze der Bildung verstand. Die Beobachtung trifft auch für die Ligaturen zu.

118 SANTIFALLER, Über die Verbal-Invokation, S. 20, 36f.; FICHTENAU, Forschungen über Urkundenformeln, S. 287–288.

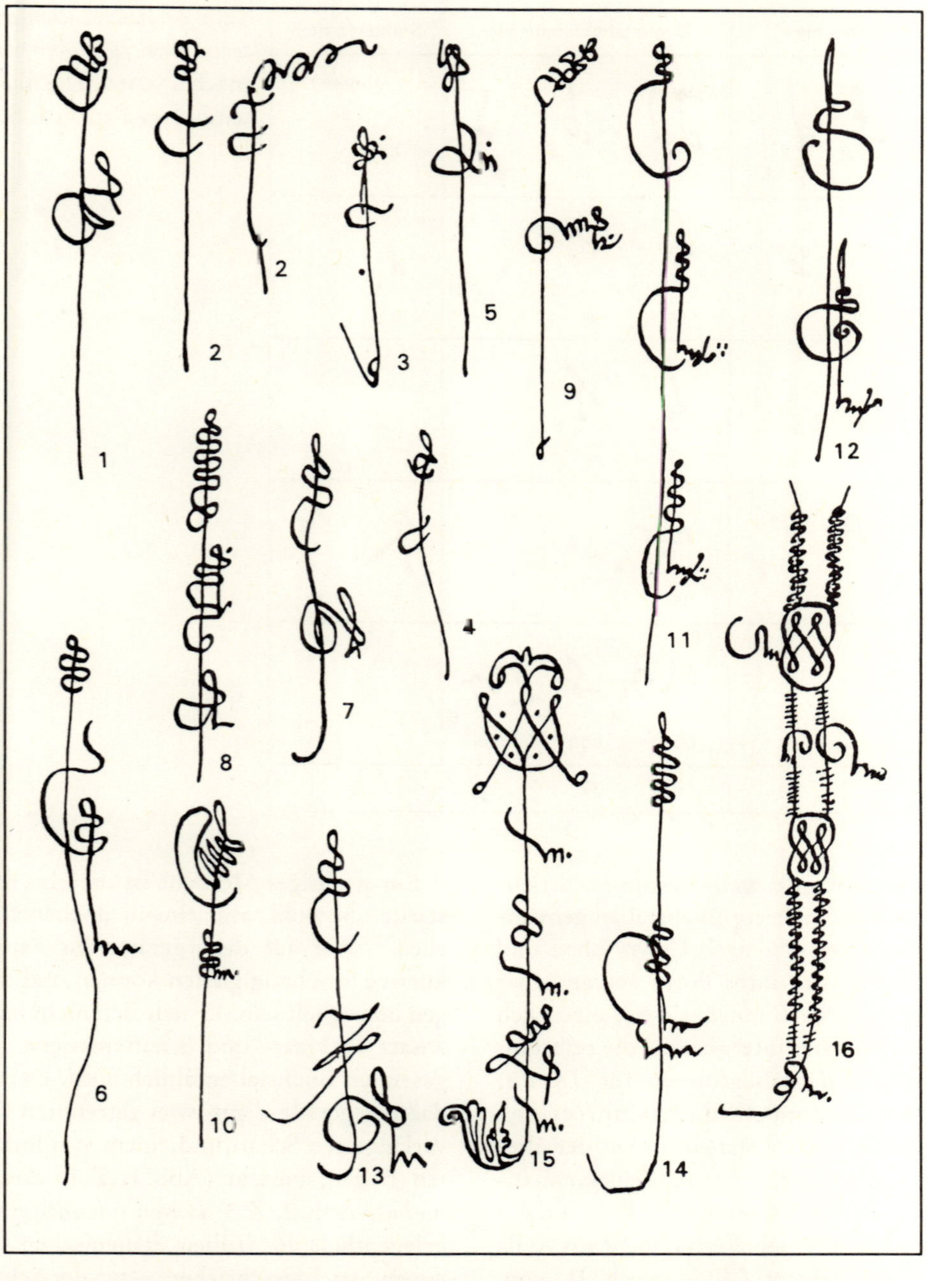

Tafel 3 *Wiederkehrende Formelemente in Invokationszeichen fränkischer Herrscherurkunden*

No. 1: Präzept König Theuderichs III., 677 Sept. 12 (ChLA 13, No. 566)
No. 2: Gerichtsspruch König Chlodowechs III., 691/92 Mai 5 (ChLA 14, No. 573)
No. 3: Präzept König Chlodowechs III., 691 Juni 5 (ChLA 14, No. 574)
No. 4: Gerichtsspruch König Childeberts III., 709 April 3 (ChLA 14, No. 585)
No. 5: Gerichtsspruch König Childeberts III., 709/10 Dez. 13 (ChLA 14, No. 586)
No. 6: König Pippin für Kloster Fulda, 753 Juni, Fälschung (LBA 1231)
No. 7: König Pippin für Kloster Fulda, 760 Juni (KUiA, Lfg. I, No. 1, LBA 2621)
No. 8: König Karl der Große für Kloster Hersfeld, 775 Januar 5 (LBA 2841)
No. 9: König Karl der Große für Kloster St. Emmeram, 794 Februar 22 (LBA 1173)
No. 10: Kaiser Karl der Große für Bistum Würzburg, 807 August 7 (LBA 10077)
No. 11: Kaiser Ludwig der Fromme für Kloster Ellwangen, 814 April 8 (LBA 1887)
No. 12: Kaiser Ludwig der Fromme für Bistum Paderborn, 822 April 2 (LBA 4034)
No. 13: Kaiser Ludwig der Fromme für Bistum Würzburg, 839 April 23 (LBA 1285)
No. 14: König Ludwig d. Deutsche für Kloster Hersfeld, 843 Oktober 31 (KUiA, Lfg. VII, 2)
No. 15: König Ludwig d. Dt. für Kloster Klingenmünster, 849 Juni 6 (LBA 1518)
No. 16: König Ludwig d. Deutsche für das Bistum Speyer, 858 April 29 (LBA 1840)

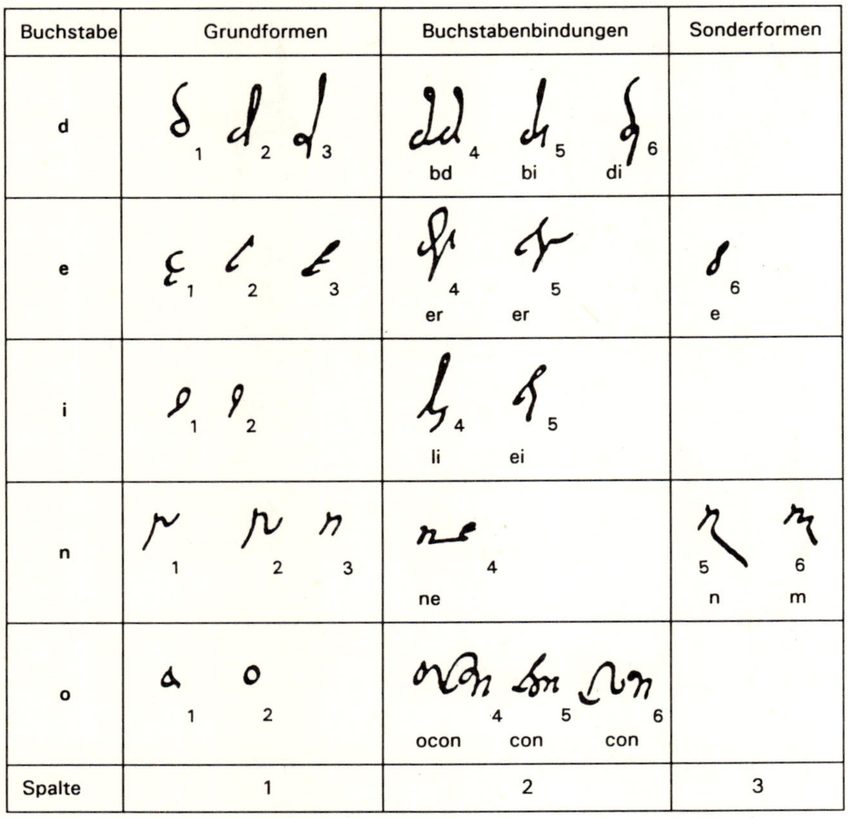

Tafel 4 *Buchstabenformen aus der älteren und jüngeren römischen Kursive* (nach Tjäder, Die nichtliterarischen lateinischen Papyri I, S. 101–110)

Eine Ligatur kommt zustande, wenn bestimmte Strichteile verbunden oder für mehrere Buchstaben gemeinsam benutzt werden. Sie ist je nach Gewohnheit und Fertigkeit des Schreibers in ihrer Form abwandelbar und bildet eine graphische Einheit, sie hat eigentlich nur eine Dimension[119]. Hier interessieren die selbständigen oder ligierten Buchstabenformen für *In dei nomine* und die Kürzungsmöglichkeiten für *I(n) d(e)i n(o(m(ine)*. Ausgewählte Buchstabenformen der älteren und jüngeren römischen Kursive aus den ravennatischen Urkunden von 445–700 sind deshalb in Tafel 4 zusammengestellt. Auf dem Schieferfragment aus Avila um 600 und in dem Präzept Chlodowechs II. vom 22. Juni 654 sollen die Formen und Bindefähigkeit der abgebildeten Buchstaben veranschaulicht werden.

Ein wichtiges Moment ist die gleichmäßige Strichstärke. Sowohl auf einem unebenen Schiefertäfelchen[120] wie auf dem gerasterten Papyrus muß der kursive Strichzug gleiten können und in alle Richtungen beweglich sein. Er teilt sich nicht nach dem Federansatz in Haar- und Schattenstriche, wie es für die gesetzten Buchstaben üblich wird. Es ist zu erkennen, daß das gerade *d* aus zwei getrennten Strichen, einem verlängerten Schaft und einem von links gegengesetzten Bogen, besteht (Abb. 1, Z. 1: *domino*, Z. 7: *sub diebus;* Abb. 2, Z. 3: *lumen splendiscere*). Wird *d*, wie gelegentlich in frühen italienischen Urkunden, in einem Strich geschrieben, setzt der Schreiber am oberen Teil des Halbbogens an[121]. Die Schaftoberlänge bildet, wenn Auf- und Abstrich nicht deckungsgleich

119 Gardthausen, Das alte Monogramm, S. 4ff., 57, 150ff. Im Unterschied zur Ligatur ist das Monogramm ein Ineinanderschränken mehrerer Buchstaben zu einer zusammenhängenden Figur. Das Monogramm ist eine graphische und begriffliche Einheit. Bei beiden ist die Verbindung der einzelnen Buchstaben dieselbe; manchmal lehnt sich der einzelne Buchstabe nur an seinen Nachbarn an, manchmal dagegen verwachsen beide zu einer Einheit. Verbundene Buchstaben werden dann Monogramm genannt, wenn Anfang und Ende einem Wort entsprechen. Im Monogramm ordnen sich die Buchstaben oft in horizontaler und vertikaler Richtung. Dadurch wird der vorhandene Raum besser ausgenutzt als bei der gewöhnlichen Schrift und das Monogramm wird zuerst und am häufigsten dort angewendet, wo der Platz knapp ist, d. h. auf Münzen, Siegeln etc. Ligatur und Monogramm bezeichnen beide die Verbindung mehrerer Buchstaben, aber das letztere ist umfangreicher, einheitlicher und möglichst symmetrisch.

120 Hier möchte ich Herrn Prof. Dr. M. Diaz y Diaz, Santiago de Compostela, noch einmal herzlich danken, daß er mir originale ›pizarra-Fragmente‹ vorlegte und erklärte.

121 Abb. 32–33; Tjäder, Later Roman (Common) Script, S. 188f.; dazu die Beobachtungen in Roger Gryson, Léon Gilissen, Les scolies ariennes du *Parisinus Latinus 8907*. Un échantillonage d'écritures latines du Ve siècle, Turnhout 1980 (= Armarium Codicum Insignium I), bes. S. 13–41 mit Makroaufnahmen zur Strichführung.

sind, eine Schlaufe. Die Konsonanten *b* und *d* haben fast identische Schaft- und Bogenformen, der Unterschied liegt in der Bindefähigkeit am Schaftfuß. Beide *d*-Formen können wegen des nach unten in den Zeilenraum auslaufenden Schaftes nicht nach rechts binden, im Unterschied zum linksbauchigen *b*, das mit dem Fuß nach rechts bindet. Liegt der Bauch des *b* rechts des Schaftes, wird ein horizontaler Hilfsstrich oberhalb des Bauchbogens angesetzt, um die Bindefähigkeit des Buchstabens in Schriftrichtung zu erhalten[122]. Die antiken bis frühmittelalterlichen Buchstaben *e* binden unter der Kopfschlaufe aus dem Mittelstrich heraus[123], der mit dem Übergang zur karolingischen Minuskel zur *e*-Zunge verkümmert (Abb. 1, Z. 2: *uenit*, Z. 7: *emeres*; Abb. 2, Z. 2: *oportet climenciae*). Die immer von oben nach unten geschriebenen *i* setzen auf dem harten Schieferfragment ohne Anstrich, auf dem gerasterten Papyrus von links mit einem Köpfchen an und variieren in ihrer Stellung, aber binden nicht nach rechts, um nicht mit dem kleinen *l* verwechselt zu werden[124]. Das Minuskel-*n* kann bei manchen Buchstabenbindungen von links kommend mit einem verlängerten ersten Schaft einsetzen oder selbständig bleiben, es kann nicht nach rechts binden[125]. Der Vokal *o* steht meistens für sich oder bindet in Schreibrichtung nach rechts[126]. Abkürzungen werden durch einen Punkt[127] – nach der ältesten Methode – oder einen kreuzenden Strich, dessen Form unterschiedlich sein kann, angezeigt[128]. Die suspensive Kürzung eines Wortes mit Anfangsbuchstabe und Punkt kommt besonders bei den Ausdrücken vor, die allgemein bekannt und deshalb leicht aufzulösen sind, wie *d(ominus) n(oster)*, *v(ir) h(onestus)* oder *s(upra) s(criptus)*[129]. Das Kontrahieren von Konsonanten unter Auslassung von Vokalen war ursprünglich auf die sogenannten *Nomina Sacra* beschränkt. Seit der Monographie von Ludwig Traube geht man davon aus, daß der Zweck der christlichen Kontraktion nicht die Ersparnis von Zeit und Raum ist, sondern die Unaussprechlichkeit des Gottesnamens durch die Abkürzung angedeutet und umschlossen werden soll[130]. *DS* für *deus* und *DNS* für *dominus* wird in der gesamten christlich-lateinischen Literatur fast ausnahmslos gebraucht und in Inschriften des 4.–5. Jahrhunderts aus Rom, Oberitalien, Afrika, Gallien und Spanien verwendet. Kasusformen von *DI* oder *DO* und *DNI* oder *DNO* sind im 5.–6. Jahrhundert aus Afrika, Italien und Gallien belegt[131]. Dabei wird die Kurzform nur da hervorgehoben, wo sie im christlichen Sinne steht. Später geht der Sinn für diese Unterscheidung verloren.

Für eine Auflösung des Zeichens nach der Formel *In dei nomine* ist der Schlüsselbuchstabe das ***d*** für ***dei***. Im Unterschied zum älteren linksbauchigen *b*, das durch den Schaftfuß zu *bd* oder *bi* binden kann, zeigt das ältere *d* (Taf. 4, *d*-Formen 4–5, 1+6) eine durchweg runde Form mit einem von oben rechts geführten Schaft, der sich am Fuß zum Bogen schließt. Das runde *d* kann statt dessen durch eine Verlängerung des oberen Bogens und Kreuzen des eigenen Schaftes ebenfalls nach rechts binden, vor allem zu den beiden häufig verwendeten Ligaturen *de* und *di*. Das letzte Rund-*d* der älteren Kursive begegnet um etwa 600. Da der Buchstabe leicht zu erkennen ist und sich in der Kurzschrift zu *di* verbindet, ist diese Form zukunftsträchtig und auch nach dem 6. Jahrhundert zu finden[132]. Tjäder beschäftigt sich mit der Frage, wie und von wem

122 Vgl. Abb. 39, Z. 1: *habet*, Datumzeile: *september*.

123 Dazu auch das griechische Fragment einer Schreibübung aus dem 4.–5. Jh. in Mallon, Paléographie romaine, S. 185, und in ChLA 4, No. 259.

124 Vgl. Abb. 1: selbständiges *i* in Z. 1: *domino, honorabillis*; übergezogen in Z. 6: *legis;* Abb. 2: ligiertes *i* Z. 2: *princepali* und Strichlänge (kurze Form in Abb. 1: Z. 1; lange Form in Z. 5: *Ingresum, Inferat;* Abb. 2: Z. 2: *climenciae*, Z. 4: *non minema*.

125 Abb. 1: Z. 1: *domino*, Z. 8: *signo*; Abb. 2: Z. 2: *climenciae*: Abb. 1: Z. 1: *montano*, Z. 8: *optationis*; Abb. 2: Z. 4: *non minema*. Die in Courtois, Leschi, Tablettes Albertini I, S. 29–34, zusammengestellten Ligaturen entsprechen nicht den *ei*-Kombinationen der fränkischen Urkunden, doch gibt es auch hier die Verbindung *n-om* nicht, *n* kann nicht nach rechts binden, wohl aber können *om* verbunden werden.

126 Abb. 1: Z. 1: *domino, honorabilli*, Z. 4: *nostro*; Abb. 2: Z. 2: *oportet*, Z. 4: *non*. Vgl. die Entwicklung der Buchstaben auf den Tafeln in C. del Camino Martinez, Los orígines de la escritura visigótica: otras posibilidades para su estudio? in: Actas del VIII Coloquio del Comité de Paleografia Latina, Madrid 1990 (= Estudios y Ensayos VI), S. 29–37, oder in Azevedo Santos, Da visigótica à Carolina, S. 95, Taf. I–II.

127 Traube, Nomina Sacra, S. 45 ff.: Der Punkt war ursprünglich das Zeichen für eine suspensive Abkürzung, der waagerechte Strich oder Titulus gehörte zur Kontraktion.

128 Abb. 2: Z. 4: *xpi* mit übergesetztem Halbbogen; Abb. 3–5: vertikale Schlängelstriche; Abb. 6: horizontale Hufeisen.

129 Zu Anwendung und Vorkommen der einzelnen Formen vgl. Tjäder, Die nichtliterarischen lateinischen Papyri I, S. 137–146; Traube, Nomina Sacra, S. 204 ff. zu *d(ominus) n(oster)*, eine Kürzung, die mit *dominus* in engem Zusammenhang steht, als das klassische *D.N.* in der Kaisertitulatur überliefert ist und später christliche Bedeutung und Form annimmt.

130 Vgl. oben Anm. 55 zur Diskussion und Modifizierung von Traubes These.

131 Vgl. oben die Beziehung von Zeichen und Schrift in angelsächsischen Königsurkunden.

132 Tjäder, L'origine della b merovingica, S. 47–49; Tjäder, Some Ancient Letter-Forms, S. 12, merkt an, daß die Formen nicht länger als etwa 600 vorkommen (ausgenommen in der ›scrittura iniziale‹, der Zeile mit elongierten Buchstaben), da der Buchstabe dem späteren *d* so ähnlich ist.

diese Buchstabenform weitergegeben worden sein könnte. Er unterscheidet in seinen Ausführungen, die er als vorläufig verstanden wissen möchte, zwischen den in ›privater‹ Schrift schreibenden Tabellionen und Gerichtsschreibern (*tabelliones* und *forenses*) einerseits und den die ›offizielle‹ Schrift benutzenden Amtsschreibern (*exceptores*) andererseits, wobei jedoch Überschneidungen vorgekommen sein können. Die *exceptores*, die die öffentlichen Gesta Municipalia führten, beherrschten neben der Auszeichnungsschrift auch die Kurzschrift und könnten, als die Institution der Gesta in Verfall geriet, ihre Fertigkeiten auf dem freien Markt angeboten haben. Andererseits könnten für die Vermittlung der alten Buchstabenformen auch die kirchlichen *notarii* in Frage kommen. Über ihre Schrift ist zwar nichts bekannt, aber da ihr Kanon einige der alten Buchstabenformen enthielt, könnte ihre Schrift der der weltlichen *exceptores* sehr nahe gestanden haben und die kirchlichen *notarii* könnten diese ›kirchliche‹ Variante durch die Lehre und eine öffentliche Schreibtätigkeit auch verbreitet haben[133]. Kirchliche *notarii* lassen sich im 4. Jahrhundert nur vereinzelt, im 5. und 6. Jahrhundert häufiger nachweisen. Der wachsende Einfluß päpstlicher *notarii* steht wahrscheinlich mit der zunehmenden Macht des Bischofs von Rom in Zusammenhang[134].

Die *d*-Form der jüngeren römischen Kursive entspricht dem Buchstaben unserer heutigen Schreibschrift. Kennzeichnend sind der Halbbogen, der von links gegen den Schaft stößt, und ein einstrichiger Schaft, der im frühen Mittelalter meist bis in den oberen und unteren Zeilenzwischenraum hineinreicht. Vor einen Textblock gestellt, kann der Schaft beliebig verlängert werden, ohne die Identität des Buchstabens zu verzerren. Wird das *d* mit einem Strich am Bauch angesetzt und die Oberlängenschleife mit verlängertem Schaft unter die Zeile gezogen, kann der Buchstabe naturgemäß nicht nach rechts binden (Taf. 4, *d*-Formen 2–3). Wird der Buchstabe aber zweistrichig geschrieben, wie in fast allen späteren Urkunden zu beobachten ist[135], dann wird zuerst der Schaft gezogen und der Körper als offener oder geschlossener Bogen von links gegen den Schaft gestellt. Damit – und das scheint wichtig – kann der obere Strich des Bauchbogens, gleich der Schreibung des älteren kursiven *d*, zu *di* weitergeführt werden. Unter den Übergangsformen vom langschäftigen kursiven *d* zum karolingischen *d* auf der Zeile (Abb. 3–10) wurde nirgends beobachtet, daß der untere Bogenstrich den Schaft am Fuß durchschnitten hätte und mit dem folgenden Buchstaben verbunden worden wäre[136]. Eine Interpretation der Wölbung als *C* scheint insofern unwahrscheinlich, als der Bogen des *C* selten glatt rund, sondern immer ›gekerbt‹ oder zweistrichig geschrieben wird[137]. Gegen *C* und *h* sprechen, daß der Schaft des *h* auf etwa gleicher Ebene wie *C* steht und nicht wesentlich in den Zeilenzwischenraum hineinreicht. Bei einer Verlängerung des Schaftes über mehrere Zeilen gehen die Charakteristika von *c* und *h* oder der Ligatur *ch* verloren, dagegen bleibt die Kennzeichnung des *d* davon unberührt.

Die älteste, einigermaßen gut erkennbare Form eines Eingangszeichens hat sich im Präzept König Chlodowechs II. vom 22. Juni 654 erhalten und muß den Ansatz für einen Interpretationsversuch bilden. Hier springen vor allem die Spiralen am Schaftkopf und in der Schaftmitte ins Auge (Abb. 2). Sie sind als Zierformen von Rundbuchstaben oder -teilen anzusehen[138], wie sie ähnlich in zeitgenössischen Handschriften[139]

133 Tjäder, Some Ancient Letter-Forms, S. 5–21, bespricht außer den Buchstaben *a*, *o* und *s* besonders das runde *d* zusammen mit dem Buchstaben *u*, dessen Entwicklung hier nicht referiert wird, und verweist auf entsprechende paläographische Belege, vor allem auf die von einem Notar Eventius geschriebene Traditionsurkunde (P.32) vom 21. März 540; vgl. Tjäder, Die nichtliterarischen lateinischen Papyri, Bd. 3, S. 73–77, 266 f., Bd. 2, Taf. 113.

134 Dazu H. C. Teitler, Notarii and Exceptores. An Inquiry into role and significance of shorthand writers in the Imperial and Ecclesiastical Bureaucracy of the Roman Empire (From the early Principate to c. 450 AD), Amsterdam 1985 (= Dutch Monographs on Ancient History and Archaeology 1), S. 86 ff., hier S. 91, wonach Bischöfe im 4. Jh. noch Sklaven als *notarii* kaufen oder anmieten, im 5. und 6. Jh. aber mit der expandierenden kirchlichen Verwaltung aus den Rängen der Kleriker wählen konnten.

135 Vgl. Abb. 5–8 und 1–6.

136 Auch Iohann Lvdolf Walther's Lexicon Diplomaticum, abbreviationes syllabarum et vocum in Diplomatibus et codicibus secvlo VIII. ad XVI vsque occvrrentes exponens, ivnctus alphabetis et scriptvrae speciminibus integris, Ulm 1756, Sp. 75–77, bringt für Abkürzungen von *dei* aus dem 8. bis 14. Jh. keine Bindung am Fuß, das gekürzte *e* steht immer oberhalb des *d*-Bogens. Das spätkarolingisch-frühgotische *d*-Zeichen erscheint durch den dicksten Strich im unteren Bogenteil linksgeneigt und wird als Viertelbogen unten gegen den Schaft gesetzt, während ein zusätzlicher Deckstrich am oberen Bogenviertel die Verbindung zum Schaft herstellt. Aus dem kursiven, einstrichigen Buchstaben ist ein zweistrichiger Bogen, mit separat gesetzem Schaft sogar ein dreistrichiger Buchstabe geworden.

137 Vgl. die ›doppelstöckigen' *C* in Abb. 3–6, 7–8.

138 Vgl. Abb. 3b, 38–39. Die gegenläufigen Schnecken markieren den *locus sigilli* und bilden gleichzeitig den Ansatz zur Grußformel *ben. val.* Die Auflösung der Abkürzung ist noch umstritten. Classen, Kaiserreskript und Königsurkunde, S. 161 ff., möchte den naheliegenden alten Schlußgruß des Ausstellers in eigenhändiger Unterschrift sehen – dem aus graphischen Gesichtspunkten zuzustimmen ist –, aber folgt dann Léon Levillain, La formule »bene valiat« et le sceau dans les diplômes mérovingiens, in: BECh 92 (1931), S. 5–22, mit der Auflösung *bene valiat* und der Funktion, den Kreuzschnitt für das Siegel zu markieren. Zur vielseitigen Anwendung u. Bedeutung der Spirale vgl. Hans Hartmann, Hans Mislin (Hgg.), Die Spirale im menschlichen

und in Urkunden Karls des Großen aus dem ausgehenden 8. Jahrhundert vorkommen oder sich in stilisierter Form vielleicht in eingerollten Schaftköpfen oder Subskriptionen in iberischen Urkunden erhalten haben. Im Gegensatz zu den ›glatten‹ Bauchbogen der fränkischen Überlieferung zeigt die älteste Urkunde Spaniens von 775 die geschnürte *d*-Form links des Stabes. Die Form ist vor allem wegen der Bindung vom oberen Bogenende aus wichtig und in der westgotischen Minuskel des 8.–9. Jahrhunderts häufiger belegt (Taf. 1, Sp. 2, No. 1)[140].

Der Buchstabe *e* ist in seiner Anlage zweistrichig (Taf. 4, *e*-Formen 1–6, 7) und deshalb so wendig, daß er nach beiden Seiten in Ligatur stehen kann. Bindungen nach rechts ergeben dabei Formen, vor allem die *er*-Verbindungen und die Sonderform des Achter-*e*, die dem sogenannten diplomatischen Titulus ähnlich sehen[141]. Entscheidend ist die Bindung des *e* an seiner mittleren Zunge, und infolgedessen könnte die Form, die mit der Merowingerspirale verbunden ist (Taf. 1, Sp. 4, No. 1; Abb. 2), ein *e* sein, von dessen Zunge ein diagonales *i* abgeht, oder die Kürzungsform für ein *e*, wie es der diplomatische Titulus im Chrismon des Gerichtsspruchs König Chlodowechs von 691 zu verdeutlichen scheint[142]. Auffallend ist, daß der Buchstabe oder Titulus auch in den späteren Invokationszeichen immer oberhalb des *d*-Bauches steht und dadurch den Eindruck eines Kürzungszeichens vermittelt[143]. Die Ligaturen *ci, li, ri* und *ti* sind allen Paläographen bekannt. Mit der Ligatur *ei* im Anschluß an die Spirale (Taf. 4, *i*-Form 5; Abb. 2) ergibt sich die Kombination von *d*-Bauch mit Kürzungsstrich und angehängtem *i* fast von selbst. Die Folge *d e i* kann auch dreistrichig mit *d*-Bogen, Kürzel und angesetztem *i* gebildet werden[144]. Umgekehrt wird ein langschäftiges *d* durch eine kreuzende *I*-Diagonale häufig für den Ausdruck *sub die* in der Datumzeile verwendet[145].

Aus zeitgenössischen Handschriften sind verlängerte *I* als Initialen vielfach belegt. Die starren Buchstaben sind meistens vorgezeichnet und kunstvoll ausgemalt. Die beweglichen merowingischen Ruten mit Kopfputz und Peitschenabschluß müssen deshalb auf einer anderen Tradition fußen. Lowe kommt in seinen Untersuchungen zum *i-longa* in Handschriften zu dem Schluß, daß das lange *i* mit den lateinischen Inschriften verwandt ist und in den Kursivschriften auf den pompeijanischen Mauern in gleicher Form begegnet wie später in mittelalterlichen Dokumenten und Handschriften, nämlich zu Beginn eines Wortes und als Halbvokal innerhalb eines Wortes. Er sieht ihren Gebrauch besonders dort angesiedelt, wo kursive Elemente in Buchstaben und Ligaturen vorkommen und auf ihren Ursprung hinweisen, und ihre Funktion am Wortanfang vor allem darin, dem Kopisten und Vorleser die Orientierung zu erleichtern. Vielleicht hielt man das lange *I* für besonders zweckmäßig in den Worten, in denen auf ein kleines *i* ein ebenfalls kleiner Buchstabe folgt wie bei *In* oder *Imperator*[146]. Götze weist nach, daß sich die verlängerte und vergrößerte Schrift der Intitulatio der Merowingerkönige an römischen Vorbildern orientiert[147]. Das der Intitulatio vorgesetzte Invokationszeichen führt jedoch nicht die Zeile wie eine gezeichnete Initiale an, sondern ist Teil der Schrift und hält sich mit dem Schwerpunkt auf Schrifthöhe. Der Schaft begleitet den Text über mehrere Zeilen[148] am Rand. Das Strichgebilde umgreift den Textblock

Leben und in der Natur. Eine interdisziplinäre Schau, Basel–Reinach 1985, S. 10ff., 79f. mit Abbildungen, dazu auch den Beitrag von Hartmut Atsma und Jean Vezin in diesem Band.

139 CLA 1–2, Supplement, bes. das Beispiel aus Corbie, CLA 3, S. 29, No. 365 (ante AD 622); Abb. 7–8, 25–26, 30.

140 Auch abgebildet in Agostin Millares Carlo, Consideraciones sobre la escritura visigótica cursiva, in: León y su Historia, León 1973 (= Fuentes y Estudios de Historia Leonesa 8), Taf. 1; vgl. die Tafeln in Maria Isabel Ostolaza Elizondo, La transción de la escritura visigótica a la carolina en los monastérios del reino de León, in: Actas del VIII Colóquio del Comité Internacional de Paleografia Latina, Madrid 1990 (= Estudios y Ensayos VI), S. 149–163, und in: Azevedo Santos, Da Visigótica à Carolina, S. 92 u. Taf. I.

141 Das am weitesten verbreitete Zeichen ist die sog. &-Ligatur, die sich aus der einst kursiven Buchstabenverbindung von *e* und *t* und ihrem veränderlichen Strichverhältnis zueinander mit der Zeit verfestigt hat.

142 Abb. 3. Der Frage, ob der diplomatische Titulus von dieser Form seinen Ausgang genommen haben könnte, bin ich nicht nachgegangen. Eine Magisterarbeit zur Entstehung und Verwendung des diplomatischen Titulus ist im Institut für Historische Hilfswissenschaften, Marburg, in Vorbereitung.

143 Vgl. die Nachzeichnungen auf Tafel 3 und Abb. 3a, 7 und 8.

144 Vgl. Abb. 3a: *d e i* in Zeile 2; Abb. 3b: *d e i* in der Datumzeile.

145 Vgl. in Abb. 3b: *sub die* in der Datumzeile; in der westgotischen Schrift in Ostolaza Elizondo, La transición, S. 152: *qui*.

146 Vgl. Lowe, Studia Palaeographica, I: I-Longa, S. 4–9, zitiert S. 7 Anm. 2. Zur Funktion zitiert er K. Zangemeister, Corpus Inscriptionum Latinarum 4, S. 258: *Patet maxime in eis, quae cursivis litteris exaratae sunt, inscriptionibus i saepe productam esse non alia de causa nisi ut eius litterae forma magis plana et perspicua redderetur.*

147 Götze, Die Litterae Elongatae, S. 8ff.

148 In den Merowingerurkunden beträgt die Länge des Invokationszeichens im Durchschnitt 3–5 Zeilen, in denen der älteren Karolinger 3–7 Zeilen, in denen Ludwigs d. Deutschen 2–3 Zeilen, in denen Karls d. Dicken, Arnolfs und Zwentibolds 2–4 Zeilen, in denen Ludwigs d. Kindes 3–6 Zeilen. In ottonischen Herrscherurkunden reduziert sich die Höhe von 4–6 Zeilen unter Otto I. stetig, pendelt sich unter Otto III. auf 3 Zeilen ein und verkürzt sich unter den Saliern zu ein bis zwei Zeilen, wozu auch die sich verändernde Gestaltung und das Wegfallen der Stabenden beitragen. Die Angaben beziehen sich auf die Zeilenzahl, die variierenden Zeilenabstände werden nicht berücksichtigt.

nicht – wie die Invokationszeichen in iberischen Urkunden aus dem 9. Jahrhundert die Zeugenkolumne umfassen –, sondern steht einzeln in gleicher oder ähnlicher Form in unmittelbarer Verbindung zum Namen des Königs, des Notars oder der Datumzeile[149]. Ein verlängertes *I(n)* auf der Zeile erscheint in dem Moment, als Kaiser Karl der Große zusätzlich die verbale Invokation einführt[150]. Im Kontext wird das *i* kurz oder lang geschrieben und steht meist in Ligatur von links, aber bindet nie nach rechts, um seine Kennung zu behalten und nicht mit dem Konsonanten *l* verwechselt zu werden. Der Buchstabe wird als einfacher Strich oder mit einer kleinen Kopfschlinge von links geschrieben (Taf. 4, *i*-Formen, Abb. 1–6)[151]. Die häufige Präposition *in* zählte im römischen Schriftwesen zu den *litterae singulares* oder *notae communes*[152] und wird als *i* mit Über- oder Kreuzstrich, wie bereits in antiken Rechtstexten, gekürzt.

Der Buchstabe ***n*** wird für die ausgeschriebene Präposition *in*, als Anfangsbuchstabe für *nomine* und für die Abkürzung *d(omi)ni* gebraucht. Das *n* ist in der Formel der am häufigsten vorkommende Buchstabe, doch neigt seine Form bei schnellem Schreiben zu Zacken- oder Wellenlinien und ist deshalb am schwersten auszumachen. Der Umbug des Wellenbuckels zu einem zweiten Schaft charakterisiert das *n* der jüngeren römischen Kursive (Taf. 4, *n*-Formen 1–5 + 6; Abb. 1–2). Wegen der einst oben auslaufenden Wellenform kann das *n* nicht nach rechts binden. Der Buchstabe erscheint selbständig wie in der Urkunde aus St. Gallen 787 (Taf. 1, Sp. 3, No. 2) oder kann mit einem von oben nach unten verlängertem Schaft von links gebunden werden wie *In dei n(omine)*[153]. Nach der Tjäderschen Zusammenstellung gibt es auch für *n* und *m* eine Form, bei der die Endschäfte nach unten oder nach rechts ausgezogen werden und in dem Fall durch einen kreuzenden Vertikalstrich die vorgenommene Kürzung anzeigen können[154]. Nimmt man an, daß der verlängerte Endschaft eines ehemals nicht bindefähigen *n* mit dem kreuzenden Kürzungsstrich im Laufe der karolingischen Schriftreform zu einem Kürzel zusammenwächst, erklären sich einige *n*-Formen in den St. Galler Urkunden. Manchmal kommen in den dortigen Stücken deutliche *n*-Formen in ungeschickter Verbindung mit dem Abkürzungszeichen vor. Ist jedoch ein geübter Schreiber am Werk und verflacht er die *n*-Schäfte zu Wellenlinien, zieht die Schlinge des Kürzungszeichens von unten und schneidet die Linie mit einem Diagonalstrich, so erhält er möglicherweise die elegante Z-Form, die in Königsurkunden des 9. Jahrhunderts häufiger begegnet und die besonders Hirminmaris meisterhaft zu schreiben versteht (Abb. 23, 42). Steht der Buchstabe *n* anfangs selbständig, so können ***o*** und *m* zu *n- om(en)* ligiert werden. Im Gegensatz zum zweistrichigen *o* der älteren Kursive (Taf. 4, *o*-Formen 1–5) wird das typische *o* der jüngeren Kursive in Schriftrichtung von links nach rechts als Schlinge zwischen zwei benachbarte Buchstaben eingehängt[155]. Wichtig ist die Bindefähigkeit des *o* nach beiden Seiten, wobei es jeweils am Kopf bindet und der Körper bei horizontaler Schriftrichtung nach unten zeigt oder im Ansatz vor dem zu bindenden Buchstaben eingerollt sein kann.

In den ältesten Merowingerdiplomen sind unregelmäßige und wenig elegante Windungen um den Schaftkopf gelegt, wo gleichlaufende und regelmäßige Schlingen einfacher zu schreiben gewesen wären. Man möchte dahinter eine Absicht sehen und annehmen, daß trotz der graphischen Unterschiede im einzelnen die ersten Striche wohl als zweischäftiges *n*, abgesetzt die folgenden Schnörkel als ligiertes *o-m* und Kürzungszeichen aufgelöst werden dürfen. Auch die *franc(orum)*-Kürzungen in den Titelzeilen sind unterschiedlich und mitunter flüchtig ausgeführt (Abb. 3a, 5a)[156]. Daß die Kürzung *nom.* im 8. Jahrhundert häufig benutzt wird, belegen nicht nur St. Galler Privaturkunden; in oberitalienischen Luccheser Privaturkunden des 8. Jahrhunderts ist es die weitaus am häufigsten verwendete Suspension[157]. Im Gerichtsspruch König Chlodowechs III. von 691/692 (Abb. 5a u. b) wird am

149 Vgl. Abb. 25 und 30, Abb. 3–5, 38–43.

150 Vgl. Abb. 7–17, besonders Abb. 10.

151 Schreiber *Aghilus* (vgl. Abb. 5) könnte den Querstrich gleichzeitig als Überleitung zu seinem Namenszug benutzt haben.

152 W. M. Lindsay, Notae Latinae. An account of abbreviations in Latin manuscripts of the early minuscule period (ca. 700–850), Cambridge 1915, S. 111–113, § 125–128; Luigi Schiaparelli, Avviamento allo studio delle abbreviature latine nel medioevo, Florenz 1926; Bischoff, Paläographie, S. 193 ff. führt keine Note an für *In*, sondern nur ein schräg durchkreuztes *I-longa* für *Inter*. Gleichzeitig schlägt er für die Noten die Bezeichnung Notae antiquae vor, da die nicht festen und vieldeutigen *notae* auch in nichtjuristische Texte übernommen wurden.

153 Abb. 1; Taf. 1, Sp. 3 No. 2, Sp. 4 No. 3.

154 Der Frage, ob dieser schräg abwärts geführte Verlängerungsstrich die Basis für kreuzende Kürzungsstriche oder als Horizontalstrich die Kreuzzeichen nach *sign(um)* verursacht, bin ich noch nicht nachgegangen; vgl. Taf. 1, Sp. 4 No. 5; Taf. 3, Nos. 11–12; Abb. 16–19, 21, 44–47.

155 Tjäder, Some Ancient Letter-Forms, S. 13, ergänzt, daß diese alte, konservative *o*-Form besonders von Schreibern in behördlichen Ämtern bis nach 600 beibehalten, doch danach wegen ihrer etwas plumpen Verbindung zum folgenden Buchstaben durch das beweglichere *o* der jüngeren Kursive verdrängt wurde.

156 Vgl. Abb. 2–5; Taf. 1, Sp. 4; Taf. 3, Nos. 1–9.

157 Vgl. Abb. 18–20, 34–36.

Kopf des Chrismon das *n* vom nachfolgenden *om* abgesetzt und die Kürzung mit einem Schlängelstrich markiert. In der Datumzeile der gleichen Urkunde steht das *n* des *d(e)i n-omen(e)* ebenfalls für sich, während *o* und *m* ligiert sind. Die beiden geschlängelten Abkürzungszeichen über den ausgelassenen *e* sind mit dem am Chrismon identisch. Betrachtet man die Form der längs des Stabes geschriebenen *n* insgesamt, so scheint aus diesem immer schwungvoller werdenden *n*-Ansatz am Stabkopf die obere, nach rechts offene *C*-Form zu entstehen, die für die Invokationszeichen des 9. Jahrhunderts so typisch wird. Der ursprüngliche *n*-Anschwung, der jetzt wie der untere Bogenteil eines *C* aussieht, kann eingerollt oder sogar gegenständig verdoppelt werden[158]. Obwohl die Schreiber verschiedene Anstrengungen unternehmen, bieten die ausgeschriebenen *n om(ine)*-Buchstaben, die schlecht am Schaftkopf anzubringen sind (Abb. 9), wenig Aussichten für die Zukunft.

Für die Invokationsformeln *In nomine dei* oder *In nomine domini* müssen ein umschlungener Schaftkopf oder gewellter Schaftfuß mit Kürzungszeichen und ein beliebig verlängerbarer *I*-Schaft mit linksseitigem *d*-Bauch das Gerüst gebildet haben[159]. Bei der Inversion *In dei nomine* müßte entsprechend der natürlichen Schreibbewegung der Schaftkopf mit Ausnahme einer Kürzungsform oder eines *n*-Wimpels relativ kahl bleiben und die *dei*-Figuration eine *nomine*-Form andeuten. Mit der wandernden *n*-Form mit Punkt oder abgekürztem *nomine* verlagert sich dann auch das graphische Gewicht der Figur stärker auf die Stabmitte[160]. Am *d*-Bogen entwickelt sich aus dem Titulus heraus ein nach unten führender Zweitschaft, der unserem Minuskel-*h* gleicht, aber dem verlängerten ersten Schaft zum *n* entspricht (Abb. 1, Z. 1: *domino;* Abb. 6, Intitulatio: *francorum*). Der Endschaft des *n* wird zudem ausgestreckt und abgespreizt, um die Basis für den Kürzungsstrich vorzubereiten[161]. Seit der Antike, und solange es noch keine syntaktischen Interpunktionszeichen gibt, ist der neben- oder übergesetzte Punkt der Hinweis auf eine vorgenommene Suspension[162]. Ein abgesetztes, deutlich erkennbares *n* mit übergesetztem Punkt findet sich in dem Gerichtsspruch Childeberts III. aus den Jahren 709/710, im Privileg Karls des Großen 775 oder ohne Punkt in St. Galler Urkunden aus dem letzten Viertel des 8. Jahrhunderts[163].

d für *In nomine dei* oder *d* für *In nomine domini*

Es ist bisher nicht gelungen, sichere Unterscheidungsmerkmale für die Formeln *In nomine dei* und *In nomine domini* zu finden, das heißt, graphisch *d(e)i* und *d(omi)ni* zu unterscheiden[164]. Die Formel *In nomine domini* wird nicht invertiert, so daß die Worte *In nomine* in enger Verbindung zum *I(n)*-Stab, entweder am Kopf – wie in den frühen Merowingerurkunden – oder am Fuß – wie möglicherweise in den iberischen Urkunden[165] – stehen müßten, um den Schreib- und Lesefluß nicht zu unterbrechen. Möglich wäre die Kontraktion *dni* im Präzept Theuderichs III. von 677 (Taf. 3, No. 1), wo neben dem *d*-Bogen zwei gleichhohe Striche mit einer Schnörkelverbindung zum *i* oder einem Abkürzungszeichen auftauchen, oder in dem Privileg Karls des Großen 775 (Abb. 7), wo ein *d*-Bauch mit einer *n*-Welle und – vielleicht – einem *i*-Strich aufzulösen wären. Während es ein einzelnes *d* als Abkürzung für *deus* nicht gibt, ist der Ausdruck *d(ominus) n(oster)* in weltlichem Sinne vielfach belegt[166]. Kehr spricht von einer alten kurialen Abbre-

158 Taf. 1, Sp. 4, Nos. 4, 6; Taf. 3, Nos. 7, 10–13; Abb. 7, 8, 10, 12, 13, 42.

159 Vgl. ChLA 28, No. 883: AD 780 VII 28, in der Datumzeile die Kürzung von *dei* mit Schaft und linker Bogenhälfte, deren oberer Arm zur Titulusform geführt wird.

160 Taf. 1, Sp. 2 u. 4; Abb. 14, 23.

161 Taf. 1, Sp. 4, Nos. 4–6; Taf. 3, Nos. 9–12; Abb. 7–8. Auch der *l*-Fuß kann verlängert werden: der kreuzende Abkürzungsstrich führt dann weiter zum nächsten Buchstaben, bes. deutlich bei Schreiberunterfertigungen wie *cl(ericus) post traditam* in Luccheser Urkunden, z. B. ChLA 36, Nos. 1043, 1047, 1050.

162 Traube, Nomina Sacra, S. 239 ff.

163 Taf. 3, No. 5; Taf. 1, Sp. 4, No. 3, 1–2.

164 Beide Formeln, Santifaller, Über die Verbalinvokation S. 73 ff., kommen bereits im Alten Testament vor, in der Regel in Verbindung mit Verben, die eine Handlung ausdrücken, z. B. kommen, schwören, bauen, sagen, fluchen, segnen, stehen, weissagen, reden, wandeln. Die Formel *In nomine domini* lautet im Hebräischen ›Im Namen Jahwehs‹ und wird von Hieronymus in der Vulgata mit *In nomine Domini* übersetzt. Die beiden verwandten hebräischen Formeln aus dem Alten Testament, von denen die eine mit dem Verb reden verbunden ist, übersetzt er mit *In nomine domini dei israel,* und die andere, die im Zusammenhang mit weissagen verwendet wird, mit *In dei nomine*.

165 Vgl. unten II.3 Invokationszeichen in der iberischen Überlieferung.

166 Tjäder, Die nichtliterarischen lateinischen Papyri, I, S. 138; C. H. Turner, The Nomina Sacra in early Latin Christian Mss., in: Miscellanea Francesco Ehrle, Bd. 4, Rom 1924, S. 69 f., unterstreicht, daß *dominus* als nomen sacrum im Singular immer abgekürzt wird, entweder suspensiv oder kontrahiert. *Dominus noster* kann in den Evangelientexten naturgemäß nicht vorkommen, aber *n* mit Punkt für *noster* ist in Verbindung mit dem kaiserlichen Herrn gang und gäbe und wird als suspensive Kürzung mit dem für heilige Namen bezeichnenden Oberstrich übernommen. In Handschriften begegnet die Form bis ins 6. Jahrhundert, nur in Ausnahmefällen bis in die Karolingerzeit, wo *n* mit Kürzungsstrich *non* bedeutet und das *n* mit Oberstrich im alten Sinne von *noster* zu verwirrenden Fehllesungen unter den Schreibern und Kopisten führt.

viatur *d(om)n(i) n(ostri)*, die noch in päpstlichen Privilegien des 10. Jahrhunderts begegnet[167]. In dem Fall müßten die Invokationszeichen vor den kaiserlichen Namen und Titeln Karls des Großen und Ludwigs des Frommen mit *In nomine d(omi)ni* mit untergestelltem *n(ostri)* mit Punkt oder *n(ostri)* mit Kürzungsstrich aufgelöst werden[168]. Stehen unabhängig von den Schriftzeichen am Kopf zwei Halbbogen auf der linken Seite des Stabes untereinander, darf man wahrscheinlich von der Formel *In nomine d(e)i d(omi)ni* oder *d(omi)ni d(e)i n(ostri)* ausgehen[169]. Vorstellbar ist auch, daß den Schreibern die einzelnen Formeln so geläufig sind, daß sie sie nur unvollständig schreiben, wie *In d(e)i* als *I*-Stab mit *d*-Bogen, oder sie mit wenigen Strichen skizzieren und beim Verlesen mit der einen oder anderen wörtlichen Invokation auflösen[170]. Die Herkunft des Invokationszeichens aus der Schrift unterstreicht der Schreiber Theudegarius 775 im Gerichtsspruch Karls des Großen für St. Denis. Er durchkreuzt den oberen Schaftteil mit mehreren *n*-Windungen, stellt das *o* auf die Schaftspitze und setzt dem dritten Schaft des *m* einen waagerechten Strich für die Suspension des wegfallenden *-ine* an (Abb. 9). Der angefügte Horizontalstrich bildet die Basis für das Abkürzungszeichen. Im Unterschied dazu beginnt der Schreiber die Figur in der Stabmitte mit *d*-Bogen und Titulus, führt den Strich in einem weiten links-rechts Bogen den Stab hinab und beendet ihn mit einem dreischäftigen *m*, an dessen letzten Schaft er wiederum einen Horizontalstrich bindet. Genau über diese Stelle bis zum doppelstöckigen *Cum* des Kontextblocks sind einige Buchstaben von späterer Hand (vielleicht des 16. Jahrhunderts) eingefügt worden. Von ihnen ist nur das Majuskel-*I* sicher zu identifizieren. Ob es sich hier um eine abgekürzte Weiterführung der Invokation, z. B. *I xpi* (mit *i*-Punkt) *am(en)* handeln könnte oder ein anderer Text ohne Zusammenhang mit dem Urkundentext ergänzt wurde, kann ich nicht erkennen. Die eingefügten Buchstaben werden von Mabillon und in der Edition Mühlbachers als *igitur*, geschrieben von einer Hand des 15.–17. Jahrhunderts, interpretiert[171].

Amen als tironische Note oder kursiv geschrieben

Von dem zweischäftigen *n* läßt sich ein dreischäftiges *M* abgrenzen. Es besteht aus einem verlängerten *h*-Schaft, an dessen Fuß eine Majuskel-*M*-Form mit oder ohne beigesetztem Punkt angefügt ist, also eine moderne *M*-Form, in der die gegen die Schriftrichtung gestellten Mittel- und Endschäfte Zacken bilden (Taf. 4, *n*-Form 6). Diese Strichkombination geht möglicherweise auf die Kurzschriftform oder tironische Note für *Amen*[172] zurück. Die Formel hieße dann *In nomine dei (domini) Amen* (Taf. 3, Nos. 6, 13). Sie läßt sich daran erkennen, daß der Schaft am Fuß des *dei/dni* nicht den rechtsgeneigten Schäften eines *n(omine)*, sondern eher den Zacken eines *M* entspricht und das jetzt fehlende *nomine* am Fuß des Schaftes steht[173]. In dem so elegant geschriebenen Invokationszeichen des Notars Hirminmaris 833 begegnet eine *Z*-Form, die in Herrscherprivilegien des 9. Jahrhunderts öfter auftaucht, aber bereits in St. Galler Privaturkunden des 8. Jahrhunderts immer wiederkehrt[174]. Man könnte an ein welliges *n* oder sich auflösende Titulus-Formen denken, deren Reste sich bereits auf beide Seiten des Stabes ausgebreitet haben. Dürfte man die *Z*-Form als Verballhornung für *n-o / m(ine)* auflösen[175], so hätte

167 Kehr, Die ältesten Papsturkunden, S. 21, Anm. 1. Vgl. oben die Abkürzung *INN.DNO (IN Nomine Domini NOstri)* in der ältesten angelsächsischen Königsurkunde von 679.

168 Taf. 3, Nos. 9, 12.

169 Taf. 1, Sp. 4, No. 6; Taf. 3, Nos. 8, 11. In 58 für Kaiser Ludwig d. Frommen erfaßten Urkunden wird die Verbalinvokation *In nomine Domini Dei Salvatoris nostri Jesu* verwendet, mit einer Ausnahme, der Fälschung BM 754 (= LBA 5965) 822-IV-2 für St. Maximin, an deren Beginn auch ein ›nicht-passendes‹ Invokationszeichen steht; vgl. Theo Kölzer, Studien zu den Urkundenfälschungen des Klosters St. Maximin vor Trier (10.–12. Jahrhundert), Sigmaringen 1989 (= VuF Sonderbd. 36).

170 Vgl. Taf. 3, Nos. 2, 3, 4, Abb. 32–37; zum gleichzeitigen Gebrauch mehrerer Formeln vgl. die Legenden zu Taf. 5.

171 Paris, Archives Nationales K 6 No. 7. Die Überprüfung des Originals im November 1993 ergab, daß die Tinte der nachgetragenen Buchstaben deutlich heller ist; die Buchstaben selbst sind auf der Photographie besser erkennbar als im Original. Herr Prof. O. Guyotjeannin, der sich auf meine Bitte die Urkunde ansah und dem ich die Hinweise (Brief vom 17. 1. 1994) auf Mabillon, De re diplomatica, S. 498f. und Mühlbacher, DKar. 102, S. 146f. verdanke, schließt sich ihrer Lesung an. Sickel, Acta II, S. 29, No. 46 und ChLA 16 No. 619 erwähnen den späteren Zusatz nicht.

172 Kopp, Lexicon Tironianum, S. 22: der *h*-Schaft ist leicht gekrallt, der Punkt steht über dem letzten *M*-Schaft auf Mittelhöhe; Maurice Jusselin, L'invocation monogrammatique dans quelques diplômes de Lothaire Ier et de Lothaire II, in: Le Moyen-Age 20 (1907), S. 322, Fig. 4.

173 Vgl. Taf. 1, Sp. 4, Nos. 4–6 mit Nos. 1–3. Die Umbildung einzelner Schriftzeichen läßt sich an vielen Stellen verfolgen. So kommen, nach Abbildungen im LBA, in den Diplomen Ludwigs des Deutschen zwischen den verlängerten Horizontallinien des Rekognitionszeichens, in die kundige Notare einst ihre tironischen Noten setzten, gezackte Strichstücke vor, die *Amen*-Formen ähneln. Im Verlauf von 10 Jahren (857–868) wandeln sich die senkrecht stehenden Zacken zu rechtsgeneigten *m*-Arkaden mit diagonalen An- und Abstrichen an Kopf und Fuß. Sie verändern sich damit von Schriftzeichen zu Ornamenten.

174 Abb. 12, 42; Taf. 1, Sp. 4, No. 7; Abb. 17, 20–22.

175 Das *n* als Wellenlinie, die *o*-Schlinge nicht wie zuvor üblich zwischen zwei Buchstaben eingehängt, sondern als von unten nach oben gezogene Schlinge im Eckpunkt, um den Strich abwärts laufen zu lassen.

Hirminmaris seinem Namen ein von oben nach unten zu lesendes *In nomine dei/domini amen* vorgesetzt.

Eine zweite Schreibweise für *Amen* entwickelt sich aus dem hochgestellten *a* der Normalschrift, wie es zum Beispiel in der Titelzeile für *franc(orum)* erkennbar ist. Charakteristisch ist eine *s*-bogenförmige, verlängerte Schaftverbindung mit einem Minuskel-*n*[176], die in stilisierter Form an vielen Invokationszeichen des 9. Jahrhunderts wiederkehrt, so auch in der Urkunde Ludwigs des Deutschen für Kloster Hersfeld 843. In den Urkunden für Klingenmünster 849 und Speyer 858 begegnen dreifache *Amen*, die dadurch, daß sie dem Stab nicht direkt verbunden sind, selbständige Worte ausdrücken, aber, da sie ihm auf- oder übergelegt sind, als zugehörig betrachtet werden müssen.

Littera serpentibus circumdata entstanden aus der Formel *In christi nomine*

Im Unterschied zum runden *d*-Bauch, der an einem beliebig langen *I(n)*-Schaft hin und her verschoben werden kann, ohne seine charakteristische Form einzubüßen, lassen sich die kontrahierten Buchstaben *xpi* für die verkürzte Formel *In Christi nomine*[177] wegen der Diagonalstriche des Hauptbuchstabens *X* schwer mit einem *I*-Stab verbinden. Die zwei gekreuzten Striche sträuben sich gegen eine kursive Schreibweise[178]. Kommen die Buchstaben aus der Schreibschrift, müssen sie am Kopf einer Invokationsfigur plaziert sein. Nach meinen Beobachtungen werden zwei Lösungen versucht, eine *X* oder *XP*-Form, die am Kopf des Stabes festgemacht wird, und eine zweite, die ihren Ausgang von der tironischen Note für *Christus* nimmt. In der im Kloster St. Gallen 758 ausgestellten Urkunde wird das *Rho* von Mönch Theotbald durch einen sich über den Schaftkopf wölbenden Bogen gezogen, mit dem sich der Rest des Diagonalstrichs *Chi* links des Stabes verbindet. Die ausgeschriebenen Buchstaben in der St. Galler Urkunde darunter (Abb. 20, 21) lassen vermuten, daß die Schäfte des *X* zuerst vorgesetzt und dann in mehreren *n(omine)*-Absätzen verlängert werden. In diesem Falle wären die rechts-links Windungen von einem *I(n)*-Stab mit ligiertem Rho ausgegangen. In der um wenige Jahre älteren Urkunde zieht Schreiber Liutfrid in der buchstäblichen Version den linken Schaft des Chi *(X)* von der Spitze des Rho *(P)* in einem Linksbogen bis weit in den Zeilenzwischenraum. Man kann sich vorstellen, daß diese Strichführung zu den links-rechtsläufigen Stabumwindungen in den St. Galler Urkunden geführt hat. Am Kopf ansetzende gleichförmige, unregelmäßige oder durchbrochene Schaftumwindungen sind das Charakteristikum für etwa zwei Drittel der Invokationszeichen in St. Galler Urkunden[179].

Die zweite Form für *Christus*, eine Art Zweier-Figur an der oberen Hälfte des Stabes, begegnet in einigen merowingischen Diplomen[180]. Die notenkundigen Schreiber zeichnen eine arabische 2 mit einem von links nach rechts laufenden Kopfbogen und einem rundgebogenen Schaft, der am Fuß mit einer unregelmäßigen Achter-Form abschließt. Die Formen, die auf den ersten Blick den *d*-Bogen links des Stabes ähneln können, unterscheiden sich von ihnen dadurch, daß ihr graphisches Gewicht rechts des Stabes liegt, daß sie den *I*-Schaft nicht brauchen, das heißt nicht mit ihm ligiert sind, daß ihre Öffnung nach links gerichtet ist – im Gegensatz zur Öffnung des *d*-Bogens nach rechts bei Schaftfortfall – und daß sie den eigenen Schaft zu einer geschlossenen Schlinge kreuzen. Gemäß ihrer Schreibrichtung von links nach rechts schauen die lateinischen Buchstaben nach rechts, und die nach links gerichtete Öffnung einer zwei (= 2) deutet auf ein für die Normalschrift ›artfremdes‹ Schriftzeichen[181]. In dem Präzept Childeberts III. von 694 wird in der Unterschriftszeile die Invokation vor dem Herrschernamen, die bis dahin in Buchstaben ausgeschrieben worden war, zum ersten Mal als Zeichen ausgeführt und, wie ich meine, in der gleichen Bedeutung, nämlich: *In xpi nomine*. Der Schreiber Uulfolaicus beginnt diese Königsurkunde vor der Intitulatio mit *In xpi nomine* und wiederholt *In xpi nomine* vor der Subscriptio des Herrschers. Uulfolaicus benutzt für sich selbst eine andere Formel, vielleicht *In dei*[182]. Anhand der graphischen Unterschiede der Invokationszeichen in Protokoll und Eschatokoll läßt sich nachweisen, daß mehrere Formeln für verschiedene Personen gleichzeitig in Gebrauch sein können.

176 Abb. 3–6; Taf. 3, Nos. 14, 15, 16.

177 Santifaller, Über die Verbalinvokation, S. 40, 88 ff.

178 In der westgotischen Schrift gibt es eine *x*-Form, die aus einem nach oben offenen *o* besteht, aus dessen Mittelpunkt ein senkrechter Schaft nach unten gezogen wird; vgl. Azevedo Santos, Da visigótica à Carolina, S. 96 und Taf. I–10/11 zur Fortentwicklung des Buchstabens.

179 Vgl. oben: *littera serpentibus circumdata*, diese treffende Beschreibung gebraucht schon Papias und wird wiederholt von Mabillon 1681 und bis in die jüngste Zeit von Rosamund McKitterick, The Carolingians and the written word, Cambridge–New York 1989, S. 90 f., und Peter Rück, Die Urkunde als Kunstwerk, S. 323.

180 Taf. 3, No. 5; Abb. 4a und b oben und unten vor *Childeberthus;* Kopp, Lexicon Tironianum, S. 82.

181 Mit Ausnahme der Ziffer 6 sind unsere aus dem Arabischen übernommenen Zahlzeichen nach links orientiert.

Für die St. Galler Privaturkunden bis 800 stellt Albert Bruckner fest, daß die Mehrzahl der Originalurkunden eine monogrammatische Anrufung hat, die nur in einzelnen Fällen wegfällt. Er teilt die Chrismen in zwei grundsätzlich verschiedene Formtypen ein, nämlich den üblichen Schnörkel, bei dem sich eine Schlangenlinie den mehr oder weniger senkrechten Schaft herabwindet, die Anzahl der Windungen variiert und bei flüchtigem Schreiben die Form von Zick-Zack-Linien annehmen kann. Die zweite Form leitet er vom Chrismon der königlichen Diplome mit der tironischen Note für *Christus* ab[183] und kommt zu dem Schluß, daß es »so viele Schreiber, so viele Zeichen« gab[184].

Von der ligierten Formel zum Zeichen

Vergleicht man die beiden Urkunden Karls des Großen für Hersfeld 775 und 779, so springt auch hier ins Auge, daß verschiedene Anrufungsformeln verwendet werden (Abb. 7 und 8). Man könnte den von links an den Schaft stoßenden Halbbogen als *d* interpretieren, dem ein *n* und *i* mit mehrfachen Kürzungszeichen in direkter Weise verbunden sind. Die Formel hieße: *In nomine domini*. Für das Invokationszeichen im Nachbarbild müßte eine längere Formel Pate gestanden haben: ein spiralenförmig eingerolltes *d*, an das sich ein *ni* mit Titulus anschließt. Von diesem führt ein Abstrich an den Stab heran, um einen neuen Buchstaben oder ein neues Wort durch einen Einschnitt zu markieren, und läuft über ein weiteres, dem Stab parallel laufendes Verbindungsstück zu einem einzelnen *n* mit übergesetztem Punkt, vielleicht *In nomine domini nostri (Jesu Christi)*. Die Figur in der unteren Stabhälfte ist möglicherweise als *d(e)i* zu interpretieren, wobei die zusätzlichen Buchstaben mit Kürzungspunkten am oberen wie unteren Bogen vielleicht ein *omnipotentis* oder *aeterni* andeuten könnten und mit *In nom(ine) d(omi)ni n(ostri) (Jesu Christi) d(e)i (omnipotentis? aeterni?)* aufzulösen wären[185].

Insgesamt werden die invokatorischen Zeichen im Laufe des 9. Jahrhunderts immer reicher und überschwenglicher ausgestaltet, und in den einzelnen Zierformen lassen sich immer weniger Buchstabenreste ausmachen[186]. In den sechziger Jahren führt der Notar und spätere Kanzler Ludwigs des Deutschen, Hebarhard, ein neues Invokationszeichen ein[187]. Über seine Beweggründe ist nichts bekannt. So könnte man zumindest vermuten, daß die Kanzleischreiber die Eingangszeichen, so wie sie ihnen in früheren Urkunden vorlagen oder sie sie anderswo gesehen hatten, nicht mehr recht zu interpretieren wußten. Wäre der Inhalt des Zeichens, seine Umsetzung in lesbare Worte, Allgemeingut gewesen, hätte es wohl der Tradition widersprochen, ein bekanntes Zeichen aus der ›guten alten Zeit‹ eigenmächtig zu verändern. Hebarhards Neuerung besteht darin, den ursprünglichen *I(n)*-Stab zu zerbrechen und die einstige *ei/ni*-Ligatur aus ihrer Bindung mit dem ehemaligen *d*-Bogen zu lösen und als selbständiges Zeichen mit verlängertem Diagonalstrich in den geschaffenen Hohlraum einzustellen (Abb. 14; Taf. 1, Sp. 4, No. 8). Damit ist ihm ein graphisches Meisterwerk gelungen, das nicht nur in heutiger Zeit noch durch seine klare und ausgewogene Form besticht, sondern auch unter seinen Zeitgenossen so breite Zustimmung findet, daß es die Grundform für die Invokationszeichen bis ins 13. Jahrhundert abgeben wird. Seinen Nachfolgern gelingt nicht immer, seine elegante Form zu imitieren und sie verliert an Gleichmaß und Formschönheit (vgl. Taf. 2; Abb. 15). Für die

182 ChLA No. 577; nach der Edition lösen Jusselin und Tardif die tironischen Noten am Anfangschrismon und an dem Invokationszeichen des Uulfolaicus jeweils mit: *In nomine Christi* auf; Lauer-Samaran , Taf. 24; Levillain, La Souscription de Chancellerie, S. 5 f., Taf. 1; Jusselin, Notes tironiennes, S. 486 ff. Im Präzept Chilperichs II. von 716 (ChLA 14, No. 589) setzt der Schreiber Chrodoberthus vor seinen Namen ein *In Christi nomine*-Zeichen, das Eingangszeichen im Protokoll ist wohl mit *In dei nomine* aufzulösen.

183 Natürlich könnten St. Galler Schreiber mit tironischen Noten vertraut gewesen sein, aber sie sind in Urkunden nicht belegt. Vielleicht müßte man doch von einer Rho-Form ausgehen; für eine Ableitung aus einem Staurogramm fehlt der horizontale Kreuzbalken.

184 Bruckner, ChLA 2, S. IX–X, »meaning the Tironian Note for the word Christus«. Darüber hinaus schrieb derselbe Schreiber nicht etwa ein einheitliches Zeichen. Offenbar war es dem Schreiber freigestellt, die monogrammatische Anrufung zu benützen oder auch nicht, oder welche von den vorhandenen Formen auszuführen. Bruckner, SMAH 2, S. 31–34 zu den Abkürzungen in St. Galler Handschriften.

185 Beide Formeln begegnen ausgeschrieben in Diplomen Lothars I. z. B. DD Lo.I 55, 61, 63, 64. In Abb. 11 weicht das Invokationszeichen von der Verbalformel ab.

186 A. Giry, Manuel de diplomatique, zit. S. 532: »... mais, dans les actes des époques mérovingienne et carolingienne et jusqu'au cours du XIe siècle, le monogramme s'est généralement déformé et alteré, au point qu'il est presque impossible d'en distinguer les éléments dans les traits enchevêtrés et les paraphes dont il est formé. Dans les actes privés des Xe et XIe siècles notamment, il est bien probable que les scribes avaient perdu toute notion sur l'origine et la significance du griffonage qu'ils traçaient traditionellement en tête des actes, et que beaucoup d'entre eux, avec le grammarien Papias du XIe siècle, les pouvaient considérer comme des serpents entrelacés.«

187 Zu Hebarhard kommentiert P. F. Kehr, Die Urkunden Ludwigs des Deutschen, S. XXV: »Er [Hebarhard] ist der Erfinder eines neuen Chrismon« und mit Hinweis auf Sickel: »auch der Erfinder der neuen diplomatischen Minuskel, aber nicht im Sinne eines Bahnbrechers, sondern indem er aus der Not eine Tugend machte, ...«.

Entwicklung des Invokationszeichens bedeutet es, daß nach der Mitte des 10. Jahrhunderts der Stab als ligierter Teil einer ursprünglich geschlossenen *d*-Form vom Zentrum der Figur her aufgebrochen und der Zwischenraum zu den oberen und unteren Bogenabschlüssen erweitert wird. Die ursprünglich durchgezogene *I(n)*-Stabform wird durch Zierformen, kleine ›diplomatische‹ Tituli oder doppelte Querstriche mit dazwischengesetzten Punkten in aufgelockerter Form bis gegen Ende des 10. Jahrhunderts beibehalten. Der Übergang einer Minuskel-*d*-Form zu einer einstrichigen *C*-Form ist unaufhaltsam. Die Umformung läuft des weiteren dahin, den Hebardhard'schen Titulus, der als Einzelfigur den Hohlraum füllte, durch mehrere Kleinformen zu ersetzen, die zu zweien, zu dreien, zu fünfen, zu sieben geordnet und später ungeordnet schließlich den ganzen Hohlraum füllen. Um die Kleinformen unterzubringen, schrumpft der Stab und schwillt der *C*-Bogen, dessen Strichausläufer wegzufallen beginnen. Während der ottonischen Periode können unregelmäßige Linien die *C*-Form wie ein Spinnennetz durchkreuzen, den Bogen selbst mit Schlangenlinien umwinden oder die Stabenden mit Punktlinien bekränzen. Die Randverzierung wird zum Hauptdekor und die Innenfüllung zum Nebendekor des Invokationszeichens[188]. Während der salischen Zeit schrumpfen die Stabenden zu Stumpen. Unter den Staufern wird der zentrale Bogenteil verdoppelt, verdickt oder durch Knotenpunkte an Scheitel und Sohle verziert. Im Grunde ändert sich nichts: die ursprüngliche, mit lebhaftem Strich geschriebene Formel-Ligatur kann nicht mehr gelesen werden. Sie wird in Zukunft als Zeichen mitgeführt und auf verschiedene Weise geschmückt[189].

II.3 Invokationszeichen in der iberischen Überlieferung

Die spanische Überlieferung setzt erst im letzten Viertel des 8. Jahrhunderts, die portugiesische im letzten Viertel des 9. Jahrhundert ein, also etwa 150–200 Jahre nach der merowingisch-fränkischen. Wegen der Gemeinsamkeiten mit fränkischen Zeichen und der Entwicklung der iberischen Zeichen gehe ich auch hier von einer anfangs gesprochenen Anrufungsformel aus, deren ursprüngliche Schreibweise außer Gebrauch kam und über die Jahrhunderte verwischt wurde.

Sub dei nomine als Ausgangsformel

Der optische Unterschied zu den Eingangszeichen in fränkischen Urkunden liegt vor allem im Ansatz des Stabes von rechts. Damit scheidet ein immer von links ansetzender, verlängerter *I(n)*-Schaft aus. Man muß von einem Buchstaben ausgehen, der nicht nach rechts binden kann, sondern rechtsbogig ausläuft und dessen Schaftkopf zu einer Schlinge geschlossen oder zu einer Schnecke eingerollt werden kann, ohne daß das Erkennungsmerkmal des Buchstabens verloren geht[190]. Das Gerüst könnte ein langes *s* gebildet haben. Tjäder führt zwei Formen für den Buchstaben an, ein geschlängeltes *s*, das wie ein gestrecktes Rund-*S* aussieht und in der älteren Kursive nur für die Endung oder für die Verdoppelung bei einer Pluralbildung, wie zum Beispiel *cons(ul) cons(ule)s*, in der ›offiziellen‹ Schrift benutzt wird. Der Buchstabe geriet wahrscheinlich in der ersten Hälfte des 6. Jahrhunderts außer Gebrauch; für die kursive Strichführung war er unpraktisch, da er weder nach rechts noch nach links binden konnte[191]. Die zweite Form ist ein einstrichiges, gegabeltes *s*, das mit einem Strich in Mittelhöhe ansetzt, der zuerst bis unter die Zeile und spitzwinklig über den ersten Schaft hinaus in die Höhe gezogen wird und in einem runden Bogen ausläuft[192]. Die Buchstabenform aus einem langen Schaft mit einem geschwungenen Oberbogen ist prinzipiell die gleiche wie für *sub(scripsi)* in den merowingischen Urkunden und vermutlich in der gleichen Bedeutung, nämlich *sub*. Hier wie dort wird die Präposition mit der Zeit zu Lang-*s* verkürzt. Im Unterschied zum fränkischen Subskriptionszeichen formt das *s* mit dem *b* im 8.–9. Jahrhundert keine geschlossene Arkade zum späteren ›Bienenkorb‹, sondern bleibt nach rechts offen und übernimmt die Funktion des *I*-Stabes[193].

188 Vgl. die schematischen Invokationszeichen in Taf. 2.
189 Vgl. Taf. 1, Sp. 4; Abb. 14 und 15.
190 Vgl. Taf. 1, Sp. 2, Nos. 1–3; Abb. 24–31, dazu auch der Beitrag von Carlos Sáez in diesem Band.
191 Tjäder, Die nichtliterarischen lateinischen Papyri, I, S. 113; Ders., Some Ancient Letter-Forms, S. 8, 10f.; Ders., Later Roman (Common) Script, S. 194.
192 Vgl. Abb. 1, rechte Hälfte der untersten Zeile: *reccaredi regis + signo manu [...]*. Durch den runden Bogen unterscheidet sich das s vom *r*, das am Kopf des rechten Schaftes im Übergang zum Bogen immer gewinkelt ist; Transkription in Manuel Gomez-Moreno, Manuel Casamar, Documentación goda en pizarra. Estudio y Trascripción, Madrid 1966, S. 44–45; Angel Canellas Lopez, Diplomática Hispano-Visigoda, Zaragoza 1979, No. 60; vgl. Taf. 5 zum Vorkommen und Verbreitung von Verbalinvokationen.
193 Im Unterschied zur nordwestlichen Region Spaniens bauen die fränkisch beeinflußten Urkunden aus Aragon, deren Überlieferung 815 beginnt, ebenfalls auf einem *I(n)*-Stab auf, vgl. die Tafeln in: Josefina Mateu Ibars, Maria Dolores Mateu Ibars, Colectánea Paleográfica de la Corona de Aragon. Siglos IX–XVIII, Barcelona 1980, Text und Transkriptionen, Barcelona 1991.

Neben dem langen *s* könnte auch die tironische Note für *sub(scripsi)* der Ausgangspunkt für das *L*-förmige Invokationszeichen gewesen sein. Obwohl Noten und tachygraphische Zeichen in der in Einzelstücken einsetzenden iberischen Überlieferung auf Pergament nicht vorkommen[194], glaubt Mentz, die Kenntnis von Noten annehmen zu dürfen[195]. In dem Fall wäre die tironische Note auf eine überdimensionale Größe verlängert worden und hätte die Stellung einer Initiale übernommen. Wie in den Merowingerurkunden hätte sie einer verkürzten Anrufung entsprochen, die später um eine verbale Invokation ergänzt wurde. Die für die fränkischen Urkunden typischen *n*-Reste sind an den *Sub*-Formen der iberischen Invokationszeichen nicht in gleicher Form zu finden. Man könnte deshalb vermuten, daß die ursprünglich geschlängelte und später in Schriftrichtung gestreckte Fußlinie auf die ältere *n*-Form zurückgeht, bei der der zweite Schaft nicht auf die Grundlinie herabgezogen wird, sondern in Kopfhöhe des ersten Schaftes mehr oder weniger ausflattert (Taf. 4: *n*-Formen). Es scheint in dem Zusammenhang auch bedeutsam, daß der Horizontalstrich nicht direkt am Schaftfuß ansetzt, sondern in spitzem Winkel hochgezogen wird und horizontal ausläuft. Andererseits verweist Mentz besonders auf die Buchstabenkombination *no*, die als Wellenlinie geschrieben worden sei.

Aufgrund meiner zahlreichen Nachzeichnungen scheint es mir einigermaßen sicher, daß die Schreiber des 8. und 9. Jahrhunderts die Figur als eine zwei- oder dreistrichige Ligatur schrieben, je nachdem, ob sie den Hauptstrich von unten nach oben für ein langes *s* oder von oben nach unten für ein tironisches *sub* zogen. Im ersten Fall einer dreistrichigen Ligatur würde der Schaft auf Mittelhöhe einsetzen, nach unten führen und den Unterstrich verdoppelnd am Schaftkopf in einem runden oder schneckenartig eingerollten Bogen enden. In einem zweiten Strich würde eine kursive *n*-Form am Fuß angesetzt werden. Die zweistrichige Ligatur würde mit einem ersten Strich am Schaftkopf mit der tironischen *sub*-Note einsetzen und am Fuß des verlängerten Schaftes mit einem wellenförmigen *no* abschließen. In beiden Fällen würde mit einem weiteren Strich der *d*-Bogen gegen die obere Stabhälfte gesetzt und – nach Art der fränkischen Schreiber – mit einem Titulus und *i*-Strich für *dei* ergänzt. Die Auflösung wäre nach der Leserichtung oben – Mitte – unten die invertierte Formel *Sub dei nomine* oder oben – unten – Mitte gelesen die ältere Formel *Sub nomine dei*, wie sie in den Merowingerurkunden mit der Präposition *In* und *nomine* am Kopf verbunden wurde[196]. Die in Worten ausgeschriebene Formel *sub xpi nomine* ist zuerst in der Urkunde Alfons III. 875 vor einer Zeugenliste erhalten[197]. Die beiden ältesten Urkunden Spaniens, die Schenkungen von König Silo 775 und die nahezu 100 Jahre jüngere von König Ordonio 860 beginnen, wie die gerade erwähnte Schenkung König Alfons III. aus dem Jahr 875, nur mit einem Invokationszeichen vor der Intitulatio. Als Verbalformel zusätzlich zum Zeichen kommt *sub xpi nomine*[198] in der Urkunde Bischofs Mauro von León [878–904] vor[199]. In diesem Fall stimmen die Präposition *sub* für das Zeichen und die Verbalinvokation überein. Insgesamt sind bis 900 elf originale und drei abschriftliche Urkunden überliefert. Alle Urkunden, die drei königlichen wie die acht privaten Originale, beginnen ohne Ausnahme mit der Invokationsligatur, ab den 60iger Jahren gesellt sich eine zusätzliche verbale Invokation *In dei nomine* (fünfmal) oder *in Christi nomine* hinzu[200]. Dabei benutzen ein Priester *In Christi nomine* und drei Laienaussteller *In Dei nomine*, so daß mehrere Verbalformeln gleichzeitig belegt sind. Wie für fränkische Diplome und St. Galler Privaturkunden ergibt sich auch hier, daß das Zeichen (*Sub dei nomine*) und die

194 Auch in den fränkischen Urkunden werden um diese Zeit die Noten meist nachgeahmt oder nachempfunden, lesbar sind sie kaum.

195 Arthur Mentz, Beiträge zu den Tironischen Noten, S. 13 ff., diskutiert die spanische Silbenschrift in einem aus dem 16. Jh. überlieferten Notenlexikon, das die sog. ›Notae Matritenses‹ enthält, die auf eine heute verlorene Handschrift aus dem 12. Jh. zurückgehen sollen und eine Umarbeitung der älteren Noten aus Italien seien. Er stützt sich hierbei auf Vergleiche mit Pariser und Veroneser Handschriften.

196 Taf. 1, Sp. 2, Nos. 1–3; Abb. 24–31, 2–6; dazu die langen *s* der in Auszeichnungsschrift geschriebenen Königsnamen mit Endsilbe *-us*; weitere 20 Abbildungen von Urkunden von 964–1113, in: José Maria Fernandez Caton, Documentos leoneses en escritura visigótica. Fondo M. Bravo del Archivo Historico de León, in: León y su Historia, León 1973 (= Fuentes y Estudios de Historia Leonesa 8), S. 203–295.

197 Saez, Colección Documental del Archivo de la Catedral de León I, Nos. 1–14.

198 In einer Privaturkunde vom 19. Februar 943 begegnet *Sub Christi nomine* in Form eines *S(ub)*-Stabes mit eingerolltem Kopf, Horizontalstrich mit Titulusform am Fuß und einem *X* auf Stab-Mittelhöhe am Anfang des Textes und jeweils als oberstes Zeichen über den Titulus-Formen am verlängerten Stab vor den vier Zeugenkolonnen (Agostin Millares Carlo, José Manuel Ruiz Asencio, Tratado de paleografia española, Madrid [3]1983, Bd. II, No. 121).

199 Saez, Colección Documental del Archivo de la Catedral de León I, No. 7 und No. 16, wo *Sub Christi nomine* nicht nur im Protokoll, sondern auch vor dem Namen des bischöflichen Ausstellers zusätzlich zum Zeichen ausgeschrieben vorkommt.

200 Dem Häufigkeitsverhältnis der Präpositionen *sub* und *in* und ihrer zeitlichen oder räumlichen Verteilung auf Ausstellergruppen bin ich nicht nachgegangen.

Wortformel (*Sub christi nomine*) im späten 9. Jahrhundert nicht mehr übereinzustimmen brauchen. Unbeantwortet bleibt, ob man sich der Auflösung des Zeichens nicht mehr sicher war und deshalb die wörtliche Invokation ergänzte oder das Zeichen als Gewohnheit beibehielt und sich der Verdoppelung gar nicht bewußt war. Parallel zur fränkischen Überlieferung treten neben der kurzen Anrufung von ursprünglich drei Worten gegen Ende des 10. und im 11. Jahrhundert zunehmend ausführlichere Formeln mit programmatischem Inhalt und erklärenden Relativsätzen hinzu[201].

Spanische Historiker gehen wie die älteren deutschen und französischen Diplomatiker von einem monogrammatischen Anrufungszeichen aus[202], obwohl die gerundeten und verschlungenen Formen auf eine kursive Schreibweise deuten. Xurxo Lorenzo weist 1933/34 zwar auf die kursive Strichführung der Invokationszeichen in *L*-Form hin, aber führt sie durch Herauslesen einzelner Buchstabenformen dennoch auf das Anagramm Konstantins zurück[203]. Maria José Azevedo Santos gibt zu bedenken, daß in vielen Fällen nicht eigentlich ein Monogramm geschrieben wird, sondern eine Zeichnung, die aus einem vertikalen Schaft mit eingerolltem Kopfteil und zwei bis drei Verschlingungen im oberen Drittel besteht und als symbolische Invokation betrachtet wird. Verschiedene Autoren hätten bereits darauf aufmerksam gemacht, daß es sich um ein ›degeneriertes‹ Chrismon handle[204], dessen ursprüngliche Bedeutung aufgrund der geringen Bildung einiger Schreiber in Vergessenheit geraten sein könnte[205]. Beachtenswert ist in der iberischen Überlieferung aus dem 9. und 10. Jahrhundert die gleichartige Form des Zeichens im gesamten Nordwesten Spaniens. Während die kargen St. Galler Zeichen kaum mit den geschmückten und sich ständig wandelnden Formen in königlichen Urkunden wetteifern können, gibt es zwischen den Zeichen aus La Coruña, León, den Klöstern Otero de las Dueñas und Sahagún, aus Coimbra und den Klöstern aus dem späteren Portugal, Moreira, Pendorada, Junqueira, Pedroso, keine grundsätzlichen Unterschiede. Die Schreiber scheinen stärker an eine Form gebunden gewesen zu sein. Das *L*-förmige Invokationszeichen zu Beginn eines Rechtsgeschäftes und vor dem einzelnen Zeugen, das später akkumulativ vor Zeugenblöcke gesetzt wird, muß für alle Beteiligten ein vertrautes und verständliches Zeichen gewesen sein. Del Ser meint, das Chrismon sei im Prinzip ohne diplomatischen Wert, aber es fehlt nur in der kopialen Überlieferung der 170 von ihm edierten Stücke[206]. Nach meinen Ergebnissen steht die Anrufung in der älteren Überlieferung in unmittelbarem Zusammenhang mit den handelnden Personen, dem Aussteller wie den Zeugen. Die enge graphische Verbindung von Anrufungszeichen und Personennamen drückt die unmittelbare Verbundenheit mit der göttlichen Obrigkeit, einer Form der *re-ligio*, aus. Diplomatisch ausgedrückt muß die Originalität einer Urkunde angezweifelt werden, wenn das Invokationszeichen oder eine Verbalinvokation fehlen.

Von der unlesbaren Ligatur zum Namen Christi

Die Erstarrung und Umwandlung der Ligatur zum Hebarhard'schen Chrismon in den fränkischen Herrscherurkunden und das Verschwinden der Invokationszeichen aus den St. Galler Urkunden im letzten Viertel des 9. Jahrhunderts wurde mit der Ausbreitung der karolingischen Minuskel in Zusammenhang gebracht, indem die Schreiber die seit alters übernommenen Invokationsligaturen inhaltlich nicht mehr aufzulösen und graphisch nicht mehr nachzuvollziehen vermochten. Von einer um ein Jahrhundert verschobe-

201 Vgl. z. B. Ruiz Asencio, Saez, Colección Documental del Archivo de la Catedral de León III, No. 788 (A.D. 1022): *In nomine Domini et pii, altissimi, miseratoris, clementis Patris et Filii uidelicet Spiritus Sancti, cuius laus et imperium* … oder No. 832 (A.D. 1026): *Sub nomine sancte indiuiduae Trinitatis, Patris quoque et Filii uidelicet Spiritum Sanctum.* (statt *Spiritus Sancti* ?).

202 In den iberischen Urkunden-Editionen wird das Invokationszeichen meist mit *Christus* in runden Klammern wiedergegeben.

203 Xurxo Lorenzo, Notas de Diplomática Galega, O protocolo nos documentos do outo meio-evo, in: Arquivos do Seminário dos Estudos Galegos 6 (1933/34), S. 4 ff., bringt 20 Nachzeichnungen von Invokationszeichen in sehr unterschiedlich geschriebenen und verzierten *L*-Formen aus der Zeit von 775–1151 und 4 Christogramme aus dem 12.–13. Jahrhundert mit dem Kommentar, daß sie wegen ihrer kapriziösen und willkürlichen Strichführung sehr schwer zu klassifizieren seien. Canellas Lopez, Diplomática Hispano-Visigoda, S. 94 ff.

204 Vgl. auch Claudio Sanchez-Albornos, La España Cristiana de los siglos VIII al XI, Bd. I: El reino Astur-Leonés (722 a 1037), Madrid 1980, der in Fig. 114 eine Urkunde von 862 aus Santiago de Compostela (La Coruña) abbildet, in der ein stark verlängertes Lang-*s* die Invokation *Sub auxilio xp(ist)i* vor der Unterfertigung des Ausstellers einleitet. In dem reich illustrierten Band werden insgesamt 31 Königs- und Privaturkunden, meist farbig, für die Zeit von 775–1024 wiedergegeben.

205 Azevedo Santos, Da Visigótica à Carolina, S. 99.

206 Gregorio Del Ser Quijano, Documentación de la Catedral de León (siglos IX–X), Salamanca 1981 (= Documentos y Estudios para la Historia del Occidente Peninsular durante la Edad Media, Acta Salmaticensia, Filosofia y Letras 126), S. 15. Fernandez Caton, Documentos Leoneses … Fondo M. Bravo, S. 226, merkt zu den beiden untereinanderstehenden Dokumenten 6a und b an, daß nur das obere ein Chrismon hat, das für beide gelte, da sie mit dem gleichen Datum von demselben Schreiber für denselben Empfänger geschrieben worden wären.

nen, aber ähnlichen Entwicklung scheinen auch die Schreiber und Notare im Königreich León und in der Provinz Portugal betroffen worden zu sein. In ihrer Dissertation ›Da Visigótica à Carolina‹ unterteilt Azevedo Santos aufgrund paläographischer Untersuchungen von Buchstabenformen den Übergang von der westgotischen Kursive zur karolingischen Minuskel in mehrere Zeitabschnitte und gelangt zu dem Ergebnis, daß die karolingische Minuskel im 11. Jahrhundert einzudringen beginnt und im 12. Jahrhundert allgemein verbreitet ist[207]. Gefördert wird der Prozeß durch ein auf der Synode von León 1090 gefaßter Beschluß, der den Gebrauch der ›litterae Gallicae‹ für kirchliche Stellen verbindlich vorschreibt ... *ut scriptores de caetero Gallicam litteram scriberent et praetermitterent Toletanam in officiis ecclesiasticis, ut nulla esset divisio inter ministros ecclesiae dei*[208]. Während die westgotische Kursive in Verfall gerät, bilden sich für die ligierten Invokationen neue Formen. Sowohl in Urkunden aus León wie in der portugiesischen Überlieferung beginnt die Umformung gegen Ende des 11. Jahrhunderts und verdrängt die ältere *L*-Form um die Wende zum 12. Jahrhundert[209]. Die Entwicklung von der kursiven Ligatur zum bekannten und unveränderlichen Zeichen des Christogramms könnte über die Titulus-*i*-Verbindung in der Stabmitte erfolgt sein. Die diagonalen Strichelemente – besonders der von rechts nach links auslaufende *i*-Abstrich – werden betont und verdeutlichen sich zu gekreuzten Strichen, dem zukünftigen *X*. Der Kopf des Stabes wird stärker eingerollt, gelegentlich durch ein- oder mehrere Querstrichelchen vom Hauptschaft getrennt und schließt sich allmählich zum *P*-Bogen. Der ursprüngliche *sub*-Stab wird zum durchgängigen oder unterteilten Schaft des Buchstabens Rho (*P*). Die *n*-Horizontale wird gekrümmt, die Schlinge im weiteren Verlauf aufgerichtet und als *S* an den Stab herangeführt. Vom Zentrum aus nach oben und unten gelesen, ergeben die Buchstaben nun das stehende Christogramm mit einem *P* (Rho) am Kopf, einem *X* (Chi) in der Mitte und einem ergänzenden *S* im unteren Schaftteil. Ist die Abfolge dieser graphischen Entwicklung zutreffend, hätte die Umgestaltung einer den Zeitgenossen unverständlichen Buchstabenligatur zum festen Zeichen des Monogramms Christi ihren sinnvollen Abschluß gefunden. Allerdings in einem modifizierten Zeichen, denn im konstantinischen Monogramm ist das Rho in das Chi auf gleicher Höhe eingestellt, und es fehlt der Namenssuspension das Endungs-*S*. Statt dessen würden die drei Buchstaben dem kontrahierten nomen sacrum entsprechen, wie es aus zeitgenössischen Handschriften bekannt und geläufig war, auch wenn die Lesung von der Mitte nach oben und unten springen muß. Die aktive *In-nomine*-Anrufung hätte sich wieder auf das christliche Schutzzeichen reduziert, das auf vielerlei Weise ausgeschmückt werden kann, aber seine Form und seine Aussage nicht ändert. Im Vergleich zu dem bereits besprochenen angelsächsischen Christogramm unterstreicht das iberische *XP*-Zeichen seine eigenständige Tradition und unabhängige Entwicklung.

II.4 Invokationszeichen in italienischen Privaturkunden bis 800

Für den Zeitraum von 720 bis 800 läßt sich für die Eingangszeichen der Urkunden aus Siena[210], Pisa[211], Mailand[212] und vor allem des reichen Bestandes aus Lucca[213] eine Entwicklung beobachten, die im Vergleich zu den fränkischen und iberischen Invokationszeichen weit weniger spektakulär ist[214]. Die Zeichen,

207 Azevedo Santos, Da Visigótica à Carolina, S. 87 und Tabellen I–III; Perioden westgotische Kursive von 882–1101, westgotische Halbkursive von 977–1123, westgotische Rundschrift 1014–1123, westgotische Übergangsschrift 1054–1172, Carolina 1108–1172, karolingisch-frühgotische Schrift 1111–1172.

208 Alfred Hessel, Studien zur Ausbreitung der karolingischen Minuskel, in: AUF 7 (1921), S. 202; J. D. Mansi, Sacrorum conciliorum nova et amplissima collectio, Bd. 20 (Unveränd. Nachdruck der Ausgabe Paris 1902), Graz 1960, Sp. 737.

209 Vgl. Taf. 2, Felder 7 und 8, Abb. 24–29, 30 und 31.

210 ChLA 23: Siena (Nos. 730–750, AD 736 März–774 Juni), ChLA 24: Siena (Nos. 751–776, AD 774 Dezember–800 August): 47 Urkunden. Die hier zusätzlich zu den Nummern angeführten Eckdaten sollen nicht nur das Datum der ältesten Originalurkunde angeben, sondern auch einen Eindruck über die mengenmäßige Verteilung über die Jahrzehnte vermitteln.

211 ChLA 26: Pisa (Nos. 799–813, AD 720 Januar–799 April): 15 Urkunden.

212 ChLA 28: Mailand (Nos. 844–860, AD 721 Mai–799 Februar): 17 Urkunden.

213 ChLA 30: Lucca 1 (Nos. 894–914, AD 723 Januar–737 April, die ältesten 7 Stücke von 685–720 sind Abschriften); ChLA 31: Lucca 2 (Nos. 915–936, AD 739 Januar–752 September); ChLA 32: Lucca 3 (Nos. 937–960, AD 753 März–760 Juli); ChLA 33: Lucca 4 (Nos. 961–984, AD 761 Januar–764 Dezember); ChLA 34: Lucca 5 (Nos. 985–1009, AD 765 Mai–769 Dezember); ChLA 35: Lucca 6 (Nos. 1010–1038, AD 770 April –772 November); ChLA 36: Lucca 7 (Nos. 1039–1068, AD 773 Februar–778 September); ChLA 37: Lucca 8 (Nos. 1069–1095, AD 779 Februar–785 April); ChLA 38: Lucca 9 (Nos. 1096–1125, AD 785 Juli–789 Juni); ChLA 39: Lucca 10 (Nos. 1126–1155, AD 789 Juni–796 September); ChLA 40: Lucca 11 (Nos. 1156–1185, AD 797 Jan.–800 Juli): knapp 300 Urkunden.

214 Abb. 32–37, 48–52; vgl. auch die Tafeln in Wilhelm Kurze, Codex Diplomaticus Amiatinus. Urkundenbuch der Abtei S. Salvatore am Montamiata. Von den Anfängen bis zum Regierungsantritt Papst Innozenz III. (736–1198), Bd. 4: Faksimiles, Tübingen 1978.

die in den Chartae Latinae Antiquiores mit einem Kreuz aufgelöst werden, bestehen in der ersten Hälfte des 8. Jahrhunderts in der Regel nicht aus zwei rechtwinklig gekreuzten Balken, sondern aus einem kursiven Schaft mit einer langgezogenen Öse oder Schlinge am Schaftkopf, wie sie bei zügigem Schreiben leicht entsteht, und einem kleinen linken Halbbogen, dessen oberer Bogenarm den Schaft durchkreuzt und um etwa eine Bogenbreite rechts des Stabes verlängert wird[215]. Das Längenverhältnis des vertikalen Schaftes zu seinen kurzen Seitenarmen, ein Verhältnis, wie es aus den Merowingerurkunden bekannt ist, entspricht nicht dem rechtwinkligen, griechischen Balkenkreuz. Graphisch läßt sich das invokatorische Zeichen auch nicht mit den Kreuzzeichen gleichsetzen, die zur selben Zeit als Handmale geschrieben werden. Das Zeichen scheint der gebräuchlichen Schrift so angenähert, daß es vielleicht mit *In dei* oder *in domini* aufzulösen wäre. Die Figur könnte aus einem verlängerten *I(n)*-Schaft mit *d*-Bauch und kreuzendem Horizontalstrich als Kürzungszeichen für *dei* entstanden sein[216]. Im Unterschied zu den fränkischen und iberischen Eingangszeichen kommt keine charakteristische Titulusform vor und *nom(ine)*-Reste lassen sich weder am Kopf noch am Fuß ausmachen. Dafür begegnet häufiger ein Punkt, der sich nach der antiken inschriftlichen Überlieferung vom abgrenzenden Trennpunkt zur Anzeige für eine suspendierte Endung entwickelt[217]. Ein einzelner Punkt über oder unter dem Querstrich oder ein abhängender Strich kommen in den Jahrzehnten von 730–770 vor (Abb. 32–37). Später verliert sich der Punkt oder wird vervielfacht zum Zierat. Zwischen der durch Horizontalstrich angezeigten *e*-Kürzung in der oberen Buchstabenhälfte und der *i*-Kürzung durch kreuzende Diagonale in der Unterlänge wird deutlich unterschieden. In den beiden, von den Notaren Sicoin und Autari geschriebenen Luccheser Urkunden von 724 und 737 ist der auf Mittelbandhöhe gesetzte *d*-Bauch des Invokationszeichens geschlossen, während die Kürzungszeichen weit oberhalb des Bauchbogens mit offenen Bogen oder als Schlängelstrich geschrieben sind. Es ist nicht erkennbar, ob die Kürzung des Gottesnamens[218] zum Kürzungszeichen geführt hat oder die Kürzung in das Invokationszeichen übernommen wird. In der zweiten Hälfte des 8. Jahrhunderts beginnt sich der untere Teil des Bauchbogens vom Schaft zu lösen, die linksseitige Öse schrumpft zum Stecknadelkopf oder verbindet sich mit dem rechtsseitigen Querstrich zu einem liegenden *s*, das mit Punkten verziert sein kann. Erhält der *I*-Schaft um die Jahrhundertmitte manchmal einen Begrenzungs- oder Bogenstrich am Kopf und um 760 einen zusätzlichen am Fuß, so entsteht ein Stab mit drei Querstrichen, der mit Punkten in den Winkeln verziert sein kann. Fallen die Serifen an Kopf und Fuß weg und wird der Horizontalstrich vergrößert und verdickt, entsteht eine Kreuzform, deren Schwerpunkt nicht wie beim gewöhnlichen Kreuz im Zentrum, sondern auf das untere Schaftdrittel konzentriert ist[219]. Einen Überblick über die verschiedenen Schreibweisen bietet die Zeugenreihe in der Luccheser *cartula iudicati* aus dem Jahr 778 (Abb. 50). Mit einem Anstrich von unten für den einstigen *d*-Bogen setzen die Invokationszeichen vor den *Ego*-Subskriptionen von Diakon Iacobus, Notar

215 Kehr, Die ältesten Papsturkunden, S. 8, weist bei der Besprechung der Papsturkunden des 9. Jahrhunderts auf die erste Zeile hin, die »in der Regel mit einem charakteristischen römischen Kreuz [beginnt], durch dessen vertikalen Balken ein mit einer kleinen Schleife verzierter, leicht geschwungener Querstrich läuft.«

216 In der fragmentarischen Urkunde des Comes sacri stabuli aus dem 6. Jh. (ChLA 1, No. 5) ist am linken Rand der untere Teil eines Schaftes mit nach links eingerolltem Fuß vor *Bene vale* zu erkennen. Im Kommentar wird das ca. 7 cm lange Strichsegment mit g transkribiert und als Teil des Wortes *signum* angenommen, wobei die 2. Silbe *-num* nicht mehr zu erkennen sei. Möglich wäre auch ein Invokationszeichen in Form eines Kreuzes, wie es vor dem zweiten *bene vale* steht – wahrscheinlich der eigenhändigen Unterfertigung des Comes. Die Einrollung am Fuß des Schaftes weist eher auf einen verlängerten und verzierten *I*-Schaft als auf eine bogenförmige g-Schlinge. Die Kombination *(d)-e-i* kommt in dem fragmentierten Text nicht vor, doch läßt sich die Bindung von *e* aus dem Mittelstrich zum folgenden Buchstaben mehrfach erkennen. Götze, Litterae Elongatae, Abb. 1 a–i, hat diese Form nicht in seine Buchstabentabelle und die letzte Spalte des *comes* [sacri stabuli] aufgenommen, aber bringt in Spalte 1 (AD 629/39) und auf S. 33 die Nachzeichnung einer merowingischen g-Form, die mit Bogen und Außenwölbung nach links deutlich vom Vorsatz-Zeichen der Comes-Urkunde abweicht. Ein ähnliches Zeichen ist auf dem lateinisch-griechischen Original-Papyrus aus Ravenna aus der Mitte des 7. Jh. (ChLA 28, No. 865, S. 23–29) zu erkennen. Nach den Subskriptionsverben *complevi et absolvi* in Zeile 44 steht etwas abgesetzt eine Figur, vor *Cartagine* mit darunterstehendem *factum*, die Tjäder als zur Ortsbestimmung zugehörig mit *In* auflöst, wobei das *I* den Vertikalbalken des Kreuzes darstelle. Der *I*-Fuß ist jedoch nach links eingerollt und links des Stabes ist auf Mittelhöhe eine Bogenform angebracht, deren oberer Arm die Vertikale schneidet und auf dem ersten Schaft eines Buchstabens *n* endet. Den linken Bogenteil, der deutlich zu erkennen ist, erwähnt Tjäder nicht.

217 Hälvä-Nyberg, Die Kontraktionen, S. 193 ff., stellt heraus, daß die ursprüngliche und in der Folge erhaltene Hauptfunktion war, einzelne Wörter voneinander zu trennen. Weil es aber bei einer Sigle oder einer suspensiven Kürzung wichtig war, letztere von der Umgebung abzuheben, wurde sie mit Interpunktionszeichen umgeben, die dann Abkürzungen signalisierten.

218 Nach Traube, Nomina Sacra, S. 6, bezeichnet Christian von Stablo um die Mitte des 9. Jahrhunderts die *nomina sacra* als *nomina dei* und subsumiert darunter mehrere Gottesnamen.

219 Abb. 35, 36, 37.

Sichiprandus und Priester Tassipertus ein. Der Strichansatz von oben wird am deutlichsten bei den beiden Priestern Deusduna und Rachiprandus. Diakon Deusdedit verbindet den Schaftfuß mit der linken Querstrichendung zur Schlaufe. Chunimund schreibt ein unerklärbares Zeichen. Der die Urkunde ausfertigende Subdiakon Filippus verzichtet ganz auf die Invokation. Am ›modernsten‹ ist das Zeichen des Bischofs Peredeus, das verschiedene der eben genannten Strichelemente zum Kreuzzeichen vereinigt.

Um die Entwicklung der Invokationszeichen zusammenzufassen: die ältesten Eingangszeichen in Urkunden aus fränkischer, iberischer und italienischer Überlieferung stehen in unmittelbarem Zusammenhang mit der Schrift. Die frühmittelalterlichen Schreiber waren mit der überlieferten Kenntnis von graphischen Regeln der antiken Kursivschriften in der Lage, die Worte einer laut gesprochenen Anrufung so zu ligieren und zu verkürzen, daß der Vortragende die charakteristischen Strichkombinationen mühelos in Worte zu übertragen vermochte. Es ist bisher nicht gelungen, jede Strichform zu erklären und auf ihre Grundform zurückzuführen oder jede zusammengesetzte Strichkombination in ihre ursprüngliche Bedeutung aufzulösen. Vielleicht ist es nicht möglich, weil jeder Schreiber die Worte der Anrufung – unter Beibehaltung der Grundelemente – nach seiner Schreibweise und seinen Kürzungsgewohnheiten entwirft und ausführt. Es ist davon auszugehen, daß jeweils mehrere Verbalformeln sowohl für den Beginn einer Urkunde als für die Unterfertigung durch Aussteller oder Zeugen zur Wahl stehen, die der Schreiber nach den Vorgaben seiner Auftraggeber oder nach eigenem Ermessen verwenden kann. Festzuhalten ist des weiteren, daß die frühen Eingangszeichen in der Tat als Invokationszeichen bezeichnet werden dürfen, zum einen wegen ihres Inhalts, zum anderen wegen ihrer unmittelbaren Verbindung zu dem, der sie ausführt. Sie sind gleichsam der graphische Ausdruck einer persönlichen Beziehung und stehen im Protokoll vor der Intitulatio des königlichen Herrschers wie vor dem einleitenden *ego* eines St. Galler Ausstellers, im Eschatokoll vor der Subskriptionszeile des ausfertigenden Notars oder den Namen der Zeugen. Während des 9. Jahrhunderts wird das Zeichen an den Rand der Urkunde gedrängt und mit einer in Worten ausgeschriebenen Formel ergänzt. Als weiteres Anzeichen zunehmender Distanz schieben sich zwischen die Verbalformel und den Aussteller Trennpunkte. Die Invokationszeichen vor königlichen Notaren, die nie durch eine ausgeschriebene Formel ersetzt worden sind, verschwinden. Es sieht aus, als würde das *symbolon*, die persönliche Verbundenheit zwischen Gott und Mensch schrittweise gelöst und auf die schriftliche Vereinbarung übertragen, als verlagere sich das Gewicht von der Person zur Sache.

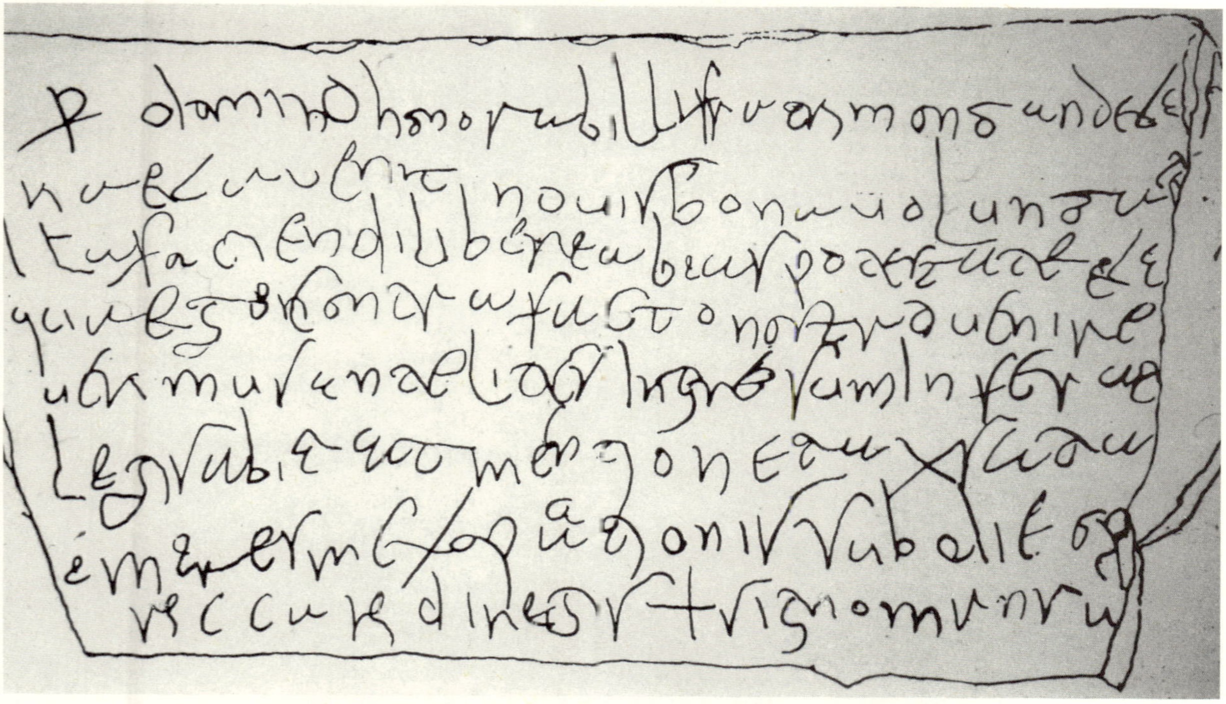

Abb. 1 *Schieferfragment aus der Zeit König Reccareds [586–601], gefunden 1946 in Diego Alvaro bei Avila* (Millares, Tratado II, Taf. 41). Henkelkreuz als Eingangszeichen, Kreuzzeichen vor *signo*

Abb. 2 *Präzept König Chlodowechs II. für St. Denis, 654 Juni 22* (ChLA 13/558; Lauer-Samaran, Tafel 6–6bis). Ältestes gut erkennbares Invokationszeichen auf Papyrus (Formel *In nomine*, am Kopf mit Kürzungsstrich, *d e i* ?), keine Verbalinvokation

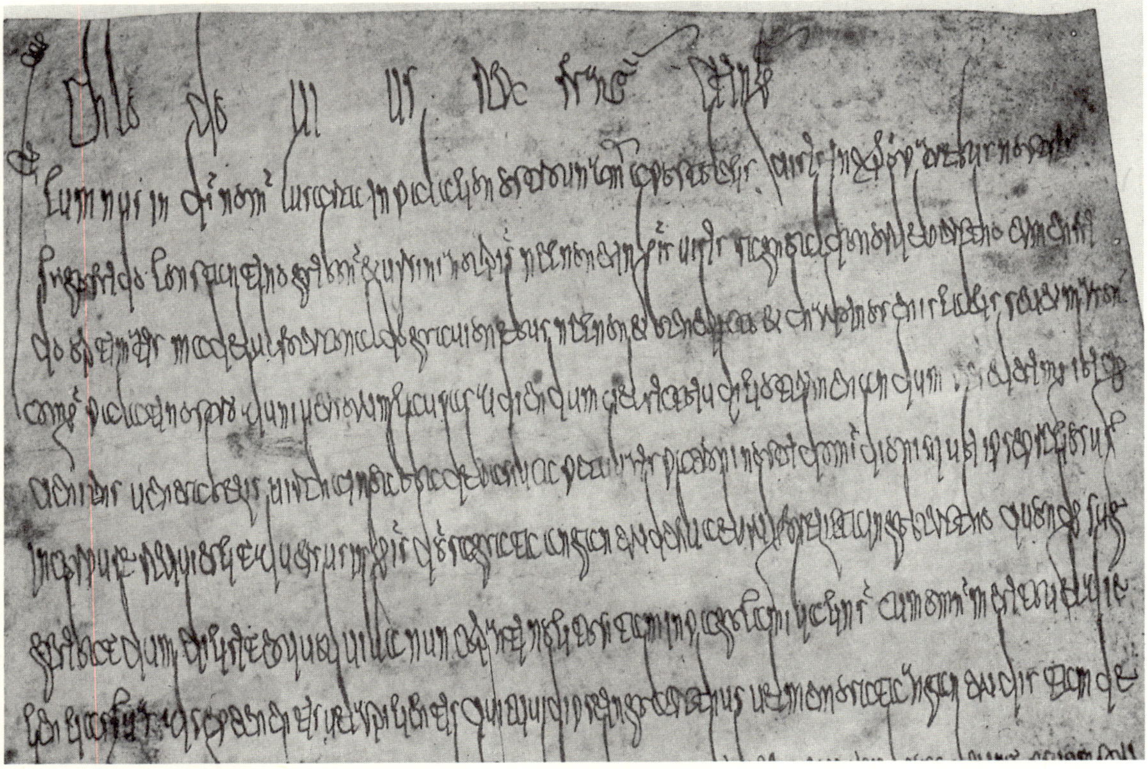

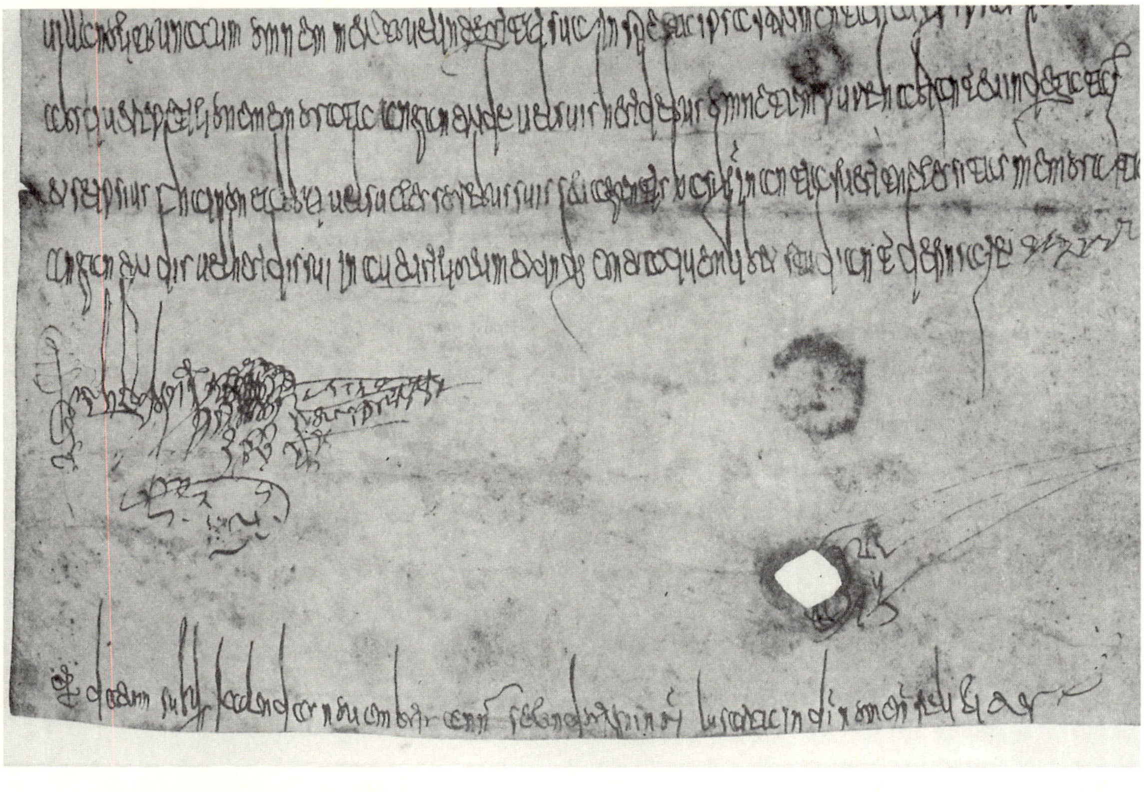

Abb. 3a *Gerichtsspruch König Chlodowechs III., 691 November 1* (ChLA 14/575; Lauer-Samaran, Taf. 20). Schnörkel am Kopf und *d*-Bogen in der Mitte (Formel *In nomine dei*?), keine Verbalinvokation

Abb. 3b *Gerichtsspruch König Chlodowechs III., 691 November 1* (ChLA 14/575; Lauer-Samaran, Taf. 20). Unterfertigungsverb mit Unterschriftsschnörkel und Horizontallinien, Invokationszeichen auch vor der Datierung

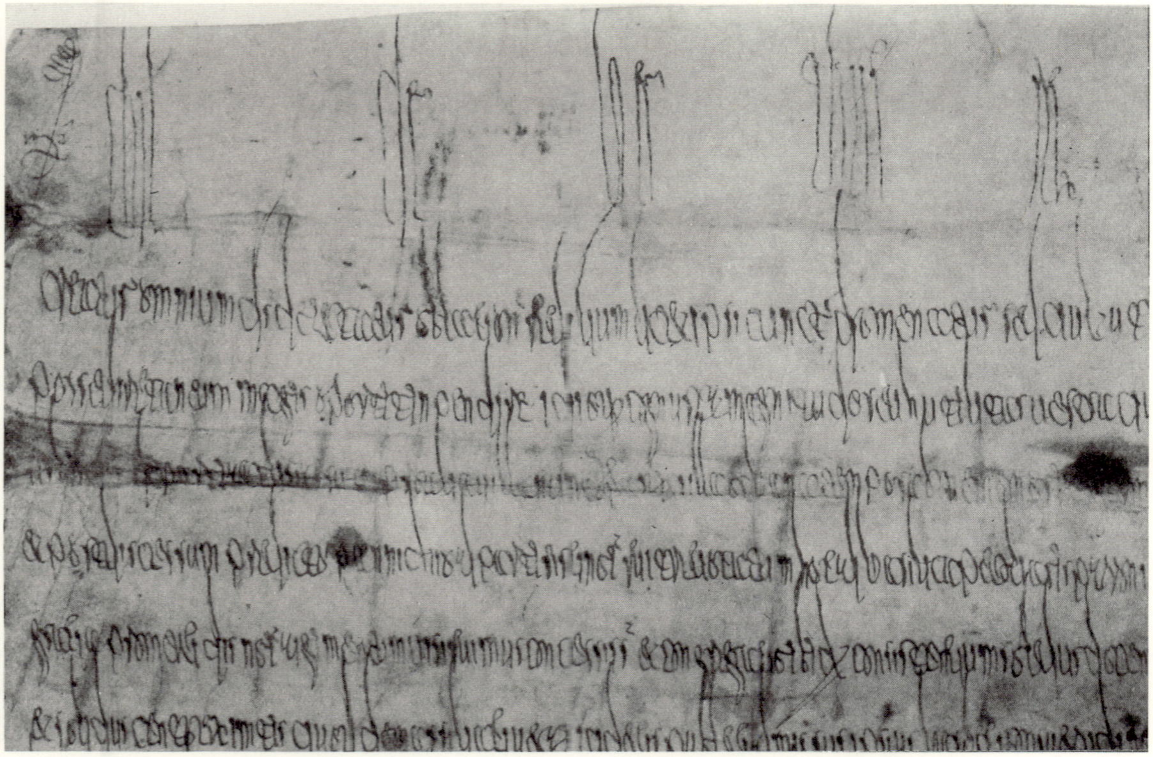

Abb. 4a *Präzept König Childeberts III., 694 Dezember 13* (ChLA 14/577; LAUER-SAMARAN, Taf. 24). Invokationszeichen mit Kopfschnörkel, tironische Note auf Stabmitte? (Formel *In nomine christi*?), keine Verbalinvokation

Abb. 4b *Präzept König Childeberts III., 694 Dezember 13* (ChLA 14/577; LAUER-SAMARAN, Taf. 24). Invokationszeichen (Formel *In Christi nomine*?), Name des Königs und *sub(scripsi)*-Bogen mit gut erkennbarem *b*

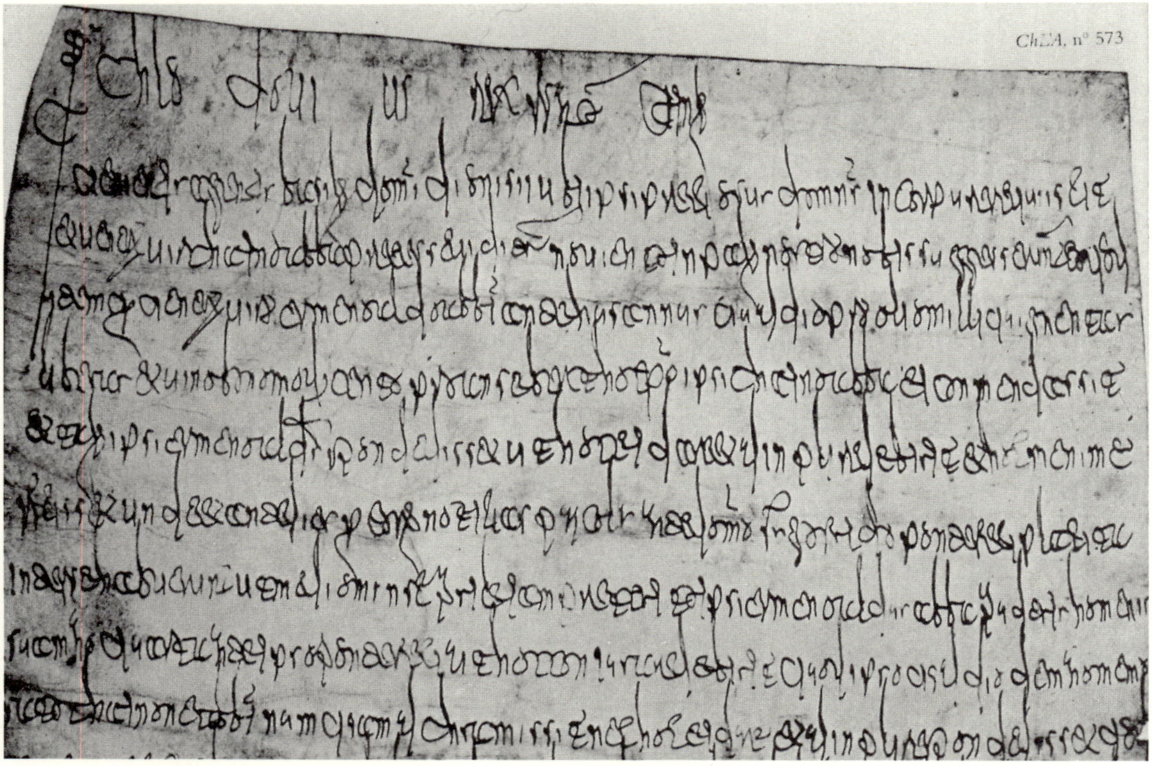

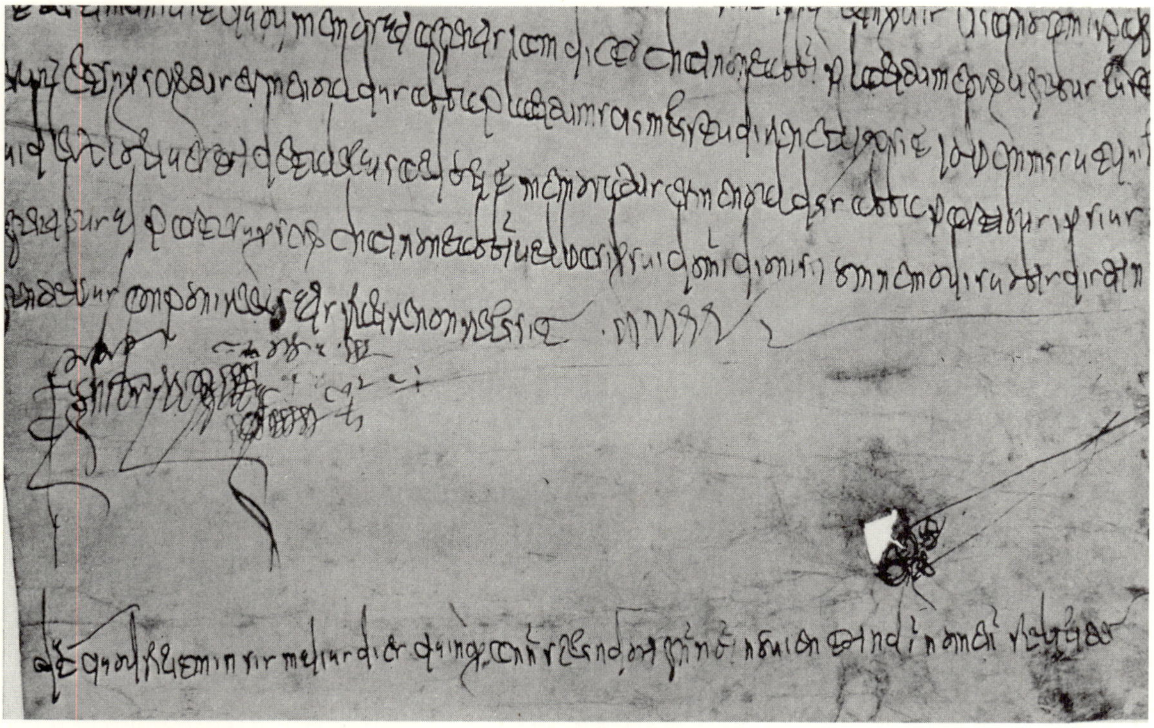

Abb. 5a *Gerichtsspruch König Chlodowechs III., 691/692 Mai 5* (ChLA 14/573; LAUER-SAMARAN, Taf. 21). Invokationszeichen mit vollständiger Intitulatio, Größe des *d*-Bogens (einstrichig) am Stab und des *c*-Bogens (zweistrichig) im Herrschernamen entsprechen sich

Abb. 5b *Gerichtsspruch König Chlodowechs III., 691/692 Mai 5* (ChLA 14/573, LAUER-SAMARAN, Taf. 21). Invokationszeichen vor Schreibernamen (Formel *In nomine dei*?), geschlängelte Abkürzungszeichen in Apprecatio *d(e)i n-omen(e)* identisch mit Kürzungszeichen am Anfang

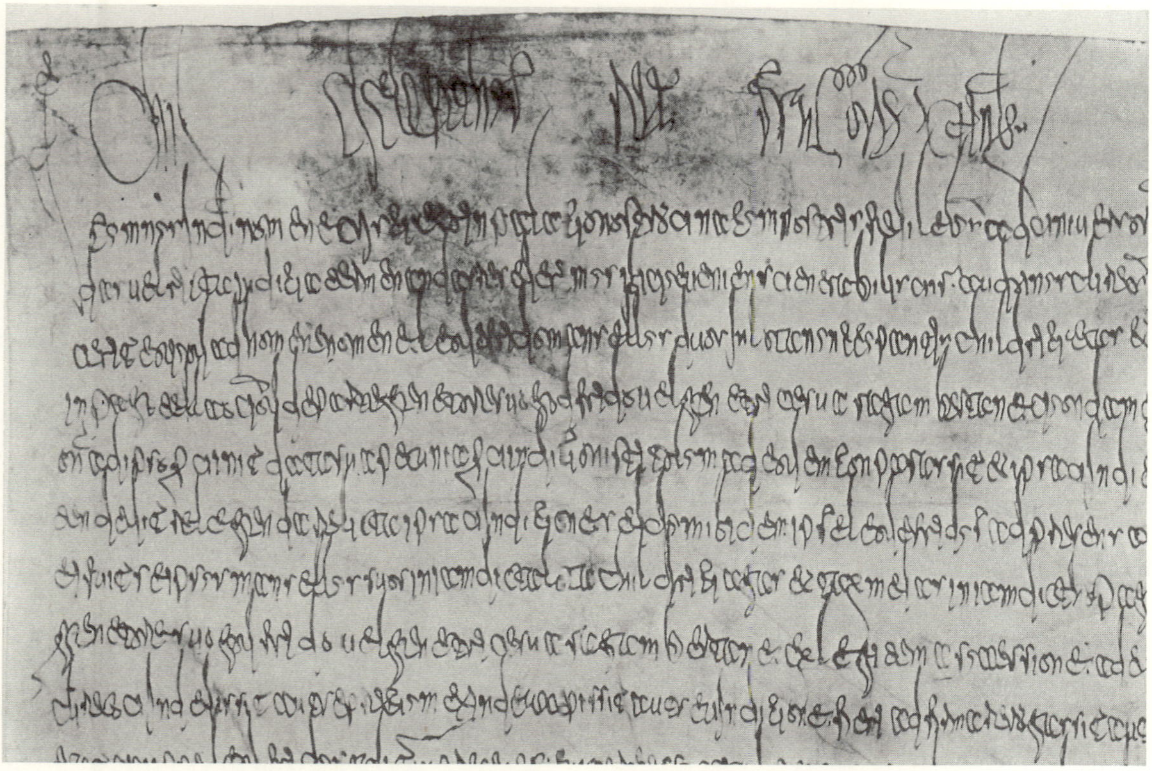

Abb. 6 *Gerichtsspruch König Childeberts III., 709 April 8* (ChLA 14/585; Lauer-Samaran, Taf. 30). Invokationszeichen (Formel *In nomine dei*?), in der Intitulatio hochgestelltes *a-n* und *c-orum*-Schlingen in *francorum*

Abb. 7 *König Karl der Große für Kloster Hersfeld, 775 Januar 5* (KUiA, Lfg. I/2; LBA 3821). Invokationszeichen mit Schneckenform am Kopf, *d*-Bogen (Formel *In nomine domini*?), keine Verbalinvokation

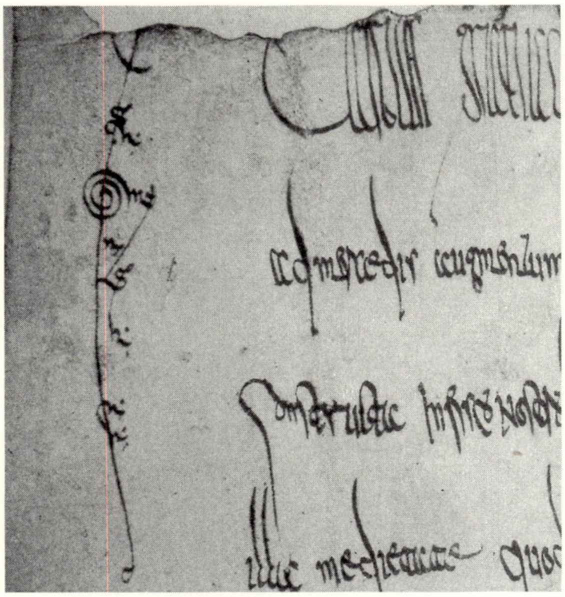

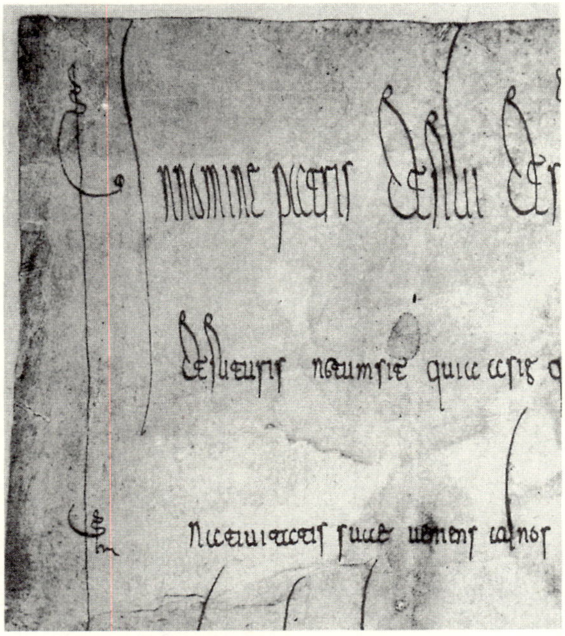

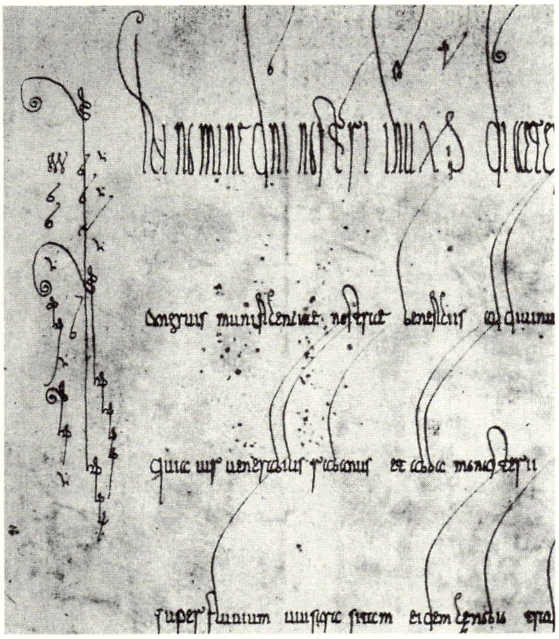

Abb. 8 *König Karl der Große für Kloster Hersfeld, 779 März 13* (KUiA, Lfg. III/3; LBA 3824). Invokationszeichen mit Schnecken-*dni* und Buchstabenformen (Formel *In nomine domini dei nostri*?), keine Verbalformel

Abb. 9 *König Karl der Große für Saint-Denis, 775 Juli 28* (ChLA 16/619). Ligierte Invokationsformel *In nomine domini* oder *domini nostri*. Lesung: *In* als Stab, *nomine* geschlängeltes *n*, *o* am Kopf, *m* mit Titulus, *d(omi)ni* *d*-Bogen links des Stabes, aus dem oberen Bogenteil führt der Strich zum Titulus mit verlängertem *i*-Abstrich und *n(ostri)*, wobei der Schnörkel nach *n* nicht genau zu erkennen ist. Von späterer Hand ergänzt: *I*-Majuskel mit Buchstabenresten

Abb. 10 *Kaiser Karl der Große für Kloster Corvey, 813 Mai 9* (KUiA, Lfg. I/5; LBA 8538). Invokationszeichen (*In nomine* am Kopf, Stabmitte frei, unteres Drittel *Amen*?) und Trinitätsformel *In nomine patris et filii et spiritus sancti*

Abb. 11 *Kaiser Lothar I. für Kloster Fulda, 841 August 20* (KUiA, Lfg. I/8; LBA 1235). Stark behängtes Invokationszeichen und verbale Invokationsformel *In nomine domini nostri Jesu Christi dei aeterni*

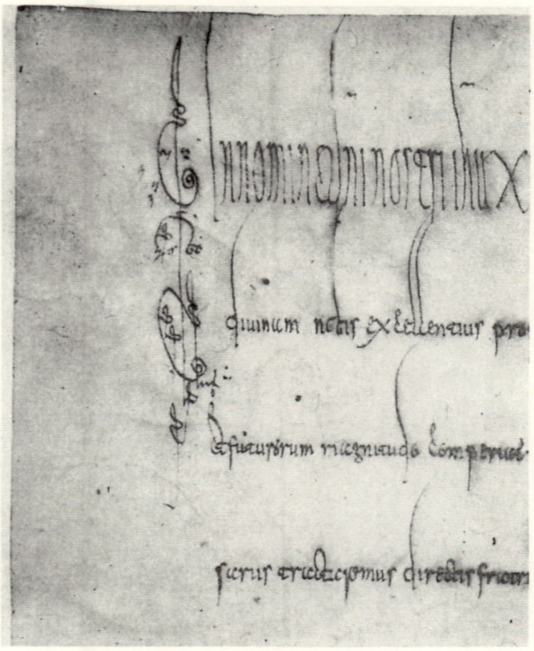

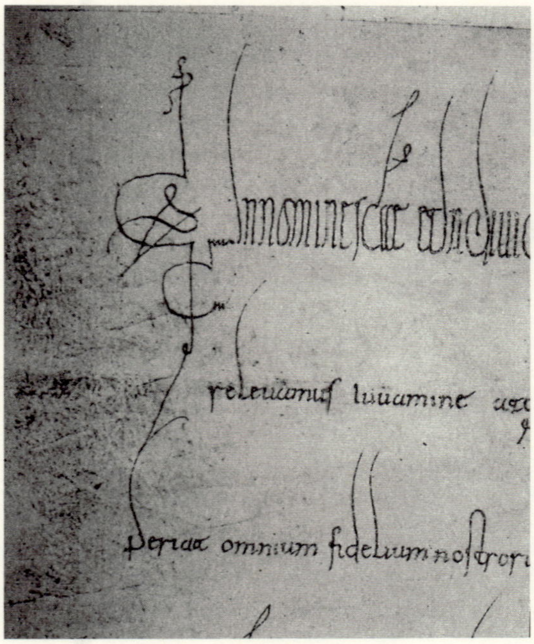

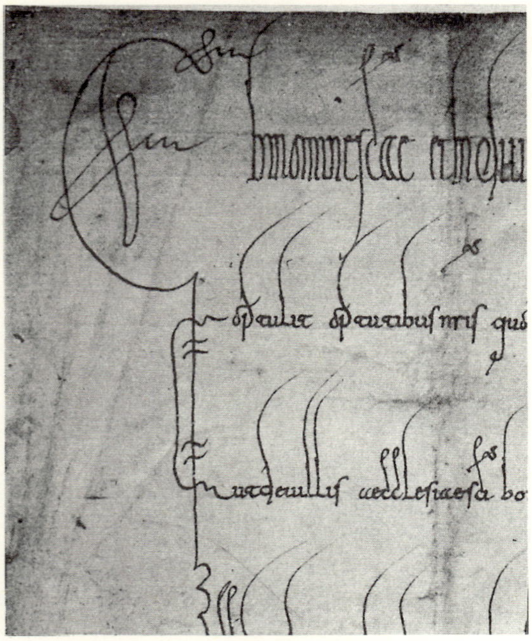

Abb. 12 *Kaiser Lothar I. für Kloster Fulda, 850 Juli 1* (KUiA, Lfg. VII/4; LBA 8636). Reich geschmücktes Invokationszeichen und Verbalformel *In nomine domini nostri Jesu Christi dei aeterni*

Abb. 13 *König Ludwig d. Dt. für Kloster Niederaltaich, 857 August 18* (KUiA, Lfg. VII/7, LBA 1299). Stilisiertes Invokationszeichen und Verbalformel *In nomine sanctae et individuae trinitatis*

Abb. 14 *König Ludwig d. Dt. für Kloster Corvey, 870 September 25* (KUiA, Lfg. VII/10, LBA 8551). Sog. Hebarhard-Chrismon, die Titulus-Form ist in den *d*-Bogen gestellt, die zahlreichen *d* in der Intitulatio haben sich zu elongierten Formen entwickelt

Abb. 15 *König Ludwig d. J. für Kloster Fulda, 880 Juni 23* (KUiA, Lfg. VII/14, LBA 1264). Imitation und Verfall des Hebarhard'schen Chrismon, Verbalformel *In nomine sanctae et individuae trinitatis*

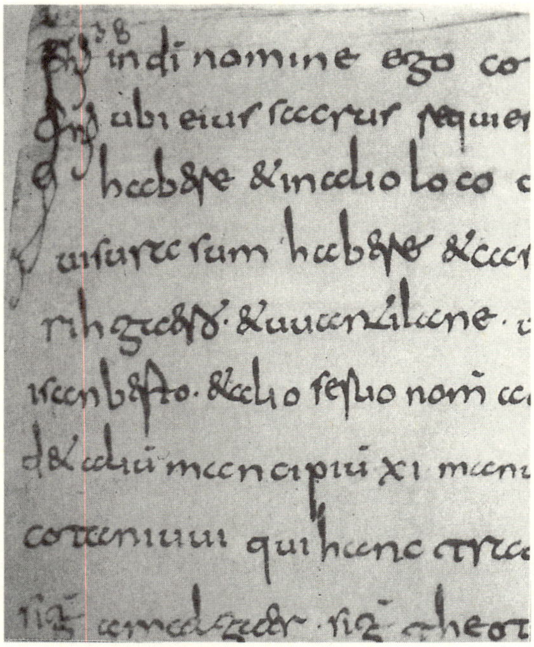

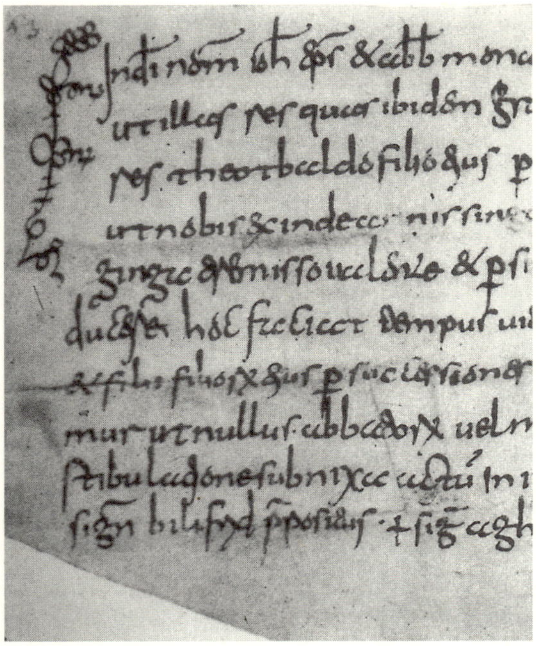

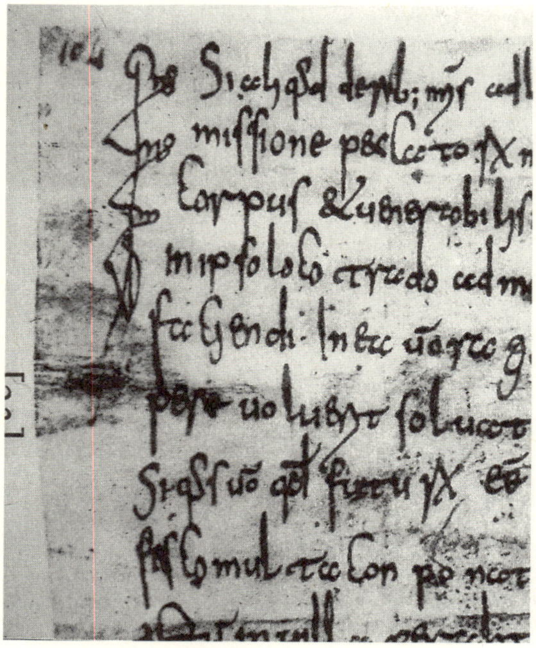

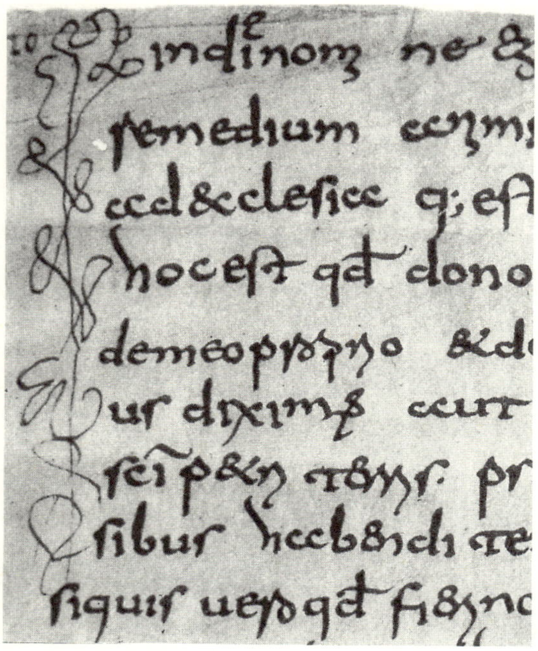

Abb. 16 *St. Gallen, 769 September 25, ohne Ortsangabe, Schreiber: Kleriker Alboin (ChLA 1/67).* Chrismon mit *d*-Bogen und *n* mit Tituli-Formen, Verbalformel *In dei nomine*

Abb. 17 *Kloster St. Gallen, 775/779 April 30, Schreiber: Diakon Waldo* (ChLA 1/85), schlingengeschmückter Stab mit *d*-Bogen, *n*-Formen und Kürzungszeichen, Verbalinvokation *In dei nomine*

Abb. 18 Bermatingen, 787/791, Schreiber: Priester Maio (ChLA 2/119), mehrere *n* mit Titulusformen, durch kreuzende Diagonalstriche verbunden, keine Verbalinvokation

Abb. 19 *Rangendingen, 795 Mai 3, Schreiber: Priester Autgar* (ChLA 2/131). Überhandnehmen der Titulus-Formen rechts und links des Stabes, Verbalinvokation *In dei nomine*

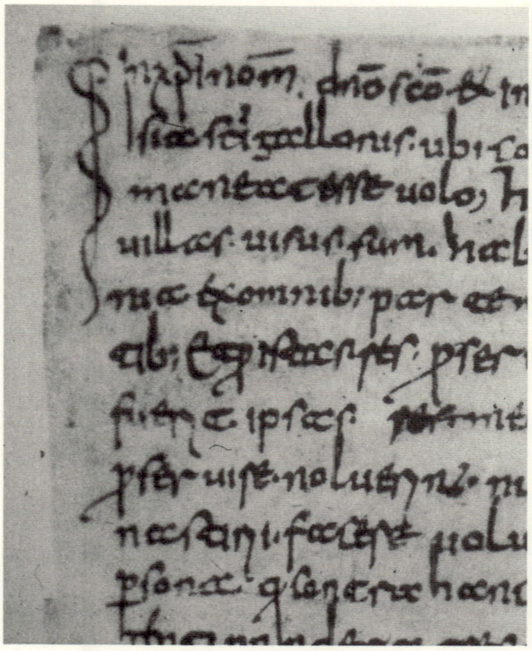
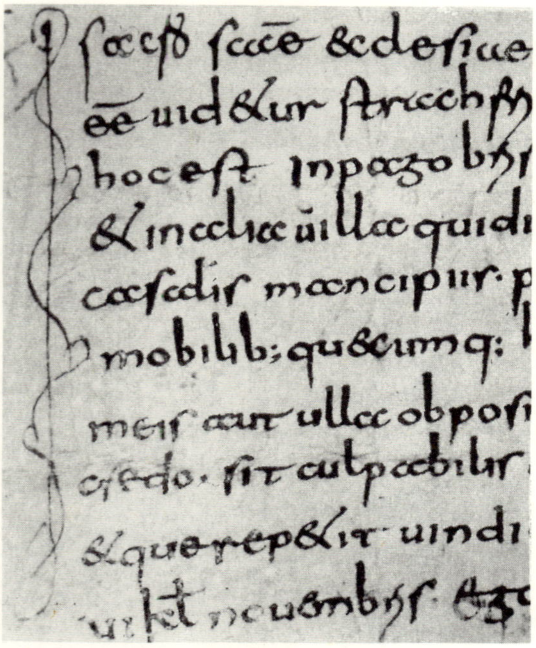
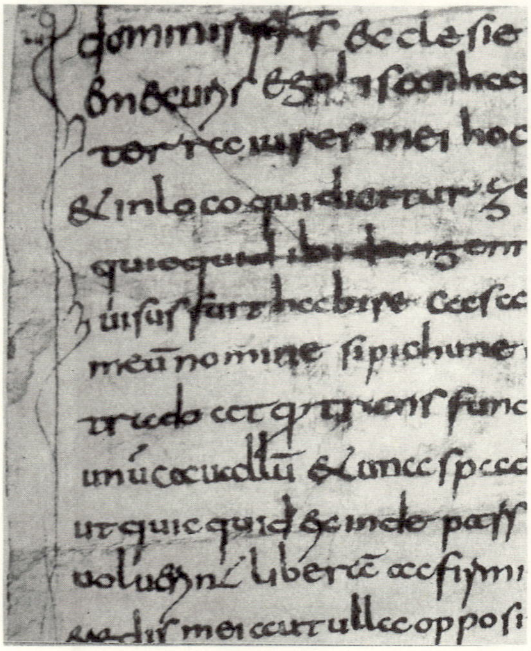
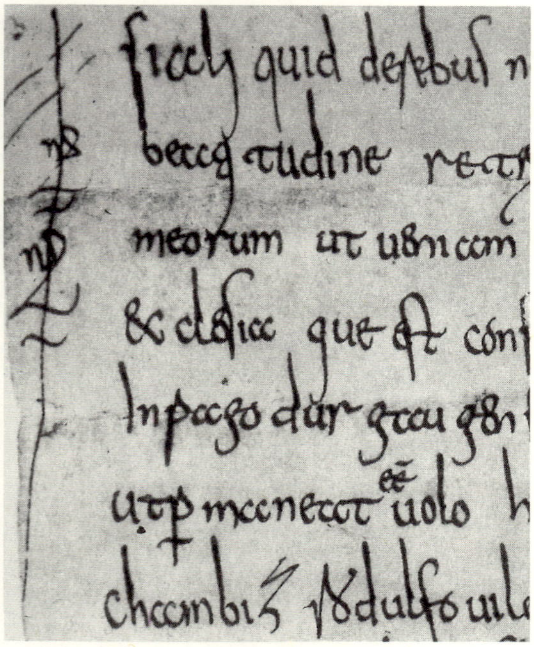

Abb. 20 *Kloster St. Gallen, 753/756 Oktober 27, Schreiber: Priester Liutfrid* (ChLA 1/46). Der *x*-Schaft verlängert sich zur linksläufigen Schlangenform (*In Christi nomine* ?), zeichenhafte und verbale Invokation entsprechen sich

Abb. 21 *Kloster St. Gallen, 757/758 Oktober 27, Schreiber: Mönch Theotbald* (ChLA 1/51). Der Rho-Bogen verlängert sich zur rechtsläufigen Schlangenform, *x*-Schaft links am Rand, *n*-Formen für *I(n) x(pi) n(omine)*?, keine Verbalinvokation

Abb. 22 *Stammheim, 760/763 Juli 29, Schreiber: Bertgoz, ohne Titel* (ChLA 1/58). Rho-Kopf mit *n*-Absätzen an rechtsläufiger Schlangenlinie *In Christi nomine* ?, keine Verbalinvokation

Abb. 23 *Kembs, ?756 Dezember 18, Schreiber: Arnulf, ohne Titel* (ChLA 1/49). Unterbrochene Stabumwindung, doppelte *n*-Titulusform mit Tendenz zu Z-Formen, keine Verbalinvokation

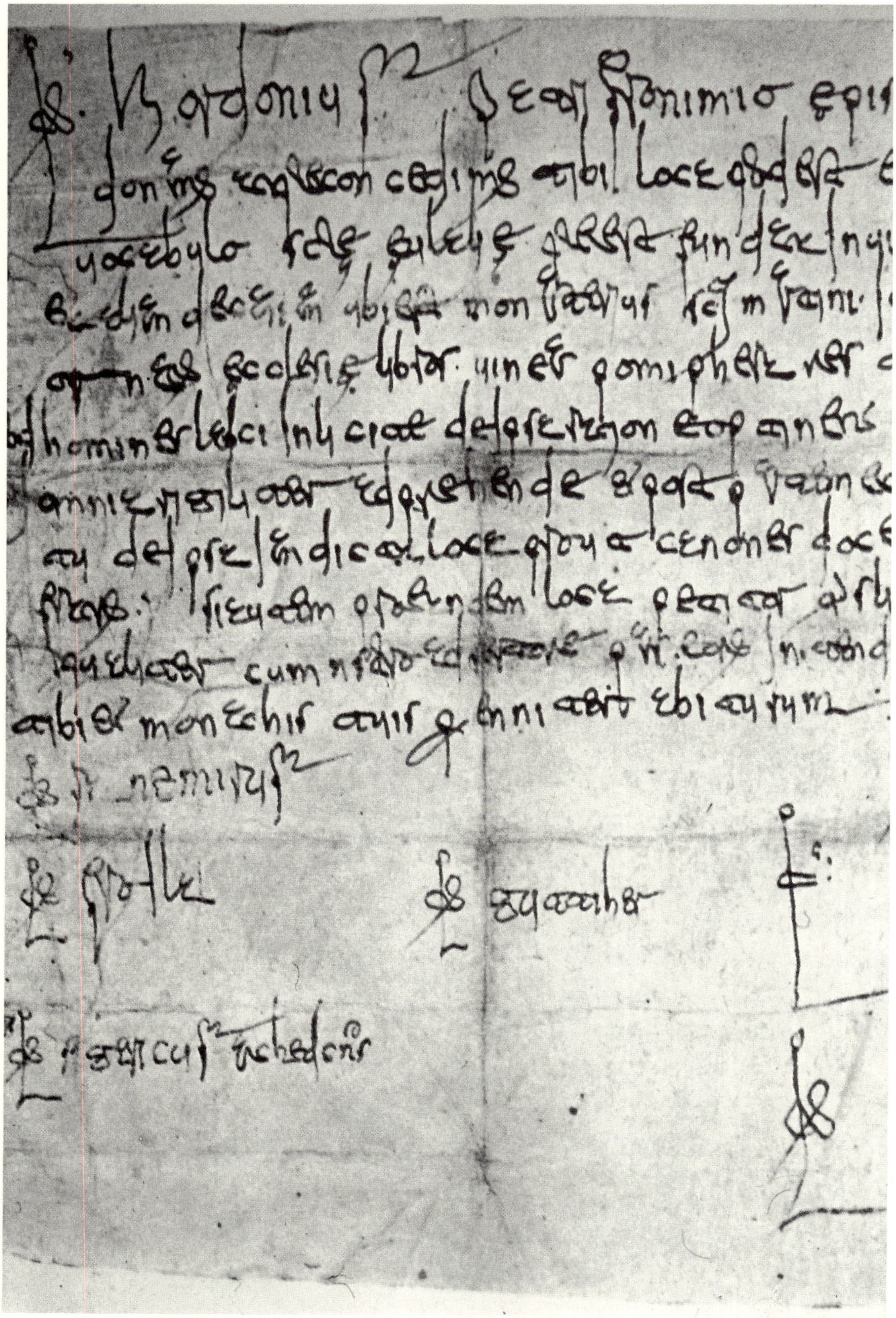

Abb. 24 *König Ordoño I. von León, 860 Juni 28* (MILLARES, Tratado II, Taf. 109). *d*-Bauch mit Titulus in Stabmitte *Sub nomine dei/domini*?, keine Verbalinvokation

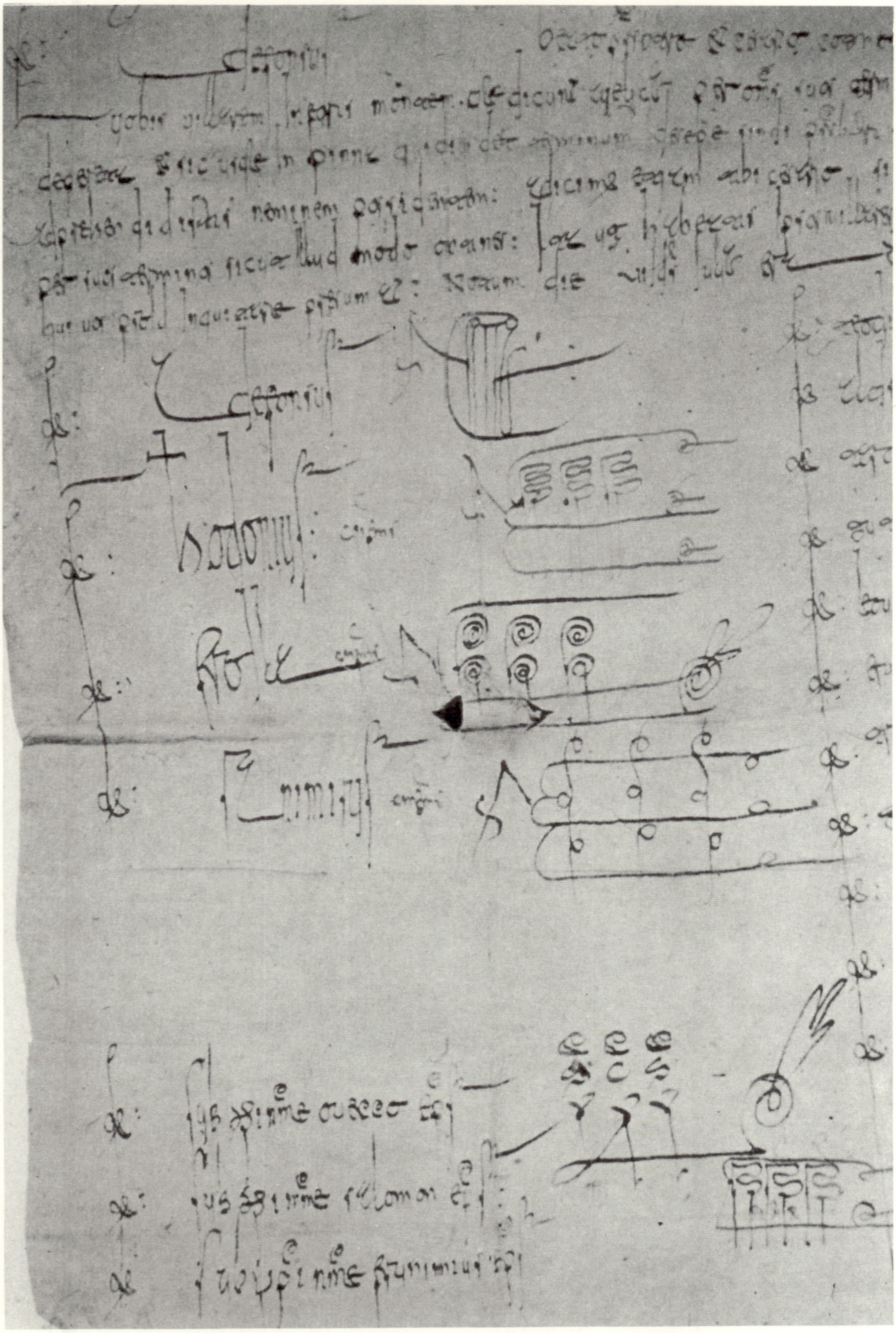

Abb. 25 *König Alfons III. von León, 875 Juli 10* (MILLARES, Tratado II, Taf. 110). Mehrfach wiederholte Invokationszeichen unten (Formel *Sub dei nomine*?), keine Verbalinvokation

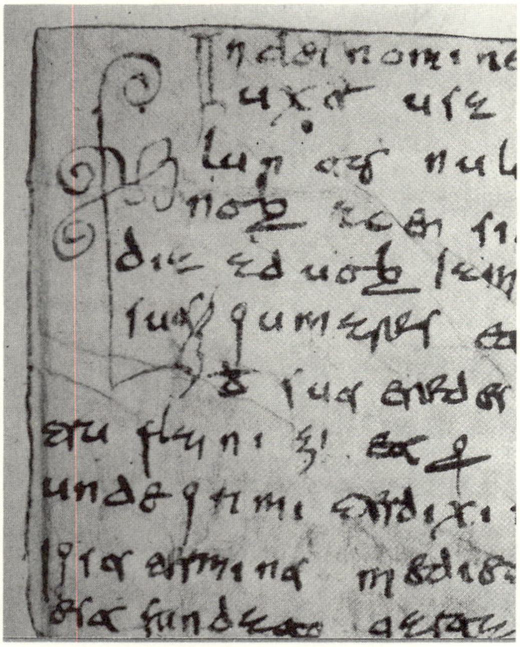

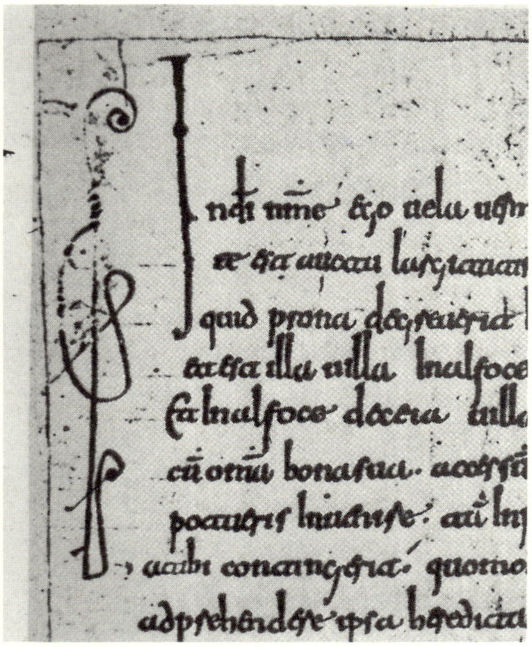

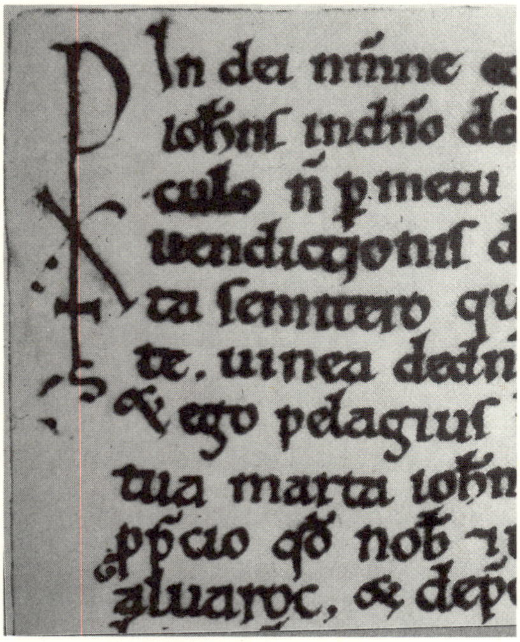

Abb. 26 *Verkaufsurkunde aus León, 1009 April 21* (Millares, Tratado II, Taf. 125). Vergrößern und Betonen der Diagonalen des Titulus, Einrollen des Kopf- (= Lang-*s*) Bogens, Verbalinvokation *In dei nomine*

Abb. 27 *Privaturkunde aus Saldaña, 1085 Januar 25* (Millares, Tratado II, Taf. 141). Einrollen des Kopfes, Heranziehen und Aufstellen des Schaftfußes, Übergang zum Christogramm, Verbalinvokation *In dei nomine*

Abb. 28 *Verkaufsurkunde aus dem Gebiet von Sahagún, 1140 November 27* (Millares, Tratado II, Taf. 148). Christogramm mit *Chi*, *Rho* und *S* am Fuß, Verbalinvokation *In dei nomine*

Abb. 29 *Privaturkunde aus Soria, 1202 Juni 10* (Millares, Tratado II, Taf. 158). Verziertes Monogramm Christi mit umfassenden *X*-Schäften, Kreuzstrich im Schnittpunkt und *Alpha* und *Omega*

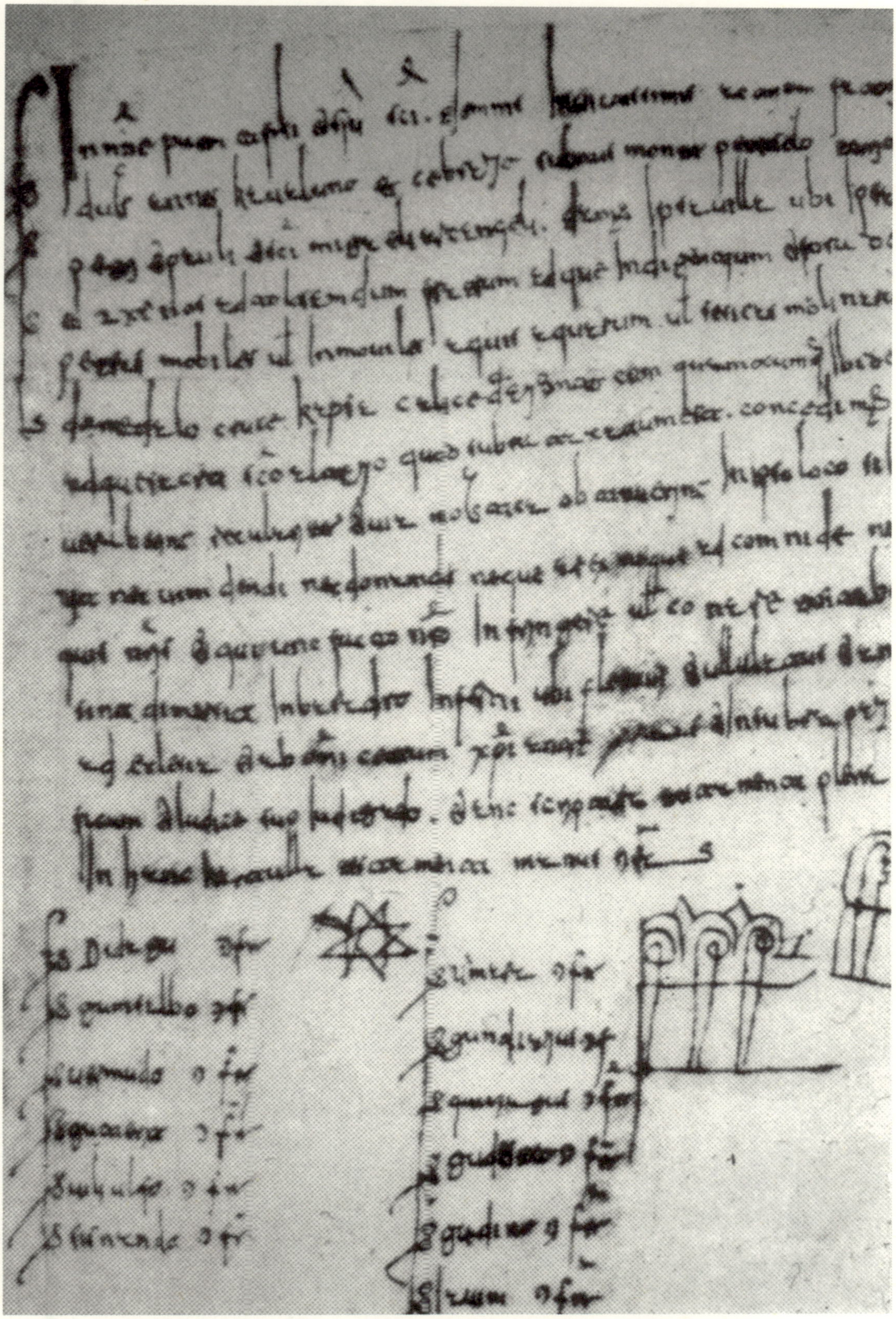

Abb. 30 *Schenkung an die Kirche von Lordosa, 882 März 27, älteste Originalurk. aus Portugal* (Jesus da Costa, Album, Taf. 19). Verkümmerte *d*-Bogen, rechtsseitige Tituli mit verlängerten Diagonalen, Heranziehen der Fußlinien zur *s*-Form, Verbalinvokation *In nomine patris et filii et spiritus sancti*

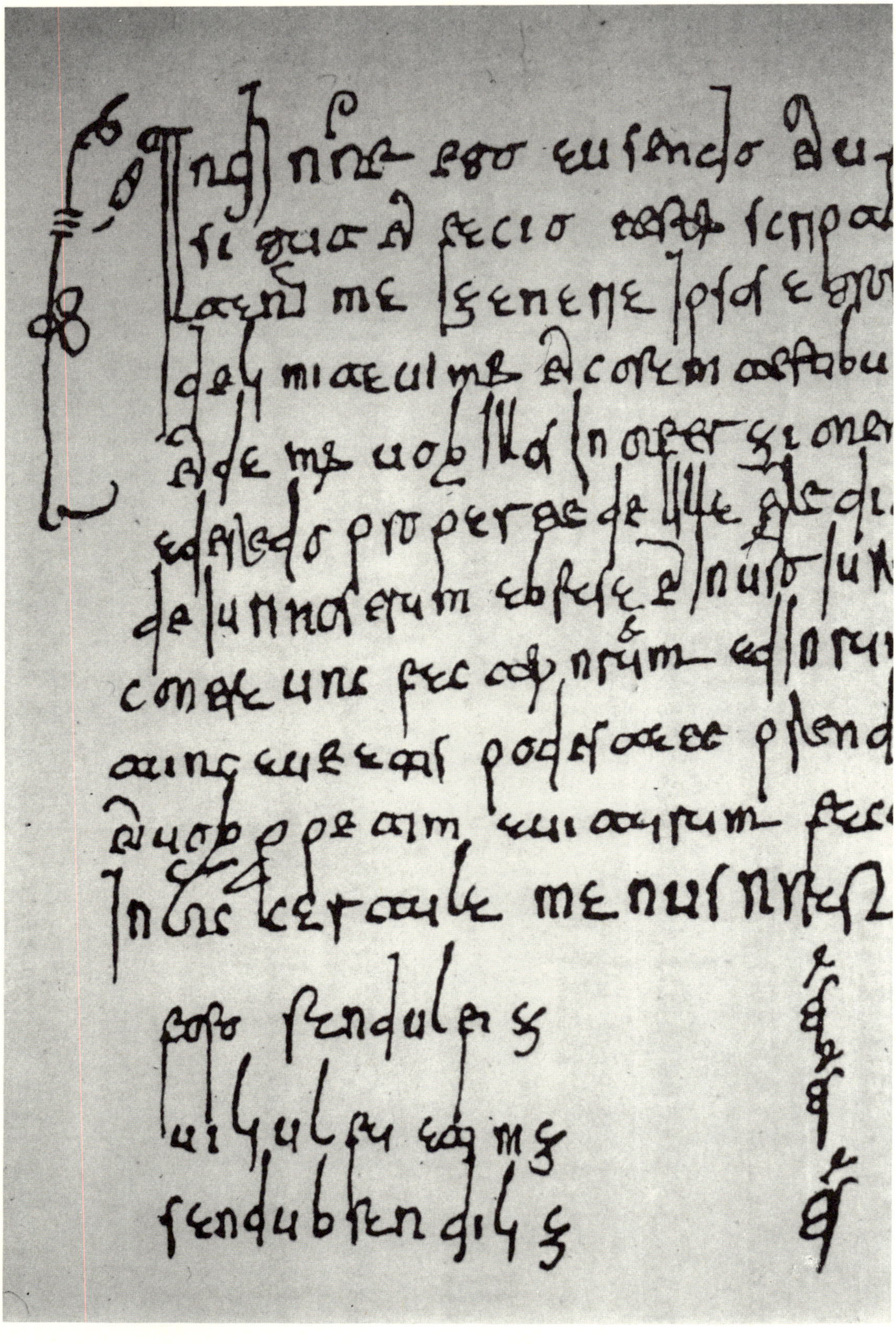

Abb. 31 *Schenkung an die Kirche von Mosteiro, 991 Januar 27* (Jesus da Costa, Album, Taf. 20). Durchtrennen des Stabes, Verwachsen von *d*-Bauch und Titulus, Verbalinvokation *In dei nomine*, Ligatur *d (e) i*

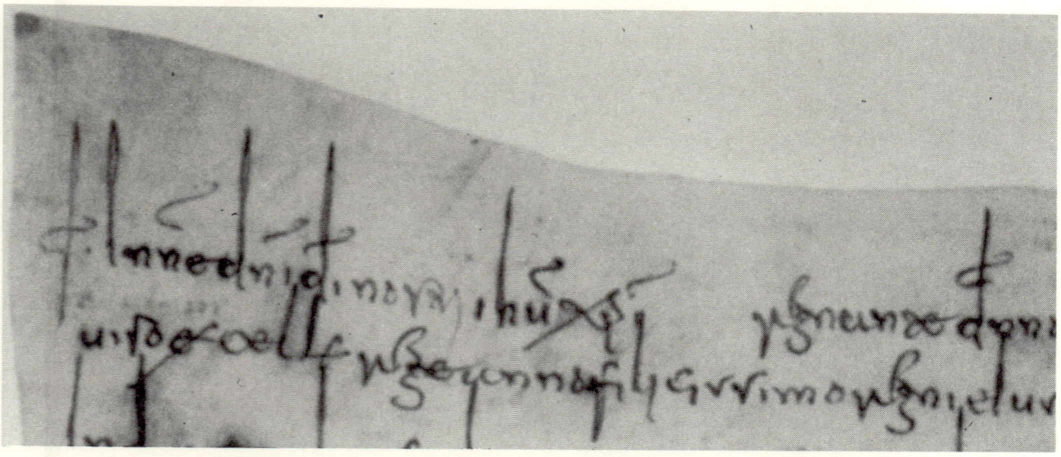

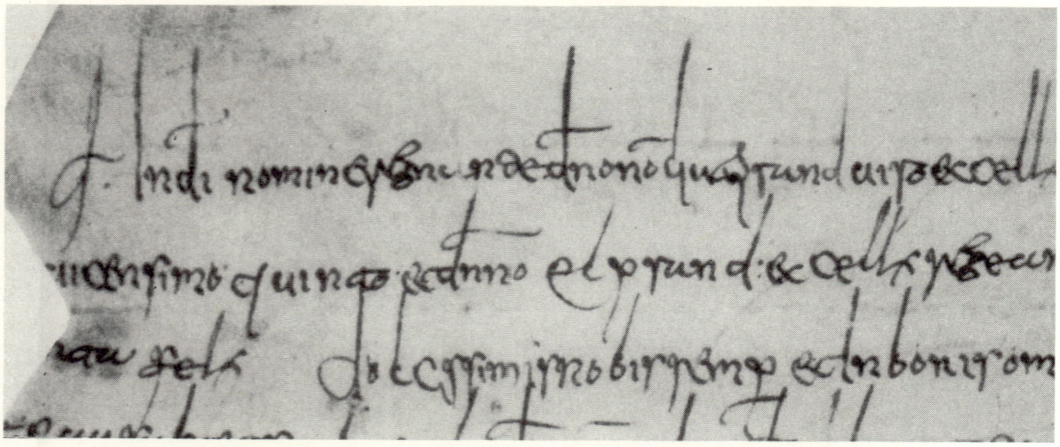

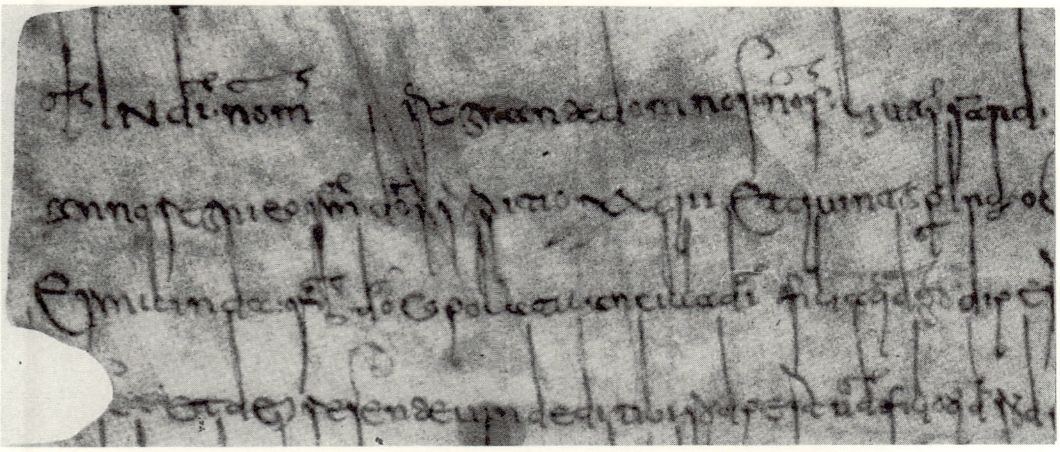

Abb. 32 *Lucca, 724 ca. Mitte Juni–Oktober, Schreiber: Notar Sicoin* (ChLA 30/903). Invokationszeichen (*In dei* = Kurzform oder Abkürzungszeichen, Punkt = *nomine?*), vgl. in Zeile 1 Verbalinvokation *In n(omi)ne d(omi)ni d(e)i*

Abb. 33 *Lucca, 737 April, Schreiber: Notar Autari* (ChLA 30/912). Keine Kreuzform, verlängertes *I*-longa mit *d*-Bogen oder Abkürzungszeichen und Punkt, Verbalinvokation *In dei nomine,* wobei *n* nicht bindet und *e* zu *regnante* gezogen wird

Abb. 34 *Lucca, [739 September 1–740 Mitte Mai], Schreiber: Priester Gaudentius* (ChLA 31/919). Vom Stab abgerückter *d*-Bauch mit Kürzungsquerstrich und abgehängtem *i* oder Kürzungszeichen?, vgl. Verbalinvokation *IN d(e) i nom(ine)*

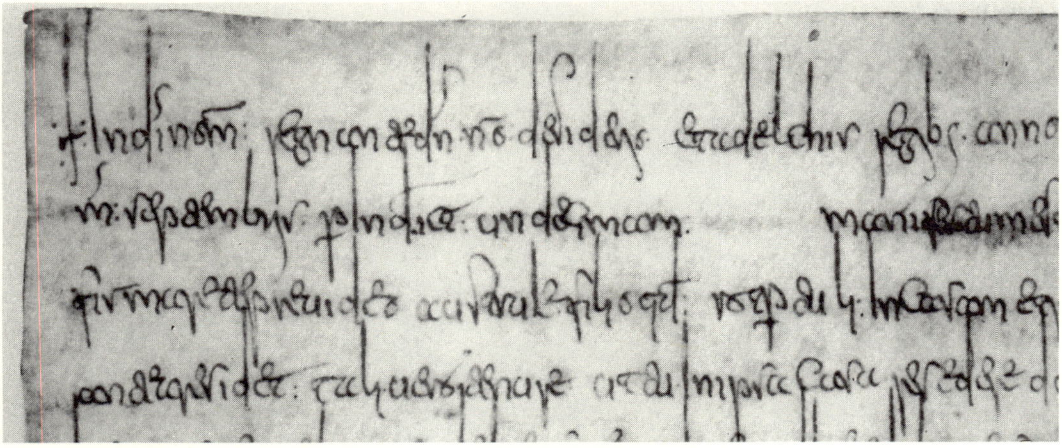

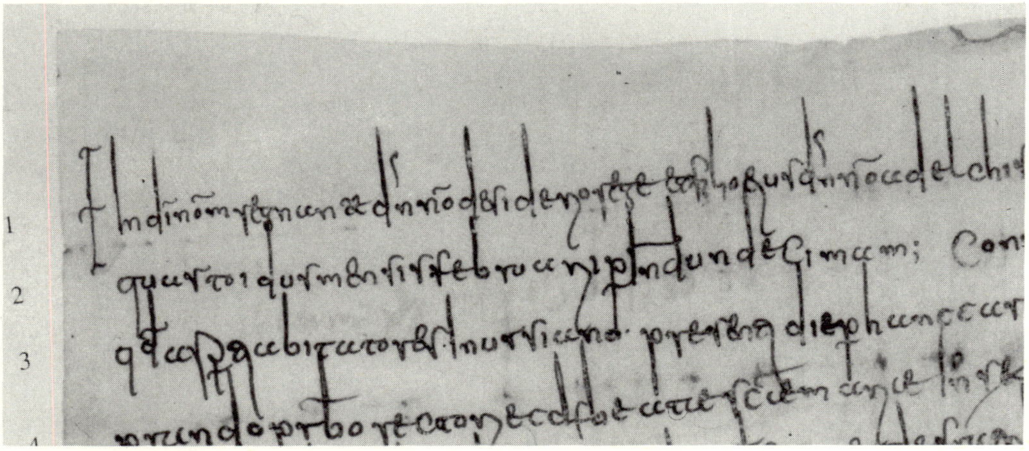

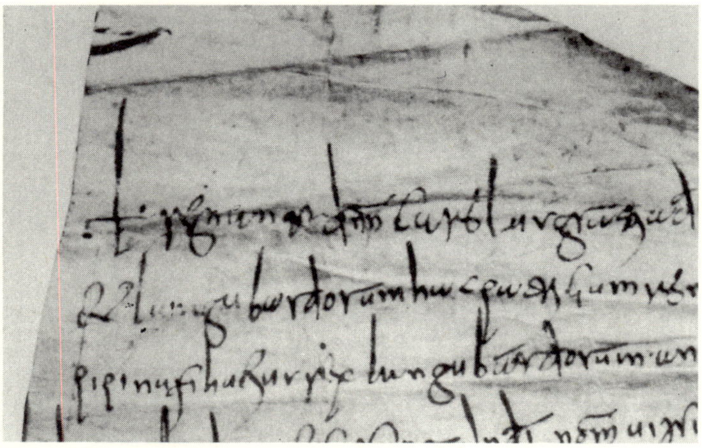

Abb. 35 *Lucca, 772 September 6, Schreiber: Kleriker Filippus* (ChLA 35/1037). *d*-Form zu Stecknadelgröße geschrumpft, durchgezogener Querstrich mit Kreuzpunkten, vertikale und horizontale Kürzungsstriche für *In d(e)i nom(ine) … d(omi)n(o) no(stro)*

Abb. 36 *Ursianum, 773 Februar 10, Schreiber: Kleriker Rachiprand* (ChLA 36/1039). *d*-Bauch nicht mehr geschlossen, *I*-Stab mit Serifen an Kopf und Fuß, Verbalinvokation *In dei nomine,* wobei jeder Buchstabe für sich steht

Abb. 37 *Montepulciano, 794 August, Schreiber: Notar Arifridus* (ChLA 24/771). Rechtwinklige Kreuzform statt geschriebener Ligatur, keine Verbalinvokation

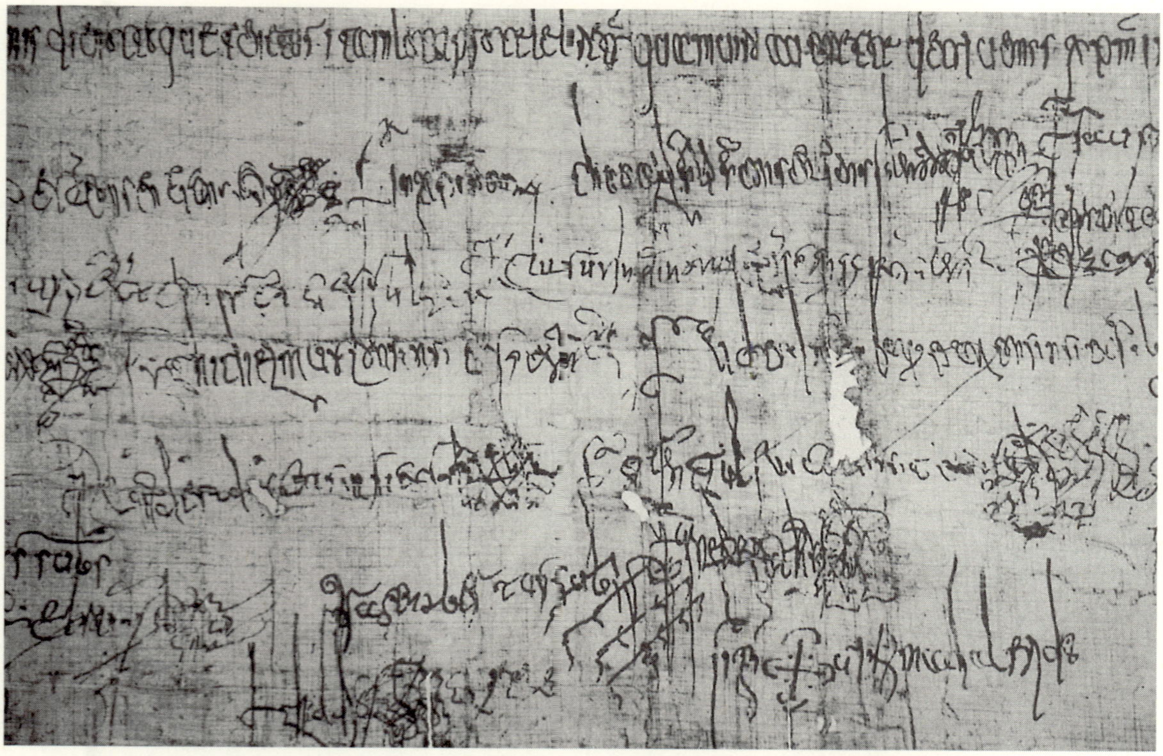

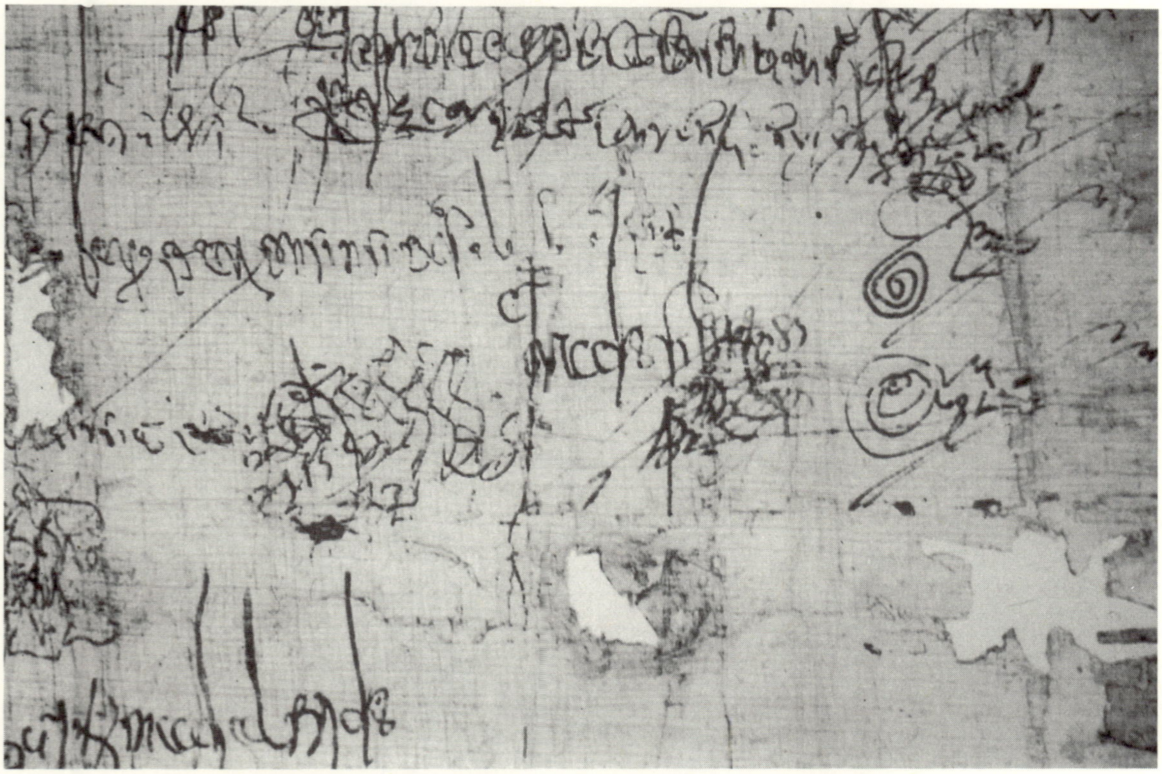

Abb. 38a *König Chlodowech II., 654 Juni 22* (ChLA 13/558; Lauer-Samaran, Taf. 6–6bis). Invokationszeichen mit Zeugennamen verbunden, Subskriptionszeichen mit *sub* und Strichgerüst (Mitte unten) oder ›Bienenkorb‹ (am Rand rechts, untere Hälfte)

Abb. 38b *König Chlodowech II., 654 Juni 22* (ChLA 13/558; Lauer-Samaran, Taf. 6–6bis). Vgl. eingerollten *b*-Körper mit langem Schaft und ligiertem *e* vor *bea*[…] *ual*[…] und eingerolltes *d* in Ligatur mit *e* (Abb. 2)

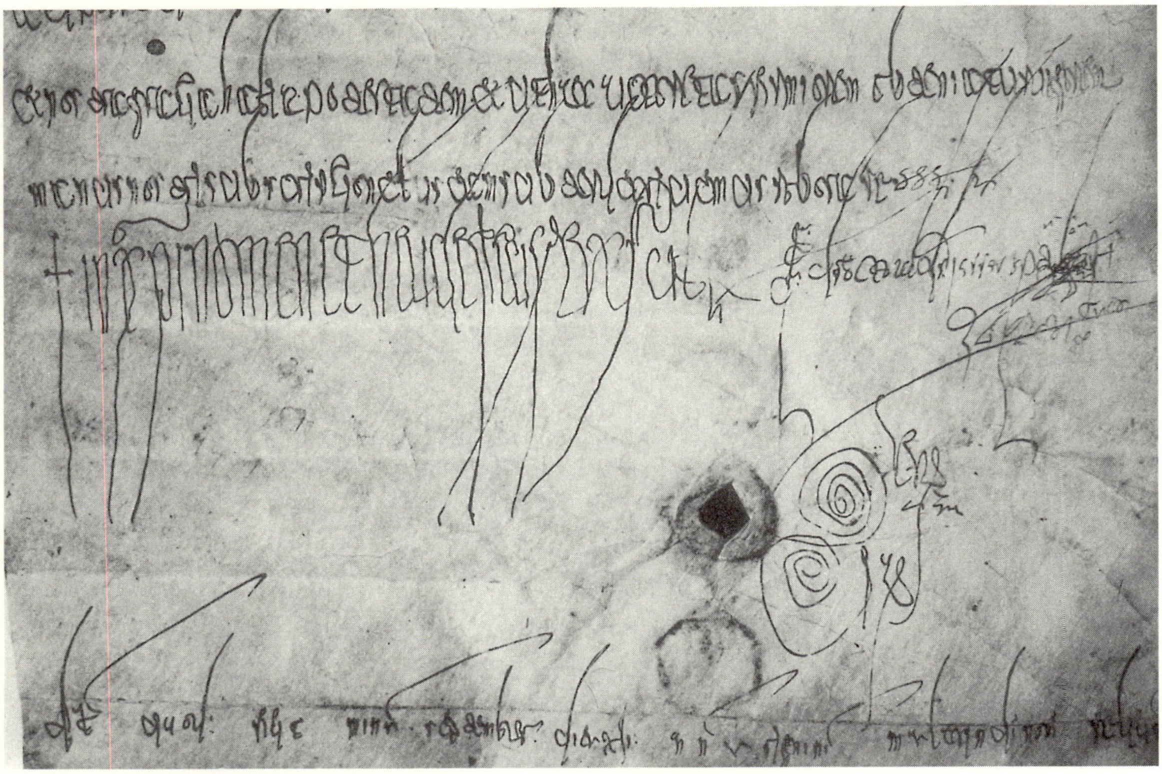

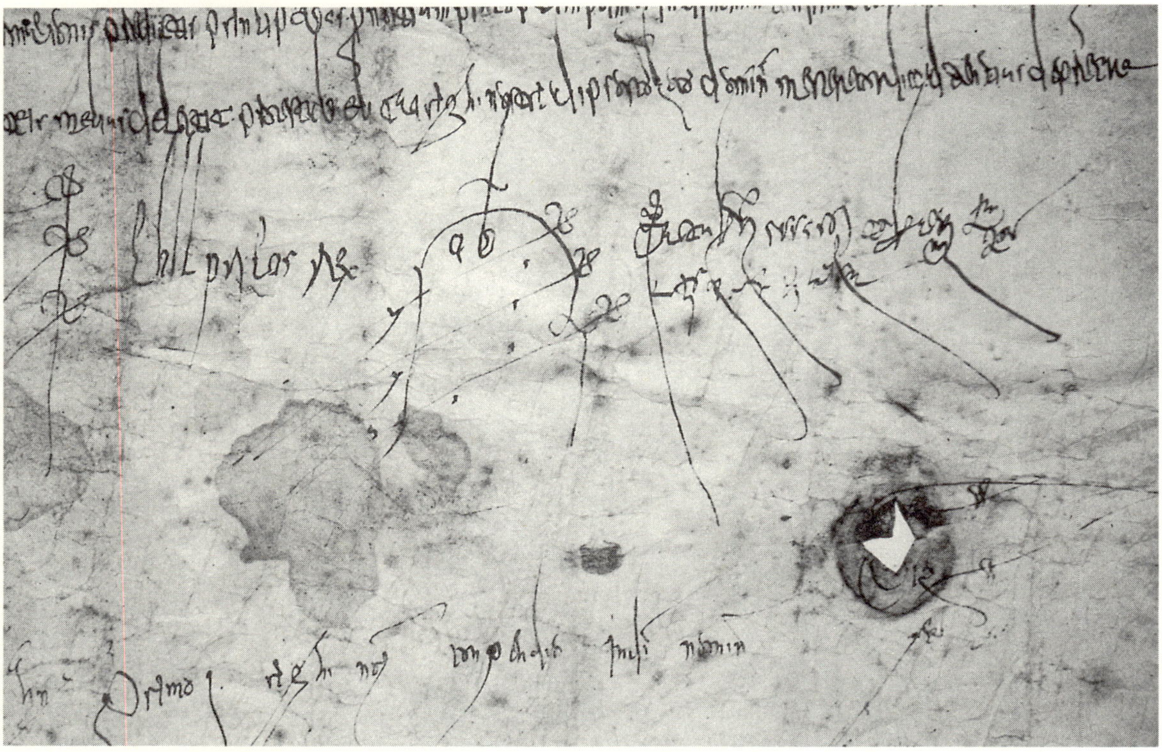

Abb. 39 *König Theuderich III., 677 September 12* (ChLA 13/566; LAUER-SAMARAN, Taf. 14). Unterfertigung des Königs mit langschäftigem Kreuz, gefolgt von der Verbalinvokation *in xpi nomene*, und des Rekognoszenten mit Zeichen (*In nomine d n.?*)

Abb. 40 *König Chilperich II., 716 März 16* (ChLA 14/591; LAUER-SAMARAN, Taf. 37). Unterfertigung des Königs mit Invokationszeichen und *sub*-Bogen und des Rekognoszenten mit Invokationszeichen und Notenschrift

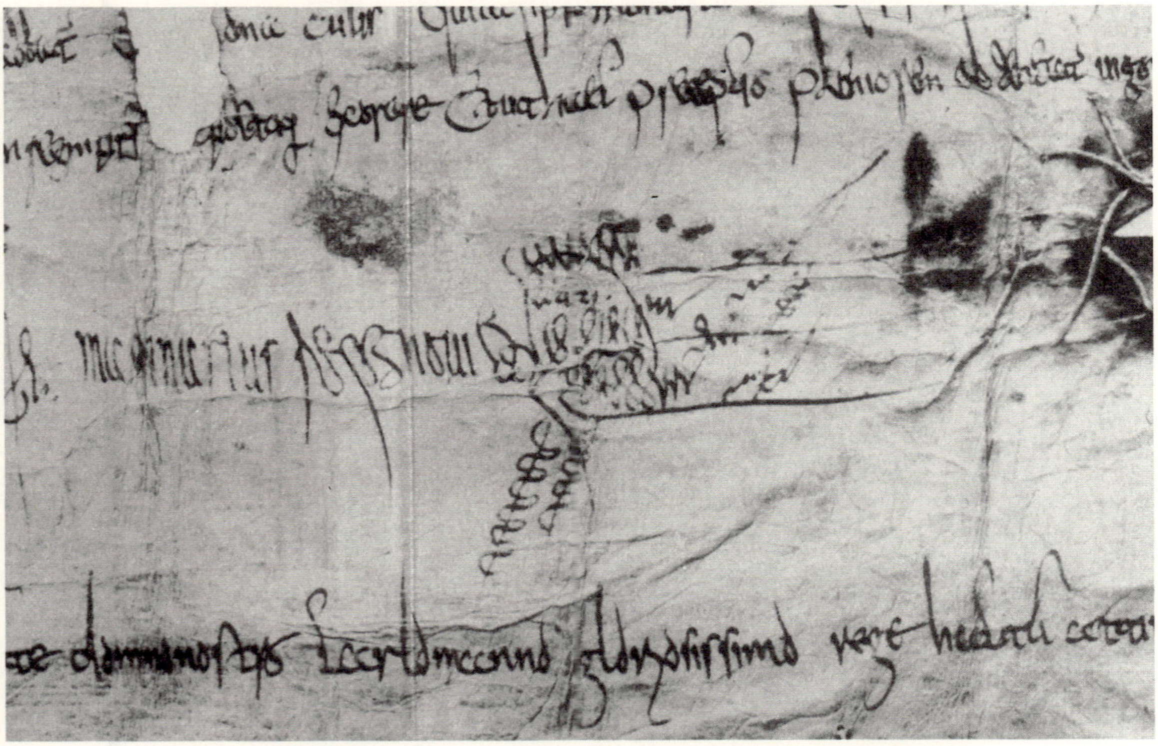

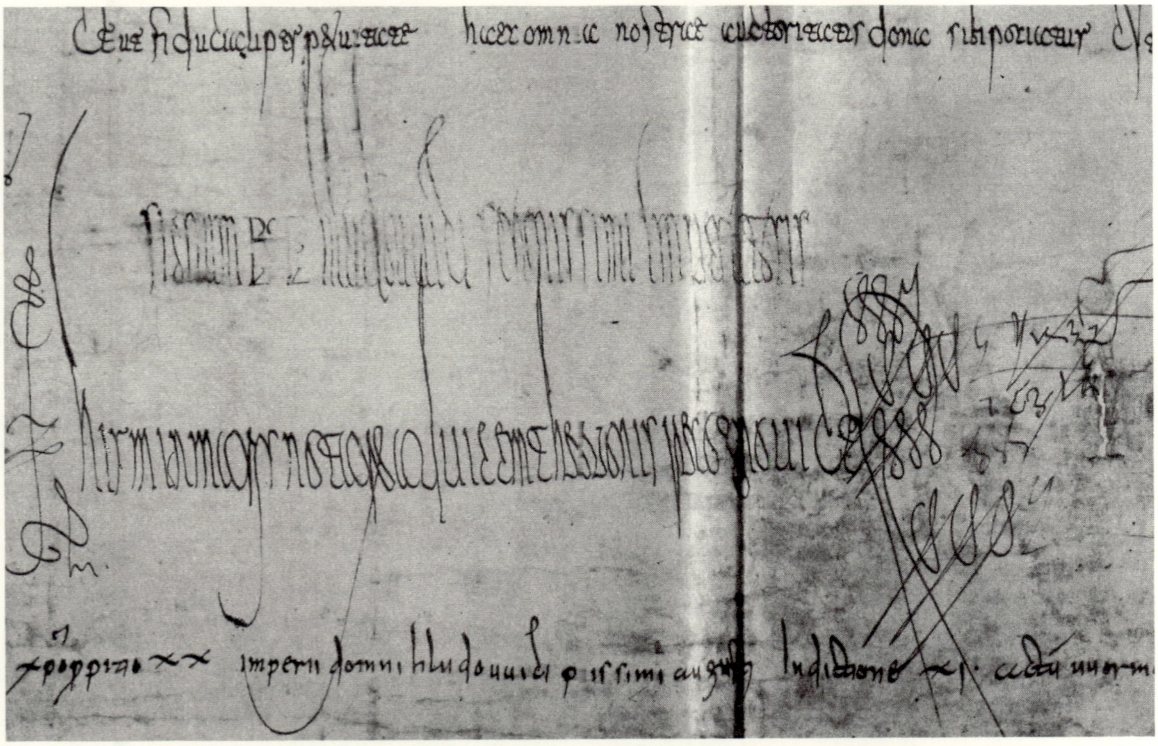

Abb. 41 *König Karlmann für Graf Warin, 769 März 22, Schreiber: Maginarius* (KUiA, Lfg. III/1). Rekognitionsverb mit *et* und dreigeteiltem Subskriptionszeichen, dessen ausgezogene Linien zum locum sigilli hinführen, Invokationszeichen (*In nomine domini amen?*)

Abb. 42 *Kaiser Ludwig der Fromme für Kloster Corvey 833 Juni 1* (KUiA Lfg. I/6; LBA 8543). Schreiberzeile: (*In nomine domini amen*?) *hirminmaris notarius ad vicem theotonis recognovi* mit hochgezogener &-Ligatur, *sub*-Zeichen mit verlängerten Horizontallinien

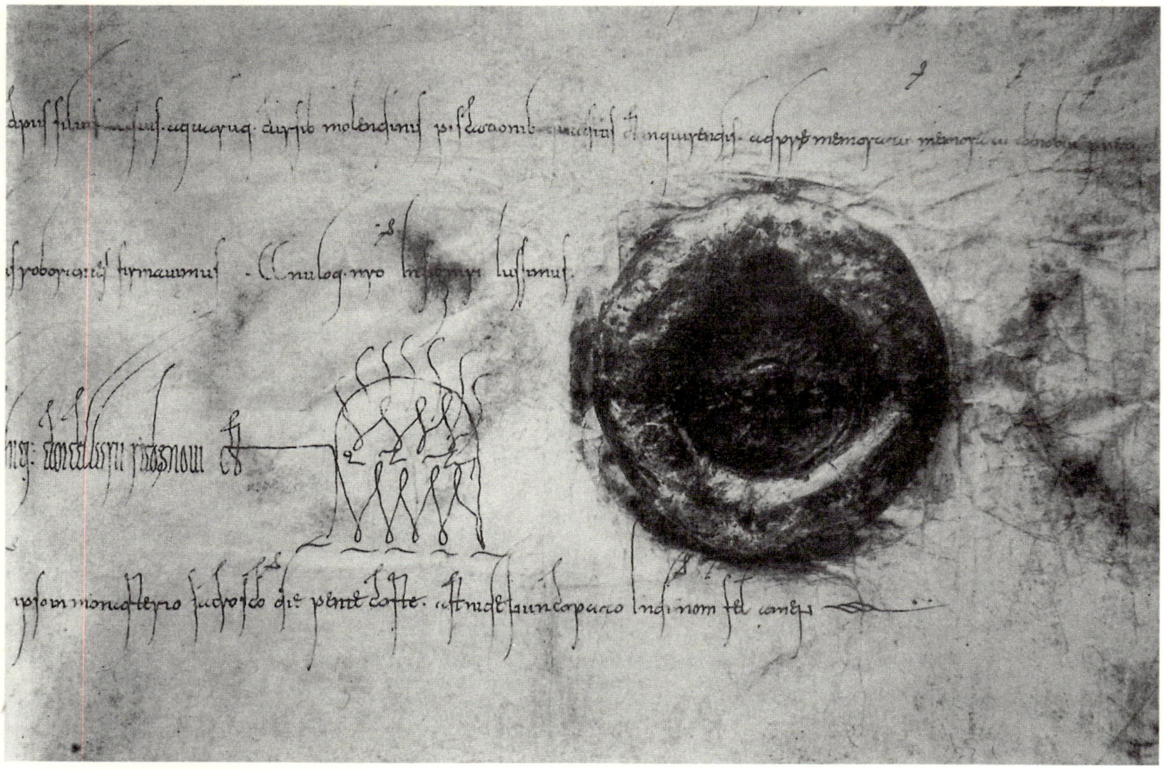

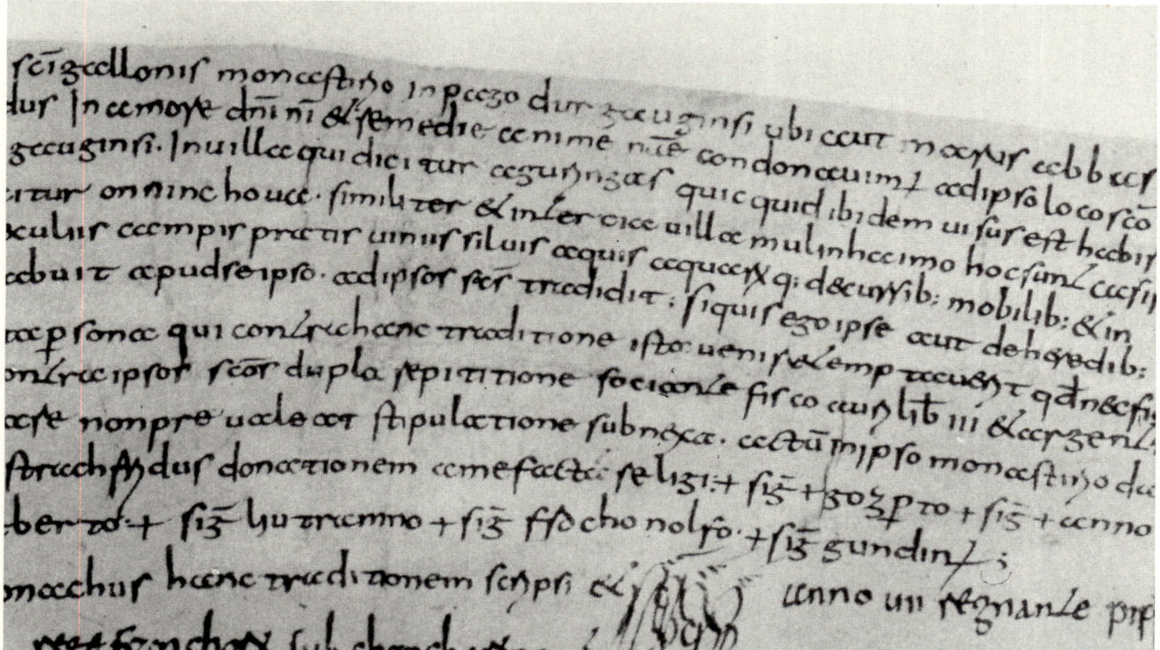

Abb. 43 *König Zwentibold f. Stift Essen, 898 Juni 4, Schreiber: Waltgerus* (KUiA, Lfg. VII/27; LBA 5063). Gesperrte *et* -Ligatur zwischen Verb und kaum erkennbarem *sub*-Bogen, Wegfall der Linien zum Siegel

Abb. 44 *Kloster St. Gallen, 757/758 Oktober 27, Schreiber: Mönch Theotbald* (ChLA 1/51). Unterfertigung des Schreibers *scripsi &* verschnörkeltes *subscripsi*, Unterfertigung der Zeugen mit Kreuzzeichen vor und/oder nach *sig(num)*

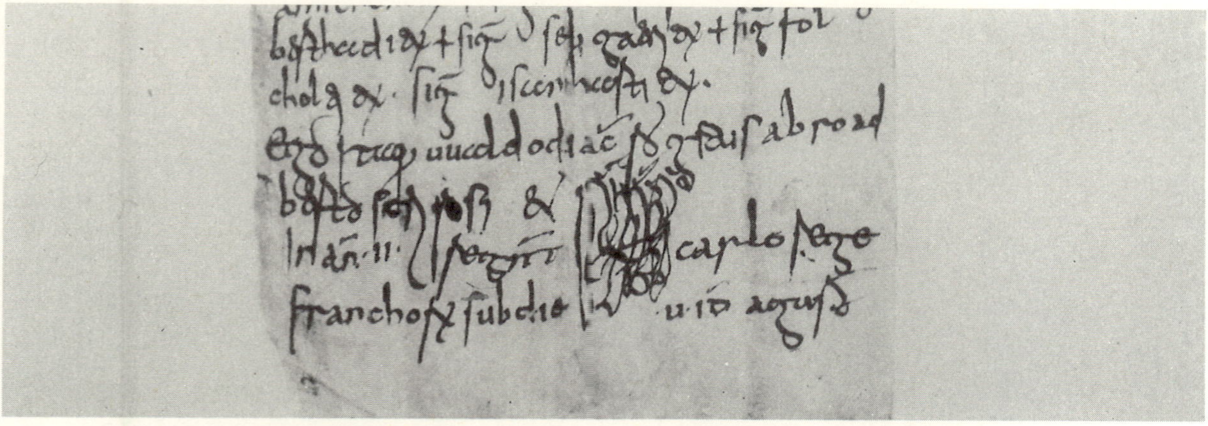

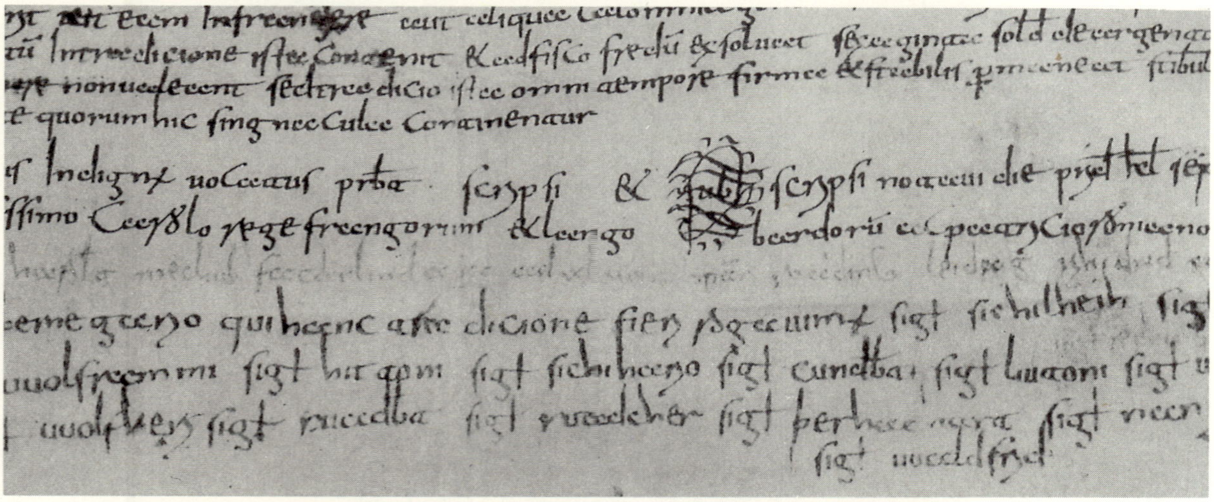

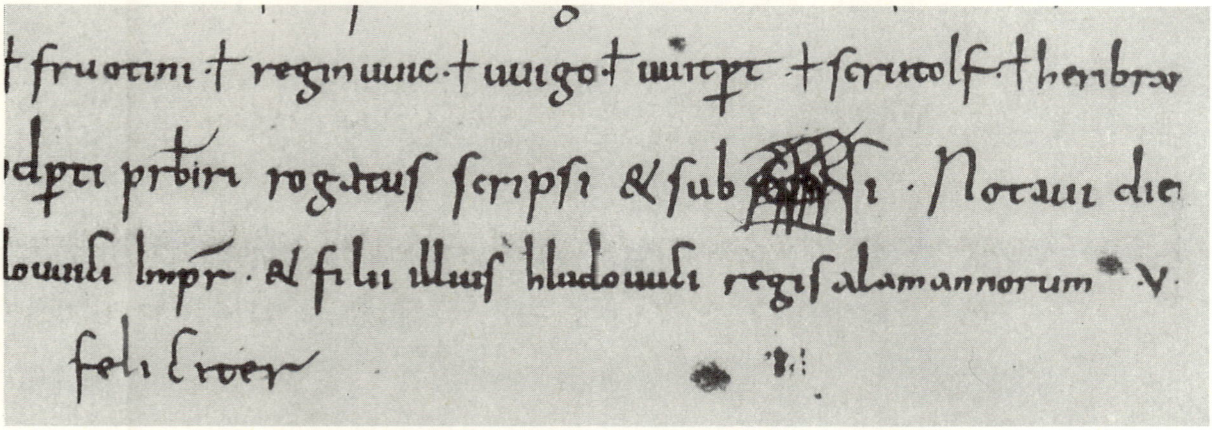

Abb. 45 *Überlingen, 769/773 August 9, Schreiber: Diakon Waldo* (ChLA 1/71). Unterfertigung des Schreibers *scripsi &* mehrzeiliges *sub*-Schnörkel, Unterfertigung der Zeugen mit Kreuzzeichen vor *sig(num)* N. *testis*

Abb. 46 *St. Gallen, 796/800 August 31, Schreiber: Priester Bernegarius* (ChLA 2/143). Unterfertigung des Schreibers *scripsi, &*-Ligatur, Lang-*s*-Bogen mit eingestelltem *ub -scripsi,* Unterfertigung der Zeugen mit verlängerten *sig(num)*-Kreuzzeichen

Abb. 47 *Sconinperac, 837? August 9, Schreiber: Theotbart, o. Titel* (SMAH 1, Taf. XLVII). Unterfertigung des Schreibers *scripsi & sub- scrip* verschnörkelt *si,* vor jedem Zeugen ein Kreuz, mit vorgesetztem Punkt als Trennzeichen

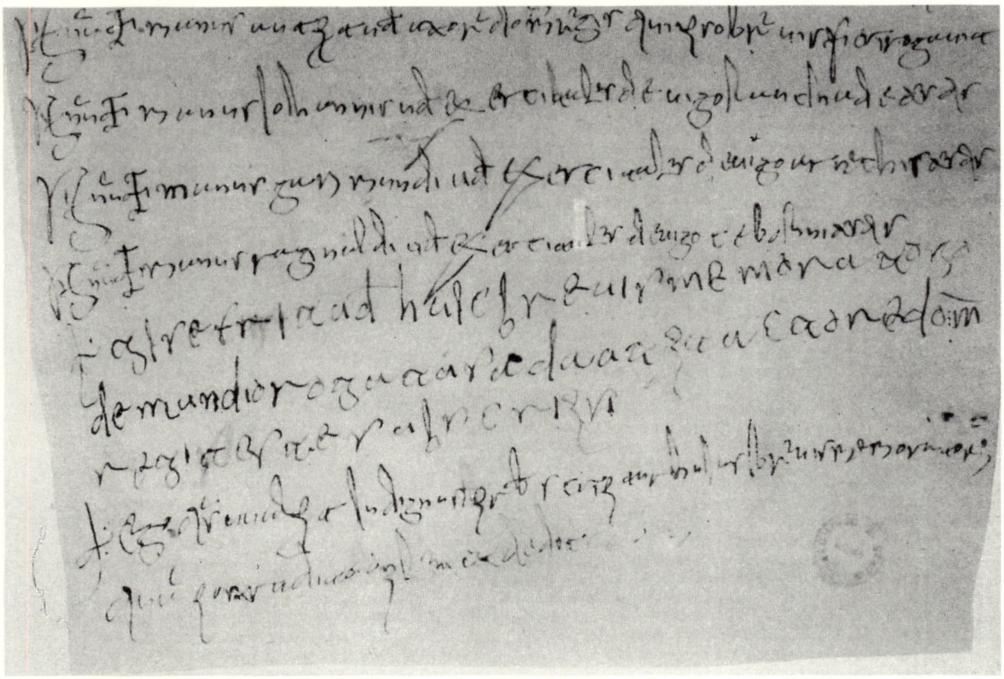

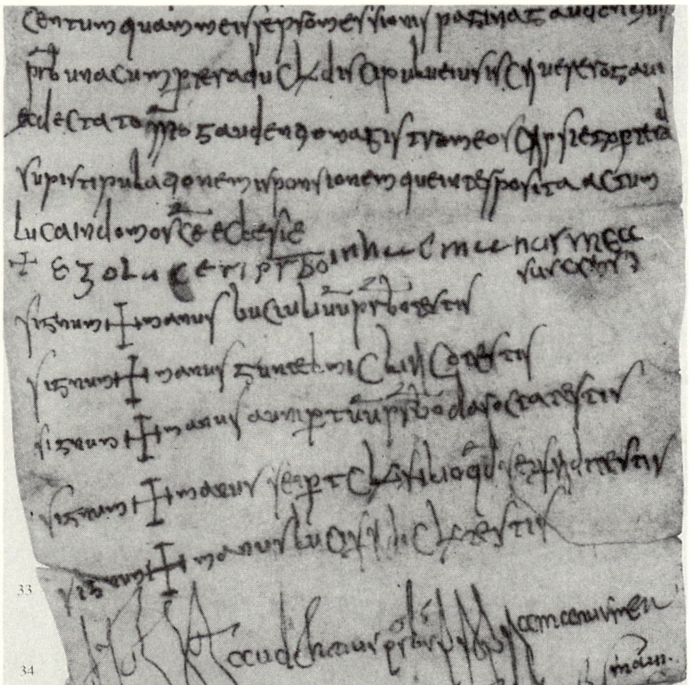

Abb. 48 *Locate di Triulzi (?), 771 Mai 12, Schreiber: Priester Vualpert* (ChLA 28/853). Invokationsligatur *ego* vor eigenhändigen Unterfertigungen, Kreuzzeichen zwischen *signum* und *manus*

Abb. 49 *Lucca, 746 Oktober, Schreiber: Kleriker Perteradus* (ChLA 31/924). Unterfertigung des Schreibers *scribsi* &-Ligatur, doppelstöckiges *C* mit eingestelltem *onfir* – darüber – *maui*, *signum*-Kreuze mit Serifen an gleichlangen Kreuzarmen

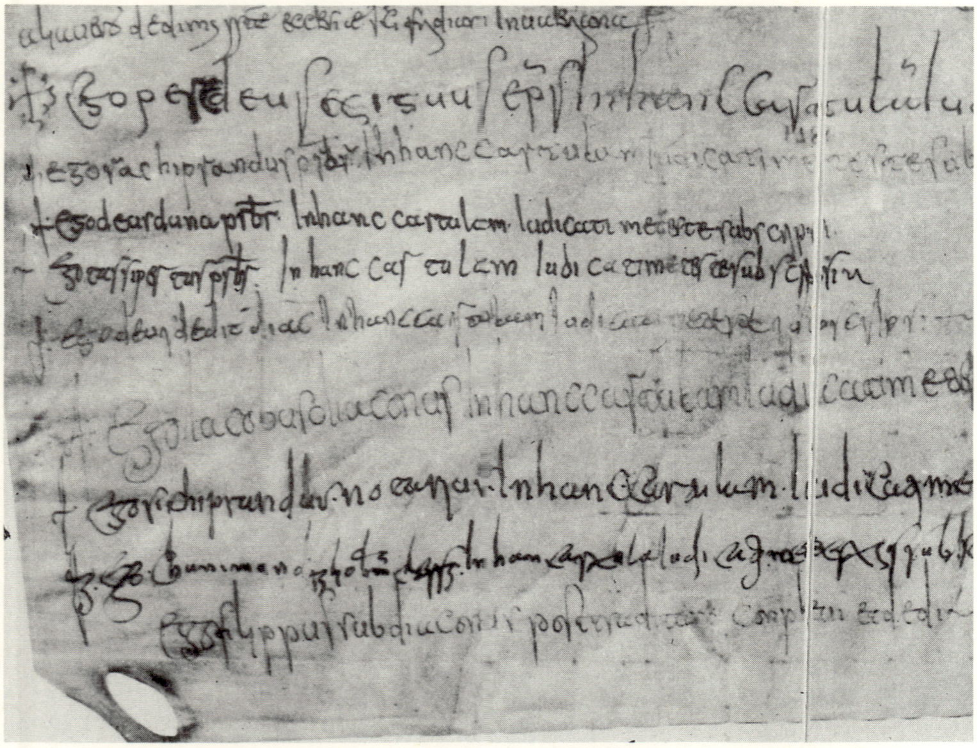

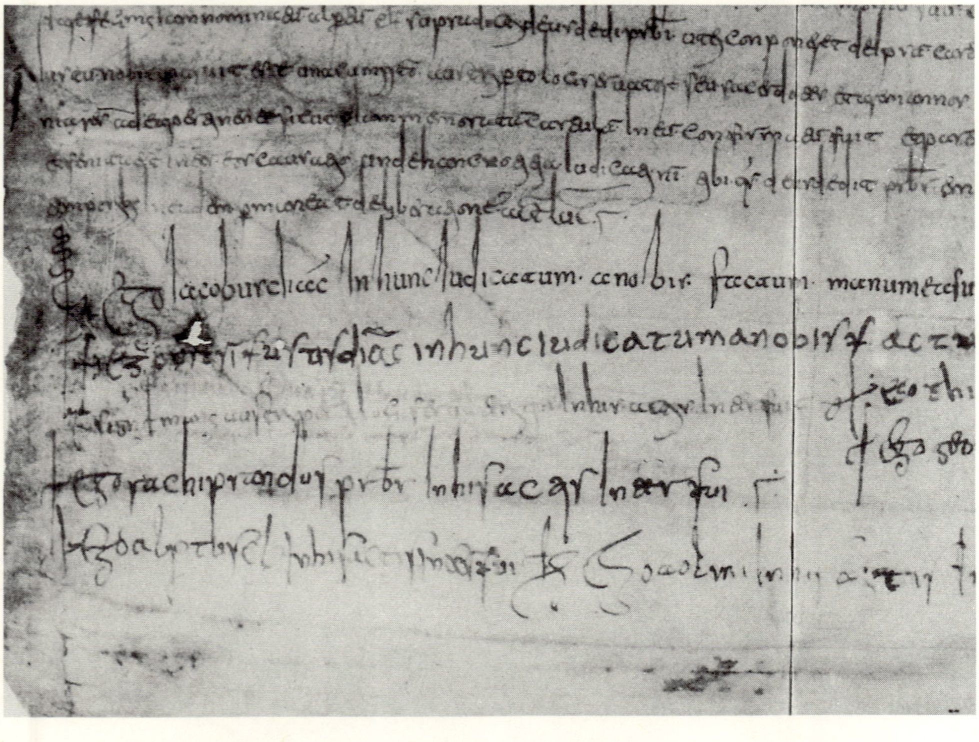

Abb. 50 *Lucca, 778 März 16, Schreiber: Subdiakon Filippus* (ChLA 36/1066). Invokationszeichen vor eigenhändigen Subskriptionen, verschiedene Entwicklungsstufen bis zum Kreuz des Bischofs Peredeus, Verbformen *subscripsi* ohne Bienenkorbansätze

Abb. 51 *Lucca, 786 Oktober 26, Schreiber: [Filippus]* (ChLA 38/1106). Unterschiedlich ligierte Invokationszeichen vor Zeugen, Diakon Jakobus mit ›fränkischem‹ Invokationszeichen, das in italienischen Privaturkunden sonst nicht vorkommt

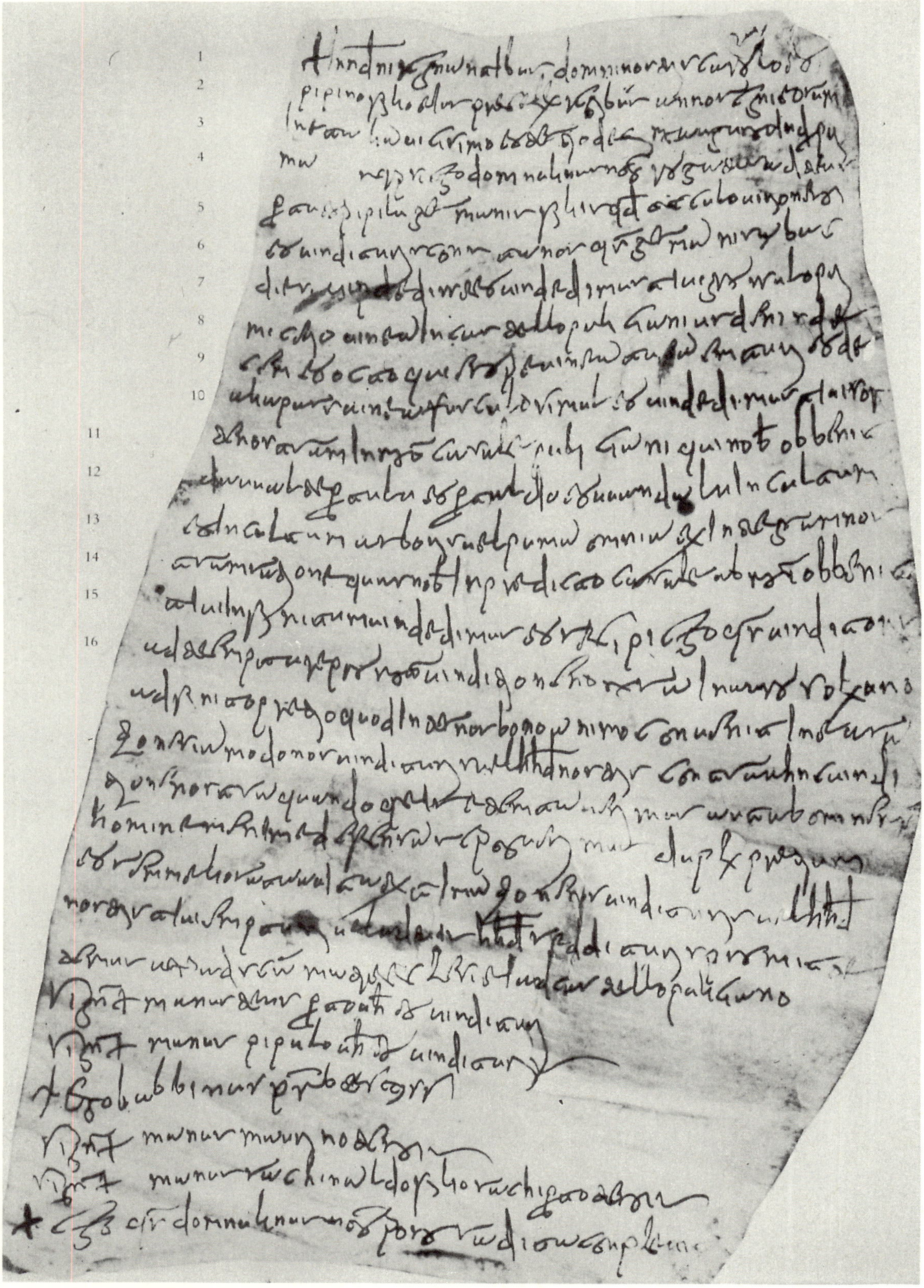

Abb. 52 *Montepulciano, 793 August, Schreiber: Notar Domnulinus* (ChLA 24/768). Kreuzzeichen am Anfang und vor eigenhändiger Schreiber- und Zeugenunterfertigung, *sign(um)* -Bogen aus lang-s und Überfangbogen zur *g*-Schlinge mit eingestelltem *i*

III. Von der eigenhändigen Subskription zum Zeichen

Die Entwicklung einer dem Schreibrhythmus angepaßten Buchstabenbindung zum erstarrenden Zeichen läßt sich zum einen an den Invokationszeichen, zum anderen an den eigenhändigen Subskriptionen und späteren Subskriptionszeichen verfolgen. Doch hat man das Unterschriftszeichen nicht mit einem religiösen Inhalt in Verbindung gebracht und nie als symbolisch bezeichnet. Die beiden Zeichen unterscheiden sich demnach in ihrer Aussage wesentlich, in ihrer graphischen Entwicklung kaum. Hier wie dort verfestigt sich der ursprüngliche Schriftzug zum Bild. Parallel der persönlichen Anrufung zum symbolischen Zeichen verformt sich die eigenhändige Unterfertigung zum sinnentleerten Rekognitionszeichen. Zuerst gewinnt der in Buchstaben ausgeschriebene Herrschername feste Gestalt im Monogramm, einem zentralen Buchstaben, um den sich in bestimmter Reihenfolge die übrigen Buchstaben des Herrschernamens, später auch der Titulatur, anordnen. Der straffe Aufbau bleibt – ähnlich der festen Form eines Christogramms – erkennbar und in seinen Einzelheiten lesbar. Keine Schmuckformen überwuchern die Struktur oder verwischen die Aussage. Bereits am Monogramm Karls des Großen kann nicht gedeutelt werden. Dagegen dauert es bis ins 11. Jahrhundert hinein, bis sich das Subskriptionsverb zum Bild verformt hat und aus dem diplomatischen Gebrauch gestrichen wird. An die Stelle der tironischen Noten, die über Auftrag und Vollzug des Schreibers Aufschluß gegeben haben, sind bereits im 9. Jahrhundert verballhornte Kürzel und Schlingenmuster getreten[220]. In dieser Arbeit werden nur die graphischen Veränderungen behandelt, Ankündigungen in der Corroboratio oder rechtliche und beglaubigende Funktionen bleiben unberücksichtigt.

III.1 Subskription und Rekognition in merowingisch-fränkischen Königsurkunden

In den ravennatischen Papyri aus dem 5. bis 7. Jahrhundert begegnen kursive Buchstaben auch im Zeugentestat, wie zum Beispiel in *uidi*, und nachgesetzte, schwungvolle Strichkombinationen[221]. Die Buchstabenformen und die Rechtsneigung der Schrift weisen auf eine leichte Handhabung der Feder und eine flinke Schreibbewegung auf der Faserstruktur des Papyrus und stehen in Einklang mit den hingeworfenen Abschlüssen einer Unterzeichnung. Noch heute verstehen sich eigenwillige Namenszüge oder -schnörkel als ›persönliche Note‹ bei eigenhändigen Unterschriften. Man könnte sich vorstellen, daß die individuelle Unterzeichnung, besonders wenn sie keine Namensunterschrift war, bei damaligen Schreibkundigen so allgemeiner Brauch gewesen ist wie heute. Dieser Gewohnheit scheint auch der Rekognoszent der Urkunde Chothachars II. aus dem Jahr 625 zu folgen und hängt seinem Namen, von dem sich nur Buchstabenreste erhalten haben, nach dem Verb *optolit* ein Strichgerüst an[222], das sich mit den Subskriptionen in ravennatischen Urkunden wie mit den zahlreichen Unterschriften im Präzept König Chlodowechs II. von 654 vergleichen läßt (Abb. 38a u. b).

Von der königlichen Subskription zum Signum des Königs

Vier Jahrzehnte später unterfertigt König Childebert III. zwei Präzepte aus den Jahren 695–697 mit einem einleitenden Invokationszeichen, seinem nach Silben spatiierten Namen und Titel und einem *sub[scripsi]* in einer schlingenverzierten Bogenform. Das Subskriptions- und spätere Rekognitionszeichen ist in seiner Bogenform bereits umrissen (Abb. 4b)[223]. Nicht nur

220 Rück, Die Urkunde als Kunstwerk, S. 320ff. zu Funktion und Gestalt der graphischen Symbole.
221 Taf. 1, Sp. 5; ChLA 3, No. 181.
222 Den unterschiedlichen Gebrauch von *obtulit* und *recognovit* in Merowingerurkunden behandelt Irmgard Fees, Die Matrix der abendländischen Herrscherurkunde. Format und Layout der Merowingerdiplome, in: Mabillons Spur. Zweiundzwanzig Miszellen aus dem Fachgebiet für Historische Hilfswissenschaften der Philipps-Universität Marburg zum 80. Geburtstag von Walter Heinemeyer, hg. v. Peter Rück, Marburg an der Lahn, S. 213–229, hier S. 219ff.
223 ChLA Bd. 14, Nos. 577, 579; Lauer-Samaran, Nos. 24, 26; Levillain, La Souscription de Chancellerie, Pl. 1, Fig. 3–11.

die zeichenhafte anstelle der verbalen Invokation ist, wie oben besprochen, in diesem Dokument eine Neuerung, sondern auch die graphische Gestaltung des Präfixes *sub* mit einem weiten Lang-*s*-Bogen, über dessen Scheitel die Oberlänge des *b* hinaus- und in die darüber liegende Schriftzeile hineinragt[224]. Zwanzig Jahre später greift König Chilperich II. in drei erhaltenen Präzepten aus den Jahren 716–717 die Praxis seiner Vorgänger auf und unterfertigt *chilpricus rex sub(scripsi)* mit vorangestelltem Invokationszeichen. Der erste Buchstabe des Verbpräfixes ist zur Arkade vergrößert, *u* und *b* – vermutlich mit Kürzungsstrich durch die Oberlänge des *b* für *scripsi* – sind eingestellt. Es ist deutlich auszumachen, daß die Form des ›Bienenkorbes‹ auf einem zweistrichigen Lang-*s* aufbaut, einem ersten Zug in Schrifthöhe von *rex* bis zum Fuß und einem zweiten vom Schaftkopf des ersten Striches über einen Bogen zur fernen Seite der Arkade, wo er durch Schlingung unterbrochen und nach rechts versetzt zu Ende geführt wird. Am rechten Bogenteil wie am Stab des Invokationszeichens bringt der Schreiber Actulius drei untereinander stehende Titulusformen an und rahmt auf diese Weise die königliche Unterschrift. Auch die horizontale Dreiteilung des ›Bienenkorbes‹ scheint durch die älteren ravennatischen und merowingischen Unterschriftsformen vorgegeben und wird durch die verlängerten Abstriche der tituli aufgegriffen. Schreiber Actulius setzt vor seinen Namen ein Invokationszeichen mit der Formel *In nomine dei (?)* und schließt ab mit *optol(it)*, das keine Buchstaben für eine Bogenform beinhaltet (Abb. 40)[225]. Mit dem Präzept König Chilperichs II. für St. Denis vom 28. Februar 717 bricht die merowingische Überlieferung ab und damit auch die herrscherliche Subskriptionsform, wie sie über die gesamte Periode von [584–629]–717 üblich gewesen war. Der arnulfingische Hausmeier Pippin unterfertigt in der ersten von ihm überlieferten Originalurkunde [751] ohne vorangehende verbale oder zeichenhafte Invokation mit *signum*[226], einem Kreuzzeichen und seinem Namen und Titel im Dativ/Ablativ: *Inlustri uiro pippino maior(.) dom(..)*[227], also in genau derselben Form wie sein Amtsvorgänger Radobert einhundert Jahre zuvor[228]. Auch als König 753 behält Pippin das *signum* eines ehemaligen weltlichen Beamten bei. Er läßt Rang und Titel in *domno nostro Pippino gloriosissimo rege* ändern, aber nicht den Kasus. Der Wechsel in der Unterschriftspraxis ist augenfällig.

Doppelte Unterfertigungsverben für die Schreiber

Mit der objektiven Fassung *signum* ist in fränkischen Urkunden kein Verb verbunden[229]. Als der Herrscher nicht mehr subskribiert, wandert das bogenförmige *Sub(scripsi)* zu dem Schreiber oder Notar[230], der für die kanzleimäßige Ausfertigung und Authentizität des Dokuments verantwortlich ist und mit seinem Namen und den Doppelverben *recog(novi)*[231] *et sub(scripsi)* bürgt. Dasselbe königliche bogenförmige Subskriptionszeichen wird fortan mit der Person des Schreibers verbunden und verschmilzt seine schreibende und rekognoszierende Tätigkeit zu einer optischen Einheit, dem Rekognitionszeichen. Dabei verändern sich die Diagonalstriche mit Titulus-Köpfen zu Horizontalen, die nicht nur die Zeilen für die tironischen Noten und späteres Beiwerk schaffen, sondern vor allem die Verbindung zum Abbild des Ausstellers in Form der Gemme oder des Siegels[232] herstellen, wo in Chlodowechs II. Urkunde von 654 noch der in der Antike übliche Gruß eines *ben(e) val(e/ete)* seinen Platz gefun-

224 Ob die beiden Buchstabenformen unter dem *b*, deren Köpfe von dem rechts-links laufenden Diagonalstrich geschnitten werden, zwei gekürzte Lang-*ss* für *scripsi* darstellen, kann ich nicht entscheiden.

225 ChLA Bd. 14, Nos. 588, 591, 593; Lauer-Samaran, Nos. 34, 37, 38.

226 Mühlbacher, MGH, Diplomata Karolinorum, Bd. 1: Die Urkunden Pippins, Karlmanns und Karls des Grossen, Hannover 1906, erwähnt in der Einführung zu Pippin, daß die unpersönliche Form aus der Privaturkunde stamme. Im Merowingerpräzept von 654 wird danach unterschieden, ob der Zeuge selbst subskribiert oder mit Handmal unterfertigt.

227 ChLA 15, No. 595, genauso in No. 596, der Abschrift desselben Dokuments. Dazu Herwig Wolfram, Intitulatio I, S. 206 ff.; Ingrid Heidrich, Titulatur und Urkunden der arnulfingischen Hausmeier, in: AD 11/12 (1965/66), S. 71–279, hier S. 146 f.

228 Vgl. ChLA 13, No. 558: *sign(um)* (M) *u(iro) inl(ustri) Radoberto mai(ore) dom(us).*

229 Im Unterschied zu den gleichzeitigen angelsächsischen Urkunden, in denen der König mit dem gleichen Begriff in beschreibender Bedeutung *signum sanctae crucis* eigenhändig subskribiert oder firmiert.

230 Vgl. Lothar Saupe, Die Unterfertigung der lateinischen Urkunden aus den Nachfolgestaaten des weströmischen Reiches. Vorkommen und Bedeutung, von den Anfängen bis zur Mitte des 8. Jahrhunderts. Beiträge zur Geschichte der Unterfertigung im Mittelalter, Kallmünz/Opf. 1983 (= Münchener Historische Studien, Abt. Geschichtl. Hilfswissenschaften, hg. v. Peter Acht, Bd. 20), S. 17 ff., S. 20, wonach der Aussteller grundsätzlich eigenhändig unterschreiben muß und ein Handzeichen mit Beischrift diese Unterschrift nicht voll ersetzen kann. Nach meiner tabellarischen Auswertung kommt *optol(it)* in den Karolingerurkunden nicht mehr vor, sondern wird aufgrund der beglaubigenden Tätigkeit mit *recogn(ovi/it)* ersetzt.

231 Sickel, KUiA, zu Lfg. 7, Taf. 16, S. 177: »Aus dem Wechsel von *recognovi* und *recognovit* läßt sich durchaus nicht, wie ich früher annahm, eine Folgerung ziehen.«

den hatte[233]. Die verlängerten Horizontalen, die anfangs mit der bildlichen Repräsentation des Herrschers in physischer Verbindung stehen[234], lockern sich. Mit der Durchtrennung der Verbindungsfäden beginnt das Siegel in der Fläche zu wandern. In lockerer Abhängigkeit von der Rekognition wird es unter oder über die Signum- oder Rekognitionszeilen plaziert und schließlich wie in päpstlichen Privilegien ein- oder angehängt.

Trennung von Verb und Zeichen

Wie für die Invokation setzt für die Subskription mit dem Verwischen der ursprünglichen Buchstabenformen die Verhärtung von einer beweglichen Ligatur zum festen Zeichen ein. Die Gabelung zwischen Schaft und Bogen des einst zweistrichigen langen *s* verschmilzt zu einem einzigen Strich, dessen Bogen im Scheitel den Übergang zum *b*-Schaft formt. Der Schaftstrich selbst löst sich dann in den Randverzierungen des einstigen *s*-Bogens und zwischen den tironischen Noten und Schnörkeln auf oder wird überwuchert[235]. Nach Kehr kann Hebarhard, der Erfinder des neuen Invokationszeichens, um 860 selbst keine tironischen Noten mehr lesen[236]. Die Noten entfallen, aber die horizontale Teilung, meist eine Dreiteilung, hält sich noch bis ins 10. Jahrhundert, auch als das Strichgerüst auf kurze Parallelstriche nach oben und unten reduziert wird. Nach dem Abbröckeln des Tätigkeitsverbs *scripsi* und dem Überleben des Präfixes *sub* schiebt sich als Konjunktion die hoch wachsende Ligatur & in den Mittelpunkt und hält die Verbindung zum Subskriptionszeichen. Um die Mitte des 9. Jahrhunderts beginnt sich die &-Ligatur ihrer verbindenden Funktion zu entledigen[237] und gegen Ende des Jahrhunderts selbständig zu machen[238]. Im 10. Jahrhundert, besonders in der Regierungszeit Ottos des Großen (936–973), entfällt die Konjunktion. Das Rekognitionsverb und das Rekognitionszeichen werden durch ein Spatium entkoppelt. Die graphische Entwicklung zum eigenständigen Rekognitionszeichen ist abgeschlossen. Das Zeichen verschwindet unter Otto II. in den 70iger Jahren des 10. Jahrhunderts und tritt unter Otto III. (983–1002) nur ausnahmsweise in Erscheinung. Während der Regierungsjahre Heinrichs III. (1039–1056) wird es um 1041 noch einmal von Kanzler Eberhard, der im Auftrag der Erzkanzler und Erzkapläne Bardo und Willigis rekognosziert, eingeführt und unter seinen Nachfolgern Adelger, Theoderich und Winithar bis um die Mitte des Jahrhunderts regelmäßig, die folgenden Jahre bis 1056 unregelmäßig verwendet. Ab 1042 kommt es für einige Jahre zusammen mit dem Sonderzeichen eines doppelbauchigen R (*manu propria*) vor, zuerst als quadratisches Gebilde mit fehlendem Grundstrich und einer Fülle von kleinen Strichen, dann als stilisiertes Kirchengebäude mit einem Kreuz auf dem First und schließlich als Doppelarkade mit eingezeichneten griechischen Buchstaben. Vielleicht könnte man den Rückgriff auf das Rekognitionszeichen zusammen mit dem Signum Speciale als einen Versuch Heinrichs III. werten, die königliche Subskription graphisch stärker zu betonen und wieder ins Blickfeld zu ziehen. Es ist beachtenswert, daß um die gleiche Zeit, während des Pontifikats Leos IX.

232 Um die fehlende eigenhändige Unterschrift eines schreibunkundigen oder verhinderten Herrschers zu ersetzen, wird sein Bild zur Beglaubigung verwendet. So schon BRESSLAU, UL 1, S. 689 und dem Beispiel der Mathilde von Tuscien aus dem 11. Jahrhundert, UL 2, S. 185: *quam cartulam, quia predicta comitissa propriae manus subscriptione non potuit, sigilli sui impressione insigniri praecepit*; HEIDRICH, Titulatur und Urkunden der arnulfingischen Hausmeier, S. 147: »Ohne Zweifel hängt die Rolle des Siegels als Beglaubigungsmittel mit dem Analphabetentum der ersten Karolinger zusammen«; SCHLÖGL, Die Unterfertiung deutscher Könige, S. 54 ff.

233 LANHAM, Salutatio, S. 69 ff.; Leon LEVILLAIN, La formule »bene valiat« et le sceau dans les diplômes mérovingiens, in: BECh 92 (1931), S. 5–22; Generell zur Entwicklung des Eschatokolls Lothar SAUPE, Die Unterfertigung der lateinischen Urkunden aus den Nachfolgestaaten des weströmischen Reiches.

234 Vgl. Abb. 38–43. Über die graphische Verbindung und Auflösung zwischen Rekognition und Siegel ist mir keine Arbeit bekannt.

235 BRESSLAU, Der Ambasciatorenvermerk in den Urkunden der Karolinger, in: AUF 1 (1908), S. 167–184; TANGL, Die Tironischen Noten in den Urkunden der Karolinger, in: AUF 1 (1908), S. 87–166 und DERS., Forschungen zu Karolinger Diplomen, in: AUF 2 (1909), S. 167–326, sowie die Arbeiten von Arthur MENTZ, Beiträge zur Geschichte der tironischen Noten, in: AUF 3 (1911), S. 1–38 und AUF 6 (1918), S. 1–18; DERS., Die Tironischen Noten. Eine Geschichte der römischen Kurzschrift, in: AUF 16 (1939), S. 287–384 und AUF 17 (1942), S. 155–303, mit 1 Taf. der Noten aus den 38 Merowingerurkunden.

236 Zu Hebarhard vgl. KEHR, Die Urkunden Ludwigs des Deutschen, S. XXV: »Er hält an dem überlieferten Schema fest und bringt notenähnliche Zeichen in sein Rekognitionszeichen ein, «die, da sie eben keine Noten waren, auch nicht zu entziffern sind.»

237 SICKEL in KUiA, S. 50: »Mit dem Wechsel des Arbeitspersonals im Jahre 940 fällt eine Neuerung in der Rekognitionszeile zusammen. Bislang waren sich die Notare bewußt, daß das SR aus *subscripsi* entstanden war und das zuvor ausgeschriebene *recognovi* ergänzen sollte. Mit der Zeit wurde die Bedeutung des Schriftzeichens vergessen und Willkür Tür und Tor geöffnet«.

238 Abb. 41–43; Taf. 1, Sp. 5, Nos. 3–5.

(1048/49–1054), der traditionelle antike Briefgruß *Bene Valete* zum Monogramm umgestaltet wird und sich die Rota mit dem päpstlichen Wahlspruch zur dominierenden graphischen Figur entwickelt. Die Rota mit und ohne Vollziehungsstrich und die monogrammatische Unterschrift, wegen ihrer Größe und Dominanz wohl eher als Bilder zu bezeichnen, prägen und identifizieren das päpstliche Privileg für die nächsten Jahrhunderte[239]. Das königliche Subskriptionszeichen kann sich zusätzlich zum Herrschermonogramm und neben dem Rekognitionszeichen, dessen Aussage mit dem mundierenden Notar verbunden ist, im Eschatokoll nicht durchsetzen. Das Rekognitionszeichen selbst, in der Bedeutung als einstige *sub*-Ligatur verkannt und zum Bild verfremdet, verschwindet in der zweiten Hälfte des 11. Jahrhunderts aus den Urkunden. Es verkörpert keine religiöse Vorstellung, sondern war aus der Praxis einer persönlichen Unterfertigung gewachsen, die außer Gebrauch geriet. Fortan weist nur ein Rekognitionsverb den Notar aus. Unter den Ottonen wird die bestätigende oder beglaubigende Aussage der Verbform *recognovi* häufig durch ein einfaches *notavi* oder *notavit* ersetzt[240].

III.2 *Scripsi et subscripsi* in St. Galler Urkunden

Der Signum-Teil der St. Galler Privaturkunden schließt meistens direkt an den vorausgehenden Text an[241]. Im Unterschied zu den königlichen Notaren setzen die fast ausschließlich geistlichen Schreiber der St. Galler Privaturkunden, überwiegend Diakone und Priester, vor ihre Namen keine invokatorischen Zeichen. Sie beginnen die Schreiberzeile in der Regel mit *Ego*, ihrem Namen, der um eine Devotionsformel erweitert sein kann, und setzen die ausfertigenden Doppelverben *scripsi et subscripsi*, gefolgt von der Datierung, die in der Mehrzahl der Urkunden mit *notavi die ...* beginnt. Sie sind meistens für ihr Amt bestellt – *rogatus* – und schreiben an öffentlichen Orten. Verbformen von *recognoscere* werden nicht verwendet. In den Privaturkunden kommen keine Monogramme oder bildliche Repräsentationen des Ausstellers vor, die der Schreiber hätte wieder-erkennen – *recognosere* – müssen. Im 8. Jahrhundert ähneln die *sub*-Formen des Zweitverbs mitunter den Subskriptionszeichen der königlichen Notare. Für die Gestaltung des 9. Jahrhunderts wird typisch, daß der *sub* - ›Bienenkorb‹ nicht wie in den königlichen Diplomen mit Strichen, Schlingen und anderen Kleinzeichen gefüllt wird, sondern die *sub*-Buchstaben selbst die Füllung abgeben, die ihrerseits eingekästelt, umkränzt, verziert oder teils geschrieben, teils verschnörkelt wird. Daß die ursprüngliche Bedeutung des *Sub*-Bogens auch hier in Vergessenheit gerät[242], geht aus der Stellung des ›Bienenkorbs‹ hervor, der einmal zwischen die Verben und die Konjunktion gestellt wird, ein andermal über dem Präfix, dem Verbstamm oder der Endung steht oder gar über ein bis zwei Buchstaben, vor allem dem *p* von *subscripsi* als Zierform gestülpt wird[243].

Festzuhalten ist, daß sich die Schreibersubskriptionen der St. Galler Privaturkunden von 720/730 bis Anfang des 10. Jahrhunderts – wegen der kurzen Überlieferungsperiode nur mit den karolingischen vergleichbar – in leicht lesbaren Buchstaben mit geometrischen oder Schnörkelverzierungen erhalten und nicht von wirren oder unverständlichen Strichkombinationen überwuchert oder verdrängt werden. Die Subskription der Zeugen beschränkt sich in der Regel auf eine objektive Unterfertigung mit *signum* und Kreuzzeichen. Dabei ist zu unterscheiden, ob die Kreuzzeichen vor das Wort *sig(num)* gesetzt sind, doppelt vor und nach *sig(num)* stehen, nur dem *sig(num)* angesetzt

239 Joachim DAHLHAUS, Aufkommen und Bedeutung der Rota in den Urkunden des Papstes Leo IX., in: AHP 27 (1989), S. 7–84; SCHLÖGL, Die Unterfertigung Deutscher Könige, S. 39ff.

240 Eine systematische Arbeit über die verwendeten Verben und deren Konjugation in der 1. oder 3. Person ist mir nicht bekannt. In merowingischen Urkunden wird häufig nach dem Wortstamm gekürzt und damit eine Interpretation verloren, es sei denn, man könnte nachweisen, es sei absichtlich geschehen. In den Karolingerurkunden benutzt der Schreiber überwiegend die 1. Person und in ottonischer Zeit schwankt es zwischen 1. und 3. Person deutlich mehr, unter Otto II. treten die Verben *notare* und *scribere* in den Vordergrund, Heinrich II. kehrt zur alten Form eines unbestimmten *recogn* zurück, Konrad II. bevorzugt *recognovit* in der 3. Person, Heinrich III. ganz eindeutig *recognovi* in der 1. Person. Die St. Galler Skriptoren schreiben fast immer *scripsi* in der 1. Person, während in den gleichzeitigen italienischen Urkunden die erste und dritte Person in der Wendung *complevi et dedit* so häufig zusammen vorkommen, daß es sich vielleicht um zwei Beteiligte handelt.

241 Vgl. Abb. 44–47.

242 Sicher ließen sich aufgrund der Subskriptionen Gruppen zusammenstellen, die einerseits eine chronologische Reihe bilden und andererseits Hinweise auf eine originale oder kopiale Überlieferung geben könnten, da die Subskriptionszeichen in den Abschriften oft fehlen.

243 Aus dem Rahmen fällt die Variante des Priesters Nordpert, der *subscripsi* mit der Darstellung eines Kopfes verbindet (Aadorf, 894? I 10, W-691) und damit als einziger Schreiber mit einem eigenen Bildzeichen unterfertigt.

sind und eher den Anschein von Kürzungszeichen haben, oder mit einem vorausgehenden Trennpunkt zwischen die einzelnen Zeugennamen eingezeichnet sind. Die Formel *signum manus*, die in der frühmittelalterlichen italienischen Überlieferung fester Bestandteil ist, begegnet in St. Galler Urkunden überhaupt nicht. In der ältesten Überlieferung wird auf die Zeugen mit Redewendungen wie *Actum ... publice, praesentibus istis, quorum hic signacula contenentur* verwiesen. Dabei ist zu beobachten, daß bereits im Laufe des 8. Jahrhunderts nach einem einleitenden *signum* die Genetiv- oder Dativ/Ablativ-Endungen der Personennamen abfallen können, doch wird die Deklinition unterschiedlich gehandhabt. In einer 826 in Gossau ausgestellten Urkunde folgen dem jeweiligen *signum* eines Geistlichen Name und Titel im Genetiv, für die *signa et aliorum laicorum* werden zahlreiche, durch Punkte abgegrenzte Namen aneinandergereiht: *Wito. Sumar. Babo, Drudolt* .... In der in Goldach 856/57 verhandelten Tradition, in der die Zeugen *actum ... publice, sub frequentia testium subscriptorum* angekündigt werden, steht nach *signum* nur der Name des Ausstellers im Genetiv, Namen und Titel der geistlichen Zeugen wie Personennamen der Laien folgen im Nominativ. In der in Wasserburg im Juni 882 ausgestellten Präkarie stehen die Namen der Inhaber der Klosterämter wieder im Genetiv: *sig(num) Folchardi decani. sig(num) Kerberti cellararii ...*, während die *Signa et aliorum testium* mit oder ohne Kreuzzeichen in einer Namensform unbestimmter Endung stehen: *Chunibert. Hiltine. Truogo. Asprant ...*[244]. Eine zeitliche Abfolge würde sich wohl erst bei einer systematischen Untersuchung nach Art des Geschäfts, Region, Status des Ausstellers und der Subskribenten herausschälen lassen.

III.3 Fehlende ›Bienenkörbe‹ in der iberischen Überlieferung

In den iberischen Urkunden von 882 bis ins 12. Jahrhundert wird die Beglaubigung durch den Aussteller *ego (nos) N. ... manu(ibus) mea (nostris) roboravi(mus)* bewirkt[245]. Im Unterschied zu den königlichen Urkunden und der St. Galler Überlieferung schreibt oder notiert der Schreiber den Vorgang *N. diaconus notuit (scripsit)*. Subskriptions- oder Rekognitionszeichen, die von dem Verb *subscribere* und der Bogenform *sub(scripsi)* ihren Ausgang nehmen, kommen nicht vor. Statt der *Signa* der Zeugen in der St. Galler Überlieferung steht in den iberischen Urkunden ein Anrufungszeichen vor dem einzelnen Zeugen oder als gemeinsames Zeichen mit mehreren Etagen vor einer Zeugenreihe[246], das ab dem 10. Jahrhundert auch wegfallen kann[247]. Der einzelne Zeuge bezeichnet sich am häufigsten als *testis* und firmiert das Rechtsgeschäft durch seine Anwesenheit. Im Vergleich zu den autographen, lebhaften Eschatokollen der italienischen Urkunden aus dem 8. Jahrhundert springt ins Auge, um wieviel später die iberische Überlieferung einsetzt: die Namen der Zeugen sind in Reih und Glied ausgerichtet und die Unterschriften weitgehend vereinheitlicht. Die Zeugenunterfertigung, die sich aus einem geschriebenen *confirmaui* zu einem graphischen Zeichen entwickelt, läßt sich mit den *subscripsi*-Formen und -zeichen vergleichen. Auf ähnliche Weise entstehen die individuellen und originellen Figuren aus *signum* und Handzeichen oder formen sich zu Monogrammen aus dem Unterfertigungsverb des Schreibers[248].

III.4 *Compleui et dedi* in italienischen Privaturkunden bis 800

Mit den Ausfertigungsformeln *compleui et dedi* oder *compleui et emisi* in italienischen Privaturkunden von 721–800 entfällt für die Schreiber und Notare das *subscripsi* und damit die Umbildung der Vorsilbe *sub* zu einem bogenförmigen Subskriptionszeichen[249]. Die Zeugen unterfertigen – im Unterschied zu den St. Galler Urkunden der gleichen Zeit[250] – häufig in der subjektiven Form *confirmaui et subscripsi* oder *teste subscripsi*, wobei die einzelnen Buchstaben ausgeschrieben werden. Die Verdoppelung der langen *s* für *suprascripti* oder *subterscripti*, die seit der Antike zu den Standardabkürzungen gehört und auch in der ravennatischen Überlieferung fester Bestandteil ist[251] und vor allem in päpstlichen Privilegien typisch wird,

244 W 298, W 451, W 622. Herbert ZIELINSKI, Studien zu den spoletinischen Privaturkunden des 8. Jahrhunderts, Rom 1972 (= Bibliothek des Deutschen Historischen Instituts in Rom 39), S. 56ff., zum Kasuswechsel der Zeugennamen vom Genetiv-*i* zum Ablativ-*o*; dazu Frieda POLITZER, Robert Louis POLITZER, Romance Trends in 7th and 8th Century Latin Documents, Chapel Hill 1953 (= University of Carolina, Studies in the Romance Languages and Literatures 21), S. 18ff. zur *o*- bzw. *i*-Endung und Deklination germanischer Namen.

245 Vgl. die Abb. im Beitrag von Isaias DA ROSA PEREIRA, Symboles graphiques dans les chartes médiévales portugaises, in diesem Band.

246 Zusätzlich zur akkumulativen Invokation findet sich zwischen den Zeugenkolonnen ein Pentagramm (Abb. 30), bei dessen Zeichnung in einem Zug der Schreiber offensichtlich Mühe hatte. Nach GARDTHAUSEN, Das alte Monogramm, S. 29, ist das magische Zeichen gegen Übelabwehr wahrscheinlich älter als alle Buchstabenschrift und stammt aus den Zauberformeln der

begegnet für die Verbform *subscripsi* in dieser frühen Zeit kaum. Die eigenhändigen Subskriptionen beginnen regelmäßig mit einem Invokationszeichen vor *Ego*, das sich anfangs in der Form von den *signum*-Kreuzen unterscheidet. Die Kreuze stehen als rechtwinklig übereinandergelegte Balken mit serifierten Armenden zwischen *signum* und *manus* oder können als untereinandergestellte und miteinander verbundene Kreuzleisten für mehrere Zeugen gelten[252]. Wie in St. Galler Urkunden können Zeichen vor und nach *signum* als selbständige Zeichen vorkommen oder an den *sign(um)*-Kürzungsstrich angehängt sein. Die Kursivität der Schrift erlaubt die graphische Umbildung des Wortes *sign(um)*, indem – analog zur Bildung des Subskriptionszeichens – ein überspannender Lang-*S*-Bogen in den unteren *g*-Bauch übergeht und die Arkade für ein eingestelltes *i* bildet (Abb. 52)[253]. Den Ansatz für ein zeichenhaftes *confirmaui* bietet ein doppelstöckiges *C*, in dem die zweite Worthälfte, vielleicht aus Platzgründen oder Unachtsamkeit, oberhalb der ersten steht (Abb. 49).

IV. Wechselbeziehungen zwischen Invokationszeichen und Verbalinvokation

Auszugehen ist von der Frage, ob die Invokationszeichen Vorläufer oder Zeitgenossen der ausgeschriebenen Invokationen gewesen sein können. Nach Santifallers Ergebnissen setzen Konzilsprotokolle mit ausgeschriebenen Invokationen in der kopialen Überlieferung mit dem frühen 6. Jahrhundert ein. Es gab schon vorher Konzilien, aber es bleibt ungewiß, ob die Anrufungen gerade in der Synode von Agde auftauchen, und aus welchem Anlaß, oder ob die Kopisten die stehenden Zeichen und ligierten Formeln immer in Langschrift in die Protokolle übertragen oder vielleicht hier und da ausgelassen haben. Die originalen merowingerzeitlichen Dokumente von [584–629]–717 mit unbeschädigter linker, oberer Ecke beginnen immer mit einem Invokationszeichen vor der Intitulatio und eine verbale Formel fehlt. Zum Vergleich von Zeichen und Wort im protokollarischen Teil der Urkunde müssen deshalb die Zeichen aus dem Eschatokoll herangezogen werden, die zahlreicher vor den Unterfertigungen der Könige, der Rekognoszenten und der Zeugen auftreten und die von Beschädigungen des Schreibmaterials öfter verschont blieben.

IV.1 Austauschbarkeit zwischen ligierter und ausgeschriebener Formel

Die ausgeschriebene Anrufungsformel vor der Subskription König Chlothachars II. (584–629) lautet *In christi nomine*. Die Invokation fehlt bei den Königen Dagobert I. (623–639) und Chlodowech II. (639–657), aber taucht bei König Theuderich III. (673–691) in den drei erhaltenen Präzepten aus den Jahren 677–679 mit einem langschäftigen Kreuz und verlängerter Schrift *In xri nomene theudericus rex sub(scripsi)* erneut auf (Abb. 39)[254]. Die Schreiber der beiden Präzepte König Childeberts III. (694–711) aus den Jahren 694–696 setzen vor seinen Namen, Titel und Subskription statt des Kreuzzeichens und der wörtlichen Formel das ligierte Zeichen und in eben der gleichen Bedeutung *In christi nomine*[255]. Hier ist die zeichenhafte Ligatur mit der

Babylonier; s. v. Drudenfuß, in: LexMA III, München–Zürich 1984–1986, Sp. 1414; zu apotropäischen Zeichen in Urkunden vgl. Rück, Die Urkunde als Kunstwerk, S. 326 mit Anm. 96, und Hans Reinhard Seeliger, Die Verwendung des Christogramms, S. 158 ff.

247 Vgl. Abb. 24, 25, 30, 31.

248 Die graphische Entwicklung von einem buchstäblichen *signum* zu einem persönlichen Zeichen kann hier nicht behandelt werden. Es scheint, daß sich das ursprünglich aufrechte *S(ignum)* erst in die Diagonale, dann in die Horizontale legt. Durch eine Kreuzung des Hauptschaftes entsteht das Grundgerüst des immer reichlicher ausgeschmückten *Signum*-Zeichens.

249 Vgl. Abb. 48–52.

250 Die italienischen Privaturkunden unterscheiden sich von den St. Galler Stücken bereits äußerlich durch das Format. Die italienischen Urkunden sind fast alle der kürzeren Seite nach beschriftet und ergeben ein Hochformat, die St. Galler Stücke, der längeren Seite nach beschriftet, ergeben ein Querformat, vgl. Erika Eisenlohr, Die Pergamente der St. Galler Urkunden (8.–10. Jh.). Ein praktischer Versuch zur Bestimmung der Tierhaut, in: Pergament. Geschichte – Struktur – Restaurierung – Herstellung, hg. v. Peter Rück, Sigmaringen 1991 (= Historische Hilfswissenschaften 2), S. 63–95, bes. S. 83 ff. mit Tab. 12. Es ist mir bisher nicht gelungen, die Basis für die Unterschiede zu finden.

251 Tjäder, Die nichtliterarischen lateinischen Papyri I, S. 137–146.

252 Der Vertikalbalken eines langgestreckten Kreuzzeichens in Abb. 36 wird im Zeugenteil der gleichen Urkunde nach Bedarf über mehrere Zeilen verlängert. Kreuzende Querstriche markieren die einzelnen Zeugen; vgl. Abb. 48 und 49, wo die vereinheitlichten Kreuzzeichen für die Zeugen ebenfalls leicht verbunden werden könnten. In iberischen Urkunden können mehrere Aussteller durch kreuzende Vollziehungsstriche der Corroboratio zusammengefaßt werden. Beide Formen betreffen die Rechtssicherung. Das gemeinsame Aufreihen mehrerer Zeugen unter einem Invokationszeichnen begegnete bisher nur in iberischen Urkunden.

253 Vgl. die *sub*-Bogen in Abb. 38, 40.

254 ChLA 13, Nos. 566, 565, 570; Lauer-Samaran, Nos. 14, 15, 17.

255 ChLA 14, Nos. 577, 579; Lauer-Samaran, Nos. 24, 26.

wörtlichen Formel austauschbar. König Chilperich II. (715–721) folgt der Praxis seiner Vorgänger mit den drei letzten aus den Jahren 716–717 überlieferten Präzepten der Merowingerzeit[256] und läßt statt der wörtlichen Invokation ebenfalls die Ligatur setzen (Abb. 40). Die graphische Gestaltung unterscheidet sich von den vorherigen und wäre wohl nicht mit *In Christi nomine* aufzulösen, sondern aufgrund der doppelten *d*-Bogen links und der Kürzungszeichen rechts des Stabes vielleicht *In nomine domini dei* (?). In der Apprecatio wird ein kurzes *In d(e)i nomin(e)* wörtlich ausgeschrieben[257]. Daß sich die Invokationszeichen in Protokoll und Eschatokoll nach ihrer graphischen Form nicht zu entsprechen brauchen, ist bekannt und wird mit der Beteiligung mehrerer Personen an der Reinschrift und an dem Vollzug des Rechtsdokuments erklärt. So kann zum Beispiel das graphische Zeichen vor dem Schreibernamen *In dei nomine* aufgelöst werden, während das Zeichen vor der Unterfertigung des Königs *In christi nomine* bedeutet und die tironischen Noten im Rekognitionszeichen des Schreibers ebenso aufgelöst werden[258]. In der Regel sichern die Rekognoszenten ihre Handlung mit einem Invokationszeichen bis über die Mitte des 9. Jahrhunderts hinaus. Gelegentlich findet sich ein drittes Invokationszeichen vor der Datierung wie in den Urkunden Childeberts III. von 694/695 und 697[259], das sich nach seiner Form von den anderen beiden unterscheidet. Ob damit auch ein Handwechsel verbunden sein könnte, wurde nicht untersucht. In karolingischen Urkunden aus der zweiten Hälfte des 8. Jahrhunderts kommt keine wörtlich ausgeschriebene Invokation vor dem Herrschernamen mehr vor. Aus der subjektiven Subskription der merowingischen Herrscher ist mit der Einführung der *signum*-Zeile die objektive Unterfertigung geworden. Im Gegensatz zur königlichen Signum-Zeile[260] beginnt die Unterfertigung des Mundators immer mit einem Chrismon, wobei den einzelnen Invokationszeichen verschiedene Formeln zugrunde liegen.

Die Austauschbarkeit von zeichenhafter und ausgeschriebener Invokation läßt sich auch anhand der längeren Zeugenlisten belegen[261]. Achtundvierzig Zeugen bestätigen die Privilegierung Chodwigs II. für St. Denis vom 22. Juni 654 links, rechts und unterhalb der Subskription des Königs (Abb. 38a und 38b). Nach der Edition von Atsma-Vezin steht vor den Namen der 37 Geistlichen – darunter sechs Bischöfen – jeweils ein invokatorisches Zeichen[262], lediglich vor Bischof Elegius ein Kreuz[263]. Vor jeweils zwei Bischöfen findet sich zusätzlich zum Zeichen ausgeschrieben *In christi nomine* oder *In dei nomine*. Für 35 Geistliche, darunter zwei Bischöfe, ist demnach das Zeichen ausreichend, während die zusätzliche Verbalinvokation, die auch bei einem Diakon begegnet, eine Verdoppelung bedeuten würde. Umgekehrt ausgedrückt, es gibt keinen geistlichen Zeugen, der nicht vor seinen Namen eine zeichenhafte oder eine verbale Invokation geschrieben hätte. Im Unterschied zu den Invokationszeichen und den Namen der Geistlichen im Nominativ, beginnen die zehn Unterfertigungen von Weltlichen, unter denen auch der Majordomus und der Pfalzgraf genannt werden, ohne Invokation mit *sign(um)* und dem Namen des Zeugen im Dativ/Ablativ. Hier wird eine erste Gruppe von Geistlichen mit subjektiver Unterfertigung deutlich von einer zweiten Gruppe von Weltlichen mit objektiver Unterfertigung abgegrenzt. Zusätzlich zu dieser Gruppierung nach der Unterzeichnungsform läßt sich des weiteren zwischen einer Gruppe von Geistlichen mit invokatorischen Zeichen und einer Gruppe von Weltlichen ohne invokatorische Zeichen differenzieren. Man könnte gegenüberstellen: Invokation und Geistlicher mit Namen/Titel im Nominativ und Subskriptionsverb in 1. Person versus Signum und Weltlicher mit Namen/Titel im Dativ/Ablativ und keine Invokation. Das ist kein Einzelfall. In der zeitlich nachfolgenden Schenkung Clotildes vom 10. März 673 steht vor acht der insgesamt 24 Zeugen ein Invokationszeichen. Der Rand dieser ältesten erhaltenen Pergamenturkunde ist so knapp beschnitten, daß nicht mehr zu klären ist, ob Bischof Agilpertus die verbale Formel *[in] Christi nomine* mit oder ohne zusätzlichem Invokationszeichen gebrauch-

256 ChLA 14, Nos. 588, 591, 593; Lauer-Samaran, Nos. 34, 37, 38.

257 In keiner Urkunde habe ich eine zeichenhafte Anrufung als Apprecatio beobachtet, auch die dreifachen oder gesperrten *Amen* übersteigen kaum die Zeilenhöhe. Würde ein ligiertes, mehrzeiliges Zeichen geschrieben, zöge das Auge unwillkürlich eine Verbindungslinie vom Textbeginn der Urkunde links oben bis zum Textende rechts unten und beeinträchtigte das optische Hervortreten der herrscherlichen Subskription.

258 Vgl. Abb. 4a und 4b, 3a und 3b, 5a und 5b, 39–43.

259 ChLA 14, Nos. 578 und 581, Lauer-Samaran, Nos. 25 und 27.

260 Der diplomatische Terminus einer *signum*-Zeile trifft auf die Unterfertigungen der merowingischen Könige noch nicht zu. Ohne direkt verknüpfen zu wollen, bleibt anzumerken, daß zu ihrer Zeit das einleitende *signum* mit Handzeichen, ohne vorausgehende Invokation, vor Weltlichen mit Namen und Titel im Dativ/Ablativ verwendet wird.

261 ChLA 13, Nos. 558, 563, 564, ChLA 14, No. 580.

262 Vor *Ebrulfus*, im Nominativ ohne Titel, fehlt das Zeichen. Der Anfang des *.uciobertus diac.* ist nicht erkennbar.

263 Zur Interpretation dieses Kreuzes vgl. unten Abschnitt IV.2.

te. Vor den elf Unterfertigungen mit *signum (sign+)* fehlt die Invokation, bei fünf Zeugen bleibt die Form ungewiß. Die zwei nachfolgenden Privaturkunden mit 13 und 14 Zeugen stammen aus den 90er Jahren des 7. Jahrhunderts und sind 40 bzw. 20 Jahre jünger. In dem fragmentarischen Tauschgeschäft zwischen den Äbten Lambert und Magnoald von [691]? lassen sich drei zeichenhafte und sechs ausgeschriebene *In Christi nomine* erkennen, wobei das invokatorische Zeichen vor dem Namen des Diakons, beziehungsweise des Abtes steht, und die verbale Form, die zwischen Namen und Titel eingefügt ist, wohl auf den Titel zu beziehen ist[264]. Die Urkunde Bischofs Agerad von Chartres vom 6. März 696 bestätigt sowohl den regelmäßigen Gebrauch einer Invokation vor geistlichen Zeugen mit ihrem Namen im Nominativ sowie den Trend zur doppelten Invokation: In 14 Zeugensubskriptionen – unter ihnen zehn Bischöfe und ein Abt – kommen fünf doppelte Invokationen vor, viermal *In christi nomine*, dreimal *In dei nomine* und dreimal statt der Invokation eine Devotionsformel[265], die Form von vier Subskriptionen ist nicht erkennbar. Geht man davon aus, daß sich zeichenhafte und verbale Invokationen im Eschatokoll vor Unterfertigungen gegenseitig ersetzen können, so müssen auch im Protokoll das invokatorische Zeichen und die Verbalinvokation vor der Intitulatio austauschbar sein. Aus den Unterfertigungen geht ferner hervor, daß sich die Anrufung Gottes vor allem auf die handelnde Person bezieht und zur persönlichen Unterfertigung des Königs, zur Zeugenschaft des Geistlichen oder zur Subskription des Schreibers gehört[266]. Es ist wiederholt kommentiert worden, daß in den originalen merowingischen und karolingischen Herrscherurkunden bis 800 Invokationen fehlen und erst nach der Kaiserkrönung Karls des Großen in Rom aufgenommen würden[267]. Erkennt man jedoch die Ligatur als Kurzform der Verbalinvokation an, so haben auch die ältesten fränkischen Urkunden mit einer wörtlichen Anrufung begonnen und angeblich originale Urkunden vor 800 ohne Invokationszeichen oder nur mit ausgeschriebener Formel sind diplomatisch verdächtig.

Im Privileg Kaiser Karls des Großen vom 29. Mai 801 erscheint zusätzlich zum Zeichen die verbale Invokation *In nomine patris et filii et spiritus sancti*[268], für die über die Aussage des Zeichens hinaus programmatischer Charakter angenommen wird[269]. Fortan wird das Invokationszeichen durch eine zweite, in Buchstaben ausgeschriebene Formel verdeutlicht und verdoppelt, wie es bereits in Kurzform in den Unterfertigungen geistlicher Zeugen während der merowingischen Periode begegnet[270]. Das Wissen um die Austauschbarkeit von zeichenhafter und wörtlicher Anrufung ist im 9. Jahrhundert noch lebendig[271]. Unter Kaiser Ludwig dem Frommen (814–840) und König Ludwig dem Deutschen (826–876) setzen einige Notare vor die ausgeschriebenen Formeln *In nomine domini dei et salvatoris nostri Iesu Christi* oder *In nomine domini*

264 Vgl. zur Frage der doppelten Invokation, deren zweite Herbert Zielinski, Selbstaussage – Fremdaussage. Überlegungen zur Intitulatio des frühen Mittelalters (= Ausführliche Besprechung von Herwig Wolfram, Intitulatio I, MIÖG Erg.-Bd. 21, Graz–Wien–Köln 1967), in: GGA 225 (1973), S. 94, als eine »Beziehung des Titelträgers zu Gott im Sinne einer Billigung seiner Herrschaft oder seines Amtes« sieht.

265 Zum Ineinandergreifen von Invokation und Devotion vgl. Karl Schmitz, Ursprung und Geschichte der Devotionsformeln bis zu ihrer Aufnahme in die fränkische Königsurkunde, Stuttgart 1913, S. 91 ff; Heinrich Fichtenau, Zur Geschichte der Invokationen und »Devotionsformeln«, in: Ders., Beiträge zur Mediävistik 2, Stuttgart 1977, S. 37–61, hier S. 49 ff.; Zielinski, Selbstaussage – Fremdaussage, S. 93 ff.

266 In zahlreichen St. Galler Schenkungen und Traditionen fügt der Aussteller zusätzlich zu der vom Schreiber gesetzten zeichenhaften oder verbalen Invokation vor Textbeginn zwischen sich – *ego* – und seinen Namen *In dei nomine* als persönliche Devotio ein. In Luccheser Zweitschriften steht vor dem Wort *exemplar* häufig ein Invokationszeichen und nach dem Wort eine verbale Invokation, wobei das letztere wahrscheinlich zum Text der abzuschreibenden Urkunde gehört, während der Kopist mit dem Invokationszeichen vor *exemplar* seine Arbeit aufnimmt.

267 Harry Bresslau, Internationale Beziehungen im Urkundenwesen des Mittelalters. Zuerst Vortrag auf dem Internationalen Historiker-Kongreß in Berlin 1908, erweitert veröff. in: AUF 6 (1918), S. 19–76, hier S. 19 Anm. 1, 23; Heidrich, Titulatur und Urkunden der arnulfingischen Hausmeier, S. 134, wonach nur in drei Arnulfingerurkunden eine Invokation nachzuweisen ist. »Die merowingischen Königsurkunden kannten keine Invocatio. Privaturkunden setzen sie manchmal.« Santifaller, Über die Verbal-Invokation, S. 50 f.

268 DKarol. 197; vergleichbar Abb. 10 mit zeichenhafter und verbaler Invokation.

269 Zu Inhalt und Wahl dieser Formel Heinrich Fichtenau, Zur Geschichte der Invokationen, S. 41; John Cavadini, The sources and theology of Alcuin's *De fide sanctae et individuae trinitatis*, in: Traditio 46 (1991), S. 123–146, über seine Auseinandersetzung mit der Trinitätslehre gerade zu dieser Zeit.

270 Die devotionale Formel zwischen Name und Titel des Herrschers – die Legitimations- oder Autoritätsformel, wie Herwig Wolfram, Intitulatio I. Lateinische Königs- und Fürstentitel bis zum Ende des 8. Jahrhunderts, MIÖG Erg.-Bd. 21, Graz–Wien–Köln 1967, S. 24 ff. sie nennt –, wäre in dem Fall die dritte Formel.

271 Zum Kanzleiwesen Ludwigs des Frommen Otto Dickau, Studien zur Kanzlei, Teil 1 und 2, in: AD 34 (1988) und AD 35 (1989); vgl. Alain de Boüard, Manuel de diplomatique française et pontificale, Bd. 2: L'acte privé, Taf. 1, ein Tauschgeschäft zwischen dem Abt von Saint-Denis und einem Vasallen AD 852, wo ein Invokationszeichen die Verbalinvokation ersetzt und weitere Zeichen vor dem *signum* des Ausstellers u. im Rekognitionszeichen stehen; zuletzt Mark Mersiowsky, Graphische Symbole in den Urkunden Ludwigs des Frommen, in diesem Band.

nostri Iesu Christi dei omnipotentis Zeichenkombinationen, die diesem Wortlaut entsprochen haben könnten[272]. Andere Schreiber, namentlich die Diakone Adalleodus und Durandus oder die Notare Hirminmaris und Comeatus, sind sich wohl der Verdoppelung bewußt und verzichten auf das invokatorische Zeichen[273]. Nach einer Periode des Schwankens zwischen den beiden Invokationsformen verlagert sich das Gewicht auf die ideologisch geprägte Verbalinvokation, während das gezeichnete Chrismon in der nun charakteristischen *C*-Form des Hebarhard zum Kennzeichen von Herrscherurkunden wird[274] und als äußeres Merkmal der diplomatischen Kritik zur Beurteilung des ›discrimen veri ac falsi‹ herangezogen wurde.

Mit der Aufnahme einer verbalen Invokation in der Kopfzeile verändert sich das optische Bild der Herrscherurkunde. In der merowingisch-frühkarolingischen Zeit leitet das Chrismon als eine Art invokatorischer Initiale zur breiten und weit spatiierten Titulatur des Herrschers über und bildet mit ihr eine graphische Einheit. Mit einer wörtlichen Invokationsformel zusätzlich zur Intitulatio drängen sich viele Buchstaben in den gleichen Zeilenraum und werden daher höher und schmaler gezogen. Die elongierten Buchstaben der obersten Zeile bestimmen fortan den optischen Eindruck. Gleichzeitig wird das Invokationszeichen vom Schriftblock getrennt und von der Zeile in den Rand gestoßen. Im Laufe des 9. Jahrhunderts verselbständigt sich die nun stilisierte Figur und begleitet den Kontext über mehrere Zeilen, mitunter entlang des ganzen Textblocks[275]. In der kopialen Überlieferung wird das invokatorische Zeichen oft weggelassen. Zur Zeit der Abschrift hat man seine Aussage nicht mehr entschlüsseln können und durch eine ortsübliche Formel ersetzt, oder sie, wenn es daneben eine Verbalinvokation gab, nicht mehr für wesentlich erachtet. Sickel führt eine Reihe von Beispielen an, in denen Formeln fälschlich einem Herrscher zugeschrieben oder aus anderen Urkunden übernommen werden[276].

Den St. Galler Schriftstücken aus dem 8. Jahrhunderts ist immer ein Chrismon vorangestellt. Im zweiten und dritten Jahrhundertviertel beginnt die knappe Hälfte der 11 bzw. 58 Urkunden nur mit dem Invokationszeichen und sich anschließender Inscriptio. Die in Worte umzusetzende Ligatur könnte noch als Verbalinvokation verstanden worden sein, denn das Zeichen allein genügte für die Anrufung Gottes. Im letzten Viertel des 8. Jahrhunderts kehrt sich das Verhältnis allerdings um: Zwei Drittel der 113 überlieferten Stücke beginnen mit dem Invokationszeichen und einer zusätzlichen Verbalinvokation. Ob das ausgeschriebene Wort dann mehr gilt als die Zeichenform – und zu dessen Verfall die *littera serpentibus circumdata* beiträgt – ist nicht geklärt. Die Verdoppelung bleibt bis um die Mitte des 9. Jahrhunderts für die ca. 240 Urkunden gang und gäbe. Danach sieht es aus, als hätte man den ursprünglichen Sinn des Zeichens mit dem umschlängelten Schaft immer weniger interpretieren können. In über 80 % der 150 Urkunden aus der zweiten Hälfte des 9. Jahrhunderts wird es weggelassen. Währenddessen hat sich die anfangs enge Zusammengehörigkeit der Invokation *In dei nomine* mit dem Aussteller aus der persönlichen Bindung gelöst und ist an den Textbeginn gewandert[277]. Der Abstand wird noch größer, als eine Arenga oder Publicatio an die Stelle der älteren Inscriptio tritt. Im Unterschied zu den Rekognoszenten der Herrscherurkunden setzen die St. Galler Schreiber keine Invokationszeichen vor ihre Namen, fügen aber ab den letzten zwei Jahrzehnten des 8. Jahrhunderts häufig ausgeschriebene *In dei nomine* oder eine Devotionsformel ein.

Die publizierten Privaturkunden des 8. Jahrhunderts aus Italien, die mehr als das Doppelte der St. Galler Privaturkunden ausmachen und in der Mehrzahl um 200 Jahre älter sind als die iberische Überlieferung, beginnen in der Regel mit einem Invokationszeichen und einer ausgeschriebenen Invokation. In zwei Urkunden aus Siena leitet das Zeichen ohne Verbalinvokation direkt zur Datierung über[278]. Die 17 Urkunden aus Mailand beginnen alle mit dem Invokationszeichen, aber nur sechs haben die zusätzliche verbale Anrufung[279]. Die 14 Pisaner Stücke beginnen mit der

272 Vgl. Taf. 3 und Abb. 8, 11–13.

273 Vgl. die Tafeln in KUiA; Kehr, MGH, Die Urkunden der Deutschen Karolinger, Bd. 1, S. XVIII ff., S. XXVIII.

274 In zwei Kartularen des Aachener Marienstifts aus dem Ende des 12. Jh. werden *C*-Chrismon oder Kreuz sogar als marginale Ordnungshinweise auf Herrscher- oder Privaturkunden verwendet, vgl. Erika Eisenlohr, Paläographische Untersuchungen zum Tafelgüterverzeichnis des römischen Königs (Hs. Bonn UB S 1559). Schreibgewohnheiten des Aachener Marienstifts in der zweiten Hälfte des 12. Jahrhunderts, in: Zts. des Aachener Geschichtsvereins 92 (1985), S. 5–74, S. 37 ff.

275 Vgl. Abb. 1–14.

276 Nach meinen tabellarischen Listen für die Merowinger und Karolinger begegnen vereinzelt Verbalformeln bis 801, die in der Originalüberlieferung nicht vorkommen, dazu Sickel, Acta I, S. 212 f.

277 Der Veränderung der Wortstellung wird nicht nachgegangen.

278 Mit der Datierung beginnen ChLA 24 (= Siena), Nos. 756, 771.

279 Mit der Datierung beginnen ChLA 28 (= Mailand), Nos. 844, 845, 848, 850, 852, 856, 857, 858, 859, 860.

doppelten Invokation[280]. Bei den Luccheser Urkunden ist auffällig, daß unter Beibehaltung der einfachen Invokationszeichen die anfänglich benutzten Formeln *In nomine domini dei (et) salvatoris nostri Jesu Christi* oder *In nomine domini (dei) nostri Jesu Christi* mit jeweils anschließender Datierung nach Herrscherjahren ab dem 5. Jahrzehnt zu *In dei nomine* vereinheitlicht werden. Auch hier scheint das Zeichen ausreichend, obwohl Zeichen und Verbalinvokation die Regel sind. Man muß fragen, ob die italienische Tradition die vorgeschlagene ligierte Anrufung *In dei*, die sich während des 8. Jahrhunderts zum Kreuzzeichen entwickelt, nicht schon früh als Zeichen aufgefaßt hat, das infolgedessen durch eine aktive Anrufungsformel des Ausstellers ergänzt werden muß. Die Schreiber, die sich in der Mehrzahl als Notare, Kleriker und Subdiakone bezeichnen, setzen keine Invokationszeichen vor ihre Namen, so daß zwischen dem Gebrauch von Wort und Zeichen innerhalb einer Urkunde nicht verglichen werden kann.

In der westgotisch-spanischen Überlieferung läßt sich die Austauschbarkeit anhand 16 epigraphischer Zeugnisse und 43 Schiefertäfelchen vom 6. bis 8. Jahrhundert besser verfolgen[281]. Siebzehn der bruchstückhaften ›pizarras‹ beginnen mit einem Zeichen ohne zusätzliche verbale Invokation und anschließender Adresse[282]. Das Eingangszeichen auf dem Schiefertäfelchen König Reccareds I. [586–601], das als Henkelkreuz geschrieben ist, und das Kreuzzeichen, das nach seinem Namen vor *signo* aus gekreuzten Strichen besteht (Abb. 1)[283], lassen auf eine unterschiedliche Bedeutung und Funktion der beiden Zeichen schließen und für das erste ein Invokationszeichen und das zweite ein Handmal annehmen. Aufschlußreich ist auch Medemas fragmentarisches Präzept auf Pergament [nach 694 IX 9] ein Jahrhundert später, in dem der Text mit einem *L*-förmigen Invokationszeichen vor der Intitulatio beginnt, wie es in ähnlicher Form für die späteren iberischen Urkunden charakteristisch wird[284]. Ein zweites *L*-Zeichen in ähnlicher Form steht vor der Subskription[285]. Nach der Transkription läßt sich das *L*-Zeichen als Invokation vor der Intitulatio im Nominativ mit anschließender Adresse im Dativ auslegen. Das *L*-Zeichen vor der Unterfertigung wäre ebenfalls als Invokation zu sehen, da die persönliche Unterfertigung *Medema suscripsi* folgt. Wie in merowingisch-fränkischen Urkunden wäre auch hier zwischen zeichenhafter Invokation zu Beginn des Textes, der Invokation vor der subjektiven Unterfertigung und dem Kreuzzeichen in Verbindung mit *signum* zu unterscheiden. Der älteste Beleg mit Eingangskreuz und zusätzlicher Verbalanrufung *In nomine domini* ist die Weihinschrift einer Kirche in Toledo aus dem Jahr 587[286]. Noch aus dem 9. Jahrhundert sind spanische Herrscherurkunden überliefert, die nur mit dem invokatorischen Zeichen ohne zusätzliche Verbalinvokation vor der Intitulation beginnen, das Invokationszeichen alleine ausreicht[287]. Für die spärliche spanisch-portugiesische Privaturkundenüberlieferung des 8. und 9. Jahrhunderts – die Hochzeit von St. Gallen – läßt sich kein Vergleich ziehen. Im 10. Jahrhundert stehen die zeichenhafte und verbale Anrufung in der Regel gemeinsam vor dem Namen des Ausstellers. Im 11. Jahrhundert ist das Invokationszeichen auf dem Rückzug und kommt gegen Ende des Jahrhunderts nur noch in jeder vierten Urkunde vor.

280 Ausnahme ist das Schriftstück ChLA 26 (= Pisa), No. 808, ein Inventar.

281 Vgl. Canellas Lopez, Diplomática Hispano-Visigoda, S. 15ff. mit der Gesamtüberlieferung von 231 Nummern.

282 Ob es noch als statisches Zeichen wie auf Grabsteinen oder als christliches Kreuz zum persönlichen Schutz und gegen Übelabwehr anzusehen ist, oder bereits die aktive Handlung *In nomine* bedeutet, bleibt ungeklärt. Erika Eisenlohr, Monogramme und Invokationszeichen in iberischen und fränkischen Urkunden, in: Signo. Revista de Historia de la Cultura Escrita hg. v. Universidad de Alcala de Henares, Carlos Saez, Antonio Castillo, Bd. 1 (1994) a Josep Trenchs Odena in memoriam, S. 36–50.

283 Millares, Tratado II, No. 41, gibt für das Datum eine Zeitspanne ›zwischen 586 und 609‹ an, Canellas Lopez, Diplomática Hispano-Visigoda, S. 154, No. 60, setzt sie in die Regierungszeit König Reccareds I. [586–601]; zum historischen Hintergrund Dietrich Claude, Adel, Kirche und Königtum, Zusammenstellung der Regierungszeiten S. 211; Herwig Wolfram, Die Goten, 3. neubearb. Aufl., München 1990.

284 Der zeilenhohe Schaft mit einem geschlossenen Schaftkopf oben und einem Fuß mit Schlinge unten wird in der Mitte mit einem nach rechts offenen Bogen ohne Titulus durchkreuzt. Ob die Form einen *d*-Bogen mit Abkürzungspunkt darstellen könnte, wie sie in den frühesten italienischen Urkunden vorkommt, läßt sich nach der Abb. Millares, Tratado II, No. 45, nicht entscheiden. Die Abbildung bei Canellas Lopez, Diplomática Hispano-Visigoda, No. 3 nach S. 254, gibt das Zeichen als Kürzungsstrich mit den Schaft kreuzender *S*-Form wieder. Inwieweit der Beschreibstoff, hier Pergament statt Schiefer, Einfluß auf die Form hat, kann ich nicht beurteilen; die kursiven Schriftzeichen mit stark verlängerten Oberlängen wirken im Vergleich zu den kleinen Täfelchen großzügig und schwungvoll. Die Maße des Pergamentfragments gibt Canellas Lopez mit 165 x 222 mm an.

285 Canellas Lopez, Diplomática Hispano-Visigoda, vgl. auch S. 245, No. 178 [nach 678], mit Abb. 2, ebenfalls Pergament mit dem Eschatokoll eines Tauschgeschäfts und mehreren Subskriptionszeichen.

286 Canellas Lopez, S. 138, No. 33.

287 Abb. 24, 25, 29.

IV.2 Das griechische Kreuz und die Trinitätsformeln

Lassen sich die häufigsten Anrufungsformeln *In nomine dei, In nomine domini (dei) (Amen), In nomine domini iesu christi* in verkürzter oder erweiterter Form[288] aus den antiken Kursiven und ihren Buchstabenbindungen rekonstruieren, so muß umso stärker befremden, daß die Formel fehlt, die am engsten mit dem Christentum und der entstehenden Kirche verbunden ist und als »älteste bis jetzt bekannt gewordene Verbal-Invokation einer Urkunde (im eigentlichen und engeren Sinn) des christlichen Kulturkreises überhaupt« zuerst in einem Brief des Papstes Hormisda 517 überliefert ist: *In nomine patris et filii et spiritus sancti.* Nach den bisherigen Ergebnissen lassen sich die invokatorischen Zeichen in den Merowingerurkunden in Worte umsetzen und sind mit ihnen austauschbar. Sie können in gleicher Form und in gleicher Bedeutung am Beginn einer Urkunde wie vor Unterfertigungen verwendet werden. Nirgends sind jedoch Buchstabenreste oder Ligaturen zu finden, die sich mit der Trinitätsformel in Zusammenhang bringen lassen. Andererseits kommen vereinzelt griechische Kreuzzeichen mit gleichlangen Armen vor, und man muß fragen, ob das Kreuzzeichen vor einer eigenhändigen subjektiven Unterfertigung wie andere zeichenhafte Invokationen mit einer Formel aufgelöst werden darf. Nach Fichtenau bedeutet auch das bloße Kreuz den Namen Jesu Christi, das im liturgischen Gebrauch primär mit der Nennung Gottes verbunden ist, sekundär – etwa bei Benediktionen – auch ›absolut‹ verwendet wird[289]. In seinen Arbeiten über die Geschichte des Kreuzzeichens weist Dölger die Gleichsetzung des Kreuzes mit dem Namen Christi nach, wobei die Worte während der christlichen Frühzeit noch schwanken und mit verschiedenen Formeln gesprochen werden können, sich aber mit der Ausbildung der trinitarischen Lehre[290] zur Trinitätsformel festigen[291]. Bischof Elegius setzt im Privileg Chlodwigs II. vom 22. Juni 654 als einziger unter den 38 geistlichen Zeugen vor die wörtlich ausgeschriebene Formel *In christi nomine* ein gleicharmiges Kreuz statt des üblichen Stabzeichens[292]. In dieser wie in anderen Urkunden mit zahlreichen Zeugen fällt auf, daß die eigenhändig unterfertigenden Zeugen das ligierte Stabzeichen, das doch schwieriger zu schreiben ist, dem Kreuz vorziehen, so als hätte es eine andere Aussage beinhaltet, als wäre seine Verwendung auf bestimmte Personengruppen oder Sachverhalte beschränkt gewesen. In Luccheser Urkunden finden sich vor einzelnen Subskriptionen gewinkelte Kreuzzeichen, wie zum Beispiel vor den Unterschriften des Priesters Luceri 746 oder des Bischofs Peredeus 778, die sich von den kursiven Stabzeichen abheben (Abb. 49–50). Im St. Galler Bestand sind insgesamt elf Urkunden mit Kreuzzeichen vor Textbeginn erhalten, davon vier aus den Jahren 745, 772, 781, 789[293] und sieben aus dem 9. Jahrhundert[294]. Bei vier Urkunden fehlt die wörtlich ausgeschriebene Invokation. Je drei Schreiber setzen *In christi nomine* oder *In dei nomine* nach dem Zeichen, einer ergänzt *In dei omnipotentis nomine.* Von 97 bis zum Jahr 1000 archivierten Photos

288 Walter Repges, Die »Namen Christi« in der Literatur der Patristik und des Mittelalters, in: Trierer Theolog. Zts. 73 (1964), S. 168f. verweist auf Cyprian von Karthago, der sich bemüht hätte, alle irgendwie geeigneten Bezeichnungen aus dem Alten Testament auf Christus zu übertragen, Papst Damasus (366–384) hätte bereits eine Aufzählung von 28 Namen zusammengestellt; eine lateinische Kompilation (Repges, S. 173), besonders aus Augustinus und Gregor dem Großen, die Bischof Melito von Sades zugeschrieben wird, enthält im 5. Appendix unter dem Titel *Christi nomina graeca et latina* eine Aufzählung von 144 Namen, im 6. Appendix unter dem Titel *In nomine Patris et Filii et Spiritus Sancti* einhundert Namen Christi und Gottes.

289 Santifaller, Über die Verbal-Invokation, S. 57, 62ff. mit Verweis auf die Trinitätsformel, die als Formel für das Kreuzzeichen, für Segnungen, in Predigten, in Gebeten usw. verwendet wird. Fichtenau, Forschungen über Urkundenformeln, S. 287: »so wie das Labarum und wohl auch das merowingische Chrismon, das man sogar aus der tironischen Note für *Christus* ableiten wollte«.

290 Dölger, Beiträge zur Geschichte des Kreuzzeichens III: Das stehende Kreuz als Kürzung des Namens Christus, S. 10f., bringt zwei Beispiele aus Eusebiustexten und weist nach, daß für das Zeichen das stehende Kreuz + gemeint ist und erst in zweiter Linie das liegende Kreuz X, »wir hätten damit in den beiden Texten des Eusebius die zeitgeschichtliche Ausdeutung des Kreuzes als des ›Namens des Erlösers‹.« Dölger, Beiträge zur Geschichte des Kreuzzeichens VIII: Das Kreuzzeichen als Segensgestus in der Liturgie, S. 7–16; VI: Das Kreuzzeichen als Schutzzeichen von Leib und Seele, S. 15, mit einem Zitat des syrischen Kirchenvaters Ephraem (306–373):»… alles, wo du immer hinkommst, versiegle zuerst mit dem Kreuz im Namen des Vaters und des Sohnes und des Heiligen Geistes!«

291 Arnold Angenendt, Der Taufritus im frühen Mittelalter, in: Segni e Riti nella Chiesa altomedievale, Spoleto 1987 (= Sett. cent. it. 33), S. 299ff., 302, zeigt, wie die trinitarische Formel das Gliederungsprinzip des Taufvorgangs mit den drei Fragen nach dem Glauben an die Trinität bildete, und die interrogative Formel – mit dem Credo des Täuflings als Antwort – auf die indikative Formel des Geistlichen mit *Te baptizo … in nomine patris et filii et spiritus sancti* übergeht. Wenn das Kreuz, oder wie wir es heute kennen, das Kreuz schlagen oder bekreuzigen, mit einer geistlichen Handlung verbunden ist, dann wundert nicht, warum das Zeichen des Kreuzes vor allem in Verbindung mit Geistlichen vorkommt.

292 Vgl. ChLA 13–14.

293 ChLA 1, No. 40, 70, 90 (= W 8, 68, 94); ChLA 2, No. 121 (= W 123).

294 Ohne Abbildungen W(artmann) Nos. 354, 198, 243, 325, 355, 423, 447 (AD 800–806, 808, 819, 828, 835, 853, 856).

von Privaturkunden im ›Marburger Lichtbildarchiv älterer Originalurkunden‹ zeigen nur 30 Urkunden ein Invokationszeichen, darunter vier Urkunden ein Kreuzzeichen, wobei Aussteller oder Empfänger Geistliche sind. Keine der merowingischen Königsurkunden beginnt mit einem Kreuzzeichen; es kommt während dieser frühen Zeit nur vor eigenhändigen Unterfertigungen von Geistlichen vor.

Im Rahmen der byzantinischen Diplomatik rekonstruiert Dölger den Aufbau des allgemeinen byzantinischen Gesetzes, dessen Protokoll mit einer Invocatio eingeleitet wird. Im Jahr 542 enthält es die griechische Übersetzung einer *In nomine domini iesu christi*-Anrufung, die seit dem 8. Jahrhundert in eine trinitarische verändert wird. Später wird die Formel ausgelassen und durch das Kreuzzeichen ersetzt. Die wenigen Fragmente kaiserlicher Urkunden aus der frühbyzantinischen Zeit erlauben keine Rückschlüsse auf eine zeichenhafte Invokation[295]. Aus dem 7. und 8. Jahrhundert sind zwei fragmentarische kirchliche Erbpachtverträge überliefert, deren fehlenden Text Tjäder mit einem griechischem Kreuz und der Formel *In nomine patris et filii et spiritus sancti* ergänzt. Er geht von der Annahme aus, daß die Trinitätsformel zum ursprünglichen Formular gehörte, da sie in späteren Erbpachturkunden einen festen Platz hat[296]. Santifaller, wie Ludwig Schmitz-Kallenberg und Harry Bresslau vor ihm[297], drücken ihre Verwunderung darüber aus, daß die verbalen Invokationen gerade in den päpstlichen Urkunden fehlen, wo sie doch zuerst in den Protokollen kirchlicher Synoden auftreten[298]. Nach seinen Recherchen über den Zeitraum von 517–1087 kommt er zu dem Schluß, daß »sich die Invokation in Papsturkunden nur selten und ausnahmsweise findet«[299]. Er stellt für das 6.–9. Jahrhundert sieben, für das 10. und 11. Jahrhundert 36 Urkunden mit Invokationen zusammen, die nicht einmal ein Prozent der etwa 5900 bis zum Ende des 11. Jahrhunderts überlieferten Papsturkunden ausmachen[300], und mutmaßt: »Zwar lassen es die Überlieferung des 6. und 7. Jahrhunderts in kanonistischen Sammlungen und Kanzleiregistern, bei der die Formeln des Protokolls und des Eschatokolls entweder weitgehend gekürzt oder ganz weggelassen wurden, nicht ausgeschlossen erscheinen, daß die Papsturkunden dieser Zeit in der Regel vielleicht doch eine Invokation besessen haben – freilich erhebt sich dann sogleich die Frage, aus welchem Grunde dieser Brauch abgeschafft wurde –, denn seit Beginn des 8. Jahrhunderts mit Beginn der verläßlicheren Überlieferung findet sich die Invokation nur ganz ausnahmsweise«[301].

Nach der ersten Trinitätsformel im Brief des Papstes Hormisda 517, begegnet die nächste Invokation im Register Papst Gregors I.[302] aus der Zeit von 591–603

295 Franz J. Dölger, Johannes Karayannopulos, Byzantinische Urkundenlehre. Erster Abschnitt: Die Kaiserurkunden, München 1968 (= Byzantinisches Handbuch im Rahmen des Handbuchs der Altertumswissenschaft 3/1), S. 76f., S. 91f., wonach eine ca. 959 erlassene Vorschrift für Auslandsbriefe ebenfalls die trinitarische Invokationsformel vorschreibt; S. 120ff. zum Aufbau eines Chrysobullos Logos (ältestes Original von 1052), dessen Protokoll bis zum Ende des 12. Jh. aus einer Invokation besteht, die symbolisch sein kann, mit Kreuzzeichen oder Christogramm, oder verbal; siehe auch Franz J. Dölger, Byzantinische Diplomatik. Zwanzig Aufsätze zum Urkundenwesen der Byzantiner, Ettal 1956.

296 Tjäder, Die nichtliterarischen lateinischen Papyri II, P 44 (kurz vor 642/43–(kurz) nach 665/66) und P 45 1. Hälfte bis Mitte 8. Jh., S. 156–159, 172ff., 181ff., leitet das Formular für erzbischöfliche Erbpachturkunden aus 42 Vergleichsstücken aus der Zeit von 811–1057 ab; er setzt gleichzeitig ein griechisches Kreuz ein, womit sich Zeichen und Formel entsprechen und die Invokation selbst verdoppelt würde.

297 Ludwig Schmitz-Kallenberg, Die Lehre von den Papsturkunden, Leipzig–Berlin ^{2}1913 (= Grundriß der Geschichtswissenschaft, hg. v. Aloys Meister, Bd. 1/2: Urkundenlehre), S. 63, stellt fest: »Die verbale Invokation findet sich sehr selten; auf zweifellos echten Urkunden ist sie bisher einmal (Alexander II., AD 1072) nachgewiesen«; Bresslau, Internationale Beziehungen, S. 28ff., konnte nur neun Invokationen nachweisen.

298 Die von Canellas Lopez, Diplomática Hispano-Visigoda, edierten Teiltexte aus 25 kopialen Synodalprotokollen zwischen 516–694 beginnen in 16 Fällen mit Invokationen, wobei die Formeln *In nomine domini nostri jesu christi* und *In nomine domini* je siebenmal vorkommen. Nach den Untersuchungen von Evangelos Chrysos, Die Bischofslisten des V. ökumenischen Konzils (553), in: Antiquitas (1966) (= Reihe 1, Abh. zur alten Geschichte 14), S. 34, 75ff., ist dabei zwischen Präsenzlisten der Teilnehmer eines Konzils, die von den Notaren zusammengestellt wurden – die Namen stehen im Ablativ: Consedentibus ... –, und den Subskriptionslisten mit den Namen der Bischöfe im Nominativ, einer Devotionsformel und der Titelkiche im Genetiv zu unterscheiden; vgl. auch Evangelos Chrysos, Konzilsakten und Konzilsprotokolle vom 4.–7. Jahrhundert, in: AHC 15/1 (1983), S. 33ff., zur Protokollierung der Verhandlungen; Ralph W. Mathisen, A Reconstruction of the List of Subscriptions to the Council of Orange (A. D. 441), in: AHC 19/1 (1987), S. 7ff., zur Einleitung der Subskriptionen mit *ego* im 5. Jh.; Berthold Bretholz, Die Unterschriften in den gallischen Konzilsakten des 6. und 7. Jahrhunderts, in: NA 18 (1893), S. 527ff.

299 Santifaller, Über die Verbal-Invokation, S. 57.

300 Zur Papsturkundenproduktion vgl. F. M. Bischoff, Format und Proportionen hochmittelalterlicher Papsturkunden unter Berücksichtigung des Umfangs der Urkundstätigkeit der päpstlichen Kanzlei, Marburg Diss. phil. (masch.) 1993, gedruckt in: Elementa diplomatica, hg. v. Peter Rück (erscheint voraussichtlich 1995).

301 Santifaller, Über die Verbal-Invokation, S. 52ff.; dazu die ergänzenden Beobachtungen von Paul Rabikauskas, Zur Verbal-Invokation in römischen Privaturkunden, in: RHMitt. 4 (1960/61), S. 23–25.

mit der Formel *In nomine domini*. Ein Privileg aus dem Todesjahr Gregors des Großen 604 ist inschriftlich in der Basilika S. Paolo fuori le mura in Rom erhalten. Dort beginnt der Urkundentext mit einem griechischen Kreuz in derselben Größe wie die Buchstaben der Intitulatio und endet mit dem Schlußgruß *bene vale*[303]. Ist das Kreuz mit der trinitarischen Formel gleichzusetzen? Fast dreihundert Jahre später, im Originalprivileg des Papstes Formosus 892, begegnet ein aus leicht geschwungenen Strichen zusammengesetztes Kreuz[304], das Kehr als ein charakteristisches römisches Kreuz bezeichnet. Es entspricht in der Ausführung den Eingangszeichen in italienischen Privaturkunden und geht vielleicht auf die Formel *In dei* zurück. Die Kreuzform vor dem Namen des Papstes Romanus 897 entspricht nicht der Schrift und könnte später übermalt worden sein[305]. Noch ein Jahrhundert später stehen ein Kreuzzeichen mit Dreiecksserifen an den Armenden 971 vor dem Namen Papst Johannes' XIII. und ein weiteres mit geraden Balken 978 vor Benedictus VII. Aus beiden eher gezeichneten als geschriebenen Kreuzformen läßt sich schließen, daß die Zeichen mit Sinn und Absicht vorgesetzt wurden[306]. Zum ersten Mal stellt Papst Benedikt VIII. im Jahre 1012 vor seinen Namen das feste Zeichen des Monogramms Christi, wobei das *X* (Chi) nur bis zur Höhe des *P* (Rho) reicht und der horizontale Kreuzbalken, der das Christogramm mit dem Leidenskreuz Christi vereint, noch fehlt[307]. Kreuzzeichen vor dem päpstlichen Namen kommen bis Papst Leo IX. (1049–1054) regelmäßig[308], unregelmäßig während der Sedenszeiten Nikolaus II. (1058–1061) und Alexander II. (1061–1073) vor. Manchmal stehen am Ende des Protokolls ein, gelegentlich zwei weitere Kreuzzeichen. Bis zum Episkopat Clemens' II. (1046–1047) leitet eine Kreuzform den päpstlichen Gruß *bene vale(te)* ein. Während der Amtszeiten von Benedikt VIII. (1012–1024) bis Leo IX. können Kreuzzeichen vor der Datierung plaziert sein[309]. Anhand der spärlichen originalen Überlieferung läßt sich festhalten, daß Invokationszeichen auch in frühen Papsturkunden begegnen und anstelle von Verbalinvokationen verwendet worden sein könnten. Die Zeichen wären nicht, wie Santifaller vermutet, außer Gebrauch gekommen, sondern ihre Formel nicht in Langschrift in die Abschriften übernommen worden.

IV.3 Verbalinvokationen in Konzilsakten, Formelbüchern, Privat-, Königs- und Papsturkunden

»Das Kreuzzeichen steht vor jedem frommen Beginnen, ... und ein Kreuzzeichen auf den Mund beim Beginn der frommen Rede ist den Christen so selbstverständlich geworden, daß man auch bei Beginn der Niederschrift einer Erzählung das Kreuzzeichen auf den Mund oder die Zunge macht.«[310] Fast die Hälfte der 33 frühesten Briefe aus dem Neuen Testament werden dem Apostel Paulus zugeschrieben. Er benutzt regelmäßig ein Protokoll, das aus dem Namen, der Adresse und einem Segenswunsch besteht[311]. In seinem Brief an die Kolosser schreibt er die Ermahnung, die für

302 Ernst PITZ, Papstreskripte im frühen Mittelalter. Diplomatische und rechtsgeschichtliche Studien zum Brief-Corpus Gregors des Großen, Sigmaringen 1990 (= Beiträge zur Geschichte und Quellenkunde des Mittelalters, hg. v. Horst FUHRMANN, Bd. 14), geht auf die Invokationen nicht ein.

303 Stanley MORISON, Politics and Script. Aspects of Authority and Freedom in the Development of Graeco-Latin Script from the sixth century B.C. to the twentieth century A. D. (= The Lyell Lectures 1957), ed. and compl. by Nicolas BARKER, Oxford 1972, S. 104f. mit Abb. 73.

304 KEHR, Die ältesten Papsturkunden, Taf. I, Textteil S. 8: »Die erste Zeile beginnt mit einem charakteristischen römischen Kreuz, durch dessen vertikalen geraden Balken ein mit einer kleinen Schleife verzierter, leicht geschwungener Querstrich läuft. Dies ist eine besondere römische Form, die gelegentlich noch im XI. Jahrhundert vorkommt«.

305 KEHR, Die ältesten Papsturkunden, Taf. II; Textteil S. 8 Anm. 2: »Eine Ausnahme macht das Privileg des Romanus, dem ein dickes wie ein Ordenskreuz gestaltetes Kreuz vorausgeht. Aber es steht dahin, ob es nicht nachträglich übermalt worden ist.«

306 KEHR, Die ältesten Papsturkunden, Johannes XIII. Tafeln III–V, Benedictus VII. Taf. VI.

307 Es ist hier das lateinische Kreuz mit längerem Vertikal- und kürzerem Horizontalbalken gemeint, das mit der Kreuzigung Christi und seiner Auferstehung verbunden wird. KEHR, Die ältesten Papsturkunden, Taf. XI; die Kombination aus griechischem Kreuz mit gleichlangen Kreuzarmen und Christogramm findet sich nebeneinandergestellt vor der ersten Zeile *bene* (2. Zeile *valete*) im Privileg Gregors V. von 998 (KEHR, Taf. VII).

308 Joachim DAHLHAUS, Aufkommen und Bedeutung der Rota in den Urkunden des Papstes Leo IX., S. 26ff., zum Übergang des Kreuzes in die Rota. Dem Einwand (zu DAHLHAUS, S. 26 mit Anm. 116) von Thomas FRENZ, Papsturkunden des Mittelalters und der Neuzeit, Stuttgart 1986 (= Historische Grundwissenschaften in Einzeldarstellungen 2, hg. v. Thomas FRENZ und Peter-Johannes SCHULER), S. 18, daß die Rota aus dem Kreuz hervorgegangen sei, »da das Kreuz innerhalb der Rota zu Beginn der Devise erhalten bleibt«, ist zuzustimmen; würde man das »Kreuz inmitten zweier konzentrischer Kreise [nicht nur als ein] altes und verbreitetes Motiv der christlichen Kunst« deuten, sondern als Zeichen für die trinitarische Invokation ansehen, bliebe es auch in der Unterfertigung des Bischofs von Rom weiterhin erhalten.

309 Die Angaben beziehen sich auf 35 Abb. originaler Papstprivilegien bis 1098 aus dem Marburger »Lichtbildarchiv älterer Originalurkunden«.

310 DÖLGER, Beiträge VIII: Das Kreuzzeichen als Segensgestus in der Liturgie, zit. S. 16.

311 Carol D. LANHAM, Salutatio, S. 22ff., Paulus ad Colossenses 1,2: *gratia vobis et pax*.

den Ursprung der Invokation immer wieder herangezogen wird: *omne quodcumque facitis in verbo aut in opere, omnia in nomine Domini Iesu, gratias agentes Deo et Patri per ipsum*[312]. Carol Lanham zitiert aus einem um 370 überlieferten Schriftstück des Bischofs Optatus aus dem nordafrikanischen Milevis: *Non enim aliquid incipit episcopus ad populum dicere, nisi primo in nomine Dei populum salutaverit ... Omnis tractatus in ecclesia a nomine Dei incipitur et eiusdem Dei nomine terminatur.* Doch erst das Protokoll der Synode von Agde 506, die unter dem Vorsitz des Bischofs Caesarius von Arles abgehalten wird, beginnt zum erstenmal im Abendland mit einer verbalen Anrufung und der Formel *In nomine domini.* Zeitlich nachfolgend setzt Papst Hormisda 517 seinem Brief *In nomine patris et filii et spiritus sancti* voraus, und im Synodalprotokoll von Orange aus dem Jahr 529 unterzeichnet Caesarius von Arles *In christi nomine episcopus*[313]. Die drei frühesten Beispiele zeigen, daß das Gewicht noch nicht in der theologischen Aussage einer Formel liegt, sondern als Anrufung um Gottes Schutz verstanden wird[314]. Die *nomina dei* des Mittelalters, die wir heute als Nomina Sacra bezeichnen, subsumieren unter einem Begriff die verschiedenen Namen Gottes wie *deus, christus, dominus noster* oder *domimus deus.* Damit wird verständlich, daß für die ligierten Invokationszeichen wie für die verbalen Anrufungen immer mehrere Formeln gleichzeitig benutzt werden[315]. Santifaller hat die Invokationen nach den ihnen zugrunde liegenden Formeln in acht Gruppen mit Untergruppen geordnet. Die Verwendung der Präpositionen *In* und *Sub*, die für die unterschiedliche Form der Invokationszeichen in fränkischen und spanischen Urkunden so ausschlaggebend gewesen sein könnte, hat er nicht berücksichtigt:

In nomine Patris et Filii et Spiritus Sancti (Formel 1), abgeteilt: *In nomine Dei omnipotentis Patris et Filii et Spiritus Sancti* (Formel 1a);

In nomine Domini (Amen) (Formel 2), abgeteilt: *In nomine domini Dei* (Formel 2a), *In Dei nomine* (Formel 2b), *In nomine Dei Patris* (Formel 2c), *In nomine Dei summi* (Formel 2d) und *In nomine summi Dei et Salvatoris nostri Jesu Christi et Spiritus Sancti* (Formel 2e);

Regnante in perpetuum domino nostro Jesu Christo (Formel 3)[316];

In nomine domini Dei Salvatoris nostri Jesu Christi (Formel 4), abgeteilt: *In nomine Dei aeterni et Salvatoris nostri Jesu Christi* (Formel 4A) und *In nomine domini Dei et Salvatoris nostri Jesu Christi summi regis et sacerdotis* (Formel 4a) sowie: *In timore Dei aeterni et Salvatoris nostri Jesu Christi* (Formel 4Aa);

In nomine domini nostri Jesu Christi (Formel 5), abgeteilt: *In nomine domini nostri Jesu Christi Dei omnipotentis* (Formel 5a) und *In nomine domini nostri Jesu Christi Dei aeterni* (Formel 5b);

In nomine sanctae Trinitatis (Formel 6), abgeteilt: *In nomine sanctae et individuae Trinitatis, Patris et Filii et Spiritus Sancti* (Formel 6A) und *In nomine sanctae et individuae Trinitatis* (Formel 6a);

Pax Dei (Formel 7), und *Rectore omnium ordinante Deo* (Formel 8).

In nomine Domini (Amen) und *In Dei nomine* sind die ältesten im Frankenreich in Konzilien, Privaturkunden und Formeln benutzten Invokationen, die jedoch nach Santifallers Aufstellung in den Königsurkunden fehlen. Dort beginnen die Invokationen mit der Trinitätsformel 801. Man möchte ergänzen, die Verbalformeln fehlen, denn nach der Interpretation der Zeichen setzen die älteren kurzen Invokationen gleichzeitig mit der Originalüberlieferung ein. Desgleichen die Formel *In nomine domini nostri Jesu Christi*, deren Gebrauch in der verkürzten Form zuerst in Privaturkunden seit 716 überliefert ist und vielleicht der Ausgangspunkt für das St. Galler Schlangenzeichen ist. Bernhard Bischoff macht auch auf eine Formel aufmerksam, die mir in Urkunden nicht begegnet ist: *In nomine sanctae crucis* und die bisher nur aus der Titelseite einer fragmentarischen Homilienhandschrift von Alanus von Farfa

312 Ad Colossenses 3,17. Nach LANHAM, S. 23f.

313 TURNER, The Nomina Sacra in early Latin Christian Mss., S. 63: »as far back as our evidence goes, Christian scribes paid the same honour to the name of Jesus Christ as to the name of God«.

314 Die Verbindungen von bestimmten Formeln zu bestimmten Personengruppen werden hier nicht behandelt, obwohl auffällig ist, daß die Formel, die besonders im Zusammenhang mit Tätigkeitsverben vorkommt, vor allem in Urkunden weltlicher Aussteller begegnet, während in Subskriptionen geistlicher Zeugen *In christi nomine* häufiger vorkommt und das St. Galler Invokationszeichen wohl auch in dieser Formel seinen Ursprung hat. In den 25 Synodalprotokollen von 516–694, in denen auch Isidor von Sevilla genannt wird, CANELLAS LOPEZ, Diplomática Hispano-Visigoda, unterscheiden sich die Formeln am Beginn des Protokolls von den Subskriptionen der Bischöfe, die in elf erhaltenen Eschatokollen jeweils mit *In christi nomine* unterfertigen.

315 SANTIFALLER, Über die Verbal-Invokation, S. 54–55 mit den für die Papsturkunden zusammengestellten Tabellen I–II. Danach verwenden auch die Päpste verschiedene Formeln, wie Papst Hormisda 517 die Formel 1 und Papst Gregor I. in zwei Briefen aus den Jahren 591 und 603 die Formel 2.

316 Entgegen SANTIFALLER und LEVISON, England and the Continent, S. 229, sieht FICHTENAU, Forschungen über Urkundenformeln, S. 292, in dieser Formel keine Invokation, sondern eine betont christliche Datierungsangabe.

Tafel 5
Vorkommen von Verbalinvokationen nach Urkundenarten von den Anfängen bis zum Jahr 1000 (nach Santifaller, Über die Verbalinvokation, S. 45–47)

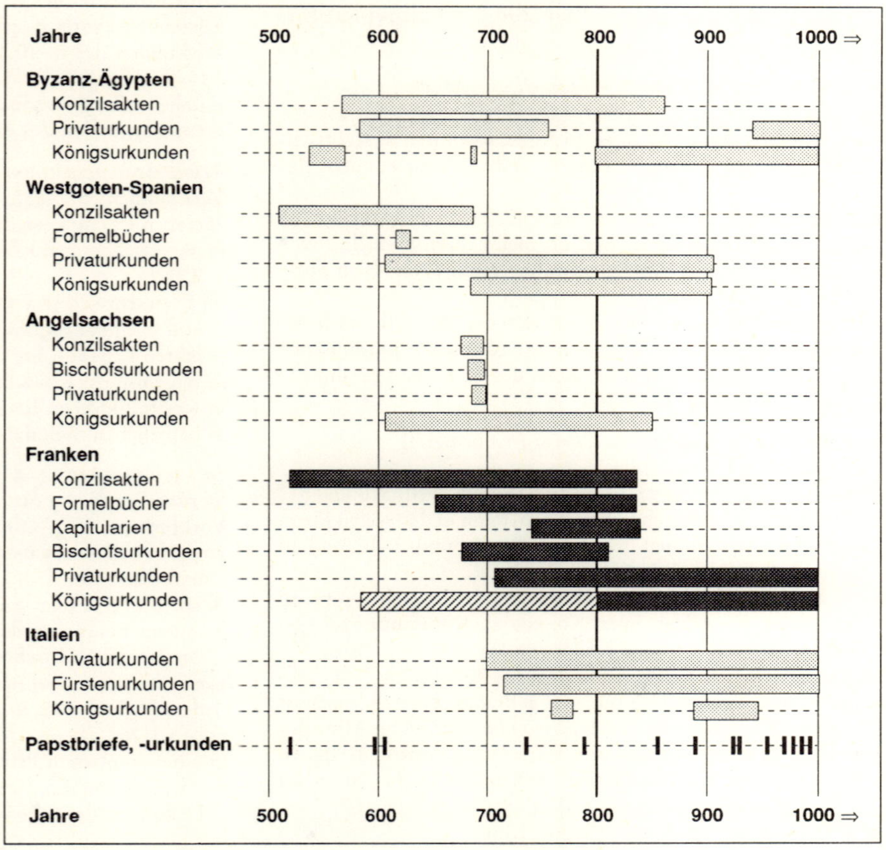

(† 770) bekannt ist[317]. Um die Frage zu beantworten, ob Verbalinvokationen wirklich erst nach der Kaiserkrönung Karls des Großen in die fränkischen Herrscherurkunden gelangt sind, ist in Tafel 5 aufgrund der Angaben Santifallers das Vorkommen der gebräuchlichsten Formeln nach Urkundenarten zusammengestellt. Zur Ergänzung wird auf der folgenden Seite seine Verteilung der neun gebräuchlichsten der insgesamt 21 aufgelisteten Formeln nach Ländern wiederholt. Die Reihenfolge der einzelnen Formeln ist chronologisch entsprechend dem ersten Auftreten[318], wobei die genannten Jahreszahlen jeweils das erste und letzte Vorkommen der betreffenden Formel in dem von ihm durchgesehenen Material bedeuten.

Santifaller zog für seine Untersuchungen nur die Verbalinvokationen heran und ließ die zeichenhafte Überlieferung außer Betracht. Er mußte sich für die früheste Zeit zum größten Teil auf Abschriften stützen, in denen graphische Zeichen auch weggelassen werden konnten. Seine Zusammenstellung zeigt, daß die Konzilsakten der Westgoten und der Franken die ältesten urkundlichen Dokumente mit Verbalinvokationen sind. Im Original überlieferte Konzilsprotokolle aus dem 9. Jahrhundert belegen[319], daß den Subskriptionen der Geistlichen in der Regel Invokationszeichen vorgesetzt werden[320]. Etwas jünger als der Brief des Papstes Hormisda 517 sind byzantinische Königsurkunden ab [535–565]. Der Gebrauch von Invokationen setzt sich

317 Bernhard Bischoff, Kreuz und Buch im Frühmittelalter, S. 280 f.

318 Santifaller, Über die Verbalinvokation, S. 40–43, zit. Anm. S. 43.

319 Mit dem Ablauf von Konzilien beschäftigt sich Roger Reynolds, Rites and Signs of Conciliar Decisions in the early Middle Ages, in: Sett. cent. it. 33 (1987), S. 207 ff. anhand von 32 Abb.; dazu die farbig reproduzierte Miniatur eines Konzils in Toledo aus einer Madrider Handschrift in: Sanchez-Albornoz, El Reino Astur, Abb. 168. Die Anfertigung von Konzilsprotokollen in mehrfacher Ausfertigung und die Inkraftsetzung durch eigenhändige Unterschriften behandelt Heinz Ohme, Zum Vorgang der kaiserlichen Subskription auf ökumenischen Konzilien, in: ZKG 102 (1991), Vierte Folge 40, S. 145 ff.

320 Vgl. Musée des Archives Departementales, No. 9 auf Taf. VII: Constitution du Concile de Pitres 864 mit Subskriptionen von 18 Bischöfen, von denen 3 mit Kreuzzeichen, 13 mit Christogramm und 2 ohne Zeichen unterfertigen; Manuel Diaz y

◁ Ergänzung zu Tafel 5: *Ausgewählte Verbalinvokationen nach dem Zeitraum ihrer Verwendung* (nach SANTIFALLER, Über die Verbalinvokation, S. 40–43)

In nomine Domini (Amen) (= Formel 2)
Vorkommen: 506–1200;
zuerst im westgotischen Konzil zu Agde, sodann in westgotisch-spanischen Konzilien, Königs- und Privaturkunden des 7.–10. Jh.;
im Frankenreich: in Konzilien des 6.–7. Jh., in Privaturkunden 8.–10. Jh., in Kapitularien und Formelbüchern 8.–9. Jh. sowie in einem Privatbrief des 9. Jh., im Ostfränkischen Reich Mitte 9. Jh. bis Anf. 10. Jh.;
in Italien: in langobardischen Privaturkunden des 8. Jh., in beneventanischen Privat- und Fürstenurkunden sowie in römischen und ravennatischen Privaturkunden des 9., 11. und 12. Jh.;
in Papsturkunden des 6.–11. Jh.

In nomine domini nostri Jesu Christi (= Formel 5)
Vorkommen 516 (531)–1185;
zunächst in der verkürzten Form *In nomine Christi* 516 und 517 in westgotisch-spanischen Konzilien, dann in der vollen Form in westgot.-spanischen Konzilien des 6. und 7. Jh. und in spanischen Privaturkunden des 8.–10. Jh.;
in byzantinisch-ägyptischen Königsurkunden 6.–7. Jh. sowie in den Akten des Allgemeinen Konzils zu Konstantinopel von 869;
in angelsächsischen Königsurkunden des 7.–9. Jh.;
im Frankenreich und in Deutschland: in Privaturkunden, zunächst in der verkürzten Form *In Christi nomine* seit 716 bis Mitte des 12. Jh. und in der vollen Form seit 748 bis Anfang 11. Jh., in Formelbüchern und Kapitularien des 8. und 9. Jh., in Briefen des 8. Jh. und in einer Urkunde K. Ludwigs d. Fr. von 807;
im Westfränk. Reich: c. 850, Pseudo-Isidor;
in Italien: in Privaturkunden in Rom von Mitte 10. bis ins 12. Jh., in Ravenna 11. und 12. Jh., in Benevent 12. Jh.;
in Papsturkunden des 8., 11. und 12. Jh.

In nomine sanctae Trinitatis (= Formel 6)
Vorkommen: (516–523)–(1046–47);
zuerst im Frankenreich: in Konzilien von (516–523) und des 7.–9. Jh. sowie in Kapitularien, Privaturkunden des 8. Jh. und in Formeln des 8.–9. Jh.;
in westgotisch-spanischen Konzilien des 7. Jh.;
in Papsturkunden des 9. und 11. Jh.

In nomine Patris et Filii et Spiritus Sancti (= Formel 1)
Vorkommen: 517–1135;
zuerst in einem Papstbrief von 517, dann in Papsturkunden des 8.–10. Jh.;
in Byzanz: in Kaiserurkunden des 6., 8., 9. und 11. Jh., in Privaturkunden des 10. und 11. Jh. und im Allgemeinen Konzil von 869;
in einer koptischen Privaturkunde des 8. Jh.;
in angelsächsischen Königsurkunden 7. und 8. Jh. und einem Konzil von 685;
in spanischen Konzilien des 7. Jh. sowie in spanischen Königsurkunden des 8.–10. Jh., in Privaturkunden des 9. Jh.;
in Italien: im Konzil zu Ravenna c. 731 und in ravenn. Privaturkunden 767 und im 9. bis Anf. 12. Jh.;
im Frankenreich: in Konzilien, Privaturkunden und Privatbriefen des 8. und 9. Jh., in Königsurkunden von 801–814, in Kapitularien des 9. Jh., im Polyptychon der Kirche von Marseille 814; in einem westfränk. Kapitulare von 876 und in einem Diplom K. Lothars von Supplinburg von 1135.

In Dei nomine (= Formel 2b)
Vorkommen: 538–(1045–72);
zuerst im Frankenreich, und zwar in Konzilien von 538 sowie des 7. und 8. Jh., in Gesta municipalia (Bischofs-Urk.) von 675, in Formeln des 8.–9. Jh., in der ersten Urkunde Pippins als König von 752, in Privaturkunden seit (720–737) bis Ende 10. Jh. und in einem Brief des Erzbischofs von Mainz von 810;
in einem westgotisch-spanischen Konzil von 630 sowie in Privaturkunden des 8.–10. Jh. und in Königsurkunden des 9. und 10. Jh.;
in Italien in langobardischen Privaturkunden von 737–774 (786);
in Papsturkunden des 11. Jh.

Regnante in perpetuum domino nostro Jesu Christo (= Formel 3)
Vorkommen: 572–855;
zuerst in einem westgotisch-spanischen Konzil von 572;
in angelsächsischen Königsurkunden des 7. Jh., in Konzilien des 9. Jh.;
im Frankenreich in Formeln des 8. und 9. Jh., in einem Konzil und in einem Kapitulare des 8. Jh., in Privaturkunden aus den Jahren 770–807, im Codex Carolinus und im Ansegis;
in italienischen Konzilien des 8. und 9. Jh.;
in westfränkischen Konzilien des 9. Jh.;
in päpstlichen Synodalkonstitutionen von 595 und 769.

In nomine sanctae et individuae Trinitatis, Patris et Filii et Spiritus Sancti (= Formel 6A)
Vorkommen: (582–604)–1148;
zuerst in byzantinisch-ägyptischen Privaturkunden von (582–602) und des 7. Jh.;
in spanischen Privat- und Königsurkunden des 8. und 9. Jh.;
in einem Schreiben der auf dem römischen Konzil von 826 versammelten Bischöfe;
ganz vereinzelt in westfränkischen Konzilien und Königsurkunden des 9. und 10. Jh. und in einer Kaiserurkunde Lothars III. von 1126;
in einer römischen Privaturkunde von 1148;
in der ›Konstantinischen Schenkung‹ sowie in päpstlichen Urkunden des 9. bis 11. Jh.

In nomine domini Dei Salvatoris nostri Jesu Christi (= Formel 4)
Vorkommen: (591)–1093 (1114?);
zuerst in byzantinisch-ägyptischen Privaturkunden des 6. und 7. Jh. sowie in einer byzant. Kaiserurkunde des 7. und in Konzilien des 7.–9. Jh.;
in Spanien: in einem Konzil des 7. Jh., in Privaturkunden 8. und 9. Jh. und in einer Königsurkunde von 900;
in Italien in einer langobardischen Königsurkunde von (759–774) und in langob. Privaturkunden des 8. Jh.; in beneventanischen Fürsten- und Bischofsurkunden des 8.–10. Jh. (1114?), in einem ital. Konzil von 840, in ital. Königsurkunden des 9. und 10. Jh. sowie in römischen Privaturk. von 921–1093, ferner in Fürsten- und städtischen Urkunden aus Salerno, Spoleto und Capua im 8.–11. Jh. und in ravenn. Privaturkunden des 11. und 12. Jh.;
im Frankenreich; in Privaturkunden (762–764) bis 899, in Kapitularien des 8. und 9. Jh. sowie in Urkunden K. Ludwigs d. Fr.;
in westfränkischen Königsurkunden 9. und 10. Jh. sowie in Urk. des Erzbischofs von Lyon im 10. Jh.;
in Papsturkunden des 7.–11. Jh.

In nomine sanctae et individuae Trinitatis (= Formel 6a)
Vorkommen: 759 ff. und im ganzen Mittelalter;
zuerst in westgotisch-spanischen Privaturkunden des 8. und 9. Jh. und in Königsurkunden des 9. Jh.;
in fränkischen Privaturkunden seit 791, in den Akten des Aachener Konzils von 816 und seit 833 regelmäßig in den ostfränkischen und deutschen Königs- und Kaiserurkunden sowie in ostfränkisch-deutschen Privaturkunden des 9. bis 12. Jh.; ferner, wenn auch nicht ausschließlich, in den Königsurkunden und Kapitularien in Westfranzien-Frankreich und der Provence;
in Italien im 9. und 10. Jh., in einer Bischofsurkunde von Vercelli von 945 und in Urkunden der Fürsten von Salerno im 11. Jh.;
in Papsturkunden (940–942) (942–1084).

in westgotischen Privaturkunden [603–605] und Formelbüchern [613–621] fort. Ab 605 ist die Invokation in angelsächsischen Königsurkunden präsent. Sie begegnet in der langobardischen Überlieferung seit 700 und wenig später in den Fürstenurkunden aus Benevent und Spoleto. Im fränkischen Reich kommen verbale Invokationen in Formelbüchern, Bischofs- und Privaturkunden und in Kapitularien vor. Nur die Aussteller und Schreiber der frühen Königsurkunden scheinen den Schutz Gottes nicht angerufen zu haben. Setzt man jedoch die invokatorischen Zeichen als ligierten Ausdruck für eine wörtliche Formel ein, so verschiebt sich der Zeitraum für die merowingisch-frühkarolingischen Königsurkunden bis an die Grenze der frühesten Überlieferung [584–629] und steht im Einklang mit der Tradition in Konzilsakten, Formelbüchern und Privaturkunden.

V. Zusammenfassung

Das Invokationszeichen oder Chrismon, die Anrufung Gottes in zeichenhafter Form, ist das Thema der Arbeit. Die Auflösung des Invokationszeichens als wörtliche Anrufung Gottes ist das Ergebnis der Arbeit.

Den ältesten Invokationszeichen liegen Buchstaben und Buchstabenbindungen zugrunde, die während der Zeit kursiven Schreibens als Kurzform und Kürzung einer verbalen Anrufung entstanden sind. Nach einer Formulierung Jan-Olof Tjäders scheint am natürlichsten, daß eine durchgreifende Schriftveränderung in der lebendigsten ihrer Ausdrucksformen, das heißt, in der Kursive vor sich geht[321]. Die frühmittelalterliche Schrift steht zwischen den Kursivschriften der ausgehenden Antike und den gesetzten Minuskelschriften des Hochmittelalters. Die karolingische Schriftreform besteht im wesentlichen darin, die raumgreifende Schreibbewegung von mehreren Buchstaben in einem Zug abzubrechen und fortan die Buchstaben einzeln aus mehreren Strichstücken linear zusammenzusetzen und zu vereinheitlichen. Als sich die neue karolingische Minuskel über regional geprägte Schriften hinweg flächendeckend ausbreitet, geraten die antiken Buchstabenformen wegen schwerer Lesbarkeit und daraus folgender Fehleranfälligkeit für Schreiber, Kopisten und Vorleser außer Gebrauch und werden den Zeitgenossen fremd, die ursprünglich beweglichen Ligaturen erstarren zu festen Formen. Es ist nicht gelungen nachzuweisen, auf welche Weise oder nach welchem Vorbild die invokatorischen Zeichen in die Urkunden gelangt sind, aber sie sind – so weit die Überlieferung reicht – Kennzeichen und Bestandteil schriftlicher Dokumente aus dem gesamten westlichen Europa vom 6. bis zum 13. Jahrhundert. Das invokatorische Zeichen begegnet in einer verwirrenden Vielfalt von Formen. Am Anfang steht deshalb die Frage, wie es möglich ist, daß sich eine Idee, eine Vorstellung, über Jahrhunderte halten kann, während sich die Form, die den Gedanken einschließt, zur Unkenntlichkeit ändert. Gegen die im 18. und 19. Jahrhundert vorgeschlagenen Deutungen als Buchstabenmonogramme *IC*, *C* oder *Ch* spricht, daß die heiligen Namen in Handschriften und Urkunden während des ganzen Mittelalters in der Regel nicht suspensiv auf Siglen gekürzt, sondern durch Wegfallen der Vokale konsonantisch kontrahiert werden. Gegen die Interpretation der Zeichen als Kreuze lassen sich die fast unkenntliche Form, das unproportionierte Verhältnis von Längs- und Querbalken und der überwuchernde Schmuck an der Figur des Kreuzes vorbringen.

In der Untersuchung wird zwischen den Zeichen unterschieden, die auf festen oder epigraphischen Formen aufbauen wie das Henkelkreuz, Kreuz oder Christogramm, und von allen in ihrer Bedeutung erkannt und verstanden werden, und den beweglichen Zeichen, deren Formen einem ständigem Wandel unterworfen sind, die von den Nachkommen nicht mehr als Sinnzeichen erkannt werden und die wir heute als symbolisch bezeichnen. Die Arbeit konzentriert sich auf das bewegliche Zeichen. Statt es wie bisher als eine optische Einheit zu sehen, aus der Einzelformen zur Interpretation herausgelöst werden, geht der Ansatz davon aus, das kleinste Element, den Strich, zu finden, um mit seiner Hilfe das Zeichen zu rekonstruieren. Die Grundlage für die Untersuchung bilden knapp 4000 originale Privat- und Herrscherurkunden des 7. bis 11. und 12. Jahrhunderts aus den Archiven in St. Gallen, Lissabon und León und Abbildungen aus den Beständen des ›Lichtbildarchivs‹ und den Tafelwerken, besonders den ›Kaiserurkunden in Abbildungen‹ und den ›Chartae Latinae Antiquiores‹.

Aufgrund der spätantiken-frühmittelalterlichen Buchstabenbindungen der römischen Kursiven und der Ab-

Díaz, El manuscrito 22 de la Catedral de León, in: León y su Historia I, León 1969, S. 153 f., bespricht eine aus mehreren Teilen zusammengebundene Sammelhandschrift, auf deren fol. 1v–5v die *Acta* des Konzils von Córdoba 839 mit den autographen Subskriptionen des Metropoliten von Toledo und anderer Prälaten erhalten sind (Abb. 2 und 3). Die genauen Formen der Zeichen lassen sich aus den Abbildungen nicht erkennen, doch scheint der Erzbischof von Toledo ein Stabzeichen mit *X* und Titulus zu schreiben. Vor den Namen der Bischöfe lassen sich wenigstens zwei regelmäßige Kreuzzeichen erkennen.

321 Jan-Olof Tjäder, Die Forschungen Jean Mallons zur römischen Paläographie, in: MIÖG 61 (1953), S. 391 f.

kürzungspraktiken der Zeit lassen sich die zu einer Ligatur verbundenen Buchstaben in Worte rückumsetzen und in die Formeln *In dei nomine*, *In nomine domini (Amen)*, *In christi nomine* und ihre Erweiterungen auflösen. Die Ableitung aus Strichkombinationen oder einzelnen Zeichen ist nicht so gut gelungen, als daß nicht viele Zweifel und Unsicherheiten bestehen blieben, vor allem bei der Unterscheidung von *d(e)i* und *d(omi)ni* oder *nomine* und *Amen*. Zum einen wird das genaue Erkennen einer Strichfolge durch den prekären Erhaltungszustand – besonders der merowingischen Papyri – erschwert, zum anderen kann man davon ausgehen, daß die Schreiber die invokatorischen Zeichen, die ihnen selbst so geläufig waren, nicht mit größter Sorgfalt ausführten, so lange nur der Ansatz für die vorzutragende Verbalinvokation gegeben war.

Für die beweglichen oder veränderlichen Zeichen von der Merowinger- bis in die Ottonenzeit bleiben drei graphische Elemente bestimmend: ein verlängerter *I(n)*-Schaft, dem auf der linken Seite ein *d*-Bauch vorgesetzt ist und der mit einem diplomatischen Titulus und *i*-Abstrich verbunden wird: *d(e)i*. Die Schlingenbildung am Stabkopf der merowingischen Eingangszeichen steht mit der Wortfolge *In nomine dei* oder *domini* in Zusammenhang. Die Inversion *In dei nomine (Amen)* wird mit der Verlagerung des graphischen Gewichts auf die Stabmitte oder den Stabfuß begründet. Das sogenannte Hebarhard'sche Chrismon, das um 860 mit der bisherigen Tradition bricht, schafft die Ausgangsbasis für die Grundform des bekannten C, das fortan als fester Bestandteil in fränkischen und deutschen Herrscherurkunden bis ins 13. Jahrhundert überlebt und zu einem Kriterium der Echtheit avanciert. Anhand der graphischen Invokationszeichen in den St. Galler Privaturkunden des 8. und 9. Jahrhunderts wird der Ursprung des ›Schlangenzeichens‹ – *littera serpentibus circumdata* – aus der Formel *In christi nomine* vorgeschlagen. Da im späteren 9. Jahrhundert die Aussage des Zeichens wahrscheinlich nicht mehr abgelesen werden kann, verschwindet es aus den Urkunden. Die iberischen Zeichen, deren Überlieferung – mit Ausnahme der Urkunde König Silos aus dem Jahr 775 – erst im 9. Jahrhundert einsetzt, zeigen einen Stab mit *d*-Bogen und diplomatischem Titulus wie die fränkischen, aber unterscheiden sich von ihnen dadurch, daß der Stabkopf eingerollt ist und vom Fuß eine geschlängelte Wellenlinie abgeht. Statt des *I(n)*-Schaftes ist ein *S(ub)*-Schaft mit *n(omine)*-Wellen anzunehmen und das Zeichen mit *Sub nomine dei (domini)* aufzulösen, wie es in iberischen Verbalinvokationen immer wieder gebraucht wird. Die Weiterentwicklung des *L*-förmigen Invokationszeichens steht wie im fränkischen Reich mit der karolingischen Minuskel in Zusammenhang, die besonders seit dem ausgehenden 11. Jahrhundert in die iberische Halbinsel vordringt und die westgotische Kursive verdrängt. Durch Betonung der Diagonalstriche des Titulus in der Stabmitte entsteht ein liegendes Kreuz (*X*), der Kopf des *s*-Bogen rollt sich ein und schließt zum Rho (*P*), die *n*-Wellenlinie richtet sich zur Schlinge auf und wird als Buchstabe *S* an den Stabfuß herangezogen, so daß ein modifiziertes Monogramm Christi hervortritt. In den italienischen Urkunden des 8. Jahrhunderts, in deren Invokationszeichen ebenfalls *I(n)*-Schaft und *d*-Bogen vorkommen, wird im Unterschied zur merowingisch-fränkischen und iberischen Überlieferung das *e* des *dei* nicht durch einen diplomatischen Titulus, sondern durch einen Horizontalstrich gekürzt. Aus dem ursprünglichen *d*-Bogen entwickelt sich mit den Jahrzehnten eine liegende *S*-Form, die zu einem Strich verflacht und das zukünftige Kreuz mit Zierpunkten in den Winkelecken ermöglicht.

Als wichtigstes Ergebnis ist festzuhalten, daß die Eingangszeichen in den originalen frühmittelalterlichen Urkunden in der Tat invokatorische Zeichen darstellen, aus deren Strichkombinationen verschiedene Anrufungsformeln herauszulesen sind. Gleichzeitig ergibt sich, daß die merowingisch-fränkischen, westgotisch-iberischen und italienischen Invokationszeichen auf dem gemeinsamen Erbe der Schrift aufbauen, in der Schreibung der Buchstabenligatur zwar eigene Wege gehen, aber parallel nach einer Periode der wechselnden graphischen Gestaltung zu einem festen Zeichen führen, dessen ursprüngliche *In nomine*-Anrufung nicht mehr erkennbar ist und durch eine zweite buchstäblich ausgeschriebene Invokation ergänzt wird.

Die gleiche graphische Entwicklung erfährt die eigenhändige Unterfertigung, das *sub(scripsi)* eines Ausstellers oder Schreibers, und erstarrt zum ›Bienenkorb‹ als Subskriptions- oder Rekognitionszeichen. Das schematisch gezeichnete Diptychon mit griechischen Buchstaben oder die stilisierte Kirche mit einem Kreuz über dem First entfallen unter Kaiser Heinrich III., als sie mit der ehemals eigenhändigen Unterschrift nicht mehr in Zusammenhang zu bringen sind, oder nehmen in der iberischen Überlieferung Schmuckformen an. Die Kreuzformen, die im Zusammenhang mit der objektiven Unterfertigung *signum* nur kursorisch gestreift werden, sind nach dem Handmal des Schreibenden und der Kürzung der Endsilbe *(sign)um* und ihrer Stellung zu unterscheiden. Die Verwendung des Kreuzzeichens vor der subjektiven *ego*-Unterfertigung kann besonders im 7.–8. Jahrhundert als invokatorisches Zeichen anstelle einer verbalen Anrufung gedeutet werden.

Die Lesbarkeit der invokatorischen Zeichen führt zum zweiten Ergebnis der Arbeit, der Austauschbarkeit von ligiertem Strichzeichen und wörtlicher Anrufung. Invokationszeichen kommen vor den Namen von Ausstellern, Zeugen, Rekognoszenten und Schreibern vor, die ihre Subskription mit einer zeichenhaften oder verbalen Anrufung oder beiden beginnen. Noch bei einigen karolingischen Kanzleischreibern des 9. Jahrhunderts läßt sich die Kenntnis einer wechselseitigen Verwendung nachweisen, in dem die Verbalinvokation oder das Zeichen wegfallen. Die Stellung des Zeichens jeweils vor dem Personennamen legt nahe, daß die Invokation in erster Linie mit der handelnden Person verbunden ist. Die Verdoppelung der Invokation mit naher Verbindung zur Devotion, die sich vor und zwischen Namen und Titel aufzuspalten scheint, begegnet bereits in merowingischen Zeugenlisten, in den zwanziger Jahren des 8. Jahrhunderts in St. Galler Privaturkunden und in der italienischen Überlieferung. Das gleichzeitige Vorkommen mehrerer Formeln ist typisch für die Frühzeit und in allen Urkundenarten sowohl für die wörtlichen als auch die zeichenhaften Invokationen nachzuweisen. Der Verbalinvokation in fränkischen Herrscherurkunden scheint in dem Moment der Vorrang eingeräumt zu werden, als die Aussage der Formel wichtiger wird als der Akt der Anrufung.

Aufgrund der Austauschbarkeit von ligierter und ausgeschriebener Anrufung läßt sich als drittes Ergebnis die Zeitgrenze für die Invokation in merowingisch-frühkarolingischen Königsurkunden, die erst mit der Kaiserkrönung Karls des Großen 801 aufgenommen worden sein soll, bis in die älteste Überlieferung um 600 zurückverlegen. Sie stehen damit gleich den byzantinischen, westgotischen, langobardischen und angelsächsischen Königsurkunden in der Tradition, wie sie aus Konzilsakten, Formelbüchern, Privat- und Herrscherurkunden seit dem 6. Jahrhundert bekannt ist.

Nachdem sich die gekürzten Formeln *In dei nomine*, *In nomine domini* oder *In christi nomine* aus den Ligaturen und Buchstabenteilen rekonstruieren lassen, befremdet umso mehr, daß die Trinitätsformeln nicht einmal in Ansätzen in den invokatorischen Zeichen zu finden sind. Hier sind die Studien zur Geschichte des Kreuzzeichens von Franz Dölger wegweisend, in dem sie die Identität des stehenden Kreuzes mit dem Namen Christi nachweisen und das Kreuz erst nach der Ausbildung der trinitarischen Lehre stärker mit der Dreieinigkeit und der Formel *In nomine patris et filii et spiritus sancti* verbinden. Kreuzzeichen, die als Anrufung der Dreieinigkeit intrepretiert werden könnten, begegnen vor eigenhändigen Subskriptionen besonders von Geistlichen und werfen damit die Frage auf, ob nicht die Kreuzzeichen, die in der frühen originalen Überlieferung vor dem Namen eines Papstes stehen, als wörtliche Invokation in der Kurzform des Zeichens aufgefaßt werden dürfen.

A. VERZEICHNIS DER SIGLEN UND ABKÜRZUNGEN

Abb.	Abbildung
Abh.	Abhandlung
Abt.	Abteilung
ACL	Archivo de la Catedral de Léon
AD	Archiv für Diplomatik, Schriftgeschichte, Siegel- und Wappenkunde, 1ff., Köln–Graz 1955ff.
AHC	Annuarium historiae conciliorum, 1ff., Amsterdam 1969ff.
AHP	Archivum historiae pontificiae, 1ff., Rom 1963ff.
ANTT	Archivo Nacional da Torre do Tombo
AUF	Archiv für Urkundenforschung, 1–18, Leipzig 1908–1944
AZ	Archivalische Zeitschrift, 1ff., München 1876ff.
BECh	Bibliothèque de l'Ecole des Chartes, 1ff., Paris 1839ff.
BRESSLAU, UL	Harry BRESSLAU, Handbuch der Urkundenlehre für Deutschland und Italien 1–2, Bd. 1: Leipzig ^{1}1889, ^{2}1912; Bd. 2/1: Leipzig ^{1}1915, ^{2}1931; Bd. 2/2, hg. v. H.-W. KLEWITZ, Leipzig ^{1}1931; dazu Register, bearb. v. H.-K. SCHULZE, Berlin 1960, Repr. Berlin ^{3}1958, ^{4}1969.
CCL	Corpus Christianorum, Series Latina, Turnhout 1953ff.
CIL	Corpus Inscriptionum Latinarum, 1ff., Berlin 1862ff.
CLA	Codices Latini Antiquiores. A palaeographical guide to Latin manuscripts prior to the ninth century, hg. v. Elias Avery LOWE, Bde. 1–10 und Supplementband, Oxford 1934–1971
ChLA	Chartae Latinae Antiquiores. Facsimile-Edition of the Latin Charters prior to the ninth century, hg. v. Albert BRUCKNER und Robert MARICHAL, 1ff. Olten–Lausanne 1954ff.
DA	Deutsches Archiv für Erforschung des Mittelalters, 1ff., Weimar/Köln–Wien 1937ff. (vorher: NA)
DACL	Dictionnaire d'archéologie chrétienne et de liturgie, hg. v. F. CABROL und H. LECLERCQ, Bde. 1–15, Paris 1907–1953
EHR	English Historical Review, 1ff., London 1886ff.
Erg.-Bd.	Ergänzungsband
ex.	exeunte
Fasc.	Fasciculum, Faszikel
Fonti e Studi	Fonti e Studi del Corpus membranarum italicarum, 1ff. Rom 1968ff.
GGA	Göttingische Anzeigen von Gelehrten Sachen

	1 ff., Göttingen 1753 ff.; ab 1802: Göttingische Gelehrte Anzeigen
HZ	Historische Zeitschrift, 1 ff., Berlin–München 1859 ff.
in.	ineunte
JbAC	Jahrbuch für Antike und Christentum, 1 ff., Münster 1958 ff.
Jb.	Jahrbuch
Jh.	Jahrhundert
JL	Philipp Jaffé, Regesta Pontificum Romanorum I (bis 1143); 2. verb. u. verm. Aufl. bearb. v. Simon Loewenfeld, Leipzig 1885, Repr. Graz 1956
KUiA	Kaiserurkunden in Abbildungen, hg. v. Heinrich von Sybel und Theodor von Sickel, Lfg. I–XI, Berlin 1880–1891
Lauer-Samaran	Philippe Lauer, Charles Samaran, Les diplômes originaux des Mérovingiens, Paris 1908
LBA	Lichtbildarchiv älterer Originalurkunden bis 1250, Marburg
LexMA	Lexikon des Mittelalters, 1 ff., München–Zürich 1977 ff.
Lfg.	Lieferung, Lieferungen
LThK	Lexikon für Theologie und Kirche, begr. v. Michael Buchberger, Bde. 1–10, Freiburg 1930–1938, 2. völlig neu bearb. Aufl. 1957–1965, Registerbd. 1965
MGH	Monumenta Germaniae Historica
MGH DD	MGH Die Urkunden der deutschen Kaiser und Könige, 1 (1879)–11 (1990)
MGH DD Germ. Karol.	MGH Die Urkunden der Deutschen Karolinger, 1 (1932)–4 (1960)
MGH DD Karol.	MGH Die Urkunden der Karolinger, 1 (1906) u. 3 (1966)
Migne, PL	J.-P. Migne, Patrologiae cursus completus: Series Latina, Paris 1844–1855 (Repr.)
MIÖG	Mitteilungen des Instituts für Österreichische Geschichtsforschung, 1 ff., Graz–Innsbruck et al. 1880 ff. (MÖIG bis 1942)
NA	Neues Archiv der Gesellschaft für ältere deutsche Geschichtskunde, 1–50, Hannover–Leipzig/Berlin 1876–1935 (danach DA)
NEW PAL. SOC.	The New Palaeographical Society, Edward M. Thompson, George F. Warner, Frederic G. Kenyon, Julius P. Gilson (Hgg.), Facsimiles of Ancient Manuscripts, etc., Series I–II, London 1903–1939
Nachdr.	Nachdruck
Neudr.	Neudruck
No.	Nummer
o.D.	ohne Datum
o.J.	ohne Jahr
o.O.	ohne Ort
PAL. SOC.	The Palaeographical Society. Edward A. Bond, Edward M. Thompson, George F. Warner (Bearb.), Facsimiles of Manuscripts and Inscriptions, Series I–II, London 1873–1894
QFIAB	Quellen und Forschungen aus italienischen Archiven und Bibliotheken, 1 ff., Rom 1898 ff.
Repr.	Reprint
RHMitt.	Römische Historische Mitteilungen, 1 ff., Graz–Köln 1956/57 ff.
SeC	Scrittura e Civiltà, 1 ff., Rom 1977 ff.
Scriptorium	Scriptorium. Revue internationale des études relatives aux manuscrits. International review of manuscript studies, 1 ff., Brüssel–Antwerpen 1946/47 ff.
Sett. cent. it.	Settimane di studio del centro italiano di studi sull'alto medioevo, 1 ff., Spoleto 1953 ff.
Sickel, Acta	Theodor Sickel, Acta regum et imperatorum Karolinorum digesta et enarrata, Tl. 1: Lehre von den Urkunden der ersten Karolinger (751–840), Wien 1867
SMAH	Albert Bruckner (Hg.), Scriptoria Medii Aevi Helvetica. Denkmäler schweizerischer Schreibkunst des Mittelalters. Bde. 1–15, Genf 1935–1978
Studi e Testi	Studi e Testi. Biblioteca apostolica Vaticana, 1 ff., Città del Vaticano 1900 ff.
Tl.	Teil
Traditio	Traditio. Studies in Ancient and Medieval History, Thought and Religion, 1 ff., New York 1943 ff.
UB	Urkundenbuch
Urk.	Urkunde
Veröff.	Veröffentlichung, veröffentlichen
Viator	Viator. Medieval and Renaissance Studies, 1 ff., Berkeley/Calif. 1970 ff.
Vol.	Volume, Band
VuF	Vorträge und Forschungen, hg. v. Konstanzer Arbeitskreis für mittelalterliche Geschichte, 1 ff., Lindau–Sigmaringen 1955 ff.
W No.	Hermann Wartmann, Urkundenbuch der Abtei Sanct Gallen, Theil I–II (700–920), Zürich 1863–1866, Nos. 1–778.
Z.	Zeile
ZbLG	Zts. für bayerische Landesgeschichte, 1 ff., München 1928 ff.
ZKG	Zts. für Kirchengeschichte, 1 ff., Gotha–Stuttgart 1876 ff.
ZRG	Zts. (der Savigny Stiftung) für Rechtsgeschichte, 1 ff. Weimar 1861 ff.
ZRG Germ.	Germanistische Abt.
ZRG Kan.	Kanonistische Abt.
ZRG Rom.	Romanistische Abt.
Zts.	Zeitschrift

B. VERZEICHNIS DER BENUTZTEN TAFELWERKE, EDITIONEN UND WICHTIGSTEN HANDBÜCHER NACH ERSCHEINUNGSJAHREN

(Es ist jeweils der erste Band eines Werkes oder einer Reihe angegeben)

Jean Mabillon, De re diplomatica libri sex, in quibus quidquid ad veterum instrumentarum antiquitatem, materiam, scripturam et stilum; quidquid ad sigilla, monogrammata, subscriptiones ac notas chronologicas; quidquid inde ad antiquariam, historicam, forensemque disciplinam pertinet, explicatur et illustratur, Paris 1681 (mit zahlreichen Nachzeichnungen).

Godefridus abbas Gotwicensis, Chronicon Gotwicense, seu Annales liberi et exempti monasterii Gotwicensis, ordinis s. Benedicti inferioris Austriae, Faciem Austriae antiquae & mediae usque ad nostra tempora, deinde ejusdem monasterii fundationem, progressum, statumque hodiernum exhibens, ex codicibus antiquis, membranis et instrumentis tum domesticis, tum extraneis depromptum, Tegernsee 1732.

Daniel Eberhard Baring, Observatio de significatione litterae C, quae in ipsa diplomatum antiquorum fronte posita cernitur, in: Clavis Diplomatica, Hannover 1754, S. 186–196 (mit Nachzeichnungen).

Iohannis Lvdolfvs Vvaltherus, Iohannis Henricvs Ivvngivs (Praefatio), Lexicon Diplomaticvm, abbreviationes syllabarvm et vocvm in Diplomatibvs et codicibvs secvlo VIII. ad XVI. vsqve occvrrentes exponens, ivnctis alphabetis et scriptvrae speciminibvs integris, Ulm 1756.

G. D. MANSI, Sacrorum conciliorum nova et amplissima collectio … editio novissima 1–31, Florenz–Venedig 1759–1798; 2. Aufl. 1–53, hg. v. J. P. MARTIN, L. PETIT, Paris 1900–1967.

Charles François TOUSTAIN, René Prosper TASSIN, Nouveau traité de diplomatique, où l'on examine les fondements de cet art (…). Par deux religieux bénédictins de la Congrégation de S. Maur, 6 Bde., Paris 1759–1765.

Johann Christoph GATTERER, Elementa artis diplomaticae universalis, cum tabvlis XII. aeri incisis. Volumen prius. Göttingen 1765.

Johannes Christoph ADELUNG, Neues Lehrgebäude der Diplomatik, welches in Frankreich von einigen Benedictinern von der Congregation des heiligen Mauri aufgeführt worden. Sechster Theil, aus dem Französischen übersetzt, Erfurt 1768 (mit Nachzeichnungen).

Johann Christoph GATTERER, Abriss der Diplomatik, nebst 12 Kupfertafeln, Göttingen 1798.

Gaetano MARINI, I papiri diplomatici raccolti ed illustrati, Rom 1805.

Ulricus Fridericus KOPP, Palaeographia critica 1–4, Mannheim 1817–1829.

Johann Friedrich BÖHMER, Regesta Chronologico-Diplomatica Karolorum. Die Urkunden sämmtlicher Karolinger in kurzen Auszügen, mit Nachweisung der Bücher, in welchen solche abgedruckt sind, Frankfurt am Main 1833.

ENGLISH HISTORICAL SOCIETY (Hg.), Johannis M. KEMBLE (Bearb.), Codex Diplomaticus Aevi Saxonici 1–6, London 1839–1848. Bd. 1: Edition von 240 Urkunden von 604–838.

Jean-Marie PARDESSUS (Hg.), Diplomata, chartae, epistulae, leges aliaque instrumenta ad res gallofrancicas spectantia, Bd. I–II, Paris 1843–1849.

Georg Heinrich PERTZ, Schrifttafeln zum Gebrauch bei Diplomatischen Vorlesungen. Handschriften, 11 Hefte, Hannover 1844–1872.

Philippus JAFFÉ, Regesta Pontificum Romanorum ab condita ecclesia ad annum post Christum natum MCXCVIII, Berlin 1851.

Theodor SICKEL (Hg.), Monumenta Graphica medii aevi ex archivis et bibliothecis imperii Austriae collectae. Edita iussu atque auspiciis ministerii cultus et publicae institutionis, 1858–1882; Fasc. 10, Wien 1882.

A. LETRONNE (Hg.), Diplomata et chartae merovingicae aetatis in archivio Franciae asservata delineanda, Paris o. J. [um 1860].

Hermann WARTMANN, Urkundenbuch der Abtei Sanct Gallen Tl. 1–2: Zürich 1863–1866 (Nos. 1–778 und Anh. Nos. 1–23), Tl. 3: St. Gallen 1882 (Nos. 779–812), Tl. 4: St. Gallen 1892, (Anh. Nos. 1–11).

Jules TARDIF, Fac-Simile de chartes et diplômes mérovingiens et carlovingiens sur papyrus et sur parchemin compris dans l'inventaire des monuments historiques, Paris 1866.

Carl HERQUET (Hg.), Specimina diplomatum monasterio Fuldensi a Karolis exhibitorum. Photographische Nachbildungen der dem Kloster Fulda ertheilten Karolinger-Urkunden. Mit erläuterndem Text nach den Originalen des Landes-Archivs zu Fulda. Photographie von Georg KEGEL. Heft 1: Urkunden Pippins und Karls des Groszen, Cassel 1867 (6 Tafeln).

ACADEMIA DAS CIÊNCIAS DE LISBOA (Hg.), Portugaliae Monumenta Historica a saeculo octavo post Christum usque ad quintumdecim, Diplomata & Chartae I, 1867;

ACADEMIA PORTUGUESA DA HISTÓRIA (Hg.), Documentos Medievais Portugueses: Documentos Particulares, Tomo III: (A.D. 1101–1115), ed. Rui PINTO DE AZEVEDO, Lissabon 1940 (mit Tafeln XXI–XXX); Tomo IV/1 (A. D. 1116–1123), ed. Rui PINTO DE AZEVEDO et Avelino de JESUS DA COSTA, Lissabon 1980.

Documentos Regios I, Tomo I: Documentos dos Condes Portugalenses e de D. Afonso Henriques, A. D. 1095–1185, Texto e notas ed. Rui PINTO DE AZEVEDO, Lissabon 1959–1962; Tomo II: Aditamentos, Fontes, Indices. Referências a documentos perdidos e notas aos documentos do texto ed. Rui PINTO DE AZEVEDO, Lissabon 1962; Tábuas do Volume I, Lissabon 1965 (48 Abb. auf 43 Taf. zu Bd. I).

E. HÜBNER, Inscriptiones Hispaniae Latinae, Berlin 1869.

Schrifttafeln aus dem Nachlasse von U. F. KOPP, ergänzt und hg. v. T. SICKEL, Wien 1870.

Franz SAUTER, Alphabetische Schriftzeichen, Zahlzeichen, Abbreviaturen aus lateinischen Urkunden, Textproben, Initialen, Sanctionszeichen in den Urkunden. Ein tabellarischer Schlüssel zum Verständniß und Lesen alter Handschriften, Urkunden, Siegel, Münzen, als Manuscript herausgegeben, Ravensburg–Stuttgart 1870–1876 (Zusammenstellung von Zeichen auf 14 Tafeln).

Georg Heinrich PERTZ (Hg.), Monumenta Germaniae historica, Diplomatum I: Karl August Friedrich PERTZ (Hg.), Diplomata regum Francorum e stirpe Merowingica. Diplomata maiorum domus. Diplomata spuria, Hannover 1872 [in Folio].

Harry BRESSLAU, Diplomata centum in usum scholarum diplomaticarum edidit et annotationibus illustravit, Berlin 1872.

Edward A. BOND, Facsimiles of Ancient Charters in the British Museum I–IV, London 1873–1878, Bd. II, London 1876 (enthält 40 Urk. von 734–875).

THE PALAEOGRAPHICAL SOCIETY (Hg.), Edward A. BOND, Edward M. THOMPSON, George F. WARNER (Bearb.), Facsimiles of Manuscripts and Inscriptions, Series I–II, London 1873–1894 (455 Taf.).

THE NEW PALAEOGRAPHICAL SOCIETY, Edward M. THOMPSON, George F. WARNER, Frederic G. KENYON, Julius P. GILSON (Hgg.), Facsimiles of Ancient Manuscripts, etc., Serie I, London 1903–1913 (enthält 250 Tafeln).

Wilhelm ARNDT (Hg.), Michael TANGL (Bearb.), Schrifttafeln zur Erlernung der lateinischen Paläographie, Berlin 1874–1907 (Heft 1: 1–4 1874–1904; Heft 2: 1–4 1878–1906; Heft 3: 1–2 1903–1907).

MINISTÈRE DE L'INTERIEUR (Hg.), Musées des Archives Departementales. Recueil de fac-similés heliographiques de documents, tirés des archives des prefectures, mairies et hospices, Paris 1878 (170 Tafeln vom 7.–18. Jahrhundert und Textband).

MONUMENTA GERMANIAE HISTORICA inde ab anno Christi quingentesimo vsque ad annum millesimum et qvingentesimum: DIPLOMATA REGUM ET IMPERATORUM GERMANIAE: t. I: Die Urkunden Konrad I., Heinrich I. und Otto I., ed. Th. SICKEL, Hannover 1879–1884; t. II: Die Urkunden Otto des II. und Otto des III., ed. Th. SICKEL, Hannover 1888–1893; t. III: Die Urkunden Heinrichs II. und Arduins, edd. H. BLOCH und H. BRESSLAU, Hannover 1900–1903; t. IV: Die Urkunden Konrads II. Mit Nachträgen zu den Urkunden Heinrichs II., ed. H. BRESSLAU unter Mitwirkung von H. WIBEL und A. HESSEL, Hannover-Leipzig 1909; t. V: Die Urkunden Heinrichs III., ed. H. BRESSLAU, Teil 1 (1039–1047), und P. F. KEHR, Teil 2 (1047–1056), Berlin 1931.

DIPLOMATA KAROLINORUM: t. I: Die Urkunden Pippins, Karlmanns und Karls des Grossen, ed. E. MÜHLBACHER, Hannover 1906; t. II: Die Urkunden Ludwigs des Frommen – noch nicht erschienen; t. III: Die Urkunden Lothars I. und Lothars II., ed. Th. SCHIEFFER, Berlin–Zürich 1966.

DIPLOMATA REGUM GERMANIAE EX STIRPE KAROLINORUM: t. I: Die Urkunden Ludwigs des Deutschen, Karlmanns und Ludwigs des Jüngeren, ed. P. F. KEHR, Berlin 1932–1934; t. II: Die Urkunden Karls III., ed. P. F. KEHR, Berlin 1936–1937; t. III: Die Urkunden Arnolfs, ed. P. F. KEHR, Berlin 1940; t. IV: Die Urkunden Zwentibolds und Ludwigs des Kindes, ed. Th. SCHIEFFER, Berlin 1960.

Alphonse PICARD (Hg.), Recueil des Fac-Similes à l'usage de l'Ecole des Chartes, Paris 1880–1887 (enthält 185 Nummern in 4 Faszikeln aus der Zeit von 844 bis 1725).

Heinrich v. SYBEL und Theodor SICKEL (Hgg.), Kaiserurkunden in Abbildungen, Berlin 1880–1891 (verschiedene Bearb., insges. 11 Lfg. von 295 Taf. mit 361 Urk. v. 760–1517), Textband Berlin 1891.

Ernesto MONACI (Begründer und Hg.), Archivio Paleografico Italiano, Rom 1882–1897 (erscheint weiter in Faszikeln und Reprints unter verschiedenen Herausgebern), Bde. I–XV, hier: Vol. IX: Diplomi dei Re d'Italia, hg. v. Giulio BATTELLI, Armando PETRUCCI, Alessandro PRATESI, Guglielmo CAVALLO, Rom–Turin 1910–1936, (122 Taf., Nos. 76–122 fehlen); Vol. XIII: Documenti de diplomatica Vescovile, hg. v. Giulio BATTELLI, Guglielmo CAVALLO, Armando PETRUCCI, Alessandro PRATESI, Rom 1950–1979 (51 Taf., Nos. 1–16, Nos. 17–32 fehlen); Vol. XV: Diplomata principum Beneventi, Capuae et Salerni de gente Langobardorum, hg. v. Giorgio CENCETTI, Giulio BATTELLI, Guglielmo CAVALLO, Armando PETRUCCI, Alessandro PRATESI, Franco BARTOLINI, Renato PIATTOLI, Rom 1956–1982 (41 Taf., Nos. 16–27 fehlen).

Paul EWALD, Gustav LOEWE (Hgg.), Exempla Scripturae Visigoticae XL tabulis expressa, Heidelberg 1883 (40 Tafeln vom 6.–12. Jahrhundert).

Julius von PFLUGK-HARTTUNG (Hg.), Specimina selecta chartarum pontificum Romanorum I–III, Stuttgart 1885–1887 (Nachzeichnungen von den Anfängen bis 12. Jh.).

Philipp JAFFÉ, F. KALTENBRUNNER, P. EWALD, S. LOEWENFELD, Regesta pontificum Romanorum ab condita ecclesia ad annum post Christum natum MCXCVIII, (1. Aufl. Berlin 1851 hg. v. Ph. JAFFÉ), Leipzig [2]1885–1888.

LA SOCIÉTÉ DE L'ECOLE DES CHARTES (Hg.), L. DELISLE (Vorwort), J. TARDIF, J. HAVET, H. OMONT (Mitarb.), Album paléographique ou recueil de documents importants. Relatifs à l'histoire et à la litterature nationales. Reproduits en Heliogravure d'après les originaux des Bibliothèques et des Archives de la France avec des notices explicatives, Paris 1887.

Johann Friedrich BÖHMER, Regesta Imperii I: Die Regesten des Kaiserreichs unter den Karolingern 751–918. Nach Johann Friedrich BÖHMER neu bearbeitet von Engelbert MÜHLBACHER, Erster Band Innsbruck 1889, 2. Aufl. nach Mühlbachers Tode vollendet von Johann LECHNER, Hannover 1908.

JESUS D. MUNOZ Y RIVERO, Manual de Paleografia diplomática española de los siglos XII al XVII. Método teórico-practico para aprender à leer los documentos españoles de los siglos XII al XVII, Madrid 1889; 2. verb. u. erw. Aufl. Madrid 1917, Nachdr. Madrid 1972.

Maurice PROU, Manuel de Paléographie latine et française du VIe au XVIIe siècle suivi d'un dictionnaire des abréviations avec 23 fac-similés en phototypie, Paris o. J. [c. 1890].

Maurice PROU, Recueil de fac-similés d'écritures du XXIIe au XVIIe siècle (Manuscrits latins et français) accompagnés de Transcriptions. Manuel de paléographie, Paris 1892 (12 Tafeln).

Guilelmus SCHMITZ (Hg.), Commentarii notarum Tironianarum cum prolegomenis adnotationibus criticis et exegeticis notarumque indice alphabetico, Leipzig 1893, Ndr. Osnabrück 1968 (132 Tafeln mit Auflösungen von tironischen Noten).

A. GIRY, Manuel de diplomatique. Diplômes et Chartes. – Chronologie technique. – Eléments critiques et parties constitutives de la teneur des chartes. – Les chancelleries, Paris 1894.

Jules FLAMMERMONT (Hg.), Album Paléographique du Nord de la France. Chartes et documents historiques reproduits par la phototypie et publiés avec transcription partielle, Lille 1896 (66 Tafeln aus dem 11.–17. Jh.).

Carl WESSELY (Hg.), Schrifttafeln zur älteren lateinischen Paläographie, Leipzig 1898 (mit 50 Schriftbeispielen aus dem 1.–6. Jahrhundert auf 20 Taf.).

Anton CHROUST (Hg.), Monumenta Palaeographica. Denkmäler der Schreibkunst des Mittelalters, Serie I–II: München 1899–1940, Serie III: Leipzig 1931–1940 (versch. Mitarb., insges. 69 Lfg. mit 690 Taf. aus dem 5.–16. Jh.).

Franz JOSTES (Hg.), Die Kaiser- und Königs-Urkunden des Osnabrücker Landes in Lichtdruck herausgegeben, Münster i. W. [um 1900] (24 Tafeln mit Transkriptionen).

Franz STEFFENS, Lateinische Paläographie. Hundert Tafeln in Lichtdruck mit gegenüberstehender Transkription nebst Erläuterungen und einer systematischen Darstellung der Entwicklung der lateinischen Schrift, Trier 1903, 2. verm. Aufl. (= 1. Aufl. mit 100 Taf. und Suppl.), Trier 1909, Repr. Berlin–Leipzig 1929.

G. F. WARNER, H. J. ELLIS, Facsimiles of Royal and Other Charters in the British Museum, London 1903.

Maurice PROU, Recueil de fac-similés d'écritures du Ve au XVIIe siècle (Manuscrits latins, français et provençaux) accompagnés de Transcriptions. Manuel de paléographie, Paris 1904 (50 Tafeln).

Ernesto MONACI (Hrsg.), Esempi di scrittura latina dal secolo I. dell'era moderna al XVIII. Nuova Edizione, Rom [1906] (50 Taf. aus dem 1.–18. Jh.).

Philippe LAUER, Charles SAMARAN (Hgg.), Maurice PROU (Vorwort), Les diplômes originaux des Mérovingiens. Fac-similés phototypiques avec des notices et transcriptions, Paris 1908 (48 Taf.).

Henri PIRENNE, Album belge de diplomatique. Recueil de facsimilés pour servir a l'étude de la diplomatique des provinces belges au moyen âge, Jette – Brüssel 1909 (32 Taf. v. 10.–13. Jh.).

Josef RITTER VON KARABACEK (Dir.), Rudolf BEER (Hg.), Monumenta Palaeographica Vindobonensia. Denkmäler der Schreibkunst aus der Handschriftensammlung des Habsburg-Lothringischen Erzhauses, Lfg. 1–2, Leipzig 1910–1913 (46 Tafeln aus Handschriften des 6.–9. Jh.).

V. FEDERICI (Hg.), Esempi di corsiva dal secolo I. dell'era moderna al IV. Raccolti ed illustrati, Rom o. J. [um 1910] (36 Taf. vom 1.–4. Jh.).

G. SEELIGER (Hg.), Albert BRACKMANN, Oswald REDLICH, Lothar GROSS (Bearb.), Urkunden und Siegel in Nachbildungen für den akademischen Gebrauch, Leipzig–Berlin 1914; 2. Abt.: Papsturkunden (16 Taf. von 1020–1715); 3. Abt.: Privaturkunden (15 Taf. von 769–1477).

Carl WESSELY, Die ältesten lateinischen und griechischen Papyri Wiens. Mit 14 Lichtdrucktafeln (= Studien zur Palaeographie und Papyruskunde 16), Leipzig 1914 (14 Tafeln).

Ferdinand RUESS (Hg.), Die Kasseler Handschrift der tironischen Noten samt Ergänzungen aus der Wolfenbütteler Handschrift, mit Unterstützung der Kgl. Bayerischen Akademie der Wissenschaften und des Deutschen Stenographenbundes Gabelsberger, mit 150 Lichtdrucktafeln, Leipzig–Berlin 1914 (die Kasseler Handschrift aus der 2. Hälfte 8./ 9. Jh. ist die älteste und beste lexikalische Überlieferung der tironischen Noten und Grundlage der Kommentare von W. SCHMITZ, s. oben 1893).

SOCIETE DE L'HISTOIRE DE NORMANDIE, Recueil de Fac-similés de Chartes normandes publiés a l'occasion du Cinquantenaire de sa Fondation (1869–1919), avec transcriptions de M. J.-J. VERNIER, Rouen–Paris 1919 (32 Tafeln von 984–1425).

Luigi SCHIAPARELLI, Codice Diplomatico Longobardo I–II, Rom 1919–1933, Bd. III,2: Indici bearb. v. Theo KÖLZER, Rom 1984 (Fonti per la storia d'Italia 62, 63, 64).

Zacarias GARCIA VILLADA, Paleografia Española precedida de una introduccion sobre la Paleografia Latina e ilustrada con veintinueve grabados en el texto y ciento diez y seis facsimiles en un album aparte, Madrid 1923; Nachdr. der 1. Aufl. Barcelona 1974 (Biblioteca de Historia Hispanica, Obras Completas 1).

Paul KEHR (Hg.), Die ältesten Papsturkunden Spaniens. Abh. der Preuss. Akad. der Wissenschaften, Phil.-Hist. Klasse 1926/2, Berlin 1926 (Faksimile der 12 Taf. von 892–(1024–1033?) unter gleichem Titel als Einzelausgabe erschienen).

Otto OPPERMANN, Die älteren Urkunden des Klosters Blandinium und die Anfänge der Stadt Gent, Tl. 2: Facsimiles, Utrecht–Leipzig–München 1928 (= Bijdragen von het instituut voor middeleeuwsche geschiedenis der Rijks-Universiteit te Utrecht 12), enthält 32 Tafeln aus dem 9.–12.Jh.

E. CARUSI, W. M. LINDSAY, Monumenta Palaeographica Veronensia, Fasc. I–II, Rom 1929–1934 (= Codices ex ecclesiasticis Italiae bybliothecis delecti phototypice expressi iussu Pii XI Pont. Max. consilio et studio procuratorum bybliothecae vaticanae, 3 u. 7), enthält 45 Tafeln aus dem 6.–9. Jh. mit Transkriptionen, Vergleichsabb. und Kommentaren.

Bruno KATTERBACH, A. PELZER, C. SILVA-TAROUCA, Exempla scripturarum edita consilio et opera procuratorum Bibliothecae et Tabularii Vaticani, Rom 1929–1933; Fasc. 3: Acta Pontificum, hg. v. Giulio BATTELLI, Rom 1933, 2. verm. Aufl. Rom 1965 (50 Taf. von 819–1813).

Alain de BOÜARD, Manuel de diplomatique française et pontificale. Paris 1929–1952: Vol. 1: Diplomatique générale, Paris 1929 (Text u. 52 Taf. v. 780–1812); Vol. 2: L'acte privé, Paris 1949–1952 (Text u. 34 Taf. von 852–1284).

Agostín MILLARES CARLO, José Manuel RUIZ ASENCIO (Mitarb.), Tratado de paleografia española, Bde. I–III, Madrid [1]1932, [3]1983 (Text und Tafeln mit Transkriptionen).

Elias Avery LOWE (Hg.), Codices Latini Antiquiores. A palaeographical guide to Latin manuscripts prior to the ninth century, Bde. 1–10 und Supplement, Oxford 1934–1971; Part II: Great Britain and Ireland, Oxford 1935, [2]1972; Part XI: Supplement, Oxford 1971.

Albert BRUCKNER (Hg.), Scriptoria Medii Aevi Helvetica. Denkmäler schweizerischer Schreibkunst des Mittelalters I–XIV, Genf 1935–1978; Bde. II–III: Schreibschulen der Diözese Konstanz, St. Gallen I–II, Genf 1936–1938.

Viktor STEGEMANN, Koptische Paläographie. 25 Tafeln zur Veranschaulichung der Schreibstile koptischer Schriftdenkmäler auf Papyrus, Pergament und Papier für die Zeit des 3. bis 14. Jahrhunderts. Mit einem Versuch einer Schriftgeschichte der koptischen Schrift, Heidelberg 1936 (Quellen und Studien zur Geschichte und Kultur des Altertums und des Mittelalters, Reihe C: Hilfsbücher 1).

Ferdinand LOT, Philippe LAUER, Georges TESSIER, Diplomata Karolinorum. Recueil des reproductions en fac-similé des actes originaux des souverains Carolingiens conservés dans les Archives et Bibliothèques de France, Fasc. 1–9, Toulouse–Paris 1936–1949: Fasc. 1: Pepin le Bref, Carloman, Charlemagne, 1936; Fasc. 2,1–2: Louis le Pieux, 1946; Fasc. 3: Charles le Chauve (840–853), 1936; Fasc. 4: Charles le Chauve (853–869), 1937; Fasc. 5: Charles le Chauve, Louis le Begue et Carloman (870–884), 1938; Fasc. 6: Charles le Gros, Eudes et Charles le Simple (885–922), 1942; Fasc. 7: Charles le Gros, Eudes et Charles le Simple (885–915), 1943; Fasc. 8: Raoul, Louis d'Outre Mer, Lothaire, Louis V (927–985), Pepin Ier et Pepin II d'Aquitaine (827–848), 1945; Fasc. 9: Rois de Provence, Rois de Bourgogne, 1949.

Franz BLATT, C. A. CHRISTENSEN, Corpus Diplomatum Regni Danici. Auspiciis societatis linguae et litterarum danicarum, 7 Bde., Hauniae 1938 (692 Nummern, Überlieferung beginnt im 12. Jh.).

Franz DÖLGER (Hg.), Aus den Schatzkammern des Heiligen Berges. 115 Urkunden und 50 Urkundensiegel aus 10 Jahrhunderten. Im Auftrage und mit Unterstützung der Bayerischen Akademie der Wissenschaften, München 1948 (Text- und Tafelband).

M. GYSSELING, A. C. KOCH (Hgg.), Diplomata Belgica ante annum millesimum centesimum scripta, Bd. I: Teksten, Bd. II: Reproducties, Brüssel 1950 (Bouwstoffen en Studien voor de Geschiedenis en de Lexicografie van het Nederlands I), enthält 87 Abb.

Luciano Moroni STAMPA (Hg.), Codex Palaeographicus Helvetiae Subalpinae. Riproduzione e transcrizione diplomatica delle carte anteriori all'anno 1500 relative alla storia delle terre costituenti la svizzera italiana, Lugano 1951–1957 (enthält 55 Abb. v. 8.–11. Jh.).

Christian COURTOIS, Louis LESCHI, Charles PERRAT, Charles SAUMAGNE (Hgg.), Tablettes Albertini. Actes privés de l'époque vandale (fin du Ve siècle), Paris 1952 (Text- und Tafelband).

Jan-Olof TJÄDER, Die nichtliterarischen lateinischen Papyri Italiens aus der Zeit 445–700, Bd. 1: Papyri 1–28, Lund 1955; Bd. 2: Papyri 29–59, Stockholm 1982; Bd. 3: Tafeln, Lund 1954 (Skrifter Utgivna av Svenska Institutet i Rom, Acta Instituti Romani Regni Sueciae, series in 4o, XIX:1–3).

Albert BRUCKNER, Robert MARICHAL (Hgg.), Chartae Latinae Antiquiores, Facsimile-Edition of the Latin charters prior to the ninth century (Das Tafelwerk ist noch nicht abgeschlossen):
ChLA 1: Switzerland: St. Gallen I, bearb. v. Albert BRUCKNER, Olten–Lausanne 1954 (Gesamtwerk Nos. 1–108; ab No. 40 Privaturk. aus St. Gallen v. 744–785);
ChLA 2: Switzerland: St. Gallen II, bearb. v. Albert BRUCKNER, Olten–Lausanne 1956 (Gesamtwerk Nos. 109–178, Privaturk. aus St. Gallen v. 785–800);
ChLA 3: Great Britain: British Museum London, bearb. v. Albert BRUCKNER, Robert MARICHAL, Jan-Olof TJÄDER, Olten-Lausanne 1963 (Gesamtwerk Nos. 179–223);
ChLA 4: Great Britain (without British Museum London), bearb. v. Albert BRUCKNER, Robert MARICHAL, Jan-Olof TJÄDER, Olten–Lausanne 1967 (Gesamtwerk Nos. 224–275);
ChLA 12: Germany III: BRD und DDR, bearb. v. Albert BRUCKNER, Robert MARICHAL, Walter BERSCHIN, Dietikon–Zürich 1978 (enthält 13 Karolingerurk., Gesamtwerk Nos. 518–548);
ChLA 13: France I: Paris, Archives nationales, bearb. v. Hartmut ATSMA und Jean VEZIN, Dietikon–Zürich 1981 (Merow. Königs- und Privaturk. v. [584–629]–690/691, Gesamtwerk Nos. 549–571);
ChLA 14: France II: Paris, Archives nationales, bearb. v. Hartmut ATSMA und Jean VEZIN, Dietikon–Zürich 1982 (Merow. Königs- und Privaturk. v. 690/691–717, Gesamtwerk Nos. 572–594);
ChLA 15: France III: Paris, Archives nationales, bearb. v. Hartmut ATSMA und Jean VEZIN, Dietikon–Zürich 1986 (frühkarol. Königs- und Privaturk. v. 751–775, Gesamtwerk Nos. 595–618);

ChLA 16: France IV: Paris, Archives nationales, bearb. v. Hartmut Atsma und Jean Vezin, Dietikon–Zürich 1986 (frühkarol. Königs- und Privaturk. v. 775–797, Gesamtwerk Nos. 619–638);

ChLA 17: France V: Paris, Bibliothèque nationale, bearb. v. Hartmut Atsma, Robert Marichal, Jan-Olof Tjäder und Jean Vezin, Dietikon–Zürich 1984 (außer zwei ravennat. Papyri und fragment. Kaiserreskripten fünf merow.-karol. Urk. v. 697–784, Gesamtwerk Nos. 651–658);

ChLA 18: France VI (verschiedene Archive), bearb. v. Hartmut Atsma, Robert Marichal, Pierre Gasnault und Jean Vezin, Dietikon–Zürich 1985 (enthält nur eine karol. Urk. Karl d. Gr. von 797, Gesamtwerk Nos. 659–669);

ChLA 19: France VII (versch. Archive), bearb. v. Hartmut Atsma, Jean Vezin und Robert Marichal, Dietikon–Zürich 1987 (u. a. 10 merow.-karol. Urk., Gesamtwerk Nos. 670–691);

ChLA 23: Italy IV – Siena (Prima Parte), bearb. v. Armando Petrucci, Jan-Olof Tjäder, Dietikon–Zürich 1985 (u. a. 21 Privaturk. v. 736–774, Gesamtwerk Nos. 730–750);

ChLA 24: Italy V – Siena (Seconda Parte), bearb. v. Armando Petrucci, Jan-Olof Tjäder, Dietikon–Zürich 1985 (26 Privaturk. v. 774–800, Gesamtwerk Nos. 751–776);

ChLA 25: Italy VI – Italia Centrale: Firenze ed Arezzo, bearb. v. Robert Marichal, Jan-Olof Tjäder, Guglielmo Cavallo, Dietikon–Zürich 1986 (u. a. 4 Privaturk. v. 726–796 und 1 Urk. Karls d. Gr. AD 783, Gesamtwerk Nos. 777–798);

ChLA 26: Italy VII – Italia Centrale: Pisa, bearb. v. Jan-Olof Tjäder, Dietikon–Zürich 1987 (u. a. 15 Privaturk. v. 720–799, Gesamtwerk Nos. 799–813);

ChLA 27: Italy VIII – Italia Settentrionale: Cremona, Piacenza, Asti, Torino. Novara, bearb. v. Jan-Olof Tjäder, Dietikon–Zürich 1992 (25 Urk. v. 729–799, Gesamtwerk Nos. 814–838);

ChLA 28: Italy IX – Italia Settentrionale: Genova, Milano, Trieste, bearb. v. Robert Marichal, Jan-Olof Tjäder, Guglielmo Cavallo, Francesco Magistrale, Dietikon–Zürich 1988 (u. a. 17 Privaturk. v. 721–799, Gesamtwerk Nos. 839–865);

ChLA 29: Italy X – Italia Settentrionale: Cantù, Monza, Bergamo, Mantuva, Verona, Belluno, Padova, Venezia, Modena, Nonantola, Ravenna, Rimini, bearb. v. Jan-Olof Tjäder, Francesco Magistrale, Guglielmo Cavallo, Dietikon–Zürich 1993 (u. a. 3 Urkunden Karls des Großen, Gesamtwerk Nos. 862–889);

ChLA 30: Italy XI – Italia Centrale: Lucca 1, bearb. v. Paola Supino Martini, Dietikon–Zürich 1988 (21 Privaturk. v. Jan. 685–Okt. 738, Gesamtwerk Nos. 894–914);

ChLA 31: Italy XII – Italia Centrale: Lucca 2, bearb. v. Armando Petrucci und Franca Petrucci Nardelli, Dietikon–Zürich 1989 (22 Privaturk. v. Jan. 739–Sept. 752, Gesamtwerk Nos. 915–936);

ChLA 32: Italy XIII–Italia Centrale: Lucca 3, bearb. v. Giovanna Nicolaj, Dietikon–Zürich 1989 (24 Privaturk. v. März 753-Juli 760, Gesamtwerk Nos. 937–960);

ChLA 33: Italy XIV – Italia Centrale: Lucca 4, bearb. v. Francesco Magistrale, Dietikon–Zürich 1989 (24 Privaturk. v. Jan. 761–Dez. 764, Gesamtwerk Nos. 961–984);

ChLA 34: Italy XV – Italia Centrale: Lucca 5, bearb. v. Paola Supino Martini, Dietikon–Zürich 1989 (25 Privaturk. v. Jan. 765-Dez. 769, Gesamtwerk Nos. 985–1009);

ChLA 35: Italy XVI – Italia Centrale: Lucca 6, bearb. v. Francesco Magistrale, Dietikon–Zürich 1989 (29 Privaturk. v. April 770–Nov. 772, Gesamtwerk Nos. 1010–1038);

ChLA 36: Italy XVII – Italia Centrale: Lucca 7, bearb. v. Giovanna Nicolaj, Dietikon–Zürich 1990 (30 Privaturk. v. Febr. 773–Sept. 778, Gesamtwerk Nos. 1039–1068);

ChLA 37: Italy XVIII – Italia Centrale: Lucca 8, bearb. v. Paola Supino Martini, Dietikon–Zürich 1990 (28 Privaturk. v. Febr. 779–April 785, Gesamtwerk Nos. 1069–1095);

ChLA 38: Italy XIX – Italia Centrale: Lucca 9, bearb. v. Marco Palma und Francesco Bianchi, Dietikon–Zürich 1990 (30 Privaturk. v. Juli 785–Juni 789, Gesamtwerk Nos. 1096–1125);

ChLA 39: Italy XX – Italia Centrale: Lucca 10, bearb. v. Francesco Magistrale, Dietikon–Zürich 1991 (30 Privaturk. v. Juni 789–Sept. 796, Gesamtwerk Nos. 1126–1155);

ChLA 40: Italy XXI – Italia Centrale: Lucca 11, bearb. v. Marco Palma, Francesco Bianchi, Dietikon–Zürich 1991 (30 Privaturk. v. Jan. 797–Juli 800, Gesamtwerk Nos. 1156–1185).

T. A. M. Bishop, P. Chaplais (Hgg.), Facsimiles of English Royal Writs to A. D. 1100, Oxford 1957.

Alfio R. Natale, Il Museo Diplomatico dell'Archivio di Stato di Milano, vol. I–II, Mailand 1963–1970 (Tl. 1 enthält 163 Stücke in originalgroßen Photos).

Avelino de Jesus da Costa (Hg.), Album de Paleografia e Diplomática Portuguesas I, Coimbra 1966, [4]1983 (312 Abb. von Antike bis 1815, Textbd. nicht erschienen).

Manuel Gomez-Moreno (Hg.), Manuel Casamar (Fotografias). Documentación goda en pizarra, Estudio y Trascripción. Revision, Facsimiles y Fotografias, Madrid 1966.

Albert Bruckner (Hg.), Diplomata Karolinorum. Facsimile-Ausgabe der in der Schweiz liegenden originalen Karolinger und Rudolfinger Diplome, Basel 1969–1974 (Mappen I–IV und Textbd.).

Jole Mazzoleni, Esempi di scritture cancelleresche, curiali e minuscole, Neapel 1972 (30 Tafeln aus dem 8.–15. Jh. mit Transkriptionen).

Wilhelm Kurze (Bearb.), Codex Diplomaticus Amiatinus. Urkundenbuch der Abtei S. Salvatore am Montamiata. Von den Anfängen bis zum Regierungsantritt Papst Innozenz III. (736–1198), Textbände I–III, Bd. IV: Faksimiles, Lfg. I–II, Tübingen 1974–1982.

Public Record Office (Hg.), Pierre Chaplais, English Medieval Diplomatic Practice, Part I, vol. I–II: Documents and Interpretation, London 1982, Part II: Plates, London 1975 (enthält 60 Tafeln vom 12.–16. Jh.).

José Maria Minguez Fernandez (Bearb.), Colección Diplomática de Monasterio de Sahagún (siglos IX y X), León 1976 (Fuentes y Estudios de Historia Leonesa 17).

Angel Canellas Lopez, Diplomática Hispano-Visigoda, Zaragoza 1979 (231 Nummern vom 5. bis 8. Jh., 5 Abb.).

Josefina Mateu Ibars, Maria Dolores Mateu Ibars, Colectánea Paleográfica de la Corona de Aragon, Siglos IX–XVIII, Tafeln, Barcelona 1980, Text und Transkriptionen, Barcelona 1991.

Roger Gryson, Léon Gilissen, Les scolies ariennes du *Parisinus Latinus 8907*. Un Echantillonnage d'écritures latines du Ve siècle, Turnhout 1980 (= Armarium Codicum Insignium I), mit Duktus-Studien S. 13–41.

José Maria Fernandez Caton (Dir.), Colección documental del Archivo de la Catedral de León (775–1230): Bd. I (775–952), hg. v. Emilio Saez, León 1987; Bd. II (953–985), hg. v. Emilio Saez und Carlos Saez, León 1990; Bd. III (986–1031), hg. v. José Manuel Ruiz Asêncio und Emilio Saez, León 1987 (Fuentes y Estudios de Historia Leonesa 41–43).

The British Academy, Simon Keynes (Hgg.), Facsimiles of Anglo-Saxon Charters, Anglo-Saxon Charters Supplementary I, Oxford 1991.

C. VERZEICHNIS DER BENUTZTEN LITERATUR

Arnold ANGENENDT, Der Taufritus im frühen Mittelalter, in: Segni e Riti nella Chiesa altomedievale, 11.–17. April 1985, Spoleto 1987 (Sett. cent. it. 33), S. 275–321.

Maria José AZEVEDO SANTOS, Da Visigótica à Carolina. A Escrita em Portugal de 882 à 1172. Aspectos técnicos e culturais, Coimbra 1988.

Roger S. BAGNALL, Klaas A. WORP, Christian invocations in the papyri, in: Chronique d'Egypte 56 (1981), S. 112–123 und Supplement S. 362 ff.

Josef BALOGH, »Voces Paginarum«, Beiträge zur Geschichte des lauten Lesens und Schreibens, in: Philologus. Zts. für das Klassische Altertum und sein Nachleben 82 (1927), S. 84–109, 202–240.

Werner BERGMANN, Untersuchungen zu den Gerichtsurkunden der Merowingerzeit, in: AD 22 (1976), S. 1–186.

Werner BERGMANN, Die Formulae Andecavenses, eine Formelsammlung auf der Grenze zwischen Antike und Mittelalter, in: AD 24 (1978), S. 1–53.

Bernhard BISCHOFF, Paläographie des römischen Altertums und des abendländischen Mittelalters, Berlin 1979, 2. überarb. Aufl. Berlin 1986 (Grundlagen der Germanistik 24).

Bernhard BISCHOFF, Die europäische Verbreitung der Werke Isidors von Sevilla, in: Isidoriana. Estudios sobre San Isidoro de Sevilla en el XIV centenario de su nascimento, León 1961, S. 317–344; wieder abgedr. in: DERS., Mittelalterliche Studien, Ausgewählte Aufsätze zur Schriftkunde und Literaturgeschichte I, Stuttgart 1966, S. 171–194.

Bernhard BISCHOFF, Kreuz und Buch im Frühmittelalter und in den ersten Jahrhunderten der spanischen Reconquista, in: Biblioteca docet. Festgabe für Carl Wehmer, Amsterdam 1963, S. 19–34; wieder abgedr. und um neue Belege vermehrt in: Mittelalterliche Studien II, Stuttgart 1967, S. 284–303, mit 1 Abb.

Frank M. BISCHOFF, Die Datenbank des Marburger »Lichtbildarchivs älterer Originalurkunden bis 1250«. Systembeschreibung und Versuch einer vorläufigen statistischen Auswertung, in: Fotografische Sammlungen mittelalterlicher Urkunden in Europa, hg. v. Peter RÜCK, Sigmaringen 1989 (Historische Hilfswissenschaften 1), S. 25–70.

Frank M. BISCHOFF, Unterwegs. Statistik und Datenverarbeitung in den Historischen Hilfswissenschaften, in: Mabillons Spur. Zweiundzwanzig Miszellen aus dem Fachgebiet für Historische Hilfswissenschaften der Philipps-Universität Marburg zum 80. Geburtstag von Walter Heinemeyer, hg. v. Peter RÜCK, Marburg an der Lahn 1992, S. 23–38.

Frank M. BISCHOFF, Format und Proportionen hochmittelalterlicher Papsturkunden unter Berücksichtigung des Umfangs der Urkundstätigkeit der päpstlichen Kanzlei, Marburg Diss. phil. (masch.) 1993, wird in der Reihe ›Elementa diplomatica‹, hg. v. Peter RÜCK, Marburg 1995, erscheinen.

Michael BORGOLTE, Chronologische Studien an den alemannischen Urkunden des Stiftsarchivs St. Gallen, in: AD 24 (1978), S. 54–202.

Michael BORGOLTE, Kommentar zu Ausstellungsdaten, Actum- und Güterorten der älteren St. Galler Urkunden (Wartmann I und II mit Nachträgen in III und IV), in: Subsidia Sangallensia I, Materialien und Untersuchungen zu den Verbrüderungsbüchern und zu den älteren Urkunden des Stiftsarchivs St. Gallen, hg. v. STAATSARCHIV UND STIFTSARCHIV ST. GALLEN, St. Gallen 1986 (St. Galler Kultur und Geschichte 16), S. 323–475.

Michael BORGOLTE, Dieter GEUENICH, Register der Personennamen, b) Nachweis der Urkundenüberlieferung, in: Subsidia Sangallensia I, Materialien und Untersuchungen zu den Verbrüderungsbüchern und zu den älteren Urkunden des Stiftsarchivs St. Gallen, hg. v. STAATSARCHIV UND STIFTSARCHIV ST. GALLEN, St. Gallen 1986 (St. Galler Kultur und Geschichte 16), S. 493–501.

Karl BRANDI, Der byzantinische Kaiserbrief aus St. Denis und die Schrift der frühmittelalterlichen Kanzleien. Diplomatisch-paläographische Untersuchungen zur Geschichte der Beziehungen zwischen Byzanz und dem Abendlande, vornehmlich in fränkischer Zeit, in: AUF 1 (1908), S. 1–86, mit 4 Tafeln.

Karl BRANDI, Ein lateinischer Papyrus aus dem Anfang des 6. Jahrhunderts und die Entwicklung der Schrift in den älteren Urkunden, in: AUF 5 (1914), S. 269–288, mit 1 Lichtdrucktafel.

Harry BRESSLAU, Der Ambasciatorenvermerk in den Urkunden der Karolinger, in: AUF 1 (1908), S. 167–184.

Harry BRESSLAU, Internationale Beziehungen im Urkundenwesen des Mittelalters, zuerst Vortrag auf dem Internationalen Historiker-Kongreß in Berlin 1908, erweitert veröff. in: AUF 6 (1918), S. 19–76.

Harry BRESSLAU (†), Noch einmal der Titel der Merowingerkönige, in: AUF 10 (1928), S. 150–175.

Berthold BRETHOLZ, Die Unterschriften in den gallischen Konzilsakten des 6. und 7. Jahrhunderts, in: NA 18 (1893), S. 527–547.

Gudrun BROMM, Une methode de codage morpho-analytique pour la déscription des écritures médiévales, in: Gazette du livre médiéval 19 (1991), S. 6–14.

Gudrun BROMM, Die Entwicklung der Großbuchstaben im Kontext päpstlicher Urkunden des Hochmittelalters, Marburg Diss. Phil. (masch.) 1993, gedruckt in: Elementa diplomatica 3, hg. v. Peter RÜCK, Marburg 1995.

Gudrun BROMM, Neue Vorschläge zur paläographischen Schriftbeschreibung, in: Methoden der Schriftbeschreibung, hg. v. Peter RÜCK (Elementa diplomatica), Marburg 1995, in Vorbereitung.

Julian BROWN, E. A. Lowe and Codices Latini Antiquiores, in: SeC 1 (1977), S. 177–197.

Michelle P. BROWN, A Guide to Western Historical Scripts from Antiquity to 1600, The British Library, London 1990.

N. BROX, Magie und Aberglaube an den Anfängen des Christentums, in: Trierer Theologische Zts. 83 (1974), S. 157–180.

Carlrichard BRÜHL, Studien zu den langobardischen Königsurkunden, Tübingen 1970 (Bibliothek des Deutschen Historischen Instituts in Rom 33).

Carlrichard BRÜHL, Das merowingische Königtum im Spiegel seiner Urkunden, in: La Neustrie. Les Pays au nord de la Loire de 650 à 850. Colloque historique international, hg. v. Hartmut ATSMA, Bd. 1, Sigmaringen 1989 (= Beihefte der Francia 16/1), S. 523–533.

C. del CAMINO MARTINEZ, Los orígines de la escritura visigótica: otras posibilidades para su estudio? in: Actas del VIII Coloquio del Comité Internacional de Paleografía Latina, Madrid 1990 (Estudios y Ensayos VI), S. 29–37.

Maria Concepción CASADO LOBATO, Colección diplomática del monasterio de Carrizo (León) I: Introducción, documentos de los años 969–1260, León 1983 (Fuentes y Estudios de Historia Leonesa 28).

Emanuele CASAMASSIMA, Elena STARAZ, Varianti e cambio grafico nella scrittura dei papiri latini. Note paleografiche, in: SeC 1 (1977), S. 9–110.

John CAVADINI, The sources and theology of Alcuin's *De fide sanctae et invididuae trinitatis*, in: Traditio 46 (1991), S. 123–146.

Giorgio CENCETTI, Note paleografiche sulla scrittura dei papiri latini dal I al III seculo d. C., Bologna 1950 (Memorie dell'Accademia delle Scienze dell'Istituto di Bologna, Classe Scienze Morali).

Donat de CHAPEAUROUGE, Einführung in die Geschichte der christlichen Symbole, Darmstadt 1984, 2. verb. Aufl. 1987 (= Wissenschaftliche Buchgesellschaft, Einführungen: Die Kunstwissenschaft. Einführungen in Gegenstand, Methoden und Ergebnisse ihrer Teildisziplinen und Hilfswissenschaften).

Pierre CHAPLAIS, Who introduced Charters into England? The case for St. Augustine, in: Journal of the Society of Archivists III No. 10 (1969), S. 526–542, repr. in: Prisca Munimenta. Studies in Archival and Administrative History presented to Dr. A. E. J. Hollaender, hg. v. F. RANGER, London 1973, S. 88–107.

Pierre CHAPLAIS, The spelling of Christ's name in medieval Anglo-Latin: ›Christus‹ or ›Cristus‹? in: Journal of the Society of Archivists 8 (April 1986 – October 1987), S. 261–280.

Emile CHATELAIN, Introduction à la lecture des notes tironiennes, Paris 1900, Bd. 1: Erläuterungen, Nachzeichnungen, Bd. 2: Tafeln 18.

Evangelos CHRYSOS, Die Bischofslisten des V. ökumenischen Konzils (553), Bonn 1966 (= Antiquitas, Reihe 1, Abhandlungen zur Alten Geschichte, hg. v. Andreas ALFÖLDI, Bd. 14).

Evangelos CHRYSOS, Konzilsakten und Konzilsprotokolle vom 4.–7. Jahrhundert. Auszug aus einem auf der Autorenkonferenz der Konziliengeschichte in Toledo am 14. 9. 1982 gehaltenen Referat, in: AHC 15/1 (1983), S. 30–40.

M. T. CLANCHY, From Memory to Written Record. England 1066–1307, London 1979, 2. Aufl. Oxford–Cambridge/Mass. 1993, Repr. 1994.

Peter CLASSEN, Kaiserreskript und Königsurkunde, Diplomatische Studien zum römisch-germanischen Kontinuitätsproblem, in: AD 1 (1955), S. 1–87 und AD 2 (1956), S. 1–115; selbst. Neudr. mit geänd. Untertitel: Diplomatische Studien zum Problem der Kontinuität zwischen Altertum und Mittelalter, Thessaloniki 1977 (Byzantine Texts and Studies 15).

Peter CLASSEN, Fortleben und Wandel spätrömischen Urkundenwesens im frühen Mittelalter, in: DERS. (Hg.), Recht und Schrift im Mittelalter, Sigmaringen 1977 (VuF 23), S. 13–54.

Dietrich CLAUDE, Adel, Kirche und Königtum im Westgotenreich, Sigmaringen 1971 (VuF Sonderbd. 8).

Roger COLLINS, Sicut lex Gothorum continet: Law and charters in ninth- and tenth-century León and Catalonia, in: EHR 100 (1985), S. 489–512.

Roger COLLINS, Literacy and the laity in early medieval Spain, in: The Uses of Literacy in early medieval Europe, hg. v. Rosamund MCKITTERICK, Cambridge–New York 1990, S. 109–133.

CONCILIA GALLIAE, A. 314 – A. 506, bearb. v. C. MUNIER, Turnholt 1963 (CCL 148).

CONCILIA GALLIAE, A. 511 – A. 695, bearb. v. Carolus de CLERCQ, Turnholt 1963 (CCL 148 A).

Giorgio COSTAMAGNA, Il sistema tachigrafico sillabico usato dai notai medioevali italiani (sec. VIII–XI: Regole fondamentali), Genua 1953.

Giorgio COSTAMAGNA, Influenze tachigrafiche sulla formazione del segno del tabellionato nell'Italia Settentrionale (secoli IX–XI), in: Atti dell'Accademia Ligure di Scienze e Lettere 7 (1950), wieder abgedr. in: DERS., Studi di Paleografia e di Diplomatica, Rom 1972 (Fonti e Studi 9), S. 7–45, mit Abb.

Joachim DAHLHAUS, Aufkommen und Bedeutung der Rota in den Urkunden des Papstes Leo IX., in: Archivum Historiae Pontificiae 27 (1989), S. 7–84.

Wendy DAVIES, The Latin charter tradition in Western Britain, Brittany and Ireland in the early medieval period, in: Ireland in early medieval Europe: essays in memory of Kathleen Hughes, hg. v. D. WHITELOCK et al., Cambridge 1982, S. 258–280.

Karl Heinz DEBUS, Studien zu merowingischen Urkunden und Briefen. Untersuchungen und Texte. Tl. 1 in: AD 13 (1967), S. 1–109, Tl. 2 in: AD 14 (1968), S. 1–192.

Gregorio DEL SER QUIJANO, Documentación de la Catedral de León (siglos IX–X), Salamanca 1981 (= Documentos y Estudios para la Historia del Occidente Peninsular durante la edad media, Acta Salmaticensia, Filosofia y Letras 126).

Manuel C. DIAZ Y DIAZ, Un document privé de l'Espagne wisigothique sur ardoise, in: Zephyrus IX (1958), S. 68–77; wieder abgedr. in: Studi medievali, serie terza I (1960), S. 52–71.

Manuel C. DIAZ Y DIAZ, Los documentos hispano-visigóticos sobre pizarra, in: Studi Medievali 7 (1966), S. 75–107 (mit abweichenden Lesungen der von GÓMEZ MORENO veröff. Schiefertäfelchen).

Manuel C. DIAZ Y DIAZ, El Manuscrito 22 de la Catedral de León, in: León y su Historia I, León 1969, S. 133–168, mit 11 Abb.

Otto DICKAU, Studien zur Kanzlei und zum Urkundenwesen Kaiser Ludwigs des Frommen. Ein Beitrag zur Geschichte der karolingischen Königsurkunde im 9. Jahrhundert, Tl. 1 in: AD 34 (1988), S. 3–156, Tl. 2 in: AD 35 (1989), S. 1–170.

Franz DÖLGER, Johannes KARAYANNOPULOS, Byzantinische Urkundenlehre. Abschnitt 1: Die Kaiserurkunden, München 1968 (Byzantinisches Handbuch 3/1, Handbuch der Altertumswissenschaften Abt. 12).

Franz DÖLGER, Byzantinische Diplomatik. Zwanzig Aufsätze zum Urkundenwesen der Byzantiner, Ettal 1956.

Franz J. DÖLGER, Beiträge zur Geschichte des Kreuzzeichens, in: Jahrbuch für Antike und Christentum; zum Themenüberblick wird die jeweils erste Kapitelüberschrift der 9 Folgen angegeben: Abschn. I: Das Kreuzzeichen nach Tertullian, in: JbAC 1 (1958), S. 5–19; Abschn. II: Die Schreibweise des TAW (Tau) in vorchristlicher Zeit, in: JbAC 2 (1959), S. 15–29; Abschn. III: Das stehende Kreuz als Kürzung des Namens Christus, in: JbAC 3 (1960), S. 5–16; Abschn. IV: Das Kreuzzeichen in Katechese, Aufnahmeritus und Leben der Christen, in: JbAC 4 (1961), S. 5–17; Abschn. V: Christusbekenntnis und Christusweihe durch Ausbreitung der Hände in Kreuzform, in: JbAC 5 (1962), S. 5–22; Abschn. VI: Das Kreuzzeichen als Schutzzeichen von Leib und Seele, in: JbAC 6 (1963), S. 7–34; Abschn. VII: Das Kreuzzeichen in der Volksmedizin, in: JbAC 7 (1964), S. 5–38; Abschn. VIII: Das Kreuzzeichen als Segensgestus in der Liturgie, in: JbAC 8/9 (1965/66), S. 7–52; Abschn. IX: Die Durchsuchung der Natur nach Sinnbildern des Kreuzes, in: JbAC 10 (1967), S. 7–29.

Johannes DUFT, Die Abtei St. Gallen I: Beiträge zur Erforschung ihrer Manuskripte; II: Beiträge zur Kenntnis ihrer Persönlichkeiten. Ausgewählte Aufsätze in überarb. Fassung, hg. zum 75. Geburtstag des Verfassers v. Peter OCHSENBEIN und Ernst ZIEGLER, Sigmaringen 1990–1991.

David N. DUMVILLE, English Square minuscule script: the background and earliest phases, in: Anglo-Saxon England 16 (1987), S. 147–179.

Erika EISENLOHR, Paläographische Untersuchungen zum Tafelgüterverzeichnis des römischen Königs (Hs. Bonn UB S. 1559). Schreibgewohnheiten des Aachener Marienstifts in der zweiten

Hälfte des 12. Jahrhunderts, in: Zts. des Aachener Geschichtsvereins 92 (1985), S. 5–74.

Erika EISENLOHR, Die Pergamente der St. Galler Urkunden (8.–10. Jahrhundert). Ein praktischer Versuch zur Bestimmung der Tierhaut, in: Pergament. Geschichte – Struktur – Restaurierung – Herstellung, hg. v. Peter RÜCK, Sigmaringen 1991 (Historische Hilfswissenschaften 2), S. 63–95.

Erika EISENLOHR, Monogramme und Invokationszeichen in iberischen und fränkischen Urkunden, in: Signo. Revista de Historia de la Cultura Escrita hg. v. UNIVERSIDAD DE ALCALA DE HENARES, CARLOS SAEZ, ANTONIO CASTILLO, Bd. 1 (1994) a Josep Trenchs Odena in memoriam, S. 35–50.

Erika EISENLOHR, Strichlänge und Strichform als Zeitmesser, in: Methoden der Schriftbeschreibung, hg. v. Peter RÜCK (Elementa diplomatica), Marburg 1995, in Vorbereitung.

Josef ENGEMANN, Zur Verbreitung magischer Übelabwehr in der nichtchristlichen und christlichen Spätantike, in: JbAC 18 (1975), S. 22–48, mit Taf. 8–16.

Wilhelm ERBEN, Die Kaiser- und Königsurkunden des Mittelalters in Deutschland, Frankreich und Italien, München–Berlin 1907 (Handbuch der mittelalterlichen und neueren Geschichte, hg. v. G. VON BELOW und F. VON MEINECKE, Abt. 4/1), Repr. Darmstadt 1967.

Arnold ESCH, Überlieferungs-Chance und Überlieferungs-Zufall als methodisches Problem des Historikers, in: HZ 240 (1985), S. 529–570.

Anton von EUW und Peter SCHREINER (Hgg.), Kaiserin Theophanu. Begegnung des Ostens und Westens um die Wende des ersten Jahrtausends. Gedenkschrift des Kölner Schnütgen-Museums zum 1000. Todesjahr der Kaiserin, 2 Bde., Köln 1991.

Irmgard FEES, Die Matrix der abendländischen Herrscherurkunde. Format und Layout der Merowingerdiplome, in: Mabillons Spur. Zweiundzwanzig Miszellen aus dem Fachgebiet für Historische Hilfswissenschaften der Philipps-Universität Marburg zum 80. Geburtstag von Walter Heinemeyer, hg. v. Peter RÜCK, Marburg an der Lahn 1992, S. 213–229, mit 4 Abb.

Irmgard FEES, Abbildungsverzeichnis der original überlieferten fränkischen und deutschen Königs- und Kaiserurkunden von den Merowingern bis zu Heinrich VI. (558–1197), (= Elementa diplomatica 1, hg. v. Peter RÜCK), Marburg 1994.

José Maria FERNÁNDEZ CATÓN, Documentos Leoneses en escritura visigótica. Fondo M. Bravo del Archivo Historico Diocesano de León, in: León y su Historia, Miscelanea Historica II, León 1973 (Fuentes y Estudios de Historia Leonesa 8), S. 203–295, mit 20 Urkundenabb. v. 964–1113.

José Maria FERNÁNDEZ CATÓN, Documentos Leoneses en escritura visigótica. Fondo Otero de las Dueñas (años 1000–1009) del Archivo Histórico Diocesano de León, in: Archivos Leoneses 28 (1974), S. 31–83, einige Abb.

José Maria FERNÁNDEZ CATÓN, Documentos Leoneses en escritura visigótica. Fondo Raimundo Rodriguez del Archivo Catedral de León (con importantes modificaciones nuevamente a publicar), in: León y su Historia III, León 1975 (Fuentes y Estudios de Historia Leonesa 15), S. 469–538, mit 12 Abb. von 11 bisher unveröff. Urk. des 10.–11. Jh.

José Maria FERNÁNDEZ CATÓN, Documentos leoneses en escritura visigótica. Fondo del archivo del monasterio de Carrizo, in: Archivos Leoneses 26 (1982), S. 195–291, mit Abb.

Francisco Javier FERNANDEZ CONDE, Isabel TORRENTE FERNANDES, Guadelupe DE LA NOVAL MENENDEZ, El monasterio de San Pelayo de Oviedo. Historia y Fuentes I. Colección Diplomatica (996–1325), Monasterio de San Pelayo 1978, enthält 43 Nummern bis Ende 12. Jh.

Heinrich FICHTENAU, Mensch und Schrift im Mittelalter, Wien 1946 (Veröff. des Instituts für Österreichische Geschichtsforschung, hg. v. Leo SANTIFALLER, Bd. 5).

Heinrich FICHTENAU, Das Urkundenwesen in Österreich vom 8. bis zum frühen 13. Jahrhundert, Wien–Köln–Graz 1971 (MIÖG Erg.-Bd. 23).

Heinrich FICHTENAU, »Politische« Datierungen des früheren Mittelalters, in: Intitulatio II, Graz–Wien–Köln 1973 (MIÖG Erg.-Bd. 24), S. 453–548, wieder abgedr. in: Heinrich FICHTENAU, Beiträge zur Mediävistik 3, Stuttgart 1986, S. 186–285.

Heinrich FICHTENAU, Adressen von Urkunden, in: Festschrift Heinrich Schmidinger, RHMitt. 18 (1976), S. 15–29; wieder abgedr. in: Heinrich FICHTENAU, Beiträge zur Mediävistik 3, Stuttgart 1986, S. 149–166.

Heinrich FICHTENAU, Zur Geschichte der Invokationen und »Devotionsformeln«, in: Heinrich FICHTENAU, Beiträge zur Mediävistik 2, Stuttgart 1977, S. 37–61.

Heinrich FICHTENAU, Forschungen über Urkundenformeln. Ein Bericht, in: MIÖG 94 (1986), S. 285–339.

Heinrich FICHTENAU, Diplomatiker und Urkundenforscher, in: MIÖG 100 (1992), S. 9–49.

Pedro FLORIANO LLORENTE, Colección Diplomatica del Monasterio de San Vicente de Oviedo (Años 781–1200), Tl. 1, Oviedo 1968 (Diputacion de Asturias, Instituto de Estudios Asturianos del Patronato José Maria Quadrado (C.S.I.C.)), enthält 369 Nummern vom 8. bis 12. Jh.

Béatrice FRAENKEL, La signature. Genèse d'un signe. Ouvrage publié avec le concours du Centre national des lettres, Paris 1992 (Bibliothèque des Histoires).

Thomas FRENZ, Papsturkunden des Mittelalters und der Neuzeit, Stuttgart 1986 (Historische Grundwissenschaften in Einzeldarstellungen 2, hg. v. Thomas FRENZ und Peter-Johannes SCHULER), mit 15 Taf.

David GANZ, The Preconditions for Caroline Minuscule, in: Viator 18 (1987), S. 23–43.

Santos GARCIA LARRAGUETA, Colección de documentos de la Catedral de Oviedo, Oviedo 1962, enthält 219 Nummern von 803 bis Ende 12. Jh.

Zacarias GARCIA VILLADA, Catálogo de los códices y documentos de la Catedral de León, Madrid 1919.

Viktor von GARDTHAUSEN, Das alte Monogramm, Leipzig 1924.

Ioannes GIL, Formulae, in: Miscellanea wisigothica, Sevilla 1972, S. 70–113.

Peter GODMAN, Roger COLLINS (Hgg.), Charlemagne's Heir. New Perspectives on the Reign of Louis the Pious (814–840), Oxford 1990.

Jochen GÖTZE, Die Litterae Elongatae. Ein Beitrag zur Formengeschichte und Herkunft der mittelalterlichen Urkundenschrift, in: AD 11/12 (1965/66), S. 1–70.

Manuel GOMEZ MORENO, Catálogo Monumental de España. Provincia de León (1906–1908), Text und Tafeln, Madrid 1925–1926.

Harald HAGENDAHL, Die Bedeutung der Stenographie für die spätlateinisch-christliche Literatur, in: JbAC 14 (1971), S. 24–38.

Ulla HÄLVÄ-NYBERG, Die Kontraktionen auf den lateinischen Inschriften Roms und Nordafrikas bis zum achten Jahrhundert nach Christus, Helsinki 1988.

Dieter HARMENING, Superstitio. Überlieferungs- und theoriegeschichtliche Untersuchungen zur kirchlich-theologischen Aberglaubensliteratur des Mittelalters, Berlin 1979.

Hans HARTMANN, Hans MISLIN (Hgg.), Die Spirale im menschlichen Leben und in der Natur. Eine interdisziplinäre Schau. Ausstellung im Museum für Gestaltung, Gewerbemuseum Basel, Basel–Reinach 1985.

Julien HAVET, Notes tironiennes dans les diplômes mérovingiens, in: BECh 46 (1885), S. 720.

Ingrid HEIDRICH, Titulatur und Urkunden der arnulfingischen Hausmeier, in: AD 11/12 (1965/66), S. 71–279.

Walter HEINEMEYER, 50 Jahre Forschungsinstitut Lichtbildarchiv älterer Originalurkunden Marburg, in: AD 25 (1979), S. 328–333.

Alfred HESSEL, Studien zur Ausbreitung der karolingischen Minuskel, Tl. 1 in: AUF 7 (1921), S. 197–202, Tl. 2 in: AUF 8 (1923), S. 16–25.

Hartmut HOFFMANN, Zur mittelalterlichen Brieftechnik, in: Spiegel der Geschichte. Festgabe für Max Braubach zum 10. April 1964, hg. v. Konrad REPGEN und Stephan SKALWEIT, Münster 1964, S. 141–170.

G. H. R. HORSLEY, E. R. WATERHOUSE, The Greek nomen sacrum *XP* in some Latin and Old English manuscripts, in: Scriptorium 38 (1984), S. 211–230.

HRABANUS MAURUS, De laudibus s. crucis libri duo, in: MIGNE, PL. 107, Paris 1864, Sp. 133–294.

HRABANUS MAURUS, Liber de laudibus Sanctae Crucis. Vollst. Faksimile-Ausgabe im Originalformat des Codex Vindobonensis 652 der Österr. Nationalbibliothek, Kommentar, kodikologische u. kunsthistorische Einführung v. Kurt HOLTER, Graz 1973 (Codices Selecti phototypice impressi 33), mit 16 Abb. auf 4 Taf.

Stig HORNSHÖJ-MÖLLER, Die Beziehungen zwischen der älteren und der jüngeren römischen Kursivschrift. Versuch einer kulturhistorischen Deutung, in: Aegyptus 60 (1980), S. 1–63.

Rudolf HÜBNER, Gerichtsurkunden der fränkischen Zeit. 1. Abt.: Die Gerichtsurkunden aus Deutschland und Frankreich bis zum Jahr 1000, in: ZRG Germ. 12 (1893): Anhang m. 614 Nummern; 2. Abt.: Die Gerichtsurkunden aus Italien bis zum Jahre 1150, in: ZRG Germ. 14 (1893): Anhang mit 1677 Nummern.

ISIDORI HISPALENSIS EIPSCOPI, Etymologiarum sive originum libri XX, hg. v. W. M. LINDSAY, Oxford 1911.

Maurice JUSSELIN, Notes tironiennes dans les diplômes, in: Le Moyen-âge 17 (1904), S. 478–487.

Maurice JUSSELIN, Notes tironiennes dans les diplômes, in: BECh 66 (1905), S. 361–389, mit 1 Taf. Nachzeichnungen tironischer Noten.

Maurice JUSSELIN, Notes tironiennes dans les diplômes mérovingiens, in: BECh 68 (1907), S. 481–508, mit 2 Taf. Nachzeichnungen tironischer Noten.

Maurice JUSSELIN, L'invocation monogrammatique dans quelques diplômes de Lothaire Ier et de Lothaire II, in: Le Moyen-âge 20 (1907), S. 318–322, mit 1 Taf. Nachzeichnungen tironischer Noten.

Heinrich KEIL (Hg.), Grammatici Latini, 7 Bde., Leipzig 1857–1880, unveränd. Nachdr. Hildesheim 1961.

Hagen KELLER, Der Gerichtsort in oberitalienischen und toskanischen Städten. Untersuchungen zur Stellung der Stadt im Herrschaftssystem des Regnum Italicum vom 9. bis 11. Jahrhundert, in: QFIAB 49 (1969), S. 1–72.

Simon KEYNES, The diplomas of King Aethelred »the Unready«, 978–1016. A study in their use as historical evidence, Cambridge 1980 (Cambridge Studies in medieval life and thought, Third Series, vol. 13).

P. D. KING, Law and Society in the Visigothic Kingdom, Cambridge 1972 (Cambridge Studies in Medieval Life and Thought, Third Series, vol. 5).

Paul KIRN, Lesefrüchte zum Thema: Umgang mit Urkunden, in: AZ 50/51 (1955), S. 239–244.

Theo KÖLZER, Studien zu den Urkundenfälschungen des Klosters St. Maximin vor Trier (10.–12. Jahrhundert), Sigmaringen 1989 (VuF Sonderbd. 36).

Ulrich Friedrich KOPP, Lexicon Tironianum. Nachdruck aus Kopp's Palaeographia critica von 1817, mit Nachwort und einem Alphabetum Tironianum v. Bernhard BISCHOFF, Osnabrück 1965 (= Bd. 1.2: Tachygraphia veterum exposita et illustrata).

Otto KRESTEN, Diplomatische Auszeichnungsschriften in Spätantike und Frühmittelalter, in: MIÖG 74 (1966), S. 1–50.

Beate KRUSKA, Zeichen, Ränder und Initiale – Zur Normierung des Layouts hochmittelalterlicher Papsturkunden, in: Mabillons Spur. Zweiundzwanzig Miszellen aus dem Fachgebiet für Historische Hilfswissenschaften der Philipps-Universität Marburg zum 80. Geburtstag von Walter Heinemeyer, hg. v. Peter RÜCK, Marburg an der Lahn 1992, S. 231–245, mit 6 Abb.

Carol D. LANHAM, Salutatio. Formulas in Latin Letters to 1200: Syntax, Style, and Theory, München 1975 (Münchener Beiträge zur Mediävistik und Renaissance-Forschung 22).

Roger LAUFER, CENTRE NATIONAL DE LA RECHERCHE SCIENTIFIQUE (Hgg.), La Notion de Paragraphe. Textes réunis de La Table ronde, Bibliothèque Nationale, 4–5 février 1982, Paris 1985 (Centre Régional de Publication de Paris), enthält 14 Beiträge.

H. LECLERCQ, Croix et Crucifix, in: DACL 3/2, Paris 1914, Sp. 3045–3131.

H. LECLERCQ, Chrisme, in: DACL 3/1, Paris 1913, Sp. 1481–1534.

Eladio LEIROS FERNANDEZ, Catálogo de los Pergaminos Monacales del Archivo de la S. J. Catedral de Orense, Santiago 1951 (Publicaciones de la Dirección General de Archivos y Bibliotecas, Bibliotecas y Archivos Eclesiásticos I).

Léon LEVILLAIN, La souscription de chancellerie dans les diplômes mérovingiens, Paris (VIe), in: Le Moyen-âge 24 (1911), S. 89–124, mit 3 Taf. Nachzeichnungen tironischer Noten.

Léon LEVILLAIN, La formule »bene valiat« et le sceau dans les diplômes mérovingiens, in: BECh 92 (1931), S. 5–22.

Wilhelm LEVISON, England and the Continent in the Eighth Century. The Ford Lectures delivered in the University of Oxford in the Hilary Term 1943, Oxford 1946, Repr. from Sheets of the First Edition Oxford 1949, 1956.

W. M. LINDSAY, Notae Latinae. An account of abbreviations in Latin manuscripts of the early minuscule period (ca. 700–850), Cambridge 1915.

Xurxo LORENZO, Notas de Diplomatica Galega. O protocolo nos documentos do outo meio-evo, in: Arquivos do Seminário des Estudos Galegos 6 (1933/34), S. 3–24, mit zahlreichen Nachzeichnungen von Invokationszeichen.

Elias Avery LOWE, Studia Palaeographica. A Contribution to the history of early Latin minuscule and to the dating of Visigothic manuscripts, I: I-Longa, in: Palaeographical Papers 1907–1965, vol. I, hg. v. Ludwig BIELER, Oxford 1972, S. 2–65.

Manuel LUCAS ALVAREZ, La colección diplomática de la Universidad de Santiago. Catálogo de los documentos en pergamino existentes en el Archivo de la Universidad de Santiago de Compostela. Sección 2a: Fondo del Antiguo Monastério de San Martin Pinario, 1948 (Separatum aus: Boletin de la Universidad de Santiago 50–51 [enero – dic. 1948]).

F. MAASSEN, Geschichte der Quellen und der Literatur des canonischen Rechts im Abendlande, Bd. 1 (nur) Graz 1870, Neudr. Graz 1956.

Nicoletta Giovè MARCHIOLI, Alle origini delle abbreviature latine. Una prima ricognizione (I secolo A. C. – IV secolo d. C.), Messina 1993 (Ricerca Papirologica 2).

Michael McCORMICK, The Birth of the Codex and the Apostolic Life-style, in: Scriptorium 39 (1985), S. 150–158.

Rosamund McKITTERICK, The Carolingians and the written word, Cambridge–New York 1989.

Rosamund McKITTERICK (Hg.), The Uses of Literacy in early medieval Europe, Cambridge–New York 1990.

Alfonso MAIERÙ, »Signum« dans la culture médiévale, in: Miscellanea Mediaevalia 13/1: Sprache und Erkenntnis im Mittelalter, Sigmaringen 1981 (Veröff. des Thomas-Instituts der Universität zu Köln, hg. v. Albert ZIMMERMANN), S. 51–72.

Jean MALLON, L'écriture de la chancellerie impériale romaine, in: Acta Salmanticensia, Salamanca 1948 (Filosofia y Letras IV/2).

Jean MALLON, Paléographie romaine, Madrid 1952 (Scripturae monumenta et studia 3).

Ralph W. MATHISEN, A Reconstruction of the List of Subscriptions to the Council of Orange (A. D. 441), in: AHC 19/1 (1987), S. 1–12.

Arthur MENTZ, Beiträge zur Geschichte der Tironischen Noten, in: AUF 3 (1911), S. 1–38, Abb. auf S. 20.

Arthur MENTZ, Beiträge zu den Tironischen Noten im Mittelalter, in: AUF 6 (1918), S. 1–18.

Arthur MENTZ, Die Tironischen Noten. Eine Geschichte der römischen Kurzschrift, in: AUF 16 (1939), S. 287–384 und AUF 17 (1942), S. 155–303 (mit 1 Taf. Abb. der Noten aus den 38 Merowingerurk.).

Arthur MENTZ, Geschichte der Kurzschrift, Wolfenbüttel 1949, 2. Aufl. Arthur MENTZ, Fritz HAEGER, Wolfenbüttel 1974.

Heinrich MEYER ZU ERMGASSEN, Das »Lichtbildarchiv älterer Originalurkunden« in Marburg. Aufgaben, Arbeitsweisen und Stellung in der Geschichte des Urkundenfaksimile. Ergebnisse einer Ausstellung, in: Fotografische Sammlungen mittelalterlicher Urkunden in Europa, hg. v. Peter RÜCK, Sigmaringen 1989 (Historische Hilfswissenschaften 1), S. 17–24.

Agostin MILLARES CARLO, Consideraciones sobre la escritura visigótica cursiva, in: León y su Historia, León 1973 (Fuentes y Estudios de Historia Leonesa 8), S. 297–391, mit 41 Abb. vom 4. Jh. bis 1097.

José Maria MINGUEZ FERNANDEZ, Colección diplomatica del Monasterio de Sahagún (Siglos IX y X), León 1976 (Fuentes y Estudios de Historia Leonesa 17), enthält 360 Nummern von 857–999.

Stanley MORISON, Politics and Script. Aspects of authority and freedom in the development of Graeco-Latin script from the sixth century B.C. to the twentieth century A.D., Oxford 1972 (The Lyell Lectures 1957), ed. and compl. by Nicolas BARKER.

Manuel MUNDO MARCET, Pizarra visigoda de la época de Khindasvinto (642–649), in: Festschrift Bernhard Bischoff zu seinem 65. Geburtstag, hg. v. Johanne AUTENRIETH und Franz BRUNHÖLZL, Stuttgart 1971, S. 81–89, mit einer Taf.

Manuel MUNDO MARCET, Los diplomas visigodas originales en pergamino. Transcripción y comentario, con un regesto de documentos de la época visigoda, Barcelona 1974.

Manuel MUNDO MARCET, Notas para la historia de la escritura visigótica en su período primitivo, in: Bivium. Festschrift M. C. Diaz y Diaz, Madrid 1983, S. 175–196, mit Abb.

Thomas F. X. NOBLE, Literacy and the papal government in late antiquity and the early Middle Ages, in: The Uses of Literacy in early medieval Europe, hg. v. Rosamund McKITTERICK, Cambridge–New York 1990, S. 82–108.

Heinz OHME, Zum Vorgang der kaiserlichen Subskription auf ökumenischen Konzilien, in: ZKG 102 (1991), Vierte Folge 40, S. 145–174.

Maria Isabel OSTOLAZA ELIZONDO, La transición de la escritura visigótica a la carolina en los monasterios del reino de León, in: Actas del VIII Colóquio del Comité Internacional de Paleografía Latina, Madrid 1990 (Estudios y Ensayos VI), S. 149–163.

Emil von OTTENTHAL, auführliche Besprechung von: Ph. Lauer et Ch. Samaran, Les diplômes originaux des mérovingiens, Paris 1908, in: MIÖG 32 (1909), S. 183–196.

Malcolm B. PARKES, Pause and Effect. An Introduction to the History of Punctuation in the West, Aldershot 1992.

A. H. R. E. PAAP, Nomina Sacra in the Greek Papyri of the first five Centuries A. D. The Sources and some Deductions, Leiden 1959 (= Papyrologica Lugduno-Batava, hg. v. Institutum Papyrologicum Universitatis Lugduno-Batavae moderantibus M. DAVID, B. A. VAN GRONINGEN, J. C. VAN OVEN, VIII).

Cesare PAOLI, Programma scolastico de paleografia latina e diplomatica, III, Florenz 1898, in der Übersetzung von K. LOHMEYER, Innsbruck 1900.

Julius VON PFLUGK-HARTTUNG, Die Schriftarten und Eingangszeichen der Papstbullen im frühen Mittelalter, in AZ 12 (1887), S. 59–74.

Julius von PFLUGK-HARTTUNG, Die Bullen der Päpste bis zum Ende des 12. Jahrhunderts, Gotha 1901.

Ernst PITZ, Papstreskripte im frühen Mittelalter. Diplomatische und rechtsgeschichtliche Studien zum Brief-Corpus Gregors des Großen, Sigmaringen 1990 (Beiträge zur Geschichte und Quellenkunde des Mittelalters, hg. v. Horst FUHRMANN, Bd. 14).

Frieda POLITZER, Robert Louis POLITZER, Romance Trends in 7th and 8th Century Latin Documents, Chapel Hill 1953 (= University of Carolina, Studies in the Romance Languages and Literatures 21), S. 18 ff.

Friedrich PRINZ, Zur geistigen Kultur des Mönchtums im spätantiken Gallien und im Merowingerreich, in: ZbLG 26 (1963), S. 29–102, wieder abgedr. in: Mönchtum und Gesellschaft im Frühmittelalter, hg. v. Friedrich PRINZ, Darmstadt 1976 (Wege der Forschung CCCXII), S. 265–353.

Paul RABIKAUSKAS, Zur Verbal-Invokation in römischen Privaturkunden, in: RHMitt. 4 (1960/61), S. 23–25.

Paul RABIKAUSKAS, Die römische Kuriale in der päpstlichen Kanzlei, Rom 1958 (= Miscellanea Historiae Pontificiae 20).

Walter REPGES, Die »Namen Christi« in der Literatur der Patristik und des Mittelalters, in: Trierer Theologische Zts. 73 (1964), S. 161–177.

Roger E. REYNOLDS, Rites and Signs of Conciliar Decisions in the early Middle Ages, in: Sett. cent. it. 33 (1987), S. 207–244, mit 32 Abb.

Colin H. ROBERTS, Manuscripts, Society and Belief in Early Christian Egypt, London 1979.

Raimundo RODRIGUEZ, Catálogo de Documentos del Monasterio de Santa Maria de Otero de las Dueñas, León 1949.

R. P. ROBINSON, Manuscripts 27 and 107 of the municipal library of Autun, New York 1939.

Luis ROMERA IRUELA, Refacciones documentales a fines del s. XI: El caso de Sahagún, in: Actas del VIII Coloquio del Comité

Internacional de Paleografía Latina, Madrid 1990 (Estudios y Ensayos VI), S. 185–201.

Peter Rück (Hg.), Thomas Franke (Bearb.), Lichtbildarchiv älterer Originalurkunden bis 1250. Geschichte – Bestände – Benutzung (Stand 1985), Marburg 1985.

Peter Rück, Ligatur und Isolierung: Bemerkungen zum kursiven Schreiben im Mittelalter, in: Aspekte von Schrift und Schriftlichkeit, Hildesheim–Zürich et al. 1988 (Germanistische Linguistik 93–94), S. 111–138.

Peter Rück, Zur Erschließung fotografischer Sammlungen mittelalterlicher Urkunden in Europa, in: Fotografische Sammlungen mittelalterlicher Urkunden in Europa, hg. v. Peter Rück, Sigmaringen 1989 (Historische Hilfswissenschaften 1), S. 9–16.

Peter Rück, Die Urkunde als Kunstwerk, in: Kaiserin Theophanu, Begegnung des Ostens und Westens um die Wende des ersten Jahrtausends. Gedenkschrift des Kölner Schnütgen-Museums zum 1000. Todesjahr der Kaiserin, hg. v. Anton von Euw und Peter Schreiner, 2 Bde., Köln 1991, Bd. 2, S. 311–333.

Peter Rück, Historische Hilfswissenschaften nach 1945, in: Mabillons Spur. Zweiundzwanzig Miszellen aus dem Fachgebiet für Historische Hilfswissenschaften der Philipps-Universität Marburg zum 80. Geburtstag von Walter Heinemeyer, hg. v. Peter Rück, Marburg an der Lahn 1992, S. 1–20.

Peter Rück, Im Zeitalter der Fotografie, in: Mabillons Spur. Zweiundzwanzig Miszellen aus dem Fachgebiet für Historische Hilfswissenschaften der Philipps-Universität Marburg zum 80. Geburtstag von Walter Heinemeyer, hg. v. Peter Rück, Marburg an der Lahn 1992, S. 39–52.

Peter Rück, Beiträge zur diplomatischen Semiotik, in: Graphische Symbole in mittelalterlichen Urkunden, hg. v. Peter Rück, Sigmaringen 1995 (Historische Hilfswissenschaften 3).

Paul Saenger, Silent Reading: Its Impact on Later Medieval Script and Society, in: Viator 13 (1982), S. 367–414.

Paul Saenger, Manières de lire médiévales, in: Histoire de l'édition française 1, Paris 1983, S. 130–141.

Paul Saenger, Word Separation and its Implications for Manuscript Production, in: Rationalisierung der Buchherstellung in Mittelalter und Frühneuzeit. Ergebnisse eines buchgeschichtlichen Seminars der Herzog August Bibliothek Wolfenbüttel 12.–14. November 1990, hg. v. Peter Rück und Martin Boghardt, Marburg 1994 (Elementa diplomatica 2), S. 41–50.

San Isidoro de Sevilla. Etymologías. Edición Bilingüe. Introducción general M. C. Diaz y Diaz, Texto latino, version española y notas José Oroz Reta und Manuel-A. Marcos Casquero, Bd. I: Libros I–X, Madrid 1982, Bd. II: Libros XI–XX, Madrid 1983 (Biblioteca de autores cristianos 433–434).

Claudio Sanchez-Albornoz, La España Cristiana de los siglos VIII al XI, Bd. 1: El Reino Astur-Leonés (722 a 1037). Sociedad, Economía, Gobierno, Cultura y Vida, Madrid 1980 (História de España, begr. v. Ramón Menendez Pindal, Bd. VII).

Leo Santifaller, Über die Verbal-Invokation in den älteren Papsturkunden, Festgabe für Erich Feine zum 70. Geburtstag, in: RHMitt. 3 (1958/60), S. 19–113.

Lothar Saupe, Die Unterfertigung der lateinischen Urkunden aus den Nachfolgestaaten des Weströmischen Reiches. Vorkommen und Bedeutung, von den Anfängen bis zur Mitte des 8. Jahrhunderts. Beiträge zur Geschichte der Unterfertigung im Mittelalter, Kallmünz/Opf. 1983 (Münchener Historische Studien, Abt. Geschichtliche Hilfswissenschaften, hg. v. Peter Acht, Bd. 20).

Peter H. Sawyer, Anglo-Saxon Charters. An annotated list and bibliography, London 1968 (= Royal Historical Society Guides and Handbooks 8).

Luigi Schiaparelli, Il codice 490 della Biblioteca Capitolare de Lucca e la scuola scrittoria lucchese (secoli VIII–IX). Contributi allo studio della minuscola precarolina in Italia, Rom 1924 (= Studi e Testi 36).

Luigi Schiaparelli, Avviamento allo studio delle abbreviature latine nel medioevo, Florenz 1926.

Waldemar Schlögl, Die Unterfertigung deutscher Könige von der Karolingerzeit bis zum Interregnum durch Kreuz und Unterschrift. Beiträge zur Geschichte und zur Technik der Unterfertigung im Mittelalter, Kallmünz Opf. 1978 (= Münchener Historische Studien, Abt. Geschichtl. Hilfswissenschaften, hg. v. Peter Acht, Bd. 16).

Waldemar Schlögl, Zum Problem des Identitätsnachweises in mittelalterlichen Handschriften, in: Historisches Jahrbuch 100 (1980), S. 131–162.

Helmut Schlunk, Die frühchristlichen Denkmäler aus dem Nord-Westen der iberischen Halbinsel, in: Legio VII Gemina. Ponencias del Coloquio Internacional de Romanistas con motivo del XIX centenario de la Ciudad de León, hg. v. Antonio Vianayo Gonzalez, León 1970 (Catedra de San Isidoro, Instituto Leonés de Estudios Romano-Visigóticos), S. 477–509, mit 12 Taf., 12. Abb. und 1 Karte.

Karl Schmitz, Ursprung und Geschichte der Devotionsformeln bis zu ihrer Aufnahme in die fränkische Königsurkunde, Stuttgart 1913 (Kirchenrechtliche Abhandlungen, hg. v. Ulrich Stutz, Bd. 81).

Ludwig Schmitz-Kallenberg, Die Lehre von den Papsturkunden, Leipzig–Berlin ^{2}1913 (Grundriß der Geschichtswissenschaft, hg. v. Aloys Meister, Bd. I/2: Urkundenlehre).

Hans Reinhard Seeliger, Die Verwendung des Christogramms durch Konstantin im Jahre 312, in: ZKG 100 (1989), Vierte Folge 38, S. 149–168, mit 8 Tafeln.

Theodor Sickel, Beiträge zur Diplomatik, 5 Bde., Wien 1862–1865.

Theodor Sickel, Acta regum et imperatorum Karolinorum digesta et enarrata, Tl. 1: Lehre von den Urkunden der ersten Karolinger (751–840), Wien 1867.

Heather Stuart, F. Walla, Die Überlieferung der mittelalterlichen Segen, in: Zts. für Deutsches Altertum und Deutsche Literatur 116/1 (1987/1), S. 53–79.

Michael Tangl, Die Tironischen Noten in den Urkunden der Karolinger, in: AUF 1 (1908), S. 87–166, Abb. 31.

Michael Tangl, Forschungen zu Karolinger Diplomen, in: AUF 2 (1909), S. 167–326.

H. C. Teitler, Notarii and Exceptores. An inquiry into role and significance of shorthand writers in the Imperial and Ecclesiastical Bureaucracy of the Roman Empire (From the early Principate to c. 450 AD), Amsterdam 1985 (Dutch Monographs on Ancient History and Archaeology 1).

H. C. Teitler, Notae et notarii. Tachygraphie und Tachygraphen im 5. und 6. Jahrhundert, in: Tironische Noten, hg. v. Peter Ganz, Wiesbaden 1990 (Wolfenbütteler Mittelalter Studien 1), S. 3–13.

Georges Tessier, Diplomatique royale française, Paris 1962.

Jan-Olof Tjäder, La misteriosa ›scrittura grande‹ di alcuni papiri ravennati e il suo posto nella storia della corsiva latina e nella diplomatica romana e bizantina dall'Egitto a Ravenna, in: Studi Romagnoli 3 (1952), S. 173–221.

Jan-Olof Tjäder, Die Forschungen Jean Mallons zur römischen Paläographie, in: MIÖG 61 (1953), S. 385–396.

Jan-Olof Tjäder, Ein Verhandlungsprotokoll aus dem J. 433 n. Chr. (Pommersfelden, Papyrus lat. 14 R), in: Scriptorium 12 (1958), S. 3–43.

Jan-Olof Tjäder, L'origine della b merovingica, in: Miscellanea in memoria di Giorgio Cencetti, Turin 1973, S. 47–79.

Jan-Olof Tjäder, Considerazioni e proposte sulla scrittura latina nel età Romana, in: Palaeographica, Diplomatica et Archivistica. Studi in onore de Giulio Battelli, hg. v. Scuola Speciale per Archivisti e Bibliotecari dell' Università di Roma, 2 Bde., Rom 1979 (Storia e Letteratura 139–140), S. 31–62.

Jan-Olof Tjäder, Some Ancient Letter-Forms in the Later Roman Cursive and Early Mediaeval Script and the Script of the *notarii*, in: SeC 6 (1982), S. 5–21.

Jan-Olof Tjäder, Later Roman (Common) Script. A tentative definition in anticipation of a forthcoming monograph, in: Calames et Cahiers. Mélanges de codicologie et de paléographie offerts à Léon Gilissen, hg. v. Jacques Lemaire et Émile van Balberghe, Brüssel 1985 (Les Publications de Scriptorium 9), S. 187–197.

Ludwig Traube, Nomina sacra. Versuch einer Geschichte der christlichen Kürzung, München 1907 (Quellen und Untersuchungen zur lateinischen Philologie des Mittelalters 2).

C. H. Turner, The Nomina Sacra in early Latin Christian Mss., in: Scritti di storia paleografia pubblicati sotto gli auspici di S. S. Pio XI in occasione dell'ottantesimo natalizio dell'e. mo cardinale Francesco Ehrle, Rom 1924 (= Miscellanea Francesco Ehrle, Bd. 4: Paleografia e Diplomatica), S. 62–74.

Jean Vezin, La division en paragraphes dans manuscrits de la basse Antiquité et du haut Moyen Age, in: R. Laufer (Hg.), La notion du paragraphe, S. 41–51.

José Vives, Inscripciones cristianas de la España romana y visigoda, Barcelona 1942.

José Vives (Hg.), Tomás Marín Martinez und Gonzalo Martinez Diez (Mitarb.), Concilios visigóticos e hispano-romanos, Barcelona–Madrid 1963 (España Cristiana, Textos 1).

Robert Weber, La lettre grecque K employée comme signe de correction dans les manuscrits bibliques latins écrits ›per cola et commata‹, in: Scriptorium 9 (1955), S. 57–63.

Herwig Wolfram, Intitulatio I. Lateinische Königs- und Fürstentitel bis zum Ende des 8. Jahrhunderts, Graz–Wien–Köln 1967 (MIÖG Erg.-Bd. 21).

Herwig Wolfram, Die neue Faksimile-Ausgabe der originalen Karolingerurkunden bis 800, in: MIÖG 96 (1988), S. 133–138.

Herwig Wolfram, Geschichte der Goten. Von den Anfängen bis zur Mitte des sechsten Jahrhunderts. Entwurf einer historischen Ethnographie, München 1979; 3., neubearb. Aufl. unter dem Titel: Die Goten, München 1990.

Ian Wood, Administration, law and culture in Merovingian Gaul, in: The Uses of Literacy in early medieval Europe, hg. v. Rosamund McKitterick, Cambridge–New York 1990, S. 63–81.

Karl Zeumer, Zum westgotischen Urkundenwesen, in: NA 24 (1899), S. 13–38.

Herbert Zielinski, Selbstaussage – Fremdaussage. Überlegungen zur Intitulatio des frühen Mittelalters (Ausführliche Besprechung von Herwig Wolfram, Intitulatio I), in: GGA 225 H. 1/2 (1973), S. 91–118.

Herbert Zielinski, Studien zu den spoletinischen Privaturkunden des 8. Jahrhunderts und ihrer Überlieferung im Regestum Farfense, Tübingen 1972 (= Bibliothek des Deutschen Historischen Instituts in Rom 39).

D. Zu Archiven und Quellen

León, Archivo de la Catedral de León
Das Archiv im Obergeschoß eines Gebäudeteils des Kreuzganges beherbergt den reichen Urkundenbestand, der nach Provenienzen in Privat-, Kloster-, Hospital- und Domurkunden unterteilt ist. Innerhalb der einzelnen Bestände wird nach Königs-, Papst- und Privaturkunden unterschieden. Erschlossen werden die Bestände durch Zacarias Garcia Villada, Catálogo de los códices y documentos de la Catedral de León, Madrid 1919, der insgesamt 1800 Nummern von 775 bis zum Ende des 14. Jahrhunderts auflistet. Der ›Fondo de la Catedral‹ besteht aus 81 Königsurkunden aus einem Zeitraum von 902–1181 (Nos. 971–1052) und 138 Privaturkunden aus einem Zeitraum von 874–1199 (Nos. 1326–1464). Die Numerierung von Garcia Villada gilt heute noch, obwohl nach Ruiz Asencio (Colección Documental 3, S. XXV) viele Angaben unzuverlässig sind. Von der jetzt dreibändigen Edition Colección Documental del Archivo de la Catedral de León (775–1230) war 1986 nur der erste Band (775–952) veröffentlicht. Die eingesehenen Urkunden sind zahlenmäßig in Tab. 1 zusammengefaßt.

León, Archivo Historico Diocesano
Das Archiv im Erdgeschoß des bischöflichen Palais war wegen sehr kurzer Öffnungszeiten, nur am Nachmittag, kaum zugänglich. Um Urkunden verschiedener Provenienz aufzunehmen, wurden die Bestände »Fondo de Raimundo Rodriguez«, »Fondo M. Bravo« und »Fondo Monastério de Santa Maria de Otero de las Dueñas« nach den Abbildungen in den Veröffentlichungen von José Maria Fernandez Catón codiert (vgl. Titel im Literaturverzeichnis) und den für León untersuchten Urkunden zugerechnet.

Lissabon, Archivo Nacional da Torre do Tombo
Das Archiv ist im Regierungspalast unter sehr beengten Verhältnissen untergebracht. Ein neues Archiv in der Nähe der Universität ist im Bau. Nach einem Erlaß vom 29. Mai 1834 zur Zusammenlegung der Archivalien in Lissabon wurden die losen und wichtig erscheinenden Dokumente der kirchlichen Institutionen aus den Regionen Lissabon, Santarém und Leiria in den folgenden zwei Jahren in die Hauptstadt gebracht. Von insgesamt 186 Kästen (Kästen 1–27 mit päpstlichen Dokumenten, Kästen 28–77 mit königlichen Dokumenten von D. Teresa bis D. Maria I. und Schriftstücken von Kardinälen und Bischöfen, und Kästen 78–186 mit privaten Archivalien) wurden die Kästen 131–186 von 1967 bis 1978 nach Provenienz und chronologischer Reihenfolge in Bündel mit je ca. 40 Urkunden neu geordnet und im »Repertorium Corporações Religiosas, Disintegrado de antiga coleção êspecial« übersichtlich zusammengestellt. Eingesehene Bestände: Sé de Coimbra, Mosteiro de Arouca, Mosteiro de Ceté, Mosteiro de Junqueira, Mosteiro de Lorvão, Mosteiro de Moreira, Mosteiro de Pendorada, Mosteiro de Pedroso, Mosteiro de Tarouquela. Die meisten Stücke bis 1100 sind in »Portugaliae Monumenta Historica, Diplomata & Chartae« Bd. 1, Lissabon 1867 ediert. Eine Neubearbeitung dieser Dokumente ist geplant, da Urkunden übersehen wurden oder neu hinzukamen. Das Auffinden der einzelnen Dokumente ist zeitraubend, da die Urkunden aus den zahlreichen Beständen zusammengefaßt und in der Edition chronologisch geordnet sind, aber Ären nur nach Jahren umgerechnet sind und die Monats- und Tagesangaben fehlen. Die neue Serie »Documentos Medievais« setzt die Edition der Urkunden nach 1100 fort und unterteilt nach »Documentos Régios« und »Documentos Particulares«. Für die Königsurkunden (1095–1185) ist der erste Band publiziert, für die Privaturkunden liegen zwei Bände für die Jahre von 1101–1115 und 1116–1123 vor.

Marburg, Lichtbildarchiv älterer Originalurkunden bis 1250
Das »Lichtbildarchiv älterer Originalurkunden bis 1250« wurde 1929 von Edmund E. Stengel (1879–1968) gegründet und ist dem Institut für Historische Hilfswissenschaften und Archivwissenschaft eingegliedert. Ziel ist, Urkunden aus dem deutschsprachigen Raum zu sammeln und sie in originalgroßen Photos der Wissenschaft zugänglich zu machen. Der Bestand von derzeit ca. 15000 Photos ist in drei Serien nach Ausstellern, Empfängern und in chronologischer Folge archiviert. Die Zugangsnummer ist gleichzeitig die Archivsignatur der Urkunde. Die Bestände werden über Karteikarten erschlossen. Seit mehreren Jahren wird eine Lichtbildarchiv-Datenbank mit Hilfe von EDV aufgebaut. Für die Dissertation wurden alle Königsurkunden von Pippin bis Heinrich III. (760–1056) nach vorhandenen Photos in den entsprechenden Mappen eingesehen und codiert. Für die zahlenmäßige Erfassung während der Regierungszeiten einzelner Herrscher vgl. Tab. 1.

Santiago de Compostela, Archivo de la Universidad
Der Bestand »San Martin Pinario de la ciudad de Santiago« enthält 37 Dokumente in westgotischer Minuskel, 8 Urkunden vor AD 1000 und weitere 53 Dokumente bis 1200. Nur die Invokationszeichen wurden nachgezeichnet und aufgenommen. Als Hilfsmittel zur Identifikation der Stücke gab es lediglich die vorläufigen von M. Lucas Alvarez zusammengestellten und photokopierten Katalogblätter.

Das Institut für mittelalterliche Geschichte (Departamento de Historia Medieval) der Universität besitzt Photos von Urkunden aus Klosterbeständen aus der Umgebung, wobei die meisten aus der Zeit nach 1000 stammen. Nachgezeichnet wurden die Invokationszeichem aus 6 Urkunden aus den Jahren 1126–1154 aus dem »Fondo de la Catedral de Orense«, um die Zeichenformen mit denjenigen aus León zu vergleichen. Hilfsmittel: Eladio Leiros Fernandez, Canónigo Archivero de la S. A. M. I. Catedral de Santiago de Compostela, Catálogo de los Pergaminos Monacales del Archivo de la S. J. Catedral de Orense, Santiago 1951.

St. Gallen, Stiftsarchiv St. Gallen
Die Privaturkunden wurden nach den Archivsignaturen SG I 1–197, SG II 1–174, SG III 175–330, SG IV 331–503, Bremen 1–49 erfaßt und codiert. Die Privaturkunden sind einzeln in Umschläge eingelegt und mit der Signatur versehen. Bis auf wenige Stücke läßt sich die Identifikation jeder Urkunde mühelos mit Hilfe der Archivsignatur und der Edition von H. Wartmann, Urkundenbuch der Abtei St. Gallen, Tl. I–II, St. Gallen 1863 ff. und der Aufstellung von M. Borgolte, Kommentar zu Ausstellungsdaten, Actum- und Güterorten der älteren St. Galler Urkunden, in: Subsidia Sangallensia I, St. Gallen 1986, überprüfen. Die Königsurkunden wurden nach Abbildungen der Diplomata Karolinorum, hg. v. Albert Bruckner, codiert, jedoch nur die in St. Gallen archivierten Stücke aufgenommen.

Anmerkungen zum karolingischen Münzmonogramm des 9. Jahrhunderts

Von Clemens Maria Haertle

War die frühmittelalterliche Königskanzlei sowohl im sprachlichen Formengut als auch in der graphisch-stilistischen Gestaltung ihrer Dokumente relativ konservativ, so zeigt die Produktion der Münzateliers ein weitaus breiteres stilistisches und ikonographisches Spektrum. Die moderne Diplomatik belegte vielfach die Organisation und Arbeitsweise der Königskanzlei und wertete durch vergleichende paläographische und philologische Kriterien deren schriftlichen Zeugnisse aus, während die Numismatik die graphische Gestaltung der Prägeserien der karolingischen Herrscher des 9. Jahrhunderts nur rudimentär behandelt hat. Es scheint daher angebracht, die zwar bekannten, aber nie umfassend dokumentierten Herrscherzeichen auf karolingischen Münzen daraufhin zu untersuchen, welchen Gestaltungsprinzipien sie unterlagen, inwieweit stilistische Traditionsbezüge zwischen den Monogrammata der Münzbilder und den Monogrammen der Urkunden zu erkennen sind und schließlich in Umrissen der Frage nachzugehen, worauf die vielfältigen Abweichungen der Münzmonogramme zurückzuführen sind[1].

Zunächst sei darauf verwiesen, daß sich die karolingischen Monogramme, abgesehen von einigen Ausnahmen gegen Ende des 9. Jahrhunderts, sowohl in den Urkunden als auch auf den Geprägen auf insgesamt drei verschiedene graphische Grundbausteine stützen[2]. Die jeweiligen Monogrammbuchstaben gruppieren sich erstens um ein gleichschenkliges Faden- oder Bandkreuz mit relativ geringen Armbreiten (Mo. 1), oder zweitens, um ein Kreuz, dessen Arme von den Endpunkten einer Rhombe ausgehen (der sog. *Kreuzrhombustyp*, Mo. 2), bzw. drittens um ein – im Verhältnis zur Größe der begleitenden Buchstaben – überdimensionales H (Mo. 3).

Abb. 1 *Karl der Große, Denar aus der Münzstätte Sennes (dritte Münzperiode: 793/794–812)*

Die restlichen Monogrammformen, die sich nicht auf diese einfachen graphischen Zeichen reduzieren lassen und in der Regel einen losen Verband einzelner Buchstaben oder Zeichen bilden, werden nachstehend gesondert besprochen.

1 Zahlreichen Persönlichkeiten, insbesondere den Leitern und Mitarbeitern der belgischen, deutschen, französischen, holländischen und schweizerischen Münzkabinette, habe ich für ihre Unterstützung zu danken. In besonderer Schuld stehe ich bei Herrn Prof. Dr. P. Acht für seine wissenschaftliche Unterstützung und bei Herrn Prof. Dr. W. Koch, auf dessen Anregung hin dieser Beitrag entstand. – Die Abkürzungen »Mo.« und »Is.« verweisen auf die in den Tafeln abgebildeten Monogramme und Inschriften, die in der vorliegenden Abhandlung besprochen werden.

2 Der vorliegende Beitrag stellt ein Nebenprodukt eines von der DFG geförderten Forschungsprojektes dar. Es beabsichtigte am Beispiel der karolingischen Schatzfunde des 9. Jahrhunderts, sowohl formale Charakteristika und allgemeine Kategorien als auch Relationen und Entitäten zu entwickeln, die auf der Basis einer neu entwickelten EDV-Konfiguration eine übersichtliche Ordnung und Erfassung der nahezu unübersehbaren Kategorienvielfalt der karolingischen Numismatik in einem ökonomisch vertretbaren Aufwand möglich machen sollten. Die Publikation der Ergebnisse dieses Projektes ist in Vorbereitung. Die hier vorgestellten Sonderzeichen, Kreuze und Monogramme wurden mit Hilfe des bereits erwähnten, speziell für diesen Anwendungsbereich entwickelten Softwarepaketes generiert. Die EDV-gestützte Integration bzw. Einbindung beliebiger Zeichen an beliebiger Stelle innerhalb eines fortlaufenden Textes entstand in Zusammenarbeit mit den Herren Dipl. Ing. Gerhard Wittmann, Dipl. Math. Wilhelm Hartl und Bernhard Geisenhofer, ohne deren interessierte Anteilname an der Problematik der vorliegenden Fragestellung und ohne deren engagierten ideellen und persönlichen Einsatz die prinzipiellen Voraussetzungen zu Bewältigung des Projektes nie hätten geschaffen werden können. Als unermüdliche Kritiker und ideenreiche Problemlöser formten sie aus den grauen theoretischen Vorstellungen eine brauchbare Methode. Auch ihnen habe ich herzlich zu danken.

Zur Typologie der karolingischen Münzmonogramme[3]

1. Der Kreuzrhombus-Typ Karls des Großen von 793/94 bis 812[4]

Die Münzen der beiden letzten Dekaden Karls des Großen bilden zwei Gruppen. Die erste zeigt im Obvers in der Regel ein Monogramm im Feld und die Umschrift CAROLVS REX FR bzw. CARLVS REX[5] (dritte Münzperiode: 793/794–812, Abb. 1), die zweite – als Produkt der sogenannten karolingischen Renaissance – eine, den klassisch – byzantinischen Vorbildern nachempfundene Büste (vierte Münzperiode: 812–814)[6].

Auf den Geprägen des 8. Jahrhunderts erschien das KAROLUS-Monogramm zum erstenmal in den Jahren um 793 auf Denaren der Münzstätte Treviso[7] (Abb. 2/3). Sie zeigen um ein rautenförmiges O (◇) im Zentrum, von dem vier Arme mit den Buchstaben K, R, S und L an den Enden ausgehen[8], und führen dasselbe Monogramm, welches bereits seit dem Regierungsbeginn Karls des Großen in seinen Urkunden Verwen-

Abb. 2–3 *Karl der Große, Denar, Treviso (dritte Münzperiode)*

dung fand[9]. Auf beiden Dokumenten erfüllte es die Aufgabe, ihre Echtheit und Gültigkeit zu garantieren. Jedoch erst der Vollziehungsstrich, der vom Aussteller eigenhändig in die Rhombe des Monogramms in Form eines V oder Balkens eingetragen wurde, beglaubigte rechtswirksam den Inhalt eines Dokumentes.

Inwieweit nun das Monogramm der königlichen Kanzlei die Neugestaltung des neuen Münztyps beeinflußt hat, bzw. die monogrammatischen Vorbilder auf Siegeln, Urkunden, Handschriften, Inschriften, Gräbern oder Münzen früherer Jahrhunderte die Einfüh-

3 Zur vorliegenden Thematik vgl. u. a. die Ausführungen bei: Christian Jacob Götz, Deutschlands Kayser-Münzen des Mittelalters, Dresden 1827 (mit Monogramm-Abbildungen); Etienne J. B. Cartier, Notice sur des monnaies, la plupart inédites de la première et de la deuxième race, in: Mémoires et dissertations sur les antiquités nationales et étrangères 12 (1836) S. 183–227 (zur Verwendung des Karolus-Monogramms durch Odo); L. de la Saussaye, Mémoires sur plusieurs enfouissements numismatiques découvertes dans la Sologne blésoise V: Monnaies de la IIe race trouvées à Courbanton, in: RN (1838) S. 343–367. H. A. de Longperier, Notice sur des monnaies françaises composant la collection de M. J. Rousseau, Paris 1847/48. Arthur Engel, Robert Serrure, Traité de numismatique du Moyen Âge, Paris 1890. Maurice Prou, Les monnaies carolingiennes, Paris 1892. A. Giry, Manuel de Diplomatique, Paris 1894; S. Wigersma, Eenige aanteekeningen over de Nederlandsche, in het bijzonder over de Friesche Muntgeschiedenis, in: TMP 14 (1906) S. 61–140. Georg Täubert, Christogramm und Kreuz, in: Jahrbuch des Numismatischen Vereins zu Dresden (1921–1928). Christian Meert, Les monnaies carolingiennes de l'atelier de Dinant, in: RBN 108 (1962) S. 153–172. Philip Grierson, Money and Coinage under Charlemagne, in: Karl der Große, Band 1: Persönlichkeit und Geschichte, hg. v. W. Braunfels, Düsseldorf 1965, S. 501–536; Margaret Thompson, The Monogram of Charlemagne in Greek, in: American Numismatic Society. Museum Notes 12 (1966) S. 125–127; Otto Flämig, Monogramme auf Münzen, Medaillen, Marken, Zeichen und Urkunden, Braunschweig 1968; Manfred van Rey, Die Münzprägung Karls des Kahlen und die westfränkische Königslandschaft, in: Die Stadt in der Europäischen Geschichte, Festschrift für Edith Ennen, Bonn 1972, S. 153–184. Reinhard Schneider, Schriftlichkeit und Mündlichkeit im Bereich der Kapitularien, in: Recht und Schrift im Mittelalter, hg. v. P. Classen, Sigmaringen 1977, S. 257 ff.; Jean Lafaurie, Les monnaies impériales de Charlemagne, in: Comptes-rendues de l'Académie des Inscriptions et Belles-Lettres (1978) S. 154–176; Bernd Schneidmüller, Karolingische Tradition und frühes französisches Königtum, Untersuchungen zur Herrschaftslegitimation der westfränkisch-französischen Monarchie im 10. Jahrhundert, Wiesbaden 1979; Philip Grierson, Medieval European Coinage 1: The Early Middle Ages (5th-10th centuries), Cambridge 1988 (Grierson, MEC 1).

4 Zur Datierung der Geprägeserien vgl. Grierson, MEC I, S. 199.

5 Erben, Urkundenlehre 1, S. 147 ff. Vgl. u. a. Gariel, op. cit. pl. XII 186 ff. Die Abb. Gariel, pl. XII 184 (Ravenna), pl. XII 188 (Sennes), pl. XII 192 (Dorestad), pl. XIII 208 usw., zeigen, daß eine generelle Vereinheitlichung des Münzbildes beabsichtigt war, das Beibehalten bzw. der Rückgriff auf traditionelle lombardisch-merowingische Zeichen aber nicht immer unterbunden wurde. Die Gepräge verdeutlichen auch das allgemeine Gestaltungsprinzip, welches in seinen formalen Grundelementen beispielsweise der lombardischen Prägetradition der Tremissi folgt: um ein symbolisches Zeichen, sei es Monogramm, Kreuz, Stufenkreuz, Buchstabe usw., wird der Name des Münzherrn oder der Münzstätte geschrieben.

6 Vgl. Ernest Gariel, Les monnaies royales de France sous la race carolingien, I/II, Straßburg 1883–1884, pl. V 9 (Arles), pl. VI 43 (Dorestad), pl. IX 97 (Melle), pl. XII 169/170 (XPISTIANA RELIGIO); zur Chronologie der kaiserlichen Gepräge Karls des Großen vgl. insbesondere Grierson, Money and Coinage, S. 516 ff. sowie Lafaurie, Monnaies impériales, S. 160 ff. Die erste Münzperiode wird allgemein in die Jahre ab 768 bis 771, die zweite von 771 bis 793/94 angesetzt.

7 Gariel, pl. XII 182 / 183.

8 Dieser »Rhombus-Typ« sollte in der Mitte des 9. Jahrhunderts von Karl dem Kahlen wiederaufgenommen und zum bestimmenden Münztyp bis weit in das 10. Jahrhundert hinein werden.

9 Erben, Kaiser- und Königsurkunden, S. 146 f.

rung des Kreuzrhombus-Monogramms in der Kanzlei mitgetragen haben, ist eine offene Frage[10].

Frühe Formen monogrammatischer Zeichen, die den hier zur Diskussion stehenden ähnlich sind, zeigen bereits lombardische Gepräge aus der Mitte des 8. Jahrhunderts[11]. In England führen insbesondere Münzen aus der Zeit König Headberths und Egberts von Kent[12] (ca. 775–784) monogrammatische Zeichen. Sie zeigen im Obvers die Umschrift + HEABERHT oder + EGCBERHT und im Feld die beiden Buchstaben RX, für REX, die weitgehend dem pippinischen REX FRANCORUM-Monogramm entsprechen[13]. Im Revers erscheint neben einem Kreuz mit einem Kreis im Zentrum und vier weiteren Kreisen an den Kreuzarmen[14] ein weiteres Kreuz, mit einer Rhombe im Zentrum, denen die Namen der Münzmeister EOBA und

Abb. 4 *Karl der Große, Denar, Worms (zweite Münzperiode: 771–793/794)*

BABBA umschrieben sind[15]. Weitere Monogrammformen entwickelte der oströmische Kaiser Theodorus II. (408 bis 450)[16] und begründete über seinen Nachfolger Marcianus (450 bis 457) und den nachfolgenden Vandalenkaiser eine Monogrammtradition, die von den Burgundern, Ostgoten, Merowingern und Langobarden aufgenommen und weitergetragen wurde. Unter diesen Herrschern entwickelten sich im Laufe der Zeit die grundlegenden Monogrammformen, denen in verschiedenen Varianten in den folgenden Jahrhunderten zu begegnen ist[17].

Abb. 5 *Karl der Große, Denar, norditalienische Münzstätte (dritte Münzperiode)*

Das Kreuzrhombus-Monogramm auf den Urkunden Karls des Großen stellt hingegen eine bemerkenswerte Weiterentwicklung dar und läßt sich – soweit dies hier abzusehen ist – auf keine identischen, aber doch sehr ähnliche Vorbilder zurückführen. Im Bereich der Numismatik zeigt ein Wormser Denar[18] der Prägeperiode von 771–793/94 aus dem Fund von Ilanz im Revers die vier Buchstaben V, O, R und M in den Feldern eines Kreuzes (Abb. 4). Die Aufteilung des Münzfeldes durch Horizontale und Vertikale und die Verwendung des bisher nur selten gebrauchten rhombischen O mit Abdeckbalken (   ) zeigt eine deutliche formale Affinität zum Kreuzrhombus-Monogramm Karls aus seiner Kanzlei. Weitere Exemplare des Kreuztyps mit ähnlichen Gestaltungsprinzipien entstanden zwischen 771 und um 793/94 in Narbonne[19] und Uzès[20].

Aus der dritten Münzperiode Karls existiert ein norditalienischer Denar[21], dessen Obvers der formalen Gestaltung der traditionellen »Kreuzdenare« weitgehend entspricht (Abb. 5). Die betont lange Haste des R-Buchstaben begleitet linksbündig ein ebenso langer Strich, wobei das darunterstehende U auf zwei parallele Balken reduziert wird. Auch die Buchstaben C, O, L und S werden auf die halbe Größe der übereinander stehenden R- und U-Buchstaben verkleinert. Auf diese Weise entstehen ungefähr gleich große Felder, die ohne das graphische Gliederungselement »Kreuz« räumlich voneinander abgesetzt sind und aufgrund ihrer propor-

10 Alle hier erfaßten Monogramme stammen aus Schatzfunden des 9. Jahrhunderts: Monogrammvarianten auf Denaren unbekannter Provenienz blieben in der Regel – da sie nicht datierbar sind – unberücksichtigt. Die Beschreibung und graphische Reproduktion der Monogramme erfolgt stets in der Weise, daß die umlaufenden Buchstaben vom jeweils ersten Buchstaben des jeweiligen Titels bzw. Vornamens aus (z. B.: K, H bzw. P) im Uhrzeigersinn gelesen werden – auch, wenn die Münzstempel beispielsweise spiegelverkehrt geschnitten sind.

11 Vgl. Warwick Wroth, Catalogue of the Coins of the Vandals, Ostrogoths and Lombards in the British Museum, London 1911, pl. XX Nrn. 7, 8 (Liutprand, 712–744) und Nr. 11 (Desiderius, 757–774).

12 C. E. Blunt, The Coinage of Offa, in: Anglo-Saxon Coins: studies presented to F. M. Stenton, hg. v. R. H. M. Dolley, London 1961, S. 39–62, pl. IV 1–3 (775–784).

13 Vgl. beispielsweise Gariel, pl. II Nr. 29.

14 Blunt, op. cit. pl. IV Nrn. 1 und 3.

15 Blunt, op. cit. pl. IV Nr. 2.

16 Flämig, Monogramme S. 119 Nr. 1.

17 Vgl. dazu die Monogrammvarianten bei Flämig, op. cit. S. 119 ff.

18 Prou, op. cit. Nr. 941; Gariel, pl. IX 115. Prou nimmt ihn für Rom in Anspruch (Münzperiode 771–793/94), während Gariel, op. cit. und andere eine Zuweisung offen lassen. Weitere Varianten dieses Kreuz-Typs: Gariel, pl. V 10–13, 17, pl. VIII 75–79, 96, pl. IX 101, 111, pl. XI 147.

19 Gariel, pl. IX 101.

20 Gariel, pl. XI 147.

21 Gariel, pl. XI 163. Vgl. dazu auch Prou 891–895.

tionalen Ausgewogenheit die kleiner gestalteten Buchstaben C, O, L und S nicht aus dem graphisch-monogrammatischen Verband verstoßen, wobei das kleine o durch die Dominanz des R-Buchstabens die größte optische Reduktion erfährt. Hier wird ein wesentliches Stilelement, welches auch für die Gestaltung des Kanzleimonogramms Verwendung fand, erkennbar. Die Schriftzeichen A und U werden nicht mehr nur als Buchstaben verstanden, sondern als graphische Gliederungselemente, reduziert auf Striche oder Balken, die dem Münzbild den eigentlichen optischen Charakter verleihen[22].

Neben den oben zitierten Beispielen aus Worms, Narbonne und Norditalien gibt es eine weitere interessante Geprägegruppe aus Uzès[23] (Abb. 6), die deutlich die stilistische Verbindung zwischen dem Münztyp der zweiten Periode und dem Monogrammtyp demonstriert. Es ist nicht bekannt, wann und aus welchen Gründen diese Goldmünzen in Uzès entstanden sind[24]. Unabhängig davon, ob sie in der numismatischen Diskussion als Geld- oder Schmuckstücke bewertet werden, zeigen sie die Übergangsstufe vom CARoL VS-Typ zum Kreuzrhombus-Monogramm. Vergleicht man das Exemplar Gariel, pl. X Nr. 143 (Abb. 7) mit den Karolus-Geprägen der ab 771 (zweite Münzperiode) ausgegebenen Denarserie[25], dann ist festzustellen, daß sich nur noch die Buchstaben K und S im losen Verband um die zentrale Rhombe gruppieren. Während das L an der unteren Rhombenspitze bereits jenen Platz eingenommen hat, den es auch im Kanzleimonogramm Karls besetzt, ligiert das L mit der Rhombe auf die gleiche Weise, wie bisher mit dem A. Hier zeichnet sich in Umrissen die Form des Kreuzrhombus-Monogramms ab, ohne jedoch den betont geometrischen Aufbau des Kanzleimonogramms zu erreichen oder auch die »topographische Lage« der Buchstaben zu definieren[26].

Abb. 6–7 *Karl der Große, Denar, Uzès (um 793/794)*

Gleiches geschah in der formalen Gestaltung des Kreuzrhombus-Monogramms in den Urkunden Karls. Die Schriftzeichen A und U verschmelzen zur zentralen Rhombe und damit zu einem flächendeckenden, alle vier Himmelsrichtungen erfassenden Mittelpunkt, dem die Buchstaben K, R, S und L entwachsen. Entsprechend den byzantinisch-oströmischen Vorbildern steht der erste Buchstabe an der linken Seite des Rhombus, der zweite darüber und der dritte darunter, wobei – und hier bestehen auch in der byzantinischen Tradition keine verbindlichen Regeln mehr, die verbleibenden Buchstaben zwischen die bereits erfaßten, bzw. rechts von diesen angeordnet werden. Der Punkt, der auf einigen Denaren in der Mitte der Rhombe erscheint, erhöht den optischen Eindruck des »absoluten« Mittelpunkts des rhombischen O innerhalb des graphischen Gefüges (Mo. 5) und betont durch seine nicht übersehbare zentrale Position auch die symboli-

22 Über eine weitere, ungewöhnliche Variante der Münzstätte Ravenna aus der Zeit um 793/94, die das Karolusmonogramm in griechischen Buchstaben wiedergibt, sei auf die Untersuchung M. Thompsons, The Monogramm of Charlemagne in Greek, ANS Museum Notes XII (1966) S. 125–127 sowie Grierson, MEC 1 S. 202, S. 208 und I. 1499 verwiesen. Siehe auch die Variante (Mo. 4) im Schatzfund von Dorestad (1845/46) und Louis de Coster, Explications faisant suite aux précédentes notices sur l'attribution à Charlemagne de quelques types monétaires, in: RBN 1 (1857) S. 30–54.

23 Gariel, pl. X Nrn. 140–144.

24 Während sie Gariel I, S. 142 für Medaillen oder Schmuckstücke hält: »... Du reste, l'aspect, le module, les ornements dont sont surchargées ces pièces d'or, les font bien plutôt ressembler à des médailles ou bijoux qu'à des monnaies. Je crois donc qu'il faut rejeter ces curieux monuments de la série monétaire carolingienne ....«, stellt sie Prou, op. cit. S. XXXII – weil nicht karolingisch – in Abrede: »... Les pièces d'or ... ne sont pas françaises; elles ne sont même pas, à proprement parler, carolingiennes. Le seul atelier d'Uzès, en France, a émis des pièces d'or pendant la période carolingienne. On ne peut expliquer cette anomalie que par le désir de faire concurrence à l'or arabe, et aussi par des souvenirs du monnayage wisigoth«.

25 Siehe beispielsweise Gariel, pl. X 121 ff.

26 Die Datierung dieser Gepräge wird insofern erschwert, als keine Informationen darüber bestehen, in welcher – evtl. exakt datierbaren Barschaft – sie gefunden wurden. Aufgrund ihrer deformierten Monogramme und unförmigen Buchstaben und infolge fehlender Vorbilder glaubte man, sie seien in der Spätzeit des 9. Jahrhunderts entstanden. Es kann jedoch kein Zweifel bestehen, daß sie um 793/94 geprägt wurden, da die – mit Ausnahme einiger weniger, der lokalen Tradition verhafteten – Denare nach der Reform Karls des Kahlen eine sorgfältige einheitliche Bearbeitung erfahren haben und (beispielsweise) eine Anlehnung an die A/R-Ligatur der Gepräge vor 793/94 bzw. eine entsprechende formale Gestaltung der restlichen Zeichen einen Sprung in der stilistischen Entwicklung bedeuten würden. Als Zwischenschritt zum endgültigen Monogramm lassen sie sich jedoch zwanglos in die Serie vor 793 einordnen. Dies umsomehr, als – entgegen dem bisher fast ausschließlich verwandten römischen C – an der linken Seite des Monogramms nun auch das griechische K erscheint.

sche Qualität der graphischen Figur ›Monogramm‹[27]: die Namensbuchstaben des Königs verbinden sich mit elementaren Sinnzeichen oder sind mit ihnen identisch, wobei ihre ursprüngliche Bedeutung jedoch nicht mehr eindeutig zu erkennen ist[28]. Darüberhinaus werden nur noch Kapitalbuchstaben verwendet und nicht mehr – wie dies gelegentlich der Fall war – eine Mischung aus kursiven und kapitalen Schriftzeichen (Mo. 6–7).

Das Phänomen, daß der Vorname CAROLVS im Monogramm nun nicht mehr mit dem römischen C, sondern mit dem griechischen K beginnt, konstatierte bereits Giry in seinem Manuel de Diplomatique[29]. Ob bei dieser gravierenden Veränderung neben politischen auch stilistische Gründe maßgeblich waren, ist nicht eindeutig zu entscheiden. Es fällt jedoch besonders ins Auge, daß auf allen imperialen Geprägen der 4. Periode (812–814) KAROLUS mit dem griechischen K anlautet und nicht mit dem römischen C. Es führen also alle jene Denare stets ein K, die – mit dem Brustbild und dem Kaisertitel in der Legende – konstantinischen Vorbildern nachempfunden sind[30] und Karls Verständnis als »neuer Konstantin« und seine Einbindung in die Tradition der römischen Kaiser dokumentieren sollen. Dies erweckt den Eindruck, als stünde das Kappa symbolisch für die Abwendung vom Geist der heidnischen Cäsaren – nicht aber von deren Machtanspruch und gleichzeitig für das christlich orientierte Sendungsbewußtsein Karls in der Nachfolge Konstantins des Großen: und damit wiederum für den missionarischen Auftrag, die XPISTIANA RELIGIO friedlich aber auch mit dem Schwert zu sichern und zu verbreiten.

Ein weiteres wesentliches Moment ist, daß nunmehr das rhombische O (◇) den Mittelpunkt des Kreuzmonogramms bildet. Die bisher üblichen Monogrammformen verwenden in der Regel den ersten Buchstaben eines Namens als graphisches »Gerüst«, dem die restlichen Schriftzeichen in mehr oder minder logischer Weise ein- oder umgeschrieben werden. Von dieser Tradition abweichend erlebt das Monogramm in der Kanzlei Karls des Großen infolge der streng geometrischen Reihung der Buchstaben an gleichwertigen Positionen und in gleicher Größe nunmehr eine Metamorphose, die den Buchstaben durch seine enge Verkopplung mit Zeichen und Symbolen selbst zur Figur werden läßt[31].

Mit der großen Münzreform von 793/94 übernahm Karl das Kreuzrhombus-Monogramm seiner Kanzlei auch auf den Geprägen. Der schwerere neue Denar führte nun im Obvers das KAROLUS-Monogramm, im Revers ein Kreuz im Feld und in der umlaufenden Legende den Münzstättennamen. In einigen Fällen geht die Abbildungstreue so weit, daß auch der Vollziehungsstrich im Rhombus als kleines Häkchen erscheint, so z. B. in Mainz[32], Köln[33], Dax[34] und Dorestad[35] (Mo. 8) bzw. in verwandter Form auch als kleiner Punkt in der Münzstätte Chelles (Mo. 9)[36].

2. *Das H-Monogramm Ludwigs des Frommen (814–840)*

Im Gegensatz zu Karl griff sein Nachfolger Ludwig der Fromme in seinen Urkunden auf die traditionellen Monogrammformen merowingischer Herrscher zu-

27 Der Punkt innerhalb eines Buchstabens oder anderen Zeichen erscheint auch in vielen Münzumschriften: so z. B. auf zahlreichen XPISTIANA RELIGIO-Geprägen Ludwigs des Frommen (Is. 1–2), in Melle (Is. 3), Dorestad (Is. 4) oder auch Karls des Kahlen, z. B. in St.-Denis (Is. 5).

28 Ferdinand Friedensburg zufolge, Symbolik der Mittelalter-Münzen, Berlin 1913, S. 21 ff., dient die graphische Darstellung des königlichen Namens um den kopfstehenden Rhombus den in naiven und mystischen Sinnbildern denkenden Zeitgenossen als »... die Welt im Gegensatz zur heiligen Drei der Gottheit«.

29 Giry, Manuel S. 717: »Il est curieux d'observer que dans ce monogramme l'initiale est un K, alors que le même nom, à cette époque du moins, est toujours écrit par un C, Carolus, dans la suscription et dans la souscription.«

30 Vgl. dazu insbesondere Francesco Gnecchi, I Medaglioni Romani 1, Mailand 1912, S. 22 ff. mit Tav. 8 sowie S. 57 ff. mit Tav. 29.

31 Über Abstufung, Größenverhältnisse, Hervorhebung und hierarchische Gestaltung von Zeichen vgl. zuletzt Eva Kessler, Die Auszeichnungsschriften in den Freisinger Codices von den Anfängen bis zur karolingischen Erneuerung, in: Österreichische Akademie der Wissenschaften, Phil.- Hist. Klasse, Denkschriften 188 (1986), S. 28 ff., mit zahlreicher, weiterführender Literatur Anm. 27 ff.

32 Gariel, pl. XIII 205.

33 Hävernick, Walter, Die Münzen von Köln, Köln 1935, Nr. 11.

34 Gariel, pl. XII 185.

35 Gariel, pl. XII 192.

36 Gariel, pl. XII 191. Grierson, MEC 1 S. 232 nimmt den Denar für Karl den Kahlen (Prägeperiode von 840–864) in Anspruch. Weitere Varianten des Rhombustyps entstanden auf italienischen Geprägen, die Karl zusammen mit Grimoald III. von Benevent zwischen 788 und 800 prägen ließ. Sie zeigen im Obvers ein CAROLVS-Monogramm (als Anerkennung der Oberherrschaft Karls des Großen) und im Revers mehrere Varianten des Grimoald-Monogramms. Vgl. Gariel, pl. XI 156–159 sowie Grierson, MEC 1 S. 67 f. und S. 210. Wie sehr das karlische Monogramm auch die nichtfränkische Geldprägung beeinflußt hat, ist an den beneventinischen Geprägen mit dem Kreuzrhombus-Monogramm SICO's (817–832) abzulesen: vgl. hierzu Wroth, Catalogue of the Coins, pl. XXIV Nrn. 5–9, 13, 14.

rück[37]. Er gruppiert die Schriftzeichen, entsprechend der Schreibung seines Namens HLVDOVVICVS, um ein überdimensionales H und verläßt damit die graphischen Gestaltungsprinzipien seines Vaters (Mo. 10)[38].

Bernd Schneidmüller wies bereits daraufhin, daß die Wiederaufnahme des merowingischen Monogramms nicht weiter überraschen kann, da sie den Bestrebungen Ludwigs erwuchs, »... eine Kontinuität zu seinen merowingischen Amtsvorgängern herzustellen, an die sich die Karolinger anzusippen versuchten«.[39] Interessanterweise gebrauchte Ludwig sein Monogramm jedoch ausschließlich in seiner Kanzlei. Mit Ausnahme einiger päpstlich-kaiserlicher Gepräge aus Rom, die ausschließlich den Namen der Stadt bzw. denjenigen des Papstes monogrammatisch abbilden[40], erscheint es auf keinem der zahlreichen Geprägeserien zwischen 814 und 840. Dennoch hatte er in seiner Kanzlei auf der Grundlage merowingischer Vorbilder mit dem »H-Typ« eine Monogrammform entwickelt, die weitgehend unverändert von seinen Nachfolgern sowohl in ihren Kanzleien und Urkunden als auch in ihren Münzstätten übernommen wurde.

Weshalb Ludwig nicht das L sondern das H zum Grundgerüst seines Monogramms wählte, ist darauf zurückzuführen, daß der fränkischen Sprachgewohnheit entsprechend die merowingischen und karolingischen Königsnamen im Lateinischen stets mit H anlauteten[41].

Wenn nun Ludwig durch die Wiederaufnahme des merowingischen Monogramms in seiner Kanzlei versuchte, die Kontinuität zu seinen merowingischen Amtsvorgängern zu dokumentieren, bzw. nach dem Intermezzo des karlischen Kreuzrhombus-Monogramms wiederherzustellen, erhebt sich die Frage, weshalb er die gleiche Kontinuität nicht auch im Münzwesen beizubehalten bzw. zu beleben suchte[42]. Anstelle der Monogrammdenare setzte er in seiner ersten Münzperiode von 814 bis 819 zunächst die Ausgabe jener Portraitdenare fort, die sein Vater nach der Anerkennung seiner Kaiserwürde durch eine byzantinische Delegation im Jahre 812[43] im klassischen Stil begonnen und bis zu seinem Tod beibehalten hatte (Abb. 8). Nach der ersten großen Münzreform von 819[44] bevorzugte Ludwig wiederum nicht die traditionellen monogrammatischen Motive, sondern modifizierte den Münzstätten/Portrait-Typ seines Vaters aus dessen letzter Münzperiode (812 bis 814) dahingehend, daß er anstelle des kaiserlichen Portraits ein schlichtes Kreuz und den Namen der jeweiligen Münzstätte in einer oder mehreren Zeilen auf die Rückseite setzte[45].

Formal und inhaltlich verließ er die traditionelle Anbindung an die merowingischen bzw. fränkisch-karlischen Vorbilder weitgehend mit dem letzten Münztyp, den er ab 823 mit der »admonitio generalis«[46] autorisierte. Nun entfiel zusätzlich der Münzstättenname und die Gepräge zeigen – neben der bereits von seinem Vater ausgegebenen Devise »XPISTIANA RELIGIO« – im Obvers nur noch das Kreuz mit dem Namen Ludwigs[47] (Abb. 9). Damit hatte die Münzprägung unter erneutem Verzicht auf das in der Kanzlei gebräuchliche H-Monogramm die traditionelle Anbindung an die herkömmlichen numismatischen Vorbilder weitgehend aufgegeben und einen neuen Typ geschaffen, der im formalen Aufbau weit über die Regierungszeit Ludwigs des Frommen Bestand haben und sich zum sog. immobilisierten Typ entwickeln sollte. Der Verzicht Ludwigs auf die Angabe des Münzstättennamens auf den jeweiligen Produkten mag als Bestätigung seiner kaiserlichen Autorität gesehen werden[48], führte in letzter Konsequenz jedoch dazu, daß eine effiziente Überwachung der stets durch Falschmünzerei gefährdeten Währung nur noch unter erschwerten Bedingun-

37 Wilhelm Erben, Die Kaiser- und Königsurkunden des Mittelaters, München 1967, S. 145 ff. Zum Kanzleiwesen Ludwigs des Frommen vgl. Otto Dickau, Studien zur Kanzlei und zum Urkundenwesen Kaiser Ludwigs des Frommen. Ein Beitrag zur Geschichte der karolingischen Königsurkunde im 9. Jahrhundert. Erster Teil, in: Archiv für Diplomatik 34 (1988) S. 3–156.

38 Vgl. beispielsweise das Monogramm der Urkunde in Lot, Lauer, Dipl. carol. II, (Aachen, 816 Juni 20).

39 Schneidmüller, op. cit. S. 93.

40 Vgl. dazu Grierson, MEC 1 S. 260 ff.

41 Diese Tradition läßt sich auf karolingischen Geprägen kontinuierlich bis zum Ende des 9. Jahrhunderts verfolgen: so erscheint die Aspiration u. a. auf Geprägen Karls des Kahlen in den Münzstätten Bastogne (Is. 6, MG 1123), Bayeux (Is. 7, Gariel, pl. XXVI 45; Prou 403) oder jenen Ludwigs des Deutschen aus Zürich (Is. 8, Gariel, pl. LXIV 7; Prou 971).

42 Gleiches trifft für Lothar I. zu. Er griff in seiner Kanzlei auf das merowingische Monogramm zurück, führte aber – abgesehen von einem einzigen, zufällig entstandenen Exemplar (Gariel, pl. LIX 12) – kein Monogramm auf seinen Geprägen.

43 Robert Folz, Le couronnement impérial de Charlemagne, Paris 1964, S. 203 ff.; R. Folz, A. Guillou, L. Musset, D. Sourdel, De l'Antiquité au monde médiéval, Peuples et Civilisations 5 (1972) S. 336 f.

44 MGH LL II Cap. regum franc. I S. 290 Nr. 141 c. 12.

45 Vgl. dazu u. a. die Typen Prou 359 (Meaux), 377 (Rouen), 830 (Barcelona) usw.

46 MGH Capit. regum franc. I S. 306 Nr. 150 c. 20.

47 Vgl. Prou 987 ff.

48 Grierson, MEC S. 216.

gen durchzuführen war[49]. Daß Lothar, Pippin und Karl der Kahle sofort nach dem Tode Ludwigs versuchten, ihre Gepräge dieser Anonymität zu entziehen und deren Provenienz wieder kenntlich zu machen, kann diesen Eindruck nur bestätigen.

Ein zentraler Grund für die hier beschriebenen Veränderungen des Münzbildes Ludwigs des Frommen besteht darin, daß jede Münzreform zwangsläufig danach streben mußte, den neuen Typ deutlich von den verrufenen alten Exemplaren abzuheben. Es stellt sich die Frage, warum Ludwig vom traditionellen weltlichen Formengut weitgehend abwich und in verschiedenen Kombinationen fast ausschließlich christliche Symbole gebrauchte.

Ein Grund für die erst zögernde, ab 823 endgültige Abkehr Ludwigs von den traditionellen weltlichen Formen und Zeichen auf seinen Geprägen mag in seiner

Abb. 8 *Ludwig der Fromme, Denar, Dorestad (Prägeperiode 814–819)*

religiösen Haltung zu suchen sein. Der Lehre Benedikts von Nursia von den zwölf Gnaden der Demut zugewandt[50], lehnte es Ludwig nach dem Zeugnis seiner Zeitgenossen ab[51], durch äußere Zeichen andere Personen zu überragen. Vielmehr sähe er sich in seiner Position allen anderen Menschen gleich und überstrahle sie nur durch die Würde seines Amtes[52]. Er verzichtete darauf, vor seinen Untertanen die Krone zu tragen und strebte nach Heinrich Fichtenau danach, die »… christliche Religion, als wichtigstes Band zur Erhaltung der Einheit und Stärke des Reiches nach Kräften zu fördern«. Demzufolge sollte sein Reich ein Friedensreich sein, welches er neu und besser zu ord-

Abb. 9 *Ludwig der Fromme, XPISTIANA RELIGIO-Denar (819–?)*

nen gedachte[53]. Letztlich äußerte sich in der gezielten Anwendung der christlichen Symbolik die enge Verbindung seiner weltlichen Herrschaft mit der Verbreitung und Verteidigung des christlichen Glaubens[54].

Aus (staats)rechtlichen und vor allem protokollarischen Gründen konnte Ludwig auf das Monogramm in seiner Kanzlei nicht verzichten: Für die Durchführung der Vollziehung einer Urkunde war es unentbehrlich. Keinen Wert legte er offenbar auf die Einbeziehung des Monogramms in die Bildgestaltung seiner Gepräge. Redende Hoheitszeichen und graphische Symbole – sei es Kreuz, Schiff, Stadttor oder Portrait – waren im Münzwesen von jeher einem häufigen Wechsel aus ereignisbezogenen bzw. intentionalen Gründen unterworfen. So gesehen kann der Verzicht auf das Monogramm und die konsequente Hinwendung Ludwigs zur christlichen Symbolik nicht überraschen. Dem Monogramm wurde im Münzwesen jedenfalls nicht mehr der gleiche affirmative oder rechtswirksame Charakter zugesprochen, wie den Monogrammen auf den Urkunden seiner Kanzlei.

Das KAROLUS-Monogramm auf seinen Geprägen durch das Kreuz zu ersetzen, im Revers gepaart mit der bereits von seinem Vater geführten Devise »XPISTIANA RELIGIO«[55] und dem stilisierten Tempel als Sinnbild der »Ecclesia Sancta«, kam mehreren Wünschen und Absichten Ludwigs entgegen. Es genügte sein Name auf den Geprägen, um der Währung die notwendige Autorität zu garantieren, gleichzeitig aber stellte er sein Kaisertum mit der neuen Zeichenkombi-

49 Zahlreiche Strafandrohungen Ludwigs des Frommen und Lothars in den Admonitiones und Kapitularien belegen die intensiven Bemühungen gegen die Falschmünzerei: vgl. dazu insbesondere MGH LL II Cap. regum francorum I S. 285 Nr. 139 c. 19; MGH LL II Cap. regum francorum I S. 290 Nr. 141 c. 12; MGH LL II Cap. regum francorum II S. 63 Nr. 202 c. 2. – Ein wesentlicher Grund für die zunehmenden Sorgen Ludwigs um die Qualität der Währung besteht wohl darin, daß die Anonymität der XPISTIANA RELIGIO-Gepräge den Münzfälschern ihre Tätigkeit entschieden erleichterte.

50 Fichtenau, Das karolingische Imperium, Zürich 1949, S. 216ff.

51 Siehe Anm. oben.

52 MGH Capit. regum francorum I S. 274 Nr. 137 (818/819).

53 Fichtenau, op. cit. S. 220ff.

54 Grierson, MEC 1 S. 202: »The intention behind it was an affirmation of the close dependence of the Empire on the Christian faith.«

55 Karl der Große initiierte – wie oben erwähnt – in seiner letzten Münzperiode (812–814) auf der Rückseite einiger Portraitdenare diesen Typ. Vgl. u. a. Prou Nrn. 981–983.

nation in die Nähe des Kreuzes, welches als symbolische Invokation die enge Verbindung zwischen der »Ecclesia sancta« und dem Kaiser nur bestärken konnte, auch wenn es im Laufe der Jahre mehr und mehr zu einer graphischen Leerformel geriet[56].

Mit dem Verzicht auf das Monogramm, dem Symbol seiner weltlichen Macht, unterbrach er zwar die lange Tradition der graphisch-symbolischen Geldgestaltung und die Kontinuität in der Verwendung traditioneller Formen und Formeln, gewann aber die Möglichkeit, seine christliche Programmatik unter bescheidener Zurückstellung seiner eigenen Person wirkungsvoll zu dokumentieren[57]. Es ist nicht abzuschätzen, welcher propagandistische Wert den Münzen von den Zeitgenossen zugesprochen wurde, doch war man sich der wichtigen Rolle des Geldes als Informationsträger mit Sicherheit bewußt[58]. Zumindest bringen die XPISTIANA RELIGIO-Gepräge zum Ausdruck, daß Ludwig, ebenso wie sein Vater, darauf bedacht war, sein Selbstverständnis als christlicher Herrscher und »defensor ecclesiae« zur Geltung zu bringen. Gleichzeitig stellten sie ein Gegengewicht zu den mohammedanischen Geprägen dar, die bereits zu Ende des 7. Jahrhunderts das moslemische Glaubensbekenntnis führen.

Abb. 10 *Karl der Kahle, Denar, Melle (ab 840)*

Abb. 11 *Karl der Kahle, Denar, Quentovic (864–877)*

3. *Zur Typologie der Monogramme Karls des Kahlen (840/843–877)*

a) Der Kreuzrhombus-Typ

Die ersten Monogrammgepräge Karls des Kahlen entstanden ab 840 in Melle[59] (Abb. 10 und Mo. 11–12), ab 843 in den Münzstätten Chelles (Mo. 13)[60], Compiègne (Mo. 14)[61], Noyon (Mo. 15)[62] und ab 849 in Toulouse mit den Varianten (Mo. 16–19)[63].

Karl der Kahle griff ohne grundsätzliche Veränderung auf das Kreuzrhombus-Monogramm seines Großvaters zurück und begründete damit eine westfränkische Tradition, die weit über seinen Tod hinaus reichen sollte. Denn sowohl Karlmann, Karl der Dicke als auch Karl der Einfältige führten es in verschiedenen Varianten auf ihren Geprägen, ja sogar Odo, dessen Name gelegentlich mit H zu »HODO« anlautete, verwandte in seiner Kanzlei nicht den H-Typ Ludwigs des Frommen, sondern den karlischen Rhombus-Typ.

Zeichnete Karl der Kahle in seinen Urkunden ausschließlich mit dem fränkisch-karlischen Monogramm,

56 Es hat den Anschein, daß man sich der Tautologie auf den Geprägen nicht bewußt war: In der Liturgie steht das Kreuz mit der Anrufung Gottes »In Dei nomine« in Verbindung. Der häufige Gebrauch des Zeichens in Handschriften, Urkunden, Inschriften oder auch auf Gräbern und Siegeln dürfte jedoch dazu geführt haben, daß es mit der Zeit als weitgehend inhaltsloses bzw. absolutes Zeichen verstanden und dementsprechend für die graphische Gestaltung eingesetzt wurde. Nur so ist es erklärbar, daß auf den hier in Frage stehenden Münzen neben dem Kreuz im Feld ein zweites vor dem Namen Ludwigs erscheint »✝ HLVDOVVICVS IMP«, ein drittes auf der Rückseite vor dem XPISTIANA RELIGIO (✝ XPISTIANΛ RELIGIO) und darüber hinaus noch der Giebel des Tempels von einem weiteren – unmittelbar neben dem XPISTIANA RELIGIO oder ✝ PISTIANA RELIGIO liegendem – gekrönt wird.

57 Aus dem gleichen Motiv heraus sind wohl auch die MUNUS DIVINUM-Gepräge (813/814–819) entstanden. Vgl. Prou 1070–1077. Zur Bedeutung des »divinum (supernum) munus« als Legitimationsformel vgl. P. E. Schramm, Kaiser, Könige und Päpste. Gesammelte Aufsätze zur Geschichte des Mittelalters, Stuttgart 1968–1971, Band 2, S. 63 ff., bes. S. 66 ff.

58 Nur so sind die sorgfältig geschnittenen Portraitdenare Kaiser Karls zu interpretieren, die unmittelbar nach der von einer byzantinischen Delegation anerkannten Kaiserwürde Karls entstanden. Sie reflektieren mit der stilisierten Überhöhung der *imago imperialis* im Lorbeerkranz bildhaft dieses Ereignis und wurden von den Zeitgenossen in ihrem Symbolgehalt mit Sicherheit verstanden.

59 Prou 692 ff.

60 Gariel, pl. XII 191.

61 Grierson, MEC 1 S. 232; Morrison-Grunthal (788).

62 Gariel, pl. XIII 210 und pl. XXIII 66; Prou 952.

63 Prou 813 ff.

so übernahmen um 840/43 im Münzwesen nur wenige Münzstätten Karls des Kahlen diesen Typ und behielten – eigenen lokalen Traditionen folgend – zunächst noch den Tempeltyp Ludwigs des Frommen bei: so die Münzstätten Laon[64], Sens[65] oder Bourges[66] bzw. den Zeilentyp wie Paris[67], Meaux[68], Sens[69] oder auch im Revers ein Stadttor, so in Chartres[70] bzw. Orléans[71]. Man darf wohl davon ausgehen, daß Karl der Kahle unmittelbar nach seinem Regierungsbeginn keine umfassenden und einheitlichen Reformen seines Münzwesens durchgeführt hat, wie dies seine Vorgänger in mehreren Anläufen versuchten. Erst nach den – vermutlich vergeblichen – Bemühungen im Kapitular von Attigny[72] und der Konstitution von Quiercy aus dem Jahr 861, die jedem, der einen *denarium merum et bene pensantem* zurückzuweisen wagte[73], empfindliche Strafen androhten, gelang es ihm, mit dem Edikt von Pîtres 864 jene Reformen durchzusetzen, die das Münzwesen weitgehend verändern sollten. Er ordnete an, daß der neue Denar *ex una parte nomen nostrum habeatur in gyro et in medio nostri nominis monogramma, ex altera vero parte nomen civitatis et in medio crux habeatur*[74].

Es mag nur am Rande erwähnt werden, daß die nach den Bestimmungen des Edikts ausgegebenen Denare den Vorgaben nicht exakt entsprechen. Denn im Obvers führen sie lediglich die allgemeine Gottesgnadenformel »GRATIA DEI REX«[75] – ohne den Namen »CAROLVS«. Möglicherweise wurde der Münztyp in einem weiteren Erlaß, den wir nicht mehr kennen, modifiziert: vielleicht deshalb, weil die im Canon 11 beschriebenen Denare weitgehend jenem Typ gleichen, den bereits sein Großvater nach der Münzverrufung von 793/94 prägen ließ und dieser Geprägetyp in Aquitanien weit über die Regierungsjahre Karls des Großen hinaus beibehalten wurde[76]. Jedenfalls griff der Enkel Karls des Großen nach dem merowingisch-ludwigschen Intermezzo mit der Titelrevision durch das Edikt von Pîtres wieder auf den karlischen Monogrammtyp zurück und bestimmte, daß in seinen Reichsgebieten *sequentes consuetudinem praecedecessorum nostrorum* der Monogrammdenar das künftige Zahlungsmittel sein sollte. Das Monogramm selbst erlebte – mit Ausnahme des K-Buchstabens – während der Regierungszeit Karls weder im Münzwesen noch auf den Urkunden größere formale Veränderungen.

Zitiert seien noch einige Varianten mit durchgekrümmten K-Hasten der Münzstätten Angers, Blois, Chartres, Le Mans, Orléans und Rheims (Mo. 20–21).

b) Der H-Typ des Kreuzrhombus-Monogramms Karls des Kahlen

Auf einigen GRATIA DI REX-Geprägen der Münzstätten (Abb. 11) Quentovic (Mo. 22), Amiens (Mo. 23), Valenciennes (Mo. 24)[77], Langres (Mo. 25)[78] und St-Quentin (Mo. 26)[79] erscheint auf der linken Seite des Kreuzrhombus-Monogramms statt des K-Buchstabens ein H. Es ist nicht ganz auszuschließen, daß die ersten Deformationen in einigen Fällen durch technisch schlecht ausgebildete Stempelschneider bzw. durch eine gewisse Gleichgültigkeit oder aus Analphabetismus entstanden sind, doch läßt die steigende Zahl und insbesondere die Ausgabedauer dieser Monogrammvarianten gegen Ende des 9. Jahrhunderts darauf schließen, daß hier – aus welchen Gründen auch immer

64 Prou 269. Im Obvers zeigt das Exemplar die Umschrift »CAROLVS REX PIUS« (Kreuz); ähnlich führt ein Denar aus Bourges im Obvers die Legende »CARLVS PI« (Büste nach rechts); ob in diesen Formulierungen verkürzte Legitimationsformeln Karls des Kahlen zu sehen sind, wurde noch nicht untersucht. Wie diese Formeln zu verstehen sind, inwieweit sie traditionelle Bindungen bzw. intentionalen Vorstellungen entsprechen, kann nicht Gegenstand der vorliegenden Überlegungen sein, zumal auch ein methodisches Modell zur Auswertung dieser Bedeutung noch nicht entwickelt ist. Die Ereignisbezogenheit dieser Formeln scheint angesichts der politischen Divergenzen und Auseinandersetzungen Ludwigs des Frommen mit seinen Söhnen und den Spannungen zwischen den Geschwistern nach dem Tod ihres Vaters jedoch offensichtlich zu sein.

65 Prou 574/75.

66 Gariel, pl. XXI 3.

67 Prou 322.

68 Gariel, pl. L 41.

69 Prou 569/70.

70 Gariel, pl. XXI 5.

71 Prou 511.

72 MGH LL II Cap. regum francorum II S. 278 Nr. 261 c. 9.

73 MGH LL II Cap. regum francorum II S. 301–302 Nr. 271.

74 MGH LL II Cap. regum francorum II S. 310–320 Nr. 273 c. 11 sowie in Bezugnahme auf das Edikt: Tessier II Nr. 277 (Châlons-sur-Marne, 865 Nov. 22) S. 121: »... monogramma nominis nostri ... jussimus insigniri ...«.

75 Zur GRATIA DI REX-Formel vgl. u. a. Fichtenau, Forschungen über Urkundenformeln, S. 289 f. sowie H. Wolfram, Intitulatio II, S. 213 ff.

76 Die Denare Karls des Großen unterscheiden sich gegenüber den im Edikt beschriebenen Geprägen lediglich darin, daß das Monogramm im Revers und das Kreuz im Obvers erscheint. Möglicherweise erfolgte die nachträgliche Veränderung auch deshalb, weil die Führung des Namens neben bzw. um das Karolus-Monogramm herum letztlich eine Tautologie darstellte.

77 Jean Lafaurie, Deniers de Charles le Chauve trouvés à Clairoix, in: Revue archéologique de l'Oise 4 (1973) S. 23–26, hier S. 25.

78 Wie Anm. oben.

79 Duplessy, Les trésors monétaires médiévaux et modernes découvert en France, vol. I: 751–1223, Paris 1985, S. 112 Nr. 298.

– eine bewußte Veränderung des Monogramms vorgenommen wurde[80]. Nach Auskunft der Schatzfunde muß diese Entwicklung bereits wenige Jahre nach dem Erlaß des Edikts von Pîtres (864) begonnen haben, da sich alle oben genannten Exemplare in Fundkomplexen befanden, die ab 866 bzw. ab 869 zu datieren sind. Die meisten Denare mit der H-Variante enthielten jedoch Funde aus den letzten 12 bis 15 Jahren des ausgehenden 9. Jahrhunderts. Bedeutende Barschaften, wie jene von Arras (vergr. ab 897/98) oder Glisy (vergr. ab 888), lieferten neben den bereits oben genannten Münzstätten weitere H-Varianten aus Châlon-sur-Marne (Mo. 27), St-Denis (Mo. 28), Sens (Mo. 29), Roucy-sur-Aisne (Mo. 30) und Rouen (Mo. 31), wobei die Funde von Saumeray (vergr. ab 879) mit einem Denar aus Orléans (Mo. 32) und Zelzate (vergr. ab 888) mit der Münzstätte Paris (Mo. 33) das Bild insofern abrunden, als – ausgenommen die Civitas Orléans – alle Städte nördlich der Seine liegen. Nach dem bisherigen Kenntnisstand prägte keine der wichtigen Münzstätten aus Aquitanien, Burgund oder aus den südlich der Seine gelegenen Provinzen Neustriens die hier beschriebene H-Variante.

c) Der C-Typ des Kreuzrhombus-Monogramms Karls des Kahlen[81]

Parallel zur H-Variante des Kreuzrhombus-Monogramms entwickelte sich eine weitere, die wiederum hauptsächlich auf austrischen und lothringischen Geprägen, vereinzelt aber auch auf italienischen, aquitanischen, provençalischen und burgundischen Denaren zu finden ist. Hier zeigt das Monogramm anstelle des K-Buchstabens ein eckiges C (ꟹ), wobei auf einigen Exemplaren die C-Balken parallel verlaufen und damit die Form eines eckigen E annehmen. So auf Geprägen der Münzstätten Mont Lassois (Mo. 34), Reims (Mo. 35), Roucy (Mo. 36), Verdun (Mo. 37), bzw. mit elongiertem, eckigen C (ꟹ) in Arles (Abb. 12 und Mo. 38) und Tournay (Mo. 39)[82].

Die häufigste Form der C-Variante zeigt jedoch wechselnd stark abgebeugte C-Arme an den Enden der Haste. Sie erscheinen u. a. auf Geprägen der Münzstätten Bourges und Nevers (Mo. 40), Toulouse (Mo. 41–42), Reims und Rouen (Mo. 43), Dinant (Mo. 44) und schließlich auch auf Denaren aus Remilly (Mo. 45).

Mit Hilfe der vorliegenden Barschaften ist nicht mit hinreichender Sicherheit zu klären, ob sich die H- und C-Varianten chronologisch nacheinander oder gleichzeitig entwickelt haben. Bemerkenswert jedoch ist, daß die am weitesten fortgeschrittenen Deformationen – mit einigen Ausnahmen – in solchen Barschaften erscheinen, die nach dem Tod Karls des Kahlen deponiert wurden. Auf den Geprägen von Amiens (Mo. 46–47) fehlen die C-Balken völlig[83] oder werden – unter Verzicht auf die Haste – in Toulouse (Mo. 48) und Visé (Mo. 49) miteinander zu einem C-Bogen verbunden[84].

Eine weitere Variante Karls des Kahlen aus Bastogne (Abb. 13 und Mo. 50) und Karlmanns aus Arles (Mo. 51) führt die C-Balken an den Enden der Haste, wobei letztere in der Mitte gebrochen und mit deutlich erkennbaren Serifen versehen sind[85].

4. Die Monogramme Pippins II. (839–852)

a) Das Kreuzrhombus-Monogramm

Eine kleine, aber relativ geschlossene Gruppe stellen die Monogramme Pippins II. dar. Basierend auf dem Kreuzrhombus-Monogramm Karls des Großen führen sie die einzelnen Zeichen im Uhrzeigersinn um eine Rhombe, wobei die I-Buchstaben in der Regel in den beiden rechten Feldern der Monogrammarme liegen (Mo. 52)[86].

Die meisten Varianten dieses Typs stammen jedoch aus der nicht näher identifizierbaren Münzstätte Aquitania und aus Toulouse (Mo. 53–65)[87]. Während die Toulouser Gepräge lediglich den Namen Pippins führen, zeigen einige Denare und Obole aus Melle

80 Es ist nicht zu erkennen, aus welchen Gründen diese Umstellung erfolgte, daß sie jedoch beabsichtigt war, betonte u. a. auch Lafaurie, Deniers de Charles le Chauve, S. 25: »Par leur stabilité ces différences minimes laissent supposer la volonté de leur donner et maintenir ces formes nouvelles.«

81 Zur Deformation des K-Buchstabens vgl. auch: Christian Meert, Les monnaies carolingiennes de l'atelier de Dinant, in: RBN 108 (1962) S. 153–172, bes, S. 159.

82 Die beiden hier zitierten Exemplare aus den Funden von Glisy und Arras sind im Obvers identisch.

83 Es handelt sich hier jedoch nicht um ein Gepräge Karls des Kahlen, sondern König Odos; vgl. dazu unten: »Zur Typologie der Monogrammdenare Odos«.

84 Das vorliegende Monogramm stammt von einem Denar Ludwigs des Stammlers.

85 Es ist nicht eindeutig zu entscheiden, ob es sich hier, anstelle des kapitalen R, möglicherweise um ein unziales r handelt.

86 Ein dem pippinischen Monogramm formal weitgehend dekkungsgleiches Chrismon befindet sich im Tympanon des Westportals der Kirche Saint-Pierre-del-Pech in Saint-Maurin. Vgl. dazu R. Favreau, B. Mora, J. Michaud, Corpus des inscriptions de la France médiévale 10, Chrismes du sud-ouest (hg. v. E.-R. Labande), Paris 1985, S. 127 Nr. 141 pl. LXI, fig. 127.

87 Alle hier zitierten Exemplare stammen aus dem Schatzfund von Auzeville, vergraben ab 849.

Abb. 12 *Karl der Kahle, Denar, Arles (876–877)*

Abb. 13 *Karl der Kahle, Denar, Bastogne (869–875)*

Abb. 14 *Pippin II., Obol, Melle (839–852)*

(Abb. 14 und Mo. 66–67)[88] im linken oberen Feld zwischen den Monogrammarmen zusätzlich ein R für REX, sowie ein kleines Dreieck, welches – sollte es nicht als Emissionszeichen des Stempelschneiders oder Münzmeisters verstanden werden – auch als U zu interpretieren ist.

b) Das Kreuz-Monogramm Pippins II.

Eine weitere sehr seltene Variante aus Melle greift nicht auf das karlische Kreuzrhombus-Monogramm zurück, sondern verwendet als Grundform lediglich ein Kreuz (Mo. 68)[89].

Dieses Exemplar ist insofern bemerkenswert, als es – ausgenommen die nach gänzlich anderen graphischen Gesichtspunkten gestalteten Monogramme Ludwigs des Jüngeren – das einzige karolingische Gepräge ist, dessen »Monogramm-Gerüst« ein Kreuz ohne Rhombe bildet.

Neben einigen Portrait-, Tempel- und Kreuz-Denaren stellt das pippinische Kreuzrhombus-Monogramm die größte Gruppe und läßt aufgrund ihrer stilistischen Verwandtschaft mit dem Rhombusmonogramm Karls des Großen deutlich erkennen, daß sich ihre Gestaltung bewußt auf die karlischen Vorbilder bezog.

5. Der H-Typ Ludwigs II. des Deutschen (870–876)

In enger Anlehnung an den H-Typ seines Vaters führte Ludwig der Deutsche, neben dem standardisierten Monogramm seiner Urkunden, auf den Geprägen unterschiedliche Varianten in Mainz (Mo. 69–71), St-Pierre (Corbie, Mo. 72–77) und Tours (Mo. 78–79).

Da der Sohn Ludwigs des Deutschen, Ludwig III. der Jüngere, die Münztypen seines Vaters ohne jede Veränderung übernahm, sind die Geprägeserien der beiden namensgleichen Herrscher nur selten voneinander zu unterscheiden, auch wenn die meisten Geprägetypen Ludwig dem Deutschen zuzuschreiben sind. Mit der Weiterführung des Monogramms Ludwigs des Frommen dokumentiert sich jedoch erneut jenes Bestreben, die Kontinuität zu seinen Amtsvorgängern zu wahren und sicher auch die Absicht, sich mit Hilfe des ludwigschen Monogramms gegenüber dem konkurrierenden fränkisch-karlischen Kreuzrhombus-Monogramm, welches sein jüngerer Bruder Karl der Kahle in seinem Reich verwendete, symbolisch als direkter Erbe der Herrschaft seines Vaters zu legitimieren – und möglicherweise sogar das Ziel, sich nicht nur politisch, sondern auch formal in der Wahl der Hoheitszeichen deutlich von seinem Bruder abzugrenzen.

6. Die Monogramme Ludwigs III. des Jüngeren

a) Das Kreuz-Titel-Monogramm

Die interessante Monogrammvariante Ludwigs des Jüngeren belegen drei Exemplare der Münzstätten Namur, Nivelles und Visé (Abb. 15 und Mo. 80–82) aus den Einzelfunden Dinant II (1852), Namur II (1846) und Damary (1988). Im Gegensatz zum H-Typ bildet –

88 Bezüglich dieser pippinischen Gepräge vgl. die Abbildungen in: Grierson, MEC 1, I. 811–817 (Plate 37).

89 Vgl. dazu die Vignette Gariel I, pl. VII 7 (sog. »Fund von Melle«).

ähnlich dem Kreuz-Monogramm Pippins II. – ein Kreuz das tragende Gerüst, wobei die Buchstaben L und V in den Kreuzfeldern schweben, R und E jedoch mit den Kreuzarmen ligieren.

Bemerkenswert ist, daß diese Variante bisher ausschließlich auf Exemplaren der Münzstätte Namur erschien, während die verbleibenden Gepräge Ludwigs des Jüngeren, soweit sie nicht auch für Ludwig den Deutschen in Anspruch zu nehmen sind, auf das in seinen Urkunden gebräuchliche H-Monogramm zurückgreifen.

Inhaltlich unterscheidet sich das Monogramm gegenüber den traditionellen Formen insofern, als der Herrschaftstitel REX in den Vordergrund getreten ist und der Vorname auf den Anfangsbuchstaben L reduziert wird. Dieses Novum erscheint wenige Jahre später in ausgeprägter Form auf einigen Denaren König Odos aus Orléans (z. B. Mo. 138–139) und St-Denis (Mo. 135) wieder, wobei die Ligaturen der R- und E-Buchstaben mit den Kreuzbalken im odonischen Monogramm die Vermutung bestärken, daß die Variante Ludwigs des Jüngeren als Vorbild gedient hat.

Abb. 15 *Ludwig III. der Jüngere, Denar, Visé (879–882)*

b) Das Kreuzrhombus-Monogramm

Die Numismatik ist sich nicht einig, ob der nachstehende Typ aus den Münzstätten Marsal und Metz (Abb. 16 und Mo. 83–84) für Ludwig den Deutschen oder Ludwig den Jüngeren in Anspruch zu nehmen ist[90]. Die Namensidentität der beiden Herrscher, die unveränderte Weiterführung der väterlichen Geprägeserien durch den Sohn und nicht zuletzt auch die geringe Fundevidenz erlauben derzeit keine eindeutige Zuordnung dieser Gepräge. Gleichwohl scheint die um 870 bis 880 einsetzende Tendenz, die strenge geometrische Struktur des karlischen Monogramms aufzubrechen und Zeichen und Buchstaben mehr und mehr im offenen Verband bzw. mit oder ohne graphische Grundgerüste zu organisieren, darauf zu verweisen, daß sie in die Zeit Ludwigs des Jüngeren zu datieren sind[91].

Graphisch stellt das Monogramm eine Weiterentwicklung der oben besprochenen pippinischen Kreuzrhombus-Varianten dar (z. B. Mo. 52), erreicht aber durch die Einbindung der Kreuzbalken – als ordnende Elemente des im Uhrzeigersinn umlaufenden Namens – noch nicht die lose Struktur der Gepräge König Odos (Mo. 132 ff.). Das byzantinische Prinzip, die einzelnen Buchstaben in ein komplexes, miteinander nahtlos verwobenes System einzubinden, wird hier völlig aufgegeben. Ligierten in der Regel die P- und N-Buchstaben Pippins noch mit den Kreuzarmen, so schweben die Schriftzeichen nunmehr ohne jede Verbindung untereinander bzw. mit dem zentralen Kreuz kreisförmig im Münzfeld. Gleichzeitig wird auch jenes Gestaltungsmoment vernachlässigt, den ersten Buchstaben eines Namens im linken Teil, den folgenden im oberen, den dritten im unteren und die folgenden innerhalb bzw. im rechten Teil des Monogramms anzubringen. Durch den umlaufenden Namen gewinnt die graphische Figur, die im eigentlichen Sinn keinen monogrammatischen Charakter mehr besitzt, das Aussehen eines Sonnenrades: inwieweit der Gestaltung dieser Denare die Absicht zugrunde lag, aus dem traditionellen Formengut neue Symbole oder Zeichensysteme zu schaffen, bleibt jedoch offen.

7. Die Monogramme Karls des Dicken (881–887)

Der Vergleich derjenigen Monogramm-Varianten, die in erster Linie auf Geprägen Karls des Kahlen erscheinen, mit denjenigen, die Karl der Dicke ausgegeben hat, ergibt zwei unterschiedliche Gruppen. Während die Denare Karls des Kahlen sowohl den traditionellen Kreuzrhombus-Typ Karls des Großen führen, als auch die eben beschriebenen C- und H-Varianten, bevorzugen die Denare Karls des Dicken fast ausschließlich die C-Variante, wobei die jeweiligen Monogramme nur selten der systematisch-graphischen Gestaltung des karlischen Kreuzrhombus-Monogramms folgen. Ob die deutliche Zunahme des P anstelle des R-Buchsta-

90 Prou 130, 134, 135 (Ludwig d. Deutsche). J.-P. Garnier, Une obole et deux deniers inédites de Raoul, in: BSFN 30 (1975) S. 752–753 (Ludwig d. Deutsche); Morrison-Grunthal, Carolingian Coinage, New York 1967, Nr. 1241 und 1243 (Louis II or Louis III); Grierson, MEC 1, S. 227 (Ludwig der Jüngere).

91 Vgl. u. a. Grierson, MEC 1 S. 227, Prou 130, Gariel, pl. XXXVIII 2.

Abb. 16 *Ludwig III. der Jüngere, Denar, Metz (879–882)*

bens in engerem Zusammenhang mit dem X/P (chi/ro) des christlichen Monogramms zu sehen ist und sich dahinter jener bereits von Karl dem Großen so beharrlich propagierter Sendungsauftrag für die Verbreitung des christlichen Glaubens verbirgt, kann vermutet werden, doch fehlen noch Beweise.

Entsprechen die seltenen Denare aus Corbie (Mo. 85) und Uzès (Mo. 86) noch dem ursprünglichen Monogramm Karls des Kahlen, so zeigen alle anderen Gepräge die C-Variante mit zahlreichen verschiedenen Buchstaben-Kombinationen. Dabei bewahren die Denare aus Verdun (Mo. 87) und Arles (Mo. 88–90) noch weitgehend die herkömmliche graphische Gestalt, während die restlichen Gepräge-Serien dieser und aller anderen Münzstätten z. T. erheblich davon abweichen (Abb. 17), wie in Arles (Mo. 91–99), Béziérs (Mo. 100) und Metz (Mo. 101). Die größte Deformation zeigt ein weiteres Exemplar der Münzstätte Béziérs (Mo. 102), ebenfalls aus dem Schatzfund von Avignon. Ähnlich den oben besprochenen Denaren der C-Gruppe Karls des Kahlen verlaufen hier die C-Balken parallel, werden aber nicht an den Enden der verlängerten Haste, sondern im gleichen Abstand nach unten bzw. oben verschoben.

In welcher chronologischen Abfolge auch immer die verschiedenen Varianten Karls des Kahlen oder Karls des Dicken entstanden sein mögen, zeigen sie doch, daß die stilistische Abgrenzung der jüngeren C- und H-Typen des Rhombusmonogramms gegenüber den 864 eingeführten GRATIA-DI-REX-Denaren Karls des Kahlen mit der Zeit bewußt erfolgte. Die Frage, ob die ausschließliche Verwendung des C-Typs gegen Ende des 9. Jahrhunderts in unmittelbarem Zusammenhang mit der Kaiserkrönung Karls des Kahlen im Jahre 875 zu sehen ist, läßt sich mit der derzeitigen Materialbasis nicht befriedigend beantworten. In der C-Variante Karls des Kahlen ist jedoch der unmittelbare Vorgänger der Gepräge-Serien Karls des Dicken zu sehen: sie hat in den letzten Jahren Karls des Kahlen die H-Variante und den »klassisch-karlischen« Kreuzrhombus-Typ auf den Geprägen weitgehend verdrängt. Welche politischen Überlegungen und formalen Gründe auch immer Karl den Großen dazu bewogen haben mochten, in seinem Monogramm statt des römischen C das griechische Kappa zu verwenden, so scheinen diese Motive im Laufe der Jahre in Vergessenheit geraten zu sein bzw. nicht mehr den gleichen Stellenwert erfahren zu haben. Mit dem allmählichen Zerfall der königlichen Zentralgewalt und dem gleichzeitigen ständigen Anwachsen des Machtpotentials adliger und geistlicher Feudalherren, veränderte sich zunächst in kaum wahrnehmbaren Schritten, gegen Ende des Jahrhunderts jedoch zunehmend rascher, auch die graphische Gestaltung des traditionellen Monogramms.

8. *Zur Typologie der Monogramm-Denare Odos (888–897)*

a) Erster Typ: Das Kreuzrhombus-Monogramm »ODO REX«

Die Monogramm-Typen Odos bilden für die Münzgeschichte eine Gruppe von größter Bedeutung. Einerseits bewahrte Odo mehrere traditionelle Monogrammvarianten nebeneinander, andererseits entwikkelten sich unter seiner Regierung aus dem herkömmlichen Formenschatz jene Monogrammtypen, die weit über das 10. Jahrhundert hinaus die Gestaltung des Münzbildes bestimmen sollten. Diese Entwicklung vollzog sich in verschiedenen Phasen, wobei sich regionale Traditionen und Einflüsse ebenso bemerkbar machten, wie ein allgemeiner Trend vom geschlossenen Monogramm hin zu losen Buchstabenverbänden, die ihrer graphischen Anordnung nach zwar noch den optischen Eindruck des herkömmlichen Monogramms vermitteln, in Wirklichkeit aber dessen gestaltendes Grundprinzip endgültig aufgegeben haben.

Ebenso selbstverständlich wie seine Vorgänger übernahm Odo das fränkisch-karlische Kreuzrhombus-Monogramm (Mo. 103) in seinen Urkunden. Da jedoch die Kürze seines Vornamens nicht genügte, die Positionen an den vier Armen des Kreuzrhombus-Mono-

Abb. 17 *Karl der Dicke, Denar, Arles (881–887)*

gramms zu besetzen, umging er die Verlegenheit, indem er das Funktionsprädikat REX hinzuzufügte. Auf diese Weise zwang er seinen Namen in das karlische Monogramm, ungeachtet dessen, daß der zentrale Rhombus ursprünglich aus der Kombination der Buchstaben A und V entstanden war. Dabei bildet der Mittelbalken des E mit einer leicht geschwungenkreuzenden Linie den letzten Buchstaben X des Herrschertitels REX. Den Widerspruch, zur Ausfertigung die Vollziehungsstriche weiterhin dem Rhombus einzuschreiben, obwohl sein Name weder ein A noch ein V enthielt, kommentierte bereits Giry in seinem Handbuch zur Diplomatik[92].

Interessanterweise gibt es nur von jenen drei Münzstätten, die – im Herzen der Ile-de-France – im unmittelbaren Zentrum des Machtbereiches König Odos lagen, den Münzstätten Palatina (Mo. 104), Paris (Mo. 105) und St-Denis (Mo. 106), einige seltene Denare, auf denen das auf seinen Urkunden gebräuchliche Monogramm in mehreren Varianten erscheint.

Analog zum Urkundenmonogramm gruppieren sich auf dem Pfalzgepräge um die in der Mitte liegende Rhombe die Buchstaben O, D, E (der Mittelbalken ebenfalls von einer Linie durchkreuzt) und ein deformiertes R. Die beiden anderen Mongrammme aus Paris (Mo. 107) und St-Denis (Mo. 108)[93] entsprechen dem formalen Aufbau des Urkundenmonogramms zwar weitgehend, zeigen aber bereits jene Tendenz zu strengerer, geometrischer Form, wie dies in Chartres zur vollen Ausbildung gelangen sollte (Mo. 109), bzw. eine fortgeschrittene Auflösung des engen monogrammatischen Verbandes karlischer Prägung, wie dies in Orléans (Mo. 110), Angers (Mo. 111), Paris (Mo. 112) und nicht zuletzt auch in der königlichen Pfalz (Mo. 113) festzustellen ist.

Den nachstehenden Ausführungen vorgreifend, ist die Feststellung hier angebracht, daß sich – entsprechend der zunehmenden geographischen (in einigen Münzstätten auch zeitlichen) Distanz – auch die formale Gestaltung der Gepräge Odos zunehmend von denjenigen unterscheidet, die im Zentrum seiner Macht entstanden, und scheint zu erhärten, daß der verwaltungstechnische Zugriff Odos zumindest in den Provinz-Münzstätten nicht sehr effizient gewesen ist. Wir wissen nicht exakt, inwieweit Odo um 890/93 das Münzwesen bereits aus den Händen geglitten war[94], doch ist ein allmählicher Verfall der seit Karl dem Großen über Ludwig den Frommen, bis zu Karl dem Kahlen im allgemeinen streng überwachten formalen Einheitlichkeit der Gepräge festzustellen und in der Aufsplitterung dieser graphischen Einheit in lokale Traditionen oder Neuschöpfungen ein weiterer Hinweis auf die zunehmend stärker werdende Position feudaler Grundherren zu sehen.

b) Zweiter Typ: Das Kreuzrhombus-Monogramm »CAROLVS«

Der traditionelle karlische Kreuzrhombus-Typ König Odos erscheint ausschließlich auf den Denaren der Münzstätten Angers (Mo. 114), Orléans (Mo. 115), Brügge (Mo. 116) und Amiens (Mo. 117). Während die Monogramme auf den Geprägen aus Angers und Orléans exakt dem Vorbild Karls des Großen entsprechen, erscheinen diejenigen aus den Münzstätten Brügge und Amiens teilweise spiegelverkehrt bzw. leicht deformiert.

Ein interessantes Dokument dieser Rhombusserie Odos stellt ein Denar aus Angers dar, der im Obvers um das zentrale Monogramm die Umschrift ODO EST REX führt[95]. Die Juxtaposition des KRSL-Monogramms neben die ODO EST REX-Legende führte zu lebhaften Diskussionen, wann der Denar entstanden ist und welche Intentionen zu seiner Prägung geführt

92 Giry, Manuel de Diplomatique, S. 726: »Comme précédemment, l'intervention personelle du roi se manifeste dans les signa de ce genre en traçant dans le losange central qui constitue la lettre O, la barre brisée qui fait un A de l'angle supérieur. Dans le monogramme du roi Eudes, cette barre n'a aucune raison d'être, puisque les mots Odo rex ne contiennent pas d'A; elle n'en existe pas moins, parce que, perdant son caractère primitif, elle était devenue en quelque sorte le paraphe du souverain.« – Vgl. auch Tessier, Bautier, Recueil des actes d'Eudes, Nr. 15 (889) pl. IV Nr. 3 und Nr. 42 (897) pl. IV Nr. 6.

93 Bedauerlicherweise sind diese Exemplare aufgrund mangelnder Fundevidenz nicht exakt zu datieren. Sie stammen alle aus dem Fund von Arras (vergraben ab 897/98) und lassen auch gegenüber den anderen in Paris oder St-Denis entstandenen Geprägen keine verläßliche chronologische Abfolge erkennen.

94 Um eine Konzentration des königlichen Münzmonopols und eine effiziente Überwachung des Münzwesens zu erreichen, versuchte zum letzten Mal Karl der Kahle im bereits erwähnten Edikt von Pîtres die Zahl der Münzstätten auf 10, unmittelbar durch seine Missi bzw. Grafen, Äbte oder andere Lehensherren überwachte Ateliers, zu reduzieren. Doch bereits ein Jahr später, am 22. November 865 (Tessier II, Nr. 277, S. 120–121), erlaubte er Erchenraus, dem Bischof von Châlons-sur-Marne, die Errichtung einer Münzstätte, da die Versorgung mit geprägtem Geld nach der Reform nicht mehr gewährleistet war. Über die zunehmende Vergabe gegen Ende des 9. Jahrhunderts von Markt-, Münz- und Zolleinnahmen sowie Münzprivilegien vgl. insbesondere Reinhold Kaiser, Münzprivilegien und bischöfliche Münzprägung in Frankreich, Deutschland und Burgund im 9.–12. Jahrhundert, in: VSWG 63 (1976) S. 289–338.

95 Gariel, pl. XLVI 3.

haben mochten[96]. Es ist jedoch zweifelhaft, daß das Monogramm, wie Godard und Faultrier vermuteten[97], eine Art Kompromiß zwischen den Parteigängern Odos und Karl dem Einfältigen darstellt: Ein Kompromiß dergestalt, daß das Monogramm symbolisch das künftige Anrecht Karls auf die Krone garantieren sollte. Vielmehr scheint der affirmative Charakter der Mischformel ODO EST REX darauf hinzuweisen, daß das Monogramm auf die Legitimierung der Herrschaft Odos verweisen und seine Ansprüche auf das Amt erhärten sollte. Die konsequente Übernahme des traditionellen KAROLUS-Monogramms kann so gesehen nichts anderes bedeuten, als die Kontinuität zu seinen Vorgängern bewußt zu erhalten: Die Tradition, die ihn legitimierte, versuchte er – ebenso wie auf seinen Urkunden – auch auf seinen Geprägen zu bewahren[98].

Mit Ausnahme des Denars aus Amiens[99] befanden sich alle hier beschriebenen Kreuzrhombus-Denare in Schatzfunden, die in die Zeit ab 888 zu datieren sind. Die beiden Exemplare aus Brügge stammen aus dem Fund von Glisy, der Denar aus Orléans aus dem Schatz von Montrieux-Courbanton 1830 und das Gepräge der Münzstätte Amiens schließlich aus dem Fund von Arras. Die Datierung dieser Barschaften in die ersten Regierungsjahre Odos und der affirmative, in seiner Formulierung fast propagandistische Charakter der ODO EST REX-Devise auf dem Denar aus Angers läßt vermuten, daß er nur unmittelbar nach der Krönung Odos zum westfränkischen König entstanden sein kann. Bezugnehmend auf die formalen Gemeinsamkeiten dieses Gepräges mit jenen aus den oben genannten Schatzfunden, wäre mit ihrer Datierung um 888 ein nahtloser stilistischer Anschluß an die Kreuzrhombus-Denare Karls des Kahlen bzw. Karls des Dicken gegeben[100].

c) Dritter Typ: Das Titel-Monogramm König Odos (Hybridmonogramm)

Die geschlossenste Gruppe der Monogramm-Typen Odos ist der H-Typ – das Hybridmonogramm – aus den Münzstätten Blois (Abb. 18 und Mo. 118–124) und Tours (Mo. 125–129). In Anlehnung an die Monogramme Ludwigs II. und Ludwigs III. führte Odo ihn ausschließlich in den beiden Ateliers Blois[101] und Tours[102]. Die meisten Exemplare dieses Typs stammen aus den Schatzfunden von Montrieux-Courbanton 1830 und Saumur und lassen aufgrund der Datierung dieser Barschaften in die Jahre ab 888 vermuten, daß Odo mit ihrer Emission unmittelbar nach seinem Regierungsantritt begonnen hat. Bemerkenswert ist, daß der H-Typ ausschließlich in Blois und Tours Verwendung fand, obwohl auch die Münzstätte Corbie denselben Typ für Ludwig II. oder III. ausgegeben hat[103].

Das Wesentliche des Hybridmonogramms ist – und Gleiches gilt für das Monogramm auf den Urkunden –, daß sich aus dem ludwigschen Namensmonogramm nun ein Titelmonogramm entwickelt hat. Odo beschränkte sich nicht allein auf die Angabe seines Vornamens, sondern verschmolz ihn mit dem Titel, ohne jedoch das ursprüngliche graphische Gerüst im Wesentlichen zu verändern. So bedeutsam dieser Rückgriff Odos auf die traditionelle, von Ludwig dem Frommen initiierte Form auch ist, um so signifikanter ist die Metamorphose zum Titelmonogramm, die nicht allein aus den oben genannten graphischen Gründen zu

96 Godard, Faultrier, Monuments antiques de l'Anjou, S. 8 ff.; Hucher, Notes, S. 317: »… et surtout cette légende n'offrirait qu'un nonsens historique, puisque Eudes n'a pu frapper monnaie à Angers que comme roi de France, et que cette médaille proclamerait justement le contraire en faisant appuyer du nom d'Eudes la reconnaissance à Angers d'un roi qui n'y a jamais exercé, avant la mort de ce dernier, les droits régaliens.« Zur Datierung dieser Gepräge vgl. darüber hinaus Comte de Castellane, Deux oboles carolingiennes inédites, frappées à Angers, in: RN 5 (1901) S. 225–233: »Au moment de son couronnement, le denier qui porte l'inscription: ODO ✝ EST RE✝X, proclama ce glorieux événement.«

97 Godard, Faultrier, op. cit. S. 8: »… Ne pourrait-on pas y voir comme une sorte de compromis entre les partisans d'Eudes et de Charles le Simple? … De cette façon, rien ne semble plus naturel que de voir le monogramme carolin en combinaison avec le nom d'Eudes, le monogramme étant là comme pour réserver le droit futur de Charles le Simple à la couronne, et le nom d'Eudes s'y trouvant aussi comme affirmation de la royauté temporaire de celui-ci.«

98 In diesem Sinne ist die Sentenz ODO EST REX wohl eher als Anspruchsformel, denn als Legitimitätsformel zu werten. Vgl. dazu u. a.: Schneidmüller, Karolingische Tradition, S. 93 ff. sowie Fichtenau, Forschungen über Urkundenformeln, S. 297 ff. und Herwig Wolfram, Intitulatio II, Wien 1973, S. 71 f.

99 Gariel, pl. XLVI 1.

100 Die vorhandenen Fundmünzen reichen letztlich nicht aus, um die hier zur Diskussion gestellte Datierung der Gepräge fraglos zu erhärten: Das Fehlen dieses Typs in späteren Barschaften und die – im Nachstehenden – beschriebene stilistische Entwicklung lassen diese Hypothese jedoch tragfähiger werden. Dies umso mehr, als die Umschrift im Obvers (CRATIA-DI-REX-ODO bzw. CRATIA-DI-O-REX) auf allen Geprägen weitgehend identisch, auf späteren Geprägeserien Odos jedoch nicht zu finden ist (vgl. dazu auch das Exemplar MG 1316 aus Châteaudun).

101 Prou 481–486.

102 Prou 461–469.

103 Über die bemerkenswerte Monogramm-Variante, die unter der Regierung Odos in Corbie entstand, vgl. die nachstehenden Ausführungen in Abschnitt VIIIg).

Abb. 18 *König Odo, Denar, Blois (888–897)*

erklären ist[104]. Berücksichtigt man die Vorgänge um die Wahl Odos, die Auseinandersetzungen und Streitigkeiten zwischen den konkurrierenden Parteien, dann mußte der Nichtkarolinger Odo – Sohn Roberts des Starken und Herzog von Anjou – seine Legitimation als Nachfolger des Karolingers Karls des Dicken mit entsprechend ausgeprägtem Traditionalismus erhärten. Folgerichtig wahrte er die karolingische Monogramm-Tradition, fügte aber, seinen Anspruch auf das Amt bekräftigend, sowohl in seinen Urkunden als auch auf seinen Geprägen, den Titel REX hinzu[105]. Überblickt man die Vielfalt der Geprägeserien Odos, dann erweckt sie den Eindruck, daß er geradezu systematisch alle bekannten traditionellen Formen einsetzt, um seine umstrittene Position zu legitimieren, bzw. zu rechtfertigen. Hier zeigt sich im numismatischen Bereich ein interessantes Stück »Herrscherpropaganda«, die ihre Wirksamkeit deshalb entfalten konnte, weil sie ebenso ereignisbezogen – dies zeigen z. B. die ODO EST REX-Gepräge – wie traditionsbewußt auf die aktuelle Situation reagierte[106].

Eine interessante Variante des neuen Titelmonogramms Odos zeigt ein Denar aus Blois (Mo. 130)[107], der einem Monogramm-Typ Ludwigs II. oder III.[108] aus Tours auf Münzen bzw. dem Prototyp Ludwigs des Frommen aus seiner Kanzlei (Mo. 131) weitgehend gleicht. Das D an der linken Haste des H wandert zur rechten, das O an die linke, das S wird durch ein rhombisches O ersetzt und das V am Fuße der rechten Haste in ein E verwandelt, die restlichen Zeichen jedoch unverändert beibehalten. Analog zum Titelmonogramm wird hier eine traditionelle Form in seiner prinzipiellen Gestalt übernommen, Name und Titel in diese Monogramm-Form gezwungen und dadurch nicht zuletzt der optische Eindruck herkömmlicher Monogramme weitgehend beibehalten[109].

d) Vierter Typ: ◇D◇ (◇DO) in einer Linie mit Beizeichen[110]

Der vierte Münztyp zeigt in einer Linie den Namen ODO (◇D◇/ ◇DO), um den herum entweder gegen oder im Uhrzeigersinn der Funktionstitel REX bzw. ein oder mehrere Kreuze oder I-Buchstaben gruppiert werden. Er erscheint hauptsächlich in den zentralfränkischen Münzstätten Paris (Mo. 132), Châteaudun (Mo. 133–134), St.Denis (Mo. 135) und Orléans (Mo. 136–141).

e) Fünfter Typ: ◇D◇ (OD◇) mit Beizeichen in Kreuzform

Eine Variante des eben beschriebenen Typs stellt jene Denar-Gruppe, die im Obvers den Namen Odos gegen oder im Uhrzeigersinn bzw. in einer Linie zeigen, wobei seinem Namen ein oder mehrere Beizeichen kreuzförmig zugeordnet werden. Diesen Typ prägten die Münzstätten Châteaudun (Mo. 142), Limoges (Mo. 143–144), Soissons (Mo. 145) und Angers (Mo. 146–149).

Konzentrierten sich die Typen 1 und 2 hauptsächlich im Anjou und Orléanais bzw. in der Touraine, so verteilen sich die beiden Gruppen des vierten und fünften Typs über die meisten Reichsmünzstätten Odos. Im graphischen Aufbau erinnern sie nur noch in der Anordnung der Buchstaben an die ursprüngliche Organisation des fränkisch-karlischen Monogramms. Nunmehr schweben die Buchstaben in losem monogrammatischen Verband um ein im Zentrum liegendes Kreuz, einen Punkt oder ein D, wobei die Gepräge aus

104 Vgl. Giry, Manuel de Diplomatique, S. 726.

105 Erben, Kaiser- und Königsurkunden, S. 148: »... indem man auch die Buchstaben des Titels rex in das Monogramm aufnahm ... (gab man) ... dadurch zugleich der königlichen Würde des erwählten, nichtkarolingischen Herrschers schärferen Ausdruck ...«.

106 Bezüglich der Verwendung lateinischer Herrschertitel und ihrer legitimierenden Funktion vgl. u. a. H. Wolfram, Intitulatio II, S. 41 ff.

107 Prou 481.

108 Bruckner, Dipl. Karol. Nr. 49 (Frankfurt, 870 März 20).

109 Bemerkenswerterweise enthielten die nach 897/898 deponierten Schatzfunde nur noch wenige Titelmonogramm-Denare aus Blois und Tours. Die meisten der bekanntgewordenen Exemplare stammen aus den Funden von Montrieux-Courbanton 1830, Saumur und Courbanton, die in die Jahre ab 888 zu datieren sind. Vorbehaltlich des Arguments, daß die Fundmasse noch relativ klein ist, scheinen diese Umstände darauf hinzuweisen, daß dieser Typ entweder parallel oder unmittelbar nach dem Rhombus-Monogramm entstanden ist.

110 Beschreibung und Wiedergabe der nachstehenden Monogramme erfolgte in der Weise, daß das zentrale D von ODO ohne Berücksichtigung der jeweiligen Umschriften stets so gedreht wurde, bis es der üblichen Schreibweise entsprach.

Chartres – im Sinne einer Doppelkreuz-ähnlichen Figur – den strengsten geometrischen Aufbau entwikkeln (Mo. 150–151).

Die graphisch dominierenden I-Buchstaben auf den Geprägen von Chartres, Orléans und Châteaudun wurden verschiedentlich als Abkürzung des spätantiken Hoheitstitels INCLITUS interpretiert[111]. Aus den Denaren der Münzstätte Chartres geht jedoch eindeutig hervor, daß man – sei es aus symbolisch-magischen Gründen oder sei es aus horror vacui – einem Bedürfnis nach Symmetrie nachgegeben hat und mit der hier vorgenommenen Verteilung der vier I-Buchstaben gleichzeitig den optischen Eindruck erwecken konnte, als würde der Name Odos, gestützt durch zwei Chrismen, von den Balken eines Kreuzes umrahmt werden. Sollte hinter dem I tatsächlich die ungewöhnliche und letztlich nicht nachgewiesene Absicht gestanden haben, Odo mit INCLITUS zu titulieren, so belegen diese Denare, daß sich diese Absicht ebensowenig, wie in der Intitulatio seiner Urkunden, auch auf seinen Geprägen durchsetzten konnte, geschweige denn eine andauernde Nachahmung erfahren hat[112].

f) Sechster Typ: »ODO« in Dreiecks- oder Vierecksform

Da das zur Verfügung stehende Fundmaterial quantitativ noch nicht ausreicht, hinlänglich sichere Angaben über die Chronologie der stilistischen Entwicklung der Gepräge-Serien Odos zu treffen, sei die letzte Gruppe, der Typ 6 aus den Münzstätten Toulouse (Mo. 152), Palatina (Mo. 153), Arras (Abb. 19 und Mo. 154) und St-Quentin (Mo. 155), nur mit Vorbehalt als »Übergangstyp« oder »reduzierter Monogramm-Typ« bezeichnet. Diese Monogramm-Variante erscheint mit ca. 300 Denaren in der inzwischen verschollenen Barschaft von Castelsarrasin, vergraben ab 888, im Fund von Arras, deponiert ab 897/98, sowie mit drei Exemplaren im Schatzfund von Cuerdale, Lancashire. Die Funde wurden in die Jahre zwischen 905/10 bis 915 datiert. Zum einen verweisen diese Barschaften darauf, daß dieser Typ ab 893 in verschiedenen Münzstätten ausgebracht und über längere Zeit beibehalten wurde, und zum anderen lassen sie erkennen, daß er stets außerhalb des zentralen Herrschaftsgebietes bzw. im Grenzgebiet des Reiches anzutreffen ist, aber kein einziges jener wichtigen Ateliers innerhalb der Kernlande Neustriens und Aquitaniens an seiner Ausgabe beteiligt war.

Abb. 19 *König Odo, Denar, Arras (888–897)*

Von besonderem Charakter sind die Gepräge aus Arras und St-Quentin: die beiden Kreise vermitteln, in geometrischer Anordnung über einem kopfstehenden, gleichschenkligen Dreieck schwebend, unverkennbar den Eindruck eines Gesichtes. Hier verbindet sich die Vorstellung einer magischen Figur oder archaischen Zauberformel, die ihre Substanz aus der Buchstabensymbolik – der Kreis als Symbol des Erdkreises, und das Dreieck als das der Trinität Gottes – gewinnt. Wenngleich auch die Semantik der abstrakten Zeichen ›Kreis‹, ›Punkt‹ und ›Dreieck‹, wie sie von den Zeitgenossen Odos verstanden und gesehen wurde, heute nicht mehr zu erkennen ist, so zeigen diese reduzierten Monogrammtypen jedoch mit wünschenswerter Deutlichkeit, daß sich die Morphologie des Monogramms nicht nur in repräsentativen und tradititionserhaltenden oder -bildenden Kategorien bewegt, sondern gleichermaßen auch im mystisch-magischen, vermutlich auch apotropäischen Bereich. Sie offenbaren wohl jenes Bedürfnis, den persönlichen Vorstellungen, Wünschen und Ängsten auch in der Gestaltung des Monogramms einen besonderen Ausdruck zu verleihen.

Stilistisch gehen die beiden letzten hier beschriebenen Monogrammtypen nahtlos in die Geprägesorten derjenigen Münzstätten über, die zu Beginn des 10. Jahrhunderts zunehmend in den Händen adeliger und kirchlicher Feudalherren liegen.

g) Siebter Typ: R/F-Monogramm

Die endgültige Auflösung der traditionellen karolingischen Monogrammformen zeigen einige Exemplare aus der Münzstätte Corbie (Mo. 156). Das Monogramm Abt Francos erinnert deutlich an die Form der Christogramme, die in zahlreichen Varianten auf byzantinischen oder oströmischen Münzen, Grabsteinen, Siegeln, Fahnen oder in Bau-Inschriften erschei-

111 Adrien de Longperier, Notice des monnaies françaises composant la collection de M. J. Rousseau, Paris 1847, S. 200 Nr. 492.

112 Folglich handelt es sich auf den Geprägen aus Chartres entweder um pleonastische I-Buchstaben, deren Bedeutung nur noch dekorativer Art ist, oder um das graphisch etwas veränderte Zeichen ›Kreuz‹, welches dem »schwebenden« Buchstabenverband einen geschlosseneren Eindruck vermitteln soll. Über die singuläre Verwendung des Hoheitstitels INCLITUS vgl. u. a. Wolfram, Herrschertitel I, S. 53 ff.

nen. Christogramm und Labarum, nicht mehr Kreuze oder Buchstaben bestimmen als graphisches Grundgerüst die Form des Monogramms. Der Rückgriff Francos auf die bekanntesten traditionellen christlichen Symbole erweckt hier den Eindruck, als ob die siegreiche Überwindung der weltlichen – wenn auch mit christlichem Formengut verwobenen – Herrscherzeichen gleichbedeutend sei, mit der zunehmenden Verkirchlichung ehedem weltlicher Herrschaftsbereiche zum Frommen der Christenheit.

War es Abt Angilbert von Corbie, der – soweit dies zu überblicken ist – um 885 als erster den Anfangsbuchstaben seines Namens in den Kreuzwinkel eines GRATIA DI REX-Denars Karls des Dicken setzen ließ[113], so vollendete diese Entwicklung sein Nachfolger Franco, der offiziell noch im Namen Odos prägt, aber nun nicht mehr eines der odonischen Monogramme, sondern sein eigenes auf den klösterlichen Geprägen verwendet. Da Corbie jedoch nicht das Privileg einer *moneta publica* besaß und damit auch die Individualisierung der Gepräge rechtswidrig war, zeigt das eigenmächtige Vorgehen der Äbte von Corbie, wie wenig politischer Einfluß und wirtschaftliche Macht in den Händen Odos verblieben war. Einhergehend mit dem immer rascheren Zerfall der fränkischen Zentralgewalt, wuchs auch in den anderen Teilreichen die Macht selbständiger lokaler und regionaler Amtsträger. Unter Karl dem Einfältigen führten zahlreiche Privilegien, u. a. an den Bischof von Cambrai oder an die politisch und wirtschaftlich bedeutenden Abteien in Tours und Prüm, dazu, daß ihm und seinen Nachfolgern die Kontrolle über die ehedem königlichen Münzstätten endgültig entglitt. War der Regalcharakter des Münzwesens bereits zu Ende des 9. Jahrhunderts weitgehend untergraben, so sollte er um die Mitte des 10. Jahrhunderts endgültig verloren gehen.

Zusammenfassung

Mit der Münzreform von 793/94 begründete Karl der Große im Münzwesen eine Monogrammtradition, die das Münzbild der folgenden eineinhalb Jahrhunderte entscheidend prägen sollte. Auf der Basis des in seiner Kanzlei entwickelten Monogramms entstanden unmittelbar vor der großen Reform erste Vorbilder des Rhombus-Monogramms in Worms, Narbonne und auf norditalienischen Geprägen. Der endgültige Schritt zum Archetyp des karolisch-fränkischen Münzmonogramms erfolgte jedoch mit der Münzverrufung von 793/94. Das wesentliche Moment des neuen Monogramms besteht nun darin, daß es – entsprechend den Vorbildern der königlichen Kanzlei – nicht mehr den ersten Buchstaben des Herrschernamens als »Gerüst« benutzt, mit dem die verbleibenden Buchstaben in mehr oder minder logischer Weise kombiniert werden: jetzt verschmelzen die Buchstaben A und V zu einer im Mittelpunkt liegenden Rhombe, der in strenger geometrischer Reihung die Buchstaben K, R, S und L zugeordnet werden. Damit erlebte das traditionelle Monogramm eine Metamorphose, die den herkömmlichen monogrammatischen Verband zu einem graphisch-prägnanten und streng geometrisch gegliederten Zeichen werden läßt.

Im Gegensatz zu seinem Vater griff Ludwig der Fromme in seiner Kanzlei auf die traditionellen Monogrammformen merowingischer Herrscher zurück. Im Münzwesen beschränkte er sich zunächst darauf, den Portraitdenar seines Vaters aus der letzten Münzperiode (812–814) zu übernehmen. In den beiden folgenden Münzreformen von 819 und 823 verließ er formal und inhaltlich weitgehend die traditionelle Anlehnung an die merowingischen bzw. fränkisch-karlischen Vorbilder und entwickelte, auf das Monogramm gänzlich verzichtend, den anonymen XPISTIANA RELIGIO-Denar, der – zum immobilisierten Typ erstarrt – neben dem karlisch-fränkischen Monogrammtyp ebenfalls weit über das 9. Jahrhundert hinaus bestehen sollte. In der Zuwendung zu christlichen Symbolen und Zeichen auf seinen Geprägen dokumentiert sich sein Anspruch, christlicher Herrscher und – nach dem Vorbild seines Vaters – ein ebenso entschiedener »defensor ecclesiae« zu sein. Die zunehmenden Probleme einer effizienten Überwachung der anonymen XPISTIANA RELIGIO-Gepräge mag – neben der beabsichtigten Anbindung an die fränkisch-karlische Tradition – Karl den Kahlen dazu bewogen haben, den fränkischen Rhombustyp seines Großvaters sowohl im Münzwesen als auch in seiner Kanzlei wieder aufzunehmen. Es gelang ihm jedoch erst mit der großen Münzreform von 864, dem Edikt von Pîtres, seine Gepräge weitgehend zu vereinheitlichen und verbindlichen formalen Gestaltungsprinzipien zu unterwerfen. Abgesehen von einigen mißverstandenen oder handwerklich schlecht ausgeführten Varianten erlebte das Rhombusmonogramm Karls des Kahlen bis zu Karl dem Dicken auf den Geprägen keine wesentlichen Veränderungen – mit Ausnahme des K-Buchstabens. Bereits unter Karl dem Kahlen, besonders jedoch unter seinen Nachfolgern,

113 Der Denar mit dem Anfangsbuchstaben Angilberts (Mo. 157) stammt aus dem Schatzfund von Anglure. Ein Exemplar dieses Typs befindet sich in der Sammlung der Bibliothèque nationale, Inv.-Nr.: 243b.

bewegen sich die K-Balken an die Enden der Haste, bzw. auch gänzlich von ihr fort. Gegen Ende des Jahrhunderts erscheinen schließlich zunehmend Gepräge Karls des Einfältigen, auf denen das K einem H oder C weichen mußte, bzw. auf einen senkrechten Strich reduziert wurde.

Eine große Bereicherung erlebte das Münzmonogramm unter König Odo. Im Bemühen, als Nichtkarolinger die fränkisch-karlische Tradition weiterzupflegen, verwandte er in seiner Kanzlei das Rhombusmonogramm seiner karolingischen Vorgänger. Da die Kürze seines Namens nicht genügte, die Positionen an den vier Armen des Rhombusmonogramms zu besetzen, fügte er das Funktionsprädikat REX hinzu und zwängte es mit seinem Namen in das karlische Monogramm. Im Münzwesen fand dieses Monogramm, wenn auch variiert, nur in jenen drei Münzstätten Anwendung, die sich innerhalb des Kernbereiches seiner Macht befanden (auf den Palatina-Geprägen der königlichen Pfalz, in Paris und St-Denis). In den weiter entfernt gelegenen Ateliers von Amiens, Angers, Orléans und Brügge gebrauchte man hingegen das karlisch-fränkische Rhombusmonogramm.

In Anlehnung an das merowingisch-ludwigsche H-Monogramm entstand in den Münzstätten Blois und Tours das Titelmonogramm: diese Variante Odos beschränkte sich – ähnlich dem Monogramm seiner Kanzlei – nicht nur auf die monogrammatische Darstellung seines Namens, sondern erweiterte unter Verwendung des ludwigschen H-Monogramms den Namen mit dem Funktionstitel REX. Analog zum Kanzleimonogramm entstand damit eine Figur, welche die traditionellen Monogramme in ihrer prinzipiellen Form nachempfindet und – trotz der verfremdenden Miteinbeziehung des Titels – den optischen Eindruck der herkömmlichen Monogrammformen bewahrt.

Einen neuen Typ, der sich nur noch in der Anordnung der Zeichen auf traditionelle merowingisch-fränkische Vorbilder zurückführen läßt, führten u. a. die Münzstätten, Paris, Chartres, Châteaudun und Angers. Hier gruppieren sich der Vorname »ODO« und der Titel »REX« um ein im Zentrum liegendes Zeichen (Kreuz, Punkt oder D) in einer Linie oder in Kreuzform. Dabei erreicht der Stilisierungsprozeß insbesondere derjenigen Münzstätten, die außerhalb seines zentralen Machtbereiches bzw. in den Grenzgebieten liegen, die größte Auflösung des traditionellen monogrammatischen Verbandes. Hier erscheint der Name Odos in Dreiecksform ohne Titel und verweist in seiner graphischen Gestaltung deutlich auf die Prägeserien der kirchlichen und adligen Feudalherren, die bereits unter Karl dem Kahlen, verstärkt jedoch in den letzten Jahren des 9. Jahrhunderts – einhergehend mit dem allmählichen Verfall der königlichen Zentralgewalt – begannen, den Regalcharakter der *moneta publica* zu untergraben und in steigendem Maße königliche Hoheitsrechte an sich zu ziehen.

Abschließend bleibt festzuhalten, daß selbst der unscheinbare graphisch-monogrammatische Bereich des Münzwesens die umwälzenden politischen und kulturellen Prozesse des 9. Jahrhunderts sichtbar werden läßt und die Entwicklung der sich ändernden Machtverhältnisse ungewöhnlich deutlich wiederspiegelt.

ABGEKÜRZT ZITIERTE LITERATUR

GARIEL (G)
E. GARIEL, Les monnaies royales de France, Straßburg 1883–1884.

GRIERSON, MEC 1
P. GRIERSON, Medieval European Coins, Cambridge 1988.

MORRISON-GRUNTHAL (MG)
K. F. MORRISON, H. E. GRUNTHAL, Carolingian Coinage, New York 1967.

PROU (P)
M. PROU, Les monnaies carolingiennes, Paris 1892.

SCHATZFUND-REGISTER

Angeac-en-Champagne (ab 840)
A. FAVRAUD, Une villa royale à Angeac-Champagne, Canton de Segonzac (Charente), in: Bulletins et mémoires de la Société archéologique et historique de la Charente 11 (1920) S. CX–CXIII.

Anglure
(ab 884/85) Comte DE CASTELLANE, Denier de Corbie au type de Louis le Bègue, in: Revue numismatique 4 (1900) S. 435–438; DERS., Le denier messin de Charles le Chauve, in: Revue numismatique 14 (1910) S. 189–195.

Arras
(ab 897/98) E. GARIEL, Monnaies Royales, S. 107–117.

Auzeville
(ab 849) GARIEL, op. cit. S. 77–81.

Avignon
(ab 884) GARIEL, op. cit. S. 119–124.

Brioux
(ab 840) GARIEL, op. cit. S. 75–76; A. BARDONNET, Sur un trésor carlovingien provenant de Brioux, in: Bull. d. l. soc. d. statist., scienc., lettr. e. arts d. dép. d. Deux Sèvres 5 (1882–1884) S. 14–21.

Castelsarrasin
(ab 887) GARIEL, op. cit. S. 127.

Choisy
(ab 888) Dr. VOILLEMIER, Essai pour servir à l'histoire des monnaies de la ville de Soissons et de ses comtés, in: Mémoires d. l. Société antiq. Picardie 9 (1863) S. 154 pl. XII 3 und 3bis.

Clairoix
(ab 869) J. LAFAURIE, Deniers de Charles le Chauve trouvés à Clairoix (Oise), in: Revue archéologique de l'Oise 4 (1973) S. 23–26.

Compiègne
(ab 877) Gariel, op. cit. S. 85–86.

Cosne-s.-L.
(1931)(ab 875) J. Lafaurie, Le troisième trésor de monnaies carolingiennes trouvé à Cosne-sur-Loire, in: Les annales des Pays nivernais 10/11 (1975) S. 51–56.

Cuerdale
(um 903) R. H. M. Dolley (Hg.), Anglo-Saxon Coins, London 1961, S. 96–121. E. Hawkins, An Account of Coins and Treasure Found in Cuerdale, in: NC 5 (1842/1843) S. 1–48 und S. 53–104.

Damary (1988)
B. Foucray, Une obole inédite de Louis le Jeune (879–882) pour Visé, in: BSFN 44 (1989) S. 582–583.

Dinant 2 (1852)
Frere, Denier S. 61 Nr. 20c. F. Cajot, Essai de numismatique namuroise, Époque carlovingienne, in: Annales de la Société archéologique de Namur (1859–1860) S. 145–160 hier S. 159 Nr. 6. Ch. Piot, Trois monnaies carlovingiennes frappés à Dinant, Maestricht et Namur, in: RBN 2 (1852) S. 139–141.

Dorestad (1845/46)
(ab 822) L. de Coster, RBN (1857) S. 35 ff.

Glisy
(ab 888) Gariel, op. cit. S. 95–106.

Haute-Isle
(ab 888/889) RN (1931) S. 244.

Isle-Aumont
(ab 888) J. Scapula, Un haut lieu archéologique de la haute-vallée de la Seine: la butte d'Isle-Aumont en Champagne. Première partie: Du Néolothique au Carolingien, Troyes 1975.

Mainz (1981/82)
Dr. Peus Busso Nachf., Katalog Nr. 304 (16.–18. 03. 1982) und Katalog Nr. 307 (09.–11. 5. 1983). Katalog zur Ausstellung: Karl der Große – Werk und Wirkung, Aachen 26. 6.–19. 9. 1965, Aachen 1965.

Melle vgl. *Brioux*

Metz 3
(ab 869) C. Robert, Études sur une partie du nord-est de la France, Metz 1852, S. 211 Nr. 8. Ders., Monnaies de Pfalzel, de Thionville, de Rémilly et de Remelange, in: RN 8 (1863) S. 193–203 bes. S. 198.

Montrieux-Courbanton 1830
(ab 888) Gariel, op. cit. S. 86–91.

Montrieux-Courbanton 1857
(ab 888) Gariel, op. cit. S. 91–95.

Moulin-Gargot
(ab 875) RN (1905) S. 88; F. Roger, Le trésor d'Huriel, in: Mémoires de la Société des antiquaires du Centre 29 (1905) S. 88–95.

Muizen-aan-de-Dijle
(ab 866) RBN (1950) S. 203–208.

Namur 2 (1846)
F. Cajot, Essai de numismatique namuroise, in: Annales de la Société archéologique de Namur 6 (1859–1860) S. 144–160 bes. S. 155 Nr. 5.

Orbe
(ab 888) nicht publiziert

Regensburg (1975)
nicht publiziert: Staatliche Münzsammlung München: Fundakten. W. Hahn, Moneta Radasponensis S. 53 Nr. 26 i. Briefliche Mitteilung U. Osterhaus, Bayerisches Landesamt für Denkmalpflege, Regensburg.

Roswinkel
(ab 877) P. C. J. A. Boeles, Les trouvailles de monnaies carolingiennes dans les Pays-Bas, in: JMP II (1915) S. 66–70.

Saumeray
(ab 879) J. Lafaurie, Deux trésors monétaires carolingiens: Saumeray (Eure-et-Loire), Rennes (Ille-et-Vilaine), in: RN 7 (1965) S. 262–305.

Saumur
(888) Gariel, op. cit. S. 128.

Savigne-s.-L.-Lude
(ab 877/879) RN (1915) S. 211.

St.-Denis
(ab 869) J. Duplessy, Les trésors monétaires médiévaux et modernes découverts en France, vol. I: 751–1223, Paris 1985, S. 112 Nr. 298.

Thionville
(ab 881) P.-C. Robert, Études numismatiques sur une partie du nord-est de la France, Metz 1852.

Tiszaeszlar 2
Huszar, Münzmaterial S. 100 Nr. CCXXXII/476–479. Morrison-Grunthal, S. 414 Nr. 285 (unzutreffende Angaben über die Anzahl der Exemplare und ihre Identität).

Toulouse
U. Klein, »Im Walde von Toulouse ...« – Ein Münzfund von Denaren und Obolen Karls des Kahlen, in: Der Münzen- und Medaillensammler 148/25 (1985) S. 2209 und S. 2213–2214.

Trier 13 (1983)
Gilles, Eine karolingisch-ottonische Münzfälscherwerkstatt in Trier?, in: Kurtrierisches Jahrbuch 23 (1983) S. 35–42, hier: S. 41 Nr. 25.

Troyes identisch mit *Anglure*

Verdun
(ab 881) Prou, S. 25–26 Nrn. 156–164. Morrison-Grunthal, S. 385 Nr. 127.

Zelzate
(ab 888) P. Naster, Trouvaille de monnaies carolingiennes à Zelzate, in: RBN 96 (1950) S. 208–224.

ABBILDUNGSNACHWEIS

Koninklijke Bibliotheek Albert 1, Cabinet des mèdailles, Brüssel: Abb. 8, 11, 18.
Bijlokemuseum, Museum voor Stenen Voorwerpen, Gent: Abb. 12.
Het Koninklijk Penningkabinet, Rijksmuseum Leiden: Abb. 9
Bonnefantenmuseum, Limburgs Museum voor Kunst en Oudheden, Maastricht: Abb. 13.
Bibliothèque nationale, Cabinet des mèdailles, Paris: Abb. 10, 14–17, 19.
Gariel, op. cit.: pl. IX, 115 (Abb. 4), pl. X, 142, 143 (Abb. 6, 7), pl. XI, 163 (Abb. 5), pl. XII, 182, 183, 188 (Abb. 2, 3, 1).

Zur Typologie der karolingischen Münzmonogramme

1. Der Kreuzrhombus – Typ Karls des Großen von 793/94–812

Mo. 1: 

Mo. 2: 

Mo. 3: 

Mo. 4: 

Mo. 5: 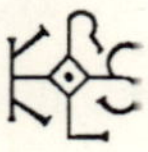

Mo. 6: Melle 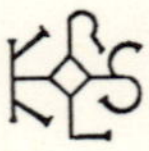 Schatzfund von Brioux, vergraben ab 840

Mo. 7: Melle  Einzelfund von Leeuwarden 1872, ab 840

Mo. 8: Dorestad  Schatzfund von Brioux, ab 840

Mo. 9: Chelles  Schatzfund von Dorestad, ab 822

2. Das H-Monogramm Ludwigs des Frommen (814–840)

Mo. 10: Urkundenmonogramm Schatzfund von Dorestad, ab 822

3. Zur Typologie der Monogramme Karls des Kahlen (840/43–877)

a) Der Kreuzrhombus-Typ

Mo. 11: Melle 

Mo. 12: 

Mo. 13: Chelles  Fund von Compiègne, ab 877

Mo. 14: Compiègne  Fund von Compiègne, ab 877

Mo. 15: Noyon  Fund von Angeac-Champagne, ab 840

Mo. 16: Toulouse  Fund von Auzeville, ab 849

Mo. 17: Toulouse  Fund von Toulouse, ab 849

Mo. 18: Toulouse  Fund von Auzeville, ab 849

Mo. 19: Toulouse  Fund von Auzeville, ab 849

Mo. 20: Angers 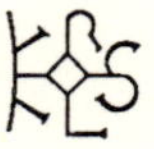 Fund von Saumeray, ab 879
Fund von Glisy, ab 888

Mo. 21: Le Mans  Fund von Saumeray, ab 879

b) Der H-Typ des Kreuzrhombus-Monogramms Karls des Kahlen

Mo. 22: Quentovic  Fund von Muizen/Dijle, ab 866, Typ: P 199 V

Mo. 23: Amiens  Fund von St.-Denis, ab 869, Typ: G XXV,2/6

Mo. 24: Valenciennes  Fund von Clairoix, ab 869, Typ: P 206 V

Mo. 25: Langres 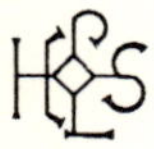 Fund von Clairoix, ab 869, Typ: G L,30

Mo. 26: St.-Qentin  Fund von St.-Denis, ab 869, Typ: G XXXIV,237

Mo. 27: Châlon-sur-Marne 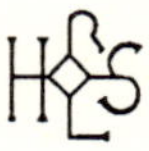 Typ: G XXVII,65

Mo. 28: St.-Denis  Typ: P 344 V

Mo. 29: Sens  Typ: G XXXV,245 V, OBOL

Mo. 30: Roucy-sur-Aisne  Typ: G XXXII,174

Mo. 31: Rouen  Typ: P 387 V

Mo. 32: Orléans 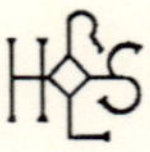 Typ: P 516 V

Mo. 33: Paris 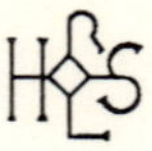 Typ: P 324 V

c) Der C-Typ des Kreuzrhombus-Monogramms Karls des Kahlen

Mo. 34: Mont Lassois  Fund von Arras, ab 897/98

Mo. 35: Reims 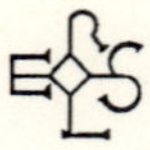 Fund von St.-Denis, ab 869

Mo. 36: Roucy  Fund von Glisy, ab 888

Mo. 37: Verdun  Fund von Verdun, ab 881

Mo. 38: Arles  Funde von Avignon, ab 884
und Zelzate, ab 888

Mo. 39: Tournay  Fund von Glisy, ab 888 und
Fund von Arras, ab 897/98

Mo. 40: Bourges/Nevers  Fund von Moulin-Gargot, ab 875

Mo. 41–42: Toulouse 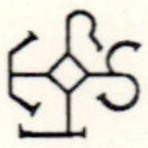 Fund von Auzeville, ab 849 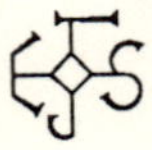

Mo. 43: Reims/Rouen 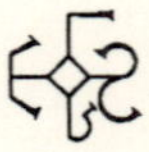 Fund von Glisy, ab 888

Mo. 44: Dinant 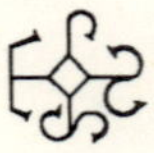 Fund von Glisy, ab 888

Mo. 45: Remilly 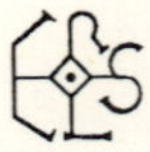 Einzelfund von Metz III, ab 869

Mo. 46: Amiens 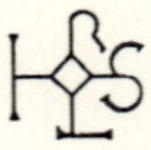 Fund von Glisy, ab 888

Mo. 47: Amiens 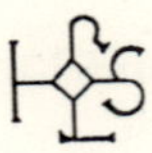 Fund von Arras, ab 897/98

Mo. 48: Toulouse 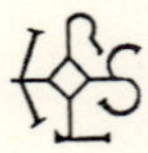 Fund von Auzeville, ab 849?

Mo. 49: Visé  Fund von Glisy, ab 888

Mo. 50: Bastogne  Fund von Roswinkel, ab 877

Mo. 51: Arles  Fund von Avignon, ab 884

4. Die Monogramme Pippins II. (839–852)

a) Das Kreuzrhombus-Monogramm

Mo. 52:  Fund von Melle, ab 840

Mo. 53–65: Aquitania/Toulouse

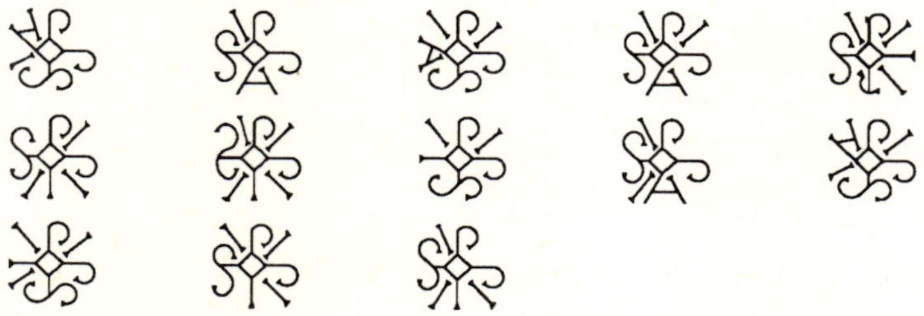

Mo. 66: Melle  Fund von Brioux, ab 840

Mo. 67: Melle  Fund von Brioux, ab 840

b) Das Kreuz-Monogramm Pippins II.

Mo. 68: Melle  Fund von Brioux, ab 840

5. Der H-Typ Ludwigs II. des Deutschen (870–876)

Mo. 69: Mainz  Einzelfund von Trier (1983), ab 870

Mo. 70: Mainz  Kleinfund von Regensburg (1975), ab 870

Mo. 71: Mainz  Fund von Mainz (1981/82), ab 879

Mo. 72: St.-Pierre (Corbie)  Fund von Savigné-sous-le-Lude, ab 877/79

Mo. 73–77: St.-Pierre (Corbie) Fund von Compiègne, ab 877

Mo. 78–79: Tours Fund von Montrieux-Courbanton 1830, ab 888

6. Die Monogramme Ludwigs III. des Jüngeren (879–882)

a) Das Kreuz-Titel-Monogramm

Mo. 80: Namur und Nivelles  Typ: PROU 103 V

Mo. 81: Namur  Einzelfund von Dinant (1852), ab 879

Mo. 82: Visé  Einzelfund von Damary, ab 879

b) Das Kreuzrhombus-Monogramm

Mo. 83: Marsal/Metz  Fund von Glisy, ab 888

Mo. 84: Marsal/Metz 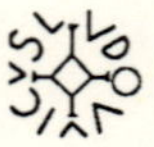 Fund von Cosne-sur-Loire 1931, ab 875

7. Die Monogramme Karls des Dicken (881–887)

Mo. 85: Corbie 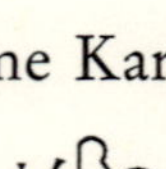 Fund von Anglure, 884/85

Mo. 86: Uzès 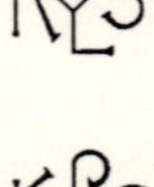 Fund von Avignon, ab 884

Mo. 87: Verdun 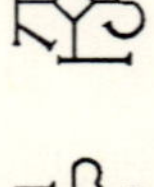 Fund von Verdun, ab 881

Mo. 88–90: Arles Fund von Avignon, ab 884

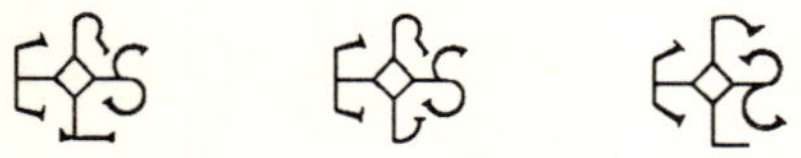

Mo. 91–99: Arles

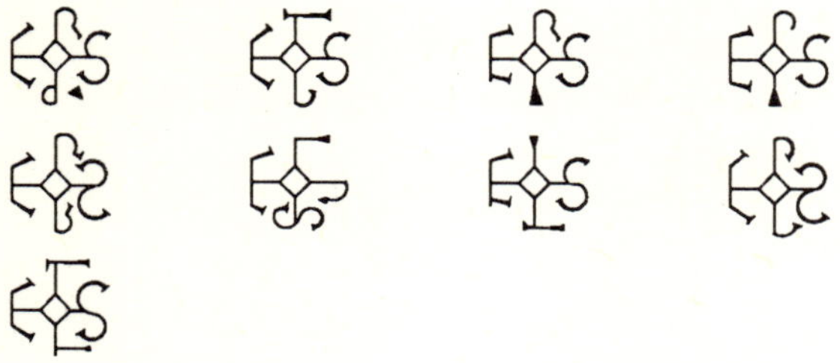

Mo. 100: Béziérs 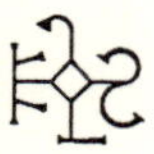 Fund von Avignon, ab 884

Mo. 101: Metz  Einzelfund von Thionville, ab 881

Mo. 102: Béziérs 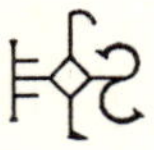 Fund von Avignon, ab 884

8. Zur Typologie der Monogramm-Denare Odos (888–897)

a) Erster Typ: Das Kreuzrhombus-Monogramm »ODO REX«

Mo. 103: Urkundenmonogramm 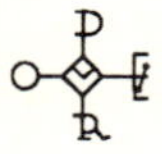

Mo. 104: Palatina  Fund von Arras, ab 897/98

Mo. 105: Paris 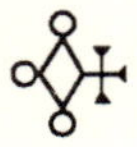 Fund von Arras, ab 897/98

Mo. 106: St.-Denis 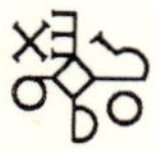 Fund von Arras, ab 897/98

Mo. 107: Paris  Fund von Arras, ab 897/98

Mo. 108: St.-Denis  Fund von Arras, ab 897/98

Mo. 109: Chartres  Fund von Montrieux-Courbanton 1830, ab 888

Mo. 110: Orléans 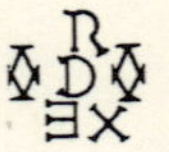 Fund von Montrieux-Courbanton 1830, ab 888

Mo. 111: Angers 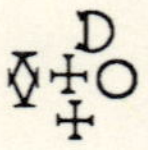 Fund von Saumur, ab 888

Mo. 112: Paris 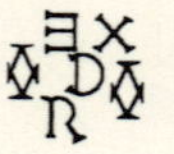 Fund von Montrieux-Courbanton 1830, ab 888

Mo. 113: Palatina 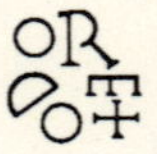 Fund von Arras, ab 897/98

b) Zweiter Typ: Das Kreuzrhombus-Monogramm »CAROLVS«

Mo. 114: Angers  Fund von Montrieux-Courbanton 1830, ab 888
Fund von Savigné-sous-le-Lude, ab 877/79
Typ: GARIEL, pl. XLVI,3

Mo. 115: Orléans  Fund von Montrieux-Courbanton 1830, ab 888
Typ: GARIEL, pl. XLVII,31

Mo. 116: Brügge  Fund von Glisy, ab 888
Typ: GARIEL, pl. X,41

Mo. 117: Amiens 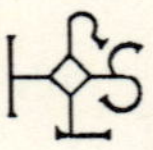 Fund von Arras, ab 897/98
Typ: GARIEL, pl. XLVI,1

c) Dritter Typ: Das Titel-Monogramm König Odos (Hybridmonogramm)

Mo. 118–124: Blois 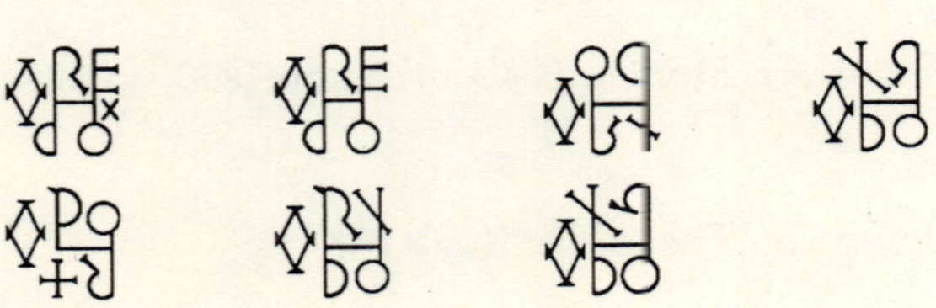

Mo. 125–129: Tours 

Mo. 130: Blois  Typ: PROU 481 V

Mo. 131: Urkundenmonogramm 

d) Vierter Typ: ◇D◇ (◇DO) in einer Linie mit Beizeichen

Mo. 132: Paris  Fund von Montrieux-Courbanton 1830, ab 888

Mo. 133–134: Châteaudun Fund von Montrieux-Courbanton 1830, ab 888

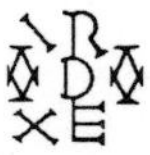 

Mo. 135: St.-Denis  Fund von Arras, ab 897/98

Mo. 136: Orléans  Fund von Montrieux-Courbanton 1857, ab 888

Mo. 137: Orléans  Fund von Orbe, ab 888

Mo. 138: Orléans  Fund von Montrieux-Courbanton 1830, ab 888

Mo. 139: Orléans  Fund von Isle-Aumont, ab 888
Fund von Montrieux-Courbanton 1830, ab 888

Mo. 140: Orléans  Fund von Glisy, ab 888
Fund von Montrieux-Courbanton 1830, ab 888

Mo. 141: Orléans  Fund von Montrieux-Courbanton 1830, ab 888

e) Fünfter Typ: ◇D◇ (◇DO) mit Beizeichen in Kreuzform

Mo. 142: Châteaudun  Fund von Montrieux-Courbanton 1830, ab 888

Mo. 143: Limoges  Fund von Tiszaeszlàr II, ab 888

Mo. 144: Limoges  Fund von Haute Isle, ab 888/89

Mo. 145: Soissons  Fund von Choisy, ab 888

Mo. 146: Angers  Fund von Montrieux-Courbanton 1830, ab 888
Fund von Montrieux-Courbanton 1857, ab 888

Mo. 147–149: Angers Fund von Saumur, ab 888

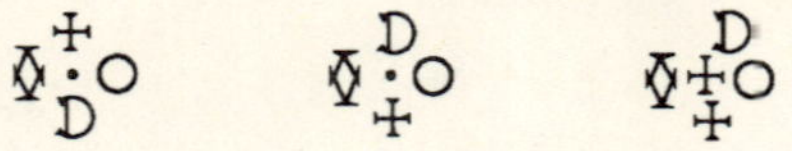

Mo. 150–151: Chartres Fund von Montrieux-Courbanton 1830, ab 888

f) Sechster Typ: »ODO« in Dreiecks- oder Viereckstorm

Mo. 152: Toulouse 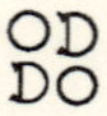 Fund von Castelsarrasin, ab 887

Mo. 153: Palatina  Fund von Arras, ab 897/98

Mo. 154: Arras  Fund von Arras, ab 897/98

155: St.-Quentin  Fund von Arras, ab 897/98

g) Siebter Typ: R/F-Monogramm

Mo. 156: Corbie  Fund von Arras, ab 897/98

Abt Angilbert von Corbie

Mo. 157: Corbie  Fund von Anglure, ab 884/85

Ludwig der Fromme:
Is. 1: XPISTIANΛ RELIGIΘ
Is. 2: ÐELIGIO)
Is. 3: METVLLΘ (Melle)

Lothar II.:
Is. 4: HLΘTIΛRIVS / DΘRESTΛTVS) (Dorestad)

Karl der Kahle:
Is. 5: SCI ▷IΘNVSIIM (St.-Denis)

Is. 6: HIN FISCO BΛSTONIC (Bastogne)

Is. 7: HBΛIOCΛS CIVITΛS (Bayeux)

Ludwig der Deutsche:
Is. 8: HΛDTVRECVM (Zürich)

Le monogramme dans l'acte royal français (X[e] – début du XIVe siècle)

PAR OLIVIER GUYOTJEANNIN

Les grandes phases de l'évolution du monogramme dans l'acte royal français, du Xe siècle à sa disparition au début du XIVe siècle, sont bien connues, bien qu'aucun auteur n'y ait consacré de long développement d'ensemble[1]. Système normal, encore que non systématique, de validation des actes au IXe siècle, avec le sceau et la recognition de chancellerie, il connaît au XIe siècle une profusion de formes et une incohérence globale d'emploi, annoncées au Xe, tard poursuivies au XIIe siècle, et trop vite attribuées au déclin de la chancellerie. Retrouvant ensuite sa régularité de dessin et d'emplacement, il entame dès le règne de Philippe Auguste un déclin, lent mais irrémédiable, qui est celui du type d'acte, le »diplôme«, auquel il s'est exclusivement attaché. Il disparaît définitivement dans les premières décennies du XIVe siècle.

Confirmé par une étude, même rapide, de la documentation, ce schéma mérite néanmoins un réexamen. On peut s'attendre en effet à ce que, par son dessin, par sa place dans l'acte, par son évolution, le monogramme constitue un révélateur riche de sens pour le diplomatiste comme pour l'historien du pouvoir royal. A l'égal du sceau, il joue sur deux registres: juridique, parce qu'il est signe de validation; symbolique, parce qu'il est signe de la personne royale et de sa volonté. L'étude du monogramme doit être tout d'abord formelle[2] et aborder les questions suivantes:

- type du dessin: »structure porteuse« (croix simple ou à losange central, H, etc.), qui peut ou non représenter une ou plusieurs lettres ; choix des lettres et économies réalisées, en particulier sur les voyelles; place et forme des lettres; limitation au seul prénom ou présence d'un titre;
- forme du dessin: régularité et épaisseur des traits (monogrammes »filiformes« à traits fins; monogrammes à traits épais), qui le font davantage participer de l'écriture ou du dessin; enrichissements ornementaux (doublement des traits, fioritures, etc.);
- présence d'éléments autographes (chevron, point, biffure d'une hampe, etc.), ou à tout le moins tracés d'une autre main que le dessin principal;
- dimensions[3].

De là découlent des questions fondamentales pour le diplomatiste: y a-t-il unité à l'intérieur d'un règne?

1 La vue d'ensemble la mieux informée est donnée par G. TESSIER, Diplomatique royale française, Paris, 1962, spécialement p. 91–93 et 111–112 (Carolingiens) et, plus rapide, p. 220–221 (Capétiens). Pour le Xe siècle, l'évolution parallèle du monogramme en Francie de l'ouest et de l'est a retenu l'attention de B. SCHNEIDMÜLLER, Karolingische Tradition und frühes französisches Königtum, Wiesbaden, 1979, p. 92–97. Mais les Capétiens n'ont pas eu autant de fortune. Cette lacune bibliographique d'ensemble a influencé négativement d'autres études: on ne relève par exemple aucune allusion au monogramme dans P. GRIERSON, Symbolism in early medieval charters and coins, dans: Simboli e simbologia nell'alto Medioevo (Settimana di studi del Centro italiano di studi sull'alto Medioevo, 3–9 aprile 1975), Spoleto, 1976, p. 601–630, tav. I et discussion p. 631–640.

2 Aucun recueil ne fournit à ma connaissance de tableau synoptique suffisamment étayé des monogrammes royaux français. Les planches composées au XVIIe siècle, au moment même de la naissance de la diplomatique, sont en effet réalisées sur la base d'un matériel trop étroit et trop peu critique à nos yeux (la collection la plus systématique est de C. DU CANGE, Glossarium mediae et infimae latinitatis, éd. L. FAVRE, réimpr. Graz, 1954, appendice non paginé au t. V, *L–N*, avec légendes au t. X, p. 171–172). Pour les IXe et Xe siècles, on dispose de dessins dans: B. SCHNEIDMÜLLER, Karolingische, op. cit., p. 96–97 (limités, pour la période et la zone qui nous retiennent, aux rois Eudes, Charles III et Louis IV). C'est pourquoi j'ai pensé utile de donner, en annexe au présent article, une ébauche de ce que pourrait être un tel tableau. Au reste les entreprises, qui se multiplient actuellement, de constitution de corpus photographiques et la poursuite des éditions critiques nous permettront, mieux que toute autre, de disposer de recensements fiables. Le répertoire ici proposé est loin d'être complet, et ne rend nullement compte des variations de type qui peuvent se constater à l'intérieur d'un même règne. Il s'est toutefois attaché, dans la mesure du possible et sauf indication contraire, à fournir pour chaque souverain un exemple au moins de monogramme figurant sur un acte établi en chancellerie. Il se compose de simples dessins (affectés du sigle D suivi d'un numéro d'orde) et de photographies (désignées par le sigle P suivi d'un numéro d'ordre), dont les références exactes sont regroupées dans l'appendice. Il nous est agréable de signaler que les clichés ont pu être reproduits grâce l'aimable autorisation des Archives nationales (Paris). Il est presque inutile d'ajouter que les moyens techniques adoptés en tout dilettantisme ne rendent jamais compte des rapports de dimension des différents monogrammes et que les »dessins« sont plutôt des esquisses, obtenues par simple calque sur des illustrations d'ouvrages, fac-similés ou photographies.

3 Cette question particulière n'a pas été prise en compte ici.

Autrement dit la chancellerie a-t-elle un patron précis de monogramme, le met-elle au point progressivement, peut-elle en changer et quelle est la marge de liberté et d'interprétation de chacun des scribes? Où la chancellerie va-t-elle chercher son inspiration quand il lui faut choisir le monogramme d'un nouveau souverain? La succession de rois, dont certains portent le prénom de leur père (Louis VII et Louis VI, Louis IX et Louis VIII, Philippe V et Philippe IV), dont d'autres reprennent celui de leur arrière-grand-père (Philippe Auguste et Philippe Ier, Philippe III et Philippe Auguste), voire introduisent un nom nouveau pour la branche dynastique (Henri) ou pour l'ensemble des post-carolingiens (Philippe) sont une chance, qui permet de disposer d'une vaste gamme de cas de figures. Peut-on enfin déceler des influences extérieures? Y a-t-il un souvenir carolingien, un »rêve« impérial? C'est en bref poser la question des influences politiques et idéologiques lisibles dans les actes, domaine où il faut encore attendre de nombreux progrès de la diplomatique comparative[4].

Mais le monogramme ne saurait être coupé de l'ensemble de l'acte et l'étude formelle doit s'accompagner d'une étude, disons structurelle, dont les principaux thèmes sont:

- l'absence ou la présence d'une annonce du monogramme dans la corroboration et les termes servant alors à le désigner;
- son rapport avec les autres signes de validation;
- son isolement (monogramme »flottant«) ou son enchâssement dans telle ou telle partie du texte final de l'acte;
- la présence ou l'absence de formule d'encadrement l'explicitant (»légende«).

Ce vaste programme d'étude ne saurait faire enfin l'économie d'une étude comparée: avec l'évolution du monogramme dans les autres chancelleries souveraines dérivées de la carolingienne, la chancellerie impériale en tout premier lieu; avec l'emploi éventuel du monogramme chez d'autres catégories d'auteurs; avec l'utilisation du monogramme dans des domaines extra-diplomatiques, monétaire en particulier.

Les quelques pages qui suivent ne constituent malheureusement, et au mieux, que l'ébauche d'une telle étude, surtout par difficulté d'accès aux sources, car seuls des corpus complets et critiques permettront d'étayer des conclusions solides. En bonne méthode en effet, une étude ne peut être menée que sur les actes établis en chancellerie et conservés en originaux. Or, on le sait, jusqu'à un XIIe siècle avancé, la production de la chancellerie des rois de France de l'Ouest est faible et, qui plus est, affectée par la lourde part des destinataires dans l'établissement des actes. Injustement évalué, par manque d'édition critique, ce phénomène a trop souvent amené à parler d'anarchie, là où il n'y a que juxtaposition des pratiques de la chancellerie, relativement fermes mais sujettes à évolution et connues par un faible nombre d'actes, et des pratiques »particularistes« des destinataires: fantaisistes quand leurs établissements sont récents, volontiers archaïsantes au contraire quand ils peuvent s'inspirer des documents conservés dans un riche chartrier[5]. Le problème se complique encore quand l'on constate, surtout à partir de Philippe Ier, que la chancellerie peut apposer un eschatocole complet, monogramme compris, à un acte préparé par le destinataire. Le gonflement ultérieur de la production documentaire ne résout pas tous les problèmes, car il nous manque encore des éditions ou corpus critiques[6]. Après Philippe Auguste, nous n'avons plus aucun moyen d'investigation rapide et sûr. Par chance, en fin de période, les notaires de la chancellerie enregistrent, non sans quelque irrégularité, les actes à valeur perpétuelle, dont les diplômes pourvus de monogrammes, et reproduisent le plus souvent celui-ci. Systématisé en 1307, l'enregistrement en chancellerie permet donc une vue moins partielle sur la disparition du monogramme.

4 Pour les sceaux de l'époque qui nous retient, R.-H. Bautier, Echanges d'influences dans les chancelleries souveraines du Moyen Age, d'après les types des sceaux de majesté, dans: Académie des Inscriptions et Belles-Lettres. Comptes rendus des séances, 1968, p. 192–220 (reproduit dans Id., Chartes, sceaux et chancelleries: études de diplomatique et de sigillographie médiévale, Paris, 1990, t. II, avec la pagination d'origine).

5 J'ai esquissé l'étude de ces thèmes dans les actes de Henri Ier et la chancellerie royale dans les années 1020–1060, dans: Académie des Inscriptions et Belles-Lettres. Comptes rendus des séances, 1988, p. 81–97, et, Les actes établis en chancellerie royale sous Philippe Ier, dans: Bibliothèque de l'Ecole des chartes, t. 147 (1989), p. 29–46. Je pense pouvoir attribuer à la chancellerie de Henri Ier la rédaction de 0,45 acte conservé par an, et l'établissement de 1,1 acte par an, lettres comprises, à celle de Philippe Ier.

6 On ne dispose, on le sait, d'édition critique que jusqu'en 987, puis pour les années 1060–1108 et, encore sans introduction diplomatique, 1180–1223. Jean Dufour vient de publier les actes de Louis VI, mais son étude diplomatique n'a pu être utilisée ici. Les références bibliographiques précises ont été regroupées ci-dessous en appendice. Les seuls dépouillements systématiques auxquels j'ai procédé ont porté sur le début de la série K des Archives nationales (»Monuments historiques, Cartons des rois«), collection factice d'actes royaux, qui fournit un échantillonnage pratique, mais de plus en plus faible après Philippe Auguste, et sur les registres de chancellerie (Archives nationales, série JJ). J'ai également bénéficié de divers renseignements obligeamment fournis par R.-H. Bautier, J. Dufour et J. Guerout.

D1

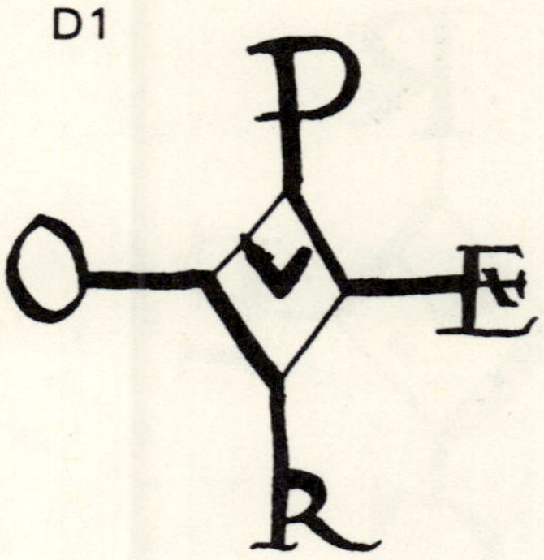

D2

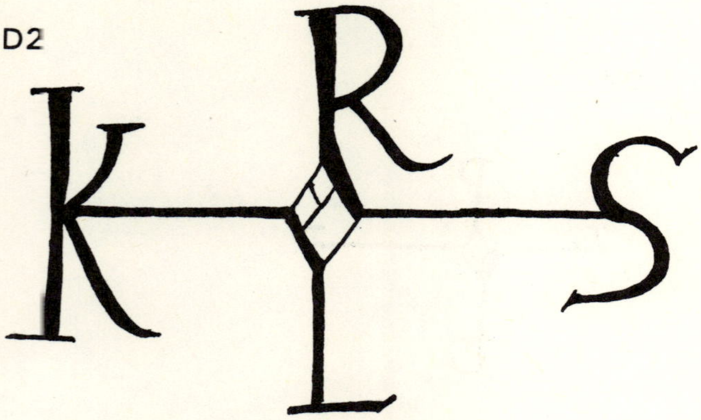

D3

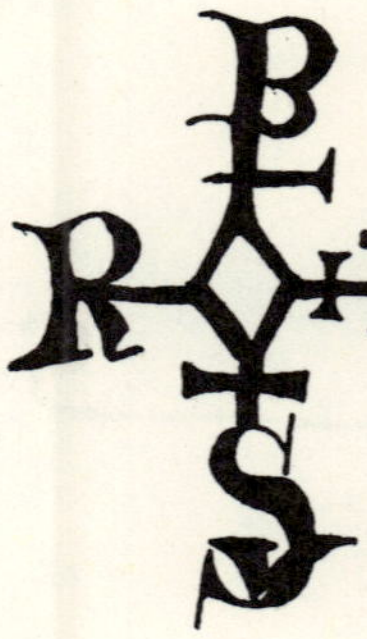

D4

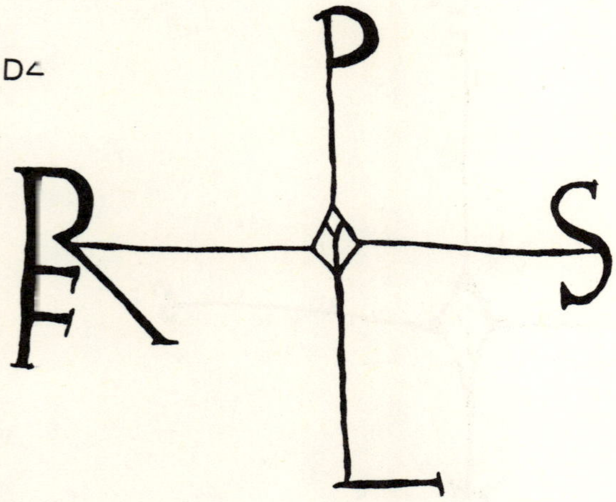

D5

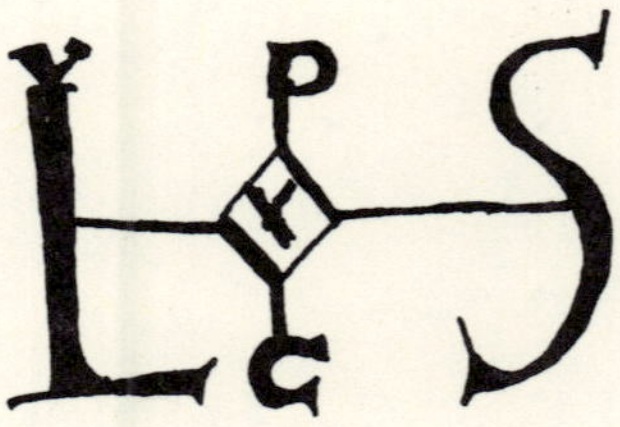

D6

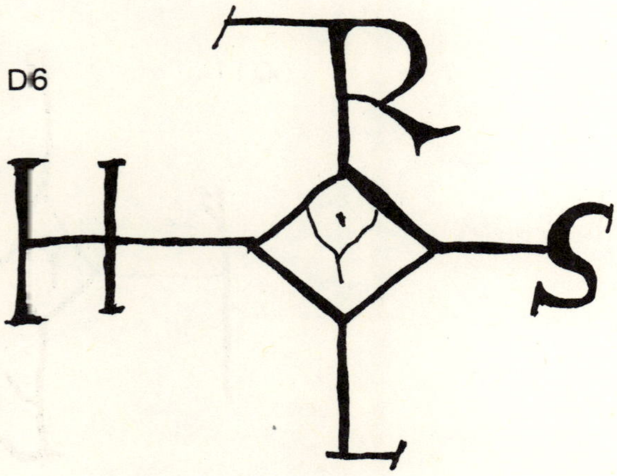

D 1 *Eudes (888–898), 889, 14 décembre*

D 2 *Charles III (893–923), 921, 22 avril*

D 3 *Robert Ier (922–923), 923, 25 janvier*

D 4 *Raoul (923–936), 932, 21 juin*

D 5 *Louis IV (936–954), 951, 3 février*

D 6 *Lothaire (954–986), type de monogramme utilisé de [954–955] à 967*

D7

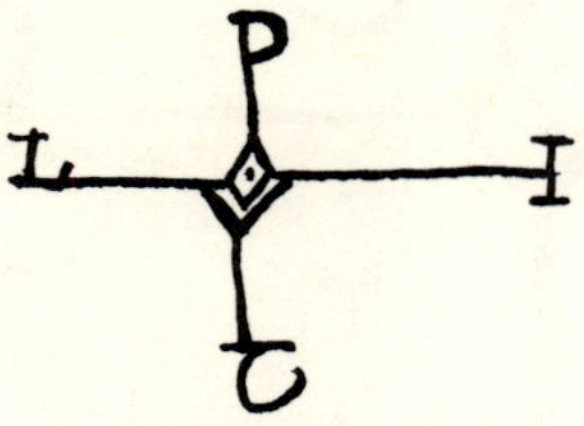

D8

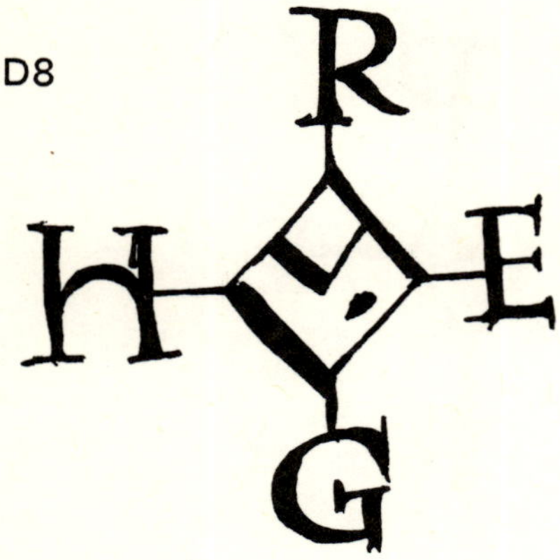

D9

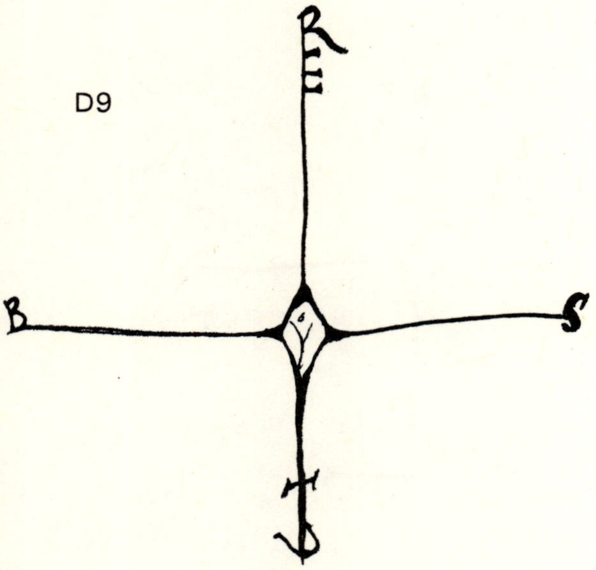

D10

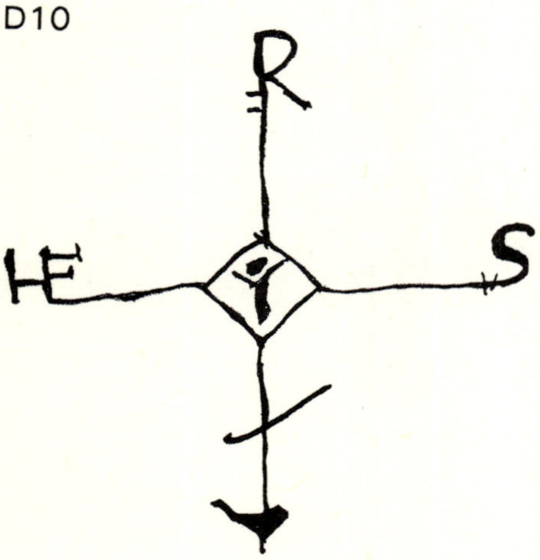

D11

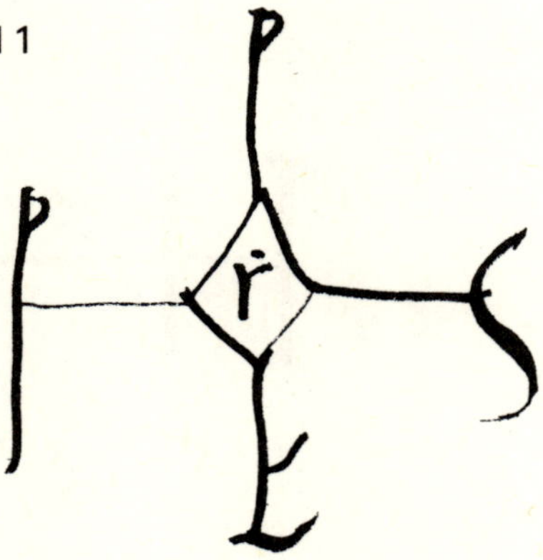

D 7 *Louis V (978–987), 979, après le 8 juin*

D 8 *Hugues Capet (987–996), 989*

D 9 *Robert II (988–1031), 1019*

D 10 *Henri Ier (1031–1060), [1033–1037]*

D 11 *Philippe Ier (1059–1108), [1101–1106]*

I. Permanences et dissolution du système carolingien

Du règne d'Eudes, le premier souverain non carolingien de la France de l'Ouest, jusqu'à celui de Philippe Ier, sous lequel des mutations capitales se mettent en place, soit pendant plus de deux siècles, les rois de France restent globalement fidèles au monogramme carolin qui leur a été légué[7]. L'état actuel de nos connaissances est malheureusement très disproportionné: les pratiques de la chancellerie jusqu'en 987 ont fait l'objet de recherches méticuleuses, présentées règne par règne en introduction aux *Recueils des actes* des rois concernés[8]; à l'inverse, la production documentaire des trois premiers règnes capétiens, d'une évaluation très délicate, ne pourra être convenablement étudiée qu'après publication et critique des corpus[9]. Il est en tout cas évident que l'on ne saurait, à propos du monogramme comme des autres caractères des actes royaux décréter une coupure brutale lors du changement définitif de dynastie. Une lente évolution se produit, voire même se poursuit, tout au long du Xe siècle; de leur côté, le règne de Hugues Capet et la première moitié de celui de Robert II – en bref la période de la »première génération« capétienne, selon l'expression de Jean-François Lemarignier – sont encore tout imprégnés des usages carolingiens. Les conclusions de cette évolution très progressive, qui permet la lente genèse du diplôme capétien classique, ne semblent tirées que sous les règnes de Henri Ier et Philippe Ier.

Au chapitre de la continuité, une continuité bien plus forte qu'à l'Est, on doit ranger en premier lieu la fidélité absolue de la chancellerie royale au type cruciforme à losange central, qui se maintient sans faille jusqu'à Philippe Ier. Fidélité absolue, aveugle même puisqu'en plusieurs cas, et déjà sous Carloman II (879–884), le losange perd de la signification primitive qu'il avait chez les Charles (représentation des lettres A/O ou A/O/V), pour ne plus garder qu'un rôle ornemental et fonctionnel de réceptacle du chevron. Ainsi sous Eudes; de même sous Louis IV, qui ne reprend pas le type classique des Louis, fondé sur un H central (Louis le Pieux mais aussi Louis II roi de France); et encore sous Lothaire qui, dans plusieurs types concurrents, rejette toujours celui de son impérial homonyme du IXe siècle. A tel point que l'on peut se demander s'il n'y aurait pas eu là recherche d'une identité propre. Les Capétiens emboîtent le pas à leurs prédécesseurs carolingiens: pour autant qu'on en puisse juger, la chancellerie de Hugues Capet persiste à disposer les quatre lettres du nom royal aux quatre extrémités d'une croix à losange. Robert II se contente lui aussi d'adapter le monogramme carolin[10]. Henri Ier reprend le type de son père, comme Philippe Ier le fera de celui de Henri Ier. On retrouve une fidélité tout aussi absolue, et tout aussi particulariste face à l'Est, dans la constance mise à limiter le monogramme au seul prénom du roi. Outre un exemple isolé sous Hugues Capet, pas forcément de chancellerie, une seule exception bien attestée vient confirmer la règle: le monogramme d'Eudes inclut le mot *REX*, mais c'est que le malheureux n'a que trois lettres à son nom ODO, chiffre incompatible avec le maintien d'une structure cruciforme.

La question devient plus ardue lorsque l'on se penche sur la régularité du type à l'intérieur d'un même règne. Globalement, on voit bien la chancellerie conserver un même patron de monogramme, parfois après une fixation progressive en début de règne, chaque notaire mettant sa griffe dans des variations mineures[11]. Vers le mileu du Xe siècle, l'amplitude des variations semble plus forte: sous Louis IV, comme sous ses deux successeurs, pour lesquels le problème serait à reprendre, ce sont plusieurs types, assez différents, qui sont produits en chancellerie: chacun d'eux semble lié à un rédacteur particulier, dont la marge d'initiative se renforcerait ainsi, peut-être dans le contexte d'une moins forte cohésion hiérarchique de la chancellerie. Il reste à vérifier la poursuite du phénomène sous les deux premiers Capétiens, au moins jusqu'en 1017, date d'arrivée du chancelier Baudouin. Avec celui-ci se met en place un nouveau formulaire et sans doute aussi un

7 *Infra*, D1–10 et références en appendice.

8 Les références sont données *infra*, en appendice. Tout au plus peut-on encore attendre quelques éclaircissements d'un réexamen minutieux des actes des deux derniers règnes carolingiens, pour lesquels l'étude de l'établissement d'un bon contingent de diplômes par les destinataires serait à reprendre sur nouveaux frais.

9 A titre d'illustration des difficultés d'analyse, rappelons que sous Henri Ier, la production de diplômes par la chancellerie (exception faite de privilèges mineurs normalement dépourvus de monogramme) n'est connue que par un ensemble incontestable de sept actes, dont aucun ne nous est parvenu en original.

10 Dans ce dernier cas, la question d'une éventuelle paternité du monogramme de Robert Ier est impossible à trancher, du fait que le seul exemplaire connu de celui-ci (*infra* D3) semble avoir été réalisé hors chancellerie. On peut relever, mais avec prudence, qu'un original de Robert II, probablement établi en chancellerie (Newman n° 64 pour Notre-Dame de Lusignan, 1025) laisse voir une tentative, isolée, pour adapter le losange central du monogramme en O (sans doute le O de ROBERTUS).

11 Voir en particulier R.-H. Bautier, Recueil des actes d'Eudes, p. CIV–CV.

nouveau type de monogramme, d'inspiration globalement carolingienne, mais filiforme et plus étiré[12].

Une évolution autrement plus radicale affecte la présentation et la place du monogramme dans l'acte. Pendant tout le Xe siècle, le monogramme continue à être enchâssé dans une légende, où les scribes se livrent à des variations minimes d'expression et d'ordre des mots, mais ce sont là plus les effets d'une coquetterie stylistique, bien carolingienne, que d'une désorganisation du système. Il n'en reste pas moins qu'au XIe siècle, dans une proportion qui reste à mesurer exactement, la légende du monogramme est moribonde; la somptueuse présentation carolingienne, en lettres allongées, se simplifie (*Signum talis regis*) et peut encadrer aussi bien une croix qu'un monogramme; parfois, et de plus en plus souvent, elle disparaît, laissant le monogramme flotter au bas de l'acte[13].

Autre modification majeure, amorcée dès le règne de Lothaire, l'acte royal est fréquemment une simple confirmation de l'acte d'un tiers. D'une évolution complexe, on croit pouvoir dégager le schéma suivant: réagissant d'abord sans aucune règle à la pratique (simple apposition d'une croix autographe, plus ou moins longuement explicitée par un formule de chancellerie, parfois seulement annoncée par l'auteur de l'acte), la chancellerie du XIe siècle dégage progressivement des règles plus fermes d'intervention. A l'extrême fin du règne de Robert II et sous Henri Ier, elle emploie majoritairement le monogramme[14]. Le monogramme, de type constant, est alors employé indistinctement, comme signe de validation privilégié, au bas de tous les actes, intitulés au nom du roi ou simplement souscrits. L'évolution est achevée sous Philippe Ier, où c'est un nouvel acte, rédigé en chancellerie, régulièrement pourvu d'un monogramme, qui tend à s'accrocher au premier[15].

Reste à apprécier d'où le monogramme tire sa force. On ne reviendra pas longtemps sur la *vexata questio* de l'intervention autographe du souverain dans le monogramme[16]. Georges Tessier a insisté avec force sur l'irrégularité de la pratique. En bref, et déjà sous Charles le Chauve, plusieurs cas de figure coexistent: monogrammes dont le losange reçoit un chevron, pointé ou non, voire un simple point, qui se distinguent du reste du dessin par la différence d'encre et la malhabileté du tracé; monogrammes où le tracé de ces mêmes éléments, tout aussi adventices, dénote l'intervention d'une main plus experte; monogrammes entièrement tracés de la même main; monogrammes, enfin, où le chevron n'a pas été apposé. D'où la conclusion, prudemment avancée par Georges Tessier et Robert-Henri Bautier, que ces différences de traitement pourraient être un révélateur de la diversité des procédures d'expédition des diplômes: au stade ultime de la genèse de l'acte, celui-ci serait ou bien présenté au roi, qui y apposerait une marque autographe, ou bien simplement expédié en chancellerie, son monogramme complété par un notaire; et ce non sans quelques cas aberrants, où le monogramme destiné à recevoir le »Vollziehungsstrich« autographe du souverain ne lui aurait finalement pas été présenté, pour une raison inconnue. Ainsi pourraient même se discerner, d'un règne à l'autre, des conduites personnelles, Eudes intervenant autrement plus souvent que Charles le Chauve. On retrouve absolument la même situation sous Robert II et Henri Ier, dont les monogrammes sont fréquemment complétés d'un chevron malhabile, placé à l'occasion hors du losange central. Il arrive aussi, dans le type filiforme, que la branche inférieure de la croix soit biffée d'un trait négligée (dessinant peut-être à l'origine la lettre T de *ROBERTUS*). Il arrive enfin que la validation de l'acte, aux côtés d'un monogramme

12 Ce dernier type est illustré par l'exemple reproduit *infra* D9. Notons que certains types de monogrammes de Raoul, Louis IV, Lothaire et peut-être Louis V présentent déjà, en tout ou en partie, des traits fins.

13 Sur la base encore provisoire des diplômes dont je crois pouvoir attribuer la rédaction à la chancellerie royale, il semblerait que cette évolution se dégage très tôt, dès la fin des années 1010. Les légendes de conception carolingienne seraient dès lors majoritairement le fait des destinataires, influencés par les actes anciens de leur chartrier.

14 La pratique semble bien apparaître dans les années 1025–1030: deux copies figurées sous Robert II (Newman n° 71 et 75). Sous Henri Ier, pour se limiter aux originaux: monogramme dans Soehnée n° 31, 32, 40, 51; croix dans le n° 71 (la question est compliquée du fait du type non canonique des monogrammes employés dans les deux premiers de ces cas, et qui laissent suspecter une intervention du destinataire et non de la chancellerie).

15 Cet acte miniature et complémentaire est écrit, par la chancellerie, au bas du premier acte: on a conservé un cas particulièrement probant, où l'acte de confirmation par le roi (1075), trop long pour le support initial (acte de 1035), est écrit sur une petite bande de parchemin attachée au premier. Le monogramme, qui aurait pu occuper la place libre au bas de la seconde feuille, est apposé à cheval sur les deux supports, comme pour en authentifier le rapprochement (Prou n° 75).

16 Résumé de la discussion pour l'époque carolingienne dans Robert-Henri Bautier, La chancellerie et les actes royaux dans les royaumes carolingiens, dans: Bibliothèque de l'Ecole des chartes, t. 142 (1984), p. 5–80, à la p. 47 (reproduit dans Id., Chartes, sceaux et chancelleries, op. cit., avec la pagination d'origine).

entièrement dessiné par le destinataire, soit marquée par le Capétien au moyen d'une croix autographe: l'idée de départ serait donc celle des temps carolingiens; elle serait simplement renforcée, dans l'acte du XIe siècle, par l'insistance à demander une intervention personnelle de l'auteur au bas de l'acte.

Ajoutons enfin que le type du »précepte mineur«, assez fréquent à la chancellerie carolingienne du IXe siècle, subit une longue éclipse, avant de renaître à tâtons sous Henri Ier. On sait que cet acte d'administration »courante« (gestion des biens du fisc, concession de bénéfices viagers, affranchissement de serfs royaux, ratification d'élections ecclésiastiques) se caractérisait par la simplification des formes et l'absence de monogramme. Tout au long du Xe siècle et dans les premières décennies capétiennes, semble s'opérer une fusion des genres. Loin d'être préjudiciable au monogramme, elle généralise, ici encore, son emploi. Même si les contours des actes et les règles d'intervention de la chancellerie tendent à devenir plus flous, même si le monogramme, perdant quelques-unes de ses caractéristiques primitives, se voit concurrencé par la simple croix autographe, la *manus propria* du roi – puisque c'est toujours le terme exclusivement employé dans la corroboration[17]– voit donc confirmer son rôle essentiel dans la validation des actes.

II. La voie vers un nouveau monogramme

Non sans hésitations ni incohérence, c'est, semble-t-il, sous le règne de Philippe Ier que se mettent en place la plupart des composantes de ce qui va devenir, très progressivement, le diplôme capétien classique, monogramme compris. Il est vrai que, même sur la base des diplômes établis en chancellerie, base toujours discutable dans le détail[18], on voit coexister les usages les plus variés et que l'on ne peut au mieux que découvrir des tendances. Quelques grandes constantes et des innovations majeures peuvent néanmoins être dégagées. Pour faire bref, le bilan semble s'établir comme suit.

- Introduction, dès 1060, du terme *caracter/karacter* dans la corroboration pour annoncer le monogramme[19]. Présent seul ou dans diverses expressions, *caracter nominis mei (nostri)* principalement, parfois *signum caracteris*[20], le terme ne déloge pas instantanément la très carolingienne *manus propria*, qui se trouve encore à la chancellerie royale jusqu'en 1080, mais il est légué aux successeurs du roi, qui l'emploieront jusqu'à la disparition du diplôme[21].
- Rareté persistante, accrue même, des légendes du type *Signum ... Philippi (gloriosissimi) regis Francorum*[22], formule qui du reste peut tout aussi bien précéder ou encadrer une croix autographe[23]. Le plus souvent annoncé[24], le monogramme est, au moins dans une large partie du règne, »flottant«.
- Coexistence, dans plusieurs cas, du monogramme et de la croix autographe, dont on retrouvera encore quelques exemples sous Louis VI, plutôt semble-t-il au début du règne[25]. C'est là sans doute le phénomène le plus délicat à interpréter, comme le plus signifiant, dont on peut du reste trouver la préfiguration sous Henri Ier, mais pour un acte établi hors de la chancellerie[26]. L'ambivalence du terme *manus propria* et de la légende *Signum ... regis*, comme la comparaison de quelques cas suggèrent néanmoins un début de réponse. Rappelons cet acte de 1069, dont la corroboration annonce: *crucis signum digito meo impressi et karacter nominis mei imprimere jussi sigilloque meo corroboravi*[27]. Rapprochons-en le témoignage d'un autre acte, de 1082, qui s'éclaire par comparaison avec le précédent, et où la corroboration annonce le *nominis caracter*, alors que la copie du XVe siècle transcrit, sans signaler de monogramme, *Signum [croix] regis ⟨signatum manu sua⟩*[28]. Ajoutons l'exemple d'un acte de 1063, con-

17 La seule exception consiste en quelques actes de chancellerie de la fin du règne de Robert II, où aucun terme précis n'annonce le monogramme et où seul *firmavimus* est employé avant l'annonce de sceau (Newman n° 64, 81, 91).

18 J'ai repris ici comme base de travail les attributions proposées dans, Les actes établis en chancellerie royale sous Philippe Ier, op. cit.

19 Prou n° 4. Le terme *caracter* a en latin classique et médiéval un sens très fort: fer à marquer les bestiaux, inscription magique (p. ex. une croix cousue sur les vêtements), champ du sceau (représentation du sigillant): c'est une marque de propriété, un signe de représentation au sens plein.

20 Prou n° 16 (1063), 51 et 53 (1070).

21 Contrairement à ce que suggère M. Prou, Recueil, op. cit., p. CXVI–CXVII, l'expression *manus propria* ne semble pas réservée à l'annonce d'une croix autographe (comme c'est le cas dans Prou n° 37, de [1067–1068]) mais peut tout aussi bien annoncer un monogramme (Prou n° 39, de 1068; n° 62 de 1072; n° 95 de 1079).

22 Prou n° 51 (1070); n° 86 et 87 (1077).

23 Par exemple Prou n° 108 (1082); n° 113 (1085).

24 Mais pas, par exemple, dans Prou n° 41 (1069).

25 *Infra*, P3.

26 Soehnée n° 46.

27 Prou n° 43.

28 Prou n° 108; je place les trois derniers mots entre parenthèses brisées pour suivre l'hypothèse de M. Prou, op. cit., p. 276, n. (d), qui y voit une interpolation du copiste.

servé en original et qui juxtapose sur deux lignes, d'abord la croix autographe et le monogramme (sans légende) du roi, puis la croix et la souscription autographes, celle-ci en caractères cyrilliques, de la reine-mère Anne de Kiev (*ANA RGINA*)[29]. Suivons enfin Maurice Prou, qui a relevé combien les traces d'autographie et même de simple changement de main, à l'intérieur du monogramme (chevron, point ou biffure d'une branche de la croix) deviennent ténues sous Philippe Ier[30]. Le chevron, souvent pointé, se présente presque toujours sous une forme élégante, sans changement d'encre en tout cas, bien loin des maladroites interventions des règnes précédents.

Si l'on peut donc, non sans imprudence, formuler quelque hypothèse, nous serions ici à un point de rupture dans l'évolution de l'acte et du monogramme: d'un côté, dans le contexte d'une chancellerie un peu plus active et un peu plus »administrative«, le monogramme se dépersonnalise et de signe/signature achève de devenir signe de validation au sens technique; d'un autre côté, dans le contexte de l'acte du XIe siècle, il faut encore, au moins dans certains cas et comme dans les actes privés, qui contaminent l'acte royal par d'autres traits, la présence d'un signe concret et autographe: la croix. On retrouve de façon significative le même doublet, monogramme »de scribe« et croix autographe, dans l'un des rares actes privés septentrionaux de l'époque à nous livrer un monogramme[31].

Progressivement, puis assez radicalement sur la fin du règne, se met en place à la chancellerie un nouvel eschatocole, qui sera lui aussi légué aux successeurs de Philippe Ier. Il n'est pas sans intérêt de constater que l'une de ses pièces maîtresses réside dans la souscription exclusive des quatre grands officiers du roi, qui deviendra à son tour fictive, pour ne plus être qu'un élément de datation, maintenu même en cas de vacance de l'un des offices, et une caractéristique, avec le monogramme, du diplôme par opposition aux lettres et chartes. La mise en place de ce nouvel eschatocole commence, non sans retour en arrière, dès les années 1074–1076 et non pas à la fin du règne comme on l'a souvent écrit[32]; or il existe un lien organique, et jusque dans leur tâtonnements, entre ces nouvelles formules et les tentatives qui sont faites pour arrimer le monogramme auparavant »flottant« à telle ou telle partie du texte final des actes, tantôt à la corroboration ellemême[33], tantôt aux souscriptions des grands officiers[34], tantôt – formule que retiendra le diplôme capétien classique – à la recognition de chancellerie[35].

La dernière pièce à verser au dossier est constituée par le type même du monogramme: M. Prou a bien suggéré à quel point la chancellerie s'en tient à un unique patron de monogramme, à croix losangée, susceptible de variantes minimes[36]. Une seule addition peut être faite à ses conclusions: l'acte nc 141, conservé en original et incontestablement établi en chancellerie en 1101, livre un essai unique de monogramme tout différent, construit sur la base d'un H et abandonnant le losange traditionnel, qui n'a pas pour *PHILIPPUS* la signification précise qu'il possédait pour *KAROLUS*[37]. La chancellerie, certes, revient ensuite au type à losange central, mais la comparaison avec les types de monogrammes en usage sous Louis VI comme avec les monogrammes des Louis du IXe siècle est troublante[38]. L'acte se distingue également par un traitement tout aussi particulier des »souscriptions« des grands officiers: deux des noms sont laissés en blanc après l'indication du titre, un autre est complété après coup dans la ligne supérieure sans donner, il est vrai, de titre.

S'il est encore permis d'échafauder une hypothèse, on peut proposer de voir dans cet acte l'une des plus belles illustrations du »revival« carolingien, modéré et maîtrisé, qui semble caractériser la chancellerie de Henri Ier et de Philippe Ier, sous le chancelier-archichapelain-»apocrisiaire« Baudouin et sous ses émules. Modéré, parce qu'il n'y a pas retour à la présentation externe des diplômes carolingiens et que chrismon, ruche, légende du monogramme sont laissés au rayon des vieux accessoires. Maîtrisé, parce que des éléments épars, dans le préambule et diverses formules, sont réincorporés au sein d'une structure originale, qui va déboucher sur le diplôme capétien classique. Mais »revival«, mémoire longue si l'on préfère, parce que

29 Prou, n° 16.

30 M. Prou, op. cit., p. CXXI–CXXI.

31 *Infra*, P 19 (déjà signalé par A. Giry, Manuel de diplomatique, Paris, 1894, p. 598, n. 2).

32 O. Guyotjeannin, Les actes établis en chancellerie royale sous Philippe Ier, op. cit., p. 45.

33 Le monogramme est inséré après le mot *caractere* dans Prou n° 141 (1101: *infra* P1), après le mot *sigillo* dans le n° 161 (1107).

34 En coupant la souscription de l'échanson: Prou n° 76 (1075); après les souscriptions et avant la date: n° 97 (1079); après les souscriptions et avant les témoins: n° 107 (1082).

35 En coupant le nom du chancelier: Prou n° 41 (1069); après la récognition: n° 79 (1075–1076), n° 95 (1079).

36 Op. cit., p. CXXIV; *infra* D11.

37 *Infra*, P1.

38 *Infra*, P2–4 (Louis VI) et P18 (Louis II), qui dérive directement du type de Louis le Pieux (sauf place du I) et a un répondant exact dans le monogramme de Louis IV l'Enfant en Germanie au tournant des IXe et Xe siècles.

tout un vieux fonds d'idéologie royale carolingienne s'y étale avec insistance. Les essais de fixation du monogramme et des souscriptions des grands officiers s'inscrivent fort bien dans la même perspective. En des pages admirables, Jean-François Lemarignier a démonté le mécanisme de la création des grands officiers au début des années 1040[39]; comme toujours avec un certain décalage, les pratiques de la chancellerie vont sous Philippe Ier fixer la création, l'amplifier, avant que de la figer sous ses successeurs. Si l'on peut sur un point prolonger la réflexion, on doit insister sur l'allure très carolingienne de cette innovation, idéologique plus encore que simplement institutionnelle. Quelle image donne-t-elle de la tête du *palatium* capétien, si l'on met de côté un »apocrisiaire« ecclésiastique et un »comte palatin«, dont on a enfin pu se débarasser avec la mort du remuant Eudes II en 1037[40]? Un sénéchal, un connétable, un chambrier, un bouteiller. Comparons le témoignage d'Hincmar dans son épître *De ordine palatii: Apocrisiarius ... cui sociabatur summus cancellarius ... Post eos vero sacrum palatium per hos ministros disponebatur: per camerarium videlicet et comitem palatii, senescalcum, buticularium, comitem stabuli, mansionarium, venatores principales quatuor, falconarium unum*[41]. Non moins carolingiens les quelques aperçus que les diplômes capétiens veulent bien donner du fonctionnement du palais[42].

Revenons, après ce détour long mais obligé, au monogramme de Philippe Ier: la chancellerie, dans son type et son aspect filiforme, ne fait que reprendre le modèle du monogramme de son père. Une fois, en 1101, elle élabore un nouveau type, qui semble bien s'insérer dans une »restauration« carolingienne: une cruelle ignorance nous empêche de savoir, si tel est bien le cas, de quelle source elle a pu disposer. Il reste que la leçon n'est pas perdue pour la chancellerie de Louis VI et que, comme sous Henri Ier, la chancellerie de l'Ouest persiste dans le refus d'une influence impériale, qu'elle s'était empressée d'accueillir dans le type du sceau de majesté. Non sans déterminisme, on pourrait dire que sous Philippe Ier tout est joué: l'évolution ne demande plus que des perfectionnements.

III. Grandeur, avatars et disparition du monogramme capétien classique

Tout aussi fictif que les »souscriptions«, qui n'en sont plus, des grands officiers, le monogramme devient donc un outil technique de chancellerie. De là un emploi plus rigide, ensuite cantonné à un type diplomatique précis, le plus solennel, qui l'entraîne à terme dans sa disparition. De là, la part sans cesse croissante de l'élément décoratif (retour au trait plein, apparition et développement du traitement »esthétique«). De là, la fixation du monogramme en fin d'acte et, contresens absolu sur sa fin première, son insertion dans la recognition de chancellerie: le monogramme ne signe plus la plénitude de l'accord du souverain, il marque la perfection de la procédure d'expédition des diplômes[43]. Plus juristes, donc plus attentifs à l'intégrité des mots et des paroles, les scribes de la chancellerie, au lieu d'incorporer des »Vorurkunden« à un nouvel acte, délivrent bientôt des vidimus. On comprend qu'ils y reproduisent, au moins dans certains cas, le monogramme de l'acte vidimé, comme au XIVe siècle ils dessinent presque toujours le monogramme quand ils enregistrent l'acte[44].

39 J.-F. Lemarignier, Le gouvernement royal aux premiers temps capétiens (987–1108), Paris, 1965, p. 148–153.

40 M. Bur, La formation du comté de Champagne (v. 950–v. 1150), Nancy, 1977 (Mémoires des Annales de l'Est, 54), p. 191.

41 Ed. V. Krause, Hannover–Leipzig, 1894 (Fontes juris germanici antiqui), § 16, p. 15.

42 Comparer par exemple Prou n° 16 (1063): *quorum consilio meum regebatur palatium* et Hincmar, éd. citée (§ 13, p. 13): *indeficienter regis palatium regebatur et les ordinabatur* et les passages sur le rôle des *seniores* et *magnates* dans les délibérations (§ 30, p. 21). Une recherche plus large serait à mener sur des termes comme *consilium*, auxquels on pourrait ajouter *res publica*; J.-F. Lemarignier, loc. cit., a déjà insisté sur la tonalité »archaïque« de ces formules, qualificatif qu'il faut éviter de prendre dans un sens péjoratif. Il n'est d'autre part pas envisageable de faire du *De ordine palatii*, dont on sait la faible diffusion (un seul manuscrit connu), la source directe de ces formules, non plus que de tel »Fürstenspiegel« carolingien celle des préambules favoris de la chancellerie capétienne. Ces rapprochements ne servent au mieux qu'à faire pressentir l'inspiration générale.

43 C'est la même évolution que montre, dans l'Empire, la brève carrière autographe de l'»Eigenhändigkeits-Zeichen« du milieu du XIe siècle.

44 Par exemple vidimus par Philippe II en 1218 (a. st.) d'un acte de Louis VI de 1131 (Luchaire n° 479 = Arch. nat., K 22B, n° 7bis); par Philippe IV en février 1310 d'un acte de Charlemagne (Registres, op. cit., t. I, n° 1074 = Arch. nat. K 37, n° 43A); par Philippe IV en avril 1290 d'un acte de lui-même délivré en juillet 1286 (original de l'acte vidimé: Arch. nat. K 36, n° 4; vidimus: ibid., n° 4bis; le monogramme, à traits épais mais sans enjolivement, est transcrit dans le vidimus dans un cadre de fioriture; son dessin général est respecté, mais le S, qui était accosté au milieu de la hampe de droite, descend dans la copie jusqu'à s'inclure dans le U qui se détache de la même hampe). Une enquête reste à faire sur la proportion de vidimus redessinant le monogramme. – Dans les registres de Philippe IV, sur 24 diplômes enregistrés, 20 sont reproduits avec le monogramme; encore sur les quatre restants y en a-t-il un où l'espace devant accueillir le monogramme avait été prévu, mais laissé en blanc (Registres, op. cit., t. I, n° 1607). De même, les 3 diplômes relevés dans les registres de chancellerie de Philippe V et les 5 diplômes transcrits dans les registres de Philippe VI sont accompagnés du dessin de leur monogramme.

Un examen, même rapide, permet de constater la lente mais sûre progression vers une régularité plus grande du type et de l'emplacement du monogramme: ce processus occupe tout le XIIe siècle; on y peut voir le résultat conjugué du développement de la chancellerie et du déclin de la pratique d'établissement des actes par les destinataires, dont le dernier cas connu, isolé, remonte à 1190.

Le monogramme de Louis VI connaît bien quelques cas aberrants, par exemple des structures en O et L[45], mais dans la grande majorité des cas il est fondé sur une structure en H, dont on a déjà souligné l'allure carolingienne. Sur cette base, le D et le L se placent à gauche, le C et le V à droite. Les lettres O et S hésitent encore souvent; il arrive – surtout semble-t-il en début de règne – que le S soit à droite, le O flottant au-dessus de la barre horizontale, un I symétrique lui répondant parfois sous la barre; puis, type classique, le O et le S sont accostés de part et d'autre du sommet de la hampe de droite, type que reprendra Louis VII. Il faudra attendre l'édition critique des actes pour savoir s'il y a bien évolution chronologique, même lâche, d'un type à l'autre, et si le lien peut être fait entre ces phénomènes et les actes établis en chancellerie: retenons, avec prudence, que l'on sent poindre une certaine régularité, au moins dans l'inspiration générale, alors que chaque scribe reste assez libre dans le traitement de détail. Notons aussi, toujours dans le prolongement de la chancellerie de Philippe Ier, la place très souvent flottante du monogramme, sans légende, la plupart du temps entre les souscriptions des grands officiers et la recognition de chancellerie; mais relevons, surtout semble-t-il en fin de règne, divers essais menés pour enchâsser le monogramme dans la recognition, dont la formule elle aussi se fixe (*Data per manum N. cancellarii*): présentation qui deviendra vite la norme du diplôme capétien. Il arrive même, comme on le constatera encore sous Philippe Auguste, avant la vacance de la chancellerie (*Data vacante cancellaria*), que la base du monogramme coupe en deux le nom ou le titre du chancelier[46]. Troisième caractéristique, qui, elle, constitue une nouveauté absolue: dès 1119 au moins[47], on a plusieurs exemples d'abandon du monogramme filiforme au profit de traits pleins, voire d'un début d'ornementation: doublement des traits de la barre ou des hampes, adjonction de points ou de globules, comme de frangements ondulés le long des hampes.

Dans le dessin et la place du monogramme, les règnes suivants ne font qu'amplifier et systématiser ces tendances[48]. Louis VII reprend le dernier type de son père, puis le O se détache à nouveau de la hampe droite pour regagner le dessus de la barre, ou parfois s'inclure dans celle-ci en la coupant ou en surmontant une brisure en V; le I peut à son tour s'inclure dans le O ou surmonter la brisure en V. D'après un échantillon très insuffisant, on observe, non sans retour en arrière, la coupure et la brisure de la barre à partir des années 1145–1146. Il semble aussi qu'à partir d'une certaine date (1152 dans l'échantillon), le S vienne se superposer à la hampe de droite. La place du monogramme est désormais quasiment fixée dans la recognition, les recherches d'ornementation se multiplient[49].

La chancellerie de Louis VII semble avoir repris le dernier type du monogramme de son père. Il en va de même à l'avènement de Philippe Auguste, dont la chancellerie va créer un type classique de monogramme de *PHILIPPUS*, repris par tous les autres Philippe de la dynastie[50]. Bien loin en effet de ressusciter l'un ou l'autre type de Philippe Ier, il conserve la structure en H du monogramme de Louis VII, mais celle-ci n'a plus de sens: le seul H du nom du roi figure en effet déjà au bas de la hampe gauche. A son père, Philippe Auguste reprend aussi le principe d'un coupure de la barre horizontale, cette fois pour y insérer un S – lettre qui n'empêche pas parfois le V (inséré au bas de la hampe droite) de se muer en »9 tironien« (US). Le type est invariable, mais susceptible de toute une gradation dans l'ornementation, reflet direct de la plus ou moins grande solennité de l'acte[51].

Louis VIII reprend diverses solutions proposées par le monogramme de son grand-père Louis VII (I inclus dans le O central, S superposé à la hampe de droite)

45 A. Luchaire, op. cit., et communication de J. Dufour.

46 Par exemple: *Data per manum Stephani cancellarii* (Arch. nat. K 22^A, n° 2); *Data per manum Stephani cancellarii* (K 22^C, n° 9^2); *Data per manum Stephani cancellarii* (K 22^C, n° 8^3).

47 *Infra* P4.

48 Il suffit, pour épargner de fastidieuses descriptions, de renvoyer aux illustrations, *infra* P5–17.

49 Une hypothèse à tester serait celle d'un lien éventuel entre ornementation du monogramme et recherche de variété dans les couleurs des attaches de soie du sceau.

50 Exception épisodique sous Philippe IV en 1286 (acte cité *supra*, n. 44), où le S central est rejeté à droite et remplacé par une troisième hampe, médiane (P/L), et encore sous Philippe V à la recherche d'un type plus solennel (*infra*, P15: cette recherche d'ornementation accrue par surcharge de la barre centrale se trouve déjà sous Louis IX: *infra* P11). Philippe VI reprend le même type, mais place le U et le S de part et d'autre de la barre horizontale (*infra* P17).

51 *Infra*, P7 (destiné à un particulier, l'échanson Gautier), P8 (pour Notre-Dame de Paris), P9 (pour Saint-Germain-des-Prés): les trois reproductions sont à la même échelle.

mais, caractéristique unique chez les Capétiens, il abandonne la barre horizontale: conséquence probable de la perte du sens littéral du H porteur. Louis IX y revient pourtant, reprenant pour le reste le type du monogramme de son père. La recherche d'ornementation aboutit parfois à un type juxtaposant sur la barre elle-même, de part et d'autre du O, un V et un S.

Il est donc assez aisé de voir la chancellerie procéder de proche en proche pour fixer un nouveau type de monogramme; tout aussi éclatantes les recherches d'une ornementation de plus en plus chargée. C'est dans cette solennité même que réside la disparition du monogramme. De plus en plus archaïque, il est lié à un type diplomatique particulier, le diplôme, que caractérisent l'emploi exclusif du latin, l'invocation, la longue corroboration (fixée dès Philippe Ier et Louis VI), les souscriptions ornementales des grands officiers. Monstre archaïsant, le diplôme est emporté au début du XIVe siècle, à peu près en même temps que les privilèges à *rota* et *bene valete* de la chancellerie pontificale; en cas de besoin d'un acte très solennel, on fera dériver de la charte un type *ad perpetuam rei memoriam*, comme à la chancellerie pontificale on en fait dériver un de la lettre sur fil de soie. Il nous manque éditions et corpus critiques pour dater exactement la progressive fixation de la tripartition diplôme/charte/lettre, dont les caractères demeurent parfois encore flottants sous Louis IX. Les quelques moyens d'analyse rapide dont on dispose montrent que tout se joue au long du XIIIe siècle, avec une raréfaction sensible sous Louis IX. Le long règne de Philippe Auguste enregistre des phénomènes essentiels: liaison étroite du monogramme à un type d'acte perpétuel et solennel[52] et, déjà, recul quantitatif du monogramme, si l'on se fie aux seuls originaux[53].

Tableau 1 *Monogrammes dans les actes originaux de Philippe Auguste 1179–1223*

Années de règne	Nombre d'originaux A) avec monogramme	B) sans monogramme	Rapport A/B
1– 5 (nov. 1179–oct. 1184)	29	5	5,8
6–10 (nov. 1184–oct. 1189)	25	6	4,2
11–15 (nov. 1189–oct. 1194)	51	15	3,5
16–20 (nov. 1194–oct. 1199)	23	11	2,1
21–25 (nov. 1199–oct. 1204)	37	12	3,1
26–30 (nov. 1204–oct. 1209)	45	18	2,5
31–35 (nov. 1209–oct. 1214)	30	25	1,2
36–40 (nov. 1214–oct. 1219)	25	19	1,3
41–44 (nov. 1219–juin 1223)	18	18	1

A l'autre extrémité de l'évolution, les registres de chancellerie de Philippe IV, dont les régestes comprennent 2287 numéros, pour un nombre un peu supérieur d'actes, ne conservent la trace que de 24 diplômes avec monogramme: ils sont réservés à quelques vidimus d'actes de prédécesseurs du roi[54], à des libéralités en faveur d'établissements prestigieux ou chers au roi, à la ratification de fondations opérées par des proches, comme Bouville. Les registres de chancellerie ne livrent trace d'aucun diplôme sous Louis X et Charles IV. Philippe V en délivre à nouveau: 3 seulement sont conservés dans ses registres, dont les analyses comptent 3313 numéros[55]. Il s'agit toujours de ratifications, par vidimus ou confirmation et résumé, d'actes de tiers, dont deux de Philippe IV. Dans les trois cas aussi, les

52 On a ainsi conservé plusieurs cas d'expéditions doubles, l'une avec monogramme, l'autre en forme de lettre, au formulaire allégé et sans monogramme: voir par exemple, Recueil, op. cit., n° 744 dont les deux originaux ont été conservés (et également transcrits au XIIIe siècle dans le cartulaire du destinataire): Arch. nat., K 27, n° 8A et 8B. Connu par l'original de l'expédition avec monogramme et la copie de l'expédition sans monogramme (sans doute objet de moins grands soins archivistiques): ibid., n° 449 et 830. Connu seulement par copies: ibid., n° 405.

53 Ce calcul est fait sur le matériel réuni dans les quatre volumes parus du Recueil, op. cit. Quelques addenda doivent paraître dans le t. V, mais modifieront peu les conclusions. Il n'est question ici que de rapports: il est évident que, transitoires, les catégories les plus simples d'actes, sans monogramme, mandements en tête, ont été exposées à de bien plus grandes pertes que les privilèges soigneusement conservés.

54 13 des 24 diplômes sont des vidimus d'actes de prédécesseurs, auxquels se joignent 7 vidimus d'actes d'autres auteurs, dont 2 des ducs de Normandie et rois d'Angleterre. La fréquence du recours au diplôme pour de tels vidimus est proportionnelle à l'ancienneté des actes vidimés, selon le voeu sans doute des destinataires, qui font dans le beau (et le cher) pour les documents les plus vénérables: les vidimus d'actes de Charlemagne, Charles le Chauve, Charles III, Lothaire et Louis V sont tous en forme de diplôme, à la différence de celui d'un acte de Henri Ier (Registres, op. cit., t. I, n° 537) et de l'un des deux actes vidimés de Louis VII (ibid., n° 415; econtra n° 1607 en forme de diplôme); seuls 5 des 20 actes de Philippe Auguste vidimés le sont par diplôme. De même en 1290, le vidimus d'un diplôme royal de 1286 est-il délivré sous forme de charte et non de diplôme (*supra*, n. 44). Notons aussi que sur les 24 diplômes enregistrés, 12 ne portent pas de mentions hors-teneur, 10 sont commandés par le roi, mais un l'est par le chancelier et un autre par l'aumônier.

55 Registres, op. cit., t. II–1, n° 1706, 1743, 1845. Deux mentions de commandement par le roi, un diplôme sans mention.

actes touchent des établissements très proches de la dynastie (Saint-Louis de Poissy, une chapelle Saint-Louis, les Clarisses du Moncel). Philippe VI clôt la liste avec une série de cinq diplômes délivrés de janvier à avril 1330[56]. Cette curiosité est d'autant moins significative que, sous Philippe IV et Philippe V, le diplôme a été poussé dans les dernières limites de la solennité, dans une ambiance de fermentation idéologique longtemps négligée, et qui fournit au monogramme, peu avant sa disparition, un ultime avatar, ici encore indissociable de la souscription des grands officiers.

Dans deux actes de la fin du règne de Philippe IV, vidimant en juin 1313 divers actes des ducs de Normandie, rois d'Angleterre et particuliers en faveur de Saint-Amand de Rouen, le S central du monogramme est surmonté d'une fleur de lys[57]; le symbole est repris par son fils Philippe V[58]. Les mêmes règnes voient des recherches parallèles d'ornementation des souscriptions des grands officiers, qui déjà sous Louis VII pouvaient être l'occasion d'enrichissement graphique (allongement démesuré du S, recoupé non par un seul signe d'abréviation mais par une série de barres obliques). Sous Philippe IV, les registres de la chancellerie permettent de suivre pas à pas les progrès de l'ornementation surmontant la barre d'abréviation du S, qui se distingue très vite chez le chambrier Louis de Bourbon, parent du roi, par l'adjonction d'une petite fleur de lys; les autres symboles affectés aux deux autre officiers (le sénéchalat est depuis longtemps vacant) sont plus longs à se laisser déchiffrer: en fin de règne, on observe très bien une croix ou un tau pour le bouteiller Guy de Châtillon, un oiseau pour le connétable Gaucher de Châtillon[59]. Qu'il s'agisse, au moins pour Louis et Gaucher, de la volonté délibérer de reproduire un meuble héraldique est confirmé par la plus belle pièce de la série, un diplôme de Philippe V pour la fondation dynastique de Saint-Louis de Poissy[60]: non seulement le monogramme y reçoit une ornementation tout spéciale, mais encore on fait suivre le *Signum* de chacun des trois officiers en exercice, du dessin (et sans doute de la peinture sur l'original) de leur écu[61]. Témoin de l'»invasion« de l'héraldique[62], mais aussi de la symbolique royale au début du XIVe siècle, cette évolution extrême du diplôme est quasi-contemporaine de sa disparition[63].

Quatre siècles d'évolution du monogramme permettent de saisir ou vérifier divers aspects de la diplomatique royale et l'on ne peut que souhaiter une étude plus détaillée, qui permettrait de mieux assurer les hypothèses. Sa progressive dépersonnalisation, s'accompagnant d'une croissante ornementation, causant à terme sa disparition, semble la tendance la plus importante. Comme tout produit du travail de la chancellerie, le

56 Signalés par J. Viard, op. cit., ils sont analysés dans, Registres, op. cit., t. III, n° 694, 771, 790, 830 et 973. Les cinq actes portent une mention de commandement par le roi. Ils sont d'autant en rupture avec les usages précédents, qu'aucun d'eux n'est un vidimus, mais qu'ils notifient des décisions royales (dont trois prises d'établissements ecclésiastiques sous la sauvegarde du roi) et même la ratification d'une décision pontificale sur la délimitation de deux diocèses (n° 790).

57 Registres, op. cit, t. I, n° 1966 (*infra* P 14) et 1967.

58 Originaux déjà signalés, à ce détail près, par A. Giry et G. Tessier, et tous destinés à l'abbaye de Saint-Wandrille: Bibl. nat., latin 16738, n° 11, 12, 12bis et 14.

59 Dans un premier temps, il ne s'agit que de variations graphiques sans contenu héraldique (original de 1310: *infra* P13; exactement reproduit dans le registre de chancellerie: Registres n° 1118). En novembre 1311 (Registres n° 1423), la barre du S du connétable Gaucher est surmontée d'une croix recourbée, qui n'est peut-être pas une fleur de lys (le lys sera ensuite réservé à Louis), les barres des deux autres S ne portant qu'une croix normale et mince. Par la suite, on observe, avec régularité (mais pas dans tous les actes) un lys pour Louis, une croix droite pour Guy, un petit rectangle transversal, droit ou concave, pour Gaucher (Registres n° 1479, 1607, 1664–1666; rien pour Gaucher: n° 1908). Il faut noter que les deux actes où la fleur de lys surmonte le monogramme royal (ci-dessus, n. 57) ne laissent rien voir (au moins dans le registre) sur la barre du S des grands officiers. L'oiseau de Gaucher est nettement visible en octobre 1313 (Registres n° 2093), peut-être déjà esquissé en août (ibid. n° 2053). Ces symboles, tau, lys et oiseau, sont repris sous Philippe V (*infra*, P 16).

60 *Infra*, P15. Sur l'importance idéologique de la fondation et de ses partis architecturaux et iconographiques, voir en dernier lieu A. Erlande-Brandenburg, La priorale Saint-Louis de Poissy, dans: Bulletin monumental, t. 129 (1971), p. 85–112 et, Art et politique sous Philippe le Bel: la priorale Saint-Louis de Poissy, dans: Académie des Inscriptions et Belles-Lettres. Comptes rendus des séances, 1987, p. 507–518.

61 Louis [de Bourbon] chambrier: semé de France brisé d'un bâton. – Henri [de Sully] bouteiller: lion sur champ semé d'étoiles. – Gaucher [de Châtillon] connétable: trois pals de vair sous un chef brisé d'une merlette (les descriptions sont empruntées à L. Douët d'Arcq, préface à Archives nationales, Collection de sceaux, t. I, Paris, 1863, p. XXXIII, qui avait déjà signalé l'acte).

62 M. Pastoureau, Traité d'héraldique, Paris, 1979, p. 63.

63 Notons du reste que l'interprétation »symbolique« du monogramme est aussi un réflexe du falsificateur qui, à une date encore inconnue mais relativement tardive, a forgé un diplôme du maire du palais Pépin (⟨15 novembre 691⟩) pour l'abbaye de Lobbes. Le pseudo-original a disparu en 1940 mais le monogramme a été reproduit, d'après l'édition de Waulde, par Papenbroeck, Propylaeum antiquarium circa veri ac falsi discrimen in vetustis membranis, pars I (rééd. Acta sanctorum, Avril, t. II, Rome, 1866, p. XXII), qui le dit joliment *mysteriis plenum*: librement inspiré d'une structure en H, il est surmonté d'une couronne fleurdelysée. Les circonstances exactes de la forgerie n'ont malheureusement jamais été étudiées de près à ma connaissance (en dernier lieu I. Heidrich, Urkunden der arnulfingischen Hausmeier, dans: Archiv für Diplomatik, t. 11–12 (1965–1966), p. 71–279, n° FA2, p. 255–258 et 260–261).

monogramme mélange tradition et innovations, révélatrices d'une époque et d'une idéologie. Tout au long de son histoire, on voit la tradition se propager de proche en proche, d'un règne à l'autre, non sans subir de légers mais significatifs infléchissements. Il n'y a pas de modèle carolingien fixe auquel on se référerait directement, exception faite peut-être – mais par quels biais? – de l'époque de Philippe Iᵉʳ. Il n'y a jamais imitation, bien au contraire, des monogrammes impériaux contemporains. Ajoutons que sans être en rien une prérogative royale, puisque de petits seigneurs, de modestes scribes peuvent en faire tracer au bas de leurs actes[64], le monogramme ne figure que bien rarement au bas des actes des princes territoriaux, qui pourtant dès les Xᵉ–XIᵉ siècles manifestent leur pouvoir par l'emprunt de nombreux éléments diplomatiques à l'acte royal. Relevons enfin qu'une autre voie ouverte, toujours par Charlemagne, au monogramme, son emploi dans le domaine monétaire, s'est encore plus vite fermée[65]. En bref, révélateur intéressant de l'évolution des pratiques de la chancellerie, le monogramme ne semble avoir qu'à certains moments-clefs de l'évolution de l'acte et du pouvoir royal, l'importance fondamentale que laisserait attendre sa présence spectaculaire au bas des actes.

Appendice: Sources, bibliographie, illustrations

On donne ici, règne par règne et en trois alinéas successifs, l'état des sources publiées (§ a), les études spéciales et fac-similés de monogrammes (§ b), les références des illustrations sélectionnées et reproduites ci-après en annexe (§ c: en l'absence de mentions contraires, il s'agit d'actes conservés en originaux et dont l'attribution à la chancellerie est certaine ou très probable, au moins en l'état actuel des connaissances).

Eudes (888–898)

a) Recueil des actes d'Eudes, par R.-H. Bautier, sous la direction de G. Tessier, Paris, 1967.
b) Ibid., p. CIII–CV; f.–s.: ibid., planche IV (6 originaux).
c) D1: 889, 14 décembre (éd. Recueil n° 15 = pl. IV, n° 5).

Charles III (893–923)

a) Recueil des actes de Charles III le Simple, par P. Lauer, sous la direction de F. Lot, Paris, 1940–1949.
b) Ibid., p. LXXVII–LXXIX; f.–s.: ibid., planche III (2 originaux).
c) D2: 921, 22 avril (éd. Recueil n° 108 = pl. III, n° 2).

Robert Iᵉʳ (922–923)

a) Recueil des actes de Robert Ier et Raoul, par J. Dufour, sous la direction de R.-H. Bautier, Paris, 1978.
b) Ibid., p. LXXIV; pas de f.–s.
c) D3: 923, 25 janvier (éd. Recueil n° 1 = copie fin XIIIᵉ siècle au cartulaire de Saint-Denis, Arch. nat., LL 1157, p. 43, col. b). Seul monogramme du roi dont le dessin soit connu, il est fort probablement l'œuvre du moine de Saint-Denis qui, de l'avis formel de l'éditeur, a rédigé l'acte; on remarquera du reste que la structure compliquée du monogramme est très proche de celle du monogramme de Philippe Iᵉʳ dessiné sur un acte de 1068, lui aussi rédigé à Saint-Denis (copie, même cartulaire, p. 42, col. a = Prou n° 40).

Raoul (923–936)

a) Ibid.
b) Ibid., p. XXXIII–XXXVIII, LXXV–LXXVII; f.–s.: ibid., planche I (3 originaux).
c) D4: 932, 21 juin (éd. Recueil n° 18 = pl. I, n° [2]).

Louis IV (936–954)

a) Recueil des actes de Louis IV d'Outremer, par P. Lauer, sous la direction de M. Prou, Paris, 1914.
b) Ibid., p. XXXV–XXXIX; f.–s.: ibid., planches I–IIIb (4 originaux), IV (1 pseudo-original), V (5 originaux), VI (6 copies médiévales), VII (15 copies modernes).
c) D5: 951, 3 février (éd. Recueil n° 37 = pl. V, n° 4).

64 Une enquête approfondie est ici encore à mener; quelques cas sont recensés par A. Giry, Manuel de diplomatique, op. cit., p. 598 ; ajoutons-y le monogramme de l'évêque de Beauvais Philippe de Dreux (par exemple Arch. dép. Oise, H 4504, de 1179) et quelques cas de monogrammes pris comme figure principale d'un sceau (4 cas signalés par L. Douët d'Arcq, op. cit., t. I, p. XCII et n. 30).

65 On trouve encore un monogramme de Hugues Capet sur un denier frappé à Paris (J. Lafaurie, Les monnaies des rois de France, t. I, Paris, 1951, n° 2, p. 2 et pl. I: les quatre lettres du nom autour d'une croix simple). Ses successeurs ne connaissent plus, et rarement, que la reprise de monogrammes carolins déformés (Robert II à Paris: ibid., n° 11ᵇⁱˢ, p. 3 et pl. I; Henri Iᵉʳ à Senlis: ibid., n° 29 et 30, p. 5 et pl. II; Louis VI, le dernier relevé, à Etampes: ibid., n° 110, p. 13 et pl. IV), quand ce n'est d'autres prédécesseurs (par exemple monogramme du duc de Bourgogne Otto sous Robert II à Mâcon: ibid., n° 20, p. 4 et pl. I; d'Eudes sous Philippe Iᵉʳ à Château-Landon: ibid., n° 52, p. 7 et pl. II). Il n'y a là, on le voit, que routine d'atelier. On constate le même phénomène dans la plupart des émissions monétaires des grandes principautés: lorsqu'elles représentent un monogramme (Bretagne, Auvergne, etc.), elles se contentent de reprendre un monogramme carolin, déformé, puis abandonné; il n'en est que plus intéressant de constater que le comte d'Anjou Foulque Nerra (987–1040) fait, comme Hugues Capet, mettre son propre monogramme sur ses deniers (E. Caron, Monnaies féodales de la France, Paris, 1882, p. 63, n° 100 et pl. V, n° 2).

Lothaire (954–986)

a) Recueil des actes de Lothaire et de Louis V, par L. Halphen et F. Lot, sous la direction de H. d'Arbois de Jubainville, Paris, 1908.
b) Ibid., p. XXVI–XXVIII, XXXIX–XLI; f.–s.: planche I (4 originaux, 1 copie médiévale, 2 copies modernes).
c) D6: type de monogramme utilisé de [954–955] (éd. Recueil n° 2) à 967 (éd. Recueil n° 28), reproduit ibid., pl. I, n° A (sans indication précise de source).

Louis V (978–987)

a) Ibid.
b) Ibid., p. XXXVIII, XXXIX, XLI; f.–s.: planche I (1 original, 1 copie moderne).
c) D7: 979, après le 8 juin (éd. Recueil n° 70 = pl. I, n° : copie moderne).

Hugues Capet (987–996)

a) Dossiers préparatoires à l'édition de l'Académie des Inscriptions.
c) D8: 989 (Arch. nat. K 18, n° 1, pour Saint-Maur-des-Fossés.– L'un des deux seuls monogrammes connus en original, dont l'attribution à la chancellerie est incertaine).

Robert II (988–1031)

a) W. M. Newman, Catalogue des actes de Robert II, Paris, 1937; dossiers préparatoires à l'édition de l'Académie des Inscriptions.
c) D9: 1019 (Newman n° 50 = Arch. dép. Saône-et-Loire G 156, n° 2.– L'attribution à la chancellerie est très vraisemblable).

Henri Ier (1031–1060)

a) F. Soehnée, Catalogue des actes de Henri I, Paris, 1907; dossiers préparatoires à l'édition de l'Académie des Inscriptions.
c) D10: [1033–1037] (Soehnée n° 40 = Arch. mun. Tours AA1, n° 1: acte confirmé par le roi.– Version très négligée du type de chancellerie, que l'on retrouve, à quelques variations mineures près, et plus appliqué, dans Soehnée n° 46 et 47).

Philippe Ier (1059–1108)

a) Recueil des actes de Philippe Ier, par M. Prou, Paris, 1908.
b) Ibid., p. CXIX–CXXIV; f.–s.: planches I–IV (22 originaux), V (4 copies médiévales), VI–VII (14 copies modernes).
c) D11: [1101–1106] (éd. Recueil n° 153 = pl. II, n° 4; type courant à la chancellerie). – P1: 1101 (éd. Recueil n° 141 = Arch. nat. K 20, n° 7; seul original connu de la chancellerie présentant ce type).

Louis VI (1108–1137)

a) Recueil des actes de Louis VI, par J. Dufour, sous la direction de R.-H. Bautier, 3 vol. parus, Paris, 1992–1993; index sous presse.
b) A. Luchaire, Sur deux monogrammes inédits de Louis VI le Gros, dans Académie des Inscriptions et Belles-Lettres. Comptes rendus des séances, 1886, p. 458–462; Recueil cit., t. III, p. 145–147; f.-s.: planches II–V (19 originaux, 4 copies).
c) P2: 1111, avant le 12 mars (ind. Luchaire n° 109 = Arch. nat. K 21^{A}, n° 2bis). – P3: 1116, avant le 3 août (ind. Luchaire n° 211 = Arch. nat., K 21^{B}, n° 11^{4}). – P4: 1119, avant le 3 août (ind. Luchaire n° 272 = Arch. nat. K 21^{C}, n° 14).

Louis VII (1137–1180)

a) A. Luchaire, Etudes sur les actes de Louis VII, Paris, 1885; Recueil des actes de Louis VII, en préparation par M. Nortier.
b) A. Luchaire, op. cit., p. 74–78; f.–s.: ibid., planches II, IV–V (11 originaux).
c) P5: 1141, 1er août – 1142, 18 avril (ind. Luchaire n° 82 = Arch. nat. K 23^{A}, n° 6^{8}). – P6: 1149, novembre – 1150, 15 avril (ind. Luchaire n° 244 = Arch. nat. K 23^{C}, n° 15^{11}).

Philippe II Auguste (1179–1223)

a) Recueil des actes de Philippe II Auguste, 4 vol. parus, Paris, 1916–1979. [Le t. V, en préparation par M. Nortier, doit comprendre des addenda, dont on n'a pu tenir compte ici].
b) Recueil cit., t. V, introduction générale en préparation.
c) P7: 1200, 9 avril – 31 octobre (éd. Recueil n° 629 = Arch. nat. K 27^{A}, n° 1bis). – P8: 1200, [vers août] (éd. Recueil n° 649 = Arch. nat. K 27^{A}, n° 2). – P9: 1202, 1er novembre – 1203, 5 avril (éd. Recueil n° 732 = Arch. nat. K 27^{A}, n° 6).

Louis VIII (1223–1226)

a) Catalogue, sans introduction diplomatique, par C. Petit-Dutaillis, Etude sur le règne de Louis VIII, Paris, 1894, p. 449–500.
c) P10: 1224, [décembre] (Petit-Dutaillis n° 187 = Arch. nat. K 29, n° 2).

Louis IX (1226–1270)

c) P11: 1248, août (Arch. nat. K 30^{B}, n° 17, pour la Sainte-Chapelle de Paris).

Philippe III (1270–1285)

c) P12: 1279, août (Arch. nat. K 34^{C}, n° 24, pour le Temple).

Philippe IV (1285–1314)

a) Actes de (1300–)1307–1314 enregistrés en chancellerie [Arch. nat., JJ 37–50]: Registres du Trésor des Chartes, t. I, Règne de Philippe le Bel: inventaire analytique, par J. GLÉNISSON et J. GUEROUT sous la direction de R. FAWTIER, Paris, 1958.

c) P13: 1310, avril (Arch. nat. K 37^E, n° 44 [= Registres n° 1118], pour Notre-Dame du Carmel). – P14: 1313, juin (copie contemporaine au registre de chancellerie: Registres n° 1966 = Arch. nat. JJ 49, fol. 26 v°).

Louis X (1314–1316)

a) Actes enregistrés en chancellerie [Arch. nat., JJ 50 et 52]: Registres du Trésor des Chartes, t. II-1, Règnes de Louis X le Hutin et de Philippe V le Long: inventaire analytique, par J. GUEROUT, sous la direction de R. FAWTIER, Paris, 1966.
Aucun monogramme signalé ni retrouvé.

Philippe V (1316–1322)

a) Actes enregistrés en chancellerie [Arch. nat., JJ 53–56, 58–60]: ibid.

c) P15: 1318, janvier (copie contemporaine au registre de chancellerie: Registres n° 1706 = Arch. nat. JJ 56, fol. 33 v°). – P16: 1318, avril (copie contemporaine au registre de chancellerie: Registres n° 1845 = Arch. nat. JJ 56, fol. 96 v°).

Charles IV (1322–1328)

a) Actes enregistrés en chancellerie [Arch. nat. JJ 61–62 et 64; quelques actes dans JJ 65^A]: Registres du Trésor des Chartes, t. II–2, Règne de Charles IV: inventaire analytique, par J. GUEROUT, en préparation.
Aucun monogramme signalé ni retrouvé dans les registres.

Philippe VI (1328–1350)

a) Actes enregistrés en chancellerie [Arch. nat. JJ 65^A–79^B]: Registres du Trésor des Chartes, t. III, Règne de Philippe de Valois: inventaire analytique, par J. VIARD et A. VALLÉE, 3 vol., Paris, 1978–1984.

b) J. VIARD, Diplômes et lettres solennelles de Philippe VI de Valois, dans Le Moyen Age, t. 24 (1911), p. 225–235; f.–s.: ibid., p. 230.

c) P17: 1330, janvier (copie contemporaine au registre de chancellerie: Registres n° 830 = Arch. nat. JJ 66, fol. 70 v°).

Autres auteurs, dont les monogrammes sont reproduits a titre de comparaison

Louis II roi de France (877–879)

c) P18: 879, 1er janvier (éd. Recueil des actes de Louis II le Bègue, Louis III et Carloman, par: R.-H. BAUTIER, Paris, 1978, n° 28 = Arch. nat. K 15, n° 1).

Nivelon seigneur de Pierrefonds (fin XIe–début XIIe siècle)

c) P19: s. d. [vers 1100] (Arch. nat. K 20^B, n° 6^{21}, donation au prieuré de l'abbaye tourangelle de Marmoutier à Pierrefonds).

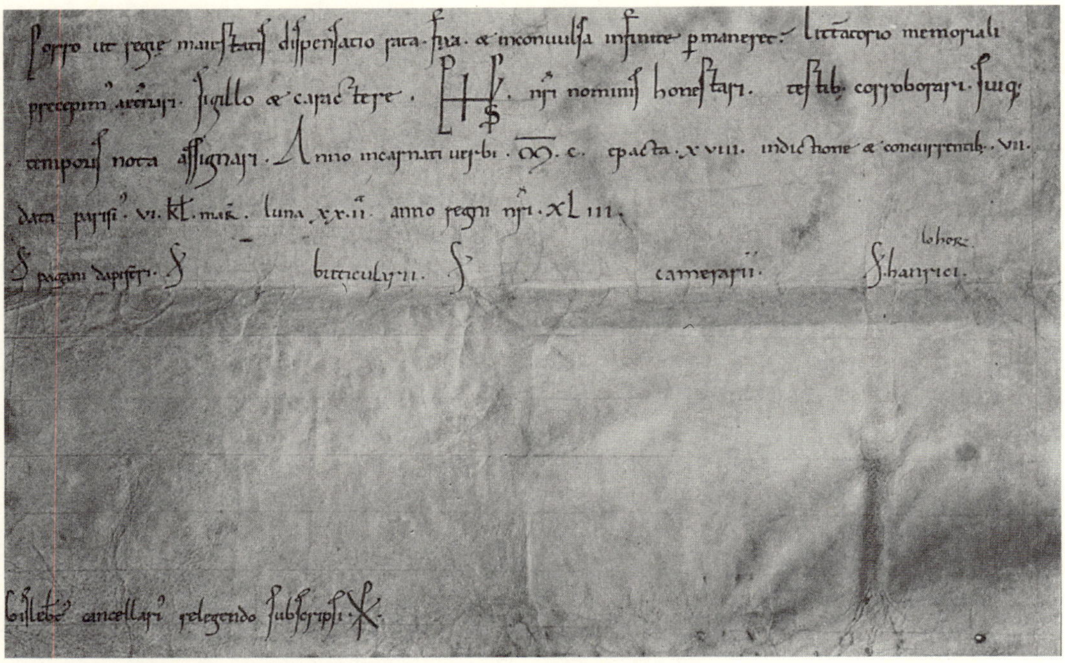
Porro ut regie maiestatis dispensatio rata firma et inconvulsa in futuro permaneret: litteratorio memoriali preceptum artari sigillo et caractere ... nostri nominis honestari. testibus corroborari. suique temporis nota assignari. Anno incarnati verbi M. C. epacta XVIII. indictione et concurrentibus VII. data parisius VI. kl. mar. luna XXII. anno regni nostri XLIII.
S. pagani dapiferi. S. ... buticularii. S. ... camerarii. S. hanrici lohorc.
Gislebertus cancellarius relegendo subscripsi.

P 1 *Philippe Ier (1059–1108), 1101*

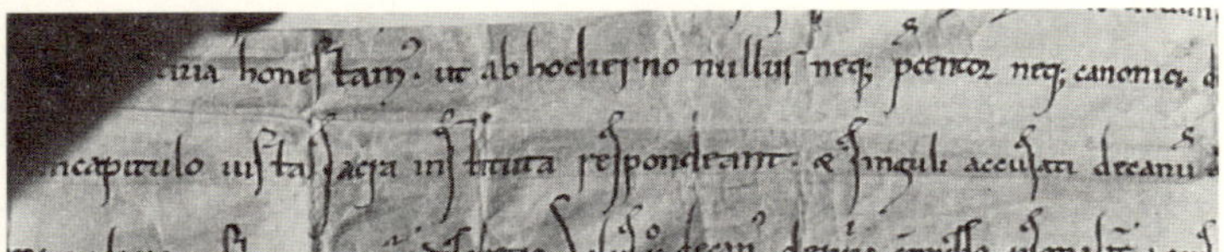
...tia honestam. ut ab hodierno nullus neque precentor neque canonicus ...
... in capitulo iustas facere in iusticia responderant. et singuli accusati decani ...
... iudicio iusta ... discretio. Solus vero decanus ... commisso personaliter accus...
... in capitulo. Quod ne regni ... aliquis qui absque usurpatore ...
... de palatio nostro quorum nomina subtitulata sunt et signa.
... tunc temporis dapiferi ... S. hugonis con...
... nostro anno incarnati verbi M. C. XI. Anno ... consecrationis
...tius relegendo subscripsi.
... archiepiscopi. S. ... galonis parisiensis episcopi. S. iohannis aurelianen...
... anathemate ... episcoporum IIII. ... sci gregorii ...

P 2 *Louis VI (1108–1137), 1111, avant le 12 mars*

P 3 *Louis VI (1108–1137), 1116, avant le 3 août*

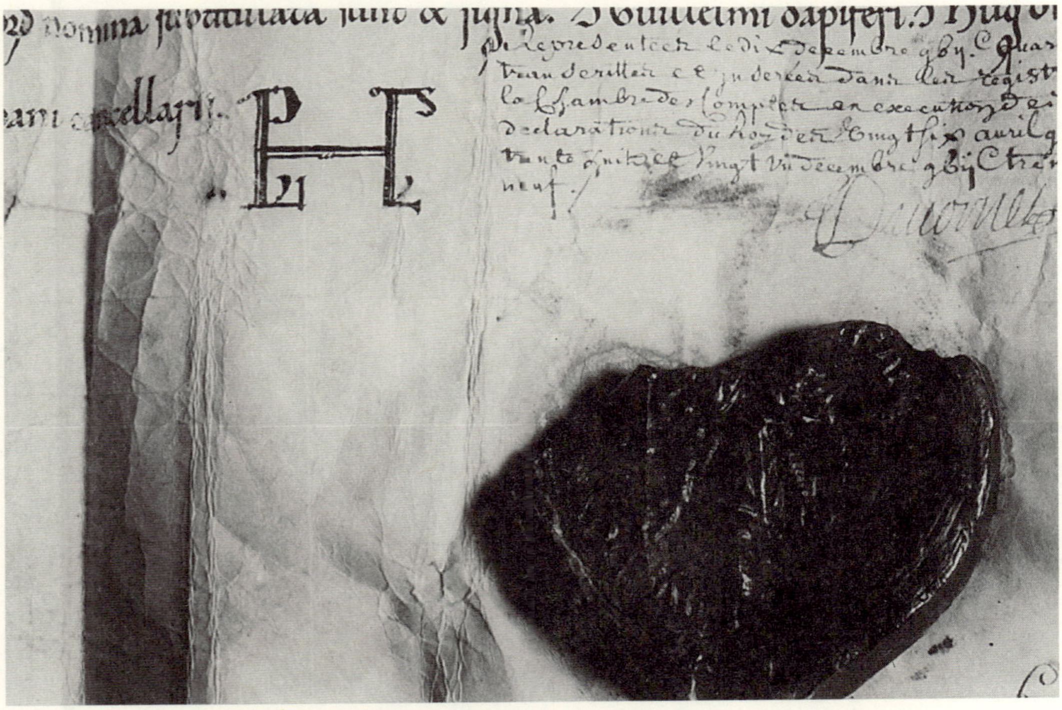

P 4 *Louis VI (1108–1137), 1119, avant le 3 août*

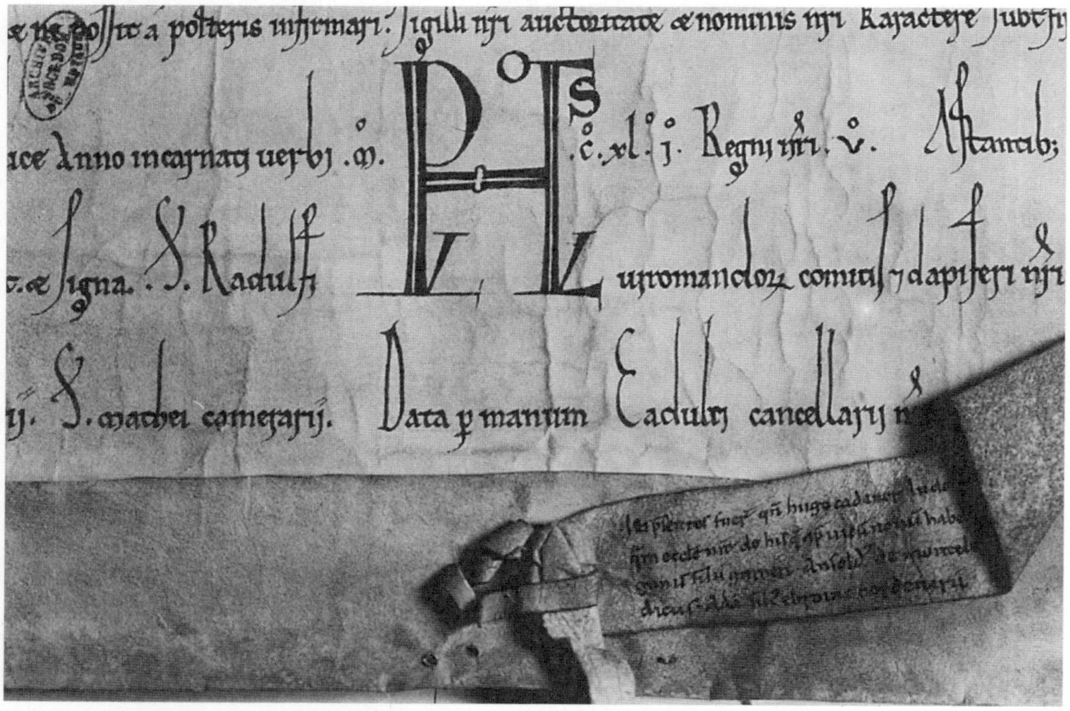

P 5 *Louis VII (1137–1180), 1141, 1er août–1142, 18 avril*

P 6 *Louis VII (1137–1180), 1149, novembre–1150, 15 avril*

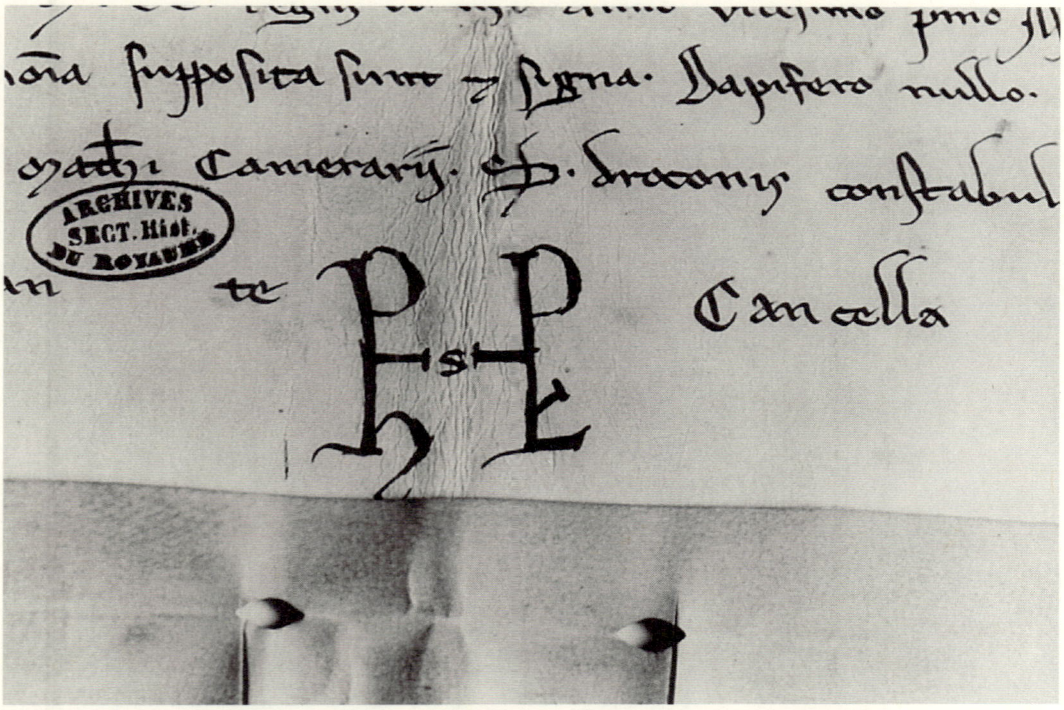

P 7 *Philippe II Auguste (1179–1223), 1200, 9 avril–31 octobre*

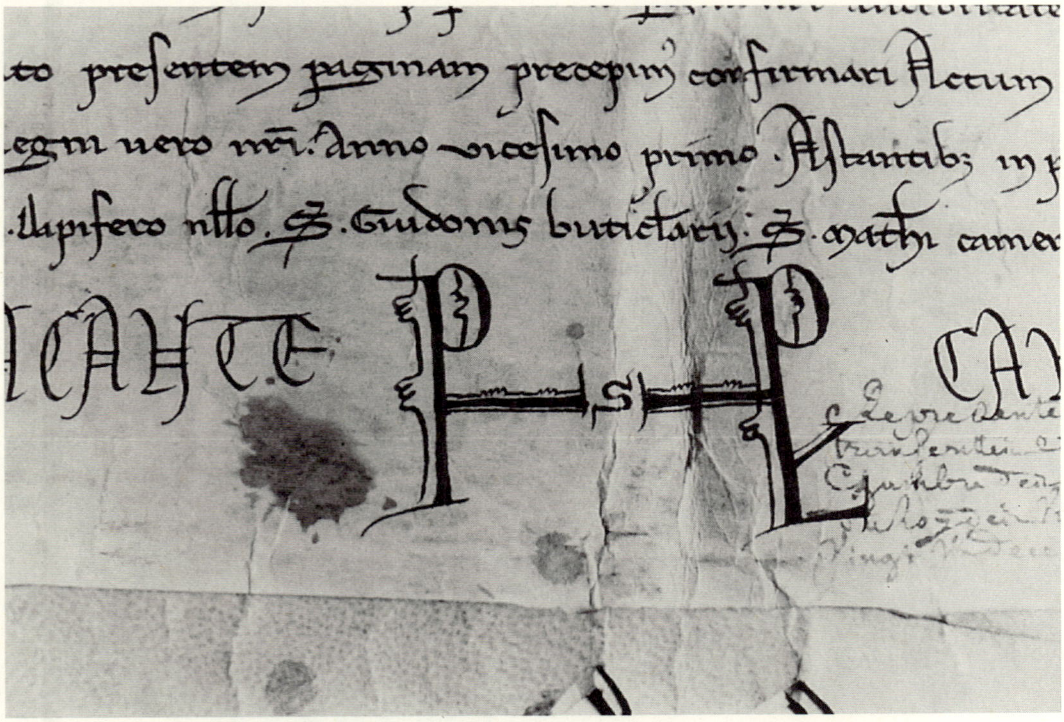

P 8 *Philippe II Auguste (1179–1223), 1200 [vers août]*

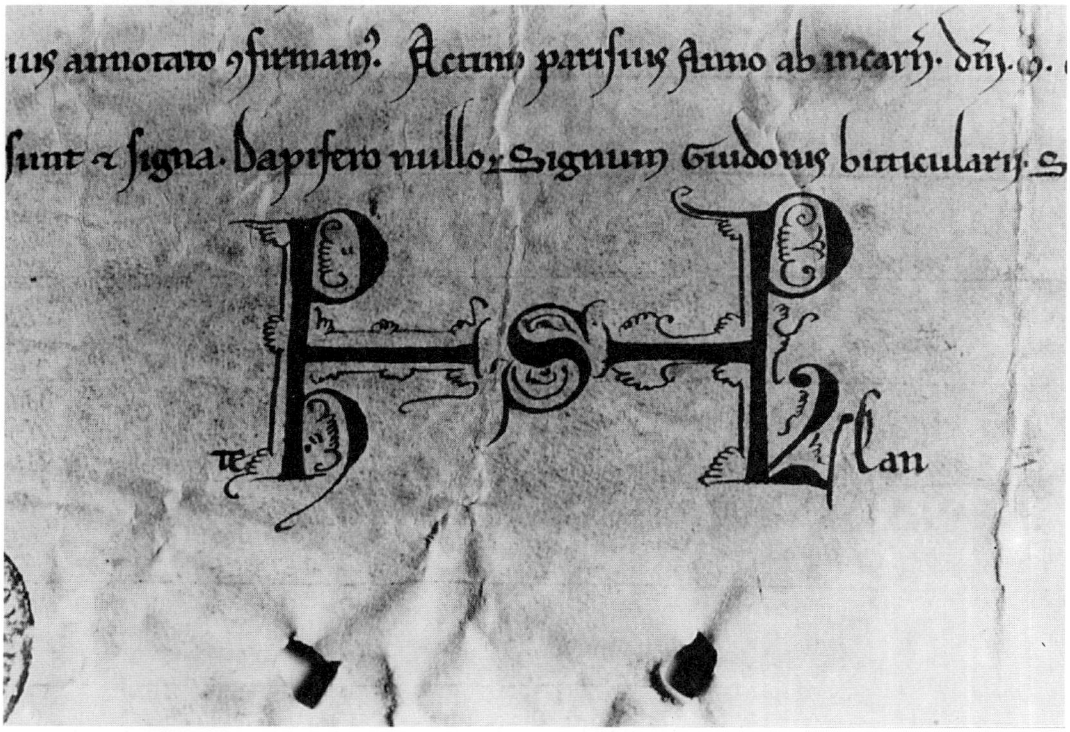

P 9 *Philippe II Auguste (1179–1223), 1202, 1er novembre–1203, 5 avril*

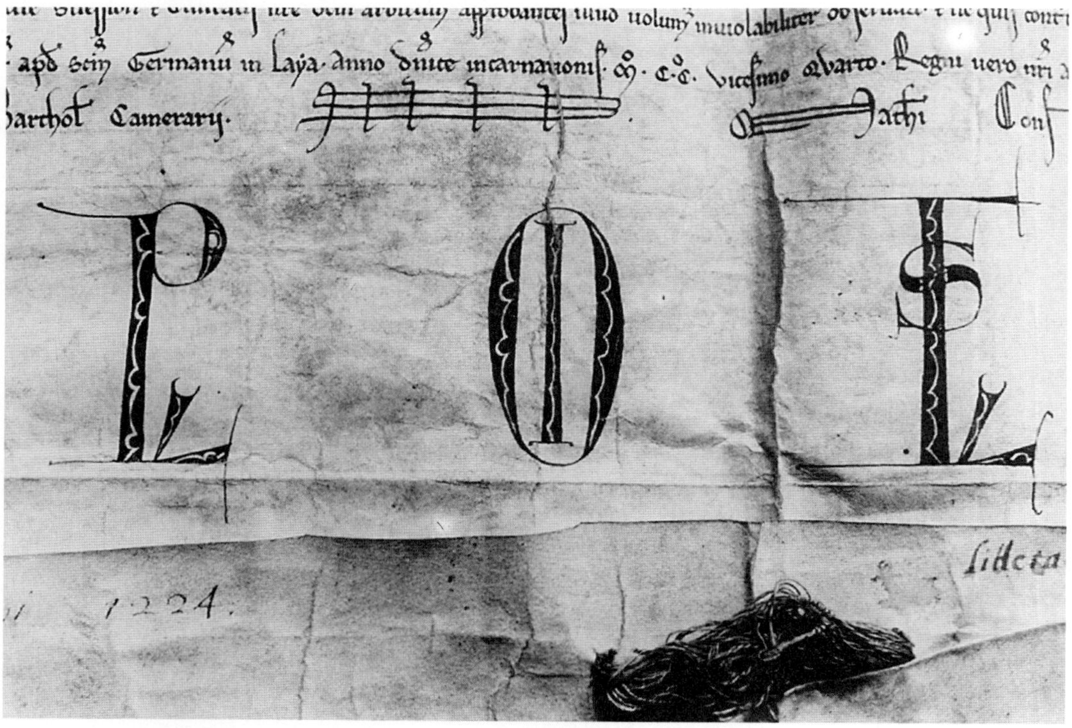

P 10 *Louis VIII (1223–1226), 1224, [décembre]*

P 11 *Louis IX (1226–1270), 1248, août*

P 12 *Philippe III (1270–1285), 1279, août*

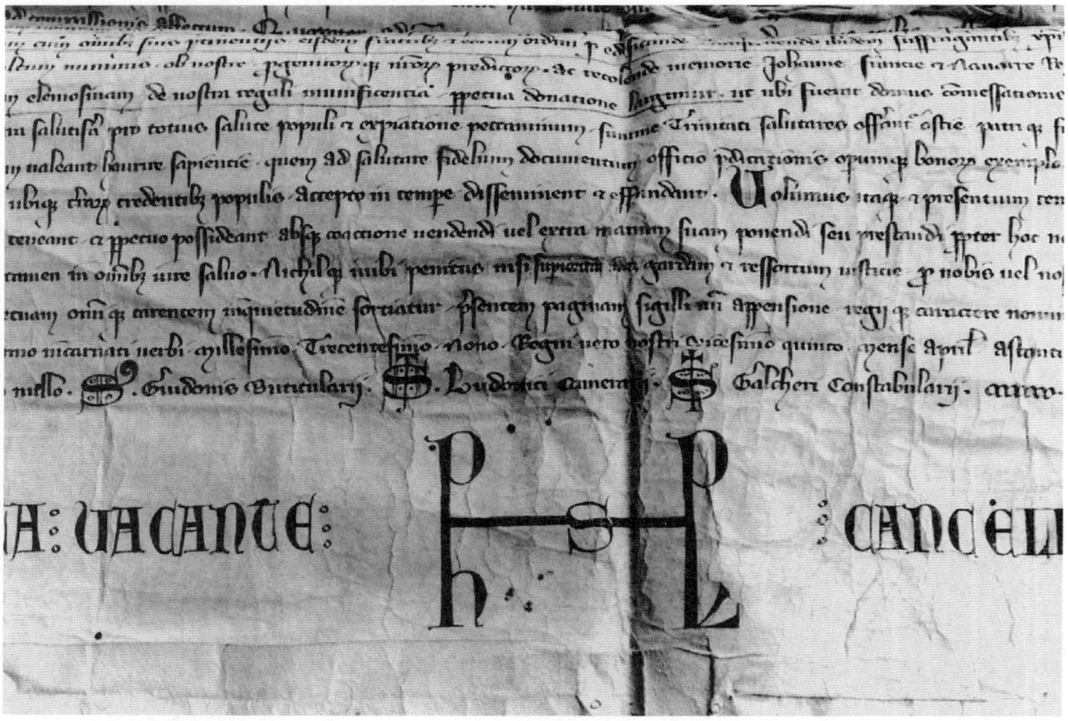

P 13 *Philippe IV (1285–1314), 1310, avril*

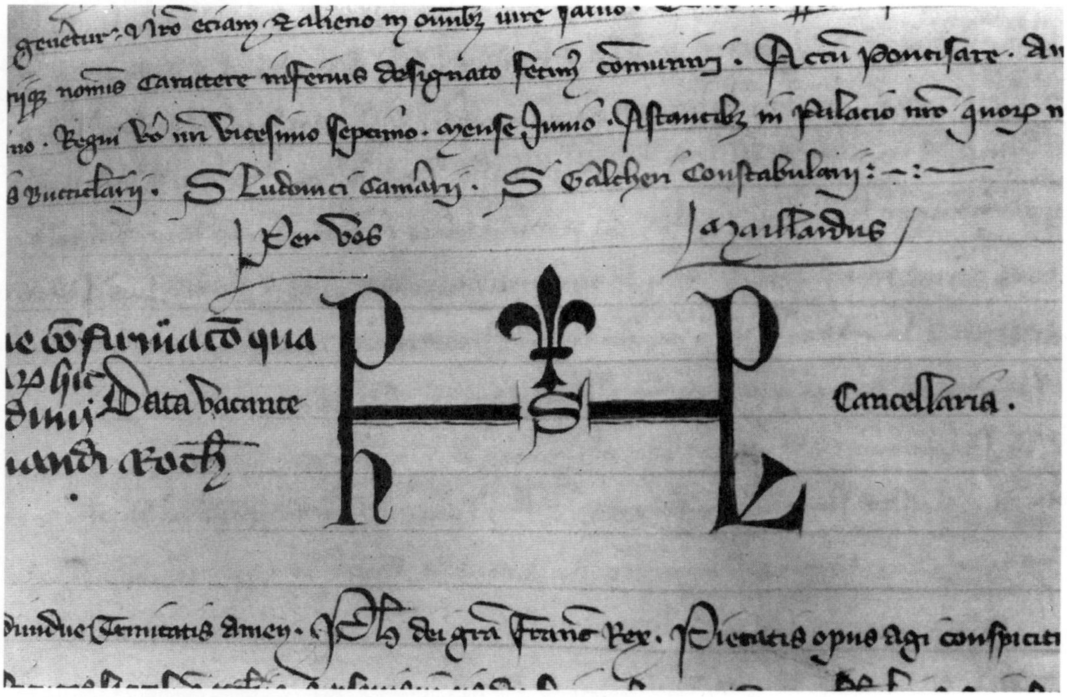

P 14 *Philippe IV (1285–1314), 1313, juin*

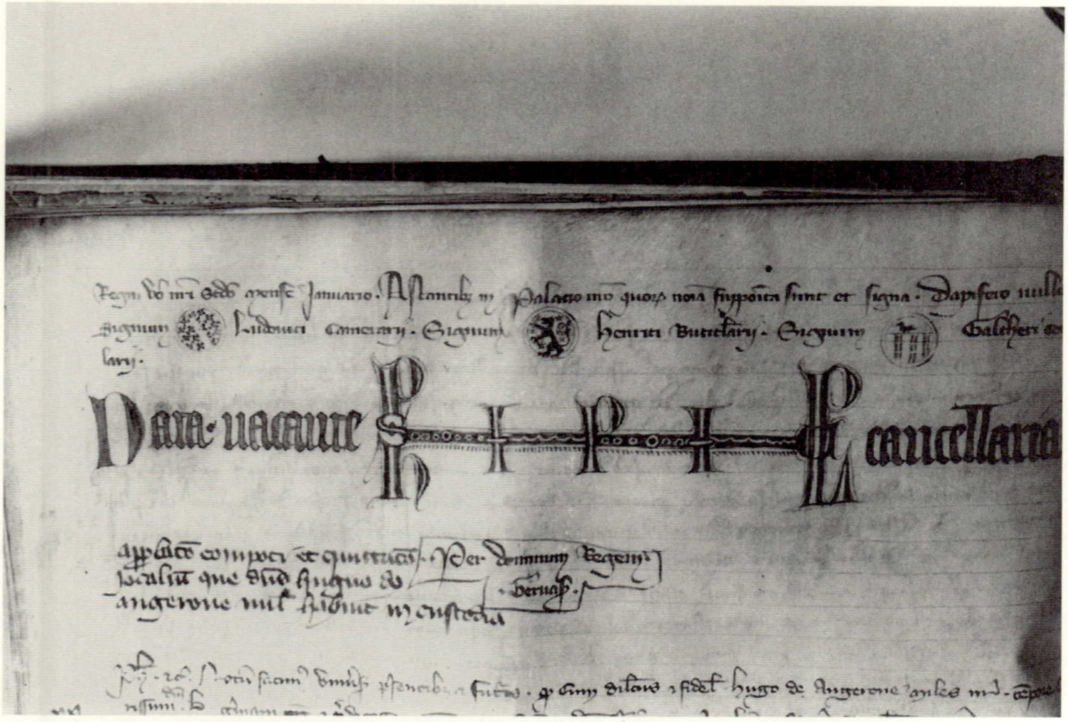

P 15 *Philippe V (1316–1322), 1318, janvier*

P 16 *Philippe V (1316–1322), 1318, avril*

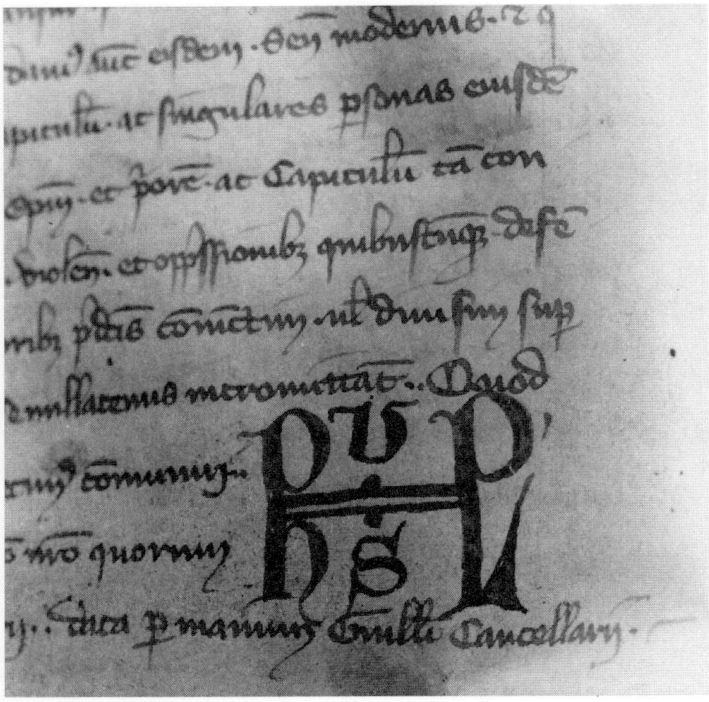

P 17 *Philippe VI (1328–1350), 1330, janvier*

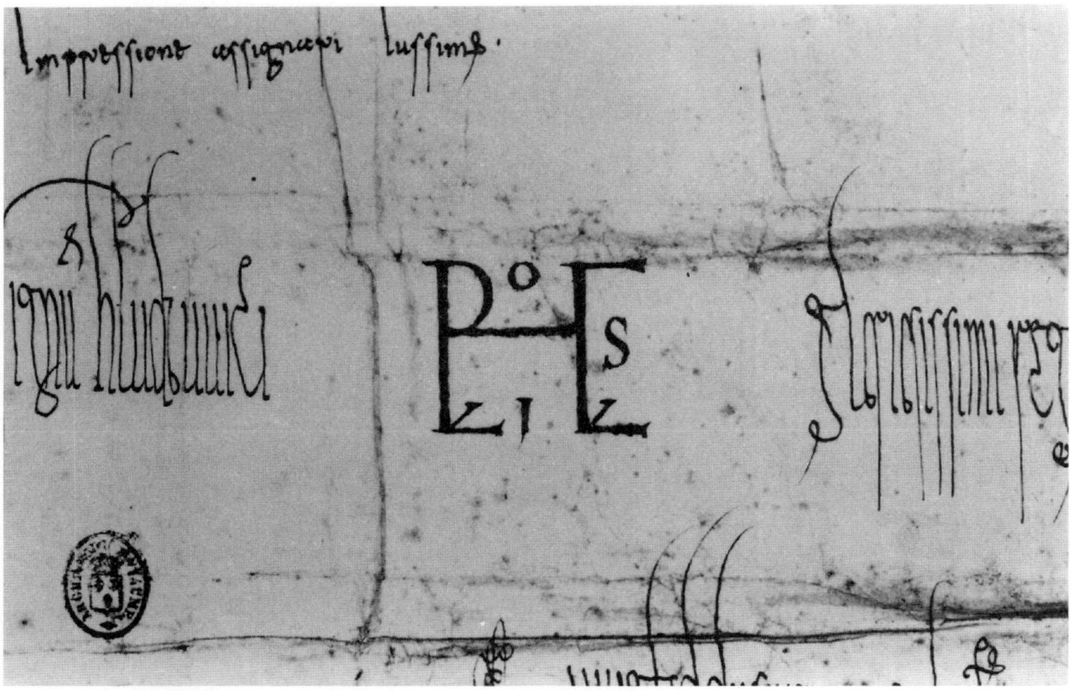

P 18 *Louis II roi de France (877–879), 879, 1er janvier*

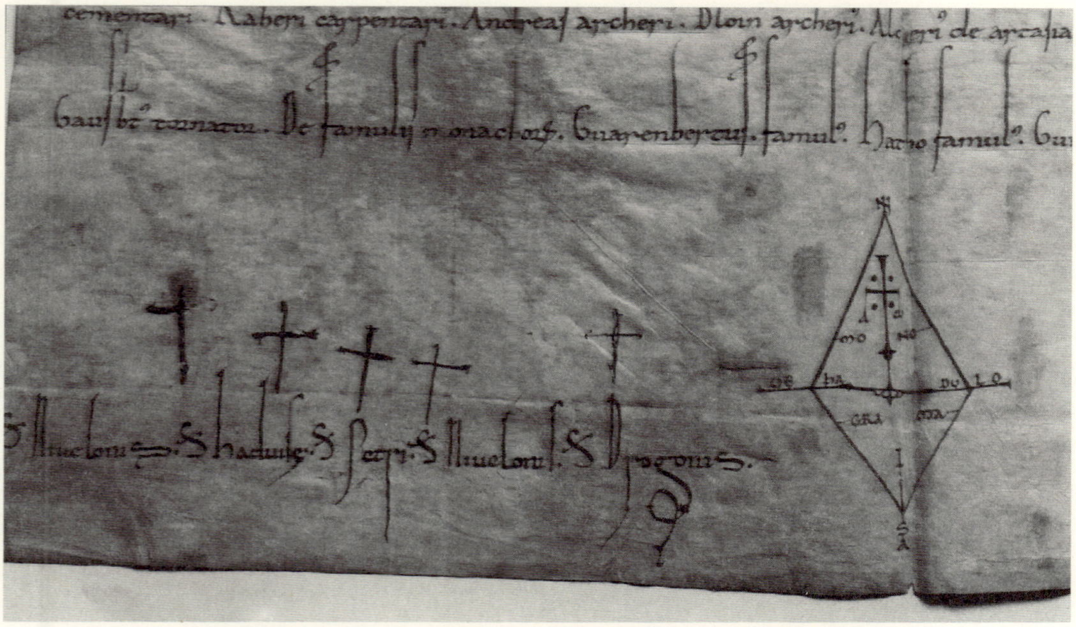

P 19 *Nivelon seigneur de Pierrefonds (fin XIe–début XIIe siècle), s. d. [vers 1100]*

Graphische Elemente in den in zeitgenössischer Form überlieferten Dokumenten des Merowingerreiches

Von Hartmut Atsma und Jean Vezin

Wir befassen uns in diesem Beitrag mit allen in zeitgenössischer Form überlieferten Dokumenten der Merowingerzeit[1]. Zu unserer Sammlung gehören insgesamt 52 Stücke, von denen 38 auf die Namen merowingischer Könige ausgestellt wurden[2] und 14 nichtkönigliche Aussteller haben[3]. Hinzuzurechnen sind auch noch fünf Kopien, die der Abfassungszeit ihrer Vorlagen z.T. sehr nahe stehen[4]. Die Urkunden streuen über einen Zeitraum von anderthalb Jahrhunderten: Die Königsurkunden werden durch die Regierungszeiten Chlothars II. (584–629) und Chilperichs II. (715/716–721) begrenzt[5]; die älteste Urkunde eines nichtköniglichen Ausstellers geht in das Jahr 619 oder 620 zurück, und die jüngste ist in das Jahr 751 zu datieren[6]. Bis auf ein in Brügge (Belgien) aufbewahrtes Fragment einer Privaturkunde[7] liegen alle anderen Stücke heute in französischen Archiven und Bibliotheken, wonach sie in den letzten Jahren im Rahmen der »Chartae Latinae Antiquiores« veröffentlicht worden sind[8]. Erst vor kurzem sind noch zwei Pergamentblätter hinzugekommen, die die Rechnungsdokumente aus Saint-Martin von Tours vervollständigen, welche seit 1968 in der Pariser Nationalbibliothek aufbewahrt werden[9].

Weil der Bestand an zeitgenössischen Dokumenten der Merowingerzeit so gering ist, macht er es notwendig, um ihm möglichst viele Erkenntnisse für diesen quellenarmen Zeitraum abzuringen, ihn nach den verschiedensten Kriterien zu gruppieren und zu untersuchen. Es ist nicht nur nach den Ausstellern und Empfängern sowie den von ihnen gebildeten Urkunden-Fonds zu fragen, sondern auch nach den beurkundeten Rechtsgeschäften und formalen Gattungen. Der Übergang vom Papyrus zum Pergament als Beschreibstoff, der sich nach und nach in der Mitte des 7. Jahrhunderts vollzieht, bleibt nicht ohne Wirkung auf die äußere Form und den Erhaltungszustand der Urkunden[10]. Die

1 Zum Gesamtbestand der merowingischen Urkundenüberlieferung zuletzt P. Gasnault, Quelques documents originaux peu connus de l'époque mérovingienne, in: Bulletin de la Société nationale des Antiquaires de France 1969, 254–264. C. Brühl, Das merowingische Königshaus im Spiegel seiner Urkunden, in: La Neustrie, hg. v. H. Atsma, Sigmaringen 1989, Bd. 1, 523–534.

2 Childebert III. (ChLA XIV, 577, 578, 579, 581, 583, 584, 585, 586, 587; XVII, 654). – Chilperich II. (XIV, 588, 589, 590, 591, 593). – Chlodwig II. (XIII, 555, 556, 558, 559). – Chlodwig III. (XIV, 572, 573, 574, 575, 576). – Chlothar II. (XIII, 550, 552). – Chlothar III., (XIII, 553, 561, 562); es ist nicht ausgeschlossen, daß auch ChLA XIII, 557 von Chlothar III. ausgestellt worden ist. – Dagobert I. (XIII, 551, 554). – Theuderich III. (XIII, 565, 566, 567, 568, 570). – N.N., Sohn Chlodwigs II. (XIII, 560).

3 Vir inluster Adalricus und Abt Uualdromarus (ChLA XIV, 582). – Abt Ado (XVII, 656). – Bischof Ageradus von Chartres (XIV, 580). – Chrothildis (XIII, 564). – Graf Ebrochard (Elsaß) (XIX, 670). – Ercamberta und Uuademir (XIII, 571). – Abt Magnoaldus und Abt Lambertus (XIII, 563). – Hausmeier Pippin (XV, 595, 596, 597). – N.N., Sohn der Idda (XIII, 569). – Wir haben außerdem noch 2 Fragmente von Privaturkunden (XIII, 549; XVIII, 666) sowie die Rechnungsdokumente aus Saint-Martin de Tours (XVIII, 659) zu berücksichtigen. – Wir lassen hier die ältesten Urkunden des Klosters Sankt Gallen (Schweiz) aus der Zeit vor 751 außer acht (ChLA I, 40, 41, 42, 43, 44; II, 159, 160, 161,162), die bis auf eine Ausnahme (II,161) alle von je nur einer Hand geschrieben worden sind und überlieferungsgeschichtlich eine Sonderstellung einnehmen.

4 Childerich II, (XIX, 674). – Ercamberta u. Uuademerus (XIV, 594). – Erminethrudis (XIV, 592). – Bischof Widegern von Straßburg (XIX, 671).

5 ChLA XIII, 550 und XIV, 593.

6 ChLA XIII, 549 und XV, 597.

7 Das Urkundenfragment war als Umschlagblatt der Hs. 471 der Stadtbibliothek Brügge (Belgien) verwendet worden: Gasnault, wie Anm. 1, 256–259.

8 ChLA XIII–XIX, 1981–1987. – Vgl. dazu u. a. die ausführlicheren Besprechungen von H. Wolfram, in: MIÖG 93 (1985), 107–113 u. in: MIÖG 96 (1988), 133–138; Pierre Toubert, in: Le Moyen Age 39 (1983), 286–289; D. Ganz – W. Goffarth, in: Speculum 65 (1990), 906–932.

9 Die beiden Pergamentblätter sind am 20. Juni 1989 von der Londoner Firma Sotheby's versteigert worden: P. Gasnault, in: Bulletin de la Société nationale des Antiquaires de France 1989. Zusammen mit Pierre Gasnault bemühen wir uns z. Zt. um eine Veröffentlichung.

10 18 Dokumente, die bis auf eine Ausnahme (ChLA XIII, 558) nur mehr oder weniger fragmentarisch überliefert worden sind, sind auf Papyrus geschrieben worden (ChLA XIII, 549–563, 569; XIV, 592; XVIII, 666). Es ist bemerkenswert, daß der größere Teil dieser Urkunden nur deshalb erhalten blieb, weil er in den Jahren 1061/65 im Kloster Saint-Denis für die Herstellung von Fälschungen als Beschreibstoff benutzt wurde. Die für diesen Zweck ausgewählten merowingischen Papyrusurkunden wurden durch Zerschneiden und Zusammenkleben gemäß den Fälschungszwecken zugerichtet. Vgl. dazu demnächst H. Atsma – J. Vezin, Les faux sur papyrus de l'abbaye de Saint-Denis. Exposé présenté le 27 août 1990 à Madrid devant la Commission international de diplomatique (im Druck). Außerdem H. Atsma, Le fonds des chartes mérovingiennes de Saint-Denis in: Paris et Ile de France 32 (1982), 259–272.

Dokumente weisen die unterschiedlichsten Größen und Formate auf, und in der Beschriftung wechseln sie zwischen Hoch- und Querformat. Von den üblicherweise, aber nicht immer eindeutig als »Originale« zu bezeichnenden Stücken, an deren Zustandekommen stets mehrere Hände mitgewirkt haben, sind leicht die zeitgenössischen, durchweg nur von einer Hand geschriebenen Kopien zu unterscheiden[11].

Besonders auffällig ist die Möglichkeit, anhand der wenigen zeitgenössisch überlieferten merowingischen Urkunden eine große Zahl verschiedener Hände zu unterscheiden[12]. Auszugehen ist von den Texten der Urkunden selbst; ohne Ausnahme erkennen wir in ihnen immer je eine einzige Hand. An diesen inhaltlichen und formalen Hauptteil der Dokumente schließt der Teil an, in dem sich andere Hände manifestieren, um die formale Rechtsverbindlichkeit der Urkunde herzustellen[13]. Je nach Anzahl der eingreifenden Hände beobachten wir hier eine mehr oder weniger große paläographische Vielfalt. Wir unterscheiden außer den Unterschriften der merowingischen Könige und anderer Aussteller diejenigen der Rekognoszenten und Zeugen. Unter den letzteren trifft man gelegentlich auf den Namenszug desjenigen, der auch den Text der Urkunde geschrieben hat. Schließlich sind noch die Unterfertigungen zu erwähnen, deren Urheber nicht mit vollem Namen unterschrieben, sondern sich darauf beschränkten, ein besonderes Zeichen in ein von anderer Hand geschriebenes Unterzeichnungsformular einzufügen[14].

Die paläographische Untersuchung der Merowingerurkunden hat bisher noch einige Wünsche offengelassen. Selbst der Schriftbefund der sonst viel behandelten Königsurkunden hat noch keine erschöpfende Behandlung gefunden[15]. Die Beschäftigung richtete sich vor allem auf einzelne Aspekte wie z. B. die dekorative Ausschmückung durch die sogenannten »litterae elongatae«[16], Unterschriften[17] und tironische Noten[18]. Noch weniger Aufmerksamkeit ist den Schriften der nichtköniglichen Dokumente geschenkt worden, wenn wir von Spezialuntersuchungen zu einzelnen Urkunden absehen[19].

Im Rahmen des derzeit von uns vorbereiteten Supplementbandes zu den Bänden XIII–XIX der »Chartae Latinae Antiquiores« werden wir uns auch mit dem Schriftbefund der merowingischen Urkunden befassen[20]. Hier wollen wir uns aber auf die Untersuchung der »graphischen Elemente« beschränken, d. h. auf alle die Teile, die nicht im engeren Sinne zur sogenannten »Buchstabenschrift« gehören. Wir werden also die gewöhnlichen Schriftzeichen ebenso wie die dekorativen oder tachygraphischen Sonderschriften vernachlässigen. Auch werden wir Interpunktions- und Abkürzungszeichen außer acht lassen. Unter »graphischen Elementen« begreifen wir hier z. B. Symbole wie »Chrismon« oder Kreuz, Monogramme, individuelle Handzeichen, aber auch rein technische Zeichen zur Gliederung von Abschnitten, zum Ausfüllen eines Zeilenendes oder aber als Merkzeichen.

Wir werden zunächst einen nach Typen geordneten Überblick über die verschiedenen Zeichen geben. Anschließend wollen wir anhand einiger Beispiele die Probleme erörtern, die sich bei dem Versuch ergeben, unsere Urkunden mit Hilfe der graphischen Elemente zu Handschriftengruppen zusammenzuschließen.

11 ChLA XIV, 592, 594; XV, 596; XIX, 671, 674.

12 Eine Sonderstellung nehmen die Rechnungsdokumente von Tours ein (ChLA XVIII, 659), die im diplomatischen Sinne zwar nicht als ›Urkunden‹ anzusprechen sind, als merowingerzeitliche Verwaltungsdokumente aber hier Berücksichtigung finden müssen. Diese Dokumente einer klösterlichen Geschäftsführung aus der Zeit um 700 sind von mehreren Händen geschrieben worden: P. Gasnault, Documents comptables de Saint-Martin de Tours... Avec une étude paléographique par J. Vezin, Paris 1975, 159–171.

13 Die zeitgenössischen Kopien (Anm. 11) lassen nirgends das Bemühen erkennen, Schriftzüge und graphische Elemente genau nachzuahmen.

14 Zu den autographen Unterschriften und Unterzeichnungen der Merowingerzeit demnächst H. Atsma – J. Vezin, Les autographes dans les documents mérovingiens. Conférence présentée le 27 octobre 1990 à Erice, devant l'»International School for the Study of Written Records. 3rd Cours: Autographs in the Middle Ages. Palaeographical and Philological Problems« (im Druck).

15 Wertvoll ist noch immer die »Préface« von M. Prou, in: Lauer-Samaran, 1908, I–IX. Vgl. außerdem L. Schiaparelli, Note paleografiche intorno all'origine e ai caratteri della scrittura merovingica, in: Archivio storico italiano 89 (1931), 169–195. J. O. Tjäder, L'origine della b merovingica, in: Festschrift G. Cencetti, Torino 1973, 47–79. J. Vezin, Le b en ligature à droite dans les écritures du VIIe siècle, in: Journal des Savants 1971, 261–286.

16 J. Goetze, in: Archiv für Diplomatik 11 u. 12 (1965 u. 1966), 1–70. – O. Kresten, in: MiÖG 74 (1966), 1–50.

17 L. Levillain, in: Le Moyen Age 24 (1911), 89–124.

18 Zu den tironischen Noten außer den älteren Arbeiten von J. Havet (1885), M. Jusselin (1907, 1913), Mentz (1912, 1939, 1942), siehe neuerdings D. Ganz, Bureaucratic Shorthand and Merovingian Learning, in: Festschrift J. Wallace-Hadrill, hg. v. P. Wormald, 1983, 58–75. Peter Ganz, Tironische Noten, Wiesbaden 1990, Wolfenbütteler Mittelalter Studien 1.

19 Z. B. von L. Levillain, in: BECh 105 (1944), 5–63 (zu ChLA XIII, 564). – M. Jusselin, Documents chartrains du VIIe siècle, dans Revue des archives historiques du diocès de Chartres 20 (1909), 1–11 (zu ChLA XIV, 580). – M. Jusselin – L. Levillain – J. Vielliard, in: BECh 99 (1938), 5–41 (zu ChLA XIX, 674).

20 In diesem Band werden wir uns u. a. mit den Schreibern, Ligaturen, tironischen Noten, Unterschriften, Dorsualvermerken usw. befassen. Der Band wird auch Nachträge und Verbesserungen enthalten, eine erweiterte Bibliographie sowie ausführliche Indices.

»Chrismon«

Das Zeichen, welches üblicherweise, als »Chrismon« bezeichnet wird[21], begegnet in den merowingischen Urkunden besonders häufig.

Das »Chrismon« erscheint in einer mehr oder weniger komplizierten Form zu Beginn der merowingischen Königsurkunden, d. h. vor der ersten, fast immer in vergrößerter oder verlängerter Schrift ausgeführten Zeile[22]. Das Zeichen ist oft ziemlich groß und übergreift nicht selten 2, 3, manchmal sogar noch mehr Textzeilen[23]. Wie wir noch sehen werden, ist das »Chrismon« jeweils von demjenigen gezeichnet worden, der auch den Text der Urkunde schrieb.

Auch zu Beginn der nicht königlichen Urkunden ist wohl ein »Chrismon« gezeichnet worden, wie die wenigen vollständig erhaltenen Stücke schließen lassen[24]. Dies bestätigen auch die zeitgenössischen Kopien, die das »Chrismon« ihrer Vorlagen nachgezeichnet haben[25].

Am häufigsten tritt das »Chrismon« zu Beginn der Unterschriften der Rekognoszenten und Zeugen auf. Ohne Ausnahme haben die Rekognoszenten der in zeitgenössischer Form überlieferten merowingischen Königsurkunden, ehe sie ihren Namen und die anschließende Beglaubigungsformel schrieben, ein »Chrismon« vorangestellt[26]. In gleicher Weise ist die überwiegende Zahl der autographen Zeugenunterschriften schon an dem vorangestellten »Chrismon« leicht zu erkennen[27], da dieses bei den von fremder Hand geschriebenen, sogenannten »signa« regelmäßig fehlt. Bemerkenswert ist auch, daß einige Zeugen im Anschluß an die monogrammatische noch eine verbale Invokation ausgeschrieben haben[28]. Schließlich sind auch die Unterschriften der Aussteller zu nennen, die wie z. B. die Könige Childebert III.[29] und Chilperich II.[30] oder der Comes Ebrochard[31] ihrem Namenszug ein »Chrismon« voranstellten.

Einige Königsurkunden zeigen auch zu Beginn der Datierungszeilen ein wohl immer im gleichen Zuge mitgeschriebenes »Chrismon«[32]. Im Unterschied zu den Eingangszeilen scheint es sich aber um Ausnahmen zu handeln.

Überblicken wir die mehr als 100 Beispiele für das »Chrismon« genannte Zeichen in den merowingischen Urkunden, so frappiert eine fast willkürlich erscheinende Vielfalt der Formen. Sie erklärt sich, was Tintenfärbung und Federstrich leicht erkennen lassen, durch den Umstand, daß dieses Zeichen bei den eigenhändigen Unterschriften in einem Zuge mit geschrieben wurde. Das »Chrismon« gehört infolgedessen zu den individuell ausgestalteten Elementen der eigenhändigen Unterschrift. Daß schon allein das »Chrismon« erlauben würde, eine besondere Handschrift zu erkennen, beweisen die je in mehreren Exemplaren überlieferten Unterschriften der Könige Chilperich II. und Childebert II.[33] ebensowie die der Rekognoszenten Actulius, Aghilus und Uulfolaecus[34].

Trotz der großen Vielfalt der individuellen Formgebung ist stets eine gemeinsame Grundform des »Chrismon«zu erkennen. Immer zeigt sich am oberen Ende ein schleifenförmiger Schmuck, der in eine nach unten geführte verschieden lange Linie übergeht. Diese Linie erscheint mal gerade, mal gebogen und endet gelegentlich mit einem Haken, an dem die Feder abgesetzt worden ist. Die Mitte der senkrechten Linie markieren gewellte oder eingerollte Linien, die häufig ohne Unterbrechung in den ersten Buchstaben des rechts anschließenden Namens des Unterschreibenden übergehen.

Außer seinem graphisch gestalteten Dekor fällt das eine oder andere »Chrismon« durch Zeichen auf, in denen man tironische Noten erkannt hat und für deren Lesung Maurice Jusselin die Worte »*Christus*«, »*ante*«, »*ante omnia*« oder »*in nomine*« vorgeschlagen hat. Jusselin war deshalb zu der Auffassung gelangt, das »Chrismon« der merowingischen Urkunden sei als eine Stilisierung des tachygraphischen Zeichens für »Christus« zu begreifen[35]. In den meisten Fällen erscheint das »Chrismon« in den merowingischen

21 Tessier 1962, 21. Classen 1977, 151f.

22 Infolge ihrer Beschädigungen bieten die folgenden Königsurkunden keinen Befund: ChLA XIII, 550, 551, 552, 553, 555, 556, 557, 559, 560, 561, 562; XIV, 583.

23 ChLA XIII, 558, 566, 567; XIV, 573, 574, 575, 576, 577, 579, 581, 584, 585, 586.

24 ChLA XV, 595, 596, 597; XIX, 670. Alle anderen Urkunden nichtköniglicher Aussteller bieten infolge ihrer Beschädigungen keinen Befund.

25 ChLA XV, 596; XIX, 671.

26 Vgl. z. B. die Unterschriften des Actulius (ChLA XIV, 586, 588, 591 u. Abb. 10), Aghilus (ChLA XIV, 573 u. Abb. 11, 574) u. Uulfolaecus (ChLA XIII, 570; XIV, 577 u. Abb. 12; XVII, 654).

27 Zahlreiche Beispiele in ChLA XIII, 558 u. Abb. 1; XIII, 564 u. Abb. 6.

28 Z. B. ChLA XIII, 558, 563, 571; XIV, 580, 582.

29 ChLA XIV, 577, 579 u. Abb. 2; XVII, 654.

30 ChLA XIV, 588, 591 u. Abb. 3, 593.

31 ChLA XIX, 670 u. Abb. 5. Vgl. auch XIII, 571 (Uuademir).

32 ChLA XIII, 567; XIV, 575, 578, 581.

33 Wie Anm. 29 u. 30.

34 Wie Anm. 26. Das »Chrismon« des Aghilus ist mit dem nur einmal belegten »Chrismon« des Aghliberchthus (ChLA XIII, 565) zu vergleichen, weil es ebenfalls am oberen Ende nach rechts gewandte, dreifach geschlungene Voluten zeigt.

35 Jusselin, 1907, 486–487.

Urkunden aber ohne tironische Noten oder diesen verwandte Elemente. Peter Classen hat gezeigt, daß das merowingische »Chrismon«, das nur noch entfernt die Verwandtschaft mit der alten Form des Christogramms erkennen läßt, plausibler aus der Fortsetzung der Tradition spätantiker Beamtenurkunden zu erklären ist. In diesen erscheint es als ein Kreuz mit einem auf den Querbalken gestellten P: +[36].

Kreuze

Kreuzzeichen begegnen in den merowingischen Urkunden in vielen Formen. Auch unterscheiden sie sich nach ihrer Funktion und Plazierung.

In den Unterschriften des Bischofs Eligius[37] und König Theuderichs III.[38] nehmen Kreuze die Stelle des üblicherweise zu erwartenden »Chrismon« ein[39]. Augenscheinlich ist es jeweils in einem Zuge mit der Unterschrift entstanden.

Unterzeichnungen, die mit dem Wort *signum* eingeleitet werden, enthalten sehr oft ein Kreuz. Andere Zeichen sind an dieser Stelle wesentlich seltener. Das Kreuzzeichen wird immer so plaziert, daß es zwischen dem regelmäßig abgekürzten Wort *signum* und dem nachfolgenden Namen des Unterzeichners steht. Die so gestalteten Unterschriften fügen sich häufig zu ganzen Zeilen. In ihnen ist nicht selten, wie sich z. B. anhand der Urkunde des Comes Ebrochard zeigen läßt, die Hand desjenigen zu erkennen, von dem auch der Text der Urkunde geschrieben wurde[40]. Gleicherweise ist auch die Urkunde aufschlußreich, die im Jahre 673 von Chrothilde für das Kloster Bruyères-le-Châtel ausgestellt worden ist. Alle Kreuze haben hier eine schräggestellte Form; sie scheinen ohne Ausnahme (evt. bis auf das Kreuz in der Unterschrift der Ausstellerin selbst) von dem Schreiber der Urkunde gleich zusammen mit den Unterzeichnungsformeln ausgeführt worden zu sein[41].

Andererseits sind, wie z. B. die Urkunde Clodwigs II. von 654 deutlich zeigt, zahlreiche Unterschriften zu beobachten, in denen für den genannten Unterzeichner ein Platz freigelassen wurde, in den dieser erst später sein Handzeichen einschreiben konnte. Die Kreuze, die in die freigelassenen Stellen eingepaßt wurden, weichen in Größe und Form stark voneinander ab und unterstreichen dadurch ihre individuelle Gestaltung. Die einfachste Form begegnet in den Unterschriften Austroberts und Gundoberts. In der Unterschrift des Probatus gehen von den durch kleine Querstriche begrenzten Armen des Kreuzes diagonale Striche aus. Bei dem Kreuz in der Unterschrift des Madalfridus sind die Felder zwischen den Kreuzarmen – ähnlich wie auf merowingischen Münzen – punktiert worden, und vor die Enden der Kreuzarme sind außerdem noch kleine Halbbögen gesetzt worden. In die Unterschrift des Aigulfus ist mit dünnen Strichen ein Hakenkreuz eingezeichnet worden[42].

Aus dem Jahr 751, dem Jahr des endgültigen Übergangs von der merowingischen zur karolingischen Herrschaft, stammt eine Urkunde Pippins, die dieser noch als Hausmeier für Saint-Denis ausgestellt hat. In der Unterschriftszeile hatte der Schreiber hinter dem einleitenden *signum* und vor dem Titel des Ausstellers einen Platz ausgespart, in den später ein Kreuz als sein Handzeichen eingefügt wurde[43].

Meist klein gehaltene Kreuze begegnen in unterschiedlicher Form in den Rekognitionszeichen. Diese Kreuzchen sind in den älteren Urkunden gerade oder schrägliegend gezeichnet worden. Die Querbalken sind am linken Ende rechtwinklig nach oben oder unten abgeknickt und am rechten Ende mit einem nach unten geneigten Bogen beendet worden. In zwei Fällen sind die Felder zwischen den Kreuzarmen außerdem noch punktiert worden[44]. In drei jüngeren Unterschriften zeigt sich innerhalb des Rekognitionszeichens ein schlichtes, gleicharmiges Kreuzchen[45]. Bedeutung und Funktion dieser Zeichen sind unbekannt.

Monogramme

In den älteren, noch auf Papyrus geschriebenen merowingischen Königsurkunden lassen sich einige mehr oder weniger vollständig erhaltene Monogramme nachweisen[46]. Durch zwei Urkunden wird als ältestes Beispiel das Monogramm Chlothars II. belegt[47]. In der Unterschriftsformel folgt das Monogramm auf den

36 Classen, 1977, 151 (u. a. unter Heranziehung von ChLA IV, 246). Vgl. dazu Prou, 1908, II. Tessier, 1962, 21.
37 ChLA XIII, 558 u. Abb. 1.
38 ChLA XIII, 565, 566, 570 u. Abb. 4.
39 Zur früheren Herleitung des »Chrismon« aus dem Kreuzzeichen, vgl. Prou, 1908, II. Classen, 1977, 151.
40 ChLA XIX, 670 u. Abb. 5; XIII. Vgl. aber auch XIII, 563, 571; XIV, 582.
41 ChLA XIII, 564 u. Abb. 6.
42 ChLA XIII, 558 u. Abb. 1.
43 ChLA XV, 595. Vgl. auch die Behandlung der Signum-Zeile in der Kopie von XV, 596.
44 ChLA XIII, 552, 558.
45 ChLA XIII, 566; XIV, 577 u. Abb. 12, 583.
46 Zu den Monogrammen in merowingischen Königsurkunden: J. Lechner, in: Neues Archiv 30 (1904), 702–707. Tessier, 1962, 29–30. Classen, 1977, 163–164.
47 ChLA XIII, 550, 552 u. Abb. 37.

ausgeschriebenen Namen des Königs, ehe eine verbale Invokation und der Königstitel anschließen: »*Chlothacharius, (Monogramm), in Christi nomine, rex, hanc preceptionem sub.*« Das vollständiger erhaltene Exemplar zeigt, daß ein vergrößertes H als Gerüst dient, um das die Buchstaben *C*, *L*, *O*, *T*, *A*, *C*, *A* und *R* gruppiert worden sind. Auch die Unterschrift Chlodwigs II. enthält, wie seine Urkunde vom 22. Juni 654 besonders deutlich zeigt, ein großzügig ausgeführtes Monogramm, welches seinen Platz zwischen dem Namen und dem Titel des Königs hat: »*Chlodovius, (Monogramm), rex, sub.*« Auch das Monogramm Chlodwigs II. benutzt ein großes *H* als Grundstein für die Anordnung der restlichen Buchstaben, unter denen wir *C*, *L*, *O*, *I* und *S* erkennen[48]. Eine stark beschädigte Papyrusurkunde Chlodwigs II., die zwischen den Jahren 639 und 642 ausgestellt worden ist, zeigt in der vorletzten Zeile die Namen des Königs und seiner Mutter Nantechilde: »*Sign(um)* [...] *dom(ni) Chlodouio regi. Sign(um)* [...] *praecelsae [N]antech[il]dae [r]eginae.*« Hinter *sig(num)* ist jeweils etwas Platz, ehe das nächste Wort folgt[49]. Die wenigen Schriftspuren, die sich hier an diesen Stellen beobachten lassen, sind als die Reste von Monogrammen der beiden Aussteller gedeutet worden[50].

Die Verwendung von Monogrammen ist in den Unterschriften der merowingischen Königsurkunden sicherlich keine Seltenheit gewesen. Darauf lassen einige Nachzeichnungen schließen, die sich in späteren Kopien des 9.–10. Jhs. finden[51].

Die schon erwähnte Urkunde Chlodwigs II. aus dem Jahre 654 fällt insofern aus dem Rahmen, als sie außer der Unterschrift des Königs und des Rekognoszenten auch noch 48 andere Unterschriften festhält, von denen mindestens 30 autograph sind[52]. Unter den anderen, immer mit dem Wort *sig(num)* eingeleiteten Unterfertigungen fallen z. B. diejenigen des Radobertus und des Merulfus dadurch auf, daß sie an Stelle der hier üblicherweise zu erwartenden Kreuze besondere Zeichen haben, die wir ebenso wie Philippe Lauer und Charles Samaran als »Monogramme« ansprechen möchten[53].

Vergleichbare Beispiele treffen wir in der Urkunde der Chrothilde aus dem Jahre 673 an. Hier steht in den mit dem Worte *signum* eingeleiteten Unterschriften des Ursinus und Ermenrigo an der Stelle des Kreuzes jeweils ein einzelner Großbuchstabe[54]. In der Unterschrift des *vir inl(uster) Ermenrigo* dürfen wir das vor diesen Namen gezeichnete große *E* mit dem ersten Buchstaben des Namens des Unterzeichners identifizieren. Die gleiche Erklärung ist aber nicht bei Ursinus erlaubt, dessen Namen ein großes *A* mit einer nach unten gewinkelten Querhaste vorausgeht. Léon Levillain hat die Ausführung der beiden Großbuchstaben *A* und *E* als ungeschickt empfunden und deshalb geschlossen, ihre Urheber seien eher gewohnt gewesen, ein Schwert als eine Feder in Händen zu halten[55]. Diese Deutung, mit der Levillain einer immer noch verbreiteten Bewertung der kulturellen Zustände in der Merowingerzeit entspricht, ist mindestens für Ermenrigo einzuschränken. Seine Unterschrift ist ohne Zweifel eigenhändig und unterscheidet sich stark von der Hand des Rigobertus, der den Text der Urkunde schrieb. So ist zumindestens ihm wie auch anderen seiner Zeitgenossen, die als Zeugen eigenhändig Urkunden unterschrieben, eine gewisse Beherrschung der Schrift nicht abzusprechen[56].

Rekognitionszeichen

Die in den merowingischen Königs- und Privaturkunden sehr zahlreich anzutreffenden eigenhändigen Unterschriften werden fast immer durch besondere Zeichen ergänzt. Außer dem schon behandelten »Chrismon« verdient das mehr oder weniger kompliziert gezeichnete graphische Ensemble unsere Aufmerksamkeit, das wir als ein persönliches Hand- oder Erkennungszeichen, m.a.W. als »Rekognitionszeichen« verstehen[57]. Wir finden die vielgestaltigsten, häufig durch tironische Noten ergänzten Beispiele nicht nur in Unterschriften der Könige und Rekognoszenten, sondern auch in denjenigen der Handlungs- und Urkundenzeugen.

48 ChLA XIII, 558 u. Abb. 8.
49 ChLA XIII, 556.
50 Lauer – Samaran, 1908, p. 8, n° 7.
51 Zusammenstellung der Belege bei Classen, 1977, 163–164.
52 ChLA XIII, 558 u. Abb. 1.
53 Lauer – Samaran 1908, 7.
54 ChLA XIII, 564 u. Abb. 6.
55 L. Levillain, in: BECh 105 (1944), 24: »Il est probable que ces deux-là avaient plus l'habitude de manier l'épée que la plume.«
56 Vgl. zum Umfang der Schriftlichkeit in merowingischer Zeit P. Riché, Éducation et culture, 2. Aufl., Paris 1973, 284ff. Classen, 1977, 135 und demnächst H. Atsma, Herrschaft und Schriftlichkeit im Merowingerreich. Vortrag im Rahmen des Kolloquiums »Zur Kontinuität zwischen Antike und Mittelalter am Oberrhein«, veranstaltet von der Pfälzischen Gesellschaft zur Förderung der Wissenschaften..., Speyer 1991.
57 Zum Rekognitionszeichen, vgl. u. a. Prou, 1908, VI–VII. Ottenthal, 1909, 187. Classen, 1977, 168. Tesssier, 1962, 27–29.

Die elegante und großzügige Unterschrift Dagoberts I. fällt nicht nur dadurch auf, daß sie von der Hand, die den Urkundentext geschrieben hat, sehr verschieden ist, sondern auch durch die Ausschmükkung des letzten Buchstabens der Unterschriftsformel: »*Dagobertus rex sub*«[58]. Der über das b gezeichnete Abkürzungsstrich ist nach rechts unten verlängert und durch zwei Voluten gezogen worden; kein Zweifel, daß es sich hier um eine zwar schlichte, aber individuelle Gestaltung handelt[59]. Auch die durch ein Monogramm ergänzte Unterschrift Chlodwigs II. aus dem Jahre 654 endet mit *sub*, aber ohne daß sich Schmuckelemente erkennen ließen[60]. Dieser untypische Mangel legt die Vermutung nahe, zumal sie eher gezeichnet als geschrieben wirkt, die Unterschrift Chlodwigs II. sei nicht eigenhändig[61]. Ganz anders die Unterschriften einiger seiner Nachfolger! Je drei Beispiele erlauben es, die immer individuelle Gestalt der Unterschriften Theuderichs III., Childeberts III. und Chilperichs II. zu beschreiben. Am Ende der Unterschrift Theuderichs III. – »+, *in Chr(isti) nomene, Theudericus, rex, sub*« – steht jedes Mal eine großzügig und klar gezeichnete Konfiguration. Sie entwickelt sich aus dem Abkürzungsstrich des *b* und sieht teilweise einer tironischen Note nicht unähnlich[62]. Mit größerem zeichnerischen Aufwand haben die beiden Nachfolger Theuderichs III. ihre Unterschriften beendet. Bei Childebert III. geht die Schlußfigur von einem groß gezeichneten *s* aus. Sein Bogen bildet das Grundgerüst, in dessen Mitte das *b* von *s[u]b* erscheint, und das durch eine Serie von Zierstrichen und Punkten ergänzt wird[63]. Mit einer ähnlichen, aber weniger dicht konstruierten Zeichnung endet auch die Unterschrift Chilperichs II. Wiederum geht die Figur vom Buchstaben *s* aus, dessen weit gezogener Bogen das *u* und das *b* von *sub* überspannt. Der vertikale Schaft des *b* durchbricht weit oben den Bogen des *s* und wird von einem leicht gewellten Abkürzungsstrich durchquert. Durch das beschriebene Grundmuster sind von rechts oben nach links unten drei parallele Linien gezogen worden, deren Anfänge Schleifen zieren. Die gleichen Schmuckfiguren fielen schon im Chrismon Chilperichs II. als ein besonderes Charakteristikum auf. Schließlich ist noch eine Serie von Hakenstrichen zu erwähnen, die das Dekor jeweils vervollständigen[64].

Auch die Unterschriften der Rekognoszenten der merowingischen Königsurkunden, die sich für die inhaltliche und formale Authentizität der unterschriebenen Dokumente zu verbürgen hatten, setzen sich aus den drei Elementen »Chrismon«, Unterschriftsformel mit Namenszug sowie persönlichem Handzeichen zusammen. Je nach der Art des beurkundeten Rechtsgeschäfts enden die gelegentlich durch *iussus* ergänzten Unterschriftsformeln mit den immer abgekürzt geschriebenen Worten *obtul*(*-i* oder *-it*) oder *recogn*(*-ovi* oder *-ovit*). Von dem Schriftzug dieser Termini nimmt dann die Gestaltung des Rekognitionszeichens ihren Ausgang. In ihm finden wir in den verschiedensten Kombinationen Buchstaben, tironische Noten und rein graphische Elemente vereinigt. Diese Konfigurationen sind immer durch ihre Urheber in einer jeweils nur für sie typischen Weise komponiert worden. Ihre gesuchte und meistens sehr komplizierte Art behinderte nicht nur die Nachahmung, sondern erlaubte auch, die Authentizität der Unterschrift zu verifizieren; kein Zweifel also, daß es sich hier um das wichtigste Mittel zur Sicherung der Urkunde handelt, d. h., wenn wir von der königlichen Unterschrift und der Besiegelung absehen. Diese Feststellung läßt sich in überzeugender Weise anhand der zwei- oder dreimal belegten Unterschriften der Rekognoszenten Actulius[65], Aghilus[66] und Uulfolaecus[67] illustrieren. Wir dürfen deshalb auch für die anderen Rekognitionszeichen, die in den zeitgenössisch überlieferten Königsurkunden der Merowingerzeit anzutreffen sind, einen immer unverwechselbaren Charakter annehmen.

Auch in den zahlreich überlieferten eigenhändigen Zeugenunterschriften begegnen uns viele individuell gestaltete Handzeichen, denen gelegentlich sogar tironische Noten hinzugefügt worden sind. Wenngleich sie nirgends so kompliziert und großformatig konstruiert erscheinen wie in den Unterschriften der Königsurkunden, so kann es doch auch hier keinen Zweifel geben, daß wir uns einer jeweils individuellen und unverwechselbaren Gestaltung gegenübersehen. Hierzu können wir nicht nur die schon mehrfach erwähnte Urkunde Chlodwigs I. aus dem Jahre 654, sondern auch die Urkunden der Chrotilde, Bischof Agerads von Chartres und des Grafen Ebrochards als Beispiele anführen[68]. Die in diesen Dokumenten überlieferten

58 ChLA XIII, 551 u. Abb. 9.

59 Es ist noch eine zweite Unterschrift Dagoberts I. überliefert (ChLA XIII, 554), die leider am rechten Rande so verstümmelt ist, daß von dem Subskriptionszeichen nur die beiden ersten Buchstaben zu erkennen sind.

60 ChLA XIII, 558 u. Abb. 8.

61 Vgl. w. o. unsere Bemerkungen zum Monogramm.

62 ChLA XIII, 565, 566, 570 u. Abb. 4.

63 ChLA XIV, 577, 579 u. Abb. 2, 583; XVII, 654.

64 ChLA XIV, 588, 591 u. Abb. 3, 593.

65 ChLA XIV, 586, 588, 591 u. Abb. 10.

66 ChLA XIV, 573 u. Abb. 11, 574.

67 ChLA XIII, 570; XIV, 577 u. Abb. 12; XVII, 654.

68 ChLA XIII, 558 u. Abb. 1, 564 u. Abb. 6; XIV, 580; XIX, 670 u. Abb. 5.

Handzeichen verdienen vor allem dann ein besonderes Interesse, wenn wir ihre Urheber identifizieren können, seien es Bischöfe wie Agerad von Chartres, Eligius von Noyon, Landricus von Paris oder hohe weltliche Amtsinhaber wie Ebroin, Rado u. a.[69].

Bene Ual

In den zeitgenössisch überlieferten merowingischen Königsurkunden, die eine genauere Beobachtung gestatten[70], ist, bis auf drei Ausnahmen[71], regelmäßig in der rechten unteren Ecke eine zweizeilig, meistens abgekürzt geschriebene Formel anzutreffen: *bene ual*. Diese Formel hebt sich als ein besonderes graphisches Zeichen von dem übrigen Schriftbefund der jeweiligen Urkunde durch ihre eigentümliche Gestaltung ab[72].

Die Untersuchung dieses Zeichens wird durch mehr als 25 Beispiele ermöglicht, die alle als Variationen derselben Grundfigur zu betrachten sind[73]. Der erste Buchstabe des *bene* hat immer die Form einer mehr oder weniger stark eingerollten Spirale, aus der eine nach rechts gewandte schräge Linie herausgeführt wird. Dieser meistens sehr lang, gelegentlich bis zum Rand der Urkunde ausgezogenen Linie entspricht die vertikale Haste des *b*. Auch der erste Buchstabe des *ual* zeigt eine vergleichbare Stilisierung, dergestalt, daß sich die erste Haste des *u* hinter einer links laufenden Spirale verbirgt. An die beiden stets übereinander gestellten Spiralen schließen in paralleler Anordnung die restlichen Buchstaben der Formel an. Das beschriebene Grundmuster kann durch andere Striche ergänzt werden, die fast immer von den letzten Buchstaben ausgehen. Einige dieser Zierlinien fallen durch doppel-*s*-förmige Zeichen auf, ohne daß sich deren Bedeutung erklären ließe, wenngleich sie als zusätzliche Erkennungsmerkmale für die Hand des Schreibers nicht außer acht gelassen werden dürfen[74]. Ein einziges Mal sind auch tironische Noten hinzugefügt worden[75].

Alle Dokumente, die eine Beobachtung zulassen, zeigen das *bene ual* immer in der unmittelbaren Nähe der Stelle, an der durch einen kreuzförmigen Einschnitt das Wachssiegel befestigt wurde. Dieses überdeckte nach seiner Anbringung, wie nicht nur die erhaltenen Stücke, sondern auch die Wachsspuren, die die abgefallenen Siegel hinterlassen haben, erkennen lassen, das *bene ual* mehr oder weniger stark. Gelegentlich sind am rechten Rand nur noch der eine oder andere Buchstabe und ein Teil der Zierlinien freigeblieben[76]. In anderen Fällen bedeckte die Besiegelung auf der linken Seite nur einen sehr geringen Teil des *bene ual*[77]. Aus diesem Befund ist zu folgern, daß das *bene ual* immer vor der Besiegelung auf das Dokument geschrieben wurde und so die Stelle markierte, an der das Siegel unter dem Text der Urkunde befestigt werden sollte.

Von wem wurde das *bene ual* geschrieben, vom Schreiber der Urkunde oder vom Rekognoszenten? Léon Levillain hat angenommen, das *bene ual* bedeute eine Art »Siegelbefehl«, wie er sagt, »un ordre transmis par le référendaire ou son substitut au service du sceau«[78]. Dagegen hat Peter Classen unter Bezugnahme auf spätantike Beispiele wahrscheinlich gemacht, daß es sich bei der zeichenhaft ausgeschmückten Formel *bene ual* eher um eine »Marke des Textschreibers« handelt. Dieser brachte so den Abschluß seiner Tätigkeit bei der Herstellung der Urkunde zum Ausdruck, ehe diese rekognosziert und gesiegelt wurde[79]. Diese Hypothese läßt sich mit Urkunden Theuderichs II., Childeberts II. und Chilperichs I. bestätigen, die sehr wahrscheinlich je von den gleichen Händen geschrieben worden sind und in denen die *bene ual*-Zeichen jeweils gleich gestaltet worden sind, wohingegen die Rekognoszenten wechseln[80].

69 Vgl. dazu demn. unsere Anm. 14 angekündigte Abhandlung.

70 Infolge ihrer Beschädigungen lassen die folgenden Urkunden keine Beobachtungen mehr zu: ChLA XIII, 551, 552, 553, 554, 555, 559, 560, 561, 562; XIV, 583. Unberücksichtigt bleibt auch die Kopie einer Urkunde Childerichs II.: ChLA XIX, 674.

71 Bei den folgenden Urkunden, deren Siegel abgefallen sind, fehlt eigentümlicherweise das »bene val«: ChLA XIII, 568; XIV, 577 u. XV, 597.

72 Zum *bene ual*, je nachdem, ob das ual mit *valete*, *valeas* oder wohl am überzeugendsten mit *valiat* aufgelöst wird, und zu seiner Interpretation als »Grußformel«, »Siegelbefehl« oder als »Schreibermarke«, u. a. Ottenthal, 1909, 194. L. Levillain, in: BECh 92 (1931), 5–22. Tessier, 1962, 30–32. Classen, 1977, 161–163.

73 ChLA XIII, 550, 556, 557, 558, 565, 566 u. Abb. 13, 570; XIV, 573, 574, 575, 579, 584, 586 u. Abb. 14, 587, 588, 590, 591, 593; XVII, 654. Außer den genannten Stücken, deren frühere Besiegelung nicht mehr vorhanden ist, sind noch die Urkunden zu nennen, deren Besiegelung eine Beurteilung des *bene ual* mehr oder weniger stark einschränkt: ChLA XIII, 567; XIV, 572, 576, 578, 581 u. Abb. 15, 585, 589.

74 ChLA XIV, 574, 581 u. Abb. 15, 586 u. Abb. 14, 588, 589, 590, 591, 593; XVII, 654.

75 ChLA XIII, 566 u. Abb. 13. Die z. B. von M. Jusselin (wie Anm. 72, 12) vorgeschlagene Deutung der tironischen Noten als »per anolum« ist umstritten.

76 ChLA XIV, 576, 581 u. Abb. 15, 585.

77 ChLA XIII, 565, 566 u. Abb. 13.

78 Levillain, wie Anm. 72, 15.

79 Classen, 1977, 162 f. Vgl. auch die Vorbehalte von Tessier, 1962, 31–32 gegenüber der Deutung von Levillain.

80 Auf die folgenden, auch weiter unten behandelten Dokumente hatte schon Ottenthal, 1909, 194 hingewiesen: ChLA XIII, 565 (Aghliberchthus) u. 566 (Droctoaldus); XIV, 586 (Actulius) u. 587 (Dagoberthus), 588 (Actulius), 589 (Chrodoberthus), 590 (Ermedramnus), 591 (Actulius).

Paragraphen

In einer einzigen Urkunde, dem Testament des Sohnes der Idda, wird der Text in auffälliger Weise in Abschnitte untergliedert. Der Schreiber hat sich hierzu nicht nur vergrößerter, z. T. dekorativer Buchstaben, sondern auch eines besonderen Zeichens bedient[81], das ohne Zeifel als Ankündigung einer neuen »Sinneinheit« zu verstehen ist[82].

In allen anderen Urkunden erscheint der Text weitgehend ungegliedert. Nur selten reißt das endlos erscheinende Band der Schrift ab, um einen Abschnitt zu markieren oder Platz zu lassen für einen nachzutragenden Namen.

Text- und Zeilenenden

Ähnlich wie noch heutzutage (z. B. beim Ausfüllen von Formularen) ist in den merowingischen Urkunden die Absicht zu erkennen, die Vollständigkeit eines Textes, mit dem ein Rechtsgeschäft festgehalten wurde, graphisch so abzusichern, daß ihm nichts mehr hinzugefügt werden konnte. Dieses Bemühen läßt sich am Beispiel einiger Urkunden bei der Behandlung der Zeilenenden zeigen, die mit besonders gestalteten, nach rechts verlängerten Buchstaben schließen[83]. Wenn der Text der Urkunde nicht mit einem Zeilenende aufging, konnte das Problem auf verschiedene Weise gelöst werden. Beispielsweise konnte eine der mit der Unterfertigung befaßten Personen, insbesondere diejenige, die für die Authentizität des Textes zu bürgen hatte, ihre Unterschrift direkt hinter das letzte Textwort schreiben[84]. Wie einige Privaturkunden zeigen, konnte der gleiche Zweck dadurch erreicht werden, daß die Zeile mit *actum* und *datum* direkt an den Text angeschlossen wurde[85]. Häufig ist auch zu beobachten, daß der letzte Buchstabe des letzten Textwortes eine dekorative Gestalt annimmt. Das letzte Element des Schlußbuchstabens wird dann so stark ausgebildet, daß es wie ein besonderes Zeichen zur Markierung des Textendes wirkt[86]. An einigen Stellen sind auch besondere Zeichen ausgeführt worden, die aus Gründen größerer Klarheit die Enden der Schlußzeilen begrenzen oder füllen. Hier wechseln Schleifen und Zickzacklinien mit Zeichen, die tironische Noten zu imitieren scheinen. Es ist nicht ausgeschlossen, daß diese Zeichen von der Hand der Rekognoszenten stammen, die ebenso wie für die rechtliche Zuverlässigkeit auch für die inhaltliche Vollständigkeit der von ihnen unterzeichneten Urkunden zu bürgen hatten[87]. Schließlich ist noch die auffällige graphische Gestaltung des Endes einiger Datierungszeilen zu erwähnen[88].

Kontroll- oder Merkzeichen

Unser Überblick über die graphischen Zeichen in den merowingischen Urkunden wäre nicht vollständig, würden wir nicht die Streichungen erwähnen, die in großer Zahl und Zeile um Zeile in den Rechnungsdokumenten aus Saint-Martin von Tours begegnen[89]. Bekanntlich handelt es sich bei diesen Dokumenten, deren Erforschung noch in den Anfängen steckt, um Abgabenlisten, mit namentlicher Nennung der Abgabepflichtigen und der von ihnen verlangten Leistungen. Gewissermaßen um eine Kontrolle über die jeweils tatsächlich geleisteten Abgaben zu haben, wurden diese nach vollzogener Ablieferung durchgestrichen. Dieses einfache Zeichen diente also zur Kontrolle bzw. als Gedächtnisstütze[90].

Schmuckelemente

In mehr als zehn Urkunden fallen kleinere Schleifen oder doppel-*s*-förmige Zeichen auf. Sie begegnen in den Titel- und Datierungszeilen, an den Textenden und im Bereich der Zierstriche des *bene ual*. Zum ersten Mal können wir dieses Zeichen in Urkunden Chlodwigs III. beobachten[91]. In drei Urkunden Childeberts III. treten sie jeweils an drei oder vier verschiedenen Stellen gegen Ende der Urkunde auf[92]. Im Bereich von *bene ual* und Datierungszeile begegnen die gleichen Zeichen jeweils in vier zusammengehörenden Urkunden Chilperichs II.[93]. Alle diese Zeichen stam-

81 ChLA XIII, 569, Z.12, 15, 31 u. Abb. 16, 39, 43, 51, 55.

82 Zum Paragraphenzeichen, vgl. u. a. B. Bischoff, Paléographie, franz. Übersetzung von H. Atsma – J. Vezin, Paris 1985, 191f.

83 ChLA XIV, 575, 579, 581, 584 u. Abb. 17, 591.

84 ChLA XIII, 550, 558 u. Abb. 1, 560, 561, 564, 567, 570; XIV, 574, 584, 585, 588, 589, 590, 591.

85 ChLA XIII, 563, 569; XIV, 582; XVII, 656; XIX, 670.

86 ChLA XIV, 578, 585, 590 u. Abb. 18, 593.

87 ChLA XIII, 566; XIV, 573, 575, 577, 581 u. Abb. 19, 583, 584, 586, 587.

88 ChLA XIII, 565, 567, 569; XIV, 578, 579, 581.

89 ChLA XVIII, 659 u. Abb. 20.

90 Gasnault u. Vezin, wie Anm. 12.

91 ChLA XIV, 572, 573, 574.

92 ChLA XIV, 581, 586, 587. Siehe auch 579 u. 585.

93 ChLA XIV, 588, 589, 590, 591. Vgl. auch 593.

men offensichtlich von den Schreibern der Urkunden selbst. Sie sind deshalb neben den anderen graphischen Elementen nicht zu vernachlässigen, wenn wir die Schriften unserer Dokumente vergleichen und unterscheiden wollen.

Am Beispiel einiger Unterschriften, von denen uns zwei oder drei Exemplare überliefert sind, haben wir schon gezeigt, daß sich ihre Identität nicht nur in den Schriftzügen selbst, sondern auch in den verwendeten graphischen Elementen wie z. B. »Chrismon« und »Signum recognitionis« offenbart. Diese an und für sich selbstverständliche Feststellung führt zu der Frage, ob und in welchem Umfang die Zeichen, die wir in unserem typologischen Überblick behandelt haben, dazu beitragen können, die in zeitgenössischer Form überlieferten Urkunden der Merowingerzeit nach ihren Schreibern zu unterscheiden.

Für eine in allen Teilen vergleichende Untersuchung stehen je fünf Urkunden Theuderichs III., Chlodwigs III. und Chilperichs II. sowie zehn Urkunden Childeberts III. zur Verfügung[94]. Bis auf die beiden Urkunden für Saint-Germain-des-Prés und Saint-Maur-des-Fossés, die auch paläographisch aus dem Rahmen fallen[95], sind alle anderen Dokumente durch das Archiv von Saint-Denis überliefert worden. Ihre Ausstellungszeit wird durch die Jahre 677 und 716 begrenzt.

E. von Ottenthal hat in seiner Besprechung der Edition von Philippe Lauer und Charles Samaran elf Urkunden benannt, die von vier verschiedenen Händen geschrieben worden sind. Zu ihrer Unterscheidung hat er sich nicht nur auf den generellen paläographischen und philologischen Befund der Urkundentexte gestützt, sondern auch auf die Gestaltung der graphischen Symbole wie »Chrismon« und *bene ual*[96].

Ottenthals Feststellungen treffen nicht nur für die beiden im Jahre 677 in Mâlay im Abstand von nur wenigen Tagen ausgestellten Urkunden Theuderichs III. zu[97], sondern auch für zwei Gerichtsurteile Chlodwigs III., die an zwei aufeinander folgenden Tagen im Jahre 691 in Nogent schriftlich niedergelegt worden sind. »Chrismon« und *bene ual* weichen jeweils nur geringfügig voneinander ab und sind, wie auch das übrige Schriftbild zeigt, als Spielarten der jeweils gleichen Hände zu erklären[98]. Wenige Monate nach den beiden erwähnten Entscheidungen wurde in Luzarches ein anderes Gerichtsurteil Chlodwigs III. schriftlich ausgefertigt. Hier scheinen »Chrismon« und *bene ual* eine andere Hand zu indizieren, dennoch ist Ottenthal zuzustimmen, daß das Textbild dieses Dokuments mit den beiden anderen verwandt erscheint[99].

Bemerkenswert sind auch die Übereinstimmungen zwischen den graphischen Zeichen in den beiden Placita, die auf den Namen Childeberts III. im Abstand von nur einem Tag in Montmacq ausgestellt worden sind. Der Schriftvergleich des Textes läßt nicht daran zweifeln, daß wir es mit der gleichen Hand zu tun haben[100].

Schließlich ist von Ottenthal noch auf vier Urkunden Chilperichs II. hingewiesen worden, die in den Monaten Februar und März 716 in der Pfalz Compiègne ausgestellt worden sind. In den Texten dieser Urkunden ist immer wieder die gleiche Hand zu erkennen, die sich schon nach der eigentümlichen Ligatur von *g* und *n* bestimmen läßt und die wir so in anderen Urkunden sonst nicht antreffen[101]. Der Verwandtschaft im Schriftbild der Urkundentexte entsprechen im wesentlichen auch die graphischen Elemente. Abgesehen von einem *bene ual*, das durch das größtenteils erhaltene Siegel verdeckt wird[102], stimmen die übrigen ziemlich formatgleichen Zeichen überein. Auch drei der jeweils vor den Eingangszeilen gesetzten »Chrismen« stammen offensichtlich aus der gleichen Form. Sogar das vierte »Chrismon« stimmt in der Zeichnung des oberen Endes ganz mit den anderen Stücken überein[103]. Lediglich das mittlere Element, in dem M. Jusselin die tironische Note für »ante« erkannte[104], hat eine andere Gestalt.

In der beschriebenen Form begegnet das »Chrismon«, übrigens, in einer der schon erwähnten Urkunden Chlodwigs III.[105]. Auch für die anderen »Chrismen« der herangezogenen Urkunden Chilperichs II. finden wir Parallelen in früheren Urkunden[106].

Anhand dieser Beispiele wird deutlich, daß ein einziges graphisches Symbol wie das »Chrismon« für sich alleine genommen nicht mehr als ein Indiz sein kann,

94 Nachweise in Anm. 3. Wegen ihres fragmentarischen Erhaltungszustands lassen wir die älteren Königsurkunden außer acht. Als Einzelstücke bleiben auch das Privileg Chlodwigs II. von 654 (ChLA XIII, 558) sowie alle Privaturkunden unberücksichtigt.
95 ChLA XIV, 583 u. 584.
96 Ottenthal, 1909, 195–196.
97 ChLA XIII, 565 u. 566.
98 ChLA XIV, 573 u. 574.
99 ChLA XIV, 575.
100 ChLA XIV, 586 u. 587.
101 ChLA XIV, 588, 589, 590, 591 u. Abb. 3.
102 ChLA XIV, 589.
103 ChLA XIV, 590.
104 Jusselin, 1907, 486–487.
105 ChLA XIV, 586 u. 587.
106 Vgl. dazu die Zusammenstellung der meist stark verkleinerten und somit für den Vergleich nicht ganz tauglichen »Chrismon«-Typen von Jusselin, 1907, Taf. 1.

das erst in Verbindung mit anderen Kriterien bei der Unterscheidung von Schreiberhänden Gewicht bekommt.

Dies ist zu berücksichtigen, wenn wir Fall für Fall das »Chrismon« vor der Eingangszeile der Urkunde mit demjenigen vor der Unterschrift des Rekognoszenten vergleichen. Nicht ein einziges Mal ist eine Übereinstimmung festzustellen! Dieser negative Befund wird auch durch den Vergleich zwischen den Schriftzügen der Unterschriften und dem Bild der Urkundentexte bestätigt.

Von dieser Regel würde, folgten wir M. Jusselin, als einzige Ausnahme nur die im Jahre 697 ausgestellte Gerichtsurkunde Childeberts III. abweichen. Nach seiner Meinung stimmen nämlich das »Chrismon« vor der ersten Zeile und das vor der Unterschrift des Aigobercthus überein. Das trifft aber nicht zu. Auch zwischen der Hand, die den Text der Urkunde schrieb, und derjenigen des Aigobercthus, die sich in seiner ziemlich langen Unterschrift manifestiert, ist ein Unterschied zu erkennen[107].

Wir können also festhalten, daß die Schreiber der merowingischen Königsurkunden und ihre Rekognoszenten nicht identisch waren[108]. Alle graphischen Elemente, die wie z. B. »Chrismon«, *bene ual*, Schmuckzeichen, usw. zu den Texten der merowingischen Urkunden selbst gehören, stammen von den Urkundenschreibern und haben deshalb sozusagen den Wert von »Schreibermarken«[109].

Selbstverständlich können diese Beobachtungen keine zu weitreichende Bedeutung beanspruchen. Das verbietet der nur sehr kleine Bestand an in zeitgenössischer Form überlieferten merowingischen Urkunden schon deshalb, weil sein tatsächliches Verhältnis zu dem immensen Verlust an ehemals vorhandenen Dokumenten heute nicht mehr bestimmt werden kann.

ABKÜRZUNGEN UND HINWEISE ZU DEN ABBILDUNGEN

BECh
= Bibliothèque de l'École des Chartes

ChLA
= Chartae Latinae Antiquiores. Facsimile-Edition of the Latin Charters prior to the ninth century, Bd. XIII–XIX, hg. von Hartmut Atsma – Jean Vezin, u. a., Dietikon–Zürich 1981–1987.

Classen, 1977
= Peter Classen, Kaiserreskript und Königsurkunde. Diplomatische Studien zum römisch-germanischen Kontinuitätsproblem, Thessalonike 1977.

Jusselin, 1907
= Maurice Jusselin, Notes tironiennes dans les diplômes (mérovingiens), in Bibliothèque de l'École des chartes 68 (1907), S. 481–508.

Lauer & Samaran, 1908
= Philippe Lauer – Charles Samaran (Hg.), Les diplômes originaux des Mérovingiens. Fac-similés phototypiques avec notices et transcriptions ... Paris 1908.

Letronne
= Antoine-Jean Letronne (Hg.), Diplomata et chartae merovingicae aetatis in Archivio Franciae asservata ... Paris [1851].

MIÖG
= Mitteilungen des Instituts für Österreichische Geschichtsforschung

Ottenthal, 1909
= Emil von Ottenthal, [Besprechung von Lauer & Samaran, 1908], in MIÖG 32 (1909), S. 183–196.

Prou, 1908
= Maurice Prou, Préface zu Lauer & Samaran, 1908.

Tardif, 1866
= Jules Tardif, Facsimilé de chartes et de diplômes mérovingiens et carlovingiens, Paris 1866.

Tessier, 1962
= Georges Tessier, Diplomatique royale française. Paris 1962.

Die Abbildungen wurden nach den Tafelwerken von A. J. Letronne *(Abb. 1–4, 6, 8–19, 21) und J.* Tardif (Abb. 7) sowie nach den Bildvorlagen für ChLA XVIII, 659 u. XIX, 670 (Abb. 5 u. 20) reproduziert.

107 ChLA XIV, 581 u. Abb. 21a u. 21b. Vgl. Jusselin, 1907, 486–487. Tessier, 1962, 27f.

108 Vgl. Ottenthal, 1909, 196–197 u. Classen, 1977, 189.

109 Vgl. aber weiter oben unsere Bemerkungen zu den Zeilenenden, von denen einige durchaus von den Rekognoszenten mit Zickzacklinien ausgefüllt worden sein können.

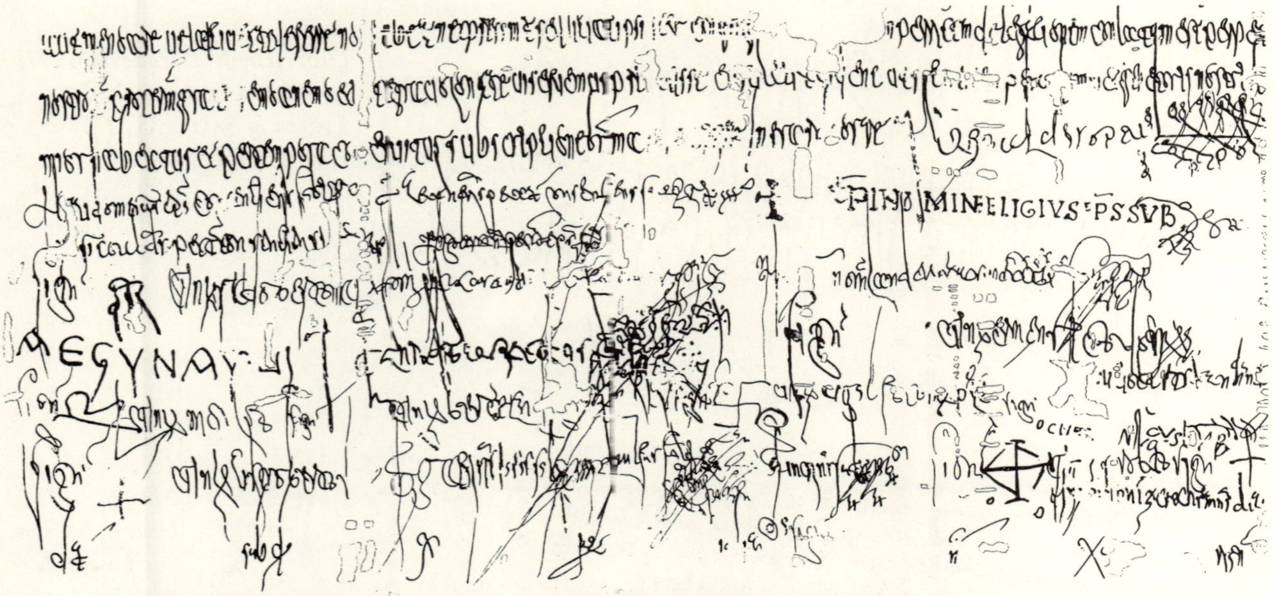

Abb. 1 *Unterschriften unter einer Urkunde Chlodwigs II., a. 654 (Ausschnitt). (Letronne, VIII. Lauer & Samaran, 6 u. 6 bis. ChLA XIII, 558)*

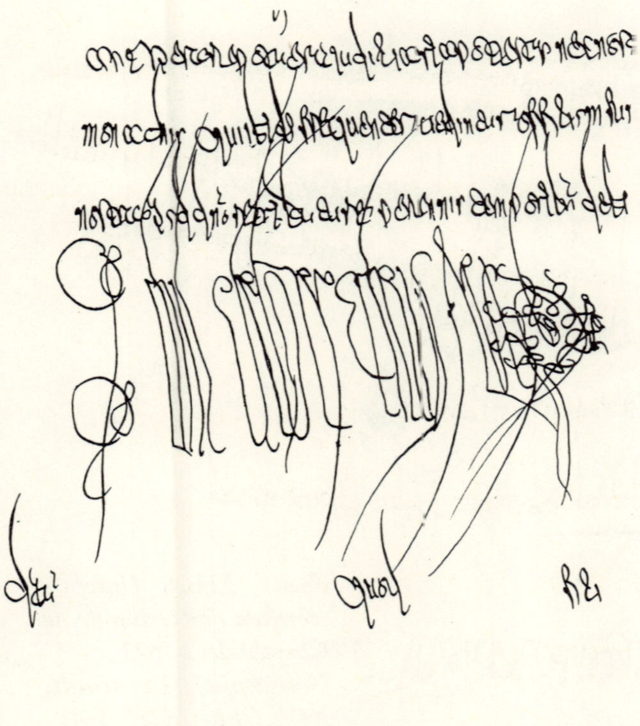

Abb. 2 *Unterschrift Childeberts III., a. 696 (Letronne, XXXII. Lauer & Samaran, 26. ChLA XIV, 579)*

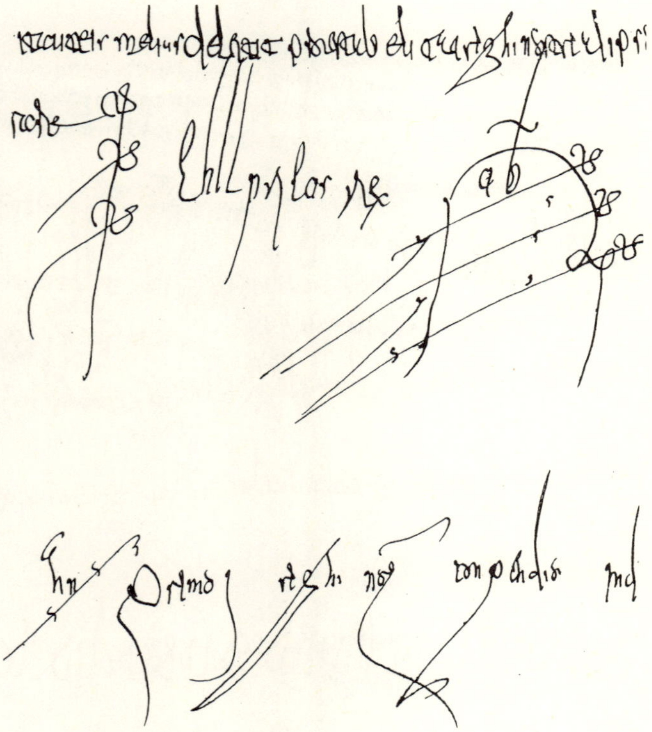

Abb. 3 *Unterschrift Chilperichs II., a. 716 (Letronne, XLII. Lauer & Samaran, 37. ChLA XIV, 591)*

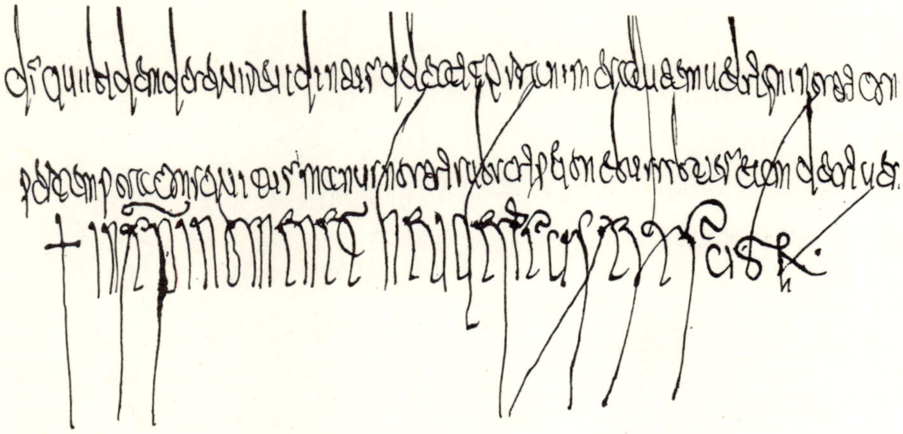

Abb. 4
Unterschrift Theuderichs III., a. 688 (Letronne, XX. Lauer & Samaran, 17. ChLA XIII, 570)

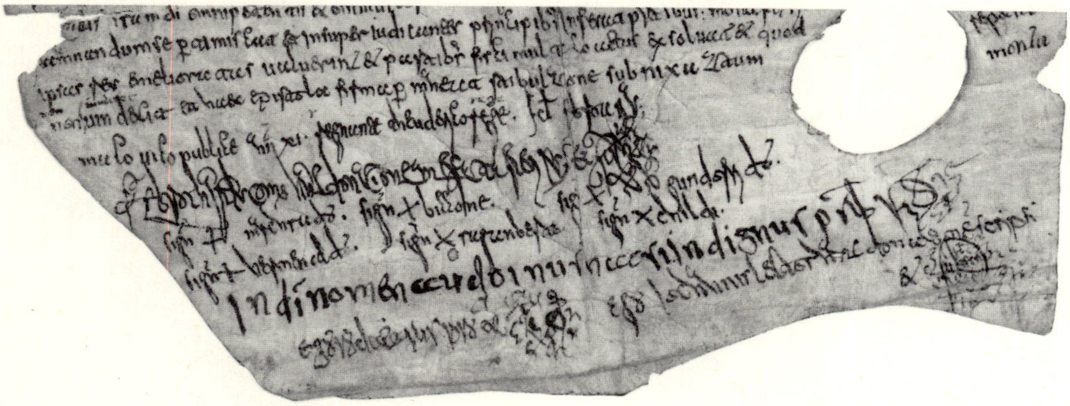

Abb. 5
Unterschriften der Urkunde des Comes Ebrochardus, a. 731/732 (Ausschnitt). (ChLA XIX, 670)

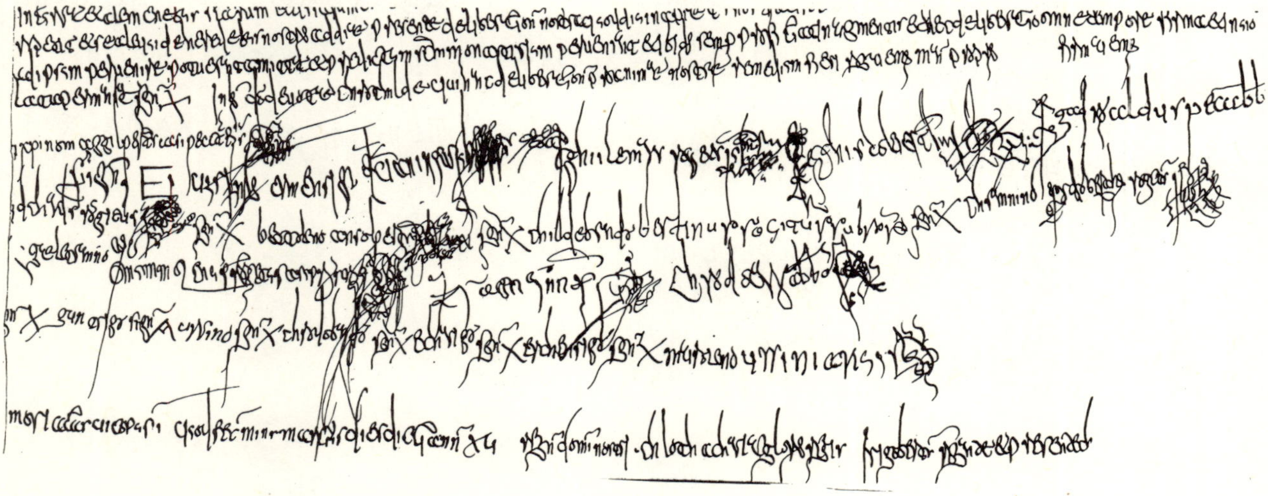

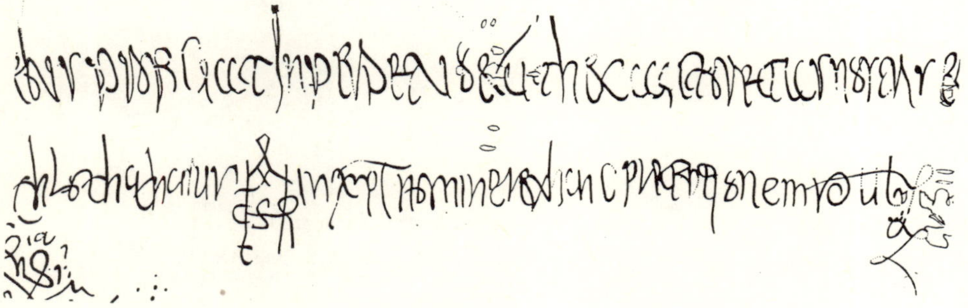

oben: Abb. 6 *Unterschriften der Urkunde der Chrothilde, a. 673 (Ausschnitt). (Letronne, XIV. ChLA XIII, 564)*

◁ Abb. 7 *Monogramm und Unterschrift Chlothars II., a. 625 (Tardif, IV. Lauer & Samaran, 1. ChLA XIII, 552)*

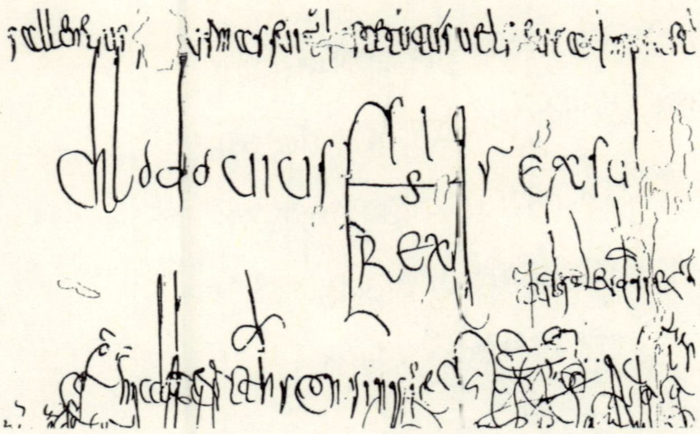

Abb. 8 *Monogramm und Unterschrift Chlodwigs II., a. 654 (*Letronne*, VIII. *Lauer *&* Samaran*, 6 u. 6 bis. ChLA XIII, 558)*

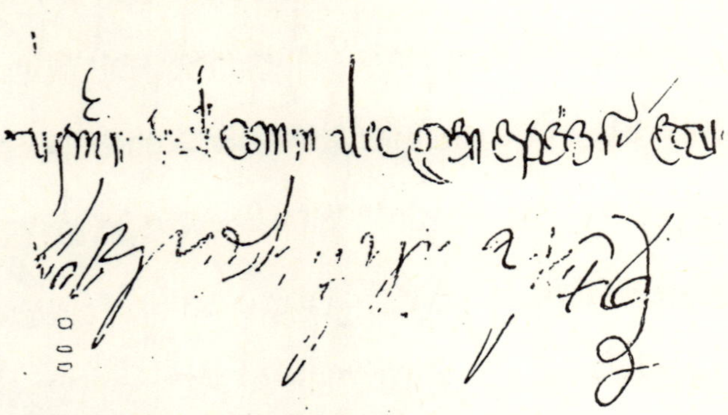

Abb. 9 *Unterschrift Dagoberts I., a. 632/633 (*Letronne*, V. *Lauer *&* Samaran*, 3 u. 3 bis. ChLA XIII, 551)*

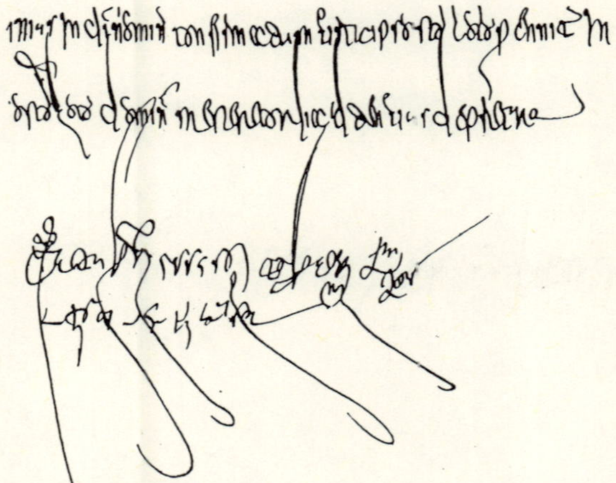

◁ Abb. 10 *Unterschrift des Actulius, a. 716 (*Letronne*, XLII. *Lauer *&* Samaran*, 37. ChLA XIV, 591)*

Abb. 11 *Unterschrift des Aghilus, a. 691/692. (*Letronne*, XXV. *Lauer *&* Samaran*, 21. ChLA XIII, 573)*

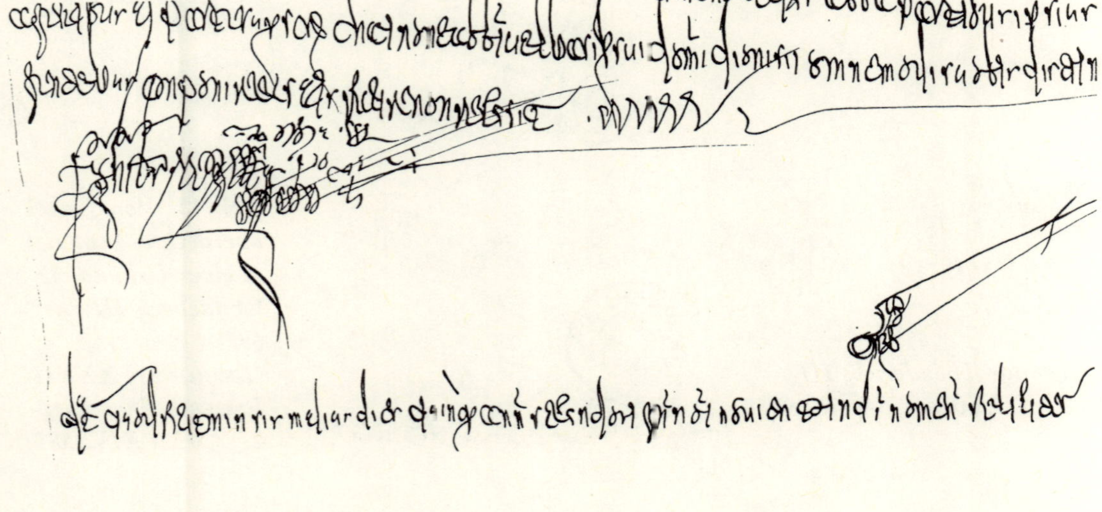

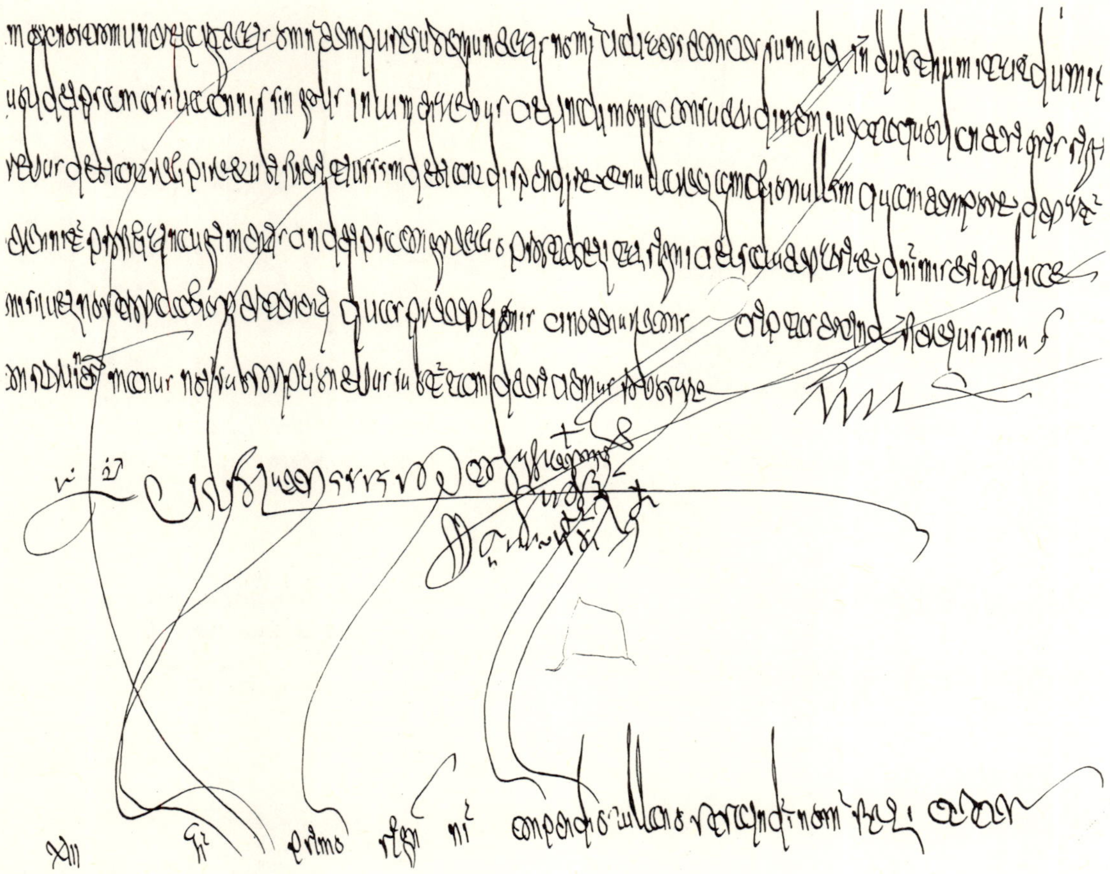

Abb. 12
Unterschrift des Uulfolaecus, a. 694 (Letronne, XXIX. Lauer & Samaran, 24. ChLA XIV, 577)

Abb. 13
Bene ual in einer Urkunde Theuderichs III., a. 677 (Letronne, XVI. Lauer & Samaran, 14. ChLA XIII, 566.)

Abb. 14 *Bene ual in einer Urkunde Childeberts III., a. 709/710 (Letronne, XXXVI. Lauer & Samaran, 31. ChLA XIV, 586)*

Abb. 15 *Vom Siegel überdecktes bene ual in einer Urkunde Childeberts III., a. 697 (Letronne, XXXIII. Lauer & Samaran, 27. ChLA XIV, 581)*

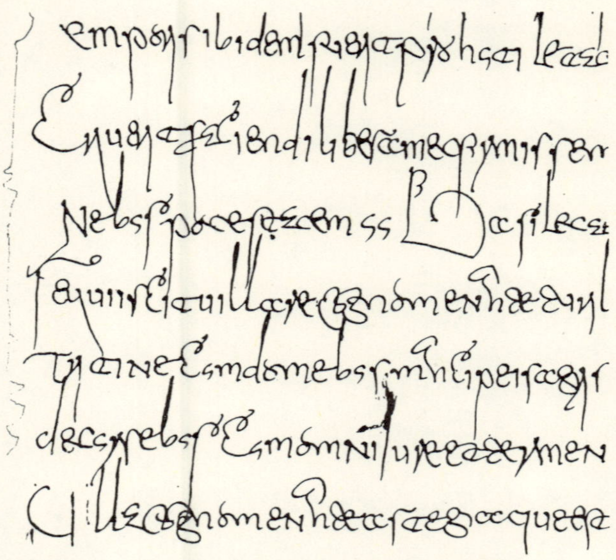

Abb. 16 *Paragraphenzeichen und vergrößerte Buchstaben im Testament des Sohns der Idda, 2. H. 7. Jh.? (LETRONNE XX u. XXI. ChLA XIII, 569)*

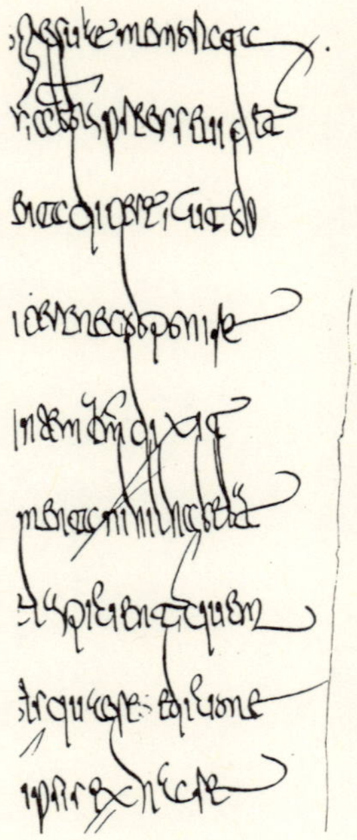

Abb. 17 *Zeilenenden am rechten Rand einer Urkunde Childeberts III., a. 703 (LETRONNE, XXXV. LAUER & SAMARAN, 29. ChLA XIV, 584)*

Abb. 18 *Vergrößerter Buchstabe am Ende des Textes einer Urkunde Chilperichs II., a. 716 (LETRONNE, XLI. LAUER & SAMARAN, 36. ChLA XIV, 590)*

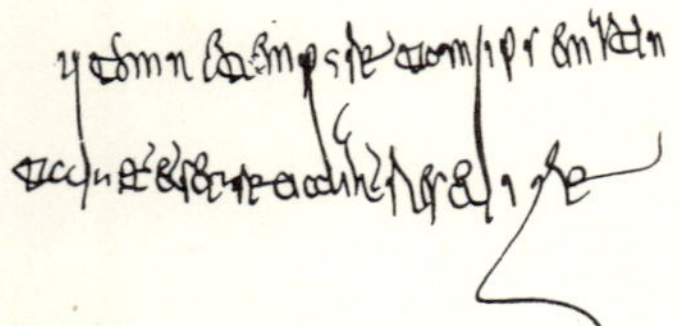

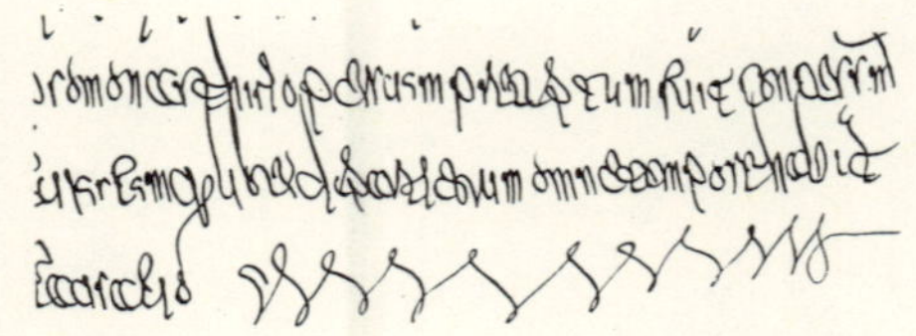

Abb. 19 *Ausfüllung des Zeilenendes nach dem Schluß des Textes einer Urkunde Childeberts III., a. 697 (LETRONNE, XXXIII. LAUER & SAMARAN, 27. ChLA XIV, 581)*

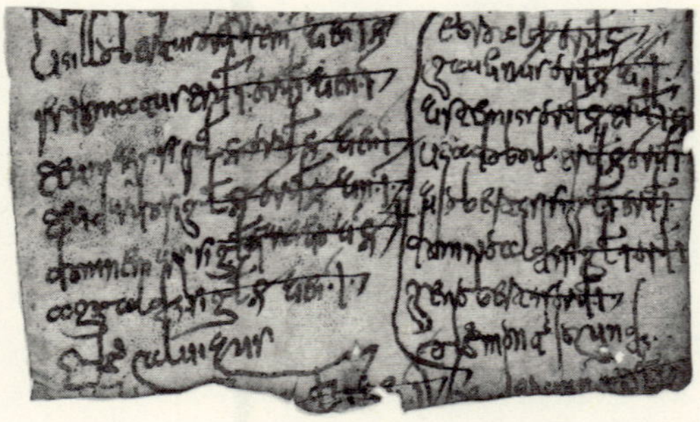

Abb. 20 *Kontroll- und Merkzeichen in den Rechnungsdokumenten von Saint-Martin de Tours, um 700 (ChLA XVIII, 659, document XI)*

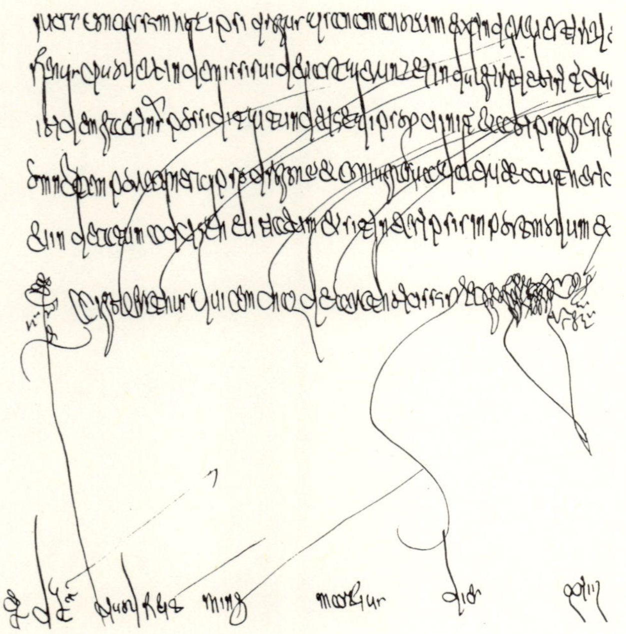

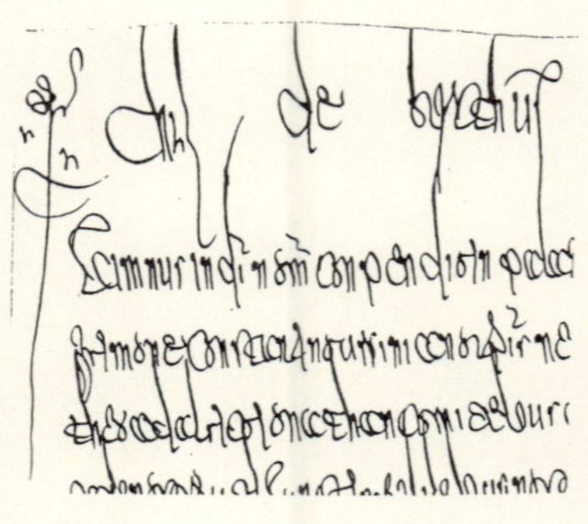

Abb. 21 *»Chrismon« vor der ersten Zeile (a) und Unterschrift des Aigobercthus (b) in einer Urkunde Childeberts III., a. 697 (LETRONNE, XXXIII. LAUER & SAMARAN, 27. ChLA XIV, 581)*

Graphische Symbole in den Urkunden Ludwigs des Frommen

Von Mark Mersiowsky

Lange stand die Regierungszeit Ludwigs des Frommen in der diplomatischen wie historischen Forschung im Schatten Karls des Großen. Die Erfolglosigkeit der Versuche, die Urkunden Ludwigs des Frommen für die Diplomata-Abteilung der Monumenta Germaniae Historica zu edieren, entzog einer kritischen Neubewertung diplomatischer Fragen die sichere Grundlage[1]. Die Wiederaufnahme dieser Arbeiten unter der Leitung von Peter Johanek in Münster ermöglichte es dem Verfasser, im Rahmen des vorliegenden Sammelbandes einen Beitrag zu dieser wichtigen Epoche des karolingischen Urkundenwesens zu leisten[2]. Obwohl die Herrscherurkunden der Karolinger keineswegs ein unbeackertes Feld sind, bleibt auf diesem Gebiet trotz jüngster Forschungen noch viel zu tun[3]. In verschiedenen Schritten seien im folgenden die graphischen Symbole in den Urkunden Ludwigs des Frommen behandelt. Ein erster Abschnitt ist der Darstellung des Editionsapparates gewidmet. Im zweiten Teil soll es dann um die graphischen Symbole in den Originalen gehen. Ein dritter wird sich mit der kopialen Überlieferung beschäftigen. Die Einbeziehung der abgeleiteten Überlieferung erlaubt Beobachtungen verschiedener Art, nicht nur zum Gebrauch der Schriftzeichen, sondern auch zur Rezeption: der Frage nämlich, wie spätere Zeiten diese Symbole betrachteten. Programmatisch wurde die Marburger Tagung unter den Titel »graphische Symbole« und nicht etwa »graphische Zeichen« gesetzt. Hinter einem Symbol aber steht stets ein abstrakter Inhalt oder Sinn, auf den es verweist. Somit

1 Zur Geschichte der Edition und den Aufgaben, die sich stellen, vgl. Peter Johanek, Probleme einer zukünftigen Edition der Urkunden Ludwigs des Frommen, in: Charlemagne's Heir. New Perspectives on the Reign of Louis the Pious (814–840), hg. v. Peter Godman, Roger Collins, Oxford 1990, S. 409–424, ein im März 1986 auf der gleichnamigen Konferenz gehaltener Vortrag, der also zu einem Zeitpunkt geschrieben wurde, als die Materialien aus dem Nachlaß Eugen Meyers noch in München lagen. Zur Forschungsgeschichte weiter: Die Urkunden der Karolinger Bd. 3: Die Urkunden Lothars I. und Lothars II., bearb. v. Theodor Schieffer, Berlin – Zürich 1966 (MGH DD. Karol. III) S. VII–XI; Otto Dickau, Studien zur Kanzlei und zum Urkundenwesen Kaiser Ludwigs des Frommen. Ein Beitrag zur Geschichte der karolingischen Königsurkunde im 9. Jahrhundert. Erster Teil, in: Archiv für Diplomatik 34 (1988), S. 3–156, hier S. 5–14. Leider ist nur der erste Teil dieser Arbeit bisher zugänglich. Gerade für unsere Fragestellungen bleibt es eine schmerzhafte Lücke, daß die von Dickau angekündigte paläographische Untersuchung noch nicht erschienen ist (Dikkau, Kanzlei S. 3). So müssen Fragen zum Verhältnis von Schreiber und graphischem Symbol ungeklärt bleiben, da die Bearbeitung erst auf Basis sicherer Mundanten- und Rekognoszentenidentifizierungen möglich ist. Um der von ihm annoncierten Untersuchung der Fälschungen nicht vorzugreifen, muß die Rezeption der graphischen Symbole in den angeblichen Originalen und Fälschungen weitgehend ausgeklammert bleiben.

2 Zur Bedeutung der Zeit Ludwigs des Frommen für die Entwicklung des Urkundenwesens vgl. Schieffer, DD. Karol. III (wie Anm. 1), S. 14; ähnlich Eugen Ewig, Der Gebetsdienst der Kirchen in den Urkunden der späteren Karolinger, in: Festschrift für Berent Schwineköper. Zu seinem siebzigsten Geburtstag, hg. v. Helmut Maurer, Hans Patze, Sigmaringen 1982, S. 45–86, hier S. 48. Ein neuerer Überblick über die karolingischen Kanzleien, in dem die wichtige Rolle der Zeit Ludwigs des Frommen immer wieder deutlich wird, liegt vor von Robert-Henri Bautier, La chancellerie et les actes royaux dans les royaumes carolingiens, in: Bibliothèque de l'Ecole des Chartes 142 (1984), S. 5–80. Meine Darstellung beruht auf Untersuchungen in folgenden Archiven und Bibliotheken: GLA Karlsruhe, StA Marburg, BHStA München, StA Münster, AN und BN Paris, HStA Stuttgart. Wird im folgenden neben der Regestennummer (Die Regesten des Kaiserreichs unter den Karolingern 751–918. Nach Johann Friedrich Böhmer neubearbeitet von Engelbert Mühlbacher. Nach Mühlbachers Tode vollendet von Johann Lechner. Mit einem Geleitwort von Leo Santifaller. Mit einem Vorwort, Konkordanztabellen und Ergänzungen von Carlrichard Brühl und Hans H. Kaminsky, Hildesheim 1966 (J. F. Böhmer, Regesta Imperii I), kurz M^2 eine Archivsignatur genannt, beziehe ich mich auf eigene Untersuchungen am Original. Daneben standen mir die Photographien des Editionsapparates sowie die nach Bochum gelangten Materialien, darüber hinaus alte Abzeichnungen im Apparat sowie verschiedene Tafelwerke zur Verfügung. Eine wertvolle Liste von Drucken und Faksimilia für die Originale bietet Hubertus Menke, Das Namengut der frühen karolingischen Königsurkunden. Ein Beitrag zur Erforschung des Althochdeutschen, Heidelberg 1980 (Beiträge zur Namenforschung. Neue Folge Beiheft 19), S. 473–486.

3 Allg. Carlrichard Brühl, Gli atti sovrani, in: Fonti medioevali e problematica storiografica. Atti del congresso internazionale tenuto in occasione del 90° anniversario della fondazione dell'Istituto storico Italiano (1883–1973), Roma 22–27 ottobre 1973, Bd. I. Relazioni, Roma 1976, S. 19–40; speziell für Ludwig den Frommen Johanek, Probleme (wie Anm. 1), S. 415–424.

obliegt es Untersuchungen zu graphischen Symbolen, zumindest den Versuch zu wagen, auf solche Hintergründe zu schließen. Eine Reihe von diplomatischen Arbeiten der letzten Jahrzehnte hat sich mit einzelnen Urkundenformeln beschäftigt und ist dabei weit über hilfswissenschaftliche Fragen im engeren Sinne hinausgegangen[4]. Nach diesem Vorbild kann bei Betrachtung der graphischen Symbole über die eigentliche, im Formalen stehenbleibende Beschäftigung hinaus auf allgemeinere historische Phänomene verwiesen werden. »Was die Form angeht, können wir uns nicht mit ihrer Beschreibung begnügen und mit Erklärungen, die im Rahmen der Kanzleigeschichte bleiben. Die Frage nach dem ›Warum‹ dieser oder jener formalen Tatsache verweist uns auf die Menschen, ihre Geisteshaltung, ihr soziales Zusammenleben und ihr kulturelles Brauchtum, das vielleicht aus einer fernen Vergangenheit herkommt«[5]. Natürlich bleibt aber die formale diplomatische Analyse unabdingbare Voraussetzung für weiterführende Gedanken.

Der Editionsapparat

Zunächst sei kurz das bisher zusammengetragene Material vorgestellt[6]. 474 Texte sind zu bearbeiten, davon sind 52 bereits als Fälschungen erkannt[7]. Die Zahl der erschlossenen Deperdita hat sich durch die Arbeit Eugen Meyers vergrößert, gegenüber den bei Dickau genannten 138[8] sind es mittlerweile 144[9].

102 Stücke werden als Originale angesprochen, doch sind inzwischen drei davon verloren[10]. Zwölf Texte sind nur als Drucke auf uns gekommen, jede handschriftliche Tradierung fehlt. Zwei dieser Drucke stam-

4 Vgl. die magistrale Übersicht eines der Wegbereiter dieser Richtung: Heinrich FICHTENAU, Forschungen über Urkundenformeln, in: Mitteilungen des Instituts für österreichische Geschichtsforschung 94 (1986), S. 285–339. Vorbildlich für diese Richtung Herwig WOLFRAM, Intitulatio I. Lateinische Königs- und Fürstentitel bis zum Ende des 8. Jahrhunderts, Graz–Wien–Köln 1967 (Mitteilungen des Instituts für österreichische Geschichtsforschung. Ergänzungsband 21). Als neueste einschlägige Veröffentlichung ist zu nennen Intitulatio III. Lateinische Herrschertitel und Herrschertitulaturen vom 7. bis zum 13. Jahrhundert, hg. v. Herwig WOLFRAM, Anton SCHARER, Wien–Köln–Graz 1988 (Mitteilungen des Instituts für österreichische Geschichtsforschung. Ergänzungsband 29).

5 Heinrich FICHTENAU, Zur Lage der Diplomatik in Österreich, in: DERS., Beiträge zur Mediävistik. Ausgewählte Aufsätze 2: Urkundenforschung, Stuttgart 1977, S. 1–17, hier S. 14–15. Daß bei der Erforschung mittelalterlicher Symbole, und als solche haben ja die graphischen Symbole zu gelten, über die engen Fachgrenzen hinaus geblickt werden muß, betont Percy Ernst SCHRAMM, Die Erforschung der mittelalterlichen Symbole, Wege und Methoden, in: Berent SCHWINEKÖPER, Der Handschuh im Recht, Ämterwesen, Brauch und Volksglauben, (Diss. Göttingen) Berlin 1938, S. V–XVIII, hier S. XII–XIII.

6 Nach der Zerstörung des alten Editionsapparates 1945 hat Eugen Meyer die Sammlung neu begonnen. Er erfaßte die Überlieferung, die in den Mühlbacher'schen Regesten (wie Anm. 2), verarbeitet war, und ergänzte sie nach den Angaben der inzwischen erschienenen Editionen karolingischer Herrscherdiplome, vor allem der Karls des Kahlen. Auf dieser Grundlage sammelte er das ihm bekanntgewordene Material; es ist relativ vollständig in Form von Photographien, Rückkopien oder Negativen dokumentiert. Alle großformatigen Photos sind aus seinem Nachlaß an die Ruhruniversität Bochum gelangt. Über die Beschaffung von Abbildungen ermittelter Überlieferung hinaus scheint Meyer sehr selektiv gearbeitet zu haben. Vor allem erschloß er die wichtigen Bestände der Gelehrtenabschriften des 17. und 18. Jahrhunderts; vgl. JOHANEK, Probleme (wie Anm. 1), S. 413 sowie die Berichte des Präsidenten der MGH im Deutschen Archiv. Peter Johanek entschloß sich aufgrund der Ergebnisse von Durchsicht und Verzeichnung des Meyer'schen Nachlasses, die Überlieferung nach einzelnen Empfängern völlig neu zu bearbeiten. Hierbei sind bereits eine größere Zahl bisher unbekannter Textzeugen ermittelt worden. Die Zahlenangaben beruhen auf einer Durchsicht des Editionsapparates im August 1989. Mittlerweile konnte das Material durch verschiedene Archiv- und Bibliotheksreisen vermehrt werden. Die von Peter Johanek genannten vorläufigen Zahlenangaben in DERS., Probleme (wie Anm. 1), S. 413, sind nach Abschluß der Ordnungsarbeiten und Aufnahme eigener Sammeltätigkeit teilweise zu berichtigen.

7 DICKAU, Kanzlei (wie Anm. 1), S. 14, Tabelle S. 17 gibt ebenfalls 474 Stücke an (422 Diplome und 52 Fälschungen). Die nach den Nummern der Textmanuskripte Meyers getroffene Angabe von 578 bei JOHANEK, Probleme (wie Anm. 1), S. 413 trifft nicht zu, da sie nicht die Zahl der Volltexte angibt, sondern zudem die Deperdita umfaßt, die chronologisch einzuordnen sind – ein Verfahren, das Eugen Meyer und Theodor Schieffer angestrebt hatten, vgl. SCHIEFFER, DD. Karol. III (wie Anm. 1), S. XV. Typisch für den Zustand des Apparates weicht die Zahl der Deperdita in Meyers Kartei von der in seinen Textmanuskripten ohne irgendwelche Begründungen ab. Die von mir angegebenen Zahlen beruhen auf der Gesamtdurchsicht des vorhandenen Materials.

8 DICKAU, Kanzlei (wie Anm. 1), S. 17 (Tabelle).

9 Zwanzig weitere Deperdita nahm Eugen Meyer nur aufgrund der Darstellungen von Edmund E. STENGEL, Diplomatik der deutschen Immunitäts-Privilegien vom 9. bis zum Ende des 11. Jahrhunderts, Innsbruck 1910 (= DERS., Die Immunität in Deutschland bis zum Ende des 11. Jahrhunderts. Forschungen zur Diplomatik und Verfassungsgeschichte I) an, entschied sich aber schließlich gegen ihre Aufnahme. Zum Vergleich die Überlieferung Karls des Kahlen: insgesamt 395 Texte und 68 Deperdita (525 Dokumente, davon 468 Urkunden; 394 Urkundentexte haben sich ganz oder fast vollständig erhalten, 5 in Auszügen; 68 Deperdita sowie eine durch Siegelanhängen an eine Synodalakte geschaffene Urkunde, vgl. Recueil des Actes de Charles II le Chauve Roi de France commencé par Arthur GIRY, continué par Maurice PROU, terminé et publié par Georges TESSIER, Bd. III (Introduction et Table), Paris 1955, S. 1–2). Lothar I.: 145 Urkundentexte, dazu 53 Deperdita (SCHIEFFER, DD. Karol. III (wie Anm. 1), S. 10). Ludwig der Deutsche: 187 Nummern, 174 Urkundentexte sowie 5 Deperdita (159 Diplome und 15 Fälschungen, vgl. P. KEHR, Die Urkunden der deutschen Karolinger Bd. 1: Die Urkunden Ludwigs des Deutschen, Karlmanns und Ludwig des Jüngeren, Berlin 1932–1934, Ndr. München 1980 (MGH DD. ex stirpe Karol. I), S. XIV).

Anzahl der Überlieferungen

Anzahl der vorliegenden Überlieferungen pro Urkunde	Anzahl
1 Überlieferung	160
2 Überlieferungen	114
3 Überlieferungen	70
4 Überlieferungen	52
5 Überlieferungen	26
6 Überlieferungen	18
7 Überlieferungen	13
8 und mehr Überlieferungen	21

Älteste Überlieferung der einzelnen Urkunden

Älteste Überlieferung	Anzahl
8. Jahrhundert	1
9. Jahrhundert	158
10. Jahrhundert	32
11. Jahrhundert	54
12. Jahrhundert	73
13. Jahrhundert	32
14. Jahrhundert	16
15. Jahrhundert	20
16. Jahrhundert	9
17. Jahrhundert	64
18. Jahrhundert	13
19. Jahrhundert	2

Form der ältesten Überlieferung

Überlieferungsform	Anzahl
Originale	102
Formulae Imperiales	50
Angebliche Originale	25
Chartularabschriften	111
Einzelkopien	15
Notariell bestätigte Abschriften	4
Andere Abschriften	150
Drucke	12
Inserte	5

men sogar erst aus dem 19. Jahrhundert. Wie bei anderen Editionen frühmittelalterlicher Urkunden wird für Ludwig den Frommen also die abschriftliche Überlieferung deutlich überwiegen[11]. Der große Anteil von späteren Abschriften, meist des 17. und 18. Jahrhunderts, ist durch die Schicksale der französischen Archive in der Revolution bedingt. Viele Fonds erlitten in dieser Zeit Verluste oder gingen gar völlig zugrunde[12]. Dank der antiquarischen Bemühungen des 17. und 18. Jahrhunderts, besonders der Arbeiten im Umkreis der Mauriner, sind von inzwischen vernichteten Überlieferungsträgern, seien es nun Originale, Chartulare oder Einzelabschriften, viele Kopien in den großen Sammlungen der Gelehrten in Bibliotheken und Archiven Frankreichs erhalten[13]. Diese Situation

10 Die Zahl der Originale stimmt mit Dickau, Kanzlei (wie Anm. 1), S. 14 überein. Nach den Unterlagen Meyers sind unter den 102 Originalen mehrere »Problemfälle«. M^2 721 für Hersfeld gilt als verloren und liegt nur noch im Faksimile in den Koppschen Schrifttafeln vor, vgl. Mühlbacher, Regesten (wie Anm. 2), zu M^2 721, S. 292. Eines der Originale, M^2 820, befand sich in einer französischen Privatsammlung (Ledieu) und wurde noch 1912 von Brunel benutzt, vgl. C. Brunel, L' original du diplôme des empereurs Louis le Pieux et Lothaire pour l' abbaye de Corbie (825), in: Le Moyen Age 25 (1912), S. 129–143. Es war damals kaum noch lesbar. Nach Auskunft der Archives Départementales de la Somme 1964 muß das Original als verloren gelten. Ein weiteres heute nicht mehr aufzufindendes Original, M^2 897, befand sich nach Kehr in osteuropäischem Privatbesitz, vgl. MGH DD. ex stirpe Karol. I (wie Anm. 9), S. 38, S. 432. Allerdings konnte ich im Lichtbildarchiv älterer Originalurkunden in Marburg eine 1934 angefertigte Photographie einer inzwischen verlorenen Photographie dieses Originals benutzen. Leider ergaben die Recherchen über die Herkunft dieser Aufnahmen in den Akten des Lichtbildarchives, für die ich Herrn Dr. Meyer zu Ermgassen herzlich danke, keine Erkenntnisse über den Verbleib des Originals. 52 von den 99 Originalen konnte ich für die vorliegende Studie in den in Anm. 2 angegebenen Archiven und Bibliotheken einsehen, für die restlichen 47 Stücke sowie 2 der Problemfälle mußte ich auf Reproduktionen zurückgreifen.

11 Vgl. Carlrichard Brühl, Das merowingische Königtum im Spiegel seiner Urkunden, in: La Neustrie. Les pays au nord de la Loire de 650 à 850. Colloque historique international, hg. v. Hartmut Atsma, Bd. 1, Sigmaringen 1989, S. 523–533, hier S. 525–526.

12 Vgl. Johanek, Probleme (wie Anm. 1), S. 413; Kehr, DD. ex stirpe Karol. I (wie Anm. 9), S. V.

13 Ob die neuzeitlichen Abschriften für Ludwig den Frommen ähnlich qualitätvoll sind wie in anderen Fällen (Tessier, DD. Ch. le Ch. III (wie Anm. 9), S. 27–28; Karl Heinz Debus, Studien zu merowingischen Urkunden und Briefen. Untersuchungen und Texte 2, in: Archiv für Diplomatik 14 (1968), S. 1–192, hier S. 108), wird sich erst bei den Kollationsarbeiten erweisen. Zur Sammeltätigkeit des 17. und 18. Jh. Jürgen Voss, Das Mittelalter im historischen Denken Frankreichs. Untersuchungen zur Geschichte des Mittelalterbegriffes und der Mittelalterbewertung von der zweiten Hälfte des 16. bis zur Mitte des 19. Jahrhunderts, München 1972 (Veröffentlichungen des Historischen Instituts der Universität Mannheim 3), S. 118–119, S. 145–146, S. 220–222; David Knowles, Great Historical Enterprises. Problems in Monastic History, London–Edinburgh–Paris–Melbourne–Johannesburg–Toronto–New York 1963, S. 33–62; Madeleine Laurain, Les travaux d'erudition des Mauristes: origine et évolution, in: Mémorial du XIVe centenaire de l'abbaye de Saint-Germain-des-Prés. Recueil de travaux sur le monastère

soll kurz an einem Beispielfond verdeutlicht werden. Aus den 398 Bänden der Collection Baluze der Bibliothèque Nationale in Paris sind bisher 85 Abschriften des 17. Jahrhunderts von 67 Urkunden Ludwigs des Frommen für 36 verschiedene Empfänger überwiegend aus Frankreich, aber auch Spanien, Italien und Belgien bekannt. Sie verteilen sich auf 25 Volumina, die jeweils bis zu 11 Abschriften entsprechender Stücke enthalten. Für über die Hälfte dieser 67 Urkunden, nämlich 34, liegt keine mittelalterliche Überlieferung vor, alle auf uns gekommenen Texte stammen erst aus dem 17. Jahrhundert. Für zwei sind die Abschriften in der Collection Baluze überhaupt die einzigen Zeugen. Eine weitere Urkunde war in einem Chartular des 16. Jahrhunderts enthalten, das 1940 vernichtet wurde; somit ist die Sammlung heute einziger Überlieferungsort für drei Diplome. 13 Urkunden sind im angegebenen Bestand zweimal kopiert, je eine dreifach und vierfach. Oft finden sich Parallelüberlieferungen in anderen Sammlungen[14].

Hinter den statistischen Angaben stecken handfeste Probleme für die Editionsarbeit. Der Anteil der z. Z. noch greifbaren Originale ist mit 99 zu 474, d. h. 21 %, relativ gering, wenig höher nur als der Anteil der Originale merowingischer Königsurkunden[15].

Insgesamt sind 662 Überlieferungsträger von der Einzelurkunde bis zum Abschriftenkonvolut erfaßt. Mit 341 Überlieferungsträgern überwiegt das mittelalterliche Material nur knapp gegenüber dem nachmittelalterlichen mit 321 Stücken. Mit 276 Einheiten stammen über 40 % aus dem 17. und 18. Jahrhundert. Noch

Überlieferungsträger

Entstehungszeit	Anzahl der Überlieferungsträger
8. Jahrhundert	1
9. Jahrhundert	117
10. Jahrhundert	24
11. Jahrhundert	26
12. Jahrhundert	53
13. Jahrhundert	45
14. Jahrhundert	27
15. Jahrhundert	48
16. Jahrhundert	39
17. Jahrhundert	171
18. Jahrhundert	105
19. Jahrhundert	6

deutlicher als bei der ältesten Überlieferung zeigt sich hier das wertvolle Erbe des antiquarischen Zeitalters. Fast 60 % des bisher ermittelten Materials liegt in Frankreich, etwas mehr als 21 % in Deutschland und ca. 8 % in Italien.

Graphische Symbole in den Originalurkunden

Für die Frage nach den graphischen Symbolen, also klassischen äußeren Merkmalen, muß in besonderer Weise das Diktum Theodor Sickels, des Gründervaters

et la congrégation de Saint-Maur, Paris 1959, S. 231–271; Harcourt BROWN, Scientific Organizations in Seventeenth Century France (1620–1680), New York 1934, Ndr. 1967; Maurice LECOMTE, Les Bénédictins et l'Histoire des Provinces aux XVIIe et XVIIIe Siècles, Vienne 1928 (Les Editions de la Revue Mabillon. Moines et Monastères 6); Philippe ARIÈS, Le Temps de l'Histoire, 1986, dt. Übersetzung: Zeit und Geschichte, Frankfurt a.M. 1988, S. 174–178; verschiedene wichtige Aufsätze in dem Sammelband: Historische Forschung im 18. Jahrhundert. Organisation, Zielsetzung, Ergebnisse. 12. Deutsch-Französisches Historikerkolloquium des Deutschen Historischen Instituts Paris, hg. v. Karl HAMMER, Jürgen VOSS, Bonn 1976 (Pariser Historische Studien 13); BRÜHL, Atti (wie Anm. 3), S. 25–26. Zu den Sammlungen vgl. immer noch den kurzen, instruktiven Überblick von Alfons DOPSCH, Unedirte Karolinger-Diplome aus französischen Handschriften herausgegeben, in: Mittheilungen des Instituts für österreichische Geschichtsforschung 16 (1895), S. 193–221, hier S. 199–200. Eine detaillierte Untersuchung zur Entstehung einer wichtigen Sammlung: Marie-Louise AUGER, La Collection de Bourgogne (Mss 1–74) à la Bibliothèque Nationale. Une illustration de la méthode historique Mauriste, Genève 1987 (Ecole Pratique des Hautes Etudes. IVe Section, Sciences historiques et philologiques V: Hautes Etudes Médiévales et Modernes 59).

14 Zur Collection Baluze vgl. Lucien AUVRAY, La Collection Baluze à la Bibliothèque Nationale, in: Bibliothèque de l' Ecole des Chartes 81 (1920), S. 93–174; Lucien AUVRAY, René POUPARDIN, Catalogue des manuscrits de la Collection Baluze, Paris 1921. Zu Etienne Baluze: Jacqueline RAMBAUD-BUHOT, Baluze, bibliothécaire et canoniste, in: Etudes d'Histoire du Droit Canonique dédiés à Gabriel Le Bras, Bd. 1, Paris 1965, S. 325–342.

15 Vgl. BRÜHL, Königtum (wie Anm. 11), S. 525. Für Ludwig den Frommen stellt sich allerdings nicht das Problem, daß alle Originale aus einem Fonds – im Falle der Merowingerurkunden St. Denis – stammen. Zu diesem Fonds vgl. Hartmut ATSMA, Le fonds des chartes Mérovingiennes de Saint-Denis. Rapport sur une recherche en cours, in: Paris et Ile-de-France 32 (1981, erschienen 1982), S. 259–272. Zum Vergleich: Karl der Kahle: 118 im Original erhaltene Urkunden von 395, also 29,87 % (TESSIER, DD. Ch. le Ch. III (wie Anm. 9), S. 1, S. 16: die Zahl von 395 Texten ergibt sich aus der Angabe auf S. 1: 394 Volltexte zuzüglich des Synodalakts). Ludwig der Deutsche: 92 Originale von 174, d. h. 52,87 % (KEHR, DD. ex stirpe Karol. I (wie Anm. 9), S. XIII–XIV: von den 187 Nummern sind 5 Deperdita abgezogen). Lothar I.: 42 Originale bei 145 Texten, also 28,97 % (SCHIEFFER, DD. Karol. III (wie Anm. 1), S. 10).

16 Theodor SICKEL, Lehre von den Urkunden der ersten Karolinger (751–840), Wien 1867 (= Acta regum et imperatorum Karolinorum digesta et enarrata. Die Urkunden der Karolinger. Gesammelt und bearbeitet von Th. SICKEL, Erster Theil: Urkundenlehre), S. 59. Zu äußeren und inneren Merkmalen ebd. S. 56–60.

der modernen Diplomatik, gelten, »dass die Lehre von dem Wesen der Diplome auf die Originale basiert werden muss«[16]. Folglich seien in erster Linie die Originale, ihre graphische Gestaltung und ihre graphischen Symbole besprochen.

In ihrer graphischen Gestaltung sind die Originale Ludwigs des Frommen relativ einheitlich. Sie wirken insgesamt gravitätischer, ruhiger, organisierter als die Urkunden Karls des Großen[17]. Das Querformat überwiegt bei weitem. Bei allen Diplomen ist die gesamte erste Zeile in *litterae elongatae* geschrieben; auch Signum- und Rekognitionszeile haben durchgehend verlängerte Schrift[18]. Die übrigen Zeilen weisen die klassische, kalligraphisch durchgestaltete Urkundenkursive auf, nur die Datierungszeile steht oft in Minuskelschrift[19]. Protokollende und Kontextbeginn werden durch einen kleinen Zwischenraum voneinander abgesetzt, der manchmal durch mehrere Reihen übereinandergestellter Pünktchen in Form eines Rechtecks ausgefüllt ist[20]. Die Anordnung von Signum-Zeile und Rekognitionszeile unterlag festen Regeln. Fehlen der Urkunde Signum-Zeile und Monogramm, so steht die Rekognitionszeile ungefähr mittig; sind sie dagegen vorhanden, steht die Signum-Zeile links, rechts schließt sich dann, in gleicher Höhe oder etwas tiefer, die Unterfertigung des Notars an. Ist die Urkunde mit zwei Monogrammen (von Ludwig dem Frommen und Lothar) und entsprechend zwei Signum-Zeilen versehen, stehen diese untereinander, der Vorrang und die obere Position gebührt natürlich der des Vaters. In diesem Falle steht die Rekognitionszeile dann in halber Höhe rechts[21]. Die meisten Originale, die ich einsehen konnte, sind durch Einritzungen im Pergament blind liniert[22]. Meist sind die Eintiefungen auf dem rechten Rand der Urkunde besser zu erkennen als links. Zum Teil findet man am linken und rechten Rand in gleichen Abständen tief eingeritzte oder eingeschnittene, ca. 2 mm lange horizontale Markierungen, nach denen die Zeilen gezogen wurden[23]. Der Zurichtung des Pergamentes liegt stets ein festes Schema zugrunde. Zwei waagerechte Linien markieren oben das Mittelband der Elongata in der ersten Zeile. Alle weiteren Linien sind in gleichen Abständen einfach gezogen. In der Regel richtet sich nur der Kontext, nicht aber das Eschatokoll nach den vorgezogenen Zeilen. Oft wurden die Blindlinien allerdings weiter gezogen, als dies für den Kontext nötig war – die Schreiber konnten wohl ungefähr abschätzen, wieviel Platz sie brauchten, ließen sich aber etwas Reserve[24]. Es scheint, als habe man versucht, die blinden Linien teilweise wieder durch Glätten und

17 BAUTIER, Chancellerie (wie Anm. 2), S. 45.

18 So schon Karl Friedrich STUMPF-BRENTANO, Die Reichskanzler: Einleitung, Rückblick auf die Merowinger- und Karolinger-Urkunden. Abt. 1: S. 1–128 (alles Erschienene), Innsbruck 1865, Ndr. Aalen 1964 (= DERS., Die Reichskanzler vornehmlich des 10., 11. und 12. Jahrhunderts, Bd. 1), S. 53–55; SICKEL, Urkundenlehre (wie Anm. 16), S. 295, S. 297–299, S. 316, S. 320. Zur Elongata der karolingischen Kaiserurkunden allgemein Jochen GÖTZE, Die Litterae Elongatae. Ein Beitrag zur Formengeschichte und Herkunft der mittelalterlichen Urkundenschrift, in: Archiv für Diplomatik 11/12 (1965/1966), S. 1–70, hier S. 39–69; Otto KRESTEN, Diplomatische Auszeichnungsschriften in Spätantike und Frühmittelalter, in: Mitteilungen des Instituts für österreichische Geschichtsforschung 74 (1966), S. 1–50, hier S. 43–48; Heinrich FICHTENAU, Monarchische Propaganda in Urkunden, in: DERS., Beiträge zur Mediävistik. Ausgewählte Aufsätze 2: Urkundenforschung, Stuttgart 1977, S. 18–36, hier S. 25–28.

19 Vgl. Heinrich FICHTENAU, Mensch und Schrift im Mittelalter, Wien 1946 (Veröffentlichungen des Instituts für österreichische Geschichtsforschung 5), S. 172.

20 So bei M² 1007 (BHStA München, Kaiserselekt 23) 3 x 5 Punkte.

21 Vgl. STUMPF-BRENTANO, Reichskanzler (wie Anm. 18), S. 54; SICKEL, Urkundenlehre (wie Anm. 16), S. 320; Wilhelm ERBEN, Die Kaiser- und Königsurkunden des Mittelalters in Deutschland, Frankreich und Italien, in: Wilhelm ERBEN, Ludwig SCHMITZ-KALLENBERG, Oswald REDLICH, Urkundenlehre. I. Teil, München – Berlin 1907 (Handbuch der Mittelalterlichen und Neueren Geschichte. Abteilung IV: Hilfswissenschaften und Altertümer), S. 37–369, hier S. 137; FICHTENAU, Progaganda (wie Anm. 18), S. 28; Michael TANGL, Die Urkunde Ludwig d. Fr. für Fulda vom 4. August 817. MÜHLBACHER, 656 (642), in: Neues Archiv 27 (1902), S. 9–34, hier S. 24; KRESTEN, Auszeichnungsschriften (wie Anm. 18), S. 48.

22 Die Linien sind z.T. schwer sichtbar, besonders bei ungünstigen Lichtverhältnissen.

23 M² 598: München, BHStA Kaiserselekt Nr. 7: links und rechts am Rande kleine Einschnitte in Höhe der Linien zu erkennen; M² 971: BHStA München Kaiserselekt Nr. 21 auf dem breiten rechten und linken Rand kleine Einschnitte/Einritzungen (ca. 2–3 mm); ebenso M² 920: StA Münster KU 6.

24 Vgl. zur Blindlinierung SICKEL, Urkundenlehre (wie Anm. 16), S. 289; ERBEN, Kaiserurkunden (wie Anm. 21), S. 126; TESSIER, DD. Ch. le Ch. III (wie Anm. 9), S. 133–134. Bei folgenden Originalen konnte ich bei der Untersuchung Reste der Blindlinierung nach dem angegebenen Schema feststellen: M² 521: HStA Stuttgart H 51 Kaiserselekt Nr. 2; M² 533: BHStA München Kaiserselekt Nr. 6; M² 548: BN Paris Ms. lat. 8837 f. 3ᵛ; M² 552: AN Paris K 8 n° 4; M² 598: BHStA München Kaiserselekt Nr. 7; M² 617: AN Paris K 8 n° 3²; M² 618: AN Paris K 8 n° 3³; M² 711: BHStA München Kaiserselekt Nr. 8; M² 727: AN Paris K 8 n° 8; M² 753: StA Münster KU 3; M² 767: BHStA München Kaiserselekt Nr. 10; M² 768: BHStA München Kaiserselekt Nr. 11; M² 780: StA Münster KU 4; M² 781: HStA Stuttgart H 51 Kaiserselekt Nr. 3; M² 791: AN Paris K 8 n° 11²; M² 883: BHStA München Kaiserselekt Nr. 12; M² 920: StA Münster KU 6; M² 922: StA Münster KU 7; M² 923: StA Münster KU 8; M² 927: StA Münster KU 9; M² 929: BHStA München Kaiserselekt Nr. 17; M² 971: BHStA München Kaiserselekt Nr. 21; M² 977: StA Münster KU 10; M² 991: GLA Karlsruhe A 6; M² 993: BHStA München Kaiserselekt Nr. 22; M² 997: StA Münster KU 11; M² 1007: BHStA München Kaiserselekt Nr. 23.

Radieren zu entfernen. In auffallender Weise unterscheiden sich die Urkunden von Saint-Denis: hier fehlt meist die obere Begrenzungslinie für die Elongata[25]. Alle diese Momente bestimmen das Gesamterscheinungsbild, das Lay-out der Urkunden. Dem »Kanzleiformular Ludwigs des Frommen mit seiner betont kaiserlichen Würde«[26] tritt eine klare, durchorganisierte äußere Gestalt zur Seite, die Ausdruck der gleichen Grundhaltung und Vorstellung von kaiserlicher Majestät ist.

Zwei Originale, M^2 774 und M^2 924, fallen allerdings völlig aus dem sonst einheitlichen Bild. Beide sind nicht in Kursive, sondern in karolingischer Minuskel ausgefertigt. Bei M^2 774 ist der Anfang durch eine ein Kreuz bildende I–Initiale und Hervorhebung der nächsten zwei Buchstaben ausgeschmückt, am Ende des Kontexts steht der Schlußgruß *bene vale et ora pro nobis* in Capitalis rustica, die Datierungszeile beginnt mit einem etwas vergrößerten A[27]. M^2 924 (Abb. 1) ist noch einfacher gestaltet, nur das I am Beginn der Invocatio ist durch eine kleine Unterlänge hervorgehoben[28]. Schon hier sei vorweggenommen, daß sich beide auch in anderer Hinsicht völlig von den übrigen Diplomen unterscheiden: sie haben keinerlei Beglaubigungsmittel, tragen – außer der chrismonartigen I–Initiale von M^2 774 – keine graphischen Symbole und keine aufgedrückten Siegel. M^2 774 ist ein Brief und M^2 924 ein Mandat[29]. Daß ein Brief nicht den Konventionen der Urkundengestaltung entspricht, kann schon damit begründet werden, daß allgemein angenommen wird, die Briefe seien nicht in der Kanzlei ausgefertigt worden[30]. Für das Phänomen, daß Mandate in anderer Schrift als die Diplome gefertigt wurden, hat man verschiedene Begründungen angeführt. So sollen diese Stücke von ungeübten Schreibern in Minuskel abgefaßt worden sein[31]. Der Urkundenausstoß der karolingischen Kanzlei dürfte aber selbst bei optimistischen Schätzungen nicht so groß gewesen sein, daß die mit der Diplomschrift vertrauten Kräfte nicht auch für die Ausfertigung von Mandaten und Briefen zur Verfügung standen. Ein anderer Vorschlag ging dahin, hier lägen nicht die Originale vor, sondern Konzepte[32]. Doch können wir nicht damit rechnen, daß gerade für die Mandate und Briefe die Konzepte der Kanzlei überliefert sind. Zudem müßten solche Stücke wohl ganz anders aussehen; soweit es die schlechte Überlieferungslage erkennen läßt, dürften in der karolingischen Zeit kaum Vollkonzepte benutzt worden sein, sondern kurze Vermerke in tironischen Noten oben auf dem Pergament, die dann weggeschnitten wurden[33]. Überdies gelten die Besonderheiten nicht nur für die Mandate und Briefe Ludwigs des Frommen. Bei anderen karolingischen Mandaten und den Briefen Heinrichs IV. wurden ähnliche Beobachtungen

25 Diese Beobachtung konnte ich an folgenden Originalen in Paris, AN machen: M^2 551: K 8 n° 2; M^2 691: K 8 n° 7; M^2 729: K 8 n° 10; M^2 746: K 8 n° 11^1; M^2 747: K 8 n° 12^1; M^2 803: K 9 n° 9; M^2 804: K 8 n° 12^2; M^2 844: K 9 n° 4; M^2 846: K 9 n° 3^1; M^2 847: K 9 n° 1^1; M^2 905: K 9 n° 6; M^2 918: K 9 n° 8^1; M^2 986: K 9 n° 10. Diese Besonderheit verwundert nicht, ist doch für St. Denis mit einem hohen Anteil von Empfängerausstellungen zu rechnen, vgl. SCHIEFFER, DD. Karol. III (wie Anm. 1), S. 16.

26 Heinrich FICHTENAU, Das Urkundenwesen in Österreich vom 8. bis zum frühen 13. Jahrhundert, Wien–Köln–Graz 1971 (Mitteilungen des Instituts für österreichische Geschichtsforschung. Ergänzungsband 23), S. 94.

27 Zur Frage der Originalität vgl. den Kommentar von Theodor VON SICKEL zu Kaiserurkunden in Abbildungen, Lieferung XI, Tafel 1 in: Kaiserurkunden in Abbildungen, hg. v. H. VON SYBEL und Th. VON SICKEL. Text, Berlin 1891, S. 465–466; Georges TESSIER, Diplomatique Royale Française, Paris 1962, S. 123.

28 Vgl. Hans FOERSTER, Urkundenlehre in Abbildungen. Mit Erläuterungen und Transkriptionen, Bern 1951, S. 18.

29 Zum Begriff Mandat vgl. Ferdinand OPLL, Das kaiserliche Mandat im 12. Jahrhundert (1125–1190), in: Mitteilungen des Instituts für österreichische Geschichtsforschung 84 (1976), S. 290–327, hier S. 290–291, S. 297–299; BAUTIER, Chancellerie (wie Anm. 2), S. 61–67.

30 Harry BRESSLAU, Handbuch der Urkundenlehre für Deutschland und Italien, Bd. 1, Berlin ^{2}1912, Ndr. Berlin 1969, S. 381–382. Dieses müßte allerdings durch paläographischen Vergleich mit den ebenfalls oft in Minuskel abgefaßten Data-Zeilen der Diplome nochmals überprüft werden. TESSIER, Diplomatique (wie Anm. 27), S. 122–124 behandelt Mandate und Briefe gemeinsam, für ihn ist allein der formale Unterschied durch Fehlen der Notarsunterschrift und Besiegelung ausschlaggebend, vgl. ebd. S. 70–71, S. 124.

31 So Theodor SICKEL, Beiträge zur Diplomatik I. Die Urkunden Ludwig's des Deutschen bis zum Jahre 859 [Wien 1861], wieder abgedruckt in: DERS., Beiträge zur Diplomatik, Hildesheim–New York 1975, S. 381.

32 Ebd.

33 Schließlich gibt es nur sehr wenige Konzepte für Königsurkunden aus der Karolingerzeit, vgl. Michael TANGL, Der Entwurf einer unbekannten Urkunde Karls des Grossen in tironischen Noten, in: Mitteilungen des Instituts für österreichische Geschichtsforschung 21 (1900), S. 344–350, wiederabgedruckt in DERS., Das Mittelalter in Quellenkunde und Diplomatik. Ausgewählte Schriften I, Berlin (Ost) 1966 (Forschungen zur mittelalterlichen Geschichte 12), S. 592–597; DERS., Forschungen zu Karolinger Diplomen, in: Archiv für Urkundenforschung 2 (1909), S. 167–326, unwesentlich gekürzt abgedruckt wie oben, S. 356–474, zu den Konzepten S. 370–372; Harry BRESSLAU, Handbuch der Urkundenlehre für Deutschland und Italien, Bd. 2, Berlin ^{2}1915 und 1931, Ndr. Berlin 1968, S. 131–136. Auch von philologischer Seite sind stichhaltige Argumente gegen den Gebrauch von Vollkonzepten gemacht worden: MENKE, Namengut (wie Anm. 2), S. 424–437. Gegen den Gebrauch von Vollkonzepten in späterer Zeit sprechen die Beobachtungen von Theodor SCHIEFFER, Die lothringische Kanzlei um 900, in: Deutsches Archiv für Erforschung des Mittelalters 14 (1958), S. 16–148, hier S. 106 (zur Kanzlei Zwentibolds).

gemacht[34]. Die Schrift der kaiserlichen Mandate des 12. Jahrhunderts ähnelt ebenfalls der Buchschrift, besondere Schriftzeichen gibt es nicht[35]. So muß man das Phänomen anders erklären. Briefe und Mandate wurden bewußt völlig anders als die Diplome gestaltet, ihrer geringeren Bedeutung gemäß weniger feierlich ausgestattet: sie haben schmalrechteckiges Querformat, ihnen fehlen die typische, traditionsreiche und sinngeladene Diplomschrift sowie alle Schriftzeichen. »Richtige« Schrift und Schriftzeichen aber machen einen Gutteil der Wirkung der Urkunde aus. Die graphischen Symbole fungieren als Garanten der Echtheit und Rechtskraft auf Dauer, und sie fehlen in unseren Beispielen, da Briefe und Mandate von ihrer Funktion her solcher nicht bedürfen[36]. Wenn Briefe und Mandate überhaupt ein Beglaubigungsmittel hatten, war dies ein Verschlußsiegel an einer um die gefaltete Urkunde gelegten Schnur oder einem Pergamentstreifen[37]. Ob M^2 924 besiegelt war, wie dies für ein Mandat Karls des Kahlen angenommen wird, vermag ich nicht zu sagen; das Pergament ist heute in Gewebe eingebettet, keine Spuren von Siegel oder Siegelschnur bzw. -band sind zu erkennen. Die Faltung von M^2 924 erfolgte nach dem gleichen Grundschema wie bei dem Original Karls des Kahlen, und auch die Positionen der Adresse entsprechen sich[38]. Briefe und Mandate kamen mit einem Mindestmaß an Formalia aus und verloren dennoch nicht ihre Wirkung. Es sei daran erinnert, daß für die Geltung der Kapitularien die äußere Form, insbesondere urkundenmäßige Gestaltung, keine Rolle gespielt zu haben scheint. Die Autorität des Herrschers galt in der frühen Karolingerzeit noch so weitgehend, daß es sich erübrigte, Schriftstücke von temporärer Bedeutung mit besonderen äußerlichen Merkmalen ihrer Rechtskraft zu versehen[39].

34 Sickel, Beiträge I (wie Anm. 31), S. 380–382; Carl Erdmann, Untersuchungen zu den Briefen Heinrichs IV., in: Archiv für Urkundenforschung 16 (1939), S. 184–253, hier S. 189, zu M^2 924 auch S. 191–192. Ein im Original erhaltenes Mandat Ludwigs des Deutschen ist ebenfalls in schlichter Minuskel geschrieben, vgl. Kehr, DD. ex stirpe Karol. I (wie Anm. 9), Nr. 71 S. 101, dazu S. XXVII; dagegen wie ein Diplom ist gestaltet Nr. 146 S. 203. Für diese Gestaltung hat Kehr besondere Umstände geltend gemacht. Das originale Mandat Karls des Kahlen gleicht ganz dem seines Vaters: Joseph Calmette, Une lettre close originale de Charles le Chauve, in: Mélanges d'archéologie et d'histoire 22 (1902), S. 135–139, Faksimile auf Pl. VI und V; vgl. dazu Ph. Lauer, Lettre Close de Charles le Chauve pour les »Barcelonais«, in: Bibliothèque de l'Ecole des Chartes 63 (1903), S. 696–699 sowie die Entgegnung von Calmette, Sur la Lettre Close de Charles le Chauve aux Barcelonais, in: Bibliothèque de l'Ecole des Chartes 64 (1903), S. 328–334; Ramon d'Abadal i de Vinyals, Catalunya Carolíngia II: Els Diplomes Carolingis a Catalunya 2, Barcelona 1952 (Institut d'Estudis Catalans. Memòries de la Secció Històrico-Arqueològica II), Apèndixs Nr. VIII S. 434–435. Bautier, Chancellerie (wie Anm. 2), S. 62 macht das Fehlen von Subskriptionen, Monogramm und Rekognition der Kanzlei sogar zu einem Bestandteil seiner Definition des Mandats.

35 Opll, Mandat (wie Anm. 29), S. 291–293.

36 Vgl. zur Funktion Sickel, Urkundenlehre (wie Anm. 16), S. 193; Erdmann, Briefe (wie Anm. 34), S. 185; zur temporären Rechtsgültigkeit Julius Ficker, Beitraege zur Urkundenlehre 2, Innsbruck 1878, S. 6; Thea Vienken, Die Geltungsdauer rechtlicher Dokumente im früh- und hochmittelalterlichen Reich, Marburg 1941 (Marburger Studien zur älteren deutschen Geschichte II. Reihe Heft 6), S. 23. Sie untersucht ebd. S. 24–42 die Diplome der Karolingerzeit und stellt heraus, daß sie prinzipiell zeitlich unbegrenzt galten. Sie zog allerdings nur innere Merkmale heran; zur Verkörperung ewiger Rechtskraft in der äußeren Gestaltung der Urkunde, die parallel zur Evidenz innerer Merkmale tritt, äußerte sie sich nicht. Zur Rolle der graphischen Symbole vgl. Lothar Saupe, Die Unterfertigung der lateinischen Urkunden aus den Nachfolgestaaten des Weströmischen Reiches. Vorkommen und Bedeutung, von den Anfängen bis zur Mitte des 8. Jahrhunderts. Beiträge zur Geschichte der Unterfertigung im Mittelalter, Kallmünz Opf. 1983 (Münchener Historische Studien. Abteilung Geschichtl. Hilfswissenschaften 20), S. 1; Fichtenau, Urkundenformeln (wie Anm. 4), S. 324–325. Auch in Büchern dienten traditionelle Schrift- und Zierformen zur Bekräftigung des Inhalts, vgl. Eva Kessler, Die Auszeichnungsschriften in den Freisinger Codices von den Anfängen bis zur karolingischen Erneuerung, Wien 1986 (Österreichische Akademie der Wissenschaften. Phil.-hist. Kl., Denkschriften 188 = Veröffentlichungen der Kommission für Schrift- und Buchwesen des Mittelalters. Reihe IV: Monographien 1), S. 30.

37 Sickel, Urkundenlehre (wie Anm. 16), S. 402–403 Anm. 10 kannte kein Exemplar von litterae clausae aus der Karolingerzeit, nahm aber ihre Existenz an. Calmette, Lettre close (wie Anm. 34), meinte, ein solches gefunden zu haben. Vgl. Tessier, Diplomatique (wie Anm. 27), S. 123; Opll, Mandat (wie Anm. 29), S. 292; Bautier, Chancellerie (wie Anm. 2), S. 66. Siegelgebrauch bei Briefen: Hartmut Hoffmann, Zur mittelalterlichen Brieftechnik, in: Spiegel der Geschichte. Festgabe für Max Braubach zum 10. April 1964, hg. v. Konrad Repgen, Stephan Skalweit, Münster 1964, S. 141–170, hier S. 157–158.

38 Zur Frage der Besiegelung von karolingischen Mandaten vgl. Erdmann, Briefe (wie Anm. 34), S. 190–192; Bresslau, Handbuch 1 (wie Anm. 30), S. 66. M^2 924 (StA Münster Urk. Corvey Nr. 4): Zunächst wurde links und rechts jeweils etwas weniger als ein Viertel des beschriebenen Pergaments nach innen geklappt, so daß nur mehr ein schmaler Textstreifen zu lesen war. Dann faltete man oben und unten jeweils wiederum etwas weniger als ein Viertel um. Die untere Hälfte des verbleibenden schmalen Pergamentstreifens wurde über die obere gelegt und mit der Adresse beschriftet. Dem Faksimile des Mandats Karls des Kahlen zufolge wurde es in gleicher Weise gefaltet, allerdings scheint es später noch einmal in der Mitte geknickt worden zu sein. Ob der von Calmette, Lettre close (wie Anm. 34), S. 138 als Spur der Siegelschnur gewertete Falz im Pergament wirklich als solche zu interpretieren ist, kann nur durch die – mir nicht mögliche – Untersuchung am Original in Barcelona geklärt werden, erscheint mir aber nicht als zwingend. Die Form, in der die Adresse geschrieben wurde, muß nicht zwangsläufig auf eine Besiegelung hinweisen. M^2 746 (Paris, AN K 8 n° 11[1]) trägt einen in der gleichen Weise angeordneten Dorsualvermerk, ohne daß hier mit einem Verschlußsiegel zu rechnen ist.

Doch kehren wir zu den übrigen Urkunden zurück. Es ist nun zu fragen, welche graphischen Symbole in den Originalen an welchen Stellen auftauchen[40]. Bekanntlich finden sich in den Kaiser- und Königsurkunden bis in die Salierzeit derer drei: das Chrismon, das Monogramm und das Rekognitionszeichen[41].

Ich beginne mit der Untersuchung des *Chrismon*, der symbolischen oder monogrammatischen Invokation, die seit der Merowingerzeit an verschiedenen Stellen in den Herrscherurkunden begegnet. Der invokative Charakter dieses Symbols geht in der Merowingerzeit deutlich aus ihm verbundenen tironischen Noten wie *In nomine Christi* hervor, eine Tradition, die unter den ersten Karolingern zwar schwindet, aber in der zweiten Hälfte des 9. Jahrhunderts wieder aufscheint[42].

Es ist bekannt, daß das Chrismon vor der verbalen Invokation öfters fehlt[43]. Die genaue Untersuchung der Originale ergibt die in der folgenden Tabelle festgehaltenen Daten.

Daß die Urkunden Ludwigs des Frommen mit ihrer Plazierung des Chrismons in einer langen Tradition stehen, liegt auf der Hand. Sowohl das Chrismon vor der Intitulatio wie das vor der Nennung des Rekognoszenten begegnet bereits in der Merowingerzeit und in den Urkunden der arnulfingischen Hausmeier[44].

Chrismen in den Originalen Ludwigs des Frommen

Position	vorh.	nicht vorh.	kein Befund
vor der verbalen Invokation	63	35	3
vor der Rekognitionszeile	93	5	3
vor der Data-Zeile	22	69	10
an anderen Stellen	7	91	3

Zunächst setzte man in der Kanzlei Ludwigs des Frommen, ganz in dieser Tradition, ausnahmslos an den Anfang der Urkunde ein Chrismon. Der Befund gleicht in dieser Hinsicht dem der Originale Karls des Großen, die gleichfalls sämtlich durch eine symbolische Anrufung eingeleitet wurden[45]. Das erste Diplom, in dem das Eingangszeichen fehlte, war M^2 662 vom 2. Juni 818. Bis M^2 920 (1. April 833) gibt es zwar immer wieder Originale ohne Chrismon vor der Invocatio, die Zahl der Exemplare mit symbolischer und verbaler Anrufung aber überwiegt deutlich (33 mit gegenüber 15 ohne das Schriftzeichen an dieser Stelle). Nach $M^2$920 aber gibt es nur drei Originale mit Anfangschrismon gegenüber 23 Exemplaren, in denen es fehlt. In der Kanzlei Karls des Großen benutzte man lange nur die symbolische Invokation, ihre verbale Entsprechung

39 Hubert MORDEK, Karolingische Kapitularien, in: Überlieferung und Geltung normativer Texte des frühen und hohen Mittelalters. Vier Vorträge, gehalten auf dem 35. Deutschen Historikertag 1984 in Berlin, Sigmaringen 1986 (Quellen und Forschungen zum Recht im Mittelalter 4), S. 25–50, hier S. 35–36. Zu den dem Mittelalter zu Gebote stehenden Methoden, die Echtheit eines nicht urkundlich beglaubigten Schriftstücks zu bewerten, vgl. HOFFMANN, Brieftechnik (wie Anm. 37).

40 Vgl. dazu die graphische Darstellung im Anhang.

41 ERBEN, Kaiserurkunden (wie Anm. 21), S. 140.

42 Vgl. zum Chrismon SICKEL, Urkundenlehre (wie Anm. 16), S. 211, S. 294–296; ERBEN, Kaiserurkunden (wie Anm. 21), S. 140–145; R. THOMMEN, Königs- und Kaiserurkunden, in: Grundriss der Geschichtswissenschaft zur Einführung in das Studium der deutschen Geschichte des Mittelalters und der Neuzeit, hg. v. Aloys MEISTER, Bd. 1 Abtlg. 2: Urkundenlehre I. und II. Teil, Leipzig – Berlin ²1913, S. 21–55, hier S. 34; A. GIRY, Manuel de Diplomatique. Nouvelle édition, Paris 1925, S. 532; TESSIER, Diplomatique (wie Anm. 27), S. 21; Alfred GAWLIK, Art. Chrismon, in: Lexikon des Mittelalters II: Bettlerwesen bis Codex von Valencia, München–Zürich 1983, S. 1905; FICHTENAU, Urkundenformeln (wie Anm. 4), S. 287–288. Zu den Anfängen vgl. Peter CLASSEN, Kaiserreskript und Königsurkunde. Diplomatische Studien zum Problem der Kontinuität zwischen Altertum und Mittelalter, Thessaloniki 1977 (Byzantina Keimena Kai Meletai 15), S. 151 sowie die Beiträge von Erika EISENLOHR, Jean VEZIN und Hartmut ATSMA in diesem Band. Zu den tironischen Noten des Chrismons vgl. Maurice JUSSELIN, L'invocation monogrammatique dans quelques diplômes de Lothaire Ier et de Lothaire II, in: Le Moyen Age 20 (2e série T. 11) (1907), S. 318–322; TANGL, Forschungen (wie Anm. 33), S. 363. Allein diesem Zeichen spricht Grierson gewissen symbolischen Gehalt zu: Philip GRIERSON, Symbolism in early medieval charters and coins, in: Simboli e simbologia nell'alto medioevo 2, Spoleto 1976 (Settimane di studio del Centro italiano di studi sull'alto medioevo 23), S. 601–630, hier S. 604. Zur Frage der Funktion des Chrismon sei auf eine Parallele hingewiesen: christliche Bauten wurden in der Spätantike durch magische Zeichen wie Kreuze, Christogramme oder Ichthys-Akrostichen am Eingang vor dem Eindringen böser Kräfte geschützt, vgl. Josef ENGEMANN, Zur Verbreitung magischer Übelabwehr in der nichtchristlichen und christlichen Spätantike, in: Jahrbuch für Antike und Christentum 18 (1975), S. 22–48, hier S. 42–48.

43 SICKEL, Urkundenlehre (wie Anm. 16), S. 212.

44 TESSIER, Diplomatique (wie Anm. 27), S. 21, S. 28, S. 84, S. 94; Ingrid HEIDRICH, Titulatur und Urkunden der arnulfingischen Hausmeier, in: Archiv für Diplomatik 11/12 (1965/1966), S. 71–279, hier S. 133.

45 Nach Die Urkunden der Karolinger 1: Die Urkunden Pippins, Karlmanns und Karls des Grossen. Unter Mitwirkung von Alfons DOPSCH, Johann LECHNER, Michael Tangl bearb. v. Engelbert MÜHLBACHER, Hannover 1906, Nachdruck München 1979 (MGH DD. Karol. I): DD. KdG. 64, 69, 78, 83, 84, 89, 90, 92, 94, 95, 101, 102, 103, 104, 107, 116, 118, 120, 121, 122, 123, 130, 131, 136, 139, 140, 144, 147, 150, 166, 176, 181, 183, 189, 197, 198, 206, 208, 213, 216, 218. Damit kommen wir, ohne die Doppelausfertigungen für D. KdG. 84 und 94 zweimal zu zählen, auf 41, mit diesen auf 43 Originale (TANGL, DD. Karol. I S. XI gibt 41 an). Das von Tangl beanstandete D. KdG. 88 (vgl. DD. Karol. I. S. XI, 563–564) habe ich bei der Zählung nicht aufgenommen. Zu den 41 bzw. 43 Originalen kommen noch hinzu: D. KdG. 129, das in den Koppschen Tafeln vorliegt, auch dieses mit Chrismon am Anfang; D. KdG. 210 – verunechtet, aber mit echter Rekognition mit Chrismon.

erscheint erst 801 in den Originalen[46]. Man kann annehmen, daß sich die Verwendung des Chrismons so eingebürgert hatte, daß man von dieser Praxis auch nach Hinzufügung einer verbalen Anrufung nicht abwich. Vielleicht wurden sich allmählich manche der Schreiber in der Kanzlei Ludwigs des Frommen der Tautologie[47] bewußt und vermieden diese mehr und mehr[48]. Die im Laufe der Zeit also immer stärkere Tendenz zur Auslassung des Anfangschrismons scheint sich auf die Kanzlei Ludwigs des Deutschen ausgewirkt zu haben. In den Urkunden Ludwigs des Deutschen fehlt das Anfangschrismon unter Diakon Adalleod, der als Schüler von Durandus mit den Gebräuchen in der Kanzlei Ludwigs des Frommen vertraut war und sie auf die neue Kanzlei übertrug, bis zum Erscheinen des Dominicus, also nach 840[49].

Von Anfang an wird das Chrismon vor der Data-Zeile nur gelegentlich gesetzt. Bis M²746 vom 6. November 821 begegnet es in 19 Urkunden, in 20 dagegen fehlt es. Für fünf Diplome macht der Erhaltungszustand Aussagen darüber unmöglich. Nach M²746 spielt es so gut wie keine Rolle mehr, denn nur in drei Stücken haben wir es noch zu vermerken, in vier Fällen bleibt die Frage offen, hingegen tragen 49 Stücke vor der Datumszeile keine symbolische Invokation mehr. Betrachtet man die Originale Karls des Großen, so sind dort Chrismen vor der letzten Eschatokollzeile die große Seltenheit. 39 Urkunden kommen ohne dieses Zeichen aus[50], bei zwei Stücken ist der entsprechende Teil des Diploms zerstört, und nur zwei Originale, allerdings aus der Spätzeit, weisen das Data-Zeilenchrismon auf[51]. Es ist möglich, daß die Überlieferungssituation das Bild verzerrt und in den letzten Regierungsjahren Karls des Großen vielleicht anteilmäßig mehr Urkunden dieses Chrismon trugen; vielleicht hatten die Schreiber unter Ludwig dem Frommen aber auch andere Vorstellungen über die Ausstattung einer Urkunde als die unter seinem Vater.

Der Befund bei den Chrismen vor Invokation und Data-Zeile läßt also auf wechselnde Gebräuche in der Kanzlei schließen. Auffällig dagegen sind die wenigen Beispiele, in denen an anderen Stellen der Urkunde ein Chrismon begegnet oder das Chrismon vor der Rekognitionszeile fehlt. Daher soll ihnen zunächst unser Augenmerk gelten. Die erste Urkunde, in der ein Chrismon an ungewöhnlicher Stelle begegnet, ist M²516. Wie Dickau dargelegt hat, ist dieses Stück keine Ausfertigung der aquitanischen Kanzlei Ludwigs, sondern eine Art Empfängerausfertigung, die durch Hildigarius rekognosziert wurde[52]. Das Chrismon steht am rechten Rand der Urkunde unterhalb des vom Empfänger in Form einer Privaturkunde geschriebenen Textblocks ohne klare Zuordnung zu einem der von der Kanzlei ausgefertigten Eschatokollteile[53]. Da dieses Original die erste überhaupt erhaltene Urkunde Ludwigs des Frommen ist und die Gebräuche der aquita-

46 D. KdG. 197, diese Praxis dann ohne Ausnahme weitergeführt: DD. KdG. 198, 206, 208, 210, 213, 216, 218.
47 Vgl. Fichtenau, Urkundenformeln (wie Anm. 4), S. 288.
48 Ob das Weglassen des Chrismons mit der Zugehörigkeit zu einer jüngeren Schule von Schreibern zusammenhängt, wie dies Sickel, Urkundenlehre (wie Anm. 16), S. 279 postuliert, kann erst nach Vorliegen zuverlässiger paläographischer Untersuchungen beantwortet werden, ist aber sehr wahrscheinlich, hat doch ihr Protagonist Hirminmaris auch andere Tautologien vermieden, etwa die Wiederholung des Rekognitionsinhalts in tironischen Noten (vgl. Michael Tangl, Die Tironischen Noten in den Urkunden der Karolinger, in: Archiv für Urkundenforschung 1 (1908), S. 87–166, wiederabgedruckt in Ders., Das Mittelalter in Quellenkunde und Diplomatik. Ausgewählte Schriften I, Berlin (Ost) 1966 (Forschungen zur mittelalterlichen Geschichte 12), S. 285–355, hier S. 303).
49 Kehr, DD. ex stirpe Karol. I (wie Anm. 9), S. XVIII–XX, S. XXVIII; Sickel, Beiträge I (wie Anm. 31), S. 365–366; Paul Kehr, Die Schreiber und Diktatoren der Diplome Ludwigs des Deutschen, in: Neues Archiv 50 (1935), S. 1–105, hier S. 6, S. 8–9.
50 Nach DD. Karol. I (wie Anm. 45), DD. KdG. 64, 69, 78, 84, 89, 90, 92, 94, 95, 101, 102, 103, 104, 107, 116, 118, 120, 121, 122, 123, 129, 130, 131, 136, 139, 140, 144, 147, 150, 166, 176, 181, 189, 197, 198, 208, 210, 213, 218.
51 DD. KdG. 206, 216.
52 Dickau, Kanzlei (wie Anm. 1), S. 25–37. Vgl. jetzt Hartmut Atsma, Jean Vezin, Robert Marichal, Chartae Latinae Antiquiores. Facsimile-Edition of the Latin Charters prior to the Ninth Century. Part XIX: France VII, Dietikon–Zürich 1987, Nr. 681 S. 36–39; dazu Herwig Wolfram, Die neue Faksimile-Ausgabe der originalen Karolingerurkunden bis 800, in: Mitteilungen des Instituts für österreichische Geschichtsforschung 96 (1988), S. 133–138, hier S. 136–137. Wolframs Ausführungen, das Privileg wirke »wenig königlich, da es der Unterschriften zahlreicher Großer bedurfte. Daran zeigt sich die geringe Selbständigkeit des jüngsten Sohns der Hildegard, wie dies auch historiographische Quellen belegen« (S. 136), sind nach Dickaus Analyse zu modifizieren. Älteres Faksimile von M² 516: Diplomata Karolinorum. Recueil de reproductions en fac-similé des actes originaux des souverains carolingiens conservés dans les archives et bibliothèques de France, hg. v. Ferdinand Lot, Philippe Lauer, II²: Louis le Pieux. Actes conservés en province, Toulouse–Paris 1946, Pl. XXVIII – Louis le Pieux, 26. Atsma, Vezin, ChLA XIX Nr. 681 S. 36 nehmen im Gegensatz zu Dickau, Kanzlei (wie Anm. 1), S. 26–27, nur einen Schreiber für die ersten 14 Zeilen der Urkunde an. Dickaus Unterscheidungsmerkmale (vor allem das c) scheinen mir, zumindest nach der Überprüfung anhand der Faksimilia, nicht zu tragen, so daß ich eher der Analyse von Atsma und Vezin am Original zustimme. Auch muß die Interlinearversion nicht, wie bei Dickau, Kanzlei (wie Anm. 1), S. 26, ins 19. Jahrhundert, sondern mit Atsma und Vezin ins 17. Jahrhundert gesetzt werden.
53 Dies vermerkt auch Dickau, Kanzlei (wie Anm. 1), S. 35–36; er bezeichnet die Stellung des Rekognitionsvermerks als »ungewöhnlich, da abweichend von den Kanzleigebräuchen dieser und auch späterer Zeit« (S. 35). Er begründet das Phänomen aber nicht weiter.

nischen Kanzlei, so man von einer solchen überhaupt reden kann, ungefestigt waren[54], kann dieses Stück bei der Betrachtung hintangestellt werden. Das zweite Beispiel ist M² 603, eine Urkunde, die eine Reihe von Anormalitäten aufweist und gleichfalls zunächst ausgeklammert bleiben kann. M² 648 (Abb. 2) weist ein Chrismon am Beginn der Corroboratio auf. Ungewöhnlich ist hier zudem, daß vor dieser Corroboratio im Kontext fast eine halbe Zeile leer ist und sie erst nach einem Absatz eingerückt einsetzt. Die leere Zeile wird durch überlange, kleine Schlingen bildende Unter- und Oberlängen gefüllt, wie man sie aus der Kanzlei nicht gewohnt ist, sie aber in zeitnahen Sankt Galler Kopien findet[55]. Eugen Meyer entschied sich dafür, das Stück als Original zu betrachten, hielt aber fest, es sei unbeholfen. Leider äußert sich Albert Bruckner nicht dazu, wie er dieses Stück einschätzt[56]. Auf dem Faksimile sind deutlich Spuren von Rasuren zu erkennen, und zwar für den gesamten Platz hinter dem Kontextende und vor dem Beginn der Corroboratio-Zeile. Überdies erinnert das auf diese Rasur gesetzte Chrismon wenig an Kanzleiprodukte[57]. Daher steht zu vermuten, daß die Veränderungen im Layout der Urkunde und das Chrismon vor der Corroboratio Eingriffe auf Empfängerseite sind. Während also M² 516 als frühes Sonderstück gewertet werden muß und die abweichenden Befunde für M² 648 Ergebnis späterer Manipulationen sind, darf M² 603 so lange von der Betrachtung ausgeklammert bleiben, bis die Frage der Originalität geklärt ist. Somit bleiben vier Stücke, die ansonsten unverdächtig sind und in denen die Positionen der Chrismen signifikant abweichen. In M² 833 steht am Beginn der tironischen Noten am Kontextende ein sehr vereinfachtes Chrismon, das nicht mit dem vor der Rekognitionszeile übereinstimmt. Ebenfalls am Kontextende stehen chrismonartige Schnörkel in M² 872, M² 1006 und M² 1007. Es bleibt also festzuhalten, daß in einigen Urkunden am Ende des Kontextes ein Chrismon verwandt wird.

Wie schon ausgeführt, gibt es nur fünf Stücke, in denen das Chrismon vor der Rekognitionszeile fehlt. Für zwei dieser Exemplare, den Brief M² 774 und das Mandat M² 924, gelten aufgrund ihres Charakters besondere Gestaltungsregeln; beide haben keine Rekognitionszeile und entsprechend auch kein davorstehendes Chrismon. M² 516, das erste erhaltene Original Ludwigs des Frommen überhaupt, fällt – wie in den meisten Dingen – auch in der Frage des Zeichens vor der Rekognition durch Unregelmäßigkeiten auf; insofern kann es hier außer Betracht bleiben. Das Fehlen des sonst üblichen Symbols muß also noch für zwei Exemplare, M² 603 und 740, untersucht werden. M² 603 (Abb. 3) hebt sich deutlich von den übrigen Originalen Ludwigs des Frommen ab. Das Chrismon vor der Invocatio ist in den Textblock hineingezogen, die erste und zweite Zeile beginnen erst ein Stück weiter rechts und sparen einen entsprechenden Platz aus. Die Rekognitionszeile steht links ganz am Rand. Seltsamerweise hat M² 603 als einzige Urkunde Ludwigs des Frommen zwei Subskriptionszeichen, eines im Anschluß an die Rekognitionszeile, ein zweites, weitgehend identisches in einigem Abstand, vom ersten durch ein großes Chrismon getrennt. Man gewinnt fast den Eindruck, hier habe ein Schreiber versucht, ein Original wiederzugeben, und da die Rekognitionszeile mit dem weit links stehenden ersten Subskriptionszeichen einen unbefriedigenden optischen Eindruck machte, füllte er den leeren Raum noch mit einem Chrismon und einem zweiten Rekognitionszeichen[58]. Das Siegel steht isoliert, tiefer als die Rekognitionszeile und ohne Verbindung zu ihr. Am Ende der in Elongata ausgeführten Data-Zeile ist das letzte Wort der Apprecatio, *amen*, nochmals in etwas verkleinerter Schrift wiederholt. Insgesamt macht M² 603 eher den Eindruck einer zeitnahen Kopie als eines Originals aus der Kanzlei oder einer Empfängerausfertigung. M² 740 (Abb. 4) weist ebenfalls signifikante Unterschiede zum gewohnten Bild auf. Die übliche Blindlinierung fehlt, die Zeilen schwanken. Die erste Elongata-Zeile hat einen deutlich größeren Abstand von der nachfolgenden Zeile als die Kontextzeilen voneinander, während die Diplome Ludwigs des Frommen normalerweise

54 Zur Überlieferung der Urkunden aus der aquitanischen Zeit vgl. Dickau, Kanzlei (wie Anm. 1), S. 14, S. 24–25.

55 Vgl. etwa Diplomata Karolinorum. Faksimile-Ausgabe der in der Schweiz liegenden originalen Karolingerdiplome I, hg. v. Albert Bruckner, Basel 1969, Nr. 8. Besonders nahe steht nach den im Apparat vorhandenen Photos eine Einzelkopie von M² 648 aus dem 10. Jahrhundert (Stiftsarchiv St. Gallen, EE 5 E 15 b) (nur im Photo benutzt).

56 Albert Bruckner, Diplomata Karolinorum. Faksimile-Ausgabe der in der Schweiz liegenden originalen Karolinger und Rudolfinger Diplome. Text, Basel 1974, Nr. 6 S. 6–7: nach dem Vorwort (ohne Seitenzählung) handelt es sich dort, wo besondere Vermerke fehlen, um Originale, also auch bei Nr. 6. In der Liste der Überlieferungsformen fehlt Nr. 6 unter den Originalen, doch erscheint es auch in keiner anderen Sparte.

57 Rasur: vgl. Urkundenbuch der Abtei Sanct Gallen, bearb. v. Hermann Wartmann, Theil I: Jahr 700–840, Zürich 1863, Nr. 226 S. 218 Anm. d. Chrismon ähnelt dem der Nachzeichnung Stiftsarchiv St. Gallen, EE 5 E 15 b (nur im Photo benutzt).

58 GLA Karlsruhe A 5. Das gesamte Stück stammt von einer Hand. Die Schrift, eine konservative Urkundenkursive, deren Elongata wenig ausgeprägt ist, wirkt geübt, weist aber bestimmte Manierismen auf. So sind des häufigeren die Bäuche von d und q eingedrückt (vielleicht nach dem unverstandenen Vorbild des zweistöckigen e), es finden sich willkürlich anmutende Schlenker bei g und s.

gleichmäßige Zeilenabstände haben. Chrismon und das *in* der Invocatio stehen aus dem Textblock ausgerückt. Ungefähr in der Mitte des Pergamentes bricht die Dispositio ab, für die Corroboratio wird eine neue Zeile begonnen. Die schon durch das Fehlen des Chrismon ungewöhnliche Rekognition benutzt die eigentlich ungebräuchliche Formulierung »Sigibertus advicem Fredegisi abbatis«, das übliche »recognovi et« fehlt. Das Siegel steht nicht, wie stets, in Verbindung zum Rekognitionszeichen, sondern ist deutlich tiefer sitzend von ihm klar abgesetzt[59]. Eugen Meyer konnte sich nach Aussage des Apparates nicht entscheiden, ob M^2 740 ein Original, eine Zweitausfertigung oder eine Kopie des 9. Jahrhunderts ist. Von philologischer Seite wurden Bedenken gegen die Originalität des Stücks vorgebracht[60].

Beiden besprochenen Stücken ist gemein, daß sie von ansonsten nicht belegten Rekognoszenten, Joseph und Sigibertus, stammen; beide weisen gravierende Abweichungen vom Kanzleigebrauch auf. Die Frage nach der Echtheit der vorliegenden Stücke kann hier nicht beantwortet werden, dazu bedürfte es der umfassenden paläographischen und diplomatischen Analyse. Noch einmal müssen wir uns damit begnügen, die betreffenden Stücke zunächst aus der Betrachtung auszuklammern. Sickel führte noch ein viertes Original auf, in dem – wie er meinte, aus Nachlässigkeit – das Chrismon vor der Rekognition fehlt, nämlich M^2 907[61]. Eugen Meyer betrachtete diese Urkunde als angebliches Original oder Nachzeichnung des 9. Jahrhunderts. Die Blindlinierung der Signum- wie der Rekognitionszeile entspricht nicht karolingischer Manier; letztere steht viel zu weit rechts, so daß Rekognitionszeichen und Siegel fast ganz rechts an den Rand geraten. Betrachtet man oberflächlich die Rekognition, so ist der Schriftduktus des Durandus unverkennbar, auch die Einzelelemente des Subskriptionszeichens korrekt, doch Schrift wie Zeichnung wirken ungelenk, im Subskriptionszeichen sind mehrere Fehler bemerkbar[62]. Es könnte also eine Nachzeichnung vorliegen. Da zu diesen Momenten noch das Fehlen des sonst obligatorischen Chrismons tritt, darf man wohl der Einschätzung Meyers zustimmen.

Wo das Chrismon vor der Rekognitionszeile fehlt, liegen Unregelmäßigkeiten vor. Es darf somit als fester Kanzleibrauch betrachtet werden; eine Gewohnheit, die die Kanzlei so genau wie fast keine andere beachtete. Für diese Praxis darf auf das Vorbild der Notare Karls des Großen verwiesen werden. In den Originalen dieses Herrschers findet sich keine einzige Rekognition ohne vorangestellte Anrufung[63]. Allerdings bleibt das strikte Festhalten an dieser Norm auf die Zeit Ludwigs des Frommen beschränkt. Unter Ludwig dem Deutschen und Karl dem Kahlen nimmt die Zahl der Abweichungen ständig zu, wird die Regel aufgeweicht, während sie die Notare Lothars I. noch ohne Ausnahme beachten[64].

Weiter sei nun der Gestaltung der Chrismen nachgegangen. Den Chrismen vor dem Protokoll und vor der Rekognition gemeinsam ist die repräsentative Gestaltung. Die Chrismen an anderen Stellen wie der Datierungszeile sind eher als Kümmerformen anzusehen[65]. Während sich die Gestaltung der Symbole vor dem Protokoll durch bunte Vielfalt und Variation auszeichnet, sind diejenigen vor der Rekognitionszeile relativ stereotyp. Ich konzentriere mich im folgenden auf die in Verbindung mit der Unterfertigung der Notare stehenden Zeichen, da sie die umfangreichste Gruppe bilden und ihre Analyse für allgemeine Fragen nach dem Sinn der graphischen Symbole am ertragreichsten scheint[66]. Da in fast allen Urkunden der Rekognoszent namentlich genannt ist, liegt es nahe, die symbolische Invokation nach den einzelnen Personen getrennt zu untersuchen. Es ist allgemein anerkannt, daß die

59 BHStA München Kaiserselekt 9.
60 Menke, Namengut (wie Anm. 2), S. 455, S. 479. Wieder wird auf die paläographische Durcharbeitung zu rekurrieren sein, vor allem müssen Sickels Eindruck, der Kontext stamme von Gundulfus (Theodor Sickel, Lehre von den Urkunden der ersten Karolinger (751–840), Wien 1867 (= Acta regum et imperatorum Karolinorum digesta et enarrata. Die Urkunden der Karolinger. Gesammelt und bearbeitet von Th. Sickel, Zweiter Theil: Urkundenregesten) S. 323, L. 169), und Tangls lapidarer Hinweis, die Datierungszeile stamme von Hirminmaris (Tangl, Forschungen (wie Anm. 33), S. 357), überprüft werden. Meyer hingegen zweifelte diese Bestimmungen an.
61 Sickel, Urkundenlehre (wie Anm. 16), S. 280.
62 BN Paris Ms. lat. 8837f. 21v, Faksimile: Diplomata Karolinorum. Recueil de reproductions en fac-similé des actes originaux des souverains carolingiens conservés dans les archives et bibliothèques de France, hg. v. Ferdinand Lot, Philippe Lauer, II¹: Louis le Pieux. Actes conservés à Paris, Toulouse–Paris 1946, Pl. XVII Louis le Pieux 17. Wieder einmal müßte zur Klärung die paläographische Analyse bemüht werden.
63 Mit Ausnahme von DD. KdG. 78 und 83, deren Rekognitionszeilen durch Beschädigungen der Originale nicht erhalten sind.
64 Zu Ludwig dem Deutschen Kehr, DD. ex stirpe Karol. I (wie Anm. 9), S. XXX; zu Karl dem Kahlen Tessier, DD. Ch. le Ch. III (wie Anm. 9), S. 184; zu Lothar I. Schieffer, DD. Karol. III (wie Anm. 1), S. 40.
65 Ähnliche Befunde für Lothar I. bei Schieffer, DD. Karol. III (wie Anm. 1), S. 41–42, für Karl den Kahlen Tessier, DD. Ch. le Ch. III (wie Anm. 9), S. 148–149.
66 Die Analyse der Chrismen am Beginn der Urkunde und in den Data-Zeilen lohnt sich vor allem in Verbindung mit der Mundantenbestimmung. Auffallenderweise begegnen die in den Rekognitionszeilen benutzten Chrismen kaum in gleicher Form an anderen Stellen der Urkunde.

Notare in der Kanzlei Ludwigs des Frommen die Rekognition eigenhändig schrieben. Man kann hier von einer doppelten Unterfertigung durch Unterzeichnung und Unterschrift sprechen[67]. Dem autographen Charakter dieser doppelten Unterfertigung entsprechend sind die Chrismen vor der Rekognitionszeile individuell und charakteristisch, eine Praxis, die weit in die Merowingerzeit zurückverfolgt werden kann[68].

Im folgenden sollen die einzelnen Chrismen besprochen werden. Um die Unterschiede verbal fassen zu können, spreche ich im folgenden vom oberen Ansatz eines Chrismons als Kopf; vom vertikalen Strich, auf dem das Zeichen aufbaut, als Schaft; von zwei- oder dreistöckigen Chrismen, je nachdem, ob unter dem Kopf noch ein weiterer Bestandteil oder derer zwei auf den Schaft gesetzt werden. Diese Elemente nenne ich nach ihrer Position Mittel- oder Unterteil.

Betrachten wir nun die einzelnen Rekognoszenten. *Adalulfus* rekognoszierte zwei Urkunden, M² 846 und 847. Sein nur aus Kopf und in ein Unterteil übergehenden Schaft bestehendes Chrismon gleicht sich in der Grundform, doch hat M² 847 (Abb. 5) ein zusätzliches Mittelteil, das bei M² 846 (Abb. 6) fehlt[69].

Für *Bartholomeus*, von dem ebenfalls nur zwei unterfertigte Originale erhalten sind, weichen sie hingegen eklatant voneinander ab, ihre Gemeinsamkeit besteht nur im doppelstöckigen Aufbau (Abb. 7–8)[70]. *Daniel*, der wiederum nur zwei Mal zu fassen ist, benutzt auf M² 963 und M² 994 fast gleiche doppelstökkige Chrismen, die sich nur darin unterscheiden, daß die Schlinge des Unterteils bei M² 963 mit einer doppelten Mäanderschlaufe angesetzt wird, während sie bei M² 994 (Abb. 9) direkt gezogen wird[71].

Durandus rekognoszierte 40 Originale. Sein typisches Chrismon ist zweistöckig, der Schaft bildet unterhalb des Unterteils allerdings noch eine kleine Schlinge. Auf dem Großteil der von ihm unterfertigten Diplome sind die Chrismen identisch (Abb. 10)[72]. Auf der ersten seiner Urkunden, M² 533, entspricht das Chrismon zwar schon dem späteren Grundtypus, variiert aber deutlich (Abb. 11). Der Kopf setzt mit einer zusätzlichen Doppelmäanderschlaufe an, das Unterteil hat ebenfalls eine solche vor seiner oberen Schlinge und einen schneckenhausartigen Beginn, zudem läuft es nach links, den Schaft schneidend, aus[73]. Durandus scheint diese Ausprägung aber bald aufgegeben zu haben, denn schon das nächste erhaltene Diplom, M²548, hat den später üblichen Aufbau, nur weist es rechts neben den Anschwüngen zur Kopfschlinge und zur oberen Schlinge des Unterteils je eine n.-artige Note auf[74]. Zwei spätere Diplome unterscheiden sich vom normalen Bild dahingehend, daß das Unterteil nicht in die tironische Note für A, versehen mit einem Punkt, übergeht, sondern einfach gerade nach unten

67 Vgl. Mühlbacher, Regesten (wie Anm. 2), S. LXXXVII; Bresslau, Handbuch 1 (wie Anm. 30), S. 375–380; Paul Kehr, Die Kanzlei Ludwigs des Deutschen, Berlin 1932 (Abhandlungen der Preussischen Akademie der Wissenschaften Jg. 1932, Phil.-Hist. Kl. Nr. 1), S. 10; Tessier, Diplomatique (wie Anm. 27), S. 96; Schieffer, DD. Karol. III (wie Anm. 1), S. 14. Vorsichtige Einwände bringt Kehr, Kanzlei S. 10 Anm. 1 vor. Eugen Meyer hielt fast alle Rekognitionen der Originale für eigenhändig, Zweifel hatte er nur bei M² 533 (Durandus), M² 538 und 551 (Helisachar) sowie M² 971 (Hirminmaris). Vgl. unten den Kommentar zu den Chrismen der einzelnen Rekognoszenten. Hier muß man auf die Ergebnisse einer neuerlichen paläographischen Untersuchung der Ludwigsurkunden warten. Zur Terminologie Unterfertigung / Unterzeichnung / Unterschrift Waldemar Schlögl, Die Unterfertigung deutscher Könige von der Karolingerzeit bis zum Interregnum durch Kreuz und Unterschrift. Beiträge zur Geschichte und zur Technik der Unterfertigung im Mittelalter, Kallmünz Opf. 1978 (Münchener Historische Studien, Abteilung Geschichtl. Hilfswissenschaften 16), S. 5–6, ihm folgend Saupe, Unterfertigung (wie Anm. 36), S. 2.

68 Vgl. Sickel, Urkundenlehre (wie Anm. 16), S. 322. Zur autographen und allographen Unterfertigung Schlögl, Unterfertigung (wie Anm. 67), S. 8–9. Zur merowingischen Tradition vgl. L. Levillain, La souscription de chancellerie dans les diplômes mérovingiens, in: Le Moyen Age 24 (1911), S. 89–124, hier S. 91.

69 Paris, AN K 9 n° 3¹ (M² 846) und K 9 n° 1¹ (M² 847).

70 M² 985, Faksimile: Bruckner, Diplomata Karolinorum (wie Anm. 55), Nr. 14; M² 987: StA Marburg R I a Fulda 839 Feb. 17. Neben den beiden Originalen gibt es nur eine einzige Urkunde, die von Bartholomeus rekognosziert wurde, nämlich M² 978 im Kemptener Chartular. In ihm ist auch das Chrismon wiedergegeben (BHStA München Fürststift Kempten Münchner Bestand Lit. Nr. 231, f. 62ʳ, 62ᵛ), das ganz dem von M² 987 entspricht.

71 M² 963: Faksimile bei Lot, Lauer: Diplomata Karolinorum II² (wie Anm. 52), Pl. XLVIII Louis le Pieux 48; M² 994: GLA Karlsruhe A 7.

72 M² 598: BHStA München Kaiserselekt 7; 605; 606; 612; 613: StA Marburg R I a Fulda 816 Mai 2; 617: AN Paris K 8 n° 3²; 623; 624; 626; 627; 639; 640; 648; 655; 662; 687; 689; 700; 705; 711: BHStA München Kaiserselekt 8; 727: AN Paris K 8 n° 8; 729: ebd. K 8 n° 10; 734; 750; 756: BN Paris Ms. lat. 8837f. 13ʳ; 767: BHStA München Kaiserselekt 10; 768: ebd. Kaiserselekt 11; 773; 796; 831; 833. M² 803: AN Paris K 9 n° 9 ist verstümmelt, doch entspricht dem üblichen Bild.

73 M² 533: BHStA München Kaiserselekt 6. Auch die Schrift der Rekognition von M² 533 entspricht zunächst nicht dem, was man von Durandus kennt. So zweifelte Eugen Meyer auch, ob die Rekognition eigenhändig sei. Vergleicht man die Rekognitionen von M² 533, 548 (BN Paris Ms. lat. 8837f. 3ᵛ) und 598 (BHStA München Kaiserselekt 7), so findet man große Übereinstimmungen zwischen M² 533 und M² 548. M² 548 weist nun aber eine Reihe von typischen Merkmalen des Durandus auf, während M² 598 schon dem normalen Bild entspricht. Somit kann eine allmähliche Entwicklung in der Schrift des Durandus zu seinem typischen Stil hin angenommen werden; die Eigenhändigkeit braucht nicht angezweifelt zu werden.

74 M² 548: BN Paris Ms. lat. 8837f. 3ᵛ.

gezogen wird[75]. Die Kopfschlinge des Chrismons von M^2 780 (Abb. 12) wird nicht mit einer einfachen, sondern einer Doppelmäanderschlaufe angesetzt, und sie läuft in einer Schlinge, nicht der gewohnten n-ähnlichen Note aus[76]. M^2 791 schließlich fehlt die typische Schaftschlinge[77].

Da für *Faramundus* nur eine Rekognition im Original auf uns gekommen ist, bleibt sein doppelstöckiges Chrismon auf M^2 787 (Abb. 13) ein Unikat[78].

Glorius variiert in den beiden erhaltenen Diplomen sein dreistöckiges Chrismon nicht unmaßgeblich. Auf den identischen Kopf ist bei M^2 997 (Abb. 14) noch eine mit einem Zacken ansetzende und in langem, gebogenen Schaft auslaufende Schlinge positioniert. Unter- wie Mittelteil werden unterschiedlich gestaltet: bei M^2 986 (Abb. 15) wird das Mittelteil in einer großen Schlaufe von links unten, bei M^2 997 hingegen in großem Bogen von rechts angesetzt; das Unterteil von M^2 986 schwingt wie das Mittelteil von M^2 997 an, dessen Unterteil wiederum von rechts unten mit einer Schlaufe nach links beginnt. Und schließlich wird der Schaft unterschiedlich behandelt: bei M^2 986 endet er rundhakenförmig, während er bei M^2 997 noch eine Schlinge zieht und erst dann in einem großen Haken endet[79].

Von *Gundulfus* haben sich drei Urkunden erhalten, von denen eine allerdings nur in der Umzeichnung der Koppschen Tafeln vorliegt. Sein dreistöckiges Chrismon entspricht sich bei M^2 721 (Abb. 16) und M^2 735 (Abb. 17) im Prinzip, allerdings wird die Gestaltung des Unterteils leicht variiert[80]. Hingegen unterscheidet sich M^2 715 von beiden dadurch, daß es vierstöckig ist, wobei das untere Mittelteil wie das Unterteil von M^2 735, das Unterteil wie der entsprechende Part von M^2 721 gebildet ist.

Helisachar rekognoszierte acht noch erhaltene Originale, von denen eines möglicherweise eine Nachzeichnung ist. In sechs Stücken benutzt er ein einfaches, doppelstöckiges Chrismon (Abb. 18)[81]. Die übrigen zwei Originale weisen jeweils ein anderes, jedoch auch doppelstöckiges Chrismon auf (Abb. 19–20)[82].

Die meisten von *Hirminmaris* unterfertigten Diplome, nämlich 25 sind mit seinem stets identischen dreistöckigen Chrismon versehen (Abb. 21)[83]. Nur drei dieser Zeichen weichen, und auch hier nur schwach, ab: Hirminmaris vergißt in M^2 781 (Abb. 22) das für ihn typische Mittelteil, das Schlingen-Z; jedoch ist die Grundform korrekt[84]. Bei M^2 747 wird die Kopfschlinge nicht durch eine dreifache, sondern eine fünffache Mäanderschlaufe eingeleitet[85]. Entgegen seiner üblichen Gewohnheit zeichnet Hirminmaris in M^2 971 (Abb. 23) nicht ein, sondern zwei Schlingen-Z: einmal als Mittelteil, ein zweites jedoch am unteren Ende des Schaftes. Möglicherweise hat sich Hirminmaris hier vertan: anstelle des üblichen Bestandteils malte er unkonzentriert noch ein Schlingen-Z, besann sich dann aber eines Besseren und vollendete das Chrismon in gebräuchlicher Form, indem er auf das untere Z noch das gewohnte Unterteil setzte[86].

Joseph hat nur M^2 603 (Abb. 3) rekognosziert[87].

Für die Unterfertigung bedient sich *Meginarius* stets des gleichen, nur wenig variierten dreistöckigen Zeichens, das besonders beim Schlingen-Z von dem des Hirminmaris abgeleitet ist. In drei Urkunden setzt Meginarius die Kopfschlinge mit einer von links nach rechts gezogenen Diagonalschlaufe an, die nach oben in die Kopfschlinge übergeht (Abb. 24)[88]. In den drei übrigen hingegen beginnt er nicht mit einer einfachen Diagonalschlaufe, sondern benutzt eine erst nach rechts, dann nach links und schließlich wieder nach rechts laufende Mäanderschlaufe (Abb. 25)[89].

Von *Sigibertus* schließlich gibt es kein Chrismon, da die einzige ihm zuzuschreibende Urkunde kein solches trägt (Abb. 4)[90].

75 M^2 601, Faksimile: Lot, Lauer, II^2 (wie Anm. 52), Pl. XXX Louis le Pieux 30; 618: AN Paris K 8 n° 3^3. Ulrich Friedrich Kopp, Lexicon Tironianum. Nachdruck aus Kopps »Palaeographia critica« von 1817 mit Nachwort und einem Alphabetum Tironianum von Bernhard Bischoff, Osnabrück 1965, S. 2 sowie Alphabetum Tironianum (hinter S. III). Vermutlich handelt es sich um eine verschliffene und reduzierte Fassung der amen-Note, vgl. ebd. S. 22.

76 StA Münster KU 4.

77 M^2 791: AN Paris K 8 n° 11^2.

78 AN Paris K 9 n° 3^3.

79 M^2 986: AN Paris K 9 n° 10; 997: StA Münster KU 11.

80 M^2 721: Kopp, Schrifttafel 21; M^2 735: Bruckner, Diplomata Karolinorum (wie Anm. 55), T. 9. Leider konnte ich kein von Gundulfus rekognosziertes Stück im Original einsehen.

81 M^2 519: Lot, Lauer, DD. Karol. II^2 (wie Anm. 52), Pl. XXIX Louis le Pieux 29; M^2 521: HStA Stuttgart H 51 Kaiserselekt Nr. 2; 529; 552: AN Paris K 8 n° 4; M^2 582; M^2 703.

82 M^2 538: AN Paris K 8 n° 1^a; M^2 551: ebd. K 8 n° 2.

83 M^2 746: AN Paris K 8 n° 11^1; 753: StA Münster KU 3; 804: AN Paris K 8 n° 12^2; 816; 845; 849; 875; 890; 894; 897; 905: AN Paris K 9 n° 6; 918: AN Paris K 9 n° 8^1; 920: StA Münster KU 6; 921: BHStA München Kaiserselekt 15; 922: StA Münster KU 7; 927: ebd. KU 9; 929: BHStA München Kaiserselekt 17; 931; 949; 952; 954: StA Marburg R I a Fulda 836 Feb. 4; 967; 977: StA Münster KU 10; 991: GLA Karlsruhe A 6; 993: BHStA München Kaiserselekt 22.

84 HStA Stuttgart, H 51 Kaiserselekt Nr. 3.

85 AN Paris K 8 n° 12^1.

86 BHStA München Kaiserselekt 21.

87 GLA Karlsruhe A 5. Zur Frage der Originalität siehe oben.

88 M^2 872; 923: StA Münster KU 8; 925.

89 M^2 844: AN Paris K 9 n° 4; 1006; 1007: BHStA München Kaiserselekt 23.

90 M^2 740; vgl. weiter oben.

Auch über die Zugehörigkeit zur Kanzlei Ludwigs des Frommen hinaus behielten die Notare die ihnen eigene Form des Chrismon bei. Glorius wurde in die Kanzlei Lothars I. übernommen und unterfertigte 841 ein heute verunechtet im Original vorliegendes Diplom für Chur (D. Loth. I 55) sowie eine nur kopial überlieferte Urkunde für St. Mihiel (D. Loth. I 52)[91]. Das Chrismon vor der Rekognitionszeile in D. Loth. I 55 entspricht genau dem in M^2 997[92]. Von dem zweiten in die Kanzlei Lothars übergegangenen und dort viel stärker belegten Daniel hat sich leider ebensowenig ein rekognosziertes Original erhalten wie von Macedo/Maredo[93], doch dürfen wir gerade für Daniel, der schon unter Ludwig kaum variierte, ähnliches annehmen. Unter Karl dem Kahlen rekognoszierte Meginarius weiter mit seinem schon unter Ludwig geläufigen Chrismon[94].

Fassen wir die Ergebnisse zusammen, so benutzen die meisten Notare Ludwigs des Frommen stets identische oder nur wenig variierte Chrismen. Allein Bartholomäus fällt aus diesem Bild heraus. Bei Durandus können wir die allmähliche Festlegung auf ein dann kanonisches Chrismon beobachten. Mehrfach weichen einzelne Zeichen dadurch ab, daß ihnen entweder ein typisches Element fehlt oder aber verdoppelt ist. Bei Adalulfus, Durandus und Hirminmaris begegnen uns Auslassungen, allein bei Hirminmaris eine Verdoppelung. Es muß offenbleiben, ob fehlende Elemente versehentlich nicht hinzugefügt wurden, oder ob wir – parallel zu Beobachtungen beim Monogramm – in der autographen Unterfertigung des Rekognoszenten mit einer Vollziehung durch Zeichnen des letzten Bestandteiles zu rechnen haben[95]. Da ich aber bei meinen Untersuchungen an den Originalen keine Tintenunterschiede oder sonstige Merkmale für nachträgliche Vollziehung im Chrismon beobachten konnte, erscheint mir eine solche eher unwahrscheinlich. In der ludowizianischen Kanzlei war die unverwechselbare Unterfertigung der Notare durch ein eindeutiges Unterfertigungschrismon also Kanzleibrauch, dem sich nur Bartholomäus versperrte[96]. Diese Praxis scheint – wie so manches andere – in den Nachfolgekanzleien mehr und mehr außer Gebrauch gekommen zu sein. Solche Konstanz findet sich in der Kanzlei Ludwigs des Deutschen bereits nicht mehr, hier variieren Comeatus und Hadebert ihre Chrismen häufig, Comeatus wechselt sogar mehrfach seine Typen[97]. Auch unter Karl dem Kahlen müssen wir eine viel buntere Vielfalt konstatieren[98].

Das graphische Symbol steht als Schriftzeichen zwischen der stark normierten Schrift und dem freien Ornament. Es ist durch die Tradition und die Verbindung zum Text der Urkunde wie die Schrift selbst einer Normierung unterworfen, dennoch kann es in seiner traditionsbestimmten Grundform sehr frei ausgeführt werden, da es aus dem reichen Gestaltungsschatz des Ornaments schöpfen kann[99]. Die Beobachtung, daß die Chrismen vor dem Urkundenbeginn viel stärker

91 DD. Loth. I 52, 54. Vgl. Schieffer, DD. Karol. III (wie Anm. 1), S. 18, S. 28–29, S. 157–158. Faksimile von D. Loth. I 55: Bruckner, Diplomata Karolinorum (wie Anm. 55), Tafel 16. Zu Glorius vgl. Theodor Schieffer, Die Doppelurkunde Lothars I. aus Mainz (BM. 1071 für Metz), in: Archiv für mittelrheinische Kirchengeschichte 14 (1962), S. 417–426, hier S. 425.

92 StA Münster, KU 11.

93 Zu Daniel Schieffer, DD. Karol. III (wie Anm. 1), S. 26–28; Schieffer, Doppelurkunde (wie Anm. 91), S. 422–425. In der von Daniel im unvollzogenen Original D. Loth. I 46 (A') geschriebenen Rekognitionszeile für Eichard ahmt er bezeichnenderweise dessen Chrismon nach, vgl. Schieffer, DD. Karol. III (wie Anm. 1), S. 26–27; Ders., Doppelurkunde (wie Anm. 91), Abb. II und III. Zu Maredo/Macedo vgl. Josef Flekkenstein, Die Hofkapelle der deutschen Könige. 1. Teil: Grundlegung. Die karolingische Hofkapelle, Stuttgart 1959 (Schriften der Monumenta Germaniae Historica 16/I), S. 115 Anm. 16.

94 Faksimilia der unter Karl dem Kahlen von Meginarius unterfertigten Originale: Diplomata Karolinorum. Recueil de reproductions en fac-similé des actes originaux des souverains carolingiens conservés dans les archives et bibliothèques de France, hg. v. Ferdinand Lot, Philippe Lauer, Georges Tessier, III: Charles le Chauve (840–853), Toulouse–Paris 1946, Pl. I, Charles le Chauve 1; Pl. XIV, Ch. le Ch. 14; Pl. XXIV, Ch. le Ch. 23. Aus dem gewohnten Bild fällt Pl. XIX, Ch. le Ch. 18, doch gilt diese Rekognition nicht als autograph, vgl. Maurice Jusselin, Liste chronologique et lecture des mentions en notes tironiennes dans les diplômes de Charles le Chauve, in: Le Moyen Age 39 (2e série 30) (1929), S. 217–232, hier S. 221; Recueil des Actes de Charles II le Chauve Roi de France commencé par Arthur Giry, continué par Maurice Prou, terminé et publié sous la direction de Ferdinand Lot par Georges Tessier, Bd. I (840–860), Paris 1943, Nr. 84 S. 233 Anm. 1.

95 Ficker, Beiträge 2 (wie Anm. 36), S. 164.

96 Nur am Rande sei darauf hingewiesen, daß solche Zeichen in anderen Kanzleien übernommen werden konnten. Alleod war als Schüler des Durandus in der Kanzlei Ludwigs des Frommen ausgebildet worden. Bei der Einrichtung der Kanzlei Ludwigs des Deutschen ging er als »Grundausstattung« an den Hof des Sohnes und übernahm die Schriftzeichen seines Lehrers; vgl. Kehr, Kanzlei (wie Anm. 67), S. 15; Ders., Schreiber (wie Anm. 49), S. 8–9.

97 Kehr, Schreiber (wie Anm. 49), S. 29–31, S. 58.

98 Tessier, DD. Ch. le Ch. III (wie Anm. 9), S. 184. Vgl. die Chrismen des Jonas, Faksimilia bei Lot, Lauer, Tessier, DD. Karol. III (wie Anm. 94), Pl. 2, Charles le Chauve 2; Pl. III, Ch. le Ch. 3; Pl. IV, Ch. le Ch. 4; Pl. V, Ch. le Ch. 5; Pl. VI, Ch. le Ch. 6; Pl. 9, Ch. le Ch. IX; Pl. 10, Ch. le Ch. X; Pl. XII, Ch. le Ch. 12; Pl. XIII, Ch. le Ch. 13; Pl. XXI, Ch. le Ch. 20; Pl. XXII, Ch. le Ch. 21; Pl. XXVIII, Ch. le Ch. 27. Ebenso die phantastischen floralen Gebilde des Gislebertus ebd. Pl. XXV, Ch. le Ch. 24; Pl. XXVI, Ch. le Ch. 25; Pl. XXVII, Ch. le Ch. 26; Pl. XXIX, Ch. le Ch. 28; Pl. XXXI, Ch. le Ch. 30; Pl. XXXVII, Ch. le Ch. 35; Pl. XXXVIII, Ch. le Ch. 36; Pl. XXXIX, Ch. le Ch. 37.

99 Vgl. zum Verhältnis Schrift – Ornament Fichtenau, Mensch und Schrift (wie Anm. 19), S. 67–69.

diese Möglichkeiten nutzen als ihre Pendants vor der Rekognitionszeile verweist darauf, daß Normierung und Kanonisierung an den verschiedenen Stellen der Urkunde unterschiedlich intensiv fassen. Die Zeichner können sich bei den Anfangschrismen viel freier äußern als an anderen Stellen der Urkunde, wie sich im weitgefächerten Spektrum ihrer Erzeugnisse zeigt. In der Kanzlei waren unter Ludwig I. gleichzeitig etwa vier bis sechs Schreiber tätig[100], so verwundert es nicht, daß so viele verschiedene Zeichen begegnen. Wenn schon die Entscheidung, ob vor dem Beginn der Urkunde überhaupt ein Chrismon gesetzt wird, den Schreibern freigestellt war[101], liegt es auf der Hand, daß erst recht ihre Ausführung im Detail ungeregelt war und damit die Formen weit variieren konnten. Die Chrismen am Urkundenanfang scheinen viel stärker als Schmuck gedient zu haben, während die Exemplare vor der Rekognition als Identitätsmerkmal des Rekognoszenten fungierten.

Führt man sich noch einmal den statistischen Befund vor Augen, bleibt festzuhalten, daß das Chrismon vor der Invocatio häufig fehlt, vor der Rekognitionszeile jedoch so gut wie nie. Das Fehlen vor dem Protokoll dürfte daher rühren, daß die folgende Invocatio *In nomine domini dei et salvatoris nostri Iesu Christi* eine zusätzliche monogrammatische Anrufung als unnötig erscheinen ließ[102]. Die regelmäßige Plazierung eines Chrismons vor der Rekognitionszeile läßt sich ebenfalls aus dem Sinngehalt des graphischen Symbols begründen. Erben vermutete, Unterbrechungen des Schreibprozesses und Wechsel des Schreibers seien dafür verantwortlich, daß der neue Abschnitt mit dem »frommen Zeichen« eingeleitet werde[103]. Ausgehend von diesem Gedanken scheint mir das Chrismon vor der Rekognitionszeile nicht Ausfluß etwa des Schreiberwechsels oder einer willkürlichen Unterbrechung zu sein – schließlich fehlt dieses Zeichen keineswegs in den Urkunden, die von einer Hand mundiert und rekognosziert sind – sondern Reflex des Beurkundungsprozesses. Sickel bemerkte: »Desgleichen wird anderen Theilen der Urkunden, welche nämlich nicht immer zu gleicher Zeit, auch nicht von denselben Personen geschrieben worden sind, als handle es sich um verschiedene Akte der Urkundenausfertigung, die symbolische Invocation vorausgeschickt«[104]. Er formuliert hier sehr vage, wenn er von verschiedenen Akten der Urkundenausfertigung spricht. Man muß wohl wirklich vom Niederschlag unterschiedlicher Stufen der Beurkundung ausgehen, die möglicherweise auch zeitlich auseinander lagen. Die Beglaubigung durch den Rekognoszenten ist ein neuer Schritt innerhalb der Ausfertigung. Die Qualität des Rechtsaktes ändert sich, der Sprecher wechselt. In Protokoll und Kontext sprach idealiter der Herrscher, in der Rekognitionszeile aber sein Notar[105]. Entsprechend begann man diesen neuen Abschnitt mit einer symbolischen Anrufung Gottes. In einem einzigen Beispiel, M^2 519, tritt neben das invokative Zeichen noch der ausgeschriebene Wortlaut: *[C.] In Dei nomine*. Diese Passage belegt eindeutig, daß das Chrismon in der Rekognition eben nicht bloßes Beiwerk war, sondern wirklich als Symbol anzusprechen ist, daß der allgemein angenommene invokative Charakter dem neunten Jahrhundert geläufig war. Ähnliches wie für die Chrismen vor der Rekognitionszeile dürfte auch für die vor der Data-Zeile gelten. Dieser Bestandteil des Eschatokolls wurde üblicherweise in einem separaten Arbeitsgang eingetragen, und also lag es nahe, wieder mit einer Anrufung anzuheben[106]. Vor der Signum-Zeile hingegen ist eine neue Invocatio nicht vonnöten, da hier der Herrscher seine Willenserklärung abschließt und vollzieht – entsprechend findet sich hier in keinem einzigen Original ein Chrismon[107]. In den wenigen Fällen, in denen solch ein Schriftzeichen am Kontextende auftaucht, kann es als Beginn von Einträgen in tironischen Noten fungieren. Es würde dann diese Passagen in Kurzschrift mit einer symbolischen Anrufung einleiten. Doch in der Mehrzahl steht es

100 Bautier, Chancellerie (wie Anm. 2), S. 37.

101 Sickel, Urkundenlehre (wie Anm. 16), S. 279; Kehr, Schreiber (wie Anm. 49), S. 24 Anm. 1.

102 Erben, Kaiserurkunden (wie Anm. 21), S. 141. Zur Verbalinvokation Ludwigs I. vgl. Heinrich Fichtenau, Zur Geschichte der Invokationen und »Devotionsformeln«, in: Ders., Beiträge zur Mediävistik. Ausgewählte Aufsätze Bd. 2: Urkundenforschung, Stuttgart 1976, S. 37–61, hier S. 41–42.

103 Erben, Kaiserurkunden (wie Anm. 21), S. 141.

104 Sickel, Urkundenlehre (wie Anm. 16), S. 212; vgl. dazu auch Th. Sickel, Beiträge zur Diplomatik VII. Kanzler und Recognoscenten bis zum Jahre 953, Wien 1879, S. 42–44, S. 48–53.

105 Vgl. Ficker, Beiträge 2 (wie Anm. 36), S. 161; Tessier, DD. Ch. le Ch. III (wie Anm. 9), S. 112–116; Tessier, Diplomatique (wie Anm. 27), S. 111–112; Schlögl, Unterfertigung (wie Anm. 67), S. 4; Fichtenau, Urkundenformeln (wie Anm. 4), S. 328; Bautier, Chancellerie (wie Anm. 2), S. 38–39.

106 Zur Data-Zeile allg. vgl. Fichtenau, Urkundenformeln (wie Anm. 4), S. 333–337; P.-J. Schuler, Datierung von Urkunden, in: Lexikon des Mittelalters III: Codex Wintoniensis bis Erziehungs- und Bildungswesen, München–Zürich 1986, S. 575–580. Zur Datierung karolingischer Diplome vgl. Sickel, Urkundenlehre (wie Anm. 16), S. 218–238; Tessier, Diplomatique (wie Anm. 27), S. 97–100. Zum Eintrag der Zeile Sickel, Urkundenlehre (wie Anm. 16), S. 339–341; Tessier, Diplomatique (wie Anm. 27), S. 112–114; Bautier, Chancellerie (wie Anm. 2), S. 39.

107 Vgl. Schlögl, Unterfertigung (wie Anm. 67), S. 4.

ohne anschließende Noten. Hier mag man an eine Art Kontext-Apprecatio denken: so wie die gesamte Urkunde mit den Worten *In Dei nomine* abschloß, so beendete vielleicht auch der Kontextschreiber seine Arbeit mit einem graphischen Symbol, in Parallele zum Erscheinen eines Chrismons am Beginn des Textes.

Nach der Behandlung des Chrismon wenden wir uns nun dem *Monogramm* zu. In einem solchen Zeichen verschmelzen die Buchstaben eines Namens mit und ohne ergänzende Bestandteile wie Titel und werden in graphisch durchgestalteter Form angeordnet. Durch die Vollendung des bis auf einen Federstrich vollendeten Monogramms durch den Vollziehungsstrich unterzeichnet idealiter der Herrscher die Urkunde[108]. Es ist allgemein bekannt, daß unter Ludwig dem Frommen der Anteil der nicht durch Monogramm unterfertigten Diplome gegenüber der Zeit davor stark zunimmt[109]. Die Durchsicht ergibt folgendes.

Monogramme in den Originalen Ludwigs des Frommen

Monogramm:	48	2 Monogramme:	5
ohne Monogramm:	46	kein Befund:	2

In zwei Fällen sind die Signum-Zeile und das Monogramm nachträglich hinzugefügt (Abb. 26)[110]. Somit stehen 51 Originale mit Monogrammen 46 Stücken ohne solche gegenüber – ein stark vom üblichen Bild mittelalterlicher Urkunden abweichender Befund, geht man doch davon aus, daß 95 % aller Diplome des Früh- und Hochmittelalters mit diesem Symbol ausgestattet sind[111]. Unter Karl dem Großen sind 32 bzw. 34 Originale mit dem Namenszeichen des Herrschers versehen[112], denen gegenüber nur neun allein die Rekognition eines Notars tragen[113]. Ob für dieses Phänomen wirklich die Ludwig I. vorgeworfene Nachlässigkeit in der Wahrnehmung der Regierungsgeschäfte verantwortlich gemacht werden kann[114], ist angesichts der Wandlungen im Bilde, das wir uns von der Herrschaft Ludwigs des Frommen machen, eher zweifelhaft[115].

Fünf Urkunden Ludwigs des Frommen tragen nicht nur sein Monogramm, sondern zusätzlich das seines Sohnes Lothar. Unter der Signum-Zeile mit dem Ludwigs-Monogramm steht dann eine zweite mit dem Lothars. Die Praxis, Urkunden mit Monogrammen von Vater und Sohn zu versehen, ist Resultat der formellen Beteiligung des Sohnes an der Herrschaft in den Jahren 825–829. Auch während der Zeit, in der Lothar faktisch die Macht in der Hand hatte, wurden beide Monogramme auf die Diplome gesetzt, um durch Wiederaufleben der traditionellen Form trotz der Umbrüche in Folge des Aufstandes von 830 Kontinuität zu demonstrieren[116].

Mit einer Ausnahme sind die Monogramme sowohl Ludwigs wie Lothars auf der Grundform eines kapitalen H aufgebaut. In erster Linie interessiert hier das Zeichen des Vaters (Abb. 27). Am linken H-Schaft bildet unten ein waagerechter Strich ein L, den dadurch entstehenden rechten Winkel füllt ein zweiter, so daß man VV lesen kann. Oben am Schaft ist ein Halbkreis angesetzt, wodurch ein D entsteht. Das O ist oberhalb des Querstrichs zwischen den H-Schäften angeordnet[117]. Wie am linken Schaft, so bilden auch rechts unten zwei Striche VV. Das C wird am rechten H-Schaft durch den bereits genannten Horizontalstrich am Fuß-

108 Zum Monogramm allg. Victor GARDTHAUSEN, Das alte Monogramm, Stuttgart 1924, ND Wiesbaden 1966, S. 2–18. Zum Monogramm der Herrscherurkunden und ihrer Vollziehung: ebd. S. 155–162; SICKEL, Urkundenlehre (wie Anm. 16), S. 317–320; FICKER, Beiträge 2 (wie Anm. 36), S. 63–77; GIRY, Manuel (wie Anm. 42), S. 789–790; TESSIER, Diplomatique (wie Anm. 27), S. 91–92; BAUTIER, Chancellerie (wie Anm. 2), S. 47; FICHTENAU, Urkundenformeln (wie Anm. 4), S. 330–331. Eine kurze, nicht kritisch erarbeitete Übersicht bringt Alois VELTZÉ, Handschriftliche Beglaubigungsarten bis zum Ausgang des Mittelalters, in: Autogramme zur neueren Geschichte der habsburgischen Länder I, Wien 1906, S. 1–80, hier S. 7–19. Bes. zur eigenhändigen Vollziehung und ihrer Analyse SCHLÖGL, Unterfertigung (wie Anm. 67), S. 11–13.

109 FICKER, Beiträge 2 (wie Anm. 36), S. 7–8; BRESSLAU, Handbuch 2 (wie Anm. 33), S. 164; KEHR, Kanzlei (wie Anm. 67), S. 4.

110 M^2 949 und 994, vgl. SICKEL, Urkundenlehre (wie Anm. 16), S. 191 Anm. 5; DERS., Regesten (wie Anm. 60), S. 350 L. 337, S. 354 L. 372. Zu M^2 949 vgl. auch TANGL, Tironische Noten (wie Anm. 48), S. 328.

111 SCHLÖGL, Unterfertigung (wie Anm. 67), S. 12 mit Hervorhebung des starken Rückgangs der mit Monogramm versehenen Stücke bei Ludwig dem Frommen.

112 DD. KdG. 64, 78, 83, 84 (in beiden Ausfertigungen), 89, 90, 92, 94 (beide Ausfertigungen), 95, 101, 103, 104, 107, 116, 118, 120, 121, 122, 123, 136, 139, 140, 144, 147, 150, 166, 176, 181, 183, 189, 198, 208. Ich lasse hier aus arbeitsökonomischen Gründen die kopiale Überlieferung außer Betracht.

113 DD. KdG. 69, 102, 130, 131, 197, 206, 213, 216, 218.

114 So KEHR, Kanzlei (wie Anm. 67), S. 4.

115 Vgl. dazu den Ertrag des Sammelbandes: Charlemagne's Heir. New Perspectives on the Reign of Louis the Pious (814–840), hg. v. Peter GODMAN, Roger COLLINS, Oxford 1990.

116 Vgl. SCHIEFFER, DD. Karol. III (wie Anm. 1), S. 4–5; GIRY, Manuel (wie Anm. 42), S. 723.

117 GIRY, Manuel (wie Anm. 42), S. 722; ERBEN, Kaiserurkunden (wie Anm. 21), S. 148. Das Monogramm Ludwigs gehört also dem »Schaftstil« an nach Berthold SUTTER, Die deutschen Herrschermonogramme nach dem Interregnum. Ein Beitrag zur Diplomatik des Spätmittelalters, in: Festschrift Julius Franz Schütz, hg. v. Berthold SUTTER, Graz–Köln 1954, S. 246–314, hier S. 252, an.

ende und durch sein Pendant oben erzeugt. Das S schließlich steht rechts neben dem H etwa in Höhe des Vollziehungsstrichs[118]. Diese Einzelbestandteile bilden die übliche, normalisierte Standardschreibung des Herrschernamens: *Hludouuicus*[119]. Wie allgemein bekannt, wurde bei der Vorzeichnung des Monogramms der Querbalken des H ausgelassen; ihn dürfte erst der Kaiser selbst oder eine von ihm beauftragte Person als Vollziehungsstrich auf die Urkunde gesetzt haben[120]. Vielleicht war der Vollziehungsstrich vor der Unterzeichnung des Kaisers mit dünner Feder vorgezogen, wie dies in einer von Daniel, der aus Ludwigs Kanzlei stammte und später in die Lothars I. wechselte, geschriebenen Signum-Zeile eines unvollzogenen Originals überliefert ist[121]. Ähnliche Beobachtungen lassen sich an M^2 617 machen. Das Monogramm ist in derselben hellbraunen Tinte geschrieben wie die übrige Urkunde, doch ist es mit sonst nur auf den späteren Dorsualvermerken und bei Textverbesserungen, vor allem i-Punkten, vorkommender schwärzlicher Tinte übermalt. Normalerweise hebt sich höchstens der Vollziehungsstrich in der Tintenfarbe vom übrigen Corpus ab, bei M^2 617 hingegen findet sich die schwärzliche Tinte auch auf der linken Haste des H, vor allem aber auf der rechten, deren ganze untere Hälfte es ausmacht[122]. Unter der an zwei Stellen abgeblätterten Tinte sind drei feine, parallele Striche von der Farbe des übrigen Monogramms sichtbar, also war hier wohl der Vollziehungsstrich durch drei feine, parallele Linien bei der Anlage des Monogramms vorgezogen worden[123]. Natürlich bleibt die Eigenhändigkeit der Unterzeichnung durch den Monarchen nur ein Wahrscheinlichkeitsschluß – zwingend beweisen kann man sie nicht[124]. Der Vollziehungsstrich hebt sich – soviel ist unbestritten – in den meisten Fällen vom übrigen Monogramm ab: durch unsichere und unsaubere Strichführung mit ungleichmäßigem Rand, unterschiedliche Tintenfarbe und Tintenbeschaffenheit, durch deutlich sichtbare, unsaubere Ansätze und vieles mehr. Zwar unterscheiden sich die Ausführungen der Monogramme in Proportion und Einzelformen, doch der Grundtyp bleibt bei Ludwig wie Lothar identisch. Die angesprochene Ausnahme ist M^2 516. Obwohl das Monogramm nur sehr schlecht erhalten ist, erkennt man deutlich, daß es auf der Form eines Kreuzes aufgebaut ist. Zwei Abzeichnungen aus dem 17. und 18. Jahrhundert sind auf uns gekommen, so daß wir den Buchstabenbestand rekonstruieren können (Abb. 28)[125]. Die Kreuzarme laufen in Konsonanten aus: am linken Arm steht ein H, dessen rechter Schaft durch Hinzufügung eines waagerechten Striches zum L wird; oben ein unziales d; rechts ein C, unten ein S. Den Mittelpunkt des Kreuzes bildet ein rautenförmiges O, in das oben ein V eingeschrieben ist. Wie schon angesprochen, ist M^2 516 eine Art Empfängerausfertigung, die durch Hildigarius rekognosziert wurde[126], das Monogramm stammt von ihm[127]. Das andere erhaltene Original aus Ludwigs aquitanischer Zeit dagegen trägt bereits das übliche, auf dem H aufgebaute Monogramm, doch mit dem Unterschied, daß hier das i unter dem o, doch über dem Querbalken des H steht (Abb. 29)[128].

Die nächste im Original erhaltene Urkunde, M^2 521, ist ein Problemfall, da es sich vermutlich um eine zeitnahe Abzeichnung handelt[129]. Das Monogramm

118 Vgl. die Beschreibung bei Sickel, Urkundenlehre (wie Anm. 16), S. 319.

119 Zur Standardschreibung vgl. Menke, Namengut (wie Anm. 2), S. 144–146, S. 455.

120 Sickel, Beiträge I (wie Anm. 31), S. 340–341, bes. Anm. 3; skeptischer bei der Frage der Eigenhändigkeit Tessier, DD. Ch le Ch. III (wie Anm. 9), S. 172; Bautier, Chancellerie (wie Anm. 2), S. 38.

121 D. Loth. I 46. Vgl. Schieffer, Doppelurkunde (wie Anm. 91), S. 419 sowie Abb. II; Schieffer, DD. Karol. III (wie Anm. 1), S. 139. Diese Praxis gab es auch unter Ludwig dem Deutschen, vgl. etwa D. LdD. 107 S. 155.

122 Möglicherweise war das Original also unvollzogen.

123 Paris, AN K 8 n° 3^2.

124 Schlögl, Unterfertigung (wie Anm. 67), S. 11–13.

125 1.: Abschrift des 17. Jahrhunderts von Estiennot: BN Paris Ms. lat. 12757 p. 238; 2.: Abschrift des 18. Jahrhunderts in Poitiers, Bibliothèque municipale, Coll. Fonteneau vol. 21, p. 47 (beide nur in Photographien benutzt). Vgl. Atsma, Vezin, ChLA XIX (wie Anm. 52), Nr. 681 S. 36. Die ältere Abschrift scheint mir für die Rekonstruktion des Monogramms geeigneter.

126 Dickau, Kanzlei (wie Anm. 1), S. 25–37.

127 Atsma, Vezin, ChLA XIX (wie Anm. 52), Nr. 681 S. 36.

128 Aus der aquitanischen Zeit liegen nur 4 Urkunden vor, M^2 516–519, wobei M^2 517 eine Fälschung des 12. Jahrhunderts ist, vgl. Dickau, Kanzlei (wie Anm. 1), S. 57–61. Diese Urkunde ist in einer »Einzelkopie des 12. Jahrhunderts in Diplomform« (Eugen Meyer, MGH-Apparat) in den Archives de l'Herault, Montpellier, überliefert, in der ein dem späteren Typ entsprechendes Monogramm am Ende beigefügt ist. Neben M^2 516 und 519 kann also nur M^2 518 herangezogen werden. Nach dem derzeitigen Stand der Untersuchung liegt davon nur eine Abschrift des 17. Jahrhunderts (BN Paris Coll. Baluze vol. 47f. 146^r) vor, das bei Mühlbacher, Regesten (wie Anm. 2), genannte Kartular des 16. Jahrhunderts aus Tours wurde 1940 vernichtet. M^2 518 dürfte nach der Corroboratio kein Monogramm gehabt haben, wie weiter unten noch dargelegt wird. Entsprechend vermerkt auch die Abschrift nichts darüber. Dickau, Kanzlei (wie Anm. 1), S. 58 spricht für M^2 519 von kanzleimäßiger Ausprägung und vermerkt die Abweichung des Monogramms von der üblichen Form nicht.

129 Eugen Meyer hielt nach den Unterlagen des Editionsapparates die Urkunde für echt, wollte sich aber nicht entscheiden, ob sie im Original oder in einer Abschrift des 9. Jahrhunderts vorliegt (»Original (Copie des 9. Jahrh.?)«, Editionsapparat, Überlieferungskarte 521). Tangl, Tironische Noten (wie Anm. 48), S. 327–328 hält M^2 521 für eine gute Nachzeichnung, ebenso Dickau, Kanzlei (wie Anm. 1), S. 72, der eine Entstehung in der 2. Hälfte des 9. Jahrhunderts vorschlägt. Vgl. weiter unten die Bemerkungen zu den Subskriptionen des Helisachar.

von M^2 521 (Abb. 30) hat zwar die übliche H-Form, doch unterscheidet es sich von dem später Kanonischen darin, daß das I mit dem Schaft an den Querbalken des H anstößt und das S mit dessen rechtem Schaft durch einen Strich in Verlängerung des Querbalkens verbunden ist. Da die übrigen graphischen Symbole dieser Urkunde recht genau kopiert sind[130] und bei Nachgestaltung der Monogramme allgemein große Sorgfalt an den Tag gelegt wurde[131], müssen wir damit rechnen, daß die von M^2 521 überlieferte Form wirklich auf die Kanzlei zurückgeht. Einen Schritt weiter geht M^2 529. Hier stehen O und I zwar schon an den später üblichen Stellen, doch ist das S immer noch in gleicher Art wie bei M^2 521 mit dem H verkoppelt (Abb. 31). Erst M^2 538 hat dann das kanonische Ludwigsmonogramm. Für die Schreibung des Namens lassen sich übrigens ähnliche Beobachtungen machen. Sie variiert in den Intitulationes der frühen, heute als echt geltenden und als Original überkommenen Spitzenstücke. Aus der aquitanischen Zeit sind es *Hlodoicus*[132] und *Hlodouuih*[133], in der von Ludwig vielleicht eigenhändig unterfertigten Schenkungsurkunde seiner Tante Gisela *Chlodoici*[134]. In der Kaiserzeit beginnt mit M^2 521[135], sicher mit M^2 529 die Standardisierung, der Kaisername wird stets *Hludouuicus* geschrieben[136].

Daß von der Kanzlei Ludwigs nur Monogramme, die auf der Grundform eines H aufgebaut sind, verwendet wurden[137], trifft also für die frühe Zeit nicht zu. Der Rekognitionstext, der von der Kanzlei unter die Empfängerausstellung von M^2 516 gesetzt wurde, ist zu kurz, als daß man aus ihm herauslesen könnte, wie weit die Kanzlei des aquitanischen Unterkönigs den Gepflogenheiten derjenigen seines kaiserlichen Vaters folgte. Auch prosopographische Betrachtungen helfen für diese Zeit nicht weiter. Doch folgt man den Vorschlägen Dickaus und nimmt an, in der aquitanischen Kanzlei seien durch ihre Tätigkeit in der Reichskanzlei qualifizierte Kräfte als »Erstausstattung« tätig gewesen[138], so ist verständlich, daß in der ersten erhaltenen Urkunde Ludwigs des Frommen das Monogramm nach den für die Urkunden Karls geltenden Vorstellungen gestaltet wurde, also in Kreuzform. Mustert man die erhaltenen Originale der Merowinger durch, so finden sich keine klaren Vorbilder für die in der Kanzlei Ludwigs entwickelte Gestaltung dieses Symbols. Zwar sind die frühen merowingischen Monogramme auf dem H aufgebaut, doch unterliegt ihre Gestaltung ganz anderen Gesichtspunkten, da ihre Einzelelemente überwiegend der kursiven Tradition entstammen[139]. Dagegen basieren die Monogramme Ludwigs des Frommen bekanntlich auf Majuskelformen der Capitalis formata. Unter den ersten Karolingern lassen sich ebensowenig einschlägige Vorbilder ausmachen. Pippin benutzte auf den von ihm erhaltenen Originalen ein Kreuz als Unterfertigungszeichen, sowohl als Hausmeier[140] wie als König[141]. Gleiches gilt für Karlmann[142].

130 Vgl. Tangl, Tironische Noten (wie Anm. 48), S. 328.
131 Vgl. dazu weiter unten.
132 M^2 516.
133 M^2 519.
134 Schlögl, Unterfertigung (wie Anm. 67), S. 61–64, S. 211, Abb. 1. Faksimile: Hartmut Atsma, Jean Vezin, Chartae Latinae Antiquiores. Facsimile-Edition of the Latin Charters prior to the Ninth Century. Part XVI: France IV, Dietikon–Zürich 1986, Nr. 636 S. 90, vgl. dazu S. 86 und Ed. S. 87.
135 Vgl. oben die Einwände gegen M^2 521.
136 Menke, Namengut (wie Anm. 2), S. 455, Einzelnachweise S. 144–146. Kopial überliefert für frühe Urkunden aus der Kaiserzeit Ludwigs des Frommen: *Hludouuicus* (M^2 520, 524, 525), *Hludouicus* (M^2 522, 523), *Ludouicus* (M^2 527), *Ludouuicus* (M^2 526). Da bereits die Dorsualvermerke der Originale teilweise abweichende Schreibweisen verzeichnen (Belege bei Menke, Namengut (wie Anm. 2), S. 145), ist dies nicht erstaunlich; die kopiale Überlieferung weicht oft charakteristisch von den Schreibweisen der Originale ab, vgl. ebd. S. 56–57. Alle hier belegten Schreibweisen können ohne weiteres auf *Hludouuicus* zurückgeführt werden; Einwände gegen die Annahme einer gleich zu Beginn der Kanzleitätigkeit als Kaiser durchgesetzten Normalisierung ergeben sich also nicht.
137 Sickel, Urkundenlehre (wie Anm. 16), S. 319–320.
138 Dickau, Kanzlei (wie Anm. 1), S. 62–68; vgl. Sickel, Urkundenlehre (wie Anm. 16), S. 85–86; Fleckenstein, Hofkapelle (wie Anm. 93), S. 113–114. Es wäre dies die Praxis, die Ludwig I. für seine Söhne selbst handhabt, vgl. Kehr, Kanzlei (wie Anm. 67), S. 14.
139 Zu merowingischen Monogrammen vgl. J. Lechner, Das Monogramm in den Urkunden Karls des Großen, in: Neues Archiv 30 (1905), S. 702–707, hier S. 704–705; Erben, Kaiserurkunden (wie Anm. 21), S. 146–147; Classen, Kaiserreskript (wie Anm. 42), S. 163–164; Tessier, Diplomatique (wie Anm. 27), S. 27, zur Gestaltung S. 91: »tracés d'une manière cursive et fantaisiste«; Schlögl, Unterfertigung (wie Anm. 67), S. 42–43. Vgl. auch Hartmut Atsma und Jean Vezin in diesem Band. Abbildungen merowingischer Originalmonogramme in Hartmut Atsma, Jean Vezin, Chartae Latinae Antiquiores. Facsimile-Edition of the Latin Charters prior to the Ninth Century. Part XIII: France I, Dietikon–Zürich 1981, Nr. 550 S. 8, Nr. 552 S. 19, Nr. 558 S. 41. Fast gar nicht erkennbar sind die Monogramme von ChLA XIII Nr. 556 S. 30, vgl. ebd. S. 28. Das Monogramm von ChLA XIII Nr. 558 (654 Juni 22) weist nicht nur kursive, sondern auch Züge der Capitalis auf. Lechner, Monogramm, S. 705 sieht hier in der Zugrundelegung des kapitalen H »und auch sonst in der Anlage mehrfach« Übereinstimmungen mit dem Ludwigsmonogramm, doch dies dürfte bis auf die Verwendung der Grundform H nicht zutreffen.
140 Abbildung der Unterfertigung seiner Originalurkunde: Hartmut Atsma, Jean Vezin, Chartae Latinae Antiquiores. Facsimile-Edition of the Latin Charters prior to the Ninth Century. Part XV: France III, Dietikon – Zürich 1986, Nr. 595, S. 6. Tessier, Diplomatique (wie Anm. 27), S. 73; Saupe, Unterfertigung (wie Anm. 36), S. 131. Zur weiteren Literatur vgl. nächste Anmerkung.
141 Abbildungen: ChLA XV (wie Anm. 140), Nr. 598 S. 20 (D. Kar. I Nr. 6), Nr. 599 S. 23 (D. Kar. I Nr. 8), Nr. 600 S. 28

So blieb nur das bekannte Monogramm Karls des Großen in Kreuzform[143], und eben diesem folgte man bei der Gestaltung von M² 516. Mit zunehmender Routine und Eigenständigkeit, die sich in der souveränen Abfassung von M² 519 widerspiegelt[144], entwikkelt die Kanzlei Ludwigs das Monogramm auf der Basis des H, das in seiner graphischen Gestalt viel klarer und zwingender wirkt als die für Ludwigs Namen etwas wirre Kreuzform. Man experimentierte noch bei der Plazierung des O und I sowie der Anbindung des S, bis man die überzeugendste und ausgewogenste Lösung gefunden hatte. Diese Schöpfung wird dann zur kanonischen Form und wirkte jahrhundertelang nach[145]. Ihre volle Ausprägung findet sie allerdings erst in der Kaiserzeit, sie begegnet ab M² 538[146]. Die Gestaltung des Monogramms ist von da an offenbar nicht in das Belieben der einzelnen Schreiber gestellt, denn sie bleibt stabil[147]. Natürlich fallen dennoch Unterschiede in der Proportionierung und leichte Abweichungen in der Positionierung zueinander auf, doch ist die graphische Grundgestalt wie die prinzipielle Anordnung der Einzelelemente festgelegt. Parallel zur Standardisierung des Handmals läuft die etwas früher abgeschlossene Normalisierung der Namensschreibung – beide sind Zeugen sich erst allmählich herausbildender Kanzleigewohnheiten[148]. Diese Beobachtung läßt sich übrigens nicht nur für Ludwig den Frommen machen. Als man für Lothar I. erstmals ein Zeichen für den Namen Hlotharius entwerfen mußte, hielt man sich so eng wie möglich an das Vorbild Ludwigs des Frommen, und brauchte einige Zeit, bis man die endgültige Form fand[149].

Der Charakter des Monogramms als »kanzleioffizielle(s) Unterfertigungszeichen«[150] erfordert eine kanonische Form. Percy Ernst Schramm beobachtete im Siegel- und Münzbild der Kaiser und Könige Beharren auf einmal etablierten Typen. »Das Siegelbild und ebenso das Monogramm sind Hoheitszeichen, die man – langsam dem Stilwandel folgend – nur behutsam abwandelt, um das Vertrauen, das sie sich erworben haben, nicht zu untergraben. … bei den Beglaubigungsmitteln war es ratsam, bei dem alten Herkommen zu bleiben – genau so wie man sich im Rechtsleben möglichst lange an das seit alters überkommene Recht hielt, und, wenn man neues schuf, vorgab, daß es sich um die Wiederherstellung des alten, besseren Rechtes handele«[151]. Wie die Intitulatio[152] muß man das Monogramm als Herrschaftszeichen sehen, es stellt den

(D. Kar. I Nr. 12); Albert BRUCKNER, Robert MARICHAL, Chartae Latinae Antiquiores. Facsimile-Edition of the Latin Charters prior to the Ninth Century. Part XII: Germany III. Bundesrepublik Deutschland und Deutsche Demokratische Republik, Dietikon – Zürich 1978, Nr. 529 S. 30 (D. Kar. I Nr. 13), Nr. 530 S. 33 (D. Kar. I Nr. 21); ChLA XV (wie Anm. 140), Nr. 602 S. 36 (D. Kar. I Nr. 27), Nr. 603 S. 43 (D. Kar. I Nr. 28), Nr. 604 S. 48 (D. Kar. I Nr. 26). BRUCKNER, MARICHAL, ChLA XII Nr. 529 S. 31 sprechen terminologisch unkorrekt von einem »Kreuzmonogramm«. Zur Unterfertigung Pippins SICKEL, Urkundenlehre (wie Anm. 16), S. 317; LECHNER, Monogramm (wie Anm. 139), S. 705; ERBEN, Kaiserurkunden (wie Anm. 21), S. 147; Martha WEBER, Kaiser- und Königsmonogramme des Mittelalters, in: Germanien 1940, S. 334–343, hier S. 340–341; TESSIER, Diplomatique (wie Anm. 27), S. 73; HEIDRICH, Titulatur (wie Anm. 44), S. 146–147, 161; BAUTIER, Chancellerie (wie Anm. 2), S. 38. Die Verwendung eines Kreuzes als Signum lag nahe, war es doch die übliche Form der Unterzeichnung.

142 Vgl. SICKEL, Urkundenlehre (wie Anm. 16), S. 317; MÜHLBACHER, DD. Kar. I S. 61; LECHNER, Monogramm (wie Anm. 139), S. 705; ERBEN, Kaiserurkunden (wie Anm. 21), S. 147; WEBER, Kaisermonogramme (wie Anm. 141), S. 341. Abbildungen der Monogramme von 6 der 7 erhaltenen Originale Karlmanns: ChLA XV (wie Anm. 140), Nr. 605 S. 54 (D. Kar. I 43); ChLA XV (wie Anm. 140), Nr. 606 S. 58 (D. Kar. I Nr. 44); ChLA XIX (wie Anm. 52), Nr. 675 S. 22 (D. Kar. I 45); ChLA XV (wie Anm. 140), Nr. 607 (D. Kar. I 46); Diplomi imperiali e reali delle cancellerie d'Italia, Rom 1892, facs. 1 (D. Kar. I 47), vgl. dazu Theodor VON SICKEL in: Notizie e trascrizioni dei diplomi imperiali e reali delle cancellerie d'Italia, Rom 1892, S. 2; Hartmut ATSMA, Robert MARICHAL, Jan-Olof TJÄDER, Jean VEZIN, Chartae Latinae Antiquiores. Facsimile-Edition of the Latin Charters prior to the Ninth Century. Part XVII: France V, Dietikon–Zürich 1984, Nr. 658 S. 84 (D. Kar. I 49); für das erst nach den Mühlbacher'schen Regesten entdeckte Original von D. Kar. I 52 stand mir keine Abbildung zur Verfügung. Vgl. zu diesem Stück Luigi SCHIAPARELLI, Note paleografiche e diplomatiche, in: Archivio storico italiano 87 (Serie VII Vol. 9) (1929), S. 3–28, hier S. 20–21, Ed. S. 23–26, zur Unterfertigung S. 21.

143 Zum Monogramm Karls des Großen MÜHLBACHER, DD. Karol. I (wie Anm. 45), S. 79; LECHNER, Monogramm (wie Anm. 139), S. 702–707.

144 Vgl. zu M² 519 DICKAU, Kanzlei (wie Anm. 1), S. 50–59, S. 61–62.

145 Vgl. GARDTHAUSEN, Monogramm (wie Anm. 108), S. 144; WEBER, Kaisermonogramme (wie Anm. 141), S. 341 sowie die Tafeln S. 338–339; SUTTER, Herrschermonogramme (wie Anm. 117), S. 252; BAUTIER, Chancellerie (wie Anm. 2), S. 47.

146 Parallele Beobachtungen wurden auch für den Sprachgebrauch gemacht, der in der aquitanischen Kanzlei noch stark variierte und sich erst allmählich festigte, vgl. Hubertus MENKE, Beobachtungen zum proprialen Schreibgebrauch in karolingischen und ottonischen Reichskanzleiprodukten, in: Festschrift für Gerhard Cordes zum 65. Geburtstag, hg. v. Friedhelm DEBUS, Joachim HARTIG, Bd. II: Sprachwissenschaft, Neumünster 1976, S. 193–220, hier S. 197–198.

147 BAUTIER, Chancellerie (wie Anm. 2), S. 47.

148 Damit wird wieder einmal deutlich, daß eine komparatistisch angelegte Wissenschaft wie die Diplomatik bei Spitzenstücken stets besonders behutsam in der Bewertung vorgehen muß.

149 SCHIEFFER, DD. Karol. III (wie Anm. 1), S. 42.

150 SCHIEFFER, Lothringische Kanzlei (wie Anm. 33), S. 51.

151 Percy Ernst SCHRAMM, Herrschaftszeichen und Staatssymbolik. Beiträge zu ihrer Geschichte vom dritten bis zum sechzehnten Jahrhundert, Bd. 1, Stuttgart 1954 (Schriften der Monumenta Germaniae Historica 13/I), S. 18.

152 WOLFRAM, Intitulatio I (wie Anm. 4), S. 17.

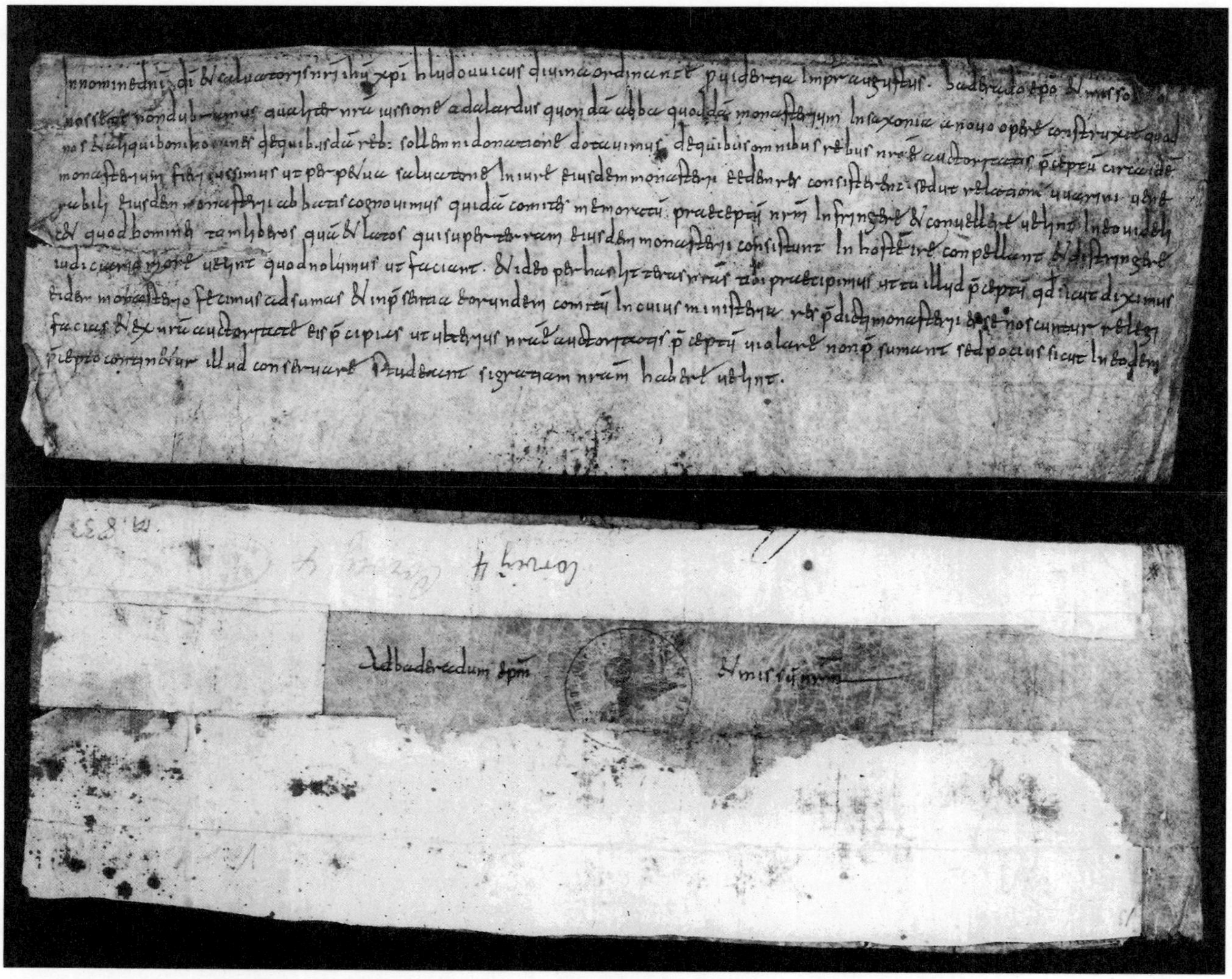

Abb. 1 *Originalmandat mit schlichter Gestaltung: Buchschrift ohne graphische Symbole. Rückseite mit Adresse. M^2 924, o.D. [831–833] (LBA 8541 = Lichtbildarchiv älterer Originalurkunden bis 1250 in Marburg mit Nummer)*

Abb. 2 *Eine wohl vom Empfänger vorgenommene Rasur wird durch nachträgliche Unterlängenverzierungen und ein vor der Corroboratio gezeichnetes Chrismon überdeckt. M^2 648, 817 Juni 4 (untere Hälfte) (*BRUCKNER, *DD Karol. Nr. 6)*

Abb. 3 *Der ungewöhnlicherweise links am Rand stehenden Rekognitionszeile fehlt das Chrismon, die nicht als Original zu betrachtende Urkunde weist zwei Subskriptionszeichen auf. M² 603, 816 [Jan. 1] (untere Hälfte) (LBA 1833)*

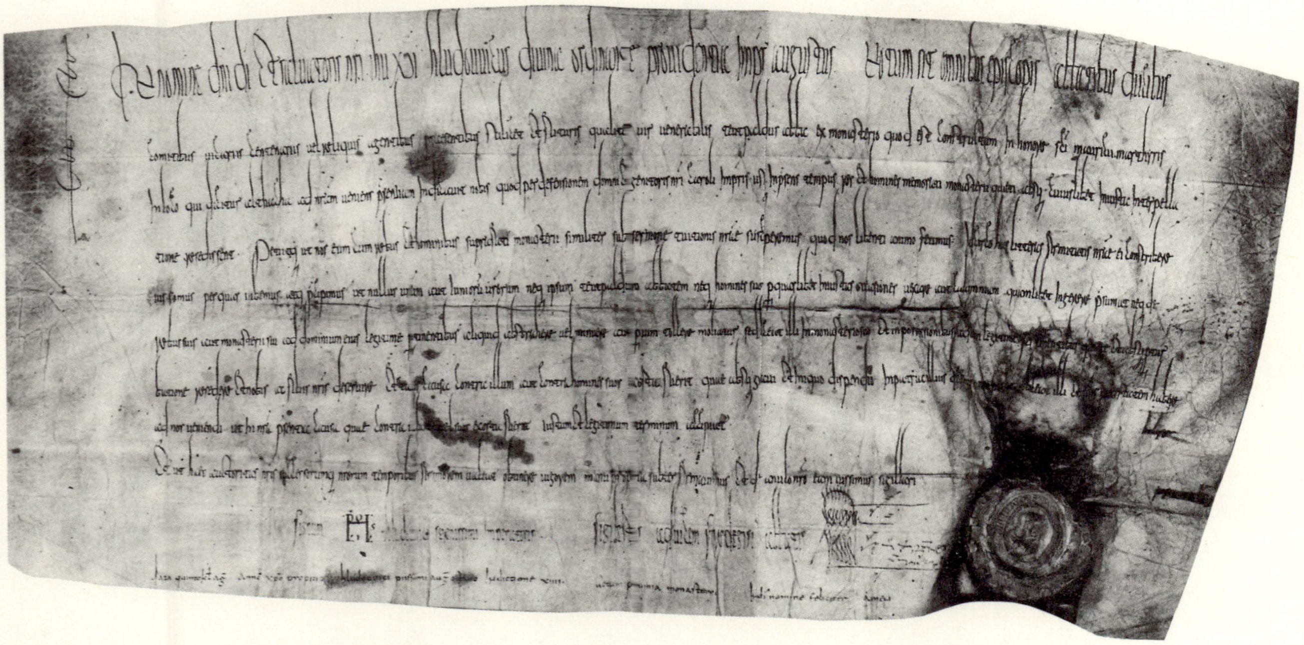

Abb. 4 *Bei ungewöhnlicher Gestalt mit vom Kontext abgerückter Elongata-Zeile fallen das links neben den Textblock gestellte Anfangschrismon und das Fehlen eines Pendants in der Rekognitionszeile auf. M² 740, 821 Juli 28 (LBA 1190)*

5
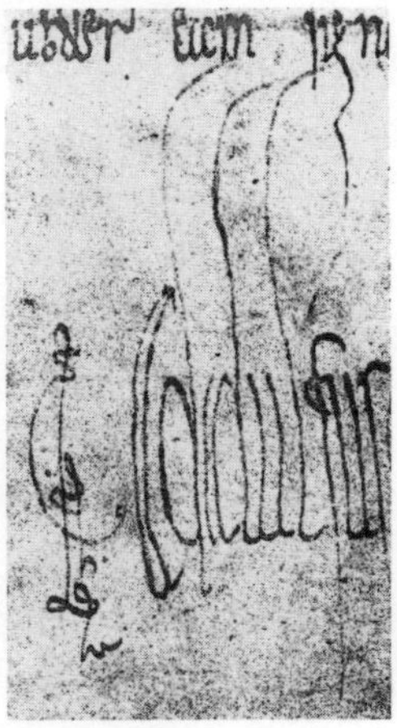
6
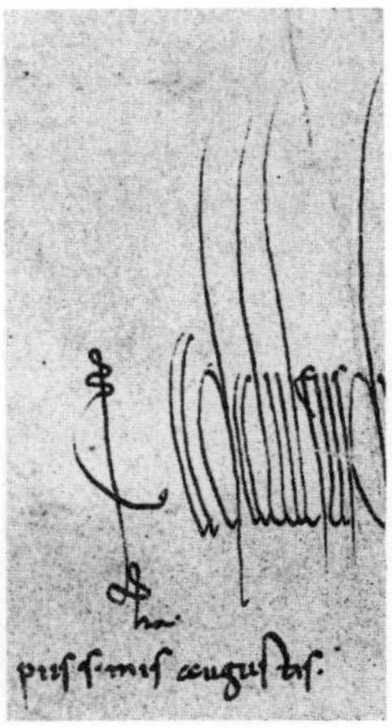
7
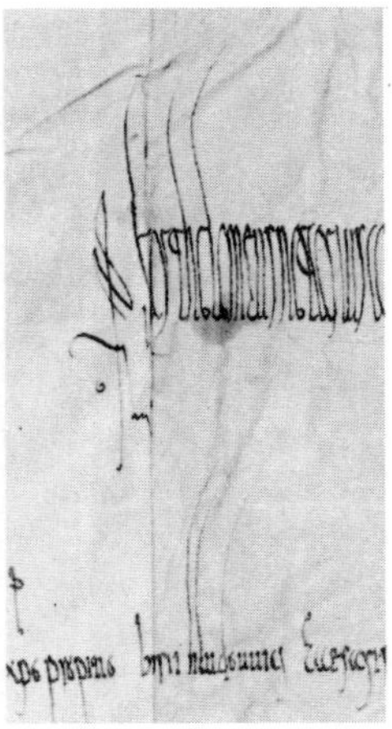
8
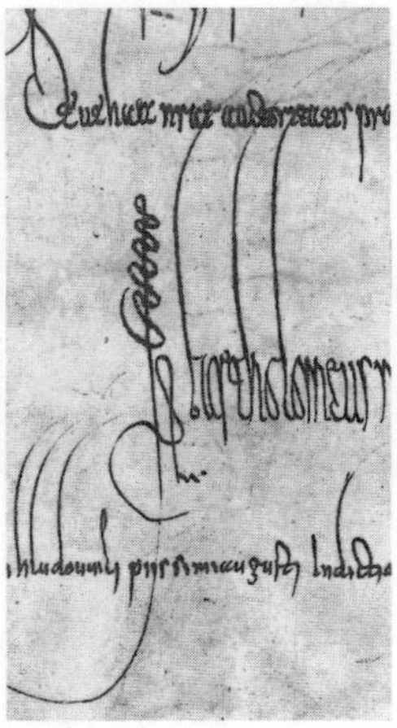
9

10

Abb. 5 *Chrismon des Adalulfus.* M^2 *847, o. D. [826–829, verm. 828 Feb. 26] (Lot, Lauer, DD Karol. II/1 Pl. 24)*

Abb. 6 *Chrismon des Adalulfus ohne Mittelteil.* M^2 *846, 828 Feb. 26 (Lot, Lauer, DD. Karol. II/1 Pl. 15)*

Abb. 7 *Chrismon des Bartholomäus – erste Variante.* M^2 *985, 839 Jan. 23 (Bruckner, DD Karol. I Nr. 14)*

Abb. 8 *Chrismon des Bartholomäus – zweite Variante.* M^2 *987, 839 Feb. 17 (LBA 1237)*

Abb. 9 *Chrismon des Daniel.* M^2 *994, 839 Juni 20 (LBA 1835)*

Abb. 10 *Chrismon des Durandus – Normalform.* M^2 *648, 817 Juni 4 (Bruckner, DD Karol. I Nr. 6)*

11

12

13
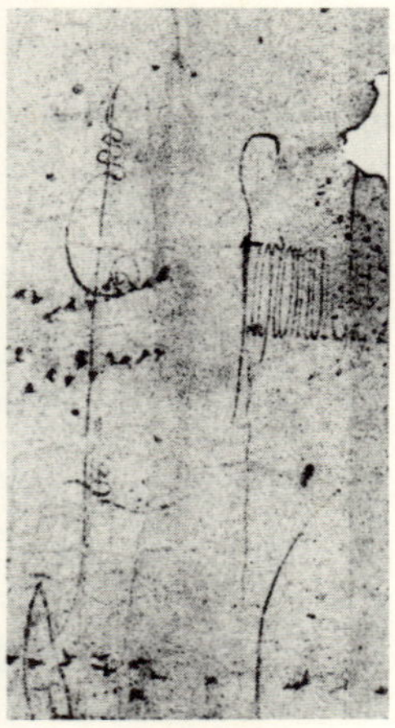

14

15
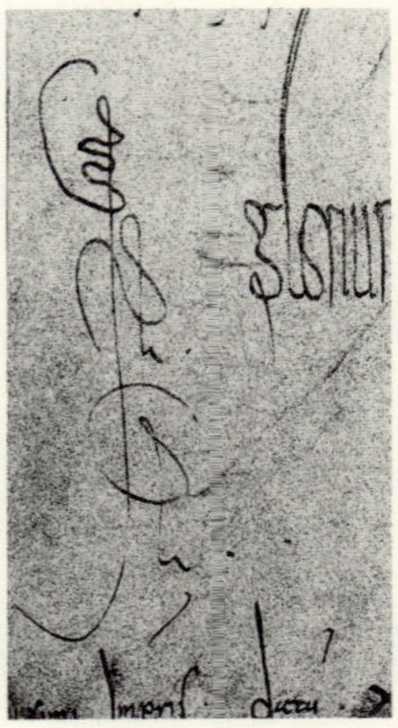

16
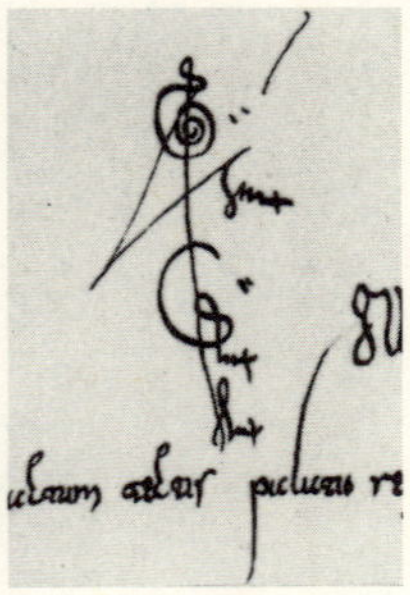

Abb. 11 *Chrismon des Durandus – Erstentwurf. M^2 533, 814 Sept. 1 (LBA 1176)*

Abb. 12 *Chrismon des Durandus – Variation mit Doppelmäanderschlaufe. M^2 780, 823 Juli 27 (LBA 8540)*

Abb. 13 *Chrismon des Faramundus. M^2 787, 824 Aug. 13 (Lot, Lauer, DD Karol. II/1 Pl. 23)*

Abb. 14 *Chrismon des Glorius. M^2 997, 839 Juli 7 (LBA 8546)*

Abb. 15 *Chrismon des Glorius. M^2 986, 839 Jan. 23 (Lot, Lauer, DD Karol. II/1 Pl. 19)*

Abb. 16 *Chrismon des Gundulfus. M^2 721, 820 Mai 8 in Nachzeichnung von U. F. Kopp*

17

18

19

20

21

22

Abb. 17 *Chrismon des Gundulfus. M² 735, 821 Feb. 15 (Bruckner, DD. Karol. I Nr. 9)*

Abb. 18 *Chrismon des Helisachar – Normalform. M² 582, 815 Juni 3 (LBA 1175)*

Abb. 19 *Chrismon des Helisachar. M² 538, 814 Sept. 9 (Lot, Lauer, DD Karol. II/1 Pl. 1)*

Abb. 20 *Chrismon des Helisachar. M² 551, 814 Dez. 1 (Lot, Lauer, DD Karol. II/1 Pl. 3)*

Abb. 21 *Chrismon des Hirminmaris – Normalform. M² 922, 833 Juni 1 (LBA 8543)*

Abb. 22 *Chrismon des Hirminmaris – Abweichung durch fehlendes Mittelteil. M² 781, 823 Aug. 21 (LBA 1888)*

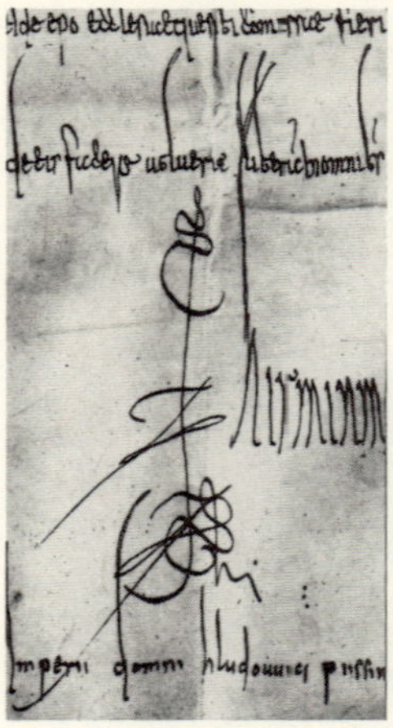

23

24

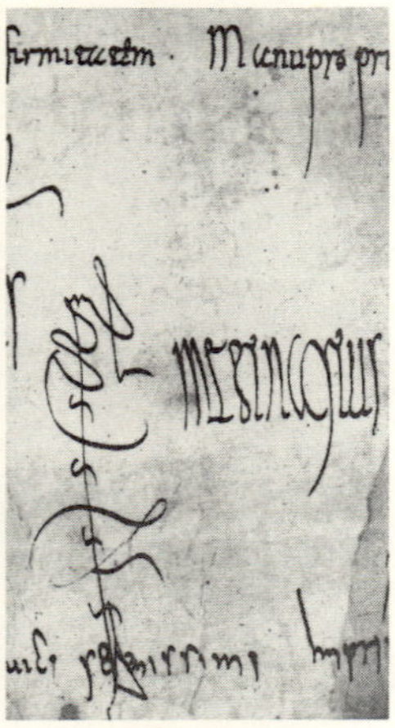

25

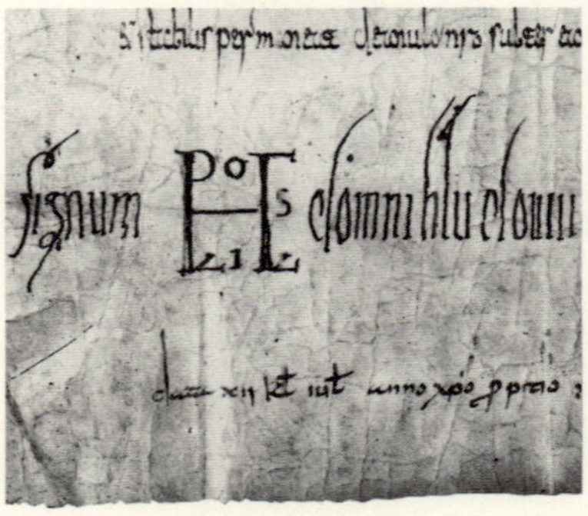

26

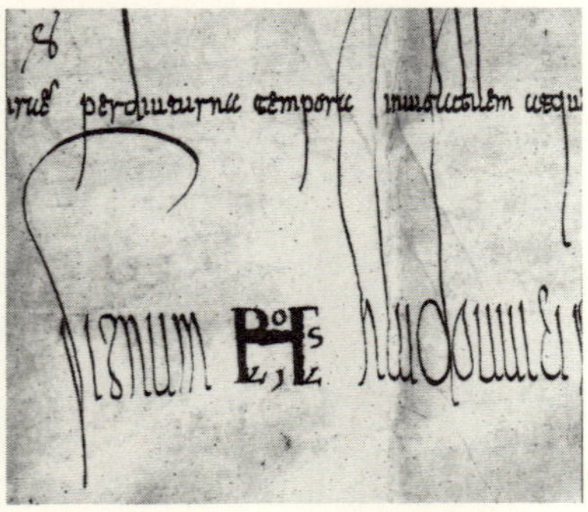

27

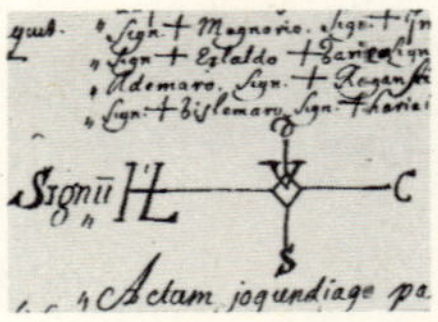

28

29

30

31

Abb. 23 *Chrismon des Hirminmaris – das versehentlich als Unterteil wiederholte Schlingen-Z mit regulärem Mittelteil überzeichnet.* M^2 *971, 837 Dez. 20 (LBA 1189)*

Abb. 24 *Chrismon des Meginarius – erste Variante.* M^2 *923, 833 Juni 8 (LBA 8544)*

Abb. 25 *Chrismon des Meginarius – zweite Variante.* M^2 *1007, 840 Juni 8 (LBA 1280)*

Abb. 26 *Interpolierte Signum-Zeile mit Monogramm.* M^2 *994, 839 Juni 20 (LBA 1835)*

Abb. 27 *Kanonische Normalform des Ludwigs-Monogramm als H-Typ.* M^2 *1007, 840 Juni 8 (LBA 1280)*

Abb. 28 *Entwurf des Ludwigs-Monogramm auf der Basis des karlischen Kreuzrhombustyps (ältestes erhaltenes Monogramm).* M^2 *516, 794 Aug. 3 (wegen der schlechten Erhaltung des Originals hier in Abzeichnung des 17. Jahrhunderts aus BN Paris, ms. lat. 12757 S. 238 wiedergegeben) (Editionsapparat Münster)*

Abb. 29 *Erste überlieferte Form des Ludwigs-Monogramm im H-Typ mit I und O über dem Vollziehungsstrich.* M^2*519, 808 Mai (Lot, Lauer, DD Karol. II/2 Pl. 29)*

Abb. 30 *Zweite Form des Ludwigs-Monogramm im H-Typ, bei dem I und S mit dem Vollziehungsstrich verbunden sind.* M^2 *521, 814 Apr. 8 (vermutlich zeitnahe Nachzeichnung) (LBA 1887)*

Abb. 31 *Dritte Form des Ludwigs-Monogramm im H-Typ mit angebundenem S.* M^2 *529, 814 Aug. 1 (Bochum, ehem. Apparat Meyer)*

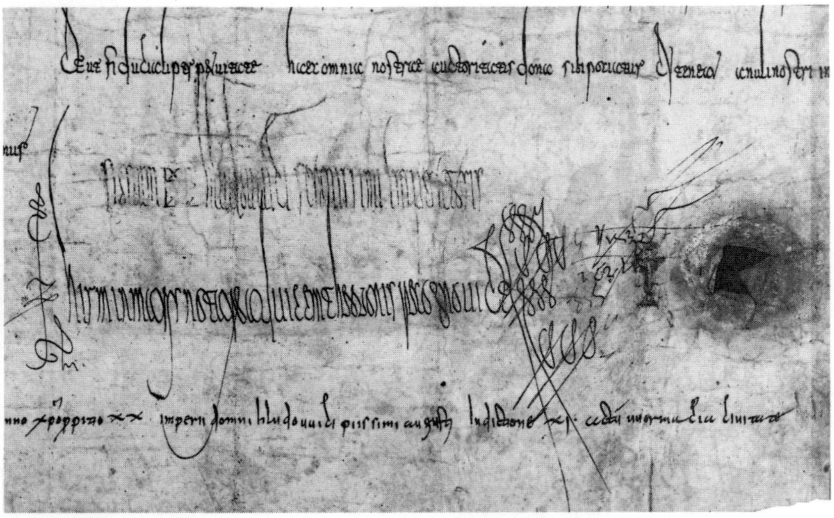

32

33

Abb. 32 *Die entgegen der Corroboratio zunächst gefertigte Signum-Zeile mit vollzogenem Monogramm wurde vor Anbringen der Rekognitionszeile getilgt; die unbeschädigten Oberlängen der Rekognition ragen in die Rasur. M² 922, 833 Juni 1 (LBA 8543)*

Abb. 33 *Aufbau des Subskriptionszeichens des Durandus. (Nachzeichnung nach M² 613, 816 Mai 2)*

34

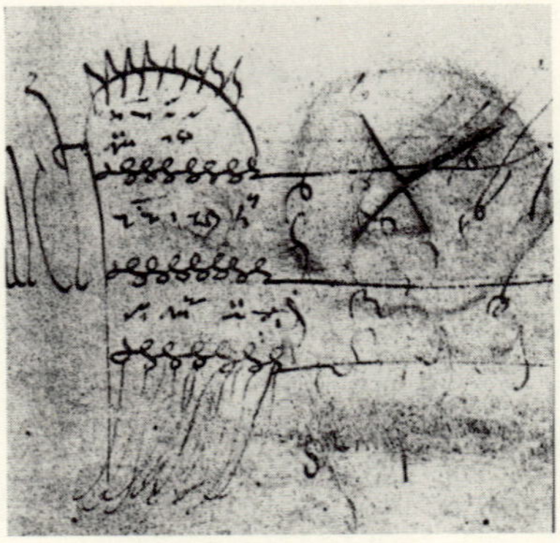

35

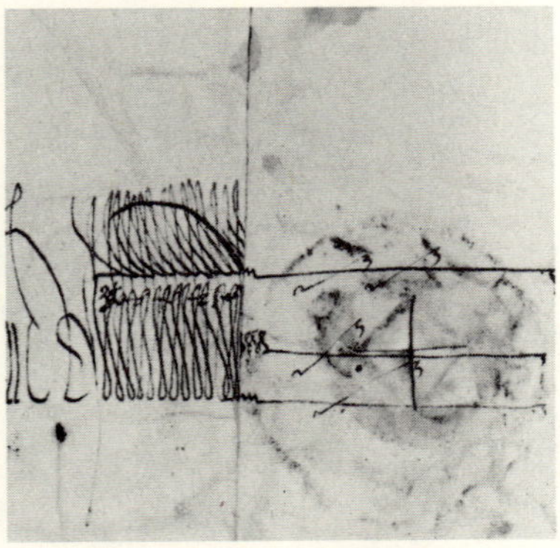

36

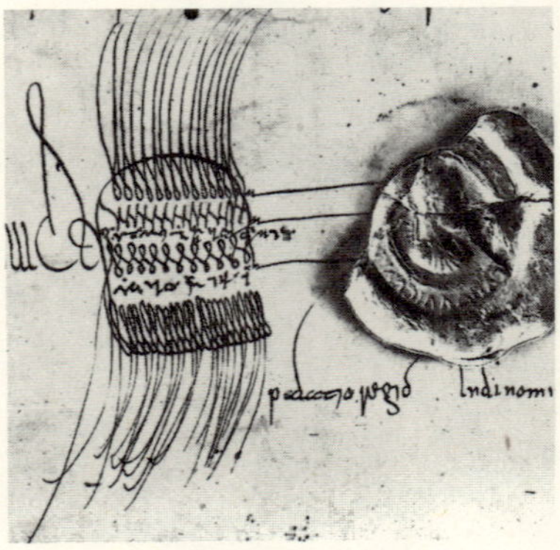

37

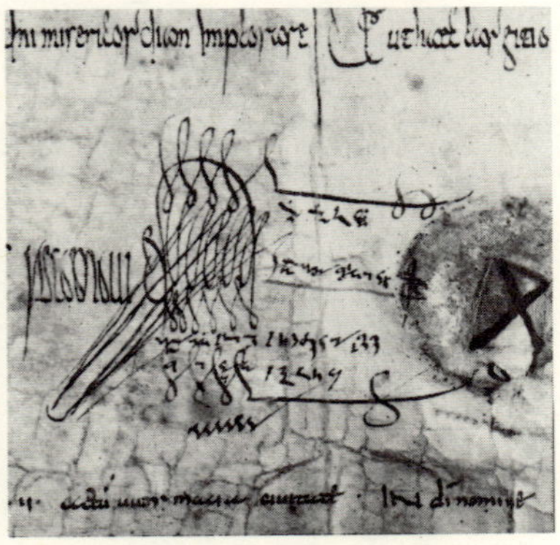

38

Abb. 34 *Aufbau des Subskriptionszeichens des Hirminmaris. (Nachzeichnung nach M² 922, 833 Juni 1)*

Abb. 35 *Subskriptionszeichen des Adalulfus. M² 846, 823 Feb. 26 (Lot, Lauer, DD Karol. II/1 Pl. 15)*

Abb. 36 *Subskriptionszeichen des Bartholomäus – erste Variante. M² 985, 839 Jan. 23 (Bruckner, DD Karol. I Nr. 14)*

Abb. 37 *Subskriptionszeichen des Bartholomäus – zweite Variante. M² 987, 839 Feb. 17 (LBA 1237)*

Abb. 38 *Subskriptionszeichen des Daniel. M² 994, 839 Juni 20 (LBA 1835)*

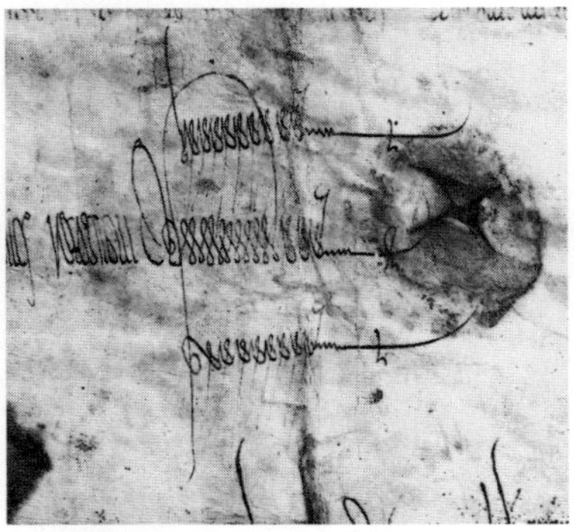

39

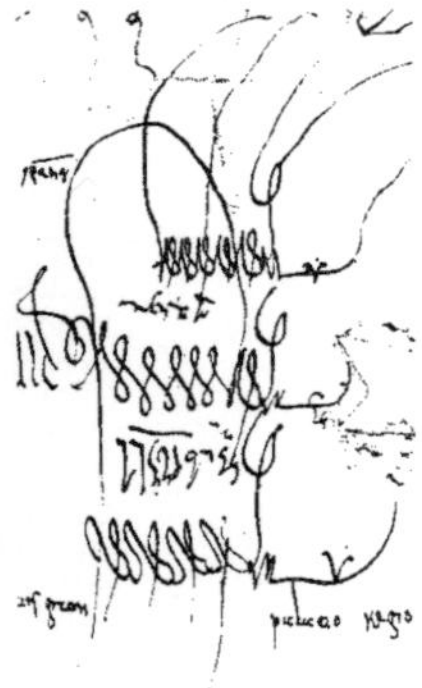

40

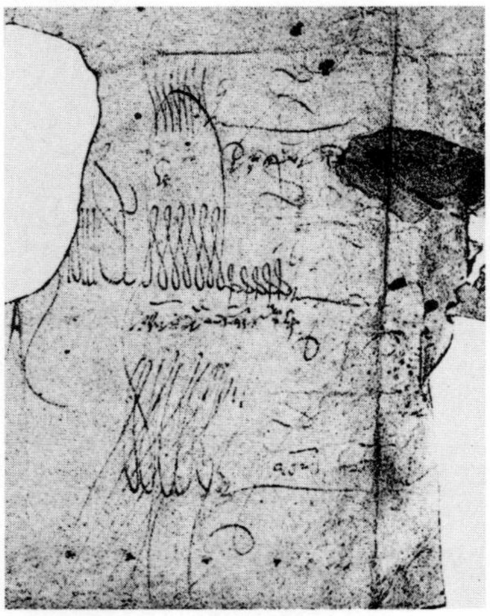

41

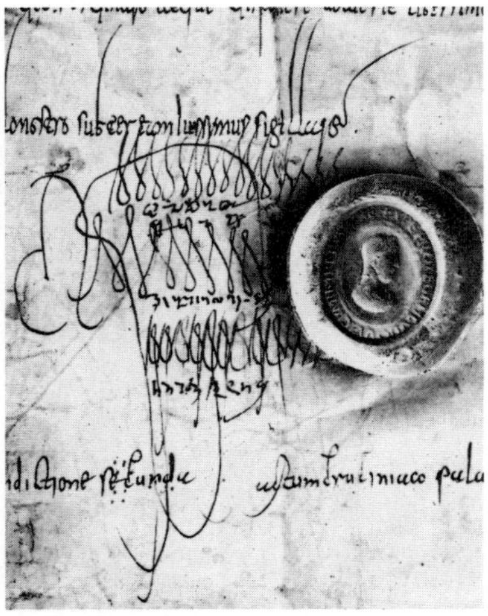

42

Abb. 39 *Subskriptionszeichen des Durandus – frühe Form. M² 533, 814 Sept. 1 (LBA 10078)*

Abb. 40 *Subskriptionszeichen des Durandus – Normalform. M² 648, 817 Juni 4*

Abb. 41 *Subskriptionszeichen des Faramundus. M² 787, 824 Aug. 13 (Lot, Lauer, DD Karol. II/1 Pl. 23)*

Abb. 42 *Subskriptionszeichen des Glorius. M² 997, 839 Juli 7 (LBA 8546)*

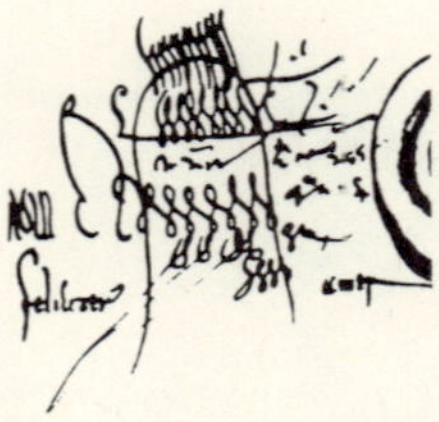
43

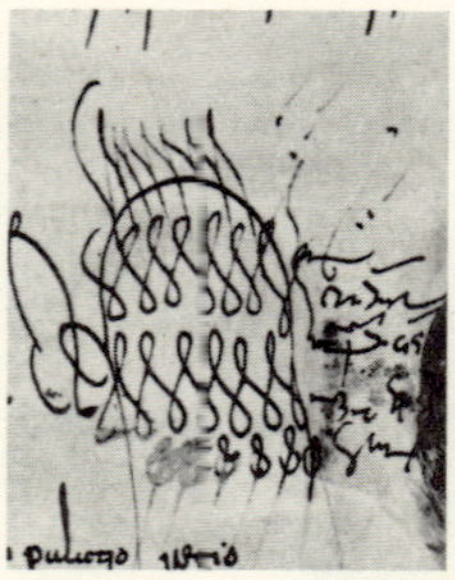
44

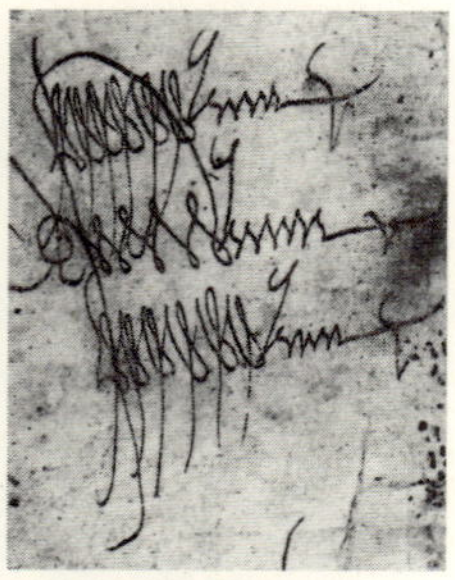
45

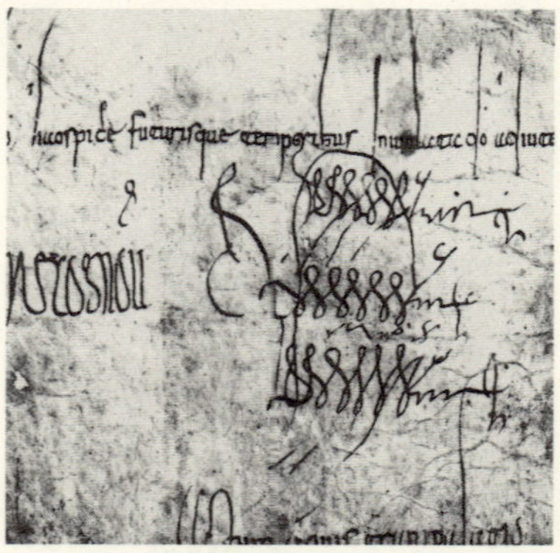
46

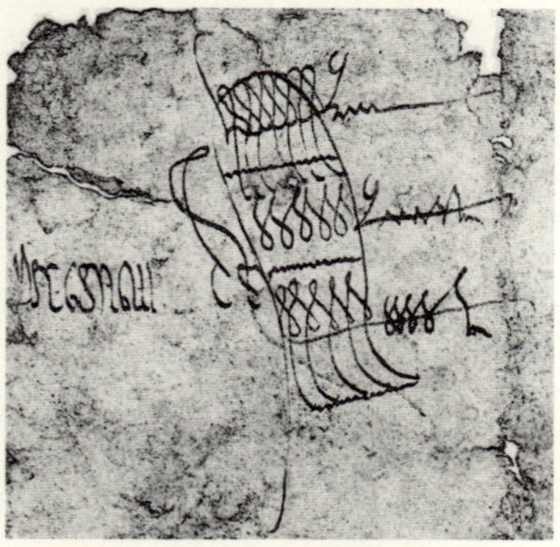
47

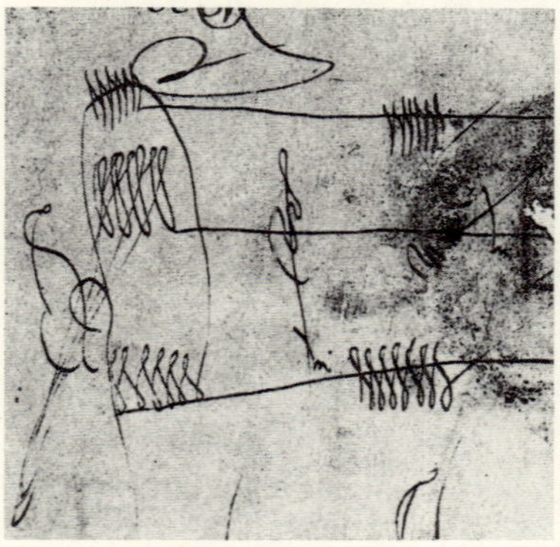
48

49

Abb. 43 *Subskriptionszeichen des Gundulfus. M² 721, 820 Mai 8 (in Nachzeichnung von U. F. Kopp)*

Abb. 44 *Subskriptionszeichen des Gundulfus. M² 735, 821 Feb. 15 (Bruckner, DD Karol. I Nr. 9)*

Abb. 45 *Subskriptionszeichen des Helisachar – Normalform. M² 582, 815 Juni 3 (LBA 1175)*

Abb. 46 *Subskriptionszeichen des Helisachar. M² 521, 814 Apr. 8 (vermutlich zeitnahe Nachzeichnung) (LBA 1887)*

Abb. 47 *Subskriptionszeichen des Helisachar – erste Variante. M² 538, 814 Sept. 9 (Lot, Lauer, DD Karol. II/1 Pl. 1)*

Abb. 48 *Subskriptionszeichen des Helisachar – zweite Variante. M² 551, 814 Dez. 1 (Lot, Lauer, DD Karol. II/1 Pl. 3)*

Abb. 49 *Subskriptionszeichen des Herminmaris. M² 922, 833 Juni 1 (LBA 8543)*

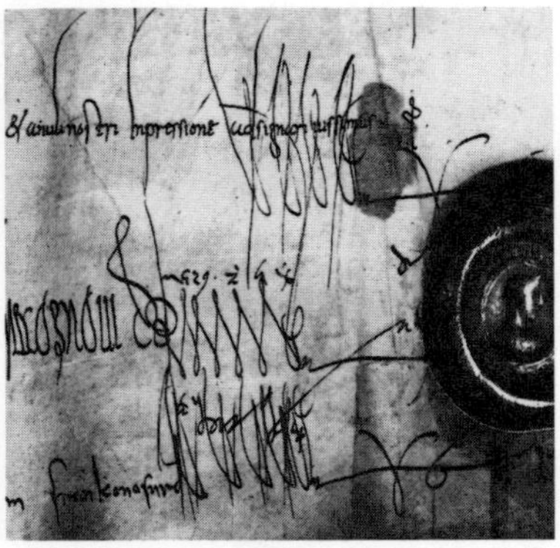

50

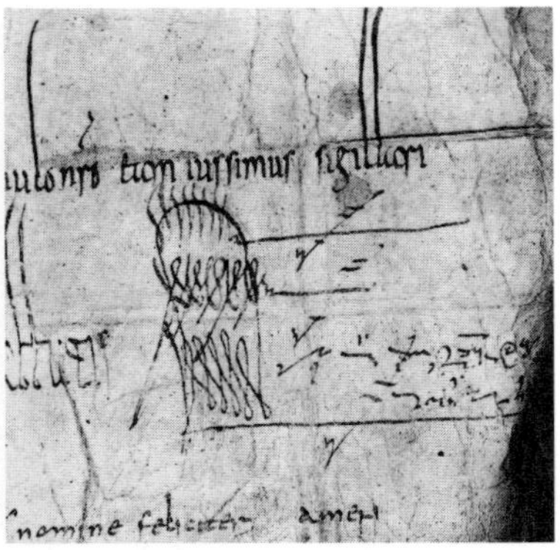

51

52

53

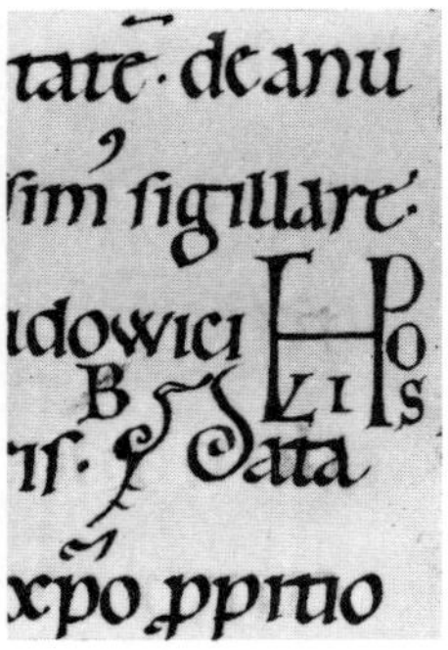

54

Abb. 50 *Subskriptionszeichen des Meginarius. M² 1007, 840 Juni 8 (LBA 1280)*

Abb. 51 *Subskriptionszeichen des Sigibertus. M² 740, 821 Juli 28 (LBA 1190)*

Abb. 52 *+ Legimus + – Unterfertigung, Kopie von 1669 in der Collection Doat (BN Paris Coll. Doat 66f. 38ᵛ). M² 988, 839 Feb. 22*

Abb. 53 *Ergänzung eines nach Hebarhard'schem Vorbild gestalteten Chrismons am Anfang der Urkunde im Kemptener Chartular (BHStA München Fürststift Kempten Münchner Bestand Lit. 231f. 36ᵛ). M² 929, 834 Juli 3 (BHStA München)*

Abb. 54 *Hinzufügung eines nicht ganz korrekt gezeichneten Monogramms im Kemptener Chartular (BHStA München Fürststift Kempten Münchner Bestand Lit. 231f. 39ᵛ). M² 929, 834 Juli 3 (BHStA München)*

König dar[153]. Schon von daher ist striktes Festhalten an einer einmal gefundenen Form plausibel.

Doch das Monogramm ist mehr. Das Monogramm als graphisch-begriffliche Umsetzung des Namens eines Ausstellers unterliegt derselben Kanonisierung, die auch für den Wortlaut des *nomen* selbst beobachtet wurde: »Gerade die ... Herrschernamen unterliegen nachweislich einer offiziell geregelten Schreibnormierung, die selbst kleinste Schreiberlaunen ausschloß«[154]. Es sei daran erinnert, welche Bedeutung der Name im mittelalterlichen Denken hatte: Name und Person galten als identisch, der Name hat numinose Qualität, seine Kenntnis verschafft im magischen Denken Macht über seinen Träger[155]. In einer illiteraten Gesellschaft wie der Karolingerzeit dürfte beim Monogramm die der Schrift schon allgemein zugemessene magische Qualität[156] um so stärker empfunden worden sein, da in ihm nicht das Wort des Herrschers, sondern sogar sein Name – mit allen Implikationen mittelalterlichen Denkens – in ornamentalisierter Form dargestellt ist[157]. So ist es verständlich, daß gerade beim Namen – in der Schrift wie in der monogrammatischen Umsetzung – es in besonderer Weise auf den korrekten Wortlaut ankam[158].

Im Falle des Monogramms sind Text und graphische Gestalt der Urkunde eng aufeinander bezogen. Sickel meinte, die Ankündigung der Vollziehung und die Ausstattung mit entsprechenden Beglaubigungsmitteln müsse nicht notwendig übereinstimmen[159], während Ficker für die frühere Karolingerzeit davon ausging, daß da, wo das Monogramm fehlt, auch die Ankündigung wegfalle[160]. Zur Beantwortung dieser Frage seien kurz die entsprechenden Passagen der Corroborationes untersucht[161]. Fast alle Urkunden mit Monogrammen weisen in der Corroboratio eindeutige Ankündigungen auf: *manibus nostris subter eam firmavimus*[162], *manibus propriis subter firmavimus*[163], *manibus propriis eam subter firmavimus*[164], *manibus propriis subter eam firmavimus*[165], *manus nostrae signaculis subter eam decrevimus roborare*[166], *manu propria eidem subscripsimus*[167], *manu reverentiae nostrae illud subscripsimus*[168], *easque manus nostrae subscriptione subter firmavimus*[169], *manu propria subscripsimus*[170], *eam manu*

153 Wilhelm BERGES, Das Monogramm der Berner Gemme, in: Percy Ernst SCHRAMM, Herrschaftszeichen und Staatssymbolik. Beiträge zu ihrer Geschichte vom dritten bis zum sechzehnten Jahrhundert, Bd. 1, Stuttgart 1954 (Schriften der Monumenta Germaniae Historica 13/I), S. 222–226, hier S. 226.

154 Hubertus MENKE, Das Namengut der frühmittelalterlichen Kaiser- und Königsurkunden aus quellenkritischer Sicht, in: Ortsname und Urkunde. Frühmittelalterliche Ortsnamenüberlieferung. Münchener Symposion. 10. bis 12. Oktober 1988, hg. von Rudolf SCHÜTZEICHEL, Heidelberg 1990 (Beiträge zur Namenforschung. Neue Folge Beiheft 29), S. 274–289, hier S. 280. Vgl. DERS., Namengut (wie Anm. 2), S. 421.

155 H. HENEL, Der Sinn der Personennamen, in: Deutsche Vierteljahrsschrift für Literaturwissenschaft und Geistesgeschichte 16 (1938), S. 401–434, hier S. 415; Arno BORST, Kaisertum und Namentheorie im Jahre 800, in: Festschrift Percy Ernst Schramm zum 70. Geburtstag, Bd. 1, Wiesbaden 1964, S. 36–51, hier S. 42–43; Wolfgang HAUBRICHS, *Veriloquium Nominis*. Zur Namensexegese im frühen Mittelalter. Nebst einer Hypothese über die Identität des ›Heliand‹-Autors, in: Verbum et signum Bd. 1: Beiträge zur mediävistischen Bedeutungsforschung. Festschrift Friedrich Ohly zum 60. Geburtstag, hg. v. Hans FROMM, Wolfgang HARMS, Uwe RUBERG, München 1975, S. 231–266, hier S. 236–238 sowie die dort verzeichnete ältere Literatur; Gerhard DILCHER, Paarformeln in der Rechtssprache des frühen Mittelalters, Diss. Frankfurt a.M. 1961, S. 30–32; FICHTENAU, Urkundenformeln (wie Anm. 4), S. 293. Zu parallelen Erscheinungen in Byzanz vgl. Herbert HUNGER, Schreiben und Lesen in Byzanz. Die byzantinische Buchkultur, München 1989 (Beck's Archäologische Bibliothek), S. 11.

156 Vgl. zur Schriftmagie allg. Alfred BERTHOLET, Die Macht der Schrift in Glauben und Aberglauben, Berlin 1949 (Abhandlungen der Deutschen Akademie der Wissenschaften zu Berlin. Phil.-hist. Kl. Jg. 1948 Nr. 1); FICHTENAU, Mensch und Schrift (wie Anm. 19), S. 105–111; Fritz RÖRIG, Mittelalter und Schriftlichkeit, in: Die Welt als Geschichte 13 (1953), S. 29–41, hier S. 34–36; Marco MOSTERT, La magie de l'ecrit dans le Haut Moyen Age. Quelques réflexions générales, in: Haut Moyen-Age. Culture, éducation et société. Etudes offertes à Pierre Riché, La Garenne-Colombes 1990, S. 273–281.

157 BERTHOLET, Macht (wie Anm. 156), S. 14–15; FICHTENAU, Progaganda (wie Anm. 18), S. 29. Vgl. parallele Überlegungen zu den Litterae Elongatae bei GÖTZE, Litterae Elongatae (wie Anm. 18), S. 69–70. WEBER, Kaisermonogramme (wie Anm. 141), S. 337, S. 340 betont das magische Element des Monogramms, geht aber in ihrer zeitgebundenen »Germanentümelei« oft zu weit. Zur Schriftlichkeit der Karolingerzeit Peter JOHANEK, Die Raffelstetter Zollordnung und das Urkundenwesen der Karolingerzeit, in: Festschrift für Berent Schwineköper. Zu seinem siebzigsten Geburtstag, hg. v. Helmut MAURER, Hans PATZE, Sigmaringen 1982, S. 87–103, hier S. 92–103; Hanna VOLLRATH, Das Mittelalter in der Typik oraler Gesellschaften, in: Historische Zeitschrift 233 (1981), S. 571–594, hier S. 589–590.

158 Auf Verpflichtungen zur genauen Wiedergabe bei sakralen Texten weist BERTHOLET, Macht (wie Anm. 156), S. 32–33, hin, vgl. auch DILCHER, Paarformeln (wie Anm. 155), S. 31.

159 SICKEL, Urkundenlehre (wie Anm. 16), S. 191–192, Anm. 5. Vgl. SICKEL, Beiträge I (wie Anm. 31), S. 336, bes. S. 359–360 zu den Urkunden Ludwigs des Deutschen.

160 FICKER, Beiträge 2 (wie Anm. 36), S. 11, S. 73–74; entsprechend BAUTIER, Chancellerie (wie Anm. 2), S. 49.

161 Vgl. allg. zur Corroboratio FICHTENAU, Urkundenformeln (wie Anm. 4), S. 323–325; B. SCHNEIDMÜLLER, Art. Corroboratio, in: Lexikon des Mittelalters III: Codex Wintoniensis bis Erziehungs- und Bildungswesen, München–Zürich 1986, S. 281–282.

162 M^2 816.

163 M^2 833.

164 M^2 875.

165 M^2 831.

166 M^2 519.

167 M^2 781.

168 M^2 985.

169 M^2 905.

170 M^2 529, 538, 750.

propria subter firmavimus[171], *ea manu propria subter firmavimus*[172], *manu propria nostra subter firmavimus*[173], *manu nostra subter firmavimus*[174], *eam manu nostra subterfirmavimus*[175], *manu propria subter eam firmavimus*[176], *manu propria nostra subter firmavimus*[177], *manu propria subter firmavimus*[178] und *manu propria subterfirmavimus*[179]. Die Durchsicht der Originalurkunden ohne Monogramm zeigt, daß stets nur die Besiegelung angekündigt wird: *anuli nostri inpressione eam signari iussimus*[180], *anuli nostri inpraessione signari iussimus*[181], *anuli nostri impressione subter eam signari iussimus*[182], *anuli nostri inpraessione subter eam iussimus adsignari*[183], *anulo nostro sub eam iussimus sigillari*[184], *de anulo nostro subter iussimus sigillari*[185], *de anulo nostro subter eam iussimus sigillare*[186], *de anulo nostro subter eam iussimus sigillari*[187], *de anulo nostro eam subter iussimus sigillare*[188] und *eam de anulo nostro sigillari iussimus*[189]. Die Formel *sigillo nostro subter eam iussimus sigillare* in M^2 890 ist verunechtet: Die Worte *sigillo nostro* sind – deutlich erkennbar – von einer späteren Hand auf einer Rasur geschrieben, die Verwendung des Terminus *sigillum* entspricht nicht dem Kanzleigebrauch[190]. Die beiden Urkunden, in denen Signum-Zeile und Monogramm erst später hinzugefügt wurden, haben den übrigen nicht mit dem Handmal unterfertigten Urkunden entsprechende Siegelankündigungen[191]. Den oben besprochenen Sonderfällen ohne Beglaubigungsmittel, M^2 774 und 924, fehlt die Corroboratio völlig.

Die einzige Urkunde, für die das Gesagte nicht gilt, ist M^2 922[192]. Hier lautet der entsprechende Teil der Corroboratio (neben der Siegelankündigung) *anuli nostri inpressione subter roborando firmare decrevimus*. Bezeichnenderweise aber wurden bei dieser Urkunde Signum-Zeile und Monogramm, obwohl noch sichtbar, getilgt (Abb. 32). In diesem Bereich ist das Pergament der sonst recht gut erhaltenen Urkunde aufgerauht und hat stärkere Verschmutzungsspuren. Die Rasur dürfte wohl schon von der Kanzlei vorgenommen worden sein, denn welches Interesse könnte ein Empfänger gehabt haben, ein ja auch in späteren Zeiten noch bekanntes und gebräuchliches Beglaubigungsmittel seines Originals zu vernichten[193]? Als paläographische Indizien für diese These sind anzuführen, daß die unbeschädigten Oberlängen von d (*ad vicem*) und h (*Theotonis*) aus der Rekognitionszeile in die Rasur hineinragen. Obwohl alle Buchstaben der Signum-Zeile an der Stelle, an der die Oberlänge des d sie überschneidet, im unteren Bereich durch die Rasur beschädigt sind, ist diese d-Haste unversehrt. Die Oberlängen der Signum-Zeile (h, l, d) liegen unter der unbeschädigten Corroboratio (*Et ut fiduciali perpetuitate*), die eindeutig von derselben Hand stammt wie der übrige Kontext. Sie sind sauber ausradiert[194]. Die Position der Rekognitionszeile hat eindeutig keinen Bezug auf die getilgte Signum-Zeile, sondern folgt dem Muster der allein durch den Rekognoszenten unterfertigten Stücke. Vielleicht kann ähnliches für das nicht mehr vorliegende Original von M^2 775 angenommen werden. Zum Original dieser Urkunde, für die nach der Corroboratio *(eam) de anulo nostro subter jussimus sigillari* nur die Unterfertigung durch den Rekognoszenten vorgesehen war, vermerkte Petrus de Marca: *In authentico, unde editur hoc preceptum, sequebatur. Signum Hludowici serenissimi imperatoris, juxta formulam*[195]. Also wurden auch bei M^2 775 die Signum-Zeile und das Monogramm getilgt. Somit gab es in der Kanzlei Ludwigs des Frommen die Praxis, die Ausstat-

171 M^2 601, 626.
172 M^2 689.
173 M^2 872, 883, 897, 1007.
174 M^2 598.
175 M^2 918.
176 M^2 612, 894, 920, 927, 963, 977, 991, 993.
177 M^2 883, 897, 1007.
178 M^2 551, 582, 606, 613, 617, 623, 627, 639, 655, 703, 721, 740, 753, 768, 925.
179 M^2 552, 756, 767, 780, 787.
180 M^2 735.
181 M^2 715.
182 M^2 847.
183 M^2 705.
184 M^2 845.
185 M^2 605, 618, 624, 640, 648, 687, 691, 700, 727, 729, 747, 773, 796, 803, 804, 1006, etwas verstümmelt auch 791; … *siggilari* M^2 734.
186 M^2 849, 921, 923, 929, 931, 952, 954, 967, 971, 987, 997.
187 M^2 533, 603, 662, 844, 846.
188 M^2 986.
189 M^2 548.
190 Vgl. Sickel, Urkundenlehre (wie Anm. 16), S. 199, Anm. 6; Mühlbacher, Regesten (wie Anm. 2), zu M^2 890 S. 353. Faksimile: Lot, Lauer, DD. Karol. II^2 (wie Anm. 52), Pl. XLIV, Louis le Pieux 44. Zum Kanzleigebrauch vgl. oben die Untersuchungen zur corroboratio: man müßte *anulo nostro* annehmen.
191 M^2 949: *de anulo nostro subter eam iussimus sigillari*; M^2 994: *de anulo nostro subter eam iussimus sigillare*.
192 Sickel führt gerade sie (L. 314) als Beleg für seine oben zitierte Ansicht (vgl. Anm. 190) an.
193 Dieses widerspräche dem Trend, Monogramme hinzuzufügen, wie weiter unten noch gezeigt werden wird.
194 StA Münster KU 7. Das Monogramm war vollzogen, die H-Querhaste ist durchgezogen, setzt mit einer Verdickung an und hat vielleicht eine etwas andere Tintenfarbe. Nicht erkennen konnte ich das i.
195 Vgl. Ramon d'Abadal i de Vinyals, Catalunya Carolíngia II: Els Diplomes Carolingis a Catalunya 1, Barcelona 1926–1950 (Institut d'Estudis Catalans. Memòries de la Secció Històrico-Arqueològica II), S. 262 Anm. 79. Den weiteren Überlieferungen der Urkunde fehlt die Signum-Zeile, vgl. ebd.

tung mit dem Monogramm genau auf das Formular abzustimmen – nur die Urkunden mit entsprechender Corroboratio erhielten auch das graphische Symbol. Fehlt die Ankündigung, trägt die Urkunde kein Monogramm. M^2 922 und M^2 775 legen nahe, daß man diese Regel strikt einhielt, so sehr, daß man nicht einmal davor zurückschreckte, Rasuren vorzunehmen.

Ein Blick auf die Originale Karls des Großen zeigt ein ganz ähnliches Bild. 32 bzw. 34 Urkunden tragen ein Monogramm. In 28 bzw. 29 dieser Urkunden werden die Unterfertigung durch das Handmal und das Aufdrücken des Siegels in variierenden Worten angekündigt[196]. In den restlichen vier bzw. fünf fehlt die Besiegelungsformel, doch in allen wird das Monogramm erwähnt[197]. Von den restlichen neun Originalen ohne das Handmal wird sieben Mal allein die Besiegelung erwähnt[198], während zwei Gerichtsurkunden gar keine Corroboratio haben[199]. Vielleicht war das Verhältnis von Ankündigung der Beglaubigungsmittel und Schriftzeichen schon in der Kanzlei Karls des Großen so eng, daß, wie unter Ludwig dem Frommen, versehentlich gesetzte Signum-Zeilen getilgt wurden[200]. Von dieser unter Karl dem Großen und Ludwig dem Frommen anscheinend streng befolgten Kanzleipraxis wird in den Nachfolgekanzleien der Söhne Ludwigs I. immer mehr abgewichen.[201]

Dieses Ergebnis kann auch auf die nur in kopialer Überlieferung vorliegenden Urkunden übertragen werden, da sich feststellen läßt, daß das äußere Merkmal Monogramm auf das engste mit der Fassung der Corroboratio, also eines inneren Merkmals, verbunden ist. Mustert man die erhaltenen Texte von Urkunden Ludwigs des Frommen, wobei auch Fälschungen, denen eine echte Urkunde zugrunde lag, einbezogen werden, durch, so kommt man auf insgesamt 246 Stücke, die nach der Corroboratio einst mit Monogramm versehen gewesen sein mußten. Hingegen sind es nur 132 Urkunden, die der Ankündigung der Beglaubigungsmittel zufolge nur die Rekognoszentenunterfertigung trugen. Sieben Urkunden tragen eine Corroboratio, über die noch im Zusammenhang mit der *legimus*-Unterfertigung zu handeln sein wird. Im Gegensatz zu dem an den Originalen gewonnenen Bild (dort war das Verhältnis 51 zu 46), kommen wir nun dazu, daß 64 % der Urkunden Ludwigs des Frommen mit Monogramm versehen waren. Das gemahnt uns, sich immer der Verzerrungen durch die Zufälligkeiten der Überlieferung bewußt zu bleiben.

Als letztes graphisches Symbol in den Originalen Ludwigs des Frommen ist das *Subskriptions-* oder *Rekognitionszeichen* zu nennen. Das oft Bienenkorb (frz. ruche) genannte komplexe graphische Gebilde geht auf die zeichenähnlich gestaltete Kürzung SS für subscripsi zurück[202].

Rekognitionszeichen in den Originalen Ludwigs des Frommen

1 RZ	2 RZ	kein RZ	kein Befund
94	1	2	4

In fast allen Urkunden begegnet uns also dieses Zeichen. Die beiden Ausnahmen sind bereits oben abgehandelt, der Brief M^2 774 und das Mandat M^2 924. Somit gibt es keine Diplome im engeren Sinne ohne Rekognitionszeichen.

Die Gestaltung des Subskriptionszeichen beruht auf einer Tradition, die weit in die Merowingerzeit hineinreicht. Sein Aufbau spiegelt wider, was Helmut Roth als allgemeines, durchgehendes Merkmal der germanischen Stile der Völkerwanderungszeit herausstellen wollte: »... dann wird man als das eigentliche Agens dieser Stile das unablässige Reproduzieren, die ständige Wiederholung und Aneinanderreihung von Formen nennen müssen...«[203]. Nach diesem Prinzip, ansonsten

196 DD. KdG. 64, 78, 83, 84 (in beiden Ausfertigungen), 89, 90, 92, 95, 101, 103, 104, 107, 116, 118, 120, 121, 136, 139, 140, 144, 150, 166, 176, 181, 183, 189, 198, 208.

197 DD. KdG. 94 (beide Ausfertigungen), 122, 123, 147. Eine Ausnahme stellt allerdings das nur in der Koppschen Nachzeichung erhaltene D. KdG. 129 dar, dessen Corroboratio nur das Siegel ankündigt, das aber dennoch ein Monogramm trägt.

198 D. KdG. 69, 130, 131, 197, 206, 213, 218.

199 DD. KdG. 102, 216.

200 Vgl. D. KdG. 131, in dem ebenfalls eine Signum-Zeile radiert ist. Die Corroboratio *de anulo nostro subter sigellavimus* läßt kein Handmal erwarten.

201 KEHR, DD. ex stirpe Karol. I (wie Anm. 9), S. XXVIII–XXIX; TESSIER, DD. Ch. le Ch. III (wie Anm. 9), S. 177–178.

202 GIRY, Manuel (wie Anm. 42), S. 593–595, S. 790; TESSIER, Diplomatique (wie Anm. 27), S. 96; SCHLÖGL, Unterfertigung (wie Anm. 67), S. 10; SAUPE, Unterfertigung (wie Anm. 36), S. 51. Ähnlich wie das Rekognitionszeichen kaum noch an SS erinnert, entfernte sich die graphische Gestaltung des *legimus* in der byzantinischen Herrscherurkunde immer mehr von ihrer ursprünglichen Form, vgl. Franz DÖLGER, Der Kodikellos des Christodulos in Palermo. Ein bisher unerkannter Typus der byzantinischen Kaiserurkunde, in: DERS., Byzantinische Diplomatik. 20 Aufsätze zum Urkundenwesen der Byzantiner, Ettal 1956, S. 1–74, hier S. 20 sowie Tafel I–IV.

203 Helmut ROTH, Kunst der Völkerwanderungszeit, Frankfurt a. M.–Berlin–Wien 1979 (Propyläen Kunstgeschichte. Supplementband IV), S. 84. Diese Tendenz ist in den Rekognitionszeichen klar auszumachen. Da sie ornamentale Gebilde sind, ist die Nähe zur bildenden Kunst eher auszumachen als in anderen Bereichen, vgl. etwa GÖTZE, Litterae Elongatae (wie Anm. 18), S. 31–34 mit dem Versuch, Parallelen zwischen architektonischer Wandgliederung und Urkundengestaltung zu ziehen.

aber augenscheinlich nicht in engerer Verbindung zur Ornamentik von Handschriften und Erzeugnissen des Kunstgewerbes, sind die Subskriptionszeichen der Karolingerzeit gestaltet; man muß von einer autochthonen Urkundentradition sprechen. Sie wirken feierlicher, klarer, organischer als die wirren Strichgebilde der Merowingerzeit[204]. Ausgehend von der et-Ligatur wird die Umrißlinie des Bienenkorbes gezogen, die dann in Höhe der Rekognitionszeile in eine horizontale Schleifenreihe übergeht. Der Zeichner füllt dann den so geschaffenen Grundkörper mit verschiedenen waagerecht angeordneten Elementen, mit weiteren Schlingenreihen, mit Aneinanderreihungen notenschlüsselartiger Zeichen oder Zickzacklinien. Ähnliche Figurengruppen setzt er auch unter die den Bienenkorb abschließende Schlingenreihe. Je nach Anzahl der im Bienenkorb vorhandenen waagerechten Reihen spreche ich von doppel-, drei- oder mehrstöckigen Subskriptionszeichen. Teilweise werden rechts vom Bienenkorb weitere Elemente angeordnet, die in der Regel in horizontale Striche auslaufen. Diese Züge verziert der Schreiber nochmals mit einzelnen, schwungvollen Strichgebilden. Zwischen die waagerechten Elemente, sie manchmal überschneidend, werden dann tironische Noten gesetzt. So entwickelt sich in vielen Einzelstrichen ein graphisch sinnvoll zusammengesetztes Gebilde, das in klare Elemente aufgelöst werden kann. Der Verdeutlichung dienen die beigefügten Nachzeichnungen der Subskriptionszeichen des Durandus und des Hirminmaris (Abb. 33–34)[205]. Ob die Schlingengebilde, Schnörkel und Spiralen der Subskriptionszeichen dem Zweck dienten, den »zauberhaft geheimnisvollen Charakter des Diploms [zu] erhöhen«, wie es Fichtenau andeutet, ob sie apotropäische Funktionen hatten, bleibe dahingestellt; unwahrscheinlich ist es nicht[206].

Betrachten wir nun die Subskriptionszeichen der einzelnen Rekognoszenten. Die von *Adalulfus* unterfertigten Urkunden tragen beide steife, vierstöckige Rekognitionszeichen, die nur leicht in den Besatzelementen variieren (Abb. 35)[207].

Bartholomeus benutzte zwei verschiedene Chrismen, ebenso sieht es bei den Subskriptionszeichen aus. Während er sich bei M^2 985 (Abb. 36) einer zweistöckigen Zeichnung bedient, ist es bei M^2 987 (Abb. 37) eine vierstöckige. Beide unterscheiden sich auch völlig in der graphischen Ausgestaltung[208].

Beide von *Daniel* unterfertigten Originale tragen ein sehr sauber gezogenes, bemüht wirkendes fünfstöckiges Rekognitionszeichen (Abb. 38), das von dem seines Lehrers Hirminmaris abgeleitet ist, indem für die oberen drei Etagen mit dem Vorbild identische, wenn auch etwas anders proportionierte Zeichenreihen benutzt werden. Er dehnt den zweiten und setzt den dritten Stock, den Hirminmaris auf Höhe der Rekognitionszeile anlegt, unter diese und drängt ihn vertikal zusammen. Für die beiden unteren Stockwerke löst er sich vom Vorbild[209].

Für *Durandus* hat sich die größte Zahl von Originalen, nämlich 41 Stücke, erhalten, doch fallen zwei davon für unseren Vergleich aus. Wieder sind für die ersten Urkunden kleinere Abweichungen festzustellen. M^2 533 zeigt schon das ausgebildete, typische dreistöckige Rekognitionszeichen des Durandus (Abb. 39),

204 Nach Durchsicht der Chartae Latinae Antiquiores. Ich verzichte hier auf Einzelbelege und verweise global auf den Beitrag von Hartmut Atsma und Jean Vezin in diesem Band. Vgl. zur Ornamentik Roth, Kunst der Völkerwanderungszeit (wie Anm. 203); Bernhard Bischoff, Paläographie des römischen Altertums und des abendländischen Mittelalters, Berlin [2]1986 (Grundlagen der Germanistik 24), S. 257–258, S. 272–274. Die äußere Gestalt der Subskriptionszeichen scheint in der Karolingerzeit ebenso wie die Schrift nach Gesichtspunkten von Ordnung und Harmonie organisiert worden zu sein, vgl. Bischoff, Paläographie S. 151–160. Obwohl die Subskriptionszeichen eine genuine Entwicklung des Urkundenwesens sind, sei daran erinnert, daß zeitlich parallel in der Buchkunst individuelle Schreiberornamente am Schluß von Handschriften sich durchsetzen: Carl Nordenfalk, Die spätantiken Zierbuchstaben, Stockholm 1970 (Die Bücherornamentik der Spätantike 2), S. 97–116.

205 Leider war es aus technischen Gründen nicht möglich, farbige Umzeichnungen der Subskriptionszeichen beizulegen, die die Einzelelemente deutlich voneinander abheben, gleichzeitig aber den organischen Zusammenhang zeigen.

206 Fichtenau, Mensch und Schrift (wie Anm. 19), S. 109–111, Zitat S. 109. Solche Deutungen wurden für die Ornamentik frühmittelalterlicher Handschriften, besonders aus dem insularen Bereich, immer wieder diskutiert, vgl. ebenda S. 141–142; Carl Nordenfalk, Insulare Buchmalerei. Illuminierte Handschriften der Britischen Inseln 600–800, München 1977 (Die großen Handschriften der Welt), S. 22; Otto Mazal, Buchkunst der Romanik (Buchkunst im Wandel der Zeiten 2), Graz 1978, S. 71. Vgl. allg. zur Deutung von Ornamentik Günter Bandmann, Ikonologie des Ornaments und der Dekoration, in: Jahrbuch für Ästhetik und allgemeine Kunstwissenschaft 4 (1958–1959), S. 232–258, hier S. 232–249.

207 Paris, AN K 9 n° 3[1] (M^2 846) und K 9 n° 1[1] (M^2 847). Faksimile: M^2 846 Lot, Lauer, II,1 Pl. XV Louis le Pieux 15; M^2 847 ebd. XXIV Louis le Pieux 24.

208 M^2 985, Faksimile: Bruckner, Diplomata Karolinorum (wie Anm. 55), Nr. 14; M^2 987: StA Marburg R I a Fulda 839 Feb. 17. Das Subskriptionszeichen der dritten Urkunde, die von Bartholomeus rekognosziert wurde, dem nur kopial überlieferten M^2 978 im Kemptener Chartular, entspricht – wie beim Chrismon – dem von M^2 987 (BHStA München Fürststift Kempten Münchner Bestand Lit. Nr. 231, f. 62[v]).

209 M^2 963: Faksimile bei Lot, Lauer, Diplomata Karolinorum II[2] (wie Anm. 52), Pl. XLVIII Louis le Pieux 48; M^2 994: GLA Karlsruhe A 7.

doch haben die rechts die Zeichenreihungen abschließenden in Zickzacklinien auslaufenden L-förmigen Gebilde nicht, wie später, ein Bäuchlein, sondern sind gebrochen[210]. Sowohl bei M^2 533 als auch in dem darauf folgenden M^2 548 werden die untersten Schlingengebilde im Bienenkorb nicht mit runden Schlaufen, sondern mit Zacken angesetzt. Außerdem fehlen M^2 548 die normalerweise rechts vom Umriß in Höhe der Rekognitionszeile an die 8-Schlingenreihe gesetzten Schlingengebilde[211]. Die übrigen Diplome tragen dann weitgehend identische Zeichnungen (Abb. 40, vgl. auch Abb. 33)[212].

Das einzige von *Faramundus* stammende Subskriptionszeichen ist dreistöckig und fällt ins Auge, da sich die Umrißlinie entgegen sonstiger Gewohnheit nicht aus der et-Ligatur entwickelt (Abb. 41)[213].

Während *Glorius* seine Chrismen stark variieren ließ, entsprechen sich seine dreistöckigen Rekognitionszeichen in den beiden von ihm unterfertigten Urkunden, nur daß die Zeichnung bei M^2 997 (Abb. 42) sehr viel breiter angelegt ist und rechts des Bienenkorbes noch eine Reihe von kleinen von unten links angeschwungenen Schlingen hat, die in langen Rundhaken auslaufen[214].

Im Prinzip entsprechen sich auch die vierstöckigen Subskriptionszeichen des *Gundulfus* auf M^2 715, 721 (Abb. 43) und 735 (Abb. 44), allerdings fehlt M^2 735 ein L-förmiger Bestandteil rechts über der et-Ligatur, dessen Basisstrich oberhalb der Rekognitionszeile durch den Bienenkorb geht, statt dessen setzt die obere 8-Schlingenreihe weiter links außerhalb des Innenraumes an. Überdies trägt M^2 735 keine kleine 8-Schlingenreihe, wie sie bei M^2 715 unter dem t der et-Ligatur steht, bei M^2 721 hingegen als unterster, fünfter Stock angesprochen werden kann (Abb. 43). Zudem sind bei M^2 735 die einzelnen Bestandteile des untersten Stocks nicht miteinander verbunden, während sie bei M^2 715 und 721 durch spitze Unterlängen ligiert sind[215].

Zwei Urkunden *Helisachars* fallen für die Bearbeitung aus. M^2 519 ist ein Fragment und ihm fehlen die entsprechenden Teile[216]. Von seinem Subskriptionszeichen auf M^2 703 stand mir leider keine Abbildung zur Verfügung. In den übrigen sechs Urkunden weichen die stets dreistöckigen Subskriptionszeichen – wie schon die Chrismen – massiv voneinander ab. Nur drei Diplome weisen nahezu identische Zeichnungen auf (Abb. 45)[217]. Ein viertes, das als Nachzeichnung verdächtige M^2 521 (Abb. 46), kommt zwar dieser Gestaltung sehr nahe, doch drängt sich der Eindruck auf, hier habe ein Kopist gearbeitet, der besonders im oberen und unteren Stock zwar versucht, das Aussehen des Originals wiederzugeben, das Bildungsprinzip aber nicht verstanden hat. Statt der von unten links mit einem Zacken angeschwungenen Schlinge, die in einem langen Strich links schräg nach unten ausläuft, malt er 8-Schlingen, denen er durch einfache Striche Unterlängen ansetzt[218]. Völlig anders und miteinander nicht übereinstimmend sind M^2 538 (Abb. 47) und 551 (Abb. 48) gestaltet[219]. Bezeichnenderweise sind es die beiden Urkunden, deren Chrismen bereits von den übrigen Stücken des Helisachar abwichen. Eugen Meyer hielt M^2 551 abweichend von älteren Meinungen für ein Original. Interessanterweise wird hier im Rekognitionszeichen – leicht abgewandelt und um das Unterteil reduziert – das Chrismon vom Anfang der Urkunde wiederholt. Möglicherweise ist das ein Hinweis darauf, daß die Rekognition nicht eigenhändig ist. Eugen Meyer erwog, daß auch die Rekognition von der Hand stammen könnte, von der der Rest der Urkunde geschrieben wurde, und in der Tat gibt es keinen auffälligen Tintenunterschied zwischen dem Kontext, der Signum- und der Rekognitionszeile. Wieder bleibt die Frage bis zur Vorlage einer gründlichen paläographischen Analyse offen. Natürlich kann es sich um eine Zweitausfertigung handeln, doch ist das Subskriptionszeichen sauber und routiniert gezogen, ohne sich er-

210 M^2 533: BHStA München Kaiserselekt 6.

211 M^2 533: BHStA München Kaiserselekt 6; M^2 548: BN Paris Ms. lat. 8837f. 3^v.

212 M^2 598: BHStA München Kaiserselekt 7; 601; 605; 606; 612; 613: StA Marburg R I a Fulda 816 Mai 2; 617: AN Paris K 8 n° 3^2; 618: AN Paris K 8 n° 3^3; 623; 624; 627; 639; 648; 655; 687; 689; 700; 705; 711: BHStA München Kaiserselekt 8; 727: AN Paris K 8 n° 8; 729: ebd. K 8 n° 10; 734; 750; 756: BN Paris Ms. lat. 8837f. 13^r; 767: BHStA München Kaiserselekt 10; 768: ebd. Kaiserselekt 11; 773; 796; 831; 833. M^2 803: AN Paris K 9 n° 9 ist verstümmelt, doch entspricht dem üblichen Bild. Kleinere Abweichungen im Ansatz der untersten Schlingenreihe zeigen M^2 640 (Faksimile: Diplomi imperiale e reali (wie Anm. 142) T. III) und M^2 662 (Faksimile: Bruckner, Diplomata Karolinorum (wie Anm. 55) 7). – Für den Vergleich fallen aus: M^2 626 (nur fragmentarisch erhalten) und M^2 791 (AN Paris K 8 n° 11^2) (kaum noch mehr als die et-Ligatur).

213 AN Paris K 9 n° 3^3.

214 M^2 986: AN Paris K 9 n° 10; 997: StA Münster KU 11.

215 M^2 715; M^2 721: Kopp, Schrifttafel 21; M^2 735: Bruckner, Diplomata Karolinorum (wie Anm. 55), T. 9. Leider konnte ich kein von Gundulfus rekognosziertes Stück im Original einsehen.

216 M^2 519: Lot, Lauer, DD. Karol. II,2 Pl. XXIX Louis le Pieux 29.

217 529; 552: AN Paris K 8 n° 4; M^2 582.

218 M^2 521: HStA Stuttgart H 51 Kaiserselekt Nr. 2.

219 M^2 538: AN Paris K 8 n° 1^a; M^2 551: ebd. K 8 n° 2.

kennbar an eine mögliche Vorlage zu halten[220]. Ziehen wir M^2 538 hinzu, dessen graphische Symbole ebenfalls aus dem gewohnten Bild fielen, bei dem ebenfalls Einwände gegen die Eigenhändigkeit der Rekognition vorgebracht wurden, das aber als Original gilt, so wäre zu überlegen, ob Helisachar nicht andere Personen mit der Unterfertigung der beiden Diplome in seinem Namen beauftragte – eine Vorstufe des gänzlichen Verschwindens eigenhändiger Rekognitionen durch die Kanzleivorsteher seit Fridugisus, dem Nachfolger Helisachars im Amte[221].

Hirminmaris unterfertigte alle 28 erhaltenen Originale mit identischen Rekognitionszeichen (Abb. 49, vgl. auch Abb. 34). Die beiden ersten Diplome allerdings weichen dadurch von den späteren Stücken ab, daß sie nicht vier-, sondern nur dreistöckig sind. Ihnen fehlt noch die später obligatorische Reihe der von links unten angeschwungenen Schlingen, die in einen nach schräg links unten gezogenen Strich auslaufen, der wiederum, eine Spitze bildend, nach oben auf die Höhe der Schlinge geführt wird und von dem aus dann nach einem Knick das nächste Element angesetzt wird[222].

Joseph unterfertigte nur M^2 603 (Abb. 3), allerdings gleich mit zwei Subskriptionszeichen. Oben wurden bereits gewisse Vorbehalte gegen die Originalität dieses Stückes angeführt. Neben der erwähnten seltsamen Position der Zeichen erscheint auch ihre Gestaltung suspekt. Die beiden Subskriptionszeichen entsprechen nicht dem üblichen Aufbau. Sie sind nicht sinnvoll aufgebaut, sondern versuchen nur, in etwa die optische Wirkung üblicher Symbole zu imitieren. Die Umrißlinien der Bienenkörbe stehen isoliert da (nur beim ersten Zeichen ist wenigstens die et-Ligatur in der Nähe, wenn auch zu hoch). Sie wird von fünf senkrechten Strichen geschnitten, die unterhalb jeweils in von unten links angeschwungenen Schlingen, die in einem langen Strich links schräg nach unten auslaufen, enden. Die Zwischenräume der Striche im Bienenkorb werden durch Zierat gefüllt, der an tironische Noten erinnert. Leicht schräg ziehen sich von links nach rechts zwei wie eine liegende 6 mit großer Oberlänge gestaltete Striche über das Zeichen, die rechts wiederum von je einer kleineren 6-Schlinge geschnitten werden. Kleine spiegelverkehrte S-Striche schließen sich an[223].

Meginarius variierte zwar bei den Chrismen, seine dreistöckigen Rekognitionszeichen aber sind in allen sechs Fällen identisch (Abb. 50)[224].

In der einzigen vorliegenden Urkunde benutzt *Sigibertus* ein dreistöckiges Subskriptionszeichen (Abb. 51), dessen kleine, kompakte und unten durch einen horizontalen Strich abgeschlossene Form ihre Pendants eher in den Nachfolgekanzleien als in der Ludwigs findet[225].

Wie im Falle der Chrismen benutzen die Notare, die aus der Kanzlei Ludwigs des Frommen in die seiner Nachfolger wechselten, ihr individuelles Rekognitionszeichen auch unter ihren neuen Herren. So entspricht das Subskriptionszeichen des Notars Glorius auf D. Loth. I 55 ganz dem von M^2 997, und Meginarius beglaubigt die Urkunden für Karl den Kahlen mit demselben Zeichen wie die fünf Originale, die er unter Ludwig unterfertigte[226].

Faßt man also die Ergebnisse zusammen, so benutzen die Notare mit Ausnahme des Bartholomeus weitgehend identische Rekognitionszeichen. Für Helisachar gibt es neben seinem üblichen, individuellen Zeichen noch weitere, was möglicherweise mit seiner Stellung als Kanzleivorsteher und der Delegation der Rekognition zusammenhängt. Die Notare halten sich beim Subskriptionszeichen noch enger an den ihnen eigenen Typ als beim Chrismon, die Bandbreite der Variationen ist viel geringer.

Schon Sickel bemerkte, das Subskriptionszeichen habe »bei ein und demselben Schreiber eine im wesentlichen gleiche Gestalt«[227], man kann es daher mit Fug und Recht als individuelles Zeichen des Rekognoszenten bezeichnen. Auch hier schließt die Praxis unter Ludwig I. an eine in die Merowingerzeit zurückreichende Tradition an[228]. Trotz seines unbestritten individuellen Charakters können beim Rekognitionszeichen gewisse Abweichungen vom Ideal auftauchen – es

220 M^2 551: AN Paris K 8 n° 2.

221 Vgl. Sickel, Urkundenlehre (wie Anm. 16), S. 92–93; Bresslau, Handbuch 1 (wie Anm. 30), S. 375.

222 Dreistöckig: M^2 746: AN Paris K 8 n° 11^1; 747: AN Paris K 8 n° 12^1. Vierstöckig: 753: StA Münster KU 3; 781: HStA Stuttgart, H 51 Kaiserselekt Nr. 3; 804: AN Paris K 8 n° 12^2; 816; 845; 849; 875; 890; 894; 897; 905: AN Paris K 9 n° 6; 918: AN Paris K 9 n° 8^1; 920: StA Münster KU 6; 921: BHStA München Kaiserselekt 15; 922: StA Münster KU 7; 927: ebd. KU 9; 929: BHStA München Kaiserselekt 17; 931; 949; 952; 954: StA Marburg R I a Fulda 836 Feb. 4; 967; 971: BHStA München Kaiserselekt 21; 977: StA Münster KU 10; 991: GLA Karlsruhe A 6; 993: BHStA München Kaiserselekt 22.

223 GLA Karlsruhe A 5.

224 M^2 844: AN Paris K 9 n° 4; 872; 923: StA Münster KU 8; 925; 1006; 1007: BHStA München Kaiserselekt 23.

225 M^2 740: BHStA München Kaiserselekt 9.

226 Zu den Faksimilia vgl. Anm. 91 und 94.

227 Sickel, Beiträge I (wie Anm. 31), S. 342; vgl. Ders., Urkundenlehre (wie Anm. 16), S. 321.

228 Kehr, DD. ex stirpe Karol. I (wie Anm. 9), S. XXX; Tessier, Diplomatique (wie Anm. 27), S. 96. Zur merowingischen Tradition Levillain, Souscription (wie Anm. 68), S. 91, S. 93.

ist ebensowenig immer absolut gleich, wie es das Chrismon in gleicher Funktion war[229]. Vor allem die Zahl der Einzelelemente innerhalb der Zeichenreihen schwankt ungemein. Wie schon für das individuell-feste Chrismon beobachtet, schwächt sich die strikte Einhaltung der geltenden Regeln und das starre Festhalten an den »persönlichen« Symbolen in den Nachfolgekanzleien ab, unter Ludwig dem Deutschen schwindet die Eindeutigkeit des Rekognitionszeichens, die Notare benutzen verschiedene Typen[230]. Dasselbe gilt für die Gebräuche unter Karl dem Kahlen[231].

In vielen der Urkunden begegnen *tironische Noten*, meist im oder am Rekognitionszeichen, aber auch am Kontextende[232]. Sie sind ein tachygraphisches System, keine graphischen Symbole. Daher wurde von vornherein von ihrer Bearbeitung abgesehen. Für die diplomatische Erforschung der Zeit Ludwigs des Frommen sind sie von höchster Bedeutung, da sie Einblicke in die Kanzleitätigkeit ermöglichen, vor allem aber, da die *Formulae Imperiales* des Ms. lat. 2718 der Bibliothèque Nationale in Paris in Tironischen Noten überliefert sind. Diese Sammlung ist für 10,6 % der Urkunden Ludwigs des Frommen die älteste und für 9,3 % sogar die einzige Überlieferung, somit der größte zusammenhängende Überlieferungskomplex[233]. Der in Arbeit befindlichen Edition wird sich die Frage einer Neulesung der Noten in den Urkunden und den Formulae Imperiales stellen.

Graphische Symbole in der kopialen Überlieferung

Zwar ging die Behandlung der graphischen Symbole in den Urkunden Ludwigs des Frommen von den Originalen aus, doch sollte sie nicht dort stehenbleiben. Zum einen gilt es, das vorhandene abschriftliche Material auf Zeichen durchzusehen, die in den Originalen nicht enthalten sind. Bei der Betrachtung der Überlieferungssituation wurde bereits herausgestellt, daß nicht einmal ein Fünftel der auf uns gekommenen Urkunden in Originalform vorliegt. Um so notwendiger ist es, die Abschriften zu mustern. Bedingt durch die Überlieferungssituation ist es möglich, daß uns die Originale nur einen willkürlichen, bestimmte Elemente nicht erfassenden Ausschnitt dessen, was einmal da war, zeigen. Zum andern bietet sich die Durchsicht der kopialen Überlieferung der Originale an. Im vorangegangenen Abschnitt wurde ja festgestellt, welche graphischen Symbole an welchen Stellen und in welcher Form in den Diplomen aufscheinen. Auf dieser Basis kann nun überprüft werden, welche dieser Zeichen von den Kopisten übernommen wurden. Die Auswahl der dargestellten Symbole und die Form, in der sie kopiert werden, erlaubt in manchen Fällen Schlüsse auf die Art und Weise, in der der Kopist und seine Zeit die Zeichen gesehen haben. Somit wird über die kopiale Überlieferung die Rezeption der graphischen Symbole faßbar[234].

Zunächst soll es also um graphische Symbole gehen, die sich allein in der kopialen Überlieferung finden. Von besonderer Wichtigkeit ist dabei die *+legimus+*-Unterschrift (Abb. 52), die in einer Abschrift von M^2 988 aus dem 17. Jahrhundert auf uns gekommen ist[235]. Für diese Form der Unterfertigung in den Urkunden Ludwigs des Frommen und Karls des Kahlen dürfen sicher byzantinische Vorbilder angenommen werden, deren Erstrezeption bereits in die Zeit Karls des Großen fällt[236]. Das von besonderen Kanzleibeamten am Schluß des Urkundentextes in roter Farbe gezeichnete *legimus* stammte aus der spätrömischen Kanzleipraxis[237] und wurde als bewußter Ausdruck der Kontinuität in der byzantinischen Kaiserurkunde, in Privi-

229 So schon Sickel, Urkundenlehre (wie Anm. 16), S. 336.

230 Comeatus und Hadebert variieren in der Ausschmückung, behalten aber die Grundform bei; der Gelegenheitsschreiber Walto benutzt dagegen unterschiedliche Typen. Kehr, Schreiber (wie Anm. 49), S. 31, S. 58, S. 68.

231 Vgl. etwa zu Jonas Lot, Lauer, Tessier, Diplomata Karolinorum III Pl. II, Ch. le Ch. 2; Pl. III, Ch. le Ch. 3; Pl. IV, Ch. le Ch. 4; Pl. V, Ch. le Ch. 5; Pl. VI, Ch. le Ch. 6; Pl. IX, Ch. le Ch. 9; Pl. X, Ch. le Ch. 10; Pl. XII, Ch. le Ch. 12; Pl. XIII, Ch. le Ch. 13; Pl. XXI, Ch. le Ch. 20; Pl. XXII, Ch. le Ch. 21; Pl. XXIII, Ch. le Ch. 22; Pl. XXVIII, Ch. le Ch. 27; Pl. XXX, Ch. le Ch. 29; zu Gislebertus ebd. Pl. XXV, Ch. le Ch. 24; Pl. XXVI, Ch. le Ch. 25; Pl. XXVII, Ch. le Ch. 26; Pl. XXIX, Ch. le Ch. 28; Pl. XXXI, Ch. le Ch. 30; Pl. XXXVII, Ch. le Ch. 35; Pl. XXXVIII, Ch. le Ch. 36; Pl. XXXIX, Ch. le Ch. 37.

232 Vgl. Bresslau, Handbuch 2 (wie Anm. 33), S. 543–544. Vgl. zu den Tironischen Noten Bischoff, Paläographie (wie Anm. 204), S. 110–112.

233 Zu den Noten in den Urkunden Tangl, Tironische Noten (wie Anm. 48), S. 303–329. Zu den Formulae Imperiales: Formulae Merowingici et Karolini Aevi. Accedunt Ordines Iudiciorum Dei, bearb. v. Karl Zeumer, Hannover 1886 (MGH legum sectio V. Formulae), S. 285–328. Die Lesungen Zeumers bedürfen dringend der Überprüfung. Eine Reihe von Urkundentypen sind nur durch die Formulae Imperiales überliefert, vgl. Johanek, Probleme (wie Anm. 1).

234 Für Siegelzeichnungen habe ich einen entsprechenden Versuch vorgelegt, vgl. Mark Mersiowsky, Siegelbelustigungen. Bemerkungen zu Nachzeichnungen der Siegel Ludwigs des Frommen, in: Festschrift für Peter Berghaus zum 70. Geburtstag, hg. v. Thorsten Albrecht, Antje Sander-Berke, Münster 1989, S. 65–75.

235 BN Paris Coll. Doat 66 f. 37^v (nach Photo benutzt); vgl. George Tessier, »Legimus«, in: Bibliothèque de l'école des chartes 97 (1936), S. 245–246.

legienurkunden wie Auslandsbriefen, gebraucht[238]. Bekanntlich ist die Überlieferung der byzantinischen Urkunden des Frühmittelalters mehr als dürftig, dies gilt besonders für die Originale[239]. Obwohl der berühmte Kaiserbrief von Saint-Denis das einzige in Urschrift erhaltene Beispiel solcher frühen Auslandsbriefe wie überhaupt byzantinischer Kaiserurkunden des Frühmittelalters ist, wird es deren mehrere im Frankenreich gegeben haben. Auf solche Urkunden mit Goldbulle und Unterzeichnung durch den *chartularios Theoktistos* gehen die Schriftzeichen auf den Urkunden Ludwigs I. und seines Sohnes Karl zurück[240].

Der *legimus*-Vermerk war neben der Metallbulle[241] das wesentliche Element des feierlichen karolingischen Privilegs. Leider hat sich kein einziges Original dieses Urkundentyps aus der Zeit Ludwigs des Frommen erhalten, wohl aber fünf von Karl dem Kahlen[242]. Da die Gepflogenheiten betreffs der feierlichen Diplome unter Karl direkt auf die Usancen der Kanzlei Ludwigs des Frommen zurückgehen, ist über die Abzeichnung des *+legimus+* von M^2 988 und die noch vorhandenen Stücke Karls des Kahlen der Rückschluß auf die Verhältnisse unter Ludwig relativ einfach[243]. Durch Analyse der Corroborationes hat schon Harry Bresslau

236 Werner OHNSORGE, Legimus. Die von Byzanz übernommene Vollzugsform der Metallsiegeldiplome Karls des Großen, in: DERS., Abendland und Byzanz. Gesammelte Aufsätze zur Geschichte der byzantinisch-abendländischen Beziehungen und des Kaisertums, Weimar 1958, S. 50–63; Percy Ernst SCHRAMM, Legimus auf karolingischen Urkunden und die Kaiserbullen Karls des Großen und Ludwigs des Frommen, in: DERS., Herrschaftszeichen und Staatssymbolik. Beiträge zu ihrer Geschichte vom dritten bis zum sechzehnten Jahrhundert, Bd. 1, Stuttgart 1954 (Schriften der Monumenta Germaniae Historica 13/I), S. 297–302; Michael D. METZGER, The legimus subscription of Charles the Bald and the question of Byzantine influence, in: Viator 2 (1971), S. 53–58, hier S. 54.

237 Peter CLASSEN, Spätrömische Grundlagen mittelalterlicher Kanzleien, in: Ausgewählte Aufsätze von Peter Classen, hg. v. Josef FLECKENSTEIN, Sigmaringen 1983, S. 67–84, hier S. 76.

238 K. BRANDI, Der byzantinische Kaiserbrief aus St. Denis und die Schrift der frühmittelalterlichen Kanzleien. Diplomatisch-paläographische Untersuchungen zur Geschichte der Beziehungen zwischen Byzanz und dem Abendlande, vornehmlich in fränkischer Zeit, in: Archiv für Urkundenforschung 1 (1908), S. 5–86, hier S. 8–9, S. 39–42; DÖLGER, Kodikellos (wie Anm. 202), S. 13–14, S. 16–25; Franz DÖLGER, Die Kaiserurkunde der Byzantiner als Ausdruck ihrer politischen Anschauungen, in: DERS., Byzanz und die europäische Staatenwelt. Ausgewählte Vorträge und Aufsätze, Ettal 1953, S. 9–33, hier S. 19; OHNSORGE, Legimus (wie Anm. 236); SCHRAMM, Legimus (wie Anm. 236), S. 297–299; TESSIER, DD. Ch. le Ch. III (wie Anm. 9), S. 182–183; Franz DÖLGER, Die byzantinische und die mittelalterliche serbische Herrscherkanzlei, in: XIIe Congrès internationale des études byzantines. Ochride 1961. Rapports IV, Belgrade–Ochride 1961, S. 83–103, hier S. 84–88, S. 93–94; TESSIER, Diplomatique (wie Anm. 27), S. 93–94; Franz DÖLGER, Johannes KARAYANNOPULOS, Byzantinische Urkundenlehre. Erster Abschnitt: Die Kaiserurkunden, München 1968 (Byzantinisches Handbuch im Rahmen des Handbuchs der Altertumswissenschaft 3. Teil, 1. Bd., 1. Abschnitt = Handbuch der Altertumswissenschaft 12. Abt. 3. Teil, 1. Bd., 1. Abschnitt), S. 28–30, S. 34–36, S. 65–67, S. 91, S. 93–94; METZGER, Legimus (wie Anm. 236); CLASSEN, Grundlagen (wie Anm. 237), S. 82–83.

239 Nach Angaben der einschlägigen Regesten liegen bis 1025 nur 12 Originale und angebliche Originale vor, vgl. Regesten der Kaiserurkunden des oströmischen Reiches von 565–1453, bearb. v. Franz DÖLGER, 2. Teil: Regesten von 1025–1204, München–Berlin 1925 (Corpus der griechischen Urkunden des Mittelalters und der neueren Zeit. Reihe A: Regesten. Abt. I), Ndr. Hildesheim 1976, S. VI. Zur schlechten Überlieferung der Originale byzantinischer Kaiserurkunden allgemein BRANDI, Kaiserbrief (wie Anm. 238), S. 21–31; Regesten der Kaiserurkunden des oströmischen Reiches von 565–1453, bearb. v. Franz DÖLGER, 1. Teil: Regesten von 565–1025, München–Berlin 1924 (Corpus der griechischen Urkunden des Mittelalters und der neueren Zeit. Reihe A: Regesten. Abt. I), Ndr. Hildesheim 1976, S. XI; DÖLGER, Kodikellos (wie Anm. 202), S. 10, S. 65–74; Leo SANTIFALLER, Beiträge zur Geschichte der Beschreibstoffe im Mittelalter. Mit besonderer Berücksichtigung der päpstlichen Kanzlei. Erster Teil: Untersuchungen, Graz–Köln 1953 (Mitteilungen des Instituts für österreichische Geschichtsforschung. Ergänzungsband XVI, Heft 1), S. 29 Anm. 21, S. 53, S. 86–87, S. 129–132; DÖLGER, KARAYANNOPULOS, Urkundenlehre (wie Anm. 238), S. 25–26.

240 Vorlage: OHNSORGE, Legimus (wie Anm. 236), S. 58; METZGER, Legimus (wie Anm. 236), S. 57–58. Zum Kaiserbrief von Saint Denis H. OMONT, Lettre grecque sur papyrus émanée de la chancellerie impériale de Constantinople et conservée aux Archives Nationales, in: Revue Archéologique, 3eme série 19 (1892), S. 384–393; BRANDI, Kaiserbrief (wie Anm. 238); Werner OHNSORGE, Das Kaiserbündnis von 842–844 gegen die Sarazenen. Datum, Inhalt und politische Bedeutung des »Kaiserbriefes aus St. Denis«, in: Archiv für Diplomatik 1 (1955), S. 88–131, dazu die Rezension von Franz DÖLGER in: Byzantinische Zeitschrift 48 (1955), S. 467–470; Franz DÖLGER, Der Pariser Papyrus von St. Denis als ältestes Kreuzzugsdokument, in: DERS., Byzantinische Diplomatik. 20 Aufsätze zum Urkundenwesen der Byzantiner, Ettal 1956, S. 204–214; Documents imperiaux et royaux de l'Europe médiévale. Catalogue de l'exposition [Archives Nationales], Paris 1977, Nr. 1 (in die Zeit Ludwigs des Frommen datiert). Abbildung u. a. bei DÖLGER, KARAYANNOPULOS, Urkundenlehre (wie Anm. 238), Tafel 3.

241 Neben der Goldbulle gab es solche aus Blei, vgl. Jean-Yves MARIOTTE, Une bulle de plomb attribuée à Charles le chauve, in: Aus Geschichte und ihren Hilfswissenschaften. Festschrift für Walter Heinemeyer zum 65. Geburtstag, hg. v. Hermann BANNASCH, Hans-Peter LACHMANN, Marburg 1979 (Veröffentlichungen der Historischen Kommission für Hessen 40), S. 104–110. Zum byzantinischen Vorbild DÖLGER, KARAYANNOPULOS, Urkundenlehre (wie Anm. 238), S. 40–42.

242 DD Ch. le Ch. 338, 364, 378, 413, 425.

243 Vgl. zu den feierlichen Privilegien TESSIER, DD. Ch. le Ch. III (wie Anm. 9), S. 182–183; TESSIER, Diplomatique (wie Anm. 27), S. 93; METZGER, Legimus (wie Anm. 236), S. 53, S. 55; BAUTIER, Chancellerie (wie Anm. 2), S. 51–53. Zur Herleitung der Gepflogenheiten unter Karl dem Kahlen METZGER, Legimus (wie Anm. 236), S. 56, S. 58. Zur weiteren Traditon der Goldbullen vgl. Clovis BRUNEL, Les actes des rois de France scellés de sceau d'or, in: Mitteilungen des Instituts für österreichische Geschichtsforschung 42 (1954), S. 112–120.

acht Urkunden Ludwigs des Frommen nachweisen können, die mit großer Wahrscheinlichkeit einst Metallbullen trugen[244]. Ohne Zweifel gab es, wenn auch nicht allzu häufig, *legimus*-Diplome unter Ludwig I., die in ihrer äußeren Aufmachung denen seines Sohnes Karl geglichen haben dürften. Das *legimus* wird dabei nach byzantinischem Vorbild in roter Tinte ausgeführt worden sein[245]. M^2 988 gehörte zum Typ der feierlichen Diplome und dürfte mit einer Metallbulle besiegelt gewesen sein. Bekanntlich kennen wir eine Goldbulle Ludwigs des Frommen durch eine Nachzeichnung, die schon Mabillon reproduzierte[246]. Mit guten Gründen wird dieses Siegel nicht mehr M^2 629, sondern M^2 896 zugeschrieben[247]. Bei M^2 896 wie $M^2$988 wird die Bulle in der Corroboratio ausdrücklich angekündigt: *manu propria eam subscripsimus et de bulla nostra subter sigillari iussimus*[248] bzw. *more nostro eam subterscribere et de bulla nostra iussimus assignari*[249]. Der wesentlichste Unterschied besteht in der Formulierung über die Unterfertigung. In $M^2$896 wird mit den Worten *manu propria eam subscripsimus* eine durchaus gebräuchliche Fassung der Corroboratio benutzt, denken wir nur an die in den Originalen belegten Varianten *manu propria eidem subscripsimus*[250], *manu reverentiae nostrae illud subscripsimus*[251] oder *manu propria subscripsimus*[252]. Und wie in all diesen Fällen war mit dieser Corroboratio auch bei $M^2$896 ein Monogramm verbunden[253]. Für M^2 988 hingegen heißt es *more nostro eam subterscribere*, eine Formulierung, die in den erhaltenen Originalen nicht nachzuweisen ist. Daher liegt die Vermutung nahe, es handele sich um eine zur Ankündigung des *legimus* benutzte Fassung[254]. In einer nur in den Formulae Imperiales überlieferten Urkunde für den Juden Abraham aus Zaragoza lautet die Corroboratio: *more nostro eam subscribere et de bulla nostra iussimus sigillare*[255], entspricht also fast ganz der von M^2 988, die ebenfalls für jüdische Empfänger, Gaudiocus und seine Söhne, ausgestellt wurde. Bekanntlich ist in einem Brief Agobards von Lyon von Juden die Rede, die ihm mit Goldbullen besiegelte Urkunden Ludwigs des Frommen vorlegten[256]. Somit ist für das der Kopie in den Formulae Imperiales zugrundeliegende Original die Besiegelung mit einer Metallbulle und eine *legimus*-Unterschrift anzunehmen. Gleiches gilt für eine Urkunde für Gorze: *more nostro subter scribere et de bulla nostra iussimus sigillari*[257]. In anderen gleichfalls nur kopial auf uns gekommenen Stücken begegnen ähnlich gefaßte Formeln[258], so für M^2 592: *more nostro eam subter scribere et de bulla nostra iussimus sigillari*[259]. Aufgrund der Corroboratio müßte man ein *legimus* erwarten, doch die an der Wende vom 11. zum 12. Jahrhundert entstandene Abschrift von M^2 592 im Regestum Farfense trägt ein Monogramm[260]. Nun gilt

244 Harry BRESSLAU, Zur Lehre von den Siegeln der Karolinger und Ottonen, in: Archiv für Urkundenforschung 1 (1908), S. 355–370: M^2 579, 592, 732, 842, 896, 909, 988, FI 52; vgl. Anton EITEL, Ueber Blei- und Goldbullen im Mittelalter. Ihre Herleitung und ihre erste Verbreitung, Freiburg i.B. 1912, S. 40–45.

245 METZGER, Legimus (wie Anm. 236), S. 55. Zum byzantinischen Vorbild und anderweitiger Nachahmungen DÖLGER, Kodikellos (wie Anm. 202), S. 13–14, S. 16; DÖLGER, KARAYANNOPULOS, Urkundenlehre (wie Anm. 238), S. 28–30, Abbildungen ebd. Tafel 3.

246 BN Paris Coll. Baluze 76 f. 28ʳ (von mir nicht im Original eingesehen). Abb. u. a. bei Percy Ernst SCHRAMM, Die deutschen Kaiser und Könige in Bildern ihrer Zeit. Neuauflage unter Mitarbeit von Peter BERGHAUS, Nikolaus GUSSONE, Florentine MÜTHERICH, hg. v. Florentine MÜTHERICH, München 1983 S. 288, Abb. 14 c-d. Vgl. bes. zur Frage, zu welcher Urkunde diese Bulle gehörte: L. DE GRANDMAISON, Les bulles d'or de Saint-Martin de Tours, in: Mélanges Julien Havet. Recueil de travaux d'érudition dédiés a la mémoire de Julien Havet (1853–1893), Paris 1895, Ndr. Genève 1972, S. 111–129; MÜHLBACHER, Regesten (wie Anm. 2), S. 263–264 (unter M^2 629); Georges TESSIER, Les diplômes carolingiens du chartrier de Saint-Martin de Tours, in: Mélanges d'histoire du Moyen Age dédiés à la mémoire de Louis Halphen, Paris 1951, S. 683–691, bes. S. 687; TESSIER, Diplomatique (wie Anm. 27), S. 81.

247 GRANDMAISON, Bulles (wie Anm. 246), S. 117–118; TESSIER, Chartrier (wie Anm. 246), S. 686–687, bes. S. 687 Anm. 2.

248 M^2 896.

249 M^2 988.

250 M^2 781.

251 M^2 985.

252 M^2 529, 538, 750.

253 Die Urkunde ist nur in vier Abschriften des 17. und 18. Jahrhunderts überliefert. Die Signumzeile ist enthalten in den Abschriften des 17. Jahrhunderts in der Bibliothèque Nationale, Paris, Coll. Baluze vol. 76 f. 22ᵛ und des 18. Jahrhunderts in den Archives Nationales, Paris, K 186 nº 12. Das Exemplar Archives Nationales, Paris, K 186 nº 12 enthält sogar eine relativ korrekte Abzeichnung des Monogramms (von mir nicht im Original eingesehen).

254 Damit läge das Kriterium für die *legimus*-Unterfertigung nicht mehr allein bei der Verwendung von *subterscribere* oder *subterfirmare*, wie SCHRAMM, Legimus (wie Anm. 236), S. 299 annahm, sondern im Gebrauch einer ganzen Formel.

255 M^2 807 = F.I. 52, ed. ZEUMER, (wie Anm. 233), S. 325 Z. 31.

256 BRESSLAU, Siegel (wie Anm. 244), S. 363–365.

257 M^2 732.

258 Außer Betracht bleiben kann die Fälschung M^2 587: *manu propria subtus firmavimus et bullarum nostrarum impressionibus insigniri fecimus*; vgl. dazu Ernst MÜLLER, Beiträge zu Urkunden Ludwigs des Frommen, in: Neues Archiv 40,1 (1915), S. 377–397, hier S. 379–388.

259 M^2 592.

260 Im Registrum Farfense, Biblioteca Vaticana, Rom, Cod. Vat. lat. 8487 f. 102ʳ steht unter der Corroboratio eine Signum-Zeile mit korrektem Monogramm, während sie im Chronicon Farfense, Nationalbibliothek, Rom, Ms. 297 (Cod. Farf. n. 1) f. 58ʳ fehlt (nicht im Original eingesehen).

das monumentale Werk des Gregor von Catino[261] gemeinhin als sehr zuverlässig, obwohl Gregor seine Vorlagen bearbeitete und korrigierte, so daß wir den Befund aus der kopialen Überlieferung nicht einfach übergehen oder gar emendieren können[262]. Es liegt nahe, zunächst einmal die übrigen bei Gregor abgeschriebenen Urkunden zum Vergleich heranzuziehen. Nach den Corroborationes sind für acht im Registrum Farfense überlieferte Urkunden Ludwigs des Frommen Monogramme anzunehmen, und in allen Fällen sind sie dargestellt[263]. Den Formeln nach dürften die Originale von M^2 659, 718 und 766 dagegen nicht vom Kaiser unterfertigt worden sein. Bei M^2 718 und 766 entspricht der Befund im Regestum Farfense den Erwartungen, die Monogramme fehlen[264]. Dagegen finden wir für M^2 659 eine Signum-Zeile mit Monogramm, allerdings an unüblicher Stelle hinter der Rekognitionszeile, während in den übrigen Abschriften die Reihenfolge Signum-Zeile – Rekognition stets beachtet wurde[265]. Hier unterlief Gregor also offensichtlich ein Fehler. Natürlich bestünde auch die Möglichkeit, daß das Monogramm bereits in seiner Vorlage nachgetragen wurde – eine nicht unübliche Praxis. Es ist aufgrund der Befunde schwer zu entscheiden, ob wir bei der Frage nach dem Monogramm von M^2 659 Gregor von Catino eine freie Behandlung seiner Vorlage unterstellen müssen, oder ob wir ihm soweit vertrauen, daß wir das bei den Originalen gewonnene Bild relativieren[266].

Nochmals seien zum Vergleich die entsprechenden Stücke Karls des Kahlen herangezogen. Alle im Original erhaltenen *legimus*-Urkunden Karls des Kahlen tragen neben dem *legimus* zusätzlich das Monogramm und eine Rekognitionszeile[267]. Auch M^2 592 weist eine regelgerechte Signum-Zeile sowie die Subskription des Durandus auf. Im Band 66 der Collection Doat, der die einzige Überlieferung für M^2 988 ist, sind mehrere Urkunden für La Grasse enthalten, und in zwei Texten ein und derselben Urkunde ist das Eschatokoll verstümmelt[268]. So ist nicht unwahrscheinlich, daß das Original von M^2 988 – wie die Urkunden Karls des Kahlen – neben dem in der Collection Doat abgezeichneten *legimus* noch ein Monogramm trug. Damit wiederum ließe sich der Befund im Regestum Farfense erklären: Das Original von M^2 592 war mit Monogramm, Metallbulle und *legimus* versehen, und Gregor von Catino übernahm in gewohnt getreuer Art das Monogramm in seine Abschrift. Für das Urkundenwesen Ludwigs des Frommen hieße das, daß wir mit zwei Formen feierlicher Privilegien zu rechnen haben: einer mit Metallbulle besiegelten und mit dem Handmal unterfertigten Gruppe, der M^2 896 und M^2 579[269] angehören, und einer in der Ausstattung noch einmal erhöhten Gruppe von Diplomen, die nämlich überdies ein *legimus* trugen[270]. Hierzu dürften M^2 592, 732, 807 und 988 zu zählen sein. Das gleichzeitige Erscheinen von Monogramm und *legimus* spiegelt sich in der vermutlich echten Vorlage für die Corroboratio einer

261 Vgl. zu Gregor Herbert ZIELINSKI, Art. »Farfa« in: Lexikon des Mittelalters, Bd. 4, Lieferung 2, München–Zürich 1987, S. 295–297; DERS., Art. »Gregor v. Catino« in: ebd., Lieferung 8, München–Zürich 1989, Sp. 1682; Theo KÖLZER, Codex libertatis. Überlegungen zur Funktion des »Regestum Farfense« und anderer Klosterchartulare, in: Atti del 9° Congresso internazionale di studi sull'alto medioevo 2, Spoleto 1983, S. 609–653, hier S. 611–618.

262 Nur ein einziges Original aus dem von Gregor bearbeiteten Fonds ist auf uns gekommen. Zur Einschätzung des Regestum vgl. Carlrichard BRÜHL, Studien zu den langobardischen Königsurkunden, Tübingen 1970 (Bibliothek des Deutschen Historischen Instituts in Rom 32), S. 106–108; DERS., Chronologie und Urkunden der Herzöge von Spoleto im 8. Jahrhundert, in: Quellen und Forschungen aus italienischen Archiven und Bibliotheken 51 (1971), S. 1–92, hier S. 11–14; Herbert ZIELINSKI, Studien zu den spoletinischen »Privaturkunden« des 8. Jahrhunderts und ihrer Überlieferung im Regestum Farfense, Tübingen 1972 (Bibliothek des Deutschen Historischen Instituts in Rom Bd. XXXIX), S. 29–112; Wilhelm KURZE, Zur Kopiertätigkeit Gregors von Catino, in: Quellen und Forschungen aus italienischen Archiven und Bibliotheken 53 (1973), S. 407–456; seine Ansichten mit Verve zurückgewiesen von Herbert ZIELINSKI, Gregor von Catino und das Regestum Farfense, in: Quellen und Forschungen aus italienischen Archiven und Bibliotheken 55/56 (1976), S. 361–404, hier S. 375–401; Carlrichard BRÜHL, Die Urkunden der Langobarden. Überlieferung und Probleme, in: Jahrbuch für Internationale Germanistik 11 (1979), S. 93–99, hier S. 98–99. Vgl. zur Funktion textlicher Veränderungen bei der Anfertigung von Chartularen KÖLZER, Codex libertatis (wie Anm. 261), S. 641–642.

263 Regestum Farfense: f. 101^r M^2 591, f. 104^r M^2 619, f. 109^r M^2 664, f. 109^v M^2 665, f. 113^v M^2 716, f. 111^r und f. 112^v M^2 717, f. 113^v M^2 719, f. 121^r M^2 865.

264 Regestum Farfense: f. 111^v M^2 718, f. 119^r M^2 766.

265 Regestum Farfense, f. 108^v.

266 Auch die von Lothar I. ausgefertigte Urkunde mit Bulle (D. Loth. I. 51) ist im Regestum Farfense mit Monogramm dargestellt, obwohl die Corroboratio nach dem Vorbild von M^2 592 *more nostro eam supter scribere* lautet.

267 Ähnliches ist entgegen OHNSORGE, Legimus (wie Anm. 236), S. 52–53 für die Urkunden Ludwigs des Frommen anzunehmen.

268 BN Paris, Coll. Doat 66. M^2 547: f. 13^v ohne Signum- und Rekognitionszeile, f. 18^r hingegen zwar mit Signum-Zeile und Monogramm, aber ohne Rekognitionszeile. M^2 548 f. 22^r korrekt wiedergegeben. M^2 872: f. 28^r korrekt wiedergegeben. M^2 907: f. 30^r korrekt wiedergegeben (nicht im Original eingesehen).

269 M^2 579: *manu propria subter firmavimus et bulle nostre impressione signari iussimus.*

270 Die Zweiteilung der Urkunden mit Goldbullen nach OHNSORGE, Legimus (wie Anm. 236), S. 51–52 (Typ A: ohne Signum- und Rekognitionszeile, stattdessen *legimus;* Typ B: Signum- und Rekognitionszeile, ohne *legimus*) scheint mir nach den vorgestellten Überlegungen nicht tragfähig zu sein.

Fälschung für Saint Medard – Soisson, wo es heißt *manu propria subter firmavimus et more nostro suscribere ac de bulla nostra sigillari iussimus*[271] und wohl auch in einer unverdächtigen Urkunde für Saint Martin in Tours: *manu propria subter eam firmavimus et more nostro signaculo bullae nostrae adsignari iussimus*[272]. Diese beiden Urkunden wird man zur Gruppe der *legimus*-Urkunden zurechnen müssen.

Die Frage, wer das *legimus* zeichnete, muß damit neu gestellt werden. Ohnsorge vermutete aufgrund seiner Typisierung der Goldbullenurkunden, der Vermerk sei – in Parallele zur byzantinischen Praxis – vom Kanzler eingetragen worden. Er stützt diese Annahme damit, daß den entsprechenden Urkunden die Rekognition fehle, an deren Stelle eben das *legimus* trete[273]. Legt man hingegen die oben ausgeführten Gruppierungen zugrunde, gelangt man zu anderen Ergebnissen. Die meisten Urkunden der feierlichsten Gruppe sind verstümmelt überliefert, wie sich ja schon im Fehlen der *legimus*-Unterschrift bemerkbar macht. So fehlt bei M² 807, wie bei den übrigen Stücken der Formulae Imperiales, das gesamte Eschatokoll, gleiches gilt für M² 732, für das weder Subskriptionen noch Data-Zeile überliefert sind. Auch M² 988 scheint unvollständig auf uns gekommen zu sein. Hingegen tragen sowohl M² 909 als auch M² 592 Signum- und Rekognitionszeile. Somit muß der Schluß Ohnsorges verworfen werden; das *legimus* kann ebensogut vom Rekognoszenten aufgemalt worden sein. Ausgehend von den Untersuchungen zur Ankündigung des Monogramms in den Corroborationes konnte vermutet werden, daß unter Ludwig dem Frommen auch das *legimus* gesondert vermerkt wurde. Unter Karl dem Kahlen allerdings läßt sich diese Beobachtung nicht mehr machen; wie bei anderen Gepflogenheiten beachtete seine Kanzlei etwaige Regeln weniger strikt[274].

Es gilt nun, die kopiale Überlieferung graphischer Symbole allgemein zu untersuchen. Die bereits vorgestellte Übersicht über die Zeichen in den Urkunden Ludwigs des Frommen wurde zu diesem Zweck mit den im Editionsapparat dokumentierten handschriftlichen Textzeugen verglichen. Hierbei können sich lediglich Tendenzen abzeichnen, da die Erfassung weiterer Textzeugen der als Originale vorliegenden Urkunden große Lücken aufweist[275]. Für 31 Originale ist keine kopiale Überlieferung verzeichnet, für weitere elf Urkunden zwar aufgenommen, aber nicht im Apparat durch Photos belegt. Die restlichen Stücke liegen z.T. mehrfach vor. Die Mehrzahl der Abschriften übernimmt keines der graphischen Symbole. Von 106 zu berücksichtigenden Überlieferungen wird in fast der Hälfte aller Fälle, nämlich 52 mal, nur der reine Text wiedergegeben. Das am häufigsten aufgegriffene graphische Merkmal ist das Monogramm, es wird 33mal abgezeichnet. Zwölfmal finden sich oft vereinfachte Rekognitionszeichen, neunmal Chrismen. Daß das Monogramm in viel stärkerem Maße aufgenommen wurde, hängt natürlich mit seiner einfachen, klaren graphischen Struktur zusammen – der Arbeitsaufwand beim Kopieren war relativ gering. Andererseits wurde oben bereits die besondere Bedeutung des Monogramms hervorgehoben, die sich in seiner häufigen Aufnahme in den Kopien widerspiegelt. Das Subskriptionszeichen war graphisch viel komplizierter aufgebaut und entsprechend schwerer zu kopieren. Auch die Verfertiger angeblicher Originale scheinen mit diesen komplexen Zeichen ihre Schwierigkeiten gehabt zu haben, so setzt der Fälscher von M² 595 über sein mißlungenes Subskriptionszeichen lieber das es verdeckende Siegel[276].

Die Bedeutung des Monogramms zeigt sich nicht nur darin, daß es das am häufigsten kopierte graphische Symbol, sondern auch darin, daß es das einzige durch Verunechtung hinzugefügte Zeichen ist. Von den beiden Originalen, auf denen später Monogramm und Signum-Zeile eingetragen wurden, war bereits die Rede[277]. Von den nach ihrer Corroboratio nur mit Rekognitionszeile versehenen 132 Diplomen sind für

271 M² 842. Vgl. zur Echtheit der Vorlage Mühlbacher, Regesten (wie Anm. 2), M² 842 S. 330; Ernst Müller, Die Nithard-Interpolation und die Urkunden- und Legendenfälschungen im St. Medardus-Kloster bei Soissons, in: Neues Archiv 34 (1908), S. 681–722, hier S. 704–705.

272 M² 909.

273 Ohnsorge, Legimus (wie Anm. 236), S. 52–53, S. 57.

274 D. Ch. le Ch. 338: *manus nostrae conscriptione subter eam firmavimus...* (Recueil des Actes de Charles II le Chauve Roi de France commencé par Arthur Giry, continué par Maurice Prou, terminé et publié sous la direction de Ferdinand Lot et Clovis Brunel par Georges Tessier, Bd. II (861–877), Paris 1952, S. 254); D. Ch. le Ch. 364: *manu propria eam subter firmavimus* (ebd. S. 315); D. Ch. le Ch. 378: *manu nostra propria eam firmavimus* (ebd. S. 346); D. Ch. le Ch. 413: *manu propria subter f[irmavimus]* (ebd. S. 426); D. Ch. le Ch. 425: *manu propria subter firmavimus* (ebd. S. 454). Vgl. dazu Tessier, DD. Ch. le Ch. III (wie Anm. 9), S. 172–176.

275 Dies ist z.T. in den Bearbeitungsprinzipien Eugen Meyers begründet, denn zunehmend nahm er in den Fällen, wo Originale erhalten waren, keine weitere, auch mittelalterliche Überlieferung mehr auf. Durch die schlechte Materialbasis bedingt, mußte von zeitlichen Differenzierungen abgesehen werden.

276 BN Paris Ms. lat. 8837f. 7ᵛ.

277 M² 949 und 994.

17 Stücke, also 12,9 %, dennoch Monogramme und/oder Signum-Zeilen überliefert[278]. Auf den beiden Originalen können diese Passagen mit paläographischen Methoden als spätere Hinzufügungen identifiziert werden. Als angebliche Originale fallen weiterhin M^2 595 und M^2 992 von vorn herein heraus. Von der Zeichnung und/oder dem Wortlaut der königlichen Unterfertigung zunächst unverdächtig sind M^2 583[279], 659[280], 707[281] 759[282], 765, 858[283], 889[284], 969[285]. Allein die auf den ersten Blick nicht zu beanstandende Signum-Zeile[286] ohne Abbildung des Monogramms hat sich bei M^2 686[287] erhalten. Nicht dem Kanzleibrauch entsprechen der Wortlaut folgender Signum-Zeilen: M^2 726: *Signum Hludouuici gloriosi regis*; M^2 878: *Signum im (M.) peratoris. Signum Lotharii filii eius*, zudem verbunden mit einem frei erfundenen, auf Kreuzform aufbauenden Ludwigsmonogramm[288]. Die in zwei Handschriften überlieferte Form des Monogrammes von M^2 568[289] ist nicht korrekt, das O steht hier fälschlicherweise auf dem H-Balken. Sehr viel stärker fällt M^2 944 aus dem Rahmen, hier wurde wieder ein Ludwigs-Monogramm auf Kreuzbasis ersonnen[290]. Von 17 zur Diskussion stehenden Urkunden kann man also bei acht von ihnen Einwände gegen die Echtheit der Signum-Zeile erheben. Für die restlichen neun Urkunden kann nicht entschieden werden, ob die formal korrekten Zeilen spätere Einschübe sind; das Beispiel von M^2 949 zeigt, daß man bei der Verunechtung durch Hinzufügen einer Signum-Zeile durchaus den korrekten Wortlaut und die richtige Monogramm-Form wählte. Eine weitere Beobachtung sei noch angefügt. Wie wir oben gesehen haben, wurde bei M^2 922 die Signum-Zeile von der Kanzlei getilgt. Das hinderte aber den Kopisten des 10. Jahrhunderts keineswegs, Monogramm und Signum-Zeile in seine Abschrift zu übernehmen[291]. Es kann also nicht entschieden werden, ob die nur kopial überlieferten Signum-Zeilen der betreffenden Stücke nachträgliche Interpolationen, eigentlich radierte Stellen oder wirklich Bestandteil des Urkundentextes waren. Somit bleibt die bei der Betrachtung der Originale zu konstatierende Regelmäßigkeit unerschüttert. Hingegen bleibt festzuhalten, daß es mehrere Urkunden gab, die zunächst keine Monogramme trugen und nachträglich durch Hinzufügung solcher verunechtet wurden. Besonders eindrucksvoll läßt sich diese Tendenz an folgendem Beispiel nachvollziehen. Nachdem die Originalurkunde M^2 952 interpoliert worden war, fertigte man noch eine Nachzeichnung, nach Mühlbacher von der Hand des Interpolators, an. Diese versah man mit einem Monogramm, obwohl das Original kein solches trägt. Dieses Monogramm dürfte eine freie Erfindung sein, denn es ist auf der Kreuzform aufgebaut[292].

278 Auf den beiden Originalen M^2 949 und 994 sowie in der kopialen Überlieferung für M^2 568, 583, 595, 659, 686, 707, 726, 759, 765, 858, 878, 889, 944, 969, 992. Bei M^2 940 scheint die Signum-Zeile nicht aus der handschriftlichen Überlieferung zu stammen, sondern dürfte eine Zutat des Editors sein (d'Abadal, Catalunya Carolíngia II, 1 (wie Anm. 195), S. 248).

279 Wobei für Vienne mehrere mit Monogramm und Signum-Zeile versehene Diplome Ludwigs des Frommen, die als Vorbilder gedient haben könnten, erhalten sind: M^2 570, 602, 884, 885.

280 Rom, Biblioteca Apostolica Vaticana Cod. Vat. lat. 8487 f. 108ᵛ, vgl. oben die Überlegungen zu diesem Stück bei der Betrachtung des *legimus*.

281 Für das korrekt wiedergegebene Monogramm kann z. B. das im Original erhaltene M^2 606 als Vorbild gedient haben.

282 Hier fehlt einem Großteil der Überlieferung allerdings die gesamte Signum-Zeile, vgl. d'Abadal, Catalunya Carolíngia II, 1 (wie Anm. 195), S. 47 Anm. 51, Stemma S. 45.

283 Allerdings sind die Abzeichnungen des Monogramms in BN Paris Coll. Anjou-Touraine vol. 1 f. 37ᵛ und ebenda, Coll. Moreau vol. 284 f. 2ʳ fehlerhaft, da sie unterhalb des H-Querbalkens ein L statt des i tragen (beide nicht im Original eingesehen). Vorbild mag M^2 634 gewesen sein.

284 Vgl. aber weiter unten die Ausführungen zum Kemptener Chartular.

285 Für Aniane gab es eine ganze Reihe von Diplomen mit Monogramm: M^2 522, 524, 580, 706, 714, 752, 970. Normalerweise gibt das Cartularium Anianense (Montpellier, Archives de l'Hérault) allerdings Urkunden ohne Monogramm auch ohne ein solches wieder: M^2 523, 574, 728, 758, 794, 943.

286 Vgl. dazu Sickel, Urkundenlehre (wie Anm. 16), S. 280, S. 283–284.

287 Als Vorbild kann das ebenfalls für Maguelone ausgefertigte M^2 685 gedient haben.

288 BN Paris Ms. lat. 4997 f. 42ᵛ.

289 BN Paris Ms. lat. 17709 p. 135; Carpentras, Bibliothèque Inguimbertine Ms. 1791 f. 440ʳ (von mir nicht im Original eingesehen).

290 BN Paris Ms. n. a. lat. 1676 f. 8ᵛ.

291 Monogramm und Signumzeile finden sich in roter Farbe unter der Abschrift von M^2 922 im Corveyer Chartular: StA Münster Msc. VII 5201 S. 286.

292 Vgl. M^2 952 S. 386. Faksimilia bei Bruckner, Diplomata Karolinorum (wie Anm. 55): Verunechtetes Original Nr. 12, Nachzeichnung des 10. Jahrhunderts Nr. 13. Das einzige echte Monogramm Ludwigs des Frommen in Kreuzform auf M^2 516 ist anders aufgebaut. Bei M^2 952 steht am Ende des oberen Kreuzarmes H; am unteren L, an dessen Schaft angelehnt D; oberhalb des Schnittpunktes der Achsen O, über dem Schnittpunkt eingeschrieben W; am Ende des linken Kreuzarmes C; am rechten Ende S. Ein Vorbild läßt sich in den erhaltenen Karolingerurkunden für Chur (Bruckner, Diplomata Karolinorum (wie Anm. 55), Nr. 3, 11, 16, 17, 24; II Nr. 35; III Nr. 84, 85) nicht ausmachen. Es ist die Frage, ob man letzteres, wie es Mühlbacher, Bruckner und Meyer taten, wirklich als bloße Nachzeichnung bezeichnen sollte, oder ob man angesichts der archaisierenden Schrift, der Hinzufügung eines Monogramms und eines Siegels, von dem noch der Kreuzschlitz und die Verfärbung des Pergaments zeugen, nicht eher von einem angeblichen Original sprechen sollte.

Bezeichnenderweise ist es meist das Monogramm, das interpoliert wurde. Das Monogramm eignete sich in besonderer Weise als Träger monarchischer Propaganda[293], ja als Herrschaftszeichen, und es wurde oben festgestellt, daß diesem Tatbestand von der Kanzlei Rechnung getragen wurde. Es war im Idealfall graphisch einfach aufgebaut, hatte hohe Symbolkraft, da sich für den Eingeweihten die graphische Form in den Namen des Kaisers verwandelte. So verwundert es nicht, daß spätere Zeichen dem scheinbaren Manko ihrer Urkunde, dem Fehlen von Monogramm und Signum-Zeile, begegneten, indem sie solche interpolierten[294].

Diese Beobachtungen belegen, daß spätere Zeiten durchaus Vorstellungen vom »richtigen« Aussehen einer Urkunde hatten, und daß sich diese Vorstellungen, wie Urkunden aussehen müssen, um volle Rechtskraft zu haben, auf das Kopierverhalten auswirkten. Selbstverständlich hing es vom jeweiligen Einzelfall ab, welche Symbole bei Abschriften übernommen, welche Veränderungen vorgenommen wurden. Das häufigste Verfahren war wohl, die symbolische Invokation im Protokoll wie Eschatokoll auszulassen[295]. Häufig wird das Eschatokoll sogar um die ganze Rekognitionszeile gekürzt. Das Vorgehen des Codex Eberhardi z. B. entspricht ganz dem üblichen Bild. Die Urkunden werden mit einer Initiale eingeleitet, Chrismen und die Rekognitionszeile fehlen, nur das Monogramm wird deutlich wiedergegeben[296]. Diese Tradition läßt sich bis in den Druck verfolgen. Viele Urkundenbücher des 18. und frühen 19. Jahrhunderts etwa druckten Zeichnungen der Monogramme mit ab. Texte in Urkundenform werden in Texte in Buchform transferiert, wobei urkundentypische Zeichen meist herausfallen. Ab und zu wird noch die Elongata kopiert, oft aber durch buchgemäße Auszeichnungsschriften ersetzt.

Es gab aber auch den entgegengesetzten Fall. Das Kemptener Chartular vom Ende des 11. oder dem Beginn des 12. Jahrhunderts[297] enthält eine ganze Reihe von Urkunden Ludwigs des Frommen und gibt sie im Regelfall mit graphischen Symbolen wieder[298].

Kopierverhalten im Kemptener Chartular

M^2	Chr. Anf.	Chr. Rek.	RZ	Monogramm
582*	korrekt	falsch	erfunden	korrekt
883*	fehlt	rel. korrekt	Grundprinzip korrekt	korrekt
889	fehlt	korrekt	erfunden	korrekt[299]
899	fehlt	korrekt	Grundprinzip korrekt	fehlt
921*	erfunden	korrekt	Grundprinzip korrekt	korrekt[300]
929*	erfunden	korrekt	Grundprinzip korrekt	erfunden[301]
978	fehlt	korrekt[302]	Grundprinzip korrekt[304]	fehlerhaft[303]
990	vorhanden	fehlt	Grundprinzip korrekt	korrekt
998	erfunden	korrekt	erfunden	korrekt

* Original liegt vor.

293 Fichtenau, Propaganda (wie Anm. 18), S. 29.

294 Selbstverständlich ist diese Tendenz nicht allein auf die Urkunden Ludwigs des Frommen beschränkt, vgl. etwa D LD 131 im Prümer Codex Aureus, DD. ex stirpe Karol. (wie Anm. 9), S. 182–183.

295 Parallele Beobachtungen wurden bei anderen Beständen gemacht. Für die spoletinischen Privaturkunden stellte Zielinski heraus, daß Abschriften des 8. und frühen 9. Jahrhunderts bereits zu einem Drittel die symbolische Invokation ausfallen lassen: Zielinski, Gregor von Catino und das Regestum Farfense (wie Anm. 262), S. 387, bes. Anm. 60.

296 Otto Konrad Roller, Eberhard von Fulda und seine Urkundenkopien, Kassel 1901 (= Verein für hessische Geschichte und Landeskunde. Zeitschrift, Neue Folge, XIII. Supplement), S. 12, S. 43–46.

297 Kehr, DD. ex stirpe Karol. I (wie Anm. 9), S. 278. Ins 11. Jahrhundert setzt sie noch Die Urkunden der deutschen Könige und Kaiser 6: Die Urkunden Heinrichs IV., 3. Teil, bearb. v. Alfred Gawlik, Hannover 1978, S. 779. Die jüngste im Kemptener Chartular (BHStA München Fürststift Kempten. Münchner Bestand Lit. Nr. 231) enthaltene Urkunde ist D H. IV. †282 (f. 28r-30r), das Chartular entstand also nach 1076 Apr. 4. Das angebliche Original zeigt keine äußere Ähnlichkeit mit dem Kopiar, besonders bezüglich des Subskriptionszeichens, daß auf dem angeblichen Original als wirres Schleifengewimmel dargestellt ist (BHStA München Kaiserselekt 881).

298 BHStA München Fürststift Kempten. Münchner Bestand Lit. Nr. 231 f. 11v-13v M^2 998, f. 30r-33v M^2 582, f. 33v-36r M^2 921, f. 36r-40r M^2 929, f. 40r-43v M^2 883, f. 43v-47r M^2 990, f. 56v-58v M^2 889, f. 58v-62v M^2 978, f. 68r-72r M^2 899. Die Besonderheiten der Wiedergabe graphischer Symbole stellte schon Sickel heraus, vgl. Sickel, Urkundenlehre (wie Anm. 16), S. 378.

299 Da *manu propria*-Vermerk in der Corroboratio fehlt, wäre eigentlich kein Monogramm zu erwarten.

300 Monogramm im Kopiar vorhanden, obwohl es im Original fehlt: BHStA München Kaiserselekt 15.

301 Im Original kein Monogramm: BHStA München Kaiserselekt Nr. 17.

302 Variante 2 (wie M^2 987) des Chrismon des Bartholomeus.

303 Nach der Corroboratio wäre kein Monogramm zu erwarten, zudem ist es fehlerhaft gezeichnet: das I fehlt.

304 Entspricht ebenfalls Variante 2 (M^2 987) des Bartholomeus.

Zwar gibt das Kemptener Chartular des häufigeren die graphischen Symbole relativ korrekt wieder, oft genug aber gestaltet es sie völlig frei. Während die Chrismen und Monogramme meist gut getroffen sind, überfordert die komplizierte und der Zeit nicht mehr geläufige Form der Subskriptionszeichen den Nachzeichner sichtlich. Besonders ins Auge fallen aber die Hinzufügungen. M^2 921 und 929 fehlt im Original ein Chrismon vor der Invocatio. In beiden Fällen erfindet der Kopist ein solches, und zwar nach ihm bekannten Vorbildern. Beide Chrismen sind nach den Prinzipien des erst nach Ludwigs Tod entwickelten Hebarhardschen Chrismons gebildet, das der Kemptener Schreiber von einem Großteil der ihm vorliegenden Exemplare kannte (Abb. 53)[305]. Noch häufiger läßt sich dieses Verfahren bei den Monogrammen beobachten. In zwei Fällen kann anhand der Urschriften festgestellt werden, daß die Vorlagen kein Monogramm trugen, in zwei weiteren muß dies aufgrund der Corroboratio angenommen werden. Zwei der so ergänzten Monogramme sind richtig wiedergegeben, die beiden anderen jedoch nicht (vgl. Abb. 54)[306]. Der Kemptener Kopist hatte also klare Vorstellungen, wie eine Urkunde auszusehen hatte, und sein inneres Bild zog er teilweise sogar dem Originalbefund vor.

Nur am Rande sei angemerkt, daß in der kopialen Überlieferung auch das Siegelbild als graphisches Merkmal, wenn nicht gar als Symbol aufgefaßt wurde[307].

Es ist allgemein bekannt, daß Mandate und Briefe selten im Original erhalten sind. Natürlich hängt das – wie oft angeführt – mit ihrer geringeren rechtlichen Relevanz zusammen. Da nach Betrachtung der Rezeption der graphischen Symbole in der kopialen Überlieferung mehrfach erkennbar wurde, daß spätere Zeiten konkrete Vorstellungen vom »richtigen« Aussehen einer Urkunde hatten, kommt noch ein weiterer Faktor ins Spiel. Die nicht mehr diesen Ansprüchen genügende äußere Ausstattung dieser Schriftstücke kann hier nachteilig gewirkt haben. Briefen und Mandaten fehlten alle wichtigen Elemente: die graphischen Symbole, vor allem aber das Siegel und das Monogramm[308].

Zusammenfassung

Graphische Symbole in den Urkunden Ludwigs des Frommen dienten ganz verschiedenen Zwecken. Im pragmatischen Gebrauch waren sie Echtheitszeichen, individuelles Merkmal des Rekognoszenten. Daneben müssen sie, ganz im Sinne ihres Symbolcharakters, als Sinnträger angesehen werden. Sie waren Herrschaftszeichen, Vehikel monarchischer Propaganda. Sie hoben als Auszierung das Kaiserwort aus der alltäglichen Sphäre heraus, steigerten die Ehrfurcht vor dem geschriebenen Text und umhüllten ihn mit einer Aura von Feierlichkeit, die leicht an wohl allgemein verbreitete magische Vorstellungen[309] anknüpfen konnte. Wie Ludwig für sein Amt die Rückbindung an die göttliche Herrschaft suchte, so spiegelt sich dies im kleinen wider, auch im Beurkundungsprozeß – durch die Chrismen im Text. Die graphischen Symbole wirken zusammen mit Schrift, dem gesamten Layout, sie rücken die Urkunde in eine feierlich-sakrale Sphäre[310]. Gerade diese besondere Sphäre dürfte – zumindest für die Empfänger oder späteren Betrachter der Urkunden – einen Gutteil der Wirkung ausgemacht und die Sicherheit der in dem Schriftstück niedergelegten Rechtstitel mit garantiert haben[311].

Die Benutzung graphischer Symbole im geschriebenen Text der Diplome erinnert in manchem an den Gebrauch von Gebärden beim gesprochenen Wort, vor allem in der Liturgie. Beide ergänzen und erweitern das Wirkungsspektrum, treten als selbständiger Sinnträger neben andere Medien. Nach allem, was wir wissen, wurden Urkunden oft verlesen, rezitiert, und es ist

305 BHStA München Fürststift Kempten. Münchner Bestand Lit. Nr. 231 f. 33^{v}, 36^{v}.

306 BHStA München Fürststift Kempten. Münchner Bestand Lit. Nr. 231 f. 36^{r}: M^2 921, korrekt; f. 39^{v}: M^2 929, falsch; f. 58^{r}: M^2 889, korrekt; f. 62^{r} M^2 978, falsch.

307 Vgl. dazu Mersiowsky, Siegelbelustigungen (wie Anm. 234).

308 Opll, Mandat (wie Anm. 29), S. 308; Peter Johanek, Zur rechtlichen Funktion von Traditionsnotiz, Traditionsbuch und früher Siegelurkunde, in: Recht und Schrift im Mittelalter, hg. v. Peter Classen, Sigmaringen 1977 (Vorträge und Forschungen 23), S. 131–162, hier S. 139. Zur Rolle des äußeren Erscheinungsbildes als Echtheitskriterium im Mittelalter vgl. Winfrid Trusen, Zur Urkundenlehre der mittelalterlichen Jurisprudenz, in: Recht und Schrift im Mittelalter, hg. v. Peter Classen, Sigmaringen 1977 (Vorträge und Forschungen 23), S. 197–219, hier S. 206, S. 218. Parallele Erscheinungen gibt es im Bereich der Privaturkunden. Die wenig sorgfältig, vor allem nicht urkundenmäßig gestalteten Traditionsnotizen des frühen und hohen Mittelalters sind nur in Ausnahmefällen in ihrer ursprünglichen Gestalt überliefert. Spätestens mit der Durchsetzung der Siegelurkunde verloren die originalen Traditionsnotizen völlig an Bedeutung und gingen meist verloren, vgl. Johanek, Funktion S. 145–159.

309 Vgl. Raoul Manselli, Simbolismo e magia nell'alto medioevo, in: Simboli e simbologia nell'alto medioevo 1, Spoleto 1976 (Settimane di studio del Centro italiano di studi sull'alto medioevo 23), S. 293–329, hier S. 324–329.

310 Vgl. Fichtenau, Mensch und Schrift (wie Anm. 19), S. 109–111. Skeptisch dagegen Grierson, Symbolism (wie Anm. 42), S. 603–606.

311 Vgl. zu ähnlichen Vorgängen bei Privaturkunden: Fichtenau, Urkundenwesen (wie Anm. 26), S. 58–64, S. 67.

anzunehmen, daß dies in feierlicher Weise geschah. Die Rechtssprache ist stets in gewissem Grade feierlich. Sie steht, besonders im Frühmittelalter, dem verbalen Ausdruck in Magie und Sakralsphäre nahe. Die Sprache der Diplome selbst erinnert in ihrem häufig starken Formalismus an Liturgie[312]. Und wie in der Liturgie und der Magie zum gesprochen-gesungenen Wort symbolische Gesten treten[313], so ergänzen symbolische Zeichen den geschriebenen Text[314].

Formal stehen die graphischen Symbole der Originalurkunden in der Spannung zwischen Normierung und freier, ornamentaler Gestaltung. Ihre Stellung zwischen diesen Polen wird durch ihre Funktion bestimmt. Das Monogramm als Verkörperung des Herrschers, als Herrschaftszeichen ist am stärksten standardisiert; das Rekognitionszeichen und das Rekognitionschrismon sind als sinnfälliger Ausdruck der wiederzuerkennenden Individualität eines Notars personal normiert, doch unterscheiden sich die Zeichen der einzelnen Notare; offensichtlich galt der exakten Gestaltung des komplexeren Rekognitionszeichens mehr Augenmerk, denn die Bandbreite der Variation von Zeichen ein und desselben Rekognoszenten ist beim Chrismon erkennbar größer. Dem Anfangschrismon dagegen fehlten solche Hintergründe, die Schmuckfunktion dominierte, es konnte am freiesten variiert werden. Die unterschiedlich starke Normierung der Zeichen legt einen weiteren Schluß nahe. Die Funktion des graphischen Symboles wird nicht nur durch seinen Sinngehalt, seine eigentliche Bedeutung, bestimmt, sondern ist kontextabhängig. Mit der Stelle, an der ein graphische Symbol in der Urkunde steht, wandelt sich seine Funktion. Je nach Position kann es einem bestimmten Schritt des Beurkundungsprozesses zugeordnet werden. Die sich wandelnde Funktion schlägt sich in der äußeren Gestaltung nieder. Untersuchungen dürfen diese Zusammenhänge nicht von vornherein zerstören, indem sie das Zeichen isolieren und somit einen Teil seines Gehaltes ignorieren[315].

Gewandelte Vorstellungen von der Funktion der graphischen Symbole wirken sich auf ihre äußere Gestaltung aus. Seit Ludwig dem Deutschen wird die Rekognitionszeile immer häufiger nicht mehr vom Rekognoszenten eingetragen, sondern vom Kontextschreiber. Mit der Eigenhändigkeit schwindet ihre Bedeutung als eigenständiger Rechtsakt, die Rekognitionszeile wird zur bloßen Formel, die man aus Gründen der Tradition mitschleppt, obwohl ihr eigentlicher Sinngehalt verloren ist[316]. Diese Wandlung im Charakter schlägt auf die äußere Gestaltung durch: die graphischen Symbole, die noch in der eigenhändigen Unterfertigung des Rekognoszenten der Kanzlei Ludwigs des Frommen als Identitätsmerkmale fungiert haben, verlieren diese Aufgabe, sie werden zu reinem Zierat und erstarren[317]. Spätere Zeiten sahen sie als überflüssige Schnörkel und kopierten sie deshalb nicht.

In der Kanzlei Ludwigs des Frommen übernahm oder entwickelte man verschiedene Regeln, die strikt eingehalten wurden: das feste, persönliche Rekognoszentenchrismon und sein Pendant, das konstante Subskriptionszeichen, das kanonische Monogramm, die Verklammerung von Corroboratio und Ausstattung mit Beglaubigungsmitteln. In vielem werden Traditionen aus der Zeit Karls des Großen fortgeführt. Dieses Ergebnis erstaunt nicht, hat Dickau doch ganz ähnliche Erscheinungen für das Diktat aufzeigen können und damit zumindest eine gewisse personale Kontinuität von der Schreibstube Karls zu der seines Sohnes wahrscheinlich gemacht[318]. In fast allen Fällen konnten sich die unter Ludwig konsequent beachteten Gebräuche in seinen Nachfolgekanzleien nicht halten; die Regelmäßigkeit wurde Ausnahme. Nur für das Monogramm hat sich ein wesentlicher Teil der ludowizianischen Praxis, das Beharren auf der kanonischen Form, durch-

312 Zur Verlesung schon FICKER, Beiträge 2 (wie Anm. 36), S. 100–107. Vgl. für Ludwig den Frommen das Mandat M² 924 für Bischof Baderad von Paderborn: *et ideo per has litteras nostras tibi praecipimus, ut tu illud praeceptum, quod sicut diximus eidem monasterio fecimus, adsumas et in praesentia eorunden comitum … relegi facias.* – Zur Sakralsprache und dem Verhältnis zu Urkunden vgl. Heinrich FICHTENAU, Bemerkungen zur rezitativischen Prosa des Hochmittelalters, in: Beiträge zur Mediävistik. Ausgewählte Aufsätze 1: Allgemeine Geschichte, Stuttgart 1975, S. 145–162, hier S. 145–152; DERS., Propaganda, S. 33; DERS., Lage (wie Anm. 5), S. 15; DILCHER, Paarformeln (wie Anm. 155), S. 32–33, S. 67–68.

313 Rudolf SUNTRUP, Die Bedeutung der liturgischen Gebärden und Bewegungen in lateinischen und deutschen Auslegungen des 9. bis 13. Jahrhunderts, München 1978 (Münstersche Mittelalter-Schriften 37), S. 24; Manfred GEIER, Die magische Kraft der Poesie. Zur Geschichte, Struktur und Funktion des Zauberspruchs, in: Deutsche Vierteljahrsschrift für Literaturwissenschaft und Geistesgeschichte 56 (1982), S. 359–385, hier S. 363–364.

314 Nur am Rande sei erwähnt, daß wir bei der Verlesung von Urkunden auch mit Gebärden rechnen müssen, vgl. Paul KIRN, Lesefrüchte zum Thema: Umgang mit Urkunden, in: Archivalische Zeitschrift 50/51 (1955), S. 239–244, hier S. 243.

315 Ähnliches gilt für die Interpretation frühmittelalterlicher Ornamentik, vgl. Victor H. ELBERN, Heilige, Dämonen und Magie an Reliquiaren des frühen Mittelalters, in: Santi e demoni nell'alto medioevo occidentale (secoli V – XI) 2, Spoleto 1989 (Settimane di studio del Centro italiano di studi sull'alto medioevo 36), S. 951–980, hier S. 960.

316 KEHR, Kanzlei (wie Anm. 67), S. 10, S. 16–17, S. 20–21.

317 Eine Durchsicht der Beispiele in den »Kaiserurkunden in Abbildungen« führt dies schnell vor Augen, man sehe nur auf die schematischen, leblosen Gebilde der späten Karolingerzeit.

318 DICKAU, Kanzlei (wie Anm. 1), S. 70.

gesetzt, und dies auf Jahrhunderte. Sie verfestigte sich dermaßen, daß die ersten Ottonen, deren Namen sich nicht in das vorgegebene H-Schema einpassen ließen, es dennoch beibehielten; man kann von einem »type immobilisée« sprechen. Selbstverständlich ist das kein Zufall, denn das Monogramm behielt lange unverändert seine Funktion als graphisches Kernsymbol königlicher Autorität. Dieser konstanten Funktion und ihrer Erfordernis, nämlich einer unveränderten Form, verdankt dieser Gebrauch seinen langanhaltenden Erfolg.

Nachtrag

Nach Abschluß des Manuskriptes im Herbst 1990 erschien der zweite Teil der Dissertation von Otto Dickau (Studien zur Kanzlei und zum Urkundenwesen Kaiser Ludwigs des Frommen. Ein Beitrag zur Geschichte der karolingischen Königsurkunde im 9. Jahrhundert. Zweiter Teil, in: Archiv für Diplomatik 35 (1989), S. 1–170). Eine grundlegende Veränderung des Manuskripts erwies sich nicht als nötig, vor allem, da die paläographischen Ausführungen, insbesondere die von Dickau getroffenen Schreiberbestimmungen, dringend der Überprüfung bedürfen.

Besonders die Autopsie der Originale scheint er nicht in nötigem Maße vorgenommen zu haben. So beachtete er etwa typische Abweichungen im Blindlinierungsschema vom Kanzleigebrauch für die von ihm als Empfängerausfertigungen bezeichneten Stücke für St. Denis nicht. Die Benutzung photographisch unzureichenden Materials, wie es die in die Ruhruniversität Bochum gelangten Teile des Meyer'schen Editionsapparates bieten, führt in der diffizilen Materie der Scheidung karolingischer Kanzleihände leicht in die Irre. – Wie der vorliegenden Text hält Dickau M^2 603 für eine Nachzeichnung (S. 96–102), datiert sie aber seltsamerweise allein mit Hinweis auf Brechungen und gerade Aufrichtungen der langen Schäfte (S. 99) unter Berufung auf Bernhard Bischoffs Paläographie und Hans Foersters Urkundenlehre in Abbildungen in das 11. Jahrhundert (S. 99). In jedem Falle werden seine materialreichen Ausführungen die Diskussion anregen.

Die 1990 noch als verloren geltende Originalurkunde M^2 820 wurde am 10. Juni 1991 im Auktionshaus Pierre Berès in Paris versteigert und befindet sich z. Z. wohl in der Privatsammlung eines Pariser Antiquars (vgl. Laurent Morelle: Le diplôme original de Louis le Pieux et Lothaire (825) pour l'abbaye de Corbie. A propos d'un document récemment mis en vente, in: Bibliothèque de l'École des Chartes 149 (1991), S. 405–420).

Anhang

Graphische Symbole in den Originalurkunden Ludwigs des Frommen

	M^2-Nr.	Chrismon I	Chrismon R	Chrismon D	and.	Subskriptionsz.	Monogramm
1	519	+	+	?	–	+	+
2	521	+	+	–	–	+	+
3	529	+	+	–	–	+	+
4	533	+	+	–	–	+	–
5	538	+	+	–	–	+	+
6	548	+	+	?	–	+	–
7	551	+	+	+	–	+	+
8	552	+	+	+	–	+	+
9	582	+	+	–	–	+	+
10	598	+	+	–	–	+	+
11	601	+	+	–	–	+	+
12	603	+	–	–	+	++	–
13	605	+	+	+	–	+	–
14	606	+	+	+	–	+	+
15	612	+	+	–	–	+	+
16	613	+	+	+	–	+	+
17	617	+	+	+	–	+	+
18	618	+	+	+	–	+	–
19	623	+	+	?	–	+	+
20	624	+	+	+	–	+	–
21	626	+	+	+	–	?	+
22	627	+	+	+	–	+	+
23	639	+	+	–	–	+	+
24	640	+	+	–	–	+	–
25	648	+	+	+	+	+	–
26	655	+	+	+	–	+	+
27	656	?	?	?	?	?	?
28	662	–	+	+	–	+	–
29	687	–	+	–	–	+	–
30	689	+	+	–	–	+	+
31	691	+	+	–	–	+	–
32	700	+	+	+	–	+	–
33	701	+	?	?	?	?	?
34	703	–	–	–	–	+	+
35	705	+	+	–	–	+	–
36	711	+	+	+	–	+	–
37	715	+	+	+	–	+	–
38	721	+	+	–	–	+	+
39	727	+	+	–	–	+	–
40	729	+	+	+	–	+	–
41	734	–	+	+	–	+	–
42	735	+	+	–	–	+	–
43	740	+	–	–	–	+	+
44	746	+	+	+	–	+	–
45	747	+	+	?	–	+	–

	M^2-Nr.	Chrismon I	Chrismon R	Chrismon D	Chrismon and.	Sub-skrip-tionsz.	Mono-gramm
46	750	+	+	–	–	+	+
47	753	+	+	–	–	+	+
48	756	–	+	–	–	+	+
49	767	–	+	–	–	+	+
50	768	+	+	–	–	+	+
51	773	–	+	–	–	+	–
52	774	+	–	–	–	–	–
53	780	+	+	–	–	+	+
54	781	+	+	–	–	+	+
55	787	+	+	–	–	+	++
56	791	+	+	–	–	+	–
57	796	–	+	+	–	+	–
58	803	+	+	–	–	+	–
59	804	+	+	?	–	+	–
60	816	–	+	–	–	+	++
61	831	–	+	–	–	+	++
62	833	–	+	–	+	+	++
63	844	–	+	–	–	+	–
64	845	+	+	–	–	+	–
65	846	+	+	+	–	+	–
66	847	+	+	?	–	+	–
67	849	+	+	–	–	+	–
68	872	–	+	–	–	+	+
69	875	+	+	–	–	+	++
70	883	–	+	–	–	+	+
71	890	+	+	–	–	+	–
72	894	+	+	–	–	+	+
73	897	+	+	–	–	+	+
74	905	+	+	–	–	+	+
75	918	+	+	–	–	+	+
76	920	–	+	–	–	+	+
77	921	–	+	–	–	+	–
78	922	–	+	–	–	+	+
79	923	–	+	–	–	+	–
80	924	–	–	–	–	–	–
81	925	–	+	–	–	+	+
82	927	–	+	–	–	+	+
83	929	–	+	–	–	+	–
84	931	?	+	?	–	+	–
85	949	–	+	–	–	+	[+]
86	952	–	+	–	–	+	–
87	954	–	+	–	–	+	–
88	963	–	+	–	–	+	+
89	967	–	+	–	–	+	–
90	971	–	+	–	–	+	–
91	977	+	+	–	–	+	+
92	985	+	+	–	–	+	+
93	986	+	+	+	–	+	–
94	987	–	+	–	–	+	–
95	991	–	+	–	–	+	+
96	993	–	+	–	–	+	+
97	994	–	+	–	–	+	[+]
98	997	–	+	–	–	+	–
99	1006	–	+	–	+	+	–
100	1007	–	+	–	–	+	+

I: Chrismon vor der Invocatio
R: Chrismon vor der Rekognitionszeile
D: Chrismon vor der Datierung
and.: Chrismon an anderer Stelle der Urkunde
+ vorhanden
– nicht vorhanden
? Erhaltungszustand ermöglicht keine Feststellung
[+] Verunechtung

Auszeichnungsschriften, graphische Zeichen und Symbole in den Urkunden der langobardischen Fürsten von Benevent, Salerno und Capua (774–1077)

Von Herbert Zielinski

In zahlreichen Beiträgen der Marburger Tagung wurde deutlich, daß sich Bedeutung und Rang der von den Urkundenschreibern verwandten graphischen Zeichen und Symbole dem Diplomatiker häufig nur erschließen, wenn er das Erscheinungsbild der ganzen Urkunde in ihrem historischen Werdegang berücksichtigt[1]. Der monogrammatische Schlußwunsch der jüngeren Papsturkunde seit Leo IX. fußt auf einem ausgeschriebenen Benevalete, das für die ältere Papsturkunde charakteristisch war[2]. Eine graphische Betonung des Urkundenendes in Auszeichnungsschrift ist für das ältere langobardische Präzept charakteristisch, hat dort aber nicht – trotz entsprechender Ansätze[3] – den Schritt zur graphischen Abstraktion vollzogen.

Nur wenn man den Zusammenhang zwischen Siegelbildern und graphischen Zeichen und Symbolen im Text berücksichtigt, ist das Aufkommen und die charakteristische Bauweise des Herrschermonogramms in der capuanischen Fürstenurkunde verständlich[4]. Die nach dem Vorbild der Papsturkunde von den normannischen Königen übernommene Rota löst das Herrschermonogramm der älteren normannischen Fürsten von Capua ab, das diese von den südlangobardischen Fürsten übernommen hatten, ersetzt aber auch die eigenhändige Unterschrift nach byzantinischem Vorbild, wie sie in den Urkunden der normannischen Fürsten von Apulien und Sizilien verbreitet war[5]. Unterschreibt der sizilische König auch später noch eigenhändig, fällt die Rota weg[6]. Neben der optisch dominierenden Rota ist für ein eingedrücktes Wachssiegel in der normannischen Königsurkunde kein Platz mehr, es wird durch eine angehängte kleine Bleibulle ersetzt[7].

Im Schnittpunkt westlich-fränkischer und östlich-byzantinischer Urkundeneinflüsse hat die lange Zeit durch genuin langobardische Urkundentraditionen geprägte südlangobardische Fürstenurkunde mit dem Aufstieg der Grafen von Capua um 900 – unvermittelt, wie es scheint – einen tiefgreifenden Wandel erlebt und dabei auch ein völlig neuartiges äußeres Erscheinungs-

1 Die folgenden Ausführungen stützen sich vor allem auf die Fotosammlung der »Scuola speciale per archivisti e bibliotecari dell'Università di Roma«, die mir ihr Leiter, Prof. Alessandro Pratesi, in großzügiger Weise zur Verfügung gestellt hat; ihm sei auch an dieser Stelle herzlich dafür gedankt. Archivaufenthalte in den Abteien La Cava und Montecassino Anfang Oktober 1990 haben der weiteren Klärung gedient; den Leitern der beiden Archive, Don Eugenio (La Cava) und Don Faustino Avagliano (Montecassino) und ihren Helfern sei herzlich für die gastliche Aufnahme und die hervorragenden Arbeitsbedingungen gedankt. Zur Gesamtproblematik vgl. meinen Beitrag: Die südlangobardische Fürstenurkunde zwischen Kaiserdiplom und Charta, in: Scrittura e produzione documentaria nel Mezzogiorno longobardo (Atti del Convegno internazionale di studio, Badia de Cava, 3-5 ottobre 1990), a cura di Giovanni Vitolo e Francesco Mottola, Badia di Cava 1991, S. 191–222.

2 Vgl. Joachim Dahlhaus, Aufkommen und Bedeutung der Rota in den Urkunden des Papstes Leo IX., in: Archivum Historiae Pontificiae 27 (1989), S. 7–84, bes. S. 9 und Tafel I.

3 Vgl. unten S. 394

4 Dazu unten S. 394

5 Vgl. Horst Enzensberger, Beiträge zum Kanzlei- und Urkundenwesen der normannischen Herrscher Unteritaliens und Siziliens (Münchener Historische Studien, Abteilung Geschichtl. Hilfswissenschaften 9), Kallmünz Opf. 1971, S. 81, 86f.

6 Vgl. Carlrichard Brühl, Diplomi e cancelleria di Ruggero II. Palermo 1983, S. 57f., 62 (zuvor Ders., Urkunden und Kanzlei König Rogers II. von Sizilien [Studien zu den normannisch-staufischen Herrscherurkunden Siziliens. Beihefte zum ›Codex diplomaticus regni Siciliae‹ 1], Köln–Wien 1978, S. 68f., 74).

7 Zum Siegelwesen Rogers II. vgl. Brühl (wie Anm. 6) S. 63f. (S. 75–77). Wachssiegel finden sich nur in Placita und Mandaten, in denen die Rota eben fehlt. Vgl. noch Karl Andreas Kehr, Die Urkunden der normannisch-sizilischen Könige. Eine diplomatische Untersuchung. Innsbruck 1902 (ND Aalen 1962), S. 193ff.; Herbert Zielinski, Zu den Urkunden der beiden letzten Normannenkönige Siziliens, Tankreds und Wilhelms III. (1190–1194), in: Deutsches Archiv 36 (1980), S. 433–486, bes. S. 463f.; Theo Kölzer, Urkunden und Kanzlei der Kaiserin Konstanze, Königin von Sizilien (1195–1198) (Beihefte zum ›Codex diplomaticus regni Siciliae‹ 2), Köln–Wien 1983, S. 81f. Der von mir postulierte Zusammenhang ist bislang von der Forschung nicht beachtet worden.

bild angenommen[8]. Das feierliche Privileg der neuen capuanischen Dynastie[9] ist ganz im Unterschied zu den älteren langobardischen Präzepten der Fürsten von Benevent (seit 774)[10] und Salerno (seit 839/848)[11] durch auffallende graphische Zeichen und Symbole gekennzeichnet, die – das sei hier gleich vorweggenommen – keinesfalls pauschal als Übernahme der graphischen Formen- und Symbolsprache der westlichen (sprich fränkischen) Herrscherurkunde verstanden werden dürfen[12].

Unsere Kenntnis vom älteren südlangobardischen Urkundenwesen ist wegen der schlechten Überlieferungslage mit großen Unsicherheiten behaftet. Ob das Präzept der langobardischen Herzöge von Benevent (-774) äußerlich dem langobardischen Königspräzept ähnelte, läßt sich schon deshalb nicht sagen, weil wir weder eine langobardische Königsurkunde noch eine beneventanische Herzogsurkunde im Original kennen[13]. Genauso wenig läßt sich entscheiden, ob Herzog Arichis II., als er 774 mit der Übernahme des Princeps-

8 Grundlegend zur Diplomatik der südlangobardischen Fürstenurkunde noch immer die (allerdings nur schwer benutzbare) Dissertation des Kehr-Schülers Karl Voigt, Beiträge zur Diplomatik der langobardischen Fürsten von Benevent, Capua und Salerno. Diss. Göttingen 1902. Stark fehlerhaft ist René Poupardin, Etudes sur les institutions politiques et administratives des principautés lombardes de l'Italie méridionale (IXe–XIe siècles). Paris 1907 (hier bes. der Catalogue d'actes, S. 63–131, und die Pièces justificatives, S. 133–168); vgl. Wilhelm Smidt, Das Chronicon Beneventani monasterii S. Sophiae. Diss. phil. Berlin 1910, Anhang I. 1. Berichtigungen und Ergänzungen zu dem »Catalogue des actes des princes de Bénévent et de Capoue« von R. Poupardin, S. 110–134. Vgl. auch René Poupardin, Etude sur la diplomatique des princes lombards de Bénévent, de Capoue et de Salerne, in: Mélanges d'Archéologie et d'Histoire 21 (1901), S. 117–180; Franco Bartoloni, Problemi di diplomatica longobarda, in: Atti del 1° Congresso internazionale di studi longobardi, Spoleto 1951 (Spoleto 1952), S. 29–36. Eine jüngere Forschungsübersicht bietet Elisabeth Garms-Cornides, Die langobardischen Fürstentitel (774–1077), in: Intitulatio II. Lateinische Herrscher- und Fürstentitel im neunten und zehnten Jahrhundert, hg. v. Herwig Wolfram (MIÖG Erg.Bd. 24), Wien–Köln–Graz 1973, S. 341–452, bes. S. 342–347. Wichtig seitdem Raffaello Volpini, Diplomi sconosciuti dei principi longobardi di Salerno e dei re Normanni di Sicilia, in: Contributi dell'Istituto di Storia medioevale I (= Raccolta di studi in memoria di Giovanni Soranzo), Mailand 1968, S. 481–544; Vittorio De Donato, Appunti per una storia della cancelleria dei principi longobardi di Benevento, in: Studi in onore di Leopoldo Sandri, Teil 2 (Ministero per i beni culturali e ambientali. Pubblicazioni degli Archivi di Stato 98, Saggi 1), Rom 1983, S. 397–408; Alessandro Pratesi, Le cancellerie dei principi longobardi dell'Italia meridionale. Spunti per una revisione delle conoscenze attuali, in: Miscellanea in onore di Ruggero Moscati (Neapel 1985), S. 47–59. Zum älteren langobardischen Urkundenwesen, mit Ausnahme der beneventanischen Herzogsurkunden jetzt weitgehend publiziert im Codice diplomatico longobardo (edd. Luigi Schiaparelli und Carlrichard Brühl), s. Anton Chroust, Untersuchungen über die langobardischen Königs- und Herzogsurkunden. Graz 1888; Carlrichard Brühl, Studien zu den langobardischen Königsurkunden (Bibliothek des Deutschen Historischen Instituts in Rom 33), Tübingen 1970; Ders., Chronologie und Urkunden der Herzöge von Spoleto im 8. Jahrhundert, in: Quellen und Forschungen aus italienischen Archiven und Bibliotheken 51 (1972), S. 1–92; Herbert Zielinski, Studien zu den spoletinischen »Privaturkunden« des 8. Jahrhunderts und ihrer Überlieferung im Regestum Farfense (Bibliothek des Deutschen Historischen Instituts in Rom 39), Tübingen 1972; Carlrichard Brühl, Überlegungen zur Diplomatik der spoletinischen Herzogsurkunde, in: Atti del 9° Congresso internazionale di studi sull'alto Medioevo, Spoleto 1982 (Spoleto 1983), S. 231–249. Vgl. meinen in Anm. 1 zit. Beitrag. Im Rahmen des Codice diplomatico longobardo werde ich in absehbarer Zeit die noch ausstehende Edition der beneventanischen Herzogsurkunden (-787) vorlegen. Unterdessen habe ich auch mit den Arbeiten an der Edition aller südlangobardischen Fürstenurkunden begonnen, mit der mich das Istituto Storico Italiano per il Medioevo unter seinem Präsidenten Girolamo Arnaldi 1986 offiziell beauftragt hat (geplant sind zunächst drei Bände dieses neuen Codice diplomatico della Longobardia meridionale).

9 Grundlegend Nicola Cilento, Le origini della signoria capuana nella Longobardia minore (Istituto Storico Italiano per il medio evo, Studi Storici fasc. 69–70), Rom 1966; vgl. die Übersicht im Lexikon des Mittelalters 2 (1983), Sp. 1490f.

10 Zur Geschichte des langobardischen Herzogtums und (seit 774) Fürstentums Benevent vgl. vor allem Ferdinando Hirsch, Il Ducato di Benevento, in: Ders., Michelangelo Schipa, La Longobardia Meridionale (570–1077). Il Ducato di Benevento. Il Principato di Salerno. Ristampa a cura di Nicola Acocella (Politica e Storia 19), Rom 1968, S. 1–86 (Nachdruck der 1890 erschienenen ital. Übersetzung der Arbeit von Hirsch; vgl. ebd. S. XII Anm. 2); vgl. die Übersicht im Lexikon des Mittelalters 1 (1980), Sp. 1907–1911 (mit reicher Lit.).

11 Zur Teilung des Fürstentums Benevent, die 848 von Kaiser Lothar I. und seinem Sohn Ludwig II. bestätigt und garantiert wurde, vgl. J. F. Böhmer, Regesta Imperii, hg. von der Kommission für die Neubearbeitung der Regesta Imperii bei der Österreichischen Akademie der Wissenschaften und der Deutschen Kommission für die Bearbeitung der Regesta Imperii bei der Akademie der Wissenschaften und der Literatur zu Mainz, I. Die Regesten des Kaiserreichs unter den Karolingern 751–918 (926). Band 3: Die Regesten des Regnum Italiae und der burgundischen Regna. Teil 1: Die Karolinger im Regnum Italiae 840–887 (888), bearb. von Herbert Zielinski. Mainz 1991, Nr. 55 (im folgenden zit. B-Zi + Nr.). Grundlegend zur Geschichte des damals abgetrennten Teilfürstentums Salerno Michelangelo Schipa, Storia del Principato longobardo di Salerno, in: Ferdinando Hirsch und Ders., La Longobardia Meridionale (wie Anm. 10) S. 87–278 (Nachdruck der Originalfassung von 1887; vgl. ebd. S. XI).

12 Besonders anachronistisch Voigt (wie Anm. 8) S. 4, der eine »starke Verwandtschaft mit den deutschen (!) Kanzleibräuchen« konstatiert. Fränkischen Einfluß unterstreicht zuletzt de Donato, Appunti (wie Anm. 8) S. 402 (vgl. dort die Tafeln 2–3).

13 Chroust (wie Anm. 8) S. 5f. hält das Präzept König Aistulfs für S. Lorenzo in Bergamo in seiner überlieferten Fassung für ein Original; vgl. aber Brühl, Studien (wie Anm. 8) S. 13, S. 150–152.

titels königlichen Rang beanspruchte[14], auch die äußere Form seiner Präzepte verändert hat, wie dies vermutet worden ist[15].

Einigermaßen sicheren Boden betreten wir erst mit dem ersten überlieferten Original, einem Präzept des Fürsten Grimoald IV. von Benevent von 810 (Abb. 1)[16], dem, allerdings mit großem zeitlichen Abstand, um 840 ein weiteres Original folgt[17]. Bis gegen Ende des 9. Jahrhunderts, also bis zur Regierungsübernahme durch die capuanische Dynastie in Benevent, bleibt das äußere Erscheinungsbild dieses südlangobardischen Präzeptes, das sich fast nur durch die Besiegelung und die fehlenden Zeugenunterschriften von einer beliebigen Charta unterscheidet, sehr einfach[18]. Auffälligstes Merkmal neben dem eingedrückten und durch ein Gegensiegel befestigten Wachssiegel ist die Hervorhebung

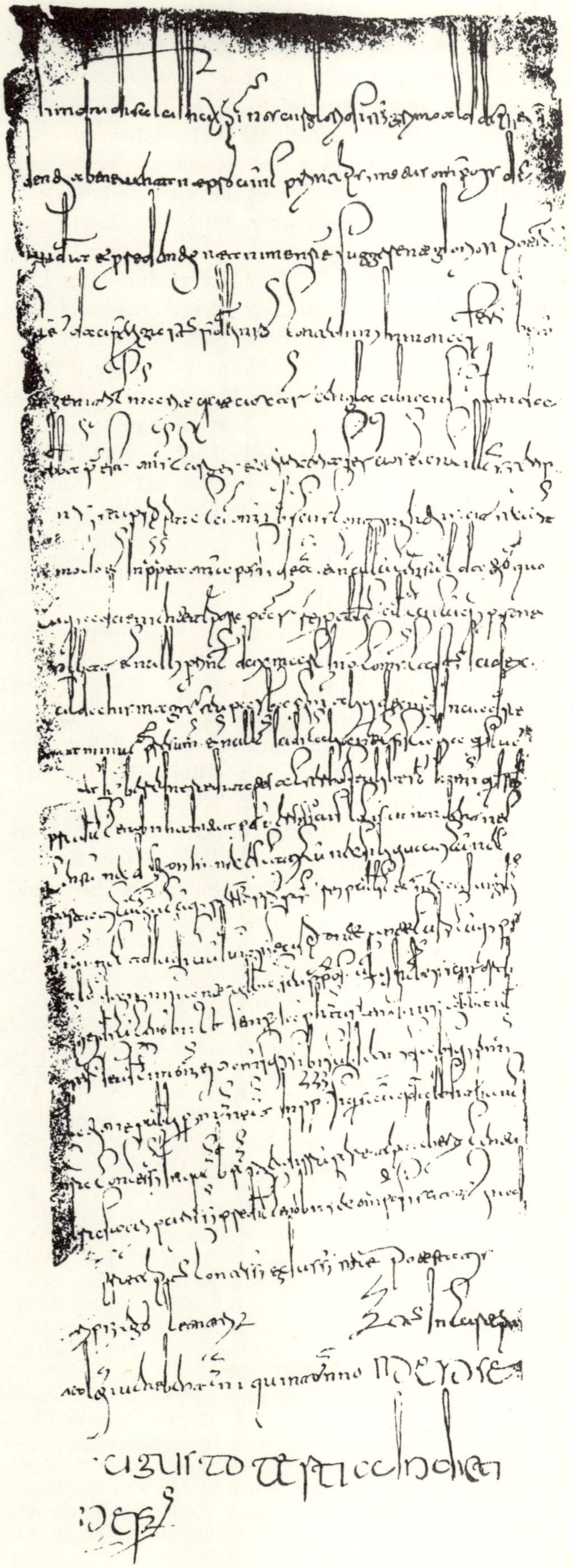

14 Garms-Cornides (wie Anm. 8) bes. S. 369; Hans Heinrich Kaminsky, Zum Sinngehalt des Princeps-Titels Arichis' II. von Benevent, in: Frühmittelalterliche Studien 8 (1974), S. 81–92.

15 Garms-Cornides (wie Anm. 8) S. 348. Daß Arichis seine Urkunden als erster Fürst *in sacratissimo nostro palatio* datiert habe, wie dies Leo Marsicanus in seiner um 1099 begonnenen Chronik des Klosters Montecassino behauptet (Chronica monasterii Casinensis, ed. Hartmut Hoffmann, MGH SS 34. 1980, l. I, c. 9, S. 37), ist nachweislich falsch; vgl. Garms-Cornides, S. 366. Auf Erasmus Gattola, dessen in den 30er Jahren des 18. Jahrhunderts erschienene Edition der meisten Urkunden des reichen Archivs von Montecassino noch immer nicht zu entbehren ist, geht die gleichermaßen falsche Behauptung zurück, daß schon Arichis ein Monogramm in seinen Urkunden gezeichnet habe, wie dies später die Fürsten von Capua und Benevent (seit 900) taten; vgl. Voigt (wie Anm. 8) S. 20.

16 Ich zitiere im folgenden die Urkunden, soweit möglich, nach den Nummern der Übersichtstafeln von Voigt (wie Anm. 8) nenne daneben aber den maßgeblichen Druck und, falls vorhanden, ein Faksimile oder eine Abbildung. Grimoald IV. a. 810 August, Voigt Nr. 34, ed. Erasmus Gattola, Ad historiam abbatiae Cassinensis accessiones pars I. Venetiis 1734, S. 97. Faksimile: Paleografia artistica di Montecassino, ed. Oderisio Piscicelli-Taeggi. Longobardo-cassinese. Montecassino 1877, Tafel 34 (mit Transkription); Elias A. Loew, Scriptura Beneventana: Facsimiles of South Italian and Dalmatian Manuscripts from the Sixth to the Fourteenth Century 1. Oxford 1929, Tafel VI (mit Transkription). Eine leichter zugängliche Abbildung bescheidener Qualität bei Tommaso Leccisotti (Hg.), I Regesti dell'Archivio. Abbazia di Montecassino (Pubblicazioni degli Archivi di Stato) vol. 2 (Aula III: Capsule VIII–XXIII), Rom 1965, Tafel 3.

17 Radelchis I. a. 840 Juni, Voigt Nr. 56, ed. Codex diplomaticus Cavensis, edd. Michaele Morcaldi, Mauro Schianni, Sylvano de Stephano, t. I. Neapel 1873, S. 20f. Nr. 19; Faksimile: ebd. im Anhang (ohne eigene Numerierung).

18 Dies gilt auch für die in Salerno nach 840 ausgestellten Stücke, die, soweit im Original überliefert, fast alle im Archivio paleografico italiano vol. XV: Diplomata principum Beneventi, Capuae et Salerni de gente Langobardorum, fasc. 62–63, Rom

Abb. 1 *Präzept Grimoalds IV. v. Benevent* ▷ *a. 810 April (Voigt Nr. 33)*

von Monats- und Indiktionsangabe in der Schlußdatierung in vergrößerter Textschrift (vgl. Abb. 1), mit der die Urkunde regelmäßig endet. Das mittels Sternschnitt im Pergament befestigte kleine Wachssiegel findet seinen Platz oberhalb der Schlußdatierung, etwa in Höhe der Ortsangabe des Actum, das seinerseits durch ein markantes hochgezogenes kursives a, das sich in Schlangenlinien nach oben fortsetzen kann, graphisch betont wird (Abb. 2a–b).

Noch unauffälliger ist die Hervorhebung des Urkundenanfangs. Ein schlichtes kleines Kreuzzeichen leitet die typisch altlangobardische[19], in gewöhnlicher Textschrift gehaltene Invokation *In nomine domini Dei Salvatoris Iesu Christi* ein. Das einzige graphische Element, das diese Invokation etwas betont, ist ein durch alle Oberlängen verlaufender horizontaler Querstrich mit einem kleinen Schnörkel am Anfang und Ende, der gewissermaßen als Gesamtkürzungszeichen dient, gleichzeitig aber die Invokation, wie in einer gewöhnlichen Charta auch, im übrigen Textkörper hervorhebt (vgl. Abb. 1).

Daß die graphische Betonung von Monats- und Indiktionsangabe sich an das sogen. Menologem, die Schlußdatierung der byzantinischen Kaiser- und Beamtenurkunde anlehnt (Abb. 3a–b), hat E. Garms-Cornides vermutet[20]. Ihr hat unlängst A. Pratesi, der auf andere mögliche Vorbilder hinweist, wie mir scheint zu recht widersprochen[21].

Das Siegelbild der älteren Periode (bis 900) kennen wir nur von den Präzepten der Fürsten von Salerno (seit 848), die sich nur unwesentlich von den beneven-

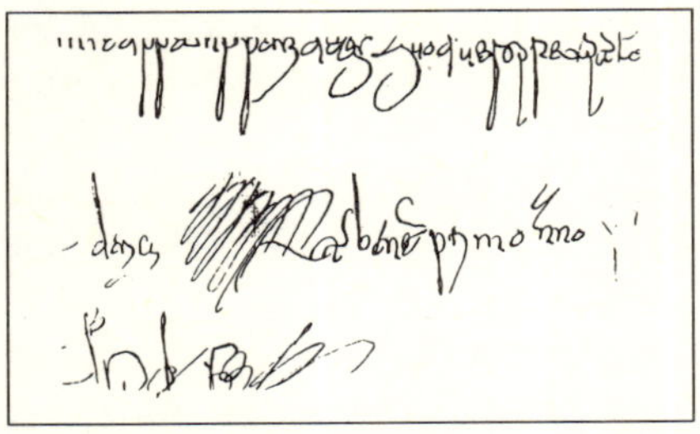

Abb. 2a–b *Actum-a (kursives offenes a mit abundanten Schlangenlinien). – a) Radelchis I. v. Benevent a. 840 Juni (Voigt Nr. 56). – b) Aio II. v. Benevent a. 885 Mai (Voigt Nr. 80)*

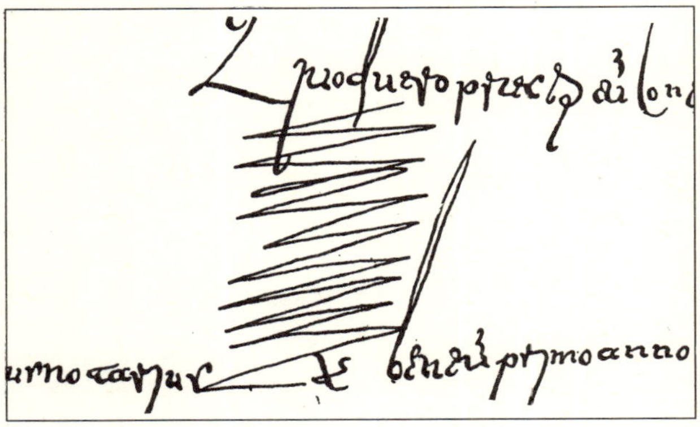

tanischen Präzepten unterscheiden und im Unterschied zu jenen diesen altlangobardischen Charakter auch nach 900 nur zögernd ablegen[22]. Während die dem Betrachter zugewandte Siegelvorderseite das Brustbild des oder der Fürsten nebst seinem Titel mit Kreuzzeichen in Umschrift zeigt, weist das Gegensiegel das um einen zentralen Buchstaben in Kreuzform geordnete Monogramm des ausstellenden Fürsten auf (Abb. 4)[23],

1956 u. 1961, als Faksimile publiziert wurden; vgl. die zugehörigen Transkriptionen durch Vittorio de Donato, in: Bullettino dell'Archivio Paleografico Italiano NS 4–5 (1958/59), S. 113–127 (Tafeln 1–15 = fasc. 62) und in: Bullettino dell'Archivio Paleografico Italiano ser. III 2–3 (1963/64), S. 166–179 (Tafeln 16–27 = fasc. 63). Seitdem aufgefundene salernitanische Originale hat 1968 R. Volpini veröffentlicht (wie Anm. 8), darunter vor allem eine Urkunde Waimars III. und Waimars IV. von 1020 (Volpini [wie Anm. 8] S. 503–506 Nr. 2). Weitere im Original überlieferte beneventanische Urkunden aus der Zeit vor 900 sind ein Präzept Aios II. von 885 Mai, Voigt Nr. 80, ed. Gattola, Accessiones (wie Anm. 16) S. 41; Teilfaksimile bei Voigt, Schriftprobe Nr. 1 – und ein Präzept des Fürsten Radelchis II. von 898 Juni, Voigt –, ed. Franco Bartoloni, Intorno a un diploma principesco beneventano del secolo IX, in: Scritti di paleografia e diplomatica in onore di Vincenzo Federici (Florenz 1945), S. 49–58, bes. S. 58 (mit einer Abb.); Faksimile: Archivio paleografico italiano vol. XV, fasc. 67 (Rom 1968), Tafel 28.

19 Vgl. Zielinski, Studien (wie Anm. 8) S. 145.

20 Garms-Cornides (wie Anm. 8) S. 348. Abbildungen solcher vom Kaiser selbst in roter Reservatschrift gezeichneten Menologeme bei Franz Dölger, Johannes Karayannopulos, Byzantinische Urkundenlehre. Erster Abschnitt: Die Kaiserurkunden (Byzantinisches Handbuch im Rahmen des Handbuchs der Altertumswissenschaft, 3. Teil, 1. Bd., 1. Abschnitt [Handbuch der Altertumswissenschaft, 12. Abt., 3. Teil. 1. Bd., 1. Abschnitt]), München 1968, Tafeln 41, 44, 45 u. ö. (vgl. im Text S. 53 ff.), und bei Franz Dölger, Facsimiles byzantinischer Kaiserurkunden. München 1931, passim.

21 Pratesi, Cancellerie (wie Anm. 8) S. 52, nennt ein vergleichbares Phänomen in den älteren, in römischer Kuriale geschriebenen Papsturkunden: »basterebbe pensare, a questo proposito, al modulo più grande conferito all'ultima lettera dell'aggettivo ordinale dell'indizione nei più antichi privilegi pontifici in curiale romana«.

22 Vgl. Alessandro Pratesi, La diplomatica dei principi longobardi di Salerno, in: L'attività del centro culturale, anno 1958 (Pubblicazioni dell'Archivio di Stato di Salerno 5), Salerno 1958, S. 41–55. Größere Änderungen in den äußeren und inneren Merkmalen setzen sich erst zu Beginn des 11. Jahrhunderts durch – offensichtlich wie in Capua um 900 gefördert durch einen Dynastiewechsel. Doch auch jetzt bleiben die äußeren Merkmale des salernitanischen Präzepts im wesentlichen konservativ-langobardisch geprägt.

23 Vgl. Voigt (wie Anm. 8) S. 16; eine Abbildung des Siegels Waimars I. von 899 August (Voigt Nr. 88) findet sich im Codex diplomaticus Cavensis I (wie Anm. 17) Anhang (ohne eigene Numerierung); dort auch eine Abbildung des Siegels Gisulfs I.; vgl. auch Pratesi, Diplomatica (wie Anm. 22) Abb. nach S. 48.

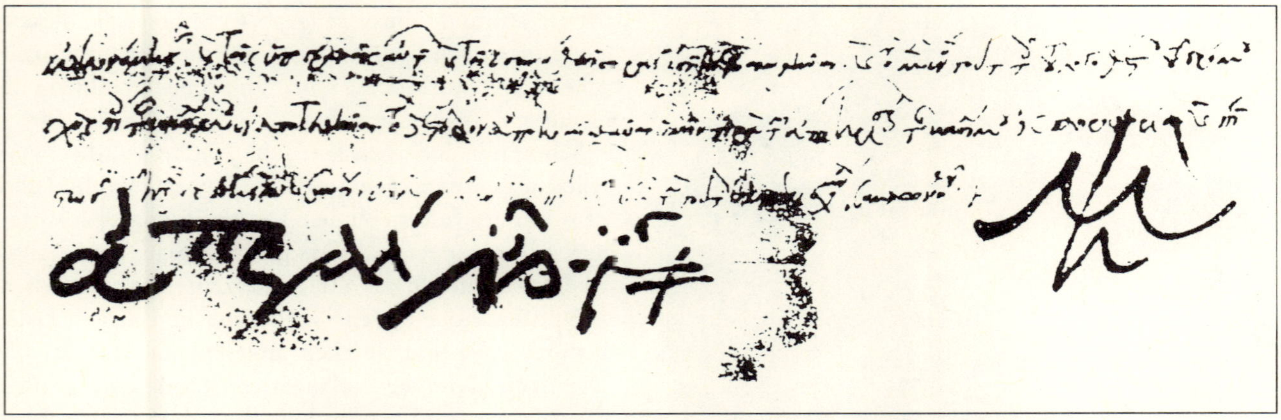

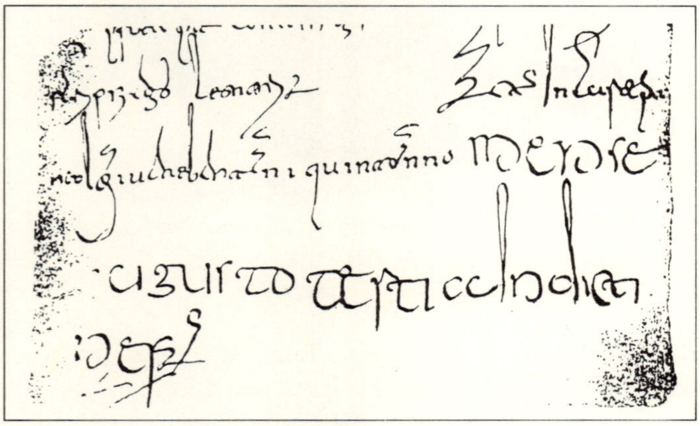

Abb. 3a–b *Byzant. Menologem – langobardische Schlußdatierung. – a) Isaak II. Angelos v. Byzanz a. 1192 (aus: Dölger, Karayannopulos [wie Anm. 20] Taf. 44). – b) Grimoald IV. v. Benevent a. 810 April (Voigt Nr. 33)*

wie wir es auch von gleichzeitigen Münzen – und zwar sowohl salernitanischen als auch beneventanischen – her kennen (Abb. 5). Auch die nicht erhaltenen beneventanischen Fürstensiegel der älteren Epoche werden daher durch Brustbild und Monogramm charakterisiert gewesen sein[24].

Mit der Machtergreifung des Grafen Atenolf I. von Capua in Benevent im Januar 900 ändern sich die äußeren und inneren Merkmale der bis dahin ausgesprochen konservativen südlangobardischen Fürstenurkunde schlagartig. Voraufgegangen waren mehrere Jahrzehnte schwerer Auseinandersetzungen zwischen Franken und Byzantinern um die Vorherrschaft in der Südlangobardia[25]. Nach dem Tod Kaiser Ludwigs II. 875, der nach 866 zeitweilig in Benevent (bis 872) und Capua (872/73) residiert hatte[26], waren die langobardischen Fürsten mit dem Wiedererstarken der byzantinischen Herrschaft in Süditalien unter byzantinischen Einfluß geraten. Schon Fürst Aio II. von Benevent (884–890) hatte sich zeitweilig dem byzantinischen Kaiser formal unterstellt, dessen Soldaten 891 dennoch das stark befestigte Benevent nach mehrmonatiger Belagerung erobern sollten.

Die direkte byzantinische Herrschaft währte bis 895, als Markgraf Wido IV. von Spoleto, ein Verwandter des ein Jahr zuvor gestorbenen Kaisers Wido, die Stadt besetzte[27]. Zusammen mit der Ex-Kaiserin Ageltrude, einer Tochter des Fürsten Adelchis von Benevent, Ge-

24 Schon Voigt (wie Anm. 8) S. 16 verweist auf die Übereinstimmung mit den beneventanischen Münzbildern; vgl. Corpus nummorum Italicorum. Primo tentativo di un catalogo generale delle monete medievali e moderne coniate in Italia o da Italiani in altri paesi, vol. XVIII: Italia meridionale continentale (Zecche minori). Rom 1939, S. 117–190 (Tafeln V–VIII); die salernitanischen Münzen ebd. S. 298–350 (Tafeln XVII–XXI). In den capuanischen Münzen sind die Namensmonogramme erst nach der Vereinigung mit Benevent bezeugt (ebd. S. 239–250, Tafeln XII–XIII), was übrigens dafür spricht, daß das Kreuzmonogramm nicht capuanischen, sondern beneventanischen Ursprungs ist. – In dem im Original überlieferten Diplom Aios II. von Benevent (889 März [Voigt Nr. 80]) hat sich – bedingt durch die alte horizontale Faltung des Pergaments – der Abdruck des heute nicht mehr vorhandenen Siegels erhalten, und zwar sowohl der Abdruck des Vordersiegels mit dem Brustbild, als auch der Abdruck des Rücksiegels mit dem Kreuzmonogramm des Fürsten; vgl. meinen in Anm. 1 zit. Aufsatz (mit einer Abbildung).

25 Vgl. Cilento, Origini (wie Anm. 9) S. 140–151; Rudolf Hiestand, Byzanz und das Regnum Italicum im 10. Jahrhundert (Geist und Werk der Zeiten 9), Zürich 1964, bes. S. 19–31; Eduard Hlawitschka, Die Widonen im Dukat von Spoleto, in: Quellen und Forschungen aus italienischen Archiven und Bibliotheken 63 (1983), S. 20–92, bes. S. 84–90.

26 Vgl. B-Zi 266–330 und 357–376.

27 Hlawitschka, Widonen (wie Anm. 25) S. 91.

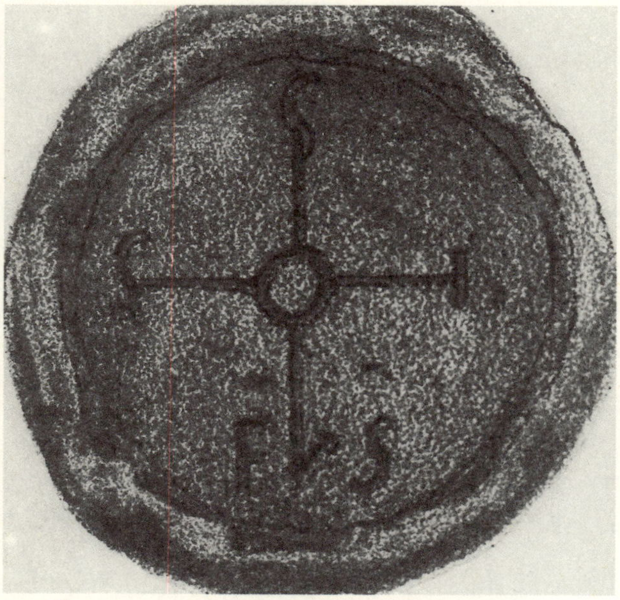

Abb. 4 *Namensmonogramm vom Rücksiegel des älteren salernitanischen Präzepts. Waimar I. v. Salerno a. 899 August (Voigt Nr. 88)*

mahlin Kaiser Widos und Mutter Kaiser Lamberts (gest. nach 923)[28], übergab er die Stadt mit dem Einverständnis Lamberts 897 wieder dem Fürsten Radelchis II., einem Bruder der Ageltrude, der schon zu Beginn der 80er Jahre in Benevent regiert hatte.

Nach dem Tode Lamberts (898) konnte sich Radelchis II. nur noch kurze Zeit in Benevent halten. Im Januar 900 wurde die Stadt mit Unterstützung oppositioneller beneventanischer Kreise von Graf Atenolf von Capua, der sich in der Staatskirche S. Sophia feierlich zum neuen Princeps proklamieren ließ, erobert[29]. Von April 901 datiert die erste, im Original überlieferte Urkunde des neuen Fürsten, mit der das letzte und schönste Kapitel der südlangobardischen Fürstenurkunde einsetzt (Abb. 6)[30]. Erst seit diesem Zeitpunkt kann man in bezug auf die südlangobardischen Fürstenurkunden von graphischen Symbolen im eigentlichen Sinne sprechen.

Schon rein äußerlich fallen die Neuheiten, die zweifellos in Zusammenhang mit dem Dynastiewechsel und dem daraus resultierenden Legitimierungsdruck stehen, sofort ins Auge[31]. Das gleichmäßige, etwas langweilige Schriftbild des älteren Präzeptes ist aufgegeben zugunsten einer klaren Gliederung in Eingangszeile, Hauptkörper und deutlich abgesetztem Schlußteil[32]. Die erste Zeile in verlängerter Schrift mit großen Oberlängen wird eingenommen – durch Zwischenräume mit Stern oder Kommatareihen deutlich voneinander getrennt – von Invocatio, Intitulatio und kurzer Standardarenga. Voran geht ein großes, bis auf die zweite oder gar dritte Zeile herabreichendes stark verziertes Kreuz, das die ältere einfache monogrammatische Invokation ersetzt hat (Abb. 7a–b).

Der Hauptkörper beginnt mit der Promulgatio und endet mit der Corroboratio, in der die Besiegelung angekündigt wird. Die wieder in verlängerter Schrift gehaltene Signumzeile eröffnet nach einem freien Zwischenraum von etwa zwei Zeilen den Schlußteil der Urkunde, deren auffälligstes graphisches Element das in Rot gezeichnete Monogramm des (oder der) Fürsten ist (Abb. 8a–b), wie wir es als Typus bislang nur vom Siegelrevers der Urkunden kannten. Die Signumzeile nimmt nur knapp die linke Hälfte des Pergaments ein, rechts neben ihr findet sich das mittels Sternschnitt eingedrückte Wachssiegel, das weitgehend dem der älteren Periode entspricht.

Es folgt in der nächsten Zeile, wieder links am Rande beginnend und in normaler Textschrift ausgeführt, die Schreiberformel, die nur etwa bis zur Mitte des Pergamentes reicht. Die letzte etwas abgesetzte Zeile beginnt mit der Angabe des Datums, wobei die ersten Wörter,

28 Tullia Leporace, Ageltrude, regina d'Italia e imperatrice nel secolo IX. Benevent 1937.

29 Zu S. Sophia in Benevent vgl. Paolo Delogu, Mito di una città meridionale (Salerno, secoli VIII–XI), Neapel 1977, S. 13 ff.

30 Atenolf I. 901 April 10, Capua = Voigt Nr. 121, ed. Poupardin, Etudes (wie Anm. 8) Anhang Nr. VI; Abbildung bei de Donato, Appunti (wie Anm. 8) Tafel II.; Atenolf I. 902 Juni 9, Capua (Voigt Nr. 123), ed. Erasmus Gattola, Historia abbatiae Cassinensis pars I. Venetiis 1733, S. 28.

31 Während die erhaltenen Originale der Fürsten von Salerno im Archivio paleografico italiano weitgehend publiziert wurden, steht es um die Faksimilierung der weitaus zahlreicheren Originale der capuanischen Dynastie sehr viel schlechter. Im Archivio paleografico italiano vol. XV wurden (trotz ursprünglich weitergehender Pläne; vgl. Alessandro Pratesi, Presentazione dei »Diplomata principum Beneventi, Capuae et Salerni de gente Langobardorum«, in: Atti del III° Congresso internazionale di studi sull'alto medioevo 1956 [Spoleto 1959], S. 519–523, der sechs weitere geplante Faszikel nennt, die aber nie erschienen sind) nurmehr 10 Stücke publiziert, zumeist die in Benevent überlieferten (fasc. 67, Rom 1968, Tafeln 28–41 mit zusammen 11 Urkunden, wobei Tafel 28 noch aus der Zeit vor der Machtübernahme der Capuaner stammt); vgl. Franco Bartoloni, I diplomi dei principi longobardi di Benevento, di Capua e di Salerno nella tradizione beneventana, in: Studi di paleografia, diplomatica, storia e araldica in onore di Cesare Manaresi (Mailand 1953), S. 291–307. Von den über 50 in Montecassino erhaltenen Originalen (schon Voigt, S. 4 zählt deren 48; vgl. Pratesi, Presentazione, a. a. O., S. 522, der auf 54 Stücke kommt) fehlen bislang brauchbare Abbildungen; einige Ausschnitte aus dem auch mir jetzt zur Verfügung stehenden Fotomaterial (s. oben Anm. 1) hat de Donato, Appunti (wie Anm. 8) veröffentlicht.

32 Zur Terminologie vgl. Dahlhaus (wie Anm. 2) S. 9 m. Anm. 13, der allerdings die Eingangszeile zum Hauptkörper der Papsturkunde hinzurechnet.

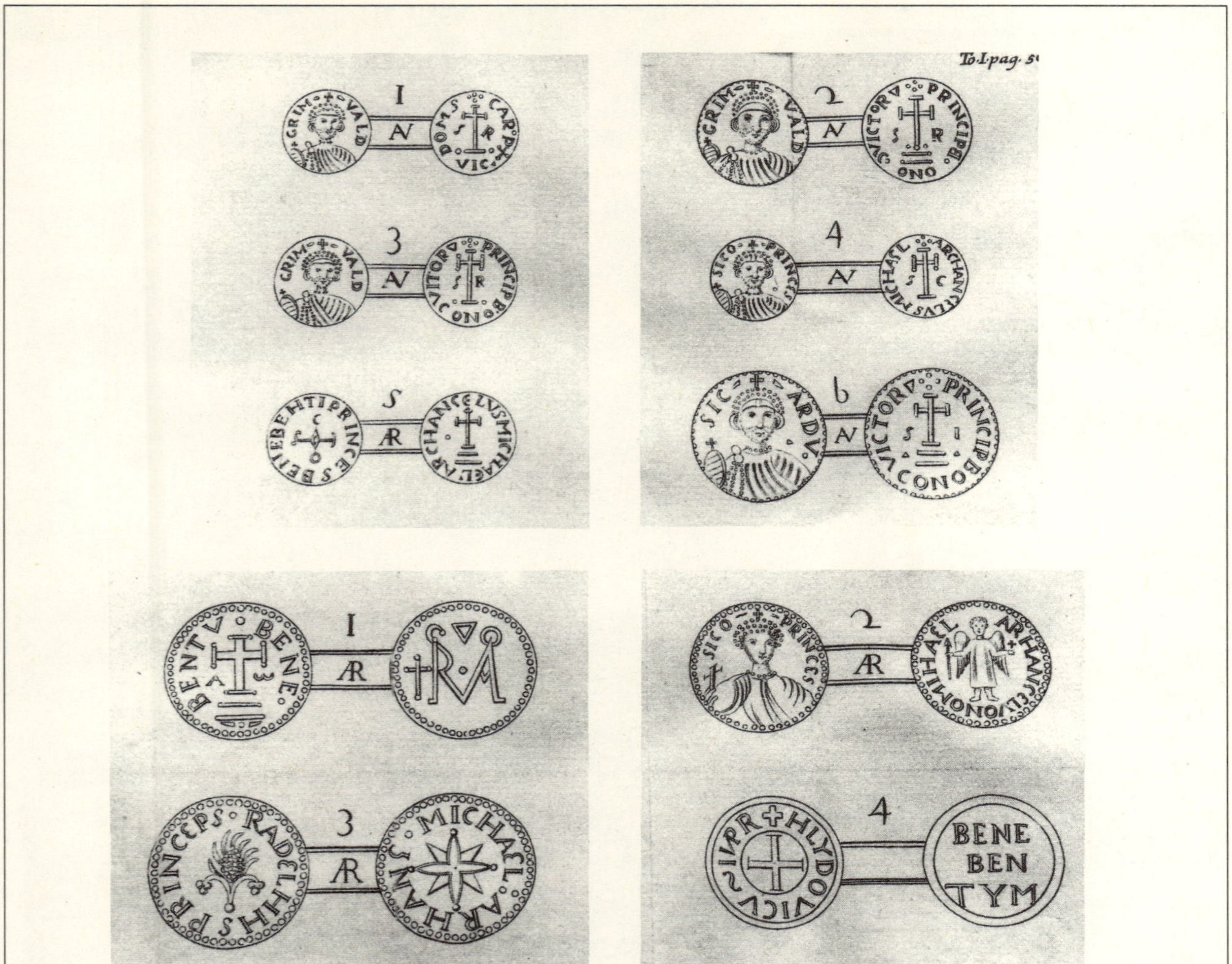

Abb. 5 *Namensmonogramm auf beneventanischen Münzen. Sico v. Benevent 817–832 (aus: E. A. Arslan, La monetazione [Magistra Barbaritas. I barbari in Italia, Milano 1984, S. 413–444] Abb. 360)*

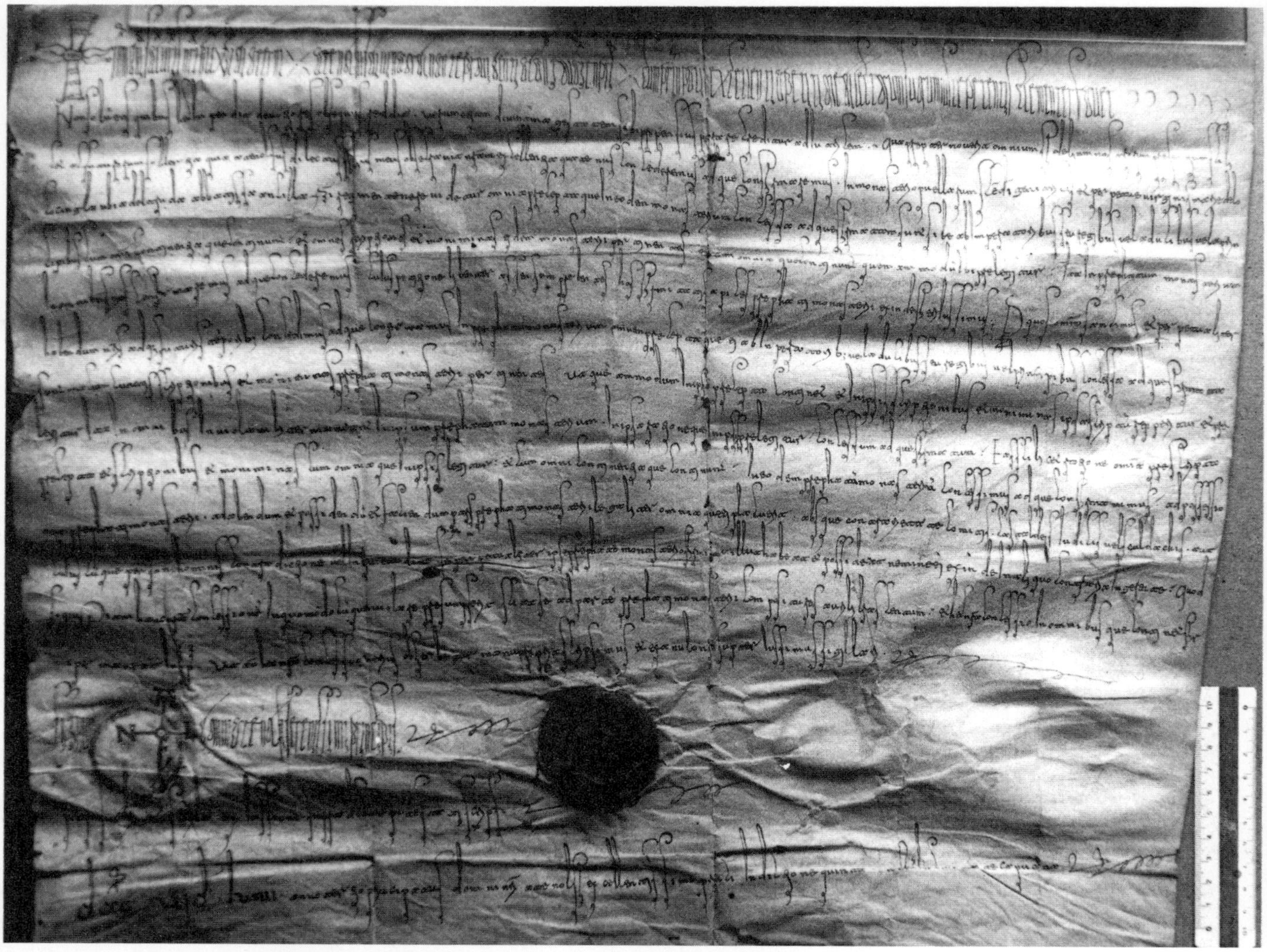

Abb. 6 *Feierliches Privileg Atenolfs I. v. Capua a. 902 Juni 9 (Voigt Nr. 123)*

beginnend mit *Dat.* und endend mit der Monatsangabe[33], in allen in Capua ausgestellten Urkunden in vergrößerter Minuskelschrift geschrieben sind (Abb. 9) – offensichtlich eine ähnliche Datumsauszeichnung, wie wir sie bereits in dem älteren Präzept kennengelernt hatten[34]. Die übrigen Teile der Datierung sind wieder in normaler Textschrift gehalten. Das abschließende Actum beschließt entweder die Datumzeile (so immer in Capua) oder es wird (so in Benevent seit dem Ende des 10. Jahrhunderts) mitten auf die folgende Zeile gesetzt, dann regelmäßig mit eigenartig stilisiertem großen Majuskel-A, das offensichtlich dieselbe Funktion der Actum-Auszeichnung hat wie das manirierte kursive a des älteren Präzeptes (Abb. 2a–b, vgl. Abb. 11).

Wenn auch der optische Gesamteindruck des neuen feierlichen Privilegs sowie die gleichzeitigen Änderungen im Urkundenformular den Einfluß der fränkischen Kaiserurkunde, wie er den südlangobardischen Fürsten in der zweiten Hälfte des 9. Jahrhunderts vor allem durch Kaiser Ludwig II. (Abb. 12) und die Widonen vermittelt worden sein muß, widerspiegelt[35], so kann

33 Zum Beispiel *Dat. VII. Id. Septemb.*; vgl. die folgende Anmerkung.

34 Vgl. die Abbildungen bei De Donato, Appunti (wie Anm. 8) Tafel V, 1–5, sowie Tafel VI, 1–3. De Donato nimmt an, daß die Datierung von einer leitenden Kanzleikraft eingetragen wurde, die nur in Capua, nicht aber in Benevent, dem »Nebensitz« der neuen Dynastie, tätig geworden sei, stützt sich bei seinem Urteil allerdings nur auf das Fotomaterial. Diese Hypothese hält einer Überprüfung an dem im Archiv von Montecassino befindlichen Originalen nicht stand; die in Auszeichnungsschrift gehaltene Tagesdatierung stammt ausnahmslos von der Hand des Kontextschreibers.

35 De Donato, Appunti (wie Anm. 8) Tafel II und III, stellt nebeneinander das genannte Privileg Atenolfs I. (Voigt Nr. 121) und ein Diplom König Berengars I. von 912 Juli 23, ed. Luigi Schiaparelli, I diplomi di Berengario I (Fonti per la storia d'Italia 35) Rom 1903, Nr. 84.

Abb. 7a–b *Zierkreuze. – a) Paldolf I. u. Landolf III. a. 968 Oktober 7, Capua (Voigt Nr. 166); Höhe: 4,5 cm, Breite: 2,5 cm. – b) Paldolf I. u. Landolf IV. a. 969 Juli 16, Benevent (Voigt Nr. 167); Höhe: 6,7 cm, Breite: 5,7 cm*

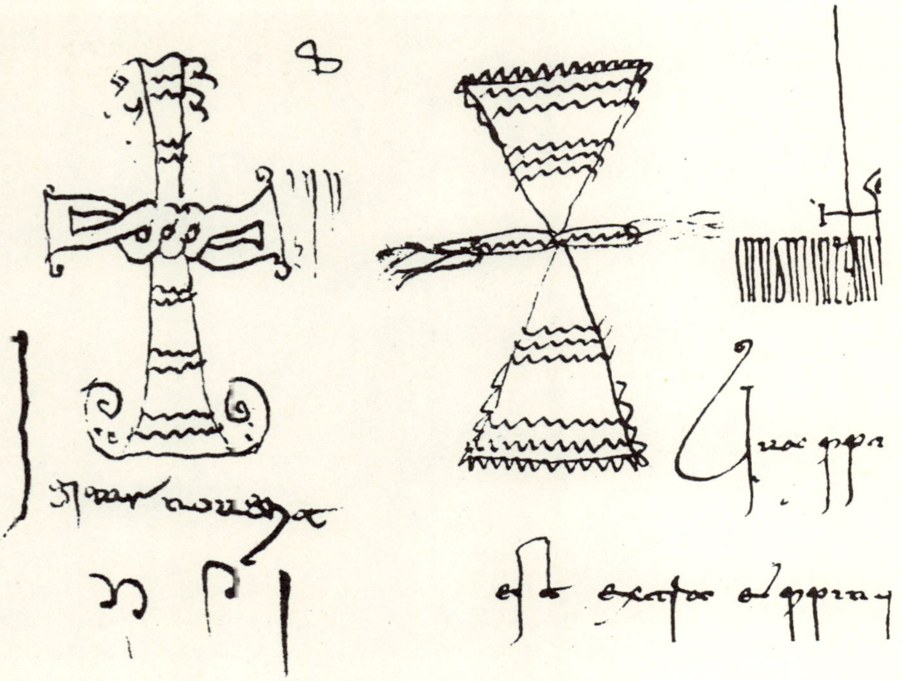

man von einer pauschalen Übernahme fränkischer Urkundenformeln und äußerer Merkmale doch nicht sprechen. Im Unterschied zur fränkischen Herrscherurkunde fehlt vor allem die Rekognitionszeile mit dem auffälligen Rekognitionszeichen, dem sogen. Bienenkorb[36]. Das Kreuzmonogramm des Fürsten geht stilistisch kaum auf das jüngere, seit Ludwig d. Fr. übliche fränkische Kastenmonogramm zurück (vgl. Abb. 12), sondern ist genuin langobardischen Ursprungs, in seiner Ausführung in roter Tinte sogar byzantinisch beeinflußt[37]. Anstelle des fränkischen Chrismon[38] finden wir das große Zierkreuz (Abb. 7a–b), das seine Herkunft aus dem schlichten Eingangskreuz der älteren langobardischen Präzepte nicht leugnen kann.

Auch in der in Elongata gehaltenen Eingangszeile sind die paläographischen Unterschiede zur fränkischen Herrscherurkunde, insbesondere was die säuberliche Scheidung der einzelnen Protokollteile anbelangt, nicht zu übersehen[39]. Schließlich entbehren auch die graphische Betonung des Datum sowie das auffällige Majuskel-A im Actum jeder westlichen Grundlage, sind vielmehr genuinen Ursprungs.

a) Das Zierkreuz

Über den invokatorischen Charakter des großen, die Urkunde einleitenden Zierkreuzes, das mir in anderen Herrscherurkunden noch nicht begegnet ist, sind weiter keine Worte zu verlieren (Abb. 7a–b). Daß die jeweiligen Verzierungen des teilweise über 8 cm hohen Kreuzes (Abb. 10) von individuellen Schreibereigentümlichkeiten bestimmt sind – in den von den capuanischen Schreibern ausgestellten Urkunden stärker als in jenen der beneventanischen Schreiber –, hat bereits Voigt betont[40].

39 Die fränkische Herrscherurkunde trennt die einzelnen Protokollteile kaum voneinander und bemüht sich auch nicht, die komplette Arenga in die verlängerte Schrift der ersten Zeile unterzubringen (vgl. Abb. 12). Die kurze Standardversion der Arenga des südlangobardischen Privilegs, die schon wegen ihrer sprachlich unkorrekten Fassung (Elipse) ihre Herkunft aus einer ursprünglich längeren Version nicht leugnen kann, resultiert aber gerade aus den Bestrebungen der Schreiber, die Kopfzeile genau mit der Arenga enden zu lassen, die Arenga also nicht in die zweite Zeile hinüberzunehmen. Vgl. dazu auch meinen in Anm. 1 zit. Beitrag. Die Einführung der Eingangszeile in Elongata in Benevent um 900 kann auch byzantinischen Einfluß widerspiegeln, wo wir eine vergleichbare Hervorhebung der Eingangszeile in Protokoll- oder Perpendikularschrift kennen. Vgl. Dölger, Karayannopulos (wie Anm. 20) S. 33 f. mit Tafeln 7–8.

40 Voigt (wie Anm. 8) S. 19.

36 Der auch in der Abbildung der Urkunde Berengars I. von 912 – trotz aller Reduktion und Verwilderung – deutlich zu erkennen ist. Faksimile der Urkunden der italischen Kaiser der zweiten Hälfte des 9. Jahrhunderts enthält vol. IX des Archivio paleografico italiano, bes. fasc. 41 (Rom 1913) (vgl. etwa Tafeln 2, 14, 53–55, 57–61 u. 66 mit Urkunden der Kaiser Wido und Lambert); Urkunden Ludwigs II. enthält der fasc. 54 (Rom 1936).

37 Zur Verwendung der roten Tinte in den byzantinischen Kaiserurkunden vgl. Dölger, Karayannopulos (wie Anm. 20) S. 28–31.

38 Zur Genese des älteren fränkischen Chrismon und seiner Weiterentwicklung in der Kanzlei Ludwigs II. von Ostfranken vgl. Erika Eisenlohr (in diesem Band); s. auch die Übersicht im Lexikon des Mittelalters II (1983), Sp. 1905.

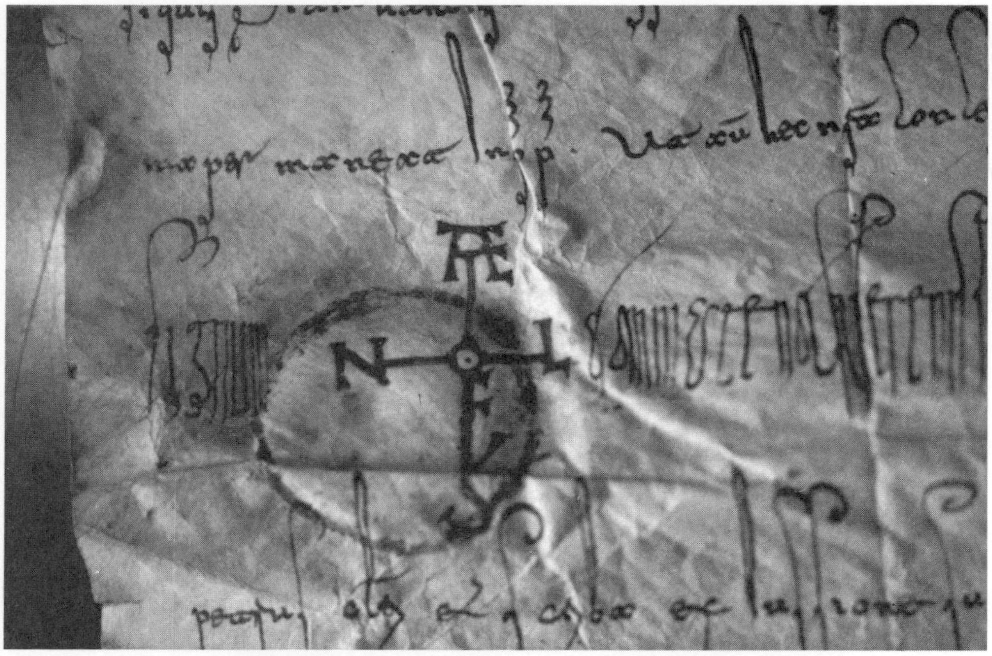

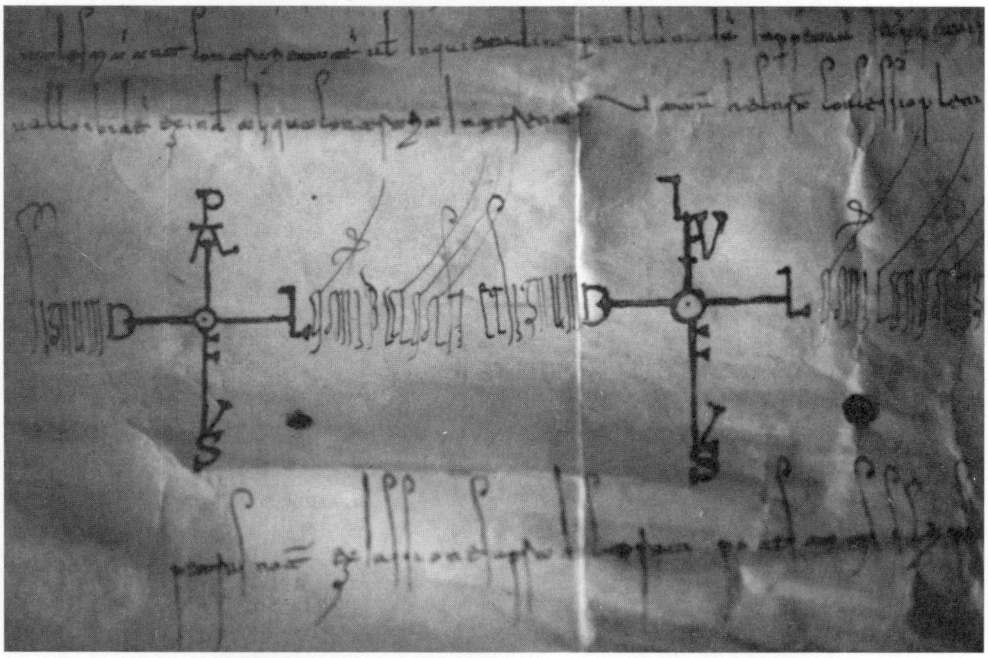

Abb. 8a–b *Unterschriftsmonogramme. – a) Landolf I. u. Atenolf II. a. 928 April 25, Capua (Voigt Nr. 133; Höhe: 7,5 cm, Breite: 6 cm. – b) Atenolf III. a. 943 Januar 30, Benevent (Voigt Nr. 138); Höhe: 7,5 cm, Breite: 6,5 cm*

b) Das Monogramm

Das bis auf wenige Ausnahmen in roter Tinte gezeichnete Kreuzmonogramm (Abb. 8a–b) ist das auffälligste Hoheits- und Herrschaftszeichen, das die südlangobardische Fürstenurkunde hervorgebracht hat. Seine Herkunft vom Reverssiegel des älteren langobardischen Präzeptes[41], das seinerseits auf byzantinischen Traditionen fußt[42], steht genauso fest wie sein korroborativer, eine Unterschrift ersetzender Charakter. Bei der Herstellung der Urkunde wurde der nötige Platz für das bis zu 8 cm große Monogramm ausgespart, das

41 So schon Pratesi, Cancellerie (wie Anm. 8) S. 55. Zu vergleichbaren langobardischen Münzprägungen vgl. oben S. 390.

42 Zu Kreuzmonogrammen auf byzantinischen Münzen s. Philip Grierson, Byzantine Coins. Berkeley–Los Angeles 1982, bes. S. 33f., 212f.; Catalogue of the Byzantine Coins in the Dumbarton Oaks Collection and in the Whittemore Collection, vol. III: Leo III to Nicephorus III 717–1081, by Philip Grierson, part I: Leo III to Michael III (717–867); part 2: Basil I to

Abb. 9 *Schlußdatierung in capuanischen Privilegien in vergrößerter Kontextschrift. Paldolf I. u. Landolf III. a. 968 Oktober 7, Capua (Voigt Nr. 166)*

Zentrum und die vier Endpunkte der Kreuzbalken wurden mit normaler Tinte markiert[43]. Ob das Monogramm von einer höhergestellten Kanzleikraft gezeichnet wurde, wie dies Voigt vermutet[44], oder ob es gar vom Fürsten selbst gezeichnet wurde, wie dies Pratesi erwägt[45], läßt sich noch nicht abschließend beantworten. Daß die Fürsten in irgendeiner Form an der Herstellung des Monogramms beteiligt waren, dafür spricht vor allem der Wortlaut der Corroboratio, die an dieser Stelle in charakteristischer Weise von der Corroboratio der fränkischen Herrscherurkunde abweicht, indem der Fürst betont, daß er *manu propria scripsimus*[46].

Wenn gelegentlich zwei Monogramme gezeichnet wurden, so ist von der Anwesenheit der beiden in der Intitulatio genannten Fürsten auszugehen. Als Aussteller im engeren Sinne hat immer nur derjenige (von zwei oder drei in der Intitulatio genannten Fürsten) zu gelten, dessen Monogramm eingetragen wurde[47]. Zu lesen ist das Monogramm immer von oben zur Mitte links über das Zentrum nach Mitte rechts und zum Schluß nach unten, wobei die drei Buchstaben der Mittelachse in der Regel N–O–L bzw. D–O–L lauten[48].

c) Actum-Zeichen

Wenig Aufmerksamkeit hat bislang jenes auffällige, übergroße und stark stilisierte A gefunden, das zahlreiche in Benevent *in sacro palatio* ausgestellte feierliche Privilegien seit der Mitte des 10. Jahrhunderts kennzeichnet[49]. Es hebt am Ende der Urkunde die Actum-Angabe hervor, die seit dem Ende des 10. Jahrhunderts zumeist in einer abschließenden Extrazeile ganz auf die Mitte des Pergaments gerückt wird (Abb. 11). Graphisch ähnelt es vor allem in seinen älteren Beispielen eher einem Majuskel-M als einem A, auch wenn es paläographisch aus dem gewöhnlichen A der Capitalis, wie sie als Auszeichnungsschrift in den Privilegien für einzelne Buchstaben immer wieder begegnet, hervorgegangen ist.

Nicephorus III (867–1081). Washington DC 1973, passim (vgl. den Index V in Teil 2, S. 883: Herrschermonogramme); Wolfgang Hahn, Moneta imperii Byzantini. Von Heraclius bis Leo III. Alleinregierung (610–720) (Österreichische Akademie der Wissenschaften. Veröffentlichungen der numismatischen Kommission X: Moneta imperii Byzantini, 3. Teil). Wien 1981, bes. S. 100, 120f. mit Tafeln 10 u. 19. Zahlreiche byzantinische Bleisiegel mit Kreuzmonogrammen verzeichnen G. Zacos, A. Veglery, Byzantine Lead Seals, vol. I, 3 Teile u. Tafelband. Basel 1972, bes. Teil 1, S. 365–486 (mit den zugehörigen Tafeln).

43 Vgl. Voigt (wie Anm. 8) S. 21.

44 Voigt (wie Anm. 8) S. 7, 22, denkt noch an den in der Herzogszeit als Diktator begegnenden Referendar, was eher unwahrscheinlich ist; vgl. de Donato, Appunti (wie Anm. 8) S. 401; Pratesi, Cancellerie (wie Anm. 8) S. 51f.

45 Pratesi, Cancellerie (wie Anm. 8) S. 51f.

46 Vgl. Voigt (wie Anm. 8) S. 49; de Donato, Appunti (wie Anm. 8) S. 403. In der fränkischen Corroboratio heißt es stattdessen: *manu propria (con-) firmavimus*.

47 Vgl. Voigt (wie Anm. 8) S. 22.

48 ATE – N-O-L – FUS bzw. PAN – D-O-L – FUS oder LAN – D-O-L – FUS etc.; vgl. Abb. 8a–b.

49 Voigt (wie Anm. 8) S. 18 notiert beiläufig das Phänomen und möchte es auf individuelle Schreibereigentümlichkeiten zurückführen. Mir scheint, daß die Behauptung des Leo Marsicanus (oben Anm. 15), Arichis habe als erster seine Urkunden *in sacratissimo nostro palatio* datiert – was ja nachweislich falsch ist –, sich auf diese auffällige Schlußzeile mit dem übergroßen Majuskel-A bezieht, die nach der Auffassung des Cassineser Chronisten also von Arichis eingeführt worden sei (was natürlich gleichermaßen falsch ist).

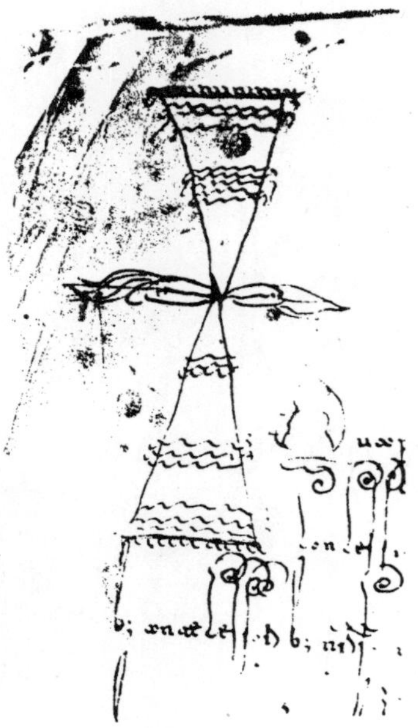

Abb. 10 *Zierkreuz. Landolf I., Atenolf II. u. Landolf II. a. 943 Januar 30, Benevent (Voigt Nr. 137); Höhe: 8,3 cm, Breite: 5 cm*

Ähnlich wie in den älteren Präzepten, wo Monats- und Indiktionsangabe hervorgehoben waren, wird durch das Actum-Zeichen der Schlußteil der Urkunde, wo direkt aufeinanderfolgend Datum und Ausstellort genannt werden, betont. Daß zwischen beiden Phänomenen ein Zusammenhang besteht, zeigt sich in den in Capua nach 900 ausgestellten Urkunden, wo nie das Actum, dafür aber zu Beginn der Schlußzeile das Datum mit Tages- und Monatsangabe graphisch ausgezeichnet wird[50].

Eine ähnlich markante Hervorhebung des Actum-A kennzeichnet schon das ältere Präzept, und zwar unabhängig davon, ob es in Benevent oder *in sacro Salernitano palatio* ausgestellt war. Allerdings finden wir dort kein Majuskel-A, sondern die manirierte Erweiterung eines übergeschriebenen kursiven a (Abb. 2a–b), das im ältesten Original (810) auch noch im übrigen Kontext zu finden ist (Abb. 1)[51]. Das bizarre Actum-A scheint sich organisch aus dem kursiven übergeschriebenen a der älteren südlangobardischen Schrift entwickelt zu haben; es soll den mit dem Actum eingeleiteten Schlußteil der Urkunde hervorheben, vielleicht beim Betrachter auch den Eindruck der Besonderheit hervorrufen, vergleichbar etwa mit der Funktion der Reservatbuchstaben der byzantinischen Kanzlei[52].

Wegen des allmählichen Auftauchens des Majuskel-A in der zweiten Hälfte des 10. Jahrhunderts und seiner organischen Entwicklung zu immer auffälligeren Formen wird es formal nicht mehr mit dem älteren kursiven a zusammenhängen, das ja um 900 aus den Urkunden verschwunden ist, aber das Bestreben, im Einklang mit älteren Traditionen und beeinflußt vielleicht auch von der salernitanischen Datumsauszeichnung, den Schlußteil der Urkunde zu betonen, in dem Datum und Ort genannt werden, ist offenkundig.

Das Majuskel-A in den beneventanischen Privilegien der capuanischen Dynastie zählt genauso wie die Hervorhebung der Datumsangabe in den in Capua ausgestellten Stücken und auch wie die Auszeichnung von Monats- und Tagesangabe in den Salernitaner Präzepten zu jenen äußeren Merkmalen und graphischen Zeichen, die die jüngere südlangobardische Urkunde ihren älteren Vorläufern verdankt und die wir nicht fränkischem Einfluß zuschreiben dürfen. In all diesen Fällen haben wir es mit dem mehr oder weniger gelungenen Versuch der Schreiber zu tun, den Schlußteil der Urkunde hervorzuheben.

d) P(er)-Kürzung

In diesem Zusammenhang ist zum Schluß noch eine vergleichbare graphische Hervorhebung eines anderen Urkundenteils zu erwähnen. Schon in den ältesten erhaltenen feierlichen Privilegien der Capuaner Dynastie – ganz gleich, ob sie in Capua oder in Benevent ausgestellt wurden – wird der Beginn der Dispositio durch eine auffällig große P(er)-Kürzung markiert (Abb. 14)[53]. Auch bei dieser P(er)-Kürzung, die sich noch in den letzten überlieferten Privilegien des 11. Jahrhunderts findet, handelt es sich um eine eigenständige langobardisch-capuanische Besonderheit, für die ich keine Vorbilder namhaft machen kann.

50 Vgl. oben S. 398. In den Urkunden der Fürsten von Salerno verschwindet die Actum-Formel um die Jahrtausendwende, als sich der Wortlaut des Schlußprotokolls ändert und das Wort »Actum« jetzt gar nicht mehr erscheint.

51 Dieses manirierte kursive a wurde gegen Ende des 9. Jahrhunderts anscheinend schon garnicht mehr als solches verstanden, sondern als einfacher Hervorhebungsschnörkel angesehen. In dem Präzept des Fürsten Radelchis II. von Benevent von 898 August (wie oben Anm. 18) geht der Schnörkel einem ausgeschriebenen *actu(m)* voraus und ist zudem nach unten verlängert (vgl. Abb. 13). In dem von Waimar I. 899 August in Salerno ausgestelltem Stück fehlt das bizarre a bereits völlig; es wird in Salerno in der Folgezeit auch nicht mehr aufgegriffen, vielmehr entwickelt sich hier die ältere langobardische Datumsauszeichnung zu immer auffälligerer Größe.

52 Dazu Dölger, Karayannopulos (wie Anm. 20) S. 33.

53 *P(er) quos omnino sancimus et perpetualiter habendum nostris adque futuris temporibus concedimus adque confirmamus* ... (so schon in Voigt Nr. 123, Capua 902 Juni 9).

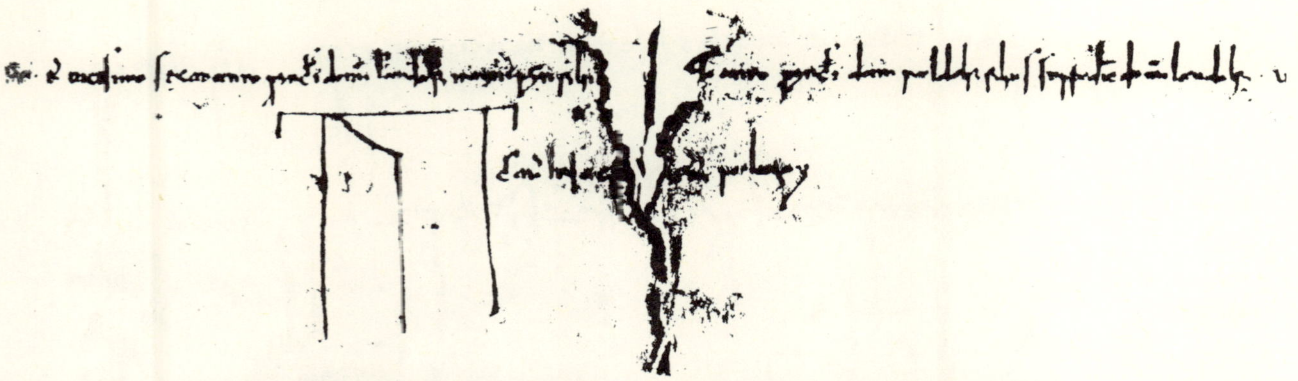

Abb. 11 *Actum-A (großes Majuskel-A im geometrischen Stil). Paldolf II., Landolf V. u. Paldolf III. v. Benevent a. 1012 Dezember 18 (Voigt Nr. 188)*

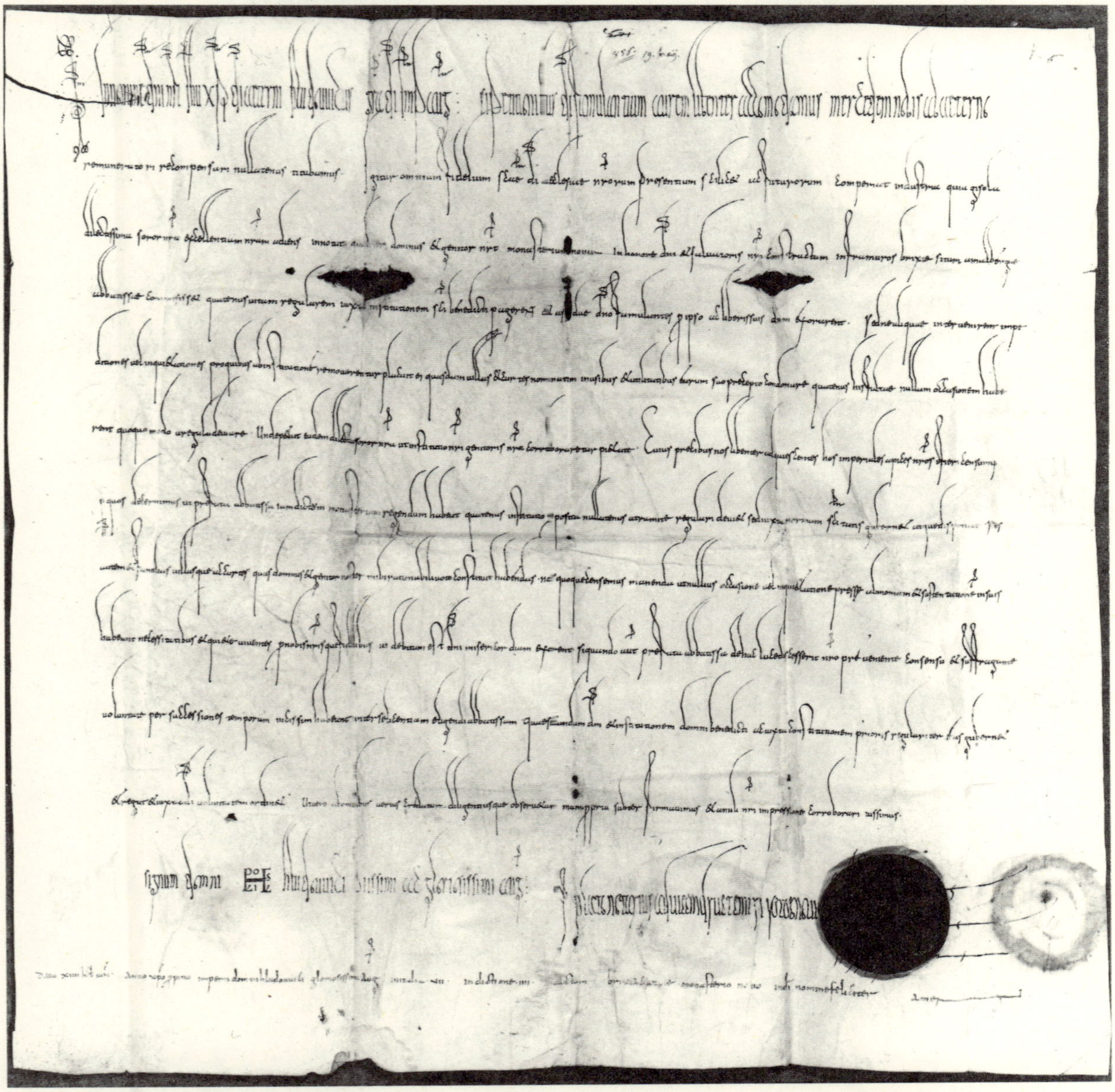

Abb. 12 *Diplom Kaiser Ludwigs II. a. 856 Mai 19 (B-Zi 153)*

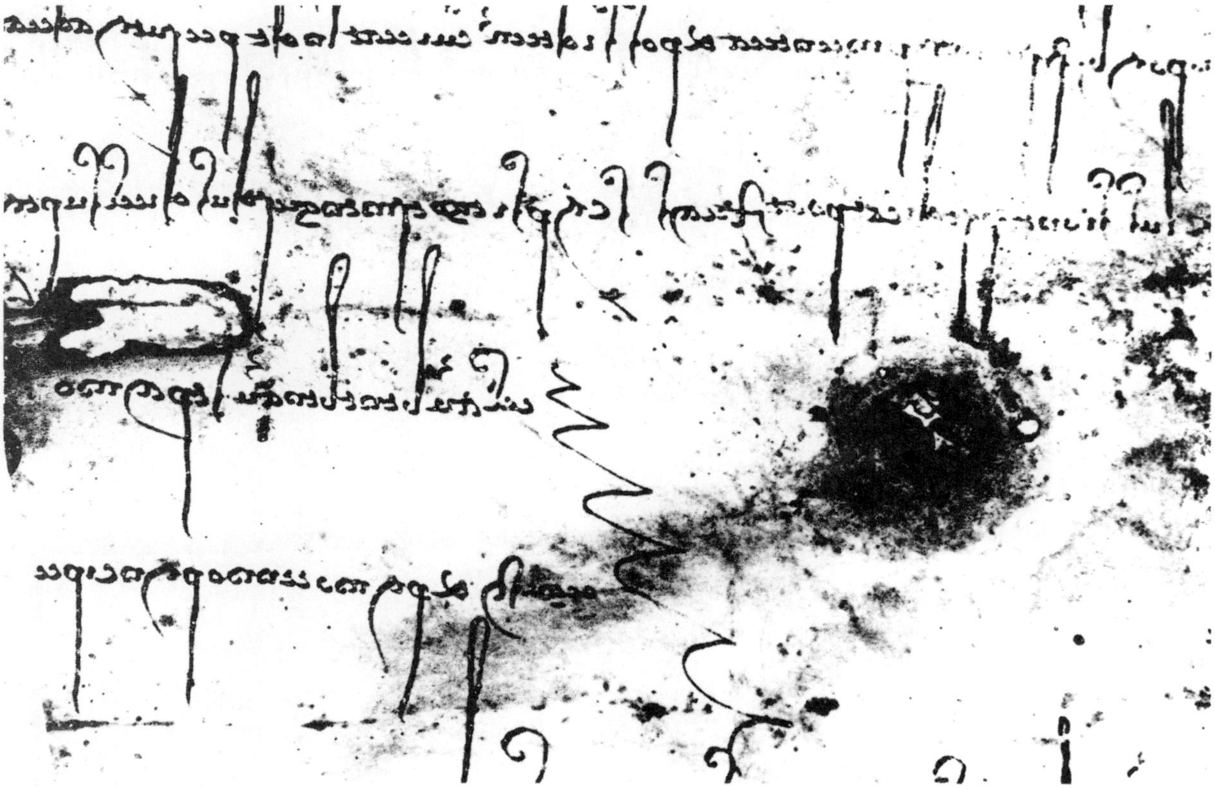

Abb. 13 *Abundante Actum-Schlangenlinie. Radelchis II. a. 898 Juni (Archivio paleografico italiano fasc. 67, Taf. 28 [wie Anm. 18])*

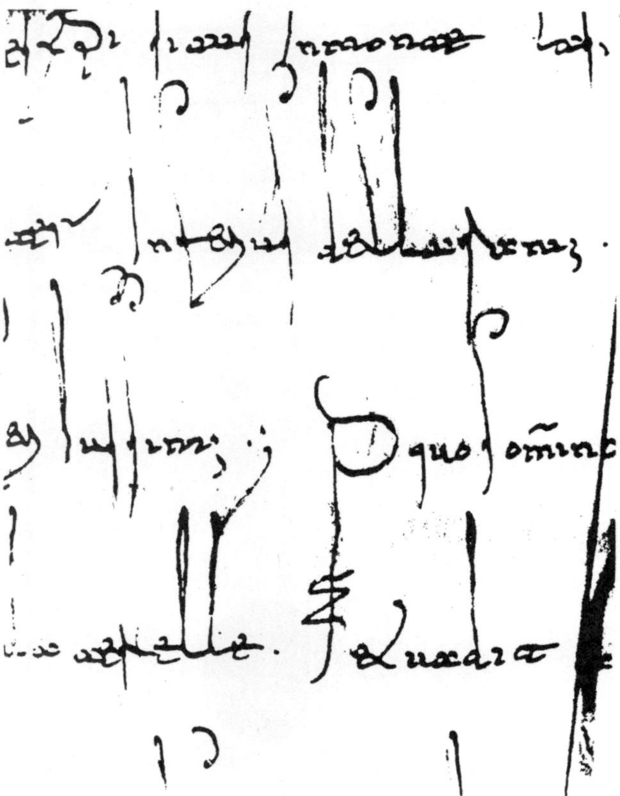

Abb. 14 *Große P(er)-Kürzung zu Beginn der Dispositio. Pandolf I. u. Landolf III. a. 963 Oktober 16, Capua (*Voigt *Nr. 155)*

Graphische Symbole in päpstlichen Urkunden (mit Ausnahme der Rota)

Von Thomas Frenz

Im päpstlichen Urkundenwesen[1] spielen graphische Symbole nur eine untergeordnete Rolle. In nennenswertem Umfang sind sie nur in Urkunden von ca. 1050 bis ca. 1200 zu finden; nach 1300 kommen sie praktisch nicht mehr vor. Aber auch in den Urkunden, die graphische Symbole aufweisen, haben diese Zeichen – anders als etwa in den Herrscherurkunden aus dem Gebiet des karolingischen Reiches oder gar von Spanien, Süditalien oder Byzanz[2] – keine rechtliche Funktion: keine Formel weist auf sie hin, und ihr Vorhandensein oder eventuelles Fehlen hat keine Auswirkung auf die Gültigkeit der Urkunde. Das Wesen der päpstlichen Urkunde ist vielmehr rein verbal; ihre Beglaubigung erfolgt allein durch das päpstliche Siegel.

Die Geschichte der päpstlichen Urkunden gliedert sich in zwei Epochen, deren Grenze in der Mitte des 11. Jahrhunderts liegt, als unter Leo IX. (1049–1054) vor allem das Eschatokoll der Urkunden stark umgestaltet wird. Die Verwendung graphischer Symbole wird von diesen Veränderungen aber nur teilweise berührt. Es scheint daher sinnvoll, zunächst in der gebotenen Kürze die verschiedenen Urkundenarten vorzustellen und dann die einzelnen graphischen Symbole ohne Rücksicht auf die Zeitgrenze zu untersuchen.

I. Päpstliche Urkundenarten

Die älteste Form der päpstlichen Urkunden erwächst in ungebrochener Kontinuität aus der antiken römischen Briefform, wie sie bereits die im Neuen Testament enthaltenen Briefe[3] aufweisen. Demnach folgt auf die Intitulatio und die Adresse im Dativ eine Grußformel, und den Abschluß bildet nach der Datierung ein (im Prinzip eigenhändiger) Segenswunsch des Ausstellers (*BENE VALETE*); diese Unterschrift nennt also nicht den Namen des Papstes, der nur in der Intitulatio und auf dem Siegel erscheint. Christlicher Brauch stellt der ganzen Urkunde gerne eine (in echten Stücken nur symbolische) Invocatio voraus. Eine Erweiterung dieser Briefform bilden die seit Hadrian I. (772–795) bekannten Privilegien. Die Stelle der Grußformel nimmt in ihnen in der Regel eine Verewigungsformel (*IN PERPETUUM*) ein. Die Datierung erscheint verdoppelt: am Ende des Textes ist zunächst eine knapp formulierte Scriptumformel[4] gesetzt (an die sich sofort der Segenswunsch anschließt), und dann folgt, auch optisch getrennt, eine ausführliche Datumformel mit Nennung des Datars. Die Urkunden dieser ältesten Zeit sind in der Regel auf Papyrus geschrieben; Origi-

1 Allgemein zu den Papsturkunden vgl. Thomas Frenz, Papsturkunden des Mittelalters und der Neuzeit, Stuttgart 1986 (Historische Grundwissenschaften in Einzeldarstellungen 2), bes. §§ 7–20, 25 mit weiteren Literaturangaben; geringfügig veränderte italienische Übersetzung davon unter dem Titel: I documenti pontifici nel medioevo e nell' età moderna, Città del Vaticano 1989 (Littera antiqua 6). Zuvor Harry Bresslau, Handbuch der Urkundenlehre für Deutschland und Italien, 3 Bde., Berlin [4]1968/9 = [3]1958/60 = [2]1911/31, bes. II 414ff.; Ludwig Schmitz-Kallenberg, Die Lehre von den Papsturkunden, Berlin [2]1913 (Grundriß der Geschichtswissenschaft I, 2 S. 56–116), S. 74ff.; Arthur Giry, Manuel de diplomatique, Paris 1894 (verkleinerter ND Hildesheim 1972), S. 661ff.; Paulus Rabikauskas, Diplomatica Pontificia, Rom [4]1980, S. 91ff.; Peter Herde, Beiträge zum päpstlichen Kanzlei- und Urkundenwesen im dreizehnten Jahrhundert, Kallmünz [2]1967 (Münchener Historische Studien, Abteilung Geschichtl. Hilfswissenschaften 1), S. 57ff.; Julius von Pflugk-Harttung, Die Bullen der Päpste bis zum Ende des zwölften Jahrhunderts, Gotha 1901 (verkleinerter ND Hildesheim 1976); Bruno Katterbach, Wilhelm M. Peitz, Die Unterschriften der Päpste und Kardinäle in den »Bullae maiores« vom 11. bis 14. Jahrhundert, in: Miscellanea Francesco Ehrle IV, Rom 1924 (Studi e testi 40), S. 177–274; F. Kaltenbrunner, Bemerkungen über die äußeren Merkmale der Papsturkunden des 12. Jahrhunderts, in: MIÖG 1 (1880), 373–410; Wilhelm Diekamp, Zum päpstlichen Urkundenwesen des XI., XII. und der ersten Hälfte des XIII. Jahrhunderts, in: MIÖG 3 (1882) 565–627 und Tafel; Leo Santifaller, Über die Neugestaltung der äußeren Form der Papstprivilegien unter Leo IX., in: Festschrift Hermann Wiesflecker, Graz 1973, S. 29–38.

2 Vgl. die Beiträge in diesem Band.

3 Außer den Paulusbriefen und den sog. katholischen Briefen auch das in der Apg. 15, 23–29 mitgeteilte Schreiben. Der Segenswunsch steht allerdings oft innerhalb des Textes, da die Briefe zahlreiche Postskripta aufweisen.

4 Z.B. *Scriptum per manum Gregorii ... in mense Maio indictione nona*. Das abschließende a der Ordinalzahl ist graphisch wichtig, vgl. unten S. 403 Nr. 5.

nale sind daher nur höchst selten erhalten[5]. Eine ganz abweichende Form haben die Beurkundungen der Synodalbeschlüsse; da indes kein Original einer solchen Urkunde erhalten ist, sind sie für unseren Gegenstand ohne Bedeutung.

Die Umgestaltung der äußeren Form unter Leo IX. (1049–1054)[6] betrifft vornehmlich die Privilegien, wobei sich neben dem vollausgebildeten Typus – den »feierlichen Privilegien« in der Terminologie der Diplomatik[7] – auch reduzierte Formen (»einfache Privilegien«) entwickeln, die aber für unsere Zwecke außer Betracht bleiben können, weil die Reduzierung gerade zu Lasten der graphischen Zeichen geht. Das Bestreben der Kanzlei geht dahin, das Protokoll der Privilegien vollständig in der ersten Zeile unterzubringen, deren Text also mit dem Papstnamen beginnt und mit der Verewigungsformel *IN PERPETUUM* endet sowie insgesamt durch eine besondere Schrift hervorgehoben wird. Die Scriptumformel am Schluß des Kontextes kommt außer Gebrauch; an ihrer Statt setzt sich als Abschluß des Textes ein dreifaches *AMEN* durch, wobei Zeilenschluß hergestellt wird. Die vom Text getrennte Datumformel bleibt erhalten und wird sogar noch, z. B. durch Nennung des Ortes, erweitert. Am spektakulärsten sind aber die Veränderungen des Segenswunsches, der völlig umgestaltet wird: an seine Stelle treten bis zu drei graphische Zeichen, eine Rota auf der linken und ein Monogramm und das sog. Komma auf der rechten Seite der Urkunde. Über die Rota handelt ein eigener Beitrag in diesem Band[8]; sie ist deshalb hier nur insoweit von Interesse, als die in den Ring der Rota eingeschriebene Devise oben mit einem Kreuz beginnt, dessen mögliche eigenhändige Eintragung durch den Papst im Zusammenhang mit der übrigen Entwicklung des Eschatokolls zu erörtern ist. Das Monogramm wird nicht aus dem Namen und/oder Titel des Papstes gebildet, sondern aus den beiden Wörtern des Segenswunsches *BENE VALETE*. Das sog. Komma, das übrigens recht bald wieder aus den Urkunden verschwindet, ist ein recht eigentümlich gestaltetes Zeichen, dessen Deutung als Interpunktion keineswegs gesichert ist[9].

Von den Tagen Urbans II. (1088–1099) an ist eine neue Erweiterung der Privilegienform zu beobachten: zwischen Rota und Monogramm und zeitlich erst nach diesen ausgeführt, tritt die Namensunterschrift des Papstes. Seit Paschalis II. (1099–1118) ist sie ständiges Merkmal der Privilegien. Ihre Formulierung (*Ego Paschalis catholice ecclesie episcopus subscripsi*) läßt auf eine Herkunft aus den Synodaldekreten schließen; beweisbar ist dies aber nicht. Zu dieser päpstlichen Unterschrift treten im Laufe der ersten Jahrzehnte des 12. Jahrhunderts (erstmals unter Paschalis II.)[10] weitere, analog formulierte Unterschriften von Kurienprälaten hinzu, wobei anfänglich auch Bischöfe und Äbte, seit der Zeit Innozenz' II. (1130–1143) aber nur noch Kardinäle zugelassen werden. Die rechtliche Frage, ob sich hierin ein Konsensrecht des Kardinalskollegiums zu den päpstlichen Entscheidungen manifestiert, kann hier nicht erörtert werden. Unter Innozenz II. ist das System dann voll ausgebildet: die Kardinäle unterschreiben nach den *ordines* getrennt in drei Kolumnen – die Kardinalbischöfe in der Mitte (der Papst also gewissermaßen als erster Kardinalbischof), die Kardinalpriester links, die Kardinaldiakone rechts –, und innerhalb des *ordo* richtet sich die Reihenfolge nach

5 Faksimile-Wiedergaben in: Pontificum Romanorum diplomata papyracea, quae supersunt in tabulariis Hispaniae, Italiae, Germaniae, Rom 1929; P. Kehr, Die ältesten Papsturkunden Spaniens, Berlin 1926; A. Brackmann, Papsturkunden, Leipzig 1914 (Urkunden und Siegel in Nachbildungen für den akademischen Gebrauch 2), Taf. 1–2; Franz Steffens, Lateinische Paläographie, Berlin ^{2}1929 (ND Berlin 1964), Taf. 58; Giulio Battelli, Acta Pontificum, Città del Vaticano ^{2}1965 (Exempla scripturarum 3) Taf. 1–4; Leo Santifaller, Chronologisches Verzeichnis der Urkunden Papst Johanns XIX., in: Römische Historische Mitteilungen 1 (1965/7), 35–76, Abb.; Richard Seider, Paläographie der lateinischen Papyri, Bd. 1, Stuttgart 1972, S. 134f. Nr. 66 Taf. XL. Eine Reihe von anderen Arbeiten war mir aus bibliothekstechnischen Gründen nicht zugänglich.

6 Faksimile-Ausgaben für die Zeit von Leo IX. bis vor Paschalis II.: Battelli (wie Anm. 5), Taf. 5; Steffens (wie Anm. 5), Taf. 73; Brackmann (wie Anm. 5), Taf. 3; Heilig Kreuz Donauwörth, 950 Jahre Kreuzpartikel, 1979, S. 19; Sigrid Müller-Christensen, Das Grab des Papstes Clemens II. im Dom zu Bamberg, 1960, Abb. 14; Emil von Ottenthal, Das Brandolo-Privileg Leo's IX., in: MIÖG 36 (1915), 288–311 und 2 Tafeln nach S. 404; 1100 Jahre Österreichische und Europäische Geschichte, Wien 1949 (Publikationen des österreichischen Staatsarchivs 1,1), Taf. 4 sowie der Tafelanhang von Leo Santifaller, Quellen und Forschungen zum Urkunden- und Kanzleiwesen Papst Gregors VII., Città del Vaticano 1957 (Studi e testi 190).

7 Eine abweichende Terminologie verwendet Pflugk-Harttung und in seinem Gefolge einige andere Autoren; vgl. dazu Frenz, Papsturkunden (wie Anm. 1) § 5.

8 Vgl. Joachim Dahlhaus, Aufkommen und Bedeutung der Rota in der Papsturkunde, in: Archivum Historiae Pontificiae 27 (1989), S. 7–84.

9 Zur Frage, ob Monogramm und Komma auf das Vorbild der weltlichen Herrscherurkunden zurückgehen, vgl. unten S. 403f. Nr. 6.

10 Die Urkunde JL. 3888 von 998, wo fünf Prälaten, Kaiser Otto III. und der Präfekt Johannes unterschrieben haben, ist irregulär und kann daher außer Betracht bleiben. (JL. = Philipp Jaffé, S. Loewenfeld, Regesta Pontificum Romanorum ab condita ecclesia ad annum post Christum natum MCXCVIII, 2 Bde., Leipzig ^{2}1885/8 [ND Graz 1956]). – Zu den Kardinalsunterschriften vgl. jüngst auch Rudolf Hiestand, Feierliche Privilegien mit divergierenden Kardinalslisten?, in: AD 33 (1987), 239–268.

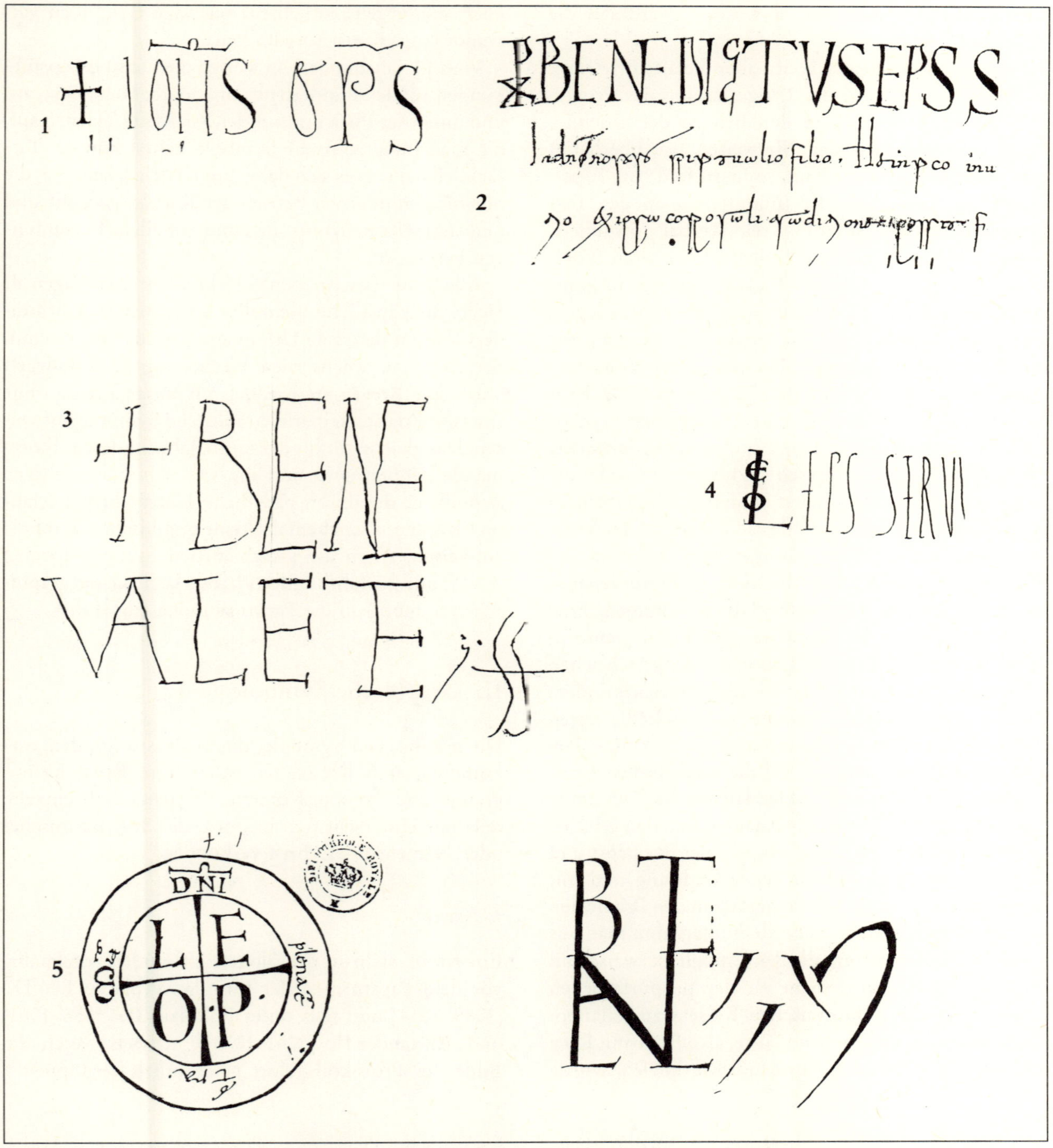

Abb. 1 *Papst Johannes XVIII. für Paderborn, 1005 Dezember, JL 3947 (LBA 4058 = Akzessionsnummer im »Lichtbildarchiv älterer Originalurkunden bis 1250« in Marburg)*

Abb. 2 *Papst Benedikt VIII. für Bamberg, 1014 Februar, JL 4001 (LBA 1493)*

Abb. 3 *Papst Benedikt VIII. für Bamberg, 1014 Februar, JL 4001 (LBA 1493)*

Abb. 4 *Papst Leo IX. für Gorze, 1051 Januar 15, JL 4250 (LBA 6021)*

Abb. 5 *Papst Leo IX. für Gorze, 1051 Januar 15, JL 4250 (LBA 6021)* dem Dienstalter, wobei für abwesende Kardinäle die Zeile freigehalten wird.

Neben den Privilegien bleibt aber die alte Briefform erhalten, nur fällt seit der Umgestaltung des Privilegien-Eschatokolls auch in den Briefen der abschließende Segenswunsch weg. Sie weisen also überhaupt kein graphisches Zeichen auf, sondern sind vom Papstnamen bis zum Ende der (unmittelbar an den Text angeschlossenen) Datierung rein verbal formuliert. Dies gilt auch für die sog. Bullen (im engeren Wortsinn), die um die Mitte des 13. Jahrhunderts aufkommen und äußerlich ein Mittelding zwischen Privilegien und Briefen darstellen: die erste Zeile enthält die Intitulatio, keine Adresse, aber eine Verewigungsformel (gewöhnlich: *AD PERPETUAM REI MEMORIAM*) und wird durch besondere Schrift hervorgehoben; das Eschatokoll entbehrt jedoch aller Merkmale, die für die Privilegien typisch sind, vielmehr endet die Urkunde mit der unmittelbar an den Text angeschlossenen Datierung. Im Laufe des 14. Jahrhunderts kommen die Bullen immer häufiger vor, während die Privilegien schon im 13. Jahrhundert selten werden und im 14. Jahrhundert ganz außer Übung kommen. Eine Wiederaufnahme von Elementen der Privilegienform findet sich seit 1439: um die Union mit der griechischen Kirche auf dem Konzil von Florenz zu beurkunden, wurden zweisprachige Urkunden ausgestellt, deren rechte Hälften eine byzantinische Kaiserurkunde darstellten, in deren unterem Teil die griechischen Konzilsväter unterschrieben[11]. Der lateinische Teil stellte eine päpstliche Bulle dar; als Analogon zu den griechischen Unterschriften unterfertigten hier der Papst und die Kardinäle, und zwar in jener Ordnung und mit jenen Formulierungen, die seinerzeit in den Privilegien üblich gewesen waren. Außerdem übernahm man aus der alten Privilegienform die Rota, möglicherweise, um ein optisches Gegengewicht zu der purpurfarbenen Unterschrift des byzantinischen Kaisers zu schaffen. Die Gestalt der lateinischen Hälfte, also Bulle mit Rota und Unterschriften von Papst und Kardinälen, wurde auch später gelegentlich für wichtige Urkunden verwandt (sog. Konsistorialbullen).

Vom 13. Jahrhundert an weisen die meisten Papsturkunden auf den Rändern neben und über dem Text, auf und unter der Plica und auf der Rückseite Zeichen auf, die man für graphische Symbole halten könnte. Tatsächlich handelt es sich dabei um Kanzleivermerke, die nur für den internen Betrieb der Kanzlei gedacht sind und stattgehabte Kontrollen und vor allem Taxzahlungen bestätigen.

Alle bisher beschriebenen Urkundentypen tragen als Siegel die päpstliche Bleibulle. Im späten 14. Jahrhundert kommt der neue Urkundentypus der Breven auf, der mit dem wächsernen Fischerringsiegel besiegelt wird. Die Breven sind jedoch für unser Thema ohne Interesse, da sie keinerlei graphische Symbole aufweisen. Das gleiche gilt für das im 15. Jahrhundert aufkommende *Motuproprio* und die *sola signatura* gültigen Suppliken, die durch päpstliche Unterschrift beglaubigt werden, aber ebenfalls keine graphischen Symbole aufweisen. Auch die verschiedenen Kanzleireformen des 19. und 20. Jahrhunderts haben keine neuen graphischen Symbole in die Papsturkunden eingeführt.

II. Graphische Symbole

Die graphischen Symbole, die in Papsturkunden vorkommen, sind Kreuz, Christogramm, Rota, Monogramm und das sog. Komma; sie stehen teils einzeln, teils mit Unterschriften in Form des Segenswunsches oder Namensunterschrift verbunden[12].

1. Kreuz

Ein Kreuz steht in den älteren Urkunden regelmäßig vor dem Papstnamen der Intitulatio (bis zu Leo IX. [1049–1054] und teils unter Nikolaus II. [1058–1061] und Alexander II. [1061–1073]), teilweise auch am Ende des Protokolls, dort gelegentlich verdoppelt[13],

11 Vgl. Thomas Frenz, Exkurs I »Zur Florentiner Unionsbulle. Die Schrift Eugens IV.«, in: Das Eindringen humanistischer Schriftformen in die Urkunden und Akten der päpstlichen Kurie im 15. Jahrhundert, I, AD 19 (1973), 287–418, hier S. 402–404.

12 Für die Untersuchung kommen naturgemäß primär Originale (bzw. Faksimiles) in Frage, da bei Abschriften immer mit einer Anpassung an spätere Gewohnheiten gerechnet werden muß, soweit die graphischen Zeichen überhaupt wiedergegeben sind. Bei entsprechender Vorsicht lassen sich aber auch aus der Kopialüberlieferung Rückschlüsse auf die Form des Originals ziehen; methodisch vorbildlich geschieht dies etwa bei Harald Zimmermann, Papsturkunden 896–1046, 3 Bde., Wien 1984/5/9 (Österreichische Akademie der Wissenschaften, philosophisch-historische Klasse, Denkschriften 174, 177, 198 = Veröffentlichungen der Historischen Kommission 3–5). Verwendbare Angaben aus Werken ohne Abbildungen ferner bei Agustín Millares Carlo, Documentos pontifícios en papiro de archivos catalanes, Madrid 1918; F. Bartoloni, Additiones Kehrianae, in: QFIAB 34 (1954), 31–64, hier S. 35–37; Carl Erdmann, Une bulle sur papyrus du pape Formose en faveur de St. Denis, in: BECh 91 (1930), 301–306, hier S. 304–306; Paul F. Kehr, Diplomatische Miszellen I., in: NGG (1898), 496–505, hier S. 500–502; Julius von Pflugk-Harttung, Das Breve Papst Clemens II. für Romainmôtier, in: NA 11 (1886), 590–594.

13 So JL. 3516. – Vgl. auch Julius von Pflugk-Harttung, Die Schriftarten und Eingangszeichen der Papstbullen im früheren Mittelalter, AZ 12 (1887), 59–74, bes. S. 71–74. – Siehe dazu Abb. 1.

mitunter sogar zwischen Intitulatio und Adresse. Ein Kreuz leitet ferner das *BENEVALETE* ein (bis zur Mitte des 11. Jahrhunderts) und beschließt es (bis zum 9. Jahrhundert). Auch die Datumzeile kann durch ein Kreuz eingeleitet werden[14]; vgl. aber anschließend Nr. 2, 3 und 5. Mit einem Kreuz beginnen ferner die Devise innerhalb der Rota und die Kardinalsunterschriften; siehe dazu unten Nr. 8. Formal ist das Kreuz eher ein lateinisches als ein griechisches Kreuz; es kann durch Querbalken oder Keile an den Enden, Punkte in den vier Winkeln, einen Kreis am linken Balken und ähnliches verziert werden und wird mitunter in einer Weise umgestaltet, die seine Herkunft nur noch schwer erkennen läßt, besonders durch die Kardinäle[15].

2. Christogramm

In einigen Fällen wird das einfache Kreuz durch ein Christogramm ersetzt, und zwar entweder durch ein reguläres Chi-Rho oder durch eine Form, die durch einen zusätzlichen Querbalken das Chi-Rho mit dem Kreuz verbindet bzw. nur einen Querstrich durch den Schaft des Rho setzt. Das Christogramm kommt vor allem um die Jahrtausendwende vor, also bei den von Otto III. eingesetzten Päpsten[16]. Manchmal erscheinen Kreuz und Christogramm[17].

3. Monogrammatische Schreibung des Papstnamens

Sie kommt nur in einigen Urkunden Leos IX. vor (E und O sitzen auf dem Längsbalken des L)[18]; dem Namen geht dann kein Kreuz voraus.

4. Rota

Über die Formentwicklung der Rota ist hier im einzelnen nicht zu handeln, ebenso wenig über die Frage eventueller Vorbilder in Urkunden anderer Aussteller[19]. Sie lediglich als Umbildung des dem Segenswunsch vorangehenden Kreuzes zu deuten, erscheint mir jedoch zu einfach. Zum Kreuz im Ring der Rota vgl. unten Nr. 8.

5. Ausgeschriebener Segenswunsch

Der Liber Diurnus[20] bietet sowohl für die ehrenden Prädikate beim Adressatennamen und die Grußformel als auch für den Segenswunsch eine Fülle von teils ausführlichen Formulierungen an. In den erhaltenen echten Originalen kommt aber nur noch die Variante *BENE VALETE* vor[21]. Die Formel schließt sich vor der Jahrtausendwende unmittelbar an die Scriptumformel an, deren auslautendes *a* in der Ordinalzahl der Indiktion besonders groß geschrieben wird[22]. Bis zu Benedikt VIII. (1012–1024) wird die Formel üblicherweise auf zwei Zeilen aufgeteilt (*BENE/UALETE*; unter Johann XIII. [965–972][23] auch *BENEVA/LETE*[24]), danach in eine Zeile gesetzt. Die Schrift ist im 9. Jahrhundert die Unziale, später eine meist schlanke Capitalis, gern mit kleinen Querstrichen an den Schaftenden; dabei können einzelne Buchstabenpaare in Ligatur geschrieben sein (*NE*, *VA*, *TE*). Hinter dem Segenswunsch steht bis ins 9. Jahrhundert ein Kreuz, im 1. Viertel des 11. Jahrhunderts teils ein Zeichen, das sich als doppeltes *s* (= subscripsi) deuten läßt und teilweise von Interpunktionszeichen begleitet ist, schließlich in der letzten Zeit vor Leo IX. (1049–1054) nur ein Interpunktionszeichen in sehr variabler Form. Die Schreibung in einer oder zwei Zeilen, die Verwendung oder Vermeidung von Ligaturen und die Zeichen nach dem Segenswunsch sind durchaus für den jeweiligen Papst charakeristisch. Trotzdem erlaubt die geringe Zahl der Beispiele kein Urteil darüber, ob der Papst die Unterschrift eigenhändig ausgeführt hat; ob sich der eigenhändige Anteil des Papstes vielleicht auf die Interpunktion oder das *subscripsi* beschränkt hat[25], ist ebenfalls nicht eindeutig zu ermitteln.

6. Monogramm

Im Monogramm ist der Segenswunsch *BENE VALETE* zu einem Zeichen zusammengefaßt. Grundform des Monogramms ist das N; die Zuordnung der übrigen Buchstaben schwankt etwas und steht durchaus im Belieben des Schreibers bzw. der Kanzlei[26]. Das

14 Unter Umständen mit dem D zu einem Zeichen verschmolzen, so JE. 2551. – Siehe Abb. 3.

15 Vgl. Abb. 7.

16 JL. 3888, 3918, 3927. Vor der Intitulatio auch noch später (JL. 3993 von 1012, JL. 4019 von 1017, JL. 4036 von 1020/2, JL. 4070 von 1028, JL. 4109 von 1037). – Siehe Abb. 2.

17 JL. 3888 vor dem *BENEVALETE*.

18 Andeutungsweise auch bei Benedikt VIII. (JL. 4036). – Siehe Abb. 4.

19 Vgl. oben Anm. 8. – Siehe auch Abb. 5, 6 und 7.

20 Vgl. Frenz, Papsturkunden (wie Anm. 1) §§ 57f. mit weiteren Literaturangaben.

21 Auch bei Schreiben an einen einzelnen Empfänger. – Siehe Abb. 3.

22 Teilweise wird der Schaft des a waagerecht durchstrichen, so daß auch hier ein Kreuz entsteht. Als unter Gregor V. und Silvester II. das *BENEVALETE* von diesem *a* abrückt, wird der Querstrich schwungvoll bis zum Zeilenende ausgezogen.

23 JL. 3746, 3747.

24 Merkwürdig ist, daß in zwei Beispielen (JL. 3888 von 998 und JL. 3927 von 1002) *VALETE* zwar in der zweiten Zeile steht, zwischen A und L aber eine Lücke gelassen ist.

25 So Giry (wie Anm. 1) S. 671.

26 Siehe Abb. 5, 6 und 7.

6

7

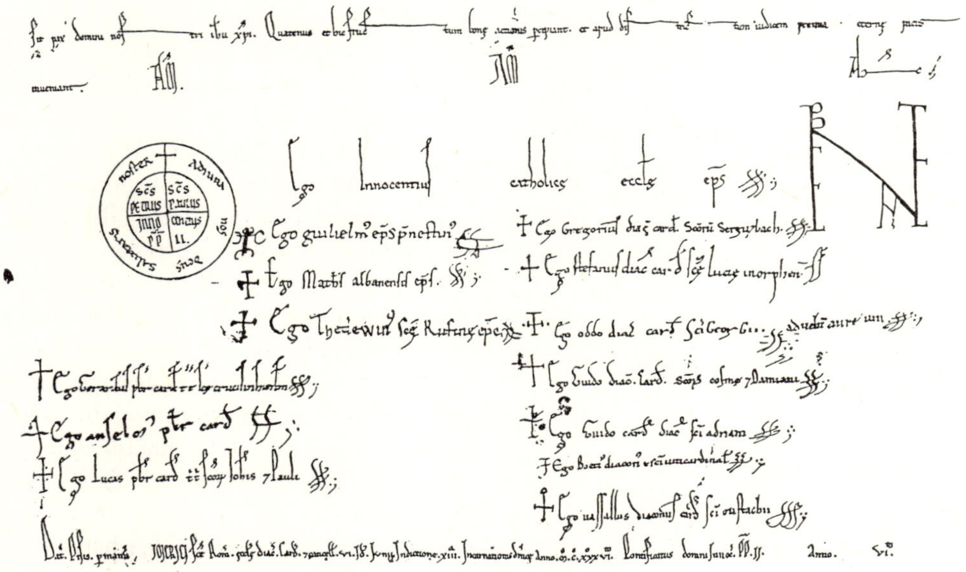

Abb. 6 *Papst Viktor II. für Fulda, 1057 Februar 9, JL 4364 (LBA 5487)*

Abb. 7 *Papst Innozenz II. für St. Maurice, 1136 Juni 8, Pisa, JL 7704 (LBA 13958)*

Monogramm gehört zum normalen Bestand des Privilegien-Eschatokolls. Es kann aber vereinzelt auch fehlen, so unter Alexander II. und fast regelmäßig unter Gregor VII. (1073–1085); die Rota rückt dann in die Mittelachse der Urkunde. Es liegt nahe, die Monogramm-Form aus dem Monogramm der kaiserlichen und/oder französischen Kanzlei abzuleiten[27]. Eine mechanische Übernahme ist aber abzulehnen, da das päpstliche Monogramm keinerlei eigenhändige Beteiligung des Papstes nach Art des Vollziehungsstrichs aufweist und auch nicht in einen erläuternden Text (Signumzeile) eingeschlossen ist. In den Ligaturen des ausgeschriebenen Segenswunsches (vgl. Nr. 5) eine Vorform des Monogramms sehen zu wollen, halte ich für abwegig[28].

7. Komma

Das sog. Komma[29] steht regelmäßig in den Privilegien von Leo IX. bis zu Benedikt X. (1058); unter Nikolaus II. (1058–1061) und Alexander II. (1061–1073) fehlt es teilweise, unter Gregor VII. (1073–1085) fast immer, wobei Urkunden ohne Monogramm stets auch kein Komma haben. Clemens (III.) (= Wibert,

27 Vgl. Wilhelm Erben, Die Kaiser- und Königsurkunden des Mittelalters in Deutschland, Frankreich und Italien, München 1907 (ND Darmstadt 1967), S. 145 ff.; Georges Tessier, Diplomatique royale française, Paris 1962, S. 91–94, 221 f.

28 So Pflugk-Harttung, Komma (wie Anm. 29) S. 434.

29 Julius von Pflugk-Harttung, Das Komma auf päpstlichen Urkunden, in: MIÖG 5 (1884), 434–440. – Siehe Abb. 5 und 6.

1080–1100) läßt dagegen stets Monogramm und Komma setzen, wie ja Herrscher mit anfechtbarer Legitimität stets besonders auf die Kanzleimäßigkeit ihrer Urkunden achten. Mit Urban II. (1088–1099) verschwindet das Komma aus den Privilegien. Die Form des Kommas variiert: üblicherweise besteht es aus drei im Dreieck angeordneten Punkten oder Keilen und einem sichelförmigen Haken[30] oder einem dieser Elemente. Unter Viktor II. (1055–1057) wird der Haken durch eine liegende Schlangenlinie (seitenverkehrtes S) ersetzt. Die übliche, aber wenig befriedigende Deutung führt das Komma auf die Interpunktion zurück, die das ausgeschriebene *BENEVALETE* abschloß; die abweichende Gestalt unter Viktor II. wäre dann ein Rückgriff auf das im ersten Jahrhundertviertel übliche *subscripsi*. Wenn man das Vorbild der Urkunden Leos IX. (1049–1054) im Eschatokoll der Kaiserurkunden sieht, käme als Anregung für das Komma das *signum speciale* in Frage, das gerade zur Zeit Heinrichs III. in Gebrauch war[31].

8. Namensunterschriften

Silvester II. (999–1003) setzt zu seinem *BENEVALETE* eine Namensunterschrift in tironischen Noten (silbentachygraphisch) hinzu: *Silvester Gerbertus / Romanus episcopus ss*[32]. Danach erscheint eine Namensunterschrift des Papstes erstmals wieder unter Alexander II. (1061–1073) – als Ersatz für die Rota[33] –, aber nur sporadisch und z. B. nie unter Gregor VII. (1073–1085). Von Paschalis II. (1099–1118) an wird die eigenhändige Namensunterschrift des Papstes regulärer Bestandteil der Privilegien. Der Papst leistet dadurch sogar eine doppelte Unterschrift, da er auch die Devise eigenhändig in die Rota einträgt. Dem *Ego* der Unterschrift geht jedoch kein Kreuz voraus, sondern das Kreuz zu Beginn der Devise wird auch als Teil der Namensunterschrift angesehen. In derselben Weise (eigenhändige Devise in der Rota und Unterschrift) wurde es auch unter den folgenden Päpsten bis zu Cölestin II. (1143–1144) gehalten[34]. Eine Unterbrechung bildet nur die kurze Regierungszeit Gelasius' II. (1118–1119), der weder Rota noch Monogramm setzen ließ, sondern nach seiner Unterschrift eigenhändig seine Devise anfügte[35]; diese Irregularität ist wohl durch die besonderen Umstände seines Pontifikats bedingt[36]. Lucius II. (1144–1145) war, möglicherweise aus Altersgründen[37], nicht in der Lage, die Unterschriften in der bisherigen Weise zu leisten: er beschränkte sich auf die eigenhändige Eintragung des Kreuzes zu Beginn der Devise, des *Ego* am Anfang und des *subscripsi* am Schluß der Namensunterschrift. Eugen III. (1145–1153) vollzog wieder die ganze Namensunterschrift; das schwierige Eintragen der Devise, wobei der Schreiber infolge der Kreisform über die noch feuchte Tinte hinweggreifen muß, überließ jedoch auch er der Kanzlei und setzte nur das Kreuz eigenhändig[38]. Anastasius IV. (1153–1154)[39], der wiederum in sehr hohem Alter Papst wurde, ließ auch die Unterschrift durch die Kanzlei vorschreiben und ergänzte nur das Kreuz in der Rota und in der Regel das E von *Ego*. Hadrian IV. (1154–1159) folgte dem Beispiel Eugens III. Die aus dem Schisma von 1159 hervorgegangenen Päpste verhielten sich sehr unterschiedlich: Alexander III. (1159–1181) setzte (aus unbekannten Gründen) nur das Kreuz und das E von *Ego* eigenhändig, während seine Gegenpäpste außer dem Kreuz auch die gesamte Unterschrift eigenhändig vollzogen. Mit Alexander III., der siegreich aus dem Schisma hervorging, setzte sich auch seine Art der Privilegienunterfertigung durch, also nur Kreuz und E eigenhändig. Dabei blieb es auch in der folgenden Zeit.

Auch die Kardinalsunterschriften[40] beginnen seit der Zeit Gelasius' II. (1118–1119) immer mit einem Kreuz. Die Kardinäle unterschreiben grundsätzlich eigenhändig; nur in Ausnahmefällen beschränken sie sich auf das Kreuz und das *Ego*. In den Konsistorialbullen sind die Unterschriften von Papst und Kardinälen vollständig eigenhändig; der Papst beteiligt sich aber nicht mehr an der Rota.

30 Der Haken läßt an die *con*-Kürzung (= *confirmamus* o. ä.?) denken; eine Deutung des Kommas im Sinne tironischer Noten ist bisher noch nicht versucht worden.

31 Zum *signum speciale* vgl. ERBEN (wie Anm. 27) S. 157f.; MGH DD V (= Heinrich III.) S. XXXVIII–XLI.

32 Vgl. Paul EWALD, Zur Diplomatik Silvesters II., in: NA 9 (1884), 321–357, bes. S. 323–331, und Tafel; ferner Pontificum … (wie Anm. 5) Nr. 11 und 12.

33 So GIRY (wie Anm. 1) S. 678.

34 Vgl. Abb. 7.

35 So KATTERBACH, PEITZ (wie Anm. 1) S. 187f. mit Abb. 10.

36 Vgl. u. a. Richard KROHN, Der päpstliche Kanzler Johannes von Gaeta (Gelasius II.), Diss. phil. Marburg 1918.

37 Vgl. G. SCHWAIGER, Lucius II., in: ²LThK VI, Sp. 1176.

38 Die Devise wurde erst eingetragen, nachdem der Papst sein Kreuz gemacht hatte. GIRY (wie Anm. 1) S. 677.

39 Vgl. G. SCHWAIGER, Anastasius IV., in: ²LThK I, Sp. 493.

40 Vgl. ebenfalls Abb. 7.

Aufkommen und Bedeutung der Rota in der Papsturkunde[1]

Von Joachim Dahlhaus

I. Das Eschatokoll der Papstprivilegien und seine Neugestaltung unter Leo IX.

Das Jahr 1049, in dem der Bischof Bruno von Toul als Leo IX. den Stuhl Petri bestieg, gilt als Epoche in der Geschichte des päpstlichen Urkundenwesens, nicht zuletzt, weil sich damals die äußere Erscheinung der Privilegien in auffälliger Weise änderte[2].

Am Schluß der Privilegien stehen bis zum Pontifikatsbeginn Leos gewöhnlich die Scriptumformel, die Datumformel und dazwischen mit voraufgehendem Kreuz der Wunsch BENE VALETE, an dessen Fertigung der Papst etwa seit der Jahrtausendwende mit eigener Hand mitgewirkt zu haben scheint (Abb. 1).

Alle im Original überlieferten Privilegien Leos[3] dagegen ermangeln des Schreibervermerks und zeigen das »Bene valete« in ein Monogramm verwandelt, das im allgemeinen von einer überdimensionierten Interpunktion – dem »Komma« – begleitet ist, und das Vorderkreuz durch eine Figur ersetzt, für die sich die Bezeichnung »Rota« eingebürgert hat. Die Rota besteht aus zwei konzentrischen Kreisen und einem gleicharmigen Innenkreuz mit der Inschrift L|E||O · P · (*papa*) in den Quadranten und der Umschrift Mīa DN̄I plena ē t̄ra. (*Misericordia Domini plena est terra.*) im Ring (Abb. 2).

Die neuen Zeichen wurden von Leos Nachfolgern beibehalten, doch kam das Komma schon im 11. Jahrhundert wieder ab; Rota und Monogramm blieben Merkmale der (feierlichen) Privilegien.

Nachdem die Ausführung der Rota erheblich geschwankt hatte, verfestigte sie sich seit Paschalis II.: SC̄S PETRUS | SC̄S PAULUS in den oberen Quadranten, Name, Titel und Ordnungszahl des Papstes in den unteren, eine Devise als Umschrift, der oben im Ring ein kleines Kreuz voraufgeht (Abb. 3). Bruno Katterbach und Wilhelm Maria Peitz haben gezeigt[4], daß Paschalis II. und seine Nachfolger bis zu Coelestin II. eigenhändig die Rota mit Ringkreuz und Devise versahen und die nun übliche Namensunterschrift schrieben und daß die folgenden Päpste den autographen Anteil reduzierten.

II. Die Rota in bisheriger Sicht

Die wichtigsten der Unterfertigungszeichen, die das Gesicht der Papstprivilegien seit 1049 prägen, werden zum ersten Mal explizit erwähnt von Alberich von Montecassino: Wohl 1075 nennt er als Ausstattung päpstlicher Privilegien *monogramma ..., quod est: ›bene valete‹*, und *quosdam ... orbiculos antistitis nomen et paucula divina verba continentes*[5].

1 Der folgende Text, den ich am 26. September 1989 auf dem 3. Internationalen Marburger Kolloquium für Historische Hilfswissenschaften vorgetragen habe, ist eine Kurzfassung meines mittlerweile im Archivum Historiae Pontificiae 27 (1989), S. 7–84 erschienenen Aufsatzes »Aufkommen und Bedeutung der Rota in den Urkunden des Papstes Leo IX.« (hier zitiert: AHP 27). Die anschließenden Anmerkungen beschränken sich auf die nötigsten Angaben. – Abkürzungen und Siglen sind im allgemeinen wie im Deutschen Archiv für Erforschung des Mittelalters gestaltet. Sonstige:

GP Regesta pontificum Romanorum. Germania pontificia
IP Regesta pontificum Romanorum. Italia pontificia
StA. Staatsarchiv

Die Abbildungen entsprechen den in Marburg gezeigten Dias. Nachweis der Abb. 1, 6, 7a–b, 11–14, 17–21: genannte Institutionen; 2, 8–10: Verfasser; 3–5, 15, 16: genannte Veröffentlichungen.

2 Vgl. insbes. Leo Santifaller, Über die Neugestaltung der äußeren Form der Papstprivilegien unter Leo IX., in: Festschrift Hermann Wiesflecker zum sechzigsten Geburtstag, hg. von Alexander Novotny, Othmar Pickl, Graz 1973, S. 29–38.

3 Zum Bestand siehe unten S. 410.

4 Bruno Katterbach, Wilhelm Maria Peitz, Die Unterschriften der Päpste und Kardinäle in den »Bullae maiores« vom 11. bis 14. Jhdt., in: Miscellanea Francesco Ehrle. Scritti di storia e paleografia ..., vol. IV (Studi e Testi 40), Roma 1924, S. 177–274, 6 Taf. im Anh.

5 Briefsteller und formelbücher des elften bis vierzehnten jahrhunderts, bearb. von Ludwig Rockinger (Quellen und erörterungen zur bayerischen und deutschen geschichte, Bd. IX), Abt. 1, München 1863, S. 37; Peter-Christian Groll, Das Enchiridion de prosis et de rithmis des Alberich von Montecassino und die Anonymi ars dictandi. Phil. Diss. (masch.) Freiburg i. Br. 1963, Teil II, S. 57f.

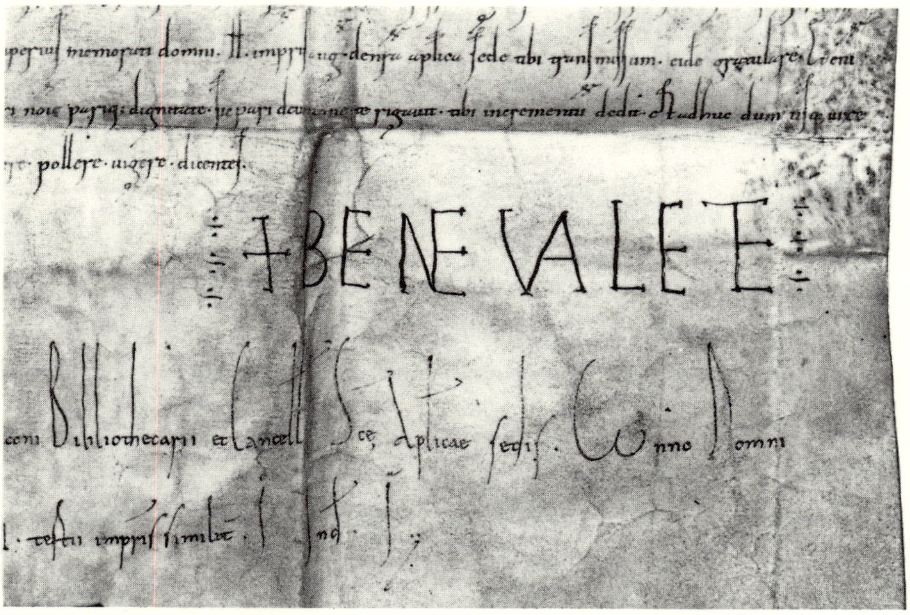

Abb. 1 *Priv. Clemens' II. von 1047 Sept. 24 – Orig.: Bamberg, Bayerisches StA. (bis 1993: München, Bayer. HauptStA.), Bamberger Urk. 112 – Regg.: JL 4149; GP III, p. 252 n. 9 – Hauptkörper ohne Scriptumformel von einem Angehörigen der italischen Kanzlei des Kaisers Heinrich III., Datierung von dem päpstlichen Kanzler Petrus geschrieben; von beiden Teilen sticht der Schlußwunsch samt Beiwerk durch Tinte und Handschrift ab*

Die Bezeichnung dieses Gebildes als *rota* fasse ich zuerst um 1180 in der Schule von Orléans[6], und von der *rota* spricht auch das päpstliche Kanzleibuch aus der Mitte des 14. Jahrhunderts[7].

Jean Mabillon führte die Begriffe *orbiculus*, *circulus* und *circulus major* in die Wissenschaft ein[8] und bestimmte deren Sprachgebrauch, bis Léopold Delisle[9] den Umschwung einleitete.

Die Diplomatik interessierte sich lange nicht für die Herkunft der Rota; maßgebliche Hand- und Lehrbücher wiederholen bloß die Feststellung Wilhelm Diekamps: »... die Rota ... entstand auf Grundlage des Kreuzes, das dem Schlusswunsche bis dahin vorgesetzt wurde«[10].

Engelbert Mühlbacher dachte an eine Einwirkung der Kaiserurkunde[11], Karl Brandi wies auf Siegel süditalischer Langobardenfürsten als mögliche formale Vorbilder hin[12]. Der Rechtshistoriker Herbert Meyer wollte 1934 auch im Hinblick auf Leos deutsche Abkunft das Urkundenzeichen und den Namen der Rota »auf den germanischen Gerichtsring« zurückführen[13].

In der bisher umfangreichsten Spezialstudie zur Rota erklärte Heinz Hartmann[14] es dagegen für nötig, bei der Deutung eines vom Papsttum verwendeten Zeichens die religiöse Seite zu beachten. Hartmann selbst registriert das Kreuz im Ring bei Unterschriften schon in älteren Papsturkunden und sieht »das Gerüst der Rota ... durch das Münzbild ... vollkommen vorgebildet«, wobei er besonders auf Denare des 10./11. Jahrhunderts abhebt, die nicht nur Kreuz und Ring samt Umschrift aufweisen, sondern auch eine Quadrantenfüllung mit Buchstaben oder Buchstabengruppen, die sich etwa zum Namen des Münzherrn oder des Münzortes zusammenschließen (Abb. 4). Daß das Kreuz auf Münzen dieser Zeit ein christliches Symbol sei, entnimmt Hartmann einschlägigen Beischriften. Von daher deutet er die Rota als Zeichen, das für Christus als den König und den Ursprung jeglicher irdischen Macht steht.

6 Rockinger, Briefsteller 1 (wie Anm. 5), S. 111 f.; Johannes Meisenzahl, Die Bedeutung des Bernhard von Meung für das mittelalterliche Notariats- und Schulwesen, seine Urkundenlehre und deren Überlieferung im Rahmen seines Gesamtwerkes. Phil. Diss. (masch.) Würzburg [1960, Bd. II], S. 5+, 7+.

7 Die päpstlichen Kanzleiordnungen von 1200–1500. Gesammelt und hg. von Michael Tangl, Innsbruck 1894, S. 304–306, Formulae CII, CIII, CV.

8 Johannes Mabillon, De re diplomatica libri VI. ..., Luteciae Parisiorum 1681; ²1709, ¹·²p. 112, 129, 166, 444, 446, 619; ²p. 641.

9 Léopold Delisle, Mémoire sur les actes d'Innocent III, in: BECh 19 = 4e sér. 4 (1858), p. 34–35.

10 Wilhelm Diekamp, Zum päpstlichen Urkundenwesen des XI., XII. und der ersten Hälfte des XIII. Jahrhunderts, in: MIÖG 3 (1882), S. 572, vgl. S. 577.

11 Engelbert Mühlbacher, Kaiserurkunde und Papsturkunde, in: MIÖG Erg.-Bd. IV (1893), S. 504.

12 Karl Brandi, Der byzantinische Kaiserbrief aus St. Denis und die Schrift der frühmittelalterlichen Kanzleien. ..., in: AUF 1 (1908), S. 17 Anm. 1.

13 Herbert Meyer, Das Handgemal als Gerichtswahrzeichen des freien Geschlechts bei den Germanen. Untersuchungen über Ahnengrab, Erbhof, Adel und Urkunde (Schriften der Akademie für Deutsches Recht. Gruppe V: Forschungen zum deutschen Recht, Bd. I, H. 1), Weimar 1934, S. 108–110.

14 Hans-Walter Klewitz, Heinz Hartmann, Beiträge zum Urkundenwesen des Reformpapsttums, I: H. H., Über die Entwicklung der Rota, in: AUF 16 (1939), S. 385–412, das Zitat S. 392.

Abb. 2 *Priv. Leos IX. von 1053 Sept. 2 – Orig.: Badia di Cava, Archivio, A 34 – Regg.: JL 4301; IP IX, p. 330–331 n. 1 – Jüngstes sicheres Orig. Leos; Hauptkörper und Zeichnungen von dem Notar Leo IX. C, Datierung vom Kanzler Friedrich, Um- und Inschrift der Rota (Durchmesser: 8,9 cm) vom Aussteller eingetragen*

Carl Erdmann[15] gab zu, daß die Rota »im Kern eine Anrufung Gottes« ausdrückt und für »ihre Gestaltung ... das Vorbild der Münzen« maßgebend war, postulierte aber zugleich einen Anteil altdeutschen symbolischen Rechtsdenkens. Er setzt die Rota in Beziehung zu einem kleinen und als *Signum HECILONIS episcopi* bezeichneten Radkreuz unter einer Hildesheimer Bischofsurkunde von 1054/67 (Abb. 5). Laut Erdmann wurzeln beide Zeichen im Unterschriftskreuz, unterscheiden sich von diesem jedoch, denn sie seien – mit Ausnahme der Devise – nicht vom Urkundenaussteller eingetragen; sie seien Bildzeichen und insofern »dem Wesen der Urkunde an sich widersprechende Elemente«.

Peter Johanek[16] befaßte sich mit der beschrifteten Radfigur, die zwischen Zeugenliste und Datierung einer Urkunde des Würzburger Bischofs Adalbero von 1057 angebracht ist (Abb. 6). Anders als der älteren Forschung scheint sie Johanek nicht direkt von der Rota der Papsturkunden abzuhängen, sondern mit ihr »auf eine gemeinsame Wurzel zurückzugehen: auf die Verwendung von Symbolfiguren bei der Beglaubigung von Urkunden«.

Horst Enzensberger[17] berührte die Rota Leos IX. im Zusammenhang mit jener Rota, die seit 1129 in den Urkunden der Normannenherrscher Süditaliens begegnet. Er sucht das Vorbild für die Papsturkunde wie für das Normannendiplom in Süditalien, arbeitet freilich mit der unrichtigen Prämisse, das erste Leo-Privileg mit Rota sei für einen süditalischen Empfänger bestimmt gewesen, und übersieht, daß die vor 1129 in nichtpäpstlichen Urkunden Süditaliens nachgewiesenen Rotae von Papstrotae abhängen.

Leo Santifaller legte 1973 dar, wie Rota, Monogramm und Großinterpunktion sich im Frühjahr 1049 sukzessive herausbildeten[18]. Mit einer Ergänzung ergibt sich das folgende Bild[19]:

Das älteste datierte Originalprivileg Leos vom 10. Juni enthält bereits alle Elemente. Aus Kopien älterer Urkunden erhellt, daß am 25. März wohl noch in alter Weise unterfertigt wurde, daß am 13. und 18. April die Rota vor noch ausgeschriebenem Bene valete stand (Abb. 7), daß dieses am 7. Mai zum Monogramm zusammengezogen und daß am 20. Mai das Großkomma hinzugetreten war.

Im übrigen wendet Santifaller sich gegen die Lehre, Leo habe (in der Regel wenigstens) eigenhändig die Umschrift in die Rota gesetzt, nimmt stattdessen an, daß »die Eintragung ... in der Regel wohl durch einen ständigen bevollmächtigten Vertreter ... erfolgte«[20].

15 Carl Erdmann, Signum Hecilonis episcopi, in: HJb 60 (1940), S. 441–451, die Zitate S. 449f.

16 Peter Johanek, Die Frühzeit der Siegelurkunde im Bistum Würzburg (Quellen und Forschungen zur Geschichte des Bistums und Hochstifts Würzburg, Bd. XX), Würzburg 1969, S. 24f.

17 Horst Enzensberger, Beiträge zum Kanzlei- und Urkundenwesen der normannischen Herrscher Unteritaliens und Siziliens (Münchener Historische Studien. Abt. Geschichtl. Hilfswissenschaften, Bd. 9), Kallmünz Opf. 1971, bes. S. 77–80.

18 Santifaller (wie Anm. 2), S. 30, 34, 36f.

19 Vgl. AHP 27, S. 74–77 = Anhang B. Die Urkunden Leos IX. und ihre Unterfertigungen bis zum Juni 1049.

20 Santifaller (wie Anm. 2), S. 35.

III. Die eigenhändige Beteiligung Leos IX. an der Unterfertigung seiner Privilegien

Um die Rota angemessen beurteilen zu können, habe ich mich bemüht, den Gesamtbestand der Originalurkunden Leos IX. zu erfassen und die Anteile ihrer Schreiber zu sondern[21].

Von Leo IX. sind einschließlich eines Papyrusfragments 38 sichere Originale erhalten, darunter ein Brief. Ihnen stelle ich ein 1943 verbranntes, aber im Photo bewahrtes Originalprivileg gleich. Bis auf den Brief und drei Privilegien (sowie das Fragment, das nur Rota, Monogramm und Komma zeigt) tragen alle Originale große Datierungen mit Nennung der Kanzler, die die Ausfertigung beaufsichtigten. In den Hauptkörpern und Datierungen trifft man die Hände der Kanzler Petrus und Friedrich, von vier sogenannten Kanzleinotaren, deren jeder zwei oder mehr Ingrossate und deren drei auch Datierungen lieferten, und von zwölf vereinzelten Schreibern.

In 34 der 38 Rotae nun müssen die Umschriften von einer und derselben Hand gemacht worden sein, die keinem der 18 Kanzlei- und Gelegenheitsschreiber gehört haben kann. Während das im Prinzip schon früher erkannt wurde, ging man an einem anderen Phänomen bisher achtlos vorbei: In 33 der 34 Rotae mit Umschriften desselben Urhebers ähneln auch die Inschriften einander in höchstem Maße. Ich schließe, daß die 34 Umschriften und 33 Inschriften von einer einzigen Person eingetragen wurden.

Besonders sinnfällig wird der Konnex von Umschrift und Inschrift in einem Original vom 30. April 1050 (Abb. 8). Es wurde mit drei verschiedenen Tinten gefertigt. Hauptkörper, Rota-Gerüst und Monogramm zeigen hellbraune Tinte. Den Text mundierte ein Gelegenheitsschreiber, und von ihm stammen offensichtlich auch die exzeptionellen Figuren. In der Datierung, deren Tinte mittelbraun ist, erkennt man die Hand des Kanzlers Petrus. Die Umschrift und die Inschrift der Rota sowie das Komma stechen durch ihre dunkle Tinte hervor und sind gemeinsam einem dritten Schreiber zuzurechnen. Damit stellt sich die Frage, ob es auch in anderen Originalen über die Beschriftung der Rota hinaus Einträge dieses Mannes gibt.

In den jüngeren Urkunden hat zumeist der oder ein Schreiber des Hauptkörpers auch Rota-Gerüst, Monogramm und Komma gezeichnet (Abb. 9).

In den sieben Originalen aus dem Jahre 1049 aber, von denen nur vier – und zwar durch Petrus – datiert sind und deren Hauptkörper sich auf fünf Schreiber verteilen, sind die Rotae, wenigstens ihre Innenkreuze, sowie die Monogramme und Interpunktionen derjenigen Person zuzuweisen, die die 34 Rotae beschriftete (Abb. 10). In dieser Person hat man am ehesten den Papst selbst zu erblicken. Andernfalls müßte man glauben, dem Papst sei über fünf Jahre hinweg ein Substitut gleichsam wie ein Schatten gefolgt (vgl. Abb. 11).

Meine Annahme wird gestützt durch Beobachtungen an Urkunden der folgenden Päpste. Die meisten Originalprivilegien Victors II., Nicolaus' II., Alexanders II. und Gregors VII. weisen Rota-Inschriften auf, die in jedem Pontifikat jeweils von einer besonderen

Abb. 3 *Priv. Innocenz' II. von 1140 Jan. 10 – Orig.: Oranienbaum, Landesarchiv, UGAR I, 34 – Photo: Papsturkunden, bearb. von Albert Brackmann (Urkunden und Siegel in Nachbildungen für den akademischen Gebrauch II), Leipzig–Berlin 1914, Taf. VII – Reg.: JL 8072*

21 Vgl. AHP 27, S. 63–73 = Anhang A. Die Originalurkunden Leos IX.: Bestand, äußere Merkmale und Schreiber.

Abb. 4 *Denar Sergius' III. von (905/911) – Photo: Francesco MUNTONI, Le monete dei papi e degli stati pontifici, vol. I, Roma 1972, tav. 3: Sergio III n. 4 – Inschrift in den Quadranten:* R|O||M|A

Hand geschrieben sind: unter Victor und Nicolaus in den oberen Kreuzwinkeln IH̄C|XP̄C (Abb. 12) bzw. XP̄C | UINC̄ (UINCIT), unter Alexander und Gregor auf alle Quadranten verteilt MAGNVS | DN̄S N̄R || ET MAGNA | VIRTVS EĪ (EIVS) (Abb. 13) bzw. Miserationes | tuę dñe (domine) || super om̄a | opera tua. Autogramme Victors sind anderweitig nicht bekannt. Von Nicolaus und Alexander besitzen wir Namensunterschriften, die es gestatten, die Rota-Inschriften den Päpsten beizulegen, und evident ist die Gleichhändigkeit etlicher Devisen Gregors mit Namensunterschriften des Sub- und Archidiakons Hildebrand. Das einzige bekannte Original Benedicts X. enthält kein Wort, das der Aussteller eingetragen haben kann, aber ein Rota-Gerüst, das kaum von Leos einstigem Notar, der sämtliche Texte schrieb und Monogramm und Komma hinzufügte, sondern augenscheinlich von einem anderen gezeichnet wurde – doch wohl vom Papst (Abb. 14).

Mit der Annahme, die unter Leo eingeführten Unterfertigungszeichen seien anfangs ganz oder fast ganz Autogramme des Papstes, erklärt sich schließlich recht gut, warum der Anteil dieses Schreibers bald zurückging, die undatierten Originalprivilegien aber alle zum älteren Typ gehören: Für eine Urkunde, die der Aussteller selbst schon großzügig unterfertigt hatte, schien ein Kanzleivermerk vielleicht weniger nötig; anderseits mag gerade dem Papst das zuerst übernommene Pensum rasch zu groß geworden sein.

IV. Vom Kreuz zur Rota

Die Rota ist zweifellos aus dem Kreuz hervorgegangen, das in den älteren Papstprivilegien vor den Schlußwunsch gesetzt wurde. Das gleicharmige Kreuz inmitten konzentrischer Kreise ist ein altes und verbreitetes Motiv der christlichen Kunst. Als Komposition aus geometrischen Figuren und Schrift aber zeigt die Rota Leos IX. besonders enge Formverwandtschaft mit zeitgenössischen und älteren Münzen. Ich verweise noch darauf, daß eine Münze, die eine Inschrift wie die Rota Leos IX. zeigt, bereits dessen Vorgänger Leo VII. (936–939) zugehört (Abb. 15) und daß Leos IX. Bene valete-Monogramm große Ähnlichkeit mit Namensmonogrammen auf Münzen der Päpste Stephan VI. (VII., 896–897) und Stephan VII. (VIII., 928–931) hat (Abb. 16).

Wir dürfen demnach mit einer Abhängigkeit sowohl der Rota als auch des Monogramms Leos IX. von Münzen – zumal päpstlichen Münzen – rechnen. Das schließt nicht aus, daß die Einführung eines Monogramms ins Papstprivileg und die Ausgestaltung der folgenden Interpunktion von dem Diplom der römisch-deutschen Herrscher angeregt worden ist. Ebenso mag auch die Fortentwicklung des Kreuzes zur Rota an urkundlichen Vorbildern orientiert gewesen sein.

Diese Linie führt zu den in Kreise eingeschlossenen Kreuzen, die sich in Urkunden vor Namensunterschriften oder als *signa manuum* finden. Derartige Zeichen, wie sie auch päpstliche Originalprivilegien von 998 und 1002 tragen[22], begegnen verschiedentlich in römischen Privaturkunden[23] und nichtrömischen Urkunden[24] des 10., 11. und 12. Jahrhunderts. Viele dieser Gebilde entsprechen im Typ durchaus dem *Signum HECILONIS episcopi*, dem daher keine Sonderstellung zuzubilligen ist. Besonders nahe aber kommen der Leo-Rota sienesische und mailändische Placita von 1037 und 1045, in denen die Unterfertigung des Gerichtsvorsitzenden als großes Kreuz in einem Kreis entgegentritt und die verbale Erläuterung als Inschrift in die Quadranten gerückt ist (Abb. 17)[25].

Wie nichtpäpstliche Urkunden durch Namensunterschrift oder *signum manus* bekräftigt wurden, so die päpstlichen Privilegien seit Leo IX. durch die Rota. In dem Benedict-Privileg erscheint die Figur der Rota geradezu als Handzeichen des Ausstellers, das der Urkundenschreiber durch die Umschrift DOMNI BENEDICTI DECIMI PAPAE kommentiert hat.

22 Vgl. HARTMANN, Über die Entwicklung (wie Anm. 14), S. 386 Anm. 2.

23 Vgl. Ecclesiae S. Mariae in Via Lata tabularium, ed. Ludovicus M. HARTMANN, pars I, Vindobonae 1895, tab. XV, XX, XXI; pars II, 1901, tab. XXIII, XXVIII; Archivio paleografico italiano, fondato da Ernesto MONACI, diretto da Vincenzo FEDERICI, vol. VI, Roma 1906–1924, tav. 59, 60, 62, ferner tav. 56, 57, 69, 70.

24 Vgl. vor allem Caterina SANTORO, Le sottoscrizioni dei signori di Canossa, in: Studi in paleografia, diplomatica, storia e araldica in onore di Cesare Manaresi, Milano 1953, fig. 4, 20, 21 nach p. 262, 270.

25 Vgl. ebd., fig. 13, 14 nach p. 266.

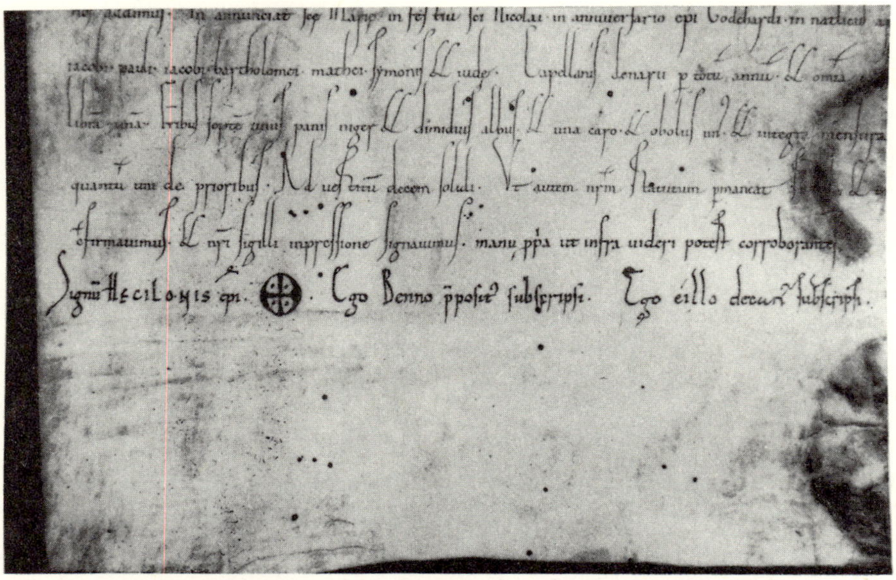

Abb. 5 *Urk. des Hildesheimer Bischofs Hezilo von (1054/67) – Orig. früher Hannover, Preußisches StA., Domstift Hildesheim Nr. 23, am 8./9. Okt. 1943 verbrannt – Teilphoto: ERDMANN (wie Anm. 15), Taf. vor S. 449*

Eine ähnliche Qualität ist den Rotae des Jahres 1049 zuzusprechen, insofern sie eigenhändige Zeichnungen des Papstes sind.

Unterschriftskreuze und kreuzförmige Handzeichen werden vom 6. Jahrhundert an immer wieder explizit »Zeichen des heiligen Kreuzes« genannt. Auch ohne dies wäre es nicht zu bezweifeln, daß das Kreuz vor dem Bene valete der älteren Papstprivilegien als das christliche Heils- und Segenszeichen gelten sollte.

Die Rota nahm dieses Kreuz in sich auf und ließ es weiterhin – wenn auch später weniger klar – als solches erkennen.

V. Figur und Umschrift der Rota Leos IX.

Der religiöse Charakter der päpstlichen Rotae wird generell durch die Beschriftung unterstrichen, in der Rota Leos aber sind Bild und Wort besonders eng miteinander verknüpft (Abb. 18).

Die Figur des Kreuzes im Ring und die Umschrift *Misericordia Domini plena est terra* erläutern sich wechselseitig: Der Doppelkreis ist als Bild der vom Ozean umgürteten Erdscheibe zu verstehen und das Innenkreuz als Zeichen der die Erde erfüllenden Barmherzigkeit des Herrn.

Eine zweite Perspektive tut sich durch das Arrangement der Umschrift auf: Sie ist auf vier Abschnitte verteilt, die die vier Kreuzarme verlängern; dabei kommen *DN̄I* oben und *t̄ra* unten zu stehen, das Kreuz aber nimmt die Mitte ein und deutet an, daß Jesus durch seinen Kreuzestod der Mittler zwischen dem himmlischen Herrn und den Menschen auf der Erde wurde.

Die das abendländische Mittelalter beherrschende Vorstellung von der (bewohnten) Erde als einer vom Ozean umflossenen Scheibe wurzelt in der römischen Antike. Danach ist die Landmasse durch Flüsse und Meere in eine östliche Hälfte (Asien) und zwei westliche Viertel (Europa und Afrika) geteilt. Entsprechende Erdkarten, die meistens geostet sind und den Grenzen der Erdteile die Form eines T geben, finden sich in zahlreichen Manuskripten des früheren Mittelalters (Abb. 19). Noch einfachere Darstellungen verzichten gar auf die Andeutung der Kontinente, haben aber vielfach einen ringförmigen Rand. So wird im Eingang einer Bibel von 1066/78 unter den Schöpfungswerken die kreisrunde *tellus cincta mari* präsentiert (Abb. 20).

Seit der Spätantike auch glaubte man in der lateinischen Christenheit an eine enge Beziehung zwischen dem Kreuz Christi und dem Erdkreis mit den vier Himmelsrichtungen. Sedulius († nach 450) sang in seinem Osterlied:

> *Neve quis ignoret speciem crucis esse colendam,*
> *Quae Dominum portavit ovans, ratione potenti*
> *Quattuor inde plagas quadrati colligat orbis.*
> *Splendidus auctoris de vertice fulget Eous,*
> *Occiduo sacrae lambuntur sidere plantae,*
> *Arcton dextra tenet, medium laeva erigit axem,*
> *Cunctaque de membris vivit natura creantis,*
> *Et cruce conplexum Christus regit undique mundum*[26].

Diese Verse wurden von vielen jüngeren Autoren zitiert, aber auch ohne verbalen Anschluß an Sedulius

26 Sedulius, Paschale carmen, V v. 188–195, ed. Iohannes HUEMER, Sedulii Opera omnia (CSEL X), Vindobonae 1885, p. 128.

drücken viele spätantike und mittelalterliche Schriften den Gedanken aus, daß das (liegende) Kreuz in die vier Himmelsrichtungen weise und der daran Gekreuzigte die Welt beherrsche und lenke und den ganzen Erdkreis und alle Menschen zu sich ziehe und erlöse. Als Beispiel sei nur ein *Sermo* des Petrus Damiani erwähnt[27].

Die Anschauung, das stehende Kreuz verbinde Erde und Himmel, geht auf die griechischen Kirchenväter zurück, die »die Breite und Länge und Höhe und Tiefe«, deren Erkenntnis Paulus den Ephesern wünschte[28], als kosmische Dimensionen des Kreuzes deuteten oder im Kreuzesholz den Lebensbaum erblickten, der von der Erde zum Himmel emporwächst. Unter den lateinischen Schriftstellern, die jene Sicht teilen, ist Venantius Fortunatus, dem zufolge *reconciliator ... in aera suspenditur, ut se in medio posito inter caelum et terram inter hominem et deum pax rediret post odium*[29], während nach der Predigt des Petrus Damiani *crux caelestia et terrena confoederat*[30].

»Die Breite und Länge und Höhe und Tiefe«, von denen der Apostel spricht, wurden in der westlichen Kreuzallegorese aber auch und zumal – nach dem Vorgang Augustins – moralisch interpretiert, wobei die *latitudo* als der Querbalken des Kreuzes, an dem die ausgebreiteten Arme Christi angeheftet waren, die guten Werke und die Liebe zum Nächsten versinnbildlicht. Zu den vielen Zeugen zählt wieder Petrus Damiani, der seinem Neffen schreibt: *Illo vero ligno, quod in medio positum binis utrimque porrigitur brachiis, latitudo designatur geminae karitatis*[31].

Der Historiker Rodulf Glaber[32] wiederum sucht von der Stellung des Kreuzes her den Befund zu deuten, daß der christliche Glaube sich im Norden und Westen des Erdkreises stärker als im Osten und Süden ausgebreitet habe und sagt vom Gekreuzigten: ... *ipsius dexteram, ad misericordiae opus extensam, ... mitis suscepit septentrio, ...*

Solche Äußerungen lassen auch einen Sinn darin vermuten, daß in der Leo-Rota der Kreuzbalken und die Wörter *Misericordia* und *plena* einander zugeordnet sind und gerade der rechte Kreuzarm auf die »Barmherzigkeit« zeigt.

Abb. 6 *Urk. des Würzburger Bischofs Adalbero von 1057 März 3 – Orig.: Würzburg, Bayerisches StA. (bis 1993: München, Bayer. HauptStA.), Würzburger Urk. 6 – Durchmesser der Rota: 6,3 cm*

Ich habe Petrus Damiani herausgehoben, weil er persönliche Verbindung zu Leo IX. hatte. Der Vorsteher der Eremitenniederlassung Santa Croce di Fonte Avellana wohnte möglicherweise der ersten Synode Leos bei. Doch selbst wenn das feststünde, brauchten wir nicht anzunehmen, Petrus habe die Gestaltung der Rota unmittelbar beeinflußt – denn wenn Gedanken, die die Rota auszudrücken scheint, bei ihm zu fassen sind, stehen sie zugleich in einem langen und breiten Traditionsstrom, dem im übrigen auch ältere Werke der bildenden Kunst angehören, wie das Kreuzigungsbild im Kostbaren Evangeliar des Bischofs Bernward

27 Petrus Damiani, Sermo XLVIII, 12, ed. Ioannes LUCCHESI, Sancti Petri Damiani Sermones (Corpus Christianorum. Continuatio mediaevalis LVII), Turnholti 1983, p. 302.

28 Eph 3,18.

29 Venantius Fortunatus, Carmen XI, 1 (Expositio symboli), 25, ed. Fridericus LEO, Venanti Honori Clementiani Fortunati presbyteri Italici Opera poetica (MGH Auct. ant. IV/1), Berolini 1881, p. 256.

30 Petrus Damiani, Sermo XLVIII, 8, ed. LUCCHESI (wie Anm. 27), p. 298.

31 Petrus Damiani, Brief 158 (VI, 22), ed. Kurt REINDEL, Die Briefe des Petrus Damiani (MGH Die Briefe der deutschen Kaiserzeit, Bd. IV), Teil 4, München 1993, S. 88.

32 Rodulf Glaber, Historiarum lib. I c. 5, 24, ed. Maurice PROU, Raoul Glaber, Les cinq livres de ses histoires (900–1044) (Collection de textes pour servir à l'étude et à l'enseignement de l'histoire [1]), Paris 1886, p. 22–23.

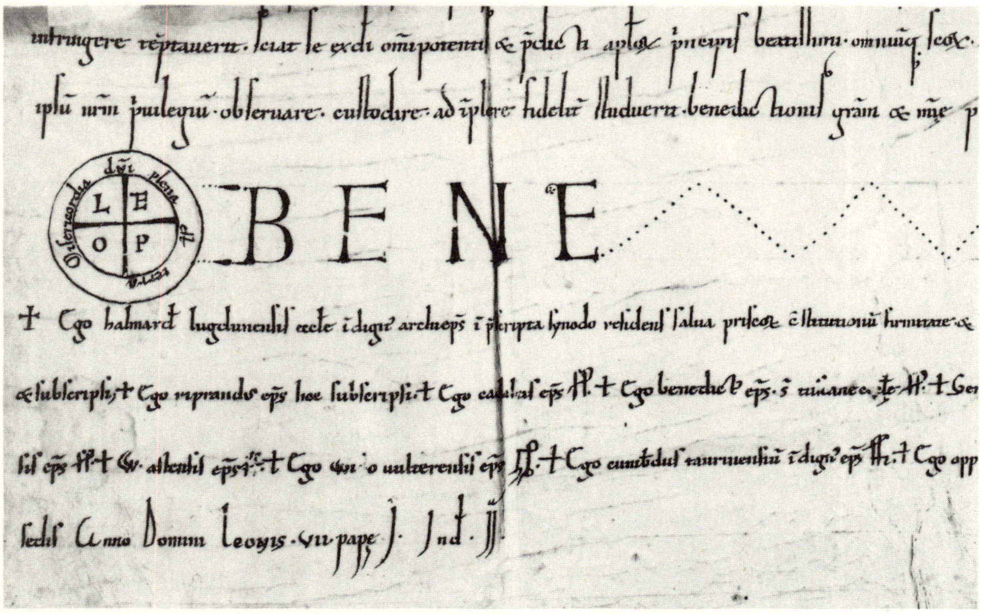

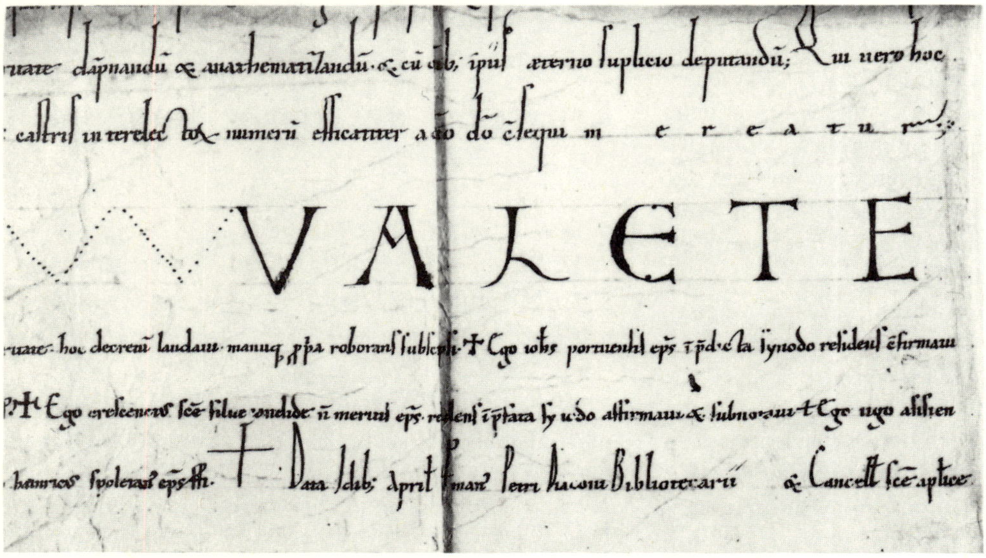

Abb. 7a–b
Priv. Leos IX. von 1049 Apr. 13 – Nachzeichnung des ausgehenden 11. Jh.: Koblenz, Landeshauptarchiv, Best. 1 A Nr. 39 – Regg.: JL 4158; GP X, p. 57–58 n. 97

von Hildesheim († 1022) (Abb. 21). Das Bild stellt die Kreuzigungsgruppe in ein von drei Kreisringen umschlossenes Medaillon. In den inneren Ring sind die Worte REDEMPTIO MVNDI MISERATIO XP̄I geschrieben. Die in die vier Bildecken gemalten Personifikationen von Sonne und Mond (die auch die Elemente Feuer und Luft verkörpern), Wasser und Erde (Meer und Land) lassen zusammen mit der Umschrift die Kreisfigur als Kürzel für den *mundus* erscheinen. Die Buchillustration bietet so eine ähnliche Grundstruktur und Aussage wie die Rota Leos. Ihr ist die Miniatur auch in der Zuordnung des Worts MISERATIO zum rechten Arm des Gekreuzigten verwandt. Es ist aber schwerlich gerechtfertigt, auf eine direkte Abhängigkeit des jüngeren Schemas von dem älteren Bild zu schließen.

Die schon berührte Rota des Bischofs Adalbero (Abb. 6)[33] hingegen mag ein Indiz dafür liefern, daß die Rota Leos auch von seinen Zeitgenossen als Bild des Erdkreises verstanden wurde. Die bischöfliche Radfigur weicht von der päpstlichen formal nur insofern ab, als die Mitte von einem kleinen Kreis eingenommen wird. Ein weiterer Unterschied liegt in der Beschriftung – bei Adalbero beschränkt sie sich auf die Sentenz DN̄I EST T̄RA ET PLENITVDO EIVS, ⊕RBIS T̄RARV̄ ET VNIV̄SI QVI HABITANT IN EO.

Die bischöfliche Devise, der erste Vers des 23. Psalms, kennzeichnet wie die päpstliche das Verhältnis der

33 Vgl. bei Anm. 16.

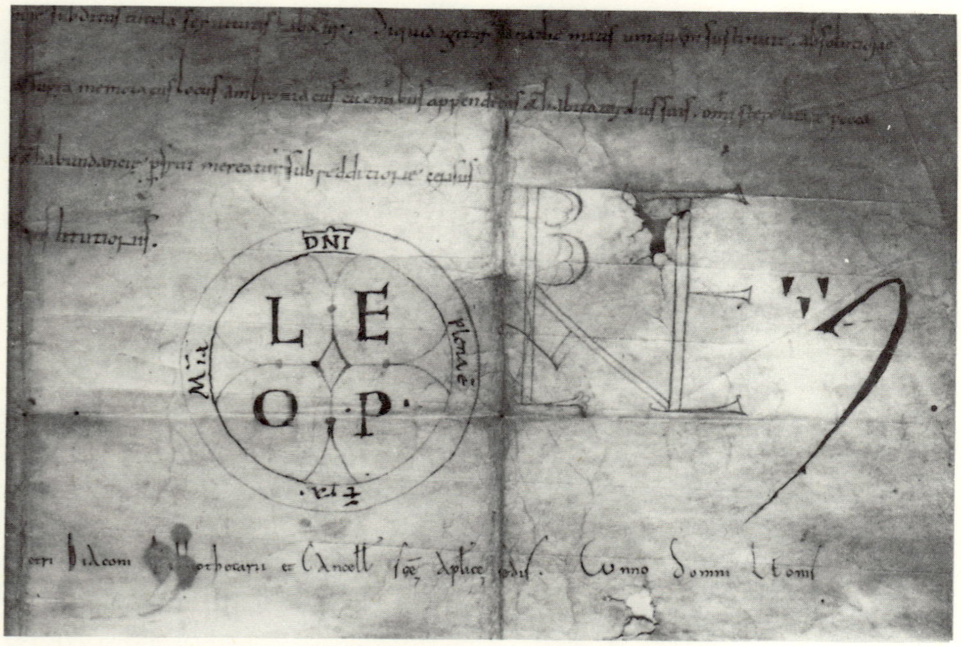

Abb. 8 *Priv. Leos IX. von 1050 Apr. 30 – Orig.: Bourg-en-Bresse, Archives départementales de l'Ain, H 88 – Reg.: JL 4215 – Durchmesser der Rota: 8 cm*

Erde zum Herrn, und Einzelheiten wie die Plazierung des Wortes DN̄I auf der Kreuzesmitte und der mit ORBIS beginnenden Satzhälfte an der Kreisperipherie und selbst das kleine Kreuz im O verdeutlichen den Sinnzusammenhang von Figur und Devise.

VI. Der zweite Sonntag nach Ostern, die Lateransynoden Leos IX. und seine Rota

Nachdem die Devise *Misericordia Domini plena est terra* als integrierender Bestandteil der Rota Leos IX. erkannt ist, fragt es sich, ob besondere Gründe zur Wahl dieses Spruchs führten. Er steht im 32. Psalm (Vers 5b), hatte aber auch vom frühen Mittelalter bis in die jüngste Vergangenheit einen hervorgehobenen Platz innerhalb der römischen Meßliturgie. Mit diesem und dem anschließenden Halbvers begann der Introitusgesang der Messe des zweiten Sonntags nach Ostern[34], deren Epistel (1 Petr 2,21b–25) von der Selbstopferung Christi am Holz (des Kreuzes) und der Wendung der verirrten Schafe zum Hirten und Aufseher ihrer Seelen sprach und deren Evangelium (Io 10,11–16) Jesu Rede vom guten Hirten enthielt[35].

An eben diesem Sonntag, der nach den Initien der Introitus-Antiphon (*Misericordia Domini*) und des Evangeliums (*Ego sum pastor bonus*) auch benannt wurde[36], eröffnete Leo IX. wohl regelmäßig seine Lateransynoden. Am sichersten belegt – und von einem Zeitgenossen als der Gewohnheit Leos entsprechend gekennzeichnet – ist das für 1050[37], doch schon im Vorjahr tagte nach Ausweis einer Urkunde[38] eine römische Synode um den 17. Tag nach Ostern.

Von den folgenden Päpsten Victor II. bis Alexander II. wurden des öfteren römische Synoden zum zweiten Sonntag nach Ostern einberufen und in der dritten Woche nach Ostern durchgeführt, wohingegen Gregor VII. eine ausgesprochene Vorliebe für Lateransynoden in der ersten Fastenwoche hatte.

34 Als ältere Belege seien fränkische Antiphonarien des 8.–10. Jh. und römische Antiphonarien des 11.–13. Jh. genannt, die in synoptischen Ausgaben zugänglich sind: Antiphonale missarum sextuplex, éd. par René-Jean Hesbert d'après le Graduel de Monza et les Antiphonaires de Rheinau, du Mont-Blandin, de Compiègne, de Corbie et de Senlis, Bruxelles 1935, p. 106–107 n° 88a; Paul F. Cutter, Musical sources of the Old-Roman mass. An inventory of MS Rome, St. Cecilia Gradual 1071; MS Rome, Vaticanum latinum 5319; MSS Rome, San Pietro F 22 and F 11 (Musicological studies & documents 36, Neuhausen–Stuttgart) 1979, p. 171 no. 92.

35 Ein frühes Zeugnis für beide Perikopen liegt in einer Würzburger Handschrift des 8. Jh. vor – Faks.: Comes Romanus Wirziburgensis. Facsimileausgabe des Codex M. p. th. f. 62 der Universitäts-Bibliothek Würzburg. Einführung Hans Thurn (Codices selecti phototypice impressi, vol. XVII), Graz 1968, f. 5v n. XCIIII, f. 13v.

36 Die vom Zweiten Vatikanischen Konzil eingeleitete Liturgiereform hat die alte Ordnung umgestoßen.

37 Anselm von Saint-Remi, Dedicatio ecclesiae beati Remigii Remensis c. XXXVII (18), ed. Jacques Hourlier, Anselme de Saint-Remy, Histoire de la dédicace de Saint-Remy, in: La Champagne bénédictine. … (Travaux de l'Académie Nationale de Reims, vol. CLX, Reims) 1981, p. 256, 258. – Ergänzende Quellen: Urkunden JL 4215 (siehe bei Abb. 8) und 4219.

38 Privileg JL 4158 (siehe bei Abb. 7).

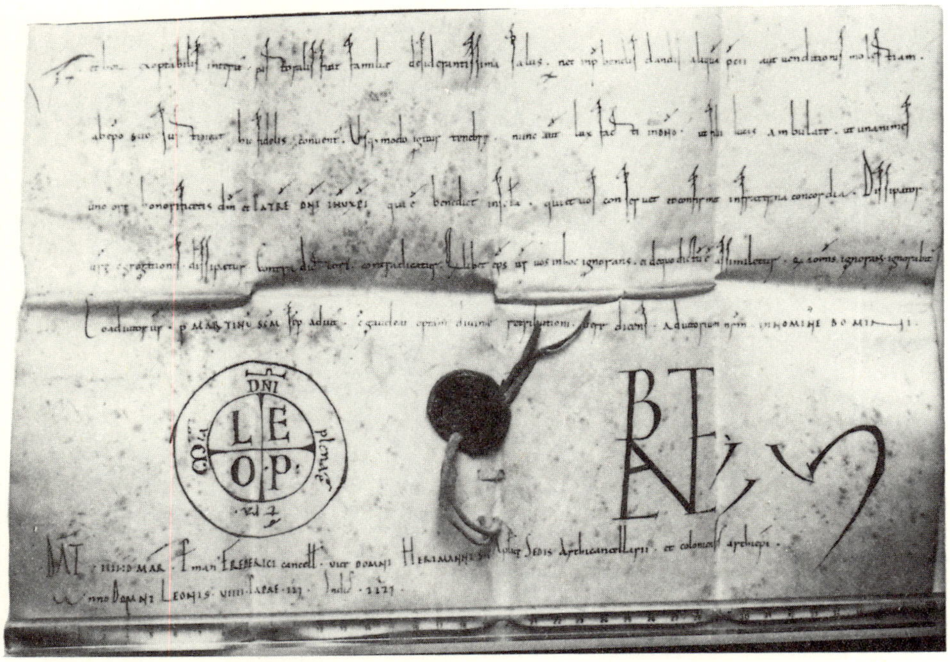

Abb. 9 *Priv. Leos IX. von 1051 März 12 – Orig.: Lucca, Archivio capitolare, BB 53 – Regg.: JL 4254; IP III, p. 397–398 n. 1 – Mit Ausnahme der Beschriftung der Rota (Durchmesser: 7,8 cm) von dem Notar Leo IX. B geschrieben und gezeichnet*

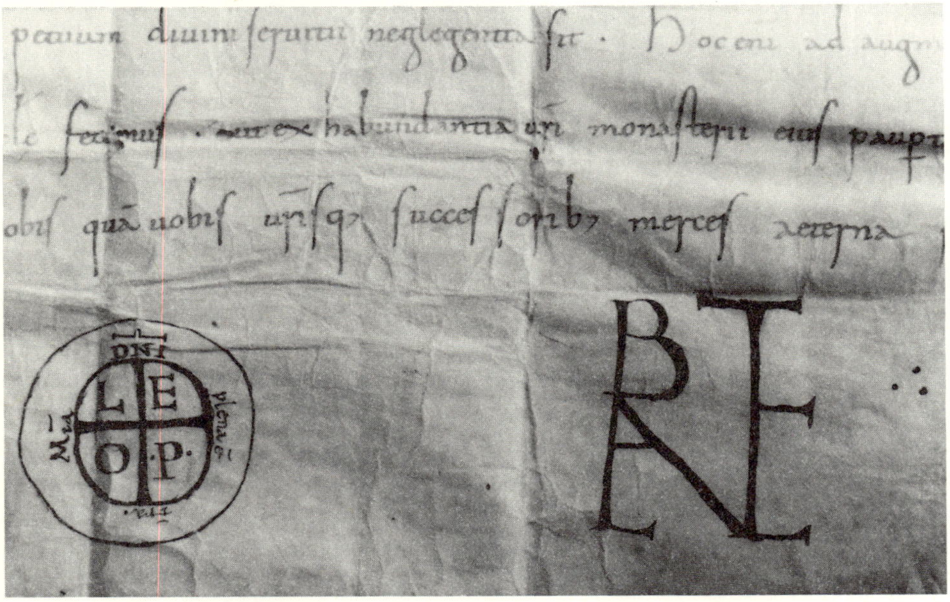

Abb. 10 *Priv. Leos IX. von (1049 Ende Apr.) – Orig.: Montecassino, Archivio dell'abbazia, Aula III, caps. II n. 14 – Regg.: JL 4165; IP VIII, p. 135 n. 65 – Ältestes erhaltenes Orig. Leos, von einem Gelegenheitsschreiber ingrossiert; die gesamte Unterfertigung mit dunklerer Tinte vom Papst hinzugefügt; Durchmesser der Rota: 5 cm*

Nach dem Beschluß des Ersten Konzils von Nicaea (325) sollten in jeder Kirchenprovinz jährlich zwei Provinzialsynoden zusammentreten, und zwar vor der Fastenzeit und im Herbst[39], während der 20. Kanon von Antiochia (341) und der 37. der ebenfalls im 4. Jahrhundert entstandenen *Canones apostolorum* als Termine die vierte Woche nach Ostern und den 15. bzw. 12. Oktober nennen[40]. Diese Vorschriften werden in vielen Rechtssammlungen der abendländischen Kirche wiederholt, und so findet man den antiochenischen Kanon noch im Dekret Burchards von Worms[41]. Die vierte und auch die dritte Woche nach Ostern wurden indes von keinem Papst vor 1049 als Termin römischer Synoden sichtbar bevorzugt. Da das seit 1049 anders war, haben wir es offenbar mit einer von Leo IX. gestifteten Tradition zu tun.

39 Concilium Nicaenum I c. V, griech.-lat. Ausgabe: Conciliorum oecumenicorum decreta, curantibus Josepho ALBERIGO [et al.], ³Bologna 1973, p. 8.

40 Griech.-lat.-franz. Ausgabe: Périclès-Pierre JOANNOU, Discipline générale antique (IVᵉ–IXᵉ s.) (Pontificia Commissione per la redazione del Codice di diritto canonico orientale. Fonti, fasc. IX), tom. I, 2, Grottaferrata (Roma) 1962, p. 26, 120–121.

41 Burchard von Worms, Decretorum lib. I c. 44, MIGNE, PL CXL, col. 561.

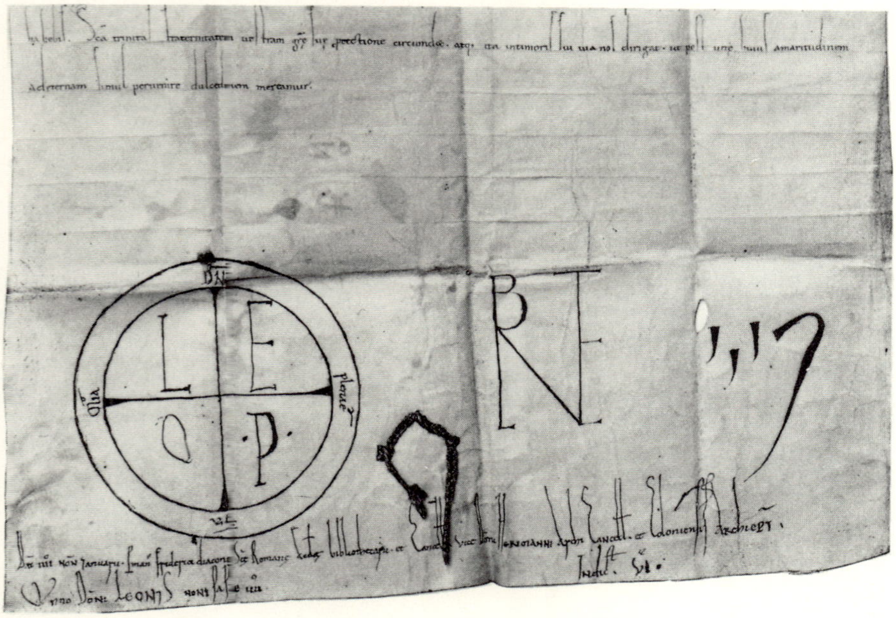

Abb. 11 *Priv. Leos IX. von 1053 Jan. 2 – Orig.: Bamberg, Bayerisches StA. (bis 1993: München, Bayer. HauptStA.), Bamberger Urk. 121 – Regg.: JL 4287; GP III, p. 254 n. 13 – Hauptkörper (und Zeichnungen?) von einem Gelegenheitsschreiber; Um- und Inschrift der Rota (Durchmesser: 13,5 cm) hier nicht dem Aussteller, sondern wie die Datierung dem Kanzler Friedrich zuzuweisen*

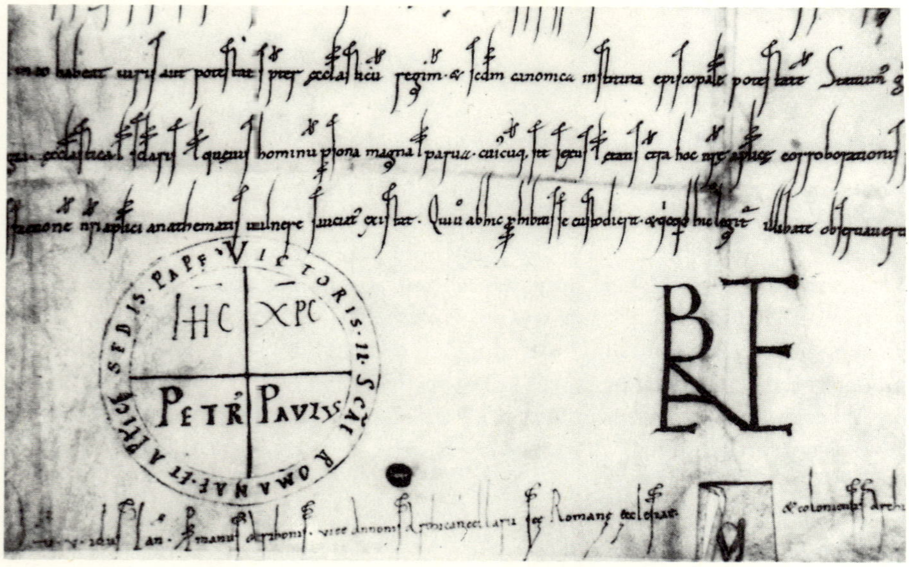

Abb. 12 *Priv. Victors II. von 1057 Jan. 9 – Orig.: Goslar, Stadtarchiv, Urk. Domstift Nr. 12 – Reg.: JL 4363 – Durchmesser der Rota: 9,1 cm*

Schon *Capitularia evangeliorum* des 8. bis 10. Jahrhunderts sehen die Lesung von Io 10,11–16 in Votivmessen bei Bischofsversammlungen vor[42], und Leo selber stellte die Schlußsitzung seines Reimser Konzils unter das Evangelium *Ego sum pastor bonus*[43]. Aber wie hier die Liturgie auf die Rechtshandlung abgestimmt war, so konnte der Zeitpunkt einer Handlung mit Rücksicht auf den liturgischen Kalender gewählt werden. Ich nehme an, daß Leo seine römischen Synoden auf den zweiten Sonntag nach Ostern berief, weil dann die Verkündigung vom guten Hirten im Zentrum der Meßfeier stand.

Leo scheint also zu dieser Meßfeier ein besonderes Verhältnis gehabt zu haben, und damit erklärt sich auch die Wahl der Devise für die Rota.

Der Zusammenhang ist freilich noch komplexer: da das neue Unterfertigungszeichen zuerst in einer Urkunde auftaucht, die einen gerade zwei Tage alten

42 Vgl. Walter Howard Frere, Studies in early Roman liturgy, II: The Roman Gospel-lectionary (Alcuin Club Collections, no. XXX), London 1934, p. 108, 110: *In conventu episcoporum* – aber p. 128: *In adv. episcoporum*, p. 174, 179: *In adventu episcopi.*

43 Anselm, Dedicatio c. XXXI (16), ed. Hourlier (wie Anm. 37), p. 246.

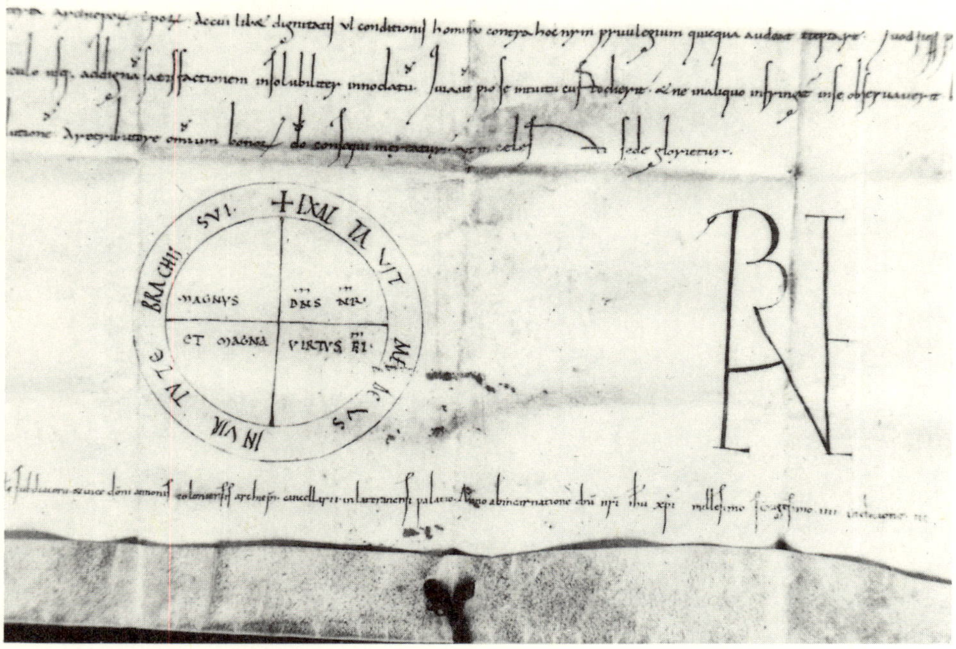

Abb. 13
Priv. Alexanders II. von 1064 (nach Sept. 20) – Orig.: Marburg, Hessisches StA., Stiftsarchiv Fulda 1064 – Regg.: JL 4557; GP IV, p. 384 n. 80 – Durchmesser der Rota: 9,8 cm

Beschluß der ersten Lateransynode Leos festhält, drängt sich der Schluß auf, es sei anläßlich dieser Synode eingeführt worden.

Es ist darüber hinaus denkbar, daß ein Sonntag »Misericordia Domini/Ego sum pastor bonus« schon früher für Bruno-Leo wichtig wurde, etwa bei seiner Erhebung zum Bischof von Toul in der Osterzeit 1026: an dem fraglichen Tage (24. April) könnte er von seiner Wahl benachrichtigt oder durch den König Konrad II. investiert worden sein[44].

Die letzte Überlegung ist auch vor dem Befund[45] zu sehen, daß die Devisen vieler Päpste des späteren 11. und des 12. Jahrhunderts zugleich an exponierten Stellen der Liturgie standen und als Liturgiestücke bei mehreren Päpsten auf Epochen oder Phasen der geistlichen Karrieren verweisen: bei Coelestin II.[46] und Urban III.[47] auf die Tage ihrer Papstwahl bzw. -weihe, bei Victor III.[48] und Innocenz II.[49] auf die Tage ihrer Priesterweihe, bei Lucius II.[50] und Anastasius IV.[51] auf die Titelkirchen, die sie als Kardinalpriester innehatten.

44 Damals weilte der Diakon Bruno im Heerlager Konrads II. vor Orba in Norditalien. Bischof Hermann von Toul starb am 1. Apr. 1026 in Köln; sobald sein Tod in Toul bekannt war, wurde Bruno zu seinem Nachfolger gewählt, und dann gingen Gesandte der Wähler nach Italien. Bereits am Himmelfahrtstag (19. Mai) 1026 erfolgte Brunos Thronsetzung in Toul: Gesta episcoporum Tullensium c. 37, MGH SS VIII, p. 643; »Wibert«, Vita Leonis IX papae, I c. 7–11, ed. I. M. Watterich, Pontificum Romanorum qui fuerunt inde ab exeunte saeculo IX usque ad finem saeculi XIII vitae ab aequalibus conscriptae, tom. I, Lipsiae 1862, p. 134–140.

45 Vgl. AHP 27, S. 77–83 = Anhang C. Die Devisen in den Rotae der Papstprivilegien von 1049 bis 1198.

46 Die Devise *Fiat pax in virtute tua et habundantia in turribus tuis* = Ps 121,7 war u. a. Gradual-Vers der Messe des 18. (19.) Sonntags nach Pfingsten. Der Kardinalpriester Guido von S. Marco wurde 1143 am 18. Sonntag nach Pfingsten zum Papst gewählt und am folgenden Sonntag geweiht.

47 Die Devise *Ad te Domine levavi animam meam* = Ps 24,1 war u. a. Anfang des Introitus (ohne *Domine*) und des Offertoriums der Messe des 1. Adventssonntags. Urban III. wurde am 1. Adventssonntag 1185 zum Papst gekrönt.

48 Die Devise *Domine Deus meus in te speravi* = Ps 7,2a war Anfang der Communio der Messe des Quatembersamstags in der Fastenzeit. Desiderius, der spätere Papst, wurde 1059 an diesem Tage zum Kardinalpriester von S. Cecilia geweiht.

49 Die Devise *Adiuva nos Deus salutaris noster* (vgl. Abb. 3) = Ps 78,9a war u. a. Gradual-Vers der Messe des Quatembersamstags in der Fastenzeit. Der Kardinaldiakon von S. Angelo und Papstelekt Gregor empfing 1130 an diesem Tage die Priesterweihe.

50 Die Devise *Ostende nobis Domine misericordiam tuam* = Ps 84,8a war u. a. Anfang des Alleluja-Verses und Teil des Offertoriums der Messe des 2. Adventssonntags. Lucius II. war vor seiner Erhebung zum Papst Kardinalpriester der Basilika S. Croce in Gerusalemme, die an diesem Tage als Stationskirche diente.

51 Die Devise *Custodi me Domine ut pupillam oculi* (nach Ps 16, 8a) war u. a. Teil des Introitus der Messe des Dienstags der dritten Fastenwoche. Anastasius IV. begegnet 1114–1127 als Kardinalpriester der Kirche S. Pudenziana, die an diesem Tage Ort des Stationsgottesdienstes war.

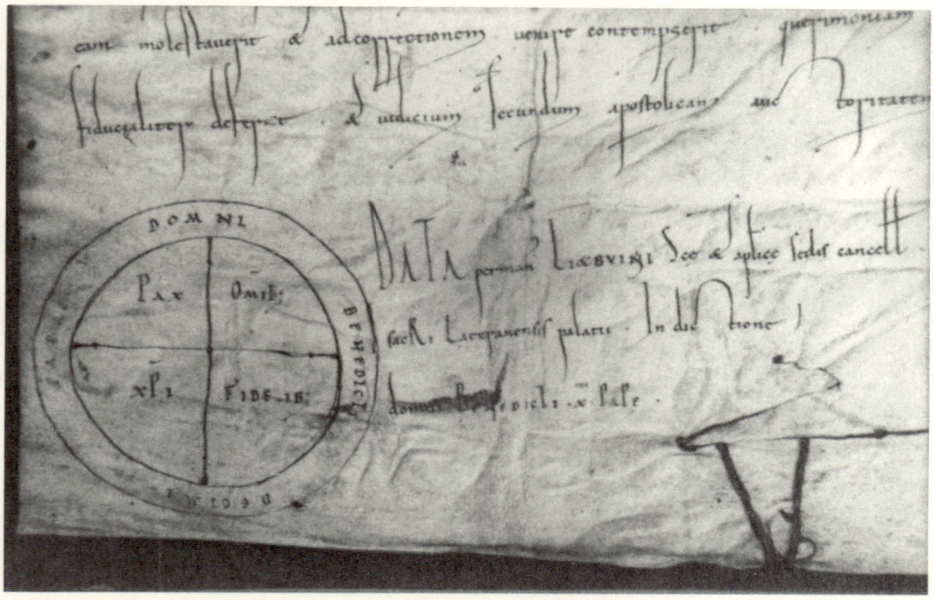

Abb. 14 *Priv. Benedicts X. von (1058 Apr. 5–1059 Apr. 4) – Orig. früher Hannover, Preußisches StA., Domstift Hildesheim Nr. 25, am 8./9. Okt. 1943 verbrannt – Photo: Bonn, Historisches Seminar der Universität, Apparat der Pius-Stiftung für Papsturkunden-Forschung – Reg.: JL 4391 – Durchmesser der Rota: bis 9,3 cm*

VII. Kreuzverehrung, Papstname und Rota Leos IX.

Als Bild des Kreuzes Christi, das sich über die Erde erstreckt und diese mit dem Himmel verbindet, tritt die Rota zu den übrigen Zeugnissen der Verehrung des heiligen Kreuzes durch Leo IX.

Leo hat einige Altäre dem heiligen Kreuz gewidmet[52] und dem Erzbischof von Hamburg die Palliumstage um das Fest der Kreuzauffindung vermehrt[53]. Wir haben Kunde von einem Deperditum Leos für Santa Croce di Fonte Avellana[54], und nach Berichten des 12. Jahrhunderts hat Leo die Heiligkreuzabtei zu Busendorf mit großem Gefolge besucht, reich beschenkt und auch rechtlich gesichert[55]. Aufschlußreicher sind drei erhaltene Urkunden.

Mit dem ältesten im Original überlieferten Privileg unterstellte Leo im Frühjahr 1049 das *a congregatione monachorum tali loco competente* verwaiste Kloster bei der römischen Kultstätte des heiligen Kreuzes, Santa Croce in Gerusalemme, den Äbten von Montecassino zur Wiederbesiedlung mit Mönchen und zur Gewährleistung des Gottesdienstes[56].

Am 18. November 1049 urkundete der Papst für die elsässische Frauenabtei Heiligkreuz(-Woffenheim), die von seinen inzwischen verstorbenen Eltern gegründet worden und ihm nach Eigenkirchenrecht zugefallen war und die er nun dem apostolischen Stuhl übertrug. An der Stelle der Inscriptio steht der Anruf *O sancta et ammirabilis crux †, in qua Iesus Christus dominus noster pependit*, und wie in einem Gebet wird das heilige Kreuz im Kontext noch sechsmal angesprochen, wobei in dem maßgeblichen Textzeugen, einem Vidimus[57], jedesmal auf das Wort *crux* ein Kreuz folgt. Unterfertigungszeichen sind nicht überliefert, und ich denke, daß sie auch im Original fehlten, die sieben Kreuzzeichen aber »Ersatz« für die Rota waren.

Das Privileg für die *sancta et ammirabilis crux*, das Leo bei einem Besuch ihrer Abtei erteilt haben dürfte, bindet diese zuletzt auch in den römischen Kreuzkult ein: Die Äbtissin soll dem apostolischen Stuhl als Jahreszins am Sonntag Oculi *rosam auream penso*

52 1049 Juli 2 Köln, St. Maria im Kapitol – Reg: GP VII, p. 169 n.*3. – 1049 Nov. 24 Reichenau, St. Adalbert – kopial überlieferte Inschrift, zuletzt ed. Hermann Tüchle, Dedicationes Constantienses. Kirch- und Altarweihen im Bistum Konstanz bis zum Jahre 1250, Freiburg 1949, S. 17f. Nr. 27.

53 Privileg von 1053 Jan. 6 – maßgebliche Ed.: Fritz Curschmann, Die älteren Papsturkunden des Erzbistums Hamburg. ..., Hamburg-Leipzig 1909, S. 48–50 Nr. 23 – Regg.: JL 4290; GP VI, p. 56–57 n. 81.

54 Regg.: IP IV, p. 95 n.*4; Carte di Fonte Avellana, 1, a cura di Celestino Pierucci, Alberto Polverari (Thesaurus ecclesiarum Italiae IX, 1), Roma 1972, p. 16 n. 7.

55 Notitiae fundationis monasterii Bosonis-villae I und V, MGH SS XV/2, p. 978–980.

56 Privileg JL 4165 (siehe bei Abb. 10).

57 Vidimus von 1296: Colmar, Archives départementales du Haut-Rhin, 25 J 80 – Photo davon: Heiligkreuz. Kloster und Stadt Heiligkreuz und die verschwundenen Ortschaften Woffenheim, Dinzheim, Blienschweier und Lehenheim. ... hg. durch Aug. Scherlen, Colmar 1929, Taf. nach S. 8 – Druck: Migne, PL CXLIII, col. 635–637 n. XXX – Regg.: JL 4201; GP II/2, p. 283–284 n. 1.

Abb. 15, 16 *Denare Leos VII. (936–939) und Stephans VI. (VII., 896–897) – Photos: Muntoni I (wie bei Abb. 4), tav. 4: Leone VII n. 1, tav. 2: Stefano VII n. 1/2 – Die Leo-Münze zeigt im Mittelquadrant die Inschrift* LE||OP

duarum Romanarum unciarum liefern – welche Rose vom Papst und seinen Nachfolgern dann am vierten Fastensonntag getragen zu werden pflege.

An diesem Tage wurde im Stationsgottesdienst in Santa Croce in Gerusalemme der Sieg des Gekreuzigten gefeiert, wobei die goldene Rose als Christussymbol diente. Ihr Gebrauch, der 1049 erstmals belegt ist, muß zwar schon vor Leo üblich gewesen sein[58], lag ihm selbst aber offensichtlich am Herzen.

Zwei Wochen nach der Privilegierung der elsässischen Abtei dedizierte Leo IX. eine Kirche, die ein Herr Manegold zu Ehren einer vom byzantinischen Kaiser geschenkten Kreuzreliquie im heutigen Donauwörth erbaut hatte. Gleich anschließend übereignete der Stifter das Gotteshaus der römischen Kirche, wohingegen der Papst eine Tochter Manegolds als Äbtissin des dort einzurichtenden Frauenklosters einsetzte und weihte[59].

Eine Antiphon, die schon Antiphonarien des 9. bis 11. Jahrhunderts für das Stundengebet der Feste der Exaltatio S. Crucis (14. September) und der Inventio S. Crucis (3. Mai), ferner des Ostersonntags bereithielten[60], verweist auf das Kreuz des Herrn und den Sieg des Löwen vom Geschlecht Juda:

Ecce crucem Domini: fugite, partes adversae;
vicit leo de tribu Juda, radix David alleluia.

Die Worte *ecce vicit leo de tribu Iuda, radix David,* sind in der Johannes-Apokalypse (5,5) vorgegeben, wo mit dem Löwen, »der da ist vom Geschlecht Juda«, Christus gemeint ist.

Papst Leo IX. wurde ebenfalls mit dem Löwen vom Geschlecht Juda in Verbindung gebracht. Am bekanntesten ist der Kommentar zum Pontifikatsbeginn Leos in dessen Touler Vita[61]: *Igitur hic Deo devotissimus mores et vitam Magni Leonis imitatus, cuius et vocabulo fuerat insignitus; immo Leonem de tribu Iuda pro posse secutus, omnibus exemplum bene vivendi fiebat …*

Zitate aus einer Beneventaner Vita[62] und dem *Libellus de symoniacis* des Bruno von Segni[63] ließen sich anschließen. Petrus Damiani assoziiert schon in dem von Leo IX. angeregten *Liber Gratissimus* den Papst und den Löwen vom Geschlecht Juda[64], und Zeuge ist endlich Berengar von Tours, der – gegen Lanfrank gewendet – über Leo IX. schreibt[65]: *Ego papam minime sanctum, minime Leonem de tribu Iuda et … minime virum probum expertus sum, …*

Allerdings konnte man den Löwen im 11. Jahrhundert auch ohne ausdrückliche Bezugnahme auf den Löwen von Juda als Sinnbild für Christus und insbesondere den auferstandenen Christus verwenden und verstehen. Große Wirkung ging dabei vom sogenannten *Physiologus*[66] aus, und unter seinem Einfluß erklärt

58 Vgl. Elisabeth Cornides, Rose und Schwert im päpstlichen Zeremoniell von den Anfängen bis zum Pontifikat Gregors XIII. (Wiener Dissertationen aus dem Gebiete der Geschichte 9), Wien 1967, bes. S. 23 f., 27, 45–49, 126, 144 f., 149.

59 Privileg von 1049 Dez. 3 – angebliches Original von etwa 1100: Harburg (Schwaben), Fürstlich Oettingen-Wallersteinsches Archiv, I 4743 – Photo: 950 Jahre Kreuzpartikel in Donauwörth. 1029–1979 (Donauwörth 1979), S. 19 – jüngster Druck: Anton Steichele, Das Bisthum Augsburg, historisch und statistisch beschrieben, Bd. III, Augsburg 1872, S. 829–831 – Regg.: JL 4207; GP II/1, p. 97 n. 1.

60 Corpus antiphonalium officii, ed. a Renato-Joanne Hesbert (Rerum ecclesiasticarum documenta. Ser. maior: Fontes VII–XII), vol. I, Roma 1963, p. 185, 304, 305 n° 75e, 110b; vol. II, 1965, p. 415–418, 557, 558, 560, 561 n° 92b-d, 110a-c; vol. III, 1968, p. 185 n° 2500; vol. IV, 1970, p. 150 n° 6581 (Responsorium).

61 »Wibert«, Vita Leonis, II c. 3, ed. Watterich (wie Anm. 44), p. 152.

62 »Borgia-Vita Leonis IX«, ed. Stefano Borgia, Memorie istoriche della pontificia città di Benevento dal secolo VIII. al secolo XVIII., parte II, Roma 1764, p. 314.

63 Bruno von Segni, Libellus de symoniacis c. 2, MGH Ldl II, p. 548.

64 Petrus Damiani, Liber Gratissimus, MGH Ldl I, p. 18; als Brief 40 ed. Reindel (wie Anm. 31), Teil 1, 1983, S. 392 f.

65 Berengarii Turonensis De sacra coena adversus Lanfrancum (liber posterior), edd. A. F. et F. Th. Vischer, Berolini 1834, p. 33–34; ed. W. H. Beekenkamp (Kerkhistorische Studiën, deel II), Hagae Comitis 1941, p. 6.

66 Kap. 1 – erste von vier griech. Redaktionen (um 200): Der Physiologus nach der ersten Redaktion, hg. von Dimitris Kaimakis (Beiträge zur klassischen Philologie, H. 63), Meisenheim am Glan 1974, S. 6–9 – erfolgreichste lat. Prosaversion: Francis J. Carmody, Physiologus Latinus. Éditions préliminaires, versio B, Paris 1939, p. 11–12.

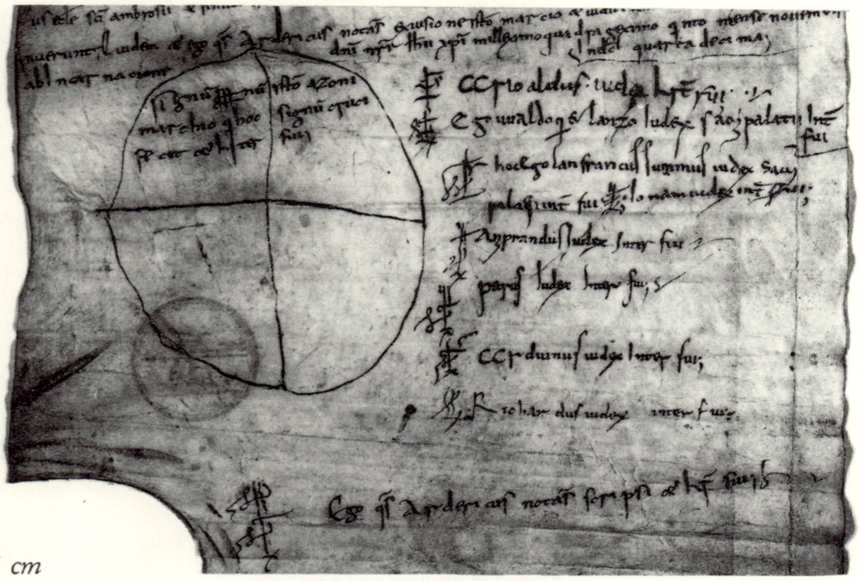

Abb. 17 *Placitum des Markgrafen Albert Azzo, Mailand 1045 Nov. – Orig.: Milano, Archivio capitolare di S. Ambrogio, perg. sec. XI n. 47B*

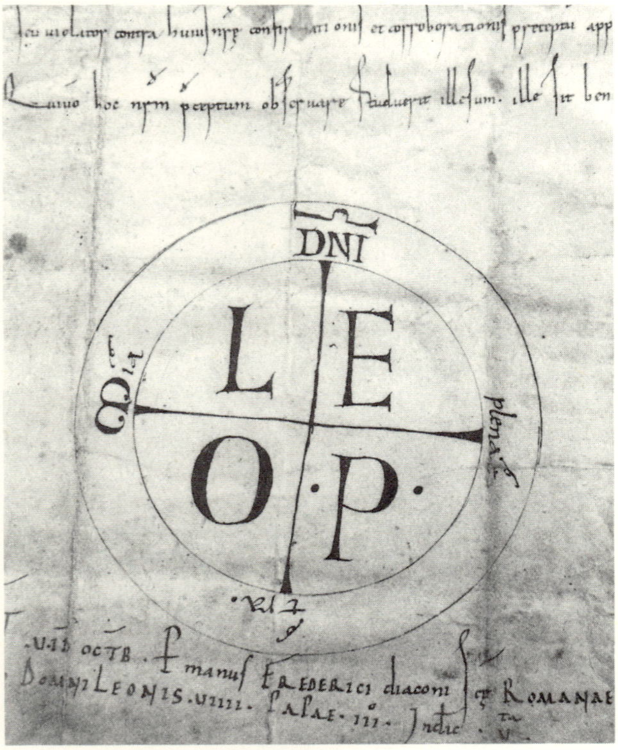

Abb. 18 *Priv. Leos IX. von 1051 Okt. 11 – Orig.: Archivio Segreto Vaticano, Instrumena Tudertina 1 – Reg.: IP IV, p. 40 n. 1 – Schreiber wie im Priv. von 1051 März 12 (Abb. 9); Durchmesser der Rota: 13,5 cm*

ein Gedicht in einer Evangelienhandschrift, die ein Bekannter Leos IX. gestiftet hat:

Convenit omnimodis Christo natura leonis[67].

So spricht einiges für die Annahme, daß Bruno von Toul seinen Papstnamen nicht nur mit Rücksicht auf seinen Amtsvorgänger Leo I. wählte, sondern auch, um sein enges Verhältnis zu Christus anzudeuten, und daß der Sinnzusammenhang von Löwe, Christus und Kreuz den neunten Papst Leo überdies dazu führte, seine Privilegien mit seinem Namen zu unterschreiben und diese Unterschrift ganz dicht am Rota-Kreuz als dem Abbild des Kreuzes Christi anzubringen.

Noch enger aber rücken Leos Name, Synodaltätigkeit und Rota im Lichte der folgenden Überlieferungen zusammen:

Frühmittelalterliche Enzyklopädien wie die Isidors[68] und Hrabans[69] und hochmittelalterliche Bestiarien[70] heben die *misericordia* des Löwen hervor.

Für Hraban gilt auch: *Leones praepositi ecclesiae intelliguntur. ... Item leo per figuram sanctorum doctorum impavidum coetum significat, quorum rugitus, hoc est praedicationis vox, terret adversarios.*

Der Brief Leos IX. an die »Bischöfe« von Konstantinopel und Ochrida enthält den Anruf *o domine Jesu, pervigil pastor, et leo de tribu Juda*[71].

Und die Touler Vita nennt die *misericordia* als erste der Tugenden, die Leo IX. in der Nachfolge Christi übte.

67 Die Handschrift – jetzt Paris, Bibliothèque nationale, Nouv. acq. lat. 2196 – wurde um 1040 in Echternach geschaffen und von dem Abt Gerhard v. Luxeuil seinem Kloster dargebracht. Das Gedicht (f. 19) ist u. a. gedruckt MGH Poetae V/2, S. 430 f. Nr. 5/III.

68 Isidori Hispalensis episcopi Etymologiarum sive Originum lib. XII, 2, 6, ed. W. M. Lindsay (Scriptorum classicorum bibliotheca Oxoniensis), Oxonii [1911], tom. II.

69 Hrabanus Maurus, De rerum naturis (De universo) lib. VIII c. 1, Migne, PL CXI, col. 217, das Zitat col. 218.

70 Max Friedrich Mann, Der Bestiaire Divin des Guillaume le Clerc (Französische Studien, Bd. VI, H. 2), Heilbronn 1888, S. 38 u. a.

71 Jüngste Drucke: Acta et scripta quae de controversiis ecclesiae Graecae et Latinae saeculo undecimo composita extant, ed. Cornelius Will, Lipsiae-Marpurgi 1861, p. 65–85 n. II (p. 67) = Enzo Petrucci, Ecclesiologia e politica di Leone IX, Roma 1977, p. 248–330 n. I (p. 254) – Reg.: JL 4302.

Schluß

Die Zeichen, die unter Leo IX. im April/Mai 1049 neu im Eschatokoll des Papstprivilegs erschienen, wurden anfangs (fast) ganz vom Aussteller selbst eingetragen, für Umschrift u n d Inschrift der Rota blieb Eigenhändigkeit die Regel. Schon dieser Umstand spricht dafür, daß Leo ein führender Urheber der Neuerungen war. Inschrift und Umschrift sind zweierlei Unterschriften – eine persönliche und eine unpersönliche –, die sich in der Rota mit einem Handzeichen vereinigen. Auf die Rota haben offenbar nichturkundliche Vorbilder eingewirkt, sie ist aber kein urkundenfremdes Element, sondern ein Mittel zur rechtlichen Vollziehung der Urkunde – dient freilich auch der religiösen Bekräftigung und ist Träger geistlichen Sinns.

Dieser erschließt sich, wenn Figur und Beschriftung aufeinander bezogen werden: Sie stehen unter Leo in engstem Zusammenhang, der sich unter den Nachfolgern lockert. Die Rota Leos ist Ausdruck der Frömmigkeit dieses Papstes und seines Amtsverständnisses. Der Name des »Löwen« und seine Anbringung am Innenkreuz kennzeichnen den Papst als Antitypus Christi, der zwischen Himmel und Erde vermittelt und von dessen Barmherzigkeit die Erde voll ist. In der Wahl der Devise und der Synodentermine verrät sich eine besondere Verbundenheit Leos mit der Messe vom guten Hirten.

Der Papst beansprucht für sein Amt weltweite Zuständigkeit und führt es auf Christus zurück, als dessen Nachfolger und Vertreter er der selbstlose, aber auch kampfbereite Hirt sein will. Das Hirtenamt übt er nicht zuletzt in der Abhaltung von Synoden, bei deren erster die Rota wohl eingeführt wurde, und in der Erteilung von Privilegien, deren Bedeutung der Aussteller durch seine persönliche Zeichen- und Schreibtätigkeit unterstreicht.

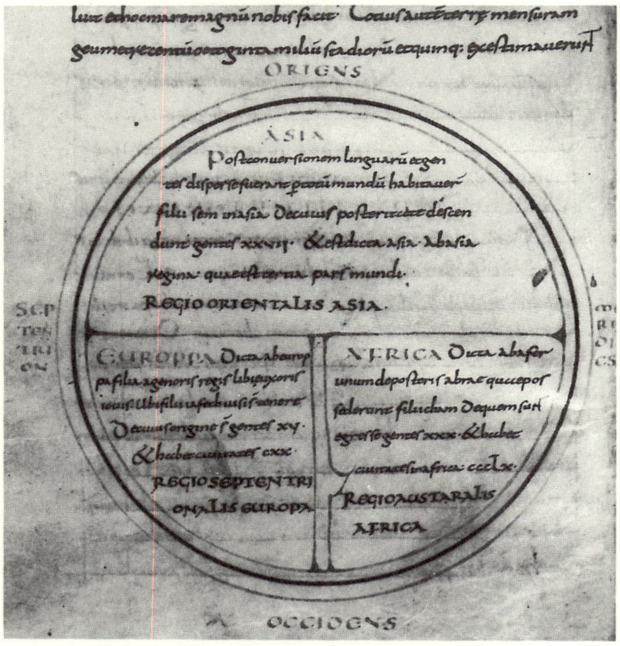

Abb. 19 *TO-Karte in einer Handschrift (Isidor von Sevilla, De natura rerum) des 9. Jh.: Bern, Burgerbibliothek, Cod. 417, f. 88v*

Abb. 20 *Illustration zum dritten Schöpfungstag in einer 1066/78 dem Koblenzer Stift St. Castor geschenkten Bibel: Pommersfelden, Gräflich Schönbornsche Schloßbibliothek, Hs. 333, f. 1v*

Abb. 21 *Kreuzigungsbild im Kostbaren Evangeliar Bernwards: Hildesheim, Domschatz Nr. 18, f. 118v, obere Hälfte*

Algunos signos regios, eclesiásticos, notariales y privados medievales aragoneses

Por Angel Canellas

La amable invitación del Instituto para las Ciencias Auxiliares de la Historia de la Universidad Philipps de Marburg para colaborar de alguna manera en su III Coloquio Internacional, dedicado al tema monográfico de Símbolos gráficos en documentos medievales, y la personal del profesor Peter Rück durante las sesiones celebradas en Edinburgo por la Comisión Internacional de Diplomática, justifica que, fuera de plazo y sin posibilidad de asistir a las jornadas, contribuya mi persona a los trabajos científicos presentados en los días 24 a 26 de septiembre con estas breves notas sobre *signos regios, eclesiásticos notariales y privados medievales aragonéses*.

Se trata sencillamente de aportar material gráfico útil para estos estudios de simbología, en la intención de que los lectores preocupados por estos temas, tengan a su disposión un muestrario de signos hispanos, y de esta manera se complete en alguna manera el panorama ofrecido por las comunicaciones de otros paises previstas y anunciadas en el programa del Coloquio.

No se trata de elaborar teorías interpretativas de las simbologias subyacentes en estos signos, ni siquiera explicaciones genéticas deducidas de las frecuentes similitudes entre unos y otros signos: sea tan solo una decidida adhesión a este tipo de estudios que la sensibilidad científica del Dr. Rück ha suscitado al convocar este Coloquio.

El elenco de signos documentales utilizados en suscripciones de documentos medievales que se ofrece, se limita a uno de los países que formaron la Corona de Aragón, y se centran en la aportación singular que la antigua capital de Aragón, la ciudad de Zaragoza, facilita gracias a la minuciosa copia llevada a cabo en fines del siglo XIII de la documentación: relativa a la iglesia de San Salvador o La Seo de esa ciudad, en su *Cartulario pequeño*; goza de toda credibilidad esta recopilación de documentos, como se ha comprobado tras el cotejo de los signos reproducidos, con los que figuran en los originales conservados. Y para ampliar el panorama de signos zaragozanos, se han añadido abundantes reproducciones de signos notariales de esta ciudad hasta los primeros años del siglo XV. Se ofrece este elenco repartido en cinco secciones:

a) autoridades seglares,
b) autoridades eclesiásticas,
c) cabildos catedralicios de Zaragoza principalmente,
d) notarios, y
e) particulares.

a) Signos de autoridades seglares

Se recogen tan solo las muestras estampadas en el Cartulario menor de La Seo, presentados por orden cronológico de los reyes titulares, con indicación de la data del documento en que figuran y el folio correspondiente de la copia en el Cartulario pequeño. Los posteriores al rey Jaime I (1213–1376) proceden de documentos originales existentes en archivos zaragozanos y se añaden para ofrecer una serie casi completa de estos signos de la realeza aragonesa. Se ha añadido un signo del rey castellano Alfonso VII, ya que aparece en el Cartulario fuente principal de este elenco (vid. fig. 1–19).

He aqui un par de signos condales, uno de Ampurias y otro de Ribagorza (vid. fig. 20–22).

b) Signos de autoridades eclesiásticas

Tres series de signos facilita el Cartulario pequeño utilizado para esta antología: 1) Obispos de Zaragoza, 2) Prelados de otras diócesis y 3) abades y maestres de órdenes militares.

1) Prelados de Zaragoza: Solamente se recoger ejemplos de los siglos XII y XIII, etapa concreta de los documentos recogidos en el Cartulario pequeño (vid. fig. 23–27).
   Por otras fuentes documentales, los prelados zaragozanos desde el siglo XIV prefieren emplear suscripciones para autenticar sus concesiones; tres ejemplos (vid. fig. 28–30).
2) Prelados de otras diócesis: La naturaleza de los documentos recogidos en este Cartulario de San Salvador, explica la constancia de algunos signos de prelados de otras diócesis mas o menos vinculadas con la zaragozana. Tal ante todo el metropolitano de Tarragona del que dependía la diócesis de Zaragoza;

de algun obispo de Aragón como Barbastro, de obispos de Cataluña (Barcelona, Gerona, Tortosa), y tambien del mediodía de Francia (obispados de Aux y de Olorón) (vid. fig. 31–39).

3) Abades y maestres de órdenes: Las abadías aragonesas de San Juan de la Peña y de Montearagón, un abad de la iglesia de Zuera, otro de Castellote, uno de Junqueras y uno de sus frailes y cuatro maestres de la orden del Temple, dejaron constancia en las copias del Cartulario pequeño (vid. fig. 40–53).

c) Cabildos eclesiásticos

Se ofrecen tres series correspondientes a los capitulares de San Salvador o La Seo de Zaragoza, de Santa María la Mayor o del Pilar de Zaragoza, capitulares de otras diócesis y finalmente los signos de eclesiásticos varios aparecidos en el Cartulario pequeño.

1. Capitulares de San Salvador: Es natural que sean abundantes, habida cuenta de la documentación consultada para estos elencos. Corresponden a varios priores, arcedianos, a un archilevita, cambrero, claveros, chantre, enfermero, escriba, hospitalero, limosneros, obreros, pabostres, preceptores, sacristanes, tesorero y un buen número de simples canénigos (vid. fig. 54–118).
2. Capitulares de Santa Maria del Pilar: Es naturalmente menor el número de signos recogidos en las fuentes consultadas, de procedencia distinta a esta iglesia: he aquí una muestra (vid. fig. 119–131).
3. Capitulares de otras diócesis (vid. fig. 132–133).
4. Eclesiásticos varios: Queda un pequeño grupo de signos de eclesiásticos (priores, capellanes y presbíteros) que acompañan a los de las series anteriores, así como una suscripción y signo corporativos de Santa María la Mayor de Zaragoza (vid. fig. 134–141).

d) Signos notariales

Las fuentes documentales consultadas, tanto el Cartulario pequeño como otras piezas sueltas originales de varios depósitos archivísticos zaragozanos facilitan una amplia información gráfica de los signos peculiares de numerosos notarios. Se presentan a continuación ejemplos de notarios reales, de la amplia serie de notarios zaragozanos, de varios notarios eclesiásticos, de otros notarios locales aragoneses.

1. Notarios reales: Del cartulario pequeño de San Salvador, proceden los signos notariales de escribanos al servicio de monarcas aragoneses de los siglos XII y principios del XIII, en su mayoría documentados en otras gruesas notariales originales. He aquí sus típicos trazos (vid. fig. 142–151).
2. Notarios de Zaragoza: Se consignan ante todo los signos notariales que figuran en las copias del Cartulario pequeño, de los siglos XII y XIII (vid. fig. 152–171).
   Dado el valor gráfico de los signos notariales zaragozanos y para complemento de los datos facilitados por el Cartulario pequeño de La Seo, he aquí a continuación ocho cuadros de signos zaragozanos de los años XIII a XV, extractados de gruesas notariales originales existentes en fondos archivísticos zaragozanos (vid. fig. 172–226).
3. Notarios eclesiásticos: He aquí tres ejemplos de otros tantos notarios al servicio de prelados zaragozanos Pedro Tarroja (1153–84), Sancho de Ahones (1216–35) y Pedro Garcés de Januas (1271–80) (vid. fig. 227–229).
4. Otros notarios aragonéses (vid. fig. 230–234).

e) Signos de Particulares

No podía faltar una nutrida representación de signos usados por personas privadas que acudieron a su empleo para autenticar sus compromisos contractuales. Se han recogido tan solo los que aparecen a lo largo de las piezas insertas en el Cartulario pequeño de La Seo, y abarcan los años 1129 a 1360, con alguno sin data concreta; algún caso de suscripción hebrea se ha reproducido como testimonio de contratantes de esta etnia, habitantes en Zaragoza (vid. fig. 235–319).

Las muestras reseñadas a continuación se han dispuesto en orden alfabetico de sus titulares para fácil localización de sus usuarios.

a) SIGNOS DE AUTORIDADES SEGLARES

1. PEDRO I DE ARAGON; 1101 (f. 47)
2. ALFONSO I DE ARAGON; 1124–1133 (ff. 14–18)
3. RAMIRO II; 1133–1134 (ff. 16',21)
4. RAMON BERENGUER IV; 1155 (f. 14')
5. ALFONSO II DE ARAGON; 1162–1185 (ff. 8, 18)
6. SANCHA, ESPOSA DE ALFONSO II; Signos castellano y aragonés
7. PEDRO II DE ARAGON; 1201–1206 (ff. 110', 124)
8. JAIME I; 1217 (f. 137)
9. ALFONSO III DE ARAGON; 1286–1291
10. JAIME II, autógrafo; 1291–1327
11. ALFONSO IV; 1329
12. PEDRO IV, suscripción; 1382
13. JUAN I; 1391
14. MARTIN I, infante; 1388
15. MARTIN I; (1395–1410)
16. LEONOR; 1414–1416
17. MARGARITA DE PRADES; 1409–1410
18. ALFONSO V; 1416–1458
19. ALFONSO VII DE CASTILLA; 1134–1135 (ff. 16, 17)
20. PONCIO HUGO, de Ampurias; 1199 (f. 108')
21. PEDRO, infante, conde de Ribagorza; (1345)
22. PEDRO DE RESA; 1186 (f. 7)

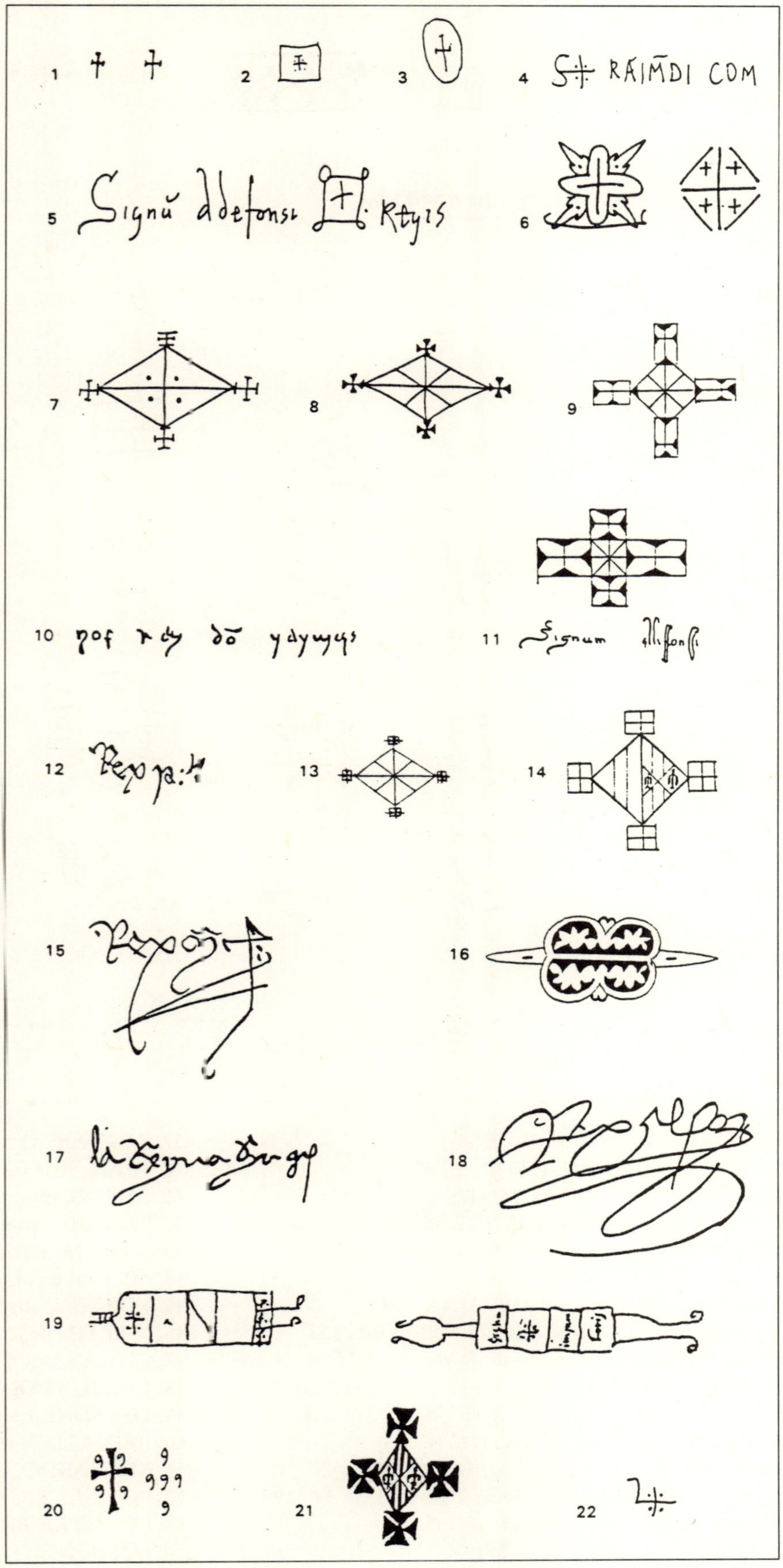

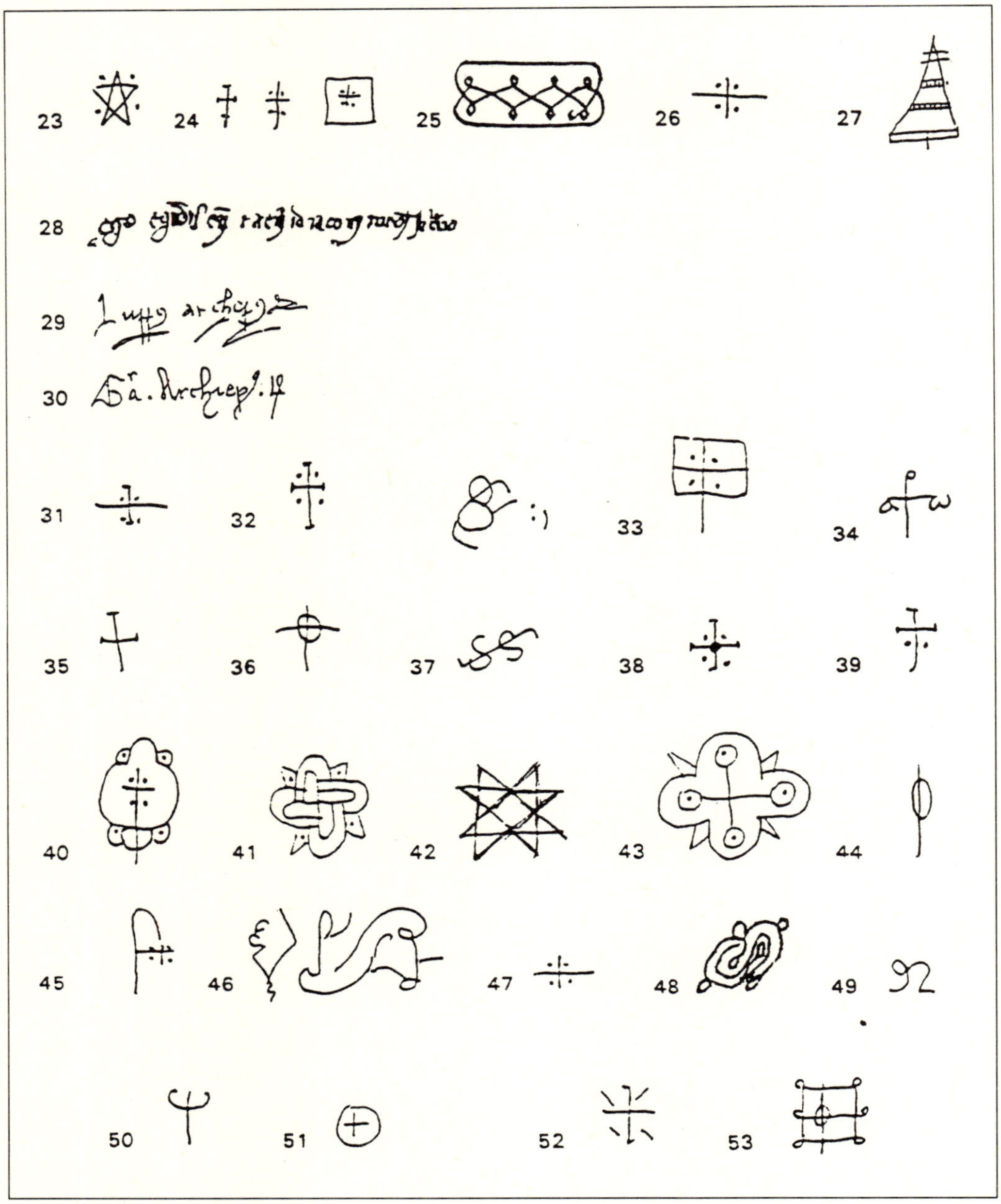

b) SIGNOS DE AUTORIDADES ECLESIASTICAS

23. GARCIA; 1132–1134 (ff. 55', 84)
24. BERNARDO; 1143–1148 (ff. 19, 85')
25. PEDRO; 1155–1182 (ff. 11, 117)
26. RAIMUNDO; 1186–1210 (ff. 7, 165)
27. SANCHO; 1221 (f. 142')
28. JIMENO DE LUNA; 1307
29. LOPE FERNANDEZ DE LUNA; 1368
30. GARCIA FERNANDEZ DE HEREDIA; 1387
31. BERNARDO, arzobispo de Tarragona; 1155 (ff. 14, 58)
32. BERENGUER, arzobispo de Tarragona; 1179–1190 (ff. 12, 22', 18)
33. GOMBALDO de Tortosa; 1210 (f. 165)
34. RAIMUNDO de Barbastro; 1121 (f. 95')
35. GUILLERMO de Barcelona; 1155–1171 (ff. 14', 19')
36. BERENGUER de Gerona; 1143 (f. 19)
37. PEDRO de Aux; 1155 (f. 58)
38. GIRALDO de Aux; 1182 (f. 12)
39. BERNARDO de Oloron; 1182 (f. 12)
40. JUAN, abad de San Juan de la Peña; 1143–1155 (f. 14)
41. ENECO, prior de San Juan de la Peña; 1155 (f. 14)
42. SANCHO, prior de San Juan de la Peña; 1155 (f. 14)
43. GARCIA, clavero de San Juan de la Peña; 1155 (f. 14')
44. M., abad de Montearagón; 1143 (f. 19)
45. FORTUN, abad de Montearagón; 1143 (f. 19)
46. MARTIN de Zuera; 1185 (f. 22)
47. GUILLERMO, abad Junqueras; 1166 (f. 15)
48. RAIMUNDO, de Castellote; 1176 (f. 93')
49. DEUSDAT, fraile Junqueras; 1166 (f. 15)
50. REINALDO, maestre del Temple; 1166 (f. 15)
51. BERNARDO, maestre del Temple; 1178 (f. 20')
52. PONCIO RIGALT, maestre del Temple; 1204 (f. 117)
53. PEDRO RAIMUNDO DE LUNA, maestre del Temple; 1221 (f. 143)

c) CABILDOS ECLESIASTICOS

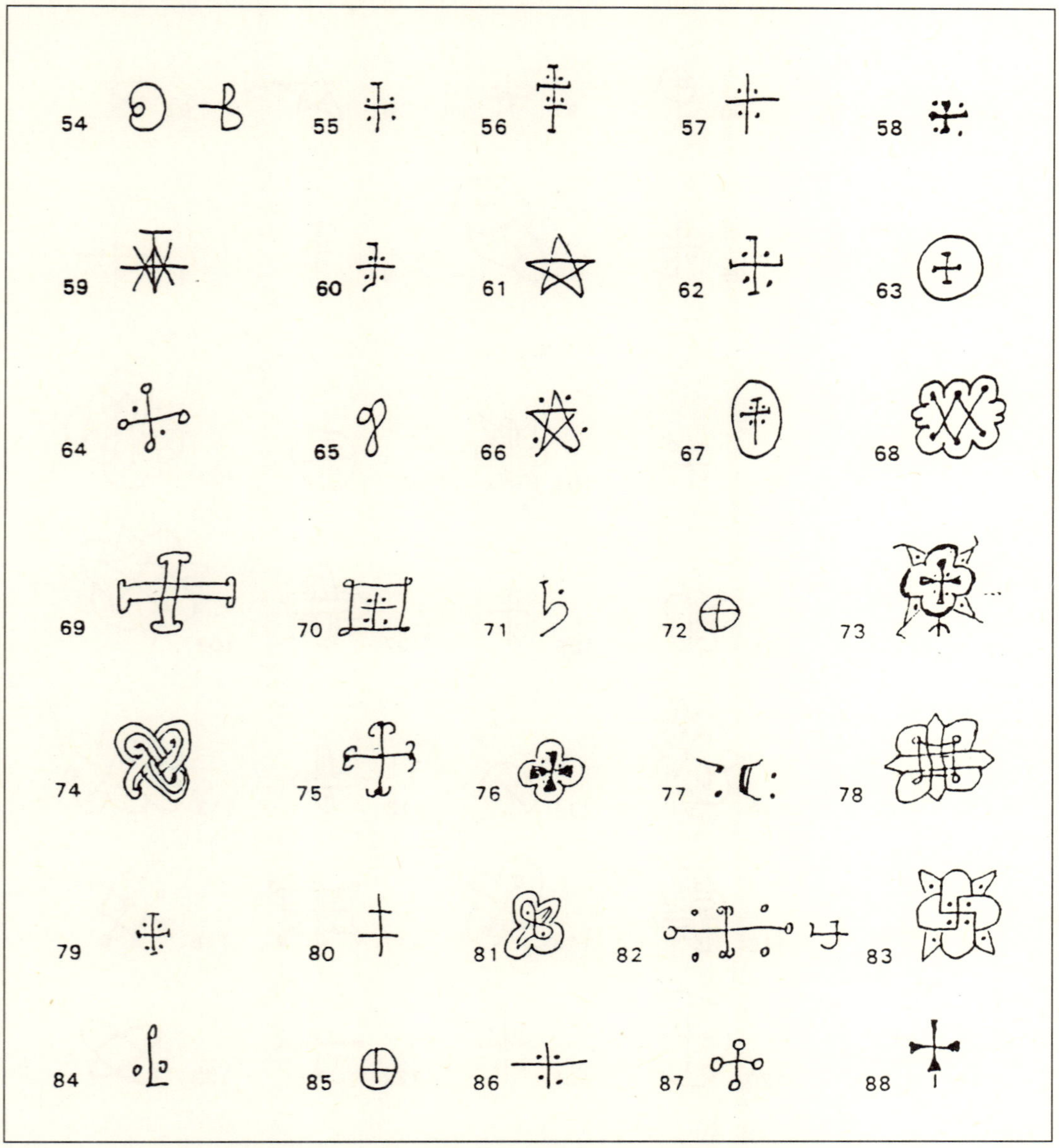

54. GAUZBERTO, prior; 1166 (f. 15)
55. REINALDO, prior; 1169 (f. 44')
56. RODRIGO, prior; 1178 (f. 20')
57. PEDRO, prior; 1182 (f. 12)
58. GOMBALDO, prior; 1210 (f. 165)
59. SEBASTIAN, prior; 1221 (f. 142')
60. DOMINGO, subprior; 1190 (f. 23)
61. GARCIA, arcediano; 1166–1171 (ff. 15, 19')
62. BERNARDO, arcediano; 1166–1179 (ff. 15, 67')
63. GUILLEN, arcediano; 1179 (f. 67')
64. RODRIGO, arcediano; 1190 (ff. 23, 118)
65. SILVESTRE, arcediano; 1190 (ff. 22, 118)
66. PEDRO BERTRAND, arcediano; 1190–1221
67. GUILLERMO, arcediano; 1190 (f. 7, 118')
68. FORTUN, arcediano; 1204–1210 (ff. 165, 187)
69. GERARDO, arcediano; 1210 (f. 165)
70. GARCIA, arcediano; 1210 (f. 165)
71. RICARDO, archilevita; 1182 (f. 12)
72. DOMINGO DE UTEBO, cambrero; 1225 (f. 14')
73. JUAN, clavero; 1199 (f. 116')
74. RAIMUNDO, chantre; 1135 (f. 85')
75. GOMBALDO, cambrero; 1179 (f. 67')
76. GIL, cambrero; 1199 (f. 116')
77. JUAN, cambrero; 1210 (f. 165)
78. GUILLERMO, cambrero; 1210 (f. 165)
79. IÑIGO, enfermero; 1210 (f. 165)
80. SANCHO DE BARBASTRO, enfermero; 1221 (f. 145)
81. FELIPE, escriba; 1171 (f. 19')
82. LORENZO, hospitalero; 1210 (f. 165')
83. MARTIN, limosnero; 1199 (f. 116')
84. SEBASTIAN, limosnero; 1210 (f. 165)
85. PEDRO SANZ, limosnero; 1221 (f. 142')
86. ABRIL, obrero; 1221–1236 (f. 162)
87. JUAN, obrero; 1221 (f. 143)
88. SANCHO, pabostre; 1164–1169 (f. 44', 61')

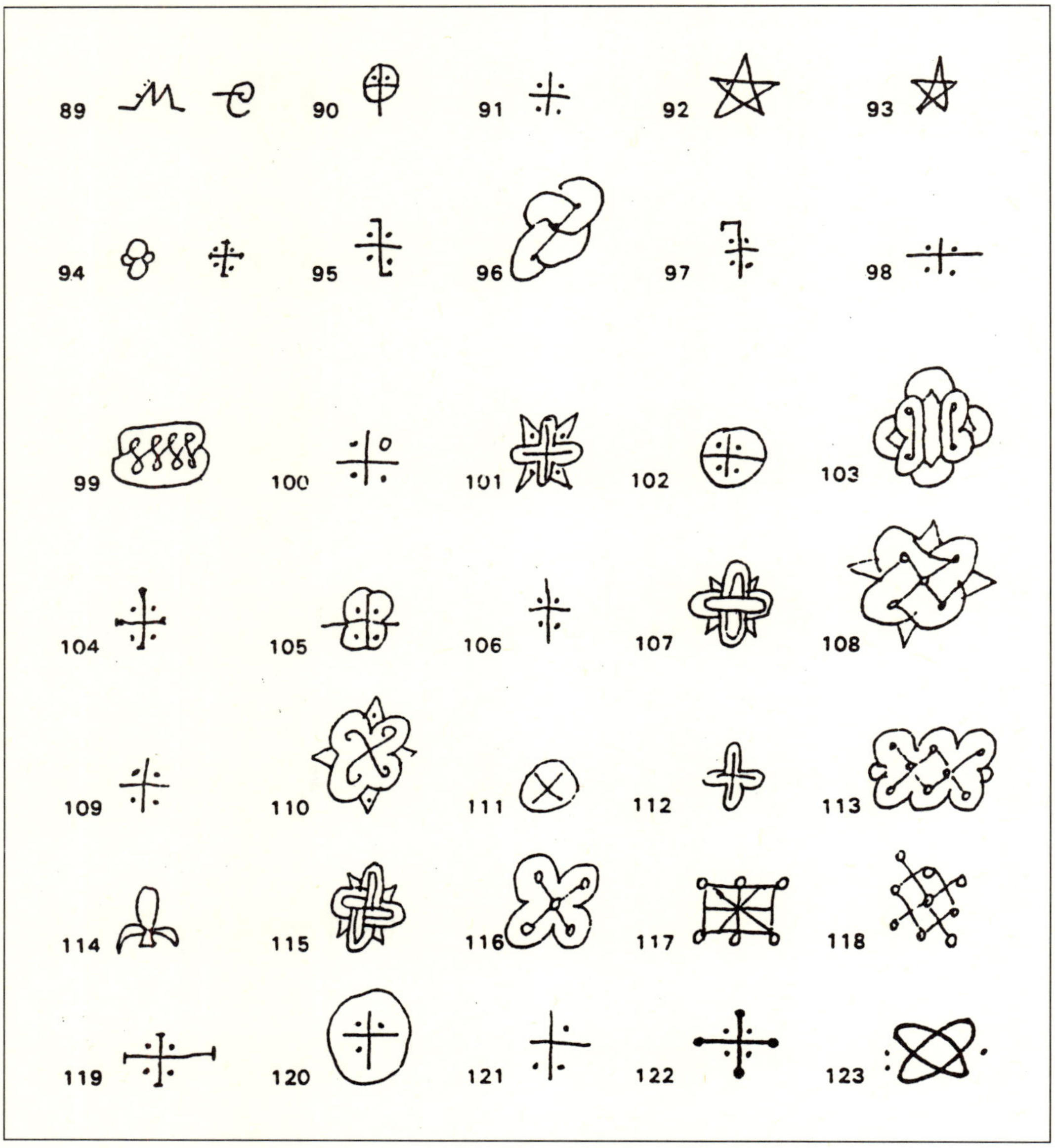

89. SANCHO, pabostre; 1166 (f. 15)
90. JUAN, pabostre; 1190 (ff. 23, 118')
91. VICENTE, pabostre; 1221 (f. 143)
92. DOMINGO DONATO, pabostre; 1221 (f. 14')
93. GUILLERMO, pabostre; s. d. (ff. 51, 54')
94. SANCHO, preceptor; 1166 (f. 15)
95. BERNARDO, preceptor; 1190 (f. 28)
96. RAIMUNDO, preceptor; s. d. (f. 46)
97. ENECO SANZ, sacristán; 1166 (f. 15)
98. PEDRO, sacristán; 1169 (f. 44')
99. PEDRO, sacristán; 1182 (f. 12)
100. PEDRO FORTIA, sacristán; 1190 (f. 23)
101. SANCHO, sacristán; 1199 (f. 116')
102. BERENGUER, sacristán; 1204–1210 (ff. 117, 165)
103. BERNARDO DE TORRE, sacristán; 1210 (f. 165')
104. MARTIN XIMENEZ, sacristán; 1220 (f. 143)
105. BERENGUER, sacristán; 1221 (f. 142')
106. ADAN, subsacristán; 1221 (f. 143)
107. GARCIA, tesorero; 1236 (f. 162)
108. BENEDICTO, canónigo; 1184 (f. 98)
109. LOPE SANCHEZ, canónigo; 1190 (f. 123)
110. DOMINGO, canónigo; 1210 (f. 165')
111. ARNALDO ALBERT, canónigo; 1221 (f. 143)
112. BERENGUER FONTOVA, canónigo; 1221 (f. 143')
113. GIRALDO, canónigo; 1221 (f. 142')
114. GUILLERMO GACON, canónigo; 1221 (f. 143)
115. JUAN DE PASTRIZ, canónigo; 1221 (f. 142)
116. PEDRO DE DAROCA, canónigo; 1221 (f. 142)
117. MIGUEL DARUX, canónigo; 1221 (f. 143)
118. MIGUEL, canónigo; 1221–1236 (ff. 162, 192')
119. PEDRO, prior; 1171–1190 (ff. 19', 23)
120. GUILLERMO, prior; 1182 (f. 12)
121. VALERO, prior; 1220 (f. 143)
122. PASCASIO MARTIN; 1320
123. MARTIN TABUENCA; 1320

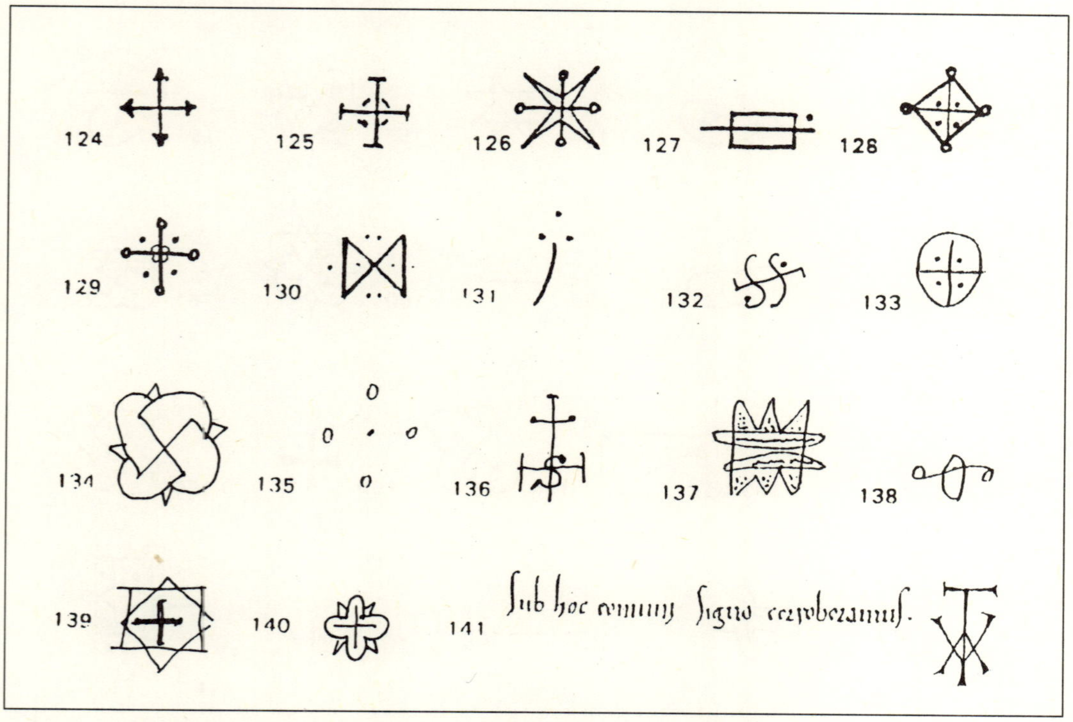

124. JAIME DEL MURO; 1320
125. MARTIN GUILLERMO TRON; 1320
126. JIMENO DONAT; 1320
127. PEREGRIN DE LUE; 1320
128. MIGUEL DE ARCAINE; 1320
129. IÑIGO LOPEZ DE CASEDA; 1320
130. GIL MARTIN DE OBLITAS; 1320
131. ANTONIO BONET; 1320
132. G., arcediano de Aux; 1182 (f. 12)
133. BERENGUER, canónigo de Tarragona; 1190 (f. 23)
134. PONCIO, prior de Tortosa; 1155–1210 (ff. 35, 85)
135. GARCIA, prior de Daroca; 1171 (f. 19')
136. NICOLAS, capellán de Lérida; 1178 (f. 14')
137. JUAN, capellán de Cornicena; 1199 (f. 109')
138. BERNARDO, capellán; 1236 (f. 162)
139. ESTEBAN, presbítero de Alacón; 1144 (ff. 48', 62')
140. TOMAS, presbítero, 1197 (f. 105')
141. Cabildo de Santa María la Mayor, Zaragoza; 1187

d) SIGNOS NOTARIALES

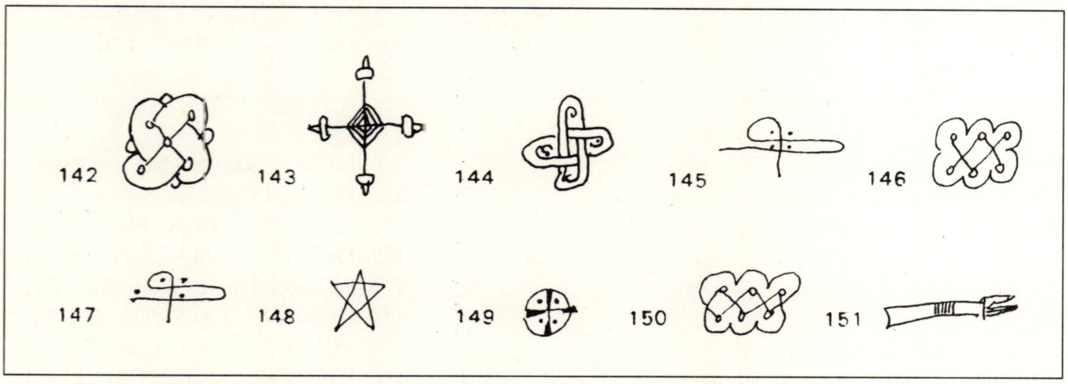

142. SANCHO, escriba de Alfonso I; 1124–1125 (ff. 18, 53)
143. BERENGUER, notario de Alfonso VII de Castilla; 1134 (f. 16)
144. ANDRES DE AYERBE, escriba de Ramón Berenguer IV; 1154–1157 (ff. 19, 24')
145. PONCE DE OSOR, escriba de Alfonso II; 1169 (f. 8)
146. GUILLEN DE BUSIA, notario de Alfonso II; 1185 (f. 7')
147. BERENGUER DE PAREDES, notario de Alfonso II; 1185–1212 (ff. 17, 137)
148. JUAN DE BERAX, notario de Alfonso II; 1195 (f. 24)
149. PEDRO, escriba de Pedro II; 1201–1206 (ff. 110', 124)
150. BONONATO, escriba de Pedro II; 1208 (f. 124)
151. BLASCO, escriba de Jaime I; 1217 (f. 137)

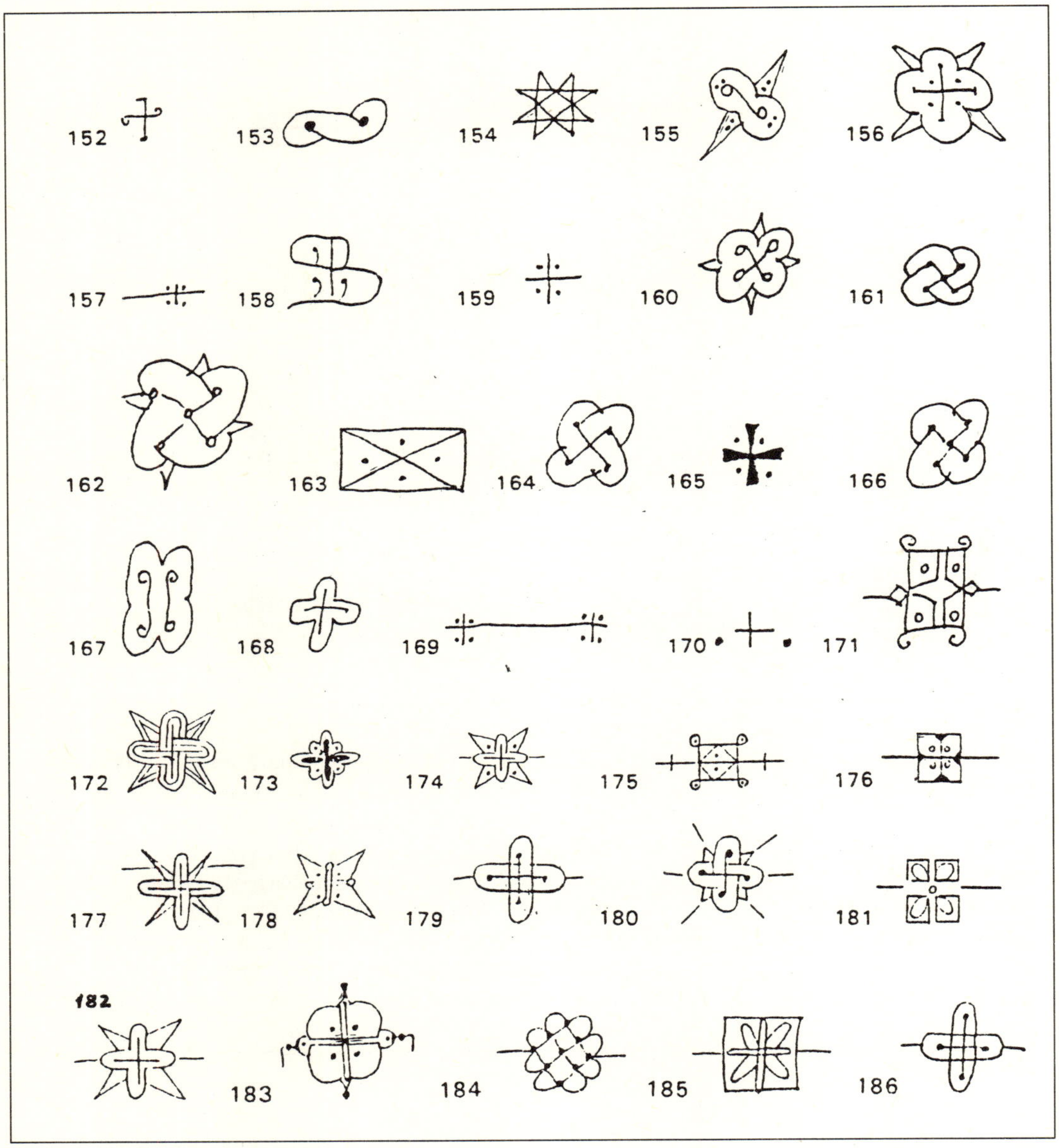

NOTARIOS DE ZARAGOZA

152. MARTIN; 1150 (f. 92')
153. MARTIN; 1150–1153 (ff. 27, 39')
154. MARTIN; 1154 (f. 75)
155. MARTIN; 1158–1161 (ff. 31, 89)
156. VIDAL; 1160 (f. 93')
157. GARCIA; 1166 (ff. 14', 69')
158. BERNARDO DE CALDES; 1169 (ff. 18, 18')
159. NICOLAS; 1177–1178 (ff. 56', 74)
160. TOMAS; 1179 (f. 28)
161. GARCIA; 1178 (f. 30)
162. BERENGUER; 1179 (f. 38')
163. RAIMUNDO; 1182
164. PEDRO DE BLANDES; 1185–1187 (ff. 12, 21')
165. ARNALDO; 1204 (f. 117')
166. GARCIA; 1208 (f. 20)
167. GIL; 1210 (f. 165')
168. SANCHO; 1236 (f. 162)
169. GUILLERMO; 1242 (f. 172)
170. PONCIO, s. d. (f. 89')
171. JUAN DE FUENTES; 1275 (f. 216')
172. DOMINGO MARTIN; 1213–1272
173. PEDRO DE AVILA; 1213–1272
174. DOMINGO MARTIN DE ALQUEZAR; 1213–1272
175. BELTRAN DE VILLANUEVA; 1213–1272
176. DOMINGO MONTALTED; 1213–1272
177. SANCHO DEL VALLE; 1213–1272
178. PEDRO LOPEZ; 1213–1272
179. PEDRO DE GUALID; 1213–1272
180. ALFONSO MARRACO; 1213–1272
181. JUAN DE ARCAINE; 1213–1272
182. PEDRO DE SAN FELIPE; 1213–1272
183. FERNANDO DE NAVASA; 1213–1272
184. MIGUEL PEREZ BERBEGAL; 1276
185. JUAN ARCAINE; 1276
186. PEDRO GUALID; 1278

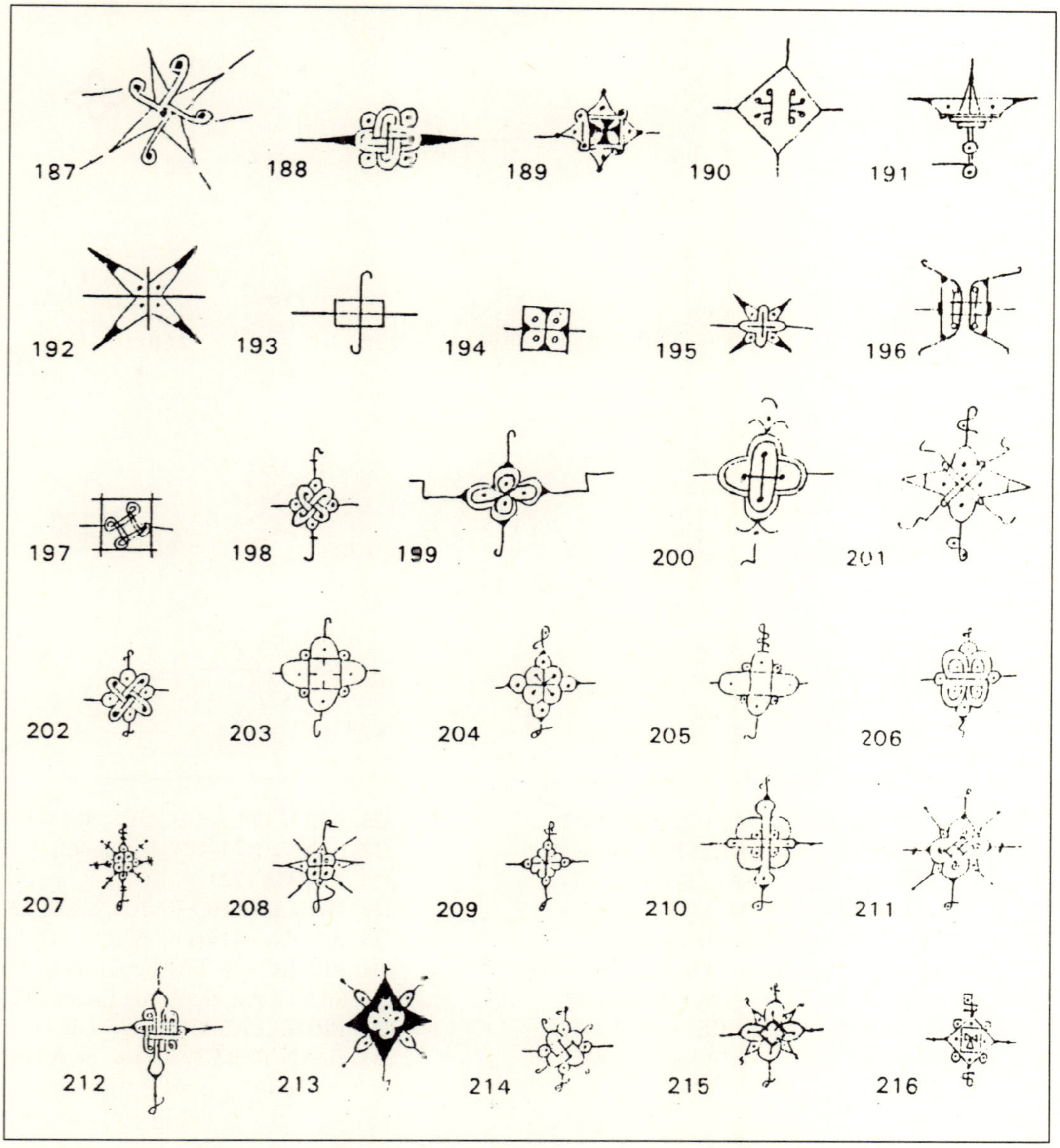

187. JUAN MAGALLON; 1287
188. BLASCO ARVEX; 1289
189. GARCIA XIMENEZ DE TUDELA; 1290
190. JUAN GAUDENZ; 1293
191. DOMINGO JUAN ABIEGO; 1298
192. GARCIA XIMENEZ DE LUNA; 1302
193. JUAN PEREZ DE AYERBE; 1302
194. DOMINGO LOPEZ DE MONTALTED; 1305
195. DOMINGO PLACENTER; 1306
196. JUAN PEREZ DE JASA; 1312
197. BARTOLEME CASTILLAZUELO; 1313
198. GUILLEN CALAVERA; 1316
199. MARTIN JIMENO DE UNCASTILLO; 1332
200. MIGUEL GIL MONTAYLLA; 1332
201. MIGUEL PEREZ ESPADA; 1333
202. JAIME DE MONTALTED; 1334–1374
203. TOMAS PEREZ DE FUENTES; 1334–1374
204. BELTRAN DE TUDELA; 1334–1374
205. DOMINGO ROLDAN; 1334–1374
206. DOMINGO PEREZ DE SANGARREN; 1334–1374
207. PEDRO PEREZ SARNES; 1334–1374
208. BERNARDO DEL BARRIO; 1334–1374
209. MARTIN DE EJULVE; 1334–1374
210. RODRIGO ALFONSO; 1375–1384
211. SANCHO MARTINEZ DE LA PEYRA; 1375–1384
212. JUAN DE CAPIELLA; 1375–1384
213. DOMINGO PEREZ DE ESCANILLA; 1375–1384
214. PEDRO SERRANO; 1375–1384
215. JUAN XIMENEZ DE MAMILLO; 1375–1384
216. JUAN BLASCO DE AZUARA; 1383–1412

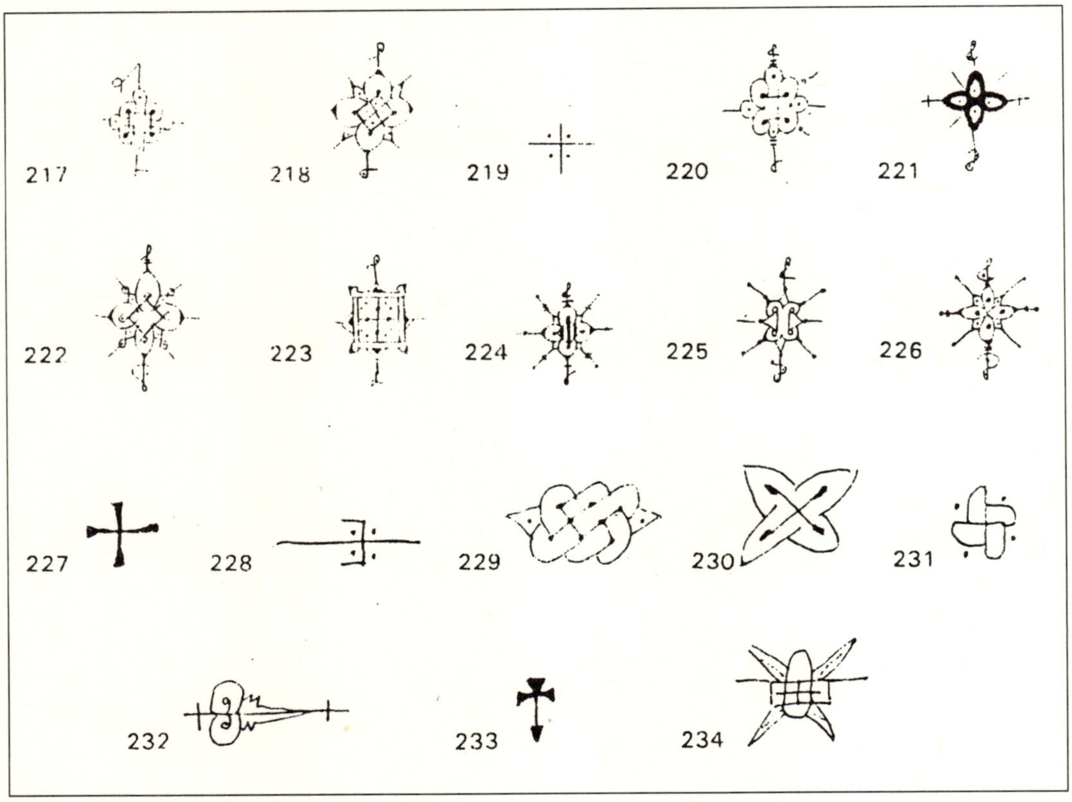

217. GARCIA MARTINEZ ROYO; 1383–1412
218. JUAN LOPEZ DE BARBASTRO; 1383–1412
219. PASCASIO DE GURREA; 1383–1412
220. RAMON AMAT; 1383–1412
221. JUAN DE PER RAMON; 1383–1412
222. JUAN DE ARTOS; 1383–1412
223. PASCUAL ALEGRE DUESO; 1383–1412
224. PEDRO SANCHEZ DE BIEL; 1383–1412
225. JUAN LOPEZ DEL FRAGO; 1383–1412
226. JUAN DE ARAGÜES; 1383–1412
227. JUAN; 1175–1177 (f. 20, 66')
228. ABRIL; 1223
229. GUILLERMO ENRIQUEZ; 1276
230. ATON, escriba de Alagón; 1154 (f. 60')
231. PEDRO DE TARRAGONA; 1190 (ff. 23, 118')
232. SANCHO, escriba de La Seo; 1214–1228 (ff. 130, 147')
233. PEDRO ABAD, notario de Hijar; 1255 (f. 181')
234. JUAN PEREZ, notario de Alcorisa; 1280 (f. 213')

e) SIGNOS DE PARTICULARES

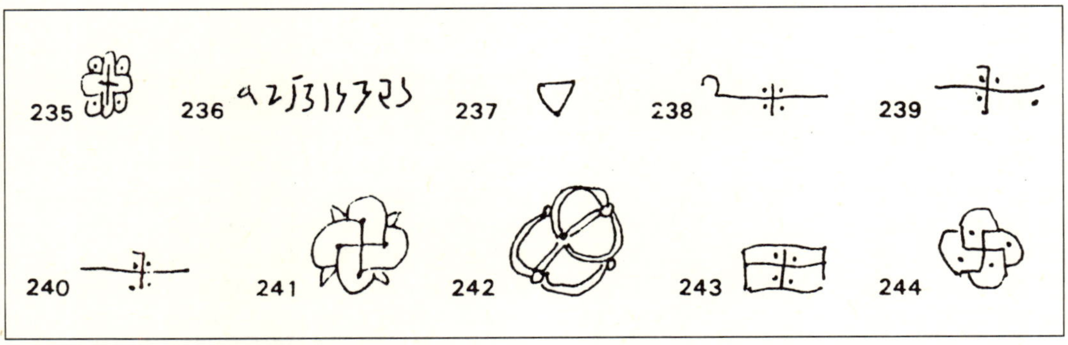

235. ADAN DE ESTADA; 1236–1240 (f. 161, 169)
236. ALKAKEM ABENBENIST; 1174 (f. 62')
237. ARNALDO; 1190 (f. 23)
238. ARNALDO DE ERIL; 1185 (f. 7')
239. ARNALDO PEDRO; 1190 (f. 76')
240. AZNAR ARCEZ; 1164 (f. 56')
241. BERENGUER; 1179 (f. 27', 67)
242. BERENGUER DE HUESCA; 1177 (f. 42)
243. BERENGUER DE SAN FELICES; 1143 (f. 19)
244. BERNARDO DE FRESCANO; 1151 (f. 82')

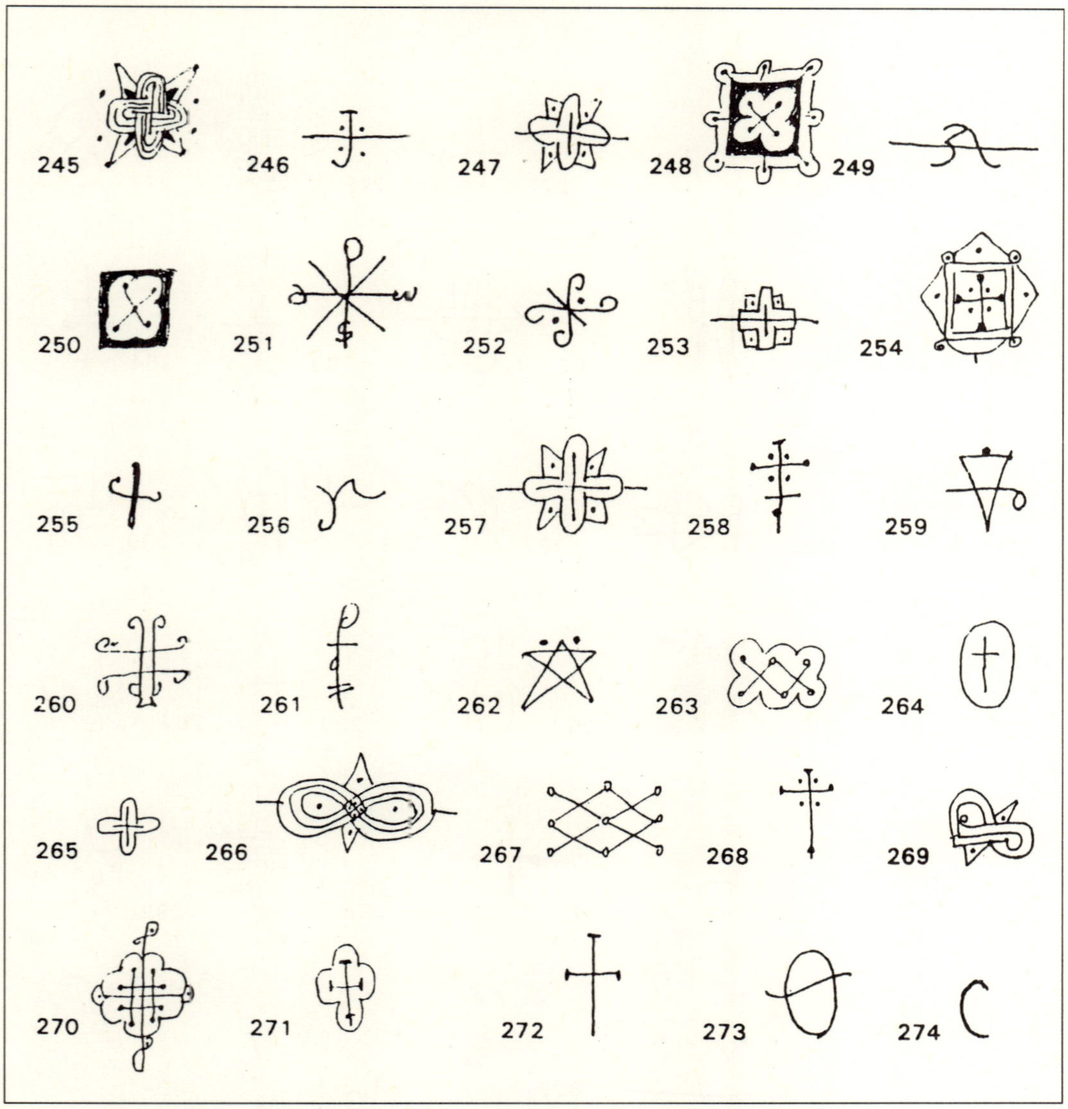

245. BONELLO; 1148 (f. 59)
246. DOMINGO; 1236 (f. 162)
247. DOMINGO MARTIN DE ALQUEZAR; 1227–1235 (ff. 146, 171)
248. DOMINGO PEREZ; 1212 (f. 129)
249. DOMINGO PEREZ; 1230 (f. 157')
250. DOMINGO DE SANTA MARIA MAGDALENA; 1145 (f. 91)
251. ESTEBAN DE HUESCA; 1182 (f. 12)
252. FELIPE; 1190 (ff. 23, 118)
253. FERRANDO; 1234 (f. 161)
254. FERNANDO TUDELANO; 1271–1275 (ff. 213, 242)
255. GARCIA DE LAVEDAN; 1154 (f. 69')
256. GARCIA NIGER; 1166 (f. 15)
257. GIL; 1229 (f. 168)
258. GIL DE HUESCA; 1135–1140 (ff. 59', 61)
259. GIRALDO DE DAROCA; 1190 (ff. 28, 118')
260. GIRARDO; 1190 (ff. 28, 118')
261. GOMBALDO; 1190 (f. 23)
262. GUILLERMO ALAMAN; 1190 (ff. 23, 118')
263. GUILLERMO DE BASSIA; 1182 (f. 23')
264. GUILLERMO DE BELMES; s. d. (f. 51')
265. GUILLERMO DONAT; 1221 (f. 143)
266. GUILLERMO DE JACA; 1199 (f. 116)
267. GUILLERMO DE MARGARITAS; 1185 (ff. 28, 119)
268. GUILLERMO PEREZ; 1189–1209 (ff. 6', 126')
269. GUILLERMO DE SOLER; 1241 (f. 167)
270. JAIME DE SANTA; 1360 (ff. 232', 238)
271. JIMENO; 1150 (f. 50')
272. JOCELMO; 1129 (f. 53')
273. JUAN ABAD; 1190 (f. 118)
274. JUAN DE LUNA; 1190 (ff. 23, 118')

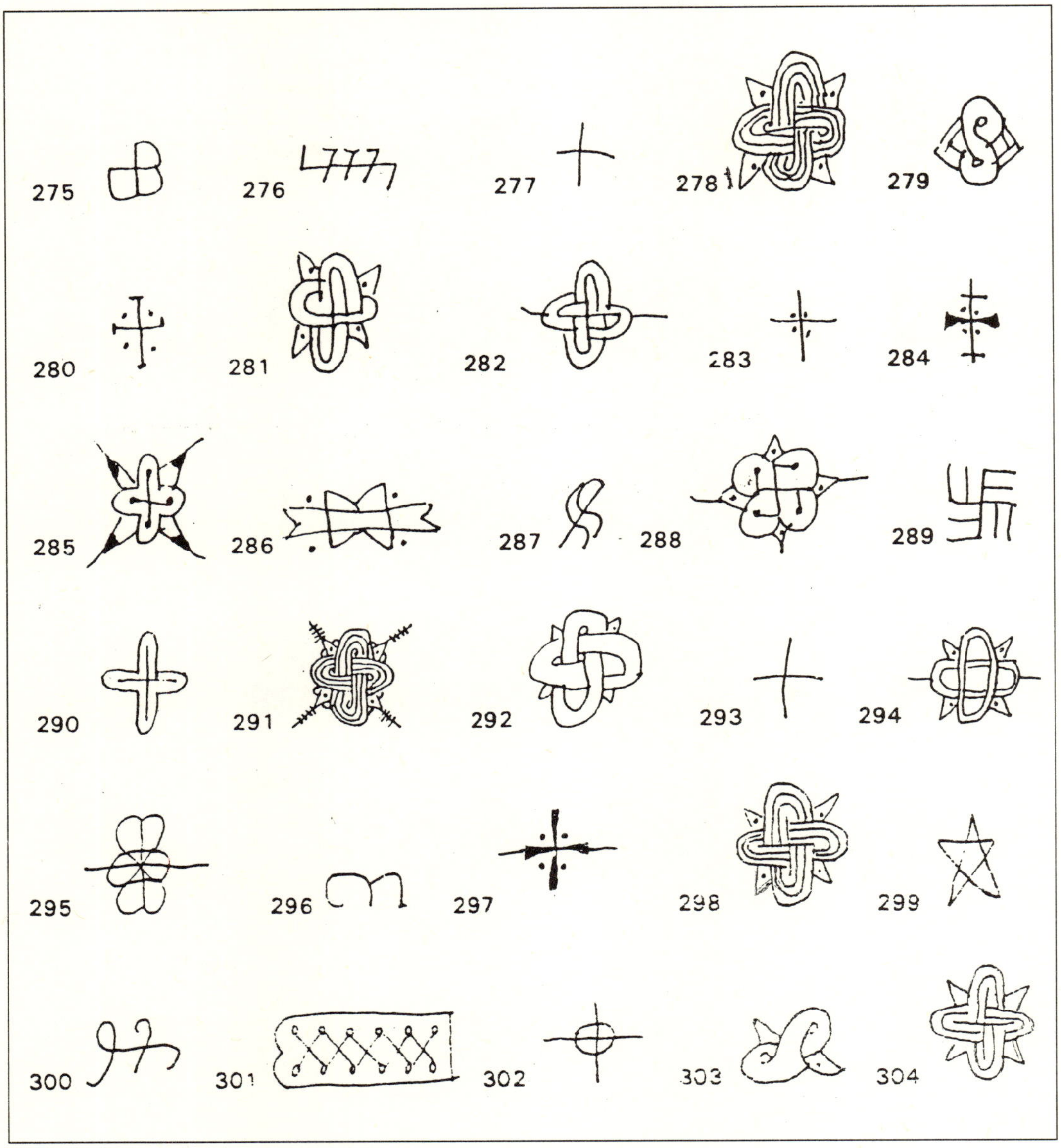

275. JUAN SERRANO; 1190 (ff. 22, 118)
276. LOPE; 1190 (ff. 22, 118)
277. LOPE GARCES PEREGRINO; s. d. (f. 54')
278. MARCOS DE HUESCA; 1227 (f. XII')
279. MARTIN DE SEBASTIAN; 1149 (f. 62)
280. MARTIN DE BORJA; 1171 (f. 19')
281. MATEO; 1217 (f. 136)
282. MATEO DE HUESCA; 1230 (f. 152)
283. MIGUEL; 1182–1183 (ff. 35, 67)
284. MIGUEL; 1230–1231 (ff. 148', 149)
285. NICOLAS DE GRAÑON; 1273 (f. 245)
286. ORTI; 1190 (ff. 43, 118)
287. PALACIN; 1190 (ff. 23, 118)
288. PASCASIO DE CASTELLON; 1282 (f. 220)
289. PEDRO; 1190 (ff. 23, 118')
290. PEDRO BOVADILLA; 1239 (f. 164')
291. PERE DE CAPELLA; 1145–1158 (ff. 65, 87')
292. PEDRO DOMINGO; 1130–1154 (ff. 34, 50')
293. PEDRO GARCES DE GROSTAN; 1135 (f. 85')
294. PEDRO DE HUESCA; 1176–1186 (ff. 31, 125')
295. PEDRO DE JASA; 1236
296. PEDRO PETRASELZ; 1166 (f. 15)
297. PEDRO PINNOL; 1245 (ff. IX', X)
298. PEDRO RAIMUNDO DE SESE; 1245 (ff. VIII', XI)
299. PEDRO RAMON; 1144 (f. 34)
300. PEDRO SANCHEZ; 1190 (f. 118')
301. PEDRO ZARAGOZA; 1177 (f. 155')
302. PEDRO DE SANTA CRUZ; 1190 (ff. 23, 118')
303. PEDRO SANZ; 1154 (f. 40')
304. PONCIO; 1153 (f. 77')

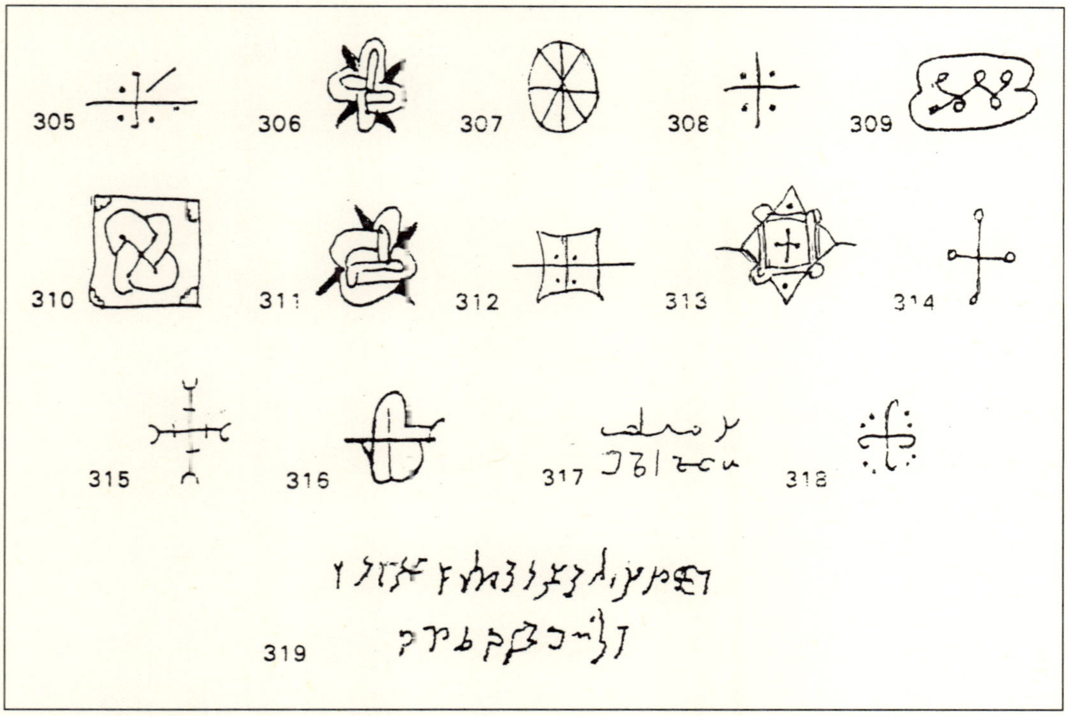

305. PONCIO MARESCALCO; 1204 (f. 117)
306. RAIMUNDO; 1142 (f. 71')
307. RAIMUNDO BARBERA; 1190 (f. 23)
308. RAIMUNDO DE MAZA; 1236 (f. 162)
309. RAIMUNDO DE MONTAÑANA; 1221 (f. 143)
310. RAIMUNDO DE SAN JUAN; 1141–1185 (ff. 45', XI)
311. RAMON; s. d. (f. 71')
312. SANCHO LOPE; 1255 (f. 181')
313. SANCHO LOPEZ DE OLMEDA; 1312–1317 (ff. 224', 228)
314. SIMON; 1189 (f. 6')
315. SIMON BERNARDO; 1190 (ff. 23', 118')
316. VICENTE; 1227 (f. 163')
317. VICENTE DE JUSLIBOL; 1149 (f. 79)
318. VIVIANO; 1155 (f. 58)
319. ZORA DE ABEN CANAS; s. d. (f. 97')

Crismones en la documentación particular de la catedral de León del periodo astur (864–910)

Por Carlos Sáez Sánchez

Abordamos en este trabajo el estudio de los crismones de los diplomas particulares originales más antiguos del archivo de la Catedral de León, los correspondientes al período astur. Son en total catorce documentos, redactados todos ellos en escritura visigótica cursiva, cuya relación abreviada figura más adelante como apéndice[1].

Dentro de cada documento hemos analizado los siguientes signos:

- Crismón inicial.
- Crismón que aparece en signaturas de otorgantes, testigos y confirmantes.
- Crismón de columnas de testigos y confirmantes.

Todos los signos que hemos encontrado y que ha sido posible reproducir quedan reflejados en las láminas A a C que figuran al final del texto del trabajo. La primera contiene los crismones iniciales (A), la segunda los que aparecen ante signaturas (B) y la tercera los que abarcan signaturas dispuestas en columnas (C). En todas las láminas los signos van acompañados de unos números que hacen referencia a los documentos del apéndice en los que se encuentran.

Los crismones de la época que tratamos fueron descritos por Floriano Cumbreño en su conocido manual[2]. Sus palabras son totalmente válidas para los signos que aquí analizamos: están formados por un largo astil, que no es más que la degeneración de la *P* del crismón constantiniano, que se prolonga a lo largo de varias líneas y forma un ángulo hacia la derecha adentrándose en el texto del documento. La abreviatura del signo *us* (de Christus), de forma similar a una *»clave de sol«*, se sitúa sobre el mencionado astil. En ocasiones va acompañada de un rasgo que cruza este vástago, que no es más que la degeneración de la *X* constantiniana.

Analizamos a continuación los signos que hemos encontrado.

A. Crismón inicial

De los catorce documentos hemos podido reproducir nueve signos en la lámina A. Los cinco restantes figuran en los diplomas pero no son perfectamente visibles por estar éstos borrosos, mal conservados o rotos. Todos los signos tienen la forma habitual. Incluso los que no hemos podido reproducir, por lo que se puede apreciar en los diplomas, tienen esta forma.

Todos los signos son muy parecidos, aunque de mayor o menor tamaño, con un abultamiento o *»cabeza«* en su parte superior, que no es más que la cabeza que la letra p adopta en la escritura visigótica de los documentos que nos ocupan. La *»clave de sol«* se encuentra hacia el centro del signo, que acaba en el característico prolongamiento, más o menos largo, hacia la derecha en su parte inferior. El número 3 es algo más complejo que los demás y contiene la *C* de Christus en su astil, probablemente por ser el documento de procedencia episcopal. En los documentos 2, 7 y 11 puede apreciarse un pequeño signo complementario que se encuentra a la derecha del crismón y a la altura de la abreviatura de *us*. Tiene la forma de una pequeña vírgula y aparece con una mayor o menor cursividad. En mi opinión se trata de un signo de puntuación, pues se repite con esta función en los textos de los documentos indicados.

B. Crismones en suscripciones

Figuran en la lámina B y todos tienen la misma forma que los anteriores. En dos (6 y 12) aparece también el pequeño signo de puntuación complementario.

1 No consideramos necesaria la inclusión de la transcripción ni descripción completa de los documentos puesto que han sido editados en el primer volumen del Catálogo documental del Archivo de la Catedral de León (775–952) por el Prof. Emilio Sáez, León 1987. La obra completa (775–1230) constará de siete volúmenes, de los que han sido publicados, además del mencionado, el II (952–985) por Emilio Sáez, Carlos Sáez; III (986–1031) y IV (1032–1109) por José Manuel Ruiz Asencio, el V y VI, debidos a José María Fernández Catón; el VII contendrá los índices.

2 Antonio C. Floriano Cumbreno, Curso General de Paleografía y Paleografía y Diplomática españolas, Oviedo 1946, vol. I, págs. 382–383.

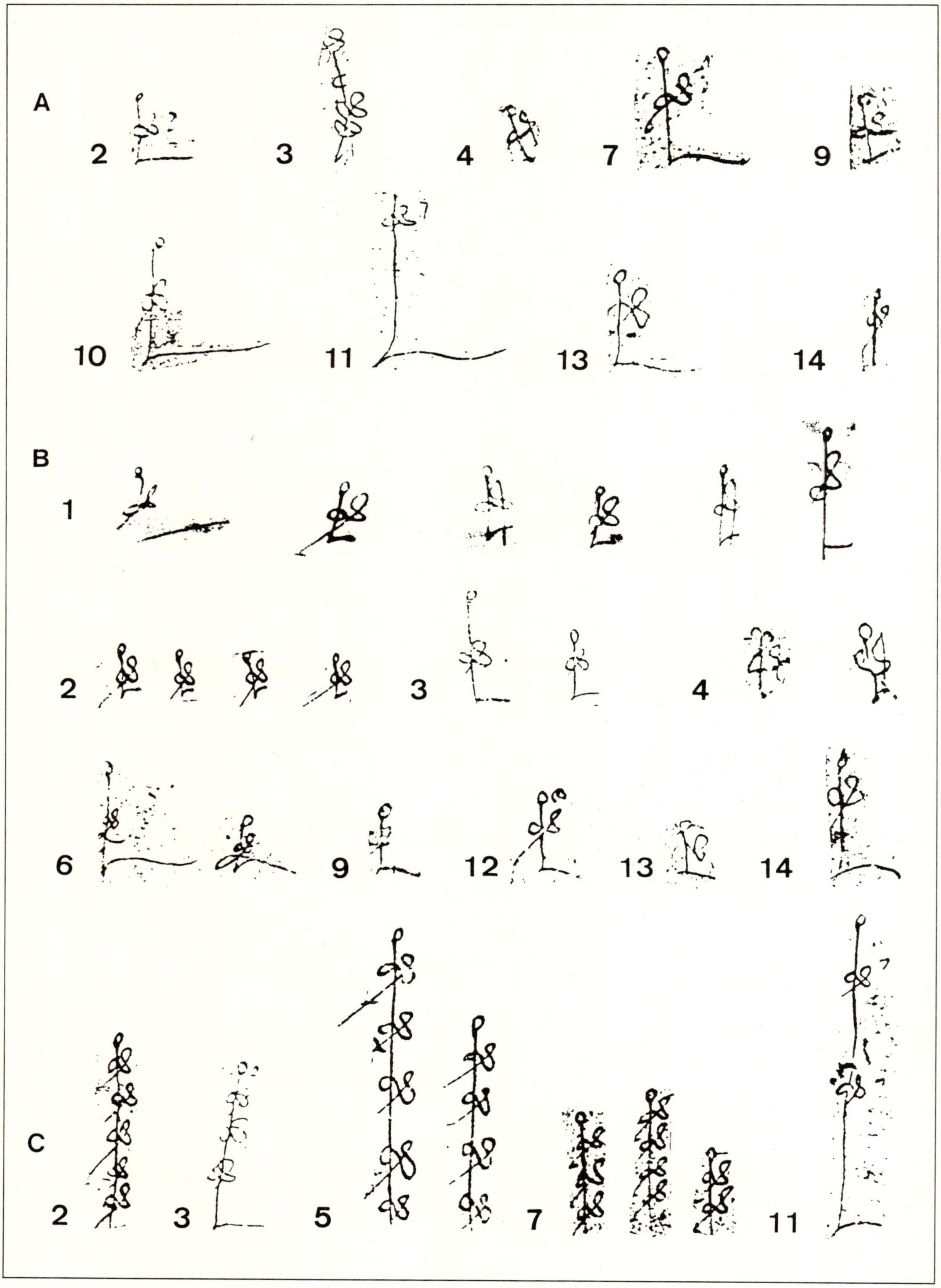
A
2 3 4 7 9
10 11 13 14
B
1
2 3 4
6 9 12 13 14
C
2 3 5 7 11

1
864, julio 11
Ausonio, siervo de Nuño, da a su señor dos llosas de pomares en »Villa Taborneta«.
Original n. 50. Origen particular. N. 3 de la colección.

2
870, abril 6
El siervo Flaciano dona a su señor, Nuño, mediante »perfiliatio«, una parte en la heredad que posee en »Bollacare« y Cabruñana.
Original n. 51–52. Origen particular. N. 4 de la colección.

3
874, marzo 5
El obispo Frunimio dona a Santa María de León los objetos de ajuar litúrgico, libros y ornamentos, una serna y diez vacas.
Original n. 1326. Procede del fondo la catedral. N. 6 de la colección.

4
876, enero 6
Vilesinda y Ermefara venden a Félix y otros una vila, situada en »Niagio«, por un buey y un trémise.
Original n. 349. Origen particular. N. 8 de la colección.

5
895, septiembre 19
El presbítero Seovano dona a la basílica de Santa María de »Villa Severi« la basílica de San Martín, en Noanca.
Original n. 53. Procedente de la basílica de Santa María y Santa Marina de »Villa Severi«. N. 10 de la colección.

6
897, febrero 11
Segerico y su mujer donan a doña Fredesinda la mitad de ocho »pometos«, con su tierra.
Original n. 54. Origen particular. N. 11 de la colección.

7
897, mayo 21
Nunilo, con su hijo, vende a Apazi una tierra en »Castrum de Rege«, el agua de una presa y un acceso para molinos.
Original n. 233. Origen particular. N. 12 de la colección.

8
898, febrero 9
Donadeo y su mujer venden a Menicio y a su mujer una tierra en el valle de »Cobellas«, por un buey.
Original n. 55. Procedente del fondo del monasterio de »Abeliar«. N. 13 de la colección.

9
904, septiembre 17
Sisemundo vende a Macxito y a su mujer una heredad en Lena, en el lugar de »Pitatcios«, por un lienzo de lino y otras cosas.
Original n. 56. Origen particular. N. 15 de la colección.

10
[878–904]
El obispo Mauro encomienda a Betotte las iglesias situadas entre los ríos Eo y Masma.
Original n. 1329. Procede del fondo de la catedral. N. 16 de la colección.

11
908, mayo 11
Splendonio vende a Fredesinda una tierra en Viego, por la que recibe sidra y grano.
Original n. 58. Origen particular. N. 21 de la colección.

12
908, diciembre 3
FGaudiosa y otros venden a Fredesinda los bustos que habían pertenecido a su abuelo Feliciano.
Original n. 57. Origen particular. N. 22 de la colección.

13
909, abril 27
Elperico y Braulio cambian a Vistremiro unas tierras en Ujo por otras en Parana.
Original n. 59. Origen particular. N. 23 de la colección.

14
910, abril 13
Froila y su mujer venden a Minicio y a la suya una tierra en »Latruero«, en »Villa de Monna«, por una cabra y un arienzo.
Original n. 60. Procedente del fondo del monasterio de »Abeliar«. N. 25 de la colección.

Como los signos son bastante abundantes comentaremos de forma individual los documentos que tengan características destacables.

En el documento 1 hay más de diez signos (todos los testigos lo llevan) de los cuales hemos reproducido seis. Todos ellos son bastante parecidos aunque se observa que el rasgo final de la clave de sol puede descender de forma vertical u oblicua hacia la izquierda. El signo primero, que corresponde al otorgante, es de extrema cursividad. El último, de mayor tamaño, corresponde al notario.

En el documento 2 hay nueve signos, prácticamente idénticos, de los que reproducimos cuatro.

El primer ejemplo del número 3 pertenece a la signatura, que parece autógrafa, del obispo Frunimio. El segundo, algo menor, pertenece a un testigo.

El primer ejemplo del número 4 pertenece a los otorgantes. El segundo, muy diferente al anterior, a un »*Obecco presbiter*«. Dada la irregularidad de su trazado pienso que pudiera ser autógrafo.

En el documento 6 hay dos signos: el primero ante la suscripción de los otorgantes y el segundo, de menor tamaño, ante el »*scriptor*« del diploma.

El único ejemplo del número 8 es demasiado borroso para ser reproducido. Se encuentra en la suscripción del otorgante.

En el documento 10 aparece un crismón ante la suscripción del obispo Mauro, que parece autógrafa. Se encuentra sobre una zona muy borrosa del pergamino por lo que no es posible reproducirlo. Su forma es idéntica a la del crismón inicial que figura en la lámina A.

En el número 12 sólo aparece un signo, ante »*Dabi presbiter*«, a pesar de haber en el documento más de diez suscribientes.

El único ejemplo del número 12 se encuentra ante la suscripción del otorgante y es idéntico al inicial, aunque de menor tamaño.

En el 13 hay un signo ante el otorgante, similar al inicial aunque de menor tamaño.

En el 14 un signo de gran tamaño precede la suscripción del copista.

C. Crismón marginal

En la lámina C recogemos los signos alargados que se emplean en columnas de testigos o confirmantes. Tienen la misma estructura básica que los crismones sencillos pero en ellos se repite el signo abreviativo de *us* varias veces a lo largo de su astil.

Sólo cinco documentos tienen este tipo de signos:

El número 2 contiene un signo para una columna de cinco confirmantes.

En el número 3 un signo abarca a tres testigos de una columna que en total contiene ocho.

En el 5 hay un signo en una columna que contiene la suscripción del otorgante y de cuatro testigos y otro para una segunda columna de testigos más.

En el 7 hay tres signos: el primero para tres testigos, el segundo para el otorgante y dos testigos y el tercero para un testigo y un »*Lazarus presbiter*« que pudiera ser el copista.

En el 8 hay dos signos, imposibles de reproducir por lo borroso del documento, uno para cuatro y el segundo para tres testigos o confirmantes.

En el 11 hay un signo muy largo para tres testigos con únicamente dos »*claves de sol*« en su astil. Este es el único ejemplo en el que aparece junto a las citadas claves el pequeño signo de puntuación en forma de ángulo recto.

Puede deducirse de lo expuesto aquí y a la vista de la lámina C que casi siempre el número de »*claves de sol*« se corresponde con el de suscribientes abarcados por cada columna.

Conclusión

Todos los crismones que aparecen adoptan la misma forma y son muy parecidos entre sí aunque difieren en su tamaño. Puede observarse que los iniciales y los que aparecen en suscripciones de otorgantes y notarios suelen ser mayores que los demás.

Pienso que en la mayoría de los casos fueron trazados por el copista del documento. Sólo en tres ocasiones parece probable que sean autografos: obispo Frunimio -3-, »*Obecco presbiter*« -4- y obispo Mauro -10-.

Es interesante describir la frecuencia de aparición de los crismones en los diplomas. Incluyendo los marginales en columna comentaremos por separado los signos iniciales, ante testigos, confirmantes y notarios.

El crismón inicial figura siempre en los documentos aunque a veces no sea completamente visible por el estado de conservación de los mismos.

Ante los otorgantes el crismón figura casi siempre (11 sobre 14 casos). En dos diplomas los otorgantes son dos y sólo uno de ellos va provisto de signo.

Ante los testigos figura en 49 de 116 casos totales. Dentro de cada documento la tónica de aparición es muy irregular puesto que en algunos el 100 % de los testigos lleva crismón y en otros casi ninguno.

Los 8 confirmantes que aparecen llevan todos crismón. Hay que indicar que en ocasiones los suscribientes no figuran claramente designados como testigos ni como confirmantes. En estos casos los hemos considerado testigos, que son la mayoría de las personas que suscriben.

Sólo tres notarios figuran en los 14 documentos y su suscripción va siempre precedida del crismón. Queda la duda de varios ›*presbiter*‹ que aparecen entre los suscribientes y que pudieran ser los copistas de los diplomas.

Apéndice
Relación de documentos

Incluimos en la descripción de cada documento su fecha, un resumen del regesto, signatura del Archivo de la Catedral de León, procedencia antigua del diploma y número que le corresponde en la edición del *Catálogo documental*.

Signos personales en las suscripciones altomedievales catalanas

Por Rafael Conde y Josep Trenchs Odena †

Los documentos altomedievales de la Peninsula Ibérica son, en general, extraordinariamente ricos en signos personales de suscripción, tanto los del área castellano-leonesa como los del área catalano-aragonesa. Ello se debe, por lo menos en gran parte, al alto valor que la legislación visigótica dió a los signos personales. Eurico autorizó el uso del signo sin necesidad de la suscripción y Chindasvinto dispuso la equiparación entre signo y suscripción[1].

En el presente estudio nos limitaremos al análisis de los signos de suscripción contenidos en dos documentos: el clasificado como no 8 de los de Vifredo I (858–864) y el 14 de los de Seniofredo (928–967). Ambos documentos son consagraciones de iglesias, ocasiones que reunían gran cantidad de personasa laicas y eclesiásticas. El primero recoge la consagración, por el obispo de Vic, de la iglesia de Sant Martí del Congost, levantada por la abadesa de Sant Joan de les Abadesses. La consagración es de fecha 5 de agosto del 898[2] (Fig. 1a–c). El segundo, la de la iglesia de Sant Sadurní de la Roca por el obispo de Barcelona el 8 de julio del año 932[3] (Fig. 2a–d).

Ambos pergaminos proceden de uno de los fondos más importantes de época condal incorporado al gran fondo de pergaminos de la Real Cancillería del Archivo de la Corona de Aragón. Se trata del fondo del monasterio de Sant Joan de les Abadesses, en el norte de Cataluña. El monasterio es de fundación condal y, probablemente, su primera abadesa fue la hija de Vifredo I Emma, a quien vemos en ambas consagraciones. Emma rigió el cenobio entre el 887 y, por lo menos, el 942. La comunidad de monjas fue disuelta en 1017[4].

Los elementos básicos que nos aparecen en las suscripciones de los documentos altomedievales catalanes son los ya clasicos estudiados por Giry[5]: La cruz, el nombre, el crismón, la mención al acto de suscribir en sus tres variantes: triple *s*, *ruche*, y nota tironiana, y el monograma.

La cruz, de origen romano, adquiere, según Giry, un carácter habitual en las suscripciones de los primeros siglos altomedievales al coincidir con el signo cristiano. En la documentación catalana, sin embargo, aparece raramente aislada de la palabra *signum* de las suscripciones impersonales. Entre los muchos pergaminos revisados, tan sólo podemos citar casos aislados: las que encuadran el nombre de *Vvifredus* en el pergamino del 898 y el que precede al de *Undisclus presbiter* en el del 932. La cruz, pues, parece acompañar a personas ligadas al mundo eclesiástico, lo que es normal, y a los soberanos políticos. De hecho se convertirá en el signo habitual de los condes catalanes y, debidamente transformada, en el de los reyes de Aragón. En el núcleo occidental sin embargo, es mucho más frecuente[6].

El crismón aparece mayoritariamente unido a las suscripciones y con cierta frecuencia, si bien es cierto que, en ocasiones hay que tener muy buena voluntad para ver un crismón en ciertos grafismos, casi garabatos, que preceden a algunas firmas. Raramente aparece el crismón con la claridad con que aparece en la suscripción de *Geribertus levita* en el doc. del 932; lo normal es la conversion del mismo en un conjunto de entrelazados de muy tosca factura. En este sentido, podríamos intentar distinguir tres tipos de crismón: uno derivado de la forma clásica, como el que precede al nombre de *Pulcresindus* en el doc. de 932 o incluso al de *Guimera* en el mismo documento; otro cursivizado, en minúsculas, que »reinterpreta« el clásico, y en el que los más claramente perceptible es la *ro* griega, a veces, incluso, con la voluta a izquierda; el trazo horizontal de la cruz adopta una forma parecida a un *etc* unico, doble e incluso triple: de este tipo son, por ejemplo, los de *Teudericus* y de *Baldomares* en el doc. del 898 y los de

1 Angel Canellas Lopez, De Diplomática Hispano-visigoda, Zaragoza, 1979, pág. 155.

2 Según fecha dada por Federico Udina Martorell, El Archivo Condal de Barcelona en los siglos IX y X. Estudio crítico de sus fondos, Barcelona, 1951, doc. 10, págs. 119–121.

3 Ibid, doc. 12, págs. 247–251.

4 Cf. el estudio de Udina, op. cit. págs. X–XXVII.

5 A. Giry, Manuel de Diplomatique, Paris, 1894, págs. 592–600.

6 Vid. los facsímiles 108–133 del Tratado de Paleografia Española. Agustín Millares Carlo, con la colaboración de José Manuel Ruiz Asencio, Tercera edición, Madrid, 1983.

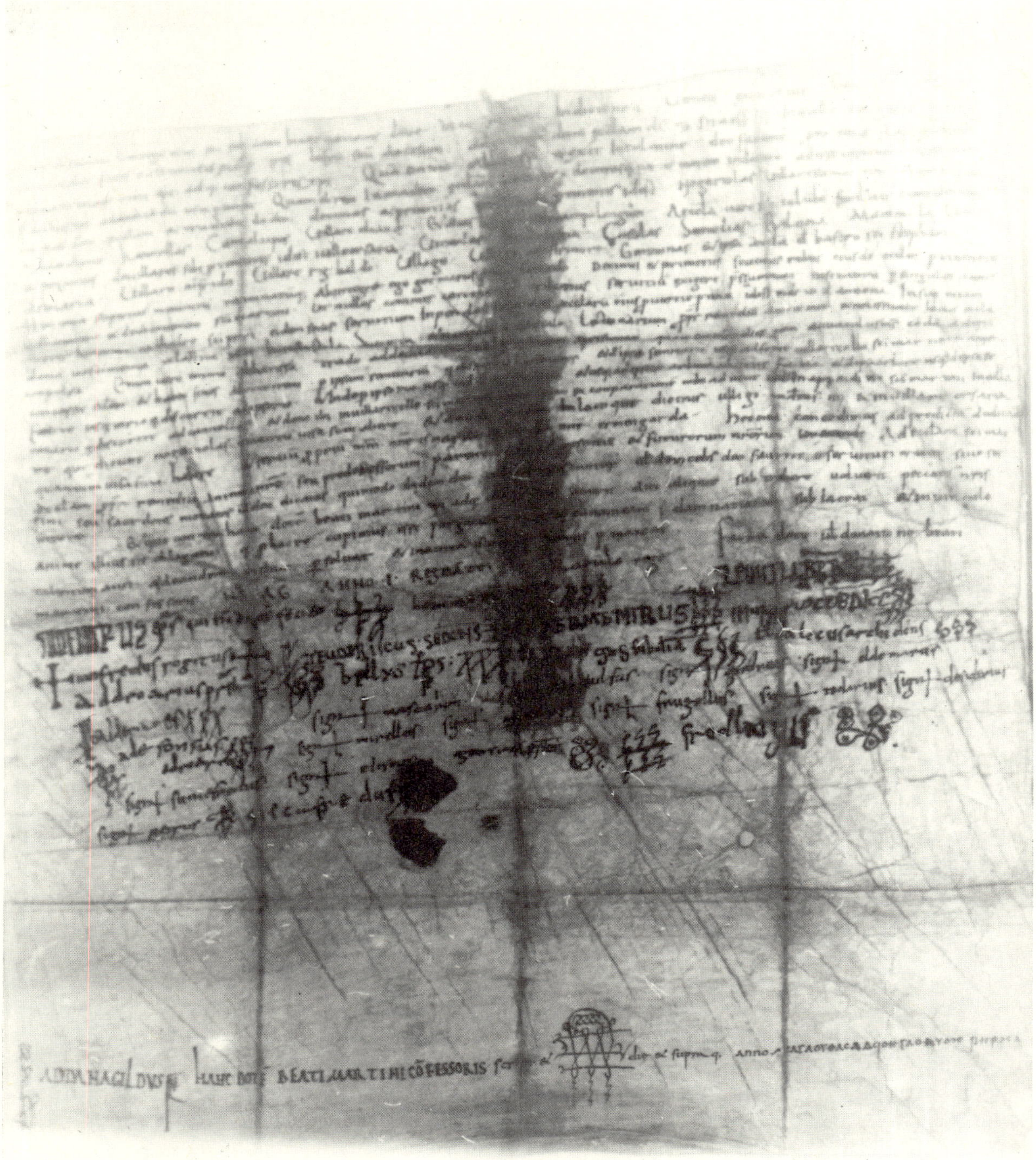

Fig. 1a *Documento de la consagración de la iglesia de Sant Martí del Congost, 898 VIII 5*

Fig. 1b *Documento de la consagración de la iglesia de Sant Martí del Congost, 898 VIII 5; detalle das suscripciones, parte izquierda*

Cixilus y del mismo *Teudericus* en el del 932; por fin, un crismón? tan degenerado que sólo con muy buena voluntad, como anteriormente decíamos, puede sero identificado como tal: como lo que precede las suscripciones de *Maurelinus* y *Gragosus* en el documento de Seniofret. Los crismones que hemos calificado de cursivos, no son patrimonio del área oriental de la Península, se encuentran con frecuencia en documentos castellano-leoneses de los siglos IX y X. El crismón, por otra parte, aparece casi de forma exclusiva en las suscripciones, pues sólo de forma anecdótica lo vemos en los inicios del documento. Udina, en su estudio sobre el Archivo condal, afirma haber visto sólo cinco[7] en los 242 pergaminos que recoge anteriores al año mil. En el núcleo occidental de la Península el uso del crismón invocativo es más frecuente, en el oriental, se prefiere la invocación expresa a la monogramática.

La referencia a la suscripción aparece de forma casi absoluta entre los signantes. Y aparece en las formas apuntadas por Giry: la triple *s*, la *ruche* y la forma tironiana[8] y, precisamente, por este orden de frecuencia. En realidad podemos afirmar que la forma normal es la primera, la menos frecuente es la segunda y la anecdótica es la tironiana. Aparece la tironiana, por ejemplo precediendo la firma de *Ioannes* y cerrando la de *Guimera* en la consagración de Sant Sadurní de la Roca.

Respecto a la triple *s*, aparece basicamente en cuatro formas gráficas: entre trazos horizontales, con tildes que parten de los extremos de las eses y superan los trazos; con un solo trazo horizontal en la base y con tildes como en el caso anterior; adosadas las eses a un trazo vertical, y, por fin, netamente transformadas en triple *p* cruzada por un rasgo que recuerda la abreviatura de *pro*.

La *ruche* se va formando, según Giry[9] a partir de complicación gráfica de la triple ese. En la documentación altomedieval catalana aparecen tres tipos de ruche: una muy arcaica y tosca, como la que acompaña las firmas de *Gauricus* en el doc. de 898 y de *Froidlagus* y *Recosindo* en el del 932; la que podríamos llamar »clásica« y una tercera dotada de unos pequeños cuernos en las volutas superiores e inferiores, como la de *Geribertus* en el doc. del 932.

Respecto al monograma, Giry destacó su gran difusión en la Península Ibérica[10], tal vez debido al uso frecuente de sellos con anagramas en época visigótica[11]. En realidad su uso no es tan frecuente. En el área occidental se reduce, practicamente, al de *Adefonsus*, pues dificilmente puede ser considerado anagrama las tres *f* con que Ordoño (*Fortunius*), o *Froila* o *Frunimirus* rematan sus suscripciones[12]. Es más, con triple *F remata su suscripción un Olimpius, presbiter* y un *Tructinus, filius Attani*[13]. A la vista de ello, puede pensarse que se trata de una sutil atracción de la *f* por la *s* triple del *suscripsit*, y que, por lo tanto, no hay tantos monogramas como las transcripciones al uso suelen indicar.

En el área catalana, como sustituo del nombre en extenso, es raro. Un caso podemos verlo en la firma de Trasovarius en un doc. del año 913[14]. Sí, en cambio, es frecuente en la expresión de la calidad de *presbiter* de los firmantes. Las combinaciones y las formas de entrelazado de las letras varían extraordinariamente, pero son siempre reconocibles las consonantes de la palabra.

Estos elementos se combinan de forma un tanto al capricho de los signantes, dando como resultado una extraordinaria variedad tipológica.

En las subjetivas:

	nombre	calidad	*ruche*
	nombre	calidad	sss
	nombre		sss
crismón	nombre	calidad	sss
crismón	nombre		sss
crismón	nombre	calidad	*ruche*
crismón	nombre	calidad	suscripsit tironiano suscripsi tironiano
	nombre	calidad	sss
cruz	nombre	calidad	sss
cruz	nombre		cruz

En las objetivas:

signum			nombre	
sig	(cruz)	num	nombre	
s	(cruz)	gn	nombre	
sg	(cruz)	um	nombre	
sig	(cruz punteada)	num	nombre	calidad

7 Op. cit., pág. 15.
8 Giry, op. cit., pág. 593 y 596.
9 Giry, op. cit. pág. 593–594.
10 Op. cit. pág. 598.
11 A. Canellas, op. cit., pág. 157 recoge 12 ejemplos.
12 Cf. por ejemplo, el signo de Ordoño en un documento del año 809 en A, Millares, op. cit., doc. 111., el de *Fronimus episcopus* en el mismo documento y el Froila en el doc. 117 de la citada obra.
13 A. Millares, op. cit., doc. 117 y 110 respectivamente.
14 ACA. Cancillería, perg. de Miró, no 3.

sig	(cruz en circulo) n		nombre	
sign	(cruz)		nombre	
sig	(cruz)	u	nombre	
sg			nombre	ruche

Veamos en detalle los documentos. Respecto al del 898 y desde el punto de vista paleográfico (vid. fig. 1 a–c), Udina describe su escritura como »de tamaño corriente, aunque algo torcida y típica condal, por ello nos parece útil subrayar el documento, por encontrar en él las principales características de la escritura claramente condal (es decir, la carolingia con algunas particularidades de Catalũna); es una escritura con muy pocas reminiscencias visigóticas, a pesar de la fecha del pergamino (todavía del s. IX): alguna *c* con cedilla y una *I* larga. En las firmas abundan las huellas visigóticas (*a* abierta, *g* unciales, *t* cerradas)« [15]. Se trata, en definitiva, de una escritura de transición hacia la plena carolina. El escribano ha asimilado plenamente las formas carolinas; los signantes, no profesionales, mantienen más influencias arcaizantes.

Firman el documento un total de 29 personas, todos varones excepto la abadesa Emma, y de ellos 17 en forma subjetiva y el resto en forma objetiva. En las suscripciones aparecen casi todos los tipos anteriormente vistos [16].

Godemarus episcopus qui hanc donacionem feci et suscripsi. Firma en mayúsculas, su calidad de obispo en forma abreviada y la mencion a la suscripción en forma de triple ese. Resulta curioso el hecho de no usar signo alguno de expresión cristiana, ni cruz ni crismón.

Hemmo abatissa, suscripsi. Firma en minúsculas; la triple *ese* de la suscripción, claramente transformada en triple pe. El proceso es, pues, muy antiguo. Probablemente viene de la corrupción de la unión de las tildes superiores e inferiores de las *s* (vid. p.e. la firma de *Leuvila* en el mismo documento) a través de un estadio intermedio que se encuentra representado en el mismo documento por la suscripción de *Godemarus.*

Leuvila presbiter suscripsi. Firma en una alternancia de mayúsculas y minúsculas. Su calidad de presbítero, se expresa con las letras PBR.

Vvifredus rogitus. Se trata de Vifredo I, primer conde hereditario de Barcelona que en un momento u otro, reúne la mayoria de los condados catalanes en su mano. La cruz, ya se ha dicho, será el signo por excelencia de los condes catalanes y luego de los reyes de Aragón.

Teudericus subdiaconus suscripsi. Firma en mayúsculas. Precede a su nombre un crismón cursivo, en este caso doble; en otras suscripciones o iniciales, el crismón llega a ser triple.

Ermemirus, suscripsi. El mal estado del original no permite identificar los rasgos que preceden al nombre. Firma en mayúsculas.

Vive? subdiaconus suscripsi. Firma en griego, hecho, si no frecuente, al menos no inhabitual en los ss. I al XI según detectó ya Giry [17]. Si el nombre es de lectura dudosa, interpretando como una triple cruz los tres trazos verticales que preceden a la primera *upsilon*, están claras las letras *sigma, omicron, beta, delta, kappa, sigma* que componen la palabra *sobdcs* [18].

Adroarius, presbiter suscripsi. Firma en minúsculas.

Bellus, presbiter suscripsi. La palabra *presbiter*, en forma monogramática precedida de una cruz. Las *eses* de la suscripción, transformadas en *p* como en la suscripción de la abadesa Emma [19].

Ruvigus, subdiaconus suscripsi. A la vista de la grafía de las *eses* de la suscripción, no es rara su transformación en *p*.

Eldalecus, archidiaconus suscripsi. Firma en minúsculas.

Baldemares suscripsi. Precede al nombre un crismón muy parecido al que precede al nombre de Teuderico. Las *s* de la suscripción, van camino de transformarse en *p*.

Sign + Mascaroni. Inaugura en este documento un conjunto de suscripciones impersonales. Se percibe claramente que la palabra *signum* es de manos del escribano y que el firmante ha trazado de su mano la cruz. Como ya hemos observado anteriormente las formas de partir la palabra y combinar con la cruz, son muy variadas. En este caso:

sign +.
Sign + Baldulfus
Sign + Andreas
Sign + Eldemarus

Adefonsus. Es dificil determinar si los rasgos que aparecen a la izquierda e inicio de línea y que, sin duda, forman un crismón altamente degenerado, corresponden a su firma o a la de *Adroarius.*

15 Op. cit., pág. 119.

16 Debe corregirse la lectura de F. Udina »[-5-] ocobakes«. Udina lanzó la hipótesis de que la suscripción fuera de la misma mano que puso los signos al final del texto, hipótesis de difícil aceptación dada la diferencia de calidad de la grafía.

17 Debe corregirse la lectura de Udina que adjudicó un »s+n« a *Bellus*, puesto que los trazos que preceden al nombre IX–X, Vic, 1980, docs. 8, 10, 16 y 22.

18 Udina, op. cit., doc. 4.

19 Se refiere a la obra de Francisco Montsalvatge y Fosas, Noticias históricas del condado de Besalú, Olot, 1889–1919, 26 vol. El documento se encuentra en el vol. 15, pág. 75. Citado por Udina en el aparato crítico.

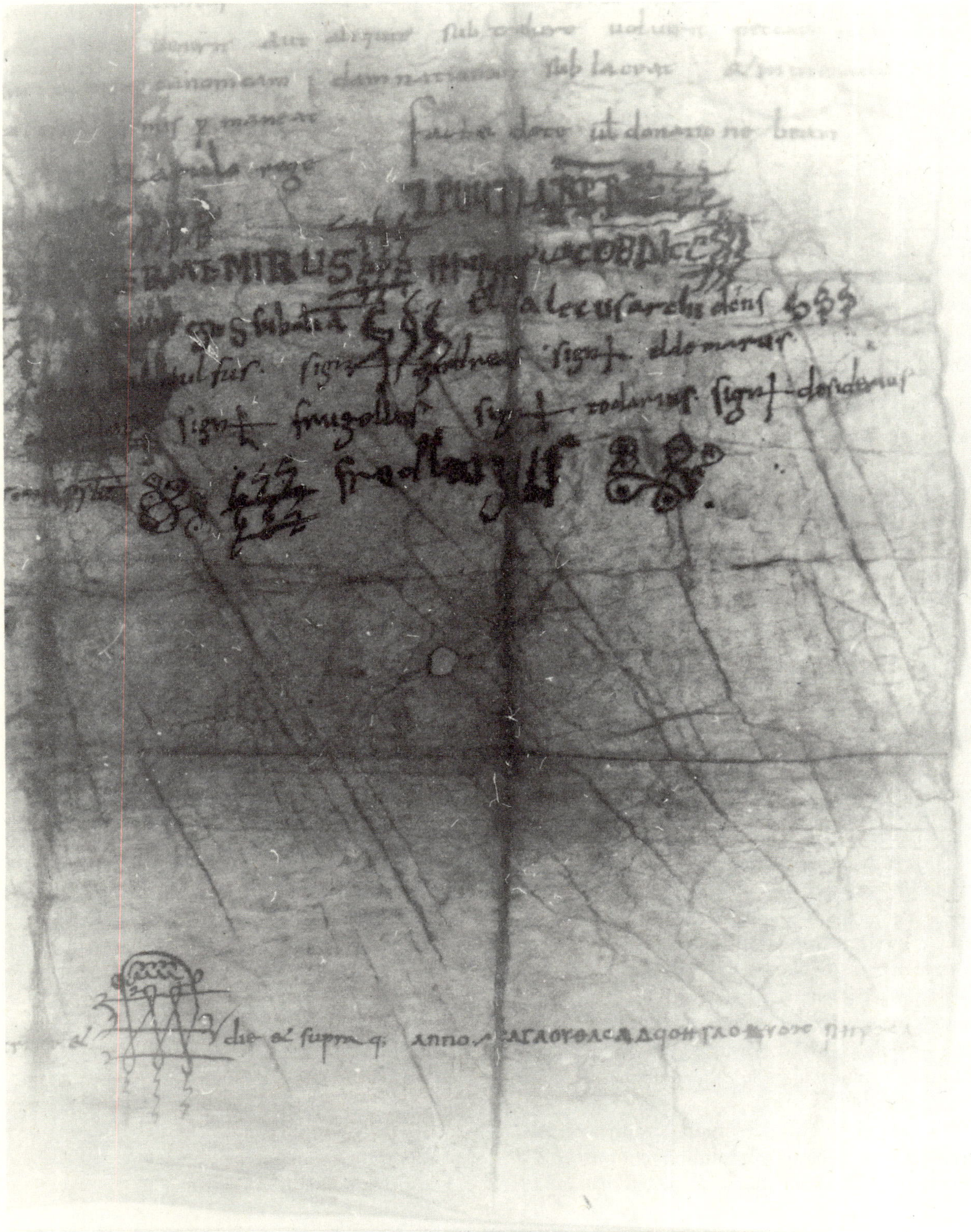

Fig. 1c *Documento de la consagración de la iglesia de Sant Martí del Congost, 898 VIII 5; detalle das suscripciones, parte derecha*

Adroarius suscripsi. Si el crismón no es del anterior, es de *Adroarius.*

Sign + Mirellus	*Sign + Desiderius*
Sign + Calvellus	*Sign + Sunifredus*
Sign + Frugellus	*Sign + Eliseus*
Sign + Todarius	

Gunricus, presbiter suscripsi. Precede a ala triple *s* de la suscripción, un entrelazado que, tal vez, quiere ser una *ruche.*

Froidlaigus suscripsi. También éste quiso dibujar una ruche, pero el resultado de su intento es deplorable.

Sign + Petrus

Giscafredus suscripsi. Precede al nombre un crismón doble. Las *eses* de la suscripción, tranformadas también en *p.*

Cierra el documento la suscripción del escribano Atanagildo: *Addanagildus, presbiter, hanc dotem beati Martini confessoris scripsi et suscripsi die et supraque anno ...* Atanagildo es, junto con *Odalricus, Ausfredus Geragus* y otros, escribano habitual del obispo de Vic. A ambos los vemos en documentos del Archivo diocesano de Vic entre el 885–887 y el 893[20]. Escribe también el acta de consagración de la iglesia del monasterio de Sant Joan de les Abadesses el 887, de la cual se conserva documento en copia del s. X[21]. Su firma merece comentario aparte.

Se inicia con un crismón cursivo de los que hemos calificado de triple y en que se reconoce perfectamente la *ro* griega y ese signo adosado que hemos descrito como de etc. Sigue la mención de su calidad de presbítero en forma anagramática (compárese con el otro anagrama de presbitero del mismo documento), la expresión de la *conscriptio en minúsculas* (el *suscripsi* en forma más o menos de ruche) y cieran el texto unos signos, griegos, que constituyen aún un misterio. Udina, en su estudio sobre los documentos de época condal del ACA, tras remitirse a la no lectura de los mismos por Montsalvatge[22] ni por el autor »de la transcripción manuscrita que guarda el ACA«, que es obra directa o indirecta de Próspero de Bofarull, aventura que »se trata de una mezcla de letras griegas y romanas y signos desconocidos; quizás sean letras griegas mal copiadas, con algunos signos numéricos«. Hemos de reconocer también nuestro fracaso.

El documento del año 932 (vid. fig. 2 a-d), el de la consagración de la iglesia de Sant Sadurní de la Roca, revela, desde el punto de vista paleográfico, una mayor formación de la escritura carolina. Firman un total de 37 personas, de ellas 12 en forma personal y 23 en forma impersonal. La mayoría de ellos figuran en el documentos como *paroquitanus locullius commanentibus* y/o como donadores de bienes para la dotación de la nueva iglesia.

Sg + um Eldericus. Partición de la palabra *signum* por la cruz de diferente tipo que en el doc. anterior. No todos los que firman de modo impersonal han puesto de su mano la cruz. Claramente se perciben dos tipos de cruces: una más variada, que sería personal, las de *Galindus, Elpericus, Sesoigia,* etc. y otras más iguales de trazado puestas por el escribano: son aquellas en que el trazo vertical remata en un pequeño gancho hacia la derecha. En la cruz de la suscripción de *Vvimara* se observa perfectamente cómo está superpuesta la cruz personal a la del escribano.

Petrus suscripsi. Precede un crismón del que se identifica claramente la *ro*; los trazos horizontales zigzagueantes pueden ser trazos horizontales de cruces duplicadas.

Albinus, que vocant Oruzo suscripsi. Los trazos sinuosos que preceden al nombre, de evidente difícil interpretación.

Sg + um Elpericus

Sg + um Recharedus. Firma impersonal por un lado, incluso con cruz puesta por el escribano, y personal, del otro, por dibujar una *ruche* de factura clásica.

Recosindus levita suscripsi. La suscripción en forma de la *ruche* arcaica que vimos en el anterior documento, y que contrasta con la del anterior signante.

Sg + um Bella	*Sg + um Romaricus*
Sg + um Simplicia	*Sg + um Vvimara*
Sg + um Vviliadus	*Sg + um Elasius*
Sg + um Savaricus	*Sg + um Gumila*
Sg + um Luganus	*Sg + um Petrus*
Sg + um Sindlo	*Sg + Sesoigia*
Sg + um Galindus	*Sg + Neolendus*
Sg + um Adala	*Sg + Dede?*
Sg + um Ariulfus	*Sg + Tortora*
Sg + um Tudia	*Sg + Alexandrio*

Sigue la mención a la *actio* y a la *conscriptio* del documento referida al conjunto de quienes anteriormente han firmado, y que, en su mayoría, figuran como donantes de bienes a la iglesia: *qui hanc dote vel donacione fecimus et testes firmare rogavimus.*

20 Op. cit., pág. 121, nota 5 al doc. 10.

21 Giry, op. cit., págs. 596–597, nota 3, recoge una decena de ejemplos de suscripciones en griego, cuyo texto tampoco nos ha proporcionado ninguna pista.

22 Udina, op. cit. atribuyó el texto en exclusiva a *Alexandrio,* abusivamente pues el verbo está en plural.

Fig. 2a *Documento de la consagración de la iglesia de Sant Sadurní de la Roca, 932 VII 8*

Gofilo suscripsi. Las tres *s* de la suscripción son del segundo de los tipos anteriormente descritos.

Geribertus, levita suscripsi. Precede uno de los crismones de mejor calidad de los hallados entre los documentos de la época condal anterior al año mil. Cierra la suscripción una *ruche* »cornuda«.

Guimera, presbiter suscripsi. Precede un crismón perfectamente reconocible, y cierra la referencia a la suscripción en forma tironiana.

Cixilus, presbiter suscripsi. Precede crismón identificable en la ro, aunque con voluta a izquierda.

Ioannes, subdiaconus suscripsi. Precede y cierra la mención a la suscripción: la que precede, en forma tironiana convertida en cruz punteada, como será habitual posteriormente con la cruz del *signum*; la que cierra, en forma de triple *s*.

Petronius, presbiter suscripsi.

Gragosus, presbiter suscripsi. Precede al nombre un trazado zigzagueante cortado por un trazo vertical que, con buena voluntad, podemos identificar como crismón.

Undisclus (o *Vindisclus*?) presbiter suscripsi. Precede una cruz, raro ejemplo de su uso pues, como hemos visto, los personajes de calidad eclesiástica suelen usar crismón.

Teudericus, episcopus, hanc dotem feci et suscripsi. Precede a la firma del obispo de Barcelona Teuderico un crismón en el que la letra más identificable es ala *ji*. Firma, como el obispo de Vic visto en el documento anterior en capitales rústicas.

Maurelinus, archipresbiter suscripsi. Si admitimos que los trazos de zigzag del signo que precede la firma de *Gragosus* es un crismón, hemos de aceptar que el que precede a la firma de *Maurelinus* también lo es, aunque olvidado el trazo vertical.

Pulchresindus, presbiter suscripsi. Precede un crismón en que se identifica claramente la *ro* y el trazo horizontal de la cruz.

Cierra el documento la suscripción del escribano *Malanaicus* en minúsculas, con *suscripsi* con triple *ese* y con salva de letras superpuestas y de *fusas et rasas* en diversos puntos.

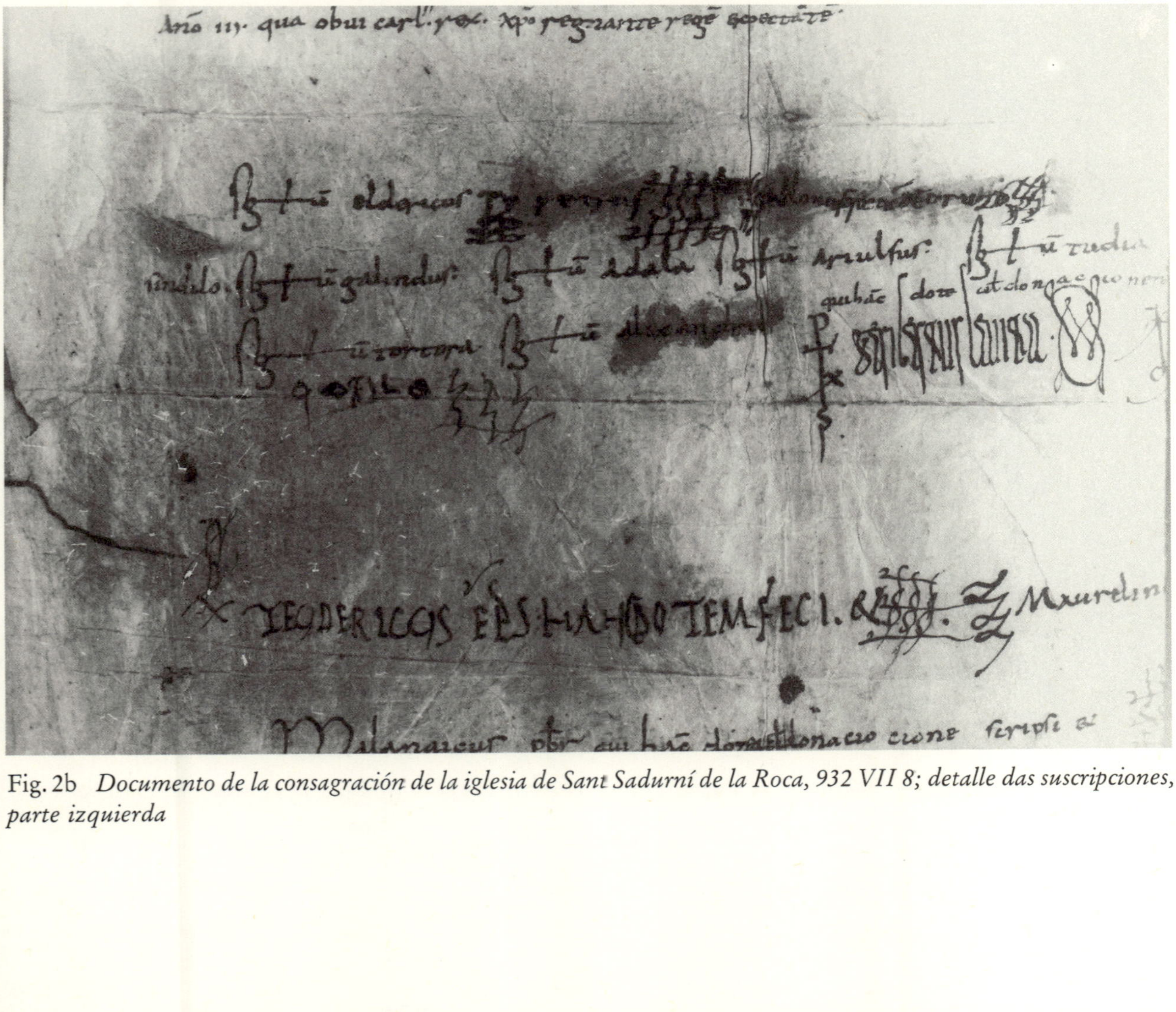

Fig. 2b *Documento de la consagración de la iglesia de Sant Sadurní de la Roca, 932 VII 8; detalle das suscripciones, parte izquierda*

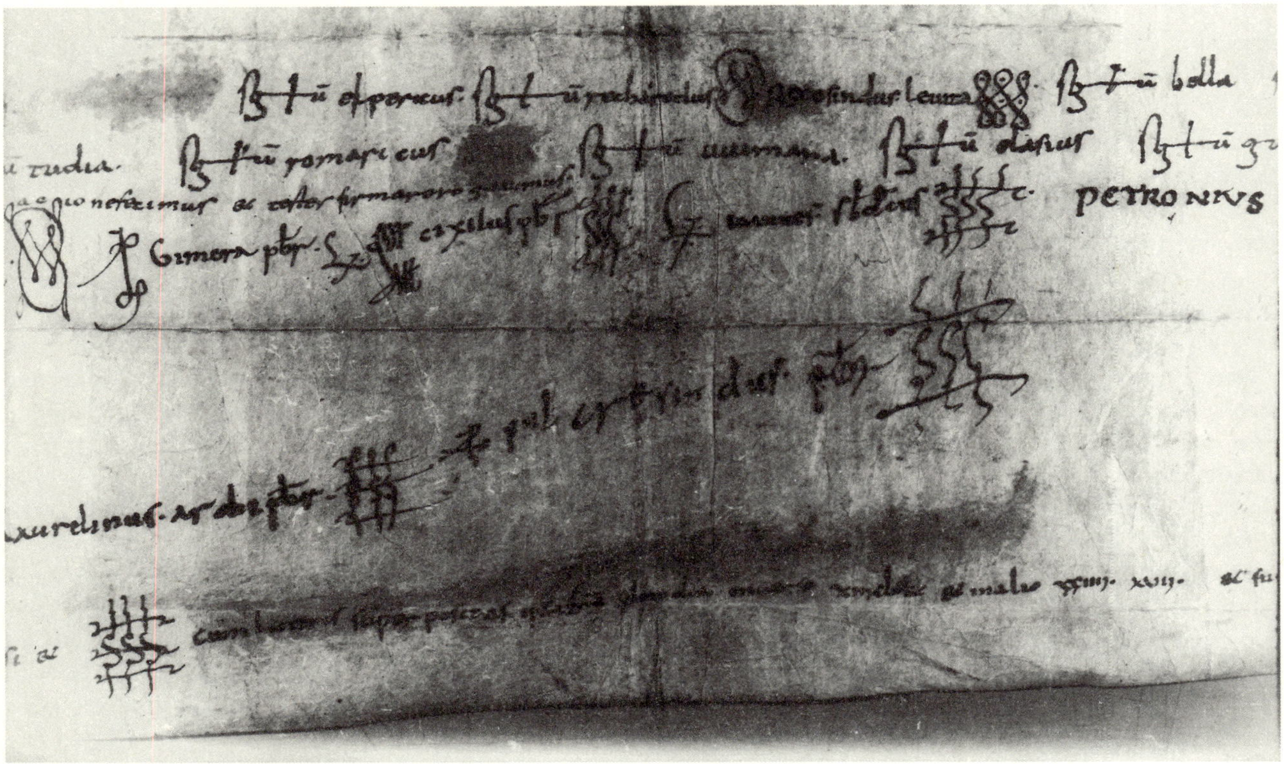

Fig. 2c *Documento de la consagración de la iglesia de Sant Sadurní de la Roca, 932 VII 8; detalle das suscripciones, parte central*

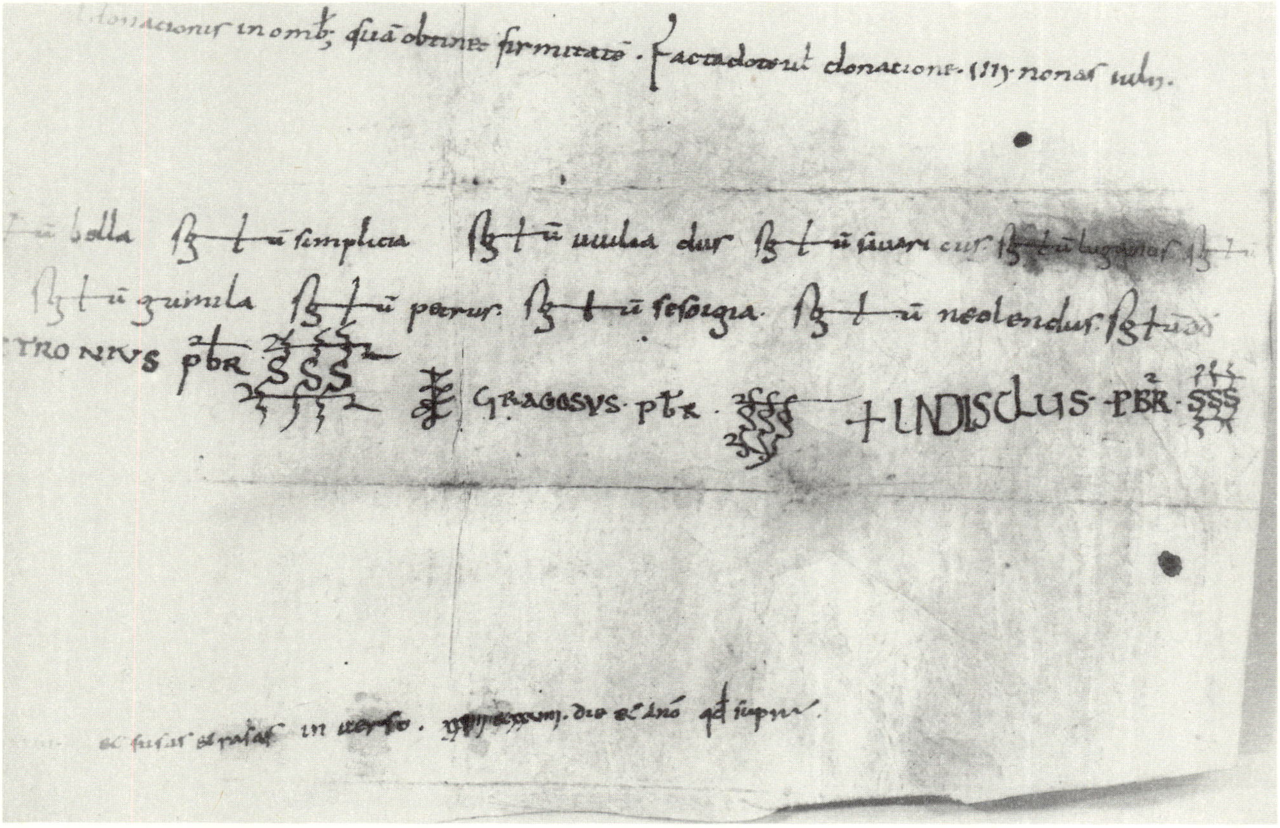

Fig. 2d *Documento de la consagración de la iglesia de Sant Sadurní de la Roca, 932 VII 8; detalle das suscripciones, parte derecha*

La validación en los documentos del occidente hispánico (s. X–XII). Del signum crucis al signum manus

Por Maria Isabel Ostolaza

La variedad y complejidad de los *signos de validación* de los documentos hispánicos altomedievales, especiálmente de los territorios occidentales que conservan documentación visigótica abundante, es algo que ha llamado la atención de los paleógrafos españoles desde hace mucho tiempo. Los grandes maestros de la Paleografía española, como Muñoz y Rivero, Garcia Villada, Floriano Cumbreño y Millares Carlo los han recogido en sus manuales y libros de láminas de Paleografía española, y algunos de ellos han abordado la problemática de su interpretación con precisas observaciones que han dado alguna luz sobre la simbología representada en ellos[1].

Desde el punto de vista diplomático y atendiendo a su valor validativo, conocemos por el magnífico trabajo de Canellas[2] el por qué de la colocación de estas suscripciones y signos en la documentación hispanovisigoda, precedente y modelo de la que se aborda en este trabajo. En el reino de los visigodos, la validez jurídica y el respaldo legal del documento estaba asegurado por medio de las formalidades validativas, que garantizaban su perdurabilidad e inviolabilidad. Solo en tres supuestos el documento quedaba invalidado jurídica y legálmente: si había sido emitido con falsedad, si la legislación que lo respaldaba había sido derogada, o si su expedición se hizo por coacción o fuerza de persona poderosa.

Tras la invasión musulmana de comienzos del s. VIII, los reinos cristianos occidentales mantuvieron la legislación canónica de los Concilios visigodos y la Ley Gótica (Fuero Juzgo) como compendios legales en los que basarse para resolver entre otras cosas los litigios suscitados por cuestiones patrimoniales. Si una de las partes litigantes presentaba como justificación de sus derechos una serie de documentos, era probable que ganara el pleito pues según la Ley Gótica la prueba documental tenía más firmeza que la testificación verbal.

Demostrar la falsedad de intención de un documento era difícil, teniendo en cuenta que las entidades que los emitían eran en exclusiva los scriptoria de monasterios y catedrales, que a veces captaban la buena fe de particulares que otorgaban sus bienes sin conformidad de sus herederos, a los que ante lo irremediable no quedaba otra respuesta que la invasión y asentamiento por la fuerza en la propiedad objeto del litigio.

El camino más seguro para conseguir la invalidación de un documento era demostrar que su emisión se había hecho con violencia. Los testimonios que tenemos de estos casos casi siempre benefician a entidades eclesiásticas, resultando que la fuerza parte siempre de hombres poderosos que presionan bien a particulares o a los propios monasterios. Si el supuesto de redacción documental con coacción hacia el otorgante se demostraba ante la Curia regia, la validez de tal documento quedaba en suspenso, levantándose la firmeza de sus signos de validación según lo preceptuado en la Ley Canónica y la Ley Gótica.

En los fondos del monasterio de Samos (AHN, Clero, carp. 1239, nº 8) se conserva un precioso documento del año 995 que relata con profusión de detalles el asunto:

Dubium quidem non est sed plerisque cognitum manet atque notissimum patet, eo quod egrotabit fortiter ... pro ad morte, et postulavi veniam et petivit misericordiam et confessionem. Manu Domini gubernante convaluit de ipsa infirmitate, et quod ex promiserat in langore, conplevit opera, pervenit ad claritati hordine per doctrina Patrum et normam sanctam. Igitur notum facimus quod propter hoc factum venit inimicus homo, cupiditas accensus, Citi Lucidius, qui duxerat in ipsa mandatione ... et coartarum me pro omnia mea hereditate, abstulere pro que confugium petebat ad ecclesiam vel adtrahere me ad confesionem, et parabarunt mihi cartula conscripta de ... partibus de homnibus omnia mea hereditate, et mandaverunt ea

1 A. Floriano Cumbreño, Curso general de Paleografía y Paleografía y Diplomática españolas, Oviedo 1946; Id., Diplomática española del periodo astur, 2 vols. Oviedo 1949–1951.

2 A. Canellas Lopez, Diplomática hispano-visigoda, Zaragoza 1979.

mihi invitissime rovorare, ut post obitum meum prendiderit ipsa hereditate ipse Citi, que nec veritas erat nec mea volumptas conplacebat.

Post vero temporibus exint de ista terra propter multa sua scelera ipse Citi cum sociis et tidoribus suis, et educti sunt in terram Portugalis cum revelli Guntisalbo Menendiz et filiis suis, et facti sunt unus contemtoribus ad nostro domno rex imperatore, serenissimus princeps Veremundus, cuius Dominus tribuat vitam ... et super inimicos vindictam simulque victoriam.

Idcirco tenente ego frater Sentani omnia mea in iure meo, fecit notum in conspectu regis sicut prius egerat confugium ad parte monasterii, et de illa scriptura quod mihi extorrerant invitissime Citi Lucidii, et quomodo erat volumptas mea, ut testare omnia mea hereditatem ad monasterio Samanos et ad patrono meo Sancto Iuliano. Placuit rex et vidit bene omine sue concilio, comites atque pontifices, filii bonis, magnati palatii, et per veram scientiam canonica et lex gotica, ut omnia scripture invitissime ... que non abuisse nulla firmitatem sicut ille dicit ...

El documento va suscrito por el otorgante Sentano, confirmado además por los obispos de Lugo, Santiago, Oviedo y el príncipe Vermudo II.

A través de este documento queda demostrada la importancia de las suscripciones validativas y lo difícil que era levantar su validez. En cuanto a la redacción de las mismas y del monograma que las acompaña, cabe preguntarse sobre el nivel de participación de los suscribientes en la ejecución de los signos y dibujos que preceden o siguen a estas fórmulas validatorias.

Y entre ellas tiene más valor que ninguna la suscripción del propio otorgante que es corroborativa en muchos casos. Las expresiones que la acompañan parecen indicar espontaneidad de la decisión, pleno conocimiento de lo realizado, e incluso que la roboración no se hacía en secreto sino de manera pública y notoria.

- *Hanc cartula venditionis que relegendo audivimus et manus nostras proprias signos fecimus.*
- *Hanc cartula testamenti quam fieri elegimus manus nostras roboramus.*
- *Hanc cartula vendicionis quam fieri iussimus et relegendo cognobimus manus nostras roboravimus.*
- *Hanc scriptura testamenti quam fieri volui et Deo iubante implevi, manu mea confirmo.*
- *Hanc kartula venditionis seriente conceptionis, quam spontania nostra mente integro fieri voluimus et legendo cognovimus, coram multitudinem robur gessimus adque consigno signum fecit.*

Teniendo en cuenta que salvo para ciertos clérigos el desconocimiento de la escritura era general en la A. E. Media, no parece creíble que los otorgantes laicos de los documentos fueran capaces de dibujar los complicados símbolos que seguían a las suscripciones validativas. Por lo que hay que plantearse si reyes, magnates y personas corrientes participaron de alguna manera en la elaboración de sus monogramas, o si por el contrario las palabras de la suscripción que precedía al signo no deben interpretarse en sentido literal, sino como expresión de la intención y asentimiento roborativo de aquel cuyo nombre figura en la suscripción.

Porque en muchos documentos además de la suscripción del otorgante, aparecen con frecuencia otros signos validativos, que ocupan la mitad e incluso una parte mayor del documento. Se trata siempre de documentos que contienen disposiciones de personas de categoría (reyes, príncipes, condes, magnates, altos clérigos) que van acompañados de una retahila de suscripciones que por su variedad y sobre todo por la lejanía de vecindad de los suscribientes, hacen albergar dudas sobre la presencia física de tales personas en el lugar y momento de la validación documental.

Pese a estas dudas razonables, considero que los signos validativos no eran caprichosos, sino que se colocaban en muchos documentos en momentos de reunión asamblearia de las fuerzas vivas del pais para tratar de asuntos concernientes al bien y pro del reino. En la documentación judicial es frecuente la mención de estas asambleas en las que el rey administraba justicia »*in concilio comitis adque pontifices, filiis bonis et magnati palatii*«. Aunque no puede saberse el lugar de celebración de estas reuniones puesto que los documentos altomedievales del occidente hispánico carecen de data tópica, es reconocido por los historiadores el carácter itinerante de las mismas, y dado el número y alcurnia de los reunidos no parece aventurado suponer que por razones de infraestructura se celebraran en las ciudades importantes del reino.

La suscripción y monograma real aparece ligada a los documentos regios redactados en los scriptoria eclesiásticos al paso de los monarcas por estos centros, que los acogían en sus desplazamientos por el reino y aprovechaban la circunstancia para captarse el favor real muchas veces complétamente merecido. A lo largo del s. XI especiálmente con los herederos de Sancho el Mayor, comienza a ser frecuente el empleo de la suscripción y el monograma real en los documentos de los magnates, con un carácter ratificativo, como si la autoridad real diera el visto bueno a la disposición de bienes realizada.

Los documentos reales y privados dirigidos a monasterios y catedrales además de llevar la suscripción y monograma del otorgante van acompañados con frecuencia de la del abad y cargos del convento, o el obispo y miembros del cabildo catedralicio, a los que se pueden añadir personajes del entorno geográfico próximo al establecimiento receptor del documento. Por tanto no creo que sea exagerado suponer que tales suscriptores fueron convocados y estuvieron presentes como acompañantes del otorgante, y en tal sentido expresan su actuación con la palabra *confirmat* o *confirmans*, de manera que la fórmula confirmativa y el monograma consiguiente fueron ejecutados con la aquiescencia y probáblemente con el trazado autógrafo por parte de los clérigos, y con algún tipo de participación personal por parte de los laicos.

La intervención de los amanuenses redactores de los documentos en la elaboración del signo que acompañaba a su suscripción no ofrece ninguna duda:

– *Dominico depinxit (signum).*
– *Romanus notuit (signum).*
– *Iohannes qui scripsit et confirmavit (signum) notuit.*

Estas expresiones y otras parecidas en los documentos visigóticos indican no solo la puesta por escrito del documento (*scripsit*), sino el dibujo del monograma del escriba, cuya realización simbólica y acompañada de criptografía sobre todo desde mediados del s. XI se indica con un verbo bien elocuente si se interpreta a la manera romana (*notuit*), o con otro verbo igualmente gráfico (*depinxit*) por si alguna duda queda sobre el carácter dibujístico del signo.

El resto de las signaturas de una comunidad monástica o de un cabildo catedralicio eran probáblemente realizadas de comienzo a final por sus titulares. Así parece indicarlo la variedad de manos de estas suscripciones, apreciable en los documentos que se conservan en su estado original (no en los rehechos tan frecuentes a lo largo del s. XI). No tiene nada de particular conociendo el sistema de promoción eclesiástica, que un obispo, un arcediano, un canónigo, un abad o un maestrescuela supieran escribir y dibujar sus monogramas, pues tales dignidades y cargos no se concedían a personas iletradas.

Hechas estas precisiones sobre el valor de los signos de validación, y la intervención o no de sus titulares en el dibujo de los monogramas validativos, el objetivo de este trabajo es el de plantear una hipótesis sobre si el simbolismo representado en tales signos, y las variaciones gráficas que se producen desde el periodo visigótico al carolino, a través de la documentación elaborada en los centros monásticos y catedralicios, especiálmente la conservada en los fondos de Clero del AHN de Madrid.

La forma de tales signos no debe considerarse como una manifestación extraña o aislada, sino englobada en el amplio abanico de la cultura visigótica. Porque en efecto los amanuenses que trazaron esos dibujos no lo hicieron como algo aplicado al mundo documental, sino englobado en el mismo plan iconográfico que se encuentra en la decoración del libro visigótico, elaborado en el mismo ambiente de artistas y calígrafos que intervienen en la redacción de documentos.

Por ello las observaciones de especialistas en miniatura visigótica pueden ser de ayuda para la interpretación del simbolismo de los monogramas de esta documentación altomedieval, pues en la decoración libraria y documental se observan ciertas coincidencias, con repetición de algunos motivos que responden a una intención muy concreta.

Pese a su aparente cripticismo, los signos visigóticos son más elocuentes de lo que a primera vista pueda parecer. El punto de vista de Weitzmann o Nordenfalk, o las palabras de Mentré sobre el sentido de la miniatura en los textos librarios visigóticos, son perféctamente aplicables al caso documental: »La función de la ilustración era en principio la de hacer comprender el texto al que estaba indisolúblemente ligada ... La comprensión del libro dependía de la comprensión que se hiciera de esta relación entre escritura e ilustración«[3]. Podría decirse que la interpretación del monograma depende de la comprensión de la fórmula validativa y de su relación con los signos subsiguientes.

Lo más llamativo de los signos visigóticos es el sistema de columnas y arquerías aéreas que estructura y distribuye el dibujo signatorio, de la misma manera que en los manuscritos visigóticos (Biblias y Beatos) es frecuente la presentación de cuadros sinópticos con el índice de la obra situado bajo arquerías.

Floriano en una descripción minuciosa de estos signos dice: »Hay una distinción de los elementos representativos contenidos en el mismo signo, dividiéndolos en dos clases: los caligráficos y los monogramáticos. Los primeros son los más antiguos y consisten en rasgueados más o menos complicados, generálmente asimétricos que se encierran en una curva abierta... con una línea horizontal que sirve de base al signo. Los monogramáticos introducen entre estos elementos letras enlazadas o conjuntas, ya sueltas ya adheridas a los vástagos, y que abreviada o desarrolládamente expresan el nombre del signatario«[4].

Las signaturas regias han sido objeto de especial interés, reproduciéndose en los tratados de diplomática española, especiálmente de Floriano que las dibuja con singular precisión. A través de las muestras documenta-

3 M. Mentré, La miniatura en Leon y Castilla en la Alta Edad Media, León 1976, p. 75.

4 A. Floriano Cumbreño, Curso general, p. 403.

les pueden observarse entre estos signos más elementos comunes que diferenciativos, como si siguieran un plan repetitivo cuyo significado trataré de interpretar.

En los signos de los reyes astur-leoneses aparecen estas constantes:

- Triple rayado horizontal que sirve de marco general y termina en espirales. A partir de Vermudo II (años 984–999) el encuadre cambia, ejecutándose en forma de arquería en la parte superior, y horizontálmente en la parte inferior (vid. fig. 1–4).
- El interior del cuadro está ocupado por 3 columnas representadas esquemáticamente con los Alfonsos y Ramiros (vid. fig. 5).
- En forma de F con los Ordoños (vid. fig. 6).
- En forma de doble báculo con los Fruelas y Vermudos (vid. fig. 7).
- Todos los signos reales van precedidos de un arranque (vid. fig. 8, 9).

La interpretación de estos dibujos no puede hacerse sin el cotejo de la documentación anterior y contemporánea del periodo que estudiamos. A mi parecer la triple columna dispuesta verticálmente en el interior del signo regio es una estilización de la abreviatura »*suscripsit*« representada en la cultura visigoda con una triple *s*[5].

El cripticismo de los signos reales visigóticos se aclara hasta cierto punto por comparación con los signos eclesiásticos, especiálmente episcopales, de finales del s. X, en los que hay una simplificación en el tratamiento de las columnas, que suelen ir encabezadas por una s con tratamiento criptográfico[6]. Estas características se observan tambien en los signos de los amanuenses redactores de los documentos, sobre todo en los scriptoria catedralicios (vid. fig. 10 y 11).

Los signos reales eran dibujados en su mayor parte por los escribas de las entidades emisoras de la documentación, pero con conocimiento de sus titulares que participaban de alguna manera en su elaboración, realizando el arranque del signo, es decir el dibujo de la s cursiva o cuando menos alguno de los puntos que rodeaban el cruce de aspas formado por la s y el vástago de comienzo (vid. fig. 12–22).

Los signos de las reinas tienen gran semejanza entre sí, consistiendo en una figura romboidal flanqueada por una doble s correlativa o simétrica que se prolonga verticálmente formando con el alargamiento del vértice inferior del rombo, una triple columna asentada sobre un soporte horizontal (vid. fig. 23–26).

Las signaturas eclesiásticas especiálmente de obispos, siguen el esquema de las de los reyes durante el s. X y a lo largo del s. XI[7], adoptando a lo largo del XII formas estrelladas de influencia carolina, aunque tambien las hay en forma rodada a la manera pontificia[8] (vid. fig. 27–29).

La signatura de los amanuenses redactores de los documentos tiene una prestancia que no desmerece en nada de la de los restantes monogramas de personas de categoría. En la 2ª mitad del s. XI expresa el nombre del titular por medio de criptografía situada en el interior del signo, sin anuncio previo del suscribiente, por lo que se precisa conocimiento de la escritura cifrada visigótica para conseguir interpretar lo expresado (vid. fig. 30–32).

El proceso de clarificación de los oscuros signos visigóticos va a ser iniciado por los propios amanuenses redactores del documento, que en su signatura comienzan a expresar de manera palpable que su labor se realiza de manera manual y con la mano derecha, que aparece dibujada de forma perféctamente reconocible. Los primeros síntomas de esta clarificación se producen en los scriptoria monásticos de fines de. s. X, y serán frecuentes desde la 2ª mitad del s. XI (vid. fig. 33–35).

De forma parecida se sibujan las suscripciones de Iohannes en 1086 (AHN, Claro, Sahagún, carp. 885, nº 17), y Aloitus en 1109 (AHN, Clero, Sahagún, carp. 884, nº 13).

Del signum crucis al signum manus

El empleo del signum manus trazado de manera evidente va a ser cada vez más frecuente desde fines del s. XI y a lo largo del XII, aunque la representación de la mano ya era conocida en la etapa anterior. En efecto el anagrama manual se colocaba al final de la signatura, sobre el soporte horizontal de base, y consistía en una especie de espiral puntiaguda, con 3–4 picos que probáblemente representaban a los dedos de la mano derecha.

5 A. Canellas Lopez, Diplomática, doc. nº 121, de los reyes Chindasvinto y Recesvinto (s. VII).

6 Vid. AHN, cat. Lugo, carp. 1334, nº 1 (signo obispo Diego); carp. 1325 B, nº 4 (signo obispo Pedro); monasterio de Samos, AHN, carp. 1239, nº 8 (signo obispo Pelayo).

7 Pongo en duda que las suscripciones validativas de los obispos de León y Lugo que figuran en algunos documentos de Vermudo III del año 1032 sean fiables (vid. docs. 10 y 18 de la, Colección Diplomática de Vermudo III, Sevilla 1978 del Dr. Dn. Luis Núñez Contreras). Estos monogramas contradicen la evolución signataria de las series episcopales, y parece que han sido trazados a imitación de los monogramas de las reinas.

8 Vid. AHN, carp. 1325, D.E. y F de la catedral de Lugo, y en concreto las signaturas del obispo Dn. Juan.

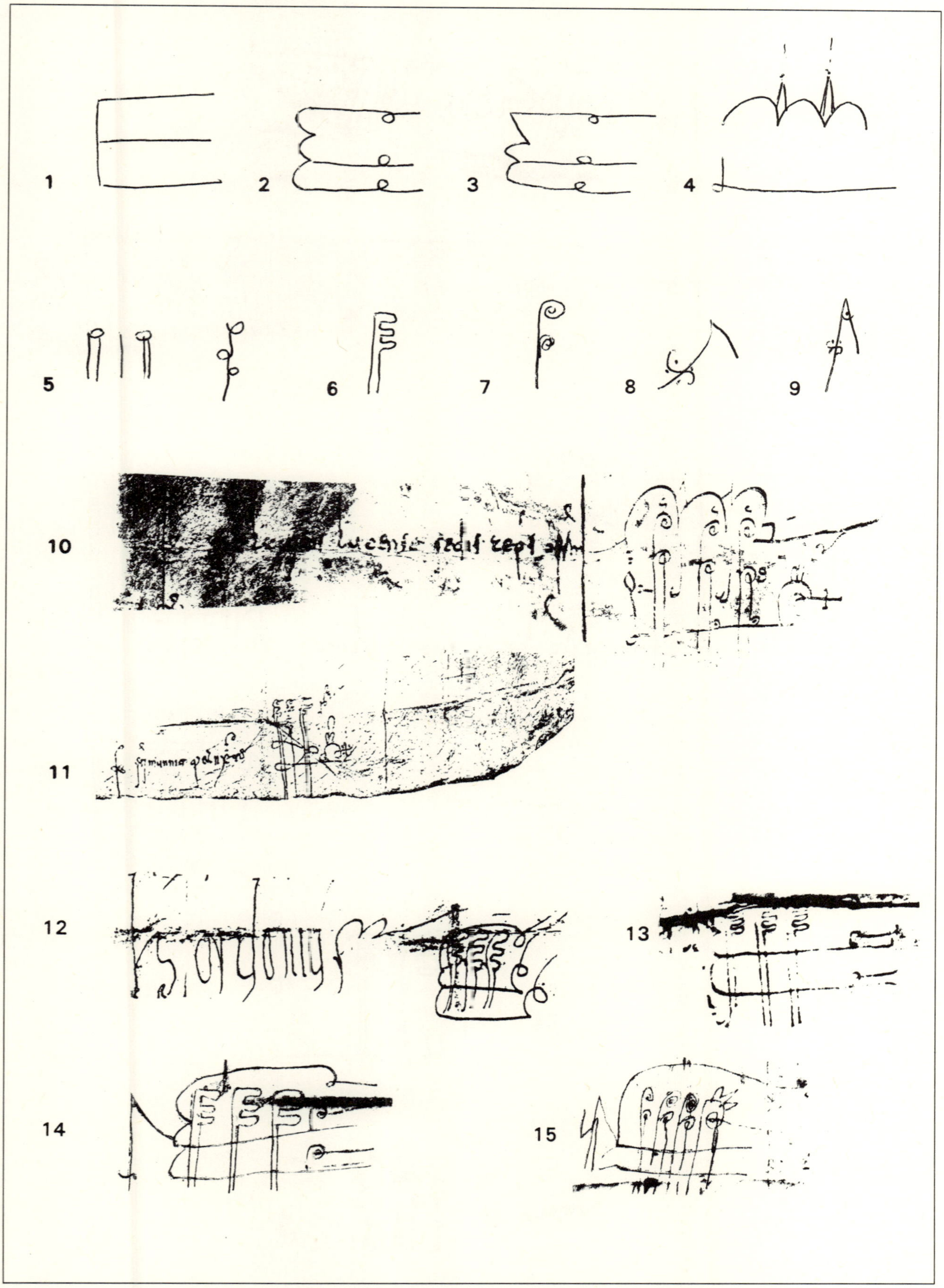
1
2
3
4
5
6
7
8
9
10
11
12
13
14
15

16

17

18
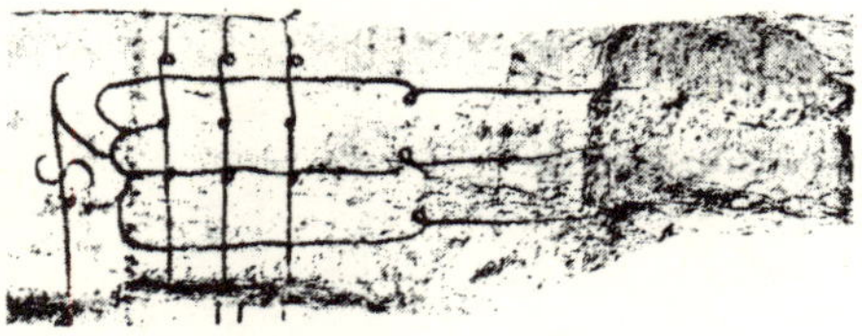

19
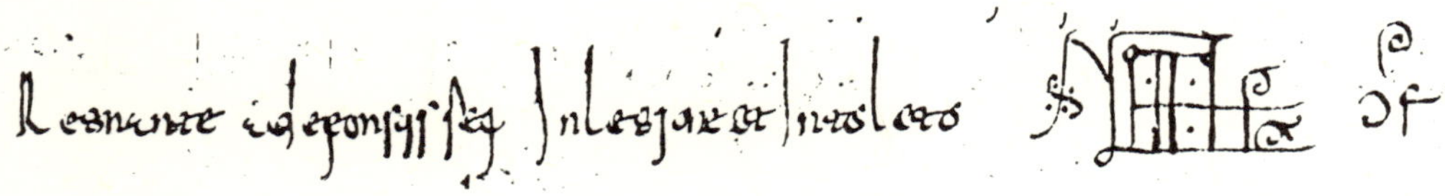

20
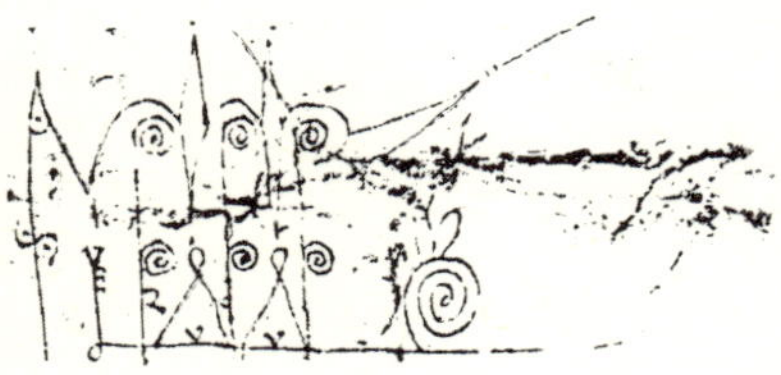

21

22

23
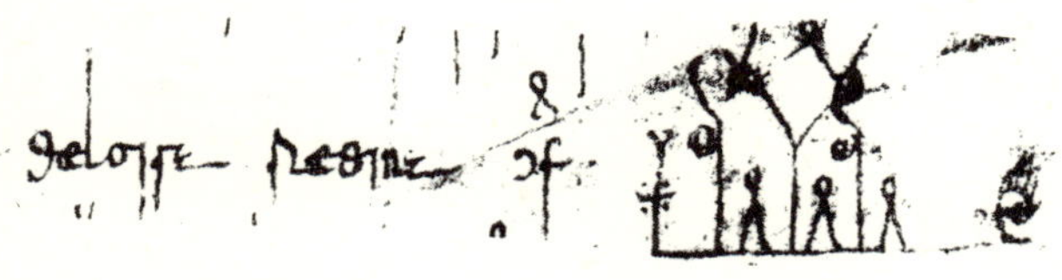

24

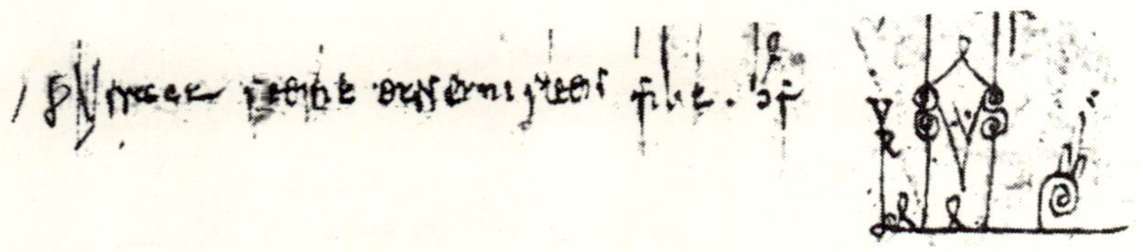

25

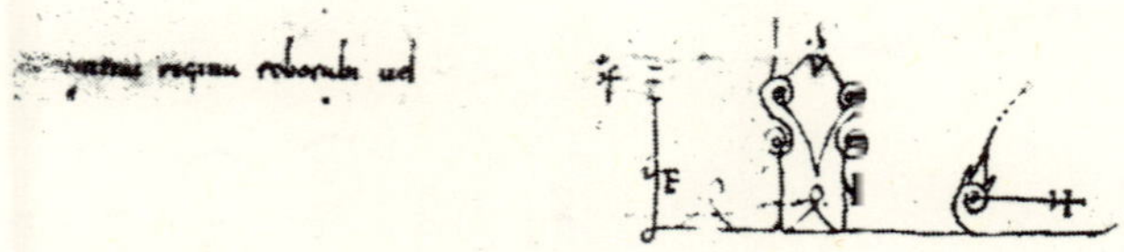

26

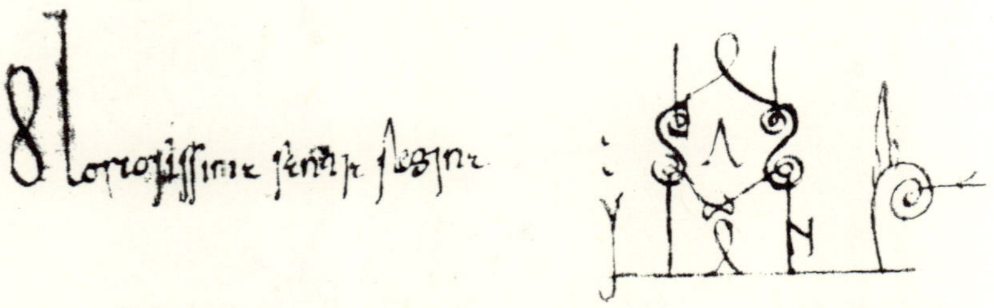

El simbolismo manual en suscripciones distintas de la del amanuense, es a mi parecerla plasmación gráfica de la roboración que el suscriptor expresaba en la fórmula validativa, que probáblemente quedaba ratificada colocando la mano derecha sobre el documento emitido. El ritual de tocar manuálmente el documento equivalía a una especie de juramento, pues no había nada más comprometedor ni mejor garantía de firmeza de intención del suscribiente que colocar la mano derecha sobre un texto respaldado por las leyes canónicas y civiles, en un gesto semejante al que seguimos empleando al jurar con la mano derecha sobre un texto sagrado.

La representación manual no siempre es la misma: unas veces se trata de la mano sin más, otras termina en una cruz (mano que sujeta la cruz como en el caso de los obispos), y a lo largo del s. XI la mayoría de las veces se trata de una mano situada ante una cruz (vid. fig. 36–38).

La interpretación del signum manus en la documentación visigótica podría parecer fantasía si no fuera porque el empleo de la mano perféctamente dibujada en las suscripciones corroborativas, se encuentra en algunos scriptoria monásticos desde mediados del s. XI. Vid. 1048, AHN, Clero Sahagún, carp. 880, nº 19): »*Ego Gaudesteo presbiter indigno mici peccator, in kartula serie testamenti confirmavi et manus meas* (signo de dos manos) *roboravi* (signo de la cruz)«.

Pero la mano roborativa en los documentos monásticos se emplea en casos aislados, pues la mayoría de las veces los otorgantes de la documentación monástica utilizan el signo de la cruz como representación corroborativa. Son frecuentes varias cruces representativas de cada uno de los otorgantes, ocupando un gran espacio horizontal cortado por cruces punteadas. Vid. el doc. de 1077, AHN, Clero, Sahagún, carp. 884, nº 1), con 16 cruces, una por cada uno de los 16 otorgantes: »*Ego Aiub abbas una cum Petrus presbiter et Martinus presbiter, et frater illius Iohannes, et Pelagio, et Iohannes presbiter, et Martinus presbiter, Vita filiis suis, Pelagius presbiter, et Iohannes et Petrus, et alio Iohannes et frater eius Petro, et Citi Martiniz in hac cartula series testamenti quam fieri iussimus manus nostras* (16 signos cruceados).«

La escenificación de la mano como símbolo roborativo aparece sobre todo a lo largo del s. XII, cuando el triunfo del estilo y la letra carolina sobre la tradicional hispánica da lugar a un proceso de clarificación formularia especiálmente en los documentos emanados de los scriptoria catedralicios.

El papel de las scholas catedralicias en el renacimiento cultural del s. XII es de sobra conocido, consagrándose la primacía de las scholas catedralicias sobre las monásticas en la formación de escribas que serán el elenco de la cancillería real y del notariado episcopal.

El resurgimiento de las cancillerías y del notariado con respaldo de la jurisdicción pública, será la causa de

27

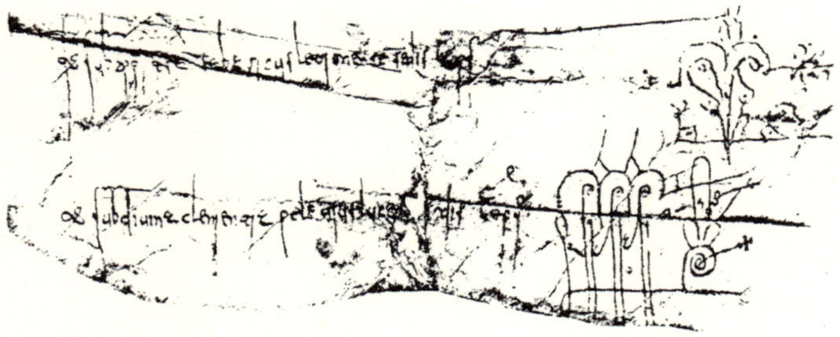

28

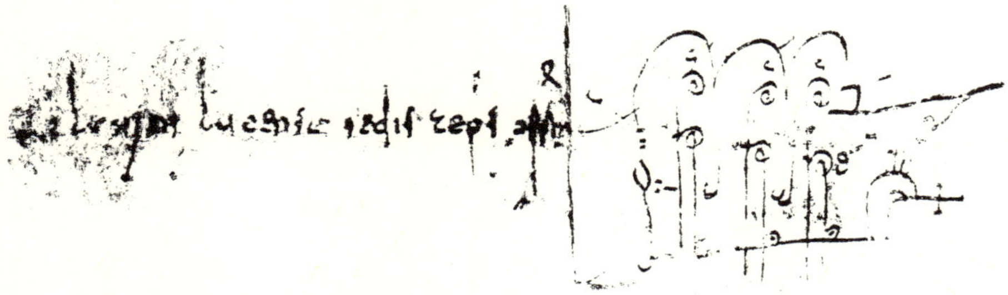

29

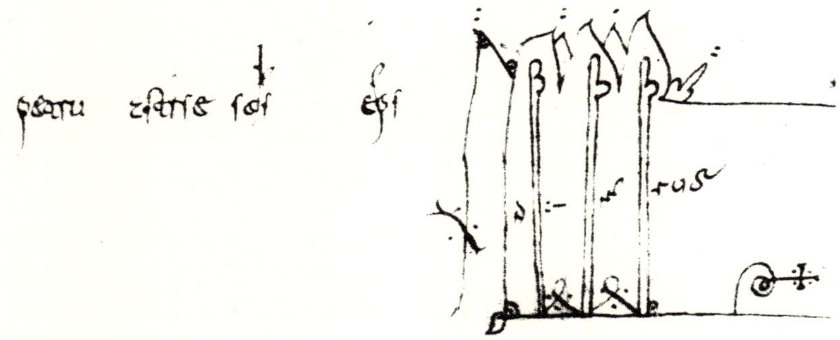

30

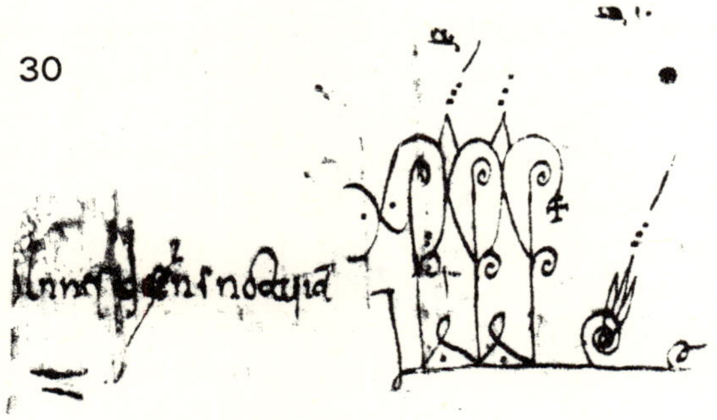

31

32

la decadencia de los scriptoria monásticos, que perderán definitívamente su papel predominante en la expedición del documento. En cuanto a la forma documental, el proceso de simplificación formularia logrado por influencia pontificia, se justifica por la necesidad de ceñirse al condicionamiento jurídico de la acción documental frente al barroquismo de las fórmulas protocolarias visigóticas que se abandonan, salvo las fórmulas validativas que perduran en toda su extensión, destacando la suscripción corroborativa del otorgante sobre las de los confirmantes y testigos.

La roboración manual expresada de manera patente, aparece a lo largo del s. XII en los documentos redactados en las dependencias catedralicias. El signum manus (solo o acompañado de otros cuando suscriben varios otorgantes, que pueden ser miembros de la misma familia), representa a la mano derecha trazada esquemáticamente o con una anatomía bien conseguida, acompañada en ocasiones por el signum crucis. Esta doble combinación es a mi parecer la plasmación gráfica del compromiso del otorgante, que reafirma lo dispuesto en el documento con un gesto de juramento manual ante el signo de la cruz.

Los documentos catedralicios del XII muestran múltiples ejemplos de estos monogramas, de los que se han seleccionado algunos procedentes de la catedral de Lugo (hoy en el AHN de Madrid), sin que se haya pretendido un recopilación exhaustiva de los mismos (vid. fig. 39–43).

Como recapitulación de todo lo expuesto se podría decir que en los documentos del occidente hispánico:

- La participación del suscribiente en la elaboración del monograma corroborativo o confirmativo queda reservada a los clérigos, sin que la parcial participación de los laicos desmerezca el valor de los signos de validación,
- La aquiescencia del suscribiente a la realización de la formalidad roborativa o confirmativa se expresa no solo formulísticamente, sino de manera simbólica con la representación del signum manus como culminación del monograma signatorio.
- El esquematismo del signum manus de la etapa visigótica se clarifica a lo largo del s. XI por influencia carolina, pasándose a la representación manual perféctamente reconocible en las suscripciones corroborativas de los documentos redactados en los centros catedralicios en el transcurso del s. XI.
- La representación del signum manus no puede significar otra cosa que la plasmación gráfica del juramento manual que el otorgante realiza sobre el documento escrito, que por el mero hecho de llevar signos de validación está respaldado por la legislación vigente y tiene fuerza y valor indestructible. Máxime cuando en ocasiones el signum manus va acompañado del signum crucis, paradigma de las creencias cristianas, ante el que el juramento manual queda de alguna manera sacralizado.

33

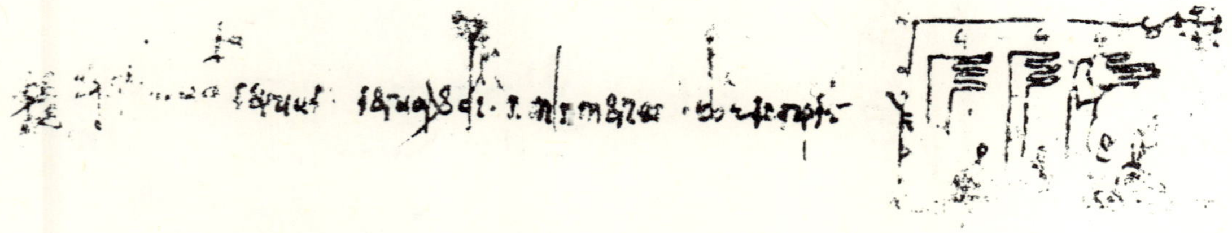

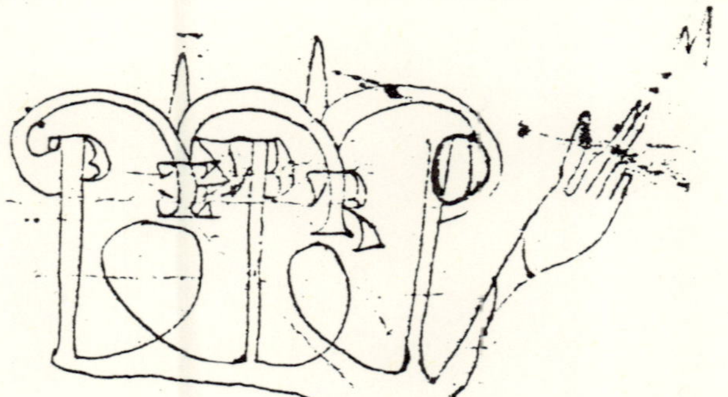

34

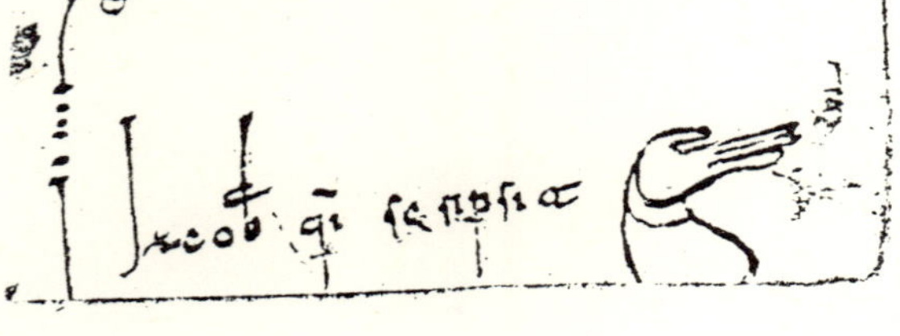

35

36

37

38

39

40

41

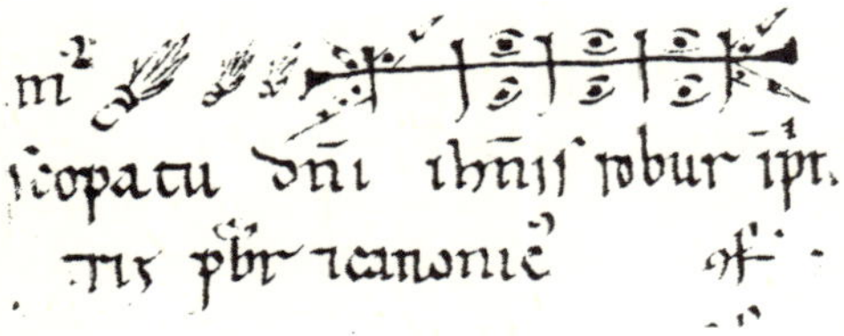

42

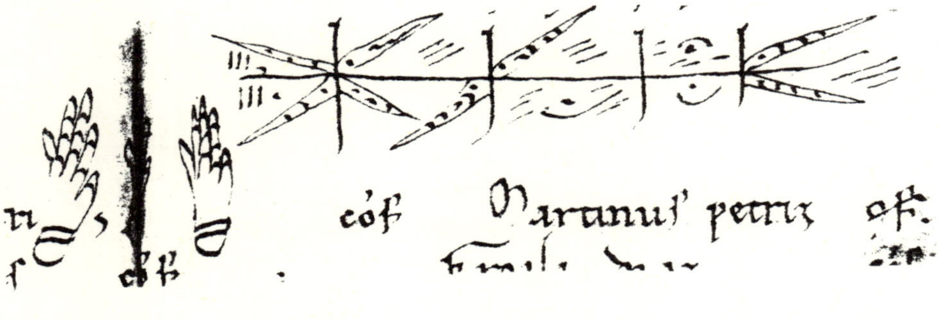

43

El signum regis en el Reino de León (1157–1230). Notas sobre su simbolismo

Por José Antonio Martín Fuertes

Poco después de su acceso al trono de León en el año 1157, el rey Fernando II comenzó a otorgar diplomas solemnes que, si en cuanto a su estructura interna no ofrecen variaciones relevantes respecto a los de la etapa inmediatamente anterior (la de Alfonso VII el Emperador), presentan en sus formas extrínsecas una destacada novedad: la especial marca de validación que ostentará la condición de *signum regis* durante los dos reinados (Fernando II y Alfonso IX) que ocupan los más de setenta años en que el reino de León perdura, en su último estadio, como entidad soberana e independiente.

Esta innovación formal consiste en la introducción del signo rodado, que se convertirá en marca distintiva de los diplomas más solemnes, los privilegios rodados, expedidos por las cancillerías regias de León y de Castilla – luego, a partir de 1230, de Castilla y León – durante los tres próximos siglos.

La trascendencia de este símbolo gráfico y mucho más, consecuentemente, la cuestión del privilegio rodado han sido puestas de relieve desde antiguo por los tratados de diplomatica española[1], incluso por alguno de diplomática general[2], y muy especialmente por un grupo de monografías, la mayoría relativamente añosas, aunque no carentes de interés[3].

Lejos de agotar el tema, el enfoque que han recibido estas cuestiones en las páginas dedicadas a su estudio ha mantenido ocultos o, al menos, en penumbra algunas de las claves que, a mi juicio, son esenciales para comprender su dimensión histórica original. En efecto, en el signo regio de los privilegios leoneses, y luego también de los castellanos, el componente que ha llamado con insistencia la atención de los investigadores ha sido la *rueda*, representación importada del exterior, mientras que los componentes autóctonos han quedado generalmente en la sombra; me refiero, por una parte, a la imagen del león que ocupa el campo interior de la rueda y que constituye el elemento más genuino del *signum regis* leonés, y por otra parte a la leyenda que llena el espacio comprendido entre las dos circunferencias concéntricas que forman el anillo exterior de la rueda.

Avancemos la información de que la representación de la rueda decaerá hasta casi desaparecer de la suscripción regia leonesa, y que la figura del león asumirá en solitario el protagonismo durante gran parte del reinado de Alfonso IX. Esta dinámica, además de indicar la preferencia por el símbolo distintivo del reino de León frente a la rueda importada, implica también evidentemente que el solemne signo de los reyes de

1 A. C. Floriano Cumbreño, Curso general de Paleografía y Paleografía y Diplomática españolas, Oviedo 1946, pp. 464–476. A. Millares Carlo, Tratado de Paleografía Española, Madrid 1983, pp. 171–173. Uned, Paleografía y Diplomatica, Madrid 1977, pp. 43–47 (Diplomática especial).

2 A. Giry, Manuel de Diplomatique, Hildesheim – New York 1972 (Nachdruck der Ausgabe Paris 1894), pp. 802–803 (con algunos errores). Incluso Jean Mabillon publicó un grabado de un privilegio de Alfonso IX en su De re diplomática libri VI …, Luteciae Parisiorum MDCLXXXI, Lib. V, Tab. XLV, p. 432.

3 La primera monografía publicada sobre este tema corresponde al año 1872 y apareció en la Revista de Archivos, Bibliotecas y Museos, II, con el título: Del signo rodado en los documentos reales anteriores a Alfonso X el Sabio, original de J. Muñoz y Rivero; del mismo año es el trabajo de J. M. Escudero de la Peña, Privilegio rodado e historiado del rey don Sancho IV, Museo Español de Antigüedades I, 1872, pp. 91–100; y del mismo autor: Signos rodados de los reyes de Castilla Don Pedro, Don Enrique II, Don Juan I, Don Enrique III, Don Juan II, Don Enrique IV, y los Reyes Católicos. Estudio histórico crítico sobre la regia signatura en los diplomas, Museo Español de Antigüedades V, 1875, pp. 247–262. Más modernamente, y con más rigor generalmente, el estudio del privilegio rodado ha corrido a cargo de monografías dedicadas a la investigación de las cancillerías regias: A. Millares Carlo, La cancillería real en León y Castilla hasta fines del reinado de Fernando III, Anuario de Historia del Derecho Español III (1926), pp. 227–306; E. S. Procter, The Castilian Chancery during the reign of Alfonso X (1252–1284), Oxford Essays in Medieval History presented to H. E. Salter, Oxford 1934, pp. 104–122; L. Sanchez Belda, La cancillería castellana durante el reinado de Sancho IV (1284–1295), Anuario de Historia del Derecho Español XXI (1951), pp. 171–223. También ofrecen interés algunos artículos sobre la confirmación de los documentos: T. Marin Martinez, Confirmación real en documentos castellano-leoneses, Estudios dedicados a Menéndez Pidal III, Madrid 1951, pp. 583–593; L. Sanchez Belda, La confirmación de documentos por los reyes del occidente español, Revista de Archivos, Bibliotecas y Museos LIX (1953), pp. 85–116; Mª J. Sanz Fuentes, La confirmación de privilegios en la Baja Edad Media. Aportación para su estudio, Historia Instituciones Documentos VI, Sevilla 1979, pp. 341–367.

León no permaneció inmutable a lo largo de los dos reinados que componen esta etapa final del reino, sino que experimentó determinados cambios, alguno de ellos sustancial.

En consecuencia, el objeto de esta aportación consistirá en esbozar las líneas maestras de la evolución del *signum regis* en este último estadio del reino de León y, muy especialmente, en ofrecer algunas notas o reflexiones sobre su simbolismo y sobre la significación de las variaciones que exprimenta en sus componentes gráficos.

Como fuentes para la elaboración de este trabajo he utilizado, de una forma sistemática, los documentos del Archivo de la Catedral[4] y del Archivo de San Isidoro[5] de León, poseedores ambos de ricas colecciones diplomáticas de los reyes Fernando II y Alfonso IX. Pero también me he servido de otros muchos documentos, procedentes de fondos muy diversos: la obligada Sección de Clero del Archivo Histórico Nacional[6] de Madrid – el conjunto más explotado tradicionalmente para esta clase de investigaciones –, los Archivos de la Catedral y Diocesano de Astorga[7], el Archivo de la Catedral de Santiago de Compostela[8] y los Archivos Municipales de León[9] y de Oviedo[10].

I. La introduccion del signo rodado en España

Situado en el centro de la parte inferior del diploma – pergamino, de forma generalmente apaisada, es su soporte material –, entre la suscripción corroborativa del monarca, arriba, y la suscripción del *notarius regis*, debajo, y flanqueado por las columnas de confirmantes eclesiásticos, en el lado izquierdo, y laicos, en el derecho del observador, el signo de los reyes de León, en su forma más solemne y representativa y según aparece en los privilegios de la época de plenitud del reino, se compone de dos elementos esenciales:

a) El anillo exterior de la rueda que permite atribuir al conjunto la calificación de *signo rodado*.
b) La figura del león que campea en la superficie del círculo formado por las dos circunferencias concéntricas del anillo.

Como indiqué más arriba, lo referente a la rueda ha sido ya tratado, y correctamente interpretado en general, por diferentes trabajos[11], cuya serie se inició hace ya más de un siglo. A la luz de estas investigaciones, ha quedado perfectamente patente la filiación de la rueda hispánica con respecto a la rota pontificia, al igual que la vía de penetración de ésta en la Peninsula Ibérica: la cancillería del arzobispo compostelano Diego Gelmírez.

Introducido el uso de la rota en la documentación papal en el año 1049, el primer año de pontificado de León IX[12], en la primera mitad del siglo XII aparece este signo incorporado al aparato validativo de los documentos solemnes por diferentes cancillerías eclesiásticas y señoriales italianas, como las de los arzobispos de Benevento y Rávena y la de los duques normando-sicilanos. Por estas mismas fechas había adoptado la rota también el prelado compostelano, y con ella el lema del papa reinante Pascual II[13], que Diego Gelmírez utilizará como leyenda en el anillo del signo rodado durante su extensa permanencia en la mitra de Santiago: »*Verbo Domini celi firmati sunt*«. Esta divisa se halla consignada ya en un diploma otorgado en 1115 al monasterio de San Martín Pinario[14].

No es precisa una detallada exposición para demostrar la carga de simbolismo que comportaba la introducción de la rota en la cancillería compostelana y su utilización como elemento propagandístico por Diego Gelmírez en su política de prestigio y de potenciación de la mitra de Santiago, sede apostólica, que corría el riesgo de quedar en un segundo plano tras la reconquista de Toledo, la ciudad imperial de los visigodos, y la concesión de la dignidad primacial a su arzobispo Bernardo, en el año 1088, por el papa Urbano II. La actividad desplegada ante este pontífice por el obispo compostelano Dalmacio le permitió obtener, ya en el

4 Citado, en adelante, A. C. León.
5 En adelante, A. S. I. León.
6 A. H. N., Clero.
7 Citados respectivamente, en adelante, A. C. Astorga y A. D. Astorga.
8 A. C. Santiago, en adelante.
9 A. H. M. León, citado en adelante.
10 A. M. Oviedo, en adelante.
11 Relacionados en la nota 3 los más viculados a esta cuestión, es obligado ahora situar en lugar sobresaliente el artículo de Anton Eitel, Rota und Rueda, Archiv für Urkundenforschung VI (1914), pp. 299–336.
12 H. Bresslau, Handbuch der Urkundenlehre, 1. Band, Berlin 1969, pp. 78 y ss.; P. Rabikauskas, Diplomatica Pontificia, Roma 1970, p. 36. Ejemplo de la primitiva rota del siglo XI en G. Battelli, Acta Pontificum, Ed. Biblioteca Vaticana, 1965, núm. 5; los núms. 6 y 8 muestran ejemplos de Pascual II, principios del siglo XII.
13 Eitel, Op. cit., pp. 304–305.
14 A. Lopez Ferreiro, Historia de la Santa A. M. Iglesia de Santiago de Compostela, Santiago de Compostela 1983 (Edición Facsimilar), t. III, Apéndices número XXXIII, p. 102; en la p. 110 del t. IV ofrece un ejemplo de la rueda de Gelmírez.

1 *Año 1160*
(A.C. León, 4168)

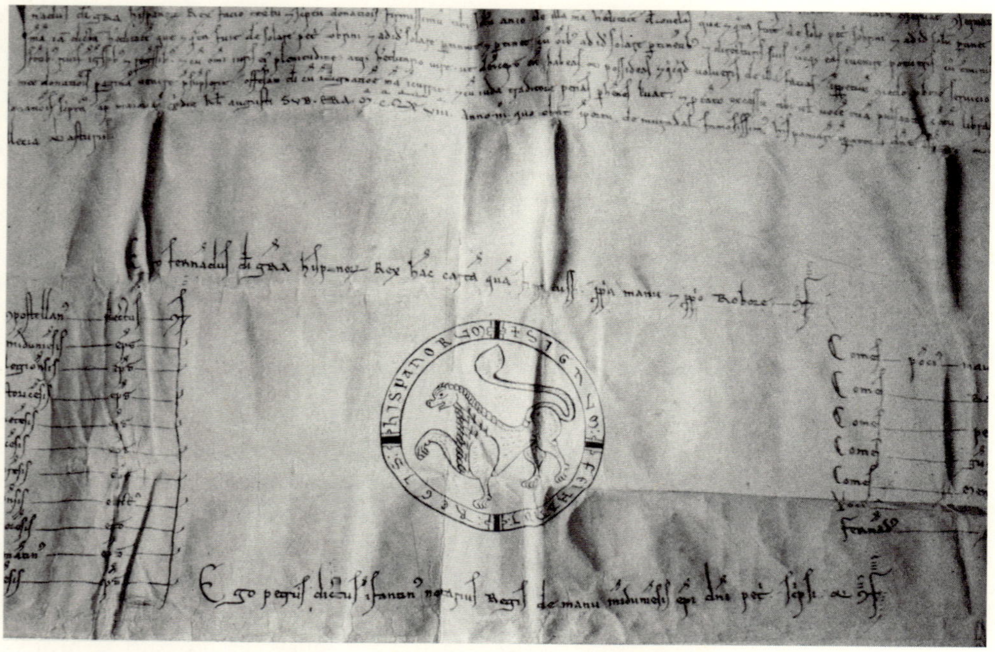

2 *Año 1162*
(A.C.L., 1033)

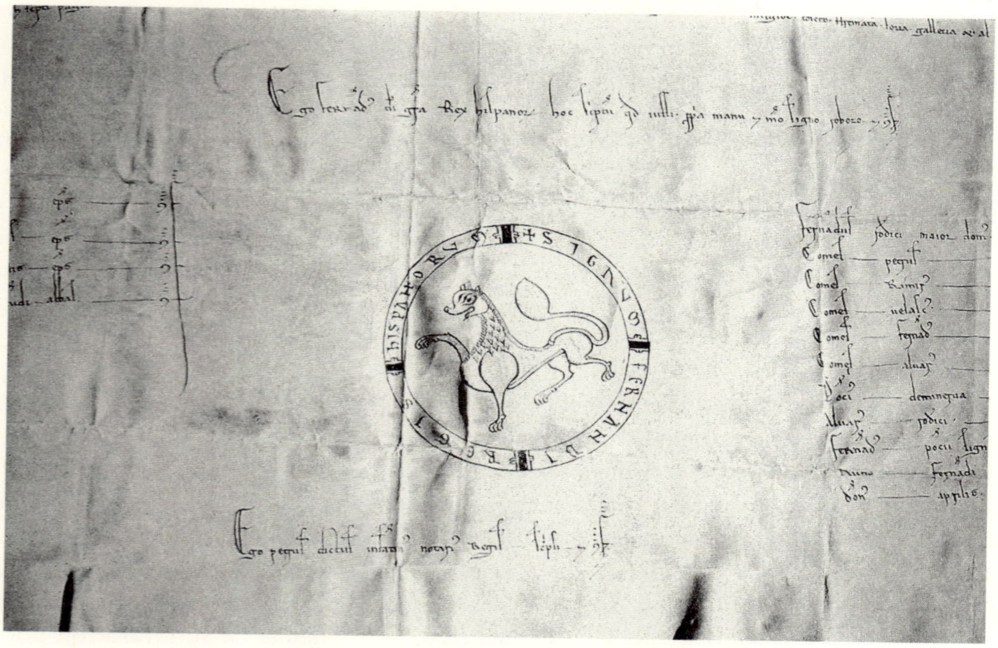

año 1095, declaración de exención a favor de la iglesia de Santiago, cuyos prelados estarían en adelante sujetos solamente al Romano Pontífice[15]. Pero fue Gelmírez, sucesor de Dalmacio, quien más vigorosamente impulsó esta doble y complementaria vía de prestigiar a su mitra y, al tiempo, vincularla más estrechamente a la iglesia romana, hasta conseguir del papa Calixto II en el año 1120 la elevación de Santiago a sede arzobispal, mediante la traslación a Compostela de la antigua metrópoli emeritense, y la concesión a su favor de una legación papal. A partir de entonces, Diego Gelmírez fue Arzobispo de Santiago de Compostela y Legado de la Santa Romana Iglesia en las iglesias metropolitanas emeritense (Santiago) y bracarense (Braga)[16]. Y no le bastaron a Gelmírez estos éxitos, sino que durante todo su extenso episcopado mantuvo tenazmente su afán de rivalizar con el primado toledano.

Es en el contexto descrito donde adquiere plena significación el empleo de la rota por Gelmírez. La imitación del signum pontificio, adoptando incluso

15 Loc. cit., III, p. 189.

16 Ibidem, IV, p. 528.

3 *Año 1164 (A.C.L., 24)*

En el vecino reino de Portugal será el canciller magister Albertus (1142–1169) el que adopte un signo manual imitado de la rota en la última etapa de su ejercicio al frente de la cancillería regia de Alfonso I. Aunque existen diversos prototipos, algunos de un gran efecto decorativo, el tipo básico estaba formado, durante este período, por una o varias circunferencias concéntricas con las leyendas correspondientes y con el campo interior dividido por una cruz de brazos perpendiculares o por la cruz de los Templarios[18]. Canciller real era, por merced de Alfonso I, el arzobispo de Braga, que no sólo sobrellevaba con disgusto las pretensiones hegemónicas de la vecina sede compostelana, sino que incluso pugnaba, desde el año 1144, por sustraerse a la autoridad del primado toledano para convertirse, a su vez, en cabeza espiritual del reino de Portugal, cuya independencia había sido formalmente reconocida por Alfonso VII el Emperador en el año 1143. Si a esta aspiración añadimos la colocación del nuevo reino bajo la protección de la Santa Sede, la incorporación de la rota romana a los privilegios reales portugueses ofrece un simbolismo inequívoco de autoafirmación de la joven monarquía en el marco político y eclesiástico hispánico del siglo XII. Sobre todo porque la aparición del signo rodado en la cancillería portuguesa se produjo, como veremos más adelante, poco después de la muerte del Emperador y de que los dos hijos y herederos de éste, Sancho de Castilla y Fernando de León, pactaran en Sahagún (año 1158) la repartición entre ambos del territorio portugués[19].

idéntica divisa que Pascual II, pretende proclamar la especial vinculación existente entre las dos sedes apostólicas, la de San Pedro de Roma y la de Santiago de Compostela; relación singular que distinguiría a ésta entre todas las sedes hispánicas y que consecuentemente la autorizaría a considerarse al margen de la jurisdicción de Toledo.

A partir de la cancillería episcopal de Santiago, el signo rodado se difunde en varias direcciones. Muy pronto en la suscripción de los obispos más próximos a Compostela comenzando por Hugo, obispo de Lugo contemporáneo de Gelmírez y muy vinculado a éste, figura una marca directamente emparentada con la rota, que desplaza al sistema tradicional de suscripción[17].

II. El *signum regis* de Fernando II (1157–1187)

El rey de León Fernando II fue el primer monarca hispano que adoptó la rueda como *signum manus*, seguido muy de cerca, como indiqué anteriormente, por el portugués Alfonso I y, más tarde, por el castellano Alfonso VIII. No existe hasta el presente prueba alguna de su utilización por el padre de éste último, Sancho III (1157–1158), en cuyos documentos más solemnes figura siempre un signo similar al de la última etapa de Alfonso VII. La atribución del uso de la rueda a este efímero monarca castellano, sostenida todavía recientemente en alguna ocasión[20], se ha debido al análisis defectuoso de un diploma del año 1153[21], en el

17 Eitel, Rota und Rueda, pp. 307–310. Reproduce diferentes muestras de ruedas de los obispos de Lugo y Mondoñedo.

18 P. Avelino de Jesus da Costa, La Chancellerie royale portugaise jusqu'au milieu du XIIIe siècle, Revista Portuguesa de Historia XV, Coimbra 1975, pp. 143–169. Véanse, en especial, la p. 165 y los Pl. I y II.

19 J. Gonzalez, Regesta de Fernando II, Madrid 1943, pp. 32–33.

20 Se hace eco de ella, por ejemplo, el manual de Paleografía y Diplomática de la Uned, ya citado, tema XXXIII/15.

21 A.H.N., Clero (Sahagún), carp. 898, núm. 17. Lo publicó Floriano, Curso General, Selección Diplomática, pp. 27–28 y Lám. XIV (Fotografía).

4 *Año 1165 (A.C.L., 1041)*

que efectivamente aparece un signo regio rodado con la leyenda »*SIGNUM REGIS SANCII*«, pero que no es original, sino una copia imitativa realizada algunas décadas después de la data cronológica consignada en el documento. Según Julio González, este signo rodado, en concreto, »es análogo a los de Alfonso VIII de hacia 1170«[22]; pero el peculiar chrismón y los rasgos de la escritura permitirían retrasar aún algo más la fecha de su efectiva ejecución.

Partiendo de la concepción de que la suscripción del monarca tenía ya con Alfonso VII una clara función de proclama ideológica, tanto en el diseño como en la leyenda adoptada a partir de 1135 (»*Signum Imperatoris*«), era lógico que Sancho III asumiera al comenzar su reinado el mismo signo manual que su padre – su pronta muerte, por lo demás, no le concedió la oportunidad de desarrollar posteriormente uno propio – con la intención de afirmar la superioridad que, como a mayor, le correspondía sobre el conjunto de la herencia del Emperador. Parte de ésta era la *auctoritas* – no la potestad efectiva – sobre Hispania que Alfonso VII reflejaba en el título de *Imperator*; y aunque la división entre Castilla y León liquida definitivamente la idea y el título imperial, parece evidente que Sancho pugnaba por mantener la primacía de su trono. Cambiada la divisa, el signo solemne de su padre era un buen instrumento para esta empresa.

El tratado de paz firmado por los dos regios hermanos en Sahagún, el 23 de mayo de 1158[23], constituye un buen testimonio de esta situación. Mientras Fernando tenía graves dificultades internas con la nobleza, Sancho desarrollaba una intensa actividad exterior, prueba de la solidez de su posición, y ocupaba parte del territorio leonés. En este marco se encuadra la vista entre los dos reyes en Sahagún, donde el monarca leonés se mostró dispuesto incluso a prestar homenaje al castellano para salvaguardar sus dominios[24]. Del pacto concluído entre los dos hermanos nos interesan aquí dos aspectos.

El primero, el compromiso de heredarse mutuamente, en caso de que alguno de ellos muriese sin descendencia legítima; derecho que afectaría también a los hijos y nietos respectivos. No puede ocultarse el latido de la idea de un *regnum-imperium* dividido.

Y el segundo, el reparto entre ambos que acuerdan no sólo de la España musulmana, sino también del nuevo reino de Portugal; decisión que resultaría inexplicable sin tener presente el concepto de Hispania proclamado por Alfonso VII y ahora recogido por su hijo Sancho III, no obstante el desvanecimiento de la realidad imperial.

Por el contrario, la aspiración de Fernando II se cifraba, durante los primeros años, en acentuar la individualidad de su reino, que conllevaría el acrecentamiento de su prestigio (*auctoritas*) como soberano frente a la pretendida superioridad – mayoría de edad y fortaleza políticomilitar – de su hermano Sancho de Castilla. De ahí la rueda, signo en el que Fernando concentra la expresión simbólica de la personalidad diferenciada del reino de León. En efecto, que el monarca leonés adoptara la rueda como emblema distintivo parece, desde nuestra perspectiva, una decisión natural, si recordamos la trayectoria de esta marca cancilleresca en España y su vinculación al reino leonés.

Consagrada la rueda como suscripción de los prelados compostelanos, la tutela que éstos ejercieron sobre la cancillería regia desde que Alfonso VII se la confiara a Gelmírez en el año 1127[25] se vio definitivamente consolidada en León con la confirmación de los cargos de capellán y canciller que Fernando II otorgó para siempre al arzobispo de Santiago don Martín el 30 de septiembre de 1158[26]. Si a ello añadimos que también había utilizado la rueda como signo manual – hasta su muerte en 1155 – el conde gallego Fernando Pérez de

22 El reino de Castilla en la época de Alfonso VIII, t. II, Madrid, 1960, p. 24. Ver también la crítica de Eitel, Op. cit., p. 316.
23 J. González, Alfonso VIII, II, núm. 44 (pp. 79–82).
24 González, Fernando II, p. 31.
25 A. Millares Carlo, La cancillería real en León y Castilla hasta fines del reinado de Fernando III, Anuario de Historia del Derecho Español III (1926), p. 251.
26 Ibid., pp. 261–263.

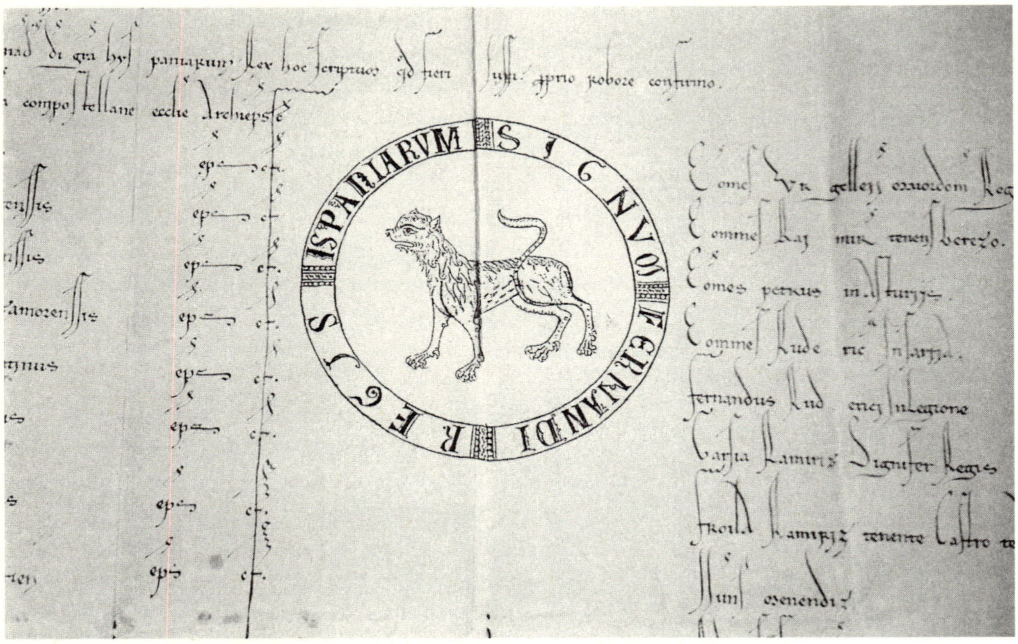

5 *Año 1168*
(A.S.I. León, 170)

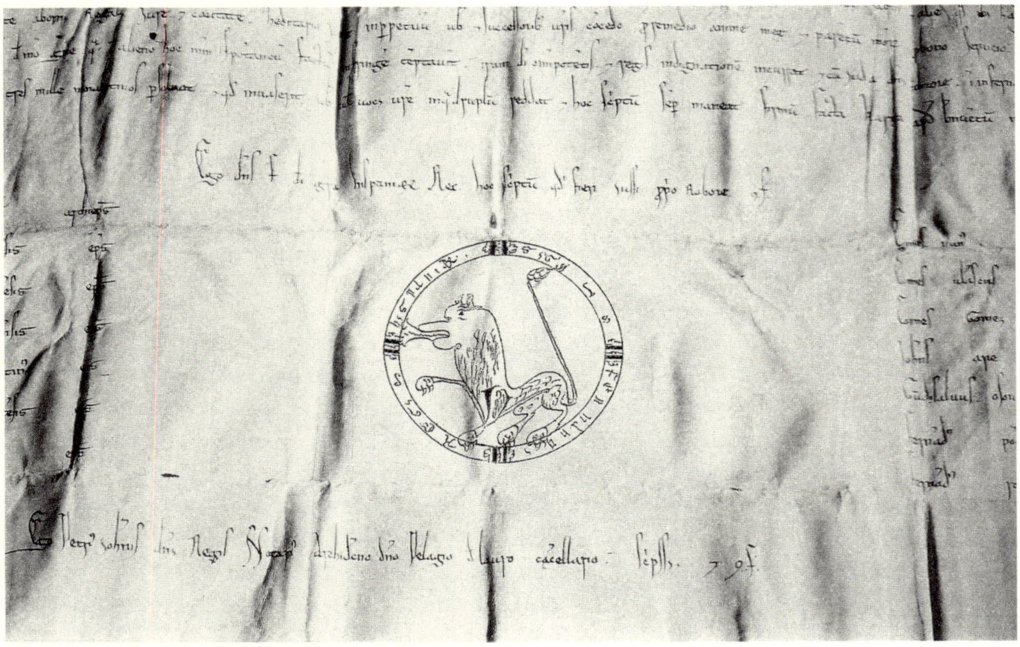

6 *Año 1174*
(A.C.L., 1048)

Traba[27], en cuya casa se había educado el joven Fernando (»*nutritor*« de éste es llamado el conde en algún documento), la influencia gallega se muestra sin lugar a dudas como la vía de penetración de la rueda en la cancillería regia leonesa. Por lo demás, el simbolismo que ésta tuvo para Compostela frente a Toledo resultaba fácilmente trasplantable a la dialéctica de León frente a Castilla.

La rueda se mantuvo constante en la suscripción diplomática de Fernando II. El *signum regis*, sin embargo, no se mantuvo invariable, por lo que se hacen necesarias algunas consideraciones particulares sobre la evolución que experimentó y sobre los cambios que se produjeron en sus elementos constitutivos, con el fin de aproximarnos a la carga significativa que éstos comportaban.

El anillo exterior, o rueda en sentido estricto, no experimenta a lo largo de este reinado modificación alguna apreciable en cuanto a las circunferencias concéntricas que lo componen, siempre dos. Las únicas

27 González, Fernando II, p. 16. Reproduce una rota del año 1154 procedente del monasterio de Sobrado.

7 Año 1181
(A.S.I.L., 181)

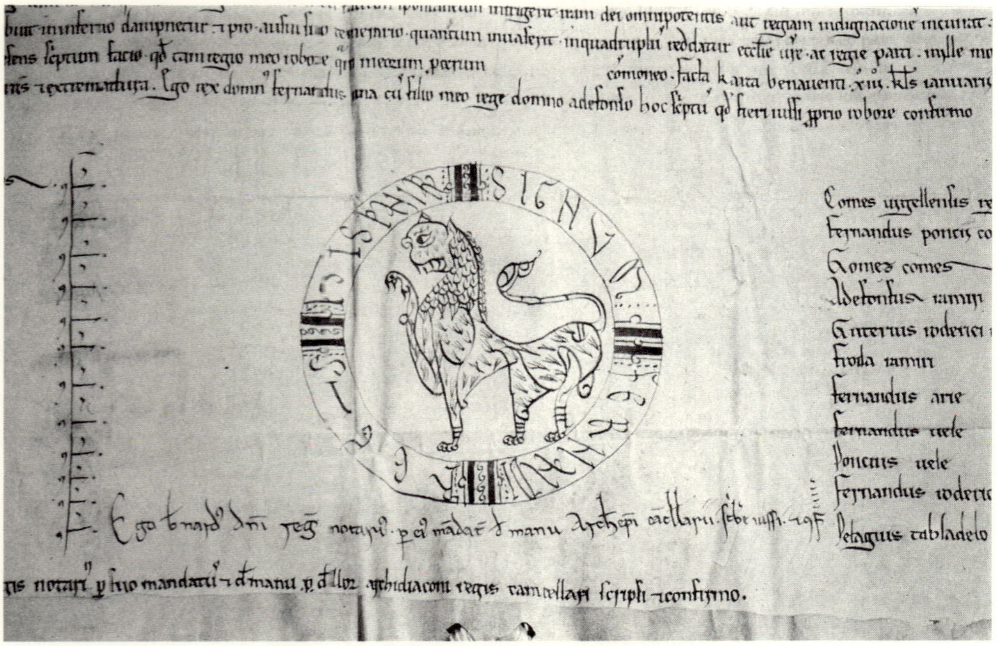

8 Año 1183
(A.C.L., 1055)

indicar, no obstante, el dato de que las ruedas de mayor tamaño (pueden alcanzar los 150 mm. de diámetro) se sitúan precisamente en el año 1165[28], cuando Fernando II aparece en la cumbre de su poder y comienza a titularse »*Hispaniarum rex*«. Este signo colosal, junto a la agresividad del león dibujado en su interior, cumplían adecuadamente el efecto deseado por su proyectista: impresionar con la sensación de grandeza que transmitían y, de esta suerte, manifestar el poder del signatario y la importancia del documento emitido[29].

variaciones obedecen al mayor o menor grado de perfección – no muy alto generalmente – del trazado de las líneas con el compás y a las diferencias observables en la dimensión de la rueda. Se aprecia efectivamente una tendencia al aumento de tamaño, pues las circunferencias exteriores de la primera época raramente alcanzan los 70 mm. de diámetro, mientras que las de la última superan con facilidad los 100 mm. Ahora bien, la tendencia sugerida es tan irregular que difícilmente se podría establecer una conclusión y, mucho menos, aventurar una explicación en clave simbólica. Cabe

28 A. C. León, núms. 1041, 1040 y 1044.

29 Cf. Eitel, Rota und Rueda, p. 323.

La leyenda

Cambios mucho más claros se produjeron en el campo del anillo del *signum regis*, formado por las dos circunferencias concéntricas y ocupado por las letras que componían la leyenda. Durante sus primeros años de reinado el monarca leonés utilizó el lema: »*SIGNUM FERNANDI LEGIONENSIS REGIS*«[30] o »*REGIS LEGIONENSIS*«[31], precedido de la cruz, griega predominantemente, a modo de invocación simbólica. Sólo he hallado alguna variación respecto al esquema indicado en dos diplomas de este período inicial[32], pero en ambos casos los signos rodados parecen añadidos posteriores y su disposición introduce serias dudas sobre el grado de autenticidad de los documentos que los sustentan.

A partir del año 1160 la leyenda del signo, paralelamente a lo que ocurre en la suscripción corroborativa, experimenta una variación importante; Fernando II abandona aquí la referencia a León para titularse »*Hispanorum rex*«, de suerte que la divisa empleada durante los años siguientes será: »+ *SIGNUM FERNANDI REGIS HISPANORUM*«. Ya desde la desaparición de su hermano mayor, Sancho III de Castilla, la cancillería regia leonesa había introducido alguna vez el título de »*Rex Hispaniae*« para aludir a su monarca[33], como heredero natural de la superioridad asentada por su padre el Emperador sobre el conjunto de España y sostenida, al menos en el plano ideológico, por el rey Sancho durante su corta vida. Pero hasta bien entrado el año 1160 no se adoptará oficial y sistemáticamente la nueva fórmula de titulación regia en la cancillería de Fernando II. Que no se trata de una mera coincidencia, sino que es reflejo diplomático del cambio experimentado por las relaciones de poder en Hispania, lo demuestra el hecho de que fue en el año 1160 cuando el monarca leonés se decidió a intervenir de lleno en Castilla.

Tras una primera campaña el año anterior, que se saldará con la ocupación de algunos pueblos castellanos, Fernando se apresta a hacer valer su condición de hijo y heredero del Emperador para convertirse en tutor de su sobrino, el niño Alfonso VIII, y en administrador del reino de Castilla[34]. El título »*Hispanorum rex*« fue su proclama y con él en su divisa se convertirá en el árbitro de España; en especial, a partir del año 1162, cuando lleva a cabo la ocupación de la Extremadura y la Transierra castellanas, seguida de la conquista de Toledo, la ciudad imperial, que había conseguido la primacía política de España anteponiéndose a León, como antes había conseguido la primacía eclesiástica frente a Compostela, gracias al favor y a la visión de futuro del Emperador[35].

Significación mucho menos asequible tiene una nueva variación en la leyenda del *signum regis*, que se documenta a partir del año 1165; variación que además presenta una doble manifestación, pues se concreta en la desaparición de la cruz inicial y en la sustitución – simultánea, según mis datos – del término »*Hispanorum*« por el de »*Hispaniarum*«. Entre el año citado y el de 1178 la divisa del signo rodado muestra siempre la siguiente formulación: »*SIGNUM FERNANDI REGIS HISPANIARUM*«.

¿A qué motivos responden estos cambios? Hay que destacar, en primer lugar, que éstos se producen en el momento en que la rueda alcanza su máximo desarrollo, con un tamaño que hemos calificado anteriormente de colosal. Por otra parte, en el mismo año se documenta un relevo en la notaría regia: »*Petrus de Ponte domini regis notarius*«[36] sustituye a »*Petrus dictus Infantinus notarius regis*«[37] en el lugar del diploma – debajo del signo rodado – reservado para la suscripción notarial.

Pedro de Ponte no fue ciertamente un notario real corriente, sino que debió de desempeñar un papel más relevante en la Curia[38], a juzgar por el título de Vicecanciller que utiliza en la suscripción de un privilegio de Fernando II al obispo de León del 17 de junio de 1170[39]. Pero, la explicación de los cambios ocurridos en el año 1165 ¿residiría, sin más, en la actuación de este *supernotario*? O, más bien, ¿existiría alguna clave simbólica vinculada a la situación política del rey o reino de

30 A. S. I. León, 163 y A. C. Santiago, Pergaminos 7/4. Esta última cita se refiere a un documento de Alfonso VII, del año 1131, confirmado por Fernando II.

31 A. C. León, núm. 344.

32 A. S. I. L., 164 y A. C. León, 21. En ambos falta la cruz inicial y en el primero también la palabra »*legionensis*«.

33 González, Fernando II, p. 38. Remite a un documento otorgado el 24 de noviembre del año 1158 al monasterio de Osera.

34 Ibid., p. 55 y siguientes.

35 M. Recuero Astray, Alfonso VII, Emperador, El Imperio Hispánico en el siglo XII, León 1979, p. 139.

36 A. C. León, 1141, 943, 369, 1045, 1046 y 366; A. S. I. León, 167, 169, 170 y Códice LXXXI, ff. 60–62 y 62–64. La mención más antigua de Pedro de Ponte que conozco es del 19 de diciembre de 1164, fecha en que se le registra entre los confirmantes de una donación del arzobispo de Santiago, don Martín, al monasterio de Sobrado (Lopez Ferreiro, Op. cit., IV, Apéndices, p. 86).

37 A. C. León, 24, 1039 y 1038: todos ellos privilegios rodados correspondientes al año 1164 y con la leyenda: »*Signum Fernandi Regis Hispanorum*«.

38 Millares, La cancillería, p. 264.

39 »*Ego Petrus de Ponte vicecancellarius regis feci scribi et conf.*«. – A. D. León, 1045 y 1046.

9 *Año 1185*
(A.C.L., 1062)

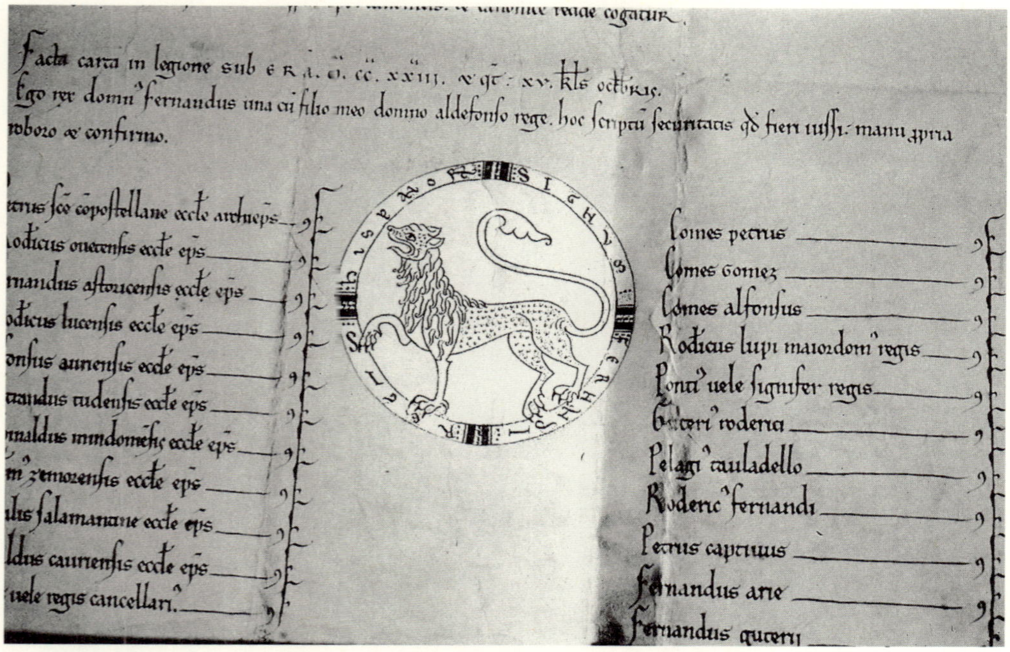

10 *Año 1186*
(A.C.L., 1065)

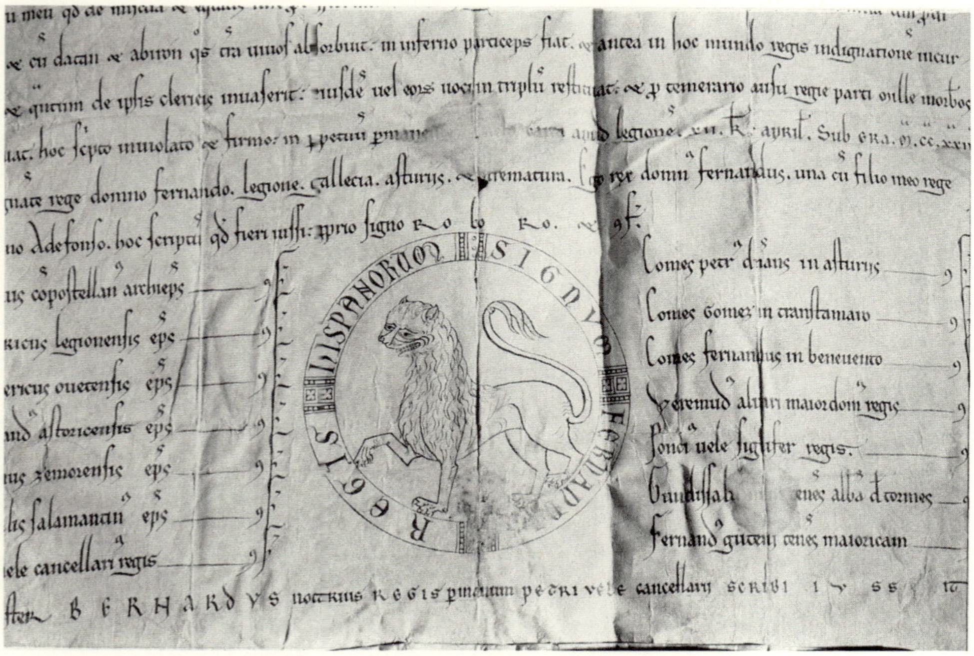

León? No he podido llegar a ninguna conclusión. Ahora bien, conviene observar que, si bien el poder de Fernando II se ha debilitado en Castilla, cuyo rey Alfonso VIII se está liberando de la tutela del leonés, la posición internacional de éste parece refrendar la hegemonía que proclamaba su divisa; al dominio de Toledo y a la protección sobre Aragón, se unen precisamente en el año 1165 los tratados que firma con Navarra y con Portugal. ¿Era a esta situación y a estas Españas a las que alude la leyenda »*Signum Fernandi regis Hispaniarum*«?

Tampoco encuentro explicación segura para el hecho de que, en la misma época, desaparezca la cruz inicial de la leyenda del signo de Fernando II. Cabe, no obstante, señalar la coincidencia cronológica de la desaparición de la cruz en el *signum regis* leonés con la aparición de los primeros privilegios del castellano Alfonso VIII signados con una rueda en la que la cruz constituye el

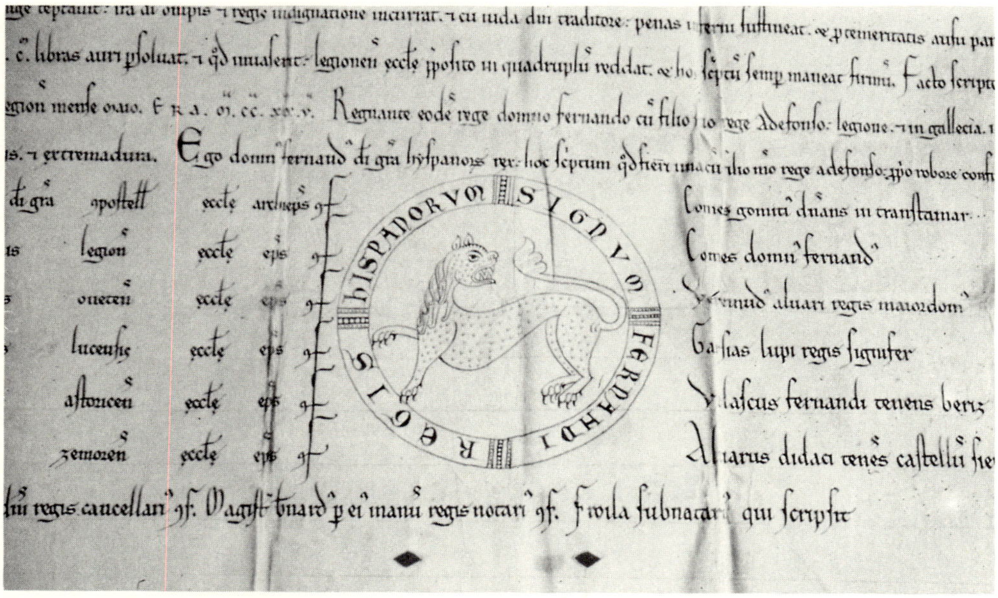

11 *Año 1187*
(A.C.L., 1067)

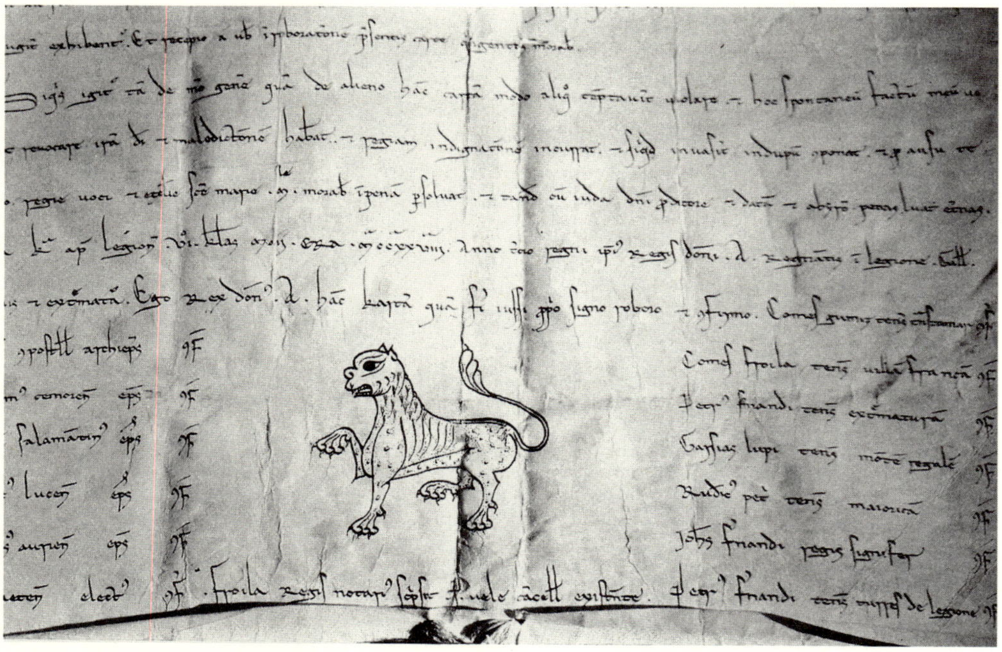

12 *Año 1190*
(A.C.L., 1072)

motivo central, ocupando el campo interior del círculo[40].

En torno al año 1180, los privilegios de Fernando II retoman en la leyenda del signo rodado el título anterior a 1165, »*Signum Fernandi Regis Hispanorum*«, que se mantendrá con contadas excepciones[41] hasta la muerte del rey, ocurrida en Benavente el día 22 de enero de 1188. En un primer momento, pero muy fugazmente, se recupera incluso la cruz inicial, a modo de invocación simbólica, que vemos en el diploma más antiguo conocido, otorgado en Ciudad Rodrigo en el mes de septiembre de 1180[42], que presenta la nueva formulación de la divisa real.

A qué pueda deberse esta modificación, es algo que una vez más se nos oculta. En todo caso, si admitiéramos que el título »*Rex Hispaniarum*« poseía una significación de mayor alcance político que el de »*Rex Hispanorum*«, cabría establecer un paralelismo con la pérdida de la hegemonía que padece el monarca leonés en estos años finales, ante la acometividad de su joven sobrino Alfonso VIII y del cada vez más dinámico reino de Castilla.

40 González, Alfonso VIII, t. II, pp. 118 y ss. (Núm. 69 y ss.).
41 El de 1185, abril, 16. Coria (A. H. N., Clero, carp. 868, núm. 19), por ejemplo, mantiene el término »*Hispaniarum*«.
42 González, Fernando II, núm 38, p. 296, Lám. IX. También Eitel, Op. cit., p. 322, nota 93.

El león

Acotado por las dos circunferencias concéntricas que forman la rueda de los privilegios, el campo circular interior del *signum regis* aparece durante todo el reinado de Fernando II ocupado por una imagen que pretende representar un león. El poder y la soberanía son componentes esenciales del simbolismo que, a lo largo de la historia del arte y de la cultura[43], ha encarnado la figura del rey de los animales; y que se ajustan eficazmente al contenido ideológico del mensaje que pretendía transmitir el signo rodado de los monarcas leoneses.

Pero, ante todo, la representación del león es el símbolo parlante del reino, cuyo nombre romance (*León*) interpreta gráficamente, obviando el término latino (*Legio*) empleado indefectiblemente en los documentos y en la propia leyenda de la rueda. La fortuna de la representación simbólica convirtió a la imagen del león en el signo heráldico, por excelencia, de la ciudad y reino de León, perpetuado en toda clase de emblemas, escudos y sellos.

Durante el reinado de Fernando II, la figura del león responde a un diseño básico común a la generalidad de las representaciones, pero con una multiplicidad de formas en cuanto a la ejecución del dibujo. Los caracteres básicos del diseño se limitan a la situación pasante del animal, que camina al paso de perfil hacia la parte diestra del signo rodado (la izquierda del observador) con su pata delantera derecha levantada. La postura rampante[44] o contornada[45] son indicios de falta de originalidad del diploma o, en todo caso, del signo rodado, que probablemente habría sido añadido con posterioridad.

Muy fino habría que hilar para definir otro elemento común a las figuras del león en los privilegios de Fernando II, a no ser la torpeza plástica que manifiestan casi todas las representaciones. Eitel en su excelente obra, después de emplear repetidamente los adjetivos torpe, rudo, grosero (»plump«, »ungeschickt«, »roh«) para calificar el dibujo de las ruedas, sugiere la existencia de diversos tipos[46] sin detenerse a una mayor concreción.

Aunque la imperfección de las imágenes resulta patente a simple vista, no creo que sea atribuíble, como hace Eitel, al retraso artístico de León y de Castilla en esta época; porque lo más torpe no es, en general, la ejecución ténica del dibujo, sino la adecuación entre éste y la figura real del león. Es decir, se trata de malas representaciones, debidas seguramente a la carencia del modelo necesario, el león, que obligaba a los dibujantes a reproducir modelos disponibles en su marco ambiental. De ahí los presuntos tipos de leones, que no son sino figuras de caballos, de perros o de gatos, más o menos disfrazados para intentar reflejar la imagen que podían hacerse del rey de la selva los leoneses en los alrededores del año 1200.

III. El signo regio de Alfonso IX (1188–1230)

Durante el reinado de Alfonso IX, hijo y sucesor de Fernando II, se mantiene en principio el signo rodado como suscripción regia solemne, y así lo declara expresamente el propio rey. En efecto, no es raro hallar en la cláusula de corroboración de los privilegios de la primera década de Alfonso IX un anuncio de la validación formulado en estos, o similares, términos: »*Ego rex donnus A. hanc kartam quam fieri iussi proprio signo roboro et confirmo*«[47].

Sin embargo, la característica más general es el eclecticismo que se aprecia en la definición gráfica del signo, y que dificulta el trazado de una evolución tan detallada como la del reinado anterior. Porque ahora los distintos elementos del signo rodado sufren constantes variaciones o se omite alguno de los esenciales, de forma aparentemente arbitraria, al tiempo que se hacen presentes cada vez más abundantemente diplomas reales no signados (cartas abiertas y mandatos) o privilegios en los que, pese a haberse dejado el espacio oportuno, nunca llegó a practicarse el dibujo del *signum regis*; la mención de éste además, transcurridos los primeros años del reinado, va desapareciendo del anuncio de la validación en beneficio del sello real, convertido paulatinamente en el componente fundamental de la validación.

Todo ello, en suma, es un conjunto de indicios que denotan la pérdida del protagonismo por parte del signo rodado, como consecuencia seguramente de la descarga de significación ideológica que éste padece en los últimos tiempos del reino de León independiente.

43 Jean Chevalier (Dir.), Dictionaire des Symboles, Ed. Robert Laffont, Paris 1982, pp. 456–457.

44 A. C. León, 9255; del 29 de junio de 1175.

45 A. S. I. León, 174; del 19 de marzo de 1172. También la leyenda es atípica: »*Fernandus Spaniarum Rex*«. No es infrecuente que en las copias se conjuguen leyendas y representaciones que presentan modificaciones respecto al uso general, como si el copista pretendiera dejar indicios sobre el grado de autenticidad del diploma.

46 Eitel, Rota und Rueda, pp. 321–322.

47 A. C. León, núms. 1072, 1070, 1073 y 1068; A. S. I. León, núms. 185 y 87.

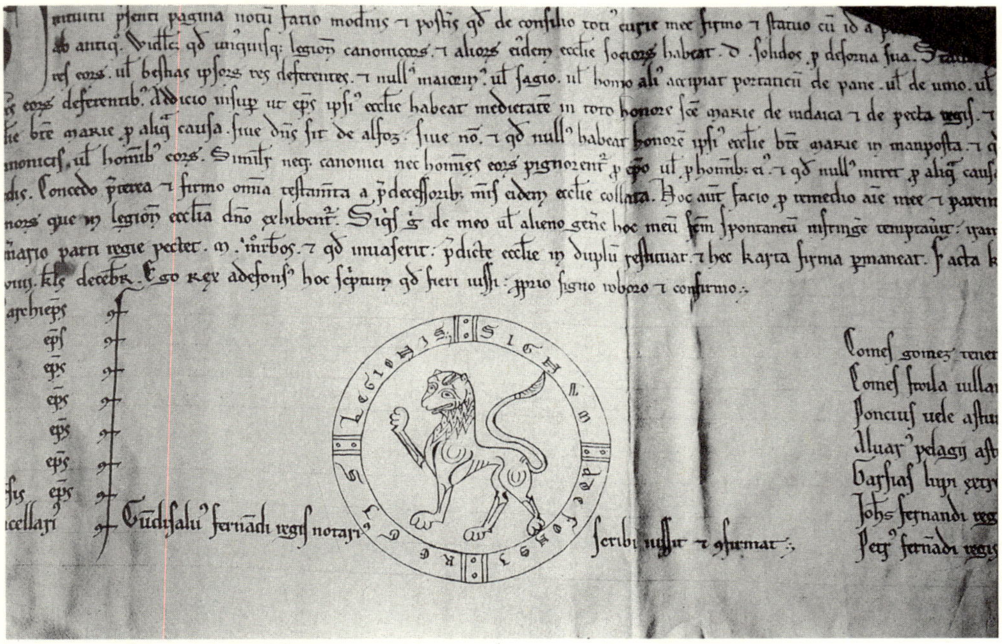

13 *Año 1190 (A.C.L., 1070)*

14 *Año 1192 (A.S.I. León, 185)*

El profesor Julio González[48] establece tres épocas en la evolución del signo, de conformidad con la periodización que había fijado para el estudio de la cancillería, de los documentos reales de Alfonso IX y de la escritura utilizada en ellos. Del análisis de las suscripciones de los privilegios, empero, no parece desprenderse la necesidad de distinguir más que dos etapas en cuanto al tratamiento gráfico que recibe el *signum regis*. Son dos períodos cronológicos de extensión semejante, pues el gozne entre ambos debe situarse en torno al año 1210, y el rasgo diferenciador estaría constituído por la decadencia definitiva de la rueda en la segunda etapa.

En un primer momento, Alfonso IX adoptó el signo rodado de su padre, al igual que heredó la cancillería, sin apenas variaciones. El único cambio apreciable es el de la leyenda del anillo exterior, que a partir de ahora será: »*SIGNUM ADEFONSI REGIS LEGIONIS*«, pese a que la inercia de la costumbre mantuvo el título »*Regis Hyspanorum*« utilizado por Fernando II en algún diploma primerizo de su sucesor[49]. Pero el nuevo

48 Alfonso IX, Madrid 1944, t. I, pp. 518–525.

49 Ibid., p. 520 y t. II, doc. 6 (p. 16).

monarca leonés no se planteaba ningún afán españolista, ninguna aspiración hegemónica, y la única proclama ideológica que deseaba transmitir era la de su soberanía sobre el reino de León y la de la independencia de éste. Los vientos de la historia han cambiado su dirección definitivamente y la nueva divisa da fe de esta nueva situación. La balanza del poder en España se ha volcado del lado de Castilla, cuyo monarca, Alfonso VIII, acosa a su joven primo hasta obligarlo a prestarle un humillante vasallaje.

Alfonso IX, contestado incluso por una parte importante de los magnates leoneses, busca apoyo en los concejos del reino, y de la reunión con los »*omes buenos*« enviados por las ciudades y villas surgen en León, en el mismo año 1188, las primeras Cortes[50]. Los objetivos del monarca y del reino de León son puramente internos y, frente al exterior, eminentemente defensivos. De ahí que Alfonso IX se titule en la rueda sencillamente »*rex Legionis*« y de ahí la falta de definición que se aprecia en el diseño del signo regio. Este muestra en su ejecución cambios arbitrarios, acogiendo formas que no responden a regla alguna observable y revelando implícitamente que la realeza leonesa ha perdido interés por este tipo singular de suscripción.

Reflejos de esta situación son la aparición, desde los primeros años del reinado, de signos reales no rodados, constituídos por el león en solitario[51], el descuido clamoroso que manifiesta el dibujo – ejecutado a mano, torpemente y sin leyenda – de algunas ruedas[52] y la disposición anómala que presentan, dentro del anillo de la rueda, las palabras que formaban la leyenda. Junto a la tradicional, que se inicia en la parte superior del anillo y gira en el sentido de las agujas del reloj, hay otra forma en la que la leyenda arranca del punto inferior y gira en sentido contrario[53]; y aún es más frecuente que la leyenda, girando en el sentido de las agujas del reloj, se inicie con la palabra *signum* situada en el segmento superior izquierdo del anillo circular[54] o en el inferior derecho[55] y no en el segmento superior derecho del observador, como era usual en León.

La decadencia de la rueda

La indefinición del signo regio que ponen de relieve las vacilaciones expuestas conducirá, en la segunda década del siglo XIII, a la decadencia definitiva del signo rodado, que dejará el protagonismo al signo real no rodado. En la suscripción de los privilegios solemnes de los últimos veinte años de Alfonso IX el signo regio predominante es la imagen del león en solitario y el tipo diplomático más representativo será, en consecuencia, el denominado »*privilegio signado*«[56], en lugar del rodado. No obstante, también es cierto que, durante esta etapa, experimentan un gran avance los privilegios carentes de ambas modalidades de *signum regis* y provistos de un preciso hueco, en el lugar del signo, entre las columnas de los confirmantes. Llegan incluso a ser mayoritarios en los primeros años veinte, sin que se nos alcance razón diplomática suficiente, salvo la ausencia del signo, para distinguirlos de los privilegios signados.

Para sostener hasta el final su tesis sobre la influencia continuada de la cancillería pontificia en España, Eitel se resiste a admitir la decadencia de la rueda en León durante la segunda mitad del reinado de Alfonso IX. Por eso, aunque recoge testimonios del uso exclusivo de la figura del león como *signum regis* en documentos dirigidos a la orden de Santiago y a los monasterios de Sahagún, Moreruela, Samos y Santa María de Ribeira, reconociendo que el signo con el león en solitario llega a ser predominante, concluye: »Pero el empleo de este signo manual es solamente un fenómeno pasajero; no se puede deducir de esto regla alguna ni acaso extraer la conclusión de que el rey de León se hubiera liberado del modelo de la rota pontificia y hubiera roto con la rueda«[57].

Ciertamente la cancillería leonesa no abandonó completamente el empleo de la rueda, e incluso ésta experimentó una revitalización durante los últimos años de Alfonso IX, a partir del nuevo sistema de confirmación de documentos utilizado por la cancillería, con Pedro Pérez por segunda vez a su frente, desde 1226[58]. El traslado íntegro del diploma confirmado, la sustitución del sello de cera por el de plomo para favorecer la perpetuidad, la solemnidad deseada favorecían la recuperación de la rueda, incluso por mimetismo con el privilegio rodado confirmado, de suerte que no es raro encontrar confirmaciones de este momento dotadas de dos signos rodados.

50 E. Procter, Curia and Cortes in León and Castile, 1072–1295, Cambridge 1980; C. Estepa Diez, Curia y Cortes en el Reino de León, Las Cortes de Castilla y León en la Edad Media, Valladolid 1988, pp. 23–103.

51 A. C. León, núm. 1446 (1189, mayo, 14. Benavente) y 1072 (1190, abril, 26. León); A. H. D. León, Fondo Miguel Bravo, 64 (1189, agosto, 30. León) y A. H. N., Clero, carp. 965–11. (1189, mayo; 24. Villalpando).

52 A. S. I. León, núm. 121 y 193, de los años 1201 y 1206 respectivamente.

53 A. C. León, 1075 y A. S. I. León, 192, ambos del año 1201.

54 A. S. I. León, 185 (año 1192); A. H. N., Clero, carp. 537–1 (año 1208); A. C. León, 27 (año 1204) y 30 (año 1209).

55 A. C. León, 1068 y 1074 (año 1198) y A. C. Astorga, carp. 1/21 (año 1199).

56 J. Gonzalez, Alfonso IX, pp. 496–497. Floriano, Curso, pp. 468 y ss. y Selección Diplomática, núm. 32 y 33.

57 Op. cit., p. 326.

58 Sanchez Belda, La confirmación de documentos, Op. cit., pp. 95–97; Gonzalez, Alfonso IX, t. I, pp. 497–498.

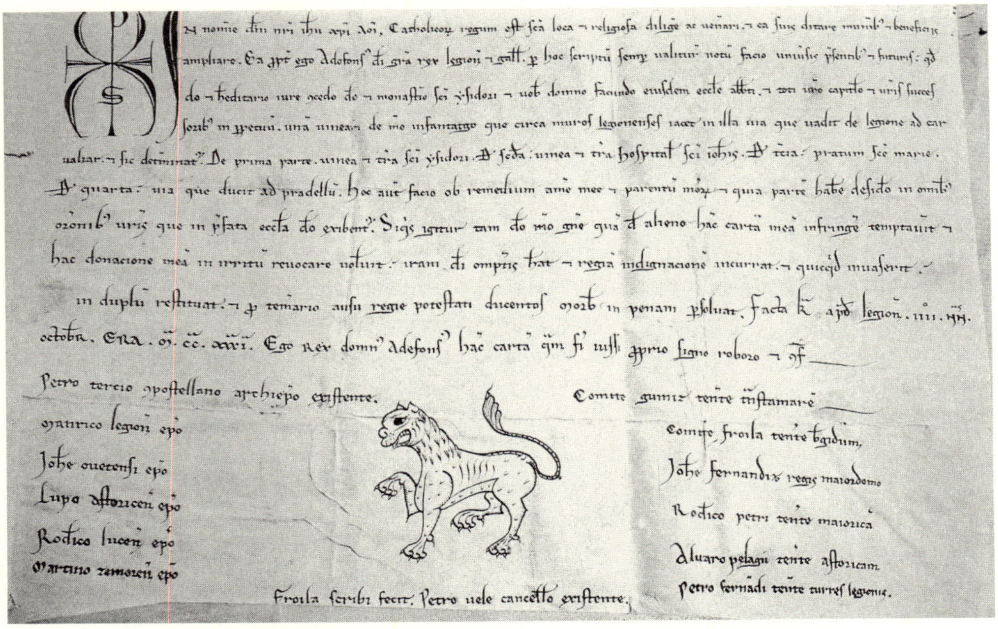

15 *Año 1193*
(A.S.I.L., 187)

16 *Año 1197*
(A.C.L., 1073)

También puede aceptarse la afirmación de que el empleo del signo real formado por el león en solitario fue un fenómeno pasajero, por cuanto que éste desaparecerá definitivamente, con la muerte de Alfonso IX, para dejar el campo totalmente libre al signo rodado, que perdurará todavía más de dos siglos, tras la unión de las coronas de Castilla y León. Pero, centrados exclusivamente en el ámbito del reino de León, no cabe dudar del predominio del signo no rodado sobre el rodado durante las dos últimas décadas de existencia independiente de aquél, y consecuentemente de la decadencia de la rueda en León; hecho éste que demuestran no sólo el reducido número de ejemplares conservados, sino también la falta de fijación que éstos revelan, como si se hubiera perdido, por despreocupación de la cancillería regia, la referencia directriz a un modelo tipo: anillos sin leyenda o con formulaciones variadas, incluso erróneas, de ésta, leones pasantes hacia la derecha o casi de frente al espectador – influencia de los sellos – y formas atípicas del animal heráldico, representado incluso con la cola entre las patas en alguna ocasión[59].

Por el contrario, el *signum regis* no rodado mantiene su vigencia como símbolo real en los privilegios del

59 Pueden verse ejemplos extremos de estas »desviaciones« en GONZALEZ, Alfonso IX, Lám. XXIII y p. 525. También EITEL, Rota und Rueda, Abbildung 16 y 21. En los archivos leoneses no existe ningún signo rodado de esta segunda etapa de Alfonso IX.

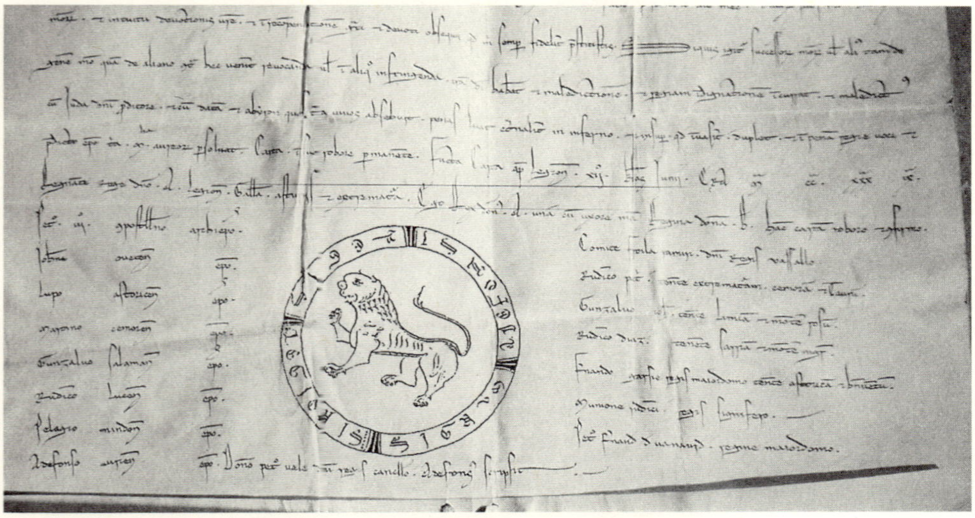

17 *Año 1201*
(A.C.L., 1075)

18 *Año 1209*
(A.C.L., 30):
Signos de Alfonso VIII y Alfonso IX

reino de León hasta los años finales de su último rey independiente. Otorgado en Benavente, el 9 de diciembre de 1229, un privilegio solemne de Alfonso IX[60], confirmatorio de otro de su abuelo Alfonso VII, ofrece el ejemplar de león más soberbio de toda la diplomática leonesa y el primer signo regio coloreado. Magníficamente dibujado, grandioso y enhiesto su cuerpo de oro, transmite poder y fiereza con sus fuertes garras y con la lengua, las encías y los ojos sanguíneos. Es el canto de cisne del reino de León, símbolo del empuje militar y del protagonismo que ha recobrado efímeramente en vísperas de su unión definitiva con Castilla.

Descartada por la fuerza de las circunstancias históricas toda idea de superioridad del monarca leonés tras la desaparición de Fernando II, el signo rodado, al igual que la proclama de su leyenda »*Rex Hispanorum*«, acabó convirtiéndose para Alfonso IX en un símbolo cada vez más vacío de contenido; tanto más cuanto que su directo y más poderoso competidor, Alfonso VIII de Castilla, ha consolidado plenamente la utilización del signo rodado como símbolo regio en sus diplomas solemnes[61]. Nada tiene de sorprendente, en consecuencia, que el monarca leonés otorgara a la figura del léon, sin más aditamento, una preeminencia cada vez mayor como suscripción significativa. El león heráldico, símbolo parlante del reino, cumplía la función de emblema distintivo a plena satisfacción de un rey que se había aislado de los demás soberanos cristianos en la gesta de las Navas, que proseguía la reconquista con éxito por su cuenta y que, finalmente, se inclinaría en la sucesión del trono a favor de sus hijas y en detrimento de su hijo varón Fernando, que ya reinaba en Castilla.

60 A. C. León, núm. 5036.
61 En sendos pactos, de los años 1204 y 1209, se pueden ver juntos los signos rodados de ambos reyes (A. C. León, núm 27 y 30). Incluso las reinas castellanas Leonor y Berenguela suscribieron con sus proprios signos rodados, de los que pueden verse muestras en González, Alfonso VIII, pp. 217 y 227.

19 *Año 1219*
(A.H.M. León, 1)

20 *Año 1229*
(A.C.L., 5036)

Pero Alfonso IX, en su política de afirmación, mediante la diferenciación de su reino, luchaba contra la corriente de la historia. A su muerte, en 1230, se produjo la unión definitiva de León con Castilla, y el león emblemático del reino desaparecerá de los privilegios del nuevo monarca[62]. Fernando III, rey de Castilla desde 1217 y de León desde 1230, mantendrá como suscripción solemne la rueda con la cruz en el centro del campo circular que había consagrado como *signum regis* Alfonso VIII de Castilla. Y habrán de pasar varias décadas hasta que el león, rampante ahora, vuelva a campear en los símbolos heráldicos de los monarcas españoles.

62 Entre los años 1258 y 1260 se producirá una fugaz reaparición del león en la signatura de los documentos leoneses, gracias a Alvar García, que se titula Escriván del rey e notario maior de León, y es uno de los primeros notarios públicos documentados. Utilizaba un grandioso signo con un león pasante enmarcado en un doble rectángulo de gran formato (J. A. Martin Fuertes, Los notarios en León durante el siglo XIII, Notariado público y documento privado: de los orígenes al siglo XIV, Actas del VII Congreso Internacional de Diplomática, Valencia 1989, pp. 609 y 611.

›Signa‹ sur les parchemins du monastère de Sant Cugat del Vallés (Xe–XIIIe siècles)

PAR JOSEFINA ET MARIA DOLORES MATEU IBARS

Sant Cugat del Vallés est le seul monastère catalan érigé sur le lieu même où fut vénérée la décollation de Saint Cugat, Saint Cucufat ou *Cucuphas Martyr*, le 25 juillet de l'an 304[1]. D'après le martyrologe du ›Missel de Sainte Eulalie‹ de l'an 1403 conservé à la cathédrale de Barcelone, sa messe est célébrée à la même date[2]. Au Ve siècle et en ce même lieu, dit *Castrum Octavianum*, sur l'ancienne voie impériale qui reliait les Pyrénées à Tarragone, on élèvera une église qui, au VIIe siècle, abritait déjà une communauté monastique[3]. Le monastère primitif avait reconnu obéissance et droit de visite à l'évêque de Barcelone; il obtiendra la confirmation de ses biens par le Saint Siège après avoir subi en 985 l'incursion d'Al-Mansur au cours de laquelle l'abbé Joannes (974–985) est mort[4]. A partir de 1013, sous l'abbatiat de Guitardus (1010–53), le patrimoine s'agrandit; on commence alors la construction de l'église romane et le monastère, avec son église et son cloître, devient un des premiers centres romano-gothiques de l'art catalan. Aux XIe et XIIe siècles, il se trouvait sous la protection des comtes de Barcelone qui y faisaient de fréquents séjours.

1. Sélection de quelques ›signa‹ du fonds de Sant Cugat

A la suite de la loi sur l'expropriation des terres du clergé de 1835, les Archives de la Couronne d'Aragon conservent – parmi de nombreux autres fonds monastiques – des manuscrits et des chartes provenant du monastère de Sant Cugat[5]. Si les manuscrits ont été catalogués[6], il n'en est pas de même des chartes contenues dans huit classeurs, 802 en tout, avec une numération désordonnée[7].

Pour les actes du colloque international de Marburg, on a examiné tous les parchemins actuellement archivés dans ces classeurs afin de reproduire grandeur nature quelques ›signa‹ repérés.

Si, au lieu d'examiner les ›signa‹ des parchemins du monastère de Sant Cugat, nous nous penchions sur la décoration des manuscrits issus des grands centres de la culture romane tels que le scriptorium de Vich et le monastère de Ripoll, nous observerions que, au cours des XIe et XIIe siècles, les décorations sont modestes, dans des tons pâles, bleu, marron, jaune ou orangé, et que les éléments végétaux sont stylisés en tiges très fines pour orner les lettres majuscules ou les initiales qui forment des vignettes; certains éléments sont zoomorphiques: têtes de chiens, de poissons, d'oiseaux ornées de noeuds et d'entrelacs que l'on retrouve aussi fréquemment sur les petites décorations telles les ›signa‹ des parchemins du monastère de Sant Cugat[8].

Notre présentation suivra l'ordre chronologique des parchemins datés[9].

1 José PERAY MARCH, San Cugat del Vallés. Su descripción y su historia. Barcelona 1931.

2 Josefina et M. Dolores MATEU IBARS, Colectánea Paleográfica de la Corona de Aragón. Barcelona 1980–1990, Lám. 15 (c) document signé *in ecclesia beati Cucufati cenobii* (14 nov. 1039) acte dotal entre Ramón Bérenguer I, Comte de Barcelone (1035–1076), et Elizabet, comtesse, ibid. Lám. 276: Missel de Sainte Eulalie de Barcelone: Messe votive du 25 juillet.

3 Xavier BARRAL I ALTET, La Basilique paléochrétienne et visigothique de Sant Cugat del Vallés (Barcelona). Dossier archéologique et essai d'interpretation, dans: Mélanges de l'Ecole Française de Rome. Antiquité 86 (1974) 2, p. 891–928.

4 Francisco MIQUEL ROSELL, Regesta de Letras Pontificias del Archivo de la Corona de Aragón. Madrid 1948, (nos. 1, 2, 183...).

5 Federico UDINA MARTORELL, Guía histórica y descriptiva del Archivo de la Corona de Aragón. Madrid 1986, p. 22 et passim.

6 Francisco MIQUEL ROSELL, Catàleg dels llibres manuscrits de la Biblioteca del Monestir de Sant Cugat del Vallès existents a l'Arxiu de la Corona d'Aragó. Barcelona 1937.

7 Les 8 classeurs susmentionnés des parchemins de Sant Cugat contiennent les numéros suivants: I = 1–46; II = 464–951; III = 953–1294; IV = 1296–1448; V = 1449–1595; VI = 1597–1721; VII = 1722–1837; VIII = 1838–1920.

8 Voir aussi José BONO Y HUERTA, Introducción a la diplomática notarial española. Sevilla 1987.

9 Mode de datation: Les jours d'après le calendrier romain, les années d'après les règnes des rois de Francie occidentale jusqu'à la mort de Louis le Jeune (1180), ensuite l'ère chrétienne.

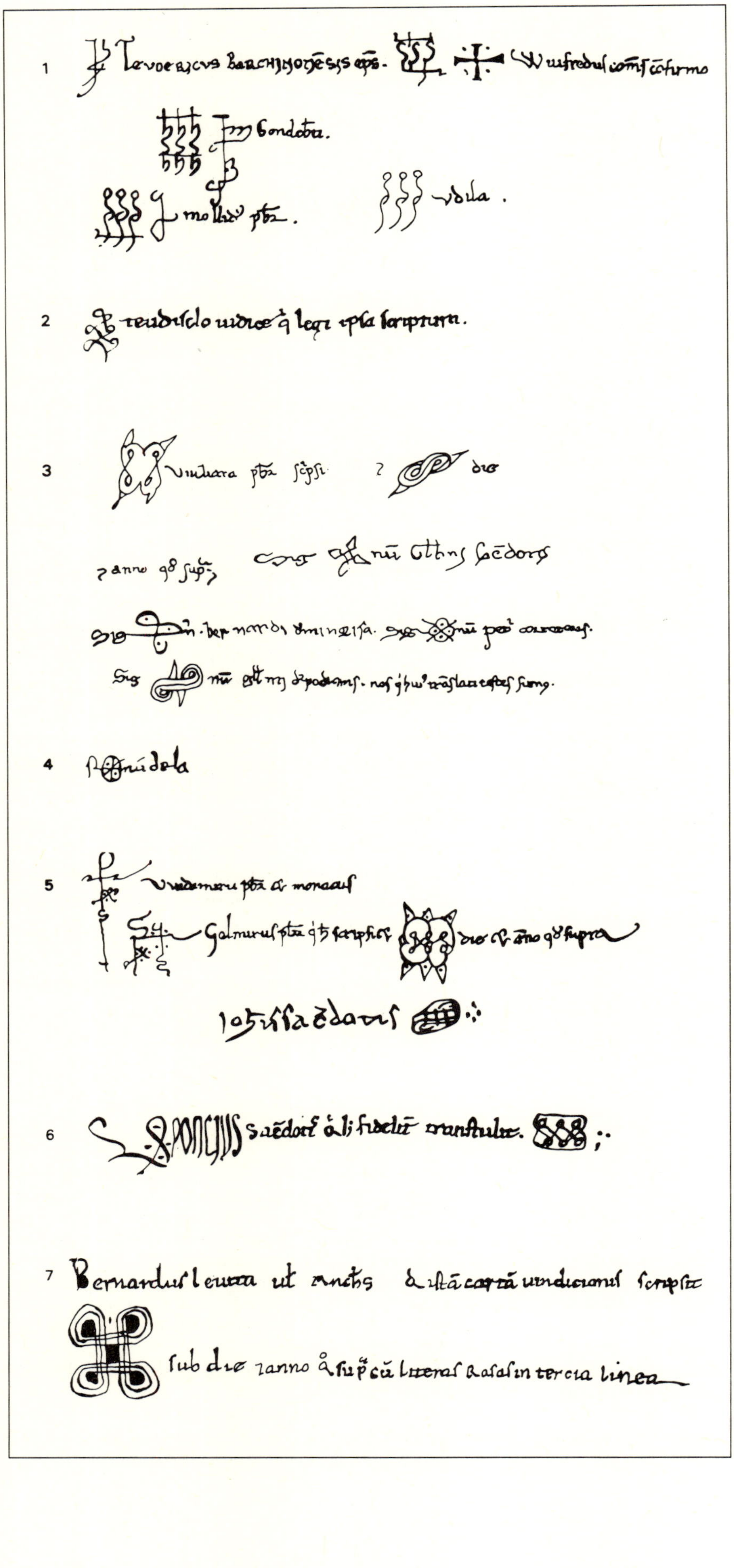

fig. 1 *905/906 avril 12 (parch. n. 2, copie figurée de 1204 janvier 17) [S] Tevdericvs Barchinonensis episcopus [S] [S] Wiufredus comes confirmo [S] Gondoberti [S] Mollidus presbiter. [S] Vdila*

fig. 2 *955 mars 16 (parch. n. 4) [S] Teudisclo iudice qui legi ipsa scriptura*

fig. 3 *968 septembre 27 (parch. n. 33 = 56, copie figurée XIIIe siècle) [S] Viulara presbiter scripsi et [S] die et anno quo supra Sig[S]num Guillelmi sacerdotis (adj. XIIIe s.) Sig[S]num Bernardi de Minorisa Sig[S]num Petri Corretoris Sig[S]num Guillelmi de Podiatis nos qui huius translati testes sumus*

fig. 4 *971 mai 21 (parch. n. 37) S[S]num Dela*

fig. 5 *1006 mars 2 (parch. n. 98) [S] Wademiru presbiter et monacus [S] Gelmirus presbiter qui hoc scripsit et [S] die et anno quod supra Iohannis sacerdotis [S]*

fig. 6 *1052 (parch. n. 253) S [S] PONCIVS sacerdotis qui hoc fideliter transtulit [S]*

fig. 7 *1076 septembre 16 (parch. n. 332) Bernardus levita uel Monachus qui istam cartam vindicionis scripsit [S] sub die et anno quo supra cum literas rasas in tercia linea*

fig. 8 *1144 (parch. n. 506, copie notariée XIIIe siècle)*
S [S] RAIMVNDI COMES
(adj. XIIIe s.) Sig[S]num Nichollai de Parella notarii.
Sig[S]num Berengarii Guilaberti notarii
Sig[S]num Petri de Fraga notarii

fig. 9 *1145 février 27 (parch. n. 423)*
Sig[S]num Arnaldi presbiteri
Sig[S]num Petri de Bagis

fig. 10 *1147 décembre 10 (parch. n. 512)*
S[S] PONCIVS sacerdotis qui hoc scripsit Die et anno quo supra
PETRI sacerdotis Sancti Marchi [S]

fig. 11 *1149 juin 24 (parch. n. 515)*
[S] Alerandus Sancti Cucuphatis cenobii abbas

fig. 12 *1149 juillet 3 (parch. n. 221)*
Wifredus Monachus [S]

fig. 13 *1149 septembre 16 (parch. n. 708)*
S [S] Raimundi de Podio qui hoc scripsit precepto

fig. 14 *1169 janvier 9 (parch. n. 561)*
[S] Joannis Sacerdotis
[S] Joannis maurini

fig. 15 *1172 août 15 (parch. n. 552)*
Raimundus sacerdos [S] qui hoc scripsit cum litteris dampnatis in V et VI linea et suprapositis in VI die et anno [S] quo supra.

fig. 16 *1173 février 10 (parch. n. 573)*
S[S] Guillelmus gracia monasterii Sancti Cucuphatis abbas

fig. 17 *1177 avril 14 (parch. n. 587)*
Sig[S] Petri presbiteri

fig. 18 *1177 décembre 27 (parch. n. 589)*
Raimundus levita qui hoc scripsit [S] die et anno prefixo

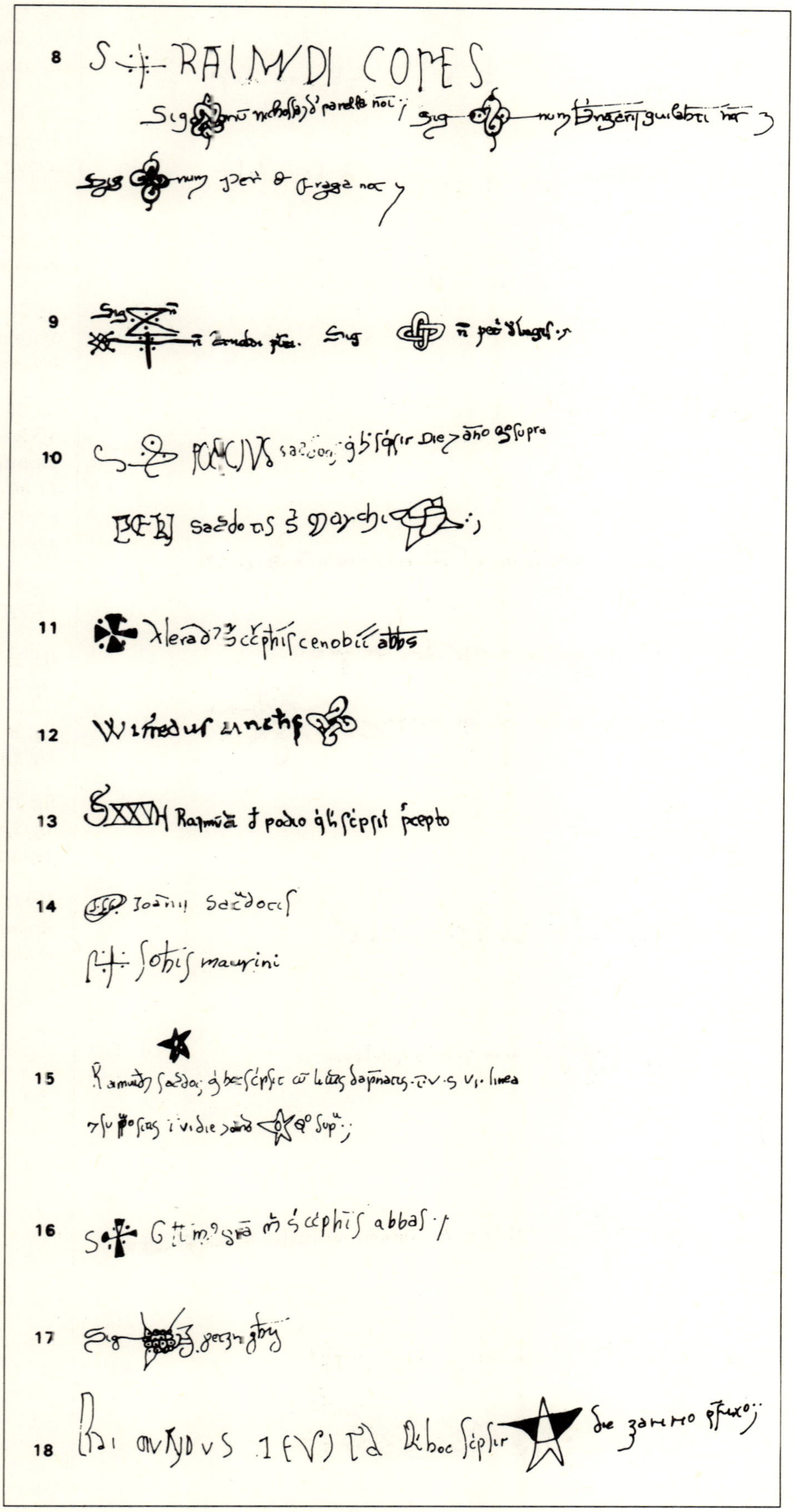

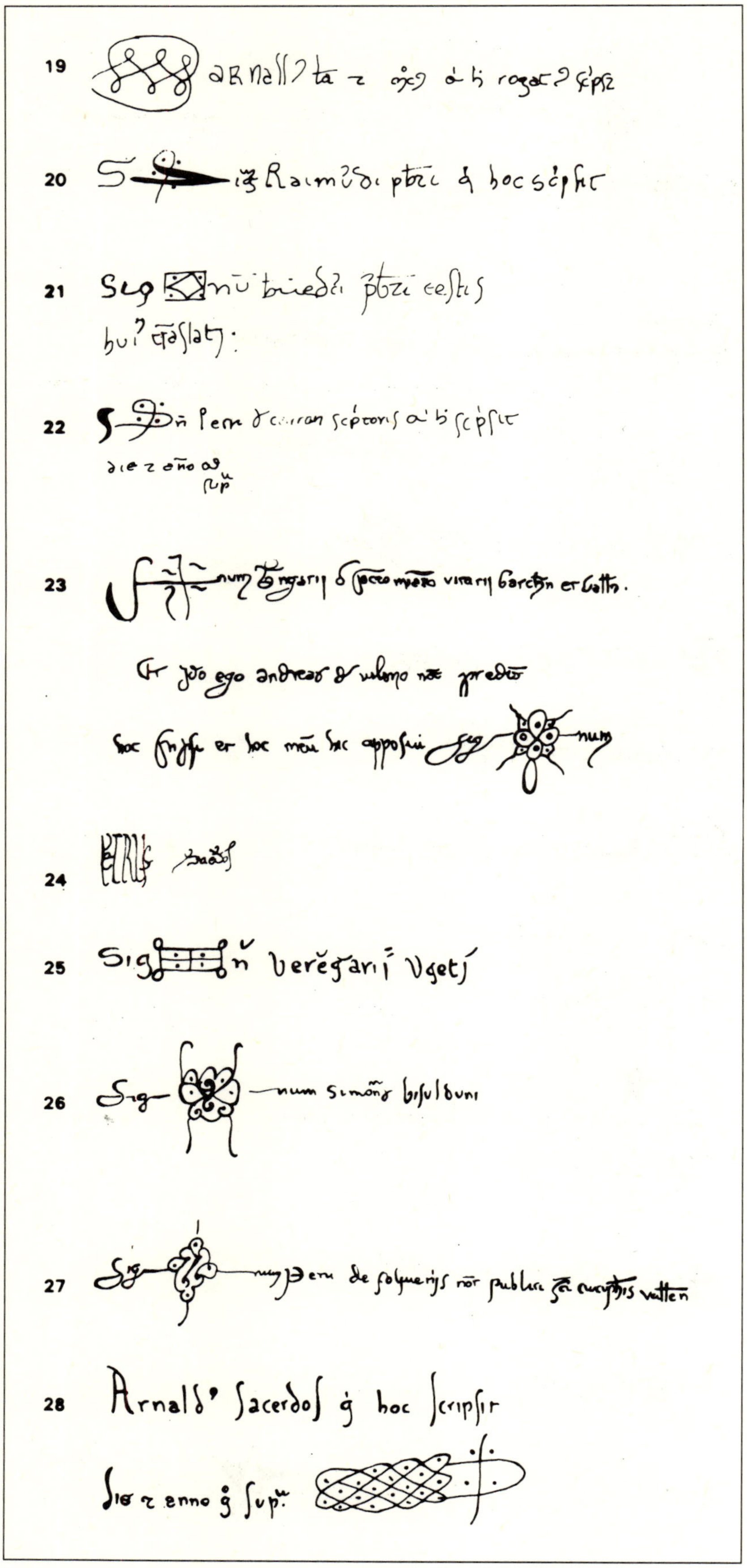

fig. 19 *1178 février 7 (parch. n. 591)*
[S] Arnallus levita et monacus qui hoc rogatus scripsi

fig. 20 *1178 août 20 (parch. n. 599)*
S[S]ignum Raimundi presbiteri qui hoc scripsit

fig. 21 *1183 mai 27 (parch. n. 617)*
Sig[S]num Benedicti presbiteri testis huius translati.

fig. 22 *1188 mars 12 (parch. n. 637)*
S[S]num Petri de Carron scriptoris qui hoc scripsit die et anno quo supra

fig. 23 *1189 (parch. n. 653)*
S[S]num Berengarii de Sancto Minato vicarii Barchinone et Vallensis.
Et ideo ego Andreas de Vilano notarius predictus hoc scripsi et hoc meum hic apposui Sig[S]num

fig. 24 *1192 janvier 16 (parch. n. 440)*
PETRVS Sacerdos

fig. 25 *1198 mars 21 (parch. n. 700)*
Sig[S]num Berengarii Ugeti

fig. 26 *1198 décembre 27 (parch. n. 696)*
Sig[S]num Simoni Bisulduni

fig. 27 *1198 (parch. n. 704)*
Sig[S]num Petri de Folgueriis notarii publici Sancti Cucuphatis Vallensis

fig. 28 *1200 avril 25 (parch. n. 715)*
Arnaldus sacerdos qui hoc scripsit die et anno quo supra [S]

fig. 29 *1207 octobre 18 (parch. n. 752)*
Ego Gombaldus Dertusensis episcopus [S]

fig. 30 *1211 avril 29 (parch. n. 783)*
Sig[S]num Romei de Corbera [S]
BERNARDVS sacerdos qui hoc scripsit die et anno [S]

fig. 31 *1230 septembre 17 (parch. n. 955)*
Sig[S]num Benedicti clerici de Valdaurix qui hoc scripsit

fig. 32 *1234 juin 19 (parch. n. 992)*
Signum [S] Bernardi de Fonte amancio

fig. 33 *1235 (parch. n. 1001)*
Sig[S]num Guillelmi Perpiniani testis

fig. 34 *1246 juin 26 (parch. n. 239, copie d'un acte de 1046 décembre 31)*
Sig [S] Arnaldi Laurencii presbiteri qui hoc translatum cum originali comprobavit

fig. 35 *1256 juin 5 (parch. n. 234, copie notariée d'un acte de 1046 avril 7)*
Signum [S] Guillelmi roselli notarii barchinone

fig. 36 *1257 août 25 (parch. n. 1322)*
Sig[S]num Petri de Podio notarii publici de Vallibus qui hanc sentenciam scripsit mandato Bernardi de Segarra Judicis antedicti die et anno ut supra

fig. 37 *1257 novembre 27 (parch. n. 1326)*
[S] Bernardus de Rexacho qui hoc scripsit

fig. 38 *1257 décembre 10 (parch. n. 1327)*
Sig[S]num Petri de Ulzina presbiteri notarii ville de Calidis

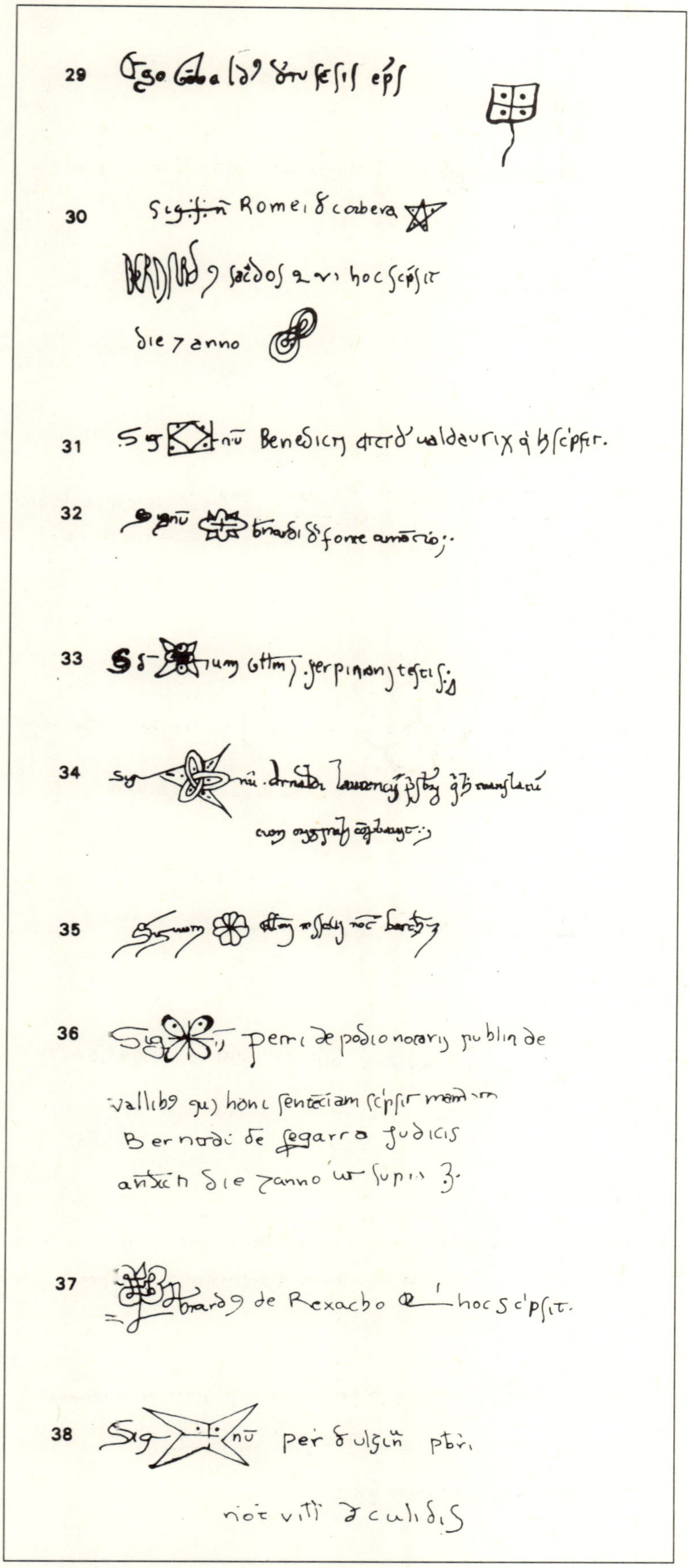

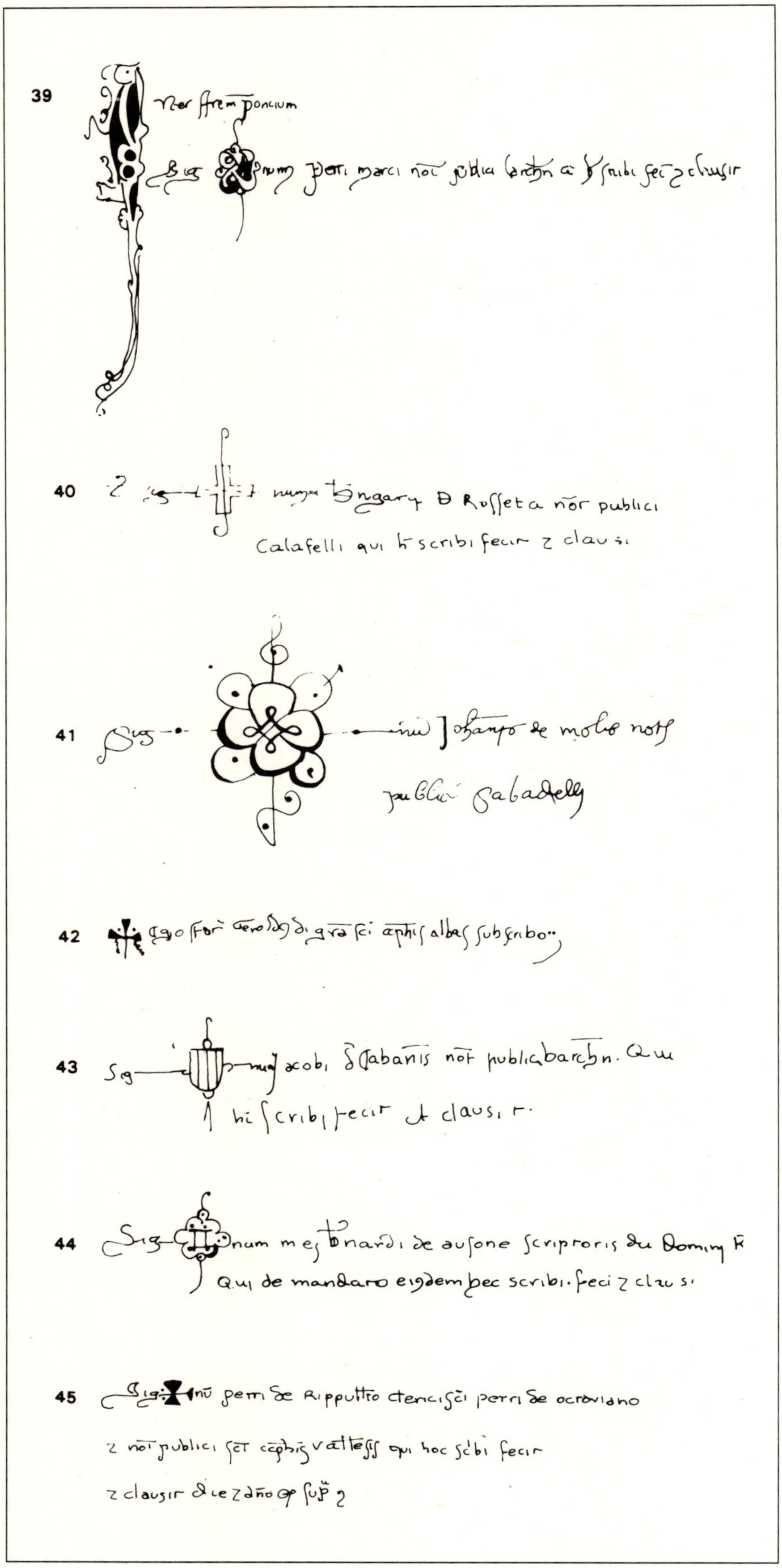

fig. 39 *1257 décembre 14 (parch. n. 1148) Inter fratrem Poncium [Sancti Cucuphatis Vallensis ex una parte ...] Sig[S]num Petri Marci notarii publici Barchinone qui hoc scribi fecit et clausit*

fig. 40 *1270 août 9 (parch. n. 160) Sig[S]num Berengarii de Rosetta notarii publici Calafelli qui hoc scribi fecit et clausi*

fig. 41 *1275 novembre 2 (parch. n. 1564) Sig[S]num Johannis de Mobis notarii publici Sabadelli*

fig. 42 *1281 mars 20 (parch. n. 1640) [S] Ego Frater Geraldus dei gracia Sancti Cucuphatis abbas subscribo*

fig. 43 *1284 mai 30 (parch. n. 1700) [S] Jacobi de Cabannis notarii publici Barchinone qui hoc scribi fecit et clausit*

fig. 44 *1290 août 5 (parch. n. 1842) Sig[S]num mei Bernardi de Ausone scriptoris dicti Domini Regis qui de mandato eiusdem hoc scribi. feci et clausi*

fig. 45 *1293 janvier 1 Sig[S]num Petri de Ripulleto clerici Sancti Petri de Octaviano et notarii publici Sancti Cucuphatis Vallensis qui hoc scribi fecit et clausit die et anno quo supra*

fig. 46 *1298 (parch. n. 1872)*
Sig[S]num Bernardi Dalmacii predicti

fig. 47 *1300 janvier 11*
(parch. n. 1896)
Signum [S] Jacobi Dei gracia regis Aragonum
Valencie et Murcie Comitisque Barchinone
ac Sancte Romane Ecclesie
Vexillarii et Capitanei Generalis

fig. 48 *1300 mars 5*
(parch. n. 1901)
Sig[S]num Stephani de Podio notarii publici Barchinone qui hoc scribi fecit et clausit die et anno quo supra

fig. 49 *994 novembre 4*
(parch. n. 73, verso, main du XIe–XIIe s.)

fig. 50 *1199 janvier 16*
(parch. n. 70, verso)

fig. 51 *1188 mars 12*
(parch. n. 637, verso)

2. Considérations sur les éléments décoratifs géométriques

La figuration géométrique des signes dans les documents hispaniques possède, en général, une double origine: l'européenne, venue de France et d'Italie, et la musulmane. Quant aux ›signa‹ reproduits ici et provenant d'un monastère catalan, on pourrait assumer une influence de l'art musulman, quoique les modèles seraient à rechercher plutôt dans l'art scripturaire. Nous profitons néanmoins de l'occasion pour soumettre à la discussion des considérations, basées sur les études réalisées par Felipe Mateu y Llopis[10], sur des motifs décoratifs géométriques particulièrement fréquents en Espagne et qui pourraient – du moins dans certains cas – élucider la forme des ›signa‹ diplomatiques.

Signalons, dans la plupart des ›signa‹ du fonds de Sant Cugat, le manque de variété idéographique et d'originalité; les signes propres aux notaires et autres émetteurs de documents combinent étoiles de David et de Salomon et éléments géométriques: cercles, lignes courbes, concaves et convexes, spirales, croix, losanges, rectangles, rhomboides, auxquels se joignent des motifs de décoration utilisés en menuiserie: jalousies, lambris, meubles, ou en poterie: plinthes, dalles, vaisselle, carrelage, etc.

A la base de tous les motifs géométriques se trouve le carré avec des croix à deux lignes (fig. 52). Tous les polygones géométriques ont un centre, des côtés et des sommets; le centre géométrique (o) est équidistant des côtés et des sommets; mais, en décoration, est considéré comme centre tout l'espace compris à l'intérieur du polygone. Le point central de cet espace (o) sera le centre du polygone (fig. 53) tandis que les lignes, en s'entrecroisant, nous donnent d'autres centres (c); on peut aussi signaler ceux qui se trouvent au milieu de chacun des côtés (m), ce qui donne trois types de

10 Diego Lopez Arenas, Breve compendio de la carpinteria de lo blanco y tratado de alarifes, con la conclusion de la regla de Nicolás Tartaglia y otras cosas tocantes a la geometría y apuntes de compás. Sevilla 1633. Felipe Mateu y Llopis, Notas sobre decoración geometríca, dans: Els Arcs (Valencia) 27 (1984), p. 368–373, id. 33 (1986), p. 192–199.

centres. Dans la triangulation, le véritable centre, le plus important, est celui des sommets et du milieu du quadrillage (c et m) qui ont la même valeur. Cette série d'entrelacs fut utilisée jusqu'au XIIe siècle. Les principaux systèmes employés étaient l'entrelacs quadrangulaire et l'hexagonal qui, au Moyen-Age, étaient appelés ›entrelacs à quatre‹ et ›entrelacs à six‹.

En décoration, le triangle ne génère que peu d'ornements géométriques (fig. 54). L'entrelacs à quatre est essentiel pour combiner les ornements, en commencant par les plus simples: à l'intérieur d'un carré, il est possible, en recherchant le maximum de régularité et de symétrie, d'en introduire d'autres dont les sommets correspondent aux milieux du quadrillage et dont les lignes prolongées aboutissent à une série de carrés combinés à une série de triangles résultant du carré initial (fig. 55). Dans ce même carré initial, on peut également introduire un autre carré plus petit et parallèle aux côtés du carré extérieur. En prolongeant le petit, on obtient un quadrillage formé de grands et de petits carrés et, entre eux, des espaces rectangulaires. C'est ainsi que sont nés les carrelages dits *d'olambrillas* (fig. 56). Il était aussi possible de combiner les petits carrés en position de losange à l'intérieur du carré originel, de sorte que leurs sommets soient tangents aux côtés du grand carré. Cette forme, appelée *cayró* à Valence, fut adoptée sur le blason du roi d'Aragon et plus tard, sur celui de la ville de Valence (fig. 57). En traçant des lignes convergentes pour former des angles qui atteignent le périmètre, on obtient un ornement où le réseau a remplacé l'entrelacs; connues sous le nom de dents de scie en décoration et en diplomatique, comme *cartae* ou *litterae dentatae* (fig. 58). Un autre type de décoration géométrique dont les lignes ne sont plus, cette fois, continues, est le réseau d'hexagones appelé le ›nid d'abeilles‹ (fig. 59); il s'agit cette fois de cercles qui se touchent et s'aplatissent légèrement pour adopter la forme d'un polygone. Une autre série combine les octogones et les carrés, grands les premiers, plus petits les seconds (fig. 60). Le carré ne peut contenir, de façon harmonieuse, que d'autres carrés, à condition qu'ils soient sécants sur les côtés et aient une convergence de centres; deux carrés forment une étoile à huit branches; trois, à douze; quatre à seize etc., mais toujours avec des multiples de quatre (fig. 61 et 62). En prolongeant leurs côtés, tous les polygones donnent des étoiles, sauf le triangle et le carré qui n'engendrent pas suffisamment de croisements. Ainsi, de l'hexagone naîtra une étoile à six branches (fig. 63); le système hexagonal, en effet, est une réduction de la triangulation. En prolongeant les lignes de l'octogone, on obtient deux étoiles à huit branches (fig. 64) très employées en menuiserie (portes et lambris) et en poterie. Les polygones présentant un plus grand exposant seront entourés d'un plus grand nombre d'étoiles imbriquées les unes dans les autres et dont le nombre augmentera de deux en deux. Le polygone à quatre angles n'en génère aucune; celui à six, une; ceux de huit et de dix, deux; ceux de douze et de quatorze, quatre; celui de seize, six, etc. (fig. 65–67). On ne tient pas compte des polygones impairs car leurs étoiles manquent de symétrie, la caractéristique fondamentale de la décoration géométrique.

La fécondité de l'entrelacs sera d'autant plus importante que le polygone par son nombre de côtés, sera un multiple d'autres inférieurs en nombre; ainsi, dans la série de jeux quaternaires, le polygone à huit côtés permet une organisation deux fois supérieure à celui de quatre; celui de douze, moins que celui de huit toutefois car il est multiple de quatre mais non de huit; celui de seize sera plus riche car il est multiple de quatre et de huit. Dans la série des jeux ternaires, l'hexagone est au-dessus du triangle et représente la base du système.

L'ennéagone n'offre aucune possibilité de combinaison car c'est un multiple de trois et non de six qui représente la base; le polygone de douze, par contre, si; celui de quinze, trois seulement; celui de dix-huit est bon, celui de vingt-et-un, non; celui de vingt-quatre est bon, etc. En résumé, les bases fécondes sont le six, le huit, le douze, le seize, le dix-huit, le vingt-quatre, le trente-deux, le trente-six, le quarante-huit, etc. L'entrelacs de douze est un cas particulier: on y trouve le trois, le six et le neuf et il est, en outre, multiple de quatre et de six; il entre donc dans la triangulation et le quadrillage avec une fécondité maximum (fig. 66).

Comme l'on sait, la décoration géométrique possède des racines très anciennes qui obéissent toujours à un thème, à une symétrie et qui puisent leurs sources dans des éléments naturels tels que la cristallographie ou le nid d'abeilles (fig. 59) pour former un réseau d'hexagones ou autres formes régulières. Dans l'ancienne Egypte, la trame de certaines étoffes avait une base triangulaire; quant au carré, le canevas a, de tous temps, représenté un support décoratif important bien que, en principe, l'utilisation du triangle ou du carré ne soit guère créative; l'art naquit de la combinaison du quadrillage et de la triangulation.

L'art populaire, la vannerie par exemple, utilise des éléments décoratifs très simples: la décoration radiale que l'on retrouve aussi en poterie. Le dessin géométrique fera son apparition sur la péninsule ibérique dès le Moyen Age pour orner des plinthes et des lambris, pour recouvrir les plafonds ›tissés‹ (*enteixenats*), selon l'expression employée dans l'art roman.

Dans les ›signa‹ signalés ci-dessous, on remarque que carrés et triangles se croisent en diagonale. Deux triangles équilatéraux, l'un dont le sommet est tourné vers le bas et l'autre vers le haut, donnent l'étoile à six branches (fig. 63), le signe si populaire de David ou de Salomon présent dans de nombreuses cathédrales (celle de Lérida, par exemple) et sur bien de monuments gothiques catalans et valenciens des XIIIe et XIVe siècles.

Au XIIe siècle, on utilisait le polygone à neuf, douze et seize côtés, avec des audaces géométriques qui disparaîtront au XIIIe siècle lorsque l'on fixera des règles ornementales qui seront définitivement établies au XIVe siècle.

Dans la communauté musulmane, à la cour nazari, on a conçu des carrelages ornés d'entrelacs à six et à huit, avec des hexagones allongés nommés ›corbeilles rondes‹ qui ne se combinent qu'avec des carrés (fig. 67–68), par opposition à ceux dont l'extrémité est en pointe ou ›corbeilles en croix‹ (fig. 69–70) et qui, selon le côté où ils sont placés, peuvent être ou non accompagnés de carrés (fig. 71). Lorsqu'il ne reste plus que quatre côtés en forme d'entaille, on les appelle ›petites amandes‹ (*almendrillas*) (fig. 72–73). La grande trouvaille néanmoins fut de combiner deux carrés qui, tandis que le *Salomon* donne l'étoile à six branches, génèrent les étoiles à huit branches utilisées sur les carrelages, des entrelacs présents sur toute la décoration musulmane et qui influenceront plus tard l'art chrétien bien que la perfection fût l'apanage de l'art nazari puis du mauresque (*morisco*).

Le losange fut employé durant les XIIIe et XIVe siècles, d'abord pour décorer les jalousies de bois, en articulant simplement les quadrillages en mouvement, d'un côté à l'autre (fig. 74); le losange était le *cayró* valencien, déjà cité. Le losange pouvait être obtenu par la tangence de quatre carrés à leurs sommets, inférieurs pour certains, supérieurs pour d'autres (fig. 75), bien que ce ne fût sans doute pas la combinaison la plus esthétique. On pouvait aussi faire apparaître des losanges par la tangence à leurs sommets d'étoiles à six branches, obtenant ainsi une combinaison d'étoiles et de ›Salomon‹ très couramment utilisée en céramique et en menuiserie; si l'on joint théoriquement les sommets extérieurs de l'étoile par des lignes, on forme des hexagones qui s'emboitent parfaitement les uns dans les autres (fig. 76). Une autre combinaison d'étoiles à six branches, dérivée de la précédente, consistait à ne plus situer la tangence d'un seul sommet mais de deux, de sorte que l'hexagone extérieur théorique n'unisse pas les sommets mais y soit tangent par le milieu de ses côtés, combinant ainsi hexagones et ›Salomon‹ (fig. 77). Lorsque les étoiles à six branches ne sont pas tangentes mais libres, apparaît un dessin composé de ›Salomon‹, de triangles et d'hexagones allongés appelés *alfardons* (fig. 78). Si les étoiles ne sont pas tangentes, le dessin se forme en placant deux sommets en haut au lieu d'un pour obtenir une combinaison de ›Salomon‹, de losanges et de figures spéciales appelées *trebedes*; les étoiles autour des centres géométriques (o), les losanges des centres binaires (a) et les *trebedes* des ternaires (b). Comme précédemment, l'étoile devient le centre d'hexagones théoriques extérieurs parfaitement emboités qui permettent des polychromies (fig. 79). On désigne sous le nom d'entrelacs en biais ceux qui, ne continuant pas la ligne de prolongation, se rompent et changent de direction en entrant dans le champ d'un autre hexagone patron. En prolongeant les lignes d'une étoile à six branches, on forme autour d'elle six hexagones contenus dans un hexagone plus grand; cet ensemble est appelé *rueda*: la roue (fig. 80). La roue la plus régulière et la plus naturelle s'obtient à partir d'étoiles à six branches; avec les autres, elle est plus irrégulière et difficile à composer. Les hexagones peuvent être introduits les uns dans les autres pour obtenir une composition d'hexagones et de triangles, les seconds étant, sur trois côtés, tangents aux premiers (fig. 81). Il existe une autre application des hexagones, les uns plus grands et les autres plus petits, semblable à celle des ›carrelages d'alambrillas‹ et obtenue à partir des carrés (fig. 56) où les hexagones plus petits sont tangents par le sommet à l'hexagone central ou plus grand (fig. 82). Le rapport entre triangle et hexagone est complet car le premier est la genèse du second par prolongation des lignes; dans le triangle, nous l'avons vu plus haut, le centre le plus important est celui des sommets car, tandis que le centre géométrique enfermé dans trois lignes droites ne possède aucune ligne qui se croise, les sommets possèdent six points de rencontre avec six autres triangles (fig. 83).

Si la composition a pour base un carré et, plus particulièrement dans les étoiles à huit branches ou ›sinus‹, les solutions, comme pour les étoiles à six branches, peuvent être infinies; néanmoins, les cas les plus fréquents consistent à placer le sommet supérieur vers le haut pour former une croix au point de rencontre (fig. 84); situer les deux sommets en haut en laissant entre les étoiles des losanges et des carrés (fig. 85); ou bien encore remplacer le carré central de cette dernière composition par un octogone (fig. 86).

La figure à huit pointes représentait la décoration typique des lambris et des carrelages dans les régions du Levant espagnol. Les étoiles à huit branches, dans les carrelages et autres décorations, peuvent être allongées: la prolongation des lignes à partir du ›sinus‹ à huit pointes, permet d'obtenir un centre en losange (a), un arbalétrier (*alfardon*) sur chaque côté (b) en prenant le losange comme centre géométrique de la composition (fig. 87). Il est possible d'obtenir une composition semblable en intégrant des arbalétriers (*alfardons*) au losange central (fig. 88); dans toutes ces compositions, il reste des triangles complémentaires. En prolongeant les lignes, la ›roue de huit‹ ne peut se reformer comme celle de six encore que, théoriquement, elle puisse être adaptée à des octogones arrangés; cette roue permet d'obtenir des *azafates* pourvus d'un angle droit et d'un angle obtus; plus l'étoile augmente, plus les angles sont aigus et l'*azafate* plus allongé (fig. 89). Une autre roue sera encore possible, non pas en prolongeant les côtés, mais en placant de petits octogones autour du ›sinus‹ central (fig. 90).

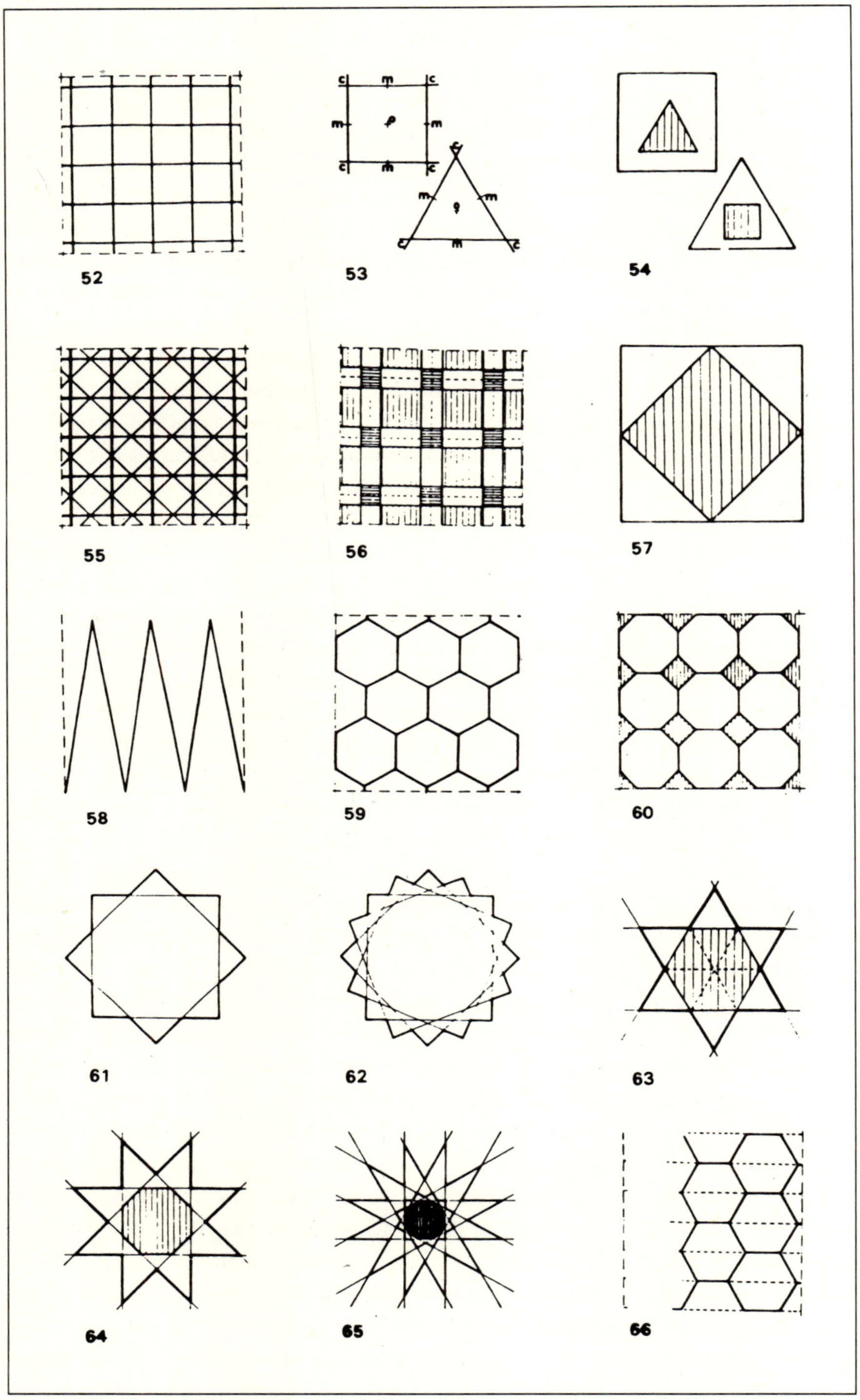

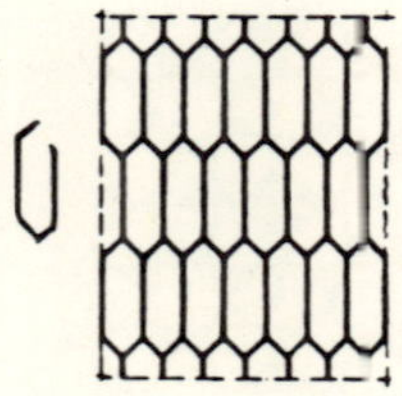
67

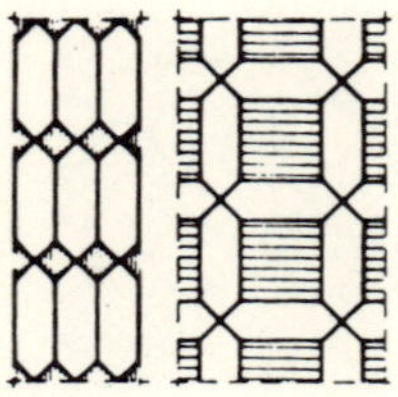
68

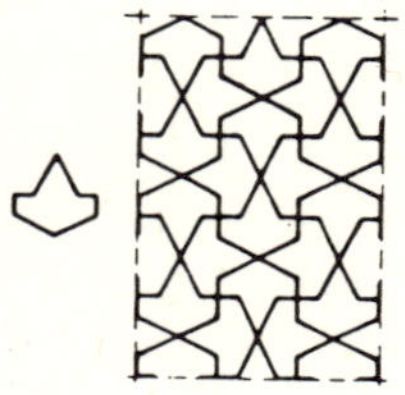
69

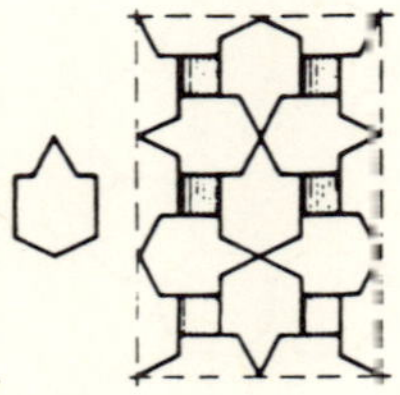
70

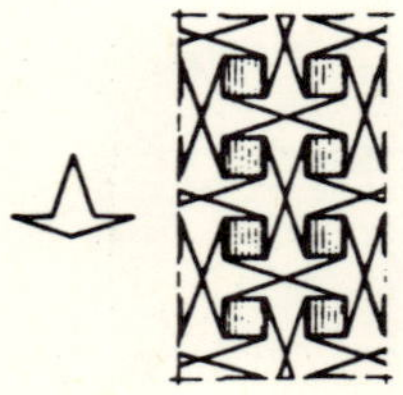
71

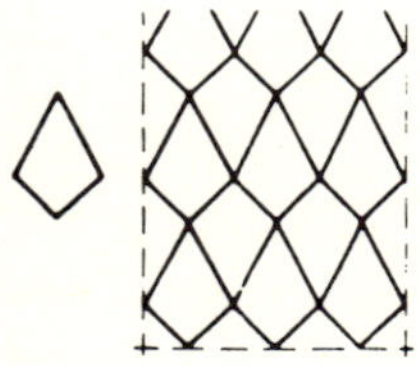
72

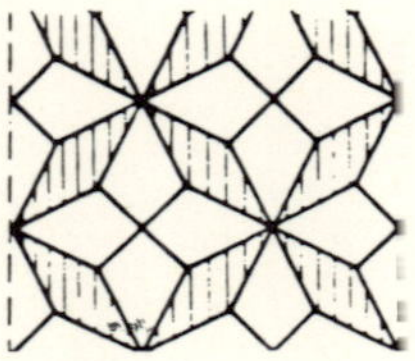
73

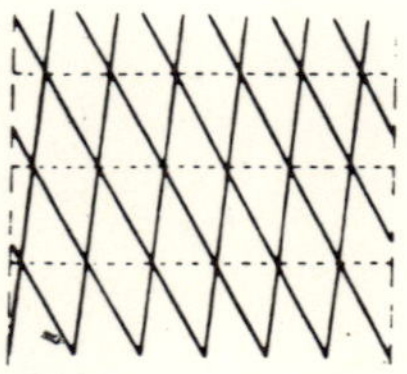
74

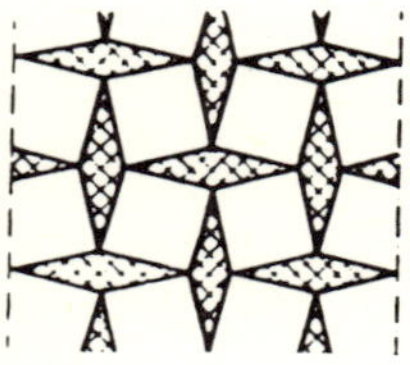
75

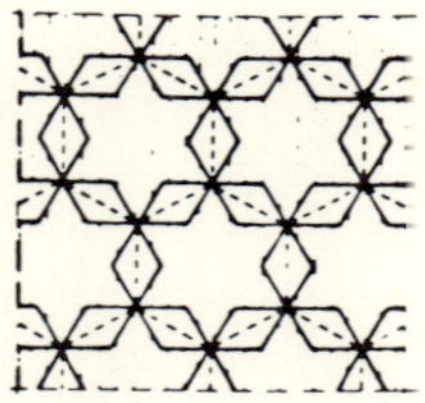
76

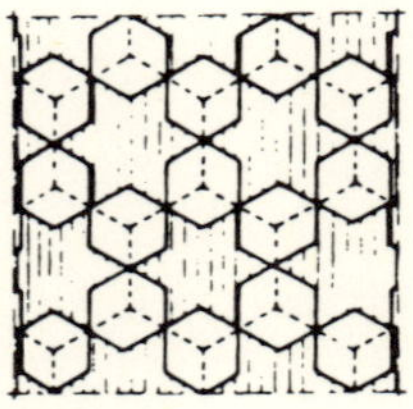
77

78

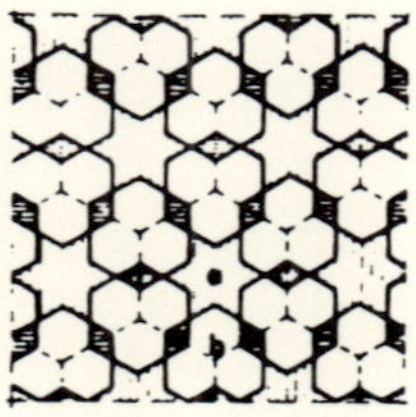
79

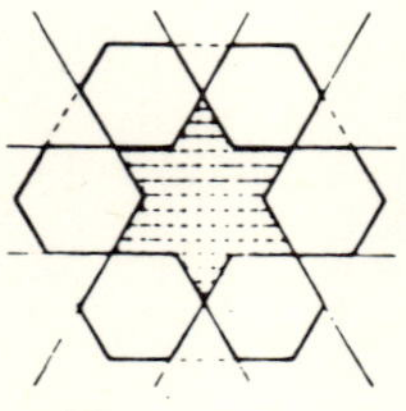
80

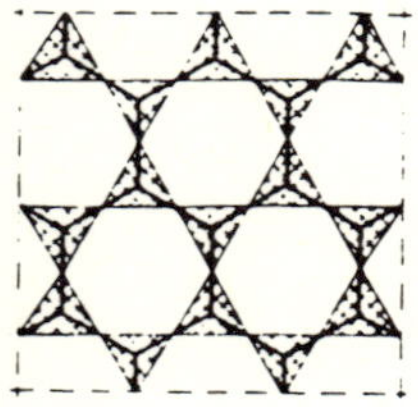
81

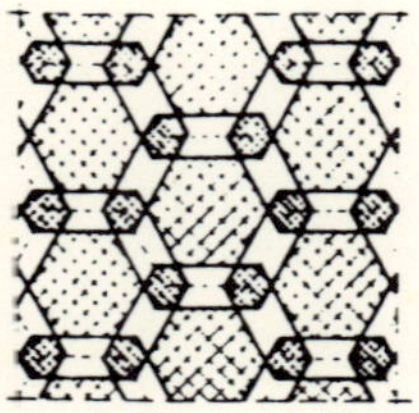
82

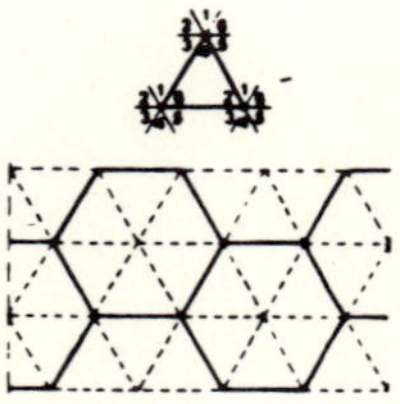
83

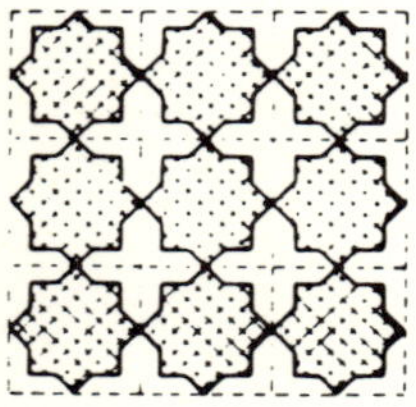
84

85

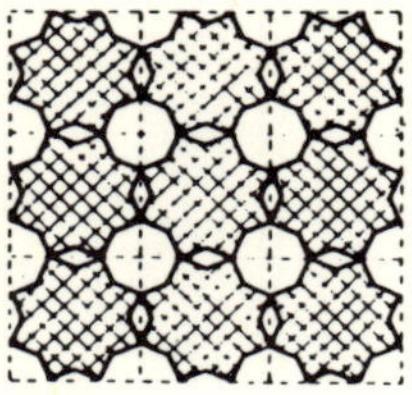

86

87

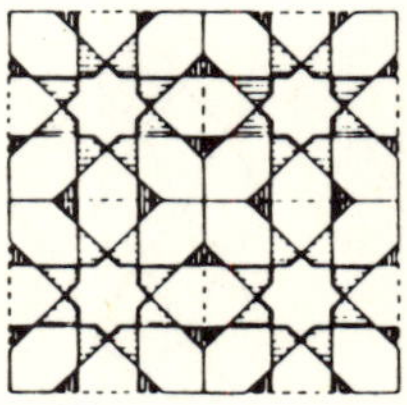

88

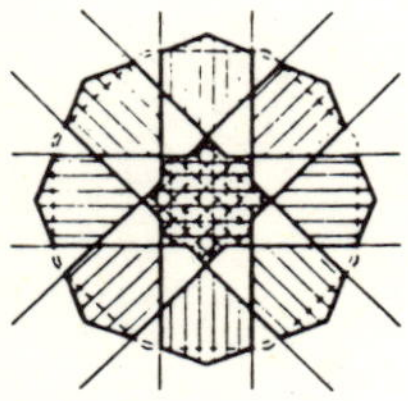

89

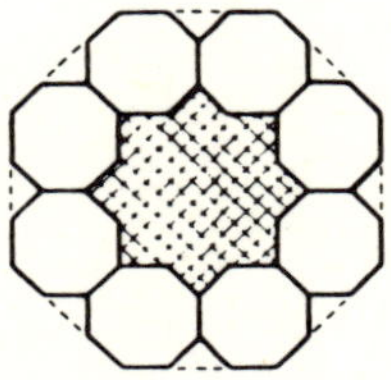

90

Symboles graphiques dans les chartes médiévales portugaises

PAR ISAIAS DA ROSA PEREIRA

Le sujet est assez complexe et je me borne pour l'instant à présenter treize documents et à faire quelques remarques à propos de certains signes qu'on y trouve. Il s'agit d'un document du Xe siècle, trois documents du XIe siècle et neuf documents du XIIe siècle. Je les présenterai avec la date, un sommaire, la cote d'archive et un petit commentaire. Il faut tenir compte que tous ces documents sont datés selon l'ère hispanique, mais j'indique l'ère chrétienne. Je signale d'autre part que nous avons un signe spécial pour indiquer le nombre 40: c'est un X^L que nous appellons *X aspado* et qui n'est autre chose que l'évolution du chiffre XL. Pour les sommaires j'utilise ceux qu'on trouve dans le beau catalogue d'une exposition présentée jadis aux Archives Nationales (= Arquivo Nacional da Torre do Tombo = ANTT)[1]. Pour l'étude de la documentation portugaise plus ancienne il faut recourir aux volumes publiés par l'Academia Portuguesa da História[2].

L'écriture des plus anciens documents est visigothique, tandis que les autres sont écrits en *carolina*. Quelques-uns parmi ces documents sont de toute beauté et par l'écriture et par certains signes graphiques spécifiques à la chancellerie portugaise. Les signes de notaires, dont je possède une grande collection, nécessiteraient une étude approfondie qu'il n'est pas possible de développer ici.

Les plus anciens signes dans les documents portugais sont la *robora* (*roborare*), le signe du notaire, la croix, la *rota* (en portugais: *sinal rodado*) et le nom *Portugal*. On trouve aussi, même au XIIe siècle, des signatures authographes. Les documents de la chancellerie présentent aussi une colonne avec les *confirmantes*, à gauche, la *rota*, au milieu, et la liste des témoins, à droite. Je signale qu'on trouve le nom *Portugal* (ou *Portogal*) dans quelques documents dès le XIe siècle: document N. 2; daté de 1008 – *territorio portogal*; document N. 4, daté de 1039 – *terridorio portukalensis*. Ce nom existait donc plus d'un siècle avant l'indépendence du royaume portugais.

Document N. 1: 974 mai 12

Donation faite par le prêtre *Romarius* et sa soeur *Emilo* à *Domitrie* et son monastère de certaines propriétés et de deux églises (ANTT – Cabido da Sé de Coimbra, maço 1, N. 3).

Cette charte du Xe siècle, en écriture visigothique, est originale et le signe d'authenticité est la *robora* qu'on trouve à la fin du texte: trait horizontal croisé d'un trait vertical. A remarquer deux colonnes avec les noms des témoins. Il est difficile de savoir ce que signifient les signes qu'on trouve à côté de chaque colonne de témoins[3].

Document N. 2: 1008 août 25

Argerigo et *Adosinda* vendent au prêtre *Euenando* une propriété située *in uila manualdi territorio portogal* (ANTT – Cabido da Sé de Coimbra, maço 1, N. 9).

Cette charte est fort importante parce qu'elle mentionne déjà le *territorio portogal* au commencement du XIe siècle. Il y a aussi des phrases en portugais: *ad ti ou tu a nós*. Je transcris les premières et les dernières lignes du document: *In dei nomine nos argerigo et adosinda placuit nobis uos uindere ereditatem nostra probria que abemus in uila manualdi territorio portogal*; et à la fin: *Facta karta vinditionis in era VI et X post peracta milesima VIII kls setember argerigo et adosinda in ac kartula manus nostras rououramus.*

1 Exposição de documentos da Torre do Tombo ›Dez Séculos de História‹, Lisboa 1982.

2 Les volumes ont été publiés dans l'ordre suivant: Documentos Medievais Portugueses – Documentos Particulares, Lisboa 1940. Volume III (A.D. 1101–1115), planches XXI–XXX. – Documentos Medievais Portugueses – Documentos Régios – Tábuas do Volume I, Lisboa 1945 (Album avec XLIII planches). – Documentos Medievais Portugueses – Documentos Régios. Volume I – Documentos dos Condes Portugalenses e de D. Afonso Henriques (A.D. 1095–1185), Tomo I et II, Lisboa 1958–1962. – Documentos Medievais Portugueses – Documentos Particulares, Volume IV, Tomo I (A.D. 1116–1123), Lisboa 1980.

3 Voir à ce sujet la contribution de E. EISENLOHR dans ce volume (note de la rédaction).

Le signe d'authenticité est la *robora*, long trait horizontal, sur lequel on a placé deux traits verticaux parce que ce sont deux personnes qui interviennent dans l'affaire.

Il faut noter la façon de dater: *in era VI et X̃ post peracta milesima* (ère hispanique 1046 = ère chrétienne 1008), et aussi le signe spécial pour le chiffre 40 (= X̃), le *X aspado* mentionné ci-dessus.

Document N. 3: 1016 mense ragab

Mohomat fils d'*Abderahmen* vend une propriété à *Dulcidio* abbé du monastère du Lorvão (ANTT – Mosteiro do Lorvão, maço 1, N. 15).

Il s'agit d'une charte originale même s'il n'y a pas le signe de *robora*. Le contrat est fait par un musulman. A noter les trois colonnes de témoins qui sont tous musulmans et aussi l'année et le mois d'après l'ère musulmane (*Facta cartulam uenditionis era CCCC VII mense ragab*). D'après l'éditeur du document dans les ›Portugaliae Monumenta Historica – Diplomata et Chartae‹ (Lisboa 1868, vol. I), le mois *ragab* de l'an 407 de l'Hégire correspond au mois de décembre 1016 et au premiers jours du mois de janvier 1017.

Document N. 4: 1039 novembre 5

Gondesindo et sa femme *Gondina* vendent deux propriétés à *Aldia* et sa femme *Columba* (ANTT – Convento de Moreira, maço 2, N. 16).

Le document est authentifié par la *robora* avec deux traits verticaux. A noter de nouveau la mention du nom Portugal: *terridorio portukalensis*. La charte a été écrite par un prêtre, peut-être un moine du monastère de Moreira: *gumdisalbo presbiter notuit*.

Document N. 5: 1105 décembre 21

Reinaldo et sa femme *Godinha* vendent une propriété à *João Gundesindiz* et sa femme *Exemena* (ANTT – Cabido da Sé de Coimbra, maço 2, N. 29).

La charte porte la *robora* des deux vendeurs *manus nostras ro.....uorauimus*. Le scribe signe *PELAGIO FELES titulauit* et représente son nom par le dessin d'un chat (en latin: *feles, felis*). A noter l'année *.T. C X̃ III*, avec de nouveau le *X aspado* et le millésime représenté par un T qui est le I superposé d'un trait lui donnant la signification de 1000, sigle fréquemment utilisé en Espagne et en Italie.

Document N. 6: 1119 mars 5

Donation faite par l'*Infant domna Tarasia* à Diogo Nunes et sa femme Elvira Zolamiz de certaines propriétés situées au lieudit de *Kadima* (ANTT – Convento de Santa Cruz de Coimbra, maço 1, N. 2).

Le document, authentifié par la *robora (propria manu r....oboravi)* et le signe *TARASIA*, a été écrit par le *notator* de l'Infanta: *Ego Menendus proprie aule notator depinsi* (pour *depinxi*). La charte présente à gauche les ›confirmantes‹ et à droite la liste des témoins.

Document N. 7: 1126 janvier 1

La reine Teresa donne à *Randulfo Zoleimaz* des terres à Souto Seco et Pombeiro en s'en réservant un tiers des fruits. (ANTT – Gaveta 14, maço 7, n. 12).

Document mangifique avec la croix et le signe TARASIA REGINA, écrit par le même *notator* que le document précédant: *MENENDUS PROPRIE AULE NOTATOR DEPISI*. A remarquer la *robora* de la reine *propria manu r.....oboraui*.

A gauche on trouve les ›confirmantes‹, dont le premier est l'évêque de Coimbra (*Gundisaluus colinbriensis episcopus confirmo*), et à droite du signe royal la liste des témoins. Je signale qu'à la ligne 5 du document on avait laissé un espace vide qu'on a rempli après; on voit facilement que l'écriture y est différente. Mais il ne s'agit pas d'un faux. Voici le texte ajouté: *de priados et inde per illam lombam inter priados et priadinos et inde ad illam seladam de asina braua*. Il s'agit des limites de la propriété qu'on ne connaissait pas exactement au moment de rédiger l'acte.

Document N. 8: 1129 juillet 28

Donation faite par l'Infante Afonso Henriques (par la suite premier roi du Portugal) à Egas Ramires de l'église de S. Bartolomeu de Campelo, *in terra de Baiam* (ANTT – Mosteiro de Ansede, maço único, N. 2).

Ce document est d'une valeur extraordinaire. En fait c'est le premier connu avec le signe *PORTUGAL* autour de la croix. L'écriture est magnifique. Il y a la *robora* de l'Infante: *propria manu r....obor.....o*.

Comme d'habitude les ›confirmantes‹ sont à gauche et parmi eux on trouve l'archevêque de Braga (*Pelagius braccarensis archiepiscopus*); la liste des témoins se trouve à droite. Le notaire a été *PETRUS SCRIBA INFANTIS NOTUIT*; il était diacre de l'église de Braga et le premier notaire de Afonso Henriques. Plus tard on le trouvera sous le nom de *Pedro Roxo*.

Document N. 9: 1140 juillet 7

Charte d'immunité (*cautum*), accordée par le roi Afonso Henriques au monastère de Tibães en faveur de *villa Menendi et de sancta Maria de Stela* (ANTT – Conventos diversos, maço único, N. 6).

Ce magnifique document est célèbre à plus d'un titre. Tout d'abord c'est le premier document où Afonso Henriques se proclame *portugalensium rex*, dignité qui lui sera reconnue par le pape en 1179 (privilège ›Manifestis probatum‹, dont on conserve l'original). Le contexte se termine par la *robora* du roi: *EGO Alfonsus portugalensium Rex hanc kartam propria manu r...boro.* Puis il faut remarquer la croix et les mots *PORTUGAL(is) REX*, et l'écriture qui est de toute beauté. A noter encore la confirmation de l'archevêque de Braga: *EGO IOHANNES DEI GRATIA BRACCARENSIS ARCHIEPISCOPUS hanc kartam confirmo. illi quoque qui eam obseruauerit benedictionem. qui uero infringere temptauerit suprataxatam maledictionem incurrere concedo.*

Les témoins sont placés dans la première colonne de gauche, ce qui n'est pas normal. Puis il y a deux colonnes avec 12 ›confirmantes‹. A remarquer en outre la signature du chancelier tracé en ›littera elongata‹ de 5,5 cm de hauteur: *PETRUS CANCELLARIUS NOTUIT.* Ce Petrus n'est pas identique avec le notaire du document N. 8, mais appartient également au clergé de Braga.

Document N. 10: 1153 avril 8

Donation et charte d'immunité (*cautum*) des propriétés d'Alcobaça accordée par le roi Afonso Henriques et la Reine Mafalda à Bernard, abbé de Clairvaux (Fondation de la célèbre abbaye portugaise d'Alcobaça) (ANTT – Mosteiro de Alcobaça, maço 1, N. 1).

Cette célèbre et importante charte, dont l'écriture est de toute beauté, présente des signes de validation remarquables. Tout d'abord la *robora* faite par le roi et la reine, puis la belle croix dans la *rota* et trois autres *rotae* où l'on trouve les noms du roi, de la reine et du chancelier: *Alfonsus Portugaliensium Rex – Regina Mahalda ipsius uxor – Magister Albertus regis ca(n)cellarius Notuit.*

Comme d'habitude, il y a une liste de ›confirmantes‹ et une autre de témoins. Le document est authentifié aussi par un magnifique sceau en cire rouge. A remarquer dans la date le *X˜ aspado.*

Document N. 11: 1159 février

Le roi Afonso Henriques avec ses fils donnent aux Templiers la forteresse de Ceras. Il s'agit d'une donation et aussi d'un pacte de paix entre l'ordre du Temple et l'évêque de Lisbonne (ANTT – Gaveta 7, maço 3, N. 8).

Parmi les documents que nous présentons celui-ci est le plus beau et le plus important pour l'histoire de la chancellerie royale portugaise. La *rota*, de toute beauté, vient d'être reproduite sur les billets de banque de ›1000 escudos‹ que nous utilisons aujourd'hui. Les signes de validation sont la *robora – roborauimus et hoc signum ... fecimus*, la *rota* de quatre cercles concentriques où l'on trouve, en haut, la croix et dans les cercles les mots *Rex Alfonsus cum filiis suis*, et au milieu sur la grande croix le nom *PORTUGAL.*

Je transcris le texte complet de cette magnifique charte, le plus fidèlement possible, mais je résous les abréviations:

IN NOMINE SANCTE ET INDIVIDVE TRINITATIS: PATRIS: ET FILII: ET SPIRITVS SANCTI: AMEN: HEC EST PAX ET CONCORDIA QVAM EGO ALFONSVS DEI GRATIA PORTVGALENSIVM REX comitis henrici et regine tharasie filius. magni quoque regis alfonsi nepos. una cum filiis meis facio inter episcopum ulixbonensem et fratres milites templi iherosolimitani. pro amore dei et remissione peccatorum meorum meorumque parentum. Do et concedo clero et militibus templi illud castrum quod dicitur cera. pro eclesiis illis de sanctaren quas eis prius dederam. preter eclesiam sancti iacobi. Do et concedo illud castrum quomodo diuidit per flumen ozezar. ubi uocatur portus de kaiis. et inde per mediam stratam usque ad monasterium de murta. et inde per aquam de murta quomodo descendit in fraxineta. et inde uenit ad portum de thomar. qui est in strata de colimbria que uadit ad sanctaren. et inde per mediam stratam per portum de ourens. et inde per mediam stratam quomodo uadit per sumitatem de beselga, et inde per lumbum de contra sanctaren quo uertit aquam ad beselgam. et quomodo descendit at thomar et inde descendit in ozezar. et inde ad portum de kaiis. Do illis illud castrum ut habeant hereditario iure ad populandum. sed ut homines ultra flumen modecum usque ad tagum in meis populationibus habitantes sine mea spontanea uoluntate ad inhabitandum illo non recipiant. Quod si aliquis ex interdictis hominibus ibi uenerit fratribus ignorantibus non imputetur inde aliqua occasio super fratres. sed mox eo cognito. foras expelli cogatur. Habitatores etiam ipsius castri iure et moribus de sanctaren utantur. Ego alfonsus supranominatus rex una cum filiis meis facio kartam firmitudinis supradictis militibus christi de illo castro quod dicitur cera cum terminis supra nominatis cum toto meo iure ut habeant illud ipsi et omnes sucessores eorum iure perpetuo. et nulli sit licitum hoc meum factum irrumpere. Facta karta MENSE FEBRUARIO ERA M C LX˜ VII. Ego alfonsus predictus rex pariter cum filiis meis qui hanc kartam firmitudinis facere iussi manibus propriis coram idoneis[4] gratuita uoluntate roborauimus et hoc signum ... fecimus.

Ego gunsaluus curie dapifer confirmo +
Ego petrus pelaiz signifer regis conf. +
Ego iohannes bracarensis archiepiscopus conf. +
Ego Petrus portugalensis episcopus conf. +
Ego menendus lamegocensis episcopus conf. +
Ego odorius uisiensis episcopus conf. +
Ego guilibertus ulixbonensis episcopus conf. +
[Rota: *PORTUGAL. + REX ALFONSVS CVM FILIIS SVIS*]

Fernandus alfonsus ts
Domnus uelascus sanchiz ts
Laurentius uenegas ts
Petrus pater ts
Rodoricus moniz ts
Velascus fernandiz ts
Rodericus uenegas ts
Comes rodericus ts

Martinus anania ts
Martinus gunsaluiz ts
Martinus iohannis ts
Petrus gaudinas ts
Martinus nuniz colimbrie princeps ts
Petrus nuniz ts
Petrus randulfiz ts
Petrus pelaiz ts
MAGISTER ALBERTUS regalis curie cancellarius NOTUIT.
MAGISTER Gualdinus Portugalensis tunc temporis apud colimbriam kartam recepit.

Document N. 12: 1180 juillet

Le roi Afonso Henriques avec son fils, sa femme et sa fille donnent trois propriétés situées au lieudit *Anadia* à Nuno Guterres (*alumpno et fideli clientulo*). (ANTT – Convento de Santa Cruz de Coimbra, maço 1, N. 49).

L'écriture, l'initiale et l'ornementation de la *rota* sont de type livresque. La *rota* se trouve dans la chancellerie royale jusqu'au gouvernement du roi Sancho I (1223–1245). Jusqu'à l'année 1207 les fils et les filles du roi sont aussi appelés *rex* et *regina*, ce qui explique l'inscription de la *rota: Rex Domnus Alfonsus* (roi), *Rex Domnus Sancius* (fils du roi), *Regina Domna Dulcia* (reine), *Regina Domna Tarasia* (fille du roi). A remarquer que dans le texte on parle de la *robora* sans l'avoir mise: *in hanc cartam manus ponimus ad roborandum facientes hec signa.*

A noter encore que dans l'élaboration de ce document sont intervenus le scribe *Petrus fasion regis scriba uidit* et le notaire *Petrus Caluus capellanus ecclesie sancti michaelis notuit.*

Document N. 13: 1190 mars

A la demande du roi Sancho I et de la Reine, l'évêque Nicolas de Silves donne au monastère de S. Vicente de Fora (Lisbonne) la fortresse de Lagos. L'évêque accorde aux frères l'exemption et d'autres privilèges (ANTT – Mosteiro de S. Vicente, maço 1, N. 5).

Il s'agit d'une charte chirographe (en portugais: *carta partida por ABC*) avec des lettres ornées et d'une beauté exceptionnelle. La coupure a été faite à travers les lettres ornées ABCDEFGHIKLMNOP.

Le document est remarquable par le sceau de l'évêque et du monastère. En plus, on y trouve les signatures autographes de l'évêque, du doyen, du trésorier et de l'archidiacre du chapitre de Silves (Algarve), ce qui est très rare à cette époque:

Ego nicolaus subscripsi episcopus
Ego Willielmus decanus subscripsi
Ego petrus tesaurarius subscripsi
Ego lambertus archidiaconus subscripsi.
A noter aussi *l'adprecatio*, très rare dans nos documents: *AMEN AMEN AMEN.*

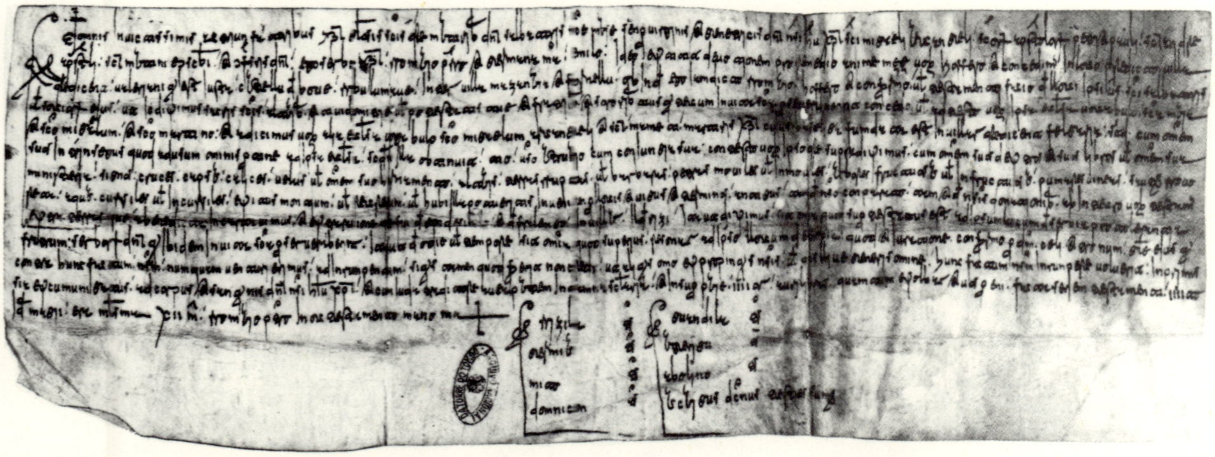

Document N. 1 *974 mai 12 – Donation faite par le prêtre Romarius* et sa soeur *Emilo* à *Domitrie et son monastère de certaines propriétés et de deux églises*

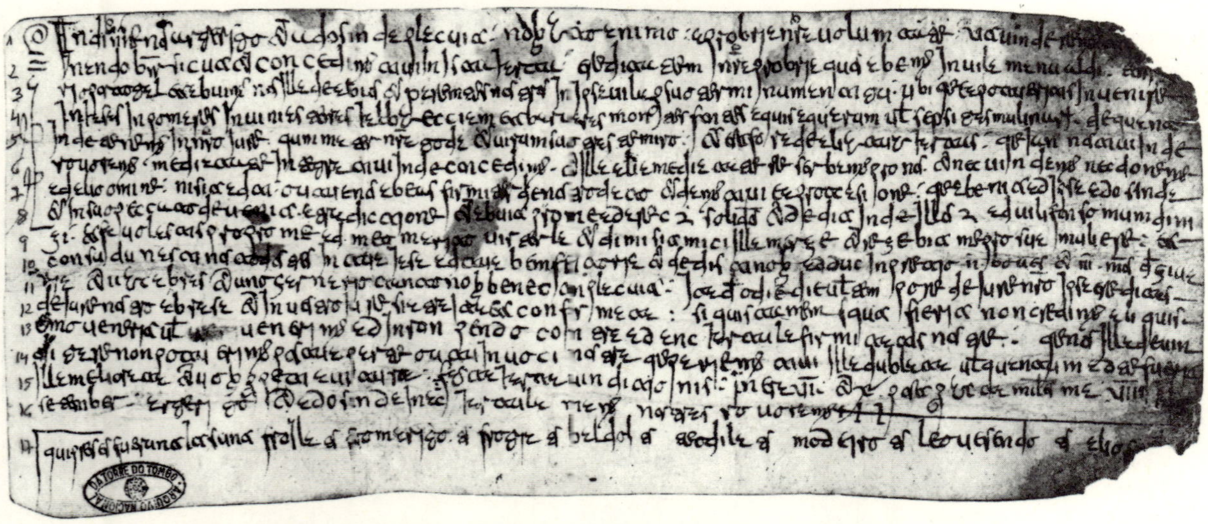

Document N. 2 *1008 août 25 – Argerigo* et *Adosinde vendent au prêtre Euenando une propriété* située *in uila manualdi territorio portogal*

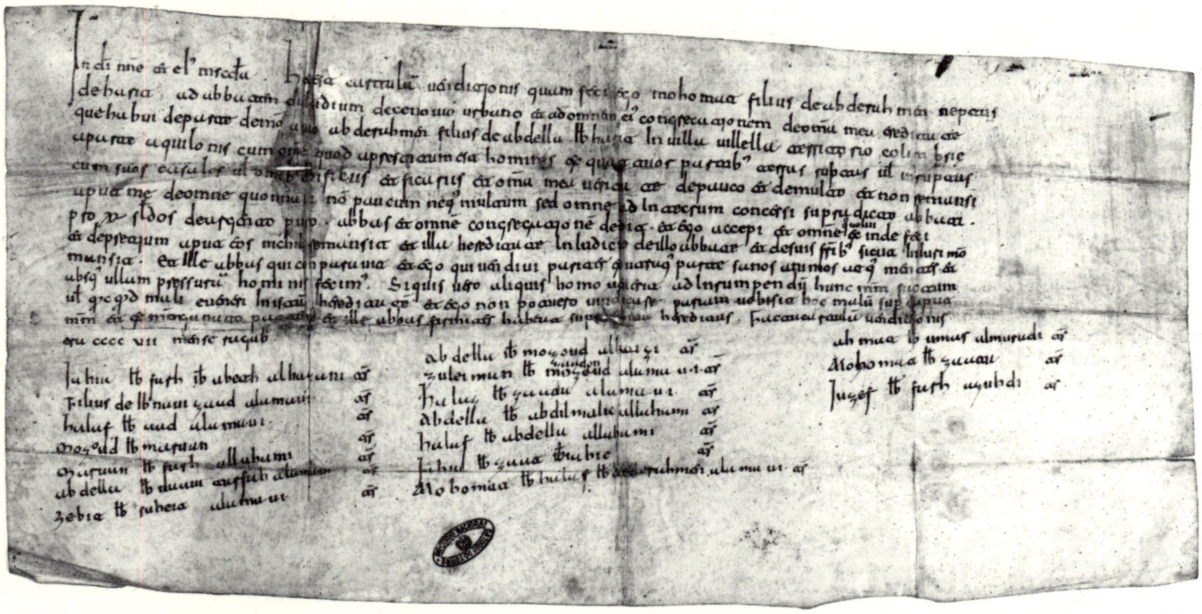

Document N. 3 *1016 mense ragab – Mohomat fils d'Abderahmen vend une propriété à Dulcidio abbé du monastère du Lorvão*

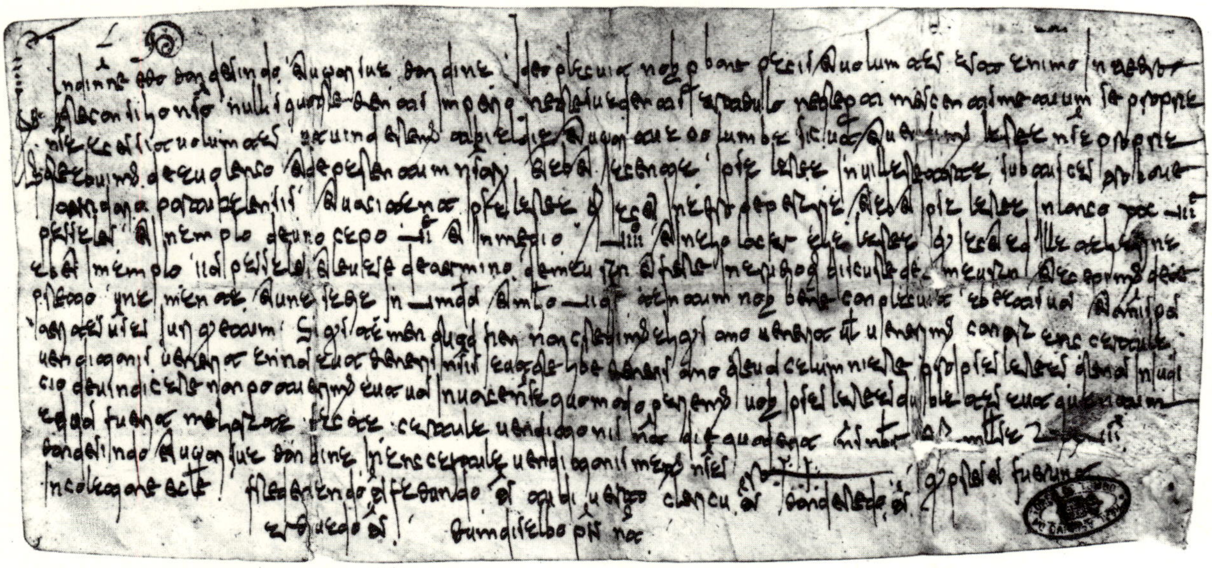

Document N. 4 *1039 novembre 5 – Gondesindo et sa femme Gondina vendent deux proprietés à Aldia et sa femme Columba*

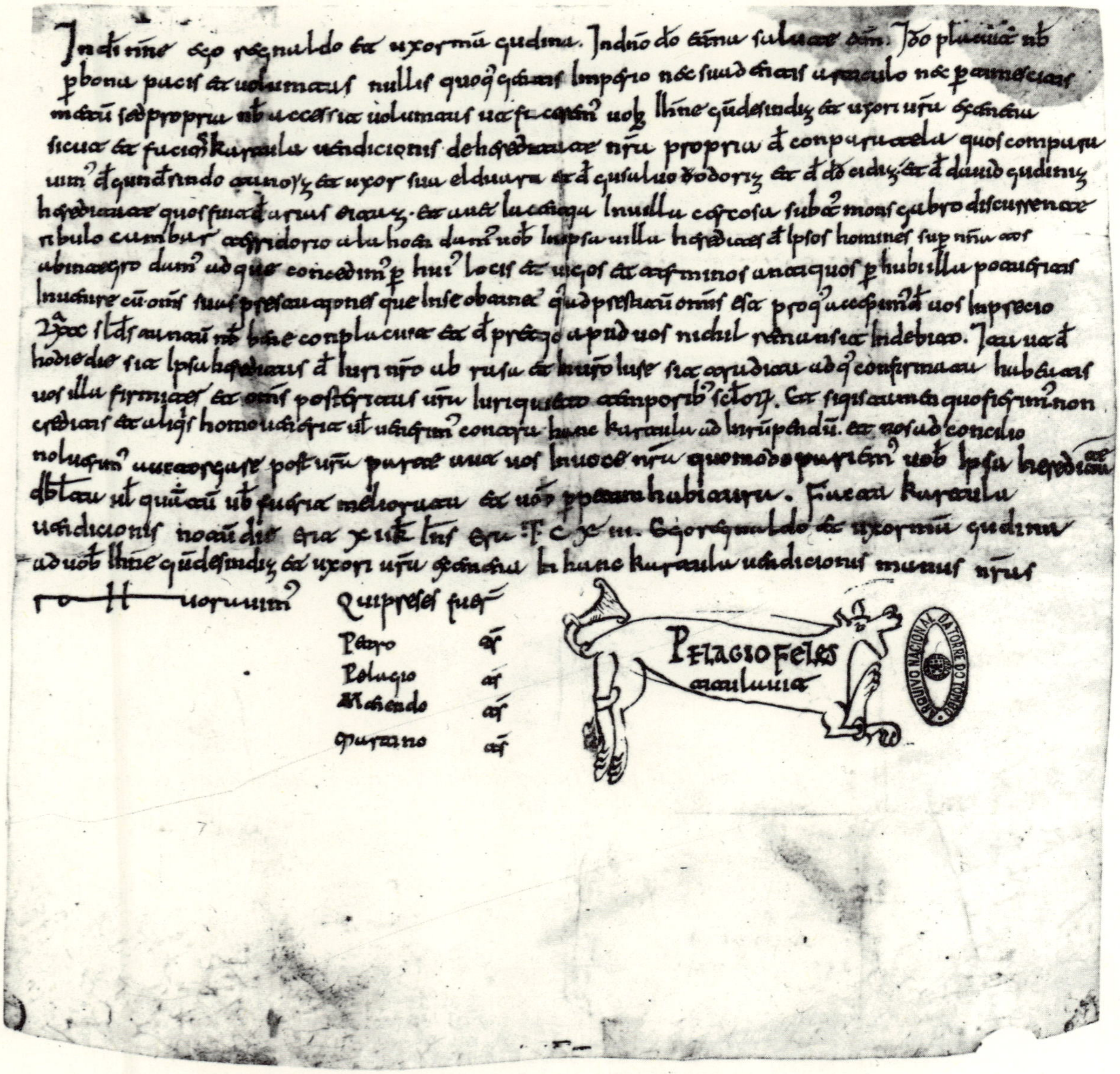

Document N. 5 *1105 décembre 21 – Reinaldo et sa femme Godinha vendent une propriété à João Gundesindiz et sa femme Exemena*

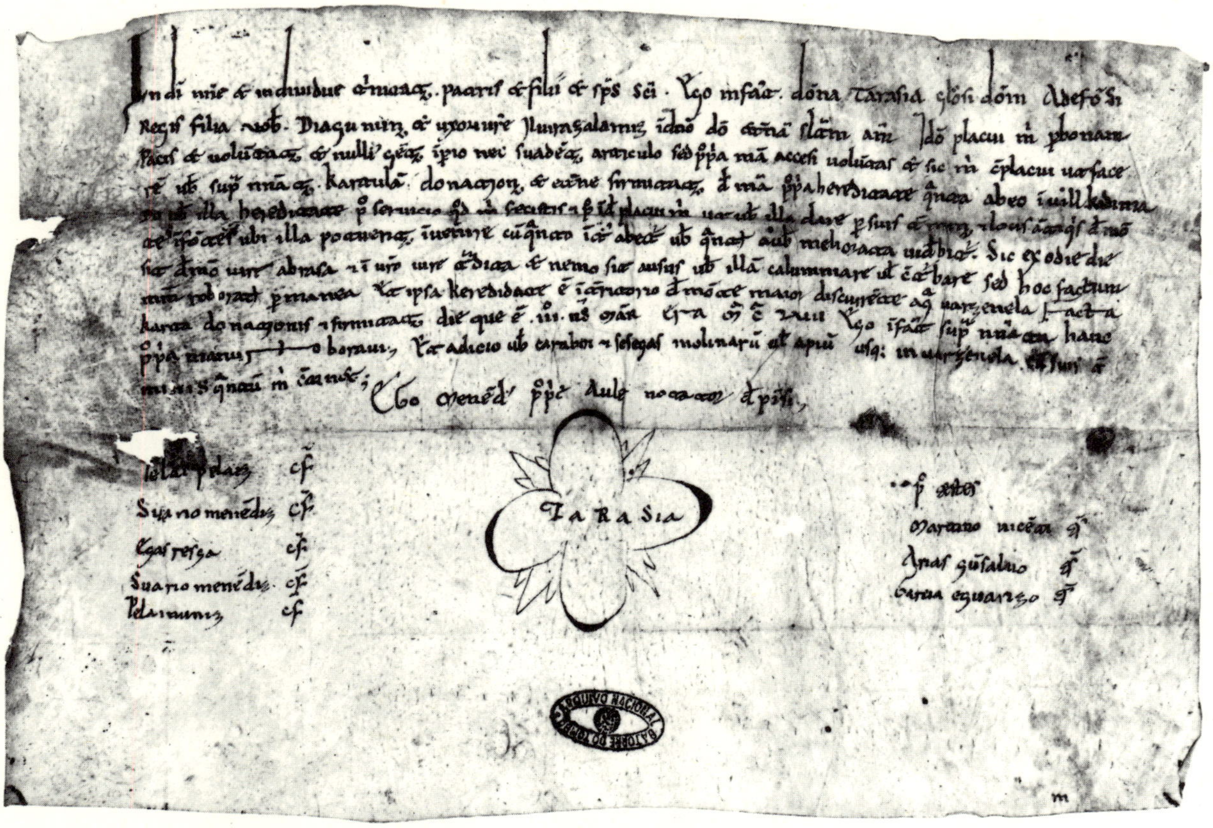

Document N. 6 *1119 mars 5 – Donation faite par l'Infant domna Tarasia à Diogo Nunes et sa femme Elvira Zolamiz de certaines propriétés situées au lieudit de Kadima*

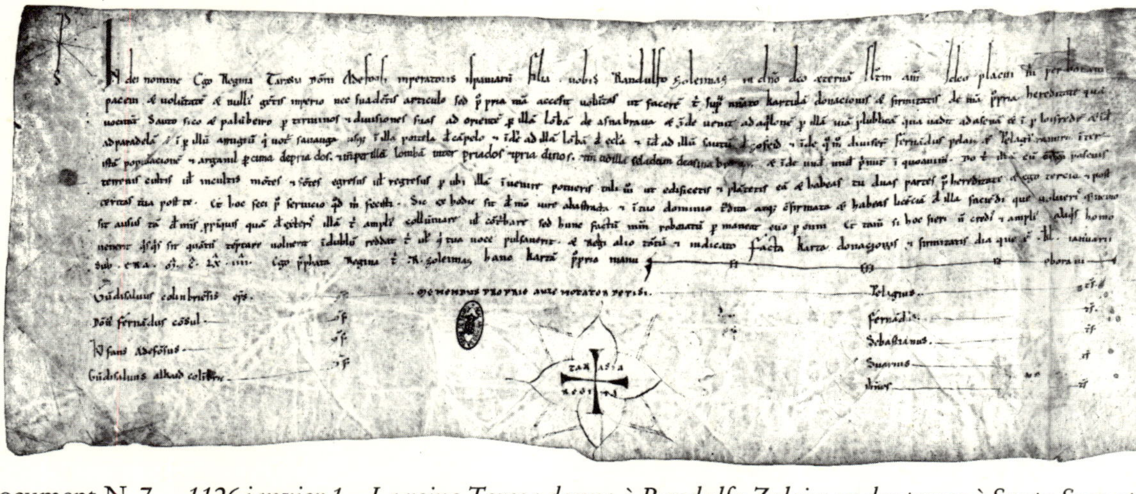

Document N. 7 *1126 janvier 1 – La reine Teresa donne à Randulfo Zoleimaz des terres à Souto Seco et Pombeiro en s'en réservant un tiers des fruits*

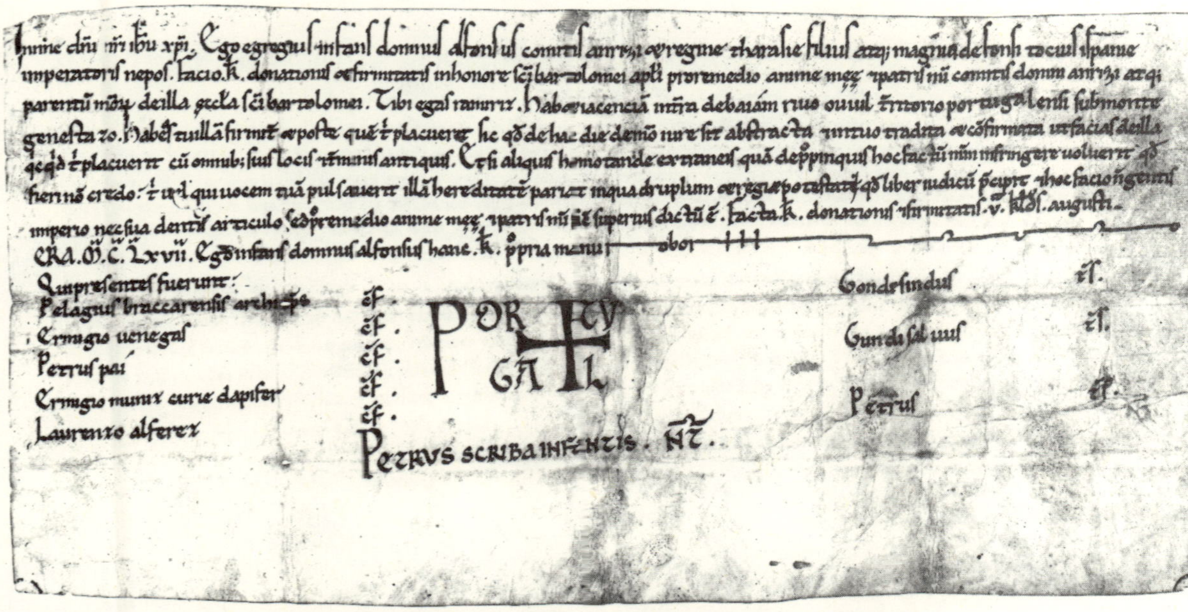

Document N. 8 *1129 juillet 28 – Donation faite par l'Infante Afonso Henriques (par la suite premier roi de Portugal) à Egas Ramires de l'église de S. Bartolomeu de Campelo, in terra de Baiam*

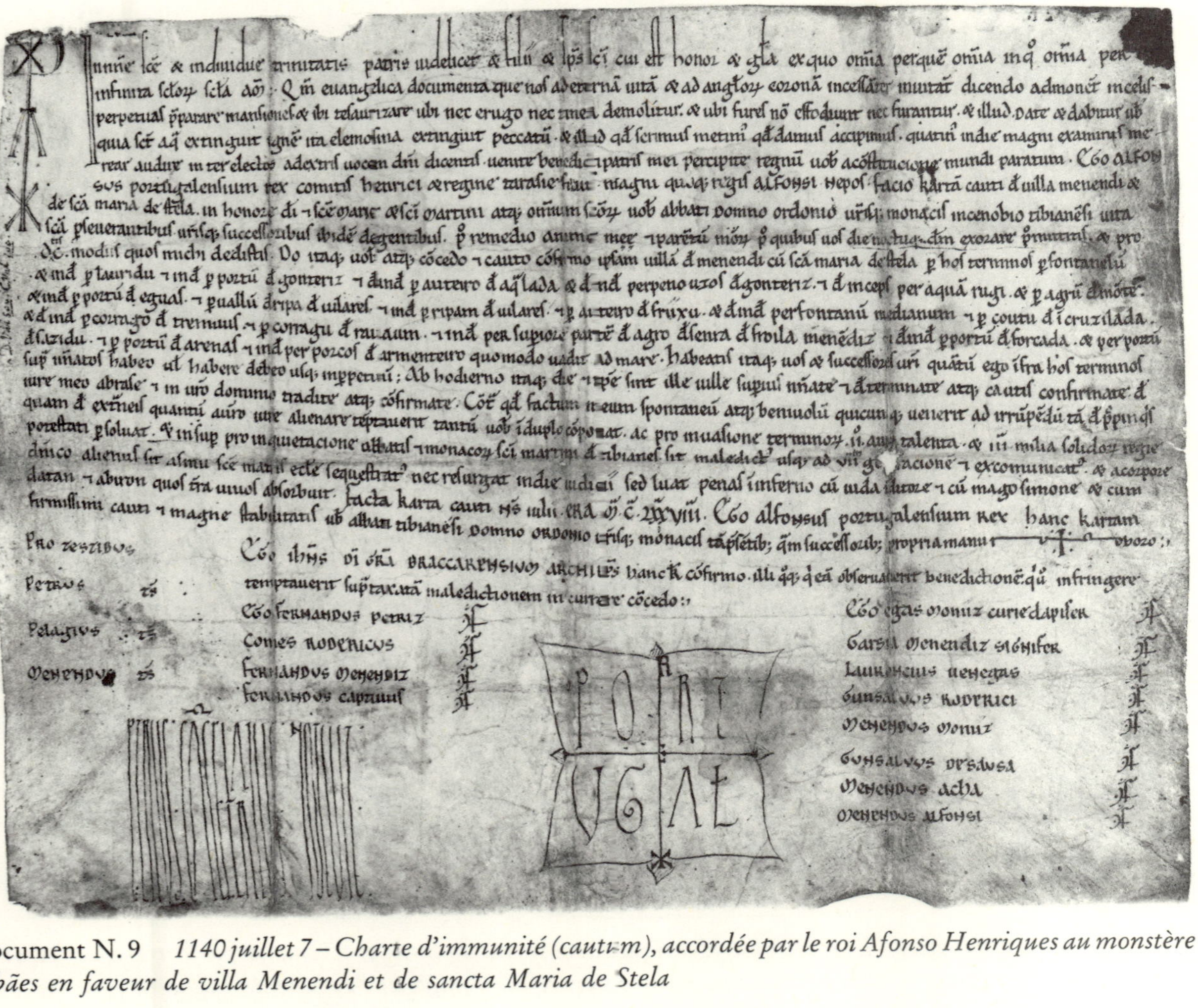

Document N. 9 *1140 juillet 7 – Charte d'immunité (cautum), accordée par le roi Afonso Henriques au monstère de Tibães en faveur de villa Menendi et de sancta Maria de Stela*

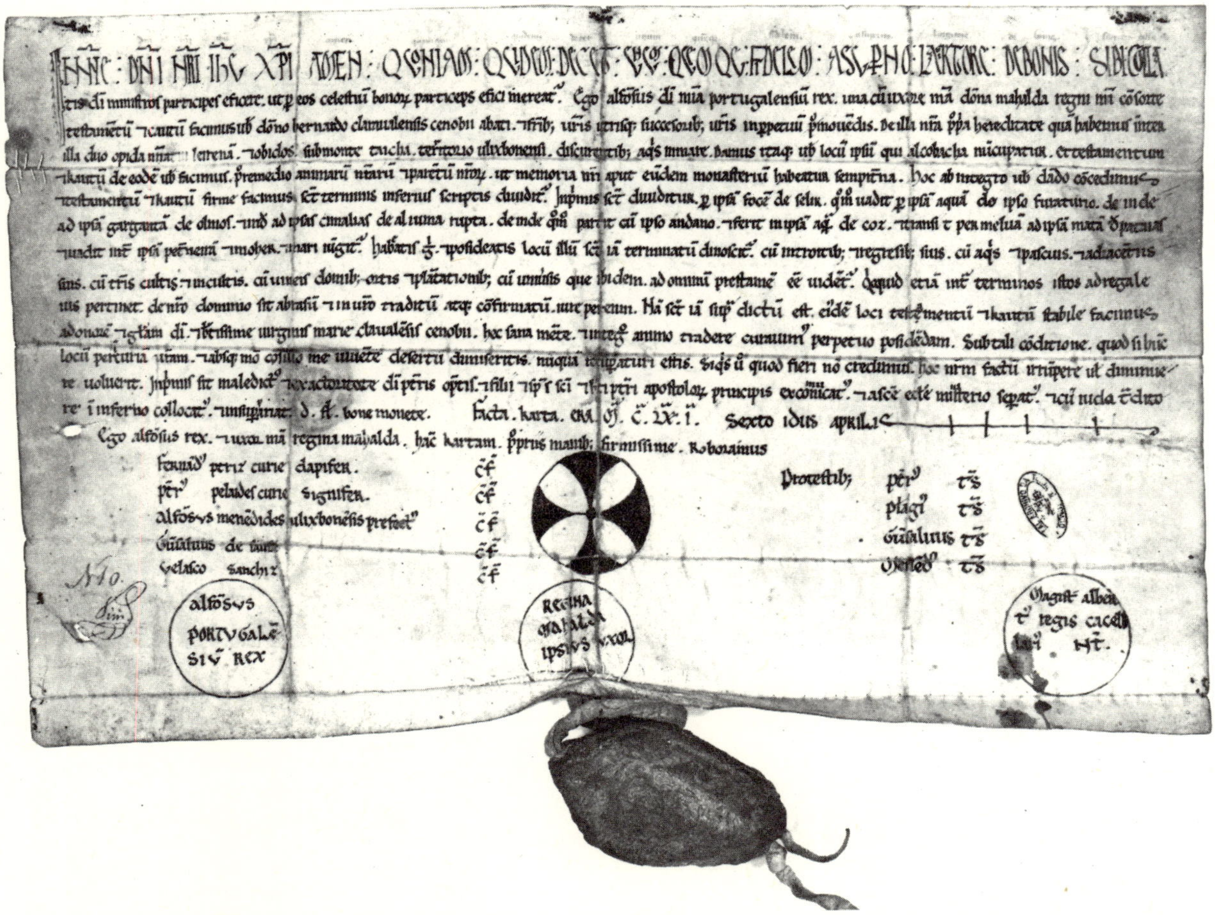

Document N. 10 *1153 avril 8 – Donation et charte d'immunité (cautum) des propriétés d'Alcobaça accordée par le roi Afonso Henriques et la Reine Mafalda à Bernard, abbé de Clairvaux (Fondation de la célèbre abbaye portugaise d'Alcobaça)*

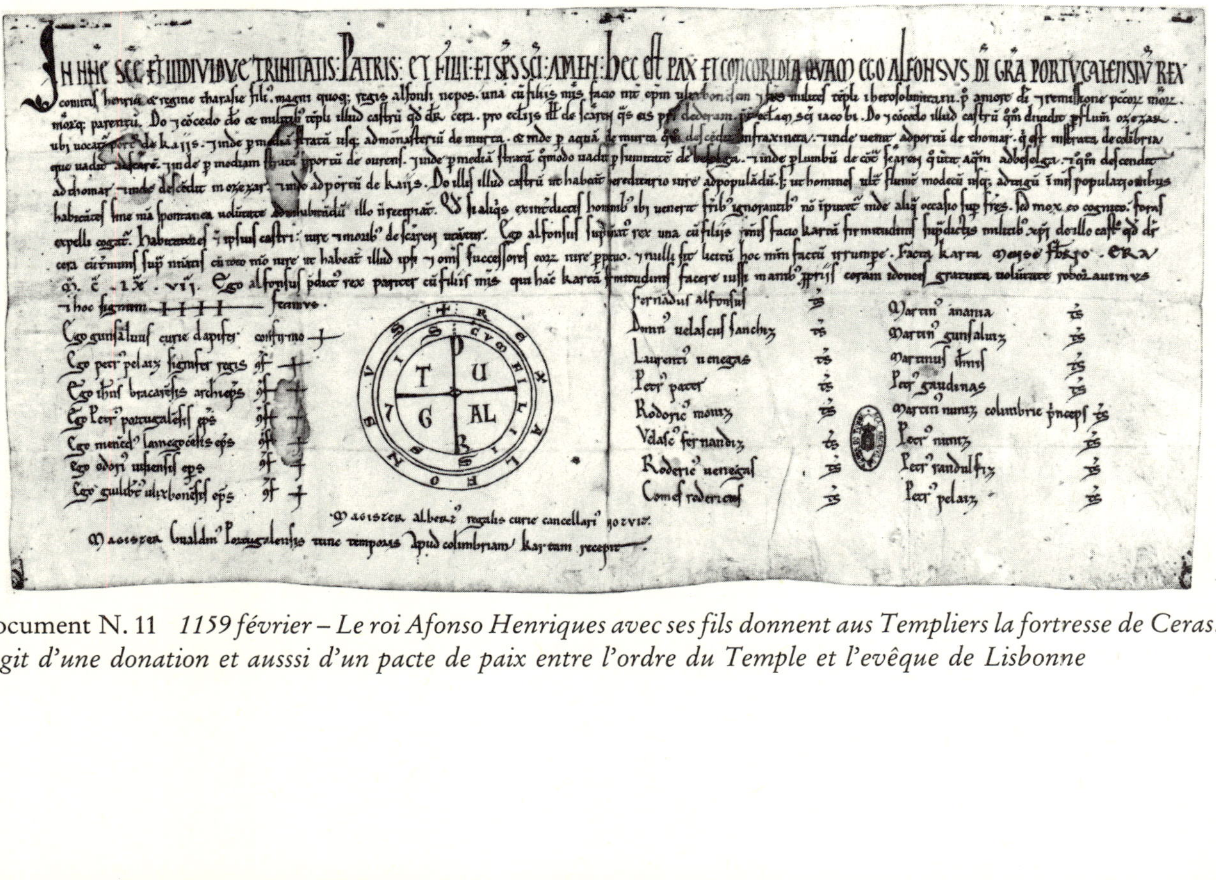

Document N. 11 *1159 février – Le roi Afonso Henriques avec ses fils donnent aus Templiers la fortresse de Ceras. Il s'agit d'une donation et ausssi d'un pacte de paix entre l'ordre du Temple et l'evêque de Lisbonne*

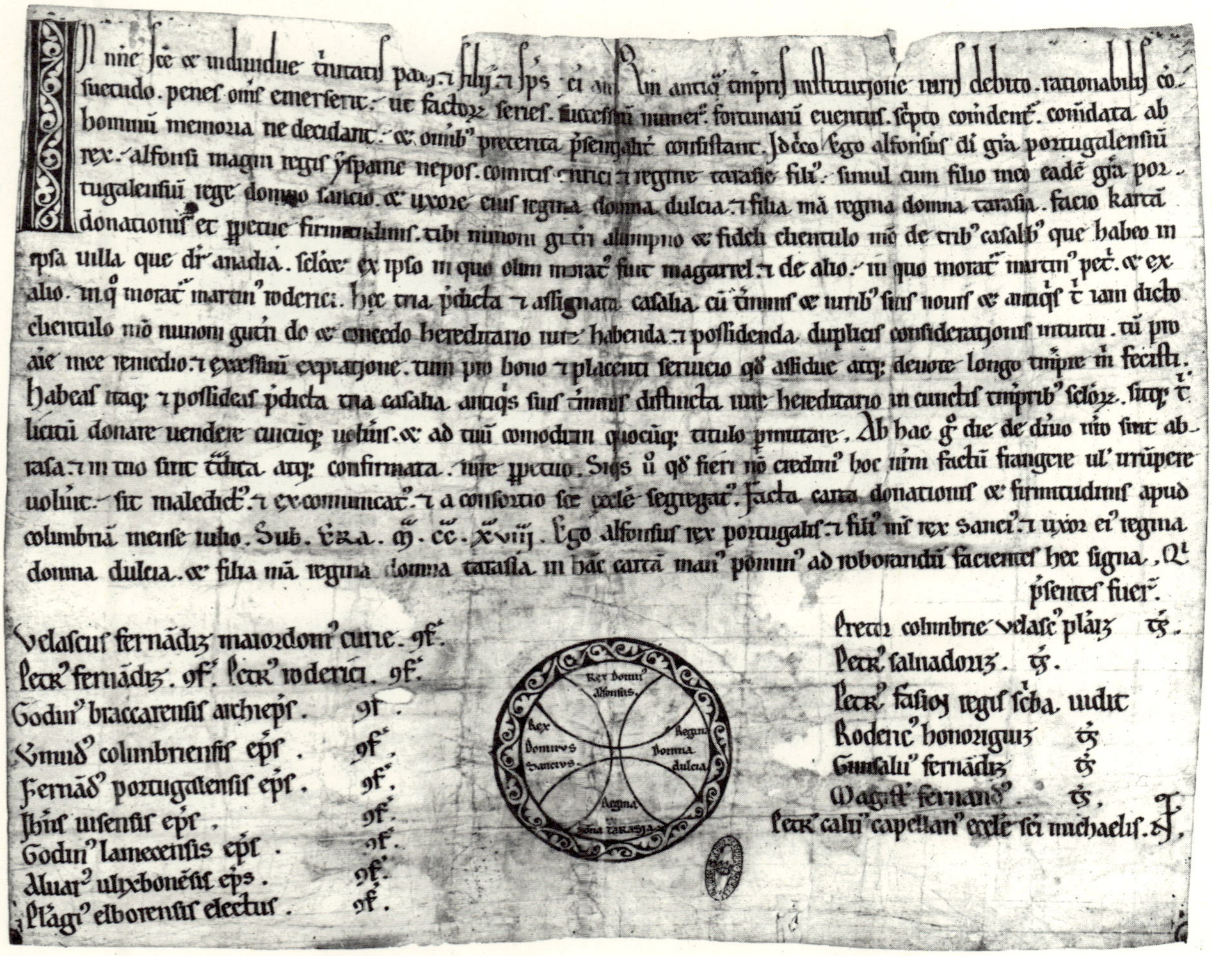

Document N. 12 *1180 juillet – Le roi Afonso Henriques avec son fils, sa femme et sa fille donnent trois propriétés situées au lieudit Anadia* à Nuno Guterres (*alumpno et fideli clientulo*)

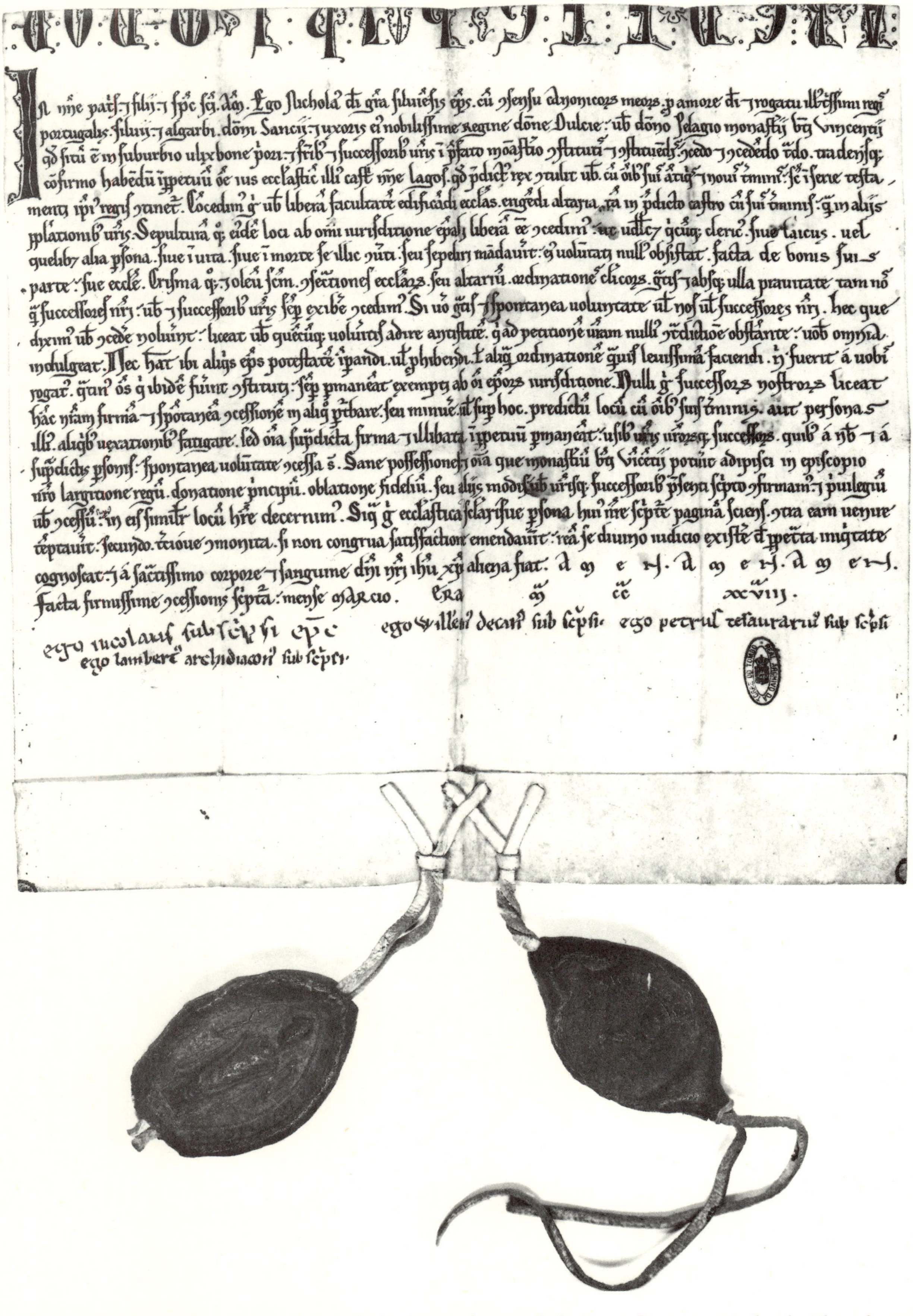

Document N. 13 *1190 mars – A la demande du roi Sancho I et de la Reine, l'évêque Nicolas de Silves donne au monastère de S. Vicente de Fora (Lisbonne) la fortresse de Lagos*

L'introduction des chiffres arabes dans les documents médiévaux portugais

Par A. H. de Oliveira Marques

On a beaucoup écrit sur l'introduction des chiffres arabes en Europe occidentale[1]. On connaît les grandes lignes du parcours suivi par le nouveau système et le rôle fondamental des Italiens dans la divulgation de la théorie et de la pratique des chiffres. Mais l'introduction de la numération arabe dans les régions périphériques de l'Europe, dont le royaume portugais, reste peu connue.

Le Portugal a été fortement influencé par la culture islamique[2]. En portugais, le mot même pour ›chiffre‹ (algarismo) est d'origine arabe, dérivé du premier auteur qui ait divulgué les nouveaux caractères[3]. Néanmoins, il n'y a aucune preuve que l'introduction du système de position soit venu directement des musulmans hispaniques. Il est au contraire bien plus probable que ce soient les marchands des villes italiennes ou les clercs italiens et portugais en contact intime avec la papauté italienne qui les premiers ont fait connaître les nouveaux signes dans l'extrême occident de la péninsule ibérique[4].

Ce n'est qu'au début du XVe siècle que les chiffres arabes se répandent au Portugal[5]. On ignore leur voie d'entrée, mais on peut croire que l'essor commercial et les relations internationales fréquentes qui ont marqué le Portugal après 1350[6] ont mis les marchands et les clercs portugais en face de ces étranges formes numériques. Ce fait n'exclut point que les minorités musulmane et juive – celle-ci très liée au commerce – aient reçu les chiffres directement du monde islamique et qu'elles les avaient employées peut-être depuis longtemps[7].

Le premier exemple connu de l'usage de chiffres arabes au Portugal date de 1425. Une copie authentifiée d'un acte officiel du 8 août 1425, faite vers la même époque, contient en marge la note suivante (voir fig. 1): *concertada com oregynal pagou 604 reaes*[8] (comparée avec l'original, paya 604 reais).

Il est vrai qu'un registre de la Chambre des comptes du roi Jean Ier[9], écrit de 1384 à 1433, comporte plusieures annotations en chiffres arabes – concernant des

1 Voir les ouvrages déjà classiques: Histoire Générale des Sciences, publ. s. l. dir. de René Taton, tome I: La Science antique et médiévale, 2e éd. Paris 1966, p. 472–474, 528, 548, 596–598 et 631–632, avec une bibliographie sommaire, p. 651–652; A History of Technology, publiée par Charles Singer, E. J. Holmyard, A. R. Hall, Trevor I. Williams, vol. II: The Mediterranean Civilizations and the Middle Ages, c. 700 B. C. to c. A. D. 1500, Oxford 1956, p. 766–767 et 772; A. C. Crombie, From Augustine to Galileo, vol. I: Science in the Middle Ages, V–XIII Centuries, London 1961, p. 50–52, avec une bibliographie, p. 249–254; Parmi les ouvrages plus récents, voir l'utile catalogue: Mass, Zahl und Gewicht. Mathematik als Schlüssel zu Weltverständnis und Weltbeherrschung, Weinheim 1989 (Ausstellungskataloge der Herzog August Bibliothek Wolfenbüttel Nr. 60), p. 188–201 avec bibliographies.

2 Voir une synthèse sur cette question dans A. H. de Oliveira Marques, História de Portugal [...], vol. I, 10e éd. Lisbonne 1982, passim (il en éxiste des traductions en anglais et en français). Pour des ouvrages plus détaillés, voir A. H. de Oliveira Marques, Guia do Estudante de História Medieval Portuguesa, 3ei éd. Lisbonne 1988.

3 Dérivé de al-Hwarizmis; le mot algoritmo (algorithme) a la même origine. En castillan, le mot ›guarismo‹ a la même signification mais il est moins usité que ›numero‹ (nombre).

4 Il est vrai qu'on trouve des chiffres arabes dans les tables astronomiques, attribuées au début du XIVe siècle, contenues dans des almanachs arabes traduits en portugais d'après une version latine (Jaime Cortesão, Influência dos Descobrimentos Portugueses na História da Civilização, in: História de Portugal, dir. p. Damião Peres, t. IV, Barcelos 1932, p. 196 ss.; Luis de Albuquerque, Os Almanaques Portugueses de Madrid (tirage à part de la Revista da Universidade de Coimbra, t. XXI, Coimbra, 1961). Mais on peut douter de cette datation et les attribuer plutôt au XVe siècle. En effet, et l'écriture et le langage ressemblent plutôt à celles de l'époque du roi Edouard (1433–1438) ou de la fin du règne de Jean Ier (1385–1433). D'ailleurs, même s'il s'agissait de textes du XIVe siècle, ils ont dû rester méconnus de la plupart des clercs.

5 Un historien portugais du début du XIXe siècle, João Pedro Ribeiro, a voulu trouver, dans une loi de 1305, une référence à l'usage, par les notaires portugais, des chiffres arabes (Livro das Leis e Posturas, éd. p. Nuno Espinosa Gomes da Silva et Maria Teresa Campos Rodrigues, Lisbonne 1971, p. 65: article 14 de la loi). Mais en réalité, il s'agissait seulement de l'usage d'abréviations, que la loi interdisait (voir João Pedro Ribeiro, Dissertações Chronologicas e Criticas sobre a Historia e Jurisprudencia Ecclesiastica e Civil de Portugal, t. III, 2e éd., Lisbonne 1857, p. 126).

6 Voir A. H. de Oliveira Marques, Portugal na Crise dos Séculos XIV e XV, in: Nova História de Portugal, vol. IV, Lisbonne 1987, p. 150–180.

7 La perte presque complète de leurs archives nous empêche de faire des conclusions définitives.

années et le numérotage des folios –, mais on peut soupçonner qu'il s'agisse plutôt d'additions faites à une époque plus tardive[10].

Par contre, dans le livre de la Chambre des comptes du roi Edouard, écrit à partir de 1434[11], les cas de chiffres arabes incontestablement originaux sont nombreux (voir fig. 2). Ils indiquent quelques années (1434, 1436, 1437, 1438, 1440, 1441[12]) et apparaissent aussi dans les signatures des clercs João de Ornelas, Álvaro Afonso, João Gonçalves, Vicente Rodrigues, Rodrigo Eanes, etc., après 1439[13] (voir fig.3). Parmi environ 133 actes rédigés de 1434 à 1448, onze (8 %) mettent l'année en chiffres arabes. Bien qu'il s'agisse d'un registre de comptabilité plein d'additions, d'indications de prix et d'autres références numériques, seules les années sont écrites en chiffres arabes.

D'autres actes officiels des années après 1430 en contiennent également, p. ex. le rôle de la douane de Lisbonne (Foral da Portagem de Lisboa), copié en 1434, où des petits chiffres 1, 2, 3, 4 et 6 ont été écrits pour indiquer quelques items sur la toile de lin[14] (voir fig. 4). En 1431 la municipalité de Porto utilisait déjà, bien que rarement, les chiffres arabes dans l'indication de l'année de ses procès-verbaux[15] (voir fig. 5). On peut supposer qu'on faisait de même à Lisbonne et dans d'autres villes importantes du Portugal, comme Évora et Santarém. A la chancellerie royale, le premier éxemple connu date de 1439[16], mais les cas seront très rares pendant bien des années.

Dans l'administration écclesiastique, on les trouve aussi entre 1430 et 1440. Dans le registre de comptabilité pour les années 1437–40 du monastère cistercien d'Alcobaça, un des plus importants du Portugal[17] (voir fig. 6), on retrouve des chiffres arabes dans quelques sommes totales, dans quelques notes marginales et dans quelques indications d'années, représentant environ 14 % des signes numériques utilisés[18]. Un autre registre de comptabilité du monastère des chanoines de Saint Jean Evangéliste (Lóios) à Lisbonne, qui commence vers 1441, contient aussi des chiffres arabes pour l'indication des années – 1441, 1443 – et pour quelques sommes totales[19], et l'on trouverait probablement des exemples dans d'autres registres contemporains[20].

Dans les actes privés, c'est à la même époque que des éxemples apparaissent. A partir de 1436, des lettres envoyées par le roi, la reine, les grands seigneurs, des clercs etc. mettent souvent l'année en chiffres arabes[21], et le chiffre secret du roi Edouard en comportait beaucoup[22] (voir fig. 7).

La forme actuelle des chiffres arabes diffère de celle du XVe siècle. Nous les écrivons tous entre deux lignes parallèles qu'ils ne dépassent ni en bas ni en haut. Les

8 João Pedro Ribeiro, Dissertações op. cit., t. II, p. 125. Le document original se trouve à Lisbonne, à l'Arquivo Nacional da Torre do Tombo (= ANTT), Maço 11 de Forais Antigos, n. 7, in fine. Voir une reproduction de cette note in: A. H. de Oliveira Marques, Portugal na Crise, op. cit. p. 336–337, fig. 1.

9 ANTT Chancelaria de D. João I, livro 5.

10 On les trouve à partir du fol. 17v et elles continuent apparemment dans les fol. 42, 97, 100, 101v, 110v, 116, 122, 122v, 123, 123v, 124, 127, 127v, 128v, 130v, 131v, 137, 140v–141v, 146v, 147, 147v et 149v. Mais il faut se méfier du pseudo-numéro »60« qui paraît après la signature du clerc Rodrigo Eanes de Albergaria et d'autres après lui, lequel n'est probablement qu'un signe pareil à des chiffres. Quant au numérotage en chiffres arabes, il remplace le numérotage en lettres romaines à partir du fol. 103 (125 du numérotage original), correspondant à l'année 1418. Cependant, il peut s'agir d'un numérotage fait postérieurement, quand on a réuni et relié des cahiers séparés.

11 ANTT Chancelaria de D. Duarte, livro 2.

12 Quelques autres indications d'années, écrites en chiffres arabes, sont postérieures: ainsi, 1433 écrit en 1442 (fol. 32), 1434 écrit en 1445 (fol. 36v) et 1436 écrit à une date indeterminée (fol. 43v).

13 Fol. 21v, 22v, 29v, 36v, 37, etc.

14 ANTT Forais Antigos, maço 2, n. 3, fol. 25 (ou 26 de l'original). Voir une reproduction dans: Álbum de Paleografia, p. João José Alves Dias, A. H. de Oliveira Marques, Teresa Rodrigues, Lisbonne 1987, n. 23, p. 42.

15 Álbum de Paleografia, op. cit., n. 34, p. 64. Voir les textes avec d'autres exemples in: Vereaçoens, 1431–1432, livro I, éd. p. João Alberto Machado, Luis Miguel Duarte, Documentos e Memórias para a História do Porto, XLIV, Porto 1985, p. 30 (21 juillet 1431), 64 (29 déc. 1431) et 114 (24 mai 1432).

16 Documentos das Chancelarias Reais Anteriores a 1531 relativos a Marrocos, éd. de Pedro de Azevedo, t. I (1415–1450), Lisbonne 1915, doc. n. XLVII, p. 76 (acte du 4 mai 1439).

17 Lequel, d'ailleurs, contient des additions postérieures.

18 ANTT Corporações Religiosas, 1[a] incorporação, Santa Maria de Alcobaça, cod. n. 14 (Livro da Fazenda do Mosteiro). Je remercie la Prof. Iria Gonçalves des renseignements à ce sujet. Voir la réproduction d'un folio dans: Álbum de Paleografia, op. cit., n. 36, p. 68.

19 ANTT Corporações Religiosas, 1 incorporação, Santo Elói, livro 18 (Livro das Rendas dos Bens de Santo Elói em Lisboa e Termo), fol. 1, 3v, 4, 5–10v et 25v. D'autres indications numériques dans ce même régistre sont plus modernes, datant de la fin du XVe et même du XVIe siècle.

20 On écrivait aussi des fractions arithmétiques. J'ai trouvé la fraction 1/2, écrite en 1447 (Régistre indiqué dans la note précédente, fol. 25v).

21 Voir beaucoup d'exemples dans les tomes V et suivants des Monumenta Henricina, Coimbra 1963 ss. Voir aussi d'autres publications de sources, comme les articles de Humberto Baquero Moreno, Quatro Cartas de D. Isabel de Urgel, Duquesa de Coimbra, Lourenço Marques 1970 (tirage à part de la Revista de Ciências do Homem da Universidade de Lourenço Marques, vol. I, série A, 1970) et: Cartas do Infante D. Pedro aos Conselheiros de Barcelona – Paris 1972 (tirage à part des Arquivos do Centro Cultural Português, vol. IV, 1972, p. 15–36).

22 Livro dos Conselhos de El-Rei D. Duarte (Livro da Cartuxa), transcription de João José Alves Dias, Lisbonne 1982, p. 287–295.

chiffres médiévaux par contre, dépassaient ces lignes: le 3, le 4, le 5, le 7 et le 9 en bas, le 6 en haut. En outre, le 5 était assez différent du 5 moderne et le 2, le 4, le 7 et le 8 – et même les autres – présentaient des petites différences, étant en général plus proches de leur origine indienne et plus semblables à la forme moderne des chiffres du monde islamique.

Bien que les chiffres arabes étaient connus au Portugal et courramment utilisés au XVe siècle, leur généralisation se fit attendre. La tradition et les préjugés l'emportèrent pendant des siècles. Dans les documents officiels, même de comptabilité, le système romain traditionnel s'est maintenu jusqu'au XVIe, voir XVIIe siècle. Dans les textes littéraires, les chiffres sont entrés au XVIe siècle seulement et lentement[23]. Leur utilisation se limitait pendant longtemps à une façon d'abréger, acceptée pour des notes et comme simplification de l'écriture. Il leur manquait cette dignité qui seule pouvait leur ouvrir une ample porte dans la société médiévale portugaise.

23 Voir Joaquim Barradas de Carvalho, Sur l'introduction et la diffusion des chiffres arabes au Portugal, in: Bulletin des Etudes Portugaises et de l'Institut Français au Portugal, t. XX (1958), résumé dans son article ›Algarismo‹, in: Dicionário de História de Portugal, dir. p. Joel Serrão, vol. I, Lisbonne 1963, p. 99–100.

1

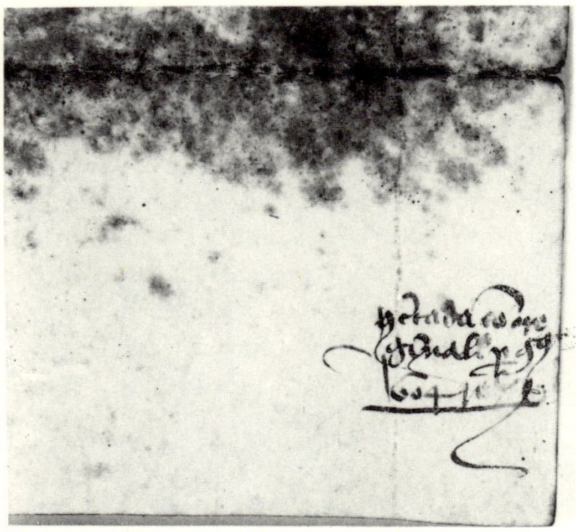

2 a

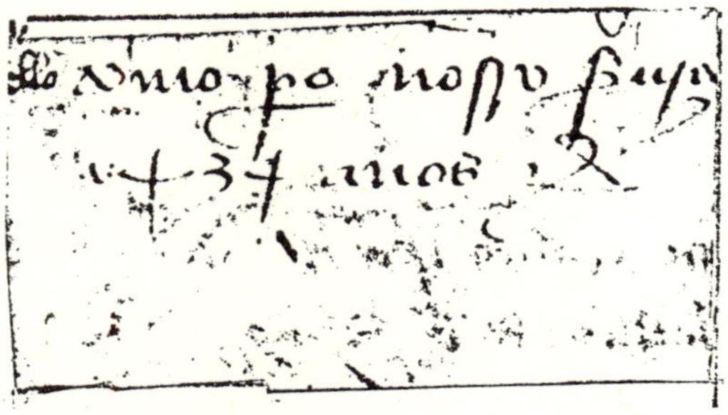

2 b

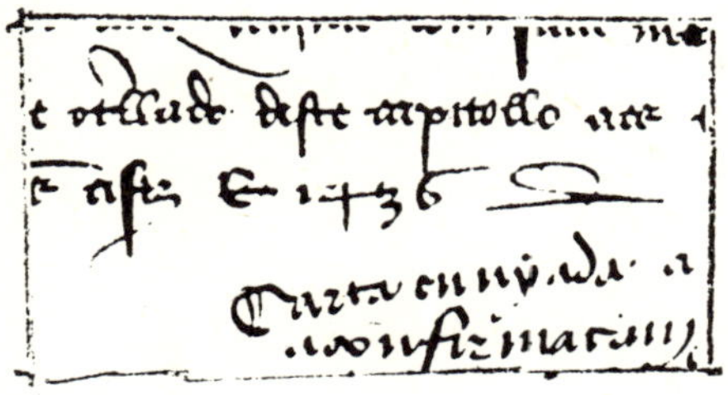

2 c

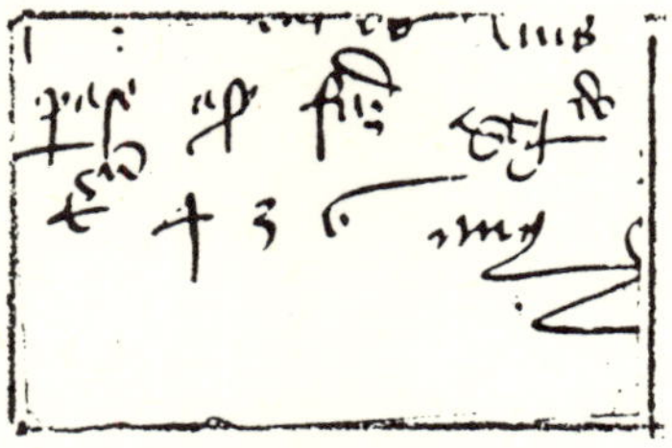

2 d

2 e

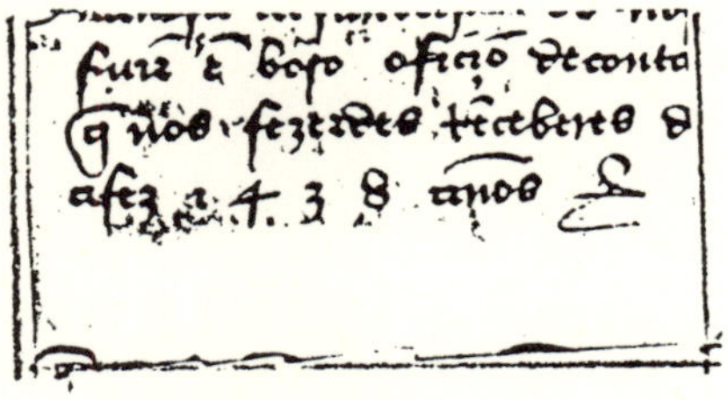

2 f

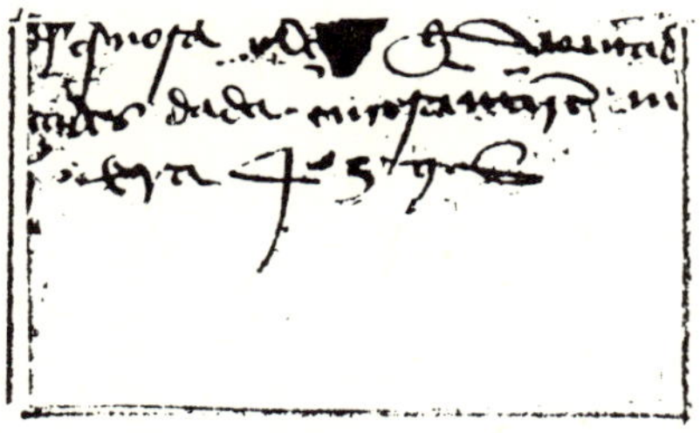

Fig. 1 *Copie certifiée d'un acte officiel du 8 août 1425 (voir note 8)*

Fig. 2a–f *Livre de la Chambre des comptes du roi Edouard, écrit à partir de 1434 (voir note 11)*

3 a

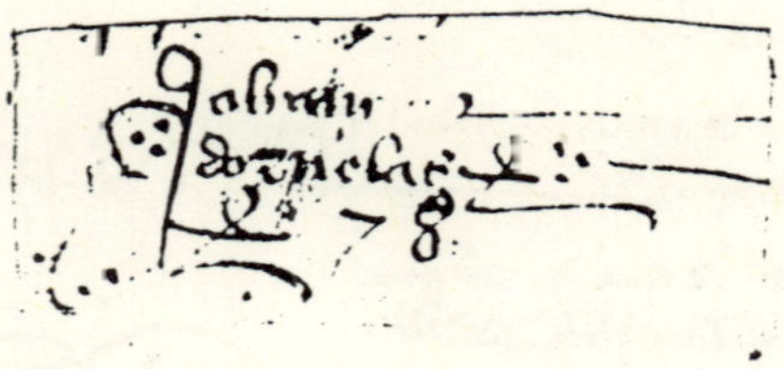

4

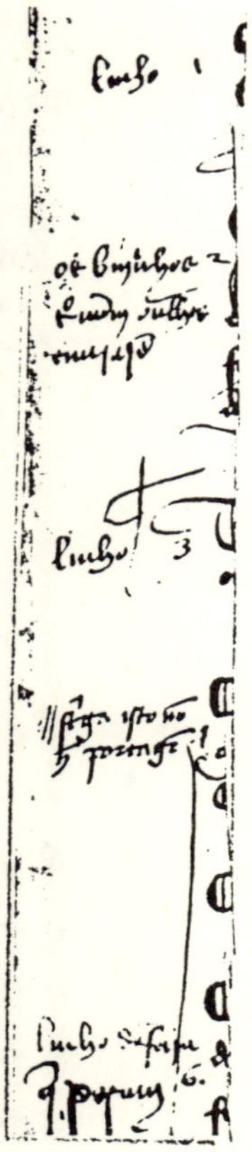

3 b

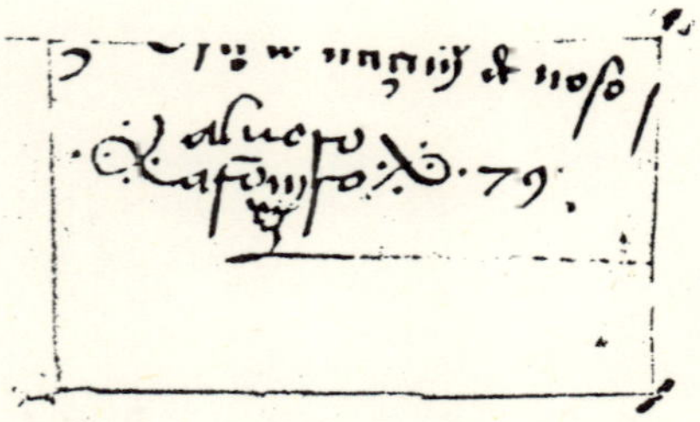

3 c

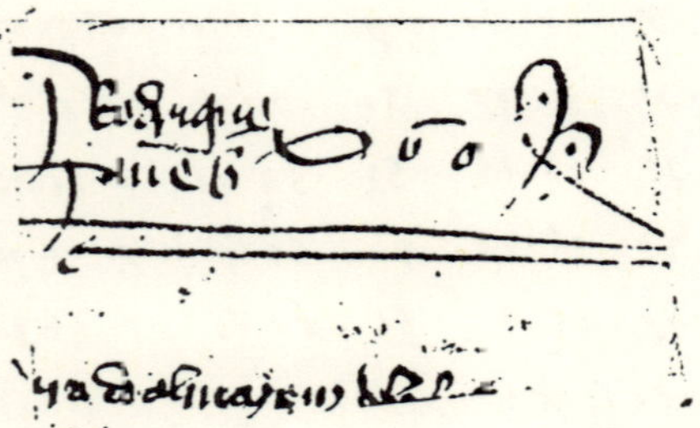

5

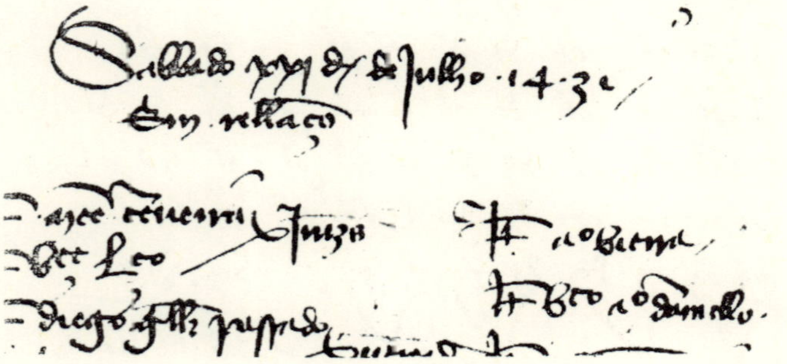

Fig. 3a–c *Livre de la Chambre des comptes du roi Edouard, écrit à partir de 1434 (voir notes 12 et 13)*

Fig. 4 *Rôle de la douane de Lisbonne (Foral da Portagem de Lisboa), copié en 1434 (voir note 14)*

Fig. 5 *Procès-verbal de la municipalité de Porto de 1431 (voir note 15)*

6

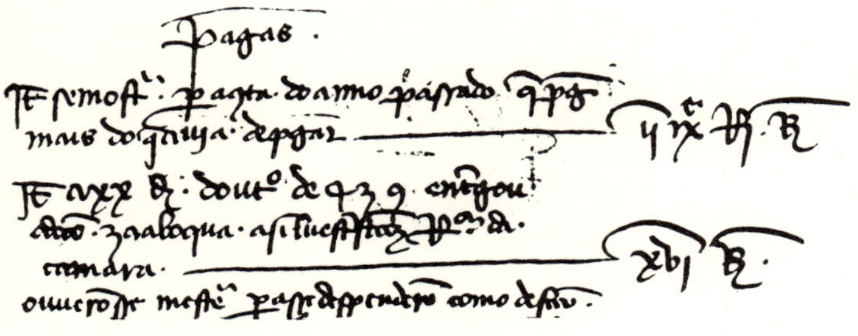

7

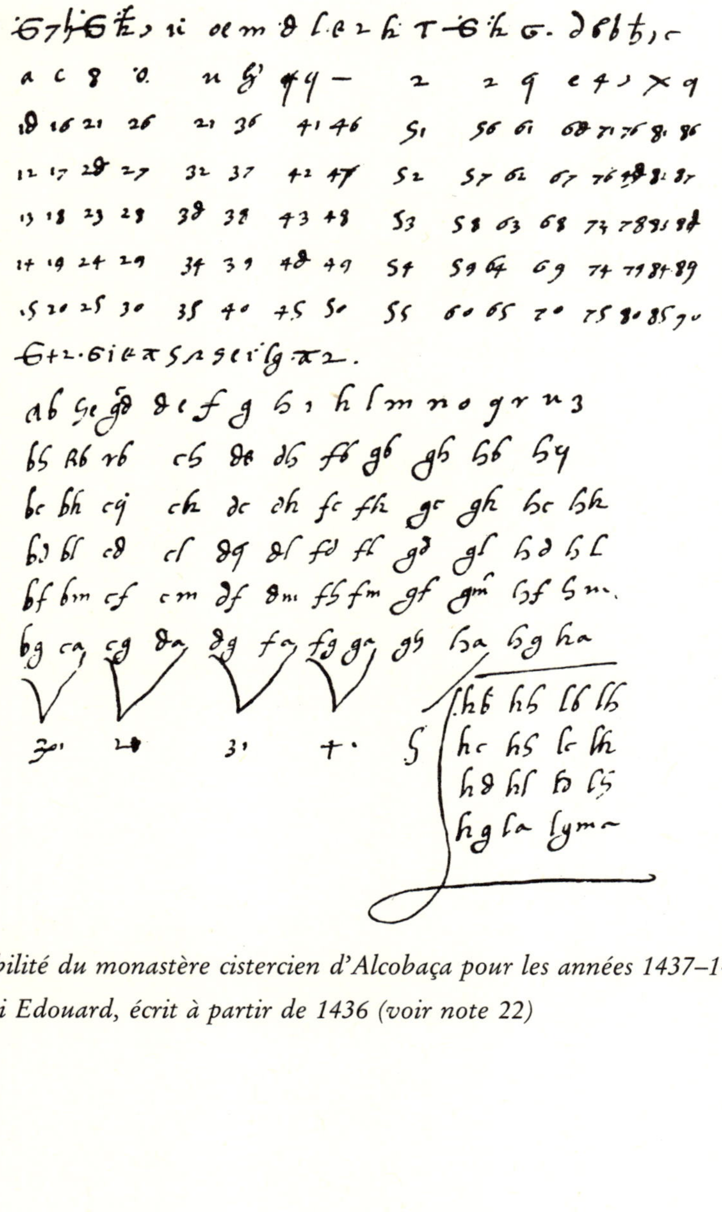

Fig. 6 *Registre de comptabilité du monastère cistercien d'Alcobaça pour les années 1437–1440 (voir note 18)*

Fig. 7 *Chiffre secret du roi Edouard, écrit à partir de 1436 (voir note 22)*

Les symboles graphiques dans les chartes du comté de Flandre jusqu'au début du XIIIe siècle

PAR THÉRÈSE DE HEMPTINNE

1. Délimitation du sujet

L'aire géographique que nous nous proposons d'étudier ici, dans le cadre de la partie de ce colloque concernant les évolutions régionales de l'emploi des symboles graphiques dans les chartes du moyen âge, peut se définir grossièrement par le terme »Pays-Bas«. En fait nous avons concentré cette étude sur le comté de Flandre dans ses limites du 12ème siècle et sur les évêchés dont il dépendait pour la plus grande partie, c.-à-d. Thérouanne, Arras, Tournai et Cambrai[1]. Cette délimitation nous a permis d'utiliser pleinement la source providentielle qu'est la collection photographique de chartes originales antérieures à 1225 de l'université de Gand[2]. Pour ce qui est de la limite chronologique, nous avons pris pour terme l'année 1206, fin du règne du comte de Flandre Baudouin IX, le dernier dont les actes aient été édités[3]. L'édition systématique des actes des comtes de Flandre avant 1206 par la Commission royale d'Histoire de Belgique (C. R. H.) dans la série des Actes des princes belges n'est toujours pas complète. Pour la période avant 1071, il faut se contenter de l'édition à intention philologique, avec fac-similés, des actes »belges« conservés en original avant l'an mil par M. Gysseling et A. C. F. Koch[4]. Les autres actes sont disponibles dans des éditions disparates, plus aisées à retrouver actuellement grâce à la récente mise à jour de la »Table chronologique des chartes et diplômes concernant l'histoire de Belgique« d' A. Wauters[5]. Une première parution à tirage limité du »Nouveau Wauters« sur microfiches a eu lieu en mai 1989[6]. Pour la période de 1071 à 1168 des éditions sont à présent disponibles[7]; outre la période avant 1071, le dernier trou à combler reste les années 1168 à 1191, c.-à-d. les actes de Philippe d'Alsace dont l'édition devrait être achevée prochainement. Quant aux évêques, à part les regestes pour Thérouanne[8] et l'édition imminente des chartes des évêques d'Arras[9], il n'y a rien de systématique, bien que plusieurs projets soient en cours de réalisation[10]. Pour les éditions dispersées, nous avons consulté le »Nouveau Wauters«.

1 Pour les circonscriptions ecclésiastiques de la Flandre au moyen âge, voir: E. DE MOREAU, en collaboration avec A. DE GHELLINCK, Histoire de l'Eglise en Belgique, Tome complémentaire I, Texte et Cartes, Bruxelles 1948, cartes Ia et II. Sur la situation spécifique des évêchés »flamands« au début du 12e siècle dans la tourmente des querelles d'investitures et de la réforme grégorienne, voir L. MILIS, Beroering omtrent bisdomssplitsingen in Vlaanderen in de jaren 1112–1113, dans: R. LIEVENS, E. VAN MINGROOT, W. VERBEKE (ed.), Pascua Mediaevalia voor Prof. Dr. J. M. De Smet, Louvain 1983, pp. 5–14.

2 Cette collection a été présentée dans le premier volume de la série Historische Hilfswissenschaften de P. Rück; Th. DE HEMPTINNE, W. PREVENIER, Le fonds photographique des chartes concernant les principautés des Pays-Bas avant 1225 et son traitement par ordinateur, dans: Fotografische Sammlungen mittelalterlicher Urkunden in Europa, Sigmaringen 1989, pp. 131–136. Le territoire concerné par cette collection est visualisé à la page 135. Les archives des anciens établissements ecclésiastiques de Belgique, qui conservent la plupart des originaux qui nous intéressent ici, sont en effet fort dispersées. A ce sujet, voir J.-M. DUVOSQUEL, Le chercheur et les archives ecclésiastiques en Belgique, dans: Sources de l'Histoire des Institutions de la Belgique. Actes du Colloque de Bruxelles, 15.–18.IV.1975, Bruxelles 1977, pp. 608–618.

3 W. PREVENIER, De oorkonden der graven van Vlaanderen (1191–aanvang 1206) (Commission royale d'Histoire, citée plus loin C. R. H., Recueil des actes des princes belges, 5), I. Diplomatische inleiding, Bruxelles 1966, II. Uitgave, Bruxelles 1964; III. Documentatie en indices, Bruxelles 1971.

4 M. GYSSELING, A. C. F. KOCH, Diplomata belgica ante annum millesimum centesimum scripta (Bouwstoffen en studiën voor de geschiedenis en de lexicografie van het Nederlands, I), I. Teksten, II. Reproducties, Bruxelles 1950. Cité plus loin DDB.

5 Voir à ce sujet G. DECLERCQ, Ph. DEMONTY, K. NAESSENS, G. TRIFIN, L'informatisation de la »Table chronologique« d'A. WAUTERS, Méthodologie du nouveau répertoire des documents diplomatiques belges antérieurs à 1200, dans le Bulletin C. R. H., CLIII, Bruxelles 1987, pp. 223–302.

6 »Nouveau Wauters«, 4 vol., I. Introduction. Bibliographie. Microfiches; II. Index onomastique; III. et IV. Index topographique (C. R. H., Cetedoc, mai 1989).

7 F. VERCAUTEREN, Actes des comtes de Flandre (1071–1128) (C. R. H. Recueil des actes des princes belges), Bruxelles 1938. Th. DE HEMPTINNE, A. VERHULST, m. m. v. L. DE MEY, De oorkonden der graven van Vlaanderen (juli 1128-september 1191) (C. R. H., Recueil des actes des princes belges, 6), II, 1 Regering van Diederik van de Elzas (juli 1128–17 januari 1168), Bruxelles 1988.

8 O. BLED, Regestes des évêques de Thérouanne (500–1553), 2 vol., Saint-Omer 1904–1907.

En ce qui concerne la limite chronologique de cette recherche, outre son caractère pratique signalé plus haut, il semble bien, vérification faite, qu'elle correspond aussi à une réalité historique: la disparition quasi totale des symboles graphiques dans les chartes de la région étudiée dès le début du 13e siècle[11].

Les symboles graphiques que nous aurons à évoquer ici, parce que ce sont les seuls à apparaître dans nos chartes sont le chrisme, la croix, la *rota* et le monogramme. Ils ont, comme partout ailleurs[12], une fonction essentielle de *visualisation* de certaines parties protocolaires de l'acte écrit, plus particulièrement de l'élément religieux et propitiatoire qu'est l'invocation et de la partie corroborative de l'eschatocole, indispensable à la validité du document. Cette visualisation semble d'autant plus utile quand les gens concernés par l'acte écrit sont analphabètes et donc incapables d'interprêter les signes que sont les mots. La disparition rapide, dès le début du 13e siècle, des signes symboliques dans les chartes de la région étudiée ici pourrait probablement être mise en rapport avec un essor simultané de l'alphabétisation[13].

2. Les symboles graphiques dans les actes des comtes de Flandre

Il n'est pas aisé de se faire une idée de l'emploi des symboles graphiques dans les actes des comtes de Flandre avant 1100. Les originaux conservés ne sont pas nombreux et souvent sujets à caution. La plupart proviennent en effet du chartrier de l'abbaye Saint-Pierre de Gand que l'étude d'O. Oppermann a sérieusement mis en question[14]. Même si depuis lors les thèses de celui-ci ont été attaquées ou nuancées[15], il n'en reste pas moins que les actes originaux les plus anciens des comtes de Flandre sont à utiliser avec prudence[16]. On peut néanmoins constater que la plupart des actes avant 1100 ne comportent aucun des symboles que nous étudions ici[17] et que les chrismes et croix-chrismes d'invocation qui ornent certains actes comtaux sont dûs à l'influence de la tradition blandinienne[18]. Il ne peut en tout cas être question d'une véritable activité de chancellerie comtale (rédaction et mise au net de documents diplomatiques) pendant cette période de l'histoire de Flandre et il faut sans doute imaginer l'intervention de l'auteur de l'acte se bornant à l'apposition du sceau ou éventuellement d'un autre signe de recognition[19]. A ce propos il est intéressant de constater l'emploi du monogramme comtal, dont le premier exemple connu se trouve dans un acte de Baudouin V de 1063 pour l'abbaye d'Ename[20]. Ce monogramme pourrait être dû à une influence française, comme le suggère L. Milis[21] – Baudouin V (1035–1067) était marié à Adèle, fille de Robert le Pieux, et à l'époque qui nous intéresse il était le tuteur de son neveu, le roi Philippe Ier[22], dont la chancellerie utilisait couramment le monogramme du nom royal[23] – bien que le dessin soit assez original et

9 Par B.-M. Tock, dont la thèse: Une chancellerie épiscopale au XIIe siècle. Le cas d'Arras, Université catholique de Louvain, année académique 1989–1990, avec édition des chartes des évêques d'Arras de 1097 à 1203 devrait être publiée à Paris prochainement.

10 La C. R. H. patronne l'édition en cours des chartes des évêques de Tournai par feu Dom N. Huyghebaert, J. Pycke (jusqu'en 1189), G. Declercq (1190–1218) et celle des chartes des évêques de Cambrai par E. van Mingroot (avant 1131) et J.-M. Duvosquel (1131–1200).

11 Exception faite des actes notariés, traités ici par J. Murray.

12 Voir à ce sujet la contribution à ce colloque de madame R. Schmidt-Wiegand.

13 A ce sujet il faut signaler une autre approche du phénomène de la progression de l'écrit, par rapport dans ce cas à l'oralité, en Flandre à la même époque, par P. Ruyffelaere, Les *historiae fundationum monasteriorum* et leurs sources orales au XIIe siècle, dans Sacris Erudiri XXIX, Steenbrugge 1986, pp. 223–247. Voir aussi, plus loin, nos conclusions.

14 O. Oppermann, Die älteren Urkunden des Klosters Blandinium und die Anfänge der Stadt Gent, [Bijdragen van het Instituut voor Middeleeuwsche Geschiedenis der Rijksuniversiteit te Utrecht, XI en XII], 2 vol., Utrecht – Leipzig 1928.

15 On verra à ce sujet les conclusions d'A. C. F. Koch, Diplomatische studie over de 10e en 11e eeuwse originelen uit de Gentse Sint-Pietersabdij, dans DDB, pp. 120–122, et pour les développements les plus récents de cette recherche les articles que A. Verhulst a consacré aux problèmes diplomatiques que posent les actes du 10e siècle des deux grandes abbayes gantoises: Kritische studie over de oorkonde van Lodewijk IV van Overzee, koning van Frankrijk, voor de Sint-Pietersabdij te Gent (20 augustus 950), dans: Bulletin C. R. H., CL, Bruxelles 1984, pp. 272–327, dont une traduction remaniée paraîtra bientôt dans: Bibliothèque de l'Ecole des Chartes, ainsi que Note sur deux chartes de Lothaire, roi de France, pour l'abbaye de Saint-Bavon à Gand, dans Bulletin C. R. H., CLV, Bruxelles 1989, pp. 1–23. G. Declercq qui prépare une thèse de doctorat sous la direction de monsieur Verhulst sur le domaine de Saint-Pierre aux 10e et 11e siècles est aussi d'avis qu'Oppermann, même si ses arguments ne sont pas toujours bien choisis, a souvent vu juste dans ses appréciations relatives aux chartes du Mont-Blandin.

16 Voir DDB, nos. 53, 56, 57, 59, 71, 96, 100, 156, 120 et 170.

17 Outre les nos. des DDB cités ci-dessus, il faut voir les originaux conservés aux archives départementales du Nord à Lille, M. Courtois, 59. Chartes originales antérieures à 1121 conservées dans le département du Nord, I, Nancy 1981, nos. 59605, 59606, 59607, 59806, 59841, 59843.

18 Voir les facsimilés nos. 2, 4, 7, 10, 15 dans, Oppermann, o. c., II et nos. XIV, XXIV, XXV, XXVI, XXVII, XXVIII, XXIX, XXXI, XXXIII, XLIX, L, LIII dans DDB, II, où il apparaît que le chrisme et les croix prolongées en chrismes ornés à profusion sont courants à l'abbaye Saint-Pierre aux 10e et 11e siècles. Ces invocations figurées sont elles-mêmes reprises aux diplômes des chancelleries royale et impériale. Un seul chrisme initial n'est pas dû à cette tradition, il s'agit du chrisme qui orne le diplôme de Robert le Frison pour la collégiale Saint-Amé de Douai (1076), Vercauteren, o. c., no. 4 et p. XCVI.

plus près du monogramme episcopal cambrésien[24] que des types français. Il est placé tout à fait en fin de texte, en bas à droite, sans être aucunement annoncé par une formule. Le sceau n'est pas annoncé non plus, bien que la charte ait été fort probablement scellée[25]. Il faut attendre 1080 pour trouver un autre exemple de monogramme comtal: une charte aujourd'hui perdue de Robert Ier le Frison pour l'abbaye de Messines en était pourvue[26]. Ici aussi il faut supposer l'influence française puisque le chartrier de l'abbaye contenait un acte du roi Philippe Ier de 1066 au contenu similaire pourvu d'un monogramme royal[27]. La structure du monogramme de Robert Ier (1071–1093) se rapproche plus des modèles français que celle du monogramme de son père Baudouin V[28]. La charte de 1080 n'était apparemment pas scellée. Ces deux vestiges de l'emploi au 11e siècle d'un monogramme comtal, probablement à l'instar du suzerain français, sont confirmés pendant la période suivante par les monogrammes du comte Baudouin VII (1111–1119)[29] et de Thierry d'Alsace (1128–1168). Pour celui-ci on ne connaît qu'un seul exemple, de 1146, qui sera d'ailleurs le dernier des monogrammes comtaux en Flandre et qui par sa structure de lettres disposées en croix autour d'un losange rappelle le mieux les exemples royaux[30]. Il est intéressant de noter que dans l'intitulation des chartes du comte Thierry les deux ou trois premières lettres de son nom sont souvent entrelacées de manière à ne former qu'un seul signe graphique, comme pour une ébauche de monogramme[31].

En dehors des monogrammes cités plus haut on ne trouve pour ainsi dire pas de symboles graphiques, autographes ou non, dans les souscriptions des actes comtaux avant 1100. On peut signaler les rares exceptions d'une charte-notice de 1076, écrite à la collégiale de Saint-Amé de Douai, à laquelle Robert Ier appose son sceau et qui se termine par une croix, plus d'appréciation d'ailleurs que de souscription[32], et d'une charte de son fils Robert II pour le prieuré de Saint-Georges d'Hesdin (1096) où les témoins ecclésiastiques ont signé d'une croix[33]. Il faut attendre l'avènement de Charles le Bon (1119–1127) pour trouver un comte de Flandre qui apporte une marque autographe à certaines chartes dont il est l'auteur. Ce comte de Flandre, célèbre surtout par son destin tragique et que l'Eglise béatifia[34], nous a en effet laissé une signature autographe de son nom »Karolus«[35]. C'est le seul exemple connu de souscription comtale autographe dans la période qui nous occupe ici. Il faut en effet signaler que si le comte Baudouin IX a bien employé le ménologe dans la souscription de ces actes en tant qu'empereur

19 Voir Idem, pp. LIX-LXVI; H. Pirenne, La chancellerie et les notaires des comtes de Flandre avant le XIIIe siècle, dans: Mélanges Julien Havet, Paris 1895, pp. 733–748; E. Reusens, Les chancelleries inférieures en Belgique depuis leur origine jusqu'au commencement du XIIIe siècle, dans: Analectes pour servir à l'histoire ecclésiastique de la Belgique, XXVI, 1846, pp. 57–133.

20 Facsimilé et étude diplomatique dans L. Milis, De onuitgegeven oorkonden van de Sint-Salvatorsabdij te Ename voor 1200 (C. R. H. Collection de Chroniques belges inédites et de Documents inédits relatifs à l'Histoire de la Belgique, 61), Bruxelles 1965, photo no. 4, et pp. XXXI–XL; édition dans DDB, no. 156, pp. 267–268.

21 L. Milis, o. c., p. XXXVIII.

22 Baudouin V fut le tuteur de Philippe Ier de 1060 à 1066, M. Prou, Recueil des actes de Philippe Ier, roi de France (Chartes et diplômes relatifs à l'histoire de France publiés par les soins de l'Académie des Inscriptions et Belles Lettres), Paris 1908, pp. XXVIII–XXXII.

23 Voir Idem, Ibidem, pp. CXIX-CXXIV et planches I à VII.

24 Voir plus loin.

25 Milis, o. c., p. XXXVIII–XXXIX.

26 Editions, facsimilé du monogramme conservé par un dessin de Vredius et commentaire: Vercauteren, o. c., acte no. 5, pp. 13–16; planche XI et introduction, p. XCVII; J. Dhondt, Bijdrage tot het cartularium van Meesen (1065–1334), dans: Bulletin C. R. H., CVI, Bruxelles 1941, pp. 165–171.

27 Edition et facsimilé: M. Prou, Examen de deux diplômes de Philippe Ier pour l'abbaye de Messines, en Flandre, dans: Comptes rendus des séances C. R. H., LXXI, Bruxelles 1902, pp. 218–221 et planche I; DDB, no. 162, pp. 278–280.

28 Il est assez comparable aux monogrammes de Robert le Pieux; voir J. Mabillon, De re diplomatica libri VI, Paris 1709, pp. 421–423, tabl. XXXVIII–XXXIX.

29 Vercauteren, o. c., actes nos. 68, 81 et 85, planche V et introduction, p. XCVII.

30 L'original de cet acte est perdu, mais conservé en partie grâce à un facsimilé dans H. Pirenne, Album belge de diplomatique, 2 vol., Jette-Bruxelles 1909, I, planche XIII B. Voir édition, facsimilé et commentaire: Th. de Hemptinne, A. Verhulst, o. c., no. 93, pp. 153–154; planche XIV et introduction, pp. XCIII–XCIV.

31 Voir plus loin, planche 1a, et de Hemptinne, Verhulst, o. c., no. 4, p. 21, note a; no. 7, p. 25, note a; no. 10, p. 31, note a; no. 59, p. 102, note b; no. 69, p. 116, note a; no. 79, p. 131, note a; no. 138, p. 223, note a; no. 146, p. 235, note a; no. 192, p. 299, note a.

32 Il s'agit de l'acte signalé à la note 18.

33 Vercauteren, o. c., no. 23, pp. 68–70. La façon peu systématique et désordonnée de l'inscription des croix porte à penser qu'il pourrait s'agir de croix autographes; voir planche 1b.

34 Fils d'un roi assassiné, Canut IV de Danemark, et d'une princesse flamande, il succéda à son jeune cousin Baudouin VII et fut lui-même assassiné à Bruges, dans l'église castrale de Saint-Donatien, le 2 mars 1127. Les malheurs de Charles le Bon ont inspiré ses contemporains Galbert de Bruges, Histoire du meurtre de Charles le Bon, édition H. Pirenne, Paris 1891, et Gauthier de Thérouanne, Vita Karoli comitis Flandriae, éd. R. Köpke, dans: M. G. H., SS, XII, Hannovre 1856, pp. 537–561. Voir J. M. de Smet, Charles le Bon, dans Dictionnaire d'Histoire et de Géographie écclésiastique, XII, Paris 1953, col. 483–486.

35 Vercauteren, o. c., pp. LXII, XCIV–XCV et actes no. 107, p. 247, et no. 112, p. 259. L'autographe de Charles le Bon de l'acte no. 107 est reproduit et commenté par H. Nelis, Deux chartes de Charles le Bon pour l'abbaye de Saint-Bavon, dans: Annales de la Société d'Emulation de Bruges, t. LVI, Bruges 1906, pp. 129–142. Voir plus loin, planche 1c.

byzantin (1204–1205), il ne l'a fort probablement pas tracé de sa propre main[36].

Au douzième siècle la croix et surtout le chrisme continuent à être rares dans les chartes des comtes de Flandre. Vercauteren a relevé neuf exemples de croix d'invocation et aucun chrisme sur 39 originaux conservés pour la période qui va de 1100 à 1128[37]. Il faut y ajouter cinq originaux, qui avaient échappé à l'éditeur des actes des comtes de Flandre[38], dont deux ont une croix initiale cantonnée de points[39], ce qui porte le total à 11 exemples sur 44 originaux de 1100 à 1128. Cette constatation reste valable et s'amplifie même pour la période suivante, celle qui concerne Thierry d'Alsace (1128–1168) dont le fils Philippe est également auteur d'actes à partir de 1157. Sur 99 originaux, 18 seulement, dont un faux, ont une croix accompagnant l'invocation[40]. Aucun des actes ayant été identifiés »écrits par une main appartenant à la chancellerie« ne porte de symbole graphique d'invocation, deux seulement des actes qui pourraient avoir été rédigés à la chancellerie ont une croix[41]. Sur les 174 originaux dont nous disposons pour la période de 1168 à 1191 20 seulement ont un symbole graphique accompagnant l'invocation, dont un seul chrisme. Deux seulement sur les vingt semblent avoir été écrits par un membre du personnel de chancellerie, les dix-huit autres étant des produits de destinataires ou écrits par des mains inconnues. Sur les 89 originaux dont le texte a probablement été rédigé à la chancellerie, quatre seulement ont une croix d'invocation, dont trois écrits par des mains mercenaires[42]. En conclusion on peut affirmer que le chrisme n'est pas utilisé à la chancellerie comtale au 12e siècle et que la croix accompagnant l'invocation l'est très rarement[43]. Les dernières années du siècle confirment cette constatation: sous Baudouin VIII et Baudouin IX (1191–1205) la croix et le chrisme ne se rencontrent dans aucune des 150 chartes de chancellerie identifiées[44]. Tandis que l'invocation verbale se maintient dans le formulaire des chartes comtales de chancellerie pendant tout le 12e siècle[45], même si l'on constate un abandon progressif de son usage – en premier lieu sous Philippe d'Alsace dans les documents destinés aux villes – aboutissant a un emploi tout à fait exceptionnel à la fin du siècle[46], l'invocation figurée n'a par contre jamais été d'un usage courant à la chancellerie des comtes de Flandre, et même les chartes comtales dûes aux destinataires n'en sont munies que rarement.

Nous verrons plus loin si la chancellerie comtale se différentiait ainsi des autres centres de production de documents diplomatiques de l'époque.

3. Les symboles graphiques dans les chartes épiscopales

Nous commencerons par la chancellerie des évêques de Thérouanne, probablement la moins bien connue et la moins organisée des chancelleries épiscopales que nous prendrons en considération ici[47]. Ce qui apparaît clairement de l'étude des originaux, c'est que dès l'extrême

36 W. Prevenier, La chancellerie de l'empire latin de Constantinople (1204–1261), dans: The Latin Empire. Some Contributions, A. A. Bredius Foundation, Hernen, Pays-Bas 1990, pp. 63–81, plus particulièrement, pp. 64–66.

37 Vercauteren, o. c., p. XCVI, et actes nos. 45, 61, 66, 93 et 94, 113, 120, 121 et 124.

38 Voir le compte rendu de E. I. Strubbe, dans: Revue belge de Philologie et d'Histoire, XVIII, 1939, pp. 1017–1018, et A. C. F. Koch, Actes des comtes de Flandre de la période de 1071 à 1128, dans: Bulletin C. R. H., t. CXXII, Bruxelles 1957, no. 3, pp. 272–277.

39 Il s'agit d'un acte de Baudouin VII pour l'abbaye de Voormezele de 1115, Vercauteren, no. 73, conservé aux archives de l'évêché de Bruges, cote C 219, et de l'expédition pour le chapitre de Saint-Donatien de Bruges d'un acte de Guillaume Cliton de 1127, Vercauteren, no. 128, conservé aux mêmes archives, cote A 240.

40 de Hemptinne, Verhulst, o. c., nos. 3, 21, 23, 65, 66, 87, 116 (faux), 119, 121, 191, 198, 225, 235, 236, 242, 254, 255, 276. Un original, celui de l'acte no. 153 pour l'abbaye d'Hasnon, a été retrouvé après la parution de l'édition, dans le fonds de l'abbaye de Lo aux archives du Grand Séminaire de Bruges, nouveau no. 15, apparemment classé là par erreur, car ce chirographe original devait se trouver dans le chartrier de Saint-Donatien de Bruges, ancien dépot d'archives des comtes de Flandre.

41 de Hemptinne, Verhulst, o. c., nos. 65 et 87. L'introduction diplomatique concernant les actes de Thierry et de Philippe d'Alsace doit encore paraître.

42 Pour toutes ces affirmations nous nous basons sur nos recherches concernant la chancellerie comtale de la période 1128–1191, à paraître dans l'introduction de l'édition des actes de Thierry et Philippe d'Alsace.

43 Notre recherche infirme donc les dires de Prevenier, o. c., I, p. 361 qui prétend que sous la maison d'Alsace la croix est encore très répandue, même dans les actes rédigés par la chancellerie.

44 Idem, Ibidem, I, p. 360.

45 Voir par exemple la fameuse série des donations de Philippe d'Alsace *»ad sacrificium altaris«* de 1177, facsimilés dans Pirenne, Album belge de diplomatique, planche XXII, A et B.

46 Neuf invocations verbales sur 153 chartes de chancellerie de la période 1191 à 1205; cf. Prevenier, o. c., I, pp. 361–362.

47 E. Reusens n'en parle même pas dans sa revue des chancelleries épiscopales, pp. 159 et sv. de son ouvrage cité plus haut à la note 19. N. Huyghebaert, Observations sur la date de quelques chartes rédigées à la prévôté de Voormezele dans le premier quart du XIIe siècle, dans: Bulletin C. R. H., 145, 1979, p. 127 et note 1, fait remarquer que le formulaire de la chancellerie de l'évêque de Thérouanne ne paraît pas être nettement fixé avant le milieu du 12ème siècle. Cela apparaît aussi de l'étude diplomatique des chartes de Jean et Milon Ier pour l'abbaye d'Arrouaise par L. Milis, Charisma en administratie. Peiling naar de levensvatbaarheid van nieuwe religieuze orden aan de hand van de oorkondenleer. (Als voorbeeld: de reguliere kanunniken van Arrouaise, 1097–1147), dans: Archives et Bibliothèques de Belgique, XLVI (1975), pp. 66–68.

fin du 11ème siècle, c'est-à-dire dès l'épiscopat de Jean de Warneton (1099–1130), la majorité des chartes des évêques de Thérouanne ne porte aucun des symboles graphiques dont il est question ici. Sous l'évêque Lambert (1191–1207) ils ont totalement disparu[48]. Quant aux quelques originaux du 11ème siècle conservés ils portent tous des croix, soit d'invocation, soit de souscription ou autres, mais aucun ne peut être attribué avec certitude à la chancellerie épiscopale[49]. Les croix d'invocation se trouvent dans les deux chartes de Drogon pour Messines et dans celle pour Voormezele[50] ainsi que dans la charte d'Hubert pour Auchy[51]. Les croix de souscriptions sont dans les deux chartes pour Messines (souscription de l'évêque) et dans celles de Gérard Ier, l'une pour Nieppéglise (souscription de l'évêque)[52], l'autre pour Saint-Georges d'Hesdin (souscription de l'évêque et de l'archidiacre)[53]. Il est intéressant de faire remarquer à propos de cette dernière charte que son destinataire conserve aussi la seule charte comtale souscrite de croix par des ecclésiastiques[54] et la seule charte de l'évêque de Thérouanne Milon Ier souscrite d'une croix devant le nom de l'archidiacre[55]. Nous trouvons encore un *signum* dans une *rota* absolument unique dans la charte d'Hubert pour Auchy[56] et deux croix entourant la devise du chirographe de Drogon pour Zonnebeke[57].

Cet aperçu semble démontrer que les symboles graphiques et plus particulièrement l'invocation figurée ne sont pas des éléments de formulaire couramment utilisés par les rédacteurs des actes des évêques de Thérouanne, du moins au 12e siècle, et qu'il faut se garder de généraliser l'emploi des symboles chrétiens dans les documents diplomatiques émanants de toutes les institutions ecclésiastiques du moyen âge à l'époque de la renaissance de l'acte écrit.

Si nous examinons les originaux des chartes épiscopales d'Arras nous arrivons en effet aux mêmes conclusions que pour Thérouanne: les invocations figurées (croix et chrismes) sont rares dès la fin du 11e siècle, c'est-à-dire dès la restauration de l'évêché d'Arras (1092/93) et la mise en place d'une chancellerie autonome[58], et dès le milieu du 12ème siècle elles ont complètement disparu du formulaire de chancellerie[59]. Même la croix de souscription épiscopale, si typique pour la chancellerie arrageoise de la première moitié du 12e siècle, disparaît à la même époque[60]. Les premiers évêques d'Arras ont en effet signé d'une croix, le plus souvent autographe, pour accompagner une formule de souscription originale, très longue et très élaborée (comprenant une invocation et une intitulation), qu'avait mise au point la chancellerie[61]. Cet usage cessa sous l'évêque Godescalc (1151–1163/64)[62] et plus jamais ce moyen de validation ne fut employé à la chancellerie épiscopale d'Arras. Cette disparition n'est en tout cas pas liée à l'emploi du sceau, puisque les évêques d'Arras ont dès le début toujours scellé leurs chartes[63]. Monsieur Tock pense qu'il s'agissait, pour les premiers évêques, de s'afficher comme maître de la chancellerie et de contrôler personnellement ses activités; en combinaison avec la non-utilisation du terme *cancellarius* à

48 Nous avons relevé pour Jean Ier 4 croix devant l'invocation sur 13 originaux, pour Milon Ier (1130–1158) 6 croix sur 16 originaux, pour Milon II (1159–1169) 1 croix sur 3, pour Didier (1169–1194) 1 croix sur 15 originaux et enfin pour Lambert aucune croix sur 15 originaux examinés. L. Milis, Charisma en administratie, pp. 67–68 parle erronnément de *chrismes* dans les deux chartes de Milon Ier qu'il examine (A. D. Nord, Lille, fonds d' Arrouaise, nos. 13 et 45); dans les deux cas il s'agit de *croix* d'invocation.

49 Il s'agit des nos. DDB 160 et 161 de l'évêque Drogon pour l'abbaye de Messines (authenticité douteuse), DDB 164 et 165 du même Drogon (1069 et 1072) pour les chanoines de Voormezele et de Zonnebeke (écrits à Voormezele); A. de Cardevacque, Histoire de l'abbaye d'Auchy-les- Moines, Arras 1875, pp. 173–175, no. 1 de l'évêque Hubert (1079) pour l'abbaye d'Auchy; DDB 166 de Gérard I (1084) pour le prieuré de Nieppéglise et enfin Courtois (voir note 17), no. 59836 du même évêque Gérard (1094) pour le prieuré de Saint-Georges d'Hesdin.

50 DDB, II, facsimilés nos. LVI, LVII et LVIII.

51 Voir plus loin planche 2a.

52 DDB II, facsimilé no. LXV.

53 Voir plus loin planche 2b.

54 Voir note 33.

55 Archives départementales du Nord, Lille, 1 H 415/3744 (1136); voir Bled, o. c., II, no. 2897, et R. Fossier, Cartulaire-chronique du prieuré Saint-Georges d'Hesdin, Paris 1988, p. 215, no. 401 (édition d'après le cartulaire), et plus loin, planche 2c.

56 Voir planche 2d.

57 Voir un facsimilé dans C. Callewaert, Chartes anciennes de l'abbaye de Zonnebeke, Bruges 1925, pp. 2–3.

58 Sur la chancellerie des évêques d'Arras de 1093 à 1203 on verra la thèse récente de B.-M. Tock, citée note 9. Nous remercions monsieur Tock de nous avoir autorisé à consulter et à citer sa thèse encore inédite.

59 On trouve quelques rares croix d'invocation et deux chrismes seulement pour la période qui couvre les épiscopats de Lambert, Robert, Alvise et Godescalc (1093–1155/57), mais plus dans les chartes de leurs successeurs. Si l'on compare avec l'emploi de l'invocation verbale, Tock, o. c., 2, pp. 317–319, on constate que celle-ci est toujours présente dans le chartes rédigées par la chancellerie jusqu'à la fin de l'épiscopat de Godescalc (1155/57), mais qu'elle disparaît progressivement à partir de l'épiscopat de Frumaud (1174–1183). La désaffection totale de l'invocation figurée est donc d'un quart de siècle plus précoce que celle de l'invocation verbale.

60 Tock, o. c., t. 2, pp. 309–310.

61 Voir les exemples de croix autographes de souscription des évêques Lambert (1093–1115) et Alvise (1131–1147), non autographe (?) de l'évêque Robert Ier (1115–1131), plus loin planche 3a–c.

62 Voir un dernier exemple de souscription autographe de l'évêque Godescalc, planche 3d.

63 Tock, o. c., t. 2, p. 305.

Arras, cette participation personnelle de l'évêque à la confection des chartes prouve sa volonté de maîtriser son administration[64]. La mainmise du chapitre sur la chancellerie durant les années 1160–1180[65] entérine la disparition de la croix de souscription épiscopale des chartes des évêques d'Arras.

Les deux autres évêchés que nous devons encore prendre en considération, Noyon-Tournai et Cambrai, ont des chancelleries plus anciennes que Thérouanne et Arras[66]; il faut donc voir si les symboles graphiques dans les chartes y sont mieux représentés que dans les chancelleries épiscopales plus jeunes dont nous venons de nous occuper.

Jusqu'en 1146, date de la restauration de l'évêché de Tournai, les évêques de Noyon-Tournai n'ont eu qu'un chancelier, celui de Notre-Dame de Noyon, qui a officié pour l'ensemble du double diocèse[67], et par conséquent une chancellerie unique. Dès le début de l'activité de cette chancellerie épiscopale, le chancelier dessine une croix ou un autre signe après la formule de recognition des chartes de l'évêque[68]. Cette forme de participation du chancelier de l'évêque de Noyon-Tournai à l'élaboration des chartes épiscopales restera en vigueur sous les successeurs du chancelier Hugues, Guy Ier (1046–1084), Guy II (1084–1109) et dans une moindre mesure Hugues de Péronne (1109–1128)[69], ensuite sous l'évêque Simon de Vermandois et son chancelier Hugues de Roye (1128–1146 pour Tournai) les croix de souscription du chancelier disparaissent pour ne plus reparaître[70]. Sous les évêques Radbod II (1068–1098) et Baudry (1098–1113) il arrive, mais ce n'est pas systématique, que le *signum* de l'évêque luimême soit accompagné d'une croix de souscription[71], mais cela ne se produit plus sous leurs successeurs[72]. Les croix d'invocation sont très fréquentes dans les chartes de chancellerie des évêques de Noyon-Tournai à partir de l'épiscopat de Radbod II jusqu'à la scission des deux évêchés en 1146, ensuite elles deviennent rares, pour tomber en désuétude sous l'évêque Everard d'Avesnes (1173–1191) et son chancelier Henri de Soignies. Le chrisme ne se rencontre que dans les chartes de l'évêque Lambert (1114–1121)[73], mais l'invocation figurée la plus utilisée est la croix. Ce signe se rencontre également très souvent dans les devises des chirographes de Noyon-Tournai[74]; ces devises, souvent longues, commencent généralement par une croix ou sont entourées par des croix, et cela jusqu'à l'abandon du système de régistration par chirographe

64 Idem, Ibidem, t. 1, p. 249.

65 Idem, Ibidem, t. 1, p. 241.

66 Sur ces chancelleries, voir E. Reusens, Les chancelleries inférieures, pp. 167–180 et 182–192; pour Noyon-Tournai: N. Huyghebaert, Recherches sur les chanceliers des évêques de Noyon-Tournai, dans: Annales de la Fédération archéologique et historique de Belgique, Congrès de Courtrai de 1953, Courtrai, 1955, pp. 665–680 et Idem, »Hugo Tornacensis ecclesiae cancellarius«. Examen critique de la charte de fondation de l'abbaye de Phalempin (1039), dans: Bulletin C. R. H., CXXVIII, Bruxelles 1962, pp. 183–273, ainsi que C. Vleeschouwers, M. van Melkebeek, Le rôle de l'entourage des évêques de Tournai (1146–1300) dans la chancellerie épiscopale (avec relevé des sceaux), dans: Mémoires de la Société historique et littéraire de Tournai, 2, 1981, pp. 7–80; pour Cambrai: E. van Mingroot, Kanzlei, Jurisdiktion und Verwaltung im Bistum Kammerich (Cambrai, 1057–1130), dans: Recht en instellingen in de oude Nederlanden tijdens de Middeleeuwen en de Nieuwe Tijd. Liber amicorum Jan Buntinx [Symbolae Facultatis Litterarum et Philosophiae Lovaniensis. Series A/vol. 10], Louvain 1981, pp. 1–26.

67 N. Huyghebaert, Recherches sur les chanceliers, pp. 677–680; J. Pycke, Le chapitre cathédral Notre-Dame de Tournai de la fin du XIe à la fin du XIIIe siècle [Université de Louvain. Recueil de Travaux d'Histoire et de Philologie, 6e série, fascicule 30], Louvain-la-Neuve–Bruxelles 1986, p. 171. Pour la seule exception, voir N. Huyghebaert, »Hugo Tornacensis ecclesiae cancellarius«, pp. 241–251.

68 Voir le premier exemple du chancelier Hugues en 1039, N. Huyghebaert, Ibidem, p. 254.

69 Pour ces dates, voir N. Huyghebaert, Recherches sur les chanceliers, p. 677. Pour les curricula de ces personnages voir J. Pycke, Répertoire biographique des chanoines de Notre-Dame de Tournai, pp. 1080–1300 [Université de Louvain. Recueil de Travaux d'Histoire et de Philologie, 6e série, fasc. 35], Louvain-la-Neuve – Bruxelles 1988, p. 116 sv. Pour la liste la plus récente des évêques, voir J. Dumoulin, J. Pycke, Tournai. La cathédrale Notre-Dame et son trésor. Le nouveau guide du visiteur, Tournai 1990, pp. 49–56.

70 Voir des exemples de souscription du chancelier, plus loin, planche 4a–c, et les facsimilés nos. LXXII, LXXIII et LXXVIII dans: DDB, II (trois croix de souscription du chancelier Guy II), ainsi que H. Nelis, dans: Album belge de diplomatique, I, planche XVIII; ce dernier s'est trompé en identifiant un unique chancelier de Tournai du nom d'Hugues de 1109 à 1160, voir sa notice concernant la planche XVIII dans: Album belge, II. Pour la rectification on verra N. Huyghebaert, Recherches sur les chanceliers, pp. 671–677.

71 Voir plus loin, planches 4b et 5a (où on voit aussi une *rota* auprès du signum de l'archidiacre), 5b et 5c.

72 Le seul exemple connu de souscription épiscopale après Baudry, dans une charte de l'évêque Simon de Vermandois pour l'abbaye du Mont-Saint-Eloi de 1141 (original à la Bibliothèque Nationale, Paris, Nouvelles acquisitions latines, 2574/2), est repris à la tradition de la chancellerie des évêques d'Arras. Voir note 61; N. Huyghebaert, Recherches sur les chanceliers, p. 678, note 3, et plus loin, planche 5d.

73 Voir planche VI. La croix-chrisme de la charte de l'évêque Baudouin pour l'abbaye Saint-Pierre de Gand de 1047 (DDB, no. 95, facsimilé no. XLVIII) est de toute évidence de tradition blandinienne, voir plus haut, note 18.

74 Pour quelques exemples de légendes de chartes-parties de la chancellerie de Noyon-Tournai, voir M. Parisse, Remarques sur les chirographes et les chartes-parties antérieurs à 1120 et conservés en France, dans: Archiv für Diplomatik, 32, 1986, pp. 558–559 (qui n'a pas noté les croix); DDB, II, fascimilés nos. LXXII et LXXIII; et plus loin, planches 4c et 6 (fragments du début et de la fin d'une légende), 7 et 8.

sous les premiers évêques de l'évêché de Tournai restauré et leur chancelier Letbert le Blond[75]. Ici encore, comme à Arras, les signes de validation que sont les croix de souscriptions du chancelier et de l'évêque et les devises de chartes-parties ne font pas concurrence au sceau de l'évêque[76], mais servent au contrôle interne des activités de chancellerie[77]. Leur abandon vers le milieu du 12e siècle et celui moins brutal et plus lent des invocations figurées, principalement de la croix, dans le courant de la deuxième moitié de ce siècle coïncide avec le même phénomène dans les chancelleries de Thérouanne et d'Arras.

Quant à Cambrai, une publication récente et complète concernant la chancellerie épiscopale des 11e et 12e siècles manque encore[78]. Les études partielles publiées à ce jour nous apprennent que cette chancellerie fort bien organisée, dont le début d'activité doit se situer en 1057 sous l'évêque Lietbert (1051–1076) et le chancelier Wérimbaud Ier (1057–1091)[79], est responsable de la fabrication de deux tiers des chartes épiscopales de la période 1057 à 1130[80]. De plus il est à peu près certain que l'auteur intellectuel de l'acte était aussi le responsable de tout le processus de sa mise en écrit et de sa présentation formelle (scellement compris)[81]. Les constatations qu'on peut faire en étudiant les nombreux originaux conservés des 11e et 12e siècles pour y découvrir des symboles graphiques sont les suivantes.

Au 11e siècle les évêques Gérard Ier (1012–1051), Lietbert et Gérard II (1076–1092) ont utilisé un monogramme pour souscrire cetaines de leurs chartes[82]; au 12e siècle cette pratique avait disparu. Il est possible que l'évêque de Cambrai se soit inspiré des modèles de la chancellerie impériale pour ce monogramme[83], en tout cas il a sans doute influencé la forme du premier monogramme connu d'un comte de Flandre, celui de Baudouin V[84]. Outre ces monogrammes, les mêmes évêques, mais aussi leurs successeurs Gaucher (1093–1095) et Manasses (1096–1103), ont utilisé d'autres symboles de souscription, tels la croix ou un autre *signum* de l'évêque[85], deux sortes de *rota*[86] dans les actes de Gérard II et parfois des croix de souscription de témoins[87]. Autrement qu'à Noyon-Tournai, la for-

75 A la chancellerie de Noyon-Tournai, on employait la charte-partie pour conserver un exemplaire (non-scellé) des chartes que l'on délivrait. Sur les premiers chanceliers de Tournai, après la restauration de cet évêché en 1146, voir C. VLEESCHOUWERS, M. VAN MELKEBEEK, Le rôle de l'entourage des évêques de Tournai (cité note 66), pp. 7–39.

76 Dès le 10e siècle les évêques de Noyon-Tournai ont scellé leurs chartes et ont continué à le faire depuis lors; N. HUYGHEBAERT, Examen critique, p. 252. Au début du 13ème siècle le chancelier lui-même dispose d'un sceau; C. VLEESCHOUWERS, M. VAN MELKEBEEK, a. c., p. 44.

77 Les chartes-parties dont on conservait un exemplaire à la chancellerie étaient sans aucun doute un moyen efficace de lutte contre les faussaires.

78 La thèse d'E. VAN MINGROOT, De bisschoppelijke kanselarij te Kamerijk, 1057–1130, Université de Louvain 1969, n'ayant pas été publiée, il faut se contenter de l'article ancien d'E. REUSENS et du court article d'E. VAN MINGROOT, cités à la note 66, et d'études ponctuelles, comme celles d'E. VAN MINGROOT, De bisschoppelijke stichtingsoorkonde voor O. L. Vrouwkapittel en Sint-Michielsabdij te Antwerpen, dans: Analecta Praemonstratensia, XLVIII (1972), pp. 43–64; De stichtingsoorkonde van de abdij van Tongerlo: echt of vals?, dans: Archives et Bibliothèques de Belgique, XLIII (1972), pp. 615–654; De oorkonden van bisschop Borchard van Kamerijk betreffende het altare van Mechelen (1116 en 1123). Twee diplomatische bronnen voor de kerkelijke geschiedenis van Mechelen, dans: Handelingen voor de Koninklijke Kring voor Oudheidkunde, Letteren en Kunst van Mechelen, 82, 1978, Malines 1979, pp. 37–62; De Kamerijkse stichtingsbrief voor de abdij van Affligem (Novum Monasterium, 1086), dans: Sacris Erudiri, XXIV, Steenbrugge 1980, pp. 7–39 (avec résumé en français); Het stichtingsdossier van de Sint-Adriaansabdij te Geraardsbergen (1081–1096), dans: Bulletin C. R. H., CLIII, Bruxelles 1987, pp. 1–64 (avec résumé en français), ou de J.-M. DUVOSQUEL, Les chartes de donation d'autels émanant des évêques de Cambrai aux XIe-XIIe siècles éclairées par les obituaires. A propos d'un usage grégorien de la chancellerie épiscopale, dans: H. HASQUIN (éd.), Hommages à la Wallonie. Mélanges offerts à Maurice A. Arnould et Pierre Ruelle, Bruxelles U. L. B. 1981, pp. 147–163. Les problèmes d'emploi de styles chronologiques à la chancellerie de Cambrai sont les seuls à avoir été traités de manière exhaustive dans deux articles d'E. VAN MINGROOT, Kerststijl en Nieuwjaarsindictie in het Bisdom Kamerijk (XIde en begin XIIde eeuw), dans: Bulletin C. R. H., CXLI, Bruxelles 1975, pp. 47–132; et Indictio secundum stilum Cameracensem, dans: Bulletin C. R. H., CXLIII, Bruxelles 1977, pp. 139–205.

79 J.-M. DUVOSQUEL, Les chartes de donations d'autels, p. 162; E. VAN MINGROOT, Kanzlei, Jurisdiktion und Verwaltung, pp. 3 et 12.

80 VAN MINGROOT, Ibidem, p. 3.

81 IDEM, Ibidem, pp. 10, 14 et 15.

82 Pour Gérard Ier, voir un acte de 1046 pour Saint-André du Câteau, planche 9a; pour Lietbert voir deux actes de 1057 pour le chapitre cathédral de Cambrai et les chanoines de Saint-Aubert, VAN MINGROOT, Kanzlei, Jurisdiktion und Verwaltung, p. 21, note 22 et COURTOIS, (voir note 17), nos. 59703 et 59704; pour Gérard II, voir deux actes pour le chapitre Saint-Amé de Douai, planche 9b et COURTOIS, nos. 59895 et 59816, et un acte de 1091 pour Saint-André du Câteau, planche 9c, COURTOIS, no. 59832.

83 VAN MINGROOT, Kanzlei, Jurisdiktion und Verwaltung, p. 2. Il faut signaler par exemple que l'évêque Lietbert, ancien membre de la »Hofkapel« a demandé au souverain allemand d'apposer son monogramme à la charte de fondation de l'abbaye du Saint-Sépulchre à Cambrai (1064), voir A. GAWLIK, Analekten zu den Urkunden Heinrichs IV., dans: Deutsches Archiv, 31, 2 (1975), pp. 416–419 (avec fascimilé).

84 Voir plus haut.

85 Voir les planches 9a et 9c, et pour les *signa* des évêques Gaucher et Manasses, respectivement DDB, II, fascimilé no. LXXVII, et la planche 10a. Tous ces actes sont toutefois scellés; E. VAN MINGROOT, Kanzlei, p. 14.

86 Voir les planches 9b et 10b. Sur l'apparition et la signification de la rota dans les actes pontificaux on verra la contribution de J. DAHLHAUS à ce colloque.

mule de recognition du chancelier, par contre, n'est jamais accompagnée d'un symbole graphique autographe, ce qui paraît logique quand on sait que le chancelier écrivait la plupart des chartes de sa propre main[88]. Les symboles graphiques de souscription, tout comme le monogramme de l'évêque, sont absents des chartes du 12e siècle. Les invocations figurées par contre restent de rigueur dans les chartes épiscopales cambrésiennes jusqu'à l'extrème fin du 12e siècle. Dès le début de l'activité de chancellerie nous trouvons des croix d'invocation dans les chartes des évêques Lietbert, Gérard II et Gaucher[89]. Le chrisme apparaît sous l'évêque Manasses de Soissons[90], pour devenir particulièrement populaire sous l'épiscopat de Burchard d'Aix-la-Chapelle (1116–1130), dont presque toutes les chartes portent le monogramme du Christ suivi d'une rangée de points superposés et d'une invocation verbale en *oblongata*[91]. L'épiscopat de Nicolas (1136–1167) voit la croix d'invocation revenir en force[92], mais certains *scriptores* continuent à utiliser le chrisme de la chancellerie des évêques Burchard et Liétard[93]. Dès cette époque et sous les successeurs de Nicolas, de nombreuses chartes épiscopales cambrésiennes ne portent plus aucune invocation figurée, mais sous l'évêque Roger (1178–1190) la tendance se renverse pour une ultime résurgence de la croix d'invocation. Dans la dernière décennie du 12e siècle toute invocation figurée a disparu des chartes épiscopales cambrésiennes.

En conclusion on peut dire que Cambrai est la seule chancellerie épiscopale qui ait eu une tradition de l'emploi du chrisme, de 1096 à 1166 environ, et la seule, avec celle de Noyon-Tournai à avoir eu vraiment une tradition d'invocation figurée. La chancellerie d'Arras ne semble pas avoir subi l'influence de Cambrai avec qui elle n'avait fait qu'une administrativement si longtemps, mais a par contre inventé une tradition originale sous forme de souscription (autographe) de l'évêque par l'apposition d'une croix. Il semble bien que souvent les évêques ont joué un rôle personnel important dans leurs chancelleries et que les plus entreprenants ont même pris l'initiative pour l'établissement des règles concernant le formulaire de leurs chartes. Quant aux influences subies par les chancelleries épiscopales dans leur utilisation des symboles graphiques, elles sont diverses et multiples. On peut mentionner la chancellerie papale pour les monogrammes en forme de *rota* des évêques de Cambrai et le *signum* dans un acte de l'évêque Hubert de Thérouanne, mais aussi pour toutes les souscriptions en forme de croix de témoins, à l'instar des souscriptions cardinalices, dans les chartes épiscopales du 11e siècle. Le choix des invocations figurées peut avoir été influencé par les traditions dans les

87 Des exemples dans les chartes de Gérard Ier (planche 10c), Gérard II (planche 10d); d'autres croix dans les eschatocoles des chartes de Gérard II, par exemple avant la formule de datation (DDB, II, facsimilé no. LXXIV) ou après la liste des témoins (A. D. Nord, Lille, 8 H 29/378, COURTOIS, no. 59810).

88 E. VAN MINGROOT, Kanzlei, pp. 11–13.

89 Ces croix sont à cette époque le plus souvent cantonnées de points ou d'éclairs et suivies d'une première ligne en oblongata. Quelques exemples en facsimilés: E. VAN MINGROOT, Kanzlei, Fig. 1 (Gérard II, 1089); DDB, II, no. LXXIV (Gérard II, 1092); trois photos aux Archives générales du Royaume à Bruxelles d'originaux des archives de Mons aujourd'hui perdus, photos nos. CLIV, CLV et CXXXXIX (respectivement Gérard II pour Sainte-Marie de Lobbes, 1089, Gaucher pour Sainte-Marie de Lobbes, 1093 et Gaucher pour Saint-Ghislain, 1095); ici planche 11a (Gérard II, 1091). Sur les invocations figurées des chartes de Gérard II, voir E. VAN MINGROOT, De Kamerijkse stichtingsbrief voor de abdij van Affligem, p. 22.

90 En fait, nous connaissons au moins une charte épiscopale cambrésienne du 10e siècle ornée du monogramme du Christ. Il s'agit d'une charte d'affranchissement de l'évêque Fulbert de 941, conservée en page de garde d'un manuscrit de la bibliothèque municipale de Cambrai (ms. 485; voir facsimilé dans, G. DESPY, Serfs ou libres? Sur une notice judiciaire cambrésienne de 941, dans: Revue belge de Philologie et d'Histoire, 39 (1961), pp. 1142–1143). Cette forme de chrisme que l'on peut lire aussi comme un monogramme du mot latin PAX, se retrouve encore beaucoup plus tard, au 12e siècle, par exemple dans des chartes de l'évêque Burchard pour l'abbaye de Saint-Bavon de Gand (1129; original no. 37 aux Archives de l'Etat à Gand, no. 30 de l'édition de C. VLEESCHOUWERS, De oorkonden van de Sint-Baafsabdij te Gent, sous presse, dans une publication de la Commission royale d'Histoire, ou de l'évêque Liétard pour l'abbaye du Saint-Sépulchre à Cambrai (1132, A. D. Nord, Lille, 3 H 73/967). Sur les différentes formes que peuvent prendre les chrismes et leurs déformations, on verra l'intéressante contribution de madame E. EISENLOHR à ce colloque. Pour un exemple du chrisme des chartes de l'évêque Manasses, qui a réintroduit ce symbole à Cambrai, voir plus loin planche 11b. Sur Manasses et son origine soissonnaise, voir E. HOERES, Das Bistum Cambrai. Seine politischen und kirchlichen Beziehungen zu Deutschland, Frankreich und Flandern und Entwicklung der Commune von Cambrai von 1092–1191, Leipzig 1882, p. 7 et sv. et A. CAUCHIE, La querelle des investitures dans les diocèses de Liège et de Cambrai, Louvain–Paris 1891, p. 131 et sv.

91 Voir E. REUSENS, Les chancelleries inférieures, p. 163, fig. 1; L. MILIS, Charisma en administratie, pp. 549–551; E. VAN MINGROOT, De oorkonden van bisschop Borchard van Kamerijk betreffende het altare van Mechelen, p. 47, note 75: IDEM, Ibidem, pp. 41 et 55, et IDEM, Kanzlei, Fig. 2, 3 et 4.

92 Cette croix cantonnée de points est le plus souvent suivie de l'invocation verbale *In nomine Domini*; voir: L. MILIS, Charisma en administratie, p. 551. Quelques exemples: en 1147 pour Saint-Michel d'Anvers (abbaye d'Averbode, fonds de Saint-Michel, no. 2; P. J. GOETSCHALCKX, Oorkondenboek der Witheerenabdij van Sint-Michiels te Antwerpen, I, Ekeren–Donk 1906, no. 6), en 1159 pour l'hôpital de Cambrai (Cambrai, Archives hospitalières, IB, 276), en 1160 pour le prieuré d'Anchin à Aymeries, (Lille, A. D. Nord, 1 H 399/3640), en 1165 pour Saint-Bavon de Gand (Gand, Archives de l'Etat, original no. 52; C. VLEESCHOUWERS, De oorkonden van de Sint- Baafsabdij, no. 44).

93 Un exemple, parmi bien d'autres de 1137 à 1166, voir planche 11c. Après cette date nous n'avons plus trouvé de chrismes.

chancelleries royale et archiépiscopale de Reims, mais aussi par celles du milieu d'origine des évêques, abbayes ou chapitres. Il apparaît néanmoins que dans les chancelleries les plus récentes (Arras et Thérouanne) les invocations figurées n'ont jamais été utilisées systématiquement et que partout les symboles graphiques ont totalement disparus des chartes épiscopales au début du 13e siècle.

Pour ce qui est d'Utrecht, l'évêché dont dépendait la partie la plus septentrionale de la Flandre au moyen âge[94], le seul des cinq évêchés à ne pas être soumis à Reims mais à Cologne, une investigation rapide dans les photos de la collection Prevenier et les éditions[95] permet d'affirmer que si il y a eu des invocations figurées et plus particulièrement des croix dans les chartes des évêques d'Utrecht au 11e siècle[96] et au tout début du 12e (dernier exemple en 1127)[97], elles disparaissent complètement par après.

Les chartes élaborées dans les scriptoria des grands monastères et chapitres de la région étudiée permettent de voir une évolution de l'emploi des symboles graphiques similaire à celle des chartes épiscopales. Si jusqu'à la fin du 11e siècle les chrismes et les croix d'invocation sont couramment utilisés dans certains centres d'écriture[98] cette pratique se raréfie et devient très occasionnelles au 12ème siècle, pour disparaître au début du siècle suivant[99].

Conclusions

Si l'on admet que les symboles graphiques ont servi de repaires visuels pour marquer les passages jugés importants dans les actes écrits, c.-à-d. les passages qui donnent aux documents leur valeur juridique ou qui appellent la sanction divine sur leur contenu, on peut sans doute comprendre l'évolution que nous avons constatée dans tous les centres de production de chartes que nous avons étudiés ici. En effet, la coutume de lire les chartes à haute voix aux parties concernées et à l'assistance[100], ne permettait sans doute pas de mettre assez en évidence les parties propitiatoire et validatrice de ces chartes. Montrer ou plutôt *faire voir* ces éléments jugés indispensables à la valeur de l'acte écrit a pu faire problème à une époque où le public concerné était en grande partie analphabète.

L'emploi de symboles connus de tous pour accrocher l'oeil aux endroits désirés et plus tard l'apposition d'un sceau au symbolisme évident[101] ont fourni les solutions adéquates à ce problème. A une époque où »l'aire des lecteurs était encore plus réduite que celle des personnes capables d'écrire«[102] les symboles graphiques ont sans doute eu comme fonction d'étendre la confiance dans l'acte écrit à tous ceux qui étaient incapables de lire. La protection et la sanction divine implorées dans l'invocation écrite, dont la lisibilité était souvent réduite par l'écriture oblongue, fut redoublée par l'invocation figurée: monogramme du Christ ou croix. On comprend pourquoi la croix a supplanté le chrisme d'invocation quand on voit les formes aberrantes que peut prendre ce signe au 11e siècle. La croix, même ornée à profusion (cantonnée de points, de flammèches ou de fleurs) avait l'avantage d'un symbolisme clair et compréhensible pour tous. L'abandon rapide dans le courant du 12e siècle, en premier lieu par les chancelleries nouvellement créées et donc moins marquées par la tradition, de l'invocation figurée, et cela des décennies avant l'abandon de l'invocation verbale, a pu avoir de multiples raisons. La principale étant à notre avis que la confiance en l'acte écrit était devenue telle qu'une visualisation du formulaire concernant la participation divine à la validité du document pouvait sembler superflue. Une telle confiance établie pourrait paradoxalement expliquer que les moines, souvent faussaires accomplis, aient le plus longtemps tenu à orner leurs chartes d'invocations figurées[103]. Ce

94 Voir les cartes citées à la note 1.

95 S. Muller Fz., A. C. Bouman, Oorkondenboek van het sticht Utrecht tot 1301, I, Utrecht 1920; A. C. F. Koch, Oorkondenboek van Holland en Zeeland tot 1299. I. Eind de eeuw tot 1222, 's Gravenhage 1970.

96 Voir facsim avenhage 1970.

96 Voir facsimilé dans DDB, II, no. LXXVI, d'un acte de l'évêque Conrad pour le chapitre Saint-Jean d'Utrecht (1094).

97 A. C. F. Koch, Oorkondenboek van Holland en Zeeland, I, p. 219, no. 108.

98 Voir par exemple pour Saint-Pierre de Gand, E. Reusens, les chancelleries inférieures, p. 39, et les nombreux facsimilés dans DDB, II; pour Hasnon, DDB, II, no. LXIX; pour Saint-Trond, no. LIV.

99 Les centres d'écriture où l'on trouve des chartes munies occasionnellement d'invocations figurées au 12e siècle sont par exemples les abbayes bénédictines d'Affligem, d'Anchin, de Gand, de Marchiennes et de Ninove, l'abbaye cistercienne de Notre-Dame de Loos et les chapitres de chanoines réguliers de Lo et de Zonnebeke. Pour les derniers exemples de croix d'invocation, fin 12e, début 13e siècle, voir W. Prevenier, De oorkonden, II, planches XVIII, no. 39; XIX, no. 40; XXI, no. 44, et I, actes nos. 167 et 179.

100 M. T. Clanchy, From Memory to written Record. England 1066–1307, Londres 1979, p. 245.

101 Voir à ce sujet la contribution de madame J. E. Sayers à ce colloque.

102 A. Petrucci, Lire au moyen âge, dans: Mélanges de l'Ecole française de Rome, Moyen Age – Temps Modernes, 96 (1984), p. 607.

103 M. T. Clanchy, o. c., p. 257 s: »Although it is true that monks were commonly forgers, they compensated for this by imbuing script with sacred associations«.

qui semble en tout cas confirmer la théorie de l'emploi des symboles graphiques à l'usage des illettrés, c'est la disparation de ces symboles en premier lieu dans les documents purement administratifs ou ne concernant que des gens dont on est à peu près sûr qu'ils pouvaient lire. L'abandon généralisé de l'usage de l'invocation figurée dès le début du 13e siècle en Flandre pourrait alors aussi être un signal supplémentaire des progrès de l'alphabétisation[104]. Le fait que dans la plupart des cartulaires on ait omis de copier les invocations figurées prouve que ces symboles n'avaient plus rien de fonctionnel.

En ce qui concerne les autres symboles graphiques que nous avons rencontrés dans les chartes, ils concernent tous la validation des actes écrits, indispensable également pour inspirer confiance aux parties en cause[105]. Pour ceux-ci aussi nous avons constaté un recul très marqué dès le début du 12e siècle aussi bien en ce qui concerne les monogrammes que les *signa* en forme de croix. La défection que subissent ces formes de validation au profit unique du sceau, après une période assez longue de co-emploi, est probablement due également à une double évolution: d'une part la fiabilité censée être plus grande du sceau[106], dont la matrice est confiée à un responsable unique et qui dispense l'auteur de l'acte de toute autre intervention personnelle et rend superflue une recognition autographe du membre de la chancellerie qui scelle la pièce, et d'autre part un besoin moins grand de visualiser le formulaire corroboratif de l'acte, puisque le sceau est la preuve tangible de cette corroboration. Le double emploi du sceau et du monogramme (à l'instar de la *rota* et de la bulle papale) devait faire place, avec la massification de la production de documents et l'organisation des chancelleries dans la région que nous avons étudiée, très rapidement et pour des siècles à la validation par simple apposition du sceau[107]. Il faut ajouter à cela que dans tous les centres de production de chartes que nous avons étudiés le sceau a partout été, dès le début d'une »chancellerie« plus ou moins organisée, le moyen de validation par excellence. Le cas d'Arras, avec ses souscriptions épiscopales autographes en plus du scellement, est exceptionnel et ne dure qu'un demi-siècle. Quant aux croix de recognition des chanceliers de Noyon-Tournai, elles disparaissent encore plus rapidement, rendues inutiles par la fonction sigillatrice de ces mêmes chanceliers. Si le notariat a été la seule instance à garder le *signum* en honneur plutôt que d'adopter le sceau, il faut sans doute en chercher la cause dans la tradition des *tabelliones* du haut moyen âge[108]. Les souscriptions de témoins en forme de croix, très rares en Flandre au 11e siècle, se sont pourtant perpétuées sous la forme de listes de témoins où chaque nom au génitif est précédé du mot *signum* ou plus souvent de l'initiale de ce mot. Il est intéressant de constater qu'encore à la fin du 12e siècle les scribes des chartes essaient d'apporter de la fantaisie dans le tracé de ce S., comme pour individualiser les *signa*, là où il n'y a pourtant plus aucune participation autographe ni peut-être même tactile (toucher *propria manu*) de la part des personnes nommées[109]. Mais il est évident que le souci de simplification du formulaire, désormais centré sur ce qu'on en était venu a considérer comme l'essentiel, l'acte juridique lui-même, dans le but d'une plus grande efficacité administrative a été, surtout dans les chancelleries les plus récentes comme celle des comtes de Flandre où le poids des traditions était moindre, le principal agent de l'abandon des symboles graphiques, aussi bien d'invocation que de validation. L'évolution que nous avons constatée ici pour l'emploi des symboles graphiques dans les chartes révèle une nouvelle fois, dans un domaine restreint et très particulier, les changements culturels profonds qui ont fait évoluer notre société au 12e siècle.

104 Ces progrès ont été signalés à de nombreuses reprises et on a pu en trouver des traces dans des secteurs très divers de la culture. A. Petrucci, a. c., p. 608. Pour la Flandre, voir le chapitre d'introduction, intitulé »Verschriftelijking in Vlaanderen – XIIe eeuw. Een korte schets«, dans la thèse inédite de P. Ruyffelaere, Traditievorming in het kloostermilieu. Een peiling naar de mondelinge kennisoverdracht aan de hand van de Historiae fundationum monasteriorum (XIIe E.), Université de Gand 1984, pp. 1–29. Voir aussi plus haut, note 13.

105 Voir à ce sujet le chapitre »Trusting writing« dans M. T. Clanchy, o. c., pp. 241–248.

106 Il faut pourtant noter que les contemporains cultivés étaient parfaitement conscients du fait que les sceaux pouvaient être falsifiés et connaissaient les procédés permettant la falsification: voir les neuf méthodes de falsification reconnues par Innocent III en 1198, L. Schmitz-Kallenberg, Papsturkunden, dans: Urkundenlehre, II, Leipzig 1913², pp. 57–58; A. Potthast, Regesta Pontificum Romanorum, I, Berlin 1875, no. 365; ou ce passage dans une charte d'un évêque du Mans du 13e siècle: »In cuius rei testimonium presentibus litteris parvum sigillum nostrum quo ad presens utimus, propter falsitatem litterarum et sigillorum quo tota die in nostra diocesi committuntur, duximus apponendum«, L. Celier, Catalogue des actes des évêques du Mans, Paris 1910, introduction, p. LXXIV.

107 Pour l'Angleterre voir Clanchy, o. c., pp. 246–248.

108 On verra à ce sujet la communication de monsieur P.-J. Schuler à ce colloque.

109 Pour des exemples de 1079 à 1188, voir la planche 12a–c.

a

b

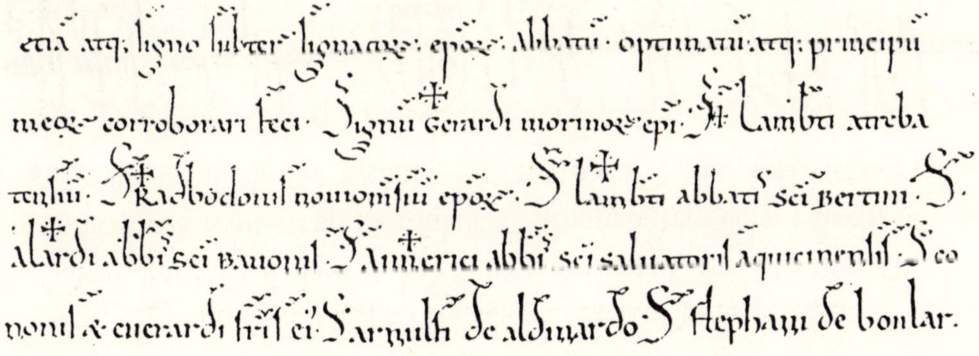

c

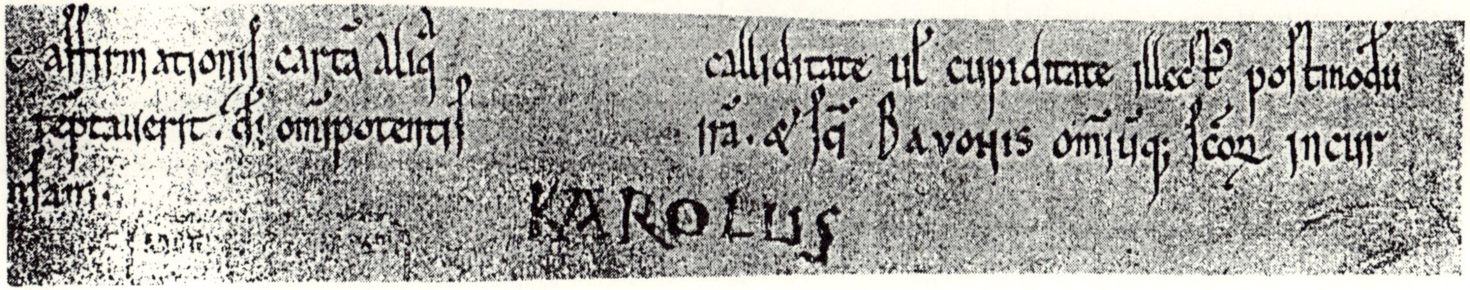

Planche 1 a *Thierry d'Alsace, comte de Flandre, pour le chapitre Saint-Donatien de Bruges, 1128* (De Hemptinne-Verhulst, *De oorkonden, no. 4*)
b *Robert II, comte de Flandre, pour le prieuré Saint-Georges d'Hesdin, 1096* (Vercauteren, *Actes, no. 23*)
c *Charles le Bon, comte de Flandre, pour l'abbaye Saint-Bavon de Gand, 1122* (Vercauteren, *Actes, no. 107*)

a
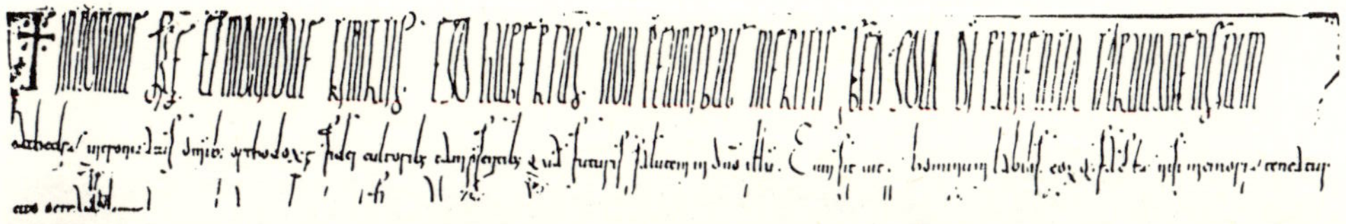

b
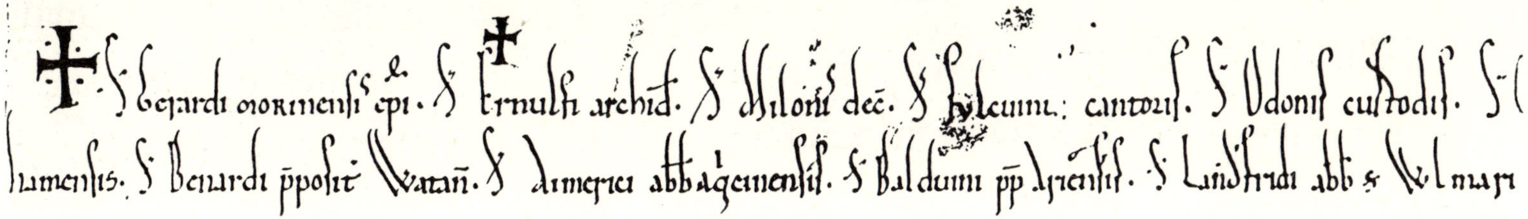

c
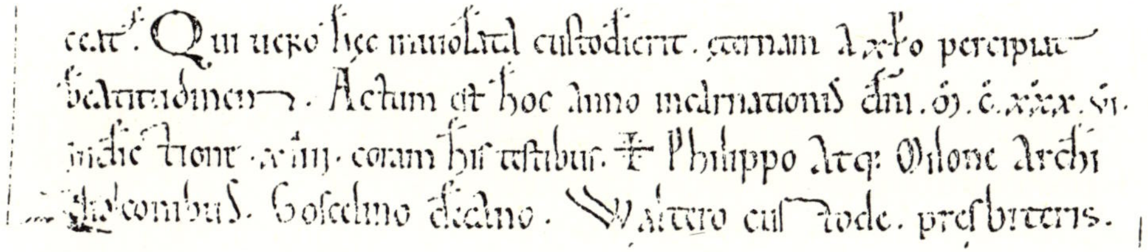

d

Planche 2
a Hubert, évêque de Thérouanne, pour l'abbaye d'Auchy, 1079 (*De Cardevacque, Histoire de l'abbaye d'Auchy-les-Moines, no. 1*)
b *Gérard I, évêque de Thérouanne, pour le prieuré Saint-Georges d'Hesdin, 1094* (Courtois, *no. 59836*)
c *Milon I, évêque de Thérouanne, pour le prieuré Saint-Georges d'Hesdin, 1136* (*A. D. Nord, Lille, 1 H 415/3744*)
d *Même charte que 2a*

a

b

c

d

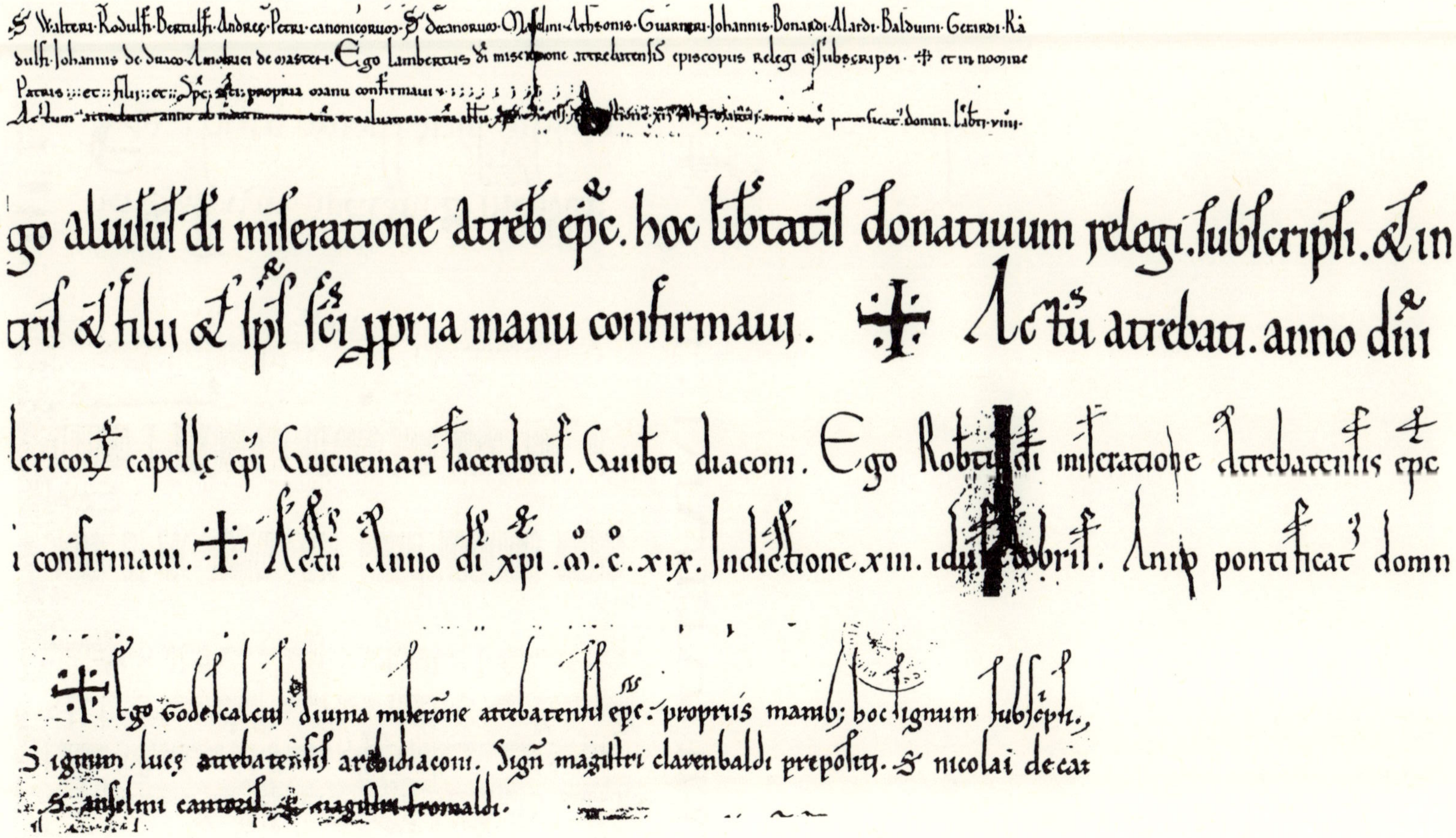

Planche 3 a *Lambert, évêque d'Arras, pour l'abbaye de Marchiennes, 1103 (*Tock*, Une chancellerie épiscopale, no. 9;* Courtois*, no. 59907)*

b *Alvise, évêque d'Arras, pour l'abbaye Saint-Aubert de Cambrai, 1146 (*Tock*, Une chancellerie épiscopale, no. 87; A. D. Nord, Lille, 36 H 63/675)*

c *Robert, évêque d'Arras, pour l'abbaye d'Etrun, 1119 (*Tock*, Une chancellerie épiscopale, no. 29; A. D. Pas-de-Calais, Arras, Etrun, 1119)*

d *Godescalc, évêque d'Arras, pour l'abbaye de Bourbourg, 1153 (*Tock*, Une chancellerie épiscopale, no. 102; Paris, B.N., Flandre, no. 192/22)*

a

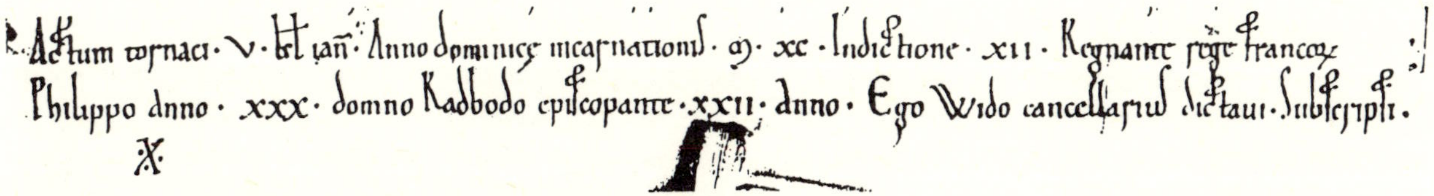

b

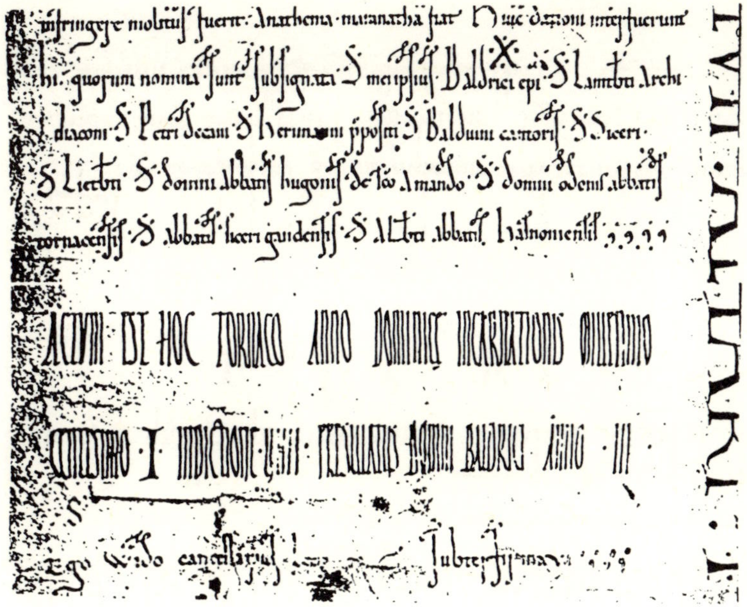

c

Planche 4 a *Radbod II, évêque de Noyon-Tournai, pour le chapitre Saint-Donatien de Bruges, 1089 (Gysseling-Koch, DDB, no. 172)*

b *Baudry, évêque de Noyon-Tournai, pour l'abbaye d'Anchin, 1101 (Courtois, no. 59904)*

c *Lambert, évêque de Noyon-Tournai, pour l'abbaye de Saint-Nicolas-au-Bois, 1120 (Paris, B. N., Picardie, 291/61)*

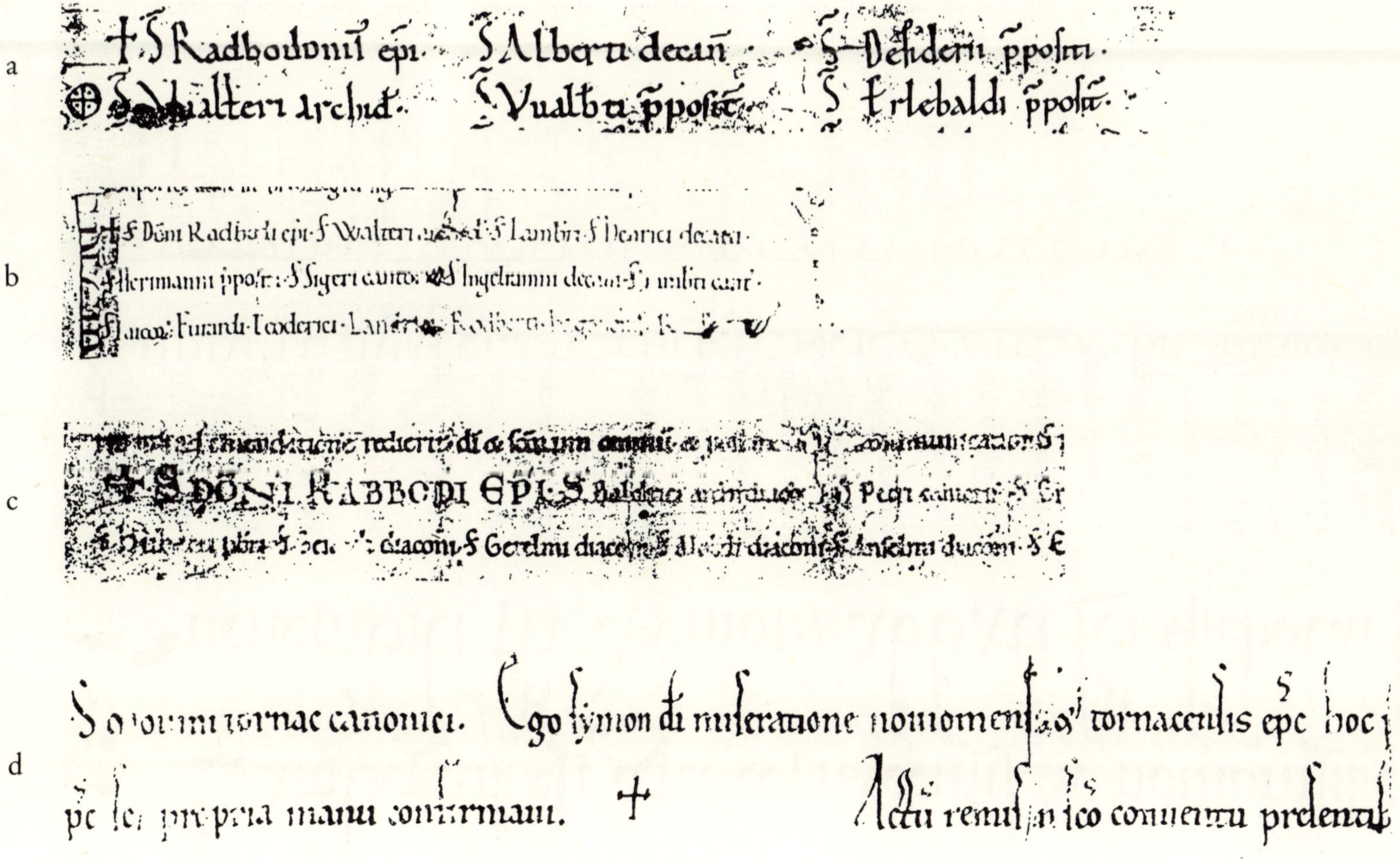

Planche 5
a *Radbod II, évêque de Noyon-Tournai, pour l'abbaye d'Ename, 1085 (Gysseling-Koch, DDB, no. 159)*
b *Le même pour le chapitre Saint-Pierre de Lille, 1088 (Courtois, no. 59820)*
c *Le même pour l'abbaye Saint-Martin de Tournai, 1094 (Bruxelles, A. G. R., photo no. CLI)*
d *Simon, évêque de Noyon-Tournai, pour l'abbaye du Mont-Saint-Eloi, 1141 (Paris, B. N., Nouvelles Acquisitions latines, no. 2574/2)*

6

7

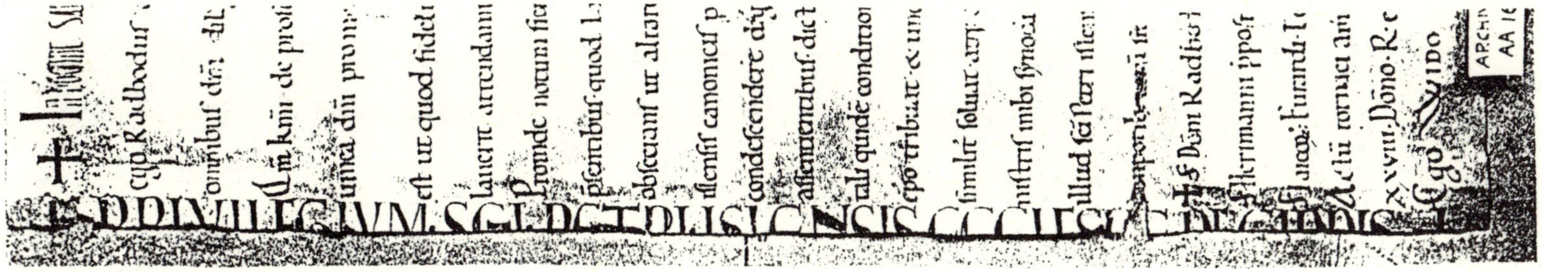

8

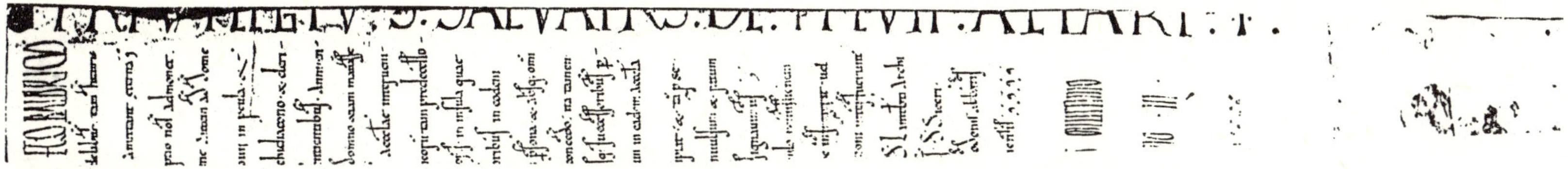

Planche 6 *Lambert, évêque de Noyon-Tournai, pour l'abbaye de Saint-Nicolas-au-Bois, 1120, même acte qu'à la planche 4c*

Planche 7 *Radbod II, évêque de Noyon-Tournai, pour le chapitre Saint-Pierre de Lille, 1088, même acte qu'à la planche 5b*

Planche 8 *Baudry, évêque de Noyon-Tournai, pour l'abbaye d'Anchin, 1101, même acte qu'à la planche 4b. La croix initiale de la devise de chirographe est partiellement cachée par la punaise qui a servi à tenir la charte aplatie*

a

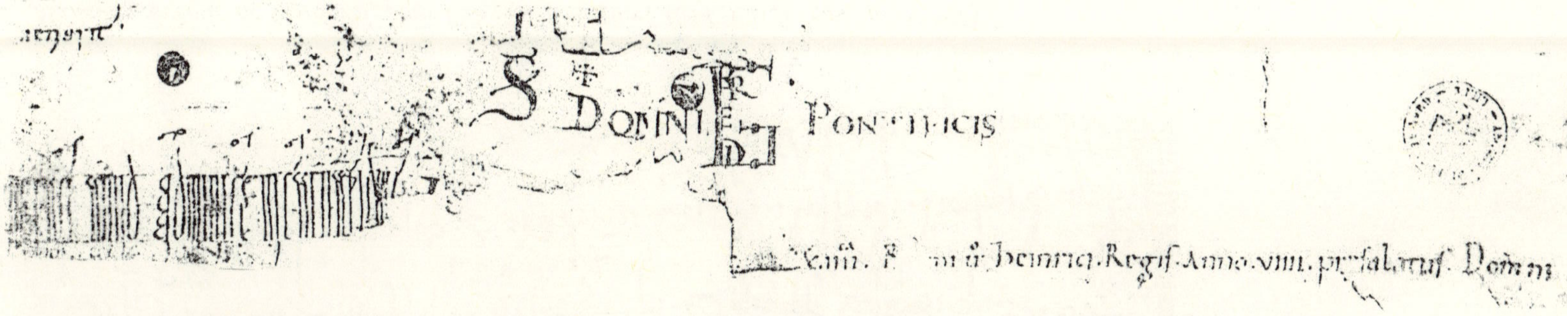

b

c

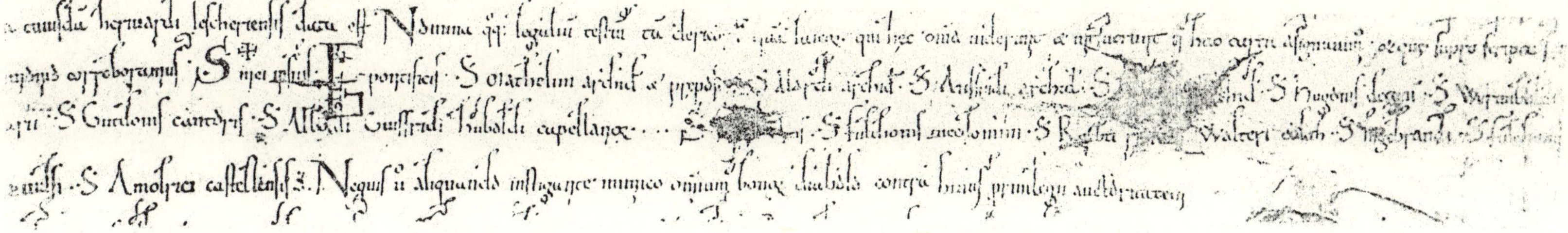

Planche 9 a *Gérard I, évêque de Cambrai, pour l'abbaye de Saint-André du Câteau, 1046 (*Courtois*, no. 59608)*
b *Gérard II, évêque de Cambrai, pour le chapitre Saint-Amé de Douai, 1081 (*Courtois*, no. 59815)*
c *Le même pour l'abbaye de Saint-André du Câteau, 1091 (*Courtois*, no. 59832)*

a

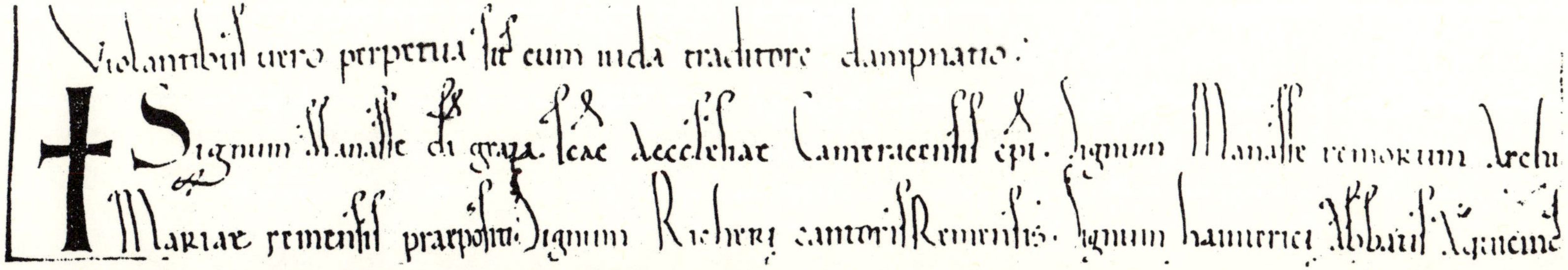

b

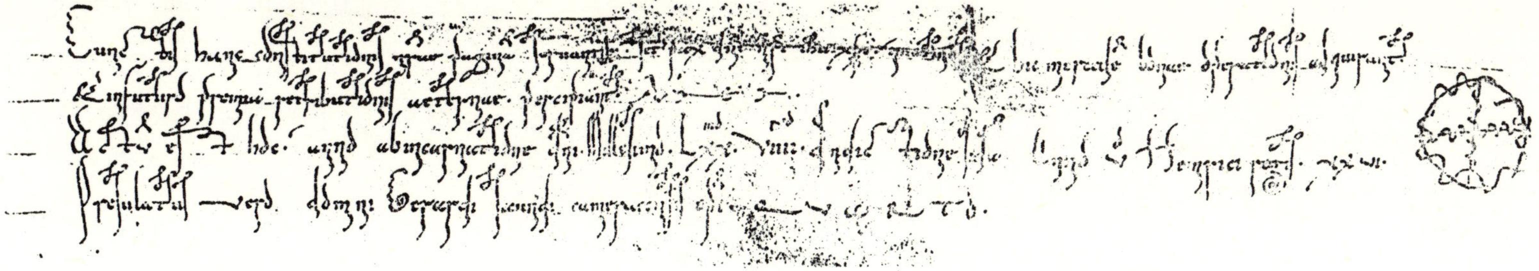

c

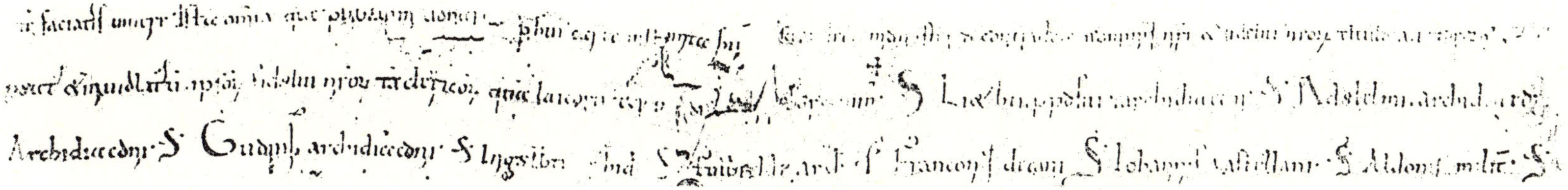

d

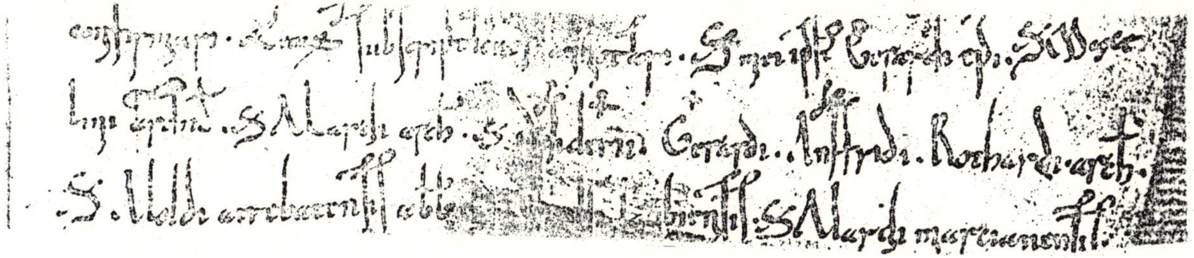

Planche 10 a *Manasses, évêque de Cambrai, pour l'abbaye d'Anchin, 1098 (*Courtois*, no. 59847)*

b *Gérard II, évêque de Cambrai, pour l'abbaye d'Anchin, 1079 (*Courtois*, no. 59811)*

c *Gérard I, évêque de Cambrai, pour l'abbaye de Saint-André du Câteau, 1046, même acte qu'à la planche 9a*

d *Gérard II, évêque de Cambrai, pour l'abbaye d'Anchin, 1089 (*Courtois*, no. 59825)*

a

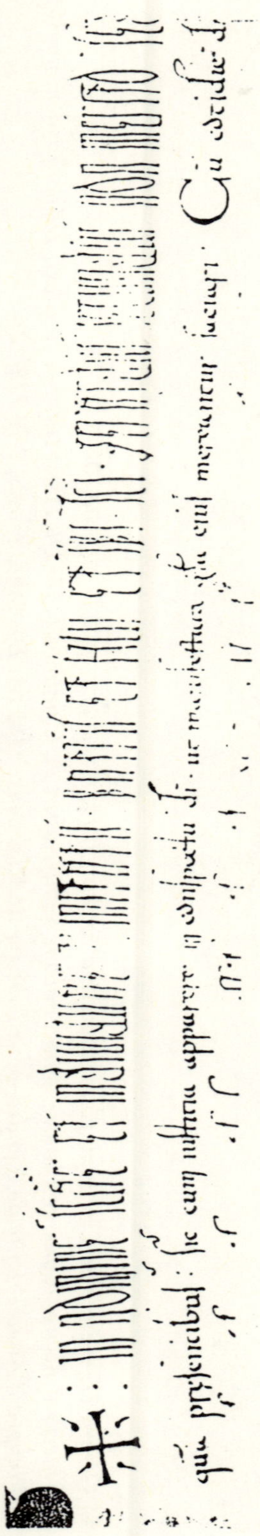

b

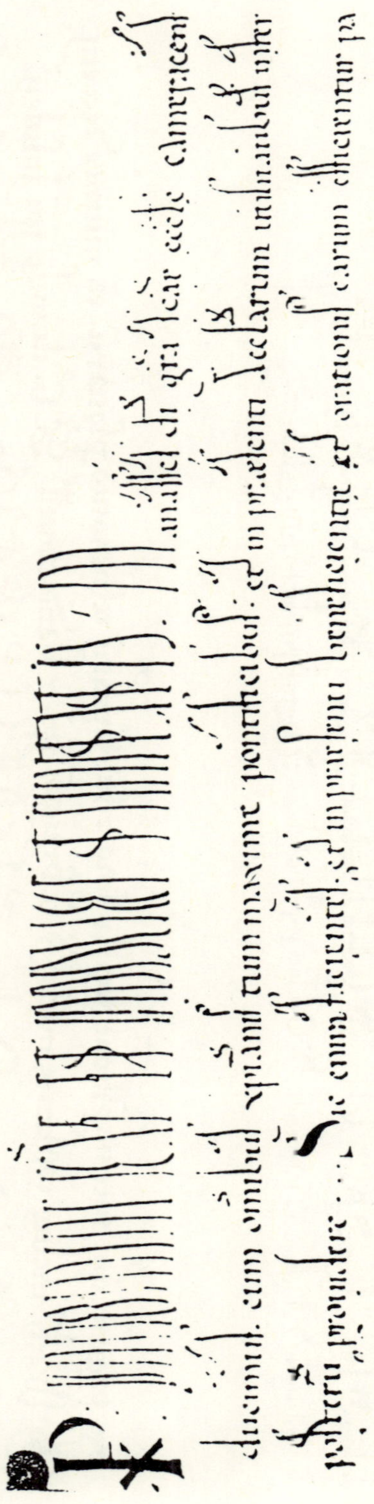

c

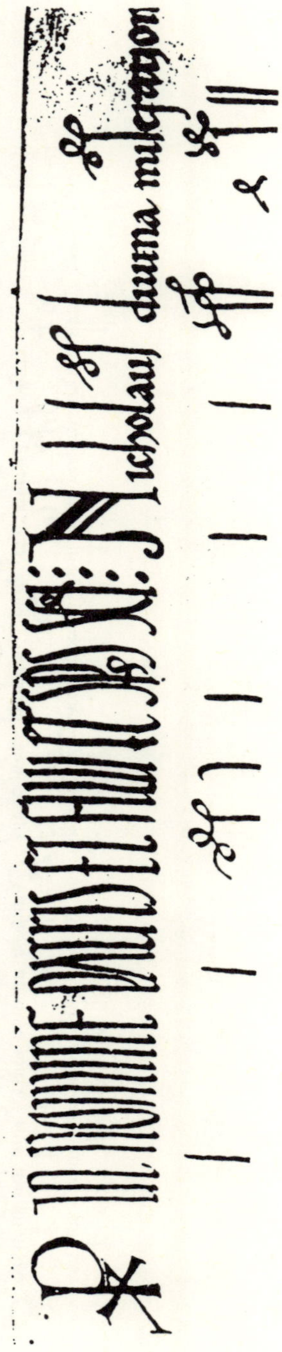

Planche 11 a *Gérard II, évêque de Cambrai, pour l'abbaye de Saint-André du Câteau, 1091, même acte qu'à la planche 9c*
b *Manasses, évêque de Cambrai, pour l'abbaye d'Anchin, 1098, même acte qu'à la planche 10a*
c *Nicolas, évêque de Cambrai, pour l'abbaye Saint-Michel d'Anvers, 1148 (*GOETSCHALCKX*, Oorkondenboek, no. 7)*

a

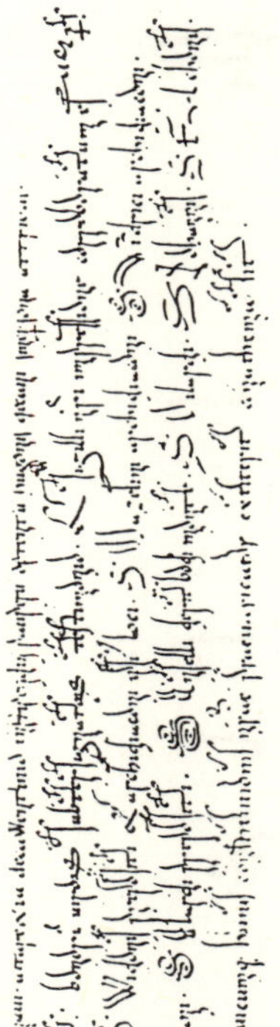

b

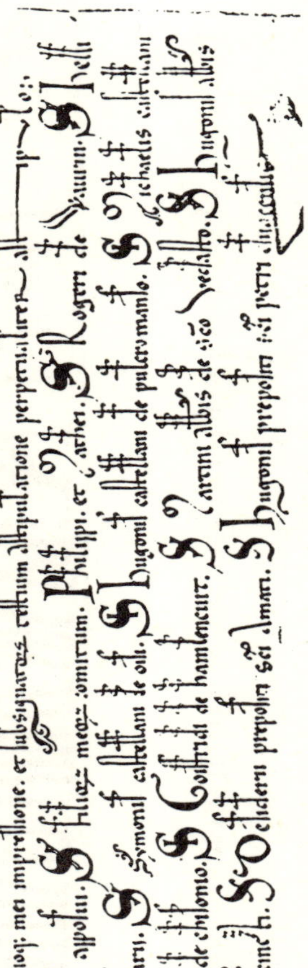

c

Planche 12 a *Gérard II, évêque de Cambrai, pour l'abbaye d'Anchin, 1079, même acte qu'à la planche 10b*

b *Thierry d'Alsace, comte de Flandre, pour l'abbaye Saint-Aubert de Cambrai, 1161 (De Hemptinne-Verhulst, De oorkonden, no. 198)*

c *Philippe d'Alsace, comte de Flandre, pour l'abbaye de Clairvaux, 1188 (A. D. Aube, Troyes, 3 H 718/12)*

Beobachtungen zu den graphischen Symbolen und Kanzleisignaturen in dänischen Urkunden bis um 1400

Von Herluf Nielsen

Dänische Urkunden sind arm an Symbolen und Signaturen, wie auch die Gesamtzahl der überlieferten Originalurkunden gering ist. Nur 32 originale Königsurkunden vor 1250 existieren noch. Unter diesen gibt es nur zwei Beispiele mit Chrismon oder monogrammatischer Invokation – beide von oder im Namen des Königs Waldemar II. ausgestellt –, und zwar aus dem Archiv des Klosters Eldena und aus dem Archiv der Hansestadt Lübeck. Die Urkunde aus Eldena ist mit einem Kreuz vor dem einleitenden *Ego* versehen und von einem Schreiber geschrieben, der sonst keine dänischen Königsurkunden geschrieben hat[1]. Diese Tatsachen deuten möglicherweise darauf, daß der Empfänger bei der Ausfertigung der Urkunde mitgewirkt hat. Das Kreuz ist häufig in den deutschen Urkunden verwendet worden[2]. Die Urkunde aus Lübeck ist identisch mit der sogenannten großen Privilegienurkunde für Lübeck, angeblich im Jahre 1202 von dem König ausgestellt. Sie ist eine Fälschung, die vor Mai 1226 auf der Grundlage der gefälschten Privilegienurkunde Kaiser Friedrichs I. Barbarossa von 1188 hergestellt wurde[3]. Sie wird mit einem vorangestellten C (= Chrismon) eingeleitet, darauf folgt eine Verbalinvokation, mit verlängerten Buchstaben geschrieben. Der anonyme Schreiber hat sowohl die Urkunden Kaiser Friedrichs I. und König Waldemars II. als auch mindestens drei weitere Urkunden aus den Jahren 1222 bis 1225 geschrieben[4]. Die monogrammatische Invokation ist also ein Fremdelement in dänischen Urkunden, deren Schreiber die Verbalinvokation bevorzugen, soweit sie überhaupt diesen Teil im Protokoll aufnehmen. Nach 1250 ist die Verwendung recht spärlich und begegnet dann meistens in Vermächtnissen und Notarszeugnissen[5].

Eine Sonderstellung nehmen die beiden Urkunden des Bischofs Gunner von Ripen ein. Am 15. und 16. September 1245 traf er eine Abmachung mit den Domherren, damit die Schulden der Kirche in Ripen gezahlt werden konnten. Tue, der verstorbene Vorgänger Gunners, war in der Schlacht von Bornhöved 1227 von den Holsteinern gefangen genommen worden und mußte mit Hilfe einer Summe von 700 Mark Silber freigekauft werden. Die Urkunde vom 15. September[6] ist ein Prunkstück. Der Name des Ausstellers ist in Majuskeln geschrieben, die in mehreren Fällen mit Konturstrichen versehen sind. Die Initiale G in ungefähr doppelter Größe ist mit Palmettenschmuck ornamentiert. Die Urkunde vom 16. September[7] des gleichen Inhalts ist in diesem Zusammenhang noch interessanter. Die Schrift ist zwar nicht so prunkvoll und der Name des Bischofs nicht in derselben Weise ornamentiert, trotzdem ist die Urkunde von demselben Schreiber geschrieben. Nach der Datierung folgen die eigenhändigen Unterschriften der Domherren nach der Formel *Ego ... subscribo et approbo* oder nur *subscribo*, die letzte rechts unten *Ego magister Esgerus subscribo*. Man hat nachweisen können, daß dieser Magister beide Urkunden geschrieben hat. Sechsmal sind vor *ego* spezielle Signaturen hinzugefügt: ein C-artiges Zeichen senkrecht durchstrichen, ein O-artiges Zeichen, wie die Abbreviatur für ›obiit‹, schräg durchstrichen, ein Zeichen, das einer arabischen Ziffer 3 ähnelt, ein gleicharmiges Kreuz, ein Delta-artiges Zeichen und ein primitives Zeichen, das einer Ziffer 3 mit geschlossenem Bogen und mit einem Punkt in jedem Bogenteil ähnlich sieht. Magister Esger schließt seine Unterschrift mit einer Nabe mit zwei waagerechten und zwei senkrechten Speichen. Ihre Bedeutung ist ungewiß. Vielleicht könnte man sie mit Hausmarken, also speziellen Identifizierungszeichen, vergleichen. Bischof Gunner hat als einziger sein Siegel an die Urkunde gehängt. Die Unterschriftszeilen waren ursprünglich von der Plica verdeckt.

Abkürzungen: Atlas = Corpus diplomatum regni Danici I–VII, Hauniae 1938 – DD. I, II, III, IV = Diplomatarium Danicum, 1. Reihe, Band I–VII, Kopenhagen 1958–90; 2. Reihe, Band I–XII, ibid. 1938–60; 3. Reihe, Band I–IX, ibid. 1959–82; 4. Reihe, bisher I–IV, ibid. 1984–94. – Rep. = Repertorium diplomaticum regni Danici mediaevalis. I–IV, Kopenhagen 1894–1912.

1 Lichtdruckwiedergabe in Atlas Nr. 6. Druck: DD. I:5 Nr. 72.

2 Vgl. Erben, Schmitz, Redlich, Urkundenlehre I, 1907, S. 140ff.

3 Atlas Nr. 1002. Druck: DD. I:7 Nr. 332. H. Nielsen in: Fälschungen im Mittelalter IV, MGH. Schriften 33, IV., Hannover 1988, S. 487–91.

4 Nielsen, S. 487–88, und DD. I:7 Nr. 332 Einleitung.

5 Vgl. H. Nielsen, in: Kulturhistorik Leksikon for Nordisk Middelalder VII (Kph. 1962), s.v. invocatio.

6 Atlas Nr. 31. DD. I:7 Nr. 186.

7 Atlas Nr. 32. DD. I:7 Nr. 187.

Im Corpus diplomatum regni Danici I–VII (Hauniae 1938) sind 1115 Originalurkunden und 8 Fälschungen in Lichtdruckwiedergabe publiziert. Sie decken den Zeitraum von 1135 bis 1340 ab[8]. Nur 24 Urkunden weisen graphische Signaturen auf, sieben von ihnen sind von Herzog Waldemar von Schleswig[9], fünf von den Bischöfen von Roskilde[10], eine von dem Bischof von Börglum (Atlas Nr. 933 (1337)), zwei von den Herren von Werle (Atlas Nr. 1098 (1322)) und Nr. 1100 (1324), eine von Graf Johan III. von Holstein (Atlas Nr. 1103 (1134)) und eine von Graf Gerhard III. von Holstein (Atlas Nr. 1104 (1334)) ausgestellt. Die letzten sieben sind Privaturkunden. In der Urkunde des Herzogs Waldemar (Atlas Nr. 874) von 1333 und der des Grafen Gerhard III. (Atlas Nr. 1104) ist jeweils eine buchstabenähnliche Figur (·P) vorangestellt. Zwei andere Urkunden Herzogs Waldemar zeigen Interpunktionszeichen ·;· oder ;· oder sind mit einer Federschlinge kombiniert. Die graphische Signatur ·;· findet man auch in mehreren Privaturkunden[11] und in einer Urkunde des Bischofs von Roskilde[12]. Die Urkunden sind von verschiedenen Schreibern geschrieben. Die Urkunde des Herzogs Waldemar von 1338[13] trägt am Anfang eine graphische Signatur, die sich vielleicht als ^{C}s lesen läßt. Eine Privaturkunde[14] hat am Anfang ein l (Buchstabe?). Herzog Waldemar gibt der Stadt Kiel eine Privilegienurkunde[15], die mit einer eigentümlichen Signatur »iz« versehen ist.

Vergleicht man die Originalurkunden der Jahre 1340–1360 und die der Jahre 1390–1399, ergibt sich, daß weitgehend dieselben technischen Signaturen verwendet wurden, wie ·;· oder Signaturen, die als Buchstaben angesehen werden könnten, z. B. etwa einen übergeschriebenen Buchstaben *a* (einem »offenen« a) ähnlich. Die Signatur findet man sowohl auf Urkunden des Herzogs Gerhard VI. von Schleswig[16] als auch auf Privaturkunden[17]. Die Schreiberhände sind sowohl hier als auch in den Beispielen vor 1340 verschieden. Lediglich in den Jahren 1340–1360 sind diese Signaturen auch auf einigen Urkunden des Königs Waldemar IV. Atterdag (1340–1375) zu finden.

Die Bedeutung dieser Zeichen ist weitgehend unbekannt. Wenn man sich auch vorstellen könnte, daß sie Schreibersignaturen sind, so bliebe doch auffällig, daß die Signatur ·;· von drei verschiedenen Schreibern 1339, zwischen Februar und Juni[18], und noch früher, 1336, von einem bischöflichen Schreiber verwendet wurde. Die Signatur kann in dem Falle nicht – wie das Zeichen eines öffentlichen Notars – persönlich sein. Es ist auch unwahrscheinlich, daß die Signaturen als Zeichen archivalischen Charakters aufgefaßt werden dürfen. Aber könnte man sich vielleicht vorstellen, daß die Signaturen bei der endgültigen Fertigstellung z. B. bei der Besiegelung der Urkunde eingetragen worden sind? Wir wissen es nicht, und es bleibt nur eine Vermutung. Es sind keine Beschreibungen der Geschäftspraktiken überliefert, und spätere Vorschriften für die Kanzlei, die vermutlich in die Zeit König Christians II. (1513–1523) gehören[19], geben ebenfalls keine Auskunft.

Eine Vermutung ist, daß die verschiedenen graphischen Signaturen nur den »Anfang« und bisweilen ebenso den »Schluß« signalisieren, sozusagen »ein graphisches NB«. Sie lassen sich vielleicht mit der Bemerkung des Schreibers in Obl. et sol. 59 des Vatikanarchivs am Ende der Eintragungen des 2. Pontifikatsjahres Papst Bonifaz IX. auf f. 42v: *Hic mutatur annus et pontificatus et scribitur anno tercio* vergleichen, die nach *tercio* mit ·;· beendet wird.

Dagegen sind die sogenannten Kanzleisignaturen immer auf der Rückseite derjenigen Urkunden aufgeführt, die vorzugsweise Streitfragen über Besitz oder Schuldforderungen als Rechtsprechungen des königlichen oder an seiner Stelle, wie wir sehen werden, des fürstlichen Gerichts (*placitum iusticiarium*) publizieren. Um dieses recht zu verstehen, muß man Jahrzehnte zurückgehen. Der König behauptete sein Recht, Urteile in Streitfragen zu fällen, in Konkurrenz zur gewöhnlichen Gerichtspraxis, die darin bestand, Klagen dem lokalen »Ting«, und später dem »Landesting«, zur Rechtsprechung vorzutragen[20]. Im sogenannten Reichsgesetz von 1282 § 4[21] versuchte man die königliche Gerichtspraxis einzuengen, indem festgesetzt wurde, daß eine Klage zuerst vor den verschiedenen ›Ting‹ (i. e. dem lokalen »Ting« oder dem »Landesting«) behandelt werden mußte, bevor sie dem König zur Rechtsprechung vorgelegt werden konnte. Aus dem Abschnitt geht aber hervor, daß der König eine Sache nach der Rechtsprechung mit Urkunden weiter verfolgen konnte, das heißt in der Form *NN. rex* ...

8 Die Urkundentexte sind jetzt alle in DD. I, II und III gedruckt.
9 Atlas Nr. 741, 742, 765, 838, 874, 886 und 951 (1326–1338).
10 Atlas Nr. 297, 769, 847, 857, 927 (1294–1336).
11 Atlas Nr. 840, 872, 977, 979.
12 Atlas Nr. 927.
13 Atlas Nr. 951.
14 Atlas Nr. 958.
15 Atlas Nr. 886. Die Originalurkunde ist seit der Auslagerung vor 1945 verschollen.
16 1394, 1398 (Rep. Nr. 3921, 4191, 4255).
17 1390–1399 (Rep. Nr. 3737, 3816, 3916, 4152–53).
18 Atlas Nr. 972, 977, 979, 23. Februar, 16. Mai und 23. Juni.
19 A. D. Jørgensen, Udsigt over de danske Rigsarkivers Historie, Kopenhagen 1884, S. 200–207.
20 Vgl. Poul Johs. Jørgensen, Dansk Retshistorie, 2. Ausg., Kopenhagen 1947, S. 319.

mandamus quod …, NN. rex …. secundo mandamus bis zum *quarto mandamus, quod …* Wenn niemand Urkunde gegen Urkunde vom König forderte, gab er vier Männern den Befehl, die Einsetzung in das umstrittene Gut durchzuführen. Jahr und Tag danach stellte der König endlich die Verschlußurkunde aus, ›*huic cause perpetuum silentium ponentes*‹. Falls es sich um Schuldforderungen handelte, war die Urkundenfolge schneller, normalerweise 15, 10 und 5 Tage. Danach folgte zum Schluß die sogenannte »Sofort-Urkunde« (dänisch: »straksbrevet«). Die ältesten Beispiele sind ohne Kanzleisignatur überliefert[22]. Sie gehören in die Zeit des Verfalls während der Regierung Königs Christoffer II. (1319–1332). Nach seinem Tod war das Königreich unter Pfandinhabern aufgeteilt. Graf Gerhard III. von Holstein, der bis 1336 auch Vormund des Herzogs Waldemar III. von Schleswig war, besaß und beherrschte Jütland und Fünen als Sicherheit für 100.000 Mark. Seeland, Lolland, Falster und die kleineren Inseln waren dem Grafen Johan III. von Holstein (-Plön), dem Halbbruder des Königs Christoffer II., als Pfandlehen übergeben. Die königslose Zeit dauerte bis zum Jahre 1340, als der jüngste Sohn König Christoffers II. als König anerkannt wurde und Helwig, die Schwester des Herzogs Waldemar III. von Schleswig, heiratete.

In diese Zwischenzeit gehören fünf Gerichtsurkunden des Grafen Johan III. aus den Jahren 1334–1337[23], die keine Kanzleisignaturen aufweisen. Dagegen haben wir zwei Beispiele von Kanzleisignaturen aus Jütland, dem Bereich des Grafen Gerhard III. Die erste Urkunde vom 18. Januar 1338, *datum Arus*[24], ist mit dem gräflichen Siegel *Sigillum ad causas* versehen[25]. Sie ist nach vier vorausgegangenen Urkunden[26] als Verschlußurkunde über Besitztümer ausgestellt und trägt auf der Rückseite nach *Sigilletur aperta* zusätzlich eine spezielle Schleifensignatur, die auch auf der Urkunde vom 8. März 1338[27], in Verbindung mit der Aufschrift *Detur littera post istam*, vorkommt. Die Urkunde war noch im 18. Jahrhundert mit dem gräflichen Siegel *ad causas* versehen. Beide Urkunden bezeugen, daß die interessierten Personen auf ›*placito nostro* (i. e. des Grafen Gerhard) *iusticiario*‹ anwesend waren und den Sachverhalt zur Rechtsprechung vorgelegt hatten. Es ist unbekannt, ob noch weitere Urkunden im letzteren Falle ausgestellt wurden, aber jedenfalls ist eine Urkunde, vielleicht eine Verschlußurkunde, anzunehmen[28]. Durch den gewaltsamen Tod des Grafen Gerhard III. am 1. April 1340 in Randers[29] wurde dies unmöglich gemacht.

Nach eingehenden Verhandlungen mit den Grafen Nicolaus und Heinrich II. von Holstein, den Söhnen Gerhards III., über die Verpfändungen, ermöglichten die Verträge vom 19.–21. Mai 1340 die Wiederherstellung des dänischen Königreichs[30] und die Rückkehr des jungen Waldemar als König. Pfingsten heiratete er in Sønderborg (Sonderburg) Helwig, die Schwester des Herzogs Waldemar. Danach reisten beide nach Viborg in Jütland, wo Waldemar Atterdag auf dem »Landesting« zum König gewählt wurde.

Die ersten Urteilsurkunden des Königs Waldemar sind leider ohne Datierung[31], aber *teste cancellario nostro* und ohne Kanzleisignatur auf der Rückseite. Die fehlende Signatur ließe sich vielleicht damit erklären, daß der Kanzler selbst als Zeuge auftritt. Im Gegensatz dazu finden wir die Kanzleisignatur, und zwar *Sigilletur aperta*, auf einer Übertragungsurkunde, *teste Nicholao Iænæssun*, die am 27. April 1341[32] dem *placito iusticiario* vorgelegt wurde. Sie sollte dem Clara-Kloster in Roskilde die Übertragung einiger Güter bestätigen. Die Urkunde ist mit dem *Sigillum ad causas* versehen und von einem Schreiber geschrieben, der früher zwei Privaturkunden in derselben Angelegenheit geschrieben hatte[33].

Aus derselben Zeit kennen wir nur zwei Urkunden des Herzogs Waldemar III. mit der Aufschrift auf der Rückseite, die eine vom 15. Januar 1341[34] hat *Sigilletur aperta* und eine Signatur, vielleicht ein durchstrichenes w (= Waldemarus?), die andere vom 7. Juni 1344[35], eine Verschlußurkunde, zeigt nur die Aufschrift *Sigilletur aperte*. Drei vorausgehende Urteilsurkunden über denselben Besitz tragen keine Aufschriften. Eine Reihe von Urteilsurkunden wurde für den ehemaligen Truchseß Peter Vendelbo von König Waldemar IV. ausgestellt[36]. Eigentümlich für diese Gruppe ist die Einrahmung der Aufschrift *Sigilletur aperta* mit einem langen gotischen

21 DD. II:3 Nr. 45 sowie Den Danske Rigslovgivning, Kopenhagen 1971, S. 61 Nr. 13.
22 DD. II:8 Nr. 55, II:9 Nr. 58–62.
23 Atlas Nr. 1112–15, 1106.
24 Aarhus, DD. II:12 Nr. 66.
25 Danske Kongelige Sigiller, ed. A. Thiset, Kopenhagen 1917, Nr. 166.
26 Jetzt verloren.
27 DD. II:12 Nr. 69.
28 Vgl. Kulturhistorisk Leksikon for Nordisk Middelalder VIII, Kopenhagen 1963, S. 202.
29 Vgl. DD. III:1 Nr. 23.
30 Vgl. Sven Tägil, Valdemar Atterdag och Europa, Lund 1962 (Mit deutscher Zusammenfassung), S. 25–44. Die Verträge: DD. III:1 Nr. 36, 38, 39–40.
31 DD. III:1 Nr. 112–13 (1340–54), Nr. 121 (1340–75).
32 DD. III:1 Nr. 165. Photo: Haandbog i Bibliotekskundskab I, Kopenhagen 1924, S. 79 Abb. 25.
33 1341, 10. und 13. März, DD. III:1 Nr. 152, 154.
34 DD. III:1 Nr. 136.
35 DD. III:2 Nr. 56.
36 DD. III:1 Nr. 319, 353, 1–4, 354, III:2 Nr. 12, 21, 27, 57.

s in Spiegelschrift links und einem gewöhnlichen langen *s* rechts. Vier der Urkunden[37] zeigen eine stilisierte Figur, die sich nur im Vergleich mit den übrigen Stücken in etwa verstehen läßt.

Die originalen Urteilsurkunden der Jahre 1350–1375 von König Waldemar Atterdag lassen sich in drei Gruppen aufteilen. Die erste und größte Gruppe mit dem Justitiar (dänisch: »rettere«) Nicholaus Jensen de Keldebek[38] als einzigem Zeugen zählt mehr als 20 Originale aus den Jahren 1350–1362. Sie alle tragen die rückwärtige Aufschrift *Sigilletur aperta* und eine Signatur. Außerdem haben alle ganz unten links eine spezielle Schleifensignatur, die ebenso wie die Signatur nach *aperta* so eigenartig verschlungen ist, daß eine Entzifferung bisher nicht gelungen ist[39]. Sie waren ursprünglich mit dem Siegel des Königs *ad causas* (dänisch: Tyl danælovgh i. e. »zum dänischen Gesetz«) versehen[40]. Vollständigkeitshalber müssen noch zwei königliche Originale von 1355 erwähnt werden, da sie, obwohl sie Verpfändungen privaten Besitzes betreffen, vom König auf dem *placito iusticiario* ausgestellt wurden[41]. Sie tragen auf der Rückseite eine eigentümliche Aufschrift in Schleifenform: *p*(er) *K*(laus) *L*(embeke). Herr Klaus Limbek war der Truchseß des Königs.

Im Oktober 1363 reiste König Waldemar nach Wolgast in Pommern, darauf weiter nach Krakow, später nach Prag (Januar 1364) und endlich über Straßburg nach Avignon, wo er Ende Februar 1364 nachweisbar ist[42]. Erst im Oktober 1364 kehrte er nach Dänemark zurück[43]. Danach wird die Urteilspraxis wieder aufgenommen, aber nur einige wenige Originale sind zu uns gelangt. Wir kennen drei Originalurkunden aus dem Jahre 1365[44], *teste Esberno Niclessun*. Auf der Rückseite stehen *Sigilletur* und unten links eine Schleife, einfacher als die früher genannte, aber ebenso undurchschaubar. Vier Urkunden aus dem Jahre 1366[45], *teste Ywaro Petersson iusticiario nostro*, tragen auf der Rückseite folgende Zeile ·;· *Sigilletur*, Federschlinge, *dixit*, Federschlinge, *Y* (= Ywarus), Federschlinge, außerdem ganz unten links eine Schleifensignatur, die so beschaffen ist, daß sie immer gleich aussieht, gleichgültig, wie man sie wendet, waagerecht oder senkrecht.

Die Kontinuität wurde wieder unterbrochen, als König Waldemar 1368 Dänemark noch einmal verließ, um Bundesverwandte gegen die Hansestädte und die Mecklenburger zu finden, die ein Angriffsbündnis gegen den König schlossen, die sogenannte Kölner Konföderation von 1367. Erst nach der Ratifizierung des Stralsunder Friedens von 1370 am 27. Oktober 1371 kehrte Waldemar zurück[46]. Im Juli 1372 befand er sich auf Burg Ravnsborg auf der Insel Lolland[47]. Bald danach finden wir wieder die ersten Urteilsurkunden, leider nur abschriftlich überliefert[48]. Der Justitiar ist jetzt Godskalk Hemmingsen. Nur drei Originale aus dieser letzten Periode existieren noch[49]. Auf der Rückseite steht zuerst *Sigilletur* und darunter *W*(aldemarus) *iussit*. Es gibt keine Schleifensignatur. Kurz danach, am 24. Oktober 1375, starb König Waldemar.

Nach einigen Monaten wurde der sechsjährige Oluf, Sohn des norwegischen Königs Haakon VI. und der Königin Margareta, Tochter des Königs Waldemar, zum König gewählt. Als Gegenleistung erließ er am 3. Mai 1376 ein Reichsgesetz mit Privilegien und Vorschriften[50]. Wegen der Minderjährigkeit und damit Unmündigkeit des Königs haben auch König Haakon und Königin Margareta daran Anteil. Der junge König stellt bereits im November 1376 die ersten Urteilsurkunden über Besitztümer aus[51]. Auf der Rückseite findet sich die Kanzleisignatur *Sigilletur* mit einer nachfolgenden Federschlinge. Ungefähr gleichzeitig finden wir die gewöhnliche Signatur *Sigilletur aperta*, aber ohne jede Federschlinge[52]. Zwischen diesen Formeln läßt sich kein Unterschied nachweisen. Als Zeuge tritt immer der Justitiar Nicolaus Tygesen Drage auf, und der König verwendet sein *Sigillum ad causas*. Darüber hinaus gibt es bis zum Jahre 1385 noch über 20 Originale mit diesen Kanzleisignaturen[53].

Nach dem unerwarteten Tod König Olufs 1387 übernahm Königin Margarete die Regierung. Nur aus ihren ersten Jahren kennen wir einige wenige Beispiele mit der Kanzleisignatur *Sigilletur*[54]. Dann verschwindet der Gebrauch. Die späteren Urteilsurkunden haben keine Signaturen, sondern nur eine Schleife mit zwei Punkten nach dem letzten Wort des Urkundentextes.

37 DD. III:1 Nr. 353, 1–4.
38 Kleiner Ort in Ugle Harde unweit von Flensburg. Er ist mit Nicolaus Iænæssun oben S. 531 identisch.
39 Die Urkunden sind in DD. III:3–6 gedruckt. Siehe im Register Niels Jensen af Keldebek.
40 Danske Kongelige Sigiller (wie Anm. 25) Nr. 41a-b und 42a-b, auch Erik Arup, Danmarks Historie II, Kopenhagen 1932, S. 89.
41 DD. III:4 Nr. 223, 238.
42 S. Tägil (wie Anm. 30), S. 246 ff. (mit Kartenskizze).
43 S. Tägil, S. 248.
44 DD. III:7 Nr. 268, 294, 325.
45 DD. III:7 Nr. 448, 456, 457, 458.
46 Vgl. S. Tägil, S. 290 ff.
47 DD. III:9 Nr. 220.
48 DD. III:9 Nr. 221, 231.
49 1374: ibid. Nr. 382. 1375: ibid. Nr. 475, 529.
50 DD. IV:1 Nr. 40. Über die Verhandlungen, vgl. Kr. Erslev, Dronning Margrethe, Kopenhagen 1882.
51 DD. IV:1 Nr. 111, 125, 127.
52 DD. IV:1, z. B. Nr. 132, 133 (mit gut erhaltenem *sigillum ad causas*).
53 DD. IV:1 Nr. 180, 194, 196, 200, 229, 236, 244, 303, 311, 369, 496. IV:2 Nr. 7, 108, 309, 386, 442, 455, 462, 463, 544, 545.
54 1388 (Rep. Nr. 3635, 3664), 1389 (Rep. Nr. 3686).

The Land of Chirograph, Writ and Seal: the Absence of Graphic Symbols in English Documents[1]

By Jane E. Sayers

There are clear contrasts between English medieval documents and their contemporary continental counterparts. Pierre Chaplais has remarked of the Anglo-Saxon royal diploma, ›Of all the royal diplomas it is the only one in Europe which was never provided with any outward marks of authenticity‹[2]. It had no seal, no monogram, no ›beehive‹, no autograph subscriptions or crosses, nor was the scribe's name usually given[3]. To provide the required authenticity, it was commonly placed on the altar and copied into Gospel books – an unusual step on the Continent where subscriptions and monograms prevailed and graphic symbols were applied on the documents. It is Chaplais' thesis that the anonymity of the writing and the absence of autograph features are due to their being placed in Gospel books[4].

The present paper suggests that the peculiarities of English development were due to the strength of a native tradition which, linked with the steady growth of a strong monarchy, based upon a unique (and non-Roman) legal system[5], kept foreign influences at bay. This can be illustrated in English episcopal chanceries, where royal influences were briefly challenged by papal influences during the twelfth century only to revert to a specifically ›English‹ form after about 1215. And perhaps most markedly by the lack of a notariate until the late thirteenth century. Even when a notariate was established in England it had only a very limited influence.

Strong in English developments were the chirograph, the writ and the seal – none of which was exclusively English in origin and use, but all of which were developed in very distinctive ways. The chirograph (plate 1) – universally known – had a powerful and continuing influence in England. With its graphic symbol of authentication it came nearest to providing security. From it developed the final concord (plate 2) and the feet of fine (plate 3) – graphic symbols of the control of the royal court[6]. The next great ›English‹ document was the writ. The writ's importance to the administration and its legal importance have long been recognized. Authenticated by the Great Seal or by a portion of it, its form was copied in lay and episcopal chanceries, whose products, too, were sealed by ›great‹ seals modelled on the royal prototype (plate 4)[7]. The growing practice of sealing replaced graphic symbols (subscriptions, crosses etc.) and was the usual means for ›signing‹ documents by the free peasantry by 1200. By the end of the thirteenth century even a villein could have a seal. So the seal became the greatest graphic symbol of them all.

In order to attempt an explanation of this anomalous position, I shall examine the contents of a large medieval English archive, that of the Dean and Chapter (formerly the Abbot and Convent) of Westminster, which consists of some 7000 medieval charters, inclu-

1 I wish to thank Dr M. T. Clanchy and Dr D. E. Greenway for discussing this paper with me, but they are in no way responsible for the views expressed in it.

2 P. Chaplais, The Origin and Authenticity of the Royal Anglo-Saxon Diploma, in: Journal of the Society of Archivists iii no. 2 (1965), p. 52 (reprinted in: Prisca Munimenta. Studies in Archival and Administrative History presented to Dr A. E. J. Hollaender, ed. F. Ranger, London 1973, p. 33).

3 R. Allen Brown, Some Observations on Norman and Anglo-Norman Charters, in: Tradition and Change. Essays in honour of Marjorie Chibnall, ed. D. Greenway, C. Holdsworth, J. Sayers, Cambridge 1985, p. 149.

4 Chaplais, article as above (n.1), and, Who Introduced Charters into England? The Case for Augustine, in: Journal of the Society of Archivists iii no. 10 (1969), pp. 526–542, especially p. 541 (Prisca Munimenta, pp. 88–107, especially p. 105).

5 In general see R. C. van Caenegem, Judges, Legislators and Professors, Cambridge 1987, esp. p. 114 fol.

6 The first surviving final concord dates from the reign of Henry II. Although originally it recorded an actual judicial settlement, this soon became a ›fiction‹ as its popularity increased. The feet of fine, an elaboration of the final concord, and another peculiarly English document, where the ›foot‹ stayed with the royal court, originated in 1195; it was the brainchild of Archbishop Hubert Walter. See Feet of Fines of ... Henry II and ... Richard I 1182–1196 (Pipe Roll Society 17, 1894) p. 21: ›Hoc est primum cyrographum quod factum fuit in curia domini regis in forma trium cyrographorum secundum quod [constitutum est per?] dominum Cantuariensem et alios barones domini regis ad hoc ut per illam formam possit fieri recordum traditum thesaurario ad ponendum in thesauro anno regni regis Ricardi vi die dominica proxima ante festum beate Margarete [16 July] coram baronibus inscriptis‹.

7 Plate 4a is a ›royal‹ writ and plate 4b an ›episcopal‹ writ, reproduced with the kind permission of the Dean and Chapter of Durham.

ding 18 Saxon or pre-Conquest documents (and some notable forgeries). Although the series of Anglo-Saxon writs and diplomas can scarcely be equalled, I do not propose to concern myself much with these documents but with the vast quantity of charters concerning the abbey – including nearly 600 from its cell of Hurley and some 700 from the priory of Luffield granted to it for the building of Henry VII's chapel – the vill of Westminster and the world at large. These are the charters of an institution that had contacts with those above and below: the products of royal and of episcopal chanceries and of notaries, but above all of countless individual donors, grantors and lessors[8].

To begin with the monogram. To my knowledge this is not found in any English document. Imperial in origin it became the traditional mark on the continent for rulers from the Merovingians and Carolingians onwards and was employed by the Norman dukes and the French kings[9]. If we seek an English ruler who might have been exposed to foreign influences and predisposed to imperial pretensions it would be the eighth century Offa, king of the English, who had contacts with Rome, but there is absolutely no evidence that he used the title ›imperator‹ in his documents or a monogram[10]. The diplomatic arrangements for Cnut, ruler of England and Denmark, are unclear. Bresslau maintained that the origin of the English double-sided seal used by Edward the Confessor was to be found in Cnut's rule over two kingdoms, but recently T. A. Heslop has queried this interpretation and advanced strong reasons for a German source[11]. Edward's seal, comparable in size with contemporary continental royal seals, was unique in having two faces[12]: what was presumably the obverse showing the king with orb and sceptre, as on certain seals of the Emperors Henry II and Conrad II, and the reverse showing the king holding a long staff surmounted by a bird for which an iconographical source might be found in a representation of Otto III in the Munich Gospel Book. In contrast William the Conqueror's seal after his conquest of England dispensed with one ›regal‹ side and substituted an equestrian figure perhaps more in line with comital tradition. Questions remain unanswered as to why, if Edward the Confessor was modelling himself on the Germans, no other features, such as the monogram, made their way into royal documents, but from the evidence surviving they did not. The seal, however, came to assume in England an increasingly important role not only in royal documents.

To proceed next to the chrismon and the cross. In common with other diplomas the chrismon is found in Anglo-Saxon royal diplomas prior to the Norman Conquest[13]. After that it disappeared in favour of the opening cross, as found in the diploma form of document which recorded Henry I's foundation of the see of Ely in 1109[14]. The opening cross was a feature of early royal writs[15] and writ-charters[16]. It survived in some charters and writs from ecclesiastical sources in to

8 I wish to thank Dr Richard Mortimer, Keeper of the Muniments at Westminster Abbey, who made this inspection possible and the Dean and Chapter of Westminster for kind permission to reproduce plates 7 and 11c.

9 For examples see E. A. Bond, Facsimiles of Ancient Charters in the British Museum 4 vols. (1873–8) (hereafter cited as *BM Facs.*) pt iv nos. 47, 48: Louis le Débonnaire (840) and Eudes of France (889) (BL Harl. Ch. 111 A 1 & Add. Ch. 8516); A. de Bouärd, Manuel de Diplomatique Plates vol. 1, Paris 1939, pl. xxxvi (Robert le Pieux 1014); for Duke Richard II of Normandy (1014) BL Add. Ch. 75473: discussed by M. Fauroux, Recueil des Actes des Ducs de Normandie (911–1066) (Mémoires de la Société des Antiquaires de Normandie 36), Caen 1961, no. 15 and pp. 55–63; and plentiful examples for the French kings in F. Gasparri, L'Écriture des Actes de Louis VI, Louis VII et Philippe Auguste (Centre de Recherches d'Histoire et de Philologie de la IVe section de l'École Pratique des Hautes Études sér. V, Hautes Études Médiévales et Modernes, 20), Genève – Paris 1973, e.g. plates II, XXII, and XLIV.

10 For some of Offa's charters see WAM III (W. B. Sanders, Facsimiles of Anglo-Saxon Manuscripts 3 vols., Ordnance Survey, Southampton 1878–84 (hereafter cited as *A–S Facs.*), ii no. 2. P. Sawyer, Anglo-Saxon Charters (Royal Historical Society Guides and Handbooks no. 8), 1968 (hereafter Sawyer) no. 124; BL Cott. Aug. II, 99 (*BM Facs.* iv no. 4; Sawyer no. 110); Canterbury D. & C. Ch. Chart. Ant. C 69 (*A-S Facs.* i no. 3; Sawyer no. 132); Chart. Ant. M 340 (*A-S Facs.* i no. 2; Sawyer no. 128); and BL Cott. Aug. II 26, 27 (*BM Facs.* i no. 9; Sawyer no. 106). According to Eric John, Orbis Britanniae, Leicester University Press, 1966, Coenwulf of Mercia calls himself ›rector et imperator Merciorum regni‹ (798), p. 21 (*BM Facs.* i no. 12: BL Cott. MS Aug. II 97), and the seventh-century writer Adomnan called Oswald of Northumbria (634–42) ›imperator‹, p. 9 (see Adomnan's Life of Columba, ed. with translation and notes by A. O. Anderson, M. O. Anderson, Edinburgh – London 1961, p. 200).

11 T. A. Heslop, English Seals from the mid ninth century to 1100, in: Journal of the British Archaeological Association 133 (1980), pp. 1–16, with plates following p. 119.

12 For examples see BL Campbell Ch. xxi. 5 (reproduced in: Facsimiles of English Royal Writs to A.D. 1100, ed. T. A. M. Bishop, P. Chaplais, Oxford 1957, pl. iii), and on documents of doubtful authenticity W(estminster) A(bbey) M(uniments) XI and XVII (*A–S Facs.* pt ii nos. 9 and 15 reproduces seals as well as text).

13 WAM I (*A–S Facs.* pt ii no. 1), III (*A–S Facs.* ii no. 2), X (*A–S Facs.* ii no. 6), and BL Aug. II 40 (*BM Facs.* pt iii no. 6), and Add. Ch. 19788 (pt iv no. 1).

14 BL Harley Ch. 43 C 11.

15 English Royal Writs, ed. Bishop, Chaplais, nos. 1, 2, 3, 4a, 24a and b – all prior to 1070.

16 Facsimiles of Royal and Other Charters in the British Museum (hereafter cited as *BM Charters*) pl. i, ed. G. F. Warner, H. J. Ellis, London 1903, no. 1.

the first half of the twelfth century[17], but as Cheney remarked it is rare if compared with the diplomas of the twelfth-century kings and bishops of France and Germany[18]. The invocation so closely connected with it is found as late as 1200 in a charter of arbiters[19], but it is not a feature of the charters recording judge delegate decisions. These were characterized by the English sealed chirograph and normally commenced with ›Universis sancte matris ecclesie‹ or a similar formula.

If autograph *signa* and subscriptions were unknown in England before the Norman Conquest, afterwards they were used only in a very limited number of documents. The unsealed record of the Winchester ›Council‹ of Easter 1072 has nine autograph *signa* and autograph subscriptions, excluding those of the Conqueror and Queen Matilda[20]. A Chancery scribe produced a writ for William Rufus for Peterborough which has autograph crosses of the king, of William Giffard, the chancellor, of Roger Bigod, of William Peverell and of Eudo, dapifer (plate 5)[21]. In 1162, at the behest of the monks of Christ Church, Canterbury, Baldwin ›Calvellus‹, the vendor, put his cross at the bottom of a chirograph made with the priory over a sale (plate 6)[22]. Autograph crosses also appear on a monastic foundation charter for Poulton abbey where R. the *pincerna* of Ranulf, earl of Chester, together with Robert, his son, and Jueta, his wife, made marks of authentication[23]. Similarly, simple crosses were made by monks at Westminster on their vows of obedience at profession during the time of Abbot Richard Ware (1258–1283) (plate 7)[24]. Autograph subscriptions of a kind that suggest papal influence are found rarely: of Richard of Ilchester, bishop of Winchester, in 1185, where possibly only the cross (and the ›E‹ of Ego) is autograph (plate 8), and in a document that was likely to reflect papal influence – the settlement of the dispute between the archbishop of Canterbury, Hubert Walter, and the prior and convent of Christ Church over the building of a house for Premonstratensian canons at Lambeth. At the bottom of the agreement, Hubert the archbishop added his name, preceded by a cross, as did prior G[25]. The petition to Pope Innocent III to confirm the newly elected Jocelin as bishop of Bath was signed by the prior Robert and all forty of the monks of Bath with autograph *ss* and crosses (plate 9)[26]. It was fortified by the seal of the community. The papal influence that showed itself in the *acta* of Henry of Blois, bishop of Winchester, Alexander the Magnificent, bishop of Lincoln, and Theobald, archbishop of Canterbury – tittles, *apprecationes*, and enlarged minuscules for the name and title (plate 10) – did not last into the episcopal *acta* of the thirteenth century, which almost unfailingly are letters patent closely modelled on royal examples; but it is possible that in the rare survival of election documents – which might come under the scrutiny of papal officers – the conventual seal was not considered to be sufficient to record the consent of each member of the convent's chapter[27].

We have concentrated so far on the few examples of graphic symbols in the European tradition. They are not, however, part of the mainstream of the English documentary tradition and they exerted no widespread or lasting influence. To explain the lack of graphic symbols we have to turn to the court and to the development of the English Common Law that regulated landholding. It is perhaps the graphic symbol of the chirograph used in conjunction with the seal that demands our attention at this point.

The chirograph seems to have been the normal private deed as far back as the early tenth century in England. While surviving Anglo-Saxon chirographs appear to have been almost all tripartite and unsealed, the chirograph as it had developed by the twelfth century was bipartite and sealed *alternatim*. It had become the classic document for the transfer of land within a developing legal system dependent on the king's court. Like the writ-charter, it could be used for

17 *BM Charters* pl.xi no. 16 (from St Mary, Monmouth) and pl. xxi no. 32 (probably from St Denis, Southampton).

18 C. R. Cheney, English Bishops' Chanceries 1150–1250, Manchester 1950, p. 61.

19 Cheney, Bishops' Chanceries, pl. vi and pp. 159 and 61.

20 Palaeographical Society Facsimiles of Manuscripts and Inscriptions, ed. E. A. Bond, E. M. Thompson, London 1873–83, iii pl. 170, and cf. English Royal Writs, ed. Bishop, Chaplais, pl. 29 for the related constitution concerning the primacy drawn up at Windsor in 1072 and sealed *en placard*.

21 English Royal Writs, ed. Bishop, Chaplais, no. 21 and plate xix.

22 BL Campbell Ch. xxii 2 (plate xix no. 29 in *BL Charters*). The other part of the chirograph survives in the Dean and Chapter archives at Canterbury, Ch. Ant. C 1086. It is not authenticated by Baldwin. How the priory came to preserve its own part is problematical. Both parts are printed in William Urry, Canterbury under the Angevin Kings, London 1967, chs. ix & x.

23 BL Cott. MS Nero C III f.215 (plate 1 in Facsimiles of Early Cheshire Charters, ed. G. Barraclough, Oxford 1957).

24 See e. g. WAM 12890C and S.

25 BL Harley Ch. 43 I 38 (*BM Charters* pl. xliii no. 67); and Canterbury, D. & C. Chartae Antiquae E 186 (plate vi in Cheney, Bishops' Chanceries).

26 D. and C. Wells Ch. 41.

27 See e. g. H. E. Salter, Facsimiles of Early Charters in Oxford Muniment Rooms, Oxford 1929, nos. 69 and 70; BL Campb. Ch. xxi. 1 (*BM Charters* pl. xviii no. 28) and Cheney, Bishops' Chanceries, pl. ii.

agreements[28], leases[29], demises[30], gifts[31], quitclaims[32], grants[33], surrenders[34], memoranda of recognition[35] and so on. It was the private act *par excellence* commencing, unlike its continental counterpart which used the invocation ›In nomine patris et filii et spiritus sancti‹, with ›Hec est conventio‹ or ›Hec indentura‹, ›Ita convenit‹, ›Carta cyrographata‹, ›Notum sit‹ etc. From the reign of Henry II come the first surviving final concords. Modelled on the chirograph form, they recorded land transactions and were given added authenticity by emanating from the royal court. The earliest original so far discovered comes from 1176 (above plate 2)[36]. The word CIROGRAPHVM is written at the bottom. It is unsealed[37]. Final concords were also drawn up in baronial courts, such as that of William de Mountchesney (Muntchanesi) at Towcester for which examples survive among the Luffield charters at Westminster[38]. Meanwhile the graphic mark of the chirograph as a symbol of authentication was being augmented by the growing practice of sealing documents *alternatim*[39] and sometimes in triplicate. It is noteworthy that Henry II, failing to get the bishops to agree to the Constitutions of Clarendon to which he ordered them to attach their seals following the written redaction, resorted to the tripartite chirograph[40]. The attachment of the seals would imply consent, whereas the chirograph could merely record events. The bipartite chirograph of enfeoffment of Bishop Robert of Hereford of 1085 which was analysed by Galbraith[41] may have more Norman influence than the tripartite chirograph fabricated, as Chaplais has suggested, some sixty to eighty years later (between 1144 and 1166) at Westminster. This chirograph (the central portion – the other two of which it speaks were perhaps never made) purports to be the foundation charter of Geoffrey de Mandeville of Hurley priory in 1085–6 which it manifestly cannot be. It is an interesting survival, however, of what a chirographer or scribe of the mid-twelfth century supposed an earlier tripartite chirograph might have looked like. It retains the seal of Geoffrey de Mandeville appended on a tag crudely inserted through the text[42].

The graphic symbol of authentication on the chirograph (namely the word or words, usually *cyrographum*, but sometimes a scriptural phrase, written at the top and then indented) unfortunately does not allow us to identify the writer, as is sometimes (but rarely) the case with charters where the scribe occurs amongst the witnesses. In one example of that kind, William Legat, who was in all likelihood the scribe, picked his name out in elaborate letters in the witness list[43]. Chirographers have been found working in towns from the thirteenth century, as have scribes of guilds, and further research may well identify more. Royal writs to chirographers ›Christians and Jews‹ reveal chirographers in the main medieval towns – Colchester, Norwich, Nottingham, Oxford, for example. Jacob of Oxford, appointed chirographer to the London *archa* in or before 1244, became known thereafter, interestingly enough, as Jacob le Clerk[44]. The Exchequer frequently demanded the production of documents. Henry III in an Exchequer writ of 25 April 1262, for example, ordered the chirographers of Nottingham to produce all the charters etc. before the barons of the Exchequer on Trinity Monday[45]. The Westminster archive includes a

28 e.g. WAM 684, 1130, 2185.
29 WAM 2312, 17089.
30 WAM 202.
31 WAM 131, 2611 (›et hec donatio supradicta eo pacta facta est quo cirograf. qui inter eos factus est demonstrat‹).
32 WAM 2303, 2403.
33 WAM 2288 and 2525 – a grant for the service of a fourth part of a knight.
34 WAM 2313.
35 WAM 2385.
36 *BM Charters* pl. xxxv no. 55.
37 Numerous final concords survive at Westminster of which only a few need be mentioned, e. g. 532, 1041, 1043, 1045, 2446.
38 WAM nos. 2585, 2601: printed G. R. Elvey, Luffield Priory Charters 2 vols. (Northamptonshire Record Society vols. 22, 26) 1968 and 1975 (also in the Buckinghamshire Record Society vols. 15 and 18), i nos. 127, 128.
39 Seals are found on chirographs from the middle of the twelfth century. *BM Charters* pl. iv no.5 is an early one from Henry I's reign. Another early one (1148), sealed by a knife, is Durham Ch. 4. 3 Ebor. 4 (photograph in A Medieval Miscellany for Doris Mary Stenton, ed. P. M. Barnes, C. F. Slade (Pipe Roll Soc. ns 36) 1960, pl. xv.
40 Chronica Magistri Rogeri de Houedene, ed. W. Stubbs, 4 vols. (RS 51) 1868–71, i p. 222, cited by V. H. Galbraith, Studies in the Public Records, 1948, p. 10. On the Empress Matilda's views of the king's ›ungentlemanly‹ action in putting these things in writing and demanding the bishops' oaths to observe the terms, see Materials for the History of Thomas Becket, ed. J. C. Robertson, 7 vols. (RS 67), 1875–85, v pp. 148–50, cited by M. Chibnall, Anglo-Norman England 1066–1166, Oxford 1986, pp. 206–7.
41 V. H. Galbraith, An Episcopal Land-Grant of 1085, in: English Historical Review 44 (1929), pp. 353–6 with plate.
42 WAM 2001, portion forms plate (Xa) in The Original Charters of Herbert and Gervase Abbots of Westminster (1121–1157), ed. P. Chaplais, in: A Medieval Miscellany, ed. Barnes, Slade, and see esp. pp. 97–8. The curious text is printed in J. Armitage Robinson, Gilbert Crispin Abbot of Westminster (Notes and Documents relating to Westminster Abbey no. 3) Cambridge 1911, pp. 132–4.
43 Early Cheshire Charters, ed. Barraclough, no. 9 (and facing plate) and especially p. 21, and see J. H. Hodson, Medieval charters: the last witness, in: Journal of the Society of Archivists 5 (1974), pp. 71–89.
44 For the Oxford chirographers, see C. Roth, The Jews of Medieval Oxford (Oxford Historical Society ns 9) 1951.
45 WAM 6888.

large number of starrs, including Hebrew chirographs (for example, a quitclaim of Abigail the wife of R. Abraham ben Solomon of a house settled on her which is now to be sold, made at Norwich in 1265)[46] and many signed documents which appear to have been written by the authors of the transactions[47]. Some, too, we know to have been sealed[48]. Seals of guilds probably became increasingly important. Reyner, the goldsmith, described in one of the early-thirteenth century Bath charters as scribe of the guild, may have been the fabricator of a matrix. Seals of towns appear in the 1190s – later than on the continent. One of the earliest surviving matrices comes from Exeter: it was made by Luke who seems to have made a matrix for Taunton in Somerset also[49]. According to Geoffrey Martin there is ›little or no trace of notarial influence in town archives‹[50].

No examination of English documents can be complete without an analysis of the writ (above plate 4). With an absence of graphic symbols, it was authenticated by the seal. Used for administrative and legal purposes by the Crown, like the chirograph it spread into common use amongst lay and ecclesiastical lords and gradually further down the social scale. Charters of a general nature, such as gifts and grants, might be in writ form. Appointments of attorneys, receipts and other business transactions were frequently cast in this form and authenticated by a personal or official seal – in the case of the royal court in the portion of the Great Seal known as the *pes sigilli*, or foot of the seal. The writers for the most part remain unidentified, whether of royal or non-royal documents. The seal, personal to the individual or the office, frequently in fact the former, substituted for any kind of graphic identification or attribution of authority.

It is commonly known that the English were a nation of seal-owners. Chirographs without seals were objected to by Gilbert de Balliol in Henry II's reign[51]. While medieval guilds had seals the matrix was not applicable for individual contracts and merchants had their own seal *matrices* made. Frequently these were of their merchant marks. Thirty impressions which were clearly merchants' marks have been discussed, and some illustrated, from the borough of Leicester (plate 11a)[52]. The Public Record Office catalogue of personal seals allows us to say that shields with merchants marks were quite common at least by the fourteenth century[53]. They occur, too, on their monumental brasses (plate 11b)[54]. Whether the merchants themselves ever made these signs manually has not yet been discovered. Like notarial marks there is no reason why they should not have been manually formed, though clearly the attachment of such signs to goods must have been in the form of wax or metal impressions, to the bales[55], sacks, coffers and barrels. Like notarial marks, many of them were based on the cross or incorporated a cross in the design.

The directive of the papal legate Otto in the council of 1237 that ecclesiastical *acta* must be authenticated by known seals draws attention not only to the lack of official seals but also to the lack of a public notariate in England. There was no notariate simply because the whole concept of the public act is unknown to the Common Law. When notaries begin to appear in acts in which Englishmen were concerned and which in the course of time were sent back to England they were

46 WAM 6792.

47 Documents within the sequence 6737–6879 in WAM. See M. D. Davis, ed., Shetaroth; Hebrew Deeds of English Jews before 1290 (Publications of Anglo-Jewish Historical Exhibition 1888, no. 2), for the translated texts, many of them from Westminster. On the Jews writing documents themselves, see Roth, Oxford Jews, p. 36.

48 Merton Muniments, ed. P. S. Allen, H. W. Garrod, Oxford 1928, Va, and Roth, Oxford Jews, frontispiece and p. 143.

49 See T. A. Heslop, Seals, in: English Romanesque Art 1066–1200, Arts Council 1984, p. 319, and, English Seals in the Thirteenth and Fourteenth Centuries, in: Age of Chivalry, Royal Academy of Arts 1987, pp. 273–4, for London (the barons and the mayors).

50 G. H. Martin, The English Borough in the Thirteenth Century, in: Transactions of the Royal Historical Society 5 ser. 13 (1963), p. 123 fol., p. 144.

51 The Chronicle of Battle Abbey, ed. and trans. Eleanor Searle (Oxford Medieval Texts), Oxford 1980, p. 215.

52 Felicity Ranger, A Catalogue of Medieval Seals contained in six accumulations in the Archives Department of Leicester Museum, submitted as required for the Diploma, in: Archive Studies May 1960 (copy in the University of London Library, Palaeography Room) especially pp. liv (my Plate 11A) and 114–15, the merchant mark of John Cook. See also pp. 68, 77, 137 and 234–5.

53 Roger H. Ellis, Catalogue of Seals in the Public Record Office, Personal Seals 2 vols., London 1978 and 1981, i P 63 (1377), P 190 (1396), P 751 (1361) and ii P 1143 (1340), P 2128 (1367) (plates for these two documents) and P 2132 (1300). WAM 1351 (1352) is one example from many at Westminster.

54 See C. T. Davis, Merchants' Marks, in: Journal of the British Archaeological Association 49 (1893), plate between pp. 48 and 49 for marks of the fifteenth century, fig. 1 William Grevel of Chipping Campden (1401); fig. 5 John Fortey of Northleach (1458); fig. 24 T. Pownder from St Mary at Quay, Ipswich (1525). The whole of Fortey's brass is illustrated in Monumental Brasses, the Portfolio Plates of the Monumental Brass Soc. 1894–1984, intr. M. W. Norris, Boydell 1988, 179 and Pownder's on 303.

55 Davis, Merchants' Marks, p. 54 has line drawings of some of the metal merchants' marks which have been unearthed. A statute of 1465 specified that cloth was to be sealed with leaden seals.

frequently sealed as well – an unnecessary adjunct to Italians but regarded as essential to Englishmen in case of action in courts at home. Bartholomeus de Cersine of the diocese of Florence, for example, notary by apostolic authority, recorded Abbot Richard Ware of Westminster's borrowing of 1000 marks in 1259, one copy of which was sealed[56]. The decision of papal auditors which was made at Orvieto in favour of Master Adam of Fileby (Westminster's presentee to Staines church) was sealed by the judges when it was the subject of a notarial document of Bonaspes Guidiccii of Perugia in 1264[57]. These were Italian notaries, working close to the papal court, and drawing up documents often in the abbot of Westminster's lodgings[58], but the same pattern of sealing notarial documents was prominent when notaries were Englishmen working at home. A notarial instrument recording the election of a prior at Malvern in 1397 produced a notarial document of John Stoke, apostolic notary of the city of Worcester, listing the chapter who were present and the election proceedings, which was sealed with the seal of the convent on the obverse and of the prior on the reverse[59].

Any assessment of the influence of notarial documents on the wider community and its documentary practices in England cannot be made on the basis of ecclesiastical collections. Our foremost historian of borough records, G. H. Martin, finds little influence in the towns. Royal use of notaries, too, was limited. When Edward I wanted to justify his actions in Scotland in the 1290s he used a notary so as to gain acceptance in international law[60]. Notarial instruments were used in conducting foreign relations. Undoubtedly notaries were to be found round the court and its offices at Westminster, especially the Wardrobe, the hub of royal diplomacy, but their work was probably mainly for ecclesiastical clients. William de Maldon, who was employed by the abbot of Westminster, wrote instruments with Master William Dorturer concerning the collection of the papal tenth in August 1304[61]. Both were enlisted on occasion by the Crown as notaries. Maldon is the only notary so far noted to have had a seal (plate 11c) which used the same device as his notarial sign (plate 11d). It is attached to a receipt for his salary and can be compared with his written mark[62].

A singular feature in the history of the development of graphic symbols in England – and so far as is yet known without much influence outside London[63] – is the growth of the Scriveners' Company in the fourteenth century. These were the scribes responsible for drawing up city testaments and other deeds. Only those scriveners who were also notaries normally had *signa*, but they frequently elaborate their signatures with a vestige of a subscription sign (plate 12)[64].

The movement towards institutional seals in the English Church undoubtedly received much impetus from the legate's directive in the Council of London in 1237. Although seals *ad causas* are found from the beginning of the thirteenth century, many more are to be found from after 1237. In advanced dioceses, with more streamlined administration, the official seal was a reality before 1237[65], but in the majority their introduction hardly precedes the acceptance of the notarial instrument. Outside ecclesiastical circles and urban centres, the personal seal, used often in association with what the royal court offered by way of support, remained the key to English business transactions. The genuineness of the seal in England determined the genuineness of the document. The notary with his Roman origins remained unrecognized by the English Common Law.

56 WAM 12800A, 12800B. See also WAM 12804 and 12818 for further examples of similar transactions. On the sealing see C. R. Cheney, Notaries Public in England in the Thirteenth and Fourteenth Centuries, Oxford 1972, pp. 112–15.

57 WAM 16751.

58 WAM 12879.

59 WAM 22943; and cf 32656 and LXXVI (of 1503).

60 M. T. Clanchy, From Memory to Written Record, London 1979, p. 241.

61 See Cheney, Notaries, pp. 58 n. 2 & 67. For Dorturer's (and ? his son's) work at Westminster see WAM 12732, 12754, XXI and 1755.

62 WAM 29155: see Cheney, Notaries, App. no. 23 p. 185. The sign (my plate 11d) is illustrated on plate ix of G. F. Browne, Echt-Forbes Family Charters 1345–1727, Edinburgh 1923. See H. D. Emanuel, Notaries Public and their Marks ..., in: National Library of Wales Journal 8 (1953–4), pp. 150–1 for his work at Hereford (Hereford Dean and Chapter Chs. nos. 1851 and 1855).

63 H. Jenkinson, The Later Court Hands in England, Cambridge 1927, p. 30 suggests that other towns had similar gilds in the fourteenth century and Cheney, Notaries, p. 69 n. 2, cites some evidence for York. A. E. B. Owen, A Scrivener's Notebook from Bury St Edmunds, in: Archives xiv (1979), pp. 16–22, illustrates the scriveners' activities in one English town in the mid-fifteenth century.

64 See Scriveners' Company Common Paper 1357–1628, ed. F. W. Steer (London Record Soc. 4) 1968, introduction; Cheney, Notaries, pp. 69, 139; and Jenkinson, Later Court Hands, plates i and vi (my plate 12).

65 For example the chapter of Salisbury had a seal ›ad petitiones ad causas‹ which appears to date from before the first quarter of the thirteenth century (W. de Gray Birch, Catalogue of Seals in the Department of Manuscripts in the British Museum i (1887), no. 2216). That of Exeter (no. 1583) may be early rather than late thirteenth century, but matrices are difficult to date very precisely.

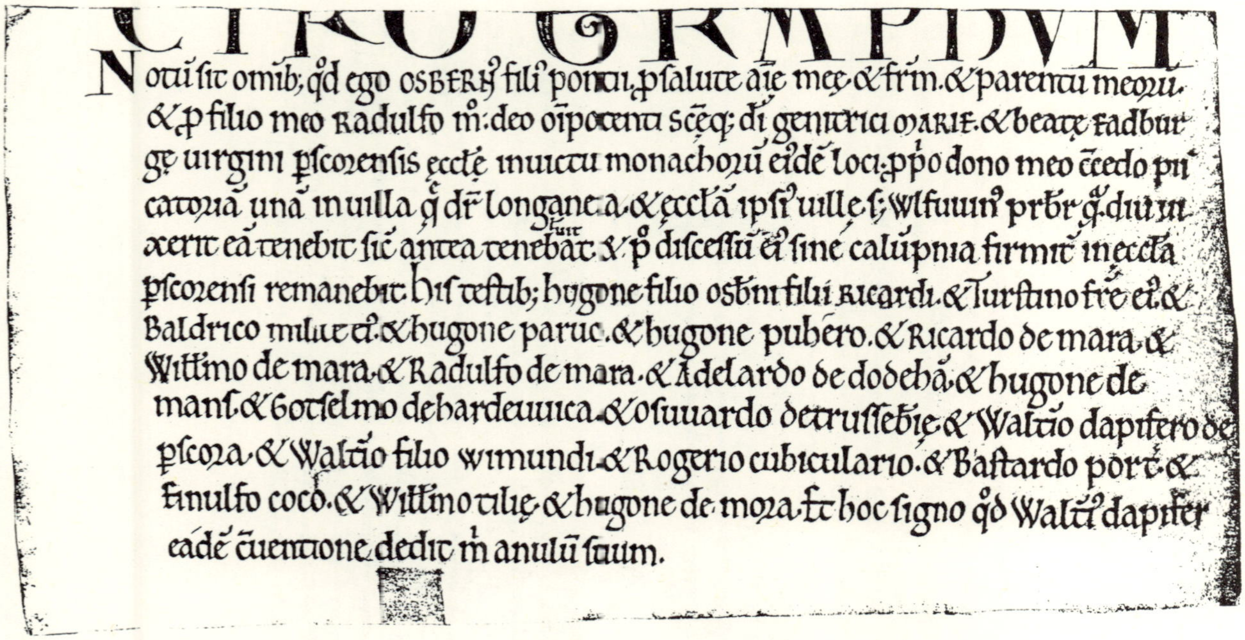
CIROGRAPHUM

Notu sit omib; qd ego Osbertus filius ponti, p salute aie mee & frm. & parentu meoru & p filio meo Radulfo m: deo oipotenti sceq; di genitrici Marie & beate Eadburge uirgini pscorensis eccle inuictu monachoru eide loci, p pro dono meo ccedo piscatoria una in uilla q dr Longane a. & eccla ipsi uille s; Wlfuuin prbr q diu uixerit ea tenebit sic antea tenebat & p discessu ei sine calupnia firmit in eccla pscorensi remanebit. His testib; hugone filio osbni filii Ricardi & Turstino fre ei & Baldrico milite ei & hugone paruo & hugone pubero & Ricardo de mara & Willmo de mara & Radulfo de mara & Adelardo de dodeha & hugone de mans & Gotselmo de hardeuuica & Osuuardo de trusslebie & Waltio dapifero de pscora & Waltio filio wimundi & Rogerio cubiculario & Bastardo port & Einulfo coco & Willmo tilie & hugone de mora. Et hoc signo qd Walt dapifer eade cuentione dedit in anulu suum.

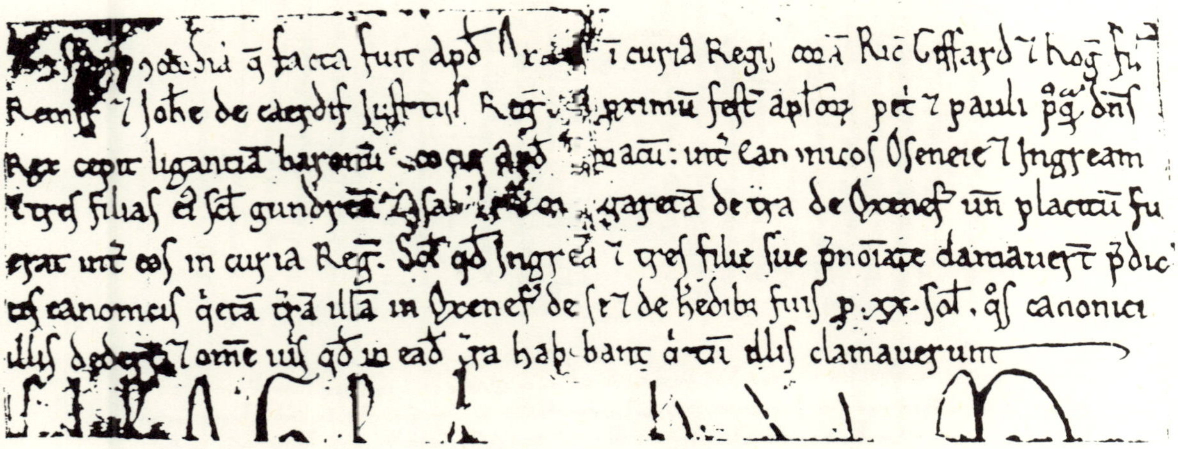
... cordia q facta fuit apd ... i curia Regis coram Ric Giffard 7 Rog fil Reinfr 7 Johe de cardif Justic Reg ... primu post aplor pet 7 pauli p q dns Rex cepit ligancia baronu ... int canonicos Oseneie 7 Ingream 7 tres filias ei scilicet gundrea 7 Isab ... argareta de tra de Oxenef un placitu fuerat int eos in curia Reg. Scilicet qd Ingrea 7 tres filie sue ... clamauert p dictis canonicis qeta tra illa in Oxenef de se 7 de heredib suis p xx sol. qs canonici illis dederunt 7 omne ius qd in ead tra habebant ... illis clamauerunt

1 *BM Charters* pl. iv no. 5 (for full reference see n. 16)

2 *BM Charters* pl. xxxv no. 55 (for full reference see n. 16)

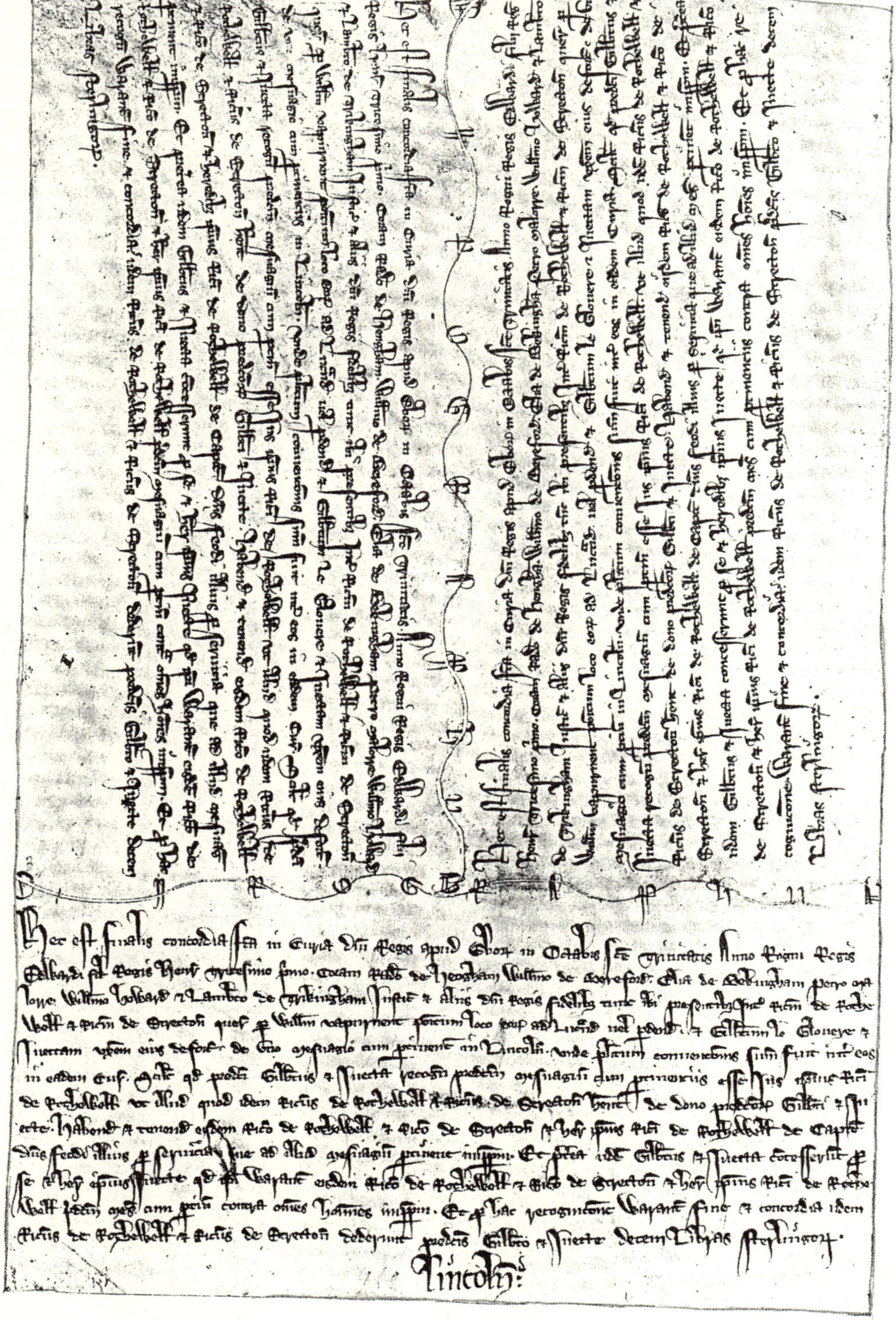

3 Final Concords of the County of Lincoln, ed. C. W. FOSTER (1920), frontispiece

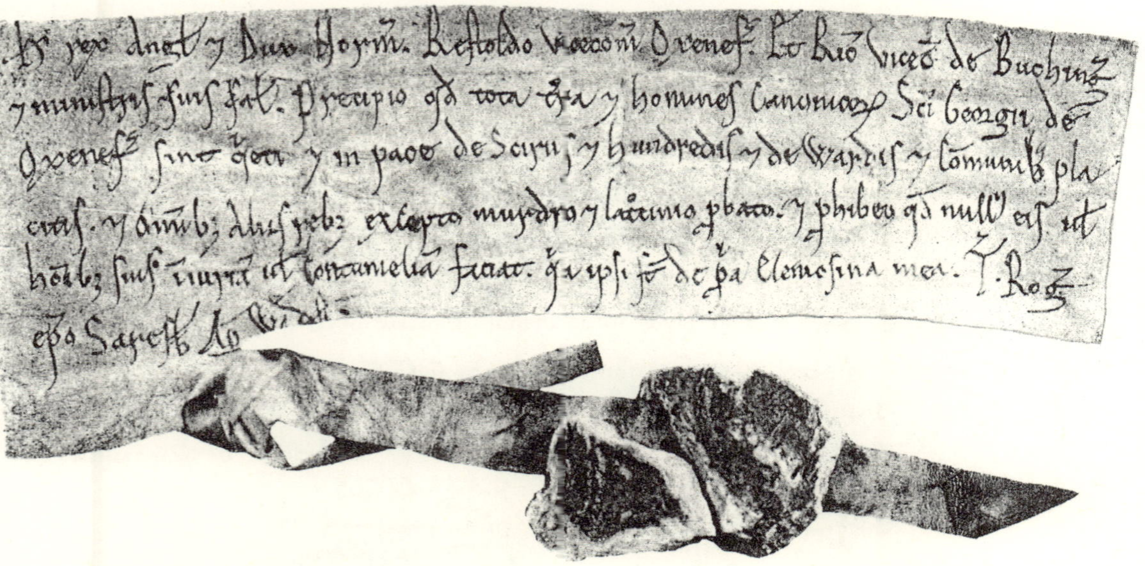

H. rex Angl. et Dux Norm. Restoldo vicecom. Oxenef. et Ric. vicec. de Buching.
et ministris suis sal. Precipio quod tota terra et homines Canonicorum Sci Georgii de
Oxenef. sint quieti et in pace de Sciris et hundredis et de Wardis et communib. pla
citis et omnib. aliis reb. excepto murdro et latrocinio probato. Et prohibeo quod nullus eis vel
homib. suis iniuria vel contumelia faciat. quia ipsi sunt de propria Elemosina mea. T. Rog.
epo Saresb. ap. W[illegible]

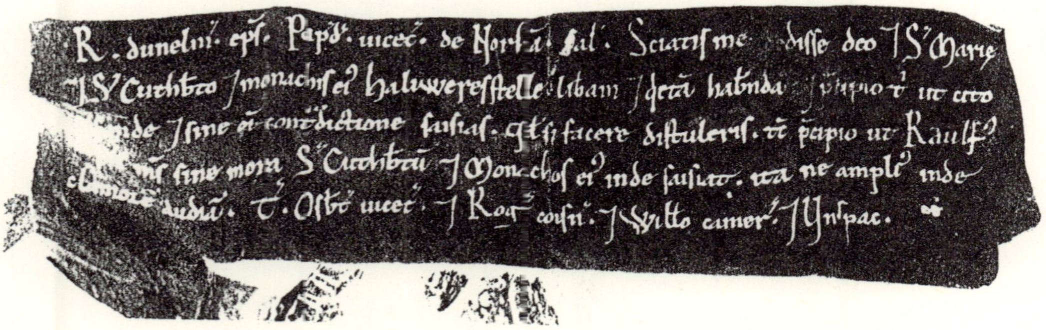

R. dunelm. eps. Papd. vicec. de Norh. sal. Sciatis me reddisse deo et S. Marie
et S. Cuthberto et monachis ei. haluweresfelle liberam et quietam habenda in perpetuo et in [illegible]
[illegible] inde et sine omni contradictione saisias. Quod si facere distuleris. tibi precipio ut Raulf.
[illegible] sine mora S. Cuthbertu et Monachos ei. inde saisiat. ita ne amplius inde
clamorem audiam. T. Osbto vicec. et Rog. cons. et Willo camer. et Unspac.

4a Oxford Charters, ed. H. E. SALTER, no. 57 (for full reference see n. 27)

4b Dean and Chapter of Durham, 2.1 Pont. 11, reproduced with their kind permission

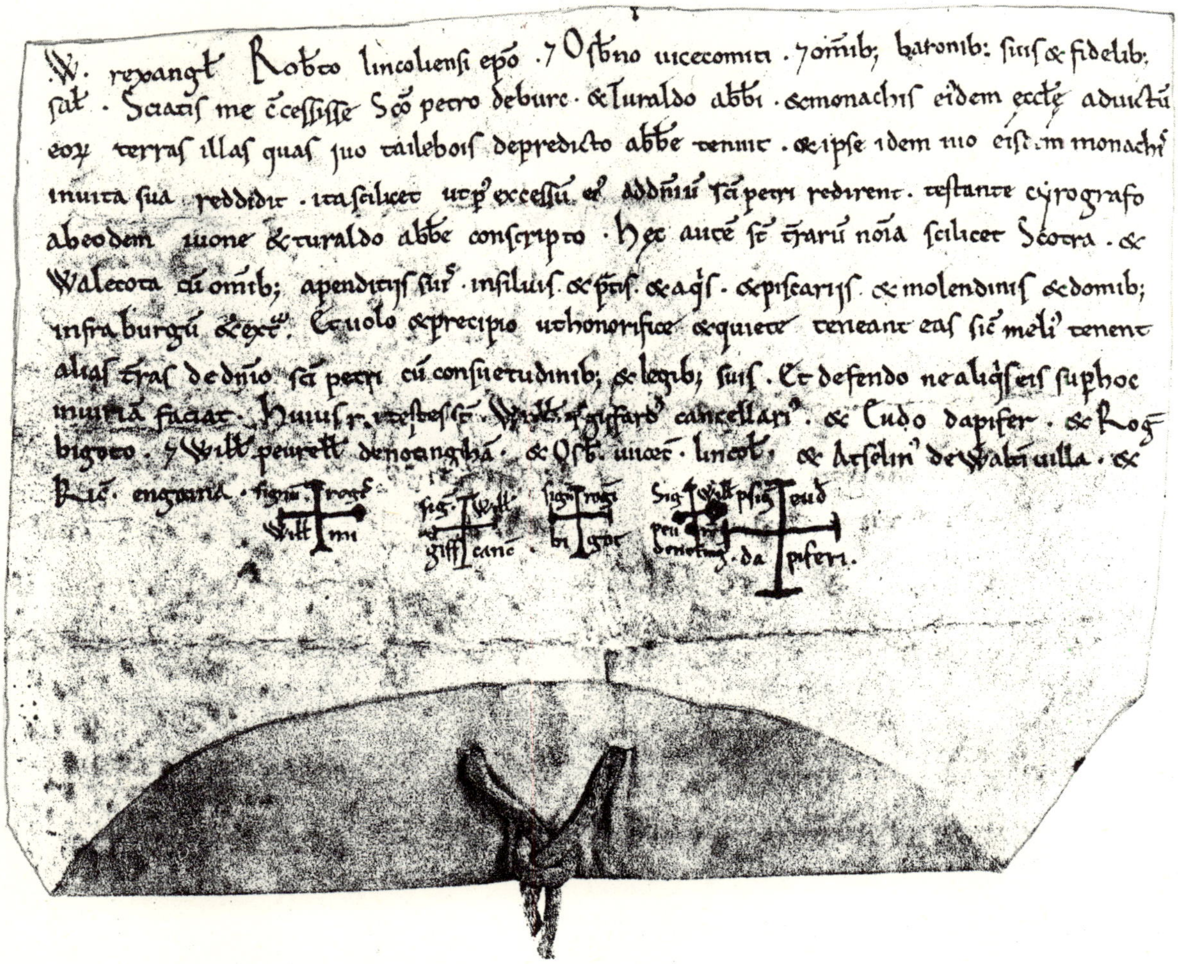
W. rex angl' Robto lincoliensi epo . 7 Osbno uicecomiti . 7 omnib; baronib: suis & fidelib; sal' . Sciatis me concessisse Sco petro de burc . & Turaldo abbi . & monachis eidem eccle ad uictu eo4 terras illas quas Iuo tailebois de predicto abbe tenuit . & ipse idem Iuo eisdem monachis inuita sua reddidit . ita scilicet ut post excessu eius ad dniu sci petri redirent . testante cyrografo ab eodem Iuone & Turaldo abbe conscripto . Hec autem st trarum noia scilicet Scotra . & Walecota cu omnib; apendiciis suis . in siluis . & ptis . & aqs . & piscariis . & molendinis & domib; infra burgu & ext'. Et uolo & precipio ut honorifice & quiete teneant eas sic meli' tenent alias tras de dnio sci petri cu consuetudinib; & legib; suis . Et defendo ne aliqs eis sup hoc iniuriā faciat . Huius r. testes st . Witts giffard cancellari' . & Eudo dapifer . & Rog bigoto . 7 Witt peurell de notingha . & Osb. uicec . lincol . & Anselin' de Walri uilla . & Ric . engaina .

5 English Royal Writs, ed. Bishop, Chaplais, pl. xix no. 21 (for full reference see n. 12)

6 *BM Charters* pl. xix no. 29 ▷

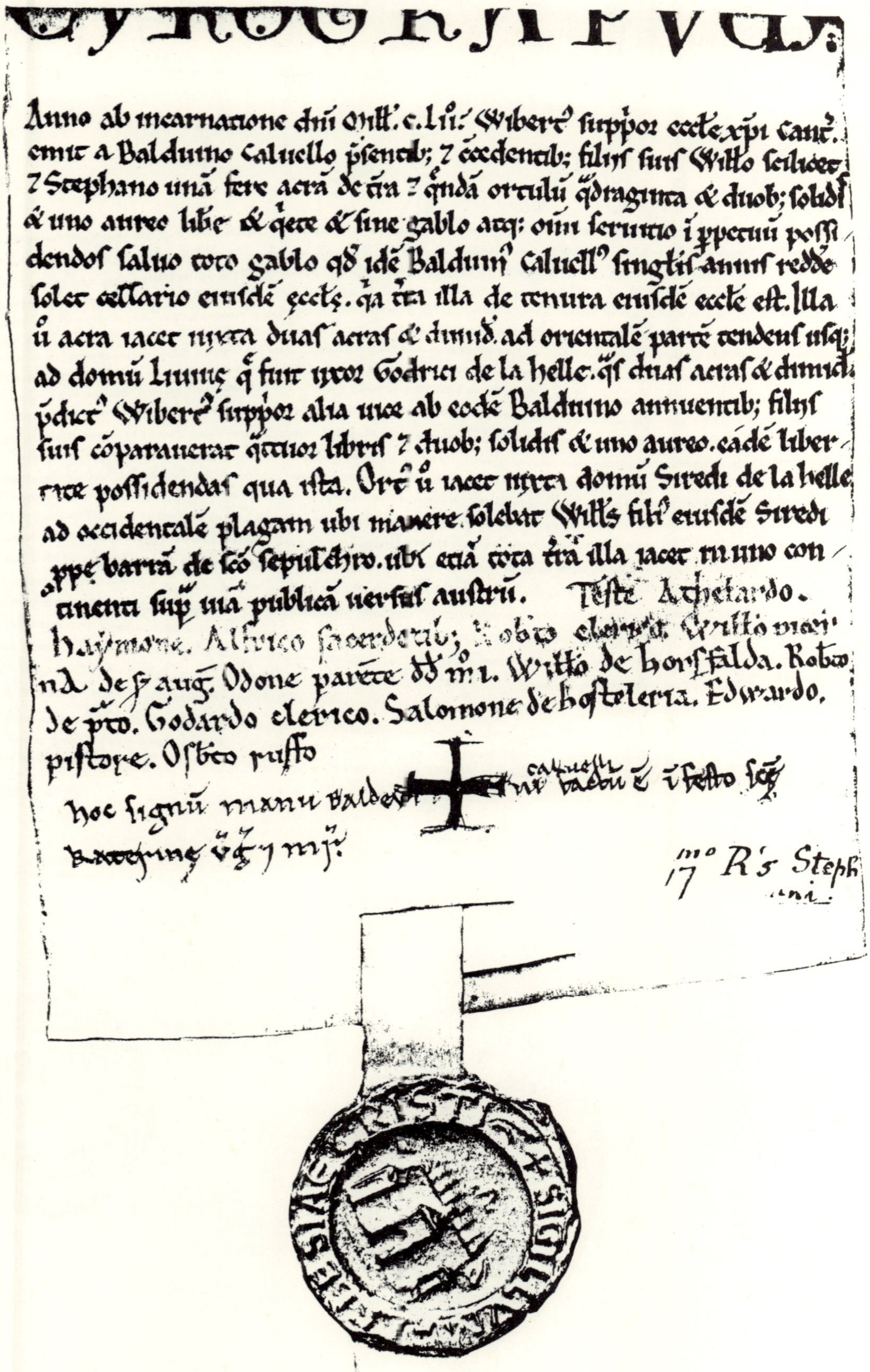
Anno ab incarnatione dni Mill. c. l. iii. Wibertus supprior eccle xpi Cant.
emit a Balduino Caluello presentib; 7 concedentib; filiis suis Willo scilicet
7 Stephano unam fere acram de tra 7 quendam ortulum quadraginta 7 duob; solidis
7 uno aureo libe 7 quiete 7 sine gablo atq; omi seruitio i perpetuu possi
dendos saluo toto gablo qd idem Balduinus Caluellus singlis annis redde
solet cellario eiusdem eccle. qa tra illa de tenura eiusdem eccle est. Illa
u acra iacet iuxta duas acras 7 dimid. ad orientale parte tendens usq;
ad domu Liuinge q fuit uxor Godrici de la helle. qs duas acras 7 dimid.
pdictus Wibertus supprior alia uice ab eode Balduino annuentib; filiis
suis coparauerat quattuor libris 7 duob; solidis 7 uno aureo. eade liber
tate possidendas qua ista. Ortus u iacet iuxta domu Siredi de la helle
ad occidentale plagam ubi manere solebat Witts filius eiusde Siredi
ppe barram de sco sepulchro. ubi etia tota tra illa iacet in uno con
tinenti sup uiam publicam uersus austrum. Teste Athelardo.
Haymone. Alfrico sacerdotib; Robto clerico. Willo mari
nal de s aug. Odone parete ddi m i. Willo de horsfalda. Robto
de pto. Godardo clerico. Salomone de hostelerra. Edwardo.
pistore. Osbto ruffo
Hoc signum manu Balduini Caluelli factum 7 i testo ...
17mo R's Stephani

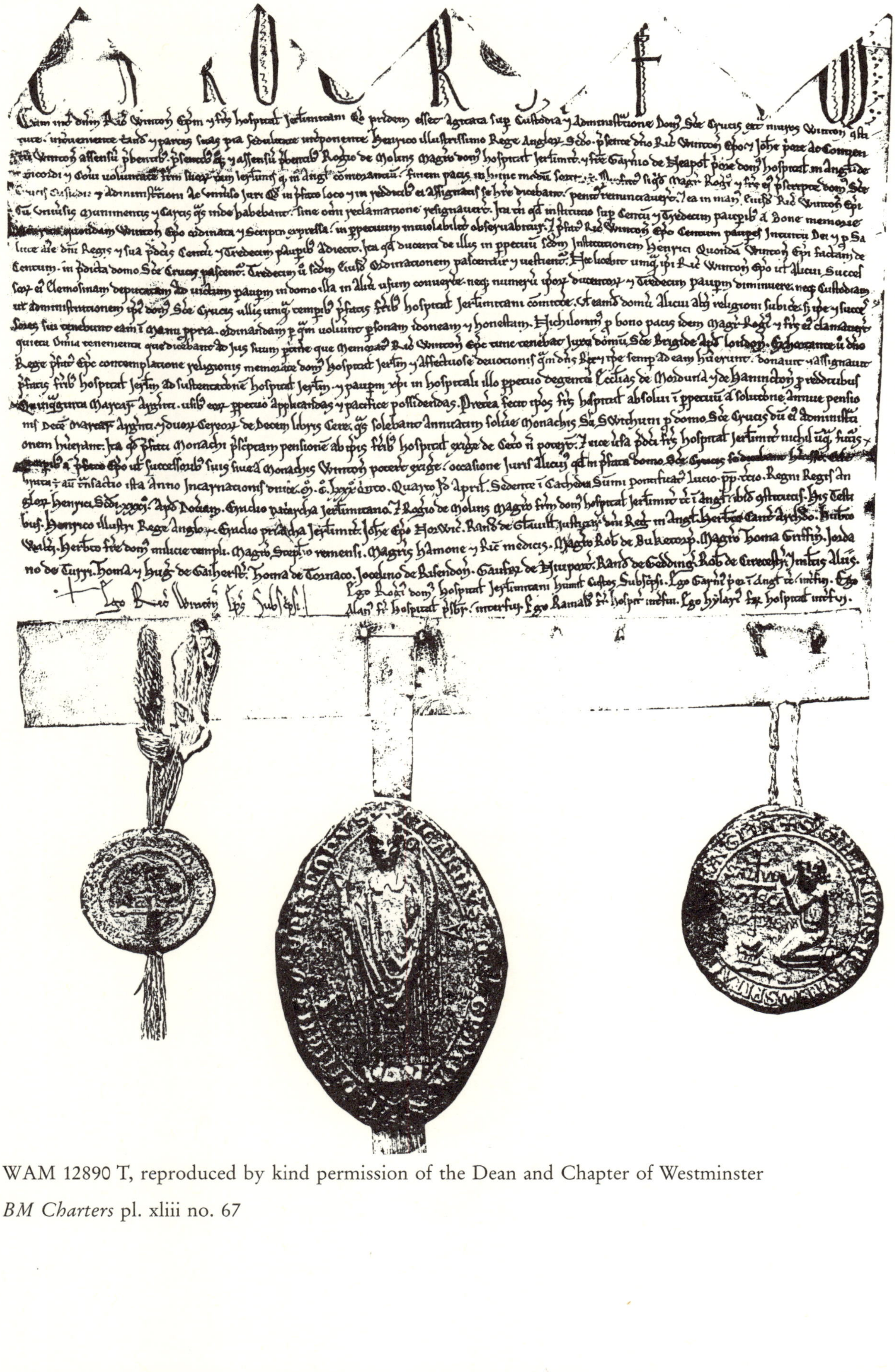

7 WAM 12890 T, reproduced by kind permission of the Dean and Chapter of Westminster

8 *BM Charters* pl. xliii no. 67

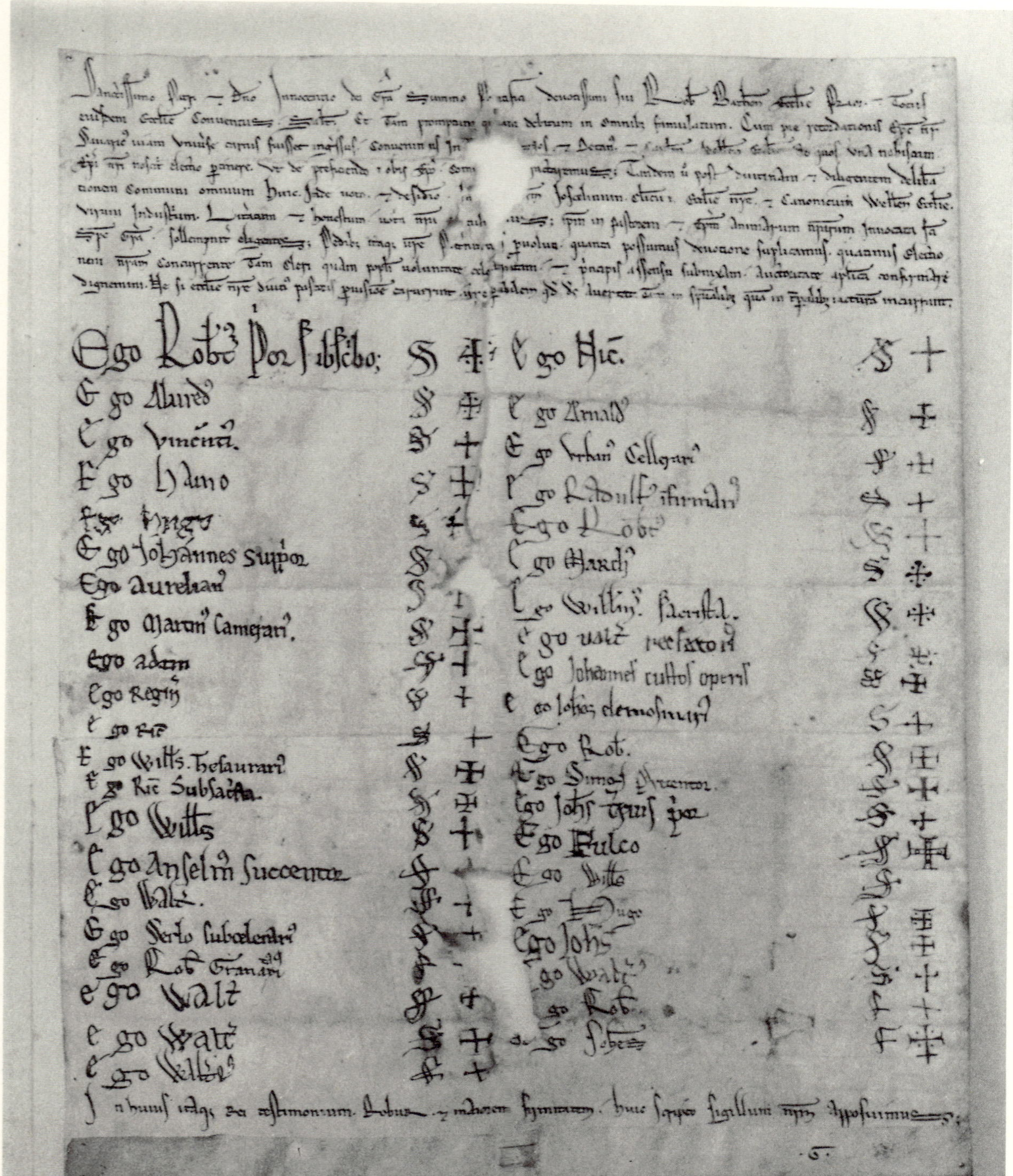

9 Dean and Chapter of Wells Ch. 41, reproduced with their kind permission

a

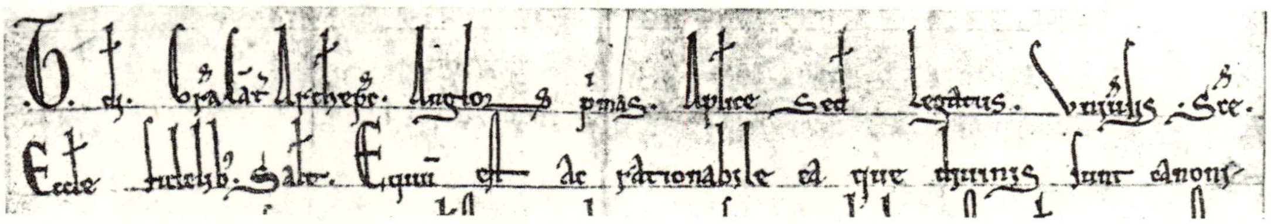

b

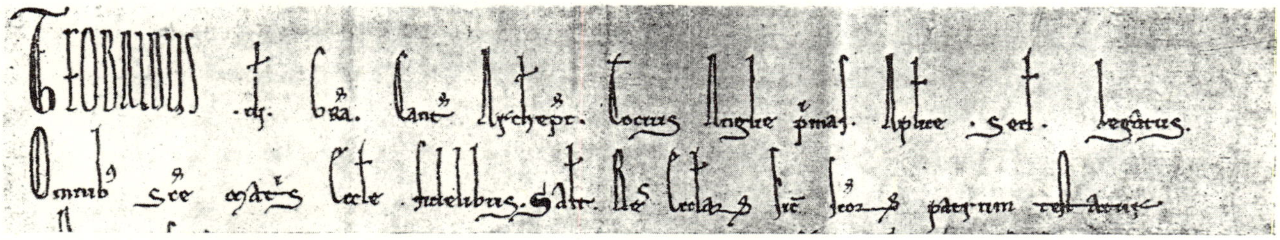

c

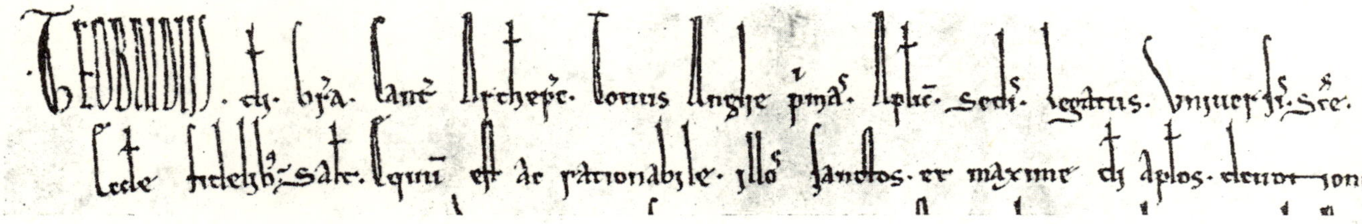

d

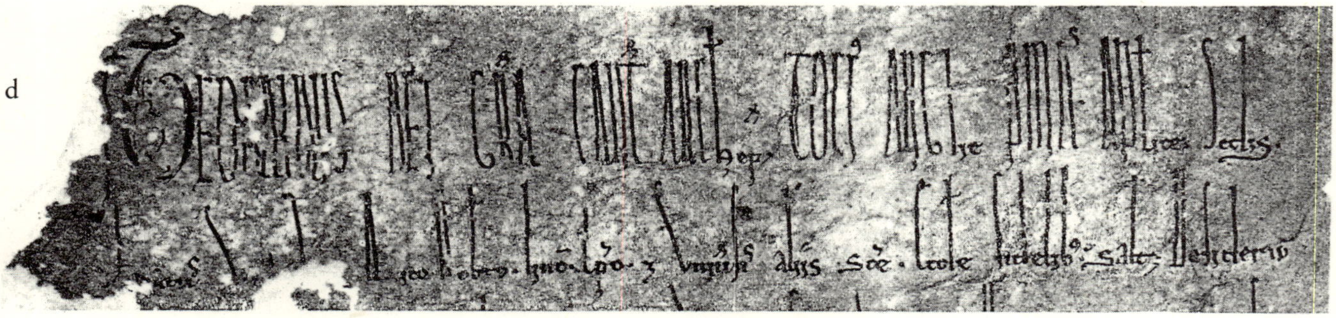

10a–d Cheney, Bishops' Chanceries pl. ii (for full reference see n. 18)

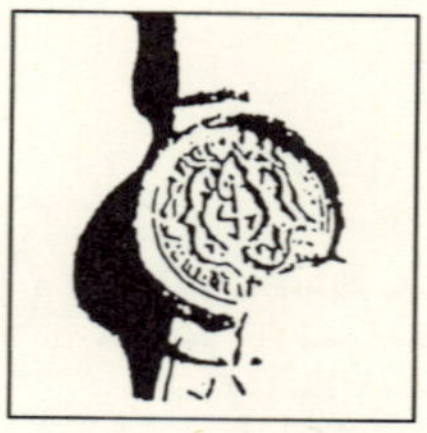
11a

11b

11d
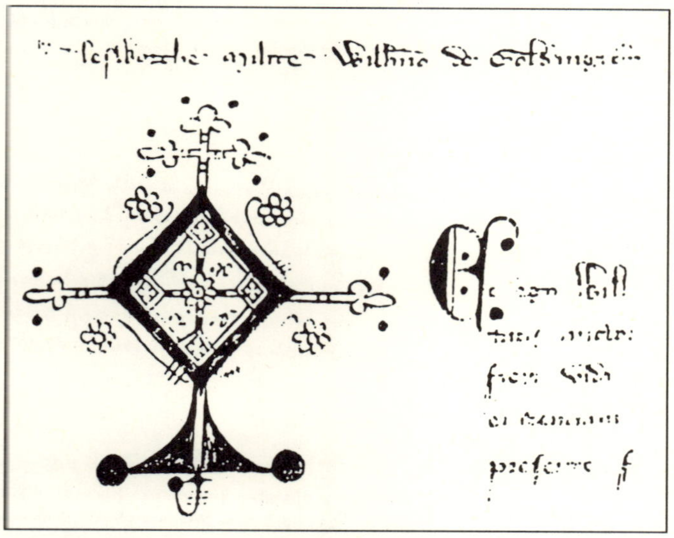

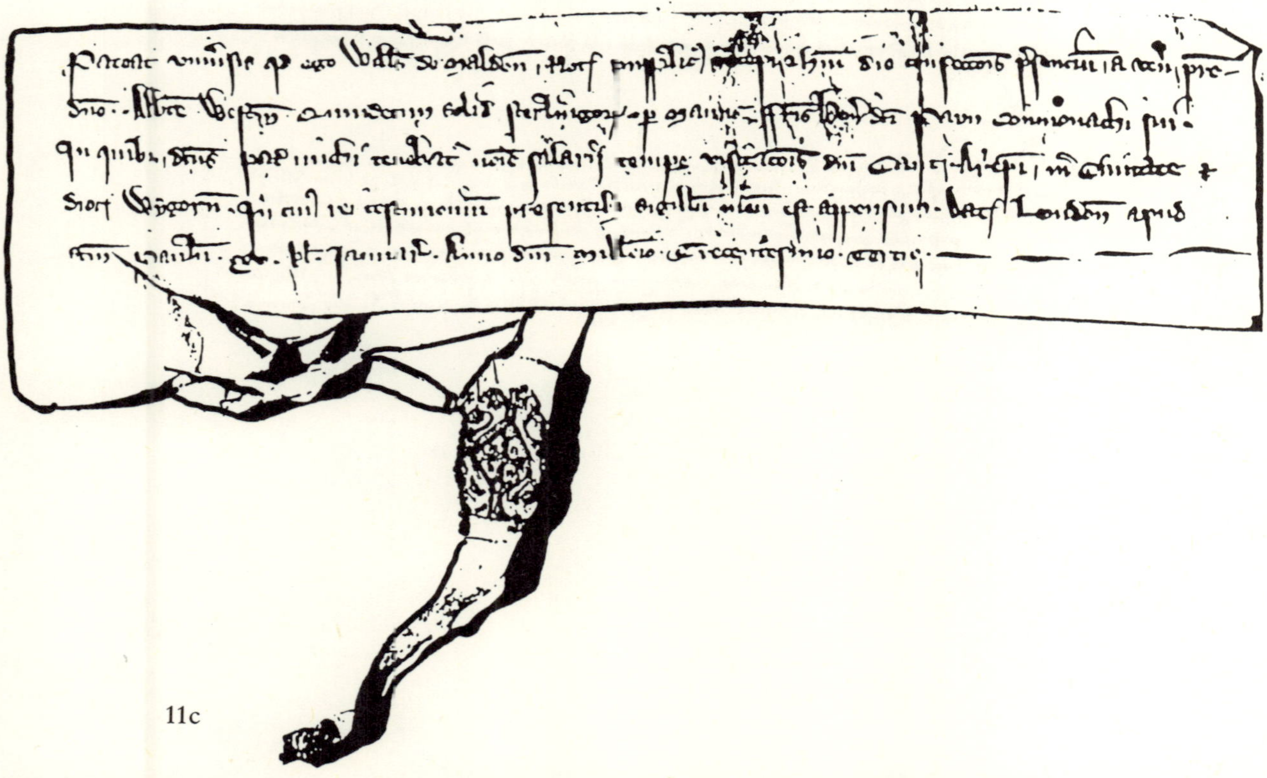
11c

11a F. Ranger, Catalogue of Medieval Seals (see n. 52), p. liv, reproduced with her kind permission (for full reference see n. 52)

11b C. T. Davis, Merchants' Marks, in: Journal Brit. Archaeol. soc. 49 (1893), pl. between pp. 48–49

11c WAM 29155, reproduced by kind permission of the Dean and Chapter of Westminster

11d G. F. Browne, Echt-Forbes Family Charters pl. ix (for full reference see n. 62)

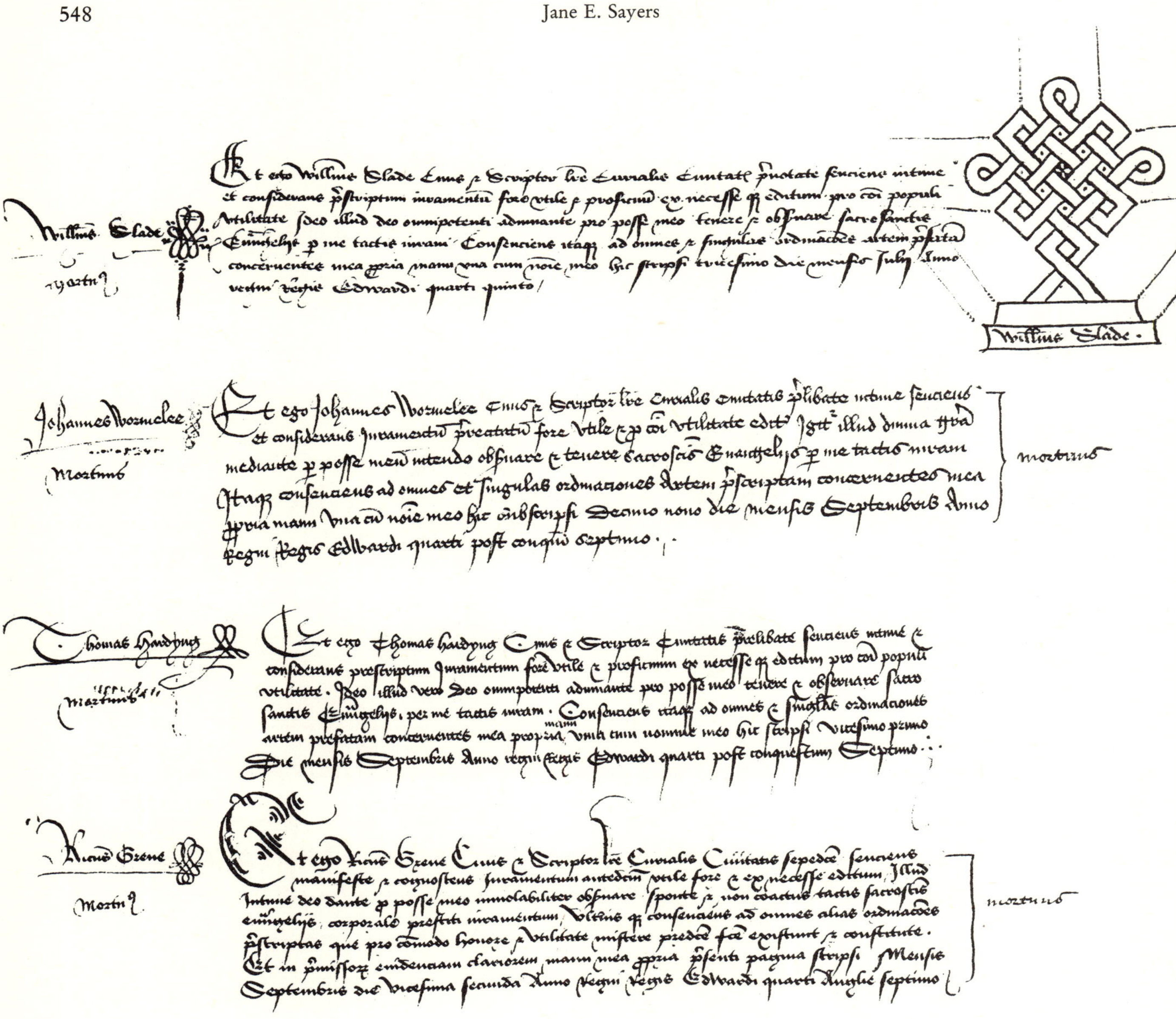

12 Jenkinson, Later Court Hands pl. vi (for full reference see n. 63)

Graphic signs on English medieval coins

Von David Michael Metcalf

The sign of the cross appears on Anglo-Saxon coins from the very beginning of English minting in the seventh century – imitated, no doubt, from the Merovingian coins which were already familiar in southern and eastern England when minting began. Among the more interesting variants is a standing cross (Fig. 1a), seen already on a gold thrymsa of the 630s or 640s. A similar cross recurs in the eighth century. Although it is in a very simple, linear style, one might argue that it is not in any exact sense graphic: the die-engraver was making part of his design using straight lines, but his intention was pictorial, and there is no proof of written antecedents – or even that the die-engraver was literate.

The use of a small initial-cross to mark the beginning of the coins's legend, which became a standard feature of English coinage from the ninth century onwards, perhaps shows Carolingian influence. Often, a larger cross dominates the reverse design, too. Apart from this, coin designs do not offer many examples of borrowings from any symbol originating in writing with a pen.

The one obvious exception is in a range of coin-types issued by the ninth-century archbishops at Canterbury – a centre of literacy and of charter-writing. Under Archbishop Ceolnoth (833–70), in particular, we see the use of both chrismon and chi-rho, and of a monogram containing the letters of *Dorobernia Civitas*, the ancient name of Canterbury.

In the coinage struck at York at the very beginning of the tenth century, when it was under Viking control, a religious attitude expressed by the use of legends such as ›Mirabilia fecit‹, or ›Dominus Deus rex‹ is matched by the arrangement of the ruler's name Cnut blessingwise around a cross (Fig. 1b).

King Alfred (871–99) minted coins at London, of which the reverse type was a monogram of ›Londinium‹ (Fig. 1c).

From the thirteenth century onwards, English coinage is characterized by the use of small pictorial symbols inserted (usually) at the beginning of the legend – the so-called privy marks, which served to identify to officialdom the person who had been responsible for the coin's manufacture. These symbols are the same size as a letter of the alphabet, and are ranged in the legend like an extra character or a punctuation mark. They are, in effect, non-verbal, nonalphabetic glyphs, of which the significance is arbitrary and therefore not obvious. They tend increasingly, in the fourteenth century and later, to be derived from the repertoire of heraldry. They are, perhaps, of only marginal relevance for the subject under consideration.

1a 

1b 

1c 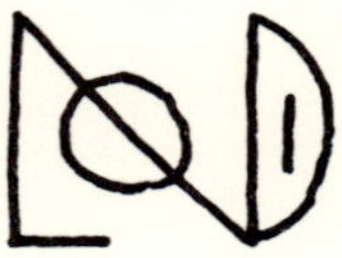

Fig. 1a *Standing cross on an Anglo-Saxon gold thrysma of the 630s or 640s*

Fig. 1b *Name of C-N-V-T blessingwise around the cross during Viking-controlled 10th century*

Fig. 1c *King Alfred (871–899) coin with monogram ›Londinium‹ on reverse type*

Chirographe des 13. Jahrhunderts aus dem Zisterzienserkloster Altenberg

Von Barbara Berewinkel

Das Chirograph als Erkennungszeichen mehrerer zertrennter und zueinandergehörender Teile hat eine lange Tradition. Als urkundliches Beglaubigungsmittel ist es seit dem frühen Mittelalter bekannt. Man schrieb zwei oder mehr gleichlautende Exemplare einer Urkunde auf ein Pergament und setzte in die Zwischenräume Ornamente oder Schriftzeichen, meist das Wort *Chirographum* (griech. Handschrift, eigenhändige Unterzeichnung), durch das der Trennschnitt führte. So wird die Zusammengehörigkeit der einzelnen Exemplare aufgrund der äußeren Form dokumentiert. Aneinandergelegt kann die Echtheit und Gültigkeit der Urkunde bewiesen werden[1].

1. Die Altenberger Chirographe

Unter den Urkunden der Zisterzienserabtei Altenberg[2] sind die Chirographe um die Mitte des 13. Jahrhunderts besonders häufig vertreten[3]. Die erste Chirographierung aus dem Bestand Altenberg begegnet uns in einem Schiedsspruch, der 1233 IV 7[4] in Köln ausgestellt wurde, die letzte in einer Schenkungsurkunde von 1280 I[5]. Während dieses Zeitraums von knapp 50 Jahren (1233–1280) ist die Chirographierung ein auffälliges und signifikantes Merkmal der Altenberger Schreibschule.

Von den insgesamt 170 im Bestand Altenberg überlieferten Schriftstücken weisen 21 dieses im 13. Jahrhundert durchaus nicht überall übliche graphische Beglaubigungsmittel auf[6]. Die chirographierten Urkunden sind unterschiedlichen Inhalts und wurden für verschiedene Personen und Institutionen ausgefertigt. Oft handelt es sich um Schenkungen zur Feier eines Jahrgedächtnisses[7] und um Kauf- oder Tauschverträge, also um Rechtshandlungen mit zweiseitigem Charakter[8].

Betrachtet man die am Beurkundungsvorgang beteiligten Parteien, so läßt sich festhalten, daß kein Personenkreis von der Chirographierung ausgeschlossen ist, wenn man von den höchsten geistlichen und weltlichen Würdenträgern einmal absieht[9]. Häufig wurden

1 Vgl. H. Bresslau, Handbuch der Urkundenlehre für Deutschland und Italien, 4. Aufl. hrsg. aus dem Nachlaß von H.-W. Klewitz, Berlin 1968, Bd. 1, S. 669; O. Redlich, Die Privaturkunden des Mittelalters (ND der Ausgabe München 1911), Darmstadt 1967, S. 97–101, 184–186; A. de Boüard, Manuel de diplomatique française et pontificale, Bd. 1, Diplomatique générale, Paris 1929, S. 365–368, Bd. 2, L'acte privée, Paris 1948, S. 236–246; A. Giry, Manuel de diplomatique, Paris 1894, S. 510–512; B. Bischoff, Zur Frühgeschichte des mittelalterlichen Chirographum, in: Ders., Mittelalterliche Studien. Ausgewählte Aufsätze zur Schriftkunde und Literaturgeschichte, Bd. 1, Stuttgart 1966, S. 118f.

2 Gegr. 1133 von Graf Adolf I. v. Berg auf Fürsprache des seit 1129 im Zisterzienserkloster Morimond lebenden Graf Eberhard v. Berg. Dem bergischen Grafengeschlecht, für das sie Hauskloster und Familiengrabstätte war, blieb die Abtei bis ins 16. Jahrhundert tief verbunden, vgl. H. Mosler, Die Cistercienserabtei Altenberg (Germania Sacra NF 2. Die Bistümer der Kirchenprovinz Köln. Das Erzbistum Köln 1), Berlin 1965, S. 60–66; Ders., Altenberg, Neustadt/Aisch 1959, S. 7–32; Th. Kraus, Die Entstehung der Landesherrschaft der Grafen von Berg bis zum Jahre 1225 (Bergische Forschungen 16), Neustadt/Aisch 1981, S. 69f.

3 Die Urkunden werden zum größten Teil in Düsseldorf, Hauptstaatsarchiv (HStAD abgekürzt) aufbewahrt, vgl. H. Mosler, Urkundenbuch der Abtei Altenberg (Urkundenbücher der geistlichen Stiftungen des Niederrheins 3), Bd. 1, Bonn 1912, S. XI–XVIII (im folgenden AUB abgekürzt; alle Angaben beziehen sich auf Bd. 1); Fr.-W. Oedinger, Das Hauptstaatsarchiv Düsseldorf und seine Bestände, Bd. 4, Stifts- und Klosterarchive, Bestandsübersichten, Siegburg 1964, S. 29–39.

4 AUB 113.

5 AUB 355.

6 1233 IV 7, AUB 113, 1234, AUB 116; 1243 X 2, AUB 159; 1243 X, AUB 160; 1244 VIII, AUB 163; 1244 XII, AUB 164; 1244 XII, AUB 165; 1244, AUB 167; 1247 VII 9, AUB 173; 1247 VII 29, AUB 175; 1249 II 24, AUB 183; 1250 I 2, AUB 186; 1250 I 2, AUB 187; 1250 III 5, AUB 188; 1253 IX 8, AUB 198; 1253, AUB 200; 1254 I 17, AUB 202; 1254 VII, AUB 204; 1255 XI, AUB 207; 1258 IV 27, AUB 215; 1280 I, AUB 355. Nur in einigen Fällen wird vom Herausgeber auf die Chirographierung hingewiesen.

7 Diese machen insgesamt einen recht hohen Anteil der beurkundeten Rechtshandlungen aus.

8 Damit unterscheidet sich Altenberg nicht von der Gesamtentwicklung. Das Chirograph war im ganzen Deutschen und Fränkischen Reich eine beliebte Beglaubigungsform bei Tausch- und Vertragsurkunden, also Rechtshandlungen, deren Einhaltung im Interesse aller beteiligten Parteien lag, vgl. Bresslau, Urkundenlehre 1, S. 668–677; Redlich, Privaturkunden, S. 98; Giry, Manuel de diplomatique, S. 510.

9 Keine der von Papst, Kaiser oder König an Altenberg ausgestellten Urkunden ist mit dem graphischen Beglaubigungsmittel versehen, aber alle sind besiegelt. In diesen Fällen machte sicher die Beweiskraft des Siegels die Anbringung eines weiteren Beglaubigungsmittels überflüssig, vgl. Redlich, Privaturkunden, S. 117; Bresslau, Urkundenlehre 1, S. 681–732.

Chirographe für Laien ausgefertigt, wobei aber keine bestimmte Personengruppe bevorzugt worden ist.

Die früheste überlieferte Teilurkunde von 1233 IV 7[10] stellt einen Sonderfall dar und unterscheidet sich in dreierlei Hinsicht von den meisten übrigen Chirographen: Auf der Rückseite des Pergaments sind am oberen Rand der Urkunde die Worte IN NOMINE PATRIS ET FILII ET SPIRITUS SANCTI durchtrennt worden[11]. Die rückseitige Chirographierung ist außerordentlich selten, nicht allein wenn man die Altenberger Teilurkunden betrachtet, sondern auch im Hinblick auf die Gestaltung der Chirographe insgesamt[12]. Bei allen anderen Chirographen befindet sich das graphische Zeichen auf der Textseite[13]. Ungewöhnlich für die in Altenberg ausgefertigten Chirographe sind der horizontale Schnitt sowie die als Legende gewählte Invocatio.

Die übrigen Chirographe aus dem Bestand Altenberg sind mit einem vertikalen Schnitt durchtrennt, und in fast allen Fällen ergeben die Buchstaben von oben nach unten gelesen das Wort SIGNUM[14]. Nur in zwei Teilurkunden wählte man andere Kennworte: In einer 1254 VII von Abt Wilhelm v. Kornelimünster ausgestellten Teilurkunde lautet die Zwischenschrift CYROGRAPHUM[15]. In der 1244 XII[16] ausgestellten Lehensübertragung des Abtes Hermann von St. Martin zu Köln an Altenberg sind am linken Rand der Urkunde von oben nach unten gelesen die Worte SANCTUS MARTINUS durchschnitten[17]. In diesem einen Fall wählte man statt des in Altenberg üblichen SIGNUM den Namen des Heiligen als Kennwort, sicherlich im Gedenken an den Schutzpatron der Abtei Groß St. Martin. Mit der abschließenden Bekräftigung des Rechtsaktes in seinem Namen wurde die in der Urkunde festgelegte Handlung unter seinen besonderen Schutz und seine Fürsorge gestellt, in der Hoffnung, damit die immerwährende Gültigkeit zu sichern. Nur bei diesem einen überlieferten Exemplar aus Altenberg nimmt die Zwischenschrift auf die am Beurkundungsvorgang beteiligten Partner, bzw. den Inhalt der Urkunde Bezug.

In den übrigen Altenberger Chirographen lautet das Kennwort SIGNUM.

Die durchschnittenen Zeichen stehen jeweils im Verhältnis zu der Schriftgröße des Urkundentextes und überschreiten nur selten die Größe der Initialen[18]. Die Buchstabenfolge beginnt auf der Höhe der ersten Zeile und endet vor oder genau an der oberen Kante der Plica[19]. Auch in der Ausführung ist die Chirographierung der Gestaltung des Gesamtbildes angepaßt. Ist die Schrift des Urkundentextes einfach und schmucklos, zeigen auch die durchschnittenen Buchstaben keine Hervorhebung oder Ausschmückung[20]. Handelt es sich dagegen um eine feierliche Ausfertigung, wie etwa die Beurkundung der Stiftung eines Jahrgedächtnisses durch Graf Adolf IV. von Berg[21], so sind auch die

10 Vgl. Anm. 4.

11 Mit der ungewöhnlichen Kürzung SPCS für spiritus.

12 Zumindest fand sich bisher kein weiteres rückseitig chirographiertes Exemplar (vgl. auch die Abb. bei E. Crous, J. Kirchner, Die gotischen Schriftarten, 2. Aufl. Brunswick 1970; H. Foerster, Urkundenlehre in Abbildungen mit Erläuterungen und Transkriptionen, Bern 1951). Daß es sich bei dem vorliegenden Fall um ein Versehen oder eine Schreibprobe handelt, ist unwahrscheinlich, da eine sorgfältige, fehlerfreie und vollständige Ausführung vorliegt. Bei genauerem Hinsehen erkennt man, daß das Pergament an allen Rändern sehr knapp abgeschnitten wurde, so daß der Raum zwischen den Schriftspiegeln, der normalerweise für das Kennwort vorgesehen war, nicht ausreichte. Vermutlich schrieb man die Legende aus Platzgründen auf die Rückseite und nahm dafür den größeren Aufwand bei der Anbringung und dem zu führenden Trennschnitt in Kauf. Berücksichtigt man, daß hier das erste Chirograph vorliegt, so könnte es sich um einen Versuch handeln, der aber wieder verworfen wurde.

13 Auf der Rückseite wurden meist ein oder mehrere Dorsualvermerke angebracht (verschiedene Hände aus unterschiedlichen Zeiträumen), die knapp den Inhalt der Urkunde wiedergeben. Nicht selten sind daneben Buchstaben oder Zahlen, die auf ein bestimmtes Ordnungsprinzip bei der Aufbewahrung der Urkunden deuten.

14 In Urkunde 1253, AUB 200 wurden als Zwischenschrift die Worte SIGNUM CARTE gewählt, in U. 1244, AUB 167 schrieb man aus Platzgründen SIGNU (vgl. Anm. 19), sonst SIGNUM.

15 Wie in allen anderen im Bestand Kornelimünster, HStAD überlieferten Chirographen. Dies spricht für die Ausfertigung dieser Urkunde in Kornelimünster. Der paläographische Vergleich mit weiteren Urkunden aus dem Bestand der Benediktinerabtei bestätigt diese Vermutung.

16 AUB 165.

17 Mit einem Kreuzzeichen zwischen den Buchstaben C und S.

18 Lediglich in Urkunde 1247 VII 9, AUB 173 ist die Initiale kleiner als die durchschnittenen Buchstaben.

19 Wenn, wie in U. 1244, AUB 167 der letzte Buchstabe des Kennwortes fehlt, wird es in dem Fall erst nach dem Umknicken der Plica angebracht worden sein. Man verzichtete eher auf die korrekte Ausführung der Zwischenschrift, als die äußere Form der Urkunde zu beeinträchtigen.

20 Z.B. 1234, AUB 116; 1243 II 10, AUB 159; 1244 VIII, AUB 163.

21 1250 I 2, AUB 186. Von der Schenkung ist eine ebenfalls chirographierte Bestätigung unter demselben Datum und mit ähnlichem Wortlaut erhalten, vgl. AUB 187. Auf die große Bedeutung der Schenkung weist außer der aufwendigen Ausgestaltung des Schriftstückes auch die feierliche Begebung hin: »Ut autem hec donacio in monasterio b. Marie semper virginis in Veteri-monte coram summo altari publice et legitime consummata (...) presentem paginam (...) dedimus conservandam«.

chirographierten Buchstaben mit Rankenwerk verziert und von geometrischen Formen oder Kreuzzeichen umrahmt[22].

Bei der erwähnten Urkunde von 1250 I 2[23] wurden Kennwort und Verzierung aufgrund der Ausführung in roter Tinte – im Kontrast zu dem in schwarz geschriebenen Urkundentext – besonders hervorgehoben[24].

Die chirographierten Buchstaben weisen in allen Fällen die gleichen Schriftzüge auf, wie der übrige Urkundentext. Es ist offensichtlich, daß die gleiche Hand, die den Text schrieb, auch die Chirographierung ausführte[25].

Das Kennwort SIGNUM ist nicht nur äußeres und sichtbares Zeichen, sondern hat darüber hinaus Symbolcharakter. Zum einen steht es als Zeichen der Beglaubigung, zum anderen verweisen die Buchstaben auf die konkrete Wortbedeutung »Zeichen«[26].

Gerade der Zeichencharakter kann einer der Gründe für die Anbringung des graphischen Beglaubigungsmittels gewesen sein, da es dem Bedürfnis der weitgehend schriftunkundigen Bevölkerung nach einem sichtbaren Beglaubigungsmittel neben dem Siegel entgegenkam. Der Wunsch nach zusätzlicher Sicherung kann aber auch auf seiten des Klosters bestanden haben, das seinen Besitz mit den ihm zur Verfügung stehenden rechtlichen Mitteln schützen wollte[27].

Außerdem verdeutlicht die Chirographierung den zweiseitigen Charakter der Rechtshandlung, indem sie bildhaft darauf hinweist. Jeder der beiden Parteien sollte eine Ausfertigung der Urkunde erhalten und aufbewahren, um sie im Streitfall vor Gericht als Beweismittel heranziehen zu können[28]. Erst aneinandergelegt erhalten die Hälften Vollständigkeit und nur zusammen ergeben die beiden Teile der Urkunde ein Ganzes[29]. Das Vorhandensein beider Urkundenhälften war notwendig, damit die Chirographierung ihren Zweck erfüllen konnte. Sofern die Teilurkunden jeweils in verschiedenen geistlichen und weltlichen Institutionen aufbewahrt werden sollten, war die

22 Das beliebteste Zeichen ist neben Kreisen und Quadraten das Kreuzzeichen. In den zwei »vollständig« erhaltenen Chirographen von 125 I 2, AUB 186 u. 187 bilden geometrische Formen (AUB 186 herzförmiges und quadratisches Ornament, AUB 187 Quadrat und Kreis) oben und unten den Abschluß der Legende. In der Mitte ist zwischen G und N jeweils ein Kreuzzeichen eingeschoben. Es könnte sein, daß das signum crucis (das nicht selten den oberen oder unteren Abschluß des Kennwortes bildet) in dem Zusammenhang mehr als nur ornamentale Funktion hatte. Berücksichtigt man, daß die symbolische Handlung bei der Beurkundung eine große Rolle spielte (vgl. E. Frh. v. Künssberg, Rechtliche Volkskunde, Halle 1936, S. 72; B. Bischoff, Frühgeschichte des mittelalterlichen Chirographum, S. 122), so ist nicht auszuschließen, daß Aussteller und Zeugen den beurkundeten Rechtsakt durch Handauflegen auf das Kreuzzeichen bekräftigten.

23 Vgl. Anm. 21.

24 M. Parisse, Remarques sur les chirographes et les chartes-parties antérieurs à 1120 et conservés en France, in: Archiv für Diplomatik 32 (1986), S. 558 bemerkt dazu: »Au XIIe siècle, la légende fait parfois l'object d'un jeu; à la limite peut-on avoir des deux couleurs, quelquesfois alternées, cela reste toutefois l'exception«. In dem von Herzog Heinrich von Lothringen und Brabant an Altenberg ausgestellten Privileg von 1249 II 24, AUB 183 ist das durchschnittene Wort SIGNUM, ähnlich wie die Initiale, nach dem Vorbild päpstlicher Privilegien »cum spatiis et floribus« verziert.

25 Die Gleichhändigkeit läßt sich besonders gut in den Fällen nachvollziehen, in denen beide Teile des Chirographs überliefert sind. Aneinandergelegt zeigen die Schriftzüge des Kennwortes deutliche Übereinstimmungen mit dem Urkundentext, vgl. z. B. die beiden Teilurkunden von 1253, AUB 200. Für den umgekehrten Fall, daß ein anderer Schreiber, als der des Urkundentextes die Zwischenschrift ausfertigte, gibt es keine paläographischen Belege.

26 Eine Beziehung zwischen ursprünglicher Wortbedeutung und Wahl des Kennwortes, wie sie Foerster, Urkundenlehre, S. 34 für ein Chirograph aus dem 11. Jahrhundert aufgezeigt hat, besteht in den Altenberger Teilurkunden nicht mehr, vgl. Anm. 74.

27 Denn »je weniger sie (die Kirchen) imstande waren, die Güter, die sie erworben hatten, mit dem Schwert zu schützen, um so mehr mußten sie darauf bedacht sein, wenigstens im Wege des Rechtes ihrem Besitz die nötige Sicherheit zu verschaffen«, Bresslau, Urkundenlehre 1, S. 667. Sicherlich hatte das Altenberger Abtssiegel um die Mitte des 13. Jahrhunderts noch nicht die volle Beweiskraft, es war noch nicht »authentisch« (vgl. Bresslau, a. a. O., S. 718–726; Redlich, Privaturkunden, S. 117; O. Posse, Die Lehre von den Privaturkunden, Leipzig 1887, S. 127–137). Erst ab 1272 spricht man vom Altenberger Siegel als einem »instrumentum authenticum« (AUB 305). Es wird kein Zufall sein, daß die Chirographierung gerade um diese Zeit aus den Urkunden verschwindet. Das Siegel war zum vorherrschenden Beweismittel geworden.

28 1250 III 5, AUB 188: »In cuius rei testimonium hanc litteram fecimus duplicari et sigilli nostri munimine et speciali signo chartae roborari ut una a nobis et altera ab ipsis diligentius reservetur« (nur abschr. erhalten). Vgl. auch U. 1253, AUB 200, in der der Aussteller, Graf Adolf IV. von Berg ausdrücklich erklärt, ein Schriftstück als Beweismittel einzubehalten: »Et rescriptum eius interpositione signi et eisdem sigillis consignatum nos pro testimonio reservamus«. Offensichtlich wurde so verfahren, denn eine der Teilurkunden ist im Bestand Berg (HStAD, U. 22), die andere im Bestand Altenberg (HStAD, U. 100) überliefert.

29 Häufig wird darauf hingewiesen, daß es sich nicht um zwei selbständige Schriftstücke handelt, sondern um eine Urkunde (»un seul système«, Parisse, Chirographes, S. 550), die in zweifacher Form ausgefertigt wurde: »In cuius rei testimonium presentem litteram duplice cum interposicione signi fecimus scribi«, 1253 IX 8, AUB 198.

30 Beide Exemplare des 1254 I 17, AUB 202 ausgestellten Chirographs wurden aufbewahrt wie vereinbart (»Ut una in maiori ecclesia coloniensis et alia in monasterio nostro reservetur«). Sie befinden sich heute in Köln, Historisches Archiv der Stadt (im folgenden HAStK), Bestand Domstift U. 1/229, bzw. im HStAD, Altenberg U. 101.

Wahrscheinlichkeit größer, daß die Schriftstücke so schnell nicht verloren gingen[30]. Von den meisten Chirographen ist allerdings nur eine Hälfte erhalten, vor allem dann, wenn es sich bei den Empfängern um Laien niedrigeren Ranges handelte.

Die größere Rechtssicherheit wurde in jedem Falle durch die besiegelte Teilurkunde garantiert, da die Beweiskraft auch dann gesichert war, wenn nur ein Exemplar erhalten blieb. Die seitliche Anbringung des Kennwortes zeigt, daß von vornherein eine Besiegelung an der Unterseite der Urkunden vorgesehen war[31]. Die Formulierung der Corroboratio bestätigt, daß es sich hier nicht um zusätzlich besiegelte Chirographe handelt, sondern um Siegelurkunden, die mit einem weiteren Beglaubigungsmittel versehen wurden[32].

Die acht Schriftstücke, in denen die Chirographierung in der Corroboratio angekündigt wird, fallen ohne Ausnahme in den Zeitraum von 1250–1253, der zahlenmäßig erfaßbare Schwerpunkt der Chirographierung umfaßt aber eine viel größere Zeitspanne. Könnte es sein, daß das Beglaubigungsmittel in den 50er Jahren des 13. Jahrhunderts seinen »Höhepunkt« erreicht hatte, d. h. so wichtig geworden war, daß in dem Urkundentext ausdrücklich darauf hingewiesen wurde[33]?

2. Die Altenberger Chirographe vor dem Hintergrund der Verbreitung im 13. Jahrhundert

2.1. Regionale Verbreitung

Die regionale Verbreitung der Chirographe im 13. Jahrhundert wurde in der Literatur bereits vereinzelt untersucht[34], über die Anwendung dieses Merkmals bei bestimmten Institutionen während eines begrenzten Zeitraumes gibt es bislang noch keine Untersuchung.

Das mittelalterliche Chirographum[35] fand zunächst Eingang in das angelsächsische Urkundenwesen und gelangte von dort aus zu weiter Verbreitung[36]. Die ältesten Exemplare auf dem Kontinent stammen aus dem 10. Jahrhundert[37]. Im Fränkischen und Deutschen Reich gewann die Chirographierung in dem Maße an Bedeutung, in dem das Bedürfnis nach schriftlicher Beurkundung anstieg. Ab dem 11. und 12. Jahrhundert lassen sich Zentren einer breiteren Anwendung erkennen. Neben Nordfrankreich, Flandern und dem Hennegau sind der lothringische, trierische und schwäbische Bereich zu nennen. Weiterhin war der Brauch in Bayern, Sachsen und der romanischen Westschweiz verbreitet, ohne daß sich genauere Angaben über das Ausmaß der Anwendung oder die Häufigkeit machen lassen[38]. Im Norden Frankreichs, in Flandern und im Hennegau war die Praxis im Zusammenhang mit den städtischen Beurkundungsstellen seit der Wende zum 12. bis in das 14. Jahrhundert weit verbreitet. In einzelnen nordfranzösischen Städten hielt sich der Brauch bis in das 16. Jahrhundert, in solchen, die zu den spanischen Niederlanden gehörten, sogar bis ins 17. Jahrhundert[39].

Eine bedeutende Rolle bei der Ausfertigung chirographierter Urkunden nahmen in einigen Städten die Amtleute ein. Ihre Anwesenheit als qualifizierte Zeugen war erwünscht, zum Teil sogar vorgeschrieben, um den rechtmäßigen Ablauf der Beurkundung zu garantieren[40]. Darüberhinaus wurden die Urkunden neben dem graphischen Beglaubigungsmittel nicht selten mit dem Siegel versehen. Ob bei den Chirographen, die in Zusammenhang mit der städtischen Verwaltungspraxis

31 Bis auf die erstgenannte, rückseitig chirographierte Urkunde sind alle mit einem vertikalen Schnitt durchtrennt. Die Altenberger Chirographe sind ausnahmslos besiegelt.

32 Die Chirographierung wird fast immer an zweiter Stelle nach der Siegelankündigung erwähnt. Daß das Siegel letztlich das wichtigere, weil sicherere Beglaubigungsmittel war, zeigt u. a. die Tatsache, daß über einige Abmachungen eine dritte, lediglich mit dem Siegel versehene Ausfertigung ausgestellt wurde: 1234, AUB 116; 1247 VII 29, AUB 175 u. 176; 1254 I 17, AUB 202 u. 202 Anm; 1258 IV 27, AUB 215 u. 216.

33 In sieben Fällen erfolgt der Hinweis darauf nach der Siegelankündigung, nur in U. 1253 IX 8, AUB 198 wird die Siegelbitte im Anschluß an die Erwähnung der Chirographierung an Altenberg herangetragen.

34 Hinweise hierfür bei Bresslau, Urkundenlehre 1, S. 667–677; Redlich, Privaturkunden, S. 97–101, 183–185; Trusen, Chirographum und Teilurkunde, S. 233–249; de Boüard 1, Diplomatique générale, S. 368–371, 2, L'acte privée, S. 236–246; Giry, Manuel de diplomatique, S. 851–853; Parisse, Chirographes, S. 546–567.

35 Als Vorbild für die frühmittelalterliche Urkundenform wird das spätrömische Chirographum genannt (Trusen, Chirographum und Teilurkunde, S. 236). Ungeklärt ist, ob die unmittelbaren Anstöße aus dem germanischen (Bresslau, Urkundenlehre 1, S. 677) oder dem normannischen Brauch des Kerbholzes kamen (Redlich, Privaturkunden, S. 98).

36 Als ältestes Exemplar vermutet Trusen, Chirographum und Teilurkunde, S. 237, eine Urkunde Aethelreds, König von Mercia, an den Abt von Malmesbury 681, Cartularium Saxonicum, hrsg. v. W. de Gray Birch (ND der Ausgabe London 1885–1893), New York 1964, Bd. 1, 58. Ein weiteres sicheres Chirograph aus dem angelsächsischen Raum datiert von 855. Es handelt sich um eine Urkunde Alhwines, Bischof v. Worcester an Herzog Aethelwulf u. seine Gemahlin, a. a. O., Bd. 2, S. 490, vgl. Bresslau, Urkundenlehre 1, S. 669 f. Der Grund für die Übernahme des spätrömischen Chirographums wird in der Eigenart der angelsächsischen Urkunde zu suchen sein, die weder mit einem Siegel, noch einem Notarszeichen oder einem anderen graphischen Merkmal (wie die fränkisch-italische Urkunde), das als Beglaubigungsmittel gedient haben könnte, versehen war.

entstanden, dem Siegel tatsächlich nur sekundäre Bedeutung zukam, oder ob es nicht vielmehr das primäre und wichtigere Beglaubigungsmittel war, müßte überprüft werden[41].

Bemerkenswert ist der verhältnismäßig frühe Gebrauch der Volkssprache gerade in den Chirographen der nordfranzösischen Städte. Während die im Gebiet des Deutschen Reiches ausgefertigten Urkunden bis ins 14. Jahrhundert in lateinischer Sprache geschrieben wurden[42], verwendete man für die französischen Chirographe seit dem 13. Jahrhundert immer häufiger die Volkssprache[43].

Im Reich war die Praxis der Chirographierung in Zusammenhang mit der städtischen Verwaltung nicht üblich. Lediglich in abgewandelter Form als Kerbschnitturkunde[44] sind Testamente aus den Städten Lübeck und Hamburg erhalten[45]. Einige waren besiegelt, entweder in der Form, daß beide Siegel an jeder Teilurkunde befestigt wurden, oder noch häufiger hängte jede Partei ihr Siegel an die Urkunde des Gegenparts. Damit war die Beweiskraft jedes einzelnen Exemplars allein aufgrund der Besiegelung gesichert[46].

Auf die anfängliche Verbreitung der Chirographe bis 1120 ging Parisse in seiner Untersuchung über die in französischen Archiven erhaltenen Chirographe ein[47]. Ungefähr die Hälfte der von ihm untersuchten Chirographe stammten aus Lothringen[48] und dem Elsaß, die übrigen aus dem Zentrum Frankreichs[49]. Ausgedehnte Verbreitung stellte er auch im Rhein- und Moselgebiet fest, besonders in der Gegend um Trier[50]. Insgesamt

Bemerkenswert ist, daß sowohl die Form, als auch der terminus technicus auf die angelsächsische Teilurkunde übergingen, vgl. Bresslau, a. a. O., S. 669; Bischoff, Frühgeschichte des mittelalterlichen Chirographum, S. 119.

37 Als ältestes bekanntes Chirograph gilt eine Prekarie zwischen Ganzlin, Bischof von Toul und Adligen namens Heresinde von 931 Juli 10 (Parisse, Chirographes, S. 552). Ein weiteres Exemplar aus dem 10. Jahrhundert stammt aus dem Erzbistum Trier (vgl. Bresslau, Urkundenlehre 1, S. 671).

38 Vgl. Bresslau, Urkundenlehre 1, S. 672–674, Redlich, Privaturkunden, S. 184; P. Rück, Das öffentliche Kanzellariat in der Westschweiz (8.–14. Jh.), in: Landesherrliche Kanzleien im Spätmittelalter (Münchener Beiträge zur Mediävistik u. Renaissance-Forschung 35), S. 268 Anm. 304; A. Schmid, Zur Überlieferung der schwäbischen und elsässischen Privaturkunde im Hochmittelalter, in: Festgabe für Hans Nabholz, Aarau 1944, S. 62–64. Lediglich Parisse, Chirographes, S. 556–558, untersuchte auch die Häufigkeit der Chirographe für den Zeitraum bis 1120.

39 »In Tournay rettete man sie durch eine Verquickung mit dem Notariatsinstrument bis zum Jahre 1795«, Redlich, Privaturkunden, S. 184. Die bei Giry, Manuel de diplomatique, S. 851–854, de Boüard 2, L'acte privée, S. 144f., 236–246, und Redlich, a. a. O., S. 184f. angeführten Beispiele beziehen sich auf die Städte Amiens, Arras, Douai, Eu, St. Omer, St. Quentin, Theouranne und Tournai. Bei drei Chirographen der Städte Hoyen, Lüttich und Trond an Köln sind die Kennworte mit einem Kerbschnitt durchtrennt. Die drei Teilurkunden sind besiegelt und am gleichen Tag ausgestellt: 1277 IV 30, HStAK, HUA, U. 1/430, 1/431, 2/432, vgl. L. Ennen, G. Eckertz, Quellen zur Geschichte der Stadt Köln, Bd. 3, hrsg. v. L. Ennen, Köln 1867, 152, 153 (154 HuA 1/431 liegt nicht im Druck vor, unterscheidet sich aber nur formal und nicht inhaltlich von den beiden anderen Urkunden).

40 Vgl. H.-D. Loose, Hamburger Testamente 1351–1400 (Veröffentlichungen aus dem Staatsarchiv der Freien und Hansestadt Hamburg 11), Hamburg 1970, S. X; Redlich, Privaturkunden, S. 184; de Boüard 2, L'acte privée, S. 230–232.

41 Der Ansicht Redlichs, Privaturkunden, S. 184, daß das Siegel bei diesen Urkunden »nur sekundäres Beglaubigungsmittel« sei (»Das Chirographum trägt ja seine Beglaubigung in sich selbst«), ist entgegenzuhalten, daß die Beweiskraft der einzelnen Teilurkunde durch das graphische Beglaubigungsmittel allein nicht gesichert war. Auch ist zweifelhaft, ob die Hinterlegung an amtlicher Stelle ohne die Beibringung des zweiten Exemplars eine Garantie für die Gültigkeit war. Das besiegelte Chirograph hatte aber auch ohne die entsprechende zweite Urkunde die volle Beweiskraft, vgl. Bresslau, Urkundenlehre 1, S. 676.

42 In Lübeck kommen erst von 1354 an vereinzelt deutschsprachige Chirographe vor, das Lateinische überwiegt aber noch bis zum Ende des 14. Jahrhunderts, A. v. Brandt, Regesten der Lübecker Bürgertestamente des Mittelalters (Veröffentlichungen der Hansestadt Lübeck 18), Bd. 1, 1278–1350, Lübeck 1964, S. 7f. Zum Aufkommen der deutschen Sprache vgl. M. Vansca, Das erste Auftreten der deutschen Sprache in den Urkunden (ND der Ausgabe 1865), Leipzig 1963.

43 Die städtischen Schriftstücke aus Arras, Douai, St. Omer, St. Quentin und Tournai gelten als die ältesten Beispiele französisch geschriebener Urkunden, Redlich, Privaturkunden, S. 184f.

44 D.h. ohne Beschriftung des Schnitts wie beim Chirograph.

45 Die Lübecker Testamente sind regelmäßig als Kerbschnitturkunde auf Pergament in drei Exemplaren ausgefertigt worden. Je zwei Teilurkunden wurden im Rathaus aufbewahrt, eins erhielt der Testator oder der Testamentsvollstrecker. In Hamburg wurden die Kerbschnitturkunden in zwei Ausfertigungen erstellt, von denen eine dem Testator ausgehändigt, die andere vom Rat aufbewahrt wurde. Erst später ging man hier zu der beim Chirograph üblichen Beschriftung der Schnittlinie über. In Lübeck wie in Hamburg sollten Kerbschnitt und Aufbewahrung an öffentlicher Stelle die Beweiskraft der Urkunde sichern, vgl. v. Brandt, Lübecker Bürgertestamente, S. 8; Loose, Hamburger Testamente, S. Xf.

46 Man kann auch in diesem Fall annehmen, daß die zunehmende Bedeutung des Siegels der Grund für das allmähliche Verschwinden der Chirographie seit dem 14. Jahrhundert war. Das besiegelte Exemplar war auch ohne die zweite Teilurkunde beweiskräftig, das nur chirographierte, oder mit dem Kerbschnitt zerteilte aber nicht, vgl. Bresslau, Urkundenlehre 1, S. 676.

47 Vgl. Anm. 24.

48 Auf die Verbreitung der Chirographierung in Oberlothringen hatte bereits H. Lépage, Sur des cyrographes conservés aux archives de la Meurthe (XIIe et XIIIe siecle), in: Journal de la Soc. d'archéol. et du Comité du Musée Lorrain, 21 année (1872), S. 165–187 u. 28e année (1879), S. 165–169 hingewiesen. Er zählte 32 Chirographe aus dem 12. und 13. Jahrhundert.

49 Cluny, Paris und Marmoutier. Selten sind Chirographe im Süden, wo die Urkundenüberlieferung insgesamt spärlich ist, Parisse, Chirographes, S. 556.

50 Parisse, Chirographes, S. 556, 560. W. Martin, Das Urkundenwesen der Trierer Erzbischöfe Johanns I. und Theoderichs II. 1190–1242, in: Trierisches Archiv 19/20 (1912), S. 28–35,

wurde ein Anstieg der Chirographe vom 10. Jahrhundert bis zum Ende des untersuchten Zeitraumes beobachtet[51].

Das Beispiel der Benediktinerabtei Kornelimünster zeigt, wie die Weitergabe und Verbreitung des Chirographs vor sich gegangen sein könnte. Aus dem 13. und 14. Jahrhundert sind von dort insgesamt sieben mit dem graphischen Beglaubigungsmittel versehene Exemplare überliefert[52]. Wenn man berücksichtigt, daß die Benediktiner ausgedehnten Besitz und Rechte in Flandern, Brabant und an der Maas hatten[53], so ist vorstellbar, daß eine Beurkundungsform, die im dortigen Rechtsverkehr üblich war, im Laufe der Zeit Eingang in das Urkundenwesen der Abtei Kornelimünster fand.

2.2 *Anwendung in Zisterzienserurkunden*

Mitis gab den Anstoß zu der Überlegung, daß der Brauch den Zisterziensern möglicherweise aus Frankreich bekannt war[54]. Da es sich bei den Zisterziensern um einen Orden mit streng zentralisiertem Aufbau, geordneter Verwaltung und organisierter Ausbreitung handelt, so ist vorstellbar, daß ein Rechtsmittel, welches einmal Eingang in die Verwaltungspraxis gefunden hatte, auf diesem Wege zu weiterer Verbreitung gelangen konnte[55]. Einige Beispiele chirographierter Urkunden aus Zisterzienserklöstern können diese an sich einleuchtende Idee bestätigen[56]. Aus dem 13. Jahrhundert sind 26 Chirographe des Nonnenkonventes von Val-Benoît[57] überliefert, weitere 32 stammen aus dem 14. Jahrhundert[58]. Im nahgelegenen Val-Dieu[59] wurden im Zeitraum von 1227–1289 16 Teilurkunden ausgefertigt, vier weitere Exemplare stammen aus dem 14. Jahrhundert[60]. Es scheint, als habe von den großen rheinischen Zisterzen neben Altenberg nur Himmerod[61] das zusätzliche Beglaubigungsmittel häufiger verwendet. In dem Zeitraum von 1199 bis 1302 wurden dort 17 Chirographe erstellt[62].

erwähnt fünf Chirographe vom Ende des 12. und aus dem beginnenden 13. Jahrhundert, die er der erzbischöflichen Kanzlei zuschreibt.

51 Aus dem 10. Jahrhundert sind nur wenige Chirographe überliefert, ab ca. 1063 steigt die Anzahl deutlich an, vgl. Parisse, Chirographes S. 552.

52 1234 XII, HStAD Korn. 11; [1212–1247], HStAD Korn. 15; 1257 IV, HStAD Korn. 18; 1262 XI 30 HStAD Korn. 22; 1292 VII 22, Aachen, Stadtarchiv Korn. 2; 1323 XI 4, HStAD Korn. 44 und das im Bestand Altenberg überlieferte Chirograph (1254 VII, AUB 204), dessen Ausfertigung aber Kornelimünster zugeschrieben werden kann, vgl. Anm. 15.

53 Vgl. N. Kühn, Die Reichsabtei Kornelimünster bei Aachen von der Gründung bis zur Mitte des 15. Jahrhunderts (814–1450). (Veröffentlichungen des Stadtarchivs Aachen 3), Bonn 1981, S. 74–93.

54 O. Frh. v. Mitis, Studien zum älteren österreichischen Urkundenwesen, Wien 1912, S. 72. Dieser Hinweis wurde von H. Fichtenau, Das Urkundenwesen in Österreich vom 8. bis zum frühen 13. Jahrhundert (MIÖG Erg.-Bd. 23) 1971, S. 237f. im Zusammenhang mit einem Chirograph aus dem Zisterzienserkloster Heiligenkreuz aufgegriffen, aber lediglich erwähnt und nicht weiter verfolgt.

55 Posse, Privaturkunden, S. 8–11, 14–32 u. a. haben auf die Weitergabe bestimmter Schriftmerkmale innerhalb des Zisterzienserordens aufmerksam gemacht (Crous, Kirchner, Die gotischen Schriftarten, S. 11f., Tafel 6 sprechen sogar von einer »Zisterzienserschrift«). Es wäre denkbar, daß man bei der Weitergabe des graphischen Beglaubigungsmittels entsprechend verfuhr. Zur Verfassung und Verwaltung des Zisterzienserordens vgl. Die Zisterzienser. Ordensleben zwischen Ideal und Wirklichkeit. Eine Ausstellung des Landschaftsverbandes Rheinland, Rheinisches Museumsamt Brauweiler. Aachen, Krönungssaal des Rathauses 3.7.–28.9.1980 (Schriften des Rheinischen Museumsamtes 10), Bonn 1980, S. 31–47, 87–93, 115–125, 217–237.

56 Haltbar wird die These allerdings erst dann sein, wenn alle zugänglichen Urkundenbestände der Zisterzienserabteien dieses Zeitraumes überprüft worden sind.

57 Gegr. 1224, 1231 an Zisterzienserinnen aus Robermont übergeben.

58 Vgl. J. Cuvelier, Cartulaire de l'abbaye du Val-Benoît, Brüssel 1906 (im folgenden CVB abgekürzt), der alle Chirographe verzeichnet hat.

59 Gegr. 1155, als Tochterkloster von Eberbach zur Filiation Clairvaux gehörend.

60 Vgl. die Angaben bei J. Ruwet, Cartulaire de l'abbaye cistercienne du Val-Dieu (XIIe-XIVe siècle), Brüssel 1955 (CVD abgekürzt). Interessanterweise befinden sich einige wenige Urkunden in der Universitätsbibliothek Bonn. Auf welchem Wege sie dorthin gelangten, ist unbekannt.

61 Gegr. 1134, Filiation Clairvaux.

62 Koblenz, Landeshauptarchiv, Bestand Himmerod (Abt. 96): 1199 VIII 2, H. Beyer, L. Eltester, A. Goerz, Urkundenbuch der jetzt mittelrheinischen Territorien, Bd. 2, (ND der Ausgabe Koblenz 1865) Aalen 1974, 179; ca. 1200, Bd. 3, hrsg. v. L. Eltester, A. Goerz, (ND der Ausgabe Koblenz 1874) Aalen 1974 (im folgenden MuB 3 abgekürzt, hier allerdings kein Hinweis auf Chirographe), 153; 1235, MUB 3, 538; [1235–1240], MUB 3, 548; [1236–1237] II, MUB 3, 553; [1238–1239] II, MUB 3, 614; [1239–1240], MUB 3, 645; 1240 VI MUB 3, 682 II; 1241, MUB 3, 730; 1244 V 3 MUB 3, 792; 1245 VIII, MUB 3, 835; 1235–45, MUB 3, 548; 1249 IV, MUB 3, 999; 1249, MUB 3, 1029; 1252 V, MUB 3, 1145; 1261 VII 8, A. Goerz, Mittelrheinische Regesten, Bd. 3, (ND der Ausgabe Koblenz 1881) Aalen 1974, S. 381 Nr. 1707; 1263 I, Goerz, Mittelrh. Reg., S. 416 Nr. 1856; 1302 I 9 (liegt nicht gedr. vor). Aus Heisterbach (gegr. 1189, als Tochterkloster von Himmerod zur Filiation Clairvaux gehörend) sind zwei Chirographe (1225 X 3 u. 1314 IX 29) überliefert, vgl. F. Schmitz, Urkundenbuch der Abtei Heisterbach (Urkundenbücher der geistlichen Stiftungen des Niederrheins 2), 62 u. 230. Auszuschließen ist die Chirographierung bisher nur bei den Zisterziensern in Kamp (1123 gegr., Filiation Morimond) und in Walkenried (1127 gegr., als Tochterkloster von Eberbach zur Filiation Morimond gehörend), wie der Bearbeiter des Urkundenbuches von Walkenried, W. Baumann freundlicherweise mitteilte.

2.3 Kennwort

Als Zwischenschrift wurde in den Chirographen besonders gerne das Wort CYROGRAPHUM in seinen verschiedenen Schreibweisen gewählt[63]. Der terminus technicus ist in Teilurkunden aus Himmerod[64], Val-Dieu[65], Val-Benoît[66], Kornelimünster[67] und andernorts[68] die mit Abstand am häufigsten gewählte Legende[69]. Ebenso wie SIGNUM hat das Kennwort CYROGRAPHUM als graphisches Beglaubigungsmittel in den Urkunden des 13. Jahrhunderts seine ursprüngliche Wortbedeutung verloren, aber seinen Charakter als Erkennungszeichen zweier geteilter und zueinandergehörender Stücke bewahrt[70].

Seltener wurden in den Urkunden des 13. Jahrhunderts das Abecedarium[71], Heiligennamen[72] oder einzelne Formularteile[73] verwendet. Das in Altenberger Teilurkunden fast ausnahmslos durchschnittene SIGNUM ist insofern bemerkenswert, da es nach bisherigem Kenntnisstand im 13. Jahrhundert nicht wieder verwendet wurde[74]. Für einen Zeitraum von fast 50 Jahren ist das graphische Zeichen ein signifikantes Merkmal der Altenberger Chirographe.

2.4 Vertikaler und horizontaler Schnitt

Alle Altenberger Chirographe sind mit einem vertikalen Schnitt durchtrennt, ebenso die größere Anzahl der Exemplare aus Kornelimünster[75]. Dagegen verläuft der Schnitt bei den im Bestand Himmerod überlieferten Teilurkunden fast immer in horizontaler Richtung am oberen Rand der Urkunde[76]. Von den Chirographen aus Val-Dieu sind die in der ersten Hälfte des 13. Jahrhunderts ausgestellten mit Längsschnitt, die übrigen teils mit horizontalem, teils mit vertikalem Schnitt durchtrennt. Ähnliches ist bei den Chirographen aus dem nahegelegenen Val-Benoît zu beobachten[77].

Der von Parisse hergestellte Zusammenhang zwischen dem Anstieg der Siegelurkunde im 12. Jahrhundert und dem Wechsel der Schnittfolge von horizontal zu vertikal scheint einleuchtend: wenn am unteren Rand der Urkunde das zu durchschneidende Kenn-

63 Neben CYROGRAPHUM (bzw. CYROGRAFUM, CIROGRAPHUM, CIROGRAFUM) häufig CYROGRAPHUS, aus Platzgründen auch eine abgekürzte Form, z.B. CYROGRAPH, vgl. Anm. 64–67.

64 In 13 Urkunden wurde der Trennschnitt durch das Wort CYROGRAPHUM (bzw. CIROGRAPHUM oder CIROGRAPHUS) geführt.

65 14 Mal ist das Wort CYROGRAPHUM (bzw. CHIROGRAPHUM, CYROGRAPHUS, zweimal, vermutlich aus Platzgründen, CYROGRAPHU, einmal CROGRAPH) durchschnitten. Der Corroboratio von U. 1387 XI 17, CVD 320 ist zu entnehmen, daß es sich um eine Teilurkunde handeln muß (»faites par chirographe«), das Original ist verloren.

66 In 55 von 59 Fällen lautet das Kennwort CYROGRAPHUM (bzw. CYROGRAPHUS oder CYROGRAPH, einmal CYROGRAPHUS SIT VALLIS BENEDICTE, 1247 IX 28, CVB 94). In den französischen Urkunden des 14. Jahrhunderts verwendete man gelegentlich auch die der Volkssprache angeglichene Form CYROGRAPHE, wobei es in der Corroboratio entsprechend »par cyrographe« heißt, vgl. z.B. 1367 X 26, CVB 400.

67 In allen sieben Teilurkunden lautet das Kennwort CYROGRAPHUM.

68 Nach Bischoff, Frühgeschichte des mittelalterlichen Chirographums, S. 119 ist CYROGRAPHUM als Zwischenschrift im Frühmittelalter in der Hauptsache in angelsächsischen Teilurkunden zu finden. Erst später wurde es auch auf dem Kontinent zu einer beliebten Legende (Bresslau, Urkundenlehre 1, S. 669). In französischen Urkunden vor 1120 ist die Verwendung in der Mitte und im Westen des Landes häufiger als im Süden zu beobachten (Parisse, S. 558–560).

69 Bemerkenswert ist in dem Zusammenhang, daß in vielen Fällen Urkundenart, Bezeichnung und Kennwort auf das mittelalterliche Chirographum übergegangen sind, vgl. Bischoff, Frühgeschichte des mittelalterlichen Chirographum, S. 119.

70 Nur in den frühen Chirographen wird ein Zusammenhang zwischen Wortbedeutung und Kennwort bestanden haben (vgl. Trusen, Chirographum und Teilurkunde, S. 242–246). Man setzte, zunächst nur bei Abschriften, das Wort Chirographum über die Unterschriften, um bei nichtoriginaler Überlieferung auf das eigentliche Beglaubigungsmittel der Originalurkunde hinzuweisen.

71 Eine Buchstabenfolge wurde bei den hier untersuchten Chirographen in einer Urkunde der Abtei Himmerod (1244 V 3, MUB 3, 792, die Buchstaben A-Z) und einem Schriftstück aus Val-Benoît (1302 II 16, CVB 234, die Buchstaben A-G) durchtrennt.

72 Die in Beziehung zum Aussteller, Empfänger oder zu beiden stehen können, wie z.B. bei U. 1209–1212, HAStK, Deutz 3/19 bzw. HStAD, Gräfrath 10. Hier dienen die Namen der Patrone beider Klöster als Kennwort: SANCTA MARIA IN GREVERODE-SANCTUS HERIBERTUS IN TUITIS.

73 Insbesondere die Invocatio wird dafür herangezogen, vgl. beispielsweise oben, das erste Altenberger Chirograph von 1233 IV 7. In einer Urkunde des Stiftes St. Gereon/Köln von 1254 XI lautet die Zwischenschrift IN NOMINE SANCTE ET INDIVIDUE TRINITATIS, vgl. P. Joerres, Urkundenbuch des Stiftes St. Gereon zu Köln, Bonn 1893, S. 139. Häufiger verwendete man offenbar Formularteile als Legende im 10. Jahrhundert in Frankreich, vgl. Parisse, Chirographes, S. 560.

74 Ein weiteres Exemplar aus dem 11. Jahrhundert ist bekannt. In einem von Abt Konstantin von Nouiaillé 1013 ausgestellten Chirograph wurde das Wort SIGNUM, eingerahmt zwischen zwei Kreuze unter die nicht eigenhändigen Signa der Beteiligten geschrieben und durchschnitten. Auf die hier noch erkennbare Beziehung zwischen Wortbedeutung und Kennwort machte Foerster, Urkundenlehre, S. 34 aufmerksam. (Gleiches kann für das häufig verwendete CYROGRAPHUM in den frühen Teilurkunden gelten, vgl. Anm. 70).

75 Lediglich zwei Urkunden sind mit horizontalem Schnitt durchtrennt.

76 Nur 3 Urkunden sind mit vertikalem Schnitt durchtrennt.

77 Die übrigen untersuchten Chirographe wurden z.T. vertikal, z.T. horizontal durchschnitten. Der Kerbschnitt ist bei Chirographen des 13. Jahrhunderts eher die Ausnahme, wenn man von den Hamburger und Lübecker Testamenten absieht.

wort steht, war es schwierig, hier gleichzeitig das Siegel anzuhängen[78].

Die Möglichkeit, den Schnitt bei der Siegelurkunde in horizontaler Richtung durchzuführen, war zwar gegeben, aber die Mundierung in dem Falle mit größerem Aufwand oder Schwierigkeiten verbunden. Die beiden Texte wurden in der Regel nicht untereinander geschrieben[79], sondern stehen einander gegenüber[80].

Schwierigkeiten bei der Mundierung ließen sich vermeiden, wenn die Chirographierung seitlich erfolgte. Der zweite Text konnte dann vom ersten ohne großen Aufwand Wort für Wort abgeschrieben werden. Man kann sich vorstellen, daß die Ausbreitung der Siegelurkunde die Tendenz unterstützte, den Schnitt durch das Kennwort eher seitlich als horizontal zu führen. Allerdings zeigen die überlieferten Teilurkunden, daß im 13. Jahrhundert beide Varianten nebeneinander verwendet wurden. Die horizontale Schnittfolge war keineswegs außer Gebrauch gekommen.

Es ist denkbar, daß das Kennwort schon vor der Reinschrift des zweiten Textes angebracht wurde; in der Weise, daß man es über den Text der ersten Urkunde schrieb, anschließend das Pergament durchtrennte, so daß man das zweite Stück neben das erste legen und nach Vorlage wortgetreu abschreiben konnte. Damit hätte man die oben erwähnten Schwierigkeiten bei der Mundierung vermieden.

Die Darstellung hat einige schon bekannte Ergebnisse dargelegt und neue Fragen aufgeworfen, die in größerem Zusammenhang beantwortet werden müssen. Unter den Urkunden der Zisterzienserabtei Altenberg sind die Chirographe im 13. Jahrhundert häufig vertreten. Daß es sich bei den chirographierten Schriftstükken um Rechtshandlungen mit bilateralem Charakter handelt, ist naheliegend, da dieses Beglaubigungsmittel die Zusammengehörigkeit der einzelnen Exemplare betont. Die Ausführung der graphischen Zeichen entsprach immer dem Gesamtbild der Urkunde.

In einer Zeit des Übergangs übernahm das Chirograph die Funktion einer zusätzlichen Sicherung der Urkunde, auf Dauer setzte sich das Siegel als vorherrschendes Beglaubigungsmittel durch.

Betrachtet man die Verbreitung der Chirographe, so ist neben den bekannten regionalen Schwerpunkten eine verstärkte Anwendung des Beglaubigungsmittels bei einigen Zisterzienserklöstern im 13., z. T. auch noch im 14. Jahrhundert zu erkennen.

Das Kennwort wurde teils an der Seite, teils oben angebracht. Nur selten befindet es sich am unteren Rand des Pergaments, der im allgemeinen der Besiegelung vorbehalten war.

Bei der Wahl des Kennwortes lassen sich Eigenheiten feststellen, die in einigen Fällen die Zuordnung des chirographierten Schriftstückes erleichtern können. Eine Altenberger Besonderheit scheint der Gebrauch des Wortes SIGNUM gewesen zu sein, andernorts wurde häufig der terminus technicus CYROGRAPHUM verwendet.

Ob es sich bei dem Chirograph um eine besonders beliebte Beglaubigungsform einiger Zisterzienser im 13. und 14. Jahrhundert handelte, ist eine interessante und noch ungeklärte Frage.

78 »La présence d'une legende, dont le principe est qu'elle doit éventuellement être reconstituée par le rapprochement bord à bord des deux parties, gêne le scellement«, Parisse, Chirographes, S. 564. In Einzelfällen wurden Chirographierung und Besiegelung zusammen am unteren Rand angebracht. Man verzichtete beispielsweise auf die Plica und befestigte den siegeltragenden Pergamentstreifen knapp oberhalb des Urkundentextes (ca. 1250, HStAD, Korn U. 15). Der Nachteil dieser Befestigungsart ist offensichtlich: das schwere Siegel konnte leichter abreißen und verloren gehen als bei der plicaverstärkten Befestigung (weitere Beispiele vgl. Foerster, Urkundenlehre, Tafel 13). Es ist sicherlich der wenig stabilen Befestigung des Siegels und dem größeren Aufwand bei der Mundierung zuzuschreiben, daß dies die Ausnahme bleibt.

79 Der untere Rand blieb meist für die Besiegelung frei.

80 Für etwaige Abweichungen in der Rechtschreibung bietet Parisse, Chirographes, S. 565 folgende Erklärung an: »Ces distorsions ne seraient-elles pas une invitation à imaginer que le texte lui était dicté par un comparse et par conséquent le chirographe n'avait pas encore été coupé?«

Chirogramm und Devise: Zu den Handzeichen der Herzoge von Bayern-Landshut im 15. Jahrhundert

Von Beatrix Ettelt-Schönewald

Urkundenwesen, Kanzlei, Rat und Regierungssystem der wittelsbachischen Herzoge in Bayern sind unter der Ägide von Professor Dr. Hans Rall, München, fast lückenlos bis zur zweiten Hälfte des 15. Jahrhunderts erforscht worden[1]. Diese Forschungslage gestattet Einblick in die Entwicklung der schriftlichen Exekutive der bayerischen Landesherrn seit 1180, die sich um 1209 zu formieren beginnt[2], Einblick auch in das äußere Erscheinungsbild, das im Zusammenhang der Untersuchung graphischer Symbole in mittelalterlichen Urkunden vorrangig interessiert.

Deren Bandbreite erschöpft sich am Beispiel der frühen wittelsbachischen Schriftzeugnisse in wenigen Belegen. Bis ins 14. Jahrhundert lassen sich allenfalls die sogenannten Schreiberzeichen als graphische Elemente auftun, die der Zeilenfüllung am Schluß des Urkundentextes dienen[3]. In einzelnen Registern bzw. Kopialbüchern werden wichtige Urkundenabschnitte durch Zeigefinger verdeutlicht, wie z. B. in den pfalzgräflichen Registern[4]. Etwa 2 cm große Hände mit überlangem Zeigefinger dienen als eine Art Findmittel entscheidender Textstellen[5].

Erst Herzog Ludwig VII. im Bart (1413–1443, † 1447) von Bayern-Ingolstadt setzt mit seinem Chirogramm neue Akzente in der Urkundenmundierung. Die entscheidenden Impulse dazu kamen, wie im folgenden darzulegen ist, aus Frankreich und spiegeln eine neue Entwicklung landesherrlicher Urkundenausfertigung wider: Erstmals tritt die individuelle Persönlichkeit des Herzogs in Erscheinung, jenseits der stereotypen Formen des kanzleimäßigen Urkundenbildes und des herzoglichen Siegels.

1 Hofmann, Urkundenwesen, Kanzlei, Rat und Regierungssystem der Herzoge von Bayern und Pfalzgrafen bei Rhein von 1180/1214 bis 1255/1294, in: Münchner Historische Studien, Abteilung Geschichtliche Hilfswissenschaften Bd. 3, Kallmünz 1967; P. Alfons Sprinkart OFM Cap, Kanzlei, Rat und Urkundenwesen der Pfalzgrafen bei Rhein und Herzoge von Bayern 1294–1314 (1317). Forschungen zum Regierungssystem Rudolfs I. und Ludwigs IV., Köln–Wien 1986, in: Forschungen zur Kaiser- und Papstgeschichte des Mittelalters. Beihefte zu J. F. Böhmer, Regesta Imperii 4; Ludwig Schnurrer, Kanzlei und Urkundenwesen der niederbayerischen Herzoge aus dem Haus Wittelsbach (1255–1340), in: Münchner Historische Studien, Abteilung Geschichtliche Hilfswissenschaften Bd. 8, Kallmünz 1972; Wilhelm Volkert, Kanzlei und Rat in Bayern unter Hz. Stephan II. (1331–1373), Diss. masch. München 1952; Inge Turtur, Regierungsform und Kanzlei Hz. Stephans III. von Bayern (1374–1413), Diss. masch. München 1952; Klaus Frh. von Andrian-Werburg, Urkundenwesen, Kanzlei, Rat und Regierungssystem der Herzoge Johann II., Ernst und Wilhelm III. von Bayern-München (1392–1438), in: Münchner Historische Studien, Abteilung Geschichtliche Hilfswissenschaften Bd. 10, Kallmünz 1971; Gerda Lucha, Urkundenwesen, Kanzlei, Rat und Regierungssystem Hz. Albrechts III. von Bayern-München (1438–1460), Diss. masch. München 1990; Beatrix Ettelt, Kanzleischriftgut, Kanzlei, Rat und Regierungssystem Hz. Ludwigs d. Reichen von Bayern-Landshut (1450–1479), in: Schriftenreihe zur Bayerischen Landesgeschichte Bd. 100, München 1994. Für die Pfalz: Joachim Spiegel, Urkundenwesen, Kanzlei, Rat und Regierungssystem der Pfalzgrafen bei Rhein und Herzöge in Bayern, Ruprecht I. und Ruprecht II. (1309–1398), München Diss. masch. 1990 (räumliche und thematische Fortführung der Arbeit von Pater Alfons Sprinkart, s. o.); Christoph Frh. von Brandenstein, Urkundenwesen, Kanzlei, Rat und Regierungssystem des Pfälzer Kurfürsten Ludwig III. (1410–1436), Göttingen 1983. Im folgenden werden diese Arbeiten abgekürzt zitiert: z. B. Andrian, Urkundenwesen, S. 7.

2 Hofmann, Urkundenwesen, S. 29–31.

3 Vgl. z. B. Sprinkart, im Kapitel über die Inneren und Äußeren Merkmale (S. 286) behandelt er die Schlußzeichen der Schreiber (S. 291). Ludwig Schnurrer kann diese für die niederbayerische Kanzlei seit 1310 nachweisen (S. 9). Schreiberzeichen in Form von liegenden Achtern, Schnörkeln etc. sind gleichermaßen in der Münchener Kanzlei (vgl. Andrian-Werburg) nachweisbar und als reine Zierelemente und Füllsel zu deuten.

4 Karlsruhe GLA 67/805 fol. 21v, 78v und 67/808 fol. 61v.

5 Freundliche Auskunft von Joachim Spiegel aus seiner Dissertation über Urkundenwesen, Kanzlei, Rat und Regierungssystem der Pfalzgrafen bei Rhein und Herzöge in Bayern, Ruprecht I. und Ruprecht II. (1309–1398). Karlsruhe GLA 67/808 fol. 61v: Registereintrag einer Urkunde Pfalzgraf Ruprechts I. und Ruprechts II. über sog. Offenhaus der Veste Schönburg, der Stadt Bacharach von 1391 November 25 zu Fürstenberg. Die mit Zeigefinger bezeichnete Stelle verweist auf herzogliche bzw. pfalzgräfliche Rechte in diesen Orten: »*Auch sollet die obgenant gemeinen und ir erben und nachkomen nymmer enichen gemeinen zu der obgenant festin entphaen oder komen laßen, er hab dann bevor uns obgenanten hertzogen und unßern erben alle und yeclich vor und nach geschriben stücke gelobt, gesworen und verbriefet* …«. Die drei nachweisbaren »Zeigefinger« geben allerdings wenig Aufschluß über den Kanzleibrauch hinaus.

Eigenhändigkeit des Landesherren bei der Urkundenausfertigung an sich stellt im Hoch- und Spätmittelalter eine Seltenheit dar[6]. In diesen seltenen Fällen mögen Gründe der Geheimhaltung oder persönliche Motive ausschlaggebend dafür sein[7]. Anders verhält es sich bei der Unterschrift bzw. der Unterfertigung der Ingolstädter und Landshuter Herzoge im 15. Jahrhundert[8].

Handzeichen der Ingolstädter Herzoge

Diese Handzeichen der Ingolstädter Herzoge Ludwig des Bärtigen (1413–1443: 1443 abgesetzt, gestorben 1447 in Burghausen in Haft) und Ludwig des Höckrigen, seines Sohnes (1443–1445), bilden eine Ausnahme im landesherrlichen Urkundenwesen der bayerischen Teilherzogtümer[9]. Dessen Bearbeitung bleibt ein Desiderat, das die Forschungen Theodor Straubs[10] ergänzen könnte. Im Rahmen der Ausstellung »Die Fürstenkanzlei des Mittelalters. Anfänge weltlicher und geistlicher Zentralverwaltung in Bayern« anläßlich des VI. Internationalen Kongresses für Diplomatik in München 1983 wurden von Joachim Wild und Karl-Ernst Lupprian die Formen des herzoglichen Handzeichens anhand einiger Beispiele aus der Ingolstädter Kanzlei dargestellt.

Beide Herzoge verwenden als Handzeichen ihren Namen in der französierten Form »Loys« mit Schleifenverzierungen, die einer Acht ähnlich sind und französischen bzw. burgundischen Vorbildern folgen[11]. Diese bayerisch-französische Verbindung kam durch die Hochzeit der Herzogin Elisabeth, Tochter Herzog Stephans III., mit König Karl VI. von Frankreich am 17. 7. 1385 zustande. Der königliche Schwager nimmt Herzog Ludwig den Bärtigen von Bayern-Ingolstadt als seinen Lehensmann auf[12]. Als solcher führt er offiziell den Titel »frère de la Reine«[13]. So nimmt es nicht wunder, daß die Kanzlei des Herzogs auch noch unter französischem Einfluß steht, als dieser bereits aus Frankreich zurückgekehrt ist. Straub schildert den »Französisierungsprozeß«: »Die in Paris tätigen Hofleute für die Königin, aber auch für ihren Bruder, entstammten fast durchwegs dem Ingolstädter Landesteil und kehrten auch dorthin wieder zurück. Es handelte sich meist um eine bis zu 15 Personen starke Gruppe von bayerischen Räten und Schreibern. Naturgemäß übernahmen diese in Paris gewesenen Hofleute bei der Rückkehr des Herzogs 1415 in Ingolstadt einen sehr großen Teil der wichtigen Zentralämter des Ingolstädter Hofes. Sie waren im herzoglichen Rat, im Hofgericht und in der Kanzlei tätig. Vom französischen Personal kam nur ein vereinzelter, zur Aufrechterhaltung des Schriftverkehrs benötigter Schreiber von Paris nach Ingolstadt«[14].

6 Die Fürstenkanzlei des Mittelalters. Anfänge weltlicher und geistlicher Zentralverwaltung in Bayern, anläßlich des VI. Internationalen Kongresses für Diplomatik in München 1983 hg. v. Joachim Wild, S. 80: »Es ist daher eine ins Auge springende Ausnahme, wenn ein Herzog eine Urkunde oder einen Brief eigenhändig schrieb«. Im folgenden zitiert: Wild bzw. Lupprian, Fürstenkanzlei.

7 Beispiele: 1333 November 19 Rothenburg/Tauber: Hz. Heinrich XIV. von Niederbayern verspricht, den Brief Kaiser Ludwigs des Bayern, in dem dieser auf das Reich verzichtet und den er in Händen hat, solange geheimzuhalten, bis der Papst Ludwig den Bayern vom Bann löse (BayHStA GHA HU 257, Wild, Fürstenkanzlei, S. 81, Schnurrer, Urkundenwesen, S. 33); 1503 März 3 Landshut: Hz. Georg d. Reiche überträgt Anna Grünbacher den Nießbrauch von Schloß Zangberg, sofern sie unverheiratet bleibt, und setzt ihrer Tochter ein Heiratsgut von 1000 Gulden aus (BayHStA Pfalz-Neuburg Urkunden Lehen 1197/1; Lupprian, Fürstenkanzlei, S. 81).

8 Waldemar Schlögl hat in seiner Untersuchung über »Die Unterfertigung Deutscher Könige von der Karolingerzeit bis zum Interregnum durch Kreuz und Unterschrift. Beiträge zur Geschichte und Technik der Unterfertigung im Mittelalter«, in: Münchner Historische Studien, Abteilung Historische Hilfswissenschaften Bd. 16, Kallmünz 1978, grundsätzlich jedes unter einem Text angebrachte, zu diesem in Beziehung stehende Schreibzeugnis als »subscriptio« (S. 3) definiert. »Die Unterschrift (subscriptio) ist eine Unterfertigung mittels geschriebener Buchstaben, die ihre Bedeutung in sich tragen und so aus sich selber verständlich sind. Man kann die Vielzahl der Erscheinungen in zwei Gruppen fassen: persönliche und unpersönliche bzw. nicht auf einen Namen Bezug nehmende Unterschriften« (S. 6). In der (idealtypisch zu verstehenden) Einteilung Schlögls ist das niederbayerische herzogliche Handzeichen als unpersönliche Unterschrift zu werten (Schlögl, S. 6). Deren Funktion ist die Beglaubigung (Schlögl, S. 6).

9 Wild, Lupprian, Fürstenkanzlei, S. 80.

10 Theodor Straub, Herzog Ludwig der Bärtige von Bayern-Ingolstadt und seine Beziehungen zu Frankreich in der Zeit von 1391 bis 1415, in: Münchner Historische Studien, Abteilung Bayerische Geschichte Bd. 7, Kallmünz 1965.

11 Die Namenszeichen Herzog Philipps des Guten von Burgund in einem Schreiben an Herzog Wilhelm III. von Bayern-München um 1432 und Isabellas von Frankreich an Herzog Wilhelm von 1433 September 14 (BayHStA KÄA 1944 fol. 59, 318) zeigen verwandte Formen, die an ein stilisiertes *subscripsi* erinnern, wohl aber nur als »geometrisches Zierwerk« zu verstehen sind. Vgl. Lupprian, Fürstenkanzlei, S. 82, s. auch Arthur Giry, Manuel de diplomatique, Paris 1894, S. 610.

12 Seit April 1392 in dieser Eigenschaft nachweisbar, mit einer monatlichen Pension von 416 Francs 10 Sols 8 Deniers, was der Pension eines Marschalls von Frankreich entsprach: vgl. Straub, Herzog Ludwig, S. 8.

13 Straub, Herzog Ludwig, S. 1–2; die Intitulatio in den deutsch abgefaßten Urkunden lautet: »*Wir Ludwig von gots gnaden pfaltzgraue bey Rein hertzog in Bayern vnd graue zu Mortain etc. der kunigin von franckreich bruder*« (BayHStA KB U 7255: 1434 August 9 Rain).

14 Theodor Straub, Isabeau de Bavière, Legende und Wirklichkeit, in: ZBLG 44 Heft 1 (1981), S. 151–152.

Das Handzeichen Herzog Ludwigs des Höckrigen[15] ist bislang lediglich in zerschnittenen Urkunden vorgefunden worden. Ob dies zusammen mit dem fehlenden Siegel als Form der Kassation zu sehen ist, bleibt offen[16].

Handzeichen der Herzoge von Bayern-Landshut im 15. Jahrhundert

Während der Namenszug der Ingolstädter Herzoge seine Entsprechung in den Gepflogenheiten französischer und burgundischer Urkunden findet, begegnet im Teilherzogtum Bayern-Landshut eine Form der Unterfertigung, die weder vorher noch nachher – mit einer Ausnahme – ihresgleichen hat.

Drei Generationen der Landshuter Herzöge, bzw. nach dem Kölner Spruch von 1505 deren pfalz-neuburgischen Teilerben, setzen unter eine Auswahl von Urkunden ihr spezielles Zeichen[17].

Zur Klärung ihrer Vorbilder bzw. ihrer Bedeutung sind drei Fragestellungen vonnöten:

1. Mit welchen Mitteln soll die spezifische Mitwirkung des Herzogs und dessen ausdrückliche Zustimmung optisch vermittelt werden?
2. Wozu und zu welchem Ende setzt der Landesherr bei bestimmten Rechtsinhalten sein Namenszeichen unter den Text?
3. In welchem repräsentativen Zusammenhang, in welchem Umfeld sind die Handzeichen zu verstehen?

Diese Fragen führen uns zunächst zu deren äußeren Merkmalen:

1. Äußere Merkmale und Inhalt

Im Gegensatz zu seinem Sohn und seinem Enkel variiert das Handzeichen Herzog Heinrichs des Reichen von Bayern-Landshut (1393/1404–1450) in Form und Graphie. Das erste, bisher nachweisbare Handzeichen datiert aus dem Jahr 1434[18]. Es läßt sich in kontinuierlicher, wenngleich spärlicher Reihung bis 1450 verfolgen (Abb. 1 und 2).

Einzigartig ist jene Variante, die den Anfangsbuchstaben H(einrich) über der Devise »wolt got« flankiert von zwei Nadelbäumen mit Wurzeln zeigt. Bisher konnten zwei Urkunden festgestellt werden, die das Handzeichen mit Tannenbäumen aufweisen. Im Jahre 1434 überträgt Herzog Heinrich seinem Sohn Ludwig etliche Pflegen und Schlösser im Rentmeisteramt Burghausen zur Nutznießung sowie die volle Verfügung über den Silberturm auf dem Schloß Burghausen. Die zweite Urkunde stellt eine Anweisung Herzog Heinrichs an den Kämmerer und Rat der Stadt Regensburg dar, eine dort deponierte Geldtruhe an seine Räte auszuhändigen[19].

Das Allianzwappen der Familien Bayern, Alençon, Armagnac, Anjou-Neapel z. B., das sich auf einer Tapisserie der Katharina von Alençon, Herzogin von Bayern-Ingolstadt, mit dem Motto: »moult espoir me tarde«[20] befindet, zeigt in seiner Anlage eine gewisse Ähnlichkeit mit dem Handzeichen Herzog Heinrichs: zwei Rosenzweige umrahmen ein Fabeltier, das auf einer Banderole die Devise führt. Der skizzierte Boden, auf dem das Tier sitzt, könnte – stark vereinfacht – durchaus der Verbindungslinie der beiden Tannen im Handzeichen nahekommen.

Die Bedeutung des Baumes liegt nach 1. Mos. 2,9 im Symbol für das Paradies. Er gilt aber auch als Zeichen des Sündenfalles, des Lebens und der Erlösung. Daneben kommen den einzelnen Baumsorten im Rahmen einer Pflanzensymbolik besondere Aussagekraft zu: Die Tanne z. B. signalisiert himmlische Auserwähltheit und Geduld[21]. Diese Deutung des Symboles Baum korrespondiert möglicherweise mit der Devise »wolt got«. Berücksichtigt man weiter ihre Verwendung im Fenster der Kirche zu Jenkofen und auf dem Altarblatt in der Kapelle der Trausnitz in Landshut[22], so verdichtet sich der Zusammenhang zwischen graphischem Symbol und sprachlichem Ausdruck.

15 Das Handzeichen variiert in der Rundung der Zierschleifen zu dem des Vaters, Herzog Ludwigs im Bart, vgl. LUPPRIAN, Fürstenkanzlei, S. 83.

16 Beispiel: 1442 Juli 22 Rain/Lech: Hz. Ludwig von Bayern-Ingolstadt bevollmächtigt seine Räte Magister Heinrich Ubelin und Georg von Kammer zu Verhandlungen über die ihm erblich zugefallene Basse Marche. BayHStA Pfalz-Neuburg Urkunden 1442 VII 22, LUPPRIAN, Fürstenkanzlei, S. 83. Diese Urkunde ist dreifach beglaubigt: mit dem jetzt fehlenden herzoglichen Siegel, dem herzoglichen Handzeichen und der notariellen Beglaubigung durch den päpstlichen und kaiserlichen Notar Gottfried Hulweck von Berg.

17 Die Ingolstädter unterschrieben nahezu alle die Kanzlei verlassenden Schriftstücke: s. LUPPRIAN, Fürstenkanzlei, S. 83.

18 BayHStA Abt. III Geheimes Hausarchiv HU 2071.

19 BayHStA Reichsstadt Regensburg U 1449 III 16; LUPPRIAN, Fürstenkanzlei, S. 84.

20 Wörtlich übersetzt etwa: »große Hoffnung brauche ich«. Paris, BN, Dép. des Estampes, Collection Gaignières, Pc 18, f. 26: Aquarell 18. Jh., Original aus dem Hôtel de Dieu verschollen.

21 Hannelore SACHS, Ernst BADSTÜBNER, Helga NEUMANN, Erklärendes Wörterbuch zur Christlichen Kunst, Hanau o. J., S. 55–56.

22 Vgl. 3. Repräsentation und Herrscherdarstellung.

Dielitz[23] gibt eine Reihe ähnlicher Wahlsprüche in der Kombination »will's Gott« an, die deutschen Ausführungen aber treten meist erst im 16. Jahrhundert auf im Gegensatz zu den französischen[24]. Hier entsprechen die Wahlsprüche einiger französischer adeliger Familien dem des niederbayerischen Herzogs auch in zeitlicher Hinsicht: »Dieu veult« des Borel d'Hauterive in der Dauphiné oder »plut à dieu« derer von Besançon[25].

Das Chirogramm Herzog Ludwigs des Reichen von Bayern-Landshut (1450–1479)[26] »a du freyst mych/ h(erzog) l(udwig)« ist auf mindestens 30 Originalen nachzuweisen[27] (Abb. 3). Die Übersetzung des Verbums freyen, das sich auf ein nicht näher definiertes »du« als Subjekt bezieht, läßt mehrere Deutungen zu[28]: freimachen, erlösen, erretten oder privilegieren. Am wahrscheinlichsten ist eine theologische Interpretation[29], die das Personalpronomen »du« auf Gott bezieht: »Herr, du erlöst mich« oder »Herr, du privilegierst mich«[30]. Thematisch reiht sich die Devise in die der Herzoge Heinrich und Georg ein, aber letztere wirken weitaus distanzierter, passiver. Die Form der direkten Rede erlaubt den direkten Bezug auf den Herzog. Der Vokal »a«, der »ursprünglichste und einfachste aller Laute«[31], ist im Sinne einer Ankündigung, einer Einleitung zu sehen.

Eine unzweideutige Klärung der Bedeutung und der Herkunft der Devise ist nicht möglich. Es lassen sich aber Parallelen zu Frankreich und Burgund herstellen.

Die französische Königsurkunde weist eine Formel auf, die zwar keine wortwörtliche Übersetzung darstellt, im Tenor der Devise Herzog Ludwigs nahekommt: »car tel est notre plaisir«[32]. Sie ist bereits im Frankreich Karls VI. (1380–1422, Vormundschaft bis 1382 und seit 1392)[33] nachzuweisen. In einer Urkunde, die König Karl VI. von Frankreich[34] seinem Schwager Herzog Ludwig von Bayern-Ingolstadt ausstellte, weist die Corroboratio eine ähnliche Formel auf[35]: »Car ainsi nous plaist il estre fait«[36]. Es entzieht sich meiner Kenntnis, welchen Einblick Ludwig der Reiche ins herzogliche Archiv hatte. Sicher ist, daß ein großer Teil des Archivs der Ingolstädter Herzöge – und damit auch die französischen Königsurkunden – von Heinrich dem Reichen anläßlich des Erbfalles 1447 nach Landshut gebracht wurde.

Im burgundischen Raum weist Jean Richard die vergleichbare Formel »Car ainsi nous plaît il estre fait« unter Herzog Philippe le Bon von Burgund (1419–1467) nach[37]. Die Verbindungen zwischen dem Herzogtum Niederbayern und Burgund waren mannigfaltig und wurden nicht zuletzt durch den Versuch Ludwigs des

23 J. Dielitz, Die Wahl- und Densprüche, Frankfurt/Main 1888.

24 Dielitz, Wahlsprüche, S. 377: Wie's Gott füget mich vergnüget: Magdalena Sybille von Sachsen-Altenburg, † 1668; Wie's Gott fügt mir genügt: Wolf Ernst Graf zu Stolberg 1606; Wie gott will: Herzog Friedrich von Braunschweig, 1598.

25 A. Chassant, Henri Tausin, Dictionnaire des devises historiques et héraldiques, Hildesheim–New York, Nachdruck Paris 1878, S. 252, S. XIX: *Dieu le veut* als Schlachtruf anläßlich der Kreuzzüge, die Familien übernahmen diese Devise. Nach den Kreuzzügen rasche Verbreitung mit vor allem kriegerischem Charakter oder Treue zu König und Glauben ausdrückend. Vor allem während der Renaissance im 15./16. Jahrhundert, nimmt die Devise gewaltige Ausmaße an, wird auch ins Galante übertragen, wie die Mode der »jetons« beweist: »j'aime qui m'aime« o. ä. Vgl. auch Gustave Valhier, Dictionnaire des devises héraldiques, numismatiques, historiques et fantaisistes du Dauphiné, Valence 1891.

26 Die ausführlichste Biographie Herzog Ludwigs des Reichen bei August Kluckhohn, Ludwig der Reiche, Herzog von Bayern, Nördlingen 1865.

27 Hierin nicht berücksichtigt sind die Registereinträge der Bestallungsbücher Hz. Ludwigs d. Reichen, die auch das Handzeichen mitvermerken (BayHStA KÄA 4919, 4920, 4921; 1134: Privilegienbuch).

28 Matthias Lexer, Mittelhochdeutsches Taschenwörterbuch, 34. Aufl. Stuttgart 1976, S. 298: *vrîen*, schwaches Verbum, transitiv, durch Diphthongierung zu *vreien* in den Bedeutungen freimachen, erlösen, erretten, mit Privileg begaben. Auszuschließen ist: *frowjan, *Präterit.: frawibo zu ahd. frewita, mhd. freute: »do ich sin pflac, do fröite er mich« Hartmann von Aue, Minnesangs Frühling 217, 22. Johann Andreas Schmeller, Bayerisches Wörterbuch, Band 1/1 Sonderausgabe München 1985, sp. 814: *freyen*: a. freimachen, loskaufen b. freigeben, preisgeben c. freigeben, schenken d. privilegieren, von einer Verbindlichkeit, die als Gesetz für andere gilt, befreien; Deutsches Rechtswörterbuch, d. 3, Weimar 1935–1938, sp. 728. Das neuhochdeutsche Verbum *freien* stellt nur eine der vielen Varianten des mittelhochdeutschen dar: Frühneuhochdeutsches Wörterbuch, hg. v. Robert R. Anderson, Ulrich Goebel, Oskar Reichmann, Bd. 1, Berlin–New York 1989.

29 Wild, Fürstenkanzlei, S. 84, nennt zwei Deutungen: im Sinne eines »biblischen Wahlspruchs« und einer »freundlichen Verbundenheit mit dem Adressaten«. Letztere erscheint mir weniger wahrscheinlich.

30 Trübner, Deutsches Wörterbuch II, hg. v. Alfred Götze, Berlin 1940, S. 437: theologischer Verweis auf Luther: »werden wir gefreiet«.

31 Schmeller, Bd. 1/1, sp. 1.

32 *plaisir*: Freude, Wunsch, Wille, Zustimmung; Bspl.: »tel est notre plaisir ou notre bon plaisir«: terminer une affaire sous le bon plaisir de quelqu'un: la regler d'une façon qu'il n'y ait rien de fait s'il n'y donne son consentement, Etymolog.: plaisir ist der alte Infinitiv des Verbums *plaire*. Formel der Kanzleibriefe für den königlichen Willensausdruck, aus: Dict. de la langue française, t.3, Paris 1889, s. v. plaisir.

33 Rall, Kanzlei, S. 12: Die Annahme, daß es die Formel der Zustimmung »car tel est notre plaisir« zur Zeit Kg. Karls VI. noch nicht gab und deshalb damals nicht von Ludwig im Bart übernommen worden sein kann, ist nicht aufrechtzuerhalten.

34 Matz, Regententabellen, S. 205.

35 BayHStA Pfalz-Neuburg U 1410 I 16.

36 Vgl. auch Tessier, Diplomatique, S. 249 Anm. 2: »*On sait que la formule ⟨Car tel est nostre bon plaisir⟩ est une invention de la chancellerie de Napoléon Ier, adoptée par celle de la Restauration. Cf. L. de Mas Latrie, De la formule ⟨Car tel est notre*

Reichen geprägt, nach dem Tode Herzog Karls des Kühnen von Burgund im Jahre 1477 den wittelsbachischen Anspruch auf Holland, Seeland, Friesland und Hennegau durchzusetzen[38]. Aber sie manifestierten sich auch im persönlichen Verhältnis[39] zwischen dem Landshuter Herzog und Philipp von Burgund oder im Bündnis Ludwigs des Reichen vom 29. Dezember 1465 mit Herzog Karl dem Kühnen und Herzog Philipp von Lothringen[40].

Die französische Formel lautet wörtlich übersetzt: »denn so ist unser Wille«[41]. Die niederbayerische Devise stellt keine direkte Übernahme der Syntax und Semantik dar. Dem französischen Begriff liegt das Partizip Perfekt von lat. placere, »placitum« zugrunde[42] und stellt ein juristisches Faktum, eine königliche bzw. herzogliche Willenskundgebung dar. Diese Formel ist Bestandteil der Corroboratio vor der Datumszeile und versagt sich damit als direktes kanzleimäßiges Vorbild für Herzog Ludwigs Devise. Dennoch kann man wohl von einer gedanklichen Verbindung, vom Wunsch der Nachahmung herrscherlicher Willenskundgebung ausgehen.

Herzog Georg der Reiche von Bayern-Landshut (1479–1503)[43] unterfertigt nach seinem Regierungsantritt im Jahre 1479 mit der Devise »wy got wyll h.g.«[44] (Abb. 4) und schließt in deren Thematik an Herzog Heinrich den Reichen an.

In bewußter Anlehnung an die Gepflogenheit der niederbayerischen Kanzlei führen die Herzöge von Pfalz-Neuburg in der ersten Hälfte des 16. Jahrhunderts diese Tradition der Handzeichen in Kombination mit einer Devise weiter. Pfalzgraf Friedrich, der Vormund der Erben Pfalz-Neuburgs, Ottheinrich und Philipp, bestallt im Jahr 1508 seinen Rat Liechtenstein zum Pfleger und Hofrichter in Neuburg[45]. Rechts unterhalb des Textes befindet sich die Devise: »Gott erfrawe mich, Friderich pfaltzgraff und vormund«. Sie knüpft an das »Du freyst mych« Herzog Ludwigs an.

Weiter findet sich in einem Rechnungsauszug für 33 gerüstete Pferde die Unterschrift des Pfalzgrafen Philipp. Links, rechts und am unteren Rand wird sie von zwei gekreuzten, waagrecht durchstrichenen Linien umrahmt: »15 I /Ö A 29 // Nichts unversucht // h(erzog). P(hilipp). pfaltzgraf etc.«[46].

plaisir⟩ dans la chancellerie française, dans BEC 42 (1881), p. 560–564 (plaisir im Sinne von volonté A. d. V.), et G. Demante, Observations sur la formule ⟨car tel est notre plaisir⟩ dans la chancellerie française, ibid. 54 (1893), p. 86–97. Avec ou sans l'adjectif les deux formules ont le même sens. Cf. Giry, p. 769: ⟨... toutes deux n'exprimaient rien d'autre que l'expresse volonté du souverain, raison suffisante de ses décisions⟩. Avant de recevoir sous le règne de Charles VII son expression définitive, l'idée apparaît sous des formes variées dès le XIVe siècle. Une lettre de Philippe VI, en 1341, se termine par la formule: ⟨Quod placet nobis et volumus de gratia speciali⟩ (Hardy, Philippe de Valois et la formule de chancellerie ⟨car tel est notre plaisir⟩, dans: Bulletin hist. et phil. du Comite des trav. hist. 1893, p. 95–97. Vingt ans plus tard une lettre de Jean II se termine ainsi: ⟨car ainsi l'ordonnons nous et voulons estre fait⟩ (Collection de f.-s. de l'Ecole des Chartes, anc. fonds, n° 251). D'autre part, des formulaires de chancelleries compilés vers 1370. (Bibl. nat., ms. lat. 4641 et 13868) contiennent plusieurs lettres dites en forme de placet. Ce sont des lettres scellées sur simple queue dont le dispositif est introduit par les mots: ⟨Placet nobis et volumus.⟩.

37 Jean Richard, La Chancellerie des Ducs de Bourgogne de la fin du XIIe au début du XVe siècle, S. 406, in: Landesherrliche Kanzleien im Spätmittelalter. Referate zum VI. Internationalen Kongreß für Diplomatik, München 1984 (= Münchener Beiträge zur Mediävistik und Renaissance-Forschung, hg. v. Gabriel Silagi).

38 Riezler, Geschichte Baierns, Bd. III, Gotha 1905, S. 450.

39 Kluckhohn, Hz. Ludwig der Reiche, S. 76: 1454 *»mit Spiel und Scherz vertrieb man sich die Zeit, und unter Festen und Gelagen kehrte Ludwig mit dem Burgunder nach Landshut zurück«.*

40 BayHStA Haus und Familiensachen Bundbriefe U.

41 Georges Tessier, Diplomatique royale française, S. 249: »On signalera seulement la présence désormais habituelle de la clause improprement appelée du bon plaisier et toujours formulée: ⟨Car tel est nostre plaisir⟩, tandisqu'un certain nombre d'actes prescrivent que foi soit ajoutée aux vidimus et extraits authentiques qui en seraient délivrés come à l'original lui-même. Parmi les modifications intervenus dans la morphologie des lettres patentes, la plus importante de beaucoup, parce qu'elle va au fond des choses, est l'apparition de nouveaux signes de validation. Déjà Jean II avait signé l'une ou l'autre de ses lettres closes, mais il n'en a jamais fait autant pour aucun lettre patente et il faut attendre la fin du règne de Charles V pour trouver un exemple d'acte de chancellerie revêtu de la signature royale. Les successeurs de Charles V ont signé de loin en loin quelques lettres patentes, mais c'est seulement au XVIe siècle que les signatures royales se multiplient. Une fois l'institution des secrétaires d'Etat mise en place, elles figurent régulièrement au bas des lettre dites en commandement, les lettre en commandement étant précisément celles dont, en principe, le roi lui-même a ordonné l'expédition au secrétaire d'Etat intéressé. Dans la grande majorité des cas, cette signature n'est pas autographe, mais simplement imitée et tracée soit par le secrétaire d'Etat chargé de l'expédition, soit même par le commis qui a grossoyé la lettre«.

42 G. Demant, Observations sur la formule ⟨car tel est notre plaisir⟩ dans la chancellerie française, BEC 54 (1893), S. 88: *»c'est ce qui a plu, ce que l'on a decidé en termes d'école la volition«.*

43 Zu den Regierungsdaten der Herzöge s. Hans Rall, Zeittafeln zur Geschichte Bayerns, München 1974.

44 Vor seinem Regierungsantritt setzte er seinen Namenszug unter eine Urkunde der »prima preces« für Erasmus Kleßheimer, Bruder des Hans Kleßheimer und Sekretär des Herzogs an den Abt und Konvent des Klosters Niederaltaich gesetzt: »Dux Georius, manu propria« (BayHStA KU Niederaltaich 957).

45 BayHStA Neuburger Kopialbücher 124, S. 356. Freundlicher Hinweis von Michael Cramer-Fürtig aus seiner Dissertation bei Prof. Wilhelm Volkert, Regensburg, über: »Frühmoderner Territorialstaat und Finanzkrise. Landesfürst, Landstände und Finanzen des Fürstentums Pfalz-Neuburg in der 1. Hälfte des 16. Jahrhunderts«, Regensburg 1992.

46 BayHStA Pfalz-Neuburg U Landesteilung und Einung 833, s. Anmerkung 45.

2. *Kanzleigebrauch und Funktion*

Die Frage nach der Funktion des herzoglichen Handzeichens ist im Rahmen des herzoglichen Urkundenwesens und der Kanzleibräuche des Herzogtums Bayern-Landshut im 15. Jahrhundert zu klären[47].

Die Stellung des Handzeichens auf Papierurkunden, den sog. Litterae patentes, ist immer rechts vom Sekretsiegel in zwei bzw. drei Zeilen angeordnet und mit Schleifenverzierungen, Kombinationen von drei Punkten und einem aus ihrer Mitte auslaufenden Strich umrahmt. Bei Pergamenturkunden befindet sich das Handzeichen auf der rechten Seite der Plica.

Die Parallele zu den sog. Kanzleivermerken ist offenkundig. Sie befinden sich an gleicher Stelle und dokumentieren die Beteiligung des Herrschers am Rechtsgeschäft. »Dominus dux per se audivit«[48] oder »mandavit dominus princeps in praesentia marescalci Closner«[49]. Die Ankündigung des herzoglichen Handzeichens erfolgt in der Regel in der Corroboratio durch die Wendung »mit vnnser hand getzaichent« und läßt darauf schließen, daß es sich tatsächlich um eine eigenhändige Unterzeichnung handelt[50]. Es zählt so eindeutig zum Formular der Urkunde, daß auch die Einträge in den Registern dieses graphisch übernehmen, d. h. unterhalb jedes Eintrages wird von den Schreibern der Kanzlei Herzog Ludwigs des Reichen mehr oder weniger kunstvoll das herzogliche Zeichen abgemalt[51]. Eine feste Regel läßt sich für die Verwendung nicht bestimmen und wäre dem Charakter des Besonderen auch abträglich. Dennoch ist im Bereich der Finanzverwaltung das Handzeichen besonders häufig anzutreffen. Einige Beispiele mögen dies belegen:

Eine Geldübergabe aus dem einstigen, zu Regensburg deponierten Besitz Herzog Ludwigs von Bayern-Ingolstadt an die Räte Herzog Heinrichs des Reichen kann nur dann erfolgen, wenn diese einen herzoglichen Brief mit Siegel und Handzeichen vorweisen können[52].

In einer weiteren herzoglichen Verfügung an seine Räte in der Stadt Regensburg heißt es: »vnd ob die von Regensburg solh quittung darub das nit hanndgetzaichent ist, nit aufnemen wollten, so wellet eu das obgenannt behaltnisbrief hallten, der dann ausweiset ...«[53]. Also hat sich auch die Stadt Regensburg dieses doppelten Legitimitätszeichens bedient, um den Geldtransfer so korrekt wie möglich abzuwickeln. Der Herzog mußte seinerseits die Quittung über den Erhalt des Geldes mit seinem Chirogramm »gegenzeichnen«.

Unter Herzog Ludwig dem Reichen erweitert sich der Kreis der Ausfertigungen mit Handzeichen. Vor allem die Bestallungsbriefe, die der Herzog seinen Räten, seinen Hauptmännern, Münzmeistern oder anderen wichtigen Beamten und Dienern ausstellte, wurden in dieser besonderen Form beglaubigt. Dies war so wichtig, daß z. B. in einem Schuldbrief vom 25. Januar 1463[54], der auf einen Bestallungsbrief Herzog Ludwigs des Reichen Bezug nimmt, dessen darin enthaltenes Handzeichen ausdrücklich als formales Element erwähnt wird.

Neben Finanzangelegenheiten tragen wichtige Entscheidungen innerhalb der herzoglichen Familie das herzogliche Handzeichen:

Die Übergabe etlicher Güter an seinen Sohn Ludwig zeichnete Herzog Heinrich mit seiner Devise gegen. Das herzogliche Handzeichen befindet sich im zweiten Drittel des linken Randes auf der Höhe der Dispositio[55]. Dem Rechtsgeschäft waren Beratungen mit der Landschaft vorausgegangen, und die Urkunde wurde von 30 Vertretern der Landschaft besiegelt, die dem jungen Herzog gleichzeitig huldigten. Das herzogliche Reitersiegel und dessen Rücksiegel vervollständigen die Beglaubigung und unterstreichen die Feierlichkeit der Urkunde.

Als Herzog Ludwig seinem Sohn Georg für die Dauer seiner Abwesenheit das Regiment im Lande zusammen mit drei Räten überträgt, setzt er gleichermaßen sein Zeichen unter den Text dieser Urkunde[56].

Im folgenden soll eine Übersicht Aufschluß über Zeit, Häufigkeit und Rechtsinhalt jener im Original erhaltenen Urkunden geben, die das herzogliche Handzeichen aufweisen[57]:

47 Im folgenden wird, wenn nicht eigens vermerkt, auf Ergebnisse meiner Doktorarbeit, s. Anm. 1, zurückgegriffen.

48 BayHStA KÄA 1134 fol. 340: 1441 November 19: Hz. Heinrich für den Pfarrer von Mauerkirchen.

49 BayHStA Neuburger Kopialbücher 41 fol. 380.

50 Auf dem Konzept eines Briefes Herzog Ludwigs des Reichen an Kurfürst Friedrich von der Pfalz, Landshut 1455 September 8, befindet sich eine Notiz von Hand Ludwig K der Landshuter Kanzlei: *»mit unnser hannd geschriben«*. Sie zeigt, daß sich Herzog Ludwig offensichtlich in wichtigen Angelegenheiten eigenhändig – »manu propria« – am Schriftwechsel beteiligte (BayHStA Fürstensachen 173c).

51 BayHStA KÄA 1134.

52 BayHStA Reichsstadt Regensburg U 1449 I 12.

53 BayHStA Neuburger Kopialbücher 6 fol. 174.

54 BayHStA Pfalz-Neuburg Varia Bawarica 1809.

55 BayHStA Abt. III Geheimes Hausarchiv HU 2071: in der Corroboratio: *»mit unser aigen handt verzaichent«*.

56 BayHStA Pfalz Neuburg U Landesteilungen u. Einungen 749.

57 Beispiele aus einem Register:
1451 Juli 30 Landshut im Erbrechtsbrief des Ruprecht Spilberger (BayHStA KÄA 1134 fol. 128)
in einer Ordnung des Handwerks:
1451 Oktober 23 Landshut Handwerksordnung der Metzger zu Reichenhall (KÄA 1134 fol. 132v)
in einer Privilegienbestätigung:
1453 November 30 Freiheit für Stadt Rattenberg (KÄA 1134 fol. 138v)

Handzeichen Heinrichs d. Reichen

Datum	Rechtsinhalt
1434 Juli 10 Landshut	Güterübertragung an seinen Sohn Herzog Ludwig d. Reichen (BayHStA Abt. III HU 2071)
1436 Mai 30	Zahlungsanweisung (Stadtarchiv Ingolstadt A 422)
1449 März 16 Burghausen	Zahlungsanweisung für die Stadt Regensburg (BayHStA Rst. Regensburg U)
1449 April 28	Buch der Geldschulden (BayHStA Pfalz Neuburg Landesschuldensachen Faszikel 5)
1450 Januar 18 Landshut	Quittung für die Stadt Regensburg (BayHStA Rst. Regensburg U)
1450 April 27	Quittung über geliefertes Silbergeschirr (BayHStA NBCB 92 fol. 64f.)
1450	Steueranschlag für das Oberland- (BayHStA NBCB 8 fol. 81)

Handzeichen Herzog Ludwigs des Reichen

Datum	Rechtsinhalt
1450 Dezember 28 Landshut	Bestallung Pankraz Hoholtingers zum Kastner von Dingolfing (BayHStA GU Dingolfing 80)
1451 Februar 21	Vollmacht f. die Stadt Regensburg (BayHStA Rst. Regensburg U)
1451 Dezember 26	Bestallung Karl Kärgls zum Landschreiber in Landshut (BayHStA Stvw. 1166 fol. 60)
1452 Februar 2	Bestallung Hans Grantingers zum Gegenschreiber des Kastens zu Landshut (BayHStA Stvw. 1166 fol. 61)
1453 Februar 24	Verkaufsbrief an Christan Plaichhuber (BayHStA GU Landshut 370)
1453 März 12	Verkaufsbrief an Hans Frank (BayHStA GU Landshut 371)
1453 April 18 Neumarkt	Anweisung an den Mautner Conrad Tobler (Stadtarchiv Landshut Urk. 1249)
1453 August 10	Nutzungsbrief für Martin Klugkeimer, Zollner in Landshut (BayHStA GU Landshut 713)
1453 Dezember 17 Landshut	Münzbrief für Ludwig Taschner, Münzmeister (BayHStA PN U)
1454	–
1455	–
1456	–
1457 Oktober 13 Landshut	Erzherzog Albrecht von Österreich erhält einen Gegenbrief für die Verpfändung der Markgrafschaft Burgau (BayHStA KB U 7290; PN U AS 2698/2)
1458	–
1459	–
1460 Februar 2 Landshut	Bestallung Ulrichs von Montfort zum Rat (BayHStA PN U Bestallungen)
1460 März 30 Landshut	Bestallung Ulrichs Herrn zu Laber; Hans von Degenberg; Jan Holups zu Hauptmännern (BayHStA PN Hofämter weltl. Ritterorden 20)
1461	–
1462	–
1463	–
1464 September 25 Landshut	Beglaubigungsbrief für Hans Feucht und Hans Heß (StA Nürnberg 7farbiges Alphabet Urk. Nr. 3146)
1465 Dezember 26	Quittung über Stadtsteuer Lauingens von 1462, 1463, 1464 (Stadtarchiv Lauingen 407, Regest: Rükkert, JHVD 17, Nr. 407)
1466 Februar 2 Landshut	Bestallung Wolfgang von Westerstettens (BayHStA PN U VN 1680)
1466 Februar 11	Anweisung an Zollner Hans Heß wegen Geldaushändigung (StA Landshut Uslg. 3218)
1466 Juni 11 Ingolstadt	Quittung für Hans Heß (StA Landshut Uslg. 3222)
1466 Juli 6 Burghausen	Quittung für Rentmeister Erasmus Mainberger (BayHStA PN U Bestallungen)
1466 Dezember 1	Quittung für Zollner Hans Heß (StA Landshut Uslg. 3227)
1467 September 25	Vergonnbrief über zwei Gräben für die Stadt Landshut (Stadtarchiv Landshut 1438)
1468	–
1469	–
1470 Januar 8	Ordnung über Rechnungslegung in den Rentämtern (BayHStA Stvw. 1884f. 3–8)
1471 September 7 Landshut	Bestallung Hans Sparnegkers (BayHStA PN U Rst. 414)
1471 Oktober 29 Burghausen	Ordnung für den Hofmeister, Küchenmeister und Pfleger der Herzogin Amalie zu Burghausen (BayHStA NBCB 26 fol. 224)

Datum	Rechtsinhalt
1472	–
1473 Juli 20 Ingolstadt	Übergabe der Regierung während seiner Abwesenheit an Hz. Georg d. Reichen (BayHStA PN LuE 749)
1474	–
1475 April 29 Landshut	Quittung über bezahlte Heiratssteuer für Wolfang Abt zu Niederaltaich, Johann von Fraunberg, Herrn zu Haag und Pfleger zu Aichach, Gabriel Busch, Pfleger zu Rottenburg, Hans Altdorffer, Bürger zu Landshut, als Verordnete der Landschaft (Stadtarchiv Landshut Druck: Kalcher, Urkunden Nr. 86, S. 136–137)
1476	–
1477 Februar 2	Bestallung Wolfgang Kemnaters zum Forstmeister (BayHStA PN U Bestallungen 19)
1477 Februar 2	Bestallung Leonhard Stinglheimers mit der Maut zu Vilshofen (BayHStA PN U Bestallungen)
1477 Februar 2	Bestallung Johanns Herrn zu Heideck mit der Pflege Graisbach (BayHStA PN U Bestallungen)
1478 Februar 2 Landshut	Bestallung Ludwigs von Habsberg mit der Pflege Weissenhorn (BayHStA PN U Alte Landgerichte 253)

Handzeichen Herzog Georgs des Reichen

1479 Februar 2 Landshut	Bestallung Hans Fünsingers (BayHStA PN U Bestallungen)
1479 Februar 2 Landshut	Bestallung Hans Zengers (BayHStA PN U Bestallungen)

Alleinige Rechtskraft besitzt das Handzeichen nicht, wohl aber zusätzlichen Sicherheitscharakter für den Empfänger[58]. Das gleiche gilt im Falle von Steuererhebungen[59], die Herzog Heinrich der Reiche nach dem Anfall des Ingolstädter Erbes 1447 in diesem »neuen« Landesteil durchführen ließ. Sie sind dadurch beglaubigt, daß Heinrich sein Zeichen darunter setzte. Das Siegel fehlt, da es sich um keine ausgefertigte Reinschrift, sondern um ein Konzept handelt. In der Kanzlei Herzog Ludwigs des Reichen ist derartiges nicht festzustellen.

Eine Bereichsverschiebung bei der Verwendung des herzoglichen Handzeichens zeichnet sich ab: der primäre finanzielle Aspekt im Verwaltungsschriftgut zur Zeit Herzog Heinrichs des Reichen wird durch den personellen und allgemeinen Verwaltungsaspekt unter Herzog Ludwig dem Reichen erweitert. Das persönliche Interesse des Fürsten wie auch ein besonderer Auszeichnungsgrad, sei es als zusätzliche Legitimierung des Empfängers oder als dessen Absicherung, sind der Verwendung des Handzeichens eigentümlich[60].

Ein »politisches Symbol«[61] für einen spätmittelalterlichen Landesherren? Es ist sicher müßig, moderne Kategorien auf vergangene Zeiten zu applizieren, doch sei es an dieser Stelle gestattet, den Charakter des Handzeichens von dieser Seite zu betrachten. Es verwundert immer wieder, welche Parallelen der Machtdemonstration und der Herrscherlegitimation zwischen den Epochen zu ziehen sind. Wichtig scheint hierbei die Anerkennung eines Zeichens, das für Autorität und Macht steht, durch die Untertanen, durch das Volk: »These symbols mediate the relationship between the individual and the social reality, structuring people's perceptions and allowing them to find meaning in events beyond their own immediate experience«[62].

Der Entstehungsprozeß von Symbolen[63] manifestiert sich im Bedürfnis nach Ökonomie: Komplexe Tatsachen werden auf einen Nenner gebracht. Er zeigt

in einer Landbot:
1454 März 6 Burghausen Landbot, die schädlichen Leute betreffend im Schärdinger Gericht (KÄA 1134 fol. 144v)
in einem Gnadbrief:
1455 Februar 14 Landshut Hz. Ludwig gesteht seinem Kanzler Andre Loder zu, die Tafern von Weinberg nach Gundershausen hin zu verlegen (KÄA 1134 fol. 149).
Ebenso in einem Brief vom gleichen Datum, mit dem Hz. Ludwig seinem Kanzler die Tafern zu Sauldorf zugesteht (KÄA 1134 fol. 149v).

58 An dieser Stelle sei die Quittung genannt, die Dr. Martin Mayr 1476 September 13 dem Rat der Stadt Regensburg über 80 fl. rh. jährliches Leibgeding ausgestellt hat. Dieses im Original erhaltene Papier wurde von Mayr selbst geschrieben und trägt kein Siegel, denn »das zu urkund han ich ine diese hanndtgeschrifft gegeben ...« (BayHStA Reichsstadt Regensburg U).

59 BayHStA Neuburger Kopialbücher 8 fol. 81.

60 Gesamtzahl: 7 x Handzeichen in Originalurkunden Hz. Heinrichs d. Reichen, davon alle – bis auf eine Pergamenturkunde – auf Papierausfertigungen. Der Rechtsinhalt bezieht sich auf: 6 x Finanzen, 1 x Güterübertragung auf seinen Sohn Ludwig, 30 x Handzeichen in den Originalurkunden Hz. Ludwigs d. Reichen, davon 3 x auf Pergamenturkunden. Der Rechtsinhalt der mit einem Handzeichen versehenen Schriftstücke: 13 x Bestallung, 11 x Finanzen (Quittung, Verkauf), 2 x Erlaß von Ordnungen, 1 x Übertragung der Regierung auf seinen Sohn Georg in seiner Abwesenheit.

61 Zur Symbolforschung, auf die ich hier nicht eingehen möchte, vgl. vor allem: Akten des Symposions der Gesellschaft für Symbolforschung, Bern 1983.

62 What is a symbol? In: Charles D. ELDER, Roger W. COBB, The Political Uses of Symbols, New York–London 1983, S. 30.

sich in dem Phänomen, bereits erlebte Erfahrung, bereits erworbene Kenntnisse auf ein Minimum zu reduzieren und in dem Bedürfnis zur sozialen Abgrenzung bzw. zur Bekräftigung sozialer Identität[64].

3. Repräsentation und Herrscherdarstellung

Der Zusammenhang zwischen dem Selbstverständnis des Herzogs als Territorialherr und dessen Repräsentation führt uns noch einmal in das Urkundenformular, zur Arenga. Ihr Wiederaufleben läßt Rückschlüsse auf ein verändertes Herrscherbewußtsein zu. Eine Arenga ist in den Urkunden Herzog Stephans I. (1331–1375)[65] nur für geistliche Empfänger, in der Münchener Kanzlei 1377 nur in einem, jedoch zwischen 1426 bis 1438 in 15 Fällen nachweisbar[66]. Diese Entwicklung setzt sich auch in der niederbayerischen Kanzlei des 15. Jahrhunderts fort[67]. Sie erscheint nun nach der Publicatio[68] und gewinnt durch diese exponierte Stellung an Bedeutung. Der Landesherr stellt gewissermaßen sein »Regierungsprogramm« an den Anfang des eigentlichen Rechtsinhaltes. Herrscherliche Würde und Pflicht, Vorstellung vom Gottesgnadentum[69] finden sich in mannigfaltigen Formulierungen: »wann wir von götlicher miltichait zu ainem cristenlichen fursten fur und uber vil annder menschen hie furgesehen und erhohet sein …«[70]. Die inhaltliche Übereinstimmung zwischen dieser Arenga und der Devise Ludwigs des Reichen ist offenkundig: Erhöhung über die Menschen bzw. die Untertanen und die damit verbundene Auserwähltheit. Die Beispiele sind zahlreich, die den Landesherrn als Wahrer des Friedens und des gemeinen Nutzens der Untertanen, auch als Wahrer des rechten Glaubens darstellen. Er führt sich selbst ein: »das wir betrachtet und angesehen haben …«. Einen Hinweis auf ureigenste herzogliche Entscheidung gibt eine Urkunde für die Stadt Lauingen, in der er die Stadtsteuer auf die Dauer von 14 Jahren um die Hälfte verringerte: »aus zeitigem vorrat, rechter wissen und aigner bewegnuss«[71]. Wie beim Handzeichen tritt auch hier der Herzog stärker als zuvor mit seiner Handschrift, mit seinem Motto, mit seinem Programm aus einer stilisierten Anonymität hervor[72].

Frömmigkeit und Herrschertum erscheinen vor allem unter Herzog Heinrich bis zur Perfektion als synonyme Begriffe verwirklicht. Seine Devise »wolt got« begegnet nicht nur auf Urkunden oder auf dem Siegelbild[73], sondern auch im Fenster der Kirche zu Jenkofen und auf einem Altarblatt der Kapelle in der Trausnitz, dem herzoglichen Schloß in Landshut. Die Kirche Mariä Himmelfahrt in Jenkofen[74] wurde vor allem von Herzog Heinrich dem Reichen entscheidend gefördert. Die zwei Stiftungen von 1422 und 1449 dienten in erster Linie dem Bau der Kirche. Die Glasgemälde im Chorpolygon enthalten im nordöstlichen Teil zwei Rundschreiben. Die untere zeigt Herzog Heinrich als Stifter in voller Rüstung kniend vor den Heiligen Barbara, Elisabeth, Margaretha und Katharina. Die Datierung 1449 befindet sich auf dem gelben Wolkenring, darüber die herzogliche Devise[75]. In der Trausnitzkapelle zu Landshut ist der Hauptaltar in der sog. Unterkirche gleichfalls eine Stiftung Herzog

Weiter heißt es: *»political symbol«: those symbols of relevance to the exercise of political authority and to the management of social conflict …. Because they are simultaneously elements of the culture and the objects of individual meaning, these symbols provide a linkage between the individual and the larger social and political order»*.

63 Vgl. Avo Harnik, Synchronizität von Symbolentstehung und menschlichen Krisen, in: Akten des 2. Symposions der Gesellschaft für Symbolforschung, Bern 1984, S. 51–64. Harnik negiert die bloß kausale Weltsicht in der Frage der Symbolentstehung, d. h. der Bewußtwerdung inner- und außerseelischer Tatsachen, sondern fügt nach dem tiefenpsychologischen-physikalischen Weltbild C. G. Jungs und Wolfgang Paulis (C. G. Jung, Synchronizität als ein Prinzip akausaler Zusammenhänge; Wolfgang Pauli, Der Einfluß architypischer Vorstellungen auf die Bildung naturwissenschaftlicher Theorien bei Kepler, in: Naturerklärung und Psyche, Zürich 1952) deren vierte Komponente, die Synchronizität als Prinzip akausaler Zusammenhänge ein.

64 Charles D. Elder, Roger W. Cobb, The Political Uses of Symbols, New York–London 1983, S. 31–32; vgl. auch die Devisen der amerikanischen Präsidenten: Woodrow Wilson: »New Freedom«, Franklin D. Roosevelt: »New Deal«, Ronald Reagan: »New Beginning«.

65 Volkert, Kanzlei, S. 34.

66 Andrian, Kanzlei, S. 13.

67 Gleiches gilt für die kursächsische Kanzlei, vgl. G. Opitz, Urkundenwesen, Rat und Kanzlei Friedrichs IV., Markgrafen von Meißen und Kurfürsten von Sachsen 1381–1428, Phil. Diss. München 1936, S. 25, und die kurpfälzische Kanzlei vgl. Brandenstein, Urkundenwesen, S. 44–45.

68 Vgl. H. Fichtenau, Arenga, Spätantike und Mittelalter im Spiegel von Urkundenformeln, in: MIÖG Erg.Bd. 18 (1957), S. 164: »eine anscheinend aus dem Westen importierte Mode, die selbst in der Reichskanzlei noch im 14. Jh. Fuß zu fassen begann«.

69 Vgl. Jean-Pierre Bayard, Patrice de la Perrière, Les rites magiques de la royauté, Paris 1982: »L'origine du roi et son autorité royale étant toute deux divines, il ne peut exister d'autre contrôle sur les actes du roi que celui de la colère divine et de limite à son pouvoir que l'intervention d'un châtiment divin« (S. 17). Daher auch die Formel »von Gottes Gnaden«.

70 München BayHStA KÄA 1134 fol. 53.

71 München BayHStA KÄA 1134 fol. 266.

72 An dieser Stelle sei darauf verwiesen, daß kein ursächlicher Zusammenhang zwischen der Verwendung einer Arenga und dem Anbringen des Handzeichens besteht. Urkunden mit Handzeichen besitzen in der Regel keine Arenga.

73 BayHStA Staatsverwaltung 1166: runder Typar, 20 mm Durchmesser, rotes Wachs: Rauten führender Wappenschild im Dreipaß, in den drei Segmenten: h wolt got.

74 Jenkofen Gem. Adlkofen, Lkr. Landshut.

Heinrichs des Reichen und zählt zu den »feinsten Leistungen oberdeutscher Malerei im Zuge des sogenannten Weichen Stiles, einer von Frankreich bis nach Böhmen reichenden, spezifisch höfisch gestimmten Kunstströmung«[76]. Die Mitteltafel ist der Totenklage Mariens gewidmet, während die Innenseiten der Flügel »vier vornehme heilige Mädchen in höfisch reichen, fließenden Gewändern« zeigen[77]. Wie in Jenkofen, kniet auch hier Herzog Heinrich vor den heiligen Frauen Margarethe, Katharina, Barbara und Elisabeth, aber in ein weites, modisches Gewand gehüllt, mit schulterlangem, in der Mitte gescheiteltem Haar. Darunter sein Wappen und sein Wahlspruch. Aus seinen betenden Händen windet sich ein Spruchband empor: »O barmherziger got«. Die linke Außenseite des Flügels vermittelt das Bild des Herzogs in voller Rüstung mit einem weißblau geweckten Mantel vor dem Heiligen Georg kniend. Auf dem Schriftband: »Ora pro me sancte Georg«[78]. In beiden Kirchen steht die Devise für den Herzog als Stifter, als frommer Landesherr. Sie genügt, um den Herrscher als solchen erkennbar zu machen und auch zu charakterisieren: Sie zeigt den Herzog als einen allein Gott in Demut dienenden Fürsten. Die Innenpolitik und die Sanierung der herzoglichen Finanzen, um einen modernen Ausdruck zu gebrauchen, waren sein Hauptanliegen, bedingt durch das Erbe des verschuldeten Teilherzogtums Bayern-Landshut. Nicht ohne Grund wird ihm von den Chronisten der Zeit großer Geiz und unerbittliche Strenge gegen seinen Sohn nachgesagt[79].

Dem asketischen und introvertierten Wesen Herzog Heinrichs steht die Person seines Sohnes Ludwig gegenüber, dessen Eleganz, Prachtliebe und extravertiertes Wesen Niederschlag in seiner Devise finden[80] Er ist der Außenpolitiker in der Reihe der reichen Herzoge, mit kühnen Plänen, unterstützt von fähigen Mitarbeitern. Dies waren vielfach Juristen wie der herausragendste unter ihnen, Dr. Martin Mair[81]. Die Gründung der Universität Ingolstadt 1472 und die Errichtung einer juristischen Fakultät neben der theologischen und medizinischen durch Herzog Ludwig verrät das große Interesse, aber auch das große Bedürfnis nach qualifizierten Kräften. Ein wichtiger Aspekt darf dabei nicht übersehen werden, nämlich die Propaganda, wie sie Agathe LaFortune-Martel für Burgund beschreibt: »La représentation du pouvoir de l'Etat: De nombreuses études portant sur la royauté et les différentes manifestations de son pouvoir ont permis de montrer l'importance du spectacle et de l'écriture comme procédés publicitaires. Il ne sera pas superflu de les rappeler, car elles s'appliquent aussi aux royaumes princiers dont les chefs, à l'exemple de leurs souverains, tentent de s'imposer à la fin du moyen âge. Compte tenu des ressources humaines et techniques mises à la disposition des pouvoirs, à chaque époque correspond un style de propagande. A la fin du moyen âge, la propagande royale dispose de bien d'autres moyens. Le personnel de l'entourage du prince: professeurs de facultés, gens d'Eglise, officiers royaux, tous ces gens produisent des écrits. Certains sont lus par des hérauts sur la place publique, d'autres sont commentés par des prédicateurs engagés«[82].

Herrscherliche Präsenz im Schrifttum als einem der Öffentlichkeitsträger wird von Aufzügen und Festlichkeiten an Wirksamkeit noch überboten. Ihre höchste Ausprägung erfuhren diese in Frankreich und Burgund[83]. Bis heute steht die Landshuter Hochzeit von 1475 als Synonym für Pracht, Eleganz, Luxus und Überfluß[84]. Die Eheschließung Herzog Georgs des Reichen mit Hedwig von Polen bot den Anlaß für ein Fest der Superlative, auf dem die Würdenträger des Reiches einschließlich des Kaisers nicht fehlen durften.

Im gleichen Sinne repräsentativ ist der Orden vom Goldenen Vlies zu sehen. Philipp der Gute war sich der Zerbrechlichkeit seines Reiches nur zu bewußt, um nicht zu versuchen, den partikularen Tendenzen einen

75 Georg Dehio, Handbuch der Deutschen Kunstdenkmäler, Bayern II: Niederbayern, bearb. von Michael Brix mit Beiträgen von Franz Bischoff, Gerhard Hackl und Volker Liedke, Darmstadt 1988, S. 233.

76 Herbert Brunner, Die Trausnitz-Kapelle ob Landshut, München 1968, S. 14. Hauptaltar Salzburgischer Meister um 1420/30. Öl/Holz. Maße ohne Rahmen: 111 cm hoch, 104 cm breit.

77 Ebenda, S. 15. Flügeltafeln 115 cm hoch, 47 cm breit ohne Rahmen.

78 Ebenda, S. 15.

79 Veit Arnpeck, Bayerische Chronik, hg. v. Georg Leidinger, München 1915, S. 612/613: *»dann er das gelt uber di maß lieb hett«*. Aventin III, 490, V, 540, 545.

80 Herzog Georg hingegen zeigt bereits in seiner dem Großvater nachempfundenen Devise die Rückwendung zur Innenpolitik an.

81 Vgl. ADB 20, 113. s. v. Mair; G. Schröter, Dr. Martin Mair, Diss. masch. München 1910.

82 Agathe LaFortune-Martel, Fête noble en Bourgogne au XVe siècle. Le banquet du Faisan (1454): Aspects politiques, sociaux et culturels, in: Cahiers d'études médiévales 8, 1984, S. 70.

83 Das Zusammenspiel zwischen Augenschmaus und handfester Propaganda fand seinen Höhepunkt in Burgund, als das Banquet du Faisan in Lille 1454 stattfand. Anlaß waren die Vorbereitungen Herzog Philipps für einen Kreuzzug gegen die Türken.

84 Vgl. Sebastian Hiereth, Herzog Georgs Hochzeit zu Landshut im Jahre 1475, in: Landshut in Wort und Bild, hg. v. M. Ammer, Bd. 2, Landshut 1965; Erich Stahleder, Die Landshuter Hochzeit – ein spätmittelalterliches Fest in Bayern, S. 57–60, in: Momenti di vita nobiliare nel tardo medioevo. Gli Scaligeri nell'Italia settentrionale e in Bavaria. Ausstellung des Hauses der Bayerischen Geschichte, München 1986.

gedanklichen Überbau, ein gemeinsames Dach entgegen zu setzen. Dieser Einheitsgedanke wurde in der Gründung des Ordens vom Goldenen Vlies manifest. »L'institution des ordres chevaleresques correspondait en effet à un noveau besoin: celui de s'attacher une clientèle à l'heure où il n'était plus possible de compter sur les armées féodales. Soucieux de consolider les assises de son autorité à l'intérieur de ses Etats comme à l'extérieur, Philippe avait sans doute bien évalué les avantages de la mise sur pied d'une confrérie chevaleresque proprement bourguignonne«[85].

Herzog Ludwig führte in einem einzigen bisher nachweisbaren Fall die Darstellung der Ordenskette des Ordens vom Goldenen Vlies in seinem Siegel. Dieses Siegel zeigt einen gevierten Wappenschild, rauten- und löwenführend, umrahmt von der Ordenskette[86]. Auf dem Schildrand des Schildes der Herzogshut[87]. Heraldisch rechts die Majuskeln W (U?) und L, heraldisch links die Majuskeln H und B jeweils vertikal angeordnet. Die mögliche Deutung: W(ir) L(udwig) H(erzog von) B(ayern)[88]. Welche Motive den Herzog veranlaßt haben, die Ordenskette in sein Siegelbild aufzunehmen, ist unklar, denn er war nicht Mitglied dieses Ordens[89]. Auch der Rechtsinhalt dieser Urkunde läßt keine Rückschlüsse zu. Es handelt sich um eine Handwerksordnung für die Kaltschmiede in Landshut vom 20. März 1452, ausgestellt in Burghausen[90].

Das fürstliche Ansehen wird nicht zuletzt im Zeremoniell an der Tafel des burgundischen Hofes, aber auch in den königlichen »Entrées« Ende des 14. Jahrhunderts deutlich. Die Person des Fürsten rückt in die Nähe des Himmelsfürsten: bewußte Inszenierung und Theorie der Macht und der Autorität, wie sie auch in der Arenga Ausdruck findet[91]. Und als Herzog Philipp der Gute von Burgund im Jahr 1454 nach Regensburg reiste, um bei den Beratungen über die Organisation eines Türkenzuges teilzunehmen, war seine Reise eine einzige Abfolge von triumphalen Auftritten. »Au point de vue international, il contribuait grâce à son éclat, grâce au luxe dont étaient entournés ses membres, à assurer au Grand Duc d'Occident, un prestige le plaçant sur un pied d'égalité avec les plus puissants monarques«[92]. Dieser Wirkung konnte sich Herzog Ludwig der Reiche nicht entziehen, denn erst als der Burgunder in Regensburg eintraf, leistete auch der Landshuter dem Aufruf seines Kaisers Folge. Der Landshuter Herzog konnte sich eine diesbezüglich nachlässige Haltung leisten. Seine Stellung in Süddeutschland war mächtig, und er betrieb, gestützt auf große finanzielle Rücklagen, eine vom Reich weitgehend unabhängige Politik[93].

Ergebnis

Die Einzigartigkeit der Unterfertigung liegt nicht so sehr in der Tatsache, daß hier ein Landesherr mit seinem Namen unterschreibt, denn das tut er im Falle Niederbayerns nicht, er paraphiert nur, sondern daß diese Kombination aus Paraphe und Devise wie selbstverständlich zum Urkundenformular gehört und gewissermaßen aus dem diplomatischen Nichts auftaucht. Französische und burgundische Kanzleigewohnheiten oder Notarsignete mögen wohl Anstöße vermittelt haben, doch simple Nachahmung ist indes auszuschließen. Die Funktion des Handzeichens im Bereich der Finanzverwaltung und der Bestallung läßt den Schluß zu, daß es sich um eine bewußte Erweiterung der Corroboratio eines Rechtstextes mittels landesherrlichen Zeichens handelt. Siegel und Handzeichen stehen für ein Optimum an Legitimierung und Sicherheit. Die beiden Landshuter Hochzeiten, 1452 Herzog Ludwigs des Reichen mit Amalie von Sachsen und 1475 Herzog Georgs des Reichen mit Hedwig von Polen, sind sinnfälliger Ausdruck jener Idee der Selbstdarstellung in höchstmöglichem Glanz, der Darstellung von Macht und Autorität. Eine Allgegenwart, die sich gleichermaßen im Handzeichen widerspiegelt. Seine Verwendung ist kein bloßer Zufall, sondern bewußte Zeichensetzung eines selbstbewußten, mächtigen Territorialherren.

85 Agathe LaFortune-Martel, Fête noble en Bourgogne au XVe siècle, S. 67.

86 Vgl. Charles de Terlinden, Der Orden vom Goldenen Vlies, Wien–München 1970, S. 7: Am 10. Januar 1430 von Hz. Philipp dem Guten von Burgund in der flandrischen Stadt Brügge gestiftet. José Romero de Jusen y Lerroux, El Toisón de Oro. Orden dinástica de los duques de Borgona, Madrid 1960, S. 10ff. gibt als Gründungsdatum den 10. Januar 1429 an.

87 Der dem Orden eigene Bundhut besitzt über einem breiten Stirnband nach hinten fallende lange Stoffbahnen, die auf der linken Seite kürzer ausfallen als auf der rechten.

88 Siegelbeschreibung: Runder Typar, 30 mm Durchmesser, rotes Wachs, keine Legende. In der Corroboratio kein Hinweis auf ein besonderes Siegel.

89 Vgl. die Listen bei Romero de Jusen y Lerroux, S. 119.

90 BayHStA GU Landshut 127/1.

91 Agathe LaFortune-Martel, Fête noble en Bourgogne au XVe siècle, S. 75.

92 La Toison d'or. Cinq siècles d'Art et d'Histoire. Katalog zur Ausstellung, Brügge 1962, S. 27.

93 Vgl. dazu grundlegend: Walter Ziegler, Studien zum Staatshaushalt Bayerns in der zweiten Hälfte des 15. Jahrhunderts. Die regulären Kammereinkünfte des Herzogtums Niederbayern 1450–1500, München 1981.

1 

2 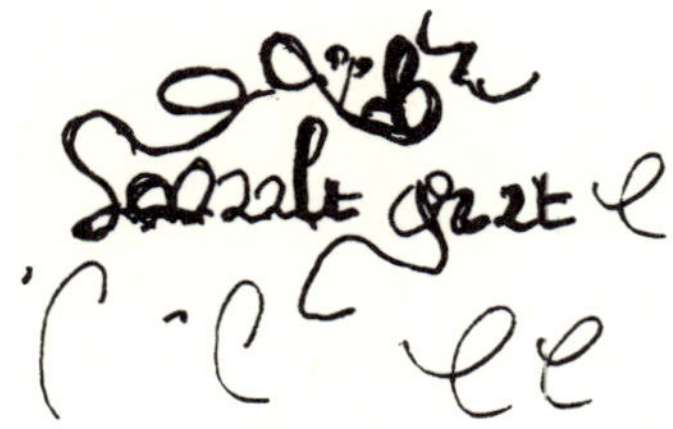

3 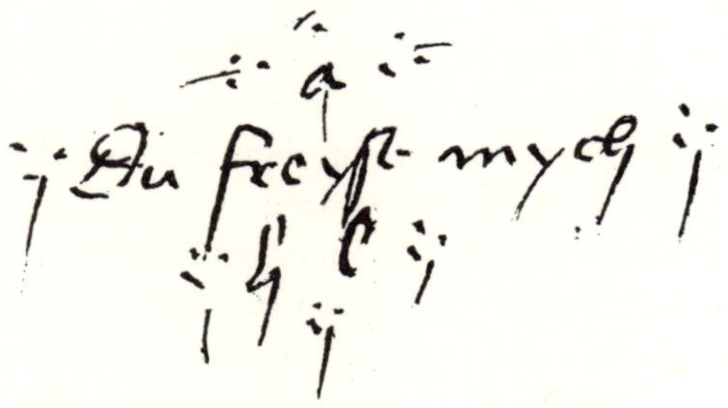

4 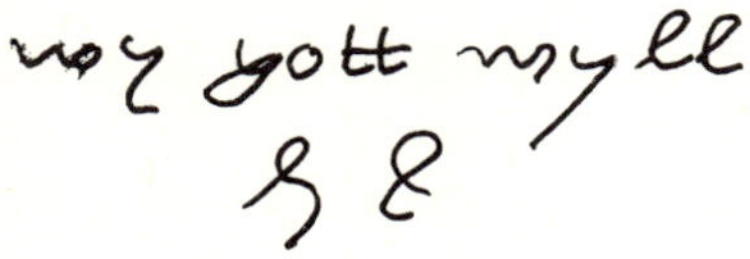

Abb. 1 *Handzeichen mit der Devise Herzog Heinrichs d. Reichen von Bayern-Landshut (1393/1404–1450): wolt got / h*(erzog) *h*(einrich)

Abb. 2 *Handzeichen mit der Devise Herzog Heinrichs d. Reichen von Bayern-Landshut (1393/1404–1450): .h*(einrich). / *wolt got*

Abb. 3 *Handzeichen mit der Devise Ludwigs d. Reichen von Bayern-Landshut (1450–1497): a du freyst mych / h*(erzog) *l*(udwig)

Abb. 4 *Handzeichen mit der Devise Herzog Georg d. Reichen von Bayern Landshut (1479–1503): wy got wyll h*(erzog) g(eorg)

Zu den graphischen Elementen im böhmischen Urkundenwesen der vorhussitischen Zeit (bis 1419)*

Von Ivan Hlaváček

Neue Fragestellungen können schon an sich die Vorbedingung neuer und wichtiger, bisher ungeahnter Ergebnisse sein, die unsere Kenntnisse verschiedentlich vertiefen, zugleich auch modifizieren können. Obwohl diese Feststellung ganz allgemein gilt, scheint es mir, daß es bei der Diplomatik doppelt der Fall sein kann, vornehmlich dann in den Grenzgebieten mit benachbarten, aber auch mit den scheinbar entfernteren Disziplinen. Doch fürchte ich, daß es im Zusammenhang mit unserem Thema in konkreter Applikation auf böhmisches Material nicht besonders deutlich demonstriert werden kann, da dieses nicht gerade aussagekräftig zu sein scheint. Aber auch das bloße Betreten und die Kartierung der Sackgassen kann einen guten Sinn haben. Nicht nur deshalb, damit nichts übersehen würde, sondern auch aus dem Grunde, daß dabei doch immer etwas Neues ans Tageslicht kommt. Nach dieser »staatsrechtlichen« Verwahrung konkret zum Thema, wobei ich in diesem Zusammenhang etliche Vorbehalte bzw. Vorbemerkungen für nötig oder wenigstens nützlich halte.

Zuerst möchte ich betonen, daß ich nicht nur über die graphischen Symbole im engeren Sinne des Wortes, sondern breiter über die graphischen Elemente im böhmisch-mährischen Urkundenwesen überhaupt sprechen möchte, jedoch nicht die ganze Materialfülle meistern kann. Das um so weniger, als sich in zwei Fällen, d. h. Zeitabschnitten, die böhmisch-mährische Diplomatik bzw. die Diplomatik ihrer Hauptträger, nämlich der böhmischen Herrscher, mit den fremden, d. h. Reichsverhältnissen, durchdringt. Zum erstenmal war das im Zeitalter Přemysl Ottokars II. infolge des Erbes der alten Babenberger Territorien, zum zweitenmal während der Luxemburgerzeit, als böhmische Könige Herrscher im Reich wurden.

Das mittelalterliche böhmische Urkundenwesen weist zwei große Epochen auf. Während die erste die ganze Regierungszeit der Přemysliden umfaßt und bis zum Anfang des 14. Jahrhunderts reicht, bildet die zweite die beiden letzten Mittelalterjahrhunderte. Aus mehreren Gründen möchte ich jedoch weder die erste noch die zweite Epochenscheide respektieren und sozusagen in die Mitte schlagen, d. h. mit dem Jahr des Ausbruchs der hussitischen Revolution schließen, die aus verschiedenen Gründen auch eine wichtige Zeitwende ist. Dabei gilt freilich die relativ größere Aufmerksamkeit der Přemyslidenzeit. Geht nachher das Material einerseits schon fast ins Uferlose, werden andererseits die äußeren Merkmale in dieser Hinsicht stärker stereotyp, was bereits mit dem Eindringen der Nationalsprachen in das Urkundengut zusammenhängt.

Für die in Betracht kommenden kulturellen, juristischen und administrativen Erscheinungen können keine genauen Scheidungsdaten angegeben werden. Doch kann man wenigstens rahmenweise konstatieren, daß die Přemyslidenepoche im diplomatischen Sinn als jene Epoche bezeichnet werden kann, in der nach ganz bescheidenen, ja undeutlichen Anfängen im 11. und in den ersten Jahrzehnten des 12. Jahrhunderts nur mit Urkunden, doch der verschiedensten Art einschließlich der Geschäftsbriefe, zu rechnen ist. Dabei sind seit dem Ende des 13. Jahrhunderts schon erste Anzeichen des buchartigen und ausgesprochen praktischen, wirtschaftlichen Zwecken dienenden Geschäftsgutes auf mehreren Verwaltungsebenen zu verzeichnen[1]. Erst in

* Im Textteil wurde die Vortragsform weitgehend beibehalten und der Umfang nur geringfügig erweitert. Wegen der Fülle und Mannigfaltigkeit des Materials könnte das Thema leicht bedeutend ausführlicher behandelt werden, was jedoch in diesem Zusammenhang nicht geschehen konnte. Deshalb bildet die einzige bedeutsame Erweiterung der Anmerkungsapparat, der aber eher als rahmenähnliche Illustration bezeichnet werden muß.
Nach November 1989 kam es zu verschiedenen Veränderungen auch im tschechischen Archivwesen. Uns betreffen vornehmlich folgende: Das SOA Brno heißt jetzt wieder Zemský archiv moravský und SOA Opava Slezský zemský archiv. Auch etliche kirchliche Archive im SÚA werden zu Deposita, etliche kehren zu ihren ursprünglichen Eigentümern zurück, was jedoch noch nicht ganz geklärt ist.

1 Eine entsprechende Bibliographie anzuführen, ginge allzu weit. Deshalb müssen die eingeschränkten, doch weiterführenden Rahmenhinweise genügen. Vgl. besonders Ivan Hlaváček in: Ivan Hlaváček, Jaroslav Kašpar, Rostislav Nový, Vademecum pomocných věd historických, Praha 1988, [2]1993, S. 234f.

den nachfolgenden Zeiten tritt dem auslaufenden urkundenartigen Geschäftsgut ein ständig wachsendes – vornehmlich im städtischen Bereich – den internen Verwaltungszwecken dienendes Gut, meist buchartigen Charakters, entgegen. Dabei ist klar, daß jede festgelegte Zeitgrenze eine Gefahr darstellt; werden doch alle diese Aspekte nicht nur durch objektive, sondern auch durch mehrere subjektive und deshalb kaum rekonstruierbare Momente stimuliert, so daß das Spektrum immer relativ breit gefaßt werden muß.

In Übereinstimmung mit der Feststellung von Hans Patze[2] kann man auch im diplomatischen Gut des böhmischen Bereichs einen allgemeinen quantitativen sowie qualitativen Bruch am Anfang des 14. Jahrhunderts feststellen, der bezeugt, daß die früher relativ seltene schriftliche, d. h. meist urkundliche Fixierung der Rechtsfälle, die vorher zuerst ausschließlich, während der Zeit der letzten Přemysliden ganz überwiegend die kirchlichen Institutionen betrifft, von jetzt ab ständig allgemeiner wird und in zunehmender Zahl besonders den Städten und dem Adel gilt. Das bringt selbstverständlich auch eine zunehmende Vereinfachung sowohl der inneren als auch der äußeren Merkmale der betreffenden Schriftstücke mit sich. Diese Feststellung soll freilich nicht besagen, daß keine Ausnahmen vorkämen, die ja ständig präsent sein können, sowohl in der Přemysliden- als auch in der späteren Zeit, und das umso mehr, als wir die äußeren Merkmale, von denen uns etliche Phänomene besonders interessieren, mehr als andere den subjektiven Impulsen und den Vorlieben der betreffenden Notare verdanken. Sie wurden darüber hinaus auf verschiedene Weise durch ihre Schulung angeregt, wobei auch andere Vorbilder im Spiel sein konnten. Da diese oft, eigentlich überwiegend verloren gingen oder wenigstens nicht überzeugend rekonstruierbar sind, ist der Weg des Nachspürens solcher Einflüsse besonders dornenvoll. Er muß jedoch gegangen werden. Bei all dem könnte auch die Tatsache eine Rolle spielen, daß sich die ursprünglich fast ausschließlich ausgestellten Empfängerausfertigungen im Laufe des 13. Jahrhunderts zu Gunsten von Ausstellerausfertigungen wandeln, um sich in der Luxemburgerzeit fast ausnahmslos durchzusetzen.

Daraus leitet sich ab, daß relativ mehr graphische Merkmale in den Anfangs- als in den fortschreitenden Stadien der Entwicklung festzustellen sind, wenn wir von den rein technischen Zeichen für die Bezeichnung von Einschüben oder Nachträgen bzw. ursprünglich versehentlich ausgelassenen Textteilen in den Geschäftsbüchern absehen. Sie haben eine andere Aufgabe, so daß sie nicht in Betracht kommen. Dasselbe gilt auch für Kanzleivermerke aller Art. Keines dieser beiden Phänomene wird im folgenden verfolgt werden.

Schon am Anfang muß nachdrücklich betont werden, daß es vorläufig nicht gelang – und es bleibt mehr als fraglich, ob es überhaupt möglich ist – bei der Verfolgung dieser Merkmale eine kontinuierliche und sinnvolle Entwicklung zu entdecken bzw. zu rekonstruieren. Wir kommen nämlich ständig mit Einzelerscheinungen in Berührung, die ohne vorherige Vorzeichen auftauchen, um ebenso unerwartet wieder zu verschwinden, die also meistens nicht zwingend erscheinen, auch bei einem und demselben Schreiber nicht. Das bedeutet freilich nicht, daß sie keine Aussagekraft hätten. Sie ist jedoch relativ und darf weder unter- noch überschätzt werden. Man kann dennoch sagen, daß eventuelle Ergebnisse eine willkommene Bereicherung der Kenntnisse des alltäglichen Lebens der Notare, oder besser der Notare und der Reinschreiber darstellen und darüber hinaus allgemeinere Tendenzen widerspiegeln würden, und auf diese Weise wichtige Anhaltspunkte zur Identifizierung bzw. Unterscheidung der Schreiberhände bieten könnten. Aber noch mehr. Auch die Rolle der Illuminatoren und die theologisch-politische Bedeutung müssen erwogen werden.

Da also keine kontinuierliche Entwicklung weder für die Region noch für eine Zeit oder Institution feststellbar ist, zumal es sich um sehr verschiedenartiges Material handelt, muß in erhöhtem Maße der rahmenähnlichen Systematisierung bzw. Typologisierung dieser Phänomene Bedeutung zukommen. Mit dem Vorbehalt, daß es sich nur um ein zur Diskussion vorgelegtes Konzept handelt (nirgendwo war ein Vorbild zu finden, und auch E. Kessler[3] konnte dies nicht anbieten, stellte sie sich doch im Rahmen der kodikologisch-kunstgeschichtlichen Bearbeitung der frühmittelalterlichen Periode andere Aufgaben), möchte ich eine Kategorisierung entwerfen, die den Nachdruck auf die Funktion der graphischen Elemente innerhalb der Urkunden legt, soweit einer solchen überhaupt nachspürbar ist:

A Zeichen und Abzeichen, die den fest umgrenzten Urkundentypen zuzuschreiben sind und die mehr oder weniger mit ihren rechtlichen Funktionen

2 In seiner inzwischen berühmten Arbeit, Neue Typen des Geschäftsschriftgutes im 14. Jahrhundert, in: Der Deutsche Territorialstaat im 14. Jahrhundert I, Sigmaringen 1970 (= Vorträge und Forschungen XIII), S. 9 ff.

3 Eva Kessler, Die Auszeichnungsschriften in den Freisinger Kodizes von den Anfängen bis zur Karolingischen Erneuerung, Wien 1986 (= Denkschriften der Österreichischen Akademie der Wissenschaften, Phil.-hist. Klasse, Denkschriften Bd. 188).

zusammenhängen, ja direkt die Beglaubigung (oder ihren wesentlichen Teil) der betreffenden Rechtsinhalte darstellen. Daß solche Zeichen in eventuellen Modifikationen ausnahmsweise auch anderswo, d. h. in anderen Urkundenarten, erscheinen können, versteht sich von selbst.

B Zeichen, die in der breiten Skala des angesprochenen urkundlichen Materials – also stets unter Ausklammerung der buch- und aktenkundlichen Produkte, die gesondert behandelt werden müssen – belegt sind und trotz der Zerstreutheit als Äußerung gewisser Bedürfnisse bzw. Vorstellungen im Bereich der »politischen Theologie«, über die schon oben die Rede war, gelten können.

C Die Verwendung von graphischen Einzelmerkmalen, besonders verschiedener Arten von Auszeichnungsschriften und -elementen, die relativ häufig sind und eine eigene Dynamik innerhalb der Einzelurkunden besitzen und deshalb eher in den kunstgeschichtlichen Bereich gehören.

Alle drei Gruppen können, ja müssen sinngemäß noch weiter unterteilt bzw. gegliedert werden, wobei auch zeitliche Schichten mit im Spiel sind oder wenigstens sein können.

Es scheint mir, daß in dieses Schema auch solche Phänomene einzureihen sind, die im böhmischen Material nicht vorkommen, doch will und kann ich diese Problematik nicht weiter berühren und konzentriere mich ausschließlich auf das mir anvertraute Gebiet. Nicht unerwähnt dürfen die terminologischen Schwierigkeiten bzw. Unzulänglichkeiten bleiben, da bei weitem nicht für alle Erscheinungen dieser Art eindeutige und allgemein anerkannte und eingebürgerte Bezeichnungen zur Verfügung stehen. Nun aber endlich zu dem konkreten Kommentar zu den oben angeführten Gruppen, wie sie sich im böhmischen Material widerspiegeln[4].

In die Abteilung A gehören also Merkmale rechtsschaffenden Charakters, die das Siegel, das geläufigste Beglaubigungsmittel des Mittelalters, ersetzen oder wenigstens bekräftigen wollten und sollten. Man braucht es vielleicht nicht besonders breit zu begründen, warum die Siegel begreiflicherweise in unserem Blickfeld nicht erscheinen, ebensowenig wie die Schrift als solche bzw. – wie oben schon angedeutet – eigenhändige Unterschriften und Kanzleivermerke aller Art, die nicht immer rechtsverbindlich waren, obwohl es so gewollt bzw. wenigstens beabsichtigt war. Sie gehören in ihren nicht alphabetischen Ausdrucksformen (Paraphierungen, Registerzeichen u. a., wenn keine Namen vorkommen) in die Gruppe C. Außerdem sind sie vornehmlich den fortschrittlicheren Formen der Geschäftsführung eigen, so daß sie im böhmischen Material eigentlich nur in den luxemburgischen Hofkanzleien (die markgräfliche inbegriffen) zu belegen sind.

Im böhmischen Material bilden die Chirographen die chronologisch erste Gruppe innerhalb der Abteilung A. Diese eigen- und zugleich einzigartige Erscheinung im frühmittelalterlichen primitiven Milieu[5] konnte sich unter fortschrittlicheren rechtlichen Verhältnissen nicht durchsetzen, doch von Zeit zu Zeit tauchen ihre Merkmale an verschiedenen Orten auf, ohne daß direkte Einflüsse genauer verfolgt werden könnten. Das war auch in Böhmen der Fall, wo drei bis jetzt bekannte Stücke (und ihre Zahl kann sich kaum vermehren) Aufmerksamkeit verdienen, dies umso mehr, da sie noch nie als Kategorie untersucht wurden. Eine sinnvolle Analyse gelingt auch jetzt nicht, doch seien etliche Bemerkungen erlaubt. Zwei Belege stammen aus der zweiten Hälfte des 12. Jahrhunderts, also aus der Anfangszeit des böhmischen oder genauer des böhmisch-landesherrlichen Urkundenwesens. Beide gehören zu den Přemyslidenherzögen und stehen sich zeitlich nahe. Das erste Stück auf den Namen des Herzogs Friedrich gehört zum Jahre 1186[6], das zweite ist um drei Jahre jünger und wurde auf den Namen des Herzogs Otto ausgestellt. Im Unterschied zum erstgenannten Stück, wo es sich um eine landesherrliche Donation handelt, beurkundet das Chirograph vom

4 Neben ziemlich unbedeutenden Erwähnungen in der Literatur und neben etlichen Faksimile-Publikationen, die nach Bedarf noch unten angeführt werden (vgl. Anm. 21), bildete den Grundstock meiner Betrachtungen die Fotosammlung des Lehrstuhls für Historische Hilfswissenschaften an der Philosophischen Fakultät der Karlsuniversität zu Prag (vgl. dazu Ivan Hlaváček, Fotografische Sammlungen mittelalterlicher Urkunden am Lehrstuhl für Historische Hilfswissenschaften der Karlsuniversität zu Prag, in: Fotografische Sammlungen mittelalterlicher Urkunden in Europa (= Historische Hilfswissenschaften 1) hg. v. Peter Rück, Sigmaringen 1989, S. 93f. Hier sei wenigstens auf das ausgezeichnete Faksimilewerk Archivum Coronae regni Bohemiae, Prag 1978ff., vorläufig Bände I–IV, 6, hingewiesen.

5 Vgl. außer den geläufigen Handbüchern, die anzuführen sich an dieser Stelle erübrigt, sei neuerlich nur auf Bernhard Bischoff, Zur Frühgeschichte des mittelalterlichen Chirographum, in: Mittelalterliche Studien 1, Stuttgart 1966, S. 118–122 (ursprünglich 1955); Winfried Trusen, Chirographum und Teilurkunden im Mittelalter, in: Archivalische Zeitschrift 75 (1979), S. 232–249, und Michel Parisse, Remarques sur les chirographes et les chartes parties antérieurs à 1120 et conservés en France, in: Archiv für Diplomatik 32 (1986), S. 546–567, verwiesen.

6 Friedrich, Herzog von Böhmen, für das niederösterreichische Kloster Zwettl. Hg. von Gustav Friedrich, Codex diplomaticus et epistolaris regni Bohemiae (künftig nur CDB) 1, Prag 1904–1907, Nr. 311, repr. Acta regum Bohemiae, hg. von Gustav Friedrich (künftig ARB), Prag 1908, Nr. 9.

Jahre 1189 eine adelige Schenkung[7]. Es verdient erwähnt zu werden, daß erstens die Schreiberhände verschieden sind und zweitens beide Stücke mit Siegeln versehen wurden und darüber hinaus noch Zeugenreihen anführen und schließlich die Chirographierung in ihren Korroborationen nicht erwähnen, was wahrscheinlich auf die untergeordnete Stellung dieses Merkmals hinweist; die Besiegelung dagegen wird in der Korroboration genau angeführt.

In beiden Fällen ist der Schnitt glatt, es handelt sich also um keine *littera dentata* im engeren Sinn des Wortes. Aus dem glatten Schnitt können keine festen Schlüsse gezogen werden, da in der übrigen Gestaltung der Chirographierung sonst Unterschiede vorkommen. Im ersten Fall werden das ganze Alphabet (also 23 Buchstaben), im zweiten nur die ersten 11 Buchstaben (A–L) benutzt, wobei auch die Graphik verschieden ist.

Aufbewahrungsstelle der parallelen zweiten Exemplare war im ersten Fall wahrscheinlich der im Text erwähnte herzogliche Kapellan, der an der betreffenden Disposition materiell interessiert war und im zweiten zweifellos der verfügende Adelige bzw. seine Gattin, so daß begreiflich ist, daß sie nicht erhalten sind. Im ersten Fall führen einige Verbindungen zum Empfänger, zu dessen Gunst die Verfügung vorgenommen wurde, nämlich zur niederösterreichischen Zisterze Zwettl[8].

Das dritte Stück – um fast hundert Jahre jünger – steht dagegen vollkommen isoliert im inzwischen ziemlich entfalteten Milieu da. Es handelt sich um einen Vertrag zwischen dem benediktinischen Kloster Vilémov in Ostböhmen und seinen Untertanen betreffs der Überführung zweier Dörfer in das deutsche Recht im Jahre 1279. Das Stück ist aus unserer Sicht interessant, und so lohnt es sich, es ein wenig ausführlicher zu besprechen. Erstens verdient hervorgehoben zu werden, daß es zusätzlich durch zwei Siegel, nämlich das des Abtes und des Konvents einerseits sowie das der Stadt Čáslav andererseits, besiegelt wurde[9]. Die Absichten der beiden Vertragsparteien sind aus dem zweiten Teil der Korroboration ersichtlich. Er lautet: *Easque* (d.h. *litteras) duplicantes in scriptis unum par villanis predictis concessimus, pro nostro monasterio alterum conservantes*[10] *et scripta utraque counivimus incisionibus alphabeti.* Das Exemplar der Dorfleute ist nicht erhalten geblieben, doch schon aus diesem Stück wird ersichtlich, daß es in damaligen Zeiten nicht selten war, Verträge dieser Art auf solche Weise zu verfassen. Dabei ist anzunehmen, daß die Chirographierung den Willen der Dorfleute, die verständlicherweise keine Siegel besaßen, bezeugen sollte und daß das Stadtsiegel von Čáslav als authentisches objektives Zeugnis galt.

Es tauchen bei dieser Gelegenheit verschiedene Fragen allgemeineren Charakters auf, deren Lösung hier nicht möglich ist, doch muß wenigstens nachdrücklich darauf hingewiesen werden, daß auf diese Weise besonders das Problem der Deperdita aktuell, ja akut wird. Aus den drei Belegen ist zu schließen, daß die Chirographierung in Böhmen zwar über ein Jahrhundert bekannt war und für Doppelausfertigungen für verschiedene Vertragspartner benutzt wurde, jedoch nur als subsidiäres Rechtsmittel, da das Siegel als solches dominierte. Woher der Brauch nach Böhmen kam, bleibt vorläufig ungewiß, dasselbe gilt für seine Verbreitung, die in keinem Fall unterschätzt werden darf; die Kenntnis dieser Institution war wahrscheinlich verbreiteter als vermutet.

Weiter verdient unsere Aufmerksamkeit die Kategorie des Notariatsinstrumentes bzw. der notariellen Signete. Sie können erst für die Luxemburgerzeit systematisch verfolgt werden, doch sind ihre ersten Spuren schon in der späten Přemyslidenzeit zu finden. Da ich über diese Problematik in Böhmen vor knapp drei Jahren in Valencia sprach[11] und das Material als Teil des gesamteuropäischen Phänomens betrachtet werden darf[12], kann ich mich mit ein paar Worten begnügen. Nach zaghaften Anfängen entfaltete sich ab den zwan-

7 Otto, Herzog von Böhmen, für das Hospital des Malteserordens, hg. in CDB 1, Nr. 323, repr. ARB Nr. 10b. Hier Abb. 1.

8 Vgl. Heinrich Fichtenau, Das Urkundenwesen in Österreich vom 8. bis zum frühen 13. Jahrhundert (= MIÖG Erg.-Bd. 23), Wien–Köln–Graz 1971, S. 237, vgl. ibidem S. 181. Hier Abb. 2.

9 Ed. in Regesta diplomatica et epistolaria Bohemiae et Moraviae (weiter RBM) hg. von Josef Emler, Bd. 2, Prag 1882, Nr. 1167. Über diesen Rechtsakt ausführlich Jindřich Šebánek, Saša Dušková, Česká listina doby přemyslovské, Sborník archivních prací VI–1 (1956), S. 156 f. und kursorisch auch VI–2 (1956) (vgl. nach Register ebendort S. 152). Abb. bei Šebánek, Dušková hinter S. 160 und hier Abb. 3.

10 Šebánek, Dušková (wie vorige Anm.) S. 157, Anm. 37, versehentlich: *reservantes.*

11 Letzte knappe Zusammenfassung mit den nötigen bibliographischen Hinweisen bei Ivan Hlaváček, Das öffentliche Notariat in den böhmischen Ländern von den Anfängen bis zu der hussitischen Revolution, in: Notariado público y documento privado: de los orígenes al siglo XIV. Actas del VII Congresso Internacional de Diplomática Valencia 1986, 2, Valencia 1989, S. 1177–1193. Für die Vorgeschichte am wichtigsten Jindřich Šebánek, Saša Dušková, Aus der Vorgeschichte der Notariatsurkunde in den böhmischen Ländern, Sborník prací filozofické fakulty brněnské univerzity, Reihe C, Bd. 20 (1973), S. 131–141.

12 Da sind in letzter Zeit namentlich die Arbeiten von Peter-Johannes Schuler wichtig (vgl. auch die in voriger Anm. genannten Kongreßakten).

ziger Jahren des 14. Jahrhunderts die Institution der öffentlichen Notare fast explosiv (für kaum hundert Jahre kennen wir heute über 600 Notare und die mehrfache Anzahl von Instrumenten). Die Entwicklung der äußeren Merkmale bzw. der diesbezüglichen Zeichen muß noch aufgearbeitet werden, doch merkt man, daß vornehmlich in den Anfängen nicht nur fremde Vorbilder nachgeahmt, sondern auch Eigenständigkeit angestrebt wurde. Besonders häufig war die Benutzung von Namensinitialen oder von vollen Namen der Notare für die Architektur der Signete, für die besonders der monstranzähnliche Aufbau, aus mehrstufiger Basis herausragend, typisch war. Trotz der ausreichenden Rechtskraft dieses Signums und der begleitenden Unterschriftsformel, sind die meisten Instrumente zusätzlich besiegelt worden. Das sollte ihnen volle Beweiskraft auch im Bereich des heimischen Landrechts sichern. Die Variabilität dieser Zeichen wächst allmählich, wobei man manchmal mit Recht von künstlerischer Kalligraphie sprechen kann. Für die Anfänge der notariellen Signete in Böhmen ist das Schriftstück auf den Namen des Strahauer Abtes zu Gunsten des Klosters Bruck in Südmähren vom Jahre 1304 wichtig, wo zum Schluß eine Subskriptionsformel des Brucker Fraters Zacharias mit seinem ganz primitiven Signum vorkommt[13]. Voll ausgebildete Notariatsinstrumente gibt es in zwei Beispielen aus dem Jahre 1320, deren äußere Merkmale noch schwanken. Im ersten, datiert auf den 19. Juli, erscheint das Signum links unten[14]. Das Stück vom 18. September zeigt dagegen Unsicherheit in der Plazierung des Signums, das in der Mitte des Pergaments und mittig unter der notariellen Subskriptionsformel steht[15]. Links und rechts davon befinden sich die Zeugenformeln.

Andere Zeichen mit rechtsbegründendem Charakter, die wir anderswo treffen können und über die andere Beiträge dieser Tagung berichten, wie etwa Rota oder Rekognitionszeilen bzw. -zeichen, treten meines Wissens in Böhmen in dieser Zeit nicht auf. Die schlesischen Roten gehören nicht in diesen Zusammenhang, da sie in einer Zeit entstanden, als das Land nicht zur böhmischen Krone gehörte[16].

In die Gruppe B gehören nach meiner Auffassung verschiedene graphische Zeichen, die wieder ein breites Bedeutungsspektrum darstellen können. Da ich aber die Zeichen, die eine rein graphische Bedeutung haben, in die nächste Gruppe einreihen möchte, gehören hierher nur solche Zeichen, die einen ideologischen Hintergrund haben. Dabei handelt es sich im böhmischen Material eigentlich nur um eine monogrammatische Invokation in Form des Chrismons, das oft durch das bloße Kreuz begleitet oder ersetzt wird. Das Kreuz wird manchmal zur rein dekorativen Ausstattung »degradiert«, wie es eine zufällig ausgewählte Urkunde Přemysls II. gut belegen kann[17]. Damit wird der Übergang zur Gruppe C angebahnt, wie eine weitere Urkunde desselben Herrschers veranschaulicht[18]. Eine eindeutige Charakteristik für die diesbezügliche Benützung ist kaum zu geben, da eine sinnvolle Rekonstruktion wegen großer Schwankungen, die keine logischen Entwicklungslinien schufen, nicht möglich ist. Nur grob kann zusammengefaßt werden, daß die monogrammatische Invokation vornehmlich in der älteren Zeit vorkommt und meist für die feierliche Urkundengattung reserviert bleibt. Daraus ist des weiteren abzuleiten, daß es von Anfang an besonders die landesherrlichen Urkunden waren, die die Hauptmasse der Belege beisteuern. Soweit feststellbar, scheinen die letzten Belege aus der Zeit der letzten Přemysliden zu stammen. Die Monogramme, Signumzeilen u. ä. der Urkunden Karls IV. als römischen König lasse ich mit Absicht beiseite, da sie in den böhmischen Verhältnissen ein fremdartiges Element darstellen. Doch verdient Aufmerksamkeit, daß dieser Brauch bei Wenzel – obwohl seine Kanzlei ebenfalls wie die Karls gemeinsam für die Böhmische Krone und das Reich tätig war – nicht beibehalten wurde.

Nun zur letzten Gruppe – C, die nicht nur bei den Diplomatikern meist ganz am Rande des Interesses steht, allerdings unverdient, denn besonders ihre Elemente prägen das Aussehen der Urkunden schon auf den ersten Blick ganz entscheidend. Ihre Einzelphänomene wurden bisher bestenfalls zu begrenztem Schriftvergleich benutzt. Sie können jedoch höheren Ansprü-

13 RBM 2, Nr. 1994. Über das Schriftstück auch ŠEBÁNEK, DUŠKOVÁ (wie Anm. 9), S. 162f. und 165. Dazu ist beizufügen, daß der frater Zacharias doch in der Brucker Kommunität bezeugt ist (vgl. Jindřich ŠEBÁNEK, Archivy zrušených klášterů moravských a slezských 1, Brno 1932, Nr. 522; das Stück von 1325 rührt von derselben Hand wie das von 1304 – ibid. Nr. 405 – her), womit die Beweisführung in Anm. 97 zu korrigieren ist. Vgl. Abb. 3.

14 Or. lat. des Notars Jaroslaus, nicht gedruckt, ebenfalls nicht bei Nuhlíček (vgl. HLAVÁČEK, wie Anm. 11, S. 1179). Vgl. Abb. 4.

15 Or. lat. des Notars Thomas de Fractis, hg. in RBM 3, Nr. 614 (dort jedoch nur die Disposition, so daß überhaupt nicht ersichtlich ist, daß es sich um ein Notariatsinstrument handelt). Vgl. Abb. 5.

16 Vgl. darüber Helena POLACZKÓWNA, Roty przywileju Henryka I. Brodatego dla Trzebnicy z 1208 r., in: Księga pamiątkowa ku czci Władysława Abrahama 1, Lwów 1930, S. 429–453.

17 Přemysl II. dem Kloster Tischnowicz von 11. November 1264, ed. CDB 5, Nr. 424. Vgl. Abb. 6.

chen gerecht werden, auch wenn sie keine festen Entwicklungslinien zu rekonstruieren erlauben, da sie meist den einzelnen Notaren eigen waren. Im böhmischen Material sind mehrere ihrer Kategorien vorhanden. Deshalb erlaube ich mir, der Übersichtlichkeit halber die Belege in vier Gruppen zu gliedern, obwohl das sicher kein Schlußwort ist. Es handelt sich also um:

1) *Initialen*,
2) *Sperrschrift*,
3) *Auszeichnungsschriften* im engeren Sinne des Wortes,
4) rein *graphische Zeichen* mit dem Zweck, die visuelle Ausgewogenheit des Ganzen zu erreichen. Daß es sich in diesem letzten Fall um gewisse Inkonsequenzen handelt, ist mir klar. Auf den ersten Blick gehören sie in die Gruppe B, doch scheint mir, daß die innere Verwandtschaft mit dem in den Punkten 1 bis 3 zusammengestellten Material diese Verschiebung rechtfertigt.

Obwohl die böhmische Diplomatik relativ systematisch erforscht wird, hat man diesen Aspekten überraschenderweise entwicklungsgeschichtlich und ordnend kaum Aufmerksamkeit gewidmet[19]. Deshalb können im folgenden nur »erste Ansätze der Ansätze« gemacht werden, ohne entsprechende systematische Zitierung konkreter Belege, die einerseits all zu viele wären, andererseits den skizzenartigen Abriß sprengen und verdunkeln könnten.

Freilich gilt, daß die Phänomene meist den Privilegien eigen sind (jedoch keinesfalls als regelmäßig bezeichnet werden können), doch treffen wir sie auch in anderen Gattungen des geschäftlichen Schriftgutes.

Die Initialen

Zuerst also die Initialen, die manchmal ein wirklich künstlerisches Werk sind und deshalb auch das Interesse der Kunsthistoriker wecken sollten; doch ist das bisher noch nicht der Fall. Das meiste ist durchschnittlich, ja handwerklich, so daß dabei schon das erste Problem auftaucht, nämlich, wer waren die eigentlichen »Initialisten«. Waren es die Reinschreiber selbst, oder gab es Spezialisten für diese Arbeit? Bevor wir diese Frage zu beantworten versuchen, muß darauf hingewiesen werden, daß sich die Analyse des böhmischen Materials auch mit dem eingestreuten fremden Gut, das in den betreffenden Archiven liegt, auseinandersetzen muß. Das ist ein eigenes Forschungsprogramm. Heute müssen einige punktuelle Betrachtungen genügen.

1. Die Initialen erscheinen an verschiedenen Stellen der Urkunden, so an den Anfängen von Einzelformeln bzw. bei Einzelwörtern der Einleitungsformeln (das auch bei den inserierten Stücken). Die eigentlichen Prachtinitialen beschränken sich auf das einleitende I der verbalen Invokation bzw. auf den Anfangsbuchstaben des Ausstellernamens. Gerade in diesen Fällen sollten die Beziehungen zur Buchmalerei genauer verfolgt werden, besonders in der Zeit der vorherrschenden Empfängerausfertigungen.
2. Obwohl vorwiegend in den feierlichen bzw. privilegialen Urkunden der Landesherren präsent, finden sie sich auch in Schriftstücken anderer Aussteller und, überraschenderweise, ebenfalls in weniger wichtigen Dokumenten, so daß sie keinesfalls als ein zwingendes Attribut vornehmerer Urkundengruppen bezeichnet werden können.
3. Wichtig ist auch, wie die Initialen hergestellt wurden. Relativ häufig – und das gilt ausdrücklich auch für Herrscherurkunden – treffen wir Stücke an, die der Anfangsinitiale entbehren. Wenn es nur die Invokation beträfe, wäre es ziemlich gleichgültig. Da es sich aber auch um Initialen der Anfangsbuchstaben von Ausstellernamen handelt, scheint es so gut wie sicher, daß wenigstens einige Initialen, d. h. Initialen in einigen Urkunden (besonders, wenn sie mehrfarbig waren), von anderer Hand als der des Reinschreibers herrühren[20]. Und diese Feststellung führt zwingend weiter. Da nämlich ziemlich viele vorgesehene Prachtinitialen in den wirklich expedierten Stücken, die eindeutig in den Empfängerarchiven liegen, fehlen, bedeutet das einerseits, daß die zuständigen Spezialisten ziemlich oft in dem Moment nicht greifbar waren, mit anderen Worten, daß sie der Kanzlei (oder »Kanzlei«) nicht angehörten, wenigstens nicht in den älteren Zeiten, d. h. in der Přemyslidenzeit. Sie sind zweifellos in den kirch-

18 Ders. an das Benediktinerstift Břevnov von 25. April 1263, ed. CDB 5, Nr. 378. Vgl. Abb. 7.

19 Die einzige Ausnahme bildet der kleine Aufsatz von Saša Dušková, Listiny českych králů 13. století po vnější stránce, in: Umění 13. století v českých zemích. Příspěvky z vědeckého zasedání 12.–14. prosince 1981, Praha 1983, S. 487–493.

20 Dafür ist buchstäblich die Bestätigung einer Donation an das Franziskuskloster in der Prager Altstadt von 1255 Jun. 7 (CDB 5, Nr. 57) ein klassisches Beispiel, wenigstens acht Initialen sowohl in beiden Protokollen als auch im Text wurden nicht eingetragen, obwohl der Platz freigelassen worden war. Ebenso bezeichnend ist, daß diese Tatsache trotz ziemlich breiter Besprechung des Stückes bei Jindřich Šebánek, Saša Dušková, Das Urkundenwesen König Ottokars II. von Böhmen I, in: Archiv für Diplomatik 14 (1968), S. 331, nicht einmal erwähnt wird. Vgl. Abb. 8.

lichen Skriptorien zu suchen, was jedoch im einzelnen nur eine genaue kodikologisch-kunsthistorische Analyse entscheiden kann. Andererseits bezeugt die Expedition solcher »unvollständigen« Stücke, daß sie ohne weiteres für vollständig und rechtskräftig sowohl vom Aussteller als auch vom Empfänger gehalten wurden. Besonders deutlich geht das aus mehreren Stücken Přemysls II. hervor, es könnten aber sowohl ältere als auch jüngere Belege verschiedenster Aussteller angeführt werden[21]. Ob das mit der eventuell höheren Taxe für die Aushändigung des betreffenden Stückes zusammenhängen könnte, wage ich nicht zu entscheiden, es ist jedoch nicht auszuschließen.

Es ist also unmöglich, auch nur annäherungsweise das »Initialwesen« in den böhmischen Urkunden zu skizzieren, obwohl es lohnenswert erscheint. Es wäre jedoch noch lohnender, wenn die Initialen nicht nur – wie eben vermerkt – das königliche Urkundengut begleiten, sondern auch die breite Skala anderer Aussteller: Bischöfe, Adelige, Städte. Einige Grundelemente, vornehmlich die der Flächenverzierung des Eingangs-I der Invokation, ziehen sich oft über Jahrzehnte[22].

Die Sperrschrift

Die Sperrschrift, die eigentlich fast ausschließlich im Zusammenhang mit der Majuskelschrift (nicht, oder nur ganz selten, mit der Elongata, die freilich in den betreffenden Urkunden oft parallel benutzt wird) steht, konzentriert sich ebenfalls in der Mehrzahl auf Eigen- bzw. Ortsnamen der Disposition (weniger der Narration bzw. der Adresse). Sie werden auf diese Weise schon auf den ersten Blick hervorgehoben, so daß sie auch zur leichteren Orientierung im Text dienten und zugleich den diesbezüglichen Namen zu einem gewissen Ausgleich der anderen graphisch betonten Partien verhalfen. Das spielte zugleich bei jeder konkreten Suche und eventuellen »Nachforschungen« zu praktischen Zwecken eine Rolle, ganz abgesehen davon, daß es beim Vorzeigen *omnibus visuris* imponierte, ja eine gewisse magische Kraft im Zusammenhang mit anderen äußeren Merkmalen in sich bergen konnte – besonders in den älteren Stadien der Entwicklung und bei den lateinischen Stücken[23].

Die Auszeichnungsschriften

Diese Momente setzen sich im steigenden Maße bei der Gruppe der eigentlich urkundlichen Auszeichnungstexte durch; damit gehe ich zum zweiten Punkt der oben angezeigten Gliederung über, deren Produkte fast ausschließlich in Elongata geschrieben wurden. Da ihre Benutzungsskala ziemlich breit ist, kann sie numerisch kaum ausgedrückt werden. Die Elongata betrifft vornehmlich die verbale Invokation, die in mehreren Textvarianten vorkommt[24], kann aber auch für die Intitulation benutzt werden. Das geschieht meist in den Fällen, in denen keine Invokation erscheint und die Intitulation deshalb zur ersten Protokollformel vorrückt[25]; wenn die Invokation das Protokoll einleitet, geschieht es seltener. Überwiegend handelt es sich zwar nur um Intitulationen bzw. die Invokation des Ausstellers allein, doch in etlichen Privilegienkonfirmationen können auf diese Weise auch die konfirmierten bzw. inserierten Urkunden ebenfalls hervorgehoben werden. Relativ häufig gilt diese Beobachtung für die Přemyslidenzeit. In der Zeit der Luxemburger tritt dieses Phänomen im allgemeinen zurück, das gilt jedoch nicht ausnahmslos, da gerade aus der luxemburgischen Hofkanzlei etliche Prunkurkunden, besonders

21 Als Beispiel können folgende vier Stücke gelten: Abb. 9 a – 1245 Jun. (Heilige) Agnes an das Kloster Kladrau (CDB 4, Nr. 67); Abb. 9 b – 1252 Febr. 1, Wenzel I. an das Kloster Plass (ibid. Nr. 233), die Urkunde wird von etlichen Forschern für gefälscht gehalten, doch gilt sie in jedem Fall als zeitgenössisch; Abb. 9 c – 1258 Sept. 1, der Prager Bischof Johann III. von Dražice an das Kloster Břevnov (CDB 5, Nr. 162) und Abb. 9 d – das Testament der Königin-Witwe Elisabeth-Richenza (RBM 3, Nr. 1664 und Šebánek, Archivy, wie Anm. 13, Nr. 573). Weitere Belege sind leicht in verschiedenen Faksimilewerken zu finden, so vornehmlich in: Archivum Coronae regni Bohemiae 1 ff., Prag 1978, obwohl das 14. Jahrhundert in dieser Hinsicht schon »zurückhaltender« ist, vornehmlich, wenn es sich um laufende Angelegenheiten und Durchschnittsaussteller, die darüber hinaus nationalsprachig amtieren, handelt. Neuerdings vgl. Klaus v. Andrian-Werburg, Die fehlende Initiale. Versuch einer Deutung, in: Zs. für bayerische Landesgeschichte 55 (1992), S. 51–64.

22 Da muß ein einziges Beispiel genügen, nämlich die Gründungsurkunde des Zisterzienserstiftes Sedletz durch den vornehmen Adeligen Böhmens Miroslav, wohl aus den Jahren 1142–1148 (CDB 1, Nr. 155). Sonst kann besonders auf die Faksimilia bei Gustav Friedrich, Acta regum Bohemiae 1–3, Prag 1908–1935 hingewiesen werden. Vgl. Abb. 10.

23 Diese Problematik wäre einer eigenen Untersuchung wert.

24 Unter mehreren Prunkstücken seien die Urkunden des Olmützer Bischofs Heinrich Zdik von ca. 1141 erwähnt, die öfter besprochen und fotografiert wurden (vgl. neuerdings J. Bistřický, Studien zum Urkunden-, Brief- und Handschriftenwesen des Bischofs Heinrich Zdík von Olmütz, in: Archiv für Diplomatik 26 (1980), S. 144 ff. mit Abb. 1 f., wo auch auf eventuelle Vorlagen hingewiesen wird.

25 Veranschaulicht in der Urkunde Wenzels I. von 1248 Dezember 11 für den Olmützer Bischof (CDB 4, Nr. 152). Vgl. Abb. 11.

auf den Namen Karls IV. ausgestellt, bekannt sind[26]. Sie können sich jedoch nicht mit denjenigen aus der Kanzlei Ludwigs des Bayern messen; das war höchstwahrscheinlich auch nicht die Absicht, obwohl ein gewisser unbewußter Druck von dieser Seite her vorauszusetzen ist[27]. In diesem Zusammenhang sei besonders auf das Privileg Karls IV. für die Prager Kirche vom Jahre 1352 hingewiesen[28].

Eine Mittelstellung nimmt das Kreuz an sich ein, das meist mit der monogrammatischen Invokation vorkommt, bzw. sie beiderseits begleitet[29].

Die graphischen Zeichen

Schließlich noch kurz zur vierten Gruppe, oder besser Untergruppe, nämlich der der rein graphischen Zeichen. Es handelt sich hier um zwei Grundkategorien, die je nach ihrer Plazierung (auf der Zeile oder über der Zeile) zu unterscheiden sind. Dabei seien die üblichen Abkürzungszeichen mit allen ihren Schnörkeln und anderen Attributen ausgeklammert. Die einzige Ausnahme bilden spezielle graphische Ausdrucksformen für Abkürzungszeichen in der Form einer Königskrone, die trotz der vorgenommenen Schematisierung der böhmischen Königskrone ähnlich ist. Vorläufig kenne ich nur drei solche Belege. Zwei aus dem Material der Přemysliden (bei Přemysl II. merkwürdigerweise noch vor seiner eigentlichen Königskrönung[30]) und eine Karls IV.[31]. Ihre Stellung im Text ist freilich zufällig, und es ist kaum ein Zusammenhang zwischen den Belegen vorauszusetzen, obwohl sie sich graphisch sehr ähnlich sind.

Die graphischen Merkmale auf den Zeilen haben entweder rein ornamentalen Charakter (so stießen wir, zwar selten, jedoch Jahrhunderte hindurch, auf Ringlein mit radialen Wellenlinien, die durch jeweils die gleiche stabile Zahl der Punkte abgesondert wurden[32]), die sicher eine ästhetische Rolle gespielt haben, vornehmlich dann, wenn auf diese Weise die letzte Zeile ausgefüllt werden sollte, oder wenn eine *distinctio finitiva* die letzte Textzeile abschloß. Dazu noch der kurze Vermerk, daß diese Distinktion nicht so häufig ist, wie vorauszusetzen wäre, und eher in der jüngeren Zeit vorkommt. Daß sie mehrere Formen hatte, versteht sich von selbst[33].

Es könnten verschiedene Eigenheiten an Einzelstükken konstatiert werden, dies würde jedoch zu weit führen. Deshalb nur ein interessanter Beleg, der zwar aus Buchstaben besteht, den ich aber mit Absicht hier einreihen möchte. In einer Olmützer Stadturkunde von 1329 ist in der einleitenden Initiale *N*(os) in dem schräg gelegten Streifen die Abkürzung für den Stadtnamen *OLmū* zu lesen; neben dem Hilfsmittel zur Provenienz auch eine Art besonderer Auszeichnung[34].

Verallgemeinernde Schlüsse brauchen vielleicht nicht gezogen zu werden, da die Geschichte dieses Problemkreises noch lange nicht abgeschlossen ist. Im Gegenteil – die Erforschung dieser Aspekte hat gerade erst ihre ersten Schritte gemacht.

26 Dazu sei auf ein paar Beispiele in: Kaiserurkunden in Abbildungen, Lfg. V, Berlin 1883, hingewiesen.

27 Über Ludwig vgl. Christa Wrede, Leonhard von München. Der Meister der Prunkurkunden Kaiser Ludwigs des Bayern, Kallmünz/Opf. 1980 (= Münchener Historische Studien, Abt. Geschichtliche Hilfswissenschaften, Bd. 17).

28 Wie in Anm. 26, Tafel V–5.

29 Přemysl I. bestätigt am 17. März 1229 die Statuten von Konrad Otto (CDB 2. Nr. 325). Vgl. Abb. 12.

30 In der Invokation der in der vorherigen Anm. zitierten Urkunde und in der Urkunde Přemysls II. für das Kloster Břevnov von 1260, November 3 (CDB 5, Nr. 246) gar zweimal. Zum erstenmal in der Intitulation, zum zweitenmal im Text. Vgl. Abb. 13.

31 Kaiserurkunden (wie Anm. 28) über »gracia«.

32 Wegen der Fülle der Belege verzichte ich auf einzelne Hinweise.

33 Wie vorige Anm.

34 Es handelt sich um Bestätigung eines Verkaufs an das Olmützer Jakobskloster (RBM 3, Nr. 1519). Vgl. Abb. 14.

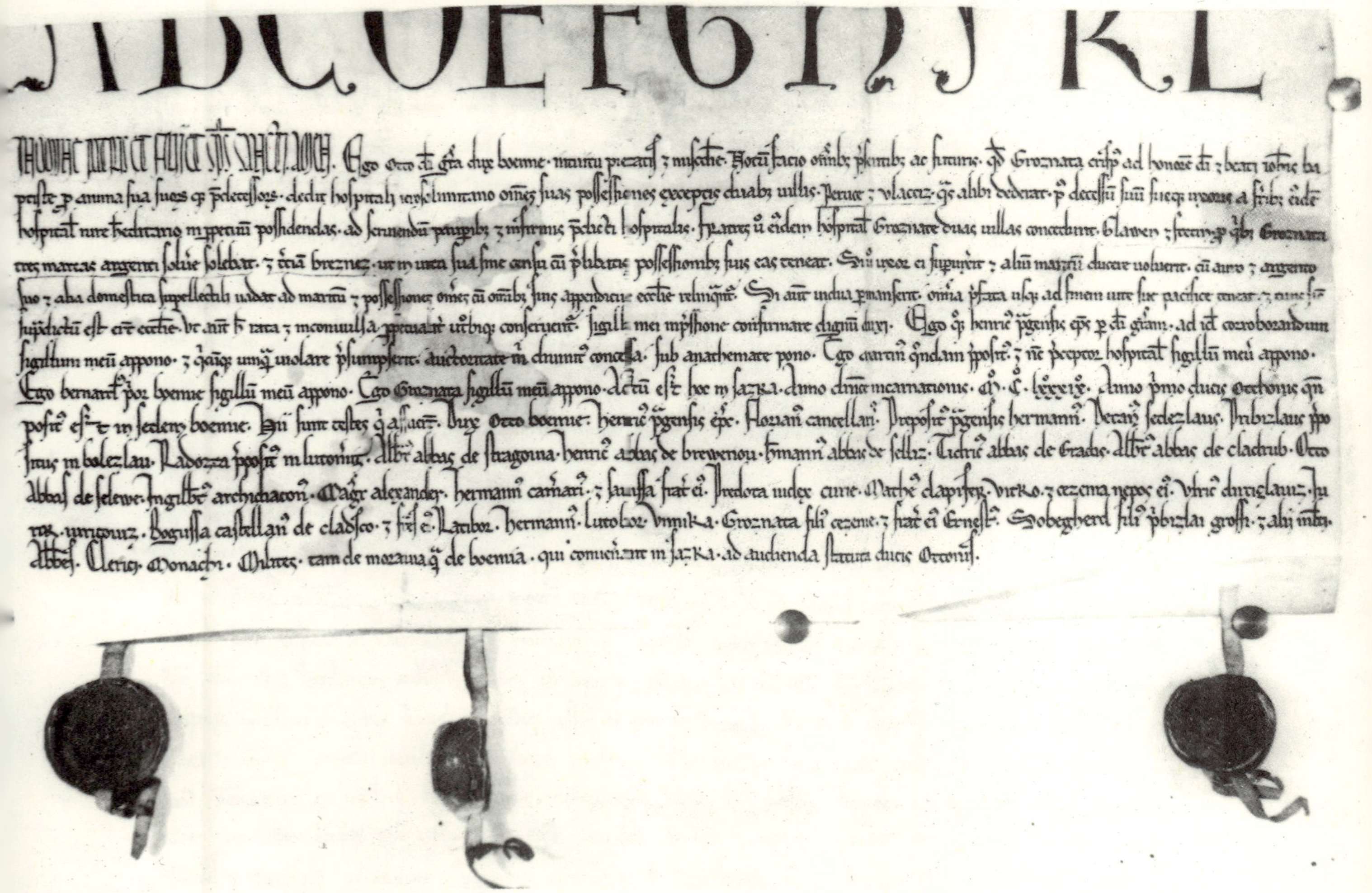

Abb. 1 *Original, in Státní ústřední archiv Praha (weiter SÚA) I. Abt., Fonds Malteserorden Inv. Nr. 963. Vgl. oben Anm. 7*

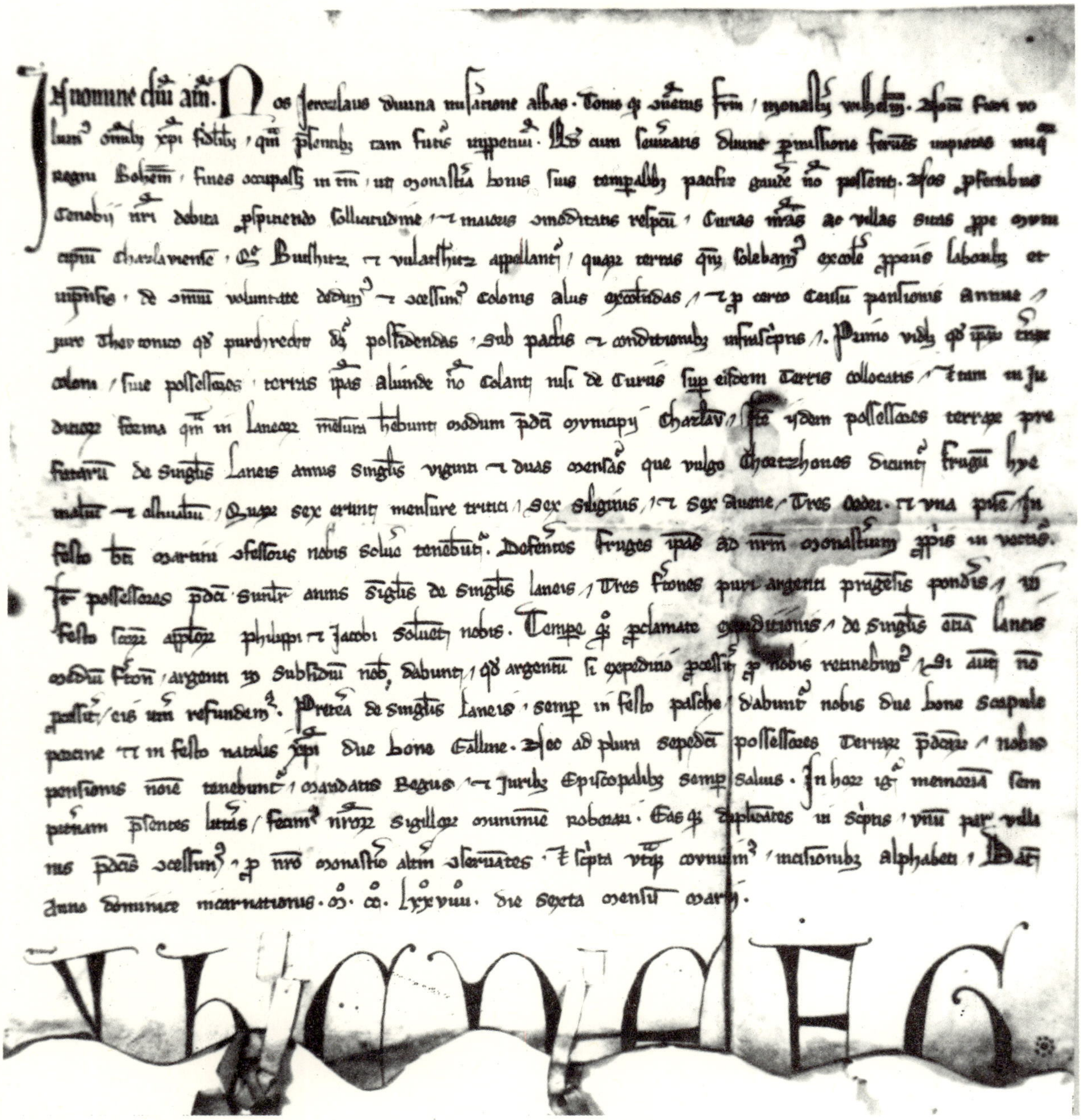

Abb. 2 *Original, SÚA ŘB Břevnov B IX–232. Vgl. oben Anm. 8*

Abb. 3 *Original, Státní oblastní archiv (weiter SOA) Brno, Sign. E 57, Louka prem. L 12. Vgl. oben Anm. 13*

Abb. 4 *Original, SÚA, Arch. kapituly vyšehradské VII–42. Vgl. oben Anm. 14*

Abb. 5 *Original, SÚA, ŘD – kl. sv. Anny na Starém Městě pražském sub dato 1320, sept. 18. Vgl. oben Anm. 15*

Abb. 6 *Original, SOA Brno, Sign. E 10, Tišnov cist. Y i 12 B. Vgl. oben Anm. 17*

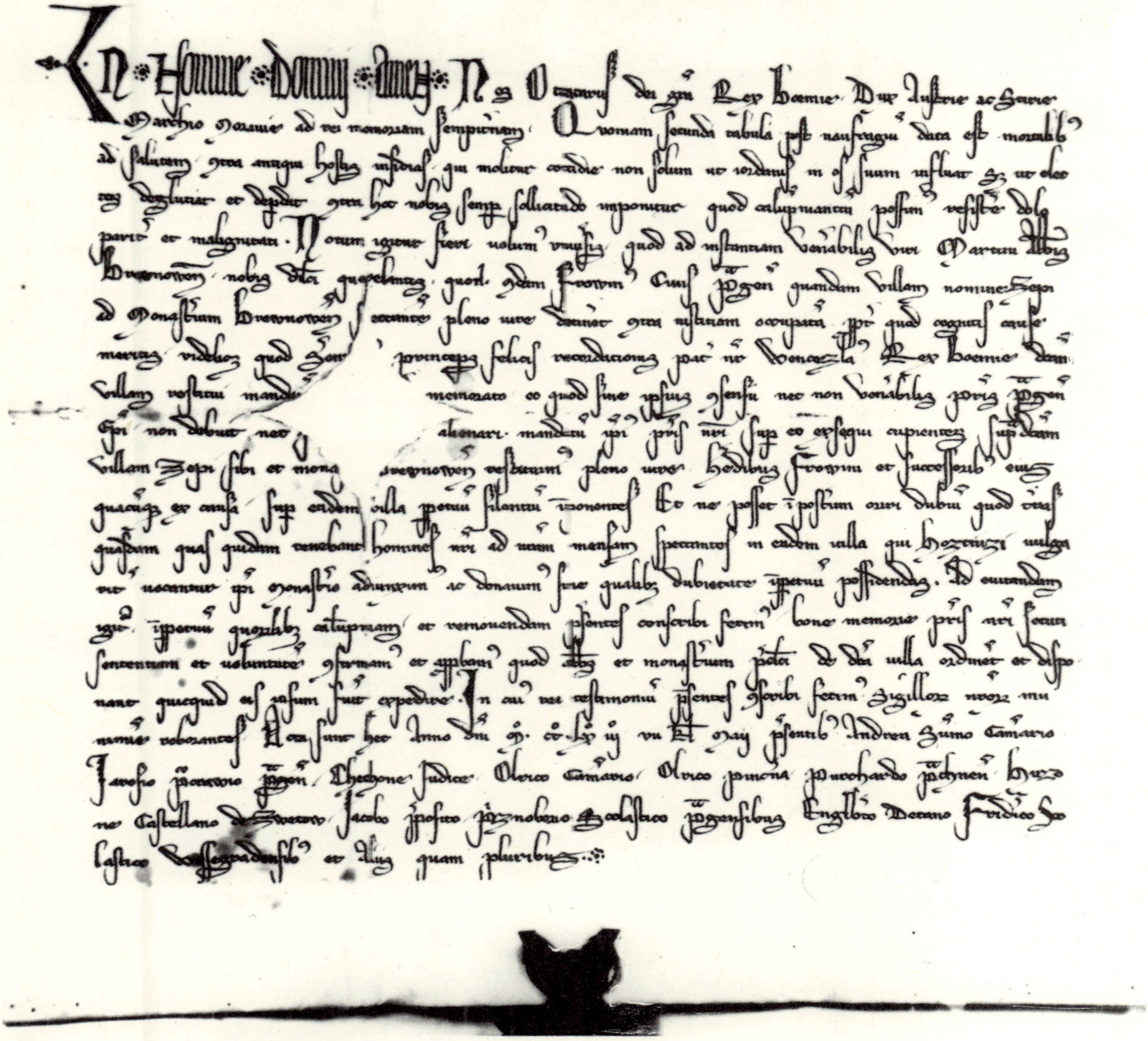

Abb. 7 *Original, SÚA, ŘB Břevnov Nr. 39. Vgl. oben Anm. 17*

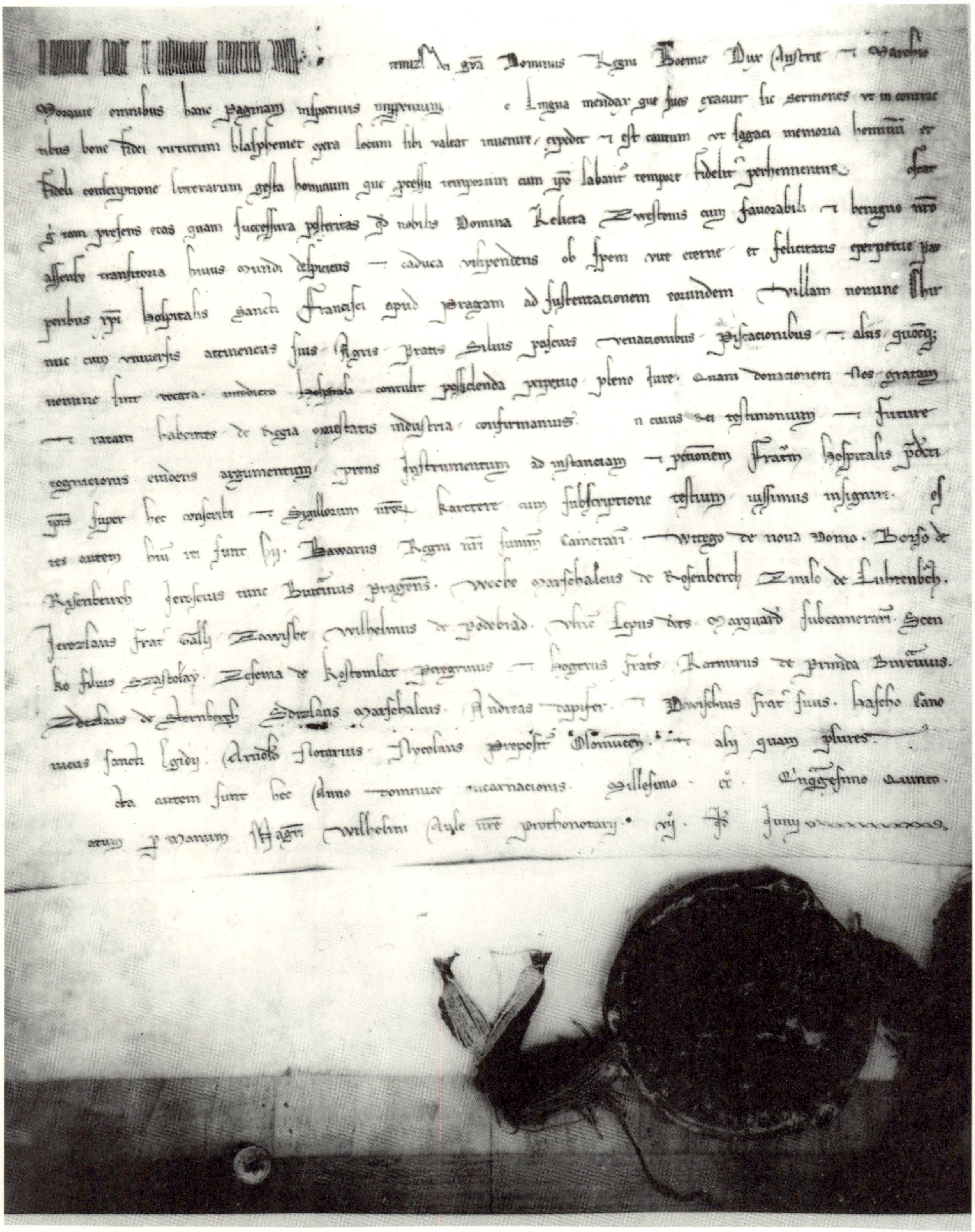

Abb. 8 *Original, SÚA, ŘKř. s červenou hvězdou, Nr. 353. Vgl. oben Anm. 20*

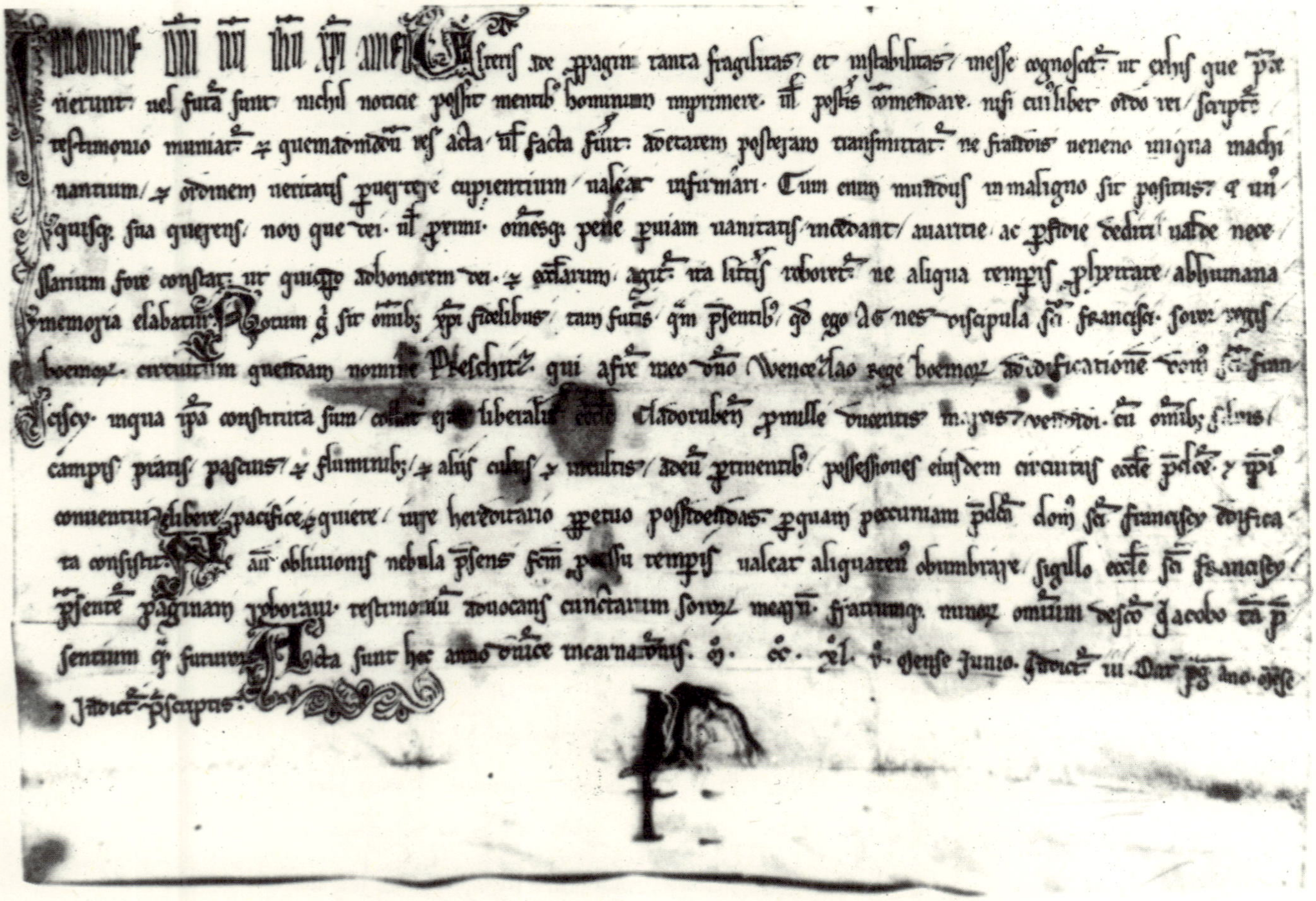

Abb. 9a *SÚA, ŘB Kladruby sub dato*

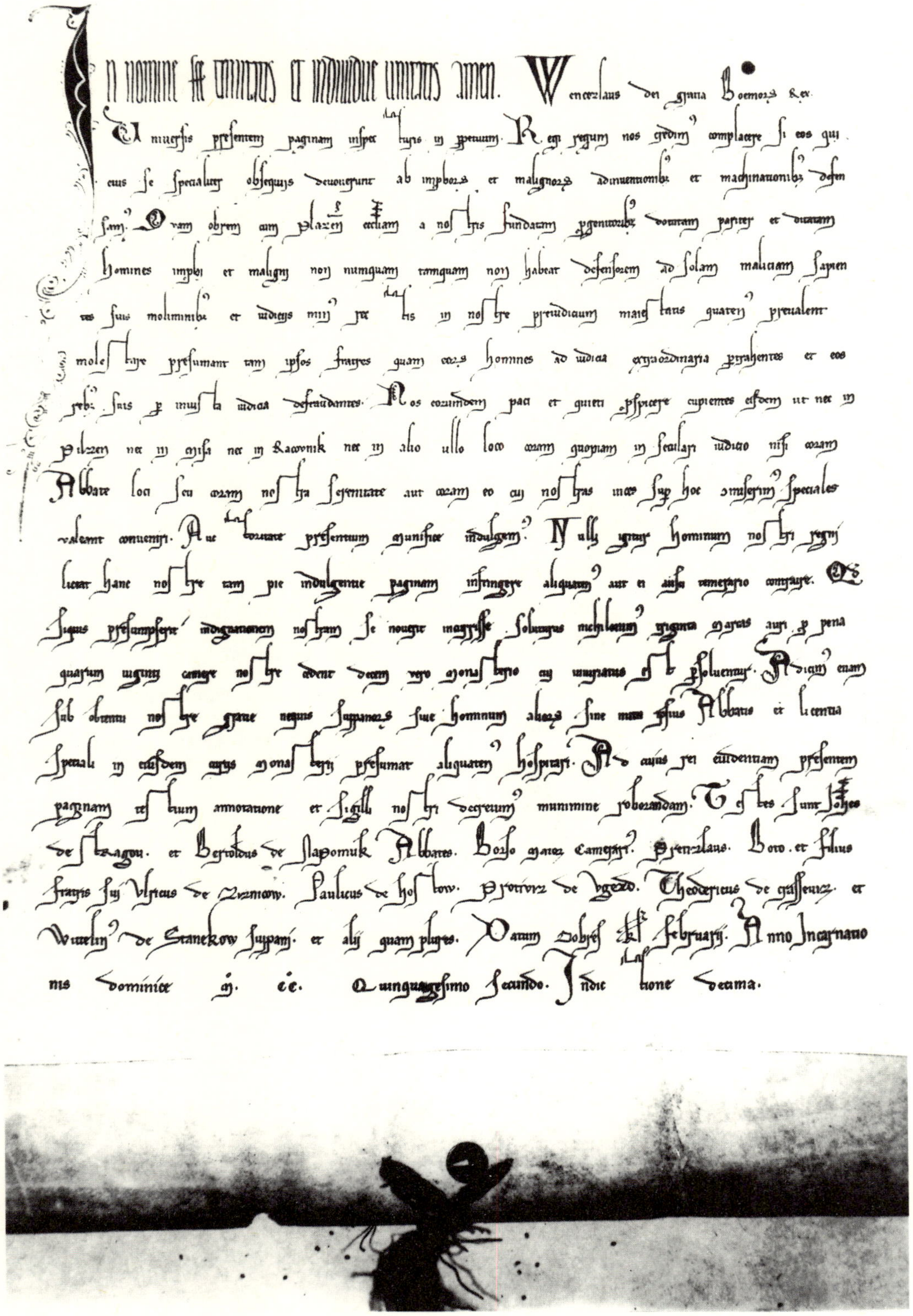

Abb. 9b *Ebenda ŘCist. Plasy sub dato, Ex. A 2*

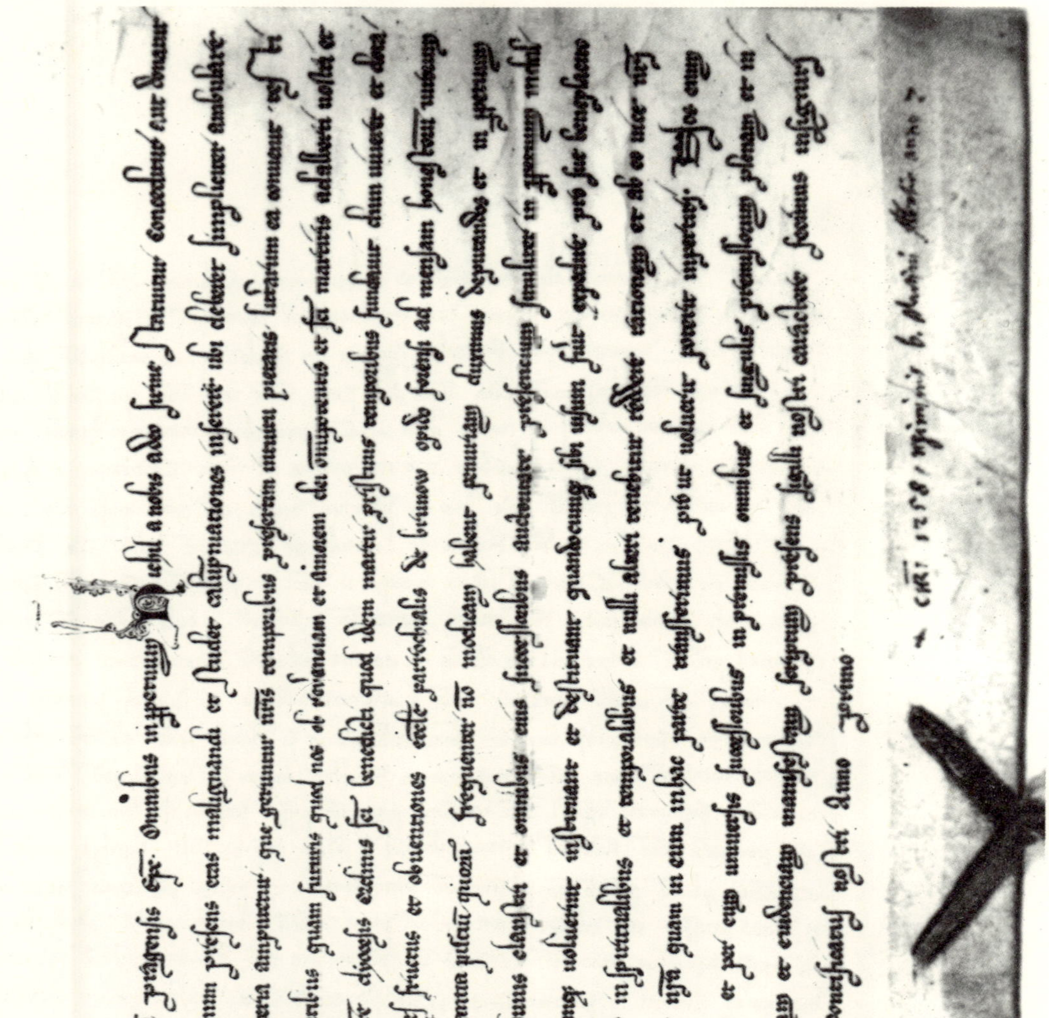

Abb. 9c *Ebenda ŘB Břevnov, Nr. 33. Ex. A 1*

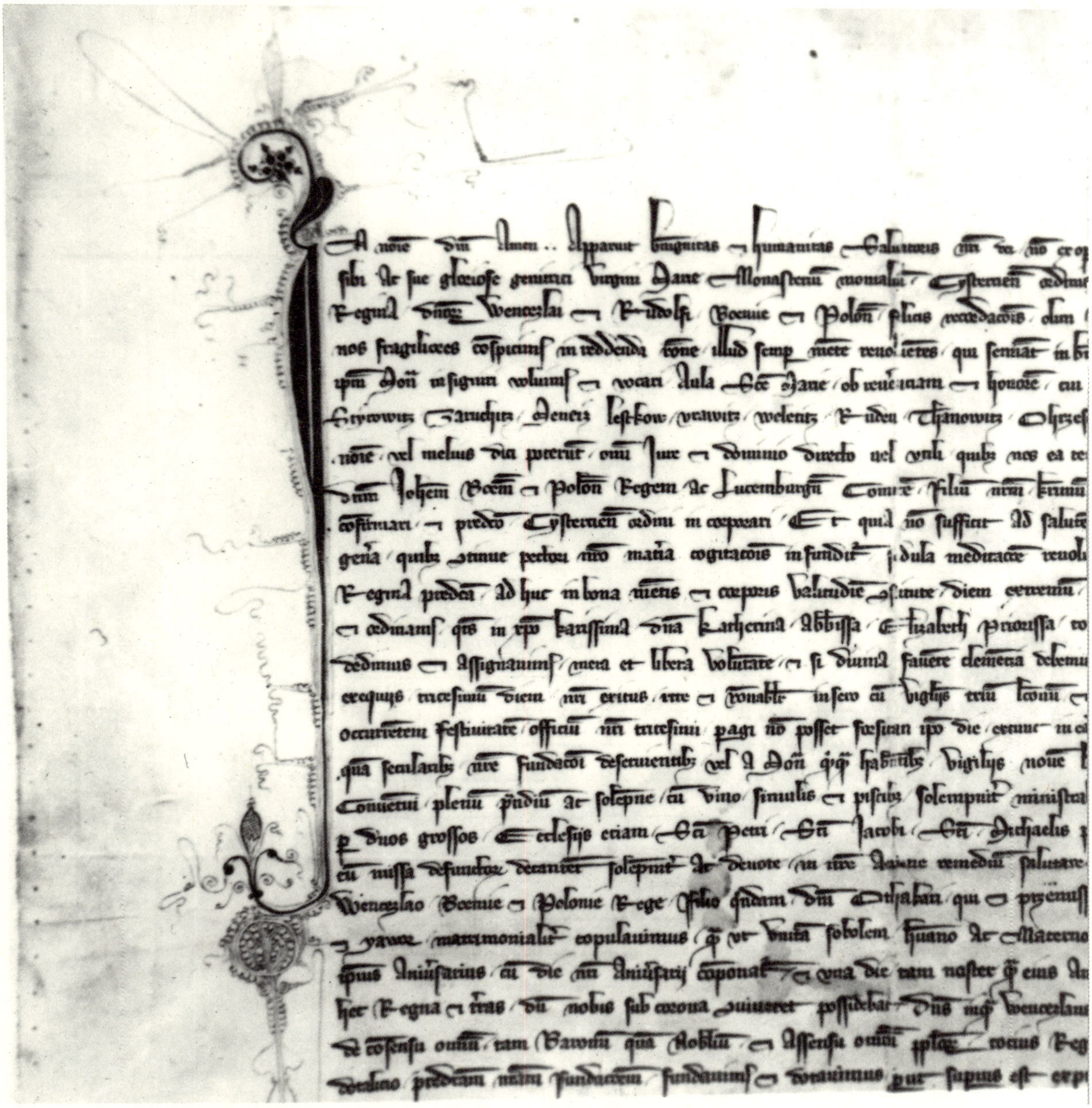

Abb. 9d *SOA Brno, E 9, cisterciačky Staré Brno A 53. Zu allen Stücken vgl. Anm. 21*

Abb. 10 *Original, Archiv des Nationalmuseums Prag, chronol. Reihe. Vgl. Anm. 22*

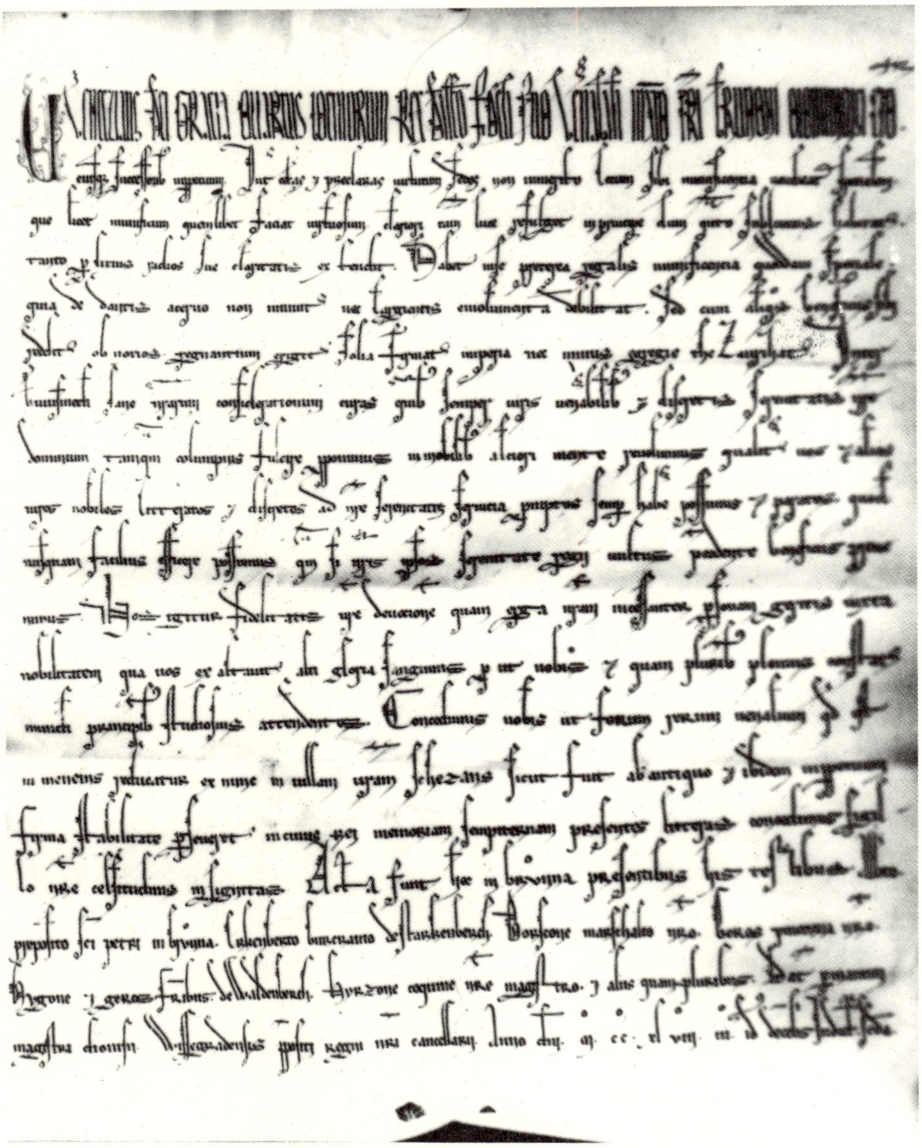

Abb. 11 *Original, SOA Opava, Zweigstelle Olomouc, Fonds Erzbischöfliches Archiv. Vgl. Anm. 25*

Abb. 12 *Original, SOA Brno, Ständische Urkunden. Vgl. Anm. 29*

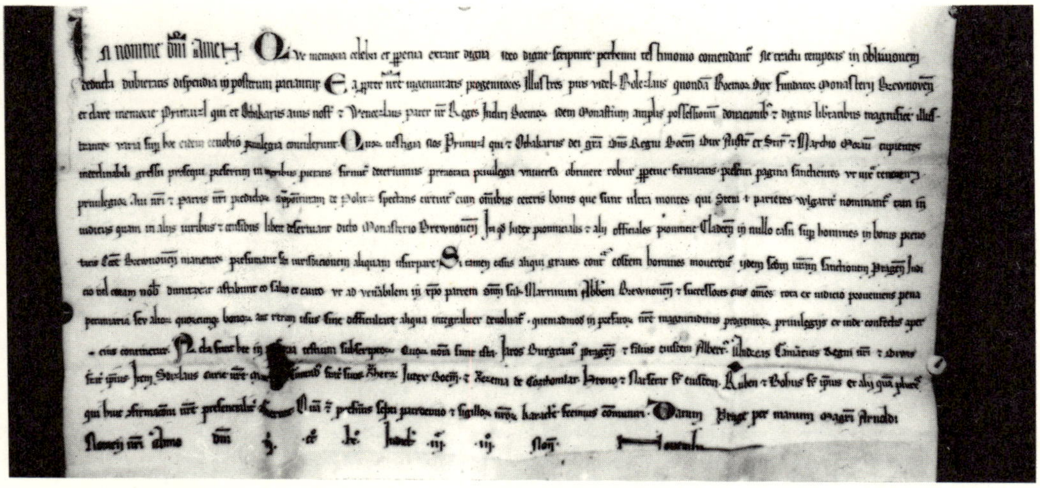

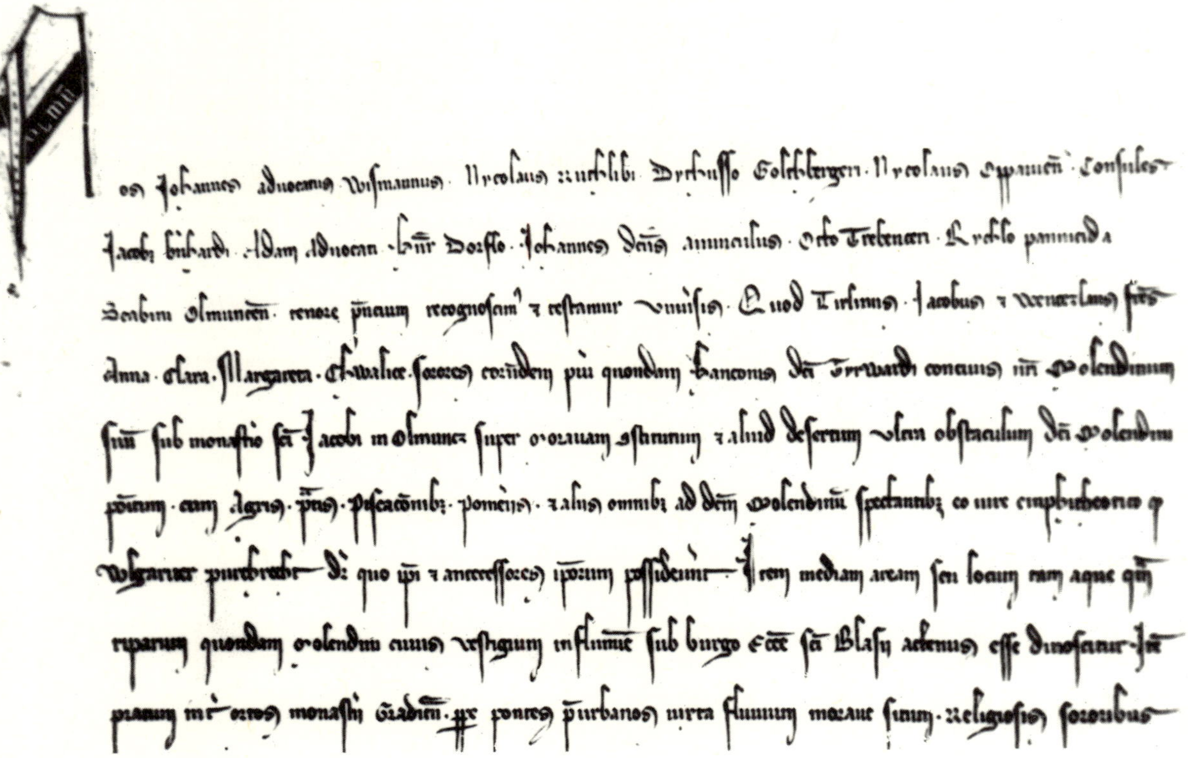

Abb. 13 *Original, SÚA Praha, ŘB Břevnov Nr. 35. Vgl. Anm. 30*

Abb. 14 *Original, SOA Opava, Zweigstelle Olomouc, Sign. A I C 18. Vgl. Anm. 32*

Graphische Symbole in den ältesten böhmischen Urkunden

Von Jan Bistřický

In diesem Beitrag möchte ich äußerst kurzgefaßt die Frage nach der Herkunft einiger graphischer Elemente in unseren ältesten Urkunden berühren, nämlich die der symbolischen Invokation in Form von Chrismon und Kreuz und der sogenannten verlängerten Schrift.

Da die Urkunde des böhmischen Fürsten Sobieslavs I. aus dem Jahre 1130[1], deren erste Zeile mit dem griechischen Kreuz beginnt, ein wahrscheinlich nach dem Jahre 1178 entstandenes Falsum ist[2], werde ich mit den beiden Originalen des Bischofs von Olmütz, Heinrich Zdík, aus dem Jahre 1141 beginnen, an deren Anfang ein Chrismon steht, dem eine in Elongata geschriebene verbale Invokation folgt[3]. Bereits vor einiger Zeit habe ich darauf hingewiesen, daß der gemeinsame Schreiber dieser beiden Urkunden höchstwahrscheinlich aus der Kanzlei des Erzbischofs von Mainz, Adalbert I., gekommen war, in dessen Urkunden wir genau derselben äußeren Ausstattung begegnen[4].

In dem Olmützer Milieu hat sich dieser Modus quasi eingebürgert. Man findet ihn in den Urkunden des böhmischen Fürsten Vladislavs II. für die Olmützer Kirche, die im Jahre 1146 oder 1147 im Olmützer Skriptorium unter dem Patronat des Bischofs Zdík entstanden ist, und zwar dem Umstande zum Trotz, daß im übrigen Text ihr Schreiber die Schrift des Notars Heribert nachgeahmt hat, der die Vorurkunde des Königs Konrad III. geschrieben hatte[5]. Die Elongata, nunmehr bereits ohne Chrismon, wurde für die verbale Invokation noch in zwei weiteren Urkunden der Teilfürsten von Olmütz benutzt, nämlich jeweils in einer von den Teilfürsten Friedrich im Jahre 1169[6] und Ulrich 1174[7] ausgestellten, später dann auch in einigen weiteren Schriftstücken, z. B. in solchen der Fürsten Friedrich, Konrad Otto und Heinrich Břetislav, deren Bezug auf Olmütz nicht belegbar ist[8].

Eine weitere Variante mit Chrismon und Elongata, die nunmehr die ganze erste Zeile ausfüllt, ist ohne Zweifel aus kaiserlichen Diplomen übernommen worden, wie aus dem ersten erhaltenen Dokument ersichtlich ist. Sie kommt in einer Urkunde, die König Vladislav II. der Meißner Kirche im Jahre 1160 ausgestellt hat[9], also zwei Jahre, nachdem ihm von Kaiser Friedrich I. Barbarossa der Königstitel verliehen worden war. Die kaiserliche Vorlage hat nicht nur Einfluß auf die Ausstattung der ersten Zeile gehabt, sondern auch auf die Formulierung dieses Schriftstückes. Ganz ähnliches gilt auch für ein weiteres Belegstück, nämlich die Urkunde des Fürst-Bischofs Heinrich Břetislavs aus dem Jahre 1194[10].

Für die Gründungsurkunde unseres ältesten Zisterzienserklosters in Sedletz bei Kuttenberg, die zwischen den Jahren 1142 und 1148 von einem Adligen namens Miroslav ausgestellt wurde[11], diente das zeitgenössische Papstprivilegium als Vorlage, wie sich wiederum aus der Textkomposition ableiten läßt und, in bezug auf ihre äußere Ausstattung, in der Benutzung der Elongata für die ganze Zeile. Auch dieser Brauch fand seine Fortsetzung in späteren Stücken wie den Urkunden des Bischofs von Prag, Heinrich Břetislavs[12], und der böhmischen Fürsten Friedrich[13] und Konrad Otto[14].

1 Codex diplomaticus et epistolaris regni Bohemiae (=CDB) I, S. 111, Nr. 111. Siehe Abb. 1.

2 V. Hrubý, Tři studie k české diplomatice (Drei Studien zur böhmischen Diplomatik), Brünn 1936, S. 160–161.

3 CDB I, S. 116 Nr. 115 und 124, Nr. 116. Siehe Abb. 2–3.

4 Z.B. in den Urkunden Adalberts I. von 7.7.1128, Mainzer UB I, Nr. 551 und desselben Ausstellers von 1130, Mainzer Urkundenbuch (=UB) I, Nr. 565. Siehe Abb. 4–5. Vgl. dazu J. Bistřický, Studien zum Urkunden-, Brief- und Handschriftenwesen des Bischofs Heinrich Zdík von Olmütz, Archiv für Diplomatik 26 (1980), S. 175–176.

5 CDB I, S. 161, Nr. 157. Siehe Abb. 6.

6 CDB I, S. 218, Nr. 247. Siehe Abb. 7.

7 CDB I, S. 238, Nr. 270. Siehe Abb. 8.

8 In den Urkunden Friedrichs von 1188, CDB I, S. 292, Nr. 320, siehe Abb. 9; Konrad Ottos von 1189, CDB I, S. 296, Nr. 323, siehe Abb. 10; Heinrich Břetislavs von 1195/97, CDB I. S. 321, Nr. 356, siehe Abb. 11.

9 CDB I, S. 197, Nr. 210. Siehe Abb. 12.

10 CDB I, S. 312, Nr. 348. Siehe Abb. 13.

11 CDB I, S. 155, Nr. 155. Siehe Abb. 14.

12 Aus den Jahren 1184–1192, CDB I, S. 305, Nr. 335. Siehe Abb. 15.

13 Aus den Jahren 1184–1185, CDB I, S. 274, Nr. 305 und von 1186, CDB I, S. 283, Nr. 311.

14 Vom Jahr 1190, CDB I, S. 299, Nr. 326. Siehe Abb. 16.

Zum Schluß bleiben die Kreuze. Wenn ich von dem bereits erwähnten Falsum auf den Namen Sobieslavs I. absehe, das eine Empfängerausfertigung ist, d. h. im Kollegiatkapitel in Vyšehrad bei Prag entstand, so erscheinen Kreuze in den Empfängerausfertigungen von Urkunden der Fürstin Elisabeth [15] und des Bischofs Heinrich Břetislavs [16], die zugunsten des Johanniterordens ausgestellt wurden. In zwei Urkunden aus dem Jahre 1197, dem Testament des Grafen Hroznata des Lockigen [17] und dessen Bestätigung durch Heinrich Břetislav [18] begegnen wir einer weniger üblichen Form, nämlich der Kombination von Kreuz und Elongata, die die ganze Zeile ausfüllt. Beide Stücke sind von demselben Schreiber geschrieben worden, der aus dem Zisterzienserkloster in Plass stammte, wo die Herkunft dieser Kombination wohl zu suchen sein dürfte.

15 Aus dem Jahr 1186, CDB I, S. 284, Nr. 312. Siehe Abb. 17.
16 Aus demselben Jahr, CDB I, S. 285, Nr. 313. Siehe Abb. 18.
17 CDB I, S. 323, Nr. 357.
18 CDB I, S. 325, Nr. 358. Siehe Abb. 19.

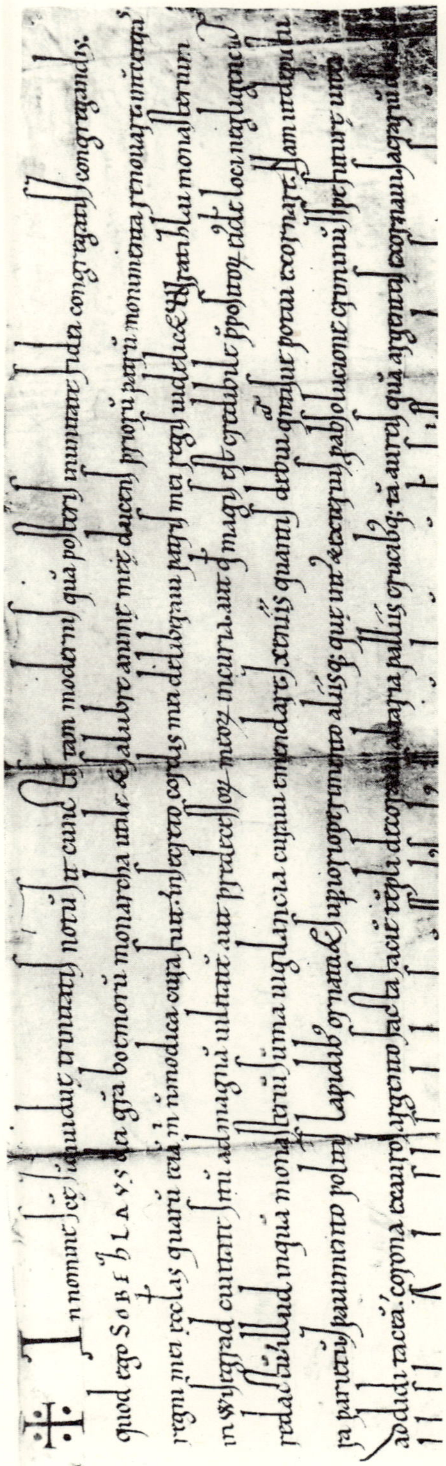

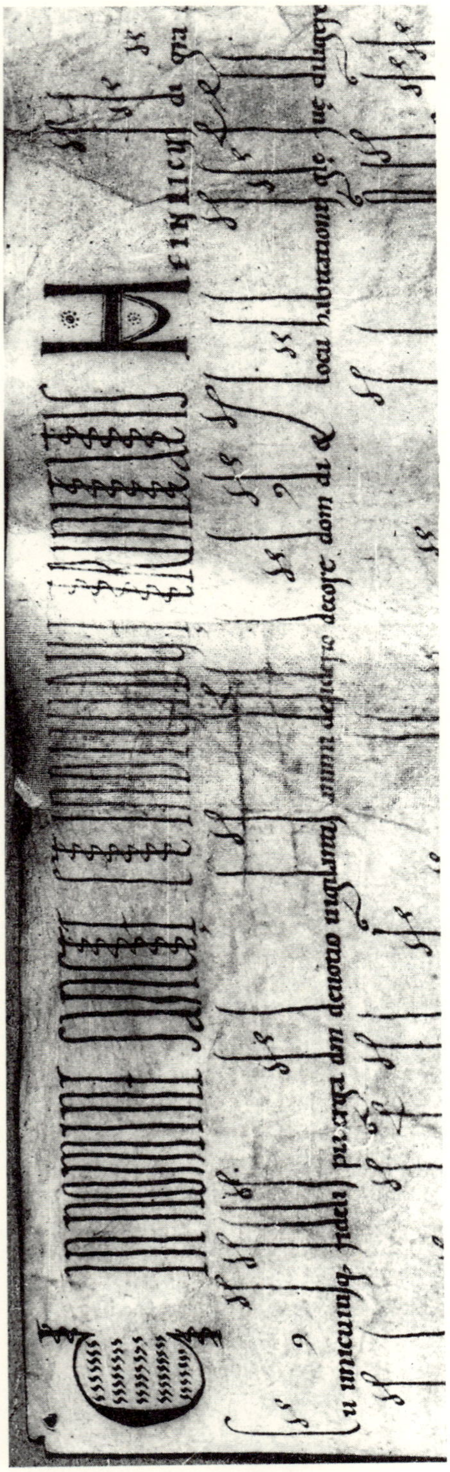

Abb. 1 *1130 – Sobieslav I., Fürst von Böhmen, für das Kollegiatkapitel in Vyšehrad bei Prag (CDB I, S. 111, Nr. 111)*

Abb. 2 *[1141] – Heinrich Zdík, Bischof von Olmütz, für die Olmützer Kirche (CDB I, S. 116, Nr. 115)*

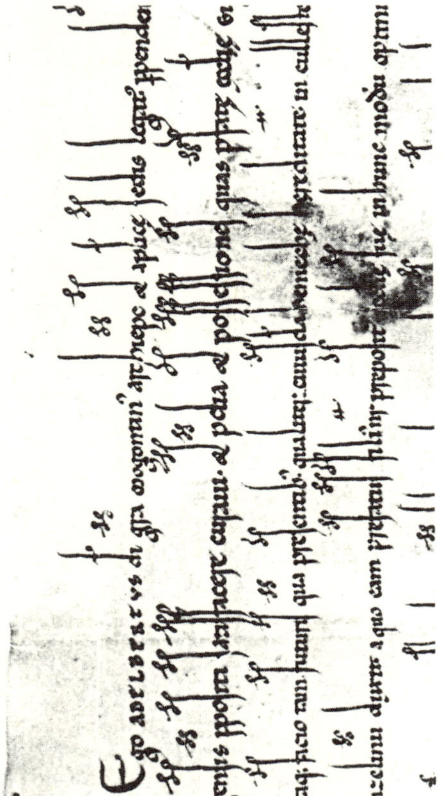

Abb. 3 *[1141] – Heinrich Zdík, Bischof von Olmütz, für das Olmützer Domkapitel (CDB I, S. 124, Nr. 116)*

Abb. 4 *1128-VII-7 – Adalbert I., Erzbischof von Mainz, für Stift Jechaburg (Mainzer UB 1, Nr. 551)*

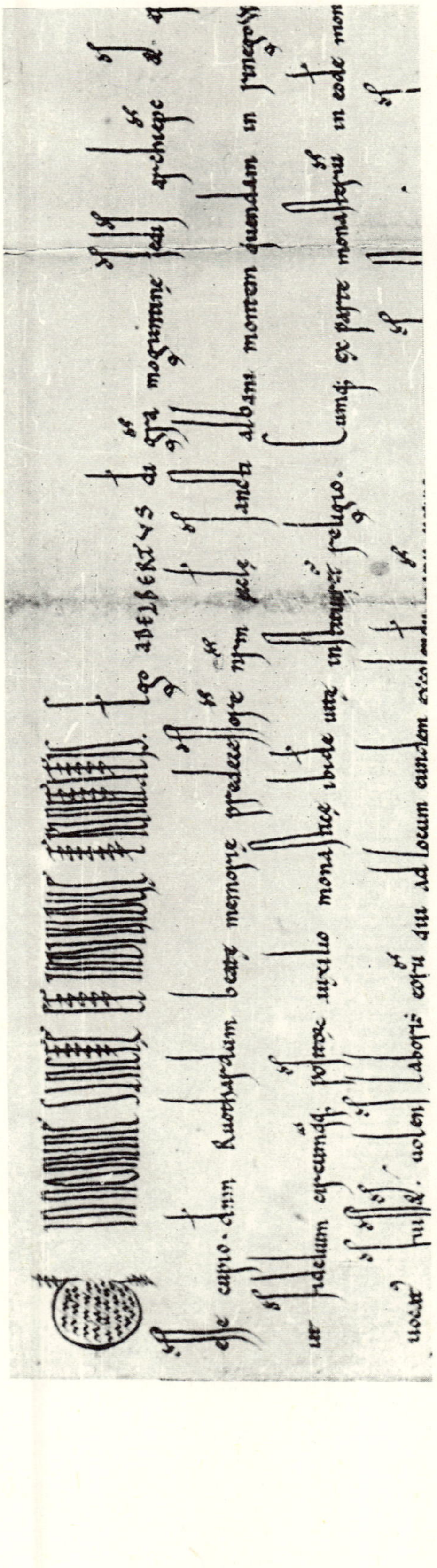

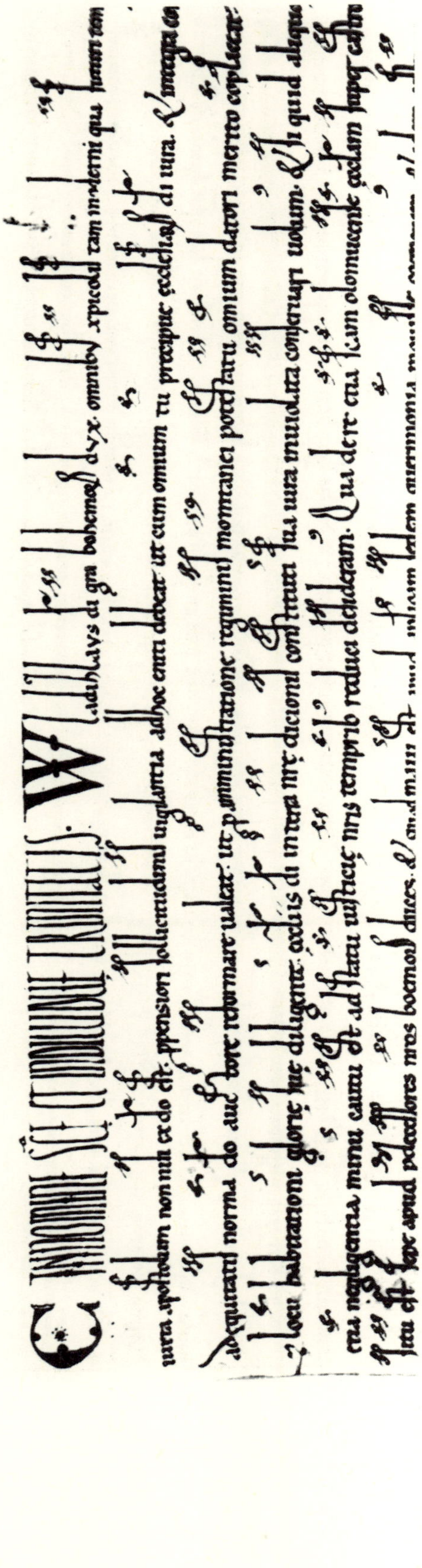

Abb. 5 *1130 – Adalbert I., Erzbischof von Mainz, für Kloster Johannesberg (Mainzer UB 1, Nr. 565)*

Abb. 6 *[1146–1147] – Vladislav II., Fürst von Böhmen, für die Olmützer Kirche (CDB I. S. 161, Nr. 157)*

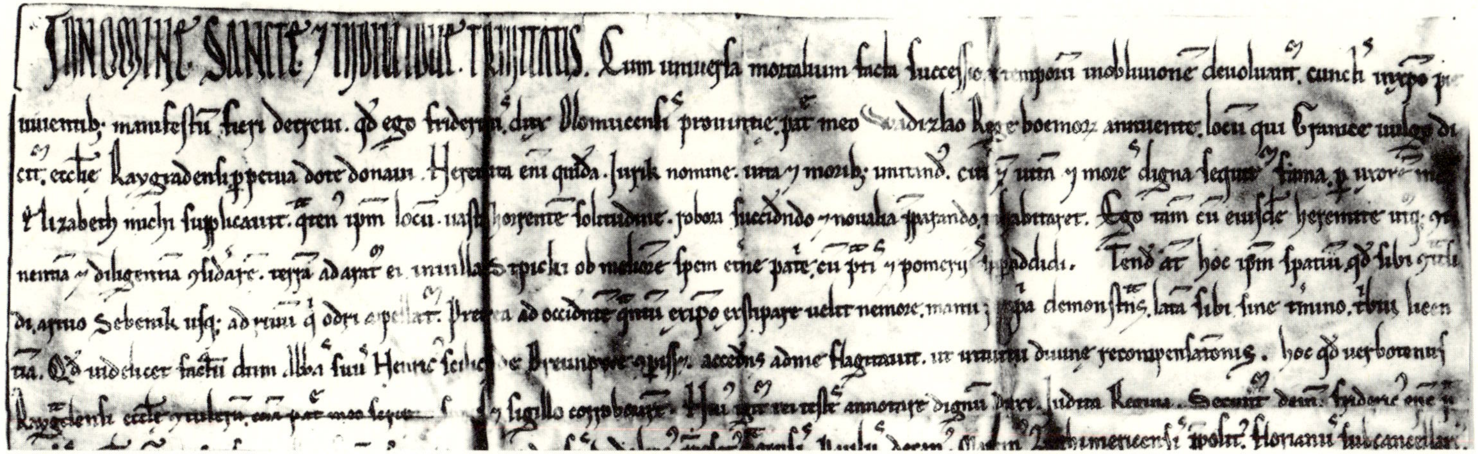

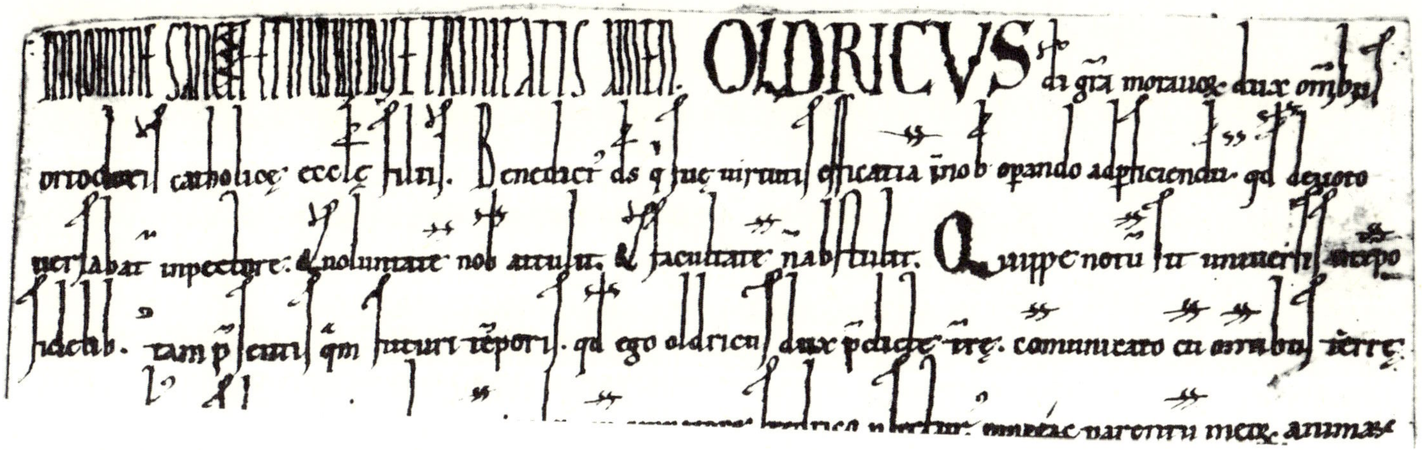

Abb. 7 *1169, Prag – Friedrich, Teilfürst von Olmütz, für Kloster Raigern (CDB I. S. 218, Nr. 247)*

Abb. 8 *1174, Olmütz – Ulrich, Teilfürst von Olmütz, für die Olmützer Kirche (CDB I, S. 238, Nr. 270)*

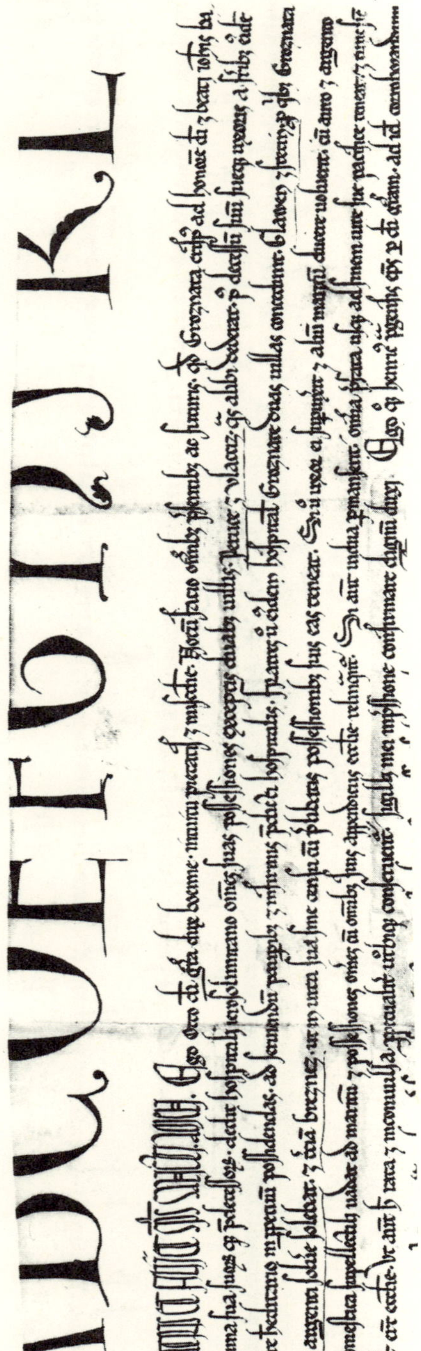

Abb. 9 *1188 – Friedrich, Fürst von Böhmen, für den Johanniterorden (CDB I, S. 292, Nr. 320)*

Abb. 10 *1189, Schatzberg – Konrad Otto, Fürst von Böhmen, für den Johanniterorden (CDB I, S. 296, Nr. 323)*

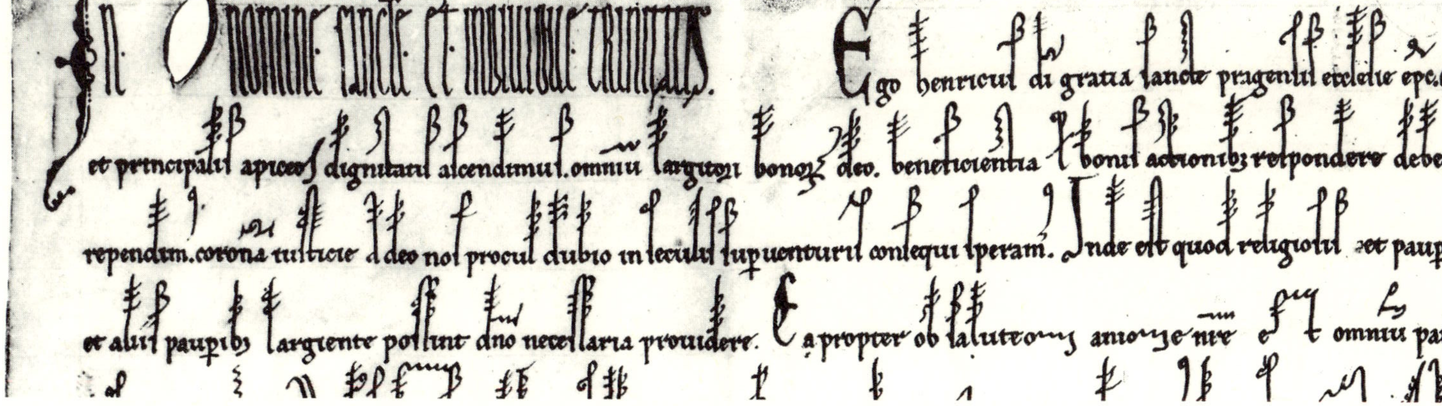

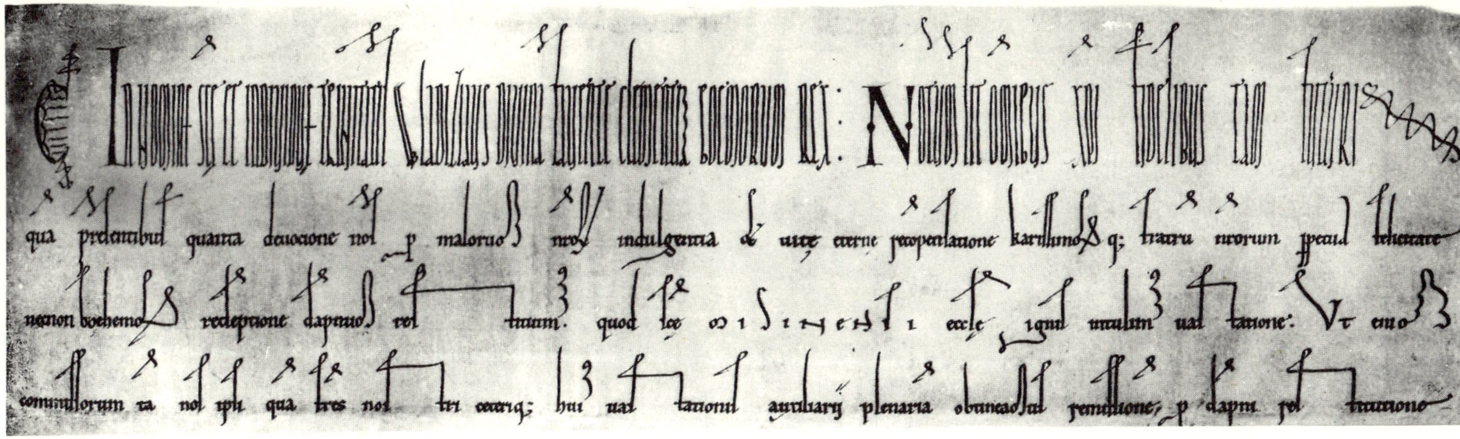

Abb. 11 *1195–1197 – Heinrich Břetislav, Fürst von Böhmen und Bischof von Prag, für Kloster Waldsassen (CDB I, S. 321, Nr. 356)*

Abb. 12 *1160 – Vladislav II., König von Böhmen, für die Meißner Kirche (CDB I, S. 197, Nr. 210)*

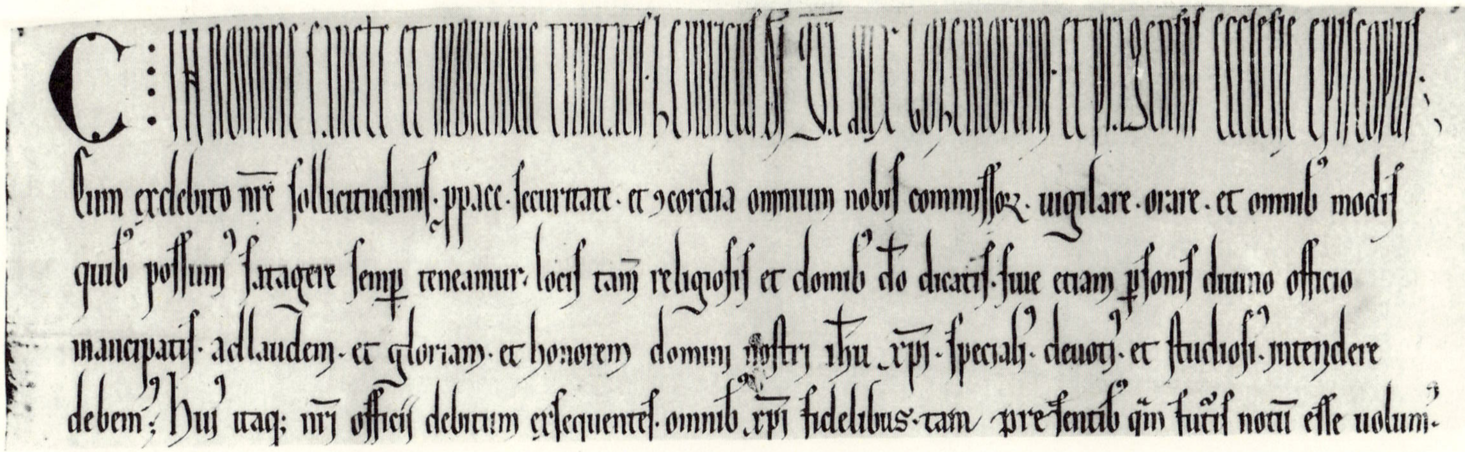

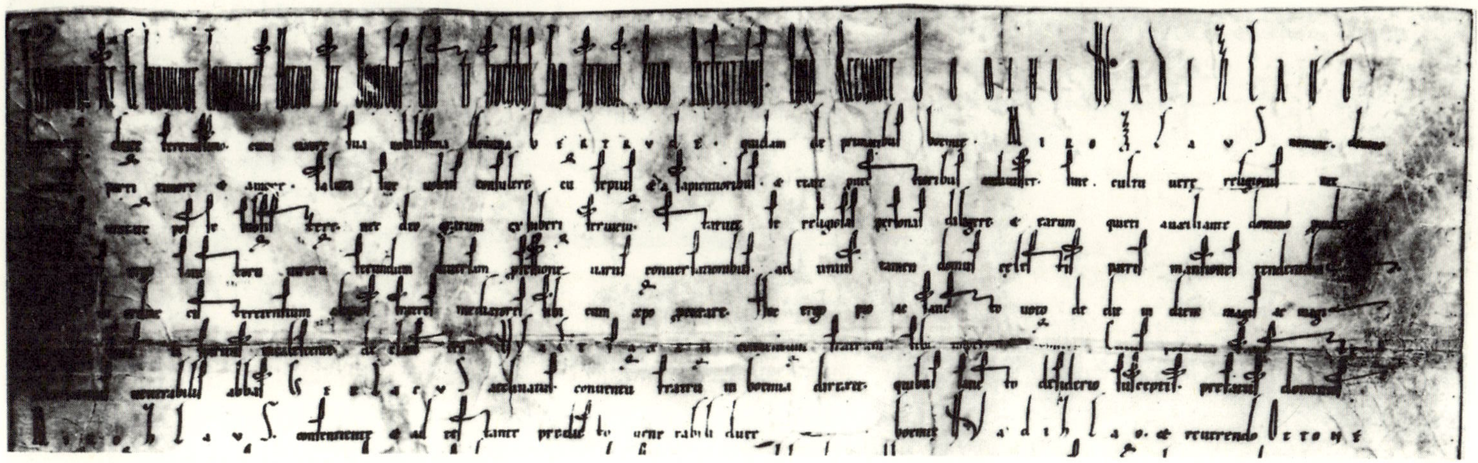

Abb. 13 *1194-IX-30, Prag – Heinrich Břetislav, Fürst von Böhmen und Bischof von Prag, für Kloster Plass (CDB I, S. 312, Nr. 348)*

Abb. 14 *[1142–1148] – Der Adlige Miroslav für Kloster Sedletz (CDB I, S. 155, Nr. 155)*

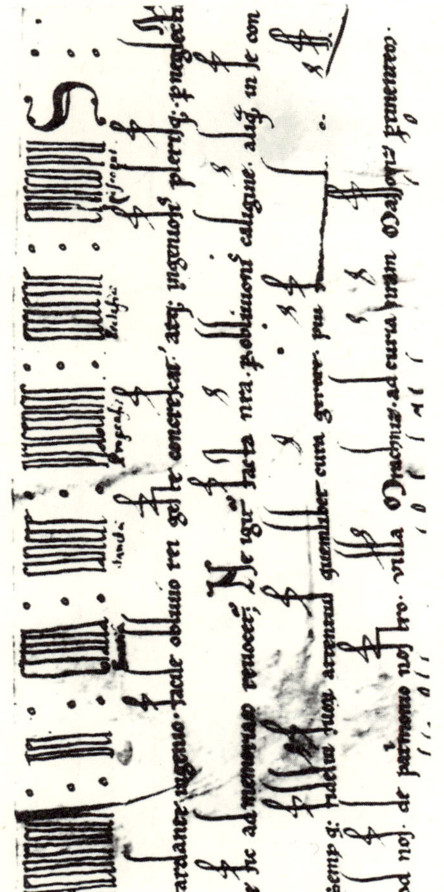

Abb. 15 *[1184–1192] – Heinrich Břetislav, Bischof von Prag, für die Prager Kirche (CDB I, S. 305, Nr. 335)*

Abb. 16 1190-X-25, Prag – Konrad Otto, Fürst von Böhmen, für Kloster Bruck (CDB I, S. 299, Nr. 326)

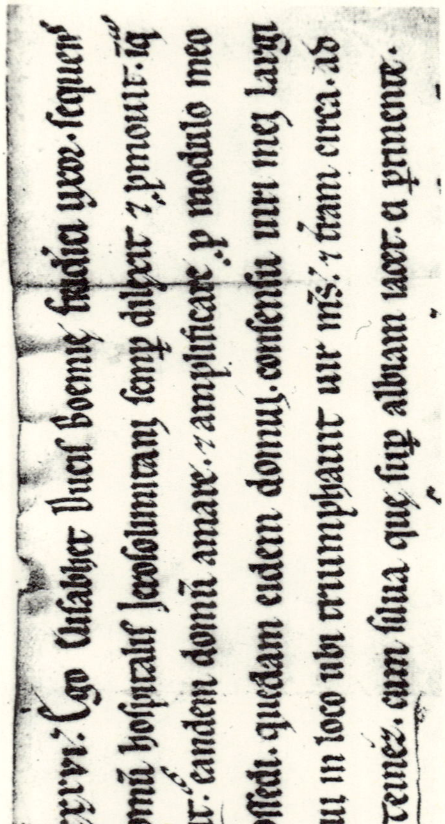

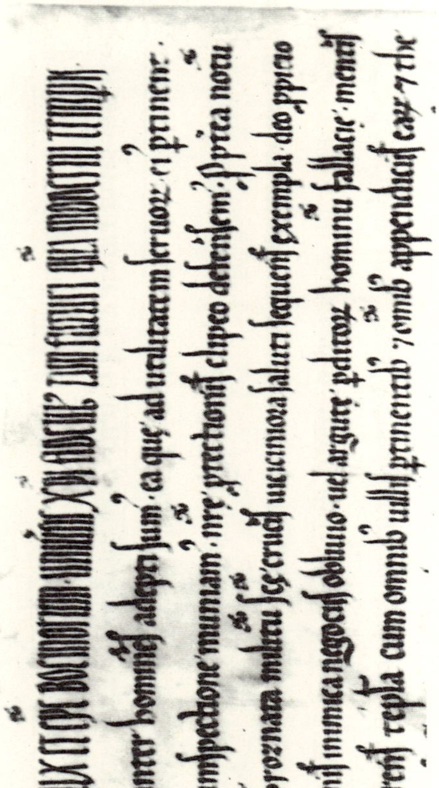

Abb. 17 *1186 – Elisabeth, Fürstin von Böhmen, für den Johanniterorden (CDB I, S. 284, Nr. 312)*

Abb. 18 *[1186] – Heinrich Břetislav, Bischof von Prag, für den Johanniterorden (CDB I, S. 285, Nr. 313)*

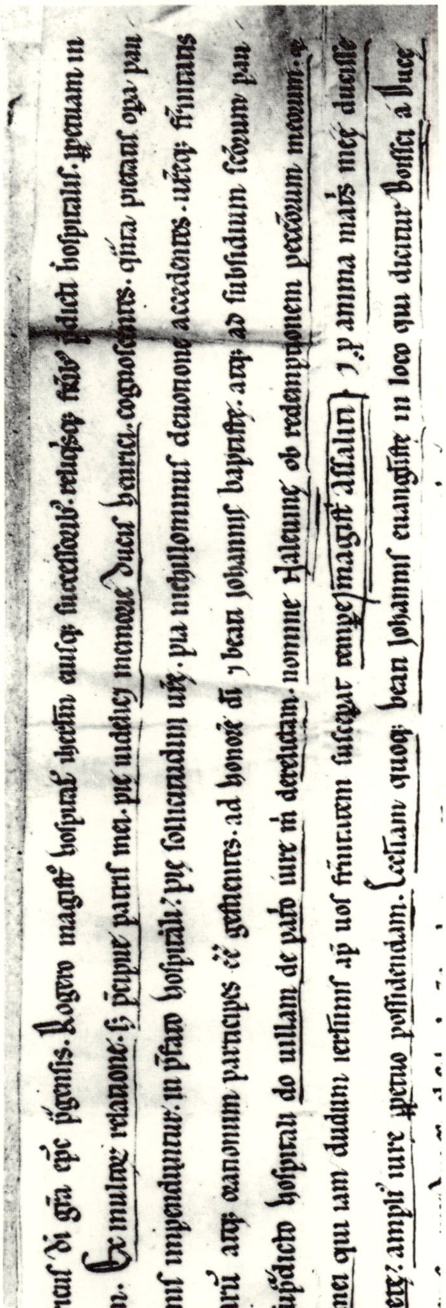

Abb. 19 1197 – *Heinrich Břetislav, Fürst von Böhmen und Bischof von Prag, für Kloster Tepl (CDB I, S. 325, Nr. 358)*

Graphische Symbole in den ungarischen Urkunden des 11.–13. Jahrhunderts

Von László Solymosi

Das erste Handbuch der Diplomatik in Ungarn stammt aus dem Ende des 18. Jahrhunderts, aus der Feder von Márton Schwartner (1759–1823), nachdem er schon in jungen Jahren Professor der Urkunden- und Wappenlehre an der Pester Universität geworden war. Der gebürtige Käsmarker hatte bei dem Göttinger Professor Christoph Gatterer (1727–1799) studiert und folgte in seiner Arbeit der Auffassung seines Lehrers: Er gliederte die Diplomatik in drei Teile – *graphica* (Schriftkunde), *semiotica diplomatica* (diplomatische Zeichenkunde) und *rhetorica seu formularia diplomatica*[1]. Die *semiotica diplomatica* untergliederte er in *chrismologia*, *staurologia*, *symbolica*, *monogrammatica*, *sphragistica* und *semiotica notarialis* und beschäftigte sich dementsprechend unter anderem mit den graphischen Zeichen am Anfang und Ende der Urkunden: Chrismon, Kreuz, Monogramm und Notarszeichen[2].

Diese von Schwartner begonnene Arbeit fand keinen Nachfolger. Die detaillierte Untersuchung der graphischen Symbole unterblieb, nur bei dem Streit über die Echtheit der Gründungsurkunde der Abtei St. Martinsberg beschäftigte man sich ausführlicher mit ihnen[3]. Fast anderthalb Jahrhunderte nach Schwartner berührte Imre Szentpétery dieses Thema in seinem grundlegenden Diplomatik-Handbuch nur nebenbei. In seiner bis heute unentbehrlichen Zusammenfassung erwähnte er sie unter den äußeren Merkmalen, im Laufe der Behandlung der *invocatio symbolica* und im Zusammenhang mit einigen Urkunden[4].

Die semiotische Untersuchung begann sich um 1970 in Ungarn durchzusetzen. Diese spezifische Art der Analyse wirkte sich vor allem auf die ethnographischen Forschungen aus, wo sie zu bedeutenden Ergebnissen führte[5]. Die Diplomatik-Forschungen beeinflußte sie dagegen nicht, vor allem, weil die Verwendung der graphischen Symbole – wie noch zu zeigen sein wird – in den ungarischen Urkunden unbedeutend war. Aus dem gleichen Grund nahm neben der Diplomatik auch die Urkundenkritik keine Notiz von ihnen, zudem auch die Voraussetzungen dafür nicht gegeben waren: Das Studium der Urkunden in den verschiedensten Archiven wurde erst vor kaum zehn Jahren durch die im Ungarischen Staatsarchiv neu eingerichtete Diplomatische Fotosammlung erleichtert[6]. Auf diese ist man sogar im Falle der frühesten Urkunden angewiesen, weil eine allen Ansprüchen genügende kritische Ausgabe der Urkunden des 11.–12. Jahrhunderts noch nicht vorliegt[7]. Unter solchen Umständen kann hier nur eine Analyse der graphischen Symbole in den Urkunden aus dem 11.–13. Jahrhundert vorgenommen werden.

1 M. Schwartner, Introductio in artem diplomaticam praecipue Hungaricam, Pesthini 1790. Ad Lectorem, S. 36, 38, 96, 199. Ders., Introductio in rem diplomaticam aevi intermedii, praecipue Hungaricam. Editio secunda auctior et emendatior. Budae 1802, S. 52–53, 55, 121, 221. Vgl. J. Ch. Gatterer, Elementa artis diplomaticae universalis. Vol. I. Gottingae 1765. S. 29–30, 144.

2 Schwartner, Introductio (wie Anm. 1), S. 96–199. In der zweiten Auflage (S. 121–221) weicht die Reihenfolge ab: Das Kapitel *Symbolica* steht am Schluß.

3 L. Fejérpataky, A pannonhalmi apátság alapitó oklevele (Die Gründungsurkunde der Abtei St. Martinsberg). Budapest 1878. S. 28, 108, 122, 164–165, 168, 209–212. Vgl. T. Turchányi, XI. és XII. századbeli magyar királyi oklevelek alkotó részeinek formulái. Oklevéltani tanulmány (Die Formelbestandteile der ungarischen Königsurkunden im 11. und 12. Jahrhundert. Eine diplomatische Abhandlung), Temesvár 1903. S. 5, 7, 31.

4 I. Szentpétery, Magyar oklevéltan (Ungarische Urkundenlehre), Budapest 1930, S. 12, 19, 38, 39, 42, 49, 50, 65, 111.

5 Die neueste Synthese ist von M. Hoppál, M. Jankovics, A. Nagy, Gy. Szemadám, Jelképtár (Lexikon der Symbole), Budapest 1990.

6 I. Borsa, Die Fotosammlungen von Dokumenten zur ungarischen Geschichte bis 1526 im Nationalarchiv Budapest, in: Fotografische Sammlungen mittelalterlicher Urkunden in Europa, hg. v. P. Rück, Sigmaringen 1989, (= Historische Hilfswissenschaften 1), S. 95–105.

7 Die Ungarische Akademie der Wissenschaften bereitet eine Ausgabe aller Ungarn betreffenden Urkunden bis 1196 vor. Der erste Band mit Urkunden bis 1131 wurde veröffentlicht: G. Györffy (ed.), Diplomata Hungariae antiquissima (im weiteren: DHA), Vol. I, Budapestini 1992. Inzwischen wurden Faksimilia der ältesten 50 ungarischen Originalurkunden publiziert: Chartae Antiquissimae Hungariae ab anno 1001 usque ad annum 1196. Composuit Gregorius Györffy. Budapest 1994. Über die königlichen Urkunden im 11.–13. Jahrhundert informiert das von I. Szentpétery begonnene und von I. Borsa zum Abschluß

Als die Annahme des Christentums und die Staatsgründung um die Jahrtausendwende die Voraussetzungen für die Schriftlichkeit in Ungarn schufen, wurden in den Urkunden der stärker entwickelten Regionen Europas die graphischen Symbole bereits seit Jahrhunderten verwandt[8]. Am Anfang der Urkunden verkörperten das Kreuz, das Christogramm oder das C-förmige sog. Hebarhard-Chrismon die symbolische Invokation[9]. Am Ende der Urkunde standen als Mittel der Beglaubigung die Monogramme oder Kreuze der an dem Rechtsgeschäft Beteiligten. Die Schriftlichkeit, die sich in Ungarn auf ausländischen Einfluß hin entfaltete, übernahm selbstverständlich auch den Gebrauch der graphischen Symbole. In den frühesten Urkunden Ungarns sind mehrere Typen des Chrismons (das nach dem Notar Königs Ludwig des Deutschen benannte C-förmige Chrismon, das Kreuz wie auch das Christogramm) und zugleich die Herrschermonogramme zu finden.

Aus der Zeit König Stephans I. (des Heiligen, 997–1038) ist nicht eine Originalurkunde erhalten. Es gibt aber Transsumpte bzw. Kopien von neun lateinischen und einem griechischen Urkundentext, die im Namen des Staatsgründer-Königs verfaßt wurden. Sechs der lateinischen sind spätere Fälschungen und drei erwiesen sich als interpolierte Varianten der Originalurkunden. Ungeachtet der kleineren oder größeren Textänderungen konnte im Falle der Urkunden für die Abtei St. Martinsberg und für die Bistümer Wesprim bzw. Fünfkirchen durch gründliche Forschung nachgewiesen werden, daß sie vom Einfluß der damaligen deutschen kaiserlichen Kanzlei geprägt waren[10]. Hinsichtlich der Verwendung der graphischen Symbole verdient die Gründungsurkunde von St. Martinsberg gesonderte Aufmerksamkeit (vgl. Abb. 1a).

Diese Gründungsurkunde der Abtei St. Martinsberg aus dem Jahre 1001 blieb in original scheinender Gestalt, mit dem für damalige Originalurkunden üblichen Äußeren, auf Pergament geschrieben und mit Wachssiegel versehen, erhalten. Schon Harry Bresslau wies nach, daß es sich nicht um das Original, sondern um das interpolierte und nachgezeichnete Pendant der verlorengegangenen Originalurkunde König Stephans handelt. Die Originalurkunde hatte der mit dem Buchstaben C bezeichnete Notar des Kanzlers Kaiser Ottos III. Heribert verfaßt und geschrieben, nachdem er 1002 – nach dem Tode des Kaisers – an den ungarischen Königshof gekommen war. Daraus folgerte er, daß die Jahreszahl 1001 auf der Gründungsurkunde von St. Martinsberg nicht richtig sein könne[11]. Neuere Forschungen haben die Ansicht Bresslaus bestätigt und ergänzt. Demnach ist die interpolierte Kopie in der zweiten Hälfte des 12. Jahrhunderts oder spätestens zu Beginn des 13. Jahrhunderts entstanden und die ursprüngliche Jahreszahl 1002 gewesen, die der Kopist auf 1001 verdarb[12]. Letztlich hat die Kopie aber – ungeachtet der Interpolation – die Schreibweise und den Stil des Notars des kaiserlichen Kanzlers Heribert mit dem Buchstaben C treu bewahrt.

Die Gründungsurkunde von St. Martinsberg enthält das C-förmige Chrismon, das Christogramm (*labarum Constantini*) und das Herrschermonogramm[13]. Am Anfang der Urkunde steht die *symbolica invocatio*, gebildet durch zwei graphische Zeichen: das C-förmige

gebrachte Regestenwerk: Az Árpád-házi királyok okleveleinek kritikai jegyzéke, Regesta regum stirpis Arpadianae critico-diplomatica, Bd. I–II/4, Budapest 1923–1987. Alle Originalurkunden aus dem 11.–12. Jahrhundert registriert Ó-Magyar Olvasókönyv (Altungarisches Lesebuch), hg. v. E. Jakubovich, D. Pais, Pécs 1929, S. 291–301. In beiden Werken sind alle Archivsignaturen und auch die früheren Ausgaben verzeichnet. Im weiteren zitieren wir diese Werke mit RA beziehungsweise ÓMO und Regestennummer.

8 W. Erben, Die Kaiser- und Königsurkunden des Mittelalters in Deutschland, Frankreich und Italien, in: W. Erben, L. Schmitz-Kallenberg, O. Redlich, Urkundenlehre, I. Teil, München–Berlin 1907, S. 140–157.

9 Die Definition der symbolischen oder monogrammatischen Invokation ist nach Santifaller die folgende: »Die monogrammatische Invokation erscheint als ein Zeichen, im christlichen Kulturkreis als Kreuz, Labarum und dergleichen oder auch als ein mit verschiedenen Füllseln versehenes C; die monogrammatische Invokation wird auch als Chrismon bezeichnet«. L. Santifaller, Über die Verbal-Invokation in Urkunden, in: Österreichische Akademie der Wissenschaften, Philosophisch-historische Klasse, Sitzungsberichte, 237. Bd., 2. Abhandlung, Wien 1961, S. 5.

10 H. Bresslau, Internationale Beziehungen im Urkundenwesen des Mittelalters. Exkurs. Zu den Urkunden König Stephans von Ungarn, in: Archiv für Urkundenforschung Bd. 6 (1918), S. 65–76; Szentpétery, Oklevéltan (wie Anm. 4), 37–39; Ders., Szent István király oklevelei (Die Urkunden König Stephans d. Hl.), in: Emlékkönyv Szent István király halálának kilencszázadik évfordulóján (Gedenkschrift zum 900. Todestag von König Stephan d. Hl.), hg. v. J. Serédi. Bd. I–III, Budapest 1938, Bd. II, S. 135–202; Gy. Györffy, Die Anfänge der ungarischen Kanzlei im 11. Jahrhundert, in: Archiv für Diplomatik Bd. 30 (1984), S. 90–92.

11 Bresslau (wie Anm. 10), S. 70–76; vgl. Fejérpataky, Pannonhalmi apátság (wie Anm. 3), S. 150; Ders., A királyi kanczellária az Árpádok korában (Die ungarische königliche Kanzlei im Zeitalter der Arpaden), Budapest 1885, S. 15–16.

12 Szentpétery, Oklevéltan (wie Anm. 4), 38; Ders., Szent István (wie Anm. 10), S. 145–185, bes. S. 168, 183; Gy. Györffy, Zu den Anfängen der ungarischen Kirchenorganisation auf Grund neuer quellenkritischer Ergebnisse, in: Archivum Historiae Pontificiae Bd. 7 (1969), S. 87–96; Ders., Die Anfänge (wie Anm. 10), S. 90.

13 Budapest, Ungarisches Staatsarchiv, Diplomatische Fotosammlung (im weiteren: DF) 206927, RA 2, ÓMO 1, DHA Bd. I, S. 39–41.

Chrismon und das Christogramm. Der durch eine Wellenlinie verzierte große Anfangsbuchstabe C blieb innen nicht leer. Er wurde aber nicht mit an Saiten erinnernde oder andersartige lineare Verzierungen ausgefüllt, sondern durch das aus den Anfangsbuchstaben X (Chi) und P (Rho) des griechischen Namens Christi zusammengestellte Christogramm. Unter den von Heribert C geschriebenen Urkunden Kaiser Ottos III. findet sich keine, die dieses doppelte symbolische Zeichen der Gründungsurkunde von St. Martinsberg enthielte. Dennoch ist nicht zu bezweifeln, daß Heribert C das C-förmige Chrismon mit dem symbolischen Zeichen des Namens und der Person Christi verband, daß also die Originalurkunde mit diesem Doppelsymbol begann [14], denn es ist wenig wahrscheinlich, daß der Schreiber der interpolierten Kopie der Originalurkunde den Mut gehabt haben sollte, das Doppelsymbol zu schaffen. Einerseits hat offensichtlich die möglichst vollkommene Wiedergabe der Schreibweise der ihm vorliegenden Urkunde und die Erweiterung des Textes seine Aufmerksamkeit so sehr absorbiert, daß er unter anderem auch das Ausgabedatum verdarb; andererseits bot ihm die ungarische Beurkundungspraxis – wie sich noch zeigen wird – keinerlei Stütze dafür, dieses zusammengesetzte Zeichen zu konstruieren.

In der Signumzeile der Gründungsurkunde von St. Martinsberg steht nach dem Muster der damaligen kaiserlichen Urkunden das der Beglaubigung der Urkunde dienende Monogramm Stephans I. (vgl. Abb. 1b). Die Unterschrift des die Urkunde ausstellenden Herrschers wurde dabei durch das quadratische Monogramm (*monogramma quadriforme titulare*) ersetzt, das auch Namen und Wappen des Königs enthielt. STEFANUS REX läßt sich ihm entnehmen [15]. Bei der Fertigstellung der damaligen Monogramme wirkte der Herrscher durch eigenhändiges Ziehen des Vollziehungsstriches selbst mit. Anhand des heutigen Exemplars der Gründungsurkunde von St. Martinsberg läßt sich nicht entscheiden, ob das originale Monogramm die eigenhändige Mitwirkung Stephans I. zeigte, doch läßt sich diese hier ebenso wie bei der erwähnten Urkunde für das Bistum Wesprim voraussetzen. Aus den Klauseln beider (*hanc paginam manu propria roborantes* bzw. *paginam hanc manu propria corroborantes*) ist auf die eigenhändige Mitwirkung König Stephans I. zu schließen [16].

Das Kreuz als graphisches christliches Symbol erscheint erstmals in einer anderen Urkunde König Stephans, dem griechischen Gründungsprivileg des Nonnenklosters im Wesprimtal [17]. Die Gründung dieses Klosters mit griechischem Ritus hängt aller Wahrscheinlichkeit nach mit der Hochzeit Herzog Emerichs zusammen, der eine griechische Prinzessin zur Frau nahm. Da es zu dieser Heirat zwischen 1015 und 1031 gekommen sein könnte, muß diese undatierte Gründungsurkunde auch in diesen Jahren ausgestellt worden sein [18]. Den Text überlieferte König Kolomans beglaubigte Originalurkunde von 1109 in der Weise, daß die obere Hälfte der Urkunde den griechischen Text und die untere dessen lateinische *renovatio*, Paraphrase, enthält. Dieses Transsumpt von 1109 ist eine treue Wiedergabe des griechischen Textes der verlorenen Originalurkunde, dessen Struktur und Sprache keine Verwandtschaft mit den Urkunden der byzantinischen Kaiser, sondern mit den griechischen Privaturkunden aufweist [19].

Das echte Transsumpt der griechischen Urkunde vom Wesprimtal von 1109 beginnt mit der symbolischen Invokation, mit dem Kreuz. Da das Original fehlt, ist es natürlich möglich, daß am Beginn der Originalurkunde kein graphisches Zeichen stand, sondern das Kreuz bei der Transkription von 1109 vor den

14 Szentpétery, Oklevéltan (wie Anm. 4), 39–40; Ders., Szent István (wie Anm. 10), S. 182.

15 Fejérpataky, Pannonhalmi apátság (wie Anm. 3), S. 209–212.

16 A pannonhalmi Szent-Benedek-rend története (Geschichte des Benediktinerordens von St. Martinsberg), hg. v. L. Erdélyi, P. Sörös, Bd. I–XII/B, Budapest 1902–1916 (im weiteren: PRT), Bd. I, S. 590; Gy. Györffy, Diplomata Hungarica antiquissima 1000–1196, in: Történelmi Szemle (Historische Zeitschrift) Bd. 3 (1960), S. 535; Szentpétery, Szent István (wie Anm. 10), S. 135, 181–182. Nach der Meinung von Fejérpataky hat das Monogramm von König Stephan keinen Vollziehungsstrich, aber er nahm an, die Gründungsurkunde von St. Martinsberg sei die echte Originalurkunde von König Stephan d. Hl. Fejérpataky, Pannonhalmi apátság (wie Anm. 3), S. 212; Ders., Kanczellária (wie Anm. 11), S. 76.

17 Budapest, Ungarisches Staatsarchiv, Diplomatisches Archiv (im weiteren: DL) 11, RA 1, ÓMO 6, DHA Bd. I, S. 85.

18 Gy. Moravcsik, Görögnyelvű monostorok Szent István korában (Griechischsprachige Klöster zur Zeit von Stephan d. Hl.), in: Gedenkschrift (wie Anm. 10), Bd. I, S. 412–415; Sz. Vayay, Veszprémvölgy és alapítói (Wesprimtal und seine Stifter), in: Levéltári Szemle (Archivalische Zeitschrift) Bd. 38 (1988), Nr. 4 S. 20–24.

19 J. Darkó, A veszprémi apáczamonostor alapító-levelének 1109. – i másolatáról (Über das aus 1109 stammende Transsumpt der Stiftungsurkunde des Nonnenklosters von Wesprim), in: Egyetemes Philologiai Közlöny (Allgemeine philologische Mitteilungen) Bd. 41 (1917), S. 263, 268, 272, 340–341; Moravcsik, Monostorok (wie Anm. 18), S. 411; Ders., Studia Byzantina, Budapestini 1967, S. 334; Szentpétery, Szent István (wie Anm. 10), S. 192; G. Érszegi, Szent István görög nyelvű okleveléről (Über die griechischsprachige Urkunde von Stephan d. Hl.), in: Levéltári Szemle (Archivalische Zeitschrift) Bd. 38 (1988), Nr. 3, S. 4–6.

20 L. Fejérpataky, Kálmán király oklevelei (Die Urkunden König Kolomans), Budapest 1892, S. 62.

griechischen Text gezeichnet wurde. Das konnte auch deshalb geschehen, weil zugleich zwei andere Originalurkunden König Kolomans mit dem Kreuz einsetzen[20]. Allerdings hatte die Praxis aus Kolomans Zeit keinen Einfluß auf den Verfasser des Transsumpts. Einerseits haben diese zwei Kreuze eine völlig andere Form als das vor dem griechischen Text, das anders als diese der Verbalinvokation folgt, und andererseits zeichnete der Hersteller des Transsumpts kein Kreuz vor den lateinischen Text der Urkunde von 1109. Aber gegen eine Interpolierung des Kreuzes sprechen auch die Entstehungsumstände der Urkunde von 1109. Nach Auskunft des lateinischen Textes waren die Transkription und Renovation deshalb notwendig geworden, weil die von Stephan I. nach byzantinischer Weise zusammengerollte und mit einem Siegel verschlossene Gründungsurkunde, ihre Glaubwürdigkeit, nachdem sie als Beweismittel im Prozeß der Nonnen geöffnet wurde, verloren hatte[21]. So diente die Transkription der Rettung des Urkundentextes, womit sich auch die kleinste Interpolation schwer vereinbaren läßt. Ganz im Gegenteil: Dieser Aufgabe konnte nur die genaueste Transkription der Urkunde gerecht werden. Daß die Bestrebung zu solch vollkommener Treue den Schriftkundigen nicht fremd war, zeigt jene Kopie gut, die selbst die durchschnittenen Buchstaben des Chirographs wiedergab[22]. So könnte also das Kreuz im Transsumpt von 1109 zur griechischen Originalurkunde König Stephans gehört haben[23].

Andreas I. (1046–1060), der nach dem Bürgerkrieg nach Stephans I. Tod zur Herrschaft gelangte, gründete zu Ehren der Jungfrau Maria und des französischen Bischofs, des hl. Anianus, eine Abtei auf der Halbinsel Tihany im Plattensee. Die im Jahre 1055 ausgestellte Gründungsurkunde der Abtei von Tihany ist die älteste echte Originalurkunde in Ungarn[24]. Sie unterscheidet sich grundsätzlich von den nach deutschem Muster erstellten Urkunden Stephans I. Ihre Sprache, ihr Aufbau und ihre äußere Form – insbesondere die Verwendung des Christogramms, die Aufzählung der Zeugen in den Signumzeilen – weisen Verwandtschaft zu französischen, genauer zu lothringischen Urkunden auf (vgl. Abb. 2a und 2b). Ihr Verfasser könnte zu jenen wallonisch-französischen Geistlichen gehört haben, die sich Mitte des 11. Jahrhunderts in Ungarn niederließen[25].

Die Gründungsurkunde von Tihany enthält dreierlei graphische Symbole. Die königliche Urkunde beginnt mit dem aus den Buchstaben Chi und Rho bestehenden Christogramm. Die Signumzeilen werden links von dem aus dem lateinischen Namen ANDREAS gebildeten Herrschermonogramm, rechts von dem Wort REX und in der Mitte von dem Siegel unterbrochen. Ähnlich denen König Stephans ist auch dieses Monogramm quadratisch, jedoch enthält es nicht den Titel REX. Klar ersichtlich ist sein Basisbuchstabe N (*ductus fundamentalis*), dem sich die anderen Monogrammelemente angliedern. Das *consignatumque manu regis* am Ende der Urkunde ist ein Hinweis darauf, daß Andreas I. höchstwahrscheinlich selbst bei der Fertigstellung seines Monogramms mitwirkte. Sein eigenhändiger Linienzug läßt sich jedoch nicht feststellen[26].

Das dritte graphische Symbol der Tihanyer Gründungsurkunde, das Kreuz, steht in den Signumreihen. Die Signa der 19 Zeugen – fünf kirchliche Persönlichkeiten (ein Erzbischof, drei Bischöfe, ein Abt) und 14 weltliche Würdenträger, zumeist Beamte des Königshofes – bestehen aus je einem Kreuz, das in diesem Fall der offensichtliche Beweis der religiös geprägten Verantwortung des Zeugen darstellt. Die 19 Kreuze sind nicht völlig identisch, Form und Dicke der Kreuzbalken weichen hier und da voneinander ab, doch sind die Unterschiede nicht so erheblich, als daß man mit der eigenhändigen, also von den Zeugen selbst vorgenom-

21 Ebd. S. 33; B. L. KUMOROVITZ, Kálmán király 1109. évi veszprémvölgyi »ítéletlevele« (Die Wesprimtaler »Gerichtsurkunde« von König Koloman aus dem Jahre 1109), in: Tanulmányok Veszprém megye múltjából (Abhandlungen zur Geschichte des Komitats Wesprim), hg. v. L. KREDICS, Veszprém 1984, S. 7.

22 Die Kopie des Testaments der Frau Magdalena, Gemahlin des Gründers der Abtei von Csatár um 1140, ist mit durchschnittenen ABCDEFG Buchstaben in der Admonter Riesenbibel zu sehen. Diese Bibel war bis zur Mitte des 13. Jahrhunderts im Besitz der Abtei Csatár in Ungarn. Wien, Österreichische Nationalbibliothek, Cod. ser. nov. 2701, fol. 54r. Vgl. L. FEJÉRPATAKY, A Gutkeled-Biblia (Die Gutkeleds Bibel), in: Magyar Könyvszemle (Ungarische Bücherschau) Bd. 1 (1893), S. 18–20.

23 In einer der neuesten Ausgabe dieser Urkunde wird das Kreuz vor der verbalen Invokation nicht veröffentlicht. Gy. MORAVCSIK, Az Árpád-kori magyar történet bizánci forrásai, Fontes Byzantini historiae Hungaricae aevo ducum et regum ex stirpe Árpád descendentium, Budapest 1984, S. 80. Vgl. DHA Bd. I, S. 85.

24 DF 208368, RA 12, ÓMO 2, DHA Bd. I, S. 149–152.

25 SZENTPÉTERY, Oklevéltan (wie Anm. 4), S. 41–43; D. PAIS, 1055–1955, in: Magyar Nyelv (Ungarische Sprache) Bd. 51 (1955), S. 4–5; J. HORVÁTH, Miklós püspök és a tihanyi alapítólevél (Bischof Nikolaus und die Gründungsurkunde von Tihany), in: Magyar Nyelv Bd. 51 (1955), S. 155–156; A. BALOGH, A tihanyi alapítólevél mint XI. századi művelődési kapcsolataink emléke (Die Gründungsurkunde von Tihany als Denkmal unserer kulturellen Verbindungen im 11. Jahrhundert), in: Magyar Nyelv Bd. 53 (1957), S. 35–42; Gy. GYÖRFFY, A székesfehérvári latinok betelepülésének kérdése (Zur Frage der Ansiedlung der Stuhlweißenburger Latiner), in: Székesfehérvár évszázadai (Jahrhunderte von Stuhlweißenburg) Bd. 2 (1972), S. 39–40; DERS., Die Anfänge (wie Anm. 10), S. 93–94.

26 PRT Bd. X, S. 495. FEJÉRPATAKY, Kanczellária (wie Anm. 11), S. 76.

menen Einzeichnung rechnen dürfte. Im Falle der kirchlichen Persönlichkeiten läge zwar die Annahme der eigenhändigen Mitwirkung auf der Hand, doch widerspricht dem die Ähnlichkeit der Kreuze. Aus dem gleichen Grund ist es nicht wahrscheinlich, daß die weltlichen Zeugen die Hilfe ihrer Kapläne (*comitum capellani*) für das Zeichen der Kreuze in Anspruch genommen hätten[27].

Außer Stephan I. und Andreas I. machte noch König Bela I. (1060–1063) von dem Monogramm Gebrauch. Seine Zeichnung ist zwar nicht überliefert, aber daß er es benutzte, läßt sich aus einer gefälschten Variante der Tihanyer Gründungsurkunde erschließen, die zwischen 1324 und 1369 angefertigt wurde. Für sie verwendete man eine Urkunde Belas I., deren Text man abgeschabt, sein Siegel aber unverändert belassen hatte. Vom Originaltext des Palimpsests gelang es mit Hilfe ultravioletten Lichts nur ein einziges Wort zu lesen, den Titel REX rechts neben dem Siegel, das mit der echten Tihanyer Gründungsurkunde Verwandtschaft aufweist. Aufgrund der Ähnlichkeit läßt sich vermuten, daß links vom Siegel das Monogramm des Eigentümers, König Belas I., gestanden hat[28].

Bei der Verwendung der graphischen Symbole kam es gegen Ende des 11. Jahrhunderts zu einem erheblichen Rückfall. Außer der Tihanyer Gründungsurkunde sind aus dem 11. Jahrhundert nur noch drei glaubwürdige Originalurkunden erhalten. Alle drei undatierten Urkunden stellte zur Zeit König Ladislaus des Heiligen (1077–1095) der Empfänger (*destinatarius*), die königliche Kirche, aus. In einer Privaturkunde ohne Siegel traf der in königlichen Diensten altgewordene Guden Verfügungen zugunsten der Kapitelherren des Wesprimer Domes und in einer mit dem königlichen Siegel versehenen Privaturkunde überschrieb Herzog David der Tihanyer Abtei eine Schenkung[29]. Diese beiden Privaturkunden enthalten keinerlei graphische Zeichen, ja nicht einmal eine Verbalinvokation. Dagegen stehen in der königlichen Urkunde mit dem Siegel des Herrschers, der Güterkonskription der Abtei St. Martinsberg, zwei graphische Symbole[30]. Die Urkunde beginnt mit dem Christogramm aus den Buchstaben Chi und Rho[31] (vgl. Abb. 3 a). Der symbolischen Invokation folgt die Verbalinvokation, die einen leoninischen Hexameter und, anders als die Invokationen vom Typ *in nomine* der Gründungsurkunden von St. Martinsberg, Wesprimtal und Tihany, einen Aufruf (*coniunctivus imperativus*) enthält: DIVINUM FIRMET NOMEN QUOD SCRIPSIMUS AMEN[32]. Ebenso ungewöhnlich ist das die Verbalinvokation abschließende AMEN, das für die damaligen französischen Urkunden typisch war[33].

Das zweite graphische Symbol der Konskription von St. Martinsberg, das Kreuz (vgl. Abb. 3 b), hat eine eigentümliche Funktion. Auf den ersten Blick scheint es die in der Aufzählung nebeneinander stehenden römischen Zahlen voneinander trennen, also das Verständnis erleichtern zu sollen: *Molendina ipsius loci sunt* VII. + C.XXX.I. *mansiones ministrorum*. Da sich aber die durch das Kreuz getrennten römischen Zahlen nicht zusammen lesen lassen, könnte die Verwendung des graphischen Symbols einen anderen Grund haben. Der Schreiber der Urkunde setzte das Kreuz gewiß deshalb nachträglich zwischen die zwei Zahlen, um die erhebliche Vergrößerung der zweiten Zahl durch Hinzufügung eines oder zweier C zu verhindern. Das Kreuz füllte in diesem Falle nicht einfach eine Leerstelle aus, sondern war eine Mahnung an den eventuellen Interpolator, schützte die Zahl vor nachträglicher Veränderung, hatte also eine Schlimmes verhütende Funktion. Dem Verfasser des auszugsweisen Transsumpts der Konskription von 1236 war jedoch diese Auffassung schon so fremd, daß er das ursprüngliche Kreuz durch ein ganz anderes Zeichen ersetzte[34].

Von den graphischen Symbolen des 11. Jahrhunderts blieb im 12. Jahrhundert allein das Kreuz im Gebrauch

27 Die Gesetze gegen Ende des 11. Jahrhunderts betreffen die Kleriker der weltlichen Würdenträger. L. ZÁVODSZKY, A Szent István, Szent László és Kálmán király korabeli törvények és zsinati határozatok forrásai (Die Quellen der Gesetze und Synodalbeschlüsse aus der Zeit von Stephan d. Hl., Ladislaus d. Hl. und Koloman), Budapest 1904, S. 161 (Art. 18.), 184 (Art. 5.), vgl. L. MEZEY, A latin írás magyarországi történetéből (Aus der Geschichte der lateinischen Schrift in Ungarn), in: Magyar Könyvszemle (Ungarische Bücherschau) Bd. 82 (1966), S. 6–7. Mezey meinte, die Kreuze in der Gründungsurkunde von Tihany seien die eigenhändigen Kreuze der Geistlichen oder ihrer Kleriker und der Kleriker der Weltlichen. Ebd. S. 209.

28 Gy. GYÖRFFY, Ein ungarischer Palimpsest aus dem 11. Jahrhundert, in: Byzantinische Forschungen Bd. 1 (1966), S. 150–157.

29 DF 200610; ÓMO 3, DF 208371; RA 23, ÓMO 5; B.L. KUMOROVITZ, Die erste Epoche der ungarischen privatrechtlichen Schriftlichkeit im Mittelalter (XI–XII. Jahrhundert), in: Studia Historica Academiae Scientiarum Hungaricae, Bd. 21, Budapest 1960, S. 5–6, 8–9, 15–16; L. SOLYMOSI, Guden magánoklevele másodlagos pecsétjének eredete (Herkunft des sekundären Siegels auf der Privaturkunde von Guden), in: Veszprémi Történelmi Tár (Wesprimer Historische Zeitschrift), Bd. 1 (1989), S. 101–105.

30 DF 208288; RA 29, ÓMO 4, DHA Bd. I, S. 299–301.

31 SZENTPÉTERY, Oklevéltan (wie Anm. 8), S. 49.

32 J. HORVÁTH, Árpád-kori latinnyelvű irodalmunk stílusproblémái (Stilprobleme unserer lateinischen Literatur in der Arpadenzeit), Budapest 1954, S. 83.

33 ERBEN, Die Kaiser- und Königsurkunden (wie Anm. 8), S. 308.

34 DF 206963, 206964, vgl. DF 208291: p. 64.

und auch nur in ausschließlich invokatorischer Funktion. Unter den 59 echten Originalurkunden beginnen nur 10 (17 %) mit einem Kreuz[35]. Hinzurechnen läßt sich noch das Vermächtnis von Hoda um 1186, das zwar nicht im Original erhalten ist, dessen Text aber – mit dem Kreuz am Anfang – das Chartularium der Abtei St. Martinsberg um 1240 überliefert[36]. Ein Vergleich der Originalurkunden mit den Kopien im Chartularium zeigt, daß ihnen diese völlig zu Recht zugerechnet werden. Das Kreuz war auch in diesem Falle keine Hinzufügung, sondern gelangte bei der Nachzeichnung des Originals in die Kopie. Sämtliche mit dem Kreuz beginnenden Urkunden enthalten die Kirche betreffende Verfügungen: Es sind Aufzeichnungen von Schenkungen, Testamenten oder Urteilen, von denen drei die Benediktinerabtei St. Martinsberg, je zwei die Benediktinerabtei von Zobor und den Wesprimer Dom, je eine den Graner Dom, den Johanniterorden, die Benediktinerabtei St. Cosma und Damianus bei Zadar bzw. den Raaber Bischof Ugrin betreffen. Der Anteil der Benediktiner ist unbezweifelbar groß, aber keineswegs überraschend, da bis zur Mitte des 12. Jahrhunderts zumeist die Benediktinerurkunden erhalten blieben. Die Anteile würden sich gewiß verändern, wenn die früheste Originalurkunde aus den Kreisen des hohen Klerus nicht erst von 1183 stammte[37].

Es fällt schwer, eine Antwort auf die Frage zu geben, warum gerade diese Urkunden mit einem Kreuz beginnen. Ihr Inhalt und der Umstand, daß sie für kirchliche Institutionen oder Persönlichkeiten ausgestellt wurden, ist keine Erklärung, gibt es doch Vermächtnisse, Schenkungs- und Urteilsbriefe sowie die Kirche betreffende Urkunden aus dem 12. Jahrhundert ohne symbolische Invokation[38]. Die kirchliche Beziehung an sich kann auch deshalb nicht für die Verwendung des Kreuzes entscheidend sein, weil in Ungarn – mit Ausnahme einiger königlicher Privilegien für die seit Beginn des 12. Jahrhunderts unter Oberhoheit des ungarischen Königs stehenden dalmatinischen Städte – bis zur Mitte des 12. Jahrhunderts stets die Kirche der Empfänger (*destinatarius*) der Urkunden war; weltliche Personen erhielten erst von da an Urkunden[39]. Auch das Fehlen der Verbalinvokation zeigt keine Verbindung zur Anwendung der symbolischen Invokation, da im 12. Jahrhundert auch Urkunden ohne jede Invokation ausgestellt wurden[40]. Die Beantwortung der Frage kann erst nach einer Untersuchung der Empfängerrolle der Kirche bei der Ausstellung der mit einem Kreuz beginnenden Urkunden versucht werden.

Die beiden Urkunden[41] für die Abtei von Zobor aus den Jahren 1111 (vgl. Abb. 4) und 1113 beginnen mit einem Kreuz, das in beiden Fällen fast identisch ist: Zwischen den sich am Ende verbreiternden Kreuzbalken ist in den vier Ecken je ein Punkt zu sehen[42]. An der Ausstellung der Urkunden war die königliche Kanzlei nicht beteiligt, beide wurden vom Zoborer Abt Gaufredus (*Godefridus*) und seinen Mitbrüdern verfertigt[43]. Beide Urkunden zeigen französischen Einfluß. Der Schriftcharakter erinnert an die damaligen französischen seigneurialen Urkunden, die Schreibung der Namen verrät hie und da französische Aussprache und Schrift, und das zwischen den Balken mit vier Punkten verzierte Kreuz ist am ehesten für die zeitgleichen französischen Urkunden typisch[44]. Der Schreiber der

35 ÓMO 6–72. Von diesen 67 Urkunden sind zwei Kopien (Nr. 16, 17), fünf unechte Urkunden (Nr. 39, 47, 48, 54, 55), eine Urkunde (Nr. 66) ist nur aus der Edition bekannt. Eine (Nr. 36) der 59 echten Originalurkunden bleibt irgendwo versteckt, aber ihr Lichtbild ist in der Fotosammlung von E. Jakubovich zu finden. Die mit Kreuz beginnenden Urkunden sind die folgenden: Nr. 7, 8, 23, 24, 25, 27, 36, 37, 59, 71.

36 DF 208291: p. 11, PRT Bd. I, S. 611–612. In der Edition fehlt das Kreuz, aber auf dem Faksimile (ebd. S. 91) ist es zu sehen.

37 DL 24, ÓMO 45, Kumorovitz, Die erste Epoche (wie Anm. 29), S. 35. Der dalmatinischen und böhmischen Praxis nach beginnen die Urkunden von Prälaten oft mit Kreuz oder C-förmigem Chrismon. Codex diplomaticus regni Croatiae, Dalmatiae et Slavoniae. Vol. I, Redegit M. Kostrenčić, collegerunt et digesserunt J. Stipišić et M. Šamšalovič, Zagrabiae 1967, Nr. 49, 79, 80, 117, 165; G. Friedrich (ed.), Codex diplomaticus et epistolaris regni Bohemiae, Tom. I–II, Pragae 1904–1912, Bd. I, Nr. 115, 116, 313, 358.

38 Zum Beispiel der Gerichtsbrief von *comes* Sár um 1130, das Testament der Frau Színes von 1146 und der Donationsbrief König Gézas II. von 1150 für die Abtei St. Martinsberg. DF 206830, RA 57, ÓMO 11; DF 206814, RA 72, ÓMO 19; DF 206816, RA 78, ÓMO 21.

39 Szentpétery, Oklevéltan (wie Anm. 4), S. 55; A. Kubinyi, Königliche Kanzlei und Hofkapelle in Ungarn um die Mitte des 12. Jahrhunderts, in: Festschrift Friedrich Hausmann, hg. v. H. Ebner, Graz 1977, S. 308.

40 Zum Beispiel der Gerichtsbrief von *comes* Sár um 1130, das Testament von *hospes* Fulco 1146 und das Privileg König Stephans III. von 1165. DF 206830, RA 57, ÓMO 11; DF 206815, RA 73, ÓMO 20; DL 39417, RA 18, ÓMO 35.

41 DF 273051, RA 43, ÓMO 7, DHA Bd. I, S. 382–383 (ohne Kreuz); DF 273502, RA 46, ÓMO 8, DHA Bd. I, S. 392–396.

42 Siehe Anm. 20.

43 Fejérpataky, Kálman király (wie Anm. 20), S. 64.

44 I. Hajnal, Írástörténet az írásbeliség felujulása korából (Die Erneuerung des Schreibwesens. Ein Beitrag zur Schriftgeschichte), Budapest 1921, S. 107; Szentpétery, Oklevéltan (wie Anm. 4), S. 50; Kumorovitz, Die erste Epoche (wie Anm. 29), S. 16, 21. Die Kreuze in den Urkunden von König Ludwig VI. sind einfach gestaltet; Punkte in den vier Ecken und sorglos ausgeführte Ansatzlinien am Ende der Kreuzarme scheinen ihre einzige Verzierung zu sein. Erben, Die Kaiser- und Königsurkunden (wie Anm. 8), S. 218. Siehe auch Anm. 74. Mit solchem Kreuz beginnt auch die Urkunde des böhmischen Herzogs im Jahre 1130. G. Friedrich (ed.), Acta regum Bohemiae selecta phototypice expressa, Codicis diplomatici regni Bohemiae appendix, fasc. I–III, Pragae 1908–1935, fasc. I, tab. 1.

beiden Zoborer Urkunden war mit Gewißheit aus Frankreich nach Ungarn gekommen. Der entscheidende Anlaß dafür war die Gründung der Benediktinerabtei von Somogyvár. Das neue Kloster bezog auf den Ruf König Ladislaus' von 1091 hin Mönche der französischen Abtei Saint Gilles, und die Verbindung zwischen den beiden Abteien wurde durch den französischen Charakter Somogyvárs über ein Jahrhundert lang bewahrt[45].

Der Gipfel des invokatorischen Gebrauchs des Kreuzes – wohl nicht ganz unabhängig vom Durchzug des 2. Kreuzzugs 1147 durch Ungarn – fiel in die Mitte des 12. Jahrhunderts[46]. Innerhalb weniger Jahre, zwischen 1152 und 1157, entstanden mehr mit dem Kreuz beginnende Urkunden als vordem. Aus der Zeit König Geysas II. (1141–1162) blieben 12 glaubwürdige Originalurkunden erhalten, von denen vier mit einem Kreuz beginnen (vgl. Abb. 5)[47]. Bei der Ausstellung zweier von ihnen war auch der königliche Notar Barnabás beteiligt. Ihm ist allerdings die Verwendung des graphischen Symbols nicht zuzuschreiben, weil er auch an der Formulierung von Urkunden ohne Kreuz beteiligt war, von denen eine gerade 1156 ausgestellt wurde[48]. Die Formulierung der zwei mit Kreuz versehenen Urkunden von 1152 wurde in den Skriptorien der Destinatare, des Wesprimer Domes bzw. der Abtei St. Martinsberg, vorgenommen: Der Wesprimer Gerichtsbrief und das Testament der Frau Margareta wurden von Barnabás bloß überarbeitet, korrigiert und stilisiert[49]. An der Ausstellung der beiden anderen Urkunden war der königliche Notar nicht beteiligt. Das Vermächtnis des königlichen Gesandten Adalbert zugunsten der Abtei St. Martinsberg und die königliche Schenkungsurkunde für den Graner Dom waren reine »Empfängerausstellungen«, die in St. Martinsberg bzw. Gran vor sich gingen[50]. Die Verwendung des Kreuzes stammte in allen vier Fällen vom kirchlichen Destinatar. Und dennoch führte die Beteiligung des kirchlichen Destinatars bei der Urkundenausstellung nur recht selten zur Verwendung des Kreuzes. Unter der Herrschaft Geysas II. erhielt die Abtei St. Martinsberg die meisten Urkunden. Von den sieben erhaltenen Originalurkunden beginnen dennoch nur zwei mit dem Kreuz, wobei sich diese Kreuze ebenso wie die Schrift voneinander unterscheiden[51]. Übereinstimmend sind sie aber, ebenso wie das Kreuz der Wesprimer Urkunde, in den vier Ecken der Balken mit einem Punkt verziert. Demgegenüber wurden in einmaliger Weise beim Kreuz der Graner Urkunde Punkte nur in die beiden oberen Ecken gezeichnet.

Sämtliche behandelten sechs Urkunden aus dem 12. Jahrhundert – fünf Privaturkunden und eine königliche Urkunde – tragen das königliche Siegel. In geringerem oder größerem Maß war der kirchliche Empfänger bei der Ausstellung aller dieser Urkunden beteiligt, auch bei der königlichen, was schon deshalb leicht geschehen konnte, weil in diesem Falle der Graner Dom die Schenkung erhielt, wobei der Graner Erzbischof die Jurisdiktion über die auch mit Urkundenausstellung befaßten Geistlichen der königlichen Kapelle besaß[52].

In der zweiten Hälfte des 12. Jahrhunderts traten entscheidende Veränderungen in der Entwicklung der Schriftlichkeit Ungarns ein. Zunehmend sank die Beteiligung des Destinatars bei der Urkundenausstellung und damit zugleich der Anteil der privatgestalteten Urkunden mit königlichem Siegel. Es entstand die von der königlichen Kapelle unabhängige königliche Kanzlei und damit auch die einheitlich gestaltete königliche Urkunde. Die immer häufiger werdende schriftliche Fixierung privater Rechtsgeschäfte übernahmen nun die Kanzlei und – als ungarisches Spezifikum – immer häufiger die kirchlichen Körperschaften, die glaubwürdigen Orte (*loca credibilia*)[53]. In dem

45 Győrffy, Die Anfänge (wie Anm. 10), S. 94–95; F. Baumgartner, A saint-gillesi apátság összeköttetései Magyarországgal (Die Verbindungen der Abtei von Saint-Gilles mit Ungarn), Századok (Jahrhunderte) Bd. 40 (1906), S. 389–411.

46 Aus dieser Zeit erwähnt Kubinyi sechs mit Kreuze beginnende Urkunden: RA 74, 81, 82, 86, 111, 116. A. Kubinyi, Királyi kancellária és udvari kápolna Magyarországon a XII. század közepén (Königliche Kanzlei und Hofkapelle in Ungarn um die Mitte des 12. Jahrhunderts), in: Levéltári Közlemények (Archivalische Mitteilungen), Bd. 46 (1975), S. 71, Anm. 84. Es ist unbestimmt, wann RA 74 mit RA 83 getauscht wird.

47 RA 68, 72, 73, 76, 78, 80–84, 86, 90. Symbolische Invokationen gibt es in RA 81–83, 86.

48 Der königliche Notar Barnabas wird in sieben Originalurkunden genannt: RA 73, 78, 80–82, 84, 90. Zwei Urkunden (RA 81, 82) beginnen mit Kreuzen. Über die Tätigkeit des Notars Barnabas in Ausführlichkeit Kubinyi, Königliche Kanzlei (wie Anm. 39), S. 302–303, 308–310.

49 DF 200613, RA 81, ÓMO 23; DF 206818, RA 82, ÓMO 24. Vgl. Kumorovitz, Die erste Epoche (wie Anm. 29), S. 17, 22; Kubinyi, Királyi kancellária (wie Anm. 46), S. 89. Die Rolle des Empfängers bei Ausfertigung des Wesprimer Gerichtsbriefes bestritt Kubinyi. Ebd. S. 90.

50 DF 206819, RA 83, ÓMO 25; DF 236755. RA 86, ÓMO 27. Vgl. Kumorovitz, Die erste Epoche (wie Anm. 29), S. 16; Kubinyi, Királyi kancellária (wie Anm. 46), S. 81–82, 91.

51 RA 72, 73, 76, 78, 80, 82, 83. Mit Kreuzen beginnen RA 82 und 83. Alle Urkunden ohne symbolische Invokation wurden vor 1152 ausgefertigt. Die Rolle des Destinatars bei der Ausfertigung dieser Urkunden der Abtei von St. Martinsberg betont Kubinyi, Királyi kancellária (wie Anm. 46), S. 88–89.

52 Kubinyi, Königliche Kanzlei (wie Anm. 39) S. 317–318, 323.

53 Kumorovitz, Die erste Epoche (wie Anm. 29), S. 17–19, 30–36; Kubinyi, Királyi kancellária (wie Anm. 46), S. 108–117, bes. 115.

Maße, wie die Rolle des Destinatars bei der Urkundenausstellung sank, ging der Gebrauch des Kreuzes zurück.

Aus der Zeit König Stephans III. (1162–1172) blieben zehn glaubwürdige Originalurkunden erhalten[54]. Dobicas Sohn Vido und der Wesprimer *comes* Benedek vermachten 1166 bzw. 1171 ihr Vermögen den Johannitern bzw. dem Wesprimer Dom, wobei sie jeweils auch ihre Verwandten geringfügig bedachten[55]. Das Kreuz der Urkunde von 1166 war – in gewohnter Weise und letztmalig in Urkunden Ungarns – mit vier Punkten verziert, das der anderen Urkunde wurde ganz einfach belassen. Neun dieser zehn Urkunden erwähnen den königlichen Notar Becen als Formulierer der Urkunde[56]. Nur das Testament Vidos berief sich auf keinen Notar. Beide Testamente sind sich außer dem Kreuz auch dadurch ähnlich, daß sie nicht einheitlich konstruiert sind. In beiden kommt überraschend der Erblasser zu Wort: Vido testiert in einer gesonderten Klausel und Benedek am Ende der Urkunde in der ersten Person Singular[57]. Dies sind Hinweise, daß bei der Abfassung der Urkunden auch andere Personen teilnahmen, sehr wahrscheinlich wieder der kirchliche Destinatar bzw. sein Bevollmächtigter. Von ihm könnte auch die symbolische Invokation stammen. Untermauert wird diese Vermutung dadurch, daß in Konráds Testament von 1172 kein Kreuz vorkommt, obwohl sein Text mit dem Benedeks aus einer Wurzel stammende augustinische Gedanken (*mihi Christum facerem heredem – sibi Christum faceret heredem*) bzw. paulinische (1. Th 4,13) Wendungen (*volo vestram non ignorare Christianitatis multitudinem – voloque vos non ignorare fratres*) enthielt[58]. Der Verfasser war der gleiche, der Destinatar dagegen nicht; Konrád hinterließ sein Vermögen der Abtei St. Martinsberg, Benedek aber übereignete seinen Besitz dem Wesprimer Dom.

Aus der Zeit König Belas III. (1172–1196) ist keine einzige mit einem Kreuz beginnende königliche Urkunde erhalten. Die königliche Kanzlei verwendete keine graphischen Symbole[59]. Das erwähnte Testament Hodas entstand unabhängig von der königlichen Kanzlei. Sein Vermächtnis ist in zwei Urkunden erhalten, beide im Chartularium der Abtei St. Martinsberg um 1240. An der Ausstellung der königlichen Urkunde von 1186 war der Kanzler-Propst Adorján beteiligt. Aus ihrem Inhalt geht hervor, daß er König Hoda in dessen letzten Tagen besuchte und auf seine Bitte die Freilassung von fünf Sklaven (*servi*) sanktionierte[60]. In der anderen Urkunde übereignet Hoda seinen Besitz der Abtei St. Martinsberg. Einen Gedanken des Paulus' (Hebr. 13, 14) zitierend (*hic manentem civitatem non habemus, sed futuram in celis expectamus*) und sich an ihn haltend, empfiehlt er sich der Gnade Gottes und des hl. Martin, des Schutzpatrons des Klosters, sowie den Gebeten der Mönche und hinterläßt sein Vermögen der Abtei[61]. Diese um vieles einfacher als die königliche gestaltete undatierte Urkunde besteht aus *invocatio*, *arenga*, *intitulatio* und *dispositio*. Da das Original fehlt, lassen sich über den Aussteller nur Vermutungen äußern. Am wahrscheinlichsten ist, daß das Testament im Skriptorium der interessierten Partei, der Abtei St. Martinsberg, ausgestellt wurde. Wenn dies der Fall wäre, stammte die symbolische Invokation auch hier vom kirchlichen Destinatar.

Am Ende des 12. Jahrhunderts findet sich ein Kreuz zu Beginn einer königlichen und einer herzoglichen Urkunde. König Emerich (1196–1204) schenkte dem Raaber Bischof Ugrin Grundbesitz. Die Donationsurkunde stammt aus der königlichen Kanzlei, an ihrer Ausstellung waren der Kanzler und Bischof Katapán beteiligt[62]. Im Sinne der Formel *datum per manus* war der Kanzler für die Ausstellung der Urkunde verantwortlich und kontrollierte sie. Aller Wahrscheinlichkeit nach war Bischof Ugrin bei der Ausstellung der Urkunde zugegen. Dazu war er nicht nur berechtigt, weil er an der Urkunde interessiert war, sondern auch aufgrund seiner Bischofswürde und vornehmen Abkunft (aus dem Geschlecht Csák). Möglicherweise war das Kreuz seine Idee, doch kann man sich auch vorstel-

54 RA 101, 104–108, 110, 111, 116, 120.

55 Lichtbild der Fotosammlung von E. Jakubovich im Besitz von Gy. Györffy, RA 111, ÓMO 36; DF 200616, RA 116, ÓMO 37. Ich danke Prof. György Györffy, daß er mir das Lichtbild des Testaments von 1166 zeigte.

56 Über den königlichen Notar Becen siehe Kubinyi, Königliche Kanzlei (wie Anm. 39), S. 304–306, 308–310.

57 Kumorovitz, Die erste Epoche (wie Anm. 29), S. 17–18, 32, vgl. Kubinyi, Királyi kancellária (wie Anm. 46), S. 90.

58 DF 206821, RA 120, ÓMO 38. Zu den Zitaten aus den beiden Testamenten und ihre Herkunft siehe PRT Bd. I, S. 605, ÓMO S. 46, 48, A. Murarik, Az ősiség alapintézményeinek eredete (Herkunft, des Verbotes der Vermögensveräußerung im ältesten ungarischen Recht), Budapest 1938, S. 115, 119; Kubinyi, Királyi kancellária (wie Anm. 46), S. 87, Anm. 250.

59 L. Fejérpataky, III. Béla király oklevelei (Die Urkunden des Königs Béla III.), in: III. Béla magyar király emlékezete (Gedenkschrift für den ungarischen König Béla III.), hg. v. Gy. Forster, Budapest 1900, S. 161–168, bes. S. 165; Hajnal, Írástörténet (wie Anm. 44), S. 60–61.

60 DF 208291: p. 18–19, G. Wenzel (ed.), Árpádkori új okmánytár, Codex diplomaticus Arpadianus continuatus, Bd. I–XII, Pest, Budapest 1860–1874, Bd. VI, S. 161–162.

61 Siehe Anm. 36. Vgl. Kumorovitz, Die erste Epoche (wie Anm. 29), S. 33.

62 DL 40001, RA 172, ÓMO 59, vgl. Szentpétery, Oklevéltan (wie Anm. 4), S. 66–67.

len, daß der die Urkunde schreibende Hofgeistliche unabhängig von ihm die Donationsurkunde mit dem Kreuz begann. In einzigartiger Weise besteht die symbolische Invokation aus zwei Kreuzen (vgl. Abb. 6). Obwohl die senkrechten Balken einander berühren, bilden sie, soweit ersichtlich, kein doppeltes Kreuz.

König Emerichs jüngerer Bruder, der dalmatinisch-kroatische Herzog Andreas, ließ zwischen 1198 und 1202 mehrere Urkunden ausstellen. Diese folgten anfangs dem Muster der dalmatinischen Urkunden, später aber der Praxis der königlichen Kanzlei[63]. Herzog Andreas machte dem Kloster St. Cosma und Damianus bei Zadar im Jahre 1200 eine Donation[64]. In ihrem Aufbau unterscheidet sich diese Urkunde kaum (so enthält sie statt der Würdenträger- eine Zeugenzeile) von den gleichzeitigen Urkunden König Emerichs. Auch hier umriß die Formel *datum per manus* die Aufgabe des Kanzlers Propst Jakab. Das Kreuz am Anfang der Urkunde läßt die Rolle des kirchlichen Destinatars ahnen.

Seit Beginn des 13. Jahrhunderts verwendet man in den königlichen Urkunden die symbolische Invokation nicht mehr[65]. Von dieser Möglichkeit machen auch die übrigen Urkunden ausstellenden Personen und Institutionen keinen Gebrauch mehr, mit zwei Ausnahmen, und diese nur je einmal. In beiden Fällen wurden die mit einem Kreuz beginnenden Urkunden der glaubwürdigen Orte von einem kirchlichen Gremium ausgestellt. Die undatierte Urkunde von *comes* Tamás von Neutra – entstanden um 1208 – wurde gemäß ihrer Klausel durch die Siegel des *comes* und des Graner Domkapitels sanktioniert (vgl. Abb. 7)[66]. Damit hat die Urkunde über den Besitzstreit des Bischofs von Neutra im Skriptorium des Graner Kapitels eindeutig ihre letztgültige Form erhalten. Darauf verweist ferner, daß entsprechend der für kirchliche Gremien gültigen Praxis diese Urkunde ein Chirograph war, dessen beide Exemplare glücklicherweise erhalten blieben. Das andere Chirograph wurde in der Benediktinerabtei von Lébény verfaßt (vgl. Abb. 8). Diese Urkunde des Abtes und Konventes bezeugt, daß einer der Mönche (*confrater*) seinen Sklaven (*servum suum*) freigelassen hatte[67]. Dieser freigelassene Sklave war der einzige weltliche Destinatar, der in Ungarn eine mit einem graphischen Symbol versehene Urkunde erhielt, obwohl sich die Zahl der weltlichen Empfänger seit der Mitte des 12. Jahrhunderts ganz bedeutend erhöht hatte. Sie hatten mit Sicherheit nicht viel mit der Verwendung der Symbole zu tun. Die Kreuze zweier Urkunden aus dem 13. Jahrhundert sind den ausstellenden kirchlichen Gremien zuzuschreiben. Aber auch diese beiden glaubwürdigen Orte verwendeten dieses Symbol nur in ganz seltenen Fällen und zeichneten vor ihre sonstigen Urkunden kein Kreuz[68].

Im Endergebnis könnte bei der Anwendung der symbolischen Invokation, mit Ausnahme der drei Gründungsurkunden aus dem 11. und der zwei Ausfertigungen glaubwürdiger Orte aus dem 13. Jahrhundert, vom Ende des 11. bis zum Ende des 12. Jahrhunderts die Rolle der kirchlichen Destinatare bestimmend gewesen sein. Obwohl deren Beteiligung an der Urkundenausstellung im 11.–12. Jahrhundert erhebliche Bedeutung hatte, wurde die symbolische Invokation nur vereinzelt an den Anfang der Urkunden gesetzt. Jede fünfte Originalurkunde aus dem 11.–12. Jahrhundert begann mit irgendeinem Typ des Chrismon, zumeist mit dem Kreuz, das zwischen 1111 und 1166 sechsmal mit vier und einmal mit zwei Punkten verziert wurde. In 17 Urkunden Ungarns aus dem 11.–13. Jahrhundert verwendete man drei Typen der symbolischen Invokation:

Chrismontypen	11. Jh.	12. Jh.	13. Jh.	Gesamt
C-förmiges Chrismon mit Christogramm	1	–	–	1
Christogramm	2	–	–	2
Kreuz	1	11	2	14

Die Beziehung von symbolischer und verbaler Invokation in den 17 Urkunden gestaltete sich sehr unterschiedlich. Im 11. Jahrhundert kamen beide Invokationen gemeinsam vor. Bis zur Mitte des 12. Jahrhunderts

63 Szentpétery, Oklevéltan (wie Anm. 4), S. 71, Gy. Györffy, La chancellerie royale de Hongrie aux XIII–XIVe siècles, in: Forschungen über Siebenbürgen und seine Nachbarn, Festschrift für A. T. Szabó und Zs. Jakó, hg. v. K. Benda, T. v. Bogyay, H. Glassl, Zs. K. Lengyel, Bd. II, München 1988, S. 163.

64 DF 286752, ÓMO 71, T. Smičiklas (ed.), Codex diplomaticus regni Croatiae, Dalmatiae et Slavoniae, Bd. II–XII, Zagrabiae 1904–1914, Bd. II, S. 357. Vgl. Gy. Györffy, Die Kanzleien der Arpaden-Dukate, in: Landesherrliche Kanzleien im Spätmittelalter, Münchener Beiträge, hg. v. G. Silagi, Bd. 35, München 1984, S. 329.

65 Szentpétery, Oklevéltan (wie Anm. 4), S. 111.

66 DL 54, R. Marsina (ed.), Codex diplomaticus et epistolaris Slovaciae, Bd. I–II, Bratislavae 1971–1987, Bd. I, S. 115–117. In der Edition fehlt das Kreuz, aber auf dem Faksimilefragment (ebd. tab. X.) ist es zu sehen.

67 DF 259708, Urkundenbuch des Burgenlandes und der angrenzenden Gebiete der Komitate Wieselburg, Ödenburg und Eisenburg. Bd. I, bearb. v. H. Wagner, Graz–Köln 1955, S. 118.

68 Lébény: DF 259730, Gran/Esztergom: DF 206834, 248583.

machte die symbolische Invokation die verbale überflüssig. Ab 1157 wurde wieder die doppelte Invokation verwendet, doch das Kreuzsymbol einheitlich mit der trinitarischen Invokation verbunden. Die Urkunde von 1229 kehrte dann wieder zur früheren Praxis zurück: sie ließ die Verbalinvokation fort, die damals in den meisten Urkunden bereits fehlte, beide Formen der Anrufung Gottes am Anfang der Urkunden kamen aus der Mode[69].

Die mit dem Chrismon beginnenden 17 Urkunden (15 originale und je ein Transsumpt bzw. Kopie) informieren zugleich über die Anwendung sämtlicher graphischer Symbole in Ungarn während des 11.–13. Jahrhunderts, denn die übrigen graphischen Symbole treten stets gemeinsam mit dem Chrismon auf: Drei Urkunden aus dem 11. Jahrhundert enthalten außer dem Chrismon noch ein anderes Symbol. Die 17 Urkunden zeugen von der geringen Verbreitung der graphischen Symbole in Ungarn. Selbstverständlich werden sie in weit mehr Urkunden enthalten gewesen sein. Sämtliche lateinischen Urkunden König Stephans I. folgten vermutlich dem Muster der Gründungsurkunde von St. Martinsberg, und die Palimpsest-Urkunde König Belas I. macht einen breiteren Gebrauch des Herrschermonogramms wahrscheinlich. Dennoch lassen die 17 Urkunden Aufschlüsse über die Anteile zu; es ist nicht anzunehmen, daß Urkunden mit graphischen Symbolen in höherem Maße vernichtet wurden, bzw. weniger erhalten blieben als diejenigen ohne sie. Von den aus dem 11.–12. Jahrhundert bekannten 64 Originalurkunden verwendeten 13 (20%) ein graphisches Symbol. Die beiden Urkunden aus dem 13. Jahrhundert sind, – auch wenn unsere Sammlung nicht als vollständig zu betrachten ist –, gegenüber den mehreren tausend Originalen zu vernachlässigen. Für die ungarische Praxis waren die invokatorischen Symbole typisch, die korroborativen kamen kaum zur Geltung. Der Grund dafür könnte sein, daß seit Ende des 11. Jahrhunderts fast ein Jahrhundert hindurch bei der Urkundenausstellung die Rolle des kirchlichen Destinatars bestimmend war und für ihn die Glaubwürdigkeit der Urkunde durch das Siegel des Herrschers und nicht durch dessen Monogramm garantiert wurde. Die Mitwirkung des kirchlichen Destinatars hatte einerseits das Fehlen der korroborativen und andererseits die maßvolle Verwendung der invokatorischen Symbole zur Folge:

Zeichen	11. Jh.	12. Jh.	13. Jh.	Anzahl
Chrismon	4	11	2	17
Herrschermonogramm	2	–	–	2
Kreuz mit Signum	19	–	–	19
Sonstiges Kreuz	1	–	–	1

Bei der Verwendung der graphischen Symbole unterschied sich die Praxis in Ungarn von der in Böhmen in mehreren Punkten. In Böhmen benutzte man nur die invokatorischen Symbole, und zwar die einfacheren Typen: das Kreuz und das C-förmige Chrismon sowie deren beider Kombination, indem man letzteres zwischen zwei Kreuze setzte. Ihre Verwendung setzte später ein, reichte aber weiter und war häufiger: Zwischen 1130 und 1230 entstanden 30 Urkunden mit einem graphischen Symbol am Anfang, und auch später kommen sie in einzelnen Urkunden vor[70]. Nach vergleichbaren Angaben des 12. Jahrhunderts begannen in Böhmen etwa 25% der Originalurkunden mit einem Chrismon, in Ungarn 17%.

Entsprechend dem Charakter der behandelten graphischen Symbole standen diese am Anfang oder am Ende der Urkunden. Eine Ausnahme bildet jenes besondere Kreuz, das in der Disposition der Konskription von St. Martinsberg zwischen zwei Zahlen steht. Graphische Symbole konnten aber auch an anderen Stellen vorkommen. Sie wurden auch bei dem spezifischen Beglaubigungsverfahren bei Urkunden, der Chirographierung, verwendet[71].

Der Abt des Trierer St.-Maximin-Klosters schloß 996 mit der Witwe Berta unter Einbeziehung eines Vogts Henrik einen Prekarievertrag. Aufgrund des zweiseitigen Rechtsgeschäftes wurde der Vertrag in zwei Exemplaren ausgestellt. Der Vertragstext wurde zweimal untereinander auf dasselbe Pergament geschrieben. In den Leerraum dazwischen wurden sieben Monogramme gezeichnet, durch die dann das

69 Szentpétery, Oklevéltan (wie Anm. 4), S. 111, 186; I. Hajnal, L'Enseignement de l'écriture aux universités médiévales. Deuxième édition revue, corrigée et augmentée des manuscriptes posthumes de l'auteur avec un album de fac-similés par L. Mezey, Budapest 1959, S. 197–198.

70 Friedrich, Codex (wie Anm. 37), Bd. I, Nr. 111, 115, 116, 157, 210, 312, 313, 344, 348, 357, 358, Bd. II, Nr. 6, 27, 57, 59, 74, 85, 99, 125, 126, 169, 195, 230, 239, 246, 286, 289, 320, 321, 325. Vgl. Ders., Acta (wie Anm. 44), fasc. I, tab. 1, 2, 4, 12, 15, fasc. II, tab. 16, 17, 19, 26, 28–30. Symbolische Invokation von 1241: ebd. fasc. III, tab. 36. Vgl. M. Bezsák, A középkori magyar és cseh okleveles gyakorlat (Die ungarische und böhmische Urkundenpraxis im Mittelalter), in: Emlékkönyv Szentpétery Imre születése hatvanadik évfordulójának ünnepére (Festschrift zum 60. Geburtstag von Imre Szentpétery), Budapest 1938, S. 57. Von 47 böhmischen Originalurkunden im 12. Jahrhundert beginnen zwölf Urkunden mit Chrismon.

71 Gatterer, Elementa (wie Anm. 1), S. 189–191, A. de Boüard, Manuel de diplomatique française et pontificale, Bd. I: Diplomatique générale avec un album de 54 planches en phototypie, Paris 1929, S. 365–366, Album, pl. 50–51.

Pergament in zwei Teile geschnitten wurde. Die Stellung der graphischen Symbole wurde durch eine strenge Kompositionsordnung bestimmt. Das größte Monogramm in der Mitte war das des Herrschers, des Kaisers Otto III. Dieses umgaben die Monogramme der Vertragsparteien, links das des Abtes, rechts das der Witwe. Diesen folgten auf beiden Seiten je ein Christogramm, neben den üblichen X und P gebildet aus dem ersten (Alpha) und letzten (Omega) Buchstaben des griechischen Alphabets. Nach diesen beiden identischen Symbolen schloß die Reihe links das Monogramm des himmlischen Patrons (*sanctus Maximinus*) und rechts das des irdischen Patrons (*Henricus*) des Klosters ab[72]. Andere Chirographe verwendeten erheblich weniger Symbole. Bei der Herstellung des Hilwartshäuser Chirographs von 1004 wurden ein von einer strahlenden Sonne umgebenes Kreuz sowie ein einfaches Balkenkreuz durchschnitten[73]. In anderen Fällen schloß sich das graphische Symbol dem Text an. In den beiden zusammenpassenden Exemplaren des Chirographs der Abtei von Nouaillé von 1013 ist das Wort SIGNUM zwischen zwei Kreuze geschrieben, die mit vier Punkten verziert sind[74]. Dem ähnelt das Chirograph der Abtei Cluny um 1030, wo die Monogramme der beiden Parteien (*Ricuinus* bzw. *Cluniacum*) die Worte PAX IH(ES)U in der Weise umfaßten, daß sich den beiden senkrechten *ductus fundamentales* außen je zweimal untereinander dasselbe Monogramm anschloß[75]. Damit wurden beim Durchschneiden nicht die Monogramme, sondern mit dem Text gemeinsam nur die beiden *ductus fundamentales* getrennt. Der Abt des Trierer St. Maximin-Klosters chirographierte um 1050 erneut einen Vertrag, wobei diesmal zwei Monogramme verwendet wurden[76].

In den erwähnten Fällen konnten die graphischen Symbole nicht am Anfang oder Ende der Urkunde, sondern abhängig von der Technik des Chirographierens am jeweiligen Rand Platz finden. Damit weitete sich auch ihre Funktion aus. Neben ihrer traditionellen invokatorischen oder korroborativen Rolle brachten sie auch zum Ausdruck, daß die Urkunde in zwei (oder mehreren) Exemplaren hergestellt worden war, und in einem Streitfalle konnten beim Aneinanderfügen der Exemplare die einander genau ergänzenden Symbole die Glaubwürdigkeit der Urkunde beweisen. Bei dieser eigentümlichen Beglaubigungsweise wurden graphische Symbole in größerem Maße von der Jahrtausendwende bis zur Mitte des 11. Jahrhunderts verwendet, danach nur noch vereinzelt[77]. In Ungarn erschien in dieser Periode das erste Chirograph.

Aus dem 12. Jahrhundert blieben fünf originale Chirographe erhalten, das früheste von 1134[78]. Daß ihre Zahl darüber hinausging, bezeugen drei Kopien. Der Kopist des Testaments einer Frau Magdolna um 1140 zeichnete auch die bei der Chirographierung durchschnittenen Buchstaben nach[79]. Auch die Klausel der Gründungsurkunde der Abtei von Almád aus dem Jahre 1121 macht dieses Verfahren wahrscheinlich: *Hec autem pagina precepto prenominati regis Stephani gloriosissimi scripta et regali sigillo confirmata est per manum predicti episcopi Vesprimiensis venerabilis Nane consecratoris huius sancte ecclesie et tradita ab eodem in dedicatione in sacrarium Vesprimiensis ecclesie episcopalis sub custodiam ad defensionem iuris perhemniter profutura, et ut hec carta attestaretur illi, que similiter regali auctoritate scripta, confirmata tradita est in sacrarium Almadiensis monasterii sub custodiam ab eodem venerabili Nane Vesprimiensis episcopatus antistite*[80]. In Übereinstimmung damit registrierten auch die abschließenden Zeilen der Urkunde des Wesprimer Domkapitels von 1192 das Wesen dieser spezifischen Beglaubigung: Die Urkunde wurde in zwei Exempla-

72 E. Lefort, Une charte-partie de 996, in: Bibliothèque de l'École des Chartes Bd. 100 (1939), S. 410–413, vgl. M. Parisse, Remarques sur les chirographes et les chartes-parties antérieurs à 1120 et conservés en France, in: Archiv für Diplomatik Bd. 32 (1986), S. 566.

73 H. Goetting, Das Hilwartshäuser Chirograph von 1004, in: Archiv für Diplomatik Bd. 25 (1979), S. 37–58, bes. S. 43, 49, 56–58 und Tafeln I–II.

74 Parisse, Remarques (wie Anm. 72), S. 553, Tafel II, vgl. Boüard, Manuel (wie Anm. 71), Album, pl. 50, W. Trusen, Chirographum und Teilurkunde im Mittelalter, in: Archivalische Zeitschrift Bd. 75 (1979), S. 246–247.

75 Parisse, Remarques (wie Anm. 72), S 554, Tafel III, vgl. Boüard, Manuel (wie Anm. 71), Album, pl. 51.

76 H. Bresslau, Handbuch der Urkundenlehre für Deutschland und Italien, zweite Auflage Leipzig 1912, Bd. I, S. 672, vgl. Parisse, Remarques (wie Anm. 72), S. 556.

77 Parisse, Remarques (wie Anm. 72), S. 560. Ausnahmen für Kreuz aus dem 12. Jahrhundert: O. Redlich, Die Privaturkunden des Mittelalters, München–Berlin 1911, S. 97, Anm. 3, Gatterer, Elementa (wie Anm. 1), S. 189.

78 DF 251974, DL 22, DF 206827, 200617, 208372: ÓMO 12, 41, 42, 44, 46. Vgl. Fejérpataky, III. Béla (wie Anm. 59), S. 148; Szentpétery, Oklevéltan (wie Anm. 4), S. 72–76; Kumorovitz, Die erste Epoche (wie Anm. 29), S. 20–21, 33–34; L. Solymosi, A hiteleshelyi pecséthasználat kezdeteihez (Zu den Anfängen des Siegelgebrauches der glaubwürdigen Orte), in: Magyar Herold (Ungarischer Herold) Nr. 1 (1984), S. 99–109.

79 Siehe Anm. 22.

80 I. Szentpétery, Az almádi monostor alapító oklevele II. István korából (Die Gründungsurkunde des Almáder Klosters aus der Zeit Stephans II.), in: Magyar Nyelv (Ungarische Sprache) Bd. 23 (1927), S. 364–365; Solymosi, Pecséthasználat (wie Anm. 78), S. 97–98; DHA Bd. I, S. 414.

81 G. Fejér (ed.), Codex diplomaticus Hungariae ecclesiasticus ac civilis, Bd. I–XI, Budae 1829–1844, Bd. II, S. 279, vgl. Kumorovitz, Die erste Epoche (wie Anm. 29), S. 33.

ren ausgestellt, deren eines im Archiv des Wesprimer Doms aufbewahrt, also für seine Obhut gesorgt wurde[81].

Die Chirographierung hatte sich zu Beginn des 13. Jahrhunderts in Ungarn schon weit verbreitet. Königliche und andere weltliche Urkundenaussteller, Erzbischöfe und Bischöfe verwendeten diese Beglaubigungsweise selten. Die frühesten Urkunden kirchlicher Gremien dagegen wurden anfangs ohne Siegel und später als Siegelurkunden in dieser Form ausgestellt. Bis zur Mitte des 13. Jahrhunderts waren fast alle ihre Ausgaben Chirographe[82]. Von den 25 vom Wesprimer Domkapitel zwischen 1181 und 1240 ausgestellten Originalurkunden war eine einzige Urkunde von 1240 anderen Typs[83]. Von den Ausfertigungen des Stuhlweißenburger Kollegiatkapitels zwischen 1184 und 1240 blieben 8 originale Chirographe erhalten[84]. Von den 28 Originalurkunden des Raaber Domkapitels zwischen 1210 und 1240 machte man nur in einem Falle von dieser Beglaubigungsweise keinen Gebrauch[85]. Später wurde die Chirographierung zurückgedrängt, doch wurden die Privilegialurkunden (mit angehängtem Siegel) zuweilen noch bis ins 15. Jahrhundert so ausgefertigt[86]. Bei diesem Verfahren wurden üblicherweise zwei Exemplare ausgestellt, doch gab es auch Chirographe in drei, und vereinzelt, vier Exemplaren[87]. Die Legende wurde fast ausnahmslos parallel zu den Textzeilen durchschnitten[88].

Bei der weitverbreiteten Verwendung der spezifischen Beglaubigungsweise wurden graphische Symbole nicht benutzt. In drei Fällen wurden Wörter durchschnitten. Die zweifellos einen Text enthaltende Legende des Chirographs von 1134 konnte noch nicht entziffert werden[89]. Zweimal stellte ein Urkundenteil die Legende. In der Urkunde des Graner Erzbischofs János von 1209 diente dazu die Invokation (IN NOMINE PATRIS ET FILII ET SPIRITUS SANCTI), in dem durch den Erzbischof von Spalato, den Abt von St. Martinsberg und seinen Konvent gemeinsam ausgestellten Chirograph dagegen das Datum (ANNO AB INCARNATIONE DOMINI MCCXXII)[90]. In zahlreichen Fällen benutzte man bei der Chirographierung mehr oder weniger Buchstaben des Alphabets – am häufigsten nur einige, mit A beginnend. Dieses Verfahren tauchte in der Mitte des 11. Jahrhunderts auf französischem Gebiet auf und verbreitete sich von dort aus weiter. Wenn es auch vielerorts verwendet wurde, war es doch am ehesten für Südfrankreich typisch[91]. Beginnend mit dem Testament der Frau Magdolna um 1140 war auch in Ungarn die ABC-Legende das Charakteristikum des Chirographs (vgl. Abb. 9, 10).

Die durchschnittenen Buchstaben oder Wörter waren quasi Symbole: Mittel einer Beglaubigungsweise, einer eigentümlichen Rechtssicherung und Symbole in einem. Ohne jeden textlichen Hinweis drückten sie aus, daß es zwei (oder mehr) Exemplare der Urkunde gebe, von denen das eine an öffentlicher Stelle im Archiv des glaubwürdigen Ortes irgendeines (üblicherweise des ausstellenden) kirchlichen Gremiums aufbewahrt werde und das andere beglaubige, ja sich zu dessen Ersatz eigne: von ihm lasse sich jederzeit ein Transsumpt herstellen.

In den umgebenden Ländern war das Chirograph – wenn es überhaupt vorkam – bloß ein Kuriosum. In Böhmen wurden nur einige Urkunden in dieser Form ausgestellt. Als erste wurde 1186 die Urkunde des Böhmenherzogs Friedrich für die österreichische Zisterzienserabtei Zwettl chirographiert. Der Böhmenherzog Otto sanktionierte 1189 einen Vertrag der Johanniter auf die gleiche Weise[92]. Auch der Abt und

82 F. Eckhart, Die glaubwürdigen Orte Ungarns im Mittelalter, in: MIÖG Ergänzungsbd. 9, Heft 2, Innsbruck 1914, S. 474; Ders., Hiteles helyeink oklevél kritikája (Urkundenkritik unserer glaubwürdigen Orte), in: Turul (Turulvogel) Bd. 31 (1913), S. 160; Solymosi, Pecséthasználat (wie Anm. 78), S. 110–117.

83 DL 102, 129, 180, 186, 211, 249, 40015, 49829, 66077–8, 91103, 103243, 104878, DF 200617, 206827, 229861, 229886–7, 229910, 229926, 229960, 229999, 259712, 283090. Eine Ausnahme: DF 206995.

84 DL 143, 66136–8, DF 200631 (zwei Urkunden mit einem Siegel), 200634, 208372.

85 DL 127, 179, 40008, 40012, 57149, 58004, 86126, 91105, DF 206835–6, 206854, 206869, 206871, 206876, 206944, 206960, 208361, 219424, 243658, 259702, 259706, 259709, 274089–90, Fotosammlung des NÖ Landesarchivs, Wien: Stiftsarchiv Heiligenkreuz, Rub. 48, Fasc. V, Nr. 10, Rub. 52, Fasc. I, Nr. 6, Rub. 53, Fasc. X, Nr. 10. Eine Ausnahme: DF 259705.

86 Ein Chirograph des Domkapitels Erlau/Eger von 1493: DL 20067, vgl. Eckhart, Die glaubwürdigen Orte (wie Anm. 82), S. 478–479, Ders., Hiteles helyeink (wie Anm. 82), S. 161.

87 Eckhart, Die glaubwürdigen Orte (wie Anm. 82), S. 474–476, Ders., Hiteles helyeink (wie Anm. 82), S. 160.

88 Je eine Ausnahme aus dem 12. bzw. 13. Jahrhundert: DF 251974, DL 135.

89 L. v. Fejérpataky, Die Urkunden König Bélas III. von Ungarn (1172–1196), in: MIÖG Ergänzungsbd. 6, Innsbruck 1901, S. 222. Nach der Meinung von Fejérpataky bilden die zerschnittenen Buchstaben, die an der linken und an der Rückseite des Pergaments zu sehen sind, mehrfach das Wort »Cirographum«. Aber es ist nicht wahrscheinlich. Vgl. Smičiklas, Codex (wie Anm. 64), Bd. II, S. 43; Szentpétery, Oklevéltan (wie Anm. 4), S. 72.

90 DF 279034–5, Marsina, Codex (wie Anm. 66), Bd. I, 126–127, tab. X; 206870, PRT Bd. I, S. 656.

91 Parisse, Remarques (wie Anm. 72), S. 555, 558, 560.

92 Friedrich, Codex (wie Anm. 37), Bd. I, Nr. 311, 323, vgl. Ders., Acta (wie Anm. 44), fasc. I, tab. 9. 10, vgl. Bezsák, Okleveles gyakorlat (wie Anm. 70), S. 61.

Konvent der Benediktiner von Vilémov/Wilimov verwendeten diese Form in einem Vertrag mit ihren Siedlern 1279[93]. Im österreichischen Herzogtum benutzte man das Chirograph noch weniger: einzig zu Beginn des 13. Jahrhunderts einmal im Falle einer Donation an die Zisterzienserabtei Heiligenkreuz[94]. Sowohl in Böhmen als auch im österreichischen Herzogtum benutzte man Buchstaben des Alphabets dazu. Daß in Ungarn dieser Urkundentyp kein Kuriosum blieb, ist der Tätigkeit der glaubwürdigen Orte kirchlicher Gremien zuzuschreiben.

Vom Ende des 12. Jahrhunderts an beschäftigten sich die Dom- und bedeutenderen Kollegiatkapitel in Ungarn auch mit der schriftlichen Niederlegung von privaten Rechtsgeschäften. Kirchliche und weltliche Personen wandten sich an sie, um Urkunden über ihre Rechtsgeschäfte auszustellen. Dieses Vertrauen beruhte darauf, daß seit dem 11. Jahrhundert ausschließlich von diesen Institutionen die Zeremonie des Gottesurteils vorgenommen, dort die in der Rechtsprechung als Beweismittel verbreitet angewandte Probe mit dem glühenden Handeisen abgehalten und Aufzeichnungen über ihren Ausgang gemacht wurden[95]. Die wachsende gesellschaftliche Nachfrage nach Urkunden führte in den ersten Jahrzehnten des 13. Jahrhunderts dazu, daß sich auch die Benediktiner-, Prämonstratenser- und Johanniterkonvente in die Arbeit der Urkundenausstellung eingliederten. Die Zisterzienserkonvente blieben ihr jedoch fern. Einerseits war ihre gesellschaftliche Affinität weit geringer als die der übrigen, andererseits besaßen sie auch im 13. Jahrhundert noch kein Siegel. Entsprechend ihrer Ordensvorschriften war nur der Abt im Besitz eines Siegels, und zwar eines anonymen, ohne den Namen des Abtes. Die Siegelbenutzung der Konvente setzte erst mit der Verfügung Papst Benedikts XII. von 1335 ein[96]. Die Mitwirkung der glaubwürdigen Orte war zu diesem Zeitpunkt jedoch nicht mehr aktuell.

Die Beglaubigungstätigkeit der kirchlichen Körperschaften sicherte einerseits die weite Verbreitung der Chirographierung und verhinderte andererseits die Einbürgerung der Rechtsinstitution des öffentlichen Notariats in Ungarn, da sie mit der schriftlichen Fixierung der privaten Rechtsgeschäfte die gleiche Tätigkeit ausübte[97]. Ungeachtet dessen war das öffentliche Notariat auch im Ungarn des 13. Jahrhunderts nicht unbekannt. Mit den päpstlichen Legaten kamen mehrfach Notare aus Italien ins Land und stellten hier Urkunden aus. Papst Gregor IX. sandte 1228 den päpstlichen Subdiakon und Kaplan Aegidius nach Ungarn, damit er in den Zehntangelegenheiten der Abtei St. Martinsberg tätig werde. Im Verlaufe seiner Tätigkeit (1228–1231) halfen ihm zwei päpstliche *scriniarii*, Bartholomaeus de Campania und Crescius, die seine Entscheidungen in Notariatsurkunden faßten[98]. Ersterer verfertigte 1229 eine Urkunde über die Vereinbarung der Abtei St. Martinsberg und des Stuhlweißenburger Kollegiatkapitels, die er mit Notarszeichen und Klausel versah[99]. Letzterer formulierte 1230 das Urteil im Zehntprozeß zwischen der Abtei und dem Wesprimer Domkapitel. Er

93 J. Šebánek, S. Duškova, Česká listina doby Přemyslovské (Böhmische Urkunden der Premyslidenzeit), in: Sborník archivních prací (Sammlung der archivalischen Arbeiten) Bd. 6 (1956), Nr. 1, S. 156–157, Foto zwischen S. 160. und 161.

94 H. Fichtenau, Das Urkundenwesen in Österreich vom 8. bis zum frühen 13. Jahrhundert (MIÖG Ergänzungsbd. 23), Wien–Köln–Graz 1971, S. 237–238.

95 Eckhart, Die glaubwürdigen Orte (wie Anm. 82), S. 407–416; Szentpétery, Oklevéltan (wie Anm. 4), S. 74–76; J. Perényi, A francia iskolák hatása a magyar okleveles gyakorlat kialakulására (L'influence des écoles françaises sur les chartes hongroises), Budapest 1938, S. 18–27; Kumorovitz, Die erste Epoche (wie Anm. 29), S. 32–34; L. Mezey, Anfänge der Privaturkunde in Ungarn und der Glaubwürdigen Orte, in: Archiv für Diplomatik Bd. 18 (1972), S. 294–298; Solymosi, Pecséthasználat (wie Anm. 78), S. 109–110, Ders., Guden (wie Anm. 29), S. 102–103.

96 L. Mezey, Ungarn und Europa im 12. Jahrhundert, Kirche und Kultur zwischen Ost und West, in: Probleme des 12. Jahrhunderts, Reichenau-Vorträge 1965–1967, in: Vorträge und Forschungen Bd. XII, Konstanz – Stuttgart 1968, S. 261–264; Ders., A pécsi egyetemalapítás előzményei (a deákság és hiteleshely kezdeteihez) [Die Vorgeschichte der Gründung der Universität Pécs (zu den Anfängen der gebildeten Schichten und der glaubwürdigen Orte)], in: Jubileumi tanulmányok a pécsi egyetem történetéből (Jubiläumsabhandlungen aus der Geschichte der Universität Pécs), hg. v. A. Csizmadia, Pécs 1967, Bd. I, S. 76; E. Kittel, Siegel, Braunschweig 1970, S. 416–417; F. L. Hervay, Repertorium historicum Ordinis Cisterciensis in Hungaria, Roma 1984, S. 25–26; L. Solymosi, Észrevételek a Ciszterci Rend magyarországi történetének repertóriumáról (Bemerkungen zum Repertorium der Geschichte des Zisterzienserordens in Ungarn), in: Levéltári Közlemények (Archivalische Mitteilungen) Bd. 55 (1984), S. 242, 248–250.

97 M. Érdujhelyi, A közjegyzőség és a hiteles helyek története Magyarországon (Die Geschichte des Notariats und der glaubwürdigen Orte in Ungarn), Budapest 1899, S. 100; Szentpétery, Oklevéltan (wie Anm. 4), S. 239–240; I. Barta, Középkori közjegyzóségeink történetéhez (Zur Geschichte unseres mittelalterlichen Notariats), in: Emlékkönyv (wie Anm. 70), S. 33–34.

98 Érdujhelyi, A közjegyzőség (wie Anm. 97), S. 101; I. Szentpétery, A harmadik személy szerepe a középkori oklevelek kiállításában (Die Rolle der dritten Person bei der Urkundenausfertigung im Mittelalter), in: Levéltári Közlemények (Archivalische Mitteilungen) Bd. 35 (1964), S. 165–166.

99 DF 206901, vgl. PRT Bd. I, S. 696–698. Bartholomaeus war auch im Jahre 1234 in Ungarn. In diesem Jahr stellte er ein Notariatsinstrument über ein Urteil des päpstlichen Legaten Kardinal Jacobus von Präneste aus. DF 206936, vgl. PRT Bd. I, S. 730–733. In beiden Urkunden gibt es das gleiche Notarszeichen mit einem Vogel.

verwendete zwei graphische Symbole: Er begann mit einem Kreuz und versah die Urkunde mit dem seine Person symbolisierenden Notarszeichen sowie der Notariatsklausel[100]. Auch mit den übrigen päpstlichen Legaten kamen öffentliche Notare nach Ungarn. Bischof Philippus von Fermo begleiteten auf seiner Gesandtschaft nach Ungarn (1279–1281) Nicolaus de Guarcino, Octobonus de Ferraria und andere[101].

Aber nicht nur infolge der päpstlichen Legaten, sondern auch durch die Ausbildung öffentlicher Notare in Bologna, war das öffentliche Notariat in Ungarn nicht unbekannt. Im 13. Jahrhundert studierten zahlreiche Kleriker aus Ungarn an der Universität Bologna, wo es seit 1265 auch eine ungarische *natio* gab[102]. Die Zurückkehrenden besetzten die führenden Ämter in den Kanzleien und die Prälatenpfründen, doch sie konnten oder wollten die Institution des öffentlichen Notariats nicht einführen und ihre in Bologna erworbenen Kenntnisse in die Praxis umsetzen. Daran wurden sie durch den Umstand gehindert, daß in Ungarn das Institutionssystem der glaubwürdigen Orte zur schriftlichen Fixierung der privaten Rechtsgeschäfte bereits ausgebaut und stabil war und die Aufgabe öffentlicher Notare überflüssig machte. Propst Jakab von Csázma, der höchstwahrscheinlich in Bologna den Doktorgrad des kanonischen Rechts (*doctor decretorum*) erworben hatte, informierte, unter Berufung auf das Fehlen der Notariatspraxis, in einer Siegelurkunde des Kollegiatkapitels von Csázma den päpstlichen Legaten Philipp 1280 über die Durchführung seines Befehls: *Et quia in partibus istis usus tabellionum non est, ad fidem faciendam de meo processu vestre paternitati prefati capituli Chasmensis literas sigillo eorum autentico munitas transmisi*[103]. Die gleiche Begründung wiederholte 1350 eine mit dem *munimine sigilli nostri maioris et autentici* sanktionierte Urkunde des Raaber Domkapitels, in der es auf die Bitte des Abts und Konvents von St. Martinsberg das 5. und 6. Kapitel über das Somogyer Zehntrecht der Abtei aus Hartviks Sank-Stephans-Legende transkribiert hatte: *Nos Briccius prepositus, Nicolaus lector, Georgius cantor et Emericus custos totumque capitulum ecclesie Iaurinensis in regno Hungarie, ubi non est usus tabellionum, notum facimus universis*[104].

Infolge der Tätigkeit der päpstlichen Legaten und der Steuereintreiber änderten sich die Umstände in der ersten Hälfte des 14. Jahrhunderts sehr bald: Von den 1350er Jahren an arbeiteten zunehmend mehr aus Ungarn stammende öffentliche Notare im Lande, und in der zweiten Jahrhunderthälfte hatte sich die Institution eingebürgert. Doch beschränkte sich die Arbeit der Notare auf Angelegenheiten innerhalb der kirchlichen Gerichtsbarkeit, im Bereich des weltlichen Rechts wurden sie durch die früher entstandenen glaubwürdigen Orte behindert –, dort war und blieb die mit dem Siegel des glaubwürdigen Ortes versehene Urkunde vorherrschend[105].

In den Urkunden aus dem 13. Jahrhundert finden sich also keine Notariatszeichen ungarischen Ursprungs. Es gibt allerdings graphische Elemente, über die gesprochen werden muß. Die in Ungarn ausgestellten Urkunden des 11. und 12. Jahrhunderts hatten eine einfache, bescheidene Form. Für eine gewisse Abwechslung sorgten allein die schon behandelten graphischen Symbole, die bei der Chirographierung durchschnittenen Buchstaben, manchmal eine größere Initiale, des weiteren die Verbalinvokation und manchmal eine besondere Schreibweise anderer Urkundenteile (*scriptura longior*) oder eben diese graphischen Zeichen, die dazu dienten, die letzte Zeile der Urkunde zu füllen[106]. Zu Beginn des 13. Jahrhunderts waren die aufgezählten Elemente mit Ausnahme der durchschnittenen und verlängerten Buchstaben aus dem Gebrauch gekommen. Ungeachtet dessen waren die Urkunden des 13. Jahrhunderts zum großen Teil verzierter als die früheren.

Die Verzierung der königlichen Urkunden setzte unter König Andreas' II. Herrschaft (1205–1235) ein (Abb. 11) und wurde im Laufe des Jahrhunderts immer

100 DF 206906, vgl. PRT Bd. I, S. 699–700.

101 F. KNAUZ (ed.), Monumenta ecclesiae Strigoniensis, Bd. I–II, Strigonii 1874–1882, Bd. II, S. 96, 98.

102 Gy. BÓNIS, A jogtudó értelmiség a Mohács előtti Magyarországon (Der Juristenstand in Ungarn vor Mohács, 1526), Budapest 1971, S. 29.

103 SMIČIKLAS, Codex (wie Anm. 64), Bd. VI, S. 365, vgl. Gy. BÓNIS, Les autorités de »foi publique« et les archives des »loci credibiles« en Hongrie, in: Archivum Bd. 12 (1962), Paris 1965, S. 90. Vgl. REDLICH, Die Privaturkunden (wie Anm. 77), S. 227.

104 DL 41133, vgl. FEJÉR, Codex (wie Anm. 81), Bd. IX/1, S. 787–791, ÉRDUJHELYI, A közjegyzőség (wie Anm. 97), S. 106.

105 BARTA, Közjegyzőségeink (wie Anm. 97), S. 35; BÓNIS, Les autorités (wie Anm. 103), S. 90–91; I. BORSA, Gy. GYÖRFFY, Actes privés, »locus credibilis« et notariat dans la Hongrie médiévale, in: Notariado público y documento privado: de los orígenes al siglo XIV., Acta del VII Congreso Internacional de Diplomática Valencia, 1986, Bd. II, Valencia 1989, S. 947–949. Zur Geschichte des öffentlichen Notariats im mittelalterlichen Siebenbürgen siehe S. TONK, A középkori közjegyzőség Erdélyben (Das mittelalterliche Notariat in Siebenbürgen), in: Művelődéstörténeti tanulmányok (Kulturgeschichtliche Abhandlungen), hg. v. E. CSETRI, Zs. JAKÓ, G. SIPOS, S. TONK, Bukarest 1980, S. 36–61, 271–274. Es gibt kein ähnliches Werk über Ungarn (ohne Siebenbürgen). Die junge Forscherin E. Csukovits beschäftigt sich mit diesem Thema.

106 Ein Beispiel zur Ergänzung der letzten Reihe des Urkundentextes von 1193: DL 22, RA 155, ÓMO 50.

reicher, komplexer und stärker ornamentiert. Der erste Buchstabe der Urkunde, die Anfangsbuchstaben hervorzuhebender Sätze, Abschnitte oder Wörter, manchmal sogar sämtliche Buchstaben des Herrschernamens wurden größer geschrieben und mit feinen, kalligraphischen Linien und reichen Pflanzenornamenten verziert (vgl. Abb. 11, 12 und 13)[107]. Beginnend mit der Herrschaftszeit König Ladislaus' IV. (1272–1290) zeichnete man, ähnlich den damaligen Urkunden der französischen Könige, zwischen die kalligraphischen Linien und Ornamente der Initialen manchmal kleine Menschen- oder Tierfiguren (*drôlerie*)[108].

Die Arbeitsphasen der Verzierung und des Schreibens einer Urkunde trennten sich oftmals voneinander, wie vor allem die vielen fehlenden Initialen bezeugen. Nachdem der Urkundenschreiber seine Arbeit beendet hatte, fügte der Zeichner, der sich vom Schreiber auch unterscheiden konnte, aus irgendeinem Grund (Überlastung durch die wachsende Urkundenzahl oder Drängen des Destinatars auf die Urkunde) eine Initiale nicht ein und ihr Platz blieb leer[109]. Ähnlich den königlichen Urkunden – wenn auch einfacher – wurden auch die übrigen, ja sogar die durchgeschnittenen Buchstaben der Chirographe der glaubwürdigen Orte verziert[110]. Zeichner und Urkundenschreiber arbeiteten gleicherweise mit schwarzer Tinte. Einzig die durchgeschnittenen Buchstaben des Chirographs des Abtes und Konvents von St. Martinsberg von 1241 sowie die Initialen des um 1240 entstandenen Chartulariums (*Liber Ruber*) der Abtei wurden mit schwarzer und roter Tinte gemalt[111].

Die Verzierung der Urkunden des 13. Jahrhunderts ist verwandt mit der Kodexverzierung, der Miniaturenmalerei. Die mit den Buchstaben der Urkunden verbundenen graphischen Zierelemente gehören in die Welt der Kunst und nicht zu den graphischen Symbolen, so daß ihre eingehende Untersuchung in ein anderes Fachgebiet gehört.

107 Hajnal, Írástörténet (wie Anm. 44), S. 51–53; I. Berkovits, A magyar miniaturafestészet kezdetei, in: Magyarságtudomány (Hungarologie) Bd. 1 (1942), S. 513–515; Szentpétery, A harmadik személy (wie Anm. 98), S. 165–166. Einige Beispiele: DL 485, 698, 49548 (siehe Hajnal op. cit. S. 52), 49676, 58382, 61142, 67590, 68752, 86871, 99838.

108 DL 1243, 1314, 38955, siehe Hajnal, Írástörténet (wie Anm. 44), S. 53, 55, 56.

109 I. Szentpétery, A borsmonostori apátság árpádkori oklevelei (Die Urkunden der Abtei Borsmonostor aus der Arpadenzeit), Budapest 1916, S. 38, Ders., Oklevéltan (wie Anm. 4), S. 12; Berkovits, Miniaturafestészet (wie Anm. 107), S. 512–513.

110 Einige Beispiele: DL 857, vgl. Hajnal, Írástörténet (wie Anm. 44), S. 55, DF 206917, 259708.

111 Erzabteiarchiv St. Martinsberg/Pannonhalma, Capsa 37, H (DF 206998), Liber Ruber (DF 208291).

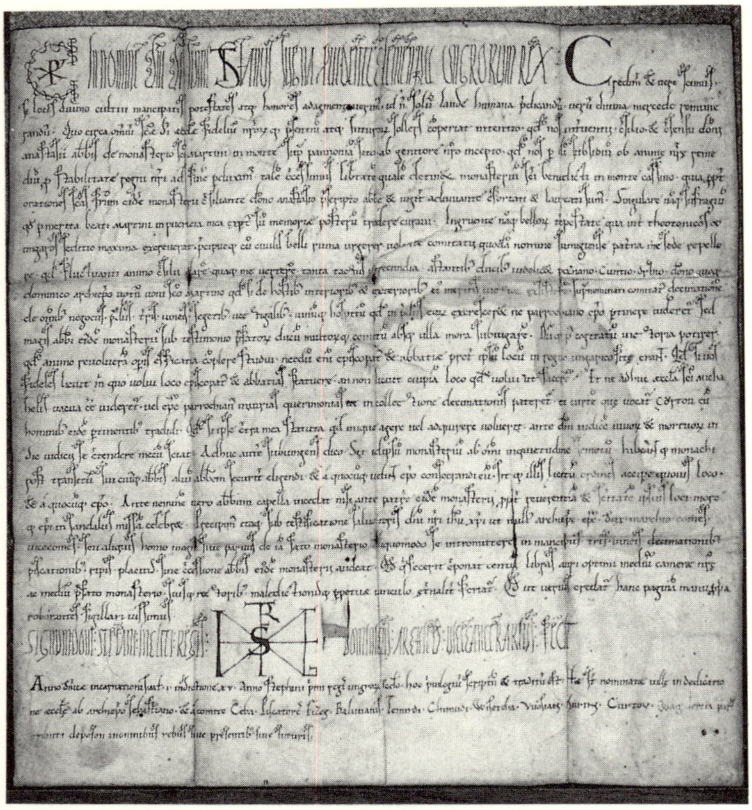

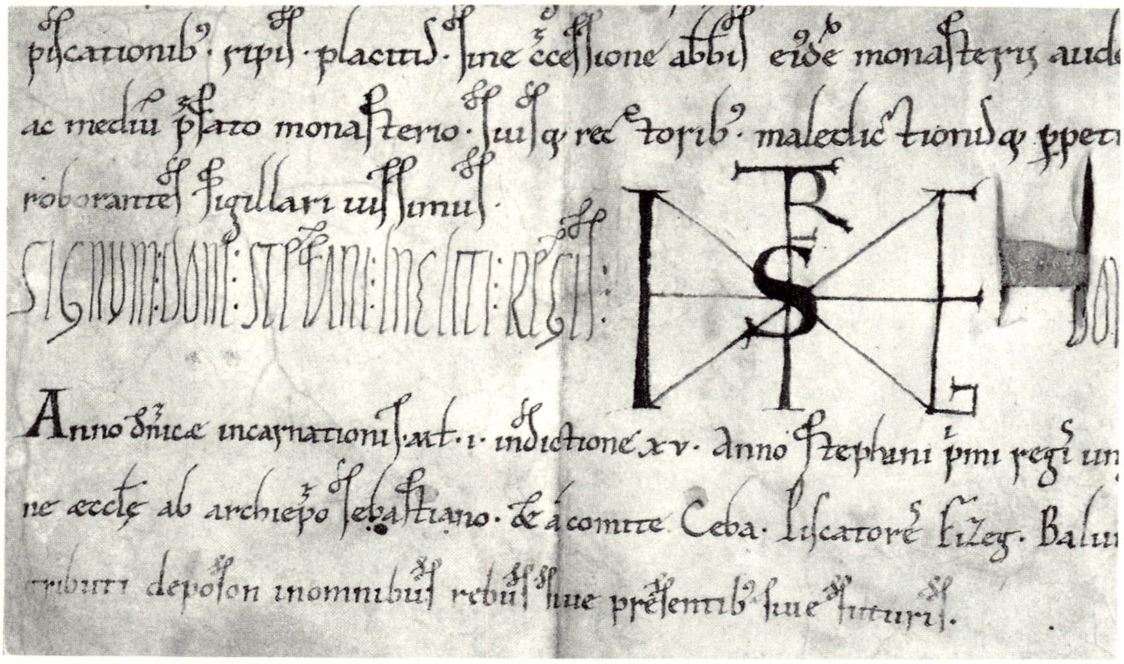

Abb. 1a *Gründungsurkunde König Stephans d. Hl. für die Abtei St. Martinsberg/Pannonhalma von 1001 (ursprünglich von 1002), Nachzeichnung aus dem 12. Jahrhundert (DF 206927)*

Abb. 1b *Detail aus obiger Urkunde*

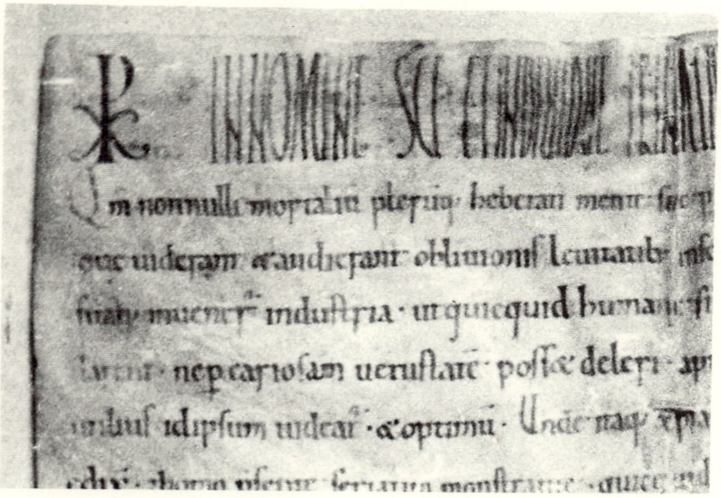

Abb. 2a *Christogramm der Gründungsurkunde König Andreas' I. von 1055 für die Abtei Tihany, Fragmente (DF 208368)*

Abb. 2b *Zeugenliste und Signumzeile aus obiger Urkunde*

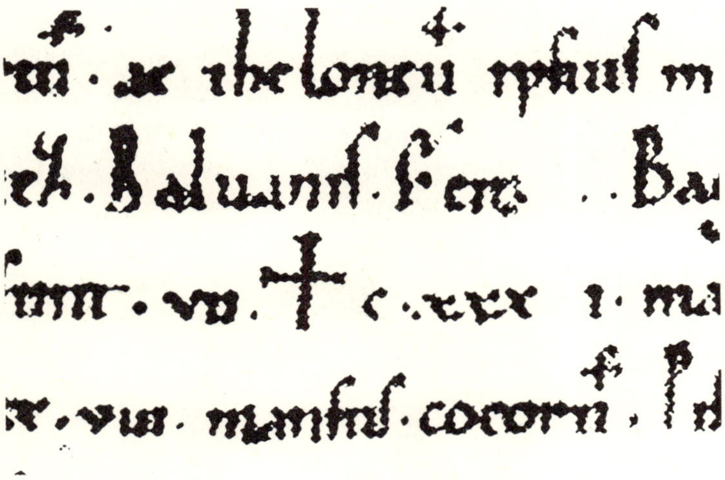

Abb. 3a *Christogramm in der Güterkonskription der Abtei St. Martinsberg aus der Zeit König Ladislaus' d. Hl. (1077–1095), Fragmente (DF 208288)*

Abb. 3b *Kreuzzeichen aus obiger Urkunde*

Abb. 4 *Besitzkonskription der Abtei Zobor von 1111, Fragment (DF 273051)*

Abb. 5 *Urkunde König Gézas II. von 1157 (DF 236755)*

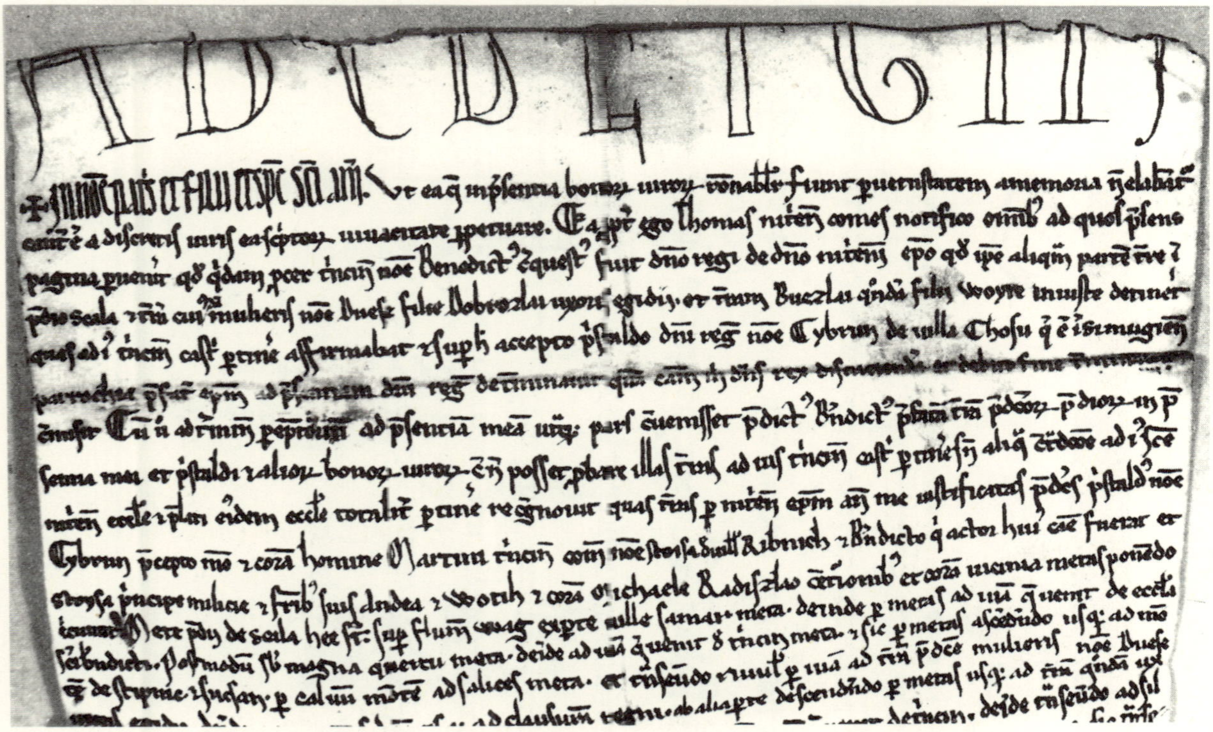

Abb. 6 *Urkunde König Emerichs von 1198, Fragment (DL 40001)*

Abb. 7 *Chirograph des comes Thomas von Neutra/Nyitra und des Domkapitels Gran/Esztergom, um 1208, Fragment (DL 54)*

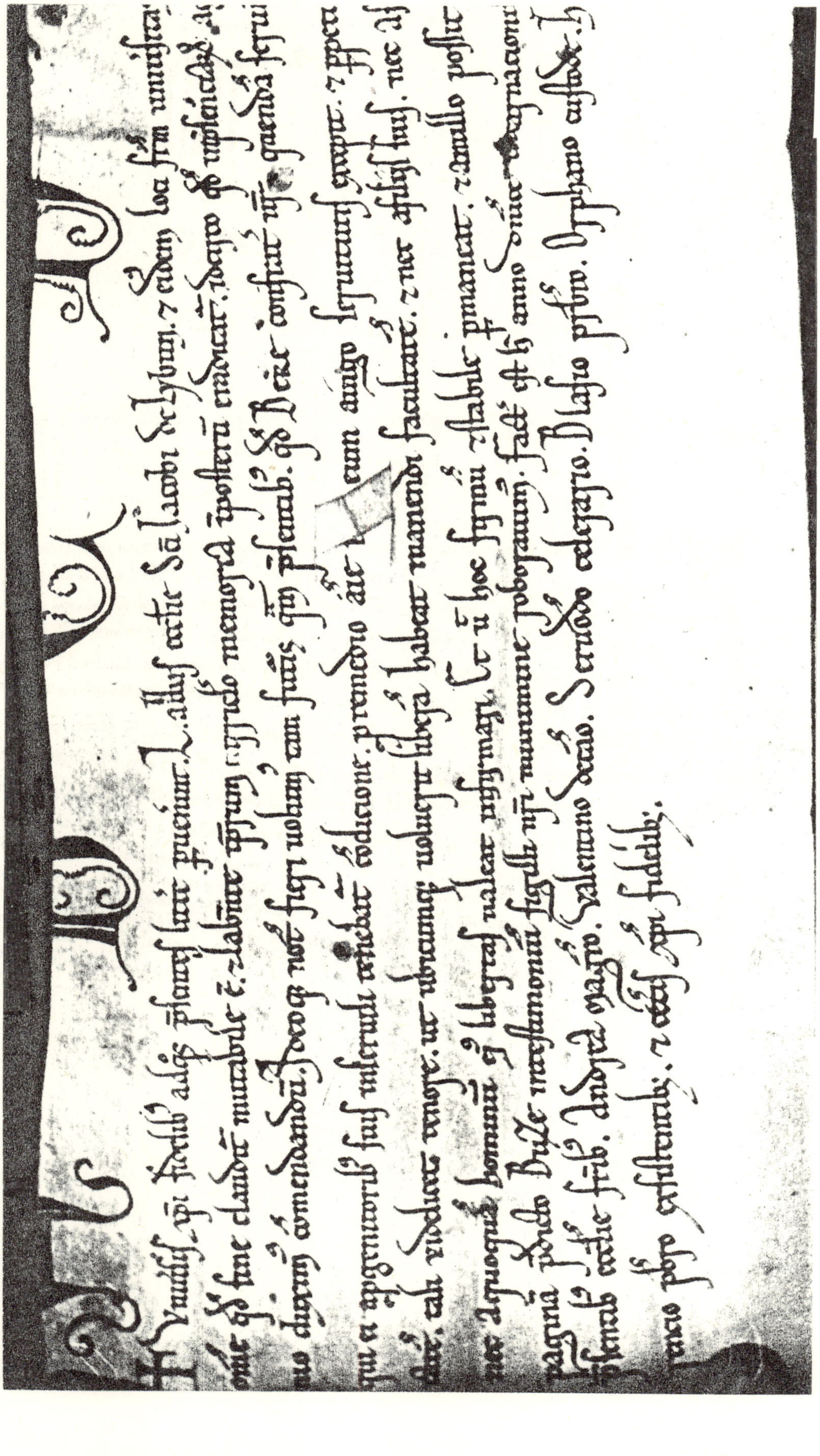

Abb. 8 *Chirograph des Abtes und Konvents von Lebény von 1229 (DF 259708)*

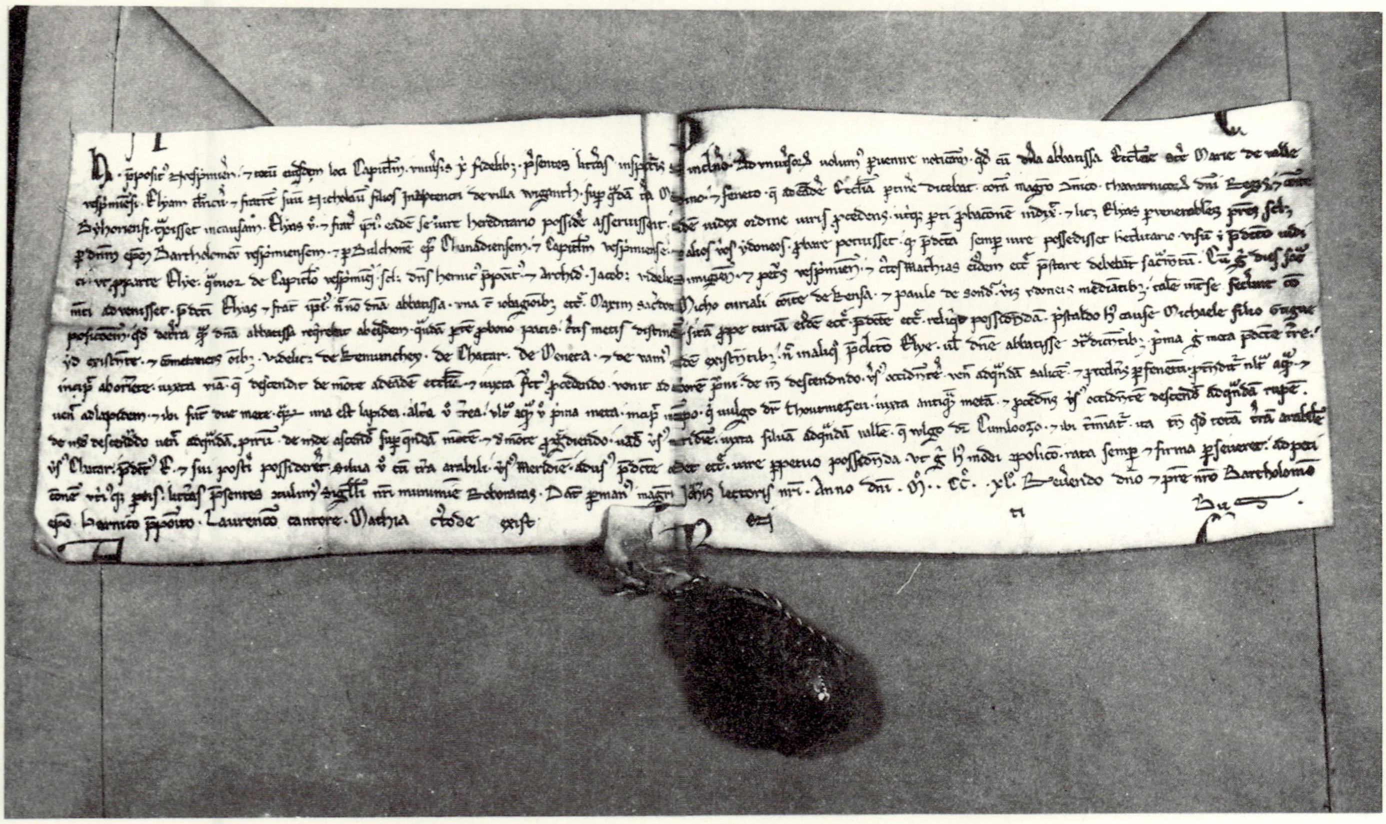

Abb. 9 *Chirograph (Mittelexemplar) des Propstes und Domkapitels von Wesprim 1240 (DL 249)*

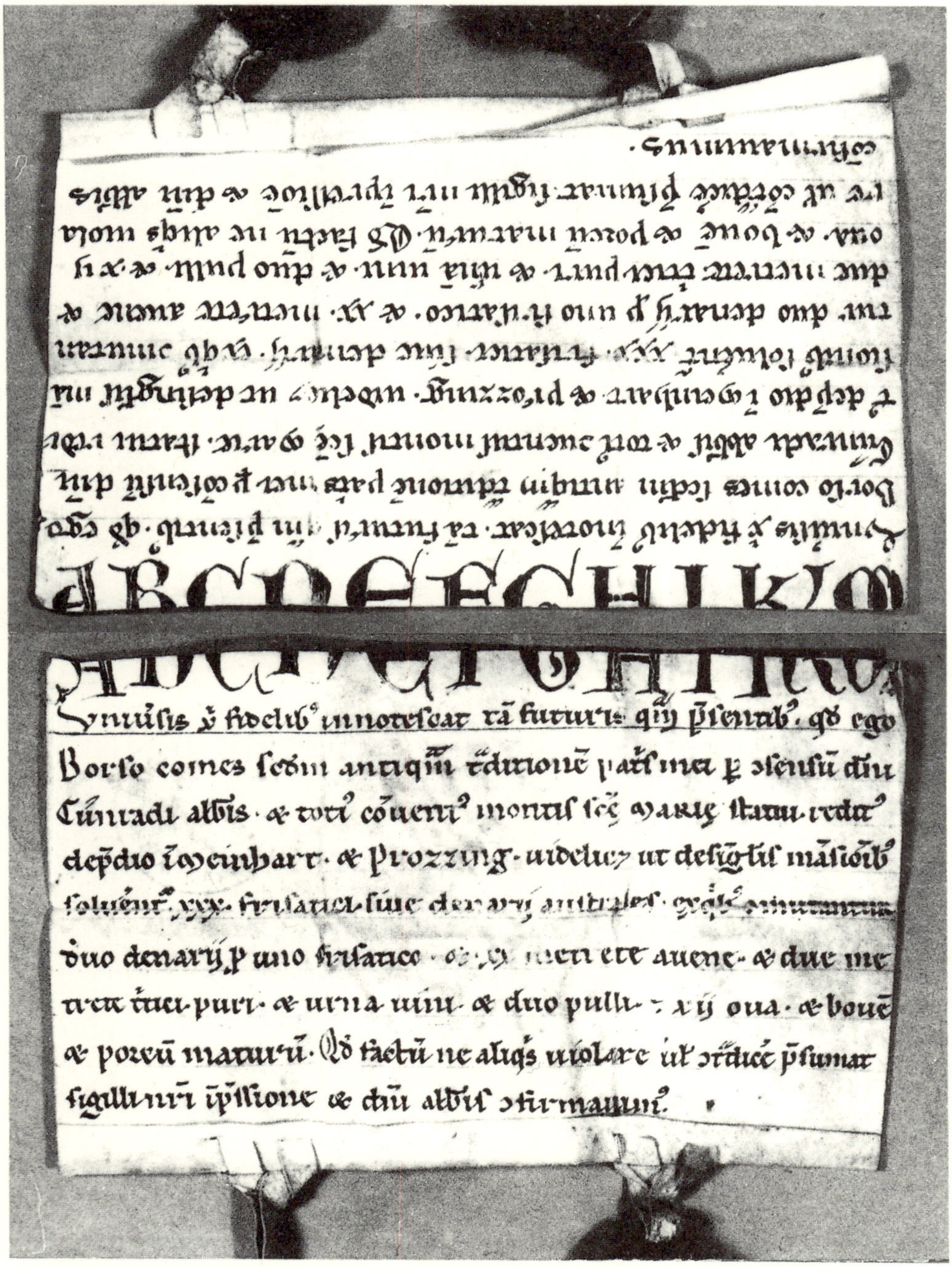

Abb. 10 *Chirograph (zwei Exemplare) des comes Borso und des Abtes und Konvents von Klostermarienburg/ Borsmonostor, um 1220 (DL 777)*

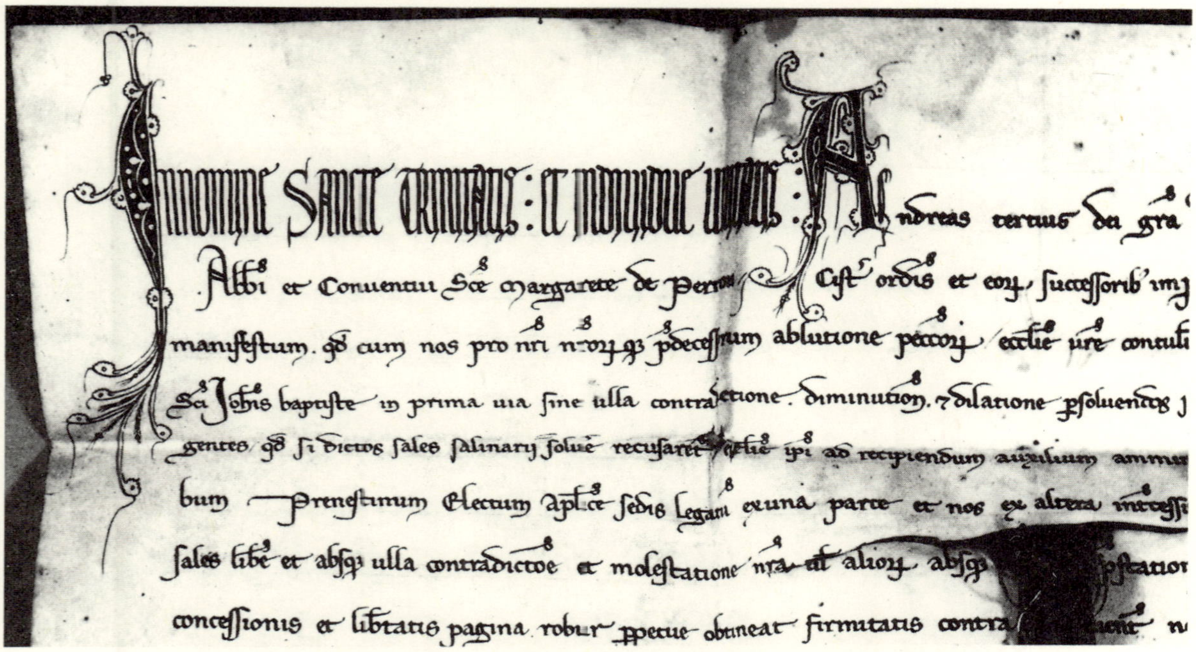

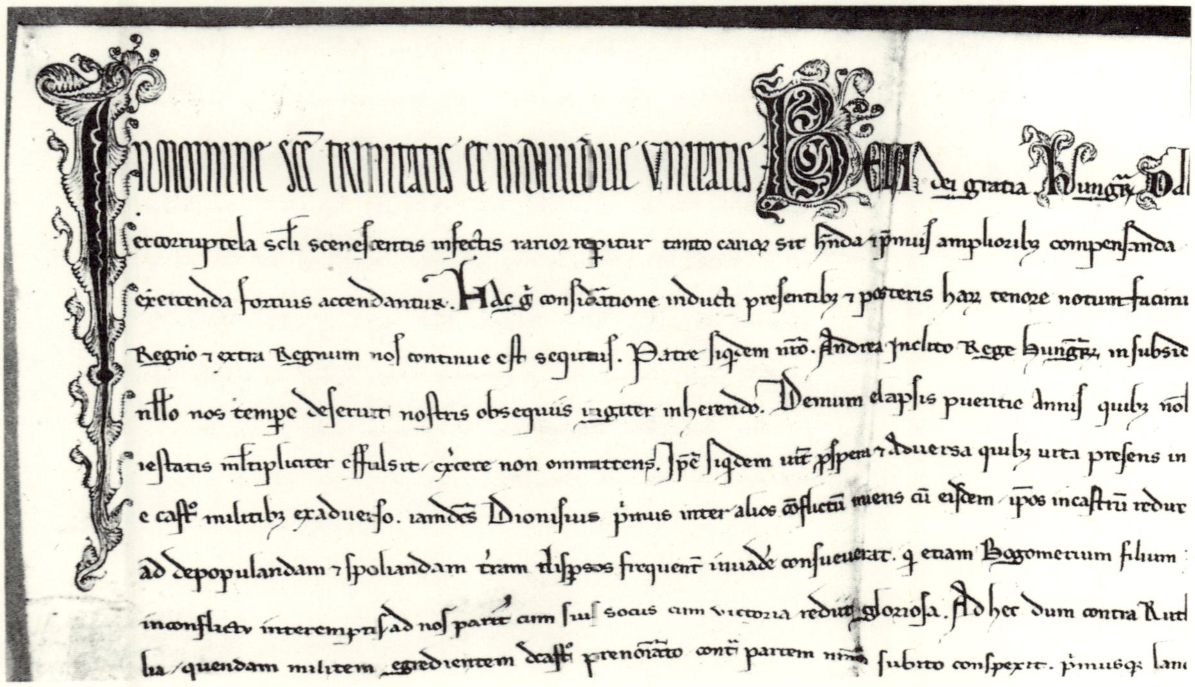

Abb. 11 *Urkunde König Andreas' II. (falsch: III.) von 1233, Fragment (DL 99838)*

Abb. 12 *Urkunde König Bélas IV. von 1235, Fragment (DL 58382)*

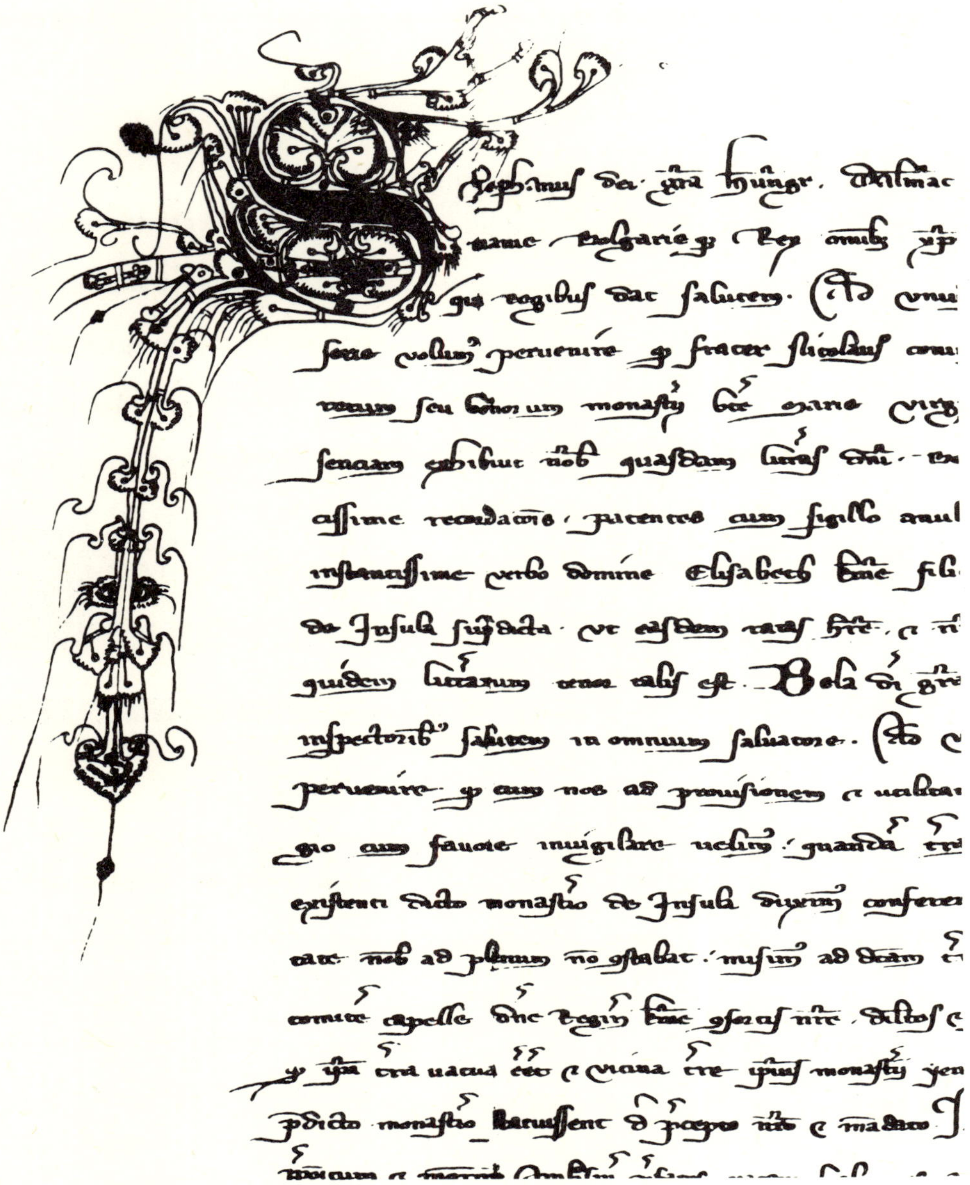

Abb. 13 *Urkunde König Stephans V. von 1270, Fragment (DL 698)*

Symboles graphiques dans les chartes médiévales de Dubrovnik

PAR ANTE MARINOVIĆ

On pourrait considérer comme symboles graphiques les signes abréviatifs, les sigles et les abréviations de mots si fréquents dans les chartes et manuscrits du Moyen Age. Dans notre contexte, il s'agit cependant de signes qui caractérisent la charte médiévale, à commencer par un symbole plus ancien, plus fréquent et plus simple – la croix (simple ou ornée) – au début d'un acte comme invocation symbolique, ou du christogramme déjà utilisé par l'empereur Constantin et du chrismon, qui est composé des lettres initiales de Jésus Christ, jusqu'au monogramme composé des lettres du nom de l'auteur, du scribe de la charte, souvent des initiales, lettres qui le plus souvent sont arrangées en forme de croix. Devant la formule de souscription – signature ou de l'auteur de la charte ou des témoins, on trouve souvent le symbole de la croix, et après la signature l'abréviation »ss« (subscripsi = j'ai signé). Dans les actes privés, on utilise aussi le signe de croix à la place des signatures des témoins, surtout dans les chartes les plus anciennes, à une époque où même les souverains étaient illettrés. Il est notoire, par exemple, que Charlemagne et les autres Carolingiens, au lieu de signatures, ont tracé seulement une ligne de leur monogramme.

On considère comme marque graphique – symbole particulier et caractéristique externe de la charte – le signe du notaire, *signum notarile, signum tabellionis, signum tabellionatus*. Il est le symbole le plus évident d'un acte notarié, qui se trouve d'habitude au coin gauche inférieur de l'acte, parfois au coin gauche supérieur. Sa forme varie, et tous les notaires ont leur symbole particulier, composé le plus souvent par leur nom ou les initiales du nom. Il se manifeste dès le XIe siècle, mais devient plus fréquent au XIIe et les siècles suivants avec l'apparition des notaires publics – *notarii publici*[1].

On peut classer les chartes médiévales des Archives historiques de Dubrovnik (HAD) en trois groupes: 1) chartes latines (mieux: les chartes écrites en latin), 2) chartes slaves (plus correctement: les chartes écrites en caractères cyrilliques) et 3) les chartes turco-orientales.

1. Les chartes latines (fig. 1–2)

Les chartes latines accusent les caractères internes et externes de celles de l'Europe occidentale. Les invocations des chartes de Dubrovnik, dont les plus anciennes remontent au XIIe siècle, montrent, comme partout en Dalmatie, des traits très semblables ou complètement analogues à celles qui étaient en usage en Occident, surtout à Venise et en Italie, Hongrie et Allemagne. D'après la documentation conservée, dès la fin du XIIe siècle, et au plus tard au début du XIIIe siècle, le processus de la réception est en général achevé et le notariat exercé auparavant par des prêtres locaux, est accepté dans son type italien comme une institution de droit public dans toute la Dalmatie et également à Dubrovnik[2].

Il y a cependant des chartes plus anciennes, parmi lesquelles il faut mentionner la plus ancienne de l'an 1023, du mois d'août, rédigée à Dubrovnik, par laquelle l'archévêque et le *comes* (duc, recteur) de Dubrovnik fondent le couvent bénédictin sur l'ilôt de *Lokrum* (*Lacroma*), tout près de l'ancienne ville. Malheureusement, elle n'est pas conservée en original, mais dans une transcription datant du XIIIe siècle. A la fin de l'acte se trouvent les signatures des témoins avec des signes de croix devant chaque nom: + *Signum manus Disinii, filii domni Petri,* + *Signum manus domni Valentini, filii domni Geruasi,* + *Signum manus domni Ursi sacerdotis,*

1 Voir dans ce volume les articles de P.-J. SCHULER et G. COSTAMAGNA. Jakov STIPIŠIĆ, Pomoćne povijesne znanosti u teoriji i praksi-latinska paleografija, opca diplomatika, kronologija (Les sciences historiques auxiliaires en théorie et pratique, paléographie latine, diplomatique générale, chronologie), Školska knjiga Zagreb 1972.

2 Voir Ante MARINOVIĆ, Les origines et les premiers actes des chancelleries urbaines en Dalmatie, en particulier à Dubrovnik et Kotor (XIIIe-XIVe s.) dans: Landesherrliche Kanzleien im Spätmittelalter. Referate zum VI. Internationalen Kongress für Diplomatik, München 1983, München 1984, p. 361–379.

+ *Signum manus domni Lampridii vicarii, filii domni Bilze ...*, ainsi que 15 autres noms, tous précédés par une croix[3]. Une année auparavant, le 27 septembre 1022, le pape Benoît VIII fait dresser un privilège, par lequel il confère à Vital, archévêque de Dubrovnik, le *pallium*, symbole de l'archévêché[4]. Le document commence par le signe de croix, l'invocation symbolique: + *Benedictus episcopus servus servorum Dei. Dilecto in Christo filio Vitali archiepiscopo sancte Pitauritanae*[5] sedis ..., et se termine par les mots: *Scriptum per manum Gregorii ypocancellarii domni Benedicti octavi pape, in mense septembri, die vicesima septima, indictione sexta, anno pontificatus eius undecimo.* Ce texte est immédiatement suivi par le signe de la croix avec le monogramme papal: + BENE VALETE (fig. 1).

Ivan Kukuljević-Sakcinski publie, dans son *Codex Diplomaticus*, un faux privilège du 16 mai 743, que le pape Zacharie aurait promulgé à Rome pour conférer à l'évêque de Dubrovnik, André, un pallium épiscopal. A la fin de la charte, directement devant la date, se trouve le monogramme papal, mais, curieusement, sans croix: *Data XVII. kalendas Junii per manum Theopilacti archidiaconi sancte apostolice sedis. Anno Zacharie beatissimi pape II, indictione XI*[6]. Vers les années 1035–1040, Gavrile, évêque de Hum (province historique de l'Herzégovine), avec le *župan* (chef d'un comitat, sous-préfet), et le *ban* (gouverneur, vice-roi) Ratomir donnent une charte pour confirmer la donation de l'église de S. Pancrace (*Pancratius*) au couvent de *Lokrum*. La charte commence par une invocation figurée (signe de croix) et verbale: + *In nomine patris et filii et spiritus sancti. Ego episcopus ...*, et se termine: *Et ego presbyter Milogay, filius Michaelis iussu eorum scripsi*[7].

En 1044, le 19 février, Petar (Pierre) Slaba, prieur de Dubrovnik, donne une charte à Dubrovnik, pour s'adjuger la possession du couvent bénédictin de *Lokrum* qui lui était légué par le testament d'un certain Dominique. A la fin de la charte, les témoins donnent leurs signatures avec le signe de croix devant chaque nom: *Ego prenominatus prior testis sum, et hoc est signum manus +. Signum + manus Stephani presbyteri filii Beles, Signum + manus Domini Lampridii presbyteri frater Joannis ...*, et les autres 26 noms des témoins suivent avec un signe de croix devant chaque nom[8].

Comme invocation symbolique, ler signe de la croix apparaît d'habitude au début de l'acte, mais dans quelques chartes on le trouve au milieu, surtout quand dans un acte la ligne se termine et le texte continue par un nouvel alinéa. Dans ces cas, la croix est habituellement plus petite et sans ornements. On a des des exemples où l'invocation symbolique est placée à la fin de la charte devant la date et devant les signatures de l'auteur et des témoins.

Gregor Čremošnik publie, dans son ouvrage *Nekoliko dubrovačkih listina iz XII i XIII stoleća*[9] (Quelques chartes de Dubrovnik du XIIe et du XIIIe siècle) 29 chartes in extenso, dans lesquelles l'invocation symbolique avec le signe de croix est utilisée: dans la charte numéro 1, du mois de janvier 1186, elle apparaît à la fin de la charte de la maniére suivante: *Et* +[10]. Dans la charte numero 2, du 8 mai 1193, elle est aussi placée à la fin: *Et* +[11]; dans la charte numéro 3, on peut lire quelques lignes après le début: + *Anno incarnationis Domini millesimo ducentesimo sexto, mense februarii coram testibus subnotatis...*[12]; dans la charte numero 5 on trouve une croix à peu près au milieu du texte juste après le début d'un alinéa: + *Anno incarnationis Domini millesimo ducentesimo octavo decimo, mensis octubris decimo die. Coram vobis subscriptis auditoribus...*[13]. Dans la charte numero 7, l'invocation symbolique ne se trouve pas directement au commencement, mais tout près d'un nouvel alinéa: + *Anno incarnationis Domini millesimo ducentesimo quadragesimo primo, mensis decembris, secundo die exeunte. Coram vobis subscriptis testibus...*, et à la fin de la charte encore une fois: *Et* +[14] etc.

3 Ivan Kukuljević-Sakcinski, Codex Diplomaticus regni Croatiae, Dalmatiae et Slavoniae, I (503–1102) dans: Monumenta historica Slavorum Meridionalium, livre II, Zagreb 1874, p. 103–104.

4 Ibid., p. 104–105 (d'après une copie); édition critique de l'original par Harald Zimmermann, Papsturkunden 896–1046, vol. 2. Wien 1985, p. 1026–1028 N. 541.

5 *Pitauritanae* = *Epidauritanae* de *Epidaurus*, nom grec de *Cavtat*, une petite ville non loin de *Dubrovnik*, considerée généralement comme origine de *Dubrovnik*, et d'où le siège épiscopal, après la chute *d'Epidaurus* au commencement du VIIe s., a été transféré à *Dubrovnik*.

6 Ivan Kukuljević-Sakcinski, Codex Diplomaticus ..., op. cit., p. 35–36; il s'agit d'un privilège falsifié au XIe siècle, cf. Pietro Conte, Regesto delle lettere dei papi del secolo VIII. Milano 1984, p. 207–208.

7 Ibid., p. 109.

8 Ibid., p. 112–113.

9 Cf. Gregor Čremošnik, Nekoliko dubrovačkih listina iz XII. i XIII. stoleća (Quelques chartes de Dubrovnik du XIIe et XIIIe s., dans: Glasnik Zemaljskog muzeja u Bosni i Hercegovini (Journal du Musée national de Bosnie et Herzégovine) XLIII, Sarajevo 1931.

10 Debita Notariae, livre I, fol. 101 aux Archives historiques de Dubrovnik (HAD).

11 Ibid., fol. 97.

12 Ibid., fol. 87.

13 Ibid., fol. 32.

14 HAD Diversa Cancellariae, livre I, fol. 111.

Le problème du signe notarial est très intéressant. A Zadar (*Zara*), capitale de l'ancienne province byzantine de Dalmatie, il paraît sous la forme de la croix en 1175, et à Dubrovnik nous remarquons le plus ancien monogramme notarial conservé sur la charte du diacre Marin de 1186, et deux autres monogrammes se trouvent dans les chartes de ce même Marin de 1190 et de 1193[15]. Après lui nous avons une interruption jusqu'au notaire-presbyter Pascal, qui finalement introduit ce monogramme notarial dans l'usage du notariat de Dubrovnik avec la charte du 13 avril 1235[16].

2. Les chartes slavo-cyrilliques (fig. 3–4)

Dubrovnik, une ville-état commerciale, bien connue au Moyen Age, avait un réseau ramifié de relations économiques et d'autres rapports avec son arrière-pays naturel balkanique. Les marchands de Dubrovnik y jouaient un rôle exceptionnel, et souvent ils détenaient le monopole du commerce des Balkans[17]. De ce fait, les citoyens de Dubrovnik avaient besoin de fonder, en plus d'une chancellerie latine, une chancellerie slave, dirigée par un chancelier slave particulier, *dijak*, qui se servait de l'ecriture cyrillique dans les négociations avec les souverains et les nobles slaves (bosniaque-herzegoviens, serbes et bulgares). Ainsi, aux Archives historiques de Dubrovnik, on a conservé une quantité de chartes, d'actes et de lettres écrites dans la langue slavo-serbe en caractères cyrilliques.

La caractéristique de ces documents est que tous ont une invocation symbolique; mais la plupart d'eux portent les deux invocations, figurée et verbale. Ainsi, dans le plus ancien acte en caractère cyrillique (1238), on trouve les deux invocations, de même dans la charte du roi Vladislav de la même époque, et dans la lettre du roi serbe Uroš de 1243, ainsi que dans une charte de *župan* (chef d'un comitat, sous-préfet) de *Hum*, Radoslav, du 22 mai 1254, conservée dans une copie plus récente[18].

A partir du XIIIe siècle et jusqu'à la fin du XIVe siècle, on a conservé très peu de chartes de Dubrovnik écrites en caractères cyrilliques. Mais, à partir du XIVe siècle, on en garde un grand nombre aux Archives historiques de Dubrovnik. Plus de cinquante d'elles sont des quittances pour les dépôts reçus des souverains et des nobles de la Serbie médiévale (*Raška*), de Bosnie, et surtout de *Hum*. Elles ont presque toutes les deux invocations, symbolique et verbale. Ainsi, dans le plus ancien document concernant les héritages aux Archives historiques de Dubrovnik, qui n'est conservé qu'en copie et qui était délivré à Vuk Branković le 9 mai 1390, on trouve les deux invocations[19].

Dans les chartes en caractères cyrilliques, comme dans celles en latin, l'invocation symbolique se trouve d'habitude au début du texte, mais il y a des cas où elle est écrite au milieu et à la fin. Ainsi, par exemple, l'invocation symbolique dans la charte du dépôt du despote Gjuragj (George) Branković du 26 juillet 1441 se répète à plusieurs endroits en dehors du début du texte[20].

Quoique normalement les lettres simples de Dubrovnik écrites en caractères cyrilliques soient sans aucune invocation, on trouve pourtant, dans un acte du mois de septembre 1409 et dans une autre lettre de Srebrnica du 20 février 1438, une invocation symbolique devant la date, et une autre devant le texte. Dans le contrat de quelques Ragusiens conclu à Trepča le 29 décembre 1410, près d'une invocation verbale simple: *V ime Otca i Sina i Svetoga Duha* (Au nom du Pére et du Fils et de Saint Esprit), se trouve aussi une invocation figurée devant la signature du scribe de la charte. Il y a des cas où l'invocation symbolique se trouve devant l'adresse au dos de l'acte, ou devant la notice de l'enregistrement des actes et des lettres dans les livres d'évidence[21].

15 1190, le 17 juin, Dubrovnik. Miroslav, duc de Hum fait la paix avec les Ragusiens. + *In Christi nomine. Anno Dominice incarnationis millesimo centesimo nonagesimo, mensis junii die XVII intrante...*, et à la fin: + *Ego Geruasius comes Ragusii in hoc ordine iuro et omnes sequentes idem iurant.* Suit la liste de 59 témoins avec un signe de croix devant chaque nom et tout à la fin: + *Quod scriptum ego Diaconus Marinus et Ragusii communis notarius plena in curia Raguseorum... – Ego comes Miroslauus, sicut comes Geruasius cum suis nobilibus mihi iuravit ...*, et la signature en caractères cyrilliques entre les branches de la croix (voir dans le texte). Cf. Ivan Kukuljević-Sakcinski, Codex Diplomaticus ..., op. cit., p. 157–159. – Acte du 8 mai 1193: Enregistrement de la charte du mois de mai 1193, qui traite de la nomination du prêtre Mateo Lompridić comme prieur (abbé) de l'église de S. Dominique: à la fin: *Quod scriptum ego diaconus Marinus et communis notarius iussione domni archiepiscopi scripsi. Et* + – HAD Debita Notariae, livre I, fol. 97.

16 G. Čremošnik, Nekoliko dubrovačkih listina, op. cit., p. 37.

17 Konstantin Jireček, Die Bedeutung von Ragusa in der Handelsgeschichte des Mittelalters, dans: Almanach der Akademie der Wissenschaften in Wien 44, Wien 1899; cf. aussi Vinko Foretić, Povijest Dubrovnika do 1808. Prvi dio: Od osnutka do 1526. Drugi dio: Od 1526 do 1808 (= L'histoire de Dubrovnik jusqu'à l'an 1808. Part I: De l'origine à 1526. Part II: De 1526 à 1808), édition de l'Institut pour les éditions de Matica Hrvatska, Zagreb 1980.

18 Stanoje Stanojević, Studije o srpskoj diplomatici i Invokacija (= Etudes de diplomatique serbe et l'invocation), dans: Glas Srpske Kraljevske Akademije XC, drugi razred 53 (= Journal de l'Académie Royale Serbe XC, section II, 53), Beograd 1912, p. 68–113.

19 Ibid.

20 Ibid.

21 Ibid.

A la place de l'invocation symbolique, on trouve parfois le mot écrit »Croix«, quelquefois avec le signe de la croix, parfois sans ce signe, ce qui nous rappelle les chartes byzantines. Ainsi, par exemple, dans le contrat conclu le 17 juin 1190 entre les habitants de Dubrovnik et le duc de *Zahumlje* (province historique de l'Herzégovine), Miroslav, le duc a signé: *Krst kneza Miroslava* (= La Croix du duc Miroslav) entre les branches de la croix en caractère cyrillique de cette façon:

KRST ZA MI	KNE ROS
LA	VA[22].

Certaines chartes en caractères cyrilliques sont appelées *chirographes*. Il s'agit de chartes dont le texte est rédigé deux fois, l'un au-dessous de l'autre, ou l'un à côté de l'autre, et entre les deux textes sont écrites des lettres majuscules. La charte est ensuite coupée à travers les majuscules, et chaque partie reçoit son exemplaire. L'authenticité de la charte est prouvée par la jonction de ces deux exemplaires et, si les majuscules correspondent parfaitement, la charte est considéré comme authentique, autrement il s'agit d'un document faux (fig. 4).

3. Les chartes turco-orientales (fig. 5–6)

Avant l'arrivée des Turcs en Europe, les Ragusiens, diplomates et commerçants habiles, ont prévu les événements et sont entrés en contact avec eux, en 1397, sinon plus tôt, et ils ont obtenu du sultan une charte, qui a garanti à Dubrovnik un commerce libre dans tout le royaume ottoman, vaste déjà à ce temps-là[23]. Par la suite, les Ragusiens ont obtenu une série des chartes-privilèges sur la libéralisation du commerce dans les pays ottomans, jusqu'à 1526, quand ils ont finalement reconnu l'authorité suprême des Turcs et leur protection, en consentant à leur payer un tribut annuel en récompense de leur propre liberté et d'un commerce libre dans les pays ottomans[24].

Toutes les chartes turco-orientales conservées aux Archives historiques de Dubrovnik portent des signes-symboles graphiques particuliers:

a) *Tugram du sultan*, appelé chez nous *Tugra du sultan* (fig. 5). C'est un signe particulier du sultan au début d'une charte (*ferman*, *berat*, *ahidname*, *hatišerif*, etc.), qui était bariolé et orné par le nom du sultan, qui est toujours décrit comme triomphant et invincible.
b) *Muhur* (prononcé: Mouour), c'est-à-dire le sceau, cachet en usage chez les *vesirs*, *pachas*, *cadias* et chez les autres fonctionnaires d'un rang inférieur à celui du sultan, au début ou à la fin d'une charte (fig. 6).

Ce sont tous les signes-symboles graphiques dans les chartes turco-orientales. Si l'on y trouve également une invocation, évocation du nom d'Allah, du nom de Dieu, il s'agit toujours et sans exception d'une invocation verbale, jamais figurée[25].

22 Ibid. Voir aussi la note 15.
23 V. Foretić, Povijest Dubrovnika ..., op. cit.
24 Ibid.
25 J'ai préparé ce texte français (de l'original croate) avec la collaboration de mon collègue et ami, le professeur Radovan Radošević de Dubrovnik, et je l'en remercie ici cordialement.

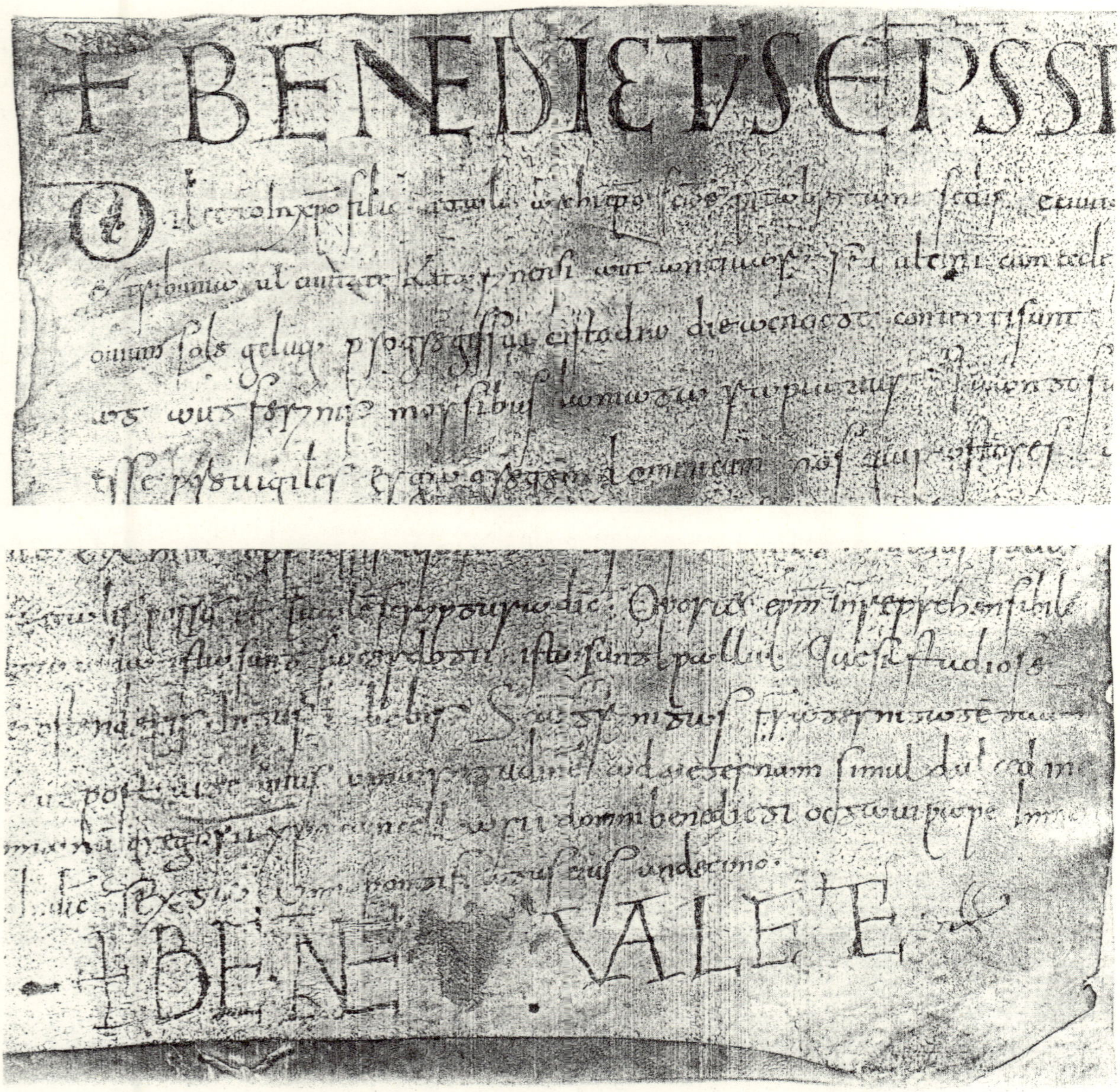

Fig. 1 *La charte latine – 1022 IX 27 – Privilège du pape Benoît VIII en faveur de l'archévêque de Dubrovnik Vitalis = J.-L. 4042 (HAD Acta et diplomata XIe siècle, N. 2)*

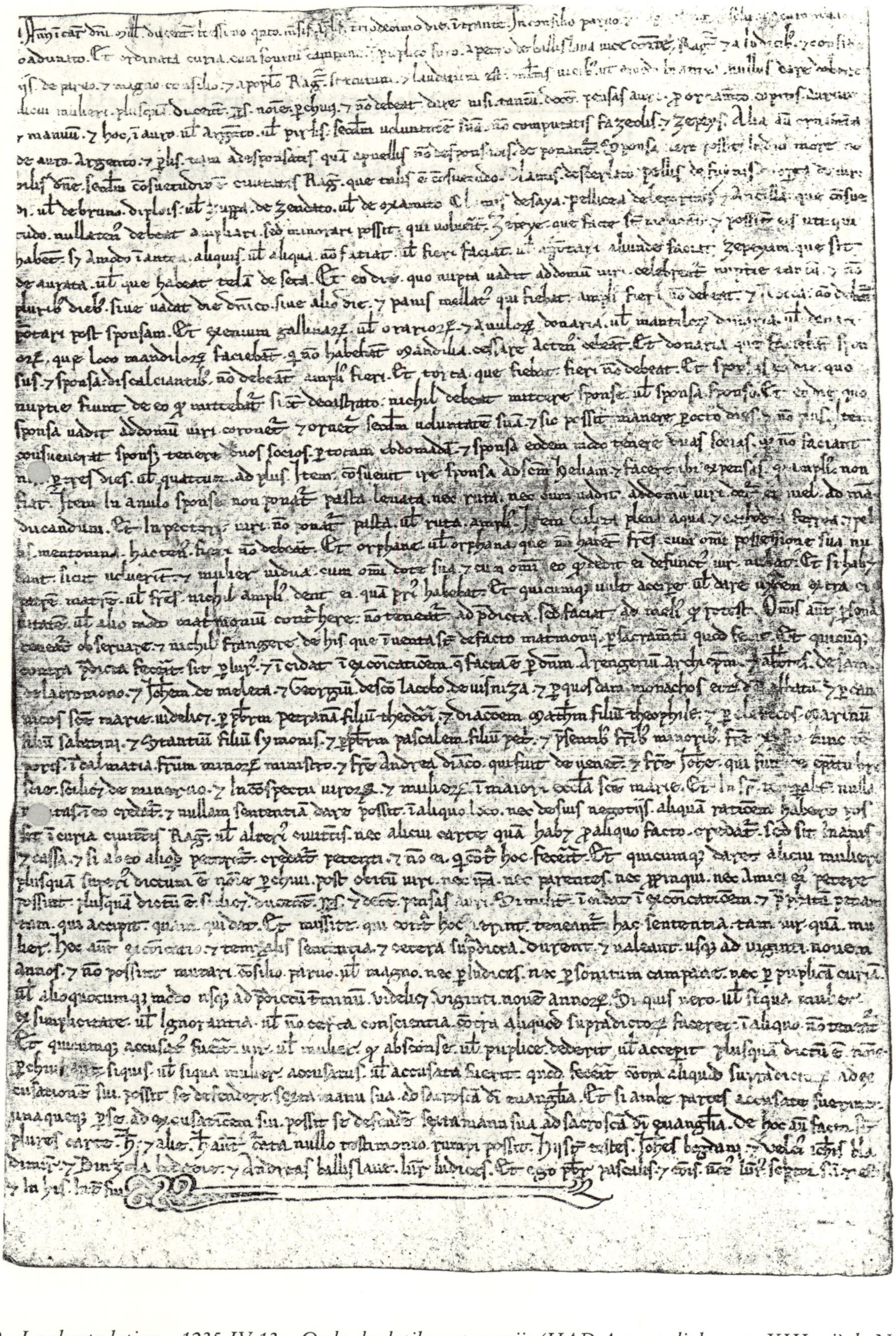

Fig. 2 *La charte latine – 1235 IV 13 – Ordo de dotibus et nuptiis (HAD Acta et diplomata XIIIe siècle N. 59 bis Prep. 13)*

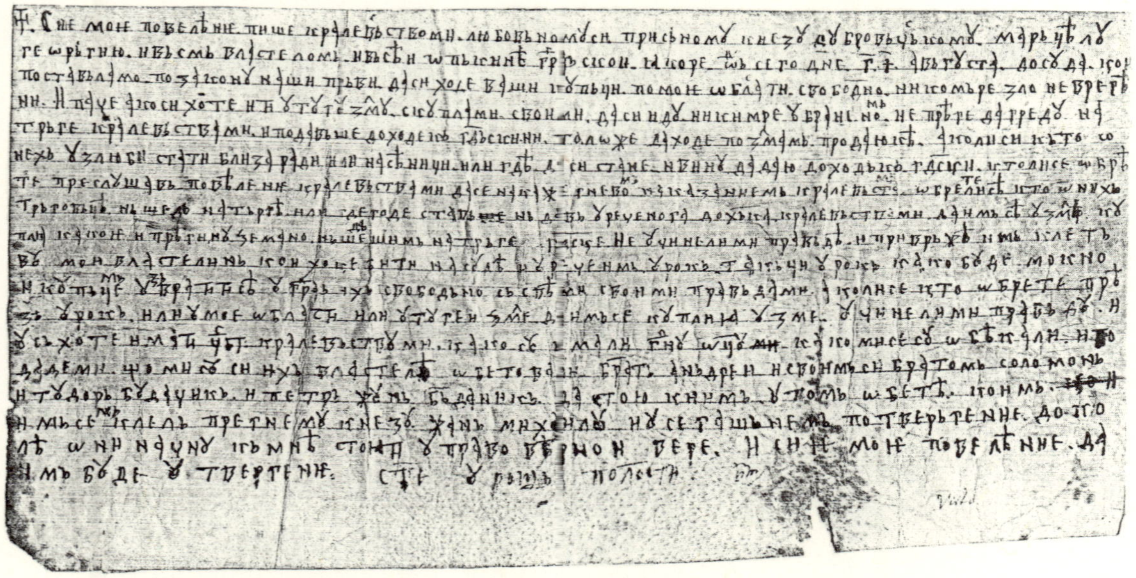

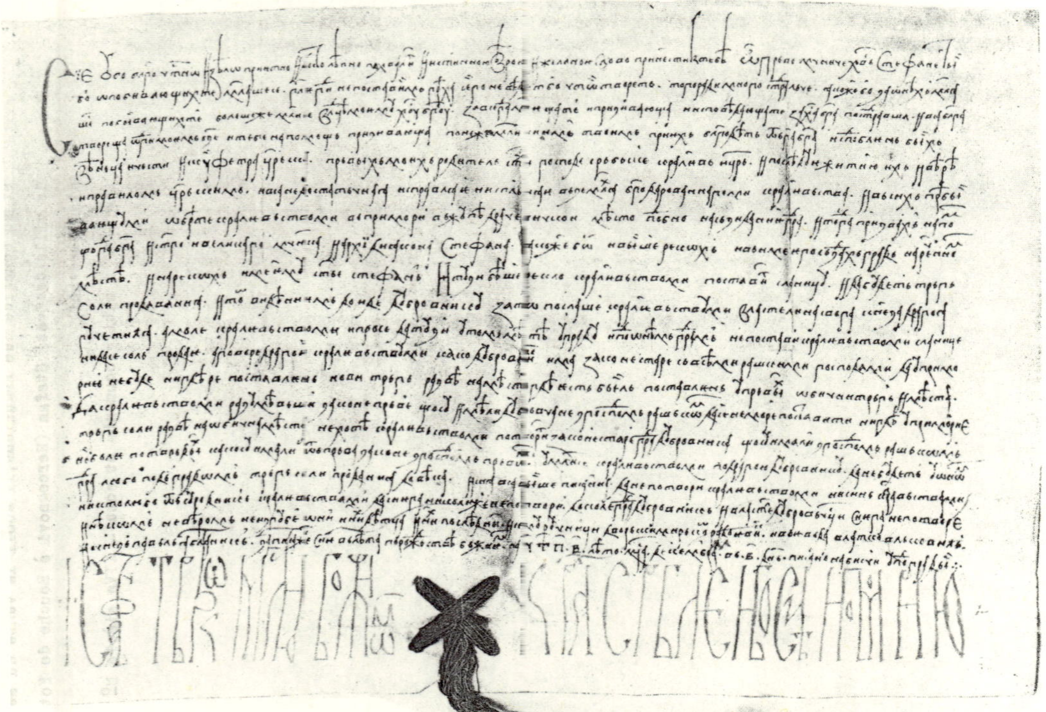

Fig. 3 *La charte cyrillique – 1253 VIII 13 – La charte du roi serbe Stefan Uroš aux commerçants de Dubrovnik, dans laquelle il leur confirme les privilèges accordés par son père (HAD Acta et diplomata XIIIe siècle N. 232)*

Fig. 4 *La charte cyrillique – 1382 XII 2 – La charte du roi de Bosnie Stefan Tvrtko, par laquelle, à la demande et au bénéfice des Ragusiens, il interdit la vente du sel à la ville de Sveti Stefan (Herzeguovi: aujourd'hui à l'entrée de Bouche de Kotor) (HAD Documenta et acta XIVe siècle N. 122)*

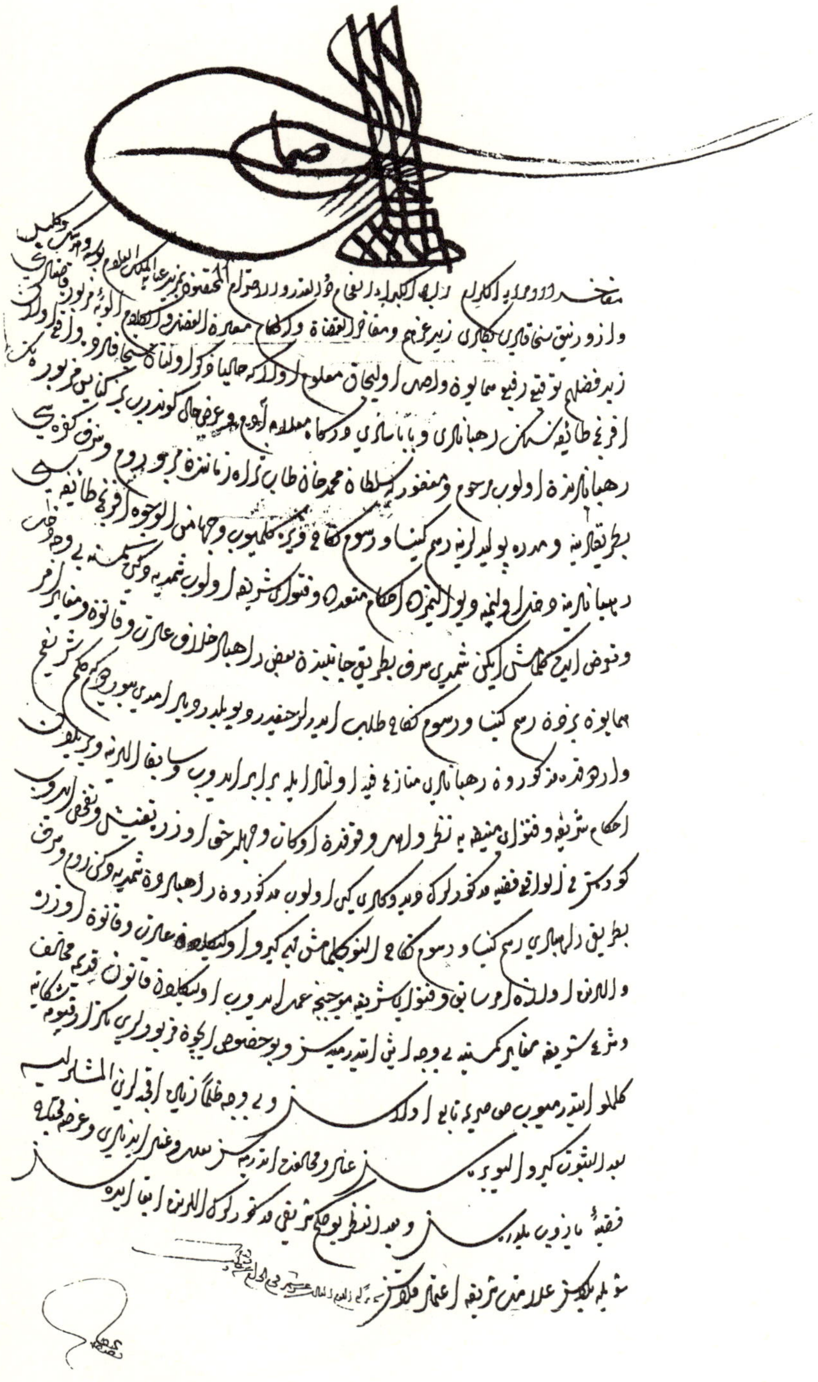

Fig. 5 *La charte turco-orientale – 1578 – Tugra(m) du sultan. Ordre du Murat III adressé au pacha de Bosnie et Herzégovine, aux commandants de Klis (en amont de Split) et de Zvornik (en Bosnie), de cesser à la demande des moines et prêtres catholiques de ces régions de molester le patriarche et les métropolitains de rite grec et serbe (HAD Acta turcarum K 142)*

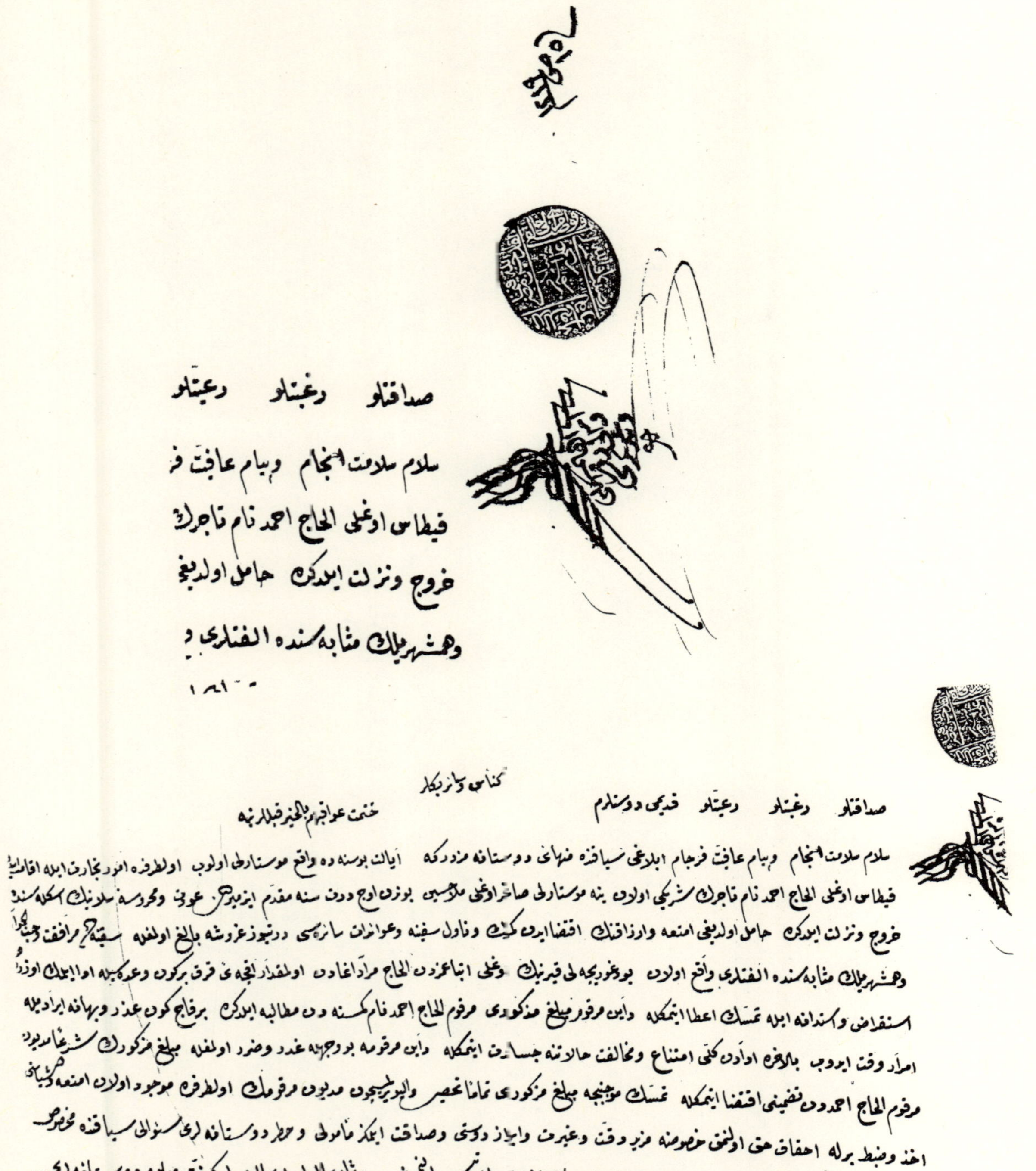

Fig. 6 *La charte turco-orientale (avec muhur) – Lettre du pacha de la Roumelie (HAD Acta turcarum B 2/140)*

Eléments figurés dans les documents féodaux roumains

PAR MARIA DOGARU

Nous nous proposons d'examiner dans cette étude les éléments figurés spécifiques aux sources documentaires du Moyen Age roumain[1]. Pour y parvenir nous ferons appel aux résultats acquis par les sciences auxiliaires de l'histoire dans leur ensemble, car la recherche interdisciplinaire est, comme l'on sait, la méthode la plus sûre de l'investigation complexe des sources documentaires[2].

Avant d'approcher le sujet, il convient de souligner que la périodisation historique de l'est et du sud européen diffère de celle des pays situés à l'ouest du continent. Pour l'histoire de la Roumanie, où le processus d'évolution des formations politiques tendant à se transformer, aux IXe et Xe siècles, en Etats féodaux indépendents, s'est vu interrompu par la dernière vague des peuples migrateurs, la société féodale s'étendra jusqu'au milieu du XVIIIe siècle[3]. Mais bien que le peuple roumain se vit obligé, en raison des vicissitudes des temps, de vivre dans le cadre d'entités politiques différentes – Valachie, Moldavie, Transylvanie – et que, partant, sur le territorie de l'ancienne Dacie ont fonctionné trois chancelleries suprêmes, il n'est pas moins vrai qu'entre celles-ci il y a toujours eu d'étroites influences réciproques, résultat bien naturel des liens permanents entre les populations vivant sur les deux flancs des Carpates[4].

Pour suivre l'évolution et comprendre pleinement la signification des éléments figurés nous allons suivre, pour les raisons que nous venons d'évoquer et puisque le nombre de documents émanant des trois chancelleries est relativement restreint, la méthode appliquée aux sources antérieures au XVe siècle, période qui au centre et dans l'ouest européen correspond à l'époque féodale. La définition de la diplomatique formulée par professeur Robert Henri Bautier nous amène d'ailleurs à procèder de la sorte: »La diplomatique est une discipline scientifique dont les enseignements de base sont valables pour toutes les époques et même pour toutes les civilisations puisque sa finalité est l'étude des documents en eux-mêmes«[5].

La persistance sur les territoires roumains de l'époque féodale jusqu'au XVIIIe siècle a déterminé la spécificité des créations spirituelles parce que sur le fond local de la civilisation, des influences culturelles se sont greffées qui ont été assimilées de façon créatrice, conduisant ultérieurement à l'apparition de certaines formes originales ayant une grande force d'expressivité[6]. Pour les documents de chancellerie, l'une des conséquences du prolongement de l'époque féodale consiste dans la diversification des éléments figurés, ce qui aboutira à l'enrichissement de leur message qui était souvent codifié[7].

Afin d'établir les limites de notre sujet, nous avons fait recours aux normes élaborées par la Commission internationale de diplomatique. Partant des dictionnaires spéciaux rédigés par cet organisme, nous avons adopté la définition qui nous intéresse, à savoir: »Les éléments figurés sont des signes et des figures qui sont dessinés sur le support des actes pour donner à ceux-ci un supplément de validation ou simplement, pour répondre à un souci de plus grande solennité. Parmi eux les signes ou marques de validation proprement dits«[8].

1 Sigles: AE = Archives d'Etat; AEB = Archives d'Etat de Bucarest.
Für die Korrekturen der Kyrillica dankt der Herausgeber Herrn Kollegen Lemberg.

2 L'idée solidement argumentée par Charles SAMARAN dans le volume: L'histoire et ses méthodes, Paris 1961.

3 Istoria României (L'histoire de Roumanie), t. II, Edit. Academiei Bucarest 1960, p. V.

4 Ştefan PASCU, Făurirea Statului naţional român (La formation de l'Etat naţional roumain 1918), vol. I, Edit. Academiei Bucarest 1983, p. 11–148.

5 Robert Henri BAUTIER, Propositions méthodologiques pour la diplomatique du Bas Moyen Age et des débuts des temps modernes, dans: Landesherrliche Kanzleien im Spätmittelalter (Internationaler Kongreß für Diplomatik), München 1984, p. 49.

6 Emil CONDURACHE, Răzvan THEODORESCU, L'Europe de l'est, l'aire de convergence des civilisations, dans le volume: Le XV Congrès international de sciences historiques, Bucarest 1980, t. II, p. 205–209.

7 Voir aussi Nicolae IORGA, Notes de diplomatique roumaine, dans: Datina Românească, Bucarest – Vălenii de Munte, Académie Roumaine, Bulletin de la Section Historique, t. XVII, 1930.

8 Vocabulaire international de la diplomatique, in: Folia caesaraugustana (Travaux préliminaires de la Commision internationale de diplomatique), Zaragoza 1983, p. 130–131.

En examinant de ce point de vue les documents du Moyen Age roumain, nous y trouvons les éléments figurés suivants:

1. le monogramme princier
2. la lettre initiale
3. l'invocation symbolique
4. la signature (paraphe) princière
5. le sceau du prince régnant, accompagné quelque fois par les sceaux des membres du Conseil princier
6. la titulature du prince régnant (voïvode) lorsqu'elle est représentée en caractères graphiques plus grands, détachée du texte ou placée sur une bande.
7. les armoiries du pays
8. les signatures des dignitaires chargés de surveiller la réalisation et l'émission des actes
9. les miniatures à thématique variée
10. les marques indiquant le lieu d'apposition des sceaux
11. les lettres majuscules, c.–à.–d. les lettres par lesquelles certaines phrases commencent, ayant également quelque rôle dans la mise en évidence du spécifique de la chancellerie émettrice
12. certains éléments relevant de la formule de corroboration.

Certes, tous ces éléments ne figurent pas sur le même acte quelque riche qu'il puisse être de contenu et d'ornementation. Le rôle de ces éléments est plus important pour les documents solennels, les privilèges et les traités extérieurs ou bien quand il s'agit tout simplement d'actes d'intéret général. Dans les chartes princières et les mandats nous ne trouvons généralement que l'invocation symbolique, le monogramme princier (souvent réalisé avec une tendance d'écriture cursive), le sceau et, à partir du XVIe siècle, la signature du voïvode. Tout en enrichissant le message des actes, ces éléments figurés ont un rôle double ou même triple. Ils constituent tout d'abord un élément juridique car ils sont une preuve de l'authenticité du document et en même temps un obstacle à l'imitation. Ils ont sans doute été crées en raison de la nécessité qu'il y a eu d'élaborer des actes valables du point de vue du contenu et de la forme qui soient facilement reconnaissables aussi bien par les contemporains que par les successeurs. Ces éléments, moyens de renforcer par des codes plastiques l'autorité de l'émetteur, font que le message de l'acte soit reçu directement par tous ceux qui regardent ou lisent le document respectif. Par leur grande force d'expression, les signes chromatiques adéquats ont constitué un moyen d'individualisation des actes spécifiques à la chancellerie suprême et aussi une méthode discrète mais efficace de relever leur supériorité par rapport à ceux émanant d'autres chancelleries.

Les éléments mentionnés étaient en même temps appelés à embellir les documents auxquels ils conféraient une valeur artistique. Distribués sur le support selon une mise en page bien déterminée de sorte que chacun d'eux puisse remplir le rôle pour lequel il avait été créé, ils forment un ensemble qui s'harmonise parfaitement. Par leur position contextuelle, chacun de ces éléments contribue à l'accroissement des qualités graphiques et décoratives du document concerné. En outre, les éléments figurés ont aussi, à notre avis, une signification politique car ils font quelque fois allusion, par la manière de leur composition et par leur chromatisme, à des aspirations et options qu'on ne saurait affirmer ouvertement à cause de la complexité de la situation politique intérieure et internationale à telle ou telle époque; par conséquent ils évoquaient le plus souvent discrètement et rarement ostensivement l'objectif essentiel du peuple roumain, à savoir sa lutte infatigable pour la sécurité nationale et pour l'indépendance.

Bien que ces éléments se trouvent en étroite corrélation, il convient, afin de dégager la signification de chacun d'eux, de les examiner et étudier dans leur ensemble, parce que chacun peut former un cadre propre pour l'expression d'une idée; aussi n'allons nous insister que sur certains éléments, à savoir sur ceux qui sont spécifiques au Moyen Age développé: le monogramme princier, la lettre initiale et l'invocation symbolique.

1. Le monogramme princier

La souscription non-autographe appelée aussi monogramme princier constitue un élément figuré ayant un rôle diplomatique particulièrement important[9]. La notion définit l'écriture de la titulature d'un voïvode par la combinaison des lettres des mots qui la composent, en formant apparemment pour chaque terme un signe unique. Se proposant de relever par des traits définitoires la qualité de l'acte sur le support duquel il se trouve, et de mettre en évidence le fait que le document porte la marque du plus haut forum institutionnel, le monogramme princier a connu une évolution différente dans les trois chancelleries officielles roumaines. En raison de son rôle juridique, il était réalisé – notamment sur le support des actes solennels – avant que le texte y soit écrit. La preuve en est que certains

9 Ce sujet a été abordé aussi par Traian IONESCU NIŞCOV, dans le volume edité avec Maria SOVEJA, Acte de cancelarie domnească, Ornamente şi miniaturi (Actes de chancellerie princière, Ornements et miniatures), Edit. Meridiane, Bucarest 1974, p. 22–24.

documents, auxquels on a renoncé finalement, sont porteurs de cet élément. On retrouve le monogramme princier sur les documents provenant de la chancellerie de la Valachie entre le XIVe et le XIXe siècle[10], à quelques exceptions près, comme dans le cas des actes du Voïvode Simion Movilă (1601, novembre – 1602, juillet), chose explicable quand on sait que ce voïvode venait de la Moldavie.

Dans le pays roumain d'outre le Milcov (Moldavie) le monogramme princier a pénétré au cours du XVIe siècle. A la suite des liens ininterrompus entre les entités politiques constituées à l'interieur des frontières de l'ancienne Dacie, son role ne cesse de s'accroître au XVIIe et au XVIIIe siècles[11].

Les documents portant la marque de la chancellerie voïvodale de la Transylvanie, écrits généralement en latin, réalisés par conséquent selon une typologie différente, n'ont pas connu cet élément figuré à rôle multiple. Le monogramme est absent également sur les actes écrits en slovène (slave de rédaction roumaine) par les autorités de Transylvanie et déstinés aux voïvodes des deux autres pays roumains extracarpatiques[12].

Il faut relever cependant qu'il existe quelques documents émis en latin par les chancelleries de la Valachie et adressés à des officialités transylvaines qui conservent dans la partie inférieure du texte la souscription non-autographe sous la forme et avec les traits caractéristiques spécifiques aux actes slavo-roumains[13].

En analysant l'évolution du monogramme princier, nous distinguerons les aspects suivants: 1. la composition de la formule diplomatique, 2. les formes de réalisation graphique, 3. le chromatisme, 4. l'emplacement sur le support des documents, 5. la valeur artistique.

a. La composition de la formule diplomatique du monogramme

Figurant parmi les plus importants moyens de validation des documents, la souscription non-autographe a constitué, en raison de son caractère apparemment cryptographique, un obstacle pour ceux qui voulaient falsifier les documents. L'affirmation du slaviste Ion Bogdan selon laquelle »le monogramme peut remplacer la signature princière«[14], ne fait que souligner l'importance juridique de cet élément.

Quant à son contenu, le monogramme princier (du voïvode) comporte généralement la titulature (le titre) du voïvode[15] avec a) l'invocation symbolique, b) l'attribut théocratique *IO* (moi) qui désigne le prince comme représentant de Dieu. Par l'utilisation de ce attribut on veut souligner que l'autorité du voïvode émane de la puissance divine et non pas d'un autre souverain. Ainsi, bien qu'étant dû à l'influence de la chancellerie de Byzance[16], cet attribut sera fort utilisé dans les actes émis par la chancellerie de Valachie, avec plusieurs variantes graphiques (Iω[17], parfois ИωN[18]); c) le nom du prince régnant sera toujours écrit au nominatif singulier; d) le titre ВОЕВОД[19] (voïvode) ayant à l'origine la signification de chef militaire et qui désignera ensuite le prince régnant de même que ses descendents[20]; e) la formule de dévotion exprimée par les

10 Documenta Romaniae Historica, B: Ţara Românească (Valachie), vol. I. Edit. Academiei, Bucarest 1966.

11 Voir un acte émis par le prince régnant Petre Schiopu (le 31 déc. 1583) pour le monastère Hilander sur le mont Athos.

12 A l'exception de quelques actes écrits en latin et émis, par quelques-uns des prétendents au trône de la Valachie refugiés en Transylvanie. Un document émis le 2 avril 1459 par Dan, prétendant au trône de la Valachie, conserve le monogramme ω Iω ДАНЬ ВОЕВОДА МИЛОСТИѦ БОЖІѦ ГОСПОДИНЬ. Voir Ion Bogdan, Documente şi regestre privitoare la relaţiile Tării Româneşti cu Braşovul şi cu Tara Bîrsei în sec. XV şi XVI (Documents et regestes concernant les relations de la Valachie avec Braşov et le Pays Hongrois aux XVe et XVIe siècles), Bucarest, vol. I (1413–1508), p. 3–25.

13 Parmi celles-ci, nous signalons le document latin du 14 juin 1481, émis par le voïvode de Valachie Alexandru Aldea (le 11 avril 1453). Voir Ion Bogdan, op. cit., p. 311, 315.

14 Ibidem, p. XLIII.

15 Sur la titulature princière voir aussi D. Onciul, Titlul lui Mircea cel Bătrîn si posesiunile lui (Le titre de Mircea le Vieux et ses possessions), dans: Convorbiri literare XXXV (1901), p. 1010–1035; XXXVI (1902), p. 27–53, 716–753); XXXVII (1903), p. 16–30 et 209–231.

16 Mihai Lascaris, Influences byzantines dans la diplomatique bulgare, serbe et slavo-roumaine, dans: Byzantino Slavica III, 2 (1931); Dimitrie Ionescu, Contributions à la recherche des influences byzantines dans la diplomatique roumaine, dans: Datina Romaneasca, Valenii de Munte 1934, p. 26.

17 Emil Vîrtosu, Titulatura domnilor şi asocierea la domnie în Ţara Românească şi Moldova, pînă la secolul al XVI-lea (La titulature des voïvodes et l'association au pouvoir en Valachie et Moldavie jusqu'au XVIe siècle), Editura Academiei Române Bucarest 1960, 316 p.; Siruni Hosettu, Pe marginea titulaturii domnilor români în cancelaria otomană (A propos des titres des voïvodes roumains dans la chancellerie ottomane), Edit. Cartea Româneasca 1942, p. 64; Arelian Sacerdoţeanu, Titlui de Mare Voievod al ţării Româneşti (Le titre du grand Voïvode de Valachie), dans le volume: Omagiul prof. Ioan Lupaş, 1941, 16 p.; Mihai Maxim, L'autonomie de la Moldavie et de la Valachie dans les actes officiels de la Porte pendant la seconde moitié du XVIème siècle, dans: Revue des études sud-est européennes, t. XV, 2 (1977).

18 Voir les documents de 1415 mars 28 (AEB Section Historique 18); 1600 sept. 26 (ibidem, 1666); 1724 juillet 12 (AEB Palais métrolitain de la Valachie CCXCVII/2).

19 Parmi celles-ci, nous mentionnons les lettres envoyées par Basarab Le Jeune (Ţepeluş) aux juges et conseillers de Braşov, Ion Bogdan, op. cit., p. 75–133.

20 Une brève définition de l'institution du règne est inserée dans le volume Instituţii feudale în Tările Române (Intitutions féodales dans les pays roumains), Bucarest 1988, p. 168–172.

termes МИЛОСТІЮ БОЖІЮ (par la grâce de Dieu); f) la qualité de l'émetteur ГОСПОДИН (prince régnant), terme qui précise une situation juridique dont découlent plusieurs droits. Cette notion fait expressément allusion aux prérogatives de l'institution du règne et montre que le voïvode, une fois monté sur le trône, peut décider dans toutes les questions relatives au territoire du pays et à ses habitants.

En plus, au cours du XVIIIe siècle, le monogramme princier a compris parfois la formule de la filiation de même que le nom du pays. Ainsi au bas du document émis le 20 novembre 1764, nous rencontrons le monogramme suivant: NОИ ГРИГОРИЕ АЛЕЗАНДРУ ГИКА ВОЕВОД БОЖІЮ МИЛОСТІЮ ГОСПОДАР ЗЕМЛЕ МОЛДАВСКОИ (Nous Grigorie Alexandru Ghica voïvode par la grâce de Dieu, prince régnant du pays de la Moldavie)[21]. De tels monogrammes furent aussi utilisés par Alexandru Constantin Moruzi[22] et Constantin Alexandru Ipsilanti[23] voïvodes de la Valachie, etc.

On rencontre parfois dans le monogramme un attribut qui accompagne le nom d'un voïvode. Ainsi sur les actes émis au cours du régne de Vlad le Jeune, nous retrouvons le mot МЛАДИ (jeune)[24]. Dans certains cas, en Moldavie surtout, le monogramme princier (tout comme la titulature) utilise le prénom personnel à la place de l'attribut théocratique.

Parmi les cas exceptionnels, on remarque un document du 15 octobre 1763 émis dans la chancellerie de Grigorie Iean Calimachi[25] qui se distingue par le fait que dans la dernière partie du monogramme figurent aussi les éléments principaux de datation: Іω ГРИГОРИЕ ІωАNЬ ВОЕВОД МИЛОСТІЮ БОЖІЮ ГОСПОДИН ЗСОВ ОСТ. ЕІ (Moi Grigorie Ioan Voìvode par la grâce de Dieu prince régnant 7272 oct. 15). La lettre-chiffre 7272 correspond au millésime 1763.

Le monogramme comprend souvent à la fin un signe »final« de la titulature. C'est à Damian Bogdan que revient le mérite d'avoir remarqué que l'élément final de certains monogrammes du XIVe siècle a la forme d'une croix byzantine[26], ce qui prouve que les influences byzantines[27] ont agi de manière directe et non pas par le truchement de l'Etat bulgare parce qu'en Bulgarie ce signe est absolument inconnu.

Aux cours des siècles suivants on marquera la fin du monogramme par un signe qui parfois est réalisé discrètement, mais dans d'autres cas tout à fait ostentativement. Dans certains cas cette marque prend la forme d'une invocation symbolique, dans d'autres, elle semble être un ornement en forme de spirale[28].

Bien qu'en Valachie presque tous les documents officiels portent la souscription non-autographe, il existe un acte solennel daté d'avril 1714 portant la signature du voïvode Stefan Cantacuzène qui ne comporte pas cet élément[29]. Validé de la signature »manu propria« et d'un sceau attaché (système qui n'est propre qu'aux documents solennels)[30], celui-ci est muni, dans la partie inférieure du texte, de deux cartouches ornées de sarments stylisés, les dits cartouches occupant l'espace réservé d'ordinaire à la souscription non-autographe. Portant sur le frontispice les armoiries des Cantacuzène (l'aigle bicéphale)[31] combinées avec l'emblème officiel du pays (l'aigle croisée)[32], ce document était investi d'éléments suffisants pour pouvoir exprimer l'autorité de l'émetteur, de sorte qu'on a pu renoncer au monogramme princier.

b. Formes graphiques du monogramme

L'évolution des formes graphiques du monogramme princier correspond à celle de l'onciale diplomatique que Damian P. Bogdan appelle le type d'écriture

21 AE Iasi, coll. Documents, p. 340/39.

22 AEB Roulaux I/47.

23 Ibidem 56.

24 Voir les documents conservés aux AEB Coll. historique 57 (1469 juin 28); 60 (1475 juin 1) et 61 (1475 juillet 15).

25 AE Iasi, coll. Documents, p. 340/27.

26 F. Dölger, Facsimiles byzantinischer Kaiserurkunden, pl. VI, XII, XIII, XIV. La croix byzantine a été signalée aussi par G. Mihăilă, Sintagma (Pravila) lui Matei Vlastaris şi începuturile lexicografiei româneşti, sec. XV–XVII (Le Syntagme de Matei Vlastaris et les commencements de la lexicographie roumaine du XVe au XVIIe siècle), dans: Studii de slavistica, Bucarest, I, 1969. La croix bysantine se trouve aussi en Moldavie pendant le règne d'Alexandre le Bon.

27 Ion Radu Mircea, Relations littéraires entre Byzance et les pays roumains, dans: Actes du IV Congrès international des études byzantines, Bucarest, 6–12 sept. 1971, vol. I, Bucarest, 1974.

28 AEB Section historique 1313 (1586 juin 24).

29 AEB coll. Diplomatique 10. Voir Maria Soveja, Ioana Burlacu, Ioan Opris, Mărturii ale trecutului (Témoignages du passé), Bucarest 1981, p. 118–119.

30 Emil Vîrtosu, Din sigilografia Moldovei şi a Tării Românesţi, dans: Documente priumd istoria Romaniei, Introducere, vol. II. Bucarest, 1956, p. 333–537.

31 Au sujet de ce blason, voir aussi George Buzdugan, Un vechi sigiliu Cantacuzinesc (Un vieux sceau Cantacuzen), dans; Buletinul Societăţii Numismatice Române 47–49, 1973–1975, n° 121–123, p. 231–234.

32 Maria Dogaru, Sigiliile martŭrii ale trecutului istoric (Les sceaux – témoignages du passé historique), Edit. Stiinţifică şi Enciclopedică, Bucarest 1976, p. 74. Le petit sceau de ce prince régnant comprend les armoiries du pays et le blason personnel.

caractérisé par le fait que chaque graphème nécessite un long temps pour être mis au point[33]. Au cours des siècles, la forme graphique a connu une évolution permanente dans la dimension des lettres composantes, la façon de réaliser les ornements tout comme dans l'application des couleurs.

La dimension des signes graphiques varie d'une part selon l'époque et dépend d'autre part du caractère de l'acte. Il va de soi que les actes solennels sont remarquables de tous les points de vue. Ecrit d'ordinaire en caractères plus grands que le texte du document, le monogramme atteint des hauteurs allant de 20 mm[34] à 80 mm[35], s'étendant dans des cas exceptionnels sur une surface équivalant à l'espace de 16 lignes de texte; parfois on a accordé à cet élément plus d'un tiers du support du document[36]. La transposition monogrammatique de la titulature du voïvode présuppose l'utilisation de différents systèmes d'abréviations, parce que le monogramme avait à jouer un rôle particulier dans l'authentification de l'acte et que son déchiffrage nécessitait des connaissances spéciales d'ordre juridique, linguistique et aussi de la pratique de réalisation des actes dans les chancelleries officielles. Pour écrire les monogrammes on a utilisé presque tous les types d'abréviation: la contraction, la troncation, la surécriture, la ligature et l'enclave. Si l'on connait les règles paléographiques, il est relativement facile d'identifier la titulature des différents émetteurs. Merveilleuse dentelure de lettre, la souscription non-autographe est réalisée d'ordinaire par des combinaissons particulièrement originales et expressives[37]. Au cours des XIVe–XVIe siècles on rencontre un genre de transposition graphique spécifique à cette époque, l'utilisation de lettres hautes, la composition des mots se faisant de manière à ce que chacun puisse être aisément déchiffré. Souvent on retrouve sur les corps d'une lettre de grandes dimensions une véritable construction nous exhortant à en dégager la signification. La clef du déchiffrement consiste dans l'identification de la lettre de base qui nous apparaît sous la forme d'un échafaudage svelte et vigoureux sur lequel les autres lettres s'appuient, avec certaines variantes. Ainsi, tandis que le nom du voïvode est écrit en entier (ou par le placement en position différente de toutes les lettres qui le composent), les mots МИЛОСТIЮ БОЖIЮ (par la grâce de Dieu), ГОСПОДИНЬ (voïvode) et ВОЕВОД (titre) sont souvent abrégés par contraction ou troncation. Nous ne partageons pas l'opinion exprimée par Ion Bogdan selon laquelle le monogramme princier a comme élément principal la lettre initiale du nom, autour de laquelle se regrouperaient, d'après un système toujours constant chez tous les voïvodes ayant le même prénom[38], les autres lettres. Nous constatons au contraire que la manière de composer la souscription diffère le plus souvent, même lorsqu'il s'agit du même émetteur, d'un document à l'autre. Parfois le monogramme princier nous apparaît aéré, les termes qui le composent étant écrits à une certaine distance l'un de l'autre[39]; dans d'autres cas, il nous apparaît comme une écriture continue[40]. Nous trouvons des cas où l'on écrit de façon continue la première partie de la souscription alors que les éléments de la seconde partie sont nettement distancés[41]. Et parfois le monogramme en écriture continue sera divisé en deux parties par un cartouche contenant la signature autographe du voïvode[42]. Les difficultés de déchiffrement augmentent lorsque, outre le soin de monogrammer de telle ou telle manière, intervient la préoccupation d'embellir le document. Le monogramme apparaissant à la fin du texte du document par lequel Matei Bassarab faisait don au monastère de Bistriţa des villages de Vaideei et de Cîndei (département de Vîlcea), véritable tapis monocolore[43], soulève de grandes difficultés pour ceux qui voudraient reconstituer les signes de tel ou tel mot. Parmi les monogrammes princiers originaux du point de vue de la réalisation graphique, nous citerons ceux relatifs à Gavril Movilă, voïvode de la Valachie (1618, juin 2–1620, juillet 22), monogrammes figurant le nom et la filiation (Gavril et Movilă) en un système qui ne dévoile à première vue qu'un seul mot[44]. Les copistes du XIXe siècle, habitués à la pratique d'écrire seulement le nom du voïvode, les ont transcrit de façon erronée en ne retenant que le nom Gavril[45].

33 Damian P. Bogdan, Paleografia slavo-română (La paleographie slavo-roumaine), Direction Générale des Archives de l'Etat Bucarest 1978.

34 Voir l'acte signé par Michel le Brave le 26 septembre 1600, AEB Coll. historique 1666.

35 Voir le monogramme conservé sur le document du voïvode Mircea le Vieux émis en 1409 mai 9 (AEB Section historique 16).

36 Ion Bogdan, op. cit., p. XXX.

37 Gh. Buluţă, S. Craia, Manuscrise miniate si ornate din epoca lui Matei Basarab (Manuscrits ornés d'enluminures de l'époque de Matei Basarab), Edit. Meridiane Bucarest 1984.

38 On signale parmi les monogrammes petits le document du prince de Valachie, Alexandru C. Moruzi, du 23 novembrie, 1793, AEB Rouleaux I/47 (la hauteur des lettres est de 15 mm).

39 Voir les monogrammes des documents de 1431 janvier 30 (AE Braşov, coll. Privilèges 768) 1476 octobre 7 (ibidem 773), etc.

40 Voir le document du 10 mai 1669 (AEB Sceaux I/75); le 12 mai 1677 (AEB Palais métropolitain de la Valachie XCIV/26) etc.

41 Voir l'acte de 1656 août 11 (AEB Monastère des Saints Apôtres I/1.

42 Le document du 12 juillet 1724 (AEB Palais métropolitain de la Valachie CCXCVII/2).

43 AEB Sceaux I/32.

44 AEB Monastère de Glavacioc XIX/3 (1619 décembre 10).

45 AEB Monastère de Saint Jean de Bucarest V/7 (l'original du 1619 décembre 5 est accompagné par une copie du XIXe siècle).

c. Le chromatisme du monogramme

En ce qui concerne le chromatisme, on constate qu'au début le monogramme princier était écrit en noir (en réalité avec une encre ayant une teinte marrone, obtenue le plus souvent sur la base de plantes locales[46]). A la fin du XIVe siècle on voit apparaître le cinabre comme couleur réservée à la chancellerie princière[47], les personnes particulières n'ayant pas le droit d'utiliser de telles substances ni dans l'écriture, ni dans l'ornement des documents[48].

Le premier document de chancellerie comportant un monogramme princier écrit en rouge est le diplôme du voïvode Mircea le Vieux daté de l'an 6990, ce qui correspond à la période 1391 septembre 1–1392 août 31. Son contenu est le suivant: Iѡ МИРУА ВОЕВОД БОЖІЮ МИЛОСТІЮ ГОСПОДАР , ces mots sont suivis du signe graphique qui définit la croix byzantine. La hauteur des lettres varie entre 44–62 mm, le dernier chiffre étant spécifique aux mots superposés, pour le signe d'abréviation ou d'autres signes diacritiques[49]. Une charte datée de 1392 est écrite partiellement en rouge relevant ainsi l'invocation qui précède les autres éléments du monogramme écrits en noir[50]. Les souscriptions suivantes non-autographes dont le contour est dessiné au cinabre, datent du 28 mars 1415[51] et du 22 juin 1418[52], le premier orne un document émis dans la chancellerie du même voïvode (Mircea le Vieux), le second étant un acte émis par Mihail, le fils du premier. Après cette époque le nombre de documents investis de monogrammes réalisés en rouge s'accroît pour se généraliser graduellement. A partir du XVIe siècle on commence à utiliser la solution d'or, particulièrement significative d'après les règles de l'héraldique[53]. Le premier acte ainsi réalisé a été émis dans la chancellerie de Radu le Grand (1502 mai 3)[54].

Parmi les documents sur lesquels l'or abonde, on remarque notamment une charte du 4 septembre 1622 portant la marque de la chancellerie d'Etienne II Tomşa[55]. Au cours des XVIIe et XVIIIe siècles le souci de la forme de présentation du document est évident, et le chromatisme du monogramme ne cesse de se diversifier, les représentations multicolores deviennent très nombreuses. Plusieurs monogrammes (comme par exemple celui inscrit sur un acte du 1er décembre 1621)[56] sont réalisés dans les couleurs rouge, jaune et bleu, couleurs qui se réuniront des siècles plus tard pour former le drapeau national roumain[57], option dont l'origine remonte dans l'obscurité des temps.

d. La place du monogramme

Le monogramme princier se trouve toujours placé après la dernière ligne de l'acte. Ecrit à une certaine distance du texte, il ne peut être suivi que du sceau princier, de la signature du voïvode et du dignitaire (ou des dignitaires) qui avaient vérifié l'exactitude du texte[58], éventuellement de la mention: »noté dans le registre«[59]. Les termes composant la souscription non-autographe sont le plus souvent[60], comme nous l'avons déjà remarqué, divisés en deux groupes: le premier, placé du côté gauche du support, comprend l'invocation symbolique, l'attribut théocratique, le nom et le titre; dans le second groupe, placé à droite du support, figurent les autres termes[61].

e. Valeur artistique du monogramme

La valeur artistique de la souscription non-autographe[62] consiste dans le fait que ses réalisateurs, tout en faisant montre de doigté et de fantaisie, ont combiné les

46 Les termes qui expliquent les diverses méthodes de la préparation de l'encre justifient la conclusion que la préparation était à la portée de n'importe qui. Dès le XVIIe siècle commence l'utilisation de l'encre de suie.

47 E. Vîrtosu, Paleografia româno-chirilică (La paléographie roumaine-cyrillique) Edit. Stiinţifică, Bucarest 1968, p. 90–93.

48 Ce privilège princier d'utiliser la couleur rouge a duré jusqu'en 1828 lorsque dans les Principautés Roumaines a été introduit un système institutionnel moderne.

49 AEB Section historique 7.

50 Ibidem, 8.

51 Ibidem, 18.

52 Ibidem, 19.

53 P. B. Gheusi, Le blason héraldique. Manuel nouveau d'art héraldique de la science du blason et de la polychromie féodale d'après les règles du Moyen Âge. Paris 1892.

54 AEB Sceaux I/7. On retrouve aussi un monogramme d'or sur le document de 1608 mai 29 (AEB Sceaux I/22).

55 AEB Monastère de Neamţ LXXXVII/4.

56 AEB Sceaux I/36 (acte émis par la chancellerie de Radu Mihnea).

57 Maria Dogaru, Tricolorul românesc – o istorie glorioasă (Le tricolore roumain, une histoire glorieuse), dans: Anale de istorie XXXIV n° 1 (1988) p. 133–148.

58 Cette opération était faite d'habitude par le grand chancelier et le deuxième chancelier. Tous les deux prenaient la responsabilité pour l'exactitude du document, fait témoigné par la présence des signatures sur le support du document.

59 Grâce au fait que dans le registre de chancellerie fut mentionnée minutieusement ou brièvement le contenu de l'acte.

60 Dans l'acte daté 1374, émis par Vladislav le voïvode de Valachie (AEB Section historique 1) les termes qui composent la souscription non-autographe sont disposés symétriquement sur la surface entière du document, le sceau étant placé en dessous de celle-ci.

61 Voir l'acte de 1645 mars 29 (AEB Monastère de Căldăruşanii XXVII/2).

62 Voir aussi Gh. Buluţă, S. Craia, op. cit., p. 68.

lettres en un système, ce qui prouve l'attention particulière portée à l'image de la représentation[63]. Si nous suivons l'évolution de cet aspect, nous constatons un progrès spectaculaire. Même les monogrammes figurant sur les premiers documents connus, bien qu'assez simples en général, montrent pourtant une forte préoccupation pour l'embellissement. Matérialisés dans l'ornement des lettres par des lignes et des points, l'épaississement des parois des lettres, l'adjonction de signes diacritiques à fonction esthétique et par une recherche de symétrie, ces préoccupations déviendront toujours plus évidentes.

A partir du XVIIe siècle, le monogramme princier (notamment quand il s'agit de documents solennels) est devenu en effet une véritable broderie où les mots sont cachés dans un tapis polychrome, tissu combinant des motifs géométriques, floraux ou zoomorphiques.

Parmi les monogrammes les plus représentatifs, nous citerons celui peint sur la charte du 10 juillet 1614[64] émise par la chancellerie du voïvode Radu Mihnea qui a régné successivement en Valachie (1611 septembre – 1616 août; 1620 août – 1623 août) et en Moldavie (1616 juillet – 1619 février) pour régner entre août 1623 et janvier 1626 sur les destinées des deux principautés parce que sur le trône de la Valachie se trouvait à cette époque-là son fils mineur[65]. Le soin particulier avec lequel ce monogramme a été peint, les motifs thématiques utilisés pour exprimer le message et le chromatisme lui confèrent des qualités exceptionnelles. Merveilleuse réalisation multicolore, ce monogramme comprend deux types de lettres. Certaines lettres ayant un rôle de »vedette«, ont des dimensions très grandes (172–178 mm) et sont contourées avec une élégance particulière, car les parois de chacune d'elles sont redoublées d'un ornement de feuilles disposées symétriquement. Les lettres dont la forme comporte une volute renferment un paon. Nous reproduisons quelques-unes des lettres, respectivement Iω (IO – attribut théocratique), *P*A – de nom du voïvode (Radul); B (V – titre du voïvode); M (ИЛОСТИЮ) – grâce; (ОЖIЮ) = Dieu; N (le mot gospodar = prince régnant). Les lettres appartenant à la deuxième catégorie, de petite dimension et écrites en caractères ordinaires en italique, sont discrètement placés dans les espaces entre les signes privilégiés. Les deux dernières lettres richement ornées (N) sont superposées de deux aigles qui semblent s'affronter à deux paons. Le monogramme réunit les trois couleurs rouge, jaune et bleu.

Du temps du règne de Matei Basarab, époque d'épanouissement culturel exceptionnel[66], des chartes joliment ornées nous sont parvenues dont le monogramme met en évidence la volonté de ses réalisateurs de conférer aux actes de chancellerie un prestige accru.

La fonction artistique du monogramme s'est accrue au fur et à mesure que l'image esthétique de l'acte s'enrichissait. Au cours du XVIIe siècle, les souscriptions non-autographes réalisées sur le support des documents solennels commencent à tenir plus étroitement le pas avec les représentations sur le frontispice de l'acte ayant souvent l'aspect d'un tapis tissé en or et en fils fins colorés.

L'ornementation du monogramme conservé sur l'acte du 20 octobre 1639[67], parée de vautours disposés symétriquement en plan vertical et aussi d'un hibou, s'impose à notre attention. Afin d'approfondir le caractère cryptographique de la composition à l'intérieur de la lettre Iω (provenant de l'attribut theocratique), on a placé des éléments fauniques particulièrement typiques de la symbolique populaire, un aigle, un corbeau et un cerf. Au-dessus des lettres qui forment l'attribut théocratique, l'on découvre une couronne symbolisant le pouvoir, mettant une fois de plus en évidence la

63 Traian Ionescu-Nişcov, op. cit., pl. XXXII.

64 AEB Monastère de Dealul XI/13. Voir aussi Aurelian Sacerdoţeanu, O curiozitate diplomatică referitoare la forma originală a unui document din 10 iulie 1610 (Une curiosité diplomatique concernant la forme originelle d'un document du 10 juillet 1614), dans: Hrisovul n° 7 (1947) p. 228–229.

65 Le fait que ce prince a pris quelquefois le titre »Radu Mihnea voïvode Corvinul«, pour faire relever la parenté des voïvodes des trois pays roumains, est significatif. Voir V. Stănică, Radu Mihnea voievod Corvinul stăpîn al Moldovei şi Tării Româneşti 1623–1626 (Radu Mihnea voïvode Corvinul, maître de la Moldavie et de la Valachie 1623–1626), dans le volume Stefan Meteş la 85 de ani, Cluj-Napoca 1977, p. 263–268.

66 Răzvan Theodorescu, Epoca lui Matei Basarab la răscruce a vechii culturi româneşti (La époque de Matei Basarab, carrefour de la vieille culture roumaine), dans: Revista de istorie 35, 1982, n° 12, p. 1330–1338 T. Sinigalia, Miniatura votivă din epoca lui Matei Basarab (La miniature votive à l'époque de Matei Basarab), dans: Revue roumaine d'histoire 3, 1985, p. 231–247.

67 AEB Palais métropolitain de la Valachie CXXXI/11.

68 Celui-ci s'avère être un miniaturiste talentueux ayant des relations avec les personnes qui réalisaient le document. Voir les travaux concernant l'évolution des chancelleries voïvodales roumaines: Gh. Ghibănescu, Documentul studiat din punct de vedere istoric, arheologic si paleografic (Le document étudié au point de vue historique, archéologique et paléographique), dans Th. Codrescu, Uricarul XXIII, 1895, p. 5–109; Nicolae Grămadă, Cancelaria domnească a Moldovei pînă la domnia lui Constantin Mavrocordat (La chancellerie princière de la Moldavie jusqu'au règne de Constantin Mavrocordat), dans: Glasul Bucovinei, Cernăuti 1935, p. 131–132; Leon Simanschi, Georgeta Ignat, Constituirea cancelariei statului feudal moldovenesc (La création de la chancellerie de l'état féodal moldave), dans: Anuarul Institutului de istorie şi arheologie A. D. Xenopol, IX (1972), p. 107–131; X (1973), p. 123–149; Maria Dogaru, Chancelleries de la Valachie et de la Moldavie aux XIVe et XVIe siècles, dans: Landesherrliche Kanzleien im Spätmittelalter (Referate zum VI. Internationalen Kongreß für Diplomatik) München 1984, p. 753–765.

signification de cette particule. Mentionnons que l'artiste a apposé discrètement sa signature БОГЗА (Bogza)[68], cette composition figurant parmi les très rares que l'on peut attribuer à un réalisateur. L'adjonction des éléments mentionnés ne s'est pas faite accidentellement. L'aigle, principale figure héraldique des armoiries de la Valachie, évoque le vol vers les hauteurs, le courage et la dignité. Le corbeau, investi dans la tradition populaire de pouvoirs inhabituels, personnifiait la résistence et le sacrifice, tandis que le quatrupède, inspiré de la faune cinégetique (le cerf), évoquait la vie en liberté. Le hibou avait symbolisé, durant tout le Moyen Age et aussi à l'époque moderne, la sagesse.

La souscription non-autographe qui valide la charte du 28 août 1639, par laquelle Matei Basarab avec le Conseil princier a libéré plusieurs monastères de la domination de moines étrangers, constitue un véritable bijou filigrané d'une beauté exceptionnelle. Orné d'éléments floraux, il s'étale sur le support de l'acte, suspendu au bec d'un oiseau en plein vol[69].

Le monogramme réalisé sur la charte émise sous la signature du voïvode Matei Basarab le 10 mars 1641[70] s'impose aussi à notre attention. Au centre, un emblème soutenu par deux lions a éte dessiné. Témoignant des influences orientales, ce monogramme comporte dans son centre un heaume au-dessus duquel se trouve un ange pourvu de clairons.

Parfois les deux parties du monogramme princier ont été placées dans une vignette joliment ornée[71], d'autres fois les mots qui le composent sont traversés par des fleurs fines ou même entremêlés de bouquets multicolores[72]. Tout ceci est preuve d'un intérêt augmentée pour la représentation artistique de la souscription et du désir des auteurs des actes d'accroître le rôle de cet élément figuré dans la mise en évidence de l'importance du document, dont le contenu devait être respecté inconditionnellement par tous.

2. La lettre initiale

La lettre initiale constitue un autre élément figuré ayant à jouer un rôle majeur quand il s'agit de mettre en évidence l'importance des documents de chancellerie. Véritable porte qui s'ouvre vers le contenu de l'acte, l'initiale occupe constamment le coin supérieure gauche du support.

Au cours des siècles, l'initiale a connu une évolution remarquable: dimensions (on connait des initiales dont la hauteur varie entre 4 et 170 mm), forme, chromatisme, signification.

a. L'initiale en Valachie

En Valachie particulièrement, l'initiale nous apparaît majestueuse notamment dans les documents rédigés en slavon[73], tout comme dans les actes écrits en caractères cyrilliques en langue roumaine. A partir d'un acte daté approximativement de 1374[74], l'initiale s'impose fortement à l'attention. Elle est réalisée en cinabre et a une dimension qui correspond à la hauteur de quatre lignes de texte (30 mm)[75].

Bien que les préoccupations visant à son embellissement se réduisent à quelques lignes et points, la lettre respective (П provenant du mot ПОНЕЖЕ = parce que) est svelte et imposante. Tout signe de l'alphabet aurait pu constituer l'élément d'ouverture du texte, cependant ce rôle n'a été attribué qu'aux lettres initiales des mots qui composaient la titulature du voïvode. Dans la période 1374–1500 nous rencontrons en Valachie les initiales suivantes: И (de Iω, ou de la particule ИЖЕ); М (provenant du premier mot de la formule de dévotion МИЛОСТІЮ); Б (provenant du terme qui complète cette formule БОЖІЮ); П (de ПОНЕЖЕ); А (de АЗ); В (de ВЫ = dans, ou du pronom possessif ВЬСЕИ); Е (du mot ЕЛИЦИЬ = combien)[76].

Les actes écrits en latin dans la chancellerie de Valachie participent aux pratiques des chancelleries occidentales, non sans certaines différences pourtant, dues à la coutume qu'il y avait de rédiger les documents en slavon et aussi à certaines coutumes spécifiques dans la distribution du texte sur le support. L'acte solennel du 17 août 1511, par lequel le voïvode Vlăduţ de Valachie promet la paix et l'amitié au roi de Hongrie et aux habitants du Pays de Bârsa (actuelle région de Braşov)[77], rédigé en latin, combine à notre avis les deux pratiques diplomatiques car, d'une part, il conserve, comme aspect général, la solennité des actes issus des

69 Gh. Buluţă, op. cit., p. 31; AEB Sceaux I/55.

70 AEB Sceaux I/56.

71 Ce procédé est utilisé en particulier au XVIIe siècle. Voir les documents de 1752 octobre 21 (AEB Rouleaux I/25); 1767 septembre 15 (AEB Rouleaux II/92) etc.

72 Document émis par la chancellerie de Matei Basarab 1639 novembre 23 (AEB Sceaux I/54).

73 Veronica Vasilescu, Ornamentaţia şi miniaturile documentelor din Ţara Românească pînă la Constantin Brîncoveanu (L'ornement et les miniatures des documents de Valachie, jusqu'à l'époque de Constantin Brîncoveanu), dans: Revista Arhivelor 2 (1968), p. 253–164; G. Popescu-Vîlcea, Miniatura Românească (La miniature roumaine), Edit. Meridiane, Bucarest 1981, p. 117–118.

74 AEB Section historique 1.

75 M. Soveja, I. Burlacu, I. Opriş, op. cit., p. 48–49.

76 Documenta Romaniae Historica, B: Ţara Românească (Valachie), t. I, II.

77 AE Braşov, coll. Privilèges 742.

chancelleries occidentales[78] et, d'autre part, il est marqué de jolis ornements selon la coutume des documents slavo-roumains. C'est la lettre N (de Nos) qui est investi de ce rôle. De grande dimension (sa hauteur correspond à un tiers de la surface du parchemin) elle est entourée de lignes gansées qui s'interpénètrent d'un rameau dont les feuilles semblent être transparentes. L'ouverture de ce traité par une initiale élégante et svelte s'explique, d'une part, par le caractère solennel de l'acte, et d'autre part, par le fait que dans la chancellerie de la Valachie où cet acte avait été émis on attachait à cette époque-là tout comme plus tard, une importance particulière à cet élément figuré.

Il convient de mentionner que les documents bilingues (en latin et slavon) conservent pour chacun des textes le spécifique du genre respectif. Ainsi le privilège de Dan II, voïvode de la Valachie (1420 août – 1431 février) accordé aux habitants de Braşov et daté de 1431, janvier 30[79], rédigé en latin dans la partie supérieure et en slavon dans la partie inférieure, conserve en haut l'initiale N (Nos) écrite à l'encre noire, et dans la deuxième partie du support, la lettre И (de l'attribut theocratique) écrite au cinabre[80].

L'initiale ne cessera d'accroître son rôle et sa valeur artistique. Exécutée avec un soin particulier, par respect de la tradition ou donnant feu vert à l'imagination, les initiales deviendront »des figures fières et gracieuses«[81] qui semblent s'adresser à ceux qui les regardent pour les inviter à comprendre le texte du document. La lettre initiale ne se contente pas d'augmenter ses dimensions, elle est de plus en plus ornée d'une décoration impressionnante formée de sarments de fleurs ou d'éléments zoomorphiques ayant tous des significations pleines de subtilité mystérieuse. Par sa réalisation et l'harmonie chromatique, l'initiale contribue sans doute à l'accroissement du degré de solennité du document en question[82] en établissant une distinction nette entre les actes de chancellerie de l'institution princière et ceux émis par divers dignitaires ou personnes particulières.

L'utilisation de la couleur rouge est courante en Valachie, couleur réservée, comme nous l'avons dit, à l'écriture et à l'ornement des documents de la chancellerie princière. La première lettre initiale écrite en cinabre est conservée sur le document daté approximativement de 1374, juin 27[83]. Il y a là les premiers pas par lesquels la sobriété de l'écrit est brisée, le texte rendu en couleur noire s'ouvre par deux signes (l'invocation symbolique et l'initiale) d'une couleur rappelant l'autorité particulière de l'émetteur qui, dans ce cas, était Mircea le Vieux[84]. Quelques années plus tard, nous trouvons deux documents de 1391/92 à initiale rouge, mentionnés déjà pour leurs monogrammes colorés[85].

Pour la suite, nous n'allons nous attarder que sur quelques-unes des initiales qui nous semblent être les plus représentatives. Le diplôme de voïvode Mircea le Vieux, daté approximativement de 1400, juillet 20[86], se caractérise par le fait qu'il est l'unique document de chancellerie sur lequel seule l'initiale a été écrite en rouge, les autres éléments (y compris l'invocation symbolique) étant écrits en noir.

Au début du XVe siècle on trouve encore des documents dont l'initiale est écrite en noir, même dans les cas où le monogramme a le contour dessiné en rouge (voir les chartes du 28 mars 1415[87], et du 10 juin 1415[88]). Mais le rouge avance graduellement sur le frontispice de l'acte, et à partir de la deuxième moitié du XVe siècle, il sera de plus en plus utilisé. A partir du XVIe siècle on passe à l'utilisation de la solution d'or qui permettra la réalisation de représentations qui se distingueront à la fois par l'élégance et la beauté[89]. Certes, l'utilisation de l'or exprime de façon codifiée les attributs de l'Etat souverain, tout en faisant allusion aux fonctions princières et en rappelant indirectement le faste existant à la cour du voïvode.

L'une des initiales les plus représentatives peut être admirée sur la charte de Radu Mihnea, voïvode de la Valachie, datée du 10 juillet 1614[90]. La lettre B nous apparait comme une tapisserie de fleurs et de feuilles avec un chromatisme rappelant l'option pour le rouge, le jaune et le bleu. Dans la boucle supérieure on a renfermé un paon et dans l'ouverture entre les deux boucles, deux feuilles contourées avec beaucoup de sensibilité. Cette façon de réalisation constitue en fait la reprise d'un modèle très proche de celui réalisé sur un

78 Alain de Boüard, Manuel de diplomatique française et pontificale, 2 vol., Paris 1929–1952, et albums.
79 AE Braşov, coll. Privilèges 768.
80 Maria Soveja et al., op. cit., p. 58–59.
81 Traian Ionescu-Nişcov, op. cit., p. 20–21.
82 G. Buluţă, op. cit., p. 32–33.
83 AEB Section historique 4.
84 Dinu Arion, Din hrisoavele lui Mircea cel Bătrîn 1386–1414 (Quelques pièces de Mircea la Vieux 1386–1418), Studii de istoria dreptului român, Bucureşti 1930.
85 AEB Section historique 7 et 8.
86 Ibidem, 3.
87 Ibidem, 18.
88 AEB Documents historiques C/132.
89 Voir aussi Magdalena Iorga, Iniţiale, litere ornate, chenare şi înflorituri din documentele muntene şi moldovene din veacul al XVII-lea si al XVIII-lea (Initiales, lettres ornées, bordures et fioritures dans les documents valachiens et moldaves du XVIIe et XVIIIe siècle), Craiova 1928.
90 AEB Monastère de Dealu XI/3.

acte émis dans la chancellerie du même voïvode en mars 1614[91], modèle qui se perpétuera car nous le retrouverons aussi sur certains actes émis au milieu du siècle[92]. En augmentant sans cesse son rôle, l'initiale deviendra pendant le regne de Matei Basarab, un élément fort important dans l'embellissement du document. Les initiales conservées sur les actes portant la signature de ce voïvode épris de culture, illustrent les interférences culturelles qui s'étaient manifestées, et trahissent discrètement la mentalité du créateur en nous permettant en même temps de surprendre le mental social propre à l'époque.

Aussi je me propose de regarder de plus près les chartes à »jolie face«[93] portant la signature de ce voïvode. On y remarquera tout d'abord les initiales qui ouvrent les documents du 29 avril 1633[94] et du 23 avril 1639[95], qui se distinguent par le fait que la lettre ayant ce rôle a été timbrée d'une couronne. Aux documents ayant un pareil message, il faut ajouter l'acte daté du 13 mai 1634[96], qui est orné au coin gauche du support d'une initiale superposée d'un motif floral qui contoure en même temps une couronne formée de sarments. Une initiale polychrome ayant une grande force d'expressivité a été dessinée sur le support de l'acte daté du 17 juillet 1637[97]. La lettre qui ouvre l'acte est combinée avec des sarments et des fleurs de sorte que dans l'ensemble nos regards sont attirés par une composition harmonieuse dont la valeur est augmentée par le fait qu'au dessus du motif floral, on a fait figurer la silhouette d'un oiseau suggérant le mouvement, le vol vers les hauteurs. Par ailleurs on distingue, par la qualité artistique et par la signification, la composition qui orne la charte de Matei Basarab du 8 décembre 1640[98]. Contourée par des traits imposants, les deux initiales qui ouvrent l'acte (l'une marquant le début de l'invocation verbale, l'autre étant la première lettre du texte proprement dit) prouvent l'influence de l'écriture d'imprimerie utilisée au XVIIIe siècle en Europe occidentale, chose explicable si l'on pense que le réalisateur de l'acte, Udrişte Năsturel, deuxième logothète, érudit réputé, était au courant de l'évolution de la culture sur le plan européen[99].

La charte, datée approximativement 1639–1640 novembre 23, par laquelle Matei Basarab et le Conseil princier sont parvenus a libérer d'importantes surfaces agricoles se trouvant sous la domination et l'administration d'institutions ecclésiastiques étrangères[100] se distingue aussi par la forme de la lettre initiale. Ce document comporte en réalité deux initiales. L'une (la lettre В) fait partie de l'invocation verbale (ВЪ ИМАѠЦЪ) écrite, comme toute la phrase, en caractères plus grands que le reste du texte, est placée sur le frontispice de l'acte. L'autre, qui n'est autre que l'initiale proprement dite, est la lettre N (du pronom personnel NОИ = Nous). En ouvrant le texte (elle précède la titulature de l'émetteur), elle est réalisée en or avec un fin ornement floral. L'initiale par laquelle on pénètre dans le contenu de l'acte du 11 mars 1641 est traversée d'une diagonale qui sépare un lion d'un aigle bicéphale couronné[101].

Certes le jumelage de la lettre qui ouvre le texte avec des éléments mentionnés, a une certaine signification. Et comme les figures rappelées (la couronne, l'aigle bicéphale, le lion) sont fréquemment utilisées en héraldique pour faire allusion au pouvoir, nous devons dégager de cette combinaison l'intention des réalisateurs des documents de mettre en évidence la supériorité de l'institution émettrice et en même temps une allusion à la tendance des voïvodes roumains de consolider leur autonomie vis-à-vis de l'Empire ottoman. La lettre investie du rôle de marquer le commencement du texte pour le document du 9 avril 1646 se distingue fortement par sa beauté et par son originalité. Véritable bijou de la miniature roumaine, cette charte porte sur son frontispice des armoiries de la Valachie, réalisées d'une façon propre à suggérer la liaison entre le règne du voïvode et la puissance divine (les astres présents généralement sur le bouclier (l'écu) sont dans ce cas placés au-dessus de celui-ci dans un champ d'étoiles). La lettre initiale В se superpose à un ange assis sur un siège, tenant dans la main droite le globe crucifère, marque du pouvoir[102]. Aux chartes qui excellent par leur qualité artistique particulière, il faut également ajouter l'acte du 12 mars 1677[103] signé par le prince régnant Gheorghe Duca. Ce qui est caractéristique à cet acte, c'est le fait qu'on y a marqué, comme initiales, seulement deux lettres. En effet nous retrouvons au côté gauche du support, dans un contour superposé

91 AEB Monastère de Slobozia de Enache et Apostolache II/4.

92 Une miniature semblable a été réalisée aussi sur l'acte du 21 mai 1651 (AEB Monastère de Dealu II/1).

93 Ce terme surgit dans le document de Radu le Grand du 3 mai 1502; »ma majesté a donné honnêtement ce document-ci qui est au-dessus de tous les honnêtes cadeaux« (AEB Sceaux I/7). Voir aussi Documente privind istoria României B: Ţara Românească, le XVIe siècle, t. I (1501–1525), Bucarest 1951, p. 15–17.

94 AEB Sceaux I/46.

95 Ibidem, 53.

96 Ibidem, 48.

97 Ibidem, 49.

98 Voir Dan Horia Mazilu, Udrişte Năsturel, Bucarest, 1974.

99 AEB Sceaux I/57.

100 Ibidem, 54.

101 Ibidem, 58.

102 AEB Documents Valachie, XXV/16.

103 AEB Palais métropolitain de la Valachie, XCIV/26.

d'une fleur, les lettres И et В, calligraphiées en or et ornées de lettres et de fleurs.

Durant le règne du voïvode Constantin Brîncoveanu (1688 octobre – 1714 avril) les initiales continuent d'avoir un rôle important. Les codes alphabétiques qui portent la signature de ce voïvode sont fort nombreux, pourtant nous n'allons en citer que quelques-uns à savoir ceux qui se remarquent par leur beauté et leur signification. Ainsi nous allons mentionner l'initiale de l'un des plus importants actes de chancellerie de Brâncoveanu, c'est-à-dire la charte du 25 avril 1695 par laquelle le voïvode faisait donation au monastère de Hurez de plusieurs propriétés et privilèges. Marquant le début du mot »înţelepciune« (sagesse)[104] la lettre Î a été réalisée en grandes dimensions par l'utilisation d'une encre de Chine d'une solution d'or et d'argent. Entourée de sarments, la lettre mentionnée s'appuie sur les corps de deux serpents levés qui soutiennent dans la gueule la tige d'une plante se dressant svelte tout près du corps de la lettre, toute la composition étant encadrée par un contour. Sur un autre document, la même lettre initiale[105] s'interpénètre avec un aigle bicéphale, marque de la famille Cantacuzène à laquelle Constantin Brâncoveanu[106] s'apparentait; cette marque est devenue le symbole de la souveraineté, justement en raison du fait qu'elle avait aussi été utilisée par la famille impériale byzantine.

Quoique pendant le règne de Constantin Brâncoveanu les ornements réalisés sur le support des documents ne cessent de se diversifier, un certain modèle s'impose petit à petit, sous la forme d'une plante à sarments et à fleurs, l'initiale étant placée dans la fleur centrale[107].

Au XVIIIe siècle la pratique d'écrire la lettre initiale plus grande et plus ornée sera maintenue notamment pour les actes solennels[108]. Placées dans un cadre contouré de lignes gansées ou perlées, écrites en rouge et parfois avec de la solution d'or, elles connaîtront une charge ornementale accrue. On trouve alors fréquemment des initiales enfouies dans un champ de fleurs constituant une vignette qui s'harmonise avec les autres éléments miniaturés présents sur le document. Le soin de l'image artistique du cadre est tellement grand, que l'on rencontre des cas où l'on peut a peine distinguer les initiales[109].

Une initiale particulière se rencontre sur la charte du voïvode moldave Nicolae Mavrocordat, émise le 21 mai 1714[110]. Ce qui est original sur cette représentation, c'est la façon dont on a groupé sur le squelette de la lettre Б, écrite en caractères plus grands, en un système qui nous rappelle le monogramme princier, toutes les lettres du mot БОЖИЮ.

Durant cette période aussi, les initiales sont accompagnées de certains éléments et marques destinés à mettre on évidence la préeminence de l'institution princière. Particulièrement discrètes, ces marques doivent être identifiées dans l'ensemble des représentations miniaturées placées sur le support des documents dans un ordre déterminé.

Sur le support de l'acte de chancellerie du 9 février 1724, à la place réservée à l'initiale, on a réalisé un cadre architectural chargé de sarments ayant au centre la lettre Д (D). Ce qui est fort original c'est que ces sarments sortent de la gueule d'un serpent[111]. Remarquons également l'initiale du document du 22 juillet 1724. On distingue au côté droit du support, un cadre chargé de motifs floraux avec, au centre, une fleur ayant dans son milieu la lettre М. La partie supérieure du cadre, ayant la forme d'un fauteuil, porte la marque principale du pouvoir qui est le globe crucifère[112]. Nous rencontrons également une autre initiale expressive sur la charte émise le 24 mai 1731 dans la chancellerie de Michel Racovitza, voïvode de la Valachie (la lettre Î s'interpénètre avec un aigle bicéphale)[113].

Une autre initiale remarquable par sa beauté et son élégance est celle qui orne la charte du voïvode Scarlat Ghika du 14 mars 1761[114], émise pour les propriétés Zidurile şi Berileşti. On remarque sur cette composition la fusion de la lettre М (МИЛОСТИЮ = grâce) et de quatre amphiptères (serpents ailés).

104 AEB Rouleaux I/9.
105 Ibidem, 8.
106 Concernant la vie et le règne de Constantin Brîncoveanu, voir les travaux: Radu Greceanu, Istoria domniei lui Constantin Brîncoveanu voievod (1688–1714) (L'histoire du règne de Constantin Brîncoveanu voïvode (1688–1714), editeur A. Ilieşi, Edit. Academia Română, Bucarest, 1970; Al. Sturdza, Constantin Brîncoven, prince de Valachie (1688–1714). Son régne et son époque, t. I–III, Paris 1915; Stefan Ionescu-Panait, Constantin vodă Brîncoveanu, Viaţa, Domnia Epoca (Constantin Brîncoveanu voïvode. La vie. Le règne, L'époque), Bucarest 1969; St. Ionescu, Epoca brîncovenească: Dimensiuni politice, finalitate culturală (L'époque brîncovène: Dimension politique, finalité culturelle), Edit. Dacia Cluj-Napoca 1931, p. 123–247.
107 AEB Nouvelles acquisitions MMDCCII/4.
108 Particulièrement beau est l'acte de 1702 fevrier 20, par lequel Constantin Brîncoveanu confirmait le droit de propriété sur le village Crasani, au palais metropolitain de Bucarest (AEB Monastère de Cernica III/28).
109 Parmi ceux-ci il y a aussi l'initiale du document de 1752 octobre 21 (AEB Rouleaux 25).
110 AEB Monastère Aron Voda I/10.
111 AEB Palais métropolitain de la Valachie XII/2.
112 Ibidem, CCXCVII/2.
113 AEB Rouleaux I/15.
114 AEB Palais metropolitain de la Valachie XIII/34.

b. L'initiale en Moldavie

Sur les actes de chancellerie de la Moldavie, beaucoup plus sobres que ceux de Valachie, l'initiale obtiendra un rôle évident seulement à partir du XVe siècle[115]. L'acte le plus ancien émis dans la chancellerie moldave et qui est conservé dans le pays, la charte du voïvode Roman Muşat du 30 mars 1392, présente tout le texte en lettres ayant les mêmes dimensions et la même chromatique. Peu à peu l'initiale a pris des proportions, bien qu'au XVe et au XVIe siècles l'on continue d'émettre de nombreux documents sur lesquels elle est écrite à l'encre noire et ornée discrètement par des lignes et des points. Quant aux lettres investies de ce rôle entre 1392–1486, il faut remarquer le fait, que, bien qu'il y existe une plus grande fixité – les lettres M (МИЛОСТІЮ, grâce) ayant l'utilisation la plus fréquente – on rencontre aussi les lettres B (ВЕЛИКИ = grand), Б (БОЖИЮ = Dieu), C (СТЕФАН = Etienne)[116].

Parmi les chartes ornées d'une initiale réalisée de façon à prouver des préoccupations pour l'embellissement, nous mentionnons celui du 30 septembre 1503[117]. Cet acte de chancellerie, appartenant à l'époque d'Etienne le Grand, montre une initiale qui s'entrecroise avec une fleur stylisée, d'une élégance particulière.

Dans les siècles suivants, sous l'influence de la chancellerie de la Valachie, les chartes princières émises par les voïvodes moldaves, commencent à être de plus en plus ornées d'initiales expressives. La charge miniaturée des documents officiels moldaves s'est beaucoup enrichie au XVIIIe siècle, par conséquent certains s'imposeront comme de véritables chefs-d'œuvre du genre. L'initiale est souvent placée dans un cadre si riche qu'il s'en faut de peu qu'elle ne perde son rôle de lettre clé, et l'ornement qui l'entoure, dissimule parfois cet élément d'investiture diplomatique. De la chancellerie de cette principauté, certains actes écrits en roumain se sont conservés, certes en caractères cyrilliques, ornés d'initiales artistiques. Parmi eux, nous mentionnons ceux du 20 avril 1736[118], du 10 mars 1758[119], du 15 octobre 1763[120], du 1er décembre 1799[121]. Il faut surtout rappeler le document bilingue roumano-grec, daté du 29 octobre 1803, d'autant plus que les deux textes s'ouvrent par une initiale (A et K) chacune étant placée dans un bouquet de fleurs[122].

c. L'initiale en Transylvanie

On rencontre l'initiale sur les documents émis par la chancellerie de la Transylvanie. En examinant les actes portant la marque des voïvodes et des vice-voïvodes de cette principauté[123], l'on constate que durant les premiers siècles (XIIIe–XIVe) la lettre initiale du texte était mise en relief par l'épaississement, ensuite aussi par une calligraphie plus spéciale avec des ramifications décoratives, des lignes brisées et pointillées.

Peu à peu la titulature acquiert un rôle toujours plus important, et en même temps le rôle de la lettre initiale augmentera lui aussi par la croissance de ses dimensions. Certes, dans cette principauté aussi on constate une différence catégorique entre les actes communs et les documents solennels, ces derniers étant décorés d'ornements et calligraphiés soigneusement.

Ont été investies de ce rôle les lettres initiales des mots composant la titulature, le plus souvent N (Nos)[124], D (dei gratia) et d'autres formant le nom du voïvode respectif G (Georges ou Gabriel) [125], E (Etienne), S (Sigismund) [126] et M (Michel) [127].

L'existence de documents dont le discours diplomatique commence par l'adresse, fait que d'autres lettres aient aussi le rôle d'initiale, en marquant les attributs des destinataires, respectivement H (Honorabilibus), R (Religiosis), D (Discretis), etc.[128]. Bien que les initiales des documents transylvains n'aient jamais connu l'éclat et le renom de celles émises dans la chancellerie de la Valachie, il existe certains documents qui s'ouvrent par des signes graphiques représentatifs. Parmi ceux-ci nous mentionnons celui du 15 août 1645 par lequel le prince régnant de la Transylvanie Gheorghe Rakoczi I

115 AEB Sceaux I/111.

116 Documenta Romaniae Historica, A: Moldava, t. I (1384–1448), t. II (1449–1486), Edit. Academiei Bucarest, 1975–1976.

117 AEB Monastère de Neamţ XXIV/4.

118 AE Iaşi, fond Eveché du Saint Spiridon, Parchemins 3.

119 AE Iaşi, coll. Documents p. 340/68; Elena Cosma, Reprezentări heraldice pe acte de cancelarie din Moldova – sec. XVII–XVIII – pastrate la filiala Arhivelor Statului Iaşi (Représentations héraldiques sur des actes de chancellerie de Moldavie – XVIIe-XVIIIe siècle – conservées à la Filiale des Archives d'Etat de Iaşi), dans: Revista Arhivelor, n° 2/1986, p. 221–224.

120 AE Iaşi, coll. Documents p. 340/27.

121 AE Iaşi, fond La curatelle du Saint Spiridon, Parchemins 12.

122 Ibidem, 13.

123 Sigismund Joko, Organizarea cancelariei voïvodale ardelene la începutul secolului al XVI-lea (L'organisation de la chancellerie voïvodale transylvane au commencement du XVIe siècle), dans: Hrisovul 1946, n° 7, p. 111–198; Francise Pall, Cancelaria voievodatului Transilvaniei la începutul secolului al XIV-lea (La chancellerie du principat de la Transylvanie au commencement du XIVe siècle, dans: Revista Arhivelor n° 3 (1960), p. 267–277.

124 C'est comme ca que commencent la plupart des documents. Voir l'acte de 1341 janvier 29 (AE Cluj, coll. Archives historiques CVI), 1345 octobre 10 (ibidem, CCI).

125 AEB Documents transylvans XV/16.

126 Ibidem, XV/13.

127 Ibidem, XVII/17 (acte émis par Mihail Apafi).

128 Documenta Romaniae Historica, C: Transilvania, Bucarest 1977, p. 62.

anoblissait plusieurs dizaines d'habitants du Banat (région du sud-ouest de Roumanie) réfugiés du pachalik de Timişoara, pour des mérites obtenus pendant la guerre de trente ans[129]. Contourée par des lignes droites, elle se distingue par le fait qu'elle est écrite avec une solution d'or, à une hauteur appréciable et est placée dans un champs de fleurs multicolores, le motif floral couvrant tout le frontispice de l'acte de même que le côté situé à gauche du texte. On est également attiré par l'initiale de l'acte solennel daté du 29 septembre 1654[130], acte par lequel le prince Gheorghe Racokzi II, à la demande d'Acaţiu Barcsai, comte de Hunedeara et ban de Caransebeş, octroie des privilèges toujours à des habitants du Banat. Cette initiale (la première lettre du mot Nos) se distingne par le fait que chacune des parois qui la composent est réalisée par deux colonnes divisées par un ornement stylisé. Le lien entre les deux barres qui composent la lettre est assurée par l'intermédiaire d'un motif en forme de huit, placé en diagonale et décoré d'une fine dentelure. Du haut de l'initiale, un motif décoratif formé de cercles et de volutes, descend par le flanc droit du texte. La manière dont on a réalisé les éléments figurés sur ces documents, témoignant des tendances manifestées toujours plus nettement et visent à renforcer l'institution émettrice et à mettre en évidence l'autorité particulière de cette dignité concrétisée en cette période en une principauté autonome[131].

3. L'invocation symbolique

L'invocation symbolique est l'un des éléments figurés extrêmement fréquents parmi des documents spécifiques à la chancellerie suprème de la Valachie et de la Moldavie.

Marque destinée à appeler les victoires[132], l'invocation symbolique précède généralement le texte des documents même dans des actes comprenant une invocation verbale. Bien qu'étant un élément stéréotypé, l'invocation symbolique a connu le long des décennies et des siècles une évolution constante, qui diffère selon le degré de solennité du document et se combine avec l'évolution de la lettre initiale à côte de laquelle elle a toujours sa place. Au cours des XIVe et XVe siècles, l'invocation symbolique réalisée par une croix orthodoxe, est placée dans le côté sénestre supérieur du support. Bien qu'elle soit sobre au début, elle compte parmi le peu d'éléments concourant à l'accroissement du prestige du document, à l'augmentation de la beauté et ceci notamment en Moldavie[133], où comme nous l'avons déjà dit, le monogramme princier est apparu plus tard. Elle est réalisée au cinabre (comme elle apparaît sur la charte émise par le voïvode Vladislav en faveur du monastère de Voditą)[134], écrite à l'encre noire du texte[135], dessinée[136] avec une solution d'or ou représentée en plusieurs couleurs[137].

Bien qu'au XIVe siècle l'invocation soit représentée simplement, les tendances d'embellissement par points et par lignes marquent le début d'une évolution qui va atteindre au XVIIe siècle[138], notamment sur les documents provenant de la chancellerie de Matei Basarabe, les plus hauts sommets. Les actes solennels de cette époque la portent parmi leur ornements remarquables. Les premières représentations de valeur artistique apparaissent dès le règne des voïvodes Simion Movilă[139], Radu Serban[140], et Radu Mihnea[141], voïvodes qui ont donné une nouvelle dimension plastique aux actes de chancellerie. On ne saurait ne pas remarquer l'originalité et la beauté de l'invocation symbolique sur la charte datant du 10 juillet 1614, plusieures fois mentionnée dans notre étude [142]. La croix précédant l'initiale semble être une véritable construction monumentale. Les éléments remplissant l'espace qui lui avait été réservé, nous rappellent le motif de la volute, motif si souvent utilisé dans l'art populaire. Dans les deux extrémités du bras horizontal se trouve un médaillon

129 AE Prahova, coll. Documents 1.

130 Ibidem, 2.

131 I. Lupaş, Un voïvod al Transilvaniei în lupta cu regatul ungar (Un voïvode de la Transylvanie en lutte avec le royaume hongrois), dans: Studii, conferinţe şi comubicări istorice II, Cluj 1940, p. 34.

132 Damian P. Bogdan, Diplomatica slavo-română (La diplomatique slavo-roumaine), dans: Documente privind istoria României, introducere, t. II, p. 76; voir aussi Traian Ionescu-Nişcov, op. cit., p. 20–21.

133 Une initiale intéressante a été réalisée sur le document d'Alexandre le Bon, du 4 août 1400.

134 AEB Section historique 1.

135 Voir les documents du 23 novembre 1406 (AEB Section historique 11); 1407 (ibidem, 12); 1408–1418 (ibidem, 14); 1409 mai 11 (ibidem, 16); 1418 juin 22 (ibidem, 19).

136 Parmi celles-ci, voir l'initiale en or sur le document de 1669 mai 10 (AEB Sceaux I/75).

137 On signale les actes de 1635 janvier 12 (AEB Monastère de Polovragi XVI/4); 1638 avril 2 (AEB Monastère de Cotroceni VII/7); 1656 août 11 (AEB Monastère des Saints Apôtres I/1).

138 Sur l'acte du 15 juin 1628 (AEB Nouvelles aquisitions LX/18), il y a une invocation symbolique haute, environ trois fois plus haute que l'initiale qu'elle accompagne.

139 Traian Ionescu-Nişcov, op. cit., p. 20.

140 Voir les documents de 1602 novembre 8 (AEB Monastère de Cozia XXIX 5); 1605 janvier 15 (AEB Monastère de Cotroceni LIX/11); 1607 janvier 13 (AEB Evêché d'Arges III/1).

141 Parmi ceux-ci on remarque les documents de 1614 février 23 (AEB Monastère de Radu Vodă XLV/5); 1615 mai 2 (AEB Evêché de Buzău XIV/2); 1620 juin 10 (AEB Nouvelles aquisitions LX/14).

142 AEB Monastère de Dealu XI/3.

où un paon a été représenté. A l'extérieur, elle est appuyée par trois autres paons vivement coloriés. L'invocation présente sur le support de la charte de Matei Basarab du 16 mars 1638 est composée d'une manière tellement complexe qu'elle semble en effet un ornement imposant[143].

Sur les mandats, l'invocation symbolique acquiert une forme spécifique parce que le bras horizontal est très court et placé en haut de la ligne verticale qui ondoie le long du texte.

La fréquence de l'invocation symbolique sur les actes de chancellerie en Valachie et en Moldavie s'explique par sa double signification. D'une part, faisant partie des titres du voïvode[144], elle symbolise le lien entre le pouvoir laïque et le pouvoir divin, en marquant le fait que le pouvoir du voîvode relève des forces céléstes et non pas de la volonté d'un autre souverain. Dans ce cas l'invocation symbolique constitue une accentuation des tendances visant au renforcement de l'autonomie; elle évoque par conséquent l'aspiration à l'indépendance[145]. D'autre part, l'invocation symbolique est, comme nous le croyons, un moyen par lequel on peut relever de manière codifiée, le rôle assumé par les voïvodes roumains après la chute de Constantinople dans le soutien de l'orthodoxie, élément important dans la lutte antiottomane. Comme on le sait, les pays roumains, les seuls d'origine latine et de religion orthodoxe dans cette région du continent européen, ont exercé au cours du Moyen Age le plus important et le plus long protectorat religieux, protectorat concrétisé dans l'appui matériel, politique et diplomatique accordé par les voïvodes roumains au Patriarchat de Constantinople et aux établissements athoniens (montagne d'Athos)[146]. L'invocation symbolique sur les documents roumains constitue une preuve du rôle que la Valachie et la Moldavie ont joué après 1453, l'an de la chute de Byzance et des Etats situés au sud du Danube sous la domination turque, rôle qui leur avait permis de se situer à la tête de la chrétienté orthodoxe en tant que défenseurs de l'église de l'Orient et de ses traditions[147].

Pendant le XVIIe et le XVIIIe siècle cette marque est vidée de sa signification mystique et religieuse, car elle devient de plus en plus un moyen d'embellissement des documents. Cette diminution de son rôle est prouvé par le fait qu'en certains cas elle manque et en d'autres cas, elle est embriqué avec la lettre initiale d'une manière qui montre l'intensification du processus de laïcisation[148]. Cet aspect peut être observé même dans le cas de certains documents solennels ayant sur le frontispice des miniatures expressives. Ainsi, nous allons remarquer la charte émanée dans la chancellerie du voïvode Constantin Brâncoveanu, le 15 janvier 1695. L'invocation de cet acte est réalisée à la plume avec de l'encre marrone et coloriée en aquarelle rouge. L'originalité de la composition consiste dans le fait que l'initiale, ornée de sarments, de fleurs et d'oiseaux affrontés fait corps commun avec l'invocation symbolique plaquée en une fleur dont la tige part du centre de la lettre[149]. Mentionnons également l'invocation sur la charte émanée dans la chancellerie du même voïvode le 7 juin 1700. On voit sur son support une invocation symbolique de dimensions réduites dont le bras vertical se prolonge par un ornement en forme de volute, cet élément devenant ainsi un élément attrayant[150]. Sur la charte de Nicolae Mavrocordat du 21 juillet 1714[151], l'invocation symbolique a été remplacée par un dessin ayant une signification subtile. Dans cette composition multicolore, nous retrouvons la tête d'aurochs avec l'étoile entre les cornes et au-dessus de celle-ci, un bouquet de sarments réalisé en or. Sous les armoiries officielles de la Moldavie il y a une main qui tient un serpent. Sur le document émané le 23 novembre 1734 dans la chancellerie du voïvode Stephane Cantacuzène nous retrouvons une lettre initiale joliment décorée au-

143 AEB Sceaux I/32. L'acte est écrit par »Soare, le petit copiste formé par le chancelier Udrişte Năsturel«.

144 Traian Ionescu-Nişcov, op. cit., p. 19.

145 Victor Bărbulescu, Iniţiale şi monograme legate de semnul crucii (Initiales et monogrammes liées au signe de la croix), dans: Mitropolia Olteniei XVII (1965) nº 7–8, p. 568–586.

146 T. Bodogae, Ajutoarele româneşti la mănăstirile din Sfîntul Munte Athos (Les aides roumaines pour les monastères situées sur la sainte montagne d'Athos), Sibiu, 1941; Francis Pall, Les relations de Basile Lupu avec l'Orient orthodoxe et particulièrement avec le Patriarchat de Constantinople, dans: Balcania VIII, 1945, p. 66–140; C. A. Stoide, Din legăturile patriarhiei de Constantinopol cu Moldova în epoca lui Vasile Lupu (Rapports du Patriarcat de Constantinople avec la Moldavie à l'époque de Vasile Lupu), dans: Materiale de muzeografie şi istorie 7–8 (1958), p. 564–569.

147 I. Toderaşcu, Ideea de independenţă în izvoarele diplomatice medievale româneşti, sec. XIV–XVIII (L'idée d'indépendance dans les sources diplomatiques médievales roumaines XIVe et XVIIIe siècle), dans: Analele stiinţifice ale Universităţii Al. I. Cuza, Istorie, 1977, p. 5–20.

148 Voir les documents du 12 mars 1677 (AEB Palais métropolitain de la Valachie XCIV/26); 1695 avril 25 (AEB Rouleaux I/9); 1714 avril (AEB, coll. Diplomatiques 10); 1731 mai 24 (AEB Rouleaux I/15); 1736 avril 20 (AE Iaşi, fond La curatelle du Saint Spiridon, Parchemins 3) etc.

149 AEB Palais métropolitain de la Valachie XCVI/25.

150 Idem, CCXV/2.

151 AEB Monastère Aron Vodă I/10.

152 AE Sibiu, collection Bruckental, 737, 219.

dessus de laquelle on a placé les armoiries du pays, à savoir l'aigle croisée[152]. Souvent, la croix à dimensions réduites est placée très discretement au-dessus de la fleur dans laquelle on a encadré la lettre initiale[153].

Conclusion

Quelques conclusions avant de terminer. Les éléments figurés des actes de chancellerie s'avèrent être un moyen propre à mettre en évidence la prééminence de l'institution princière. Tout en augmentant le degré de solennité du document, ils attirent l'attention sur le rôle important qu'a l'émetteur respectif dans la hiérarchie institutionnelle, car la chancellerie princière n'est pas seulement un organisme chargé d'élaborer les marques officielles mais aussi un organe de gouvernement et d'administration du pouvoir central.

La persistence pendant plusieurs siècles de ces éléments prouve qu'à la date où ont été émis les actes les plus anciens que nous connaissons, la chancellerie princière de la Valachie avait une assez longue expérience. Sans doute, le maintien pendant plusieurs siècles d'une manière de distribuer le texte prouve la continuité ininterrompue, malgré toutes les vicissitudes des temps, des entités politiques roumaines. Bien que les éléments figurés aient toujours fait partie du patrimoine universel, dans le sens qu'ils ont été utilisés dans les chancelleries de plusieurs états européens, la manière de réalisation constitue finalement une preuve évidente de l'originalité de la pensée de chaque peuple.

Différant des monogrammes émanés dans les chancelleries occidentales, ceux qu'on retrouve sur les actes officiels de la Valachie et de la Moldavie connaissent une plus grande fixité en ce qui concerne les éléments qui y sont incorporés. Dans les principautés roumaines, la souscription non-autographe n'est nullement annoncée dans la formule de corroboration et par ailleurs, elle n'est pas accompagnée de certains mots qui attirent l'attention sur sa signification. Une autre particularité des monogrammes des documents roumains réside dans le fait que l'apparition de la signature du voïvode n'a pas conduit à la suppression ou à la diminution du rôle joué par le monogramme princier, comme il est arrivé dans les chancelleries de certains souverains de l'Europe occidentale. Les éléments figurés se trouvant pour une bonne part sous l'influence byzantine même après la chute de Constantinople, sont ceux qui ont fait que l'acte de chancellerie devienne souvent un objet d'art miniaturé. Par le vêtement que l'acte de chancellerie portait, nous voyons que certains voïvodes ont pris conscience du rôle qui leur incombait en tant que princes régnants des principautés roumaines et continuateurs sur le plan spirituel de l'œuvre des empereurs de Byzance, tout en contribuant de la sorte au renforcement du camp antiottoman.

Le soin de réaliser des chartes »à jolie face« deviendra un objectif constant de la chancellerie du voïvode qui allait exercer son influence sur toutes les catégories d'actes émanés dans le cadre institutionnel propre à chaque époque.

Les types décoratifs utilisés dans les chancelleries roumaines, greffés pour une bonne part sur l'héritage culturel populaire, ont conféré aux actes une attraction particulière. Tenant le pas avec l'évolution de la societé, soumis incessamment au processus de perfectionnement, les éléments figurés ont incorporé, étape après étape, les courants artistiques propres à telle ou telle période et ont reflété indirectement les nouvelles mentalités qui se frayaient un chemin. Ces éléments témoignent des pensées et des préoccupations de tous ceux qui, au long des siècles, ont réalisé les actes de chancellerie qui sont autant de preuves pertinentes du passé si agité mais aussi plein de grandeur.

En tant que signes extérieurs de certains phénomènes essentiels, en tant qu'écho transparent des processus sociaux profonds, les éléments figurés existant sur les actes de chancellerie, nous rappellent les idéaux de la societé roumaine et expriment d'une façon bien spécifique et originale le fait que les principautés roumaines, bien que formant des entités séparées par l'Empire ottoman, aspiraient à obtenir une plus forte autonomie en s'opposant aux tentatives de la violer et en insistant sur le le respect des stipulations légales consacrant en fait les anciens droits et privilèges. Considérés de ce point de vue, les éléments figurés peints magnifiquement sur les actes de chancellerie transposent plastiquement l'idée de l'indépendance qui est d'ailleurs relevée directement dans le contenu de presque toutes les sources diplomatiques roumaines.

153 AEB Documents historiques CCXCVIII/57 (12 et 19 juillet 1707); AEB Palais métropolitain de la Valachie CCXV/7 (15 mai 1742).

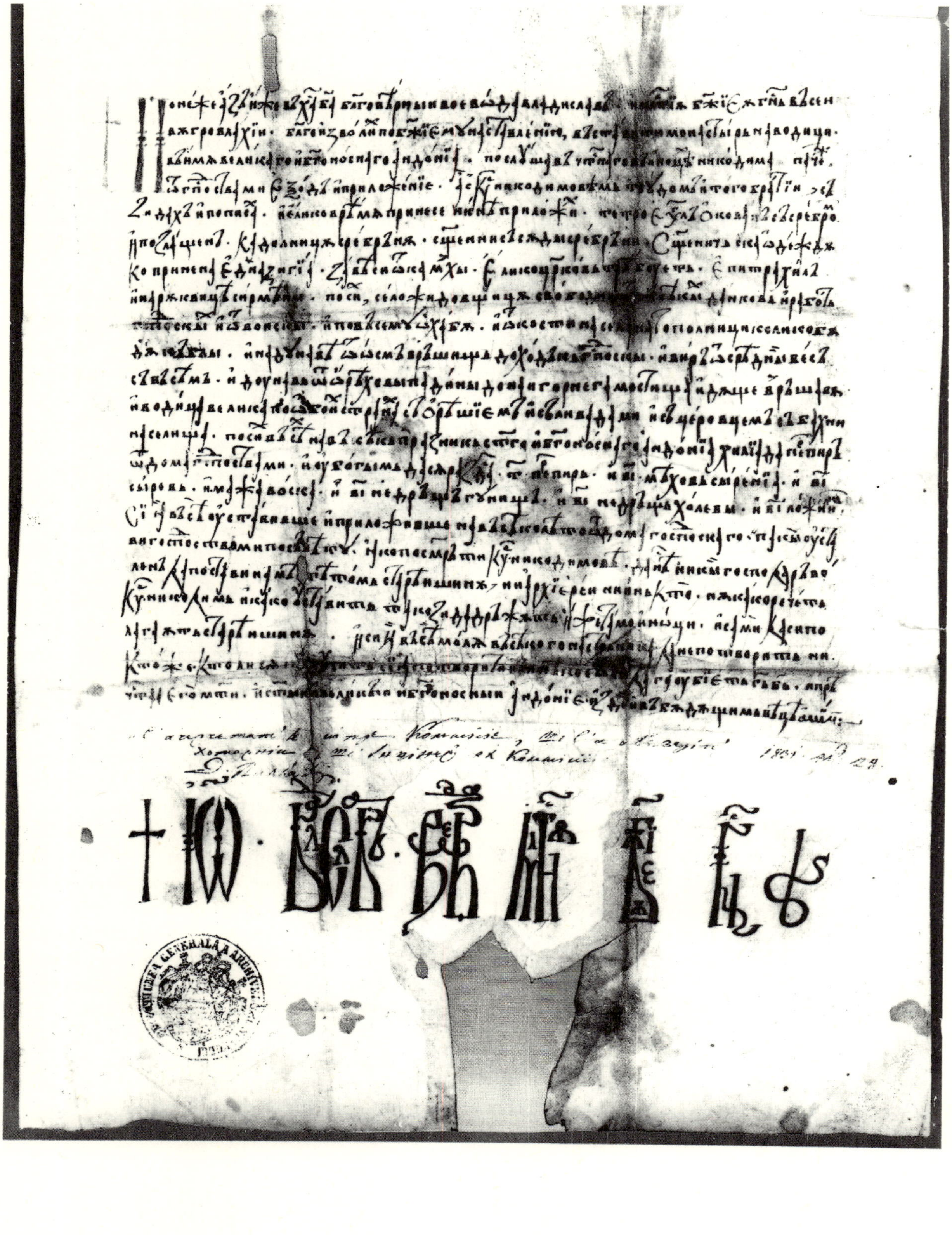

Fig. 1 *1374, Vladislav, voïvode de Valachie (AEB Section historique 1)*

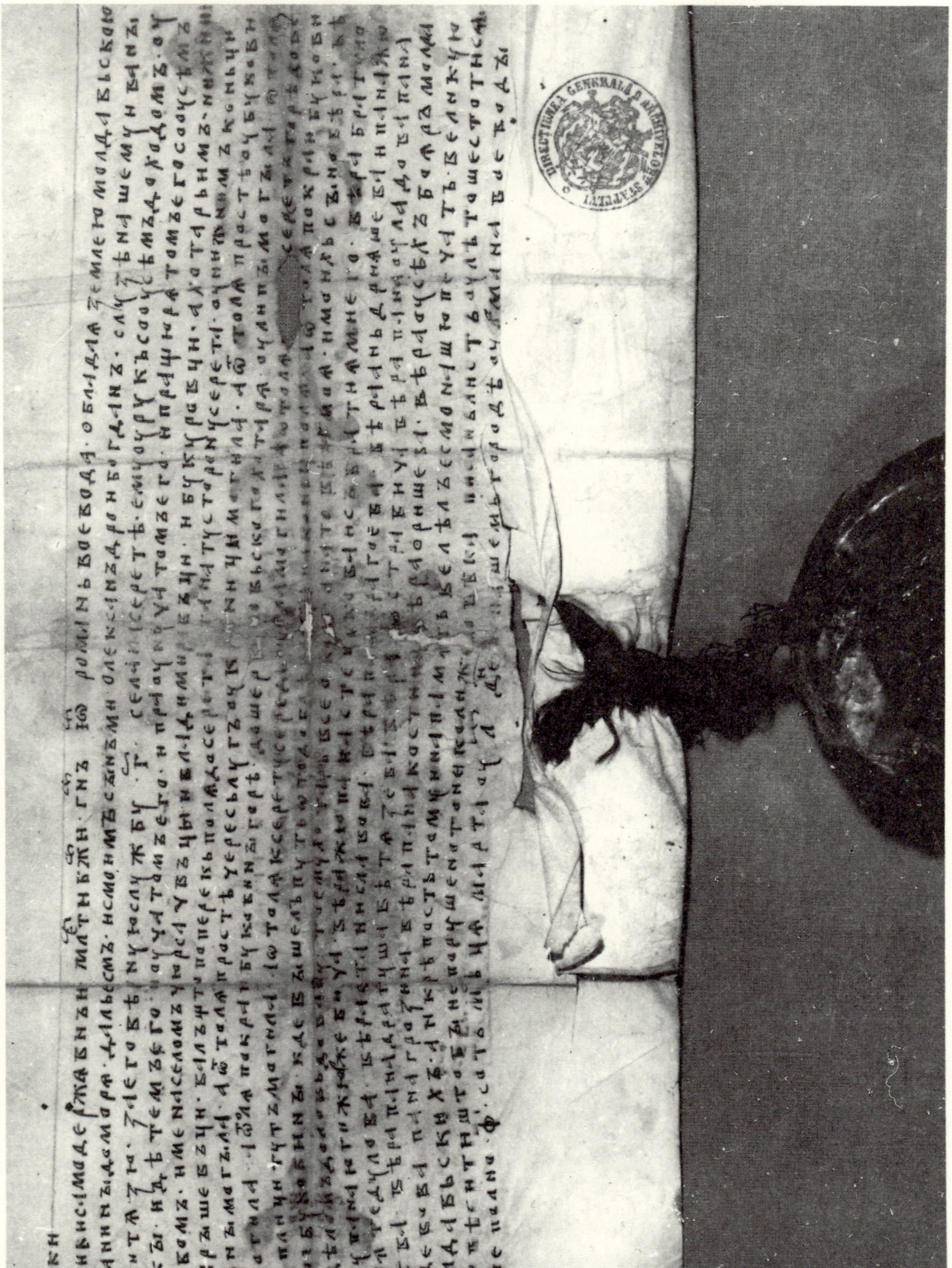

Fig. 2 *1392 mars 30, Roman Mușat, voïvode de Moldavie (AEB Sceaux 111)*

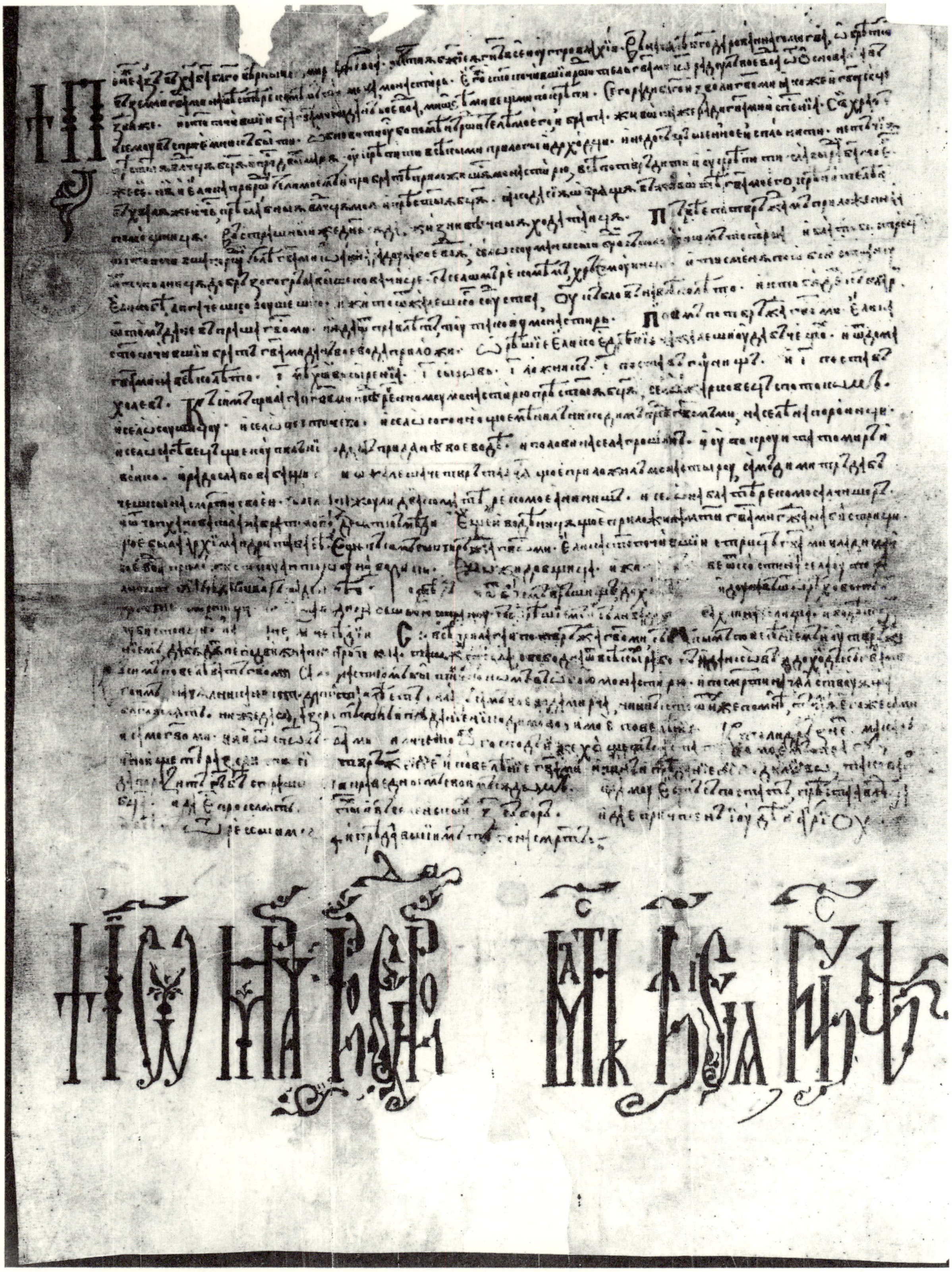

Fig. 3 *1392, Mircea le Vieux, voïvode de Valachie (AEB Section historique 3)*

Fig. 4 *1455 fevrier 3, Alexandrel, voïvode de Moldavie (AEB Documents sélectionnés Moldavie 16)*

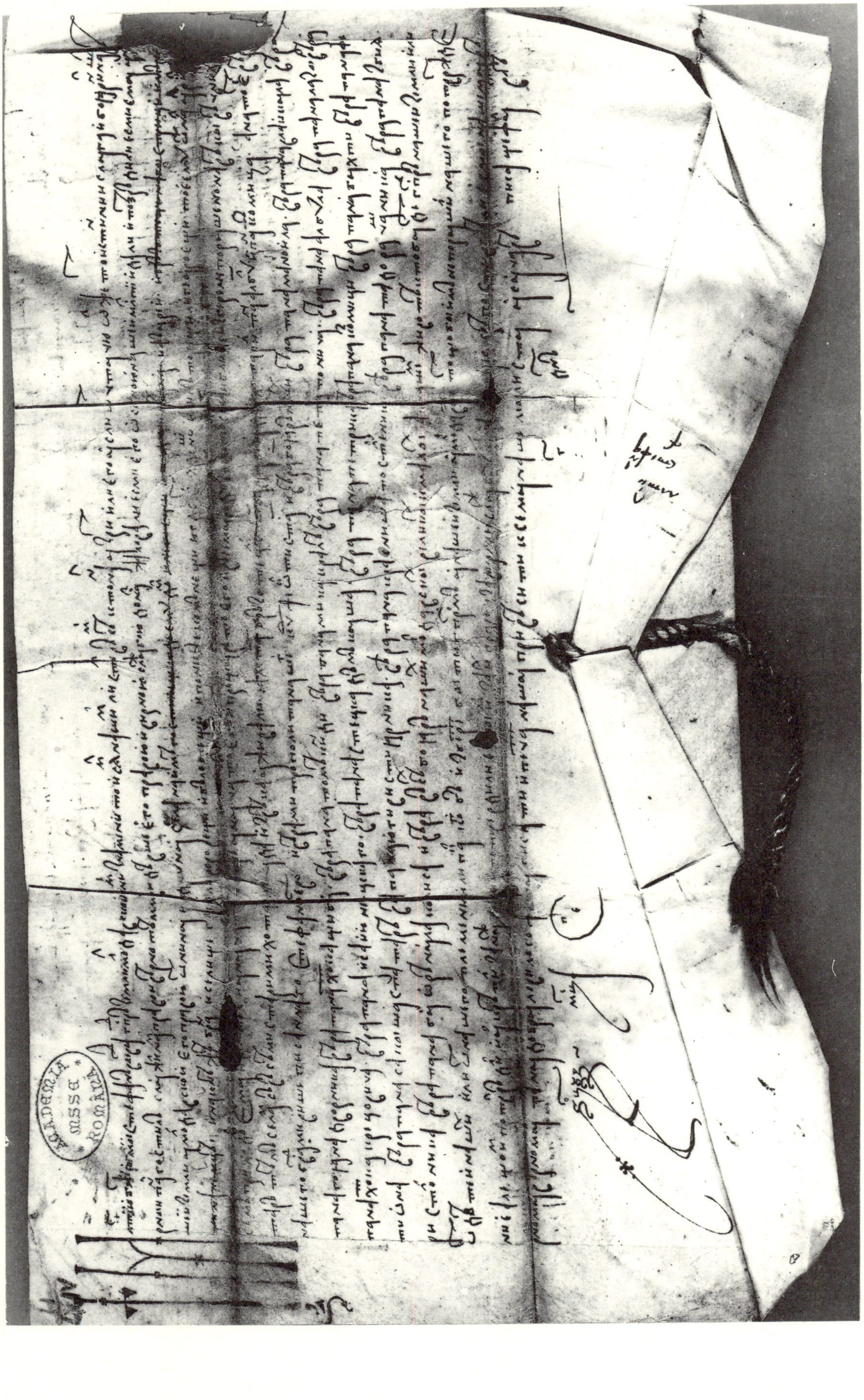

Fig. 5 *1459 septembre 3, Etienne le Grand, voïvode de Moldavie (AEB Documents historiques LXIV/4)*

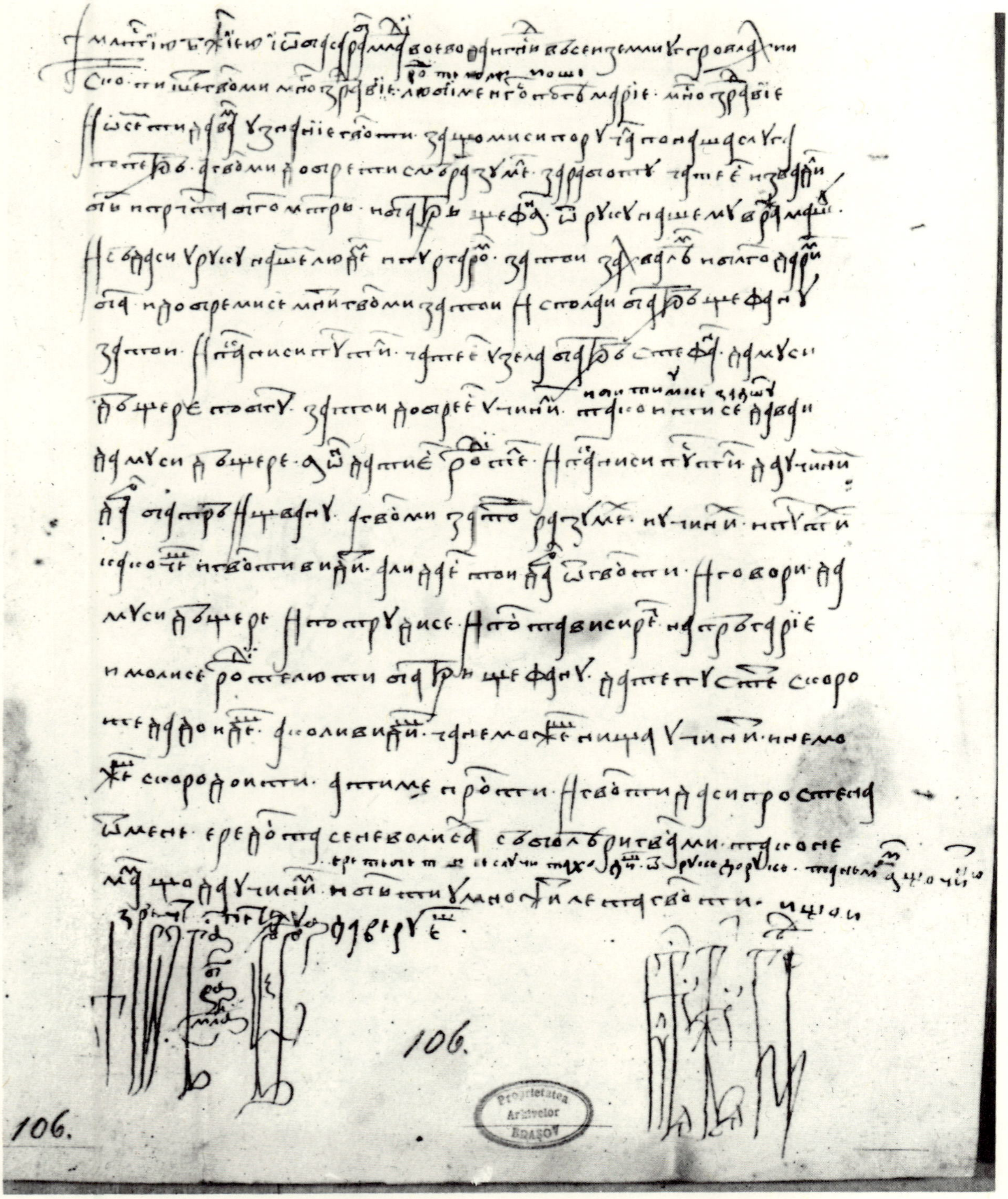

Fig. 6 *1480, Basarab le Jeune, voïvode de Valachie (AE Brasov, coll. Stenner 106)*

Fig. 7 *1520 janvier 10, Neagoe Basarab, voïvode de Valachie (AEB Section historique 241)*

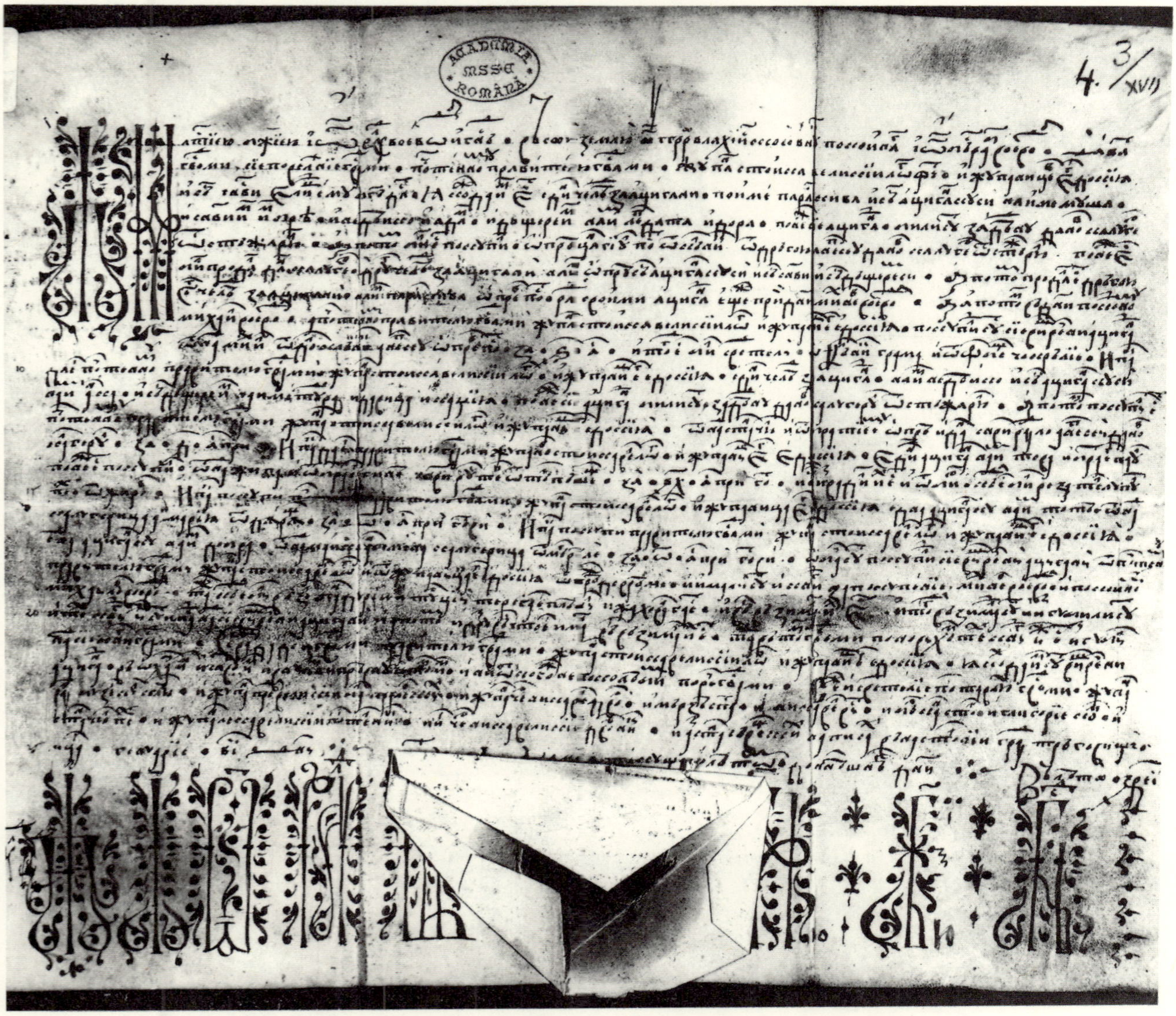

Fig. 8 *1607 janvier 12, Radu Serban, voïvode de Valachie (AEB Documents historiques XCV/51)*

Fig. 9 *1700 octobre 30, Constantin Brîncoveanu, voïvode de Valachie (AEB Nouvelles acquisitions MMDCCCII/4)*

Fig. 10 *1700 décembre 15, Constantin Brîncoveanu, voïvode de Valachie (AEB Rouleaux I/10)*

Genese und Symbolik des nordeuropäischen Notarszeichens

Von Peter-Johannes Schuler

Stand der Forschung

Weder die Rechtsgeschichte noch die Historischen Hilfs- oder Grundwissenschaften haben sich bis in die jüngste Zeit mit der Erforschung eines wichtigen Beurkundungszeichens, des mittelalterlichen Notarszeichens, auch Notarssignet genannt, beschäftigt. Dies ist um so erstaunlicher, als heute eine vielfältig begründete neue Aufmerksamkeit für graphische Symbole gewachsen ist. In der Forschung wird jedoch das Notarszeichen weithin ignoriert, obwohl es einen ungeheuren Formenreichtum aufweist. Findet es doch einmal Erwähnung, wird ihm, wie etwa in der Urkundenlehre von Philippi (1920), »jeder tatsächliche Wert« abgesprochen, obwohl es für die *fides publica* der Urkunde rechtserheblich ist. Oswald Redlich (1913) bezeichnet die Notariatssignete als »eine Sache von antiquarischem Interesse« und »ohne wesentliche Bedeutung für die Diplomatik«. Selbst die zahlreichen italienischen und französischen Arbeiten zum öffentlichen Notariat begnügen sich mit allgemeinen Worten. Allein Giry in seiner Urkundenlehre (1898) und Luscheck (1940) in seiner Untersuchung zum öffentlichen Notariat in Schlesien gehen ernsthaft auf die Bildinhalte ein. Erst in neuerer Zeit hat Giorgio Costamagna (1970 u. ö.) wesentliche Beiträge zur Frühgeschichte des Zeichens erarbeitet, auf die im weiteren Verlauf noch zurückgriffen werden wird.

Die angeführten Forschungsansichten spiegeln beispielhaft wider, wie wenig sich die Diplomatik mit der Theorie der Rechtsgültigkeit der Notariatsurkunde und ihrem Beurkundungszeichen beschäftigt hat. Die Ursache für die Vernachlässigung des Notarszeichens ist wohl darin zu suchen, daß es in seiner rechtlichen Funktion als Beglaubigungszeichen nicht erkannt wurde. Selbst in der neuesten und umfangreichen Publikation anläßlich des 19. Kongresses der »Union Internationale du Notariat Latin«, die im »Atlas du Notariat. Le notariat dans le monde« (1990), erschienen sind, findet sich kein Beitrag zum Notarszeichen.

In Deutschland haben sich erst in den 60er Jahren Karl Siegfried Bader (1967), Hans Gerig (1965), Louis Carlen (1969) und Wilhelm Schmidt-Thomé (1970–74) in kleineren Beiträgen mit dem Signet auseinandergesetzt. Ihre Arbeiten beruhen auf kleinen regionalen, mehr zufälligen Sammlungen von Notarszeichen und sind damit in ihrem Aussagegehalt notgedrungen beschränkt. Was bisher aussteht, ist eine systematische Untersuchung der Entwicklung, der Ausbreitung und der gestaltlichen Ausformung sowie der inhaltlichen Bildaussage des Notarszeichens. In diesem Zusammenhang muß ich vorwegschicken: was hier zur Entstehungsgeschichte des Signets vorgetragen wird, ist ein erster Versuch, der bei einer systematischen, länderübergreifenden Erforschung so manche Korrektur erfahren wird. Zu wünschen wäre, daß die »Commission Internationale de Diplomatique« sich endlich entschließen könnte, eine internationale Studiengruppe zu diesem Thema einzusetzen.

Eine solche Studiengruppe müßte sich zunächst mit folgenden Fragekomplexen auseinandersetzen:

1) Welche rechtliche Funktion kommt dem Notarszeichen zu?
2) Enthalten die Notarszeichen neben ihrer Funktion als Rechtswahrzeichen noch andere Aussagen?
3) Wie hat sich das Notarszeichen im Lauf der Jahrhunderte entwickelt? Welche regionalen Sonderentwicklungen gibt es?
4) Wann erfolgt der Übergang vom persönlich gezeichneten Signet, zum Stempeldruck und schließlich zum Notarssiegel?

Eine zukünftige Notarszeichenforschung darf sich nicht auf eine chronologische Kartographie der Signete beschränken, sondern muß die Nachbardisziplinen wie Epigraphik, Sphragistik, Numismatik und Heraldik ebenso heranziehen, wie sie auch den Kontakt zur nichthistorischen Symbolforschung aufnehmen sollte. Nur dann sind die Erkenntnisse der Notarszeichenforschung in einen allgemeinen Zusammenhang einzuordnen, denn das Notarszeichen ergänzt wie andere Symbole die Sprache und deren Niederschrift. Wie immer bei der Symbolforschung geht es auch darum, die Verbindung, die zwischen Inhalt und Form besteht, offenzulegen. Denn in den meisten Fällen bilden Bildaussage und äußere Formgestaltung auch bei Rechtswahrzeichen, ein solches ist das Notarszeichen, eine sich gegenseitige bedingende Einheit. Ziel dieser Rechtssymbole ist es, einen nicht unbedingt unmittelbar sichtbaren Sachverhalt zu visualisieren. Sie sind im Gegensatz zur Schrift mehrdimensionale Gebilde, die nicht isoliert auf der Urkunde angebracht sind. Auch finden sie sich immer an einem festgelegten Platz, der mit dem Urkundentext eine Einheit bildet. Das Notarszeichen beinhaltet demnach mehr als die visuelle Bekräftigung eines vollzogenen Rechtsaktes. Ganz auszuschließen ist, daß die Notarszeichen nur eine dekorative Beigabe zur notariellen Unterschrift darstellen. Es gilt die »Bildgrammatik« der graphisch aufgebauten notariellen Rechtszeichen zu entschlüsseln.

Mit diesen mehr grundsätzlichen Bemerkungen ist auch der Rahmen unserer Ausführungen abgesteckt. Kurz noch ein Wort zum Abbildungsmaterial. Insgesamt standen neben den 841 in meinem Signetband gedruckten Abbildungen weitere 200 unpublizierte Signete zur Verfügung.

Die rechtliche Funktion des Notarszeichens

Das *signetum publicum, signetum, signum notarile, chyrographum – zeichen, signet, hantzeichen, mal* gehört seit den frühesten Zeiten zu den hervorstechendsten Merkmalen der Notariatsurkunde. Zusammen mit der persönlich vollzogenen Unterschrift des ausfertigenden Notars gehört es zu den obligatorischen Beglaubigungserfordernissen. Das Fehlen der Unterschrift oder des Notarszeichens bedeutete also den Verlust der öffentlichen Glaubwürdigkeit (*fides publica*) des Notariatsinstrumentes. Beim Fehlen eines der beiden Unterschriftsteile, persönliche Notarsunterschrift und Notarszeichen, hatte eine solche Urkunde im Rechtsverkehr nur noch die Bedeutung einer Privaturkunde. Damit hat das Signet zusammen mit der eigenhändigen Unterschrift für die Notariatsurkunden diesselbe Bedeutung und Funktion wie das *sigillum authenticum* für die Siegelurkunde. Darauf verweist Konrad von Mure (ca. 1210–1281) in seiner Beschreibung des italienischen Notariatsinstruments. Spätere deutsche Rechtsaufzeichnungen wie das Schöffenschreinrecht von Köln (1386), die Reichskammergerichtsordnung von 1496 und die Reichsnotariatsordnung von 1512 zählen das Notarszeichen zu den sog. unerläßlichen »Solemnitäten« der Notariatsurkunde. Es ist das sichtbare Zeichen einer unsichtbaren Rechtswirklichkeit, das *signum repraesentativum*.

Dieser rechtsbegründenden Bedeutung wurde auch in den Notariatsurkunden Rechnung getragen, indem der Notar in seiner persönlich von ihm vollzogenen Unterschrift – und zwar in untrennbarem Zusammenhang mit der *in hanc publicam-Formel* – immer darauf abhebt, er habe *»diss offen instrument davon gemacht mit eigen hand geschriben und underschriben und mit gewonlichem minem zaichen gezaichnet«*. Damit wird zum Ausdruck gebracht, daß das Notarszeichen als sinnliches Zeichen konstitutiv und für die Gültigkeit des Rechtsaktes erforderlich ist, und zwar ganz im Sinne der typischen Publicatio-Formel: *»und tun kunt allen di diesen brief sehent oder hörent lesen«*.

Voraussetzung für die Beglaubigungsfunktion des Notarszeichens war jedoch, daß jeder Notar ein unverwechselbares, persönliches Notarszeichen führte und dieses auch nicht änderte. Bisher ist immer noch weitgehend unklar, ob es sich beim Notarszeichen um ein einmal vom Notar frei gewähltes *signetum* handelt, oder ob es ihm mit der Ernennung zum öffentlichen Notar verliehen worden ist. In den italienischen Ernennungsdiplomen, die auch in Deutschland angewendet wurden, findet sich für eine Verleihung eines Notarszeichens keine Formel. Erst im 15. Jahrhundert finden sich in Deutschland indirekte Hinweise auf eine solche Verleihung. Konrad Schultheiß in Konstanz gebraucht in seiner Notarsunterschrift immer die Formel *»... min zaichen so ich von des obgenempt kaiserlichen gewalt gewonlich bruchen ...«*. Auch das Vorkommen des Sinnspruchs Kaiser Friedrichs III. in oberdeutschen Notarszeichen weist auf eine kaiserliche Verleihung des betreffenden Signets hin. Gegen Ende des 16. Jahrhunderts wurde auch der Bedeutung des Notarszeichens Rechnung getragen und das gewählte Zeichen gleich einem Wappen in die Ernennungsurkunde eingezeichnet.

Entstehung des Notarszeichens

Die Anfänge des Notarszeichens liegen noch weitgehend im Dunkeln. Costamagna hat in seinen Untersuchungen feststellen können, daß bereits die *forenses, scriniarii* und *tabelliones* des 6.–9. Jahrhunderts in Ravenna, Rom und Neapel ihren Unterschriften Zeichen vorangestellt haben, die in der Art des Aussehens und der Anbringung sehr den frühen *signa tabellionum* gleichen. Aller Wahrscheinlichkeit nach sind diese frühen Zeichen des 6.–9. Jahrhunderts auf die Gesetzgebung Kaiser Justinians zurückzuführen, denn dieser verpflichtete in zwei Paragraphen der *Leges* die Tabellionen, ihrer Unterschrift ein Kreuz voranzustellen. In der *Novella 73* werden die Richter verpflichtet, bei Echtheitsprüfungen die auf den Tabellionenurkunden befindlichen Zeichen zu entziffern und als Echtheitskriterium zu berücksichtigen. Auf diese Stelle in den

Novellae Justinians bezog sich der Verfasser der Glosse »*Oportet*«, als er später die »*signa*« der Novelle als eigenhändige Notarszeichen deutete.

Die Bestimmung Kaiser Justinians, wonach das im Zusammenhang mit der Unterschrift angebrachte individuelle Tabellionenzeichen für eine Echtsheitsprüfung der Urkunden mit herangezogen werden mußte, wirkte sich in der weiteren Entwicklung dahingehend aus, daß jeder Notar ein unverkennbares individuelles Zeichen wählte, das er in Verbindung mit seiner Unterschrift auf der Urkunde anbrachte. Damit war die gesamteuropäische Grundlage für das Notarszeichen gelegt. Das Notarszeichen mußte fortan:

1) ein persönliches sein, das nicht mit einem anderen verwechselt werden konnte und auch nicht geändert werden durfte,
2) eigenhändig im Zusammenhang mit der Unterschrift angebracht werden.

Die bereits angeführte Glosse »*Oportet*« unterscheidet dann zwischen zwei Formen von *Signa*:

1) solchen, die einem Kreuz ähneln, d. h. Zeichenformen, die entwicklungsgeschichtlich auf die Verordnung Justinians zurückgeführt werden können und sich in einer Vielzahl späterer Notarszeichen wiederfinden. Natürlich hat hier das *Signum crucis* eine besondere Rolle gespielt; es wurde vielfach als Zeichen der Anrufung Gottes der Unterschrift vorangestellt.
2) solchen *signa*, die aus tironischen Noten zusammengesetzt sind.

Costamagna gelang es, zwischen den entleerten *notae* der Glosse (Abb. 1) und den Bestimmungen der Novelle einen Zusammenhang herzustellen (vgl. seinen Beitrag in diesem Band). Er konnte aufzeigen, daß die *signa* der ravennatischen Tabellionen sich aus ineinandergeschlungenen tironischen Noten zusammensetzen (Abb. 2) und nichts anderes beinhalten als den Titel *notarius*. Eine Form, die in ähnlicher Weise in den Königsurkunden begegnet.

Im Lauf der Zeit haben sich im 9./10. Jahrhundert das *signum* und die *notae*, die inzwischen zu inhaltslosen Schnörkeln wurden (Abb. 2–4), miteiander vermischt. Bald konnte niemand mehr über den Sinn der früheren Notarszeichen Auskunft geben, was auch in der Glosse »*Oportet*« zum Ausdruck kommt, und damit war nun Raum geschaffen, die Zeichen auszugestalten.

Daneben scheint es einen dritten Grundtyp gegeben zu haben, der auf dem ganz allgemein in den Unterschriften vorkommenden Wort *signum* aufbaut, das im 10. und 11. Jahrhundert durch einen langen waagrechten Strich, der wiederum durch mehrere vertikale Striche unterbrochen wurde, gedehnt worden war (Abb. 5). Gerade in Spanien (Abb. 6–9) baut das Notariatssignet bis zum Ende des 18. Jahrhunderts auf diesem Signumzeichen auf, indem es den Mittelteil mit abstrakten Formen von Knoten und Sternen umgestaltet. Später werden bisweilen auch die Anfangsbuchstaben des Notarsnamens in das Signet aufgenommen. Das spanische Notarssignet hat, soweit dem bisher verfügbaren Bildmaterial zu entnehmen ist, bis weit in die Neuzeit hinein nie den Schritt zur konkreten bildlichen Ausgestaltung des Zeichens vollzogen. Dieses Signum-Notarszeichen begegnet auch in der Gegend um Toulouse.

Aus den beiden ersten Grundformen *Kreuz* und *Notae* scheinen sich parallel die Grundtypen der Notarszeichen in Italien und in Südfrankreich (Abb. 10–12) entwickelt zu haben. Im Lauf der Zeit verändert sich die Kreuzform hin zu abstrakten Gebilden unter Beibehaltung der vertikalen Betonung. Der untere Teil des Signets läuft in einen sehr verschnörkelten Abstrich aus, der sich dann zu einer verbreiterten Basis ausgestaltet, die aber die Herkunft aus dem Abstrichschnörkel einer Unterschrift immer deutlich erkennen läßt. Hervorzuheben ist, daß die Ausgestaltung des Signetkopfes und des Signetfußes die italienischen Notarszeichen ganz wesentlich von den deutschen unterscheidet. Das italienische Signum enthält keine bildlichen Aussagen und bleibt dem rein ornamentalen Bildschmuck verhaftet. Nur in ganz geringem Umfang haben die italienischen Notarszeichen im 15. Jahrhundert, vor allem in Rom (Abb. 13) und durch die Signete, die nordeuropäische Notare mit nach Süden brachten, bildhafte Einflüsse erfahren.

Neben diesen typischen italienischen Zeichen läßt sich für die Provinz Calabrien ein besonderer Typ nachweisen. Denkbar ist, daß das gestreckte Signum-Zeichen zu einer Hand, Schwurhand (Abb. 14) umgeformt wurde. Bisweilen tauchen in dieser Landschaft auch Fischformen (Abb. 15) auf, möglicherweise in Anlehnung an das frühchristliche Ichthys-Symbol als Fortentwicklung des Signum-Zeichens.

In Frankreich vollzog sich eine Entwicklung, die der italienischen gleicht (Abb. 16, 17). Zunächst sind es Signete, die aus dem Signum-Zeichen herausgewachsen sind und sich im 12. Jahrhundert zu geometrischen (Abb. 18–19) Figuren fortbildeten. Diese Zeichen stellen bis zum Ausgang des Mittelalters einen der beiden französischen Signettypen dar.

Parallel dazu haben sich andere Zeichen vertikal gestreckt und eine Basis ausgebildet, auf der das Signet monstranzförmig (Abb. 20–22) aufgebaut ist. Auch dieser zweite Signettyp, der nach dem bisherigen Kenntnisstand vor allem in Nordfrankreich und in

Flandern vorherrschend war, bleibt in der Mehrzahl von Notarszeichen weiterhin abstrakt. Auch hier dominieren ornamentale Vierecke, Knotenmuster und ähnliche abstrakte Gebilde. In geringem Umfang vollzieht sich bei diesem Signettyp, vermutlich unter deutscher Einwirkung, eine Entwicklung hin zum konkreten bildlichen Inhalt, der aus allen Bereichen der bildenden Kunst und der alltäglichen Umwelt entnommen ist.

Es lassen sich Blumen- und Tiermotive, architektonische Formen, die an Häuser und Burgen erinnern, religiöse Symbole, menschliche Teilfiguren nachweisen. Die Bildsprache dieser Zeichen wurde üppig angereichert, indem Sinndeutungen in das Signet aufgenommen wurden, die aus der Volksetymologie stammen. Daneben kam bereits im 13. Jahrhundert die Gewohnheit auf, den Namen des Notars in unterschiedlicher Form in das Signet aufzunehmen.

Um die Mitte des 13. Jahrhunderts setzte in Frankreich eine ganz eigenständige Entwicklung ein, die schließlich zur völligen Abschaffung des kunstvoll gezeichneten Notarssignets führte. Die Notare schufen zunächst für die weniger bedeutenden Akten ein vereinfachtes und schneller ausführbares persönliches Zeichen, das zumeist aus den Namensbuchstaben bestand und die Form einer Paraphe hatte. Dieses *petit seign* oder *seing du nom* (Abb. 23) ersetzte zunehmend das eigentliche Notarszeichen, das »grand seing«, und verdängte es schließlich gegen Ende des 16. Jahrhunderts ganz.

Die Entwicklung des deutschen Notarszeichens

Das Notariatsinstrument war bis zur Rezeption des öffentlichen Notariats eine in Deutschland völlig unbekannte Beurkundungsform. Mit der Rezeption des öffentlichen Notariats – nicht zu verwechseln mit dem deutschen Schreibernotariat – mußten auch die deutschen Notare Signete wählen. Bei der Wahl des eigenen Zeichens haben, wie die frühen Kölner Signete zeigen, die französisch-belgischen Vorbilder ohne Signetfuß eine wesentliche Rolle gespielt (Abb. 24–25, 27, 31). Gerade in der Frühzeit der Rezeption sind diese Signettypen besonders häufig am Mittelrhein anzutreffen; sie verschwinden aber seit der Mitte des 14. Jahrhunderts bis auf Ausnahmefälle. Auffallend ist, daß diese runden oder quadratischen Notarszeichen im süddeutschen Raum oder etwa in Schlesien auch während der Rezeptionszeit fast nicht bezeugt sind. Es hat den Anschein, als ob dem Bistum Lüttich hier eine bedeutende Vorbildrolle zugekommen sei.

Teilweise scheinen die frühen deutschen Notare auch bestrebt gewesen zu sein, ihr Zeichen bereits bekannten Urkundenzeichen nachzubilden, um für das deutsche Publikum die Fremdartigkeit des Notarszeichens abzumildern (Abb. 28–30).

Die weitere Entwicklung des deutschen Notarszeichens wurde maßgeblich vom nordfranzösisch-belgischen Raum bestimmt. Dort läßt sich seit dem 14. Jahrhundert neben dem runden oder viereckigen Zeichen ein Signettyp nachweisen, der durch drei Kennzeichen geprägt ist, die für die deutsche Entwicklung bestimmend wurden.

1) Ein dreistufiger Bildaufbau mit einem ein- bis mehrstufigen Sockel, einem schmalen Hals, der oft eine knotenartige Verdickung aufweist, und dem eigentlichen bildhaften Signetzeichen oben (Abb. 31).
2) Das Signet ist zu diesem Zeitpunkt kein reines Beurkundungs- und Beglaubigungszeichen, man ist vielmehr bestrebt, es zu einem Schmuckstück mit bildhaftem Charakter zu machen.
3) Der persönliche Charakter des Zeichens wird verstärkt, indem man den Namen des Notars, ganz oder nur abgekürzt (Abb. 36) oder eine Devise (Abb. 37) in den Signetfuß eintrug.

Seit dem 14. Jahrhundert setzt sich in Deutschland allgemein der Signettyp mit dem dargestellten dreistufigen Aufbau durch. Die drei Elemente ergeben oft die Form, die an einen Kelch, an einen Bildstock (Abb. 51), an ein Reliquar (Abb. 52) oder an eine Monstranz (Abb. 53) erinnert.

Ähnliche Formen des Fußes haben auch Tischkreuze und im weltlichen Bereich Zunftsymbole und Embleme, die vor dem Zunftmeister auf dem Tisch standen. Ein Stufenpodest haben auch die vielen Marken- und Grenzzeichen ausgebildet. So ist es nicht weiter verwunderlich, wenn so manches Signet an ein Rechtsdenkmal erinnert.

Im 15. Jahrhundert wird der dargelegte Haupttyp des deutschen Notarszeichens in vielfältiger Form abgewandelt. Vor allem Basis und Signethals werden umgestaltet, wobei sich zwei Untertypen herausbilden:

1) Durch Umbau des Signethalses: der Signethals mit seinem Nodus wird durch die heraldische Figur des Drei- oder Fünfberges ersetzt. Teilweise wird auch ganz auf eine Basis verzichtet. Diese Entwicklung scheint, so weit dies bis jetzt feststellbar ist, eine süddeutsche Vorliebe zu sein.
2) Die wie gemauert wirkende Stufenbasis wird in ein Band umgeformt, das in Handschriften und Altarbildern häufig zur Beschriftung dient.
3) Am Mittelrhein scheint im 15. Jahrhundert das fußlose und rein monogramatische Signet besonders beliebt gewesen zu sein.

Bei der Ausgestaltung des deutschen Notarssignets sind vermutlich unterschiedlichste Gesichtspunkte zusammengekommen. Zunächst war man bestrebt, ein individuelles und unverwechselbares, persönliches Zeichen zu entwickeln, wobei das Zeichenvermögen des einzelnen Notars nicht selten Grenzen setzte. Auch scheinen die vielen Kreuzzeichen in den Signeten, ganz abgesehen von der entwicklungsgeschichtlichen Tradition, ein analoges Symbol zu der symbolischen *Invocatio* am Urkundenanfang gewesen zu sein. Auch die vielen christlichen Sinnbilder in den deutschen Notarszeichen deuten auf einen solchen Zusammenhang hin. Allgemein kann gesagt werden, daß der inhaltlichen, aber auch der äußeren Ausgestaltung der deutschen Notarszeichen keine Grenzen gesetzt waren und die Notare seit Mitte des 14. Jahrhunderts diesen Spielraum auch zunehmend genutzt haben.

Die deutschen Notare haben schon früh ihren Namen in das Signet eingebaut, sei es in Vollform (Abb. 36, 44–45, 47–48) oder als Initialen (Abb. 61, 77) bzw. als Monogramm (Abb. 60, 62–63). Für den gesamten Namenszug boten sich vor allem die Stufen der Signetbasis an (Abb. 65, 75). Der in kursiver Schrift ins Signet eingetragene Name bedeutet eine bewußte Verstärkung der Eigenhändigkeit der Signetanbringung. Neben dem Namen erscheinen häufig auch die beiden Buchstaben *S* und *N* als Abkürzung für *signum* bzw. *notarius* (Abb. 36). Jodocus de Pfullendorf benutzt in seinem Signet den deutschen Ausdruck *mal* für *signum* (Abb. 43, 63). Außerdem begegnet in einem Teil der Signete zusätzlich zum Namen ein verschnörkeltes *ss* für *subscripsi*.

Im 15. Jahrhundert kam vereinzelt der Brauch auf, statt des Namenszuges eine Devise ins Signet zu setzen. Michael Stebler aus Zürich hat die Devise »*Maria ave michi Stebler*« (Abb. 37) gewählt. Engelfried Pachter trug in das um das Kreuz geschlagene Band »*IHVS XPS*« (Abb. 41) ein. Auf humanistische Einflüsse dürfte ein anderer Sinnspruch hinweisen: Johannes Erlewin benutzte die bekannte Inschrift des Apollo-Tempels in Delphi »*GNOTHO SOLITHOS = Erkenne dich selbst*« (Abb. 38). Zwei weitere Notare aus dem Wallis haben griechische Devisen in ihrem Zeichen. Ein Ausnahmefall dürfte das Signet des Michael Bruckner aus Riga darstellen, das hebräische Schriftzeichen aufweist.

Abschließend muß um der Systematik willen kurz noch auf eine besondere notarielle Unterfertigung eingegangen werden, die vermutlich auf französische Einflüsse des *petit seing* zurückzuführen ist. Als im 15. Jahrhundert die Notare in steigendem Umfang gerichtliche Akten zu führen hatten, bildete sich vom Südwesten ausgehend die Gewohnheit aus, einfache notarielle Akten wie Kopien und Dorsalurkunden, aber auch Transsumpte und Zeugenverhöre für das zuständige Gericht mit einer zu einer Paraphrase ausgebauten Unterschrift zu versehen. Rechtlich kam einer solchen »einfachen notariellen Unterschrift« (Abb. 39) nur eine begrenzte, im lokalen Bereich geltende Bedeutung zu. Diese Form der notariellen Unterschrift hat aber in Deutschland im Gegensatz zu Frankreich das eigentliche Notarszeichen nie verdrängen können.

Wie bereits ausgeführt, ist das Notarszeichen ein ganz persönliches und unverwechselbares Zeichen, das sich von anderen mehr oder weniger eindeutig zu unterscheiden hatte. Selbst in den Fällen, in denen der Sohn dem Vater im Beruf nachfolgte, weisen die Signete zwar eine enge Verwandtschaft auf, sind aber eindeutig voneinander zu scheiden (Abb. 83–84). Zusätzliche Differenzierungsmöglichkeiten ergaben sich durch die Beifügung des Namens oder einer Devise.

Das Notarszeichen durfte nicht abgeändert werden, es sei denn mit Erlaubnis des Richters und aus redlichen Ursachen, wie es die Reichsnotariatsordnung in § 16 festlegt. Auch vorher war dies ein von allen Notaren beachteter Rechtsgrundsatz. Sicherlich haben hier die Überlegungen eine Rolle gespielt, die für die Anerkennung des *sigillum authenticum* maßgeblich waren. In den wenigen Fällen, in denen ein Wechsel im Signet nachgewiesen werden kann, hat sich jedesmal die Autorisation geändert bzw. sie wurde erweitert. Da das Signet eigenhändig angebracht wurde, lassen sich bei den einzelnen Ausführungen immer kleine Unterschiede feststellen (Abb. 40, 85).

Formen und Bildinhalte deutscher Notarszeichen

Aufgrund der Bildaussagen lassen sich die deutschen Notarszeichen in sechs Hauptgruppen gliedern, wobei einzelne Zeichen mehreren Gruppen zugeordnet werden können, denn die Notare haben bisweilen ihre Zeichen mit Bildinhalten überhäuft.

1. Notarssignete mit christlichem Inhalt

1. 1 Das Kreuzeszeichen

Das Kreuz ist, wie wir bereits gesehen haben, eine gesamteuropäische Grundform des Notarszeichens. Dennoch haben einige Notare das Kreuz zum beherrschenden Element ihres Zeichens gemacht (Abb. 41–43). Bereits die griechischen Kirchenväter haben das auf einer (Welt-) Kugel oder einem Berg stehende Kreuz als Sinnbild für die enge Beziehung zwischen Christus und der Menschheit gedeutet. Der Gekreuzigte beherrscht die Welt und erlöst durch seinen Kreuzestod die Menschen. Das stehende Kreuz wird als Sinnbild für die Verbindung zwischen Himmel und Erde verstanden.

Das vierspeichige Radkreuz bedeutet in der christlichen Kunst des Mittelalters die lebens- und lichtbringende Herrschaft Christi über die Welt. Das Radkreuz wird im Mittelalter auch als Sinnbild des ewigen Heils aufgefaßt.

Im Signet des Friedrich Mergerheimer sind die vier Kreuznägel angedeutet; Thomas Gors fügt die Kreuzinschrift »*INRI*« hinzu (Abb. 42). Bei Ludwig Scherrer unterstreicht das Schriftband mit der Aufschrift »*IHUS XPS*« die Bedeutung des Kreuzes (Abb. 41). Dies sind nur einzelne Beispiele, die sich unschwer vermehren lassen würden.

1. 2 Christus- und Trinitätssymbole

Als Sinnbilder Christi dienen in der kirchlichen Symbolik die Wurzel (Abb. 37), der Weinstock (Abb. 44), das Lamm Gottes (Abb. 51, 53), der verklärte Christus (Abb. 52) und andere mehr.

Besonderer Beliebtheit scheint sich die Darstellung der göttlichen Dreifaltigkeit erfreut zu haben, die bald als Kreuzblume in Dreiecksform angeordneter Schlingen, bald als dreiblättrige Blume (Abb. 66) dargestellt wird. Der Trinitätsgedanke wird bei Johannes Sifridi (Abb. 45) auch durch die drei Fische ausgedrückt.

Schwieriger ist die Deutung von Sonne, Mond und Sternen als religiöse Symbole (Abb. 34, 36), da sie auch reiner Zierat sein können. Eindeutig scheint aber dann die religiöse Aussage zu sein, wenn der Mond als Symbol der Nacht in Verbindung mit Sternen oder dem Kreuz steht (Abb. 47): hier soll die Hoffnung des Menschen ausgedrückt werden, daß er durch den Erlösungstod Christi der Nacht entrissen wurde. Das Bildpaar wie Sonne-Mond kann auch für Jesus und Maria, Kirche und Synode, *fides et spes*, aber auch als Ausdruck des Verhältnisses zwischen kirchlicher und weltlicher Macht stehen, etwa im Triumphwagen Kaiser Maximilians I. Festzuhalten ist, daß Sonne, Mond und Sterne nicht in jedem Fall religiös motiviert sein müssen. Sie können auch Ausdruck magischer Vorstellungen sein.

Seit dem 12. Jahrhundert wird der Löwe als Christus-Symbol verstanden, zumal wenn er auf dem Altar dargestellt wird (Abb. 76), als Sinnbild für die Auferstehung Christi. Hierzu gehören Löwendarstellungen, bei denen der Vorderleib eine besonders imponierende Stärke aufweist, während das Hinterteil wesentlich schwächer wirkt. Darin sah die mittelalterliche Symbolik den Kontrast zwischen der göttlichen und der menschlichen Natur.

1. 3 Mariensymbole

Eine große Anzahl von Mondsichel-Sterne-Kompositionen muß wahrscheinlich als marianische Symbole aufgefaßt werden. Das Hohelied bezeichnet Maria als »*stella maris*« (Abb. 46), der aus dem Dunkel der Nacht des Alten Testaments aufleuchtet. Die Mondsichel symbolisiert dann die Nacht. Eindeutig auf Maria bezieht sich das Signet des Michael Stebler, das ein gekröntes *M* und zusätzlich die Devise »*Ave Maria regina coeli*« (Abb. 37) aufweist. Daneben begegnen Marienmonogramme, die Lilie in Verbindung mit einem *M* als Symbol der Mutter Jesu, das von drei Schwertern durchbohrte Herz oder das Einhorn (Abb. 48), eine mystisch-dichterische Anspielung auf die Menschwerdung Christi.

1. 4 Heiligenattribute

Sie spielen eine überraschend untergeordnete Rolle. Dennoch lassen sich einzelne Beispiele nachweisen, wie etwa die drei Kugeln des hl. Nikolaus von Smyrna (Abb. 50), das zerbrochene Rad mit der Palme der hl. Katharina (Abb. 49) oder das von einem Pfeil durchbohrte Herz als Sinnzeichen für den hl. Augustinus, Schutzpatron der Juristen.

2. *Herrschaftssymbole*

Da die Notare in gewisser Weise im Namen des Kaisers bzw. des Papstes durch ihre Beurkundungen hoheitliche Akte vornahmen, ist es nicht verwunderlich, wenn Herrschaftszeichen sich in ihren Signeten nachweisen lassen, etwa Kronen, Szepter, Stab und Schwert (Abb. 54–55) sowie Schlüssel (Abb. 56). Jedoch ist auch hier die Eindeutigkeit des Bildes nicht immer gegeben. Ein unmißverständliches Herrschaftszeichen enthält das Notarszeichen des Johannes Gartysen, in dem zwei Gerichtsstäbe durch eine Krone (Abb. 54) gesteckt sind. Auf eine delegierte königliche Vollmacht dürfte das Zeichen des Johannes Cespite hinweisen: ein bekrönter Männerkopf mit langen Haaren.

Ein Herrschaftzeichen ganz besonderer Art ist die Devise Kaiser Friedrichs III., das AEIOV, das in drei Signeten erscheint (Abb. 58, 59). Zu den Herrschaftssymbolen sind auch die Rechtssymbole im weiteren Sinn zu rechnen, etwa die Schwurhand des Konrad Ling (Abb. 57).

3. Das sog. »redende Signet«

Eine der umfangreichsten Gruppen unter den deutschen Signeten stellen jene dar, die Hinweise auf den Namen, die Herkunft, die Familie oder den Beruf des Notars geben.

3. 1 Monogramme

Die verbreitetste Form des redenden Signets ist der monogrammatische Hinweis auf den Notarsnamen (Abb. 60–63).

3. 2 Namensbilder

Daneben lassen sich auch bildliche Umsetzungen des Namens nachweisen, z. B. Hayden (Abb. 85), Burg (Abb. 67), Spengler (Abb. 68), Vischer (Abb. 69), Kranich (Abb. 71).

3. 3 Wappen und Marken

Eine dritte Möglichkeit des redenden Signets ist die Aufnahme familiärer Zeichen, d. h. die ganze oder die teilweise Übernahme des Wappens (Abb. 72) oder die Aufnahme von Hausmarken in das Signet. Das ganze Wappen findet sich bei Johannes de Ecclesia (Abb. 70), Teilstücke bei Johannes Oberriet und Johannes Oeheim. Ulrich Fischer (Abb. 69) und Laurentius Kranich (Abb. 71) haben ihr Namenswappen als Signet verwandt und so ein redendes Signet in doppelter Weise geschaffen.

4. Darstellungen von Menschen, Tieren und Pflanzen

Aus diesem Bereich wurden in vielfältiger Weise Gegenstände übernommen. Sie stehen aber oft nicht für sich, sondern in einem Bezug zu einer persönlichen und inhaltlichen Aussage und müssen hier ausgeklammert werden, da ihre Vielfalt hier zu weit führen würde (Abb. 80, 82).

Daneben gibt es auch Zeichen, vor allem im westdeutschen Bereich, bei denen ein Bezug zu einer inhaltlichen Aussage bisher nicht herzustellen ist (Abb. 75, 80, 82). Hier dürfte es sich in Anlehung an französische Vorbilder um rein graphische, ornamentale Ausgestaltungen handeln.

Ganz ungewöhnlich ist das Narrenporträt im Notarszeichen des Wilhelm Ochs aus Schwäbisch Gmünd (1501). Handelt es sich hier etwa um eine ironische Anspielung auf seinen Namen? Die Bildwahl ist für das Mittelalter ungewöhnlich, da es sich beim Narren um eine verachtete und weitgehend rechtlose Person handelt. Entsprechend stellt der Narr in der kirchlichen Symbolik die Verkörperung des Bösen dar.

5. Magische Bildinhalte

Ein Teil der schlingen-, stern-, kreisförmigen und fünfeckigen Signete (Abb. 77, 81) dürften unausgesprochen magische Bedeutung gehabt haben. Man braucht nur daran zu erinnern, wie verbreitet abergläubische Vorstellungen im Mittelalter waren und daß selbst die Kirche durch Abschwörformeln und Exorzismen solchen Vorstellungen Vorschub leistete. Der mittelalterliche Hang zum Geheimnisvollen drückt sich auch in den Knoten-, Netz- und Flechtmotiven (Abb. 78) aus, die im Volksaberglauben eine große Rolle spielten. Eindeutig den Geheimwissenschaften sind Bildinhalte wie Drudenfuß, der sechseckige Stern und das Siegel Salomons entnommen. Inwieweit solche Vorstellungen bei der Gestaltung von Notarszeichen prägend wurden, ist heute kaum noch festzustellen.

6. Signete mit phantastischen und ornamentalen Formen

Dies ist quasi eine Behelfsgruppe, in der alle die Notarszeichen zusammengefaßt werden, die noch nicht deutbar sind oder nicht gedeutet werden können, weil sie rein ornamantalen (Abb. 79, 81) Charakter haben. Dies gilt vor allem für die geometrischen Notarszeichen.

*

In groben Zügen wurden die Entwicklungsgeschichte und die Bildinhalte der Notarszeichen geschildert. Daß hier noch weitergehende Untersuchungen erforderlich sind, wurde ebenfalls deutlich. Noch größer sind die Defizite hinsichtlich der neuzeitlichen Notarszeichen, die im vorliegenden Zusammenhang bewußt ausgeklammert wurden.

LITERATURHINWEIS

Peter-Johannes Schuler, Südwestdeutsche Notarszeichen. Sigmaringen 1976 (Konstanzer Geschichts- und Rechtsquellen 12), mit umfangreichen Literaturangaben und Bildmaterial.

1

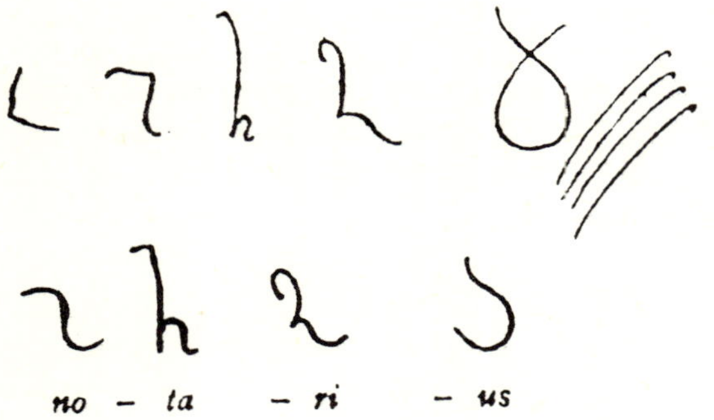

2

3

4

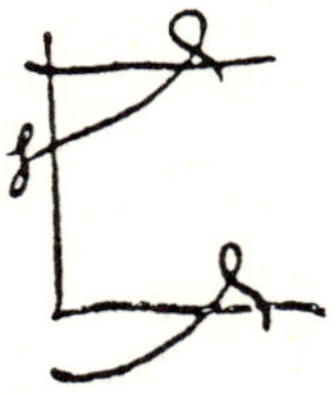

5

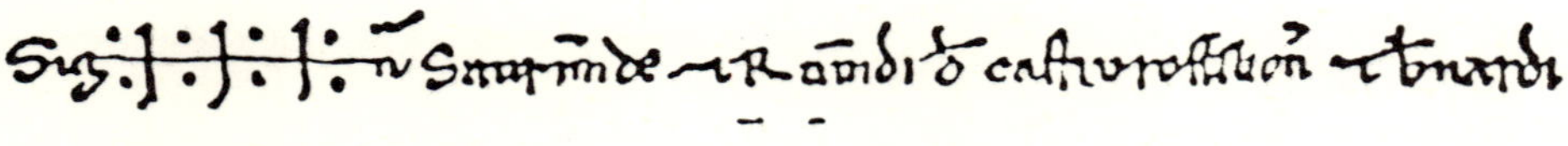

6

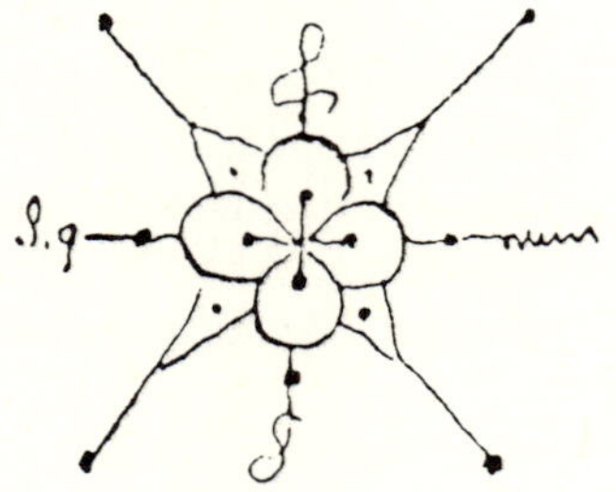

7

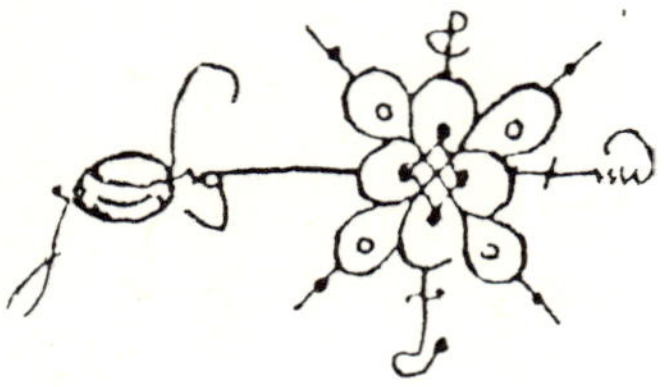

8

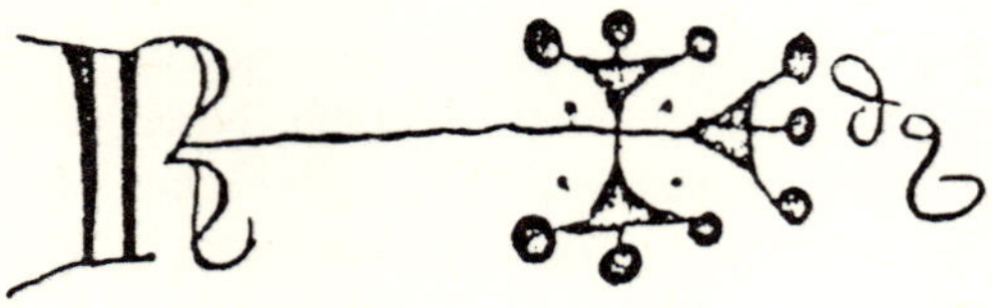

9

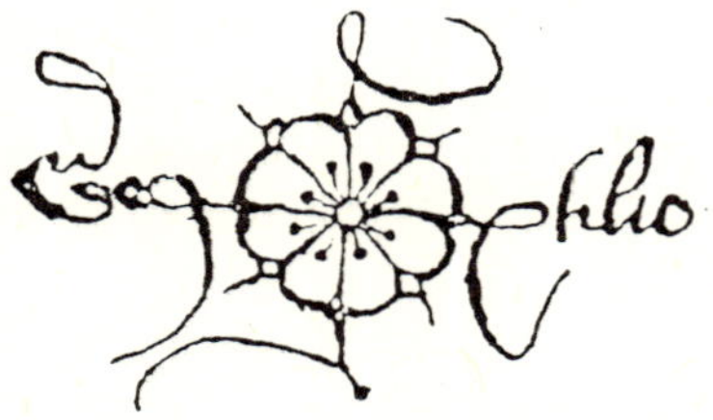

Abb. 1 *Signum des «forensis» Johannes aus Ravenna; 6. Jh. Einzelne Zeichen des Signums, Tironische Noten*

Abb. 2 *Giselbertus notarius sacri palatii; 1062*

Abb. 3 *Bonizo notarius sacri palatii; 1064*

Abb. 4 *Andreas notarius; 1027*

Abb. 5 *Raimond de Castel-Rosell; 1197*

Abb. 6 *Salvador de Naya, Huesca; 1212*

Abb. 7 *Rafael de Bruguera, Barcelona; 1418*

Abb. 8 *Südfrankreich; 14. Jh.*

Abb. 9 *Rafael de Bruguera, Barcelona; 1418*

10
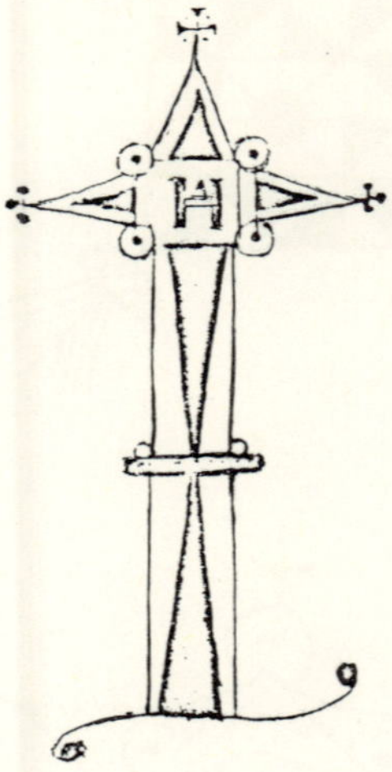

11
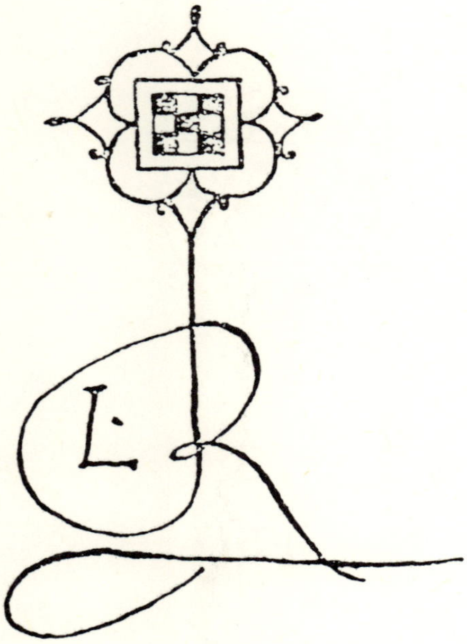

12
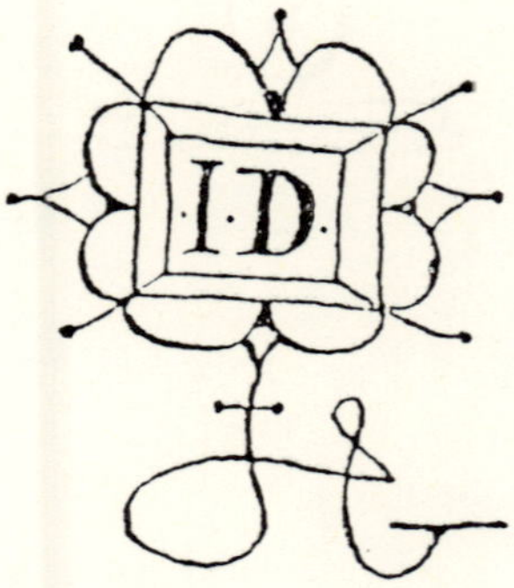

13

14
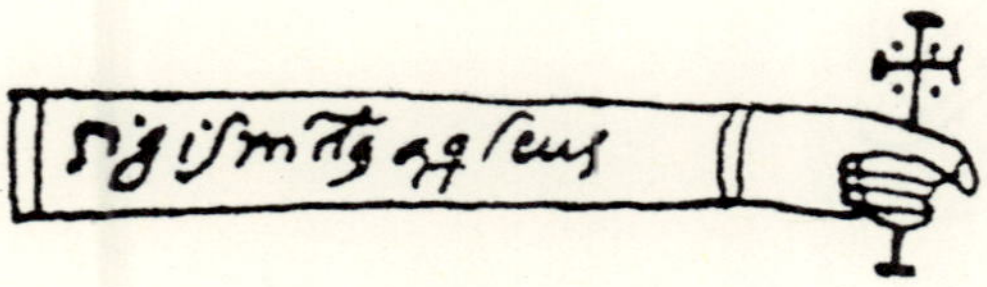

15

16
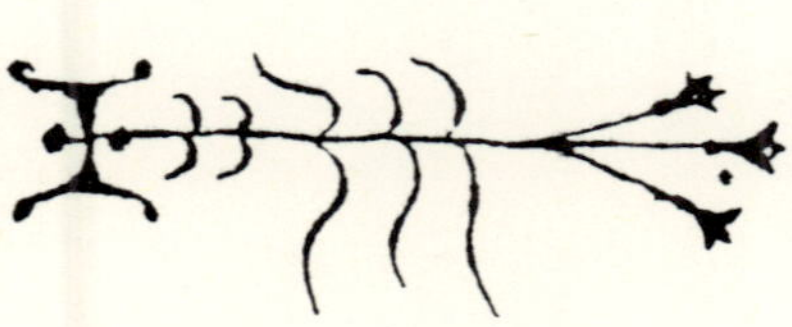

17

Abb. 10 *Hainrich Sac. pal. p. n., Lana; 1313*

Abb. 11 *Licinius Raho, Tarsia; 1543*

Abb. 12 *Joannes Antonius Ceparius, Neapel; 1566*

Abb. 13 *Rom; 15. Jh.*

Abb. 14 *Sigismundus de Aquila, Tarsia; 1543*

Abb. 15 *Spezzano Piccolo, Kalabrien; 1560*

Abb. 16 *Jean Lausat, Toulouse; 14. Jh.*

Abb. 17 *Pierre de Saliis, Toulouse; 14. Jh.*

18
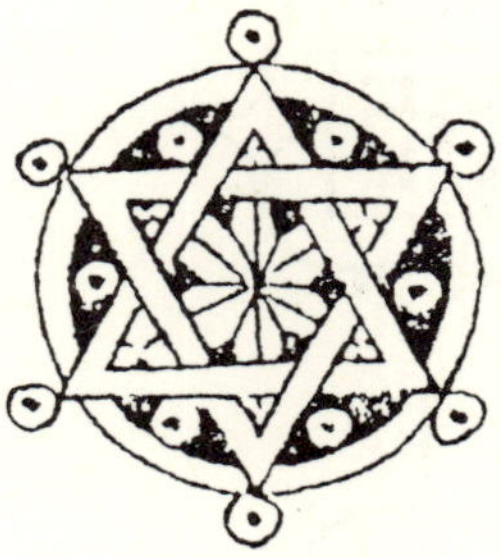

19

20
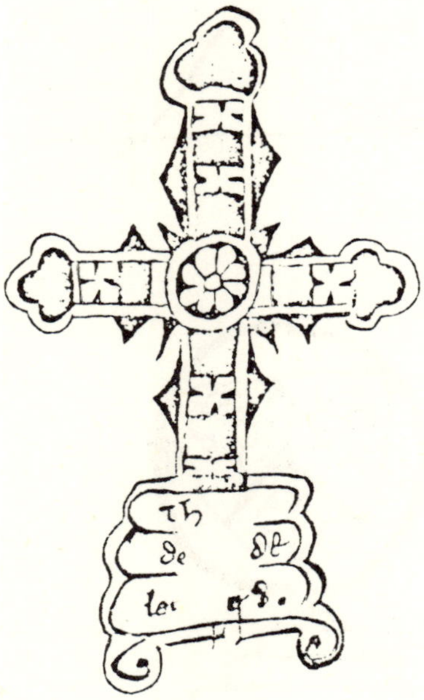

21
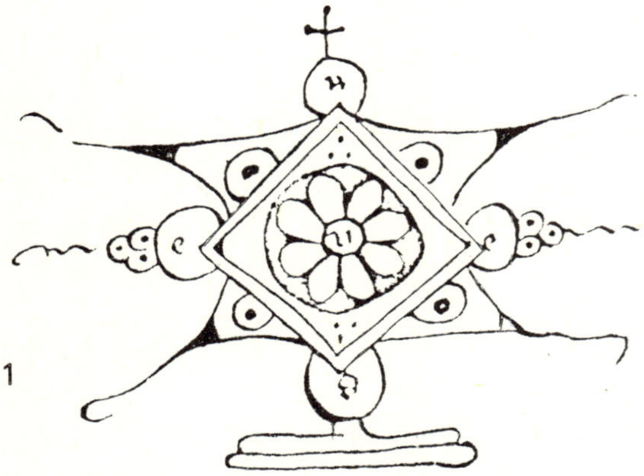

22
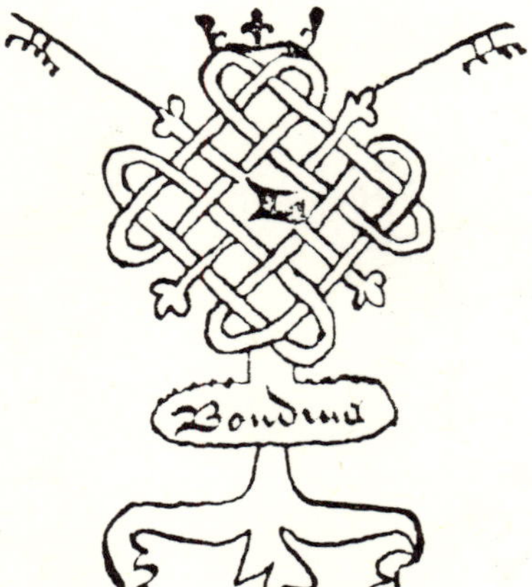

Abb. 18 *Guilles de Hanefe, Lüttich; 1289*

Abb. 19 *Joh. dictus Tolman, Utrecht; 1354*

Abb. 20 *Theobaldus de Dullendio, Bist. Arras; 1336*

Abb. 21 *Evenus Phily de Sancto Nicasio, Paris; 1307*

Abb. 22 *Laurentius Bondinus, Brüssel; 1462*

23

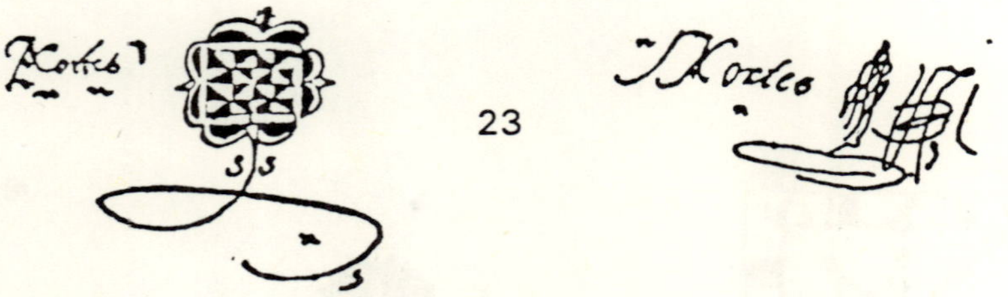

24

25

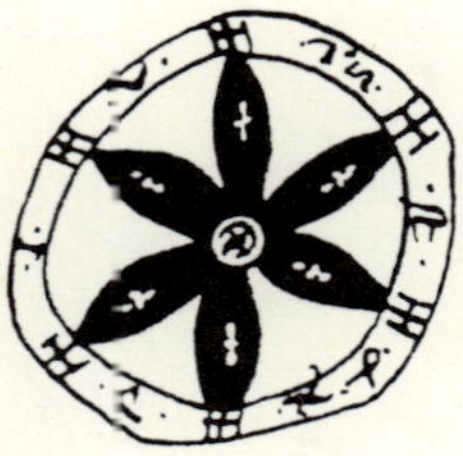

26

27

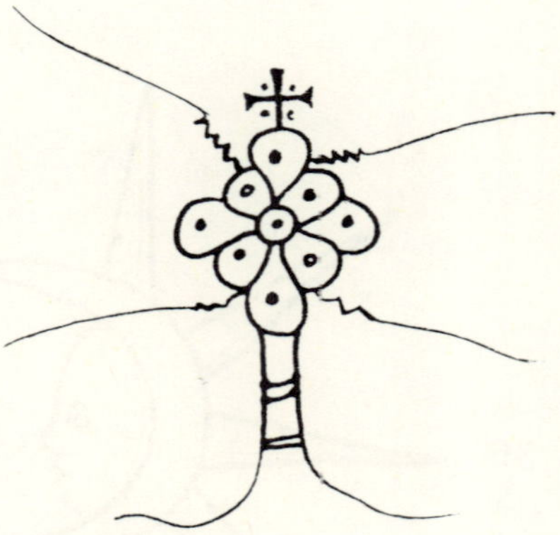

28

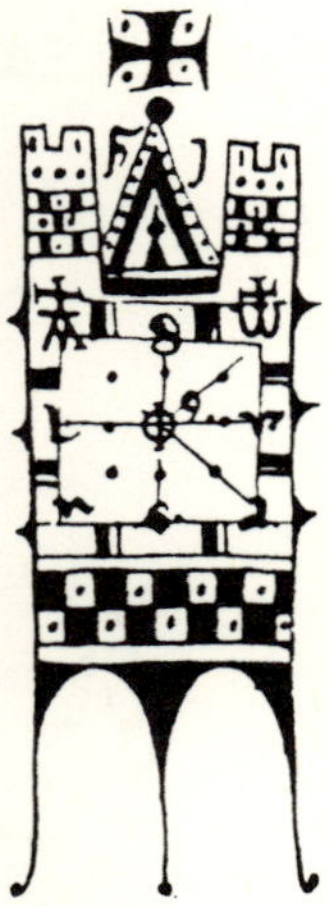

Abb. 23 *Antoine Cortes; 1501 (grand seing) Antoine Cortes, Notar in Toulouse; 1507 (petit seing)*

Abb. 24 *Gerardus de Ane clericus imperiali auctoritate publicus notarius, Köln; 1291*

Abb. 25 *Gerlacus dictus de Wipperurde Coloniensis dyocesis publicus auctoritate imperiali notarius; 1304*

Abb. 26 *Hermannus dictus Raze clericus curie Coloniensis publicus imperiali auctoritate notarius; 1309*

Abb. 27 *Lodowicus de Erpele clericus Coloniensis dyocesis publicus imperiali auctoritate notarius; 1349*

Abb. 28 *Henricus dictus de Isenburch clericus Coloniensis auctoritate imperiali serenissimi domini Adolfi Romanorum regis publicus notarius; 1300*

29
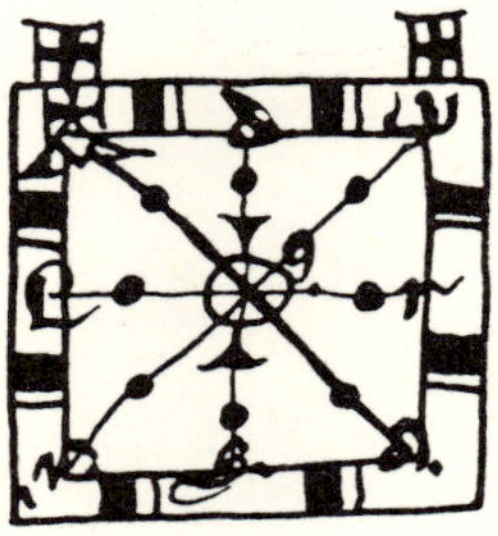

30

31

32
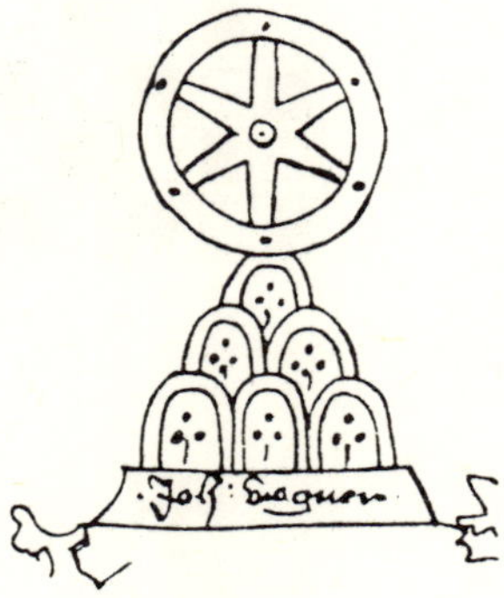

33

34

35

36

Abb. 29 *Henricus dictus de Isenburch clericus Coloniensis publicus auctoritate imperiali notarius; 1300*

Abb. 30 *Theodericus de Colonia dictus de Porta imperiali autctoritate publicus notarius; 1279*

Abb. 31 *Henricus dictus de Porta clericus Coloniensis publicus imperiali auctoritate notarius; 1321*

Abb. 32 *Johannes Wagner (iun.) de Constanz; 1363*

Abb. 33 *Conradus de Schlingen, Basel; 1347*

Abb. 34 *Johannes dictus Scriptormontium, Freiburg/Brsg.; 1371*

Abb. 35 *Ulrich Zaesi, Baden/Aargau; 1497*

Abb. 36 *Georg Wind, Bistum Augsburg; 1470*

37

38

39

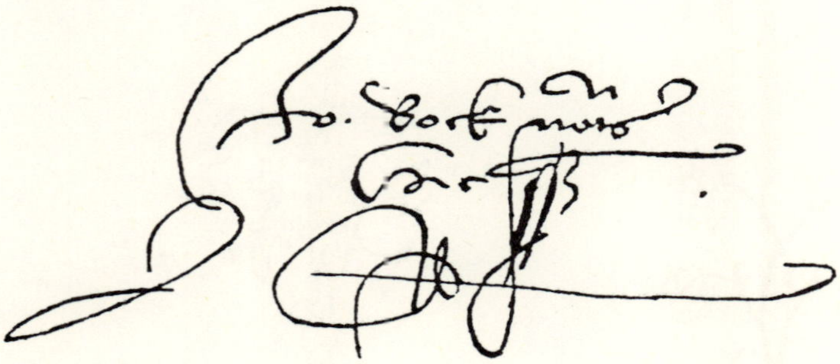

40

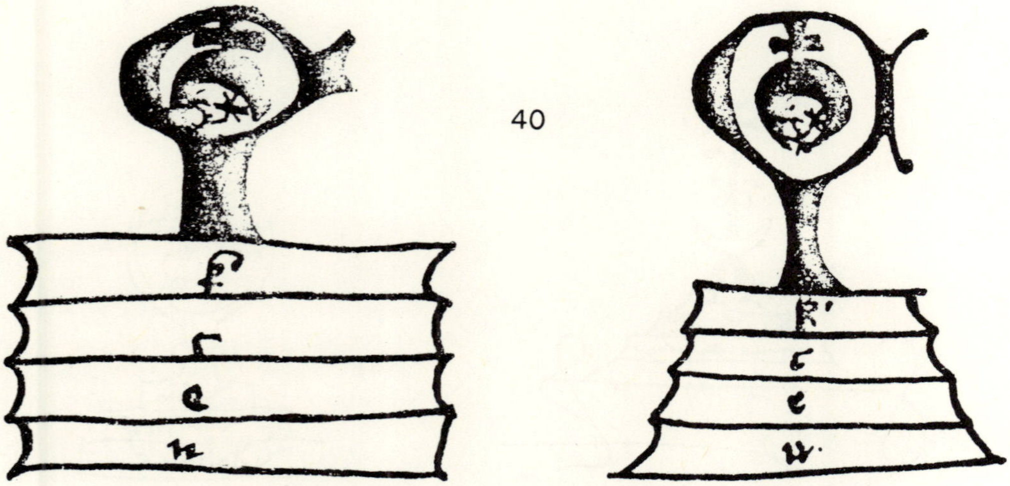

Abb. 37 *Michael Stebler alias nomine Grauff de Stockach, Zürich; 1432*

Abb. 38 *Johannes Erlewin, Worms; 1480*

Abb. 39 *Johannes Bock, Konstanz; um 1504*

Abb. 40 *Johannes Necker, Überlingen; 1489 – Johannes Necker, Überlingen; 1504*

41 

42 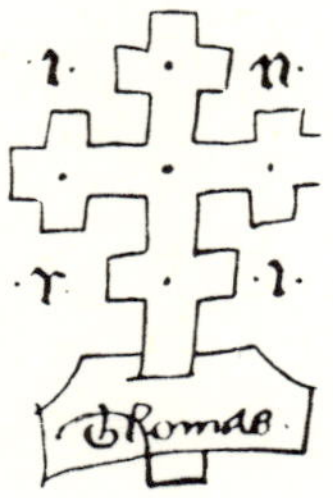

43 

44 

45 

46 

47 

48 

Abb. 41 *Ludwig Scherrer den man nempt Engelfried Pachter, Breisach a. Rh.; 1471*

Abb. 42 *Thomas Gors, Ensisheim; 1441*

Abb. 43 *Judocus de Pfullendorf, Rottweil; 1425*

Abb. 44 *Niclaus Baertz, Arborn; 1465*

Abb. 45 *Johannes Sifridi von Überlingen, Überlingen; 1486*

Abb. 46 *Johannes Fry, Zürich; 1476*

Abb. 47 *Hainricus Gredler de Dornach, Basel; 1483*

Abb. 48 *Udalricus Im Hoff, St. Blasien; 1491*

49
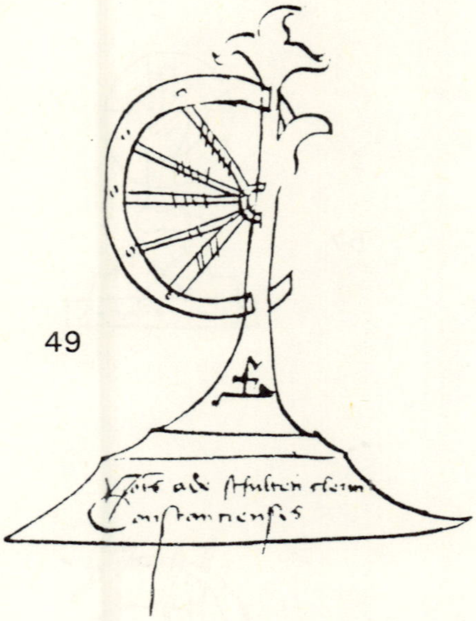

50

51

52

53

54
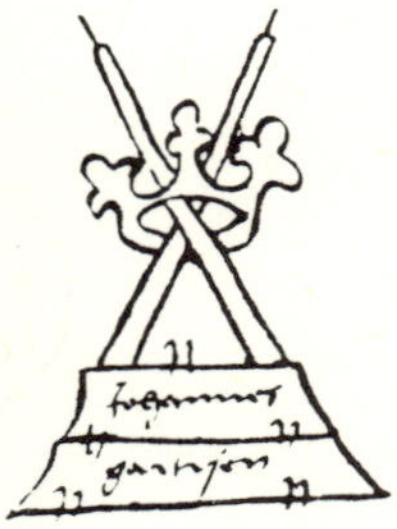

Abb. 49 *Nikolaus Schultheiss von Ulm, Konstanz; 1497*

Abb. 50 *Conradus Bows, Überlingen; 1508*

Abb. 51 *Hainricus dictus Scherrer, Zürich; 1368*

Abb. 52 *Fridericus de Ratisbona, Wolfratshausen, Bistum Freising; 1336*

Abb. 53 *Albertus Alber de Schorndorf, Bremgarten; 1429*

Abb. 54 *Johannes Gartysen von Tentzlingen, Waldkirch; 1501*

55

56

57

58

59
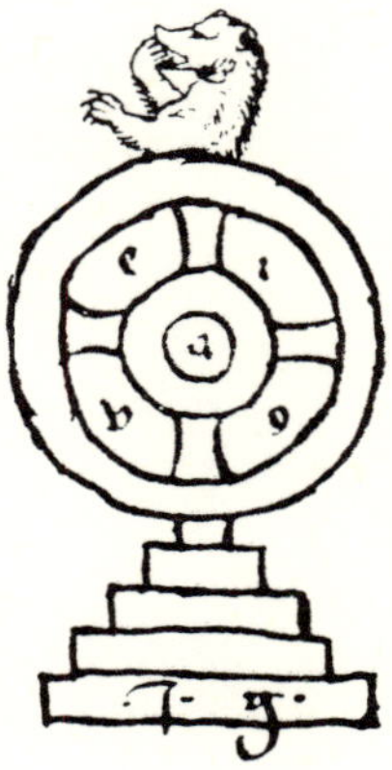

60

61
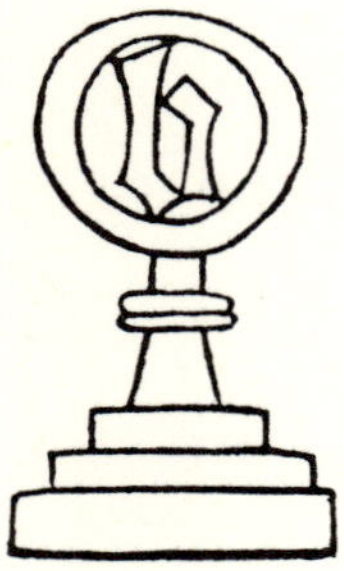

62

63
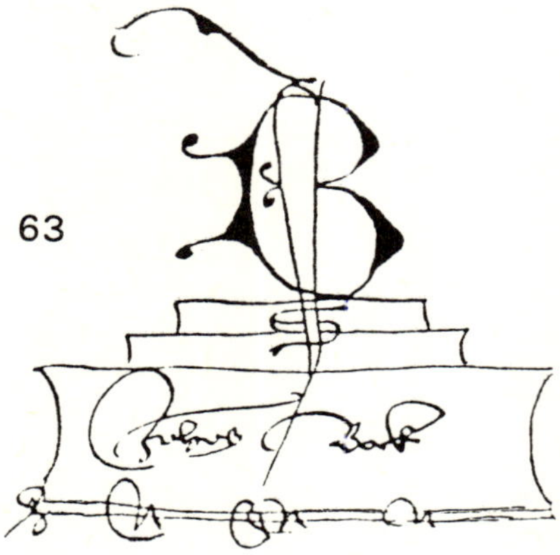

Abb. 55 *Johannes Grienbach, Heilbronn; 1520*

Abb. 56 *Georgius Brunswiler alias Schwegler, ksl. u. päpstl. Notar, Konstanz; 1511*

Abb. 57 *Conradus dictus Lingg de Schorndorff, Basel; 1423*

Abb. 58 *Antonius Oetterlin de Amerswiler, Bremgarten; 1446*

Abb. 59 *Johannes Greschart von Keysersberg, Basel; 1495*

Abb. 60 *Nikolaus Geilfuß de Notern, päpstl. u. ksl. Notar, Altdorf; 1510*

Abb. 61 *Berchtold dictus Buol, Ravensburg; 1431*

Abb. 62 *Bartholomäus Bock, Konstanz; 1516*

Abb. 63 *Johannes Bock von Offenburg, Konstanz; 1494*

64 
65 
66 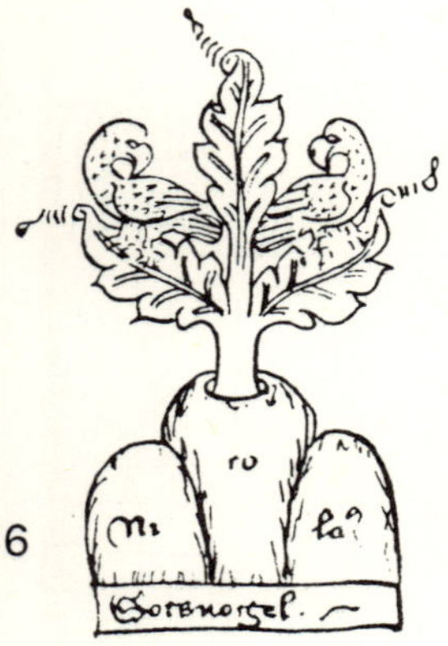

67 
68 
69 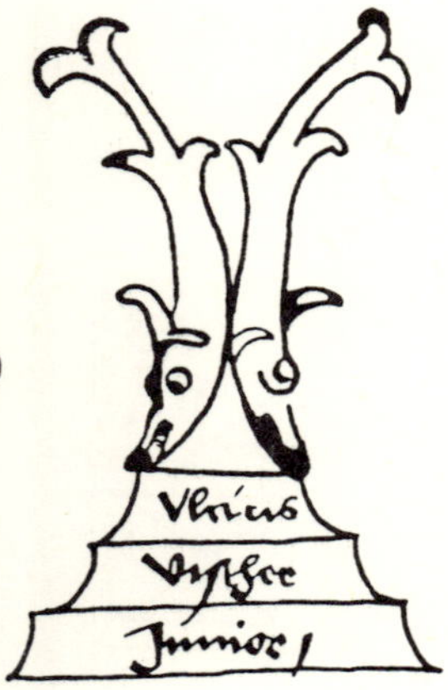

70 
71 
72 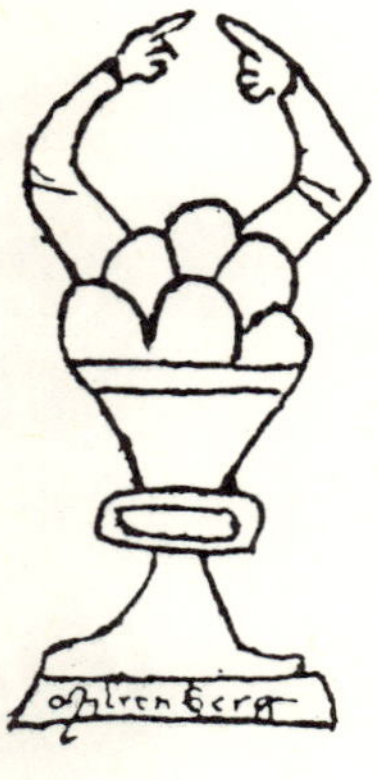

Abb. 64 *Mathias Horn von Eltingen, Stuttgart; 1470*

Abb. 65 *Leonhard Hayden, (Stuttgart-) Cannstatt; 1496*

Abb. 66 *Nicolaus gen. Gotsvogel, (Steinen im Wiesental) Neuenburg a. Rh.; 1413*

Abb. 67 *Conradus dictus Burg de Stain, Konstanz; 1385*

Abb. 68 *Conradus Spengler de oppido Pfullendorf, Basel; 1414*

Abb. 69 *Ulricus Vischer iun. gen. von Ehingen, Freiburg im Brsg.; 1515*

Abb. 70 *Johannes de Ecclesia (Kirchen), Bern; 1448*

Abb. 71 *Laurentius Kranich, Straßburg; 1451*

Abb. 72 *Johannes de Breganczia, Chur; 1369*

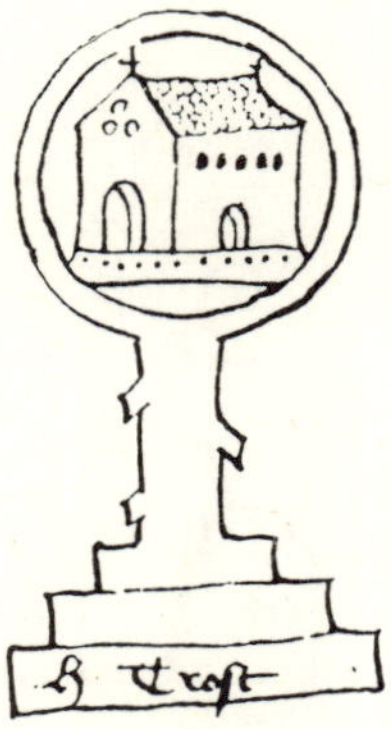
73

74

75

76

77

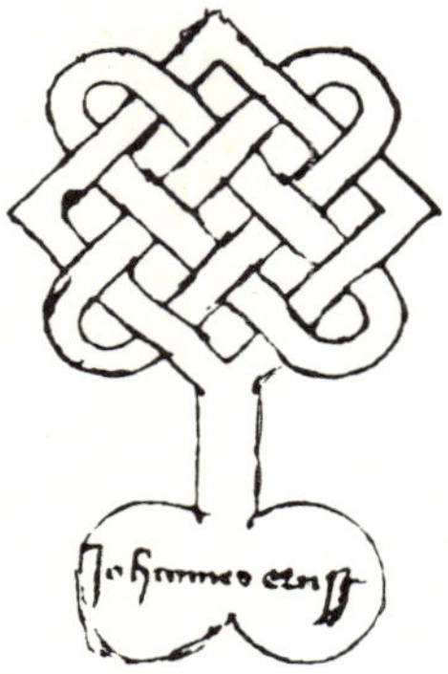
78

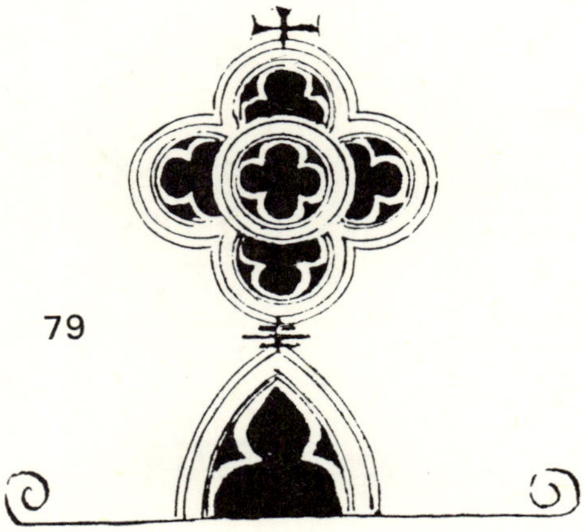
79

80

81

Abb. 73 *Heinrich Trost, Heidelberg; 1428*

Abb. 74 *Heinrich Koch von Schaffhausen, Schaffhausen; 1467*

Abb. 75 *Johannes Spuol, Basel; 1481*

Abb. 76 *Nicolaus Schnider von Memmingen, päpstl. Notar, Illertissen; 1459*

Abb. 77 *Petrus Stephan; 15. Jh. 2. Hälfte (Fragment)*

Abb. 78 *Johannes Ernst, Zofingen; 1464*

Abb. 79 *Heinrich Hainrici de Brunendruit, Basel; 1462*

Abb. 80 *Conradus Helye de Loffen, Beromünster; 1381*

Abb. 81 *Nicolaus Heincker, Bistum Straßburg; 1319*

82

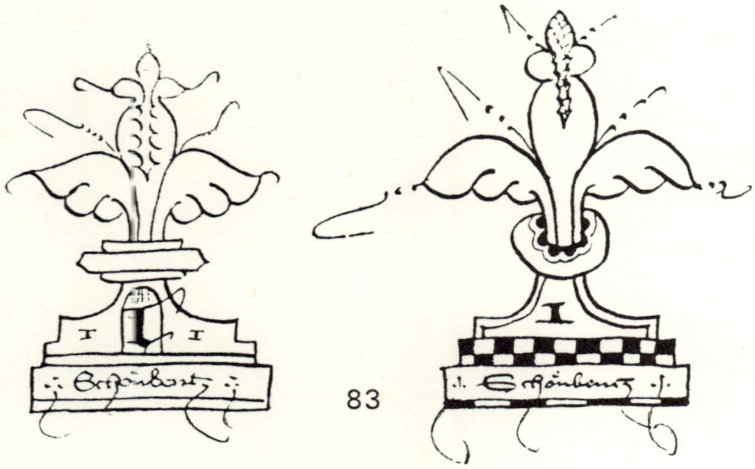

83

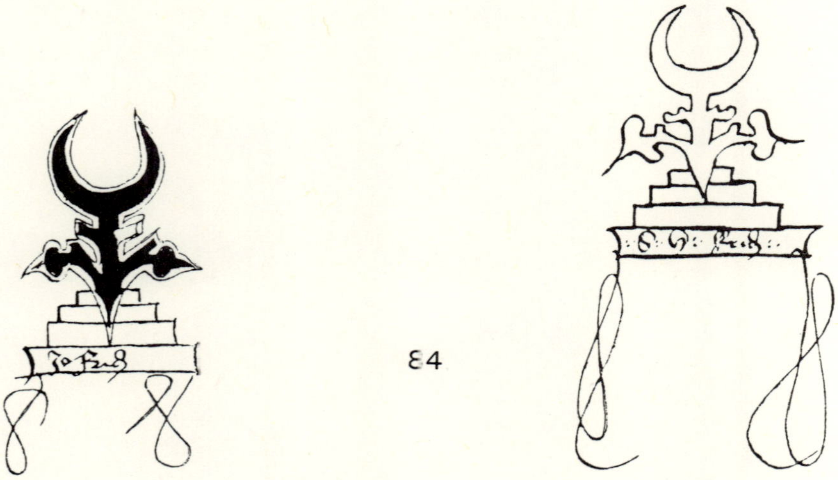

84

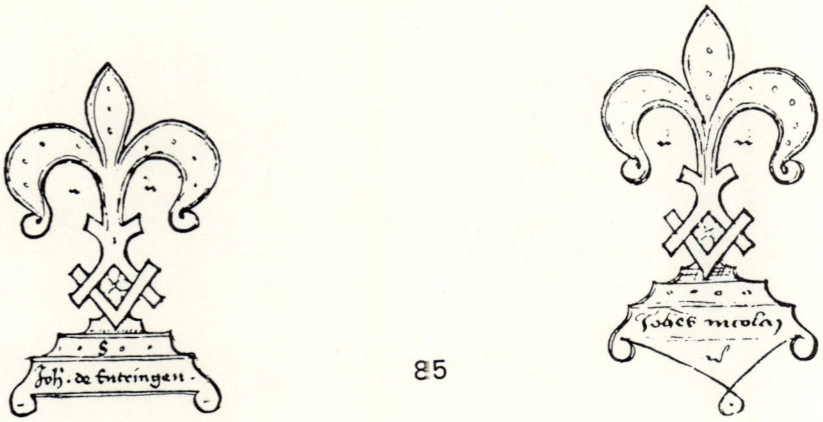

85

Abb. 82 *Erasmus Kolb, Passau; 1518*

Abb. 83 *Leonhard Schoenbentz von Lindau (sen.), Konstanz; 1413*
Leonhard Schoenbetz alias Burg von Konstanz (iun.); 1434

Abb. 84 *Johannes Friedrich von Münderstatt, Basel; 1455*
Herrmann Friedrich von Münderstatt, Basel; 1515

Abb. 85 *Johannes de Entringen, Rottweil; 1456*
Johannes Nicolai de Entringen, Rottweil; 1466

Notarial Signs and the Diplomatics of Notarial Documents in Medieval Flanders

Von James M. Murray

The development of the European public notariate in the high and late Middle Ages was an event of profound symbolic and actual importance in the history of medieval culture. Actual importance because it marked a new age of sophistication in the ordering of records, drawing up of documents and articulation of legal criteria of proof, thus contributing to the literacy and legal »revolutions« of the period. Its symbolic importance was in the restoring to life of a decayed Roman institution, but with an uncanny knack for the different demands of a dynamically growing Europe. Far from being a disembodied ghost conjured up from a dusty Roman law treatise, the medieval notariate proved its utility both in the European south, and, more surprisingly, in northern Europe, where the influence of Roman Law had been slight. Obviously notaries public filled a need in the areas of Europe they in effect colonized between 1200–1350. This need was to some extent paradoxical for it demanded both the standardization of document form, type and use of authenticating signs according to the manuals issued from Italian law schools, and an enormous flexibility to allow for the peculiarities of local legal custom. The revival of a public notariate across Europe thus resembles a sorcerer's apprentice trick, in which the same Roman ghost was re-embodied across Europe, but in no two places was the result the same in size, shape or influence.

Given the novelty of this return from the dead, it is surprising how little scholarly attention notaries public and their documents have received. This is less true in Italy and southern France, where notarial guilds became prominent parts of the urban institutional and social fabric. There notaries developed two distinct characteristics: guild organization with its dependence on the family, and an alliance with the governing institutions of the commune[1]. The *acta publica* of the Italian city became largely the work of notaries by the twelfth century, making notarial records and with them notarial marks truly public records worthy of public confidence and preservation[2].

But even though notaries public spread throughout Europe in the thirteenth and fourteenth centuries, due to the twin influences of Roman law and the Church's legal activities, studies of notaries in northern Europe have been rare until relatively recently[3]. This is understandable in part, for notaries in northern Europe never followed the standard medieval practice of forming guilds, nor did notaries become so closely allied with town governments as was the case in Italy and southern France. Roman law also spread unevenly in the north, and only under Roman law could a notary public, as holder of a license from either pope or emperor, authenticate a document by drawing his sign and adding an identificatory paragraph to it. This obviated the need for a seal in theory, but in practice many northerners continued to affix seals to notarial documents »for greater security«. This »mixed« reception of the public notariate comes into even sharper relief in the attempts of both the French and English kings to limit the activities of public notaries in their kingdoms[4]. Yet despite ambivalence and occasional hostility, by 1300 or 1350 at the latest, notaries public were at work all across the European north. The county of Flanders well illustrates the slow and uncertain adoption of notaries and notarial documents, yet Flemish notaries added a few unique twists of their own to the practice of the notarial art.

1 James M. Murray, Failure of Corporation: notaries public in medieval Bruges, in: Journal of Medieval History 12 (1986) pp. 155–166.

2 Hence the impressive collections of notarial cartularia in the city archives of Genoa, Florence and Pisa to name just a few.

3 The publication of C. R. Cheney's study of English notaries public, Notaries Public in England in the Thirteenth and Fourteenth Centuries, Oxford 1972, was the clearest sign of new interest in notaries, followed by the publications of Peter-Johannes Schuler in Germany.

4 Philip the Fair of France was the first monarch to respond to the implicit challenge to national sovereignty posed by notaries public by imperial or papal authority by instituting a royal notariate in 1304. Eventually, only notaries by royal authority were able to draft documents intended for royal courts. Edward II of England responded to the same challenge by issuing a writ in 1320 enjoining notaries public by imperial authority from practising in England. For France, see A. Giry, Manuel de diplomatique, Paris 1894, pp. 827–829; for England, see Cheney, Notaries, pp. 53–54.

Long before the first notary came to Flanders, the general form of the notarial document, the *instrumentum publicum*, had been established and elaborated. Incorporated into the *Summae* of the great professors of law at the University of Bologna and elsewhere, the standard model of construction was constantly before the eyes of the practising Flemish notary. But standardization in legal theory did not lead to standardization in fact, for Flemish notaries were confronted with different legal and social conditions than their Italian brethren, resulting in variations and alterations to the traditional notarial instrument.

Notarial record-keeping: The Italian precedent

The notarial instrument in southern Europe was a document meant for business. It was simple, even crude in appearance, dealt quite often with the details of business transactions or civil legal arrangements, and became in the course of the thirteenth century an inseparable part of Italian municipal institutions[5]. Most important events in medieval Italian society were ceremonialized within a framework of words and actions borrowed from the past in the presence of witnesses. The rights and obligations symbolized in the ceremony lived on in the memory of these witnesses. The notary was invited to attend these ceremonies and to take down a rough record of what had transpired before his eyes. The form of these hasty notes was unimportant; either a scrap of paper or a notebook would do. The drafting of a finished legal document could then be put off to another day when the notary had time to dress up the account with the appropriate legal terms and perhaps add details he had entrusted to memory. This document would then be entered in a comparatively tidy and well-organized cartulary. Thereafter the notary simply copied the original – preserved in his cartulary – on a sheet of parchment, added his sign and eschatocol, and collected a fee for his trouble from his customer. It is important to bear in mind this process when considering the events recounted in notarial instruments, for they are very rarely a word for word account of a ceremony or contract. The notary was obliged only to describe the ceremony briefly, and was free to add or subtract words as long as the substance of the contract was not altered[6].

The oath required of a notary public by papal authority makes this quite clear: »I will draw up a contract in the form of a protocol (in prothocollum)... I will not maliciously delay in making a public instrument from it contrary to the wish of the persons or person concerned, taking my just and customary fee«[7]. Given this emphasis on the notarial cartulary, it is not surprising that some cartularies were passed on from father to son or to the keeping of public institutions after the death of a notary. Around these basic procedures there developed in Italy an intricate tradition of notarial archive-keeping whose legacy is the magnificent collections of notarial cartularies and documents found in so many northern Italian cities[8].

Flemish notarial practice

Flemish notaries by apostolic authority took the same oath as their Italian brethren and used the same handbooks and formularies; but did this lead to identical procedures in Flanders? As previously stated, the Italian system of notarial record keeping never took root in Flanders. Is this fact reflected in alterations of notarial procedure by Flemish notaries public? More specifically, did Flemish notaries use the notarial cartulary as did Italian notaries? Exploring the slippery meaning of the word *prothocollum* offers some clues.

The word *prothocollum* had at least three different connotations in late medieval Flanders. In one sense, the term referred only to the hasty record of the event taken down by the notary on the spot, not to any sort of cartulary. The notary public Walterus Scorboot is clear when, in a legal dispute, he declared that he never made either *prothocolum* or *instrumentum*[9]. This is also the standard definition of the Middle Flemish word protocol in Verdam's dictionary[10]. In Italy *Prothocollum* could mean the record itself, but by a process Cheney

5 R. Doehaerd, Les relations commerciales entre Gênes, la Belgique et l'Outremont, 3 vols. Rome–Brussels 1941, v. 1, pp. 13–71; and A. Petrucci, Notarii: Documenti per la Storia del Notariato Italiano, Milan 1958, pp. 619–631.

6 Cheney, Notaries, p. 96.

7 »Contractus in prothocolum redigam et, postquam in prothocolum redigero, malitiose non differam contra voluntatem illorum vel illius, quorum vel cujus contractus est, super eo conficere publicum instrumentum; salvo meo justo et consueto salario ...« Cheney, p. 154 quoting Vatican Archives, Reg. Vat. 39, f. 143r, 25 March 1279.

8 For notarial protocols as family heirlooms, see A. de Boüard, Manuel de diplomatique française et pontificale, 2 vols. Paris 1948, v. 2, p. 206, n. 1.

9 Archives départementales du Nord, (hereafter ADN), B 1562, f. 89v.

10 Middelnederlandsch Woordenboek, Verwijs and Verdam eds., v. 6, p. 739.

calls »natural transference« the register came to bear the same name[11]. There is no evidence of this transference in Flanders.

Prothocollum could also mean a formulary, that is a collection of documents used as models by scribes charged with issuing legal certificates. It was with this meaning that the fifteenth-century Flemish jurist, Jan van den Berghe, entitled his handbook *Prothocole in Vlaemsche*[12]. This is also the form of the only surviving notarial cartulary in the Low Countries, that of the fourteenth-century Utrecht notary, Hubert van Budel, which is more of a memoranda book than formal notarial *prothocollum*[13].

The apparent absence of the use of *prothocollum* to connote a cartulary is also reflected in the fact that no notarial cartularies have yet been discovered in the archives of modern Belgium. This coupled with the rarity of the word *prothocollum* in medieval Flemish notarial documents, leads to the conclusion that notaries public in Flanders did not make cartularies to keep permanent records of notarial documents drafted by them. There is evidence of but one exception to this general rule, but this case should be reviewed with some care.

In 1475 the notary public Oliverus de Paeu was ordered by the episcopal official of Tournai to go to St. Salvators church in Bruges to copy a document contained in the »prothocollum or register of ... the late Nicholaus de Smed, notary public ... and sworn notary of the episcopal curia of Tournai«[14]. Oliverus discovered the summary of the document that he was sent to find among the many records in the register, all in Nicholaus' hand. He then proceeded to copy the substance of the document from Nicholaus' notes[15].

What follows is a very detailed record of a gathering of chaplains, the deacon and subdeacon of St. Salvators in October, 1434 to carry out a papally ordered reorganization of the *cotidiana* (the word refers to both the daily liturgical services and a sum paid to those who served in those services). De Smed states that he used a summary (*nota*) to draw up a finished public instrument whose substance he then copied into his register[16]. Thus here, unlike Italian practice, the public instrument itself was the source for the authentic record, not the notary's *prothocollum*. De Paeu himself recognizes the distinction in his eschatocol when he states that his public instrument is extracted from the cartulary or protocol of Nicholaus de Smed but put into public form by de Paeu[17]. Hence de Paeu did not merely copy a completed public instrument, he made one anew from the *nota*, the raw materials left by the deceased Nicholaus de Smed.

The exception of Nicolaus de Smed's keeping a cartulary almost proves the rule. Nothing is known about de Smed except what de Paeu tells us about him, that he was a sworn notary of the court of Tournai. As shown in part three of this study, this designation almost proves some role in the diocesan judicial system, perhaps in Nicholaus' case that of clerk for the deacon of Christianity. The fact that the official of Tournai knew where to find Nicholaus' cartulary when the need arose is another indication that in the archives of the official a record was kept of notarial signs and where the notary's cartulary was to be found. If such was the custom, all notaries public sworn to the court of Tournai were perhaps required to keep such cartularies for the use of the institutions they served during their lifetime. All this follows the Italian tradition embodied in canon law, which was certainly more influential in church courts[18]. But here Italian externals do not hide Flemish reality. In Flanders the cartulary was not the source of the authentic record as was the case in Italy; rather, it was the public instrument itself. Thus a Flemish notarial cartulary was a collection of copies,

11 Cheney, Notaries, p. 95.

12 On van den Berghe – E. Strubbe, Jean van den Berghe, écrivain et juriste flamand, in: Bulletin de la Commission Royale des Anciennes Lois et Ordonnances de Belgique 12 (1926) pp. 174–201.

13 F. Ketner, Vestiging en eerste Ontwikkeling van het Notariaat in Utrecht (1291–1340), in: W. Jappe Alberts – F. Ketner eds., Nederrijnse Studiën XIIIe-XVe eeuw, Groningen 1954, p. 94. Southwestern Germany was similar to Flanders in the variety of meanings of the word *prothocollum*: see J.-P. Schuler, Geschichte des südwestdeutschen Notariats, Baden 1976, pp. 223–226, especially p. 224, n. 19 and p. 228 n. 57.

14 »Prothocolum sive registrum manualium quondam honesti et discreti viri Nicolai de Smed dum vixit publici apostolica et imperiali auctoribus curieque episcopali Tornacensis notarii iurati.» Bischoppelijk Archief, Brugge (hereafter BAB), St. Salvators S729, 1475. Later in the document, Paeu uses the Latin word *cartularium* as a synonym for *prothocollum*.

15 Ibid., »... inter cetera, manu propria dicti quondam Nicholai descripta et per eundem Nichol. ut notarium in notam recepta, reperitur quedam nota cuiusdem instrumenti que in formam publicam redacta huiusmodi censitur fore et esse substantie atque tenoris ...«

16 Thus *nota* meant both the hasty summary taken by the notary and the summary of the completed public instrument which Smed copied into his protocol.

17 Ibid., »... et ego Oliverus de Paeu ... presens publicum instrumentum in substantia et forma superius descripta cum cartulario sive prothocollo quondam ... Nicholai de Smed ... in omnis concordare repperi. Idcirco ... michi aliis negotiis facto predicto publico instrumento ex huiusmodi cartulariis sive prothocollo fideliter extracto manuque aliena scripto et in hanc publicam formam redacto signum meum ... apposui ...«

18 Cheney also notes that notaries in service to bishops or other ecclesiastical institutions were more likely to keep protocols: Notaries, pp. 100–101.

not originals, done much as any monk would copy the text of an old charter into a monastic cartulary. The extra step of copying a summary of a finished instrument guaranteed the rarity of notarial cartularies in Flanders, both because of the added effort involved, and because the result was always considered a copy and never an original. Thus many original notarial instruments survive in the archive of St. Salvators church, but the cartulary of de Smed, preserved for more than a generation after his death, was discarded when its usefulness ended[19].

The *Acta capituli* of St. Donaas church in Bruges show a variation of use of *nota* in the keeping of what was in fact a hybrid of a notarial protocol and institutional cartulary. From its earliest extant volume, the *Acta* were kept by notaries public, who used its folios to record formal decisions of chapter meetings and other business both individual and institutional. The chapter clerk was to make the entries, but in case of his absence *nota* drawn up by other notaries could be used for the final, authentic record. This was the case during the absence of Petrus de Quercu in the summer of 1376[20]. De Quercu also makes clear that *nota* copied into the register thereby became authentic, from which, presumably, equally authentic copies could be made. The *intitulatio* of each volume of *acta* also stresses the authenticity of the documents recorded therein[21].

If the Italian model of keeping a notarial cartulary was unknown in Flanders, what was the procedure followed by Flemish notaries in drawing up their instruments? Almost without exception, Flemish notaries speak of witnessing the recorded event, taking a short summary of it and composing a public instrument. An example of 1353 is typical. The notary public Johannes Rogeri was summoned to a house named *Sarbona* near St. Pieters church in Bruges. There he witnessed the exchange of a chirograph deeding to the church a large amount of land located in the Franc of Bruges. Johannes was asked by the donor to compose one public instrument describing the proceedings. In his eschatocol Johannes reports having witnessed the transfer and »I was asked to compose a summary (*nota*) of these acts, and to write this public instrument in my own hand«[22]. In this and innumerable other examples, the notary public composed a *nota* or summary of the events he records, then drew up the finished public instrument. Cartularies apparently played no role.

But what did the customer do if another copy of a notarial instrument were needed? Apparently such cases were rare in Flanders[23]. No doubt the notary retained the *nota* he took of the original ceremony, perhaps keeping them in small bundles which were destroyed when their useful life had ended[24]. Authentic copies of notarial documents could be obtained through the general procedure known as the *vidimus*, in which a public authority would inspect the original document and reproduce its contents word for word, then affix its seal to the copy in return for a fee. Thus any future need for a copy of a notarial document could be met easily without recourse to the notary who had witnessed the ceremony[25].

A Typology of Flemish notarial documents

In formal terms, the Flemish notarial instrument falls into two categories: the first is objective, that is when the notary acts in his own name and that the ceremony is taking place »in presentia mei notarii publici subscripti.« The second is declared when an individual, corporation or group states in the first lines of a document that it has requested the notary to draw up the document[26]. Both document forms are completed with the notary's eschatocol and sign manual and both

19 In southwestern Germany, P.-J. SCHULER has observed that »nicht alle Notare ließen ihre Protokolle zu sogenannten Protokollbänden (*protocollum, imbreviatura, registrum, cartularium, notularium, manuale*) binden, sondern bewährten sie teilweise lose auf.« Geschichte, p. 228.

20 BAB, St. Donaas, A48, f. 60v »Sequntur acta capitularia post recessum mei Petri de Quercu ... clerici capituli in notam recepta de mandato dominorum decani et capituli huius ecclesie per magistros Jacobum Meyere, quo ad aliqua dictorum actorum, et Guill. de Paye quo ad maiorem partem ipsorum que registrata sunt per me Petrum predictum ut ipsis actis scripturis publica fides adhibeatur.«

21 The notary and chapter clerk Martinus Mesevanghere described his duties as »de mandato capituli iuravi ... anno domini 1369 mensis iunii ... incepi notari et scribere in hoc libro et debet eadem scriptura haberi et teneri pro autentica.« Ibid., A48, f. 1r.

22 Openbaar Centrum voor Maatschappelijk Welzijn, Brugge, (hereafter OCMW), Madeleine, 287bis, »... et requisitus ex actis notam sumpsi hocque instrumentum publicum exinde confeci et propria manu scripsi ...«

23 Notaries often indicated if they were asked to draw up one or many notarial instruments, so Flemings may have anticipated future need by requesting multiple copies.

24 Raymond DE ROOVER, Money, Banking and Credit in Medieval Bruges, Cambridge, Mass. 1948, shows contemporary images of moneychangers in their offices surrounded by bundles of documents. A notary's office may well have resembled the moneychanger's in this regard.

25 See H. BRESSLAU, Handbuch der Urkundenlehre für Deutschland und Italien, 2 vols. Leipzig 1912, v. 1, pp. 86–100 for the *vidimus*.

26 ADN, B 1264, 3897 is an example of this latter type, beginning as any comital charter might »nos Guido comes Flandrie ... notum facimus universis quod ...« yet it bears the sign manual and eschatocol of Symon Pauli.

may be supplemented with one or more seals. This does not begin to exhaust the range of possible variations found in Flemish notarial documents however, as the following typology shows.

Types of Flemish notarial documents:

1) the sealed charter with full notarial paragraph eschatocol) and sign;
2) a. the »pure« notarial document;
   b. the notarial document with added seal(s);
   c. the notarial document with the notary's private seal;
   d. the notarial document with the inserted text of a chirograph;
3) the notarial translation without final paragraph but with the notary's sign[27].

The sealed charter with full notarial sign and paragraph

The notarial instrument was very much a novelty among the long established documentary forms of medieval Flanders. As such notaries had to come to terms with the traditions and habits of their clients and employers. In many ways the sealed charter with notarial sign and eschatocol (or paragraph) was both a compromise with traditional forms and a transition to a wider acceptance of the pure notarial instrument. It is a characteristic documentary form in comital and episcopal chanceries where old and new ways found an institutional base[28]. Most often the notary drew up the charter, added his customary paragraph and sign manual, but the document was issued under the seal, and thus the public authority, of the count or bishop.

Beyond the differences in composition of this sort of document from the classic *publicum instrumentum* of the notary, two differences in formula are most always present. First, the dating clause of this type of document always contains an *Actum et Datum* clause rather than the simple *Acta sunt* ... of the pure notarial instrument, since in a notarial instrument the time and place the document was issued is always the same as the events it recorded. The second formula always present is the command that the seal be affixed[29].

The purpose of the notarial sign and paragraph was to lend added authority to a document that might come before a church court or other institution that recognized the »publica fides« of the notary. On the other hand, this type of document reflects the hesitance that many secular courts could display towards an unsealed document. This »mixed form« of sealed and notarial document was an attempt to get around the shortcomings of both document forms. It is not surprising then that this form was quite common in the early days of the public notariate in Flanders. But even after notaries became much more common in Flanders in the course of the fourteenth century, the »mixed form« retained some popularity[30].

The Pure Notarial instrument

The notarial instrument without seals of any kind is the pure form of the notarial art, relying solely on the position of the notary as a »public person« for its authenticity. The observation of certain rules of composition, plus the notary's name and identifying paragraph (eschatocol) were the elements that ensured the validity of the document as legal proof. As stated previously, the notary functioned as a neutral intermediary in the exercise of what were usually private agreements, but through the affixing of his identifying marks the notary added public recognition drawn from a higher authority, either the pope or emperor. In this the notary could add an authenticity beyond any that a seal from a private individual could provide. It is no wonder that from the beginning of the public notariate in Flanders this pure notarial instrument joined the sealed charter with notarial paragraph as the two chief document forms of the notarial art[31].

The pure notarial instrument with added private seal

This type of document differs from 1 above in that the notary was the guarantor and issuer of the document and the document was drawn up in pure notarial form, yet a seal or seals were added though they did not in any way claim to authenticate the text. Most of these seals,

27 This typology is modeled after that of P.-J. SCHULER, in: Geschichte, pp. 211–219, with adjustments to fit the Flemish case.

28 Edited examples of this type can be found in a work I am preparing for the Commission royale d'histoire de Belgique.

29 As a typical case, ADN, B 1264, 3897, where the count of Flanders notes that »... in quantum testimonium, presentes litteras scribi et publicari fecimus per ... notarios infrascriptos et sigilli nostri munimine roborari.«

30 But Flanders differed from southwestern Germany in that the mixed form was never the most popular form of notarial document even in the early fourteenth century. According to SCHULER, the mixed form predominated until the mid-fifteenth century in southwestern Germany. See Geschichte, p. 205.

31 SCHULER, Geschichte, p. 214, for Germany.

as their affixers declared, were intended to add greater solidity, or certainty to the document (*ad maiorem firmitatem, securitatem.*) Here again is an attempt to remedy the shortcoming of the notarial instrument – that it might not be recognized as authentic – through the addition of private seals. In most cases these seals were added by parties mentioned in the document, thus the seals also guaranteed recognition by both parties that they knew and approved of the document's contents. But in no way did the disappearance or damage to the seal affect the authenticity of the notarial instrument. This was always conveyed by the notarial subscription and notarial sign.

Pure notarial instrument with the seal of the notary attached

In Flanders examples of this type of document are quite rare – only three for the entire fourteenth century. Despite the seeming self-contradiction inherent in a notarial document sealed by the notary, the intention was the same as that expressed by those who added seals to the pure notarial instrument: to add greater certainty. The notary Jan Cramme added his own seal »ad pleniorem evidentiam ...«. A curious reverse of this is apparent in another document, when the notary Jan Abeel, in adding a codicil to his will, seals the document but seeks out a fellow notary to add his sign and subscription »ad maiorem firmitatem«. Apparently a notary could not be both a private sealer of a document and a public attestor to its authenticity at one and the same time[32].

The notarial document with inserted text of a chirograph

The realities of the business entrusted to notaries public in Flanders produced a document form that was unique to Flanders. This development stemmed from the inescapable fact that property transfers had to be transacted before a public authority, either the *schepenen* or landowners, of the area where the property lay. Thus a notarial instrument could not serve as proof of ownership of property. This posed certain problems, especially if the sale of property was to be reviewed or approved by another court, particularly an ecclesiastical court. Scabinal chirographs in the fourteenth century are almost without exception written in the vernacular. Thus chirographs from Ghent, Ypres, and Bruges were written in Flemish. But if the court of the episcopal official of Tournai was to review a property transfer, which it was obliged to do if property was either given to, or alienated by, a church, Flemish would not be a language known either by the official or by most of his clerks[33]. Chirographs were also crude by the standards of episcopal chanceries. To insure a favorable result, it was probably a good idea to dress up the transaction in a form more familiar and acceptable to the episcopal court of Tournai.

The answer to the dilemma in most cases was the notarial instrument. Notarial instruments which include the texts of chirographs are increasingly common in the fourteenth century. The notaries not only included the letters, but summarized their contents in Latin, so that a French-speaking court would not have to bother with an unfamiliar language. Notarial instruments offered the added advantage of consolidating many documents into one, so that the small chirographs could be discarded if need be[34].

The development of this new form is difficult to trace in a step-by-step manner. It appears to have developed first and most completely in Bruges, but the practice of inserting chirographs into the texts of notarial instruments also occurs in Ghent[35]. It is unusual, however, to find long extracts of Flemish texts in early fourteenth-century notarial instruments. Johannes Cramme, never, to my knowledge, inserted chirographs into his public documents, although he often mentioned the exchange of chirographs in the ceremony he witnessed[36]. By 1350, however, notaries in Bruges began to include such texts, and by the late fourteenth century the practice was very common[37].

The immediate result of this new form of notarial instrument was documents of considerably greater

32 These two notarial instruments are Rijksarchief, Brugge (hereafter RAB), blauwe nummers 4155, 4066.

33 Moreau points out that most of the fourteenth-century bishops of Tournai were French-speaking; cf. E. de Moreau, Histoire de l'Eglise en Belgique, 5 vols, Brussels 1946–49, v. 3, pp. 193–200.

34 Some medieval archivists in these churches bundled the public instruments together with the original chirographs; BAB, St. Salvators, S729 1408, 28 February; and ibid., S728 1387, 20 November are two of many examples.

35 Rijksarchief, Gent (hereafter RAG), Rijke Gasthuis, 1363, 19 November; ibid., 26 October 1366; ibid., oork. St. Baafs, 1121.

36 For Cramme, see Murray, Failure of Corporation, p. 160.

37 It is impossible to quantify the change to this new document form. But a glance through the instruments preserved from the Carthusian monastery of Bruges confirms this impression, because over fifty percent of the instruments drawn up after 1350 – seventy-five in all – were examples of this new form. See Jean Yernaux, Les notaires du XIIIe au XVIe siècles spécialement au Franc de Bruges, in: Bulletin de la commission royale d'histoire 82 (1913) pp. 146–182.

length. Notarial instruments often contained the texts of two or more chirographs, although sometimes the chirographs were not reproduced *in extenso*[38]. But far more important is the fact that this new form signified a successful adaptation of the notary public, an institution foreign to Flanders, to Flemish legal and social realities. Notarial instruments were useful to the Flemish burgher because they insured that his donation for the repose of his soul would be looked upon favorably in the episcopal court of Tournai. Notaries offered the churches that accepted these gifts a relatively easy method of reducing the bulk of the documents they kept. In addition, notaries public could easily issue multiple copies, so that the suspicious layman could arrange for another ecclesiastical institution to oversee the donation he made for his soul's welfare[39].

The notarial copy-translation with notarial mark alone

This is another relatively rare type of document in Flanders but despite the rarity of surviving examples, we have other evidence that notaries were often called upon to make translations and simple copies of an extensive range of documents. These copies could take the form of the traditional vidimus in which the notary gives a word-for-word copy of the document within the context of a notarial instrument, adding his sign and subscription as the source of authenticity. A rarer example of a translation without a full notarial subscription is that drawn up by the notary Pieter Hoofsche. The text was a translation of a charter from Latin into Flemish, to which he added only his mark and the formula »bi mi Hoofsche«. This is simply Flemish for the traditional Latin »Hoofsche sic est«, indicating the work to be that of Hoofsche. Such identificatory sayings became common on most documents issued from the city administration of Bruges and elsewhere in the fourteenth century, but they could not confer authenticity to a document. Presumably, Hoofsche was asked only for a simple translation without the elaboration (and expense) of a formal notarial document. The fact that paper was used as the writing material in this case lends weight to that theory[40].

The completed instrument: formulas and appearance

Unlike many other types of medieval documents, the instrument drawn up by Flemish notaries is identifiable at a glance. This is not to say that notarial instruments were uniform, for in fact they display a myriad of different writing styles, sizes and subjects. But there is broad similarity between instruments both in terms of the legal formulas they use and in their outward appearance.

Like English notarial documents, those produced by Flemish notaries are almost always longer than they are broad, in contrast to the chirograph, which is nearly always the opposite. C.R. Cheney explains this preference for long documents as a means of displaying the notary's sign manual to best advantage[41]. Overall size was often determined by the importance of the acts described in the document. Thus the notarial documents resulting from the revolt of maritime Flanders and sealed with the count's Great Seal are over eighty cm. in length and forty in width, while a public instrument drawn up by Johannes Cramme for St. Walburga church in Bruges is less than a fourth the size[42].

As a rule notarial documents were much longer and more ornate than a chirograph or typical document from a church chancery. Documents issued by notaries were nearly always written on parchment, unlike chirographs[43]. They were not everyday documents, for they were relatively costly[44]. For this price the customer demanded, with few exceptions, the dignity of Latin and a document which in appearance often rivaled the products of episcopal chanceries[45]. This is

38 This is the case in RAB, B.N. 6008 [1398], in which the notary public Johannes Maerscalli gives only the first lines of the chirographs referred to in the instrument.

39 OCMW, Begijnhof, 327 [1365]; ibid. Madeleine hospitaal 323bis [1362].

40 Stadsarchief, Brugge (hereafter SAB), politieke charters, 1e reeks, 1035.

41 Cheney, Notaries, p. 102.

42 RAG, oork. der graven, St-Genois 1636–1646; RAB, St. Walburga, 441. Of the more than sixty documents I am editing for the Commission royale, only fourteen are wider than they are long and one is square.

43 Most surviving chirographs from the fourteenth century were written on parchment, but it should be remembered that by and large these surviving copies were retained in the city's archives and thus were written with special care on longer-lived parchment rather than paper. The copies given to townsmen, however, were most often written on paper to judge from the number of times a notary includes a copy of a »carta papire« in his instrument. These have not survived except in rare cases. See RAB, B.N. 5928 and 4762.

44 For prices of notarial documents and comparisons with other documentary forms, see James Murray, The Profession of Notary Public in Medieval Flanders, in: Tijdschrift voor Rechtsgeschiedenis 61 (1993) pp. 21–25.

45 This is true particularly of instruments drawn up by notaries who worked in the curia of the deacon of Christianity – e.g. Alneto and Borlike. See BAB, St. Salvators S721, 244 and ibid. S728 1356 [n.st.] 28 February.

another area in which Flemish notaries public parted company from their Italian fellows. For the product of the Italian notarial art was meant to satisfy the rigors of business, while the Flemish product was most often intended to solemnize a pious donation or record events of particular importance.

Beyond the differences in outward appearance, Flemish and Italian notarial documents differed in their uses of legal formulas due to the distinct evolutionary path of Flemish notarial practice. In Flanders as in England, notaries public most often recorded in public form judicial acts, change of titles and deeds, appeals to church courts, resignation of benefices and elections of ecclesiastical officials. Rarely were notaries asked to draw up wills or to record debts or other business contracts as was common in Italy and southern France. Hence the demands of a legal climate quite different from Italy defined the parameters in which the Flemish notary worked.

*The Notarial Document**

The pure notarial instrument	The sealed charter with notarial attestation
Protocol (publications)	
Invocatio	[Invocatio] [Inscriptio] [Datum]
Promulgatio	Promulgatio
Date	[Date]
Place	[Place]
Initiator and witness formula	Initiator and witness formula
Text (capitula)	
Declaration of Parties' presence (causa efficiens)	Declaration of Parties' presence (causa efficiens)
Disposito (causa materialis et finalis)	Dispositio (causa materialis et finalis)
Notice of rogation (causa formalis)	Clause of fidejussion and announcement of notarial subscription
[Mention of the seal]	Order to seal (causa formalis)
Eschatocol	
»Acta sunt hec«-formula	»Datum et actum«-formula
»Quibus supra«-formula [or: Place and Date]	Place and date
Witnesses	Witnesses
subscriptio and notary's sign	subscriptio and notary's sign
[added seal]	seal

* Adapted from P.-J. SCHULER, Geschichte, p. 211

The Protocol

The diagram above demonstrates that despite differences in purpose and detail, all notarial instruments share a general form whose parts are distinct and well defined. Nearly always notaries began an instrument with an *invocatio*, usually in the form »In nomine Domini, amen«[46]. Following this clause the date is given, almost always in form of day, year and month, indiction, and year of the reigning pope[47]. Next the notary states who it is who calls together the notary and other witnesses. This leads to a rehearsal of the business transacted before the notary and witnesses. The notary usually concludes by stating the place, naming the witnesses and their titles, adding that they were »ad premissa vocatis specialiter et rogatis« and vouching for their reliability as witnesses. As Cheney points out, the care taken in detailing the names of the witnesses was quite deliberate. An act of such importance was to have nothing casual or unreliable about it[48].

Dating

A prominent feature of any notarial instrument was the dating clause, which invariably followed the *invocatio*. Notarial dating clauses are unique in their completeness, complete to the point of redundancy. They include the day, year and month, indiction, and regnal year of the pope. These details were included by notaries public by both papal and imperial authority. Church feast days are very seldom used to indicate the day of the month, except in the instruments of the late thirteenth century[49].

46 Variants were »In Christi nomine, amen« and »In Dei nomine, amen.«

47 This is true of notaries solely by imperial authority as well, for example, Johannes Cramme always noted the regnal year of the pope both before and after becoming a notary by apostolic authority.

48 CHENEY, pp. 105–106; BOÜARD, Manuel, v. 2, pp. 210–225.

49 Bartholomeus de Heyle commonly used church feast days in his dating clauses: RAG, oork der graven, Supplement 237; ADN, B 1264, 3944.

Often the Flemish notary indicated not only the precise date but also the time of day. This was expressed either in the traditional canonical hours, in relation to high mass or some other liturgical event, or on rare occasions, a designation of time in reference to meals[50]. The place is often stated precisely. Churches were popular with notaries as sites for business, so often the choir or other spot in the church is mentioned[51]. Often notaries would draw up acts in the homes of their customers or their own residences, sometimes including its precise location[52]. Taken together, all these precise details make notarial documents among the most informative type of record in medieval Flanders.

The intricacies of notarial dating extend far beyond the simple statement of year and month. Jean Yernaux, in an important article on notaries public in the Franc of Bruges, devoted considerable time to the idiosyncrasies of notarial dating in Flanders[53]. Among his major conclusions about the systems followed by notaries public in the late-medieval period, Yernaux insists that dating in notarial instruments was chaotic. As representatives of another legal system, and sometimes foreigners themselves in Flanders, notaries public in Bruges and elsewhere employed a variety of dating systems. The most significant variant from one dating system to another was the commencement of the year, which had two possible dates: either Easter (the accepted method in the comital chancery and elsewhere in Flanders), or 25 December. Beginning the year on Easter was the French style (*mos Gallicanus*); while the style of Rome (*mos curie Romane*) considered 25 December as the first day of the new year[54]. This latter style was practiced in the Roman curia and throughout Italy[55].

From the first there was confusion about which of the two dating systems to employ. Would the year begin at the nativity of our Lord as practiced in Rome, or would the local tradition of beginning the year on Easter prevail? Early notaries public in Flanders almost invariably used the Roman style in their instruments; this was true of the notaries Bartholomeus de Heyle and Simon Pauli and may reflect their Italian training[56]. Surprisingly, Johannes Cramme also employed the style of Rome in most of his instruments, even as late as 1333[57]. Gradually, however, local custom came to prevail. Even Johannes Cramme's son and successor, Theodoricus, adopted the style of Tournai, as he called it, by 1339[58]. Perhaps this change in styles of dating is indicative of the adaptation of the notary public to the local conditions of Flanders[59].

The *publicatio* is also common to both types of notarial documents, which in most cases is an immediate continuation of the *invocatio*. Formulas used in this section could vary, from the somewhat rare »Per hoc presens publicum instrumentum ...« and »Huius tenore presentis instrumenti publici cunctis pateat evidenter ...«, to the more common »Universis et singulis hoc publicum instrumentum visuris ...«, »Noverint universi...« or »Notum sit universi ...« The vernacular forms found most often are »Het zi cond ende kenlijc ...« and »Kenlijc zijt allen lieden ...«.

The *subscriptio* or eschatocol was crucial in the authentication of an unsealed instrument. It was also the one part of the instrument only the notary public could write. Here the notary provided final details about himself and the circumstances surrounding the act he records. The notary almost invariably began his eschatocol with »et ego« and then states his Christian name and patronymic (occasionally also a toponymic, such as Gandensis, or van Brucghe for instance), his diocese of clerical appointment and the source of his authority as a notary public[60]. Then the notary reaffirms that he was present at the events he records, states whether he had personally copied the text of the notarial instrument or had entrusted it to another

50 Two examples are OCMW, Madeleine 229 [1338], »... Acta fuerunt ... circa horam magne misse ...«; ibid. 503 [1426], »... hora decima ante prandium vel circiter ...«; ibid St. Janshospitaal 1113 [1426], »... hora octava ante meridiem ...«

51 BAB, St. Salvators S729 1408 [o.s.] 28 February, »... in sanctuario ecclesie sancti Salvatoris ...«; ibid. S728 23 March 1387, »... in choro ecclesie sancti Salvatoris ...«; ibid. St. Donaas, A261 1422 [o.s.] 18 April »... in loco capitulari dicte ecclesie sancti Donaciani ...«.

52 Johannes Cramme for example, wrote most of his public instruments in his house in the »Burg« of Bruges. His son, Theodoricus, followed this practice in 1349, [RAB, B.N. 4361], »... in domicilio habitationis mei notarii infrascripti sita in vico vulgariter Walstrate nuncupato ...«

53 Yernaux, pp. 135–143.

54 For chronological practice in the Low Countries see Strubbe – Voet, De chronologie van de Middeleeuwen en de Moderne Tijden in de Nederlanden, Antwerp–Amsterdam 1960.

55 For chronological practice in the Roman curia, see Bresslau, Handbuch, v. 1, pp. 45–85; and Cheney, Notaries, pp. 117–122.

56 Yernaux, Les notaires ..., pp. 136–137.

57 Ibid., p. 142.

58 Ibid., p. 143. However, in RAB, B.N. 4361 [1344], Theodoricus employs the »more Romane curie«, but this is an exception to Theodoricus' usual practice of following the style of France.

59 As Boüard [v. 2, p. 114] points out, the chronological practice of notaries does not always follow local custom. In Flanders the two systems coexisted throughout the later Middle Ages, with local custom gradually gaining the upper hand; see Yernaux, pp. 140–144.

60 Early notaries public, like Bartholomeus de Heyle, and Simon Pauli, did not indicate a diocese in their eschatocols.

scribe[61]. If the instrument contained the text of another document, the notary usually states that the copy had been checked with the original. In closing, the notary sums up his efforts by re-stating that he had been requested (*rogatus*) to draw up the document in public form, and completed the process by writing his eschatocol and drawing his sign manual[62].

The notarial sign

The most visually striking element of a notarial document was the notarial sign manual. The sign manual was drawn nearly always along the left margin, beside the notarial eschatocol, and assumed many unusual and even bizarre forms[63]. In size a notarial sign could be as long as twelve to fifteen centimeters, though never more than ten or twelve centimeters wide. Most were drawn free-hand, but there is evidence in some signs – particularly those incorporating a circle – of mechanical drawing aids. More than likely the busy notary public, rather than devoting considerable time to drawing each sign afresh, employed some sort of transparency so that the sign could be transferred with a minimum of effort[64]. This would also explain the similarity of size of notarial marks from document to document.

In design most notarial signs draw upon religious symbolism. Crosses are common, as are marks that resemble reliquaries or altars, complete with steps leading to the dominant symbol[65]. Often these basic designs are personalized with the addition of the notary's initials or other part of his name into the sign manual. Sometimes visual puns on the notary's name are introduced, as was the case with the Cramme family, in which each notary incorporated a hook in his sign, for Cramme in Middle Flemish means hook[66]. The notary Johannes Baers, whose last name means bass, pointed out the fact by incorporating two pictorial fish into his notarial sign.

Beyond mere flamboyance, notarial signs were meant as unique expressions of an individual notary. Religious symbolism dominates these signs (as they dominate merchants' marks as well) but there was room for individual symbols, additions that ensure that no two notarial marks are the same[67]. Notaries were also not bound to retain the same sign through their entire careers. As was mentioned in the case of Johannes and Theodoric Cramme, Theodoric adopted Johannes' sign, presumably after the former's death, abandoning the sign that he had previously employed.

Cases of multiple notarial signs and eschatocols on a single document are frequent in Flanders. They occur in unusually important cases, when added solemnity and security were desired. Most often the notary who drew up the *nota* and copied the document added his sign manual and eschatocol first, followed by the other notaries[68]. All notaries public present at an important event did not automatically add their sign manual to the finished public instrument, for often notaries public appear only as witnesses in notarial instruments[69].

Substitute notaries

The only part of a notarial document that a notary public was required to write himself was the eschatocol. A notary public could compose the *nota* of a ceremony and leave the copying work to another scribe, although the notary always states in the eschatocol that he had not copied the instrument himself. A typical example occurs in an instrument of 22 February

61 BAB, St. Donaas, A259, 257 (1365) »... eaque in notam recepi et publicavi de qua hoc presens publicum instrumentum extraxi ac propria manu mea scripsi ...«

62 A typical example is SAB, politieke charters, 1e reeks, 358 »... Ideoque hic me subscripsi et signum meum consuetum una cum sigillo dicti Anguoli apposui requisitus specialiter et rogatus in testimonium premissorum.«

63 One exception to the general rule of placing the notarial sign was Bartholomeus de Heyle, who invariably drew his sign first and then wrote his eschatocol around it. For notarial signs in general see Boüard, Manuel, v. 2, pp. 217–220; Cheney, Notaries, pp. 108–110 and particularly the definitive work of J.-P. Schuler, Südwestdeutsche Notarszeichen, Sigmaringen 1976. For Flanders there is an article by E. van den Bussche, Les notaires d'autrefois, in: La Flandre 2 (1869) pp. 121–143, where he reproduces many notarial marks from Flemish notaries, as does Victor Galliard, Marques et Signatures des Notaires, in: Annales de la société royale des Beaux-Arts et de littérature de Gand 16 (1855–56) pp. 183–187.

64 Cheney, Notaries, pp. 129–130 and Yernaux, Les notaires ..., p. 153, discuss mechanical drawing aids.

65 Van den Bussche, illustrations.

66 Another example was Egidius Coninc whose sign manual included four crowns, as Coninc means king in Flemish.

67 An interesting study could be made of medieval identificatory marks of all kinds, from merchants' marks to marks employed by town scribes. Some merchant marks have already been gathered, see David Nicholas, The English Trade at Bruges in the Last Years of Edward III, in: Journal of Medieval History 5 (1979) pp. 23–61; and G. des Marez, La lettre de foire à Ypres, Brussels 1900, for marks of Ypres town clerks.

68 This is clear in the series of notarial documents resulting from the revolt of maritime Flanders, RAG, oork. der graven, St-Genois, 1636–1646.

69 This was the case with Johannes Dierkin, whose identity is only known from witness lists.

1342 (n. st.): I, Bartholomeus ... was present and saw and heard all that was done; and I was asked to reduce it all to public form and to produce this public instrument, the writing of which, because of other tasks, I gave to another, but to which I add my proper sign in my own hand in testimony of all the aforesaid[70]. In one example dating from 1376, the copyist left room for the notary public, Egidius de Alneto, to add the names of the witnesses, which Egidius had left off the *nota*[71].

Further accommodations to Flemish institutional life are shown in the use of seals and language in notarial documents. Seals are in theory redundant when affixed to notarial documents. In Italy and elsewhere in southern Europe only the sign manual and eschatocol of the notary public were necessary to guarantee the authenticity of a document[72]. Flemings were never quite comfortable with this system, judging from the frequency with which notarial instruments received seals[73]. Usually the affixing of a seal was described as »for greater security«.

The reliance on seals is expressed clearly in the last will and testament of Walterus Stuutvelde, curate of St. Jans hospital in Bruges, drawn up in October, 1352[74]. Walterus was quite anxious that his will not be contested after his death, so he requested the notary public Johannes Scorkin to draw it up in public form, which was unusual in Flanders[75]. Next he asked four of his friends to add the »weight of their seals to his own« (*ut in signum suscepti oneris sigilla sua una cum meo sigillo*) to the document. As a final measure of safety, Walterus affixed the seal of St. Jans hospital to his by now quite ponderous last will and testament. To the Flemish mind, a notarial instrument with one seal, or five seals, was that many times better than one without. Even some notaries public must have shared this belief, for both Johannes Cramme and Wedericus Grauman had their own seals[76].

Language

Although notaries generally used Latin in their documents, the fact that some notarial instruments written in the vernacular survive from the later fourteenth century reveals another accommodation made to the realities of Flemish social life. There was no absolute rule that notarial instruments be written in Latin, so in cases of instruments not bound for church courts there was no reason to use Latin beyond its prestige value. Thus in the marriage treaty drawn up in 1367 between count Louis of Male's relatives, Louis of Namur and Isabel of Routy, the notary public Lambertus Vromond wrote the text in French, the language of court, but added his eschatocol in Latin[77]. The same practice of drawing up the text in the vernacular but the eschatocol in Latin was adopted by Wedericus Grauman in two documents of 1366 and 1368, one a will and the other a property exchange[78].

A document by the notary public Guillelmus Paye, dating from 1379, shows another step in the process. The instrument is written entirely in Flemish and is identical in form and meaning to a notarial instrument in Latin, written by Paye. It is quite likely that notaries issued documents in either Latin or the vernacular at the customer's request. A document drawn up for the Brokers Guild of Bruges also suggests that the client could stipulate the language[79].

The quality of scribal composition

The notary public in Flanders was an adapter of legal language and formulas to the demands of Flemish legal requirements. The notary, in the words of a fourteenth-century formulary, was to shape the formulas »like a wax nose to suit the type of business at hand«[80]. The

70 »et ego Bartholomeus filius Bartholomei de Zerixe ... premissis omnibus et singulis dum agerentur ... presens interfui ea vidi et audivi et requisitus in hanc publicam formam redegi hoc publicum instrumentum inde confeci quod aliis arduis negotiis prepeditis conscribi feci et propria manu mei subscripsi signo meo consueto signavi rogatus in testimonium premissorum.« BAB, St. Salvators, S728 1341 [o.s.] 22 February.

71 RAB, B.N. 4780 [1376].

72 CHENEY, Notaries, pp. 112–115.

73 This is even true of ecclesiastical documents which often bear both the sign manual and eschatocol of a notary and the seal of the episcopal official, an abbot, or other church dignitary.

74 OCMW, St. Janshospitaal, 619.

75 Most last wills and testaments drawn up in public form are those of churchmen; cf. Paul BONENFANT, Cours de diplomatique, 2 vols., Liège 1947–8, v. 2, p. 120.

76 Cramme's was attached to RAB, B.N. 4155; and Grauman's to Archive of St. Jacob's church, Ghent, 1317/62.

77 ADN, B 1566, f. 71r-v.

78 St. Jacobs church, 1316/56, 1242/59.

79 There also seems to have been a preference for foreign-born notaries among the foreign merchants of Bruges who often requested documents in French. BOÜARD, Manuel, v. 2, p. 222, states that instruments written in the vernacular were quite common in southern France.

80 CHENEY, Notaries, p. 125, quoting from L. ROCKINGER, Briefsteller und Formelbücher des XI. bis XIV. Jahrhunderts, 2 vols., Munich 1863, v. 2, p. 790.

quality of the final product depended on the notary's skill in adapting legal language and his ability as a copyist and proofreader. To judge by the absence of legal objections to notarial instruments, the quality of Flemish notarial art must have been high.

Only the complaint of Kerstine van Marke against the notary Gheraert Raephooft provides an example of alleged notarial distortion for adding more words to the last will and testament of Lodewijc van Marke. The court found Raephooft innocent of the charges of fraud, but the widow Kerstine may well have been correct that the notarial record did not precisely match her memory of the event. According to canon law, notaries public were not required to give verbatim transcripts of ceremonies performed in their presence. It was hardly possible for the notary to take down so much information so quickly even with the aid of the elaborate system of abbreviation which was the shorthand of the late Middle Ages. Raephooft was required only to relate the events in language that »changed neither the form nor sense« of the proceedings[81]. The court of the *Audientie* no doubt recognized this, thus overruling the widow's objections[82].

Careful checking and correction of notarial instruments is also a sign of quality draughtsmanship. Canon law allowed for minor mistakes and corrections without endangering the authenticity of a document, so if the corrections were made in the notary's hand, there was normally no question of authenticity[83]. In such cases, however, the notary would always indicate in the eschatocol or elsewhere the corrections he made and their location in the document[84]. Notaries were also of course responsible for the copying of their hired scribes, and there are numerous examples of corrections made by the notary public to the text of the document to which he added his sign and eschatocol[85].

The care used in reproducing the sign manual exactly is also indicative of the quality of notarial documents. As described above, it was important to reproduce exactly the shape of the notarial sign, either with the help of mechanical drawing aids such as a compass, or with the use of a transparency[86]. Notarial marks were also drawn over the seams when two pieces of parchment were sewn together to provide more writing surface and to ensure the integrity of the final document[87].

Despite the best efforts of notaries public to prevent fraud or forgery, there is at least one case in which a notarial instrument bearing the name of Walterus Scorboot was apparently forged. Our knowledge of the incident is based on a notarial instrument dating from October, 1317, in which Walterus recounts the circumstances of the case[88]. The abbot of the Benedictine monastery of Bergues-St-Winoc claimed to have an instrument recording the gift of some unnamed special privilege granted to the monastery by the count. Walterus states explicitly that he wrote no such document and if one is found in the future bearing his name, it is false and invalid. This Walterus swore before the notary Johannes Cramme, who drew up the instrument, to which both Walterus and Cramme added their eschatocols and sign manuals.

Unfortunately, nothing more is known about the case, but it seems from the above document that the count requested of Walterus a statement denying the validity of an instrument that the abbot of Bergues-St-Winoc claimed to have in his possession. Thus there is no explicit mention of a forged document except by implication, but Walterus' statement would be powerful evidence against the monastery if it could produce no other documents in their defense. Suspecting a monastery of forgery to further its interests is not far-

81 The great fourteenth-century jurist Durandus describes the parameters in which notaries worked: »Licet notarius in protocollo seu abbreviatura ponat sub compendio formam contractus, ipse tamen, vel is, qui in hoc sibi succedit, potest postea in publico instrumento verba ampliare, addere et mutare, et omnia ibi ponere, quae ad contractum sunt utilia, servata tamen forma ipsius contractus, et substantia non mutata.« CHENEY, Notaries, p. 96, fn. 1.

82 N. DE PAUW, Bouc van der Audiencie. Acten en Sentenciën van den Raad van Vlaanderen in de XIVe eeuw, 2 vols., Ghent 1901–03, v. 1, pp. 211–212.

83 For a discussion of canon law and authenticity of documents, including allowable corrections and erasures, see P. HERDE, Römisches und kanonisches Recht bei der Verfolgung des Fälschungsdelikts im Mittelalter, in: Traditio 21 (1965) pp. 291–362.

84 The notary Egidius de Agro added a statement near the end of a document that his interlinear corrections were not fraudulent merely errors: »Superscriptiones interlineares factas, in dictione ›pretium‹ in decima septima linea, et in dictione ›evidentiam‹ in trecesima prima linea constat michi notario publico subscripto factas esse non vicio sed errare ...« SAB, fonds Bogardenschool, charter 157.

85 This is true especially for Johannes Cramme; RAB, B.N. 4476, ibid. 4747; ibid. 4746.

86 CHENEY, Notaries, pp. 129–130; at least one Flemish notary public, Egidius Coninc, employed a compass to aid him in drawing his sign manual – BAB, St. Salvators S728, 1337 [o. s.] 15 January.

87 A good example is ADN, B 467, 5432, in which the notary public Johannes de Relenghes drew his sign manual across the seams of the document in two places, obviously to ensure the integrity of the finished instrument.

88 ADN, B 1562, f. 89v. Bergues is in the present-day Département du Nord, arr. Dunkerque.

fetched, judging from other historical examples[89]. It also shows what level of sophistication was required to forge a document, for Walterus has no doubt the monastery could copy a document under his sign. Perhaps the monks already possessed documents bearing his name and notarial sign, making it relatively easy for a skilled scribe to manufacture such a forgery. But sophistication of this sort was rare, probably not as common as the ability to forge seals[90]. Therefore notarial instruments were probably relatively difficult to forge and in cases such as the one described above, the notary could be asked if he ever composed a document bearing his name.

Conclusion

Clearly there was a process of accommodation by which the foreign institution of the notary public established itself in Flanders. In theory the rules followed by Flemish notaries public were the same as elsewhere, but the nature of Flemish law and society molded the notarial instrument into something quite distinct from that produced in Italy and better suited to Flemish realities. This is most clearly apparent in the hybrid form that combined the texts of chirographs within the body of the notarial document. Other Flemish influences on the notarial instrument were the practice of affixing seals and the gradual ascendance of the local chronological system in public instruments. The very procedure of preparing instruments differed in Flanders. Notarial cartularies were rarely used, and in any event were never considered as the source of the authentic records as was the case in Italy. All in all, Flemish notarial practice, while remaining recognizable, had departed significantly from Italian practice in the course of the later Middle Ages.

Thus a process of influence, adoption and adaptation is probably the best way to characterize the development of the notariate in Flanders. Notaries and notarial documents arrived as foreigners and remained as an integral – though far from dominant – part of Flemish legal and institutional practice. What emerges in the end is both an appreciation of the force of the legal and institutional influence of the Roman curia and the law faculties of medieval universities, and, more surprisingly, a respect for the strength and adaptability of traditional Flemish legal and documentary forms. By 1350 the notariate was everywhere present, but only in church courts and church chanceries was it dominant. In civil law and civic life, the notary and notarial instrument were never accepted without hesitation and compromise. Thus the notariate never became a full-fledged secular institution in Flanders and never assumed the guild structure so characteristic of Italian cities. It occupied an institutional position somewhere between the church and the secular world, neither wholly one nor the other.

89 Mabillon, in his great work De Re Diplomatica libri sex, recognized the central role played by monasteries in the history of forgery.

90 For the forgery of seals, Cheney, Notaries, p. 8; and Bresslau, Handbuch, v. 2, pp. 616–618.

Notariatszeichen auf schlesischen Urkunden bis zum Ende des 14. Jahrhunderts. Ein Bericht

Von Roman Stelmach

Der unten besprochenen Thematik wurden bisher nur zwei Veröffentlichungen gewidmet, die noch vor dem Zweiten Weltkrieg erschienen, und zwar Johann G. G. Büschings »De signis seu signetis nostrorum veterum in Silesiacis Tabulis« aus dem Jahre 1820 und Franz Luscheks »Notariatsurkunde und Notariat in Schlesien von den Anfängen (1282) bis zum Ende des 16. Jahrhunderts« aus dem Jahre 1940.

Wenn sich Büsching in seiner Arbeit darauf beschränkte, das Aussehen der Notariatszeichen darzustellen, erarbeitete Luschek eine wissenschaftliche Monographie über die Rolle der Notariate und Notariatsinstrumente in Schlesien nach ausführlichen Archiv- und Bibliotheksforschungen. In der umfangreichen Einleitung stellte er die Entwicklung des Notariats in Schlesien vom 13. bis zum 16. Jahrhundert dar und unterschied die Tätigkeit von 820 Notaren für diese Zeitspanne. Der Verfasser besprach eingehend die Rolle der einzelnen Notare, ihre Herkunft und ihre Ausbildung, weiter schilderte er den Prozeßgang durch Autorisierung und die Rolle der Notare bei der Ausfertigung der Dokumente. In den folgenden Kapiteln der Arbeit wurden Probleme dargestellt, die unmittelbar mit den Dokumenten verbunden waren; es wurden ihre Formen und das Zusammenwirken der in den Dokumenten auftretenden Personen (Ausfertiger, Schreiber, Notare, Zeugen), weiterhin die Formen und Arten der einzelnen Zeichen sowie der Aufbau des Inhalts der notariellen Eintragung analysiert. Die Notariatszeichen wurden bei der Bestätigung verschiedener Transaktionen der älteren Urkunden, bei der Bestätigung von Verträgen, Testamenten, Einkaufstransaktionen und Zinsverleihungen, bei Rotuli und Appellationen angebracht. Der Verfasser teilte die Notare in diejenigen, die mit der Kanzlei des Offizials verbunden waren (bis zum Ende des 15. Jahrhunderts unterschied er 113 Notare), diejenigen des Bischofs (44 Notare), des Kapitels (22) und des Fürsten (15); er vermerkte auch einzelne Fälle des Auftretens von Notaren in städtischen, Archidiakons- und Klosterkanzleien.

Der zweite Teil der Monographie enthält das alphabetische Verzeichnis aller bekannten schlesischen Notare bis zum Ende des 16. Jahrhunderts mit kurzen Biographien sowie eine Aufstellung aller Notariatsurkunden (bis zum Ende des 16. Jahrhunderts waren es 3000, wobei aus dem 13. Jahrhundert 7 Stücke, aus dem 14. Jahrhundert 179 Stücke, aus dem 15. Jahrhundert – in diese Zeit fällt die Entwicklungsphase dieser Institution in Schlesien – 1888 Stücke und aus dem 16. Jahrhundert lediglich 225 Stücke überliefert sind). Da im Zweiten Weltkrieg viele Archivalien verlorengingen, sind die Beobachtungen beider Autoren außerordentlich wichtig.

Die polnische Diplomatik nach dem Zweiten Weltkrieg behandelte dieses Problem nur marginal. Erst in den letzten Jahren beobachtet man ein wachsendes Interesse an schlesischen Notariatszeichen. In Anlehnung an die Bestände des Staatsarchivs in Wrocław entstand das Referat von D. Żygadło, das den Notariatszeichen aus der ausgewählten Gruppe von Urkunden vom 14. bis zum Ende des 18. Jahrhunderts gewidmet wurde. Die Verfasserin analysierte 165 Notariatszeichen auf Pergament- und Papierurkunden, deren Siegel und Notariatszeichen bisher inventarisiert wurden. Sie erforschte nur einige archivalische Urkundenkomplexe, darunter die Dokumente der Zisterzienserklöster in Leubus (Lubiąż) und Grüssau (Krzeszów), der Stiftskirche von Neiße-Otmachau (kolegiata nysko-otmuchowska) und des Matthias-Krankenhauses in Breslau.

Eine vollständige und ausführliche Umfrage nach allen schlesischen Notariatszeichen in Staats- und Kirchenarchiven sowie in Bibliothekshandschriftenbeständen wurde bisher noch nicht durchgeführt. Erst diese würde ermöglichen, gründliche Forschungen zu unternehmen und entsprechende Schlußfolgerungen zu ziehen.

Als Quelle für das vorliegende Thema dienten Pergamenturkunden mit angebrachten Notariatszeichen, die in den Beständen des Staatsarchivs in Wrocław aufbewahrt werden. Im Hinblick auf die kurze Vorbereitungszeit dieses Berichtes beschloß ich, etwa 800 Urkunden bis zum Jahre 1400 zu erforschen. 305 Urkunden dieses Bestandes tragen Notariatszeichen von 170 verschiedenen Notaren[1].

Unter diesen Dokumenten gibt es Urkunden verschiedener Aussteller. Die meisten Zeichen befinden sich auf Dokumenten klösterlicher Herkunft. Die Urkunden des Matthiasklosters[2] in Wrocław enthalten 50 Zeichen, die Dokumente des St.-Vinzenz-Prämonstratenserklosters[3] in Wrocław 36 Zeichen, die des Zisterzienserinnenklosters in Trebnitz (Trzebnica)[4] 22 Zeichen, die des Augustinerklosters in Sagan (Żagań)[5] 16 Zeichen, je 12 Zeichen die Dokumente der Zisterzienserklöster in Leubus (Lubiąż) und Heinrichau (Henryków)[6], je 8 Zeichen die Urkunden des Zisterzienserklosters in Grüssau (Krzeszów) und des Klarissenklosters in Strehlen (Strzelin)[7], je 5 Zeichen die Urkunden der Dominikanerinnen- und Jesuitenklöster in Wrocław und des Zisterzienserklosters in Kamenz (Kamieniec)[8]. Eine Reihe von Zeichen befindet sich auf den Urkunden der schlesischen Stiftskirchen, darunter die meisten, nämlich 29, in der Neiße-Otmachauer[9], 17 in der Glogauer[10] (Głogów) und 10 in der Oppelner (Opole)[11] Kollegiata. Aus den in Beständen der schlesischen Fürstentümer enthaltenen Urkunden sollte man 5 Dokumente aus dem Fonds »Brieg-Liegnitz-Wohlau-Fürstentum«[12] (Księstwo brzesko-legnicko-wołowskie) erwähnen. Im allgemeinen treten die Zeichen in städtischen Dokumenten – in den Beständen der Städte Breslau und Schweidnitz[13] (Świdnica) auf. Einzelne Zeichen trifft man in Dokumenten der folgenden Bestände: »Personalia Rep. 9«, »Urkunden der Pfarrei in Löwenberg« (Lwówek Śl.), »Fürstentum Breslau« und »Fürstentum Oppeln-Ratibor«[14] (Księstwo opolsko-raciborskie).

Aus Zeitmangel überging man die Analyse der Zeichen, die auf Dokumenten des Erzbischöflichen Archivs in Wrocław und in mehreren archivalischen Kopiaren auftreten. Unter den letzteren befinden sich wertvolle Handschriften der Klosseschen Sammlung aus dem Staatsarchiv in Wrocław, die die Abschriften der uns interessierenden, bis heute aber nicht aufgefundenen Dokumente enthalten; deren Verfasser, der Breslauer Syndikus S. B. Klosse kopierte im 18. Jahrhundert alle in den Originalen auftretenden Notariatszeichen sehr genau[15].

Wie oben erwähnt wurde, stieß man bei 305 analysierten Urkunden auf 170 Zeichen von verschiedenen Notaren. Dies besagt, daß einige von ihnen ihre Zeichen in mehreren Urkunden hinterließen. In zehn Urkunden treffen wir auf das Zeichen von Jakob Petri aus Gellin (Jelenin), einem Breslauer Kleriker; die Urkunden stammen aus den Jahren 1327–1335[16]. Achtmal wiederholt sich auf den Dokumenten das Zeichen zweier Notare: des Breslauer Klerikers Peter Conradis aus Frankenstein[17] (Ząbkowice Śl.) und des Notars der Halberstädtischen Diözese Theodoriks[18], des Sohnes von Theodorik de Hartmannsrode. Auf sieben Urkunden erscheinen die Zeichen des Breslauer Klerikers Matthias, Sohn des Nikolaus aus Goldberg[19] (Złotoryja), und die des Meißener Klerikers Nikolaus, Sohn des Johann Tartulator aus Bautzen[20]. Der Breslauer Kleriker Peter, Sohn des Nikolaus de Cunczendorph, brachte sein Zeichen auf sechs Dokumenten an[21]. Außerdem hinterließen drei Notare ihre Zeichen auf je fünf Urkunden, sechs Notare auf je vier Urkunden, 13 Notare auf je drei und 32 Notare auf je zwei Urkunden. Die übrigen, d. h. 110 Notare traten mit ihren Zeichen nur einmal auf. Dabei ist zu betonen, daß sich diese Angaben nur auf die bis heute aufbewahrten Dokumente beziehen. Wir verfügen auch über Inventare des ehemaligen Staatsarchivs Breslau aus dem 19. Jahrhundert, wo die Archivare vermerkten, welche Zeichen sich auf einzelnen Notariatsurkunden erhalten haben. Nach der Analyse dieser Materialien könnten sich für meine Angaben Änderungen ergeben.

1 F. Luschek, Notariatsurkunde und Notariat in Schlesien von den Anfängen bis zum Ende des 16. Jahrhunderts, Weimar 1940. Der Autor hat 886 Zeichen bis zum Jahre 1400 aufgenommen.
2 Staatsarchiv Wrocław, Urkundensammlung, Rep. 66: Nr. 97–320.
3 St. Br. Rep. 67: Nr. 192–426.
4 Rep. 125: Nr. 158–317.
5 Rep. 116: Nr. 79–138.
6 Rep. 84: Nr. 80–128.
7 Rep. 83: Nr. 87–162; Rep. 121: Nr. 31–148.
8 Rep. 58: Nr. 27–118; Rep. 61: Nr. 299–376; Rep. 88: Nr. 106–167.
9 Rep. 102: Nr. 60–177.
10 Rep. 76: Nr. 55–95.
11 Rep. 107: Nr. 15–49.
12 Rep. 3: Nr. 364, 514a, 738, 754a.
13 Urkunden der Stadt Breslau von 1310–1398, Urkunden der Stadt Schweidnitz: U 137-U 238.
14 Rep. 9: Nr. 377; Rep. 132a. Dep. Pfarrei Löwenberg Nr. 9; Rep. 1b: Nr. 591 b; Rep. 4f: Nr. 52a, 75.
15 Erste Untersuchungen wurden in den Kopiaren, die sich im Aktenbestand Rep. 135 befinden, durchgeführt. In den Kopiaren der Abteilung D Notariatszeichen wurden die Urkunden abgeschrieben, ohne die Notariatszeichen abzuzeichnen.
16 Rep. 67: Nr. 187–9, 200, 207, 210; Rep. 84: Nr. 87; Rep. 125: Nr. 168, 172.
17 Rep. 3: Nr. 768; Rep. 76; Nr. 72; Rep. 83: Nr. 87–8; Rep. 84: Nr. 115b, c; Rep. 91: Nr. 312; Rep. 125: Nr. 198.
18 Rep. 67: Nr. 192–3; Rep. 83: Nr. 56–7; Rep. 107: Nr. 3; Rep. 121: Nr. 12–3; Rep. 125: Nr. 155; Urkunden der Stadt Breslau 1310, 17 IX.
19 Rep. 66: Nr. 247, 266, 289, 300; Rep. 125: Nr. 273; Urkunden der Stadt Breslau: 1381, 15 IX; 1387, 29 XI.
20 Rep. 125: Nr. 313–7; Urkunden der Stadt Breslau: 1391, 25 IV.
21 Rep. 76: Nr. 72; Rep. 67: Nr. 361; Rep. 107: Nr. 18; Rep. 121: Nr. 35; Rep. 88: Nr. 167; Urkunden der Stadt Breslau: 1360, 28 X.

Die Notare stammten meistens aus geistlichen Kreisen, sowohl aus Schlesien als auch aus den polnischen Gebieten und anderen europäischen Ländern. Wir treffen ebenfalls auf Vertreter aus Frankreich (Peter de Aquerni, Kleriker aus Bayonne, im Jahre 1372; Amald Grongarii, Notar aus Limoges, im Jahre 1338; Kleriker Agener Arnold, Sohn des Guilhermo de Causin, im Jahre 1336, und Jakob de Frartures, Kleriker aus Louvain, 1319)[22], aus Belgien (Arnold Wilhelmi de Auis, Kleriker aus Liège, 1372)[23], aus Südosteuropa (Anton Gaciula, Kleriker aus Sarepta, 1369; Segunius Ortici, Kleriker aus Patragora, 1370; Konrad Coper de Nortwyc, Kleriker aus Trapezunt, 1397)[24] und aus Ungarn (Konrad Czips, Kleriker aus Esztergom, in den Jahren 1392–1399)[25]. Ein beträchtlicher Teil der Notare kam aus Deutschland (den Diözesen Speyer, Meißen, Halberstadt, Magdeburg, Merseburg, Mainz, Paderborn, Köln, Bremen und Nürnberg), aus Böhmen (Prag und Olmütz) und aus Polen (den Diözesen Ermland, Krakau, Posen, Gnesen und der Lubuser Diözese).

Alle Dokumente, die mit Notariatszeichen versehen sind, beziehen sich auf wirtschaftliche Angelegenheiten. Sie sind vorwiegend Bestätigungen von Güterverleihungen, von Kauftransaktionen, Verkauf oder Wechsel von unbeweglichem und beweglichem Vermögen, von vollzogenen Zinszahlungen sowie Testamentsvermächtnissen.

In der besprochenen Periode (d. h. bis zum Ende des 14. Jahrhunderts) wurden alle Zeichen auf der linken Seite im unteren Teil des Dokuments angebracht. Neben dem Zeichen befand sich die Unterschrift des Notars, der das Dokument ausfertigte. Im Grunde genommen ersetzte das Notariatszeichen das Siegel und wurde ein die Urkunde beglaubigendes Mittel, obwohl in einzelnen Fällen außer dem Notariatszeichen auch Stempel der die Urkunde mitausstellenden Personen vorhanden sind. Auf einem Dokument aus dem Jahre 1334 für das Zisterzienserkloster in Kamenz (Kamieniec)[26] wurden zum Beispiel neben den beiden Notariatszeichen der Breslauer Kleriker Nikolaus Henricis aus Pontwitz (Poniatowice) und Nikolaus Conradis aus Löwenberg (Lwówek Śl.) vier Wachssiegel auf farbigen Schnüren angehängt, und zwar die der Fürsten Boleslaus III. von Liegnitz (Legnica) und Bolko II. von Schweidnitz (Świdnica), der Fürstin Guta und des Offizials Apeczko aus Frankenstein (Ząbkowice).

Die meisten Urkunden trugen das Notariatszeichen nur eines Notars. Aber auch hier gibt es Ausnahmen von der Regel. Außer dem schon erwähnten Dokument aus dem Jahre 1334 für das Kloster in Kamenz (Kamieniec) finden sich auf der Urkunde vom 2. Mai 1336 Zeichen von drei Notaren: des Klerikers Agener Arnold, Sohn des Guilherm de Causins, des Breslauer Klerikers Nikolaus, Sohn des Arnold aus Strehlitz (Strzelce) und des Posener Klerikers Johann, Sohn des Nikolaus aus Gostyn (Gostyń)[27]. Auf dem Dokument vom 4. November 1369 sieht man die Signete der Breslauer Kleriker Peter Frankinfordis aus Frenstadt (Kożuchów) und Johann Gruloks, Sohn des Nikolaus[28].

Das älteste Notariatszeichen begegnet in Schlesien auf dem bis heute nicht aufgefundenen Dokument Heinrichs IV. des Rechtschaffenen vom 8. Januar 1282, auf dem sich das Zeichen von Ottobald de Bonace de Laude[29] befand. Das älteste originale Zeichen ist auf einem Dokument aus dem Jahre 1310 überliefert, das der Notar Theodorik, der Sohn des Theodorik Senior de Hartmannsrode, ausfertigte. Seit dieser Zeit wächst die Zahl der Notariatszeichen auf schlesischen Urkunden ständig und systematisch und erreicht im 15. Jahrhundert die Hochzeit ihres Vorkommens[30].

Zusammenstellung der in Urkunden erhaltenen Notariatszeichen für die einzelnen Jahre:

Jahr	Signete	Jahr	Signete	Jahr	Signete	Jahr	Signete
1310	2	1338	4	1360	9	1382	3
1313	2	1339	3	1361	2	1383	10
1316	4	1340	1	1362	1	1384	2
1317	1	1342	2	1363	5	1385	3
1319	3	1343	1	1365	4	1386	7
1321	3	1344	1	1366	6	1387	2
1323	1	1346	2	1367	1	1388	4
1324	1	1347	7	1368	4	1389	1
1325	4	1348	2	1369	15	1390	2
1326	2	1349	5	1370	13	1391	4

22 Rep. 66: Nr. 243; Rep. 125: Nr. 174; Urk. d. St. Br.: 1336, 2 V; 1319, 31 V.
23 Rep. 66: Nr. 242–246.
24 Vgl. 269 b, 272, 275; Urkunden der Stadt Schweidnitz: U 188; Rep. 91: Nr. 350; Urkunden der Stadt Breslau: 1370, 27 III, 20 V; Rep. 58: Nr. 27–8; Rep. 102: Nr. 158–9, 136.
25 Rep. 3: Nr. 514a; Rep. 83: Nr. 162; Rep. 91: Nr. 373, 376; Rep. 125: Nr. 302.
26 Rep. 88: Nr. 106; Codex diplomaticus Silesiae, B. X, Nr. 150, S. 117–2.
27 Rep. 125: Nr. 158.
28 Rep. 116: Nr. 117.
29 Vgl. Luschek, op. cit., und CDS, B. VII, S. 14 /Nr. 1693/.
30 Vgl. D. Żygadło, Znaki notarialne występujące na dokumentach przechowywanych w Archiwum Państwowym we Wrocławiu, S. 14.

Jahr	Signete	Jahr	Signete	Jahr	Signete	Jahr	Signete
1327	3	1350	3	1371	2	1392	2
1328	3	1351	1	1372	5	1393	3
1330	1	1352	4	1373	6	1394	7
1331	4	1353	3	1374	5	1395	2
1332	1	1354	8	1375	5	1396	6
1333	3	1355	6	1376	2	1397	4
1334	2	1356	3	1377	3	1398	2
1335	2	1357	2	1378	3	1399	12
1336	8	1358	2	1379	4	1400	10
1337	4	1359	2	1381	6		

Im Hinblick auf Form und Größe lassen sich die Notariatszeichen in runde, ovale, mandorlaförmige, quadratische, recht-, drei- und achteckige Zeichen, die auf einem Fuß oder Stiel befestigt sind, einteilen. Alle Zeichen wurden mit brauner Tinte sorgfältig mit der Hand gezeichnet. Beim Vergleich der Zeichen eines Notars auf verschiedenen Dokumenten kann man kaum merkliche Unterschiede wahrnehmen, die für die obige Übersicht ohne größere Bedeutung sind.

Zu den häufigsten Darstellungen auf den Zeichen zählen die verschiedenen Kombinationen von geometrischen Figuren oder manchmal schwer zu erklärendes Flechtwerk, Halb- oder Vollkreise.

Die meisten Darstellungen sind mit dem Symbol des Kreuzes verbunden. In den verschiedensten Kombinationen befinden sich auf ihnen entweder Inschriften oder geometrische Figuren. Dies wird verständlich, wenn wir berücksichtigen, daß die Notare aus dem geistlichen Stand kamen; in jener Zeit tritt das Kreuz in 23 Zeichen auf. Manche Zeichen weisen Pflanzendarstellungen auf: Bäume (2 mal), Blumen (14 mal) oder Laub (10 mal).

Unter den in Notariatszeichen abgebildeten Gegenständen treffen wir auch Schlüssel (1 mal), Kronen (3 mal) sowie eine ganze Reihe von liturgischen Geräten (Meßkelche, Monstranzen, Kruzifixe) an. Es fehlen aber in jener Periode menschliche oder tierische Gestalten. Viele Notare bringen auf den Zeichen entweder ihren Namen, ihre Initialen oder eine bestimmte Devise an. Auf dem Zeichen von Dzirżek, dem Sohn des Zdenek aus Plesna, stehen seine Initialen (DZPS)[31], auf dem Zeichen des Erasmus, dem Sohn Johann Sydows aus Wohlau (Wołów), befindet sich sein Name »Ersm/US/«[32], auf dem Zeichen des Franz Nicolaus aus Jägerndorf, sein voller Name »Franciscus N. de Jagindorf«[33] und schließlich auf dem Zeichen Jakob Henricis aus Bork seine Devise *medium termine beati*[34]. Diese Elemente treten in 48 Fällen auf. Die Zeichnungen sind nicht kompliziert und lassen sich leicht ausfertigen.

Die in den analysierten Dokumenten auftretenden öffentlichen Notare bekleideten niedrigere kirchliche Ämter: 141 von ihnen waren Kleriker (meistens aus Breslau) und zwei Dompresbyter. Die öffentlichen Notare wurden vom Papst oder Kaiser ernannt. 133 Notare bekleideten ihre Würde aufgrund einer kaiserlichen (*imperiali auctoritate*) und fünf aufgrund einer päpstlichen (*apostolica auctoritate*) Verleihung. 21 Notare besaßen sowohl die kaiserliche als auch die päpstliche Verleihung und 19 Notare keine von beiden, sie waren Notare ohne Verleihung.

Zum Abschluß möchten wir einige Beispiele der interessanteren Notariatszeichen auf schlesischen Dokumenten genauer besprechen. Im Jahre 1386 begegnet auf zwei Notariatsinstrumenten das Zeichen Ugolinos aus Speyer, des hiesigen Klerikers und öffentlichen Notars. Auf dem Zeichen sieht man einen aus drei gepunkteten Quadraten zusammengesetzten Sockel. Auf einer Schüssel steht eine einem Weihrauchfaß mit kegelförmigen Boden und Haube ähnelnde Figur. Die Unter- und Oberteile sind durch drei Quadrate mit gleichartigen Punkten voneinander getrennt. Die Figur hat zusätzlich seitliche Ranken, die die Haubenränder des oben erwähnten Sockels mit dem Weihrauchfaß verbinden (Abb. 1).

In den Jahren 1365–1381 findet sich auf vier Dokumenten das Zeichen des Breslauer Klerikers Theodorik, des Sohnes Konrads aus Pruzzen. Es stellt eine originelle kreuzförmige Verschlingung dar, deren Unterteil drei Füße in Gestalt dünner Ranken bilden. Die einzelnen Bänder der Schlingen sind mit Schmuckornamenten gefüllt. Die Enden und die Hohlräume zwischen den Bänderschlingen sind mit eingeschlossenen Ranken verziert. Dem Scheitel der obersten Schlinge ist eine dreiblättrige Krone aufgesetzt (Abb. 2).

Das älteste uns bekannte Zeichen eines öffentlichen Notars aus der Diözese Halberstadt ist das des Theodorik, Sohn des Theodorik Senior de Hartmannsrode, das auf Dokumenten aus den Jahren 1310–1328 verwendet wurde. Es stellt eine stilisierte Blume mit vier Blättern dar, zwischen denen sich kleine Ranken befinden, die stilisiert das Innere der Blume andeuten. Das untere Blatt stützt sich auf den ovalen Teil, der sich unten zu einem Stiel entwickelt (ohne Abb.).

31 Rep. 66: Nr. 226.
32 Rep. 67: Nr. 406.
33 Urkunden der Stadt Breslau: 1398, 13 V.
34 Rep. 66: Nr. 199.

1326 begegnet einmal das Zeichen des Sydilmann, Sohn des Herman de Puschow (Pastuchów), eines öffentlichen Notars aus der Breslauer Diözese. Es stellt einen achtarmigen Stern mit Zierkugeln an den Zackenenden dar. Die vier angesetzten Sternzacken werden durch Kreise, in deren Mitte ein Punkt gesetzt ist, mit dem Hauptstern verbunden. Ein weiterer Kreis mit Punkt befindet sich im Zentrum des Sterns. Der untere Sternarm geht durch den Schlitz eines Sechsecks in eine umgestülpte Tulpenform über, aus deren Blüteneinschnitten zwei bis drei halbrunde Linienstriche wachsen, die in ähnlicher Form die Sternzacken verlängern. Die Tulpenform ist mit Punktreihen gefüllt[35] (Abb. 3).

Der hier vorgelegte Beitrag gibt lediglich einen Überblick über die Thematik, die erst nach gründlichen Quellenforschungen in den Beständen der schlesischen Archive und Bibliotheken erarbeitet werden kann.

35 Beschreibung der Notariatszeichen, die von W. Fabijański und D. Żygadło angefertigt wurden und in der Sphragistik-Abteilung des Staatsarchivs von Wrocław aufbewahrt werden.

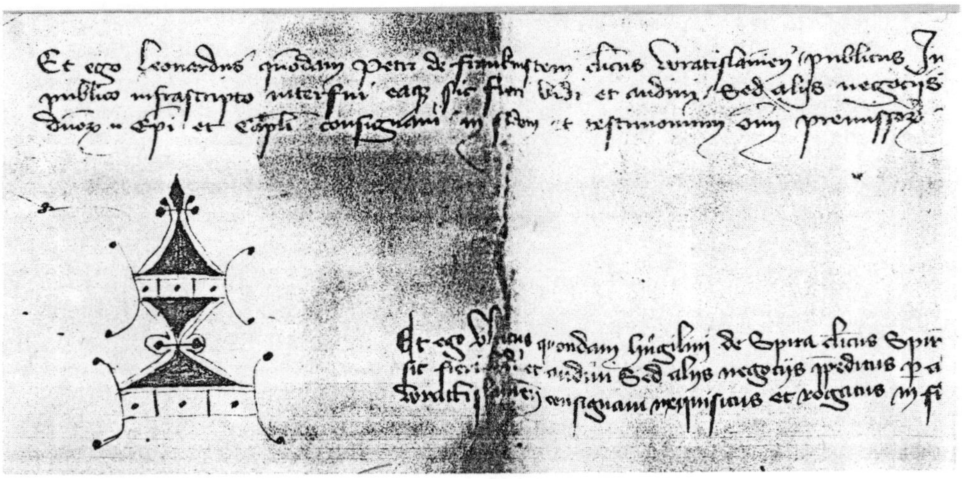

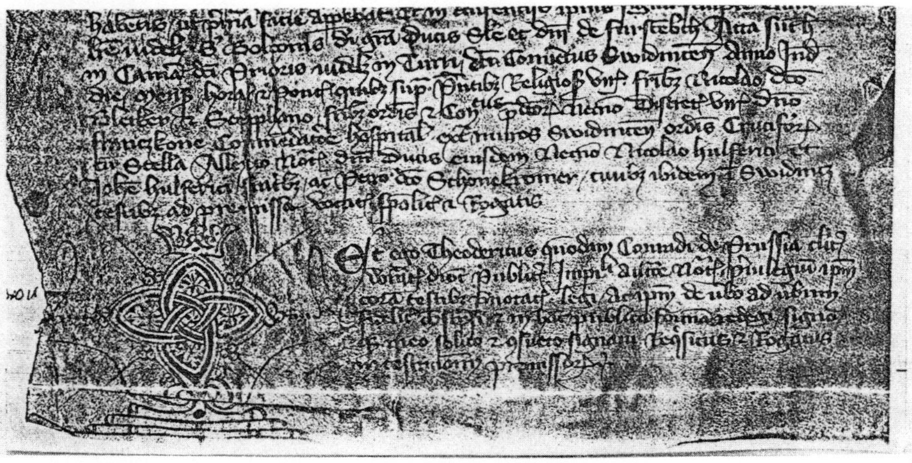

Abb. 1 *Zeichen des Ulrich, Sohn des Ugolin von Speyer, Kleriker der Diözese Speyer (Rep. 102: Nr. 72; 1386 III 7)*

Abb. 2 *Zeichen des Teodork, Sohn des Konrad von Prusów, Kleriker der Diözese Breslau (Rep. 117: Nr. 13; 1375 VI 3)*

Abb. 3 *Zeichen des Sydilman, Sohn des Herman de Puschow, Kleriker der Diözese Breslau (Rep. 83: Nr. 60; 1326 VI 2)*

Die Notariatsurkunden und die Notarszeichen in Siebenbürgen

Von Sándor Tonk

Als die feudale Gesellschaft der osteuropäischen Völker die Lateinschreibung und die rechtssichernde Kraft der Schrift überhaupt kennenlernte, verfügte die Schriftlichkeit in den Ländern Westeuropas bereits über mehr oder weniger ausgebildete Formen. Es ist daher natürlich, daß die osteuropäischen Völker die westeuropäischen Errungenschaften des Schriftgebrauchs übernehmen und die auch für sie brauchbaren fertig überkommenen Formen mit den Bedürfnissen der örtlichen Entwicklung verbinden. Dies gilt auch im Falle der Notariatsurkunde, die im Verlauf kaum eines Jahrhunderts in ganz Europa bekannt und verbreitet wurde und, wenn sie sich auch in ihrer Grundform nicht änderte, in bezug auf ihre Funktion, ihren Wirkungsbereich und gewisse Strukturelemente in den verschiedenen Gebieten einen eigenen Charakter erhielt, der von der jeweiligen Urkundenpraxis abhängig war. Dies verleiht den diesbezüglichen Forschungen Farbe und Reiz: Es besteht die Möglichkeit, durch die Untersuchung eines einzigen Urkunden ausfertigenden Forums und die Analyse eines einzigen Urkundentypus die Wirkung der allgemeinen mittelalterlichen lateinischen Schriftlichkeit auf die von den zentralen Gebieten entfernt liegenden Gegenden abzuschätzen und damit parallel auch die Auswirkungen der umgestaltenden und assimilierenden Kraft zu beobachten, die sich durch die örtliche Entwicklung auf die in ganz Europa verbreiteten Formen erstreckte.

Das Notariat und die Notariatsurkunde sind in der italienischen Gesellschaft aufgetaucht, die unter den Völkern Europas die Traditionen der entwickelten lateinischen Schriftlichkeit am längsten bewahrte und im Mittelalter die Schrift am raschesten aufnahm und zu einem aktiven Partner des täglichen Lebens machte. Das Auftauchen des Notariats in Italien war dazu berufen, die Bedürfnisse dieser Gesellschaft zu befriedigen: Es machte die Ausstellung von Privaturkunden einfacher, beschleunigte die Erledigung von Angelegenheiten, die den Anforderungen der schriftkundigen italienischen Handwerker- und Kaufmannsgesellschaft entsprach. Gleichzeitig konnte das Notariat aber auch an der entwickelten schriftlichen Tätigkeit der römischen Kirche teilnehmen. Es ist kein Zufall, daß die italienische Kommune und die kirchliche Gesetzgebung die im Notariat liegenden Möglichkeiten fast gleichzeitig erkannten und die Notariatsurkunde als authentisch anerkannten[1].

Die aufgezählten Faktoren: die Schriftkundigkeit, die gesellschaftliche Rolle der Schrift und das Schriftbedürfnis der Gesellschaft bestimmen die Verbreitung und die Rolle des Notariats in der Urkundenpraxis der verschiedenen Gebiete. Wo die Kunst des Schreibens das Monopol einer eng begrenzten gelehrten Schicht war und wo das Bedürfnis der Gesellschaft nach schriftlicher Betätigung gering war, konnte – selbst wenn die weltliche oder kirchliche Gerichtsbarkeit der Notariatsurkunde öffentliche Glaubwürdigkeit zuerkannte – die Institution selbst nicht Wurzel fassen, auch wenn sie seine Dienste gelegentlich in Anspruch nahm. Dies ist die Lage der lateinischen Schriftlichkeit auch in Siebenbürgen: Bis zum 14. Jahrhundert ergab sich nicht eine einzige der Bedingungen, die das Erscheinen des Notariates ermöglicht hätte[2]. An seiner Stelle bildete sich die in der örtlichen Entwicklung wurzelnde, den örtlichen Bedürfnissen entsprechende Institution der *glaubwürdigen Orte*, loca credibilia, die auch das charakteristische Forum für die Ausstellung von Urkunden auf diesem Gebiet waren. Die an einem *glaubwürdigen Ort* ausgestellte Urkunde verfügte über alle die Eigenschaften, die in der nicht schreibkundigen Gesellschaft Osteuropas, die mit Schriftlichkeit nur spät in Verbindung trat, fähig waren, Achtung und Vertrauen gegenüber der Schrift zu wecken. Diese Urkunden versah man mit einem von der Zentralgewalt als authentisch anerkannten Siegel; damals verfügte der *glaubwürdige Ort*, der in den Mauern eines Kapitels oder eines Klosters tätig war, auch über genügend Vermögen, so daß die nicht schriftkundige Gesellschaft in bezug auf die von ihm ausgestellten Urkunden auch

1 A. Petrucci, Notarii. Documenti per la storia del notariato italiano. Milano 1958, S. 20–30.

2 Zs. Jakó, R. Manolescu, A latin íras története (Lateinische Paläographie). Budapest 1987.

eine materielle Garantie sehen konnte[3]. Die örtlich beglaubigte Urkunde erlangte aufgrund dieser Eigenschaften ein solches Ansehen, daß sie auch durch die Ausbreitung der Schriftlichkeit nichts von ihrer Bedeutung einbüßte und sie noch in den späteren Jahrhunderten des Mittelalters bewahrte. Der Wirkungsbereich der örtlich beglaubigten Urkunde erstreckte sich auf diejenigen Rechtssachen, deren schriftliche Niederlegung in Westeuropa meistens die Aufgabe der öffentlichen Notare war. Als Beweis genügt es, die Urkunde König Sigismunds von 1393 zu zitieren, die eine örtlich beglaubigte Funktion verleiht und ausspricht, daß die örtlich beglaubigte Urkunde öffentliche Glaubwürdigkeit besitzt »... *in iudicio, in causis possessionariis, contractibus, inquisitionibus, testimoniis, processibus et aliis quibuscunque actis et negotiis, in iudicio et extra iudicium agitatis* ...«[4]. Es ist daher verständlich, weshalb gerade die örtlich beglaubigte Urkunde das größte Hindernis für die eindringende Notariatsurkunde bedeutete. In ganz Siebenbürgen wandte man sich lieber an die mit den örtlichen Gewohnheiten besser vertrauten *glaubwürdigen Orte* als an die über einen ähnlichen Machtbereich verfügenden, aber aus der Fremde stammenden öffentlichen Notare.

Trotzdem tauchte das Notariat auf und stellte, wenn auch nur in engem Kreis, Urkunden aus, wie die ungefähr 200–250 erhaltenen Notariatsurkunden beweisen. Diese Zahl ist – gemessen an der Gesamtmenge der erhaltenen lateinischen Urkunden aus Rumänien (etwa 12000–13000 Stücke) – unbedeutend, aber doch ein Zeugnis für eine vorhandene Praxis, ohne die das Bild, das wir uns von der mittelalterlichen lateinischen Urkundenpraxis in Siebenbürgen machen können, nicht vollständig wäre.

Die Struktur der auf dem Gebiete Siebenbürgens ausgestellten Notariatsurkunden bewahrt die als allgemein zu bezeichnenden Formen, die in ganz Europa die Notariatsurkunde kennzeichnen. Dieses Bild zeigt auch die Untersuchung der Notariatszeichen, wie die von uns zusammengestellte Sammlung von Zeichen veranschaulicht.

Die in Siebenbürgen benützten Notariatssignete bestehen aus drei Teilen: Signetfuß, Signethals und Signetkopf. Der Signetfuß oder Sockel war aus drei ziegelförmigen Stufen aufgebaut, in denen der Notar seine Namen, Initialen oder einen Spruch setzte. Der Kopf der Signete war der graphisch am unterschiedlichsten gestaltete Teil und gab den Notaren die Möglichkeit, phantastische und ornamentale Bilder zu zeichnen und seiner Phantasie freien Lauf zu lassen.

In ganz Europa wurde als beliebtestes Motiv das Kreuz benutzt, aber daneben kommen auch andere christliche Symbole vor wie z.B. Zeichnungen von Reliquien. Häufig sind die *redenden Signete* oder Zeichen diejenigen, die reale Hinweise auf den Inhaber, seine Initialen oder seinen Geburtsort enthalten. So benutzte Laurentius Pauli Sartoris de Scekelwasarhel als Notarszeichen die Schneiderschere und kennzeichnete damit den Beruf seines Vaters. Der Heinburger Lucas Duerner (der aktivste Notar in Siebenbürgen) baute in seinem Notarszeichen das Kronstädter (Brasov) Wappen ein, um seine neue Heimat anzudeuten. In den individuellen Notarszeichen finden wir alle Wandermotive der Zeit, wie sie in ganz Europa benutzt wurden. Diese Tatsache kann man durch den Studien- oder Investiturort bzw. mit dem Namen des investierenden Notars erklären und gleichzeitig Aufschluß erhalten, wie gleiche Notarszeichen in weit entfernt liegenden Ortschaften vorkommen können. Es genügt, auf die Studien von P.-J. Schuler aufmerksam zu machen, um die Ähnlichkeit mit den Siebenbürgischen Notarszeichen zu beweisen.

3 Zur Geschichte der »glaubwürdigen Orte« siehe Gy. Bónis, Le autorité de »loi public« et les archives des »loci credibiles« en Hongrie, in: Archivum XII (1962), Paris 1965, S. 87f.; S.-F. Pall, Contributii la problema locurilor de adeverire din Transilvania (Beiträge zum Problem der glaubwürdigen Orte im mittelalterlichen Siebenbürgen), in: Studii si materiale de istorie medie II (1957), S. 391–406.

4 S. Tonk, A középkori közjegyzőség Erdélyben (Das Notariat im mittelalterlichen Siebenbürgen) in: Művelődéstörténeti Tanulmányok, Bukarest 1980, S. 36–61; G. Fejér, Codex diplomaticus Hungariae ecclesiasticus et civilis. Bd. X/2. Ofen 1844, S. 100.

1

2

3

4

5

6

7

8
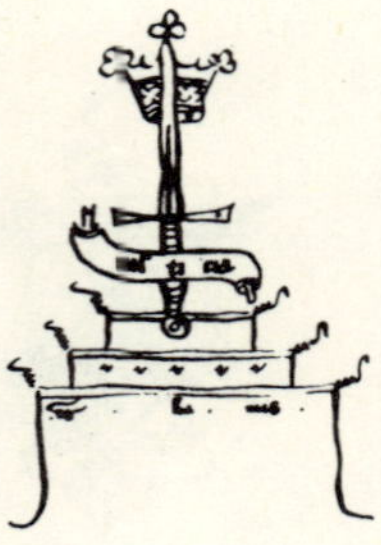

9

Verzeichnis der in Siebenbürgen bekannten Notarszeichen

1. Johannes Dragffy de Beltek dioc. Transsilvaniensis (1518)
2. Cristianus de Zazsebes natus Matthei Rewdolphi dioc. Transsilvaniensis (1516)
3. Stephanus Nicolai de Olomucz dioc. Olomucziensis (1414)
4. Nicolaus Thoscha natus Georgii de Prasmar dioc. Strigoniensis (1429–1449)
5. Eobanus Cleynsmit de Erffurdia dioc. Maguntiensis (1455)
6. Lucas Ways natus Matthei de Theca dioc. Transsilvaniensis (1448)
7. Henricus Regis dioc. Moguntiensis (1440-1443)
8. Urbanus Petri de Stynawia dioc. Vratislaviensis (1429–1447)

9.–10. Lucas Duerner Haynburgensis (1502–1521)

10

11

12

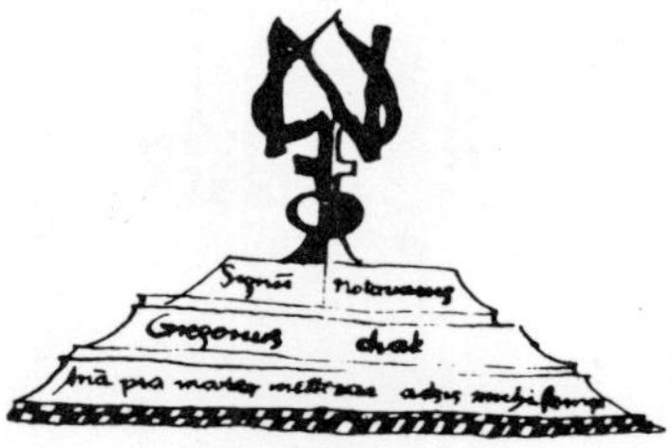

13

14

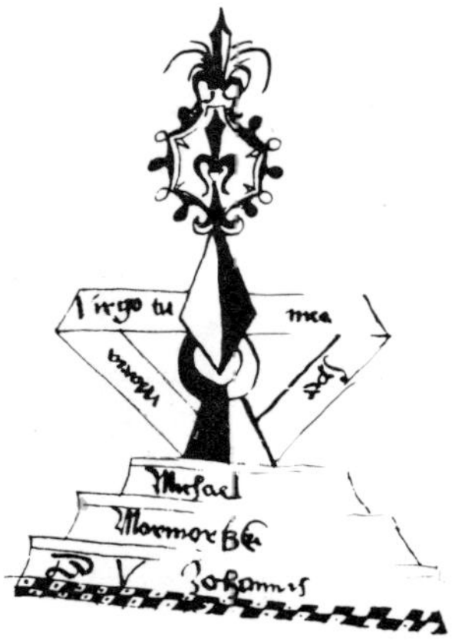

15

16

17

18

11. Petrus natus Johannis de Villa Dominarum dioc. Transsilvaniensis (1453)
12. Laurentius Michaelis de Villa Dominarum dioc. Transsilvaniensis (1447–1448)
13. Gregorius Diac natus Johannis Diac de Megies dioc. Strigoniensis (1509)
14. Dominicus Anthonii de Byrthalben dioc. Transsilvaniensis (1523–1526)
15. Michael Marmorszki natus Anthonii de Villa Johannis dioc. Agriensis (1503–1505)
16. Nicolaus quondam Michaelis Fabri de Rupe dioc. Transsilvaniensis (1503)
17. Thomas natus Michaelis de Nyres dioc. Transsilvaniensis (1490–1513)
18. Laurentius natus Pauli Sartoris de Scekelwasarhel dioc. Transsilvaniensis (1495)

19

20

21

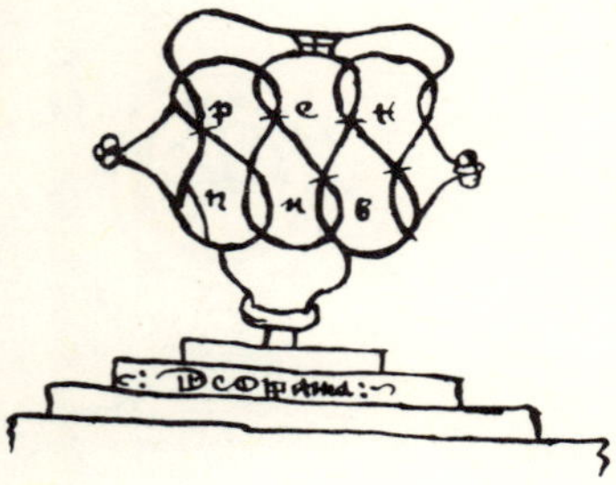

22

23

24

25

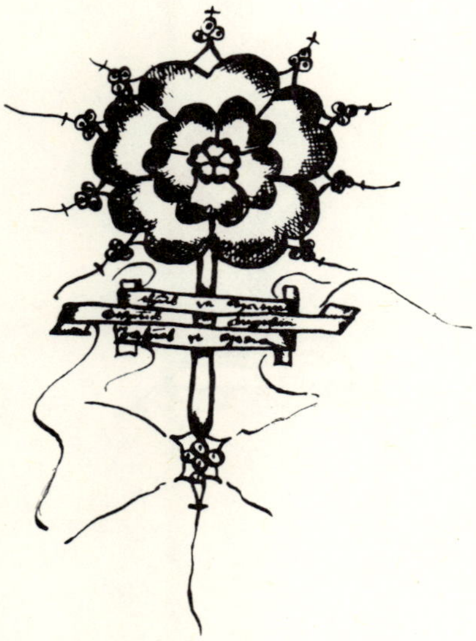

19. Eustachius natus quondam Ludovici Strammer de Cibinio dioc. Transsilvaniensis (1511)
20. Andreas natus Simonis Schobb de Stritfordia dioc. Transsilvaniensis (1517)
21. Petrus Nicolai de Oppavia dioc. Olomuciensis (1432)
22. Petrus Ungelter de Schelk minori dioc. Transsilvaniensis (1415–1428)
23. Stephanus natus Mathiae de Mendzenth dioc. Transsilvaniensis (1447)
24. Michael Frick natus quondam Nicolai (1466)
25. Stephanus natus Augustini Posaar de Zathmar Nampthy dioc. Transilvaniensis (1463)

26

27

28

29
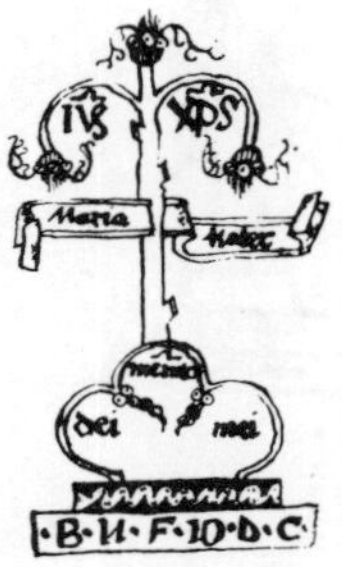

30

31

32

33

34

26. Stephanus Johannis dicti Rasteter de Nova Civitate (1414)
27. Sigismundus natus Johannis de Maros dioc. Strigoniensis (1515)
28. Matthias Fritsch natus Andree de Megies dioc. Transsilvaniensis (1432)
29. Briccius natus quondam circumspecti Francisci Jo de Colosmonostra dioc. Strigoniensis (1490–1491)
30. Abrahamus natus Johannis de Swk dioc. Transsilvaniensis (1446)
31. Benedictus natus Thome de Hathalom dioc. Jauriensis (1447–1448)
32. Laurentius Kopprer ex Bistricia dioc. Transsilvaniensis (1502–1510)
33. Michael Stephani de Hydweg dioc. Transsilvaniensis (1429)
34.–35. Johannes de Byrthalben dioc. Transsilvaniensis (1502–1507)

35 

36 

37 

38 

39 

40 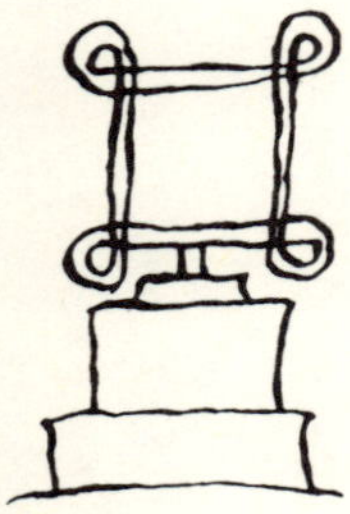

41 

36. Stephanus Jacobi Adam de Coloswar dioc. Transsilvaniensis (1498–1511)
37. Stephanus presbyter de Wzon dioc. Transsilvaniensis (1533)
38. Johannes Johannis de Lerinda (1351)
39. Georgius Werner (1522)
40. Franciscus filius quondam Nicolai de Zeek dioc. Transsilvaniensis (1427)
41. Nicolaus Pictoris de Zegesuar dioc. Transsilvaniensis (1514)

Les seings manuels des notaires à Genève, de l'apparition du notariat à 1400

PAR MARTINE PIGUET ET DOMINIQUE TORRIONE-VOUILLOZ

I Préliminaires

1 – Etat de la recherche

Les seings manuels – ou signes – de notaires n'ont pas encore fait l'objet d'une étude spécifique pour la région de l'ancien diocèse de Genève. On trouve des généralités sur ce sujet dans certains ouvrages de diplomatique et de paléographie[1].

La thèse de M. Peter-Johannes Schuler relative aux seings manuels des notaires du sud-ouest de l'Allemagne[2] est, à notre connaissance, la seule monographie entièrement consacrée à ce sujet; elle a, par conséquent, constitué notre point principal de référence.

2 – Cadres géographique et historique

Les sources qui ont été dépouillées pour mener à bien cette recherche sont conservées aux Archives d'Etat de Genève; ainsi, le cadre géographique de notre étude a trouvé de lui-même ses limites: l'ancien diocèse de Genève. Mais il est bien évident que ses relations avec les seigneuries laïques et ecclésiastiques des environs[3] ont fait entrer dans les archives des documents provenant d'institutions extérieures au diocèse et que par ailleurs beaucoup de documents provenant de l'ancien décanat d'Aubonne se trouvent aux Archives cantonales vaudoises.

A la fin du Moyen Age, l'ancien diocèse de Genève, dont l'évêque est prince d'Empire, s'étend du lac Léman, au nord, au massif des Bauges, au sud, et du Jura, au nord-ouest, aux Alpes, à l'est. Il possède des frontières communes avec sept diocèses: au nord, Lausanne; à l'ouest, Lyon et Belley; au sud, Grenoble et Tarentaise et, à l'est, Aoste et Sion. Le cadre historique est, quant à lui, étroitement lié au développement du notariat dans cette région. Nous avons donc étudié l'évolution de la fonction et de l'usage des seings manuels de notaires depuis leur apparition à Genève, dans la seconde moitié du XIIIe siècle, jusqu'en 1400.

3 – Description des sources

Nous avons répertorié quelque 231 notaires utilisant un seing manuel dans les 1538 documents dépouillés. Ce chiffre ne représente évidemment pas le nombre total des notaires exerçant dans le diocèse de Genève à cette époque. Il faut naturellement y ajouter les notaires n'utilisant pas de marques professionnelles et ceux dont le nom n'est jamais parvenu jusqu'à nous par suite de la disparition de documents.

Les actes que nous avons répertoriés sont antérieurs à 1400 et proviennent de quatre fonds d'archives, à savoir:

– *Titres et droits*
  Ces documents féodaux constituent le registre foncier des principales seigneuries ecclésiastiques genevoises qui sont l'Evêché, le chapitre cathédral de Saint-Pierre, le prieuré clunisien de Saint-Victor, auxquelles s'ajoutent divers fiefs particuliers laïques et ecclésiastiques. Ces archives se présentent sous la forme de terriers, appelés ici »grosses« et de pièces isolées contenant essentiellement des actes de vente, de donation, d'abergement, des reconnaissances, etc.
– *Pièces historiques*
  Cette collection a été constituée au 19e siècle. Elle contient les pièces qui ont été jugées d'»intérêt historique« pour l'histoire genevoise.
– *Archives notariales*
  Ce fonds comprend, entre autres, les actes privés (expéditions d'actes classés par matière tels que contrats de mariages, ventes, abergements, dona-

1 Nous avons essentiellement consulté les ouvrages des auteurs français suivants: A. DE BOUÄRD, Manuel de diplomatique française et pontificale, 2 tomes, Paris 1948; A. GIRY, Manuel de diplomatique, Paris 1884; N. DE WAILLY, Eléments de paléographie, 2 tomes, Paris 1838.

2 J.-P. SCHULER, Südwestdeutsche Notarszeichen, Sigmaringen 1976.

3 Le comte de Genève, le comte de Savoie et quelques autres petits dynastes locaux possédaient également des terres et des droits dans le diocèse de Genève. Celui-ci était aussi en contact avec l'Empire et le royaume de France.

tions, échanges, etc.) et les minutes des notaires latins, que nous avons consultés dans le cadre de cette recherche.
- *Archives de famille*[4].

II Le notariat public et les notaires

1 – L'apparition du notariat public

Notre propos n'est pas d'étudier la pénétration du droit romain dans le diocèse de Genève, ou du notariat public. D'autres l'ont fait avant nous[5]. Nous nous contenterons de rappeler pour mémoire les principales étapes de cette résurgence.

Le développement du notariat public dans nos régions constitue une des manifestations de la renaissance du droit romain; le diocèse de Genève subit dans ce domaine l'influence du comté de Savoie, qui est en contact étroit avec l'Italie du Nord et l'université de Bologne; ce lien a permis au droit romain de pénétrer dans cette contrée dès le début du XIIIe iècle. Le plus ancien acte notarié »savoyard« connu date de 1208 et a été instrumenté par un dénommé *»Anselmus notarius«*[6].

Cet acte contient déjà les principaux éléments caractéristiques du notariat public:
- La rédaction en forme objective, dépourvue du seing de l'autorité émettrice. La présence des témoins dans l'acte se résume à une simple énumération de leurs noms; leurs souscriptions deviennent inutiles puisque le témoignage du notaire a force probante.
- La souscription du notaire, comprenant son nom, sa qualité, l'annonce de son seing manuel.
- La présence du seing manuel[7].

En Valais, Madame Chantal Ammann-Doubliez note que »le notariat ne trouve pas [...] un terrain favorable pour s'implanter, car il se heurte à des institutions solidement organisées, les deux chancelleries de Sion et de Saint-Maurice d'Agaune qui assurent la rédaction des actes privés [...]. Le premier notaire public stipulant à Sion est attesté en 1266. Il s'agit de Pierre de Thora *»clericus, auctoritate imperii publicus notarius«* qui [...] met son seing manuel au début et à la fin de l'acte.«

Dans le pays de Vaud, le notariat s'est développé beaucoup plus tardivement; en effet, la première mention d'un notaire public, Renaud de Lutry, date de 1302, soit une cinquantaine d'années plus tard que dans le diocèse de Genève[8].

A Genève, le premier notaire connu, qui utilise une marque professionnelle, se nomme Matthieu de Genève et il instrumente en 1267[9]; l'acte est cependant toujours rédigé en forme subjective. On remarque que l'usage des seings manuels apparaît une soixantaine d'années plus tard qu'en Savoie, dans les documents dépouillés. Le diocèse de Genève se présente donc comme une zone intermédiaire entre les pays de droit coutumier tels que les pays vaudois et bourguignon, par exemple et les pays de droit écrit tels que l'Italie du Nord, le Dauphiné, le sud de la France.

Le développement du notariat public genevois est étroitement lié à l'importance que va prendre l'officialité et au fait que l'usage de l'écrit commence à se répandre dans la société.

2 – Le rôle de la cour de l'official

La fonction de l'official apparaît à la cour épiscopale genevoise dès 1225. Outre ses compétences de caractère ecclésiastique, relatives à la juridiction contentieuse, la cour de l'official fonctionne également comme juridiction gracieuse en tant que »bureau d'authentification« des actes privés et cela jusqu'au XVe siècle[10]. Comme

4 Ces éléments sont tirés de l'ouvrage suivant: Catherine Santschi, Guide des Archives d'Etat de Genève, Genève 1973.

5 P. Duparc, La pénétration du droit romain en Savoie (première moitié du XIIIe siècle), dans: Revue historique du droit français et étranger, 43e année, 1965, p. 22–86; G. Partsch, Der Einfluß des römischen Rechtes auf das Genfer Recht von 13. bis zum ausgehenden 15. Jahrhundert, Tranchepied 1962; Id., Un aspect général de la première apparition du droit romain en Valais et à Genève au XIIIe et au début du XIVe siècle, dans Mémoires de la Société pour l'Histoire du Droit et des Institutions des anciens pays bourguignons, comtois et romands, Dijon 1957; P. Rück, Die Anfänge des öffentlichen Notariats in der Schweiz (12.–14. Jh.), dans: Actas del VII Congreso Internacional de Diplomatica, Valencia 1986, p. 843–877; S. et S. Stelling-Michaud, Les juristes suisses à Bologne, 1255–1330, Travaux d'humanisme et de renaissance, t. XXXVIII, Genève 1960; F. Wigger, Die Anfänge des öffentlichen Notariats in der Westschweiz bis zur Mitte des XIV. Jahrhundert, Schüpfheim 1951.

6 P. Duparc, La pénétration du droit romain en Savoie (première moitié du XIIIe siècle), dans Revue historique de Droit français et étranger, 43e année, Paris, 1965, p. 36 et 37.

7 A. de Bouärd, Manuel de diplomatique française et pontificale, t. 2, livre 2, chap. 2, Paris 1948, p. 216 et ss.

8 Ch. Amman-Doubliez, Les débuts du notariat en Valais au XIIIe siècle, dans Vallesia, t. XLIV, 1989, p. 223 et 227; J.-F. Poudret, La succession testamentaire dans le pays de Vaud à l'époque savoyarde (XIIIe–XVIe siècle), dans: Bibliothèque historique vaudoise, XVIII, Lausanne 1955, p. 75.

9 AEG, PH 68 (1267): *vidimus* d'un accord conclu en 1258 entre le chapitre Saint-Pierre de Genève et Guillaume, seigneur de Prangins, au sujet des dîmes de Collex (édit. dans MDG, t. 14, p. 48). Pour la reproduction du seing manuel, nous avons choisi le PH 80 (1267), document en meilleur état, qui concerne une sentence arbitrale entre le Chapitre et Rodolphe de Grésy (édit. dans MDG, t. 7, p. 320).

10 L. Binz, Le diocèse de Genève, l'archidiocèse de Vienne en Dauphiné, dans Helvetia Sacra, I/3, III, Berne 1980, p. 187 et ss.

cette institution connaît un succès considérable pour la rédaction et la validation des actes privés, l'official est vite débordé et, par conséquent, il ne peut plus répondre personnellement à la demande croissante des contractants. Les clercs assermentés ou *»jurati«*, fonctionnaires de la cour, sont dès lors envoyés dans les différentes régions du diocèse où ils instrumentent au nom de l'official, dont le sceau constitue toujours le seul moyen d'authentification. Certains de ces *»jurati«* portent déjà le titre de notaire, mais ne possèdent pas encore de marques professionnelles.

Ce mode de procéder, à savoir l'envoi de *»jurati vices nostras«* ou jurés de l'autorité authentificatrice, va se généraliser et devenir la procédure ordinaire et courante. La juridiction gracieuse est alors accordée aux notaires qui vont se doter de seings manuels, véritables marques professionelles. Cependant, les deux formes de validation, soit le sceau de chancellerie et le seing manuel des notaires, sont utilisés conjointement jusqu'à la fin du Moyen Age, en ce qui concerne en tout cas les actes publics [11]. A Genève, Jacques de Versenay est le premier notaire connu qui authentifie son acte par l'apposition de son seul seing manuel, dans un acte de vente du 7 juin 1279 [12].

L'octroi de la juridiction gracieuse aux notaires varie selon les régions et dépend du bon vouloir des chancelleries locales à partager une source de revenus importante. Nous avons vu que la chancellerie du chapitre cathédral de Sion n'avait admis que tardivement la concurrence des notaires publics qui ont dû patienter jusqu'à la deuxième moitié du XIIIe siècle pour instrumenter librement.

L'on sait, que dans d'autres régions comme le Sud-Ouest de la France [13], les notaires publics sont tenus d'inscrire leurs marques professionnelles dans un registre de matricules, déposé à la cour du ressort où ils instrumentent, et cela afin d'éviter toute imposture et donner force probante à ce moyen d'authentification. Malheureusement, des registres de ce type n'ont pas été retrouvés à Genève.

3 – *Les notaires genevois*

Les Franchises [14], accordées à la ville de Genève et à sa banlieue en 1387 par l'évêque Adhémar Fabri, consacrent l'article 54 au notariat:

»Aucun seigneur ne pourra empêcher les notaires ou jurés habitants de Genève de recevoir et de dresser un acte ou un instrument à l'instance de qui que ce soit; lesdits notaires et jurés pourront licitement et impunément recevoir et lever les actes et instruments qu'on les aura requis ou qu'on pourra les requérir de recevoir ou de lever, même malgré notre défense ou celle de nos officiers« [15].

Cet article atteste la liberté d'instrumenter que possèdent les notaires depuis un siècle environ. En effet, les Franchises codifient de manière formelle des coutumes antérieures; nous en voulons pour preuve, en ce qui concerne le notariat public, l'existence d'actes authentifiés par l'apposition de marques professionnelles notariales dès le milieu du XIIIe siècle.

Nous possédons peu de renseignements sur l'origine et la formation des notaires genevois, qui, en majorité, viennent du diocèse de Genève.

a) leur formation

La formation des notaires ne nous est pas plus familière, car on ne trouve aucune allusion à ce sujet dans les documents dépouillés. Les notaires font cependant preuve d'une connaissance suffisante du latin, du droit et des formules inhérentes à chaque type d'acte pour pouvoir instrumenter de leur propre chef. Ils se sont très certainement formés, soit dans les chancelleries épiscopale, c'est-à-dire à la cour de l'official, ou comtale, soit, pour la deuxième génération, en travaillant dans une officine de notaire en suivant la voie de l'apprentissage. Certains d'entre eux ont peut-être fréquenté l'université de Bologne, au XIIIe siècle, ou, avec plus de certitude, les universités d'Avignon, Montpellier, Orléans et Toulouse [16].

11 Dans les actes privés: lorsqu'un seigneur d'une certaine importance est partie prenante à l'acte, il appose généralement son sceau qui accompagne la marque notariale. Il y a ainsi double validation; voir, par exemple, AEG, Titres et Droits Cf 241, transaction de 1345 au sujet des dîmes de Sallanches et de Bioley instrumentée par François Regis (sceau du Chapitre annoncé) ou Titre et Droits Cf 277, donation faite par le comte de Genève Amédée III au Chapitre, instrumentée par Péronet Moreti en 1358 (sceau annoncé du comte).

12 AEG, Titres et Droits, Cf 36, 1279.

13 A. Giry, op. cit., livre 6, chap. 1, p. 833, note 3 et p. 606; les archives communales de Toulouse possèdent neuf registres de matricules de notaires, de 1266 à 1536, contenant plus de 11'000 seings, précédés du nom du notaire, de la date de sa promotion et d'une formule telle que *»signo meo authentico quo in meis actibus uti intendo signavi«*.

14 AEG, PH 331, 1387.

15 Divers auteurs, Libertés, franchises, immunités, us et coutumes de la ville de Genève, 1387–1987, Genève 1987, p. 49–50.

16 S. et S. Stelling-Michaud, Les juristes suisses à Bologne, 1255–1330, Travaux d'humanisme et de renaissance, t. XXXVIII, Genève 1960, passim.

b) leur qualité, leurs »employeurs«

Ces notaires sont tous clercs et, pour la moitié d'entre eux, également jurés de la cour de l'official. Ils cumulent ainsi deux fonctions. L'office qu'ils remplissent à la chancellerie est rétribué par un salaire fixe. A cela s'ajoutent, certainement, les émoluments perçus pour la rédaction d'actes privés; en effet, l'ordonnance de Pierre II de Savoie sur le notariat indique que la rémunération des notaires est proportionnelle à la valeur de l'acte et des biens faisant l'objet de la transaction. Nous supposons que les praticiens genevois étaient payés de cette façon ou selon la longueur de l'acte rédigé, bien que nous n'ayons trouvé aucun document pouvant étayer ces hypothèses [17]. Les termes mêmes de la souscription permettent de définir si le notaire instrumente en tant que fonctionnaire de chancellerie ou en tant que praticien indépendant:

- Dans le premier cas, on retrouve presque systématiquement la formule suivante: »[...] *prout nobis officialis curie Gebennensis constat per relationem Petri Marescalli de Geben. clerici notarii publici curie nostre jurati per nos ad infrascripta specialiter destinati cuique super hiis commissimus et totaliter committimus vices nostras* [...]« [18].
- Dans le second cas, le notaire annonce qu'il instrumente en tant que notaire public: »[...] *per hoc presens publicum instrumentum cunctis appareat evidenter quod in mei notarii publici et testium subscriptorum presencia constitutus* [...]« [19].

Parmi les 231 notaires que nous avons répertoriés, 198 sont uniquement employés de l'official de Genève, pour autant que les qualités et les titres qu'ils énumèrent dans leurs souscriptions soient conformes à la réalité. Cette appartenance à la chancellerie épiscopale est soulignée par le dessin des clefs en sautoir, symbole manifeste du pouvoir épiscopal que Jean de Bulo, Jean Cati et Harold de Collonges ont choisi comme motifs de leurs seings manuels [20].

Quant aux 33 notaires restants, certains mettent leur art au service de plusieurs chancelleries, comme par exemple Clément de Juria qui se définit lui-même ainsi: »*clericus auctoritate imperiali notarius publicus et juratus curie domini officialis et domini comitis*« [21]. Ou encore, Péronet Rosserii qui mentionne en ces termes ses »employeurs« dans un acte de donation de 1388: »*cleric*[us] *auctoritate imperiali notari*[us] *public*[us] *curiarumque illustris principis domini Sabaudie comitis et domini officialis Gebennensis jurat*[us]« [22]. Mais, ces notaires forment une minorité et ne représentent pas la profession dans son ensemble [23].

En outre, une vingtaine de notaires sont employés seulement par des chancelleries autres que celle de l'official de Genève, à savoir celles du comte de Savoie, du comte de Genève, du roi de France [24], ou bien, ils sont au service de ces mêmes seigneurs, tout en venant d'autres diocèses (Lyon, Sion, Arras, Beauvais, Belley, Grenoble, Bayeux, Aoste et Besançon) [25]. La présence de ces notaires étrangers s'explique par le fait que les seigneurs pour lesquels ils officient sont parties prenantes des actes.

c) l'investiture

Les notaires sont encore théoriquement investis par l'autorité impériale, formule qui s'énonce dans la majorité des actes, de la manière suivante: »... *publicus imperiali auctoritate notarius ac domini officialis curie Gebennensis clericus et juratus* ...« [26]. Deux d'entre eux, Braxonus Follus et Aymon Gondrandi (diocèse de Sion), portent encore le titre de »notarii palatii« [27]. On trouve également six investitures apostoliques, celles de Pierre de Quarreria et de Gérard Reboulli (diocèse de Genève), Guillaume Clavelli et Etienne Poysaz (dio-

17 J.-F. Poudret, L'heureuse destinée des notaires vaudois au moyen âge, dans: Revue historique vaudoise, 64e année, 1966, p. 17.

18 AEG, Titres et Droits Cf 334, 1378.

19 AEG, Titres et Droits Cf 331, 1378.

20 Jean de Bulo, Jean Cati, Harold de Collonges, voir n° 84, 85, 93.

21 AEG, PH 134, 1295.

22 AEG, Titres et Droits Pf 34, 1388–1389.

23 En effet, ils sont 12 sur 231 notaires: 4 notaires travaillent pour la cour de l'official de Genève et le comte de Savoie (AEG, Titres et Droits Pf 34, KAf 440, Pf 110 et PH 317); 3 notaires officient pour la même cour et le juge des terres du Faucigny et de Gex (AEG, Titres et Droits KFf 128, Pf 411 et PH 356); 3 notaires travaillent pour l'official et le comte de Genève (AEG, Titres et Droits Cf 216, Ef 32 et PH 134); un notaire travaille pour les deux officiaux de Genève et de Lausanne (AEG, PH 273); un notaire travaille pour la cour de l'official et Hugues Dauphin, seigneur de Faucigny (AEG, Titres et Droits Cf 103).

24 9 notaires au service de la Savoie (AEG, Titres et Droits KAf 433 et 842, NFf 8, Pf 110 et 444 et PH 317); 2 notaires au service du comte de Genève (AEG, Titres et Droits Cf 172 et PH 238); 1 notaire travaillant pour le roi de France (AEG, PH 294).

25 Soit 23 notaires: 3 notaires venant du diocèse de Lyon (AEG, Titres et Droits Df7 et PH 143 et 232); 2 notaires venant du diocèse de Sion (AEG, Actes privés, ventes, II, 10 et PH 167); un notaire du diocèse d'Arras (AEG, PH 321); un du diocèse de Beauvais (AEG, PH 322); un du diocèse de Belley (AEG, PH 326); un du diocèse de Grenoble (AEG, PH 294); un du diocèse de Bayeux (AEG, PH 271); un du diocèse d'Aoste (AEG, Titres et Droits Af 10); un du diocèse de Besançon (AEG, Titres et Droits, KAf 623).

26 AEG, Titres et Droits Af 5, reconnaissance instrumentée en 1300 par Pierre de Alberosa.

27 AEG, Titres et Droits Af 52, 1358 et PH 167, 1308.

cèse de Lyon), Pierre Hachiqueti (diocèse d'Arras), Pierre Yrondinis (diocèse de Beauvais)[28]. Mais le droit effectif d'investiture appartient en réalité aux seigneurs locaux, ecclésiastiques ou laïcs.

III Les moyens d'authentification

1 – Le sceau et le seing manuel

De tous temps, les auteurs d'actes ont apposé un signe sur les documents pour les authentifier et leur donner force probante. Aux XIIIe et XIVe siècles, les sceaux et les seings manuels de notaires constituent les marques de validation les plus couramment utilisées.

Le sceau voit son emploi se généraliser au cours du XIIIe siècle, il accompagne tout acte émanant d'une chancellerie laïque ou ecclésiastique.

Puis, parallèlement au développement du notariat public, les notaires ont senti la nécessité de posséder une marque professionnelle, symbole de leur capacité à instrumenter librement et à conférer à leurs actes une valeur légale. La coutume d'utiliser des seings manuels se répand alors.

Dans le cas de Genève, la comparaison chronologique de la fréquence de cet usage aux XIIIe et XIVe siècles est révélatrice de la diffusion de ce moyen de validation. On observe en effet qu'entre 1267 et 1300, 12 notaires (sur 231) utilisent un seing manuel, entre 1300 et 1350, 86 notaires (sur 231) font de même et entre 1350 et 1400, 133 notaires (sur 231) valident leurs actes de cette manière[29]. Ces chiffres témoignent de l'expansion, entre 1300 et 1350, de la pratique consistant à apposer un seing manuel sur les actes, à un moment où le droit romain est déjà assez bien implanté dans la région; ils révèlent, d'autre part, l'importance prise par l'écrit dans la vie quotidienne de l'époque.

2 – L'emploi simultané du sceau et du seing manuel

Si l'on considère le XIVe siècle dans son ensemble[30], on observe que l'on se trouve au début d'une période de transition au cours de laquelle le notariat public cherche ses marques et où l'homme de la rue s'habitue à cette nouvelle pratique d'instrumentation, qui aboutira à la valeur entièrement reconnue du seing manuel comme système d'authentification.

On remarque donc que le seing manuel est encore utilisé conjointement au sceau de l'official dans les actes notariés, mais évidemment avec une baisse de fréquence significative selon les périodes:

En effet, entre 1300 et 1350, 86 notaires officient dans le diocèse, dont 49 valident des documents sur lesquels l'official appose encore son sceau; cela signifie donc que seuls 37 notaires authentifient uniquement au moyen de leur signe.

Par contre, si l'on considère la période 1350–1400 au cours de laquelle le nombre de notaires augmente et passe à 133, on observe que la tendance s'inverse et on ne trouve plus que 42 documents portant une double validation, ce qui porte à 91 le nombre d'actes authentifiés par le notaire seul. Ainsi la proportion de l'usage d'authentification par le seul seing manuel du notaire s'élève de 43 % à 68,4 %.

Cette diminution de l'emploi du sceau de l'officialité dans les actes privés prouve que les notaires sont vraiment investis de la juridiction gracieuse, c'est-à-dire du pouvoir d'instrumenter publiquement. Une preuve supplémentaire de la force probante et légale que confère l'apposition du seing manuel se retrouve sur les grands parchemins confectionnés à partir de plusieurs peaux cousues ensemble. Les coutures reliant les peaux sont souvent authentifiées par le tracé de la marque professionnelle, voire de plusieurs marques, comme le montre le document des Franchises, souscrit par Jacquemet de Hospitali et Jacques Ramusii[31]. Une autre façon de procéder, lorsqu'un document contient plusieurs reconnaissances, consiste en le tracé du seing manuel en regard de chaque reconnaissance pour donner force légale à chacune d'elle. Nous en voulons pour exemple les reconnaissances en forme de rouleau, faites en faveur du chapitre cathédral de Saint-Pierre, authentifiées par le notaire Aymon Mercerii[32].

3 – Le seing manuel, moyen unique d'authentification

A partir de 1350, nous observons ainsi une proportion élevée de notaires validant les documents au moyen de leur seule marque. La répartition dans le temps des 128

28 AEG, Titres et Droits Cf 255, 1351; PH 150, 1398; Titres et Droits Df 7, 1340; PH 143, 1303; PH 321, 1381; PH 322, 1381.

29 1267 est la date du vidimus instrumenté par Mathieu de Genève, premier notaire connu à Genève qui appose son seing manuel (AEG, PH 68; cette marque est encore associée au sceau de l'official). Le chiffre de 12 notaires sur 231 représente un pourcentage de 5,2%; celui de 86 notaires, 37,2% et celui de 133, 57,6 %.

30 Nous n'avons pas tenu compte des documents issus de la période 1258–1300, car leur nombre n'est pas suffisamment élevé pour permettre des comparaisons significatives.

31 AEG, PH 331, 1387 et Titres et Droits, Ca 5, 1357–1358.

32 AEG, Titres et Droits Cf 36, 1279. Jacques de Versenay est le premier notaire genevois connu à authentifier un acte par sa seule marque professionnelle.

actes portant sur le XIVe siècle est à nouveau significative, puisqu'entre 1300 et 1350, nous trouvons 37 documents contre 91 documents entre 1350 et 1400. La proportion des notaires validant au moyen de leur seule marque professionnelle passe ainsi de 27 % à 66,4 %.

Ces évaluations quantitatives corroborent la thèse selon laquelle le notariat public est bien implanté à Genève et connaît son plein essor dès le milieu du XIVe siècle, puisque, comme nous l'avons vu, sur les 133 notaires recensés entre 1350 et 1400, 91 notaires instrumentent publiquement.

4 – La souscription du notaire

La souscription notariale au Moyen Age, est pour l'acte privé, l'élément indispensable de validité et résulte d'une évolution dont l'origine se trouve dans la souscription romaine; celle-ci consistait en une énumération autographe des noms et qualités des personnes ayant participé d'une façon ou d'une autre à l'élaboration de l'acte, soit comme auteur, soit comme témoins, soit comme scribe. Quant aux gens ne sachant pas écrire, ils complétaient leur souscription écrite de la main d'un tiers par l'apposition d'une croix. Ce fut la *»manus«* ou le *»signum manus«*[33].

Les souscriptions médiévales présentent toutes les caractéristiques essentielles pour l'authentification du document (l'énoncé peut cependant offrir certaines variantes), qui sont illustrées dans cette reconnaissance de 1393: *»[...] me que Petro Sine de Ruppe clerico imperiali auctoritate publico notario qui premissis cum prenominatis testibus presens fui hoc que instrumentum recepi scripsi que et in hanc formam publicam redegi manu mea propria ipsam que signis meis consuetis signavi fideliter ac complevi«*[34]. Cette souscription en forme subjective, placée à la fin de l'acte, contient le nom du notaire, ses qualités, la mention de sa présence et du fait qu'il l'a personnellement rédigé (élément non indispensable pour la validation) et l'annonce de ses seings manuels.

La souscription du notaire et l'apposition de la marque professionnelle sont les éléments qui confèrent à l'acte notarié sa forme publique et authentique.

IV Les seings manuels

Les seings manuels ne connaissent pas vraiment de systématique quant à leur nombre, leur position et leur graphisme.

Pour effectuer une comparaison, nous avons pris en compte les notaires, toutes provenances confondues, dont le lieu d'origine est indiqué avec certitude, c'est-à-dire dans plus de la moitié des sources (125 cas sur 231).

A ce groupe, il a été possible de joindre la majorité des notaires dont l'origine n'est pas mentionnée, mais dont les noms de famille dénotent très souvent une provenance locale certaine, comme Jean de Russin, Martin de Bourdigny, Girard de Confignon, Mathieu de Genève, Jacques de Versenay, etc., ou les praticiens dont les noms de famille sont devenus depuis lors traditionnels à Genève[35].

De surcroît, ce classement trouve sa justification par le fait que tous ces notaires mentionnent, dans l'énoncé de leurs titres, leur appartenance à la cour de l'official de Genève; nous les avons donc inclus dans la catégorie qui rassemble les notaires genevois ou originaires du diocèse de Genève; elle comprend ainsi 198 notaires.

Nous connaissons également la provenance de 23 notaires qui instrumentent soit dans les diocèses de Lausanne et Sion, soit en France et en Italie.

Il reste alors 10 notaires dont nous n'avons pas pu déterminer l'origine et qui, par conséquent, n'entrent pas en considération dans notre statistique sur le nombre et la position des seings manuels. Cette statistique repose finalement sur un nombre de 221 notaires.

1 – Nombre

Une remarque générale avant d'entrer dans le vif du sujet: il est intéressant de constater que sur la totalité des documents retenus, car authentifiés par une marque professionnelle (soit 231), deux notaires sur trois authentifient leurs actes au moyen d'une seule marque professionnelle[36]. Les praticiens choisissent donc généralement la simplicité et la rapidité pour la validation des documents.

33 Le signe de la croix était quelquefois remplacé par un monogramme; éléments tirés de A. de Bouärd, Manuel de diplomatique française et pontificale, t. 1, livre 2, chap. 3, p. 321 et ss. et A. Giry, op. cit., livre 4, chap. 7, p. 611 et ss.

34 AEG, Titres et Droits, Af 62, 1393.

35 A. L. Covelle, Le livre des bourgeois de l'ancienne république de Genève, Genève 1897.

36 Nous avons répertorié 68,83 % de notaires apposant sur leurs actes un seul seing contre 27,27 % validant au moyen de deux seings manuels.

37 D'une manière générale, 68,67 % des notaires genevois valident leurs actes avec un seul signe contre 31,31 % au moyen de deux marques.

38 AEG, PH 236, 1381; Titres et Droits Af 10, 1304; Ef 33, 1352.

Regardons de plus près les 198 notaires genevois: nous remarquons que les deux tiers de ces praticiens utilisent un seul seing manuel et qu'un tiers en appose deux sur leurs actes[37]. On peut ainsi noter qu'il existe une tendance générale dans le diocèse de Genève à authentifier les actes notariés par l'apposition d'une seule marque professionnelle. Cette forte propension à l'utilisation d'un seul seing est confirmée par l'étude des signes des 23 notaires étrangers au diocèse de Genève; en effet, 20 d'entre eux valident avec un seul seing manuel; les trois autres, François Bonerii, Jacques de Bosell et Rolet de Dogno Martino, authentifient leurs actes au moyen de deux signes[38]. Seuls Aymon Martini et Amoudruz de Jonzier font preuve d'une certaine originalité en utilisant trois seings d'authentification[39]. Il faudrait cependant comparer ces actes avec ceux de la région Rhône-Alpes.

Ainsi, en ce qui concerne le nombre de marques professionnelles utilisées pour authentifier les documents, les notaires genevois ne semblent pas se démarquer de la pratique notariale en usage à l'époque, puisque les deux tiers, soit le 66 % des notaires, ne tracent qu'un seul seing manuel.

Cependant, la »tradition« qui veut que les notaires genevois utilisent deux seings manuels n'est pas fausse, mais elle ne fait pas l'unanimité chez nos praticiens, puisque seul le tiers, soit le 33 % des notaires, authentifie effectivement les actes au moyen de deux signes.

Cette proportion est relativement élevée par rapport aux 23 notaires étrangers dont seul le 13 % valide les documents avec deux marques professionnelles. Une certaine prudence est cependant de rigueur lorsque l'on s'avance sur le terrain des comparaisons, étant donné le peu de monographies réalisées sur ce sujet en Europe. M. Peter Rück résume l'état actuel de la recherche et souligne que l'emploi de deux seings manuels existe non seulement à Genève, mais aussi en Italie du Nord, en Valais, en Savoie et en Dauphiné[40].

2 – *Position*

La diversité remarquée dans l'utilisation du nombre de seings manuels se retrouve dans les manières de disposer ces marques sur les actes notariés. En effet, la systématique n'est pas plus évidente, puisqu'on peut relever six positions différentes; elles peuvent être classées en deux grandes catégories:

- l'apposition d'un seul seing manuel, tracé soit en début, soit en fin de document (on peut trouver 3 variantes: à la fin de l'acte, en début ou en fin de souscription);
- l'apposition de deux seings manuels disposés en début et en fin de document, ou en début et en fin de souscription.

La deuxième marque n'est pas forcément une reproduction exacte de la première; elle peut posséder, comme nous le verrons, ses caractéristiques propres.

Si l'on se réfère à A. Giry, »le seing manuel se trouve d'ordinaire à la fin de l'acte, à côté ou à la suite de la souscription du notaire [...]. Parfois, particulièrement dans le sud-est de la France, en Savoie, en Dauphiné, on trouve le seing manuel du notaire au début de l'acte, à l'endroit où dans les documents plus anciens figurait l'invocation monogrammatique«[41]. M. P.-J. Schuler mentionne également une nette préférence pour l'apposition à la fin des actes des marques professionnelles des notaires du sud de l'Allemagne[42].

Ces observations se vérifient dans les sources conservées aux Archives d'Etat de Genève. En effet, 20 notaires étrangers sur 23 valident leurs actes en traçant un seul signe, placé à une écrasante majorité en fin de document[43], puisque seul Mermet Malliardi, de Noville[44], trace son seing manuel en début d'acte. Cette pratique démontre un usage totalement inverse à celui rencontré à Genève.

Les données avancées par A. Giry se confirment également en ce qui concerne le diocèse de Genève, où, nous l'avons vu, les notaires disposent leurs seings manuels de manière différente. On décèle une nette préférence pour la position de la marque professionnelle au début de l'acte. L'ancien emplacement du monogramme devient la place privilégiée choisie par la moitié de nos notaires[45].

Considérons maintenant la position des deux marques professionnelles, mode de validation utilisée par un tiers des praticiens genevois. Ils les apposent de préférence en début et en fin d'acte ou en début et en fin de souscription[46].

39 AEG, Titres et Droits, Cf 184, 1329; Cf 216, 1335. Nous constatons que ces notaires n'utilisent que deux signes dans la pratique courante et qu'ils valident leurs actes avec le troisième signe, le blason du comte de Genève »d'or à quatre points équipollés d'azur«, lorsqu'ils travaillent à sa chancellerie (Ce blason est naturellement reproduit en noir et blanc sur les parchemins lorsqu'il est seing manuel).

40 P. Rück, Die Anfänge des öffentlichen Notariats in der Schweiz (12.–14. Jh.), dans: Actas del VII Congreso Internacional de Diplomatica, Valencia 1986, p. 866–867.

41 A. Giry, op. cit., livre IV, chap. VIII, p. 606.

42 P.-J. Schuler, op. cit., p. 17.

43 Nous avons répertorié 16 notaires qui utilisent un signe en début de souscription (69,56 %) et 3 en fin de souscription (13,04 %). On trouve encore un notaire validant au moyen d'un signe initial et trois notaires authentifiant avec deux signes, un en début et un en fin de document.

44 AEG, PH 230, 1344.

45 Soit 40,40% (80 documents sur 198). On trouve encore un signe unique apposé en début de souscription (20,20 %, soit 40

3 – *Description*

a) Le symbolisme

Le *»symbolon«* était chez les Grecs un signe de reconnaissance représenté par les deux moitiés d'un objet partagé entre deux personnes. Il est ainsi le signe d'un contrat. Le symbole, dans sa fonction originelle, relie l'homme à l'univers et à l'au-delà. Grâce au symbole qui le situe dans un réseau de relations, l'être humain ne se sent pas étranger et solitaire dans le monde, mais intégré à son environnement spirituel et social: »Un monde sans symbole serait irrespirable: il provoquerait la mort spirituelle de l'homme«[47]. Le symbole le met ainsi en relation avec le milieu social. C'est donc un moyen de communication, un langage universel, accessible à tous; il se visualise et ne nécessite pas l'intermédiaire d'une langue parlée ou écrite.

Chaque groupe, chaque époque ont leurs symboles spécifiques. Leur perception participe de l'héritage de l'humanité et des apports spirituels, culturels et sociaux du milieu quotidien: »vibrer à ces symboles, c'est participer à ce groupe et à cette époque«[48].

L'homme médiéval vit dans un monde où le profane et le sacré s'interpénètrent fortement puisque le symbole rappelle une réalité supérieure cachée; ainsi chaque objet matériel représente quelque chose de plus élevé et devient alors son symbole, ainsi que l'illustrent les bestiaires, les lapidaires et les floraires. La pensée symbolique tient une grande place dans la littérature, l'art, l'architecture civile et religieuse, la théologie et les rites liturgiques[49].

Les attitudes quotidiennes sont donc directement influencées par la religion et il est difficile de distinguer la part de l'abstrait et celle du concret. Ces structures mentales se retrouvent aussi dans le sujet qui nous occupe, à savoir celui des seings manuels des notaires dont les symboles fondamentaux et fréquemment reproduits sont le cercle, le carré et la croix, auxquels s'ajoutent certaines figures dérivées de ces derniers, tels le triangle, la rosace, le rectangle, l'étoile.

Pour décrire les marques professionnelles des notaires, nous avons gardé la répartition en deux groupes principaux, qui a été adoptée tout au long de cette étude. Le premier groupe est formé par les notaires genevois, auxquels ont été rattachés les 10 notaires dont l'origine n'est pas certifiée, mais qui viennent très certainement du diocèse de Genève. La décision de les inclure au groupe genevois a été facilitée par le fait que trois d'entre eux valident leurs actes avec deux seings manuels, et quatre apposent leurs signes en début de document; ces deux positions constituent une caractéristique régionale[50].

Le deuxième groupe est constitué par les 23 notaires étrangers.

b) le groupe des notaires genevois

Les notaires s'inspirent de divers thèmes et motifs pour le graphisme de leurs marques professionnelles qui sont tracées à la plume et à l'encre noire ou brune. On imagine que l'usage de chablons facilitait la facture du dessin sur le parchemin; nous ne pouvons avancer de preuves formelles, sauf dans un cas: Aymon Botellier a certainement dessiné la rosace de son seing manuel initial d'un compas (voir fig. 78).

Comme nous l'avons souligné, les notaires sont imprégnés par cette tradition symbolique qui marque leur époque et dont l'une des caractéristiques essentielles est l'interdépendance du macrocosme et du microcosme. Lorsque l'on feuillette le »catalogue« montrant les seings manuels des notaires genevois, on est frappé par la prédominance de la représentation de la croix, dessinée par la moitié des praticiens, qui sont, rappelons-le, investis de la cléricature. La croix ne se trouve qu'exceptionnellement choisie comme motif unique, dans les marques de Jean de Fractis et Pierre Raseti (voir fig. 222, 79).

La croix est le symbole le plus universel. Dans la tradition chrétienne, elle représente l'incarnation et la crucifixion, et symbolise ainsi l'union entre le ciel et la terre. Le plan en croix se retrouve dans l'architecture religieuse. Elle rappelle aussi par ses quatre branches, les quatre éléments (terre, air, eau, feu), les quatre points cardinaux, les quatre vertus de l'âme humaine (foi, espérance, charité, persévérance), les quatre évangiles, etc.

Latine, grecque ou de Saint-André, la croix établit une relation avec deux autres symboles fondamentaux qui sont le carré et le cercle, et la majorité des notaires

documents), en fin de document (7,07 %, soit 14 documents), en fin de souscription (soit 1 document) ou au milieu de la souscription (soit 1 document).

46 Apposition en début et en fin d'acte: 25,25 % (50 documents sur 198), en début et en fin de souscription: 6,06 % (12 documents).

47 J. Chevalier, A. Gheerbrandt, Dictionnaire des symboles, Paris 1982, p. XX.

48 Id., p. XXI.

49 R. Delort, La vie au Moyen Age, Paris 1982, p. 61–62; J. Le Goff, La civilisation de l'Occident médiéval, Paris 1982, p. 304.

50 Les chiffres placés après le nom du notaire renvoient aux annexes I et II: Mermet de Brens, 1306, n° 224; Mermet Chimonet [?], 1322, n° 226; Jean de Columpna, 1300, n° 223; Hugues de Cornier, 1381, n° 228; Braxonus Follus, 1358, n° 227; Jean de Fractis, 1290, n° 222; Pierre des Netz, 1388, n° 231.

51 M.-M. Davy, Initiation à la symbolique romane, Paris 1977, p. 186.

genevois inscrit le motif cruciforme dans ces deux figures géométriques fondamentales (voir fig. 116, voir fig. 99).

Les marques professionnelles de Jean Farodi et de Péronet Moreti peuvent être choisies pour illustrer la symbolique du cercle et du carré et les rapports qui les unissent. »Le cercle exprime le céleste et le carré le terrestre [...]. Le cercle sera donc au carré ce que le ciel est à la terre, mais le carré s'inscrit dans un cercle, c'est-à-dire que la terre est dépendante du ciel«[51]. En d'autres termes, ces formes symbolisent l'union de l'humanité (représentée par le carré) à la divinité (représentée par le cercle), du visible à l'invisible, du profane au sacré.

Le rectangle et le triangle auquel nous assimilons l'étoile, dérivent du cercle et du carré et constituent des motifs également prisés par nos notaires. »Le triangle équilatéral symbolise la divinité, l'harmonie et la proportion. Toute génération se faisant par division, l'homme correspond à un triangle équilatéral coupé en deux, c'est-à-dire à un triangle rectangle. Celui-ci, selon l'opinion de Platon dans le »Timée« est aussi représentatif de la terre. Cette transformation du triangle équilatéral en triangle rectangle se traduit par une perte d'équilibre«[52]. Le triangle symbolise également la Trinité.

Les signes d'Aymon Mercier, de Pierre de Cruseilles et de Pierre Tavelli, composés de triangles superposés et inversés, mettent en évidence ce symbolisme. Le dessin des marques de Pierre de Cruseilles et de Pierre Tavelli, formé d'étoiles à six branches, rappelle plus particulièrement le sceau de Salomon, symbole de la sagesse humaine.

Une autre source d'inspiration est puisée dans la nature, forêt de symboles, dans laquelle prolifèrent arbres, minéraux, végétaux, fleurs, animaux, etc. Ces objets et ces êtres peuplent floraires, lapidaires et bestiaires du Moyen Age.

Les notaires genevois ont aussi une prédilection pour les motifs floraux, tels que la rose, emblème choisi par Anselme Ambrosii ou le lys du signe de Jean de Laya. Ces deux fleurs symbolisent la Vierge Marie ou des qualités comme la beauté, la pureté de coeur, la droiture. Les notaires dessinent également des fleurs et des feuillages plus ou moins stylisés, ce qui empêche de reconnaître une espèce botanique existante. Nous trouvons cette particularité dans le signe de Pierre Pelliparius, qui mêle à la symbolique de la croix et du carré des motifs floraux quadrifoliés tracés dans chaque franc-quartier.

Un seul notaire, Girard Gerdilis, sort des sentiers battus en choisissant comme marque de validation une tête de cheval inscrite dans un carré sur losange (voir fig. 104).

Ce choix, pour lequel il est difficile de trouver une explication symbolique (ce n'est pas un signe parlant), prouve que l'environnement journalier de ces hommes peut aussi transparaître dans l'illustration de leurs seings manuels.

Cela nous amène à souligner que les motifs choisis ne sont pas seulement à percevoir dans leur signification originelle et purement symbolique, mais comme appartenant à la mentalité acquise et vécue des hommes de ce temps-là et baignant leur quotidien.

Damiers, entrelacs, clefs en sautoir (symbole du pouvoir épiscopal), représentations humaines figurent également sur un petit nombre de seings manuels (voir fig. 7, fig. 61, fig. 105, fig. 46, fig. 112).

L'inscription des initiales, du nom et/ou du prénom du notaire dans le signe, tracés en entier ou en partie, constitue une option fréquemment utilisée par les praticiens de la région. Le nom peut exister en tant qu'entité indépendante, comme dans la marque de Pierre Maréchal ou d'Anselme de Veyriaco (voir fig. 97 et fig. 153), ou être associé à des motifs qui semblent avoir une connotation symbolique. Ce système de combinaisons multiples se retrouve par exemple chez Jean Valardi ou Girard de Cochone (voir fig. 157 et fig. 122).

Nous n'avons rencontré qu'un seul notaire, François Falconis, utilisant un seing parlant, c'est-à-dire une représentation graphique et visuelle de son nom dans le dessin de sa marque professionnelle (voir fig. 81).

L'usage du nom ou des initiales du notaire semble généraliser à partir de la deuxième moitié du XIVe siècle et semble préfigurer l'évolution future vers la signature telle qu'on la conçoit aujourd'hui.

Considérons maintenant les cas d'authentification par deux seings manuels qui constitue, nous l'avons souligné, une pratique en usage dans la région. Dans la plupart des documents, ce deuxième seing est une simplification et une réduction de la marque initiale. Le graphisme choisi par Guillaume de Albarosa, Perret de Chalonzier, Jean Farodi, Guillaume Guiberti et François Regis illustre cette tendance (voir fig. 65, 70, 116, 3 et 76).

Certains notaires, manquant vraisemblablement d'imagination, se sont contentés de reproduire avec une exactitude déconcertante le signe initial; nous en voulons pour preuve les marques de Jacques de Corsiaco et de Jean de Russin (voir fig. 11 et fig. 5).

Par contre, les actes notariés peuvent aussi être validés par un deuxième seing manuel tout-à-fait diffé-

52 Id., p. 198 et 223.

rent du premier; mais cette manière d'authentifier s'avère moins fréquente. Elle est utilisée, entre autres, par Girod de Bourdigny, Mermet Jantin et Péronet d'Ornay (voir fig. 33, 56 et 38).

Dans la moitié des cas, le blason des comtes de Genève est reproduit comme deuxième marque professionnelle, car le notaire travaille à la chancellerie comtale, comme Jean Alberti, Jean de Bulo, Rodolphe de Chissinat et Jean de Desingy (voir fig. 71, 84, 35, et 6)[53].

Quelques notaires officient parfois à deux cours différentes. L'appartenance à celle du comte de Genève est toujours soulignée par l'utilisation du blason comme deuxième signe; mais on ne retrouve pas nécessairement l'indication de l'appartenance du notaire à la chancellerie épiscopale dans le tracé de l'autre marque. En effet, parmi les trois notaires travaillant pour les deux chancelleries, seul Jean de Bulo utilise le symbole des clefs en sautoir dans son signe initial. Par contre, pour Clément de Juria et Aymon Martini, seul l'énoncé de leurs titres prouve qu'ils instrumentent également pour la cour de l'official (voir fig. 9 et 40)[54].

Mermet de Ternier est le seul notaire que nous avons rencontré qui utilise les armes de la famille de Ternier pour le graphisme de sa marque professionnelle. Dans ce cas, la signification du seing manuel rejoint celle de l'héraldique dont le but est d'indiquer l'identité d'une personne (voir fig. 90).

c) le groupe des notaires étrangers

Contrairement aux Genevois[55] qui dessinent des motifs symboliques géométriques assez simples, la moitié des notaires étrangers font preuve de fantaisie et choisissent aussi bien des motifs en ostensoir ou sur pied que des dessins de forme géométrique symbolique ou florale. Cette tendance à tracer des motifs en forme d'ostensoir ou sur un socle composé de plusieurs marches se retrouve dans les seings manuels des notaires du sud de l'Allemagne, décrits par M. P.-J. Schuler (voir fig. 78, 97, 110, 130, 188, 231 etc.).

Il reste encore à souligner la fréquence de l'utilisation de la croix sommitale dans la quasi totalité des graphismes des marques professionnelles, quelle que soit la provenance du notaire; les seings manuels sont en effet surmontés d'une croix pattée, potencée, ancrée, latine, grecque ou tout simplement fantaisiste. Cet emploi généralisé du motif cruciforme peut être une réminiscence du *»signum manus«* qui consistait en une croix tracée par les témoins lors de la souscription; ou alors les notaires pensaient peut-être que ce symbole religieux conférait à leurs actes un supplément d'autorité.

V Conclusion

La validation des actes par l'apposition d'un seing manuel montre que le notariat public s'implante dans le diocèse de Genève dès le milieu du XIIIe siècle. Cette pratique est influencée par la Savoie qui authentifie ainsi ses documents dès le début du XIIIe siècle.

En 1267, Mathieu de Genève est le premier notaire rencontré dans les archives locales qui fasse usage d'une marque professionnelle pour authentifier le vidimus d'un accord, conclu en 1258 entre le chapitre Saint-Pierre de Genève et le seigneur de Prangins, au sujet des dîmes de Collex, mais toujours avec le sceau de la chancellerie épiscopale. Ce n'est qu'en 1279 que Jacques de Versenay valide un acte de vente uniquement au moyen de ses deux seings manuels, agissant ainsi en tant que notaire public »indépendant«.

Les deux tiers des notaires genevois authentifient leurs actes en apposant une seule marque professionnelle. A cet égard, ils ne se démarquent pas de la pratique courante de l'époque.

Par contre, ils se distinguent dans leur manière d'apposer leur seing manuel, à l'instar des notaires dauphinois et savoyards. La moitié des praticiens locaux préfère généralement tracer son signe en début de document plutôt qu'à la fin de celui-ci, comme leurs confrères »européens« ont tendance à le faire. L'ancien emplacement du monogramme est une place de choix que les notaires du diocèse privilégient pour le tracé de leur marque professionnnelle.

Une autre originalité, mais qui n'est pas l'apanage de la seule région de Genève[56], réside, comme le laissait entendre la »tradition«, dans l'apposition de deux seings manuels. Les documents dépouillés ont montré qu'un tiers (33 %) des praticiens genevois valide les actes avec deux marques professionnelles, alors que seul le 13 % des notaires étrangers, qui ont laissé des traces aux Archives d'Etat de Genève, procède ainsi. Une comparaison avec les actes notariés (conservés

53 Jean Alberti, AEG, PH 238, 1345; Jean de Bulo, Titres et Droits Ef 32, 1350; Rodolphe de Chissinat, Titres et Droits Cf 152, 1323.

54 Concernant Amoudruz de Jonzier et Aymon Martini, voir supra, note 32.

55 Les notaires suivants sont les seuls à tracer des seings manuels sur pied: Girard de Cochone, AEG, Titres et Droits LBf 252, 1369; Jacques de Grossa, Titres et Droits LBf 149, 1372; Richard Maréchal, Titres et Droits Af 26, 1353; Jean de Pratis, Titres et Droits Cf 381, 1390; Pierre de Quarreria, Titres et Droits Cf 255, 1351.

56 Voir supra, p. 11.

dans les dépôts d'archives du canton de Vaud), concernant la partie actuellement vaudoise du diocèse de Genève qui s'étendait jusqu'à l'Aubonne, permettrait certainement de confirmer cette particularité régionale de l'usage de deux marques professionnelles.

Le graphisme des seings manuels est imprégné de symbolisme, un des principes directeurs de la pensée médiévale, où la frontière entre le profane et le sacré est si perméable. Le symbole est une sorte de clef qui interpelle le monde sacré, celui où l'on pouvait se sauver. La symbolique est ainsi partout présente dans la vie privée et professionnelle de l'homme médiéval; elle appartient à son vécu et à sa façon d'appréhender le monde. »Cette imbrication du concret et de l'abstrait est le fond même de la structure des mentalités et sensibilités médiévales«[57].

Cette référence au sacré rappelée à loisir dans le tracé des marques professionnelles de notaires devait certainement conférer aux actes, par l'intermédiaire du symbole, une valeur et une force très importantes aux yeux de la masse des gens qui ne savait ni lire ni écrire.

La seconde moitié du XIIIe et le XIVe siècles ont constitué le cadre chronologique de cette étude, où les seings manuels des notaires ont vu leur usage se développer et leur force d'authentification se confirmer. Parallèlement, les documents portent aussi très souvent le nom du notaire (écrit en entier ou en partie), soit en fin de document, soit avec la mention de l'expédition, soit pour prouver une correction ou une rature dans le texte. Cette »signature« va prendre de plus en plus d'importance dès la fin du XVe et supplanter au XVIe siècle le seing manuel. Un dépouillement systématique et une analyse des sources de ces périodes restent encore à effectuer.

BIBLIOGRAPHIE

Amman-Doubliez, Chantal: Les débuts du notariat en Valais au XIIIe siècle, dans Vallesia, XLIV, 1989, p. 223–237.

Binz, L.: Le diocèse de Genève, l'archidiocèse de Vienne en Dauphiné, dans Helvetia Sacra, I/3, III, Berne 1980, p. 187–216.

Bouärd, A. de: Manuel de diplomatique française et pontificale, 2 tomes, Paris 1948.

Covelle, A. l.: Le livre des bourgeois de l'ancienne République de Genève, Genève 1897.

Devos, R.–Gabion, R.–Mariotte, J.-Y.–Nicolas, J.–Abry, C.: La pratique des documents anciens, Archives départementales de Haute-Savoie, Annecy 1978.

Duparc, P.: La pénétration du droit romain en Savoie (première moitié du XIIIe siècle), dans Revue historique du droit français et étranger, 43e année, 1965, p. 22–86.

Galbreath, D. L.: Manuel du blason, Lausanne 1977., Manuel d'héraldique, Lausanne sd.

Galiffe, J.-A. et collaborateurs: Notices généalogiques sur les familles genevoises depuis les premiers temps jusqu'à nos jours, 7 tomes, Genève 1829–1895.

Giry, A.: Manuel de diplomatique, Paris 1884.

Partsch, G.: Der Einfluss des römischen Rechtes auf das Genfer Recht von 13. bis zum ausgehenden 15. Jahrhundert, Tranchepied 1962., Un aspect général de la première apparition du droit romain en Valais et à Genève au XIIIe et au début du XIVe siècle, dans Mém. de la Société pour l'Histoire du Droit et des Institutions des anciens pays bourguignons, comtois et romands, Dijon 1957.

Pastoureau, M.: Traité d'héraldique, grands manuels, Paris 1979.

Rück, P.: Die Anfänge des öffentlichen Notariats in der Schweiz (12.–14. Jh.), dans Actas del VII Congreso Internacional de Diplomatica, Valencia 1986, p. 843–877.

Santschi, Catherine: Guide des Archives d'Etat de Genève, Genève 1973.

Schuler, P.-J.: Südwestdeutsche Notarszeichen, Sigmaringen 1976.

Stelling-Michaud, S. et S.: Les juristes suisses à Bologne, 1255–1330, Travaux d'humanisme et de Renaissance, t. XXXVIII, Genève 1960.

Wailly, N. de: Eléments de paléographie, 2 tomes, Paris 1838.

Wigger, F.: Die Anfänge des öffentlichen Notariats in der Westschweiz bis zur Mitte des XIV. Jahrhundert, Schüpfheim 1951.

57 J. Le Goff, op. cit., p. 309.

Annexe I

Index des notaires

	Noms	Date	Cote
65	ALBAROSA, Guillaume de	1342–1343	Aa 1
12	ALBEROSA, Pierre de	1300	Af 5
71	ALBERTI, Jean (d'Alby)	1345	PH 238
52	ALBI, Thomas	1336–1337	PH 218
131	ALLINGES, Jean d'	1374	PH 308
167	ALLODIIS, Bartholémée de	1393	Cf 384
67	AMBROSII, Anselme (de Cluses)	1343	PH 234
7	AMICI, Girod (de Genève)	1292	PH 127
43	ANDILLIACO, Baudoin de	1330	Cf 200
119	ANDILLIODI, Jean (de Cruseilles)	1368	PH 184
	ANDILLY voir ANDILLIACO		
193	BALLEBINI, Benoît (d'Alby)	1399	KAf 12
132	BALLI, Pierre	1374	Cf 315
77	BALLI, Rodolphe (de Bonne)	1347	PH 247
	BALMES voir BALMIS		
57	BALMIS, Henri de	1338	Cf 220

	Noms	Date	Cote
210	BARBERII, Pierre (de Goncelino)	1369	PH 294
	BARBIER voir BARBERII		
120	BATON, Raymond de (de Massongy)	1368	KAf 436
218	BATYOLAT, Pierre (d'Avenches)	1390	Cf 264
	BERNEX voir BRENAY		
88	BERSERII, Jean (de Genève)	1352	NBf 31
	BERSIER voir BERSERII		
211	BERUMARDI [?], François (de St-Theoffredo)	1369	PH 294
72	BEYNOZ, Hugonet de	1345	Af 23
183	BIOLEY, Hugonet	1397	PH 351
219	BLONAY, Jean de	1393	Pf 19
213	BONERII, François (du diocèse de Belley)	1381	PH 326
184	BONETO, Etienne de (de Bons)	1397	Arch. fam. 1ère série
200	BOSELL, Jacques de (du diocèse d'Aoste)	1304	Af 10
103	BOSSEY, Etienne de	1362	PH 283
15	BOSSY, Pierre de	1302	Af 6
78	BOTELLIER, Aymon	1348	KFf 2
179	BOULO, Girard de (d'Andilly)	1396	OJf 8
53	BOURDIGNY, Etienne de	1336	PH 217
33	BOURDIGNY, Girod de	1323	Cf 170
66	BOURDIGNY, Martin de	1342	Cf 230
14	BOURDIGNY, Péronet de	1301	Hf 47
54	BOURINGIO, Pierre de	1336	PH 146
142	BOURRA, Jacquemet (de Thonon)	1381	Actes Priv. Ventes II, 23
28	BREGNIN, Pierre de	1318	PH 190
63	BRENAY, Mermet de (d'Evian)	1341–1342	Pf 38
224	BRENS, Mermet de	1306	Jf 13
84	BULO, Jean de (de Desingy)	1350	Ef 32
64	CADOTI, Mermet (d'Evian)	1341–1342	Pf 38
194	CALBYO Nicod de (d'Hermance)	1399	KHf 5
195	CAMBREX, Mathieu	1399	KAf 696
172	CAMBREY, Jean (de Genève)	1395	Bf 4
85	CATI, Jean (de Genève)	1351	PH 263
59	CERERAY, Guillaume de	1341 1339	Af 22 Ef 30
70	CHALONZIER, Perret de	1344	Actes priv. Oblig. I,5
34	CHARANSONNEX, Pierre de (de Monthoux)	1323	Cf 175
225	CHARDONNANT, Pierre de	1314	Af 15
226	CHIMONET [?], Mermet	1322	Ef 19
26	CHINRIACO, Jacques de	1317	Hf 65
35	CHISSINAT, Rodolphe de	1323	Cf 172

	Noms	Date	Cote
114	CHISSINOVA, Nicolas de (de Genève)	1366	KFf 111
230	CHOILIER, Girard de	1374	Arch. fam. 1ère série
154	CLARMONT, Rolet	1389	OGf 1
	CLAVEL voir CLAVELLI		
61	CLAVELLI, Guillaume	1340	Df 7
141	CLAVELLI, Jacquemet (de Jussy)	1380	KAf 599
122	COCHONE, Girard de (de Genève)	1369	LBf 252
93	COLLONGES, Harold de	1354	Ef 34
223	COLUMPNA, Jean de	1300	Jf 9
196	CONFIGNON, Etienne de	1399	KFf 7
8	CONFIGNON, Girard de	1292	PH 127
89	CONFIGNON, Jean de (de Genève)	1352	NBf 32
173	CONFLENS, Mermet de	1395	PH 18
47	CONFORS, Pierre	1333	Cf 210
228	CORNIER, Hugues de	1371	KDf 6
11	CORSIACO, Jacques de (de Corsier)	1297	Ff 10
	CORSIER voir CORSIACO		
115	CRANZ, Guillaume de (d'Annecy)	1366	Cf 292
185	CRESTO, Aymon de (de Cruseilles)	1397	HF 79
	CRET voir CRESTO		
128	CRUGIER, Etienne (de Genève)	1372	Actes priv. Ventes II, 19
96	CRUGIER, Guy	1357	Cf 266
44	CRUSEILLES, Pierre de	1330–1331	Cf 199
163	CUPILINO, Richard de (du diocèse de Genève)	1391	KCf 16
126	CURIA, Pierre de (de Neydens)	1371	KAf 786
123	CUSIONS [?], Guy de (de Mecoray)	1369	Cf 279
6	DESINGY, Jean de	1290	Cf 56
36	DIVONNE, Jean de	1323	Cf 173
208	DOGNO MARTINO, Rolet de	1352	Ef 33
	DON MARTIN voir DOGNO MARTINO		
204	DONNEYSES, Thomas (du diocèse de Lyon)	1342	PH 232
32	DORERII, Lambert	1322	Af 19
	DORIER voir DORERII		
	DUBOULE voir BOULO et BULO		
17	DULICIO, Michel de	1303	PH 143
174	DUSOUGEY, Pierre (de Machilly)	1395	KAf 10
133	ESCUERII, Jean (de Cluses)	1374	PH 274
112	FABRI, Etienne (de Villars)	1365	PH 289
175	FABRI, Hugonet (de Cortonay)	1395	KAf 9

Noms	Date	Cote
109 FABRI, Pierre (de Sallanches)	1364	Cf 286
81 FALCONIS, François	1349	KAf 3
180 FAMELU, Jean (de Contamines)	1396	KAf 440
62 FANSONAY, Etienne de	1341	Df 13
82 FANSONAY, Nantermet de	1349	OEf 13
83 FANSONAY, Péronet de	1349	KAf 2
139 FARAMAND, Pierre de	1376	KAf 6
116 FARODI, Jean	1366	PH 292 bis
FAUCON voir FALCONIS		
FAVRE voir FABRI		
227 FOLLUS, Braxonus	1358	Af 52
170 FONTANELLI, Antoine (du Mont)	1394	PH 345
149 FONTE, Guichard de (de Cruseilles)	1388	NAf 7
222 FRACTIS, Jean de	1290	PH 113
19 FRANCEYS, William (de La Roche et Bothwell)	1304	Ff 14
134 GAVIT, Rolet (d'Aubonne)	1374	PH 274
1 GENEVE, Mathieu de	1267	PH 68
	1267	PH 80
18 GENOLIER, Jean de	1304	PH 23
186 GENTIL, Jacques (de Satigny)	1397	Ff 71
104 GERDILIS, Girard (de Genève)	1362	Cf 283
55 GEZ, Perret de (dit de Begnins)	1337	Hf 70
GEX voir GEZ		
202 GONDRANDI, Aymon (Sembrancher)	1308	PH 167
110 GRAGNIER [?], Etienne de (de Coppet)	1364	LBf 14
20 GREYLLIER, Pierre de	1304	PH 23
129 GROSSA, Jacques de	1372	LBf 149
3 GUIBERTI, Guillaume (de Conflens)	1286	PH 101
39 GUICHARDI, Jean (de Thonon)	1328	Pf 37
214 HACHIQUETI, Pierre (du diocèse d'Arras)	1381	PH 321
73 HENRIODI, Jean (de Cluses)	1345	Cf 114
125 HOSPITALI, Jacques de (de Cluses)	1370	PH 159
203 INTEGRI, Guillaume (de Vienne)	1336	PH 214
56 JANTIN [?], Mermet (de Veigy)	1337	Ef 29
51 JONZIER, Amoudruz de	1335	Cf 216
124 JONZIER, Pierre de	1369	PH 294
9 JURIA, Clément de	1295	PH 134
	1295	OKf 1
31 JURIA, Guillaume de	1319	Cf 161
	1322	Cf 168

Noms	Date	Cote
LACONNEX voir LACUNAY		
30 LACUNAY, Hudricus de	1319	PH 193bis
23 LAYA, Jean de	1311	Cf 103
135 LEONIS, Théobald (d'Yvoire)	1374	PH 274
105 LOMBARDI, Guillaume (de Genève)	1362	Cf 282
113 LULBYETI, Perret (de Genève)	1365	Pf 141
45 LUYSARDI, Jacquemet (de Cluses)	1331	Jf 20
150 LUYSETI, Guillaume	1388	PH 334
138 MAGNIACO, Pierre de	1377	Af 55
	1375	Ff 63
13 MALAGNY, Péronet de	1300	Jf 12
205 MALLIARDI, Mermet (de Noville)	1344	PH 230
97 MARECHAL, Pierre	1357	Cf 267
	1370	PH 259
92 MARECHAL, Richard (de Bonneville)	1353	Af 26
MARESCALIS voir MARECHAL		
168 MARESCO, Nicolas de	1393	Pf 19
106 MARQUETI, Etienne (d'Anthy)	1362	Actes priv. Contrats de mariages I, 3
40 MARTINI, Aymon (de Desingy)	1329	Cf 184
MERCERII voir MERCIER		
95 MERCIER, Aymon (de Cluses)	1356–1360	Cf 265
188 MERCIER, Hugonin (de Laconnex)	1398	Ef 47
181 MERCURENS, Etienne de	1396	KCf 18
24 MESSIE, Henri de	1316	OEf 5
107 METRAL, Jean (de Divonne)	1363	Ef 36
143 METRAL, Etienne (de Valleiry)	1381	Cf 341
140 MICHAELIS, Pierre (de Nyon)	1378	Pf 444
MISTRALIS voir METRAL		
86 MONTEGARELLO, Sadonus de (de Versoix)	1351	Arch. fam. 2e série Galiffe, vol.7 Malliet
98 MONTICLERIONIS, François (de Seyssel)	1357	KAf 725
99 MORETI, Péronet (de La Roche)	1358	Cf 277
212 MOREYN, François (de Bagnes)	1369	Actes priv. Ventes, II,10
176 MUGNIERII, Jean (de Malagny)	1395	KGf 2

	Noms	Date	Cote
148	NANTERNAY, Henri de	1386	Pf 411
164	NANTO, Amédée de	1392	KAf 917
	(de Saint-Didier)	1399	KCf 20
197	NANTO, Jean de	1399	PH 356
	(de Saint-Jean-de-Gonville)		
108	NETUDAY, Jean de	1363	KAf 688
231	NETZ, Pierre des	1388	Actes priv. Contrats de mariages, 7
	ORNEX voir ORNAY		
48	ORNAY, Aymon dit d'	1333	PH 213bis
	(de Genève)		
38	ORNAY, Péronet d'	1327	OEf 8
	(de Genève)		
160	ORSETI, Guillaume	1390	KAf 896
	(de Vovrey)		
121	PASSII, Rolet	1368	KAf 598
171	PECLETI, Pierre (de Cluses)	1394	KCf 17
41	PELLIPARIUS, Pierre	1329	PH 210
	(de Genève)		
	PERON voir PIRON		
155	PERROD, Humbert	1389	PH 336
	PERRODI voir PERROD		
101	PETRA, Pierre de (de Villy)	1360	Hf 75
206	PETRI, Jacques	1349	PH 256
	(de Cavaillon)		
229	PIFAUDI, Jean	1373	Actes priv. Echanges, I,2
182	PIRON, Mermet de	1396	LBf 152
189	PLATEA, Rolet de	1398	Cf 388
74	PONCHIER, Humbert de	1345	Cf 114
165	PONTE, Mermet de	1392	Af 60
	(de Cruseilles)		
190	PORTA, Etienne de	1398	Actes priv.
	(de Divonne)		Aberg. 7bis
191	PORVYUZ, Anselme	1398	KAf 981
	(de Saconnex)		
21	POULLY, Guillaume de	1304	PH 23
199	POYSAZ, Etienne (de Lyon)	1303	PH 143
137	PRATA, Jean (de Clarafond)	1375	Ef 39
161	PRATIS, Jean de	1390	Cf 381
	PRESINGE VOIR PRESINGIO		
29	PRESINGIO, Jean de	1318	Af 17
102	PUC, Nicolas (de Cluses)	1361	OEf 19
22	PUGINI, Etienne	1307	PH 166
111	PUTHEO, Nicolas de	1364	Ef 37
87	QUARRERIA, Pierre de	1351	Cf 255
	(de Genève)		
	QUINCY voir QUINSIACO		
58	QUINERIT, Pierre	1338	Cf 209
	(de Sallanches)		
68	QUINSIACO, Riphier de	1343	Ea 1
217	RAMUSII, Jacques	1388	PH 273
	(du diocèse de Lausanne)		
49	RASETI, Nicolas (de Bonne)	1333	Cf 211
79	RASETI, Pierre (de Bonne)	1348	NAf 4
177	RAVERII, Antoine	1395	PH 347
	(de Chambéry)		
221	REBOULLI, Girard (de Bex)	1398	PH 150
76	REGIS, François (d'Arthaz)	1345	Cf 114
		1345	Cf 241
166	REGIS, Jacquemet	1392	KAf 1063
	(d'Arbusigny)		
46	RETONSOR, Jean	1331	Cf 49
127	RICHARDI, François	1371	Pf 40
	(d'Evian)		
75	RIPPA, Thomas de	1345–1365	NFf 8
	ROCHE voir RUPPE		
209	ROMANIS, Grimaud de	1364	PH 287
	(d'Osimo)		
100	RONSERII, Richard	1359	Ff 57
	(de Cluses)		
151	ROSSERII, Péronet	1388–1389	Pf 34
	(de Publier)		
16	RUMILLY, Girod de	1302	Cf 89
	(de Rumilly-sous-Cornillon)		
187	RUPHI, Péronet (de Pouilly)	1397	KFf 128
156	RUPPE, Aymon de	1389	PH 317
5	RUSSIN, Jean de	1290	PH 109
50	SACONNEX, Aymon de	1334	Ef 27
	SAINT-GENIS voir SANCTO GENESIO		
10	SANCTO GENESIO,	1293	Hf 35
	Hudricus de		
178	SAXO, Mermet de	1395	PH 271
147	SCAGNO, Mermet de	1385	KAf 669
	(de Bonne)		
216	SECHETI, Jean	1385	KAf 623
	(de Saint-Claude)		
144	SERSONAY, Jean	1381	PH 320
	(de Faucigny)		
145	SERSONAY, Pierre	1382	Pf 393
	(de Faucigny)		
169	SINE, Pierre (de La Roche)	1393	Af 62
	SIXT voir SYZ		
201	SOLERIO, François de	1306	PH 159
	(d'Ivrea)		
37	SORTES, Jean	1323	Cf 174
117	SUPRAMAN, Jean de	1366	Cf 291
	(d'Ayse)	1370	PH 159
27	SYZ, Pierre de	1317	PH 186
207	TALONIS, Guillaume	1349	PH 256
	(de Die)		
130	TALUCHETI, Jean	1373	Pf 108
	(Presinge)		
	TAVEL voir TAVELLI		
136	TAVELLI, Pierre (de Genève)	1374	PH 274
90	TERNIER, Mermet de	1352	PH 264
152	THOLOPON, Hugues	1388	PH 273
	(de Genève)		
80	THOME, Jacques (de Viuz)	1348	KAf 596

Noms	Date	Cote
118 TISSOT, Antoine (de la Bâtie)	1367	Cf 280
220 TOURNEROCHE, Jean (du diocèse de Bayeux)	1395	PH 271
157 VALARDI, Jean (de Chambéry)	1389	PH 317
VANDOEUVRES voir VENDOURES		
146 VEGIO, Jean de	1382	KAf 733
60 VEIGY, Pierre de	1339	Actes priv. Ventes, II,7
VEIGY voir VEGIO		
4 VENDOURES, Jacques de	1287–1288	Af 4
42 VERNET, Jean	1329	PH 209
2 VERSENAY, Jacques de	1279	Cf 36
VERSONNEX voir VERSENAY		
69 VESSY, Nicolas de	1343	KAf 433
153 VEYRIACO, Anselme de	1388	Ef 44
91 VEYRIACO, Péronet de	1352	Pf 39
VEYRIER voir VEYRIACO		
25 VEYSIA, Jean de	1316	Cf 141
158 VEYSITI, Jacques (de Chambéry)	1389	PH 317
94 VIGNINS [?], Girard de	1354	Cf 263
198 VIRIACO, Pierre de	1399	Pf 110
162 VOVREY, Pierre de	1390	Cf 264
159 VUGIER, Pierre (de Vuache)	1389	KFf 3
192 YCRATI, Jean (de Hauteville)	1398	KAf 842
YPOREGIA (IVREA) voir SOLERIO		
215 YRONDINIS, Pierre (du diocèse de Beauvais)	1381	PH 322

Notaires genevois

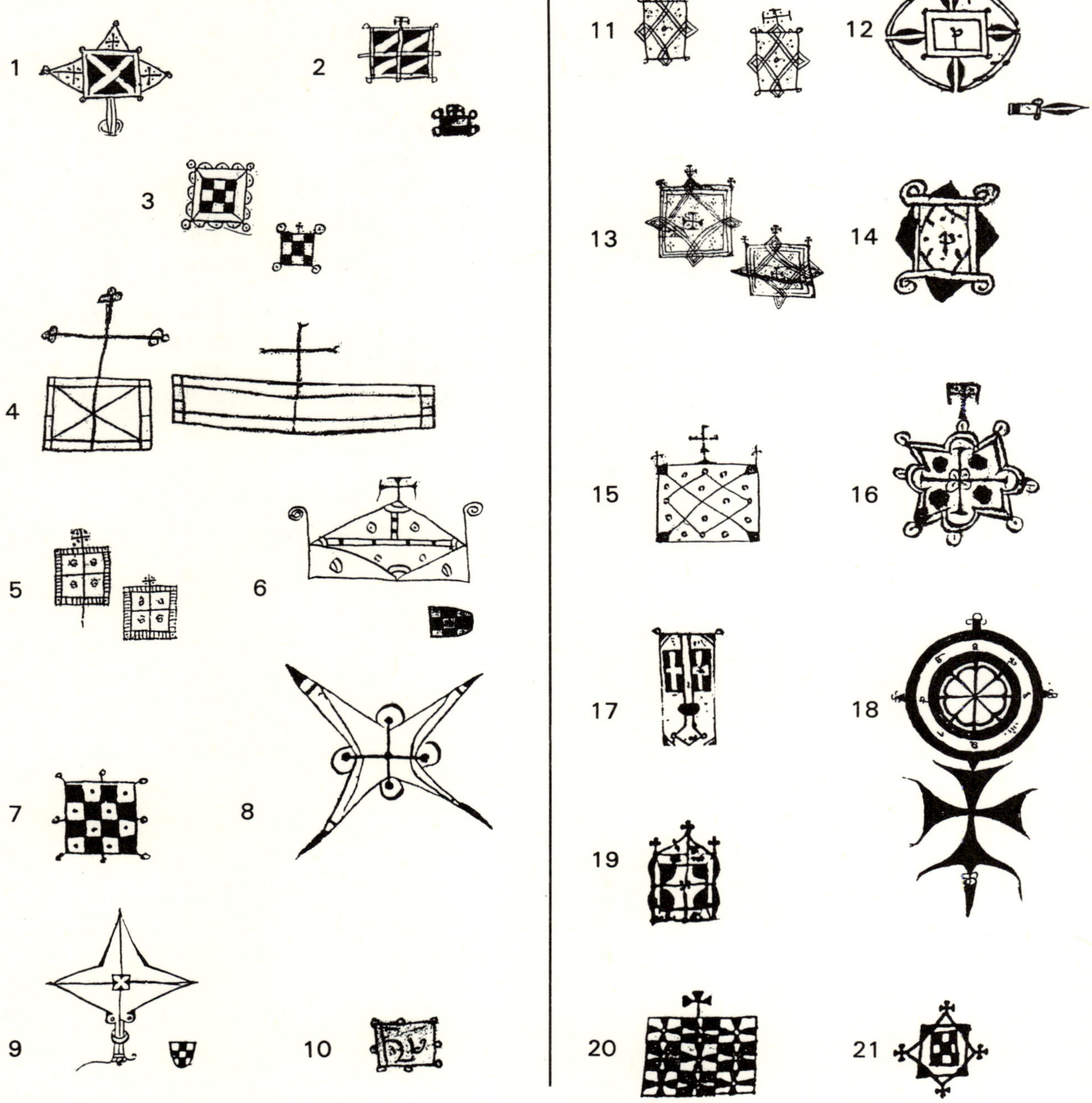

1. *Geneve, Mahieu de; 1258, 1267*
2. *Versenay, Jacques de; 1279*
3. *Guiberti, Guillaume; 1286*
4. *Vendoures, Jaques de; 1287–1288*
5. *Russin, Jean de; 1290*
6. *Desingy, Jean de; 1270*
7. *Amici, Girod; 1292*
8. *Confignon, Girard de; 1292*
9. *Juria, Clèment de; 1295*
10. *Sancto Genesio, Hudricus de; 1293*
11. *Corsiaco, Jaques de; 1297*
12. *Alberosa, Pierre de; 1300*
13. *Malagny, Péronet de; 1300*
14. *Bourdigny, Péronet de; 1301*
15. *Bossy, Pierre de; 1302*
16. *Rumilly, Girod de; 1302*
17. *Dulicio, Michel de; 1303*
18. *Genolier, Jean de; 1304*
19. *Franceys, William; 1304*
20. *Greyllier, Pierre de; 1304*
21. *Poully, Guillaume de; 1304*

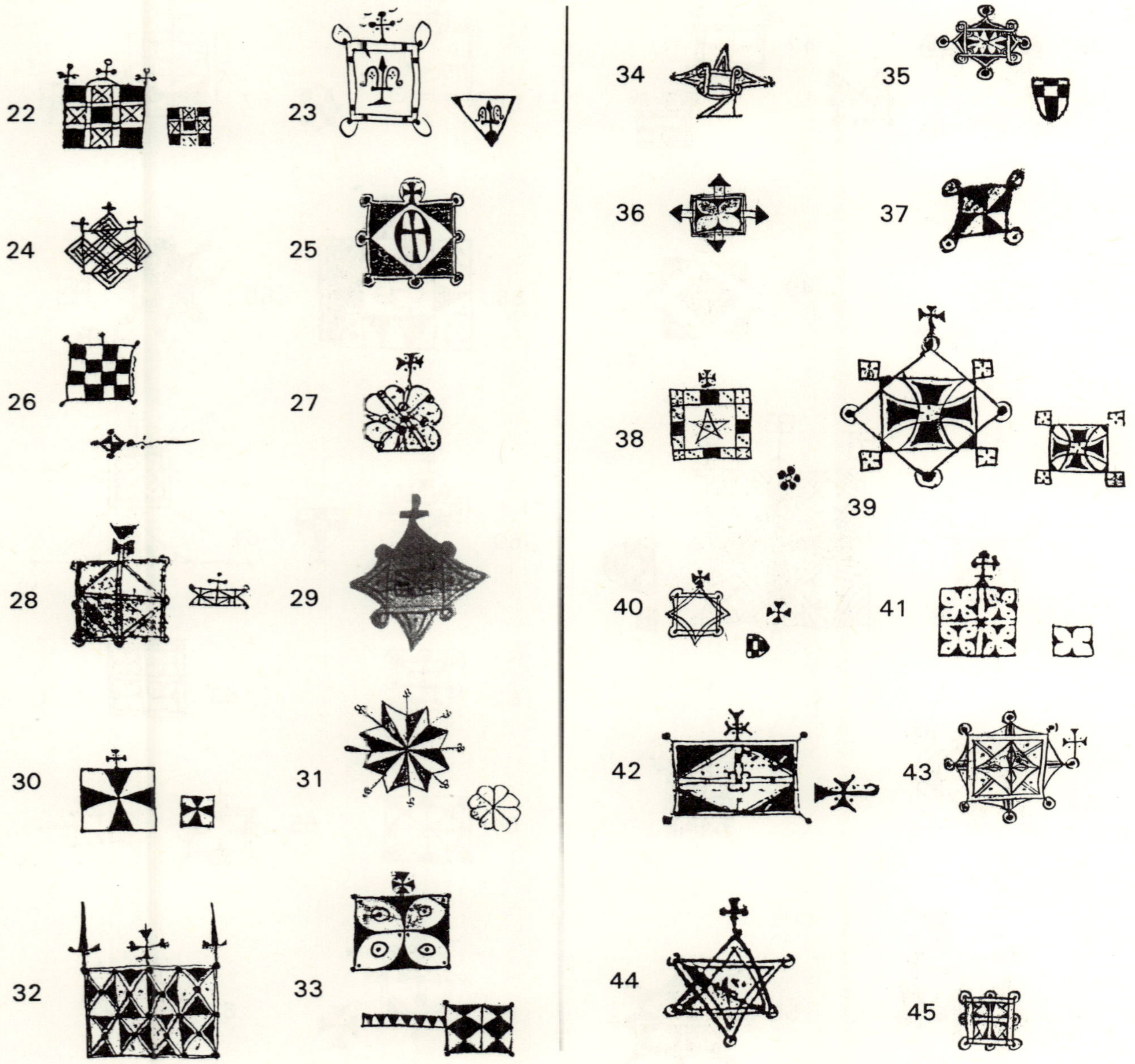

22. *Pugini, Etienne; 1307*
23. *Laya, Jean de; 1311*
24. *Messie, Henri de; 1316*
25. *Veysia, Jean; 1316*
26. *Chinriaco, Jacques de; 1317*
27. *Syz, Pierre de; 1317*
28. *Bregnin, Pierre de; 1318*
29. *Presingio, Jean de; 1318*
30. *Lacunay, Hudricus de; 1319*
31. *Juria, Guillaume de; 1319, 1322*
32. *Dorerii, Lambert; 1322*
33. *Bourdigny, Girod de; 1323*
34. *Charansonnex, Pierre de; 1323*
35. *Chissinat, Rodolphe de; 1323*
36. *Divonne, Jean de; 1323*
37. *Sortes, Jean; 1323*
38. *Ornay, Péronet d'; 1327*
39. *Guichardi, Jean; 1328*
40. *Martini, Aymon; 1329*
41. *Pelliparius, Pierre; 1329*
42. *Vernet, Jean; 1329*
43. *Andilliaco, Baudoin de; 1330*
44. *Cruseilles, Pierre de; 1330–1331*
45. *Luysardi, Jacquemet; 1331*

46

47
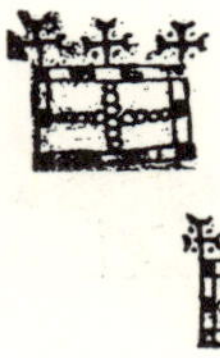
48

49

50

51

52

53

54

55

56
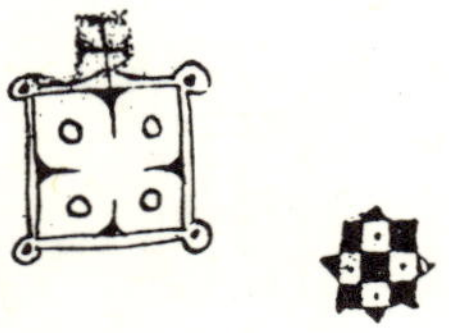
57
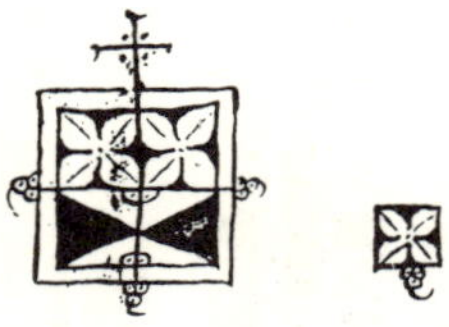
58

59
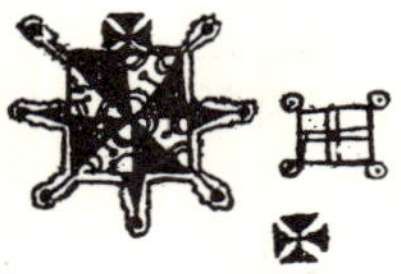
60

61

62

63

64

65
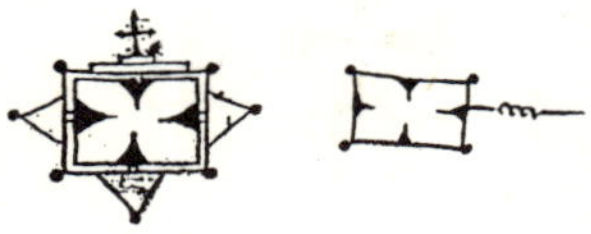
66

67

46. *Retonsor, Jean; 1331*
47. *Confors, Pierre; 1333*
48. *Ornay, Aymon dit d'; 1333*
49. *Raseti, Nicolas; 1333*
50. *Saconnex, Aymon de; 1334*
51. *Jonzier, Amoudruz de; 1335*
52. *Albi, Thomas; 1336–1337*
53. *Bourdigny, Etienne de; 1336*
54. *Bouringio, Pierre de; 1336*
55. *Gez, Perret de; 1337*
56. *Jantin (?), Mermet; 1337*
57. *Balmis, Henri de; 1338*
58. *Quinerit, Pierre; 1338*
59. *Cereray, Guillaume de; 1339, 1341*
60. *Veigy, Pierre de; 1339*
61. *Clavelli, Guillaume; 1340*
62. *Fansonay, Etienne de; 1341*
63. *Brenay, Mermet de; 1341–1342*
64. *Cadoti, Mermet; 1341–1342*
65. *Albarosa, Guillaume de; 1342–1343*
66. *Bourdigny, Martin de; 1342*
67. *Ambrosii, Anselme; 1343*

68
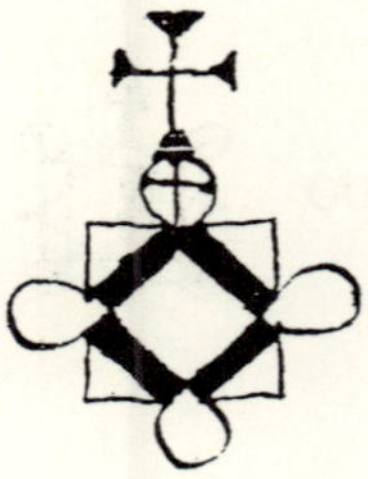

69
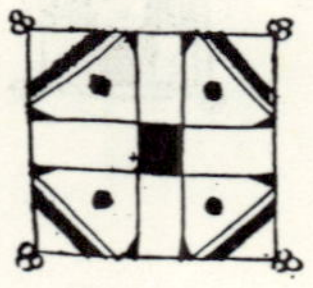

70

71
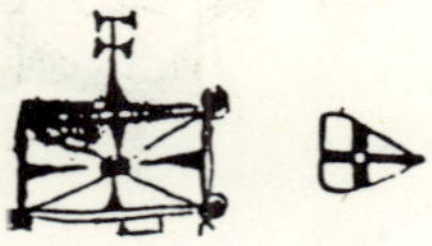

72

73

74
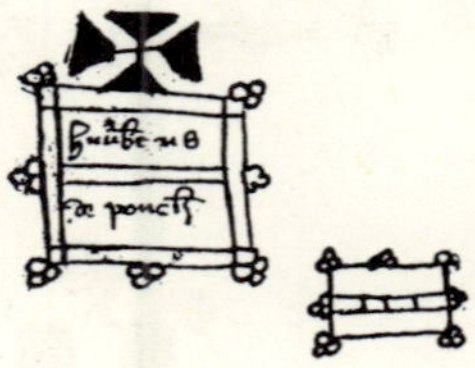

75
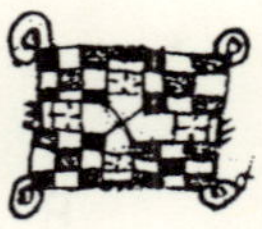

76
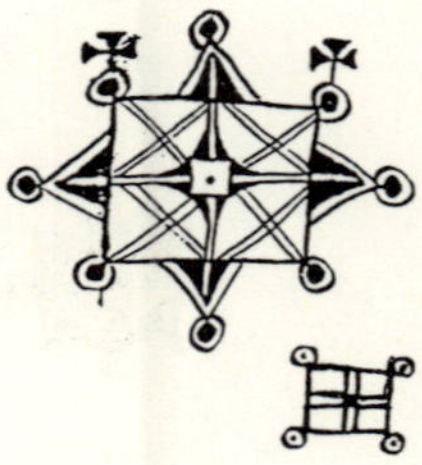

77

78
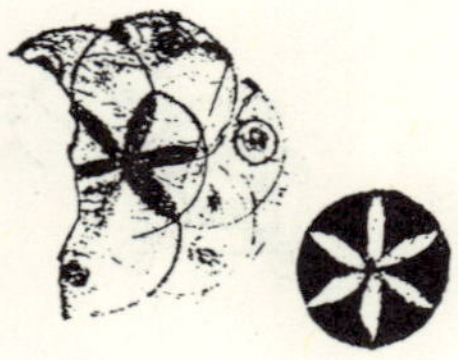

79

80

81
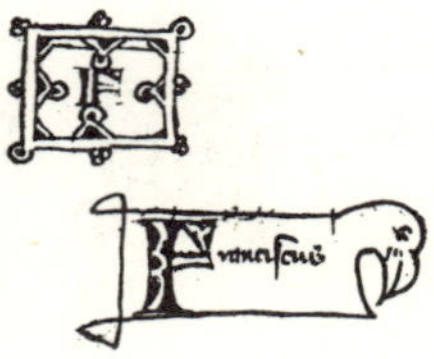

82
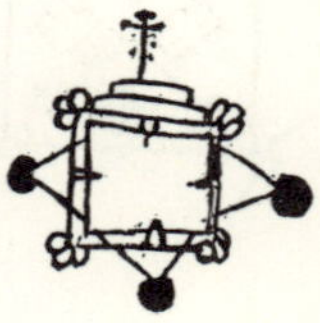

83

84

85

86

87

68. *Quinsiaco, Riphier de; 1343*
69. *Vessy, Nicolas de; 1343*
70. *Chalonzier, Perret de; 1344*
71. *Alberti, Jean; 1345*
72. *Beynoz, Hugonet de; 1345*
73. *Henriodi, Jean; 1345*
74. *Ponchier, Humbert de; 1345*
75. *Rippa, Thomas de; 1345–1365*
76. *Regis, François; 1345*
77. *Balli, Rodolphe; 1347*
78. *Botellier, Aymon; 1348*
79. *Raseti, Pierre; 1348*
80. *Thome, Jacques; 1348*
81. *Falconis, François; 1349*
82. *Fansonay, Nantermet de; 1349*
83. *Fansonay, Péronet de; 1349*
84. *Bulo, Jean de; 1350*
85. *Cati, Jean; 1351*
86. *Montegarello, Sadonus de; 1351*
87. *Quarreria, Pierre de; 1351*

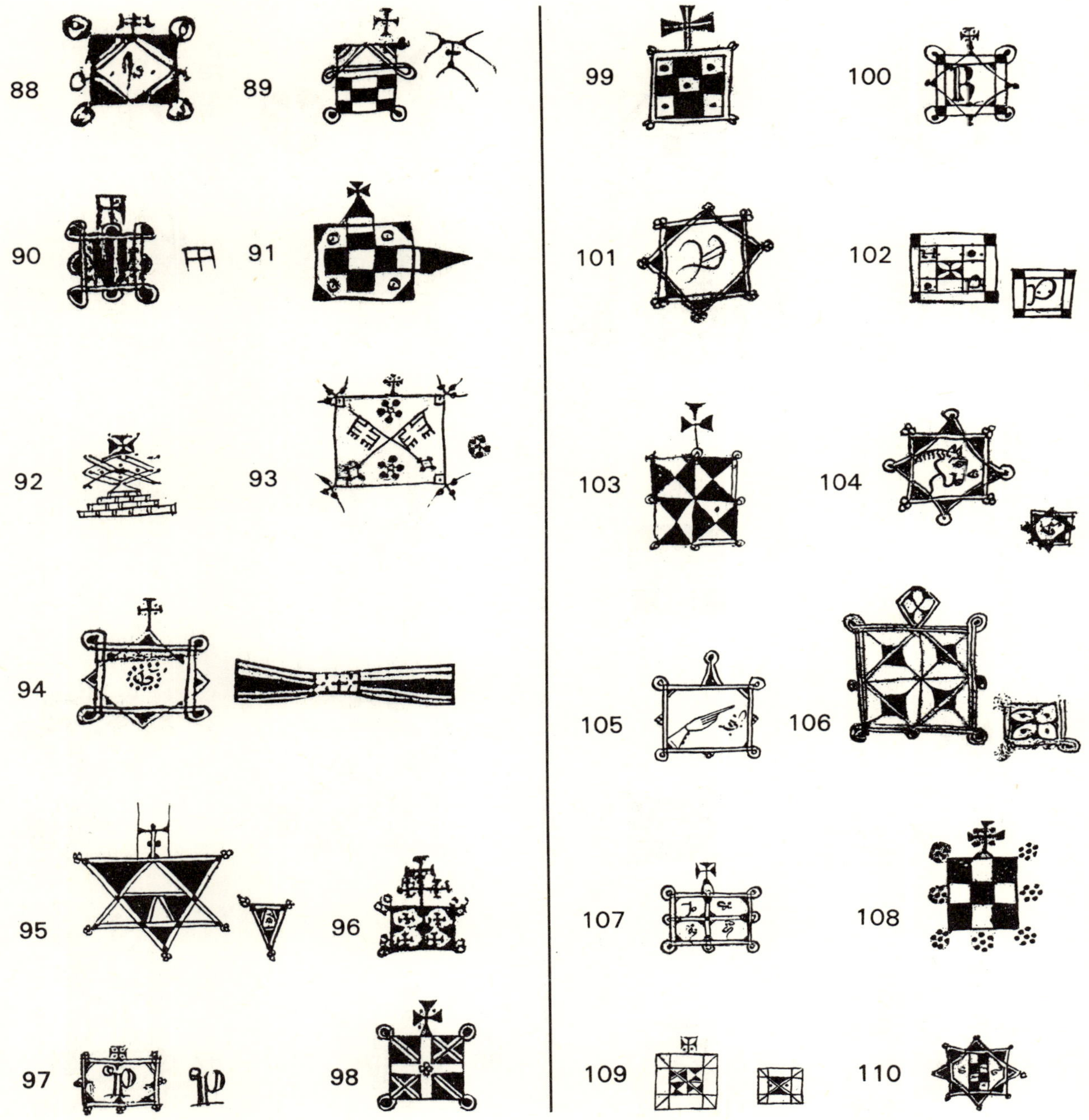

88. *Berserii, Jean; 1352*
89. *Confignon, Jean de; 1352*
90. *Ternier, Mermet de; 1352*
91. *Veyriaco, Péronet de; 1352*
92. *Marechal, Richard; 1353*
93. *Collonges, Harold de; 1354*
94. *Vignins (?), Girard de; 1354*
95. *Mercier, Aymon; 1356–1360*
96. *Crugier, Guy; 1357*
97. *Marechal, Pierre; 1357, 1370*
98. *Monticlerionis, François; 1357*
99. *Moreti, Péronet; 1358*
100. *Ronserii, Richard; 1359*
101. *Petra, Pierre de; 1360*
102. *Puc, Nicolas; 1361*
103. *Bossey, Etienne de; 1362*
104. *Gerdilis, Girard; 1362*
105. *Lombardi, Guillaume; 1362*
106. *Marqueti, Etienne; 1362*
107. *Metral, Jean; 1363*
108. *Netuday, Jean de; 1363*
109. *Fabri, Pierre; 1364*
110. *Gragnier (?), Etienne de; 1364*

111 

112 

113 

114 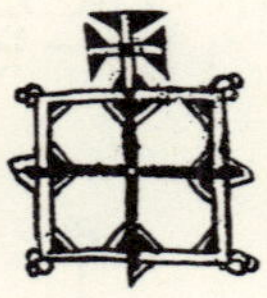

115 

116 

117 

118 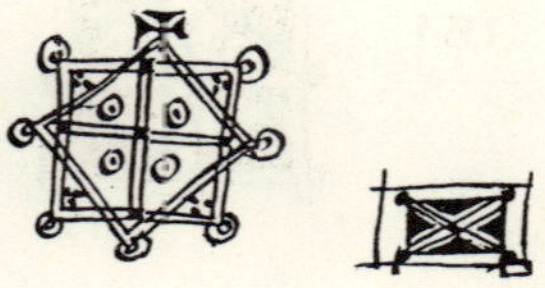

119 

120 

121 

122 

123 

124 

125 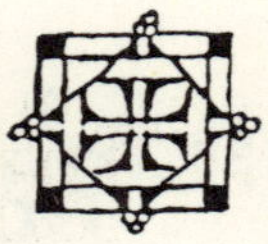

126 

127 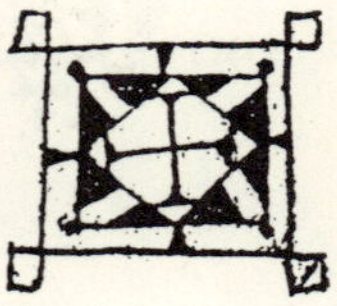

128 

129 

130 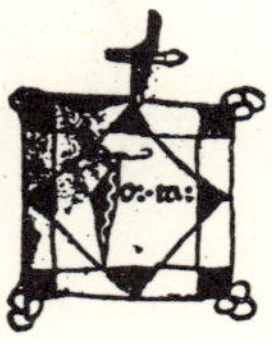

111. *Putheo, Nicolas de; 1364*
112. *Fabri, Etienne; 1365*
113. *Lulbyeti, Perret; 1365*
114. *Chissinova, Nicolas de; 1366*
115. *Cranz, Guillaume de; 1366*
116. *Farodi, Jean; 1366*
117. *Supraman, Jean de; 1366, 1370*
118. *Tissot, Antoine; 1367*
119. *Andilliodi, Jean; 1368*
120. *Baton, Raymond de; 1368*
121. *Passii, Rolet; 1368*
122. *Cochone, Girard de; 1369*
123. *Cusions (?), Guy de; 1369*
124. *Jonzier, Pierre de; 1369*
125. *Hospitali, Jacques de; 1370*
126. *Curia, Pierre de; 1371*
127. *Richardi, François; 1371*
128. *Crugier, Etienne; 1372*
129. *Grossa, Jacques de; 1372*
130. *Taluchetti, Jean; 1373*

131 

132 

133 

134 

135 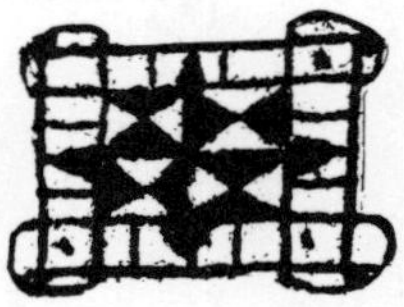

136 

137 

138 

139 

140 

141 

142 

143 

144 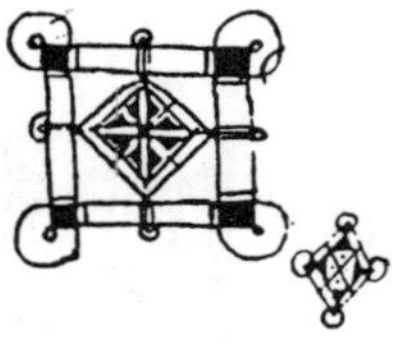

145 

146 

147 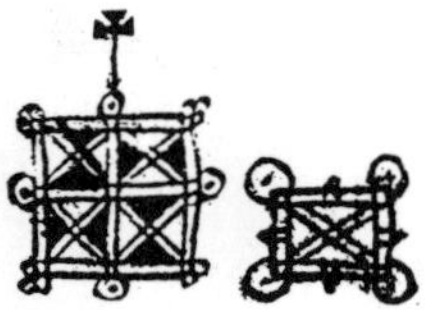

148 

149 

150 

151 

152 

153 

154 

131. *Allinges, Jean d'; 1374*
132. *Balli, Pierre; 1374*
133. *Escuerii, Jean; 1374*
134. *Gavit, Rolet; 1374*
135. *Leonis, Théobald; 1374*
136. *Tavelli, Pierre; 1374*
137. *Prata, Jean; 1375*
138. *Magniaco, Pierre de; 1377*
139. *Faramand, Pierre de; 1376*
140. *Michaelis, Pierre; 1378*
141. *Clavelli, Jacquemet; 1380*
142. *Bourra, Jacquemet; 1381*
143. *Metral, Etienne; 1381*
144. *Sersonay, Jean; 1381*
145. *Sersonay, Pierre; 1382*
146. *Vegio, Jean de; 1382*
147. *Scagno, Mermet de; 1385*
148. *Nanternay, Henri de; 1386*
149. *Fonte, Guichard de; 1388*
150. *Luyseti, Guillaume; 1388*
151. *Rosserii, Péronet; 1388–1389*
152. *Tholopon, Hugues; 1388*
153. *Veyriaco, Anselme de; 1388*
154. *Clarmont, Rolet; 1389*

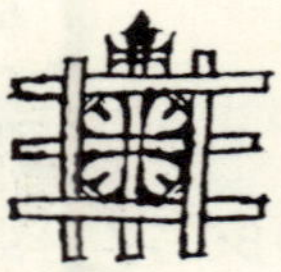
155

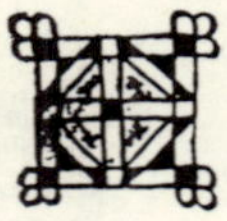
156

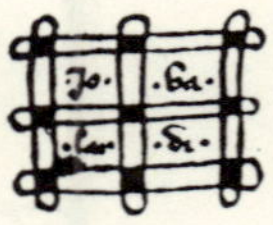
157

158

159

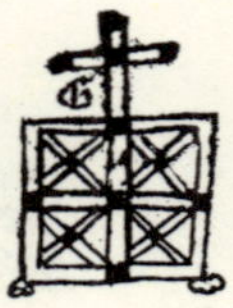
160

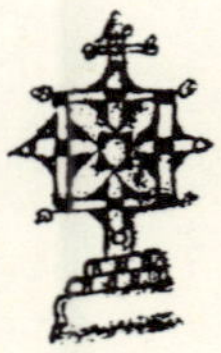
161

162

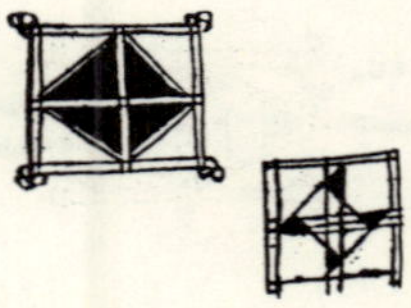
163

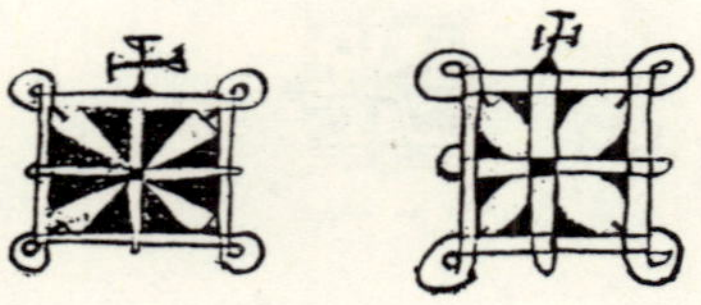
164

165

166

167

168

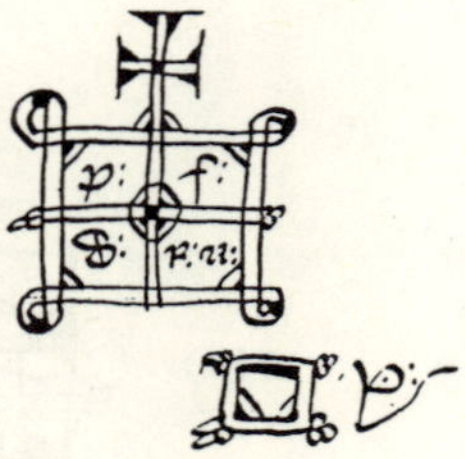
169

170

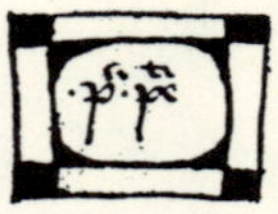
171

172

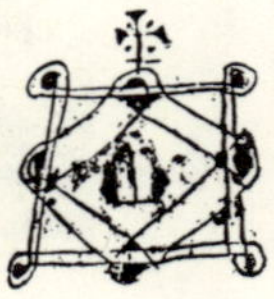
173

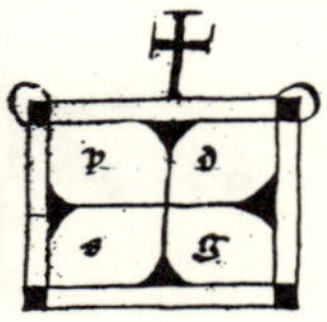
174

155. *Perrod, Humbert; 1389*
156. *Ruppe, Aymon de; 1389*
157. *Valardi, Jean; 1389*
158. *Veysiti, Jacques; 1389*
159. *Vugier, Pierre; 1389*
160. *Orseti, Guillaume; 1390*
161. *Pratis, Jean de; 1390*
162. *Vovrey, Pierre de; 1390*
163. *Cupilino, Richard de; 1391*
164. *Nanto, Amédée de; 1392, 1399*
165. *Ponte, Mermet de; 1392*
166. *Regis, Jacquemet; 1392*
167. *Allodiis, Bartholémée de; 1393*
168. *Maresco, Nicolas de; 1393*
169. *Sine, Pierre; 1393*
170. *Fontanelli, Antoine; 1394*
171. *Pecleti, Pierre; 1394*
172. *Cambrey, Jean; 1395*
173. *Conflens, Mermet de; 1395*
174. *Dusougey, Pierre; 1395*

175
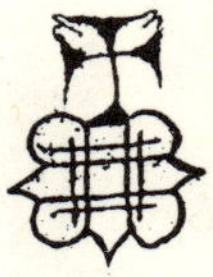

176

177

178
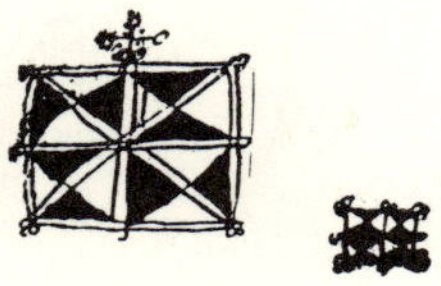

179

180

181
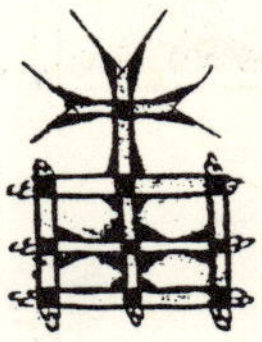

182
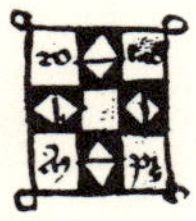

183

184

185

186
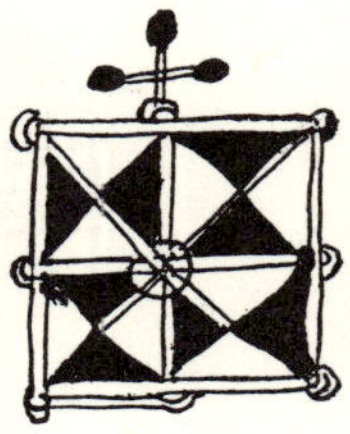

187

188

189

190
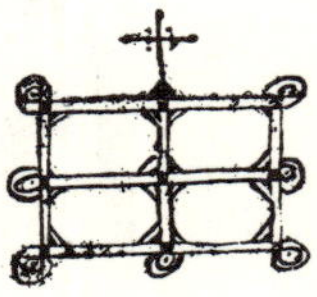

191

192
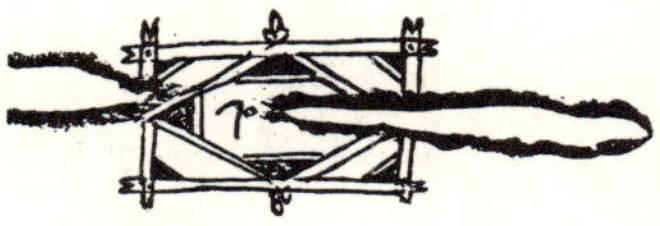

193

194

175. *Fabri, Hugonet; 1395*
176. *Mugnierii, Jean; 1395*
177. *Raverii, Antoine; 1395*
178. *Saxo, Mermet de; 1395*
179. *Boulo, Girard de; 1396*
180. *Famelu, Jean; 1396*
181. *Mercurens, Etienne de; 1396*
182. *Piron, Mermet de; 1396*
183. *Bioley, Hugonet; 1397*
184. *Boneto, Etienne de; 1397*
185. *Cresto, Aymon de; 1397*
186. *Gentil, Jacques; 1397*
187. *Ruphi, Péronet; 1397*
188. *Mercier, Hugonin; 1398*
189. *Platea, Rolet de; 1398*
190. *Porta, Etienne de; 1398*
191. *Porvyuz, Anselme; 1398*
192. *Ycrati, Jean; 1398*
193, *Ballebini, Benoît; 1399*
194. *Calbyo Nicod de; 1399*

195

196

197

198

Notaires étrangers

199

200

201
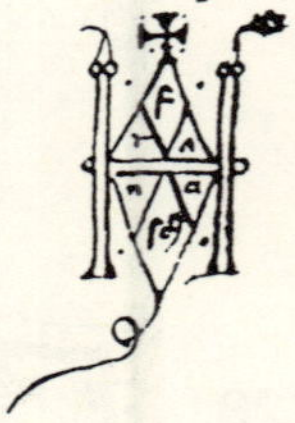

202
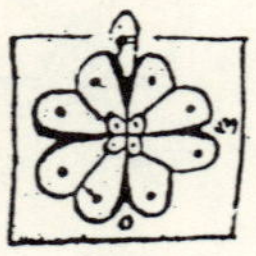

203
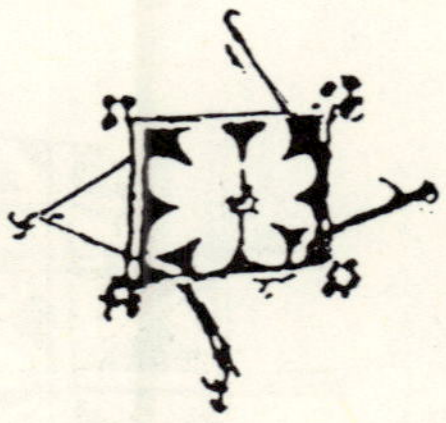

204

205

206

207

208

209

210
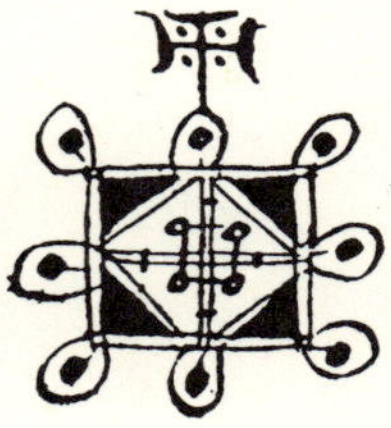

211

212

213

214
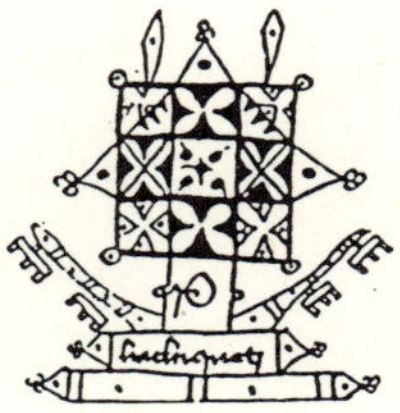

195. *Cambrex, Mathieu; 1399*
196. *Confignon, Etienne de; 1399*
197. *Nanto, Jean de; 1399*
198. *Viriaco, Pierre de; 1399*
199. *Poysaz Etienne; 1303*
200. *Bosell, Jacques de; 1304*
201. *Solerio, François de; 1306*
202. *Gondrandi, Aymon; 1308*
203. *Integri, Guillaume; 1336*
204. *Donneyses, Thomas; 1342*
205. *Malliardi, Mermet; 1344*
206. *Petri, Jacques; 1349*
207. *Talonis, Guillaume; 1349*
208. *Dogno Martino, Rolet de; 1352*
209. *Romanis, Grimaud de; 1364*
210. *Barberii, Pierre; 1369*
211. *Berumardi (?), François; 1369*
212. *Moreyn, François; 1369*
213. *Bonerii, François; 1381*
214. *Hachiqueti, Pierre; 1381*

215

216

217
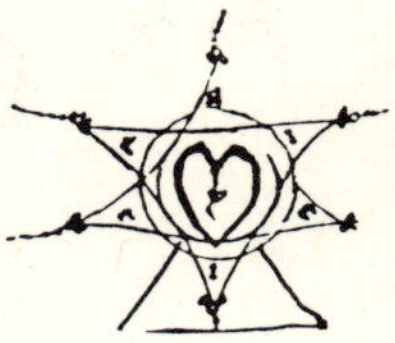

218

219

220

221

Notaires dont l'origine est inconnue

222
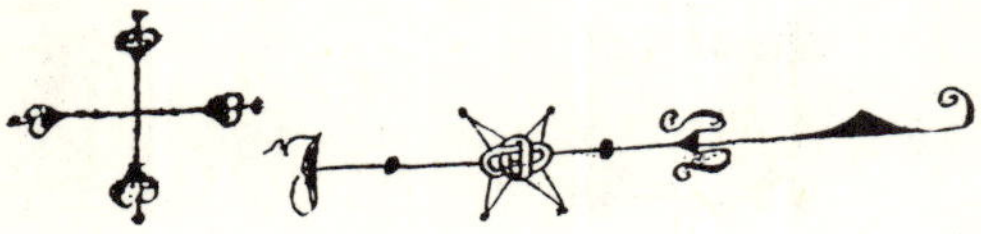

223
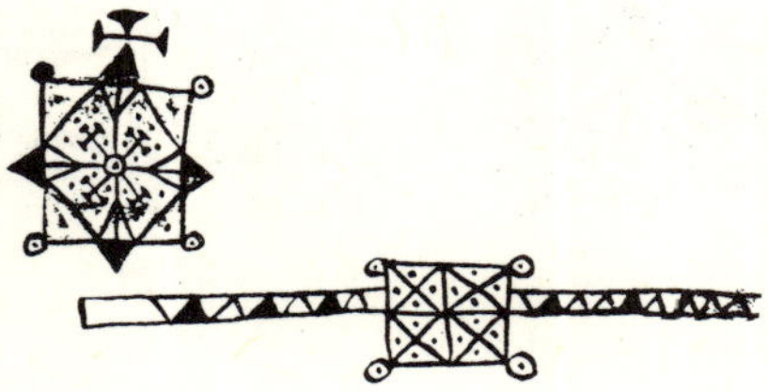

224
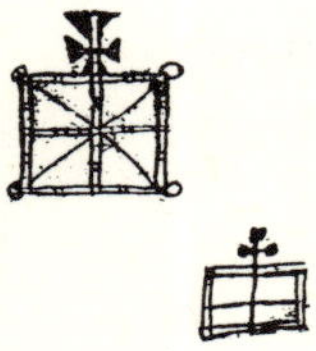

225

226
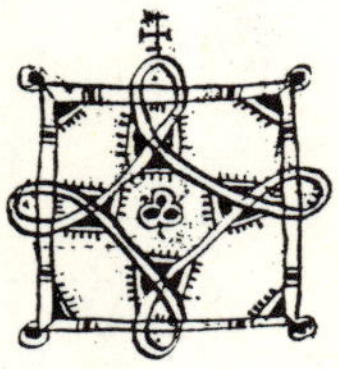

227

228
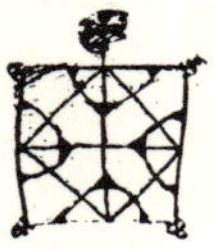

229

230
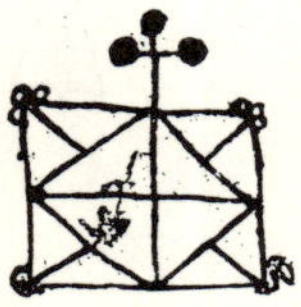

231
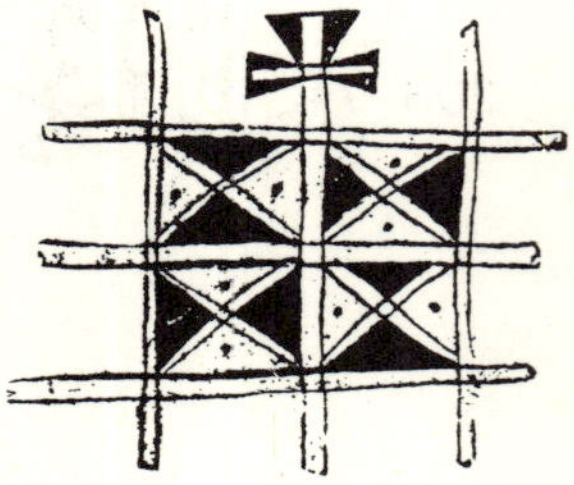

215. *Yrondinis, Pierre; 1381*
216. *Secheti, Jean; 1385*
217. *Ramusii, Jacques; 1388*
218. *Batyolat, Pierre; 1390*
219. *Blonay, Jean de; 1393*
220. *Tourneroche, Jean; 1395*
221. *Reboulli, Girard; 1398*
222. *Fractis, Jean de; 1290*
223. *Columpna, Jean de; 1300*
224. *Brens, Mermet de; 1306*
225. *Chardonnant, Pierre de; 1314*
226. *Chimonet (?), Mermet; 1322*
227. *Follus, Braxonus; 1358*
228. *Cornier, Hugues de; 1371*
229. *Pifaudi, Jean; 1373*
230. *Choilier, Girard de; 1374*
231. *Netz, Pierre de; 1388*

Signos de notarios de Barbastro (Huesca). Siglos XIV y XV

Por Pilar Pueyo Colomina

Con el propósito de contribuir a un mayor conocimiento de los signos manuales utilizados por los notarios españoles, presento una muestra de signos aragoneses, y concretamente los de algunos de los que actuaron en la ciudad de Barbastro, durante los siglos XIV y XV; esta localidad, perteneciente al antiguo Reino de Aragón, está situada en la zona oriental del Somontano (de Barbastro) y regada por el río Vero.

He documentado alrededor de cincuenta notarios que intervinieron en la redacción de uno o más documentos en esta población, en los tres archivos consultados: Diocesano y Municipal, sitos en la misma, y Archivo Histórico Provincial de Huesca.

En el Archivo Diocesano de Barbastro se conservan, en cuatro carpetas, documentos originales en pergamino; en la primera, los del siglo XIV y en las otras, del XV. En este fondo he encontrado los tres únicos notarios documentados del siglo XIII[1] y casi todos los del XIV[2]; además de una decena del siglo XV.

En el Archivo Municipal de Barbastro se guardan protocolos de nueve notarios más de esta ciudad, todos del siglo XV, excepto uno[3]. Sus signos aparecen bien en la portada (J. Moltgosa), o en el interior (J. Benet, P. Lunell, B. Toledo), o en la portada e interior de éstos (L. Cervellon, L. Ponz).

Finalmente, en el Archivo Provincial de Huesca quedan protocolos de otros tres notarios de Barbastro, también del siglo XV[4].

Por tanto, el Archivo Diocesano nos ha proporcionado el nombre de veinte notarios[5], el Municipal, de diez[6] y el Provincial de Huesca, el de tres[7]; en total, 33, todos ellos habitantes de la ciudad de Barbastro, los cuales están documentados sólo en uno de estos tres archivos. A éstos hemos de añadir otros que lo están en dos, bien sea en el Archivo Diocesano y Municipal de esta localidad[8], o Diocesano de Barbastro y Archivo Provincial de Huesca[9], o en el Municipal de Barbastro y Provincial de Huesca[10], siete, cuatro y uno respectivamente, o en los tres, como es el caso de Galceran de Sin y Luis de Ejea, por lo que el número de notarios de Barbastro que he localizado de los siglos XIV y XV asciende a 47[11]: 3 del siglo XIII, 11 del XIV y 33 del XV.

He aquí sus nombres, por orden alfabético, su jurisdicción y los años que tenemos documentada su actuación en esta ciudad o los de los protocolos conservados:

1 Como son de finales del siglo XIII, he creído oportuno incluir sus signos en el apéndice adjunto.

2 Todos los notarios documentados del siglo XIV, menos uno, lo están en este archivo, si bien dos de ellos, Juan Jusseu y Domingo Ferrer, lo están además en otro: el primero en el Archivo Municipal de Barbastro y el segundo, en el Provincial de Huesca. El otro notario del siglo XIV lo he hallado en el Archivo Municipal de esta ciudad.

3 En este archivo quedan protocolos notariales de los años 1395 a 1699 (cfr. J. A. Salas, El Archivo Municipal de Barbastro, en: El Patrimonio Documental Aragonés y la Historia, Zaragoza 1986, p. 78). En realidad, se conservan protocolos de siete de ellos, pues el nombre y signo de Gaspar Martin Almerge y Domingo d'Albernela aparecen solamente en el interior del de otro notario. A este último no lo he incluido en el apéndice. En cuanto al notario del siglo XIV, véase la nota anterior de este trabajo.

4 En el año 1935 se trasladaron a Huesca, 2.681 protocolos seculares del distrito de Barbastro (cfr. M. Rivas, M. C. Susin, La documentación notarial en el Archivo Histórico Provincial de Huesca, en: El Patrimonio Documental Aragonés y la Historia, Zaragoza 1986, p. 204). De uno de los notarios de este archivo, Jaime Pueyo, no he conseguido su signo, por lo que no consta en el apéndice adjunto.

5 Sus nombres son: J. Asin, M. Bramancon, J. Crexençan, M. Danavan?, J. Daolar, J. Perez Escanilla, J. Fatas, B. Gallimur, G. Perez Gines, D. Napal, C. Palomera, P. Pardo, R. Perez Danavan?, D. Sanz, G. Sanz, D. Sasso, P. Escanilla, J. Serra, D. Villabriga y G. Villabriga.

6 En este archivo están documentados los siguientes: G. Martin Almerge, J. Benet, L. Cervellon, D. d' Albernela, J. del Grado, P. de Lunell, J. Moltgosa, J. de Pancalient, L. Ponz del Grado y B. de Toledo.

7 Se trata de B. Mipanas, J. Pueyo y J. Samper.

8 Los siete documentados en ambos archivos son: P. Castillon, B. y M. Flandina, P. Garces, J. de Jusseu, D. Sasso y B. de Son.

9 Los nombres de los cuatro notarios son: J. Caffar, P. Calasanz, D. Ferrer y J. de Ejea.

10 Domingo Asin está documentado en estos dos archivos.

11 En el apéndice he recogido el signo de 45 notarios, faltan los de Jaime Pueyo y Domingo d' Albernela (véanse las notas 4 y 3 de este trabajo).

Nombre	Jurisdicción[12]	Años
Asin, Domingo de	T. y S.	1464–1500
Asin, Jaime de	R. A.	1488–1501
Benet, Juan	T. y S.	1461–1488
Bramancon, Martin		1351
Caffar, Juan de	R. A. y V.	1442–1452
Calasanz, Pedro	R. A. y V.	1454–1466
Castillon, Pedro	T. y S.	1408–1422
Cervellon, Luis	R. A. y V.	1466–1494
Crexençan, Juan	R. A.	1421–1424
D'Albernela, Domingo	R. A. y V.	
Danavan?, Martin		1345
Daolar, Juan		1352
Ejea, Juan de	R. A. y C.	1480–1497
Ejea, Luis de	T. y S.	1468–1478
Escanilla, Pedro	R. A.	1415–1433
Fatas, Juan de	R. A.	1401–1426
Ferrer, Domingo	T. y S.	1390–1426
Flandina, Bartolome		1402
Flandina, Martin		1408–1411
Gallimur, Bernat	T. y S.	1356
Garces, Pedro	R. A.	1414–1453
Grado, Juan del		1441–1475
Jusseu, Juan de		1349
Lunell, Pedro de	R. A. y V.	1470–1489
Martin Almerge, Gaspar	R. A.	1458
Mipanas, Bernardo	R. A. y V.	1473–1477
Moltgosa, Juan	T. y S.	1444–1504
Napal, Domingo	R. A.	1406–1408
Palomera, Castellon	R. A.	1357–1371
Pancalient, Juan de		1392
Pardo, Pedro		1304–1329
Perez Danavan?, Ramon		1329
Perez de Escanilla, Juan	T. y S.	1429–1434
Perez Gines, Guillermo	R. A. y V.	1439–1443
Ponz del Grado, Lorenzo	R. A.	1486–1506
Pueyo, Jaime		1472–1478
Samper, Jaime	R. A. y C.	1498–1543
Sanz, Domingo		1292
Sanz, Guillem		1347
Sasso, Domingo	R. A.	1490
Sasso, Domingo	R. A. y V.	1436–1444
Serra, Juan	T. y S.	1433
Sin, Galceran de	T. y S.	1450–1488
Son, Benedet de		1432–1447
Toledo, Bernardo de	R. A.	1498–1536
Villabriga, Domingo		1292
Villabriga, Gil		1292

Estos notarios autentificaban los instrumentos públicos por ellos otorgados con su signo. Este signo manual era propio y personal de cada uno de ellos[13] y lo dibujaban en medio de la palabra *signum/signo*, dividiéndola en dos sílabas[14], destacando y adornando generalmente la letra *s* inicial.

Las formas que presentan los signos de los notarios de esta ciudad son variados, pero todas ellas están relacionadas con la evolución general que han sufrido éstos a lo largo del tiempo. Se podría aplicar lo que ya he dicho sobre otros signos aragoneses: ... *signos que partiendo del motivo inicial de la cruz y los puntos que ocupaban los ángulos de la misma y que primitivamente constituían el núcleo de los signos notariales, posteriormente han llegado a establecer formas más complejas en la intención de aportar un sello personal al mismo, que le identifique y haga inviable su falsificación. Este proceso, finalmente, da lugar a los signos aquí presentados, a figuras de tipo geométrico donde destaca visualmente el rombo o el cuadrado que, a su vez, está subdividido en otras figuras similares donde la dominante es la línea curva que es la que últimamente le da al signo este aspecto polilobulado ... En el conjunto de todos estos signos destaca el carácter ornamental que se imprime en el eje vertical que centra toda la composición en función de contrapeso al eje horizontal que ya de por sí viene gravado por la palabra signo* ...[15].

Después de la frase *signo de mi* escribían la intitulación en la que indicaban que eran habitantes de la ciudad de Barbastro. Los que eran de creación municipal anotaban simplemente: *notario publico de la ciudad de Barbastro*[16], y los de creación real añadían si tenían

12 Tierra y señorío del Rey de Aragón = T. y S. Reino de Aragón = R. A.; Reinos de Aragón y Valencia = R. A. y V.; Tierra y señorío del Rey de Aragón y Castilla = R. A. y C.

13 El Vocabulario Internacional de Diplomática define este signo manual como una marca figurada personal (a menudo de forma geométrica, o salida de una cruz, o derivada de una cruz), propia de cada notario, que a partir de una cierta época ha dejado, primeramente, un ejemplar en un registro matrícula después de su investidura y por la aposición del cual alcanza a tomar la responsabilidad de lo que ha redactado en él confiriendo así el valor auténtico de instrumento público (cfr. Folia Caesaraugustana 1. Institución »Fernando el Católico«. Zaragoza (1984), p. 143).

14 Cfr. L. D' ARIENZO, Il signum tabellionis e la sottoscrizione notarile degli scrivani di cancelleria di Pietro IV d' Aragona. Estudios históricos y documentos de los Archivos de Protocolos, VI, Barcelona 1978, p. 30.

15 P. PUEYO COLOMINA, Suscripciones y signos notariales en la parroquia de Castejón de Valdejasa (siglos XVI–XIX). En: Estudios en Homenaje al Dr. Antonio Beltrán Martínez, Zaragoza 1986, p. 1. 180.

jurisdicción por todo el reino de Aragón, o por los Reinos de Aragón y Valencia, o por toda la tierra y señorío del Rey de Aragón, o del rey de Aragón y Castilla. Las fórmulas utilizadas eran:

1) *notario publico de la ciudad de Barbastro*[17]

Bramancon, Martin
Danavan?, Martin
Daolar, Juan
Flandina, Bartolome
Flandina, Martin
Jusseu, Juan de
Pancalient, Juan de
Pardo, Pedro
Perez Danavan?, Ramon
Sanz, Domingo
Sanz, Guillem
Son, Benedet de
Villabriga, Gil

2) *habitante en la ciudad de Barbastro y por autoridad real notario publico por todo el reino de Aragón*

Asin, Jaime
Crexençan, Juan
Escanilla, Pedro
Fatas, Juan de
Garces, Pedro
Martin Almerge, Gaspar
Napal, Domingo
Palomera, Castellyon
Ponz del Grado, Lorenzo
Sasso, Domingo
Toledo, Bernardo de

3) *habitante en la ciudad de Barbastro y por autoridad real notario publico por toda la tierra y señoria del Rey de Aragón*

Asin, Domingo de
Benet, Juan
Castillon, Pedro
Ejea, Luis de
Ferrer, Domingo
Gallimur, Bernat
Moltgosa, Juan
Perez de Escanilla, Juan
Serra, Juan
Sin, Galceran de

4) *habitante de la ciudad de Barbastro y por autoridad real notario público general por los Reinos de Aragón y Valencia*

Caffar, Juan de
Calasanz, Pedro
Cervellon, Luis
D'Albernela, Domingo
Lunell, Pedro de
Mipanas, Bernardo
Perez Gines, Guillermo
Sasso, Domingo

5) *habitante en la ciudad de Barbastro por autoridad real notario publico por toda la tierra y dominación del rey de Aragón y Castilla*

Ejea, Juan de
Samper, Jaime

16 Así suscribían también los de Zaragoza, Huesca y Jaca (cfr. J. Bono, Historia del Derecho Notarial Español. Madrid 1982, v. I, p. 174).

17 En el año 1329 el infante Pedro de Aragón fijó en 25 el número de los notarios de Barbastro (cfr. J. Bono, Historia del Derecho Notarial Español. Madrid 1982, v. I, p. 174).

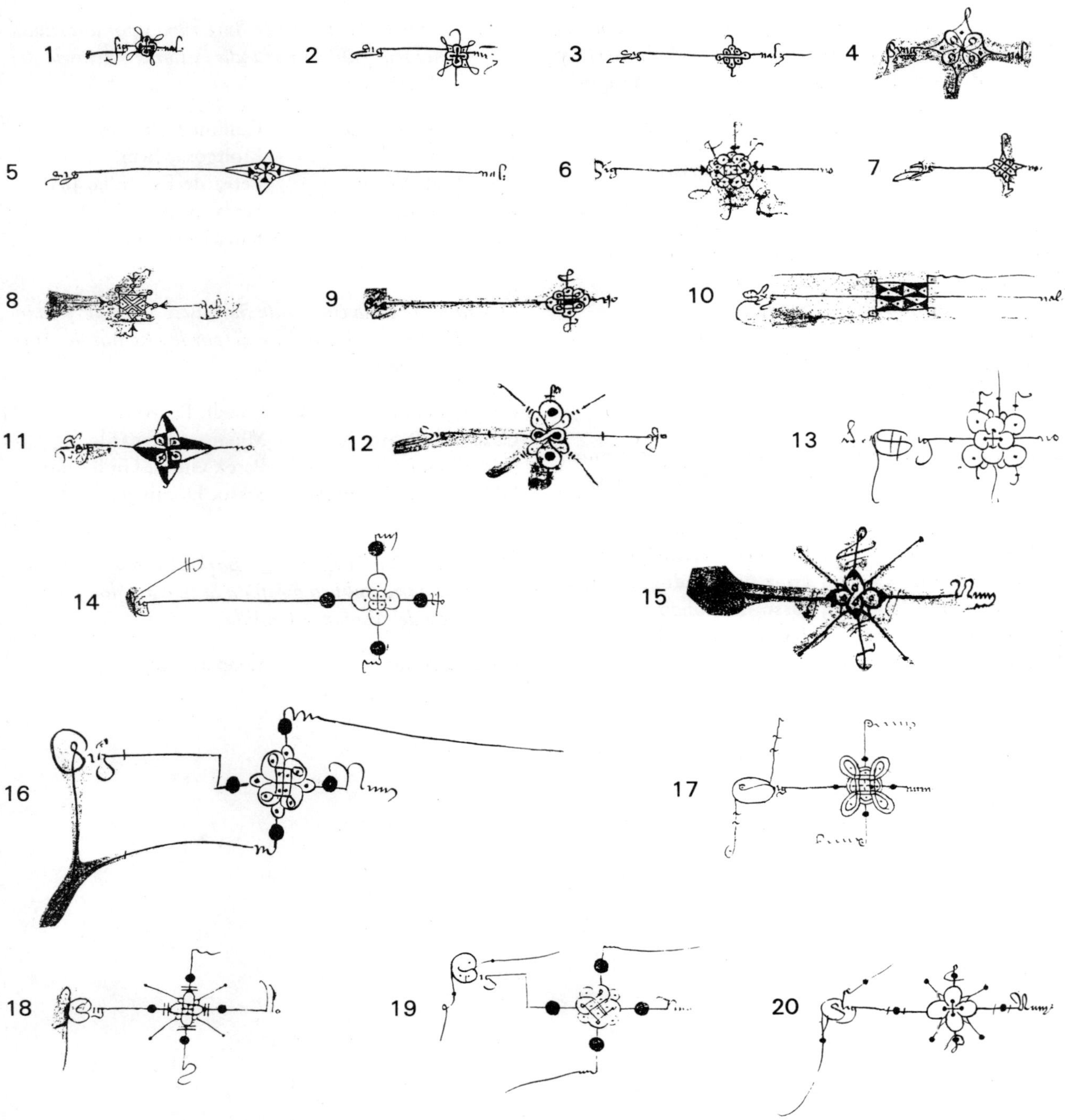

1. *Domingo Sanz; 1292*
2. *Domingo Villabriga; 1292*
3. *Gil Villabriga; 1292*
4. *Pedro Pardo; 1304*
5. *Ramon Perez Danavan?; 1329*
6. *Martin Danavan?; 1345*
7. *Guillem Sanz; 1347*
8. *Juan de Jusseu; 1349*
9. *Martin Bramancon; 1351*
10. *Juan Dadlar; 1352*
11. *Bernat Gallimur; 1356*
12. *Castellon Palomera; 1357*
13. *Domingo Ferrer; 1390*
14. *Juan de Pancalient; 1392*
15. *Juan de Fatas; 1401*
16. *Bartolome Flandina; 1402*
17. *Domingo Napal; 1406*
18. *Pedro Castillon; 1408*
19. *Martin Flandina; 1408*
20. *Pedro Garces; 1414*

21 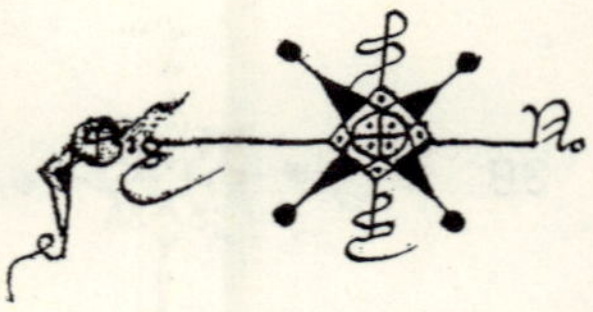

22 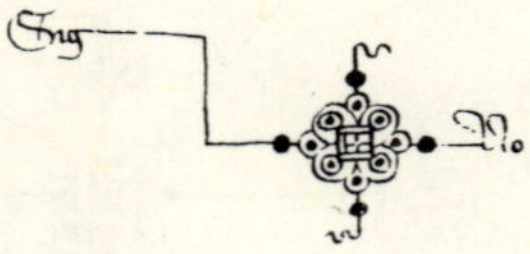

23 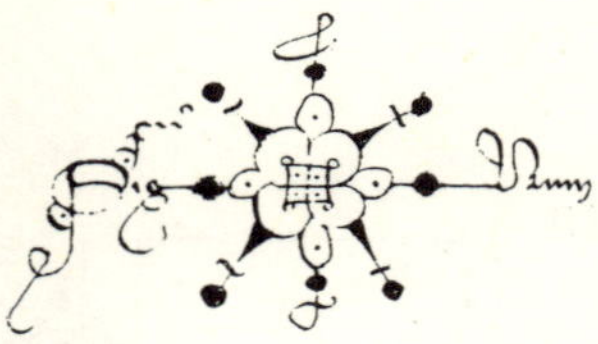

24 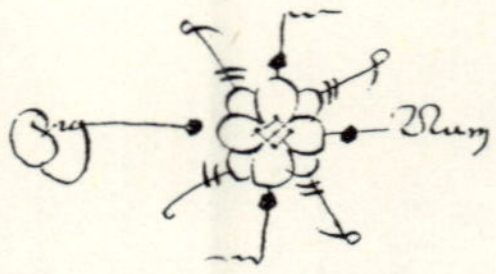

25 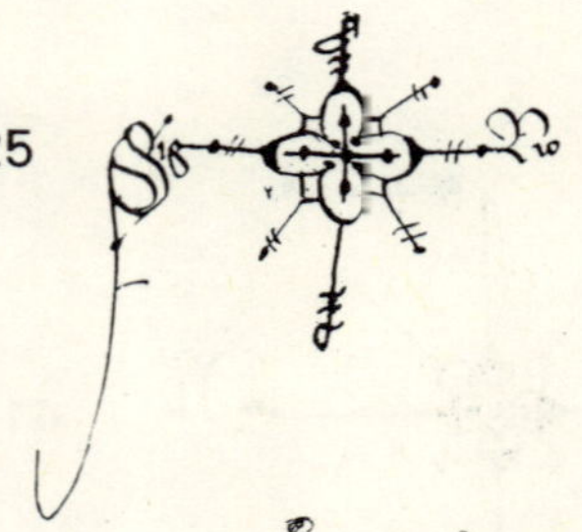

26 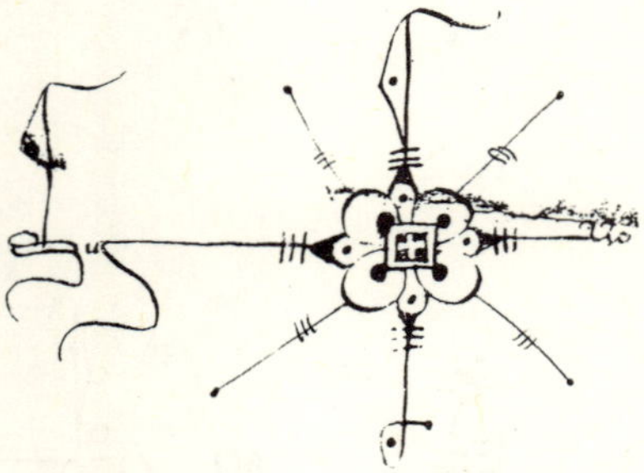

27 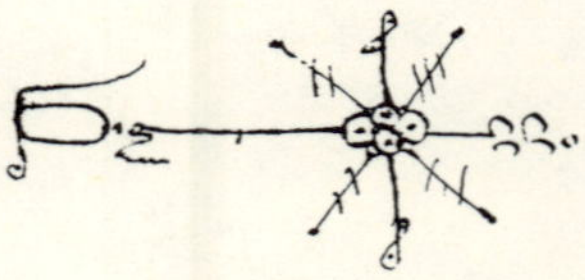

28 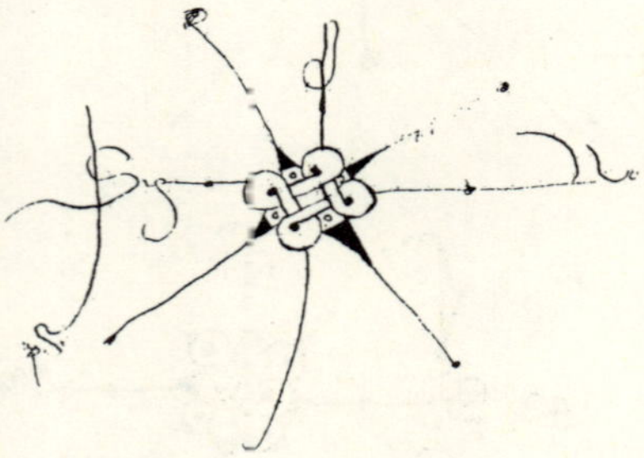

29 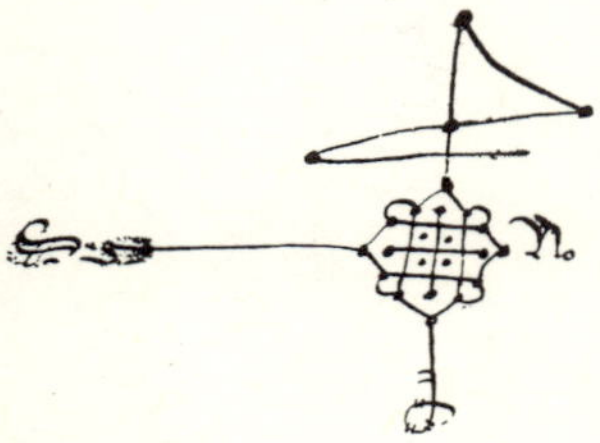

30 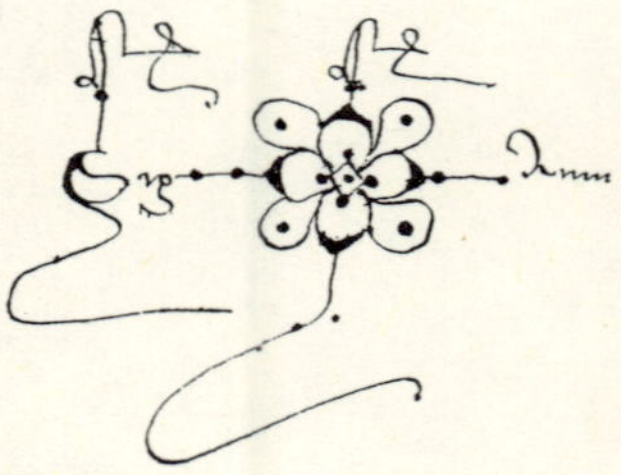

31 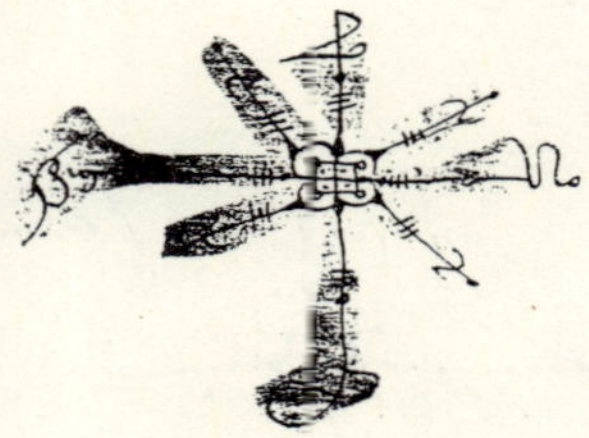

32 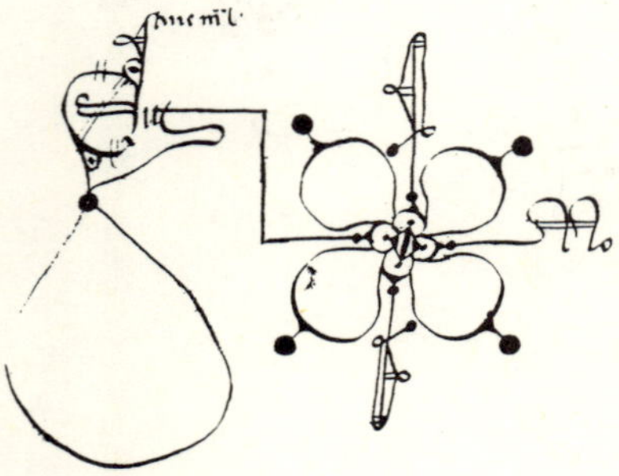

33 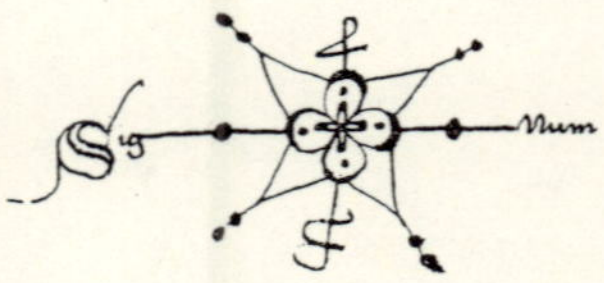

34 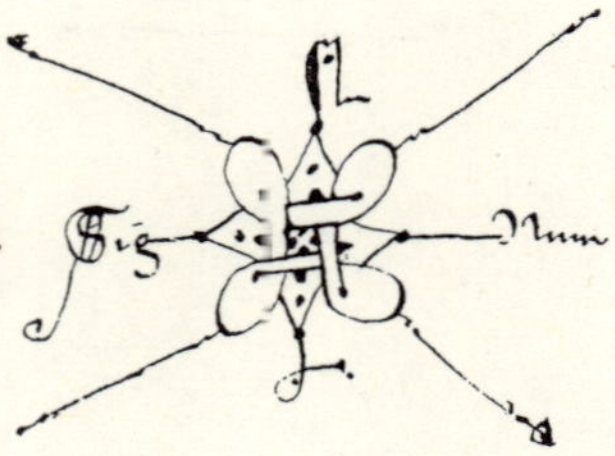

35 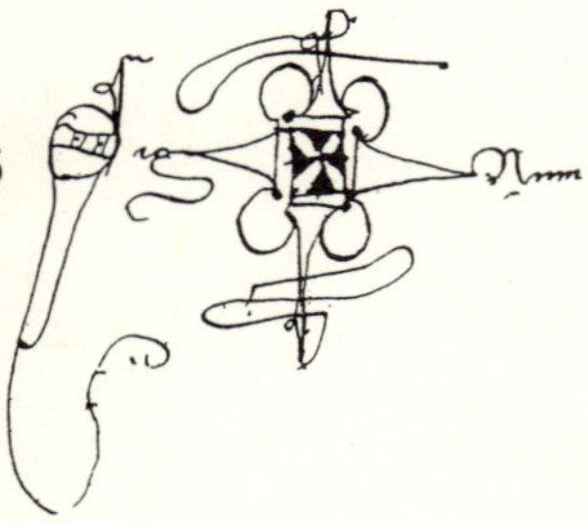

21. *Pedro Escanilla; 1415*
22. *Juan Crexencan; 1421*
23. *Juan Perez de Escanilla; 1429*
24. *Benedet de Son; 1432*
25. *Juan Serra; 1433*
26. *Domingo Sasso; 1436*
27. *Guillermo Perez Gines; 1439*
28. *Juan del Grado; 1441*
29. *Juan de Caffar; 1442*
30. *Juan Moltgosa; 1444*
31. *Galceran de Sin; 1450*
32. *Pedro de Lasanz; 1454*
33. *Gaspar Martin Almerge; 1458*
34. *Juan Benet; 1461*
35. *Domingo de Asin; 1464*

36 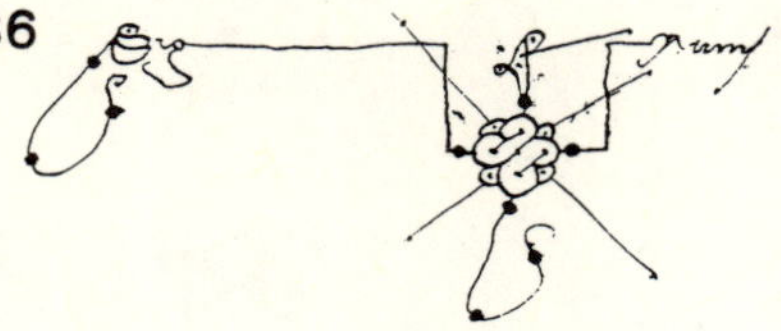

37 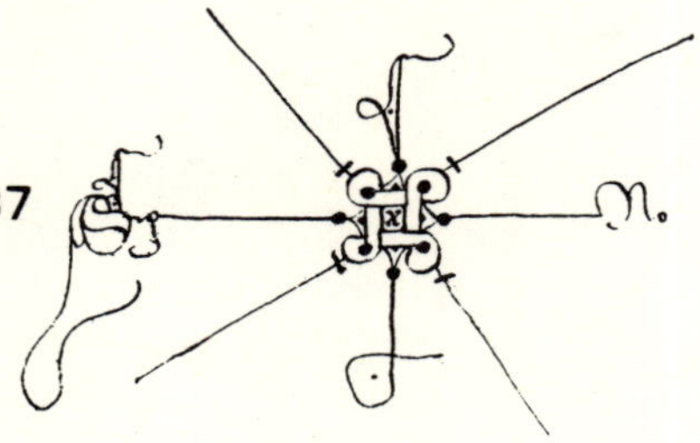

38 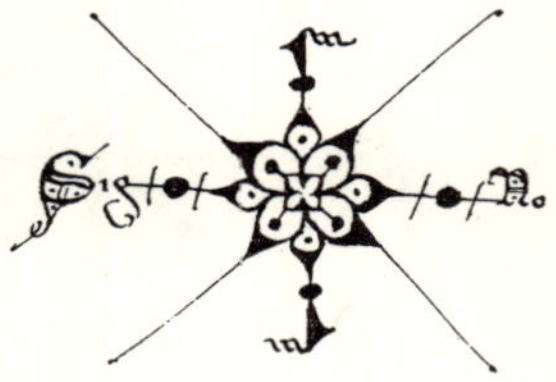

39 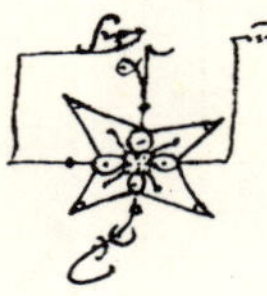

40 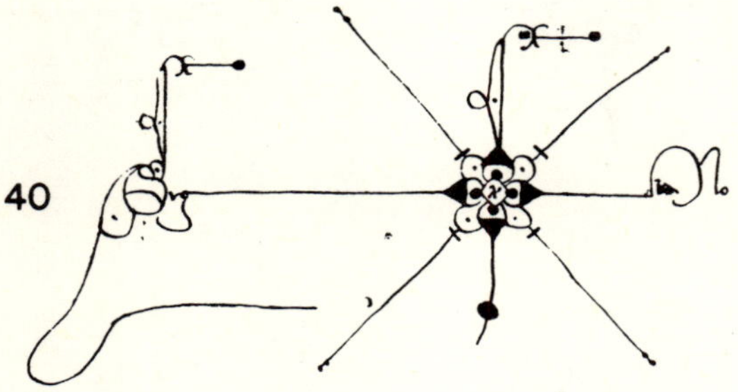

41 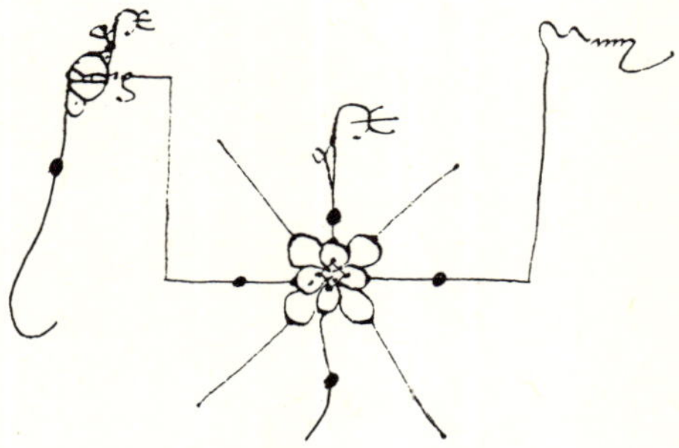

42 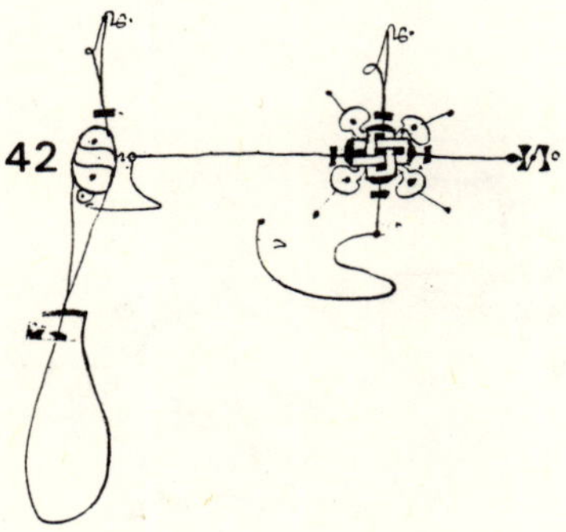

43 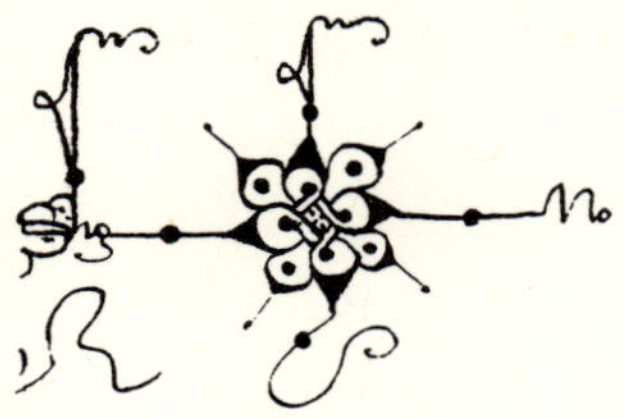

44 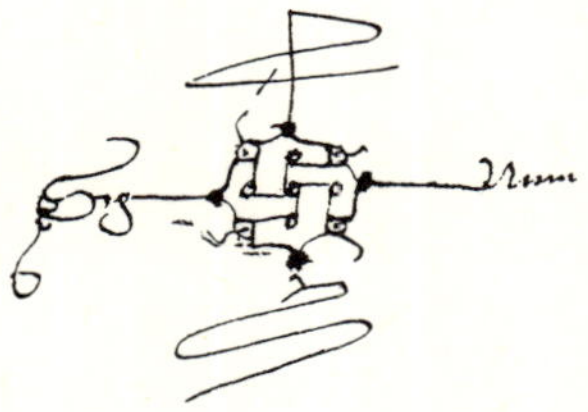

45 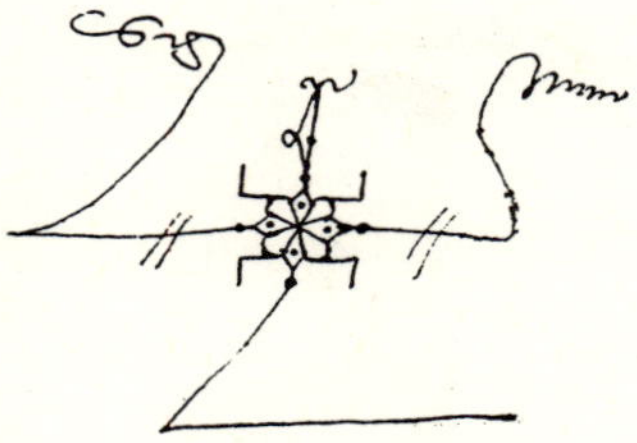

36. *Luis Cervellon; 1466*
37. *Luis de Ejea; 1468*
38. *Pedro de Lunell; 1470*
39. *Bernardo Mipanas; 1473*
40. *Juan de Ejea; 1480*
41. *Lorenzo Ponz del Grado; 1486*
42. *Jaime de Asin; 1488*
43. *Domingo Sasso; 1490*
44. *Bernardo de Toledo; 1498*
45. *Jaime Samper; 1498*

Signos notariales en la documentación de la Comunidad de Teruel

Por Mª Desamparados Cabanes Pecourt y Ramón Ferrer Navarro

El régimen comunitario, por el cual varias villas y aldeas enclavadas en un amplio término se agrupaban alrededor de un núcleo urbano constituyendo una unidad municipal, fue relativamente frecuente en el reino de Aragón durante la baja edad media, siendo de destacar por su renombre las comunidades de Teruel, Calatayud y Daroca.

Por lo que respecta a la primera, se supone tradicionalmente que ejerció derechos dominicales y jurisdiccionales sobre las aldeas que constituían su término (cerca de un centenar), por delegación real concedida en 1177, otorgada al ser Teruel cabecera de una zona de extremadura en el reino aragonés. Pero, si bien esta integración de las aldeas en la Comunidad de Teruel les proporcionaba ciertas ventajas, la pérdida de autonomía jurídica y fiscal que ello les reportaba, ya que perdían la personalidad jurídica plena y sus atribuciones concejiles quedaban mediatizadas por la, todavía en esta época, villa de Teruel, fue causa de continuas tensiones que desembocaron en el rechazo o subversión por parte de las mismas ante su capital.

La sucesión de pleitos innúmeros y las correspondientes sentencias arbitrales lograrían una emancipación que se traduciría en el autogobierno local, mayor libertad y regimiento interno por medio de plegas generales. Así nacería la Comunidad de Aldeas de Teruel, cuya primera mención documental es de 1227.

Ahora bien, dejando al margen los conflictos jurídico-administrativos y el devenir de la vida comunitaria ajeno al tema que aquí nos ocupa, centramos nuestra atención en la representación que los notarios tuvieron en ese mismo transcurrir histórico.

Si bien los notarios de la Comunidad propiamente dicha se reflejan en alguna de las sentencias de los pleitos antes mencionados y aparecen con frecuencia en la documentación[1], no reducimos nuestra aportación tan sólo a ellos, sino que ampliamos la muestra al signo notarial de todos aquellos profesionales que de alguna manera prestaron sus servicios a la misma y aparecen en la abundante producción documental generada por la vida comunitaria, lo que nos proporciona una amplia gama de notarios.

La tipología notarial que afecta a todos estos profesionales es variada como corresponde a los asuntos despachados en los documentos y a los diversos personajes intervenientes. Hay algunos oficiales de la cancillería real[2]; otros poseen nombramiento de autoridad eclesiástica aunque al mismo acumulan el título real[3]; y entre los notarios públicos, unos son de creación real – notarios generales – con facultad de ejercicio en todos los lugares de la Corona[4]; en dos de sus reinos: Aragón

1 En la Sentencia de Escorihuela, dada el 20 de abril de 1277, considerada en algunos estudios como origen o acta de nacimiento de la Comunidad de las Aldeas de Teruel, se especificaba que en dichas aldeas hubiera cinco notarios públicos: uno en Sarrión y otro en cada una de las cuatro sesmas que había en aquel momento. Las sesmas eran un conjunto de aldeas que funcionaban como la célula administrativa constituyente en su conjunto de la Comunidad y las cuatro sesmas iniciales aquí contempladas se convirtieron antes de 1333 (posiblemente en 1309) en cinco, y en 1369 se documentó una sexta.

2 Estos oficiales de la cancillería real se designarán con las siglas E.R. = escribanía regia, en el apartado correspondiente a la vecindad u origen. Todos ellos presentan una suscripción similar a la ofrecida seguidamente: *»Sig+num mei Salvatoris de Podio, scriptor domini regis auctoritate regia notarii publici per totam terram et dicionem suam, qui predicta laudo, concedo et firmo, et hec scripsi et clausi«*.

3 Son suscripciones de este tipo las siguientes: *»Sig+no de mi Diago de Vijuesca, habitant en la ciudat de Teruel et por autoridades apostolica, real et archiepiscopal notario publico, qui a las sobre ditas cosas, presentes los testimonios de la part de suso nombrados, present fue et aquellas escrevi et cerre«*. O bien: *»Sig+num mei Miquaelis Juesa, habitatoris loci Sancti Augustini, apostolica atque regia auctoritatibus per totam terram et ordinacionem predicti domini Aragonum regis publici notarii, qui predictas interfui eaque propria manu scripsi ac clausi loco, die annoque prefixis«*. El nombramiento apostólico no se refleja en el cuadro alfabético de notarios aunque sí se aprecia en sus signos por figurar en ellos las llaves de San Pedro.

4 Las siglas T.S. indican la jurisdicción del notario por todas las tierras y señoría del monarca de Aragón, expresada en suscripciones análogas a la siguiente: *»Sig+no de mi Climente Gonçalo de Liria, vezino de Santolalia, por auctoritat real notario publico por toda la tierra y señoria del serenissimo rey de Aragon, qui a lo sobredicho present fuy, recebi y testifique, y por otro screvir fize et cerre«*.

y Valencia[5], o sólo en el primero[6], habiendo incluso alguno de este carácter que a su vez logra adscribirse a una determinada localidad[7], o con ejercicio tan sólo en una población[8]. Finalmente puede existir un último grupo de creación municipal aunque la suscripción no suele indicar taxativamente este nombramiento.

De todos ellos ofrecemos a continuación la nómina siguiendo un orden alfabético y con expresión del lugar de vecindad, ámbito de jurisdicción, cronología en que lo hemos encontrado documentado y número de orden que corresponde a la figura de su signo en el apéndice gráfico.

Nomina de notarios

Nombre	Población	Jurisdicción	Años	N* fig.
ABAT, Gil	Mora	T.S.	1466	107
ABRIL, Martín	Teruel	R.A.	1543	179
ADELANTADO, Francisco	–	Teruel	1371–1377	14
ADRIAN, Vicent	–	–	1472	119
AGOSTIN, Domingo	La Hoz de la Vieja	T.S.	1420–1447	68
AGOSTIN, Johan	La Hoz de la Vieja	A/V	1453–1466	83
AGUILAR, Domingo	–	T.S.	1474	123
ALAGO, Martín de	–	–	1414	64
ALTABAS, Rodrigo de	–	Montalbán/R.A.	1422	69
ALVAREZ, Jaime	–	E.R./T.S.	1478	135
ANDRES, Domingo	Zaragoza	T.S.	1406	55
APARICIO, Johan	Jarque	T.S.	1524	172
ARANDA, Pascual d'	–	Montalbán	1371	15
ASENSIO, Pedro	La Hoz de la Vieja	A/V	1496–1505	145
AZNAR FORTUN, Johan	–	Teruel	1371–1398	16
BARO, Berenguer	E.R.	T.S.	1475	125
BARRACHINA, Johan de	–	Zaragoza	1471–1474	116
BELENGUER, Martín, infanzón	Epila	R.A.	1517	161
BENEDITO, Lois	Teruel	A/V	1462	98
BENEDITO DE VILLARROYA, Gil	–	–	1386–1406	38
BESANTA, Berenguer de	Teruel	T.S.	1395–1404	42
BUENO, Domingo	Cedrillas	T.S.	1460–1461	92
CAMERO, Gaspar	Sarrión	A/V	1517	162
CAPIELLA, Pedro	Allepuz	T.S.	1461–1469	95
ÇAPLANA, Bernat	E.R.	–	1387–1392	40
CAPMANY, Anthoni	–	T.S.	1414–1416	65
CASSET, Ramón	Linares	A/V	1482	139
CASTELLOT, Lois de	Mosqueruela	T.S.	1510–1531	156
CASTELLOT, Miguel de	Mosqueruela	T.S.	1474–1517	130
CATALA, Bartholomé	Valencia	Valencia	1391–1399	41
CATALA, Miguel	Allepuz	A/V	1457–1472	87
CRIMENTE, Joan	Monteagudo	R.A.	1555	185

5 Son suscripciones de este tipo: »*Sig+no de mi Pedro de Sayas, vezino de Ruvielos et por hauctoridat real por los reynos de Aragon y Valencia publico notario, qui a lo sobredicho presente fui y a otro scrivir hize et cerre*«. Expresión de esta jurisdicción serán las siglas A/V.

6 »*Sig+no de mi Amigon Navarro, notario publico por auctoridat del senyor rey en todo el Regno de Aragon, qui a las sobreditas cosas present fue e aqueste scrivie*«. Queda indicada la jurisdicción con las siglas R.A.

7 Puede tratarse de un notario general por toda la tierra y señoría, o parcial por uno o dos de los reinos, siendo a su vez notario público de una localidad determinada. El nombre de dicha localidad constará en su correspondiente apartado jurisdiccional junto a las siglas oportunas. Ejemplo de fórmula suscriptoria de este tipo es la siguiente: »*Sig+no de mi Lope Lopez, notario publico de la ciudat de Caragoça e por auctoridat real por toda la tierra e senyoria del illustrissimo sennor rey de Aragon, qui a lo suso dicho present fue et aquello en parte screvi et lo otro screvir fize et cerre*«.

8 Tanto en estos casos como en los hipotéticos de creación comunal indicamos el nombre completo de la población en que el notario desarrolla su actividad y omitimos las posibles fórmulas de suscripción por ser comúnmente conocidas.

Nombre	Población	Jurisdicción	Años	N* fig.
CUDINA, Salvador	–	T.S.	1408	58
CUERLA, Domingo de	Zaragoza	Zaragoza/T.S.	1475	126
CUEVA, Gonçalo de la	–	Zaragoza	1461	96
CUEVAS, Yvanyes de las	–	Teruel	1375–1386	31
DALUENDA, Martín	Zaragoza	A/V	1469	109
DEGUES, Pedro	–	Zaragoza	1524	173
DOLZ, Gaspar	El Castellar	A/V	1524	174
DOLZ, Jaime	El Castellar	A/V	1476–1507	131
DOLZ, Johan	El Castellar	T.S.	1472–1490	120
DOMINGUEZ, Pascual	La Aldehuela	A/V	1447	76
DOMINGUEZ, Sancho	Valencia	Valencia	1409–1417	59
ECHO, Natalis d'	Teruel	A/V1	1517	163
ELIAS, Joan	La Hoz de la Vieja	T.S.	1505–1511	149
ESCUDER, Miguel	Rubielos	A/V	1517–1525	164
ESPEJO, Jerónimo d'	Teruel	R.A.	1564	190
ESTAYO, Bartholomé	–	T.S.	1413	62
ESTEVAN/STEFANI, Matheo	Valencia	T.S./Valencia	1425	71
EXIARCH/JARQUE, Martín	Teruel	R.A.	1460–1476	93
FERRANDO, Estevan	Formiche Alto	A/V	1469–1476	110
FERRIZ DE VISTABELLA, Pascual	Montalbán	R.A.	1462	99
FOZ, Johan de la	Jérica	Jérica y tenencia	1372	25
GALINDO, Johan	Las Parras	A/V	1455	84
GALVE, Francisco de	–	Teruel	1362–1371	4
GALVE, Francisco, menor de días	–	Teruel	1383	36
GARCEZ, Pero	–	R.A.	1381–1387	34
GARCEZ NAVARRO, Pero	Sarrión	Teruel	1407	56
GARCIA, Ferrando	Teruel	T.S.	1476–1480	132
GARCIA, Johan	Mosqueruela	T.S.	1457–1475	88
GASCH, Jaime	–	Teruel	S.F.	199
GIL, Eximeno	–	Zaragoza	1516–1517	160
GIL, Miguel	E.R.	–	1407	57
GIL DE GUARIN, Ferrant	–	Teruel	1383–1399	37
GIL DE MOROS, Domingo	Teruel	T.S.	1459–1460	90
GIL DE PALOMAR, Anthón	Las Salinas	T.S.	1517	165
GISQUEROL, Anthón	Rubielos	A/V	1464–1479	104
GOMEZ, Gaspar	Zorita	A/V	1543	180
GOMEZ, Johan	Teruel	R.A.	1403	48
GOMEZ, Johan	Teruel	R.A.	1404–1405	50
GONZALVO, Johan	–	R.A.	1368	5
GONZALO DE LIRIA, Climente	Santa Eulalia	T.S.	1498–1517	147
GONZALO DE LIRIA, Johan	Santa Eulalia	T.S.	1517	166
GRANADA, Johan	E.R.	T.S.	1471–1473	117
GRAS, Bartholomé	E.R.	T.S.	1402–1414	47
GUILLEM, Francisco	Sarrión	Teruel	1461–1473	97
GUILLEM DE CELADAS, Pero	–	R.A.	1378–1379	32
HERNANDO DE MONFORTE, Miguel	Argente	R.A.	1565	193
JOAN CABATA, Gaspar	–	Valencia	1558	186
JUESA, Miguel	San Agustín	T.S.	1517	167
LAZARO, Domingo	Teruel	T.S.	1401–1427	44
LAZARO, Pascual	Teruel	Teruel	1417–1418	66
LAZARO, Simón	–	Teruel	1371–1399	17
LIRIA, Anthón de	Teruel	A/V	1505	150
LOP, Johan	Allepuz	A/V	1462	100
LOP, Johan	Cubla	Comunidad Teruel	1490–1517	143
LOP, Johan	Puebla de Valverde	A/V	1564	191
LOPEZ, Johan	Jarque	A/V	1472–1476	121

Nombre	Población	Jurisdicción	Años	N* fig.
LOPEZ, Lope	–	Zaragoza/T.S.	1501–1512	148
LOPEZ, Pedro	Almunia de Doña Godina	T.S.	1511	157
LOPEZ DE SANTA CRUZ, Johan	–	Teruel	1369–1386	6
MALO, Agustín	Zaragoza	R.A.	1555	187
MALO, Bartholomé	–	Zaragoza/T.S.	1544	183
MALO, Jaime	–	Zaragoza	1527–1529	175
MARTI, Gaspar	–	A/V	1489–1507	142
MARTIN, Antón	Visiedo	T.S.	1530–1531	176
MARTIN, Antón	Camañas	R.A.	1563	188
MARTIN, Aznar	Galve	Teruel	1476	133
MARTIN, Francisco	Camarillas	T.S.	1511	158
MARTIN, Miguel	Puebla de Valverde	T.S.	1451–1483	80
MARTINEZ DE CLARES, Pero	–	R.A.	1369–1372	7
MARTINEZ DE HOTEÇA, Francisco	–	Teruel	1371–1386	18
MARTINEZ DE LOGRAN, Ferrant	–	Teruel	1379–1408	33
MARTINEZ DE MONTAGUDO, Johan	Sarrión	T.S.	1467–1473	108
MARTINEZ DE ORIHUELA, Yagüe	–	Teruel/R.A.	1347	2
MARTINEZ DEL POBO, Johan	–	Teruel	1370–1404	11
MARTINEZ DE LA RAGA, Anthón	Arcos	T.S.	1480	138
MATHEI, Johan	–	Barcelona	1475	127
MILLAN, Gaspar	Cella	Teruel	1459–1483	91
MONTERDE, Johan	Mosqueruela	T.S.	1464–1478	105
MONTON, Pero	Teruel	R.A.	1452	81
MONYO, Matheo	–	Teruel	1370–1371	12
MORA, Domingo	Rubielos	A/V	1433–1464	72
MOROS, Johan de	Teruel	Teruel	1475–1478	128
MUNYOZ, Anthón	Zaragoza	A/V	1470–1483	112
MUNYOZ, Domingo	Teruel	Teruel	1403	49
NADAL, Francisco	El Pobo	T.S.	1673	194
NAVARRO, Johan	–	Teruel	1355	3
NAVARRO, Amigon	–	R.A.	1325	1
NAVARRO, Domingo	Visiedo	–	1564	189
NAVARRO, Pascual	–	Teruel	1475	129
NAVARRO, Pascual	Celadas	R.A.	1517	168
NAVARRO, Pero	Mosqueruela	A/V	1447–1459	77
NAVARRO, Pero, menor de días	Villalba de Arriba	T.S.	1447	78
NICHOLAS, Pedro	E.R.	–	1413	63
NICHOLAS, Pedro	Mosqueruela	T.S.	1445–1466	75
ORIOLA, Gaspar	Zaragoza	A/V	1452	82
ORTIZ, Felip	–	R.A.	1371–1372	19
PASCHUAL, Johan	Teruel	Teruel	1382–1405	35
PASQUAL DEL MESADO, Domingo	–	Teruel/T.S.	1369–1385	8
PASTOR, Belenguer	Alventosa	A/V	1517	169
PERALTA, Martín de	–	Zaragoza/T.S.	1470–1482	113
PEREZ, Miguel	Cabra	T.S.	1680	195
PEREZ, Pedro	Aranda (Aragón)	T.S.	1531	177
PEREZ, Yuste	Camarillas	A/V	1438–1459	74
PEREZ DE CAPDEBOU, Matheo	Rubielos	Teruel	1372–1399	26
PEREZ D' ESPARZA, Miguel	–	Teruel	1371	20
PEREZ DE LA FOZ, Sancho	–	Teruel	1371–1384	21
PEREZ DE MIEDES, Francés	–	R.A.	1369–1373	9
PEREZ DE MONTAGUDO, Luis	Cella	T.S.	1564	192
PEREZ NAVARRO, Johan	Perales	A/V	1477–1507	134
PEREZ NAVARRO, Sancho	Mosqueruela	Teruel	1369–1392	10
PEREZ SADORNIL, Miguel	Rubielos	A/V	1505	151

Nombre	Población	Jurisdicción	Años	N* fig.
PEREZ DE TORRALVA, Johan	Zaragoza	T.S.	1401	45
PEREZ DE VINYE, Francisco	–	Teruel/T.S.	1370–1383	13
PLAZA DE MONTEREGALI, Johan	Teruel	T.S.	1474–1488	124
PODIO, Salvador	E.R.	T.S.	1399–1407	43
POLO, Matheo	El Pobo	A/V	1505–1516	152
PRAT, Johan	–	Zaragoza	1505–1524	153
REUS, Domingo de	Rubielos	»Omnem orbem ...«	1478	136
RODRIGO, Jaime	Armillas	R.A.	1690	198
ROURES, Domingo	Sarrión	T.S.	1412–1417	61
ROYO, Gabriel	Cantavieja	A/V	1462	101
ROYZ, García	Montalbán	T.S.	1470–1517	114
RUBIO, Joan Francisco	Teruel	Teruel	1683	197
RUVIO, Joan	Puebla de Valverde	A/V	1549	184
SADORNIN, Andrés	–	Teruel	1372	27
SALABERT, Domingo	–	Zaragoza	1473	122
SANCHEZ, Valero	Aguilar	Teruel	1405	54
SANCHEZ DE BARCELONA, Gil	Zaragoza	T.S.	1447	79
SANCHEZ DE FABABUX/ABABUJ, Johan	E.R.	–	1371–1373	22
SANCHEZ DE FUENTBUENA, Johan	Cañada	Teruel	1404–1416	51
SANCHEZ DE OTEYÇA, Pero	–	R.A.	1404	52
SANCHEZ DE VALDECONEJOS, Anthón	Teruel	T.S.	1433	73
SANCHEZ DE VALDECONEJOS, Pero	Zaragoza	T.S.	1371	23
SANCHEZ DE VALDECONEJOS, Pero	Teruel	T.S.	1404–1405	53
SANCTO FELICE, Johan	–	Valencia	1465	106
SANDELINAS, Francisco	–	Teruel	1371	24
SANT GIL, Martín	–	R.A.	1372–1383	28
SANZ, Domingo	Montalbán	R.A.	1463–1473	103
SAVASTIAN, Pascual	Teruel	R.A.	1458–1471	89
SAYAS, Pedro de	Rubielos	A/V	1511–1564	159
SENYER, Pedro	E.R.	T.S.	1374	30
SESA, Fortunyo de	–	Teruel	1373–1403	29
SIERRA, Johan de la	Armillas	A/V	1495–1498	144
SPASA, Johan de la	Barcelona	–	1409	60
TORNERO, Luís	Zaragoza	A/V	1483	141
TORRENT, Miguel	–	Valencia	1517	170
TORTAJADA, Martín	Puebla de Valverde	Teruel y aldeas	1460–1482	94
TUDELA, Miguel	Zaragoza	T.S.	1543	181
VALERO, Joan	Torrelacárcel	A/V	1519–1546	171
VALERO CABRERA, Gerónimo	Tramacastilla	R.A.	1681	196
VALLI, Jaime	–	T.S.	1401–1408	46
VAREA, Johan	Perales	A/V	1470	115
VAYO, Benedicto del	La Hoz de la Vieja	T.S.	1422–1461	70
VAYO, Domingo del	Sarrión	Teruel y aldeas	1469–1483	111
VAYO, Johan del	El Pobo	A/V	1497–1505	146
VAYO, Johan del	Cedrillas	E.A.	1505	154
VERDUN, Domingo	Montalbán	T.S.	1456–1476	85
VERDUN, Johan de	Montalbán	R.A.	1482–1531	140
VICENT, Gabriel	Mosqueruela	T.S. Aragón y Castilla	1505	155
VIJUESCA, Diego de	Teruel	–	1478–1479	137
XIMENEZ, Domingo	Cedrillas	A/V	1462	102
XIMENEZ, Gaspar	Valencia	Valencia	1471–1473	118
XIMENEZ, Johan	–	Valencia	1456–1482	86
XIMENEZ, Pedro	Teruel	Teruel	1531	178
XULBE/EJULVE, Bartholomé	Rubielos	T.S.	1386	39
YRANÇO, Domingo de	–	T.S.	1376	67
YVANYES, Joan	Cella	Teruel	1543	182

Siglo XV

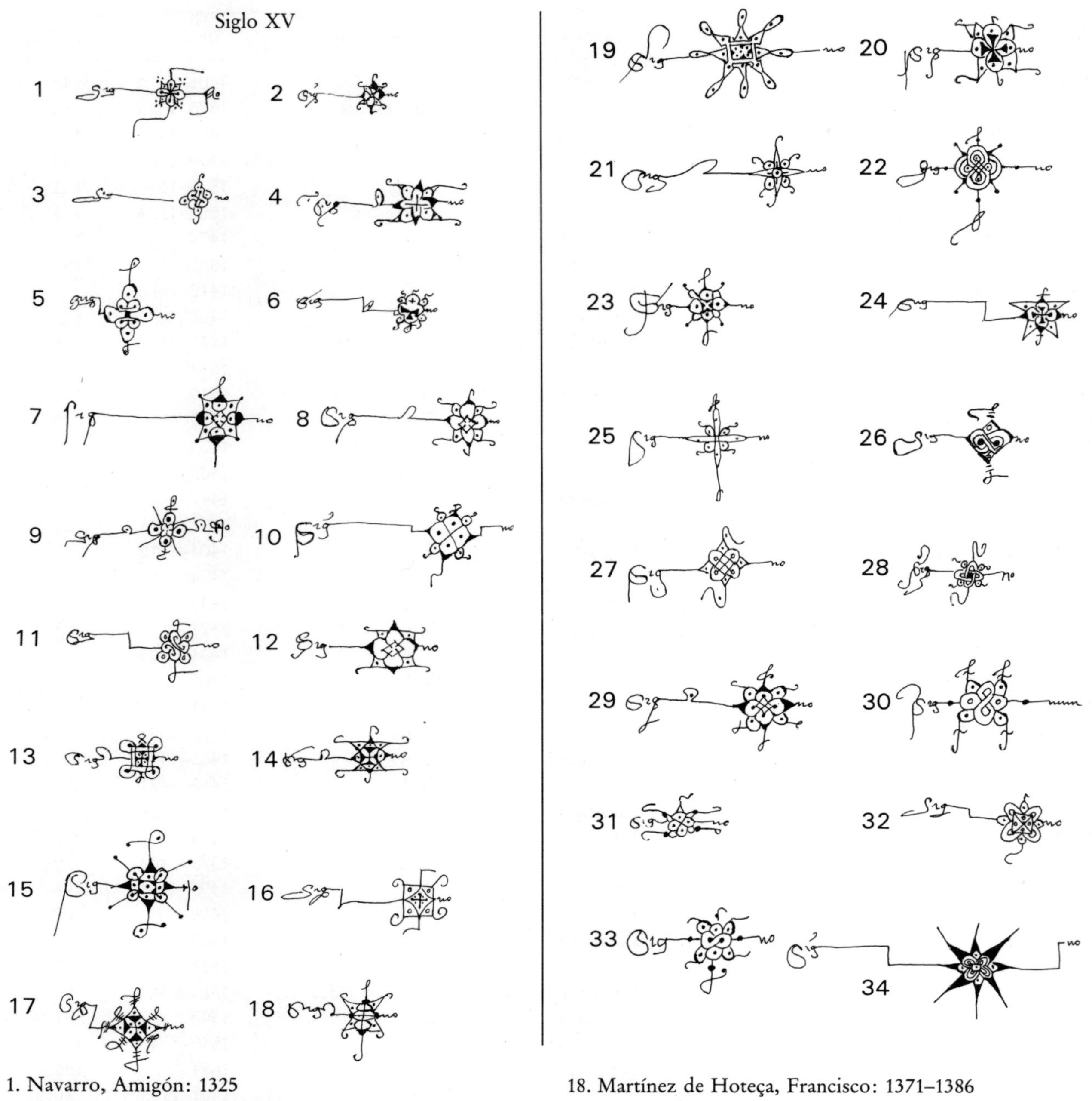

1. Navarro, Amigón: 1325
2. Martínez de Orihuela, Yagûe: 1347
3. Navarro, Johan: 1355
4. Galve, Francisco de: 1362–1371
5. Gonçalvo, Johan: 1368
6. López de Santa Cruz, Johan: 1369–1386
7. Martínez de Clares, Pero: 1369–1372
8. Pasqual del Mesado, Domingo: 1369–1385
9. Pérez de Miedes, Francés: 1369–1373
10. Pérez Navarro, Sancho: 1369–1392
11. Martínez del Pobo, Johan: 1370–1404
12. Monyo, Matheo: 1370–1371
13. Pérez de Vinyé, Francisco: 1370–1383
14. Adelantado, Francisco: 1371–1377
15. Aranda, Pascual d': 1371
16. Aznar Fortún, Johan: 1371–1398
17. Lázaro, Simón: 1371–1399
18. Martínez de Hoteça, Francisco: 1371–1386
19. Ortíz, Felip: 1371–1372
20. Pérez d'Esparza, Miguel: 1371
21. Pérez de la Foz, Sancho: 1371–1384
22. Sánchez de Fababux/Ababuj, Johan: 1371–1373
23. Sánchez de Valdeconejos, Pero: 1371
24. Sandelinas, Francisco: 1371
25. Foz, Johan de la: 1372
26. Pérez de Capdebou, Matheo: 1372–1399
27. Sadornín, Andrés: 1372
28. Sant Gil, Martín de: 1372–1383
29. Sesa, Fortunyo de: 1373–1403
30. Senyer, Pedro: 1374
31. Cuevas, Yvanyes de las: 1375–1386
32. Guillem de Celadas, Pero: 1378–1379
33. Martínez de Lográn, Ferrant: 1379–1408
34. Garcez, Pero: 1381–1387

35
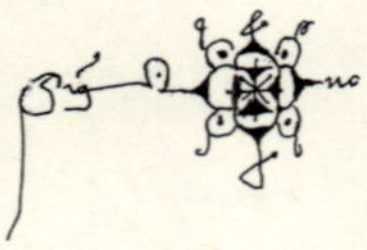
36
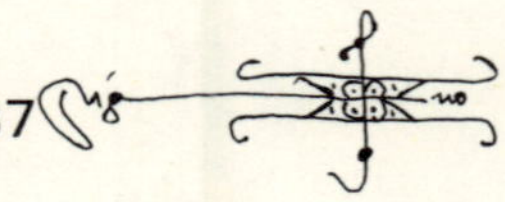
37

38

39

40
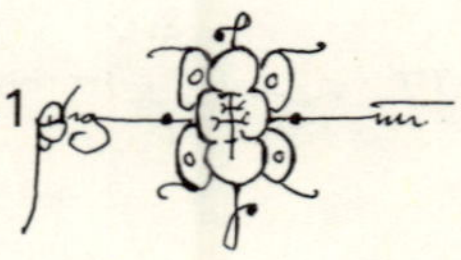
41
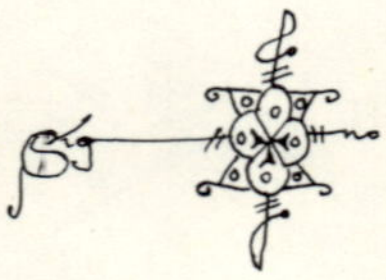
42
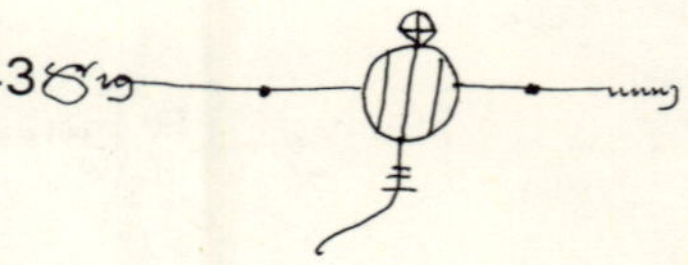
43

Siglo XV

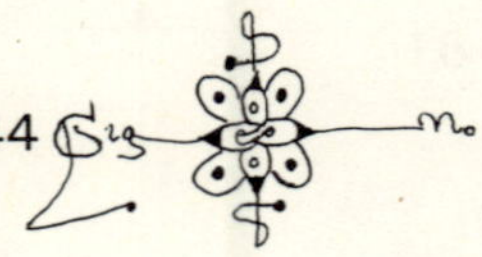
44
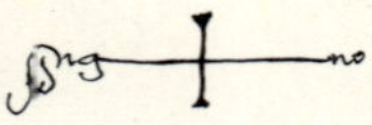
45
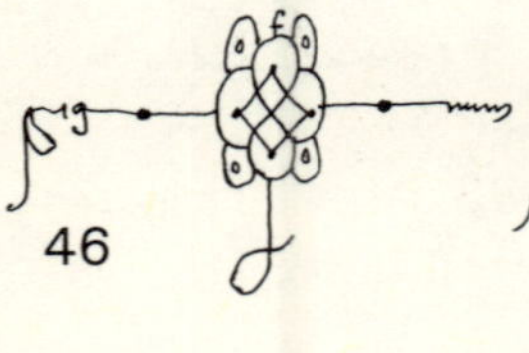
46
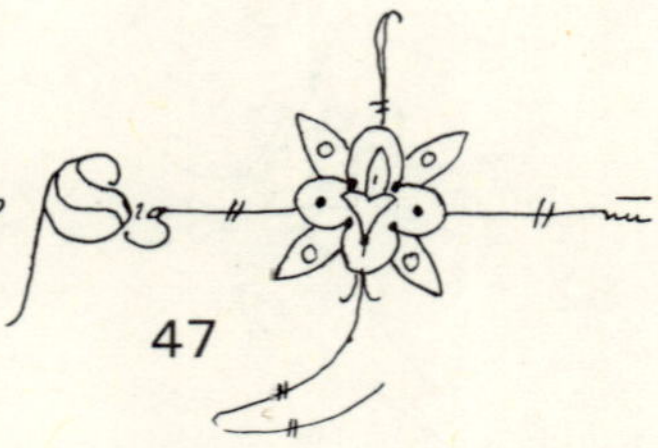
47
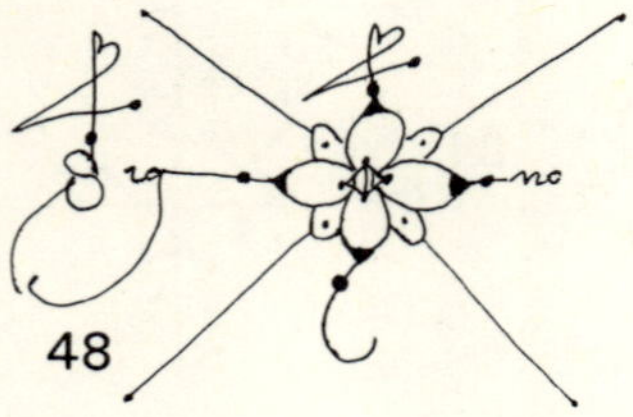
48
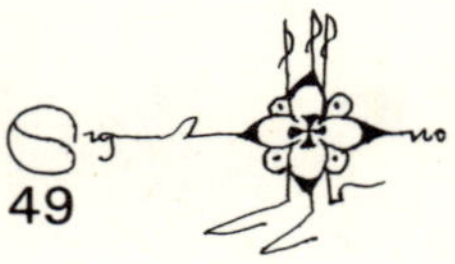
49
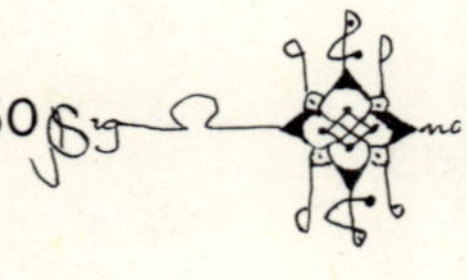
50

51
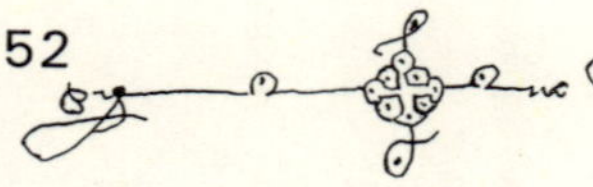
52
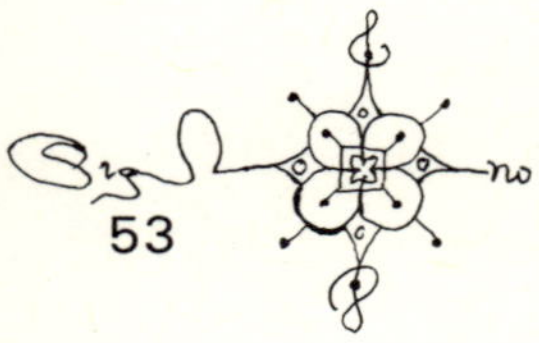
53
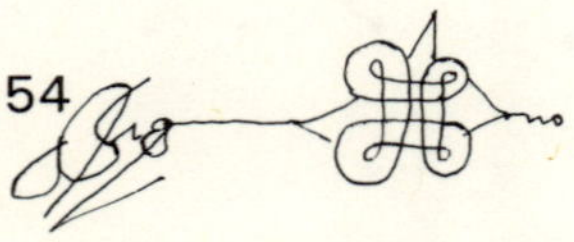
54
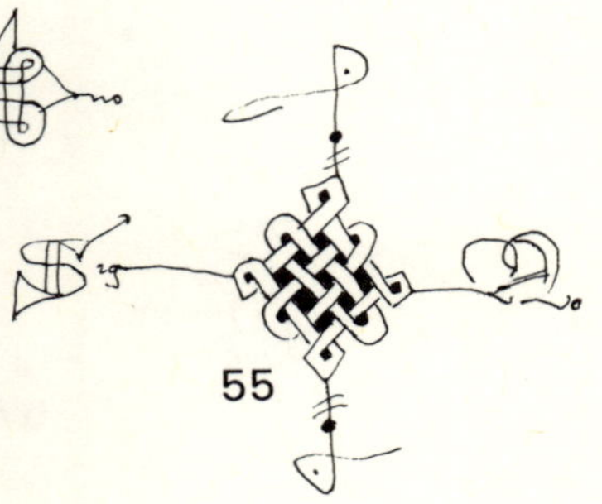
55
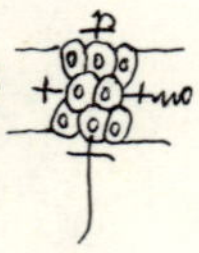
56
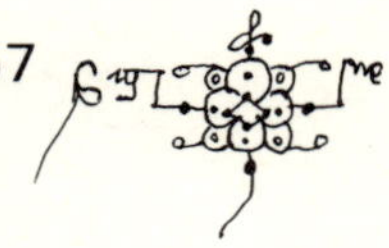
57
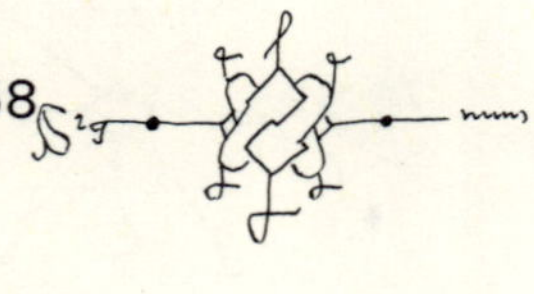
58
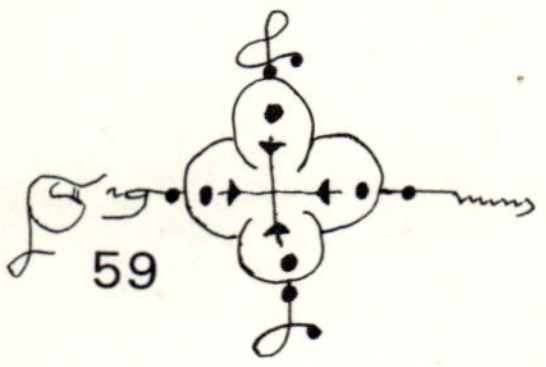
59

35. Paschal/Paschual, Johan: 1382–1405
36. Galve, Francisco de, menor de días: 1383–1391
37. Gil de Guarín, Ferrant: 1383–1399
38. Benedito de Villarroya, Gil: 1386–1406
39. Xulbe/Ejulve, Bartholomé: 1386
40. Çaplana, Bernat: 1387–1392
41. Catalá, Bartholome/Berthomeu: 1391–1399
42. Besanta, Berenguer de: 1395–1404
43. Podio, Salvador de: 1399–1407

Siglo XV

44. Lázaro, Domingo: 1401–1427
45. Pérez de Torralva, Johan: 1401
46. Valli, Jacobus: 1401–1408
47. Gras, Bartholomé: 1402–1414
48. Gómez, Johan: 1403
49. Munyoz, Domingo: 1403
50. Gómez, Johan: 1404–1405
51. Sánchez de Fuentbuena, Johan: 1404–1416
52. Sánchez de Oteyça, Pero: 1404
53. Sánchez de Valdeconejos, Pero: 1404–1405
54. Sánchez, Valero: 1405
55. Andrés, Domingo: 1406
56. Garcez Navarro, Pero: 1407
57. Egidii/Gil, Miquel: 1407
58. Cudina, Salvador: 1408
59. Domínguez, Sancho: 1409–1417

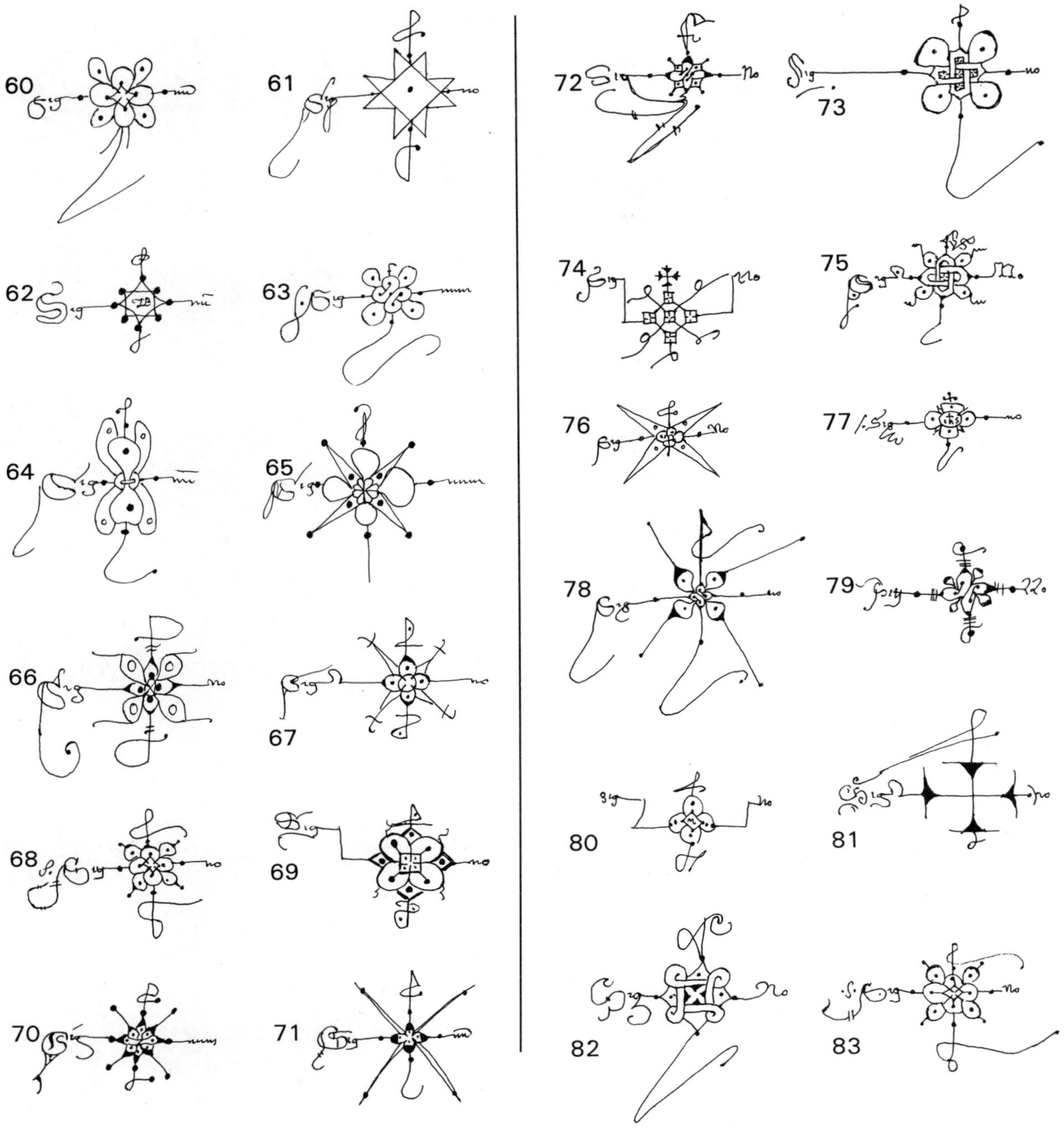

60. Spasa, Johan de la: 1409
61. Roures, Domingo: 1412–1417
62. Estayo, Bartholomé: 1413
63. Nicholas, Pedro: 1413
64. Alagó, Martín de: 1414
65. Capmany, Anthoni: 1414–1416
66. Lázaro, Pascual: 1417–1418
67. Yranzo, Johan: 1417
68. Agostín, Domingo: 1420–1447
69. Alcabas, Rodrigo de: 1422
70. Vayo, Benedicto del: 1422–1461
71. Esteban/Stefani, Mateo: 1425
72. Mora, Domingo: 1433–1464
73. Sánchez de Valdeconejos, Anthón: 1433
74. Pérez, Yuste: 1435–1459
75. Nicholas, Pedro: 1445–1466
76. Domínguez, Pascual: 1447
77. Navarro, Pero: 1447–1459
78. Navarro, Pero, menor de días: 1447
79. Sánchez de Barcelona, Gil: 1447
80. Martín, Miguel: 1451–1483
81. Montón, Pero: 1452
82. Oriola, Gaspar: 1452
83. Agostín, Johan: 1453–1466

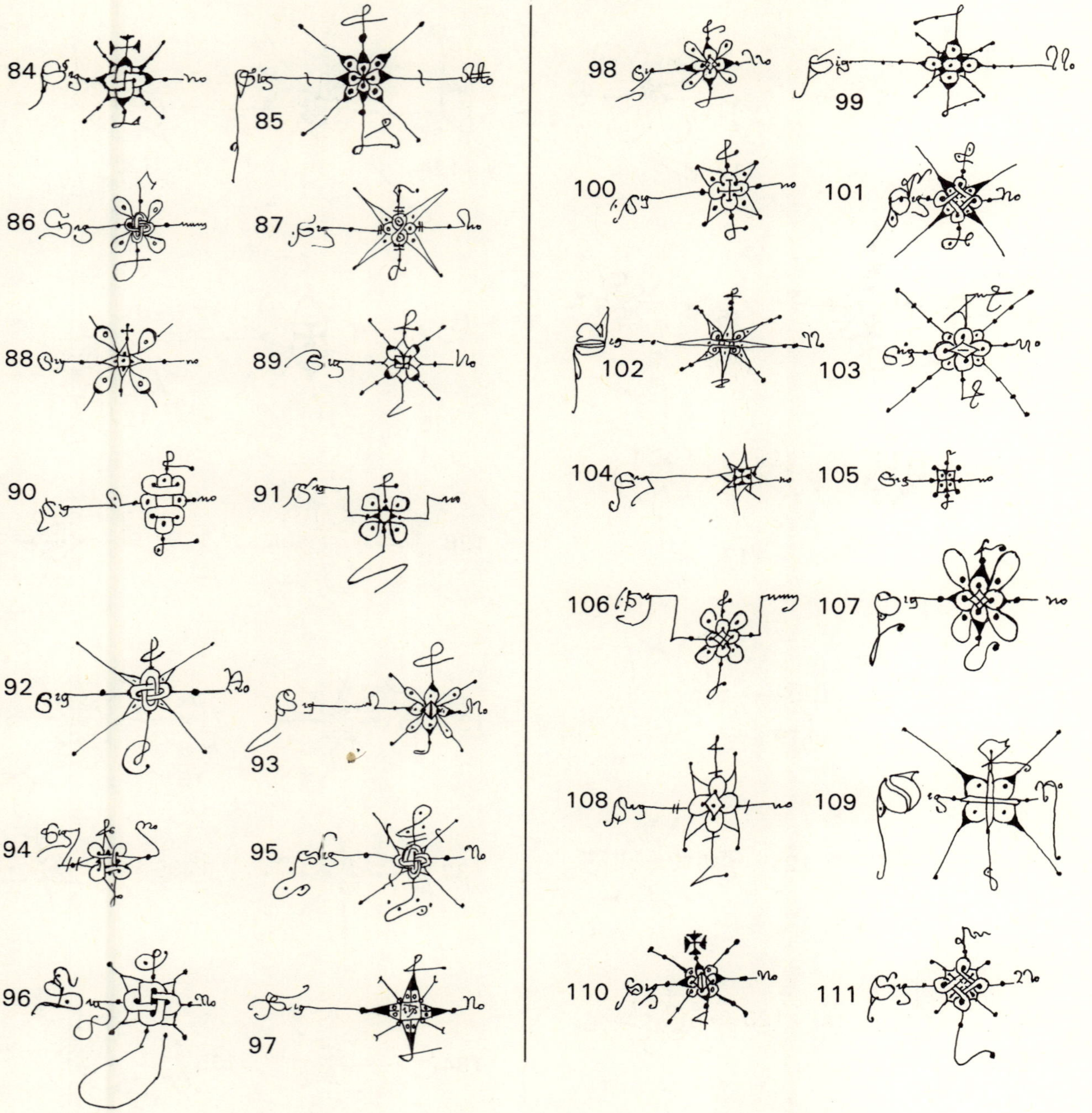

84. Galindo, Johan: 1455
85. Verdún, Domingo: 1456–1476
86. Ximénez/Jiménez, Johan: 1456–1482
87. Catalá, Miguel: 1457–1472
88. García, Johan: 1457–1475
89. Savastián/Sabastián, Pascual: 1458–1471
90. Gil de Moros, Domingo: 1459–1460
91. Millán, Gaspar: 1459–1483
92. Bueno, Domingo: 1460–1461
93. Exiarch/Jarque, Martín: 1460–1476
94. Tortajada, Martín: 1460–1482
95. Capiella, Pedro: 1461–1469
96. Cueva, Gonçalvo de la: 1461
97. Guillém, Francisco: 1461–1473
98. Benedito, Lois: 1462
99. Ferriz de Vistabella, Pascual: 1462
100. Lop, Johan: 1462
101. Royo, Gabriel: 1462
102. Ximénez, Domingo: 1462
103. Sanç, Domingo: 1463–1473
104. Gisquerol, Anthón: 1464–1479
105. Monterde, Johan: 1464–1478
106. Sancto Felice, Johan de: 1465
107. Abat, Gil: 1466
108. Martínez de Montagudo, Johan: 1467–1473
109. Daluenda, Martín: 1469
110. Ferrando, Estevan: 1469–1476
111. Vayo, Domingo del: 1469–1483

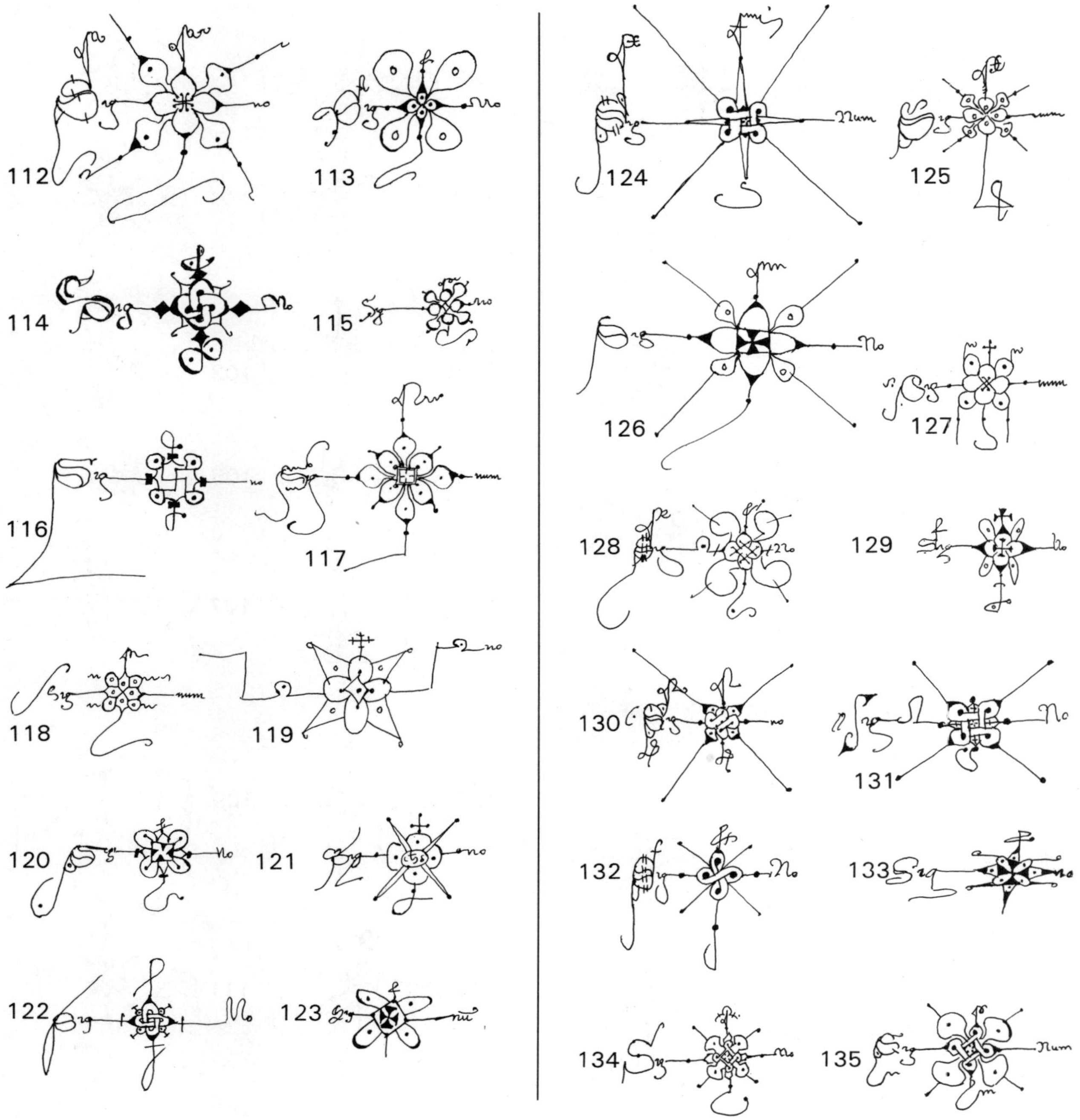

112. Munyoz, Anthón: 1470–1483
113. Peralta, Martín de: 1470–1482
114. Royz, García: 1470–1517
115. Varea, Johan: 1470
116. Varrachina/Barrachina, Johan de: 1471–1474
117. Granada, Johan: 1471–1473
118. Eximénez, Gaspar: 1471–1473
119. Adrián, Vicent: 1472
120. Dolz, Johan: 1472–1490
121. López, Johan: 1472–1476
122. Salabert, Domingo: 1473
123. Aguilar, Domingo: 1474

124. Plaça de Monteregali, Johan: 1474–1488
125. Baró, Berenguer: 1475
126. Cuerla, Domingo de: 1475
127. Mathei, Johan: 1475
128. Moros, Johan de: 1475–1478
129. Navarro, Pascual: 1475
130. Castellot, Miguel de: 1476–1517
131. Dolz, Jaime: 1476–1507
132. García, Ferrando: 1476–1480
133. Martín, Aznar: 1476
134. Pérez Navarro, Johan: 1477–1507
135. Alvarez, Jaime: 1478

136
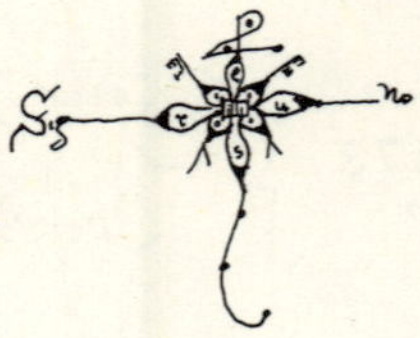
137
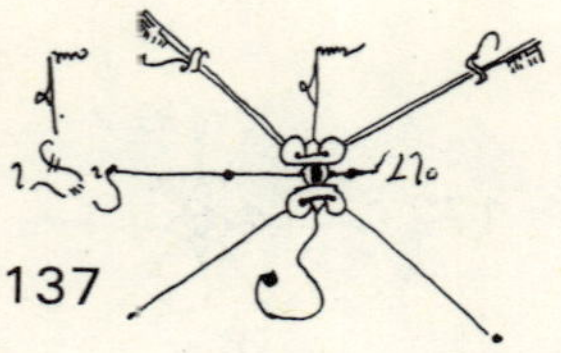
138
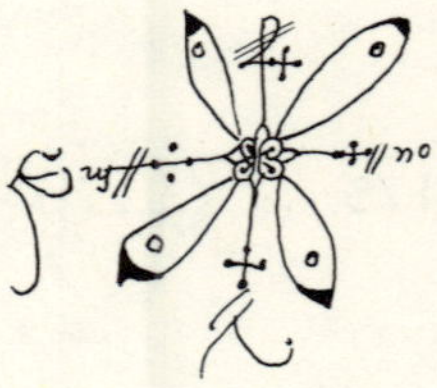
139

140
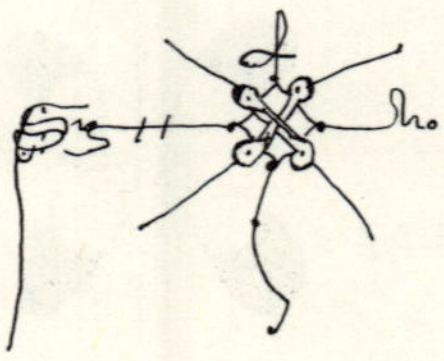
141
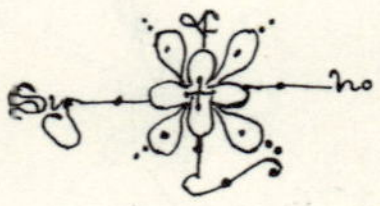
142
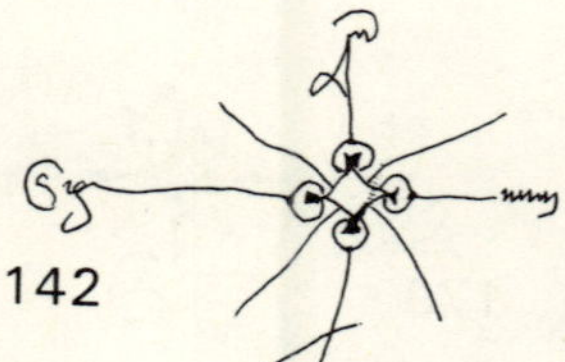
143
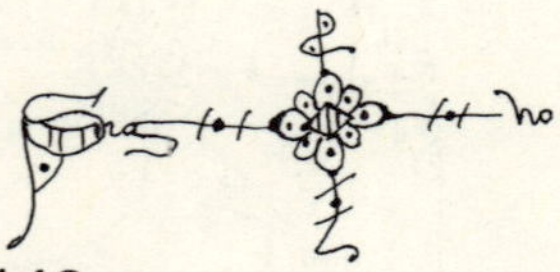
144
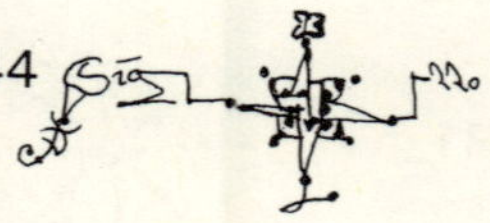
145
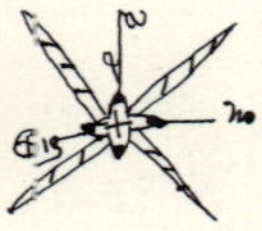
146
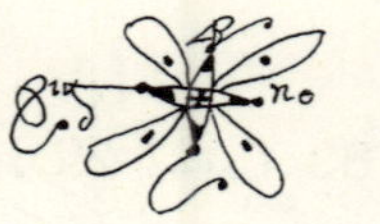
147
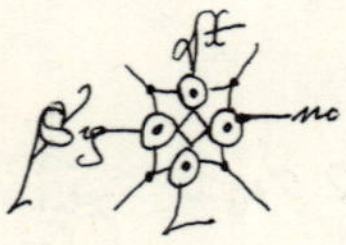

Siglo XVI

148
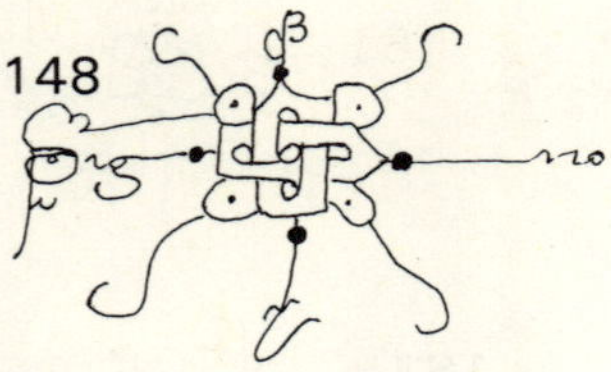
149
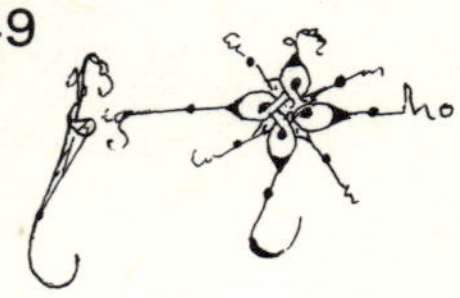
150
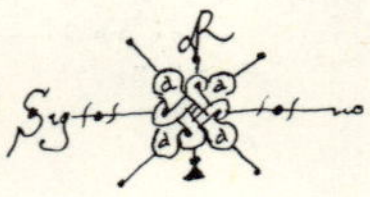
151
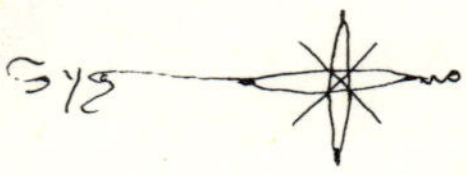
152
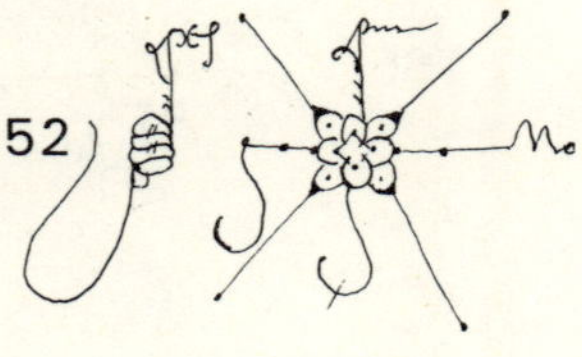
153
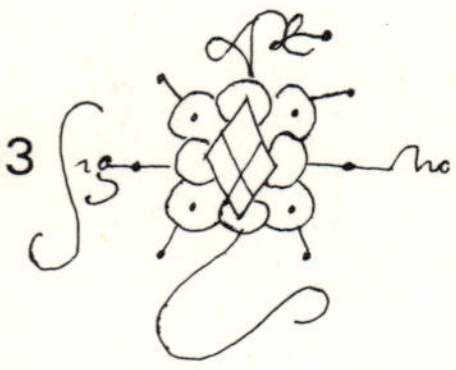
154
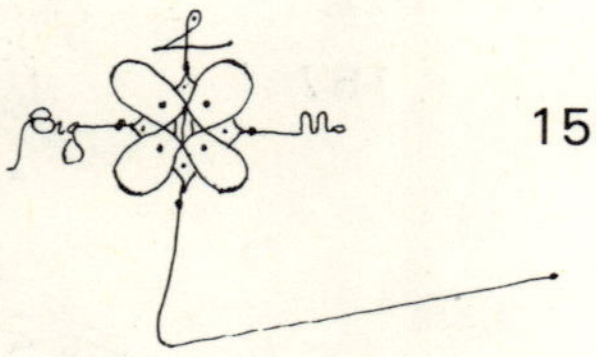
155
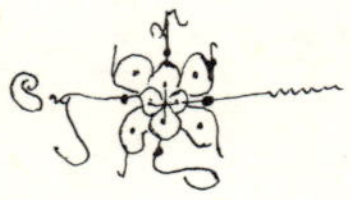
156
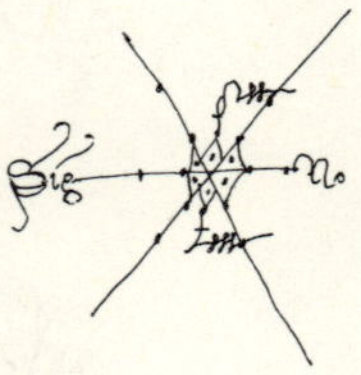
157
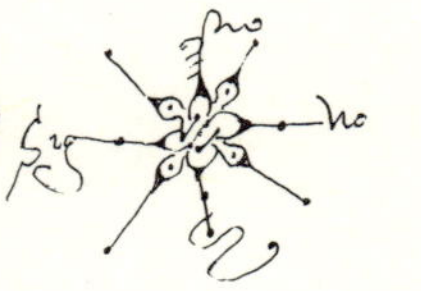
158
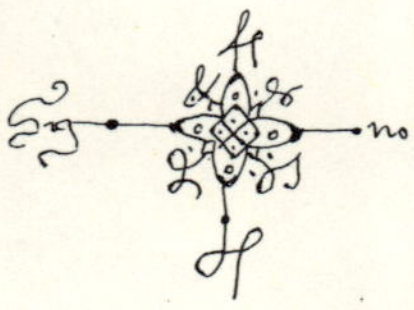
159
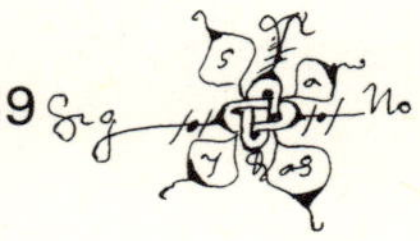

Siglo XVI

136. Reus, Domingo de: 1478
137. Vijuesca, Diago de: 1478–1479
138. Martínez de la Raga, Anthón: 1480
139. Casset, Ramón: 1482140. Verdún, Johan de: 1482–1531
141. Tornero, Loys: 1483
142. Martí. Gaspar: 1489–1507
143. Lop, Johan: 1490–1517
144. Sierra, Johan de la: 1495–1498
145. Asensio, Pedro: 1496–1505
146. Vayo, Johan del: 1497–1505
147. Gonzalo de Liria, Climente: 1498–1517
148. López, Lope: 1501–1512
149. Elias, Joan d': 1505–1511
150. Liria, Anthon de: 1505
151. Pérez Sadornil, Miguel: 1505
152. Polo, Matheo: 1505–1516
153. Prat, Johan: 1505–1524
154. Vayo, Johan del: 1505
155. Vicent, Gabriel: 1505
156. Castellot, Luis de: 1510–1531
157. López, Pedro: 1511
158. Martín, Francisco: 1511
159. Sayas, Pedro de: 1511–1564

160
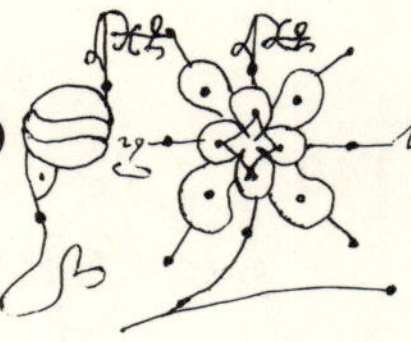
161

162
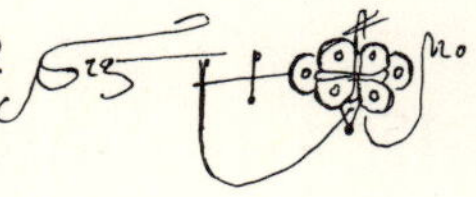
163
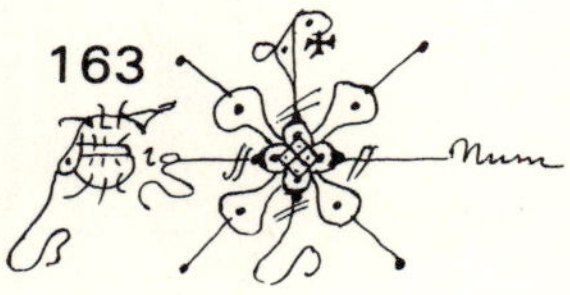
164
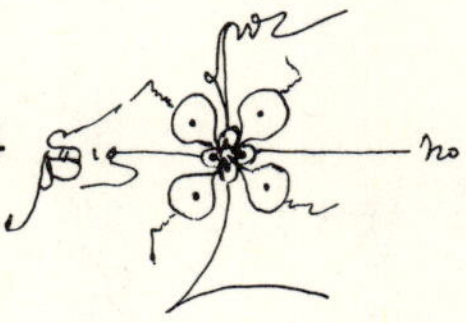
165
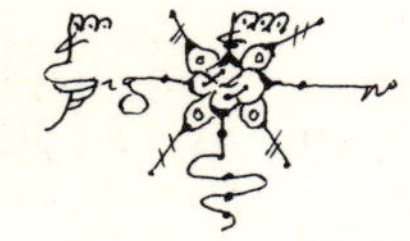
166
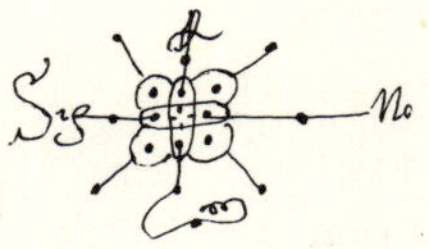
167
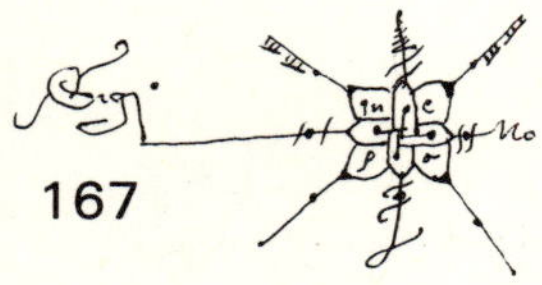
168
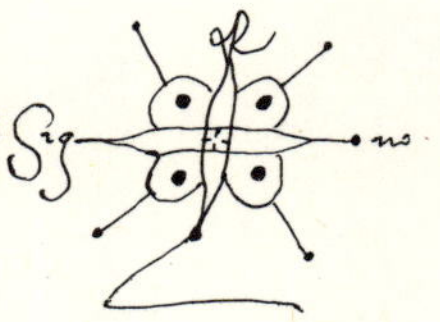
169
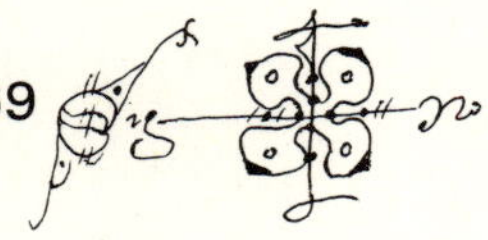
170
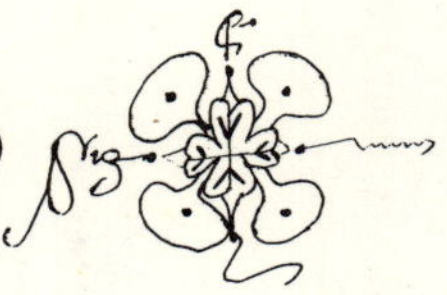
171

172
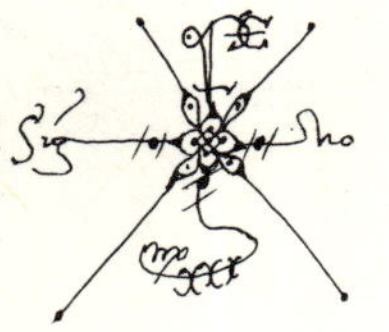
173

174
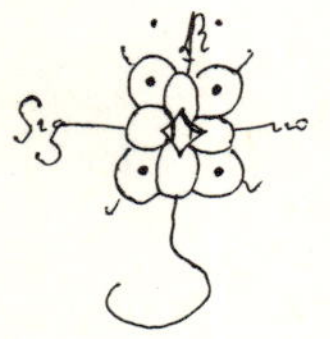
175

176
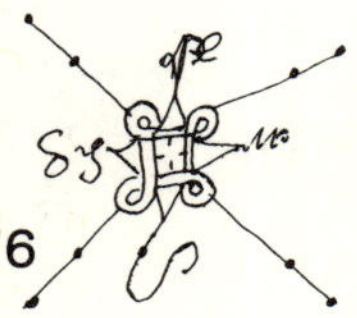
177
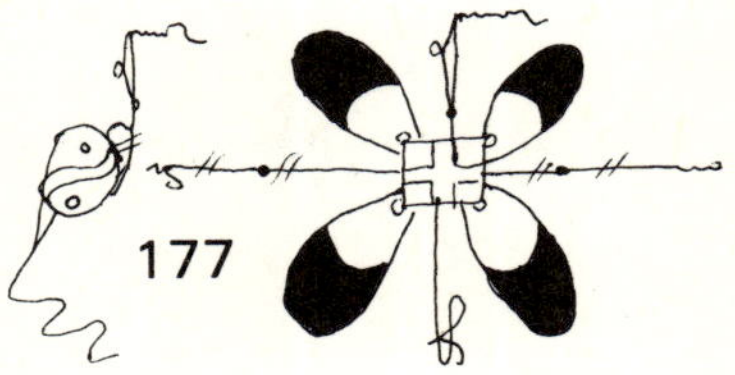
178
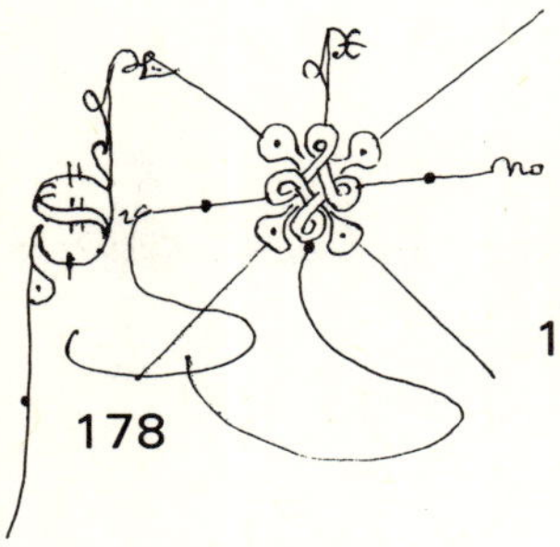
179

180
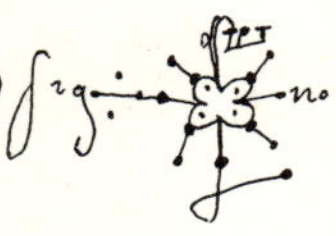
181
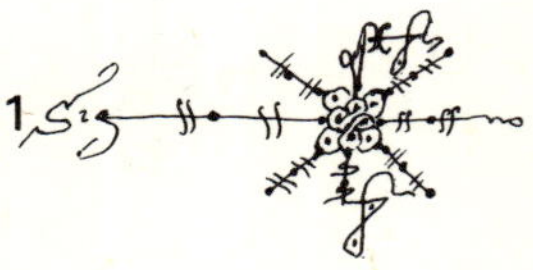
182
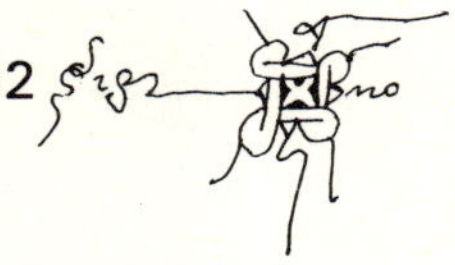
183

160. Gil, Eximeno/Jimeno: 1516–1517
161. Belenguer, Martin alias Demarín: 1517
162. Camero, Gaspar: 1517
163. Echo, Natalis d': 1517
164. Escuder, Miguel: 1517–1525
165. Gil de Palomar, Anthon: 1517
166. Gonçalo de Liria, Johan: 1517
167. Juesa, Miguel: 1517
168. Navarro, Pascual: 1517
169. Pastor, Belenguer: 1517
170. Torrent, Miguel: 1517
171. Valero, Johan: 1519–1546
172. Aparicio, Johan: 1524
173. Degues, Pedro: 1524
174. Dolz, Gaspar: 1524
175. Malo, Jaime: 1527–1529
176. Martín, Antón: 1530–1531
177. Pérez, Pedro: 1531
178. Ximénez/Jiménez, Pedro: 1531
179. Abril, Martín: 1543
180. Gómez, Gaspar: 1543
181. Tudela, Miguel: 1543
182. Yvanyes/Ivañez, Joan: 1543
183. Malo, Bartolomé: 1544

184
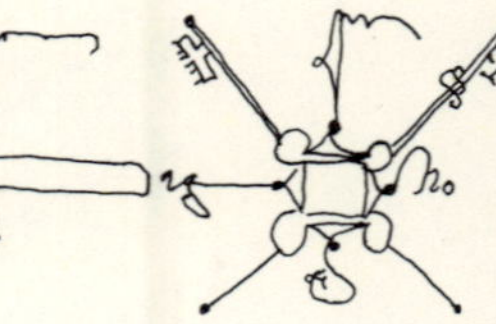

185
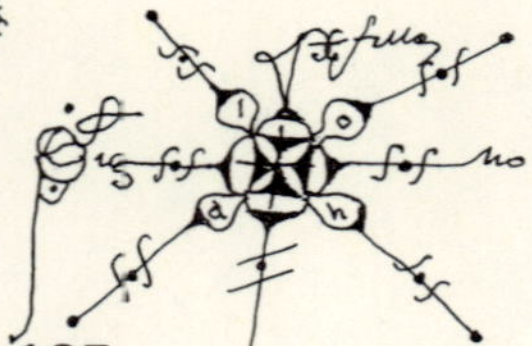

186

187

188
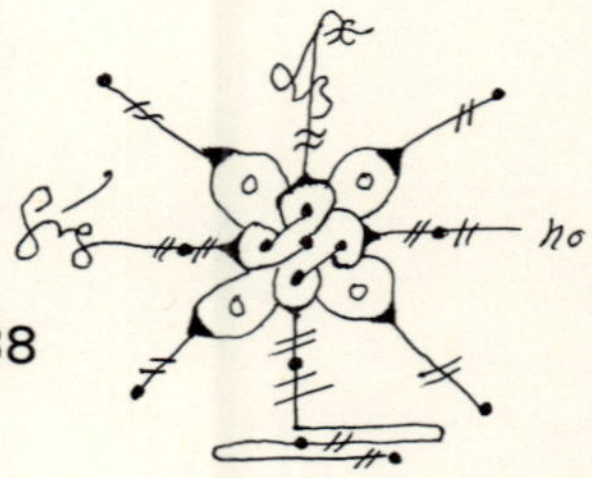

189
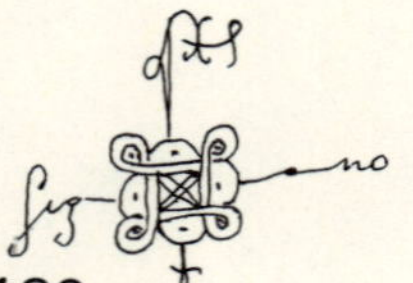

190

191

192

193
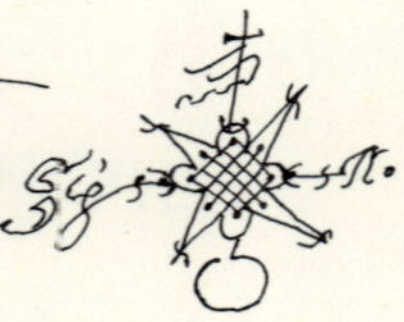

Siglo XVII

194

195

196

197
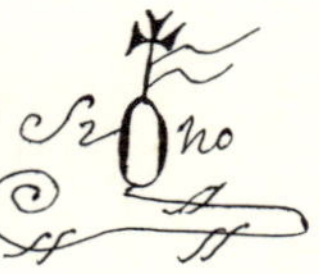

198

S. F.

199
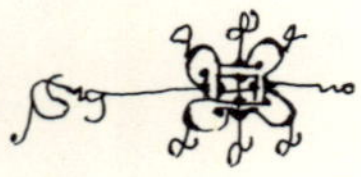

184. Ruvio, Joan: 1549
185. Crimente, Joan: 1555
186. Joan Cabata, Gaspar: 1558
187. Malo, Agustín: 1555
188. Martín, Antonio: 1563
189. Navarro, Domingo: 1564
190. Espejo, d'/ Navarro d'Espejo, Jerónimo: 1564
191. Lop, Johan: 1564
192. Peres de Montagudo, Luís: 1564
193. Hernando de Monforte, Miguel Jerónimo: 1565

Siglo XVII

194. Nadal, Francisco: 1663
195. Pérez, Miguel: 1680
196. Valero Cabrera, Gerónimo: 1681
197. Rubio, Joan Francisco: 1683
198. Rodrigo, Jaime: 1690
199. Gasch, Jaime: s. f.

Signos de notarios de Zaragoza (siglo XIV)

POR ASUNCIÓN BLASCO MARTÍNEZ

Introducción

Cuando recibí la amable invitación de del profesor Rück para colaborar en un compendio sobre los símbolos gráficos en los documentos medievales europeos, me pareció que era la ocasión de dar a conocer los signos manuales de los notarios zaragozanos del siglo XIV, dispersos en los protocolos de los siglos XIV y XV y olvidados en anteriores trabajos sobre el notariado de Aragón[1]. Sólo mi maestro y director de tesis, Angel Canellas, reprodujo unos pocos en 1974 para ilustrar una obra de carácter general[2], pero no prestó especial atención a esos signos de validación, que en los últimos años, y por lo que se refiere a otros estados hispánicos[3] o a otros momentos históricos[4], han despertado el interés de diversos investigadores.

La colección que presento es fruto de una paciente y exhaustiva investigación en el Archivo Notarial de Zaragoza, iniciada en 1971 con el fin de recoger material para mi tesis doctoral[5]. Durante años, he revisado todos los protocolos del siglo XIV[6] y parte de los de comienzos del XV (hasta 1416)[7] conservados en el archivo, y he reproducido (o xerocopiado) todos los signos notariales que iba encontrando tanto en los protocolos[8]

1 Ricardo del ARCO, La institución del notariado en Aragón, en: Anuario de Derecho Aragonés I, Zaragoza 1944, págs. 167–237; Rosa María BANDRES SANCHEZ-CRUZAT, La organización notarial aragonesa a través de los fueros, en: X Congreso de Historia de la Corona de Aragón. (Zaragoza 1976), Zaragoza, Institución Fernando el Católico, s. a., págs. 49–62; José BONO HUERTAS, Historia del Derecho Notarial español, Madrid, Tomo I: 1979 y Tomo II: 1982; José Luis MERINO HERNANDEZ, La institución del notariado en Aragón, en: El Patrimonio Documental Aragonés y la Historia (Diputación General de Aragón), Zaragoza 1986, págs. 135–154; Angel CANELLAS, El notariado en España hasta el siglo XIV: estado de la cuestión, en: Notariado público y documento privado: de los orígenes al siglo XIV, Actas del VII Congreso Internacional de Diplomática. (Valencia 1986), Valencia 1989, vol. I, págs. 101–139; y Rafael CONDE, Francisco GIMENO, Notarías y escribanías de concesión real en la Corona de Aragón, en: Notariado público y documento privado: de los orígenes al siglo XIV, Actas del VII Congreso Internacional de Diplomática (Valencia 1986), Valencia 1989, vol. I, págs. 281–330.

2 Angel CANELLAS, Zaragoza medieval (1162–1479), en: Historia de Zaragoza. I: Edades Antigua y Media, Zaragoza 1976, il. entre las págs. 344–345 y 396–397.

3 Oriol VALLS SUBIRA, El »signum« notarial, en: Centenario de la ley del Notariado, Sección cuarta, Fuentes y Bibliografía, Signos Notariales, vol. II, tomo II, Barcelona 1963, págs. 7–141; Luisa D'ARIENZO, Il signum tabellionis e la sottoscrizione notarile degli scrivani di cancelleria di Pietro IV d'Aragona, en: Estudios históricos y documentos de los Archivos de Protocolos VI (=Miscelánea en honor de Josep María Madurell i Marimón), Barcelona 1978, págs. 15–62; Ana María NAVARRO ESCOLANO, Signos notariales medievales de la colección de pergaminos del Archivo Municipal de Elche, en: Anales de la Universidad de Alicante 1 (1982), págs. 207–220; Virginia CUÑAT CISCAR, Para un catálogo de »signum tabellionis« de la Corona de Aragón: algunos notarios de las ciudades de Valencia y Alcira del siglo XIII, en: Anales de la Universidad de Alicante 4–5 (1986), págs. 347–357; Manuel LUCAS ALVAREZ, El notariado en Galicia hasta el año 1300, en: Notariado público y documento privado: de los orígenes al siglo XIV, Actas del VII Congreso Internacional de Diplomática. (Valencia 1986), Valencia 1989, vol. I, págs. 331–480; Pilar OSTOS, M Luisa PARDO, Los escribanos públicos de Zaragoza en el siglo XIII, en: Notariado público y documento privado: de los orígenes al siglo XIV, Actas del VII Congreso Internacional de Diplomática. (Valencia 1986), Valencia 1989, vol. I, págs. 513–559; M.ª Josefa SANZ FUENTES, Documento notarial y notariado en la Asturias del siglo XIII, en: Notariado público y documento privado: de los orígenes al siglo XIV, Actas del VII Congreso Internacional de Diplomática (Valencia 1986), Valencia 1989, vol. I, págs. 245–280; y Pilar OSTOS, M.ª Luisa PARDO, Documentos y notarios de Sevilla en el siglo XIII (Fundación matritense del notariado), Madrid 1989, págs. 52–55.

4 Paloma DEL VALLE MONTER, Inventario del Archivo Notarial de la Villa de Montalbán (1412–1550), en: Teruel 71 (1984), págs. 140–193; y Pilar PUEYO COLOMINA, Suscripciones y signos notariales en la parroquia de Castejón de Valdejasa (siglos XVI–XIX), en: Estudios en homenaje al Dr. Antonio Beltrán Martínez, Zaragoza 1986, págs. 1.117–1.191.

5 Asunción BLASCO MARTINEZ, Los judíos de Zaragoza en el siglo XIV (Publicado el primer capítulo: La judería de Zaragoza en el siglo XIV, en: Institución Fernando el Católico, Zaragoza 1987. Otros se hallan en prensa).

6 En total, son más de 500. El protocolo más antiguo que se conserva es de 1316.

7 De algunos notarios, que habían comenzado a ejercer la profesión en el siglo XIV y continuaron haciéndolo en el XV, sólo se conserva el signo en los protocolos de fecha tardía. En ocasiones, he proseguido la búsqueda incluso más allá del año 1416, porque algunas marcas validatorias han quedado registradas en pergaminos utilizados para encuadernar códices de época posterior.

8 Protocolo es el término más comúnmente empleado para designar el libro de notas.

(manuales[9] o libros de notas[10]) y registros (o puesta en limpio[11]) como en los pergaminos empleados en su encuadernación. El resultado son las setenta y ocho marcas validatorias aquí reunidas[12] y estudiadas. Entra dentro de lo posible – y sería deseable que así fuera –, que futuras prospecciones en otros fondos o en documentación notarial del siglo XV, pero de época posterior, permitan incrementar este repertorio, pues son bastantes más de cien los notarios públicos documentados en Zaragoza en el siglo XIV.

En la realización del presente trabajo he utilizado gran cantidad de datos relativos a notarios zaragozanos, procedentes del Archivo de Protocolos de Zaragoza[13], del Archivo Municipal de esa ciudad[14] y del Archivo de la Corona de Aragón, en Barcelona[15]. Esta información colateral me ha permitido no sólo ampliar los períodos de actividad profesional de notarios ya conocidos, sino también determinar la de otros, de los que no se sabía prácticamente nada porque sus libros de notas se han perdido.

He confeccionado una relación alfabética de notarios, en la que se indican: su nombre completo (primero el nombre de familia y después el nombre de pila[16]), su jurisdicción (es decir, si era notario público de número, general o del Reino) y, entre paréntesis, el tipo de fuente (protocolo (= P) o documento original (= O), pues en ocasiones el signo se ha conservado en pergaminos usados como encuadernación o en documentos intercalados en el códice) y el año del documento del que se ha tomado la marca o, en su defecto, el año *ante quem;* también se incluye un número que hace referencia a la sucesión de los signos manuales reproducidos. Las aclaraciones oportunas (constatación documental de la existencia de notarios homónimos, fecha del nombramiento como notario del Reino / general / de número de la ciudad, cantidad de protocolos conservados, localización precisa del signo, etc.) se dan en notas. En cambio, los trasuntos de los signos siguen un orden cronológico. Al pie de cada uno de ellos se indica el nombre del notario, el período en que ha podido ser documentada su vida profesional[17] y, naturalmente, el número de orden que le corresponde. De este modo, se cumple un doble objetivo: la consulta de la lista alfabética permite localizar rápidamente al autor y su símbolo, mientras que el examen de las marcas validatorias, en riguroso orden cronológico desde la primera fecha, facilita el seguimiento de la evolución histórica del signo manual.

El sistema empleado para reproducir los signos (siempre que su colocación lo permitía), ha sido el

9 Esta denominación es menos usual (»*Sig+no de mi Johan de Perramon, notario publico de la ciudat de Çaragoça, qui los contractos por mi en el anyo que comiença anno a nativitate Domini millesimo quadringentesimo decimo septimo et en el present manual por mi testificados et de mi propria mano notados et son segunt se siguen*«. Archivo Histórico de Protocolos de Zaragoza [=AHPZ], Juan de Peramón, 1417, fol. 1)

10 Al »*liber notularum*« se refieren, por ejemplo, Lázaro Marcén (»*Liber notularum Lazari Marzen, notarii publici civitatis Cesarauguste, qui creatus fuit notarius per honorabiles juratos dicte civitatis octavo die menssis marcis anno nativitate Domini millesimo trecentessimo nonagessimo sexto*«. AHPZ, Lázaro Marcén, 1396, fol. 1) y Domingo de Tarba (»*Liber notularum per me Domengium de Tarba, publicum Cesarauguste et auctoritate Domini Regis per totum regnum Aragonum notarium propria manu receptarum et in presenti libro conscriptatum*«. AHPZ, Domingo de Tarba, 1360, fol. 2).

11 El uso en Zaragoza del término »*protocolo*«, como sinónimo de libro de notas o manual, y de la voz »*registro*«, para designar la puesta en extenso de esas notas, queda fuera de toda duda, pues Ferrando Pérez de Samper, en su protocolo de 1396, dejó escrito: »*Sig+no de mi Ferrant Perez de Santper, notario publico de la ciudat de Çaragoça et por actoridat del muyt excellent senyor Rey de Aragon por toda su tierra et senyoria, qui las notas por mi recebidas en el present annyo nativitate Domini M* CCC* XC* VI* en el present protocollo son de mi propria mano scriptas et a la fin de aquel el signo mio aconstunbrado y pus, en testimonio de todas et cada unas cosas sobreditas; del qual present protocollo, assi como necessario es, se sacan en el registro del present anyo largament, segunt que cadaun contracto es de su natura et cada que por part legitima es demandado; porque aqui no es sino tan solament la substancia de los actos por etc. ordenados; et cerre*«. (AHPZ, Ferrando Pérez de Samper, 1396, fol. 86 v.). »*Registro*« es la palabra empleada por Juan Lopez del Frago (»*Sig+no de mi Johan Loppez del Frago, notario publico de la ciudat de Çaragoça, qui las notas siquiere cartas en el present registro contenidas et registradas testifique*«. AHPZ, Pedro López del Frago, 1388, fol. 1), Juan Doto (»*Registro de mi Johan Doto, notario publico de la ciudat de Çaragoça, feyto et testificado anno a nativitate Domini millesimo trecentesimo nonagesimo quinto et sexto dius aquesto signo siguient. Sig+no de etc.*«. AHPZ, Juan Doto, 1395–1396, fol. 33) y Juan Esteban de Gascón (»*Incipit regestrum instrumentorum per me, Johannem Stephani Gascon, notarium civitatis Cesarauguste et actoritate regia per totum regnum Aragonum testificatorum in anno …*« AHPZ, Juan Esteban de Gascón, 1409, fol. 1).

12 He encontrado signos de notarios de fuera de Zaragoza, pero he prescindido de ellos.

13 Quiero agradecer al Colegio Notarial de la ciudad las facilidades que en todo momento me ha dado para acceder a los fondos del Archivo, que desde el 1 de febrero del presente año está cerrado por obras.

14 En adelante, AMZ.

15 En lo sucesivo, ACA.

16 Al igual que otros investigadores (Oriol Valls Subira, El »signum« notarial, (cit. en la nota 3); y Luisa d'Arienzo, Il signum tabellionis e la sottoscrizione notarile degli scrivani di cancelleria di Pietro IV d'Aragona, (cit. en la nota 3)), he optado por usar este sistema, que permite, de una ojeada, descubrir posibles relaciones de parentesco entre notarios de una misma familia.

17 A diferencia de otros autores, he preferido dar aquí esta información en lugar del año en que se realizó el documento, pues considero que la antigüedad del signo viene dada por el comienzo de la actividad profesional del notario y que la fecha de procedencia del signo localizado es puramente circunstancial.

calco, preferentemente realizado sobre xerocopia. Las figuras así obtenidas no son perfectas, pues reproducen todas las inexactitudes cometidas por el autor; pero conservan espontaneidad.

1. Los notarios: Sus clases

En el siglo XIV el oficio de notario público estaba bastante cotizado. Para acceder a él, era preciso superar varias pruebas y prestar juramento en la Cancillería real. Sólo después de cumplimentar todos estos trámites, se conseguía la autorización del Rey para ejercer el oficio que en esencia consistía en *»recipere et conficere testamenta, acta, atestationes, sententias, et qualibet alia instrumenta, quorumcumque contractum fuerint, et quaslibet alias scripturas auttenticas et publicas, et ea scribere et scribi facere per substitutum aut substitutos a te juratos, cum de quibus siquidem prothocolla sive capibrevia facias notularum ut eterne memorie comendentur«* [18]. En los estados de la Corona de Aragón, el rey se reservaba el nombramiento de los nuevos profesionales de la notaría [19] que, según la jurisdicción recibida, podían desempeñar su actividad en el Reino – en nuestro caso, reino de Aragón – o, con carácter general, en todas las tierras del Rey. Tal era la teoría, pero en la práctica algunas ciudades, como Zaragoza, obtuvieron el privilegio de designar a los notarios de caja o de número [20]: sólo ellos – en la época que estudiamos no podían ser más de cuarenta [21] – estaban capacitados para ejercer el oficio y tener notaría (o escribanía) en la ciudad. Tanto su elección como su cese competía a los jurados, que también se encargaban de recibir su juramento cuando tomaban posesión [22].

Todos los autores de los signos aquí reunidos eran notarios públicos de Zaragoza. He podido comprobar con absoluta seguridad [23] que al menos el 92% de ellos formaban parte del número de 40 (o de caja) designados y autorizados por las autoridades municipales para desempeñar el oficio en la ciudad. Al parecer, los restantes se hallaban en idéntica situación; pero de momento carezco de documentos que lo confirmen.

2. El signo manual

En el siglo XIV los notarios públicos hicieron del signo manual un medio de validación profesional. En el momento de empezar a desempeñar el oficio para el que habían sido nombrados [24], lo adoptaban de forma prácticamente definitiva [25], pues para modificarlo era preciso contar con el visto bueno del rey [26]. Lo concebían como una señal inequívoca de su autoridad y autenticidad, especialmente de cara a las generaciones venideras [27].

En cuanto a su configuración, los signos manuales de los notarios zaragozanos son, en general, bastante simples y de dimensiones regulares. En todos ellos predominan la simetría y la cruz, a la que los notarios incorporaron adornos (arcos, líneas rectas, puntos y entrelazos) cada vez más numerosos. Mediante la combinación de elementos tan simples como los que acabo de mencionar, obtuvieron figuras complicadas (sobre todo flores, estrellas y arabescos, algunos de espléndida realización [28]), fiel reflejo del arte decorativo de la época. No se perciben emblemas, atributos particulares, ni letras que guarden relación con el nombre o apellido del notario. Tampoco se han encontrado

18 Así se especifica en el nombramiento de Juan Ximénez de Mamillo (año 1374), ACA, Reg. 926, fols. 242–242 v.

19 Estas tramitaciones reportaban una sustanciosa fuente de ingresos al tesoro real.

20 Dicho privilegio remonta a 1283 (Jayme Agustin del Castillo y del Espital, Sumario del origen y principio y de los privilegios, estatutos y ordinaciones del collegio de los notarios del numero de quarenta, vulgarmente dichos de caxa, de la ciudat de Çaragoça, Pedro Bernuz, Çaragoça 1548, fol. 2).

21 Esta disposición data de 1317 (Jayme A. del Castillo y del Espital, Sumario ... (cit. en la nota 20), fol.3).

22 En el acta que recoge el nombramiento y toma de posesión de Ramón Amat como notario de número de Zaragoza se indica que *»juro sobre la cruz et los sanctos IIII* Evangelios de nuestro sennyor Dios, ante el puestos et por el corporalment tochados, de bien et lealment haverse en el dito officio et de seyer obedient a los mandamientos de los ditos jurados licitos et honestos«* (AHPZ, Ramón Amat, 1393, fols. 1–2).

23 Según se especifica en el Indice onomástico de notarios.

24 No se conservan las matrículas en las que los notarios aragoneses dejaron constancia de su signo. Acerca de esas matrículas en Francia, véase Arthur Giry, Manuel de diplomatique, Paris 1972, pág. 606.

25 Algunos notarios se refieren a *»mi acostumpnado signo«*: concretamente, Sancho Martínez de Lapeira (en el momento de ser designado notario de la ciudad. Véase AHPZ, Sancho Martínez de Lapeira, 1363, fol. 1), Ferrando Pérez de Samper (véase la nota 11) y Juan Esteban de Gascón (véase la fig. 72).

26 Así lo reconocía Pedro López de Bonmacip, notario público de Zaragoza y general por autoridad del Rey, cuando se refería a *»las notas recebidas por Matheu Perez de Riglos, notario publico de la dita ciudat qui fue, a mi comendadas por los hondrados jurados de aquella [ciudad], esta carta en forma publica sacar et scrivir fiz ... en con aquest signo, de licencia del dito sennyor Rey por mi nuevament esleydo, la consigne«* (AHPZ, Pedro López de Bonmacip, 1353, fol. 77).

27 Al comienzo de su libro de notas del año 1350, Jaime Jorge, notario público de Zaragoza, refiriéndose a las actas por él registradas, escribía: *»et porque en los tiempos avenideros sea cierto aquellos por mi seer feytos, aqui, en el principio dest volumpne, pongo mi signo, el qual es dius scripto«* (AHPZ, Jaime Jorge, 1351, fol. 1).

28 Como ejemplo, véanse las figuras 4, 16, 30, 32, 54, 58 y 68.

monogramas, signos parlantes ni representaciones de objetos tomados de la realidad o inventados por la fantasía[29]. Todo gira en torno a los entrelazos y a la cruz, griega o aspada: sobre sus coordenadas se disponen trazos, preferentemente geométricos, y puntos, de acuerdo con las normas más elementales de la simetría. Finalmente, los ejes cruciformes reaparecen en los confines del motivo central y escapan en la dirección de los cuatro puntos cardinales: los verticales suelen llevar como remate signos de cierre[30], cruces[31] – en la mayoría de los casos se ejecutan sin levantar la pluma –, puntos[32], etc. En cambio, los horizontales se extienden, sin más solución de continuidad que algún punto o rasgueo de pluma[33], hasta encontrarse con las sílabas *»sig-num«* (o *»sig+no«*).

He podido comprobar que los notarios pertenecientes a una misma familia no solían emplear signos afines[34], aunque alguna vez lo hicieran[35]. Los signos más semejantes de cuantos aquí presento son, por una parte, el de Francisco Martínez de Teruel (fig. 3) y el de Pedro López de Bonmacip (fig. 24) y, por la otra, el de Martín de Tarba (fig. 77) y el de Antón Ximénez del Bosc (fig. 78): quizás sea esa la razón de que Martín de Tarba introdujera ligeras modificaciones (supresión del entintado de los lóbulos de mayor tamaño) en la marca validatoria que figura al inicio del protocolo de 1411.

Aunque muchos de los signos manuales de los notarios zaragozanos del siglo XIV recuerdan los de notarios coetáneos de otros lugares[36] e incluso los dibujos de cerámicas realizados en estos años, es probable que la inspiración no les viniera de nada concreto y que, simplemente, trataran de encontrar una fórmula fácil de reproducir – de ahí la importancia de la simetría – a la vez que peculiar, provista de un toque propio que denotara su autoría. No cabe duda de que tanto la personalidad del notario como sus aficiones artísticas se dejarían sentir en la marca.

El signo se usaba para validar los documentos originales (es decir, los realizados en pergamino para entregar a los clientes)[37], las copias[38] – a veces de documentos realizados por un notario difunto[39] – y también para dar fe de las notas reunidas en el manual o protocolo, aunque esto último no parece que fuera imprescindible en el siglo que estudiamos, pues son muchos los profesionales que lo omiten. En el primer caso, la marca validatoria se colocaba al final del documento, preferentemente en el lado izquierdo. En cambio, tanto en el protocolo como en el registro suele estar en el primer folio[40] – aunque a veces se ponía en el último[41] –,

29 Son frecuentes en Francia (Arthur Giry, Manuel de diplomatique (cit. en la nota 24), pág. 603).

30 Es lo más común. Así lo hicieron, por ejemplo, Pedro Serrano (fig. 16), Rodrigo López de Castillón (fig. 34), Domingo de Acirón (fig. 42), Domingo Martín de Aguilón (fig. 51), Juan de Capilla (fig. 54), Pedro de Carlos (fig. 63) y Juan Doto (fig. 69).

31 Son evidentes en los signos de los notarios Pedro Loarre (fig. 26), Juan Aragonés (fig. 49), Juan Blasco de Azuara (fig. 61) y Lázaro Marcén (fig. 62).

32 Así rematan sus signos García Ximénez de Tudela (fig. 5), Vicente Aznárez de Ferrera (fig. 17), Domingo Pérez de Acelín (fig. 37), etc.

33 Por ejemplo, en las fig. 5, 18, 35, 41, 42, 48, 49, 52, 54, 55, 60, 67, etc.

34 Los de Pedro López del Frago (fig. 38) y Juan López del Frago (fig. 58) son muy diferentes. Tampoco se parecen los de Alfonso de Pero Lajusticia (fig. 52) y Rodrigo Alfonso de Pero Lajusticia (fig. 44).

35 Los signos de Blasco Aznárez de Ansó (fig. 30) y de Pedro Aznárez de Ansó (fig.59) se asemejan bastante.

36 Especialmente de la Corona de Aragón. Véanse los reproducidos en Oriol Valls Subira, El »signum« notarial, (cit. en la nota 3); Luisa d'Arienzo, Il signum tabellionis e la sottoscrizione notarile degli scrivani di cancelleria di Pietro IV d'Aragona (cit. en la nota 3); Ana María Navarro Escolano, Signos notariales medievales de la colección de pergaminos del Archivo Municipal de Elche (cit. en la nota 3), y Virginia Cuñat Ciscar, Para un catálogo de »signum tabellionis« de la Corona de Aragón: algunos notarios de las ciudades de Valencia y Alcira del siglo XIII (cit. en la nota 3).

37 Así lo reconocía el notario Juan Doto a comienzos del siglo XV cuando, antes de plasmar su marca validatoria en el libro y refiriéndose al fuero recientemente aprobado, afirmaba que no sólo tenía que escribir de su puño y letra las dos primeras líneas del contrato, la fecha y los nombres de los testigos, sino que, además, debía cerrarlo *»con aqueste signo siguient«* (AHPZ, Juan Doto, 1401, fol. 1 y 1406, fol. 1).

38 En un protocolo notarial del siglo XIV se inserta un fragmento de un documento, validado con el signo de Vicente Aznárez de Ferrera *»vezino de la ciudat de Çaragoça, notario publico por auctoridat del muyt alto sennyor Rey de Aragon por toda la tierra et sennyoria suya, qui la present copia de su original privilegio siquiere transumpto screvir fiz et saquar et con aquel diligentment por mi poder comprove et corrigie, et mi signo acostumbrado en la present copia pose et metie de mi propria mano«* (AHPZ, s. XIV).

39 Véase la nota 26.

40 Tal ocurre, por ejemplo, en el caso de García Martínez Royo, Juan de Peramón, Domingo Pérez de Acelín, Rodrigo Alfonso de Pero Lajusticia, Vicente Rodiella, Domingo de Tarba, Martín de Tarba y tantos otros.

41 Por ejemplo, en el protocolo de Sancho de Ejulve de 1355–1356 (*»Sig+no de mi Sancho de Exulbe, notario publico de Çaragoça et por auctoridat del sennyor Rey d'Aragon por toda la tierra et sennyoria suya, qui las sobreditas notas de mi propria [sic!] registradas et por mi recebidas en el present livro registre et las cartas en forma publica feytas«*. AHPZ, Sancho de Ejulve, 1355–1356, último folio), en el de Ferrando Pérez de Samper correspondiente al año 1396 (cit. en la nota 11), en el de Montaner de Sipán de 1330 (*»Sig+no de mi Montaner de Sipan, notario publico de Çaragoça, qui a las sobreditas cosas present fue et esto escrivie«*. AHPZ, Montaner de Sipán, 1330, fol. 99) y en los de Beltrán de Tudela de 1368 (*»Sig+no de mi Beltran de Tudela, notario publico de la ciudat de Çaragoça, qui el present manual et los contractos recebidos por mi de mi propia mano los scrivie, segunt que estan aqui ligados mas largament«*. AHPZ, Beltrán de Tudela, fol. 282) y 1386 (AHPZ, Beltrán de Tudela, 1386, fol. 46 v.).

después de la invocación y de las indicaciones cronológicas de rigor – cuando las hay[42] – y en medio de la palabra *»sig+no«* que, dividida en dos sílabas, encabeza una fórmula, compuesta por diversos elementos. Cuando la redacción era la correcta, la fórmula comprendía las partes siguientes: »signo, nombre del notario, lugar de residencia (este dato es opcional), indicación de la autoridad a la que debía la investidura y de la jurisdicción que se le había otorgado (es decir, si era notario público »por autoridat del senyor Rey por todo el regno de Aragon«[43] o »por auctoridat del senyor Rey de Aragon por toda su tierra et senyoria«[44], y si podía ejercer el oficio como »notario publico de Çaragoça«[45]).

En cuanto a la importancia de estos signos, cabe destacar que, aparte de su significación artística, constituyen un elemento de gran valor tanto para el paleógrafo como para el diplomatista, pues en ocasiones han contribuido a desvelar la identidad del autor de un códice anónimo[46].

Indice onomastico de notarios[47]

Acirón, Domingo, de de número[48]	(O-1377)	fig. 42
Aguilón, Domingo de de número[49]	(O-1316)	fig. 1
Aguilón, Domingo Martín de de núm. y gen.[50].	(P-1382)	fig. 51
Alberuela, Jimeno de de núm. y reino[51]	(P-1400)	fig. 71
Amat, Ramón de núm. y gen.[52]	(P-1393)	fig. 66
Aragonés, Juan de núm. y gen.[53]	(O-1387)	fig. 49
Aznárez de Ansó, Blasco, de de número[54]	(O-1360)	fig. 30
Aznárez de Ansó, Pedro, de de número[55]	(P-1392)	fig. 59
Aznárez de Ferrera, Vicente general[56]	(O-1344)	fig. 17
Batalla, Tomás, de de número[57]	(P-1344)	fig. 14
Blasco de Azuara, Juan de número[58]	(O-1391)	fig. 61
Borao, Gil de de número[59]	(P-1371)	fig. 33
Calvo de Torla, Juan de número[60]	(P-1411)	fig. 75
Canfranc, Miguel de de número[61]	(P-1376)	fig. 43

42 Se suele indicar el año. En ocasiones la información se hace extensiva a la Era, letra dominical y áureo número: todos estos requisitos se encuentran recogidos, por ejemplo, en el registro de Gil de Borao, de 1372, y en el de Juan Esteban de Gascón, de 1409.

43 Es el caso de Gil Borao, Valero de Espada, Juan García del Parral, Jaime Jorge, Lázaro Marcén, García Martínez Royo, Martín Pérez Doto, Alfonso de Pero Lajusticia, Vicente Rodiella y Juan Ximénez de Aisa.

44 En esa situación se encontraban Vicente Aznárez de Ferrera, Sancho de Ejulve, Juan López de Barbastro, Pedro López de Bonmacip, Sancho Martínez de Lapeira, Eximeno de Odina, Pedro Payesa, Ferrando Pérez de Samper y Rodrigo Alfonso de Pero la Justicia.

45 Se sobreentiende que por designación de los jurados. Casi todos los autores de los signos que estudiamos cumplían este requisito. Véase el Indice onomástico de notarios.

46 Tal ocurrió, por ejemplo, con el notario Eximeno de Odina: su signo, registrado en un papel suelto de 1385, me permitió determinar que era el autor de un protocolo anónimo.

47 Se han utilizado las grafías registradas en el catálogo del Archivo.

48 Su marca figura en la cubierta del protocolo de 1377.

49 Su signo se encuentra en el documento que sirve de encuadernación al protocolo de Jaime Jorge de 1356. A mediados del siglo XIV residía en Zaragoza un notario homónimo, del que nos han llegado los protocolos de los años 1362 y 1364, pero no conocemos su signo.

50 En 1382 era notario general, y el 24 de julio de 1383 fue nombrado notario de número de Zaragoza (AHPZ, Domingo Martín de Aguilón, 1383, fol. 1). Se conservan protocolos de los años 1381–1386 y 1388–1411. El signo lo he tomado de un registro de 1382.

51 El 22 de abril de 1376 fue nombrado notario general del reino de Aragón (ACA, Reg. 928). Era uno de los cuarenta notarios de caja de la ciudad. Quedan varios protocolos suyos de los años 1397–1423. En el de 1400 (fol. 1) se reproduce su signo.

52 A mediados de siglo pertenecía al cuerpo de notarios de número de Zaragoza un Ramón Amat que en 1362 ya había fallecido (AHPZ, Gil de Borao, 1362, fols. 1–1 v.). El 30 de mayo de 1393, Ramón Amat, a la sazón notario general, entró a formar parte del cuerpo de notarios de número de Zaragoza, para sustituir a Juan Aragonés (AHPZ, Ramón Amat, 1393, fols. 1–2). Nos han llegado los protocolos correspondientes a los años 1393–1398. Su signo figura al comienzo del protocolo de 1393.

53 El 8 de marzo de 1379 Juan Aragonés fue nombrado notario de número de Zaragoza (AHPZ, Juan Aragonés, 1379, fol. 1). Se conservan algunos libros de notas realizados entre 1379 y 1392: el de 1387 ha sido encuadernado con un pergamino signado por él. En 1393 Juan Aragonés fue destituido por los Jurados, por razones que no se especifican en el acta notarial (AHPZ, Ramón Amat, 1393, fols. 1–2).

54 Existen diversos protocolos suyos del período comprendido entre los años 1355–1385. La marca validatoria está en el documento utilizado para encuadernar el de 1373.

55 De los años 1388–1415 hay varios protocolos de este notario. El signo está reproducido en el de 1392, fol. 15.

56 AHPZ, papel suelto.

57 Se conservan actas de los años 1336–37, 1340 y 1344. Su signo se halla reproducido en varios de ellos, concretamente el en de 1340, fol. 1.

58 Disponemos de los protocolos correspondientes a los años 1389–1415. Aunque son muy voluminosos, carecen de signo, que he encontrado reproducido en un papel suelto de 1392.

59 El 20 de julio de 1362, Gil de Borao entró a formar parte del número de los cuarenta notarios de Zaragoza en sustitución de

Capilla, Juan de de número[62]	(P-1392)	fig. 54
Carlos, Pedro de de número[63]	(P-1397)	fig. 63
Cellas, Blas de las[64]	(O-1354)	fig. 27
Doto, Juan de número[65]	(P-1396)	fig. 69
Ejulve, Sancho de de núm. y gen.[66]	(P-1355–6)	fig. 29
Espada, Valero de de número[67]	(P-1396)	fig. 70
Faber, Guillén de número[68].	(O-1354)	fig. 25
García del Parral, Juan general[69]	(O-1386)	fig. 57
Gascón, Juan Esteban de de número[70]	(P-1398)	fig. 72
Gurrea, Pascual de de núm. y gen.[71]	(O-1397)	fig. 45
Jaca, Sancho de de número[72]	(P-1361)	fig. 31
Jorge, Jaime de número[73]	(P-1350)	fig. 19
Just, Jacobo[74]	(O-a.1401)	fig. 76
Loarre, Pedro de núm. y gen.[75]	(P-1356)	fig. 26
López de Barbastro, Juan de núm. y gen.[76]	(P-1387)	fig. 48
López de Bonmacip, Pedro de número[77]	(P-1353)	fig. 24
López de Castillón, Rodrigo de número[78]	(P-1362)	fig. 34
López del Frago, Juan de número[79]	(P-1388)	fig. 58
López del Frago, Pedro de número[80]	(P-1385)	fig. 38
Marcén, Lázaro de número[81]	(P-1396)	fig. 62
Martínez de Casenat, Pedro de número[82]	(P-1352)	fig. 22
Martínez de Lapeira, Sancho de número[83]	(P-1363)	fig. 35
Martínez Royo, García de número[84]	(P-1383)	fig. 36
Martínez de Teruel, Francisco de número[85]	(O-a.1367)	fig. 3

Ramón Amat, difunto (AHPZ, Gil de Borao, 1362, fols. 1–1 v.). Se conservan sus libros de notas correspondientes a los años 1362–1384, 1386–1388 y 1390. En el de 1371 (fol. 1) figura su marca validatoria.

60 El signo del notario Calvo de Torla aparece en varios protocolos, concretamente, en el de 1411, fol. 1.

61 Hay varios manuales del período 1372–1400. El signo nos ha llegado en el pergamino utilizado para encuadernar el de 1376.

62 Quedan diversos protocolos de años comprendidos entre 1382 y 1411. Su signo está en el documento que sirve de encuadernación al de 1392.

63 Nos han llegado los libros de notas de los años 1392 y 1394–1399. Su marca aparece reproducida en el de 1397, fol. 285.

64 Me he permitido incluir a Blas de las Cellas entre los notarios de Zaragoza, porque mientras no se demuestre lo contrario nada induce a pensar que no lo sea. Su signo se encuentra en el documento utilizado para encuadernar un códice que contiene las notas de Pedro de Carlos de los años 1392–1397.

65 Se conservan algunos registros de los años 1396–1415. Por lo que respecta al signo, véanse las notas 11 y 37.

66 Existen los manuales de los años 1355 y 1356. Sobre su signo, véase la nota 41.

67 Están los protocolos de 1395 y 1396, en el que se encuentra su signo.

68 En 1362 ya había muerto (AHPZ, Gil de Borao, 1362, fol. 40 v.). Su marca figura en el pergamino utilizado para encuadernar el registro de Gil de Borao de 1371–1372.

69 Su signo ha aparecido en unos papeles sueltos.

70 Se conservan los protocolos correspondientes a los años 1398, 1403 y 1405–1409. Acerca del signo, véase la nota 11.

71 Disponemos de varios registros del período 1374–1409. En el de 1397 está el signo.

72 Sólo nos ha llegado el protocolo de 1361, en el que figura la marca (fol. 23).

73 Se conservan algunos protocolos del período 1350–1363, y al comienzo de algunos de ellos aparece el signo. Véase la nota 27.

74 Su signo figura en el documento utilizado para encuadernar el protocolo de Juan Doto de 1401.

75 Al fallecer Pedro Loarre, sus notas fueron encomendadas a Rodrigo López de Castillón (AHPZ, Pedro Sánchez de Monzón, 1363.VIII.21). Se conservan tres protocolos: en el de 1356 (fol. 27) está su signo.

76 El 20 de junio de 1375 Juan López de Barbastro, de Azuara, fue nombrado notario del Reino (ACA, Reg. 927). Se conservan muchos de los protocolos realizados por él entre 1376 y 1421. Su signo lo he tomado del de 1387 (fol. 11).

77 Quedan manuales de 1352 y 1353. Véase la nota 26.

78 Han llegado hasta nuestros días los protocolos de 1362 y 1363: en el primero de ellos está el signo.

79 Se conservan las actas de los años 1388 (en el folio 1 dejó su marca) a 1390.

80 Hay varios libros suyos del período comprendido entre 1367–1390. En el registro de 1385 (fol. 1) reprodujo el signo.

81 El 8 de marzo de 1396 Lázaro Marcén fue designado notario público de Zaragoza y recibió las notas de Pedro Loarre, Juan Andrés de Alfocea y Arnaldo Blaya, difuntos, de manos de los jurados de la ciudad (AHPZ, Lázaro Marcén, 1396, fol. 1). Quedan varios libros suyos de los años 1390–1426. En cuanto al signo, véase la nota 10.

82 Han llegado hasta nuestros días los protocolos de los años 1352–1355 y 1363. Al comienzo del de 1352 está el signo.

83 El 24 de agosto de 1363 Sancho Martínez de Lapeira, *»por actoridat del sennyor Rey de Aragon notario general en toda la tierra et sennyoria suya«*, recibía una escribanía en Zaragoza por orden de los Jurados de la ciudad (AHPZ, Sancho Martínez de Lapeira, 1363, fol. 1). Se conservan buena parte de los protocolos realizados entre 1363 y 1394. En el de 1363 (fol. 1) figura su signo.

84 Contamos con algunos de sus manuales, realizados entre 1366 y 1391. Dejó su signo en el de 1383 (fol. 1).

85 El 23 de enero de 1334 Francisco Martínez de Teruel fue nombrado notario del Reino (F. C. Casula, La cancillería di Alfonso III il Benigno re d'Aragona (1327–1336), Padova 1967,

pág. 114, nº 100). Se conservan los protocolos de los años 1322, 1325 y 1337. Su signo se halla reproducido en el pergamino que encuaderna el protocolo de Blasco Aznárez de Ansó de 1367.

86 Existen sus libros de notas de 1332 y 1339. Su signo está en el documento utilizado como encuadernación del protocolo de Rodrigo Alfonso de Pero Lajusticia de 1390.

87 La marca validatoria de Juan de Monzón se conserva en las tapas del protocolo de Miguel de Canfranc de 1393.

88 Unicamente nos han llegado las notas correspondientes a 1385 y 1387. Su signo sirve de cierre a un documento empleado para encuadernar el protocolo de Domingo Martín de Aguilón de 1404; también se conserva en un papel suelto de 1385.

89 Quedan anotaciones de 1393 y de 1395, en las que se reproduce su signo.

90 Hay bastantes protocolos suyos del período 1398–1435. Acerca del signo, véase la nota 9.

91 El símbolo validatorio de García Peregrín se conserva en el documento que encuaderna el protocolo de Blasco Aznárez de Ansó de 1362.

92 Quedan algunos libros de notas del período 1367–1386. En el de 1376 (fol. 1) está su signo.

93 Sólo se conserva el protocolo de 1375, provisto de la marca validatoria.

94 Su signo cierra el documento que sirve de encuadernación al protocolo de Juan de Peramón de 1417.

95 Existen notas de los años 1370 y 1373. En este último (fol. 1) está su signo.

96 El símbolo de Sancho Pérez de Epila valida un documento de procura empleado como cubierta del protocolo de Miguel de Canfranc de 1376, conservado en el AMZ.

97 Su signo está en un pergamino utilizado para encuadernar el protocolo de Pedro Sánchez de Monzón de 1337.

98 Su signo se inserta en la cubierta del protocolo de Domingo de Tarba de 1360.

99 El 16 de noviembre de 1338, Domingo Pérez de Mallén, »*notario de la dita ciudat et de los jurados*« recibía las notas de Martín Pérez de Mamblas, notario público de la ciudad, difunto, de manos de los jurados, para que »*diesse et livrasse signadas con su signo en forma publica todas aquellas cartas, las quales se trobarian seer scriptas en pergamino en poder de la muller o herederos del dito Martin Guillem et non son signadas de mano del dito Martin Guillem a aquellas personas por qui fazen*« (AHPZ, Miguel Pérez de Tauste, 1338, fol. 277). Localicé su signo en el documento que sirve de encuadernación al protocolo de Jimeno de Alberuela de 1421.

100 Se conserva el protocolo de 1335, en el que se reproduce su signo (fols. 13 v., y 65).

101 Quedan varios manuales del período 1395–1431. Sobre su signo, véase la nota 11.

102 El signo de Domingo Pérez de Sangarren figura en un pergamino empleado para encuadernar el protocolo de Domingo Martín de Aguilón de 1383.

103 El 28 de abril de 1376 Pedro Pérez Sarnés pasó de notario del Reino a notario general (ACA, Reg. 928). En agosto de ese mismo año, »*la confraria del senyor sant Loys de los notarios del numero de quaranta de la ciudat de Çaragoça*« reunida »*en el monasterio de los freyres menores de la dita ciudat*«, designaba procuradores especiales y generales de la hermandad a Domingo Roldán y a Pedro Pérez Sarnés, »*notarios, confrayres et mayordompnes de la dita confraria*« (AHPZ, Vicente Rodiella, 1376, fols. 313–313 v.). Su signo se halla reproducido en el pergamino empleado para encuadernar el protocolo de Jimeno de Alberuela de 1423.

104 El signo de Martín Pérez Serrano está reproducido en el documento que sirve de cubierta al protocolo de Gil de Borao de 1363.

105 Entre 1319 y 1339 hay protocolos de algunos años. Su signo figura en un documento utilizado para encuadernar el protocolo de Pedro de Carlos de 1398–1399.

106 Su signo aparece reproducido en el protocolo de Rodrigo Alfonso de Pero Lajusticia de 1382.

Pero Lajusticia, Rodrigo Alfonso de		
de número[107]	(P-1374)	fig. 44
Raro, Juan		
de número[108]	(P-1389)	fig. 60
Riglos, Sancho de		
de número[109]	(O-1346)	fig. 18
Rodiella, Vicente		
de núm. y gen.[110]	(P-1373)	fig. 40
Samper, Ramón de		
de número[111]	(O-a.1358)	fig. 20
Sánchez de Biel, Pedro		
de número[112]	(P-1398)	fig. 73
Sánchez de Luesia, Martín		
de núm. y gen.[113]	(O-a.1404)	fig. 74
Sánchez de Monzón, Pedro		
de número[114]	(O-1358)	fig. 15
Santas, Jaime de		
de número[115]	(O-1351)	fig. 23
Septiembre, Domingo de		
de núm. y gen.[116]	(O-a.1406)	fig. 56
Serrano, Pedro		
de número[117]	(O-a.1405)	fig. 16
Sipán, Montaner de		
de número[118]	(P-1330)	fig. 6
Tarba, Domingo de		
de núm. y Reino[119]	(O-1355)	fig. 28
Tarba, Martín de		
de número[120]	(P-1401)	fig. 77
Tudela, Beltrán de		
de número[121]	(P-1368)	fig. 39
Ximénez de Aisa, Juan		
de núm. y Reino[122]	(P-1379)	fig. 50
Ximénez del Bosc, Antón		
de número[123]	(O-1405)	fig. 78
Ximénez de Mamillo, Juan		
de número[124]	(P-a.1396)	fig. 55
Ximénez de Tudela, García		
de número[125]	(O-1322)	fig. 5

107 El 27 de mayo de 1369 Rodrigo Alfonso de Pedro Lajusticia, de Tauste, fuera nombrado notario del Reino (ACA, Reg. 917, fol. 5 v.), y el 12 de mayo de 1374 entraba a formar parte del número de los cuarenta notarios de Zaragoza por decisión de los Jurados de esa ciudad, para sustituir a Domingo Sánchez de Monterde que había renunciado al puesto (AHPZ, Rodrigo Alfonso de Pero Lajusticia, 1374, fols. 1–1 v.). Se conservan bastantes protocolos del período 1374–1399. Suele poner su signo al comienzo de cada libro, por ejemplo, en el de 1374 (fol. 2).

108 En 1380 Juan Raro entró a formar parte del número de los cuarenta notarios de Zaragoza (AHPZ, Juan Raro, 1389, fol. 1). Disponemos de sus libros de notas de 1389 (en el primer folio figura su signo) y 1396.

109 En 1346 trabajaba en la escribanía de la corte del Zalmedina de Zaragoza: era, por lo tanto, notario de número de esa ciudad, pues según lo dispuesto en 1355, se incluían entre los notarios de caja de la ciudad al de la corte del Justicia, al del Zalmedina y al de los Jurados (Jayme Agustin del Castillo y del Espital, Sumario ... (cit. en la nota 20), fol. 3).

110 Se conservan bastantes protocolos de Vicente Rodiella del período 1368–1404. Véase su signo en el de 1374, fol. 1.

111 Disponemos de las actas de algunos años, entre 1350–1390. Las de 1358 están encuadernadas con un documento en el que figura su signo.

112 Hay algunos manuales de los años 1398–1419. En el de 1398 (fol. 32) dejó su signo.

113 Así consta en AHPZ, Pedro Sánchez de Monzón, 1363, fol. 10. Su marca validatoria se conserva en el pergamino que sirve de encuadernación al protocolo de García Sánchez de Lardies de 1404.

114 El 29 de mayo de 1376 Pedro Sánchez de Monzón, que era notario del Reino, fue elevado a la categoría de notario general por Pedro el Ceremonioso (ACA, Reg. 928, s.f.). Nos han llegado muchos de sus libros de notas, del período 1337–1374. Su signo ha quedado registrado en un papel suelto de 1358.

115 Se puede observar su marca en el pergamino que protege el protocolo de Juan López de Barbastro de 1379.

116 Nos han llegado los manuales de los años 1391 y 1398–1400. Dejó su signo en un documento que constituye la encuadernación del protocolo de Domingo Pelagut de 1405.

117 Quedan protocolos de 1342 y 1344. Su marca validatoria se haya reproducida en el pergamino utilizado para encuadernar el protocolo de Juan de Capilla de 1405.

118 Hay libros de notas de los años 1329–1331. En el de 1330 (fol. 99) dejó su signo.

119 Aunque se conservan diversos protocolos del período 1356–1369, el signo se inserta en un documento de 1355, que constituye la encuadernación del de 1356.

120 Se conservan muchos de los libros de notas realizados entre 1401–1435. La marca figura en varios de ellos (1401, fol. 1, 1414, fol. 1).

121 Era hijo del también notario Beltrán de Tudela, difunto en 1361 (AHPZ, Pedro López de Ansó, 1361, fol. 147). En 1368 ya había recibido las notas del desaparecido Sancho de Jaca (AHPZ, Beltrán de Tudela, 1368, fol. 152 v.). Del período 1368–1394 quedan cuatro protocolos, en dos de los cuales (1368 y 1386) figura su signo (véase la nota 41).

122 El 4 de mayo de 1375 fue nombrado notario del Reino (ACA, Reg. 927, fol. 6 v.). Se conservan protocolos de los años 1378–1410. Dejó su signo en el protocolo de 1379 (fol. 1).

123 Su producción notarial, que cubre los años 1402–1431, no está excesivamente diezmada. He tomado el signo de la cubierta del protocolo de 1405.

124 El zaragozano Juan Ximénez de Mamillo fue creado notario público del reino de Aragón en 1374 (ACA, Reg. 926, fols. 242–242 v. Véase la nota 18). Nos han llegado sus notas correspondientes a los años 1384, 1387 y 1388. Su signo figura en el documento que sirve de encuadernación al protocolo de Juan Doto de 1396.

125 Su signo valida el documento utilizado para encuadernar el protocolo de 1343 de Pedro Serra.

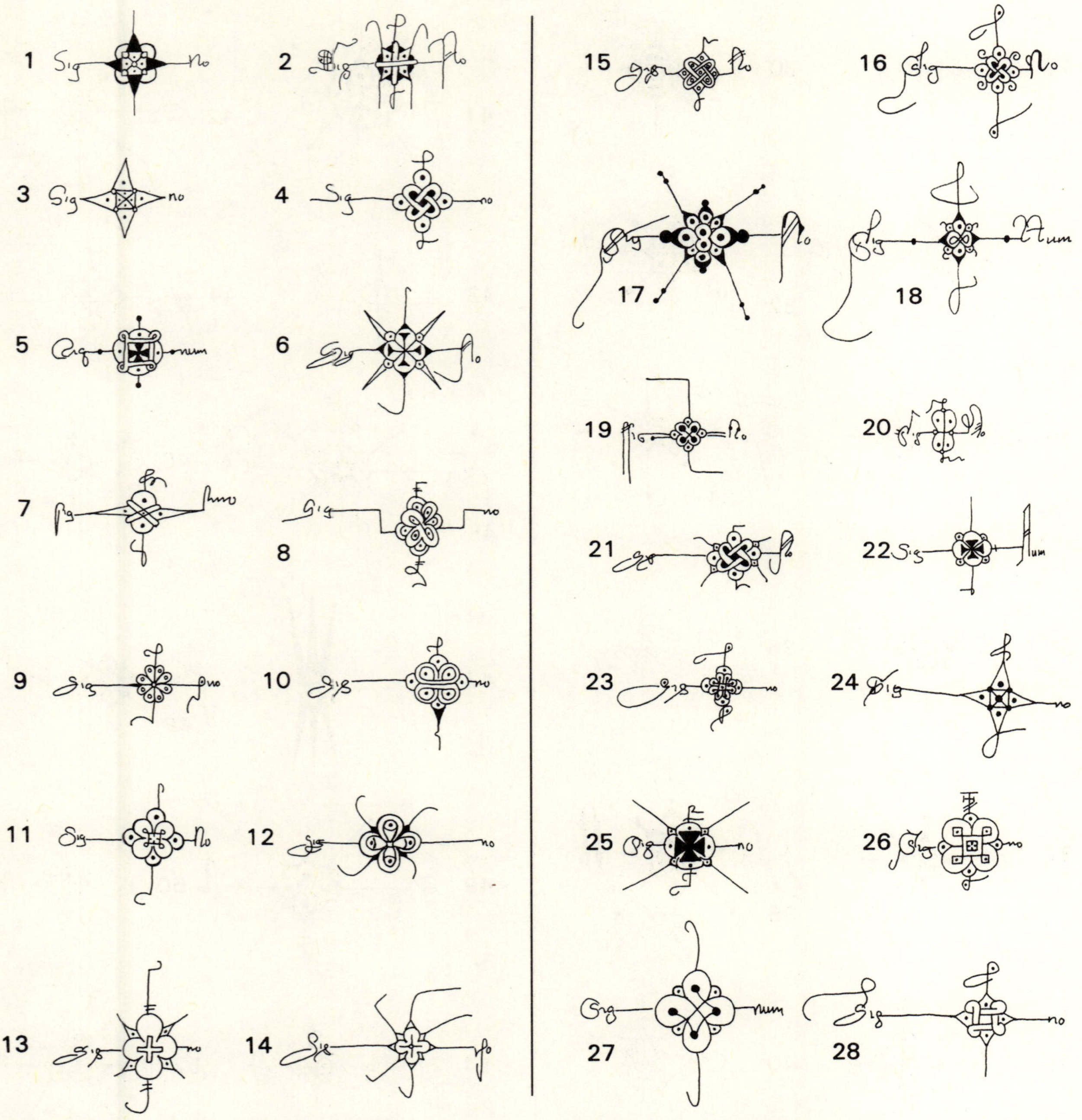

Fig. 1 *Aguilón, Domingo de; 1316–1327*
Fig. 2 *Pérez de Tauste, Miguel; 1319–1339*
Fig. 3 *Martínez de Teruel, Francisco; 1322–1338*
Fig. 4 *Montaltet, Jaime de; 1322–1340*
Fig. 5 *Ximénez de Tudela, García; 1322*
Fig. 6 *Sipán, Montaner de; 1329–1331*
Fig. 7 *Pérez de Espada, Miguel; 1330–1337*
Fig. 8 *Pérez de Mallén, Domingo; 1331–1338*
Fig. 9 *Pérez Serrano, Martin; 1332–1333*
Fig. 10 *Pérez de Sangarrén, Domingo; 1332–1364*
Fig. 11 *Pérez de Fuentes, Tomás; 1333–1364*
Fig. 12 *Peregrín, García; 1333*
Fig. 13 *Pérez del Postigo, Juan; 1335–1340*
Fig. 14 *Batalla, Tomás; 1336–1344*
Fig. 15 *Sanchez de Monzón, Pedro; 1337–1374*
Fig. 16 *Serrano, Pedro; 1342–1351*
Fig. 17 *Aznáres de Ferrera, Vicente; 1344*
Fig. 18 *Riglos, Sancho de; 1346–1371*
Fig. 19 *Jorge, Jaime; 1350–1376*
Fig. 20 *Samper, Ramón de; 1350–1390*
Fig. 21 *Pérez Don Domenge, Sancho; 1350*
Fig. 22 *Martinez de Casenat, Pedro; 1351–1363*
Fig. 23 *Santas, Jaime de; 1351*
Fig. 24 *López de Bonmacip, Pedro; 1352–1353*
Fig. 25 *Faber, Guillén; 1354–1357*
Fig. 26 *Loarre, Pedro; 1354–1363*
Fig. 27 *Cellas, Blas de; 1354*
Fig. 28 *Tarba, Domingo de; 1355–1359*

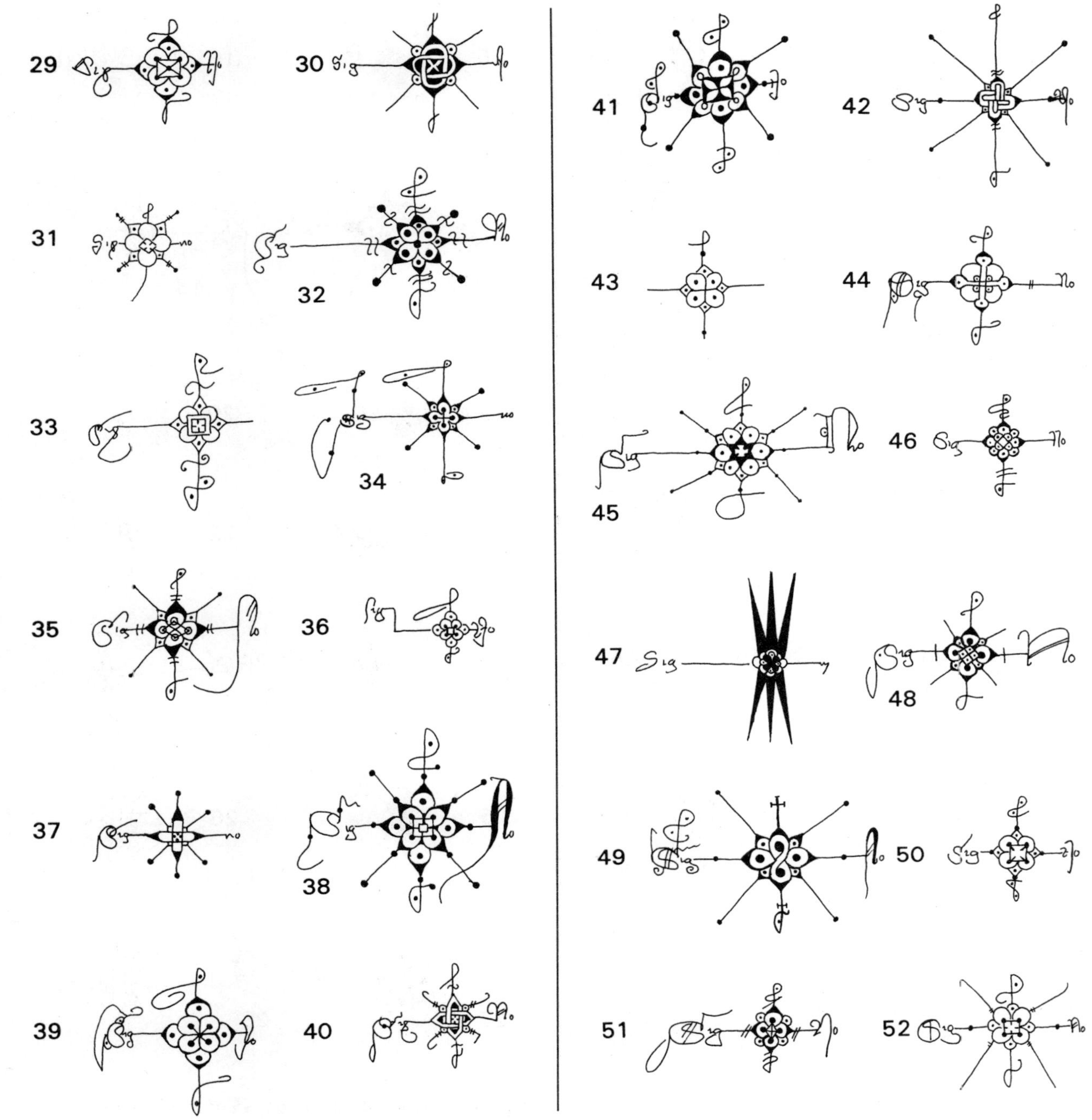

Fig. 29 *Ejulve, Sancho de; 1355–1375*
Fig. 30 *Aznáres de Ansó, Blasco; 1355–1385*
Fig. 31 *Jaca, Sancho de; 1357–1362*
Fig. 32 *Pérez de Sarnés, Pedro; 1358–1376*
Fig. 33 *Borao, Gil de; 1362–1390*
Fig. 34 *López de Castillón, Rodrigo; 1362–1394*
Fig. 35 *Martínez de Lapeira, Sancho; 1363–1394*
Fig. 36 *Martínez Royo, García; 1366–1391*
Fig. 37 *Perez de Acelín, Domingo; 1367–1386*
Fig. 38 *López del Frago, Pedro; 1367–1390*
Fig. 39 *Tudela, Beltrán de; 1367–1394*
Fig. 40 *Rodiella, Vicente; 1367–1404*

Fig. 41 *Pérez Doto, Martín; 1370–1384*
Fig. 42 *Acirón, Domingo; 1371–1387*
Fig. 43 *Canfranc, Miguel de; 1372–1400*
Fig. 44 *Pero Lajusticia, Rodrigo Alfonso; 1374–1399*
Fig. 45 *Gurrea, Pascual de; 1374–1409*
Fig. 46 *Pérez de Epila, Sancho; 1375–1386*
Fig. 47 *Pérez de Biota, Martín; 1375*
Fig. 48 *López de Barbastro, Juan; 1376–1421*
Fig. 49 *Aragonés, Juan; 1379–1392*
Fig. 50 *Ximénez de Aisa, Juan; 1379–1410*
Fig. 51 *Aguilón, Domingo Martín de; 1381–1411*
Fig. 52 *Pero Lajusticia, Alfonso de; 1382 (anterior a)*

53 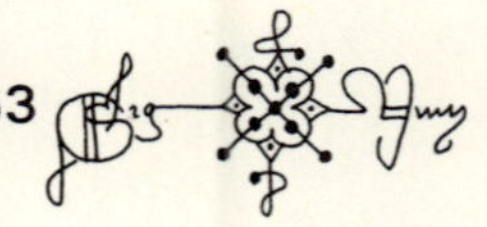

54 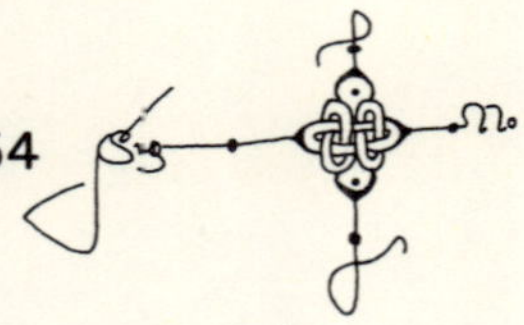

55 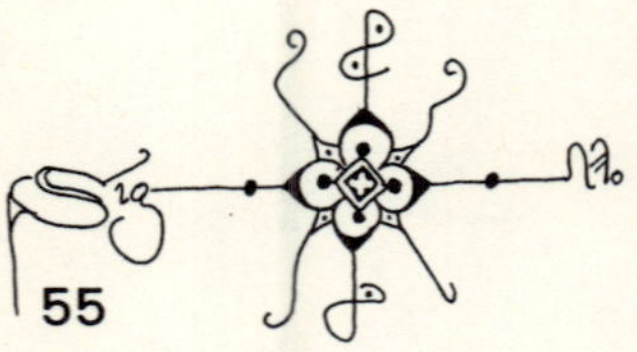

56 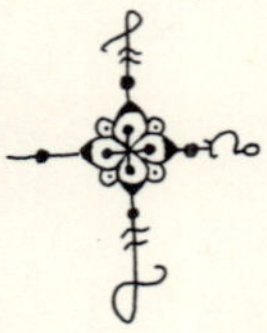

57 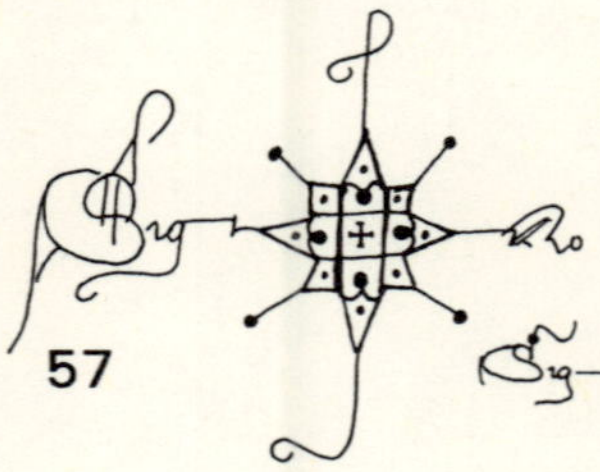

58 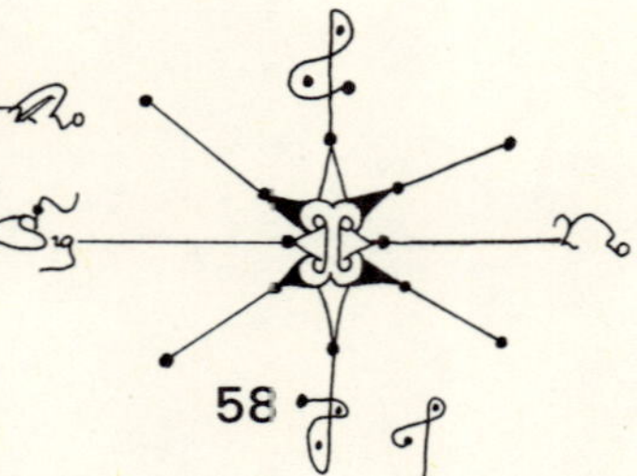

59 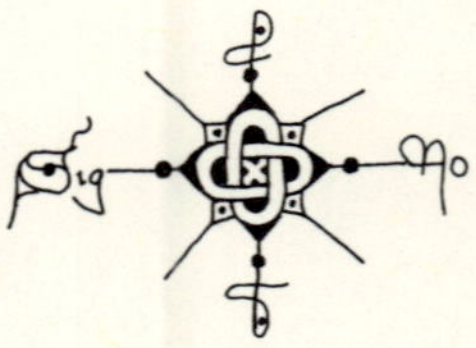

60 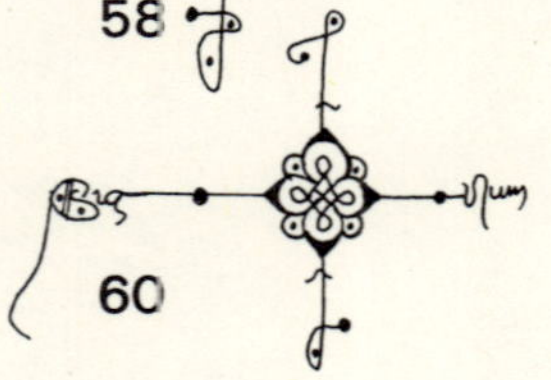

61 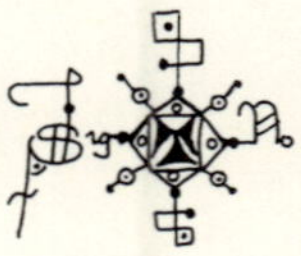

62 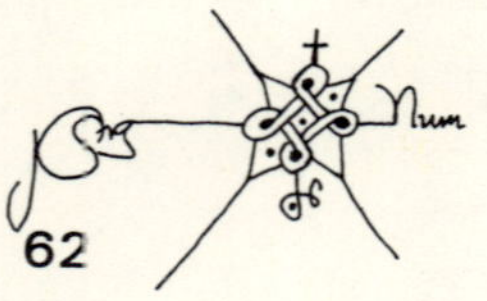

63 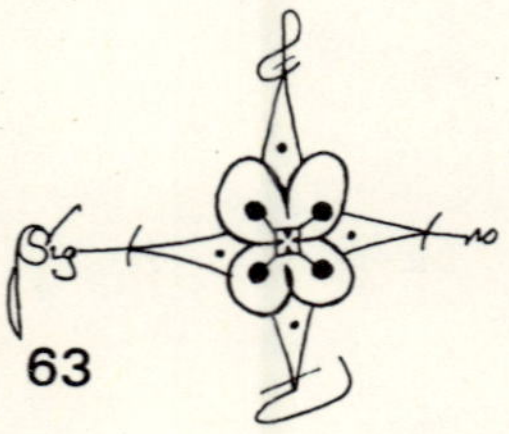

64 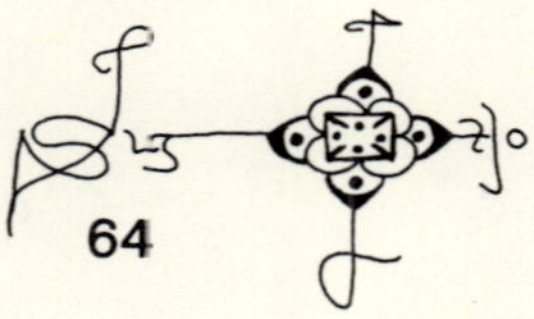

65 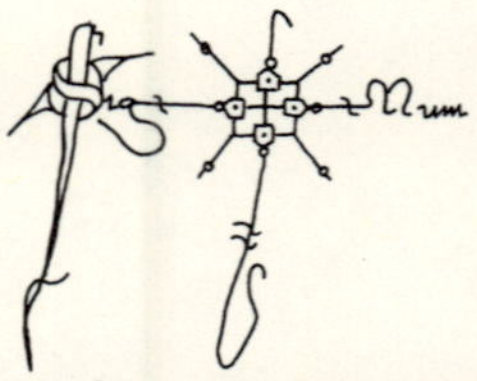

66 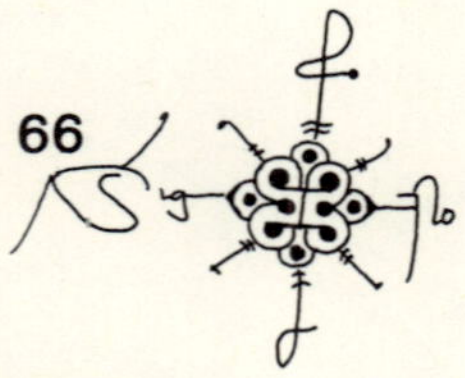

67 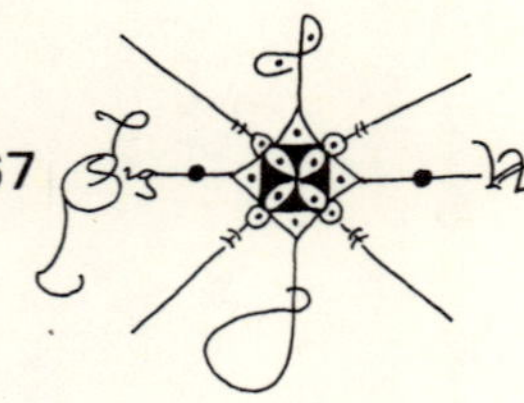

68 

69 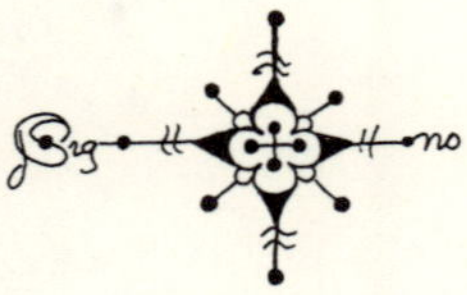

70 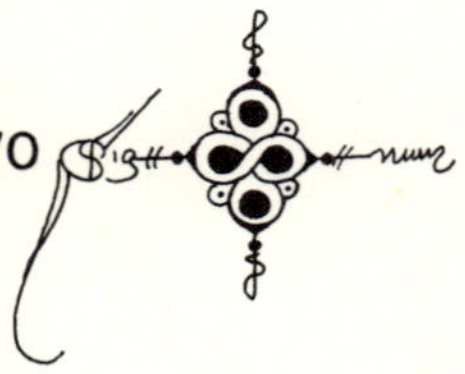

71 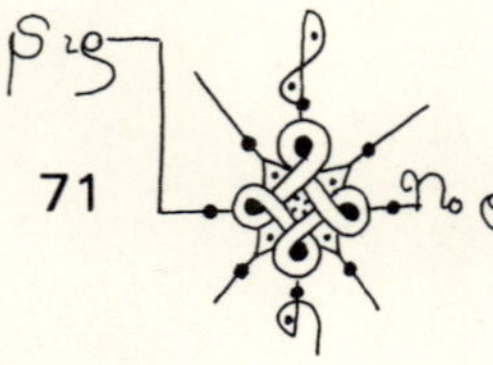

72 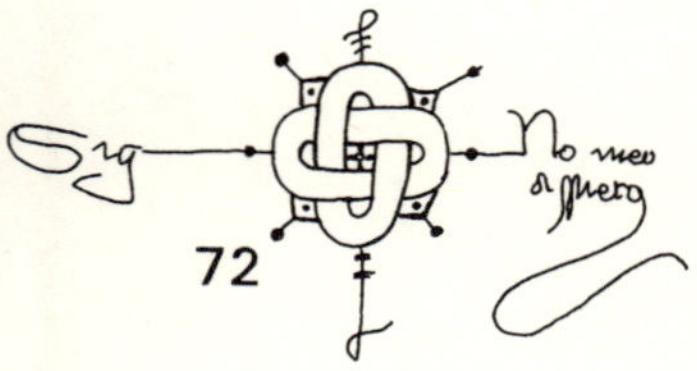

73 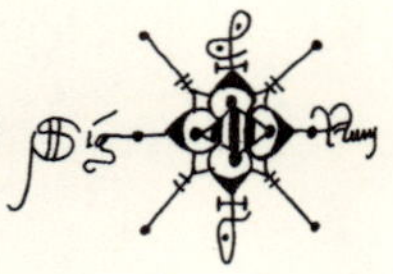

74 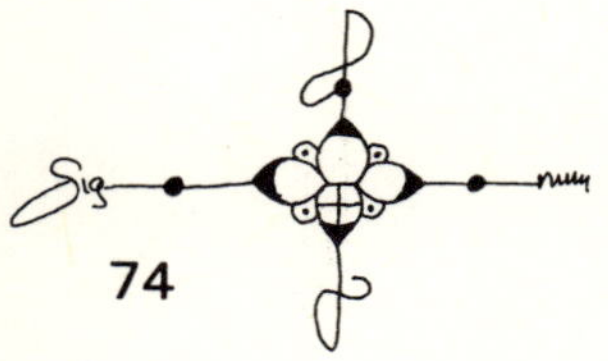

75 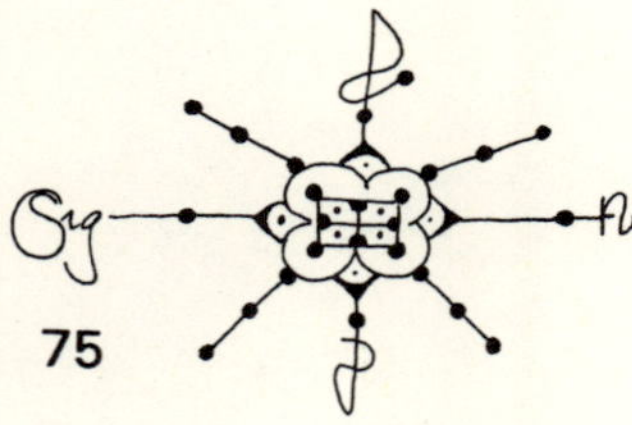

76 

77 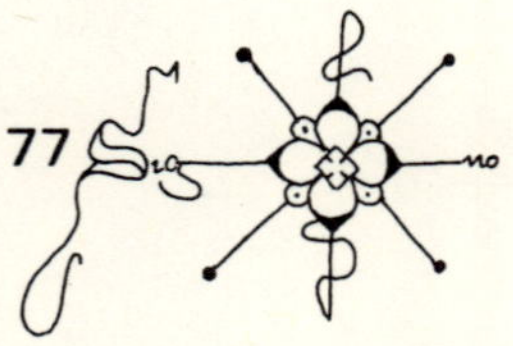

78 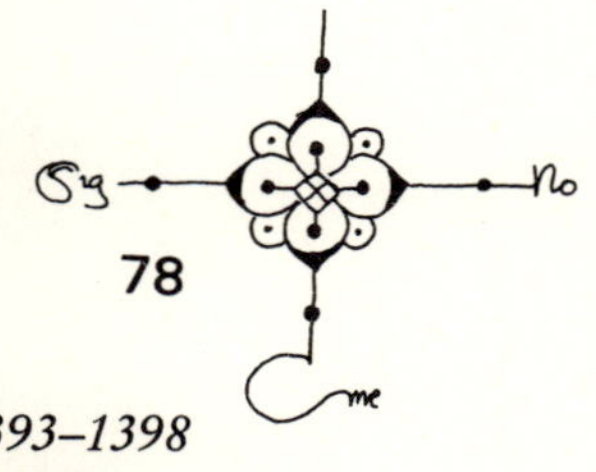

Fig. 53 *Odina, Eximeno de; 1382–1387*
Fig. 54 *Capilla, Juan de; 1382–1411*
Fig. 55 *Ximénez de Mamillo, Juan; 1384–1388*
Fig. 56 *Septiembre, Domingo de; 1385–1400*
Fig. 57 *García del Parral, Juan; 1386*
Fig. 58 *López del Frago, Juan; 1388–1390*
Fig. 59 *Aznares de Ansó, Pedro; 1388–1415*
Fig. 60 *Raro, Juan; 1389–1396*
Fig. 61 *Blasco de Azuara, Juan; 1389–1415*
Fig. 62 *Marcén, Lázaro; 1390–1426*
Fig. 63 *Carlos, Pedro de; 1392–1399*
Fig. 64 *Monzón, Juan de; 1393 (anterior a)*
Fig. 65 *Payesa, Pedro; 1393–1397*

Fig. 66 *Amat, Ramón; 1393–1398*
Fig. 67 *Peramón, Juan de; 1394–1435*
Fig. 68 *Pérez de Samper, Ferrando; 1395–1431*
Fig. 69 *Doto, Juan; 1396–1432*
Fig. 70 *Espada, Valero de; 1396*
Fig. 71 *Alberuela, Jimeno de; 1397–1423*
Fig. 72 *Gascón, Juan Esteban de; 1398–1409*
Fig. 73 *Sánchez de Biel, Pedro; 1398–1419*
Fig. 74 *Sánchez de Luesia, Martín; 1399–1404*
Fig. 75 *Calvo de Torla, Juan; 1400–1418*
Fig. 76 *Just, Jacobo; 1401 (anterior a)*
Fig. 77 *Tarba, Martín de; 1401–1435*
Fig. 78 *Ximenez del Bosc, Antón; 1402–1431*

Aproximación al »signum« notarial en el reino de Valencia durante los siglos XIII a XVI

Por Vicente Garcia Edo

Objeto de este trabajo

En la actualidad carecemos de estudios de conjunto sobre el »signum« notarial valenciano y su evolución a lo largo de los siglos. En general son muy escasas las publicaciones sobre el notariado valenciano, y no existe ninguna sobre identificación de estos profesionales, tarea que consideramos fundamental y previa a la profundización en este campo[1].

Interesado por los notarios y su documentación, desde hace años estamos llevando a cabo la elaboración de un fichero general de los que ejercieron en el territorio del antiguo reino de Valencia. Dado el enorme volumen documental conservado, hemos ceñido nuestro trabajo únicamente a los siglos XIII a XVI[2].

Agradecemos la invitación del profesor Peter Rück para dar a conocer una selección de signos notariales valencianos, aunque es necesario indicar que esta colaboración es una simple muestra, a la espera de poder publicar algún día una serie mucho más amplia y completa, que nos permita seguir paso a paso su evolución. Por tanto, en las líneas que siguen, nos limitamos, sin más, a presentar una serie de signos ordenados cronológicamente, de los que comentaremos algunos detalles significativos, sin tratar de analizar su origen y desarrollo, ni obtener conclusiones. No conviene precipitar resultados, puesto que día a día el hallazgo de nuevos signos modifica los planteamientos tenidos como ciertos hasta ese momento[3].

Breve nota sobre el origen del notariado valenciano

Podríamos aceptar que la introducción del notariado cristiano en el reino de Valencia tuvo lugar en febrero de 1232, en el momento mismo de la redacción de la primera carta particular relativa a las tierras ya ganadas a los musulmanes[4].

Durante los años siguientes, la falta de profesionales propios del nuevo territorio, aún en fase de conquista, se salvó con el trabajo de escribanos clérigos y laicos, y de notarios públicos, tanto de Aragón como de Cataluña, que actuaban al servicio de la nobleza, la iglesia y las órdenes militares, cuando eran requeridos para ello[5].

A finales de 1239[6], un año después de la conquista de la ciudad de Valencia, el rey Jaime I de Aragón dictó las

1 Tan solo en los últimos años, y como consecuencia de los trabajos realizados en torno al Departamento de Paleografía y Diplomática de la Universidad de Valencia, que dirige el Dr. D. José Trenchs Odena, se han publicado algunas series de signos medievales. Entre otros: Elena Sanchez Almela El libro de privilegios de la villa de San Mateo. Castellón 1985; Eugenio Diaz Manteca, El Libro de Poblaciones y Privilegios de la Orden de Montesa. Castellón 1987; y también, Vicente Garcia Edo, Notarios de Onda de los siglos XIII y XIV, en: Boletin Miralcamp. Onda 1988. Notarios de Onda de los siglos XV y XVI, en: Boletín Miralcamp. Onda 1989.

2 La mayor parte de la información procede de las amplias series de pergaminos conservados en la actualidad en distintos archivos. En ellas se aprecia, sin variación, un mayor volumen documental correspondiente a los siglos XIII y XIV. Decae algo en el XV y va desapareciendo en el XVI, quizá por el mayor uso del papel en este tiempo, en perjuicio del pergamino. Gracias a estas numerosas series de pergaminos, podemos conocer la existencia de la mayor parte de los más antiguos notarios valencianos, los de los siglos XIII y XIV, cuyos notales y protocolos han desaparecido, y tan solo se conservan algunos documentos sobre pergamino expedidos en sus escribanías y firmados por ellos.

3 Cualquier signo puede aportar elementos ornamentales que avancen la cronología de su aparición, o nos permitan establecer comparaciones con la labor de los notarios de los restantes estados de la Corona o de fuera de ella.

4 Nos referimos a la redactada por Bartolomé, notario del noble aragonés don Blasco de Alagón, relativa a la delimitación de los términos generales del castillo de Morella. Publicada en más de una ocasión a partir de una copia tardía que la fechaba en febrero de 1233, ha sido editada de nuevo recientemente, a partir de dos copias coetáneas que la fechan correctamente. Vicente Garcia Edo, Nuevas aportaciones documentales sobre don Blasco de Alagón, en: Boletín de la Sociedad Castellonense de Cultura. Abril-Junio 1989, págs. 287–301. En la página 293 se reproducen los signos de los cinco escribanos que trabajaron al servicio de este noble.

5 Tenemos en vías de publicación un artículo titulado »Los primeros notarios valencianos«, en donde se identifica a un buen número de los profesionales que ejercieron tanto antes de la conquista de la ciudad de Valencia, como inmediatamente después.

6 El documento se ha transmitido a través de varias copias, y existen dudas aún no resueltas, de si se expidió el 22 de octubre o de noviembre de 1239.

normas básicas del futuro cuerpo profesional de notarios valencianos, quienes desde principios de 1240[7] se regirían por los fueros del reino, cuya rúbrica »de notariis« regularía su función, así como por los privilegios y ordenanzas particulares que desde ese momento irían dictando los monarcas, todas reunidas en el siglo XV en un »Libro de Privilegios«, que conservamos actualmente[8].

Las fichas notariales

Para identificar a los notarios, hemos confeccionado una serie de fichas individuales en las que figuran todos los datos que pueden obtenerse de cada uno de ellos. Una ficha tipo consta de los apartados siguientes:

1. Nombre y apellido

Transcrito tal como lo encontramos. Normalmente se halla en latín, pero hay bastantes ejemplos documentados únicamente en valenciano o castellano. Cuando se conserva en varias lenguas tomamos nota de las distintas formas, aunque solemos preferir la latina, por ser mayoritaria, con vistas a una ordenación alfabética[9].

2. Años conocidos de actividad

Recogemos las fechas extremas de ejercicio, conocidas a partir de los documentos conservados de un mismo notario. En algunos casos el inicio de actividad se conoce a través de su nombramiento como notario real. Conservamos la fecha de nombramiento de unos dos mil notarios valencianos[10].

3. Población en donde ejerce

Normalmente el notario trabaja siempre en una misma población, aunque esporádicamente se desplaza a otras localidades, requerido para actos concretos, en virtud de la posibilidad que tiene de hacerlo como consecuencia de su título, como diremos a continuación. También conocemos la población de donde son naturales los casi dos mil notarios de los que se conserva su respectivo real nombramiento, pudiendo comprobar que no siempre ejercen en ellas[11].

4. Título

Recogemos el título exacto de cada profesional, que figura junto a su signo. Los notarios valencianos, aunque hay excepciones, se encuadran mayoritariamente en tres grupos distintos: notarios locales, que son los más antiguos; notarios con licencia para actuar por todo el territorio del reino de Valencia; y notarios con autoridad por todos los estados de la Corona[12].

5. Signo notarial

En cada ficha se reproduce el signo del notario identificado. El signo es el único elemento que diferencia a un notario de otro. En ocasiones hemos documentado

7 Arcadi GARCIA SANZ, en: Furs de Valencia, I, p. 51. Barcelona 1970, analiza las noticias relativas a la fecha de promulgación de los fueros del Reino, actualmente ignorada, aunque ya en vigor en el verano de 1240, como consecuencia de su cita en un documento conservado en la Catedral de Valencia. Por nuestra parte hemos podido ratificar estas fechas a partir de pergaminos procedentes de los archivos de la Orden de San Juan del Hospital.

8 Se trata de una copia de mediados del siglo XV, conservada en los archivos del Maestre Racional de Valencia, citada por distintos autores y de la que estamos actualmente preparando su edición.

9 Hemos podido comprobar que los notarios del reino de Valencia, residentes en el área lingüística castellana, suelen firmar sus escrituras en castellano. Vicente GARCIA EDO, Notarios del señorío de Arenós en la segunda mitad del siglo XIV, en: Bulletí del Centre Municipal d'Estudis d'Onda. Onda 1989. Por el contrario, los pertenecientes al área lingüística valenciana, firman sobre todo en latín y en mucha menor medida en valenciano.

10 La fecha de nombramiento de un notario real no puede ser siempre tenida como la del inicio de su actividad profesional, porque en un gran número de casos ya ejercían con anterioridad, tras pasar los correspondientes exámenes ante el Justicia de su población respectiva o el de Valencia, quienes estaban investidos para conceder tales licencias, en virtud de las disposiciones forales. Los nombramientos reales de notarios se conservan en su mayor parte en registros denominados *Notariorum*, de los archivos de la Cancillería Real de Aragón, hoy casi todos en el Archivo de la Corona de Aragón, en Barcelona, y algunos en el Archivo del Reino de Valencia.

11 En ocasiones es difícil saber si un notario que firma un documento en una población, realmente ejerce siempre en ella, puesto que de la información que se desprende del texto, pueden hacerse varias interpretaciones. También hemos constatado la existencia de documentos de un mismo notario, firmados en poblaciones distintas, sin que sea posible saber en cual de ellas tenía establecida su escribanía.

12 Esta cuestión ha sido tratada recientemente. Rafael CONDE, Gimeno FRANCISCO, Notarías y escribanías de concesión real en la Corona de Aragón (S. XIII), en: Notariado público y documento privado: de los orígenes al siglo XIV. Actas del VII Congreso Internacional de Diplomática. Valencia 1986. I, pags. 281–330.

notarios distintos con un mismo nombre, incluso ejerciendo simultáneamente en la misma ciudad, pudiendo saber por medio de su respectivo signo, a quien nos referimos[13].

6. *Signatura de los documentos*

Tomamos nota de los archivos y secciones de los mismos en donde se conservan los textos de los que procede la información.

7. *Otros datos*

Cualesquiera otras noticias que puedan ser de interés para un mejor conocimiento del profesional de que se trate.

La colección de signos

En las láminas que siguen se reproducen 200 signos notariales, ordenados cronológicamente, seleccionados entre los aproximadamente tres mil con que contamos por el momento[14]. Partimos del año 1240, con algunos de los primeros notarios conocidos, que empezaron a ejercer inmediatamente después de la promulgación de los fueros del reino; y concluimos en 1589, un año cualquiera, del que hemos seleccionado unos signos que nos sirven para completar nuestro recorrido hasta finales del siglo XVI.

Hemos procurado incluir una amplia muestra de elementos ornamentales distintos, pero somos conscientes de que nos hemos dejado llevar por el deseo de mostrar gran parte de los mejores, de los más elaborados y selectos, en detrimento de una gran cantidad de signos más vulgares, que quedan peor representados.

Al pie de cada lámina figura el nombre del notario, tal como se ha documentado en los textos. Sigue la cita de la población donde ejerció y los años conocidos actualmente de actividad.

A pesar de que el tamaño del signo no tiene importancia alguna, se observa que, en líneas generales, los del siglo XIII suelen ser más reducidos que en épocas posteriores, iniciándose el despegue hacia finales de siglo, en la misma época en que se impone una moda que durará pocos años, consistente en el alargamiento de los brazos horizontales que enlazan las sílabas de la palabra »signum« con los dibujos, como los de los números 37, 39 y 42.

Ya bien entrados en el siglo XIV, la decoración se enriquece y las formas irán tornándose cada vez más caprichosas, siguiendo un ritmo ascendente, que alcanzará su culmen a mediados del siglo XVI. Ya en la centuria siguiente, que sale fuera del ámbito de nuestros estudios, se advierte un retroceso y una vulgarización de las formas, seguramente producto de las nuevas formas escriturarias imperantes.

Los signos notariales valencianos, como continuadores de las tradiciones aragonesas y catalanas[15], parten inicialmente de la señal de la cruz[16], bien en su forma normal de cuatro brazos iguales, o en aspa. A partir de ellas, se fueron añadiendo una serie de ornamentos, más o menos sofisticados, que dieron lugar a infinitud de formas.

Por razones de espacio, nos limitaremos a realizar unos breves comentarios algunos elementos ornamentales, que destacan por su interés o abundancia, bien entendido que no constituyen sino una pequeña parte de los que pudieran ser susceptibles de atención. Son:

1. Estrellas
2. Cruces gamadas
3. Escudo real de Aragón
4. El monograma de Cristo
5. Apellido del notario
6. Ajedrezados y masas negras
7. Cruz central
8. Redes y mallas.

1. *Estrellas*

Hemos de suponer que los notarios aprovecharían cualquier imagen grata para aplicarla a su signo notarial. Por tanto, no resulta extraño que uno de los primeros identificados adopte como distintivo un grafismo procedente seguramente de un elemento ornamental musulmán, ya que la influencia e intervención directa

13 En nuestra colección hallamos los signos números 86 y 102, que se refieren a dos notarios distintos, llamados Jaime Ros, residentes en Valencia y Benasal respectivamente, y que ejercen en fechas muy próximas, lo cual podría inducirnos a error de no conservarse su respectivo signo.

14 Su número aumenta contínuamente conforme accedemos a una serie documental distinta. En la actualidad tenemos casi concluída la consulta de las series relativas a las tierras de la actual provincia de Castellón, y hemos revisado una amplia documentación referente a la actual provincia de Valencia.

15 Francisco GIMENO BLAY La escritura gótica en el País Valenciano después de la conquista del siglo XIII. Valencia 1985, págs. 78–80. El autor habla de la integración del territorio del antiguo reino de Valencia tras su conquista en una *koine* lingüística y también gráfica que comprendía y vinculaba a los distintos estados de la Corona de Aragón.

16 Oriol VALLS SUBIRA, Signos notariales, en: Centenario de la Ley del Notariado. Barcelona 1962.

de los artesanos musulmanes en la decoración tras la conquista cristiana continuó siendo muy grande. Su signo, el nº 7, parece proceder de la estrella de ocho puntas, muy frecuente en las yeserías ornamentales y en la azulejería musulmana medieval[17].

Otro ejemplo de características similares, aunque en este caso aún mucho más evidente, por la mayor semejanza al modelo original, es el signo número 119, ya del siglo XV.

Del tercer grupo social del reino de Valencia, los judíos, también se percibirán influencias. Conservamos dos ejemplos de adopción de la estrella de David, de cinco puntas: una del siglo XIV, correspondiente a un notario de Castielfabib, con un dibujo, el 51, un tanto confuso; y un segundo, el 130, de un notario de Alcora del siglo XV.

2. Cruces gamadas

Uno de los elementos ornamentales más antiguos y utilizados por los notarios valencianos es la cruz gamada. Por las enormes posibilidades decorativas que ofrece, se repite hasta la saciedad durante todo el período estudiado. En nuestra colecćion existen numerosos ejemplos, los números 5, 32, 54, 78, 86, 117, 122, 134, 143, 145, 152, 168, 183, 195, 199 y 200. Por su indudable interés, hemos de llamar la atención especialmente sobre dos de ellos, los números 78 y 122. El primero por la doble cruz gamada originada a partir de un eje central único; y el segundo por la unión de dos cruces gamadas contiguas, ejemplo absolutamente inusual.

De una derivación de la cruz gamada surgiría el dibujo que recuerda las aspas de un molino, y del cual también hay en esta serie interesantes ejemplos, en los números 14, 16, 26, 27, 38, 44, 50, 68, 68, 98, 140, 147, 151, 155 y 171.

3. Escudo real

Entre los ejemplos más interesantes a comentar, figuran los signos de un reducido número de notarios que utilizan como elemento decorativo central el escudo de los reyes de Aragón, las cuatro barras reales, aunque en ningún caso dibujan más de dos o tres, como era costumbre en la época.

Parece ser que esto e consecuencia de una costumbre iniciada en la Cancillería Real, pues ya a finales del siglo XIII el notario Jaime de Cabanyes[18], al servicio del rey Pedro el Grande de Aragón, usa como signo notarial un escudete con tres barras. Esta costumbre se continuaría en la misma Cancillería con el notario Galcerán de Ortigues[19], al servicio del rey Pedro el Ceremonioso durante largas décadas.

En el notariado público, sin embargo, los primeros ejemplos documentados son de hacia 1360 y se localizan en Cataluña[20]. También los hallaremos en Aragón algo después[21], y en el reino de Valencia desde 1384. Hemos documentado 21 ejemplos de este interesante elemento ornamental[22], del que hay muestras de poblaciones de todos los rincones de las tierras valencianas. En nuestra selección son los números 109, 118, 132, 139, 172, 195 y 196.

17 Fué publicado por: Mª. José Carbonell, Virginia Mª. Cuñat, Unos documentos de Benivaire de la época de Jaime I., en: Al-Gezira, Revista d'Estudis Històrics – Ribera Alta. Alcira 1986, pág. 111, atribuyéndole un posible origen a partir de la estrella de David. De la consulta de la serie completa de pergaminos del monasterio de Valldigna, nos ha sido posible ampliar la cronología de la actividad de este notario. En tierras valencianas conservamos distintos ejemplos de la estrella de ocho puntas, entre los que sobresalen las incluídas en las yeserías musulmanas del Museo Municipal de Onda, que parecen datarse a finales del siglo XII; y también las hallamos en el artesonado mudéjar de la Iglesia de la Sangre de la misma localidad, fechable en la segunda mitad del siglo XIII.

18 Documentamos a este notario por medio de un pergamino de 15 de febrero de 1289, de los fondos del monasterio de Valldigna, conservados actualmente en el Archivo Histórico Nacional de Madrid. Carpeta 3366.

19 Luisa d'Arienzo, Gli scrivani della cancelleria aragonese all'epoca di Pietro il Ceremonioso (1336–1387), en: Studi di Paleografia e Diplomatica, Padua 1974, publica el signo de este notario y de todos los que trabajaron en la Cancillería Real, según las noticias contenidas en los pergaminos conservados de este reinado en los Archivos de la Cancillería. Hemos localizado otro pergamino del mismo notario, fechado el 12 de febrero de 1387 entre los fondos del monasterio de Valldigna antes citado. Carpeta 3384.

20 Valls Subira, en su citada obra publica algunos. Por nuestra parte hemos localizado casualmente otras muestras en archivos valencianos, ya que no dedicamos una atención especial al notariado catalán por exceder de nuestros propósitos. En la actualidad estamos terminando la redacción de un artículo dedicado a la aparición y amplitud de este infrecuente elemento ornamental, en el que se dará cuenta de la lista y cronología de estos notarios catalanes.

21 Valls Subira, igualmente, publica el signo del notario aragonés Miguel de Aliaga, con el escudo real. También hemos hallado casualmente algunos ejemplos de notarios aragoneses que lo usan, de los que daremos igualmente cuenta en el artículo citado en la nota anterior.

22 Estos ejemplos se refieren a las poblaciones de Morella, La Mata, San Mateo, Castellón, Villarreal, Burriana, Onda, Nules, Valencia, Alcira, Játiva, Castielfabib y Alicante.

4. El monograma de Cristo

Aunque el monograma »IHS«, abreviatura de Jesús, aparece en tierras valencianas por vez primera en 1263, en el signo de un monje del monasterio de Benifasá[23], que hace las funciones de notario del mismo[24], este elemento ornamental tardará aún bastante tiempo en normalizarse en el notariado público, y solamente lo encontraremos bajo diversas formas a partir de finales del siglo XIV; colocado en el centro del signo, en las más antiguas formas, o bien como remate ornamental superior del signo, o sobre el brazo izquierdo del mismo. En nuestra selección son los signos números 113, 125, 133, 158, 163, 173, 177, 178, 180 y 192; destacando sobre todos el primero de ellos por su rareza, ya que el signo es el propio monograma.

5. Apellido del notario

Los primeros intentos de inclusión del apellido del notario en el signo valenciano son de comienzos del siglo XV, y se limitan a la representación de la primera letra, situada normalmente en el centro del dibujo. Con posterioridad los notarios jugarán con las letras de sus respectivos apellidos, que fragmentarán por letras o sílabas e introducirán en los distintos lóbulos y espacios que conforman el signo. Solo hemos incluido un ejemplo, el número 123, del primer estado con una letra sola, pero sí múltiples variantes de apellidos completos fragmentados, en los números 157, 161, 170, 173, 175, 177, 179, 182, 184, 185, 187, 188, 189, 193, 195, 196, 198 y 199.

6. Ajedrezados y masas negras

Los signos notariales valencianos presentan muy escasos ejemplos de formas ajedrezadas en la decoración, como hallamos en los números 90 y 101; así como de figuras geométricas, sean cuadradas o triángulos, alternando blancos y negros, como los números 11, 20, 124, 176, 180, 181 y 191.

7. Cruz central

Además de partir de la cruz o aspa la práctica totalidad de los signos, en diferentes ocasiones hallamos ejemplos de notarios que incluyen una cruz como elemento central del signo. En épocas más avanzadas esta se utilizará como remate superior del mismo. Entre los numerosos ejemplos reproducidos, destacan por su singularidad los números 39, 82, 85, 91, 97, 100, 107, 115, 149, 153, 160 y 162.

Los remates más notables que aparecen a partir del siglo XV, y los hallamos en los números 123, 139, 171, 172, 188, 190, 195, 199 y 200.

8. Mallas y nudos

Entre los signos más bellos e infrecuentes, seguramente por la mayor dificultad de realización figuran las mallas o redes, y los entrelazados de líneas y nudos. Destacaremos por su mayor interés los números 16, 41, 84, 131, 193 y 194, y especialmente el 193, de Guillermo Santalínea, tal vez miembro de la familia de los famosos orfebres morellanos, lo que podría explicar su alta calidad.

Nota final

La selección que hemos reunido en las láminas que siguen[25], pueden ser buen ejemplo para comprender la gran riqueza decorativa de los signos notariales valencianos y las inmensas posibilidades de estudio que pueden derivarse de la reunión del mayor número posible de ejemplos distintos. Esto nos ha de permitir una mejor comprensión de unos orígenes inmediatos en la asimilación de las tradiciones de los profesionales aragoneses y catalanes; una leve adopción de elementos de las culturas musulmana y judía; y una evolución posterior paralela a la de los restantes estados de la Corona de Aragón, con indudable intercambio de elementos ornamentales entre ellos.

23 El monje se llamaba B. Montornés, y se documenta en el año 1263, a partir de las noticias conocidas a través de los pergaminos del monasterio de Benifasá.

24 El 9 de junio de 1261 el rey Jaime I de Aragón concedió licencia al abad del monasterio de Benifasá, para que pudiera nombrar de entre los frailes de su comunidad, a un escribano que hiciese las funciones de notario del monasterio. El pergamino original se conserva entre los fondos del monasterio, hoy en el Archivo Histórico Nacional de Madrid.

25 Hemos unificado las transcripciones de los nombres latinos, de manera que escribimos siempre *Guillermus* y no *Guillelmus* como se acostumbra para el siglo XIII. Del mismo modo hemos preferido *Jacobus* a *Iacobus*. Los topónimos se han escrito en castellano.

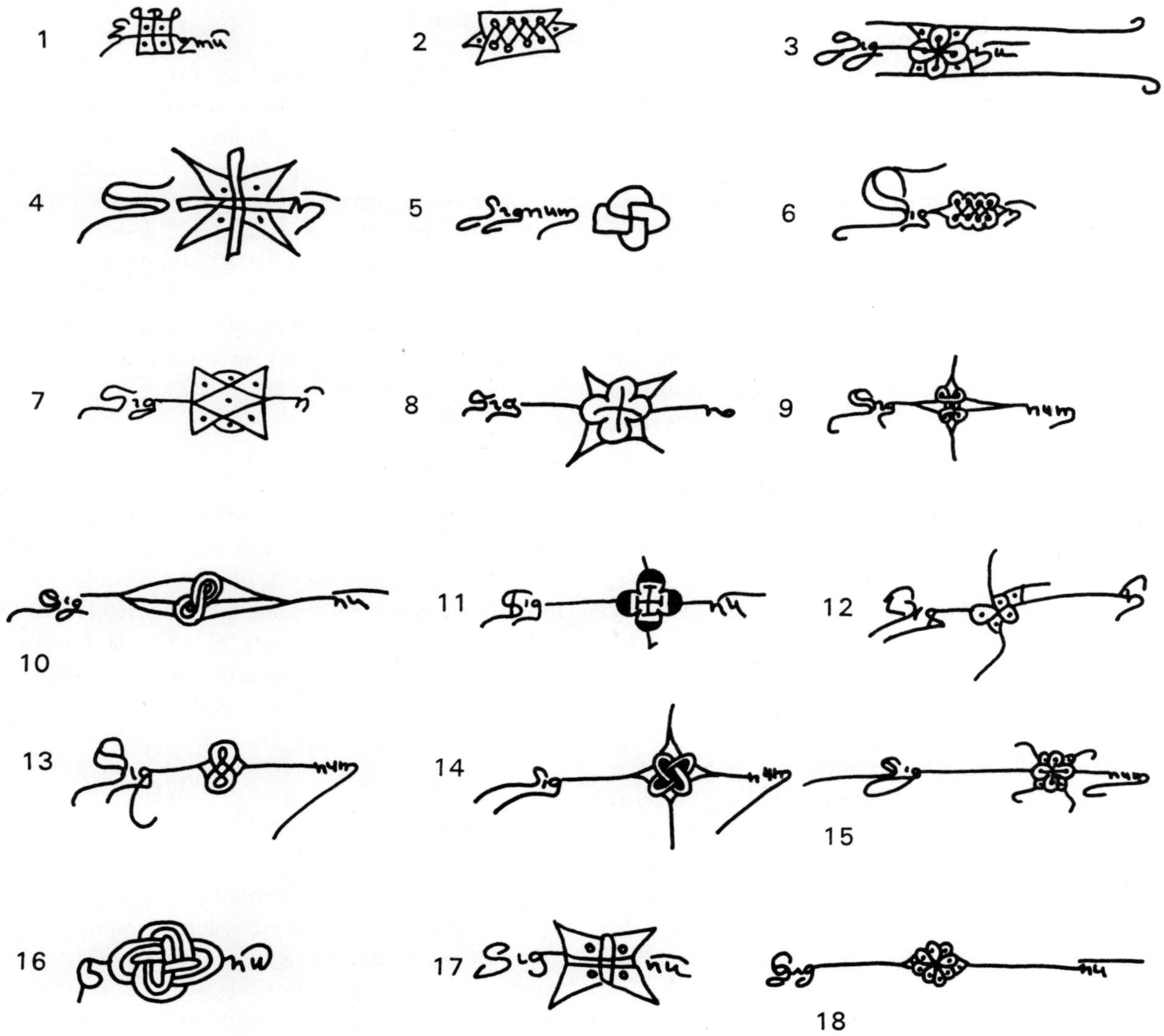

1. Bernardus de Balagario, Valencia; 1240–1247
2. Guillermus Gaucerandi, Valencia; 1240–1270
3. Bernardus, Valencia; 1241
4. Petrus Clerici de Paterna, Burriana; 1242
5. Petrus Guaschi, Valencia; 1242–1245
6. Bernardus Leochadie, Valencia; 1242–1245
7. Guillermus Columbi, Alcira; 1247–1276
8. Diego de Santa Cruz, Segorbe; 1251
9. Berengarius Egidii, Valencia; 1251–1259
10. Dominicus Scribe, Burriana; 1255–1256
11. Guillermus de Ratera, Valencia; 1255–1269
12. Michaelis, San Mateo; 1259–1270
13. Raimundus Maçane, Valencia; 1261–1273
14. Arnaldus Asterii, Morella; 1264
15. Bernardus Descus, Burriana; 1265
16. Petrus Scolaris, Cervera; 1267
17. Petrus de Cerca, Traiguera; 1268
18. Petrus de Monteolivo, Valencia; 1269

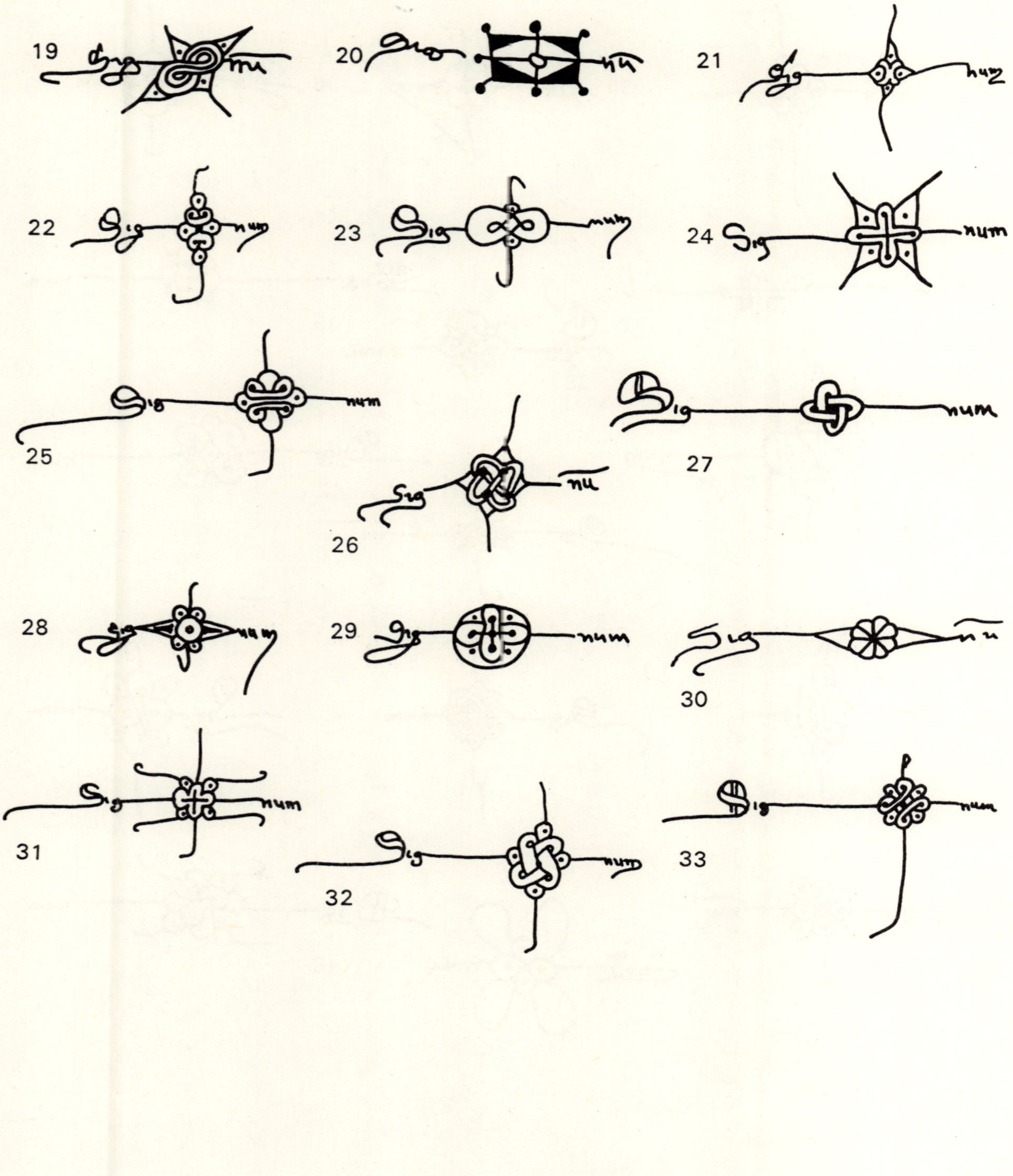

19. *Guillermus de Securo, Morella; 1269–1297*
20. *Aicartus Aberti, Valencia; 1270*
21. *Petrus Feraria, Villafamés; 1270*
22. *Guillermus de Verneto, Valencia; 1273–1296*
23. *Guillermus de Acrimonte, Valencia; 1273–1298*
24. *Guillermus Taraschoni, San Mateo; 1274*
25. *Jacobus de Fonte, Valencia; 1275–1291*
26. *Poncius de Paneriis I, Morella; 1276–1297*
27. *Arnaldus Scolani, Morella; 1279–1290*
28. *Ferrarius Balistarii, Valencia; 1280–1290*
29. *Rodericus d'en Dolç, Segorbe; 1281–1285*
30. *Petrus Fornerii, San Mateo; 1284*
31. *Petrus Sancii d'Albareda, Valencia; 1286–1293*
32. *Januarii Rabacie, Valencia; 1289*
33. *Johannes de Vaylldellort, Onda; 1289–1293*

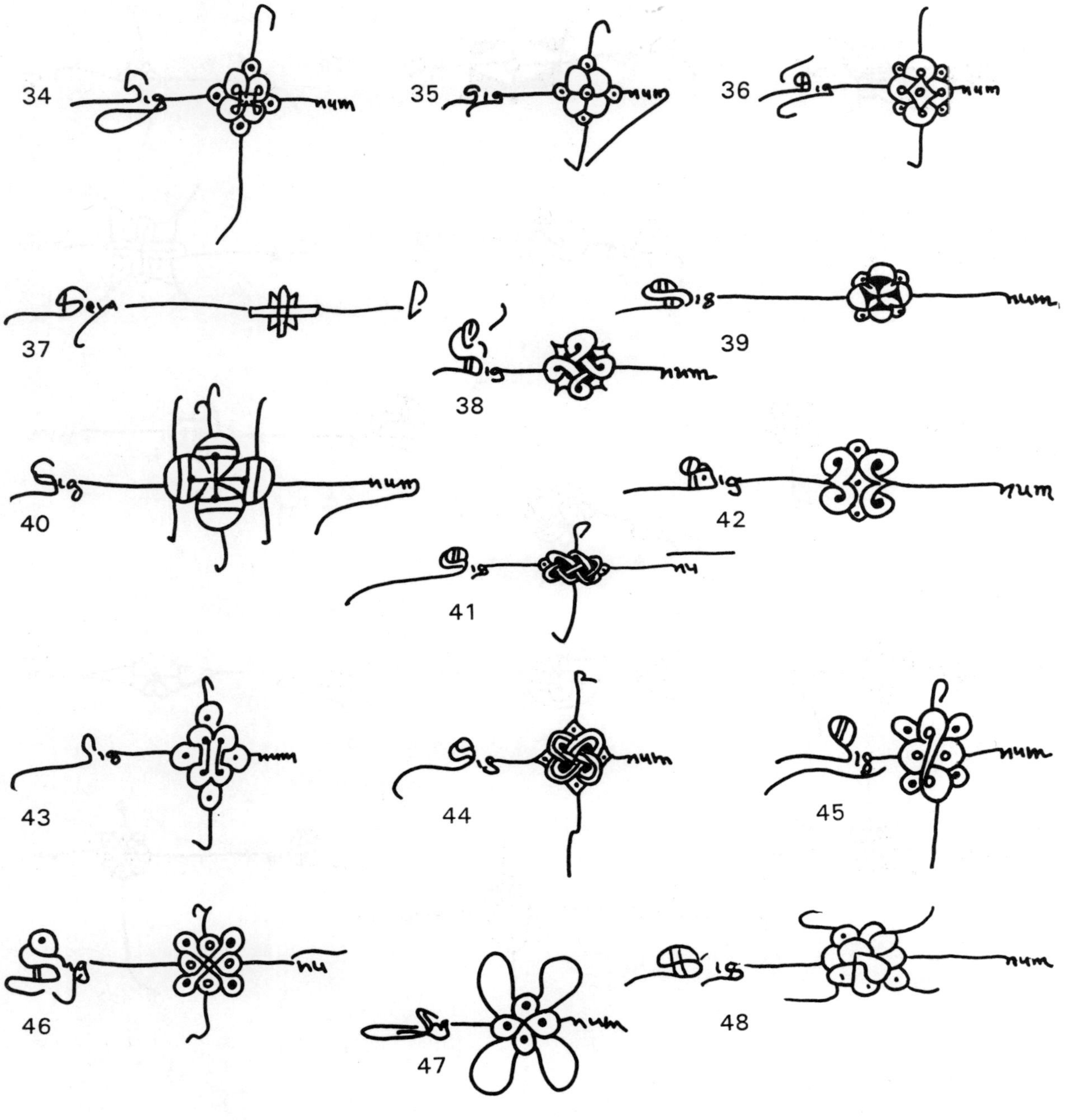

34. Guillermus Gaucerandi, Valencia; 1291–1293
35. Martinus de Medalia, Valencia, 1291–1294
36. Bernardus de Narbona, Valencia; 1293
37. Bernard Boraç, Ares; 1294
38. Guillermus Domenech, San Mateo; 1294
39. Raymundus Obach, Morella; 1294–1298
40. Ferrarius Castelloni, Segorbe; 1298
41. Raymundus de la Batut, Onda; 1299
42. Raymundus Benedicti, Morella; 1300–1310
43. Matheus Colonge, Valencia; 1301
44. Dominicus Paschasius del Açcor, Castellón; 1301
45. Bernardus Martorelli, Valencia; 1306
46. Arnaldus de Sares, Burriana; 1312
47. Jacobus Ricardi, Valencia; 1318
48. Aparicius Cases, Valencia; 1320

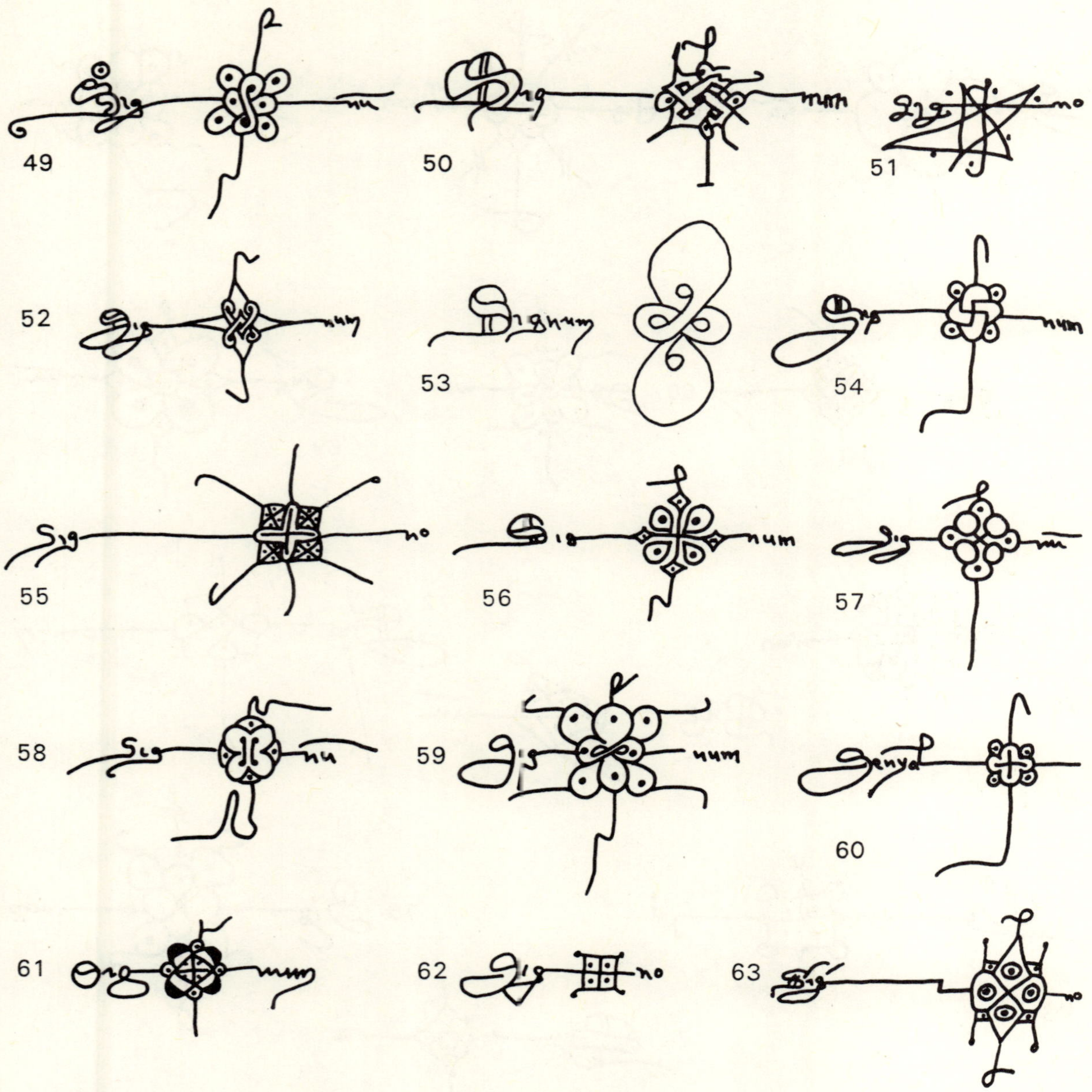

49. *Petrus d'Ispania, Montesa; 1320–1326*
50. *Arnaldus Tolsani, Morella; 1320–1338*
51. *Juan Pérez de n'Arnaiz, Castielfabib; 1321*
52. *Petrus Peyrol, Valencia; 1322*
53. *Johannes Cerdani, Valencia; 1322–1326*
54. *Pascasius de Sancto Johanne, Albocácer; 1324*
55. *Johan Abril, Castielfabib; 1324*
56. *Bononatus de Bruscha, Castllón; 1325–1329*
57. *Guillermus de Copons; Valencia; 1326*
58. *Dominicus de Cepillo, Cocentaina; 1327*
59. *Petrus de Oulesia, Valencia; 1330*
60. *Ferrando Tolsa, Orihuela; 1337*
61. *Sancius Sancii Alleputio, Segorbe; 1333*
62. *Johan Perez de Royuela, Castielfabib; 1333*
63. *Jimen Perez de Terascon, Castielfabib; 1334*

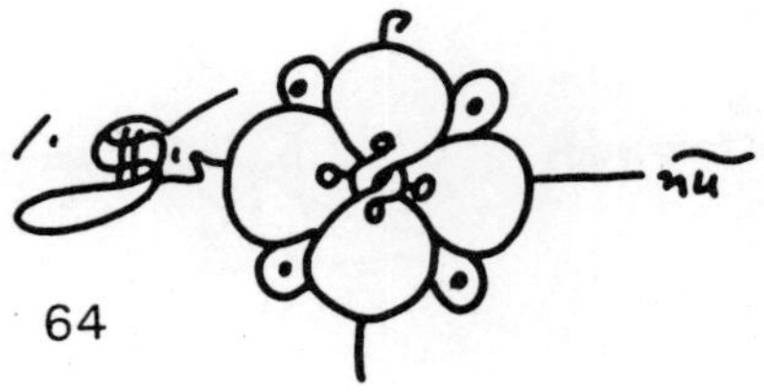
64

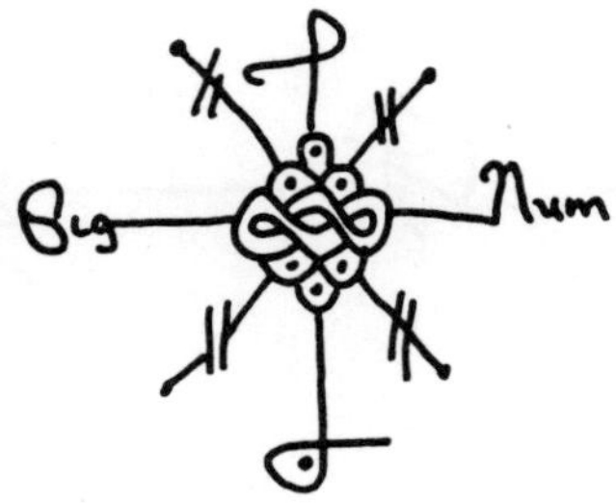
65

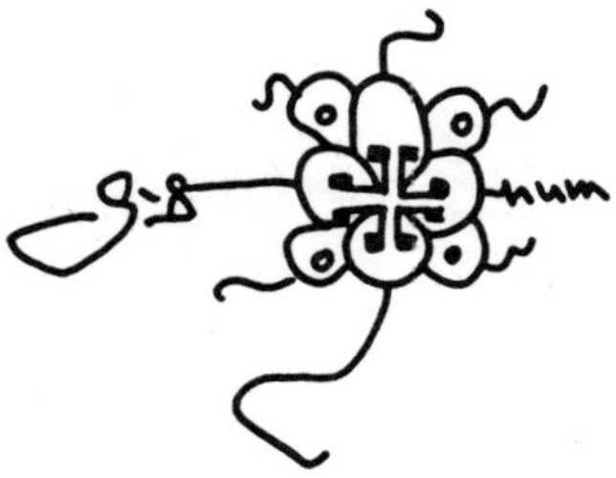
66

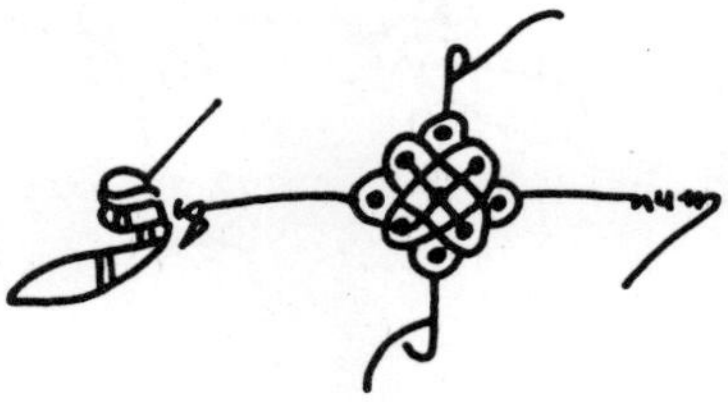
67

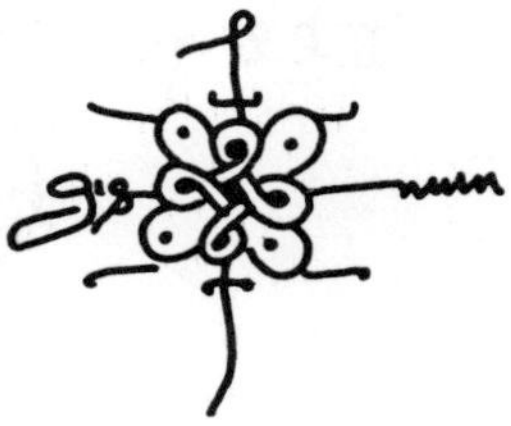
68

69

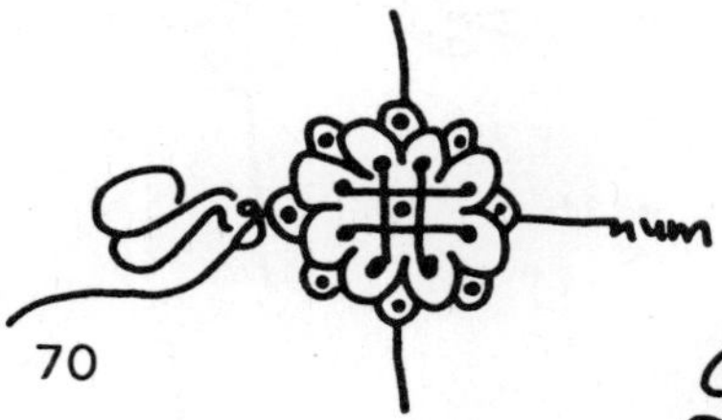
70

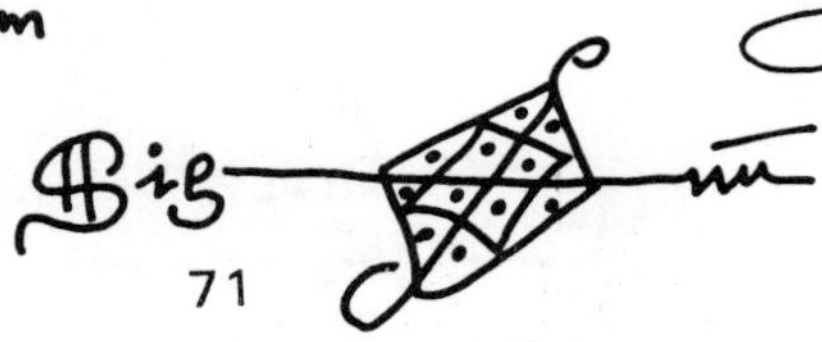
71

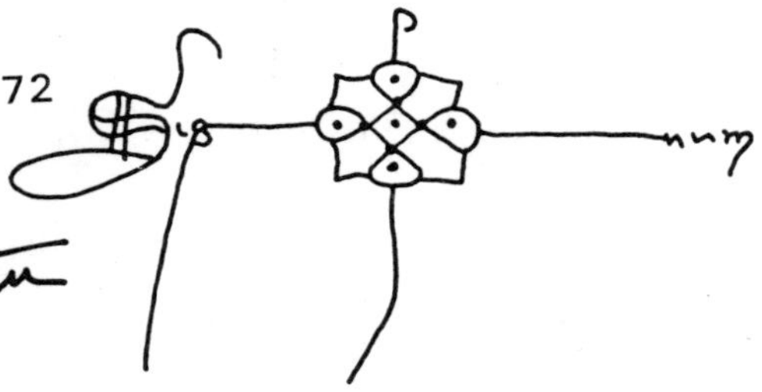
72

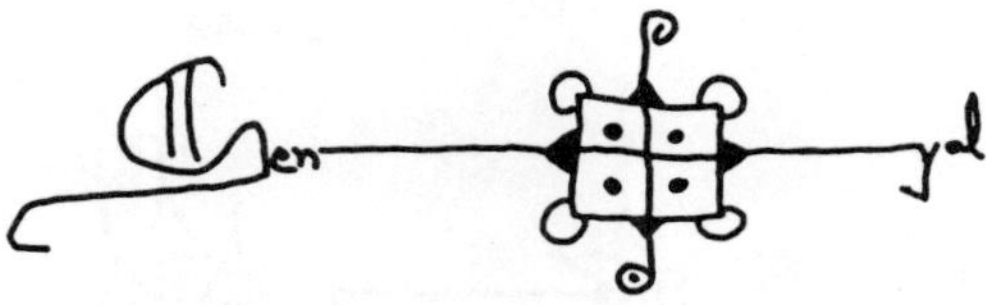
73

74

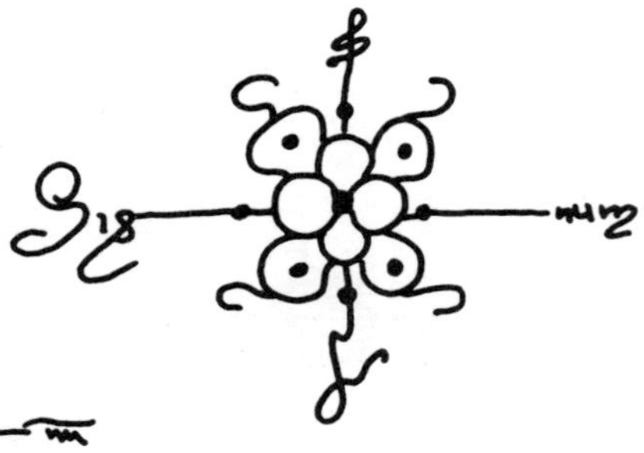
75

64. Philippus de Rossilione, Valencia; 1334–1344
65. Alfonsso de Mesa, Castielfabib; 1335
66. Johannes Rosset, Játiva; 1335
67. Dominicus Pocullull, San Mateo; 1336
68. Guillermus Maçana, Castellón; 1337
69. Guillermus Poncii, Rafal de Valldigna; 1337
70. Guillermus Balagarii, San Mateo; 1337
71. Dominicus Martini de Barrachina, Segorbe: 1337
72. Arnaldus de Cases Veyles, Valencia; 1337–1340
73. Francesch Angevi, Culla; 1338
74. Guillermus Muntserrat, Cervera; 1346
75. Johannes de Olito, Valencia; 1348

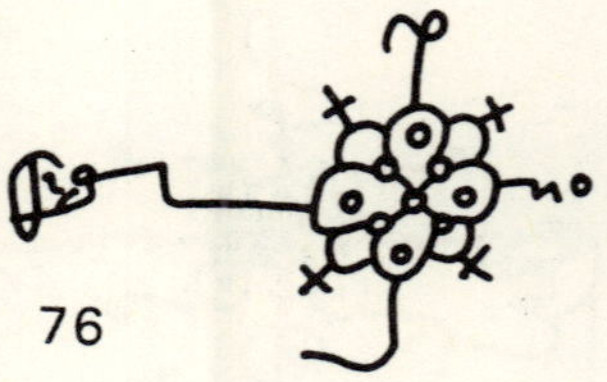
76

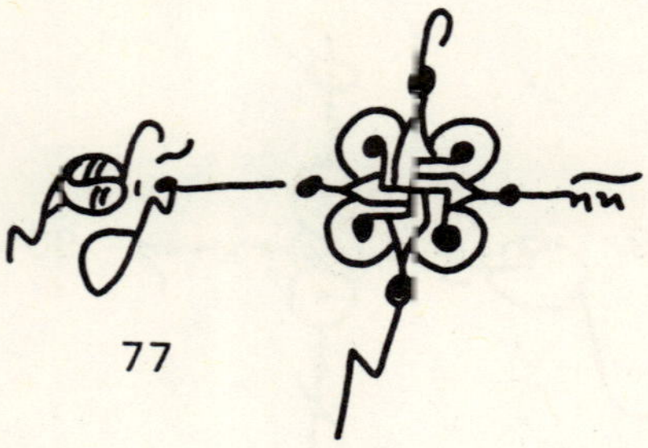
77

78

79

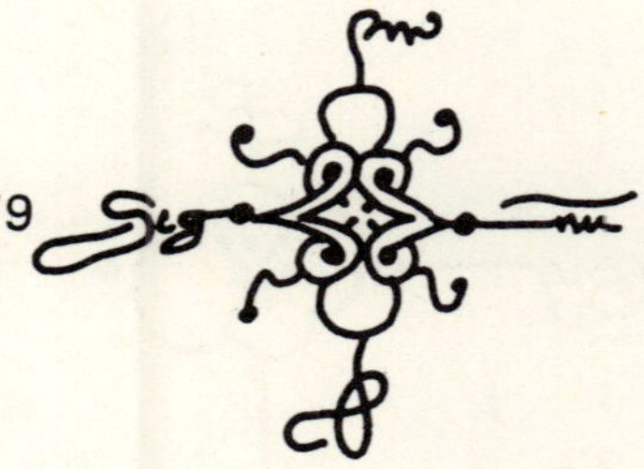

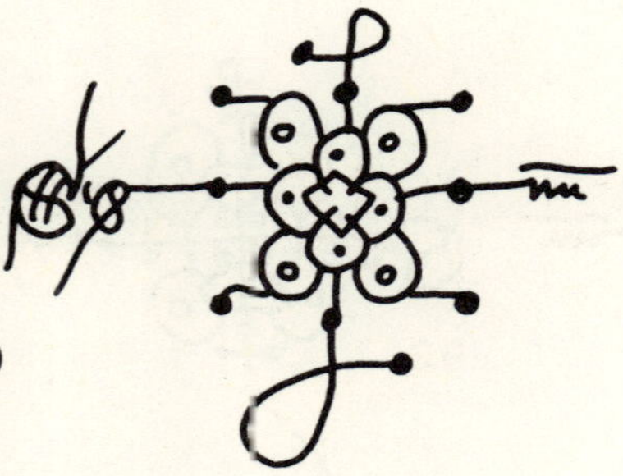
80

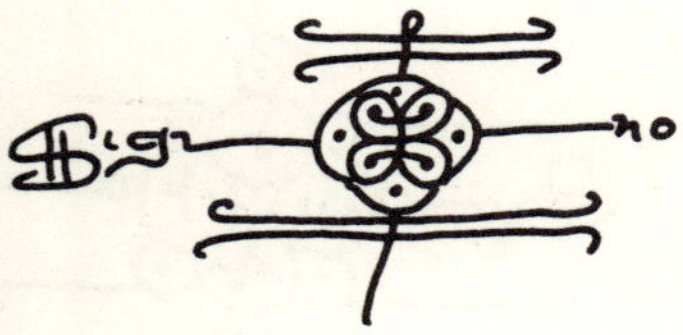
81

82

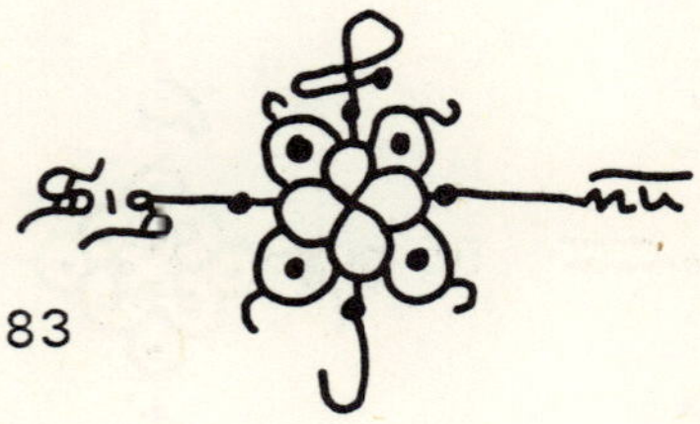
83

84

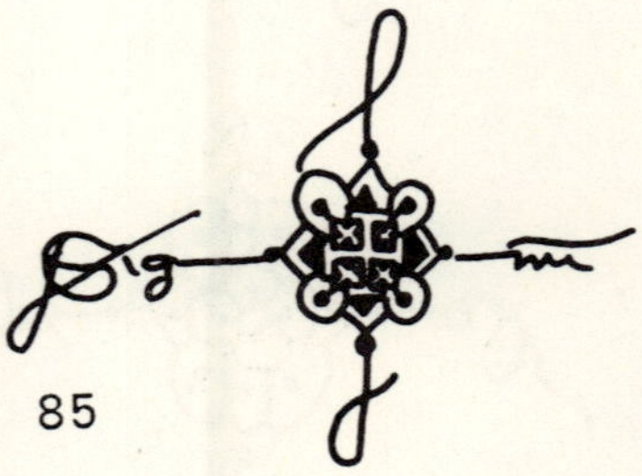
85

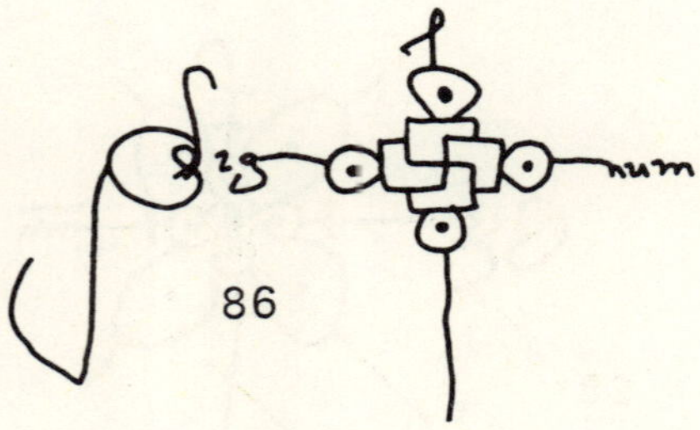
86

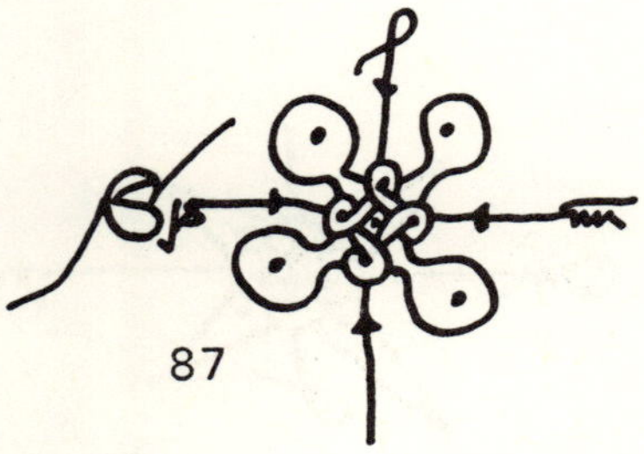
87

76. Johannes Egidii de Castiello, Valencia; 1349
77. Franciscus de Ferraria, Liria; 1350
78. Jacobus Ermengaudi, Sagunto (Morvedre); 1360
79. Johannes Amalrici, Sagunto; 1360
80. Johannes Petri de Monteacuto, Sagunto; 1360–1371
81. Garci Martinez de Vallterra, Villahermosa; 1361–1377
82. Blasius Navarro, Gandía; 1362
83. Petrus Perpiniani, Oliva; 1364
84. Domingo Cap de Bou, Arenose; 1364–1379
85. Raimundus Obach, Valencia; 1365
86. Jacobus Ros, Valencia; 1365–1385
87. Guillermus Almudever, Valencia; 1365–1385

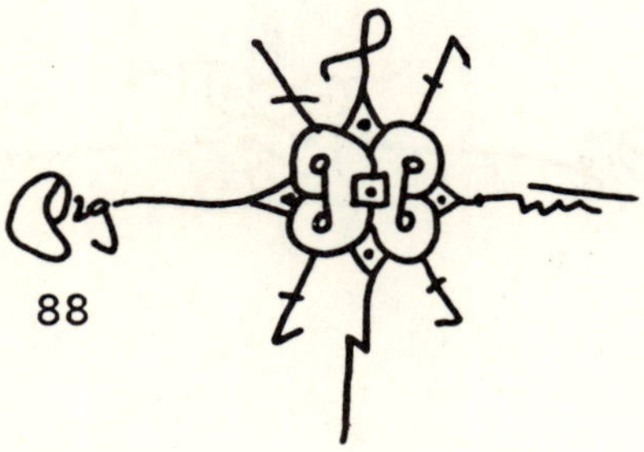

88

89

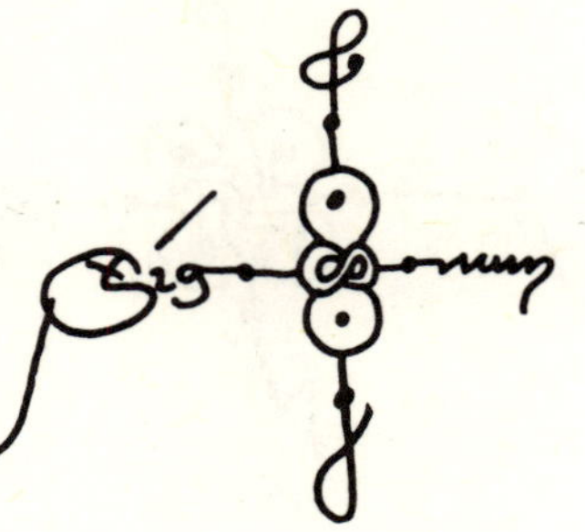

90

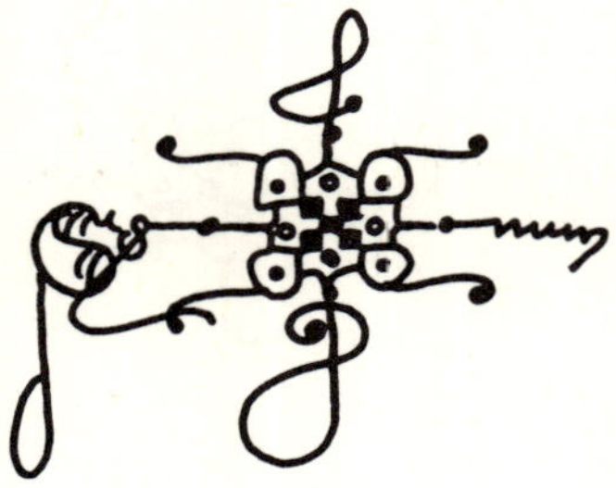

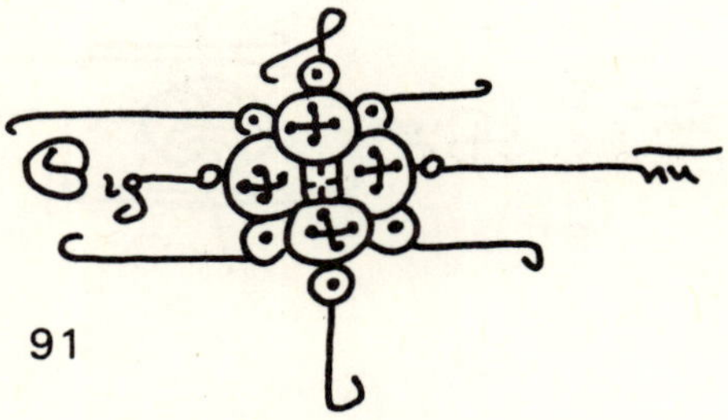

91

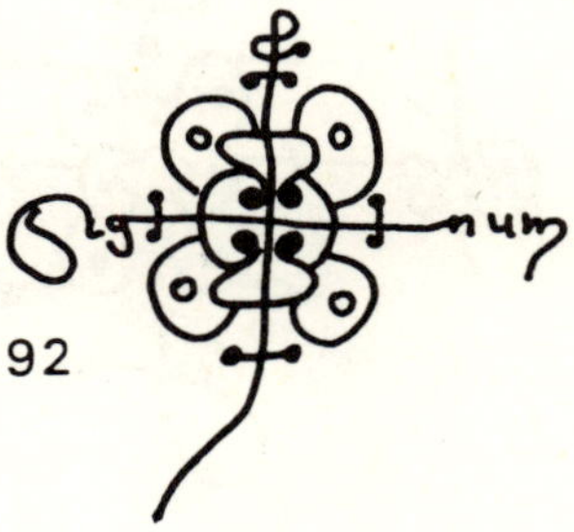

92

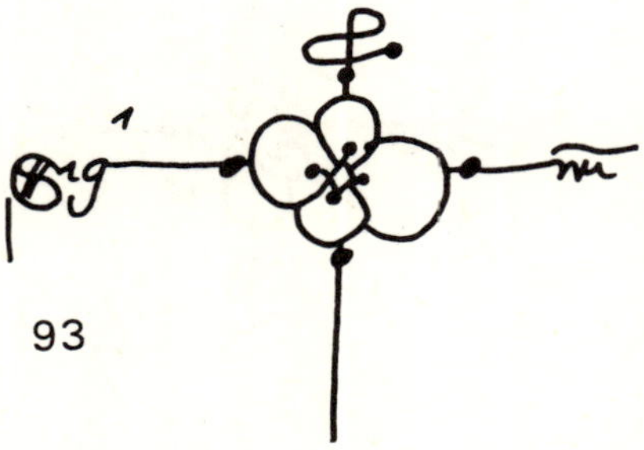

93

94

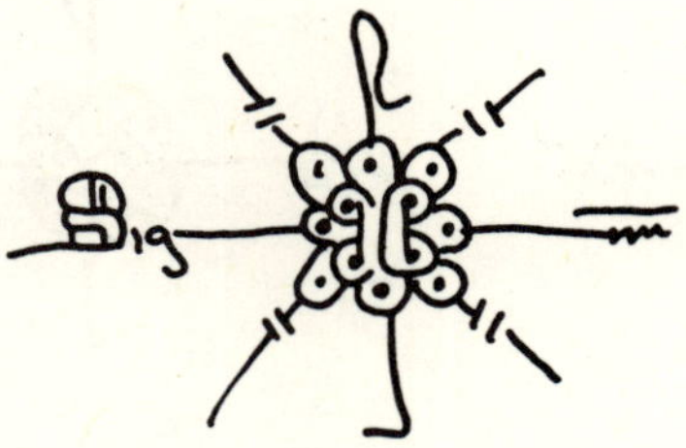

95

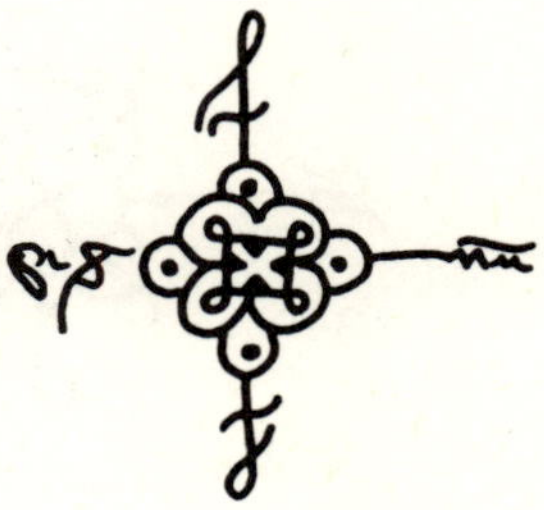

96

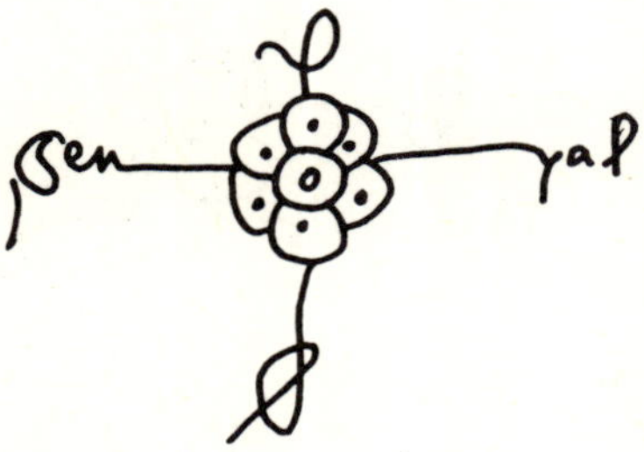

97

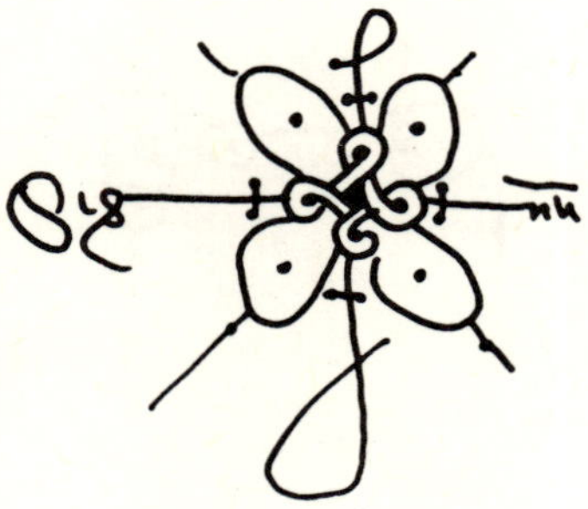

98

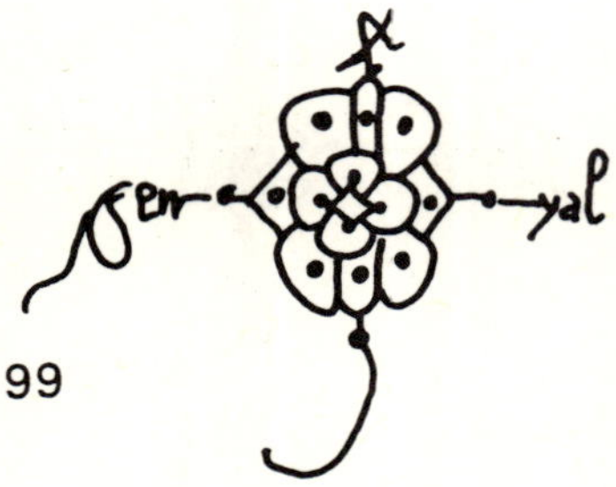

99

88. Jacobus Vallesii, Ayora; 1366–1379
89. Arnaldus Baroni, Denia; 1368
90. Thome Poch, Valencia; 1368
91. Vincencius de Turri, Valencia; 1369–1385
92. Arnaldus Ferrarii de la Palma, Valencia; 1370
93. Bernardus Pereç, Játiva; 1371
94. Johannes Stephani II, Cervera; 1371
95. Petrus Amati, Denia; 1372
96. Phelip Maestre, Albocácer; 1374
97. Domingo Matheu, Villafamés; 1374
98. Guillermus de Alçamora, Burriana; 1375
99. Jacme Ivarç, Callosa; 1375–1377

100
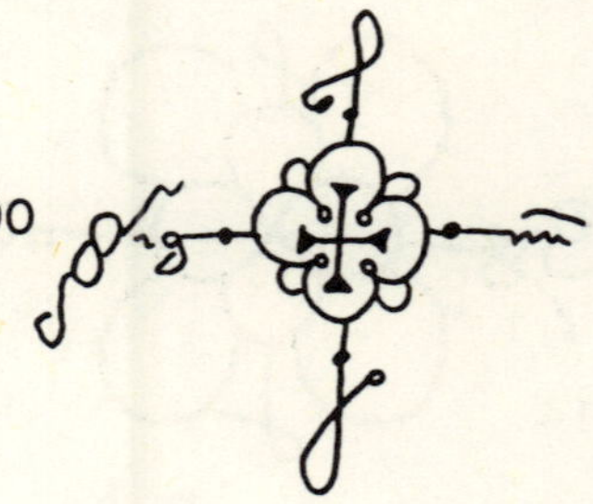

101

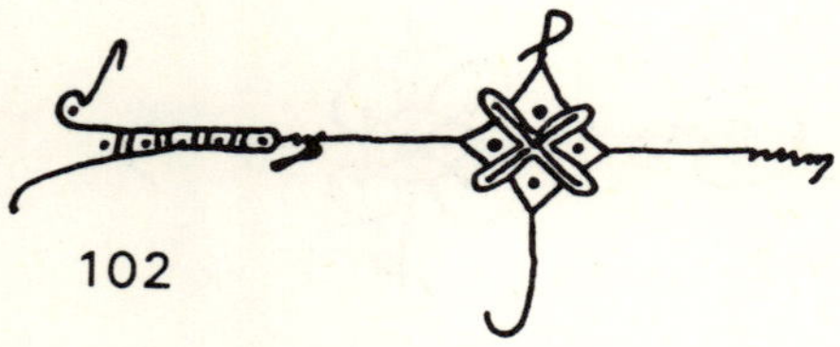
102

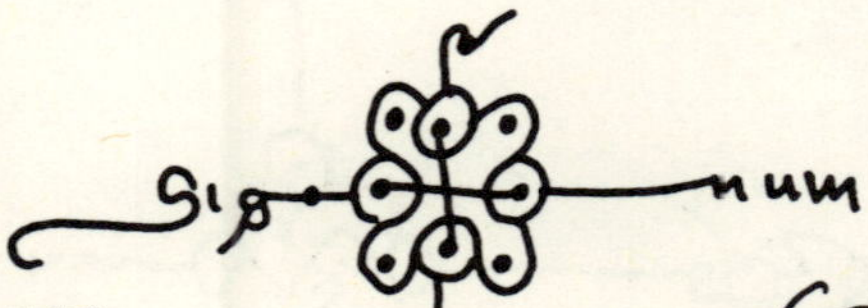
103

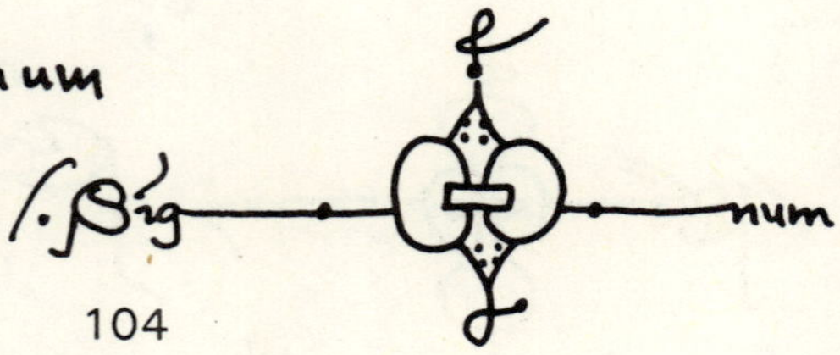
104

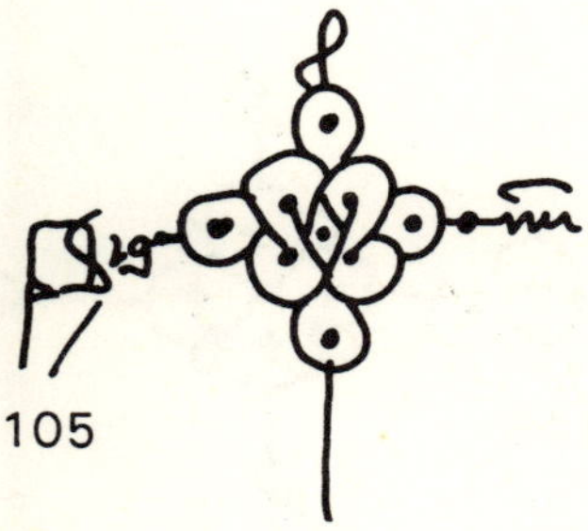
105

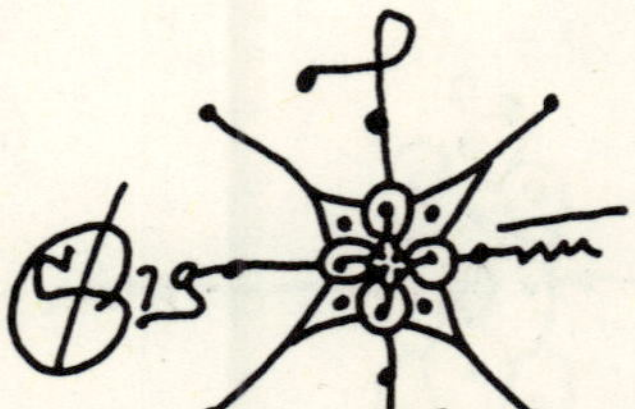
106

107
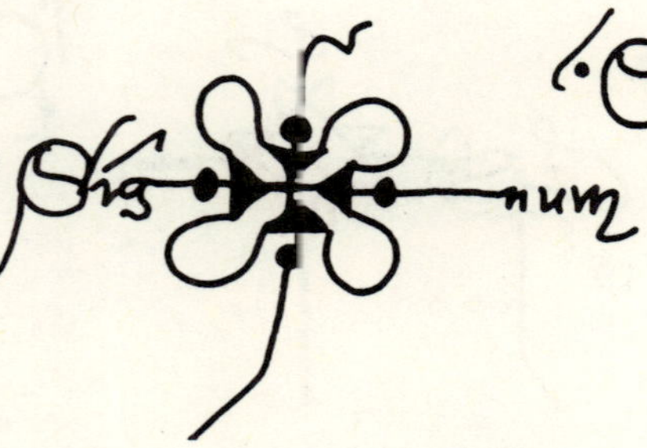

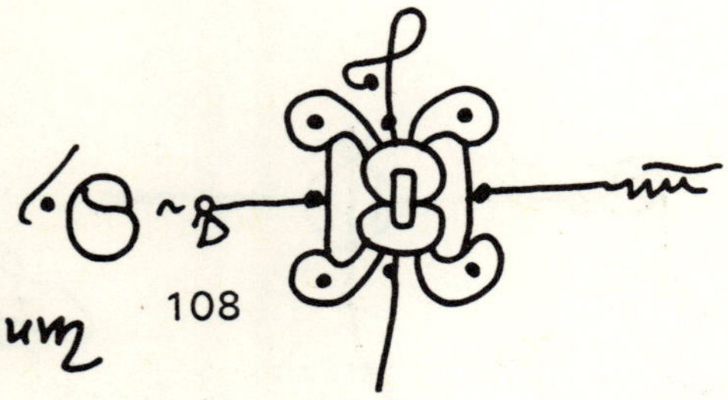
108

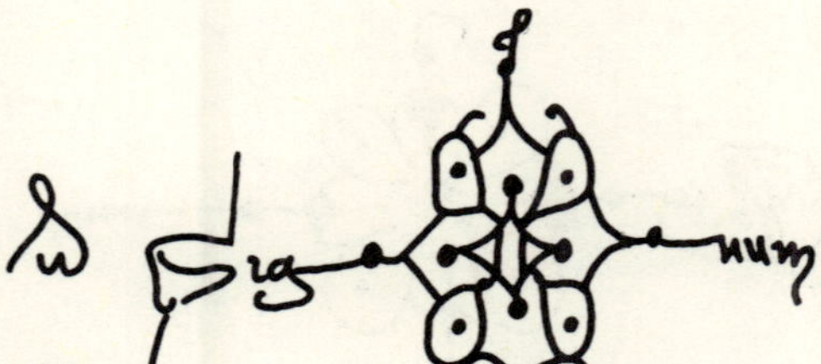
109

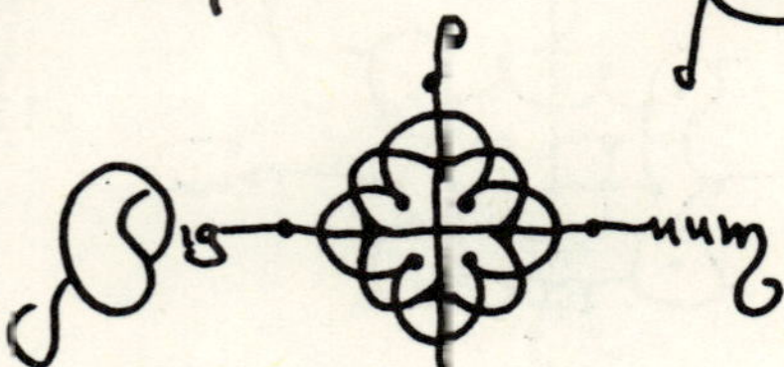
110

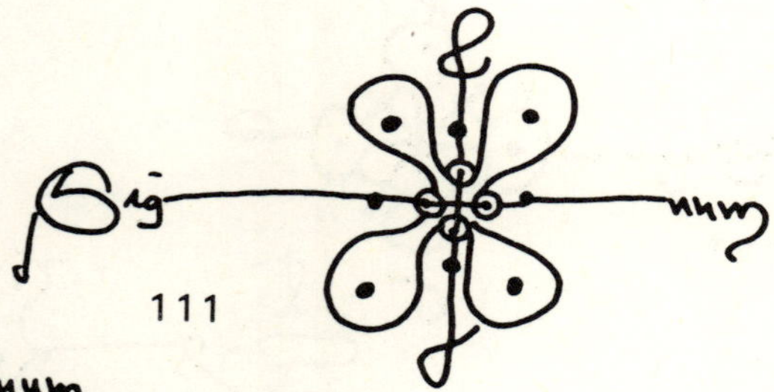
111

100. Raymundus Gayani, Valencia; 1375–1392
101. Bartholomeus Octoviani, Sueca; 1376
102. Jacobus Ros, Benasal; 1378
103. Petrus Medici, Onda; 1379–1390
104. Galcerandus Juliol, Valencia; 1380
105. Gregorius Rocha, Valencia; 1382
106. Petrus Tovir, Valencia; 1382
107. Johannes Martinez, Játiva; 1382–1385
108. Vincentius de Utrelles, Valencia; 1383–1385
109. Sanccius de Montealbano, Játiva; 1384–1385
110. Bernardus Costeira, Alcira; 1385
111. Gondisalbus Gaço, Montesa; 1385–1394

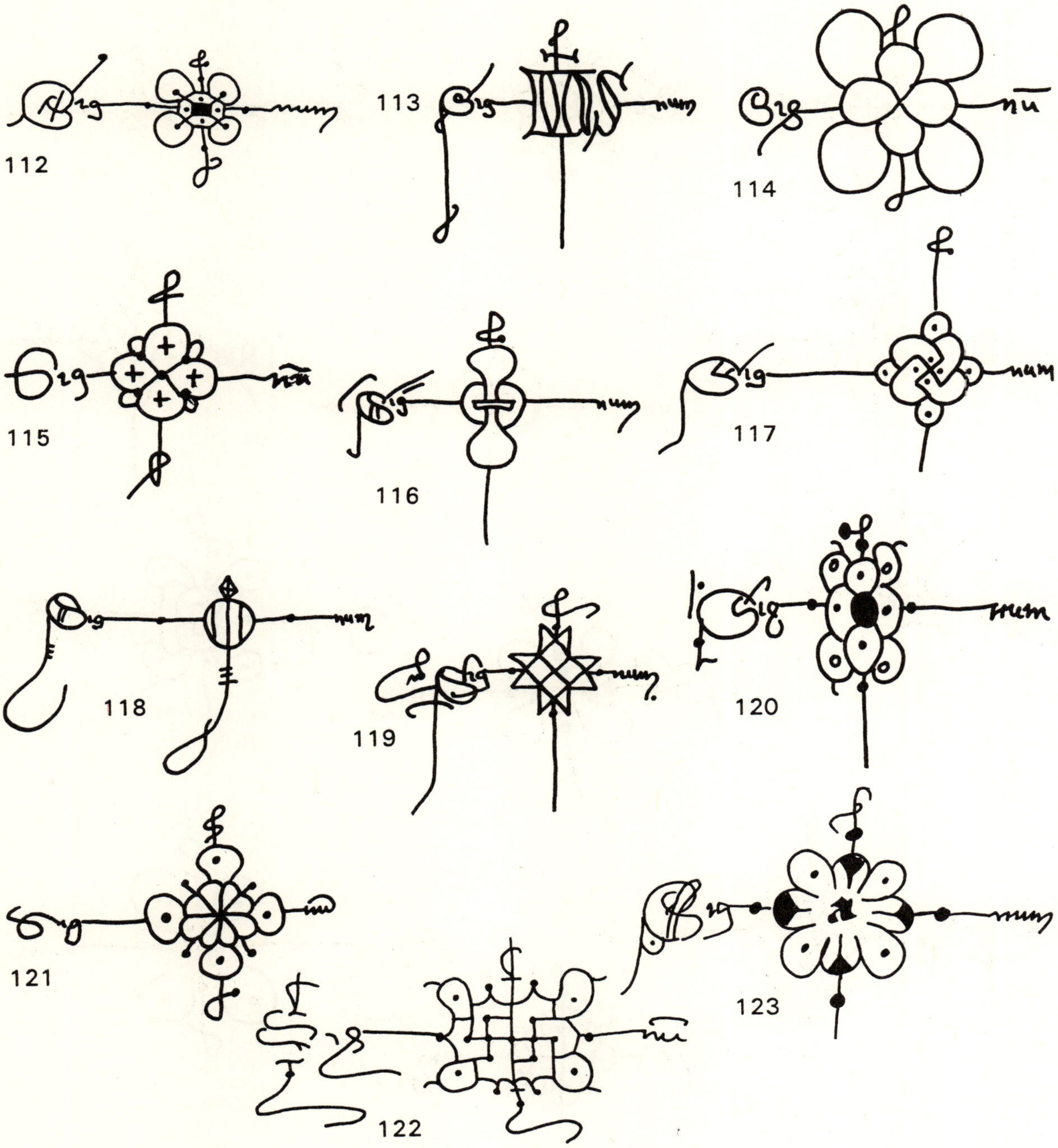

112. Bernardus Ferrarii, Sueca; 1386
113. Bernardus Narbonesii, San Mateo; 1386–1407
114. Raymundus de Montepahone, San Mateo; 1389–1398
115. Bartholomeus Conill, Alcalá; 1390
116. Bernardus Pellicerii, Valencia; 1393
117. Miquaelis Cerdani, Montesa; 1394
118. Salvatoris de Podio, Valencia; 1403
119. Bernardus de Gallach, Valencia; 1403
120. Franciscus de Falchs, Valencia; 1403–1411
121. Antonius de Pratis, Valencia; 1403–1418
122. Paschasius Ros, Morella; 1403–1436
123. Jacobus d'Angularia, Castellón; 1404

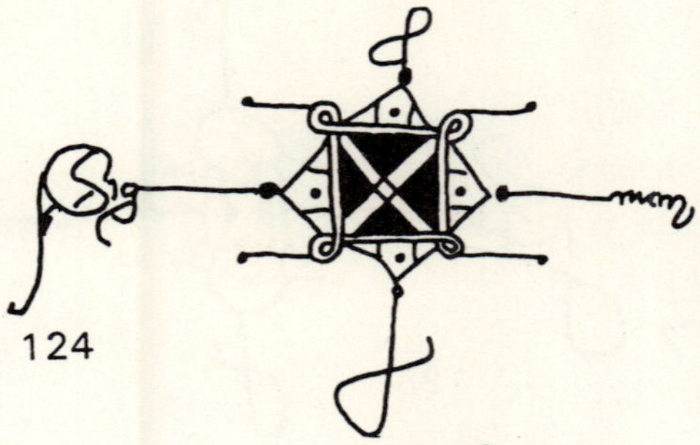
124

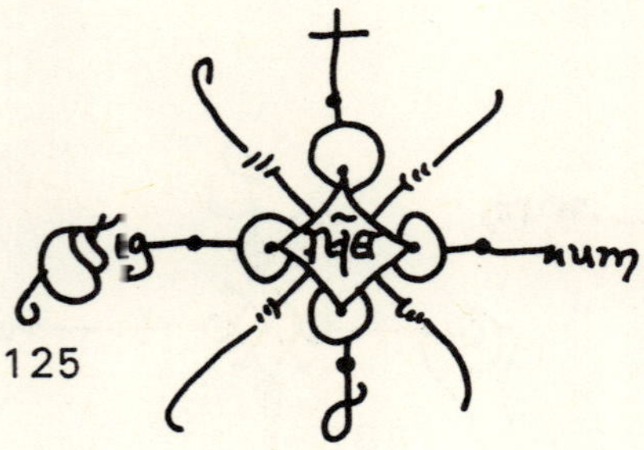
125

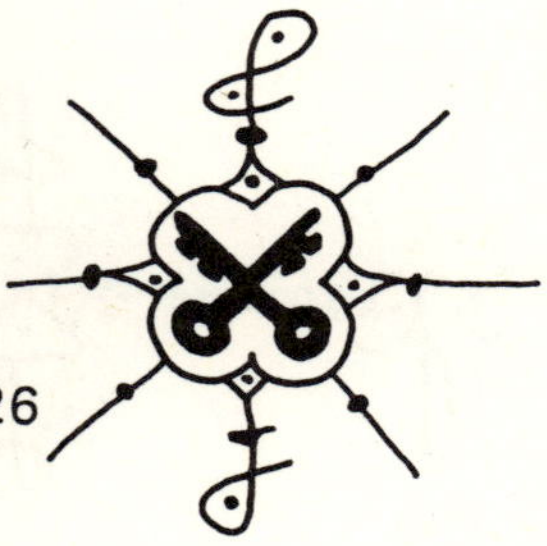
126

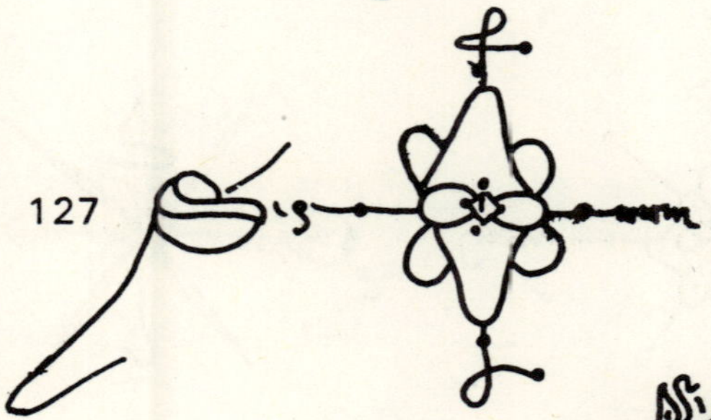
127

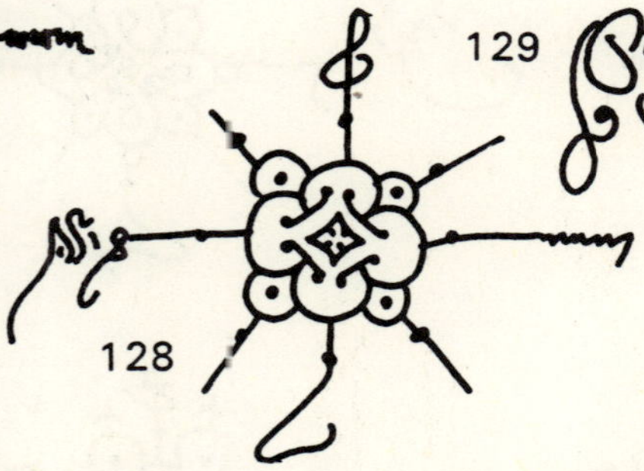
128

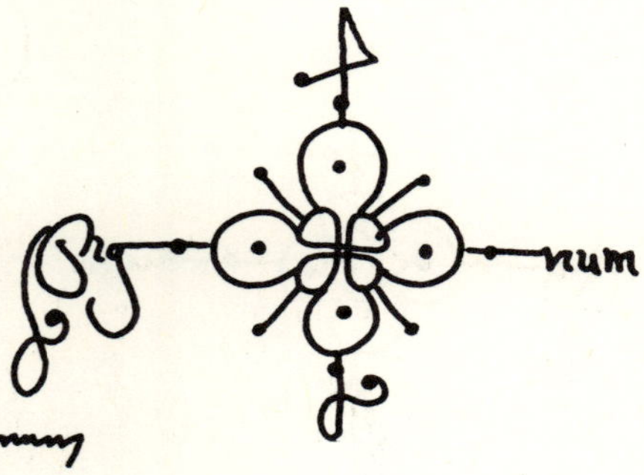
129

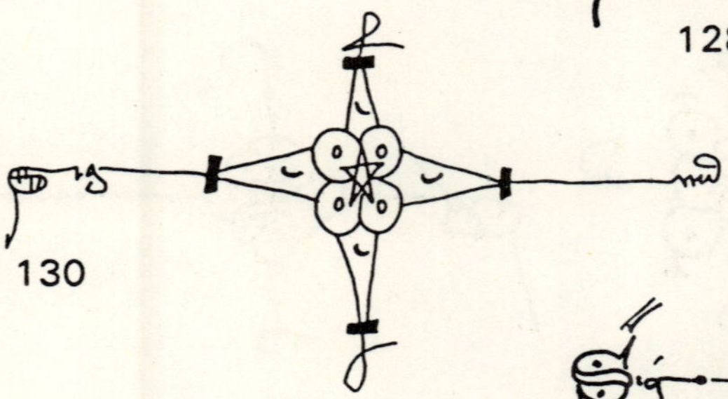
130

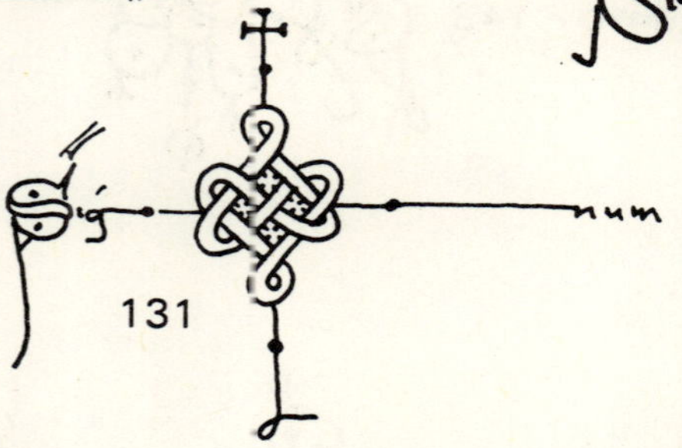
131

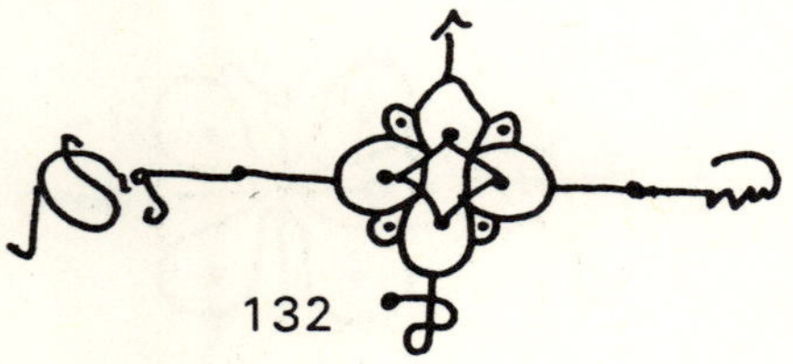
132

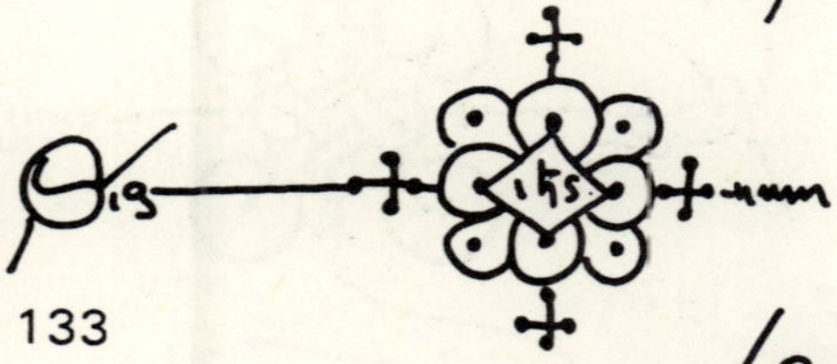
133

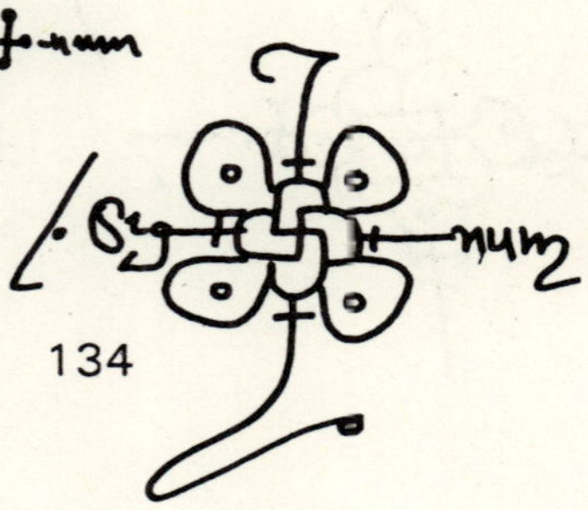
134

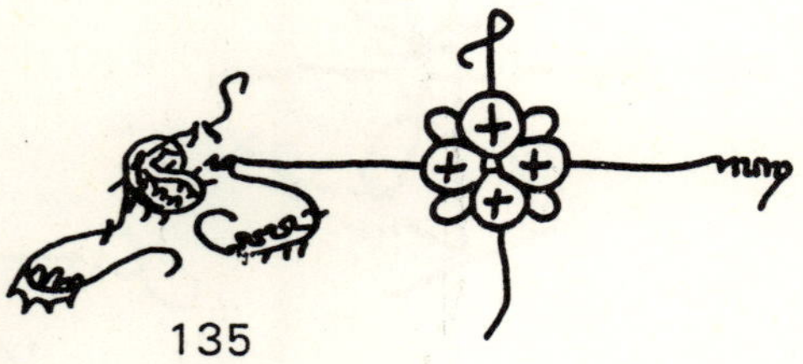
135

124. Johannes Llinas, Onda; 1406
125. Michaelis Terçani, San Mateo; 1406
126. Bernardus Talagrani, Morella; 1406–1415
127. Johannes Masoni, Valencia; 1407
128. Johannes Borrelli, Valencia; 1409
129. Jacobus de Blanes, Valencia; 1410
130. Eximinus de Patos, Alcora; 1412
131. Bernardus Garcia, Cervera; 1413–1439
132. Mathie Rogerii, San Mateo; 1414–1419
133. Petrus Andres, Valencia, 1418
134. Johannes Lopiç, Valencia; 1419
135. Bernardus Scriva, San Mateo; 1419

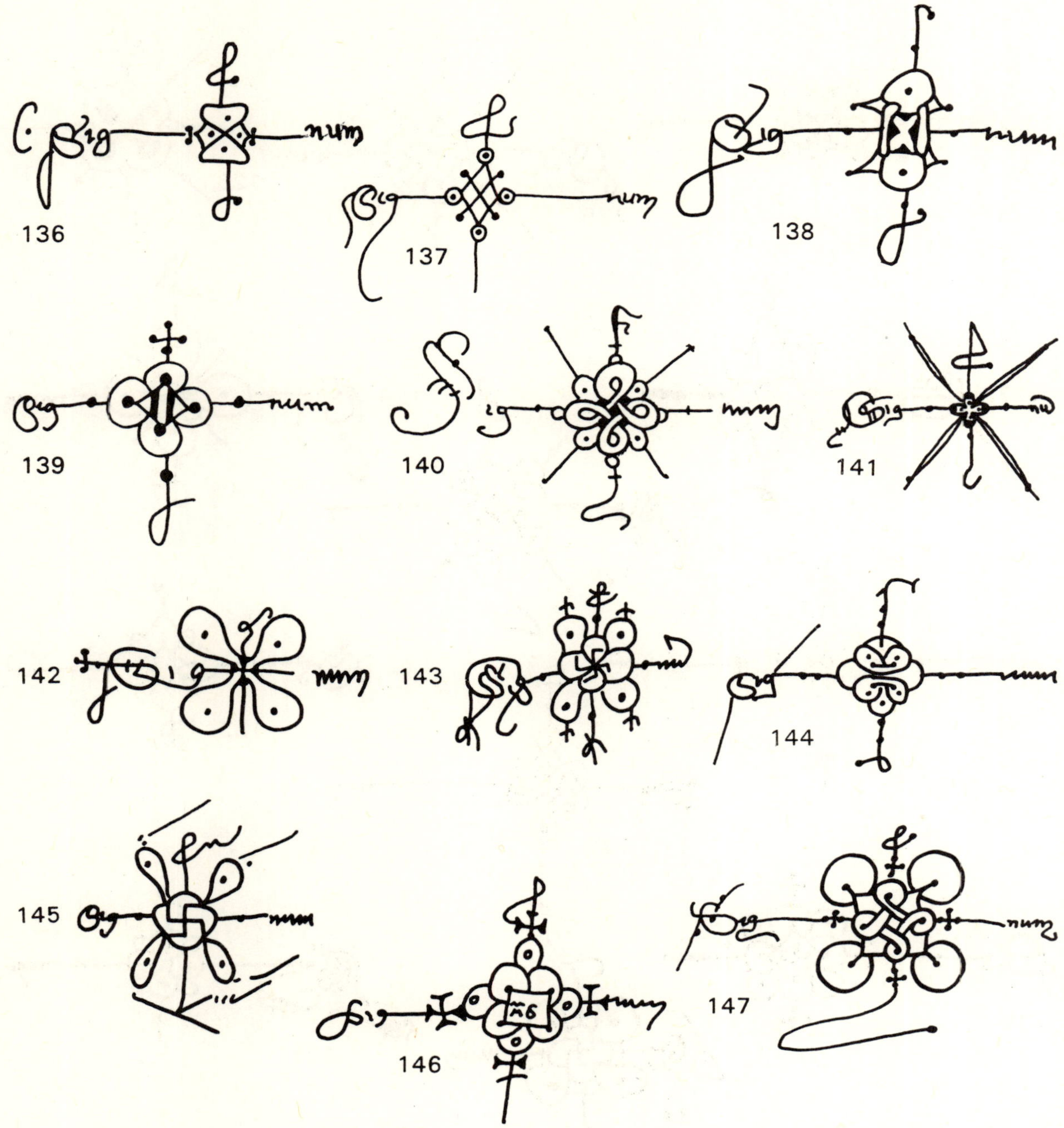

136. Jacobus de Monteforti, Valencia; 1419
137. Raymundus de Sancto Johanne, Catí; 1422
138. Sanccius Sala, Valencia; 1422–1437
139. Petrus Cavall, La Mata; 1423–1428
140. Franciscus Manresa, Morella; 1430–1445
141. Matheus Stefani, Valencia; 1433
142. Ambrosius Alegret, Valencia; 1436–1471
143. Johannes de Pratis, Valencia; 1437–1460
144. Jacobus Garriga, Villarreal; 1439
145. Michaelis Vilafarta, Valencia; 1439–1482
146. Gabrielis de Bonmas, San Mateo; 1441–1447
147. Raymundus del Ort, Segorbe; 1445–1487

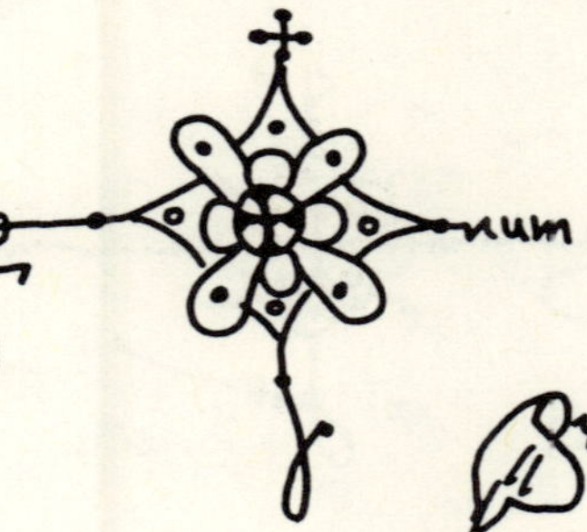

148

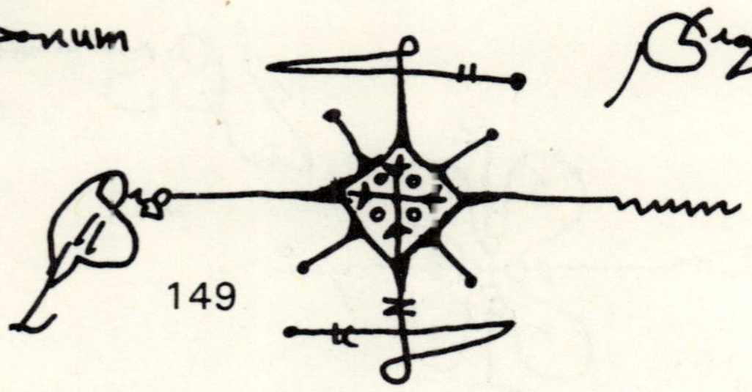

149

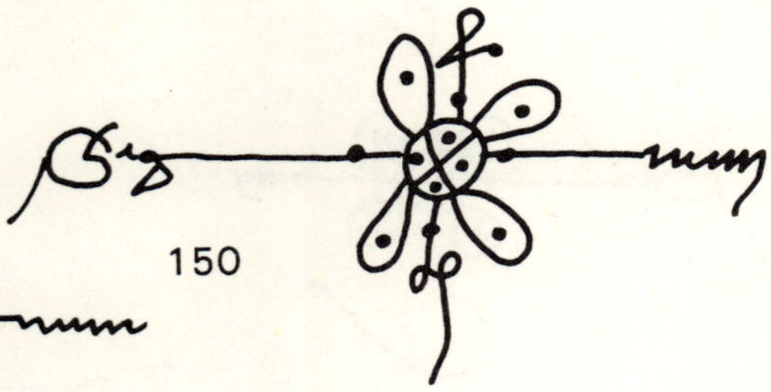

150

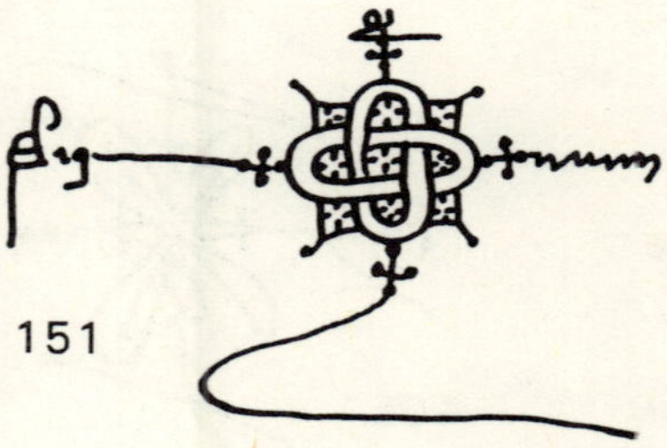

151

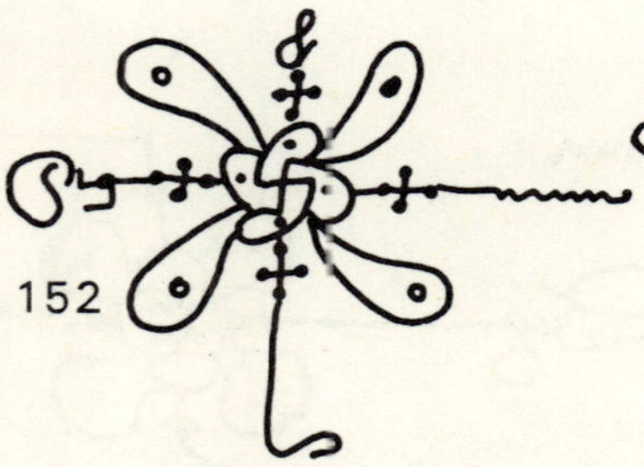

152

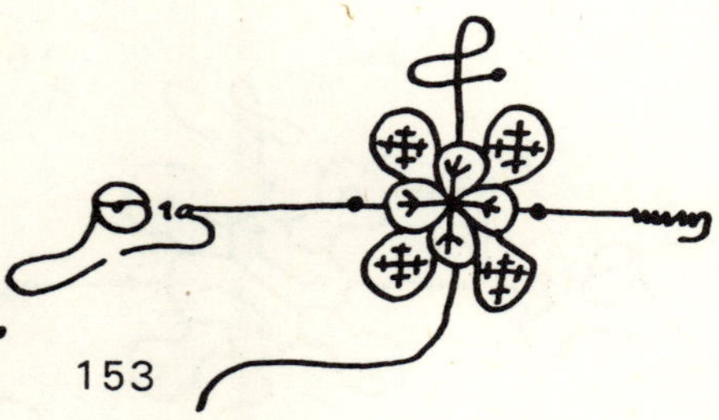

153

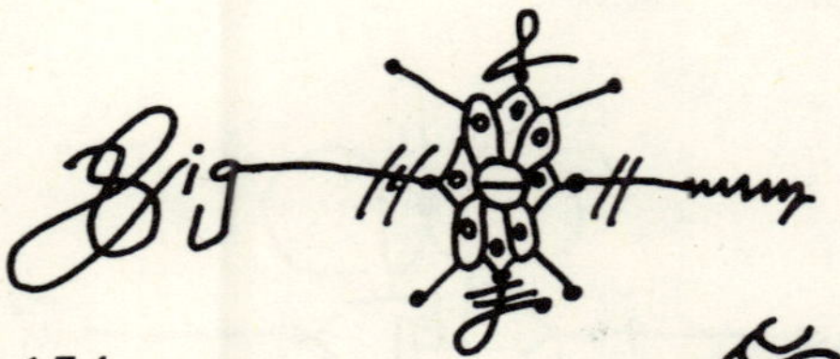

154

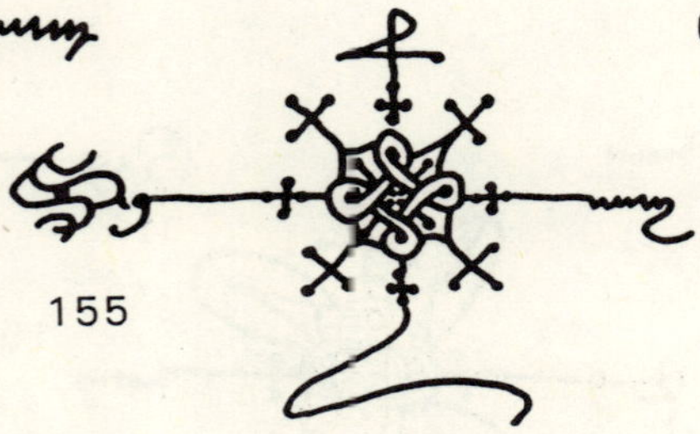

155

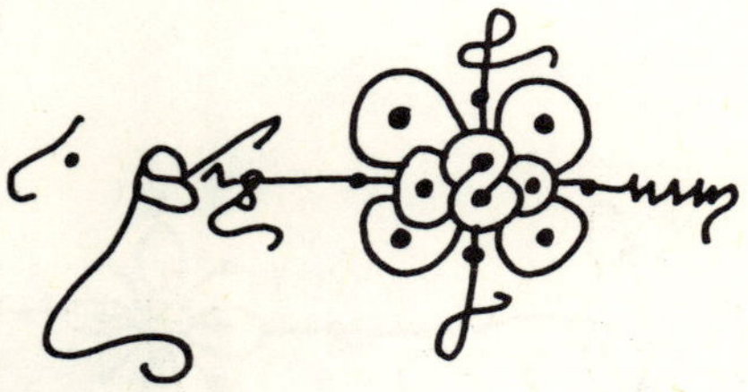

156

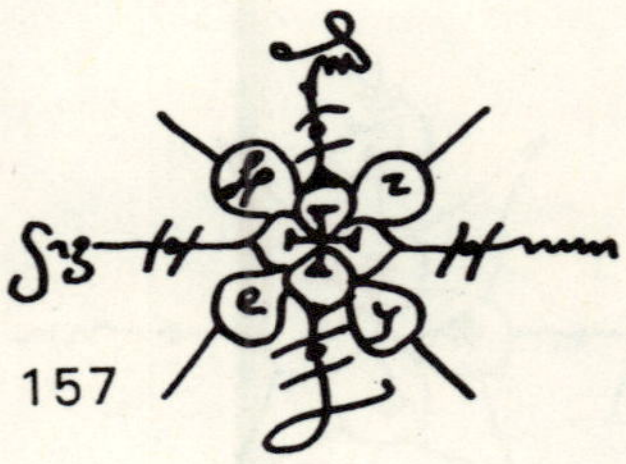

157

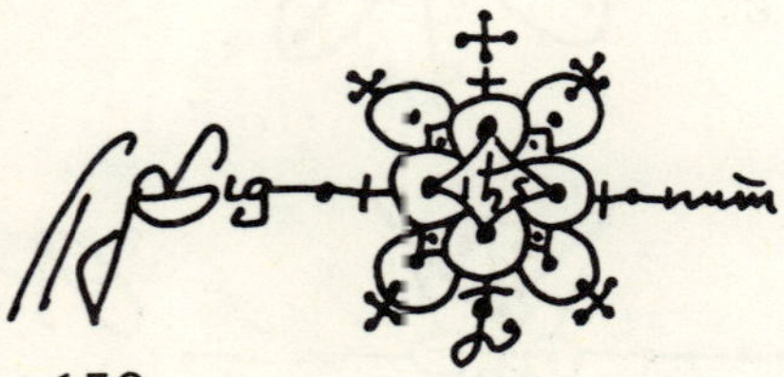

158

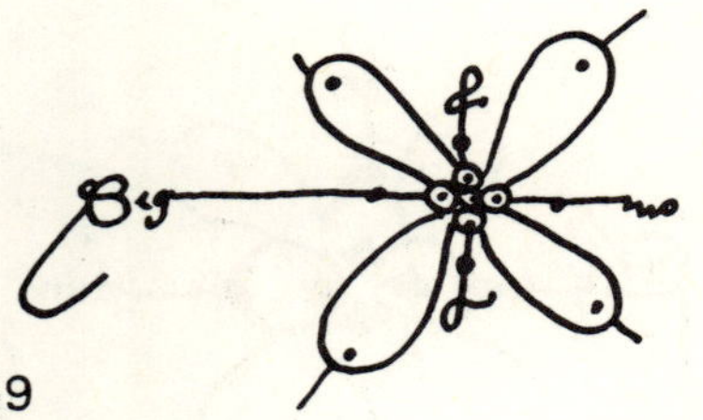

159

148. Guillermus Tovia, Valencia; 1447
149. Franciscus Berbegal, Castellón; 1449
150. Anthonius Johan, Onda; 1452
151. Petrus Polo, Segorbe; 1452–1486
152. Johannes Garcie; Segorbe; 1453
153. Johannes Aragones, Segorbe; 1453–1457
154. Franciscus Sanci, Morella; 1455–1458
155. Ludovicus de Xulbe, Segorbe; 1455–1460
156. Petrus Navarro, Valencia; 1456
157. Antonius Marti, Segorbe; 1457
158. Galcerandus Gamiça, Valencia; 1460
159. Franciscus Valero, Altura; 1460

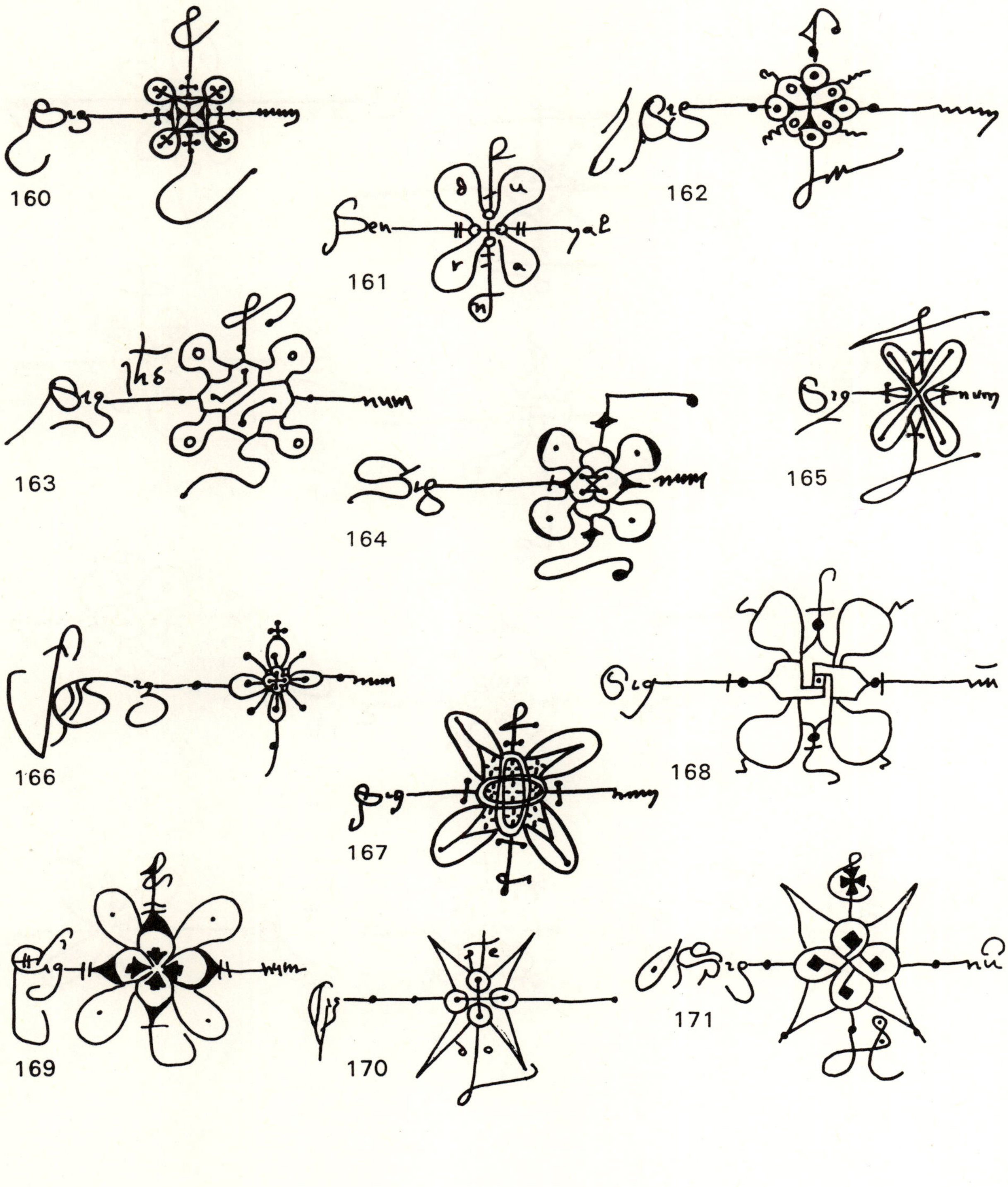

160. Miquaelis Sancii, Segorbe; 1464–1488
161. Nicolau Duran, San Mateo; 1467
162. Jacobus Albert, Valencia; 1473
163. Bernardus Dassio, Valencia; 1473–1490
164. Jacobus Lobregat, Onda; 1479–1511
165. Petrus Loppez, Altura; 1480

166. Franciscus Mener, Valencia; 1482
167. Ludovicus Navarro, Játiva; 1482
168. Ausiasius Alpicat, Játiva; 1482
169. Guillermus Calvera, Morella; 1486
170. Miquel Pardo, La Mata; 1491
171. Petrus Andreu, Valencia; 1496

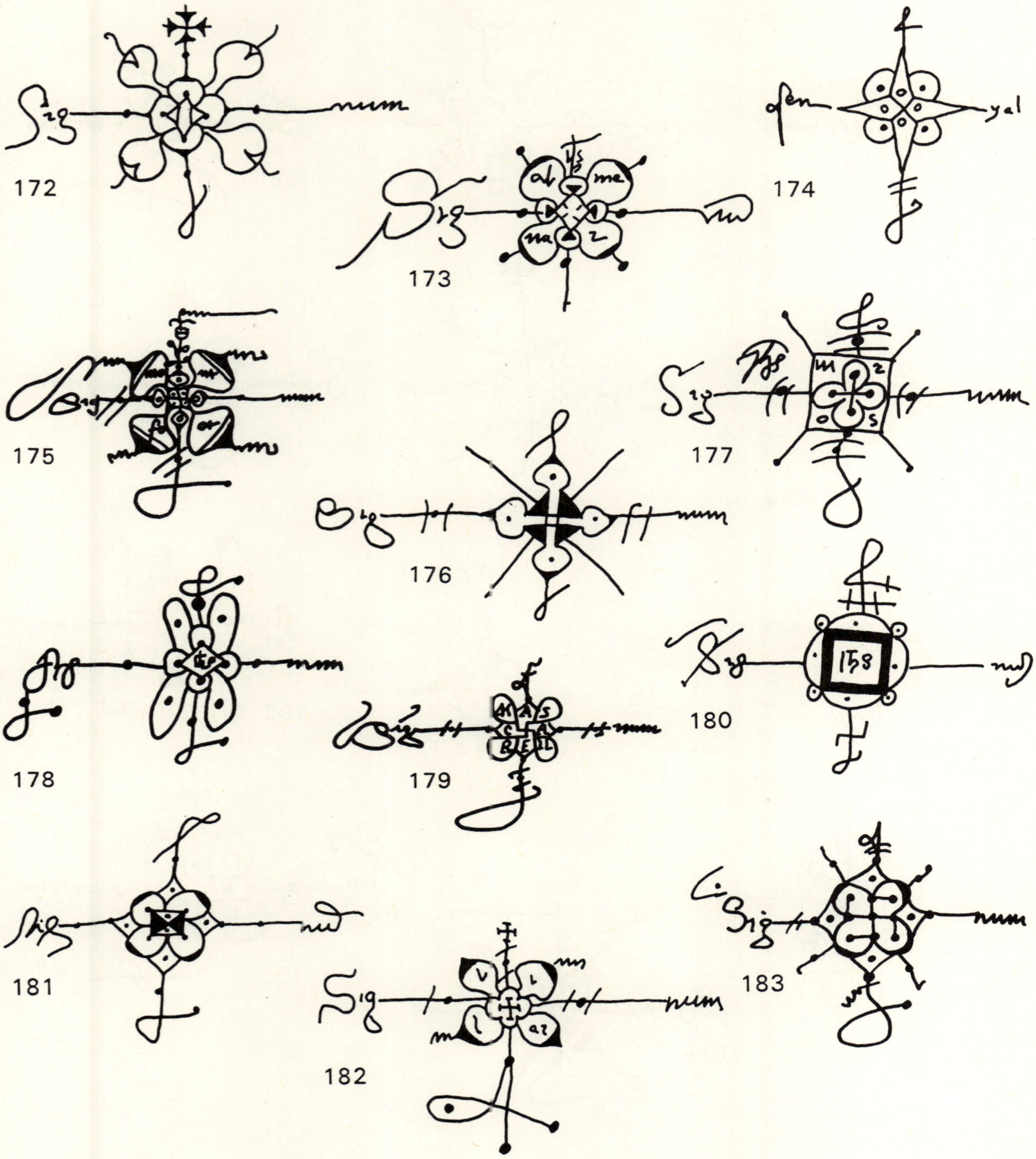

172. Petrus Feliu, Castellón; 1507
173. Leonardus d'Almenar, Valencia; 1512
174. Nicolau Miquell, Alcalá; 1509
175. Johannes Montfort, Onda; 1513
176. Philipus de Abella, Valencia; 1513
177. Matheos Ros, Valencia; 1513–1531

178. Ludovicus Egidii, Villarreal; 1514
179. Franciscus Mascarell, Villarreal; 1514
180. Bertrandus Vesia, Puzol; 1515
181. Johannes Maçana, Morella; 1519–1524
182. Jacobus Vilar, Segorbe; 1521–1531
183. Cristoforus de Ocanya, Valencia; 1521–1535

184
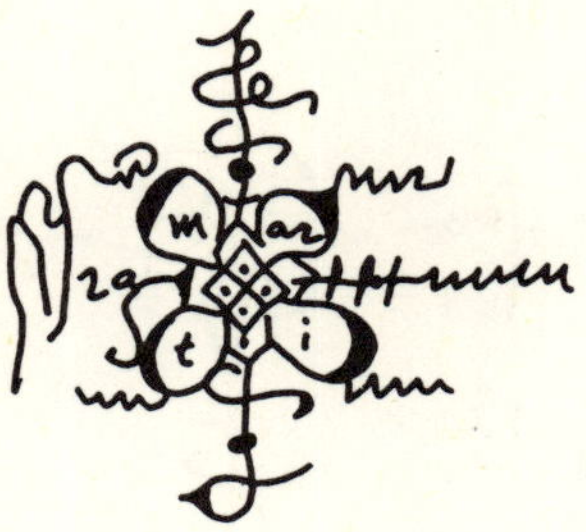

185
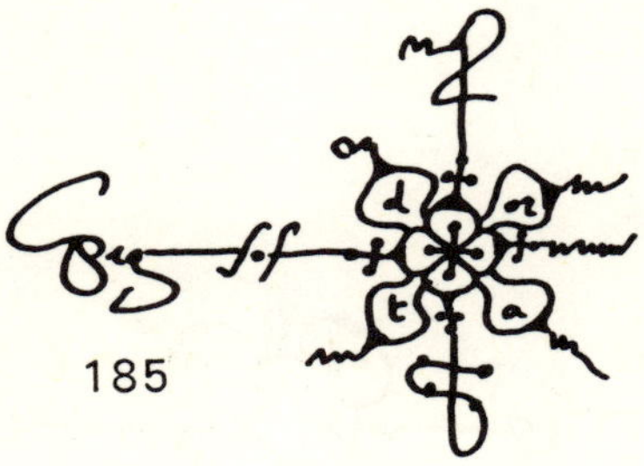

186
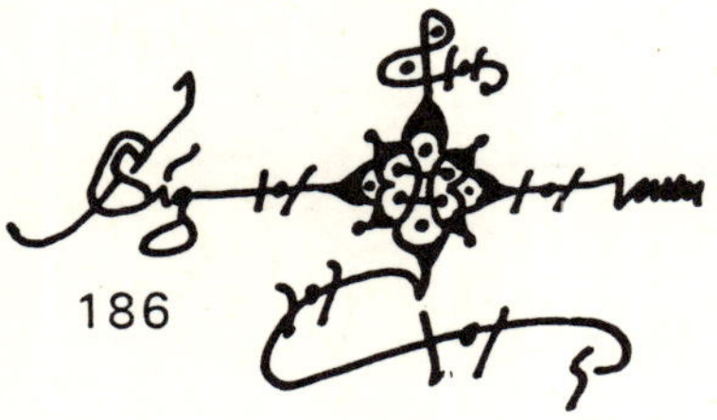

187
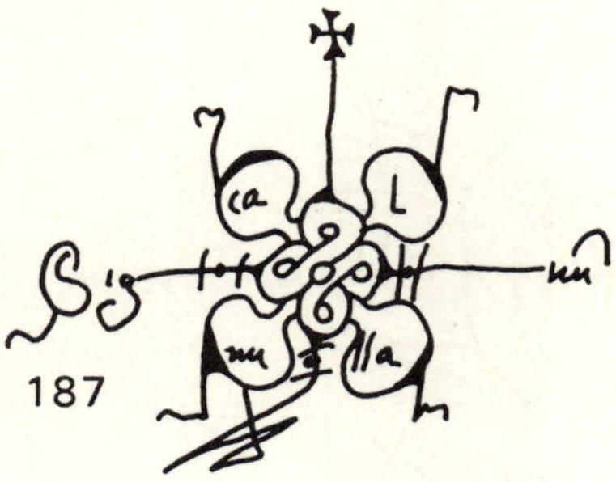

188
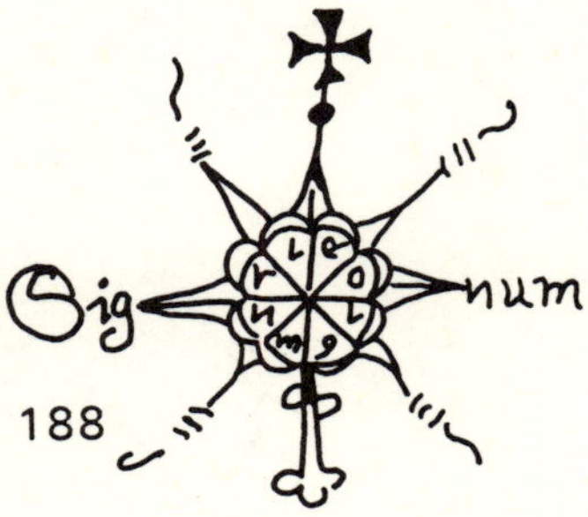

189
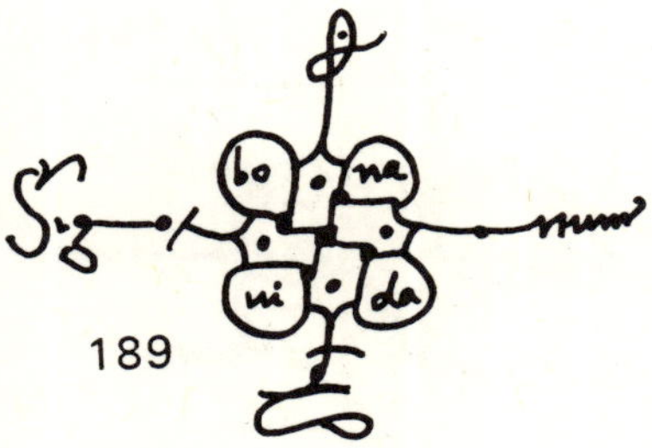

190
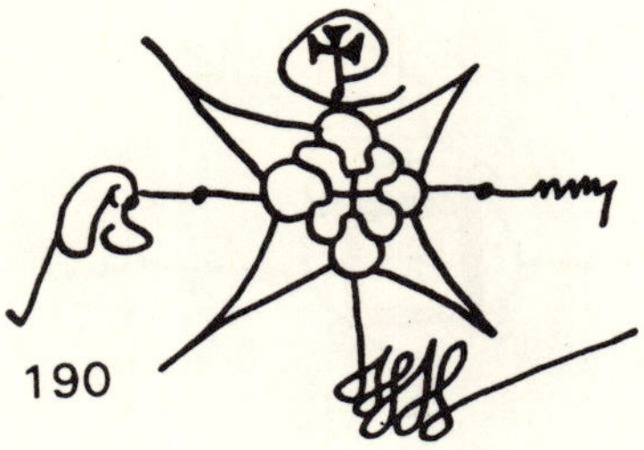

191
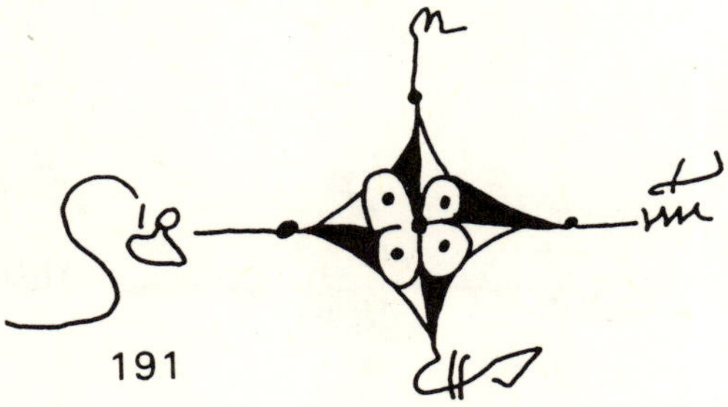

192
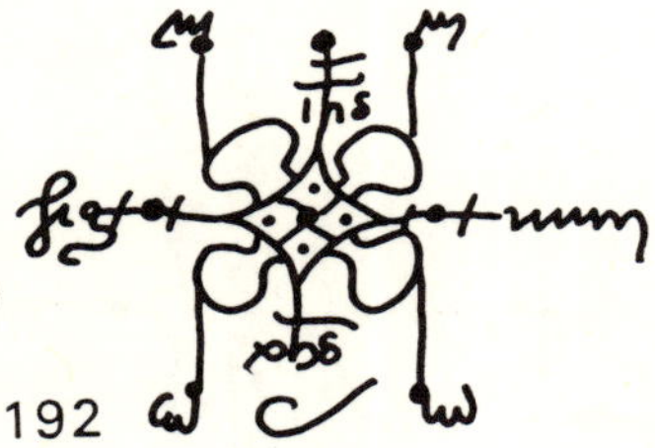

193

194
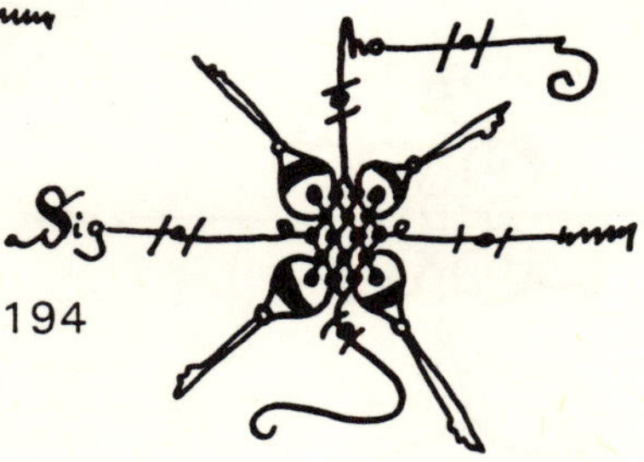

195
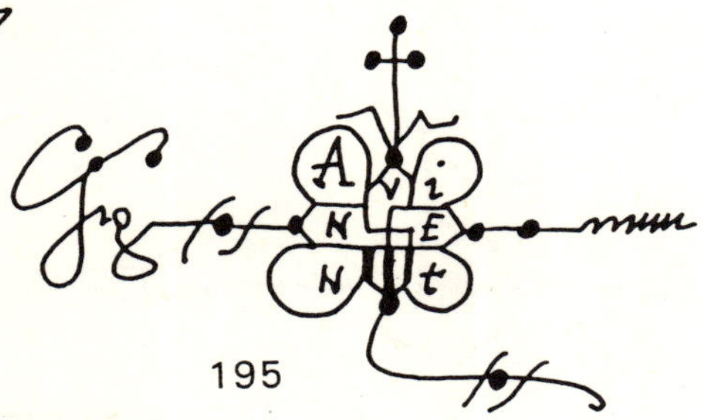

184. Petrus Marti, Segorbe; 1522–1531
185. Michaelis d'Orta, Segorbe; 1523
186. Jacobus Bonet, Onda; 1525
187. Raphaelis Calmilla, Onda; 1527
188. Hieronimus Sancii, Benifasá; 1532
189. Jacobus Bonavida; 1536–1542
190. Guillermus Andreu, Valencia; 1538
191. Joannes Frigola, Valencia; 1540
192. Gasparis Eximeno, Valencia; 1541
193. Guillermus Sentalinea, Morella; 1542–1'566
194. Petrus de Hogeda, Jérica; 1547
195. Michaelis Avinent, Villarreal; 1556

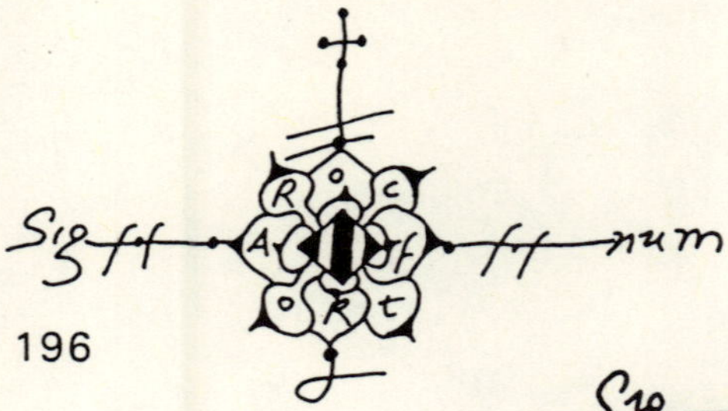
196

197

198

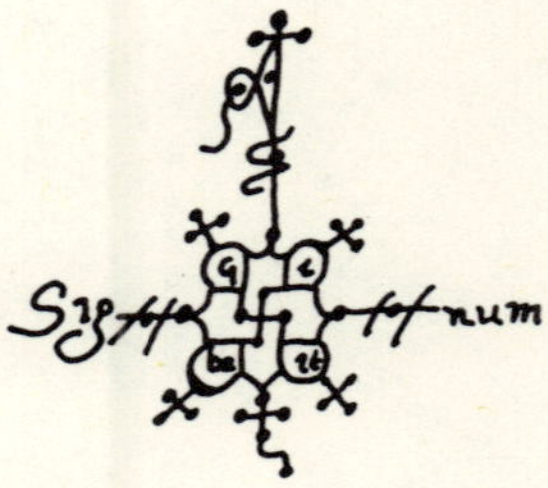
199

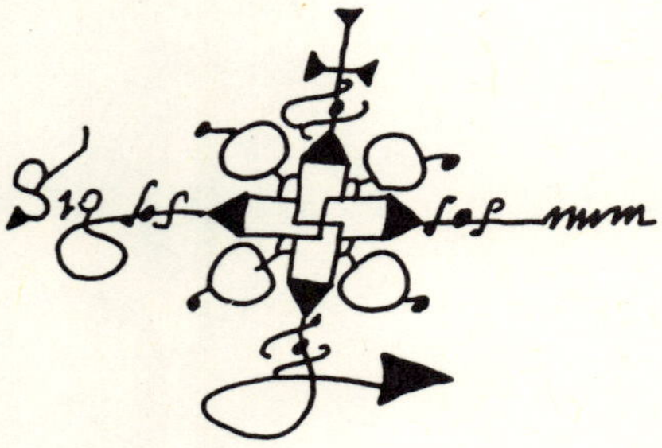
200

196. Michaelis Rocafort, Villarreal; 1564
197. Antonius Joannis Orabona, Onda; 1568
198. Joannes Baptista Ferrer, Valencia; 1585
199. Joannes Baptista Gibert, Valencia; 1589
200. Franciscus Joannis Bonaviste, Castellón; 1589

Signos notariales de los siglos XV al XIX en el archivo de protocolos de Jijona

Por Antonio Couto de Granja

Desde los inicios de la prática notarial, el signo fue la expresión de la autoridad del notario como poseedor de la »fé pública« y garante de la autenticidad y veracidad de lo que en los documentos se expresaba.

Su evolución irá desde los dos trazos en forma de cruz con tres puntos, uno en cada ángulo que ponía el notario dejando el cuarto para que lo pusiera el confirmante en lugar de la firma – ya que la mayoría de los casos era analfabeto – a los complicados dibujos en los que, en muchos casos, se incluirán las iniciales e incluso el nombre y apellidos completos del escribano, junto con siglas e invocaciones religiosas, que alcanzarán el mayor tamaño y barroquismo en el siglo XVIII.

El signo notarial era personal y debía ser reconocido por la autoridad que lo habia creado: real, señorial o eclesiástica. Un notario podía tener más de un signo si poseía nombramientos de diferentes autoridades; tal es el caso de Tomás García[1] que debió ser nombrado por la autoridad real para ejercer en Ibi, villa de realengo, y por el Marqués de Terranova para actuar en Tibi, lugar del cual era señor.

En el reino de Valencia los signos notariales se registraban en la Cort del Justicia, al mismo tiempo que los nombramientos.

Los signos que recogemos en el presente trabajo se encuentran en los protocolos y escrituras que se custodian en el Archivo Notarial de Jijona, donde se guarda la documentación notarial del antiguo Partido Judicial de Jijona que comprende la zona denominada »Foia de Castalla«: Castalla, Ibi, Onil y Tibi, más Busot y Jijona, desde mediados del siglo XV.

Estos fondos estaban diseminados por los distintos pueblos de donde provienen, habiendo sufrido muchos de ellos varios traslados hasta su depósito final en unos locales cedidos por el Ayuntamiento de Jijona.

En 1979 comenzamos la tarea de inventariar este Archivo Notarial, trabajo que se realizó en dos etapas y que se encuentra recogido en dos monografías[2].

El fondo consta de 2.101 protocolos[3] pertenecientes a 206 escribanos, siendo los más antiguos del siglo XV (Andrés Bernal y Juan Perez de Castalla y Jaime Aracil de Jijona), estando fechada la escritura más antigua en 1440. El último de los protocolos del Inventario data de 1950.

Como ya hemos indicado, los fondos notariales que se custodian tienen series continuadas de la poblaciones arriba indicadas, más un pequeño fondo de 51 protocolos de otras poblaciones: Agost, Albaida, Alcoy, Alicante, Bañeres, Benejama, Benilloba, Bocairente, Finestrat, Novelda, Penáguila, Sax y Valencia.

Los signos que presentamos abarcan el periodo cronológico comprendido entre 1440 y 1875 y alcanzan la cantidad de 184 signos pertenecientes a 183 notarios[4].

Aunque los escribanos debían signar todos sus protocolos, esto no se cumplirá con rigor hasta el siglo XVIII, por lo que no hemos podido localizar los signos de varios notarios de los siglos XVI y XVII. De otros, hemos hallado los signos en escrituras sueltas o en protocolos de otros notarios. Del mismo modo recogemos aquí signos de escribanos que ejercieron su profesión en lugares de los que no existen protocolos en el Archivo de Jijona, pero sí documentos sueltos.

Gracias a la costumbre de algunos notarios de signar todos los cuadernillos de escrituras – e incluso los índices –, pudimos reconstruir protocolos que se hallaban dispersos al no haberse encuadernado en su momento.

El último signo relacionado corresponde a un notario[5] cuya actividad comienza en 1875 y termina en 1910; esto se debe a que cuando se iniciaron los trabajos

1 Ver signos número 68 y 69.

2 R. Blasco, A. Couto, M.J. Paternina, El Archivo de Protocolos de Jijona, 1440–1707, Alicante D.L. 1980; Maria Jesús Paternina Bond, Antonio Couto de Granja, El Archivo de Protocolos de Jijona (2 parte, de 1708 a 1950). Inventario e Indice de notarios, Alicante, D.L. 1983.

3 El número de protocolos aqui indicados es el de los inventariados, ya que al tratarse de un Archivo abiero, sus fondos se incrementan anualmente.

4 Vid. nota número 1.

5 Guill Bernabeu, Jaquin, Onil 1875–1910, número 184.

para la presente comunicación era el último notario cuyas escrituras (o mejor dicho parte de ellas) no estaban sujetas al plazo de reserva legal de la documentación notarial.

Los signos representados se han copiado del original conservado en las escrituras, respetando su tamaño e incluyendo las palabras o frases que forman parte de los mismos: »Signun o Signe« (latín y valenciano) durante los siglos XV al XVII y »En testimonio de verdad« desde 1709, al sufrir un cambio la administración valenciana en virtud del decreto de »Nueva Planta«.

Los signos notariales van presentados por orden cronológico, y en ellos indicamos: número de orden, nombre y apellidos del notario y años que abarca el ejercicio de su profesión si los conocemos, o el año en que está fechado el documento de donde lo hemos tomado.

Igualmente, hemos confeccionado tres índices para facilitar la utilización de la presente comunicación: cronológico de notarios, onomástico y toponímico.

Cronológico: se presenta ordenado por el año del primer protocolo que se conserva del notario. En él, aparecen los siguientes campos:
- número de la relación principal, que abarca del 1 al 184 y corresponde a la situación de los signos dentro de su exposición gráfica
- año de iniciación del primer protocolo
- año de finalización del último protocolo
- nombre del notario (indicando primero el/los apellidos, y luego el nombre)
- nombre de la localidad.

Onomástico: se presenta ordenado por el primer apellido del notario, indicando los siguientes campos:
- número de la relación principal, que abarca del 1 al 184 y corresponde a la situación de los signos dentro de su exposición gráfica
- nombre del notario (indicando primero el/los apellidos, y luego el nombre)
- nombre de la localidad
- año de iniciación del primer protocolo
- año de finalización del último protocolo.

Toponímico: se presenta ordenado alfabéticamente por la localidad donde ejerció cada notario o donde está fechado su primer protocolo que se conserva en este Archivo. Aparecen los siguientes campos:

- número de la relación principal, que abarca del 1 al 184 y corresponde a la situación de los signos dentro su exposición gráfica
- nombre de la localidad
- nombre del notario (indicando primero el/los apellidos, y luego el nombre)
- año de iniciación del primer protocolo
- año de finalización del último protocolo.

ÍNDICE CRONOLÓGICO DE NOTARIOS

NUM.	F.INIC	F.FIN	NOMBRE DEL NOTARIO	LOCALIDAD
1	1440	1456	BERNAT, ANDRES	CASTALLA
2	1456	1484	PEREZ,JUAN	CASTALLA
3	1495	1516	ARACIL, JAIME DE	JIJONA
4	1505	1545	FERRANDIS, ALFONSO	CASTALLA
5	1525	1528	BERNABEU, FRANCISCO JUAN	JIJONA
6	1542	1575	BERNABEU, PEDRO LUIS	JIJONA
7	1543	1583	BERNABEU, BLAS	JIJONA
8	1547	1550	JIMENO, JUAN	CASTALLA
9	1548	1577	ARACIL, DIEGO	JIJONA
10	1549	1559	ARACIL, TOMAS	JIJONA
11	1551	1583	BROTONS, ONOFRE	JIJONA
12	1552	1577	VALLS, PEDRO	ALICANTE
13	1554	1581	BARCELO, FRANCISCO JUAN	CASTALLA
14	1558	1598	ALONSO, VICENTE	CASTALLA
15	1560	1587	CORBI, ESTEBAN	CASTALLA
16	1568	1577	SIRVENT, ONOFRE	IBI
17	1568		SUÑER, BALTASAR	JIJONA
18	1570		BATALLER, PEDRO	ALICANTE
19	1570		GOCANTELL, MELCHOR	ALICANTE
20	1570		LLORET, GASPAR	ALICANTE

NUM.	F.INIC	F.FIN	NOMBRE DEL NOTARIO	LOCALIDAD
21	1570		PONS, ONOFRE	VALENCIA
22	1572	1600	ARACIL, MARCO ANTONIO	JIJONA
23	1574	1575	JIMENO, COSME	BOCAIRENTE
24	1575	1594	ARACIL, TOMAS	JIJONA
25	1578	1598	BARCELO, MARTIN JUAN	ONIL
26	1581	1622	VERDU, ABDON	IBI
27	1590	1601	PICO, FELIPE	JIJONA
28	1592	1619	SANCHIS, JUAN	JIJONA
29	1595	1596	MIGUEL, ESTEBAN	JIJONA
30	1598	1629	GUILLEN, GASPAR	IBI
31	1598	1649	PEREZ, LUIS	IBI
32	1600	1635	ALFONSO, VICENTE PABLO	CASTALLA
33	1601	1627	ARACIL, DIEGO	JIJONA
34	1601	1640	ESPI, PEDRO	JIJONA
35	1601	1672	SERRANO, BALTASAR	CASTALLA
36	1602	1605	SANCHIS, PEDRO PABLO	JIJONA
37	1603	1616	ALONSO, ONOFRE	ONIL
38	1605	1613	SANCHIS, DAMIAN	JIJONA
39	1609		GARCIA, MELCHOR	JIJONA
40	1609		PELLICER, PEDRO	ALCOY
41	1611	1615	PEREZ, BARTOLOME	IBI
42	1612	1627	MOLINA, PEDRO	ONIL
43	1613	1615	ARACIL, MELCHOR	JIJONA
44	1613	1615	MIGUEL, SERAFIN	JIJONA
45	1620	1637	CAMARASA, JERONIMO	ONIL
46	1624	1675	CARBONELL, JOSE	JIJONA
47	1625		ABAT, JUAN	JIJONA
48	1625		MARGARIT, ANDRES	OLLERIA
49	1625	1627	VERDU, MATEO	JIJONA
50	1626		GINER, JUAN	ALCOY
51	1626	1656	PICO, JERONIMO	JIJONA
52	1627	1660	CARBONELL, GREGORIO	TIBI
53	1627		GUIMERA, LUIS	JIJONA
54	1627	1631	PEREZ, ANDRES	IBI
55	1628	1630	CORTES, MIGUEL JUAN	JIJONA
56	1632		BERNABEU, JERONIMO	JIJONA
57	1632	1644	SANCHIS, MARCELO	JIJONA
58	1633		GUTIERREZ, SIMON (MENOR)	ONIL
59	1633		MIRA, FRANCISCO JUAN	JIJONA
60	1633		VERDU, FRANCISCO	MUCHAMIEL
61	1634	1660	BERENGUER, GABRIEL	ONIL
62	1634	1679	SUÑER, FRANCISCO JUAN	JIJONA
63	1635	1655	MORANT, LUIS	IBI
64	1638	1643	GARRIGOS, ANDRES JUAN	JIJONA
65	1638	1649	RICO, DAMIAN	ONIL
66	1640	1691	BERNABEU, DOMINGO	IBI
67	1640	1687	CARBONELL, JERONIMO	JIJONA
68	1640	1671	GARCIA, TOMAS	TIBI
69	1640	1671	GARCIA, TOMAS	IBI
70	1640	1642	JUANES, JUAN	JIJONA
71	1643	1683	ESPI, ANDRES JUAN	JIJONA
72	1646	1681	RICO, BLAS	ONIL
73	1647	1652	IVAÑEZ, PEDRO	JIJONA
74	1648		SANS, MIGUEL	AGULLENT
75	1649	1673	ARACIL, SEBASTIAN	JIJONA

NUM.	F.INIC	F.FIN	NOMBRE DEL NOTARIO	LOCALIDAD
76	1651	1663	SAN JUAN, PEDRO	IBI
77	1651	1691	SOLER, GASPAR	JIJONA
78	1652		PEREZ, FRANCISCO	ONIL
79	1653		AGYSULENT, MARCO ANTONIO	ELCHE
80	1653		CAMPOS, JACINTO	ELCHE
81	1653		GALBIS, GASPAR	ELCHE
82	1654		ARACIL, TOMAS	JIJONA
83	1658	1681	MOLINA, JUAN	ONIL
84	1659	1722	CARBONELL, TIMOTEO	JIJONA
85	1660	1680	BERNABEU, ANDRES JUAN	JIJONA
86	1662	1664	AMAT, MATEO	ONIL
87	1664	1667	BERNABEU, FRANCISCO JUAN	JIJONA
88	1665	1680	SERRANO, JAIME	CASTALLA
89	1666	1699	RICO, FRANCISCO	ONIL
90	1667	1694	MORANT, DIONISIO	IBI
91	1668	1731	CARBONELL, FRANCISCO	TIBI
92	1668		SIRVENT, BAUTISTA	JIJONA
93	1669	1706	ESPI, BAUTISTA	JIJONA
94	1670		CORTES, FERNANDO	VALENCIA
95	1670	1707	MIQUEL, GREGORIO	JIJONA
96	1672		BERENGUER, FRANCISCO	ONIL
97	1672	1709	BERNABEU, ELIODORO	JIJONA
98	1673		ARACIL, LORENZO	JIJONA
99	1673	1695	MIGUEL, JACINTO	JIJONA
100	1676		PLANES, JUAN VICENTE	JIJONA
101	1681		CARBONELL, ALFONSO	JIJONA
102	1682	1685	BOYER, HONORATO	ALICANTE
103	1683		MONARRIZ, BAUTISTA	RELLEU
104	1683	1732	RICO, SALVADOR	ONIL
105	1684	1712	SIRVENT, SALVADOR	JIJONA
106	1685		CAMPOS, GUILLERMO FRANCISCO	ALICANTE
107	1686		BERENGUER, GABRIEL	ONIL
108	1687	1719	MOLINA, LUIS	ONIL
109	1688	1704	GARCIA, VICENTE	IBI
110	1689	1721	VAÑEZ, JUAN	IBI
111	1692	1703	ARQUES, ISIDORO	ONIL
112	1693	1706	SIRVENT, OCTAVIO	JIJONA
113	1697		MIRA, VICENTE	JIJONA
114	1699		MIRA, VICENTE	JIJONA
115	1704	1706	ESPI, VICENTE	JIJONA
116	1704		PASTOR, MATIAS	PALOMAR
117	1705		BERNABEU, FRANCISCO JUAN	JIJONA
118	1705		BERNABEU, SEBASTIAN	JIJONA
119	1705		MARTINEZ, IGNACIO	NOVELDA
120	1707		MIRALLES, DIEGO	JIJONA
121	1709	1710	CERDA SEVILLANO, VICENTE	IBI
122	1709	1746	IVAÑEZ, FRANCISCO	JIJONA
123	1709	1739	SIRVENT, LUIS	JIJONA
124	1717	1742	BERNABEU, JOSE	TIBI
125	1718	1739	UREÑA, VICENTE	CASTALLA
126	1720	1747	IVORRA, FRANCISCO	JIJONA
127	1722	1745	ANGUIX Y CLEMENTE, ALONSO	ONIL
128	1722	1770	IVAÑEZ, AGUSTIN	IBI
129	1722	1737	SIRVENT, MIGUEL	IBI
130	1723		AMAD, ANTONIO	CASTALLA

NUM.	F.INIC	F.FIN	NOMBRE DEL NOTARIO	LOCALIDAD
131	1723	1725	MINGOT Y QUESADA, FRANCISCO	ONIL
132	1724		NAVARRO, ANTONIO	ONIL
133	1727	1765	GARCIA, ANTONIO	JIJONA
134	1727	1787	SIRVENT, JUAN	JIJONA
135	1727		TRANSANO, ROQUE	COCENTAINA
136	1729	1774	IVAÑEZ, BONIFACIO	JIJONA
137	1738	1761	GARCIA, HELIODORO	JIJONA
138	1738	1785	VICENT Y RICO, ILDEFONSO	ONIL
139	1739	1759	SERVENT Y PEREZ, JOSE	IBI
140	1739	1791	SIRVENT, MIGUEL	IBI
141	1740	1752	LLORED, JUAN	FINESTRAT
142	1742	1756	CARBONELL Y CASTELLO, FCO.	TIBI
143	1743	1770	BROTONS Y GINER, TOMAS	BUSOT
144	1744	1758	JUAN Y VERDU, JOAQUIN	ONIL
145	1745	1789	GUILLEN, GERONIMO	IBI
146	1745	1782	PAU, TOMAS	CASTALLA
147	1754	1785	RABAZA, PEDRO JUAN	FINESTRAT
148	1757	1791	ARQUES Y BERNABEU, GINES	TIBI
149	1757	1758	TORTOSA, VICENTE	ONIL
150	1761	1766	BERNABEU PEREZ, FELIPE	TIBI
151	1762	1796	PICO DE BAUTISTA, BAUTISTA	JIJONA
152	1762	1785	SANJUAN Y BELLOD, ANTONIO	ONIL
153	1762	1811	SIRVENT, BRUNO	JIJONA
154	1771	1783	IVAÑEZ, JOAQUIN	IBI
155	1771	1776	MARTI, DOMINGO	CASTALLA
156	1783	1817	MIRALLES Y MIRA, VICENTE	JIJONA
157	1784	1813	GARCIA, JOAQUIN	IBI
158	1785	1835	VICENT Y SOBREVELA, ILDEFONSO	ONIL
159	1790	1824	BELLOT, FRANCISCO	CASTALLA
160	1790	1824	IVAÑEZ, JUAN FRANCISCO	ALCOY
161	1793	1830	SARRIO Y GANS, PEDRO	TIBI
162	1794	1820	BROTONS BERNABEU, TOMAS	BUSOT
163	1795	1800	IVAÑEZ, ANTONIO	JIJONA
164	1797	1832	GALBIS, JUAN BAUTISTA	ONIL
165	1798		CARBONELL, VICENTE	JIJONA
166	1800	1833	PAU, JOSE	SAX
167	1804	1834	PICO, BAUTISTA	JIJONA
168	1807		MIQUEL, MELCHOR	P.DUQUE
169	1808	1834	MIRALLES, FRANCISCO	JIJONA
170	1813	1830	IVAÑEZ, PEDRO JOSE	IBI
171	1824	1849	MORA Y MOLINA, JOSE	JIJONA
172	1827	1850	LOPEZ DE CAMARENA Y LIZANDE, A.	IBI
173	1828	1848	ALBEROLA, VICENTE	BUSOT
174	1833	1873	ESCRIVA GARCIA, SALVADOR	TIBI
175	1835	1852	VICENT Y MIRA, JOSE	ONIL
176	1836	1889	MIRALLES SOLER, JUAN	JIJONA
177	1836	1871	SANS Y CALBO, LEONARDO	BENEJAMA
178	1851	1888	SALA Y PLANELLES, VICENTE	JIJONA
179	1853	1888	SANTONJA Y BELDAM, PEDRO	IBI
180	1862	1879	BOTELLA Y HERNANDEZ, ANTONIO	IBI
181	1869	1910	BROTONS Y BEVIA, VICENTE	BUSOT
182	1872	1879	FALOMIR Y FONT, JOSE	CASTALLA
183	1874		MARTINEZ, FRANCISCO	ONIL
184	1875	1910	GUILL BERNABEU, JOAQUIN	ONIL

ÍNDICE ALFABÉTICO DE NOTARIOS

NUM.	NOMBRE DEL NOTARIO	F.INIC	F.FIN	LOCALIDAD
47	ABAT, JUAN	1625		JIJONA
79	AGYSULENT, MARCO ANTONIO	1653		ELCHE
173	ALBEROLA, VICENTE	1828	1848	BUSOT
32	ALFONSO, VICENTE PABLO	1600	1635	CASTALLA
37	ALONSO, ONOFRE	1603	1616	ONIL
14	ALONSO, VICENTE	1558	1598	CASTALLA
130	AMAD, ANTONIO	1723		CASTALLA
86	AMAT, MATEO	1662	1664	ONIL
127	ANGUIX Y CLEMENTE, ALONSO	1722	1745	ONIL
9	ARACIL, DIEGO	1548	1577	JIJONA
33	ARACIL, DIEGO	1601	1627	JIJONA
3	ARACIL, JAIME DE	1495	1516	JIJONA
98	ARACIL, LORENZO	1673		JIJONA
22	ARACIL, MARCO ANTONIO	1572	1600	JIJONA
43	ARACIL, MELCHOR	1613	1615	JIJONA
75	ARACIL, SEBASTIAN	1649	1673	JIJONA
10	ARACIL, TOMAS	1549	1559	JIJONA
24	ARACIL, TOMAS	1575	1594	JIJONA
82	ARACIL, TOMAS	1654		JIJONA
148	ARQUES Y BERNABEU, GINES	1757	1791	TIBI
111	ARQUES, ISIDORO	1692	1703	ONIL
13	BARCELO, FRANCISCO JUAN	1554	1581	CASTALLA
25	BARCELO, MARTIN JUAN	1578	1598	ONIL
18	BATALLER, PEDRO	1570		ALICANTE
159	BELLOT, FRANCISCO	1790	1824	CASTALLA
96	BERENGUER, FRANCISCO	1672		ONIL
61	BERENGUER, GABRIEL	1634	1660	ONIL
107	BERENGUER, GABRIEL	1686		ONIL
150	BERNABEU PEREZ, FELIPE	1761	1766	TIBI
85	BERNABEU, ANDRES JUAN	1660	1680	JIJONA
7	BERNABEU, BLAS	1543	1583	JIJONA
66	BERNABEU, DOMINGO	1640	1691	IBI
97	BERNABEU, ELIODORO	1672	1709	JIJONA
5	BERNABEU, FRANCISCO JUAN	1525	1528	JIJONA
87	BERNABEU, FRANCISCO JUAN	1664	1667	JIJONA
117	BERNABEU, FRANCISCO JUAN	1705		JIJONA
56	BERNABEU, JERONIMO	1632		JIJONA
124	BERNABEU, JOSE	1717	1742	TIBI
6	BERNABEU, PEDRO LUIS	1542	1575	JIJONA
118	BERNABEU, SEBASTIAN	1705		JIJONA
1	BERNAT, ANDRES	1440	1456	CASTALLA
180	BOTELLA Y HERNANDEZ, ANTONIO	1862	1879	IBI
102	BOYER, HONORATO	1682	1685	ALICANTE
162	BROTONS BERNABEU, TOMAS	1794	1820	BUSOT
181	BROTONS Y BEVIA, VICENTE	1869	1910	BUSOT
143	BROTONS Y GINER, TOMAS	1743	1770	BUSOT
11	BROTONS, ONOFRE	1551	1583	JIJONA
45	CAMARASA, JERONIMO	1620	1637	ONIL
106	CAMPOS, GULLERMO FRANCISCO	1685		ALICANTE
80	CAMPOS, JACINTO	1653		ELCHE
142	CARBONELL Y CASTELLO, FCO.	1742	1756	TIBI
101	CARBONELL, ALFONSO	1681		JIJONA
91	CARBONELL, FRANCISCO	1668	1731	TIBI

NUM.	NOMBRE DEL NOTARIO	F.INIC	F.FIN	LOCALIDAD
52	CARBONELL, GREGORIO	1627	1660	TIBI
67	CARBONELL, JERONIMO	1640	1687	JIJONA
46	CARBONELL, JOSE	1624	1675	JIJONA
84	CARBONELL, TIMOTEO	1659	1722	JIJONA
165	CARBONELL, VICENTE	1798		JIJONA
121	CERDA SEVILLANO, VICENTE	1709	1710	IBI
15	CORBI, ESTEBAN	1560	1587	CASTALLA
94	CORTES, FERNANDO	1670		VALENCIA
55	CORTES, MIGUEL JUAN	1628	1630	JIJONA
174	ESCRIVA GARCIA, SALVADOR	1833	1873	TIBI
71	ESPI, ANDRES JUAN	1643	1683	JIJONA
93	ESPI, BAUTISTA	1669	1706	JIJONA
34	ESPI, PEDRO	1601	1640	JIJONA
115	ESPI, VICENTE	1704	1706	JIJONA
182	FALOMIR Y FONT, JOSE	1872	1879	CASTALLA
4	FERRANDIS, ALFONSO	1505	1545	CASTALLA
81	GALBIS, GASPAR	1653		ELCHE
164	GALBIS, JUAN BAUTISTA	1797	1832	ONIL
133	GARCIA, ANTONIO	1727	1765	JIJONA
137	GARCIA, HELIODORO	1738	1761	JIJONA
157	GARCIA, JOAQUIN	1784	1813	IBI
39	GARCIA, MELCHOR	1609		JIJONA
69	GARCIA, TOMAS	1640	1671	IBI
68	GARCIA, TOMAS	1640	1671	TIBI
109	GARCIA, VICENTE	1688	1704	IBI
64	GARRIGOS, ANDRES JUAN	1638	1643	JIJONA
50	GINER, JUAN	1626		ALCOY
19	GOCANTELL, MELCHOR	1570		ALICANTE
184	GUILL BERNABEU, JOAQUIN	1875	1910	ONIL
30	GUILLEN, GASPAR	1598	1629	IBI
145	GUILLEN, GERONIMO	1745	1789	IBI
53	GUIMERA, LUIS	1627		JIJONA
58	GUTIERREZ, SIMON (MENOR)	1633		ONIL
128	IVAÑEZ, AGUSTIN	1722	1770	IBI
163	IVAÑEZ, ANTONIO	1795	1800	JIJONA
136	IVAÑEZ, BONIFACIO	1729	1774	JIJONA
122	IVAÑEZ, FRANCISCO	1709	1746	JIJONA
154	IVAÑEZ, JOAQUIN	1771	1783	IBI
110	IVAÑEZ, JUAN	1689	1721	IBI
160	IVAÑEZ, JUAN FRANCISCO	1790	1824	ALCOY
73	IVAÑEZ, PEDRO	1647	1652	JIJONA
170	IVAÑEZ, PEDRO JOSE	1813	1830	IBI
126	IVORRA, FRANCISCO	1720	1747	JIJONA
23	JIMENO, COSME	1574	1575	BOCAIRENTE
8	JIMENO, JUAN	1547	1550	CASTALLA
144	JUAN Y VERDU, JOAQUIN	1744	1758	ONIL
70	JUANES, JUAN	1640	1642	JIJONA
141	LLORED, JUAN	1740	1752	FINESTRAT
20	LLORET, GASPAR	1570		ALICANTE
172	LOPEZ DE CAMARENA Y LIZANDE, A.	1827	1850	IBI
48	MARGARIT, ANDRES	1625		OLLERIA
155	MARTI, DOMINGO	1771	1776	CASTALLA
183	MARTINEZ, FRANCISCO	1874		ONIL
119	MARTINEZ, IGNACIO	1705		NOVELDA
29	MIGUEL, ESTEBAN	1595	1596	JIJONA

NUM.	NOMBRE DEL NOTARIO	F.INIC	F.FIN	LOCALIDAD
99	MIGUEL, JACINTO	1673	1695	JIJONA
44	MIGUEL, SERAFIN	1613	1615	JIJONA
131	MINGOT Y QUESADA, FRANCISCO	1723	1725	ONIL
95	MIQUEL, GREGORIO	1670	1707	JIJONA
168	MIQUEL, MELCHOR	1807		P.DUQUE
59	MIRA, FRANCISCO JUAN	1633		JIJONA
113	MIRA, VICENTE	1697		JIJONA
114	MIRA, VICENTE	1699		JIJONA
176	MIRALLES SOLER, JUAN	1836	1889	JIJONA
156	MIRALLES Y MIRA, VICENTE	1783	1817	JIJONA
120	MIRALLES, DIEGO	1707		JIJONA
169	MIRALLES, FRANCISCO	1808	1834	JIJONA
83	MOLINA, JUAN	1658	1681	ONIL
108	MOLINA, LUIS	1687	1719	ONIL
42	MOLINA, PEDRO	1612	1627	ONIL
103	MONARRIZ, BAUTISTA	1683		RELLEU
171	MORA Y MOLINA, JOSE	1824	1849	JIJONA
90	MORANT, DIONISIO	1667	1694	IBI
63	MORANT, LUIS	1635	1655	IBI
132	NAVARRO, ANTONIO	1724		ONIL
116	PASTOR, MATIAS	1704		PALOMAR
166	PAU, JOSE	1800	1833	SAX
146	PAU, TOMAS	1745	1782	CASTALLA
40	PELLICER, PEDRO	1609		ALCOY
54	PEREZ, ANDRES	1627	1631	IBI
41	PEREZ, BARTOLOME	1611	1615	IBI
78	PEREZ, FRANCISCO	1652		ONIL
2	PEREZ, JUAN	1456	1484	CASTALLA
31	PEREZ, LUIS	1598	1649	IBI
151	PICO DE BAUTISTA, BAUTISTA	1762	1796	JIJONA
167	PICO, BAUTISTA	1804	1834	JIJONA
27	PICO, FELIPE	1590	1601	JIJONA
51	PICO, JERONIMO	1626	1656	JIJONA
100	PLANES, JUAN VICENTE	1676		JIJONA
21	PONS, ONOFRE	1570		VALENCIA
147	RABAZA, PEDRO JUAN	1754	1785	FINESTRAT
72	RICO, BLAS	1646	1681	ONIL
65	RICO, DAMIAN	1638	1649	ONIL
89	RICO, FRANCISCO	1666	1699	ONIL
104	RICO, SALVADOR	1683	1732	ONIL
178	SALA Y PLANELLES, VICENTE	1851	1888	JIJONA
76	SAN JUAN, PEDRO	1651	1663	IBI
38	SANCHIS, DAMIAN	1605	1613	JIJONA
28	SANCHIS, JUAN	1592	1619	JIJONA
57	SANCHIS, MARCELO	1632	1644	JIJONA
36	SANCHIS, PEDRO PABLO	1602	1605	JIJONA
152	SANJUAN Y BELLOD, ANTONIO	1762	1785	ONIL
177	SANS Y CALBO, LEONARDO	1836	1871	BENEJAMA
74	SANS, MIGUEL	1648		AGULLENT
179	SANTONJA Y BELDAM, PEDRO	1853	1888	IBI
161	SARRIO Y GANS, PEDRO	1793	1830	TIBI
35	SERRANO, BALTASAR	1601	1672	CASTALLA
88	SERRANO, JAIME	1665	1680	CASTALLA
139	SERVENT Y PEREZ, JOSE	1739	1759	IBI
92	SIRVENT, BAUTISTA	1668		JIJONA

NUM.	NOMBRE DEL NOTARIO	F.INIC	F.FIN	LOCALIDAD
153	SIRVENT, BRUNO	1762	1811	JIJONA
134	SIRVENT, JUAN	1727	1787	JIJONA
123	SIRVENT, LUIS	1709	1739	JIJONA
129	SIRVENT, MIGUEL	1722	1737	IBI
140	SIRVENT, MIGUEL	1739	1791	IBI
112	SIRVENT, OCTAVIO	1693	1706	JIJONA
16	SIRVENT, ONOFRE	1568	1577	IBI
105	SIRVENT, SALVADOR	1684	1712	JIJONA
77	SOLER, GASPAR	1651	1691	JIJONA
17	SUÑER, BALTASAR	1568		JIJONA
62	SUÑER, FRANCISCO JUAN	1634	1679	JIJONA
149	TORTOSA, VICENTE	1757	1758	ONIL
135	TRANSANO, ROQUE	1727		COCENTAINA
125	UREÑA, VICENTE	1718	1739	CASTALLA
12	VALLS, PEDRO	1552	1577	ALICANTE
26	VERDU, ABDON	1581	1622	IBI
60	VERDU, FRANCISCO	1633		MUCHAMIEL
49	VERDU, MATEO	1625	1627	JIJONA
175	VICENT Y MIRA, JOSE	1835	1852	ONIL
138	VICENT Y RICO, ILDEFONSO	1738	1785	ONIL
158	VICENT Y SOBREVELA, ILDEFONSO	1785	1835	ONIL

ÍNDICE TOPONÍMICO DE NOTARIOS

**	AGULLENT		
74	SANS, MIGUEL	1648	
**	ALCOY		
50	GINER, JUAN	1626	
160	IVAÑEZ, JUAN FRANCISCO	1790	1824
40	PELLICER, PEDRO	1609	
**	ALICANTE		
18	BATALLER, PEDRO	1570	
102	BOYER, HONORATO	1682	1685
106	CAMPOS, GUILLERMO FRANCISCO	1685	
19	GOCANTELL, MELCHOR	1570	
20	LLORET, GASPAR	1570	
12	VALLS, PEDRO	1552	1577
**	BENEJAMA		
177	SANS Y CALBO, LEONARDO	1836	1871
**	BOCAIRENTE		
23	JIMENO, COSME	1574	1575
**	BUSOT		
173	ALBEROLA, VICENTE	1828	1848
162	BROTONS BERNABEU, TOMAS	1794	1820
181	BROTONS Y BEVIA, VICENTE	1869	1910
143	BROTONS Y GINER, TOMAS	1743	1770
**	CASTALLA		
32	ALFONSO, VICENTE PABLO	1600	1635
14	ALONSO, VICENTE	1558	1598
130	AMAD, ANTONIO	1723	
13	BARCELO, FRANCISCO JUAN	1554	1581
159	BELLOT, FRANCISCO	1790	1824

NUM.	NOMBRE DEL NOTARIO	F.INIC	F.FIN
1	BERNAT, ANDRES	1440	1456
15	CORBI, ESTEBAN	1560	1587
182	FALOMIR Y FONT, JOSE	1872	1879
4	FERRANDIS, ALFONSO	1505	1545
8	JIMENO, JUAN	1547	1550
155	MARTI, DOMINGO	1771	1776
146	PAU, TOMAS	1745	1782
2	PEREZ, JUAN	1456	1484
35	SERRANO, BALTASAR	1601	1672
88	SERRANO, JAIME	1665	1680
125	UREÑA, VICENTE	1718	1739
**	COCENTAINA		
135	TRANSANO, ROQUE	1727	
**	ELCHE		
79	AGYSULENT, MARCO ANTONIO	1653	
80	CAMPOS, JACINTO	1653	
81	GALBIS, GASPAR	1653	
**	FINESTRAT		
141	LLORED, JUAN	1740	1752
147	RABAZA, PEDRO JUAN	1754	1785
**	IBI		
66	BERNABEU, DOMINGO	1640	1691
180	BOTELLA Y HERNANDEZ, ANTONIO	1862	1879
121	CERDA SEVILLANO, VICENTE	1709	1710
157	GARCIA, JOAQUIN	1784	1813
69	GARCIA, TOMAS	1640	1671
109	GARCIA, VICENTE	1688	1704
30	GUILLEN, GASPAR	1598	1629
145	GUILLEN, GERONIMO	1745	1789
128	IVAÑEZ, AGUSTIN	1722	1770
154	IVAÑEZ, JOAQUIN	1771	1783
110	IVAÑEZ, JUAN	1689	1721
170	IVAÑEZ, PEDRO JOSE	1813	1830
172	LOPEZ DE CAMARENA Y LIZANDE, A.	1827	1850
90	MORANT, DIONISIO	1667	1694
63	MORANT, LUIS	1635	1655
54	PEREZ, ANDRES	1627	1631
41	PEREZ, BARTOLOME	1611	1615
31	PEREZ, LUIS	1598	1649
76	SAN JUAN, PEDRO	1651	1663
179	SANTONJA Y BELDAM, PEDRO	1853	1888
139	SERVENT Y PEREZ, JOSE	1739	1759
129	SIRVENT, MIGUEL	1722	1737
140	SIRVENT, MIGUEL	1739	1791
16	SIRVENT, ONOFRE	1568	1577
26	VERDU, ABDON	1581	1622
**	JIJONA		
47	ABAT, JUAN	1625	
9	ARACIL, DIEGO	1548	1577
33	ARACIL, DIEGO	1601	1627
3	ARACIL, JAIME DE	1495	1516
98	ARACIL, LORENZO	1673	
22	ARACIL, MARCO ANTONIO	1572	1600
43	ARACIL, MELCHOR	1613	1615

NUM.	NOMBRE DEL NOTARIO	F.INIC	F.FIN
75	ARACIL, SEBASTIAN	1649	1673
10	ARACIL, TOMAS	1549	1559
24	ARACIL, TOMAS	1575	1594
82	ARACIL, TOMAS	1654	
85	BERNABEU, ANDRES JUAN	1660	1680
7	BERNABEU, BLAS	1543	1583
97	BERNABEU, ELIODORO	1672	1709
5	BERNABEU, FRANCISCO JUAN	1525	1528
87	BERNABEU, FRANCISCO JUAN	1664	1667
117	BERNABEU, FRANCISCO JUAN	1705	
56	BERNABEU, JERONIMO	1632	
6	BERNABEU, PEDRO LUIS	1542	1575
118	BERNABEU, SEBASTIAN	1705	
11	BROTONS, ONOFRE	1551	1583
101	CARBONELL, ALFONSO	1681	
67	CARBONELL, JERONIMO	1640	1687
46	CARBONELL, JOSE	1624	1675
84	CARBONELL, TIMOTEO	1659	1722
165	CARBONELL, VICENTE	1798	
55	CORTES, MIGUEL JUAN	1628	1630
71	ESPI, ANDRES JUAN	1643	1683
93	ESPI, BAUTISTA	1669	1706
34	ESPI, PEDRO	1600	1640
115	ESPI, VICENTE	1704	1706
133	GARCIA, ANTONIO	1727	1765
137	GARCIA, HELIODORO	1738	1761
39	GARCIA, MELCHOR	1609	
64	GARRIGOS, ANDRES JUAN	1638	1643
53	GUIMERA, LUIS	1627	
163	IVAÑEZ, ANTONIO	1795	1800
136	IVAÑEZ, BONIFACIO	1729	1774
122	IVAÑEZ, FRANCISCO	1709	1746
73	IVAÑEZ, PEDRO	1647	1652
126	IVORRA, FRANCISCO	1720	1747
70	JUANES, JUAN	1640	1642
29	MIGUEL, ESTEBAN	1595	1596
99	MIGUEL, JACINTO	1673	1695
44	MIGUEL, SERAFIN	1613	1615
95	MIQUEL, GREGORIO	1670	1707
59	MIRA, FRANCISCO JUAN	1633	
113	MIRA, VICENTE	1697	
114	MIRA, VICENTE	1699	
176	MIRALLES SOLER, JUAN	1836	1889
156	MIRALLES Y MIRA, VICENTE	1783	1817
120	MIRALLES, DIEGO	1707	
169	MIRALLES, FRANCISCO	1808	1834
171	MORA Y MOLINA, JOSE	1824	1849
151	PICO DE BAUTISTA, BAUTISTA	1762	1796
167	PICO, BAUTISTA	1804	1834
27	PICO, FELIPE	1590	1601
51	PICO, JERONIMO	1626	1656
100	PLANES, JUAN VICENTE	1676	
178	SALA Y PLANELLES, VICENTE	1851	1888
38	SANCHIS, DAMIAN	1605	1613
28	SANCHIS, JUAN	1592	1619

NUM.	NOMBRE DEL NOTARIO	F.INIC	F.FIN
57	SANCHIS, MARCELO	1632	1644
36	SANCHIS, PEDRO PABLO	1602	1605
92	SIRVENT, BAUTISTA	1668	
153	SIRVENT, BRUNO	1762	1811
134	SIRVENT, JUAN	1727	1787
123	SIRVENT, LUIS	1709	1739
112	SIRVENT, OCTAVIO	1693	1706
105	SIRVENT, SALVADOR	1684	1712
77	SOLER, GASPAR	1651	1691
17	SUNER, BALTASAR	1568	
62	SUNER, FRANCISCO JUAN	1634	1679
49	VERDU, MATEO	1625	1627
**	MUCHAMIEL		
60	VERDU, FRANCISCO	1633	
**	NOVELDA		
119	MARTINEZ, IGNACIO	1705	
**	OLLERIA		
48	MARGARIT, ANDRES	1625	
**	ONIL		
37	ALONSO, ONOFRE	1603	1616
86	AMAT, MATEO	1662	1664
127	ANGUIX Y CLEMENTE, ALONSO	1722	1745
111	ARQUES, ISIDORO	1692	1703
25	BARCELO, MARTIN JUAN	1578	1598
96	BERENGUER, FRANCISCO	1672	
61	BERENGUER, GABRIEL	1634	1660
107	BERENGUER, GABRIEL	1686	
45	CAMARASA, JERONIMO	1620	1637
164	GALBIS, JUAN BAUTISTA	1797	1832
184	GUILL BERNABEU, JOAQUIN	1875	1910
58	GUTIERREZ, SIMON (MENOR)	1633	
144	JUAN Y VERDU, JOAQUIN	1744	1758
183	MARTINEZ, FRANCISCO	1874	
131	MINGOT Y QUESADA, FRANCISCO	1723	1725
83	MOLINA, JUAN	1658	1681
108	MOLINA, LUIS	1687	1719
42	MOLINA, PEDRO	1612	1627
132	NAVARRO, ANTONIO	1724	
78	PEREZ, FRANCISCO	1652	
72	RICO, BLAS	1646	1681
65	RICO, DAMIAN	1638	1649
89	RICO, FRANCISCO	1666	1699
104	RICO, SALVADOR	1683	1732
152	SANJUAN Y BELLOD, ANTONIO	1762	1785
149	TORTOSA, VICENTE	1757	1758
175	VICENT Y MIRA, JOSE	1835	1852
138	VICENT Y RICO, ILDEFONSO	1738	1785
158	VICENT Y SOBREVELA, ILDEFONSO	1785	1835
**	P.DUQUE		
168	MIQUEL, MELCHOR	1807	
**	PALOMAR		
116	PASTOR, MATIAS	1704	
**	RELLEU		

NUM.	NOMBRE DEL NOTARIO	F.INIC	F.FIN
103	MONARRIZ, BAUTISTA	1683	
**	SAX		
166	PAU, JOSE	1800	1833
**	TIBI		
148	ARQUES Y BERNABEU, GINES	1757	1791
150	BERNABEU PEREZ, FELIPE	1761	1766
124	BERNABEU, JOSE	1717	1742
142	CARBONELL Y CASTELLO, FCO.	1742	1756
91	CARBONELL, FRANCISCO	1668	1731
52	CARBONELL, GREGORIO	1627	1660
174	ESCRIVA GARCIA, SALVADOR	1833	1873
68	GARCIA, TOMAS	1640	1671
161	SARRIO Y GANS, PEDRO	1793	1830
**	VALENCIA		
94	CORTES, FERNANDO	1670	
21	PONS, ONOFRE	1570	

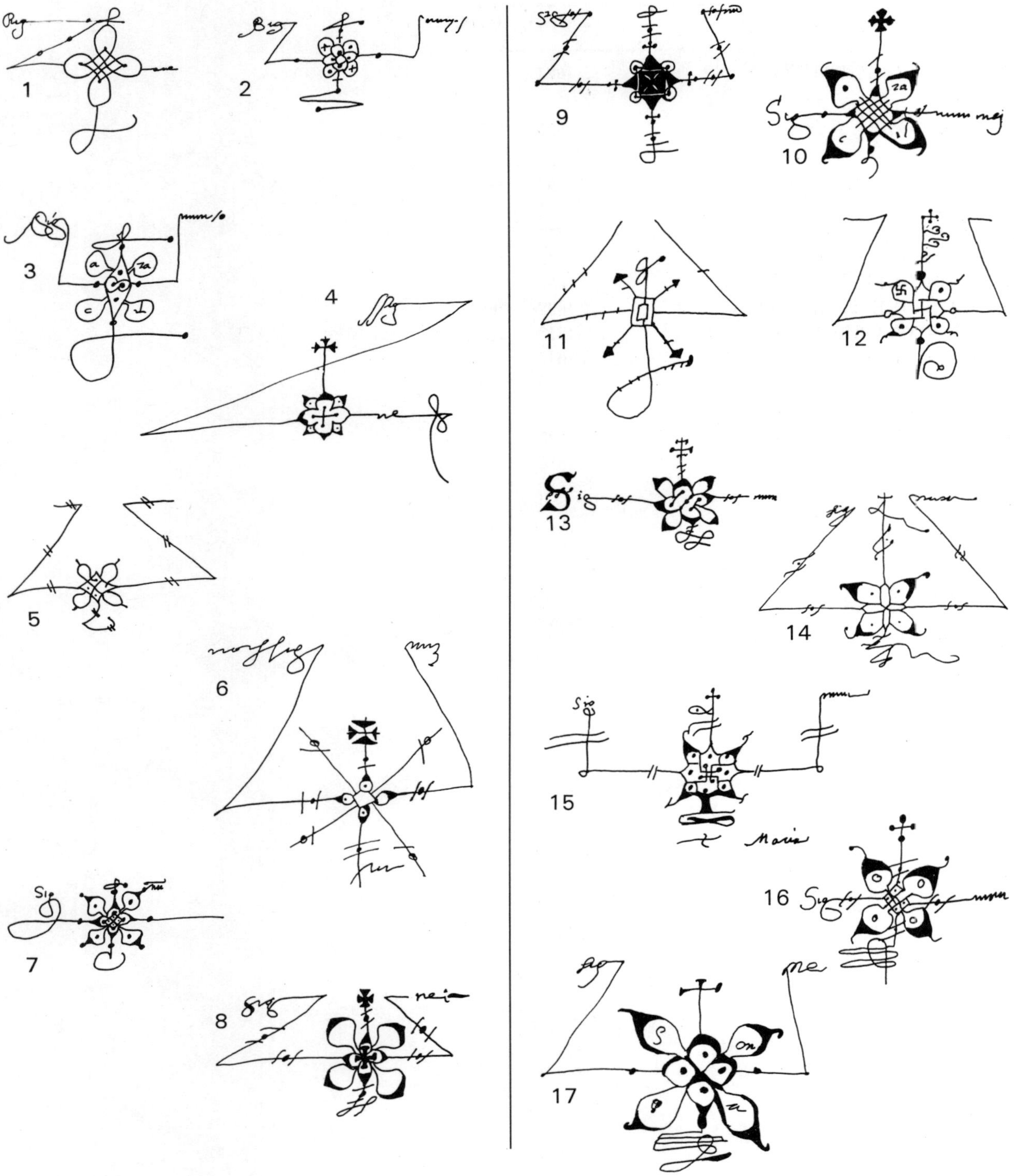

1. *Andres Bernat; 1440–1456*
2. *Juan Perez; 1456–1484*
3. *Jaime de Aracil; 1495–1516*
4. *Alfonso Ferrandis; 1505–1545*
5. *Francisco Juan Bernabeu; 1525–1528*
6. *Pedro Luis Bernabeu; 1542–1575*
7. *Blas Bernabeu; 1543–1583*
8. *Juan Jimeno; 1547–1550*
9. *Diego Aracil; 1548–1577*
10. *Tomas Aracil; 1549–1559*
11. *Onofre Brotons; 1551–1583*
12. *Pedro Valls; 1552–1577*
13. *Francisco Juan Barcelo; 1554–1581*
14. *Vicente Alonso; 1558–1598*
15. *Esteban Corbi; 1560–1587*
16. *Onofre Sirvent; 1568–1577*
17. *Baltasar Suñer; 1568*

18
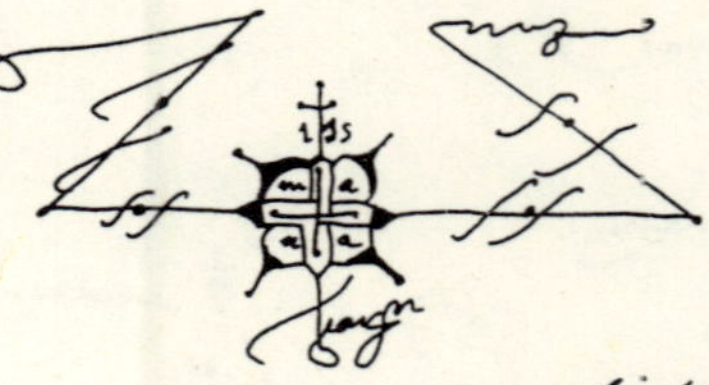

19
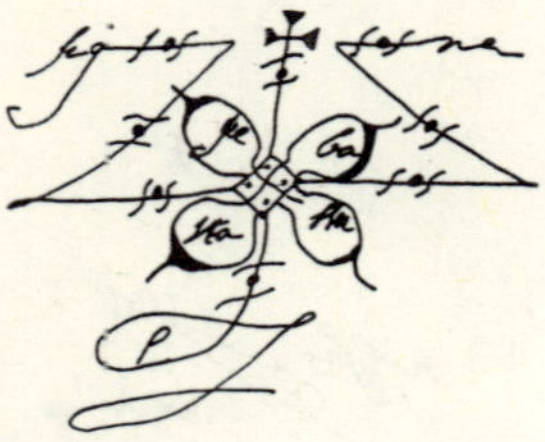

20

21
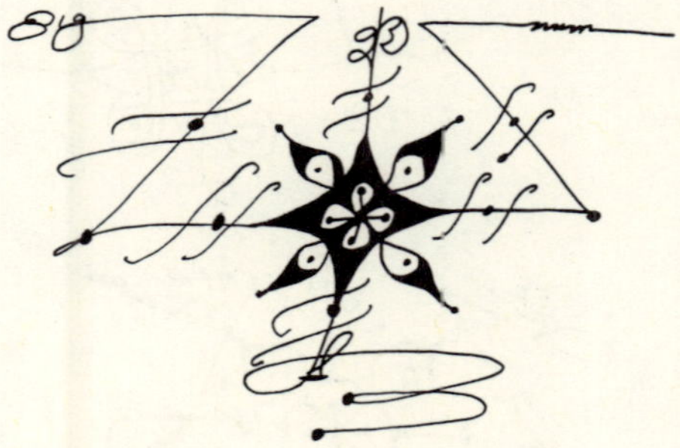

22
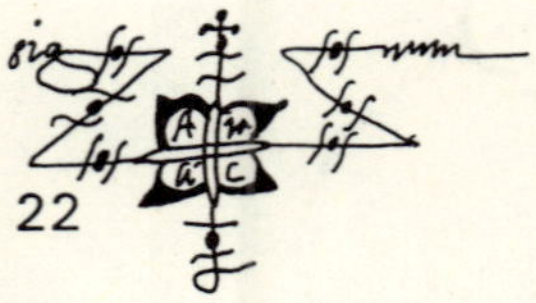

23
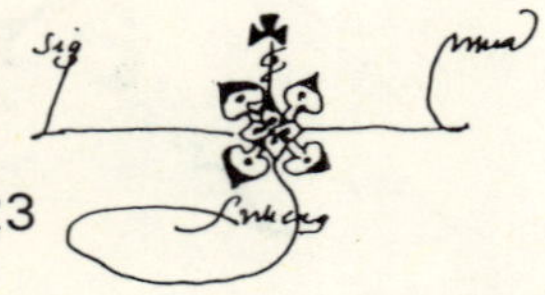

24
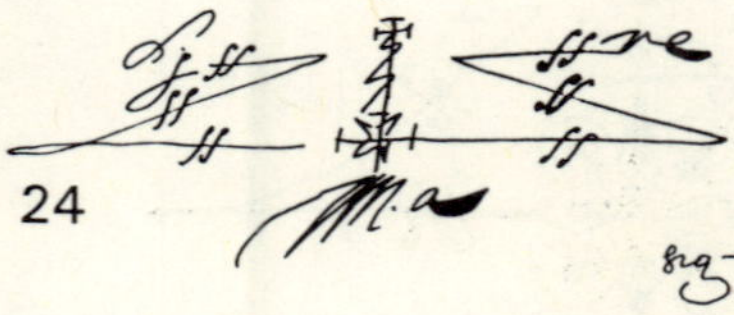

25

26
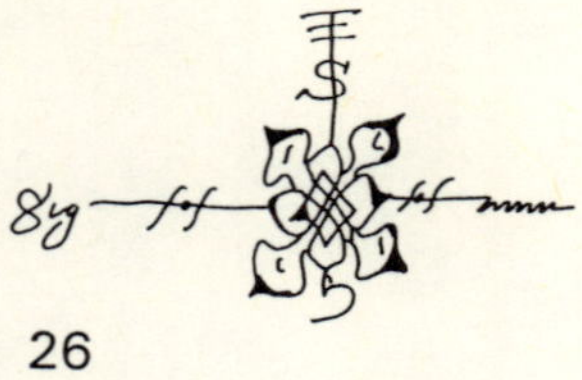

27
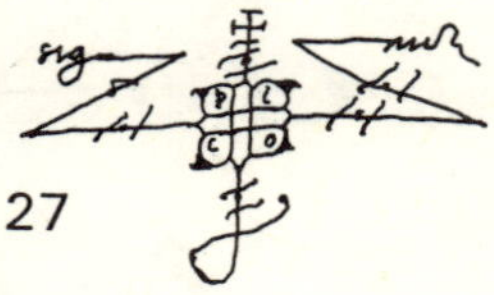

28

29
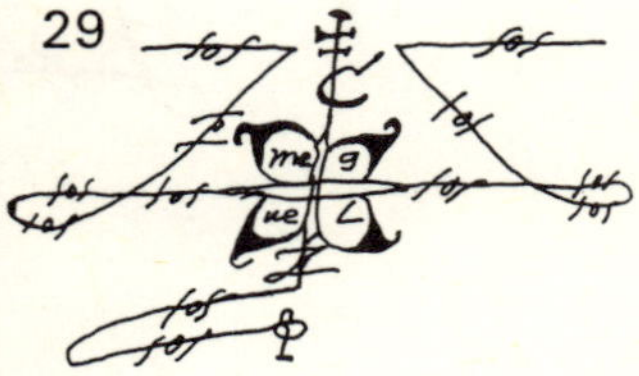

30
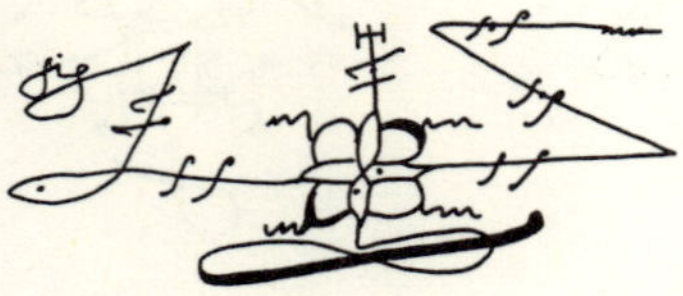

31
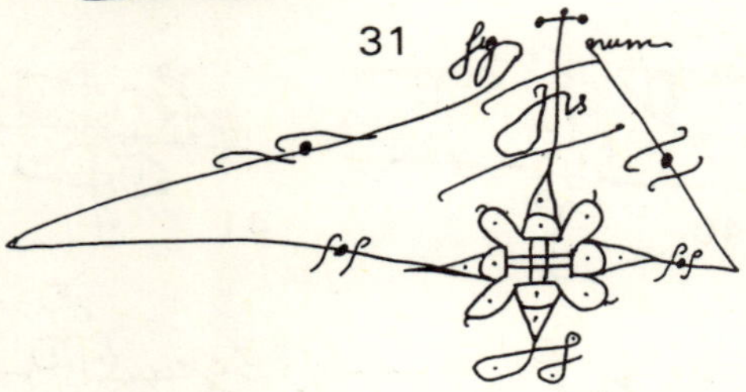

32
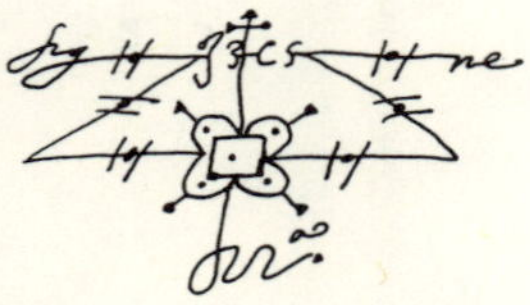

33
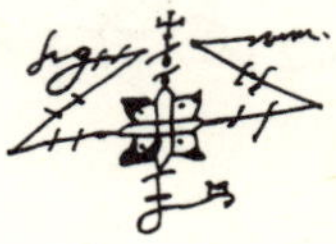

34
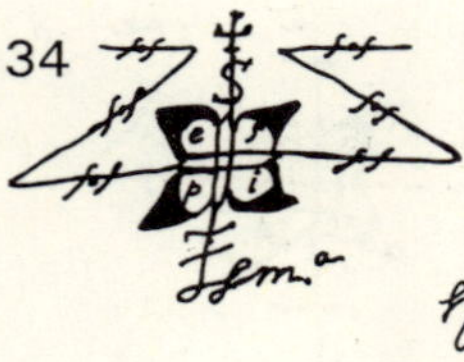

35
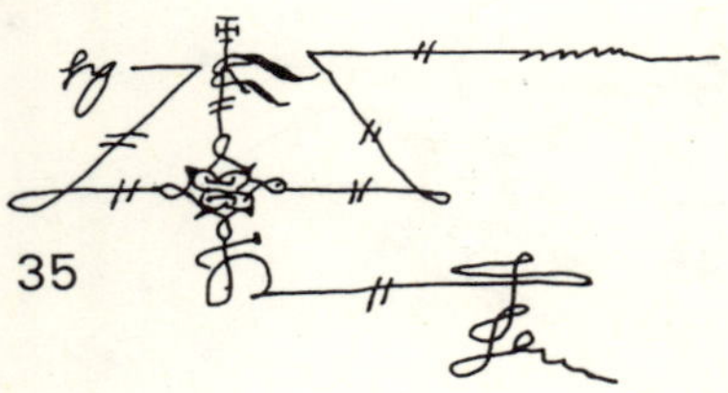

18. *Pedro Bataller; 1570*
19. *Melchor Gocantell; 1570*
20. *Gaspar Lloret; 1570*
21. *Onofre Pons; 1570*
22. *Marco Antonio Aracil; 1572–1600*
23. *Cosme Jimeno; 1574–1575*
24. *Tomas Aracil; 1575–1594*
25. *Martin Juan Barcelo; 1578–1598*
26. *Abdon Verdu; 1581–1622*
27. *Felipe Pico; 1590–1601*
28. *Juan Sanchis; 1592–1619*
29. *Esteban Miguel; 1595–1596*
30. *Gaspar Guillen; 1598–1629*
31. *Luis Perez; 1598–1649*
32. *Vicente Pablo Alfonso; 1600–1635*
33. *Diego Aracil; 1601–1627*
34. *Pedro Espi; 1601–1640*
35. *Baltasar Serrano; 1601–1672*

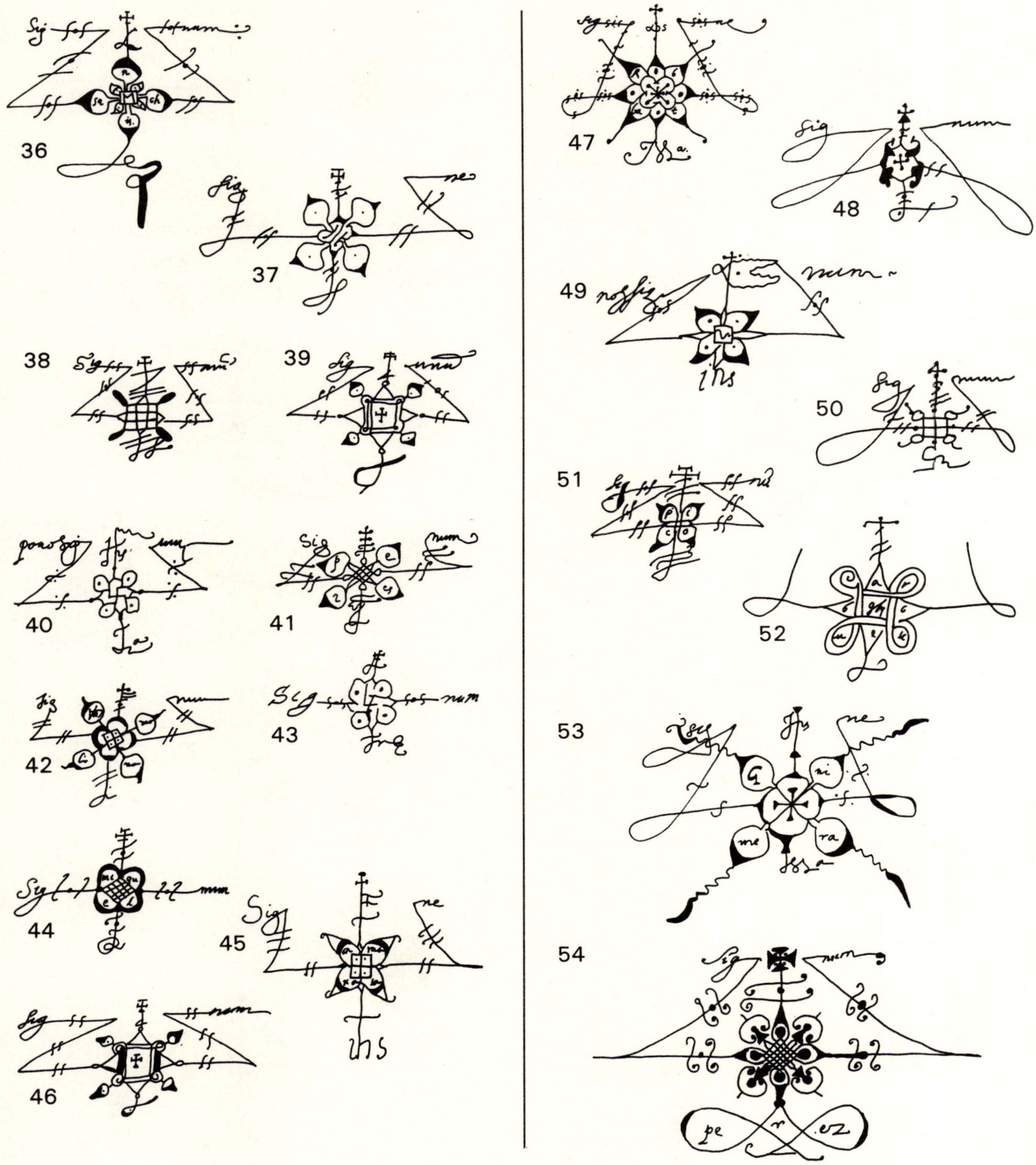

36. *Pedro Pablo Sanchis; 1602–1605*
37. *Onofre Alonso; 1603–1616*
38. *Damian Sanchis; 1605–1613*
39. *Melchor Garcia; 1609*
40. *Pedro Pellicer; 1609*
41. *Bartolome Perez; 1611–1615*
42. *Pedro Molina; 1612–1627*
43. *Melchor Aracil; 1613–1615*
44. *Serafin Miguel; 1613–1615*
45. *Jeronimo Camarasa; 1620–1637*
46. *Jose Carbonell; 1624–1675*
47. *Juan Abat; 1625*
48. *Andres Margarit; 1625*
49. *Mateo Verdu; 1625–1627*
50. *Juan Giner; 1626*
51. *Jeronimo Pico; 1626–1656*
52. *Gregorio Carbonell; 1627–1660*
53. *Luis Guimera; 1627*
54. *Andres Perez; 1627–1631*

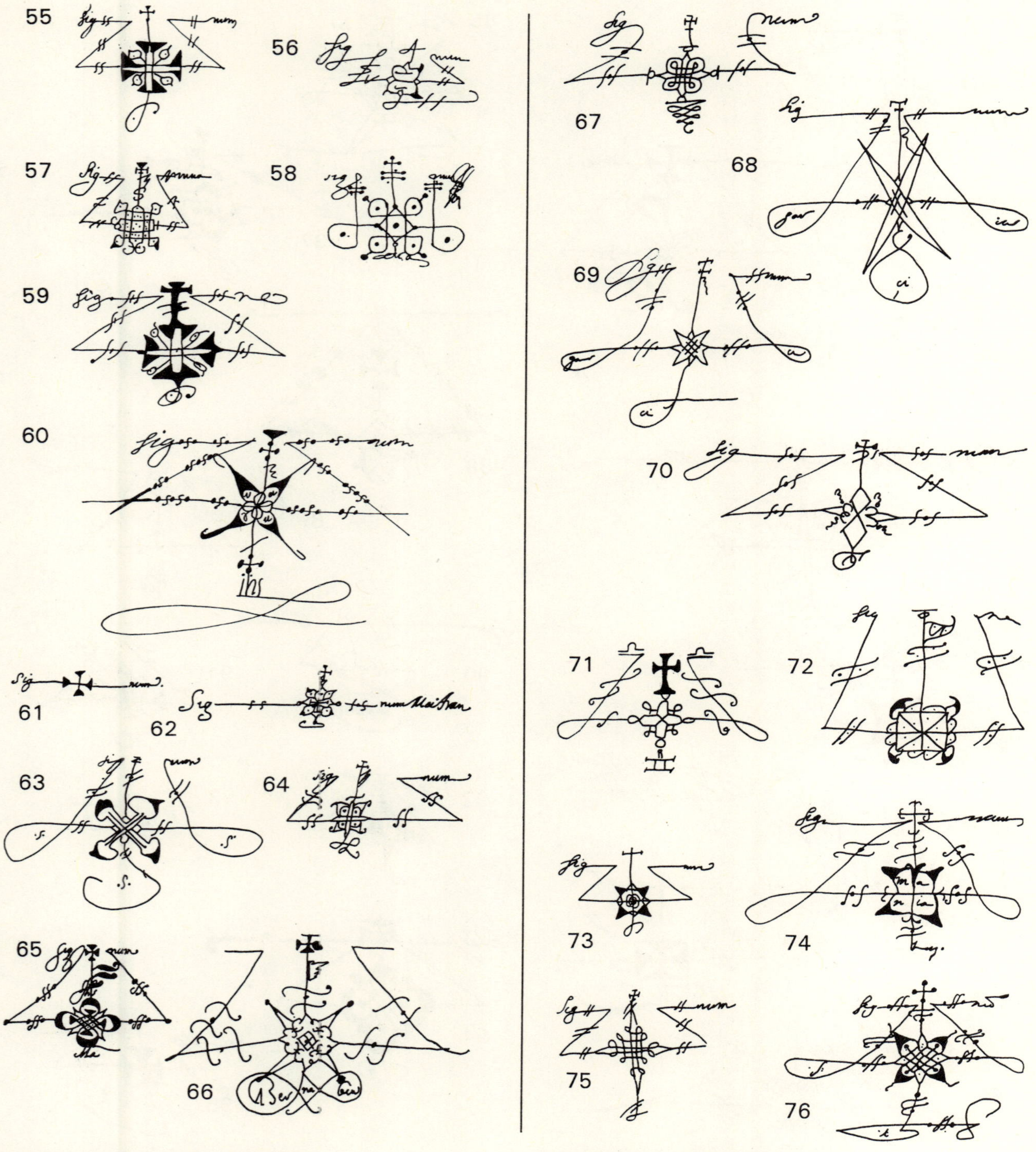

55. *Miguel Juan Cortes; 1628–1630*
56. *Jeronimo Bernabeu; 1632*
57. *Marcelo Sanchis; 1632–1644*
58. *Simon Gutierrez Menor; 1633*
59. *Francisco Juan Mira; 1633*
60. *Francisco Verdu; 1633*
61. *Gabriel Berenguer; 1634–1660*
62. *Francisco Juan Suñer; 1634–1679*
63. *Luis Morant; 1635–1655*
64. *Andres Juan Garrigos; 1638–1643*
65. *Damian Rico; 1638–1649*
66. *Domingo Bernabeu; 1640–1691*
67. *Jeronimo Carbonell; 1640–1687*
68. *Tomas Garcia; 1640–1671*
69. *Tomas Garcia; 1640–1671*
70. *Juan Juanes; 1640–1642*
71. *Andres Juan Espi; 1643–1683*
72. *Blas Rico; 1646–1681*
73. *Pedro Ivañez; 1647–1652*
74. *Miguel Sans; 1648*
75. *Sebastian Aracil; 1649–1673*
76. *Pedro San Juan; 1651–1663*

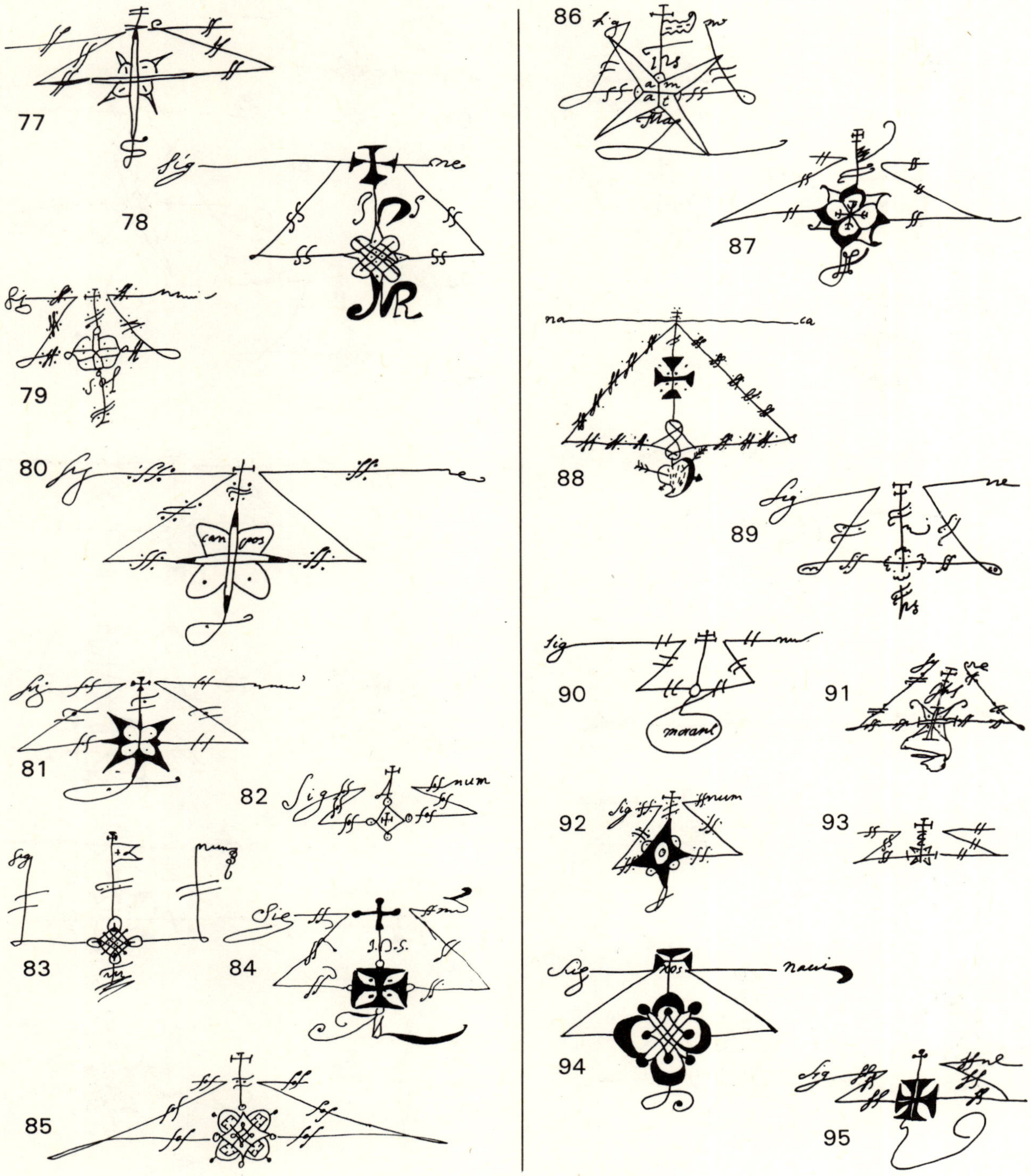

77. *Gaspar Soler; 1651–1691*
78. *Francisco Perez; 1652*
79. *Marco Antonio Agysulent; 1653*
80. *Jacinto Campos; 1653*
81. *Gaspar Galbis; 1653*
82. *Tomas Aracil; 1654*
83. *Juan Molina; 1658–1681*
84. *Timoteo Carbonell; 1659–1722*
85. *Andres Juan Bernabeu; 1660–1680*
86. *Mateo Amat; 1662–1664*
87. *Francisco Juan Bernabeu; 1664–1667*
88. *Jaime Serrano; 1665–1680*
89. *Francisco Rico; 1666–1699*
90. *Dionisio Morant; 1667–1694*
91. *Francisco Carbonell; 1668–1731*
92. *Bautista Sirvent; 1668*
93. *Bautista Espi; 1669–1706*
94. *Fernando Cortes; 1670*
95. *Gregorio Miquel; 1670–1707*

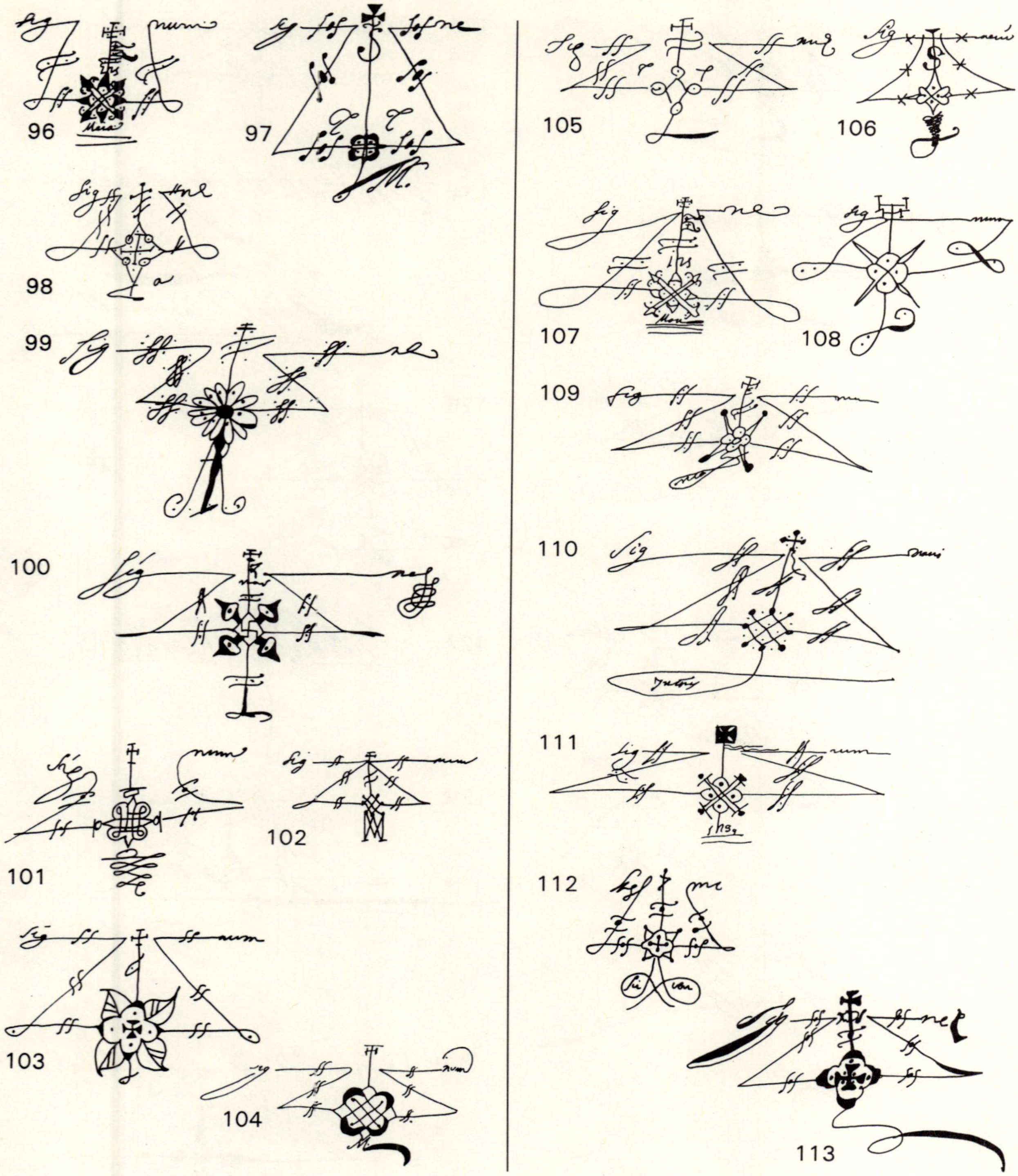

96. *Francisco Berenguer; 1672*
97. *Eliodoro Bernabeu; 1672–1709*
98. *Lorenzo Aracil; 1673*
99. *Jacinto Miguel; 1673–1695*
100. *Juan Vicente Planes; 1676*
101. *Alfonso Carbonell; 1681*
102. *Honorato Boyer; 1682–1685*
103. *Bautista Monarriz; 1683*
104. *Salvador Rico; 1683–1732*
105. *Salvador Sirvent; 1684–1712*
106. *Guillermo Fco. Campos; 1685*
107. *Gabriel Berenguer; 1686*
108. *Luis Molina; 1687–1719*
109. *Vicente Garcia; 1688–1704*
110. *Juan Ivañez; 1689–1721*
111. *Isidoro Arques; 1692–1703*
112. *Octavio Sirvent; 1693–1706*
113. *Vicente Mira; 1697*

114

115
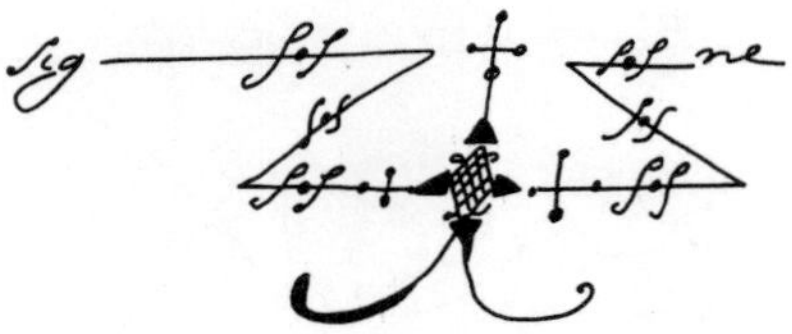

116
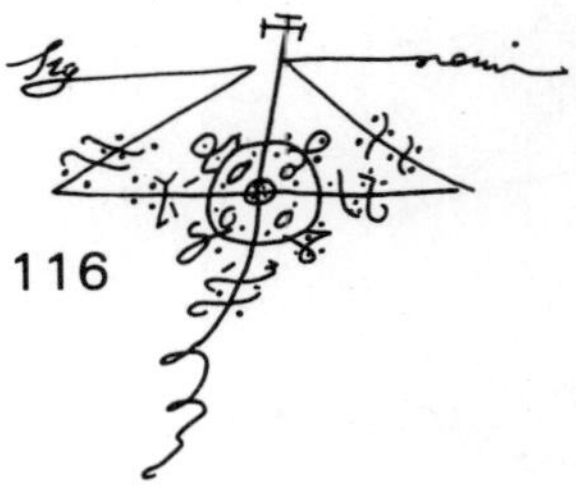

117
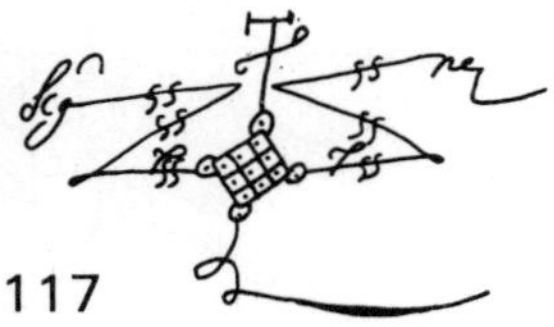

118

119
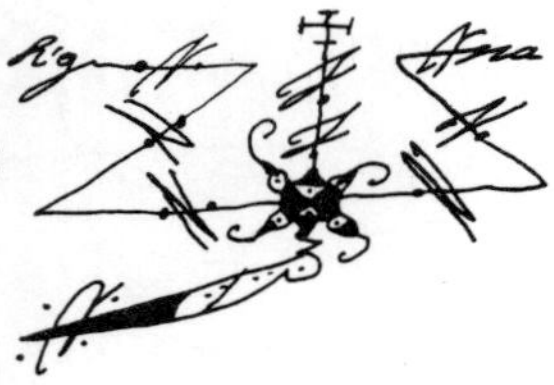

120

121

122
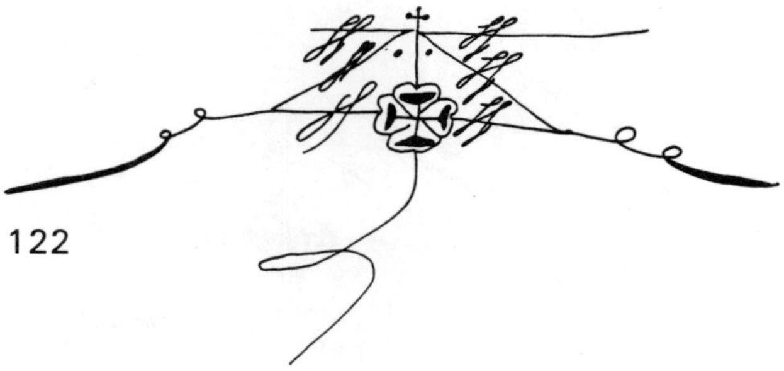

123
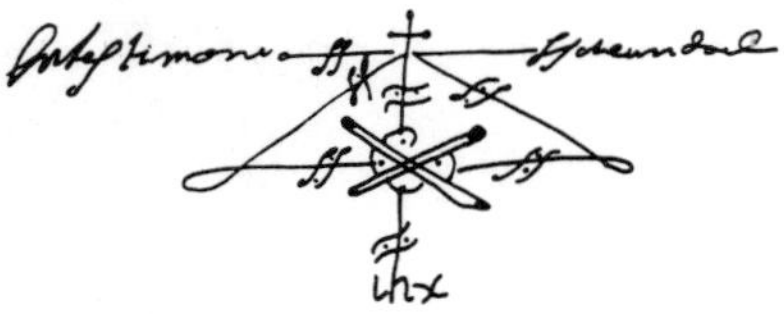

124

125
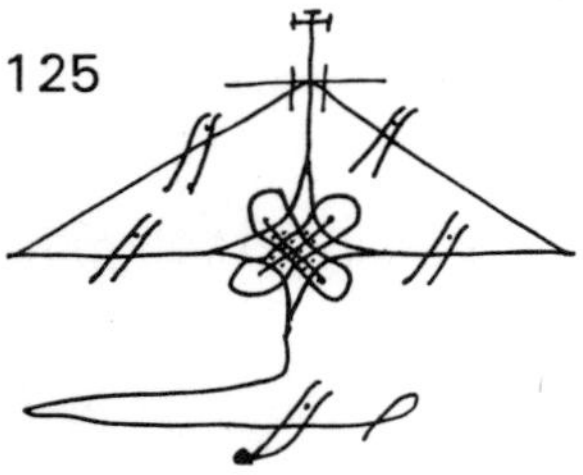

126
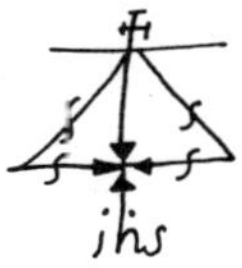

127

128

129
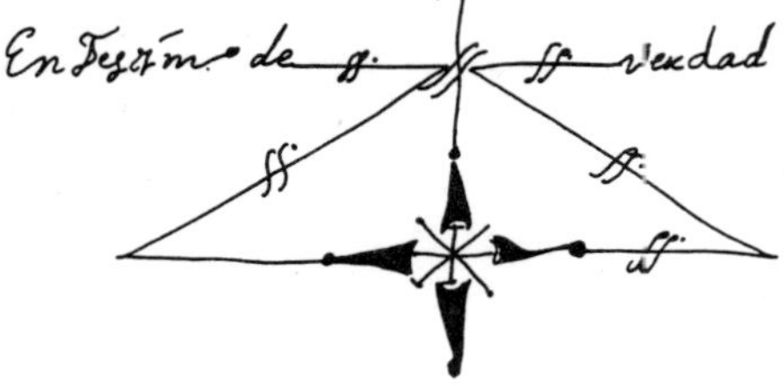

114. *Vicente Mira; 1699*
115. *Vicente Espi; 1704–1706*
116. *Matias Pastor; 1704*
117. *Francisco Juan Bernabeu; 1705*
118. *Sebastian Bernabeu; 1705*
119. *Ignacio Martinez; 1705*
120. *Diego Miralles; 1707*
121. *Vicente Cerda Sevillano; 1709–1710*
122. *Francisco Ivañez; 1709–1746*
123. *Luis Sirvent; 1709–1739*
124. *Jose Bernabeu; 1717–1742*
125. *Vicente Ureña; 1718–1739*
126. *Francisco Ivorra; 1720–1747*
127. *Alonso Anguix y Clemente; 1722–1745*
128. *Agustin Ivañez; 1722–1770*
129. *Miguel Sirvent; 1722–1737*

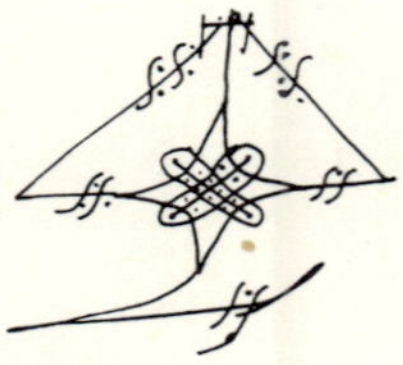
130

131

132

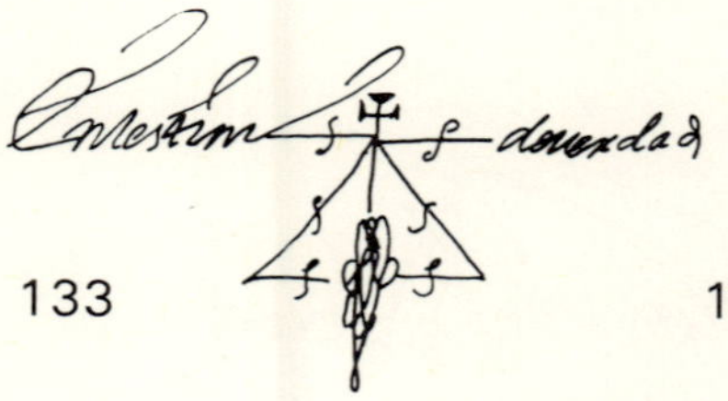
133

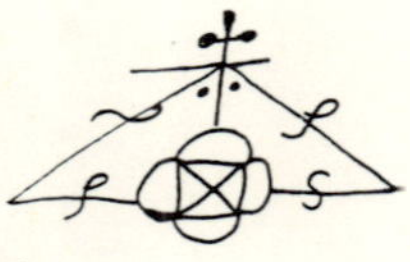
134

135

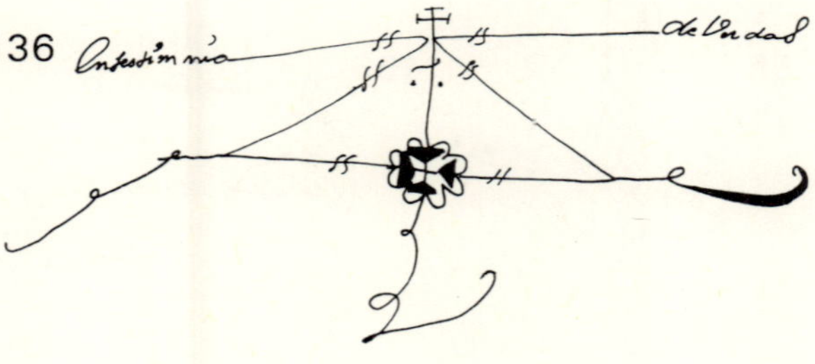
136

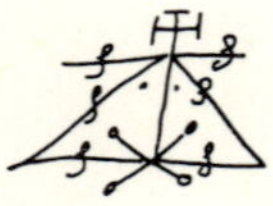
137

138

139

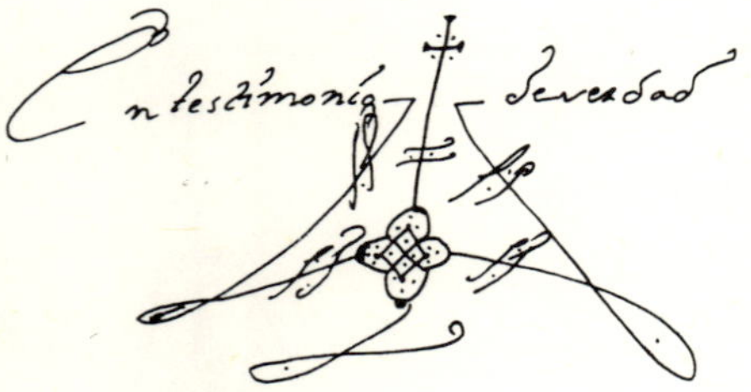
140

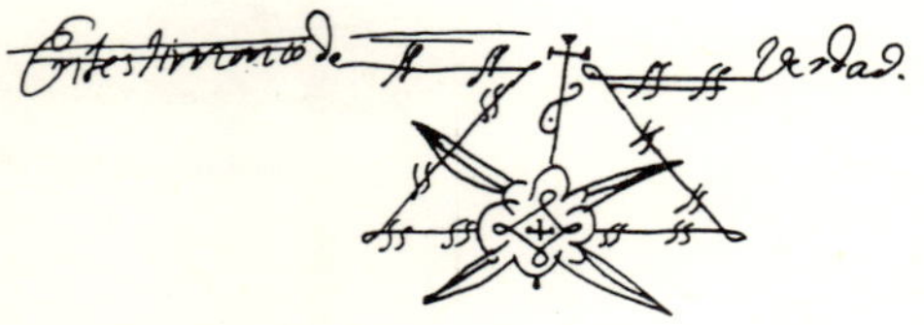
141

142

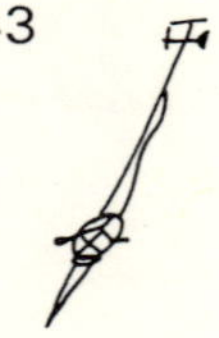
143

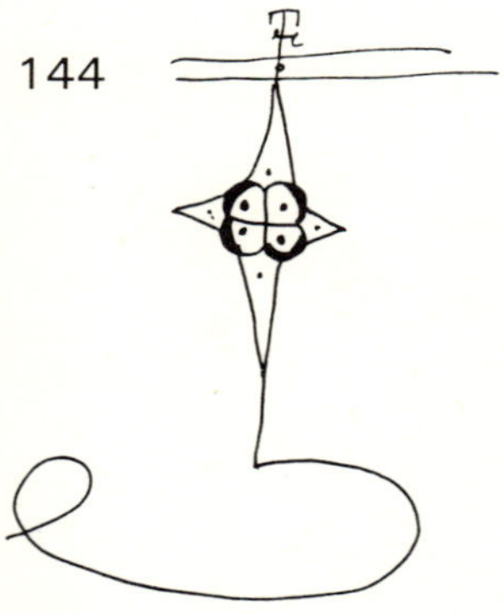
144

145

130. *Antonio Amad; 1723*
131. *Francisco Mingot y Quesada; 1723–1725*
132. *Antonio Navarro; 1724*
133. *Antonio Garcia; 1727–1765*
134. *Juan Sirvent; 1727–1787*
135. *Roque Transano; 1727*
136. *Bonifacio Ivañez; 1729–1774*
137. *Heliodoro Garcia; 1738–1761*
138. *Ildefonso Vicent y Rico; 1738–1785*
139. *Jose Servent y Perez; 1739–1759*
140. *Miguel Sirvent; 1739–1791*
141. *Juan Llored; 1740–1752*
142. *Francisco Carbonell y Castello; 1742–1756*
143. *Tomas Brotons y Giner; 1743–1770*
144. *Joaquin Juan y Verdu; 1744–1758*
145. *Geronimo Guillen; 1745–1789*

146

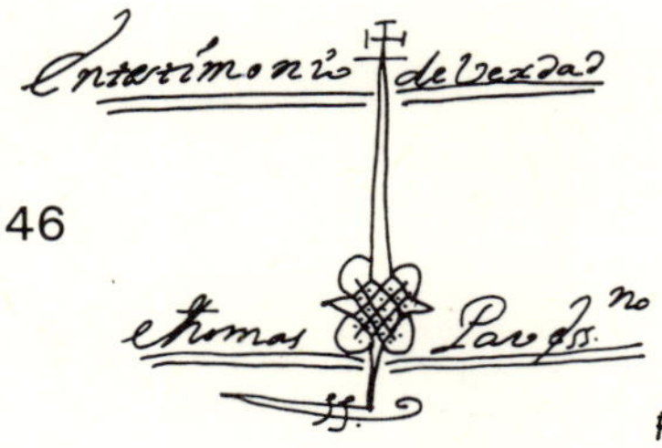

147

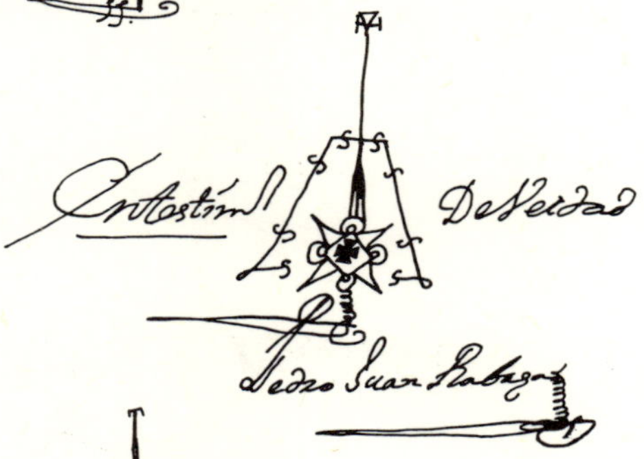

148

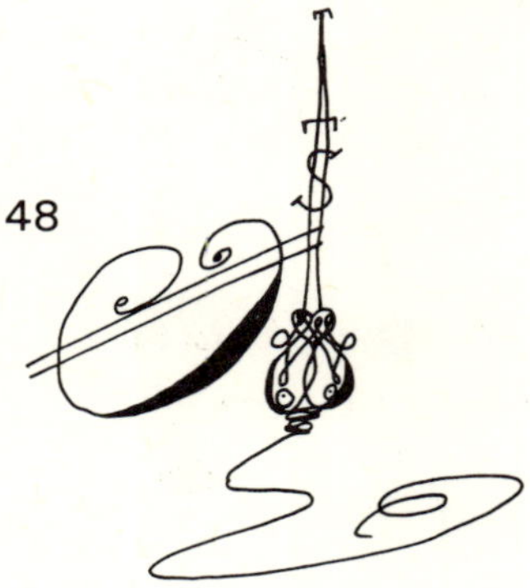

149

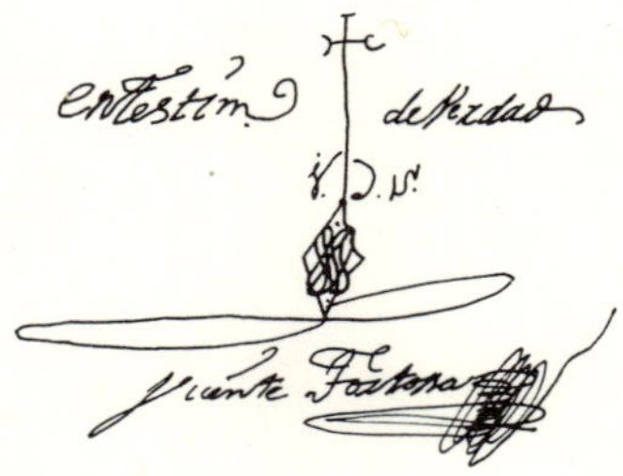

150

151

152

153

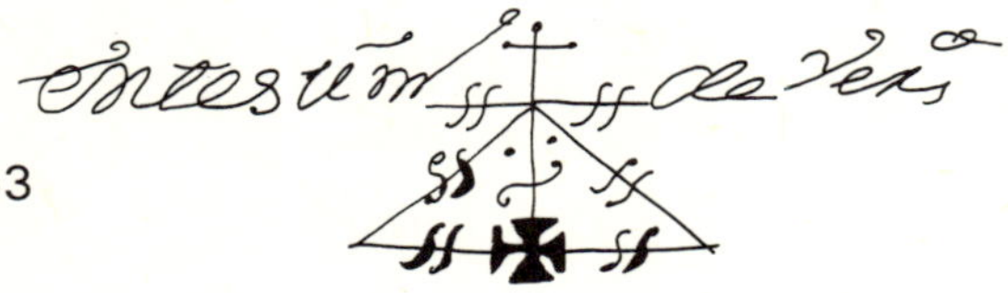

154

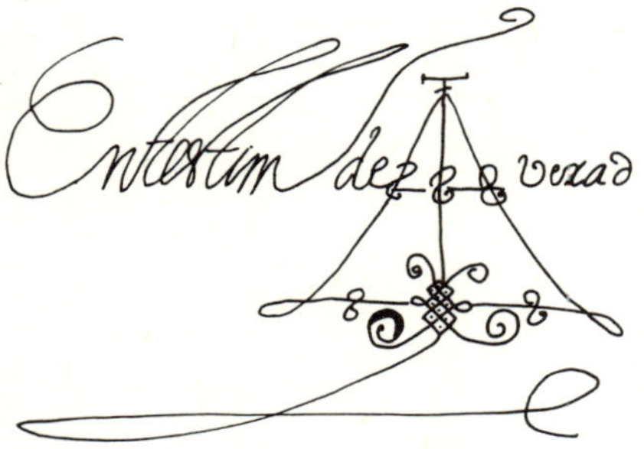

155

156

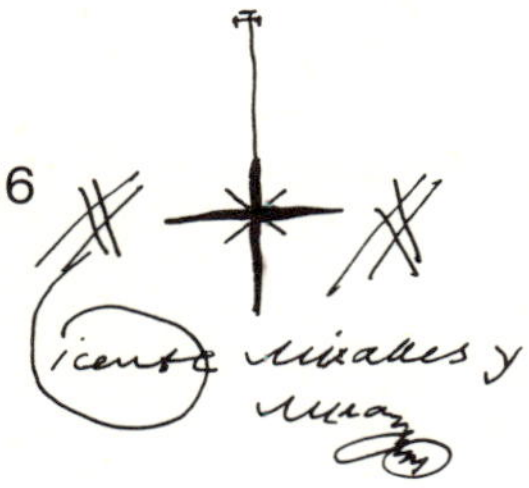

157

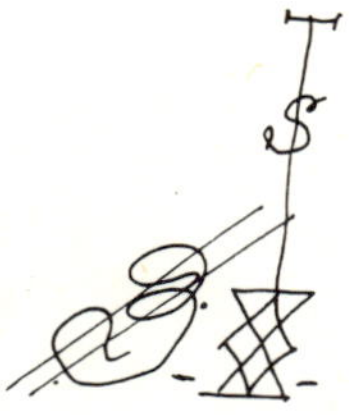

146. *Tomas Pau; 1745–1782*
147. *Pedro Juan Rabaza; 1754–1785*
148. *Gines Arques y Bernabeu; 1757–1791*
149. *Vicente Tortosa; 1757–1758*
150. *Felipe Bernabeu Perez; 1761–1766*
151. *Bautista Pico de Bautista; 1762–1796*
152. *Ant° Sanjuan y Bellod; 1762–1785*
153. *Bruno Sirvent; 1762–1811*
154. *Joaquin Ivañez; 1771–1783*
155. *Domingo Marti; 1771–1776*
156. *Vicente Miralles y Mira; 1783–1817*
157. *Joaquin Garcia; 1784–1813*

158
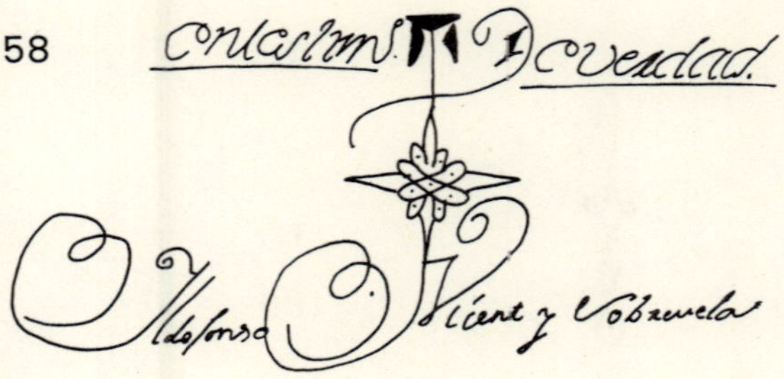

159
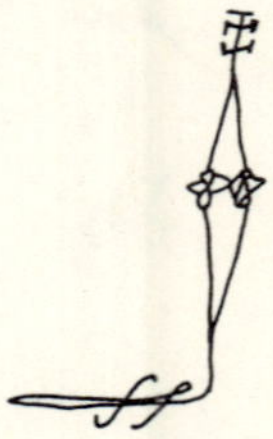

160
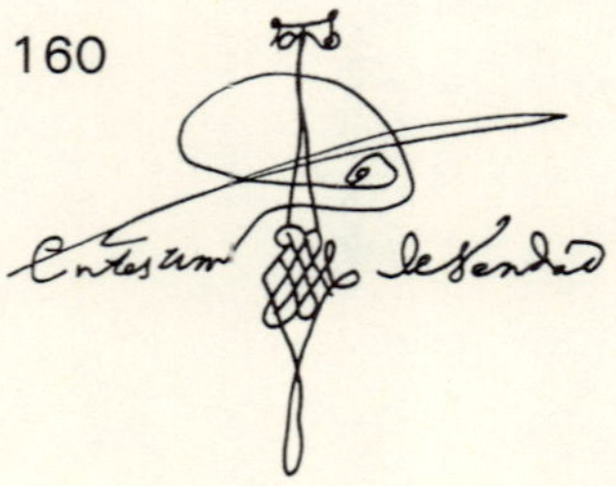

161

162

163
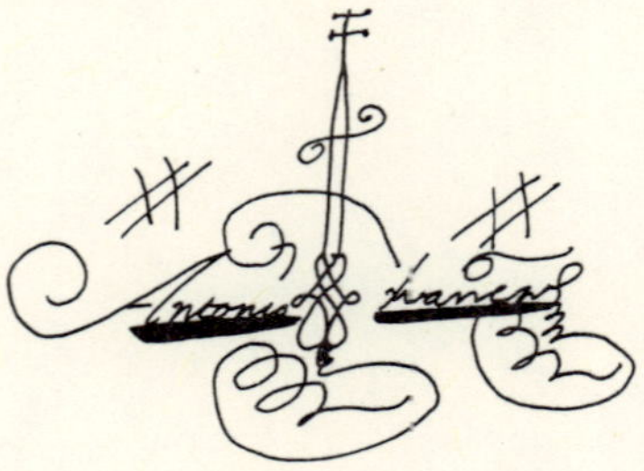

164

165
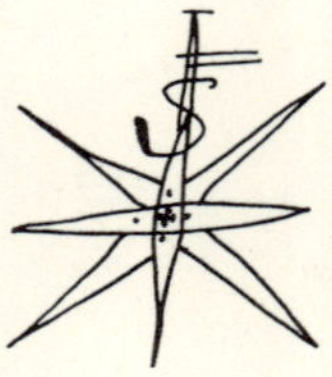

166

167
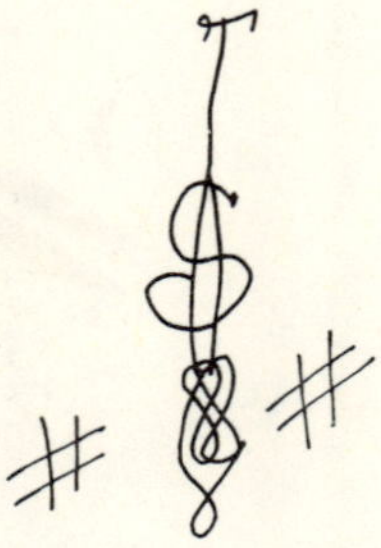

168

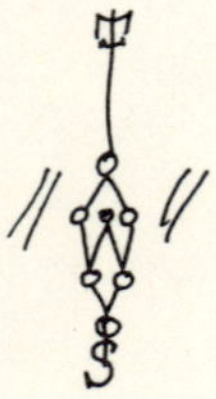
169

170

171

172

158. *Ildefonso Vicent y Sobrevela; 1785–1835*
159. *Francisco Bellot; 1790–1824*
160. *Juan Francisco Ivañez; 1790–1824*
161. *Pedro Sarrio y Gans; 1793–1830*
162. *Tomas Brotons Bernabeu; 1794–1820*
163. *Antonio Ivañez; 1795–1800*
164. *Juan Bautista Galbis; 1797–1832*
165. *Vicente Carbonell; 1798*
166. *Jose Pau; 1800–1833*
167. *Bautista Pico; 1804–1834*
168. *Melchor Miquel; 1807*
169. *Francisco Miralles; 1808–1834*
170. *Pedro Jose Ivañez; 1813–1830*
171. *Jose Mora y Molina; 1824–1849*
172. *A. Lopez de Camarena y Lizande; 1827–1850*

173 

174 

175 

176 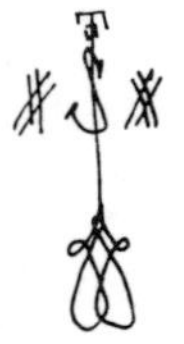

177 

178 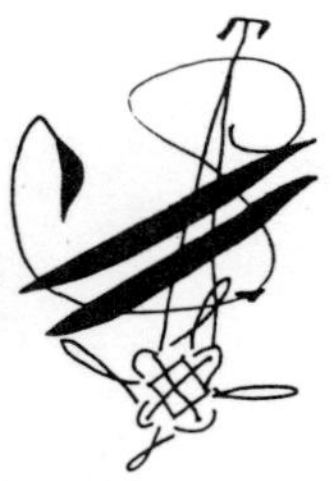

179 

180 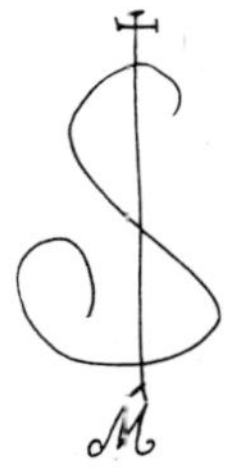

181 

182 

183 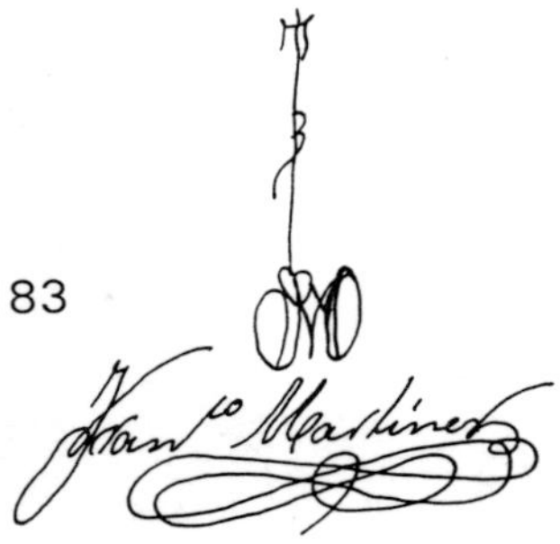

184 

173. *Vicente Alberola; 1828–1848*
174. *Salvador Escriva Garcia; 1833–1873*
175. *Jose Vicent y Mira; 1835–1852*
176. *Juan Miralles Soler; 1836–1889*
177. *Leonardo Sans y Calbo; 1836–1871*
178. *Vicente Sala y Planelles; 1851–1888*
179. *Pedro Santonja y Beldam; 1853–1888*
180. *Antonio Botella y Hernandez; 1862–1879*
181. *Vicente Brotons y Bevia; 1869–1910*
182. *Jose Falomir y Font; 1872–1879*
183. *Francisco Martinez; 1874*
184. *Joaquin Guill Bernabeu; 1875–1910*

Zur »Heraldik« der Notarssignete

Von Harald Lönnecker

Bei den in deutschen Archiven häufig auftretenden Notariatsinstrumenten fällt dem Betrachter zuerst das Notarssignet oder -zeichen ins Auge[1]. Dieses gehört zu den unbedingten Gültigkeitserfordernissen dieser notariellen Beurkundungen, d. h. ein Notariatsinstrument ohne Signet verletzt die *neun Solennitäten* des § 3 der Reichsnotariatsordnung (RNO) von 1512[2] und gilt nur als Privat-, nicht als öffentliche Urkunde, wobei außerdem die Vermutung der Fälschung besteht[3]. Jeder Notar mußte seine »Handt und signet«[4] beim Reichskammergericht hinterlegen, wenn er dort immatrikuliert werden wollte. Das Signet war das Amtssymbol des Notars[5], durch dessen Anbringung er die Wahrheit und Echtheit des von ihm beurkundeten Rechtsvorganges versicherte. Damit stand es dem Siegel, vornehmlich dem *Sigillum authenticum* gleich[6], was seinen Niederschlag in der Subscriptio fand, wo genau zwischen der Unterschrift – *»manu mea propria rogatus scribere«*[7] oder deutschsprachig *»daz ich dar ubir disen geynwortige uffin brib und instrument machte«*[8] – und der Zeichnung des Signets – *»signo solito et consueto signavi«*[9] oder *»den ich hon gecegnet mit myme gewontlichen czechine«*[10] – unterschieden wird.

1 Es befindet sich zumeist links neben der Subscriptio, auch bei mehreren Notaren. Sonderformen siehe bei P.-J. Schuler, Südwestdeutsche Notarszeichen. Mit einer Einleitung über die Geschichte des deutschen Notarszeichens, Sigmaringen 1976 (= Konstanzer Geschichts- und Rechtsquellen, hrsg. v. Stadtarchiv Konstanz, Bd. XII) S. 16 ff., zu den einzelnen Notaren: Ders., Notare Südwestdeutschlands. Ein prosopographisches Verzeichnis für die Zeit von 1300 bis ca. 1520, 2 Bde., Stuttgart 1987 (= Veröffentlichungen der Kommission für geschichtliche Landeskunde in Baden-Württemberg, Reihe B, Forschungen 90. Band). Eine Zusammenfassung bei H. Lönnecker, Das Notariat in Hessen, dargestellt nach den Quellen im Hessischen Staatsarchiv zu Marburg, 2 Bde., Diss. phil. Marburg a. d. Lahn 1989, hier: 1 S. 78 ff., 73. Das Signet gehört zu den äußeren Merkmalen, nicht so E. Mayer, Das Mainzer Notariat von seinen Anfängen (1292) bis zur Auflösung des Kurstaates, Diss. iur. Mainz 1953, S. 118, vgl. K.-O. Konow, Johannes Halder, apostolischer und kaiserlicher Notar in Frankfurt a. M. (um 1400), Diss. iur. Frankfurt a. M. 1959, S. 143 ff., 145; siehe auch F. Oesterley, Das deutsche Notariat, 2 Bde., Hannover 1842 und 1845, hier Bd. 1 S. 470; L. Koechling, Untersuchungen über die Anfänge des öffentlichen Notariats in Deutschland, Marburg 1925 (= Marburger Studien zur älteren deutschen Geschichte, 2. Reihe, Heft 1) S. 20; F. Leist, Die Notariats-Signete, Berlin–Leipzig 1896, S. XIV; L. Gerber, Die Notariatsurkunde in Frankfurt a. M. im 14. und 15. Jahrhundert, Diss. phil. Marburg a. d. Lahn 1916, S. 25, 32; A. M. Hildebrandt, Wappenfibel. Handbuch der Heraldik, 18. verb. u. erw. Auflage, bearb. v. Herolds-Ausschuß der Deutschen Wappenrolle, Jürgen Arndt, Neustadt a. d. Aisch 1991, S. 193 ff.

2 Lönnecker 1 S. 203 Anmerkung 13, Schuler, Notarszeichen S. 13, 15 Anmerkung 26, S. 20–24, vgl. Koechling S. 3, 20, H. von Voltelini, Die Südtiroler Notariatsimbreviaturen des 13. Jahrhunderts, Teil 1, Innsbruck 1899 (= Acta Tirolensia, Bd. 2) S. 32.

3 Konow S. 144, Leist S. XI, Voltelini aaO., Gerber aaO., Mayer aaO., H. Aders, Das Testamentsrecht der Stadt Köln im Mittelalter, in: Veröffentlichungen des Kölner Geschichtsvereins 8 (1932) S. 42 ff; F. Luschek, Notariatsurkunde und Notariat in Schlesien von den Anfängen (1282) bis zum Ende des 16. Jahrhunderts, Weimar 1940, S. 72; F. L. Knemeyer, Das Notariat im Fürstbistum Münster, Diss. iur. Münster i. W. 1964, in: Westfälische Zeitschrift 44 (1964) S. 91.

4 Kaiserliches Mandat v. 17. August 1549, Lönnecker 1 S. 90–91; C. G. Apell (Hrsg.), Sammlung fürstlich hessischer Landesordnungen etc., 8 Bde., Kassel 1767–1816, hier 1 S. 150–152. So bereits 1496 im § 26 Reichskammergerichtsordnung (RKGO), siehe E. A. Koch (Hrsg.), Neue und vollständige Sammlung der Reichsabschiede etc., 2 Bde., Frankfurt a. M. 1747, hier 1 S. 13.

5 Und sein Standeszeichen, so juristisch erklärt von Konow aaO., Mayer S. 119; A. Erler, Der Notar, in: E. Berneker, Die juristischen Berufe in Vergangenheit und Gegenwart, Mainz 1948, S. 134. Diplomatisch besser als Notarszeichen, Schuler, Notarszeichen S. 13, vgl. aber Ders., Geschichte des südwestdeutschen Notariats von den Anfängen bis zur Reichsnotariatsordnung von 1512, Bühl i. Baden 1976 (= Veröffentlichungen des Alemannischen Instituts Freiburg i. Br. Nr. 39) S. 244. Aber auch Fertigungs- und Garantiezeichen, Hildebrandt aaO., der den Markencharakter stärker betont.

6 Schuler, Notarszeichen aaO., Hildebrandt aaO., vgl. A. Erler, E. Kaufmann, W. Stammler (Hrsg.), Handwörterbuch zur deutschen Rechtsgeschichte, Bd. 1 ff., 1971 ff., hier 3, Spalte 1054: Notarssignet.

7 Lönnecker 2, Hessische Notarsregesten (zit.: HNR) Nr. 7, 1320 März 4, Mainz.

8 HNR Nr. 49, 1359 April 4; vgl. E. G. Franz, Kloster Haina, 2 Bde., Marburg a. d. Lahn 1962 und 1970, Nr. 661.

9 HNR Nr. 15, 1332 Juli 22, Eschwege; vgl. A. Huyskens (Hrsg.), Die Klöster der Landschaft an der Werra. Regesten und Urkunden, Marburg a. d. Lahn 1916, Nr. 521.

10 Siehe Anmerkung 8.

Das Signet vertrat den Notar rechtsgeschäftlich gleich einem Wappen[11]. Das Signetrecht entsprach dem Wappenrecht hinsichtlich der Führung und Verwendung – einschließlich des Siegelrechts –, der Kontrolle über die Einmaligkeit des Kennzeichens und dessen rechtlichen Besitz[12]. Dennoch fand trotz solch auffälliger Parallelen das Notarssignet in der heraldischen Theorie wenig Beachtung: Gustav Adalbert Seyler erwähnt es überhaupt nicht[13], Adolf Matthias Hildebrandt macht es zu einer heraldisch beeinflußten Untergruppe: Die Signete sind weder Siegel, noch Wappen, noch Hausmarken; es sind dem Notar eigne Zeichen[14]. Doch gerade zwischen Familienwappen und Signeten gibt es vielfältige Beziehungen. Dem steht entgegen, daß die weitaus größere Anzahl der Signete nicht in das heraldische Schema des Vollwappens hineinpaßt[15], das Signet sich aber zahlreicher Elemente der Heraldik bedient.

Auffallend ist die Übereinstimmung zwischen heraldischem Stil und dem Stil der Signete, die beide durch den Kunststil der einzelnen Epochen bestimmend geprägt werden[16]. Er folgt wie alle Ausdrucksformen der bildenden Kunst den Gestaltungsmerkmalen der Architektur und weist übereinstimmende Grundmerkmale auf, wobei landschaftliche Abweichungen kaum ins Gewicht fallen. Entsprechend den aufeinander folgenden, großen Formwandlungen der Architektur werden daher auch die Stilepochen der Heraldik benannt: Früh-, Hoch- und Spätgotik, Früh-, Hoch- und Spätrenaissance, Barock, Rokoko und Klassizismus. Diese Kunststile sind alle sowohl in den Wappen wie in den Signeten nachweisbar, wenn sich die Heraldik auch zur genauen Bestimmung zumeist der Helmdecken bedient[17]. Das heraldisierte Signet des Theoderich de Thunna (1365–1372)[18] weist alle Merkmale eines Wappens der Hochgotik auf: Halbrundschild,

11 »Personen ... werden durch Wappen ganz und gar so vertreten, als ob sie selbst anwesend wären. Wo ein Wappen vorkommt, steht es für eine bestimmte Person und dies auch über [deren, d. Verf.] Tod hinaus.«, O. Neubecker, Wappenkunde. Die Geschichte der Heraldik von den frühen Adelswappen bis zu den Etiketten der Neuzeit, Luzern 1988 (Nachdruck Sonderausgabe München 1991) S. 10. – Zur Entstehung der Wappen siehe L. Fenske, Adel und Rittertum im Spiegel früher heraldischer Formen und deren Entwicklung, in: Das ritterliche Turnier im Mittelalter, Göttingen 1985 (= Veröffentlichungen des Max-Planck-Instituts für Geschichte, Bd. 80), S. 75–160, und H. Waldner, Die ältesten Wappenbilder. Eine internationale Übersicht, Berlin 1992, S. 1–3 (= Herold-Studien, Bd. 2). Als Einführung geeignet C.-A. von Volborth, Heraldik. Eine Einführung in die Welt der Wappen, Stuttgart–Zürich 1989, Ders., The art of Heraldry, London 1988, vgl. H. Huber, Wappen. Ein Spiegel von Geschichte und Politik, gesehen im Wappen eines vorderösterreichischen Regenten, Karlsruhe 1990, M. Schroeder, Kleine Wappenkunst, Frankfurt a. M. 1990, und O. Neubecker, ebda., sowie O. Neubecker, R. Tobler, Heraldik, Wappen. Ihr Ursprung, Sinn und Wert, Augsburg 1990; mit Verbindung zur Genealogie P. Bahn, Familienforschung, Ahnentafel, Wappenkunde. Wege zur eigenen Familienchronik, Niedernhausen i. Ts. 1986, und Ders., Familienforschung und Wappenkunde, Niedernhausen i. Ts. 1990. Interessant die älteren Werke von B. Koerner, Handbuch der Heroldskunst. Wissenschaftliche Beiträge zur Deutung der Hausmarken, Steinmetz-Zeichen und Wappen, 4 Bde., Görlitz 1920–1933, und H. Hußmann, Deutsche Wappenkunst, Leipzig 1935. Unabdingbar für einzelne heraldische Themenbereiche: Bibliographie zur Heraldik. Schrifttum Deutschlands und Österreichs bis 1980, bearb. v. E. Henning, G. Jochums, Köln–Wien 1984 (= Bibliographie der Historischen Hilfswissenschaften, Bd. 1).

12 W. Leonhard, Das große Buch der Wappenkunst. Entwicklung, Elemente, Bildmotive, Gestaltung, München 1976, 3. Aufl. 1984, S. 13. Grundsätzlich dazu F. Hauptmann, Das Wappenrecht, Freiburg i. Ue. 1895; vgl. E. Beck, Grundfragen der Wappenlehre und des Wappenrechts, Speyer 1931; eingeschränkt gültig W. Freier, Der Rechtsschutz des bürgerlichen Familienwappens, Diss. iur. Greifswald 1920; eine kurze Übersicht: J. O. Kehrli, Der privatrechtliche Schutz des Familienwappens, in: Zeitschrift d. Bernischen Juristenvereins (1924) S. 577 ff.

13 Gustav Adolf Seyler, Geschichte der Heraldik. Wappenwesen, Wappenkunst und Wappenwissenschaft, Erlangen 1890 (= Johann Siebmacher, Großes und allgemeines Wappenbuch, Einl. Bd. A), reprograph. Nachdruck Neustadt a. d. Aisch 1970. Er beachtet die Notare nur im Zusammenhang mit den zur Ernennung berechtigten Hofpfalzgrafen. Eine einzige Untersuchung gilt dem Verhältnis Wappen-Signet: H. Peters, Die Notare des Passauer Offizialamtes für Niederösterreich, ihre Signete und Wappen, in: Adler NF 10 = 24 (1974–1976) S. 314–328, ebenfalls nur eine dem Verhältnis des Signets zu Hausmarken und Runen: H. Pudor, Hausmarken, Runen, Signets, in: Der Roland 11 (1910) S. 22–27.

14 Siehe Anmerkung 1. Hildebrandt S. 194. Abwegig die Fixierung auf das 17. Jahrhundert. Schon bei Theoderich de Thunna (1365–1372) erscheint es als Wappen, aus Tonna in Sachsen oder Gräfentonna bei Langensalza?, Mainzer Kleriker, kaiserlicher Notar, Kellerar, Altarist und Schulmeister in Hersfeld, vielleicht Vater des Dietrich de Thunna, Mainzer Kleriker und kaiserlicher Notar in Basel, 1409–1411 bezeugt, zuletzt als Priester in Regisheim, wahrscheinlich Konzilsteilnehmer, Lönnecker 2 Hessische Notare (zit.: HN) S. 78, Hessische Notarssignete (zit.: HNS) Taf. LXIII, HNR Nr. 62, 1365 Juli 28, Nr. 79, 1369 Mai 31, Nr. 91, 1371 Mai 27, Nr. 99, 1372 November 18, mit Ausnahme des ersten Instruments alle für den Hersfelder Abt ausgestellt; Schuler, Notarszeichen Taf. 116 mit Abb. 680, Ders., Notare Südwestdeutschlands 1, S. 466 Nr. 1365.

15 Die Idealform des Vollwappens bei Leonhard S. 112–113, schematisiert S. 115.

16 Leonhard S. 83 ff., Frühgotik S. 84–86, Hochgotik S. 87–89, Spätgotik S. 90–93, Renaissance S. 94–97, Barock S. 98–100, Rokoko S. 101, Klassizismus S. 102–103. Neubecker, Wappenkunde S. 70–75, Hildebrandt S. 98–104; vgl. O. T. von Hefner, Grund-Saetze der Wappenkunst, Nürnberg 1855 (= Johann Siebmacher, Großes und allgemeines Wappenbuch, Einl. Bd. C), reprograph. Nachdruck Neustadt a. d. Aisch 1970, C. A. M. Frhr. v. d. Forst, Grundsaetze der Wappenkunst etc., Th. 1–2, Köln 1779, H. von Kohlhagen, Die Merkmale der Stilisierung, in: Herald.-genealog. Blätter 5 (1908) S. 3–4.

17 Leonhard S. 83, 318–324, Hildebrandt S. 98, zur Helmdecke insbesondere S. 84–85.

18 Siehe Anmerkung 14.

aus dem Topfhelm hat sich der schwere Kübelhelm entwickelt, verhältnismäßig große Helmzier neben recht kleinen Helmdecken, die verschiedentlich gezaddelt sein können[19]. Johannes Aseyer gen. Asenberks Wappensignet von 1525[20] ist bereits dem Bereich der toten oder Kanzleiheraldik zuzuordnen[21]: Der Schild verleugnet seine Herkunft vom Kampfschild und von der Tartsche, arkanthusartiges Blatt- und Laubwerk erscheint, d. h. die Renaissance hat hier Fuß gegriffen. Der Barock hat das Zeichen des Notars Johann Daniel Brückmann (1617)[22] geprägt. Die Schildformen werden durch die Kartusche abgelöst, die den Schild umgibt. Dieser selbst fällt im Verhältnis zum gesamten Wappen klein aus, Helm (= Stechhelm, sehr selten die Schaller) und Helmdecken sowie die Helmzier nehmen den meisten Raum ein[23], vergleichbar dem Signet des Lubentius Philipp Kennicken 1645[24], oder dem des Martin Scheffer (1607–1615)[25], der sogar ein heraldisches Prunkstück – einen Schildhalter – verwendet.

Nach der Feststellung dieser Gemeinsamkeiten fällt der Unterschied hinsichtlich des heraldischen Vollwappens und insbesondere der Tinkturen besonders auf. Aus der Turnierheraldik hat sich das Vollwappen entwickelt, bestehend aus zwei Hauptteilen, dem Schild und dem Oberwappen (= Helm, Helmdecken und Helmzier)[26]. Nur wenn diese Form angetroffen wird – oder zumindest der Schild ohne Oberwappen –, läßt sich von einem heraldisch einwandfreien Wappen sprechen. Die Signete der Notare weisen aber gerade nicht oder nur in seltenen Ausnahmefällen diese Form auf[27]. Viel häufiger bedienen sie sich heraldischer Einzelteile, der Heroldsbilder und gemeinen Figuren, die sie vielfältig in ihre Signete aufnehmen. Deutlich wird diese Beziehung zwischen Vollwappen – hier das Familienwappen – und Signet bei der Gießener Notarsfamilie Selbach im 15. und 16. Jahrhundert[28]. Johannes Selbach von Gießen (1454–1461), kaiserlicher Notar und Trierer Kleriker, begleitet 1461 Bischof Johannes II. von Speyer bei dessen Einzug in die Stadt[29]. Sein Signet zeigt einen Flug, belegt mit einem Weckenbalken[30]. Thilmann Selbach von Gießen (1503–1532)[31], in Mainz als Notar amtierend und dort wohl Schreiber im Stift St. Jakob, führt denselben schrägrechten Weckenbalken in Signet und Wappen. Daraus läßt sich folgern, daß die Selbachs den schrägrechten Weckenbalken mit einem Flug als Helmzier – vielleicht als sog. offener Flug – als Familienwappen führten (Abb. 1).

Eine exakte Blasonierung ist allerdings nicht möglich, da aus den mit Tinte und Feder und später gestempelten Signeten keine Tinktur, keine Farbe und kein Metall oder gar Pelzwerk ersichtlich ist. Im Normalfall zeichnet der Notar sein Signet freihändig mit Tinte, zumeist mit einer helleren als Vorzeichnung, bevor er es dunkel nachzieht, wie es etwa Heinrich Eberwyn (1383–1384)[32] tat. Die Verwendung von Zirkel und Lineal als zeichnerischer Hilfsmittel

19 Hildebrandt S. 84, Leonhard S. 318–324, interessant J. D. Köhler, Neue Meinung von dem wahren Ursprung der Helmdecken in der Wappenkunst, in: Hannöversche Beiträge zum Nutzen und Vergnügen a. d. J. (1762) S. 945–984, auch erschienen in: Schotts juristisches Wochenblatt 1 (1772) S. 282–323, ohne Autor, Die Helmdecke, in: Herald. Mitteilungen 7 (1896) S. 56.

20 HNS Taf. II, HN S. 2, HNR Nr. 821, 1525 November 15; Abb. 7.

21 Leonhard S. 98, Hildebrandt S. 42, 80, 160, Neubecker, Wappenkunde S. 38 (Beispiel).

22 HNS Taf. VI, HN S. 8, HNR Nr. 1111, 1617 Januar 17; Abb. 10.

23 Leonhard S. 98, siehe Anmerkung 17 zu den Helmdecken, zum Helm S. 293–302, zur Helmzier S. 304–317.

24 HNS Taf. XXXI, HN S. 41, HNR Nr. 1158, 1645 November 20; Abb. 11.

25 HNS Taf. LXXVII, HN S. 66, HNR Nr. 1083, 1607 Juli 27, Nr. 1106, 1615 November 8, aus »Langsdorff bey Gießen in der Graffschafft Solms-Braunfels«, kaiserlicher Notar und Schreiber der Grafen von Hanau-Münzenberg; Abb. 9. Daniel Avemann (1617), kaiserlicher Notar, HNS Taf. II, HN S. 2, HNR Nr. 1127, 1627 März 20, Nr. 1129, 1627 November 13, verwendet einen Löwen als Schildhalter.

26 Leonhard S. 112–113, Hildebrandt S. 13, Taf. I.

27 Schuler, Notarszeichen Taf. 67 Nr. 389: Johannes Laucher de Schmalkaldia, Taf. 101 Nr. 589: Johannes Schillimann, Taf. 107 Nr. 622: Gervasius Soupfer von Breisach (mit Roßstirnschild!), Taf. 134 Nr. 783a und 783b: Johannes Widmer von Zürich, Taf. 135 Nr. 792: Rudolf Poller, Taf. 138 Nr. 811: Johannes Buncz von Winterthur. Von 841 Notaren sind es gerade sechs, die Wappen verwenden. Bei Lönnecker 2, HNS sind es nur ein knappes Dutzend von etwa 400: Caspar Adolf Taf. I, Johannes Aseyer Taf. II, Johann Daniel Brückmann Taf. VI, Theoderich Coci Taf. IX, Johannes Holtzappel Taf. XXVIII, Lubentius Philipp Kennicken Taf. XXXI, Georg Meyer Taf. XL, Thilmann Selbach Taf. LVI, Johannes Stracken Taf. LXI, Theoderich de Thunna Taf. LXIII, Martin Scheffer Taf. LXXVII; siehe Abb. 2–11.

28 Es existieren heute noch in Gießen zwei Familien Selbach, Stadtarchiv Gießen, Familien. Da aber die Überlieferung des Stadtarchivs erst im 16. Jahrhundert beginnt, läßt sich nicht viel zur Frühzeit dieser Familie sagen. Aufgrund der Signete läßt sich bei der Bremer Notarsfamilie Hipstet, HNS Taf. XXVII, die Zirbelnuß als Wappen identifizieren, vgl. unten Anmerkung 91.

29 Schuler, Notare Südwestdeutschlands S. 421 Nr. 1236, F. J. Mone (Hrsg.), Quellensammlung zur badischen Landesgeschichte, Bd. 1, Karlsruhe 1848, S. 524. Schuler weist in Speyer 1466 einen Eberhard Selbach als Notar und geistlichen Richter (Nr. 1234) und Ende des 15. Jahrhunderts einen Ehrhard Selbach (Nr. 1235) nach. Möglicherweise gehören sie alle dieser Familie an. Siehe Abb. 1.

30 Schuler, Notarszeichen Taf. 106 Nr. 617, siehe auch S. 38.

31 HN S. 70, HNS Taf. LVI, HNR Nr. 709, 1503 März 22, Nr. 838, 1532 Dezember 29.

32 HN S. 18, HNS Taf. XIV.

kommt oftmals vor. So zeichnet Nicolaus Emmell (1578–1581)[33] sein Signet nur mit Lineal, Jakob Flegke (1500–1506)[34] benutzte einen Zirkel. Zuweilen ist eine Schablone in Gebrauch[35]. Johannes Bender bedient sich ihrer 1536[36], ebenso wie schon Johannes Carpentarii 1402[37]. Johannes Velhaber (1470–1502)[38] füllt die freien Flächen seines Signets manchmal mit helleren und dunkleren Tinten aus, doch läßt sich eine Regelmäßigkeit nicht erkennen[39]. Farbige Signete kommen nicht vor. Lediglich in einem Kopiar aus dem ersten Drittel des 16. Jahrhunderts hat der Kopist das Signet des Johannes Haen von Laasphe (1518–1526)[40] farbig (grün, gelb, und braun) ausgemalt. Es darf deswegen aber nicht angenommen werden, daß die urkundliche Vorlage farbig war[41].

Gemeinsam ist Wappen und Signet das Gebot der Unveränderbarkeit. Ein einmal angenommenes Wappen darf ebensowenig wie ein Signet grundlos geändert werden[42]. Dies beinhaltet die grundsätzliche Unmöglichkeit der gänzlichen Änderung. Eine Ausnahme bestand, wenn der Notar eine Erweiterung seiner Autorisation erfuhr[43], vergleichbar der Wappenmehrung oder -besserung[44]. In der Biographie Johannes Halders führt Karl-Otto Konow an, das nach der Ernennung zum apostolischen Notar 1398 dem Signet eine Krone mit Kreuz hinzugefügt wird[45]. Ein gleichartiger Fall ist aus Schlesien bekannt. Der Notar Mathias quondam Johannes Claris de Jelcz (1401–1427), der zunächst wie Halder nur kaiserlicher Notar war, ändert sein Signet ebenfalls nach der Ernennung zum päpstli-

33 HNS Taf. XIV; vgl. Hieronimus Friderich Betinger, HNS Taf. IV.
34 HNS Taf. XIV.
35 Lönnecker 1 S. 78, 215 mit Anmerkung 18. Adam Bernhardi, HNS Taf. III, zeichnet nur mit einem Zirkel.
36 HNS Taf. III.
37 HNS Taf. VIII.
38 HNS Taf. LXV.
39 Die dunkle Ausmalung eines Signets kommt öfter vor, vgl. Hermann Bertradis 1351, HNS Taf. IV, Conrad Budinbant 1340, HNS Taf. VII, Sifrid Burruß 1370, HNS Taf. VII, Thydericus de Gandera 1358, HNS Taf. XVIII, Conrad Gelcze 1461, HNS Taf. XVIII, scheint aber dem 14. und 15. Jahrhundert vorbehalten zu sein.
40 HN S. 28, HNS Taf. XXII, HNR Nr. 786, 1518 Oktober 18, Nr. 791, 1520 April 22.
41 Aus dem Mittelalter sind keine farbigen Signete bekannt. Schuler, Notarszeichen S. 18, vgl. Ders., Notare Südwestdeutschlands, S. 400 Nr. 1186, bildet das des Engener Stadtschreibers Johannes Schochner (1508) ab. Bei ihm findet sich auch der Hinweis auf das Signet des Franziskus Auer (1671), kaiserlicher Notar und kurfürstlich bayerischer Regierungsadvokat in Landshut. H. Gerig, Frühe Notariatssignete in Köln, Köln 1973, Abb. 21, weist in Köln 1551 ein farbiges Signet nach. Interessant zur farblichen Deutung J. Arndt, Farben und Schildteilungen als Mittel zur Symbolisierung von Charaktereigenschaften? Wider den Unsinn der heraldischen Traumdeuterei, in: Vierteljahresschrift Herold NF 8 (1988) S. 218–222.
42 Lönnecker 1 S. 78, vgl. H. von Hessberg, Wappenänderung, in: Deutscher Herold 62 (1931) S. 46, F. Hauptmann, Sind Wappenänderungen gestattet?, in: Deutscher Herold 37 (1906) S. 116–119, W. Möller, Wappenänderungen bei Geschlechtsverzweigungen, in: Deutscher Herold 52 (1921) S. 36–37, ohne Autor, Wappen-Änderungen im 13. und 14. Jahrhundert, in: Herald. Mitteilungen 8 (1897) S. 23–24.
43 Gänzliche Neuschöpfungen aus diesem Anlaß sind sehr selten, siehe Abb. 6 (Johannes Stracken), vgl. Schuler, Notarszeichen S. 16.
44 A. Zappe, Eine wirkliche Wappenbesserung, in: Herald. Mitteilungen 34 (1925) S. 7–8, L. M. Rheude, Eine Wappenbesserung, in: Herald. Mitteilungen 34 (1925) S. 23. Beispielhaft H. J. von Brockhusen, Wappenwechsel und Titeltausch bei Bertrand du Guesclin (um 1320–1380), in: Vierteljahresschrift Herold NF 9 (1978–1980) S. 199–203.
45 Konow S. 144ff., 145 Anmerkung 50. Päpstliche Schlüssel wären logischer gewesen. Warum Halder sie nicht wählte, muß ungeklärt bleiben. Auch Wigand Creyner sonst Stoll von Wildungen wählte bei seiner Autorisationserweiterung zum päpstlichen Notar nicht die Schlüssel, sondern ein neues Signet, Schuler, Notarszeichen Taf. 56 Nr. 327, 328, Ders., Notare Südwestdeutschlands S. 253–255 Nr. 725; vgl. aber Schuler, Notarszeichen Taf. 134 Nr. 783a und 783 b für Johannes Widmer von Zürich, der die Schlüssel verwendet. Unverbindlichere Signet- und Titelformen wählten Notare anscheinend besonders dann, wenn die autorisierende Gewalt nicht allgemein anerkannt schien. So sticht 1446 April 21 in Bremen Widericus Hoppe, »clerik Bremesches stichtes, van koningliker wald eyn opinbarer scriver«, hervor, mit rückseitigem Insinuationsvermerk 1446 Mai 30. Er muß seine Autorisation nach 1438 erworben haben, denn König Albrecht war nicht und Friedrich III. noch nicht zum Römischen Kaiser gekrönt worden. Folgerichtig nennt Hoppe sich einen königlichen Notar, D. Kohl (Hrsg.), Oldenburgisches Urkundenbuch, Bd. 1: Urkundenbuch der Stadt Oldenburg, Oldenburg 1914, Nr. 180. Zum Ernennungsrecht des deutschen Königs siehe Gerber S. 12ff., Koechling S. 19, Konow S. 19ff., Lönnecker 1 S. 50–53, Mayer S. 30, Schuler, Geschichte S. 122ff. Ein weiterer Fall ist »Johannes dictus de Hoya, clericus Bremensis, publicus auctoritate sacri imperii notarius«, 1329 März 31, Bremen, D. R. Ehmck, W. v. Bippen (Hrsg.), Bremisches Urkundenbuch, Bd. 2: 1301–1350, Bremen 1876 (zit.: BUB), Nr. 306. Er nennt sich einen Notar des heiligen Reiches und nicht aus kaiserlicher Gewalt, denn Ludwig der Bayer ist durch Johannes XXII. gebannt und sein 1328 erworbenes Kaisertum fragwürdig. Der gleiche Fall unter anderen Vorzeichen: »Erkemboldus dictus Bolco, clericus Bremensis diocesis, publicus auctoritate sedis apostolice notarius«, 1320 März 8, Bremen, BUB 2, Nr. 197. – Die Notare des späten 16. und des 17. Jahrhunderts nennen sich »notarius caesareus publicus« wie etwa Heinrich Schroeder 1594 März 29, G. Rüthning (Hrsg.), Oldenburgisches Urkundenbuch, Bd. 6: Urkundenbuch von Jever und Kniphausen, Oldenburg 1932, Nr. 251, 337, 647, Johannes Hilmer Voß nach 1620, G. Rüthning (Hrsg.), Oldenburgisches Urkundenbuch, Bd. 8: Urkundenbuch der Kirchen und Ortschaften von Südoldenburg, Oldenburg 1935, Nr. 80, 375, oder Johannes Pauli 1695 April 30, ebda., Nr. 156b, 169a.

chen Notar[46]. Eine solche Änderung nahm auch Johannes Bingertiner (1467–1481)[47] vor. Zunächst erscheint er am 31. August 1467 als *»von keyserlicher gewalt offinbar schriber«*[48]. Sein nächster Nachweis ist erst am 15. Juli 1476 als *»publicus apostolica et imperiali auctoritatibus notarius«*[49]. Zwischen diesen Daten liegt seine Ernennung zum päpstlichen Notar, die dazu führte, daß er seinem Signet die päpstlichen Binde- und Löseschlüssel unterlegte[50] – die weitaus häufigste Form der Änderung eines Signets.

Wichtigster Gegenstand der Wiedergabe eines *Wappensignets* ist der Schild[51]. Seine beiden europäischen Grundformen, der Rundschild (clipeus) und der Rechteckschild (scutum), sind allerdings vorheraldisch. Ebenso wie der mandelförmige sog. Normannenschild, wie er vom Teppich von Bayeux bekannt ist. Erst mit dem Aufkommen des Halbrundschildes[52] – auch spanischer Schild genannt – um 1350 erscheint die Form, die bis heute in der Heraldik bestimmend wirkt. Die gefällige Form ermöglicht eine gute Raumaufteilung und ist der zeichnerischen Darstellung überaus günstig. Sie tritt deutlich bei Theoderich de Thunna (Abb. 2) auf, während sich 1428 Theoderich Coci (Abb. 3) und 1460 Johannes Holtzappel (Abb. 4) der spätgotischen Halbrundform bedienen[53]. Daneben erscheint im 14. Jahrhundert die Tartsche als Turnierschild, kenntlich an der Speerruhe. In der italienischen Form nahezu eckig[54], wird die deutsche unten abgerundet. Einen Anklang daran vermittelt das Signet des Georg Meyer (1490–1496) (Abb. 5), wenn auch die reine Renntartsche niemals nachzuweisen ist. Im Übergang zu den dekorativen Schildformen des 16. Jahrhunderts[55] verschwindet die Tartsche, hinterläßt aber die Speerruhe als Erbe[56]. Jetzt treten vermehrt eingerollte Schilde auf, die ausgeschnittenen Schildränder biegen sich nach innen[57]. Roll- und Schweifwerk beherrscht bis hin zur Barockkartusche mit üppigem Rankenwerk das Bild[58].

Im Schild befindet sich die Schildfigur[59] oder das Wappenbild[60], wiederum unterteilt in die Heroldsbilder oder -stücke[61] – einfache Schildteilungen geometrischen Charakters, die das Feld in verschiedene Plätze aufteilen – und die gemeinen Figuren[62]. Das Kreuz als Heroldsstück erscheint bei Theoderich Coci (Abb. 3), Johannes Holtzappel führt den geschachten Balken (Abb. 4)[63], Georg Meyer erinnert an eine gestürzte Spitze (Abb. 5). Johannes Aseyers Schild ist geteilt, Caspar Adolffs gespalten; gespalten und geteilt – oder geviert – tritt Johannes Stracken (Abb. 6) entgegen. Warum gerade dieses oder jenes Heroldsstück vom Notar gewählt wurde, ist kaum mehr feststellbar[64]. Spekulativ ist die Annahme, das Taukreuz bei Johannes Stracken beleuchte seine besondere Vorliebe für den hl. Antonius oder er stehe dem hl. Andreas nahe[65]. Ein gleiches gilt auch für die gemeinen Figuren. Nur die redenden und halbredenden Figuren machen eine Ausnahme[66].

46 Luschek S. 76 ff.

47 HN S. 5, Abb. 17.

48 HNR Nr. 455, gemeinsam ausgestellt mit Wigant Volker (1467–1479), Mainzer Priester und kaiserlicher Notar, Prokurator des Grafen Ruprecht zu Solms, Propst im Stift St. Johannis zu Mainz, Offizial und bestallter Kommissar des Mainzer Erzstuhls, Pfarrer zu Lüden, HN S. 82.

49 HNR Nr. 514 und 515.

50 HNS Taf. IV. Ein ähnlicher Fall bei Johannes Stracken, HNS Taf. LXI, beachtenswert bei ihm die eigens gekennzeichneten Gewalten »C« = Caesar und »P« = Papa.

51 Grundlegend H. Nickel, Der mittelalterliche Reiterschild des Abendlandes, Diss. phil. Berlin 1958, auch in: Vierteljahresschrift Herold NF 4 (1959–1962) S. 11–26, 56–58, 89–93, 146–161, 188–208, 211–248, vgl. D. L. Galbreath, Handbüchlein der Heraldik, Lausanne 1948, S. 58–64; Hildebrandt S. 52–56; Neubecker, Wappenkunde S. 40–49; Leonhard S. 118–125 jeweils mit einer Übersicht über die Entwicklung der Schildformen.

52 Hildebrandt S. 54, Leonhard S. 119. Vorläufer waren der Dreiecksschild des 13. Jahrhunderts mit der Zwischenform des »Manesseschildes« um 1300.

53 Siehe auch Abb. 6 (Johannes Stracken).

54 Leonhard aaO., Abbildungen bei Hildebrandt S. 55.

55 Vgl. insbesondere Johannes Aseyer (Abb. 7).

56 So bei Caspar Adolff noch 1540 (Abb. 8).

57 Martin Scheffer 1607–1615 (Abb. 9); überaus deutlich bei Johann Daniel Brückmann 1617 (Abb. 10).

58 Siehe die Kartusche in Abb. 10.

59 M. Gritzner, Handbuch der heraldischen Terminologie in 12 Zungen, Nürnberg 1890 (= Neues Siebmachersches Wappenbuch, Bd. B) S. 11–66, Taf. 2–11, Leonhard S. 126, Galbreath S. 73–91.

60 Hildebrandt S. 57.

61 Neubecker, Wappenkunde S. 60 ff., Leonhard aaO.

62 Hildebrandt S. 63 ff., Gritzner S. 75–150, Taf. 13–21, Galbreath S. 92–130.

63 Vgl. den Weckenbalken bei den Selbachs (Abb. 1), Lönnecker 1 S. 81.

64 P. Grun, Die Deutung von Heroldsbildern und gemeinen Figuren in alten Wappen, in: Herald.-genealog. Blätter 2 (1905) S. 37–38, H. Graf von Hoverden, Zur Wappensymbolik. Über die Bedeutung der Herold-Stücke, in: Oberbayerisches Archiv 30 (1870–1871) S. 230–244, auch als Sonderdruck München 1870, Hildebrandt S. 112, Leonhard aaO., Lönnecker 1 S. 82.

65 Über die Kreuzproblematik Lönnecker 1 S. 219 Anmerkung 76. Es treten Jerusalemer oder Krukenkreuz, Hochkreuz, Tatzenkreuz, Schragen- oder Andreaskreuz, Balken- oder Lateinisches Kreuz, Widerkreuz, Tau- oder Antoniterkreuz, Winkel- oder Hakenkreuz, Vierpaßkreuz, Radkreuz, Lothringer, Ungarisches oder Patriarchenkreuz auf. Leonhard S. 285–292 nennt 261 Kreuzformen.

66 Abb. 12–16. Schuler, Notarszeichen S. 36–38, F. K. Fürst zu Hohenlohe-Waldenburg, Redende Wappen, in: Deutscher Herold 2 (1871) S. 73, L. Graf Uetterodt, Redende Wappen, in: Deutscher Herold 3 (1872) S. 50–51, E. Frhr. von Linstow, Symbolische und redende Wappen, in: Der Sammler 10 (1888–1889) S. 342–343, M. Gritzner, Redende Wappen, in: Jahrbuch für Genealogie, Heraldik und Sphragistik 1893 (1894)

Das redende Signet stimmt in seinem Aussagewert mit dem redenden Wappen weitgehend überein. Beide stellen Name, Beruf oder Herkunft eines Menschen bildlich vor. Jedoch bildet das redende Signet zwei Untergruppen aus. Einmal als monogrammatisches Signet mit dem oder den Buchstaben des Notarsnamens – z. B. Philipp Ketzerbach (Abb. 18)[67] –, zum anderen durch die Umsetzung in ein Bild. Die erste Gruppe erscheint verstärkt erst im späten 15. Jahrhundert, die zweite ist bereits eher bezeugt. Besonders die Familiennamen boten sich zur Ausgestaltung an. Johannes Engell (Abb. 13)[68], Johann Daniel Brückmann (Abb. 10) und Johannes Balistarius (= Schütze) (Abb. 14)[69] sind leicht zu identifizieren. Heinrich Schillingstadt gebraucht 1519 (Abb. 15) bereits eine heraldisch stilisierte Stadt[70] und ein Geldstück. Schwieriger wird es bei halbredenden Figuren. Johannes Wet[z]degen wählt 1472 Hirschkäfer- oder Schröterzangen[71] (Abb. 12) – er dachte wohl an kämpfende Hirschkäfer (Lucanus cervus oder Dorcus parallelopipedus) –, Johann Helffmann 1561 einen Elefanten (Abb. 16). Er schließt mit dem »Helphant« in genauem Wortlaut an das Wappen der Grafen von Helfenstein an[72].

Die gemeinen Figuren sind solche, die nicht durch Schildteilungen entstanden, sondern die gegenständlich und deutbar sind[73]. Ihre natürlichen Vorbilder können aus allen Bereichen stammen, voran der Mensch mit seinen Körperteilen. Johann Daniel Brückmann (Abb. 10) zeigt sich selbst auf einer Brücke stehend, Philipp Hynheym 1466 sitzend[74], Johannes Schmitt 1635 in Halbfigur[75]. Mohren werden grundsätzlich geschwärzt[76]. Hände, Arme, und das Herz als wichtigstes Organ finden Verwendung[77]. Neben den Menschen stehen die übersinnlichen Wesen, zunächst Gott, die Heiligen und die Engel[78], gefolgt von Göttern und Heroen[79]. Den weitaus größten Beitrag an Bildmotiven haben Fauna und Flora geliefert, hauptsächlich (Doppel-)Adler und Löwe, gleichzeitig neben Zepter, Schwert, Krone usw. auch Herrschaftssymbole. Der Adler als kaiserliches Wappentier fand bei kaiserlichen Notaren besonders oft Eingang[80]. Exotische Säugetiere (Abb. 16), Raubtiere wie Wolf und Bär[81], Jagdwild,

S. 45–47, L. J. PFAU, Redende Wappen, in: Heimatblätter d. historischen Vereins f. Bamberg (1921) S. 19–20, H. J. VON BROCKHUSEN, Redende Wappen, in: Nassauische Annalen 62 (1951) S. 98–105.

67 SCHULER, Notarszeichen aaO. Monogramme aus den Anfangsbuchstaben des Vor- und Zunamens weisen z. B. auf: Heinrich Amende 1508, HNS Taf. I, Heinrich Belderßheim 1503, HNS Taf. III, Wedekind Bruhane 1489, HNS Taf. VI, Heinrich Dechant 1515, HNS Taf. XI, Matheus Eberhardi 1487, HNS Taf. XIV, Jakob Flegke 1500, HNS Taf. XVI, Andreas Frutstet 1473, HNS Taf. XVII, Jeronimus Groemann 1506, HNS Taf. XX, Mathias Hasinburner 1370, HNS Taf. XXIII, Johannes Hertling 1631, HNS Taf. XXVI, Nicolaus Horn 1479, HNS Taf. XXIX, Johannes Hubenstricker 1439, HNS Taf. XXIX, Conrad Kluppel 1534, HNS Taf. XXXII, Conzenles Majsßepp 1536, HNS Taf. XXXVIII, Johannes Menger 1487, HNS Taf. XXXIX, Heinrich Rosenberg 1506, HNS Taf. XLIX, Johannes Scharph 1484, HNS Taf. LI, Johannes Sprenger 1548, HNS Taf. LVIII, Johannes Weber 1573, HNS Taf. LXVIII. Der Schwerpunkt ist eindeutig gegen Ende des 15. Jahrhunderts angesiedelt. Aus den Buchstaben des Vor- und Zunamens bestehen die Monogramme von: Nicolaus Berkefelt 1510, HNS Taf. III, Helwicus de Crumbach 1365, HNS Taf. X, Hermann Fryderici 1369, HNS Taf. XVII, Conrad Glinczenberg 1398, HNS Taf. XIX, Johannes Hottermann 1365, HNS Taf. XXIX, Hermann Kamel 1468, HNS Taf. XXXI, Johannes Lodemar 1404, HNS Taf. XXXVI, Johannes Lombel 1439, HNS Taf. XXXVI, Johannes Lupi 1400, HNS Taf. XXXVII, Martin Mercklin 1450, HNS Taf. XL, Wernher Morung gen. Steynbol 1394, HNS Taf. XLI, Heinrich Noßpickil 1417, HNS Taf. XLII, Hermann Renger 1518, HNS Taf. XLVI, Petrus Rode 1475, HNS Taf. XLIX, Conrad Rutzeln 1398, HNS Taf. L, Peter Tendell 1527, HNS Taf. LXIII, Hermann Tymme 1426, HNS Taf. LXIV, Berthold Wustenfelt 1367, HNS Taf. LXXII. Aus dem Gesamtnamen gebildete Monogramme finden sich vornehmlich im späten 14. und in der ersten Hälfte des 15. Jahrhunderts, doch erscheinen Monogrammsignete durchgängig vom 14. bis zum 17. Jahrhundert; vgl. A. Frhr. VON DACHENHAUSEN, Heraldische Initialen, Berlin 1877, O. NEUBECKER, Buchstaben-Wappen. Ein Beitrag zur Figurenkunde, in: Der Tappert 2 (1965) S. 1–20, LEONHARD S. 284, HILDEBRANDT S. 73, 109.

68 HN S. 19, HNR Nr. 511, 1476 Februar 7. LEONHARD S. 179.

69 HN S. 3, HNR Nr. 771, 1516 Oktober 11, Nr. 784, 1518 Juli 15. LEONHARD S. 172.

70 HN S. 67, HNR Nr. 793, 1519 Juli 8. LEONHARD S. 127, 262–264.

71 HN S. 86, HNR Nr. 492, 1472 November 3. LEONHARD S. 238.

72 HN S. 32, HNR Nr. 917, 1561 März 21. Johann SIEBMACHER, Wappenkunde. 12 Supplemente, Nürnberg 1753–1806, Nachdruck München 1979, hrsg. v. O. NEUBECKER, hier VI. Supplement Tab. 29 für die Freiherrn von Helffenstein, die nicht mit der gräflichen Familie verwandt sind; vgl. F.-H. VON HYE, Der »Brixner« Elefant von 1552 – ein heraldisches Denkmal des nachmaligen Kaisers Maximilian II., in: Der Schlern, Bozen 48 (1974) S. 112–114.

73 SCHULER, Notarszeichen S. 38, HILDEBRANDT S. 63 ff., LEONHARD S. 169 ff., NEUBECKER, Wappenkunde S. 90 ff.

74 HNS Taf. XXX, GERBER S. 4 Nr. 113, S. 74, Anhang Abb. 15, SCHULER, Notarszeichen Taf. 96 Abb. 562.

75 HNS Taf. LIV.

76 Johannes Rennck 1470, HNS Taf. XLVII, SCHULER, Notarszeichen aaO. Mohren werden zumeist als Heiden gezeichnet.

77 LEONHARD S. 175–177, vgl. Georg Roßbecher 1573, HNS Taf. XLIX, Balthasar Reide 1538, HNS Taf. XLVI. Justus Hipstet führt 1615 einen Totenschädel, HNS Taf. XXVII.

78 Abb. 13. Jakob Theophil Didamar 1582, HNS Taf. XI: Hand Gottes.

79 Theodosius Constantin Didamar 1579, HNS Taf. XI: der das Himmelsgewölbe stützende Atlas; Tobias Homberg 1577, HNS Taf. XXVIII: Ikarus (oder Ganymed?); Johann Koch 1572, HNS Taf. XXXII: Justitia; Matianus Lipp 1548, HNS Taf. XXXV: Venus. »Heidnische« Figuren scheinen dem 16. Jahrhundert vorbehalten zu sein.

80 Vgl. etwa Theodosius Dorslem 1601, HNS Taf. XIII, siehe LEONHARD S. 182–189, insbesondere S. 188 f., NEUBECKER,

Haustiere[82], Vögel[83], Fische[84] und schließlich Fabelwesen wie das Einhorn[85] beschließen den Kreis. Als Symbole stehen sie für Barmherzigkeit – besonders der sich die Brust aufreißende Pelikan, der mit eigenem Fleisch seine Brut füttert –, Reinheit und Christus selbst.

Bei den gemeinen Figuren aus der Flora stehen Lilie und Rose im Vordergrund[86]. Beide gelten als Marien- und Reinheitssymbol. Doch ist der sinnbildliche Charakter pflanzlicher Abbildungen nur schwer zu differenzieren, da Pflanzen als Rankenwerk vielfach nur ornamentale Bedeutung haben[87]. Sie eignen sich dennoch gut für Knoten aller Art, die in engem Zusammenhang mit den heraldischen Liebesknoten als Sicherungssymbol – etwa einer Urkunde oder Ehe, wo sie oft das Allianzwappen umschlingen – stehen[88]. Distel[89], Eichel und Eichenblatt[90] erfreuen sich großer Beliebtheit, eine Seltenheit ist allerdings die Zirbelnuß der Hipstets[91].

Aus dem Bereich der natürlichen gemeinen Figuren der unbelebten Natur stechen besonders Sonne und Mond (Abb. 6 und 7) hervor[92]. Daran schließen sich die künstlichen gemeinen Figuren wie Bauwerke (Abb. 10 und 15)[93], Verkehrsmittel[94], Waffen (Abb. 11 und 14) und Gerät[95] an. Über Schwert und Krone, Gerichtsstab oder Zepter und Schlüssel ist dann die Brücke zur Herrschaftssymbolik geschlagen. Die Schlüssel sind bei Notaren mit päpstlicher Autorisation als Schlüssel Petri (Abb. 17) zu deuten: goldener Bindeschlüssel schrägrechts, silberner Löseschlüssel schräglinks[96]. Krone, Zepter und Schwert sind dem weltlich-kaiserlichen Raum (vgl. Abb. 18) zuzuordnen[97]. Gestümmelte

Wappenkunde S. 110ff., 117ff., und oben Anmerkung 25. Auch Teile kommen vor: Gerlach Goltsmed aus Marburg zeichnet 1423 eine Adlerklaue, HNS Taf. XX.

81 Jeorius Beri = Bär 1489, HNS Taf. III, und Adam Wolfkel = Wolf 1479, HNS Taf. LXXI, führen redende Signete.

82 Das Lamm als Christussymbol bei Johann Georg Grimm 1647, HNS (Nachtrag) Taf. LXXVI.

83 Georg Johannes Corvinus 1590, HNS Taf. X, Eucharius Dornberger 1546, HNS Taf. XIII, Caspar Printz 1612, HNS Taf. XLIV, Johann Georg Würtenberger 1641, HNS Taf. LXXI zeigen Vogel, Fisch, Baum und einen Weinstock, die nach dem Evangelium Johannis 15, 1 Sinnbilder Christi sind.

84 Johannes Fischer 1632, HNS Taf. XVI, und Mathias Hoinna 1439, HNS Taf. XXVIII.

85 Georg Dore 1633, HNS Taf. XII, Hanrich Sigmundt 1591, HNS Taf. LVI, Johann Weylandt 1607, HNS Taf. LXX. Wilhelm Gerhard führt 1579 einen Phönix, HNS Taf. XVIII.

86 LEONHARD S. 254–258, HILDEBRANDT S. 64, NEUBECKER, Wappenkunde S. 122ff.

87 Als sog. Florenen. SCHULER, Notarszeichen aaO.; z. B. Gelfrich Swunde 1499, HNS Taf. LXII, oder Peter Tendell von Cronberg 1527, HNS Taf. LXIII. Hierher gehören auch das Pentagramm (Drudenfuß), vgl. Helwicus de Crumbach 1365, HNS Taf. X, Johannes Durnheim 1429, HNS Taf. XIII, und andere verschlungene Signete, siehe etwa Johannes Carpentarii 1402, HNS Taf. VIII, Heinrich Echnaw 1442, HNS Taf. XIV, und Hermann Fabri 1407, HNS Taf. XV.

88 LEONHARD S. 339, NEUBECKER, Wappenkunde S. 196ff., HILDEBRANDT S. 141, vgl. SEYLER S. 292ff., 446ff., SCHULER, Notarszeichen S. 40ff., L. CLERICUS, Zur Frage des »heraldischen Liebesknotens«, in: Deutscher Herold 17 (1886) S. 23–24, und A. LESENBERG, Die Liebesknoten in der Heraldik, in: Deutscher Herold 17 (1886) S. 5–6, 111–112.

89 Johann Hartmann von Grünberg 1565, HNS Taf. XXIII. Er war 1564 Orator bei der Marburger Kanzlei, am 14. Mai 1568 Kanzleisekretär Landgraf Ludwig d. Ä. In dieser Stellung verstarb er 1578, LÖNNECKER 1 S. 195 Anmerkung 88.

90 Besonders bei Johannes Quadt 1501, HNS Taf. XLV, vgl. LEONHARD S. 250, 253.

91 Zu dieser Bremer Notarsfamilie gehören: Christoffer, päpstlicher Notar nach 1547, noch 1562 Juni 12, G. RÜTHNING (Hrsg.), Oldenburgisches Urkundenbuch, Bd. IV: Urkundenbuch der Klöster und Kollegiatkirchen, Oldenburg 1928, Nr. 520, vgl. Niedersächsisches Staatsarchiv in Oldenburg (zit.: StaO) Bestd. 20, 90, 105, 110, 120, 126 u. a. Reichskammergerichtsakten, Q. 106, S. 274ff.; Luderus (auch: Ludwig), päpstlicher Notar und vom Bremer Domkapitel adjungierter Notar ab 1568 August 18, gemeinsam mit den Notaren Nikolaus Hartung und Bartholomäus Justus, StaO Bestd. 20, 90, 105, 110, 120, 126 u. a. Reichskammergerichtsakten, Q. 140a, S. 285–286, 1569 August 18, gemeinsam mit den Notaren Bartholomäus Justus und Gerhard Leistungk, StaO Bestd. 20, 90, 105, 110, 120, 126 u. a. Reichskammergerichtsakten, Q. 142, S. 287; Christopherus, kaiserlicher und am Reichskammergericht approbierter und immatrikulierter Notar sowie Sekretär des Kapitels des Hochstifts Bremen 1609 Dezember 1 und 1611 Dezember 23, und Justus, kaiserlicher Notar 1615 April 29, LÖNNECKER 2 HN S. 35, HNS Taf. XXVII.

92 Johannes Nachtheyde 1588, HNS Taf. XLI, Conrad Lantfoudt 1487, HNS Taf. XXXIV, Leist Taf. 8 Nr. 61 (1509), LEONHARD S. 259–261, HILDEBRANDT S. 63, H. A. ECKSTEIN, Sonne, Mond und Sterne in der Heraldik, in: Herald. Mitteilungen 23 (1912) S. 93–96.

93 LEONHARD S. 262ff., HILDEBRANDT S. 67ff.

94 Das Rad findet sich bei Conrad Haung 1481, HNS Taf. XXIII; vgl. H. J. VON BROCKHUSEN, Das Rad als Hilfssymbol der Herrschaft und als redendes Wappen, in: Nassauische Annalen 65 (1954) S. 216–219. Das Rad ist das Attribut der hl. Katharina von Alexandrien, der Schutzheiligen der Advokaten, LÖNNECKER 1 S. 220. Jörg Henckel zeigt 1560 ein Schiff, HNS Taf. XXV.

95 Johannes Clinge = Klinge eines Beils oder Drechsels 1492, HNS Taf. IX, Anthonius Rode 1479, HNS Taf. XLVIII. U. a. finden sich Musikinstrumente in den Signeten der Notare Theobald Damel 1434, HNS Taf. XI, Johannes Jeger 1540, HNS Taf. XXX, und Caspar Ringke 1496, HNS Taf. XLVIII. Letzterer war Priester, Vizehofpfalzgraf, 1505 Kanoniker im St. Martinsstift auf der Freiheit zu Kassel, landgräflicher Kaplan und 1514/15 Lehrer Landgraf Philipp des Großmütigen von Hessen.

96 So etwa bei Johannes Grae 1497, HNS Taf. XX, Johannes Holtzschucher 1507, HNS Taf. XXVIII, Conrad Magk 1521, HNS Taf. XXXVIII; siehe auch LEONHARD S. 329, HILDEBRANDT S. 168ff., NEUBECKER, Wappenkunde S. 234, eingehender SCHULER, Notarszeichen S. 36.

97 Eine Krone findet sich bei den Notaren Conrad Conradi 1401, HNS Taf. IX, Johannes Grauppe 1501, HNS Taf. XX, Heinrich Gudeln 1421, HNS Taf. XXI, Johannes Herren 1593, HNS Taf. XXV, ein Zepter (oder Gerichtsstab?) bei Heinrich Brelle 1480, HNS Taf. V, Georg Roßbecher 1573, HNS Taf. X, Heinrich Ryff 1471, HNS Taf. LI, eine Kombination von Zepter und Schwert bei Abraham Saur 1592, HNS Taf. LI, eine solche

Astkreuze, wie Valentin Cristan sie 1491 führt, können ein Hinweis auf die kaiserliche Autorität sein, denn mit dem Tode Karls des Kühnen 1477 vor Nancy übernehmen die Habsburger das Ast- oder Burgunderkreuz[98] als persönliches Zeichen. Auf geistlicher Seite gilt dies für das Pontifikalkreuz[99].

Die Ausführungen haben gezeigt, daß auf allen Ebenen des Schildbildes Verbindungen zwischen Wappen und Signeten bestehen. Diese genügen aber nicht, um die Signete zu einer heraldischen Gruppe zu vereinigen, da nur wenige als Wappen gestaltet sind. Andererseits fehlt auch eine »Signetologie«, da die Zeichen der Notare nur sehr geringfügig systematisiert wurden. Eine »Heraldik« der Signete gibt es nicht. Somit müssen sie mit Adolf Matthias Hildebrandt weiterhin als »eigne Zeichen« geführt werden.

von Zepter und Reichsapfel bei Franciscus Örtl 1554, HNS Taf. XLII, den Reichsapfel allein bei Theodosius Dorslem 1601, HNS Taf. XIII, Schwert, Zepter und Krone bei Johannes Hartmann 1565, HNS Taf. XXIII, Kunrath Scharff 1581, HNS Taf. LII. Zur Kennzeichnung der sie autorisierenden Gewalt führen beide die Kaiser-, nicht die ältere Königskrone, vgl. Leonhard S. 326–327, Hildebrandt S. 93 Taf. XVIII, Neubecker, Wappenkunde S. 168–181.

98 Leonhard S. 339, Neubecker, Wappenkunde S. 198 ff., vgl. Wolf Pfister 1487, HNS Taf. XLIV und Tobias Wahn gen. Würth 1609, HNS Taf. LXVII.

99 Johannes Wesemann 1580, HNS Taf. LXIX. Christliche Symbole aus dem Bereich der unbelebten gemeinen Figuren sind die Kreuznägel bei Hieronimus Friderich Betinger 1515, HNS Taf. IV, oder der »Titel Christi« (= INRI, nach dem Evanglium nach Lukas 23, 28) bei Johannes Lorentz 1515, HNS Taf. XXXVI.

Wappen als Signete

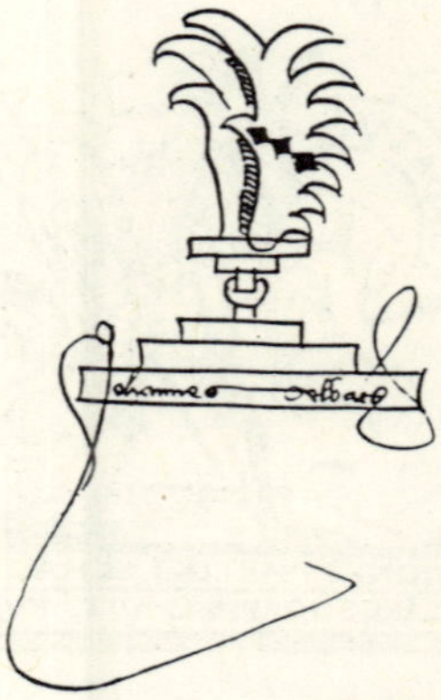

1a

1b

1c

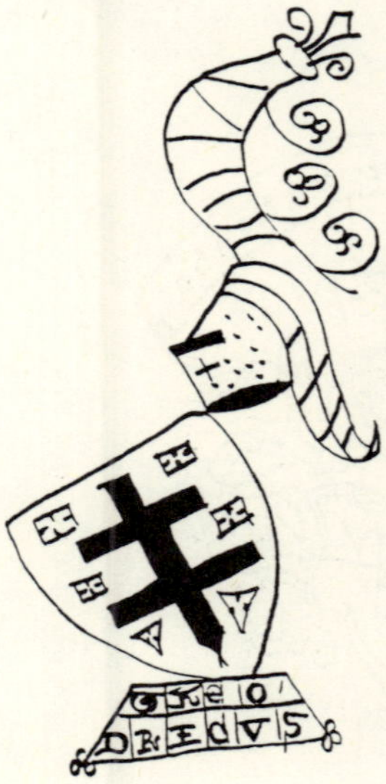

2

3

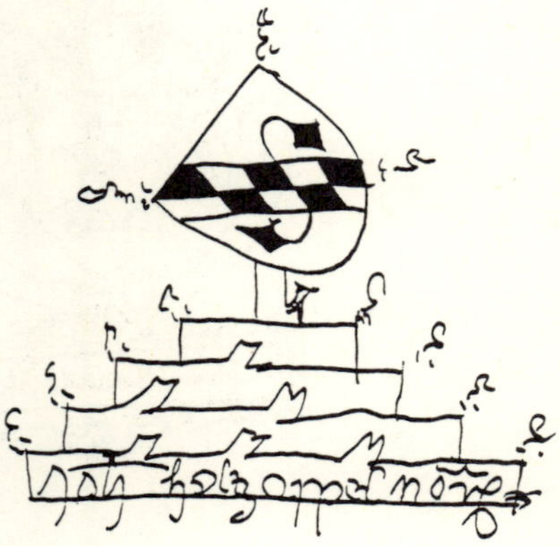

4

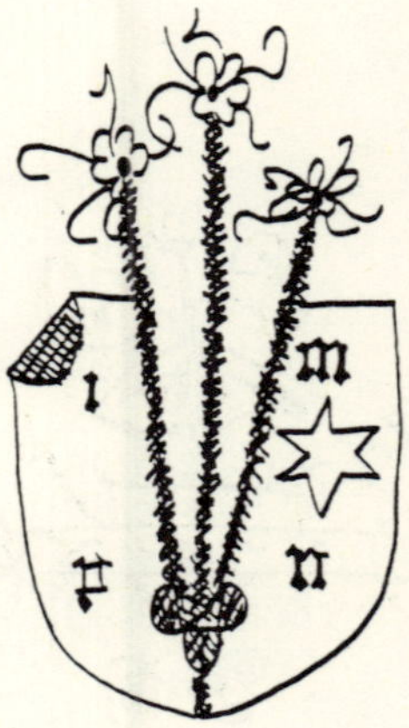

5

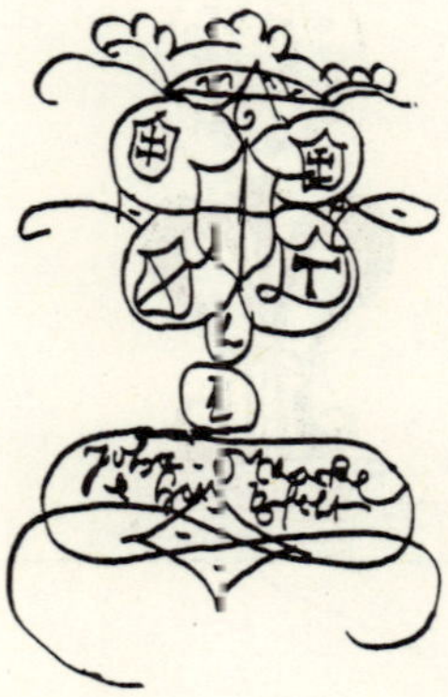

6a

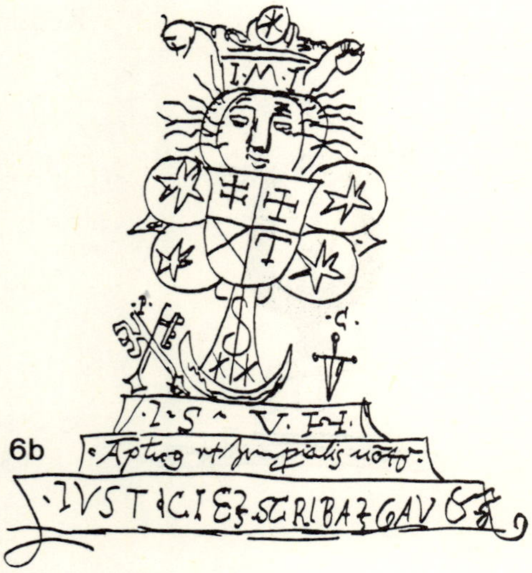

6b

Abb. 1a *Johannes Selbach von Gießen (1454–1461)*

Abb. 1b *Wappen der Familie Selbach (Rekonstruktion)*

Abb. 1c *Thilmann Selbach von Gießen (1503–1532)*

Abb. 2 *Theoderich de Thunna (1365–1372)*

Abb. 3 *Theoderich Coci (1428)*

Abb. 4 *Johannes Holtzappel (1460)*

Abb. 5 *Georg Meyer (1490–1496)*

Abb. 6a *Johannes Stracken von Hatzfeld (1501)*

Abb. 6b *Johannes Stracken von Hatzfeld (1510–1527)*

7

8

9

10

11

Redende und halbredende Signete

12

13

14
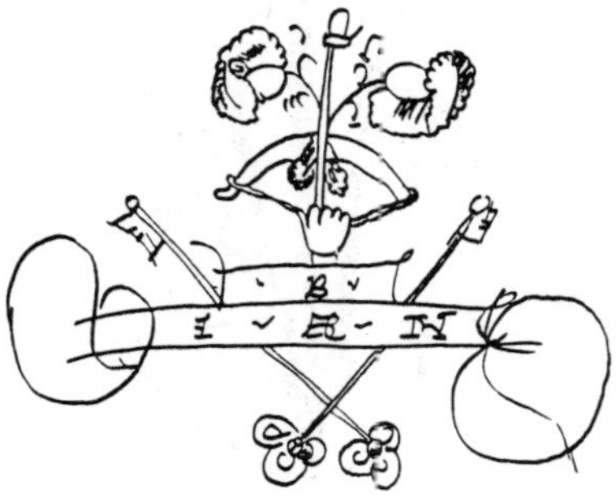

Abb. 7 *Johannes Aseyer gen. Asenberk (1525)*

Abb. 8 *Caspar Adolff (1540)*

Abb. 9 *Martin Scheffer (1607–1615)*

Abb. 10 *Johann Daniel Brückmann (1619)*

Abb. 11 *Lubentius Philipp Kennicken (1645)*

Abb. 12 *Johannes Wet[z]degen (1472)*

Abb. 13 *Johannes Engell (1476)*

Abb. 14 *Johannes Balistarius (= Schütze) (1516–1518)*

15

16

Herrschaftssymbole

17a

17b

18

Abb. 15 *Heinrich Schillingstadt (1519)*

Abb. 16 *Johann Helffmann (1561)*

Abb. 17a *Johannes Bingertiner (1467)*

Abb. 17b *Johannes Bingertiner (1476)*

Abb. 18 *Philipp Ketzerbach (1535–1580)*

Anschriften der Verfasser

Dr. Hartmut Atsma, Deutsches Historisches Institut Paris, Hôtel Duret de Chevry, 8, rue du Parc Royal, F-75003 Paris

Dr. Barbara Berewinkel, Oberer Wengertweg 12, D-71134 Aidlingen

PhDr. Jan Bistřický, CSc., Dolni námesti 25, CS-77200 Olomouc, Tschechische Republik

Asunción Blasco Martinez, Departamento de Historia Medieval, C. y T. Historiográficas, Universidad, E-50009 Zaragoza

Maria Desamparados Cabanes Pecourt, Universidad de Zaragoza, Departamento de Paleografia y diplomática, E-50009 Zaragoza

Prof. Dr. Angel Canellas Lopez, Institución Fernando El Catolico, Plaza de España 2, E-50004 Zaragoza

Prof. Dr. Rafael Conde, Ministerio de Cultura, Archivo de la Corona de Aragón, Comtes de Barcelona 2, E-08002 Barcelona

Prof. Dr. Giorgio Costamagna, Via Sabotino 11, I-16155 Genova Pegli

Prof. Antonio Couto de Granja, c/ Architecto Morell, 10–3° F, E-03003 Alicante

Dr. Joachim Dahlhaus, Historisches Seminar der Universität, Neue Universität, Südflügel, Postfach 105760, D-69047 Heidelberg

Prof. Dr. Toni Diederich, Historisches Archiv des Erzbistums Köln, Gereonstraße 2/4, D-50670 Köln

Dr. Maria Dogaru, Directia Generala a Arhivelor Statului, B-dul Gheorghe Gheorghiu Dej 29, R-70602 Bukarest

Dr. Erika Eisenlohr, M.A., Institut für Historische Hilfswissenschaften, Wilhelm-Röpke-Straße 6 C, Philipps-Universität Marburg, D-35032 Marburg/Lahn

Dr. Beatrix Ettelt-Schönewald, Stadt Ingolstadt, Stadtarchiv, D-85051 Ingolstadt

Prof. Dr. Ramón Ferrer Navarro, Universidad de Valencia, Departamento de Historia, E-22005 Valencia

Prof. Dr. Thomas Frenz, Universität Passau, Historische Hilfswissenschaften, Innstraße 25, D-94030 Passau

Prof. Vincente Garcia Edo, Universidad »Jaume I«. Castellón, Departamento de Drecho Público, Campus Ctra. Borriol, E-12080 Castellón

Prof. Dr. Helmut Glück, Otto-Friedrich-Universität Bamberg, Fakultät Sprach- und Literaturwissenschaften, Deutsche Sprachwissenschaft/Deutsch als Fremdsprache, Postfach 1549, D-96045 Bamberg

Prof. Olivier Guyotjeannin, 114, rue de Billancourt, F-92100 Boulogne

Prof. Dr. Reinhard Härtel, Karl-Franzens-Universität Graz, Forschungsinstitut für Historische Grundwissenschaften, Körblergasse 20, A-8010 Graz

Dr. Clemens Maria Haertle, Lüftlmalereck 4, D-82487 Oberammergau

Dr. Thérèse de Hemptinne, Universiteit Gent, Faculteit van de Letteren en Wijsbegeerte, Vakgroep Middeleeuwse Geschiedenis, Blandijnberg 2, B-9000 Gent

Prof. Dr. Ivan Hlaváček, Karls-Universität Prag, Lehrstuhl für Historische Hilfswissenschaften, Náměstí Jana Palacha 2, CS-11638 Praha 1

Prof. Armin Hofmann, Museggstraße 28, CH-6000 Luzern

Prof. Dr. Hermann Jung, Richard-Lenel-Weg 3, D-69151 Neckargemünd

Dr. Harald Lönnecker, M.A., Am Holunder 16, D-30459 Hannover

Prof. Ante Marinović, Stjepana Cvijića D/41-C, YU-50000 Dubrovnik-Gruz/Kroatien

Prof. José Antonio Martín Fuertes, Catedrático de Archivística, Universidad de León, Campus de Veganza s/n, E-24071 León

Prof. Dr. Josefina Mateu Ibars, Universidad de Barcelona, Facultad de Geografía e Historia, Departamento de Historia Medieval, Paleografía e Diplomática, Zona Universitaria-Pedralbes, E-08028 Barcelona

Prof. Dr. Maria Dolores Mateau Ibars, Universidad de Barcelona, Facultad de Geografía e Historia, Departamento de Historia Medieval, Paleografía e Diplomática, Zona Universitaria-Pedralbes, E-08028 Barcelona

Dr. Mark Mersiowky, M. A., Westfälische Wilhelms-Universität Münster, Historisches Seminar, Abt. für westfälische Landesgeschichte, Domplatz 20–22, D-48143 Münster

Dr. D. Michael Metcalf, University of Oxford, Heberden Coin Room, Ashmolean Museum, GB-Oxford OX1 2PH

Prof. Dr. James Murray, University of Cincinnati, Department of History, 360 McMicken Hall, Cincinnati, Ohio 45221-0373

Prof. Dr. Herluf Nielsen, Norasvej 32. DK-2920 Charlottenlund

Prof. Dr. A.H. de Oliveira Marques, Rua Francisco Andrade 10, P-1700 Lissabon Codex

Prof. Dr. Maria Isabel Ostolaza, Universidad Pública de Navarra, Departamento de Geografia y Historia, Campus de Arrosaría, E-31006 Pamplona

Prof. Dr. Michel Parisse, A.R.T.E.M., URA 1006 de C.N.R.S., Université de Nancy II, 23, Bd. Albert-Ier, F-54015 Nancy Cedex

Pilar Pueyo Colomina, S. Antonio M° Claret 13–15, 4° H, E-50005 Zaragoza

Martine Piguet, Archives d'Etat, 1, rue de l'Hôtel-de-Ville, CH-1204 Genève

Prof. Isaías da Rosa Pereira, Campo dos Mártires da Pátria 45, P-1198 Lissabon Codex

Prof. Dr. Peter Rück, Direktor des Instituts für Historische Hilfswissenschaften, Philipps-Universität Marburg, Wilhelm-Röpke-Straße 6 C, D-35032 Marburg/Lahn

Prof. Dr. Carlos Sáez, Universidad de Alcala de Henares, Departamento de Historia I, Area de CC. y TT. Historiograficas, c/ Colégios 2, E-28801 Alcala de Henares (Madrid)

Dr. Lothar Saupe, Klenzestraße 25, D-82327 Tutzing

Prof. J. E. Sayers, Litt. D., School of Library, Archive and Information Studies, University College London, Gower Street, GB-London WC1E 6BT

Prof. Dr. Dr. h. c. Ruth Schmidt-Wiegand, Schükkingstraße 36, D-35037 Marburg/Lahn

Prof. Dr. Peter-Joh. Schuler, Fachhochschule Potsdam, FB Archiv-, Bibliotheks- u. Dokumentationswissenschaften, Friedrich-Ebert-Straße 3–4, D-14467 Potsdam

Dr. László Solymosi, Magyar Tudományos Munkatárs, MTA Történettudományi intézete, Uri u. 51–53, H-1250 Budapest

Prof. Dr. Joseph Sonderkamp † (Bearb.: Dr. Ludwig Burgmann), Max-Planck-Institut für Europäische Rechtsgeschichte, Hausener Weg 120, D-60489 Frankfurt/Main

Roman Stelmach, Staatsarchiv Breslau, Archiwum Panstwowe we Wrocławiu, Ul. Pomorska 2, PL-50215 Wrocław (Breslau)

Dr. Tonk Sándor, Str. Magurei nr. 32/11, R-4300 Tirgu Mures

Dominique Torrione-Vouilloz, Archives d'Etat, 1, rue de l'Hôtel-de-Ville, CH-1204 Genève

Prof. Dr. Jean Vezin, Directeur d'études à l'EPHE, 2, rue St-Lazare, F-92700 Colombes

Prof. Dr. Herbert Zielinski, Nelkenstraße 24, D-35418 Großen-Buseck